THOMAS STÄDTLER

LEXIKON DER PSYCHOLOGIE

Wörterbuch · Handbuch
Studienbuch

ALFRED KRÖNER VERLAG

Thomas Städtler

Lexikon der Psychologie
Wörterbuch · Handbuch · Studienbuch
Sonderausgabe
Stuttgart: Kröner 2003
ISBN 3-520-83501-0

Satz: pagina GmbH, Tübingen
Druck und Einband: Friedrich Pustet, Regensburg

INHALT

POETISCHES VORWORT

Ode an das Wörterbuch

Rindslederrücken, stämmiger
Lastenträger, systematisches
umfangreiches Buch
(...)
ich nehme eine
einzige
seiner
Seiten:
Korporal
Kapuze,
wie herrlich
diese Silben
volltönend auszusprechen,
und weiter unten
Kapsel,
Öl und Ambrosia erwartende Wölbung,
und neben ihnen
Kapuzinerkresse
Kapernstrauch
Kapriol
Karneval
Karambolage
Worte,
die hingleiten wie milde Traubenkugeln
oder aufspringen im Lichte
blinden Trieben gleich, die da warteten,
in den Lagerräumen des Vokabulars,
von neuem zum Leben erwachen und Leben erzeugen:
und abermals verbrennen sie das Herz.
(...)
Wörterbuch, du bist nicht
Grab, nicht Friedhof, Sarg,
Hügel der Toten, Mausoleum,

sondern Bewahrung,
verborgenes Feuer,
Rubinengarten,
lebendiges Fortbestehen
des Wesentlichen,
Kornspeicher der Sprache.

[zit. aus: Pablo Neruda, Elementare Oden. Neue elementare Oden/Drittes Buch der Oden, übers. von Erich Arendt, Darmstadt 1985.]

PROSAISCHES VORWORT

Es war der Beginn eines langen und steinigen Wegs, als ich die Arbeit an diesem Lexikon aufnahm. Die Länge dieses Wegs ergab sich dadurch, dass die als so einfach erscheinende Idee, einen Begriff zu »definieren«, in die tiefsten wissenschafts- und sprachtheoretischen Probleme führt, Probleme, denen die psychologische Lexikographie nicht länger aus dem Wege gehen kann (man vergleiche hierzu den Konzeptionsteil). Auch waren die Hauptparadigmen der modernen Psychologie der letzten drei bis vier Jahrzehnte lexikalisch nur rudimentär aufgearbeitet. Daraus ergab sich, dass vorliegende Lexika, sowohl der Psychologie als auch anderer Fächer als auch solche allgemeinen Charakters, mir als nicht verwendbar erschienen. (Zwei Ausnahmen: das wegweisende sprachpsychologische Lexikon von H. Grimm und J. Engelkamp, dem das vorliegende Werk auf diesem schwierigen Gebiet viel verdankt, sowie das ebenso wegweisende Lexikon der Sprachwissenschaft von H. Bußmann). So musste ich, im Alleingang, das vorliegende Wissen der Psychologie von Grund auf neu lexikographieren, eine Herausforderung, die zu einer zehnjährigen Arbeit geführt hat. (In Planung sind weitere Lexika, die Spezialgebiete vertiefen, in Arbeit bereits ein Lexikon psychischer Störungen.)

Während einer solch langen Zeit gelangt man von einem Lebensabschnitt in einen anderen. Mein Vater ist gestorben während dieser Zeit, mehrere Frauen sind gekommen und gegangen. Und während so dieser »Film des äußeren Lebens« an einem vorbeizieht, während sich fast alles ändert, gibt es eine eigentümliche Konstante: jede Woche drei bis fünf Bücher lesen, exzerpieren, diktieren, korrigieren, selektieren, konzentrieren.

Meine Motivation für diese Arbeit »im Elfenbeinturm« war einmal die (von heute aus gesehen würde ich fast sagen *romantische*) Idee der viel beschworenen »Einheit von Theorie und Praxis«. Ich war schon seit einiger Zeit auf der Suche nach einer Tätigkeit gewesen, bei der ich, neben meiner Arbeit als Praktiker, mein auch nach dem Studium bestehendes Interesse an einer kontinuierlichen Weiterbildung einbringen konnte. Lagen aber in den ersten Jahren meine praktische und diese meine theoretische Tätigkeit sozusagen noch friedlich nebeneinander, so spürte ich mit der Zeit immer größere Disharmonien – jedes Mal nach einem neuen praktischen Projekt die Frage: Nützen die Theorien und die Informationen, die ich in diesem Lexikon festhalte, einem Praktiker? Tatsächlich sehe ich das Ganze jetzt wieder recht positiv (und ich hoffe, dass das nicht aus der Motivation resultiert, meine → kognitive Dissonanz zu reduzieren). Ich glaube, dass diese wissenschaftliche Psychologie immer öfter »an die Tür des Lebens und der Praxis anklopft«. Ich würde mich über Rückmeldungen – gerade von Praktikern – freuen. (Man vgl. auch den Abschnitt über Praxisrelevanz im Nachwort.)

Ich habe in der nachfolgenden Konzeption das erarbeitet, was ich dort, leicht ironisch, die »goldenen Lexikonkriterien« nenne. Ich würde mich freuen, wenn auch der Rezensent, der im vorliegenden Lexikon noch Verbesserungsmöglichkeiten hinsichtlich all der dort genannten Aspekte erkennt, der Meinung ist, dass dieses Werk in die richtige Richtung geht und dass in Zukunft anspruchsvolle Lexika am Eichmaß dieser »goldenen Kriterien« gemessen werden sollten.

Der Verfasser hat zu danken:
Ohne Doris Reuß, meine Sekretärin, wäre es nicht gegangen – dies haben Erfahrungen mit drei anderen Textverarbeiterinnen gezeigt; wie sie es geschafft hat, meine »Bild-Ton-Gesamtkunstwerke« aus Text plus Korrekturen am Computer umzusetzen, hat mich immer wieder überrascht.
Frau Dr. Imma Klemm, Lektorin und nun auch Mit-Geschäftsführerin des Alfred Kröner Verlags, sowie den Verlegern Herrn Arno Klemm und Herrn Walter Kohrs möchte ich dafür danken, dass sie Geduld mit jemandem gehabt haben, der meint, dass man bei einem Lexikon Geduld haben muss; auch dafür, dass sie mich den vorgegebenen quantitativen Rahmen sprengen ließen; schließlich auch dafür, dass sie es mir gestattet haben, in einem Lexikon einer für ihre Seriosität bekannten Reihe einige »unseriöse« Stellen einzubauen – die meinem im Laufe der Jahre immer stärker gewordenen Bedürfnis nach ausgleichender Albernheit entsprangen.
Ich danke des Weiteren Herrn Professor Dr. Josef A. Keller für seine motivierenden Gutachten zu einzelnen Lexikonteilen. Ebenso geht mein Dank an Frau Professor Brigitte Scheele und Herrn Professor Norbert Groeben für ihr abschließendes, einfühlsames und ganz und gar positives Gutachten.
Professor *Murphy* habe ich zu danken für die nun schon viele Jahre währende Möglichkeit einer geistigen Auseinandersetzung, die mir dazu verholfen hat, in diesem Lexikon auch Begriffe und Phänomene einzufangen, die sich bisher der psychologischen Lexikographie verschlossen haben ...
Zu bedanken habe ich mich auch bei Reinhard Haerer für die *subtile* Korrektur (in der er für eine Zweitsprache erstaunliche Kompetenz demonstriert hat), bei Beate Mnich für die *geduldige* und bei Victoria Klemm für die *gnadenlose* Korrektur.
Sehr zu danken habe ich Herrn Studiendirektor i. R. Reinhold Bickel, der in der Schlussphase wesentliche Korrekturarbeit geleistet und noch eine erkleckliche Reihe von Fehlern aufgespießt hat. Er möge mir verzeihen, dass ich all seine Anregungen und Mahnungen zwar immer gewürdigt, im Einzelfall aber nicht immer befolgt habe.
Herrn Klaus Weinrich danke ich zähneknirschend dafür, dass er mir am Schluss mit seinen peniblen Kontrollen nochmals verdammt viel Arbeit bereitet hat.
Ausdrücklich möchte ich der Universitätsbibliothek Würzburg danken und v. a. Herrn Altenhöfer für die flexible und freundliche Art, mit der mir über viele Jahre hinweg ein Sonderstatus gewährt worden ist.
Auch Joachim Fuchsberger möchte ich danken für das »Wiederbeleben« bzw. Austauschen meiner diversen Festplatten und Computermodule, und dafür, dass er mich bei der Ausarbeitung der Klappentexte so tatkräftig unterstützt hat und zusammen mit mir viele Stunden ununterbrochen in den Monitor geschaut hat.
Und schließlich muss ich meiner Mutter danken, nicht nur wegen der Hilfe bei der Lexikonkorrektur. Sie möge begreifen, dass diese meine Gründlich-

keit – auch wenn sie weit über die Dimensionen hinausgeht, die sie in ihrem Leben gewohnt ist – Ausdruck des Verantwortungsbewusstseins ist, das ich von ihr und meinem Vater gelernt habe: *Wenn du was machst, dann mach es so gut du kannst und ohne Ausreden, ansonsten lass es.*

Und deswegen widme ich dieses Lexikon meinem Vater Karl Städtler, dessen ironisch gemeinter Satz »Ich werde das Ende dieses Lexikons wohl nicht mehr erleben« auf tragische Weise wahr geworden ist.

Wenn einem Autor ein Lexikon
nachkommen kann, so taugt er nichts.
Johann Wolfgang von Goethe

ZUR KONZEPTION DES LEXIKONS

I. Wissenschaftstheoretische Konzeption
II. Verständlichkeitskonzeption
III. Selektionsprinzipien
IV. Schwerpunkte dieses Lexikons

I. Wissenschaftstheoretische Konzeption

Die Notwendigkeit einer lexikalischen Bedeutungskonzeption

F. Bakos wies 1983 in einem lexikographischen Aufsatz darauf hin, dass es bis zur Entstehung einer konsistenten Theorie der Lexikographie noch ein weiter Weg sei und dass notgedrungen jeder Lexikonautor seine eigene lexikologische Konzeption erarbeiten müsse. Dem ist auch heute noch zuzustimmen, und eine solche Vielfalt der Konzeptionen wäre nichts Negatives, ja sogar etwas Anregendes, die reale Situation ist allerdings völlig anders: Angesichts der zahlreichen wissenschaftstheoretischen und philosophischen Kontroversen, die es in diesem Jahrhundert über die Problematik der Begriffe »Bedeutung« und »Definition« gegeben hat, sind sämtliche vorliegenden Lexika auch und gerade zur Psychologie (gemeint sind die *allgemeinen* psychologischen Lexika, nicht hervorragende Speziallexika wie z. B. das »Lexikon der Sprachpsychologie« von Grimm und Engelkamp) bemerkenswert konzeptionslos und unreflektiert. Sie negieren all das, was die analytische Sprachphilosophie und die verschiedenen wissenschaftstheoretischen Schulen bezüglich der Struktur von Begriffen und Bedeutungen erarbeitet haben. Und dies ist nur verständlich, denn, wenn man sich all dem stellt, dann wird ein Lexikon eine fast unmögliche Angelegenheit! Dann wird aus der so einfachen und »schulmeisterlichen« Aufgabe, einen Begriff zu *definieren,* eine enorme sprach- und wissenschaftstheoretische Herausforderung. Pointiert formuliert könnte man nämlich die Essenz der wissenschaftstheoretisch-philosophischen Forschung so festhalten: »Bedeutung« gibt es nicht, schon gar nicht *die* Bedeutung; es gibt viele Bedeutungen, Bedeutungsebenen und -dimensionen, es gibt v. a. zuerst einen *Gebrauch* (respektive unterschiedliche »Gebräuche«) eines Begriffes, und jeder, der meint, er könne einen wissenschaftlichen Begriff im Stile der klassischen Definitionslehre und im Sinne der klassischen Referenztheorie der Bedeutung bestimmen, der muss in die Irre gehen.

In der nachfolgenden Konzeption wird dargestellt, auf welche Weise sich das vorliegende Lexikon der genannten Herausforderung gestellt hat. Dabei wird Goethes eingangs zitiertes Diktum sozusagen begründet. Denn aus dieser Konzeption heraus wird deutlich, zu welch großen Problemen der Versuch führt, (wissenschaftlichen) Autoren, ihren Theorien und Begriffen und schließlich einer Wissenschaft als Ganzem »nachzukommen«.

Gebrauchstheoretischer Ansatz[1]

Die »Definitionen« dieses Lexikons gehen weniger von der Annahme einer platonischen Entität aus, die das Referenz-Objekt der jeweiligen Begriffe darstellt, sondern eher von einem gebrauchstheoretischen Ansatz. Die Bedeutung des Begriffs wird durch dessen realen Gebrauch innerhalb einer Sprachgemeinschaft (in diesem Fall innerhalb einer bestimmten Wissenschaftsgemeinschaft) bestimmt. Vereinfacht gesagt legt dieses Lexikon weniger Wert darauf zu zeigen, auf welches Objekt sich ein Begriff bezieht, als darauf, seinen Gebrauch in der wissenschaftlichen Sprache zu verdeutlichen. Referenztheoretischer und gebrauchstheoretischer Zugang sind nach Meinung des Autors keine Gegensätze, im Zweifelsfall orientieren sich die Stichworte und Erläuterungen eher am zweiten Ansatz.
Dieser gebrauchstheoretische Zugang erscheint dem Verfasser auch als geeigneter, um terminologische Feinheiten und Besonderheiten herauszupräparieren. Nur so ist es möglich, ein »idiomatisches Psychologisch« zu vermitteln, das den dadurch informierten Leser nicht sofort vor Eingeweihten als »Ausländer« entlarvt. Um es in Analogie zu einem englischsprachigen Wörterbuch zu sagen: Der Leser muss beispielsweise die Unterschiede zwischen *liberty* und *freedom* kennen oder auch die zwischen *frontiers, boundaries* und *limits* oder die Unterschiede in der Verwendung des Wortes »liberal« im deutschen und im amerikanischen Sprachraum, auch die differentielle Begriffsverwendung innerhalb des wirtschaftswissenschaftlichen und des politikwissenschaftlichen Bereichs.

Vom »Gebrauch« zurück zu den Sachen: instrumentalistisch-funktionalistischer Ansatz

Die Ablösung von der Fiktion einer simplen Referenztheorie der Bedeutung impliziert aber nicht, dass man sozusagen auf die »Realität« verzichten kann. Niemand kann die Bedeutung eines Begriffs verstehen, ohne ebenso fundiert die Sachzusammenhänge zu verstehen. Dies klingt, derart allgemein gesagt, durchaus einsichtig, aber dahinter verbirgt sich das wohl schwierigste wissenschaftstheoretische Problem und eine Herausforderung, die die Lexikographie bisher kaum gesehen, geschweige denn angenommen hat. Ohne auf den referenztheoretischen Ansatz zurückzukommen, wird innerhalb dieses Lexikons die Realitätsebene durch einen *instrumentalistisch-funktionalistischen Ansatz* eingefangen. Einen Begriff erläutern heißt: darlegen, welche *Funktion* er erfüllt beim Versuch, bestimmte Phänomene zu beschreiben und zu erklären. Begriffe werden in diesem Lexikon also *instrumentell* gesehen: Wer einen Begriff verstehen will, muss vor

---

[1] Vorbemerkung: Die nachfolgenden konzeptuellen Darlegungen verstehen sich als benutzerorientiert, nicht als wissenschaftliche Darlegungen. Es wird deshalb darauf verzichtet, die grundlegenden sprach- und wissenschaftstheoretischen Positionen auf die übliche Weise zu belegen, sie werden vorausgesetzt und es erfolgt ein sozusagen selbstverständlicher Bezug darauf. Die Literaturbelege beschränken sich auf einige lexikographische Arbeiten und Anmerkungen aus dem psychologischen Bereich. Der Interessierte sei auf folgende Standardwerke verwiesen: Stegmüller 1960ff.; von Kutschera 1971; Tugendhat 1976; Braun 1996; Hörmann 1967 u. 1976.

allem begreifen, wie er bei der genannten Aufgabe behilflich ist – weniger, was er »bedeutet«. Deswegen wird in diesem Lexikon ausführlich auf Forschungsergebnisse eingegangen. Pointiert fomuliert: Die Trennung zwischen einem *Wörterbuch* und einem (enzyklopädischen) *Lexikon* ist künstlich! Man kann kein wirkliches Verständnis psychologischer Begriffe vermitteln, ohne gleichzeitig das Wissen der Psychologie zu vermitteln. Und deswegen ist dieses Lexikon auch als Handbuch verwendbar, vgl. hierzu die entsprechenden Darlegungen im Kapitel zum Gebrauch.
Ein wichtiger zusätzlicher Aspekt des vorher Gesagten muss eigens hervorgehoben werden: Die Darstellung dieses Wissens erfolgt nicht als Appendix zu den definitorischen Angaben und Analysen, sondern ist deren essenzieller Bestandteil! Forschungsergebnisse werden nicht nur danach selektiert, wie relevant sie für das Verständnis der Begriffe sind, sie werden auch so dargestellt, dass sie dieses Verständnis befördern. Es war ein eigenes, schwieriges Problem, diese Begriffsorientiertheit der Wissensdarstellung in Einklang zu bringen mit dem unter III. dargelegten Kriterium der (definierten) *Vollständigkeit.*

Differenzierung von deskriptiven und explanativen Aspekten eines Begriffs

Die offensichtlichste Funktion, die ein Begriff besitzt, ist die beschreibende/deskriptive: Er bezieht sich auf eine bestimmte Menge von Objekten, fasst sie zusammen und hebt dabei bestimmte Aspekte dieser Objekte hervor. Hinter dieser so elementar klingenden Wendung »beziehen auf« verbergen sich fundamentale wissenschaftstheoretische Probleme, Probleme, dies sei hier ohne weitere Diskussionen angemerkt, welche die Instrumente der klassischen Definitionslehre in vielen Fällen unanwendbar machen.
Die erklärende/explanative Funktion von Begriffen besteht darin, dass ein Begriff (im Rahmen von Theorien) zu Erklärungszwecken verwendet wird. Wie dies geschieht, ist eines der bislang noch nicht völlig gelösten Grundprobleme der Wissenschaftstheorie (hierbei werden auch alle wissenschaftstheoretischen Analysen über *theoretische Begriffe* relevant, man vgl. auch das Konzeptionskriterium »holistischer Ansatz«). Viele Begriffe beinhalten (ohne dass dies auf den ersten Blick deutlich wird) eine »Mini-Theorie« (schon in der besonderen Art und Weise des Sich-Beziehens-auf-die-Realität ist eine solche enthalten). Anders formuliert: auch ein rein deskriptiv erscheinender Begriff enthält nicht selten etliches an explanativen Vorannahmen, und ein echtes Verständnis des Begriffes ist ohne eine zumindest grundsätzliche Einsicht in diese Zusammenhänge nicht möglich.
Das vorliegende Lexikon bemüht sich darum, die deskriptiven und explanativen Aspekte der dargestellten Begriffe auseinander zu halten. Da diese Trennung jedoch bisher noch nicht völlig verstanden ist, kann hier in vielen Fällen nur grundsätzliche Arbeit geleistet werden. Dennoch gehört die Beachtung dieser Trennung zu den wesentlichen Momenten einer wissenschaftstheoretisch reflektierten Begriffsdarstellung.
Diese Trennung *deskriptiv – explanativ* impliziert auch immer einen Hinweis auf die (häufig versteckten) *normativen* Aspekte eines Begriffs, diese sind bisweilen identisch mit explanativen Aspekten (bzw., allgemeiner formuliert, mit den Grundannahmen der Theorie, die den jeweiligen Begriff verwendet). (Vgl. hierzu z. B. die Analysen von Brandtstätter und Montada,

1977, die Begriffe aus der entwicklungs-pädagogisch-psychologischen Literatur analysieren und den Begriff »kryptonormatives Vokabular« prägen.)

Differenzierung von intensionalen und extensionalen Definitionsaspekten

Ein ähnlicher Gedanke kann unter Verwendung einer anderen Begriffsdichotomie ausgedrückt werden: *Intension* und *Extension*. *Intension* meint den »Sinn« eines Begriffs, also die Kriterien, die ein Objekt erfüllen muss, damit es unter diesen Begriff fällt, eine *extensionale* Definiton besteht in der expliziten Aufzählung der Objekte, die die Intension eines Begriffes erfüllen. In diesem Lexikon ist der Versuch gemacht worden, wo immer dies möglich ist, beide Aspekte zu differenzieren. Besonders bei bestimmten allgemeinen Begriffen kann eine intensionale Definition in einem einfachen Sinne so gut wie nicht gegeben werden. Den Sinn von »Wahrnehmung« oder »Denken« darzulegen, impliziert einen umfangreichen begriffshistorischen und -analytischen Aufsatz. Dem Leser ist aber viel gegeben, wenn ihm zunächst einmal gesagt wird, welche Phänomene unter einen Begriff fallen (dies korrespondiert in etwa den *deskriptiven* Aspekten eines Begriffs), bzw., anders formuliert, welche Forschungsthemen sich konstituiert haben; man vgl. hierzu z. B. die Stichwörter *Denken* oder *Wahrnehmung*. Unter dem Aspekt einer solchen extensionalen Definition ist beispielsweise auch die Aufzählung prominenter Psychologen und ihrer Forschungsthemen im Stichwort »Psychologie« zu sehen. Auch wenn in der Psychologie keine Einigkeit z. B. über das Konzept des Unbewussten herrscht, so ist es dennoch möglich, den Leser darüber zu informieren, welche Phänomene im Laufe der Zeit als prototypisch hierfür angesehen worden sind (und wie dies je nach Zeit und Forschungsansatz variiert hat).

Holistischer Ansatz

Die Bedeutung eines Begriffs ergibt sich aus dem viel beschworenen Gesamtzusammenhang. Ein Begriff lässt sich kennzeichnen als Schnittpunkt sämtlicher seiner »Graphen« im Gesamt des jeweiligen »semantischen Netzwerkes«. Wichtiges Wissen liegt in solchen *Zusammenhangs-Informationen*; man könnte auch von »Informationen zweiter Ordnung« sprechen. Und diese sind nicht selten wichtiger als die »Informationen erster Ordnung«. »Es gibt keine Antworten, nur Querverweise«, so lautet ein ironischer Satz, aber daran ist tatsächlich etwas Wahres. Wie die Kohärenztheorie der Wahrheit davon ausgeht, dass Wahrheit weniger ein Kriterium einzelner Sätze als strukturierter Satzkomplexe darstellt, so könnte man auch eine Kohärenztheorie der Bedeutung konzipieren; zur Problematik vgl. Meyer (1997). Dementsprechend werden die einzelnen Artikel nicht bis in die letzten »Stichwort-Atome« zerlegt. Weiteres vgl. den Abschnitt im Gebrauchskapitel »Vom Wörterbuch zum Handbuch«.

Begriffskritischer und pluralistischer Ansatz

Bei allen komplexeren Begriffen der Psychologie ist dem Leser am wenigsten mit einer allgemeinen Definition gedient. Was »Intelligenz« oder »Denken« oder »kognitive Psychologie« bedeutet, das kann man nicht in einer

einfachen Definition einfangen. Das Vorgehen in diesem Lexikon ist folgendermaßen: zunächst wird eine einfache provisorische Definition gegeben, und danach werden sämtliche Bestimmungsmomente dieser Definition problematisiert. Es wird gezeigt, dass viele Paradigmen innerhalb der Psychologiegeschichte sich an einem oder mehreren dieser definitorischen Bestimmungsmomente »gerieben« haben. Zwar muss der Leser auch wissen, dass es bestimmte klassische Definitionsversuche und -kriterien gegeben hat, aber letztlich ist es fast noch wichtiger, dass er um deren Vergeblichkeit weiß. Dem Verfasser dieses Lexikons erschien es z. B. nicht möglich, das, was sich bei Weimar u. a. (1997) findet, zu realisieren: einen Vorschlag für eine »allgemein verbindliche« Darstellung derjenigen Definitionsaspekte, die in einer Art »Durchschnittsbildung« von den meisten der *scientific community* akzeptiert werden.
Dies mag, ohne dass der Verfasser dies beurteilen kann, vielleicht auf dem Gebiet der Literaturwissenschaft, aus dem das zitierte Lexikon stammt, gehen, es ist vielleicht möglich, eine einigermaßen allgemein verbindliche Definition von z. B. »Drama« zu geben. Dem Verfasser schien dies jedoch bei den meisten psychologischen Begriffen nicht möglich zu sein, auch erscheint ihm ein in Richtung *Normierung* gehender Ansatz der Grundkonzeption dieses Lexikons zu widersprechen. Allerdings wurde, v. a. bei schwierigen Begriffen, ähnlich wie bei Weimar u. a. (1997), immer eine Art »Vordefinition« gegeben, also eine Art Einführung zum jeweiligen Begriff.
Ein solcher kritischer Ansatz, der die »Gebrochenheit« psychologischer Begriffe aufzeigt, kann nur realisiert werden, wenn die Pluralität der (Definitions-)Ansätze berücksichtigt wird: wie also unterschiedliche psychologische Schulen, Theorien und Forschungsansätze zu unterschiedlichen Begriffsfassungen gekommen sind. Es versteht sich fast von selbst, dass bei dieser Art des Vorgehens zumindest bei komplexeren Begriffen jeder Versuch einer *Begriffsnormierung* ausgeschlossen ist.

Historischer Ansatz

Der holistische Ansatz des Lexikons führt notwendigerweise zu einer Darstellung der historischen Zusammenhänge und Hintergründe. Historische Zusammenhänge sind v.a. in einer Wissenschaft unumgänglich, die partiell *geisteswissenschaftlich* ist (im weiten Sinne des Wortes). Und auch derjenige Psychologe, der diese geisteswissenschaftliche Dimension leugnen würde, weiß, dass erst der historische Hintergrund eines Begriffs die nötigen Relativierungen enthält, die dem Begriffsverständnis sozusagen die falsche »Absolutheit« nehmen. Außerdem – dies sei angemerkt – kann eine solche Rückbesinnung auf die historischen Wurzeln auch ein Weg sein, um der fortschreitenden Parzellierung der Psychologie entgegenzuwirken.
Dieser historische Ansatz führt zusammen mit dem gebrauchstheoretischen Ansatz auf ein weiteres Lexikonkriterium, das sich besonders manifestiert bei der Definition einer psychologischen Schulrichtung bzw. eines *Paradigmas* wie z. B. »kognitive Psychologie« oder auch »Behaviourismus«: Wenn man psychologische Richtungen und Paradigmen nicht als »platonische Idealobjekte«, sondern als historisch gewachsene Gebilde ansieht, hat man bei ihrer Darstellung im Lexikon die Aspekte zu berücksichtigen, die

v. a. Thomas Kuhn in seinen wissenschaftstheoretischen und wissenschaftshistorischen Arbeiten analysiert und herausgearbeitet hat. Bei jedem komplexen psychologischen Begriff ist versucht worden, sich an folgenden Informationskriterien zu orientieren: (1) Aus welchem historischen Gesamtparadigma ging der Begriff hervor? (2) Welche terminologischen Feinheiten und Probleme ergeben sich hieraus? (3) In welchen historischen Kontext ist dieser Begriff einzuordnen – insbesondere: gegen welche anderen Konzepte richtet sich dieser Begriff? (4) Was waren paradigmatische Experimente und Musterbeispiele? (5) Welche Begriffe gibt es noch, zu denen der zu definierende Begriff in Beziehung steht, die Ähnliches thematisierten, ohne dass konkrete historische Beziehungen bestanden haben? (6) Von welchen anderen psychologischen Richtungen wurde der Begriff rezipiert? (7) Welche Kritik erfuhr dieser Begriff, wie wird er gegenwärtig gewürdigt?[2]

Integration von Aktualität und enzyklopädischem Charakter

Dass ein Lexikon »auf dem Laufenden sein muss«, auf dem aktuellen Stand des gesicherten Wissens operieren muss, erscheint als selbstverständliche Forderung (gegen die ständig verstoßen wird). Nur ein relativierender Gedanke sei hierzu angemerkt: es gehört auch zum Wesen eines guten Lexikons (s. o.), nicht ungeprüft das Neueste und Aktuellste an Wissen darzustellen, sondern nur das, was sich sozusagen schon in kodifizierten Begriffen und gesichertem Wissen (was ist das?) niedergeschlagen hat. Wiewohl sich in dem vorliegenden Lexikon wie in keinem anderen aktuelle Literaturangaben befinden, so wurde doch auch letzteres Kriterium berücksichtigt, da nur so das »Enzyklopädische« im engen Sinne gewahrt werden konnte. Dies hat speziell auf dem – sozusagen noch nicht kanonisierten – Gebiet der Sprachpsychologie bzw. Psycholinguistik dazu geführt, dass erst einmal die grundsätzlichen Stichwörter, die sich seit den 60er Jahren ergeben haben, aufgearbeitet werden mussten, da diese bisher noch kaum in die allgemeinen Lexika aufgenommen worden sind; es existiert hierzu nur das wegweisende Speziallexikon zur Sprachpsychologie von Grimm und Engelkamp (dem das vorliegende Lexikon auf diesem Gebiet viel verdankt). Ein Nicht-Speziallexikon kann hier nur die Aufgabe verfolgen, die klassischen

---

2 Der kuhnsche Ansatz sowie der Paradigma-Begriff werden hier sozusagen leger und in einem weiten Sinne verwendet – man kann sich durchaus streiten, inwieweit das spezifisch »Kuhnianische« für eine Darstellung, speziell der psychologischen, Wissenschaftshistorie adäquat ist. Zur Frage, ob die kuhnsche Theorie wissenschaftlicher Revolutionen überhaupt auf die Psychologie angewendet werden darf, vgl. bejahend Palermo 1971; Groeben und Scheele 1977, verneinend bzw. skeptisch Briskman 1972 und Hermann 1976; vgl. auch Masterman 1970. Auch hat Kuhn das Konzept des Paradigmas später bekanntlich durch das der *disziplinären Matrix* präzisiert: Diese Matrix wird gebildet durch allgemein anerkannte symbolische Verallgemeinerungen, gemeinsame Modelle, z. B. Heurismen, gemeinsame Werte, z. B. methodologische Zielkriterien, und sog. *Musterbeispiele/exemplars*, z. B. Versuchsanordnungen etc. Überhaupt teilt der Verfasser weitgehend die Meinung von Gründer 1987: »Verwunderlich ist eher, dass Kuhn, Stegmüller und andere sich das überhaupt anders vorgestellt und zuvor an den wissenschaftlichen Fortschritt aus rein intern-rationalen Motiven geglaubt haben. Anderswo wusste man längst, dass es dies weder gab noch gibt.«

Paradigmen und Begriffe, die sich in der Phase der Annäherung von Linguistik und Psychologie ergeben haben, herauszuarbeiten, es kann keinen neuen Überblicksartikel ersetzen, es kann gerade auf einem so spezialisierten Gebiet wie der Psycholinguistik nur die Grundrichtungen der aktuellen Forschung aufzeigen. In einem etwas anderen Sinne gilt dies auch für die Wahrnehmungspsychologie: Keinem Generalisten ist es mehr möglich, über das Spezialwissen der Wahrnehmungspsychologie einen Forschungsbericht zu schreiben, auch hier geht es um die eben genannte Aufgabe. Zwar kann hier kein Forschungsbericht geschrieben werden, aber auch hier wird über eine Definition hinausgegangen: Es wird die Bedeutung dieser Begriffe auf eine Weise erläutert, die besonders auf ihre Stellung und Funktion innerhalb der aktuellen Forschungsaktivitäten ausgerichtet ist.
Da dieses Lexikon häufig enzyklopädisches Neuland betritt, musste dabei als eigene konzeptionelle Aufgabe angenommen werden: An welchen Begriffen »hängt« man das psychologische Wissen »auf«? Denn es ist ganz und gar nicht selbstverständlich, wie man welche Information anhand welcher Begriffe darstellt.

Standardstrukturelemente der Artikel

All diese konzeptionellen Aspekte haben dazu geführt, dass die Artikel, zumindest alle wichtigen, bestimmte *Standard-Module* erhalten haben, angezeigt durch spezifische Siglen: *Theorien*, *historische* Aspekte, *Würdigung* des Konzepts, *Kritik* des Konzepts, *terminologische Besonderheiten*. Zu diesen und weiteren Standardabsätzen vgl. das nachfolgende Kapitel zum Gebrauch des Lexikons.
Insgesamt aber hat die Vielfalt der zu berücksichtigenden Aspekte dazu geführt, dass keine völlig einheitliche Struktur der Artikel zu realisieren war. Je nach Besonderheit des Begriffs mussten die unterschiedlichen Aspekte differentiell gewichtet und unterschiedliche lexikographische Vorgehensweisen gewählt werden, dabei in besonderem Maße berücksichtigend, was der realen psychologischen Forschung am besten gerecht wird (und nicht einer einem Begriffsplatonismus verhafteten Idealnormierung). Der Leser möge also im Auge behalten, dass in der Art des gewählten Vorgehens (also auch darin, wie das Grundschema bisweilen durchbrochen wird) eine Art *Metainformation* liegt, die in diesem Lexikon sich niemals zufällig ergeben hat.

Wissenschaftsadäquate und »bedeutungskonstitutive« Literaturangaben

Aus den vorherigen Kriterien ergibt sich noch eine weitere ganz elementare konzeptuelle Konsequenz. Ein Lexikon darf nicht länger (wie bisher allgemeiner Usus) den Literaturteil stiefmütterlich behandeln, es muss ausführliche und genau spezifizierte Literaturangaben bieten! Wenn der Leser den »Umgang mit den Begriffen« lernen soll (und dies ist, wie gesagt, in der Abkehr von einer einfachen Referenztheorie und im damit einhergehenden instrumentellen Ansatz impliziert), dann muss er erfahren, wie die vorliegenden wissenschaftlichen Arbeiten und Autoren mit diesem Begriff umgegangen sind. Denn, ganz verkürzt gesagt: in gewissem Sinne ist das, was über einen Begriff geschrieben wird, Teil der Bedeutung, ja konsti-

tuiert sie. Dies bezieht sich nicht nur auf die eigentlichen Forschungs-Klassiker, es gibt auch klassische Lehrbücher und es gibt in der Psychologie sogar klassische Überblicksartikel. Ein Begriff und ein Paradigma durchschauen impliziert in der Psychologie (ähnlich wie in den reinen Geisteswissenschaften) die Kenntnis eines spezifischen Literaturcorpus!
Die in diesem Lexikon vorliegenden sehr ausführlichen und *kommentierten* Literaturangaben sind also nicht als eine Art Appendix oder Bonus zu verstehen, sondern als grundsätzlicher Bestandteil der Konzeption.

Zusammenfassende Nachbemerkung

Die genannten »zehn goldenen Lexikonkriterien«:
1. gebrauchstheoretischer Ansatz
2. instrumentalistisch-funktionalistischer Ansatz
3. Differenzierung von deskriptiven und explanativen Aspekten eines Begriffs
4. Differenzierung von intensionalen und extensionalen Definitionsaspekten
5. holistischer Ansatz
6. begriffskritischer und pluralistischer Ansatz
7. historischer Ansatz/»Kuhnianismus«
8. Integration von Aktualität und enzyklopädischem Charakter
9. Standardstrukturelemente
10. wissenschaftsadäquate und *bedeutungskonstitutive* Literaturangaben
scheinen dem Verfasser diejenigen Herausforderungen zu sein, denen sich jedes wissenschaftsbewußte Lexikon zu stellen hat.
In der Annahme dieser Herausforderungen hat das Lexikon sozusagen den Versuch gemacht, permanent gegen Goethes eingangs zitierten Satz anzukämpfen, wohl wissend, dass das dort Gesagte eigentlich völlig richtig ist. Aber vielleicht hat gerade der daraus erwachsende Respekt vor den einzelnen wissenschaftlichen Autoren dazu beigetragen, ihnen gerecht zu werden. (Zu weiteren konzeptionellen Aspekten vgl. auch das Kapitel zum Gebrauch des Lexikons.)

II. Verständlichkeitskonzeption

Die unter I. dargelegten Gesichtspunkte konstituieren die grundlegende Konzeption dieses Lexikons. Unter III. und IV. werden die (positiven und negativen) *Selektionsprinzipien* dargelegt, in diesem Kapitel II. diejenigen konzeptionellen Gedanken, welche Stil und Verständlichkeit der Darstellung betreffen. Eine solche Konzeption erscheint dem Verfasser nötig, weil ein Lexikon etwas ist, das aufgrund seiner Spezifik einer eigenen Form von Verständlichkeit bedarf.

»Anti-Formalismus« bei gleichzeitig hohem Anspruchsniveau

Eines der wesentlichen Merkmale der Lexika des Kröner Verlags ist, dass sie sich auch an den gebildeten und interessierten Laien richten. Der zentrale Konzeptionspunkt, mit dem dieses Lexikon auf dieses Kröner-Kriterium Rücksicht nimmt, ist der Verzicht auf formale und methodische Details,

speziell auf die Verwendung mathematischer Formeln (von zwei, drei ganz elementaren abgesehen). Dabei wurde der Versuch unternommen, die inhaltliche Essenz bestimmter formaler Ansätze in der Psychologie herauszuarbeiten.
Auf inhaltlichem, auch auf wissenschaftstheoretischem und auf »Zusammenhangs-Gebiet«, bewegt sich dieses Lexikon allerdings auf einem sehr hohen Anspruchsniveau! Der Verfasser ist nämlich der Meinung, dass ein hohes Niveau auf diesen Gebieten letztlich das Verstehen fördert – und nicht umgekehrt, wie viele glauben. Ein solch hohes Anspruchsniveau erfordert zwar vom Leser zunächst mehr Mühe, v. a. um sich in Zusammenhänge einzuarbeiten und einzudenken, aber wenn man die Hürde einmal genommen hat, dann kann man große Stoffmengen viel leichter verstehen und sich einprägen.

Unterschiedliche Schwierigkeitsebenen und Zielgruppen

Die durch Schriftgrößen und Siglen differenzierten Schwierigkeitsebenen (s. u. zum Gebrauch dieses Lexikons) korrelieren lose mit spezifischen Zielgruppen: (a) Die erste Ebene ist für den Laien[3] gedacht, der eine erste Klärung und Orientierung sucht. (b) Die zweite Schwierigkeitsebene soll den Laien, den Psychologiestudenten und den Nachbarwissenschaftler ansprechen, sofern sie darüber hinausgehendes Wissen anstreben. Auf dieser Ebene werden auch Hinweise zur weiteren Einarbeitung in den jeweiligen Stoff gegeben. (c) Die dritte Schwierigkeitsebene ist eine Expertenebene: sie richtet sich an »fertige« Psychologen, an Wissenschaftler, aber auch an Praktiker, die an dem jeweiligen Begriff besonders interessiert sind (denn bisweilen kann erst auf dieser Ebene auf bestimmte Praxisaspekte eingegangen werden, da das Lexikon insgesamt grundlagenforschungsorientiert ist).

Sprachliche Aspekte

Über viele Jahre hinweg wurde zwischen Autor und verschiedenen Lektoren des Kröner Verlags ein, wie man im Nachhinein wohl feststellen kann, fruchtbares Ringen um sprachliche Verständlichkeits-Kriterien geführt, ein Ringen, von dem hier nur das Ergebnis dargestellt werden soll:
(1) Ein Lexikon hat seine eigene Art von Stil und Verständlichkeit, auf das sonst geltende Kriterien schwerlich anzuwenden sind. Dieses Lexikon wurde so geschrieben, dass sich eine maximale Informationsdichte oder, anders formuliert, eine *minimale* Redundanz ergibt – und eben nicht die mittlere, wie häufig von der Verständlichkeitsforschung gefordert. (Mit Lichtenberg: *Die Gedanken dicht und die Partikeln dünn.*) Lange und komplexe Sätze sind deshalb in diesem Lexikon nicht zu vermeiden gewesen, und sie können, nach Meinung des Autors, durchaus verständlichkeitsfördernd wirken,

---

[3] Nachfolgend wird, wie in der Psychologie und Wissenschaftsphilosophie üblich, der Begriff »Laie« ohne jede pejorative Konnotation verwendet, schlicht zur Gegenüberstellung von Menschen, die eine professionelle Ausbildung auf dem Gebiet haben, und solchen, die diese nicht haben, sondern durch ein nicht-professionelles Interesse motiviert sind, sich mit der Psychologie auseinander zu setzen.

weil sie dem Leser die Kondensation eines lang hingezogenen Lehrbuchtextes in eine »Makroproposition« anbieten. Was es ihm nicht ersparen kann: die *Rekonstruktion* dieser Makroproposition. Die in Stilfibeln – zu Recht – kritisierten Fehler im Zusammenhang mit langen Sätzen sollten dagegen in diesem Lexikon nicht vorkommen, v. a. sollen die Satzprädikate, speziell die Verben, nicht zu sehr verschleppt bzw. auseinander gerissen werden. Sie werden sogar meist stärker nach vorne gestellt als dies im normalen Sprachgebrauch üblich ist; wiewohl dies tatsächlich dem Stilempfinden ein wenig widerspricht, dient dieses Vorziehen des Verbums in der Lexikonsprache – die als solche ohnehin schon fast eine Kunstsprache ist – der Verständlichkeit. Ähnliches gilt für den Nominalstil, der, wie von Stilfibeln zu Recht betont, in einer lebendigen Sprache nicht angebracht ist, aber in einem Text, der wissenschaftliche Information transportieren soll, sehr wohl. Größter Wert wurde darauf gelegt, sämtliche Artikel möglichst übersichtlich zu gliedern; hierzu dienen nicht nur *Standardsiglen* und *-absätze* (s. u.), auch wurde so oft wie möglich der Text durch Nummern und Buchstaben durchgegliedert. Der Verfasser ist nämlich der Meinung, dass eine solche Gliederung der wesentliche Schritt auf dem Weg zum Verständnis ist, dass hingegen viel zu häufig Verständlichkeit an der einzelnen Formulierung festgemacht wird, die als solche (vgl. Holismuskriterium) niemals entscheidend sein kann.

(2) Ebenfalls für selbstverständlich hält der Verfasser den Gebrauch von Fremdwörtern. Neben den unumgänglichen Fachtermini erscheint es ihm unsinnig, in einem Lexikon, das von einem gewissen Bildungsniveau des Benutzers ausgeht, bestimmte in der gehobenen Umgangssprache eben übliche Fremdwörter künstlich auszumerzen.

Mitunter kommt es vor, dass eine Art *Jargon/Slang* verwendet wird und der betreffende Sachverhalt besser und einfacher unter Weglassung dieses Jargons wiedergegeben werden könnte. Der Jargon/Slang trägt jedoch als solcher Information, er vermittelt etwas von der Mentalität des Fachs Psychologie! Ein solcher Jargon/Slang ist nie völlig auszumerzen, und es wäre sinn- und nutzlos, dies zu versuchen. Zudem hat ein Lexikon auch die Aufgabe, den Leser auf diesen Jargon der Fachliteratur vorzubereiten. So wurden z. B., entgegen den Wünschen der Lektoren, Begriffe wie »Lerner«, »Urteiler« oder »Entscheider« nicht ersetzt, da sie typisch für die psychologische bzw. pädagogische oder entscheidungstheoretische Fachliteratur sind.

(3) Schon aus der bedeutungstheoretischen Konzeption dieses Lexikons (s. o.) heraus gelangt der Autor häufig zu Formulierungen, die auf den ersten Blick komplizierter klingen als Formulierungen, die aus einem naiven Geiste heraus erfolgt sind. Diese naiven Formulierungen haben die simple Grundstruktur (z. B.): »*Aktivation* ist das und das ...«. Dagegen ist die typische Definitionsstruktur dieses Lexikons: »Der Begriff *Aktivation* wurde konzipiert, um folgende Phänomene zu thematisieren: ...; deskriptiv meint er etwa Folgendes: ...; explanativ gesehen beansprucht er, zu erklären, dass ...; der Begriff ist gerichtet gegen: ...; etc.« Ein derart differenziertes Lexikon liest sich auf den ersten Blick viel schwieriger, es erweist sich aber immer dann als einfacher, wenn man sich damit in der Wirklichkeit des jeweiligen Forschungsgebietes zurechtfinden will.

(4) Gemäß der Konzeption dieses Lexikons soll der Leser hier niemals das finden, was man in allen Lexika findet, nämlich die naive Vermengung

verschiedener Sprachebenen und Sprachspiele; z. B. des psychologischen, physiologischen, geisteswissenschaftlich-hermeneutischen Paradigmas, des Computer-Paradigmas, des personalen Akteur-Paradigmas usw.; vgl. hierzu auch Herrmann (1982).
Eine Anmerkung: Es ist für einen »lebendigen« Menschen – wie der Verfasser einer zu sein glaubt – eine ziemliche Anstrengung, diesen »unlebendigen« und unpersönlichen Lexikonstil durchzuhalten und zu perfektionieren. Im Nachhinein allerdings findet der Verfasser, dass dieser so trockene Stil und diese mit Information bis aufs Äußerste beladenen Sätze einen gewissen Charme besitzen. Der Schriftsteller H.-J. Ortheil spricht in seinem autobiographischen Versuch »Das Element des Elefanten« über den Ort, wo er am liebsten schreibt, dass es ein abgelegener Ort ist, mit »... Büchern, die von trockener und doch konziser Stimulanz sind, also Lexika, Wörterbücher und andere Nachschlagewerke«. Der Verfasser hofft, dass auch ab und zu ein Leser etwas von dieser Stimulanz verspürt, die auch im nerudaschen Gedicht, zitiert im »Poetischen Vorwort«, angeklungen ist.

III. Selektions- und Gewichtungsprinzipien

Fast alle Psychologielexika suggerieren, dass sie Lexika der »gesamten« Psychologie seien. Tatsächlich haben sie meist nichts a priori, explizit und systematisch ausgeschlossen. Allerdings, ironisch formuliert: sie haben sich dafür entschieden, »alles« zu bringen und dafür das Wichtige wegzulassen. Dieses Lexikon hat sich nun dafür entschieden, sich auf das *Wichtige* zu konzentrieren, und von vornherein nicht zu versuchen, »alles« zu bringen. Und was *wichtig* ist, dies wurde nach folgenden Selektionskriterien bestimmt:

Erstes formales Selektionsprinzip: »Essenzialität«

Bei jeder Information, die in diesem Lexikon innerhalb eines Artikels gegeben wird, und natürlich auch bei der Aufnahme eines Stichworts selbst wurde geprüft, inwieweit das jeweilige Wissenselement repräsentativ und relevant für das jeweilige Wissensgebiet und für die moderne Psychologie überhaupt ist, inwiefern es also »essenziell« ist und inwiefern man es wirklich kennen muss. Zusätzlich zu dem im Text vermittelten Wissen erhält der Leser also jeweils eine *Metainformation*: nämlich dass das, was er nun erfährt, einen bestimmten Grad von Wichtigkeit und Relevanz besitzt.

Zweites formales Selektionsprinzip: »Definierte Vollständigkeit«

Aufgrund der Konzentration des Lexikons auf die »essenziellen« Gebiete und Stichwörter war es möglich, den Anspruch zu realisieren, innerhalb eines jeweiligen Gebietes sämtliche Stichwörter (die bis zu einer bestimmten Forschungstiefe gehen) aufzunehmen. Der Leser erhält auch dadurch eine *Metainformation*: dass das Wissen, das er durch dieses Lexikon erhält, nicht nur essenziell, sondern auch in einer genau definierten Art und Weise vollständig ist.

Drittes formales Selektionsprinzip: »Proportionalität«

Soweit dies möglich ist, wurde auch die Ausführlichkeit, mit der Stichwörter behandelt wurden, so angelegt, dass hiermit ebenfalls eine *Metainformation* vermittelt wird, dass nämlich der Umfang, mit dem ein bestimmtes Wissen dargelegt wird, auch dessen Bedeutung innerhalb des Forschungsbereichs bzw. der gesamten Psychologie widerspiegelt.
So etwas ist natürlich nicht exakt messbar, und es tritt dabei eine wichtige Problematik auf. Nehmen wir das Beispiel »Emotionen«: Wenn im Lexikon ausgeführt wird, dass eine bestimmte Anzahl von Grundemotionen als wesentlich angesehen wird, dann müsste man eigentlich jeder Grundemotion einen eigenen Artikel zusprechen. Allerdings käme man dann in Widerspruch zu dem Proportionalitätskriterium, denn de facto sind die meisten Emotionen in der akademischen Psychologie wenig erforscht worden; weit überproportional liegt die *Angst* vorne. Im Grunde würde die Psychologie am besten durch folgendes Vorgehen widerspiegelt: »Angst« erhielte einen eigenen umfangreichen Artikel, und fast alle anderen Begriffe wären hinreichend repräsentiert, wenn man sie unter dem Oberbegriff der »Emotionen« einmal erwähnen würde, da die Psychologie ihnen wenig Beachtung geschenkt hat. Wenn man also das Proportionalitätskriterium scharf handhaben würde, dürfte man für die meisten Emotionen keine eigenen Artikel aufmachen. Der Verfasser hat sich von der Systematik und auch ein bisschen von der Hoffnung darauf, dass der vorhandene Trend zu einer »Emotionalisierung« der Psychologie sich tatsächlich verstärken wird, dazu verleiten lassen, jeder Emotion einen eigenen Artikel zuzusprechen, auch wenn dies nicht ganz dem Proportionalitätskriterium entspricht. Das ist auch der Grund dafür, dass auf den ersten Blick vergleichbare Artikel wie die über die Emotionen keine gemeinsame Grundstruktur haben, sondern jeweils – »mit Gefühl« – unterschiedlich präsentiert werden. (Man vgl. hierzu auch den Vertiefungsteil im Stw. »Freude« oder überhaupt die Aufnahme von »Liebe«; man vgl. auch die Kondensation sexualpsychologischer Aspekte auf den Artikel »Sexualtrieb«.) Alle drei formalen Selektionsprinzipien stellen hohe Ansprüche dar, sie sind demgemäß auch noch in keinem Lexikon realisiert worden; der Verfasser bittet um Rückmeldung, wo dem Leser in diesem Lexikon die Realisierung bisweilen noch nicht geglückt erscheint.

Inhaltliche Selektionsprinzipien

(1) Grundsätzlich gilt für das vorliegende Lexikon: nicht-psychologische Begriffe muss der Leser in einem Allgemeinbildungslexikon nachschlagen! Auch philosophische und logische Aspekte, die an die Psychologie angrenzen, wurden ausgegrenzt.
(2) Der Leser findet in diesem Lexikon auch keine spezifisch *physiologischen* oder gar – wie so häufig in den vorliegenden Psychologielexika – *medizinischen* Artikel. Ganz bewusst ist keine Darstellung des Gehörs, des Auges und auch nicht des Gehirns aufgenommen. Einmal ganz davon abgesehen, dass der Leser dies einem beliebigen Allgemeinlexikon entnehmen kann, ist der Grund dafür eine tiefer reichende Überlegung: Dies ist ein Lexikon der *Psychologie*, und das heißt, seine Themen können nicht *Ohr* oder *Auge* sein,

sondern *Sehen* bzw. *Hören*. Man vergleiche z. B. das Stichwort *Sehen*. Es bedurfte einigen konzeptionellen und theoretischen Aufwands, um diese Gratwanderung durchzuhalten, ohne dass behauptet werden soll, dass sie schon perfekt gelungen sei. Selbstverständlich gibt es Übergangsgebiete, man kann hier keine ganz scharfe Grenze ziehen, wichtig aber ist, das psychologisch Relevante herauszuarbeiten und nicht, wie normalerweise üblich, solche Stichwörter einfach einem Speziallexikon zu entnehmen (vgl. hierzu z. B. auch das Stichwort *Farbwahrnehmung*). Deshalb wird für die psychophysiologischen Paradigmen nur eine Übersicht gegeben, allerdings wird unter dem Stichwort »physiologische Psychologie« eine ausführliche Charakterisierung und Würdigung dieses Ansatzes gegeben, und bei allen wichtigen Stichwörtern finden sich Hinweise auf psychophysiologische Ansätze.

(3) Eine weitere Selektion betrifft die Gebiete der *angewandten* Psychologie: *klinische Psychologie*, *Arbeits-*, *Betriebs-*, *Organisationspsychologie* sowie *pädagogische Psychologie* und auch *Psychodiagnostik*. Alle diese Gebiete haben im vorliegenden Lexikon nur Überblicks-Artikel erhalten, sind aber nicht weiter nach Begriffen hin aufgesplittet. Speziell wurde auch auf eine explizite Darstellung psychologischer Tests verzichtet. Der Leser erfährt nur etwas über die grundsätzlichen Aspekte psychologischer Tests (→ psychologische Diagnostik) und über die grundlagenwissenschaftliche Bedeutung einzelner wichtig gewordener Verfahren da dem Psychologiestudenten zum Überblick über die Tests mehrere Kompendien zur Verfügung stehen, darunter das quasi offizielle Testhandbuch des Hogrefe-Verlags, und für den interessierten Laien gibt es eine Reihe praktisch orientierter Testdarstellungen (»Testknacker«).

(4) Ein eigener Aspekt ist die Verdeutlichung der psychoanalytischen Sonder- und Randposition. Ganz bewusst ist die Psychoanalyse deshalb folgendermaßen dargestellt: sie erhält einen großen Hauptartikel (es ist der längste des Lexikons), der ihren »Inselcharakter« innerhalb der Psychologie verdeutlicht, fast alle anderen Informationen über psychoanalytische Ansätze wurden (mit Ausnahme der Stichwörter »Ödipuskomplex«, »Abwehrmechanismen«, »Verdrängung«) im Rahmen von Mainstream-Paradigmen eingebracht (meist im Kleinschriftteil).

Das eben von der Psychoanalyse Gesagte gilt ähnlich für folgende Modelle, Ansätze und Richtungen: die genetische Epistemologie von Jean Piaget, die Ethologie (Verhaltensforschung), die humanistische, geisteswissenschaftliche, phänomenologische Psychologie. Für alle derart restringiert behandelten Richtungen und Stichwörter gilt aber, dass überall dort, wo sie im Rahmen akademisch-psychologischer Paradigmen wichtige Ansätze eingebracht haben, auf diese eingegangen wird oder zumindest Literaturhinweise gegeben werden. Deswegen werden in nicht wenigen Fällen diese Themen immer noch deutlich ausführlicher behandelt als in denjenigen Lexika, die keine solche Selektion vorgenommen haben.

IV. Schwerpunkte dieses Lexikons

Die nachfolgend genannten Schwerpunktsetzungen entstanden aus zwei Leitmotiven heraus: (a) Es sollten v. a. diejenigen psychologischen Begriffe und Gebiete dargestellt werden, welche in der bisherigen Lexikographie nur schwach oder gar nicht repräsentiert waren. (b) Es sollten Begriffe angesprochen werden, die möglichst repräsentativ für die wissenschaftliche Psychologie sind. Eigentümlicherweise konvergierten beide Kriterien. Dies hat dazu geführt, daß die meisten Artikel des vorliegenden Lexikons bisher noch in keinem anderen psychologischen Lexikon als Schwerpunkte thematisiert worden sind (die meisten überhaupt nicht), und deswegen weist das vorliegende Lexikon auch nur geringe Überschneidungen mit anderen auf.

(1) Dieses Lexikon konzentriert sich auf die *akademische*, also die an den Universitäten betriebene wissenschaftliche Psychologie. Dabei legt es den Schwerpunkt auf die Grundlagen – wobei allerdings (vgl. Konzeption) bezüglich dieser Grundlagenaspekte ein hohes inhaltliches Anspruchsniveau realisiert wird, das weit über »Grundlagen« im engen Sinne des Wortes hinausgeht.

(2) Zum ersten Mal wird die moderne Psychologie der letzten drei Jahrzehnte systematisch und von Grund auf lexikalisch aufgearbeitet (auf die in der vorgehenden Konzeption dargelegte besondere Weise).

(3) Das Lexikon legt den Schwerpunkt auf die *allgemeine Psychologie* bzw. auf diejenigen Begriffe der Entwicklungs-, Persönlichkeits- und Sozialpsychologie mit allgemeinpsychologischer Relevanz. Konkret heißt das, dass folgende Gebiete im Vordergrund stehen: *Wahrnehmung*, *Kognition*, *Lernen*, *Gedächtnis*, *Denken*, *Motivation*, *Emotion*, *Ausdruck*, *Sprache*, *Bewegung* und *Handlung*. Hierfür beansprucht das Lexikon eine *definierte Vollständigkeit*, *Proportionalität* und *Essenzialität*; vgl. Konzeption. (Da die Sozialpsychologie ein umfangreiches und wichtiges Forschungsgebiet ist, das immer eine gewisse Eigenständigkeit besessen hat, soll ihr später wahrscheinlich noch ein eigenes Lexikon gewidmet werden und deswegen werden ihre allgemeinpsychologisch relevanten Termini im vorliegenden Lexikon knapper abgehandelt als andere Begriffe.)

(3) Breit dargestellt ist – zum ersten Mal – das Gebiet *Kognition*, da der Kognitivismus das zentrale Paradigma der modernen Psychologie darstellt. Deswegen ist dieses Lexikon auch eine Art *Lexikon der kognitiven Psychologie* geworden.

(4) Auch werden sämtliche grundlegenden Schulen, »Ismen« und Debatten der Psychologie dargestellt, die als Informationshintergrund zum Verständnis der empirischen Forschung nötig sind.

(5) Großer Wert wird auch auf die Darstellung der historischen Wurzeln der Psychologie gelegt. Es wird gezeigt, wo moderne und »modische« Paradigmen schon frühzeitig, teilweise schon im vorigen Jahrhundert, bisweilen noch früher, antizipiert worden sind. Wo immer nötig, wird auch dargelegt, welcher historische Weg dazwischen zurückgelegt worden ist bzw. an welchen Stellen und aus welchen Gründen eine solche wissenschaftliche Kontinuität unterbrochen worden ist.

(6) Begriffe werden nicht nur definiert, sondern es werden jeweils die grundlegenden Forschungsergebnisse und -probleme behandelt.

Dieses Lexikon hat sich einen hohen Anspruch gestellt: Es versteht sich als Vorschlag für einen *kanonischen Wissensstock* der Psychologie. In einem einzigen (noch dazu – zumindest hinsichtlich der Höhen- und Breitendimension – handlichen) Band sollte das Wissen zusammengetragen werden, ohne das ein Verständnis der Psychologie nicht möglich erscheint. Das Le-

xikon soll dabei eine Art Mittelstellung einnehmen zwischen den einführenden Gesamtdarstellungen des psychologischen Grundlagenwissens und den Speziallehrbüchern; es soll das »grundsätzliche« Niveau von Spezial-Lehrbüchern haben, dabei aber möglichst alle überflüssigen Detail- und Faktenkenntnisse ausblenden und den Schwerpunkt auf diejenigen Aspekte legen, die wichtig sind für das Verstehen von Zusammenhängen, Problemen und Hintergründen.
Eine Anmerkung zum Umfang und damit verbundenen Problemen dieses Lexikons: Der, nach Meinung des Verfassers mit ca. 1300 Seiten immer noch geringe Umfang (gemessen an der vermittelten Informationsmenge) dieses Lexikons konnte nur erzielt werden durch Verwendung von zahlreichen Abkürzungen und von Schriftgrößen, die, zugegebenermaßen, am Rande des Lesbaren sind. Bei Verwendung größerer Schriftformate und ohne Abkürzungen ergäben sich über 2000 Seiten und damit der Umfang beispielsweise des neuen dreibändigen »Reallexikons der deutschen Literaturwissenschaft« (auf der Basis des ersten Bandes hochgerechnet). Der Leser möge berücksichtigen, dass eine derart kompakte und preiswerte Zusammenfassung des psychologischen Wissens nur durch die genannten Gestaltungsmerkmale möglich geworden ist. Verfasser und Verlag haben viele Jahre um einen geringeren Umfang gerungen, letztlich hat sich der nun vorliegende ergeben. Nur in einem Werk dieses Umfangs war es nach Meinung des Verfassers möglich, den beabsichtigten »Vorschlag für einen kanonischen Wissensstock des psychologischen Grundlagenwissens« zu bieten, und dies auf eine Art und Weise, die der meist verzerrten und versimpelten Populärvorstellung von Psychologie, die auch innerhalb der gebildeten Öffentlichkeit in weiten Kreisen gegeben ist, eine Art Korrektiv entgegensetzt. Dem Verfasser erschien auch die in der Konzeption dargelegte 3. Schwierigkeitsebene nötig, um die Spezifik der modernen, sich als wissenschaftlich definierenden und dabei über Allgemeinplätze hinausgehenden (wollenden) Psychologie adäquat abzubilden.
Ergänzt werden soll dieses Lexikon durch weitere, die wichtige Teilgebiete der modernen Psychologie thematisieren. Im Entstehen ist bereits ein Lexikon psychischer Störungen.
Der Verfasser bittet um Diskussion, Kritik und Anregungen.

ZUM GEBRAUCH DES LEXIKONS

Standardgliederungsstrukturen

(1) Jeder längere Artikel hat eine klare inhaltliche Gliederung, die durch spezifische Siglen indiziert wird:
TH: Unter dieser Sigle werden die mit einem Begriff verknüpften Theorien dargestellt.
HI: Hier werden historische Informationen gegeben; diese reichen von einfachen Fakten (Personen und Jahreszahlen) bis hin zu Hintergrundinformationen bezüglich der problemhistorischen Einordnung des Begriffs und seines Zusammenhangs mit anderen Begriffen.
WÜ: Diese Sigle indiziert die Würdigung eines Begriffs: welche historische Bedeutung kommt ihm zu, wie ist der gegenwärtige Status? Da eine Würdigung häufig in einer problemhistorischen Einordnung besteht, stehen die beiden Siglen oft zusammen: HI/WÜ.
T: Hier werden terminologische Besonderheiten des Begriffs erläutert; v. a. wird auf Bedeutungsdifferenzierungen oder -ausprägungen hingewiesen, es werden Abgrenzungen zu ähnlichen Begriffen vorgenommen, auch werden implizite Aspekte des Sprachgebrauchs thematisiert, die durch eine explizite Definition schwer einzufangen sind. Darüber hinaus wird auf begriffshistorische Aspekte eingegangen und bisweilen auch auf Übersetzungsprobleme. An einigen Stellen ist eine terminologische Anmerkung mit Sigle auch in Klammern unmittelbar hinter einem im Text vorkommenden Begriff gesetzt.
KR: Unter dieser Sigle wird die Kritik referiert, die an den Annahmen geübt worden ist, welche in einem Begriff enthalten sind.
VD: Diese Sigle steht für Infomationen zur Vertiefung und zu Details und indiziert eine Differenzierung von Schwierigkeitsebenen, s. (2).
LIT: Hier werden bibliographische Annotationen gegeben: Es wird erläutert, in welcher Literatur sich was zu welchem Thema findet.
◆: Unter diesem Zeichen stehen die Literaturangaben.
(2) Die längeren Artikel sind in der Regel nach drei verschiedenen Schwierigkeitsgraden untergliedert:
(a) Am Anfang wird eine Definition des Begriffes gegeben, die ein ungefähres Vorverständnis ermöglicht.
(b) Dem folgen – in kleinerem Schriftgrad – Informationen zu den im vorhergehenden Absatz genannten Kategorien.
(c) Die Sigle VD indiziert einen Abschnitt über »Vertiefungen und Details«, der jeweils vor den Literaturannotationen und den Literaturangaben am Schluss des Artikeltexts steht. Dort werden Aspekte des Begriffs und seiner Diskussion in der Forschung dargelegt, die »über das unmittelbar Notwendige«, also das lexikalisch Kodifizierbare im engeren Sinne, hinausgehen. Es sind Zusatzinformationen, die beim ersten Lesedurchgang nicht notwendig sind, die aber ein vertieftes Verständnis ermöglichen.

Stichwortbildung

(1) Stichwörter, die aus zwei oder mehreren Wörtern bestehen, typischerweise einem Adjektiv und einem Hauptwort, erscheinen in aller Regel in der natürlichen Reihenfolge. Beispiel: *zustandsabhängiges Gedächtnis* (nicht: *Gedächtnis, zustandsabhängiges*).
(2) Synonyme oder ähnliche Fassungen des Hauptstichworts werden meist jeweils unmittelbar in einer eckigen Klammer angeführt; wenn diese quasisynonymen Fassungen einer Erläuterung bedürfen, sind sie meist in den Text integriert und erläutert (es ist in diesem Lexikon Wert darauf gelegt worden, auch kleinste Variationen eines Begriffs einzufangen – nach Ansicht des Verfassers wird herkömmlicherweise zu selbstverständlich vorausgesetzt, dass der Leser ähnliche Fassungen eines Begriffs als Synonyme erkennt).
(3) Englische Begriffe sind immer dann aufgenommen worden, wenn sie wichtig, typisch, spezifisch oder »eigentümlich« sind. Dem Sprachduktus der Psychologie folgend wurden manche englisch-deutschen Kombinationen beibehalten, bei einigen noch nicht lexikalisch aufgearbeiteten englischen Begriffen, für die noch keine Standardübersetzung vorliegt, wurde bisweilen der englische Originalterminus gewählt (Beispiel *feature integration theory*). Im Zusammenhang mit einem deutschen Wort werden die englischen Begriffe am Beginn des Wortes groß geschrieben (für das gegebene Beispiel würde dies heißen: *Feature-integration-Theorie*.)

Verweise

(1) Verweispfeile wurden nicht vor jedem Begriff, zu dem es im Lexikon einen Artikel gibt, gesetzt. Sie haben vielmehr eine spezifische Funktion und finden sich nur dann, wenn es sinnvoll wäre, an dieser Stelle auch auf das andere Stichwort »zuzugreifen«. Umgekehrt: Der Leser darf also davon ausgehen, dass auch ein psychologischer Begriff, vor dem kein Pfeil steht, in diesem Lexikon vorhanden ist (Ausnahmen: s. Selektionsprinzipien in der Konzeption des Lexikons). In der Regel wird ein Stichwort nur bei seiner ersten Verwendung in einem Artikel mit einem Pfeil versehen; nur nach einem längeren Abstand wird der Pfeil wiederholt oder dann, wenn gerade an dieser Stelle die unter dem anderen Stichwort gegebene Information besonders wichtig ist. Im Übrigen wurden die Termini nach den Verweispfeilen grundsätzlich nicht abgekürzt; auch in den jeweiligen Literaturangaben wurde das so gehandhabt.
(2) Verweise »über eine Ecke zusätzlich« wurden zugunsten eines ungestörteren Leseflusses in Kauf genommen. Dies gilt z. B. dann, wenn es für ein Artikelstichwort eine synonyme Fassung gibt und eines dieser Synonyme besser in den jeweiligen sprachlichen Zusammenhang passt.
(3) Ein Verweispfeil vor einem mit Bindestrichen zusammengesetzten Kuppelwort bezieht sich nur auf das oder die ersten Teilwörter, wie das regelmäßig der Fall ist bei Zusammensetzungen mit »Konzept«, beispielsweise »→ Schema-Konzept«.
(4) Unterschiede hinsichtlich Pluralbildung und Flexionen werden im Verweissystem nicht gemacht.

Formales

(1) Die Kursivschrift wird verwendet: (a) um Zitate zu kennzeichnen (nur wenn es um den ganz genauen oder einen ungewöhnlichen Wortlaut geht, wird von den Anführungszeichen Gebrauch gemacht); (b) für jede Form der Hervorhebung, wobei das Wort jeweils nur bei seiner ersten Verwendung im Artikel kursiviert, dann normal geschrieben wird; (c) um anzuzeigen, dass ein Begriff auf der Metaebene verwendet wird.
(2) Es wurde der Einfachheit halber die Kleinschreibung bei Zusammensetzungen gewählt, die bisweilen auch groß geschrieben werden, z. B. *differentielle Psychologie, klinische Psychologie*.
(3) Um den ohnehin nicht selten beträchtlichen sprachlichen Komplexitätsgrad nicht noch zu erhöhen, wurde auf eine differenzierte Auszeichnung spezifischer Genus-Endungen verzichtet und die männliche Form – im Sinne einer neutralen Bedeutung – verwendet.

Literaturangaben

(1) Die Literaturangaben stehen jeweils am Schluss des Artikels, sie sind alphabetisch, und, bei mehreren Veröffentlichungen eines Verfassers, zeitlich geordnet. Wo sich keine Literaturangaben finden (was nur ganz selten der Fall ist), wird auf einen übergreifenden oder benachbarten Begriff mit ausführlichem Literaturverzeichnis verwiesen.
(2) Die zitierten Zeitschriften sind durch Abkürzungen angegeben; diese werden im Zeitschriftenabkürzungsverzeichnis aufgeschlüsselt, das damit gleichzeitig einen Überblick über einen Großteil der psychologischen Fachzeitschriften gibt. (Dies ist das erste Psychologie-Lexikon, das ausführliche und spezifische Literaturverweise als ausdrückliche Aufgabe annimmt, deshalb sei um Nachsicht gebeten für die kleinen Schwächen, die auf diesem Gebiet noch existieren: z. B. fehlen bisweilen bei Aufsätzen und Artikeln noch Seitenangaben sowie in sehr seltenen Fällen die Verlagsorte. Bei mehreren Verlagsorten wird nur der erste angegeben. Für die englischsprachigen Titel wurde generell Kleinschreibung gewählt; »behaviour« wird in diesem Buch konsistent mit »our« geschrieben – tatsächlich enthalten viele englischsprachigen Beiträge das Wort ohne »u«; das war im Nachhinein nicht mehr zu korrigieren, in der Zeitschriftenliste allerdings werden die differentiellen Schreibweisen berücksichtigt.)

Vom Wörterbuch zum Hand- und Arbeitsbuch

Das Lexikon ist gemäß Konzeption ein »enzyklopädisches Wörterbuch«[4] oder ein »Lexikon« im engen Sinne – und es wurde in dieser Weise angelegt, um ausdrücklich auch als *Handbuch* dienen zu können: Jemand, der sich

---

[4] Der Verfasser hat in keiner der vorliegenden Enzyklopädien diesen für sie doch so wichtigen Begriff in all seinen Bedeutungsfacetten dargestellt bekommen; dies sind: (1) *enzyklopädisch* ist Wissen, das in der Art eines Lexikons bzw. einer Enzyklopädie *umfassend* ist; (2) gleichzeitig ist mit *enzyklopädischem* Wissen aber auch Wissen gemeint, das nicht das allerneueste und »modischste« ist, sondern das gesicherte; (3) *enzyklopädisch* ist ein Lexikon dann, wenn es mehrere Bände hat, also eine *Enzyklopädie* bildet; (4) *enzyklopädisch* hat bisweilen auch die Bedeutungsfa-

in ein bestimmtes Gebiet einarbeiten will, muss lediglich zu dem jeweiligen Hauptstichwort gehen und findet von da aus systematisch die Struktur des betreffenden Gebietes aufgeschlüsselt. (Dies ist etwas, es sei gestattet, das hier anzumerken, was der Leser vielleicht als selbstverständlich voraussetzt und was auch in vielen Vorworten von Lexika versprochen wird, was aber bisher noch nicht einmal ansatzweise realisiert worden ist, wieder mit Ausnahme des »Lexikons für Sprachpsychologie« von Grimm und Engelkamp.) Sämtliche Artikel dieses Lexikons wurden aus dem Gesamtzusammenhang des jeweiligen Sachgebietes erarbeitet. Daraus ergab sich ein wohlstrukturiertes *semantisches Netzwerk*: Vom zentralen Stichwort, das sozusagen an höchster Stelle steht, geht es in baumartigen Verweisen hinab zu sämtlichen innerhalb dieses Stichwortgebietes relevanten Teilstichwörtern. Und von jeder Stelle des Netzes kann man an jede andere gelangen. Dabei geben die Zwischenstichwörter ungefähr die »semantische Distanz« der Begriffe wieder. In Vorbereitung ist auch ein Ergänzungsband zu diesem Lexikon mit Postern, auf denen diese Netzwerke bzw. »kognitiven Landkarten« wiedergegeben sind.

Außerdem ist jeder längere Artikel durch Zahlen und Buchstaben untergegliedert. Der Verfasser hat sich insbesondere große Mühe gegeben, die Struktur einer Theorie oder Schulrichtung in einzelne klar explizierbare Teilannahmen aufzusplitten, die unabhängig sind, häufig aber amalgamiert werden, obgleich sie durchaus einzeln diskutiert und angenommen oder verworfen werden können – was auch der psychologiehistorischen Vorgehensweise entspricht. Man vergleiche z. B. Stichwörter wie »Behaviourismus« und »Assoziationismus«: da ist jeweils so etwas wie ein »Leitmotiv« gegeben und eine Reihe spezifischer Teilannahmen. Erwähnt sei an dieser Stelle auch, dass bei allen »großen« Stichwörtern eine Dreiteilung vorgenommen wird; Beispiele: *Motivation*, *Motivationspsychologie*, *Motivationstheorien*; *Lernen*, *Lernpsychologie*, *Lerntheorien*.

Dieses Lexikon erläutert ca. 5300 Begriffe, hat aber nur ca. 1300 Artikel, d. h. also, in jedem werden durchschnittlich etwa 4 Begriffe im Zusammenhang erläutert. Die meisten Lexika bevorzugen zwar die atomistische Darstellungsweise (und der Verfasser ist durchaus der Meinung, dass beide Konzeptionen ihren Sinn haben, wenn sie konsistent gehandhabt werden), dem Charakter des Verfassers und dieses Lexikons allerdings liegt die »molekulare« Darstellung näher. Beispielsweise werden unter einem Begriff wie »Mehrspeichertheorien« (in diesem Fall natürlich fast selbstverständlicherweise) mehrere Theorien aufgeführt; ist eine Untergruppe davon besonders wichtig, in diesem Fall die *Filtertheorien*, so erhält sie ein eigenes Stichwort; innerhalb dessen werden dann alle Filtertheorien dargestellt, ohne dass noch einmal eine weitere Rubrik für die verschiedenen Versionen aufgemacht wird. Es gibt auch enzyklopädische Gesamtdarstellungen, in denen eine Grundcharakterisierung von Begriffen *im Zusammenhang* erfolgt, z. B. bei

---

cette, in der es die Abgrenzung von »Lexikon« zu »Wörterbuch« verstärkt: Während ein Wörterbuch eher kurze Begriffsbestimmungen enthält und eher versucht, einen möglichst breiten Begriffs-Wortschatz zu explizieren, fügt ein *Lexikon* der »reinen Definition« auch noch ein darüber hinausgehendes Wissen hinzu und ist in diesem Sinne »enzyklopädischer« als das *Wörterbuch*; (5) *Enzyklopädie* als Bezeichnung für ein Sach-Wörterbuch, im Gegensatz zu einem Sprach-Wörterbuch.

einem Begriff wie »Wahrnehmung«, obgleich alle wichtigen Unterbegriffe noch zusätzlich einen eigenen Artikel erhalten.
In den Artikeln, die gemäß der Konzeption (vgl. das Kapitel »Selektionsprinzipien«) *Übersichtsartikel* sind, werden natürlich bisweilen erheblich mehr Begriffe erläutert; vgl. hierzu z. B. die Begriffe *geisteswissenschaftliche Psychologie* oder *physiologische Psychologie*, auch *Traum* oder *Computer vision*. Solche Begriffe folgen einem anderen Darstellungsprinzip als die innerhalb der Hauptbereiche liegenden Begriffe, bei denen das Prinzip gilt: *so groß wie nötig, so klein wie möglich*; d. h.: groß genug, um Zusammenhangs- und Problemwissen zu vermitteln, auch um dem Leser überflüssiges Hin- und Hersuchen zu ersparen, klein genug, damit alle Unterbegriffe, die im Rahmen der definierten Selektionsprinzipien einen »eigenständigen« Charakter besitzen, diesen auch in der Darstellung erhalten. So wird z. B. der Begriffskomplex »Assoziation« aufgeteilt in: *Assoziationsgesetze*, *Assoziationsprinzip*, *Assoziationsexperiment*, *Assoziationsindices*, *Assoziationskategorien*. (Und um an diesem Beispiel auch die Problematik zu verdeutlichen: Ursprünglich wurde *Assoziationismus* nochmals aufgespalten in *Assoziationismus* und *Assoziationspsychologie*, später wurden – nach Abwägung aller Darstellungsargumente – diese Begriffe dann wieder legiert.)
Dabei ist darauf geachtet worden, dass die Begriffe nicht unnötig »groß« gewählt sind, so dass die Wörterbuchfunktion nicht verloren geht. (Dieses Lexikon beruht somit auf einer anderen Konzeption als z. B. das »Enzyklopädische Wörterbuch der klinischen Psychologie und Psychotherapie« von Benesch, obgleich manche Artikel dieselbe Länge besitzen.)
Ein Spezialfall der Wahrung von Zusammenhängen ist die Darstellung binärer Gegensatz-Begriffe: sie werden meist als Begriffspaare (»x versus y«) erörtert. Die häufig zu findende isolierte Darstellung suggeriert fälschlicherweise, dass sie sozusagen unabhängig entdeckte Phänomene darstellen. Falls ein Begriff der forschungshistorisch grundlegendere ist, wird er als Hauptbegriff genommen, an dem der andere »aufgehängt« wird. Ausnahme: Sind beide Begriffe weitgehend unabhängig elaboriert worden, erfolgt grundsätzlich eine getrennte Darstellung, falls nicht in der gegenseitigen Abgrenzung auch die Einzelbedeutung besser dargestellt werden kann.
Aus all diesen Gestaltungsmomenten heraus erscheint dieses Buch dem Verfasser auch als »Lernbuch« für Prüfungsvorbereitungen gut geeignet, da es in kompakter Form einen sehr großen Stoffumfang enthält.

Einige Maximen zur Arbeit mit diesem Lexikon

(1) Man lese dieses Lexikon langsam, bisweilen sehr langsam! Es ist – pointiert gesagt – nicht zum *Lesen* da, sondern zum *Studieren* und zum *Arbeiten*! Diese Maxime erwächst aus der Erfahrung des Verfassers, dass die meisten Menschen an psychologische Texte mit einer Art »belletristischen« Lesehaltung herangehen – und dann Schiffbruch erleiden. Man kann dieses Lexikon nicht wie einen Text (beispielsweise) von Erich Fromm lesen! Man sollte dieses Lexikon so lesen, wie man auch ein Lexikon der Physik oder Chemie lesen sollte.
(2) Bei Verständnisproblemen können zwei Strategien hilfreich sein: Man erarbeite sich für die größeren Begriffe und Zusammenhänge eine Gliederung oder ein kleines graphisches Netzwerk – tatsächlich steht nämlich

hinter jedem Artikel ein solches. Und dann versuche man einen *Frage-Antwort-Test*, d. h. man überprüfe, welche Fragen man mit einem Text beantworten kann.

(3) Der Leser möge nicht immer versuchen, alles bis ins Letzte zu verstehen! Bei schwierigen Begriffen ist es völlig unmöglich, auf Anhieb ein volles Verständnis zu erzielen. Man verwende dann den bzw. die Artikel dafür, um eine erste ungefähre Vordefinition zu erhalten und darüber hinaus dafür, um sich eine Strategie für das weitere Vorgehen zu erarbeiten (die Artikel sind ausdrücklich auf dieses Vorgehen hin angelegt). Man merke sich sozusagen nur einige »Leitmotive«, unter denen man weiterstudiert. Jeder Artikel über einen komplexen Begriff ist nämlich eine solche »Weiterleseanleitung«. Es war dem Verfasser ein besonderes Anliegen, den Leser dabei auch von vornherein auf problematische und schwierige Aspekte vorzubereiten. Manches, was zunächst kompliziert klingt, wird man, sofern man einfach weiter liest, als sehr sinnvoll und verständlichkeitserhöhend erkennen. Die fruchtbarste Einarbeitung in die Grundbegriffe eines Gebietes erfolgt nämlich nicht in linear-sequenzieller Form, sondern in Form einer hermeneutischen Spirale, bei der man auf höherer Ebene wieder auf einen Begriff zurückkommt, ihn dort besser versteht und von da aus zu einem verbesserten Verständnis der anderen Begriffe gelangt usw.

(4) Eine weitere Maxime betrifft den Umgang mit den unterschiedlichen drei Schwierigkeitsgraden. Der Leser möge diese bewusst handhaben! Er möge sich zunächst einmal mit der ersten oder mit den ersten beiden Stufen zufrieden geben.

ABKÜRZUNGEN

I. Siglen zur Artikeluntergliederung

HI	=	Historisches
KR	=	Kritik
LIT	=	Literaturannotationen
T	=	Terminologie
TH	=	Theorien
WÜ	=	Würdigung
VD	=	Vertiefung und Details
◆	=	Literaturangaben

II. Allgemeine Abkürzungen

allg.	=	allgemein
Bd., Bde.	=	Band, Bände
bes.	=	besonders
Bsp.	=	Beispiel
bspw.	=	beispielsweise
d. h.	=	das heißt
Diss.	=	Dissertation
dt.	=	deutsch
gem.	=	gemäß
Hg.	=	Herausgeber
i. Allg.	=	im Allgemeinen
i. e. S.	=	im engen Sinne
i. w. S.	=	im weiten Sinne
Kzpt.	=	Konzept
o.	=	oder
Pb	=	Proband
Ps.	=	Psychologie
ps.	=	psychologisch
Psa.	=	Psychoanalyse
s. a.	=	siehe auch
sog.	=	sogenannt
Stw.	=	Stichwort
u.	=	und
u. a.	=	und andere
v. a.	=	vor allem
vgl.	=	vergleiche
Vh.	=	Verhalten

Vl	=	Versuchsleiter
Vp	=	Versuchsperson
vs.	=	versus
wb.	=	wobei
z. B.	=	zum Beispiel
Zsf.	=	Zusammenfassung
zsfd.	=	zusammenfassend
z. T.	=	zum Teil
zw.	=	zwischen

Abgekürzt werden ferner die Artikelstichwörter sowie Adjektive auf -ich oder -isch. Abgekürzte Substantive und Adjektive werden nicht flektiert. Anm.: *Pb*, *Vl*, *Vp* werden wie in der Psychologie üblich ohne Abkürzungspunkt verwendet.

III. Abkürzungen für Fachzeitschriften, andere Periodika und Sammelwerke

(Es sind keine offiziellen Abkürzungen, sondern die für dieses Lexikon angelegten)

AB	=	Animal Behaviour
ABS	=	Archives of the Behavioural Sciences
ACP	=	Applied Cognitive Psychology
AdP	=	Archives de Psychologie
AfgP	=	Archiv für die gesamte Psychologie
AfP	=	Archiv für Psychologie
AGP	=	Archive for General Psychiatry
AI	=	American Imago
AJP	=	American Journal of Psychology
AJPsy	=	American Journal of Psychiatry
ALB	=	Animal Learning and Behaviour
AmJP	=	American Journal of Psychoanalysis
AmP	=	American Psychologist
AmS	=	American Scientist
AnP	=	Annual of Psychoanalysis
AP	=	Acta Psychologica
Aps	=	Archives of Psychology
AR	=	Anxiety Research
ArI	=	Artificial Intelligence
ARN	=	Annual Review of Neuroscience
ARP	=	Annual Review of Psychology
ASB	=	Archives of Sexual Behaviour
ASR	=	American Sociological Review
ATP	=	Annals of Theoretical Psychology
B	=	Brain
BA	=	Behavioural Analyst

BaC = Brain and Cognition
BaL = Brain and Language
BAM = Behavioural Analysis and Modification
BBS = Behavioral and Brain Sciences
BJCP = British Journal of Clinical Psychology
BJDP = British Journal of Developmental Psychology
BJEP = British Journal of Educational Psychology
BJMP = British Journal of Medical Psychology
BJP = British Journal of Psychology
BJPia = British Journal of Psychiatry
BJSCP = British Journal of Social and Clinical Psychology
BJSP = British Journal of Social Psychology
Bm = Behaviourism
BMSP = British Journal of Mathematical and Statistical Psychology
BN = Behavioural Neuroscience
BP = Biological Psychology
BPro = Behavioural Processes
BR = Brain and Research
BRT = Behaviour Research and Therapy
BS = Behavioral Science
BSR = Biofeedback and Self-Regulation
BT = Behavioral Therapy
BuBPS = Bulletin of the British Psychology Society
BuPS = Bulletin of the Psychonomic Society
BuSchP = Bulletin der Schweizer Psychologen
C = Cognition
CaE = Cognition and Emotion
CBS = Canadian Journal of Behavioural Sciences
CD = Child Development
CJP = Canadian Journal of Psychology
ClPR = Clinical Psychological Review
CNP = Cognitive Neuropsychology
CoD = Cognitive Development
CoP = Contemporary Psychology
CP = Cognitive Psychology
CPP = Cardiovascular Psychophysiology
CPR = Canadian Psychology Review
CPsa = Contemporary Psychoanalysis
CS = Cognitive Science
CTR = Cognitive Therapy and Research
D = Diagnostica
DMW = Deutsche medizinische Wochenschrift
DP = Developmental Psychology
DR = Developmental Review
E = Econometrica
EdP = Educational Psychology
EJP = European Journal of Personality
EJSP = European Journal of Social Psychology

EP = Enzyklopädie der Psychologie (Nachfolger von HP): In Verbindung mit der Deutschen Gesellschaft für Psychologie herausgegeben von N. Birbaumer, C. F. Graumann, M. Irle, J. Kuhl, W. Prinz, F. E. Weinert; begründet von C. F. Graumann, T. Herrmann, H. Hörmann, M. Irle, H. Thomae, F. E. Weinert, seit den 80er-Jahren laufend, auf 88 Bände angelegt
EPM = Educational and Psychological Measurement
EPs = Educational Psychologist
ER = Educational Research
ESSR = Exercise and Sport Sciences Reviews
EuP = Europäische Zeitschrift für Psychologie
FNP = Fortschritte Neurologie und Psychiatrie
FPR = Film Psychology Review
FPsa = Forum der Psychoanalyse
G = Gruppendynamik
GJP = German Journal of Psychology
GPM = Genetic Psychology Monographs
GSGP = Genetic, Social and General Psychology Monographs (Vorgänger: GPM = Genetic Psychology Monographs)
GT = Gestalt theory
HD = Human Development
HL = Human Learning
HP = Handbuch der Psychologie, begründet von P. Lersch, F. Sander, H. Thomae, H. Gottschaldt, K. Wilde, 12 Bände, Göttingen 1959ff.
HR = Human Relations
I = Intelligence
IAJP = Interamerican Journal of Psychology
IJBD = International Journal of Behavioural Development
IJP = International Journal of Psychology
IJPph = International Journal of Psychophysiology
IJPsa = International Journal of Psychoanalysis
IRAP = International Review of Applied Psychology – Revue Internationale de Psychologie Appliquée
IRPsa = International Review of Psycho-Analysis
JABA = Journal of Applied Behaviour Analysis
JAbP = Journal of Abnormal Psychology (gegründet als Journal of Abnormal and Social Psychology)
JAcPsa = Journal of the American Academy of Psychoanalysis
JAP = Journal of Applied Psychology
JaPPT = Jahrbuch für Psychologie und Psychotherapie
JAPsaA = Journal of the American Psychoanalytic Association
JApSP = Journal of Applied Social Psychology
JAR = Journal of Advertising Research
JASP = Journal of Abnormal and Social Psychology
JCCP = Journal of Consulting and Clinical Psychology
JCD = Journal of Child Development
JCL = Journal of Child Language
JClinP = Journal of Clinical Psychology

JCNPS = Journal of Comparative and Neurologic Psychology
JCouP = Journal of Counseling Psychology
JCP = Journal of Consulting Psychology
JCPP = Journal of Comparative Physiological Psychology
JCPPia = Journal of Child Psychology and Psychiatry
JCPS = Journal of Comparative Psychology
JCR = Journal of Conflict Resolution
JEAB = Journal of the Experimental Analysis of Behaviour
JEM = Journal of Educational Measurement
JEnP = Journal of Environmental Psychology
JEP = Journal of Education and Psychology
JESP = Journal of Experimental Social Psychology
JExChP = Journal of Experimental Child Psychology
JExE = Journal of Experimental Education
JExP = Journal of Experimental Psychology
JExP: G = Journal of Experimental Psychology: General
JExP: HLM = Journal of Experimental Psychology: Human Learning and Memory
JExP: HPP = Journal of Experimental Psychology: Human Perception and Performance
JExP: LMC = Journal of Experimental Psychology: Learning, Memory and Cognition.
JGeP = Journal of Genetic Psychology
JGP = Journal of General Psychology
JHBS = Journal of History of the Behavioural Sciences
JHMS = Journal of Human Movement Studies
JHuP = Journal of Humanistic Psychology
JIP = Journal of Individual Psychology
JMa = Journal of Marketing
JMaP = Journal of Mathematical Psychology
JMB = Journal of Motor Behaviour
JMedP = Journal of Medical Psychology
JMI = Journal of Mental Imagery
JMiB = Journal of Mind and Behaviour
JML = Journal of Memory and Learning
JMLa = Journal of Memory and Language (Vorgänger: JVLVB)
JMoE = Journal of Moral Education
JMR = Journal of Marketing Research
JMS = Journal of Mental Science
JNMD = Journal of Nervous and Mental Disease
JNS = Journal of Neuroscience
JNVB = Journal of Nonverbal Behaviour
JOSA = Journal of the Optical Society of America
JP = Journal of Psychology
JPaP = Journal of Parapsychology
JPers = Journal of Personality
JPh = Journal of Philosophy
JPP = Journal of Phenomenological Psychology
JPsa = Jahrbuch der Psychoanalyse
JPSoR = Journal of Psychosomatic Research

JPSP	=	Journal of Personality and Social Psychology (seit 1965 neuer Titel des JASP, es zerfällt in die Unterorgane: *Attitudes and Social Cognition* sowie *Interpersonal Relations and Group Processes* und *Personality and Individual Processes*)
JPSR	=	Journal of Psycholinguistic Research
JPTPA	=	Journal of Protective Techniques and Personality Assessment
JRiP	=	Journal of Research in Personality
JSchP	=	Journal of School Psychology
JSHR	=	Journal of Speech and Hearing Research
JSI	=	Journal of Social Issues
JSMT	=	Journal of Sexual and Marital Therapy
JSP	=	Journal of Social Psychology
JSpP	=	Journal of Sport Psychology
JSPR	=	Journal of Social and Personal Relationship
JSR	=	Journal of Sexual Research
JTP	=	Journal of Transpersonal Psychology
JTSB	=	Journal for the Theory of Social Behaviour
JVLVB	=	Journal of Verbal Learning and Verbal Behavior (später: JMLa)
K	=	Kognitionswissenschaft
Ki	=	Kindheit
KZSSP	=	Kölner Zeitschrift für Soziologie und Sozialpsychologie
LL	=	Language Learning
LM	=	Learning and Motivation
MaC	=	Memory and Cognition
MaE	=	Motivation and Emotion
MaP	=	Mathematical Psychology
MBR	=	Multivariate Behavioural Research
MP	=	Medizinische Psychologie
N	=	Nervenarzt
NIP	=	New Ideas of Psychology
NP	=	Neuropsychologia
NPS	=	Neue psychologische Studien
OBHP	=	Organizational Behaviour and Human Performance
P	=	Psychologica
PA	=	Psychology and Aging
PaP	=	Perception and psychophysics
PB	=	Psychologische Beiträge
PBu	=	Psychological Bulletin
PCT	=	Psychoanalysis and Contemporary Thought
PD	=	Psychological Documents
PE	=	Psychoanalytic Enquiry
PEP	=	Probleme und Ergebnisse der Psychologie
Per	=	Perception
PEU	=	Psychologie in Erziehung und Unterricht
PF	=	Psychologische Forschung
PfAGP	=	Pflügers Archiv für die gesamte Physiologie (heißt heute European Journal of Physiology)
PfP	=	Psychologie für die Praxis (Vorläufer der ZAOP)

PG	=	Psychologie und Geschichte
PH	=	Psychologie heute
PhyP	=	Physiological Psychology
PI	=	Psychological Issues
Pia	=	Psychiatry
PID	=	Personality and Individual Differences
PJBS	=	Pavlovian Journal of Biological Science
PM	=	Psychological Monographs
PMe	=	Psychometrika
PMM	=	Psychometric Monographs
PMS	=	Perceptual and motor skills
PMSu	=	Psychonomic Monographs Supplements
Pn	=	Pain
PNMP	=	Psychiatrie, Neurologie und medizinische Psychologie
PP	=	Personnel Psychology
PPh	=	Psychophysiology
PPRaP	=	Professional Psychology: Research and Practice
PQ	=	Psychoanalytic Quarterly
PR	=	Psychological Review
PRe	=	Psychological Record
PRep	=	Psychological Reports
PReS	=	Psychological Research
PRu	=	Psychologische Rundschau
PS	=	Psychonomic Science
Psa	=	Psychoanalyse
PsaP	=	Psychoanalytic Psychology
PsaRev	=	Psychoanalytic Review
PsB	=	Psychobiology
PSC	=	Psychoanalytic Study of the Child
PsCs	=	Psychoanalysis and Contemporary Science
PsM	=	Psychosomatic Medicine
PsÖ	=	Psychologie in Österreich
Psp	=	Psychopharmacology
PspathuTh	=	Psychopathologie und Psychotherapie (hg. im Auftrag der Görres-Gesellschaft; Vorgänger: Jahrbuch für Psychologie, Psychotherapie und medizinische Anthropologie; Nachfolger: ZKPuPT)
PSPBu	=	Personality and Social Psychologic Bulletin
Psy	=	Psyche
PT	=	Psychology Today
PTaMP	=	Psychotherapy and Medical Psychology
PuEPs	=	Probleme und Ergebnisse der Psychologie
PuS	=	Psychologie und Sport
PWQ	=	Psychology of Woman Quarterly
QJEP	=	Quarterly Journal of Experimental Psychology
RER	=	Review of Educational Research
RP	=	Report Psychologie
RPB	=	Review of Psychoanalytic Books
RQu	=	Research Quarterly
SA	=	Scientific American

SchZPA	=	Schweizerische Zeitung für Psychologie und ihre Anwendungen
SJP	=	Scandinavian Journal of Psychology
So	=	Sociometry
SoP	=	Soviet Psychology
SP	=	Studia Psychologica
SPP	=	Sportpsychologie
SPQ	=	Social Psychology Quarterly
SuK	=	Sprache und Kognition
TD	=	Theory and Decision
THP	=	The Humanistic Psychologist
TIT	=	Titanic
VR	=	Vision Research
WPB	=	Working Papers in Bilingualism
ZAOP	=	Zeitschrift für Arbeits- und Organisationspsychologie
ZAP	=	Zeitschrift für Angewandte Psychologie
ZDDP	=	Zeitschrift für Differentielle und Diagnostische Psychologie
ZEAP	=	Zeitschrift für Experimentelle und Angewandte Psychologie
ZeP	=	Zeitschrift für empirische Pädagogik und Pädagogische Psychologie
ZEPP	=	Zeitschrift für Entwicklungspsychologie und Pädagogische Psychologie
ZexP	=	Zeitschrift für Experimentelle Psychologie (früher ZEAP)
ZfAr	=	Zeitschrift für Arbeitswissenschaft (früher Arbeit und Leistung)
ZfAW	=	Zeitschrift für Allgemeine Wissenschaftstheorie
ZfG	=	Zeitschrift für Gerontopsychologie
ZfGNP	=	Zeitschrift für die Gesamte Neurologie und Psychiatrie
ZfGP	=	Zeitschrift für Gerontopsychologie und Psychiatrie
ZfM	=	Zeitschrift für Medizinische Psychologie
ZfP	=	Zeitschrift für Pädagogik
ZfpersPP	=	Zeitschrift für personenzentrierte Psychologie und Psychotherapie
ZfPGP	=	Zeitschrift für Parapsychologie und Grenzgebiete der Psychologie
ZfpPPH	=	Zeitschrift für pädagogische Psychologie, Pathologie und Hygiene
ZfPs	=	Zeitschrift für Psychologie
ZfPsMuPsa	=	Zeitschrift für Psychosomatische Medizin und Psychoanalyse
ZfS	=	Zeitschrift für Sozialpsychologie
ZfSi	=	Zeitschrift für Sinnesphysiologie
ZfTPs	=	Zeitschrift für Tierpsychologie
ZKP	=	Zeitschrift für Klinische Psychologie. Forschung und Praxis (Organ der Sektion Klin. Ps. im BDP, der DGVT, der Gesellsch. für wissenschaftl. Gesprächstherapie u. der Sektion Klin. Ps. im Berufsverband Österreichischer Psychologen)

ZKPPiaP	=	Zeitschrift für Klinische Psychologie, Psychiatrie und Psychotherapie (Vorgänger: ZKPPP)
ZKPPP	=	Zeitschrift für Klinische Psychologie, Psychopathologie und Psychotherapie (Nachfolger: ZKPPiaP)
ZKPuPT	=	Zeitschrift für Klinische Psychologie und Psychotherapie

a-Aufgabe → Subtraktionsmethode.

Abbildungsfaktoren → Tiefensehen.

Abbruchfähige Durchmusterung → Gedächtnisabsuche.

Abergläubisches Verhalten. Skinner (1948) verwendet innerhalb des Paradigmas der → operanten Konditionierung den Begriff für das Phänomen, dass Vh., das einer zufälligen → Verstärkung unterworfen wird (→ Verstärkungspläne), sich dennoch aufbaut, als ob ein »realer Zusammenhang« vorläge; Bsp.: Irgendein unmittelbar vor der Fütterung zufällig gezeigtes Vh. bei Tauben wird verstärkt u. die Tiere verhalten sich dann so, als ob sie z. B. durch kreisförmiges Herumgehen, Heben des Kopfes o. Spreizen der Flügel die Futterabgabe auslösen könnten. Skinner sieht darin ein Analogon zur Entstehung von Aberglauben im menschl. Bereich.

VD: Kritiker haben darauf hingewiesen, dass der Begriff im Bezugssystem des deskriptiven → Behaviourismus inkonsequent ist, weil in ihm keine anderen Kriterien für den Zusammenhang von Verstärkung u. Wirkung gelten als das Häufigerwerden von Vhsweisen, so dass man nicht entscheiden kann, ob ein Vh. sinnvoll o. »abergläub.« ist (Frankel 1971). In einer späteren Untersuchung wurde gefunden, dass viele der Vhsweisen, die Skinner der »abergläub.« Verstärkung zugeschrieben hatte, auf die Futterzuteilung *folgten* u. ihr nicht vorausgingen, ein Phänomen, das Mahoney (1977) so kommentiert: »Unser Vh. als Vl scheint oft abergläubischer zu sein als das unserer Versuchssubjekte.«

◆ Frankel, M.: Personality as response. In: Maddis, R. (Hg.): Perspectives on personality. Boston 1971; Skinner, B. F.: »Superstition« in the pigeon. JExP 38, 1948, S. 168–172; Mahoney, M.: Kognitive Vhstherapie. München 1977.

Abfuhrreaktion → Energie.

Abgeleitete Motivation → primäre vs. sekundäre Verstärkung.

Abgeleitete Verstärkung → primäre vs. sekundäre Verstärkung.

Abhängiger → persönliche Verursachung.

A-B-Irrtum → Konzept des permanenten Objekts.

Ablationsmethode → Neuropsychologie.

Ableitungskomplexität. Die Theorie der A. (engl. *derivational theory of complexity*; Abk. DTC) postuliert, dass die linguist. Komplexität von Sätzen, bestimmt auf der Grundlage der → generativen Transformationsgrammatik, der realen ps. Komplexität entspricht: linguist. komplexe Sätze seien schwieriger zu verarbeiten u. zu speichern u. würden später erworben; dies gelte speziell für verneinte Sätze, da sie eine syntakt. Transformationsoperation mehr als affirmative Sätze erforderten. Klass. Untersuchungen unter diesem Leitkzpt. stammen von Miller (1962), Mehler (1963), Savian u. Perchonoc (1965).

HI: Die Theorie der A. ist der zentrale Ansatz innerhalb des Paradigmas der → psychologischen Realität der Grammatik; sie ist Ausdruck der *starken Korrespondenzhypothese* (s. d.) u. wurde zunehmend als inadäquat erkannt; es erwies sich v. a. als nötig, semant. u. pragmat. Aspekte miteinzubeziehen; vgl. u. a. Greene (1972).

VD: Ein Bsp. zur Charakterisierung der empir. Methodologie (Slobin 1966): Vpn wurden Sätze der folgenden Art vorgegeben: (a) *Karl kocht den Fisch.* (b) *Der Fisch wird von Karl gekocht.* (c) *Der Fisch wird gekocht.* Weil die Passivform (b) aus der Aktivform von Satz (a) abgeleitet ist und Satz (c) durch eine Transformation aus Satz (b) – die Streichung der Phrase »von Karl« – hervorgeht, müsste unter dem Aspekt der transformalen Komplexität Satz (a) am leichtesten, Satz (c) am schwierigsten zu verstehen sein, dies entspricht jedoch nicht der Realität. Derartige Ergebnisse haben einige Linguisten (vgl. z. B. Bresnan 1978) dazu veranlasst anzunehmen, dass wir über Regeln verfügen, die eine direkte Verbindung zw. Passivformen und ihrer lexikal. Bedeutung ermöglichen, ohne dazwischengeschaltete Transformationen: Bresnans Position wird als *lexikalist.* Grammatik bezeichnet, weil die angenommenen Regeln keinen allg. gültigen Transformationsregeln entsprechen, sondern sich mehr auf bestimmte lexikal. Einheiten u. bestimmte grammat. Strukturen beziehen; Bsp.: (a) *Carter begründete seine Entscheidung gegenüber Mondale.* (b) *Carter begründete Mondale seine Entscheidung.* (c) *Carter erwähnte seine Entscheidung gegenüber Mondale.* (d) *Carter erwähnte Mondale seine Entscheidung.* Satz (b) ist nach der Transformationsgrammatik aus Satz (a) durch eine Transformation abzuleiten, nicht jedoch Satz (d) aus Satz (c); ein Vertreter der lexikalist. Theorie kann dies damit erklären, dass die Dativform bei *begründen* mögl. ist (in Satz b), nicht aber bei *erwähnen* (wie in Satz d). Vgl. das Stw. *lexikalist. vs. transformationalist. Hypothese* in Bußmann (1990).

KR: Die Kritik zeigte u. a. eine Konfundierung des Faktors *transformationale Komplexität* mit anderen experimentellen Bedingungen wie z. B. der Satzlänge; auch wurde darauf hingewiesen, dass nur ein enger Bereich grammat. Beziehungen (Passiv, Negation, Frage usw.) untersucht wurde. Grundsätzlicher war die Beobachtung, dass Kinder das linguist. komplexere verkürzte Passiv früher als die linguist. einfachere vollständige Passivform erwerben. Slobin (1966) konnte die Bedeutsamkeit des semant. Faktors der *Reversibilität* beim Verstehen von Passivsätzen nachweisen: Passiv-Sätze, deren semant. Eigenschaften keinen Austausch von Objekt u. Subjekt zulassen, ließen sich in ps. Experimenten leichter verarbeiten als Sätze, deren Subjekt u. Objekt vertauscht werden können; bes. Osgood (1971) zeigte, dass Form u. Inhalt von Sätzen v. a. durch den vorhergehenden nichtsprachl. Kontext bestimmt werden.

LIT: Eine Zsf. vermittelt Engelkamp (1973, 1974).

◆ Anderson, J. R.: Kognitive Ps. Heidelberg 1988; Blumenthal, A. L.: Prompted recall of sentences. JVLVB 6, 1967, S. 203–206; Bresnan, J. W.: A realistic transformational grammar. In: Halle, M. u. a. (Hg.): Linguistic theory and psychological reality. Cambridge/Mass. 1978; Bussmann, H.: Lexikon der Sprachwissenschaft. Stuttgart 1990; Engelkamp, J.: Semant. Strukur u. Verarbeitung von Sätzen. Bern 1973; Engelkamp, J.: Psycholinguistik. München 1974; Epstein, W.: The influence of syntactical structure on learning. AJP 75, 1961, S. 121–126; Greene, J.: Psycholinguistics. Harmondsworth 1972; Marx, L. E. u. Miller, G. A.: The role of semantic and syntactic constraints in the memorization of English sentences. JVLVB 3, 1964, S. 1–5; Mehler, J.: Some effects of grammatical transformations on the recall of english sentences. JVLVB 2, 1963, S. 346–350; Miller, G. A.: Some psychological studies of grammar. AmP 17, 1962, S. 748–762; Miller, G. A. u. Izard, S.: Some perceptual consequences of linguistic rules. JVLVB 2, 1963, S. 217–228; Osgood, C. E.: Where do sentences come from? In: Steinberg, D. A. u. Jakobovits, A. (Hg.): Semantics. Cambridge/Mass. 1971, S. 497–529; Savian, H. B. u. Perchonoc, E.: Grammatical structure in immediate recall of english sentences. JVLVB 4, 1965, S. 348–353; Slobin, D. J.: Grammatical transformation in sentence comprehension in childhood and adulthood. JVLVB 5, 1966, S. 219–227; Wason, P. C.: The contexts of »plausible denial«. JVLVB 4, 1965, S. 7–11.

Ablenker → Distraktoraufgaben.

Ablenkitem → Distraktoraufgaben.

Ablenkungstechnik → Brown-Peterson-Technik.

Abney-Phänomen → Bezold-Brücke-Phänomen.

Abnormale Psychologie → klinische Psychologie.

A-B-O-Psychologie, bisweilen Abk. für die Trias → Arbeits-, → Betriebs- u. → Organisationspsychologie; die A. ist einer der Schwerpunkte, auf die sich der Psychologiestudent im Hauptstudium spezialisieren kann.

Abreaktion → Aggression; → Katharsis.

Abrufinterferenz → Fächereffekt.

Abruf-Interferenz-Paradoxon → semantische Netzwerke.

Abrufstrategien → Gedächtnisstrategien; → Metagedächtnis.

Absatzforschung → Marktpsychologie.

Abscheu → Ekel.

Abschwächung → Extinktion.

Absenter Hinweisreiz → Hinweisreiz.

Absichtsbehandlung → komplexes Problemlösen.

Absichtsrangierung → komplexes Problemlösen.

Absolute Akzentuierungstheorie → Wahrnehmungsakzentuierung.

Absolute Bewegungsschwelle → Bewegungssehen.

Absolute Generalisationshypothese → Transposition; → Gipfelverschiebung.

Absolute Größenschätzung → Verhältnisschätzmethoden.

Absolute Hörschwelle → Hören.

Absolute limen, engl. für *absolute Schwelle* (→ Sinnesschwellen).

Absolute magnitude estimation → Verhältnisschätzmethoden.

Absolute obere Intensitätsschwelle → Sinnesschwellen.

Absolute Qualitätsschwelle → Sinnesschwellen.

Absolute Schwelle → Sinnesschwellen.

Absolutes Urteil [auch *Absoluturteil*; Abk. AL], die Beurteilung von Reizen nach absoluten Kategorien wie *groß* u. *klein* o. *laut* u. *leise*, eine Beurteilung, die also nicht auf Vergleichen (*schwerer* o. *leichter*) beruht; dennoch werden solche Urteile meist von der Größe der unmittelbar vorausgegangenen Reize beeinflusst: → *Sequenzeffekte* u. → *Kontrasteffekte*; vgl. Ward u. Lockhead (1970). Meist sind a. U. Urteile, die einen Bezugsbereich in wenige, selten mehr als fünf Kategorien einteilen (man spricht deshalb auch von *Bereichs-* o. *Situationsurteilen*). Die *Bereichsurteile* gehen in *Identifikationsurteile* über, wenn jeder Merkmalsstufe eine eigene Kategorie fest zugeordnet ist (wenn z. B. spielende Kinder einen von zwei größeren Bällen als »den großen« u. den kleineren als »den kleinen« bezeichnen). Im Engl. wird der Begriff a. U. vorwiegend auf Identifikationsurteile bezogen. Im Unterschied zu einer ähnl. → psychophysischen Methode, der → Konstanzmethode, kennt die Methode des a. U. keinen Standardreiz u. wird deshalb oft auch als *Einzelreizmethode* bezeichnet (*method of single stimuli*). Die Methode wird selten verwendet, weil sie von Lern-

u. Gedächtnisfehlern beeinflusst wird. Zur Kritik an dieser Ansicht vgl. Haubensak (1985), der auch einen guten Überblick bietet.

HI: Die Methode wurde schon von Martin u. Müller (1899) angewendet u. dann v. a. von Wever u. Zener (1928) begründet; vgl. Haubensak (1985).

VD: Das Kzpt. des a. U. versucht eine Erscheinung zu beschreiben, die eine große theoret. Problematik beinhaltet, welche zum ersten Mal in Untersuchungen von Martin u. Müller am Ende des vorigen Jahrhunderts aufgetaucht ist: Vpn sollten mit dem Konstanzverfahren Vergleichs- bzw. Komparativurteile (*schwerer – leichter*) fällen; nach einiger Zeit gaben viele Vpn jedoch keine komparativen Urteile mehr ab, sondern absolute, wie z. B. »Das ist das schwere Gewicht« etc. Es scheint also so zu sein, dass Vpn, ohne einen bewussten reflexiven u. relationalen Entscheidungsprozess vorzunehmen, Reize unmittelbar einordnen können. Die dabei entstehenden Urteile sind phänomenal gesehen *absolut*, es muss jedoch ein implizites → Bezugssystem dahinter stehen, so dass sich diese Urteile unter einem genet. Aspekt als *relational* erweisen. Die Struktur u. Genese solcher Bezugssysteme ist ein eigenes Forschungsparadigma der modernen Wahrnehmungsps.; vgl. zsfd. Haubensak (1992).

◆ Haubensak, G.: Absolutes u. vergleichendes Urteil. Berlin 1985; Haubensak, G.: Sequenzeffekte in absoluten Urteilen. In: Krüger, H. P. (Hg.): Experimentelle Beiträge zur Metrik des Psychischen. Otto Heller zum 65. Geburtstag, Würzburg 1991, S. 33 u. 40; Haubensak, G.: Sequenzeffekte in absoluten Urteilen? Kritisches zur Methode. ZEAP 39, 1992, S. 101–113; Heller, O.: Orientierung innerhalb von phänomenalen Steigerungsreihen. In: Lauterbach, W. u. Sarris, V. (Hg.): Beiträge zur ps. Bezugssystemforschung. Bern 1980, S. 107–136; Martin, L. J. u. Müller, G. E.: Zur Analyse der Unterschiedsempfindlichkeit. Leipzig 1899; Shepard, R. N.: On the status of a »direct« psychophysical measurement. In: Savage, C. W. (Hg.): Perception and cognition. Minneapolis 1978; Ward, L. M. u. Lockhead, G. R.: Sequential effects and memory in category judgements. JExP: HPP 84, 1970, S. 27–34; Wever, E. G. u. Zener, K. E.: The method of absolute judgement in psychophysics. PR 35, 1928, S. 446–493.

Absolute untere Intensitätsschwelle → Sinnesschwellen.

Absolutschwelle → Sinnesschwellen.

Absoluturteil → absolutes Urteil.

Abstandseffekt → massiertes vs. verteiltes Üben.

Abstandswahrnehmung → Raumwahrnehmung.

Abstraktes Denken → Begriffsbildung; → Denken.

Abstraktion → Begriffsbildung; → Denken; → Wahrnehmung.

Abstraktionsexperimente → Sortiertechnik.

Abstraktionshierarchie → epistemische vs. heuristische Struktur; → semantisches Gedächtnis.

Abstrakt-verbales System → duale Kodierungstheorie.

Abtast-Regelung → Bewegungsprogramm.

Abwehr → Abwehrmechanismen; → Verdrängung.

Abwehrmechanismen, zentrales Kzpt. der → Psychoanalyse: unbewusste Techniken, deren sich das Ich bedient, um gegenüber den Triebansprüchen des Es u. den daraus resultierenden Konflikten bestehen zu können. Anna Freud (1936) unterscheidet: → *Verdrängung*, *Verschiebung*, *Ungeschehen-machen*, *Konversion*, *Phantasie(n)/Realitätsverleugnung*, *Verleugnung*, → *Regression*, *Projektion*, *Sublimierung*, *Reaktionsbildung*, *Rationalisierung*, *Intellektualisierung*, *Identifikation*, *Introjektion*, *Projektion*, *Wendung gegen die eigene Person*, *Isolierung*; weitere

A. sind u. a.: *Negativismus*, *Rückzug* o. *Flucht* u. *Apathie* o. *Resignation.* Die psa. Persönlichkeitsps. kennzeichnet eine Charakterstruktur durch die A., die eine Person bevorzugt verwendet. A. Freud versucht die einzelnen Abwehrformen in eine zeitl. Ordnung zu bringen; Schlegel (1973ff.) unterscheidet eine Gruppe von A. danach, dass sie durch eine »Lücke« gekennzeichnet sind (Verdrängen, Verleugnen, Isolierung), während bei den anderen A. das Abgewehrte in verwandelter Form wieder erscheint. Vgl. auch das Stw. → Energie.

VD: Kurzbeschreibung der einzelnen A.: *Verschiebung*: unerlaubte Affekte o. Triebwünsche werden von einer Vorstellung oder von einem Objekt auf ein anderes transferiert; Bsp.: statt der Aggression gegen Eltern freien Lauf zu lassen, verhält sich das Kind feindselig gegen seine Geschwister; *Ungeschehen-machen*: verbotene Wünsche o. Gedanken werden durch ihnen genau entgegengesetzt ausgerichtete ersetzt; *Konversion*: psych. Konflikte manifestieren sich in körperl. Symptomen wie Schmerzen, Anfällen, Lähmungen; *Phantasie(n)/Realitätsverleugnung*: Tagträume u. Wunschphantasien helfen zur Flucht vor einer unbefriedigenden Realität; solche Phantasien beinhalten einen wichtigen Grundabwehrmechanismus, die *Verleugnung*, die sich oft auf die frühkindl. Objektbeziehungen bezieht: z. B. wird Enttäuschung o. Wut gegen die Eltern verleugnet durch den Satz, diese hätten es ja immer gut gemeint; *Regression*: s. d. *Projektion*: beängstigende Impulse werden anderen Personen zugeschrieben o. unterstellt; *Sublimierung*: Vertauschung eines sexuellen Triebziels mit einem anderen, sozial wertvolleren Ziel; sie spielt v. a. für die normale Entwicklung u. Sozialisation eine entscheidende Rolle; *Reaktionsbildung*: ein unangemesser Triebimpuls wird mit einer direkt entgegengerichteten Vhsweise beantwortet; Bsp.: die unbewusste Ablehnung eines Kindes führt zu besonderer Zuwendung u. Fürsorge von seinen Eltern; auch *Altruismus* kann eine Reaktionsbildung in diesem Sinne sein u. wird von A. Freud als ein eigener A. dargestellt; *Rationalisierung*: von anderen Menschen nicht akzeptierte Vhsweisen werden aufgewertet, indem man positive Beweggründe u. Ziele dafür anführt; ähnl. ist die *Intellektualisierung*, die stärker als die Rationalisierung die Affekte in der Distanz hält u. sie zu neutralisieren versucht, während die Rationalisierung keine unbedingte Vermeidung der Affekte impliziert, sondern diesen vernünftige Motivationen attribuiert bzw. sie rechtfertigt; *Identifikation*: eine Gleichsetzung mit einer Bezugsperson, typischerweise die Identifikation mit dem Unterdrücker bzw. mit dem Angreifer; wichtig ist die Identifikation des Kindes mit dem Vater in der ödipalen Phase, wodurch die äußeren Gebote u. Normen des Vaters, der Autoritätsperson, verinnerlicht werden u. die Gewissensbildung stattfindet; *Introjektion*: ein Gegenbegriff zur *Projektion*: durch die I. wird ein möglichst großer Teil der Außenwelt in das Ich aufgenommen; der Introjektionsmechanismus spielt v. a. in der freudschen Analyse der Depression eine wichtige Rolle: beim Tode des Partners innerhalb einer ambivalenten Beziehung werden die kognitiven Repräsentationen des Partners verinnerlicht u. die aus der ambivalenten Beziehung entspringende Aggression richtet sich gegen das eigene Ich u. führt zu Depressionen; ähnl. ist die *Wendung gegen die eigene Person*, ein klass. *Triebschicksal*, am deutlichsten bei Selbstaggressionen zu beobachten; *Isolierung*: Unlust o. Angst auslösende Assoziationen zw. Affekten u. Vorstellungen werden voneinander gelöst; die damit verbundenen Inhalte bestehen zwar bewusst, aber isoliert davon weiter; der Mechanismus ist typ. für die Zwangsneurose: so kann ein Zwangsneurotiker traumat. Ereignisse der Kindheit berichten, ohne einen Affekt zu zeigen; weitere Bsp.: eine konflikthafte Partnerbeziehung wird dadurch entschärft, dass die beiden Affekte voneinander isoliert werden; von einer extrem affektgeladenen Vorstellung, wie z. B. der Erfahrung der Ablehnung durch die eigene Mutter, wird der Affektanteil abgetrennt, die Vorstellung bleibt bewusst, berührt die Person aber nicht besonders.

LIT: Zum Überblick, zur Systematik u. zur Weiterentwicklung vgl. Mentzos

(1983) u. Vaillant (1992); zu Bspn. für das Wirken von A. im Bereich der Personalbeurteilung vgl. Lueger (1992).

◆ Freud, A.: Das Ich u. die Abwehrmechanismen. Wien 1936; Lueger, G.: Die Bedeutung der Wahrnehmung bei der Personalbeurteilung. München 1992; Mentzos, S.: Abwehrmechanismus. In: Mertens, W. (Hg.): Psychoanalyse – ein Handbuch in Grundbegriffen. München 1983, S. 62–69; Schlegel, L.: Grundriß der Tiefenps., 5 Bde. München 1973–1979; Vaillant, G. (Hg.): Ego mechanisms of defence: a guide for clinicans and researchers. Washington 1992.

Abweichungs-IQ → Intelligenz.

Abwertungsprinzip → naive Varianzanalyse.

Accessability → TLC.

Achievement anxiety → Leistungsangst.

Ach-Lewin-Kontroverse → assoziatives Äquivalent.

Achromatische Farben → Farbwahrnehmung; → Schwarz-Weiß-Sehen.

Achromatopsie → Farbwahrnehmung.

Ach-Wygotsky-Methode → Begriffsbildung.

ACT → ACT-Theorie.

ACT* → ACT-Theorie.

Action Slips → Handlungsfehler.

Action theory → Handlungstheorien.

ACT-Star → ACT-Theorie.

ACT-Theorie, Abkürzung für *Adaptive Control of Thought*, ein Computerprogramm zur Elaboration, Präzisierung u. Simulation der Grundideen der → Aktivierungsausbreitungs-Theorie u. des → HAM-Modells, das deren Schwächen, bes. auf den Gebieten Sprachverstehen u. → Inferenzen, zu überwinden versucht (Anderson 1976ff.). Die Subjekt-Prädikat-Struktur von HAM wird beibehalten, es wird ihr jedoch eine mengentheoret. Interpretation zugeordnet. Die A. trennt *deklaratives* u. *prozedurales Wissen* – Ersteres wird durch ein (propositionales) → semantisches Netzwerk u. Letzteres durch die auf dem Netzwerk operierenden → Produktionssysteme repräsentiert. Die Theorie ist von 1974 bis 1983 in einer Folge von Versionen entstanden. Im Rahmen der letzten Fassung, der sog. ACT*– (auch ACT-Star-) Version, hat Anderson (1983) unter anderem eine Theorie des → Wissenserwerbs entwickelt, die auf die von Fitts (1964) unterschiedenen Stufen des Erwerbs von Fertigkeiten zurückgeht. Der Kern von Andersons Theorie des Wissenserwerbs besteht darin, dass Wissen zunächst in deklarativer Form enkodiert wird o. dass durch wiederholte Anwendung eine *Wissenskompilierung* einsetzt, wb. Wissen entweder zu neuen Kombinationen in festen Sequenzen zusammengeführt wird o. in eine → *prozedurale Wissensrepräsentation* überführt wird u. zwar in Form von Produktionsregeln, worauf weitere Phasen der Wissensoptimierung folgen (v. a. Generalisation, Diskrimination u. Verstärkung). Zu dem interessanten ps. Experiment, das wesentl. für die Entwicklung des ACT* war, vgl. zsfd. Klimesch (1988). Eine Weiterentwicklung des ACT* ist SOAR, eine vergleichende Gegenüberstellung der beiden findet sich in Newell u. a. (1989).

KR: Claxton (1978); Wexler (1978).

LIT: Eine tief schürfende Analyse dieses Modells im Zusammenhang gedächtnisps. Grundprobleme findet sich in Klimesch (1988); eine wissenschaftstheoret. Analyse der Theorie ist Heise (1991).

◆ ANDERSON, J. R.: Language, memory and thought. Hillsdale 1976; ANDERSON, J. R.: The architecture of cognition. Cambridge 1983; CLAXTON, G.: Special review feature: memory research. BJP 69, 1978, S. 513–520; FITTS, P. M.: Perceptual-motor skill learning. In: MELTON, A. W. (Hg.): Categories of human learning. New York 1964, S. 243–285; HEISE, E.: Strukturalist. Rekonstruktion der ACT*-Theorie von Anderson. Frankfurt/M. 1991; KLIMESCH, W.: Struktur u. Aktivierung des Gedächtnisses. Bern 1988; NEWELL, A. u. a.: Symbolic architectures for cognition. In: POSNER, M. I. (Hg.): Foundations of cognitive science. Cambridge 1989, S. 93–132; WEXLER, K. A.: A review of John R. Anderson's Language, Memory and Thought. C 6, 1978, S. 73ff.

Adaptation. (1) I. e. S. meint *A.* die *sensor.* A., also die Anpassung der sensor. Empfindlichkeit an das Intensitätsniveau von Sinneseindrücken. Daraus resultiert eine logarithm. Empfindlichkeit der Sinne, ein Messprozess, bei dem Verhältnisse statt Differenzen angezeigt werden. Ein wichtiges Bsp. für A. ist die Anpassung des Auges an Helligkeit o. Dunkelheit: *Hell-Dunkel-A.* Ein Bsp. für die A. des Wärmesinns zeigt sich im → Drei-Schalen-Versuch. Alle Sinnesorgane mit Ausnahme des Schmerzes zeigen A. Je präziser ein Sinnessystem arbeitet u. je komplexer die Wahrnehmungsleistung ist, umso länger dauert in der Regel der Adaptationsprozess. A. bewirkt meist, dass entwicklungsgeschichtl. ursprünglichere Leistungen (z. B. Lichtsinn statt Formsinn) verbessert werden. Von der eigentl. A. ist der Prozess der *Aufmerksamkeitsabwendung* zu unterscheiden, die häufig dann einsetzt, wenn Reize ständig einwirken u. nicht wichtig sind (wie z. B. das Ticken einer Uhr). *Deadaptation* meint einen Wiederanstieg der Empfindlichkeit. Eine ausführl. Analyse des A.-Kzpts. in der Psychophysik unter einem kybernet. Aspekt findet sich in Hajos (1972). (2) In der → Adaptationsniveautheorie wird der Begriff A. verallgemeinert in Richtung auf perzeptiv-kognitive Wahrnehmungsklassifikationen – ihre Abgrenzung von einfachen sensor. Adaptationsprozessen ist eines der Grundprobleme der Psychophysik. (3) In einem umfassenden Sinne, näml. zur Kennzeichnung der sensor.-motor. Integration bzw. Koordination, wird der Begriff z. B. bei Kohler (1966) verwendet (*sensor.-motor. A.*); Weiteres s. das Stw. → Prismenbrillenversuche; vgl. auch die Stw. → Rückmeldungsverzögerung u. Rückmeldungsverzerrung u. → Nachwirkungen.

VD/T: *Fatigue* bezeichnet die Ermüdung eines Sinnesorgans aufgrund anhaltender Stimulation, ein Prozess, der nicht immer scharf von A. getrennt werden kann. Man unterscheidet Ermüdung, die während einer Stimulation stattfindet (*perstimulatory fatigue*) u. Ermüdung, die nach der Stimulation (*post-stimulatory fatigue*) nachgewiesen werden kann. Zur Bedeutung der Phänomene im Bereich der Psychoakustik vgl. Hellbrück (1993). Es gibt eine gewisse Übereinkunft, Empfindlichkeitsreduktion aufgrund schwacher Stimulation A. zu nennen u. solche, die durch intensive Reizung hervorgerufen wurde, *Ermüdung* zu nennen. In eine ähnl. Richtung geht die Differenzierung nach der Dauer der Nachwirkung eines Reizes, derzufolge eine Erholungszeit von 1 bis 3 Minuten kennzeichnend für eine A. ist, während Erholungszeiten, die darüber liegen, für eine Ermüdung sprechen. In der älteren Lit. gibt es auch den Ausdruck *Umstimmung* (heute noch für Farbadaptationen gebräuchl.), des Weiteren *Gewöhnung*, u. bis zur Mitte des 19. Jahrhunderts wurde das Wort A. syn. mit → *Akkommodation* gebraucht; Ebbinghaus sprach auch von *Abstumpfung* der Empfindung. Ab Beginn des 20. Jhdts. bürgerte sich unter Einfluss der Sinnesphysiologie das Wort A. auch in der Ps. der Wahrnehmung ein.

◆ Birbaumer, N. u. Schmidt, R. F.: Biolog. Ps. Berlin 1989; Elliot, D. N. u. Fraser, W.: Fatigue and adaption. In: Tobias, J. V. (Hg.): Foundations of modern auditory theory. New York 1970, S. 117–155; Hajos, A.: Wahrnehmungsps. Psychophysik u. Wahrnehmungsforschung. Stuttgart 1972; Hellbrück, J.: Hören. Physiologie, Ps. u. Pathologie. Göttingen 1993; Kohler, I.: Die Zusammenarbeit der Sinne u. das allg. Adaptationsproblem. In: Metzger, W. (Hg.): Wahrnehmung u. Bewußtsein. HP, 1. Bd., 1. Hlb. Göttingen 1966, S. 616–656.

Adaptationsniveau → Adaptationsniveautheorie.

Adaptationsniveautheorie. Eine → Bezugssystemtheorie (Helson 1964), welche versucht, Grundphänomene der → Psychophysik unter Berücksichtigung des Prinzips der → Adaptation zu analysieren u. die dabei gewonnenen Gesetzmäßigkeiten auf andere Gebiete zu übertragen: (1) Zentral ist die Annahme, dass die Wahrnehmung u. Einschätzung eines Reizes, z. B. der Lautstärke eines Tons, vom sog. *Adaptationsniveau* (engl. *adaption level*; Abk. *AL*) abhängt. Dies ist ein *Punkt subjektiver Indifferenz* (PSI), der empfunden wird als *weder leicht noch schwer, weder leise noch laut* etc., dies ist nach Helson der Nullpunkt der subjektiven Skala, der das jeweilige → Bezugssystem bestimmt. Das AL bildet sich anhand von Erfahrungen mit ähnl. Gegenständen (Prinzip des *perzeptiven pooling*). Es bestimmt sich aus dem geometr. Mittel folgender Reizklassen: (a) *Serienreize* bzw. *Fokalreize*; das sind die zu beurteilenden Reize, die im Zentrum (Fokus) der Aufmerksamkeit liegen. (b) *Hintergrund-* u. *Kontextreize* bilden die nähere »Umgebung« der fokalen Reize, von denen sie sich abheben u. in Bezug auf die die Serienreize beurteilt werden; unter experimentellen Bedingungen sind dies die → Ankerreize, d. h. zeitl. vor den Serienreizen dargebotene Reize. (c) *Residual-* bzw. *Restreize* nennt Helson alle nicht auf unmittelbare Anschauung begründeten Beurteilungsmaßstäbe, die der Beobachter aus seinem Erfahrungshorizont heraus einbringt. Diese Restreize sind experimentell nicht fassbar u. können im Laborversuch weitgehend ausgeschaltet werden. (3) Das wesentl. Postulat der A. ist das eines gleichmäßigen (*monotonen*) Kontrasteffektes: Jeder Einzelreiz wird in Bezug auf diesen Nullpunkt wahrgenommen u. die subjektiv empfundene Stärke dieses Reizes hängt von diesem Nullpunkt ab bzw. kontrastiert in Abhängigkeit von der Entfernung von diesem Nullpunkt. Der paradigmat. helsonsche Versuch, der dies demonstriert: Die Vpn hatten anhand einer neunstufigen Rating-Skala (von »sehr, sehr leicht«, bis »sehr, sehr schwer«) Gewichte zu beurteilen; die Serienreize waren Gewichte von 200, 250, 300, 350 u. 400 Gramm; der Hauptgruppe wurden Ankerreize in Form von Gewichten von 100, 300 o. 900 Gramm zeitl. vor jedem Serienreiz dargeboten; die Kontrollgruppe nahm die Beurteilung ohne Vorhandensein eines Ankerreizes vor. Unter Versuchsbedingung A (Ankerreiz von 100 Gramm) wurden die Gewichte als schwerer im Vergleich zur Kontrollgruppe (ohne Ankerreiz) u. unter der Versuchsbedingung B (Ankerreiz von 900 Gramm) als leichter eingestuft. Unter der Versuchsbedingung C (Ankerreiz von 300 Gramm, das entspricht dem arithmet. Mittel des Serienreizes) kam es zu keinen signifikanten Beurteilungsunterschieden; für weitere Bsp. vgl. Sarris (1971).

HI/WÜ: Die A. war die erste quantitative u. die histor. bedeutsamste Bezugssystemtheorie.

KR: Die A. gilt zumindest in ihrem Generalitätsanspruch als widerlegt – die Übertragung des Prinzips der sensor. Adaptation auf andere Gebiete muss als ein weit überzogener Anspruch gewertet werden; v. a. der Trend zu einem monotonen Kontrast-Effekt erweist sich nicht als allgemein gültig, auch die Annahme, dass Kontextstimuli, die nahe dem Nullpunkt liegen, keinen Einfluss auf das Urteilsvh. haben, wurde nicht bestätigt (es existiert ein sog. *intraserieller Kontrasteffekt*; vgl. Sarris 1971). Heller versucht in seiner *Orientierungstheorie* zu zeigen, dass die klass. Helsonschen Versuchsergebnisse v. a. eine Folge der Unklarheit des Versuchsaufbaus u. der damit einhergehenden Desorientiertheit der Vpn über den Umfang der zu beurteilenden Reize sind u. dass unter *Orientiertheitsbedingungen* keine Ankereffekte gegeben sind. Wichtige Alternativtheorien sind die → Range-frequency-Theorie u. im deutschsprachigen Raum das → Ähnlichkeitsklassifikationsmodell.

◆ APPLEY, M. H. (Hg.): Adaption-level-theory: a symposium. New York 1971; HELSON, H.: Adpation-level theory. New York 1964; SARRIS, V.: Wahrnehmung u. Urteil. Göttingen 1971.

Adaptationsstimulus → Nachwirkungen.

Adaptive Control of Thought → ACT-Theorie.

Adaptoren → Gestik.

Addieren → mathematisches Denken.

Additions- vs. Multiplikationstheorem der Anreizmotivation → Anreiz.

Additive-Differenzen-Regel → Entscheidungsheuristiken.

Additive-Faktoren-Methode [auch Faktor-Additionsmethode], eine Weiterentwicklung der → Subtraktionsmethode durch Sternberg (1969ff.); während Letztere darauf beruht, dass sich die unterschiedl. Anforderungen im → Reaktionsexperiment ausschließl. dadurch auswirken, dass Verarbeitungsstufen entfallen bzw. hinzukommen, beruht Sternbergs Methode darauf, dass sich Reaktionsaufgaben nicht hinsichtl. der Anzahl der beteiligten Prozesse o. Stufen unterscheiden, sondern ledigl. im Zeitbedarf der Teilprozesse. Ferner wird angenommen, dass der Zeitbedarf eines Teilprozesses von den jeweiligen konkreten Aufgabenanforderungen abhängt. An die Stelle der selektiven Hinzufügung von Teilprozessen tritt hier die selektive Beeinflussung einzelner Teilprozesse. Es werden dazu experimentelle Variablen genommen, von denen (aus empir. o. theoret. Gründen) bekannt ist, dass sie jede für sich genommen die Reaktionszeit beeinflussen. Wenn sie unterschiedl. Stufen betreffen, ist zu erwarten, dass ihre Wirkungen sich *addieren*, wirken sie dagegen auf eine gemeinsame Stufe ein, muss mit einer *nichtadditiven* Überlagerung der Wirkung beider Faktoren gerechnet werden, die Faktoren wirken also nicht mehr unabhängig voneinander, sondern treten in Wechselwirkung. Das Rationale der Methode besteht also darin: *addieren* sich die Wirkungen zweier Faktoren, wird angenommen, dass sie auf *verschiedenen* Stufen wirksam sind u. umgekehrt. Sternberg analysiert das Problem v. a. anhand der Methode der → binären Zeichenklassifikation.
Folgende Faktoren/Versuchsbedingungen werden variiert (ohne dass der Versuchsleiter, wie bei der Subtraktionsmethode, neue Aufgaben entwickeln musste, um die Verarbeitungsstufe voneinander abgrenzen zu können): (a) Stimulus-Qualität: gut bis schlecht erkennbares bzw. lesbares Material – da-

durch, so wird erwartet, wird die visuelle Identifikation beeinflusst; (b) Umfang der positiven Menge: eins bis sechs Zeichen – dadurch, so wird erwartet, wird der Zeitbedarf des Durchmusterungsprozesses beeinflusst. (c) Antwortart: positive o. negative Antwort; (d) relative Häufigkeit positiver o. negativer Antworten: eine Versuchsbedingung, bei der über die Wahl der Teststimuli die Verteilung der positiven bzw. negativen Antworten beeinflusst werden kann. Dabei ergaben sich folgende grundlegende Ergebnisse: Die mindere Stimulusqualität beeinflusst ledigl. die Lesbarkeit bzw. die Stufe der *Reizkodierung*, nicht jedoch die anderen Stufen, wie die der *seriellen Durchmusterung*, der *binären Entscheidung* (also ob man *Ja* o. *Nein* sagt) u. der *Antwortrealisierung* (auch *Antwortorganisation*); deren Dauer wird durch die Variation der anderen Faktoren hervorgerufen: die Größe des Positivsets beeinflusst den seriellen Vergleich, die binäre Entscheidung u. die relative Häufigkeit des Antworttyps beeinflusst die Response-Organisation; s. Abb. *Kognition 11* (nach *Sternberg* 1969), oberhalb der gestrichelten Linien werden die experimentellen Faktoren angegeben, die die Stufen selektiv beeinflussen. Die A. bzw. die mit der A. gefundenen Ergebnisse lassen sich anschließen an die von Sternberg thematisierten Modelle zur → Gedächtnisabsuche. Denkbar sind zwei Modelle: (a) die Gedächtnisdurchsuche bzw. -durchmusterung findet auf der gleichen Verarbeitungsstufe wie die visuelle Identifikation statt (nach der Prinzschen Terminologie auf der Stufe der *Adressierung*; vgl. Prinz 1990); (b) die serielle Durchmusterung findet auf einer späteren Stufe statt, die an die visuellen Integrationen anschließt (nach der prinzschen Terminologie auf der Stufe des Vergleichs zw. *Objektrepräsentation* u. *Exekutionsbedingung*; vgl. Prinz 1983, 1990). Nach dem ersten Modell müsste jeder der Teilprozesse, aus denen die serielle Durchmusterung besteht, um einen bestimmten Betrag verlängert werden, wenn die visuelle Identifizierbarkeit beeinträchtigt wird. Nach dem zweiten Modell, das Sternberg favorisiert, ist dagegen zu erwarten, dass die Störung der visuellen Identifikation sich nach der ersten Stufe auswirkt u. dass der Durchmusterungsprozess auf der folgenden Stufe davon völlig unbeeinflusst bleibt (*additive* Überlagerung der experimentellen Faktoren).

HI/WÜ: Die Methode Sternbergs zur *Dekomposition von kognitiven Prozessstufen* ist wegweisend u. exemplar. für die moderne empir. u. experimentell orientierte kognitive Ps. u. beispielhaft für die Erforschung elementarer Stufen der Informationsverarbeitung. Man kann die Methode auch zur Analyse »höherer« kognitiver Prozesse, z. B. bei

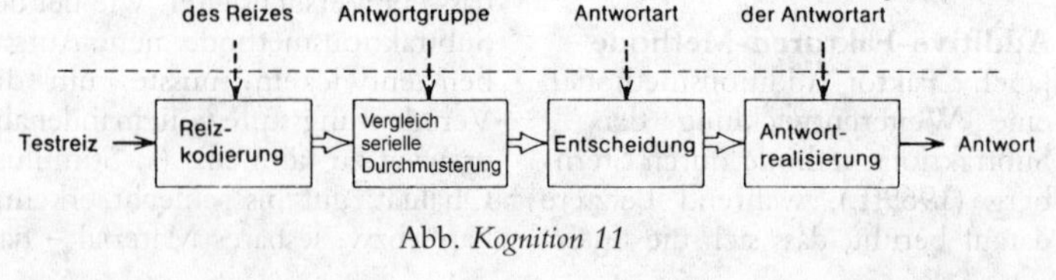

Abb. *Kognition 11*

Intelligenztests o. bei Satzverifikationsverfahren, anwenden; vgl. hierzu die Darstellung in Hussy (1984, 1986).

KR: Zunehmend wächst die Bedeutung von Modellen, die die Möglichkeit von überadditiven Interaktionen erwägen; solche Wirkungen treten nach Taylor (1976) insbes. dann auf, wenn Verarbeitungsprozesse parallel ablaufen, auch nach Taylor (1976), Estes (1979) u. Peters (1983) kann die A. zwar möglicherweise Sub- u. Meta-Verarbeitungsstufen identifizieren, versagt aber bei parallel operierenden Prozessen; allg. zur Problematik der Interpretation von Reaktionszeiten vgl. Wender (1980) sowie Prinz (1972) u. Pachella (1974); zu einer neueren Darstellung u. einer Verteidigung der A. vgl. Sanders (1980).

◆ BADDELEY, A.: Die Ps. des Gedächtnisses. Stuttgart 1979; ESTES, W. K.: On the descriptive and the explanatory functions of theories of memory. In: NILSSON, L. G. (Hg.): Perspectives on memory research. Hillsdale 1979; HUSSY, W.: Denkps., 1. Bd. Stuttgart 1984; HUSSY, W.: Denkps., 2. Bd. Stuttgart 1986; KINTSCH, W.: Gedächtnis u. Kognition. Berlin 1982; MEYER, D. E. u. a.: Modern mental chronometry. BP 26, 1988, S. 3–67; PACHELLA, R. E.: The interpretation of reaction time in information-processing research. In: KANTOWITZ, B. H. (Hg.): Human information processing: tutorials in performance and cognition. Hillsdale 1974, S. 41–82; PETERS, J. P. M.: Sternberg's additive factor method and underlying psychological processes: Some theoretical considerations. PBu 93, 1983, S. 411–426; POSNER, M. I.: Chronometric explorations of mind. Hillsdale 1978; PRINZ, W.: Erkennen. In: RITTER, J. (Hg.): Histor. Wörterbuch der Philosophie, 2. Bd., Basel 1972; PRINZ, W.: Wahrnehmung u. Tätigkeitssteuerung. Berlin 1983; PRINZ, W.: Wahrnehmung. In: SPADA, H. (Hg.): Lehrbuch Allgemeine Ps. Bern 1990, S. 25–114; SANDERS, A. F.: Stage analysis of reaction processes. In: STELMACH, G. E. u. REQUIN, J. (Hg.): Tutorials in motor behaviour. Amsterdam 1980; STERNBERG, S.: Memory scanning: mental processes revealed by reaction-time-experiments. AmS 57, 1969, S. 421–457; STERNBERG, S.: Memory scanning: new findings and current controversies. QJEP 27, 1975, S. 1–32; STERNBERG, S.: The discovery of processing stages: extensions of Donder's method. In: KOSTER, W. G. (Hg.): Attention and performance II. Amsterdam 1969, S. 276–315; TAYLOR, D. A.: Stage analysis of reaction time. PBu 83, 1976, S. 161–191; WENDER, K. F. u. a.: Modelle des menschl. Gedächtnisses. Stuttgart 1980.

Additive Farbmischung → Farbwahrnehmung.

Additive-utility-Regel → multiattributive Entscheidungstheorie.

Additivschreiber → Skinner-Box; → Reaktionsrate.

Adoptionsuntersuchungen → Anlage-Umwelt-Problem.

Adornos Übertreibung, eine krit. Gesamtbeurteilung der wissenschaftl. bzw. wissenschaftstheoret. Problematik der → Psychoanalyse: *An der Psa. ist nichts wahr als ihre Übertreibungen.*

◆ ADORNO, T. W.: Minima Moralia. Frankfurt/M. 1970.

Adresse → Erinnern; → Erkennen.

A-Effekt → Aubertsches Phänomen.

Ähnlichkeit ist eine fundamentale ps. Relation, ein Kzpt., das häufig als nicht weiter hinterfragtes, empir. nicht präzisiertes u. letztl. explikatives Konstrukt eingeführt wird. Ä. gehört zusammen mit den Kzptn. der Äquivalenz u. der Ordnung zu den drei grundlegenden ps. Relationen u. wird bisweilen als die fundamentalste davon angesehen; vgl. Karoll u. Wish (1974). Zu mess- u. modelltheoret. Aspekten vgl. Gigerenzer (1981); vgl. auch → Transfer; → Interferenz; → Skaggs-Robinson-Hypothese; → Assoziationsgesetze sowie → semantische Ähnlichkeitsskalierung.

VD: Die Ps. hat zahlreiche formale Methoden verwendet, um die Ä. zu messen bzw. darzustellen, wichtig geworden ist v. a. die *multidimensionale Skalierung* (MDS), speziell die *nichtmetr. multidimensionale Skalierung* (NMDS). Die Techniken der NMDS dienen dazu, aus empir. Informationen über die Ä. o. Un–

ähnlichkeit zw. Elementen einer Objektmenge eine Anordnung dieser Reize in einen mehrdimensionalen Raum zu generieren: bei der NMDS wird aus empir. Urteilen über Unterschiede (Abstände, Verhältnisse etc.) zw. Reizen (hinsichtl. eines bestimmten Aspekts) die Position der Reize auf der zugrunde gelegten Dimension konstruiert; dies ist mit genügend großer Genauigkeit dann mögl., wenn es sich um mindestens zehn Reize handelt – *nichtmetr.* ist die Skalierung insofern, als nur die Rangordnung der Reizpaare hinsichtl. der zw. den Elementen bestehenden Unterschiede betrachtet wird, es muss deshalb nicht vorausgesetzt werden, dass die Vpn ihre subjektiven Urteile u. Unterschiedsempfindungen quantifizieren können, sondern nur, dass sie diese Unterschiede in eine Rangordnung bringen können. Die Ableitung der Skalenwerte aus den empir. Urteilen erfordert komplizierte spezielle Computerprogramme. Zu den wesentl. Neuerungen auf dem Gebiet der MDS von Ähnlichkeitsurteilen gehört die Entwicklung von Modellen u. Verfahren, die individuelle Differenzen berücksichtigen – im Gegensatz zur konventionellen MDS gehen diese Verfahren von einer zweimodalen, dreifachen Datenordnung aus, d. h. für jedes Individuum wird eine eigene Proximitätsmatrix eingegeben. Andere Entwicklungen im Bereich der MDS von Ähnlichkeitsurteilen gehen in Richtung einer Erweiterung u. Präzisierung von MDS-Verfahren, v. a. zur Abbildung der Struktur von Ähnlichkeitsdaten durch andere als geometr. Modelle mit Minkowski-Metrik. Darüber hinaus sind Mischmodelle entwickelt worden, die Ä. sowohl durch diskrete (Baumstrukturen) als auch auf kontinuierl. (Konfiguration im euklid. Raum) repräsentieren.

◆ BORG, I.: Anwendungsorientierte multidimensionale Skalierung. Berlin 1981; DRÖSLER, J.: Quantitative Ps. Bern 1989; ERDFELDER, E. u. a. (Hg.): Handbuch quantitativer Methoden. München 1996; GIGERENZER, G.: Messung u. Modellbildung in der Ps. München 1981; KAROLL, J. D. u. WISH, M.: Multidimensional perceptual models and measurement methods. In: CARTERETTE, E. C. u. FRIEDMAN, M. P. (Hg.): Handbook of perception, 2. Bd. New York 1974; SIXTL, F.: Meßmethoden der Ps. Weinheim 1982; SIXTL, B.: Einführung in die Exakte Psychologie. München 1996.

Ähnlichkeitshemmung → Interferenz.

Ähnlichkeitsklassifikationsmodell, in der Auseinandersetzung mit Helsons → Adaptationsniveautheorie entwickelte → Bezugssystemtheorie von Sarris (1967, 1974). Sarris untersucht einen wesentl. größeren Bereich von Ankerreizen (10 bis 2500 Gramm) als Helson u. kann zeigen, dass ein → Ankerreiz nur dann die von Helson vorhergesagte Wirkung hat, wenn er nicht zu weit von dem zu beurteilenden Reiz entfernt ist, also noch *ähnl.* ist. Darauf aufbauend postuliert das Modell nicht einen *monotonen*, sondern einen *tritonen* Kontrasteffekt: das Auftreten eines Kontrasteffektes im Mittelbereich u. das Verschwinden desselben im oberen u. unteren Extrembereich (also bei zu großem Abstand zw. zu beurteilendem Reiz u. Adaptationsniveau). Während Helson Bezugssystemeffekte auf das Prinzip des sensor. Kontrasteffektes zurückzuführen versucht, rekurriert Sarris' Modell eher auf perzeptiv-kognitive Kategorisierungsprozesse u. daraus resultierende Kontextwirkungen. Zu neueren Ansätzen vgl. Sarris u. Wilkening (1975); Sarris u. Lauterbach (1980).

◆ LAUTERBACH, W. u. SARRIS, V. (Hg.): Beiträge zur ps. Bezugssystemforschung. Bern 1980; SARRIS, V.: Adaption-level-theory: two critical experiments on Helson's weighted-average model. AJP 80, 1967, S. 331–344; SARRIS, V.: Die Abhängigkeit des Adaptationsniveaus von Ankerreizen. ZEAP 14, 1967, S. 153; SARRIS, V.: Wahrnehmungsurteile in der Psychophysik: Über einfache Tests zur Untersuchung eines Informations-Integrations-Modells. In: KLIX, F. (Hg.): Organism. Informationsverarbeitung: Zeichenerkennung, Begriffsbildung u. Problemlösen. Berlin 1974; WILKENING, F. u. SARRIS, V.: Informationsintegration bei Kindern u. Erwachsenen: Eine Überprüfung verschiedener psychophys. Modelle. ZfPs 183, 1975, S. 307–318.

Ähnlichkeitsparadox → Interferenz.

Ähnlichkeitsrelation → TLC.

Änderungsprobleme → Problemlösen.

Ängstlichkeit → Angst.

Äquidistanzmodell, eine → Bezugssystemtheorie von Witte (1960ff.), dem Protagonisten der Bezugssystemforschung in Deutschland; v. a. *mnest. orientierte* bzw. *stabilisierte* Bezugssysteme werden thematisiert, also solche, die durch häufigen Umgang eine stabile Gedächtnisrepräsentation erfahren haben; Wittes typ. Bsp. sind Bleistifte, Taschentücher, Klaviertöne, bei denen die meisten Menschen eine genaue Vorstellung über Größenausprägungen haben u. demgem. in der Lage sind, → absolute Urteile abzugeben. Zentrales Postulat der Ä. ist, dass die Vpn eine Tendenz besitzen, den gegebenen Bereichsumfang in gleich große (*äquidistante*) Abschnitte zu unterteilen. Nach Witte ist die Stelle größter Urteilsunsicherheit in der Mitte zw. beiden Polen konstitutiv für den Aufbau der Skala, es ist ein Punkt, der gekennzeichnet ist durch das Urteil »weder-noch« o. »sowohl-als-auch«, z. B. »groß u. klein«; Witte macht also das, was in der → Range-frequency-Theorie das *Equal-subrange-Prinzip* ist, zum Grundprinzip seiner Theorie, u. er bestreitet die Existenz eines *Frequency-Prinzips*: Die Lage der Kategoriengrenzen ändere sich nicht wesentlich, wenn jede Vp nur einen einzigen Bleistift zu beurteilen habe.

LIT: Eine Zsf. tierexperimenteller Belege zum mnest. Stabilisieren wird von Zoeke (1980) vorgelegt.

◆ WITTE, W.: Struktur, Dynamik u. Genese von Bezugssystemen. PB 4, 1960, S. 218–252; WITTE, W.: Über Phänomenskalen. PB 4, 1960, S. 645–672; WITTE, W.: Das Problem der Bezugssysteme. In: METZGER, W. (Hg.): Wahrnehmung u. Bewußtsein. HP, 1. Bd., 1. Hlb., Göttingen 1966, S. 1003–1027; ZOEKE, B.: Prä-experimentelle u. »experiementelle« Erfahrung. Tierexperimentelle Beiträge zum Problem der »mnest. Stabilisierung«. In: THOMAS, A. u. BRACKHANE, R. (Hg.): Wahrnehmen, Urteilen, Handeln. Bern 1980, S. 115–158.

Äquilibration → genetische Epistemologie.

Äquipotentialitätshypothese → Modularismus.

Äquipotentialitätsprämisse → preparedness; → Lerngesetze.

Äquipotentialitäts-Prinzip → Neuropsychologie.

Äquisektion → Partitionsmethoden.

Äquivalenzkonflikt → Konflikt.

Äquivalenzspektrum → kognitive Stile.

Äquivalenzumfang → kognitive Stile.

Ärger, mit → Aggression verbundene Emotion, häufig gemeinsam mit → Ekel u. → Verachtung auftretend, deswegen von Izard (1981) zur sog. *Feindseligkeitstriade* zusammengefasst. Ä. gilt als fundamentale Emotion, die in allen menschl. Kulturen u. auch im Tierreich vorkommt; vgl. zsfd. Bornewasser u. Mummendey (1983). Ähnl. dem Ä. ist der *Hass*, das vielleicht stärkste Feindseligkeitsgefühl, oft auch mit Wut, Zorn, Ä. o. Verachtung gemischt.

TH: Theorienübergreifend wird angenommen, dass Ä. meist durch → Frustration u. Aggression entsteht. Ä. ist aber nur dann Folge von Frustration, wenn ein solches Verhalten angesichts der jeweiligen Situationsbedingungen als angemessen angesehen wird, was Berkowitz (1965) im Konzept der *geeigneten*

Hinweisreize thematisiert, wichtiges Bsp.: der → Waffen-Effekt. Die Hypothese des → Erregungstransfers postuliert, dass Ä. durch zusätzl. vorhandene unspezif. Erregungsanteile verstärkt werden kann. Seit den 80er Jahren treten zunehmend kognitiv orientierte Ärgertheorien auf (vgl. Verres u. Sobez 1980), welche insbes. die geistige Strukturierung der Situation u. die wahrgenommene Verursachung des Ä. auslösenden Vhs. thematisieren, v. a. eine mögl. *feindl. Absicht* u. auch die *Kontrollierbarkeit* der aggressiven Handlung; vgl. z. B. Averill (1979) sowie Bornewasser u. Mummendey (1981). Insgesamt nimmt die Berücksichtigung von Ä. innerhalb der Aggressionstheorien zu: »Ärger, Aggression u. soziale Kompetenz« ist der programmat. Titel eines im dt. Sprachraum wichtig gewordenen Buches. Aus diesem Ansatz heraus wurden auch therapeut. Trainingsprogramme zur Ärgerkontrolle entwickelt; vgl. z. B. Siebert (1977). Im Zusammenhang mit dem »Ärgermanagement« wurde das → *Wutprinzip* formuliert.

VD: Wenn auch nach wie vor ungeklärt ist, ob Ä. ein spezif. Muster der Mimik besitzt (vgl. Ekman u. a. 1980), so scheint doch typ. für den Ausdruck folgendes Muster zu sein: das Stirnrunzeln, der harte, starre, drohende Blick, das Aufblähen der Nasenflügel, das Entblößen der zusammengebissenen Zähne. *Zorn* wird dabei v. a. durch die Veränderung der oberen Gesichtshälfte, *Wut* durch die Veränderung der unteren Gesichtshälfte ausgedrückt; zum Einsetzen der Emotion in der Entwicklung s. das Stw. → Gesichtsausdruck. Umstritten ist, ob dem Ä. ein spezif. neuronales u. endokrines Reaktionsmuster entspricht, vgl. Moyer (1971); auch auf der Rezipientenseite ist die sichere Identifizierbarkeit des Ärgerausdrucks nicht immer gegeben. Eine erste umfassende Beschreibung der Entwicklung von Ä. stammt von Dembo (1931), die unlösbare Aufgaben stellte u. den Verlauf der Affektentstehung exakt registrierte (→ Anspruchsniveau; → Gestalttheorie).

LIT: Eine neuere Arbeit mit verschiedenen Beiträgen zur Ps. des Ä. ist Mees (1992); einen Überblick über die Probleme u. Ergebnisse der Ärgerforschung liefert Fichten (1992); zu älteren dt. Ansätzen vgl. Lersch (1938); zur Rolle von Zorn, Ä. u. Feindseligkeit bei Herzgefäßerkrankungen vgl. Chesney u. Roseman (1985); zur Selbstkontrolle von Ä. vgl. Baumeister (1993); zur Problematik dieser Kontrollidee vgl. Tavris (1989); neuere dt. Arbeiten über Ärgerbewältigung sind Steffgen (1993) u. Stützle-Hebel (1993); zur Bedeutung von Ärger als Risikofaktor bei Herz-/Kreislauferkrankungen vgl. Müller (1994); s. a. das Stw. → James-Lange-Theorie.

◆ Averill, J. R.: Anger. In: Dienstbier, R. A. (Hg.): Nebraska Symposium on motivation 1978, 2. Bd. 6. Lincoln 1979, S. 1–80; Berkowitz, L.: The concept of aggressive drive. In: Berkowitz, L. (Hg.): Advances in Experimental Social Psychology, 2. Bd. New York 1965, S. 301–324; Bornewasser, M. u. Mummendey, A.: Einflüsse von Willkürlichkeit, Provokation u. Erregung auf aggressives Verhalten. ZEAP 28, 1981, S. 374–392; Bornewasser, M. u. Mummendey, A.: Ärger. In: Euler, H. A. u. Mandl, H. (Hg.): Emotionsps. München 1983, S. 156–164; Chesney, M. u. Roseman, R. H. (Hg.): Anger and hostility in cardiovascular and behavioural disorders. Washington 1995; Dembo, T.: Der Ärger als dynam. Problem. PF 15, 1931, S. 1–144; Ekman, P. u. Friesen, W. V.: Constants across cultures in the face and emotion. JPSP 17, 1971, S. 124–129; Ekman, P. u. a.: Facial signs of emotional experience. J.P.S.P. 39, 1980, S. 1125–1134; Ekman, P.: Gesichtsausdruck u. Gefühl. Paderborn 1988; Fichten, W.: Probleme u. Ergebnisse der Ärger-Forschung. In: Mees (1992) S. 88–115; Izard, C. E.: Die Emotionen des Menschen. Weinheim 1981; Kruse, O.: Emotionsentwicklung u. Neurosenentstehung. Stuttgart 1991; Lersch, P.: Aufbau der Person. München 1938; Mees, U. (Hg.): Ps. des Ärgers. Göttingen 1992; Moyer, K. E.: The physiology of hostility. Chicago 1971; Müller, M. M. (Hg.): Psychophysiolog. Risikofaktoren bei Herz-/Kreislauferkrankungen. Göttingen 1994; Rosenzweig, S.: Types of reaction to frustration: A heuristic classification. JASP 29, 1934, S. 298–300; Siebert, M.: Ärgerkontrolle: Eine Methode der Aggressionsbewältigung? ZKP 6, 1977, S. 59–69; Steffgen, G.: Ärger u. Ärgerbewältigung. Münster 1993; Stützle-Hebel, M.: Die emotional-kognitive Bewältigung von Ärger u. Aggressivität durch Sport. Frankfurt 1993; Tavris, C.: Anger: the misunderstood emotion. New York 1989; Tice, D. u. Baumeister, R. F.: Controlling anger: self-induced emotion change. In: Wegner, D. M. u. Pennebaker, J. (Hg.): Handbook of mental control. New York 1993; Verres, R. u. Sobez, J.: Ärger, Aggression u. soziale Kompetenz. Stuttgart 1980; Verres, R. u. Sobez, E.: Kognitive Aspekte von Ärger u. Wut. MP 6, 1980, S. 33–53.

Ärgerinduzierte Aggression → Aggression; → Ärger.

Äußere Hemmung → Hemmung.

Äußere Psychophysik → Psychophysik.

Äußerungsbedeutung → psychologische Semantik.

Affekt → Emotion.

Affektausdruck → Ausdruck; → Emotion.

Affekterregungsmodell → Motivationspsychologie; → affektive Motivationstheorien.

Affektive Bedeutung, ein wichtiges Teilkzpt. innerhalb der behaviourist. Ansätze zur → psychologischen Semantik, speziell zur → Wortbedeutung: Nach Osgood (1952, 1957) erwirbt ein Sprachzeichen dadurch Bedeutung, dass bei gleichzeitigem Auftreten eines Sprachzeichens u. des Sachverhalts, den es bezeichnen soll, sich Teile der Reaktionen auf Sachverhalte als → vermittelnde Reaktionen an das Sprachzeichen konditionieren. Diese »verdeckten« Reaktionen führen über innere Stimuli zu »offenen« Reaktionen auf das Sprachzeichen. Sie sind in der Regel nicht ident. mit den offenen Reaktionen auf den Umweltbereich; nach Osgood werden nur bestimmte Reaktionsteile auf den bedingten Reiz konditioniert, näml. die emotionalen, eben die a. B.; vgl. Osgood (1957). Zur Messung der so konditionierten Bedeutung haben Osgood u. seine Mitarbeiter die Technik des → semantischen Differentials entwickelt.

LIT: Vgl. zsfd. Grimm u. Engelkamp (1981).

◆ Grimm, H. u. Engelkamp, J.: Sprachps. Berlin 1981; Osgood, C. E.: The nature and measurement of meaning. PBu 49, 1952, S. 197–237; Osgood, C. E.: Behaviouristic analysis of perception and language as cognitive phenomena. In: Bruner, J. S. u. a. (Hg.): Contemporary approaches to cognition. Cambridge/Mass. 1957, S. 75–118.

Affektive Motivationstheorien, → Motivationstheorien, in denen das Kzpt. der → Emotion eine wichtige Rolle spielt. Die a. M. wenden sich gegen das *Disruptionsschema* der Gefühle, gem. dem Emotionen Vh. stören o. unterbrechen; die a. M. beinhalten dagegen eine *Amplifikationsaufassung,* nach der Emotionen die Instinkte, Triebe u. Strebungen verstärken. Ein histor. wichtiger Aufsatz, der sich gegen das einfache Disruptionsschema des im amerikan. Raum dominanten vhstheoret. Ansatzes gewandt und für Emotion als einen selbständigen Motivationstyp (*emotional motive*) plädiert hat, war Leeper (1948). Das Kzpt. der Emotionen als primäre Vhsregulative kennzeichnet auch die Theorie von Tomkins (1962); ebenfalls in diesem Sinne sind Plutchiks → psychoevolutionäre Emotionstheorie u. die Ansätze von Young (1961) u. McClelland (1951) angelegt. Auch sämtl. älteren Ansätze, in denen das Kzpt. der → Lust vs. Unlust zentral ist, kann man unter die a. M. rechnen, so auch die → Gegenprozess-Theorie; s. a. das Stw. → central motive state; vgl. auch die Darstellung der → Emotionstheorie der Psychoanalyse; vgl. auch den Übergang von der Affektinterpretation des → Effektgesetzes zur behaviouralen Definition.

VD: McClelland postuliert in seiner a. M. eine *Diskrepanz-Hypothese,* gem. der ein positiver Affekt das Ergebnis kleinerer Diskrepanzen vom Adaptationsniveau des Organismus, ein negativer Affekt das Ergebnis größerer Diskrepanzen sei (McClelland u. a. 1953); s. a. das Stw. → optimale Stimulation. Hieraus leitet sich eine M-förmige Beziehung zw. Wohlbefinden u. Abweichung vom Adaptationsniveau ab – man spricht von der »Schmetterlingskurve«, wegen der graph. Form, die diese M-Funktion ergibt; s. Abb. *Emotion 2.*

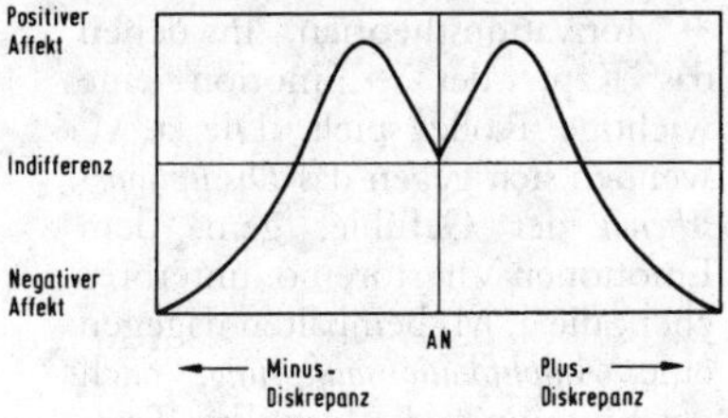

Abb. *Emotion 2*

Vgl. für eine einfache Gesamtdarstellung Keller (1981); zur Kritik vgl. Lazarus (1968). McClelland entwickelte aus diesem Ansatz eine Motivationstheorie von großer histor. Bedeutung, die eine Messmethode von → Motiven beinhaltet, die insbes. auf dem Gebiet der → Leistungsmotivation bedeutsam geworden ist.

LIT: Zum Überblick vgl. Bottenberg (1972) u. Traxel (1961).

◆ Bottenberg, E. H.: Emotionsps. München 1972; Izard, C. E. u. Tomkins, S. S.: Affect and behaviour. In: Spielberger, G. D. (Hg.): Anxiety and behaviour. New York 1966, S. 81–125; Keller, J. A.: Grundlagen der Motivation. München 1981; Lazarus, R. S.: Emotions and adaption. In: Arnold, W. J. (Hg.): Nebraska Symposium on Motivation. Lincoln 1968, S. 175–266; Leeper, R. W.: A motivational theory of emotion to replace emotion as disorganized response. PR 55, 1948, S. 5–21; McClelland, D. C. u. a.: The achievement motive. New York 1953; McClelland, D. C.: Personality. New York 1951; Tomkins, S. S.: Affect, imagery, consciousness, 1. Bd. New York 1962; Traxel, W.: Über die Dimensionen u. Dynamik der Motivierungen. ZEAP 8, 1961, S. 418–428; Young, P. T.: Motivation and emotion. New York 1961.

Affektkommunikation → Gesichtsausdruck; Emotion.

Affektprogramm → Ausdruck.

Affiliation → soziale Motivation.

Affiliationsmotivation → soziale Motivation.

Affiliative Konflikttheorie → Blickkommunikation.

Affordances → ökologische Optik.

Affordanzen → ökologische Optik.

Ageusie → Geschmackswahrnehmung.

Aggression, eine ein Objekt bzw. eine Person schädigende o. beeinträchtigende Handlung bzw. eine Handlung, die einen solchen Schädigungsvorgang intendiert. *A.* wird auch für das solche Handlungen oft begleitende Gefühl verwendet (→ Ärger). Eine Zusammenstellung von 58 bekannten Definitionsversuchen findet sich bei Pilz u. Moesch (1975); vgl. hierzu auch die Aufsätze von Werbik u. Munzert (1978) u. Jüttemann (1978). A. entsteht häufig aus → Frustration, v. a. wenn diese Frustration von einem anderen Menschen ausgeht u. wenn sie in böswilliger Absicht verursacht wird. Kornadt (1992) weist jedoch auf unterschiedl. Prozesse der Aggressionsverarbeitung in anderen Kulturen hin, so dass der bei uns im Westen typ. Verknüpfung: Frustration – Attribuierung böser Absicht – Ärger in Asien oft eine andere Sequenz gegenübersteht: Frustration – Attribuierung von gutwilliger Intention o. Zufall – Kummer o. Schuldgefühl. Und auch die im Westen »automat.« Verknüpfung von Ärger u. Aktivierung von A. ist in Asien eher ungewöhnl., hier existiert eher die Sequenz: Ärger – Scham – Suche nach eigenem Verschulden.

TH: (a) Die bedeutendste Aggressionstheorie ist die → Frustrations-Aggressions-Theorie, die die Entstehung der A. aus Frustration als universalen Mechanismus der Agressionsgenese postuliert. A. wird als reaktiv konzipiert: A. setze das Vorhandensein von Frustration voraus u. umgekehrt führe Frustration immer zu irgendeiner Form von A. (b) Weiterentwickelt wurde dieser Ansatz in der → sozialkognitiven Lerntheorie, die stärker Prozesse des → Modelllernens hervorhebt, des Weiteren die Bedeutung von Emotionen, v. a. Ärger, u. aggressionsfördernden Lebensbedingungen; vgl. Bandura u. Walters (1959ff.) u. Bandura (1979). (c) Von geringerer Bedeutung sind die einfachen lerntheoret. Ansätze, die v. a. die Bedeutung klass. u. operanten Konditionierens bei der Entstehung u. Ausformung aggressiven Vhs. hervorheben; knappe Darstellung z. B. bei Lischke (1972); Verres u. Sobez (1980); Selg (1988). (d) Den lerntheoret. u. kognitiv orientierten Ansätzen stehen die *Triebtheorien* der A. gegenüber, für die die Annahme eines → Aggressionstriebs zentral ist, einer angeborenen Tendenz zu aggressiven Vhsweisen, die sich, gem. einem Modell der → Energie vorwiegend aus endogenen Quellen speist und durch Lernfaktoren nur modifizieren lässt. (e) Das klass. Werk der humanist. Ps. zur menschl. Aggressivität ist Fromm (1977), der unter Weiterführung psa. Gedanken u. in krit. Auseinandersetzung mit den akadem. Agressionstheorien, u. a. das Beispiel Adolf Hitler analysierend, zu zeigen versucht, dass A. v. a. aus einer *Nekrophilie*, einer Neigung zu Leblosem, Totem, Abgestorbenem resultiert, ein Gedanke, der eine Weiterführung des freudschen Todestrieb-Kzpts. darstellt. Eine wichtige dt. Arbeit ist Mitscherlich (1969). (f) Frühe Aggressionstheorien sind in den motivationstheoret. Ansätzen der → Gestalttheorie enthalten, speziell innerhalb der Paradigmen → Anspruchsniveau u. → psychische Sättigung.

VD: (1) **T:** Wie bei wenigen anderen Begriffen der Grundlagenforschung hat die Problematik der Definition selbst viel Forschungsenergie absorbiert – »Aggressionsdefinitionen und kein Ende« lautet ein ironisch-krit. Aufsatz von Selg (1982). Diese Problematik besteht in folgendem: (a) Die Spannung zw. einem *engen* u. *weiten* A.-Begriff: der weite A.-Begriff bezeichnet jede gerichtete, offensive Aktivität in dem Sinne als *aggressiv*, dass sie Dinge in Angriff nimmt, auf sie zugeht, aus dem Weg räumt; die restriktive Definition beschränkt dies auf schädigendes o. gewalttätiges Vh.; ein klass. Beispiel für einen weiten A.-Begriff war Adlers Kzpt. von A. u. auch Freuds Kzpt. des *Bemächtigungstriebs* (vgl. Laplanche u. Pontalis 1975); Beispiele für diese zwei Typen von Definitionsversuchen finden sich bei Verres u. Sobez (1980, S. 33ff.). (b) Das Problem der *Intentionalität* der A.: Während in früheren behaviourist. Arbeiten die Intentionalität als Bestimmungsmoment der A. ausgeklammert wurde, wird – konform mit dem allgemeinen Sprachgebrauch – zunehmend die *Schädigungsabsicht* als entscheidendes Element gewertet; hierbei tritt das Problem der *unbewussten* Schädigungsabsichten u. der als Nebenwirkungen in Kauf genommenen Schädigungen auf. (c) Allg. wird zunehmend der Aspekt der personalen Interaktion miteinbezogen; die Tatsache, dass sich A. meist nur in einem Zuschreibungs- u. Bewertungskontext erfassen lässt, hat einerseits zu handlungstheoret. u. sprachanalyt. (vgl. zsfd. Mees 1988) Ansätzen geführt, andererseits zu empir. Analysen über attributionstheoret. Prozesse u. ihre spezif. Auswirkung auf A. sowie ihre emotionale Verarbeitung; s. hierzu die Weiterentwicklungen der Frustrations-Aggressions-Theorie. Hierbei spielen v. a. Prozesse der Abweichung von der Norm, der erlebten Absichtlichkeit, ebenso wie das Erleben der Berechtigung einer A. die entscheidende Rolle, vgl. Bierhoff u. Bierhoff-Alfermann (1983).

(2) Es finden sich auch eine Reihe klassifikator.-systemat. Ansätze zur Differenzierung u. Gliederung von A.; Selg fasst verschiedene Ansätze zusammen: Äußerl. formale Einteilung: (a) offene (körperl.-verbal) vs. verdeckte (phantasierte) A.; (b) direkte vs. indirekte; (c) Einzel- vs. Gruppenaggression (Großgruppen: Krieg); (d) Autoaggression vs. Fremdaggression; Inhaltl.-motivationale Einteilung: (a) positive vs. negative A. (legitime vs. illegitime A.); (b) expressive (»wütende«) vs. feindselige (hostile) vs. instrumentelle A.; (c) spontane vs. reaktive vs. A. auf Befehl (offensive vs. defensive A.); (d) spieler. vs. ernste A. Feshbach (1964)

unterscheidet: inzidentelle, feindselige u. instrumentelle A.; Berkowitz (1974): impulsive vs. instrumentelle A.; Zillmann (1979): ärger- vs. anreizinduzierte A. (engl. *annoyance* vs. *incentive*).

LIT: Allg. Übersichtsarbeiten zu den Aggressionstheorien sind: Averill (1982); Baron (1977); Geen u. Donnerstein (1983); Hilke u. Kempf (1982); Lischke (1972); Merz (1965); Scherer (1979); Schmidt-Mummendey u. Schmidt (1971); eine eigenständige Motivationstheorie der A., die speziell auch das Problem *Aggressionshemmung* thematisiert, ist Kornadt (1982); ein Überblick über die Hauptparadigmen der Aggressionsforschung findet sich in Mummendey (1981); einen Überblick über die Forschung in deutschsprachigen Ländern liefern Mummendey (1983) u. Kornadt (1981); für einen Überblick über die neuen Trends der Aggressionsforschung vgl. Kornadt (1992), darin auch eine kleine Bibliographie; eine ältere Bibliographie ist Crabtree u. Moyer (1977); zu den biolog. Grundlagen vgl. Moyer (1987) u. Markl (1982); zu den physiolog. Grundlagen der A., den genet. Determinanten, der Geschlechtsabhängigkeit, der Bedeutung von Hormonen, Krankheit, Alter u. Drogenwirkungen vgl. zsfd. Selg (1988), Schneider u. Schmalt (1981); ausführl. Brain u. Benton (1981) sowie Flannelly u. a. (1984); zur Messung des *Aggressionsmotivs* vgl. Kornadt u. Zumkley (1982) u. Edmunds u. Kendrick (1980); zur Entwicklungsps. von A. vgl. Feshbach u. Feshbach (1972); Hapkiewicz (1974); Kornadt (1966); Parens (1979); zur Sozialps. vgl. Mummendey (1984); zum persönlichkeitstheoret. Konstrukt der *Aggressivität* vgl. Amelang u. Bartussek (1990); zur Bedeutung von A. bei psych. Störungen vgl. Steinert (1994); zum Thema A. u. Kriminalität vgl. Wilson u. Herrenstein (1985) u. Frodi u. a. (1977); zur Bewältigung u. therapeut. Modifikation vgl. Verres u. Sobez (1980); Petermann u. Petermann (1984); Tennstädt u. a. (1984); Mees (1988); zum Problem der sexuellen A. u. ihrem Zusammenhang mit Pornographie vgl. Malamuth (1984); zum Zusammenhang von Sexualität u. Aggression vgl. Zillmann (1979); zur Frage eines Geschlechterunterschieds hinsichtl. der Aggressionsbereitschaft vgl. Frodi u. a. (1977); zur Kritik der empir. Untersuchungen vgl. Baron (1977) u. O'Neal u. McDonald (1976).

◆ Amelang, M. u. Bartussek, D.: Differentielle Ps. u. Persönlichkeitsforschung. Stuttgart 1990 (3. Aufl.); Averill, J. R.: Anger and aggression. New York 1982; Bandura, A. u. Walters, R. H.: Adolescent aggression. New York 1959; Bandura, A. u. Walters, R. H.: Der Erwerb aggressiven Vhs. durch soziales Lernen. In: Schmidt-Mummendey u. Schmidt 1971; Bandura, A.: Aggression eine sozial-lerntheoret. Analyse. Stuttgart 1979 (Orig. 1973); Baron, R. A. (Hg.): Human aggression. New York 1977; Baron, R. A. u. Bell, P. A.: Aggression and heat. JPSP 31, 1975, S. 825–832; Baron, R. A.: Environmental and situational determinants of aggression. In: Baron 1977, S. 155–289; Baron, R. A. (Hg.): Human aggression. New York 1977; Berg, D.: Kindesmißhandlung. In: Selg (1988); Berkowitz, L.: Some determinants of impulsive aggression: role of mediated associations with reinforcements for aggression. PR 81, 1974, S. 165–176; Bierfhoff, H. W. u. Bierhoff-Alfermann, D.: Kognitive Prozesse im Motivationsgeschehen: Attributionen als Ursachenerklärungen von Handlungen. In: Thomae, H.: (Hg.): Theorien u. Formen der Motivation. EP C, IV, 1. Bd. Göttingen 1983, S. 93–227; Borden, R. J.: Audience influence. In: Paulus, P. B. (Hg.): Psychology of group influence. Hillsdale 1980, S. 99–131; Brain, P. F. u. Benton, D. (Hg.): The biology of aggression. Amsterdam 1981; Crabtree, J. M. u. Moyer, K. E.: Bibliography of aggressive behaviour. New York 1977; Diamond, E. L.: The role of anger and hostility in essential hypertension and coronary heart disease. PBu 87, 1982; Diener E. u. a.: Effects of altered responsibility, cognitive set and modelling on physical aggression and deindividuation. JPSP 31, 1975, S. 328–338; Diener, E. u. a.: Deindividuation: effects of group size, density, number of observer and group members similiarity on self-consciousness and disinhibited behaviour. JPSP 39, 1980, S. 449–459; Dollard, J. u. a.: Frustration and aggression. New Haven 1939; Donnerstein, E. u. Wilson, D. W.: Effects of noise and perceived control on ongoing and subsequent aggressive behaviour. JPSP 34, 1976, S. 774-781; Edmunds, G. u. Kendrick, D. C.: The measurement of human aggressiveness. Chichester 1980; Feshbach, N. u. Feshbach, S.: Children's aggression. In: Hartup, W. W. (Hg.): The young child. Washington 1972; Feshbach, S.: Aggression. In: Mussen, P. H. (Hg.): Carmichaels' manual of child psychology. New York 1970 (3. Aufl.), S. 159–259; Feshbach, S.: The function of aggression and the regulation of aggressive drive. PR 71, 1964, S. 257–272; Flannely, K. J. u. a.: Biological perspectives on aggression. New York 1984; Freedman, J. L. u. a.: Crowding and human aggressivness. JESP 8, 1972, S. 528-548; Frodi, A. J. u. a.: Are women always less aggressive than men? A review of the experimental literature. PBu 84, 1977, S. 634–660; FROMM, E.: Anatomie der menschl. Destruktivität. Hamburg 1977; GEEN, R. G. u. DONNERSTEIN, E. J. (Hg.): Aggression. New York 1983; HAPKIEWICZ, W. G.: Developmental patterns of aggression. In: DE WIT, J. u. HARTUP, W. W. (Hg.): Determinants and origins of aggressive behaviour. Den Haag 1974; HILKE, R. u. KEMPF, W. (Hg.): Aggression. Bern 1982; HINDE, R. A.: Das Vh. der Tiere, 2 Bde. Frankfurt/M. 1973; JOHNSON, R. D. u. DOWNING, L. L.: Deindividuation and valence of cues: effects on prosocial and antisocial behaviour. JPSP 37, 1979, S. 1532–1538; JÜTTEMANN, G.: Eine Prädikationsanalyse des Aggressionsbegriffs. ZfS 9, 1978, S. 299–312; KAADA, B.: Brain mechanisms related to aggressive behaviour. In: CLEMENTE, C. D. u. LINDSLEY, D. B. (Hg.): Aggression and defense. Berkeley/Los Angeles 1967, S. 95–133; KORNADT, H. J.: Einflüsse der Erziehung auf die Aktivitätsgenese. In: HERRMANN, T. (Hg.): Ps. der Erziehungsstile. Göttingen 1966; KORNADT, H. J. (Hg.): Aggression u. Frustration als ps. Problem, 1. Bd. Darmstadt 1981; KORNADT, H. J.: Aggression-Motiv u. Aggression-Hemmung, 2 Bde. Bern 1982; KORNADT, H. J. u. ZUMKLEY, H.: Themat. Apperzeptionsverfahren. In: GROFFMANN, K. J. u. MICHEL, L. (Hg.): Persönlichkeitsdiagnotik. EP B, II, 3. Bd. Göttingen 1982; KORNADT, H. J.: Motivation theory of aggression and its relation to social psychological approaches. In: MUMMENDEY, A. (Hg.): Social psychology of aggression. From individual behaviour to social interaction. New York 1984, S. 21–31; KORNADT, H.-J.: Aggression motive and its developmental conditions in eastern and western cultures. In: DRENTH, P. (Hg.): Proceedings first european conference IACCP. Amsterdam 1989; KORNADT, H. J. (Hg.): Aggression u. Frustration als ps. Problem, 2. Bd. Darmstadt 1992; KORNADT, H. J.: Trends u. Lage der gegenwärtigen Aggressionsforschung. In: KORNADT (1992), S. 513–561; LAPLANCHE, J. u. PONTALIS, J. B.: Das Vokabular der Psa. Frankfurt/M. 1975 (2. Aufl.); LISCHKE, G.: Aggression u. Aggressions-Bewältigung. München 1972; MALAMUTH, N. P. (Hg.): Pornography and sexual aggression. Orlando 1984; MARKL, H.: Evolutionsbiologie des Aggressions-Verhaltens. In: HILKE, R. u. KEMPF, W. (Hg.): Aggression. Bern 1982; MEES, U.: Beobachtung, Interaktionsanalyse u. Modifikation aggressiven Kindvhs. Oldenburg 1988; MEES, U.: Konzeption u. Erfassung menschl. Aggression. In: Mees (1988), S. 9–43; MERZ, F.: Aggression u. Aggressionstrieb. In: THOMAE, H. (Hg.): Motivation. HP, 2. Bd. Göttingen 1965; MICHAELIS, W.: Vh. ohne Aggression? Köln 1976; MITSCHERLICH, A.: Die Idee des Friedens u. die menschl. Aggressivität. Frankfurt/M. 1969; MOYER, K. E.: Violence and aggression. New York 1987; MUMMENDEY, A.: Der Stand der ps. Diskussion u. das Kzpt. aggressiven Vhs. In: MICHAELIS, W. (Hg.): Bericht über den 32. Kongreß der Dt. Ges. für Ps. in Zürich 1980. Göttingen 1981, S. 357–364; MUMMENDEY, A.: Aggression research in german-speaking countries. GJP 7, 1983, S. 313ff.; MUMMENDEY, A.: Social psychology of aggression. Berlin 1984; O'NEAL, E.C. u. MCDONALD, P. J.: The environmental psychology of aggression. In: GEEN, R. C. u. O'NEAL E. C. (Hg.): Perspectives on aggression. New York 1976, S. 169–192; OLWEUS, D.: The consistency issue in personality psychology revisited – with special reference to aggression. BJSCP 19, 1980, S. 377–390; PARENS, H.: The development of aggression in early child. New York 1979; PEPER, D.: Aggressive Motivation im Sport. Ahrensburg 1981; PETERMANN, F. u. PETERMANN, U.: Training mit aggressiven Kindern. München 1984; PILZ, G. A. u. MOESCH, H.: Der Mensch u. die Graugans – eine Kritik an Konrad Lorenz. Frankfurt/M. 1975; SCHERER, K. R.: Der aggressive Mensch. Königsstein 1979; SCHMIDT-MUMMENDEY, A. u. SCHMIDT, H. D. (Hg.): Aggressives Vh. München 1971; SCHNEIDER, K. u. SCHMALT, H. D.: Motivation. Stuttgart 1981; SELG, H. u. a.: Ps. der Aggressivität. Göttingen 1988; SELG, H.: Aggressions-Definitionen – und kein Ende? In: HILKE, R. u. KEMPF (1982); STEINERT, T.: Aggression bei psych. Kranken. Stuttgart 1994; TENNSTÄDT, K. u. a.: Das Konstanzer Trainingsmodell (KTM). Entwurf eines integrativen Lehrertrainingsprogramms zur Bewältigung von Aggression u. Störung im Unterricht auf der Basis subjektiver Theorien. Projekt »Aggression der Schule«, Arbeitsbericht 7. Konstanz 1984; VERRES, R. u. SOBEZ, I.: Aggression u. soziale Kompetenz. Stuttgart 1980; WAIT, J. W.: Sex and gender issues in aggression research. In: GEEN u. DONNERSTEIN (1983) 2. Bd., S. 1–23; WERBIK, H. u. MUNZERT, R.: Kann Aggression handlungstheoret. erklärt werden? PRu 29, 1978, S. 195–208; WILSON, J. Q. u. HERRENSTEIN, R. J.: Crime and human nature. New York 1985; ZAHN-WAXLER, C. u. a.: Altruism and aggression. Cambridge 1991; ZILLMANN, D.: Hostility and aggression. Hillsdale 1979; ZILLMANN, D.: Connections between sex and aggression. Hillsdale 1984; ZIMBARDO, P. G.: The human choice. In: LEVINE, D. (Hg.): Nebraska Symposium on Motivation, Lincoln 1969, S. 237–307; ZUMKLEY, H.: Aggression u. Katharsis. Göttingen 1978.

Aggressionstrieb. Das Kzpt. eines → Triebs zur → Aggression ist eine zentrale Annahme v. a. innerhalb der → Psychoanalyse u. der → Ethologie, den wichtigsten Vertretern einer *Triebtheorie* der Aggression, wb. bes. Letztere sich um die

Elaboration dieses Modells verdient gemacht hat: ein A. sei immanenter u. irreduzibler Bestandteil der menschl. Natur, bei längerer Nichtbefriedigung führe er im Sinne eines *hydraul. Modells* zu einem *Triebstau* u. dränge zur *Abreaktion*. Dabei sei eine friedl. Triebabfuhr mögl. durch kulturangepasste Formen, bes. symbol. Art, wie im Film o. im Sport: → Katharsis. Hervorgehoben wird auch die Möglichkeit einer angeborenen *Tötungshemmung*, allg. die Bedeutung aggressionshemmender Mechanismen wie Fluchtvh. u. Submission, ebenso von ritualisierten Formen der innerartl. Auseinandersetzung (vgl. Lorenz 1963), die bei den meisten Tierarten »eingebaut« sind u. durch bestimmte Schlüsselreize ausgelöst werden können, z. B. dadurch, dass ein unterlegener Gegner demonstrativ den Hals zum Biss anbietet. Hervorgehoben wird auch die positive evolutionäre Bedeutung des A., des »sog. Bösen« (Lorenz 1963): So können beim Überschreiten der für die Belastung eines Lebensraums höchstzulässigen Populationsdichte »überzählige« Individuen durch Aggressionen zum Abwandern gezwungen werden, bevor Nahrungsmangel die Population als Ganzes schwächt; darüber hinaus kann eine Aggression der sexuellen Selektion o. der Entwicklung einer Rangordnung dienen.

KR: Dieses Trieb- bzw. Triebstaumodell wurde von der akadem. Ps. scharf kritisiert; vgl. Selg (1971) u. Plack (1973); s. hierzu auch die allg. Kritik am Modell des Triebs. Die gesamte Entwicklung der modernen Ethologie lässt sich als Abkehr von diesem simplen Modell verstehen: Aggression wird als ein höchst kompliziertes Interaktionsgefüge von internen u. externen Faktoren u. Lernprozessen gesehen, bei dem das A.-Kzpt. seine Nützlichkeit weitgehend verliert. Kennzeichnend für diesen differenzierten Ansatz der modernen Ethologie ist das Abrücken vom Kzpt. einer homogenen Aggression hin zu verschiedenen »Aggression-Modulen«; z. B. unterscheidet Moyer (1976) acht verschiedene Aggressionsarten: Beute-Aggression (vom Beute-Objekt ausgelöst), Rivalen-Aggression (gegen fremde Artgenossen), furchtinduzierte Aggression (bei Bedrohung u. gleichzeitiger Blockierung des Fluchtwegs), Aggression aus Gereiztheit, Aggression zur territorialen Verteidigung, mütterl. Aggression, instrumentelle Aggression, sexualitätsbezogene Aggression; neben dieser Aufteilung nach auslösenden Stimuli gibt es die Einteilung nach Vhskontext (z. B. Wilson 1975): territoriale Aggression, Dominanz-Aggression, sexuelle Aggression, Eltern-Aggression, Räuber- u. Beute-Aggression. Einige Differenzierungen dieser Aggressions-Arten konnten bereits neurobiolog. fundiert werden; vgl. z. B. Karli (1974). So konnte man durch Hirnreizung an verschiedenen Stellen im Hypothalamus zwei grundverschiedene Typen von Angriffsvh. induzieren: Im affektgeladenen Angriff zeigt das Tier emotionale Erregung u. Wut, es gibt daneben ein Zubeißen ohne erkennbare Emotion, das dem normalen Beutefangvh. gleicht. Schon die klass. Ansätze (s. u.) haben die Bedeutung des Unterschieds zw. der inner- u. zwischenartl. Aggression betont.

VD: Zum A.-Kzpt. der Psa.: Innerhalb der ersten Phase der psa. Triebtheorie war eine weitgehend monopolist. Auseinandersetzung mit dem Sexualtrieb gegeben; aggressive Vhsweisen wurden v. a. im *Sadismus* gesehen, als Verselbständigung von Partialtrieben der → Sexualität, die ursprüngl. nach außen gerichtet sind, jedoch durch Inversion auch auf die eigene Person zurückbezogen werden können. In der zweiten Phase seiner Triebtheorie macht Freud die aggressive Komponente an den *Ich-* o. *Selbsterhaltungstrieben* fest, wb. der A. nur zur Abwehr von Bedrohungen, etwa von Frustration konzipiert wird – ein Modell auf dem die → Frustrations-Agressions-Theorie aufbaut. In seiner letzten Fassung postuliert Freud im Kzpt. des *Todestriebs* ein *autoaggressives* Prinzip als primär: Den *Lebenstrieben* stehe eine grundlegende Tendenz der *Rückkehr zum An-*

organischen gegenüber, wb. *Fremd-Aggression* – im Unterschied zu früheren Fassungen – durch eine Nach-Außen-Lenkung dieses Todestriebs erzeugt werde; es gibt somit in diesem, im Gegensatz zum ersten Modell, keinen *primären Sadismus*, sondern einen *primären Masochismus*, der nach außen auf die Umwelt gelenkt werden muss, um Sadismus zu werden, was sich im *Destruktionstrieb*, *Bemächtigungstrieb* u. dem *Willen zur Macht* manifestiert; was von dieser Agression in der Umwelt nicht untergebracht werden kann, wendet sich schließl. in Form des *sekundären Masochismus* wieder gegen das Ich; vgl. Freud (1905, 1915, 1920, 1934). Die wesentl. Funktion der Kultur sei eine Hemmung der Aggression, was beim Menschen v. a. durch eine *Introjektion* geschehe, wb. die dabei erhalten gebliebene Energie der Aggression als *Gewissen* jene Agression gegen das Ich ausübe, die dieses nicht auf die Umwelt lenken kann (Freud 1930).

LIT: Wichtige Arbeiten innerhalb des etholog. Ansatzes sind: Lorenz (1963) u. Tinbergen (1952), der insbes. die Balance des *Flucht-Aggression-Systems* betont; des Weiteren Wickler (1970); Eibl-Eibesfeldt (1970); Lorenz u. Leyhausen (1968); Hediger (1984); vgl. für einen Überblick auch Schmidbauer (1972) u. Markl (1982); zur ps. Rezeption etholog. Theorien vgl. Kallff (1984); eine populärwissenschaftl. Darstellung zu den unterschiedl. theoret. Positionen in Form einer fiktiven Diskussion findet sich in Zimmer (1989).

◆ Eibl-Eibesfeldt, I.: Liebe u. Haß. Zur Naturgeschichte der Aggression. München 1970; Freud, S.: Drei Abhandlungen zur Sexualtheorie (1905). In: G.W. V. London 1942, S. 27–145; Freud, S.: Das Unbehagen in der Kultur (1930). In: G.W. XIV. London 1948, S. 419–506; Freud, S.: Jenseits des Lustprinzips (1920). In: G.W. XIII. London 1972, S. 1–69; Freud, S.: Trieb u. Triebschicksale (1915). In: G.W. X. London 1969, S. 210–232; Freud, S.: Warum Krieg? (1934). In: G.W. XVI. London 1950, S. 11–27; Hediger, H.: Tiere verstehen. München 1984; Hilke, R. u. Kempf, W. (Hg.): Aggression. Bern 1982; Kallff, W.: Die etholog. Auffassung der menschl. Aggression aus ps. Sicht. In: Stamm (Hg.): Tierps. Weinheim 1984; Karli, P. u. a.: Emotional responsiveness and interspecific aggressiveness in the rat: interactions between genetics and experimental determinants. In: Abelen, H. F. (Hg.): The genetics of behaviour. Amsterdam 1974; Lorenz, K.: Das sogenannte Böse. Wien 1963; Lorenz, K. u. Leyhausen P.: Antriebe tier. u. menschl. Vhs. München 1968; Markl, H.: Evolutionsbiologie des Aggressions-Vhs. In: Hilke u. Kempf (1982), S. 21–43; Mitscherlich, A.: Die Idee des Friedens u. die menschl. Aggressivität. Frankfurt/M. 1969; Moyer, K. E. (Hg.): Physiology of aggression. New York 1976; Pilz, G. A. u. Moesch, H.: Der Mensch u. die Graugans – eine Kritik an Konrad Lorenz. Frankfurt/M. 1975; Plack, A. (Hg.): Der Mythos vom Aggressionstrieb. München 1973; S. 291–319; Schmidbauer, W.: Die sogenannte Aggression. Hamburg 1972; Selg, H. (Hg.): Zur Aggression verdammt? Stuttgart 1971; Tinbergen, N.: Instinktlehre. Berlin 1952; Wickler, W.: Stammesgeschichte u. Ritualisierung. München 1970; Wilson, E. O.: Sociobiology: the new synthesis. Cambridge 1975; Zimmer, D. E.: Experimente des Lebens. München 1989.

Aggressivität → Aggression.

Agnosie → Neuropsychologie.

Aha-Erlebnis → Einsicht.

AI, Abk. für *artificial intelligence*; → künstliche Intelligenz.

Aiming-Verfahren → psychomotorische Tests.

A-kind-of-Relation → semantisches Gedächtnis.

Akkommodation, die Anpassung der Linsendicke an unterschiedl. Entfernungen, womit ein scharfes Sehen ermöglicht wird. Sie ist ein Maß der Entfernung u. damit ein Faktor, der das → Tiefensehen ermöglicht: Wenn man ein Objekt mit einem entspannten Auge deutl. erkennt, weiß man, dass es weit entfernt ist, wenn man jedoch die Ziliarmuskeln anstrengen muss, um scharf zu sehen, ist es näher. Ein Chamäleon verlässt sich weitgehend auf die A., wenn es die Entfernung eines fliegenden Insektes abschätzt, und kann so seine Fliegen mit großer Genauigkeit einfangen, auch dann, wenn es nur ein Auge zur Verfügung hat (weil das andere

z. B. abgedeckt ist). Bei der menschl. → Raumwahrnehmung spielt A. dagegen nur eine geringe Rolle, obwohl sie theoret. bis zu 3 m wirksame Hinweise liefern kann. Zu einem allgemeinen A.-Kzpt. vgl. → genetische Epistemologie.

VD: A. ist immer eng mit der → Konvergenz verknüpft: Wenn das eine Auge akkomodiert, arbeitet das andere mit, indem es sich auf dasselbe Objekt einstellt, u. das betrifft nicht nur die Linsenform, sondern auch die Blickrichtung; selbst wenn man nur mit einem Auge sieht, konvergiert das andere auf den Punkt, dessen Entfernung der Linseneinstellung des offenen Auges entspricht.

◆ Schmidt, R. F. (Hg.): Grundriß der Sinnesphysiologie. Berlin 1985 (5. Aufl.).

Akteur-Beobachter-Unterschiede → Attributionsfehler.

Aktionsprogramm → Handlungstheorien; → Handlung.

Aktivation [auch *Aktivierung*, *Aktiviertheit*; engl. *arousal*, seltener *activation*, s. u.]. (1) I. a. S. ist A. eine → Emotionsdimension, entsprechend dem dt. Terminus *Anspannung*, also das Gegenteil von → Entspannung bzw. *Lösung*; Weiteres s. d.; vgl. hierzu Pawlik (1963) u. Traxel (1961). (2) Die wichtigste Ausfüllung des A.-Kzpts. ist eine *psychophysiolog.*: Sie geht von der Vorstellung aus, dass es einen allg., weitgehend unspezif. und deshalb durch einen repräsentativen eindimensionalen Parameter ausdrückbaren geistigen u. körperl. Mobilisations- bzw. Erregungsgrad des Organismus gibt (= *A.*), wie er sich in so unterschiedl. Zuständen wie z. B. freudiger Erregung, Angst o. Belastung manifestiert. Diese *Globalreaktion* des Organismus beinhaltet eine Bereitstellung sowohl kognitiver, wie emotionaler, wie motivational-aktionaler, wie auch motor. u. energet. Ressourcen bzw. Prozesse. Als klass. Indikatoren der A. gelten das EEG, PGR o. das EMG. Ps. Maße der A. lassen sich erheben mit Fragebogenskalen o. objektiven Tests; vgl. Pawlik (1963). Mit diesen Parametern soll eine Vielfalt anderer Vhsmaße u. psychophysiolog. Maße zusammenhängen; vgl. hierzu Fahrenberg (1983).

TH: (a) Der *neurophysiolog.* Ansatz (Lindsley 1952ff.) sieht als Basis der A. die Formatio reticularis, durch deren Impulse ein neurales Bombardement des Kortex erfolgt, das sich im EEG abbildet: *ARAS* (*ascending reticular activation system*); vgl. Lindsley u. a. (1949); Moruzzi u. Magoun (1949). Er beruht zunächst auf Beobachtungen, dass sich durch Stimulation dieses Systems ein schlafendes Tier wecken lässt u. dass Läsionen in diesem System u. U. dazu führen, dass auf Stimulation nicht mehr reagiert wird. Als Grundmodell wurde formuliert, dass jede Aktivität eines sensor. Systems außer in seinem spezif. Projektionsgebiet auch einen diffusen Effekt im gesamten Kortex bewirkt, näml. eine allg. Wachheits-Erhöhung. Die Formatio reticularis hält v. a. das *tonische*, also dauerhafte Wachheitsniveau, durch ständige Aufrechterhaltung einer diffusen Erregung der darüberliegenden Hirnregion über einem bestimmten krit. Niveau; des Weiteren wird angenommen, dass *phasische*, also kurzzeitige Aktivierung, z. B. im Rahmen von Prozessen der → selektiven Aufmerksamkeit, primär eine Funktion des retikulären Kerns des Thalamus ist. Ein weiteres Postulat dieser Theorie ist, dass durch die unterschiedl. Ausprägung der Aktivationsvariablen ein Kontinuum der Erregungsprozesse erzeugt wird: von komatösen Zuständen über Schlaf-Zustände u. normale Wachzustände bis hin zu extremen Erregungsprozessen (Lindsley 1960); vgl. zsfd. Bösel (1986). (b) Die Theorie von Duffy (1951ff.) berücksichtigt stärker periphere Prozesse, also psychophysiol. Prozesse u. Parameter; Duffy hat die Vorstellung einer allg. *Energiemobilisation* u. deshalb wird innerhalb dieses Ansatzes als repräsentativer Parameter für A. der Energieverbrauch des Organismus gewählt, der über die direkte kaloriemetr. Bestimmung der Wärmeentwicklung o. über die Messung des Sauerstoffverbrauchs im respirator. Stoffwechsel gemessen werden kann; da diese Methoden der Energiebilanzierung aber kompliziert sind, konzentriert Duffy sich auf Messungen des Muskeltonus u. des Hautwiderstandes, verwendet auch das EEG u. berücksichtigt außerdem noch Atmung, Puls, Blutdruck, Blutvolumen u. Hauttemperatur. (c) Der behaviourist. Ansatz (Brady 1962) baut auf experimentellen Untersuchungen über Triebintensitäten auf; er ist von geringerer Bedeutung. Weiterentwicklungen der Ansätze (a) u. (b) v. a. der Ansatz von Malmo (1959), unter motivationsps. Aspekt das Kzpt. des → central motive state von Bindra. (2) Eine Anwendung des A.-Kzpts. auf das Thema → Emotion ergibt die *Aktivationstheorie der Emotion*, sie postuliert, dass Emotionen sich wesentl. auf die Stärke dieser Aktivationsdimension zurückführen lassen – also keine spezif. Erregungsmuster besitzen; zur Weiterentwicklung s. die Stw. → Schachter-Singer-Theorie u. → Viscerozeption.

KR: Die Weiterentwicklung der aktivationstheoret. Ansätze hat sämtl. Annahmen als problemat. bzw. als falsch erwiesen: Zunehmend wurde gesehen, dass das *eindimensionale* A.-Kzpt., also die Vorstellung, dass der Mobilisationsgrad durch einen repräsentativen Parameter darstellbar ist, sich nicht halten lässt. Neben der *Eindimensionalität* hat sich auch die *Unspezifität* als problemat. erwiesen; vgl. hierzu auch die Ausführungen zur sog. *Richtungsfraktionierung* im Stw. → physiologische Psychologie; s. a. die Ausführungen zur → James-Lange-Theorie. Generell ist die moderne Aktivationsforschung eine *multivariate* – Fahrenberg u. a. (1979) analysieren 161 A.-Maße u. führen sie auf 8 Leitvariablen zurück. Auch die enge Bezugnahme auf die Formatio reticularis scheint nicht berechtigt zu sein; Schlaf-Wach-Prozesse bilden ebenfalls kein Kontinuum, sondern sind zumindest tlw. durch spezif. Mechanismen u. spezif. neuroanatom. Strukturen bedingt, nicht nur durch die quantitative Aktivierung der Formatio reticularis. Zu einer motivationsps. Kritik im Zusammenhang mit dem Triebkzpt. vgl. Campbell u. Misanen (1969).

Aus dieser Kritik heraus haben sich folgende *Weiterentwicklungen* ergeben: Durch Routtenberg (1968), Broadbent (1971) u. Gray (1982) wurden *zweidimensionale*, von Pribram u. McGuinness (1975) sowie Fowles (1980) *dreidimensionale* A.-Kzpte. vorgelegt. Heute wird meist unterschieden: (a) ein System, das einer *unspezif. generellen* A. dient; (b) ein System zur Fokussierung der Aufmerksamkeit u. zur Ausrichtung von Orientierungsreaktionen (entspricht etwa dem, was Pribram u. McGuiness als *arousal* bezeichnet haben; dieses System betrifft also die Informationsverarbeitungsprozesse, gleichzeitig aber auch emotionale Prozesse; vgl. hierzu Boucsein 1988); (c) eine tätigkeitsbezogene A. in Form präparator. Subprozesse (von McGuiness als *activation* bzw. *preparatory activation* bezeichnet); sie setzt Erwartungen in eine erhöhte Reaktionsbereitschaft um u. interagiert mit den motor. u. prämotor. Arealen, betrifft also die *motivationale* A. Nach Pribram u. McGuiness gibt es noch ein sog. *Effort-System*, das die Aufmerksamkeits- u. Aktivationsrichtung u. damit auch die kortikale Reizverarbeitung wesentl. beeinflusst, es vermag die Arousal-Systeme 2 u. 3 sowie deren vegetative Begleitreaktionen zu entkoppeln. Gem. diesem Kzpt. wäre also innerhalb des allg. Arousal-Systems eine *allg. Aktivierung* von den *Effort-Komponenten* zu unterscheiden, die dem *Lower-* u. *Upper-Mechanismus* von Broadbent (1971) entsprechen würden. Eine Ausarbeitung dieses Ansatzes ist Sanders (1983).

WÜ: Das Kzpt. der A. ist innerhalb der Ps. von großer histor. Bedeutung; in ihm ist eine für die akadem. Ps. sehr kennzeichnende Leitvorstellung enthalten, dass näml. das Vh. eines Organismus' sich in Analogie zu einer Maschine durch den Grad der → Energie kennzeichnen lässt, womit ein allg., sozusagen formaler Paramter zur Vhsbeschreibung gegeben wäre. Dieses Leitmotiv manifestierte sich schon im Kzpt. des → allgemeinen Antriebs, u. das Paradigma A. lässt sich als Versuch verstehen, dieses Modell mit objektivierbaren psychophysiolog. Methoden zu fundieren. Dieses Modell ist also charakterist. für den Versuch, eine *nomothet.* Ps. zu begründen, vgl. hierzu auch die Paradigmen innerhalb derer die–

ses A.-Kzpt. Anwendung findet: → Aktivation-Leistungs-Paradigma u. → optimale Stimulation. Bis heute ist – trotz aller Kritik, die auf die Unhaltbarkeit eines solchen eindimensionalen A.-Kzpts. hingewiesen hat u. damit eigentl. das A.-Kzpt. an sich desavouiert hat – die klass. Idee *der* A. immer noch virulent; vgl. hierzu Fahrenberg (1983); speziell zur Kritik der Verwendung des Kzpts. in der Sportps. vgl. Walschburger (1992); den Übergang von der Aktivierungstheorie zur → Ressourcentheorie stellt Schönpflug (1991) dar.

VD/T: Durch die unterschiedl. Theorien kommt es zu einer bedeutsamen terminolog. Differenz: Schachter u. Singer, bisweilen auch Eysenck, sprechen von *arousal*, wenn die A. des *vegetativen Nervensystems* gemeint ist; Pribram u. McGuiness sprechen von *arousal*, wenn *Informationsverarbeitungsprozesse* gemeint sind; dagegen verwenden sie *activation* zur Bezeichnung der energet. A.; Weiteres zu terminolog. Problemen s. Bösel (1986). Der Begriff *arousal* wird im Übrigen auch in der dt. Fachliteratur häufig unübersetzt verwendet.

LIT: Zum Überblick vgl. Schönpflug (1969), Fahrenberg u. a. (1979); Bösel (1986); Fahrenberg (1983); zu arbeitsps. Aspekten vgl. Luczak (1987); Thayer (1989) ist ein neuerer Ansatz, der die Schwierigkeiten der simplen Aktivationstheorien zu überwinden versucht u. insbes. auch den Zusammenhang von körperl. Belastung u. → Wohlbefinden thematisiert.

◆ Bösel, R.: Biops. der Emotionen. Berlin 1986; Boucsein, W.: Elektrodermale Aktivität. Berlin 1988; Brady, J. V.: Psychophysiology of emotional behaviour. In: Bachrach, A. (Hg.): Experimental foundations of clinical psychology. New York 1962; Broadbent, D. E.: Decision and stress. London 1971; Campbell, B. A. u. Misanin, J. R.: Basic drives. ARP 20, 1969, S. 57–84; Duffy, E.: The concept of energy mobilisation. PR 58, 1951, S. 30–40; Duffy, E.: Activation and behaviour. New York 1962; Fahrenberg, J. u. a.: Psychophysiolog. Aktivierungsforschung. München 1979; Fahrenberg, J.: Psychophysiolog. Methodik. In: Groffmann, K.-J. u. Michel, L. (Hg.): Vhsdiagnostik. EP, B, II, 4. Bd. Göttingen 1983, S. 1–193; Fowles, D. C.: The three arousal model. Implications of Gray's two factor learning theory for heart rate, electrodermal activity, and psychopathy. PP 17, 1980, S. 87–104; Gray, J. A.: The neuropsychology of anxiety. Oxford 1982; Haider, M.: Elektrophysiolog. Indikatoren der Aktiviertheit. In: Schönpflug, W. (Hg.): Methoden der Aktivierungsforschung. Bern 1969, S. 125–156; Lacey, B. C. u. Hebb, D. O.: Drives and the C.N.S. (conceptual nervous system). PR 62, 1955, S. 243–254; Lacey, J. I. u. Lacey B. C.: Studies of heart rate and other bodily processes in sensory motor behaviour. In: Obrist, P. A. u. a. (Hg.): Cardiovascular psychophysiology. Chicago 1974, S. 538–564; Lindsley, D. B. u. a.: Effects upon the EEG of acute injury to the brainstem activating system. Electroenceph. Clin. Neurophysiol. 1, 1949, S. 475ff.; Lindsley, D. B.: Emotion. In: Stevens, S. S. (Hg.): Handbook of experimental psychology. New York 1951, S. 473–516; Lindsley, D. B.: Psychophysiology and motivation. In: Jones, M. R. (Hg.): Nebraska Symposium on Motivation. Lincoln 1957, S. 44–105; Lindsley, D. B.: Attention, consciousness, sleep and wakefulness. In: Field, J. u. a. (Hg.): Handbook of physiology, section 1: Neurophysiology, III. Bd. Washington 1960, S. 1553–1593; Lindsley, D. B.: The reticular activating system and perceptual integration. In: Sheer, D. E. (Hg.): Electrical stimulation of the brain. Austin 1961, S. 331–349; Lindsley, D. B.: The role of nonspecific reticulo-thalamocortical system in emotion. In: Black, P. (Hg.): Physiological correlates of emotion. New York 1970, S. 147–188; Luczak, H.: Psychophysiolog. Methoden zur Erfassung psychophys. Beanspruchungszustände. In: Kleinbeck, U. u. Rutenfranz, J. (Hg.): Arbeitsps. EP D, III, 1. Bd. Göttingen 1987, S. 185–259; Malmo, R. B.: A neurophysiological dimension. PR 66, 1959, S. 367–386; Moruzzi, G. u. Magoun, H. W.: Brain-stem reticular formation and activation of the EEG. Electroenceph. Clin. Neurophysiol. 1, 1949, S. 455–473; Munn, N. L.: Handbook of psychological research on the rat. Cambridge/Mass. 1950; Pawlik, K.: Ps. Maße der Aktivierung. ZEAP 10, 1963, S. 19–35; Pribram, K. H. u. McGuinness, D.: Arousal, activation and the effort in the control of attention. PR 82, 1975, S. 116–149 (dt.: Arousal, Aktivierung und Anstrengung: gesonderte neurale Systeme ZfPs 184, 1976, S. 382–403); Routtenberg, A.: The two-arousal hypthesis: reticular formation and lymbic system. PR 75, 1968, S. 51–80; Sanders, A. F.: Towards a model of stress and human performance. AP 53, 1983, S. 61–67; Schönpflug, W. (Hg.): Methoden der Aktivierungsforschung. Bern 1969; Schönpflug, W.: Von der Aktivierungstheorie zur Ressourcentheorie: Die Regulation von Aktiviertheitszuständen. In: Janssen, J. P. u. a. (Hg.): Konzentration u. Leistung. Göttingen 1991, S. 27–36; Thayer, R. E.: The biopsychology of mood and arousal. New York 1989; Traxel, W.: Über Dimensionen u. Dynamik der Motivierung. ZEAP 8, 1961, S. 418–428; Walschburger, P.: Sport u. Aktivierung. Ein überschätztes Kzpt. in der Sportps. SPP 4, 1992, S. 5–11.

Aktivation-Leistungs-Paradigma. Zusammenhänge zw. → Aktivation u. Leistung zu finden, war ein sich durch die gesamte Geschichte der Motivationsps. hinziehendes Paradigma. Dieser Ansatz hat v. a. zu zwei Kzptn. geführt: (1) Die Λ-*Hypothese* (auch *U-Hypothese, kurvilineare Aktivierungshypothese*) besagt, dass ein mittlerer Grad von Aktivation zu einer optimalen Leistung führt, dass also eine zu hohe o. zu niedrige Aktivation (Motivation) nicht zu den besten Leistungsergebnissen führt (was graphisch als Funktion dargestellt ein U ergibt). (2) Das sog. *Yerkes-Dodson-Gesetz* besagt, dass das Optimum der Aktivierung immer kleiner wird, je höher die Anforderungen sind, welche die Tätigkeit stellt (vgl. Yerkes u. Dodson 1908). Konkret würde dies also bedeuten, dass einfache Tätigkeiten, wie z. B. die Fließbandtätigkeiten, auch durch großen Druck noch optimal gefördert würden, während schwierige geistige Tätigkeiten bei einer zu hohen Motiviertheit bzw. bei zu großem Druck u. zu großer Spannung nicht mehr optimal ablaufen. Theoret. Erklärungen dieser empir. Regeln gehen meist vom Kzpt. einer → optimalen Stimulation aus. Neuere Ansätze innerhalb des Paradigmas der → Leistungsangst versuchen v. a. Zusammenhänge zw. Aktivierung u. der Qualität kognitiver Prozesse zu finden, so dass man von einer Art *Aktivation-Kognitions-Paradigma* sprechen kann. Insbes. in Eysencks Theorie der → Extraversion vs. Introversion wird vielfach auf das A. rekurriert.

KR: Beide Regeln scheinen nicht allg. gültig zu sein, deswegen wird heute ein *spezif.* Ansatz gewählt, derart, dass es für unterschiedl. Aufgaben eine jeweils optimale Erregungs- u. Spannungslage gibt (vgl. Fisher 1976), die außerdem noch von der Person abhängig ist; vgl. auch Welford (1973) sowie Landers (1980).

VD: Die Λ-Regel besteht bei genauer Differenzierung aus vier unabhängigen Teilhypothesen: (a) Minimalaktivierung: Leistungen setzen ein bestimmtes Mindestmaß an Aktivierung voraus; (b) bei zunehmender Aktivierung nehmen die Leistungen zu; (c) von einem bestimmten Aktivierungsgrad an sinkt mit steigender Aktivierung die Leistung; (d) bei einem extremen Grad an Überaktivierung ist keine Leistung mehr möglich; vgl. Kroiber-Riel (1984); vgl. auch Bäumler (1992, eine genaue Darstellung der ursprüngl. Versuche u. Gesetzesformulierungen).

LIT: Zum Überblick über das A. vgl. Schönpflug (1969) u. Portele (1975); s. a. Duffy (1962, 1976); Oxendine (1970); Gutin (1973); Boisen (1975); Klavora (1978); Nitsch (1981) u. Christen (1982); zu einer mathemat. Begründung u. Vertiefung des Gesetzes vgl. Broadhurst (1957, 1959) u. Broadbent (1965).

◆ BÄUMLER, G.: Eine krit. Revision des »Yerkes-Dodson-Gesetzes« von 1908. In: GUNDLACH, H. (Hg.): Ps. Forschung u. Methode – das Versprechen des Experiments. Festschrift für Werner Traxel. Passau 1992, S. 39–52; BOISEN, M.: Angst im Sport. Der Einfluß von Angst auf das Bewegungsvh. Gießen 1975; BROADHURST, P. L.: Emotionality and the Yerkes-Dodson-Law. JExP 54, 1957, S. 345–353; BROADHURST, P. L.: The interaction of task difficulty and motivation: The Yerkes-Dodson-Law revived. AP 16, 1959, S. 321–338; BROADBENT, D. E.: A reformulation of the Yerkes-Dodson-Law. BMSP 18, 1965, S. 145–157; CHRISTEN, J. H.: Psychophysiolog. Aspekte des Sports. In: THOMAS, A. (Hg.): Sportps. München 1982, S. 166–182; DUFFY, E.: Activation and Behaviour. New York 1962; DUFFY, E.: The psychological significance of the concept of arousal or activation. In: FISHER, A. C. (Hg.): Psychology of sport. Palo Alto 1976, S. 90–124; FISHER, A. C.: Psych up, psych down, psych out: relationship of arousal and sport performance. In: FISHER, A. C. (Hg.): Psychology of sport. Palo Alto 1976, S. 136–144; GUTIN, B.: Exercise induced activation and human performance: a review. Research Quarterly 44, 1973, S. 256–268; KLAVORA, P.: An attempt to derive inverted-U curves based on the relationship between anxiety and athletic performance. In: LANDERS, D. M. u. CHRISTIANA, R. W. (Hg.): Psychology of motor behaviour and sport. Champagn: Human Kinetics Publ. 1978, S. 369–377; KROIBER-RIEL, W.: Konsumentenvh. München 1984. (3. Aufl.); LANDERS, D. M.: The arousal-performance relationship revisited. Research Quarterly for Exercise and Sport 51, 1980, S. 77–90; NITSCH, J. R.: Streßtheoret. Modellvorstellungen. In: NITSCH, J. R. (Hg.): Streß. Bern 1981, S. 52–141; OXENDINE, J. B.: Emotional arousal and motor performance. Quest 13, 1970, S. 23–32; PORTELE, G.: Lernen u. Motivation. Weinheim 1975; SCHÖNPFLUG, W.: Aktivierung, Leistung u. zielgerichtetes Vh. In: MERZ, F. (Hg.): Bericht über den 25. Kongreß der Dt. Ges. für Ps. Münster 1966. Göttingen 1967; SCHÖNPFLUG, W. (Hg.): Methoden der Aktivierungsforschung. Bern 1969; WELFORD, A. T.: Stress and performance. Ergonimics 16, 1973, S. 567–580; YERKES, R. M. u. DODSON, J. D.: The relation of strength of stimulus to rapidity of habit-formation. JCNPS 18, 1908, S. 459–482.

Aktivationsausbreitung → Aktivationsausbreitungstheorie.

Aktivationsausbreitungsmodelle → Konnektionismus; → Aktivationsausbreitungstheorie.

Aktivationsausbreitungstheorie [engl. *spreading activation theory*; auch in der dt. Fachliteratur häufig: *Spreading-activation-Theorie*], eine Theorie des → semantischen Gedächtnisses, eine Weiterentwicklung des → TLC, die von einem → semantischen Netzwerk ausgeht, in dem sich »Aktivation« ausbreitet, die das Ausmaß der assoziativen Beziehung verkörpern soll. Die Stärke der Aktivation wächst mit der Zeitdauer der Beschäftigung u. nimmt mit zunehmender Distanz vom Ausgangskzpt. ab. Es besteht auch die Möglichkeit der Summation von Aktivationssignalen, die über verschiedene Verbindungen einen Knoten (→ semantische Netzwerke) erreichen. Ein Bsp. für den Grundansatz: Die Aussage «Ein Sperling kann fliegen« aktiviert gem. dem Kzpt. der Aktivierungsausbreitung alle damit verbundenen Knoten (Bsp.: »ist ein Vogel«, »legt Eier«, »nistet in Bäumen« usw.), u. die Beurteilung der Wahrheit von Sätzen, bei denen entferntere Kzpte. eine Aktivierung erfahren müssen (→ Satzverifikationsaufgabe) dauert dementsprechend länger. Aus dem Modell lässt sich z. B. ableiten, dass die Aussage »Ein Sperling kann fliegen« schneller verifiziert wird als die Aussage »Ein Sperling kann atmen«, da mehr vermittelnde Knoten zu durchlaufen sind.

Das Modell beinhaltet des Weiteren folgende Annahmen: Assoziationen breiten sich auch ohne willentl. Prozesse aus: *assoziative Bahnung* (→ Priming); vgl. zum Überblick Anderson (1988). Das Modell gibt auch den strikt hierarch. Charakter der typ. semant. Netzwerke auf u. formiert sich um das Kzpt. der *semant. Ähnlichkeit*: je mehr Eigenschaften zwei Kzpte. gemeinsam haben, umso mehr Verbindungen gibt es zw. den diese zwei Begriffe repräsentierenden Knoten. So ergibt sich die Hypothese, dass zwei Begriffe umso rascher miteinander verglichen werden können, je mehr gemeinsame Merkmale sie aufweisen. Damit können auch → Typkalitätseffekte erklärt werden.

HI/WÜ: Die A. wurde von Collins u. Loftus (1975) entwickelt. Anderson hat ein elaboriertes Computermodell, das im Wesentl. mit dem Aktivationsausbreitungskzpt. operiert: → ACT-Theorie; vgl. hierzu Klimesch (1988). Durch dieses Modell wurde eine bis heute aktuelle Problemstellung der semant. Gedächtnisforschung erschlossen, die sich auf die interne Struktur von Begriffen u. auf die Relation zw. verschiedenen Merkmalen von Begriffen bezieht; vgl. Johnson-Laird (1987).

VD: Weitere Modellannahmen: (a) Die Liste mögl. Relationen wird erweitert durch die *Prädikatsrelation* (bspw. ist der Begriff »Katze« direkt mit dem Begriff »Maus« über die Prädikatsrelation »fressen« verknüpft), des Weiteren wird auch die *Negation* berücksichtigt: Katzen »sind keine« Mäuse. (b) Entscheidungen können auch auf Wahrscheinlichkeitsbasis gefällt werden. (c) Das Modell ermöglicht auch die Analyse sog. → Produktionsaufgaben: Eine Aufgabe wie: »Nenne einen Vogel, der gelb ist!« braucht eine längere Verarbeitungszeit als eine Aufgabe wie: »Nenne einen Vogel der mit K.

beginnt!« Die Ausbreitung der Aktivation von »gelb« zu »Kanarienvogel« erfordert eine größere Zeit als die von »Vogel« zu »Kanarienvogel«, da zunächst die farbgebundenen Knoten durchlaufen werden; eine Zusammenfassung dieser Aspekte gibt Hussy (1984).

◆ ANDERSON, J. R.: Kognitive Ps. Heidelberg 1988; COLLINS, A. M. u. QUILLIAN, M. R.: Experiments on semantic memory and language comprehension. In: GREGG, L. W. (Hg.): Cognition and learning. New York 1972; COLLINS, A. M. u. LOFTUS, E. F.: A spreading-activation theory of semantic processing. PR 82, 1975, S. 407–428; HUSSY, W.: Denkps., 1. Bd. Stuttgart 1984; JÜTTNER, C.: Gedächtnis. München 1979; KLIMESCH, W.: Struktur u. Aktivierung des Gedächtnisses. Bern 1988; JOHNSON-LAIRD, P. N.: The mental representation of the meaning of words. C 25, 1987, S. 189–212; LOFTUS, E. F. u. COLE, W.: Retrieving attribute and name information from semantic memory. JExP 102, 1974, S. 1116–1122; MEYER, D. E. u. SCHVANEVELDT, R. W.: Facilitation in recognizing pairs of words: evidence of a dependance between retrieval operations. JExP 90, 1971, S. 227–234.

Aktivations-Kognitions-Paradigma → Aktivation-Leistungs-Paradigma.

Aktivationstheorie → Aktivation.

Aktivationstheorie der Emotion → Emotionstheorie u. → Aktivation.

Aktivations-Verifikations-Modell → Worterkennung.

Aktives Sehen → computer vision.

Aktives Strukturelles Netzwerk, ein → semantisches Netzwerk, dargestellt auf dem Computerprogramm MEMOD (Rumelhart u. a. 1972); Norman u. Rumelhart (1975). Das Kzpt. des A. S. N. ging aus der Entwicklung eines Computerprogrammes hervor, das sprachl. Information verstehen, speichern u. umstrukturieren kann (u. war ursprüngl. nicht explizit als *ps.* Modell gedacht). Es besteht aus drei Teilen: (a) der Datenbasis, die den jeweils simulierten Wissensbestand eines Menschen enthält u. in Form des A. S. N. gespeichert ist; (b) dem → Parser, der Eingaben in das System (Sätze) in die für die Netzwerk-Repräsentation erforderl. Standardform von Aussagen bringt; (c) einem Interpretationsteil, der die Operation aufruft u. ihre Ergebnisse kontrolliert, die dazu dienen, neue Wissensinhalte in das abgespeicherte Wissen zu integrieren, Fragen zu beantworten usw. Der Begriff A. S. N. rührt daher, dass im Netzwerk zugleich die Datenbasis u. die Prozesse repräsentiert werden, die mit dieser Datenbasis arbeiten. Ein ähnl. Modell ist → HAM; während aber beim HAM-Modell die Propositionen in einzelne Elemente, die Knoten, zerlegt werden, sind sie beim A. S. N. als ganzheitl. Bedeutungseinheiten aufgefasst.

LIT: Zsfd. Darstellung u. Kritik bei Kluwe u. Spada (1981).

◆ KLUWE, R. u. SPADA, H.: Wissen u. seine Veränderung: einige ps. Beschreibungsansätze. In: FOPPA, K. u. GRONER, R. (Hg.): Kognitive Strukturen u. ihre Entwicklung. Bern 1981, S. 284–328; NORMAN, D. u. RUMELHART, D. E. (Hg.): Explorations in cognition. San Francisco 1975 (dt.: Strukturen des Wissens. Stuttgart 1978); RUMELHART, D. E. u. a.: A process model for long-term memory. In: TULVING, E. u. DONALDSON, W. (Hg.): Organization of memory. New York 1972, S. 197–246.

Aktives Vermeidungslernen → Vermeidungslernen.

Aktiviertheit → Aktivation.

Aktivierungsausbreitung → Aktivationsausbreitungstheorie.

Aktivierungspotential → optimale Stimulation.

Aktivierungsspitzen → optimale Stimulation.

Aktivierungstheorie → Aktivation.

Aktivitätsdrang → Explorationsverhalten.

Aktivitätstrieb → Explorationsverhalten.

Aktivität vs. Passivität → Emotionsdimensionen.

Aktualgenese [auch *Mikrogenese*], eine Untersuchungsmethode u. ein Phänomen der → Wahrnehmungspsychologie (Sander 1929): Mit einem → Tachistoskop werden kurzzeitig Fragmente eines Bildes gezeigt, die sich zunehmend zu einem ganzen Bild zusammenfügen; eine andere Version besteht darin, dass eine komplexe Figur von vornherein ganzheitl., aber mit sehr kurzen, langsam länger werdenden Darbietungszeiten dargeboten wird. Die dadurch entstehenden Wahrnehmungsprozesse werden dahingehend analysiert, wie aus unklaren *Vorgestalten* langsam eine klar identifizierbare *Endgestalt* heranwächst. Man findet z. B., dass bei der Wahrnehmung von Dreiecken das erste Element, das differenziert wird, fast immer die untere horizontale Kante ist, die Winkel werden erst später identifiziert. Eine Modifikation der A. ist die *hologene Methode* (nach Graumann), bei der vollständige, aber verschwommene Bilder in langsam schärfer werdender Form dargeboten werden. Die Methode der A. diente v. a. der Analyse u. Demonstration von Grundideen der → Gestalttheorie.

VD: Es existiert auch eine Gruppe von Untersuchungen, in denen aktualgenet. Experimente gewissermaßen in umgekehrter Richtung durchgeführt werden, wb. ein *Gestaltzerfall* demonstriert wird, z. B. bei → Retinastabilisation. Das Kzpt. des *Gestaltzerfalls* wurde v. a. in der strukturalen Psychiatrie rezipiert; vgl. hierzu Peters (1978).

LIT: Einen Überblick vermittelt Graumann (1959).

◆ Graumann, C. F.: Aktualgenese. Die deskriptiven Grundlagen u. theoret. Wandlungen des aktualgenet. Forschungsansatzes. ZEAP 6, 1959, S. 410–448; Linschoten, J.: Aktualgenese als heurist. Prinzip. ZEAP 6, 1959, S. 449–473; Peters, U. H.: Einführung in eine strukturale Psychopathologie. ZKPuPT 26, 1978, S. 5–22; Sander, F.: Über Gestaltqualitäten. In: Bericht über den 8. Int. Kongreß f. Ps. Groningen 1927 (abgedruckt in: Sander F. u. Volkelt, H.: Ganzheitsps. 1967); Sander, F.: Experimentelle Ergebnisse der Gestaltps. Bericht über den 10. Kongreß für Experimentelle Ps. (Bonn 1928), Jena 1929.

Aktuelles Moment → Wille.

Akustisches Gedächtnis → auditives Gedächtnis.

Akustisches Nachbild → Nachbild.

Akustische Wahrnehmung → Hören.

AL, Abk. für (1) → absolute limen; (2) → adaption level; (3) → aspiration level.

Algesimetrie → Schmerz.

Alghedonismus → Lust und Unlust.

Alkalisch → Geschmackswahrnehmung.

Alleen-Versuche → Raumwahrnehmung.

Allens Gesetz, eine von W. Allen (1973) postulierte Antwort auf die Frage, ob Sex etwas Schmutziges sei: »Ja, wenn er gut ist.« Allens Gesetz diente zwar als Leitmotiv der empir. Forschung für zwei Dekaden, konnte aber bis heute noch nicht ausreichend belegt werden; vgl. hierzu Städtler (1992).

◆ ALLEN, W.: Allen's law and modifications. Journal of unanswered Questions 7, 1973, S. 12–114; STÄDTLER, T.: Allen's law – an artefact? Journal of Sex and other dirty things, 7, 1991, S. 12–22; WESTERMEYER, H.: Ist Allens Gesetz eine Tautologie? Eine wissenschaftstheoret. Rekonstruktion eines umstrittenen Gesetzes auf der Basis der strukturalist. Wissenschaftstheorie. In: PRu 16, 1992, S. 100–111.

Alles-oder-nichts-Kontrollsystem → Angst.

Alles-oder-nichts-Lernen → inkrementelles vs. Alles-oder-nichts-Lernen.

Alles-oder-nichts-Prinzip beim Lernen → inkrementelles vs. Alles-oder-nichts-Lernen.

Alles-oder-nichts-Theorien des Lernens → inkrementelles vs. Alles-oder-nichts-Lernen.

Allgemeine Psychologie, das Teilgebiet der → Psychologie, das sich mit den *allg.* Gesetzmäßigkeiten des Erlebens u. Vhs. beschäftigt. Die a. Ps. ist abgegrenzt einerseits von der → differentiellen Psychologie, welche sich mit der Bedeutung individualspezif. Parameter u. ihren Gesetzmäßigkeiten beschäftigt, andererseits von der → Entwicklungspsychologie, die den Entwicklungsaspekt thematisiert, u. von der → Sozialpsychologie, welche die Gesetzmäßigkeiten sozialer Interaktion erforscht. Die a. Ps. befasst sich mit den grundlegenden Funktionen der Psyche, herkömmlicherweise gegliedert in: → Wahrnehmung u. → Kognition, → Lernen u. → Gedächtnis, → Motivation u. → Emotion, → Bewegung u. → Handlungs-Steuerung, zunehmend wird auch das Thema → Sprache miteinbezogen. (Früher wurde auch das Themengebiet → Ausdruck explizit dazugerechnet gegenwärtig wird dieses Gebiet eher unter sozialps. u. diagnost. Aspekt erforscht.)

KR: Das Kzpt. der a. Ps. wird zunehmend kritisiert: Im Attribut der *Allgemeinheit* manifestiere sich die grundsätzl. Crux der akadem. Ps., inwiefern es näml. bei der ps. Erforschung des Menschen überhaupt solche allg. Gesetzmäßigkeiten gebe u. inwieweit man von individuellen, histor. u. kulturrelativen Aspekten abstrahieren könne; vgl. hierzu v. a. Jüttemann (1983ff.), der auch argumentiert, dass der differentiellen Ps. gegenüber der a. Ps. eine Alibifunktion zukomme, denn in dieses Gebiet würden Fragen abgedrängt, die von der a. Ps. nicht angegangen werden, obwohl sie eigentl. allg. Natur seien. Es wird an der herkömml. a. Ps. auch kritisiert, dass sie in ihrer grundsätzl. Gliederung die psych. Funktionen isoliert untersuche u. die Frage nach dem Zusammenspiel dieser Funktionen weitgehend ausklammere; vgl. hierzu auch Herrmann (1979); Ewert (1983); von Wright (1974); vgl. auch die tief schürfenden Gedanken von Graumann (1993). Grundsätzl. verschwimmen seit einiger Zeit die Grenzen zw. der differentiellen Ps. u. der a. Ps.; häufig werden als prototyp. Bsp. für eine Interaktion dieser Gebiete die Arbeiten von Eysenck genannt: → Extraversion vs. Introversion; vgl. auch die Themendarstellung der Motivationsps. nach Heckhausen (1980), bei der individuelle u. allg. Aspekte untrennbar aufeinander bezogen sind; auch in der Persönlichkeitstheorie von H. Thomae ist eine bes. Art der Integration von individualps. u. allgemeinps. Ansätzen gegeben (vgl. Wahl 1985); Jüttemann (1987) verweist auch auf das Kzpt. der → personalen Konstrukte, das heutzutage als eine prototyp. Persönlichkeitstheorie angesehen wird, ursprüngl. aber als ein allgemeinps. Ansatz konzipiert worden ist.

VD/T: Zur Definitionsproblematik: Die oben dargelegte allg. Definition des Begriffs *a. Ps.* lässt folgende Ausformungen zu (vgl. hierzu Schönpflug 1988): (a) a. Ps. als Theorie der grundlegenden phys. Funktionen (Wahrnehmung, Lernen etc.). Diese Trennung einer allg. Seelenlehre (*psychologia generalis*) von einer *besonderen* Seelenlehre (*psychologia specialis*) reicht bis ins 18. Jahrhundert zurück. Im 20. Jahrhundert wird v. a. der Gegensatz *generelle* vs. *differentielle* Ps. von W. Stern thematisiert u. präzisiert. Der Münsteraner Philosophieprofessor Josef Geyser ersetzt das Wort *generell* durch *allg.*, er fasst die a. Ps. v. a. als Gegensatz zur Entwicklungsps. u. zur angewandten Ps. (b) Eine Definition der a. Ps. anhand der Dimension → *idiographisch* vs. *nomothetisch*: die a. Ps. sei ein explanator. Ansatz, dem ein *beschreibender* Zugang gegenüberstehe; Weiteres s. d. (c) Bisweilen wird der Aspekt der experimentellen Methodik hervorgehoben, der angebl. die a. Ps. kennzeichne (Weiteres s. das Stw. → Psychologie); die klass. Begründungsarbeiten der a. Ps., wie die von Wundt u. Titchener, waren jedoch vorwiegend auf introspektiver Basis angelegt u. Untersuchungen an Einzelpersonen spielten innerhalb der klass. → Gedächtnispsychologie eine wichtige Rolle, zunehmend auch im Bereich der → Neuropsychologie, u. auch Skinner betont innerhalb seiner → Verhaltensanalyse die Bedeutung einer individuellen Analyse. (d) Bisweilen wird die a. Ps. als *theoret.* Ps. im Unterschied zu einer *angewandten* Ps. konzipiert; es gibt eine eigene Ztschr. *Annals of Theoretical Psychology*. (e) Der Begriff *a. Ps.* wird bisweilen auch als ein Oberbegriff verwendet, als eine Themensammlung der gesamten Ps.; nach McKellar (1971) wird der Begriff *general psychology* v. a. im angloamerikan. Sprachgebrauch in diesem Sinne gebraucht, näml. als umfassende Synthese aller Ergebnisse u. Theorien auf dem Gebiet der Ps., v. a. bei einführenden Lehrbüchern; vgl. hierzu auch Schönpflug (1988), der unter diesem Aspekt einige charakterist. Lehrbücher hervorhebt (Leuba 1963; Levanway 1972; Kimble u. a. 1980). Schönpflug hält letztere Begriffskonzeption für überflüssig, da sie eigentl. syn. mit dem Begriff der Ps. überhaupt sei.

LIT: Ein Lehrbuch der a. Ps. ist Spada (1990); es existiert des Weiteren ein Lehrbuch »Allg. Experimentelle Ps.« (Lüer 1987); vgl. auch die einführende Darstellung von Wendt (1989); kleinere u. ältere Darstellungen sind Toman (1973) u. Popp (1983); überhaupt konzentrieren sich die meisten Lehrbücher der Ps. auf die Darstellung der a. Ps., sehr »allg.« ist das Lehrbuch von Lindsay u. Norman (1981); das *Handbuch der Ps.* widmet der a. Ps. 3 Bände: Bergius (1964), Thomae (1965), Metzger u. Erke (1966); die neue *Enzyklopädie der Ps.* widmet dem Themenbereich *Motivation* u. *Emotion* 4 Bände, *Sprache* ist auf 6 u. *Kognition* auf 8 Bände angelegt.

◆ Beneke, E.: Lehrbuch der Ps. als Naturwissenschaft (2. Aufl.). Berlin 1845; Bergius, R. (Hg.): Lernen u. Denken, HP, 1. Bd., 2. Hlb. Göttingen 1964; English, H. B. u. English, A. C.: A comprehensive dictionary of psychological and psychoanalytical terms. London 1958; English, H. B. u. Stern, W.: Allg. Ps. Den Haag 1950 (Orig.: 1934); Ewert, O.: Ansprache zur Eröffnung des 33. Kongreß der Dt. Ges. f. Ps. In: Lüer, G. (Hg.): Bericht über den 33. Kongreß der DGfPs in Mainz 1982. Göttingen 1983, S. 31–36; Graumann, C. F.: Mythenbildung in der Ps.-Geschichte. Ztschr. für polit. Ps. 1, 1993, S. 5–15; Heckhausen, H.: Allg. Ps. in Experimenten. Göttingen 1969; Heckhausen, H.: Motivation u. Handeln. Berlin 1980; Herrmann, T.: Ps. als Problem. Stuttgart 1979; Höffding, H.: Ps. in Umrissen auf Grundlage der Erfahrung. Leipzig 1893 (2. Aufl.); Jüttemann, G. (Hg.): Ps. in der Veränderung. Weinheim 1983; Jüttemann, G.: Qualitative Forschung in der Ps. Belz 1985; Jüttemann, G.: Die Geschichtlichkeit des Seelischen. Weinheim 1986; Jüttemann, G.: Das Allgemeine am Individuellen als Fragestellung der Allg. Ps. In: Jüttemann, G. u. Thomae, H. (Hg.): Biographie u. Ps. Berlin 1987; Jüttemann, G. u. a. (Hg.): Die Seele. Ihre Geschichte im Abendland. Weinheim 1991; Jüttemann, G.: Wegbereiter der histor. Ps. Weinheim 1995; Kimble, G. A. u. a.: Principles of general psychology. New York 1980; Leuba, C. J.: Man: a general psychology. New York 1963; Levanway, R. W.: Advanced general psychology. Philadelphia 1972; Lindsay, P. H. u. Norman, D. A.: Einführung in die Ps. Berlin 1981; Lüer, G. (Hg.): Allg. Experimentelle Ps. Stuttgart 1987; McKellar, T. P. H.: Allg. Ps. In: Arnold, W. u. a. (Hg.): Lexikon der Ps., 1. Bd. Freiburg 1971; Metzger, W. u. Erke, H. (Hg.): Wahrnehmung u. Bewußtsein. HP, 1. Bd., 1. Hlb. Göttingen 1966; Popp, M.: Einführung in die Grundbegriffe der allg. Ps. Stuttgart 1983; Schönpflug, W.: Allg. Ps. In: Asanger, R. u. Wenninger, G. (Hg.): Handwörterbuch der Ps. München 1988 (4. Aufl.), S. 7–15; Spada, H. (Hg.): Lehrbuch Allgemeine Ps. Bern 1990; Thomae, H. (Hg.): Motivation. HP, 2. Bd. Göttingen 1965; Toman, W.: Einführung in die allg. Ps., 1. Bd. Freiburg 1973; Von Wright, G. H.: Erklären u. Verstehen. Frankfurt/M. 1974; Wahl, H.: Hans Thomae. In: Herrmann, T. u. Lantermann, E. D. (Hg.): Persönlichkeitsps. Ein Handbuch in Schlüsselbegriffen. München 1985, S. 256–264; Wendt, D.: Allg. Ps. Einführung. Stuttgart 1989.

Allgemeiner Antrieb [auch *allg. Trieb, allg. Triebniveau*, engl. *general drive*], zentrales Kzpt. innerhalb der → systematischen Verhaltenstheorie Hulls; es basiert auf der Annahme, dass sich alle → Triebe eines Organismus – ungeachtet ihrer Spezifität – zu einem Gesamtzustand der allg. Aktivierung bzw. Motiviertheit des Organismus addieren: dem a. A. Demnach können irrelevante Triebe die relevanten Triebe steigern (*Triebsummation*) o. ganz ersetzen (*Triebsubstitution*). Bes. die → Angst wurde im Sinne eines a. A. konzipiert: → Triebtheorie der Angst; s. a. das Stw. → Konflikt.

Durch den *general drive* werden alle Reaktionstendenzen aktiviert. Die Stärke eines Vhs. setzt sich nach Hull multiplikativ aus der Stärke des a. A. u. der Gewohnheitsstärke zusammen: → Drive-mal-habit-Modell. Die Stärke des a. A. wird über die zeitl. Dauer der Deprivation der Triebe definiert, → Verstärkung erfolgt durch Reduktion des a. A.: → Triebreduktionstheorie.

HI/WÜ: Das Kzpt.des a. A. steht begriffshistor. zw. dem Kzpt. des Triebs u. dem der → Aktivation. Es ist charakterist. für den Grundimpetus der → Lerntheorien, mit möglichst nomothet. Kzpt. zu arbeiten.

KR: Infolge der zu schwachen empir. Basis wird dem Kzpt. des a. A. heute nur noch histor. Bedeutung zugesprochen; vgl. Bolles (1975). Die in diesem Kzpt. enthaltene Grundproblematik, näml. die Spannung zw. den *allg.* u. *spezif.* Motivationsvariablen, wird von Hinde (1973) unter besonderer Hervorhebung der etholog. Position dargestellt; er fasst die Ergebnisse der modernen Ethologie dahingehend zusammen, dass diese gegen die Annahme eines *general drive* sprechen; auch eine Verknüpfung des Kzpts. des a. A. mit dem Aktivations-Kzpt. o. dem neurophysiolog. Kzpt. des → ARAS ist nach Hinde problemat.

LIT: Zur Darstellung dieser motivationsps. Aspekte von Hulls Lerntheorie vgl. Keller (1981); Brown (1961); Bolles (1975).

◆ Bolles, R. C.: Theory of motivation. New York 1975; Brown, J. S.: The motivation of behaviour. New York 1961; Hinde, R. A.: Das Vh. der Tiere, 2 Bde. Frankfurt/M. 1973; Keller, J. A.: Grundlagen der Motivation. München 1981.

Allgemeiner Transfer → Transfer.

Allgemeiner Trieb → allgemeiner Antrieb.

Allgemeines Adaptationssyndrom → Stress.

Allgemeines Triebniveau → allgemeiner Antrieb; → Triebtheorie der Angst.

Allokations-Modell → Ressourcentheorie.

Alltagsphilosophien → geisteswissenschaftliche Psychologie.

Alpha-/Beta-Modelle → mathematische Lerntheorien.

Alpha-Bewegung → Phi-Phänomen.

Alpha-Gamma-Koaktivierungstheorie → Bewegungsprogramm.

Alpha-Phänomen → Phi-Phänomen.

Alpha-Reaktion → klassische Konditionierung.

Alpha-Wellen → physiologische Psychologie (Kasten psychophysiologische Methoden).

Alptraum → Traum.

Alter-Adaptoren → Gestik.

Alternativeneffekt → Hick-Hyman-Gesetz.

Alternativenweises Vorgehen → Entscheidungsheuristiken.

Alternativplan → Verstärkungsplan.

Altersstufen-IQ → Intelligenz.

Altruismus → soziale Motivation.

Ambientes Wahrnehmungssystem → visuomotorische Koordination.

Ambivalentes Verhalten → Konflikt.

Ambivalenz → Psychoanalyse.

Ambivalenzkonflikt → Konflikt.

Ames-Demonstrationen → transaktionalistische Wahrnehmungstheorie; → Ames-Raum.

Ames-Raum, ein *verzerrter Raum* (engl. *distorted room*), der in einer solchen Perspektive entworfen ist, dass der Blick durch ein Guckloch den Anschein eines normalen rechtwinkligen Zimmers erweckt; der Raum wurde von dem amerikan. Wahrnehmungspsychologen Ames zur Begründung seiner → transaktionalistischen Wahrnehmungstheorie konzipiert; vgl. hierzu auch die tief schürfenden Ausführungen von Shepard (1991).

VD: Die Abb. *Wahrnehmung 5a* demonstriert anhand eines Fotos den verblüffenden Effekt, den der A. vermittelt; die Abb. *Wahrnehmung 5b* demonstriert das Wirkungsprinzip; sie zeigt den A. von oben gesehen: was in einem entfernteren Teil des Zimmers ist, sieht kleiner aus als das, was näher ist. Die Illusion der Rechtwinkligkeit ist so überzeugend gewahrt, dass für den Beobachter am Guckloch ein Mensch, der durch diesen Raum geht, zu wachsen u. zu schrumpfen, nicht näherzukommen o. zurückzugehen scheint (entnommen aus Falk u. a. 1990).

◆ Falk, D. S. u. a.: Ein Blick ins Licht. Berlin 1990; Shepard, R. N.: Einsichten u. Einblicke. Illusion u. Wahrnehmungskonflikte in Zeichnungen. Heidelberg 1991.

Aminostatische Theorie → Hunger.

Amodale Ergänzungen → perzeptive Ergänzungen.

Amodale Konturen → subjektive Konturen.

Abb. *Wahrnehmung 5a*

Eine Aufnahme von Mutter und Kind in einem Ames-Raum. Der Raum ist nicht rechtwinklig; die scheinbar kleinere Person ist tatsächlich viel weiter entfernt.

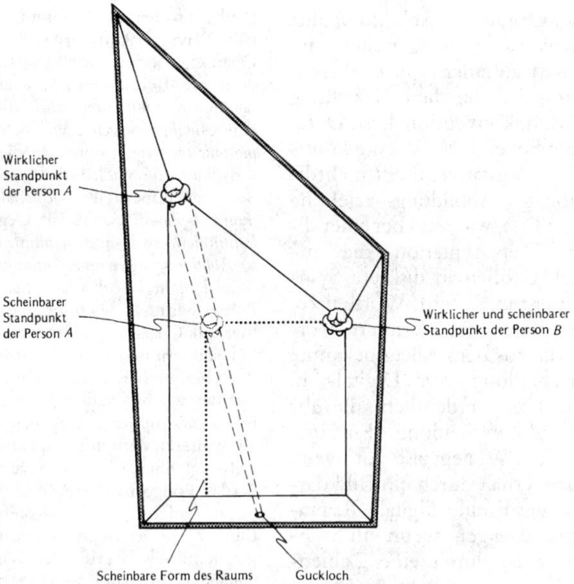

Abb. *Wahrnehmung 5b*

Amodale Wahrnehmung → perzeptive Ergänzungen; → intersensorische Koordination.

Ampliation → phänomenale Kausalität.

Amplifikationsauffassung der Emotionen → affektive Motivationstheorien.

Anagrammprobleme, eine in der Erforschung des → Denkens häufig verwendete Gruppe von → Problemen: gegeben sind Buchstabenkombinationen, die durch Vertauschen von einem o. mehreren Buchstaben ein sinnvolles Wort ergeben. Der Lösungsraum ist hierbei sehr groß, der Problemlöser wendet meist bestimmte heurist. Prinzipien an, die es ihm gestatten, einen effizienteren Weg durch den Lösungsraum zu finden, als dies durch reines Ausprobieren mögl. wäre. Ein wichtiger lerntheoret. Ansatz war Mayzner u. Tresselt (1962).

◆ Bartlett, C.: Thinking. London 1958; Greeno, J. G.: The Nature of problem solving abilities. In: Estes, W. K. (Hg.): Handbook of learning and cognitive processes, Bd. 5. Hillsdale 1978, S. 239–270; Mayzner, M. S. u. Tresselt, M. E.: Anagram solution times: a function of word transition probabilities. JExP 63, 1962, S. 510–513; Schaefer, A. E.: Denken. Berlin 1985.

Anale Phase → Psychoanalyse; → Trieb; → Sexualtrieb.

Analoge Repräsentation → analoge Wissensrepräsentation.

Analoges Denken → analogisches Denken.

Analoges Schlussfolgern → analogisches Denken.

Analoge Wissensrepräsentation [häufig auch nur *analoge Repräsentation*], → Wissensrepräsentation, bei der zw. Original u. Abbildung eine Ähnlichkeitsbeziehung besteht, im Gegensatz zu einer *digitalen* Repräsentation, bei der diese Beziehung willkürl. u. konventionell ist. D. h., dass sich bei einer a. W. eine kontinuierl., quantitative, meist mehrdimensionale Abbildungsbeziehung angeben lässt, während bei einer digitalen Repräsentation die ursprüngl. Größen in diskrete Symbole, meist in Ziffern, Worte u./o. Propositionen transformiert werden – die aus dem Alltag bekannte Unterscheidung zw. Digital- u. Analoguhren verdeutlicht die abstrakte Unterscheidung. Ein typ. Fall einer a. W. liegt also vor, wenn ein Sachverhalt durch ein Bild dargestellt wird, eine digitale Repräsentation dagegen, wenn ein Sachverhalt z. B. durch eine Zahlenmatrix veranschaulicht wird. → Vorstellungsbilder sind auf ps. Gebiet demgemäß typ. Bsp. für eine a. W.; vgl. hierzu Steiner (1988). Als Gegensatz zu einer a. W. wird allerdings in der Ps. meist nicht das Kzpt. einer digitalen Repräsentation verwendet, sondern das einer *symbol.* bzw. → *propositionalen* Wissensrepräsentation, also einer Repräsentation, die nicht mit Bildern, sondern mit abstrakten sprachl. Symbolen operiert. Das Kzpt. der → mentalen Modelle behauptet den analogen Charakter auch von solchen geistigen Strukturen, die sich auf abstrakte Prozesse wie → logische Schlussfolgerungen beziehen. Empir. Untersuchungen zur Problematik u. Bedeutung der a. W. sind Analysen zur → mentalen Rotation u. zum → symbolischen Distanzeffekt; allg. zur → räumlichen Kognition.

VD/T: Die Übertragung des Begriffes *analog*, der in der Technik exakt definiert ist, auf ps. Prozesse führt dazu, dass der Begriff seine Exaktheit verliert u. eine Reihe problemat. Bestimmungen enthält. Paivio (1986) verwendet z. B. zur Charakterisierung von Vorstellungsbildern die Bezeichnungen *analog*, *ikon.*, *kontinuierl.*, *mit isomorphen Beziehungs- bzw. Abbildungseigenschaften (referential isomorphic properties)*, denen er die Charakteristika von sprachähnl. Repräsentationen gegenüberstellt: *nichtanalog*, *nichtikon.*, *digital* o. *diskret* (als Gegenteil zu *kontinuierl.*), mit einer *willkürl. Beziehung u. Abbildung* (*referentially arbitrary*), *propositional* o. *fregianisch* (nach dem Logiker Frege). Sämtl. Bezeichnungen, die Paivio hier zur Charakterisierung von Vorstellungsbildern neben *analog* aufführt, werden aber auch synonym mit *analog* verwendet; vgl. hierzu die tief gehende Analyse von Zimmer u. Engelkamp (1988). Zu weiteren definitor. Aspekten des Begriffs vgl. Shepard (1978, S. 135ff.); Shepard u. Podgorny (1978, S. 223ff.); Cooper u. Podgorny (1976); Kolers u. Smythe (1979). Der Begriff führt in Grundprobleme des Begriffs der *Wissensrepräsentation* selbst, näml. zur Frage, worin die Isomorphie u. die Analogie zw. Welt u. Repräsentation besteht; vgl. hierzu Shepard u. Chipman (1970) u. Pallmer (1978). Auch die empir. Überprüfbarkeit, ob eine Repräsentation analog ist, macht grundsätzl. Schwierigkeiten: Ein Indiz für eine a. W. ist im Allgemeinen die Leichtigkeit, mit der analoge Operationen durchgeführt werden können, verglichen mit der Umständlichkeit, mit der entsprechende Operationen innerhalb struktureller o. propositionaler Repräsentationssysteme ablaufen; da eine Überprüfung auf der beobachtbaren Vhsebene allerdings immer Annahmen über die Prozesse beinhaltet, durch die sich diese mentalen Repräsentationen manifestieren, ist hier jedoch keine eindeutige Beziehung gegeben; so konnte gezeigt werden, dass in Verbindung mit geeigneten Prozessannahmen sowohl die Annahme einer a. W. wie die einer propositionalen Repräsentation prakt. dieselbe Vhsvorhersage ergeben können: sog. *Mimikry-Theorem* von Anderson (1978).

LIT: Vgl. zum Überblick Zimmer u. Engelkamp (1988); zur Grundidee u. zur Problematik des Kzpts. vgl. Rekemper (1989); ein guter Überblick über die Repräsentation analogen Wissens im Gedächtnis ist Lüer u. a. (1995).

◆ ANDERSON, J. R.: Arguments concerning representations for mental imagery. PR 85, 1978, S. 249–277; BRUNER, J. S.: The course of cognitive growth. AmP 19, 1964, S. 1–15; COOPER, L. A. u. PODGORNY, P.: Mental transformations and visual comparison processes. JExP: HPP 2, 1976, S. 503–514; KOLERS, P. u. SMYTHE, W. E. (Hg.): Images, symbols and skills. CJP 33, 1979, S. 158–184; LÜER, G. u. a.: Repräsentation analogen Wissens im Gedächtnis. In: DÖRNER, D. u. VAN DER MEER, E. (Hg.): Das Gedächtnis. Göttingen 1995, S. 75–125; PAIVIO, A.: Mental representations. A dual coding approach. New York 1986; PALLMER, S. E.: Fundamental aspects of cognitive representation. In: ROSCH, E. u. LLOYD, B. B. (Hg.): Cognition and categorization. Hillsdale 1978, S. 259–303; REKEMPER, K.: Mentale Bilder – analoge Repräsentation. In: BECKER, B. (Hg.): Zur Terminologie der Kognitionsforschung. St. Augustin 1989; SCHNOTZ, W.: Textverstehen als Aufbau mentaler Modelle. In: MANDL, H. u. SPADA, H. (Hg.): Wissensps. München 1988; SHEPARD, R. N. u. CHIPMAN, S.: Second order isomorphism of internal representations: shapes of states. CP 1, 1970, S. 1–17; SHEPARD, R. N. u. PODGORNY, P.: Cognitive processes resemble perceptual processes. In: ESTES, W. K. (Hg.): Handbook of learning and cognitive processes. Hillsdale 1978, S. 189–237; SHEPARD, R. N.: The mental image. AmP 33, 1978, S. 125–137; STEINER, G.: Analoge Repräsentation. In: MANDL, H. u. SPADA, H. (Hg.): Wissensps. München 1988; ZIMMER, H. D. u. ENGELKAMP, J.: Informationsverarbeitung zw. Modalitätsspezifität u. propositionalem Einheitssystem. In: HEYER, G. u. a. (Hg.): Wissensarten u. ihre Darstellung. Berlin 1988, S. 130–155.

Analogieaufgaben → analogisches Denken.

Analogisches Denken [auch *analoges Denken*, *analoges* bzw. *analogisches Schlussfolgern*]. Die Erforschung des a. D. ist einer der Hauptstränge der Forschungen zum → logischen Schlussfolgern, bes. zum → induktiven Denken; Analogieaufgaben sind typ. Aufgaben zur Analyse des → Problemlösens, die auch in vielen Intelligenztests enthalten sind, typischerweise im Forced-choice-Format: »A verhält sich zu B wie C zu ?«, wb. die Antworten, aus denen die richtige ausgewählt werden muss, vorgegeben sind. Die hier abstrakt charakterisierten Analogien können mit unterschiedl. Iteminhalten realisiert sein, so z. B. Wörtern, Zahlen o. geometr. Figuren. Sind Begriffe vorgegeben, spricht man von *semant.* Analogieaufgaben; Bsp.: »Füller verhält sich zu Heft wie Kreide zu?«. Sternberg (1977ff.) konzipiert eine Phasentheorie des a. D., die den Vorteil hat, in ein übergreifendes Intelligenzkzpt. eingebettet zu sein; zur Kritik vgl. Neisser (1983). Eine populärwissenschaftl. Heuristik, die in starkem Maße von analogen Denkmodellen Gebrauch macht, ist die → Synektik.

LIT: Zur zfsd. Darstellung u. Kritik vgl. Hesse (1991); Maichle (1985) u. Rost (1980); wichtige amerikan. Arbeiten sind Pellegrino u. Glaser (1982); Whitley (1980); Gick u. Holyak (1980); Carbonell (1983); Klix (1976) verwendet Analogieaufgaben, um seine Theorie zur Differenzierbarkeit zw. innerbegriffl. u. zwischenbegriffl. Relationen zu belegen.

◆ CARBONELL, J. G.: Learning by analogy. In: MICHALSKI, R. S. u. a. (Hg.): Machine learning. Palo Alto 1983; GICK, M. L. u. HOLYOAK, K. J.: Analogical problem solving. In: CP 12, 1980, S. 306–355; GOSWAMIU, U.: Analogical reasoning: what develops? A review of research and theory. CD 62, 1991, S. 1–22; HESSE, F. W.: Analoges Problemlösen. München 1991; KLIX, F. (Hg.): Ps. Beiträge zur Analyse kognitiver Prozesse. München 1976; MAICHLE, U.: Wissen, Verstehen u. Problemlösen im Bereich der Physik. Frankfurt/M. 1985; NEISSER, U.: Components of intelligence or steps in routine procedures? C 15, 1983, S. 189–197; PELLEGRINO, J. W. u. GLASER, R.: Analyzing aptitudes for learning: inductive reasoning. In: GLASER, R. (Hg.): Advances in instructional psychology, 2. Bd. Hillsdale 1982, S. 269–345; ROST, J.: Gedächtnisps. Grundlagen naturwissenschaftl. Wissens. Weinheim 1980; STERNBERG, R. J.: Intelligence, information processing and analogical reasoning: a componential analysis of human abilities. Hillsdale 1977; STERNBERG, R. J.: The concept of intelligence. I 3, 1981, S. 217–27; STERNBERG, R. J.: Components of human intelligence. C 15, 1983, S. 1–48; WEBER, G.: Fallbasiertes Lernen u. Analogien. München 1994; WHITLEY, S. E.: Modeling aptitude test vality from cognitive components. JEP 72, 1980, S. 750–769.

Analyse-durch-Synthese [engl. *analysis by synthesis*], ein Modell der → Sprachwahrnehmung (Halle u. Stevens 1964; Stevens u. Halle 1967), das besagt, dass bei der Wahrnehmung von Sprache eine internale Synthese der phonet. Muster erfolgt, welche als Vergleichsmuster fungieren u. durch einen Komparator auf Übereinstimmung mit dem jeweils zu analysierenden Eingangsmuster geprüft werden. Liegt Identität vor, so ist der Wahrnehmungsvorgang beendet, bei Nicht-Übereinstimmung werden fortlaufend neue Vergleichsmuster erzeugt u. verglichen, wb. ein vorgeschalteter Analyse-Mechanismus die Anzahl der zu erzeugenden Vergleichsmuster möglichst gering hält. Das Modell der A. liegt auf der Linie der → Motortheorie der Sprachwahrnehmung, es betont die aktive Rolle, die dem Individuum bei der Sprachwahrnehmung zukommt, was beispielhaft durch den sog. → Phonemic-restoration-Effekt belegt wird.

HI/WÜ: Das Modell der A. wird – seines konstruktivist. Charakters wegen – von Neisser (1974) als Modell für die Analyse aller Erkenntnisprozesse propagiert.

◆ Halle, M. u. Stevens, K. N.: Speech recognition: A model and a programm for research. In: Fodor, J. A. u. Katz, J. J. (Hg.): The structure of language. Englewood Cliffs 1964, S. 604–612; Neisser, U.: Kognitive Ps. Stuttgart 1974; Stevens, K. N. u. Halle, M.: Remarks on analysis-by-synthesis and distinctive features. In: Wathen-Dunn, W. (Hg.): Models for the perception of speech and issual form. Cambridge/Mass. 1967, S. 88–102.

Analysis by synthesis → Analyse-durch-Synthese.

Analytische-Fragen-Stellen → psychologische Heuristik.

Analytischer Vergleich → Gedächtnisabsuche.

Analytische Strategie → Attributlernen.

Analytisches vs. globales Funktionieren → kognitive Stile.

Anamnese → Psychodiagnostik.

ANDS-Modell → logisches Schlussfolgern.

Angeborener Auslösemechanismus → Schlüsselreiz.

Angebote → ökologische Optik.

Angereicherte Umwelt → Exposure-Lern-Apparat.

Angestrengte Informationsverarbeitung → automatische vs. kontrollierte Informationsverarbeitung.

Angestrengtes Erinnern → automatische vs. kontrollierte Informationsverarbeitung.

Angewandte Psychologie, Oberbegriff für die ps. Teilgebiete, die eine Umsetzung von ps. Wissen u. ps. Methoden im Rahmen eines konkreten Praxisgebietes beinhalten. Die großen Gebiete der a. Ps. sind: → Arbeitspsychologie, → Betriebspsychologie, → Organisationspsychologie sowie die → Marktpsychologie u. → Wirtschaftspsychologie; des Weiteren: → klinische Psychologie u. → pädagogische Psychologie – in Darstellungen der a. Ps. werden letztere meist nicht einbezogen, da sie eigenen Forschungstraditionen entstammen u. einen großen Selbständigkeitsgrad erreicht haben. Eine Art prakt. orientiertes Querschnittsfach ist die → Psychodiagnostik.

Eine andere Sicht der a. Ps. ist die, dass es innerhalb jeden Fachs, also auch z. B. innerhalb der allg. Ps., einen theoret. u. einen angewandten Teil gibt, dass es also z. B. eine theoret. u. eine prakt./angewandte Entwicklungsps. o. sogar eine theoret. u. angewandte Wahrnehmungsps. geben kann; prävalent ist allerdings die erstgenannte Sicht.

Weitere kleinere Teilgebiete der a. Ps. sind: (a) *forens. Ps.*: alle mit der Tätigkeit von Psychologen als Gutachter bei Gericht zusammenhängenden Fragestellungen, v. a. die nach dem Realitätsgehalt von Zeugenaussagen (*Zeugenps.*; vgl. z. B. Arntzen 1970; zu psychophysiolog. Aspekten Steller 1987), nach der Verantwortungsreife minderjähriger Täter, der Schuldfähigkeit von Angeklagten u. der Kriminalprognose (Wegener 1992); (b) *Kriminalps.*: die Ps. von Tätern u. Opfern v. a. unter sozialps. Aspekt (Lösel 1983); (c) Rechtsps.: das Teilgebiet, das sich mit den ps. Aspekten der Justiz beschäftigt (Hommers 1991; Kette 1987). (*T*: Zunehmend wird *Rechtsps.* als weiter Oberbegriff sowohl für die forens. wie für die Kriminalps. verwendet – früher galt eher *forens. Ps.* als Oberbegriff.) (d) *Verkehrsps.*: die Analyse ps. Aspekte, sowohl perzeptueller wie motivationaler Natur, des Vhs. im Straßenverkehr (Klebelsberg 1982; Echterhoff 1992); (e) Medienps.: die Analyse ps. Aspekte der Massenmedien, Film, Funk u. Fernsehen (Groebel u. Winterhoff-Spurk 1986; Winterhoff-Spurk 1986); (f) *Sportps.* (Gabler u. a. 1993); (g) eine wichtige, wenn auch problemat. Rolle in der Entwicklung der Ps. hat die *Wehrps.* (Mietze 1984; zur Geschichte vgl. Geuter 1984) gespielt; in den letzten Jahren zunehmend entwickelt haben sich: (h) *Ernährungsps.*: die Beschäftigung mit den ps. Aspekten des Essens u. Trinkens, sowohl den normalen wie patholog. Phänomenen: Diäten, Hungergefühl, Anorexie u. Bulimie (Dittrichsen 1990; Pudel u. Westenhöfer 1991); (i) *Gesundheitsps.*: die Erforschung ps. Aspekte des Krankheits- u. Gesundheitsvhs. (Risikowahrnehmung u. Vorsorgevh.) von Menschen, auch die Erforschung der psych. Determinanten von Krankheit u. Gesundheit, auch z. B. von Aspekten wie Risiko u. Wahrnehmung u. Vorsorgevh. (Schwarzer 1990ff.; Bengel 1993).

LIT: Einen Überblick über die Geschichte der a. Ps. liefern Dorsch (1963) u. Rüegsegger (1986); eine kurze Zusammenfassung über die Anfänge der a. Ps. findet sich bei Brüning u. a. (1988); es gibt gegenwärtig nur ein neueres deutsches Buch, das einen Überblick über die Themenbereiche der a. Ps. (unter Ausschluss der klin. u. pädagog. Ps.) liefert: Frey u. a. (1988); ältere Arbeiten sind: Arnold (1970) u. Erismann (1961); Anastasi (1976); eine umfassende Darstellung aller Bereiche u. Praxisfelder stellt auch das Sammelwerk »Handbuch der A. Ps.« dar, herausgegeben von Hockel u. a./BDP; vgl. auch Benesch (1992); vgl. auch den Bericht über den 13. Kongreß für Angewandte Ps. (Schorr 1986); ein Handwörterbuch der a. Ps. ist Schorr (1993); einen Überblick über die Methodologie der a. Ps. geben Bungard u. a. (1988); eine Reihe persönl. u. pointiert geschriebener Beiträge renommierter Wissenschaftler über Zukunftsperspektiven u. interessante Aspekte der a. Ps. liefert das Kap. 33 in Frey u. a. (1988); weitere anregende Aufsätze sind Schorr (1988) u. Fröhlich (1988); Arbeiten zum Verhältnis von Grundlagenforschung u. a. Ps. sind Wolak (1988); Holzkamp (1970); Kaminski (1971); Witte (1966); auch der Sammelband Meyer u. Saame (1970); zu wissenschaftstheoret. Grundproblemen der a. Ps. u. auch der Frage ihrer Abgrenzung u. Definition vgl. Brocke (1978ff.); Herrmann (1978); Schulte (1976); Kleinbeck (1988) analysiert das allg. Anwendungsproblem am Bsp. der Arbeitsps.; eine der wichtigsten Diskussionen war, inwieweit die → Verhaltenstherapie sich als Anwendung der → Verhaltenstheorien verstehen lässt, vgl. hierzu verschiedene Aufsätze in Westmeyer u. Hoffmann (1977); vgl. auch Westmeyer (1976); zur Frage der Anwendung der Sozialps. in der klin. Praxis vgl. Brehm (1980); einen Überblick über die → Entscheidungshilfesysteme unter dem Aspekt angewandter Forschung liefern Zimolong u. Rohrmann (1988).

◆ Agassi, J.: The confusion between science and technology in the standard philosophies of science. Technology and Culture 7, 1966, S. 348–366; Albert, H.: Wissenschaft u. Politik. Zum Problem der Anwendbarkeit einer wertfreien Sozialwissenschaft. In: Topitsch, E. (Hg.): Probleme der Wissenschaftstheorie. Wien 1960, S. 201–232; Alisch, L. M. u. Rössner, L.: Erziehungswissenschaft als technolog. Disziplin. Ein Beitrag zur Technologie-Diskussion in den Sozialwissenschaften.

München 1978; Anastasi, A.: Angewandte Ps. 1976; Arnold, W.: Angewandte Ps. Stuttgart 1970; Arntzen, F.: Ps. der Zeugenaussage. Göttingen 1970; Baddeley, A. D.: The cognitive psychology of everyday life. BJP 72, 1981, S. 257–269; Benesch, H.: Anwendungsfelder der Ps. München 1992; Bengel, J.: Gesundheit, Risikowahrnehmung u. Vorsorgevh. Göttingen 1993; Bickman, L.: Some distinctions between basic and applied approaches. In: Bickman, L. (Hg.): Applied social psychology annual, 2. Bd. Beverly Hills 1981; Blankertz, H. (Hg.): Die Theorie-Praxis-Diskussion in der Erziehungswissenschaft, Beiheft der Ztschr. für Pädagogik 15, Weinheim 1978; Brehm, S.: Anwendung der Sozialps. in der klin. Praxis. Bern 1980; Brezinka, W.: Von der Pädagogik zur Erziehungswissenschaft. Weinheim 1971; Brocke, B.: Aspekte einer Methodologie der angewandten Sozial- u. Vhswissenschaften. ZSP 10, 1979, S. 2–29; Brocke, B.: Technolog. Prognosen. Elemente einer Methodologie der angewandten Sozialwissenschaften. Freiburg/München 1978; Brocke, B.: Wissenschaftstheoret. Grundlagenprobleme der Angewandten Ps. ZSP 11, 1980, S. 207–224; Brüning, B. u. a.: Notizen zu den Anfängen der Angewandten Ps. In: Frey (1988) S. 2–21; Bungard, W. u. a.: Zur Methodik der Angewandten Ps. In: Frey u. a. (1988) S. 588–607; Bunge, M.: Technology as applied science. Technology and Culture 7, 1966; Bunge, M.: Scientific research I/II. New York 1967; Deutsch, M.: Introduction. In: Deutsch, M. u. Hornstein, H. A. (Hg.): Applying social psychology. New York 1975; Dittrichsen, I.: Ernährungsps. Berlin 1990; Dorsch, F.: Geschichte u. Probleme der Angewandten Ps. Bern 1963; Drerup, H. u. Therhart, E.: Wissensproduktion u. Wissensanwendung im Bereich der Erziehungswissenschaft. Ein Beitrag zum Technologieproblem. ZfP 25, 1979, S. 377–394; Eberspächer, H.: Sportps. Reinbek 1982; Echterhoff, W.: Verkehrsps. Bonn 1992; Erismann, T.: Angewandte Ps. Berlin 1961; Fishman, D. B. u. Neigher, W. D.: American psychology in the eighties. Who will buy? AmP 37, 1982, S. 533–546; Frey, D.u. a. (Hg.): Angewandte Ps. München 1988; Fröhlich, W. D.: Ps. im Dialog. In: Romkopf u. a. (1988) S. 25–88; Gabler, H. u. a.: Einführung in die Sportps., 2 Bde. Schorndorf 1993; Geuter, U.: Berufsfelder des Psychologen. In: Lück (1984) S. 49–56; Giese, F.: Theorie der Psychotechnik. Grundzüge der prakt. Ps. I. Braunschweig 1925; Groebel, J. u. Winterhoff-Spurk, P. (Hg.): Empir. Medienps. München 1989; Haisch, J. (Hg.): Angewandte Sozialps. Bern 1983; Herrmann, T.: Pädagog. Ps. als ps. Technologie. In: Brandstädter, J. u. a. (Hg.): Perspektiven u. Probleme der Pädagog. Ps. Stuttgart 1978; Herrmann, T.: Ps. als Problem. Stuttgart 1979; Hockel, M. u. a./BDP (Hg.): Handbuch der Angewandten Ps., 3 Bde. München 1980/1981 (Band 1: Arbeit u. Organisation, Band 2: Behandlung u. Gesundheit, Band 3: Markt u. Umwelt); Holzkamp, K.: Zum Problem der Relevanz ps. Forschung für die Praxis. PRu 20, 1970, S. 1–22; Hommers, W. (Hg.): Perspektiven der Rechtsps. Göttingen 1991; Hoyos, C. u. a.: Angewandte Ps.: Zur Eingrenzung u. Beschreibung einer ps. Disziplin. In: Frey (1988); Huber, G. L. u. a.: Pädagog. Ps. als handlungsorientierte Wissenschaft. In: Huber, G. L. u. a. (Hg.): Pädagog. Ps. als Grundlage pädagog. Handelns. München 1984, S. 3–58; Kaminski, G.: Zur Problematik der Anwendung in der Ps. In: Benesch, H. u. Dorsch, F. (Hg.): Berufsaufgaben u. Praxis des Psychologen. München 1971; Kette, G.: Rechtsps. Wien 1987; Klebelsberg, D.: Verkehrsps. 1982; Kleinbeck, U.: Grundlagenforschung u. Anwendung – ein Spannungsfeld zum Nutzen der Ps.? (dargestellt am Bsp. der Arbeitsps.). In: Frey u. a. (1988) S. 607–624; Lenk, H.: Zur Logik von Erklärung u. Prognose. In: Lenk, H.: Erklärung – Prognose – Planung. Freiburg 1972; Lenk, H. (Hg.): Technokratie als Ideologie. Stuttgart 1973; Lenk, H.: Zu neueren Ansätzen der Technikphilosophie. In: Lenk, H. u. Moser, S. (Hg.): Techne – Technik -Technologie. Pullach b. München 1973; Lenk, H.: Ist Technik ledigl. angewandte Naturwissenschaft? In: Lenk, H.: Pragmat. Philosophie. Hamburg 1975, S. 268–280; Lenk, H. u. Ropohl, G.: Praxisnahe Technikphilosophie. Entwicklung u. Aktualität der interdisziplinären Technologiediskussion. In: Zimmerli, W. C. (Hg.): Technik. Oder: wissen wir, was wir tun? Basel/Stuttgart 1976; Lompe, K.: Wissenschaftl. Beratung der Politik. Göttingen 1966; Lösel, F. (Hg.): Kriminalps. Weinheim 1983; Lück, H. E. u. a. (Hg.): Geschichte der Ps. München 1984; Meyer, H. J. u. Saame, O. (Hg.): Theorie u. Praxis. Mainz 1970; Mietze, W.: Der Psychologe in der Bundeswehr. In: Benesch, H. u. Dorsch, F. (Hg.): Berufsaufgaben u. Praxis der Psychologen. München 1984; Möller, H.-J.: Method. Grundprobleme der Psychiatrie. Stuttgart 1976; Moser, S.: Kritik der traditionellen Technikphilosophie. In: Lenk, H. u. Moser, S. (Hg.): Techne – Technik – Technologie. Pullach 1973; Münsterberg, H.: Ps. u. Wirtschaftslehre. Leipzig 1913; Münsterberg, H.: Grundzüge der Psychotechnik. Leipzig 1914; Neber, H. (Hg.): Angewandte Problemlösungsps. Münster 1987; Neisser, U. (Hg.): Memory observed. San Francisco 1982; Oelkers, J.: Die Vermittlung zw. Theorie u. Praxis in der Pädagogik. München 1976; Opp, K. D.: Verhaltenstheoret. Soziologie. Reinbek 1972; Opp, K. D.: Zur Anwendung sozialwissenschaftl. Theorien für prakt. Handeln. Ztschr. für die gesamte Staatswissenschaft 123, 1967, S. 393–418; Popper, K. R.: Naturgesetze u. theoret. Systeme. In: Albert, H. (Hg.): Theorie u. Realität. Tübingen 1972; Pudel, V. u. Westenhöfer, J.: Ernährungsps. Göttingen 1991;

RAPP, F. (Hg.): Contributions to a philosophy of technology. Dordrecht/Boston 1974; ROMKOPF, G. u. a.: Forschung u. Praxis im Dialog. Bericht über den 14. Kongreß für Angewandte Ps., 1. Bd. Bonn 1988; ROSENBERG, S. (Hg.): Handbook of applied psycholinguistics. Hillsdale 1982; RÜEGSEGGER, R.: Die Geschichte der Angewandten Ps. 1900–1940. Internationaler Vergleich am Bsp. der Entwicklung in Zürich. Bern 1986; RUMPF, H.: Gedanken zur Wissenschaftstheorie der Technikwissenschaften. In: LENK, H. u. MOSER, S. (Hg.): Techne – Technik – Technologie. Pullach 1973; SCHORR, A. (Hg.): Bericht über den 13. Kongreß für angewandte Ps., 3 Bde. Bonn 1986; SCHORR, A.: Angewandte Ps. heute – Professionalisierung u. berufl. Selbstverständnis. In: ROMKOPF (1988) S. 13–25; SCHORR, A. (Hg.): Handwörterbuch der Angewandten Ps.: die Angewandte Ps. in Schlüsselbegriffen. 1993; SCHULTE, D.: Psychodiagnostik zur Erklärung u. Modifikation von Vh. In: PAWLIK, K. (Hg.): Diagnose der Diagnostik. Stuttgart 1976; SCHWARZER, R. (Hg.): Gesundheitsps. Ein Lehrbuch. Göttingen 1990; SCHWARZER, R.: Ps. des Gesundheitsvhs. Göttingen 1992; SKOLIMOWSKI, H.: The structure of thinking in technology. Technology and Culture 7, 1966; STELLER, M.: Psychophysiolog. Aussagebeurteilung. Göttingen 1987; STERN, W.: Angewandte Ps. (Beiträge zur Ps. der Aussage, 1. Folge). Leipzig 1903; TRIANDIS, H. C.: Basic research in the context of applied research in personality and social psychology. Personality and Social Psychology Bulletin 4, 1978, S. 383–387; WATRIN, CH.: Ökonom. Theorien u. wirtschaftspolit. Handeln. In: ALBERT, H. (Hg.): Theorie u. Realität. Tübingen 1972; WEGENER, H.: Einführung in die forens. Ps. Darmstadt 1992; WESTMEYER, H.: Vhstherapie: Anwendung von Vhstheorien o. kontrollierte Praxis? In: GOTTWALD, P u. KRAIKER, L. (Hg.): Zum Verhältnis von Theorie u. Praxis in der Ps. Sonderheft der Mitteilungen der GVT e.V., 1976, S. 9–31; WESTMEYER, H. u. HOFFMANN, N. (Hg.): Vhstherapie. Grundlegende Texte. Hamburg 1977; WESTMEYER, H.: Wissenschaftstheoret. Grundlagen klin. Ps. In: BAUMANN, U. u. a. (Hg.): Klin. Ps.: Trends in Forschung u. Praxis, 1 Bd. Bern 1978, S. 108–132; WESTERMEYER, H.: Die rationale Rekonstruktion einiger Aspekte ps. Praxis. In: ALBERT, H. u. STAPF, K. H. (Hg.): Theorie u. Erfahrung. Stuttgart 1979, S. 139–161; WINTERHOFF-SPURK, P.: Fernsehen. Ps. Befunde zur Medienwirkung. Bern 1986; WIPPICH, W.: Lehrbuch der Angewandten Gedächtnisps., 2 Bde. Stuttgart 1985; WISDOM, J. C.: The need for corroboration: comments on Agassi's paper. Technology and Culture 7, 1966; WITTE, W.: Zu den Beziehungen zw. prakt. Ps., angewandter Ps. u. ps. Grundlagenforschung. PB 9, 1966, S. 368–377; WOLAK, K.: Grundlagenforschung, Praxis u. Angewandte Ps.: Ein Beitrag aus poln. Sicht. In: ROMKOPF u. a. 1988, S. 28–30; ZIMOLONG, B. u. ROHRMANN, B.: Entscheidungshilfe – Technologie. In: FREY u. a. (1988) S. 624–647. ZTSCHR.: International Review of Applied Psychology – Revue Internationale de Psychologie Appliquée, Journal of Applied Behaviour Analysis, Journal of Applied Psychology, Europäische Zeitschrift für Angewandte Ps., Psychologie für die Praxis (Organ der Gesellschaft für Psychologie der DDR, ab 1985 als Weiterführung der »Probleme u. Ergebnisse der Ps.«, die von 1961 bis 1980 erschienen ist), Report Psychologie. Berufsorientierte Zeitschriften, die deswegen auch praxisorientiert sind: American Psychologist, Bulletin der Schweizer Psychologen, Professional Psychology: Research and Practice, Psychologie in Österreich.

Angst. A. ist die meistuntersuchte → Emotion innerhalb der → Psychologie u. dennoch lässt sich keine allgemein gültige u. einfache Definition von A. u. verwandten Emotionen wie Entsetzen, Grauen, Panik o. Schauder (vgl. Faust 1986) geben; man kann sagen, dass es kennzeichnend für die Forschung ist, keine fiktive Totalität des Phänomens erfassen zu wollen, sondern jeweils einen bestimmten Aspekt zu thematisieren. Folgende Forschungsansätze tragen zur Definition des A.-Begriffs bei:

(1a) Innerhalb seiner physiolog. Angsttheorie unterscheidet Gray (1982) folgende Auslöser von A.: Hinweise auf bevorstehende Bestrafung, Hinweise auf frustrierende Nicht-Belohnung, neue Reize, angeborene Furchtreize. (b) Nach Epsteins Angsttheorie (s. u.) entsteht A. als Spezialfall von Erregung immer dann, wenn die Flucht aus einer Furcht auslösenden Gefahrensituation nicht bewerkstelligt werden kann. Diese Reaktionsblockierung kann v. a. auf zwei Ursachen basieren: *Stimulusunsicherheit*: die Bedrohung wird nicht genau erkannt; *Reaktionsunsicherheit*: die Bedrohungssituation ist klar, aber die Handlungsmöglichkeiten sind unklar. (c) Mandler (1966) betont den kognitiven Charakter der A., in deren Mittelpunkt ein Gefühl der *Machtlosigkeit* stehe. (d) Es scheint *angeborene* Angstreize zu geben: Fast bei allen Lebewesen sind dies große, intensive, v. a. sehr plötzl. u. sehr laute Reize, auch scheint ein ständig sich vergrößernder Schatten bei vielen Tieren Fluchtvh. auszulösen. Raubvogelartige Attrappen lösen Angstvh. bei Vögeln, Enten u. Puten aus, es scheinen also angeborene Funktionen zu sein, die Tiere haben sozusagen ein »angeborenes Feindbild«. Die → Ethologie hat ursprüngl. die Idee vertreten, dass es auch sehr spezif. Reize gibt, z. B. bei Hennen einen *angeborenen auslösenden Mechanismus* für die Silhouetten von Falken. Auch Höhenangst, Dunkelangst u. Fremdenangst scheinen eine genet. Basis zu besitzen.

(2) Das *Mehrebenenmodell* o. *Mehrkomponentenmodell* der A. betont, dass sich der komplexe Prozess A. nur durch die adäquate Berücksichtigung der *somat.*, der *Ausdrucks-*, der *Vhs.-* u. der *kognitiven* Ebene erfassen lässt: (a) Auf somat. *Ebene* sind die Manifestationen von A.: zentralnervöse Erregung, vegetativ-sympath. Erregung, muskuläre Erregung, endokrine Erregung, insbes. des Nebennierenmark- u. Nebennierenrindensystems; vgl. Strian (1983); Maurach (1983); Gray (1982). Die Komplexität dieser Erregungsprozesse macht auch die Problematik der psychophysiolog. Messungen aus sämtl. Indikatoren scheinen keine generelle Validität zu besitzen; prävalent in der ps. Forschung sind die erhöhte Hautleitfähigkeit u. ihre Spontanfluktuation, ein erhöhter Herzschlag u. eine deutl. Verlangsamung in der Habituation von Orientierungsreaktionen. (b) Auf Vhsebene manifestiert sich A. in: Flucht vor u./o. Vermeidung der angenommenen o. wahrgenommenen Bedrohung, Vhshemmung u. Verhaltensblockade, erhöhte vhsmäßige Aktiviertheit, erhöhte Orientierung bzw. Aufmerksamkeit auf potentiell bedrohende Reize/Situationen. (c) Des Weiteren zeigt sich A. in Ausdruckserscheinungen, die als komplexes Muster aus mimischen, gestischen, ganzkörperl. u. stimml. Reaktionen sowie Verhaltensmerkmalen u. sichtbaren somat. Veränderungen zu interpretieren sind u. in funktionaler Hinsicht als soziale Signale angesehen werden können. Der Gesichtsausdruck variiert nach der Intensität des Gefühls, er ist bei *Entsetzen* am markantesten: Die Augenbrauen werden gerade gestellt, der innere Stirnteil zusammengezogen, es entstehen horizontale Falten zw. den Augenbrauen, die Augen sind weit geöffnet, das Unterlid gespannt, der Mund ist oft geöffnet u. die Lippen sind gespannt nach hinten gezogen, dazu kommt oft Weinen, Zittern, eine eher kauernde Haltung u. ein sich Anklammern an eine schützende Person. Allerdings kann das Ausdrucksvh. auch völlig kontrolliert werden, so dass die Person unverändert erscheint; vgl. zum Überblick Ekman (1988). (d) Auf kognitiver Ebene ist A. durch den ständigen Einstrom von Gedanken mit folgenden spezif. Teilkomponenten gekennzeichnet: Vorstellungen über negative Aspekte der Situation u. Reaktion, Erwartungen von negativen Konsequenzen, Gedanken u. Vorstellungen, die sich auf Angstauslöser o. eigene Reaktionen beziehen u. die für die momentan ablaufenden o. geplanten Aufgaben, Handlungen, Vhsweisen irrelevant sind (→ Leistungsangst). (e) Auf emotionalem Gebiet manifestiert sich A.: im subjektiven Erleben der somat. Symptome (Herzflat-

tern, Magen-Darm-Störung etc.), im Erleben allgemeiner innerer Erregtheit u. Spannung bei gleichzeitiger Schwäche, Lähmung u. einer erhöhten Reagibilität auf aversive Reize; vgl. zum Vorhergehenden Janke u. Netter (1986) sowie Strian (1983). Spielberger (1972ff.) fasst dahingehend zusammen, dass A. einen spezif. emotionalen Zustand bezeichnet, der aus unangenehmen, bewusst wahrgenommenen Gefühlen der Nervosität (*nervousness*), Spannung (*tension*) u. besorgten Befangenheit (*apprehension*) sowie der damit assoziierten Aktivation u. Erregung (*arousal*) des autonomen Nervensystems besteht.
(3) Die Definition von A. beinhaltet die Problematik, was an den aufgezählten Komponenten *spezif.* für A. ist. Die von der → Aktivationstheorie der Emotion vertretene These, dass sich A. als erhöhte *unspezif.* Aktivation verstehen lässt, wird heute weitgehend als widerlegt angesehen; zunehmend wird auch von der objektiv orientierten Grundlagenforschung die Frage gestellt, wie das spezielle Angstgefühl erfasst u. von anderen Erregungsprozessen abgrenzt werden kann. Diese spezif. Komponente ist einerseits durch introspektiv-phänomenolog. Analysen subjektiv begründbar, andererseits lässt sie sich auch objektiv feststellen, z. B. durch eine differentielle Wirkungsanalyse von Psychopharmaka: So kann z. B. durch Betablocker die spezielle A. des *vegetativen* Systems ausgeschaltet werden (vgl. Erdmann 1983), trotzdem bleibt eine *psych.-emotionale* A. übrig; nur Tranquilizer scheinen Letztere pharmakolog. gezielt beeinflussen zu können. Auch die Phänomene bei Querschnittslähmung weisen darauf hin, dass trotz Ausschaltung der vegetativen Komponente eine *zentrale* A. übrig bleibt – die allerdings subjektiv eigenartig verändert wirkt u. von Patienten als »kalte« A. empfunden u. bezeichnet wird.
(4) Das Mehrebenenkzpt. (s. o.) impliziert die Frage nach der unterschiedl. Wertigkeit der verschiedenen Ebenen bzw. Komponenten u. hierbei v. a. das Grundproblem der Interaktion der kognitiven mit den eigentl. emotionalen Prozessen. Klass. ist ein Zwei-Komponenten-Modell der A. im Sinne der → Schachter-Singer-Theorie: A. werde konstituiert durch einen Anteil unspezif. Erregung u. »richtungsgebender« Kognition (→ worry vs. emotionality). Bei der A. tritt einer der wichtigsten Effekte innerhalb der kognitiv-emotionellen Interaktion zutage, näml. die Möglichkeit eines positiven Rückkopplungsprozesses, also einer Aufschaukelung der Emotion A. durch die mögl. kognitive Antizipation der A., d. h. eine »A. vor der A.«: Das erste Erleben körperl. Symptome führt zu kognitiven Antizipationen u. damit zu einer rückwirkenden Verstärkung des Angstprozesses selbst. Die Bedeutung dieses Rückkopplungsprinzips wird v. a. im klin. Bereich u. auf dem Gebiet des → Vermeidungsverhaltens gesehen (*Angstinkubationsprinzip*); auch neuere Erklärungen der Panikstörungen rekurrieren auf diese Grundidee; vgl. zsfd. Margraf u. Schneider (1990).
(5) Zur Differenzierung unterschiedl. Formen von A.: Eine wichtige Unterscheidung ist die zw. *Existenzangst* (ähnl.: *A. vor phys. Bedrohung*; engl. *harm anxiety*) als Oberbegriff für *Todesangst*, *Verletzungsangst*, *Krankheitsangst* u. → *sozialer Angst*, (auch *A. vor Selbstwertverlust*; engl. *shame anxiety*). Eine wichtige Form der sozialen A. ist die → Leistungsangst. Becker (1980)

unterscheidet: A. vor phys. Verletzung, A. vor Auftritten, A. vor Normüberschreitungen, A. vor Erkrankungen, A. vor Selbstabwertung u. A. vor Unterlegenheit. Ein Netzwerk der verschiedenen situationsspezif. Formen von A. stellt Schwarzer (1981) dar; vgl. zsfd. Abke u. Sedlmayer-Länger (1985). Auch die vhstheoret. Angstforschung ist durch eine situationsspezif. Diagnostik gekennzeichnet, die ausführl. Inventarien u. Fragebögen bezügl. der Situationen u. Objekte, die mit A. verbunden sind, entwickelt hat; vgl. Zuckerman (1976, 1979). Allg. lässt sich sagen, dass die moderne Angstforschung einen bereichsspezif. Zugang gewählt hat, der sich weniger für das allg. Phänomen A. als für spezielle Formen interessiert, u. die moderne Ps. konvergiert derart auf eigentüml. Weise mit den älteren Ansätzen aus eher psychiatr. o. philosoph. Sicht, die schon immer die »Inhalte« der A. stärker berücksichtigten; bes. die daseinsanalyt. u. existenzphilosoph. Richtungen der Psychiatrie thematisieren *Grundängste* des Menschen, speziell die A. vor Krankheit, Armut u. Tod. Übergreifend gewürdigt wird die aus tiefenps.-philosoph. Richtung getroffene Analyse u. Systematik von Ängsten durch Riemann (1961), der unterscheidet: A. vor Selbsthingabe, A. vor Selbstwerdung, A. vor Wandlung, A. vor Notwendigkeit bzw. Endgültigkeit. Unter entwicklungsps. Aspekt wurde häufig das *Fremdeln*, die sog. *Achtmonatsangst* analysiert; vgl. Sroufe (1977). Allg. wird die große Bedeutung der *Trennungsangst* gesehen, v. a. in der → Bindungstheorie u. in der → Psychoanalyse, die im Geburtstrauma die Grundlage für jede spätere Trennungsangst u. für die A. überhaupt sieht.

TH: Insges. lassen sich Angstforschung u. Angsttheorien in drei Perspektiven gliedern: die klin.-ps., die allgemeinps.-experimentelle u. die differentialps.-persönlichkeitstheoret. Perspektive: (1) Die Psa. – als Prototyp einer klin. Angsttheorie – unterscheidet *Realangst* u. *neurot. A.* u. sie thematisiert v. a. Letztere, also die *Angstneurosen*. In seiner ersten Theorie postuliert Freud, dass diese durch umgewandelte unterdrückte Sexualenergie entstehen, wie sie v. a. bei langdauernder sexueller Abstinenz auftreten soll. Dagegen orientiert sich seine sog. *Signaltheorie* der A. eher an der Realangst: die intensive Triebenergie werde nicht transformiert, sondern fungiert als Signal der Ich-Bedrohung. Freud unterscheidet: (a) Triebabwehr aus *Über-Ich-Angst*, (b) aus *Realangst*, (c) aus A. vor der Triebstärke. Vgl. für eine zsfd. Darstellung Haas u. Knebusch (1981) sowie Eicke (1976). Die ursprüngl. Theorie Freuds wird in gewisser Weise von den modernen Theorien wieder aufgenommen, die in der exzessiven Übererregung selbst die Ursache der A. sehen; vgl. zur Vereinbarkeit der freudschen Theorie mit den modernen psychophysiolog. Ansätzen der akadem. Ps. Eagle (1988). (2) Die experimentalps. Perspektive wird begründet u. dominiert von vhstheoret. Ansätzen, die aus einem reduktionist. Ansatz heraus operieren, in dem A. v. a. darin besteht, dass ehemals unkonditionierte Schmerz-Reaktionen an neutrale Stimuli gekoppelt werden. Die Zwei-Faktoren-Theorie von Mowrer ist in diesem Zusammenhang wichtig: A. als → gelernter Trieb, der wesentl. beim → Vermeidungslernen ist. Dollard u. Miller (1950) heben in ihrer lerntheoret. Adaptation der Psa. v. a. die Bedeutung von → Konflikten hervor. Lerntheoret. Ansätze spielten insbes. auch im Paradigma der → Leistungsangst eine wichtige Rolle; s. a. das Stw. → experimentelle Neurose. Ein in diesem Zusammenhang immer wieder zitiertes klass. Experiment ist das des »kleinen Albert«, bei dem die A. eines Kindes vor einer Ratte auf andere Lebewesen mit Pelzen, z. B. auf ein von ihm als Spieltier benutztes Kaninchen, durch Konditionierungsprozesse übertragen wurde; Harris (1979) berichtet über die lange Kette von Fehlinterpretationen, Missverständnissen u. Verfremdungen dieses viel zitierten klass. Experiments der Ps. Zur Rezeption dieser Theorien, ihrer Integration in die Vhstherapie u. zu einer kognitiv- bzw. erlebnisorientierten Weiterführung vgl. Butollo u. Höfling (1984). (3) Neuere Theorien zur A. sind kognitivist. u. interaktionist. orientiert: Epstein (1967) hat ein eklekt. Modell entworfen, in dem er Grundansätze der Konflikttheorien u. Aktivationstheorien integriert: Furcht entstehe, wenn es im Zuge einer Aktivierung, die durch primäre Überstimulation o. auch kognitive Inkongruenz ausgelöst wird, zu einer Anregung des Fluchtmotivs kommt; wird dieses Fluchtmotiv blockiert, entsteht A., was v. a. dann der Fall ist, wenn eine Bedrohung nicht genau erkannt werden kann (*Stimulusunsicherheit*) o. wenn für eine erkannte Gefahr keine eindeutigen Reaktionsmöglichkeiten gefunden werden können (*Reaktionsunsicherheit*). Epstein analysiert insbes. die Bewältigungsstrategien des Individuums zur Angstreduktion; er hebt bei »Angsterfahrenen« ein *moduliertes Angstkontrollsystem* hervor, näml. die Reduktion überstarker Erregung durch bestimmte kognitive Strategien, das den Strategien Unerfahrener gegenübersteht: Flucht o. eine physiolog. Notfallreaktion (z. B. Ohnmacht) o. ps. Mechanismen wie Verleugnung (*unmoduliertes* bzw. *Alles-o.-Nichts-Kontrollsystem*). Die Theorie von Lazarus (1967) thematisiert v. a. Bewertungsprozesse (→ appraisal) im Hinblick auf die Gefahrenquelle; vgl. auch → Stress. Im dt. Sprachraum wurden diese Ansätze v. a. von Schwarzer (1981) u. Krohne (1976) aufgegriffen; vgl. auch Krohne u. Laux (1981); (→ Leistungsangst; → soziale Angst). (3) Unter den *psychophysiolog*. Theorien der A. wird v. a. die Theorie Grays (1982) gewürdigt, der aufgrund psychopharmakolog. Analysen eine »konzeptuelle Neuroanatomie« der A. entwirft, mit dem Zentralkzpt. des → *Verhaltenshemmungssystems*.

VD: (1) Ein häufig diskutiertes Problem ist die Abgrenzung von A. u. *Furcht*: Meist wird dahingehend definiert, dass *Furcht* ein Objekt hat, auf das sie sich bezieht, während A. ein diffuser Erregungszustand sei, dem diese klare Bezugnahme abgeht. Diese Idee wird mit großer Selbstverständlichkeit rezipiert u. findet sich in fast allen Büchern über A., sie ist jedoch von größter Problematik u. führt in tiefe, bis heute noch nicht verstandene Phänomene u. Probleme der A. Sie geht ursprüngl. auf philosoph.-phänomenolog. Analysen von Kierkegaard u. Heidegger u. wurde von Jaspers (1946) in der 4. Aufl. seiner »Allg. Psychopathologie« ein Thema v. a. der existentiell-anthropolog. orientierten Psychiatrie. Es ist jedoch fragl., ob die von diesen Autoren beschriebene grundlegende *Daseinsangst* als grundlegende Erfahrung des *Nichts* von einer empir. Ps. erfassbar ist – wenn, dann nicht im normalps. Rahmen, in dem es eine A. ohne Objekt nicht wirkl. gibt. Hinweise auf eine solche objektlose A. ergeben sich bei Angstneurosen, Panikattacken u. auch bei Depressionen; hier tritt eine sog. *freiflottierende* A. auf, also ein Überschwemmtwerden mit A., ohne dass ein Grund o. ein Angstobjekt erkennbar ist. Solche Störungen wurden als Beleg für eine sog. *endogene* A. gewertet, also eine von innen kommende A., die eine Art Erlebensmodul darstellt, das unter patholog. Bedingungen ohne adäquate Auslöser aktiviert wird. In diesem Zusammenhang tritt das Problem der Differenzierung von A. u. Depression auf, vgl. hierzu Helmchen u. Linden (1986) sowie Götze (1984); zu einer mögl. Unterscheidung von A. u. Furcht im Tierbereich vgl. Blanchard u. Blanchard (1990): Aktives Vermeiden wird durch Angstpsychopharmaka nicht unterdrückt, während passives Vermeiden, z. B. bei gelernter Hilflosigkeit, dadurch angesprochen wird; man kann z. B. auch zeigen, dass das Vh. von wilden Ratten, wenn sie wissen, dass da eine Katze in der Nähe ist, ganz anders ist, als wenn sie sich darüber unsicher sind – Letzteres kann man als »A.«, Ersteres als »Furcht« bezeichnen. Im Rahmen dieser Diskussion wird auch die Unterscheidung dieser freiflottierenden A. von solchen Angststörungen problemat., die ein spezif. Objekt haben, also die Phobien (z. B. die A. vor Spinnen o. engen Räumen); v. a. die *Agoraphobie* wird zunehmend weniger als *Phobie* i. e. S. gesehen: sie sei primär nicht eine gerichtete A. – also keine eigentl. *Furcht* – vor weiten Plätzen, sondern entstehe durch Panikattacken, die dann mit den jeweiligen Situationen, z. B. einer großen Menschenmenge, großen Plätzen o. Brücken usw. gekoppelt werden; die

Agoraphobie wäre also ursprüngl. keine A. *vor* Plätzen, sondern eine A. *auf* Plätzen, die dann erst durch eine kognitive Verarbeitung zur A. *vor* großen Plätzen wird. Vgl. zur Klassifikation der verschiedenen Formen klin. A. Sedlmair-Länger (1985); zur Abgrenzung von phob. vs. nichtphob. Ängsten vgl. Last u. Blanchard (1982).

(2) Die dt. Sprache unterscheidet zw. *A.* u. *Ängstlichkeit* als Persönlichkeitsmerkmal, im engl. Sprachraum wurde hier das Kzpt. der *Eigenschafts- vs. Zustandsangst* (vgl. Spielberger 1972; Lamb 1978 u. Laux u. a. 1981) entwickelt. Ängstlichkeit wird in vielen Persönlichkeitstheorien als eine Eigenschaft von generalisiertem Einfluss auf viele Vhsbereiche angesehen. Menschen mit hoher Ängstlichkeit unterscheiden sich v. a. im Zustand der Ruhe u. Entspannung stark von normal-ängstl., während geistige Belastung die Unterschiede verringert. Der Ängstlichkeit wird meist eine genet. Basis zugesprochen, v. a. hinsichtl. einer ererbten niedrigen Erregungsschwelle des limb. Systems u. des autonomen Nervensystems. Eines der wichtigsten Kzpte. in diesem Zusammenhang ist das innerhalb der → Triebtheorie der A. entwickelte Kzpt. einer chron. *manifesten A.* Die Idee einer differentiell unterschiedl. Angstbereitschaft spielt in vielen klin. Theorien zur Psychopathie u. zu den Persönlichkeitsstörungen eine wichtige Rolle, ebenfalls in Eysencks Kzpt. des Neurotizismus (vgl. Amelang u. Bartussek 1990).

LIT: Zur Psychophysiologie der A. vgl. Birbaumer (1977); zur Neurobiologie vgl. Ackenheil u. Duka (1986); zur Entwicklungsps. vgl. Kruse (1991) u. Dornes (1993); zum Gesichtsausdruck der A. u. seiner ontogenet. Entwicklung vgl. zsfd. Ekman (1988); zur Semantik von verwandten Begriffen vgl. Faust (1986); eine ausführl. Darstellung der Bedeutungsvielfalt des A.-Begriffes findet sich auch in Fröhlich (1983); zum Überblick über Angsttheorien vgl. Krohne (1976); zum Überblick über die unterschiedl. Fragebögen u. Messverfahren zur A. vgl. Borkoviec u. a. (1977) sowie Zuckerman (1975) u. Sedlmayr-Länger (1985); zur ausführl. Darstellung aus theolog. Sicht vgl. Hole (1986); zur Phänomenologie der A. in Philosophie u. Kunst vgl. Dieckhöfer (1986); einen Überblick über Aspekte der A., wie sie innerhalb nichtakadem. Traditionen analysiert wurden, gibt Lenné (1975); zu klin. Aspekten der A., speziell zur A. bei Depressionen, zur Interaktion von Sexualität von A. u. zur A. bei Psychosen (die zu Ängsten mit der größten Intensität gehören, ein großer Teil der Selbstmorde bei Schizophrenie ist begründet durch die A. vor der Bedrohung durch reale o. phantast. Mächte) vgl. Faust (1986) u. Götze (1984); zum Kzpt. u. Phänomen der Todesangst vgl. Fischer (1988); die kognitive Perspektive der Angstforschung wird umfassend dargestellt in Eysenck (1992); zur Bedeutung der A. für die Neurosenentstehung vgl. Kruse (1991); populärwissenschaftl., aber interessante Reflexionen über »das, was uns Angst macht« finden sich in Zimmer (1989); ein 6-bändiges Handbuch zum Thema »A.« ist Roth u. a. (1988ff.); ein weiteres umfassendes Handbuch ist Strian (1983); vgl. auch Soerensen (1992); zu den Angststörungen vgl. Kasper u. Möller (1995), dort auch Überblicke über Tiermodelle der A. u. Angsttests; zur Biologie der Angst vgl. Hoehn-Saric u. McLeod (1993), zum Begriff der Angst in der differentiellen Ps. vgl. Cohen (1971).

◆ Abke, D.: Angst. Frankfurt/M. 1984; Ackenheil, M. u. Duka, T.: Neurobiolog. Aspekte der Angst. In: Keup, W. (Hg.): Biolog. Psychiatrie. Heidelberg 1986; Amelang, M. u. Bartussek, D.: Differentielle Ps. u. Persönlichkeitsforschung. Stuttgart 1990 (3. Aufl.); Ax, A. F.: The physiological differentiation between fear and anger in humans. PsM 15, 1953, S. 433–442; Becker, P.: Studien zur Ps. der Angst. Weinheim 1980; Berger, M.: Neuroendokrinologie der Angst. In: Strian (1983) S. 71–86; Birbaumer, N. (Hg.): Psychophysiologie der Angst. München 1977; Blanchard, R. J. u. Blanchard, D. C.: An ethoexperimental analysis of defence, fear and anxiety. In: McNaughton, N. u. Andrews, G. (Hg.): Anxiety. Dunedin, Neuseeland 1990, S. 124–133; Borkoviec, T. D. u. a.: Assessment of anxiety. In: Ciminero, G. u. a. (Hg.): Handbook of behavioural assessment. New York 1977, S. 367–428; Butollo, W.: Chron. Angst. München 1979; Butollo, W. u. Höfling, S.: Behandlung chron. Ängste u. Phobien. Stuttgart 1984; Butollo, W.: Angsttheorien in Vhstherapie u. erfahrungsorientierten Therapieformen. In: Götze (1984) S. 117–127; Cattell, R. B. u. Scheier, I. H.: The meaning and measurement of neurotizism and anxiety. New York 1961; Cohen, R.: Zum Begriff der Angst in der Differentiellen Ps. Konstanz 1971; Dieck-

HÖFER, K.: Zur Phänomenologie der Angst in Philosophie u. Kunst. In: FAUST (1986) S. 46–85; DOLLARD, J. u. MILLER, N.: Personality and psychotherapy. New York 1950; DORNES, M.: Der kompetente Säugling. Frankfurt/M. 1993; EAGLE, M. N.: Neuere Entwicklungen in der Psa. München 1988; EICKE, D.: Angst. Kzpte. der Freudschen psa. Richtung. In: EICKE, D. (Hg.): Freud u. die Folgen (I). Zürich 1976, S. 515–527; EKMAN, P.: Gesichtsausdruck u. Gefühl. Paderborn 1988; ENDLER, N. S. u. a.: An S-R-Inventory of anxiousness. PM 76, 1962, S. 956–974; EPSTEIN, S.: Towards a unified theory of anxiety. In: MAHER, B. A. (Hg.): Progress in experimental personality research, 2. Bd. New York 1967, S. 2–90; EPSTEIN, S.: The nature of anxiety with emphasis upon its relationship to expectancy. In: SPIELBERGER, C. D. (Hg.): Anxiety: Current trends in theory and research, 2. Bd. New York 1972, S. 292–338; ERDMANN, G.: Zur Beeinflußbarkeit emotionaler Prozesse durch vegetative Variationen. Weinheim 1983; EYSENCK, M. W.: Anxiety – the cognitive perspective. Hillsdale 1992; FAUST, E.: Anhang: Angst, Furcht u. sinnverwandte Begriffe. In: FAUST (1986) S. 293–296; FAUST, V. (Hg.): Angst – Furcht – Panik. Stuttgart 1986; FISCHER, I.: Emotionen im höheren Lebensalter. Frankfurt/M. 1988; FRÖHLICH, W. D.: Perspektiven der Angstforschung. In: THOMAE, H. (Hg.): Ps. der Motive. EP, C, IV, 2. Bd. Göttingen 1983, S. 110–277; GÖTZE, P. (Hg.): Leitsymptom Angst. Berlin 1984; GRAY, J. A.: The neuropsychology of anxiety. Oxford 1982; GREY, S. J. u. a.: Return of fear. The role of inhibition. BRT 1981, 19, S. 135–143; HAAS, E. u. KNEBUSCH, R. E.: Das Problem der Angst. Bedeutung, Entwicklung u. Klinik in psa. Sicht. N 52, 1981, S. 1–11; HARRIS, B.: Whatever happened to little Albert? AmP 34, 1979, S. 151ff.; HOLE, G.: Angst aus theolog. u. psychiatr. Sicht. In: FAUST (1986) S. 38–46; HELMCHEN, H. u. LINDEN, M. (Hg.): Die Differenzierung von Angst u. Depression. Berlin 1986; HOEHN-SARIC, R. u. MCLEOD, D. R.: Biology of anxiety disorders. Washington 1993; JANKE, W. u. NETTER, P. (Hg.): Angst u. Psychopharmaka. Stuttgart 1986; KASPER, S. u. Möller, H.-J. (Hg.): Angst u. Angsterkrankungen. Stuttgart 1995; KROHNE, H. W.: Theorien zur Angst. Stuttgart 1976; KROHNE, H. W. u. LAUX, L. (Hg.): Achievement, stress and anxiety. Washington 1981; KRUSE, O.: Emotionsentwicklung u. Neurosenentstehung. Stuttgart 1991; LAMB, D. H.: Anxiety. In: London, H. u. a. (Hg.): Dimensions of personality. New York 1978, S. 37–83; LAST, C. G. u. BLANCHARD, E. B.: Classification of phobics vs. fearful non-phobics: Procedural and theoretical issues. Behavioural assessment 4, 1982, S. 195–210; LAUX, L. u. a.: Fragebogen zur Erfassung von State- u. Trait-Angst (Stai-G). Weinheim 1981; LAZARUS, R. S.: Emotions and adaption. In: ARNOLD, W. J. (Hg.): Nebraska Symposium on Motivation. Lincoln 1968, S. 175–266; LENNÉ, R.: Das Urphänomen der Angst. München 1975; MANDLER, G.: Anxiety. In: Sills, D. L. (Hg.): International Encyclopedia of the Social Issues. New York 1966; MARGRAF, J. u. SCHNEIDER, S.: Panik. Berlin 1990; MARKS, I. M.: Fears and phobias. London 1969; MARKS, I. M.: The classification of phobic disorders. British Journal of Psychiatry 116, 1970, S. 377–386; MAURACH, R.: Neurops. der Angst. In: STRIAN (1983) S. 87–98; MURPHY, L. B.: Issues in the development of emotion and infancy. In: PLUTCHIK, R. u. KELLERMAN, H. (Hg.): Emotion. 2. Bd. New York 1983; RACHMAN, S. u. BERGOLD, J. B.: Vhstherapie bei Phobien. München 1976; REINECKER, H.: Grundlagen der Vhstherapie. München 1987; RIEMANN, F.: Grundformen der Angst. München 1961; ROTH, M.: Handbook of anxiety, 6 Bde. Amsterdam 1988–1994; SCHANDRY, R.: Psychophysiologie der Angst. In: STRIAN (1983) S. 43–70; SCHWARZER, R.: Streß, Angst u. Hilflosigkeit. Stuttgart 1981; SEDLMAYR-LÄNGER, E.: Klassifikation von klin. Ängsten. Göttingen 1985; SOERENSEN, M.: Einführung in die Angstps. Weinheim 1992; SPENCE, J. T. u. SPENCE, K. W.: The motivational components of manifest anxiety: Drive and Drive-stimuli. In: SPIELBERGER (1966) S. 291–326; SPIELBERGER, C. D. (Hg.): Anxiety and behaviour. New York 1966; SPIELBERGER, C. D.: Conceptual and methodological issues in anxiety research. In: SPIELBERGER (1972); SPIELBERGER, C. D. (Hg.): Anxiety: Current trends in theory and research. New York 1972; SROUFE, L. A.: Wariness of strangers and the study of infant development. CD 48, 1977, S. 731–746; STRIAN, F. (Hg.): Angst. Berlin 1983; STRIAN, F.: Neurophysiologie der Angst. In: STRIAN (1983) S. 99–114; ZIMMER, D. E.: Experimente des Lebens. München 1989; ZUCKERMAN, M.: General and situation-specific traits and states: new approaches to assessment of anxiety and other constructs. In: ZUCKERMAN, M. u. SPIELBERGER, C. F. (Hg.): Emotions and anxiety. New York 1975, S. 133–174; ZTSCHR.: Anxiety Research.

Angstantagonistische Reize → Desensibilisierung.

Angstbewältigung → Leistungsangst; → Angst.

Angsterhaltungsprinzip → Vermeidungslernen.

Angstinkubationsprinzip, von Eysenck (1968, 1977) entwickeltes theoret. Modell zur Erklärung der großen Stabilität, die → Angst bzw. → Vermeidungslernen oft besitzt;

gem. dem A. schaukelt sich Angst selbst auf: als »Angst vor der Angst«. So kann u. U. die → Extinktion verhindert werden. V. a. Personen mit hoher → Introversion zeigen eine Tendenz zur Angstinkubation. Eysenck bezieht sich dabei auf das sog. *Napalkov-Phänomen*; vgl. Napalkov (1963): Versuchshunde zeigen auf einen Pistolenschuss anfangs eine starke Reaktion, die aber der Habituation unterliegt, wenn der Schuss wiederholt abgegeben wird – wird dagegen nur ein einziger Schuss abgegeben u. in weiteren Durchgängen den Hunden daraufhin nur die Pistole gezeigt – sozusagen »drohend« –, so erzeugt dies schon eine starke Zunahme der konditionierten Reaktion.

◆ Eysenck, H. J.: A theory of the incubation of anxiety/fear response. BRT 6, 1968, S. 319–321; Eysenck, H. J.: Neurotizismusforschung. In: Pongratz, L. J. (Hg.): Klin. Ps. HP, 8. Bd., 1. Hlb. Göttingen 1977, S. 565–599; Napalkov, A.: Information process of the brain. In: Wiener, N. u. Schade, J. P. (Hg.): Progress in brain research, 2. Bd. Amsterdam 1963.

Angsttheorie der Iowa-Gruppe → Triebtheorie der Angst.

Angsttraum → Traum.

Angst vor Misserfolg → Leistungsmotivation.

Animismus → genetische Epistemologie.

Anker → Ankerreiz; → kognitive Täuschungen und kognitive Heuristiken.

Ankereffekt → kognitive Täuschungen und kognitive Heuristiken; → Bezugssystemtheorien; → Ankerreiz.

Ankerreiz, ein zentrales Kzpt. der → Adaptationsniveautheorie: ein bei psychophys. Urteilen verwendeter Reiz, der selbst nicht mitbeurteilt wird, sondern nur vor jeder neuen Skalierung als eine Art Anhaltspunkt vorgegeben wird; man spricht bisweilen auch von einem *Hintergrund-* bzw. *Kontextualreiz*; bspw. wird im Standardexperiment der Helsonschen → Adaptationsniveautheorie vor jedem neu auf sein Gewicht zu beurteilenden Seriengewicht erst ein *Standardgewicht* angehoben. Sarris (1971) bezeichnet den A. als *Vorreiz*, weil der Begriff *A.* schon eine Interpretation enthält. A. werden oft ohne Hinweise auf ihre Funktion in den Versuch eingeführt, bisweilen werden sie als Ankündigungssignal dargestellt, andere Autoren weisen dem A. ausdrückl. seine Rolle zu: »Beurteilen Sie Gewichte auf ihre Schwere, wb. Sie ein erstes Gewicht vorher heben, das die mittlere Kategorie repräsentiert!« (vgl. hierzu Haubensak 1985). Bisweilen wird der Begriff auch weiter gefasst, so dass alle Reize, die eine Sonderstellung einnehmen, als A. bezeichnet werden, z. B. auch die Rando. Endreize; auch bloß vorgestellte Reize können die Ankerrolle übernehmen.

VD: Der A. erzeugt meist Kontrasteffekte, dergestalt dass diese beurteilenden Reize kleiner o. größer beurteilt werden im Vergleich zu Versuchsbedingungen ohne Ankerreiz: *Ankereffekte*; (bei der Vorgabe unrealist. großer A. kann es auch zu einer mangelnden Differenzierung bei der Größeneinschätzung kleinerer Reize kommen); vgl. Guttmann (1992). Dies hängt aber nicht nur vom Größenabstand des A. zu den zu beurteilten Reizen ab, sondern auch vom Größenumfang der gesamten zu beurteilenden Reizserie: Je kleiner der Umfang, desto stärker der Effekt; ankernahe Reize unterliegen dem Kontrasteffekt stärker als ankerferne; bei einem 900 g schweren Ankergewicht verschiebt sich z. B. das Urteil über ein 400 g schweres Seriengewicht auf der neunstufigen Skala um

2,2 Punkte, das Urteil über ein 200 g Gewicht dagegen um 1,5 Punkte; man bezeichnet dies als *negativen Distanzeffekt.* Dies kann dazu führen, dass die Beurteilungsskala sich so verhält, als sei sie auf einem Gummiband abgetragen, das in Richtung des A. gedehnt wird (*Gummiband-Phänomen;* J. Volkmann 1951): Je näher ein Serienreiz zum Anker liegt, desto mehr verschiebt sich nach der *Gummibandtheorie* das Urteil. Mit zunehmender Entfernung des A. wird der negative Distanzeffekt geringer; im Vergleich zu einem überschweren Gewicht erscheinen uns sämtl. Serien als mehr o. weniger leicht (*differentieller negativer Distanzeffekt*; vgl. Petzold 1982).

◆ Guttmann, G. (Hg.): Allg. Ps. Experimentalps. Grundlagen. Wien 1992; Haubensak, G.: Absolutes u. vergleichendes Urteil. Berlin 1985; Petzold, P.: Zur Wirkung von Ankerreizen in Urteilsprozessen. ZfPs 190, 1982, S. 1–16; Sarris, V.: Wahrnehmung u. Urteil. Göttingen 1971; Volkmann, J.: Scales of judgement and their implications for social psychology. In: Rohrer, J. H. u. Sherif, M. (Hg.): Social psychology and the cross-roads. New York 1951, S. 273–294.

Anlagetheorie → Anlage-Umwelt-Problem.

Anlage-Umwelt-Problem [auch *Erbe-Umwelt-Problem*], die Frage nach der relativen Bedeutsamkeit von Erb- u. Umweltfaktoren bei der Herausbildung von Vhs.- bzw. Persönlichkeitsmerkmalen, eines der grundlegenden Probleme der differentiellen Ps., Entwicklungsps. u. auch der allg. Ps. Der → *Nativismus* in der geistigen Tradition von Platon u. Kant vertritt die Dominanz des Erbes (*Anlage-* o. *Erbtheorie*), der → *Empirismus* im Gefolge von Hobbes u. Locke postulierte die Vorherrschaft der Milieubedingungen (*Milieu-Theorie*; bisweilen *Tabula-rasa-Theorie*, auch *Environmentalismus*); letzteres Axiom ist auch zentral für den → Behaviourismus. Speziell unter einem Entwicklungsgesichtspunkt spricht man von *endogenist.* vs. *exogenist.* Theorien. Spätestens zu Beginn des 20. Jhdts. setzte sich jedoch die Auffassung durch, dass an der Entwicklung aller menschl. Merkmale beide Faktoren gleichermaßen beteiligt sind (*Konvergenztheorie*), obwohl die Ps. meist stärker an den ps. eher beeinflussbaren Aspekten des Vhs., also an den Umweltmomenten, interessiert gewesen ist als an den Anlagefaktoren. Der Versuch, diejenigen Dimensionen der Umwelt zu bestimmen, die in besonderer Weise für die Ausbildung des genet. Potentials von Wichtigkeit sind, war einer der Stränge der Entwicklung einer → ökologischen Psychologie. Forschungsansätze zum A. haben große gesellschaftl. Relevanz. In diesem Zusammenhang ist v. a. die von der eysenckschen Schule vertretene These populär geworden, dass die Intelligenz zu 80 % vererbt sei, u. insbes. die These des amerikan. Forschers Jensen, dass Schwarze eine niedrigere Durchschnittsintelligenz aufweisen, führte in den 70er Jahren zu einer höchst angeheizten Kontroverse, Wissenschaftler wurden mit Morddrohungen verfolgt, u. im Laufe der Geschichte hat es auch Forscher gegeben, die nachweisl. ihre wissenschaftl. Ergebnisse gefälscht haben; vgl. Joynson (1989). Wenn die Vererbungsproblematik so also auch bisweilen zu ideolog. Diskussionen u. zu voreiligen Schlussfolgerungen geführt hat, gab sie doch Anlass zur Entwicklung einer Reihe origineller method. Ansätze u. es hat sich ein Bestand hochspezialisierter Analysetechniken herausgebildet. Die dabei entwickelten formalmathemat. Methoden beruhen v. a. auf dem Grundgedanken der *Varianzanalyse*; zur Problematik varianzanalyt. Zugänge zum A. vgl. Overton (1973). Wichtig sind dabei v. a. *Zwillingsuntersuchungen*, speziell die Untersuchung von eineiigen, aber getrennt aufgewachsenen Zwillingen, des Weiteren *Adoptionsuntersuchungen*, bei denen es um den Vergleich zw. Merkmalen der Kinder mit denjenigen ihrer Adoptiveltern einerseits u. denjenigen ihrer biolog. Eltern andererseits geht. All diese Untersuchungen belegen das Faktum der Erblichkeit als solches, → Intelligenz scheint dabei in stärkerem Maße durch genet. Faktoren erklärbar zu sein als andere Persönlichkeitseigenschaften. Die Ps. u. auch die Biologie haben sich schon lange von einer Alles-oder-nichts-Sicht befreit u. versuchen v. a. zu analysieren, auf welche Weise Anlage u. Umwelt zusammenspielen. Forschungsleitend ist also ein *interaktionist.* Modell mit der Grundannahme, dass selbst die einfachsten angeborenen Strukturen des Gehirns von Umweltanregungen abhängig sind, so dass auch elementare Leistungen wie → Sehen nicht ausgebildet werden können, wenn Organismen nicht in früher Kindheit über ausreichende visuelle Anregungen verfügen (→ sensorische Deprivation). Man konnte z. B. auch nachweisen, dass Ratten, die in stimulusreicher Umgebung aufwachsen, 20 bis 25 % mehr Synapsen pro Neuron im visuellen Kortex enwickelten als solche, die in reizarmer Umgebung gehalten wurden. Umgekehrt kann auch die Umwelt nicht »an sich« wirken, sondern nur das genet. Potential auf unterschiedl. Weise aktualisieren. Ein wesentl. Prozess dabei scheint nicht im Aufbau neuer Programme u. Strukturen zu bestehen, sondern im Abbau eines »Überschwangs« angeborener Strukturen u. Möglichkeiten, also einer nachträgl. Eliminierung eines angeborenen neuralen Materials.

VD: (1) In Übernahme von Methoden aus der biolog. Erbforschung hat die Ps. versucht, für unterschiedl. Persönlichkeitseigenschaften sog. Erblichkeitskoeffizienten (auch *Heritabilitätskoeffizienten*) herauszuarbeiten, also den Anteil der genet. Varianz an der phänotyp. Varianz zu bestimmen, mit Werten, die zw. 0 u. 1 liegen können. Ein Koeffizient von 0.8 besagt z. B., dass 80 % der in einer gegebenen Population beobachteten Unterschiede bezügl. eines Merkmals zurückgeführt werden können auf erbl. Unterschiede. (Die simple Lesart, ein Erblichkeitskoeffizient von 80 % besage, dass 80 % der Intelligenz vererbt seien, wozu sich dann noch einmal 20 % an »Umwelt-Intelligenz« hinzuaddierten, ist nicht korrekt u. nicht sinnvoll.) Der Koeffizient ist auch keine Konstante u. keine eigentl. biolog. Größe, sondern in dem Sinne umweltabhängig, dass er nur für eine spezif. histor. Situation einer bestimmten Population gilt. Er sagt weder etwas über die individuelle Intelligenzentwicklung, da er nur eine populationsstat. Größe ist, noch über die pädagog. u. ps. Veränderbarkeit – selbst wenn er 1.0 wäre, würde die Herausbildung des Merkmals immer noch der Anregung durch die Umwelt bedürfen – anders formuliert: in einer Population, in der die Anlagen sämtl. Individuen gleichmäßig maximal gefördert würden, wäre ebenfalls ein Erblichkeitskoeffizient von 1 gegeben; vgl. z. B. Formann u. Fischer (1982).

(2) *Erbe-Umwelt-Kovarianz* bezeichnet das Phänomen, dass Erbe u. Umwelt nicht unabhängig sind. Beim sog. *aktiven* Typ der Erbe-Umwelt-Kovarianz sucht sich ein Individuum die für seine genet. Ausstattung optimal stimulierende Umwelt selbst aus bzw. stellt sie her, so etwa wenn ein hochbegabtes Kind zusätzl. Aktivitäten entfaltet, die wiederum auf seine Intelligenz positiv zurückwirken. Der *passive* Typ einer Erbe-Umwelt-Kovariation liegt dann vor, wenn Eltern ihren Kindern sowohl vorteilhafte (bzw. nachteilige) Gene wie auch günstige (bzw. ungünstige) Umweltbedingungen vermitteln. Der *reaktive* Typ ist gegeben, wenn die Umwelt differentiell reagiert auf wahrgenommene Talente u. Entwicklungspotentiale. Zu unterscheiden von der *Kovarianz* ist die *Interaktion* zw. beiden Bereichsfaktoren, also der Tatbestand, dass verschiedene Genotypen in

verschiedener Weise auf ident. Umweltbedingungen reagieren, dass z. B. bei Kindern mit durchschnittl. IQ sowohl Intelligenz als auch Schulleistung stärker mit Umweltfaktoren in Beziehung stehen als bei Kindern mit niedrigerem IQ. U. a. wegen solcher Wechselwirkungen sind Angaben zur Erblichkeit sehr problemat., dass sie sich ledigl. auf einen fiktiven Mittelwert für alle mögl. Umweltwirkungen stützen u. die besagten Interaktionen negieren.

LIT: Gesamtdarstellungen des A. sind Borkenau (1993) u. Niemetz (1987); ein Sammelreferat ist Defries u. Plomin (1978); kurze Überblicksaufsätze sind Skowronek (1978) u. Anastasi (1958); eine Einführung in die *Erbps.* ist Merz u. Stelzl (1979); ein Sammelband unter pädagog. Aspekt ist Skowronek (1978); vgl. auch Roth (1970); eine populärps., aber tief schürfende Darstellung ist Asendorpf (1988); zum Überblick über endogenist. vs. exogenist. Entwicklungstheorien vgl. Flammer (1988); zum Überblick über die Adoptionsstudien vgl. Trautner (1992); neuere Adoptionsstudien sowie weitere Forschungsprojekte u. theoret. Arbeiten zum A. sind zusammengestellt in einer Special Section on Development of Behavioural Genetics der Ztschr. *Child Development*, April 1983, Vol. 54 (Nr. 2, S. 253–435); eine klass. Adoptionsstudie ist Skodak u. Skills (1949), eine neuere ist Skarr u. Weinberg (1983); zur Zwillingsforschung vgl. Bouchard (1984ff.), populärwissenschaftl. Zimmer (1989); vgl. auch Nance (1978); Rodges u. Rowe (1987); Farber (1981); ein Überblick über die verschiedenen Zugänge aus ps. Sicht ist DeFries u. Plomin (1978); vgl. auch Henderson (1982); Loehlin u. a. (1988); zur IQ-Debatte: der Ursprungsaufsatz war Jensen (1969); zsfd. zur Intelligenzkontroverse vgl. Bouchard (1982); vgl. auch Kamin (1974); eine populärwissenschaftl. Darstellung ist Zimmer (1980); Überblicke zur Forschung zur Erblichkeit der Intelligenz sind Tannenberg u. Vogler (1985) u. zu Umweltfaktoren vgl. Bouchard (1985); einen Überblick zur Heritabilität patholog. Phänomene wie Schizophrenie u. Alkoholismus geben Loehlin u. a. (1988); zur Bedeutung spezif. Faktoren wie Ernährung u. Krankheit, Stellung in der Geschwisterreihe, Erziehungsvh. der Eltern vgl. zsfd. Amelang u. Bartussek (1990).

◆ Amelang, M. u. Bartussek, D.: Differentielle Psychologie u. Persönlichkeitsforschung. Stuttgart 1990 (3. Aufl.); Anastasi, A.: Heredity environment and the question »how«. PR 65, 1958, S. 197–208; Asendorpf, J.: Keiner wie der andere: Wie Persönlichkeitsunterschiede entstehen. München 1988; Borkenau, P.: Anlage u. Umwelt. Göttingen 1993; Bouchard, D. J.: The intelligence controversy: a review of H. J. Eysenck and L. Kamin. AJP 95, 1982, S. 346–349; Bouchard, T. J.: Twins reared apart and together – what they tell us about human individuality. In: Fox, S. W. F. (Hg.): Individuality and determinism. New York 1984, S. 147–184; Bouchard, D. J. u. Sigal, N. L.: Environment and IQ. In: Wolman, D. B. (Hg.): Handbook of Intelligence. N.J. 1985, S. 391–464; Bouchard, T. J.: Diversity, development and determinism – a report on identical twins reared apart. In: Amelang, M. (Hg.): Bericht über den 35. Kongreß der Dt. Ges. für Ps. in Heidelberg 1986, 2. Bd., Göttingen 1987, S. 417–432; Changiux, J.-P.: Neuronal man. Oxford 1986; DeFries, J. C. u. Farber, S. L.: Identical twins reared apart: a reanalysis. New York 1981; Flammer, A.: Entwicklungstheorien. Bern 1988; Forman, A. K. u. Fischer, G. H.: Stellungnahme zu Stelzls Entgegnung: Verfehlte Einwände gegen Erblichkeitsschätzungen. Krit. Argumente von Seidler (1981) u. F.u. Formann (1981). ZDDP 3, 1982, S. 61–67; Henderson, N.: Human behaviour genetics. ARP 33, 1982, S. 403–414; Jensen, A. R.: How much can we boost IQ and scholastic achievement? Harvard Educational Review 39, 1969, S. 1–123 (dt. in: Skowronek, H. [Hg.]: Umwelt u. Begabung. Stuttgart 1973, S. 63–155); Jensen, A. R.: Educability and group differences. New York 1973; Jensen, A. R.: Es gibt Unterschiede zw. Schwarzen u. Weißen. PH 2, 1975, S. 63–75; Joynson, R. B.: The Burt affair. London 1989; Kamin, L. J.: The science and politics of IQ. Potomac 1974; Loehlin, J. C. u. a.: Behaviour genetics. ARP 39, 1988, S. 101–131; Merz, F. u. Stelzl, I.: Einführung in die Erbpsychologie. Stuttgart 1979; Nance, W. E. (Hg.): Twin research biology and epidemiology. New York 1978; Niemetz, C. (Hg.): Erbe u. Umwelt – zur Natur von Anlage u. Selbstbestimmung des Menschen. Frankfurt/M. 1987; Overton, W. F.: On the assumptive base of the nature-nurture controversy: additive vs. interactive conceptions. HD 16, 1973, S. 74–89; Plomin, R. u. a.: Genotype-environment interaction and correlation in the analysis of human behaviour. PBu 84, 1977, S. 309–322; Rodges, L. u. Rowe, D. C.: IQ simularity in twins, siblings, halfsiblings, cousins, and random pairs. I 11, 1987, S. 199–206; Roth, H. (Hg.): Begabung u. Lernen. Stuttgart 1970; Scarr, S. u. Weinberg, R. A.: The Minnesota adoption studies: genetic differences and malleability. CD 54, 1983, S. 260–267; Skodak, M. u. Skills,

H. M.: A final follow-up of one-hundred adapted children. JGeP 75, 1949, S. 85–125; Skowronek, H.: Das Anlage-Umwelt-Problem. In: Steiner, G. (Hg): Piaget u. die Folgen. Die Ps. des 20. Jhdts., 7. Bd. Zürich 1978, S. 46–76; Stelzl, I.: Verfehlte Einwände gegen Erblichkeitsschätzungen. ZDDP 3, 1982, S. 55–59; Tannenberg, S. G. u. Vogler, G. P.: Genetic determinants of intelligence. In: Wolman, D. B. (Hg.): Handbook of intelligence. New York 1985, S. 3–58; Trautner, H. M.: Lehrbuch der Entwicklungsps. 1. Bd. Göttingen 1992; Vernon, P. E.: Intelligence, heredity and environments. San Francisco 1979; Zimmer, D. E.: Der Mensch u. sein Double. Über Zwillinge u. Zwillingsforschung. In: Zimmer, D. E.: Experimente des Lebens. Zürich 1989; Zimmer, D. E.: Der Mythos der Gleichheit. 1980.

Annäherungs-Annäherungs-Konflikt → Konflikt.

Annäherungsgradient → Appetenz- vs. Aversionsgradient.

Annäherungsverhalten → Feldtheorie.

Annäherungs-Vermeidungs-Konflikt → Konflikt.

Anordnungsprobleme → Problemlösen.

Anorthoskopische Formwahrnehmung → perzeptive Ergänzungen.

Anorthoskopische Wahrnehmung → perzeptive Ergänzungen.

Anorthoskopischer Versuch → perzeptive Ergänzungen.

ANOVA-Modell → naive Varianzanalyse.

Anreiz [auch *Anreizmotivation*], die von einem Objekt (Lebewesen oder Ding) ausgehende »Anziehungskraft« bzw. Motivation, es zu erreichen und zu Befriedigungszwecken zu verwenden; vgl. auch → Valenz. Das innerhalb der vorwissenschaftl. Ps. selbstverständl. Kzpt. des A. wurde, seiner kognitivist. Komponente wegen, innerhalb des → Behaviourismus weitgehend ausgeblendet u. durch das Kzpt. der → Verstärkung ersetzt. Erst Phänomene wie das → latente Lernen o. der → Crespi-Effekt, die darauf hinweisen, dass sich die Verstärkung nicht erst auf dem Umweg über die → Gewohnheitsstärke, sondern direkt u. unmittelbar auf das Vh. auswirkt, näml. durch die vom Ziel ausgehende »Attraktion«, eben den A., waren Anlass für eine Rehabilitation des A.-Kzpts. u. damit eines Kzpts. der → Erwartung: Die Ratte läuft nicht aus einer mechan. Gewohnheit heraus zum Ziel, sozusagen ohne zu wissen warum, vielmehr besitzt ihr Vh. ein im weitesten Sinne *finales* Moment – bisweilen wird dies auch eingefangen in der Gegenüberstellung von *Schubmotivation* u. *Zugmotivation*, u. das Kzpt. des A. hebt die Bedeutung der Letzteren, einer vom Ziel ausgehenden Art von Motivation, hervor.

HI/WÜ: Der Begriff des A. ist zentral für die → Zeichen-Gestalt-Theorie Tolmans u. die letzte Phase von Hulls → systematischer Verhaltenstheorie, in der die Fassung von 1943 revidiert u. durch das → Drive-mal-habit-Modell ergänzt wird, wb. Hull allerdings Anreizeffekte durch das Kzpt. der → antizipatorischen Zielreaktion reduktionist. zu erklären versucht; zur Problematik vgl. Logan (1968). Mit der Theorie der A. war ein erster Schritt zur Überwindung der mechanist. Kzpte. der frühen → Lerntheorien gegeben. Diese Tradition führt zu einer Kritik des Kzpts. der → Verstärkung überhaupt, nach der das A.-Kzpt. zur Erklärung der meisten Verstärkungseffekte ausreicht; s. das Stw. → kognitive Lerntheorien. Der Ansatz wurde von Mowrer (1960) weiterentwickelt, der das Kzpt. der *antizipator. Emotion*, eine S-R-theoret. Konzeption des A.-Modells, entwickelt, u. v. a. die Bedeutung von Furcht u. Hoffnung hervorhebt. Eine Fassung dieser Gedanken in den Termini der → S-R-Theorien wurde von MacCorquodale u. Meehl (1948) vorgelegt, derer sich dann Tolman selbst zur Reformulierung seines Standpunkts bediente (Tolman 1959). Weitere histor. wichtige A.-Kzpte. wurden von Amsel (→ Frustration) u. Seward (1952) entwickelt; neuere Ansätze sind Black (1970) u. Bolles (1972). Das Kzpt. des A. ist auch wichtig in Lewins → Feldtheorie. Zur Darstellung der Spannung zw. anreiztheoret. u. verstärkungstheoret. Konzeptionen innerhalb der Motivationsps. vgl. Heckhausen (1980).

VD: Nach Hull (1952) wirkt die Anreizmotivation multiplikativ mit dem → allgemeinen Antrieb u. der → Gewohnheitsstärke zusammen; sein Schüler Spence (1956) dagegen konzipiert den A. additiv zum Trieb: Vhsstärke = Trieb + Anreiz x Gewohnheitsstärke. Zu diesem Streit *Additions-* vs. *Multiplikationstheorem* vgl. zsfd. Herber (1976); ausführl. Black (1970).

◆ Black, R. W.: Incentive motivation and the parameters of reward in instrumental conditioning. In: Arnold, W. J. u. Levine, D. (Hg.): Nebraska Symposium on Motivation. Lincoln 1970, S. 85–137; Bolles, R. C.: Reinforcement, expectancy and learning. PR 79, 1972, S. 394–409; Heckhausen, H.: Motivation u. Handeln. Berlin 1980 (2. Aufl.; erweiterte Aufl. 1989); Herber, H.-J.: Motivationsps. Stuttgart 1976; Logan, F. A.: Incentive theory and the changes in reward. In: Spence, K. W. u. Taylor-Spence, J. (Hg.): The psychology of learning and motivation, 2. Bd. New York 1968, S. 1–30; MacCorquodale, K. u. Meehl, P. E.: On a distinction between hypothetical constructs and intervening variables. PR 55, 1948, S. 95–107; Mowrer, O. H.: Learning theory and behaviour. New York 1960; Seward, J. P.: Introduction to a theory of motivation in learning. PR 59, 1952, S. 405–413; Seward, J. P.: Drive, incentive and reinforcement. PR 63, 1956, S. 195–203; Tolman, E. C.: Principles of purposive behaviour. In: Koch, S. (Hg.): Psychology: a study of the science, 2. Bd. New York 1959.

Anreizinduzierte Aggression → Aggression.

Anreizmotivation → Anreiz.

Anschauliches Denken [ähnl. *bildhaftes* o. *figurales Denken*]. Die Rolle, die → Vorstellungsbilder beim → Denken spielen, ist ein klass. Problem der → Denkpsychologie; s. hierzu die Stw. → Sensualismus u. → analoge Wissensrepräsentation. Anschaul. Faktoren des Denkens, die *räuml.-mechan.* o. auch *prakt.* Fähigkeiten erfassen u. relativ unabhängig von verbalen o. quantitativen Faktoren sind, finden sich bereits in den frühesten faktorenanalyt. Studien zur → Intelligenz. In der groß angelegten TALANT-Studie identifizierten Humphreys u. Taber (1973) einen unabhängigen räuml. Faktor, der sowohl bei Hochbegabten als auch bei weniger Begabten nachweisbar ist. McGee (1979) liefert einen Überblick über die Untersuchungen zur Vorhersage-Validität räuml.-mechan. Testwerte, die Leistungen in manchen Bereichen besser vorhersagen als andere Intelligenzfaktoren u. am stärksten mit den Noten in Zeichnen, Kunst, Mechanik, Mathematik u. Physik korrelieren. Lohmann (1979) hat in einer Reanalyse der meisten amerikan. faktorenanalyt. Studien drei Subfaktoren bzw. Grundfähigkeiten des a. D. gefunden – *räuml. Relation*: bezieht sich v. a. auf Aufgaben, in denen → mentale Rotationen verlangt werden; *räuml. Orientierung*: die Fähigkeit, sich in räuml. Situationen nach Veränderungen der Perspektive zu orientieren; *Visualisierung*: ein Faktor, der vielfältige Tests umfasst, z. B. mentales Papierfalten, verdeckte Figuren. Multidimensionale Skalierungen ergaben eine Geschwindigkeits- u. Komplexitäts-Dimension als unabhängige Fähigkeiten. Insgesamt machen die psychometr. Studien deutl., dass a. D. nicht durch eine einheitliche Fähigkeit abgedeckt wird; s. a. das Stw. → Raumwahrnehmung. Zur Entwicklung des a. D. vgl. Waldmann u. Weinert (1990). Ein Kzpt., das bes. die Verschränkung von ab–

strakten u. anschaul. Prozessen thematisiert, ist das der → mentalen Modelle; s. a. das Stw. → visuelles Gedächtnis.

VD: Shepard (1978) hat eine Reihe von anekdot. Berichten über die wichtige Rolle bildhafter Vorstellungen bei der Entstehung wichtiger naturwissenschaftl. Theorien zusammengetragen: Faraday soll seine Konzeption elektromagnet. Felder nur mit elementaren arithmet. Kenntnissen entwickelt haben, aber über eine herausragende Fähigkeit zur Visualisierung dieser unsichtbaren Kräfterelationen verfügt haben; ähnl. sein Nachfolger Maxwell, von dem berichtet wird, dass er die von ihm entwickelten Gleichungssysteme auf der Basis elaborierter bildhafter Vorstellungen von hydrodynam. u. mechan. Modellen entdeckte (Newman 1955). Auch Albert Einstein berichtet von seinen Gedankenexperimenten, in denen er mögl. Effekte u. Konsequenzen theoret. Voraussetzungen visuell simulierte (vgl. Wertheimer 1945; Holton 1972). Bekannt ist die Rolle, die ein Traum des Chemikers Kekulé bei der Entdeckung der chem. Struktur des Benzolrings gespielt hat (Findlay 1948). Wichtig war die Rolle bildhafter gedankl. Modelle auch bei der Entdeckung der Doppel-Helix des genet. Codes (Watson 1968).

◆ Findlay, A.: A hundred years of chemistry. London 1948; Holton, G.: On trying to understand scientific genius. American Scholar 41, 1972, S. 95–110; Humphreys, L. G. u. Taber, T.: Ability factors as a function of advantaged and disadvantaged groups. JEM 10, 1973, S. 107–115; Lohman, D. F.: Spatial ability: a review and reanalysis of the correlational literature. Technical Report Nr. 8, Aptitude Research Project, School of Education, Stanford University. 1979; McGee, M. G.: Human spatial abilities: psychometric studies and environmental, genetic, hormonal and neurological influences. PBu 86, 1979, S. 889–918; Newman, J. R.: James Clerk Maxwell. SA 192, 1955, S. 58–71; Shepard, R. N.: The mental image. AmP 33, 1978, S. 125–137; Waldmann, M. u. Weinert, F. E.: Intelligenz u. Denken. Göttingen 1990; Watson, J. D.: The double-helix. New York 1968; Wertheimer, M.: Productive thinking. New York 1945.

Anschauliches Moment → Wille.

Anschauungsbild → Vorstellungsbild.

Anschlussmotiv → Anschlussmotivation.

Anschlussmotivation [auch *Anschlussmotiv; Affiliationsmotivation* bzw. *-motiv*; engl. *need affiliation*; Abk.-Symbol: n_{aff}], Motivation zum Knüpfen u. zur Aufrechterhaltung sozialer Beziehungen, speziell zum Aufbau einer relativ dauerhaften emotionalen Bindung an eine bestimmte andere Person, die sich in vier Aspekte aufgliedern lässt: Die Nähe einer anderen Person suchen, unter der Trennung von der Person leiden; sich freuen bei der Rückkehr der Person; sich auch dann an der Person orientieren, wenn sie nicht in unmittelbarer Nähe ist, sondern nur zu hören o. in einiger Entfernung zu sehen ist. Der Hauptbegründer des Kzpts., Murray (1938), weist auf folgende Tendenzen hin: Freundschaftssuche, Zusammenleben, Zusammenarbeiten u. Gruppenmitglied werden; vgl. auch → soziale Motivation. Schachter (1959) postuliert eine Beziehung zw. A. u. Geburtenfolge: das erste Kind bevorzuge gesellige Techniken der Stressbewältigung, bedingt durch die Tatsache, dass diese Kinder häufiger inkonsistent von ihren Eltern behandelt werden, was Affiliation begünstige, für eine zsfd. Darstellung vgl. Heckhausen (1980) sowie Götz-Marchand (1985); Weiteres s. das Stw. → Bindungsverhalten.

Mehrabian u. Ksionzky (1974) unterscheiden zwei Tendenzen der A.: eine *anschlussmotivierte* u. eine *zurückweisungsmotivierte*: Anschlussmeidende unterscheiden sich von Anschlussmotivierten weniger im Anreizwert, den sozialer Anschluss für sie hat, als in ihrer sozialen Erfolgserwartung u. ihrer Geschicklichkeit im anschlusssuchenden Vh. sowie im Anschlusserfolg; Anschluss scheint für sie trotz aller negativen Erfahrungen immer noch einen positiven Wert zu besitzen, den es zu verwirklichen gilt, so sehr Zurückweisungsfurcht sie auch in Konflikt stürzen mag. Ein wichtiger Teil der Forschung bestand darin, A. u. → Leistungsmotiv miteinander in Konflikt zu bringen o. den Einfluss der A. auf leistungsthemat. Parameter wie Aufgabenart o. Leistungsresultate zu untersuchen. Ein wichtiges Paradigma ist auch das von affiliativem Vh. im Zustand von Furcht u. Ungewissheit: Menschen ziehen in Situationen der Angst die Nähe der anderen dem Alleinsein vor. Speziell konnte gezeigt werden, dass v. a. Kinder in Furcht erregenden Situationen durch autoritäres u. einschüchterndes Vh. des Versuchsleiters eine starke A. in Bezug auf diesen entwickeln, mehr als solche, die konsistent für Affiliation verstärkt wurden. Auch bei verschiedenen Tierarten konnte eine Furchtreduktion unter Stress durch Geselligkeit nachgewiesen werden; vgl. Epley (1974).

◆ Dornes, M.: Der kompetente Säugling. Frankfurt/M. 1993; Epley, S. W.: Reduction of the behavioural effects of aversive stimulation by the presence of companions. PBu 81, 1974, S. 271–283; Gewirtz, J. L. u. Baer, D. M.: Deprivation and satiation of social reinforces as drive conditions. JASP 57, 1958, S. 165–172; Götz-Marchand, B.: Die Affiliationstheorie von Schachter. In: Frey, D. u. Irle, M. (Hg.): Theorien der Sozialps., 3. Bd. Bern 1985, S. 11–28; Heckhausen, H.: Motivation u. Handeln. New York 1980; Maccoby, E. E.: Social development. New York 1980; Mehrabian, A. u. Ksionzky, S.: A theory of affiliation. Lexington 1974; Murray, H. A.: Explorations in personality. New York 1938; Rauh, H.: Frühe Kindheit. In: Oerter, R. u. a. (Hg.): Entwicklungsps. München 1987 (2. Aufl.), S. 131–203; Schachter, S.: The psychology of affiliation. Stanford 1959.

Anspannung → Entspannung; → Aktivation.

Anspruchsniveau [auch *Aspirationsniveau*; engl.: *level of aspiration*], das Niveau der Leistung in einer vertrauten Aufgabe, das ein Individuum in Kenntnis seines vergangenen Leistungsniveaus ausdrückl. zu erreichen sucht. Das typ. method. Vorgehen besteht darin, dass Vpn eine Reihe von Aufgaben erledigen müssen u. dann den Schwierigkeitsgrad einer neuen Aufgabe dieser Reihe bestimmen sollen.

In den motivationsps. Analysen dieses Paradigmas wurde gezeigt, dass das Misserfolgserlebnis nicht allein von objektiven Erfolgsprozessen abhängig ist, sondern v. a. von der vorausgegangenen Zielsetzung der Vpn, dem *A.*, aus dessen Unterschreitung ein *Misserfolgserlebnis*, bei Überschreitung ein *Erfolgserlebnis* resultiert. Analysiert wurden v. a. die *Verschiebungen* des A. bei Misserfolg o. Erfolg; die sog. *Verschiebungsgesetze* des A. beinhalten: (a) Erhöhung des A. bei durchgängigem Erfolg; (b) Senkung des A. bei durchgängigem Erfolg; (c) gleichbleibendes A. o. Wechsel zw. Erhöhen u. Senken bei gemischten Erfolgs-, Misserfolgs-Erwartungen; (d) Spontanabbruch nach einer Reihe von Misserfolgen o. nach vereinzelten Erfolgen in einer Misserfolgsserie. In diesem Zusammenhang konzipierte Hoppe die Unterscheidung zw. *Realziel* u. *Idealziel*; Realziel ist die sozusagen »nach außen« explizit dargestellte u. ausgewählte Zielhöhe des Aufgabenniveaus, sie ist variabel u. mit dem A. korreliert. Dagegen ist das Idealziel nicht variabel u. verschiebbar u. bildet die Norm, die hinter der Bildung des Realziels steckt u. den »eigentl.« motivationalen Anspruch des Individuums beinhaltet. Des Weiteren führte Hoppe das Kzpt. des *Ichniveaus* ein: das Wert- u. Geltungsbewusstsein, welches eine Tendenz zur Selbstregulation beinhaltet, woraus sich die Motivation der Vpn ergibt, Misserfolge äußeren Umständen zuzuschieben o. sogar den Versuchsleiter zu betrügen. Die Tendenz, das Ichniveau möglichst hochzuhalten, ist die Grundlage für die *Verschiebungsgesetze*. Auch das Phänomen, dass die Vpn die Handlung abbrechen, wenn sie einen plötzl. Erfolg erzielt haben, wird vor diesem Hintergrund verständlich: Es erklärt sich aus dem Bedürfnis, einen erzielten Erfolg nicht nachträgl. zu verspielen bzw. abzuwerten.

HI/WÜ: Das Paradigma A. wurde innerhalb der motivationsps. Ansätze der → Gestalttheorie von Hoppe (1930) entwickelt; der Terminus *A.* wurde von Dembo (1931) geprägt; die beiden Arbeiten wurden von K. Lewin als Doktorvater betreut. Das Paradigma A. war der histor. Vorläufer der Forschungen zur → Leistungsmotivation, dem bedeutendsten Forschungsstrang der modernen Motivationsps. Es ist v. a. das Verdienst der Arbeiten von Jucknat (1938), den eher qualitativen Ansatz Hoppes in einen quantitativen umgewandelt zu haben. In den 30er u. den frühen 40er Jahren wurde der Ansatz in den USA aufgegriffen, zunächst durch die Arbeiten von Frank (1941). Eine Theorie der *Anspruchsniveaubildung* wurde von Escalona (1940) vorgelegt *(Theorie der resultierenden Valenz)*, später von Festinger (1942) u. v. a. von Lewin, Dembo, Festinger, Sears (1944) präzisiert; vgl. auch Simon (1955) u. Siegel (1957); unter entscheidungstheoret. Perspektive Edwards (1961) u. Becker u. McClintock (1967).

LIT: Zum Überblick vgl. Keller (1996).

◆ ATKINSON, J. W.: Motivational determinants of risk-taking behaviour. PR 64, 1957, S. 359–372; BECKER, G. u. MCCLINTOCK, C. G.: Value: behavioural decision theory. ARP 18, 1967, S. 239–286; DEMBO, T.: Der Ärger als dynam. Problem. PF 15, 1931, S. 1–144; EDWARDS, W.: Behavioural decision a theory. ARP 12, 1961, S. 473–498; ESCALONA, S. K.: The effect of success and failure upon the level of aspiration and behaviour in manic-depressive psychoses. Univ. Iowa Stud. Child Wellfare 16, 1940, S. 199–302; FESTINGER, L. A.: A theoretical interpretation of shifts in level of aspiration. PR 49, 1942, S. 235–250; FRANK, J. D.: Individual differences in the certain aspects of the level of aspiration. AJP 47, 1935, S. 119–128; FRANK, J. D.: Psychological determinants of level of aspiration. AJP 47, 1935, S. 285–293; FRANK, J. D.: Recent studies of the level of aspiration. PBu 38, 1941, S. 218–225; HOPPE, F.: Erfolg u. Mißerfolg, PF 14, 1930, S. 1–62; JUCKNAT, M.: Leistung, Anspruchsniveau und Selbstbewußtsein. PF 22, 1938, S. 89–179; KELLER, J. A.: Grundlagen der Motivation. München 1981; KELLER, J. A.: Anspruchsniveau. In: KUHL, J. u. HECKHAUSEN, H.: Motivation u. Emotion. EP, C, IV, 4. Bd. 1996; LEWIN, K. u. a.: Level of aspiration. In: HUNT J. MCV (Hg.): Personality and behaviour disorders, 1. Bd. New York 1944, S. 333–378; SIEGEL, S.: Level of aspiration and decisionmaking. PR 64, 1957, S. 253–262; SIMON, H. A.: A behavioural model of rational joice. Quarterly Journal of Economy 69, 1955, S. 99–113; SIMON, H. A.: Models of man. New York 1957.

Anspruchsniveausetzung → Anspruchsniveau.

Anstarren → Blickkommunikation.

Anstrengungsattributionen → Attributionsdimensionen.

Anstrengungskalkulation, Teilkzpt. einer motivationsps. Theorie bes. von Prozessen der → Leistungsmotivation, in der angenommen wird, dass die intendierte Anstrengung mit zunehmender Aufgabenschwierigkeit bis zu einem krit. Punkt ansteigt u. bei einem weiteren Schwierigkeitsanstieg abrupt abfällt, also eine Art »Sparsamkeitsmotiv«; vgl. Kukla (1972). Ähnliches wurde schon im klass. → Schwierigkeitsgesetz der Motivation formuliert. Zentral ist dieser Gedanke auch in Meyers Theorie vom → Konzept von der eigenen Fähigkeit.

LIT: Ein Überblick über vergleichbare Optimierungsprinzipien findet sich bei Battmann (1989); zur Kritik vgl. Jopt (1978).

◆ BATTMANN, W.: Vhsökonomie, Grundlagen u. eine Anwendung am Fall des kooperativen Handelns. Frankfurt/M. 1989; JOPT, U.-J.: Anstrengungskalkulation – ein method. Artefakt? ZEAP 25, 1978, S. 274–288; KUKLA, A.: Foundation of an attributional theory of performance. PR 79, 1972, S. 454–470.

Anthropoidenversuche → Primatenversuche.

Anthropologische Psychologie → existentialistische Psychologie.

Anthropotechnik → Arbeitspsychologie.

Antiintrospektionismus → Behaviourismus.

Antimentalismus → Mentalismus; → Behaviourismus.

Antizipationsfehler, ein Phänomen, das bes. beim → seriellen Lernen auftritt u. darin besteht, dass eine Antwort gegeben wird, die für die momentane Position falsch, aber für eine spätere Position richtig ist; bei der Reproduktion einer Liste von Wörtern wird also ein Wort an zu früher Stelle, z. B. an Stelle 7 statt an Stelle 9, genannt; dieses Phänomen tritt am häufigsten beim Anfangswort einer Teilsequenz auf; vgl. hierzu Kintsch (1982).

◆ KINTSCH, W.: Gedächtnis u. Kognition. Berlin 1982.

Antizipationsmethode → serielles Lernen; → Paarassoziationslernen.

Antizipatorische Frustrationsreaktion → Frustration.

Antizipatorische Zielreaktion → antizipierte Zielreaktion.

Antizipierende Reaktion → Reaktionsexperiment.

Antizipierte Zielreaktion [auch *vorweggenommene* bzw. *antizipator. (partielle bzw. fraktionierte) Zielreaktion*; engl. *fractional antedating goal reaction;*, Abk.: r_G; auch *anticipatory goal response*], ein Kzpt. innerhalb der → systematischen Verhaltenstheorie von Hull: Die Z. ist die Endhandlung, wie z. B. bei einer Labyrinth-Lernaufgabe das Fressen des Futters, das am Ende des Labyrinths auf das Tier wartet. Auf dem Weg zu diesem Futter vollführt das Tier schon während des Laufens eine vorweggenommene partielle Z., eben eine a. Z., näml. Kau- u. Schluckbewegungen o. Speichelabsonderungen. Damit produziert es fortlaufend propriozeptiv *vorweggenommene Zielreize* (Abk.: s_G): *r_G-s_G-Mechanismus*. Das Tier belohnt sich sozusagen während des Laufens selbst, indem es schon »vorweggenommen frisst«. Auf diese Weise werden auf dem Weg zum Ziel alle zu ihm hinführenden Vhsweisen einer partiellen Verstärkung unterworfen u. gelernt.

HI/WÜ: Mit diesem Kzpt. versucht Hull Phänomene wie → Anreiz bzw. → Erwartung reduktionist. zu erklären. Das Kzpt. wurde von Hull v. a. in der frühen u. späten Fassung seiner Theorie verwendet; in der mittleren Fassung spielt es eine geringere Rolle; vgl. Beck (1978).

LIT: Zur krit. Analyse vgl. Logan (1968); zsfd. vgl. Keller (1981).

◆ BECK, R. C.: Motivation. Englewood Cliffs 1978; KELLER, J. A.: Grundlagen der Motivation. München 1981; LOGAN, F. A.: Incentive theory and the changes in reward. In: SPENCE, K. W. u. TAYLOR-SPENCE, J. (Hg.): The psychology of learning and motivation, 2. Bd. New York 1968, S. 1–30.

Antrieb → Trieb; → Motivation.

Antriebserlebnisse → Trieb; → Motivation.

Antwortgeneralisation → Generalisation.

Antwortintegration → Paarassoziationslernen.

Antwort-Interferenz → Interferenz.

Antwortitem → Paarassoziationslernen.

Antwortlernen → Paarassoziationslernen.

Antworttendenzen → Wahrnehmungs- und Urteilstendenzen.

Anwärmeffekt → Aufwärmeffekt.

Anwärmverlust → Aufwärmverlust.

Aphasie → Neuropsychologie.

Apperzeption, diejenige psych. Funktion, die die psych. Elemente (→ Elementarismus) zu den phänomenalen Einheiten zusammenfasst, als die wir sie erleben. Der Begriff stammt aus der Philosophie (Kant, Fichte, Schelling). Herbart adaptiert den Terminus für die Ps. u. in Wundts → Elementenpsychologie spielt er als zweites synthet. Prinzip neben den → Assoziationsgesetzen eine wichtige Rolle. Assoziationen beruhen auf einer *passiven A.* (in der die Willenstätigkeit durch den Eindruck der Vorstellung eindeutig bestimmt ist), die apperzeptiven Verbindungen dagegen – die Bildung von Begriffen, Urteilen, Schlüssen – beruhen auf auswählender u. sich ihrer Tätigkeit bewusster A. Das Selbstbewusstsein habe in der A. seine Wurzel, die A. sei die oberste Bedingung für die Einheit unseres Bewusstseins. Bei Wundt ist die A. eine (willkürl.-vorsätzl. o. unwillkürl.-automat.) Reaktion des Bewusstseins auf Sinneseindrücke, wb. der zu apperzepierende Sinneseindruck den Erlebnischarakter der *Helligkeit* u. *Klarheit* erhält. Die A. geht mit Spannungserlebnissen einher. Sie hat eine selektive Funktion: das apperzepierende Subjekt wählt zw. Vorstellungen aus, fasst Sinneseindrücke unter Gesichtspunkten auf usw. Die A. ist funktional mit dem → Willen verwandt. Der A.-Begriff spielte des Weiteren eine wichtige Rolle in den Arbeiten von Höffding u. Lipps, auch bei von Meinong u. V. Benussi. *Apperzeptionsps.* bezeichnet allg. ps. Schulrichtungen, die bei Beschreibung u. Erklärung der Wahrnehmung u. anderer kognitiver Prozesse die gestaltende Tätigkeit des Subjekts betonen; für eine Darlegung des problemhistor. Hintergrunds vgl. Pongratz (1967). Das Kzpt. der A. wurde v. a. seitens der → Gestalttheorie scharf kritisiert. In der modernen Ps. wird der A.-Begriff kaum verwendet. Sein explanativer Bereich wird v. a. vom Kzpt. der → Aufmerksamkeit abgedeckt.

◆ Messer, A.: Die Apperzeption. 1928; Herrmann, T.: Ps. der kognitiven Ordnung. 1965; Pongratz, L. J.: Problemgeschichte der Ps. Bern 1967; weitere L.: → Elementenps.; → Empfindung, → Gestaltpsychologie.

Appetenz-Appetenz-Konflikt → Konflikt.

Appetenz-Aversions-Konflikt → Konflikt.

Appetenzgradient → Gradientenmodell des Konflikts; → Gradient.

Appetenzverhalten → Trieb.

Appetenz- vs. Aversionsgradient [auch *Annäherungs-* vs. *Vermeidungsgradient*], Tendenzen des »Hingezogenwerdens« bzw. »Abgestoßenwerdens« durch ein Ziel, dargestellt in Abhängigkeit von der Nähe zum Ziel. Die Kzpte. wurden v. a. innerhalb von Hulls → systematischer Verhaltenstheorie gebildet u. z. B. zur Analyse des → Reihenlernens benützt; sie bilden die Grundbegriffe des → Gradientenmodells des Konflikts, einer lerntheoret. Konflikttheorie.

◆ Brown, J. S.: Gradients of approach and avoidance responses and their relation to level of motivation. JCPP 41, 1948, S. 450–465.

Appetit → Hunger.

Appetitive Konditionierung → Bestrafungslernen.

Appraisal. Der Begriff wird in der dt. Fachliteratur häufig unübersetzt verwendet u. meint die kognitive Einschätzung bzw. Bewertung von emotional wirksamen Reizen wie z. B. → Stress, → Angst o. Freude auslösenden Objekten. Der Gegensatz hierzu ist die unstrukturierte emotionale → Erregung. Das Zusammenspiel von *Bewertung* u. *Erregung* ist ein Grundproblem jeder → Emotionstheorie, es wird v. a. in der Emotionstheorie von M. Arnold thematisiert, auch in der → Stress-Theorie von Lazarus (vgl. hierzu z. B. Lazarus u. Launier 1981). Arnold verwendet die Formulierung »intuitive appraisal« – mit dem Attribut »intuitiv« betont sie, dass die in der Emotion enthaltene Bewertung direkt u. unverzüglich erfolgt. Bei Lazarus geht es um eine *kognitive* Bewertung. Er unterscheidet folgende Prozesse: die *primäre Bewertung* einer Situation erfolgt unter dem Aspekt, ob sie für die bewertende Person *irrelevant*, *angenehm-positiv* o. *schädl.* ist. Fällt die Situation in die letzte Kategorie, wird die Bewertung weiter differenziert unter dem Aspekt, ob die Anpassungsfähigkeiten tangiert werden, also ob die Situation eine *Bedrohung*, einen *Schaden* bzw. *Verlust* o. eine *Herausforderung* darstellt. Die nächste Stufe bildet die *sekundäre Bewertung*: die Einschätzung u. Auswahl von Strategien der → Bewältigung (*coping*). Der Coping-Handlung folgt eine *Neubewertung* der Situation u. eine Evaluation der Erfolge u. Misserfolge des coping (vgl. z. B. Lazarus u. Launier 1981). Aus der unterschiedl. Bewertung ergeben sich unterschiedl. Emotionen – sozusagen »Stressemotionen« (vgl. Weber 1987): Die *primäre Einschätzung* einer antizipierten *Schädigung* o. *Bedrohung* führt zu den Emotionen *Angst*, *Furcht* u. *Besorgtheit*, während die durch ein mögl. glückl. Ende gekennzeichnete *Herausforderung* mit den positiven Gefühlen der *Hoffnung*, des *Eifers* u. der *Zuversicht* verbunden ist; der negative Ausgang o. die *primäre Bewertung* einer Situation als *Schaden/Verlust* ist mit den Emotionen *Ärger*, *Enttäuschung*, *Traurigkeit*, *Schuld* u. *Verachtung* assoziiert, wogegen ein glückl. Ereignis zu den Gefühlen *Freude*, *Erleichterung* bzw. *Aufgeheitertsein* führt.

◆ Folkman, S. u. Lazarus, R. S.: If it changes it must be a process. Study of emotion and coping during free stages of a college examination. JPSP 48, 1985, S. 150–170; Laux, L.: Ps. Streßkonzeptionen. In: Thomae, H. (Hg.): Theorien u. Formen der Motivation, EP, C, IV, 1. Bd. Göttingen 1983, S. 453–535; Lazarus, R. S. u. Launier, R.: Streßbezogene Transaktion zw. Person u. Umwelt. In: Nitsch (1981) S. 213–259; Nitsch, J. R. (Hg.): Streß. Bern 1981; Schwarzer, R.: Streß, Angst u. Hilflosigkeit. Stuttgart 1981; Weber, H.: Das Streßkzpt. in Wissenschaft u. Laientheorie. Regensburg 1987.

Apraxie → Neuropsychologie.

ARAS → Aktivation; → physiologische Psychologie.

Arbeitsanreicherung → Arbeitspsychologie.

Arbeitsgedächtnis [engl. *working memory*; selten *intermediate-term memory*], ursprüngl. u. auch heute noch in undifferenzierten Darstellungen meist gleichbedeutend mit → Kurzzeitgedächtnis verwendet, wird das A. v. a. seit den Arbeiten von Baddeley (1974ff.) als eigenes Kzpt. bzw. Phänomen behandelt u. als aktiv arbeitendes Gedächtnissystem vom passiven Kurzzeitgedächtnis abgehoben – das A. bezieht sich v. a. auf solche Prozesse, die als erforderl. für das Lösen von Problemen angenommen werden. Das Kzpt. *A.* betont also stärker den prozessualen Aspekt von Gedächtnisprozessen als das Kzpt. des Kurzzeitgedächtnisses, das eher der Idee fixer Speichermodelle verhaftet ist. Als heurist. fruchtbar hat sich die Erweiterung dieses Kzpts. durch Baddeley u. Hitch (1974) erwiesen; diese unterschieden zwei unabhängige Komponenten des A., näml.

einmal das Bereithalten von Informationen, zum andern das Abarbeiten eines Lösungsalgorithmus. Das A. ist in dieser Konzeption kapazitätsbegrenzt, und zwar so, dass ein Abgleich zw. der Menge von bereitgehaltener Information u. der Komplexität von Lösungsalgorithmen erfolgt: Je aufwendiger der Lösungsalgorithmus, umso geringer ist die Menge der Information, die zur sequenziellen Abarbeitung bereitgehalten werden kann, u. umgekehrt. Als Arbeitsgedächtnisprozesse gelten bei Baddeley die Dekodierung der sensor. Information in eine phonolog. u. deren Speicherung, der Abruf von Information aus dem Langzeitgedächtnis, der Vergleich der neu aufgenommenen mit der aus dem Langzeitgedächtnis abgerufenen Information, die Speicherung des Verarbeitungszieles, die Initiierung der dem Ziel entsprechenden Verarbeitungsprozesse, der Transfer zum u. die Speicherung im Langzeitgedächtnis. Diese Prozesse laufen z. T. bewusst, z. T. automat. ab, wb. bewusste Prozesse die limitierte Speicher- u. Verarbeitungskapazität beanspruchen, während die automat. prakt. keine Kapazität verbrauchen; um z. B. einen gehörten Satz verstehen zu können, müssen die einzelnen Wörter u. grammat. Merkmale so lange verfügbar gehalten werden, bis die Bedeutungen der Wörter identifiziert u. in einer Satzbedeutung integriert sind, d. h. bis der Satz verstanden worden ist. Das A. soll weitgehend modalitätsunspezif. sein; vgl. zur Problematik u. zur Differenzierung dieser Idee Engelkamp (1990); vgl. auch Klapp u. a. (1983). LaBerge (1976) beschreibt das A. als den aktivierten Teil des Langzeitgedächtnisses, das keinen Kapazitätsgrenzen unterworfen ist; Items im Kurzzeitgedächtnis sind nach LaBerge immer auch im A., aber nicht umgekehrt; Flammer (1983) konzipiert das A. als durch Langzeitinformation angereichertes Kurzzeitgedächtnis zum Zweck der Wiedergabe u./o. der weiteren Aufbereitung von Informationen für die Einlagerung im Langzeitgedächtnis. In anderen Systemen entspricht das A. dem → zentralen Prozessor o. verwandten Konstrukten. Bei van Dijk u. Kintsch (1983) gibt es ein *control system*, das Kurzzeitgedächtnis u. aktivierte Wissensstrukturen umfasst; Klix (1988) verwendet für ein ähnl. Modell den Begriff des *operativen Kompartments*; vgl. auch das Stw. → räumliches Gedächtnis.

VD: Zu Baddeleys Theorie: Aus den mit der Methode der → Gedächtnisauslastung gewonnenen Forschungsergebnissen entwickelt Baddeley ein differenziertes Modell des A.; er unterscheidet: (a) eine → artikulatorische Schleife (*articulatory loop*); (b) einen Speicher für visuell-räuml. Vorstellungen (*visuo-spatial scratch-pad*, auch *sketchpad*; übersetzbar mit *visuell-räuml. Skizzenblock*; vgl. Baddeley u. Lieberman (1980); (c) eine modalitätsunabhängige → zentrale Exekutive als Kontrolleinheit. Die artikulator. Schleife kann eine begrenzte Menge (ca. 3 Items) sprachähnl. Materials in der entsprechenden Reihenfolge speichern (die in früheren Theorien postulierte Verknüpfung von *phonem.* Kodierung u. Kurzzeitgedächtnis kann also wahrscheinl. auf die Benutzung dieser artikulator. Schleife zurückgeführt werden). Der *visuo-spatial-scratch-pad* wurde von Baddeley konzipiert als ein System, das bes. dafür eingerichtet ist, räuml. Information kurzfristig zu speichern; im Hintergrund steht die Annahme, dass ein bedeutsamer Unterschied zw. einer *räuml.* u. einer *visuellen* Speicherung bzw. Verarbeitung besteht (ein Blinder ist per Definition unfähig, visuelle Prozesse zu benützen, dennoch ist er zu einer räuml. Verarbeitung der Information in der Lage). Die *zentrale Exekutive* dient der aktiven Informationsverarbeitung u. -speicherung, typischerweise z. B. beim Problemlösen; sie besitzt eine eigene Speicherkapazität. Die artikulator. Schleife u. auch der visuell-räuml. Speicher scheinen die zentrale Exekutive nicht zu stören, solange ihre Speicherkapazität nicht überschritten wird; sobald aber mehr als drei Items behalten werden müssen, scheint eine Störung aufzutreten, so z. B. wird eine Aufgabe, die darin besteht, mehr als drei Ziffern zu behalten u. gleichzeitig eine Denkaufgabe zu verarbeiten, deutl. verlangsamt ausgeführt. Dennoch können beide Kapazitäten sozusagen füreinander einstehen: Die zentrale Verarbeitungseinheit kann so auch den Umfang der Gedächtnisspanne steigern, indem sie selbst als Informationsspeicher dient. Dieser Austausch ist aber nicht unbegrenzt: Auch bei einer Blockierung der verbalen Schleife durch *artikulator. Unterdrückung* ist die Vp in der Lage, Aufgaben zum freien Reproduzieren auszuführen – darin ist impliziert, dass zumindest ein Teil des zentralen ausführenden Systems nicht zum Speicher gemacht werden kann.

LIT: Einen zsfd. Überblick über die verschiedenen Ansätze u. neuere Untersuchungen zum A. liefern Baddeley (1986) u. Baeriswyl (1989); zur Rolle des A. bei den mentalen Prozessen von Gedächtniskünstlern vgl. Chase u. Ericsson (1982); die Rolle des A. in einem Textverarbeitungsmodell stellt Kintsch (1982) heraus; über neuere Arbeiten zum Modell des A. u. die Beziehungen zum Problem des → Bewusstseins referieren Gadenne u. Oswald (1991); vgl. auch das Sonderheft der *Zeitschrift für experimentelle Psychologie* (42, 1995, S. 491ff.).

◆ BADDELEY, A. D. u. HITCH, G. J.: Working memory. In: BOWER, G. H. (Hg.): Recent advances in learning and motivation, Bd. VIII. New York 1974; BADDELEY, A. D. u. LIEBERMAN, K.: Spatial working memory. In: NICKERSON, R. (Hg.): Attention and performance, VIII. Hillsdale 1980, S. 521–539; BADDELEY, A. D.: Working memory. Oxford 1986; BAERISWYL, F.: Verarbeitungsprozesse u. Behalten im Arbeitsgedächtnis. Heidelberg 1989; BRAINERD, C. J. u. KINGMA, J.: On the independence of short-term memory and working memory in cognitive development. CP 17, 1985, S. 210–247; CHASE, W. G. u. ERICSSON, K. A.: Skill and working memory. In: BOWER, G. H. (Hg.): The psychology of learning and motivation. 16. Bd. London 1982; VAN DIJK, T. A. u. KINTSCH, W.: Strategies of discourse comprehension. Amsterdam 1983; ENGELKAMP, J.: Das menschl. Gedächtnis. Göttingen 1990; FLAMMER, A.: Externe Gedächtnisse: Krücken, die behindern können. In: ALLEMANN, M. u. SPESCHA, E. (Hg.): Führen, fördern, beraten. Freiburg 1983, S. 192–218; GADENNE, V. u. OSWALD, M. E.: Kognition u. Bewußtsein. Berlin 1991; KINTSCH, W.: Memory of text. In: FLAMMER, A. u. KINTSCH, W.: Discourse processing. Amsterdam 1982, S. 186–204; KLAPP, S. T. u. a.: Short-term memory does not involve the »working memory« of information processing: the demise of a common assumption. JExP: G 112, 1983, S. 240–264; KLIX, F.: Gedächtnis u. Wissen. In: MANDL, H. u. SPADA, H. (Hg.): Wissensps. München 1988; LABERGE, D.: Perceptual learning and attention. In: ESTES, W. K. (Hg.): Handbook of learning and cognitive process, 4. Bd. New York 1976, S. 237–273.

Arbeitsmotivation, die → Motivation, Arbeit, v. a. berufl. Arbeit, durchzuführen, eines der zentralen Themen der → Arbeitspsychologie.

TH: Klass. theoret. Ansätze der → humanistischen Psychologie waren Maslows Theorie der *Bedürfnishierarchie* u. Herzbergs (1966) Theorie der *Arbeitszufriedenheit* (vgl. auch Herzberg u. a. (1959). Die herzbergsche Theorie, die sog. *Zwei-Faktoren-Theorie* o. *Motivator-Hygiene-Theorie* der Arbeitszufriedenheit, postuliert, dass ledigl. Faktoren des Arbeitsinhalts (Attraktivität der Aufgabe, Verantwortung usw.) als *Motivatoren* für eine positive Ausprägung der Arbeitszufriedenheit von Bedeutung sind, während alle *extrins.* Faktoren (z. B. Bezahlung = »Hygienefaktoren«) ledigl. verhindern, dass Unzufriedenheit auftritt. Herzberg bediente sich der *Methode der krit. Ereignisse*, d. h. die Befragten wurden gebeten, ein konkretes Ereignis aus ihrer eigenen Berufserfahrung zu schildern, bei dem sie außergewöhnl. zufrieden bzw. unzufrieden waren. Eine wichtige Elaboration dieses Ansatzes sind Alderfer (1972); Porter u. Lawler (1968); Campbell u. a. (1970). Eine weitere histor. bedeutsame Theorie der A. war die → Instrumentalitätstheorie, welche aus entscheidungstheoret. Perspektive die motivationale Bedeutung solcher Aspekte der Arbeit hervorhob, die auf lange Sicht zur Befriedigung der Ziele des Menschen beitragen, s. a. das Stw. → Aktivation-Leistungs-Paradigma.

LIT: Zu einem allg. Überblick vgl. Kleinbeck (1987ff.); zum Überblick über die Theorien der A. vgl. Steers u. Porter (1975) u. Wiswede (1980) sowie Six u. Kleinbeck (1989); speziell zum Kzpt. u. zu den verschiedenen Fassungen von Arbeitszufriedenheit vgl. Neuberger (1974); eine Zsf. der Kritik am herzbergschen Ansatz ist Zink (1975); eine Bibliographie ist Walsh (1979); vgl. auch die Bibliographie Nr. 21–22/86 der Zentralstelle für ps. Information u. Dokumentation, Trier; für eine krit. Analyse der Motivationspraxis in modernen Unternehmen vgl. Sprenger (1991) – ein populär geschriebenes Buch, das zum Bestseller geworden ist; s. a. das Stw. → Blumenfeld-Effekt.

◆ Alderfer, C. P.: Existence, relatedness, and growth. New York 1972; Campbell, J. P. u. a.: Managerial behaviour, performance and effectiveness. New York 1970; Herzberg, F. H. u. a.: The motivation to work. New York 1959; Herzberg, F. H.: Work and the nature of man. Cleveland 1966; Kleinbeck, U.: Gestaltung von Motivationsbedingungen der Arbeit. In: Kleinbeck, U. u. Rutenfranz, J. (Hg.): Arbeitsps. EP, D, III, 1. Bd., Göttingen 1987, S. 440–492; Kleinbeck, U.: Arbeitsmotivation. Weinheim 1996; Neuberger, O.: Messung der Arbeitszufriedenheit. Stuttgart 1974; Neuberger, O.: Theorien der Arbeitszufriedenheit. Stuttgart 1974; Porter, L. W. u. Lawler, E. E.: Managerial attitudes and performance. Homewood 1968; Six, B. u. Kleinbeck, U.: Arbeitsmotivaton u. Arbeitszufriedenheit. In: Roth, E. u. Schur, H. (Hg.): Organisationsps. EP, D, III, 3. Bd., Göttingen 1989, S. 348–399; Sprenger, R.: Mythos Motivation. Frankfurt/M. 1991; Steers, R. M. u. Porter, L. W.: Motivation and work behaviour. New York 1975; Vroom, V. H.: Work and motivation. New York 1964; Walsh, R. M. u. a.: Job satisfaction and motivation: an annotated bibliography. Westport 1979 (für den Zeitraum 1970–1978); Wiswede, G.: Motivation u. Arbeitsvh. München 1980; Zink, K. J.: Differenzierung der Theorie der Arbeitsmotivation von F. Herzberg zur Gestaltung soziotechnolog. Systeme. Frankfurt/M. 1975.

Arbeitspsychologie, (a) i. w. S.: das Teilgebiet der → angewandten Psychologie, das sich mit allen ps. Aspekten menschl. Arbeit beschäftigt, dabei auch → Betriebspsychologie u. → Organisationspsychologie mit umfassend; (b) i. e. S.: der *individuenbezogene* Zugang zum Vh. in Arbeitsorganisationen – im Gegensatz zum *system-* bzw. *strukturzentrierten* Zugang der Organisationspsychologie.

Hauptthemen der A. sind: (1) Arbeitsgestaltung: ergonom. Analysen des Ausbildungsplatzes, in neuerer Zeit insbes. der Entwurf u. die Gestaltung von Mensch-Maschine-Systemen u. die Untersuchung von Problemen der Mensch-Computer-Interaktion, also das, was bisweilen als *Soft-ware-* u. *Hard-ware-Ergonomie* bezeichnet wird (bisweilen auch als *Ingenieurpsychologie*, s. u., bezeichnet). Die *Ergonomie*, engl. *ergonomics*, *human factors engineering*, beinhaltet dasselbe Thema, greift jedoch über die Ps. hinaus durch Berücksichtigung physiolog., physikal. u. techn. Faktoren. (2) → Arbeitsmotivation: → Belastung, → Stress u. → Ermüdung am Arbeitsplatz, die ps. Aspekte der Leistungskontrolle u. der Bezahlung; darunter fällt auch das weite Gebiet der *Mitarbeiterführung* bzw. *Führungsps.* (das auch, dann mehr unter *systemtheoret.* u. *sozialps.* Aspekt, innerhalb der Organisationsps. abgehandelt wird); bes. wichtig war das Thema *Arbeitszufriedenheit*. Zentrale Schlagworte in diesem Zusammenhang sind: *Arbeitsanreicherung* (engl. *job enrichment*) meint die *qualitative* Erweiterung der Tätigkeit in Richtung auf komplexere u. *eigenverantwortlichere* Prozesse; *Arbeitserweiterung* (engl. *job enlargement*) meint die *quantitative* Erweiterung im Sinne einer Vermehrung ähnl. Arbeitsaufgaben. Beide Begriffe umfassen sowohl motivationale wie Arbeitsplatz-Gestaltungsaspekte; Oberbegriff ist *Arbeitsstrukturierung*, ein Begriff, der nicht nur die objektive Gestaltung der Arbeit meint, sondern auch eine programmat. Konnotation hat: die Förderung von Reflexion über Freiheitsgrade der

Arbeit u. persönlichkeitsförd. Arbeitsgestaltung; vgl. zsfd. Ulich u. Baitsch (1987). (3) Ausbildung u. Qualifizierung sowie Leistungs- u. Gesundheitsstabilisierung: Fertigkeitserwerb, Rehabilitationsps., Berufsausbildung. (4) Eignungsdiagnostik: Personalauslese, Unterstützung der Berufs-, Arbeitsplatz- u. Lernwegewahl. Unter dem Begriff *Personalps.* (engl. *personnel psychology*) werden bisweilen Aspekte von (3) u. (4) zusammengefasst, v. a. das, was mit dem Schlagwort *Personalentwicklung* bezeichnet wird: die Förderung des Qualifikationspotentials durch berufl. Bildungsmaßnahmen u. der Personalps. Darunter lassen sich auch die diversen Management-Prinzipien einordnen: *management by delegation, by objectives, by results, by exception, by motivation, by systems*; vgl. hierzu Wiesner (1980). Bisweilen spricht man von einer eigenen *Berufsps.*, die sich mit dem Entscheidungsgrund für die Ergreifung eines Berufs u. mit der Eignung hierfür beschäftigt; der arbeitsps. Dienst der Arbeitsämter beruht auf einer solchen berufsps. Tradition; vgl. Seifert (1977).

In folgenden Paradigmen hat es eine Interaktion von allgemeinps. Grundlagenforschung u. arbeitsps. Ansätzen gegeben: → Leistungsmotivation, → Arbeitsmotivation, vgl. speziell das Stw. → Instrumentalitätstheorie; → sensomotorisches Lernen u. → Bewegung, des Weiteren → Konzentration, → Aufmerksamkeit, → Ressourcentheorie, vgl. auch die Stw. → Reaktionszeit u. → Kompatibilität. Eine wichtige Arbeit, in der diese Interaktion zum Ausdruck kommt, ist Welford (1981). Auch die → Handlungstheorien (speziell der Ansatz von F. Hacker) entstammen teilweise einer arbeitsps. Forschungsrichtung.

VD: Der Begriff *Ingenieurps.* bezeichnet bisweilen dasjenige Teilgebiet der A., das sich v. a. mit der Arbeitsgestaltung in Mensch-Maschinen-Systemen befasst; dieser Begriff wurde v. a. in der ehemaligen DDR verwendet; im engl. findet sich *engineering psychology* o. auch *human factors engineering*; die Ingenieurwissenschaften sprechen meist von *Anthropotechnik*; vgl. zum Überblick Schmidtke u. Hoyos (1970) sowie Hoyos u. Zimolong (1990).

LIT: Lehrbücher sind Frieling u. Sonntag (1987) sowie Gros (1994); Kleinbeck u. Rutenfranz (1987) ist der entsprechende Band der *Enzyklopädie der Ps.*; zur ps. Arbeitsanalyse, speziell auch zur Analyse von Unfallschwerpunkten mit dem klass. Kzpt. des »Unfallers«, vgl. Frieling (1975); ein Handbuch in Grundbegriffen ist Hoyos u. a. (1990); zur ps. Arbeitsgestaltung (*psychological job design*) vgl. Ulich u. a. (1973); zur Arbeitsphysiologie vgl. Grandjean (1979); zur Arbeitszufriedenheit Bruggemann u. a. (1975) sowie Neuberger (1985); zur Geschichte der Arbeitsps. vgl. Wiendieck (1984); Sonntag (1990); zum Thema Fehlzeiten vgl. Nieder (1979); zfsd. zur *Berufseignungsdiagnostik* vgl. Eckardt u. Schuler (1992) sowie Schuler (1996); Greif und Bamberg (1994) ist eine Darstellung der Gegenstände u. Aufgabenfelder sowie der Forschungsaktivitäten u. Fortbildungsmöglichkeiten auf dem Gebiet der A.

◆ Astrand, P.-O. u. a.: A textbook of work physiology. New York 1970; Baumgarten, R.: Führungsstil u. Führungstechniken. Berlin 1976; Bruggemann, A. u. a.: Arbeitszufriedenheit. Bern 1975; Eckardt, H. H. u. Schuler, H.: Berufseignungsdiagnostik. In: Jäger, R. S. u. Petermann, F. (Hg.): Ps. Diagnostik. Weinheim 1992 (2. Aufl.), S. 533–551; Frieling, E. u. Sonntag, K.-H.: Lehrbuch der Arbeitsps. Bern 1987; Frieling, E.: Ps. Arbeitsanalyse. Stuttgart 1975; Grandjean, E.: Physiolog. Arbeitsgestaltung. Thun 1979; Greif, S. u. Bamberg, E. (Hg.): Die Arbeits- u. Organisationsps. Göttingen 1994; Gros, E. (Hg.): Anwendungsbezogene Arbeits-, Betriebs- u. Organisationsps. Göttingen 1994; Hacker, W.: Allg. Arbeits- u. Ingenieurps. Berlin (Ost) 1973; Hacker, W.: Arbeitsps. Bern 1986 (Neufassung von »Allg. Arbeits- u. Ingenieurps.«); Hoyos, C. Graf u. a. (Hg.): Wirtschaftsps. in Grundbegriffen. München 1990 (2. Aufl.); Hoyos, C. u. Zimolong, B. (Hg.): Ingenieurps. EP, D, III, 2. Bd. Göttingen 1990; Kleinbeck, U. u. Rutenfranz, J. (Hg.): Arbeitsps. EP, D, III, 1. Bd. Göttingen

1987; Neuberger, O.: Arbeit. Begriff – Gestaltung – Motivation – Zufriedenheit. Stuttgart 1985; Nieder, P.: Fehlzeiten. Bern 1979; Roth, E. (Hg.): Organisationsps. EP, D, III, 3. Bd. Göttingen 1989; Schmidtke, H. u. Hoyos, C.: Ps. Aspekte zur Arbeitsgestaltung in Mensch-Maschine-Systemen. In: Mayer, A. u. Herwig, B. (Hg.): Betriebsps. HP, 9. Bd. Göttingen 1970; Schuler, H.: Ps. Personalauswahl. Göttingen 1996; Seidel, E.: Betriebl. Führungsformen. Stuttgart 1978; Seifert, K.-H.: Handbuch der Berufsps. Göttingen 1977; Sonntag, K. H.: Geschichte der Arbeitsps. In: Wehner, E. G. (Hg.): Geschichte der Ps. Darmstadt 1990, S. 188–219; Welford, A. T.: Fertigkeiten u. Leistung. Bern 1981; Ulich, E. u. Baitsch, C.: Arbeitsstrukturierung. In: Kleinbeck u. Rutenfranz (1987), S. 493–533; Ulich, E. u. a.: Neue Formen der Arbeitsgestaltung. Frankfurt/M. 1973; Wiendieck, G.: Arbeitsps. In: Lück, H. E. u. Miller, R. (Hg.): Geschichte der Ps. München 1984, S. 171« 178; Wiesner, H.: Techniken des Personalmanagements. Wiesbaden 1980; Ztschr.: Psychologie u. Praxis. Zeitschrift für Arbeits- u. Organisationsps. (Organ der Sektion Arbeits- u. Betriebsps. im BDP), Zeitschrift für Arbeitswissenschaft (früher: Arbeit u. Leistung), Journal of Occupational Psychology, ab 1992: Journal of Occupational and Organizational Psychology, Zeitschrift für Arbeits- u. Organisationsps.

Arbeitsspeicher → Arbeitsgedächtnis.

Arbeitsstrukturierung → Arbeitspsychologie.

Arbeitszufriedenheit → Arbeitsmotivation.

Archetyp → Psychoanalyse.

Archimedes-Spirale → Bewegungsnachbilder.

Aristotelische Täuschung → Haptik.

Arm-Hand-Unruhe → psychomotorische Tests.

Arousal → Aktivation.

Arousal jags → optimale Stimulation.

Artefaktforschung. Unter dem Schlagwort »Sozialps. des Experiments« wurde das wissenschaftl. Experiment in der Ps. (→ experimentelle Psychologie) unter einem ps. Aspekt erforscht u. es konnte gezeigt werden, dass zahlreiche scheinbar objektive Ergebnisse nur durch die spezif. Art der Erfassung, Operationalisierung u. des speziellen Experimentzugangs entstanden sind, also *Artefakte* sind – entstanden durch Tendenzen der Vpn, auf die Versuchsanordnung in anderer bzw. komplexerer Weise zu reagieren, als vom Experimentator angenommen ist – während die traditionelle Sicht des Experiments diejenige ist, dass die Vp nur gem. Instruktion u. Reiz handelt, also von der Prämisse ausgeht: »Die gute Vp denkt nicht«; Bungard (1980). Folgende Faktoren wurden speziell analysiert: (a) Aufforderungscharaktere (engl. → *demand characteristics*) des Experiments; (b) → Versuchsleiter-Effekte; (c) → Versuchspersonenmotivationen u. bestimmte → Wahrnehmungs- und Urteilstendenzen.

HI/WÜ: Die A. hat mit dazu beigetragen, dass es zu einer Krise des Experiments u. damit einhergehend zu einer Krise der gesamten Sozialps. gekommen ist (vgl. Mertens u. Fuchs 1978).

LIT: Die A. ist im dt. Sprachraum ausführl. rezipiert, gewürdigt u. krit. analysiert worden: Mertens (1975); Bungard (1984); Bungard u. Lück (1974); Gniech (1976); Bay (1981); Miller (1968); zur Kritik des Ansatzes vgl. Bungard (1980).

◆ Adair, J.: The human subject – the social psychology of the psychological experiment. Boston 1973; Barber, T. X.: Pitfalls in human research – ten pivotal points. New York 1976; Bay, R. H.: Zur Ps. der Versuchsperson. Köln 1981; Brandstätter, H.: Die Beurteilung von Mitarbeitern. In: Mayer, A. u. Herwig, B. (Hg.): Betriebspsychologie. HP, 9. Bd. Göttingen 1970, S. 668–734; Bungard, W. (Hg.): Die »gute« Vp denkt nicht. Artefakte in der Sozialps. München 1980; Bungard, W.:

Einführung in die Thematik. In: Bungard (1980) S. 11–30; Bungard, W.: Sozialps. Forschung im Labor. Göttingen 1984; Bungard, W. u. Lück, H. E.: Forschungsartefakte u. nichtreaktive Meßverfahren. Stuttgart 1974; Gniech, G.: Störeffekte in ps. Experimenten. Stuttgart 1976; Mertens, W.: Die Sozialps. des Experiments. Hamburg 1975; Mertens, W. u. Fuchs, G.: Krise der Sozialps.? München 1978; Miller, A. G. (Hg.): The social psychological research. New York 1968; Orne, M. T.: Demand characteristics on the social psychology of the psychological experiment: With particular reference to demand characteristics and their implications. AmP 17, 1962, S. 776–783; Orne, M. T.: Demand characteristics and the concept of quasi-controls. In: Rosenthal u. Rosnow (1969), S. 143–179; Rosenthal, R. u. Rosnow, R. L. (Hg.): Artefact in behavioural research. New York 1969; Rosenthal, R. u. Jacobson, L.: Pygmalion im Unterricht. Lehrererwartungen u. Intelligenzentwicklung der Schüler. Weinheim 1971; Rosenthal, R. u. Rosnow, R. L.: The volunteer subject. New York 1975; Rosenthal, R.: Experimenter effects in behavioural research. New York 1966 (2. Aufl. 1976); Schuler, H.: Leistungsbeurteilung. In: Roth, E. (Hg.): Organisationspsychologie. EP, D, III., 3. Bd. Göttingen 1989, S. 399–430; Stricker, L. J. u. a.: Evaluating deception in psychological research. PBu 71, 1969, S. 43–53; Stricker, L. J.: The true deceiver. PBu 68, 1967, S. 13–20; Timaeus, E.: Experiment u. Ps. – zur Sozialps. ps. Experimentierens. Göttingen 1974; Weber, S. J. u. Cook, T. D.: Subject effects in laboratory research: An examination of subject roles, demand characteristics and valid inference. PBu 77, 1972, S. 273–295.

Artifizialismus → genetische Epistemologie.

Artikulatorische Kodierung → phonologischer Ähnlichkeitseffekt; → auditives Gedächtnis.

Artikulatorischer Speicher → artikulatorische Schleife.

Artikulatorische Schleife, Bestandteil des → Arbeitsgedächtnisses, das, unabhängig von einem allg. → Kurzzeitgedächtnis, sprachähnl. Material (ca. 3 Items) in der entsprechenden Reihenfolge speichern kann (Baddeley 1974ff.). Das Memorieren in der a. S. solle stattfinden können, ohne andere Speicherprozesse zu behindern (solange die A. nicht überlastet wird); größere Intensität der Artikulation müsste sogar die Behaltensqualität verbessern. Diese Idee steht im Widerspruch zur Annahme einer fixen Anzahl von Speicherplätzen im Kurzzeitgedächtnis. Das Kzpt. baut auf den Ergebnissen zum → phonologischen Ähnlichkeitseffekt u. dem damit verknüpften *Effekt der artikulator. Unterdrückung* sowie dem *Wortlängen-Effekt* auf.

VD: In der revidierten Version von 1986 unterscheidet Baddeley zw. einem aktiven artikulator. Prozess, der mit der → Sprachproduktion verknüpft ist, u. einem passiven phonolog. Speicher, der v. a. mit der → Sprachwahrnehmung verknüpft ist; bildl. spricht er von einem »inneren Ohr« u. einer »inneren Stimme«. Die phonolog. Information kann direkt in den phonolog. Speicher gelangen, näml. durch eine auditor. Präsentation verbalen Materials, o. auch indirekt, entweder durch subvokale Artikulation o. über phonolog. Information, die im Langzeitgedächtnis gespeichert ist.

LIT: Zum Überblick vgl. Baddeley u. Hitch (1974); Klapp u. a. (1981); zsfd. Baddeley (1979); zu Anwendungen des Kzpts. auf den Leselernprozess vgl. Baddeley (1979), auf das Rechnen vgl. Fajol u. a. (1987) u. in der Neurops. vgl. z. B. Ellis u. Jung (1988).

◆ Baddeley, A. D. u. Hitch, G. J.: Working memory. In: Bower, G. H. (Hg.): The Psychology of Learning and Motivation, 8. Bd. London 1974, S. 47–87; Baddeley, A. D.: Die Ps. des Gedächtnisses. Stuttgart 1979; Baddeley, A. D.: Working memory. London 1986; Ellis, A. W. u. Jung, A. W.: Human cognitive neuropsychology. Hillsdale 1988; Fajol, M. u. a.: Arithmetic problems formulation and working memory load. Cognition and Instruction 4, 1987, S. 187–202; Klapp, S. T. u. a.: Buffer storage of programmed articulation and articulatory loop: two names for the same mechanism or two distinct components of short-term-memory? In: Long, J. u. Baddeley, A. D. (Hg.): Attention and performance, IX. Hillsdale 1981, S. 459–472.

Artikulatorisches Programm → Sprachartikulation.

Artikulatorische Unterdrückung → artikulatorische Schleife; → Arbeitsgedächtnis; → phonologischer Ähnlichkeitseffekt.

Asch-Paradigma → Eindrucksbildung.

Ascription → Attribution.

ASEU-Modell → Erwartung-mal-Wert-Modell.

Aspektweise Eliminationsregel → Entscheidungsheuristiken.

aspiration level → Anspruchsniveau.

Aspirationsniveau → Anspruchsniveau.

Assemblage theory → Informationsintegrationstheorie.

Assimilation [selten *Homotation*]. In der Wahrnehmungsps. bezeichnet *A.* die Angleichung der subjektiven Empfindung bei ähnl. Reizen, es ist also der Gegensatz zu → Kontrasteffekten; s. a. das Stw. → Bezold-Brücke-Phänomen. Zur Rolle von A. u. Kontrast beim Entstehen von → geometrisch-optischen Täuschungen vgl. Rock (1985). Die Abb. *Wahrnehmung 14* zeigt ein Bsp. für A.: Wenn man die Helligkeit der grauen Streifen einschätzt, sehen diejenigen mit schwarzen Trennstreifen (rechts) dunkler aus als diejenigen mit weißen Trennstreifen (links). Mit zunehmender Verbreiterung der Trennstreifen nimmt die A. ab, ab einer gewissen Größe tritt Kontrast ein.

VD: Der Begriff *A.* besitzt unterschiedl. Begriffsausprägungen: (a) I. a. S. bezieht sich A. auf die Erscheinung, dass neue psych. Prozesse in alte integriert u. an sie angeglichen werden; so bezeichnet Wundt die Verschmelzung früher wahrgenommener Elemente der Wahrnehmung mit neu hinzutretenden zu einer neuen Verbindung als A. (b) A.-Effekte wurden auch in der Sozialps. thematisiert, so der Prozess der Angleichung einer → Einstellung an eine andere, z. B. wenn ein Politiker, der demselben Lager angehört, in seiner Meinung als ähnlicher wahrgenommen wird, als er sich tatsächl. verhält (→ *Assimilation-Kontrast-Theorie*; Sherif u. Hovland 1961). (c) In dem Konzeptpaar A. vs. *Akkommodation* enthält der Begriff im Rahmen der → genetischen Epistemologie von Piaget eine spezielle Bedeutung: A. bezeichnet den Prozess der Angleichung neuer Wahrnehmungen an vorhandene kognitive Schemata, während bei der *Akkomodation* gegebene kognitive Schemata in Richtung auf neue, nicht an diese Schemata assimilierbare Wahrnehmungen verändert werden. (d) In der Sinnesphysiologie wird der Begriff v. a. bei Hering für den Wiederaufbau der Sehsubstanzen gebraucht, die die Basis der → Farbwahrnehmung bilden; der Gegenbegriff hierzu ist *Dissimilation*.

LIT: Zum Kzpt. der A. innerhalb verschiedener sozialps. Theorien vgl. Stahlberg (1987).

◆ Arnold, W. (Hg.): Experimentelles Praktikum, 1. Bd. Stuttgart 1972; Kebeck, G.: Wahrnehmung. Weinheim 1994; Murch, G. M. u. Woodworth, G. L.: Wahrnehmung. Stuttgart 1978; Rock, I.: Wahrnehmung. Heidelberg 1985; Sherif, M. u. Hovland, C. I.: Social judgement. New Haven 1961; Stahlberg, D.: Assimilation u. Kontrast. In: Frey, D. u. Greif, S. (Hg.): Sozialps.: Ein Handbuch in Schlüsselbegriffen. München 1987, S. 111–121.

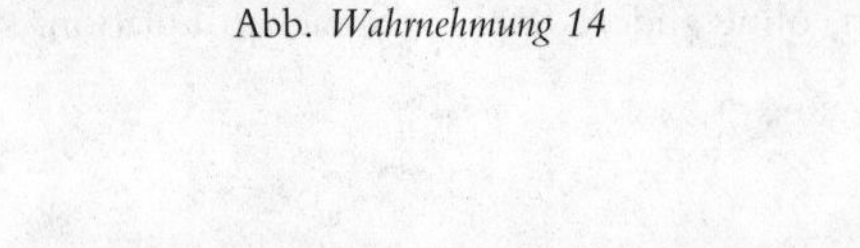

Abb. *Wahrnehmung 14*

Assimilations-Kontrast-Theorie, (Sherif u. Hovland 1961), eine sozialps. Theorie, die das Wirken der ps. Prinzipien → Assimilation u. → Kontrast im Bereich der → sozialen Urteilsbildung u. der Bildung von → Einstellung untersucht.
Die Theorie hat folgenden Grundansatz: Jede Person weist ihre Wahrnehmungen u. ihren Meinungsstandpunkt einer Skala mit einem *Akzeptanz-*, einem *Indifferenz-* o. einem *Ablehnungsbereich* zu. Ob eine Person sich durch eine persuasive Kommunikation beeinflussen lässt, hängt gem. der A. davon ab, wie sie diese wahrnimmt, d. h. in welchem der drei Bereiche sie die Position des Kommunikators lokalisiert: Kommunikatoren, die in den Spielraum der Akzeptanz fallen, werden als der eigenen Einstellung ähnlicher betrachtet als sie es tatsächl. sind (*Assimilation*) u. deswegen als fair u. unvoreingenommen wahrgenommen u. rufen Einstellungsänderungen hervor; Kommunikationen, die in den Spielraum der Zurückweisung fallen, werden als ferner zur eigenen Position liegend wahrgenommen, als es Tatsachen entspricht (Kontrast); man kann sie als propagandist. abwerten u. wird kaum mit Einstellungswandel reagieren. Ein weiterer Zentralbegriff der Theorie ist der des *ego-involvements*, d. h. der *persönl. Bedeutung* bzw. der *Ich-Beteiligung*: Starkes ego-involvement des Empfängers führt zu verstärkten Assimilations- u. Kontrasteffekten (*Urteilspolarisierung*).

◆ Sherif, M. u. Hovland, C. I.: Social judgement. New Haven 1961.

Associative matching → Paarassoziationslernen.

Associative memory → Paarassoziationslernen.

Assoziation, die Verbindung von Bewusstseinsinhalten (Wahrnehmungen, Vorstellungen, Begriffen u. Gefühlen) derart, dass das Auftreten des einen das Auftreten des anderen mit ihm assoziierten Inhaltes nach sich zieht. Das Kzpt. der A. beherrschte bes. die Ps. um die Jahrhundertwende: → Assoziationismus. Die wesentl. theoret. u. method. Paradigmen des Problemfeldes A. sind: → Assoziationsexperiment; → Assoziationsgesetze; → Assoziationsnormen; → Assoziationsindices; → Assoziationskategorien. In der klass. → Gedächtnisps. unterschied man zw. A. als Stiftung einer Verbindung u. *Reproduktion* als späterer Nutzbarmachung der Verbindung.

Man muß zw. A. als *Erklärungsprinzip* u. A. als zu *erklärendem Phänomen* unterscheiden. Als Erklärungsprinzip fungiert das Kzpt. der A. v. a. in der Lern-, Denk- u. Sprachps., um z. B. die Phänomene des → verbalen Lernens insbes. des → Paarassoziationslernens u. des → seriellen Lernens zu erklären, wb. v. a. auf das Prinzip der *Kontiguität* u. der *Ähnlichkeit* rekurriert wird (s. hierzu das Stw. → Assoziationsgesetze). In der Sprachps. wird das Kzpt. A. bei der Entstehung von → Wortbedeutung speziell in der behaviourist. Sprachps. u. ihren Weiterentwicklungen verwendet, auch in Ansätzen zur → Sprachproduktion. Eine Alternativposition betrachtet das Assoziationsprinzip dagegen nicht als fundamentales Erklärungsprinzip für Sprachprozesse, sondern sieht vielmehr die Sprachprozesse als diejenigen Vorgänge an, die der A. zugrunde liegen – Wortassoziationen sind sozusagen ein Epiphänomen der Sprachfähigkeit des Menschen. Allg. werden A. heutzutage meist nicht mehr im erklärenden Sinne verwendet, sondern als Phänomene angesehen, die es zu erklären gilt; hier sind v. a. sprachtheoret. Ansätze zu nennen, die auf dem Kzpt. des → semantischen Merkmals u. der *Komponentenanalyse* von Wortbedeutungen basieren, bei der assoziative Regelhaftigkeiten, wie sie sich in der → Sprachproduktion u. in → Assoziationsexperimenten zeigen, aus den Merkmalsstrukturen der beteiligten Wörter vorhergesagt werden; z. B. bilden solche Wörter wechselseitige Assoziate, die viele *semant. Merkmale* miteinander teilen, ähnl. rufen sich solche Wörter wechselseitig als Assoziate hervor, die sich nur im Hinblick auf ein bipolares Merkmal unterscheiden wie *Mann/Frau* (Kontrastprinzip). Mittels des Merkmalskzpt. wird auch jener Vorgang präzise gefasst, der als → *priming* bzw. *assoziative Aktivierung* bezeichnet wird. Strube (1984) analysiert sämtl. Theorien unter dem Aspekt, inwieweit sich ein unspezifizierter Verknüpfungs-Begriff innerhalb des A.-Kzpt. durchhalten lässt bzw. inwieweit er durch inhaltl. spezifizierte Verknüpfungen ersetzt werden muss.

VD: In der klass. Gedächtnisps., die assoziationstheoret. orientiert war, versuchte man eine Systematik der A.: (a) Unter dem Aspekt der unterschiedl. Stärke o. Festigkeitsgrade: eine A. wird als *überwertig* bezeichnet, wenn bei Gegebensein der einen Vorstellung die andere Vorstellung ohne Schwierigkeit reproduziert wird; wird die andere Vorstellung nicht reproduziert, spricht man von einer *unterwertigen* A. (b) Eine weitere Unterteilung ergibt sich nach *Haupt-* u. *Neben-A.*: Erstere sind absichtl. gestiftete, Letztere unwillkürl. entstandene A., die bei bestimmten Reproduktionen oft störend bemerkbar werden; (c) *Reihen-Stellen-A.* bzw. *Stellen-A.*: Beim Lernen einer Reihe von Items bilden sich neben den A. zw. einzelnen Reihengliedern auch noch A., die das Item mit der räuml. o. zeitl. Stelle verbinden. (d) Mit dem Kzpt. der *überspringenden* A. beschrieb Ebbinghaus das Phänomen, das sich z. B. im Trefferverfahren die erste Silbe nicht nur mit der zweiten, sondern auch noch mit der dritten, vierten usw. Silbe verbunden zeigt; *rückläufige* A. sind solche von der nachfolgenden zur vorausgehenden Silbe. (e) Eine *vermittelte* A. zw. zwei Wörtern liegt dann vor, wenn beide zwar nicht miteinander, wohl aber beide mit einem dritten Wort assoziiert sind (z. B. *Duft – Blume*; *Stiel – Blume*; aber nicht: *Duft – Stiel*). In solchen Fällen erleichtert die *vermittelte* A. das Erlernen der beiden nicht direkt assoziierten Assoziate; vgl. hierzu Rohracher (1968).

LIT: Eine zsfd. Darstellung liefern Grimm u. Engelkamp sowie Strube (1984); zu Freuds Begriff der A. vgl. Reicheneder (1988); zur Technik der freien A. vgl. Hölzer u. Kechele (1988).

◆ ARISTOTELES: Parva naturalia. Oxford 1955 (Hsg.: Ross, D.); GRIMM, H. u. ENGELKAMP, J.: Sprachps.: Handbuch u. Lexikon der Psycholinguistik. Berlin 1981; HÖLZER, M. u. KÄCHELE, H.: Die Entwicklung der freien Assoziation durch Sigmund Freud. JPsa 22, 1988, S. 184–217; HUME, D.: A treatise of human nature, being an attempt to introduce the experimental method of reasoning into moral subjects. (Bd. 1). London 1739; KOFFKA, K.: Die Grundlagen der psych. Entwicklung. Osterwieck 1921; LOCKE, J.: An essay concerning human understanding. (4. Aufl.) London 1700; MÜLLER, G. E.: Komplextheorie u. Gestalttheorie. Göttingen 1923; REICHENEDER, J. G.: Zur Entwicklung des Begriffs der »Assoziation« bei Freud bis in das Jahr 1895. JPsa 23, 1988, S. 181–209; ROHRACHER, H.: Gedächtnis u. Lernen. In: MEILI, R. u. ROHRACHER, H. (Hg.): Lehrbuch der experimentellen Ps. Bern 1968 (2. Aufl.), S. 115–164; STRUBE, G.: Assoziation. Berlin 1984.

Assoziationismus, ein ps. Grundprinzip, das postuliert, dass sich kognitive Prozesse nach dem Prinzip der → Assoziation beschreiben u. erklären lassen: Komplexe kognitive Prozesse werden zurückgeführt auf elementare Empfindungen u. Wahrnehmungen, welche assoziativ verknüpft sind. In der klass. Fassung des A. wird alles Wissen in *einfache Vorstellungen* zerlegt, die direkt aus der Sinneserfahrung abgeleitet sind, so z. B. die komplexe Vorstellung eines Apfels in *Rundheit* u. *Rotheit*. In einer starken Fassung beinhaltet der A., dass Assoziation das alleinige Erklärungsprinzip ist. Dabei wird der Assoziations-Begriff auch für die Erklärung motivationaler Prozesse in Anspruch genommen u. Assoziationen somit eine handlungsleitende Tendenz zugesprochen; zur Problematik vgl. Koffka (1935); s. die Stw. → Ach-Lewin-Kontroverse, → Kontiguitätstheorie u. → Drive-mal-habit-Modell.

Abstrakt gesprochen beinhaltet A. folgende Teilannahmen: (a) kognitive Prozesse lassen sich in einfache Elemente zerlegen: → *Elementarismus*; (b) diese Elemente sind unstrukturierte → Empfindungen (*sensationist.* Annahme, s. a. das Stw. → Sensualismus); (c) diese Elemente verbinden sich aufgrund von Erfahrungen (*konnektionist.* Annahme; s. a. → Empirismus); (d) einfache additive Regeln genügen zur Vorhersage der Merkmale auch komplexer assoziativer Konfigurationen (→ Mechanismus); (e) des Weiteren impliziert A. ein → serielles Ordnungsprinzip; vgl. hierzu Treiber u. Groeben (1976).

Mit dem Oberbegriff *A.* bzw. *Assoziationspsychologie* o. dem Prädikat *assoziationstheoret.* bezeichnet man ps. Ansätze, innerhalb deren diese Prinzipien leitmotivisch, jedoch von unterschiedl. Bedeutung sind: (1) Der A. wurde schon in der klass. griech. Philosophie begründet, v. a. von Aristoteles (→ Assoziationsgesetze). Die zweite große philosoph. Tradition mit assoziationstheoret. Kzpt. ist der brit. *Empirismus* (Thomas Hobbes, John Locke, George Berkeley, David Hume, Daniel Hartley, Thomas Brown, James Mill, John Stewart Mill, Alexander Bain). (2) Den Übergang zur Ps. – die mittlere Entwicklungsphase des A. – bildet die Vorstellungsmechanik Johann Friedrich Herbarts. (3) Innerhalb der eigentl. wissenschaftl. Ps. sind als assoziationstheoret. v. a. Teile der Ps. Wundts zu bezeichnen (→ Elementenpsychologie; → Bewusstseinspsychologie; → Apperzeption). Ein assoziationist. Prinzip durchzieht auch die klass. → Gedächtnispsychologie; Neel (1974) nennt auch die Arbeit von Morgan (1894). Dies sind diejenigen Richtungen der Ps., die mit *Assoziationsps.* i. e. S. bezeichnet werden. (4) Der klass. A. war eine Theorie der Verknüpfung *mentaler* Elemente – seine wesentl. Prinzipien wurden vom → Behaviourismus bzw. den → S-R-Theorien übernommen u. auf Vh. u. externe Stimuli übertragen, wb. die Assoziation mentaler Elemente an Bedeutung verlor; einen zsfd. Überblick liefern Strube (1984) u. Warren (1921). (5) In der neueren kognitiven Ps. haben assoziationist. Paradigmen wieder an Bedeutung gewonnen, man spricht bisweilen vom *Neoassoziationismus*. Im Unterschied zum klass. A. werden im Neoassoziationismus die assoziativen Verknüpfungen stärker inhaltl. spezifiziert, so z. B. durch eine *Ist-Ein-* o. eine *Hat-Ein-*Verknüpfung, wie dies typischerweise in den → semantischen Netzwerken der Fall ist. Strube (1984) weist darauf hin, dass sich schon bei Aristoteles Ideen finden, die sich in den modernen assoziationist. Ansätzen wieder manifestieren; auch von amerikan. Forschern wird diese Parallele gesehen u. hervorgehoben (z. B. Anderson u. Bower 1973, S. 17). Der Gedanke einer zusätzl. motivationalen Komponente wird in Gestalt einer entlang den assoziativen Verknüpfungen laufenden → Aktivierungsausbreitung aufgenommen. Solche Theorien sind prävalent v. a. innerhalb der Forschungsgebiete → semantisches Gedächtnis u. → Wissenspsychologie. Aufgegeben wird der in der älteren Theorie postulierte enge Zusammenhang zw. Wahrnehmung u. Gedächtnis; Anderson u. Bower haben darauf hingewiesen, wie unökonom. diese eine Speicherung von der Art ist, wie sie die klass. Assoziationsps. postuliert, dass näml. jeder Begriff in mehrere Vorstellungen eingebettet ist, wie z. B. der Begriff *Balken* in die Vorstellung *Haus* o. *Schiff* o. *Gerüst*, u. die Vorstellung jedesmal neu zerlegt werden müsste. In den modernen Theorien wird dieses Problem dadurch gelöst, dass für jedes Vorkommen eines Begriffes ein sog. *Token* (o. *Sekundärknoten*) definiert wird; dieser *Token* ist mit dem zugehörigen Begriff (bzw. seinem Primärknoten) assoziiert u. auf diese Weise wird jeder Begriff nur einmal definiert. Es wird des Weiteren unterschieden zw. der *Struktur* der Repräsentation von Informationen im Gedächtnis u. den *Prozessen*, die ablaufen, wenn Information abgerufen wird. Vgl. zum Vorgehenden zsfd. Wender (1980); Anderson u. Bower (1973); zur Beziehung von Wahrnehmung u. Gedächtnis unter assoziationstheoret. Aspekt vgl. Miller u. Johnson-Laird (1976); s. a. → Cross-over-Experimente. (6) Bisweilen wird mit dem Begriff *Neoassoziationismus* auch das Paradigma → Konnektionismus bezeichnet. Konnektionist. Modelle enthalten nicht nur Aussagen über assoziative Prozesse, sondern auch etwas über die *auto-assoziative* Grundfunktion des Gedächtnisses, also den Prozess, wie Assoziationen überhaupt entstehen.

KR: Die radikale Gegenposition zum A. ist die → Gestalttheorie, die schon das elementarist. Prinzip attackiert u. damit dem A. die Basis entzieht: Während die Assoziationstheorie die einfache räuml. o. zeitl. Nachbarschaft als wesentl. Bedingung der Bildung von Assoziationen sieht, nimmt die Gestalttheorie an, dass die zu verknüpfenden Inhalte durch einen *Organisationsprozess* zu Gliedern einer *Gestalt* werden bzw. werden müssen, um eine Einheit zu ergeben; ein Element A wird also mit einem Element B nicht aufgrund einfacher Kontiguität u. einfacher assoziativer Verknüpfung verbunden, sondern jedes Element, das Glied einer Struktur ist, hat die Tendenz, von sich aus die gesamte Struktur mehr o. weniger vollständig zu evozieren; vgl. hierzu Koffka (1935). Bes. im Bereich des → mechanisches Lernens prallen assoziationstheoret. u. organisationstheoret. bzw. gestalttheoret. Erklärungsansätze aufeinander – dies ist ein Bsp., wo in detaillierter empir. Analyse die Implikationen der beiden Theorien deutl. werden; vgl. hierzu zsfd. Bergius (1964). Schon bei Ebbinghaus u. Nachfolgern wurden zusätzl. zu den assoziativen Mechanismen »Kräfte« u. »Tendenzen« gesucht, die für die Erklärung der Reproduktion mehr leisten als die aus der Assoziation hervorgehende Reproduktionstendenz; G. E. Müller weist auf die *Perseverationstendenz* hin u. auf die *komplexbildende* Wirkung der Aufmerksamkeit; er prägt die Idee des *Vorstellungskomplexes*, in dem mehrere Einheiten von A. zusammengefasst sind, so z. B. wenn bei der Darbietung von sinnlosen Silben mehrere aufeinanderfolgende Silben zu Gruppen verbunden werden. Die → Lerntheorien sehen v. a. die Bedeutung der → Verstärkung u. der Motivation. Auch auf dem Gebiet des → Paarassoziationslernens sind die ursprüngl. assoziationist. Kernannahmen durch andere ersetzt worden. Dabei haben sich die relevanten Einheiten für die Erforschung des verbalen Lernens radikal geändert: von »sinnlosen« über »sinnarme« Silben zunächst zu sinnvollen Wörtern u. dann ganzen Sätzen. Mit diesem Einheitenwechsel ist eine radikale Ersetzung der zentralen ursprüngl. assoziationist. Kernannahmen verbunden: (a) *Universalist.* (vs. *konnektionist.*) Annahme: Die propositionale Elaboration sprachl. Informationen steht dem verarbeitenden Subjekt als universale Disposition zur Verfügung. (b) *Holist.* (vs. *reduktionist.*) Annahme: Jede Informationsverabeitung ist in Zusammenwirkung mit anderen kognitiven Prozessen u. Teilsystemen zu sehen u. zu erklären. (c) *Intentionalist* (vs. *mechanist.*) Annahme: kognitive Verarbeitung ist zielgerichtet konstruktiv, weswegen mechanist.-kausale Erklärungsprinzipien inadäquat u. weitgehend erfolglos sind. (d) *Introspektionist.* (vs. *empirist.*) Annahme: Zur Erkenntnis solcher konstruktiver Verarbeitungsstrategien ist auch u. gerade der Weg der → Introspektion fruchtbar, d. h. es müssen nicht um jeden Preis experimentelle Nachweise gefordert werden; vgl. Treiber u. Groeben (1976).

LIT: Zum Verhältnis assoziationstheoret. u. gestalttheoret. Erklärungsformen innerhalb der kognitiven Ps. vgl. Bahrick (1984); zur Bedeutung der ebbinghausschen Gedächtnisforschung für den A. vgl. Bahrick (1985); zum Überblick über neoassoziationist. Ansätze vgl. Strube (1984).

◆ ANDERSON, J. R. u. BOWER, G. H.: Human associative memory. Washington 1973; BAHRICK, H. B.: Association and organization in cognitive psychology: a reply to Neisser. JExP: G 113, 1984, S. 336–337; BAHRICK, H. B.: Associationism and the Ebbinghaus legacy. JExP: LMC 11, 1985, S. 439–443; BERGIUS, R.: Einfache Lernvorgänge. In: BERGIUS, R. (Hg.): Lernen u. Denken. HP 1. Bd., 2. Hlb. Göttingen 1964, S. 147–225; COLLINS, A. M. u. LOFTUS, E. F.: A spreading-activation theory of semantic processing. PR 82, 1975, S. 407–428; DEWEY, J.: The reflex arc concept in psychology. PR 3, 1986, S. 357–370; KOFFKA, K.: Principles of Gestalt psychology. New York 1935; MILLER, G. A. u. JOHNSON-LAIRD, P. N.: Language and perception. Cambridge, 1976; MORGAN, C. L.: Introduction to comparative psychology. London 1894; MÜNSTERBERG, H.: Grundzüge der Ps. 1900; NEEL, A. F.: Handbuch der ps. Theorien. München 1974; NORMAN, D. A. u. RUMELHART, D. E.: Explorations in cognition. San Francisco 1975; QUILLIAN, M. R.: Semantic memory. In: MINSKY, M. (Hg.): Semantic information processing. Cambridge/Mass. 1968, S. 227–270; STRUBE, G.: Assoziation. Berlin 1984; TREIBER, B. u. GROEBEN, N.: Vom Paar-Assoziationslernen zum Elaborationsmodell. Forschungsprogrammwechsel in der Ps. des verbalen Lernens. ZfS 7, 1976, S. 3–46; UN–

DERSON, J. R. u. BOWER, G. H.: Human associative memory. Washington 1973; WARREN, H. C.: A history of the association psychology. New York 1921; WENDER, K. F. u. a.: Modelle des menschl. Gedächtnisses. Stuttgart 1980.

Assoziationsexperiment [auch *Assoziationsversuch*], das zentrale experimentelle Paradigma des → Assoziationismus: den Vpn wird eine Reihe von Reizwörtern vorgegeben, zu denen sie → Assoziationen, also andere Wörter, nennen sollen, die ihnen dazu einfallen (deshalb auch: *Wortassoziationsexperiment*). Bei der *freien Assoziation* sind die Assoziationen der Vp keinen Restriktionen unterworfen, während bei der *gebundenen Assoziation* die Vpn bestimmte Vorschriften bei der Produktion von Assoziation beachten muss. Ausgewertet werden diese dann nach Inhalt u. Reaktionszeit: → Assoziationsnormen; → Assoziationswert; → Assoziationskategorien. Das A. wurde schon von Galton (1879) begründet. Formale Aspekte des zeitl. Informationsverlaufs wurden durch verschiedene mathemat. Modelle beschrieben bzw. interpretiert; klass. ist die *Bousfield-Sedgewick-Formel* (1944), die den Verlauf als eine Exponentialfunktion darstellt, als Alternative wurde eine Hyperbelfunktion vorgeschlagen oder ein *epidemiolog.* Modell. Einen Überblick über stochast. Modelle gibt Strube (1984), der auch über inhaltl. orientierte Strukturmodelle wie das von Marx (1978) referiert. In der allg. Ps. u. in der differentiellen Ps. sucht man nach gruppenspezif. Unterschieden solcher Normen. Eine bes. wichtige Verwendung von A. ist es, assoziative Eigenschaften bestimmter Wortpaare o. Wortgruppen festzustellen, um dies in Lernexperimenten unterschiedl. Art variieren zu können: → Assoziationsindices.

VD: In der klin. Ps. wird das A. zu diagnost. Zwecken verwendet, es steht hier v. a. in einer psa. Tradition. Schon 1884 benutzte Kraepelin Wortassoziationstechniken in der psychiatr. Diagnostik; unabhängig voneinander u. nahezu gleichzeitig führten Jung u. Riklin (1904) u. Wertheimer u. Klein (1904) den Assoziationsversuch als Methode der Tatbestandsdiagnostik ein. Freud bediente sich der *freien Assoziation* zur Auffindung verdrängter Erlebnisse (→ Psychoanalyse); aufgegriffen wurde diese Methode von Jung, der eine Standardprozedur entwickelt hat, bei der den Patienten eine Liste von 100 Reizwörtern zweimal vorgelesen wird u. sie diese einzeln mit ihren Einfällen zu beantworten haben. Bei einigen Assoziationen treten Störungen auf, die als *Komplex-Indikatoren* gedeutet werden – als Störungen gelten zu lange o. zu kurze Reaktionszeiten, Ausbleiben von Assoziationen, Missverstehen des Reizwortes etc.

LIT: Für eine zsfd. Darstellung vgl. Grimm u. Engelkamp (1981); zur Darstellung des theoret. Hintergrunds des A. vgl. Kaminski (1964); einen Überblick über Wortassoziations-Tests gibt Hiltmann (1964); ein bedeutsames linguist. Modell des A. liefert Clark (1970).

◆ ASCHAFFENBURG, G.: Experimentelle Studien über Association. Ps. Arbeiten 1, 1895, S. 209–290; ASCHAFFENBURG, G.: Experimentelle Studien über Association. Ps. Arbeiten 2, 1897, S. 1–83; BOUSFIELD, W. A. u. SEDGEWICK, C. H. W.: An analysis of sequencies of restricted associative responses. JGP 30, 1944, S. 149–165; CATTELL, J. M.: Experiments on the association of ideas. Mind 1, 1887, S. 68–74; CLARK, H. H.: Word associations and linguistic theory. In: LYONS, J. (Hg.): New horizonts in linguistics. Harmondsworth 1970, S. 271–286; FITZGERALD, J. M.: A development study of recall from natural categories. Development Psychology 19, 1983, S. 9–14; GALTON, F.: Psychometric experiments. Brain 1, 1879, S. 149–162; GRIMM, H. u. ENGELKAMP, J.: Sprachps. Berlin 1981; GRUENEWALD, P. J. u. LOCKHEAD, G. R.: A free recall of category examples. JExP: HLM 6, 1980, S. 225–240; HILTMANN, H.: Wortassoziation u. verbale Ergänzungsverfahren. In: HEISS, R. (Hg.): Psychodiagnostik. HP, 4. Bd. Göttingen 1964, S. 533–555; JOSEPH, E.: Psycho analytic concepts of insight. In: RICHARDS, A. D. u. WILLIK, M. S. (Hg.): Psychoanalysis. The science of mental conflict. Hillsdale 1986; JUNG, C. G. u. RIKLIN, F.: Diagnost. Assoziationsstudie. Journal f. Psychiatrie u. Neurologie 3, 1904, S. 193–215; KAMINSKI, G.: Ordnungsstrukturen u. Ordnungsprozesse. In: Bergius, R. (Hg.): Lernen u. Denken. HP, 1. Bd., 2. Hlb. Göttingen 1964, S. 373–467; Karwoski, T. F. u. Schachter, J.: Psychological studies in semantics III: reaction time for similiarity and difference. JSP 28, 1948, S. 103–120; Kraepelin, E.: Experimentelle Studien über Associationen. Bericht über die 56. Versammlung dt. Naturforscher u. Ärzte 1884, S. 258–259; Marx, W.: Assoziationsmechanik. Habilschrift München 1978; Strube, G.: Assoziation. Berlin 1984; Wertheimer, M. u. Klein, J.: Ps. Tatbestandssdiagnostik. Archiv f. Kriminalanthropologie u. Kriminalistik 15, 1904, S. 72–113; Woodworth, R. S.: Experimental psychology. New York 1938; Wundt, W.: Grundzüge der physiolog. Ps., 3 Bde. Leipzig 1903; Ziehen, T.: Die Ideenassociation des Kindes. Berlin 1898.

Assoziationsgesetze [auch *Assoziationsprinzipien*], Gesetze, die die Bedingungen zu spezifizieren versuchen, unter denen → Assoziationen entstehen. Zentral sind die schon von Aristoteles formulierten A.: Gedächtnisinhalte rufen andere nach den Kriterien *Ähnlichkeit*, *Kontrast*, *räuml.* u. *zeitl. Nähe* bzw. *Kontiguität* hervor. Andere Ansätze heben ein *Gesetz der Koexistenz* u. ein *Gesetz der Sukzession* hervor. Auch das *Kausalgesetz* wurde als eigenes Assoziationsgesetz postuliert, meist jedoch im empirist. Sinne als Spezialfall von *Kontiguität* angesehen.
Ein grundsätzl. Diskussionspunkt war, welche A. aufeinander zurückzuführen sind: Postuliert wurde z. B., dass *räuml.* Kontiguität sich auf *zeitl.* zurückführen lässt, *Kontrast* in ähnl. Weise auf die *zeitl. Kontiguität* des Sprachgebrauchs (da Ideen vielfach dadurch erklärt werden, dass man sie gegenüber kontrastierenden Ideen abgrenzt u. sie somit in *zeitl. Nähe* zu diesen bringt); es wurde auch versucht, das *Ähnlichkeitsgesetz* auf das *Kontiguitätsgesetz* zurückzuführen. James Mill stützte sich ausschließl. auf das Kontinuitätsprinzip, u. diese Position wurde durch Lehmann u. durch Ebbinghaus in die Ps. übernommen. Andere Autoren haben demgegenüber betont, dass beide Prinzipien erforderl. sind (→ Höffdings Prinzip). Die A. sind das zentrale theoret. Modell der Assoziationsps. bzw. des → Assoziationismus.

VD: Neben den o. g., bisweilen als *primäre* A. bezeichneten A. wurden von Brown (1820) noch weitere, sog. *sekundäre* A. formuliert: (1) *Dauer*: je länger die Koexistenz der originären Empfindungen andauert, desto stärker wird ihre assoziative Verknüpfung; (2) *Intensität*: die Stärke der originären Empfindungen korrelliert positiv mit der Stärke der Assoziation; (3) die *Häufigkeit der Paarung der Elemente* beeinflusst ebenfalls die Assoziationsstärke; (4) *recency*: je länger etwas zurückliegt, desto schwerer wird es erinnert; (5) die *Eindeutigkeit* assoziativer Verbindungen erleichtert das Erinnern: wenn beide Elemente nie mit irgendeinem dritten verknüpft waren, ist die Assoziationsstärke am höchsten; (6) *Konstitution*: individuelle Differenzen (*poetic genius* vs. *common mind*) werden von Brown ausführl. gewürdigt; offenkundig bezieht er sich auf Erbanlagen; (7) *psych. Zustand:* zusätzl. macht Brown intraindividuelle Differenzen namhaft; (8) *phys. Zustand:* als weitere Quelle intraindividueller Unterschiede benennt Brown die jeweilige körperl. Befindlichkeit; (9) *Gewohnheit*: als letztes der sekundären A. führt Brown das *principle of habit* an: nicht nur die Stärke der Assoziation, sondern offenkundig auch die Auswahl der assoziierten Elemente unterliegen *general tendencies produced by prior habits*; als Bsp. nennt Brown berufsspezif. Eigenheiten, welche bspw. beim Hören einer Geschichte, beim Beobachten eines Ereignisses, beim Herangehen an dieselbe Sache sichtbar werden; da der theoret. Status der habits hier expliziert wird, ist das brownsche System grundsätzl. auch für Variablen offen, die bei modernen Theoretikern z. T. als *Strategie* bezeichnet u. z. T. durch vorgegebene Organisationsstrukturen repräsentiert werden.

◆ Brown, T.: Lectures on the philosophy of the human mind. Edinburgh 1820; Strube, G.: Assoziation. Berlin 1984; Warren, H. C.: A history of the association psychology. New York 1921.

Assoziationsindices, drücken die im → Assoziationsexperiment ermittelte Enge des assoziativen Zusammenhangs zw. zwei o. mehr Wörtern aus; vgl. Hörmann (1967) u. Marx (1976). Sie liefern damit ein Maß der assoziativen Ähnlichkeit bzw. allgemeiner der → assoziativen Bedeutung von Wörtern. Ein wichtiger Index ist Nobles (1952) Maß für *Bedeutungshaltigkeit* (*meaningfulness*; abgek.: *m*). A. erweisen sich im Ganzen als recht gute Indikatoren für die Leichtigkeit, mit der Wörter in Lernexperimenten behalten werden; vgl. Hörmann (1967).

VD: Der von Noble konzipierte Assoziationsindex ermittelt die durchschnittl. Anzahl verschiedener Assoziationen, die einer Vp in einer Minute zu dem betreffenden Stimuluswort einfallen (m = 1: 1/NRS; *m* = *meaningfulness*; *S* = ein bestimmter verbaler Reiz; *R* = die assoziierten Responses; *N* = die Anzahl der in die Messung einbezogenen Vp). Der Index erweist sich als guter Indikator für die Leichtigkeit, mit der Wörter bzw. Silben im Lernexperiment behalten werden; zum Überblick vgl. Albert u. Murch (1968). Ein weiterer wichtiger Index ist der *Überlappungskoeffizient* (Jenkins u. Cofer 1957; Deese 1965), Ausdruck der Bedeutungsähnlichkeit zw. zwei Reizwörtern, gemessen durch die Ähnlichkeit der Verteilungen ihrer Assoziationen; er bezeichnet die Zahl der Responses, die zwei Reize gemeinsam haben, im Verhältnis zur maximal mögl. Zahl gemeinsamer Responses auf die beiden Reize. Stellt man eine ganze Matrix von Wörtern auf, wb. die Wortwahl wichtig ist, so kann man rechner. Wortcluster isolieren, die durch grundlegende semant. Kategorien beschreibbar sind; vgl. hierzu Marx (1976) u. Strube (1980). Diese Technik kann auch zur Bildung von Modellen des assoziativen Gedächtnisses dienen (Marx 1978).

◆ Albert, D. u. Murch, G. M.: Eichung von sinnlosen Silben. ZEAP 15, 1968, S. 381–403; Deese, J.: The structure of association in language and thought. Baltimore 1965; Glaze, J. A.: The association value of non-sense syllables. JGP 35, 1928, S. 255–269; Grimm, H. u. Engelamp, J.: Sprachps. Berlin 1981; Hörmann, H.: Ps. der Sprache. Berlin 1967; Jenkins, P. M. u. Cofer, C. N.: An exploratory study of discrete free association to compound verbal stimuli. PR, 1957, S. 599–602; Marx W.: Die statist. Sicherung des Überlappungskoeffizienten. ZEAP 23, 1976, S. 267–270; Marx, W.: Assoziationsmechanik. Habilitationsschrift Universität München 1978; Marx, W.: Statist. Information assoziativer Bedeutung verschiedener Wortarten. ZEAP 25, 1978, S. 431–440; Noble, C. E.: An analysis of meaning. PR 59, 1952, S. 421–430; Strube, G.: Associative meaning and its analysis. In: Grotjahn, R. (Hg.): Glottometrika 2 (Quantitative Linguistics. 3. Bd.). Bochum 1980, S. 158–197.

Assoziationskategorien, Arten von → Assoziationen; der Begriff kennzeichnet einen der Ansätze zur empir. Erforschung der im → Assoziationsexperiment gewonnenen Ergebnisse. Frühe Ansätze stammen schon von Wundt (1903) u. Woodworth (1938). Karwoski u. Schachter (1948) unterscheiden *Gegenassoziationen* (*hell – dunkel*), Assoziation nach *Ähnlichkeit* (*gut – schön*), nach *funktionalem Bezug* (*Hammer Nagel*), nach *Oberbegriffsbildung* (*Birne – Obst*) u. *Kontiguität* (*Straße Auto*) u. A., die sie als *spezif. Identifikation* bezeichnen (*See – Ostsee*).

◆ Grimm, H. u. Engelkamp, J.: Sprachps. Berlin 1981; Karwoski, T. F. u. Schachter, J.: Psychological studies in semantics III: Reaction time for simularity and difference. JSP 28, 1948, S. 103–120; Woodworth, R. S.: Experimental psychology. New York 1938; Wundt, W.: Grundzüge der physiolog. Ps., 3 Bde. Leipzig 1903.

Assoziationsnormen, beziehen sich auf die assoziierten Inhalte im → Assoziationsexperiment; bezogen auf jedes Reizwort werden für große Gruppen von Vpn die Häufigkeiten ausgezählt, mit denen bestimmte Wörter auf vorgegebene Reizwörter assoziiert werden. Hierbei wird zw. *Primär-*, *Sekundär-*, *Tertiär-Assoziationen* etc. nach der Reihenfolge des Auftretens im Assoziationsexperiment unterschieden. Eine bekannte Sammlung solcher Normen im Engl. stammt von Kent u. Rosanoff (1910), andere Normen finden sich z. B. bei Russell u. Meseck (1959), Rosen u. Russell (1957); für den dt. Sprachraum vgl. Hager u. Hasselhorn (1993; betrifft Assoziativität, Typizität, Bildhaftigkeit, Bedeutungshaltigkeit, Emotions- u. Sympathiegehalt, Angenehmheit, soziale Erwünschtheit, Valenz, Potenz u. Aktivierung – mit zwei Disketten).

◆ Grimm, H. u. Engelkamp, J.: Sprachps. Berlin 1981; Hager, W. u. Hasselhorn, M. (Hg.): Handbuch deutschsprachiger Normen. Göttingen 1993; Kent, H. G. u. Rosanoff, A. J.: A study of association in insanity. American Journal of Insanity 67, 1910, S. 37–96; Palermo, D. S. u. Jenkins, J. J.: Sex differences in word association. JGP 72, 1965, S. 77–84; Rosen, E. u. Russell, W. A.: Frequency characteristics of suczessive word association. AJP 70, 1957, S. 120–122; Russell, W. A. u. Meseck, O. R.: Der Einfluß der Assoziation auf das Erinnern von Worten in der deutschen, französ. u. engl. Sprache. ZEAP 6, 1959, S. 151–211.

Assoziationsreflex → klassische Konditionierung.

Assoziationstest → Assoziationsexperiment.

Assoziationstheorien → Assoziationismus.

Assoziationsverfahren → Assoziation; → Assoziationsindices; → Assoziationsexperiment; → verbales Lernen.

Assoziationsversuch → Assoziationsexperiment.

Assoziationswert, Kennziffer für die Leichtigkeit der Herstellung einer Assoziation zu einem vorher gegebenem Item, gemessen durch den Prozentsatz von Personen, die (innerhalb von drei Sekunden) zu einer → sinnlosen Silbe bedeutungshaltige Assoziationen produzieren (Glaze 1928); Bsp.: *VOL* ruft oft *voll* hervor. Sinnlose Silben werden umso leichter im Gedächtnis behalten, je größer ihr Assoziationswert ist.

◆ Glaze, J. A.: Association value of non-sense syllables. JGP 35, 1928, S. 255–269; Grimm, H. u. Engelkamp, J.: Sprachps. Berlin 1981.

Assoziative Bahnung → Priming.

Assoziative Bedeutung, eine Theorie der → Wortbedeutung, in der die Bedeutung eines Wortes assoziationsps. über die → Assoziationen definiert wird, die das Wort im → Assoziationsexperiment hervorruft (z. B. Deese 1962). Die Ähnlichkeit zw. Begriffen ergibt sich entsprechend aus der Überlappung der Assoziationen zu einem Wort; zur Messung der a. B. wurden verschiedene → Assoziationsindices entwickelt.

◆ Dees, E. J.: On the structure of associative meaning. PR 69, 1962, S. 161–175; Marx, W.: Das Kzpt. der assoziativen Bedeutung. In: von Eye, A. u. Marx, W. (Hg.): Semant. Dimensionen. Göttingen 1984, S. 73–83.

Assoziative Hemmung → Interferenz; → Hemmung.

Assoziative Konditionierung → sensorische Vorkonditionierung.

Assoziatives Äquivalent, das wichtigste method. Paradigma innerhalb der älteren → Willenspsychologie (Ach 1905ff.): Durch Übung fest assoziierte Silbenpaare sollen durch bewusste Willensanstrengung dissoziiert werden, d. h. auf das Nennen des einen Silbenpaarlings soll statt des durch Übung damit verbundenen ein anderer genannt werden. Bei der Versuchsanordnung handelt es sich um eine Operationalisierung der Stärke des → Willens, die sich durch das *Äquivalent* der Assoziationsstärke ausdrückt, bei welcher die gelernte

Tendenz noch durchbrochen werden kann (wb. Ach die Stärke der gestifteten Assoziation, wie damals üblich, der Anzahl der Präsentationen gleichsetzt). Das Kzpt. des a. Ä. ist die zentrale Idee des sog. *kombinierten Verfahrens* (auch *kombinierte Methode*, so bezeichnet, weil die gedächtnisps. Methode des Paarlernens mit einem an die Reaktionsexperimente angelehnten Vorgehen kombiniert wird). Eines der quantitativen Resultate Achs lautet, dass das a. Ä. der Determination bei ungefähr 120 verteilten Wiederholungen liegt. (Zusätzl. erfolgte nach diesem Versuch eine system. experimentelle Selbstbeobachtung, mit der Ach die phänomenolog. Seite des Willensaktes analysierte).

VD/KR: Das method. Paradigma des ä. A. erfuhr vielfältige Kritik: Selz hat darauf aufmerksam gemacht, dass der Willensakt schon mit der Übernahme der Tätigkeitsinstruktion, die der Versuchsleiter der Vp gibt, vorausgegangen sein muss; v. a. Lewin wandte sich gegen die Sicht, dass in Achs Experimentalparadigma eine Willenshandlung im eigentl. Sinne zu erkennen sei; in seiner Theorie der *Vornahmehandlung* geht er davon aus, dass Vornahmehandlungen ein *Quasibedürfnis* schaffen, durch welches Willenshandlungen Energie aus der Energie der Bedürfnisspannungs-Systeme bezögen; Lewin (1922, 1926) bezweifelte außerdem schon den Ausgangspunkt, dass gelernte Assoziationen per se eine Reproduktionstendenz besitzen – es müsse zusätzl. eine motivationale Kraft vorliegen, die auf ihre Reproduktion drängt (dieser Einwand entspricht der später von Tolman vorgenommenen Unterscheidung zw. *Lernen* u. *Leistung*, *Kompetenz* u. *Performanz*; vgl. Tolman u. Honzik 1930). Lewin ist der Meinung, dass der Anstieg der Fehlerrate u. der Reaktionszeiten bei den *heterogenen* Tätigkeiten in Achs Experiment nicht auf einem Konflikt zw. assoziativer Reproduktionstendenz u. der damit inkompatiblen Instruktion beruhe, sondern Ausdruck der Tatsache sei, dass die Vpn bei den *homogenen* Tätigkeiten die eigentl. Instruktion (Umstellen bzw. Reimen) nicht bei jeder einzelnen Silbe ausführten, sondern sich auf das einfachere Reproduzieren der gelernten Assoziation verließen, welches dann bei dem Übergang zu heterogenen Tätigkeiten zu Fehlern u. Reaktionszeitverlängerungen führte, da nun diese Reproduktionsstrategien nicht mehr anwendbar waren; zu dieser *Ach-Lewin-Kontroverse* (man kann sie nach Sokolowski (1993) auch als *Motivation-Volition-Debatte* bezeichnen) vgl. Kuhl (1983) u. Heckhausen (1989, 1987).

◆ Ach, N.: Über die Willenstätigkeit u. das Denken. Göttingen 1905; Ach, N.: Über den Willensakt u. das Temperament. Leipzig 1910; Ach, N.: Analyse des Willens. In: Abderhalden, E. (Hg.): Handbuch der biolog. Arbeitsmethoden, 6. Bd. Berlin 1935; Heckhausen, H.: Vorsatz, Wille u. Bedürfnis: Lewins frühes Vermächtnis u. ein zugeschütteter Rubikon. In: Heckhausen, H. u. a. (Hg.): Jenseits des Rubikon. Der Wille in den Humanwissenschaften. Berlin 1987, S. 86–97; Heckhausen, H.: Motivation u. Handeln. Berlin 1989 (2. Aufl.); Kuhl, J.: Motivation, Konflikt u. Handlungskontrolle. Berlin 1983; Lewin, K.: Das Problem der Willensmessung u. das Grundgesetz der Assoziation. I. u. II. PF 1, 1922, S. 191–302 u. 2, S. 65–140; Lewin, K.: Untersuchungen zur Handlungs- u. Affektps. II. Vorsatz, Wille u. Bedürfnis. PF 7, 1926, S. 330–385; Lindworsky, J.: Der Wille, seine Erscheinung u. seine Beherrschung. Leipzig 1919; Sokolowski, K.: Emotion u. Volition. Göttingen 1993; Tolman, E. E. u. Honzik, C. A.: Decrease of hunger, reward and nonreward, and maze learning in rats. University of California Publications in Psychology 4, 1930, S. 241–256.

Assoziatives Lernen. Der Begriff meint im deskriptiven Sinne solche Prozesse des → Lernens, bei denen es um einfache Verknüpfungsprozesse geht, u. ist in diesem Sinne weitgehend syn. mit dem Begriff → mechanisches Lernen. Im theoret.-explikativen Sinne meint a. L. solche Lernprozesse, die sich durch Berufung auf Prinzipien des → Assoziationismus erklären lassen; vgl. → Paarassoziationslernen.

◆ Bower, G. H. u. Hilgard, E. R.: Theorien des Lernens, 1. Bd. Stuttgart 1983 (5. Aufl.).

Assoziatives Verarbeitungsstadium → duale Kodierungstheorie.

Asymptotische Verhaltensstärke → Reaktion.

Athematische Theorien → Motivationspsychologie.

Atmosphäreneffekt → syllogistisches Schlussfolgern.

Atmosphärenheuristik → syllogistisches Schlussfolgern.

Atmosphärische Perspektive → Tiefensehen.

ATN-Modelle → semantisches Gedächtnis; → Parsing.

Atomare Prädikate → semantische Primitiva.

Atomismus → Elementarismus.

Attraktion → soziale Motivation.

Attribuierung → Attribution.

Attribuierungsstil → Attribution.

Attributidentifikation → Attributlernen.

Attribution, die Zuschreibung von Ursachen zu Ereignissen, bes. die Zuschreibung von Ursachen bzw. Gründen zu menschl. Handlungen. Eine A. ist z. B. gegeben, wenn jemand die Handlungen eines anderen auf eine *Persönlichkeitseigenschaft* o. auf ein *Versehen* o. auf *Anstrengung, Begabung, Glück* etc. zurückführt. Deswegen spricht man meistens von *Kausalattributionen* bzw. *Ursachenattributionen* (engl. *causal attribution*); dies sind die »eigentl.« A. Es gibt daneben auch *Verantwortungsattributionen*, also A. bezügl. der Selbstverantwortlichkeit für eine Handlung; auch die Zuweisung von Schuld bei Schadensfällen lässt sich unter A. subsumieren; vgl. Krampen (1987). Zunehmend wurde der Begriff A. ausgeweitet, so dass er nun fast jeden Prozess der → sozialen Kognition u. jeden Prozess, mit denen ein Mensch sein »Weltbild« formt, bezeichnet. Darin manifestiert sich die Grundproblematik des Kzpts., näml. ob A. einen Prozess der Perzeption o. der Kognition darstellt, ob also z. B. auch die Phänomene, die man unter → *phänomenale Kausalität* subsumiert, unter A. zu fassen sind. In diesem Zusammenhang tritt auch das Problem auf, ob Prozesse der A. bewusst u. verbalisierbar sein müssen; vgl. hierzu Debler (1984) u. Eimer (1987). Krampen (1987) analysiert die Beziehungen zu verwandten Forschungskonstrukten.

TH: Grundsätzl. gehen die Attributionstheorien von einem rationalen Menschen aus, der versucht, ein wirklichkeitsgetreues Bild von der Ursache von Ereignissen zu bekommen u. dabei ähnl. wie ein Wissenschaftler vorgeht, wie dies insbes. innerhalb der → naiven Varianzanalyse angenommen wird. Attributionstheorien begreifen A. als Ausdruck des Bedürfnisses, die Umwelt zu kontrollieren u. zu verstehen; Wong u. Weiner (1981) heben ein Bedürfnis nach Selbstwertschutz u. Selbstwerterhöhung hervor. Weiner sieht auch einen Bezug zum Explorationsvh.; Monson u. a. (1982) nehmen v. a. zwei adaptive Funktionen an: Informationsgewinn u. -verarbeitung, des Weiteren Minimierung persönl. Konflikte. Forsyth (1980) bestimmt vier Funktionen: Erklärung, Vorhersage, egozentr. Funktion, interpersonale Funktion. Bisweilen werden zwei Facetten der Attributionstheorien unterschieden, die Ersteren werden als *Attributionstheorien* i. e. S. bezeichnet, die Letzteren als *attributionale Theorien*, bisweilen auch als *attributionsgestützte Theorien* (nach Kelley u. Michela 1980); Erstere enthalten A. als unabhängige Variable o. als Mediatorvariable u. analysieren v. a. die motivationalen Konsequenzen von A., während die eigentl. Attributionstheorien den Prozess der A. selbst zum Thema machen. Weiners Theorie der → Leistungsattribution ist ein Beispiel für Theorien der ersten Art; auch die → Schachter-Singer-Theorie der Emotion lässt sich hier einordnen. Als die Hauptbsp. für die eigentl. Attributionstheorien gelten: Heiders → naive Kausalanalyse, das Modell der → korrespondierenden Schlussfolgerungen von Jones u. Davis u. das Modell der → naiven Varianzanalyse von Kelley. Ein Paradigma von einer gewissen Eigenständigkeit ist das der → Kontrollüberzeugungen. Diese Attributionstheorien untersuchen, ob u. unter welchen Umständen Menschen Vh., insbes. auch Leistungsergebnisse, den unterschiedl. → Attributionsdimensionen zuschreiben. Eine Systematik in die Vielfalt dieser Dimensionen zu bringen, war ein Hauptanliegen der Forschung. Ein wichtiges Forschungsergebnis ist das Herausarbeiten typ. → Attributionsfehler. Heider untersucht v. a. die Bedeutung von A. im Zusammenhang mit der Personenwahrnehmung in den zwischenmenschl. Beziehungen, während Kelley primär am Vorgang der A. selbst interessiert ist.

HI/WÜ: Die histor. Vorläufer der modernen A.-Forschung sind primär in jenen Teilgebieten der Sozialps. zu finden, die als → soziale Wahrnehmung u. → Personenwahrnehmung bezeichnet werden. Auch wesentl. Teile der → kognitiven Dissonanz-Theorie besitzen attributionstheoret. Charakter. Bierhoff u. Bierhoff-Alfermann (1983) sehen Achs Theorien zur *Objektion* als einen frühen Vorläufer der modernen Attributionstheorien. A. ist das wichtigste Paradigma der modernen Ps. der 70er u. 80er Jahre, bes. innerhalb der → Motivations- u. → Emotionstheorien; seit 1975 ist A. in den *Psychological Abstracts* ein eigenes Stw. Dieser Ansatz ermöglichte es einer objektivist. orientierten Ps., wieder zu einer Art *Hermeneutik* zu finden, indem näml. auch die »Inhalte« der kognitiven Prozesse von Menschen ernst genommen u. zum Forschungsgegenstand erhoben wurden.

Attributionstheoret. Ansätze finden sich auf allen Gebieten der Ps., wichtig geworden sind insbes.: Ansätze innerhalb der klin. Ps., hier insbes. attributionstheoret. Weiterentwicklungen der Theorie der → gelernten Hilflosigkeit (→ depressiver Attributionsstil); auch Untersuchungen zum Thema → *Fehlattribution* (vgl. Försterling 1986); wichtig geworden ist auch das Paradigma → Leistungsattribution, eine attributionstheoret. Motivationstheorie, die in eine allg. attributionstheoret. Emotionstheorie übergangen ist, aus der auch pädagog. Implikationen zum Lern- u. Leistungsvh. gewonnen wurden. Attributionstheoret. Ansätze zur Persönlichkeitstheorie finden sich z. B. bei Mischel (1981) u. Sader (1980); weitere Ansätze finden sich im Bereich der Vorurteils- u. Stereotypenforschung (Hamilton 1979), auf dem Gebiet der Ps. von Schuld, Verantwortlichkeit u. Hilfevh., des Weiteren auf den Gebieten Einstellung u. Vorurteile, Aggression, soziale Dichte, interpersonelle Wahrnehmung, Attraktivität, Drogenmissbrauch, Partnerschaftskonflikte, Dissonanz, Reaktanz, Arbeitslosigkeit, Sport, Werbung, Konformität, Rollenvh., Wahlvh., Entscheidungsvh.; Deci (1975) hat ein Prozessmodell der Motivationsattribution entwickelt.

KR: Kritisiert wurde das rationale Menschenbild, das z. B. nur in der Lage ist, spezif. Attributionsvoreingenommenheiten als »Attributionsfehler« zu erfassen. Brandtstädter (1982) sieht die Attributionstheorien (teilweise) als Bsp. für Forschungsprogramme, in denen aprior. Elemente identifiziert u. keine empir. Aussagen gemacht werden, da sie sich in weiten Teilen mit nichts anderem als mit konzeptuellen Analysen der Umgangssprache befassen, was bes. auch von Smedslund (1979) hervorgehoben wurde; vgl. hierzu auch Brandstädter (1987). Eine tief schürfende u. detaillierte Analyse der konzeptuellen Grundlagenproblematik findet sich bei Debler (1984). Kritisiert wurde auch, dass bei der Erforschung von A. zu sehr mit vorgegebenen Antworten operiert wurde u. die Analyse *spontaner* A. vernachlässigt wurde; einen Überblick über die wenigen Ansätze zu solchen spontanen A. liefern Weiner (1985) u. Eggers (1987); Möller (1995). Allgemein lässt sich sagen, dass Attributionstheorien ein Bündel recht heterogener Theorien sind, die ihren gemeinsamen Nenner eigentl. nur noch im Rekurs auf die elementaren Ideen Fritz Heiders finden.

VD/T: (1a) Der engl. Begriff *attribution* wird meist mit *A.*, *Attribuierung*, o. *Zu-*

schreibung übersetzt; dabei verwenden einige Autoren A. u. *Attribuierung* syn., andere machen den Vorschlag, *A.* dann zu verwenden, wenn das Ergebnis des Prozesses gemeint ist, während bei *Attribuierung* die Betonung auf dem Vorgang selbst liegt. (b) *Kausalattribution* meint die Zuschreibung von Ursachen, *dispositionale A.* ist kein Gegensatz dazu, wie der Begriff suggeriert, sondern bezeichnet eine Kausalattribution, bei der die Ursachen, auf die eine Handlung zurückgeführt wird, Dispositionen, also Persönlichkeitsfaktoren sind. (c) In der weitesten Bedeutung bezieht sich A. auf jede »Zuschreibung« (im engl. häufig *ascription*); Debler spricht von der »schwachen Bedeutung« des A.-Begriffs, während die »starke Bedeutung« *Ursachenzuschreibung* meint, also eine *Kausalattribution*. Debler (1984) weist darauf hin, dass deswegen der Begriff *Kausalattribution* eigentl. tautolog. ist u. es dann auch eigentl. keine *Verantwortlichkeitsattribution* geben dürfte. Debler gibt auch einen krit. Überblick über sämtl. Bedeutungsvarianten des Begriffs.

(2) Im Paradigma A. hat sich fast so etwas wie ein eigener Jargon entwickelt: (a) Das Wort *attribuieren* wird oft in weiter Bedeutung verwendet, wenn eine umgangssprachl. Übersetzung mit »erklären« o. »mit Sinn erfüllen« fast angemessener erschiene; z. B. wenn gefragt wird: »Wie attribuieren Menschen bestimmte Ereignisse, z. B. Schicksalsschläge?«. Auch ist die Formulierung attribuieren »auf« etwas (z. B. Anstrengung) geläufig. (b) Eine gleichzeitig terminolog. wie gedankl. Besonderheit des Varianzmodelles wird deutl., wenn z. B., v. a. im Paradigma der *Leistungsattribution*, davon gesprochen wird, dass bei zu schwierigen Leistungen man das Versagen eher auf die Besonderheit der Aufgabe, näml. die zu hohe Schwierigkeit zurückführen kann u. sollte (u. nicht auf die Unfähigkeit des Menschen). Dahinter steht das Denken der *Varianzanalye*, der normale Mensch, der viel beschworene naive Theoretiker, würde entweder dazu neigen zu sagen, dass die Person überfordert worden sei u. dass das Versagen eben dennoch in der Person liege, o. er würde es so formulieren, dass das Versagen sowohl auf geringe Fähigkeit wie auf zu hohe Leistungsanforderung zurückzuführen sei. (c) In diesem Zusammenhang ergibt sich eine weitere Besonderheit, dass näml. z. B. eine Prüfungsaufgabe o. ein Schulfach im Rahmen dieser Terminologie entweder als »Situation« o. als »Entität« (im Gegensatz z. B. zu »Person«) bezeichnet wird, etwas was umgangssprachl. auch nicht direkt übl. u. verständl. ist. (d) Auch die v. a. im Rahmen der naiven Kausalanalyse übl. Benutzung des Wortes »Umweltkräfte« u. »Umwelteinfluss« im Sinne von *äußeren* bzw. *situativen* Faktoren entspricht nicht ganz dem normalen Gebrauch der Wörter.

LIT: Zum Überblick vgl. Kelley u. Michela (1980); Herkner (1980); Heckhausen (1980); Försterling (1986); Bierhoff u. Bierhoff-Alfermann (1983); Verknüpfungen zu den Ansätzen aus dem Bereich der sprachanalyt. Philosophie referiert u. analysiert Eggers (1987); Sammelbände sind Harvey u. a. (1976ff.) u. Jones u. a. (1972); ein Sammelreferat ist Kelley u. Michela (1980); einen Übersichtsartikel über die anwendungsorientierte attributionstheoret. Forschung ist Michela u. Wood (1986); zu einer Darstellung der Attributionstheorien im Rahmen des Gesamtthemas *interpersonales Wahrnehmen* u. *Verstehen* vgl. Rosemann u. Kerres (1986).

◆ Bierhoff, H. W. u. Bierhoff-Alfermann, D.: Kognitive Prozesse im Motivationsgeschehen: Attributionen als Ursachen u. Erklärungen von Handlungen. In: Thomae, H. (Hg.): Theorien u. Formen der Motivation. EP, C, IV, 1. Bd. Göttingen 1983, S. 93-226; Brandtstädter, J.: Aprior. Elemente in ps. Forschungsprogrammen. ZfS 13, 1982, S. 267–277; Brandtstädter, J. (Hg.): Struktur u. Erfahrung in der ps. Forschung. Berlin 1987 (v. a. S. 1–13); Debler, W. F.: Attributionsforschung. Salzburg 1984; Deci, E. L.: Intrinsic motivation. New York 1975; Eggers, R.: Die Attribution von Gründen u. Ursachen zu Handlungen u. Handlungsergebnissen. Frankfurt 1987; Eimer, M.: Kzpte. von Kausalität. Bern 1987; Försterling, F.: Attributionstheorie in der Klin. Ps. München 1986; Forsyth, D. R.: The functions of attributions. SPQ 43, 1980, S. 184–189; Hamilton, D. L.: A cognitive-attributional analysis of stereotyping. In: Berkowitz, L. (Hg.): Advances in experimental social psychology, 12. Bd. New York 1979, S. 53–84; Harvey, J. H. u. a. (Hg.): New directions in attribution research, 1. Bd. Hillsdale 1976; Harvey, J. H. u. a. (Hg.): New directions in attribution research, 2. Bd. Hillsdale 1978; Harvey, J. H. u. a. (Hg.): New directions in attribution research, 3. Bd. Hillsdale 1981; Heckhausen, H.: Motivation u. Handeln. Berlin 1980; HERKNER, W. (Hg.): Attribution – Ps. der Kausalität. Bern 1980; JONES, E. E. u. a. (Hg.): Attribution: perceiving the causes of behaviour. Morristown 1972; KELLEY, H. H. u. MICHELA, J. L.: Attribution: theory and research. ARP 31, 1980, S. 457–501; KRAMPEN, G.: Handlungstheoret. Persönlichkeitsps. Göttingen 1987; MICHELA, J. L. u. WOOD, J. V.: Causal attributions in health and illness. In: KENDALL, P. C. (Hg.): Advances in cognitive-behavioural research and therapy, 5. Bd. New York 1986; MISCHEL, W.: Introduction to personality. New York 1981; MÖLLER, J.: Spontane Attribution. In: Bericht über den 39. Kongr. der Dt. Ges. f. Ps. in Hamburg 1994, 1. Bd. Göttingen 1995, S. 373–378; NEUBAUER, A. C.: Intelligenz u. Geschwindigkeit der Informationsverarbeitung: Stand der Forschung u. Perspektiven. PRu 44, 1993, S. 90–105; MONSON, T. C. u. a.: Trait attributions: relative validity, covariation with behaviour and prospect of future interaction. JPSP 42, 1982, S. 1014–1024; ROSEMANN, B. u. KERRES, M.: Interpersonales Wahrnehmen u. Verstehen. Bern 1986; SADER, M.: Ps. der Persönlichkeit. München 1980; SMEDSLUND, J.: Between the analytic and the arbitrary: a case study of psychological research. Scandinavian Journal of Psychology 20, 1979, S. 129–140; WEINER, B.: »Spontaneous« causal thinking. PBu 97, 1985, S. 74–84; WONG, P. T. P. u. WEINER, B.: When people ask »why«-questions, and the heuristics of attributional search. JPSP 40, 1981, S. 650–663.

Attributionale Theorien → Attribution.

Attributionsdimensionen, die Aspekte, unter denen → Attributionen erfolgen, also die Art von Ursachen, auf die Handlungen u. Ereignisse zurückgeführt werden. Weiner (1984) sieht als entscheidende Aufgabe einer Attributionstheorie an, ein solches Klassifikationssystem von Ursachen (*Attributionstypologie*) zu erstellen, wb. die Basis die Alltagssprache ist, die Klassifikation jedoch mit Hilfe wissenschaftl. Konstrukte erfolgt, die sich im Vokabular der Alltagssprache nicht finden. Wimer u. Kelley (1982) betonen, dass die Frage nach der wichtigsten Ursachendimension für jeden Bereich des Alltagslebens getrennt beantwortet werden muss. Folgende Dimensionen sind die bekanntesten u. gebräuchlichsten: (a) Die *Lokationsdimension* betrifft die Unterteilung der Ursachen in *internale* u. *externale* Faktoren, d. h. Ursachen, die innerhalb o. außerhalb der Person lokalisiert werden können (s. das Stw. → Kontrollüberzeugungen); man spricht auch von *personalen* u. *situationalen* Faktoren. (b) Auf einer weiteren Dimension lassen sich Ursachen als *stabil* u. *variabel* klassifizieren, so ist z. B. die *Fähigkeit* eine stabile (u. internale), *Anstrengung* dagegen eine variable (u. internale) Ursache – Erstere bleibt über längere Zeit konstant, Letztere variiert in Abhängigkeit von Aufgabe, Zeitpunkt u. anderen Faktoren. *Zufall* kann als variabel u. external, *Aufgabenschwierigkeit* als stabil u. external klassifiziert werden, die Abb. *Attribution 6* zeigt das Vier-Felder-Schema der Kausalfaktoren nach Weiner. (c) Abramson hat im Rahmen des Paradigmas der → gelernten Hilflosigkeit als weitere Dimension *Globalität* mit den Polen *global* u. *spezif.* vorgeschlagen; s. das Stw. → depressiver Attributionsstil. Die Abb. *Attribution* 7 gibt ein Bsp.

	Lokation	
Stabilität	internal	external
stabil	Fähigkeit	Aufgabenschwierigkeit
variabel	Anstrengung	Zufall

Abb. *Attribution 6*

	Stabil		Variabel	
	Kontrollierbar	**Nicht Kontrollierbar**	**Kontrollierbar**	**Nicht Kontrollierbar**
I N T E R N A L	– konstante eigene Anstrengung – Trainingsfleiß	– eigene Fähigkeit – eigene Veranlagung – eigene Erfahrung	– eigene Anstrengung momentan – kontr. eigene (Fehl-)Leistung	– psychische Verfassung – körperl. Verfassung – nicht kontr. eigene Leistungen – eigene Tagesform
E X T E R N A L	– konstante Anstrenung anderer – Trainingsfleiß anderer	– überdauernde Wettkampfbedingungen – Aufgabenschwierigkeit generell – überdauernde Trainingsbedingungen – Fähigkeit anderer – Erfahrung anderer – Veranlagung anderer	– momentane Anstrengung anderer – beeinflußbare Trainingsbedingungen – kontr. (Fehl-) Leistungen anderer	– spezifische Wettkampfbedingungen – momentane Aufgabenschwierigkeit – Glück, Pech, Zufall – Tagesform anderer – körperl. Verfassung anderer – psychische Verfassung anderer – nicht kontr. Leistungen anderer

Abb. *Attribution 7*

für die inhaltl. Ausfüllung der grundlegenden A. durch ein Bsp. von Ursachenzuschreibungen aus dem Bereich des Sports (nach Möller 1993).

VD: Neben den oben genannten gibt es eine Reihe weiterer, weniger wichtiger Dimensionen: (a) Heckhausen (1980) schlägt eine *Kontingenzdimension* vor, um Ursachen zu klassifizieren, die zur erlebten Kontingenz von Handlungen u. Handlungsergebnissen beitragen (z. B. *Aufgabenschwierigkeit*) o. diese aufheben (z. B. *Zufall*); diese Dimension scheint sich aber nicht durchgesetzt zu haben. (b) Eine Dimension wurde zunächst als *Intentionalitätsdimension* bezeichnet; diese Kennzeichnung wurde jedoch als irreführend erkannt; vgl. hierzu Heckhausen (1980), denn gemeint waren keine *Absichten*, sondern *beeinflussbare* Faktoren; deshalb spricht man heute von *Kontrollierbarkeit* o. *Steuerbarkeit*; Anstrengung ist z. B. kontrollierbar u. Müdigkeit nicht. (c) Heckhausen (1981) differenziert zw. *Ereignis-Attributionen* bzw. *Ursachen-Motivations-Attributionen* u. *Gründen*, womit implizit ein Unterschied zw. *Kausalität* u. *Intentionalität* angesprochen wird. (d) Kruglanski (1975) möchte bei Handlungen – im Unterschied zu Ereignissen – die Dichotomie *internal vs. external* durch *endogen vs. exogen* ersetzen, weil Handlungen durch den Willen determiniert seien u. Internal-External-Unterscheidungen bei Handlungen nicht passen, da der Wille immer internal sei. Seine Einteilung der Handlungsattributionen in *endogen* vs. *exogen* entspricht in etwa der Unterscheidung von → intrinsischer Motivation u. extrins. Motivation (Debler 1984; Heckhausen 1980). Die meisten Dimensionen lassen sich in empir. Untersuchungen zwar nachweisen, was aber nicht für Kruglanskis Endogenitätsdimension gilt u. für die Lokationsdimension in eingeschränktem Maße (Wimer u. Kelley 1982).

LIT: Übersichten über A. geben Debler (1984); Heckhausen (1980); Kelley u. Michela (1980); Weiner (1984); speziell zur Diagnostik von A. Krampen (1989).

◆ Debler, W. F.: Attributionsforschung. Salzburg 1984; Heckhausen, H.: Motivation u. Handeln. Berlin 1980; Heckhausen, H.: Neuere Entwicklungen in der Motivationsforschung. In: Michaelis, W. (Hg.): Bericht über den 32. Kongreß der Dt. Ges. für Ps. in Zürich 1980. Göttingen 1981, S. 325–335; Kelley, H. H. u. Michela, J. L.: Attribution: theory and research. ARP 31, 1980, S. 457–501; Krampen, G.: (Hg.): Diagnostik von Attributionen u. Kontrollüberzeugungen. Göttingen 1989; Kruglanski, A. W.: The endogenous-exogenous partition in attribution theory. PR 82, 1975, S. 387–406; Möller, J.: Attributionen in Massenmedien. Bonn 1993;

Weiner, B.: Motivationsps. Weinheim 1984; Weiner, B.: An attributional theory of achievement motivation and emotion. PR 92, 1985, S. 548–573; Wimer, S. u. Kelley, H. H.: An investigation of the dimensions of causal attributions. JPSP 43, 1982, S. 1142–1162.

Attributionsfehler, typ. Voreingenommenheiten u. Verzerrungen bei Prozessen der → Attribution; der Begriff verweist auf eine Problematik der Attributionstheorien überhaupt, näml. ihr rationalist. Menschenbild, gem. dem Abweichungen von einer objektiven Beurteilung nur als »Fehler« erfasst werden können; in neutraler Terminologie wird deswegen auch ledigl. von *Attributionstendenzen* gesprochen.

(1) Der *fundamentale A.* besteht in der Tendenz, Handlungen eher auf Personen u. ihre Dispositionen zurückzuführen (*personenattributierte* bzw. *internale Attribution*) als auf situative Faktoren bzw. Umwelteinflüsse – selbst wenn offensichtl. Zwang ausgeübt worden ist (vgl. Ross 1977). Dieser A. weist darauf hin, dass sich der Alltagsmensch zu sehr als »Persönlichkeitspsychologe« betätigt u. zu wenig als (reiz- bzw. situationsorientierter) »S-R-Psychologe«. Der Effekt wurde auch mit dem Schlagwort »Illusion der Freiheit« belegt, weil er von einer Überschätzung der Freiheit von situativen Einflüssen ausgeht. Der fundamentale A. lässt sich in vielen Fällen nicht bestätigen, es hat sich gezeigt, dass er nur unter bestimmten Bedingungen auftritt; vgl. hierzu Effler (1983). (2) Die *Akteur-Beobachter-Verzerrung* (engl. *actor-observer-bias*) besteht darin, dass Menschen ihre eigenen Handlungen eher externalen Faktoren zuschreiben, näml. der Situation o. anderen Personen, die anwesend sind, während Beobachter mit größerer Wahrscheinlichkeit dieselben Handlungen internalen Faktoren zuschreiben, also Eigenschaften, Einstellungen u. Fähigkeiten (*Jones-Nisbett-Hypothese*; vgl. Jones u. Nisbett 1971; vgl. auch Jones 1979); Nisbett u. a. 1973). Innerhalb des *Akteur-Beobachter-Paradigmas* lässt sich folgende Differenzierung treffen: (a) ein Beurteiler kann sich (Akteur) o. Mitakteure beurteilen u. man kann dann die A., die sich aus den verschiedenen Blickwinkeln ergeben, vergleichen; (b) eine andere Methodik besteht darin, dass man vergleicht, wie Menschen ihre eigenen Leistungen beurteilen u. wie externe Beobachter diese beurteilen; in letzterem Falle spricht man dann vom *Perspektiven-Paradigma*; zum Überblick über das *Akteur-Beobachter-Paradigma* vgl. Effler (1983). (3) Darüber hinaus gibt es bestimmte motivationsbedingte Verzerrungen von Attributionsprozessen, die der Aufrechterhaltung des Selbstwertes dienen; insbes. wird eigener Erfolg häufig internal, Misserfolg eher external attribuiert, bei der Fremdwahrnehmung ist es eher umgekehrt. Dies ist ein Paradigma, das man bes. bei der Erklärung von Unterrichts- o. Therapieerfolg analysiert hat. Es gibt hierfür mehrere Bezeichnungen: *selbstwertbezogene*, *selbstwertdienl.*, *selbsterhöhende*, *selbstbezogene* Attribution, seltener *hedonist.* Attribution. Ein ähnl. A. besteht darin, den eigenen Anteil bei einer gemeinsamen Leistung zu überschätzen (Thompson u. Kelley 1981). Ein Spezialfall ist die sog. *selbstwertdienl. Gegendefensivattribution*, die darin besteht, dass man unter der Bedingung einer genauen öffentl. Beobachtung u. Beurteilung des eigentl. Tuns bescheiden u. selbstkritischer ist u. mehr Verantwortung für Misserfolg übernimmt – u. damit vermeidet, sich nach–

trägl. einer abwertenden Fremdbeurteilung auszusetzen; vgl. Bradley (1978). (4) Der *falsche* (auch *vergebliche*) *Konsensuseffekt* besteht darin, dass Menschen oft eine übertriebene Vorstellung davon haben, wie häufig Mitmenschen ihre Meinung teilen; man neigt also dazu, von sich auf andere zu schließen (vgl. Wetzel u. Walton 1985; Ross u. a. 1977). Anders formuliert: Wir neigen dazu, Konsensusinformationen (Informationen über die Grundwahrscheinlichkeit eines Vhs.) zu vernachlässigen, sobald über die Person, über deren Zugehörigkeit zu einer Gruppe o. deren zukünftiges Vh. eine Aussage getroffen werden soll, gleichzeitig individuumsspezif. Information vorliegt; vgl. Fiedler (1980). Dieser A. ist also ein Fehler in der Einschätzung der »Normalität« des eigenen Vhs.; man spricht auch von einer *egozentr. Attribution*. (*T*: Es ist darauf hingewiesen worden, dass der falsche Konsensuseffekt besser als *falsche Konsensusannahme* bezeichnet werden sollte.) (5) Auch die → Kontrollillusion u. die → illusorischen Korrelationen kann man unter die A. einreihen.

TH: Zwei grundsätzl. Gruppen von Theorien der A. stehen sich gegenüber: motivationstheoret. Ansätze auf der einen u. kognitivist. Theorien auf der anderen Seite; Erstere heben die motivationalen, v. a. die selbstwertdienl. Funktionen der A. hervor (die sich schon in den Bezeichnungen manifestieren), Letztere versuchen A. eher durch Schwächen der Informationsverarbeitung zu erklären; zum Überblick über diese Kontroverse vgl. Heckhausen (1980). Kognitivist. Theorien wurden vor gestalttheoret. Hintergrund formuliert u. vor dem Hintergrund des Paradigmas der → kognitiven Täuschungen und kognitiven Heuristiken. So wird z. B. der falsche Konsensuseffekt in letztgenanntem Paradigma dadurch erklärt, dass auf Informationen über die eigene Person im Gedächtnis leicht zurückgegriffen werden kann u. dass diese Informationen deshalb einen »Anker« bilden, an dem spätere Informationen gemessen werden (*Ankereffekt*); vgl. Tversky u. Kahneman (1980). Es wurde auch versucht, bestimmte A. auf andere zurückzuführen; bspw. wurde der falsche Konsensuseffekt als Erklärung dafür genommen, dass Akteure weniger zu internalen Kausalattributionen neigen als Beobachter. Zu den speziellen motivationalen Voreingenommenheiten in der Attribution von Verantwortung vgl. zsfd. Heckhausen (1980).

VD/T: (1) Die dargelegten A. sind nicht ganz trennscharf u. überlappen sich tlw., so kann z. B. der *fundamentale A.* auch als ein Bsp. für eine *Akteur-Beobachter-Verzerrung* angesehen werden; bes. die Bezeichnung *selbstwertdienl. Verzerrung* kann, je nach theoret. Perspektive, im Grunde auf jeden A. angewandt werden, ähnl. wie *egocentric bias*. Aus dieser Ursache heraus haben sich in der Literatur bisweilen verwirrende Klassifikationen u. Darstellungen ergeben.

(2) Weitere, weniger grundlegende Attributionsverzerrungen: (a) von einem *konfirmator. Attributionsmuster* wird dann gesprochen, wenn das Auftreten erwarteter Vhsweisen eher *dispositional* erklärt wird als unerwartetes Vh.; vgl. Bierhoff (1986). (b) Eine *geschlechtsspezif. Attribution* liegt vor, wenn das Attributionsvh. durch das Geschlecht des Beurteilten beeinflusst wird; ein Forschungsergebnis ist: Wenn Männer Erfolg haben, zeigt sich die Tendenz, ihre Fähigkeiten (also *internale* Faktoren) dafür verantwortl. zu machen, während bei erfolgreichen Frauen eher Zufall o. geringe Aufgabenschwierigkeiten (*external*) als ausschlaggebend angesehen werden; bei Misserfolg zeigt sich ein umgekehrtes Attributionsmuster; vgl. Green u. Mitchell (1979). (c) Ein weiterer, der konfirmator. Attribution nahestehender u. die Attribution des Beobachters beeinflussender Faktor ist die »hedonist. Relevanz« (vgl. Jones u. Davis 1965) des beurteilten Vhs. für den Beobachter: Vhsweisen eines Akteurs, die für einen Beobachter von Nutzen sind, führen zu günstigeren Attributionen für einen Akteur als für den Beobachter nachteilige Vhsweisen (Erfolg: internal, Misserfolg: external). (d) *Auffälligkeitsverzerrung*: bes. auffälligen bzw. gut

beobachtbaren Akteuren wird ein stärkerer kausaler Einfluss zugeschrieben; vgl. Forgas (1987). (e) Auch eine Attributionsverzerrung durch Sympathie existiert: Positive Handlungen von sympath. Menschen werden eher der Person, negative Handlungen eher der Situation attribuiert; bei unsympath. Personen ist die gegensätzl. Tendenz feststellbar.

◆ BRADLEY, G. W.: Self-serving biases in the attribution process: A reexamination of the fact-or-fiction-question. JPSP 36, 1978, S. 56–71; BIERHOFF, H. W.: Personenwahrnehmung. Berlin 1986; EFFLER, M.: Unterschiede in den Kausalerklärungen von Akteuren u. Beobachtern – zum Geltungsbereich der Jones-Nisbett-Hypothese. ZfS 14, 1983, S. 229–240; EGGERS, R.: Die Attribution von Gründen u. Ursachen bei Handlungen u. Handlungsergebnissen. Frankfurt/M. 1987; FIEDLER, K.: Kognitive Verarbeitung statist. Information. Der »vergebl. Konsensus-Effekt«. ZfS 11, 1980, S. 25–37; FORGAS, J.: Sozialps. München 1987; HECKHAUSEN, H.: Motivation u. Handeln. Berlin 1980; GREEN, S. u. MITCHEL, T.: Attributional processes of leaders in leader-member interactions. OBHP 23, 1979, S. 429–458; HEIDER, F.: The psychology of interpersonal relations. New York 1958 (dt.: Ps. der interpersonalen Beziehungen. Stuttgart 1977); JONES, E. u. DAVIS, K.: From acts to dispositions: the attribution process in person perception. In: BERKOWITZ, L. (Hg.): Advances in social psychology, 2. Bd. New York 1965, S. 219–266; JONES, E. E. u. NISBETT, R. E.: The actor and the observer: divergent perceptions of the causes of behaviour. In: JONES, E. E. u. a. (Hg.): Attribution: Perceiving the causes of behaviour. Morristown 1971/72, S. 79–84; JONES, E. E.: The rocky road from acts to dispositions. AP 34, 1979, S. 107–111; MILLER, D. T. u. ROSS, M.: Self-serving biases and the attribution of causality: fact or fiction. PBu 82, 1975, S. 213–225; NISBETT, R. E. u. a.: Behaviour as seen by the actor and as seen by the observer. JPSP 27, 1973, S. 154–164; ROSS, L. u. a.: »The false consensus effect«. An egocentric bias in social perception and attribution processes. JESP 13, 1977, S. 279–301; ROSS, L.: The intuitive psychologist and his shortcomings. Distortions in the attribution process. In: BERKOWITZ, L. (Hg.): Advances in experimental social psychology, 10. Bd. New York 1977, S. 173–220; THOMSON, S. C. u. KELLEY, H. H.: Judgement of responsibility of activities in close relationships. JPSP 41, 1981, S. 469–477; TVERSKY, A. u. KAHNEMAN, D.: Causal schemas in judgement under uncertainty. In: FISHBEIN, M. (Hg.): Processes in social psychology, 1. Bd. Hillsdale 1980, S. 49–72; WETZEL, C. G. u. WALTON, M. D.: Developing biased social judgements: The false-consensus-effect. JPSP 49, 1985, S. 1352–1359.

Attributionsgestützte Theorien → Attribution.

Attributionstendenzen → Attributionsfehler.

Attributionstheorien → Attribution.

Attributionstypologien → Attributionsdimensionen.

Attributionsverzerrung → Attributionsfehler.

Attributionswürfel → naive Varianzanalyse.

Attributlernen [auch *Attributidentifikation, Merkmalsidentifikation*]. Das Paradigma A. kennzeichnet den klass. neobehaviourist. Ansatz zur → Begriffsbildung; in ihm werden die *Begriffsbildungsstrategien* untersucht, mit denen Menschen die zu definierenden Merkmale eines Begriffes bestimmen, wenn die Regeln der Verknüpfung dieser Merkmale vorgegeben sind.

Es ist ein Ansatz, der die natürl. → Begriffsbildung auf eine sehr laborhafte Grundsituation zurückzuführen versucht u. der v. a. durch ein Methoden-Paradigma definiert ist (Bruner u. a. 1956): Vorgegeben werden auf kleinen Kärtchen geometr. Figuren, wie sie die Abb. *Denken 2a* (aus Bruner u. a. 1956) veranschaulicht; es handelt sich um Rechtecke, in die verschiedene Objekte eingezeichnet waren, wb. die Kärtchen in vier Dimensionen variieren: Anzahl der Objekte (eines, zwei o. drei), Anzahl der Umrandungen des Rechtecks (eine, zwei o. drei), Form (Kreuz, Kreis o. Quadrat) u. Farbe (grün, schwarz o. rot – in der Abb. entsprechend durch weiß, schwarz o. grau gerastert wiedergegeben). Der Versuchleiter denkt sich einen Begriff aus – z. B. »alle Kreise mit 2 Umrandungen« (*zweidimensionaler, konjunktiver* Begriff) – u. die Aufgabe der Vp besteht darin, diesen Begriff zu identifizieren.

Die Abb. *Denken 2b* ist eine exemplar. Darstellung einer Folge von Bsp., anhand

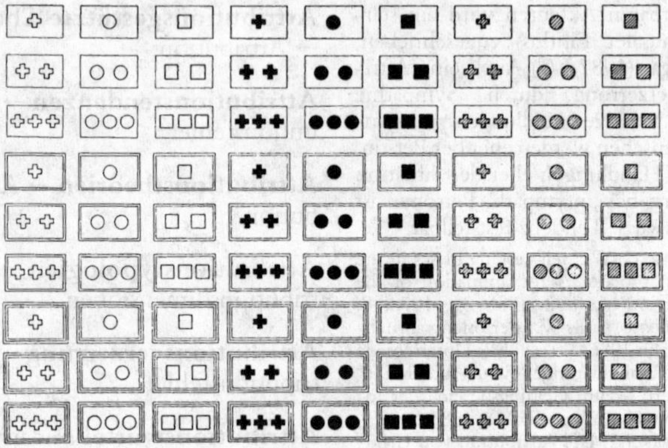

Abb. *Denken 2a*

deren eine Vp ein Kzpt. identifizieren soll; jede Spalte gibt eine Folge von Positiv- u. Negativbsp. für ein Kzpt. wieder, ein Pluszeichen kennzeichnet ein positives, ein Minuszeichen ein negatives Bsp. Jede Spalte repräsentiert ein anderes Kzpt.; die Vp würde die Bsp. jeweils nacheinander sehen. (Der Leser ist aufgefordert zu versuchen, für jede Spalte das Kzpt. zu bestimmen. Im ersten Bsp. ist dies »zwei Kreuze«, also ein *konjunktives* Kzpt.; die Lösung für das zweite Bsp. lautet: »entweder zwei Umrandungen o. zwei Kreise«, also ein disjunktives Kzpt.) Bruner verwendete zwei experimentelle Differenzierungen: die *Selektionsmethode* u. die *Rezeptionsmethode*. (a) Bei der *Selektionsmethode* mussten sich die Vpn, nachdem ihnen vom Versuchsleiter ein positives Bsp. gezeigt worden war, aus der Gesamtmenge der 81 Karten eine auswählen, von der sie annahmen, dass es ebenfalls ein positives Bsp. des zu suchenden Begriffs war; vom Versuchleiter erhielten sie solange Rückmeldung über die Korrektheit ihrer Wahl, bis sie den Begriff nennen konnten. (b) Bei der *Rezeptionsmethode* dagegen präsentierte der Vl jeweils nur ein Kärtchen (mit dem Hinweis, dass es sich um ein positives/negatives Bsp. handelt), u. die Vp musste sofort ihre Hypothese nennen. Danach wurde unter Beibehaltung der Prozedur solange das jeweils nächste Kärtchen gezeigt, bis der korrekte Begriff gefunden war; über weitere Modifikationen referiert Hussy (1984).

Die Forschungsgruppe um Bruner zeigte, dass Vpn typ. *Begriffsbildungsstrategien* benutzen. (1) Bei der Rezeptionsmethode wurden die folgenden Strategien beobachtet: (a) die *synthet. Strategie* (auch *ganzheitl. Strategie*, engl. *wholist strategy*), hierbei merken sich die Vpn alle Attribute, welche die Bsp. mit den richtigen Antworten gemeinsam haben, u. lassen alles andere außer Acht, sie eliminieren also die Attribute, die nicht Bestandteil eines positiven Bsp. waren; (b) die *analyt. Strategie* (auch *selektive Strategie*; engl. *partist strategy*); hier konzentrieren sich die Vpn jeweils auf eine Hypothese (z. B. »grün = Ja«); erweist sich die These als nicht brauchbar, wird sie durch eine neue auf der Grundlage aller früheren Erfahrungen ersetzt. (2) Bei der Selektionsmethode wurden v. a. folgende Begriffsbildungsstrategien gefunden: (a) Die Strategie der *gleichzeitigen Prüfung* (*simultaneous scanning*) liegt vor, wenn die Vp mit allen mögl. Hypothesen anfängt u. die unhaltbaren nach u. nach eliminiert; jedes positive u. negative Bsp. wird verwertet, um die Hypothesen zu testen. (b) Die Strategie der *sukzessiven Prüfung* (*successive scanning*) besteht darin, dass die Vp eine Hypothese nach der anderen testet u. sich auf solche Bsp. beschränkt, die dieser Prüfung dienl. sind; hier bewirkt die erste Vorgabe bei der Vp die Bildung einer spezif. Hypothese, die gezielt mit der nächsten Wahl Gegenstand der Überprüfung ist; bestätigt sich die Hypothese nicht, so wird eine neue gebildet

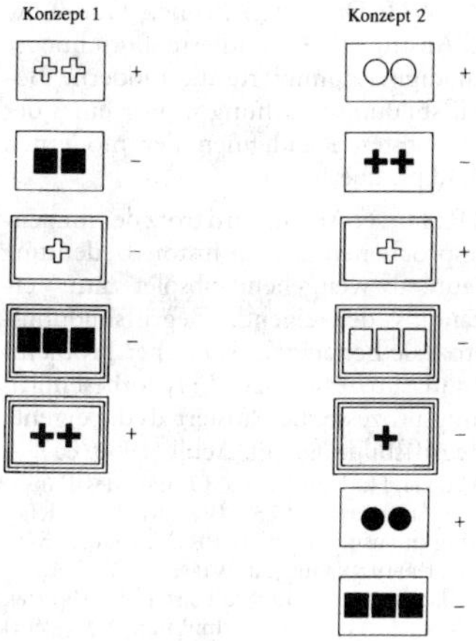

Abb. *Denken 2b*

usw., wb. die Bildung der Hypothesen im Unterschied zur *Fokusstrategie* (s. u.) nicht an einer bestimmten Karte orientiert ist, sondern eher unsystemat. verläuft, so dass der Erfolg stark vom Zufall abhängt – mit Glück kann man schnell das Ziel erreichen, mit Pech lange testen. (c) *Konservatives Fokussieren* (*conservative focusing*, bisweilen auch mit *vorsichtiges Einkreisen* übersetzt; vgl. Mayer 1979) liegt vor, wenn die Vp von einem positiven Bsp. ausgeht u. schrittweise durchvariiert. (d) *Spieler. Fokussieren* (auch *gewagtes Fokussieren*, engl. *focus gambling*) liegt vor, wenn die Vp zwar vom »Fokus« eines positiven Falls ausgeht, aber es wagt, mehr als ein Charakteristikum zu variieren, was mehr Fehlschläge bringt, u. U. aber auch rascheren Erfolg als die *konservative* Technik. In der Regel ist die *Fokusstrategie* die am häufigsten verwendete Vorgehensweise, die bei systemat. Anwendung auch immer zur Lösung führt; wird allerdings das Material so geändert, dass eine Erhöhung der Schwierigkeit gegeben ist u. als Vorlage nicht geometr. Figuren, sondern thematisierte Bildmaterialen gegeben sind, so dominiert in beiden Fällen die *sukzessive Hypothesentestung*. Simultane u. sukzessive Prüfung ähneln der bei der Rezeptionsmethode beobachteten analyt. Strategie, während *konservatives* u. *spieler.* Fokussieren der *synthet.* ähnelt. Die bisher genannten Begriffsbildungsstrategien betreffen v. a. *konjunktive Begriffe*, also solche, die zwei Merkmale gleichzeitig erfüllen müssen, z. B. *schwarzer Kreis* (*schwarz* + *Kreis*). (3) Etwas andere Begriffsbildungsstrategien findet man bei *disjunktiven* Begriffen, das sind solche, die durch die *Oder-Verbindung* definiert sind, unter die also ein Bsp. schon dann fällt, wenn es eines von zweien o. mehreren Merkmalen erfüllt, z. B.: »zwei Umrandungen o. zwei Kreise«. Gefunden werden als Strategien die *negative Fokusstrategie*, bei der das erste gefundene negative Bsp. den Brennpunkt darstellt, von dem aus die Vp systemat. nur eine Dimension variiert; trifft sie dann auf ein positives Bsp., so ergibt sich daraus unmittelbar das Merkmal für eine der beiden Figuren; sie kehrt zum *negativen Fokus* zurück u. variiert erneut jeweils nur eine Dimension der zweiten Figur solange, bis sich das relevante Material ergibt. Eine andere erfolgversprechende Vorgehensweise ist die *multiple negative Fokusstrategie*: Hierbei sucht die Vp die negativen Bspe. u. erschließt aus ihnen den zu findenden Begriff. Die höhere Effizienz der negativen Fokusstrategie im Vergleich zur multiplen negativen Strategie ergibt sich aus dem gerichteten Vorgehen (nicht zufallsabhängig), der geringeren Gedächtnisbelastung u. dem Wegfall der Schlussfolgerung (da in der Strategie bereits enthalten). Bruner u. a. (1956) berichten ähnl. Befunde auch für die *Rezeptionsmethode*. Zu den unterschiedl. Wertigkeiten negativer u. positiver Instanzen bei der Erfassung von Begriffen, vgl. zsfd. Bredenkamp u. Wippich (1977).

Eine spezielle Weiterentwicklung des Paradigmas A. ist das des Regellernens [auch *Regelidentifikation*; engl. *rule learning*]; bei bekannten Merkmalen sind hier die merkmalsverbindenden Regeln zu finden, während beim A. mitgeteilt wird, dass es sich z. B. um einen konjunktiven Begriff handelt, aber unspezifiziert bleibt, welche Attribute miteinander verbunden werden. (*T*: Bisweilen wird von *vollständigem Konzeptlernen* o. *vollständiger Konzeptidentifikation* gesprochen, wenn der Vp weder die relevanten Attribute noch das Prinzip vorgegeben sind; vgl. hierzu Bredenkamp u. Wippich 1977). Das experimentelle Vorgehen entspricht weitgehend der *Rezeptionsmethode*: der

Vp wird mitgeteilt, dass der zu findende Begriff zwei Merkmale aufweist (z. B. Merkmal A: *Kreis*; Merkmal B.: *schraffiert*), u. die Aufgabe besteht darin, die Verknüpfung zw. diesen beiden Merkmalen herauszufinden. Zu diesem Zweck präsentiert der Vl seinen Vorrat von Mustern, die auch die beiden relevanten Merkmale enthalten, u. gibt jeweils ein Bsp., die Vp gibt ihren Tip ab (positives/negatives Bsp.) u. erhält vom Vl Rückmeldung (richtig/falsch). Die Bearbeitung ist beendet, wenn die Vp den korrekten Begriff benennt o. eine definierte Anzahl an korrekten Zuordnungen erfolgt ist. Die Abb. *Denken 2c*

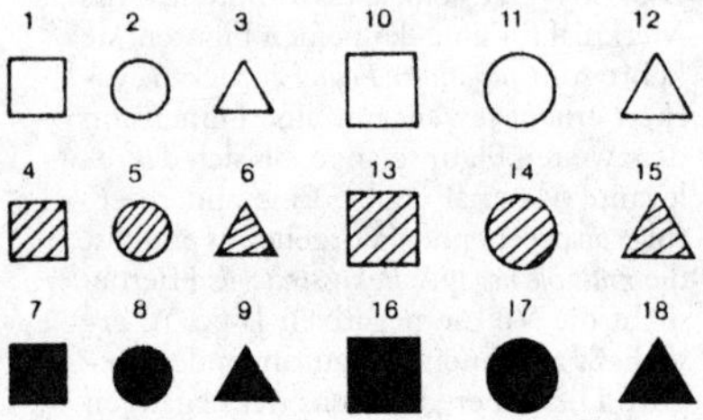

Abb. *Denken 2c*

zeigt typ. Reizvorlagen bei der Regelidentifikation. Es lassen sich hierbei neben der konjunktiven u. disjunktiven Merkmalsverknüpfung 16 Verknüpfungen der 4 Merkmalskombinationen unterscheiden: (a) Merkmal A vorhanden, Merkmal B vorhanden: A+/B+; (b) A+/B–; (c) A–/B+; (d) A–/B–. Bei der Formulierung der empir. Ergebnisse wurde versucht, eine Hierarchie von Regeln mit wachsendem Schwierigkeitsgrad aufzustellen; insbes. wurden auch Transfereffekte untersucht; vgl. Neisser u. Weene (1962); Haygood u. Bourne (1965); zum Überblick vgl. Hussy (1984); Kintsch (1982); Aebli (1980/81). Dieser Zugang ist etwas jünger als der des A., die ersten bedeutenden Untersuchungen waren Ende der 60er Jahre.

TH: Die wichtigsten Theorien zur Erklärung des A. sind die → Hypothesentheorien, des Weiteren die → Mediationstheorien; von geringerer Bedeutung sind die behaviourist. Theorien (→ Begriffslernen); für einen Überblick vgl. Hussy (1984, 1986); Kintsch (1982); Aebli (1980/81).

HI/WÜ: Das durch Bruner, Goodnow u. Austin (1956) initiierte Forschungsparadigma dominierte die moderne Begriffsbildungsforschung u. war eines der wichtigsten Paradigmen der modernen Denkps. überhaupt.

KR: Dieser Ansatz wird trotz der ihm zugesprochenen großen histor. Bedeutung heute als weitgehend obsolet zum Verständnis der eigentl. Begriffsbildungsprozesse betrachtet, da er eher Problemlösungsprozesse bzw. Hypothesenprüfungsprozesse thematisiert als die eigentl. Begriffsbildung; vgl. Aebli (1980/81).

◆ Aebli, H.: Denken, das Ordnen des Tuns, 2 Bde. Stuttgart 1980/81; Bourne, L. E.: Knowing and using concepts. PR 77, 1970, S. 546–556; Bredenkamp, J. u. Wippich, W.: Lern- u. Gedächtnisps. 1. Bd. Stuttgart 1977; Bruner, J. S. u. a.: A study of thinking. New York 1956; Haygood, R. C. u. Bourne, L. E.: Attribute- and rule-learning aspects of conceptual behaviour. PR 72, 1965, S. 175–195; Hussy, W.: Gedächtnisps., 1. Bd. Stuttgart 1984; Hussy, W.: Denkps., 2. Bd. Stuttgart 1986; Kintsch, W.: Gedächtnis u. Kognition. Berlin 1982; Mayer, R. E.: Denken u. Problemlösen. Berlin 1979; Neisser, U. u. Weene, P.: Hierarchies in concept attainment. JExP 64, 1962, S. 640–645.

Attributweise Aussonderung → Entscheidungsheuristiken.

Attributweises Vorgehen → Entscheidungsheuristiken.

Aubert-Effekt → Aubertsches Phänomen.

Aubert-Försterscher-Satz → Aubertsches Phänomen.

Aubert-Förstersches-Phänomen → Aubertsches Phänomen.

Aubertsches Phänomen [auch *Aubert-Effekt*; *A-Effekt*], ein wahrnehmungsps. Effekt der → visuellen Orientierung: bei einer Kopf- u. Körperneigung wird die Wahrnehmung der Lotrechten verzerrt; bei gleichbleibender seitl. Neigung des Körpers von 20 bis 60 Grad erscheint eine vertikale Kontur ein wenig in derselben Richtung wie der Körper schräg zu stehen (*Müller-o. B-Effekt*); bei größerem Neigungswinkel tritt eine Täuschung in Richtung der Körperneigung auf (*Aubert-Effekt*). Diese letztere Abweichung ist viel größer, sie kann bei einer Körperneigung von 120 bis 150 Winkelgrad relativ zur Schwerkraftrichtung 30 Winkelgrad u. mehr betragen; zur Erklärung vgl. v. Campenhausen (1993).

VD: Das A. muss vom *Aubert-Försterschen Phänomen* unterschieden werden: Dieses besteht darin, dass kleine Gegenstände in größerer Nähe eher bemerkt u. unterschieden werden als größere in größerer Entfernung, auch dann, wenn beide die gleiche Abbildungsgröße auf der Retina besitzen (man spricht auch vom *Aubert-Försterschen Satz*).

◆ CAMPENHAUSEN, C. v.: Die Sinne des Menschen. Stuttgart 1993; FRÖHLICH, W. D.: dtv-Wörterbuch zur Ps. München 1987; ARNOLD, W. (Hg.): Experimentelles Praktikum, 1. Bd. Stuttgart 1972; MÜLLER, G. E.: Über das Aubertsche Phänomen. Z. Psychol. Physiol. der Sinnesorg. II/49, 1916, S. 109–246; ROCK, I.: Wahrnehmung. Heidelberg 1985.

Audiometrie → Hören.

Auditives Gedächtnis [auch *auditorisches* Gedächtnis; selten *akustisches* Gedächtnis], modalitätsspezif. → sensorisches Gedächtnis für gehörtes Speichermaterial, also für Töne, Geräusche, Sprache; v. a. das → echoische Gedächtnis wurde eingehend untersucht. Über lange Zeit hinweg glaubte man, dass das → Kurzzeitgedächtnis v. a. ein a. G. ist; Belege für die Bedeutsamkeit auditiver Prozesse im Kurzzeitgedächtnis sind der → Modalitätseffekt u. der → phonologische Ähnlichkeitseffekt. Seit mindestens einem halben Jahrhundert ist auch bekannt, dass die akust. Darbietung einer Folge von Items zumindest im Falle der letzten Items zu besserer Reproduktionsleistung führt als eine visuelle Darbietung (v. Sybel 1909). Es gibt ebenso Belege für ein spezif. auditives Kurzzeit- u. Langzeitgedächtnis; Letzteres ist z. B. zuständig für das Wiedererkennen von Stimmen o. das Behalten von Musik; vgl. zsfd. Baddeley (1979).

◆ BADDELEY, D. A.: Die Ps. des Gedächtnisses. Stuttgart 1979; CONRAD, R.: Acoustic confusions in immediate memory. BJP 55, 1964, S. 75–84; KROLL, N. E. A.: Visual short-term memory. In: DEUTSCH, D. u. DEUTSCH, J. A. (Hg.): Short-term memory. New York 1975; MASSARO, D. W.: Preperceptual auditory images. JExP 85, 1970, S. 411–417; v. SYBEL, A.: Über das Zusammenwirken verschiedener Sinnesgebiete bei Gedächtnisleistungen. ZfPs. 53, 1909, S. 257–360.

Auditorische Analyse → Sprachwahrnehmung.

Auditorische Kodierung → phonologischer Ähnlichkeitseffekt; → auditives Gedächntis.

Auditorisches Gedächtnis → auditives Gedächtnis.

Auffälligkeitsverzerrung → Attributionsfehler.

Aufforderungscharaktere → demand characteristics.

Aufgabenanalyse. Das Schlagwort A. kennzeichnet einen neueren Ansatz zur Analyse kognitiver Prozesse, v. a. unter entwicklungsps. Aspekt, der wegkommen will von seiner Meinung nach zu globalen Konzepten wie *Intelligenz* u. konkrete Denkprozesse bei der Bewältigung konkreter Aufgaben analysiert.

Nach Flavell (1979) müssen bei dieser A. die Komponenten *Material*, *Aufgabenstellung*, *Präsentationsmodus* u. das zugrunde liegende *Konzept* einbezogen werden. Die modernen aufgabenanalyt. Ansätze operieren meistens vor einem informationstheoret., speziell vor einem produktionssystemtheoret. Hintergrund; Weiteres vgl. die Stw. → kognitive Psychologie; → Kognitive-Komponenten-Ansatz u. → mathematisches Denken; vgl. auch → Paarvergleich.

◆ Flavell, J. H.: Kognitive Entwicklung. Stuttgart 1979.

Aufgeregtheit → Leistungsangst.

Aufhebung der proaktiven Hemmung → Wickens-Technik.

Aufmerksamkeit. A. ist eines der wichtigsten Phänomene u. Kzpte. der Ps., dennoch gibt es keine einheitl. Definition o. Konzeption von A., der Begriff kann sich auf mehrere Prozesse bzw. bestimmte Teilaspekte dieser Prozesse beziehen, wb. je nach theoret. Richtung bestimmte Aspekte bes. betont u. bevorzugt erforscht werden:
(1) Drei Grundmerkmale werden im Allg. mit A. verknüpft: (a) die *selektive* Funktion, also die Fähigkeit, bestimmte Teile des Reizangebotes zu beachten u. andere nicht zu beachten; (b) die *mobilisierende* o. auch *intensivierende* Wirkung der A.: die Fähigkeit, einem Wahrnehmungs- bzw. Denkprozess eine größere Klarheit bzw. Intensität zu verleihen; (Anm.: Berlyne 1969 meint mit *intensivierenden* Aspekten auch verhaltensmobilisierende Aspekte). V. a. die älteren ps. Theorien unterschieden sich hauptsächl. darin, ob sie in (a) o. (b) den zentralen Sachverhalt sahen; Wundts Kzpt. der → Apperzeption war der Versuch einer Integration beider Aspekte; vgl. Neumann (1971). (c) Bes. von den modernen A.-Theorien wird der Aspekt der *begrenzten Kapazität* der A. hervorgehoben (→ Aufmerksamkeitskapazitäts-Modell); (a) u. (c) werden innerhalb dieses Ansatzes meist nach der Logik verknüpft, dass sich die Notwendigkeit zur Selektion aus der Begrenzung der Kapazität ergibt. V. a. in den älteren dt. Theorien finden sich stärkere Bemühungen zu einer »essentialist.« Konzeption: Es finden sich Auffassungen der A. als Zustand (*motor.-affektiver Dispositionsbegriff* der A.), als Beschaffenheit von Bewusstseinsinhalten (*sensualist.-intellektualist.* Begriff der A.), als Vermögen o. Fähigkeit (*Vermögensbegriff* der A.), als kognitive Tätigkeit o. Strebung (*Apperzeptionsbegriff* der A.) u. als Willenshandlung (*voluntarist.* Begriff der A.), wb. man zw. *willkürl.* u. *unwillkürl.* A. unterscheiden kann, ein Aspekt, der auch in einem neueren Ansatz thematisiert wird; vgl. Prinz (1990); vgl. hierzu auch Jaspers (1953).
Neben diesen grundsätzl. Aspekten werden noch folgende Kriterien u. Funktionen der A. diskutiert u. analysiert: (d) die *integrierende* Funktion, d. h. die Rolle, die die A. bei der Stiftung von Zusammenhängen zw. kognitiven Prozessen spielt. In der Komplextheorie von G. E. Müller (1923) z. B. bewirkt die A. die *Kollektivauffassung* von Elementen u. ermöglicht dadurch eine Gestaltbildung. In modernen Theorien der A. wird dieser Aspekt meist vernachlässigt, thematisiert wird er z. B. in Treismans → feature integration theory, gem. der die A. die Funktion der Integration von zunächst getrennt analysierten Merkmalen besitzt; der A. kommt in dieser Theorie damit die Grundlage für die Objektwahrnehmung zu; vgl. Treisman u. Gelade (1980); s. a. das Stw. → visuelles Suchen. (f) *Richtung*: Dieser Aspekt weist auf die Tatsache hin, dass die Aufmerksamkeit eines Menschen zunächst einmal ausgelöst werden muss, wonach der A. eine spezielle Ausrichtung gegeben wird. (g) *Tenazität* (der Begriff stammt von lat. *tenacitas* = das Festhalten, die Beharrlichkeit): über die Fähigkeit der Richtungsgebung hinaus besitzt die A. die Fähigkeit, die eingeschlagene Richtung auch

beibehalten zu können, gekennzeichnet durch die Fähigkeit, sich nicht durch Nebenreize vom Hauptreiz ablenken zu lassen. (h) Bes. die physiolog. orientierten Aufmerksamkeitstheorien (s. u.) thematisieren als Grundfunktion der A. die Aufrechterhaltung eines Basisniveaus der *Wachheit* (s. das Stw. → Aktivation).

(2) Zum Verhältnis von A. u. → Bewusstsein: Es gibt drei grundsätzl. Sichtweisen von A. u. Bewusstsein: (a) Bewusstsein als den subjekten Aspekt von Aufmerksamkeit. Das entspricht der alltagssprachl. Verknüpfung zw. den Worten *beachten* u. *bemerken*. Dies wurde von der gesamten Aufmerksamkeitsforschung seit Broadbent vorausgesetzt, insbes. in den Theorien der 70er Jahre. (b) Bewusstsein als der weitere, A. als der engere Begriff: A. hält bestimmte Inhalte aus dem Bewusstsein heraus u. verstärkt sie; v. a. Wundt hat diese Idee vertreten u. ihr den damals herrschenden Einfluss verschafft; diese Konzeptualisierung spielt gegenwärtig kaum eine Rolle; (c) der dritte Ansatz fasst A. als den weiteren u. Bewusstsein als den engeren Begriff; vgl. hierzu Neumann (1987, 1992). So ist Informationsselektion zur Handlungssteuerung (*selection for action*) offenkundig ohne Bewusstsein mögl., so kann man z. B. zugleich einen Text mit Textverständnis lesen u. eine gehörte Wortfolge nachschreiben, obwohl die Letztere kaum bewusst repräsentiert ist. Auch die mit A. verknüpfte Verhaltenshemmung scheint nicht in besonderer Weise mit Bewusstsein einherzugehen. Mit Bewusstsein scheinen v. a. solche Aufmerksamkeitsmechanismen verknüpft zu sein, die mit der Reaktion auf unerwartete sowie der Vorbereitung nicht routinemäßigen Handelns einhergehen. Ein *epiphänomenales* A.-Kzpt. verneint die Existenz eines bes. A.-Mechanismus: A. sei ledigl. der Name für die Aktivität verschiedener kognitiver Prozesse. Dieser Standpunkt findet sich in der älteren Ps., z. B. bei Meumann, dann bei Lindworsky, schließl. bei Rohracher, deutl. ausgesprochen bei Neisser (1974), der A. ledigl. als die Zuweisung von Erkenntnisprozessen zu einem bestimmten Teil des Reizfeldes betrachtet, vgl. hierzu Gibson u. Rader (1979) u. auch Bäumler (1991).

(3) *Aufmerksamkeitsmessapparate*: Insbes. sind zu nennen: Apparaturen zur Registrierung von → Augenbewegungen u. Pupillenreaktionen; Tonaufzeichnungs- u. Wiedergabegeräte, die der akust. Reizdarbietung dienen (→ dichotisches Hören) u. eine bedeutende Rolle in zahlreichen Experimenten zur selektiven Wahrnehmung gespielt haben. Aufmerksamkeitsmessapparate i. e. S. sind die Vigilanzapparaturen u. die *Aufmerksamkeits-/Konzentrations-Testgeräte*; letztere Gruppe wird allerdings hauptsächl. in der Persönlichkeitsps. u. für diagnost. Zwecke benutzt; zum Überblick vgl. Brickenkamp (1986).

(4) Unter metatheoret. Aspekt ist innerhalb der verschiedenen Aufmerksamkeitskonzeptionen zw. eher *introspektiven* u. eher *funktionalen*, also auf die Verhaltensebene fokussierten Konzeptionen zu unterscheiden – der wichtigste moderne A.-Begriff, der der selektiven A., lässt sich als ein von introspektiven Komponenten gereinigter u. auf den funktionalen Aspekt reduzierter Apperzeptionsbegriff der A. auffassen (vgl. hierzu Neumann 1971). Im Übrigen kann der Begriff A. einmal im *deskriptiven* Sinne, näml. zur Beschreibung bestimmter Phänomene, z. B. der Leistungsbegren-

zungen in bestimmten Aufgaben, verwendet werden o. aber auch zur *Erklärung* dieser Phänomene; bes. das Aufmerksamkeitskapazitäts-Modell weist ein problemat. Schwanken zw. diesen beiden Ebenen u. Funktionen auf.

(5) Der Begriff *A.* lässt sich klarer bestimmen durch die theoret. u. method. Paradigmen, die sich um ihn ranken: (a) Die Fähigkeit zu einem selektiven Reagieren auf einen von mehreren gleichzeitig gesendeten Reizen bzw. Informationen: → selektive Aufmerksamkeit; speziell die selektive Beobachtung von Reizen aus verschiedenen Sinnesmodalitäten: *Filterparadigma* bzw. → fokussierte Aufmerksamkeit; (b) das gleichmäßige Betrachten u. Verfolgen einer Reizmenge, um einen einzelnen Reiz herauszulösen: → Vigilanz; → visuelles Suchen; (c) die Fähigkeit, ein Ereignis, das in andere Ereignisse eingebettet ist, herauszulösen: → Objektwahrnehmung; → eingebettete Figuren; (d) das Phänomen u. Kzpt. der → Orientierungsreaktion; (e) das neurophysiolog. Paradigma der Zusammenhänge von → Aktivation u. A.; (f) das Kzpt. der motor. → Einstellung, also der Bereitschaft, auf einen bestimmten Reiz hin in einer bestimmten Form zu reagieren; (g) die Fähigkeit, v. a. bei → Doppelaufgaben, sich auf eine spezielle Aufgabe u. Handlung zu konzentrieren bzw. seine A. auf mehrere Aufgaben zu verteilen: → verteilte Aufmerksamkeit; (h) das Phänomen u. Kzpt. der → Aufmerksamkeitsspanne, charakterisiert durch die Anzahl von gleichartigen Gegenständen, die auf einen Blick erkannt u. kurzzeitig gemerkt werden können; (i) die Fähigkeit, sich bei einer einheitl. Aufgabe, auf diese – trotz Nebenreizen, v. a. trotz Ermüdung – weiterhin konzentrieren zu können: → Konzentration (man spricht im Engl. auch von *sustained attention*); vgl. Warm (1984). (j) Die unterschiedl. Paradigmen des → Reaktionsexperiments; (k) das Phänomen, dass es bestimmte grundsätzl. angeborene Reizkonstellationen gibt, welche Wahrnehmungsprozesse u. -zuwendungen, eben Aufmerksamkeitsprozesse, auslösen: → Orientierungsreaktion; → Explorationsverhalten; (l) innerhalb der behaviourist. bzw. lerntheoret. Ansätze spielte das Kzpt. der A. eine geringe Rolle, da es sich auf innere Prozesse bezieht; behaviourist. Paradigmen, die entsprechende Phänomene thematisierten, waren: → Diskriminationslernen; → overshadowing; → Blockierung; s. a. das Stw. → kognitive Lerntheorien.

TH: Wichtige *Grundprobleme* sind die Fragen, inwieweit A. ein Prozess ist, der dem Bewusstsein vorhergeht u. die Funktion des Selektierens von Elementen hat, die erst danach ins Bewusstsein gehoben werden; des Weiteren, ob dies eine → frühe o. eine späte Selektion ist; des Weiteren, ob man Aufmerksamkeitsprozesse eher als automat.-unbewusst o. als willkürl. gesteuert auffasst. Schließl. sind die verschiedenen Theorien der A. noch dadurch geprägt, ob sie eher die Leistung einer *negativen* A., also die Fähigkeit zur *Nicht-Beachtung* bestimmter Reize, thematisieren o. die Fähigkeit zur Konzentration auf bestimmte Reize; s. hierzu das Stw. → selektive Aufmerksamkeit. Ebenfalls diskutiert wird die Frage, ob A. ein Epiphänomen von Bewusstseinsprozessen ist u. insofern im Wahrnehmungs- u. Erkennensbegriff bzw. -prozess aufgeht (weitere Informationen s. o.). Wiewohl sämtl. Theorien, die im Zusammenhang mit den oben dargestellten Kzpt. u. Paradigmen entwickelt worden sind, als *Aufmerksamkeitstheorien* i. w. S. bezeichnet werden können, stehen in der modernen Ps. v. a. folgende prototyp. Theorien im Zentrum: (1) die → Filtertheorie von Broadbent u. ihre Weiterentwicklungen mit der zentralen Annahme einer der begrenzten Aufmerksamkeitskapazität wegen nötigen Filtervorrichtung. Wichtig geworden sind v. a. die Themen *selektive* Aufmerksamkeit u. *fokussierte* Aufmerksamkeit; (2) *Zwei-Prozess-Theorien*, die automat. vs. kontrollierte A.-Prozesse unterscheiden: (→ automatische vs. kontrollierte Informationsverarbeitung; → fokale Aufmerksamkeit); (c) wichtig v. a. zur Erklärung von Prozessen der → Interferenz bei Doppelaufgaben ist die → Ressourcentheorie; in diesen Ansätzen ist v. a. das Thema der *verteilten* A. wichtig geworden; (c) *psychophysiolog.* Theorien finden sich schon in der älteren Lit. (Müller, Exner, auch Ebinghaus); in der modernen Ps. hat als erster Hebb diesen Aspekt betont; v. a. das von Moruzzi u. Magoun entdeckte unspezif.-aktivierende System der Formatio reticularis wird als verantwortl. für einen Zustand allg. erhöhter A. (*wakefulness*) angesehen, zu unterscheiden von einem anderen System, das vom *Hirnstamm* aus zentrifugal auf die afferenten Bahnen wirkt u. zumindest einen Teil der selektiven A. vermittelt (erste Beschreibung von Hernandez-Peon u. Mitarbeitern); u. schließl. existiert ein unspezif. thalam. Projektionssystem, das möglicherweise der vom Cortex aus gesteuerten selektiven A. zugrunde liegt (Ramon y Cayal). Ein Überblick über 27 physiolog. Aufmerksamkeitstheorien findet sich in Fahrenberg (1979); vgl. auch Jung (1967); zu den neuronalen Grundlagen der visuellen Aufmerksamkeit vgl. Wurtz u. a. (1986); (d) zu differentialps. bzw. persönlichkeitstheoret. Ansätzen s. das Stw. → kognitive Stile.

HI: In der wissenschaftl. Erforschung der A. hat es folgende Phasen gegeben: (a) Zw. 1890 u. 1920 war A. ein zentrales Forschungsthema mit der → Introspektion als Hauptwerkzeug; (b) bis 1950 verlor unter Einfluss sowohl des Behaviourismus wie der Gestalttheorie dieses Paradigma weitgehend an Bedeutung; (c) zw. 1950 u. 1980 gab es einen starken Aufschwung der Aufmerksamkeitsforschung, A. wurde zu einem der zentralen Themen der kognitiven Ps. Der Anstoß dazu kam von der Arbeits- u. Ingenieurps.; Broadbent (1958) konzipierte eine Theorie, die aus der Untersuchung von Wahrnehmungsprozessen bei der Flugkontrolle hervorging; die Arbeit von Craik (1948) fußte auf Beobachtungen an Soldaten, die Flakgeschütze bedienen. Einen Überblick über die enge Verflechtung zw. Grundlagenforschung u. angewandter Forschung gibt Moray (1979). (d) Seit den achtziger Jahren ist mit Aufkommen der → Kognitionswissenschaft u. der → künstlichen Intelligenz, die sich schwer tun, A. in ihre theoret. Systeme zu integrieren, ein gewisses Nachlassen der Aufmerksamkeitsforschung entstanden. Im dt. Sprachraum allerdings begann mit der Arbeit der Bielefelder Forschungsgruppe für Kognition u. seit Ende der achtziger Jahre mit dem Aufbau eines Max-Planck-Instituts durch W. Prinz eine intensive Forschung unter einem eigenständigen Zugang.

VD: (1) In der neueren dt. Ps. hat v. a. Neumann (vgl. 1985) das A.-Kzpt. u. die entsprechenden Theorien einer umfassenden Kritik unterzogen; er hebt drei problemat. Annahmen hervor: (a) die *Dualitätsannahme*, dass die A. den anderen kognitiven Systemen gewissermaßen gegenübersteht: das Verarbeitungssystem gliedere sich in das System als solches, die »Struktur« u. die A. auf der anderen Seite – eine Annahme, die bes. in den Zwei-Prozess-Theorien ausformuliert worden ist; (b) die Vernachlässigung dynam. Komponenten, wie Instruktion, Einstellung u. Strategien der Vpn – das dadurch entstehende Problem der Handlungssteuerung wird durch heikle Konstrukte, die für Neumann eine Art »ghost in the machine« sind, nur scheinbar gelöst; sie »bewältigen« die dabei entstehenden Probleme, indem in die Maschinerie ein »Steuermann« eingesetzt wird; in der klass. Psychophysik bei W. Wundt hatte diese Rolle die sog. »Apperzeption«, in die moderne Ps. kehrte der Steuermann in Gestalt der »Kontrollprozesse« zurück, die Atkinson u. Shiffrin (→ Mehrspeichertheorien) als erste postuliert haben; (c) die *Homogenitätsannahme*, dass es überhaupt so etwas wie *die* A. als etwas Einheitliches gibt. Neumann entwirft ein Alternativkonzept zu diesem verfehlten unitarist. Kzpt.: A. kennzeichnet einen Forschungsbereich mit fünf unterschiedl. Phänomenen bzw. Problemen: (a) Vhshemmung, die verhindert, dass versucht wird, unvereinbare Handlungen zugleich auszuführen; (b) die Regulation des psychophysiolog. Erregungsniveaus im Sinne der → Aktivierungstheorien; (c) die Informationsselektion bei der Handlungssteuerung als Funktion der sensor. A.; (d) die Spezifikation von Handlungen durch Handlungsplanung; (e) die funktional erforderl. Hemmungsvorgänge beim Einsatz von Fertigkeiten; Weiteres s. das Stw. → Aufmerksamkeitskapazitäts-Modell. Neumann plädiert auch für eine stärker neurophysiolog. orientierte Sicht; v. a. folgende Mechanismen sieht er als der A. zugrunde liegend an: (a) parallele Verarbeitung; (b) verteilte Repräsentation; (c) verteilte Kontrolle. Ein so organisiertes System kennt nicht die Kapazitätsprobleme eines seriellen Digitalrechners, insbes. konkurrieren verschiedene Verarbeitungsprozesse nicht miteinander um *Kapazität*, sie können es gar nicht, weil sie ihr jeweils eigenes neuronales Substrat haben. Jedoch treten ganz anders geartete Probleme auf, insbes. angesichts der Peripherie, die dieses System zu steuern hat, v. a. das im Computer nicht existente Problem, wie eine ungesteuerte Erregungsausbreitung vermieden werden kann. Es gibt auch das Problem, wie die grundsätzl. parallele Informationsaufnahme so strukturiert werden kann, dass die Effektoren, die immer nur einen kleinen Teil dieser Information zur Bewegungssteuerung benutzen können, dennoch optimal koordiniert werden können. Diese Probleme existieren bei lebendigen Organismen in steigendem Maße, weil im Laufe der Evolution die Fähigkeiten, Informationen aufzunehmen u. zu verwenden, über ihre effektor. Möglichkeiten hinausgewachsen sind. Ein Aufmerksamkeitsproblem dagegen, wie es von den modernen Theorien gesehen wird, wieso also nicht die gesamte an der Sinnesperipherie verfügbare Information verarbeitet wird, gibt es nach Neumann nicht; die Information braucht nicht »ausgefiltert« zu werden, sie wird einfach nicht aufgenommen; zur Kritik an Neumanns Analyse u. Konzeption vgl. Kommentar u. Erwiderung in der PRu 43, 1992, S. 240–249.

LIT: Zu unterschiedl. Aufmerksamkeitskonzeptionen u. Definitionen vgl. Boring (1970); Moray (1969); Zubin (1975) u. v. a. Bäumler (1991); zu einem geschichtl. Überblick vgl. Berlyne (1969); eine begriffshistor. Darstellung ist Neumann (1971); zu theoret. Grundproblemen der Aufmerksamkeitsforschung vgl. Berlyne (1970); zum Überblick vgl. van der Heijden (1991, 1993); Allport (1987); Neumann (1990) u. v. a. Neumann (1992); eine interessante empir. Untersuchung zur Gültigkeit des Lichtkegelmodells visueller Selektivität bzw. räuml. Aufmerksamkeit ist Buchner (1988); zum Zusammenhang zw. Augenbewegungen u. Aufmerksamkeit vgl. Venzky-Stalling (1989); zu psychopatholog. Aspekten u. zur Bedeutung von Aufmerksamkeitstheorien innerhalb der Psychopathologie, v. a. zur Erklärung der Schizophrenie, vgl. Hartwig (1980); zum Überblick über *Aufmerksamkeitsstörungen* bei Hirnschädigungen vgl. Säring (1988); eine umfassende Darstellung des A.-Kzpts. u. sämtl. Theorien ist Neumann (1992); zur Bedeutung von A. als mögl. Korrelat der Intelligenz vgl. Schweizer (1995); Forschungsberichte: *Attention and Performance*, erscheint zweijährl. seit 1967, darin sind Vorträge u. Diskussionen der Kongresse der *International Association for the Study of Attention and Performance* (Niederlande) enthalten.

◆ ALLPORT, A.: Selection for action: some behavioural and neurophysiological considerations of attention and action. In: HEUER, H. u. SANDERS, A. F. (Hg.): Perspectives on perception and action. Hillsdale 1987; ALLPORT, A.: Visual attention. In: POSNER, I. M. (Hg.): Foundations of cognitive science. Cambridge 1989; ALLPORT, D. A.: Attention and performance. In: CLAXTON, G. (Hg.): Cognitive psychology – new directions. London 1980; BÄUMLER, G.: Auf dem Weg zur operationalen Definition von Aufmerksamkeit. In: JANSSEN, J. u. a. (Hg.): Konzentration u. Leistung. Göttingen 1991, S. 11–27; BERLYNE, D. E.: The development of the concept of attention in psychology. In: EVANS, C. R. u. MULLHOLLAND, T. (Hg.): Attention and neurophysiology. London 1969, S. 1–26; BERLYNE, D. E: Attention as a problem in behaviour theory. In: MOSTOFSKY (1970), S. 25–49; BORING, E. G.: Attention: Research and beliefs concerning the conception in scientific psychology before 1930. In: MOSTOFSKY (1970); BRICKENKAMP, R. (Hg.): Handbuch apparativer Verfahren in der Ps. Göttingen 1986; BROADBENT, D. E.: Perception and communication. New York 1958; BUCHNER, A.: Räuml. Aufmerksamkeit: Einwände gegen das Lichtkegelmodell visueller Selektivität. ZEAP 35, 1988, S. 523–545; CRAIK, K. J. W.: Theory of the human operator in control systems I, II. BJP 38, 1948, S. 56–61 u. S. 142–148; FAHRENBERG, J.: Psychophysiologie. In: KISKER, K. P. u. a. (hg.): Psychiatrie der Gegenwart, Bd. I/1. Berlin 1979; GIBSON, E. u. RADER, N.: Attention. The perceiver as performer. In:

Kale, G. A. u. Lewis, M. (Hg.): Attention and cognitive development. New York 1979, S. 1–21; Hartwig, P.: Schizophrenie u. Aufmerksamkeitsstörungen. Berlin 1980; Holender, D.: Semantic activation without conscious identification in dichotic listening parafoveal vision and visual masking: a survey and appraisal. BBS 9, 1976, S. 1–76; Isenberg, L. u. a.: Attentional processing and the independence of colour and orientation. JExP: HPP 16, 1990, S. 869–878; Jaspers, K.: Allg. Psychopathologie, (6. Aufl.), Berlin 1953; Jung, R.: Neurophysiologie u. Psychiatrie. In: Gruhle, H. W. u. a. (Hg.): Psychiatrie der Gegenwart, Bd. I/1a. Berlin 1967; Moray, N.: Attention: selective processes in vision and hearing. London 1969; Moray, N.: Mental work load. New York 1979; Mostofsky, D. (Hg.): Attention: contemporary theory and analysis. New York 1970; Müller, G. E.: Komplextheorie u. Gestalttheorie. Göttingen 1923; Neisser, U.: Kognitive Ps. Stuttgart 1974 (Orig.: 1967); Neisser, U.: Kognition u. Wirklichkeit. Stuttgart 1978 (Orig.: 1976); Neumann, O.: Aufmerksamkeit. In: Ritter, J. (Hg.): Histor. Wörterbuch der Philosophie, 1. Bd. Basel 1971; Neumann, O. (Hg.): Perspektiven der Kognitionsps. Berlin 1985, S. 185–231; Neumann, O.: Visual attention and action. In: Neumann, O. u. Prinz, W. (Hg.): Relationships between perception and action: current approaches. Berlin 1990; Neumann, O.: Konzepte der Aufmerksamkeit. Entstehung, Wandlungen u. Funktionen eines ps. Begriffs. München 1992 (Habil.-Schrift); Neumann, O.: Theorien der Aufmerksamkeit: von Metaphern zu Mechanismen. PRu 43, 1992, S. 83–101; Prinz, W.: Unwillkürl. Aufmerksamkeit. In: Meinecke, C. u. Kehrer, L.: Bielefelder Beiträge zur Kognitionsps. Göttingen 1990, S. 49–76; Rohracher, H.: Einführung in die Ps. Wien 1971 (10. Auf.); Säring, W. Aufmerksamkeit. In: von Cramon, D. u. Zeal, J. (Hg.): Neurops. Rehabilitation. Berlin 1988; Schweizer, K.: Kognitive Korrelate der Intelligenz. Göttingen 1995; Treisman, A. u. Gelade, G.: A feature integration theory of attention. CP 12, 1980, S. 97–136; van der Heijden, A. H. C.: Selective attention in vision. New York 1991; van der Heijden, A. H. C.: Visuelle Wahrnehmung, Modularität, Aufmerksamkeit u. der Informationsverarbeitungsansatz. In: Hildebrandt, H. u. Scheerer, E. (Hg.): Interdisziplinäre Perspektiven der Kognitionsforschung. Frankfurt/M. 1993, S. 157–184; Venzky-Stalling, I.: Zusammenhänge zw. dem Aktivierungsniveau u. Merkmalen des Fixationsmusters bei kognitiver Beanspruchung. Frankfurt/M, 1989; Warm, J. S. (Hg.): Sustained attention in human performance. New York 1984; Wurtz, R. H. u. a.: Neuronale Grundlagen der visuellen Aufmerksamkeit. In: Ritter, M. (Hg.): Wahrnehmung u. visuelles System. Heidelberg 1986, S. 58–67; Yantis, S. u. Jonides, J.: Abrupt visual onset and selective attention: voluntary vs. automatic allocation. JExP: HPP 16, 1990, S. 121–134; Zubin, J.: The problem of attention in schizophrenia. In: Kitzman, M. L. u. a. (Hg.): Experimental approaches to psychopathology. New York 1975, S. 139–166.

Aufmerksamkeitshypothese der Angst → Leistungsangst.

Aufmerksamkeitskanal → Informationsverarbeitungstheorien; → Filtertheorie; → Ressourcentheorie.

Aufmerksamkeitskapazitäts-Modell. Das Kzpt. war in den 70er bis in die 80er Jahre hinein die quasi axiomat. vorausgesetzte These der → Aufmerksamkeit. Dieses Modell bestimmt, wie Neumann (1985) es pointiert formuliert, als den Grundsachverhalt der Aufmerksamkeit nicht ein *Vermögen*, sondern ein *Unvermögen*: die Unfähigkeit des Menschen, die gesamte, an der Sinnesperipherie verfügbare Information zu verarbeiten. Man dachte sich die begrenzte Aufmerksamkeitskapazität im Sinne eines »Flaschenhals-Modells« o. einer »Schlauch-Metapher«. Die Urform des Modells war der *Kommunikationskanal* (→ informationstheoretische Psychologie), der nur eine bestimmte Informationsmenge pro Zeiteinheit (Bit-Rate) übertragen kann. Das *P-System* (*P* für *perception*) in Broadbents → Filtertheorie war ein solcher Kanal, der von einem vorgeschalteten Filter davor geschützt wurde, durch zuviel Input überlastet zu werden.

Die anderen Aspekte der Aufmerksamkeit, die für die früheren Theorien bestimmend gewesen waren, wurden auf begrenzte Kapazität der Aufmerksamkeit zurückgeführt: (a) → selektive Aufmerksamkeit sei erforderl., um eine Überlastung der Kanalkapazität zu vermeiden; (b) eine innere Aktivität ist die Aufmerksamkeit insofern, als die Selektion eine Steuerung der Kapazitätszuweisung verlangt, der eine bestimmte »Verteilungs-Politik« zugrunde liegt; (c) der Herausgehobenheit beachteter Inhalte im Bewusstseinskontext entspricht, dass nur durch Kapazitätszuweisung die Informationsverarbeitung über eine grobe, globale Form der Repräsentation hinausgelangen kann.

Es lassen sich drei hauptsächl. Varianten des A. unterscheiden: (a) die erste ordnet die Kapazität spezif. neuroanatom. Strukturen zu, z. B. den beiden Hemisphären; vgl. Kinsbourne u. Hicks (1978); (b) die zweite identifiziert sie mit Teilsystemen, die das physiolog. Erregungsniveau regulieren; vgl. Sanders (1983); (c) die dritte, breiteste Spielart des Ansatzes vermeidet jede derartige Konkretisierung u. spricht allg. von → *Ressourcen*, zu denen z. B. Anstrengung, Gedächtnis-Kapazität. u. Kommunikationskanäle o. Verarbeitungsstufen, Sinnesmodalitäten, motor. Systeme u. Hemisphären gerechnet werden; vgl. Norman u. Bobrow (1975); Navon u. Gopher (1979); Wickens (1980).

Weiterentwicklung: Die Forschung zeigte, dass die Übertragungsleistung keineswegs konstant ist, sondern durch Übung u. bei bestimmten Reiz-Reaktions-Paarungen sogar gegen unendl. gehen kann. Aus dieser empir. Problematik ergaben sich Änderungen des Modells: Moray (1967) schlug vor, die begrenzte Kapazität nicht als die eines *Übertragungskanals* zu konzipieren, sondern als die des → zentralen Prozessors eines Computers: wie viel von dieser Kapazität ein Computerprogramm benötigt, hängt nicht allein von der eingegebenen Informationsmenge ab, sondern auch von den verlangten Operationen, u. weiterhin kann eine Operation je nach Geschick des Programmierers so programmiert werden, dass sie viel o. wenig Kapazität benötigt. Die zweite Alternative waren die sog. *Zwei-Prozess-Theorien*, die v. a. mit dem Kzpt. → *automat. vs. kontrollierte Informationsverarbeitung* operieren, von denen die erste keine Kapazität benötigt, während die zweite nur über begrenzte Kapazität verfügt (Neumann 1984 weist darauf hin, dass es sich im Wesentl. um eine Wiederentdeckung von Wundts Kzpt. der → Apperzeption handelt). Aus einer zusätzlichen Schwierigkeit des Modells ergab sich noch eine Weiterentwicklung: Interferenz bei einer → Doppelaufgabe entsteht nicht, wie das ursprüngl. Kapazitäts-Modell postuliert, durch Konkurrenz um eine unspezif. zentrale Kapazität (wb. es dann gleichgültig sein sollte, welche Arten von Aufgaben zugleich auszuführen sind), sondern die Interferenz ist von der Aufgabenpaarung abhängig u. insbes. dann groß, wenn die zu kombinierenden Aufgaben einander in bestimmter Hinsicht ähnl. sind, z. B. dieselbe Sinnesmodalität u. dasselbe motor. System beanspruchen; vgl. Neumann (1983) u. Wickens (1980). Die Reaktion darauf war, dass das Modell einer *unspezif.* Kapazität durch die eine Mannigfaltigkeit *spezif.* Kapazitäten ersetzt worden ist, aus dem *Einkanal*-Modell wurde damit ein *Vielkanal*-Modell (Allport u. a. 1972), aus dem *Prozessor-* ein *Multiprozessor-Modell* (Sanders 1979) u. aus den *unspezif. Kapazitätsvorräten* Kahnemans (1973) ein System von *spezif.* Ressourcen (→ Ressourcentheorie); vgl. Sanders (1983). Grundannahme ist, dass es eine Reihe modular organisierter Prozessoren gibt, die grundsätzl. parallel arbeiten können, ohne sich gegenseitig zu behindern; vgl. Allport u. a. (1972).

VD/KR: Die krit. Analyse des A. führt in die Grundprobleme der kognitiven Ps. überhaupt u. kennzeichnet eine v. a. im deutschen Raum erfolgte paradigmat. Wende, welche die renommierten klass. Aufmerksamkeitstheorien überwindet. (a) Eine grundsätzl. Kritik postuliert eine Vermengung von *deskriptiver* u. *explanativer* Funktion des Kapazitätsbegriffs: Im *deskriptiven* Sinne bezeichne das Kapazitäts-Kzpt. nichts anderes als die klass. *Enge der Aufmerksamkeit* (→ Aufmerksamkeitsspanne) bzw. die allg. Leistungsgrenzen des Gehirns, was als solches noch ohne Erklärungswert sei. Diese allg. Hypothese lasse sich jedem Befundmuster anpassen u. ergebe insges. eine *vermögensps.* Scheinerklärung; vgl. hierzu Neumann (1985, 1987), der von dieser Kritik ausdrückl. diejenigen Theorien ausschließt, die mit konkreten neuroanatom. Strukturen u. Systemen operieren (wie z. B. Sanders 1971, 1983) u. Aufmerksamkeitsphänomene mit einer Reihe unabhängiger Variablen zusammenbringen. Nach Neumann ist Selektivität nicht die Folge der begrenzten Kapazität, sondern es ist umgekehrt: aus der Selek–

tivität der Aufmerksamkeit folgt ihre Begrenztheit. (b) Überhaupt führt der arbeits- u. ingenieurps. Hintergrund der modernen Aufmerksamkeitstheorien zu einem spezif. Leistungsbegriff, der v. a. an den Begrenzungen u. Beschränkungen des menschl. Systems interessiert ist, als solcher aber noch keinen sinnvollen ps. Leistungsbegriff ergibt; vgl. hierzu Neumann (1979). (c) Speziell widersprechen folgende empir. Ergebnisse dem Modell: Ein wesentl. Teil der Interferenz, z. B. beim → dichotischen Hören, ist *modalitätspezif.*, also kein Ausdruck der Überlastung einer *allg.* Variablen. Die Grenzen des Beachtens fallen keineswegs mit den Grenzen der Verarbeitung von Reizinformationen zusammen, da auch nichtbeachtete Wörter z. B. einen psychogalvan. Reflex auslösen können u. selbst unter Narkose gehörte Wörter tlw. verarbeitet werden können. Auch die Experimente zur → subliminalen Wahrnehmung zeigen, dass es Verarbeitungsprozesse jenseits der bewussten Aufmerksamkeit gibt, dass also die Verarbeitungskapazität nicht die Enge der Aufmerksamkeit determinieren kann. (d) Auch der Sachverhalt, dass nicht nur das Beachten, sondern auch das *Nicht-Beachten* eine Aufmerksamkeit ist, die misslingen kann, kann schlecht erklärt werden, v. a. von den Ressourcen-Theorien, bereitet hingegen auf den ersten Blick den Zwei-Prozess-Theorien keine Probleme; sie nehmen an, dass dies dann nicht gelingt, wenn automatisierte Aufmerksamkeitsprozesse betroffen sind. Nach Neumann jedoch kann dies zwar eine Rolle spielen, entscheidend für das Misslingen des Ignorierens ist aber, dass die unerwünschte Information in die Verarbeitung eindringt, weil sie von dem Fokussieren, das die Entnahme der erwünschten Information bewirkt, mitprofitiert. Speziell die visuelle Aufmerksamkeit hat nach Neumann nichts mit den Leistungsgrenzen des visuellen Systems o. seiner Teilsysteme zu tun, die Beschränkung liegt in der Unmöglichkeit, voneinander unabhängige perzeptive Einheiten an verschiedenen Orten zugleich zu fokussieren, nicht in der Art der Information, die simultan verarbeitet werden kann; vgl. auch Wolff (1977); Moray (1967). In eine ähnl. Richtung gehen die krit. Ansätze von Allport (1987, 1989) u. van der Heijden (1990).

LIT: Zu einer zsfd. Darstellung vgl. Neumann (1985ff.).

◆ Allport, D. A. u. a.: On the division of attention: a disproof of the single channel hypothesis. QJEP 24, 1972, S. 225–235; Allport, D. A. u. a. (Hg.): Language, perception and production. London 1987; Allport, D. A.: Selection for action: Some behavioural and neurophysiological considerations of attention and action. In: Heuer, H. u. Sanders, A. (Hg.): Perspectives on perception and action. Hillsdale 1987; Allport, D. A: Visual attention. In: Posner, M. I. (Hg.): Foundation of cognitive science. Cambridge 1989; Broadbent, D. E.: Perception and communication. New York 1958; Kahneman, D.: Attention and effort. Englewood Cliffs 1973; Kinsbourne, M. u. Hicks, R.: Functional cerebral space: a model for overflow, transfer, and interference effects in human performance: a tutorial review. In: Requin, J. (Hg.): Attentional performance 7. Hillsdale 1978; Moray, N.: Where is capacity limited? A survey and a model. AP 27, 1967, S. 84–92; Navon, D. u. Gopher, D.: How is performance limited: testing the notion of central capacity. AP 46, 1980, S. 161–180; Navon, D. u. Gopher, D.: On the economy of the human processing system. PR 86, 1979, S. 214–255; Neisser, U.: Kognition u. Wirklichkeit. Stuttgart 1978; Neumann, O.: Bemerkungen zum Leistungsbegriff der Kognitionsps. Bericht Nr. 12. Ps. Institut der Ruhr-Universität Bochum, Arbeitseinheit Kognitionsps. 1979; Neumann, O.: Zusammenhang zw. Enge u. Selektivität der Aufmerksamkeit. Bericht Nr. 19 der Arbeitseinheit Kognitionsps. der Ruhr-Universität Bochum. 1983; Neumann, O.: Automatic processing: a review of recent findings and a plea for on old theory. In: Prince, W. u. Sanders, A. F. (Hg.): Cognition and motor processes. Berlin 1984; Neumann, O.: Die Hypothese begrenzter Kapazität u. die Funktion der Aufmerksamkeit. In: Neumann, O. (Hg.): Perspektiven der Kognitionsps. Berlin 1985, S. 185–231; Neumann, O.: Beyond capacity: a functional view of attention. In: Heuer, H. u. Sander, A. F. (Hg.): Perspectives on perception and action. Hillsdale 1987; Neumann, O.: Theorien der Aufmerksamkeit: von Metaphern zu Mechanismen. PRu 43, 1992, S. 83–101; Norman, D. A. u. Bobrow, D. S.: On data-limited and ressource-limited processes. CP 7, 1975, S. 44–64; Sanders, A. F.: Ps. der Informationsverarbeitung. Bern 1971; Sanders, A. F.: Some remarks on mental load. In: Moray, N. (Hg.): Mental work load. New York 1979; Sanders, A. F.: Towards a model of stress and human performance. AP 53, 1983, S. 61–97; van der Heijden, A. H. C.: Visual information processing and selection. In: Neumann, O. u. Prinz, W. (Hg.): Relationships between perception and action: current approaches. Berlin 1990, S. 203–226; Wickens, C. D.: The structure of attentional ressources. In: Nickerson, R. S. (Hg.): Attention and performance. Hillsdale 1980; Wolff, P.: Entnahme der Identitäts- u. Positionsinformation bei der Identifikation tachistoskop. Buchstabenzeilen. Diss. Bochum 1977.

Aufmerksamkeitsspanne, der durch die Anzahl gleichzeitig deutl. wahrnehmbarer Objekte bestimmte Umfang der → Aufmerksamkeit. Übereinstimmend wird die A. von allen Autoren mit 4 bis 8 Objekten angegeben; vgl. Wirth (1902, 1908); Dürr (1907); Mager (1930); Port (1955); Woodworth u. Schlossberg (1954); s. a. das Stw. → Gedächtnisspanne. Zum Verhältnis der A. zum → Kurzzeitgedächtnis vgl. Neisser (1974). Bisweilen wird ein spezieller modularer Prozess postuliert, der die Zahl von kognitiven Elementen in einem Feld bestimmen kann, ohne sie zu zählen.

T: Eine begriffl. Trennung der A. vom »Bewusstseinsumfang« nimmt Wundt (1891) vor; nach ihm ist der »Umfang der Apperzeption« o. »Umfang der Aufmerksamkeit« dem »Blickpunkt des Bewusstseins« zugeordnet, während der »Bewusstseinsumfang« alle im »Blickfeld des Bewusstseins« anwesenden Inhalte umfasst. Operational ist die A. bei Wundt durch die Leistung bei der Benennung o. beim Zählen kurzzeitig dargebotener Reize definiert, der Bewusstseinsumfang durch die Schwelle für die Unterscheidung einander ähnlicher aufeinander folgender Reize.

◆ Dürr, E.: Die Lehre von der Aufmerksamkeit. 1907; Mager, A.: Zur Frage der Enge des Bewußtseins. Arch. Ges. Psychol. 74, 1930, S. 163–172; Neisser, U.: Kognitive Ps. Stuttgart 1974 (Orig.: 1967); Port, K.: Die Enge des Bewußtseins. 1955; Wirth, W.: Zur Theorie des Bewußtseinsumfangs u. seiner Messung. Philos. Stud. 20, 1902, S. 487–669; Wirth, W.: Die experimentelle Analyse der Bewußtseinsphänomene. 1908; Woodworth, R. S. u. Schlossberg, H.: Experimentelle Ps. New York 1954; Wundt, W.: Grundzüge der Physiolog. Ps. 1893; Wundt, W.: Über die Methoden der Messung des Bewußtseinsumfangs. Philos. Stud. 1891, S. 25–260.

Aufmerksamkeitstheorie → Aufmerksamkeit.

Auftretenshäufigkeit → verbales Lernen.

Aufwärmeffekt [auch *Anwärmeffekt*], besteht darin, dass die volle Leistung bei einer bestimmten Aufgabenstellung erst nach einer gewissen Zeitdauer der Beschäftigung mit dieser Aufgabe erreicht wird wb. dieses Warmwerden nicht einmal unbedingt mit der eigentl. Arbeit selbst stattfinden muss; s. a. das Stw. → Aufwärmverlust.

◆ Hörmann, H.: Bedingungen für das Behalten, Vergessen u. Erinnern. In: Bergius, R. (Hg.): Lernen u. Denken. HP, 1. Bd., 2. Hlb. Göttingen 1964, S. 225–284; Zieschang, K.: Aufwärmen beim motor. Lernen, Training u. Wettkampf. Sportwissenschaft 8, 1978, S. 235–251.

Aufwärmverlust [auch *Anwärmverlust,* engl. *warm-up-decrement*], das Phänomen, dass nach Pausen u. U. die Leistung nachlässt, was als Verlust an »Warmgewordensein« (→ Anwärmeffekt) gedeutet wird. Der Effekt ist wissenschaftl. umstritten. Gegenläufig ist das Phänomen der → Reminiszenz.

◆ Adams, J. A.: The second facet of forgetting: a review of warm-up-decrement. PBu 58, 1961, S. 257–273; Hörmann, H.: Bedingungen für das Behalten, Vergessen u. Erinnern. In: Bergius, R. (Hg.): Lernen u. Denken. HP, 1. Bd., 2. Hlb. Göttingen 1964, S. 225–284.

Aufwertungsprinzip → naive Varianzanalyse.

Auge-Kopf-System → Bewegungssehen.

Augenbewegungen. A. sind die motor. Komponenten des → Sehens u. auch Denkens; wichtig sind v. a. sprunghafte Bewegungen (*Sakkaden*), die bei der visuellen Durchmusterung von Vorlagen stattfinden. Die grundsätzl. Bedeutung von A. erkennt man am Effekt der *Retina-Stabilisation*: dabei wird

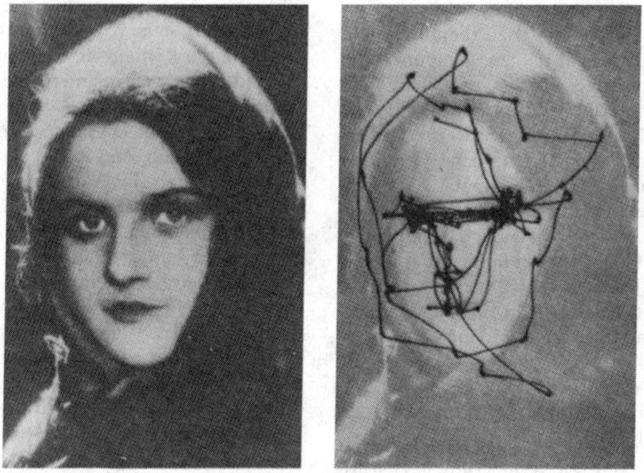

Abb. *Wahrnehmung 17*

durch eine ausgeklügelte Versuchsmethodik bewirkt, dass eine gegebene Abbildung immer auf dieselbe Netzhautstelle fällt, u. dies hat das Ergebnis, dass der Reiz nicht mehr wahrgenommen wird; vgl. Coren (1971). Das Bild verflüchtigt sich aber nicht einfach, sondern verschwindet in ganz bestimmten sinnvollen Stücken; vgl. hierzu Lindsay u. Norman (1981). A. spielen eine wichtige Rolle in der → Raumwahrnehmung. Ein Problem ist die subjektiv erlebte Umweltstabilität trotz A.: → Reafferenz. Insges. zählt die Steuerung der Oculomotorik (Steuerung des Auges) u. der Blickmotorik (Steuerung beider Augen) zu den kompliziertesten u. faszinierendsten Beispielen der sensomotor. Integration; Einzelheiten u. pathophysiolog. Gesichtspunkte finden sich bei Schmidt u. Thews (1985). Die Abb. *Wahrnehmung 17* zeigt die A. beim Betrachten eines Gesichtes.

Die Augenbewegungsforschung, die bereits vor 100 Jahren begann, spielt eine wichtige Rolle innerhalb der Analyse visueller u. kognitver Prozesse, v. a. beim → Lesen, aber auch beim Denken, da A. messbare Indikatoren für solche Prozesse darstellen (vgl. Groner u. Fraisse 1982; Lomow u. Vergiles 1980). Auch die angewandte Ps. benutzt dieses Instrument, z. B. in der Sportps. o. auch der Werbeps. bei der Analyse, wie Werbebilder wahrgenommen werden; vgl. z. B. Bernhard (1977).

Forschungsergebnisse zu A. beim Lesen: Das Auge nimmt die Zeile beim Lesen nicht in gleichmäßigen Teilen nacheinander wahr, sondern springt von einer Fixationsstelle zur anderen. Ein Sprung dauert nur 5–10 msec. Er ist *ballist.*, d. h. der Zielpunkt liegt von Anfang an fest, die Richtung kann während des Sprungs nicht geändert werden. Danach folgt eine *Stillstandsphase* (*Fixation*) für etwa 200 bis 250 msec. Dauer. Der Fixationspunkt fällt dabei genau in die *Fovea*, also den Bereich des schärfsten Sehens auf der Netzhaut. Nur während der Fixaktion wird Information aufgenommen, denn beim Springen ist das Schriftbild verwischt. Die Informationsaufnahme findet einmal im fovealen Feld um den Fixationspunkt statt, in das etwa 10 Buchstaben fallen. Informationen werden aber auch außerhalb des fixierten Feldes ausgewertet, wo die Sehstärke stark nachlässt. Beim *peripheren* Sehen sind nur grobe Merkmale der Schrift, wie z. B. Wortumrisse, Großbuchstaben, Wortlänge, erkennbar. Diese Information wird wahrscheinl. dazu benutzt, eine Entscheidung über den Zielpunkt des nächsten Augensprungs zu fällen. Dies bedeutet, dass jede fixierte Textstelle zweimal ausgewertet wird, zuerst grob beim *peripheren* Sehen, dann detailliert beim *fovealen* Sehen. Generell zeigt sich, dass die Anzahl der Fixationen, ihre Dauer u. die Anzahl der Rücksprünge mit der Geübtheit der Leser u. der Leichtigkeit der Texte abnehmen, was darauf hinweist, dass A. nicht nur niedere Verarbeitungsprozesse der Buchstaben- u. Worterkennung anzeigen, sondern auch höhere Verarbeitungsprozesse der semant. Integration; vgl. Just u. Carpenter (1977, 1980).

VD: (1) Zur Differenzierung u. Klassifizierung von A.: *Mikrobewegungen*: (a) Die *Drift*-Bewegungen sind langsam u. ruhig u. betragen etwa eine Bogenminute (1/60 Grad pro Sekunde). (b) Der *Fixationstremor* o. *physiolog. Nystagmus* ist eine hochfrequente Oszillations- o. Zitterbewegung, die mit einer Frequenz von 50 hz ungefähr eine Bogenminute füllt. Dieser *Mikrotremor* beider Augen ist erforderlich, weil die Fotosensoren auf einen Dauerreiz schnell adaptieren (s. o.). (c) *Mikrosakkaden* sind schnelle, in unregelmäßigen Intervallen auftretende Blicksprünge mit der Funktion, die exakte Fixationsstellung des Auges, die durch Blickbewegungen verändert wurde, wieder herzustellen, sie treten bis zu 4-mal pro Sekunde auf u. betragen etwa 5 bis 10 Bogenminuten. (2) *Makrobewegungen* dienen in erster Linie zur Veränderung der Fixationshaltung im Zusammenhang mit der Exploration des Reizfeldes; folgende Klassen von Makrobewegungen existieren: (a) *sakkad. Bewegungen*, *Sakkaden* o. *Blicksprünge* s. o.; (b) *Konvergenz-* u. *Divergenzbewegungen*: A., bei denen die Sehachsen beider Augen zueinander verschoben werden (→ Konvergenz); *konjungierte A.* liegen vor, wenn beide Augen gemeinsam bewegt werden, wenn sie z. B. frei im Raum umherblicken; (c) *Blickfolgebewegungen*: kontinuierl. Bewegungen, die mit geringerer Geschwindigkeit als die Sakkaden verlaufen (allerdings erhebl. schneller starten können) u. die Fixation von Reizobjekten bei Bewegungen herzustellen bzw. aufrechtzuerhalten versuchen.

(2) Unsere Augen springen beim visuellen Abtasten stets von einer Stelle zur nächsten, wir können also ein unbewegtes Bild nicht wahrnehmen, indem wir unsere Augen kontinuierl. darüber hinweggleiten lassen. Wenn man z. B. aus einem fahrenden Zug in die Landschaft blickt, so halten die Augen einen Fixationspunkt fest, während man sich seitl. an ihm vorbeibewegt; die Augen führen also eine langsame Augenfolgebewegung entgegen der Fahrtrichtung aus; sobald der fixierte Punkt zu entschwinden droht, sucht das Auge mit einer Sakkade in Fahrtrichtung einen neuen Fixationspunkt. Die ganze Sequenz – gleitende Augenfolgebewegungen (bspw. nach rechts) u. dann eine Sakkade (nach links) – wird *Nystagmus* genannt; da das eben dargelegte Bsp. eines für die Anpassung der Bewegung an die opt. Reizgröße ist, spricht man vom *optokinet.* Nystagmus (»*Eisenbahn-Nystagmus*«); die Sakkade wird auch als *Rückstellsakkade* bezeichnet. Experimentell wird ein *optokinet.* Nystagmus durch horizontal o. vertikal bewegte Hell-Dunkel-Streifen, die sich in einem Zylinder um die Vp bewegen, ausgelöst: Sobald eine Vp sich auf einem Drehstuhl zu drehen beginnt, versucht sie den gerade fixierten Punkt mit den Augen festzuhalten, ganz ähnl. wie bei der Eisenbahn; es kommt zu einer langsamen Gegenbewegung der Augen, die nur bis zu einem gewissen Punkt mögl. ist; anschließend springt das Auge mit einer Sakkade in Drehrichtung auf einen neuen Fixationspunkt. Es entsteht also wiederum ein Nystagmus, diesmal ein *Dreh-Nystagmus*; er ist einerseits durch die Relativbewegungen des opt. Reizes bedingt, insoweit also ein optokinet. Nystagmus, hat aber auch eine *vestibuläre* Komponente, denn die Drehbewegung aktiviert die Sensoren des Gleichgewichtsorgans. Wird nach längerer gleichförmiger Drehung plötzl. gestoppt, so kommt es noch für eine Weile zu einem *postrotator. Nystagmus* in die Gegenrichtung; s. a. das Stw. → optomotorische Reaktion.

LIT: Eine einführende Darstellung der Messapparate findet sich in Brickenkamp (1986); über die Weiterentwicklung der Messmethodik u. Erkenntnisfortschritte, sowohl im Grundlagen- wie im Anwendungsbereich, informieren Kongressberichte der European Group For Eye Movement Research (Gale u. Johnson 1984; O'Regan u. Levy-Schoen 1987), Berichte über Internationale Symposien zur Augenbewegungsforschung (z. B. Groner u. a. 1985) sowie Monographien (z. B. Yarbus 1967; Ditchburn 1973; Monty u. Senders 1976); einen Überblick über die Verwendung von A. für die Analyse kognitiver Prozesse gibt Lüer (1988); eine tief schürfende Analyse der Bedeutung von Blickbewegungen für das Wahrnehmungslernen, speziell der Frage, warum die winzige Fovea zentralis ständig umherbewegt werden muss, statt dass die gesamt Retina mit derselben hohen Empfindlichkeit ausgestattet ist, so dass das Auge starr bleiben könnte, liefert Wolff (1985); zur Bedeutung gestörter A. für die Erklärung kognitiver u. visueller Störungen bei geistig u. körperl. behinderten Kindern vgl. Wehr-Herbst (1988); zur Bedeutung von A. im Sport, bes. im Fangen u. Schlagen von Bällen, vgl. Schmidt (1987) u. Ritzdorf (1982); eine Überblicksdarstellung zum Zusammenhang von Blickbewegungen u. sprachl.-kognitiven Prozessen vgl. Winterhoff (1980).

◆ BALLSTAEDT, S.: Texte verstehen, Texte gestalten. München 1981; BERNHARD, U.: Die Bedeutung u. Verwendung der Blickregistrierung für den Werbetest. In: HARTMANN u. KOEPPLER (Hg.): Fortschritt der Marktps., 1. Bd. Frankfurt/M. 1977; BRICKENKAMP R. (Hg.): Handbuch apparativer Verfahren in der Ps. Göttingen 1986; COREN, S.: The use of Haidinger's brushes in the study of stabilized retinal images. Behaviour research methods and instrumentation 3, 1971, S. 295–297; DITCHBURN, R. W.: The eye movements and visual perception. Oxford 1973; GALE, A. G. u. JOHNSON, F. (Hg.): Theoretical and applied aspects of eye movement research. Amsterdam 1984; GIBSON, J. J.: The perception of the visual world. Boston 1950 (dt.: Die Wahrnehmung der visuellen Welt. Weinheim 1973); GRONER, R. u. FRAISSE, P. (Hg.): Cognition and eye-movements. Amsterdam 1982; GRONER, R. u. a.: Eye movements and human information processing. Amsterdam 1985; GRONER, R. u. a.: Eye movements and psychological functions: International views. Hillsdale 1985; HELLER, D.: Über das Elektrooculogramm beim Lesen. Erlangen-Nürnberg (Diss.) 1976; HELLER, D. u. KRÜGER, H.-P.: Die Sinnentnahme aus Texten in Abhängigkeit von der Schrift. ZEPP 10, 1978, S. 234–241; HOCHBERG, J.: Components of literacy: speculations and exploratory research. In: LEVIN, H. u. WILLIAMS, J.-P. (Hg.): basic studies on reading. New York 1970, S. 74–89; JERISON, H. J.: Evolution of the brain and intelligence. New York 1973; JUST, M. A. u. CARPENTER, P.A. (Hg.): Cognitive processes in comprehension. Hillsdale 1977; JUST, M. A. u. CARPENTER, P. A.: A theory of reading: from eye fixations to comprehension. PR 87, 1980, S. 329–354; LINDSAY, P. H. u. NORMAN, D. A.: Einführung in die Ps. Berlin 1981; LOMOW, B. F. u. VERGILES, N. J.: Motor. Komponente des Sehens. Darmstadt 1980; LÜER, G.: Kognitive Prozesse u. Augenbewegungen. In: MANDL, H. u. SPADA, H. (Hg.): Wissensps. München 1988, S. 386–400; MCCONKIE, G. W. u. RAYNER, K.: The span of the effectives stimulus during a fixation in reading. PaP 17, 1975, S. 578–586; MONTY, R. A. u. SENDERS, J. W. (Hg.): Eye movement and psychological processes. Hillsdale 1976; O'REGAN, J. K. u. LEVY-SCHOEN, A. (Hg.): Eye movements: from physiology to cognition. Amsterdam 1987; RAYNER, K.: The perceptual span and peripheral cues in reading. CP 1975, S. 65–81; RITZDORF, W.: Visuelle Wahrnehmung u. Antizipation. Schorndorf 1982; SCHMIDT, R. F. u. THEWS, G. (Hg.): Physiologie des Menschen. Berlin 1985 (22. Aufl.); SCHMIDT, G.: Wahrnehmungs- u. Reaktionsleistungen von Sportspielern. Ahrensburg bei Hamburg 1987; TREVARTHEN, C. B.: Modes of perceiving and modes of acting. In: PICK, H. u. SALTZMAN, E. (Hg.): Modes of perceiving and processing information. Hillsdale 1978; VENZKY-STALLING, I.: Zusammenhänge zw. dem Aktivierungsniveau u. Merkmalen des Fixationsmusters bei kognitiver Beanspruchung. Frankfurt/M. 1989; WEHR-HERBST, E.: Wahrnehmung u. Bewegung. Heidelberg 1988; WINTERHOFF, P.: Zum Zusammenhang von Blickbewegungen u. sprachl.-kognitiven Prozessen – ein Überblick. PRu 31, 1980, S. 271–276; WOLFF, P.: Wahrnehmungslernen durch Blickbewegungen. In: NEUMANN, O.: Perspektiven der Kognitionsps. Berlin 1985, S. 63–113; YARBUS, A. L.: Eye movements and vision. New York 1967.

Augengrau → Schwarz-Weiß-Sehen.

Augenkommunikation → Blickkommunikation.

Augenlidschlag-Konditionierung → Lidschlag-Konditionierung.

Augentremor → Augenbewegungen.

Auge-Stimme-Spanne → Eye-voice-span.

Augmentation principle → naive Varianzanalyse.

Ausdauer → Leistungsmotivation.

Aus-dem-Felde-gehen → Feldtheorie.

Ausdruck, die teils willkürl., teils unwillkürl. Veränderungen des Körpers, welche Rückschlüsse über die Psyche des Menschen erlauben, v. a. über seine → Emotionen, aber auch über soziale Aspekte, v. a. Abneigung o. Status. I. e. S. schließt der Begriff *A.* mim. Gebärden nicht mit ein, wie z. B. das Kopfschütteln für »Nein«, das kulturabhängig ist. Das wichtigste Medium des A. ist der → Gesichtsausdruck, des Weiteren die → Pantomimik, auch die → Gestik, die → Blickkommunikation sowie die räuml. Aspekte der sozialen Interaktion (→ Proxemik u. → Kinesik).

Unter Grundlagenaspekt von großer Bedeutung ist der Gefühls- bzw. Emotionsausdruck, die Tatsache also, dass ein A. u. U. Aufschluss über die »dahinter stehenden« Gefühle gibt; s. die Stw. → Emotionsdimensionen u. → Emotionstypen. Es ist aber ein theoret. Problem, ob es eine usprüngl. Konkordanz von A. u. Gefühl gibt, bisweilen wird z. B. die These vertreten, dass der Gesichtsausdruck der Säuglinge differenzierter als ihr eigentl. emotionales Erlebnis u. der Schluss vom A. auf das Gefühl deshalb nicht korrekt ist; vgl. zum Überblick über die Diskussion Dornes (1993). Im Bereich vokalen Vhs., also des Stimmausdrucks, ist es bisher nicht eindeutig gelungen, emotionstyp. Stimmuster nachzuweisen; vgl. hierzu Scherer (1981, 1986). Körperbewegungen scheinen für die Qualität einer Emotion nicht indikativ zu sein, können aber evtl. Informationen über die Intensität einer erlebten Emotion liefern (Ekman u. Friesen 1974). Allg. spielt beim Emotionsausdruck das Problem der Täuschung eine wichtige Rolle: Mim. Signale sind gut fälschbar, Körperhaltung u. Stimmlage weniger; es gibt z. B. interessante Untersuchungen zur Unterscheidung von echtem u. falschem → Lächeln. Die bes. Rolle des A., bes. des Gesichtsausdrucks bei der Erzeugung von Gefühlen, hebt die → Mimikfeedback-Hypothese hervor. Für eine Übersicht über die neuroanatom. Grundlagen der Mimik vgl. Rinn (1984). Die mögl. schädl. Konsequenzen von mangelnder Wahrnehmung u. gehemmtem A. emotionaler Prozesse werden in der Psychosomatik im Rahmen des Kzpts. der *Alexithymie* diskutiert; vgl. Gerhards (1988).

TH: Nach Darwins Theorie sind Ausdrucksbewegungen rudimentäre Reste von Bewegungen, die einen evolutionären Sinn haben; z. B. vergrößern o. verkleinern bestimmte Brauenbewegungen das Gesichtssfeld u. üben Einfluss auf die Akkomodation der Augen aus, was bei überraschenden bzw. gefährl. Situationen wichtig ist u. auch die Verletzlichkeit des Augapfels verringert. Darwin nahm drei evolutionäre Prinzipien an: (a) Das *Prinzip der zweckdienl. Gewohnheiten* besagt, dass der Emotionsausdruck ursprüngl. eine zielgerichtete Vhsweise war, wie z. B. das Entblößen der Zähne, welches das Beißen des Gegners einleitete, später eine entsprechende Drohgebärde wurde u. dann zum A. von Emotionen »degenerierte«. (b) Das *Prinzip des Gegensatzes* besagt, dass Emotionen, die inhaltl. entgegengesetzt sind (z. B. Freude vs. Trauer), sich auch in einem entgegengesetzten Gesichtsausdruck bemerkbar machen (Mundwinkel nach oben vs. nach unten gezogen, Mund offen vs. geschlossen). (c) Emotionsausdruck als *direkte Wirkung des Nervensystems* zeigt sich v. a. bei stärkeren Erregungszuständen, in denen Nervenenergie direkt zu spezif. Effektoren geleitet wird (Zusammenpressen der Zähne bei Wut, Erröten bei Wut o. Scham). Ein neuerer Vertreter dieses Ansatzes ist Tomkins (1962/63); eine Übersicht über etholog. Ansätze liefert Eibl-Eibesfeldt (1978; 1982); zu verwandten Ausdrucksbewegungen von Schimpanse u. Mensch vgl. Eibl-Eibesfeldt (1986), zum Überblick über den Gesichtsausdruck im Tierbereich vgl. Redican (1975). Die Bedeutung der kulturellen Überformung wird dagegen in folgenden Ansätzen betont: Klineberg (1938), LaBarre (1947); der heute bekannteste Vertreter ist Birdwhistell (s. das Stw. → Kinesik). Eine neue integrative Theorie ist die sog. *neurokulturelle Theorie des A.* (Ekman, 1982, 1988) mit der zentralen Annahme, dass ein neurolog. gesteuerter Gesichtsausdruck für alle Menschen gleich ist – Emotionen wie Freude, Ärger, Überraschung, Furcht, Ekel u. Trauer werden durch ein *Affektprogramm* gesteuert, während Auslöser u. Vhskonsequenzen weitgehend kulturdeterminiert sind – *display rules* (*Darbietungsregeln*) bestimmen, wer welches Gefühl in welcher Situation wem gegenüber zu welchem Zeitpunkt zeigen darf u. welche von vier Techniken zur Regulierung des Gesichtsausdrucks (Vergrößern, Verkleinern, Maskieren u. Neutralisieren) anzuwenden sind.

Zum *Ausdrucksverstehen*: Eine wesentl. Theorie operiert mit dem Zentralkzpt. der *Nachahmung*; sie beinhaltet, dass A. über eine Tendenz zur Nachahmung, die einen dem wahrgenommenen A. korrespondierenden Affekt erzeugt, entsteht; Hauptvertreter dieser Theorie sind Lipps, Klages u. später Rohracher; Rohracher basiert seine Version der Nachahmungstheorie, die *Rudimententheorie*, auf dem → ideomotorischen Gesetz: bspw. erzeugt ein trauriges Gesicht gem. diesem Ansatz bei demjenigen, der dieses Gesicht sieht, einen winzigen Anstoß, das eigene Gesicht in dieselbe Muskelstellung zu versetzen, wodurch eine Spur von Traurigkeit entsteht, welche das Verstehen des fremden Gesichtsausdrucks erzeugt; zum Überblick über weitere Ansätze vgl. Holzkamp (1965).

HI: A. war v. a. in der deutschsprachigen Ps. ein wichtiges Forschungsthema u. bis in die 70er Jahre hinein auch Prüfungsfach des Diplomstudienganges. Die Bezeichnung *Ausdrucksps.* i. e. S. des Wortes wird v. a. für diese aus der deutschsprachigen Persönlichkeitsps. u. Charakterkunde stammende Tradition verwendet, die eine abschließende Gesamtdarstellung im 7. Bd. des *Handbuchs der Ps.* findet (Kirchhoff 1965) – Robert Kirchhoff ist der letzte große Vertreter dieser Psychologietradition. Klass. Arbeiten dieses Ansatzes sind: Klages (1950); Lersch (1932); Bühler (1933) ist eine Ausdruckstheorie, die ebenfalls in dieser Tradition steht, aber mit eigenständigen Gedankengängen deren Rahmen sprengt. In dieser Tradition wurde A. v. a. auch als diagnost. Instrument benutzt; wichtig war hier insbes. auch die Graphologie, ein Ansatz, der von der modernen ps. Diagnostik sehr skept. betrachtet wird; zum Überblick über moderne grapholog. Ansätze vgl. Müller u. Enskat (1993). Die moderne Ps. des A. betont in weit stärkerem Maße sozialps. Aspekte u. läuft demgem. eher unter dem Stw. → nonverbale Kommunikation. Eine neue Ausdrucksps. wurde im angloamerikan. Raum v. a. durch die Arbeiten von Ekman begründet (vgl. Ekman 1974ff.; weitere Literaturangaben zu seinen Arbeiten finden sich unter dem Stw. → Gesichtsausdruck). Dieser Ansatz betont in stärkerem Maße als die klass. Ausdrucksps. den empir. u. quantitativen Aspekt; durch den techn. Fortschritt bedingt stehen auch wesentl. differenziertere Aufzeichnungs- u. Analysemethoden zur Verfügung, so dass auch die dynam. Aspekte des A. stärker berücksichtigt werden können.

LIT: Zur Geschichte des A.-Begriffs vgl. Kirchhoff (1965); zum Ausdrucksverhalten bei der Aufnahme sozialen Kontakts speziell beim Werbe- u. Flirtvh. vgl. Rost (1990), der bes. emotionsps. Aspekte hervorhebt; zu pathologischen Aspekten des A. vgl. Hertel (1965).

◆ Allport, F. M.: Social psychology. Boston 1924; Bühler, K.: Ausdruckstheorie. Stuttgart 1933; Darwin, C.: The expression of emotions in men and animals. London 1872 (dt.: Der Ausdruck der Gemüthsbewegungen bei den Menschen u. den Thieren. Stuttgart 1901); Dornes, M.: Der kompetente Säugling. Frankfurt/M. 1993; Eibl-Eibesfeldt, I.: Grundriß der vergleichenden Vhsforschung Ethologie. München 1978; Eibl-Eibesfeldt, I.: Liebe u. Haß. Zur Naturgeschichte elementarer Vhsweisen. München 1982; Eibl-Eibesfeldt, I.: Die Biologie des menschl. Vhs. München 1986; Ekman, P. u. Friesen, W. V.:

Detecting deception from the body or face. JPSP 29, 1974, S. 288–298; EKMAN, P. u. a.: Gesichtssprache: Wege zur Objektivierung menschl. Emotion. Wien 1974; EKMAN, P. u. FRIESEN, W. V.: The facial-action-coding-system: a technique for the measurement of facial movement. Palo Alto 1978; EKMAN, P. (Hg.): Emotions in the human face. New York 1982; EKMAN, P.: Gesichtsausdruck u. Gefühl. Paderborn 1988; ESPENSCHIED, R.: Das Ausdrucksbild der Emotion. München 1984; GERHARDS, F.: Emotionsausdruck u. emotionales Erleben bei psychosomat. Kranken. Opladen 1988; HERTEL, M.: Allg. Pathologie des Ausdrucks unter besonderer Berücksichtigung des Gesichtsausdrucks. In: KIRCHHOFF (1965) S. 309–350; HOLZKAMP, K.: Zur Geschichte u. Systematik der Ausdruckstheorien. In: KIRCHHOFF (1965) S. 39–117; IZARD, C. E. u. a.: The young infant's ability to produce discrete emotion expressions. DP 16, 1980, S. 132–140; IZARD, C. E.: Die Emotionen des Menschen. Weinheim 1981; KIRCHHOFF, R.: Zur Geschichte des Ausdrucksbegriffs. In: KIRCHHOFF (1965) S. 9–39; KIRCHHOFF, R. (Hg.): Ausdrucksps. HP, 7. Bd., Göttingen 1965, S. 351–421; KLAGES, L.: Grundlegung der Wissenschaft vom Ausdruck. Leipzig 1950; KLINEBERG, O.: Emotional expression in chinese literature. JASP 33, 1938, S. 517–520; LABARRE, W.: The cultural basis of emotions and gestures. JPers 16, 1947, S. 49–68; LERSCH, P.: Gesicht u. Seele. München 1932; MÜLLER, W. H. u. ENSKAT, A.: Grapholog. Diagnostik. Bern 1993; OSTER, H. u. EKMAN, P.: Facial behaviour in child development. In: COLLINS, W. (Hg.): Minnesota Symposia on Child Psychology, 11. Bd., 1978, S 231–276; REDICAN, W. K.: Facial expressions in nonhuman primates. In: ROSENBLUM, L. A. (Hg.): Primate behaviour, 4. Bd. New York 1975; RINN, W. E.: The neuropsychology of facial expression. A review of the neurological and psychological mechanisms for producing facial expressions. PBu 95, 1984, S. 52–77; ROST, W.: Emotionen: Elixiere des Lebens. Berlin 1990; SCHERER, K. R.: Speech and emotional states. In: DARBY, J. (Hg.): The evaluation of speech in psychiatry. New York 1981, S. 189–220; SCHERER, K. R.: Focal affect expression: A review and a model for future research. PBu 99, 1986, S. 143–165; TOMKINS, S. S.: Affect, imagery, consciousness, 2 Bde. New York 1962/63.

Ausdruck der Sprechstimme → vokale Kommunikation.

Ausdrucksmaxime → Konversationsmaximen.

Ausdruckspsychologie → Ausdruck.

Ausdruckstheorie → Ausdruck.

Ausdrucksverstehen → Ausdruck.

Ausfällung des Gemeinsamen → Problemlösen.

Ausführungsregel → Reaktionsexperiment; Erkennungsaufgaben; → Erkennen.

Ausführungs-Vorannahmen → Wille.

Ausgangswertproblem → physiologische Psychologie.

Auslassungsfehler → serielle Positionskurve; → serielles Lernen.

Ausschleifungstheorie → Spurentheorie.

Außergewöhnliche Bewusstseinszustände → Bewusstsein.

Außersprachliche Kommunikation → nonverbale Kommunikation.

Auswahlaxiom → probabilistische Nutzenstheorien.

Auswendiglernen → einfaches Lernen.

Auszeit [engl. *time out*], bei der → operanten Konditionierung zw. den einzelnen Durchgängen eingeschobene Pause. Dabei werden entweder die Reaktionen des Versuchstieres durch einen negativen Reiz unterdrückt o. das Tier wird durch eine bes. Vorrichtung, z. B. eine Barriere, das Zurückziehen des Reaktionshebels o. völlige Dunkelheit, am Reagieren gehindert. Es liegt also eine Art *Verstärkerentzug* vor. Diese Methode wird auch in der → Verhaltenstherapie verwendet.

◆ ANGERMEIER, W. F.: Kontrolle des Vhs. Berlin 1972; ANGERMEIER, W. F. u. PETERS, M.: Bedingte Reaktionen. Berlin 1973.

Autoaggression → Aggression.

Autobiographisches Gedächtnis, das → Gedächtnis für das eigene gelebte Leben, also die mentale Repräsentation der individuellen Biographie. Zahlreiche Untersuchungen galten der Genauigkeit des a. G.; zwei mehrfach replizierte Ergebnisse verdienen Beachtung: (a) dass die leichte Erinnerbarkeit eines Ereignisses dazu führt, seinen zeitl. Abstand zu unterschätzen, sog. *Teleskop-Effekt*; (b) dass das Datieren ein vorwiegend strateg. Prozess ist, der von Schlussfolgerungen aus erinnerten Fragmenten u. von zeitl. Vergleichen mit markanten Ereignissen (*landmark events*) Gebrauch macht. Auch das Thema der → infantilen Amnesie, also der Schwierigkeit bzw. Unfähigkeit, sich an Ereignisse der frühesten Kindheit zu erinnern, wird analysiert; vgl. Strube u. Weinert (1987).

HI/WÜ: Untersuchungen des a. G. waren über lange Zeit kein wichtiges Paradigma innerhalb der Gedächtnisps., obwohl Untersuchungen individueller Einfälle u. Erinnerungen im Bereich der akadem. Ps. Tradition haben, vgl. z. B. Colegrove (1899) o. Galton (1879); aber die Majorität der bis 1980 erschienenen u. bei Reichlin (1980) verzeichneten Studien liegt eindeutig im klin. Bereich u. ist vornehml. tiefenps. Ansätzen verpflichtet. Seither gibt es eine gewisse Renaissance des Forschungsthemas, das einerseits in der kognitivist. Orientierung der modernen Ps. u. andererseits im Forschungsinteresse für Alltagsphänomene begründet ist: Linton (1982) u. Wagenaar (1986) haben autobiograph. Selbstversuche durchgeführt, jeweils sechs Jahre lang, ähnl. auch White (1982), jedoch nur während eines Jahres; während dieser Zeit wurden Tausende von Erlebnissen aufgezeichnet u. nach einiger Zeit gedächtnisps. überprüft. Eine interessante Analyse stammt von Neisser, der die Aussagen John Deans, des wichtigsten Zeugen in der Watergate-Affäre, anhand später aufgefundener Tonbandaufzeichnungen der Gespräche, auf die sich seine Aussage bezog, analysierte. Bekannt geworden sind Experimente zu den sog. *Blitzlichterinnerungen* (*flashbulb memories*): So wurde z. B. gefragt, was Vpn getan hatten, als sie von der Ermordung John F. Kennedys u. ähnl. Ereignissen erfuhren.

LIT: Zum Überblick über den Forschungsstand vgl. Strube u. Weinert (1987); vgl. auch Kihlstrom (1981) u. Greenwald (1981).

◆ COLEGROVE, F. W.: Individual memories. AJP 10, 1899, S. 228–255; GALTON, F.: Psychometric experiments. B 1, 1879, S. 149–162; GREENWALD, G. H. (Hg.): The psychology of learning and motivation, 15. Bd. New York 1981, S. 201–236; KIHLSTROM, J. F.: On personality and memory. In: CANTOR, N. u. KIHLSTROM, J. F. (Hg.): Personality, cognition and social interaction. Hillsdale 1981, S. 123–149; LINTON, M.: Transformations of memory in everyday life. In: NEISSER, U. (Hg.): Memory observed: remembering in natural contexts. San Francisco 1982, S. 77–91; NEISSER, U.: John Dean's memory: a case study. C 9, 1981, S. 1–22; REICHLIN, R. E.: Early memories: a comprehensive bibliography. JIP 36, 1980, S. 209–218; STRUBE, G. u. WEINERT F. E.: Autobiograph. Gedächtnis: Mentale Repräsentation der individuellen Biographie. In: JÜTTEMANN, G. u. THOMAE, H. (Hg.): Biographie u. Ps. Berlin 1987, S. 151–167; WAGENAAR, W. A.: My memory: a study of autobiographical memory over six years. CP 18, 1986, S. 225–252; WHITE, R. T.: Memory for personal events. HL 1, 1982, S. 171–183.

Autokinetisches Phänomen, ein Phänomen des → Bewegungssehens, eine → Bewegungstäuschung: Ein stationärer Lichtpunkt, der in einem völlig dunklen Raum ohne weitere Orientierungsanhaltspunkte dargeboten wird, wird bei längerer Betrachtung als bewegt gesehen (*Punktschwanken*); Bsp.: das glühende Ende einer Zigarette in der Dunkelheit. Auch bei tiefstehenden Sternen kann das Phänomen beobachtet werden (*Sternschwanken*). Manche Autoren unterscheiden noch zw. *Punktschwanken* i. e. S., näml. kleinen, unregelmäßigen Schwankungen, u. *Punktwan-*

dern, langsamen, gleitenden Bewegungen mit Amplituden bis zu 40 Sehwinkelgrad. Zu experimentalps. Untersuchungen vgl. Arnold (1972).

TH: Nach Gregory (1972) ermüden die Augenmuskeln nach längerer Fixierung, wb. Korrektionssignale zur Verhinderung der Augenbewegung notwendig werden, diese können denjenigen entsprechen, die eine Augenbewegung zum Zwecke der Verfolgung eines bewegten Objekts auslösen. Eine andere Theorie hebt das Fehlen eines opt. Bezugsrahmens hervor, da in einem hellen Raum mit Anhaltspunkten dieser Effekt verschwindet; eine andere Theorie postuliert, dass unbewusste Augenbewegungen Netz- u. Bildverschiebungen bedingen.

◆ ARNOLD, W. (Hg.): Experimentelles Praktikum, Bd. 1. Stuttgart 1972; GREGORY, R. L. u. ZANGWILL, O. L.: The origin of the autokinetic effect. QJEP, 15, 1963, S. 52ff.; GREGORY, R. L.: Auge u. Gehirn. München 1972.

Automatische Informationsverarbeitung → automatische vs. kontrollierte Informationsverarbeitung.

Automatische Prozesse → automatische vs. kontrollierte Informationsverarbeitung.

Automatisches Beweisen → künstliche Intelligenz.

Automatische vs. kontrollierte Informationsverarbeitung [auch *automat. vs. bewusste, angestrengte* Informationsverarbeitung; *vorbewusste, vs. bewusste* Bearbeitung]. Informationsverarbeitung mit → Aufmerksamkeit bezeichnet man als kontrolliert, solche ohne Aufmerksamkeit als automat. Prozesse der ersten Art heißen im Engl. oft *attentional* o. *attentive*, wofür es kein direktes dt. Adjektiv gibt. Für automat. Prozesse hat man viele Metaphern gefunden, sie sind »vor dem Flaschenhals«, also den selektiven Aufmerksamkeitsprozessen, aktiv, sie benötigen keine Anspannung (*effort*), sie befinden sich außerhalb des »Scheinwerferkegels der Aufmerksamkeit«. Speziell »müheloses« (im Gegensatz zu »mühevollem« bzw. »angestrengtem«) Erinnern ist gegeben, wenn eine Eingabe im Gedächtnis ohne bewusstes Suchen Kontakt mit ihrer Lageadresse im langfristigen Gedächtnis findet. Mühevolles Erkennen kann entweder aus sorgfältiger Untersuchung von erinnerten Informationen im aktiven Gedächtnis bestehen o., falls das benötigte Gedächtnisgebiet nicht auf Anhieb zu finden ist, aus einem Absuchen der verschiedenen Sektoren des Langzeitgedächtnisses; vgl. hierzu Posner (1976).

TH: Diese Dichotomie, eines der wichtigen Kzpt.-Paare der kognitiven Ps., ist v. a. innerhalb von drei Theorien wichtig geworden: (1) der Theorie von Posner u. Snyder (1975), die eine *Zwei-Prozess-Theorie* der Aufmerksamkeit formulierten, nach der die Darbietung eines Stimulus einen direkten automat. Kontakt mit seiner internalen Repräsentation bewirkt, einschl. seiner Bedeutung; die darauf folgende zweite Phase hänge von bewusster Anstrengung ab, sei langsamer u. basiere auf der ersten primären Stimulusanalyse; Weiteres s. das Stw. → Buchstabenerkennen. (2) Hasher u. Zacks (1979) postulierten die folgenden Eigenschaften automatischer mentaler Prozesse: Altersinvarianz, Unwirksamkeit des Trainings, individuelle Unterschiede, unbeeinflussbar *by secondary demands on attention*. (3) Wichtig war auch der Ansatz von Schneider u. Shiffrin (1977), die *automat.* von *kontrollierten* Prozessen anhand eines Paradigmas des → visuellen Suchens unterschieden. Zur krit. Analyse vgl. Neumann (1985).

T: *Automat.* kann dreierlei bedeuten: (a) *unbewusst*; (b) *unwillentl.* (engl. *unvolontary*) bzw. *unvermeidl.*, d. h. durch Reizcharakteristiken gesteuert u. nicht der Kontrolle der Vp unterworfen; (c) *aufmerksamkeitsfrei*, d. h. ohne Zugriff auf die Kapazität der Aufmerksamkeit ablaufend. Hell (1987) weist darauf hin, dass es Prozesse geben kann, die ohne Planung u. unvermeidl. ablaufen, nicht ins Bewusstsein gelangen u. dennoch auf Kapazität zurückgreifen, die an anderer Stelle verloren geht. Neuere Überblicke über Automatizität sind bei Duncan (1980) u. LaBerge (1981) zu finden. Engelkamp (1990) weist darauf hin, dass es wichtig ist, automat. *Erkenntnisprozesse* von automat. *sensomotor.* Prozessen zu unterscheiden: Erstere implizieren die automat. Bereitstellung von kategorialem Wissen, wodurch dann in der Folge die Aufmerksamkeitszuwendung ununterdrückbar erzwungen wird; automat. sensomotor. Prozesse dienen dagegen gerade der Entlastung des Bewusstseins. Automat. Erkenntisprozesse sind oft in kontrollierte sensomotor. Prozesse eingebettet; s. a. das Stw. → Automatisierung.

LIT: Zum Überblick vgl. Kahneman u. Treisman (1984).

◆ Duncan, J.: The locus of interferience in the perception of simultaneous stimuly. PR 87, 1980, S. 272–300; Engelkamp, J.: Das menschl. Gedächtnis. Göttingen 1990; Hasher, L. u. Zacks, R. T.: Automatic and effortful processes in memory. JExP: G 108, 1979, S. 356–388; Hell, W.: Aufmerksamkeit u. Interferenz. Weinheim 1987; Kahneman, D. u. Treisman, A.: Changing views of attention and automaticity. In: Parasuraman, R. u. Davies, D. R. (Hg.): Varieties of attention. New York 1984, S. 29–62; LaBerge, D.: Automatic information processing: a review. In: Long, J. u. Baddeley, A. D. (Hg.): Attention and performance IX. Hillsdale 1981; Neumann, O.: Die Hypothese begrenzter Kapazität u. die Funktion der Aufmerksamkeit. In: Neumann, O. (Hg.): Perspektiven der Kognitionsps. Berlin 1985, S. 185–231; Neumann, O.: Theorien der Aufmerksamkeit: von Metaphern zu Mechanismen. PRu 43, 1992, S. 83–101; Posner, M.: Kognitive Ps. München 1976; Posner, M. I. u. Snyder, C. R. R.: Attention and cognitive control. In: Solso, R. L. (Hg.): Information processing and cognition: the Loyola Symposium. Hillsdale 1975; Schneider, W. u. Shiffrin, R. M.: Controlled and automatic human information processing: I. Detection, search and attention. PR 84, 1977, S. 1–66.

Automatisierung, das Phänomen, dass bei der Durchführung von kognitiven Prozessen u. bes. von → Bewegungen im Verlauf extensiven → sensomotorischen Lernens die Bedeutung bewusster → Aufmerksamkeit immer mehr abnimmt; (vgl. schon Wundt 1911, S. 251; Meumann 1908, S. 248–251; Mohnkopf 1933). Neumann (1983) hebt hervor, dass die A. im Erwerb spezif. Fertigkeiten besteht, die »general purpose«-Mechanismen entlasten o. überflüssig machen. Bei gut eingeübten Bewegungen ist es so, dass ihre bewusste Beachtung den Bewegungsablauf eher behindert. Automat. Tätigkeiten zeigen in geringerem Maße → Interferenz mit anderen gleichzeitig ausgeführten Tätigkeiten (→ Doppelaufgaben); Allport u. a. (1972) analysierten z. B. Musikstudenten, die, während sie vom Blatt spielten, auditiv dargebotene Texte nachsprechen konnten, ohne dass sich Anzeichen von Interferenz fanden; Shaffer (1975) berichtet von einer Typistin, die ohne wesentl. Interferenz gleichzeitig einen gesehenen Text schreiben u. einen gehörten nachsprechen konnte; vgl. hierzu auch die Überlegungen von Neisser (1976). Insges. lassen sich die in der Lit. beschriebenen Effekte extensiven Übens drei Dimensionen zuordnen: (a) der Veränderung der äußeren Erscheinungsform der Bewegung bzw. ihrem objektiven Verlauf; (b) der Veränderung der Ausführungs- u. Kontrollprozesse; (c) der Veränderung im subjektiven Erleben. Aufmerksam kontrolliertes u. automat. Vh. werden bes. von der neueren Forschung nicht mehr als Dichotomie gesehen, sondern als Pole eines mehrdimensionalen Kontinuums, die in reiner Form kaum in Erscheinung treten. So zeigt bspw. eine differenzierte Betrachtung ballist. Zielbewegungen, dass an verschiedenen Zeitpunkten unterschiedl. Interferenzausprägungen auftreten, die sich zudem durch extensives Üben charakteris–

tisch verändern. Sog. automat. Verarbeitungsprozesse werden außerdem offensichtl. nicht in einem absoluten Sinne automat., sondern nur in Bezug auf bestimmte Komponenten der Aufmerksamkeit, die für ihre Ausführung nicht erforderlich sind. Die menschl. Motorik ist vielfältig durchsetzt mit sog. »primären«, d. h. genet.-fixierten Automatismen (→ Reflex); zur exemplar. Veranschaulichung vgl. Daugs (1993).

TH: Theoret. Ansätze finden sich innerhalb der → Handlungstheorien, des Weiteren in der angelsächs. kognitionsps. Forschung zur → Aufmerksamkeit, speziell zu → Doppelaufgaben; s. a. das Stw. → automatische vs. kontrollierte Informationsverarbeitung. Meinel (1971) kommt das Verdienst zu, die aus tätigkeits- bzw. handlungstheoret. Sicht vorgelegten Erklärungsansätze für den Bereich des motor. Lernens im Sport aufbereitet zu haben.

LIT: Zum Überblick vgl. Daugs u. Blischke (1993); zu den physiolog. Grundlagen vgl. Birbaumer u. Schmidt (1989; Kap. 11, 16); vgl. auch die neurophysiolog. Literatur-Verweise in → Bewegung.

◆ Allport, D. A. u. a.: On the division of attention: a disproof of the single channel hypothesis. QJEP 24, 1972, S. 225–235; Allport, D. A.: Attention and performance. In: Claxton, G. (Hg.): Cognitive psychology – new directions. London 1980; Birbaumer, N. u. Schmidt, R. F.: Biolog. Ps. Berlin 1989; Daugs, R.: Automatismen u. Automatisierung in der menschl. Motorik. In: Daugs u. Blischke (1993), S. 32–55; Daugs, R. u. Blischke, K. (Hg.): Aufmerksamkeit u. Automatisierung in der Sportmotorik. St. Augustin 1993; McLeod, P. M.: A dual task response modality effect: support for multiprocessor models of attention. QJEP 29, 1977, S. 651–667; Meinel, K.: Bewegungslehre. Berlin (Ost) 1971; Meumann, E.: Intelligenz u. Wille. Leipzig 1908; Mohnkopf, W.: Zur Automatisierung willkürl. Bewegungen (ein Beitrag zur Lehre von der Enge des Bewusstseins). ZfPs 130, 1933, S. 235–299; Neisser, U.: Cognition and reality. San Franciso 1976 (dt.: Kognition u. Wirklichkeit. Stuttgart 1979); Neumann, O.: Ps. der Informationsverarbeitung. Aktuelle Tendenzen u. einige Konsequenzen für die Aufmerksamkeitsforschung. In: Daugs u. Blischke (1993) S. 56–78; Shaffer, L.: Multiple attention in continous verbal task. In: Rabbitt, P. M. A. u. Dornic, S. (Hg.): Attention and performance V. London 1975; Wundt, W.: Vorlesungen über die Menschen- u. Tierseele. Hamburg 1911.

Automatismen → Dissoziation.

Autonome Sprachverarbeitungsmodelle → Sprachrezeption.

Autonomes Suchmodell → Worterkennung.

Autonomie-Hypothese → Lesen.

Autoshaping → Selbstformung.

Autostereogramme → Zufallspunktstereogramme.

Availability bias → kognitive Täuschungen und kognitive Heuristiken.

Availability heuristic → kognitive Täuschungen und kognitive Heuristiken.

Aversions-Aversions-Konflikt → Konflikt.

Aversionsgradient → Gradientenmodell des Konflikts; → Gradient.

Aversionssystem → Wundtsches Gesetz; → Neugier; → Verhaltenshemmungssystem.

Aversionstechnik, die Applikation von unangenehmen Reizen o. Hindernissen zur Untersuchung daraus entstehenden Vhs., speziell unter dem Gesichtspunkt der Messung von → Motivation o. lerntheoret. Fragestellungen (→ Bestrafungslernen). Meist werden intensive akust. o. visuelle Reize o. auch → Elektroschocks appliziert. Gemessen werden die Schwellen, von denen an bzw. bis zu denen hin eine physikal. definierte Reizdimension aktivierend o. orientierend wirkt, also positive Konsequenzen auf das Vh. hat, wonach sie dann zunehmend aversiv wirkt; ein wichtiges Maß ist auch die Häufigkeit des Vermeidungsvhs.; vgl. die ausführl. Diskussion bei Miller (1951) u. Brown (1961). Eine wesentl. Rolle spielen Instrumentarien, die zielgerichtetes Vh. blockieren (Barrieren, hemmendes Zaumzeug, Tretmühlen, gesperrte Hebel in der → Skinner-Box, verschlossener Fressnapfdeckel, v. a. die → Columbia-obstruction-box). Gemessen werden dabei Ausdauer, Kraft u. Geschwindigkeit bei der Überwindung dieser Hindernisse; s. a. die Stw. → Konflikt u. → Frustration.

◆ Brown, J. S.: The motivation of behaviour. New York 1961; Miller, N. E.: Learnable drives and rewards. In: Stevens, S. S. (Hg.): Handbook of experimental psychology. New York 1951, S. 435–472.

Aversive Konditionierung → Belohnungslernen; → Bestrafungslernen.

Aversiver Reiz → Bestrafungslernen.

Avoidance learning problem → Vermeidungslernen.

Back-propagation → Konnektionismus.

Backward conditioning → Interstimulusintervall.

Backward learning curve → Lernkurve.

Backward search → psychologische Heuristik.

Balken-Gitter-Kontrast → Heringsches Gitter.

Ballard-Williams-Phänomen → Reminiszenz.

Banal-fundamentale-Disjunktoren, ein zentrales Kzpt. der → differentiellen Psychologie: Charaktermerkmale, die, obgleich scheinbar unwesentl., dennoch alle Menschen in disjunkte Klassen einteilen: diejenigen, die immer das jeweilige Kriterium erfüllen, u. diejenigen, die nie. Das Kzpt. postuliert des Weiteren, dass darin grundlegende Persönlichkeitsunterschiede zum Ausdruck kommen. Bsp. hierfür sind: (a) Blumenstöcke auf Lautsprecher stellen (nach einer Theorie des bedeutenden Ethnomethodologen Max Goldt v. a. ein Disjunktor bezügl. Männern u. Frauen); (b) einen Pullover tragen, der länger ist als die Überjacke; (c) die Dolby-Taste benutzen o. nicht; (d) sich am Telefon mit »Ja/Hallo« oder mit seinem Namen melden; (e) auf eine »Oder«-Frage (Bsp. *Gehen wir ins Kino oder in die Kneipe?*) mit *Ja* oder *Nein* antworten. Zu weiteren Kriterien vgl. Städtler (1995).

◆ Städtler, T.: Banal-fundamentale Disjunktoren – eine Alternative zu herkömml. Persönlichkeitskzptn. In: Handbuch der psychologischen Ps. Oberwerrn 1995, S. 24–39.

Baseline → Reaktionsrate.

Base rate fallacy → kognitive Täuschungen und kognitive Heuristiken; → Wahrscheinlichkeitsrevision.

Basic instinct → Trieb.

Basic-reference-lottery-ticket-Methode → Nutzen.

Basisebene → Prototyp.

Basisemotionen → Emotionstypen.

Basiskategorie → Prototyp, → perzeptuelle Begriffe.

Basislinie → Reaktionsrate.

Basisrate → Reaktionsrate.

Basisraten-Täuschung → Wahrscheinlichkeitsrevision; → kognitive Täuschungen und kognitive Heuristiken.

Batons → Gestik.

b-Aufgabe → Subtraktionsmethode.

Bayesianische Wahrscheinlichkeitsrevision → Wahrscheinlichkeitsrevision.

Bayes-Kriterium → Erwartung-mal-Wert-Modell.

Bayes-Regel → Erwartung-mal-Wert-Modell.

Bayes-Theorem → Wahrscheinlichkeitsrevision.

Beanspruchung → Belastung.

Bedeutung → psychologische Semantik.

Bedeutungsambivalente Figuren → Kippfiguren.

Bedeutungsbasierte Wissensrepräsentation → propositionale Wissensrepräsentation.

Bedeutungshaltigkeit → verbales Lernen.

Bedeutungsorientierte Satzforschung → Satzverarbeitung.

Bedeutungspostulat, Zentralkzpt. einer Theorie der Bedeutung, die → Wortbedeutungen als unanalysierte, elementare Bausteine einer Sprache mentaler Repräsentationen konzipiert. Das Kzpt. ist eine Adaptation von Ideen der formalen Logik (R. Carnap). Im Rahmen der → generativen Semantik dienen B. dazu, die semant. Relationen zw. atomaren Prädikaten zu beschreiben. In der Ps. wurde der Ansatz von Kintsch (1974) elaboriert. Es wird angenommen, dass das Oberflächenvokabular eines Satzes von der semant. Repräsentation aufgenommen u. nicht durch Bedeutungsdefinitionen ersetzt wird. »Junggeselle« u. »ein unverheirateter Mann« hätten gem. diesem Ansatz also unterschiedl. semant. Repräsentationen. Inferenzregeln, die Fodor u. a. (1975) zum Verständnisprozess rechnen, enthalten Aussagen der Art, dass *x nur dann ein Junggeselle ist, wenn x ein unverheirateter Mann ist.* Ein solches Axiom wäre ein Bsp. für ein B., es hat die Aufgabe, Elemente der semant. Repräsentation über Hyponomierelationen zu verbinden. Fodor u. a. betrachten alle morphem. simplen Ausdrücke als undefinierte Repräsentation elementarer, angeborener Begriffe, die durch Erfahrungen ausgelöst werden u. postulieren eine reiche Basis solcher angeborener Kzpte.

◆ Kintsch, W.: The representation of meaning in memory. Hillsdale 1974; Fodor, J. A. u. a.: The psychological unreality of semantic representations. Linguistic Enquiry 6, 1975, S. 515–531; Fodor, J. A. u. a.: Against definitions. C 8, 1980, S. 263–267.

Bedeutungswandel-Prinzip → Eindrucksbildung.

Bedingendes Signal → klassische Konditionierung.

Bedingte Motivation → primäre vs. sekundäre Verstärkung.

Bedingte Reaktion → klassische Konditionierung.

Bedingter Reflex → klassische Konditionierung; → Reflex.

Bedingter Reiz → klassische Konditionierung.

Bedingter Stimulus → klassische Konditionierung.

Bedingte Verstärkung → primäre vs. sekundäre Verstärkung.

Bedürfnis, älterer Begriff für das, was gegenwärtig meist als → Motivation bzw. → Motiv bezeichnet wird; vgl. auch → Trieb.

HI/T: (1a) Der B.-Begriff spielt in der modernen Ps. eine geringe Rolle. Bedeutsam ist er in Lewins → Feldtheorie, speziell in seiner Analyse des → Willens: Nach Lewins Vorstellung entstehen durch Vorannahmen Spannungen im psych. Kräftefeld, ähnl. den organism. angelegten B., Lewin spricht deshalb von *Quasibedürfnis*.; er lehnt das Kzpt. des *Triebs* ab u. versucht, alle motivationalen Prozesse auf B. zurückzuführen. (b) Wichtig ist das Need-Kzpt. v. a. bei Murray (1938; → Motiv); er hat einen interaktionist. Ansatz, das sog. *Need-Press-Modell* (*press* steht für sämtl. Umwelteinflüsse): Das Vh. des Menschen sei nur aus der Interaktion von *B.* u. *Umweltfaktoren* zu verstehen. Dabei unterscheidet Murray *viszerogene* needs (Atmung, Wasser, Nahrung) u. *psychogene* needs (v. a. das → Leistungsmotiv, auch das B. nach Ordnung, Autonomie, → Affiliation u. auch Aggression). Wichtige Press-Kategorien sind z. B.: familiäre Schwierigkeiten, kein festes Zuhause, phys. Unattraktivität, Täuschung o. Betrug. Zum Überblick vgl. Angleitner (1980). Von Murray ist zur Messung der B. der *themat. Apperzeptionstest* entwickelt worden; Weiteres s. das Stw. → affektive Motivationstheorien. (c) In der amerikan. Ps. kommt die Bedeutung des Begriffes *need* der von *B.* nahe; in der behaviourist. Tradition wird im Allg. der *Drive*-Begriff bevorzugt; bei Hull u. Tolman finden sich beide: *needs* sind nach Hull *physiolog.* Mangelzustände (→ Triebreduktionstheorie), aus denen sich die *psych.* Antriebsenergie ableitet, die er als *drive* bzw. → *general drive* bezeichnet; bei Tolman dagegen wird *drive* als das ursprüngl., *physiolog.* fundierte Geschehen angesehen, welches *needs* nach sich zieht – die Sicht ist also fast umgekehrt wie bei Hull.

◆ Murray, H. A. Explorations in personality. New York 1938.

Bedürfnispyramide → humanistische Psychologie.

B-Effekt → Aubertsches Phänomen.

Befindlichkeitsbewusstsein → Ichbewusstsein.

Befriedigungsprinzip → Satisficing-Prinzip.

Begierde → Motivation.

Begrenzte Rationalität → Entscheidungstheorie.

Begriff → Begriffsbildung.

Begriffsbildung. Es gibt, der Weite des Problemkreises wegen, viele Ansätze innerhalb der Ps., die das Thema berühren; zentral sind folgende Ansätze: (1) Von großer histor. Bedeutung, bis heute rezipiert u. gewürdigt, ist (nach Vorläuferarbeiten von Külpe 1904, den sog. *Abstraktionsexperimenten*) der Ansatz von N. Ach (1921), die → Suchmethode: Mit ihr wird die Entstehung von neuen Begriffen untersucht, indem die Vpn künstl. Namen für graph., geometr. o. stereometr. Material lernen sollen. Ach analysiert v. a. den Aspekt, wie sich sinnl. u. sprachl. Symbole allmähl. mit erlebter Bedeutung erfüllen; vgl. hierzu Aebli (1980/81). (2) Die aus lern- bzw. vhstheoret. Tradition heraus entstandenen Ansätze – die meist unter dem Schlagwort → *Begriffslernen* gefasst werden – versuchen, B. soweit wie mögl. auf nichtkognitive Prozesse der → Generalisation bzw. des → Diskriminationslernens zurückzuführen. Der klass. Ansatz war Hull (1920), der mit der von ihm eingeführten *Lernmethode* die Prozesse der Klassenbildung bei (seinen Vpn unbekannten) chines. Wortzeichen untersuchte, wb. diese Zeichen bestimmte Ähnlichkeitsgrade aufwiesen, die durch figürl. Radikale definiert worden waren. Ähnl. war der Ansatz von Heidbreder (1946ff.). Eine wesentl. Erweiterung dieser älteren Ansätze stellt die → Mediationstheorie dar, u. von größter histor. Bedeutung waren die mit dem Zentralkzpt. der *Begriffsbildungsstrategien* operierenden Ansätze zum → Attributlernen. B. wird hier als gezieltes Testen von Hypothesen im Sinne eines Problemlösens betrachtet. Dieses Paradigma stellte den Übergang vom Neobehaviourismus zum Kognitivismus dar. Diese Spannung wird bisweilen terminolog. charakterisiert durch die Gegenüberstellung *Kontinuitätstheorie vs. Nicht-Kontinuitätstheorie*: Die *Kontinuitätstheorie* sieht B. im Sinne des assoziationist. S-R-Modells, bei dem schrittweise u. kontinuierl. durch Verstärkung richtige »begriffl. Vhsweisen« aufgebaut werden; die *Nicht-Kontinuitätstheorien* beinhalten dagegen ein *Alles-o.-Nichts-Modell* des Lernens, bei dem eine Hypothese entweder angenommen o. verworfen wird; vgl. hierzu Mayer (1979) und Schaefer (1985). Zur empir. Entscheidung zw. beiden Theorien wurde v. a. das Paradigma der → Reversal-shift-Experimente verwendet. (3) Das Paradigma der → semantischen Netzwerke thematisiert u. analysiert aus gedächtnisps. Sicht insbes. die inneren Strukturen von Begriffen; Weiteres s. d. Im dt. Sprachraum haben sich insbes. die Arbeiten von Klix (1984) u. Hoffmann (1986) mit *Begriffsrelationen* beschäftigt; sie analysieren auch den Erwerb neuer Begriffe u. die Veränderung bestehender Begriffsstrukturen. Das Kzpt. der → Begriffsebene fand im Rahmen der Prototypentheorie fruchtbare empir. Anwendung. (4) Während die vorgenannten Ansätze (1)–(3) eher *allgemeinps.* Natur sind, besteht der zweite Hauptstrang der Forschung aus *entwicklungsps.* Ansätzen. Klass. ist die Arbeit von K. Bühler (1922) (in der entwicklungsps. u. allgemeinps. Aspekte noch konvergierten). Der Ansatz der → genetischen Epistemologie analysiert im Rahmen einer allg. Untersuchung des kindl. *Weltbildes* grundlegende Begriffe wie die der Zeit, Zahl, Klasse, Raum, sowie das → Invarianzkonzept, das → Konzept des permanenten Objekts u. das → Kausalkonzept, mit dem Grundansatz, dass sich abstrakte Begriffe aus sensomotor. bzw. aktionalen Schemata heraus entwickeln; vgl. Piaget u. Inhelder (1972); zsfd. Ginsburg u. Opper (1985); Aebli (1980/81). Typisch für moderne Ansätze ist weniger die Analyse solcher abstrakten Begriffskategorien als solcher wie z. B. *Ball*, *Freundschaft*, *Arbeit* o. *Geld*, auch von Begriffen wie *geben*, *nehmen*, *tauschen*, *kaufen*, *verkaufen*; wichtige Forschungen betrafen auch Begriffe wie *denken*, *brauchen* o. *Zeuge sein*; Weiteres s. das Stw. → semantische Primitiva. Ein wichtiger Strang innerhalb der entwicklungstheoret. Forschung rezipiert in stärkerem Maße linguist. Theorien u. Aspekte, B. wird eher unter dem Aspekt des Erwerbs einer → Wortbedeutung gesehen; Weiteres s. d. Ein Grundproblem war dabei die Frage, inwieweit die Entwicklung des → Lexikons notwendigerweise verknüpft ist mit der Fähigkeit zu einer konzeptuellen Klassenbildung u. inwieweit die Entwicklung des Lexikons die Begriffsentwicklung determiniert o. umgekehrt: *konzeptueller Determinismus* vs. *lexikal. Determinismus* vs. *gegenseitiger Determinismus*; vgl. Wode (1988). Neben diesen Hauptparadigmen (1)–(4) existiert eine Fülle kleinerer Ansätze zum Thema, eine der wenigen Zusammenfassungen ist das Sammelreferat von Kaminski (1964); vgl. auch Goede u. Klix (1977).

Heute werden die älteren allgemeinps. Ansätze zunehmend als ökolog. invalide angesehen u. eher als Bsp. für *Problemlösungsprozesse* denn für Prozesse der B. im eigentl. Sinne. Zunehmend werden Begriffsbildungsprozesse in den Rahmen des Aufbaus größerer Wissensstrukturen eingeordnet (→ Wissenspsychologie; → semantisches Merkmal); ein protagonist. Buch im dt. Sprachraum war Aebli (1980/81). Begriffe werden hier sozusagen als »kleine Theorien« gesehen, die Bestandteile der »Welttheorien« u. der → mentalen Modelle des Individuums sind. Die → Schema-Theorien gehen davon aus, dass die meisten kognitiven Prozesse, speziell Wahrnehmungs- u. Gedächtnisleistungen, von vorneherein schemat. Verallgemeinerungen beinhalten u. insofern immer schon »begrifflich« sind; Weiteres s. d.; vgl. auch das Stw. → Erkennen.

VD/T: (1) Statt des Begriffs B. wird auch *Begriffserwerb* o. *Begriffsidentifikation* verwendet, unter entwicklungsps. Aspekt *Begriffsentwicklung*. Da im Deutschen *Begriff* u. *Kzpt.* weitgehend syn. gebraucht werden, spricht man dementsprechend auch von *Kzpt.-Erwerb*, *Kzpt.-Entwicklung*, *Kzpt.-Bildung* etc. → *Begriffslernen* (bzw. *Konzeptlernen*) ist meist mit dem behaviourist. Paradigma verbunden; s. hierzu auch die Anm. bei → Regellernen; die engl. Begriffe sind: *concept formation*, *concept acquisition*, *concept attainment*, *concept identification*. Graumann (1965) diskutiert die unterschiedl. Terminologie, er weist darauf hin, dass Begriffe *gebildet* (Ach), *entwickelt* (Hull) *identifiziert* (Battig u. Bourne), *gelernt* (Reed), *erreicht* werden (Heidbreder).

(2) Das Problem der B. ist eines der Gebiete, auf dem philosoph. u. ps. Aspekte eng miteinander verwoben sind. Ein Begriff ist die Zusammenfassung von Objekten/Ereignissen zu Klassen – wie dieser Verallgemeinerungsprozess stattfindet u. wie sein Ergebnis repräsentiert wird, ist eines der Grundprobleme der Philosophie: dem *Nominalismus* steht ein *Begriffsrealismus* bzw. *Universalismus* gegenüber; *Empirismus* vs. *Rationalismus*, *Objektivismus* vs. *Subjektivismus* sind die weiteren philosoph. Gegenpole; vgl. zum Überblick Tugendhat (1976), Tugendhat u. Wolff (1983) u. Stegmüller (1956, 1957). (a) Die klass. allgemeinps. Ansätze operierten aus einem *empirist.* Geiste heraus, der B. v. a. als *Abstraktionsprozess* zur Identifikation von Merkmalen sieht, im Hintergrund steht die → Merkmalstheorie der Bedeutung u. damit auch deren Problematik. So sollten, wie Aebli bemerkt, auch die klass. Experimente von Bruner eher unter dem Schlagwort *Begriffsfindung* eingeordnet werden als unter *Begriffsbildung* i. e. S. des Wortes. (b) Eine Kritik an der Idee einer »log.« B. durch Abstraktion ist v. a. die Theorie der → Prototypen; sie ist sozusagen eine »einzelheitl.« Kritik am Abstraktionskzpt., die davon ausgeht, dass Begriffe vorwiegend anhand von konkreten prototyp. Instanzen gebildet werden, u. demgem. der Entscheidungsprozess, ob ein Objekt unter einen Konzeptbereich fällt, zu einem Vergleichsprozess führt, bei dem das vorliegende Objekt mit den prototyp. Bsp. des Kzpts. verglichen wird; vgl. zsfd. Brooks (1978). Auch innerhalb der → genetischen Epistemologie ist ein nichtreduktiver Abstraktionsbegriff entwickelt worden und v. a. durch die → Gestalttheorie wurde die klassische Abstraktionsforschung heftig kritisiert; vgl.

Metzger (1975). Die in diesem reduktionist. Abstraktionskzpt. des Weiteren enthaltene Idee, dass Begriffe um so abstrakter sind, je allgemeiner sie werden bzw. je mehr Unterbegriffe sie enthalten, damit implizierend, dass Abstrahierung durch Weglassung geschieht, so dass Oberbegriffe »ärmer« sind als ihre Unterbegriffe, oder anders formuliert: dass jeder Unterbegriff die Merkmale des Oberbegriffs »erbt«, auch diese behauptete Relation von Ober- und Unterbegriff ist nicht immer gegeben, es gibt uneindeutige Fälle, auch für kompetente Sprachverwender; vgl. zsfd. Bromme (1988). (c) Die dem klass. empirist. Abstraktionskzpt. ebenfalls inhärente Idee einer *passiven* B. wird kritisiert von einem *konstruktivist.* Gegenmodell, das B. nicht als *Finden* von Merkmalen, sondern als aktiven Aufbau von Wissensstrukturen sieht; der histor. wichtigste Ansatz ist hier die genetische Epistemologie. (d) Die Frage der Repräsentation von Begriffen führt insbes. zu dem Thema, ob B. *holist.* Entitäten sind, wie dies von der Prototypentheorie postuliert wird, o. ob sie in Elemente dekomponiert werden können, wie dies von der Merkmalstheorie postuliert wird; dieses Problem wird insbes. innerhalb der entwicklungsps. Ansätze in einer konkreten u. lebensnahen Weise analysiert; s. hierzu auch das Stw. → psychologische Semantik. (e) Zum Problem, ob Begriffe auch ohne direkte sprachl. Träger existieren u. ob die sprachl. Erfassung notwendig zum Begriff gehört, vgl. Kaminski (1964); s. hierzu auch das Stw. → Sprache und Denken. (f) Insbes. die Prototypentheorie fördert die Untersuchung *natürl.* statt artifizieller Kategorien; dabei wird auch das alte philosoph. Problem *aprior. Wissens* gehört: → perzeptuelle Begriffe; → Farbbegriffe. (g) Auf die Frage, welche Aspekte o. Momente eines Gegenstandes bei der Begriffsbildung leitend sind, geben die Versuche von Heidbreder (1946ff.) u. Ansätze aus der neueren Entwicklungsps. Hinweise (s. hierzu die Ausführungen im Stw. → Wortbedeutung); Heidbreder arbeitete im Kzpt. der *Dominanzhierarchie* eine Tendenz bei der B. heraus, zuerst konkrete Objekte zu beachten, dann Formen u. erst dann abstrakte Kzpte. Zunehmend wird gesehen, dass dies kein rein »kontemplativer« Prozess ist, sondern in starkem Maße *pragmat.* Prozesse involviert – bes. Nelsons Theorie des *functional core* (*Begriffskern*) ist wichtig geworden. Gem. dieser Hypothese wird zuerst ein *Begriffskern* gebildet, der sich auf die Gesamtheit der *pragmat.* Aspekte eines Gegenstandes bezieht, also auf das, was man mit ihm tun kann – u. diesem *Begriffskern* werden nach u. nach *Non-core-Merkmale*, solche *perzeptueller* Natur, hinzugefügt. (h) Wie v. a. die Prototypentheorie betont, sind die meisten natürl. Begriffe *unscharf*, d. h. sie haben keine exakten »Definitionsränder« u. die darauf basierenden Schlussfolgerungen sind inhärent unscharf – eine Tatsache, die die klass. Begriffsbildungstheorien oft vernachlässigen. In diesem Zusammenhang wurde in der Ps. die mathemat. Theorie der *unscharfen Mengen* (*fuzzy sets*) rezipiert; vgl. Zimmer (1984) u. Spies (1993).

LIT: Zum Überblick vgl. Johnson (1972); Bourne u. a. (1971); Kintsch (1970); Kaminski (1964); Hoffmann (1983ff.); Eckes (1991); Wannenmacher u. Seiler (1983); Hussy (1984); eine wichtige Arbeit ist Levine (1975); zum Überblick über die im Spannungsgebiet zw. Philosophie u. Ps. liegenden Probleme vgl. Aebli (1980/81); ein wichtiger neuerer Sammelband ist Neisser (1987), in dem v. a. auch ökolog. Aspekte thematisiert u. berücksichtigt werden; zu unbewusster B. vgl. Perrig u. a. (1993); ein interessantes Buch zur Entwicklung ökonom. Begriffe im Jugendalter ist Claar (1990).

◆ Ach, N.: Über die Begriffsbildung. Bamberg 1921; Aebli, H.: Denken, das Ordnen des Tuns, 2 Bde. Stuttgart 1980/81; Anglin, J. M.: Word, object and conceptual development. New York 1977 (auch Frankfurt/M. 1969); Augst, G.: Kinderwort: der aktive Wortschatz (kurz vor der Einschulung) nach Sachgebieten geordnet. Frankfurt/M. 1984; Barrett, M. D.: Lexical development and overextension in child language. Journal of Child Language 5, 1978, S. 215–219; Barrett, M. D.: Distinguishing between prototypes: the early aquisition of the meaning of objects names. In: Kuczaji, S. (Hg.): Language development, 2 Bde. Hillsdale 1982, S. 313–334; Bourne, L. E.: Concept attainment. In: Dixon, T. R. u. Horton, D. L. (Hg.): Verbal behaviour and general behaviour. Englewood Cliffs 1968; Bourne, L. E. u. a.: The psychology of thinking. Englewood Cliffs 1971; Bowerman, M.: The acquisition of word meaning: Investigation into some current conflicts. In: Waterson, N. u. Snow, C.

(Hg.): The development of communication. Chichester 1978; BROMME, R.: Die Prototypentheorie: Zur Psychologie der begriffl. Erfassung des »Wesentlichen«. In: GROEBEN, N. u. a.: Zukunfts-, Gestalt-, Wunsch-Ps. (Festschrift für Manfred Sader). Münster 1988, S. 141–156; BROOKS, L. R.: Nonanalytic concept formation and memory for instances. In: ROSCH, E. u. LLOYD, B. B. (Hg.): Cognition and categorization. Hillsdale 1978, S. 169–215; BÜHLER, K.: Die geistige Entwicklung des Kindes. Jena 1922; CLAAR, A.: Die Entwicklung ökonom. Begriffe im Jugendalter. Berlin 1990; CLARK, E. V.: What's in a word? On the child's acquisition of semantics in its first language. In: MOORE, T. E. (Hg.): Cognitive development and the acquisition of language. New York 1973; DÖRNER, D.: Das Denken mit Klassenbegriffen. Kiel 1969 (Diss.); ECKES, T.: Ps. der Begriffe. Strukturen des Wissens u. Prozesse der Kategorisierung. Göttingen 1991; GENTNER, D.: Der experimentelle Nachweis der ps. Realität semant. Komponenten: Die Verben des Besitzes. In: NORMAN, D. A. u. RUMELHART, D. E. (Hg.): Strukturen des Wissens. Stuttgart 1978; GINSBURG, H. J. u. OPPER, S.: Piagets Theorie der geistigen Entwicklung. Stuttgart 1985; GOEDE, K. u. KLIX, F.: Das Erlernen begriffl. Merkmale u. Strukturen. In: REULECKE, W. (Hg.): Strukturelles Lernen. Hamburg 1977; GRAUMANN, C. F.: Denken. Köln 1965; GREENBERG, J. u. KUCZAJ, S. A.: Towards a theory of substantive wordmeaning acquisition. In: KUCZAJ, S. A. (Hg.): Language Development: Syntax and semantics. Hillsdale 1982; HEIDBREDER, E.: The attainment of concepts I. Terminology and Methodology. JGP 35, 1946, S. 173–189; HEIDBREDER, E.: The attainment of concepts III. Process. JP 24, 1947, S. 93–108; HOFFMANN, J.: Das aktive Gedächtnis. Berlin 1983; HOFFMANN, J.: Die Welt der Begriffe. Weinheim 1986; HOFFMANN, J.: Probleme der Begriffsbildungsforschung. Von S-R-Verbindungen zu SR-R-K-Einheiten. SuK 11, 1992; HULL, C. L.: Quantitative aspects of the evolution of concepts. PM 28, 1920, S. 1–85 (dt. In: GRAUMANN 1965); HUSSY, W.: Denkps., 1. Bd. Stuttgart 1984; JOHNSON, N. F.: A systematic introduction to the psychology of thinking. New York 1972; KAMINSIKI, G.: Ordnungsstrukturen u. Ordnungsprozesse. In: BERGIUS, R. (Hg.): Lernen u. Denken. HP, 1. Bd., 2. Hlb. Göttingen 1964, S. 373–467; KEIL, F. C.: Semantic and conceptual development: an ontological perspective. Cambridge 1979; KINTSCH, W.: Learning, memory and conceptual processes. New York 1970; KLIX, F. (Hg.): Gedächtnis, Wissen, Wissensnutzung. Berlin 1984; KLIX, F.: Gedächtnis u. Wissen. In: MANDL, H. u. SPADA, H. (Hg.): Wissensps. München 1988; KÜLPE, O.: Versuch über Abstraktion. In: SCHUMANN, F. (Hg.): Bericht über den ersten Kongress für experimentelle Ps. Leipzig 1904, S. 67ff.; LEVINE, M.: A cognitive theory of learning. Research on hypotheses testing. Hillsdale 1975; MAYER, R. E.: Denken u. Problemlösen. Berlin 1979; MERVIS, C. B. u. ROSCH, E.: Categorization of natural objects. ARP 32, 1981, S. 89–115; NEISSER, U. (Hg.): Concepts and conceptual development. Cambridge 1987; METZGER, W.: Die Gesetze des Sehens. Frankfurt 1975 (4. Aufl.); NELSON, K.: Structure and strategy in learning to talk. MSRCD 38, Chicago 1973; NELSON, K.: Concept, word and sentence: interrelationships in acquisition and development. PR 81, 1974, S. 267–285; PERRIG, W. J. u. a.: Unbewusste Informationsverarbeitung. Bern 1993; PIAGET, J. u. INHELDER, B.: Die Ps. des Kindes. Hamburg 1972; RESCORLA, R. A.: Over-extension in early language development. JCL 7, 1980, S. 321–334; SCHAEFER, R. E.: Denken. Berlin 1985; SEILER, T. B. u. WANNENMACHER, W. (Hg.): Begriffs- u. Wortbedeutungsentwicklung: theoret., empir. u. method. Untersuchungen. Berlin 1985; SPIES, M.: Unsicheres Wissen. Heidelberg 1993; STEGMÜLLER, W.: Das Universalienproblem einst u. jetzt. In: Archiv für Philosophie 6, 1956, S. 192–225, 7, 1957, S. 45–81; SZAGUN, G.: Sprachentwicklung beim Kind. München 1980 (v. a. Kap. 5); TUGENDHAT, E.: Vorlesungen zur Einführung in die sprachanalyt. Philosophie. Frankfurt/M. 1976; TUGENDHAT, E. u. WOLFF, U.: Log.-semant. Propädeutik. Stuttgart 1983; WANNENMACHER, W. u. SEILER, T. B.: Historical trends of research in concept development and the development of word meaning. In: SEILER, T. B. u. WANNENMACHER, W. (Hg.): Concept development and the development of word meaning. New York 1983; WODE, H.: Einführung in die Psycholinguistik. Ismaning 1988; ZADEH, L. A.: Fuzzy sets. Information and Control 8, 1965, S. 338–353; ZIMMER, A.: A model for the interpretation of verbal prediction. International Journal of Man-Machine Studies 20, 1984, S. 121–134.

Begriffsbildungsstrategien → Attributlernen.

Begriffsebene → Prototyp.

Begriffsentwicklung → Begriffsbildung.

Begriffserwerb → Begriffsbildung.

Begriffsfindung → Begriffsbildung.

Begriffsfindungsaufgabe, eine Methode der Gedächtnis- bzw. Denkps., bes. zur Analyse des → semantischen Gedächtnisses: die Vp hat die Aufgabe, zu einer vorgegebenen Definition (z. B. »Messinstrument, mit dem man den Kurs bestimmt«) den dazugehörigen Begriff zu bestimmen. Die abhängige Variable ist hier nicht die Reaktionszeit, sondern es werden einzelne Phasen der Produktion untersucht; häufig findet man hierbei ein → Tip-on-the-tongue-Phänomen. Eine andere Variante besteht darin, dass Eigenschaften von Objekten vorgegeben werden u. die Vp ein Objekt benennen soll, das diese Eigenschaften aufweist.

LIT: Vgl. zum Überblick Wender u. a. (1980).

◆ Loftus, G. R. u. Loftus, E. F.: The influence of memory retrieval on a subsequent memory retrieval. MuC 2, 1974, S. 467–471; Wender, K. F. u. a.: Modelle des menschl. Gedächtnisses. Stuttgart 1980.

Begriffsidentifikation → Begriffsbildung.

Begriffskern → Wortbedeutung.

Begriffslernen. Der Begriff *B.* ist nicht völlig kodifiziert u. lässt sich nicht exakt definieren; meist wird er als Oberbegriff für den *lerntheoret.* Zugang zum allg. Thema → Begriffsbildung benutzt. Hierzu gehören schon die klass. Untersuchungen von Hull (s. unter dem Stw. → Begriffsbildung), auch die Analysen zu den → Begriffsbildungsstrategien in der Forschungsgruppe um Bruner sind im weitesten Sinne lerntheoret. Es gibt jedoch eine Reihe method. Paradigmen zum B., die auf elementareren lerntheoret. Ansätzen beruhen; dabei wird B. als Transferproblem beim → Diskriminationslernen betrachtet: der Vp (o. dem Versuchstier) werden mehrere Reize dargeboten; hat sie eine bestimmte Vhsweise gelernt, wird die Reizvorlage geändert u. geprüft, wie sie nun auf andere, ähnl. Reizarrangements reagiert (*Generalisationstest*). Aus den neuen Vhsweisen versucht man dann abzuleiten, worauf die Vp schon im ursprüngl. Experiment »eigentl.« reagiert hat. Die verstärkten Reize werden dabei so variiert, dass die Vpn entweder eine einfache Reiz-Reaktions-Verbindung lernen o. aber eine *Relation* erfassen. Vollzieht die Vp eine → Transposition, so hat sie nicht nur auf den Reiz reagiert, sondern auf etwas Abstrakteres, also auf einen *Begriff*. Das wichtigste experimentell-method. Paradigma waren die → Reversal-shift-Experimente (zu konkreten experimentellen Bspn. s. d.; weitere Bsp. s. u.).

TH: Es stehen sich zwei Grundtheorien des B. gegenüber: (a) die *Kontinuitätstheorien* des B., die diese Prozesse mit den elementaren assoziationist. Kzpt. der klass. → S-R-Theorien zu erfassen versuchen; (b) die *Nicht-Kontinuitätstheorien*, die v. a. komplexere Begriffsbildungsleistungen zu erklären versuchen; wichtig geworden ist speziell die → Mediationstheorie.

VD: Weitere method. Paradigmen zum Thema B. sind: (a) *Das Doppelalternations-Problem* (engl. *double alternation*): Hier hat das Tier bzw. die Vp von zwei qualitätsgleichen Stimuli im ersten u. zweiten den rechten, im dritten u. vierten Versuch den linken zu wählen. Das Tier muss also, wenn es einen solchen Versuch beherrscht, mit größter Wahrscheinlichkeit Repräsentationen der gesamten Sequenz besitzen. Solche Leistungen sprechen umso mehr für das Vorhandensein kognitiver u. symbol. Prozesse, je länger die Sequenzen werden; vgl. Petrinovich u. Bolles (1957); Stewart u. Warren (1957). (b) Das *Mittelgrößen-Problem* (engl. *intermediate size problem*): Ein Tier bzw. eine Vp lernt, von drei sich nur in der Größe unterscheidenden Stimuli stets auf den mittelgroßen zu reagieren – in welcher Anordnung die drei Stimuli auch immer dargeboten werden. Untersucht wird, ob das Tier fähig ist, ein solches *relationales* Merkmal, also einen *Begriff*, zu lernen, so dass es beim Generalisierungstest auch dann auf den jeweils mittelgroßen Stimulus reagiert, wenn alle o. einige Stimuli eine andere absolute Größe haben als beim Training; vgl. Brown u. a. (1959). (c) Das *Oddity-Problem*: Hierbei soll das Tier von drei Symbolen dasjenige wählen, welches den beiden anderen Symbolen nicht gleicht (engl. *oddity device*). (d) Die *Matching-to-sample-Prozedur* (auch einfach *Sample-Prozedur*, übersetzbar mit: *Wahl-nach-Muster-Versuch*), häufig an einem *match-to-sample-apparatus* ausgeführt: wie bei dem Oddity-Versuch werden Symbole dargeboten, wb. als korrekte Response eine solche definiert ist, die einem Modell bzw. Auswahlstimulus (engl. *sample*) in irgendeiner Hinsicht gleicht (o. auch von ihm verschieden ist). Tauben lernen z. B. auf eine leuchtende Scheibe (gleich welcher Farbe) zu picken, in den weiteren Durchgängen leuchtet die mittlere Scheibe auf u., sobald die Taube danach pickt, auch die anderen Scheiben, wb. eine der mittleren gleicht, die andere nicht; pickt die Taube jetzt auf die Scheibe mit der gleichen Farbe wie die mittlere, so wird die Beleuchtung abgeschaltet u. die Reaktion mit Futter verstärkt; pickt sie wieder auf die Mittelscheibe, passiert nichts; pickt sie auf die Scheibe, die nicht mit der ursprüngl. Farbe übereinstimmt, wird die Beleuchtung abgeschaltet u. keine Verstärkung gegeben. (e) Ähnl. ist ein Ansatz, bei dem das Tier auf das Merkmal *Neuheit* zu reagieren hat; vgl. Angermeier (1986). (f) *Konditionale Diskrimination*: Bei diesem Versuch muss das Tier alternierende Reaktionen zeigen, z. B. auf einen weißen Kreis u. ein weißes Quadrat, allerdings nur unter der Bedingung, dass beide Figuren jeweils auf schwarzem Grund erscheinen; unter einer anderen Bedingung muss gerade umgekehrt reagiert werden. *Konditionale* Diskrimination liegt also deswegen vor, weil die Wahl der richtigen Alternative von einem anderen Stimulus als dem in diesem Durchgang präsentierten abhängt; vgl. North u. a. (1958).

LIT: Vgl. bes. zur Terminologie Mayer (1979); vgl. zum Überblick über das Gesamtgebiet Kaminski (1964).

◆ ANGERMEIER, W. F.: Apparaturen für die experimentelle Lernps. In: BRICKENKAMP, R. (Hg.): Handbuch apparativer Verfahren in der Ps. Göttingen 1986, S. 273–314; BROWN, W. L. u. a.: »Absolute« vs. »relational« discrimination of intermediate size in the rhesus monkey. AJP 72, 1959, S. 593–596; ELLIS, R. u. SLOAN, W.: Oddity learning as a function of mental age. JCPP 52, 1959, S. 228–230; KAMINSKI, G.: Ordnungsstrukturen u. Ordnungsprozesse. In: BERGIUS, R. (Hg.): Lernen u. Denken. HP, 1. Bd., 2. Hlb. Göttingen 1964, S. 373–493; LOCKHART, J. M. u. HARLOW, H. F.: The influence of spatial configuration and percentage of reinforcement upon oddity learning. JCPP 55, 1962, S. 495–501; MAYER, R. E.: Denken u. Problemlösen. Berlin 1979; NORTH, A. J. u. a.: Conditional discrimination and stimulus patterning. JCPP 51, 1958, S. 711–715; PETRINOVICH, L. u. BOLLES, R.: Delayed alternation: Evidence for symbolic processes in the rat. JCCPs 50, 1957, S. 363–365; STEWART, C. N. u. WARREN, J. M.: The behaviour of cats on the double-alternation problem. JCCPs 50, 1957, S. 26–28.

Behauptungen → Vorannahmen vs. Behauptungen.

Behavioural inhibition system → physiologische Psychologie (Kasten zentrale Begriffe und Paradigmen, Stw. *Verhaltenshemmungssystem*).

Behaviourismus. Eine Richtung der Ps., die diese als reine Wissenschaft von → Verhalten, ohne Rekurs auf Seelisches zu etablieren sucht: *vhstheoret. Ansatz*, *Vhstheorien*, *Vhsps*. Der Begriff *Vh.* meint im strengen B. Reflexe, Muskelaktionen u. beobachtbare physiolog. (endokrine u. viszerale) Vorgänge: → Peripheralismus. Wahrnehmung wird konzipiert als visuelle bzw. auditive Reaktion, Denken wird reduktionist. meist im Sinne einer → Motortheorie als »verdecktes Vh.« bzw. »verdecktes Reagieren«, insbes. verdecktes verbales Reagieren, also → inneres Sprechen konzipiert. Auch Sprache wird unter Vhsaspekt gesehen; histor. bedeutsam ist der Versuch von B. F. Skinner, eine empirist. Sprachtheorie unter dem Leitmotiv des → verbalen Verhaltens aufzubauen. Auch Gefühle werden als cerebrale u. humorale

Aktionsmuster rekonstruiert, bes. die → James-Lange-Theorie wird deswegen auf dem Gebiet Emotion häufig vom B. als Basis herangezogen. Der Begriff der *Persönlichkeit* wird rekonstruiert als Summe von → habits. Die strenge Form des B. bestreitet die Existenz von kognitiven Prozessen bzw. → Bewusstsein überhaupt, lehnt also den → Mentalismus ab: *Antimentalismus*. In dieser, bisweilen als *metaphys. B.* bezeichneten Extremfassung ist der B. ein *materialist. Monismus*; in schwächerer Form, als *methodolog. B.*, bezweifelt er ledigl., dass »innere«, »verdeckte« Phänomene wie Denken, Gefühle, Wollen nützl. wissenschaftl. Kategorien sind, nur das *beobachtbare Vh.* sei eine solide Basis für eine ps. Wissenschaft. Zum Überblick vgl. Koch (1962); Wolman (1960); Pongratz (1967).

Folgende weitere Annahmen kennzeichnen den B.: (1) Wissenschaftstheoret. ist der B. durch ein Ideal des *Objektivismus, Operationalismus* u. des *Reduktionismus* gekennzeichnet: Ps. Forschung soll – gem. dem Vorbild der Naturwissenschaften – auf intersubjektiv beschreibbaren Prozeduren basieren. Die → Introspektion wird demgemäß als Forschungsmethode abgelehnt (*Anti-Introspektionismus*). Der B. wendet sich damit gegen das, was er vergröbernd *phänomenolog. Ps.* nennt, worunter nicht nur die phänomenolog. Ps. i. e. S. fällt, sondern sämtl. persönlichkeitsps., gestalttheoret. u. sogar psa. Ansätze; vgl. hierzu Wann (1964) u. Day (1969). Bevorzugt werden die Methoden der → experimentellen Psychologie. Daraus erklärt sich auch die Dominanz von Untersuchungen an Tieren – Thorndike forschte mit Hühnern, Katzen u. Hunden, Pawlow vorwiegend mit Hunden, Skinner mit Tauben. Pongratz bezeichnet die Annahme einer Übertragbarkeit vom Tierversuch auf den Menschen als *transpositionist. Axiom*. Beach (1950) weist darauf hin, dass in der Zeitschrift *Comparative Psychology* der Prozentsatz von Artikeln, die mit Laborratten zu tun hatten, von 10 % im Jahre 1911 auf etwa 70 % im Jahre 1948 angestiegen war, womit eine erschreckende Einschränkung in Bezug auf das etholog. Referenzgebiet gegeben sei. Dementsprechend wurde seitens der Kritiker der B. als »Rattenps.« bezeichnet. (2) Der B. hat von der klass. → Assoziationspsychologie den → Elementarismus u. den → Mechanismus übernommen u. den Assoziationismus auf die Vhsebene transponiert; Ergebnis ist das aus der russ. → Reflexologie übernommene, von I. Pawlow ausgearbeitete Kzpt. des → bedingten Reflexes bzw. der → Konditionierung. Im Hintergrund steht die *reaktive* Vhskonzeption, dass Vh. immer reizgebunden u. reizgesteuert sei bzw. von solchen Prozessen seinen Ausgang nehme: → *S-R-Theorien* bzw. *Reiz-Reaktions-Theorien*. Grundansatz des B. ist deshalb der Versuch einer Zurückführung der Phänomene Gedächtnis u. → Denken auf das Kzpt. → Lernen. Auch Motivation u. Emotion werden vorwiegend in ihrer Bedeutung für die Förderung bzw. Hemmung von Lernprozessen gesehen: → *Verstärkung*. (3) Unter eher metatheoret. Aspekt manifestiert sich die antikognitivist. Position des B. in einem Kzpt. des *leeren Organismus* – ein *Blackbox-Modell*, gem. dem sich die Ps. auf die Beschreibung des Zusammenhangs von Input- u. Output-Prozessen zu beschränken hat, wie dies durch die Reiz-Reaktions-Theorien realisiert wird. Dieser Ansatz wird insbes. im *radikalen B.* von Skinner betont. Bei Skinner geht damit ein *antitheoret.* Standpunkt einher, der die Bedeutung von intervenierenden Variablen u. elaborierten Theorien über das, was sich möglicherweise innerhalb dieser *Blackbox* abspielt – u. sei es auch in rein hypothet. u. objektivist. Termini formuliert –, als gering ansieht: *deskriptiver Behaviourismus*. (4) Durch seine objektivist. Ausrichtung ist das Verhältnis des B. zu einem *Physiologismus* ambivalent: Einerseits hebt er im Sinne seines naturwissenschaftl. Materialismus die Bedeutung psychophysiolog. u. neurophysiolog. Prozesse hervor, in den Hauptwerken des B. wird Psychophysiologie jedoch wenig thematisiert u. auch zur Konzeptualisierung kaum benutzt (insbes. im *deskriptiven B.* von Skinner). Wenn dies geschieht, bleiben die physiolog. Ideen auf relativ formal-abstrakter

Ebene, typ. ist hierfür Hulls systemat. Vhstheorie, die auch bisweilen als *quasiphysiolog.* B. gekennzeichnet worden ist. (5) Aus der Negierung der innerorganism. Prozesse u. der Betonung von Lernprozessen kommt der B. zu einer Geringschätzung angeborener Faktoren (*Tabula-rasa-Theorie*) u. vertritt eine *Milieutheorie* bzw. einen *Environmentalismus*, betont also die Plastizität des Organismus u. die große Bedeutung von Entwicklungs- bzw. Lernprozessen u. einer Prägung durch die Umwelt, → Anlage-Umwelt-Problem. Auch ein → Empirismus folgt aus dieser Position. (6) Wichtig für den B. ist auch die Bedeutung der Grundlagenforschung (v. a. → Lerntheorien) u. der Versuch, angewandte Ps. auf diese zu basieren. Ein charakterist. Bsp. hierfür ist die → Verhaltenstherapie.

HI: Der B. wurde durch die programmat. Arbeiten von John B. Watson (1913–1958) begründet. Zu den klass. Behaviouristen werden gerechnet: E. Holt (1873–1946), M. Meyer (1873–1967), A. Weiss (1879–1931), W. Hunter (1889–1954), E. L. Thorndike (1874-1949), E. Guthrie (1886–1960) sowie K. Lashley (1890–1958); (nach Sanders 1978). Der B. wurzelt geschichtl. in der Philosophie des Empirismus, Neopositivismus, Materialismus, Szientismus u. Physikalismus, speziell auch in einem Evolutismus u. dem Darwinismus, psychologiegeschichtl. in der frühen → experimentellen Psychologie u. der russ. Reflexologie (von jener unterschieden durch die geringe Thematisierung physiologist. Kzpte.), des Weiteren in der → vergleichenden Psychologie u. in der ps. Richtung, die in Amerika meist → Funktionalismus genannt wird; vgl. Burnham (1968). Die Entwicklung des B. lässt sich in drei Phasen einteilen: *Klass. B.* (etwa 1912–1930), *Neobehaviourismus* (etwa 1930–1950), *Liberalisierung* des B. (ab 1950). Als *Neobehaviourismus* (bisweilen auch: *operationaler* o. *formaler B.*) werden diejenigen Ansätze zusammengefasst, die zw. Reiz u. Reaktion *hypothet. Konstrukte* bzw. *intervenierende Variablen* einschalten, welche Annahmen über das Innere der *blackbox* beinhalten. Prototyp. sind die → systematische Verhaltenstheorie Hulls u. die → Zeichen-Gestalt-Theorie Tolmans. Bes. Tolman spricht sich dafür aus, auch größere Verhaltenseinheiten zu analysieren; bei solchen größeren Verhaltenseinheiten spricht er von *molarem* Vh. u. seine spezif. Ausformung des B. nennt man deshalb auch *molaren* B. Die von ihm geschaffenen Kzpte. → Anreiz u. → Erwartung (*purposive behaviourism* bzw. *subjektiver B.*) legen die Basis für die Entwicklung der → kognitiven Lerntheorien; vgl. Graumann (1965). Das Kzpt. der → Mediation war ein weiterer wichtiger Schritt auf diesem Weg.

Die bedeutendsten Neo-Behaviouristen sind E. C. Tolman (1886–1959) u. C. Hull (1884–1952), des Weiteren N. E. Miller, J. Dollard u. C. Osgood (→ erworbener Trieb; → Frustrations-Aggressions-Theorie; → Triebtheorie der Angst; → Mediationstheorie). Der Neobehaviourismus wird von Segal u. Lachman (1972) als stabiles forschungsleitendes Paradigma der amerikan. Ps. in den Jahren zw. 1930 bis 1960 beschrieben; paradigmat. für die Liberalisierungsphase war ein Aufsatz von Miller (1952). Er bereitete das Aufkommen des → Kognitivismus vor; die bahnbrechende programmat. Arbeit von Miller, Gallanter u. Pribram (1960) stellte den Brückenschlag dar; in ihr wurde versucht, bei grundsätzl. Beibehaltung behaviourist. Positionen, die Ergebnisse der modernen Linguistik u. der frühen kognitivist. Forschungen in eine Verhaltenstheorie zu integrieren. In der Gegenwart werden die Axiome des klass. Behaviourismus nur noch von der skinnerschen → Verhaltensanalyse hochgehalten, man spricht auch vom *radikalen B.*; zur Begriffsgeschichte vgl. Schneider u. Morris (1987).

WÜ: Der B. ist die histor. wichtigste Schulrichtung der Ps.; sie dominierte über Jahrzehnte hinweg die amerikan. Ps. u. damit die akadem. Ps. der ganzen Welt, insbes. Europas, u. hat der Ps. das sie bis heute prägende objektivist. »Antlitz« gegeben. Seit den 60er Jahren ist der B. zunehmend von der → kognitiven Psychologie abgelöst worden, allerdings gibt es immer wieder »Revitalisierungen« des B.; vgl. z. B. Reese u. Parrott (1986); Wyatt u. a. (1986); Holyak u. a. (1989) konzipieren ein Informationsverarbeitungsmodell von Konditionierungsprozessen u. damit eine Integration dieser scheinbar antagonist. Grundansätze; ein

Plädoyer für die anhaltende Bedeutsamkeit vhstheoret. Ideen findet sich in Ulich (1980).

KR: (a) Die Psa. kritisiert am B. v. a. die Ausblendung von triebhaften emotionalen Prozessen u. von Prozessen, die zwar nicht bewusst, aber dennoch verhaltensrelevant sind. Das Verhältnis des B. zur Psa. ist ambivalent: Einerseits steht er mit vielen Axiomen im Widerspruch zu ihr, andererseits stimmt er mit ihr überein im Grundaxiom der durchgängigen Determiniertheit der Psyche durch Kräfte, die dem Menschen in wichtigen Teilen nicht bewusst sind u. auf eine mechan. Weise wirken – Watson u. Skinner schätzten beide die Psa. hoch ein. Eine Rekonzeptualisierung der Psa. im vhstheoret. Geiste, ein klass. Werk von großer Bedeutung, ist Dollard u. Miller (1950). Am deutlichsten wird der Gegensatz von B. u. Psa. auf dem Gebiet der → Verhaltenstherapie. (b) Am intensivsten hat sich die → Gestalttheorie auf eine theoret. wie empir. fundierte krit. Analyse des B. eingelassen, bes. auf den Gebieten → Lernen, → Gedächtnis, → Denken u. → Problemlösen. Sie kritisiert v. a. das elementarist. Axiom; s. hierzu die Stw. → einfaches Lernen, → serielles Lernen, auch die unterschiedl. Theorien zum → Problemlösen; vgl. auch → Einsicht. (c) Den gegenwärtig wichtigsten Gegenpart zum B. bildet die → kognitive Psychologie, die vom B. die Orientierung an objektiven Methoden übernommen hat, gleichzeitig aber sein antimentalist. Axiom negiert. Ein Meilenstein in der histor. Destruktion des B. war Chomskys Kritik an Skinners Konzeption des → verbalen Vhs.; s. a. das Stw. → generative Transformationsgrammatik. (d) Die moderne → Ethologie, die mit dem B. über die vergleichende Psychologie als gemeinsame histor. Wurzel verbunden ist u. im Prinzip ebenfalls einen behaviourist.-objektivist. Grundansatz verfolgt, kritisiert insbes. die spezif. Art u. Weise, wie Tierversuche im B. durchgeführt u. ausgewertet worden sind; Weiteres s. d. (e) Eine grundsätzl., tlw. moral.-ideolog. Kritik kommt seitens der humanist. Ps.; sie ist paradigmat. für eine verbreitete Kritik am B., insbes. auch an seiner klin. Weiterentwicklung, der Vhstherapie; kritisiert wird, der B. habe eine Kontrollmethodik für eine unreflektierte Anpassung des Individuums geliefert – es hat in den USA sogar Bürgerinitiativen gegeben, denen es gelang, die Anwendung der Vhstherapie einzuschränken; vgl. Bruder (1982) u. Stolz (1978).

LIT: Einen ausführl. Überblick bietet Sanders (1978); eine sozialhistor. Rekonzeptualisierung des B. ist Bruder (1982); zur krit. Würdigung des Werks von Watson vgl. Bergmann (1956); den Übergang von B. zum Neobehaviourismus beschreibt Suppes (1975); eine neuere histor. Rekonstruktion ist Mackenzie (1977); Samelson (1981, 1985) analysiert den Aufstieg u. die »akadem. Schlachten« im Umfeld des B. in den ersten Jahrzehnten dieses Jahrhunderts; von den »Schwierigkeiten, ein Behaviourist zu sein«, handelt eine begriffs- u. systemvergleichende Arbeit von Westmeyer (1984); Zurif (1985) unternimmt den Versuch, die heute noch gültigen Ideen des B. in Abhebung von kognitivist. u. anderen nicht behaviourist. Positionen darzustellen; dieses Buch hat eine Diskussion ausgelöst, an der sich viele namhafte Vertreter beteiligt haben (vgl. *Behavioural and Brain Sciences* 1986); eine Antwort auf die Kommentare ist Zurif (1986); zur Diskussion vgl. auch Miller (1988); Kleinginna u. Kleinginna (1988); Williams (1987); Groome (1986); Paneagua (1986); Morris u. a. (1982); zur krit. Analyse des Vhsbegriffs, v. a. seiner begriffl. Überdehnung, vgl. Scheele (1981); vgl. auch Taylor (1975); zum Überblick über Tiermodelle menschl. Vhs., wie sie bes. innerhalb der Psychopharmakologie wichtig sind, vgl. Davey (1983).

◆ Beach, F. A. The snark was a boojum. AmP 5, 1950, S. 115–124; Bergmann, G. B.: The contribution of John B. Watson. PR 63, 1956, S. 265–276; Berlyne, D. F.: Structure and direction in thought. New York 1965; Bruder, K. J.: Psychologie u. Bewußtsein. Frankfurt/M. 1982; Burnham, J. C.: On the origins of behaviourism. JHBS 4, 1968, S. 143–151; Davey, C. G. L. (Hg.): Animal models of human behaviour. New York 1983; Day, W. F.: Radical behaviourism in reconciliation with phenomenology. JEAB 12, 1969, S. 315–328; Dollard, J. u. Miller, N.: Personality and psychotherapy. New York 1950; Graumann, C. F.: Subjektiver Behaviourismus? AfgP 117, 1965, S. 240–251; Groome, D.: Cognitive science and behaviourism. BuBPS 39, 1986, S. 18–27; Holyak, K. J. u. a.: A theory of conditioning: inductive learning within rule-based default hierarchies. PR 96, 1989, S. 315ff.; Kafka, G.: Die Bedeutung des Behaviourismus für die Ps. u. Biologie. Bericht des 12. Kongresses der dt. Gesellschaft für Ps. in Hamburg 1931. Jena 1932, S. 213–255; KLEINGINNA, P. R. u. KLEINGINNA, A. M.: Current trends toward convergence of the behaviouristic, functional and cognitive perspective in experimental psychology. PRe 38, 1988, S. 369–392; KOCH, S.: Behaviourism. In: Encyclopaedia Britannica, 3. Bd. Chicago 1962, S. 326–329; KRAIKER, C.: Psa. – Behaviourismus – Handlungstheorie. München 1980; MACKENZIE, B. D.: Behaviourism and the limits of scientific method. Atlantic Highlands 1977; MILLER, G. A. u. a.: Plans and the structure of behaviour. New York 1960 (dt.: Pläne u. Strukturen des Vhs. Stuttgart 1973); MILLER, L.: Behaviourism and the new science of cognition. PRe 38, 1988, S. 3–18; MILLER, N. E.: Liberalization of basic S-R-concepts: extensions to conflict behaviour, motivation, and social learning. In: KOCH, S. (Hg.): Psychology, a study of a science, 2. Bd. New York 1952, S. 196–292; MORRIS, E. K. u. a.: Comments on cognitive science in the experimental analysis of behaviour. BA 5, 1982, S. 109–125; PANEAGUA, F. A.: Synthetic behaviourism: remarks on function and structure. PRe 36, 1986, S. 179–184; PONGRATZ, L. J.: Problemgeschichte der Ps. Bern 1967; REESE, H. W. u. PARROTT, L. J. (Hg.): Behaviour science: philosophical, methodological, and empirical advances. Hillsdale 1986; SAMELSON, F.: Organizing for the kingdom of behaviour. Academic battles and organizational policies in the Twenties. JHBS 21, 1985, S. 33–47; SAMELSON, F.: Struggle for scientific authority: the reception of Watson's Behaviourism. 1913–1920. JHBS 17, 1981, S. 329–425; SANDERS, C.: Die behaviourist. Revolution in der Psychologie. Salzburg 1978; SCHEELE, B.: Selbstkontrolle als kognitive Interventionsstrategie. Weinheim 1981; SCHNEIDER, S. M. u. MORRIS, E. K.: A history of the term radical behaviourism: from Watson to Skinner. BA 10, 1987, S. 27–39; SEGAL, M. u. LACHMAN, R.: Complex behaviour or higher mental process: is there a paradigm shift? AmP 27, 1972, S. 46–55; SKINNER, B. F.: Beyond freedom and dignity. New York 1971 (dt.: Jenseits von Freiheit u. Würde. Reinbek 1973); SKINNER, P. I.: Was ist Behaviourismus? Hamburg 1978; SKINNER, P. I.: Why I am not a cognitive psychologist. Bm 5, 1977, S. 1–10; STOLZ, S. B.: Ethics of social and educational intervention. 1978; SUPPES, P.: From behaviourism to neo-behaviourism. TD ö6, 1975, S. 269–285; TAYLOR, C.: Erklärung u. Interpretation in den Wissenschaften vom Menschen. Frankfurt/M. 1975; ULICH, D.: Lern- u. Verhaltenstheorien in der Sozialisationsforschung. In: HURRELMANN, K. u. ULICH, D. (Hg.): Handbuch der Sozialisationsforschung. Weinheim 1980, S. 72–99; WANN, T. W. (Hg.): Behaviourism and phenomenology. Chicago 1964; WATSON, J. B.: Psychology as the behaviourist views it. PR 20, 1913, S. 158ff.; WATSON, J. B.: The place of conditioned reflex in psychology. PR 23, 1916, S. 89–117; WATSON, J. B.: Behaviourism. New York 1925 (dt.: Behaviourismus. Ergänzt durch den Aufsatz: »Psychologie, wie sie der Behaviourist sieht«, herausgeg. mit einem Vorwort von C. F. Graumann. Köln 1968); WESTMEYER, H.: Von den Schwierigkeiten, ein Behaviourist zu sein, o.: auf der Suche nach einer behaviourist. Identität. In: LENK, H. (Hg.): Handlungstheorien interdisziplinär, III, 2. Hlb., Frankfurt/M. 1984, S. 574–606; WILLIAMS, B. A.: On the role of theory in behaviour analysis. Bm 14, 1986, S. 111–124; WILLIAMS, R. N.: The human and the cognitive models: criticism and replay. JMiB 8, 1987, S. 317–323; WOLMAN, B. B.: Contemporary theories and systems in psychology. New York 1960; WYATT, W. J. u. a. (Hg.): Behaviourism: are reports of its death exaggerated? BA 9, 1986, S. 101–105; ZURIF, G. E.: Behaviourism: a conceptual reconstruction. New York 1985; ZURIF, G. E.: Precis of behaviourism: a conceptual reconstruction. BBS 9, 1986, S. 687–724.

Behaviouristische Lerntheorien → Lerntheorien; → S-R-Theorien.

Behaviour setting → ökologische Psychologie.

Behaviour space → Zeichen-Gestalt-Theorie.

Behaviour support → Reiz.

Bejahung des Konsequens → propositionales Schlussfolgern.

Bekanntheit der Lernresultate → knowledge of results.

Bekanntheitseffekt, die positive Beeinflussung der → Wahrnehmung durch Erfahrung: Wörter mit höherer Bekanntheit werden schneller erkannt. In der Ps. wird dies experimentell z. B. dadurch demonstriert, dass (z. B.) siebenbuchstabige Pseudowörter dargeboten werden, für die vorher unterschiedl. Bekanntsheitgrade erzeugt worden sind, u. damit kann der B. demonstriert u. quantitativ erforscht werden. Ein normales Wort wird schon aufgrund der Erfahrung mit dem gleichen Wort o. mit Wörtern überhaupt schneller als Pseudowörter erkannt.

TH: Es ist das Problem, ob die Bekanntheit schon während der Auslese der Merkmale, anhand derer das Wort identifiziert wird, eine Rolle spielt; Gibson u. Gibson (1955) differenzieren zw. *Extraktions-* u. *Bereicherungs*-Aspekten, im ersten Falle bewirkt die Bekanntheit eine Erleichterung der Auslese der Merkmale; im zweiten Falle eine Umstrukturierung der bereits ausgelesenen Merkmale.

◆ Gibson, J. J. u. Gibson, E. J.: Perceptual learning: differentiaton or enrichment? PR 62, 1955, S. 32–41; Murch, G. M. u. Woodworth, G. L.: Wahrnehmung. Stuttgart 1978.

Bekräftiger → Verstärkung.

Bekräftigung → Verstärkung.

Belastung [ähnl. *Beanspruchung*], die Gesamtheit aller auf den Menschen einwirkenden u. seine phys. u. psych. Ressourcen beanspruchenden Arbeitsanforderungen, ein zentrales Kzpt. der Arbeitsps. In den Vordergrund schiebt sich aufgrund der Veränderungen in der Arbeitswelt zunehmend die mentale → Belastung; vgl. zum Überblick Hancock u. Mishkati (1988); zsfd. Wickens (1984).

Innerhalb dieses Paradigmas wurden auch wesentl. Ideen für die große allgemeinps. Bedeutung besitzende → Ressourcentheorie der Aufmerksamkeit geboren; für eine Weiterführung dieses Modells im Rahmen eines kognitions-emotionsps. Ansatzes vgl. Wieland-Eckelmann (1992); s. a. das Stw. → Ermüdung. Neu geprägt wurde in der Dresdner arbeitsps. Forschungsgruppe um Hacker der Begriff der *Fehlbeanspruchung*, der v. a. den normativen Aspekt einer unphysiolog. B. hervorhebt (vgl. Hacker u. Richter 1980). Die Effekte von inadäquater B. werden unter dem Schlagwort *industrielle Psychopathologie* (vgl. Frese u. a. 1978) analysiert; vgl. einführend u. integrativ Udris u. Frese (1988). Ein wichtiges ps. Forschungsparadigma, das sich mit ähnl. Phänomenen befasst, ist das Paradigma → Stress; es entstammt eher der Grundlagenforschung. B.- u. Stressbegriff werden nicht ganz einheitl. verwendet; vgl. Marstedt u. Mergner (1986); zunehmend scheinen allerdings die angelsächs. Stresstradition u. die deutschsprach. Belastungstradition zu konvergieren, vgl. Antoni u. Bungard (1987).

VD/T: Rohmert u. Rutenfranz haben seit den 70er Jahren auf eine klare Trennung der Begriffe *Beanspruchung* (entsprechend dem engl. *strain*) u. *B.* (engl.: *load*) gedrungen (Rohmert u. Rutenfranz 1975): B. sei definiert durch objektive, von außen her auf den Menschen einwirkende Größen, Beanspruchung durch die subjektiven Auswirkungen derartiger B.; der Definitionsvorschlag ist inzw. mehrfach aufgegriffen worden; vgl. zum Überblick u. zur begriffl. Problematik Schönpflug (1987).

LIT: Über psychophysiolog. Methoden zur Erfassung von B. referiert Luczak (1987); zur Erforschung von Erholungsprozessen nach B. vgl. Wieland-Eckelmann (1994); zum Überblick vgl. Antoni u. Bungard (1987) u. Schönpflug (1987); zur emotionalen B. im Sport vgl. Kuhl u. Schulz (1986).

◆ Antoni, C. u. Bungard, W.: Beanspruchung u. Belastung. In: Roth, E. (Hg.): Organisationsps. EP, D, III, 3. Bd. Göttingen 1987, S. 431–458; Badura, B.: Soziale Unterstützung u. chron. Krankheit. Frankfurt/M. 1981; Boucsein, W.: Arbeitsps. Beanspruchungsforschung heute – eine Herausforderung an die Psychophysiologie. PRu 42, 1991, S. 129–144; Faltermaier, T.: Notwendigkeit einer sozialwissenschaftl. Belastungskonzeption. In: Brüderl, L. (Hg.): Theorien u. Methoden der Bewältigungsforschung. Weinheim 1988; Frese, M. u. a. (Hg.): Industrielle Psychopathologie. Bern 1978; Hacker, W. u. Richter, P.: Psych. Fehlbeanspruchung: Ermüdung, Monotonie, Sättigung u. Streß. Berlin 1980; Hancock, P. A. u. Mishkati, N. (Hg.): Human mental workload. Amsterdam 1988; Kuhl, U. u. Schulz, P.: Emotionale Belastung im Sport. Köln 1986; Luczak, H.: Psychophysiolog. Methoden zur Erfassung psychophys. Beanspruchungszustände. In: Kleinbeck, U. u. Rutenfranz, J. (Hg.): Arbeitsps., EP, D, III, 1. Bd. Göttingen 1987, S. 185–259; Marstedt, G. u. Mergner, U.: Psych. Belastungen in der Arbeitswelt. Opladen 1986; Rohmert, W. u. Rutenfranz, J.: Arbeitswissenschaftl. Beurteilung der Belastung u. Beanspruchung an unterschiedl. industriellen Arbeitsplätzen. Bonn 1975, S. 46–53; SCHÖNPFLUG, W.: Beanspruchung u. Belastung bei der Arbeit. Kzpt. u. Theorien. In: KLEINBECK, U. u. RUTENFRANZ, J. (Hg.): Arbeitsps. EP, D, III, 1. Bd. Göttingen 1987, S. 130–185; UDRIS, I. u. FRESE, M.: Belastung, Streß, Beanspruchung u. ihre Folgen. In: FREY, D. (Hg.): Angewandte Ps. München 1988, S. 428–447; WICKENS, C. D.: Engineering psychology and human performance. Columbus 1984; WIELAND-ECKELMANN, R. u. a. (Hg.): Erholungsforschung. Weinheim 1994; WIELAND-ECKELMANN, R.: Kognition, Emotion u. psych. Beanspruchung. Göttingen 1992.

Belief-bias, ein typ. Fehler beim → Problemlösen, der Effekt, dass die log. irrelevante – inhaltliche Glaubwürdigkeit (bzw. Unglaubwürdigkeit) eines logischen Schlusses die Häufigkeit erhöht (bzw. senkt), mit der er als formal richtig akzeptiert o. produziert wird; vgl. hierzu u. zu andern Formen von Verzerrungen Evans (1989).

◆ EVANS, J.ST.: The psychology of deductive reasoning. London 1982; EVANS, J.St.: Bias in human reasoning: causes and consequences. Erlbaum 1989.

Belief-value-Matrix → Zeichen-Gestalt-Theorie.

Belohnung, allg. Bezeichnung für bedürfnisbefriedigende Reize; zum Begriff der B. im Bereich der → pädagogischen Psychologie s. die entsprechenden Lehrbücher; für den Bereich der → Lerntheorien s. die Stw. positive → Verstärkung u. → Belohnungslernen.

Belohnungsaufschub [engl. *delayed gratification* bzw. *delayed reinforcement*]. Das Paradigma *B.* thematisiert die Fähigkeit, zw. weniger wertvollen, aber sofort verfügbaren, u. höherwertigen, aber erst später erhältl. Objekten Letztere zu wählen. Ein typ. Versuch untersucht bspw. Präferenzentscheidungen von Kindern zw. einer kleinen Süßigkeit sofort o. einer wesentl. größeren eine Woche später. Als wesentl. Größe für B. erwiesen sich entsprechend agierende Modelle (→ Modellernen), die dem Kind ein positives o. negatives Vorbild bieten. Das persönlichkeitsps. Kzpt. B. basiert auf dem lerntheoret. Kzpt. des → Verstärkungsgradienten; frühe Arbeiten stammen von Logan (1960); (s. a. das Stw. → Anreiz); ein Zentralkzpt. ist es in der → sozialen Lerntheorie Rotters. Mischel hat die bedeutendsten Arbeiten zu diesem Konstrukt geliefert (vgl. 1958ff.). Mischels *Zwei-Stufen-Modell des B.* (1974) ergibt, dass eine gedankl. Beschäftigung mit der Bekräftigung dem Warten abträgl. ist; dies steht im Gegensatz zur psa. Lehrmeinung, derzufolge die Vergegenwärtigung von Triebzielen eine halluzinator. Ersatzbefriedigung darstellen kann. Für Verfahren zur Erfassung des Modells vgl. Amelang u. Bartussek (1990). Im Unterschied zu anderen Persönlichkeitskzptn. stützt sich dieses Konstrukt vorwiegend auf Stichproben bei Kindern; im Vordergrund der bisherigen Arbeiten stand vorwiegend der *selbstauferlegte* B; vgl. auch Miller u. Karniol (1976).

◆ AMELANG, M. u. BARTUSSEK, D.: Differentielle Ps. u. Persönlichkeitsforschung. Stuttgart 1990 (3. Aufl.); LOGAN, F. A.: Incentive. New Haven 1960; LOUGE, A. W.: Der Lohn des Wartens. Über die Ps. der Geduld. Heidelberg 1996; MILLER, D. T. u. KARNIOL, R.: Coping strategies and attentional mechanism in self-imposed and externally imposed delay situations. JPSP 34, 1976, S. 310–316; MISCHEL, W.: Preference for delayed reinforcement: an experimental study of a cultural observation. JASP 56, 1958, S. 57–61; MISCHEL, W.: Processes in delay of gratification. In: BERKOWITZ, L. (Hg.): Advances in experimental social psychology. New York 1974, S. 249–292.

Belohnungslernen [auch *Belohnungs-Training,* seltener *appetitive Konditionierung*], eine Form der → operanten Konditionierung, bei der eine bestimmte Vhsweise einer po–

sitiven Verstärkung unterliegt; Bsp.: die Häufigkeit eines Lächelns wird gesteigert, indem jedes Lächeln positiv verstärkt wird. B. ist das »Gegenteil« von → Bestrafungslernen; Weiteres s. das Stw. → Verstärkung; s. a. das Stw. → Belohnungsaufschub.

VD: Bisweilen wird von *negativer Belohnung* gesprochen, wenn eine als unangenehm empfundene Vhskonsequenz entfernt bzw. vermieden wird; als *positive Belohnung* wird es bezeichnet, wenn dem Vh. eine positive Bewertungskonsequenz folgt; vgl. Mahoney u. Thoresen (1974).

◆ Bredenkamp, J. u. Wippich, W.: Lern- u. Gedächtnisps. 1. Bd. Stuttgart 1977; Foppa, K.: Lernen, Gedächtnis, Vh. Köln 1975 (9. Aufl.); Mahoney, M. J. u. Thoresen, C. E.: Self-control: power to the person. Monterey, Cal. 1974.

Belohnungstraining → Belohnungslernen.

Belongingness. Nach dem Prinzip der B. gelingen Prozesse der → Konditionierung besser, wenn die zu erlernende Reaktion der in der jeweiligen Situation naheliegenden Reaktion verwandt o. ähnl. ist, die Reaktionen also *zusammengehören*; d. h. dass bestimmte CS-Kategorien leichter mit spezif. US-Kategorien assoziierbar sind: so müsste sich z. B. ein Elektroschock leichter an einen ängstl. als an einen freundl. Gesichtsausdruck konditionieren lassen. Dies muss nicht unbedingt, wie vom → Preparedness-Kzpt. postuliert, das Ergebnis eines phylogenet. Prozesses sein, sondern kann auch durch ontogenet. Erfahrungen bedingt sein, in denen gelernt wird, dass bestimmte Reizklassen aufgrund ihrer inhärenten Eigenschaften zusammengehören.

Das Prinzip tritt schon in älteren → Lerntheorien auf, so in Thorndikes → Verknüpfungstheorie, wird aber bes. in jüngerer Zeit im Zusammenhang mit der Diskussion des Preparedness-Kzpts. erörtert; vgl. Öhmann u. a. (1976); Rachman (1978); Mackintosh (1983); McNally (1987). B. ist ein schwer zu präzisierendes Kzpt., das in sozusagen »krypto-kognitiver« Weise versucht, bestimmte das klass. Konditionierungsparadigma sprengende Phänomene zu integrieren.

LIT: Zum Überblick vgl. Hamm u. Veitl (1985) u. Hamm (1987); vgl. auch Bergius (1964).

◆ Bergius, R.: Einfache Lernvorgänge. In: Bergius, R. (Hg.): Lernen u. Denken. HP, 1. Bd., 2. Hlb., Göttingen 1964, S. 147–225; Hamm, A. u. Veitl, D.: »Belongingness«: Operationalisierung eines neuen Kzpts. in der Lerntheorie. AfP 137, 1985, S. 13–27; Hamm, A.: Kontext u. Reizinhalt: Ihre Einflüsse beim klass. Konditionieren. Regensburg 1987; Mackintosh, N. J.: Conditioning and associative learning. Oxford 1983; McNally, R. J.: Preparedness and phobias: a review. PBu 101, 1987, S. 283–303; Öhmann, A. u. a.: The premise of equipotentiality in human classical conditioning: conditioned electrodermal responses to potentially phobic stimuli. JExP: G 105, 1976, S. 313–337; Rachman, S. J.: Comment to A. Öhman, M. Fredrikson, K. Hugdahl. Biologically significant fears. BAM 2, 1978, S. 234–239; Rozin, P. u. Kalat, J. W.: Specific hunger and poison avoidance as adaptive specialization of learning. PR 78, 1971, S. 459–486.

Bemächtigungstrieb → Aggression; → Psychoanalyse.

Benhamsche Scheiben → Fechnersche Farben.

Benussi-Ring → Helligkeitskontrast.

Beobachtungslernen → Modelllernen.

Bereich genutzter Hinweisreize → Leistungsangst.

Bereichseffekte, Unterschiede in der Qualität des → Problemlösens in Abhängigkeit vom Wissensbereich, in dem das Problem eingebettet ist; vgl. hierzu die Untersuchungen von Simon (1970); auch Jülisch u. Krause (1976). Dieser *semant. Kontext* scheint sowohl leis–

tungsfördernd wie leistungshemmend wirken zu können. *Inhaltl. angereicherte* Versionen abstrakter Probleme können also sowohl leichter wie schwieriger sein als die abstraktere Fassung.

LIT: Vgl. zsfd. Hussy (1984); speziell Hesse (1985); zum Zusammenhang mit dem Thema Wissenserwerb vgl. Strohschneider (1990).

◆ Hesse, F. W.: Vergleichende Analyse kognitiver Prozesse bei semant. unterschiedl. Problemeinbettungen: SK 4, 1985, S. 139–153; Hussy, W.: Denkps. 1. Bd. Stuttgart 1984; Jülisch, B. u. Krause, W.: Semant. Kontext u. Problemlöseprozesse. In: Klix, F. (Hg.): Ps. Beiträge zur Analyse kognitiver Prozesse. Berlin 1976, S. 274–301; Simon, R. J.: Encoding effects on complex problem solving. JExP 83, 1970, S. 227–231; Strohschneider, S.: Wissenserwerb u. Handlungsregulation. Wiesbaden 1990.

Bereichs-Häufigkeits-Theorie → Range-frequency-Theorie.

Bereichsprinzip (engl. *range principle*), ein Prinzip, welches das Antwortvh. von Vpn bei → psychophysischen Methoden, speziell bei der Bildung von → Bezugssystemen, determiniert, z. B. bei der Aufgabe, die Größe eines Reizes einzuschätzen: Die Vpn orientieren sich an den zwei Extremwerten einer zu beurteilenden Serie von Stimuli, die als → Anker dienen (auch vorgestellte bzw. aus den bisherigen Erfahrungen mit ähnl. Reizen abgeleitete Anker können wirksam sein). Diesen Randbereich teilt der Beurteiler in so viele Kategorien ein, wie ihm eine Antwortmodalität vorgibt; wenn ihm also die Zahlen 1 bis 4 zur Beurteilung einer Intensität zur Verfügung stehen, dann teilt er den Bereich in vier Unterbereiche ein. Diese Unterbereiche werden häufig als gleich groß angenommen (*Equal-subrange-Prinzip*). Das B. hat die Konsequenz, dass derselbe Stimulus in verschiedene Antwortkategorien abgebildet werden kann, je nach Größe des Bereichs zw. den Ankern – der Bereich wird also durch die Anker wie ein Gummiband gedehnt (*Gummibandprinzip, Gummibandtheorie*; vgl. Volkmann 1951). Eine Theorie, innerhalb der dieses Prinzip zentral ist, ist die → Range-frequency-Theorie. In der *Theorie der variablen Perspektiven* von Upshaw (1969) wird gezeigt, dass das B. sich auch auf unbegrenzte kontinuierl. u. nichtsprachl. Antwortmodalitäten anwenden lässt u. dass eine Änderung des Beurteilungsvhs. auf eine Veränderung des Ankerbereichs – der *Perspektive* – zurückgeführt werden kann, d. h. nicht direkt vom Reiz abhängig ist, also eine gewisse Beliebigkeit beinhaltet.

VD: Upshaw ließ moral. Verfehlungen, die nach ihrer Stärke abgestuft waren, in Volumina von Sandhäufchen abbilden, die Vpn auf einem Tisch aufhäuften. Die Untersuchung basiert auf Vergleichsurteilen, d. h. jede der Verfehlungen wurde mit einer Standardverfehlung verglichen u. die Distanz wurde durch das Gewicht des Sandhäufchens gemessen, das ihr entsprach. Die resultierenden Urteile hingen in einem starkem Maße vom Bereich der Anker ab. Upshaw konnte ihre quantitative Ausbildung durch zwei Parameter erklären, die *subjektive Einheit* (*unit*) u. den subjektiven Ursprung (*origin*) auf der Ebene der internen Repräsentation. Ein Urteiler bildet die Einheit aus der Differenz, den Ursprung aus dem Mittelwert der Anker. Die Größe eines subjektiv repräsentierten Reizes wird dann linear auf eine Antwortmodalität übertragen. Dabei gilt, dass der Bereich der abgebildeten Reize klein ist, wenn die *Perspektive* groß ist; ist die Perspektive eng, vergrößert sich dagegen der Bereich der abgebildeten Reize. Da es sich um ein balanciertes Experiment mit Messwiederholung über den Faktor »Breite der Perspektive« handelte, konnte dokumentiert werden, dass Beurteiler ihre Perspektive schnell ändern können. Upshaws Studie zeigt auch deutlich die Beliebigkeit der Antwortmodalität; er geht deswegen davon aus, dass intern reprä–

sentierte Größen linear in alle zur Verfügung gestellten Antwortmodalitäten (bei ihm engl.: *response languages*) abgebildet werden, selbst dann, wenn die Transformation von der Stimulusebene auf die Ebene der internen Repräsentation logarhitmisch ist. Die Möglichkeit, einen Sachverhalt in mehreren Sprachen abbilden zu lassen, wurde in der Urteilsforschung experimentell benutzt, um genaueren Aufschluss über die interne Repräsentation zu erhalten.

◆ UPMEYER, A.: Soziale Urteilsbildung. Stuttgart 1985; UPSHAW, H. S.: The personal reference scale. In: BERKOWITZ, L. (Hg.): Advances in experimental social psychology, 4. Bd. New York 1969; VOLKMANN, J.: Scales of judgement and their implications for social psychology. In: ROHRER, J. H. u. SHERIF, M. (Hg.): Social psychology at the cross roads. New York 1951.

Bereichsspezifisches Vorwissen → Expertise.

Bereichsurteil → absolutes Urteil.

Bereitschaftspotential → physiologische Psychologie (Kasten psychophysiologische Methoden).

Bergsteigerproblem → Problemlösen.

Berkeley-Gruppe → Stress.

Berliner Schule → Gestalttheorie.

Bernoulli-Prinzip → Erwartungs-mal-Wert-Modell.

Berührungsempfindung → Mechanorezeption.

Berufseignungsdiagnostik → Arbeitspsychologie.

Berufspsychologie → Arbeitspsychologie.

Beruhigung → Emotionsdimensionen.

Beschatten → Shadowing.

Beschreibende Psychologie → idiographisch vs. nomothetisch.

Besetzung → Psychoanalyse; → Energie.

Besonderheitsbewusstsein → Ichbewusstsein.

Besorgnis → Leistungsangst.

Besorgtheit → Leistungsangst.

Bestätigungsfehler → Bestätigungstendenz.

Bestätigungstendenz [auch *Bestätigungsfehler*; engl. *confirmation bias*], nach Wason (1960) die menschl. Neigung, Information auf eine Art u. Weise zu sammeln u. zu verarbeiten, die den eigenen Einstellungen bzw. Vorurteilen entspricht; s. a. das Stw. → Korrelation. Der Begriff *Positivitätseffekt* bezeichnet ein ähnl. Phänomen (→ Korrelation). Zu weiteren Phänomenen, die man unter dem Oberbegriff B. einordnen kann, vgl. Greenwald u. a. (1986); Anderson (1983); s. a. die Stw. → Wahrscheinlichkeitsrevision u. → kognitive Täuschungen und kognitive Heuristiken.

VD: Ein method. Paradigma charakterisiert den Ansatz von Wason: die »Vier-Karten-Aufgabe« (auch: *Kartenselektionsaufgabe*; Wason 1960ff.), eine Weiterentwicklung eines Paradigmas zur Analyse der Begriffsbildung. Den Vpn werden dabei vier Karten vorgelegt, auf denen die Symbole E, K, 4, 7 abgebildet sind; dazu wird mitgeteilt, dass auf einer Seite der Karte immer ein Buchstabe, auf der anderen Seite eine Zahl abgebildet ist, u. die Aufgabe besteht darin zu beurteilen, ob für diese vier Karten die folgende Regel gilt: *Wenn auf einer Seite der Karte ein Vokal abgebildet ist, dann steht auf der anderen Seite eine gerade Zahl.* Die Vpn sollten dabei nicht mehr Karten umdrehen, als zum Überprüfen der Regel notwendig ist. Als Ergebnis zeigt sich, dass

Vpn große Schwierigkeiten haben, diese Aufgabe effizient durchzuführen, u. dass sie generell dazu tendieren, stärker von der *Verifikation* als von der *Falsifikation* Gebrauch zu machen: Die Vpn wählten z. B. innerhalb eines solchen Experiments zu 46 % die Möglichkeit, sowohl das *E* als auch die *4* umzudrehen – eine falsche Kombination; es war zwar richtig, das E umzudrehen, aber bei der *4* hätte weder ein Vokal noch ein Konsonant auf der Rückseite der Karte die Regel widerlegen können; die richtige Kombination, das *E* u. die 7 umzudrehen (denn eine ungerade Zahl auf der Rückseite des *E* o. ein Vokal auf der Rückseite der 7 hätten die Regel falsifiziert) wählten nur 4 % der Vpn; weitere 33 % der Vpn wählten die Möglichkeit, nur das *E* umzudrehen; die verbleibenden 17 % der Vpn entschlossen sich für andere, ebenfalls unkorrekte Wahlmöglichkeiten. Dieses Experiment zeigt auch die Schwierigkeit, den modus tollens (→ logisches Schlussfolgern) anzuwenden, um die Folge zu widerlegen, d. h. also, die 7 umzudrehen; vgl. zum Überblick Anderson (1988).

LIT: Vgl. zum Überblick u. zu definitor. Problemen Hager u. Weißmann (1991); Westermann (1987).

◆ Anderson, C. A.: Abstract and concrete data in perseverance of social theories: When weak data lead to unshakable beliefs. JESP 19, 1983, S. 93–108; Anderson, J. R.: Kognitive Ps. Heidelberg 1988; Fiedler, K.: Kognitive Strukturierung der sozialen Umwelt. Göttingen 1985; Greenwald, A. G. u. a.: Under what conditions does theory obstruct research progress. PR 93, 1986, S. 216–229; Hager, W. u. Weissmann, S.: Bestätigungstendenzen in der Urteilsbildung. Göttingen 1991; Nisbett, R. E. u. Ross, L.: Human inferences: strategies and shortcomings of social judgement. Englewood Cliffs 1980; Wason, P. C.: On the failure to eliminate hypotheses in a conceptual task. QJEP, 12, 1960, S. 129–140; Wason, P. C.: On the failure to eliminate hypotheses – a second look. In: Wason, P. C. u. Johnson-Laird, P. N. (Hg.): Thinking and reasoning. Harmondsworth 1968, S. 165–174; Westermann, R.: Strukturalist. Theorienkonzeption u. empir. Forschung in der Ps. Berlin 1987.

Bestrafung → Bestrafungslernen.

Bestrafungslernen, die kontingente Anwendung eines aversiven Reizes auf ein bestimmtes Vh. (in Abwesenheit eines diskriminativen Hinweisreizes, sonst würde man von → *Vermeidungslernen* sprechen). B. ist sozusagen das »Gegenteil« einer (pos.) → Verstärkung, also einer Belohnung.

Fast die gesamte Forschung beruht auf der Methodik der Applikation eines → Elektroschocks in → Einweg- u. Zweiwegkammern; s. a. das Stw. → Fingerreaktions-Apparatur. Ein anderes wichtiges method. Paradigma war die → Lidschlag-Konditionierung; auch Lärm wurde angewendet, bei Affen auch Spielzeugschlangen.

TH: Es gibt unterschiedl. Theorien, wie u. warum B. überhaupt funktioniert. Nach der ursprüngl. thorndikeschen Konzeption geht eine Reaktion, der sich ein bestrafendes Ereignis anschließt, keine neuen assoziativen Verbindungen mit der Situation ein u. büßt die vorhandenen ein. Ein anderer Ansatz geht davon aus, dass eine Vp bei B. lernt, eine alternative Reaktion zu zeigen; das Verschwinden der bestraften Reaktion wird also auf die Zunahme der Alternativreaktion, z. B. einer Panikreaktion o. einer Kampf- u. Fluchtreaktion, zurückgeführt.

Sowohl in den → Lerntheorien als auch der → Verhaltenstherapie wurde lange darüber diskutiert, inwieweit B. ein effektives u. sinnvolles Mittel zur Elimination problemat. Vhsweisen ist: In klass. Aufsätzen vertraten Skinner (1938) u. Estes (1944) die Meinung, dass B. ein sehr ineffizientes Mittel zum Abbau problemat. Vhs. sei, da es nur eine temporäre Unterdrückung bewirke. Diese Theorien werden heute krit. gesehen, da die als Beleg herangezogenen Untersuchungen wahrscheinl. Strafreize mit zu geringer Intensität benutzten. Die verschiedensten Richtungen stimmen allerdings darin überein, dass B. einen problemat. u. störanfälligen Prozess darstellt, der günstigstenfalls nur in Verbindung mit der differentiellen positiven Verstärkung von Alternativvh. durchgeführt werden sollte. Vgl. hierzu die Darstellungen in Reinecker (1980, 1981); ein Aufsatz, der sich mit den »Mythen« des B. beschäftigt, ist Solomon (1964); eine dt. Fassung davon findet sich in Reinecker (1980).

T: (a) Die operationale Fassung des Kzpts. definiert Reize dann als *aversiv*, wenn sie Vh. verstärken, welches die Reduktion o. Elimination eben dieser Reize bewirkt. *Direkte Bestrafung* liegt vor, wenn unmittelbar ein aversiver Reiz eingesetzt wird (Symbol: C-;), *indirekte Bestrafung*, wenn eine positive Verstärkung entzogen wird (Symbol: C̸+). (b) Die funktionale Fassung des Kzpts. verzichtet auf die Kennzeichnung eines Reizes als »aversiv« u. definiert B. als den Prozess, bei dem die Auftrittshäufigkeit eines Vhs. als Folge der reaktionskontingenten Applikation eines Stimulus sinkt. (c) Bisweilen findet sich die Bezeichnung *positive Bestrafung*: eine als angenehm empfundene Vhskonsequenz wird entfernt o. vermieden; *negative Bestrafung*: dem Vh. folgt eine aversive Konsequenz; vgl. Mahoney u. Thoresen (1974).

LIT: Eine dicht gedrängte Darstellung der Untersuchungen zum Thema B. u. zur Definitionsproblematik von B. u. »aversiv« ist Christoph-Lemke (1974); vgl. auch die Sammelbände von Reinecker (1980, 1981).

◆ Azrin, N. H. u. Holz, W. C.: Punishment. In: Honig, W. K. (Hg.): Operant behaviour: areas of research and application. New York 1966, S. 380–447; Campbell, P. A. u. Church, R. M. (Hg.): Punishment and aversive behaviour. New York 1969; Christoph-Lemke, C.: Bestrafung. In: Kraiker, C. (Hg.): Handbuch der Vhstherapie. München 1974, S. 33–85; Church, R. M.: The varied effect of punishment on behaviour. PR 70, 1963, S. 369–402; Estes, W. K.: An experimental study of punishment. PM 57, 1944; Foppa, K.: Lernen, Gedächtnis, Vh. Köln 1975 (9. Aufl.); Mahoney, M. J. u. Thoresen, C. E.: Self-control: power to the person. Monterey, Cal. 1974; Reinecker, H. (Hg.): Bestrafung. Theorien u. Experimente. Salzburg 1980; Reinecker, H. (Hg.): Aversionstherapie. Theorie u. Praxis. Salzburg 1981; Skinner, B. F.: The behaviour of organisms. New York 1938; Solomon, R. L.: Punishment. AmP 19, 1964, S. 239–253.

Bestrafungstraining → Bestrafungslernen.

Bestrahlungsproblem → Problemlösen.

Beta-Phänomen → Phi-Phänomen.

Beta-Wellen → physiologische Psychologie (Kasten psychophysiologische Methoden).

Betonungsschema → Sprachproduktion.

Betriebspsychologie, i. w. S. ein Oberbegriff für → Arbeitspsychologie u. → Organisationspsychologie als Gesamtheit der ps. Erforschung der betriebl. Tätigkeit, der Betriebsformen u. des Betriebsklimas, vgl. Mayer u. Herwig (1970). I. e. S. ist der Begriff weitgehend syn. mit → *Organisationspsychologie*.

T: Auch der Begriff *Industrieps.* ist bisweilen syn. mit B. verwendet worden (aber auch als Oberbegriff für die *Organisations-* u. *Arbeitsps.*); häufig wird aber der Begriff *Industrieps.* als *Ps. der Produktion* der eigentl. B. als *Ps. der Unternehmensführung* gegenübergestellt; im Engl. geht *industrial psychology* in Richtung von → Wirtschaftspsychologie; vgl. Irle (1983).

◆ Gros, E. (Hg.): Anwendungsbezogene Arbeits-, Betriebs- u. Organisationsps. Göttingen 1994; Harrwell, T. W.: Industrial psychology. ARP 4, 1953, S. 215–238; Irle, M. (Hg.): Marktps. als Sozialwissenschaft. EP D, III, 4. Bd. 1983; Mayer, A. u. Herwig, B. (Hg.): Betriebsps. HP, 9. Bd. Göttingen 1970; Sauermann, P.: Betriebsps. Stuttgart 1979.

Bevorzugungsmethode → Präferenzmethode.

Bewältigung [engl.: *coping*], alle kognitiven, emotionalen u. behaviouralen Anstrengungen, die dazu dienen, → Belastung u. → Stress zu bewältigen; vgl. Trautmann-Sponsel (1988).

Das Coping-Kzpt. ist zentral innerhalb der Stresstheorie von Lazarus (→ Stress). Lazarus unterscheidet als grundlegende Bewältigungsformen *Informationssuche*, *direkte Aktion*, *Aktionsaufschub* u. *intrapsych. Verarbeitung*; Weiteres s. das Stw. → appraisal. Die Wahl der Coping-Strategie hänge u. a. ab vom Grad der Unsicherheit, von individuellen Wertmustern, vom Grad der Bedrohung o. der Hilflosigkeit bzw. von der Kontrolle, die man über die Bedingung ausüben kann. Bisweilen wird unterschieden zw. einem instrumentellen *bewältigungsorientierten* Coping (*instrumental mastery-oriented*), einem aktiven zielorientierten Coping, wobei der Einzelne ein Gefühl der personalen Kontrolle besitzt, u. einem emotionszentrierten Coping (*emotion-focused coping*), das sozusagen »hilflos« ist u. v. a. im »Aufruhr« von Emotionen ohne konkrete kognitive o. aktionale Bewältigungsstrategien besteht.

WÜ: Mit dem coping-Kzpt. werden die neuroendokrinolog. restringierte Stresstheorie Selyes u. auch Lazarus' eigene frühe experimentell-behaviourist. ausgerichteten Ansätze überwunden. Das Kzpt. beinhaltet eine differenzierte Analyse der Vhsformen, die ein Individuum in Belastungssituationen, insbes. bei psych. o. körperl. Störungen, zeigt. Weitere Forschungstraditionen, die sich inhaltl. mit dem Thema *B.* beschäftigt haben, sind die Arbeits- bzw. Organisations- o. Betriebsps. (vgl. z. B. Frese 1978); ein wichtiger eigener Forschungsstrang ist der Themenbereich → Angstbewältigung geworden.

LIT: Einen Überblick über die gesamte Forschung einschl. der mögl. Interaktionen mit verwandten Ansätzen bietet Brüderl (1988); vgl. auch Prystaf (1981); einen Überblick über diagnost. Ansätze zur Belastungsverarbeitung liefert Reicherts (1988); zur Definitionsproblematik vgl. Trautmann-Sponsel (1988); zum Konzept der aktiven vs. passiven B. u. seiner Bedeutung für Stress u. Hypertonie vgl. Heiligtag u. Hodapp (1993).

◆ Brüderl, L. (Hg.): Theorien u. Methoden der Bewältigungsforschung. Weinheim 1988a; Brüderl, L. u. a.: Histor. Hintergrund, Theorie u. Entwicklungstendenzen der Bewältigungsforschung. In: Brüderl (1988a), S. 25–46; Brüderl, L.: Belastende Lebenssituationen. Weinheim 1988b; Fisher, S.: Stress and the perception of control. London 1984; Frese, M.: Partialisierte Handlung u. Kontrolle: zwei Themen der industriellen Psychopathologie. In: Frese, M. u. a. (Hg.): Industrielle Psychopathologie. Bern 1978, S. 159–183; Haan, N.: Coping and defending. New York 1977; Heiligtag, U. u. Hodapp, V.: Aktive Bewältigung, Streß u. Hypertonie. In: Müller, M. M. (Hg.): Psychophysiolog. Risikofaktoren bei Herz-/Kreislauferkrankungen. Göttingen 1993, S. 87–108; Kommer, D. u. Röhrle, B.: Handlungstheoret. Perspektiven primärer Prävention. In: Minsel, W. R. u. Scheller, R. (Hg.): Prävention. München 1981; Krohne, H. W.: Individual differences in coping with stress and anxiety. In: Spielberger, C. T. u. Sarason, I. G. (Hg.): Stress and anxiety, 5. Bd. Washington 1978, S. 233–269; Krohne, H. W.: Coping research: current theoretical and methodological developments. In: GJP 12, 1988, S. 1–31; Meichenbaum, D. u. a.: Coping with stress as a problem solving process. In: Krohne, H. W. u. Laux, L. (Hg.): Achievement, stress, and anxiety. New York 1982, S. 127–142; Prystaf, G.: Ps. Coping-Forschung: Konzeptbildungen, Operationalisierungen u. Meßinstrumente. Diagnostica 17, 1981, S. 189–214; Reicherts, M.: Diagnostik der Belastungsverarbeitung. Bern 1988; Schönpflug, W.: Regulation u. Fehlregulation im Vh. PB 21, 1979, S. 174–202; Trautmann-Sponsel, R. D.: Definition u. Abgrenzung des Begriffs Bewältigung. In: Brüderl (1988a), S. 14–24; Weber, H. u. Knapp-Glatzel, B.: Alltagsbelastung. In: Brüderl (1988b) S. 140–158; White, R. W.: Strategies of adaption: an attempt at systematic description. In: Coelho, G. V. u. a. (Hg.): Coping and adaption. New York 1974, S. 47–68; Wortman, C. B.: Causal attributions and personal control. In: Harvey, J. u. a. (Hg.). New directions in attributional research. Hillsdale 1976, S. 23–52.

Bewegung, Veränderungen der Körperglieder in Raum u. Zeit, wb. für die Ps. insbes. bewusst u. willentl. gesteuerte B. relevant sind (→ Psychomotorik); Eigenschaften von Bewegungen, die sich auf die Mechanik der Körperperipherie, speziell der Muskeln, o. auf Leistungen niederer Zentren des zentralen Nervensystems zurückführen lassen, bedürfen keiner *ps.* Theorie; zu einem knappen Überblick über solche niederen Steuerungsprozesse vgl. Heuer (1990). V. a. im Bereich der Arbeitsps. wird als Oberbegriff für Analysen sensomotor. Prozesse das Schlagwort *human performance* verwendet. Zu Taxonomien von B. vgl. Singer (1985).

Die Ps. der B. ist bis heute kein Hauptforschungsgebiet der Ps., motor. Aspekte werden v. a. unter dem Aspekt *Wahrnehmung* (→ Be–

wegungswahrnehmung; → Raumwahrnehmung) thematisiert – schon das Gebiet → Körperwahrnehmung wurde vorwiegend von klin. bzw. neurops. Seite angegangen. Erst seit den 80er Jahren löst sich die dt. Ps. – ca. zwei Jahrzehnte nachdem die amerikan. Ps. eine Bewegungspsychologie ausgebildet hat – aus ihrer »Bewegungslosigkeit«; vgl. hierzu Prinz (1983). Weitere allgemeinps. Paradigmen, die Bewegungsaspekte thematisieren, sind: → Aufmerksamkeit; → Reaktionszeit; → Doppelaufgaben; s. a. → Aktivation-Leistungs-Paradigma; → Spannungs-Leistungs-Paradigma. Zunehmend wird auch innerhalb der → Gedächtnispsychologie die Bedeutung eines motor. Gedächtnisses u. dessen Interaktion mit verbalen Gedächtnisprozessen berücksichtigt; eine solche integrative u. multimodale Theorie wird von Engelkamp (1990) dargestellt. Allg. wird gesehen, dass die motor. Repräsentation eine wichtige → Wissensrepräsentation ist, was schon früh von der → genetischen Epistemologie hervorgehoben worden ist. Auch im Rahmen des Paradigmas → *computer vision* bzw. *roboter vision* werden zunehmend Probleme der B. thematisiert, wb. hier tlw. eine interessante Reaktualisierung der Ausgangsfragestellungen der arbeitsps. Bewegungsforschung auftritt, an deren Beginn die Analyse von Greif- u. Schreibbewegungen im Zusammenhang mit der Konstruktion von Hilfsgliedern bei Amputierten gestanden hat (Schlesinger 1919) – eine Fragestellung, die nun innerhalb der Robot-vision-Forschung aufgegriffen wird, u. zwar speziell für die Frage der *prehensility*, d. h. wie man aufgrund visuell erfassbarer Objektmerkmale entscheiden kann, an welcher Stelle das Objekt stabil ergriffen werden kann; vgl. Brady (1983). Zum *Bewegungsausdruck* s. das Stw. → Ausdruck. Das Thema *B.* enthält eine große Zahl von ps. relevanten Aspekten:

(1) Seit Craik (1943) u. Adrian (1957) wird eine innere Modellbildung der Umwelt, eine → mentale Repräsentation, als Vorbedingung für die Steuerung von B. angesehen: → Bewegungsvorstellung; → Bewegungsprogramm. Diese Repräsentation beinhaltet meist multiple Modalitäten, näml. motor., propriozeptive u./o. visuelle, u. wenn während des Lernens weitere Informationen zur Verfügung stehen, z. B. akust., können auch diese mit einbezogen werden. Für eine detaillierte Analyse von Repräsentationsformen am Bsp. des Sprechens vgl. Heuer (1990): Eine grundlegende Unterscheidung ist dabei die zw. einer *prämotor.* u. einer *motor.* Repräsentation; z. B. werden beim Sprechen die Sprachsegmente wie Phoneme, Silben o. Wörter auf der prämotor. Ebene repräsentiert, die Bewegungen der Sprachartikulatoren dagegen auf der motor. Ebene. Diese Unterscheidung zeigt sich daran, dass bei Vertauschungen von Phonemen, Silben o. Wörtern nicht alle Merkmale der Artikulation betroffen sind, die vertauschten Sprachsegmente werden vielmehr in ihrem neuen Kontext nicht so ausgesprochen, wie es im ursprüngl. Kontext richtig gewesen wäre, sondern im Hinblick auf Betonung u. Sprachmelodie an den neuen, falschen Kontext angepasst, d. h., die Vertauschung erfolgt auf der *prämotor.* Ebene, die Umsetzung motor. Kommandos für die Artikulation erfolgt erst nach der Vertauschung. (2) Bis heute ungeklärt u. erst in letzter Zeit wieder verstärkt ins Bewusstsein der Forschung gerückt ist das Problem der

→ Ideomotorik, also die Frage, wie die »Umwandlung« einer Vorstellung in eine B. vor sich geht. Die → Motortheorien sind einer der Lösungsansätze dieses Problems, sie postulieren, dass sämtl. kognitiven Prozesse a priori motor. Komponenten wesentl. beinhalten. (3) Bei jeder B. u. auch bei jedem Bewegungssehen gibt es eine enge Rückkopplung zw. Sensorik u. Motorik, was schon im *Gestaltkreis-Prinzip* (v. Weizsäcker 1932, 1940; zum Überblick über das Schrifttum der Weizsäcker-Schule vgl. Christian 1948) u. bes. in den kybernet. Theorien des → sensomotorischen Lernens hervorgehoben wird. Diese Regelkreisstruktur kann man durch → Rückmeldungsverzögerung und Rückmeldungsverzerrung analysieren; s. a. die Stw. → visuomotorische Koordination u. → knowledge of results. Es ist eines der Grundprobleme der *Programmtheorien*, inwieweit eine solche Rückkopplung nötig ist (Weiteres s. das Stw. → Bewegungsprogramm). Ein empir. Ergebnis hierzu ist, dass bei Wurf-Ziel-Bewegungen, die einmal mit u. einmal ohne Sehen ausgeführt werden, erst bei Bewegungslängen über 200 msec. der Sehvorgang eine positive Wirkung zeitigt; andere Experimente zeigen, dass visuelle Rückmeldungen auch in deutl. kürzerer Zeit (100 bis 240 msec.) ausgewertet werden können, sie zeigen weiterhin, dass die Verfügbarkeit visueller Rückmeldungen in der ersten Hälfte der Wegstrecke die Genauigkeit nicht vergrößert, sofern in der zweiten Hälfte der Wegstrecke ebenfalls visuelle Rückmeldungen verfügbar sind; vgl. zsfd. Heuer (1990). Regelprozesse setzen nicht voraus, dass Ziel- u. Handposition durch die gleiche Sinnesmodalität erfasst werden, dass also z. B. eine visuell-visuelle Regelung auftritt, es gibt auch die Möglichkeit intermodaler Regelungsvorgänge, bei denen z. B. die propriozeptiv erfasste Handposition an die erinnerte Zielposition angepasst wird; Übung spielt hier eine wesentl. Rolle. Wird eine B. weitgehend ohne dazwischen geschobene Rückmeldungen ausgeführt, spricht man von *Programmsteuerung*. Die Theorien, die dieses Moment v. a. betonen, sind sog. *Open-loop-Theorien* – im Gegensatz zu den *Closed-loop-Theorien*, die die Bedeutung der Rückmeldung hervorheben. Der Begriff *sensomotor.* o. auch *perzeptiv-motor.* (engl.: *sensory-motor*) soll diese Verflechtung von Wahrnehmung u. B. ausdrücken. Zur Bedeutung der visuellen Wahrnehmungsfähigkeit für die B. vgl. Sonnenschein (1987); Wehr-Herbst (1988); über visuomotor. Aspekte referieren auch Leist u. Loibl u. a. (1983) u. Leed (1980); zur Bedeutung im Sport vgl. Maxeiner (1989); vgl. auch Zießler (1995). (4) Diese Rückkopplungsstrukturen führen dazu, dass die meisten B. durch eine Ganzheitlichkeit gekennzeichnet sind, was bes. von der → Gestalttheorie hervorgehoben worden ist. Diese Ganzheitlichkeit zeigt sich z. B. daran: Zielgrößen werden bei Bewegungen genauer realisiert, als dies die Streuungen von Teilgrößen der Gesamtbewegung erwarten lassen. Dahinter steckt ein universelles Prinzip der Bewegungsregulation: die Konstanz von Zielleistungen der Bewegung ist gekoppelt an die größere Variabilität der konstituierenden Teile. Dies manifestiert sich auch in zahlreichen empir., v. a. innerhalb der Tradition der Arbeitsps. gefundenen Gesetzmäßigkeiten, z. B. in dem → Gesetz der konstanten Figurzeit; Weiteres s. d. Dieses ganzheitl. Charakters wegen lassen sich B. deswegen meist nicht im

Sinne der einfachen *Reflextheorie* verstehen, unerlässl. scheint das Kzpt. des Bewegungsprogramms (s. o.) zu sein. (5) B. – die von außen betrachtet *sequenziell* strukturiert sind – besitzen intern meist eine → *hierarchische* Steuerung bzw. Organisation: Auf der obersten Ebene werden nur allg. Invarianten der B. festgelegt, die zunehmend spezifiziert werden. Es gibt Hinweise darauf, dass auch auf der niedrigsten Befehlsebene nicht einzelne Muskeln u. deren Kontraktionsfolge kontrolliert werden, sondern immer Gruppen von Muskeln, die sog. → koordinativen Strukturen; vgl. Easton (1978). Über elektromyograph. Signale ist es mögl., Versuchseinheiten zu konstruieren, bei denen die Vpn Feedback über die Aktivität eines einzigen motor. Neurons erhalten, so dass sie lernen können, motor. Einheiten isoliert zu »bedienen« (Pasmajian 1970). Die *räuml.* u. die *sequenzielle* Organisation von B. sind unterschiedl. Aspekte mit unterschiedl. neuronaler Organisation, ebensolches gilt für die Eingliederung von B. in übergeordnete Aktionsprogramme u. für afferente-reafferente Regelkreise; demgem. gibt es jeweils weitgehend isolierte neurops. Störungen all dieser Aspekte; vgl. hierfür zsfd. die Lehrbücher der → Neuropsychologie; zu arbeitsps. Aspekten vgl. Hacker (1986). (6) Bei allen komplexeren B. stellt sich die Frage, wie ihre Elemente koordiniert werden, wesentl. sind v. a. folgende Koordinationsprobleme bzw. -aufgaben: (a) Die Koordination *beidhändiger* B., die sog. *intermanuelle* Koordination; diese intermanuellen Abhängigkeiten scheinen einen *zentralen* Ursprung zu haben, d. h. sie sind in den Bewegungsprogrammen o. koordinativen Strukturen angelegt u. entstehen nicht erst dann, wenn die Muskeln aktiviert werden; (b) die Koordination zw. verschiedenen Segmenten eines Körpergliedes (z. B. den verschiedenen Artikulatoren beim Sprechen), die sog. *intersegmentale* Koordination; (c) wichtig ist auch die Koordination von *Zielmotorik* u. *Stützmotorik*. Ein häufig verwendetes Koordinationsprinzip ist der → Rhythmus. Bei der manuellen Kopplung kann man eine *zeitl.* Kopplung von einer *homologen* Kopplung unterscheiden: Erstere besteht darin, dass die Bewegungen beider Hände eine gemeinsame Zeitbasis haben, aber hinsichtl. des Kraftparameters unabhängig voneinander sind. Letztere ist eine Tendenz zur gleichzeitigen Aktivierung gleicher Muskelgruppen beider Arme; diese Form findet sich v. a. bei den Finger- u. Handgelenken. (Eine vielen Kindern bekannte Konsequenz ist, dass man Spiegelschrift am einfachsten mit der linken Hand schreiben kann, wenn man gleichzeitig mit der rechten Hand normal schreibt.) Am Schultergelenk, zumindest bei bestimmten Bewegungen, existiert eine genau entgegengesetzte Kopplung. (7) Beim Erlernen einer B. (→ sensomotorisches Lernen) treten bes. Gesetzmäßigkeiten auf, die sich nicht ohne weiteres unter die allgemeinen Gesetzmäßigkeiten des Lernens einfügen lassen. Bei diesem Lernprozess tritt häufig eine → Automatisierung auf. (8) Vorwiegend in interdisziplinärer Zusammenarbeit wurden zahlreiche → psychomotorische Tests und Prüfverfahren zur Prüfung → psychomotorischer Fähigkeiten entwickelt.

LIT: Wichtige Gesamtdarstellungen sind Kelso (1982); Heuer u. a. (1985); Schmidt (1979); Smyth u. Wing (1984); Stelmach (1976ff.), Stelmach u. Requin (1980); zu entwicklungsps. Aspekten vgl.

Cratty (1979); Söll (1982); Holle (1996); eine Überblicksarbeit über die modularen Aspekte der Motorik ist Hossner (1995); einen Überblick u. bibliograph. Angaben zu sportps. Ansätzen finden sich z. B. bei Thomas (1982); zur Literatur-Datenbank »Psychomotorik-Sportpsychologie« vgl. Zimmermann (o. J.); zu arbeitsps. Ansätzen vgl. Zimmer (1990) u. Schmidt (1987); zu sportwissenschaftl. u. trainingstheoret. Ansätzen vgl. Willimczik u. Roth (1983); zu neurolog.-physiolog.-medizin. Aspekten vgl. Jung (1976); Roth (1982); Henatsch u. Langer (1983); Kandel u. a. (1996) – die medizin.-physiolog. Forschungstradition war diejenige, die entscheidend zur Thematisierung von Bewegungsaspekten beigetragen hat, als Klassiker sind zu nennen: Fritsch u. Hitzig (1870), Exner (1891), Förster (1902), Sherrington (1908), Lashley (1917), Homburger (1923), Wacholder (1925) u. später v. Weizsäcker (1940), sowie Christian (1948) u. unter phänomenolog. Aspekt Buytendijk (1956); bes. die russ. Ps. hat Bedeutendes zur Analyse von B. geleistet, vgl. v. a. die Arbeiten von Bernstein (1935), des Weiteren die Arbeiten des Neuropsychologen Luria (s. → Neuropsychologie; vgl. Roth 1982); zum Überblick über etholog. Ansätze zur Bewegungstheorie vgl. Hinde (1973); wichtig geworden ist v. a. der neuroetholog. Ansatz von von Holst (1935); die Arbeiten von von Holst u. Bernstein wurden v. a. von Gallistel (1980) u. Whiting (1984) rezipiert u. in die ps. Forschung integriert; speziell zu Forschungen im Zwischenbereich von Physiologie u. Ps. vgl. v. a. Berger u. a. (1984), darin speziell die Arbeit von Hufschmidt u. Mauritz (1984); zur Physiologie u. Pathophysiologie des aufrechten Stehens, zur Elektrophysiologie von Gang-, Lauf-, Balance- u. Fallbewegungen vgl. Dietz (1984), Berger (1984) zur Entwicklung des Zweibeinganges von Kindern u. zur Störung derselben durch Läsionen; eine gute integrative Darstellung von sportl. Krafttraining u. motor. Grundlagenforschung ist die Arbeit von Schmittbleicher (1984); einen Überblick über die physiolog. Prozesse, die der Bewegungsausführung vorhergehen, gibt Requin (1980), unter ps. Aspekt, v. a. dem Aspekt der Handlungsauswahl, Rosenbaum (1983); übersetzte klass. Lehrbücher sind Cratty (1975) u. Singer (1985), vgl. auch die Monographien von Schmidt (1988, 1991); die neue *Enzyklopädie der Ps.* enthält im Unterschied zum vorhergehenden *Handbuch der Ps.* einen eigenen Band zum Thema *Psychomotorik* (Heuer u. Keele 1994).

◆ Adrian, E. D.: The physical background of perception. Oxford 1947; Baus, R. u. Roth, K. (Hg.): Motor. Entwicklung. Darmstadt 1977; Berger, W. u. a. (Hg.): Haltung u. Bewegung beim Menschen. Berlin 1984; Bernstein, N. A.: Untersuchungen zur Biodynamik der B. (normaler Gang, Belastung u. Ermüdung). Moskau 1935 (in Russ.); Bernstein, N. A.: Coordination and regulation of movement. New York 1967; Brady, M.: Criteria for representation of shape. In: Rosenfeld, A. u. Beck, J. (Hg): Human and machine vision. New York 1983, S. 39–84; Buytendijk, F. J. J.: Allg. Theorie der menschl. Haltung u. Bewegung. Berlin 1956; Christian, P.: Fiat review of German science. München 1948; Christian, P.: Vom Wertbewußtsein im Tun. In: v. Weizsäcker, V. (Hg.): Beiträge aus der allg. Medizin. Stuttgart 1948; Craik, J. W.: The nature of explanation. Cambridge 1943; Cratty, J. B.: Motor. Lernen u. Bewegungsvh. Frankfurt/M. 1975; Cratty, B. J.: Perceptual and motor development in infants and children. Englewood Cliffs 1979 (2. Aufl.); Dietz, V.: Elektrophysiologie komplexer Bewegungsabläufe: Gang-, Lauf-, Balance- u. Fallbewegungen. In: Berger, W. u. a. (1984), S. 87–119; Easton, T. A.: Coordinative structures – the basis for a motorprogram. In: Landers, D. M. u. Christina, R. W. (Hg.): Psychology of motor behaviour and sport. Champaign/Ill. 1978, S. 63–81; Engelkamp, J.: Das menschl. Gedächtnis. Göttingen 1990; Exner, S.: Über Sensomobilität. PfAGP 1891, S. 592–613; Fitts, P. M.: Factors in complex skill training. In: Glaser, R. (Hg.): Training research in education. New York 1965; Förster, A.: Die Ps. u. Pathologie der Coordination. Jena 1902; Fritsch, G. u. Hitzig, F.: Über die elektr. Erregbarkeit des Großhirns. Archiv Anat. Physiol. Vis. Med. 37, 1870, S. 300–332; Gallistel, C. R.: The organization of action. Hillsdale 1980; Hacker, W.: Arbeitsps. Bern 1986; Henatsch, H. D. u. Langer, H.: Neurophysiolog. Aspekte der Sportmotorik. In: Rieder, H. u. a. (Hg.): Motorik- u. Bewegungsforschung. Schorndorf 1983, S. 27–55; Heuer, H. u. a. (Hg): Motor behaviour: programming, control, and acquisition. Berlin 1985; Heuer, H.: Psychomotorik. In: Spada, H. (Hg.): Lehrbuch Allg. Ps. Bern 1990, S. 495–560; Heuer, H. u. Keele, S. (Hg.): Psychomotorik. EP, C, II, 3. Bd. Göttingen 1994; Hinde, R. A.: Das Vh. der Tiere, 2 Bde. Frankfurt/M. 1973 (Orig.: 1966); Holle, B.: Die motor. u. perzeptuelle Entwicklung des Kindes. Weinheim

1996 (4. Aufl.); HOMBURGER, A.: Zur Gestaltung der normalen menschl. B. u. ihrer Beurteilung. ZfGNP 85, 1923, S. 274–314; v. HOLST, E.: Über den Prozeß der zentralnervösen Koordination. PfAGP 236, 1935, S. 149–158; HOSSNER, E.-J.: Module der Motorik. Schorndorf 1995; HUFSCHMIDT, A. u. MAURITZ, K.-H.: Physiologie u. Pathophysiologie des aufrechten Stehens. In: BERGER, W. u. a. (1984), S. 65–87; IRION, A. L.: Historical introduction. In: BILODEAU, E. A. u. BILODEAU, I. (Hg.): Principles of skill acquisition. New York 1969; JEANNEROD, M.: The neural and behavioural organization of goal-directed movements. Oxford 1988; JUNG, R.: Einführung in die Bewegungs-Physiologie. In: GAUER, O. K. u. a. (Hg.): Physiologie des Menschen, 4. Bd. Sensomotorik. München 1976, S. 1–97; KANDEL, E. R. u. a. (Hg.): Neurowissenschaften. Heidelberg 1996; KELSO, J. A. S. (Hg.): Human motor behaviour. Hillsdale 1982; LASHLEY, K. S.: The accuracy of movement in the absence of excitation from the moving organ. American Journal of Physiology 43, 1917, S. 169–194; LEED, D. N.: Visuo-motor coordination in time and space. In: STELMACH, G. E. (Hg.): Tutorials in motor behaviour. Amsterdam 1980; LEIST, K.-H. u. LOIBL, I.: Wahrnehmung als Grundlage von Bewegung u. Bewegungslernen. In: RIEDER, H. u. a. (Hg.): Motorik u. Bewegungsforschung. Schorndorf 1983, S. 60–279; MAXEINER, J.: Wahrnehmung, Gedächtnis u. Aufmerksamkeit im Sport. Schorndorf 1989; PASMAJIAN, J. B.: Microscopic learning and single nerve-cell training. In: SMITH, L. (Hg.): Psychology of motor learning. Chicago 1970; PRINZ, W.: Wahrnehmung u. Tätigkeitssteuerung. Berlin 1983; REQUIN, J.: Toward a psychobiology of preparation for action. In: STELMACH u. REQUIN (1980) S. 373–398; ROSENBAUM, D. A.: The movement precuing technique: asumptions, applications, and extensions. In: MAGILL, R. A. (Hg.): Memory and control of action. Amsterdam 1983, S. 231–274; ROTH, K.: Strukturanalyse koordinativer Fähigkeiten. Bad Homburg 1982; SCHLESINGER, G.: Der mechan. Aufbau der künstl. Glieder III. Künstl. Hände. In: Ersatzglieder u. Arbeitshilfe für Kriegsbeschädigte u. Unfallsverletzte. Berlin 1919, S. 1497–1547; SCHMIDT, R. A.: Motor control and learning: a behavioural emphasis. Champaign, Ill. 1982; SCHMIDT, K. H.: Ps. Grundlagen sensomotor. Arbeitstätigkeiten. In: KLEINBECK, U. u. RUTENFRANZ, J. (Hg.): Arbeitsps. EP, D, III, 1. Bd. Göttingen 1987, S. 260–304; SCHMIDT, R. A.: Motor control and learning: a behaviour emphasis. Champaign, Ill. 1988 (2. Aufl.); SCHMIDT, R. A.: Motor learning and performance. From principles to practice. Champaign, Ill. 1991; SCHMITTBLEICHER, D.: Sportl. Krafttraining u. motor. Grundlagenforschung. In: BERGER, W. u. a. (1984) S. 155–184; SHERRINGTON, C. S.: The integrative action of the nervous system. London 1908; SINGER, R. N.: Motor. Lernen u. menschl. Leistung. Bad Homburg 1985; SMYTH, M. u. WING, A. (Hg.): Psychology of human movement. London 1984; SÖLL, H.: Psychomotor. Entwicklung im Kindes- u. Jugendalter. Schorndorf 1982; SONNENSCHEIN, I.: Wahrnehmung u. takt. Handeln im Sport – Entwicklung von Kzptn. zur Verbesserung der Wahrnehmungsfähigkeit. Köln 1987; STELMACH, G. E. (Hg.): Motor control: issues and trends. New York 1976; STELMACH, G. E. (Hg.): Information processing in motor control and learning. New York 1978; STELMACH, G. E. u. REQUIN, J. (Hg.): Tutorials in motor behaviour. Amsterdam 1980; THOMAS, A. (Hg.): Sportps. Ein Handbuch in Schlüsselbegriffen. München 1982; WACHOLDER, K.: Beiträge zur Physiologie der willkürl. Bewegung. PfAGP, 209, 1925, S. 218–247; WEHR-HERBST, E.: Wahrnehmung u. Bewegung. Heidelberg 1988; v. WEIZSÄCKER, V.: Der Gestaltkreis, dargestellt als psychophysiolog. Analyse des opt. Drehversuchs. PfAGP 1932; v. WEIZSÄCKER, V.: Der Gestaltkreis. Leipzig 1940; WELFORD, A. T.: Fundamentals of skill. London 1968; WHITING, H. T. A. (Hg.): Human motor actions. Bernstein reassessed. Amsterdam 1984; WHITING, H. T. A.: Overview of the skill learning process. RQu 43, 1972, S. 266–294; WILLIMCZIK, K. u. ROTH, K.: Bewegungslehre. Reinbek 1983; WULF, G.: Neuere Befunde zur Effektivierung des Bewegungslernens. In: SPP 6, 1992, S. 12–16; WULF, G.: Implizites Lernen von Regelhaftigkeiten. SPP 8, 1993, S. 11–18; ZIESSLER, M.: Die Einheit von Wahrnehmung und Motorik. Frankfurt/M. 1995; ZIMMER, A. C.: Der Erwerb komplexer motor. Fertigkeiten. In: HOYOS, C. GRAF u. ZIMOLONG, B. (Hg.): Ingenieurps. EP, D, III, 2. Bd. Göttingen 1990, S. 148–178; ZIMMERMANN, K. W.: Die Literatur-Datenbank »Psychomotorik-Sportps.« – ein schnelles Recherche-Instrument für Literatur im Bereich der menschl. Bewegung u. der Sportps. Kassel (unveröffentlichter Arbeitsbericht); ZTSCHR.: Perceptual and Motor Skills.

Bewegungsbewusstsein, die mentale Repräsentation von → Bewegungen; die Ähnliches beinhaltenden Begriffe *Bewegungsvorstellung* bzw. *Bewegungsentwurf* sind v. a. durch die Untersuchungen Leirichs (1969) innerhalb der sportwissenschaftl. Theorie sowie im sportprakt. Umgang Allgemeingut geworden.

Die Frage, inwieweit B. eine Rolle bei der Steuerung u. Regelung von Bewegungen spielt, ist umstritten; s. hierzu das Stw. → Bewegungsprogramm. Subjektive Wahrnehmung u. objektive Bewegung gehen nicht selten auseinander, wb. in vielen Fällen Erstere für die Steuerung der Bewegung entscheidend ist. Bewegungsvorstellungen betreffen v. a. die *räuml.* Strukturen der Bewegung – dies ist auch die Dimension, auf denen Interferenzen auftreten, wenn gleichzeitig Bewegungs- u. Vorstellungsaufgaben durchgeführt werden sollen. Auch die Wirksamkeit von → mentalem Training beruht v. a. auf einer Verbesserung dieser räuml. Repräsentation. Forschungshistor. bedingt wurden Phänomene wie das B. eher vernachlässigt; zu neueren Ansätzen vgl. Nickel (1984); vgl. auch Thomas (1977); s. a. die Stw. → Körperwahrnehmung; → Bewegungsprogramm; → Vorstellungsbild.

◆ Leirich, J.: Untersuchungen über Bewegungsvorstellungen u. ihre Relevanz für Optimierung des Lernens im Geräteturnen. Halle 1969 (Diss.); Nickel, U.: Bewegungsbewußtsein. Bad Homburg 1984; Thomas, A.: Die Bedeutung der Bewegungsvorstellung beim Erlernen bewegungs- u. zielzentrierter Sportarten. In: Thomas, A. u. a. (Hg.): Handlungsps. Analyse sportl. Übungsprozesse. Schorndorf 1977, S. 147–178.

Bewegungsentwurf → Bewegungsprogramm; → Bewegungsvorstellung.

Bewegungsgradienten → Bewegungsparallaxe; → ökologische Optik.

Bewegungsnachbilder, eine besondere Form von *Bewegungsnacheffekten* beim → Bewegungssehen: die Tatsache, dass, wenn man für längere Zeit eine Bewegung in eine bestimmte Richtung beobachtet hat, eine unbewegte Szene, die danach betrachtet wird, sich in die Gegenrichtung zu bewegen scheint. Bsp.: (a) *Wasserfalleffekt*: Wird über längere Zeit ein Wasserfall betrachtet u. anschließend der Blick auf eine ruhende Fläche gerichtet, scheint sich diese in entgegengesetzte Richtung zu bewegen. (b) *Exnersche Spirale* (auch *Machsche, Plateausche Spirale*; dreidimensional auch *Archimedes-Spirale*): Eine spiralenförmig vom Rande ins Zentrum verlaufende Linie wird in Rotation versetzt u. wenn die Scheibe plötzl. gestoppt wird, so ensteht ein *negativer Bewegungssukzessivkontrast*, d. h. die stillstehende Scheibe dreht sich noch eine Zeitlang scheinbar in Gegenrichtung, jedoch viel langsamer; auch ein scheinbares Sich-Ausdehnen bzw. Schrumpfen der Scheibe tritt häufig auf. Nicht nur diese Scheibe, sondern beliebige Flächen o. Muster zeigen ähnl. Ausdehnungen o. Schrumpfungen, wenn man sie unmittelbar nach Beobachtung der realen Scheibendrehung betrachtet.

◆ Arnold, W. (Hg.): Experimentelles Praktikum, 1. Bd. Stuttgart 1972; Campenhausen, C. v.: Die Sinne des Menschen. Stuttgart 1993; Gregory, R. L.: Auge u. Gehirn. München 1972; Holland, H. C.: The spiral aftereffect. Oxford 1965

Bewegungsnacheffekte, *motor.* → Nacheffekte entsprechender *sensor.* Nacheffekte: Verzerrungen der → Bewegung bzw. → Bewegungswahrnehmung, die durch Übersättigung mit einem bestimmten Reiz hervorgerufen wird. Ein elementares Bsp. ist die Erfahrung, dass man nach mehrmaligem Drehen nach dem Anhalten das Gefühl verspürt, als drehe man sich in die andere Richtung; weiteres Bsp.: der Schlagmann im Baseball benutzt beim Einschlagen einen schwereren Schläger, damit ihm der eigene Schläger leichter erscheint u. er dadurch vermeintl. schneller geschwungen werden kann (obgleich diese Erleichterung nicht empir. belegt ist); vgl. hierzu Nelson u. Nofsinger (1965); zum Überblick vgl. Cratty u. Duffy (1969); → Bewegungsnachbilder.

◆ Cratty, P. J. u. Duffy, K.: Studies of movement aftereffects. PMS 29, 1969, S. 843–969; Nelson, R. u. Nofsinger, M. R.: Effect of overload on speed of elbowflexion and the associated aftereffects. RQu 36, 1965, S. 174–182.

Bewegungsnachwirkungen → Bewegungsnacheffekte.

Bewegungsparallaxe [auch *Kopfbewegungsparallaxe*], die Lageverschiebung des Netzhautbildes bei einer Bewegung des Kopfes: Je entfernter ein Gegenstand ist, desto weniger weit wandert sein Bild; nahe Objekte verändern ihre Position mit hoher Geschwindigkeit, weiter entfernte verändern ihre Position langsam; sehr weit entfernte Objekte wie der Mond scheinen ihre Position nicht zu verändern o. sogar mitzuziehen. Die B. hat eine Verwandtschaft mit der Binocular-Parallaxe beim binocularen Sehen u. der dadurch entstehenden → Stereopsis, nur dass bei der B. die Disparitäten nacheinander hergestellt werden. B. ist einer der wichtigsten Faktoren bei der Wahrnehmung von Eigenbewegungen, bes. beim räuml. Sehen von Eigenbewegungen.

Seit Gibson (→ ökologische Optik) werden zwei Aspekte der Veränderung der Reizstruktur bei Eigenbewegungen be-

Optische Flußmuster für eine ebene Bodenfläche bei Eigenbewegung verschiedener Richtung und bei unterschiedlicher Fixation

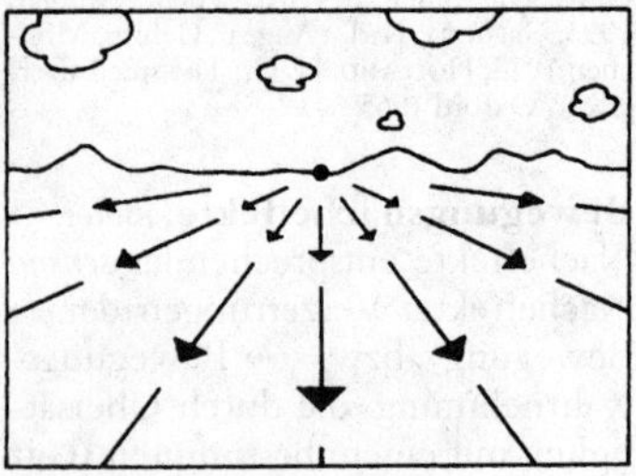

Abb. *Wahrnehmung 6a*
Bewegung in Blickrichtung,
Fixation am Horizont

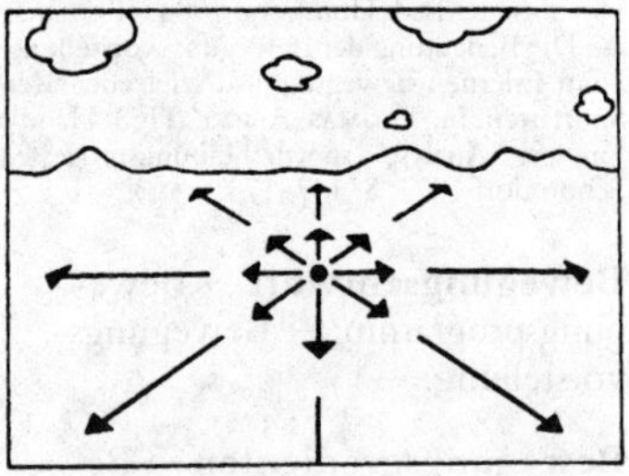

Abb. *Wahrnehmung 6b*
Bewegung in Blickrichtung,
Fixation auf dem Boden

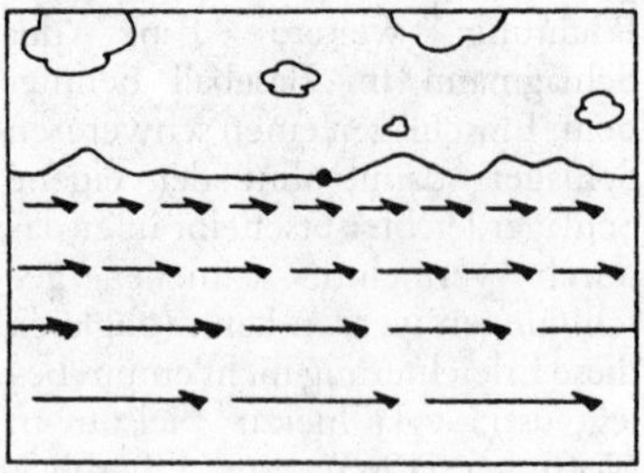

Abb. *Wahrnehmung 6c*
Bewegung quer zur Blickrichtung,
Fixation am Horizont

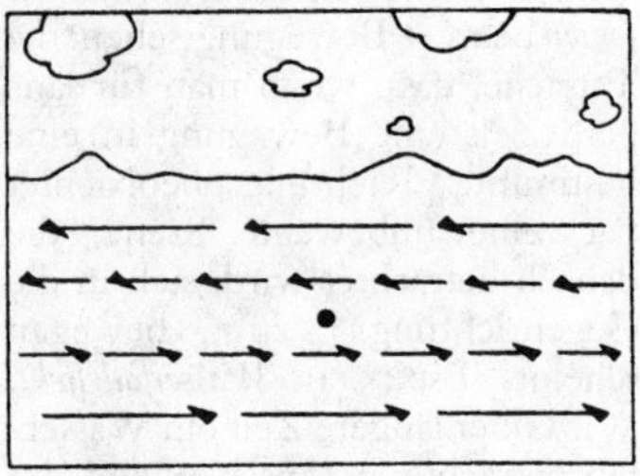

Abb. *Wahrnehmung 6d*
Bewegung quer zur Blickrichtung,
Fixation auf dem Boden

griffl. getrennt: *Verschiebung* (B. i. e. S.) u. *Verformung* (nach Gibson *Bewegungsperspektive*): Während die Verschiebungseffekte schon lange bekannt waren, sind die Verformungswirkungen erst durch Gibson einer näheren Betrachtung unterzogen worden; vgl. für eine verständl. Darstellung Prinz (1990); s. a. die Stw. → Bewegungssehen u. → Raumwahrnehmung. Aus *Verschiebung* wird *Verformung*, wenn man anstelle von isolierten Punkten, die unabhängig bewegl. Objekte im Raum vertreten, das Muster der gleichzeitigen Lageveränderung von Punkten auf der Oberfläche eines zusammenhängenden Körpers betrachtet, das sich bei Ortsveränderungen des Auges auf der Netzhaut ergibt. Im Gegensatz zur Verschiebung isolierter Objekte, die wir uns unter geeigneten Umständen noch vor Augen führen können, sind wir so gut wie überhaupt nicht in der Lage, die enormen Verformungen zu sehen, die die flächige Bildprojektion auf der Netzhaut bei Bewegungen erfährt, wir erleben formstabile dreidimensionale Körper. Das Muster von Punktverschiebungen, das aus der Ortsverlagerung des Auges resultiert, wird nach Gibson als *opt. Flussmuster* (auch *Fließmuster*) bezeichnet. Die Abb. *Wahrnehmung 6a–d* zeigen für eine Reihe von Punkten auf einem ebenen Untergrund das opt. Flussmuster, das entsteht, wenn sich der Beobachter parallel zur Blickrichtung bewegt u. den schwarz markierten Punkt am Horizont fixiert. Da für jeden Punkt eine unterschiedl. Verschiebung charakterist. ist, ergibt sich aus dem Gesamtmuster der Punktverschiebung eine Verformung der Abbildung des ebenen Untergrundes i. S. einer Expansion. Abb. (b) zeigt das Expansionsmuster, das sich bei gleicher Bewegung ergibt, wenn ein Punkt auf der Oberfläche selbst fixiert wird, Abb. (c) u. (d) deuten die Verformungen an, die bei Eigenbewegung quer zur Blickrichtung eintreten (z. B. beim Blick aus dem Fenster eines fahrenden Zuges. Die Abb. *Wahrnehmung 7b–c* verdeutlichen die Flussmuster, die bei Betrachtung des Bildes (a) entstehen: Im Fall (b) fixiert der Beobachter einen Punkt, er bewegt sich auf diesen Punkt zu; im Fall (c) ist das opt. Flussmuster bei Verlagerung des Auges nach links angedeutet (bei konstanter Fixation in der Mitte der frontal parallelen

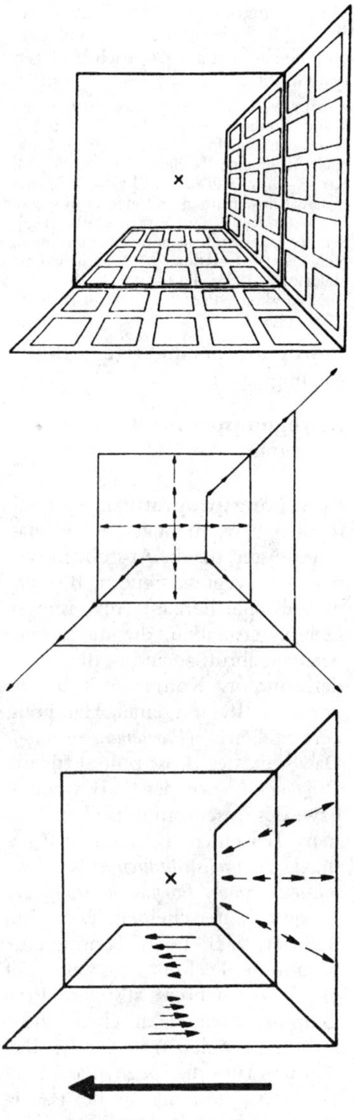

Abb. *Wahrnehmung 7a–c*

Fläche); in diesem Fall werden alle Punkte vor der Fixationsfläche gegen die Verlagerungsrichtung verschoben u. alle Punkte hinter der Fixationsfläche mit der

Verlagerungsrichtung; die Fixationsfläche selbst bleibt unberührt (Abb. entnommen aus Prinz 1990, nach Vorlagen von Gibson).

◆ Murch, G. M. u. Woodworth, G. L.: Wahrnehmung. Stuttgart 1978; Prinz, W.: Wahrnehmung. In: Spada, H. (Hg.): Lehrbuch Allgemeine Ps. Bern 1990, S. 25–114; Regan, D. u. Beverley, K. I.: Psychophysics of visual flow patterns and motion in depth. In: Spilmann, L. u. Wooten, R. (Hg.): Sensory experience, adaption and perception. Hillsdale 1984; Rock, I.: Wahrnehmung. Heidelberg 1985; Tschermak, S. S.: Über Parallaktoskopie. PfAGP 2, 1939, S. 454–469.

Bewegungsperspektive → Bewegungsparallaxe.

Bewegungsplan → Bewegungsprogramm.

Bewegungsprogramm, die neuronalen bzw. mentalen Koordinationsmuster, die die Ausführung einer → Bewegung steuern. B. werden als speicherbare Anweisungsketten verstanden, die intentionsbezogen abrufbar sind u. die erforderl. motor. Kommandos bereits vor dem Beginn einer Handlung bereitstellen (*Programmsteuerung*). Das Kzpt. des B. ist zentral für die *Programmtheorien* der → Bewegung bzw. des → sensomotorischen Lernens. Bei einem B. lassen sich *abstrakte Kontrollstrukturen* bzw. *generalisierte motor. Programme* u. *spezif. Parameter* unterscheiden: Wenn ein Sportler, z. B. beim Tennis, eine bestimmte Technik übt, dann hält er ein o. mehrere abstrakte Programme bereit, u. durch die Ausrichtung auf den anfliegenden Ball werden dann die spezif. Parameter bestimmt; die Funktion des Reizes (in diesem Fall des heranfliegenden Balles) wird deshalb als *Parameterspezifikation* bezeichnet; s. hierzu auch das Stw. → Reaktionszeit. Diese »Programmhaftigkeit« von Bewegungen manifestiert sich im Phänomen der *motor. Äquivalenz*, das darin besteht, dass eine Bewegungsgrundstruktur durch verschiedene Muskelgruppen ausgeführt werden kann; so kann z. B. ein Buchstabe in unterschiedl. Ausgangsstellungen mit der Hand geschrieben werden, sogar im Liegen u. Stehen u. mit anderen Körperteilen.

TH: Das Kzpt. des B. ist Ausdruck einer *zentralist.* im Gegensatz zu einer *peripheralist.* Konzeption der Bewegung. Die Programmtheorien sind v. a. gegen die *Reflexkettentheorie* gerichtet, die kurz nach der Jahrhundertwende populär war u., den Reiz-Reaktions-Theorien nahestehend, jede Bewegung als eine Sequenz von Reflexen analysieren wollte. Bewegungen haben in der Sicht der Reflexkettentheorie also keine übergeordnete Struktur, sondern sind *sequenziell* aus mehreren Elementen der gleichen Ebene zusammengesetzt, dabei wird jedes neue Element durch eine Rückmeldung über das Ergebnis des ersten Bewegungsteils erzeugt (→ serielle vs. hierarchische Steuerung). Dies impliziert, dass nach Durchtrennung afferenter Nervenfasern Bewegungen unmögl. wären, was aber nicht der Realität entspricht, da auch bei Durchtrennung der sensor. Hinterhornwurzeln des Rückenmarks nur eine geringfügige Beeinträchtigung der Bewegungssteuerung auftritt (vgl. Taub 1975). Außerdem spricht für die Bedeutung rückkopplungsloser Steuerung die Tatsache, dass Sinnesmeldungen mit viel zu großen Verzögerungen verarbeitet werden, als dass sie der Kontrolle des Wirkungsablaufes dienen könnten. Klass. Arbeiten, die diese Ansicht begründeten, waren von Holst (1937), Lashley (1951), Craik (1948); vgl. auch Schmidt u. a. (1978). Einen Überblick über die zahlreichen Untersuchungen, in denen gezeigt wurde, dass Bewegungssequenzen ohne das Vorhandensein von Feedback ausgeführt werden können, geben Hinde (1969) u. Bossom (1974); s. a. das Stw. → sequenzielle vs. hierarchische Steuerung. Theorien mit dem Zentralkzpt. des B. sind demgemäß *Open-loop-Theorien*, d. h. sie gehen davon aus, dass menschl. Bewegungen prinzipiell auch ohne die Präsenz interner u./o. externer Feedbackinformation ausgeführt werden können – das Programm wird gewissermaßen abgespult, ohne dass es während des Ablaufs wesentl. durch Information über das Bewegungsergebnis modifiziert wird (da kaum Rückmeldung stattfindet, ist also die »Schleife offen« – *open loop*). Bsp. für diese Fragestellungen: Wirkt sich beim Greifen nach einem Objekt die Wahrnehmung der Abweichung zw. der Position des Objektes u. der Position der Hand auf den Verlauf der Bewegung aus? Die ersten Theorien dieser Ansätze gehen auf sowjet. Autoren (Bernstein 1966, Anochin 1967) zurück; im sporttheoret. Bereich haben im dt. Sprachraum v. a. die Ansätze von Ungerer (1971) u. Kiphard (1970) an Bedeutung gewonnen; Weiterentwicklungen sind Meinel u. Schnabel (1976); die Entwicklung der amerikan. Motorikforschung wesentl. beeinflusst hat die Theorie von Adams (1971), die aus der Übertragung eines Regelkreis-Modells zur Erklärung verbaler Lernprozesse entstanden ist. *Closed-loop-Theorien* dagegen heben die Bedeutung der sensor. Rückmeldungen hervor; eine klass. Closed-loop-Theorie ist die sog. *Memory-drum-Theorie* (Henry 1960; vgl. auch Bruner 1970; McNeilage 1970; Pew 1970). Integrative Ansätze gehen davon aus, dass es in den meisten Bewegungen sowohl Closed-loop-Etappen wie Open-loop-Etappen gibt; vgl. Schmidt (1975); Heuer (1990), der auch Möglichkeiten aufzeigt, die sich einer eindeutigen Eingliederung entziehen. Grundsätzl. ist das Kzpt. des B. aber mit beiden Theorienvarianten vereinbar.

VD: Neben den oben dargelegten Grundannahmen beinhalten die Programmtheorien folgende Aspekte u. Probleme: (a) Eine Annahme ist, dass die potentiellen motor. Kommandos *vor* Bewegungsbeginn vom zentralen Nervensystem bereitgestellt werden u. da dieses B. für unterschiedl. komplizierte Bewegungen unterschiedl. umfangreich ist, müsste die Reaktionszeit von komplizierten Bewegungen länger sein; vgl. zsfd. Klapp (1975). (b) Die sog. *Outflow-Theorien* (Greenwald 1970; Jones u. Hulme 1976; s. a. die Stw. → Reafferenz; → ideomotorisches Prinzip) gehen davon aus, dass die befehlende Gedächtnis-Struktur zugleich das Bezugssystem der Bewegungsüberprüfung darstellt; Adams (1976) kritisiert diese Annahme, da dann der Ausführende keine Möglichkeit hätte, Fehler in der Programmierung des Bewegungsablaufs zu entdecken; Adams unterscheidet deswegen zwei unabhängige Gedächtnisspeicher: im sog. *Wiedergabespeicher* (*memory trace*) sind einfache motor. Programme enthalten, die die Auslösung der Fertigkeit, die Wahl der Ausgangsrichtung u. die Festlegung der ersten Bewegungsphasen beinhalten; im *Wiedererkennspeicher* (*perceptual trace*) sind die Sollwerte zusammengefasst, die als Schätzungen der erwarteten sensor. Konsequenzen anzusehen sind, d. h. derjenigen Rückmeldungen, die man bei völlig richtiger Ausführung erhalten würde. Diese sind bei Beginn des Lernprozesses allerdings noch sehr unzuverlässig, im Endstadium des Lernprozesses aber gerät die Bewegungsausführung fast völlig unter die Kontrolle dieser Sollwerte; Adams hat dies als *Moment-zu-Moment-Führung der Bewegung* bezeichnet; vgl. hierzu Willimczik u. Roth (1983). Ähnl. Unterscheidungen finden sich bei Schmidt (1975): *recall-* vs. *recognition*-Schema; ähnl.: *template* u. *program* bei Keele u. Summers (1976). (c) In ihrer ursprüngl. Form implizierten die Programmtheorien, dass jeder spezif. Bewegungsausführung ein zentral gespeicherter Handlungsentwurf entspricht, woraus sich nach Schmidt zwei Probleme ergeben: das *Speicherproblem*, wie näml. so viele Programme gespeichert werden können, u. das *Neuigkeitsproblem*, wie überhaupt neue Bewegungen ausgeführt werden können. Deren Diskussion führte schließl. zu einer Abwendung von der »one-to-one-program-Idee«; in neuen Ansätzen wird von *allg.* motor. Programmen für definierte Bewegungsklassen ausgegangen, deren Breite allerdings umstritten ist. Henry (1960) ist bspw. ein Vertreter eng begrenzter Typen menschl. Bewegung, Broer (1973) ein Vertreter weitgefassterer Programme. Die modernen Programmtheorien nehmen meist an, dass durch das B. nur eine Grundstruktur festgelegt ist, deren spezif. Einzelheiten, wie z. B. Weite o. Geschwindigkeit einer Bewegung, durch im Einzelfall zu adaptierende Programm-Parameter festgelegt werden (s. o.). Programme beziehen sich v. a. auf die relativen Zeitintervalle u. die relativen Kräfte, während die spezif. Parameter meist Dimensionen betreffen wie Dauer, mittlere Kraft u. ausführende Muskelgruppe. Ob es einen globalen Amplitude-Kraft-Parameter gibt, ist umstritten; die Hypothese einer solchen Dualität bei der Steuerung von Bewegungen wurde zuerst von v. Holst (1939) formuliert. V. a. das → Gesetz der konstanten Figurzeit spricht für die Existenz eines Kraft-Parameters; so braucht man z. B. zum Schreiben von Worten unterschiedl. Größe dieselbe Zeit, die Größenvariation kommt allein durch die Variation der Kraft zustande, aber nur dann, wenn ein ganzes Wort kleiner o. größer geschrieben werden soll, wenn die Größe innerhalb eines Wortes variiert wird, wird die zeitl. Struktur der Muskelkontraktion verändert; zum Überblick vgl. Heuer (1990). (d) Zum Zusammenwirken von Regelung u. Programmsteuerung: wichtig ist hierbei v. a. die Möglichkeit, dass die Programmsteuerung durch einen Regelkreis überwacht wird, ein Prinzip, das sich bei gezielten Bewegungen findet; während des ersten Teils wird die Bewegung durch ein Programm gesteuert u. zum Ende beseitigt der überwachende visuelle Regelvorgang die restl. Zielabweichung. Eine andere Möglichkeit ist die *Abtast-Regelung*: In regelmäßigen Zeitintervallen wird die Abweichung zw. Ist- u. Sollwert einer Bewegung erfasst u. durch eine programmgesteuerte Bewegung korrigiert; vgl. Craik (1967); ein weiteres wichtiges Prinzip ist das der *Parameter-Regelung*, z. B. werden die Artikulationsbewegungen beim Sprechen vermutl. durch generalisierte Bewegungsprogramme gesteuert, während die Lautstärke durch Programmparameter festgelegt ist. (Die Regelung der Lautstärke, also ihre Abhängigkeit von der Rückkopplung der eigenen Stimme, zeigt sich z. B. dann, wenn zwei Personen miteinander sprechen, von denen die eine gleichzeitig über einen Kopfhörer Musik hört – diese Person spricht in der Regel sehr laut, die andere in normaler Lautstärke, obwohl dem Zweck der Verständigung das Gegenteil dienlicher wäre.) Dies ist ein Bsp. für das allg. Prinzip, dass bei bestimmten Regelungsprozessen die Regelgröße nicht mehr eine Position von Körpergliedern ist, sondern ein Parameter eines Bewegungsprogramms; für ein komplizierteres wichtiges Bsp. vgl. Pew (1966). (e) Ein spezielles Thema ist die Transformation motor. Programme in beobachtbare Bewegungen der Skelettmuskulatur; hier stehen sich v. a. zwei konkurrierende Theorien gegenüber: die sog. *Gamma-Führungstheorie* (*follow-up servo theory*) u. die *Alpha-Gamma-Koaktivierungstheorie*; vgl. Schmidt (1976).

LIT: Vgl. zum Überblick Keele (1969); Heuer (1983ff.); Kruse u. a. (1988); vgl. auch die Arbeiten von Adams (1976); Glencross (1977); Brooks (1979); zur krit. Analyse vgl. zsfd. Roth (1982), der darauf hinweist, dass sich *Programmtheorien* v. a. bei einfachen motor. Handlungen mit kurzer Bewegungsdauer (unter Zeitdruck) sowie bei konstanten Leistungsumgebungen bewährt haben, während *Closed-loop-Theorien* ihre Bestätigung vorwiegend aus Untersuchungen zu einfachen Präzisionsbewegungen ohne Zeitdruck erhalten; vgl. auch Roy u. Marteniuk (1974) u. Singer (1985); Heuer (1987); Munzert (1989) analysiert das Problem der Flexibilität des Handelns vor dem Hintergrund der Idee des B.; zum Überblick über die Grundprobleme der unterschiedl. Theorien generalisierter motor. Programme vgl. Wimeyer (1992).

◆ ADAMS, J. A.: A closed-loop-theory of motor learning. JMB 3, 1971, S. 111–150; ADAMS, J. A. u. SCHMIDT, R. A.: A schema theory of discrete motor skill learning. PR 82, 1975, S. 225–260; ADAMS, J. A.: Issues for a closed-loop theory of motor learning. In: STELMACH, G. E. (Hg.): Motor control: Issues and trends. New York 1976, S. 87–107; ANOCHIN, P. K.: Das funktionelle System als Grundlage der physiolog. Architektur des Vhs.-Aktes. Jena 1967; BERNSTEIN, N. A.: Grundzüge der Physiologie der Bewegungen u. der Physiologie der Aktivität. Moskau 1966; BOSSOM, J.: Movement without proprioception. BR 71, 1974, S. 285–296; BROER, M. R.: Efficiency of human movement. Philadelphia 1973; BROOKS, V. B.: Motor programs revisited. In: TALBOTT, R. E. u. HUMPHREY, D. E. (Hg.): Posture and movement. New York 1979; BRUNER, J.: The growth and structure of skill. In: CONOLY, K. J. (Hg.): Mechanisms of motor skill development. London 1970, S. 63–92; CRAIK, K. J. W.: Theory of the human operator in control systems I, II. BJP 38, 1948, S. 56–61 u. S. 142–148; GLENCROSS, D. J.: Control of skilled movements. PBu 84, 1977, S. 14–29; GREENWALD, A. G.: Sensory feedback mechanisms in performance control: with special reference to the ideomotor mechanism. PR 77, 1970, S. 73–99; HENRY,

F. M.: Increased response latency for complicated movements and a »memory-drum« theory of neuromotor reaction. RQu 31, 1960, S. 448–458; HENRY, F. M.: Use of simple reaction time in motor programming studies: a reply to Klapp, Wyatt and Lingo. JMB 12, 1980, S. 163–168; HEUER, H.: Bewegungslernen. Berlin 1983; HEUER, H. u. a. (Hg.): Motor behaviour, programming, control, and acquisition. Berlin 1985; HEUER, H. u. PRINZ, W.: Initiierung u. Steuerung von Handlungen u. Bewegungen. In: AMELANG, M. (Hg.): Bericht über den 35. Kongreß der Dt. Gesellschaft für Ps. in Heidelberg 1986. Göttingen 1987, S. 289–301; HEUER, H.: Psychomotorik. In: SPADA, H. (Hg.): Lehrbuch Allg. Ps. Bern 1990, S. 495–560; HINDE, R. A.: Control of movement patterns in animals. QJEP 21, 1969, S. 105–126; V.HOLST, E.: Vom Wesen der Ordnung im zentralen Nervensystem. Naturwissenschaften 25, 1937, S. 625–631 u. 641–647; JONES, B.: Is proprioreception important for a skilled performance? In: JMB 6, 1974, S. 33–45; JONES, B. u. HULME, M. R.: Evidence for an out-flow-theory of skill. AP 40, 1976, S. 49–56; KEELE, S. W. u. SUMMERS, J. J.: The structure of motor programs. In: STELMACH, G. E. (Hg.): Motor control: issues and trends. New York 1976, S. 109–142; KEELE, S. W.: Current status of the motor program concept. In: Landers, D. M. u. Christina, R. W. (Hg.): Psychology of motor behavior and sport. Illinois 1977, S. 2–17; KELSO, J. A. S.: Motor control mechanisms underlying human movement reproduction. JExP: HPP 3, 1977, S. 529ff.; KIPHARD, E. J.: Leibesübung als Therapie. Gütersloh 1970; KLAPP, S. T.: Feedback vs. motor programming in the control of aimed movements. JExP: HPP 104, 1975, S. 147–153; KLAPP, S. T.: Reaction time analysis of programmed control. In: HUTTON, R. (Hg.): ESSR Bd. 5. Santa Barbara 1977; KRUSE, H. u. a.: Information for motor control. In: NEUMANN, O. u. PRINZ, W. (Hg.): Relations between perception and action: current approaches. Berlin 1988; LASHLEY, K. S.: The problem of serial order in behaviour. In: JEFFRESS, L. A. (Hg.): Cerebral mechanisms in behaviour. New York 1951; MCNEILAGE, P. F.: Motor control of serial ordering of speech. PR 77, 1970, S. 182–196; MEINEL, K. u. SCHNABEL, G. (Hg.): Bewegungslehre. Berlin (Ost) 1976; MUNZERT, R.: Flexibilität des Handelns. Theoret. Überlegungen u. experimentelle Untersuchungen zum Kzpt. des Motorikschemas. Köln 1989; PEW, R. W.: Acquisition of hierarchical control over the temporal organization of skill. JExP 71, 1966, S. 764–771; PEW, R. W.: Human perceptual motor performance. In: GREENWALD, A. G.: Sensory feedback mechanims in performance control: with special reference to the ideomotor-mechanism. PR 77, 1970, S. 73–99; ROTH, K.: Strukturanalyse koordinativer Fähigkeiten. Bad Homburg 1982; ROY, E. A. u. MARTENIUK, R. G.: Mechanisms of control in motor performance: closed-loop vs. motor programming control. JexP 103, 1974, S. 985- 991; SCHMIDT, R. A.: A schema theory of discrete motor skill learning. PR 82, 1975, S. 225–260; SCHMIDT, R. A.: The schema theory as a solution to some persistent problems in motor learning theory. In: STELMACH, G. E. (Hg.): Motor control: issues and trends. New York 1976, S. 41–65; SCHMIDT, R. A. u. a.: Sources of inaccuracy in rapid movement. In: STELMACH, G. E. (Hg.): Information processing in motor control and learning. New York 1978; SINGER, R. N.: Motor. Lernen u. menschl. Leistung. Bad Homburg 1985; TAUB, E.: Motor behaviour following deafferentiation in the developing and motorically mature monkey. In: HERMAN, R. M. u. a. (Hg.): Neural control of locomotion. New York 1975; UNGERER, D.: Zur Theorie des sensomotor. Lernens. Schorndorf 1971; WILLIMCZIK, K. u. ROTH, K.: Bewegungslehre. Reinbek 1983; WIMEYER, J.: Motor. Kontrolle u. motor. Lernen im Sport. SPP Febr. 1992, S. 5–11.

Bewegungsreizschwelle → Bewegungssehen.

Bewegungssehen, eine der wichtigsten Funktionen der → Wahrnehmung, die neben der Entdeckung von Ortsveränderungen auch Richtungs- u. Geschwindigkeitswahrnehmung umfasst. Gregory (1972) postuliert zwei grundsätzl. Systeme des B.: eines für die Anzeige von Geschwindigkeit u. eines für die Positionsveränderung. B. kann nicht auf eine stationäre Wahrnehmung zurückgeführt werden, was bes. von der → Gestalttheorie (→ Phi-Phänomen) u. der ökolog. Optik hervorgehoben worden ist, es scheint eigene neurocortikale Module für B. zu geben: Letvin u. a. (1959) fanden z. B. im Gehirn des Frosches Neurone, die darauf spezialisiert sind, die Bewegung eines kleinen, runden Punktes im Blickfeld zu entdecken; Hubel u. Wiesel (1962ff.) fanden hyperkomplexe Zellen im visuellen Cortex der Katze, die nur auf Kanten, die in einer bestimmten Richtung bewegt werden, ansprechen. Ein grundlegendes Modul für das B.

zeigt sich anhand einer speziellen neurops. Störung (*Akinetopsie*): Der Patient ist dabei nicht mehr fähig, Bewegungen im Raum wahrzunehmen; für ihn befindet sich etwas Bewegtes zu einem bestimmten Zeitpunkt an einer Stelle im Raum, zu einem anderen Zeitpunkt an einer anderen Stelle, ohne dass zw. diesen beiden Positionen eine Verbindung besteht. Auch im Alltagsversuch kann man feststellen, dass man sehr langsam ziehende Wolken zunehmend als stärker bewegt wahrnimmt, wenn man erst einmal auf die Bewegung aufmerksam geworden ist – auch dies ein Hinweis darauf, dass die entsprechenden Module bzw. Neuronengruppen angeregt werden u. dadurch die Erfahrung verstärkt wird; vgl. Teuber (1969ff.). Ein Hinweis auf die Existenz modularer Detektoren ist auch die Tatsache, dass es einen Unterschied macht, ob eine Blickzuwendung aktiv o. passiv erfolgt, dass es z. B. Augenfeldzellen gibt, die nur entladen, wenn ein Objekt aktiv angeschaut wird; sie entladen z. B. auch, wenn aktiv ins Dunkle geblickt wird, also ohne Netzhautreizung, haben also etwas mit dem Sich-auf-etwas-richten zu tun. Eine Gruppe von Neuronen reagiert nur auf Kopfbewegungen u. zwar spezif. so, dass einige nur Bewegungen nach rechts u. andere nur Bewegungen nach links ankündigen, andere Neurone werden nur bei bestimmten Augenbewegungen aktiv, unter diesen gibt es wiederum einige, die nur auf sakkad. Augenbewegungen ansprechen u. andere, die nur bei fortdauernder Fixationsstellung aktiv sind. Grundsätzl. scheint es so zu sein, dass unser visuelles System nicht primär auf die Wahrnehmung stationärer Objekte ausgerichtet ist, was sich am Verschwinden des Bildes bei einer → Retinastabilisation zeigt.

Folgendes sind die zentralen Determinanten (u. die damit einhergehenden Forschungsprobleme) des Phänomens B.: (1) Wesentl. für die Wahrnehmung von Bewegungen sind Verschiebungen des Netzhautbildes, wb. allerdings das → Phi-Phänomen darauf hinweist, dass dies nur eine hinreichende, aber keine notwendige Bedingung für B. ist. Zwei Fälle sind zu unterscheiden: (a) Wenn das Abbild eines Objekts sich ohne aktive Augenbewegung über die Retina bewegt; (b) wenn dieses Abbild bei gleichzeitiger Augenbewegung stationär bleibt; warum in diesem Fall dennoch ein B. erfolgt, wird mit dem Prinzip der → Reafferenz erklärt. (2) Ebenfalls mit dem Reafferenzprinzip erklärt wird das Phänomen, dass bei Kopfbewegungen trotz eines bewegten Netzhautbildes Umgebungsobjekte nicht als bewegt erlebt werden; s. hierzu die Stw. → Wahrnehmungskonstanzen u. → Prismenbrillenversuche. Gregory (1972) unterscheidet demgemäß zwei visuelle Systeme: (a) das *Bild-Retina-System*, das dann in Funktion tritt, wenn auf der Netzhaut ein Bild sich verschiebt; dabei sind zwei Fälle wichtig: einmal verschieben sich die Abbildungen der Gegenstände relativ zueinander, ein andermal bleibt das Verhältnis der Gegenstände konstant; (b) das *Augen-Kopf-System*, das aktiv wird, wenn man mit den Augen ein Objekt verfolgt. Eigenbewegungen des Gesamtkörpers sind nur im Zusammenspiel der beiden Systeme zu identifizieren. Gibson (1950) weist darauf hin, dass eine Augenbewegung typischerweise zu einer einheitl. Verlagerung aller opt. Elemente führt, während Eigenbewegungen des Beobachters eine systemat. Veränderung der Lageverhältnisse aller opt. Elemente zueinander zur Folge hat; eine Objektbewegung dagegen wird dadurch signalisiert, dass nur eine Gruppe opt. Elemente sich relativ zu anderen Elementen verschiebt. (3) Bewegung kann auch wahrgenommen werden durch Verdeckung u. Wiederaufdeckung des Hintergrundes u. anderer Objekte (*Okklusion* u. *Disokklusion*; statt von Okklusion spricht man bisweilen auch von *Okkultation*), der stetige Wechsel dieser beiden Prozesse gibt die Bewegungsrichtung an. Bei Objekten, die sich auf den Beobachter zu bewegen, tritt außerdem *Magnifikation* (Vergrößerung des Sehwinkels) auf, die bei konstanter Geschwindigkeit des Objekts *geometr.* wächst. Zu neurobiolog. Analysen, unter welchen Umständen eine Änderung der Größe- als Tiefenbewegung wahrgenommen wird, vgl. Regan u. a. (1986). Wenn das sich annähernde Objekt einen Sehwinkel von mehr als 30 bis 40 Grad überschreitet, verhalten sich Mensch u. Tier so, als ob eine Kollission unmittelbar bevorsteht, sie weichen unwillkürl. aus; vgl. Schiff (1980): → Looming-Effekt. Dies wird bes. von der → ökologischen Optik hervorgehoben, die Effekte analysiert, die entstehen, wenn jemand sich in seiner natürl. Umgebung bewegt. Wichtig sind in diesem Falle → Texturgradienten, die Bewegungsgradienten produzieren, die ihrerseits ein Fließmuster auf der Retina erzeugen, für das typ. ist, dass es mit zunehmender Entfernung auf einen Punkt hin konvergiert (→ Bewegungsparallaxe). (4) Welch eine wichtige Rolle die Erfahrung bei der Wahrnehmungs-Interpretation spielt, demonstriert z. B. das Phänomen der → induzierten Bewegung: Hier wird von zwei Objekten dasjenige als unbewegt erlebt, das ein Bezugssystem darstellt, normalerweise das größere Objekt bzw. die Hintergrundstruktur; Weiteres s. d. (5) Von Bedeutung beim B. sind auch Prozesse des Antizipierens; zu sportps. Untersuchungen vgl. Whiting (1969); hierbei wurde eine interessante Versuchsanordnung verwendet, bei der heranfliegende Bälle nur in bestimmten Phasen der Flugbahn beleuchtet waren – mit dem Ergebnis, dass bei guter Übung ein minimaler Bruchteil der Flugbahn zur exakten Antizipation ausreichend war. (6) Eine wichtige Rolle beim B. spielen kognitive Verarbeitungsprozesse, insbes. bei Bewegungsphänomenen, die auf unterschiedl. Weise wahrgenommen werden können. Ein Bsp. ist die Erscheinung, dass Objekte, deren räuml. Form bei stationärer Betrachtung doppeldeutig ist, plötzl. dreidimensional werden, wenn man sie dreht (→ kinetischer Tiefeneffekt); ein weiteres Bsp.: zwei Lichter, die sich im rechten Winkel aufeinander zubewegen u. sich an einem Punkt treffen u. wieder wegbewegen, werden so wahrgenommen, als ob sie sich auf einer Geraden annähern u. wieder auseinander gehen, einer Geraden, die der Diagonalen des Koordinatensystems entspricht, obwohl sie sich objektiv von den Punkten Y1 u. Y2 zum Nullpunkt der Achse hin bewegen. Ein theoret. Ansatz hierzu ist das *Minimumprinzip* von Hochberg (1977), welches impliziert, dass bei mehrdeutigen Wahrnehmungskonfigurationen diejenige bevorzugt wird, welche ein Abbild von minimaler Komplexität ergibt. Diese Tendenz des visuellen Systems, bei komplexen Bewegungen strukturierte Ganzheiten u. sogar eine bestimmte »inhaltl.« Interpretation zu erzeugen, erkennt man auch am Phänomen der → phänomenalen Kausalität: Es werden nicht einfach Bewegungen erlebt, sondern kausale Beeinflussungsprozesse, u. zwar scheint dieses Wahrnehmungserlebnis ursprüngl. u. nicht »aufgesetzt« zu sein. Häufig tritt auch das Phänomen auf, dass bei der Bewegungswahrnehmung abstrakte geometr. Figuren, wie z. B. Quadrate, »vermenschlicht« werden: Eine scheint die andere zu stoßen, o. eine Figur ist ein »Haus«, in das eine andere Figur hineinzugelangen versucht; s. hierzu das Stw. → Ereigniswahrnehmung; s. a. das Stw. → computationale Wahrnehmungstheorie.

VD: (a) Die sog. *Verlagerungsschwelle* ist der minimale Weg, den ein Objekt seitl. zum Beobachter zurücklegen muss, um als ortsverändert erkannt zu werden; der Weg beträgt bei optimalen Bedingungen ca. 20 Sehwinkel-Sekunden. Die *absolute Bewegungsschwelle* bzw. *Bewegungsreizschwelle* ist die minimale Winkelgeschwindigkeit, die ein Objekt haben muss, um als noch bewegt wahrgenommen zu werden; sie beträgt 10 bis 20 Winkelminuten pro Zeitsekunde, ein Wert, der sich bei vorwiegend strukturierter Umgebung auf ein bis zwei Winkelminuten/Sekunde verbessern kann (die Schwelle ist im fovealen Bereich niedriger als im peripheren). Dies entspricht einer Geschwindigkeit von 0,025 cm pro Sekunde bei einem Objekt, das 50 cm vom Auge entfernt ist; vgl. Hochberg (1971). Langsame Bewegungen, genauer: geringe Ortsveränderungen, können wir nur schwer feststellen, z. B. die Verschiebung einer relativ langsam driftenden Wolkendecke; dagegen können wir Veränderungen von Abständen recht gut wahrnehmen. Bspw. kann man in einem dunklen Raum langsame

Bewegungen eines leuchtenden Punktes nicht wahrnehmen, solange seine Geschwindigkeit unter einer bestimmten Schwelle liegt, kommt jedoch ein zweiter, ruhender Punkt ins Blickfeld, wird sofort eine Bewegung erkennbar. Allerdings ist dabei nicht zu beurteilen, welcher der beiden Punkte sich bewegt; bei solchen Versuchen wird die Bewegung beiden Punkten gleich häufig zugeschrieben, man nimmt nur eine Abstandsänderung wahr. (b) Von der Winkelgeschwindigkeit eines Objektes ist auch die sog. *dynam. Sehschärfe*, d. h. das Scharfsehen eines bewegten Objektes, abhängig. Sie nimmt mit zunehmender Winkelgeschwindigkeit ab u. geht bei einer Winkelgeschwindigkeit von 200 Grad/sec. gegen Null; sie hat bei einer Bewegung von ca. 2 Grad/sec. ein Maximum u. kann in diesem Bereich höher sein als die stat. *Punktsehschärfe* (nach Arnold 1972). (c) Die *Geschwindigkeitsunterschiedsschwelle* ist der Betrag, um den zwei Geschwindigkeiten voneinander abweichen müssen, um eben noch unterscheidbar zu sein. Die Sehschärfe ist an der Peripherie des Auges genauer als im zentralen Bereich, was als evolutionärer Anpassungsmechanismus gedeutet wird, der den Organismus bei Gefahr schneller auf von der Seite kommende Reize einstellt. Die Bewegung wird dabei wahrgenommen, ohne dass man das Objekt sofort identifizieren kann, u. ein solcher Reiz löst dann eine reflektor. Blickbewegung aus, die den bewegten Gegenstand in den Bereich des zentralen Sehens bringt. Geschwindigkeitsschätzungen im dreidimensionalen Raum sind auch von der Position u. Bewegung des Beobachtenden, der wahrgenommenen Entfernung des Gegenstandes vom Beobachtenden u. der wahrgenommenen Größe des sich bewegenden Gegenstandes abhängig. (d) Brown (1931) fand, dass größere Gegenstände sich langsamer zu bewegen scheinen als kleinere u. dass bei ungeordneten Gegenständen niedrigere Werte für die Reizschwelle entstehen als bei geordneten. (e) Die Fähigkeit, sich bewegende Gegenstände zu beurteilen, variiert mit dem Alter des Beobachters, der Geschwindigkeit u. der Flugbahn des Gegenstandes u. der Beleuchtungsstärke; auch verschiedene antizipator. Augenreaktionen u. die Tatsache, ob gleitende o. sakkadische Augenbewegungen notwendig sind, können einen signifikanten Einfluss auf die dynam. Sehschärfe haben. Es bestehen deutl. individuelle Unterschiede in der Fähigkeit, sich schnell bewegende Stimuli genau zu beurteilen, was zu den Bezeichnungen *geschwindigkeitsresistent* u. *geschwindigkeitsempfindl.* geführt hat (Cratty 1975). (f) Zur Wahrnehmung unterschiedl. *Beschleunigungen* vgl. Runeson (1974); ein Ergebnis ist, dass eine *konstante* Geschwindigkeit im Allg. *beschleunigt* wahrgenommen wird, während eine Bewegung, die durch eine anfängl. positive Beschleunigung gekennzeichnet ist u. später relativ unverändert bleibt, als konstant erlebt wird – dies ist typ. für viele natürl. Bewegungen, für die unser visuelles System anscheinend eine Anpassung vorgenommen hat.

LIT: Zum Überblick vgl. Wallach (1959); Kolers (1972); Sekuler (1975); v. Campenhausen (1993); ein Überblick zu Experimenten zum B. findet sich in Arnold (1972); zu ps. Aspekten der Wahrnehmung von Bewegungen im Sport, speziell auch zur Wahrnehmung von Sportgeräten vgl. Heuer (1983); Cratty (1975); zur Dynamik des Antizipierens im Sport vgl. Whiting (1969); zu den (seltenen) cerebral bedingten Beeinträchtigungen des B. vgl. Zihl u. v. Cramon (1986); zu physiolog. Aspekten vgl. Kandel u. a. (1996).

◆ Arnold, W. (Hg.): Experimentelles Praktikum, 1. Bd. Stuttgart 1972; Aubert, H.: Die Bewegungsempfindung. AfP 39, 1886, S. 347–370; Bäumler, G.: Das Sehen IV: Bewegungssehen. In: Arnold, W. (Hg.): Experimentelles Praktikum, 1. Bd. Stuttgart 1972, S. 153–188; Bischof, W. F. u. Groner, M.: Beyond the displacement limit. VR 25, 1985, S. 839–847; Braddick, O. J.: A short-range process in apparent motion. VR 14, 1974, S. 519–527; Braddick, O. J.: Low-level and high-level processes in apparent motion. Philosophical Transaction of the Royal Society London a, 290, 1980, S. 137–151; Brown, V.: Thresholds for visual movement. PF 14, 1931, S. 249–268; Campenhausen, C. v.: Die Sinne des Menschen. Stuttgart 1993; Cratty, J. B.: Motor. Lernen u. Bewegungsvh. Frankfurt/M. 1975; Ennenbach, W.: Bild u. Mitbewegungen. Köln 1991; Gibson, J. J.: The perception of the visual world. Boston 1950 (dt.: Die Wahrnehmung der visuellen Welt. Weinheim 1973); Gregory, R. L.: Auge u. Gehirn. München 1972; Heuer, H.: Bewegungslernen. Berlin 1983; Hochberg, J.: Perception II. Space and Mo–

vement. In: KLING, J. W. u. RIGGS, L. A. (Hg.): Woodworth and Schlossberg's experimental psychology. New York 1971; HOCHBERG, J. E.: Wahrnehmung. Einführung in die Ps., 2. Bd. Bern 1977; HUBEL, D. H. u. WIESEL, T.: Receptive fields, binocular interaction and functional architecture in the cats visual cortex. Journal of Physiology 160, 1962, S. 106–154; HUBEL, D. H.: The visual cortex of the brain. SA, November 1963, S. 148–156; ITTELSON, W. H.: Visual space perception. New York 1960; JOHANSSON, G.: Visual motion perception. SA, Juni 1975; KANDEL, E. R. u. a. (Hg.): Neurowissenschaften. Heidelberg 1996; KAUFMAN, L.: Sight and mind. New York 1974; KEBECK, G.: Wahrnehmung. Weinheim 1994; KOLERS, P. A.: Aspects of motion perception. New York 1972; LETVIN, J. Y. u. a.: What the frog's eye tells the frog's brain. Proceedings of the IRE 47, 1959, S. 1940–1951; MARR, D.: Early processing of visual information. M.I.T.AI Memo Nr. 43, 1975. Abgedruckt in: Philosphical Transactions of the Royal Society 275, 1976, S. 483–527; REGAN, D. u. a.: Die Wahrnehmung von Bewegungen im Raum. In: RITTER, M. (Hg.): Wahrnehmung u. visuelles System. Heidelberg 1986, S. 90–103; RUNESON, S.: Constant velocity – not perceived as such. PRes 37, 1974, S. 3–23; SCHIFF, W.: Perception. An applied approach. Boston 1980; SEKULER, R.: Visual motion perception. In: CARTERETTE, E. C. u FRIEDMAN, M. P.: Seeing. Handbook of perception, 5. Bd. New York 1975, S. 387–433; TEUBER, H. L.: Wahrnehmung, Willkürbewegung u. Gedächtnis. Studium Generale 22, 1969, S. 1135–1178; TEUBER, H. L.: The brain and human behaviour. In: HELD, R. u. a. (Hg.): Perception. New York 1978, S. 879–920; WALLACH, H.: The perception of motion. SA 201, 1959, S. 56–60; WHITING, H. T. A.: Inquiring ball skill: a psychological interpretation. London 1969; ZIHL, J. u. v. CRAMON, H.: Cerebrale Sehstörungen. Stuttgart 1986.

Bewegungssinn → Tiefensensibilität.

Bewegungstäuschungen [auch *opt. Bewegungsillusionen*, ähnl. → *Scheinbewegungen*], → Wahrnehmungstäuschungen im Bereich des → Bewegungssehens; dazu gehören v. a. das → Phi-Phänomen, der → Stroboskop-Effekt u. die → Bewegungsnachwirkungen; s. a. die Stw. → Flimmerfusionsfrequenz, → kinematographischer Effekt; → Daumensprung; → induzierte Bewegung; → scheinbare Entfernung – scheinbare Bewegung; → autokinetisches Phänomen.

Bewegungsvorstellung → Bewegungsbewusstsein.

Bewegungswahrnehmung → Bewegungssehen.

Bewusste Informationsverarbeitung → automatische vs. kontrollierte Informationsverarbeitung.

Bewusstes Priming → priming.

Bewusstheiten → Würzburger Schule.

Bewusstsein. Der Prozess der Vergegenwärtigung »innerer« Prozesse, also die → mentale Repräsentation von Wahrnehmungs-, Emotions- u. kognitiven Prozessen. Graumann (1966) unterscheidet folgende Ausprägungen des B.-Begriffes: *belebt, organisch/beseelt, seelisch/wach/überhaupt empfindend, reizbar/unterscheidend, unterschieden/mitteilbar/aufmerkend, bemerkend, bemerkt/vorsätzlich, absichtlich, regulativ/wissend, inneseiend, gewusst.* Der Gegensatz zu B. ist das Phänomen bzw. Kzpt. des → Unbewussten.
Bewusste Prozesse sind nach der Auffassung vieler Autoren durch folgende Eigenschaften gekennzeichnet: Steuerbarkeit, niedrige Verarbeitungsgeschwindigkeit, weiter Anwendungsbereich, serielle Verarbeitung bei begrenzter Kapazität. Unbewusste Prozesse sind dagegen in höherem Maße charakterisiert durch: Automatizität, hohe Verarbeitungsgeschwindigkeit u. Zuverlässigkeit bei speziellen Aufgaben, begrenzter Anwendungsbereich, parallele Verarbeitung bei insgesamt hoher Kapazität.
Folgende Arten von B. lassen sich differenzieren: → Realitätsbewusstsein, → Gegenstandsbewusst-

sein, → Ichbewusstsein; bes. Phänomene der Psychopathologie belegen die Notwendigkeit dieser Unterscheidung; vgl. auch → Bewegungsbewusstsein.
Eine neurops. Bewusstseinskonzeption wird von Pöppel (1988ff.) versucht; er hebt insbes. die → Modularität des Gehirns hervor u. die Bedeutung diskreter Zeiteinheiten (→ Zeitwahrnehmung): Bewusst ist jener Zustand, bei dem für jeweils wenige (ca. 3) Sekunden aufgrund eines integrativen neuronalen Mechanismus Mentales repräsentiert wird, d. h. im Fokus der Aufmerksamkeit steht. Werth (1983) versucht *B.* als naturwissenschaftl. Begriff zu rekonstruieren. In vielen neueren Arbeiten wird das B. i. S. einer → zentralen Exekutive postuliert. Experimentelle Beobachtungen deuten aber darauf hin, dass weder zu Initiierung noch zur Kontrolle einer Willkürhandlung B. notwendig ist, vielmehr scheint B. seinen funktionellen Ort bei der Planung, nicht bei der Ausübung von Handlungen zu haben; dort tritt es nur bei einer Störung in Kraft – sog. »Wetterwart-Modell«; vgl. Neumann u. Prinz (1987). Neuere Ansätze innerhalb dieses Zugangs nehmen an, dass mit dem Erscheinen eines neuen Reizes im Gesichtsfeld zwei Arten von Prozessen in Gang gesetzt werden, die parallel ablaufen, aber unterschiedl. schnell zum Abschluss kommen: die Aktualisierung einer *internen Raumkarte* als der schnelle, das *Fokussieren* als der im Vergleich dazu langsamere Vorgang; erst nach Verlagerung der Aufmerksamkeit an den Ort des Reizes gelangt der Reiz zur *bewussten* Wahrnehmung, dazwischen existiert zumindest zeitweise eine Dissoziation zw. dem, was das visuelle System in Gestalt der internen Raumkarte über den Reiz weiß, u. dem, was das B. über ihn weiß; folgt z. B. mit hinreichend kurzem Reizabstand ein geeigneter Maskierreiz, dann kommt es überhaupt nicht zur bewussten Wahrnehmung, s. das Phänomen des → Metakontrasts; vgl. hierzu Neumann u. Müsseler (1990).

HI: Das Thema B. war durch den → Behaviourismus ein Tabu der ps. Forschung geworden, nachdem es einmal, zumindest auf der programmat. Ebene, das zentrale Thema dargestellt hatte (→ Bewusstseinspsychologie). Dementsprechend findet man z. B. in den Jahresbänden des *Annual Review of Psychology* das Stw. *B.* kaum einmal im Register. Mit dem *Neobehaviourismus* u. der *kognitiven Wende* erfolgte wieder eine wissenschaftl. Neurezeption des Themas B. – etwa seit der zweiten Hälfte der sechziger Jahre haben sich die in den *Psychological Abstracts* eingeordneten wissenschaftl. Beiträge mehr als verdoppelt; ein wesentl. Stimulans war der von Wann (1964) herausgegebene Symposiumsbericht »Behaviourism and Phenomenology contrasting bases for modern Psychology«. Es hat dann in der modernen Ps. eine Reihe von Paradigmen gegeben, in denen das Thema *B.* implizit o. explizit angesprochen wird.
(1) Das Kzpt., das am stärksten solche Phänomene anspricht, die im klass. B.-Kzpt. impliziert waren, war das der → Aufmerksamkeit. Wichtige Teilkzpt. hierbei sind: → automatische vs. kontrollierte Informationsverarbeitung; → fokale Aufmerksamkeit vs. → selektive Aufmerksamkeit. Zu unterschiedl. Auffassungen bezügl. des Zusammenhangs zw. Aufmerksamkeit u. B. s. das Stw. → Aufmerksamkeit. (2) Überhaupt hat die Renaissance des Themengebiets → Erkennen bzw. → Kognition bzw. → mentale Repräsentation innerhalb der kognitiven Ps. zahlreiche Probleme u. Aspekte, die mit dem Thema B. verknüpft sind, reaktiviert. Das Problem des B. in der Kognitionswissenschaft analysiert Kurthen (1990). (3) Auch die Experimente, die sich um das Phänomen der → subliminalen Wahrnehmung ranken, sind für das Thema B. relevant; vgl. auch das Stw. → Maskierung. Speziell die → Dissoziations-Phänomene, die man

unter dem Schlagwort → direkte Parameterspezifikation zusammenfassen kann, weisen auf die empir. Validität der B.-vs-Unbewusstes-Dichotomie hin. (4) Die neueren Diskussionen des Kzpts. der → Introspektion beinhalten ebenfalls wichtige Bewusstseinsaspekte. (5) Aus dem Bereich der Gedächtnisps. sind bes. die Paradigmen → Kurzzeitgedächtnis, → Verarbeitungsebenen u. → zentrale Exekutive von Relevanz. (6) Auch bei der komplexen Handlungssteuerung werden zunehmend Bewusstseinsaspekte hervorgehoben; unterschiedl. Autoren sehen B. allerdings im Zusammenhang mit unterschiedl. Phasen bzw. Aspekten der Handlung: (a) Entscheidung (Carr 1979); (b) Antizipation (v. a. bei Shallice 1978; Carr 1979 u. Davidson 1980); (c) Abrufen gespeicherter Strukturen aus der Wissensbasis (Carr 1979); (d) speziell zur Handlungsregulation beim Versagen automatisierter Handlungsabläufe, d. h. bei drohenden o. bereits eingetretenen Unterbrechungen; (Mandler 1979; Shallice 1978, Davidson 1980); s. a. das Stw. → Handlungstheorien; (e) Koordinierungsfunktion v. a. bei konkurrierenden Handlungen (Shallice 1978; Hilgard 1977). Weitere wichtige Arbeiten, die für eine Reaktivierung des B.-Kzpts. plädiert haben, sind: Globus (1976); Davidson u. a. (1986); Mandler (1979); Marcell (1994), Johnson-Laird (1983); Hilgard (1976); Smith (1969, Kzpt. des sog. *introspektiven Behaviourismus*). Verstärkt wurde dieser Trend durch Ergebnisse der modernen Neurops. u. auch der Philosophie, die das klass. *Leib-Seele-Problem* sozusagen als *Mind-Brain-Problem* wiederentdeckt haben; vgl. hierzu Bunge (1980). Dieses Sich-Einlassen der neueren analyt. Philosophie auf empir. neurops. Erkenntnisse geht bisweilen so weit, dass sogar eigene »philosoph.« Experimente konzipiert werden; ein Bsp. ist Dennett (1994). Die Entwicklung einer integrativen → Kognitionswissenschaft hat diesen Ansatz noch verstärkt, vgl. zsfd. Gadenne u. Oswald (1991).

VD: (1) Außergewöhnl. *Bewusstseinszustände* wie Traum, Hypnose, Schlaf, Halluzination, Trance, Besessenheit, Psi-Phänomene, Meditation u. Mystik sowie drogenveränderte B.-Zustände, auch Wahn u. die innerhalb der Schizophrenie auftretenden Veränderungen des B., v. a. des Körperbewusstseins, demonstrieren, gerade im Ausfall o. in der Verzerrung, Eigenschaften des normalen B. Speziell folgende Modalitäten des B. lassen sich psychopatholog. fundieren: die *Bewusstseinsklarheit* (auch: *-helligkeit*), gestört in den sog. *quantitativen Bewusstseinsstörungen* (von der *Benommenheit* bis zum *Koma*); die *Verwirrtheitszustände* u. *Delirien* weisen auf eine Dimension der *Geordnetheit* des normalen Bewusstseins; die *Dämmerzustände* verweisen auf etwas, was bisweilen als *Freiheit, Flexibilität* u. v. a. als *Weite* des B. bezeichnet wird, das bei diesen psychopatholog. Erscheinungen reduziert ist in dem Sinne, dass Streben, Handeln u. Tun völlig auf ein eingeschränktes Handlungsziel eingeengt sind (*Bewusstseinseinengung*); vgl. Barz (1986) u. Scharfetter (1976). In der vom französ. Psychiater H. Ey vertretenen Konzeption werden sämtl. Psychosen u. Neurosen als Störungen des B. gesehen, für Ey ist B. eng mit dem verbunden, was man »Freiheit« nennen kann; in diesem Modell werden Psychosen auch als »Störungen der Freiheit« bezeichnet, u. demgem. kann auch der *Wahn* als *Bewusstseinsstörung* konzipiert werden, der somit ebenfalls auf eine positive Eigenschaft des ungestörten B. verweist, wie sie z. B. Conrad in seinem Begriff der »Fähigkeit zum Überstieg« (zum Standpunkt des anderen) innerhalb seiner Analysen der beginnenden Schizophrenie hervorgehoben hat; vgl. auch den Aufsatz von Zutt (1962). Bisweilen wird zur Kennzeichnung solcher außergewöhnl. Bewusstseinszustände, die Abweichungen vom normalen Tages-Wach-B. darstellen, der Begriff des *Überbewusstseins* gebraucht. Neurolog. Störungen, wie Koma u. das *totale Locked-in-syndrom*, bei welchem das u. U. ganz erhaltene B. mit einer vollständigen Irresponsibilität als Folge des Ausfalls der motor. Bahn des unteren Hirnstammes kombiniert ist, diskutiert Kurthen (1990). Auch Phänomene der *multiplen Persönlichkeit* (Ellenberger 1973), manchmal bisweilen auch mit *multiplem B.* bezeichnet, tangieren das Thema *B.*

(2) Auch neurops. bzw. psychophysiolog. Paradigmen nähern sich diesem Thema: in letzter Zeit in diesem Zusammenhang häufig diskutiert worden ist der sog. *Libet-Effekt*, die Tatsache, dass im EEG

das → *Bereitschaftspotential*, also die einer Willkürbewegung vorausgehenden EEG-Veränderungen, schon sichtbar sind, *bevor* der Mensch die bewusste Entscheidung erlebt, die erst 350 msec. nach dem Beginn des Bereitschaftspotentials bewusst erlebt wird, etwa 150 bis 200 msec. vor der Muskelaktivierung. Ähnl.: das Phänomen, dass ein Reiz, z. B. ein Nadelstich in den Finger, erst nach etwa 500 msec. bewusst wird, obwohl er schon nach 50 msec. im Gehirn eintrifft. Der Reiz wird aber de facto als früher geschehen erlebt, d. h., das Gehirn datiert ihn zu dem Augenblick zurück, an dem er tatsächl. eingetreten ist. Das B. hat also die Fähigkeit, einen Reiz zeitl. zurückzuprojizieren. Die wichtigsten Überlegungen u. Argumente im Zusammenhang mit Libets Befunden sind zusammengestellt in *The Behavioural and Brain Sciences*: Libet (1985) beschreibt u. interpretiert dort seine Befunde u. danach folgen zahlreiche Kommentare von Fachwissenschaftlern. Zur Bedeutung des Phänomens des → Blindsehens für das Bewusstseinsproblem vgl. Werth (1983). (3) Zum *tier.* B.: Im Zuge der wieder erstarkenden kognitiven Richtung innerhalb der Tierps. gibt es eine zunehmende Tendenz, die Existenz von tier. B. anzunehmen u. zu erforschen; vgl. Thorpe (1974), Hediger (1980ff.); zwei populäre, aber solide u. engagierte neuere Arbeiten sind: Griffin (1985) sowie Arzt u. Birmelin (1993); s. hierzu auch das Stw. → Ichbewusstsein.

LIT: Eine neuere Arbeit zum B.-Kzpt. ist Flanagen (1992); einen Überblick über die neueren wissenschaftl. Strategien zur Erforschung des Bewusstseins liefern Perrig u. a. (1993); ältere, tief schürfende Darstellungen des Bewusstseinsproblems sind: Thomae (1940) u. aus psychopatholog. Sicht Ey (1967); eine problemgeschichtl. Darstellung des B.-Begriffs findet sich in Pongratz 1967); eine populärwissenschaftl., aber solide Zusammenfassung neuerer Forschung zum Thema B. ist Norretranders (1994); ebenfalls prägnant u. eingängig, aber tief schürfend ist Gadenne (1996); über den Zerfall des B. der Psychose vgl. Heimann (1989); über die Entwicklung des B. u. ihre Störung aus Sicht der transpersonalen Ps. vgl. Wilber (1989); eine interessante Arbeit zum Schnittpunkt der Themen Emotion, Wahrnehmung u. B. unter psychophysiolog. Aspekten ist Emrich (1983); zu *veränderten Bewusstseinszuständen* vgl. Wolman u. Ullman (1986); über Gedächtnis u. B. referiert Klatzky (1989); vgl. auch Heineken (1987); zum Problem, ob Maschinen B. haben können, vgl. Kurthen u. Linke (1989); Blakemore u. Greenfield (1987); Searle (1986); das Thema B. im interdisziplinären Zusammenhang, insbes. die Frage, ob es ein Scheinproblem o. das Zentralproblem der Wissenschaften darstellt, analysiert Klement (1975); auch Aufsätze zu kybernet. Aspekten des Bewusstseins finden sich darin; über evolutionäre Aspekte vgl. Sanides (1975); Ornstein (1991) u. Schurig (1976); über die Neurophysiologie von Bewusstsein, Schlaf u. Traum vgl. Jung (1970); vgl. auch Leuner (1981); zum Überblick über das Leib-Seele-Problem vgl. Bunge (1984); Hastedt (1988); Seifert (1989); Carrier u. Mittelstraß (1989); klass. sprachanalyt. Aufsätze zum Leib-Seele-Problem finden sich in den Sammelbänden von Borst (1970) u. Bieri (1981); Metzinger (1995) ist ein Reader mit gegenwartsphilosoph. Beiträgen zum Thema B.; Anfang u. Mitte der 90er Jahre hat es geradezu einen Boom v. a. von interdisziplinär orientierten Büchern über das Thema B. gegeben: F. Crick (1984) ist das Buch des Biochemikers; Edelman (1995) ist der Versuch eines Biochemikers u. Nobelpreisträgers eine »Theorie des neuronalen Darwinismus« zu entwerfen; Eccles, Physiologe u. ebenfalls Nobelpreisträger für Medizin ist zusammen mit Karl Popper einer der letzten Vertreter einer dualist. Theorie, typ. der Titel seines Buches »Wie das Selbst sein Gehirn steuert« (1994); Penrose (1995) ist der Versuch eines bedeutenden Mathematikers u. Physikers, die Quantentheorie auf Bewusstseinsprobleme anzuwenden; Roth (1994) ist der Versuch eines Neurobiologen, neurobiolog. u. philosoph. Erkenntnistheorien in Einklang zu bringen.; die kompetenteste interdisziplinäre Arbeit, die sich am weitesten in neurobiolg. Wissen eingearbeitet hat, stammt von Hernegger (1995); Weiteres s. die Stw. → Körperwahrnehmung; → Bewegungsvorstellung.

◆ Abramson, H. S. (Hg.).: Problems of consciousness, 5 Bde. New York 1951–1955;

Allport, G. W.: Pattern and growth in personality. New York 1965; Arzt, V. u. Birmelin, I.: Haben Tiere ein Bewusstsein? München 1993; Baars, B. J.: A cognitive theory of consciousness. New York 1988; Barz, H.: Psychopathologie u. ihre ps. Grundlagen. Bern 1986; Bieri, P. (Hg.): Analyt. Philosophie des Geistes. Königsstein/Taunus 1981; Blakemore, C. u. Greenfield, S. (Hg.): Mindwaves. Oxford 1987, S. 279–288; Boring, E. C.: The physical dimensions of consciousness. New York 1933; Borst, C. V. (Hg.): The mind-brain identity theory. London 1970; Bunge, M. (Hg.): The mind-body-problem, a psychobiological approach. Oxford 1980; Bunge, M.: Das Leib-Seele-Problem. Tübingen 1984; Carr, T. H.: Consciousness in models of human information processing: primary memory, executive control and input regulation. In: Underwood, G. u. Stevens, R. (Hg.): Aspects of consciousness, 1. Bd. New York 1979, S. 123–153; Carrier, M. u. Mittelstrass, J.: Geist, Gehirn, Verhalten. Berlin 1989; Crick, F.: Was die Seele wirklich ist. Zürich 1994; Davidson, J. M. u. Davidson, R. J. (Hg.): The psychobiology of consciousness. New York 1980, S. 11–46; Davidson, R. J.: Consciousness and information processing. In: Davidson u. Davidson (1980); Davidson, R. J. u. a. (Hg.): Consciousnes and self regulation, 4. Bd. New York 1986; Dennett, D. C.: Philosophie des menschl. Bewußtseins. Hamburg 1994; Eccles, J.: Wie das Selbst sein Gehirn steuert. München 1994; Edelman, G. M.: Göttl. Luft, vernichtendes Feuer. Wie der Geist im Gehirn entsteht. München 1995; Ellenberger, H. F.: Die Entdeckung des Unbewußten, 2 Bde. Bern 1973; Emrich, H.: Psychophysiolog. Grundlagen der Psychiatrie u. Psychosomatik. Bern 1983; Ey, H.: Das Bewußtsein. Berlin 1967 (franz. Orig.: 1963); Flanagen, O.: Consciousness reconsidered. Cambridge 1992; Gadenne, V. u. Oswald, M.: Kognition u. Bewußtsein. Berlin 1991; Gadenne, V.: Bewußtsein, Kognition u. Gehirn. Einführung in die Ps. des Bewußtseins. Bern 1996; Globus, G. (Hg.).: Consciousness and the brain. New York 1976; Graumann, C. F.: Bewußtsein u. Bewußtheit – Probleme u. Befunde der ps. Bewußtseinsforschung. In: Metzger, W. (Hg.): Wahrnehmung u. Bewußtsein. HP, 1. Bd., 1. Hlb. Göttingen 1966, S. 79–130; Griffin, D. R.: Wie Tiere denken. Ein Vorstoß ins Bewußtsein der Tiere. München 1985; Hastedt, H.: Das Leib-Seele-Problem. Frankfurt/M. 1988; Hediger, H.: Tiere verstehen. München 1984; Hediger, H.: Zur Frage des Selbstbewußtseins beim Tier. In: Stamm, R. A. (Hg.): Tierps. Weinheim 1984; Heimann, H.: Zerfall des Bewußtseins in der Psychose. In: Pöppel, E. (Hg.): Gehirn u. Bewußtsein. Weinheim 1989, S. 33–45; Heineken, E.: Bewußtsein u. Gedächtnis. Eschborn 1987; Hernegger, R.: Wahrnehmung u. Bewußtsein. Heidelberg 1995; Hilgard, E. R.: Consciousness and contemporary psychology. ARP 31, 1980, S. 1–26; Hilgard, E. R.: Neo-dissociation theory of multiple cognitive control systems. In: Schwartz, G. E. u. Shapiro, D. (Hg.): Consciousness in self-regulation, 1. Bd. New York 1976, S. 137–171; Hilgard, E. R.: Divided consciousness: multiple controls in human thought and action. New York 1977; Jahrreiss, W.: Störungen des B. In: Bumke, O. (Hg.): Handbuch der Geisteskrankheiten. Bd. I/1. Berlin 1928; Jackendoff, R.: Consciousness and the computational mind. London 1987; James, W.: The Principles of psychology, 2 Bde. New York 1890; Johnson-Laird, P.: Mental models. Cambridge 1983; Jung, R.: Neurophysiologie von Bewußtsein, Schlaf u. Traum. In: Klement (1975); Kafka, G.: Versuch einer krit. Darstellung der neueren Anschauungen zum Ich-Problem. AfgP 19, 1910, S. 1–42; Klatzky, R. L.: Gedächtnis u. Bewußtsein. Stuttgart 1989; Klement, H. W. (Hg.): Bewußtsein. Baden-Baden 1975; Klement, H. W.: Das menschl. Bewußtsein – Scheinproblem o. Zentralproblem der Wissenschaften. In: Klement (1975) S. 11–31; Klement, H. W.: Evolution u. Bewußtsein. In: Klement (1975) S. 243–249; Kurthen, M. u. Linke, D. B.: Androiden-Behaviourismus. In: Becker, B. (Hg.): Zur Terminologie in der Kognitionsforschung. St. Augustin/GMD 1989, S. 256–272; Kurthen, M.: Das Problem des Bewußtseins in den Kognitionswissenschaften. Stuttgart 1990; Leuner, H.: Halluzinogene. Psych. Grenzzustände in Forschung u. Psychotherapie. Bern 1981; Libet, B.: Unconscious cerebral initiative and the role of conscious will in voluntary action. BBS 8, 1985, S. 529–556; Mandler, G.: Consciousness: respectable, useful and probably necessary. In: Solso, R. (Hg.): Information processing and cognition. New York 1975; Mandler, G.: Denken u. Fühlen. Paderborn 1979; Marcel, A. J.: Conscious and unconscious perception: experiments on visual masking and word recognition. CP 15, 1983, S. 197–237; Marcel, A. J. (Hg.): Consciousness in contemporary science. Oxford 1994; Metzger, W.: Ps. 1963 (3. Aufl.); Metzinger, T. (Hg.): Bewußtsein. Beiträge aus der Gegenwartsphilosophie. Paderborn 1995; Neumann, O. u. Prinz, W.: Kognitive Antezedenzien von Willkürhandlungen. In: Heckhausen, H. u. a. (Hg.): Jenseits des Rubikon: Der Wille in den Humanwissenchaften. Berlin 1987, S. 195–215; Neumann, O.: An evaluation of three concepts of consciousness. Report Nr. 150, Research Group on Perception and Action at the center for interdisciplinary research. Bielefeld 1987; Neumann, O. u. Müsseler, J.: Visuelles Fokussieren: Das Wetterwart-Modell u. einige seiner Anwendungen. In: Meinecke, C. u. Kehrer, L. (Hg.): Bielefelder Beiträge zur Kognitionsps. Göttingen 1990, S. 77–109; Nisbett, R. E. u. Ross, L.: Human inference:

strategies and shortcomings of social judgement. Englewood Cliffs 1980; NISBETT, R. E. u. WILSON, T.: Telling more than we can know: verbal report on mental processes. PR 84, 1977, S. 231–259; NORRETRANDERS, T.: Spüre die Welt. Reinbek 1994; ORNSTEIN, R. E.: Multimind. Paderborn 1989; ORNSTEIN, R. E.: The evolution of consciousness. New York 1991; PENROSE, R.: Schatten des Geistes. Heidelberg 1995; PERRIG, W. J. u. a.: Unbewußte Informationsverarbeitung. Bern 1993; PONGRATZ, L. J.: Problemgeschichte der Ps. Bern 1967; POPE, K. S. u. SINGER, J. L. (Hg.): The stream of consciousness. New York 1978; PÖPPEL, E.: Grenzen des Bewußtseins. Stuttgart 1988 (2. Aufl.); PÖPPEL, E. (Hg.): Gehirn u. Bewußtsein. Weinheim 1989; PÖPPEL, E.: Eine neurops. Definition des Zustands »bewußt«. In: PÖPPEL (1989); PÖPPEL. E.: Lust u. Schmerz. Berlin 1993 (2. Aufl.); PÖPPEL, E. u. EDINGSHAUS, A.-L.: Geheimnisvoller Kosmos Gehirn. München 1994; PORT, K.: Die Enge des Bewußtseins. Eßlingen 1955; POSNER, M. I. u. MITCHELL, R. F.: Chronometric analysis of classification. PR 74, 1967, S. 392–409; POSNER, M. I.: Chronometric explorations of mind. Hillsdale 1978; ROTH, G.: Das Gehirn u. seine Wirklichkeit. Frankfurt/M. 1994; SANIDES, F.: Die Evolution des Säugetiergehirns u. das Bewußtsein. In: KLEMENT (1975), S. 123–157; SCHARFETTER, C.: Allg. Psychopathologie. Stuttgart 1976; SCHARFETTER, C.: Ich-Psychopathologie des schizophrenen Syndroms. N 53, 1982, S. 262–267; SCHARFETTER, C.: Schizophrene Menschen. München 1986; SCHURIG, V.: Die Entstehung des Bewußtseins. Frankfurt/M. 1976; SCHWARTZ, G. E. u. SHAPIRO, D. (Hg.): Consciousness and self-regulation, 1. Bd. New York 1976; SEARLE, J. R.: Geist, Gehirn, Wissenschaft. Frankfurt/M. 1986; SEIFERT, J.: Das Leib-Seele-Problem u. die gegenwärtige philosoph. Diskussion. Darmstadt 1989; SHALLICE, T.: Dual functions of consciousness. PR 79, 1972, S. 383–393; SHALLICE, T.: The dominant action system: an information-processing approach to consciousness. In: POPE, K. S. u. SINGER, J. L. (Hg.): The stream of consciousness. New York 1978, S. 117–157; SMITH, K. R.: Behaviour and conscious experience. A conceptual analysis. Athens 1969; STRAUB, H. u. THOLM, H. (Hg.): Bewußtseinsstörungen. Stuttgart 1961; THOMAE, H.: Bewußtsein u. Leben: Versuch einer Systematisierung des Bewußtseinsproblems. AfgP 105, 1940, S. 532–636; THOMAE, H.: Persönlichkeit, eine dynam. Interpretation. 1951; THORPE, W. H.: Animal nature and human nature. London 1974; UNDERWOOD, G. u. STEVENS, R. (Hg.): Aspects of consciousness, 1. Bd. New York 1979; UNDERWOOD, G. u. STEVENS, R. (Hg.): Aspects of consciousness, 2. Bd. New York 1981; WANN, T. W. (Hg.): Behaviourism and phenomenology. Chicago 1964; WERTH, R.: Bewußtsein. Berlin 1983; WILBER, K.: Die Entwicklung des Bewußtseins u. ihre Störungen. In: ZUNDEL, E. u. FITTKAU, B. (Hg.): Spirituelle Wege u. transpersonale Psychotherapie. Paderborn 1989, S. 481–545; WOLMAN, B. B. u. ULLMAN, M. (Hg.): Handbook of states of consciousness. New York 1986; ZUTT, J.: Was lernen wir aus den Bewußtseinsstörungen über das Bewußtsein? N 31, 1962, S. 483–489.

Bewusstseinseinengung → Bewusstsein.

Bewusstseinshelligkeit → Bewusstsein.

Bewusstseinsklarheit → Bewusstsein.

Bewusstseinslage → Metakognition; → Würzburger Schule.

Bewusstseinspsychologie. Der Begriff wird meist verwendet für die erste Periode der wissenschaftl. Ps., die sowohl eine → Elementenpsychologie als auch eine *B.* war, da sie näml. als Forschungsgegenstand der Ps. v. a. *bewusste* Phänomene akzeptierte, so dass unbewusste u. unanschaul. Phänomene weitgehend ausgeklammert wurden. Die B. ist also eine v. a. durch die Idee des → Sensualismus gekennzeichnete Ps., die annimmt, dass alle seel. Vorgänge sensuelle bzw. anschaul. Elemente enthalten; vgl. Pongratz (1967). Dieses sensualist. Axiom wurde von den Forschungen der → Würzburger Schule nicht bestätigt bzw. widerlegt. Die B. entwickelte experimentelle Methoden zur Analyse des Bewusstseins, v. a. seiner quantitativen Eigenschaften; s. hierzu das Stw. → Aufmerksamkeitsspanne. Ein weiteres Zentralkzpt. war das der → Apperzeption. Diese klass. B. hat von etwa 1850 bis gegen 1900 (nach Pongratz) die Ps. beherrscht.

◆ PONGRATZ, L. J.: Problemgeschichte der Ps. Bern 1967.

Bewusstseinsumfang → Aufmerksamkeitsspanne.

Beziehungsforschung → soziale Motivation.

Bezold-Abney-Phänomen → Bezold-Brücke-Phänomen.

Bezold-Brücke-Phänomen [auch *Bezold-Phänomen*, *Abney-Phänomen*, *Bezold-Abney-Phänomen*], die von v. Bezold, v. Brücke u. Abney beschriebene Abhängigkeit der Farben von der Helligkeit (bei Helladaptation u. fovealem Sehen): Bei Abnahme der Helligkeit breiten sich die Rot-, Grün- u. Violettgebiete über die benachbarten aus, z. B. wird das Gelb teils rötl., teils grünl. Umgekehrt werden bei einer Vergrößerung der Leuchtdichte u. gleichzeitiger Abnahme der Sättigung die rötl. u. grünl. Farbtöne zunehmend gelb, während die blaugrünen u. violetten zunehmend blau werden.

VD: Bei bestimmten Farben (bestimmte Blau-, Grün- u. Gelbtöne, sowie ein im Spektrum nicht vertretenes Rot) bleibt die Farbtonverschiebung aus (*Bezold-Brücke-Invarianten*). Die Farbtonverschiebung ist ferner von den geometr. Abmessungen des Sehfeldes abhängig, wb. eine Abnahme des Sehfeld-Durchmessers den gleichen Effekt bewirkt wie anwachsende Helligkeit. Damit hängt das Phänomen zusammen, dass eine → Assimilation statt eines → Kontrasteffekts erfolgt, wenn Farben nicht in großen, sondern in kleinen Bereichen benachbart sind; dann tritt also eine Art Farbmischung auf (bisweilen als *Bezoldscher Ausbreitungseffekt* bezeichnet; vgl. Falk u. a. 1990). Das B. impliziert eine größere Sichtbarkeit des Farbenpaares Rot-Grün im Zustand niedriger Lichtintensität u. ein Vorherrschen des Farbenpaares Gelb-Blau, wenn die Lichtintensität stark ist. Schwache Helligkeit bewirkt also, dass gelbe Feldanteile rötl. o. grün erscheinen; eine Aufhellung dagegen bewirkt ein Vorwiegen von Gelbtönen in Bezug auf Rot- u. Grünanteile, die gelbl. erscheinen, Blau-Grün u. Violett dagegen gehen in Blau über. Auch mit der Verkleinerung des Blickwinkels wird die Unterscheidung zw. Gelb u. Blau schwieriger als zw. Rot u. Grün: *Abney-Effekt* i. e. S.

◆ Boynton, R. M. u. Gordon, I.: Bezold-Brücke hue shift measured by colour-naming technique. JOSA 55, 1976, S. 78–86; Falk, D. S. u. a.: Ein Blick ins Licht. Berlin 1990; Purdy, T. M.: The Bezold-Brücke-Phenomenon and contours of constant hue. AJP 49, 1937, S. 313–315; van der Wildt, G. u. Bouman, A. M.: The dependence of the Bezold-Brücke hue shift on spatial intensity distribution. VR 8, 1968, S. 303–313.

Bezold-Phänomen → Bezold-Brücke-Phänomen.

Bezugspotential → physiologische Psychologie (Kasten psychophysiologische Methoden).

Bezugssystem → Bezugssystemtheorien.

Bezugssystemtheorien. Ein *Bezugssystem* ist ein Ordnungsrahmen zur Strukturierung der Wahrnehmung. Die grundlegende Annahme aller B. ist, dass Wahrnehmung in dem Sinne *relational* ist, dass die Wahrnehmung eines Einzelreizes immer von einem solchen Bezugssystem mitbestimmt wird. Dieses Bezugssystem wird einmal durch das gesamte aktuelle Reizfeld u. auch durch die Hintergrunderfahrungen mit ähnl. Stimuli bestimmt wenn ein Mensch z. B. Personen o. Tiere als *groß*, *schwer*, *schön* etc. bezeichnet, ist darin meist eine unbewusste Referenz auf einen solchen Orientierungsrahmen enthalten. Dies ist meist kein bewusster u. expliziter Vergleich, das Urteil ist also phänomenal gesehen ein → *absolutes* Urteil, v. a. bei → mnestisch stabilisierten Bezugssystemen, während es genet. u. strukturell gesehen *relational* ist. Eine der einfachsten Formen der Wirkungen eines Bezugssystems sind → Sequenzeffekte. Die B. versuchen, diese Kategorisierungsprozesse quantitativ zu explizieren. Ein wesentl. Kzpt. ist dabei das des *Adaptationsniveaus*: ein Bereich der Mitte, der Nullpunkt der subjektiven Skala, auf den sich alle Beurteilungen beziehen. Die → Adaptationsniveautheorie versucht mit diesem Zentralkzpt. eine Rekonzeptualisierung von klass. Aufgabenstellungen der → Psychophysik. Der einstmals weite Bezugssystem-Begriff hat sich innerhalb dieser quantitativen Ansätze zunehmend verengt, das Adaptationsniveau-Kzpt. ist weitgehend an seine Stelle getreten; zur Problematik vgl. Luchins u. Luchins (1963); Zoeke u. Sarris (1983). Neuere dt. Ansätze versuchen diese Reduzierung des Begriffs wieder aufzuheben.

Folgende Theorien lassen sich als *B.* fassen: Wiewohl die Grundidee des Bezugssystems innerhalb der → Gestalttheorie ausgearbeitet wurde, beinhaltet diese Theorie doch weitgehend *qualitative* Gedankengänge, so dass die Gestalttheorie meist nicht explizit zu den *B.* gerechnet wird. Der histor. bedeutsamste Versuch einer *quantitativen* B. ist die Adaptationsniveautheorie. V. a. aus den Anregungen dieser Theorie heraus hat sich die → Range-frequency-Theorie gebildet, des Weiteren die *Gummibandtheorie* (Volkmann 1951, s. hierzu die Stw. → Ankerreiz u. → Bereichsprinzip). Das *Learning-adaption-Modell* (Thomas 1974) u. das *Learned-reference-scale-Modell* (Johnson 1944ff.) behandeln die durch Lernprozesse vorgenommenen Verschiebungen der psychophysikal. Grenzen. Im Bereich der sozialps. Urteile angesiedelt ist die Theorie der *variablen Perspektiven* (vgl. Upshaw 1969). Im dt. Sprachraum gibt es folgende Forschungsansätze: Protagonist. war Wittes → *Äquidistanzmodell*, ein Ansatz, der die Gedächtnisfaktoren bei der psychophys. Urteilsbildung untersucht; in dieser Tradition steht auch Hellers *Orientierungstheorie* (1980). Die Dynamik- u. Kontextabhängigkeit des Bezugssystems steht im Mittelpunkt des v. a. an den Helsonsschen Ansatz anknüpfenden → *Ähnlichkeitsklassifikationsmodells* von Sarris; Geisslers *Eigenniveau-Modell* (1970) hebt ebenfalls zeitl. Adaptationseffekte hervor.

HI/WÜ: Die histor. Bedeutung der B. liegt darin, dass sie die klass. → Psychophysik durch die Einbeziehung von perzeptiv-kognitiven Prozessen erweitert haben, u. dass sie aus dieser Position heraus lerntheoret. Phänomene wie z. B. → Generalisation u. auch wahrnehmungsps. Phänomene wie z. B. → Kontrasteffekte in einer alternativen Art u. Weise interpretiert haben.

LIT: Zum Überblick vgl. Witte (1966); Haubensak (1985); Lauterbach u. Sarris (1980); zur Bedeutung der B. innerhalb des Bereichs der sozialen Urteilsbildung vgl. Upmeyer (1985); eine Extension u. Kritik der B. findet sich bei Mogel (1990); ein systemat. Vergleich aller B. ist Zoeke u. Sarris (1983); eine Darstellung des Spannungsfeldes zw. der klass. Psychophysik u. den B. ist Sarris u. Stolze (1980).

◆ Geissler, H.-G.: Eichgesetz u. Raumorientierung, 3 Bde. (Diss.) Berlin 1970; Haubensak, G.: Absolutes u. vergleichendes Urteil. Berlin 1985; Heller, O.: Orientierung innerhalb phänomenaler Steigerungsreihen. In: Lauterbach u. Sarris (1980); Johnson, D. M.: Generalization of a scale of value by averaging of practice effects. JExP 34, 1944, S. 425–436; Johnson, D. M.: Learning function for a change in the scale of judgement. JExP 39, 1949, S. 851–860; Lauterbach, W. u. Sarris, V. (Hg.): Beiträge zur ps. Bezugssystemforschung. Bern 1980; Luchins, A. S. u. Luchins, E. H.: The referent of the frame of reference. PRe 13, 1963, S. 293–304; Mogel, H.: Bezugssystem u. Erfahrungsorganisation. Göttingen 1990; Sarris, V.: Wahrnehmung u. Urteil. Göttingen 1971; Sarris, V. u. Stolze, G.: Theorien u. Experimente in der Psychophysik: Kontexteffekte, psychophysikal. Gesetze u. ps. Bezugssystem-Modelle. In: Lauterbach u. Sarris (1980), S. 236–270; Thomas, D. R. u. Jones, C. G.: Stimulus generalization as a function of a frame of reference.

JExP 64, 1962, S. 77–80; THOMAS, D. R.: The role of adaption-level in stimulus generalization. In: BOWER, G. H. (Hg.): The psychology of learning and motivation: Advances in research and theory. New York 1974; UPMEYER, A.: Soziale Urteilsbildung. Stuttgart 1985; UPSHAW, H. S.: The personal reference scale. In: BERKOWITZ, L. (Hg.): Advances in experimental social psychology, 4. Bd. New York 1969; VOLKMANN, J.: Scales of judgement and their implications for social psychology. In: ROHRER, J. H. u. SHERIF, M. (Hg.): Social psychology at the cross roads. New York 1951; WITTE, W.: Das Problem der Bezugssysteme. In: METZGER, W. (Hg.): Wahrnehmung u. Bewußtsein. HP, 1. Bd., 1. Hlb. Göttingen 1966, S. 1003–1027; ZOEKE, B.: Prä-experimentelle u. »experimentelle« Erfahrung. Tierexperimentelle Beiträge zum Problem der »mnest. Stabilisierung«. In: THOMAS, A. u. BRACKHANE, R. (Hg.): Wahrnehmen, Urteilen, Handeln. Bern 1980, S. 115–158; ZOEKE, B. u. SARRIS, V.: A comparison of »frame of reference« paradigms in human and animal psychophysics. In: GEISSLER, H. G. (Hg.): Modern issues in perception. Amsterdam 1983, S. 283–319.

Bezugsvorstellung → Wille.

Biases → kognitive Täuschungen und kognitive Heuristiken.

Bidwellsche Scheibe, eine Scheibe, die halb schwarz, halb weiß ist, mit einer Kerbe, durch die eine helle rote Lampe scheinen kann; wenn die Scheibe gegen den Uhrzeigersinn gedreht wird, sieht die rote Lampe rot aus, bei Drehung im Uhrzeigersinn aber grünlich. Dies ist ein Bsp. für die Wirkung von → negativen Nachbildern im Farbbereich.

◆ FALK, D. S. u. a.: Ein Blick ins Licht. Berlin 1990.

Big Al's Gesetz, eine Gegenposition zu der → Erkenntnis von Baruch: *Eine gute Lösung kann prakt. auf jedes Problem angewendet werden.*

◆ STÄDTLER, T.: Eine Lösung ist eine Lösung ist eine Lösung. In: STÄDTLER, T. (Hg.): Wo liegt das Problem? Göttingen 1992, S. 11–20.

Bikonditionalitätshypothese → propositionales Schlussfolgern.

Bilanzbogen-Modell, eine Theorie der → Entscheidung bzw. des → Konflikts (Janis 1959ff.), welche Entscheidungskonflikte in Form eines *Bilanzbogens* (engl. *balance sheet*) darstellt. Nach Janis (1959) lassen sich die Betrachtungen, die jeder Entscheidungskonflikt aufweist, nach folgenden Hauptkategorien zusammenfassen: (a) antizipierte Nutzensgewinne o. -verluste für den Betroffenen selbst; (b) Nutzen für bedeutsame andere Personen; (c) antizipierte Achtung o. Missbilligung von bedeutsamen anderen Personen; (d) antizipierte Selbstachtung o. -missbilligung. Bei den meisten bedeutenden Entscheidungen werden alle vier Aspekte relevant. Grundsätzl. wird der Entscheidungsprozess als Sequenz von fünf Stufen dargestellt: (a) Auffassen der Herausforderung; (b) Bewertung der Alternativen; (c) Auswahl der besten Alternative; (d) Bindung an die neue Strategie; (e) Festhalten an der neuen Strategie trotz negativer Rückmeldung. Das B. ist hauptsächl. auf Stufe (c) anwendbar, für die es eine Mikroanalyse der positiven u. negativen Gewichtungen der Vorentscheidung vorsieht.

LIT: Für eine zsfd. Darstellung vgl. Feger u. Sorembe (1983).

◆ FEGER, H. u. SOREMBE, V.: Konflikt u. Entscheidung. In: THOMAE, H. (Hg.): Theorien u. Formen der Motivation. EP, C, IV, 1. Bd. Göttingen 1983, S. 536–712; JANIS, I. L.: Decisional conflicts: a theoretical analysis. JCR 3, 1959, S. 6–27; JANIS, I. L.: A conflict-theory approach to attitude change and decision making. In: GREENWALD, A. G. u. a. (Hg.): Psychological foundations of attitudes. New York, 1968 S. 327–360.

Bilateraler Transfer → Transfer.

Bildanalyse → computer vision.

Bildeffekt → Bildüberlegenheitseffekt.

Bildgebende Verfahren → physiologische Psychologie (Kasten psychophysiologische Methoden)

Bildhaftes Denken → anschauliches Denken.

Bildhaftigkeit → verbales Lernen.

Bildhaftigkeitseffekt → Bildüberlegenheitseffekt.

Bildliche Repräsentation → Vorstellungsbild.

Bildprüfaufgaben → mentales Absuchen.

Bild-Retina-System → Bewegungssehen.

Bild-Satz-Vergleich → Satzverifikationsaufgabe.

Bildüberlegenheitseffekt [engl. *pictorial superiority effect* o. *picture effect*], die Tatsache, dass Bilder besser gemerkt werden können; außerdem sind sie gegen Vergessen resistenter u. können rascher abgerufen werden als Wörter; vgl. Shepard (1967) u. Paivio (1971); vgl. zsfd. Klimesch (1988) u. Madigan (1983).

Es gibt auch Bildvorteile bei Vergleichsurteilen o. anderen semant. Urteilsaufgaben, so wird z. B. bei mentalen Vergleichen die Beurteilung von Größenunterschieden schneller vollzogen, wenn Vergleichsobjekte in Bildform u. nicht in sprachl. Form vorgegeben sind; auch bei semant. Urteilsaufgaben (z. B. bei der Aufgabe, ob ein in Bildform o. in verbaler Form bezeichnetes Objekt einer bestimmten semant. Kategorie zugehört) sind B. belegt, u. zwar auch bei abstrakten Urteilsdimensionen wie z. B. *Intelligenz*. Bei *sequenziell* organisierten Reizabfolgen kann die serielle Wiedergabe von Wörtern besser sein als von Bildern. Allerdings können Wörter meist rascher als Bilder benannt werden: → Lese-Benennungs-Effekt (vgl. Potta u. Faulconer 1975).

TH: Nach Paivios → dualer Kodierungstheorie wird der B. aus dem Prinzip der *Koderedundanz* abgeleitet. Zur Weiterentwicklung u. zur Problematik dieses Ansatzes vgl. Engelkamp (1990), gem. dessen Theorie es die *konzeptbegründende* Funktion der nonverbalen – sensor. wie auch motor. – Repräsentation ist (im Gegensatz zu der bloßen Verweisfunktion auf Begriffe durch verbal-sensor. Repräsentationen), die diesem Effekt zugrunde liegt u. die die Grundlage für die Behaltensüberlegenheit von nonverbalen Erfahrungen allg. u. nicht nur von Bildern bildet.

VD/T: Die Terminologie ist nicht ganz eindeutig: Als *Bildeffekte* bzw. *Bildhaftigkeitseffekte* kann man alle diejenigen psych. Prozesse bezeichnen, die deutl. die Wirkung eines → Vorstellungsbildes manifestieren, bes. also den B. i. e. S., speziell auch den Konkretheitseffekt (s. u.), aber auch den → symbolischen Distanzeffekt u. die bei → mentalem Absuchen o. bei → mentalen Rotationen auftretenden Effekte; s. a. das Stw. → visuelles Gedächtnis. Man kann folgende Spezifikationen von Bildeffekten vornehmen: (a) Weitgehend syn., aber dennoch grundsätzl. abtrennbar ist der bisweilen als *Vorstellungseffekt* bezeichnete Sachverhalt, dass beim Merken von Substantiven die *Vorstellungsinstruktion*, d. h. die Instruktion, sich diese Wörter nicht rein lautl., sondern anhand von Vorstellungsbildern zu merken, einen positiven Beitrag zum Behalten leistet. (b) Es gibt einen *Konkretheitseffekt* dahingehend, dass nicht nur Bilder besser als Wörter erinnert werden, sondern *konkrete* Wörter besser als *abstrakte* Wörter. Die Idee eines *Konkretheitseffekts* ging aus der *Conceptual-peg-Hypothese* hervor, die speziell einen *Stimulus-Konkretheitseffekt* postuliert, dass näml. die Konkretheit des *Stimulus* bei Stimulus-Response-Verknüpfungen den Effekt der Variablen auf der *Response*-Seite übertrifft. Das höhere Gewicht des Stimulus wird darauf zurückgeführt, dass dem Stimulus die Funktion zukomme, beim Abruf der Response das vermittelnde Vorstellungsbild ins Bewusstsein zurückzurufen, von dem aus die geforderte verbale Response abgeleitet werden kann; der konkrete Stimulus wirke demgemäß nicht nur als *Aufhänger* (*peg*) bei der Speicherung der Paar-Relation, sondern sei auch eine sehr effiziente Abrufhilfe (*retrieval cue*). Die Klärung der Frage nach den Ursachen des Konkretheitseffekts ist schwierig, da mehrere Variablen eine Rolle spielen u. konfundiert werden können: neben der eigentl. Konkretheit v. a. Unterschiede in der *Vorstellbarkeit* u. *Prädikabilität* von Substantiven (Letzteres bezeichnet den Grad der Leichtigkeit, mit der sich zu einem Begriff Prädikate finden lassen, also Zuordnungen von der Art »Ein Apfel ist eine Frucht« u. »Er duftet« mögl. sind; damit ist also das Wissen um Objekte u. Situationen, auf die das Wort verweist, betroffen). (c) Darüber hinaus gibt es einen *Bizarrheitseffekt* (engl. *bizarreness-effect*); er besteht darin, dass bei freier Reproduktion eine Vorstellungsinstruktion für bizarre Sätze zu besseren Vhsleistungen führt als für normale Sätze; so wird der Satz »Der Junge wirft den Ball« schlechter behalten als der Satz »Das Huhn raucht eine Zigarette« (der cued recall führt eher zu besseren Leistungen für normale Sätze); vgl. Wollen u. Cox (1981); Wollen u. Margres (1987). (d) Ein ähnl. Effekt in diesem Zusammenhang ist der positive Effekt der *interaktiven Image-Bildung* zu Substantiven beim Paarassoziationslernen: Hierbei versuchen die Vpn, die Referenten der beiden Nomina in ein interaktives Szenario zu integrieren. Bspw. werden die Substantive *Huhn* u. *Zigarette* so in ein Vorstellungsbild integriert, dass ein Huhn vorgestellt wird, das eine Zigarette raucht. Zum Überblick vgl. Engelkamp (1990) u. Wippich (1980).

◆ Cattell, J. M.: The time it takes to see and name objects. M 11, 1886, S. 63–65; Engelkamp, J.: Das menschl. Gedächtnis. Göttingen 1990; Klimesch, W.: Struktur u. Aktivierung des Gedächtnisses. Bern 1988; Madigan, S.: Picture memory. In: Yuille, J. C. (Hg.): Imagery, memory and cognition. Hillsdale 1983; Paivio, A.: Mental imagery in associative learning and memory. PR 76, 1969, S. 241–263; Paivio, A.: Imagery and verbal processes. New York 1971; Potta, M. C. u. Faulconer, B. A.: Time to understand pictures and words. Nature 253, 1975, S. 437–438; Shepard, R. N.: Recognition memory of words, sentences and pictures. JVLVB 6, 1967, S. 156–163; Standing, L. u. a.: Perception and memory for pictures: Single trial learning of 2560 visual stimuli. PS 19, 1970, S. 73–74; Wippich, W.: Bildhaftigkeit u. Organisation. Darmstadt 1980; Wollen, K. A. u. Cox, S.: Sentence cueing and the effectiveness of bizarre imagery. JExP: HLM 7, 1981, S. 386–392; Wollen, K. A. u. Margres, M. G.: Bizarreness and the imagery multi process model. In: McDaniel, M. A. u. Pressley, M. (Hg.): Imagery and related mnemonic processes. New York 1987.

Bildverarbeitung → computer vision.

Bildverstehen → computer vision.

Bildwahrnehmung. Die Frage, wie Menschen das auf einem Bild Dargestellte kognitiv erfassen, ist eines der kleineren Paradigmen der → Kognitionspsychologie. Es existieren zwei Grundtheorien, vgl. Rosinski 1977): (a) eine Art Kommunikationstheorie der B. (z. B. Kepes 1944), die Bilder v. a. als Kommunikationsmedium für extra-piktoriale Information betrachtet; (b) die zweite Theorie hebt eher die Abbildfunktion hervor, sie wird auch als *Surrogat-Theorie* bezeichnet; Rosinski ordnet hierunter die Theorien von Gibson (1954; 1966) u. Hochberg (1962).

LIT: Vgl. zsfd. Rosinski, Keil u. Brosius (1985); Weidenmann (1988); s. a. das Stw. → computationale Wahrnehmungstheorien.

◆ Arnheim, R.: Kunst u. Sehen. Berlin 1978; Cratty, B. J.: Motor. Lernen u. Bewegungsvh. Frankfurt/M. 1975; Falk, D. S. u. a.: Ein Blick ins Licht. Berlin 1990; Gibson, J. J.: A theory of pictorial perception. AV Communication Review 1, 1954, S. 3–23; Gibson, J. J.: The senses considered as perceptual systems. Boston 1966; Hochberg, J.: The psychophysics of pictorial perception. Audio-Visual Communications Review 10, 1962, S. 22–54; Keil, W. u. Brosius, H.-B.: Explizite u. implizite Informationsverarbeitung im Kindesalter. Münster 1985; Kepes, G.: The language of vision. Chicago 1944; Pirenne, M. H.: Optics, painting, and photography. Cambridge 1970; Rosinski, R. R.: The development of visual perception. Santa Monica 1977; Shepard, R. N.: Einsichten u. Einblicke. Illusion u. Wahrnehmungskonflikte in Zeichnungen. Heidelberg 1991; Weidenmann, A.: Psych. Prozesse beim Verstehen von Bildern. Bern 1988.

Binäre Zeichenklassifikation [bisweilen auch *Zeichenklassifikation*;

engl. *character classification*], eine Weiterentwicklung der → Probezifferaufgabe, eine → Erkennungsaufgabe, vgl. Prinz (1983), die vom Beobachter eine Leistung vom Typ des *Prüfens* verlangt: einzelne Reize, meist Buchstaben o. Ziffern, sind vom Beobachter daraufhin zu überprüfen, ob sie zu einem zuvor verabredeten krit. Satz von Zeichen gehören (*positive set* o. einfach *memory set*). Der krit. Zeichensatz kann konstant bleiben o. wechseln (*fixed* bzw. *varied set procedure*).

VD: Sternberg (1956ff.) benutzte z. B. die Ziffern 0 bis 9 als Stimuli u. teilte eine, zwei o. vier von ihnen der »Ja«-Kategorie zu u. den Rest der »Nein«-Kategorie. Es ergab sich folgendes Ergebnis: Die durchschnittl. Entscheidungszeit nahm um 35 bis 40 msec. für jede zusätzl. der kleineren (Ja- Gruppe) zugeteilte Ziffer zu. Sternberg folgerte daraus, dass es einen inneren Prozess eines seriellen Vergleichs gäbe, dessen Durchschnittsgeschwindigkeit zw. 25 u. 30 Symbolen pro Sekunde liegt, also ca. 25 msec. pro Item. Sternberg betrachtet diese durch ein zusätzl. vorgegebenes Item entstandene Zunahme der Entscheidungszeit als Maß für das Suchtempo im → Kurzzeitgedächtnis; Weiteres s. die Stw. → Gedächtnisabsuche, → kognitive Stufen u. → Additive-Faktoren-Methode.

LIT: Zu method. Problemen vgl. Prinz (1972) u. Pachella (1974).

◆ Nickerson, R. S.: Binary classification reaction time: a review on some studies of human information-processing capabilities. PMSu 4, 1972, S. 275–318; Pachella, R. E.: The interpretation of reaction time in information-processing research. In: Kantowitz, B. H. (Hg.): Human information processing: tutorials in performance and cognition. Hillsdale 1974, S. 41–82; Prinz, W.: Reaktionszeitfraktionierung durch Varianzanalyse? AfP 24, 1972, S. 240–252; Prinz, W.: Wahrnehmung u. Tätigkeitssteuerung. Berlin 1983; Sternberg, S.: High-speed scanning in human memory. Science 153, 1956, S. 652–654; Sternberg, S.: Memory-scanning: mental processes revieled by reaction-time experiments. AmS 57, 1969, S. 421–457.

Binaurale Lautheitssummation → Hören.

Bindung → Bindungsverhalten.

Bindungsgefühl → Bindungsverhalten.

Bindungsproblem (engl. *binding problem*), ein grundlegendes Problem der → Wahrnehmung bzw. des → Erkennens: Unser Gehirn zeichnet die äußere Welt nicht einfach in Form eines dreidimensionalen Fotos auf, es konstruiert vielmehr eine Repräsentation interner physikal. Ereignisse, nachdem es diese in ihre einzelnen Komponenten zerlegt hat; diese einzelnen Merkmale, wie z. B. Form, Farbe, Orientierung, Größe, Distanz, werden in getrennten Bahnen aufgenommen u. weitergeleitet u. in getrennten Hirnarealen analysiert, bevor schließl. wieder ein integratives Bild zusammengestellt wird. Wie diese Re-Konstruktion abläuft, wie also die Einzelfaktoren wieder miteinander *verbunden* werden, ist eines der Grundprobleme der kognitiven Neurowissenschaft; s. hierzu v. a. das Stw. → feature integration theory.

Bindungstheorie → Bindungsverhalten.

Bindungstrieb → Bindungsverhalten; → soziale Motivation.

Bindungsverhalten. B. meint solche Realisationen → sozialer Motivation, die enge u. intime Beziehungen anstreben bzw. konstituieren, v. a. Partnerschaftsbeziehungen (→ Liebe) u. die Beziehung zw. Eltern u. Kindern, speziell zw. Säugling u. Mutter. In Maslows Bedürfnishierarchie ist *Bindung* die nach Verwirklichung der physiolog. Grundstrebungen entstehende Motivation, die nächste Stufe auf dem Weg zur *Selbstachtung* u. *Selbstverwirklichung* (Maslow 1954). Der frühkindliche Autismus lässt sich als eine Störung des B. verstehen; vgl. Innerhofer u. Klicpera (1988).

TH: Eine der wichtigsten Theorien zum B. ist die *Bindungstheorie* von J. Bowlby (1951ff.), eine Integration von psa. u. etholog. Ideen: (a) Bowlby postuliert ein *primäres Bindungssystem*: Bindungsvh. ist eine Motivation »an sich« – im Gegensatz zur Annahme der von Bowlby *Sekundärtrieb-Theorien* genannten Modelle, für die die Bindung zw. Mutter u. Kind deswegen zustande kommt, weil die Mutter dem Kind die Ermöglichung von Triebbefriedigungen biete. (b) Dieses angeborene B. beinhaltet Verhaltenskomponenten wie Saugen, Anklammern, Hautkontakt suchen, auch die Fähigkeit, sich besänftigen zu lassen, die Bereitschaft, auf Objekte mit bestimmten Merkmalen zu reagieren, sowie universelle Kommunikationssignale wie Weinen u. → Lächeln. (c) Störungen dieses B., v. a. eine *soziale Deprivation*, führen zu Deprivationssyndromen, wie sie schon früher innerhalb der Psychiatrie u. klin. Ps. beschrieben worden sind: die *anaklit. Depression* (Spitz 1945; vgl. 1967), ein Hospitalismussyndrom, das sich durch eine allg. kognitive u. emotionale Retardation manifestiert, die in schweren Fällen bis zum Tode führen kann. Bowlby thematisiert dabei bes. die Bedeutung (häufiger) kurzfristiger Trennungen von der Mutter; vgl. Robertson (1958). Auch späteres dissoziales Vh. sowie bes. Schwierigkeiten bei der Ausbildung stabiler emotionaler Bindungen im Erwachsenenalter haben, gem. diesem Ansatz, ihre Grundlagen in frühen Deprivationserfahrungen. Als die empfindlichste Zeit wird die Spanne zw. dem siebten u. achten Lebensmonat u. dem dritten u. vierten Lebensjahr angegeben. Weiterentwickelt wurde die Bindungstheorie durch Arbeiten von Mary Ainsworth (vgl. Ainsworth u. Bell 1974), in denen das Bindungsthema der empir. Forschung zugängl. gemacht worden ist; sie hat v. a. die Methode der »fremden Situation« entwickelt, mit der sie die unterschiedl. Qualität der Bindung von Kindern an ihre Mütter erfasst. Als entscheidende Einflussgröße wird diese Bindungsqualität für die Feinfühligkeit der Mutter gesehen, subtile Signale ihres Säuglings wahrzunehmen u. darauf einzugehen. Im dt. Sprachraum ist dieser Ansatz von der Arbeitsgruppe um Großmann aufgegriffen worden; vgl. Großmann u. a. (1989).

HI/WÜ: Das Forschungsparadigma *Bindungstheorie* u. B. ist eines der wichtigsten u. interessantesten Forschungsgebiete der modernen Ps., nur hier konnte die von der Laienps. u. der Psa. als quasi selbstverständl. postulierte Wirkung der frühen Kindheit empir. u. theoret. fundiert werden; vgl. Großmann (1987ff.). Auch war dieses Paradigma ein »Ort«, wo akadem. Ps., Ethologie u. Psa. in fruchtbarer Weise interagierten; vgl. hierzu Dornes (1993). Die bindungstheoret. Ansätze haben auch große Bedeutung innerhalb der klin. Ps. erlangt – das von der Psa. postulierte Phänomen einer erot.-sexuellen Bindung zw. Kind u. Eltern speziell zw. Sohn/Mutter (→ Ödipuskomplex) erscheint allerdings im Lichte moderner etholog. Forschung als eher unwahrscheinl. u. nicht existent. V. a. Lichtenberg (1989) hat eine Integration der bowlbyschen Bindungstheorie u. der psa. Selbstps. versucht.

KR: Die moderne Forschung hat zahlreiche Postulate der Bindungstheorie realativiert, v. a. das einer einfachen Kausalrelation zw. Mutterdeprivation u. psychopatholog. Entwicklung: Trennungserlebnisse erscheinen sehr unterschiedl. verarbeitet werden zu können, wesentlicher als die zeitweilige Trennung scheint eine gestörte Familienbeziehung insges. zu sein, insbes. wenn ein Elternteil fehlt (Feger 1969). Ungeklärt ist bislang, ob die Trennung von der Mutter o. vom Vater schwerwiegender ist. Speziell zur Kritik der spitzschen Theorien vgl. Rutter (1972) – hieraus hat sich die Entwicklung einer eigenen *Säuglingspsychiatrie* ergeben; vgl. Rexford u. a. (1976). Strittig ist auch, inwieweit die negativen Folgen der Mutterentbehrung nicht in erster Linie auf den Entzug des affektiven Austausches, sondern auf den Wegfall sensor. Stimulation zurückzuführen ist; vgl. zum Überblick Moog u. Moog (1979).

VD: Ebenfalls das Thema B. thematisierten histor. wichtige, aus der Tradition der Lerntheorie u. der vergleichenden Ps. stammende Analysen von Harlow (1958ff.). Seine Untersuchungen liefern in faszinierend einfachen, grausamen u. naturwissenschaftl. orientierten Versuchen tiefe Hinweise auf »das Wesen der Liebe« (Harlow 1958): Affenbabys wurden von ihren natürl. Müttern getrennt u. es wurden ihnen systemat. »Ersatzmütter« zugestellt, deren Aufbau variiert worden ist: (a) Drahtgestelle; (b) Drahtgestelle mit Frottee verkleidet; (c) Draht u. Frottee mit unterschiedl. Temperaturen. Ergebnis: In allen Fällen zeigten sich Entwicklungsstörungen, die aber durch eine Aufzucht mit Gleichaltrigen weitgehend vermieden werden konnten. Weiterhin: die einfachen Drahtmodelle, selbst wenn das Kind o. das Affenbaby aus ihnen Nahrung entnehmen konnte, wurden niemals dem Frottee-Ersatz vorgezogen u. führten zu einer gestörten Entwicklung. Harlow hebt die Bedeutung dessen, was er *contact comfort* nannte, hervor: Die Affenbabys gingen zwar, wenn sie Hunger hatten, zur Milch spendenden »Drahtmutter«, aber an die »Frotteemutter« wandten sie sich, wenn sie des Trostes u. der Sicherheit bedurften. Die Affenbabys wurden des Weiteren stärker von einem bewegl. als von einem feststehenden Ersatz angezogen u. Wärme ist in den ersten 15 Tagen so wichtig, dass sie einen erhitzten Ersatz aus Draht einem Ersatz aus Frottee, der nur Raumtemperatur aufweist, vorziehen, was sich nach 15 Tagen umkehrt. Die Abb. *Emotion 4* zeigt ein Foto aus einem Experiment von Harlow (1958): ein neugeborenes Äffchen, das Milch nur von einer künstl. Draht-Mutter bekommt, konzentriert sich dennoch auf seine (mit Stoff überzogene) »Haut-Mutter«.

Abb. *Emotion 4*

LIT: Zum Bindungsgefühl vgl. Großmann (1983); zu einem Überblick über die biolog. Grundlagen des Sozialverhaltens vgl. Grammer (1988); speziell für etholog. Aspekte vgl. Parkes u. Stevenson-Hinde (1981); zu den biolog. Grundlagen des Paarvhs. vgl. Maiwald u. Schreiber (1991); ein Band mit umfassenden Aufsätzen, Stellungnahmen u. Zusammenfassungen zur Bindungstheorie ist Spangler u. Zimmermann (1995); zu Bindungsprozessen zw. Erwachsenen vgl. Ainsworth (1989); Sperling (1994); Parkes u. a. (1991); West u. Sheldon-Keller (1994); zum Überblick über 20 Jahre Bindungsforschung von Klaus u. Karin Grossmann in Bielefeld u. Regensburg vgl. Spangler u. Grossmann (1995); zum Verhältnis von Bindungstheorie u. Psa. vgl. Köhler (1995) u. Main (1994); eine Würdigung des Werks u. der Person John Bowlbys ist Grossmann (1990); zum Verhältnis von Psa., Bindungstheorie u. genetischer Epistemologie vgl. Leon (1984).

◆ Ahrens, M. u. a. (Hg.): Attraktion u. Liebe. Göttingen 1991; Ainsworth, M. D.: Attachment beyond infancy. AmP 44, 1989, S. 709–716; Ainsworth, M. D. S. u. Bell, S. M.: Mother-infant interaction and development of competence. In: Connolly, K. u. Bruner, J. S. (Hg.): The growth of competence. London 1974, S. 97–118; Anderson, R. E.: Where's Dad? Archives of General Psychiatry. 18, 1968, S. 641–649; Bowlby, J.: Maternal care and mental help. Genf 1951 (dt.: Mütterl. Zuwendung u. geistige Gesundheit. München 1973); Bowlby, J.: Attachment and loss, 1. Bd.: Attachment. New York 1969 (dt.: Bindung. München 1975); Bowlby, J.: Attachment and loss, 2. Bd.: Separation: anxiety and anger. New York 1973 (dt.: Trennung. München 1976); Bowlby, J.: The making and breaking of affectional bonds. London 1979 (dt.: Das Glück u. die Trauer. Stuttgart 1982); Bowlby, J.: Attachment and loss, 3. Bd.: Loss, sadness and depression. New York 1980 (dt.: Verlust. München 1983); Dornes, M.: Der kompetente Säugling. Frankfurt/M. 1993; Feger, G.: Die unvollständige Familie und ihr Einfluß auf die Jugendkriminalität. Stuttgart 1969; Grammer, K.: Biolog. Grundlagen des Sozialvhs. Darmstadt 1988; Grossmann, K. E. (Hg.): Entwicklung der Lernfähigkeit. München 1977; Grossmann, K.: Bindungsgefühl. In: Euler, H. A. u. Mandl, H. (Hg.):

Emotionsps. München 1983, S. 168–177; GROSSMANN, K. E.: Die natürl. Grundlagen zwischenmenschl. Bindungen. Anthropolog. u. biolog. Überlegungen. In: NIEMETZ, C. (Hg.): Erbe u. Umwelt. Frankfurt/M. 1987, S. 200–235; GROSSMANN, K. E. u. a.: Die Bindungstheorie: Modell u. entwicklungsps. Forschung. In: KELLER, H. (Hg.): Handbuch der Kleinkindforschung. Berlin 1989, S. 31–55; GROSSMANN, K. E.: Laudatio für John Bowlby. ZEPP 22, 1990, S. 166–174; GROSSMANN, K. E. u. GROSSMANN, K.: Phylogenet. u. ontogenet. Aspekte der Entwicklung der Eltern-Kind-Bindung u. der kindl. Sachkompetenz. ZEPP 18, 1986, S. 287–315; GROSSMANN, K. E. u. GROSSMANN, K.: The mother-child relationship. GJP 5, 1981, S. 237–252; GROSSMANN, K. E.: Die Entwicklung von Beziehungsmustern in der frühen Kindheit. In: LÜER, G. (Hg.): Bericht über den 33. Kongr. d. Dt. Ges. f. Ps. in Mainz 1982. Göttingen 1983, S. 543–550; GROSSMANN, K. E.: Die natürl. Grundlagen zw.-menschl. Bindungen. In: NIEMITZ, C. (Hg.): Erbe u. Umwelt – zur Natur von Anlage u. Selbstbestimmung des Menschen. Frankfurt/M. 1987, S. 200–235; GROSSMANN, K. E.: Die natürl. Grundlagen zwischenmenschl. Bindungen. In: NIEMETZ, C. (Hg.): Erbe u. Umwelt – zur Natur von Anlage u. Selbstbestimmung des Menschen. Frankfurt/M. 1987, S. 200–235; GROSSMANN, K. E.: Die Qualität der Beziehung zw. Eltern u. Kind. Grundlagen einer psych. gesunden Entwicklung. Praxis für Psychotherapie u. Psychosomatik 30, 1985, S. 44–54; HARLOW, H. F.: Syndromes resulting from maternal deprivation. Maternal and peer affectional deprivation in primates. In: CULLEN, J. H. (Hg.): Experimental behaviour: a basis for the study of mental disturbances. New York 1974; HARLOW, H. F.: The nature of love. AmP 13, 1958, S. 673ff.; IMMELMANN, K. (Hg.): Verhaltensentwicklung bei Mensch und Tier. Berlin 1982; INNERHOFER, P. u. KLICPERA, C.: Die Welt des frühkindl. Autismus. München 1988; KÖHLER, L.: Bindungsforschung u. Bindungstheorie aus der Sicht der Psa. In: SPANGLER u. ZIMMERMANN (1995) S. 67–85; LEON, I.: Psychoanalysis, Piaget, and attachment. IRPsa 11, 1984, S. 255–278; LICHTENBERG, J.: Psychoanalysis and motivation. Hillsdale 1989; MAIN, M.: Discours, prediction, and recent studies in attachment: implications for psychoanalysis. In: SHAPIRO, T. u. EMDE, R. (Hg.): Research in psychoanalysis. (Supplement to Journal of the American Psychoanalytic Association 41). Madison 1994, S. 209–244; MAIN, M.: The »ultimate« causation of some infant attachment phenomena: Further answers, further phenomena and further questions. BBS 2, 1979, S. 640–643; MAIWALD, M. u. SCHREIBER, A.: Die biolog. Grundlagen von Paarverhalten: eine Übersicht biops. Grundlagen. In: AMELANG u. a. (1991) S. 1–60; MASLOW, A. H.: Motivation and personality. New York 1954; MOOG, W. u. MOOG, S.: Die entwicklungsps. Bedeutung von Umweltbedingungen im Säuglings- u. Kleinkindalter. Neuere ps. Beiträge zur Deprivationsforschung. Berlin 1979; MURRAY, H. A.: Explorations and personality. New York 1938; NISSEN, G.: Frühe Deprivationssyndrome. In: KISKER, K. P. u. a. (Hg.): Psychiatrie der Gegenwart, 3. Bd., S. 29–57; PARKES, C. M. u. STEVENSON-HINDE, J. (Hg.): The place of attachment in human behaviour. London 1981; PARKES, C. M. u. a. (Hg.): Attachment across the life cycle. London 1991; REXFORD, E. u. a.: Infant psychiatry: the new synthesis. New Haven 1976; ROBERTSON, J.: Young children in hospital. London 1958; Rutter, M.: Maternal deprivation reassessed. Harmondsworth 1972; SPANGLER, G. u. GROSSMANN, K.: 20 Jahre Bindungsforschung in Bielefeld u. Regensburg. In: SPANGLER u. ZIMMERMANN (1995) S. 50–63; SPANGLER, G. u. ZIMMERMANN, P. (Hg.): Die Bindungstheorie. Grundlagen, Forschung u. Anwendung. Stuttgart 1995; SPERLING, M. B.: Attachment in adults: Clinical and developmental perspectives. New York 1994; SPITZ, R. A.: Vom Säugling zum Kleinkind. Stuttgart 1967; WEST, M. L. u. SHELDON-KELLER, A. E.: Patterns of relating: An adult attachment perspective. New York 1994.

Binnenkontrast → Kontrastefekte.

Binoculare Disparation → Stereopsis.

Binoculare Disparität → Stereopsis.

Binoculare Fusion → Stereopsis.

Binoculares Deckfeld → Sehen.

Binoculares Tiefensehen → Tiefensehen.

Binoculare Tiefencues → Tiefensehen.

Binocularparallaxe → Stereopsis.

Biofeedback → Physiologische Psychologie (Kasten »zentrale Begriffe und Paradigmen«).

Biologische Bereitschaft → preparedness.

Biosignale → physiologische Psychologie (Kasten psychophysiologische Methoden).

Bisektion → Partitionsmethoden.

Bisymmetrie → Partitionsmethoden.

Bit → informationstheoretische Psychologie.

Bizarrheitseffekt → Bildüberlegenheitseffekt.

Blackboard-Architektur → Informationsverarbeitungstheorien.

Black-Box-Modell → Behaviourismus; → S-R-Theorien.

Bleistiftlabyrinth → Lernlabyrinth; → Bewegung.

Blickfixierung → Blickkommunikation.

Blickkommunikation. Blickaustausch, Blickkontakt, visuelle Interaktion u. Augenkommunikation sind Themen des Forschungsgebietes der → nonverbalen Kommunikation bzw. → Ausdruckspsychologie. Ebenso wie der → Gesichtsausdruck allg. liegt die B. in einem Bereich zw. onto- u. phylogenet. Determiniertheit u. kultureller Konventionalität. Es konnte z. B. gezeigt werden, dass Testpersonen in Augenbildern, isoliert vom sonstigen Gesicht, mit relativ großer Zuverlässigkeit die folgenden Emotionen erkennen können: Freude, Überraschung, Verärgerung, angenehme Überraschung, Verärgerung mit einem Gefühl des Vergnügens u. Überraschung mit Verärgerung. Untersuchungen von Ekman u. Friesen (1975) zeigen ähnl. Ergebnisse hinsichtl. der Grundemotionen Überraschung, Furcht, Abscheu, Verärgerung, Freude u. Trauer. Wahrscheinlich können schon Säuglinge unterscheiden, ob der Affektausdruck auf dem Gesicht ihrer Mütter echt o. gestellt ist; in letzterem Falle scheinen sie dazu zu neigen, den Blickkontakt zu vermeiden; vgl. hierzu Caparotta (1989). Den Abbruch von Blickkontakt beschreibt Eibl-Eibesfeldt (1982) bei Menschen verschiedenster Kulturzugehörigkeit, selbst bei blindgeborenen Kindern; auch den sog. *Augengruss*, der durch ein schnelles Brauenheben gekennzeichnet ist, weist er kulturübergreifend nach; Abb. *Ausdruck 1*

Abb. *Ausdruck 1*

zeigt Bsp. für den Augengruss (Fotos von Eibl-Eibesfeldt). B. lässt sich auf drei Dimensionen beschreiben: Häufigkeit, Dauer u. Modus des Blickvhs. Phylogenet. erweist sich die *Blickfixierung*, das Anstarren bei verschiedenen Tierarten, als ein Signal des Drohens u. Mittel zur Etablierung u. Stärkung von Dominanzhierarchien in der Gruppe; vgl. Argyle u. Cook (1976). In ihrer *affiliativen Konflikttheorie* postulieren Argyle u. Dean (1965), dass bei Zunahme des Blickkontaktes die Distanz wächst; zur Problematik dieser Annahme vgl. Scherer u. Wallbott (1979). Im Motiv des »bösen Blicks« ist die negative Konnotation des Anstarrens in vielen Kulturen verbreitet. Auf Korrelationen zw. Blick- u. Dominanzvh. in menschl. u. animal. Vh. weist auch Exline (1974) hin; über ontogenet. Nachweise von Universalien des Blickvhs. berichten Jaffe u. a. (1973). Neben Ähnlichkeiten im Blickvh. finden sich auch kulturspezif. Differenzen in der Zulässigkeit u. Häufigkeit von Blickkontakten (Argyle u. Cook 1976); dabei bestehen Korrelationen zw. der Häufigkeit von Blickkontakten u. Faktoren der → Proxemik. Auch hinsichtl. des Geschlechts u. der Persönlichkeitsmerkmale sind signifikante Unterschiede in der B. festgestellt worden. Neben den steuerbaren Formen des Blickvhs., Anblicken u. Nicht-Anblicken, können die unbewussten Pupillenreaktionen (Hess u. Petrovich 1978) einen Ausdruckswert haben. Kommunikativfunktionen der Augen- u. Lidbewegungen sind noch wenig erforscht; vgl. Ehlich u. Rehbein (1982). Bewegungen der Augenbrauen werden zumeist als Teil des → Gesichtsausdrucks beschrieben.

LIT: Zu emotionsps. Aspekten vgl. Rost (1990); zur Bedeutung beim Flirtvh. vgl. Bossi (1995), darin auch eine ausführl. Darstellung der theoret. u. empir. Ansätze zum B. Zu phänomenolog. Analysen über das Blickvh. als Teil einer Mimik u. als Ausdruck von Persönlichkeitsmerkmalen vgl. Lersch (1932); Leonhard (1976); Henley (1977).

◆ ARGYLE, M. u. COOK, M.: Gaze and mutual gaze. Cambridge 1976; ARGYLE, M. u. DEAN, J.: Eye contact distance and affiliation. In: LAVER, J. u. HUTCHESON, S. (Hg.): Communication in face to face interaction. Harmondsworth 1965, S. 301–316; BOSSI, J.: Augen-Blicke. Bern 1995; CAPAROTTA, L.: Some thoughts about the function of gaze avoidance in early infancy: a mother-baby observation. Psychoanalytic Psychotherapy 4, 1989, S. 23-30; EHLICH, K. u. REHBEIN, J.: Augenkommunikation. Amsterdam 1982; EIBL-EIBESFELDT, I.: Liebe u. Haß. Zur Naturgeschichte elementarer Vhsweisen. München 1982; EKMAN, P. u. FRIESEN, W. V.: Unmasking the face. Englewood Cliffs 1975; ELLGRING, J. H.: Blickvh. u. Sprechaktivität. Marburg 1975; EXLINE, R. V.: Visual interaction: The glances of power and preference. In: Weitz, S. (Hg.): Nonverbal communication. New York 1974, S. 65–92; GAENSBAUER, T. u. HIATT, S.: Facial communication of emotion in early infancy. In: FOX, N. u. DAVIDSON, R. (Hg.): The psychobiology of affective development. Hillsdale 1984, S. 207–229; HENLEY, N. M.: Body politics. Englewood Cliffs 1977; HESS, E. u. PETROVICH, S. B.: Pupillary behaviour in communication. In: SIEGMAN, A. W. u. FELDSTEIN, S. (Hg.): Nonverbal behaviour in communication. New York 1978, S. 159–179; JAFFE, J. u. a.: »Conversational« coupling of gaze behaviour in prelinguistic human development. Journal of Psycholinguistic Research. 2, 1973, S. 321–329; LEONHARD, K.: Der menschl. Ausdruck in Mimik, Gestik u. Phonetik. Leipzig 1976; LERSCH, P.: Gesicht u. Seele. München 1932; NÖTH, W.: Handbuch der Semiotik. Stuttgart 1985; ROST, W.: Emotionen: Elixiere des Lebens. Berlin 1990; SCHERER, K. R. u. WALLBOTT, H. G. (Hg.): Nonverbale Kommunikation. Weinheim 1979; SCHOETZAU, A. u. PAPOUSEK, H.: Mütterl. Vh. bei der Aufnahme von Blickkontakt mit dem Neugeborenen. ZEPP 9, 1977, S. 231–239.

Blickkontakt → Blickkommunikation.

Blicksprünge → Augenbewegungen.

Blinder Fleck → Sehen.

Blindsehen → Wahrnehmung; → visuomotorische Koordination; → Unbewusstes.

Blitzlichterinnerung → autobiographisches Gedächtnis.

Blob-Kanal → Sehen.

Blochsches Gesetz → Sehen.

Blockgrößeneffekt → massiertes vs. verteiltes Üben.

Blockierung, ein Phänomen, das unter bestimmten Bedingungen bei Prozessen der → Konditionierung auftritt. Es wird ein Stimulus-Kompound (→ compound conditioning) dargeboten, jedoch nicht simultan, sondern sequenziell: Ein Reiz, z. B. ein Ton, wird in einer separaten Versuchsphase vortrainiert, d. h. einzeln verstärkt, bevor er zusammen mit einem anderen, nicht vortrainierten Reiz, z. B. einem Licht, als CS fungiert; beide Reize unterscheiden sich also hinsichtl. ihrer Lerngeschichte. Werden dann in einer zweiten Versuchsphase beide Reize gleichzeitig verstärkt u. anschließend bezüglich ihrer Verstärkungswirkung getrennt geprüft, zeigt sich häufig, dass auf den zweiten Reiz das Vh. nicht gezeigt wird, es also nicht konditioniert, sondern *blockiert* wird. Ein ähnl. Phänomen ist → overshadowing, der kleine Unterschied besteht darin, dass bei Letzterem die Reize gleichzeitig dargeboten werden, bei B. dagegen sequenziell. B.-Effekte sind leichter zu erzeugen als overshadowing.

TH: (a) Das B.-Kzpt. geht auf Kamin (1969) zurück. Er interpretiert den Effekt dahingehend, dass ein Stimulus, der aufgrund eines Vortrainings den Verstärker valide vorhersagt, die Konditionierung anderer Reize, mit denen er zusammen dargeboten wird, *blockiert* – der Organismus sehe näml. diese zusätzl. Reize als redundant an u. fasse sie nicht als Prädiktor für das Auftreten des US auf. Blockierungsexperimente machen also deutl., dass der Informationsgehalt u. nicht die Anzahl der Paarungen entscheidend für die Stärke der Konditionierung ist. Insofern ist B. ein Beleg für die modernen → kognitiven Lerntheorien u. die Interaktion von → klassischer u. → operanter Konditionierung. (b) Eine wichtige Theorie in diesem Zusammenhang ist das Modell von Rescorla u. Wagner (1972), das präzise Aussagen darüber macht, ob ein Reiz ein »guter Reiz« für Konditionierungsprozesse ist u. von welchen Bedingungen die Effektivität von Verstärkung abhängt. Es beinhaltet als Kerngedanken eine *assoziative Konkurrenz*, d. h., dass ein Verstärker nur eine bestimmte Kapazität einer Konditionierung vertragen kann; insoweit diese Kapazität einem bestimmten Stimulus zugewachsen ist, können andere Stimuli nicht mehr durch diesen Verstärker konditioniert werden.

VD: (1) Details zur experimentellen Methodik: Man benutzt eine Versuchsgruppe u. eine Kontrollgruppe. In der Phase I lernen die Vpn beider Gruppen eine konditionierte Reaktion – in der »Blockierungsgruppe« bspw. auf einen Ton, in der Kontrollgruppe auf einen Summer. In der Phase II wird beiden Gruppen ein Ton u. ein Lichtreiz geboten, gefolgt von einem Schock. Der Lichtreiz liefert der Gruppe mit der Blockierungsbedingung keine neue Information, wird folgl. ignoriert. Die Vpn der Kontrollgruppe jedoch lernen eine neue Konditionierung auf *Ton + Lichtreiz*. In Phase III, in der nur der Lichtreiz dargeboten wird, reagieren die Vpn aus der Blockierungsgruppe nur schwach, was zeigt, dass in Phase II keine Assoziation zw. Licht u. Schock gebildet wurde. Die Kontrollgruppe jedoch zeigt starke Reaktionen, was auf die Existenz einer konditionierten Assoziation hinweist; s. Abb. *Lernen 11* (aus Zimbardo 1992).

(2) Zum Vergleich von B. → Konditionierung zweiter Ordnung u. → sensori-

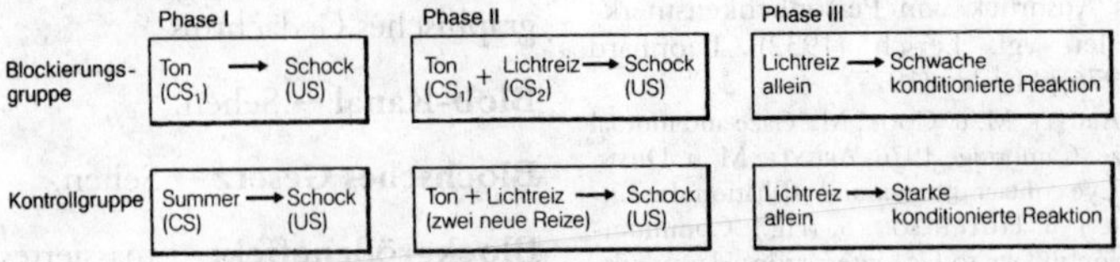

Abb. *Lernen 11*

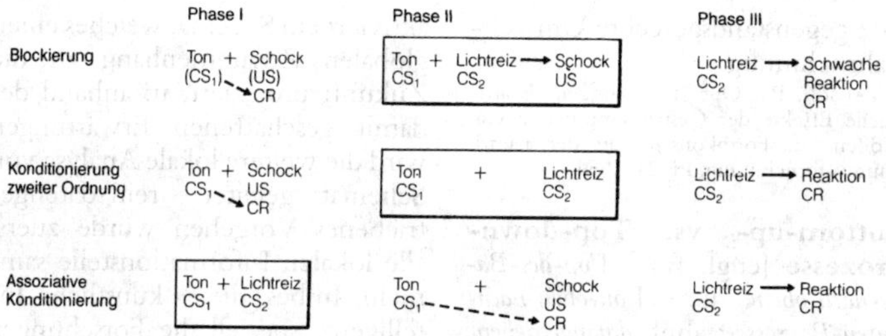

Abb. *Lernen 12*

scher Vorkonditionierung: (a) Werden zwei Reize mit einem Schock gepaart, *nachdem* bereits einer von beiden mit einem Elektroschock gepaart wurde: daraus resultiert B. des anderen. (b) Werden zwei Reize ohne Schock gepaart, *nachdem* einer von beiden mit einem Schock gepaart wurde: *Konditionierung zweiter Ordnung*. (c) Zwei Reize werden ohne Schock gepaart, *bevor* ein Reiz mit dem Schock gepaart wird: *sensor. Präkonditionierung* des zweiten Reizes. Bei der Konditionierung zweiter Ordnung ist der zweite CS ein Signal für den ersten CS (der zuvor mit dem US gepaart wurde); bei der B. dagegen treten die beiden konditionierten Reize gleichzeitig auf, folgl. ist einer von ihnen überflüssig, denn er liefert keine zusätzl. Information über das Auftreten des Stimulus; vgl. hierzu die Abb. *Lernen 12* (aus Zimbardo 1992).

◆ Hammerl, M.: Effekte signalisierter Verstärkung: ein experimenteller Beitrag zu den Grundlagen der Lernps. Regensburg 1991; Kamin, L. J.: Predictability, surprise and conditioning. In: Church, R. M. u. Campbell, B. A. (Hg.): Punishment and aversive behaviour. New York 1969, S. 279–296; Rescorla, R. A. u. Wagner, A. R.: A theory of Pavlovian conditioning: variations in the effectiveness of reinforcement and nonreinforcement. In: Black, A. H. u. Prokasy, W. F. (Hg.): Classical conditioning II. New York 1972, S. 64–99; Zimbardo, P. G.: Psychologie. Berlin 1992.

Blockwelt → computer vision; → künstliche Intelligenz.

Blumenfeld-Effekt, ein arbeitsps. Motivationseffekt (Blumenfeld 1932), die Tatsache, dass das Gliedern einer großen Menge von sich gleichförmig wiederholenden Aufgaben in überschaubare Teilmengen zu verbesserten Leistungen bei verminderter Beanspruchung führt; vgl. Hacker (1986).

◆ Blumenfeld, W.: Über die Fraktionierung der Arbeit u. ihre Beziehung zur Theorie der Handlung. Bericht über den 12. Kongreß der dt. Gesellschaft für Ps. Jena 1932; Hacker, W.: Arbeitsps. Bern 1986.

Bodentheorie → ökologische Optik.

Body-adjustment-Test → visuelle Orientierung.

Body-image → Körperschema.

Böser Blick → Blickkommunikation.

Botti-Täuschung, eine → Wahrnehmungstäuschung, die darin besteht, dass von gleich großen Flächen diejenige als größer wahrgenommen wird, die eine dichtere Untergliederung aufweist. Wenn man z. B. einen Rasen aus der Nähe u. aus der Ferne fotografiert u. beide Aufnahmen in gleichgroßen Fotos präsentiert, nehmen die Vpn das Bild mit der dichteren Oberflächenstruktur – also das aus der Ferne aufgenommene – als größer wahr. In der Situation der natürl. Wahrnehmung ist diese Größenumgestaltung keine Täuschung, sondern eine gegenstandsgerechte Umweltwahrnehmung.

◆ Tausch, R.: Opt. Täuschungen als artifizielle Effekte der Gestaltungsprozesse von Größen- u. Formkonstanz in der natürl. Raumwahrnehmung. PF 24, 1954.

Bottom-up- vs. Top-down-Prozesse [engl. für: »*Von-der-Basis-nach-oben*« *vs.* »*Von-oben-nach-unten-Prozesse*«; ähnl. *datengetriebene* vs. *konzeptgetriebene* Prozesse; engl. *data-driven* vs. *conceptually-driven*]. B. sind solche Wahrnehmungsprozesse, die von den sensor. Informationen zu höheren Einheiten, also von »unten« nach »oben« verlaufen; gemeint sind Wahrnehmungsprozesse, die keine (o. geringe) Benutzung von Vorwissen beinhalten, im Gegensatz zu *T.*, bei denen vorgegebene Kategorien (→ Schemata) u. Raster an die Wahrnehmung herangetragen werden u. die Wahrnehmung meist nicht bis in alle Einzelheiten identifiziert wird, sondern v. a. hinsichtl. ihres »Passens« in diese Kategorien. *Datengetriebene* Prozesse sind meist parallel, automat. unbewusst u. haben kaum Kapazitätsbegrenzungen. *Konzeptgetriebene* Prozesse sind meist seriell u. bewusst u. haben eine begrenzte Kapazität. Die Dichotomie thematisiert in der Terminologie der → kognitiven Psychologie das alte Problem, ob Wahrnehmung vorwiegend *direkten* o. *indirekten* Charakter hat u. welche Rolle A-Priori-Prozesse hierbei spielen; vgl. zsfd. Wimmer (1979) u. Wilkening (1988); s. a. das Stw. → direkte vs. indirekte Wahrnehmungstheorien. Es besteht heute Einigkeit darüber, dass beide Prozesse bei Wahrnehmungsprozessen beteiligt sind, die Forschung konzentriert sich darauf, die Einzelheiten des jeweiligen Zusammenspiels zu analysieren. Z. B. zeigt die Bewegungswahrnehmung folgende Grundstruktur: lokale Information aktiviert ein Schema, welches einen globalen Zusammenhang an die Zukunft projeziert, u. anhand der damit geschaffenen Erwartungen wird die weitere lokale Analyse von Schemata geleitet – rein datengetriebenes Vorgehen würde zuerst alle lokalen Informationsteile sammeln. Insbes. die → künstliche Intelligenz, speziell die Forschungen zur → computer vision, haben gezeigt, wie viel an Vorwissen in die Wahrnehmung mit eingeht, bei der Bewegungswahrnehmung z. B. die Annahme, dass die Teile des sich bewegenden Körpers im Verhältnis zur bewegungslosen Umwelt eine grosse gemeinsame Bewegungskomponente aufweisen; T. spielen v. a. auch bei der → Sprachwahrnehmung eine wichtige Rolle. Zur Unterscheidung von Top-Down- u. Bottom-up-Prozessen innerhalb sozialps. Fragestellungen vgl. McCauley (1988).

◆ Lindsay, P. H. u. Norman, D. A.: Einführung in die Ps. Berlin 1981; McCauley, C.: The content of awareness and top-down vs. bottom-up processing. In: Srull, T. K. u. Wyer, R. S. (Hg.): Advances in social cognition, 1 Bd. Hillsdale 1988, S. 111–118; Wilkening, F.: Zur Rolle des Wissens in der Wahrnehmung. In: Mandl, H. u. Spada, H. (Hg.): Wissensps. München 1988; Wimmer, H.: Kognitionsps. Stuttgart 1979.

Brain mapping → physiologische Psychologie (Kasten psychophysiologische Methoden).

Brainstorming → psychologische Heuristik.

Breitensuche → psychologische Heuristik.

Bril-Skala → Helligkeitssehen.

BRLD-Methode, Abk. für *Basic-reference-lottery-ticket-Methode*; → Nutzen.

Brockenhypothese → Chunking.

Brown-Peterson-Methode → Brown-Peterson-Technik.

Brown-Peterson-Paradigma → Brown-Peterson-Technik.

Brown-Peterson-Technik [bisweilen auch nur *Peterson-Technik*, vgl. Brown 1958; Peterson u. Peterson 1959; nach der Grundidee auch *Ablenkungstechnik*; vgl. Kintsch 1982], eine → Gedächtnisprüfmethode: Typischerweise werden Konsonantentrigramme dargeboten, danach wird für eine gewisse Zeit eine interferierende Tätigkeit, z. B. Rückwärtszählen, eingeschoben. Brown u. Peterson konnten mit dieser Methode zeigen, dass eine Folge von Items, die kleiner ist als die → Gedächtnisspanne, innerhalb von 20 bis 30 Sekunden vergessen wird, wenn man die Vp durch diese interferierende Tätigkeit am inneren Wiederholen hindert. Die Vergessenskurve für das Kurzzeitgedächtnis hätte demnach die gleiche Form wie die ebbinghaussche → Vergessenskurve, die eher für das Langzeitgedächtnis konzipiert war.

HI/WÜ: Dieses Paradigma lieferte eine elegante neue Methode, das Vergessen einzelner Items sehr genau zu untersuchen, u. die damit gefundenen Resultate, die für einen passiven Zerfallsprozess als Grundlage des Vergessens sprachen, standen im Gegensatz zu der Kernannahme der damals dominanten lerntheoret. Gedächtnistheorie, für die → Interferenz der entscheidende Vergessensmechanismus war. (Die Lerntheorien differenzierten nicht explizit zw. einem Kurzzeit- u. einem Langzeitgedächtnis u. die Belege für die Bedeutung von Interferenz bezogen sich eigentl. auf Untersuchungen von Vergessen über längere Zeiträume, also innerhalb des Langzeitgedächtnisses, man zog aber den Interferenzmechanismus auch für kurzfristiges Vergessen heran.) Man musste also entweder ein einheitl. Gedächtnissystem auf der Grundlage des Spurenzerfalls o. getrennte Kurzzeit- u. Langzeitgedächtnissysteme annehmen. Weiterentwicklungen der Technik wurden von Wrightman (1971) u. Roediger u. a. (1977) entworfen; forschungshistor. wichtig ist v. a. die Technik der *Aufhebung der proaktiven Hemmung*, nach ihrem Entwickler auch → Wickens-Technik genannt.

VD/KR: Das Problem der B. besteht darin, dass Zeit u. Interferenz konfundiert sind: Je länger das Behaltensintervall ist, desto eher können Zerfallsprozesse wirksam werden – andererseits nimmt aber auch die Dauer der Distraktortätigkeit u. damit das Ausmaß an Interferenz zu; vgl. hierzu Keppel u. Underwood (1962). Von den gelernten Trigrammen eines Behaltensdurchgangs geht nach ihrer Ansicht proaktive Interferenz auf die zu lernenden aus, u. diese Interferenz wächst mit der Länge des Behaltensintervalls, da es dabei zu Spontanremissionen älterer Items kommt; bei den ersten Durchgängen ist diese nicht gegeben; Keppel u. Underwood plädieren deshalb für eine Rehabilitation der Interferenztheorie; zur weiteren Diskussion vgl. Baddeley (1979). Eine andere krit. Analyse zeigte, dass die Wirkung der Distraktoraufgaben problemat. ist: Entweder blockieren sie die Aufmerksamkeit nicht völlig, so dass Memorierungsprozesse mögl. sind, o. sie wirken u. U. überstark, so dass der Merkvorgang überhaupt blockiert wird. Diese aufmerksamkeitstheoret. Deutung sieht somit auch den Release-Effekt innerhalb der Wickens-Technik darin begründet, dass die Beendigung ermüdender Aufgaben zu einer Erhöhung der Aufmerksamkeit u. zu einer verbesserten Merkleistung führt; vgl. zsfd. Klimesch (1988).

LIT: Vgl. zsfd. Klimesch (1988); Kintsch (1982).

◆ Baddeley, A.: Die Ps. des Gedächtnisses. Stuttgart 1979; Brown, J.: Some tests of the decay theory of immediate memory. QJEP 10, 1958, S. 12–21; Keppel, G. u. Underwood, B. J.: Proactive inhibition in short-term retention of single items. JVLVB 1, 1962, S. 153–161; Kintsch, W.: Gedächtnis u. Kognition. Berlin 1982; Klimesch, W.: Struktur u. Aktivierung des Gedächtnisses. Bern 1988; Peterson, L. R. u. Peterson, M. J.: Short-term retention of individual items. JExP 58, 1959, S. 193–198; Roediger, H. L.: Infering decay in short-term memory: the issue of capacity. MuC 5, 1977, S. 167–176; Wrightman, J. S.:

Mechanisms of forgetting in short-term memory. CP 2, 1971, S. 185–195.

Buchstabenerkennen → Buchstabenvergleich.

Buchstaben-Monitoring → monitoring.

Buchstabenvergleich [engl. *letter matching*; auch *NI-PI-Aufgabe*], eine von Posner u. Mitchell entwickelte → Erkennungsaufgabe, die den Prozess des → Erkennens anhand des *Buchstabenerkennens* analysiert, u. zwar in einer besonderen method. Ausformung, die darin besteht, dass Vpn Buchstabenpaare sehen, die sie so schnell wie mögl. vergleichen müssen. Posner unterscheidet zw. drei Instruktionen: (a) beim *phys.* Vergleich (engl. *physical*, bisweilen auch mit *physikal.* übersetzt, auch *visueller* Vergleich) darf die Vp zwei Buchstaben nur dann als gleich beurteilen, wenn sie *phys.* ident. sind (also bspw. *AA*, *bb*, *CC*). Darauf bezieht sich die Abk. *PI*, sie meint *physical identity*. (b) Bei der Methode des *Namensvergleichs* werden alle Buchstaben als gleich definiert, die den gleichen Namen haben (also auch Paare wie *Aa*, *Bb*, *cC*). Darauf bezieht sich die Abk. *NI*, sie meint *name identity*. (c) Beim *semant. Vergleich* wird Gleichheit definiert anhand einer begriffl. Klassifikation, z. B. der Einteilung in Vokale u. Konsonanten; als gleich gelten dann Reizpaare wie *AE* bzw. *Ae* (Vokale) o. *BC* bzw. *Bc* (Konsonanten); nur Paare wie *AB*, *Ca* o. *ac* gelten noch als verschieden.

TH: Im Zusammenhang mit diesen Experimenten wurde von M. Posner das Kzpt. der unterschiedl. *mentalen Kodes* entwickelt; er unterschied einen *visuellen* Kode, einen *Namens-Kode* u. einen *semant. Kode*. Ein Buchstabe kann mit unterschiedl. Kodes verarbeitet werden u. diese Kodes sind nicht gleichermaßen zugängl.; vgl. Posner (1978); s. a. → automatische vs. kontrollierte Informationsverarbeitung. Das Modell geht davon aus, dass die Differenz zw. NI- u. PI-Aufgaben den Zeitbedarf derjenigen Prozesse misst, die der Zugriff auf das Wissen (in dem Fall: Buchstabenwissen) benötigt, nachdem die physikal. Identifikation bereits geleistet wurde.

VD: (1) Eine Erweiterung dieser klass. Aufgabe stammt von Bisanz u. a. (1979); sie unterscheiden folgende Erkennungsanforderungen: (a) *physikal.* verschieden u. *konzeptuell* verschieden (z. B. Bananen u. Regenschirm); (b) *physikal.* verschieden u. *konzeptuell* gleich (aufgespannter u. geschlossener Schirm); (c) *physikal.* gleich u. *konzeptuell* gleich, (zwei geschlossene Schirme): Die Ergebnisse weisen darauf hin, dass die Annahme des ursprüngl. Modells, dass das konzeptuelle Namensurteil sich ohne Interferenz additiv auf das physikal. aufbaut, wahrscheinl. falsch ist: tatsächl.verlangsamen konfligierende physikal. bzw. konzeptuelle Informationen nicht nur das jeweils komplementäre Modell, die unterschiedl. Komponenten zeigen auch unterschiedl. Entwicklungsverläufe.
(2) Zu den Details eines solchen Experiments u. seiner theoret. Problematik: Die Abb. *Kognition 5* (aus Prinz 1990, S. 86) fasst die Ergebnisse eines Experiments von Posner u. Mitchell (1967) zusammen, in dem ein semant. Vergleich auf der Grundlage der Einteilung in Vokale u. Konsonanten verlangt war. Die Daten ordnen sich zwanglos im Sinne eines dreistufigen Entscheidungsbaumes: auf der ersten Stufe wird phys. Identität überprüft, liegt sie vor, erfolgt eine rasche Reaktion (549 msec); liegt sie nicht vor, wird auf der folgenden Stufe Namensgleichheit überprüft. Sind die Namen gleich, erfolgt die Reaktion nach 623 msec. Sind sie es nicht, wird eine Überprüfung der kategorialen Beziehung vorgenommen; sie kommt nach durchschnittl. weiteren 180 msec. mit einer »Gleich-« o. »Verschieden«-Reaktion zum Abschluss. Beim Sukzessivvergleich gibt es andere Verhältnisse, hier schrumpft der Vorteil jedoch über das Vergleichsintervall hinweg zugunsten der phys. gleichen Paare zusammen u. beträgt nach 1,5 sec. nur noch 19 msec.

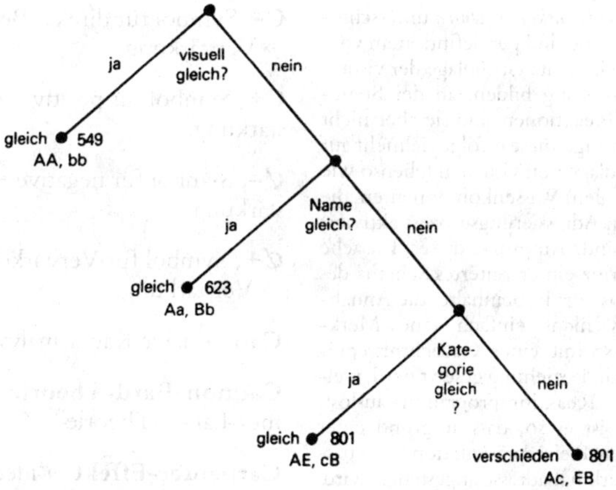

Abb. *Kognition 5*

Erklärt wird dieses Ergebnis durch eine auf den ersten Blick paradoxe Annahme: dass neben der Schwächung der visuellen Analyse im Laufe des Vergleichsintervalls eine relative Stärkung der Wirksamkeit der Namensinformation stattfindet. Es wird also nicht mehr angenommen, dass die Auswertung der Namensinformation sich an die visuelle Identifikation anschließt, sondern dass visuelle Analyse u. Namensanalyse parallele Prozesse sind, nicht nur in zeitl., sondern auch in funktionaler Hinsicht. Zur empir. Überprüfung: Es konnte gezeigt werden, dass beim Simultanvergleich eine Beeinträchtigung durch nichtvisuelle Eigenschaften der Reize nicht stattfindet. Es bestand kein Unterschied in den Reaktionszeiten zw. namensgleichen u. namensverschiedenen Paaren. Beim Sukzessivvergleich gibt es jedoch eine solche Beeinträchtigung – erklärt wird dies dadurch, dass die gemessene Reaktionszeit die Zeit für den Vergleich eines einzelnen Buchstabens mit einer vorher festgelegten Gruppe von Vergleichsbuchstaben ist, während beim Simultanvergleich überhaupt keine visuelle Identifikation der beiden Zeichen auftritt, sondern der Vergleich sich stattdessen auf die Form des 2-buchstabigen Gesamtgebildes stützt: Konfigurationen wie *AA* o. *ee* können nach dieser Überlegung bereits aufgrund ihrer »Gestalt« als gleich erkannt werden, eine Annahme die dadurch belegt wird, dass nach Rotation eines der Buchstaben auch bei visuellem Simultanvergleich der gleiche Reaktionsunterschied eintritt, der sonst nur beim Sukzessivvergleich bzw. bei Identifikation von Einzelreizen zu beobachten ist. Beim Simultanvergleich wird also anhand von Merkmalen des Buchstabenpaares entschieden, bei Sukzessivvergleich kann der Vergleich nur durch visuelle Identifikation des Testbuchstabens vorgenommen werden, näml. durch den Vergleich zw. seiner Reizrepräsentation u. den Merkmalsadressen für Buchstaben. In dieser Situation scheint die Auswertung von visueller Information u. von Namensinformation parallel zu laufen. Dieser krit. Vergleichsprozess findet nach dieser Konzeption also nicht auf der Ebene *sensor. Merkmale* statt, sondern auf der Ebene von *Wissenskomponenten*, u. auf dieser Ebene stehen sich zwei Aggregate von Wissenskomponenten gegenüber: das eine ist fest mit sensor. Adressen verbunden, in ihm sind die durch den Reiz aktivierten Wissenskomponenten zusammengefasst (*Objektrepräsentation*), das andere Aggregat ist mit den bereitstehenden Reaktionsprogrammen verbunden, in ihm sind die (z. B. in der Instruktion festgelegten) Bedingungen für die Ausführung der einzelnen Reaktionen spezifiziert (*Exekutionsbedingung*). Auf der Ebene dieser beiden Wissensaggregate sind visuelle u. nichtvisuelle Komponenten völlig gleichrangig. Die Auflösung des Paradoxons erfolgt also dadurch, dass zw. visuellen *Merkmalen* u.

visuellen *Wissenskomponenten* unterschieden wird: Jene sind per defintionem vorrangig, weil sie die Grundlage der visuellen Adressierung bilden, an der Steuerung der Reaktionen sind sie aber nicht direkt beteiligt, diese erfolgt vielmehr auf der Grundlage von visuellen (ebenso wie nichtvisuellen) Wissenkomponenten, die durch den Adressierungsprozess aktiviert worden sind. Aufgrund dieser Tatsache schlägt Prinz ein erweitertes Schema des Erkennens vor: Es beinhaltet die Annahme, dass nicht einfach eine Merkmalsadresse mit einer Gedächtnisrepräsentation in Beziehung gesetzt wird, welche eine Reaktionsprogramm auslöst, vielmehr ist es so, dass aufgrund einer gegebenen Reizrepräsentation eine passende Merkmalsadresse angesteuert wird, mit dieser Adresse sind bestimmte Wissenskomponenten fest verbunden, sie bilden die Objektrepräsentation. Im Wissensgedächtnis sind auch Exekutionsbedingungen spezifiziert, in denen die Bedingungen für die Ausführung der einzelnen experimentellen Reaktionen gespeichert sind. Der Erkenntnisprozess besteht in einem Vergleich zw. der Objektrepräsentation u. den Exekutionsbedingungen.

LIT: Zum Einsatz des Paradigmas in entwicklungsps. Zusammenhängen vgl. Waldmann u. Weinert (1990).

◆ Bisanz, J. u. a.: Changes with age in measures of processing efficiency. Child Development 50, 1979, S. 132–141; Posner, M. I. u. Mitchell, R. F.: Chronometric analysis of classification. PR 74, 1967, S. 392–409; Posner, M. I.: Chronometric explorations of mind. Hillsdale 1978; Prinz, W.: Wahrnehmung. In: Spada, H. (Hg.): Lehrbuch Allgemeine Ps. Bern 1990, S. 25–114; Waldmann, M. u. Weinert, F. E.: Intelligenz u. Denken. Göttingen 1990.

BUDIF-Verfahren → psychophysische Methoden.

Bühler-Wundt-Kontroverse → Würzburger Schule.

Bumerang-Effekt → Versuchspersonen-Effekte.

Bush-Mosteller-Modell → mathematische Lerntheorien.

Bystander-Verhalten → soziale Motivation.

C–, Symbol für direkte Bestrafung; → Verstärkung.

C+, Symbol für positive → Verstärkung.

₡–, Symbol für negative → Verstärkung.

₡+, Symbol für Verstärkerentzug; → Verstärkung.

Can → naive Kausalanalyse.

Cannon-Bard-Theorie → James-Lange-Theorie.

Carpenter-Effekt → ideomotorisches Gesetz.

Castrop-Rauxel, wehmütiges, beim zufälligen Hören eines alten Liedes aufkommendes Gefühl, die falsche Frau bzw. den falschen Mann geheiratet zu haben.

◆ Adams, D., Lloyd, J. u. Böttcher, S.: Der tiefere Sinn des Labenz. Das Wörterbuch der bisher unbenannten Gegenstände und Gefühle. Hamburg 1992.

Category-based expectancy → korrespondierende Schlussfolgerungen.

c-Aufgabe → Subtraktionsmethode.

Central motive state [Abk. *CMS*], *zentraler Motivationszustand*, ein Kzpt. von Morgan (1957ff.), in der Ps. v. a. durch den Ansatz von Bindra (1969) wichtig geworden, eine Art neurophysiolog. Ergänzung zum hullschen → Drive-Konzept; Grundgedanke ist die Hypothese, dass Verstärkung wie auch Auslösung von Vh. durch die gleichen neurops. Mechanismen zustande kommen u. dass das Verstärkungsprinzip ein Spezialfall des ursprünglicheren Prinzips der Motivation ist: das CMS sei eine übergeordnete Integrationsinstanz der Motivation, die durch internale u. externale Stimulation, primär aber durch chem. o. hormonelle Einflüsse aktiviert wird u. als zentralnervöser Energetisierungs-, Kontroll- u. Steuerungsmechanismus des Vhs. fungiert. Ähnl. Gedanken beinhaltet die → Aktivationstheorie Lindsleys; vgl. auch die Zweifaktoren-Theorie der Motivation von Grossman (1967), der zw. homöostat. (Hunger, Durst, Schlaf u. Ausscheidung) u. nichthomöostat. Triebmechanismen (sexuelle u. emotionale Erregung) unterscheidet.

◆ Bindra, D.: Neuropsychological interpretation of the effect of drive and instinctive-motivation on general activity and instrumental behaviour. PR 75, 1968, S. 1–22; Bindra, D.: The interrelated mechanisms of reinforcement and motivation and the nature of their influence on response. In: Arnold, W. J. u. Levine, D. (Hg.): Nebraska Symposium on Motivation. Lincoln, Nebr. 1969, S. 1–33; Grossman, S. P.: A textbook of physiological psychology. New York 1967; Morgan, C. L.: Physiological theory of a drive. In: Koch, S. (Hg.): Psychology. A study of science. 1. Bd. New York 1959, S. 644–678; Morgan, C. L.: Physiological mechanisms of motivation. In: Jones, M. R. (Hg.): Nebraska Symposium on Motivation. Lincoln 1957, S. 1–35.

Chaining → Verhaltensformung.

Change-problems → Problemlösen.

Chaotisches Verhalten → Trial-and-error-Verhalten.

Character classification → binäre Zeichenklassifikation.

Charakteranalyse → Psychoanalyse.

Charakteristisches Merkmal → semantisches Merkmal.

Charakterologie → Persönlichkeitspsychologie.

Charpentier-Koseleffsche Täuschung → Größen-Gewichts-Täuschung.

Chemische Sinne → Sinneswahrnehmung; → Geschmackswahrnehmung; → Chemorezeption.

Chemorezeption, Oberbegriff für → Geruchs- u. → Geschmackswahrnehmung; *Chemorezeptoren* sind aber sämtl. Rezeptoren, die auf chem. Reize ansprechen, z. B. auch solche, die die Kohlensäure- u. Sauerstoffspannung des Blutes melden u. damit anzeigen, ob das Atemzeitvolumen dem jeweiligen Stoffwechsel angemessen ist; zu ps. Experimenten vgl. Arnold (1972). Die C. ist ein kleineres Gebiet der Wahrnehmungsps.; bes. in den USA, aber auch in England, Holland, Frankreich u. Schweden wird intensiv geforscht; im dt. Sprachraum ist seit den 50er Jahren kaum bedeutende Forschung betrieben worden, obwohl die Klassiker aus dem dtsch. Sprachraum stammen: Öhrwall (1891), Kiesow (1894, 1896), Vintschgau (1879) Henning (1916, 1924), von Skramlik (1926) u. Hahn (1934, 1940). In Deutschland verlagerte sich das Interesse v. a. auf die Duftwahrnehmung von Insekten, wo Zoologen wie Poeckh (1975), Kaissling (1971) u. Schneider (1969) beachtl. Erfolge erzielen konnten. Heute wird die humane Chemorezeptionsforschung weniger als Teilgebiet der Wahrnehmungsps. betrachtet, sondern zunehmend als interdisziplinäres Forschungsgebiet.

◆ Arnold, W. (Hg.): Ps. Praktikum 1. Bd. Stuttgart 1972; Campenhausen, C. v.: Die Sinne des Menschen. Stuttgart 1993; Hahn, H. u. a.: Eine systemat. Untersuchung der Geschmacksschwellen. Zeitschrift für Sinnesphysiologie 67, 1934, S. 297–306; Hahn, H. u. a.: Eine systemat. Untersuchung der Geschmacksschwellen. Zeitschrift für Sinnesphysiologie 68, 1940, S. 185–260; Henning,

H.: Qualitätenreihe des Geschmacks. Zeitschrift für Ps. 74, 1916, S. 203–219; HENNING, H.: Der Geruch. Leipzig 1924; KAISSLING, K. E.: Insect olfaction. In: BEIDLER, L. M. (Hg.): Olfaction. Handbook of Sensory Physiology, 4. Bd., Teil 1. Berlin 1971, S. 351–431; KIESOW, F.: Beiträge zur Physiolog. Ps. des Geschmackssinnes. Philosoph. Studien 10, 1894, S. 329–368 u. S. 523–561; KIESOW, F.: Beiträge zur Physiolog. Ps. des Geschmackssinnes. Philosoph. Studien 12, 1896, S. 255–278; ÖHRWALL, H.: Untersuchungen über den Geschmackssinn. Skand. Archiv für Physiologie 2, 1891, S. 1–69; POECKH, J.: Nervensysteme u. Sinnesorgane der Tiere. Freiburg 1975; SCHNEIDER, D.: Insect olfaction. Science 163, 1969, S. 1031–1037; VON SKRAMLIK: Handbuch der Physiologie der niederen Sinne, 1. Bd. Leipzig 1926; VON VINTSCHGAU, L.: Physiologie des Geschmackssinns. In: HERMANN, L. (Hg.): Handbuch der Physiologie. Leipzig 1879.

Chemorezeptoren → Chemorezeption; → Geruchswahrnehmung.

Choice-dilemma-Situation → Nutzen.

Chromatische Adaptation, ein Phänomen der → Farbwahrnehmung: die Anpassung des Auges an dauerhafte Verfärbungen der Umgebung. Dies ist die Grundlage der → Farbkonstanz. So wird z. B. die blaue Tönung des Himmelslichtes auf Schnee ausgeschaltet – er erscheint uns weiß; ähnl. sehen wir im grünen Wald weißes Papier trotz der vielen grünen Reflektionen als weiß. Dieser Vorgang wird auch als farbige *Umstimmung* o. *Verstimmung* bezeichnet.

VD: Mit der Methode kann man Grundmechanismen der → Farbwahrnehmung herausarbeiten: Eine farbige Vorlage wird für eine bestimmte Zeit dargeboten, dann eine zweite Farbe u. im Anschluss daran wieder die erste Farbe; die Veränderung der Farben aufgrund der Adaptation lässt Rückschlüsse auf die Farbmechanismen zu; wäre die erste Farbe z. B. Gelb u. die zweite Rot, würde das ursprüngl. Gelb bei der zweiten Betrachtung grünl. aussehen; vgl. Murch u. Woodworth (1978).

◆ CAMPENHAUSEN, C. v.: Die Sinne des Menschen. Stuttgart 1993; MURCH, G. M. u. WOODWORTH, G. L.: Wahrnehmung. Stuttgart 1978.

Chronopsychologie → Zeitwahrnehmung.

Chunk → Chunking.

Chunking [engl. *chunk* = Brocken, Klumpen]. Beim C. werden Gedächtnisitems zu festen Gruppen zusammengefasst, die durch ein einheitl. Symbol adressiert werden. C. meint also eine spezif. Strukturierungsmöglichkeit von Gedächtnismaterial (neben dem Rhythmisieren u. dem → Gruppieren). Die *Brocken-* bzw. *Chunkinghypothese* besagt, dass der spezif. Inhalt der »Brocken« irrelevant ist für die → Gedächtnisspanne, so dass man die Gedächtnisspanne in *chunks* messen kann: Sie betrage etwa 7 chunks – die »magical number 7 ± 2« (Miller 1956). Miller referiert viele Experimente der Ps. zu diesem Thema u. gibt für folgende Reizaspekte folgende Werte an: Farbton: 9; Helligkeit: 5; Richtung von Linien: 9; Länge von Linien: 8; Position (Punkte) entlang einer Linie: 9; Größe von Quadraten: 5; Tonhöhe: 6; Lautstärke: 5; Geschmack: 4 (nach Herkner 1986). Zur Frage, wie groß diese chunks sein können, vgl. Simon (1974). Aus dem Modell ergibt sich auch die Möglichkeit, die Kapazität der Gedächtnisspanne zu erhöhen, indem man Items zu weniger Brocken zusammenfasst. Dabei werden z. B. Zahlenlisten in Paare gegliedert, die gem. dem binären Zahlenschema als eine einzige Zahl kodiert werden, so dass eine Vp dann z. B. statt 18 Ziffernpaaren ledigl. 9 Dezimalzahlen zu erinnern hat. Ein solches C. spielt eine große Rolle bei den Fähigkeiten von Experten, z. B. bei Schachspielern o. bei Physikern (→ Expertise).

WÜ: Der millersche Forschungsartikel gehört zu den klass. Aufsätzen der Ps., er beinhaltet eine vergleichende Betrachtung von gedächtnisps. u. wahrnehmungsps. Untersuchungen. Histor. bedeutsam an diesem Ansatz war, dass er zeigte, dass die Maße der → informationstheoretischen Psychologie nicht relevant für die → Gedächtnisspanne sein können, da Wörter, Zahlen u. andere Zeichen unterschiedl. Informationsmengen besitzen.

KR: Die Chunkinghypothese wird mittlerweile sehr krit. gesehen, einen Überblick über fünfzehn Jahre Forschung gibt Broadbent (1975); Ericsson u. Polson (1988) zeigten durch Untersuchungen der Verarbeitungsstrategien von Gedächtniskünstlern, dass das C. als Erklärung für deren enorme Gedächtnisleistung keinesfalls ausreicht; zu einem Alternativansatz seitens der informationstheoret. Ps. vgl. Welford (1967); krit. hierzu wiederum äußert sich Neisser (1974).

VD: Bisweilen wird der Ausdruck *perzeptives* C. verwendet, um Einheitsbildungen der Wahrnehmung zu bezeichnen, also die klassischerweise von der → Gestalttheorie thematisierten Prozesse; zum Begriff des *syntakt.* C. vgl. Kintsch (1982).

◆ Broadbent, D. E.: The magic number seven after fifteen years. In: Kennedey, A. u. Wilkes, A. (Hg.): Studies in long-term memory. New York 1975; Ericsson, K. A. u. Polson, P. G.: An experimental analysis to mechanisms of a memory skill. JExP: Learning, Memory and Cognition 14, 1988, S. 305–316; Herkner, W. H.: Psychologie. Wien 1986; Kintsch, W.: Gedächtnis u. Kognition. Berlin 1982; Miller, G. A.: The magical number 7 plus or minus 2: some limits on our capacity for processing information. PR 63, 1956, S. 81–97; Neisser, U.: Kognitive Ps. Stuttgart 1974 (Orig.: 1967); Simon, H. A.: How big is a chunk? Science 183, 1974, S. 482–488; Welford, A. D.: Fundamentals of skill. London 1967.

Circadianer Rhythmus → Zeitwahrnehmung.

Circa-Rhythmen → Zeitwahrnehmung.

Click-Experimente → Klick-Experimente.

Closed-loop-Theorien → Bewegungsprogramm.

Cloze-Prozedur → Textverstehen.

Clustereffekt → Clustering.

Clustering, die Tendenz von Vp, beim Erlernen von Wortlisten die Wörter in Kategorien einzuteilen u. diese jeweils zusammenhängend zu reproduzieren – oft entgegen der ursprüngl. Reihenfolge (*C.-Effekt*; Bousfield 1953). Das C. ist also eine spezielle Form der → Gruppierung bzw. → Kodierung, eine *reduktive* Kodierung. C. tritt v. a. bei der freien Reproduktion von Wortlisten auf; z. B. wird eine Liste von 60 Wörtern zum Lernen vorgegeben, die sich vier verschiedenen Kategorien zuordnen lassen (Tiere, männl. Vornamen, Berufe, Gemüse); Ergebnis: trotz ungeordneter Darbietung der Wörter reproduzieren dann die Vp die Wörter in Gruppen entsprechend den Kategorien: *kategor. Gruppierung* (engl. *categorial clustering*).

Neben dieser gibt es auch ein *assoziatives C.*, näml. bei Wörtern, die assoziative Beziehungen zueinander aufweisen. Weiterhin konnte gezeigt werden, dass Wörter nach gemeinsamen phonolog. Attributen, gemeinsamen Anfangsbuchstaben sowie syntakt. Attributen »geclustert« werden. Eine ähnl. Zusammenfassung tritt auch bei Bildern auf, bei denen z. B. Objekte gem. ihrer räuml. Ausrichtung zusammengefasst u. geordnet werden.

LIT: Zum Überblick vgl. Bredenkamp u. Wippich (1977); Puff (1979); s. a. das Stw. → subjektive Organisation.

◆ Bousfield, W. A.: The occurrence of clustering in the recall of randomly arranged associates. JGP 49, 1953, S. 229–240; Bredenkamp, J. u. Wippich, W.: Lern- u. Gedächtnisps., 2. Bd. Stuttgart 1977; Kintsch, W.: Gedächtnis u. Kognition. Berlin 1982; Puff, C. R. (Hg.): Memory organization and structure. New York 1979.

CNV, Abk. für *contingent negative variation*; → physiologische Psychologie (Kasten psychophysiologische Methoden).

Cocktailparty-Phänomen → Cocktailparty-Problem.

Cocktailparty-Problem. C. (bzw. *Cocktailparty-Phänomen*) ist eine flapsige Bezeichnung für das Problem der → selektiven Aufmerksamkeit: Gespräche auf einer Cocktail-Party illustrieren dieses abstrakte Problem, denn ein Gast, der sich mit jemand unterhält, hat die Aufgabe, in dem Stimmengewirr, das ihn umgibt, der Stimme seines momentanen Gesprächspartners zu folgen. Die → Filtertheorien meinen, dass dabei ein Filter so eingestellt wird, dass nur Information aus einer bestimmten Raumrichtung selektiv verarbeitet wird.

◆ Prinz, W.: Wahrnehmung. In: Spada, H. (Hg.): Lehrbuch Allgemeine Ps. Bern 1990, S. 25–114.

Code → Kodierung.

Codierung → Kodierung.

Coding theory [auch *structural information theory*, übersetzbar mit *strukturelle Informationstheorie*], von Leuwenberg (1969) begründete Theorie, weiterentwickelt von Bufart u. a. (1981), Restle (1979) u. van Tuil (1975ff.), die versucht, formale Gesetzmäßigkeiten aufzuzeigen, welche den Ordnungsgrad einer wahrgenommenen Figur bestimmen, um daraus abzuleiten, welche von den mögl. subjektiven Strukturierungen einer vorgegebenen formalen Struktur tatsächl. gesehen wird. Dieser Ansatz ist eine quantitativ präzisierte Weiterführung von Grundproblemen u. -ansätzen der → Gestalttheorie. Die Ansätze der C. liefern Detailanalysen zu typ. wahrnehmungsps. Problemen u. Konstellationen. Bei den Forschungen zu diesem Ansatz wurde auch eine neue Wahrnehmungstäuschung entdeckt, die sog. *Neonillusion* (van Tuil 1975).

◆ Buffart, H. u. a. Coding theory of visual pattern completion. JExP: HPP 7, 1981, S. 241–274; Buffart, H. u. a.: Analysis of ambiguity in visual pattern completion. JExP: HPP 9, 1983, S. 980–1000; Leuwenberg, E. L. J.: Quantitative specification of information in sequential patterns. PR 76, 1969, S. 216–220; Restle, F.: Coding theory of the perception of motion configurations. PR 86, 1979, S. 1–24; van Tuil, H. F. J. M.: A new visual illusion: neonlike colours spreading and complementary colour induction between subjective contours. AP 39, 1975, S. 441–445; van Tuil, H. F. J. M.: Perceptual interpretation of complex line patterns. JExP: HPP 6, 1980, S. 197–221.

Cognitive map → kognitive Landkarte.

Cohort theory → Worterkennung.

Columbia-obstruction-box [auch *Columbia-Obstruktions-Kasten*, *Obstruktionskammer*, *Hindernisbox*], ein zur Analyse von Problemen der → Lerntheorie (→ Vermeidungsverhalten; → Bestrafungslernen; → Konflikt) bzw. zur → Motivations-Messung entwickeltes Gerät, bei dem eine Ratte einen elektrifizierten Rost überqueren muss, um zum Triebobjekt (Nahrung, Wasser o. brünstiges Weibchen) zu gelangen (*Obstruktionsmethode*). Die Persistenz des Überquerens wurde als Maß der Antriebsstärke benutzt: Wie viel an Elektroschocks nimmt ein Versuchstier sozusagen in Kauf, um z. B. an Nahrung zu gelangen? Klass. Experimente stammen schon von Warner (1928).

LIT: Vgl. zur Einordnung in das übergreifende Problemgebiet Graumann (1965).

◆ Graumann, C.-F.: Methoden der Motivationsforschung. In: Thomae, H. (Hg.): Motivation. HP, Bd 2. Allg. Ps. II. Göttingen 1965, S. 123–205; Warner, L. H.: A study of thirst behaviour in the white rat by means of the obstruction method. JGeP 35, 1928, S. 178ff.

Columbia-Obstruktions-Kasten → Columbia-obstruction-box.

Common-sense-knowledge-Problem → künstliche Intelligenz.

Comparative psychology → vergleichende Psychologie.

Compound conditioning. Von c. c. spricht man, wenn bei Prozessen der → Konditionierung, bes. der → klass. Konditionierung, nicht nur ein Stimulus, sondern mehrere unterschiedl. Stimuli dargeboten werden (*Stimulus-Kompound*); dabei ergeben sich Effekte wie → transswitching, → overshadowing, → Blockierung.

◆ HAMM, A.: Kontext u. Reizinhalt: ihre Einflüsse beim klass. Konditionieren. Regensburg 1987; HAMMERL, M.: Effekte signalisierter Verstärkung. Regensburg 1991; ÖHMANN, A.: Fearrelevance, autonomic conditioning, and phobias: a laboratory model. In: SJÖDEN, P.-O. u. a. (Hg.): Trends in behaviour therapy. New York 1973, S. 107–134.

Computationale Wahrnehmungstheorie. In der Ps. wird der Begriff meist auf diejenige Theorie aus dem Bereich → *computer vision* bezogen, die von David Marr geschaffen worden ist u. die diejenige → Wahrnehmungstheorie aus dem Bereich der → künstlichen Intelligenz darstellt, die am stärksten von der modernen → Wahrnehmungspsychologie rezipiert worden ist. Diese Theorie versucht diejenigen Prozesse einzufangen, mit denen der »Inhalt« eines Bildes ausgewertet u. erfasst wird. Sehen ist eine Abfolge von hintereinander geschalteten Repräsentationen, die eine nach der anderen bzw. eine aus der anderen durch eine Reihe von Verarbeitungsprozessen gebildet werden. Beim Betrachten einer visuellen Szene wird zunächst ein Grautonbild der Ausgangsszene erstellt, das Auskunft gibt über die lokalen Intensitäten im Bild. Auf der nächsten Stufe entwickelt sich einen Primärentwurf, der wertvolle Informationen über Zweidimensionalität, Veränderung der lokalen Intensitäten, geometr. Anordnungen u. Struktur bereitstellt. In einem dritten Schritt der visuellen Reizverarbeitung steht eine sog. 2.5-D-Skizze, der wir Information zur Orientierung ungefährer Tiefe sowie Bewegungen von Objekten u. Oberflächenstrukturen entnehmen. Die letzte Repräsentationsebene enthält eine 3-D-Objekt-Beschreibung, in der detaillierte Angaben zu den einzelnen Formen u. ihrer räuml. Anordnung gemacht werden. Die ist auch die Stufe, auf die eigentl. visuelle Mustererkennung stattfindet; vgl. hierzu die Abb. *Wahrnehmung 46a* (aus Banyard u. a. 1995, S. 72).

WÜ: Marrs Programm wird als genialer Entwurf gewürdigt. Die Bedeutung der

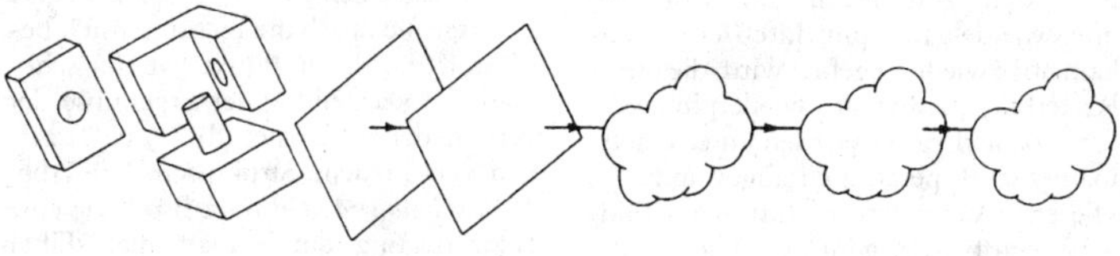

Abb. *Wahrnehmung 46a*

Theorie liegt darin, dass sie neurobiolog. u. ps. Erkenntnisse u. Probleme mit den exakten Mitteln der künstl. Intelligenz anzugehen versucht. Klass. Fragen der Wahrnehmungsps. werden neu aufgegriffen, z. B. die Frage nach den perzeptiven Einheiten u. ihrer Entstehung, Fragen, die innerhalb der ersten kognitivist. Ansätze vernachlässigt worden sind. Marr zeigt die große Reichweite datengetriebenen Vorgehens, also wie viel an Bildverarbeitung u. Bildanalyse ohne Vorwissen mögl. ist. *Explizite Benennung, Modularität, geringste Verpflichtung* u. *Ausschluss von sprunghaften Änderungen des Systemverhaltens* sind die Prinzipien, die die Grundlage der marrschen Architekturvorstellung zur frühen visuellen Informationsverarbeitung bilden. Wichtig sind auch seine Präzisierungen gestalttheoret. Ideen. Ein Unterschied zur Gestaltheorie besteht jedoch darin, dass die Bildung größerer Elemente in verschiedenen Phasen vollzogen werden, dass in jeder Phase die Prinzipien verschieden angewandt werden u. außerdem nicht bloß einmal wirken, sondern jeweils mit neueren größeren Einheiten wiederholt werden. Außerdem fließen in Marrs Werk viele Gedanken der → ökologischen Optik mit ein; Weiteres s. das Stw. → computer vision. Auf metatheoret. Ebene wichtig geworden ist die von Marr betonte Differenzierung der unterschiedl. Ebenen einer Theorie des Wahrnehmens u. Erkennens: die Ebene der Berechungstheorie, die daraus resultierende Ebene der Algorithmen u. die daraus resultierende Ebene der Implementierung; vgl. hierzu Gordon (1989).

VD: Details der Theorie: Die von ihr postulierten Operationen gehen dabei davon aus, dass ein Bild, z. B. das Foto eines Teddybären, zunächst digitalisiert wird, d. h. zunächst in ein Rasterbild umgewandelt u. dann durch eine Zahlenmatrix wiedergegeben wird, die dieses Rasterbild mathemat. wiedergibt. Auf diese Zahlenmatrix werden unterschiedl. mathemat. Operationen angewandt: (1) Die erste Verarbeitungsstufe beim Bildverstehen besteht gem. der Theorie darin, dass eine sog. *Erstskizze* o. *Primärskizze* (auch *primärer Entwurf*, *primäre Skizze*, engl. *primal scetch*) gebildet wird. Diese besteht im Wesentl. in einer einer Bleistiftskizze ähnl. Herauslösung der Umrisse der wesentl. Objekte. Dieser Prozess, u. dies ist wesentl. für Marrs Programm, ist rein → datengetrieben, kommt also ohne Vorwissen aus u. entsteht durch eine rein mathemat. Analyse lokaler Helligkeitsunterschiede. Ein mathemat. Filter verstärkt o. schwächt solche Unterschiede ab, u. weitere Algorithmen werten aus, ob Kanten (man bezeichnet in diesem Fall die Algorithmen als *Kantenfinder*, sie sind von besonderer Wichtigkeit), Streifen, Flecken o. Konturen vorliegen. Von bes. Bedeutung sind hierbei abrupte Änderungen der Helligkeitswerte, welche die Änderung der räuml. Tiefe u. Änderung der Orientierungsoberflächen markieren. Jedes Einzelelement wird auf 5 Dimensionen beschrieben: Orientierung, Kontrast, Länge, Breite, Position. Das Gruppieren größerer Einheiten geschieht v. a. dadurch, dass ein Element mit einem Nachbarn, der dem Element in seiner Beschreibung fast ident. sein muss, zusammengefasst wird, sofern es keine annähernd ebenbürtige Alternativkandidaten gibt. Bei offenen Linienenden versucht das Programm, sie mit jenen zu verbinden, die eine möglichst gute Fortsetzung ergeben. In dieser Phase rezipiert Marrs Programm die klass. → Gestaltgesetze. In einer weiteren Phase werden alle unwahrscheinl. Alternativen verworfen u. damit zusätzl. Selektionsprozesse getroffen. Aus Marrs Theorie lässt sich auch eine Theorie für das Auftreten → subjektiver Konturen ableiten. Die Abb. *Wahrnehmung 46b* (entnommen aus Falk u. a. 1990) zeigt Stadien der Verarbeitung in einem computerisierten Sehprogramm: (a) Urbild; (b) bildl. Darstellung der Grautonfassung des Motivs, in der einzelne Punkte im Computer jeweils die durchschnittl. Helligkeit eines entsprechenden kleinen Bereichs darstellen. In dem Bild ist die Punktgröße durch die Lichtintensität bestimmt, die dieser Punkt hat; (c) schematische Darstellung der Ergebnisse der verschiedenen Kanäle; (d), (e) u. (f) zeigen verschiedene Strukturen. Die Abb. *Wahrnehmung 47a–d* zeigt Bsp., wie eine Bildzerlegung durch mathemat. Filter Oberflächen strukturiert u. Grenzlinien bildet. (a) zeigt eine Grenzlinie, die durch eine Änderung der Punktdichte erzeugt wird; in der Abb. (b) wird sie durch eine Änderung der durchschnittl. Größe der

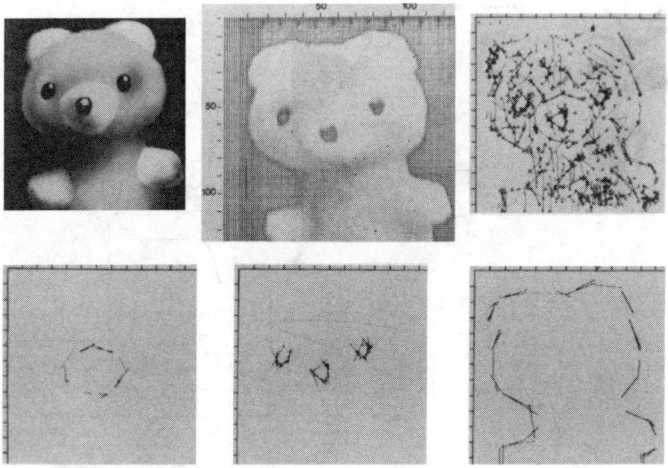

Abb. *Wahrnehmung 46b*

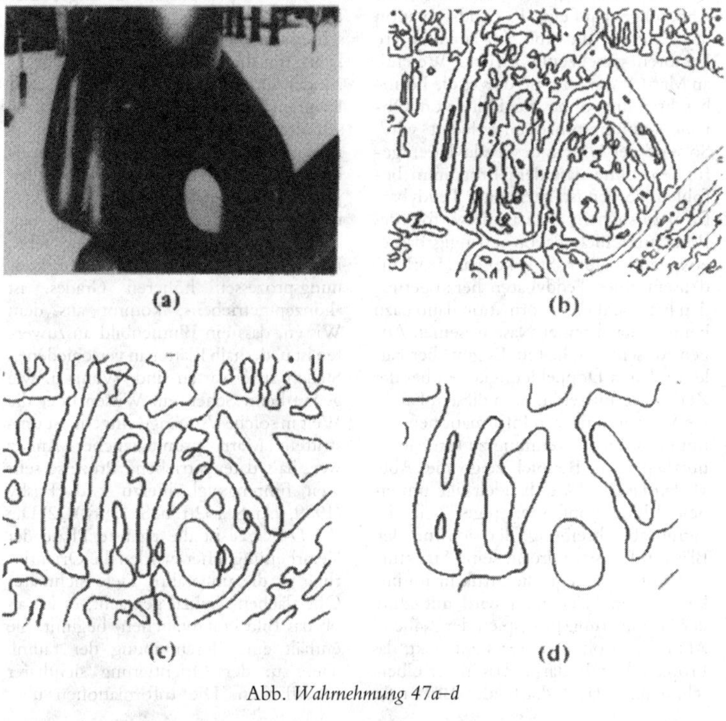

Abb. *Wahrnehmung 47a–d*

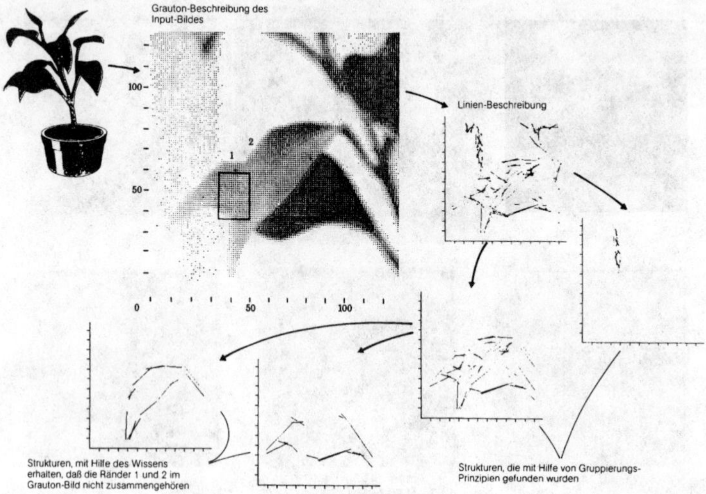

Abb. *Wahrnehmung 48*

Quadrate hervorgerufen; die Grenze in Abb. (c) geht auf eine 45-Grad-Rotation der Zeichen, die Abb. (d) auf mehrere Faktoren gleichzeitig zurück. Wesentl. an Marrs Programm ist, dass es die Formbeschreibung ohne die Hilfe von Objekterkennungsprozessen erledigt wird. So wird der Umriss des Teddybären gefunden, ohne dass dem Programm befohlen worden ist, nach einer Teddybärform zu suchen; auch ist der Erfolg des Programms nicht davon abhängig, dass es etwa auf halber Strecke das Vorhandensein eines Teddybären herausgefunden hätte u. diese Information dann dazu benutzt, nach seiner Nase u. seinen Augen Ausschau zu halten. Es gibt aber Fälle, in denen Doppeldeutigkeiten bei der Zerlegung auftreten, u. in diesem Fall ist die Verwendung von Informationen, die mit der Objekterkennung zu tun haben, nützlich. Ein Beispiel zeigt die Abb. *Wahrnehmung 48*, es handelt sich um einen Blumentopf: derjenige Teil der Grautonbeschreibung, der sich mit den Blättern befasst, wird in seine Strukturbestandteile zerlegt, die Struktur im linken oberen Flächenteil wird mit Hilfe der Gruppierungsprinzipien der Nähe u. Ähnlichkeit ohne weiteres entdeckt; das Problem besteht darin, dass in der Überschneidungsfläche der beiden Blätter (in der Grautonbeschreibung als eingesetztes Rechteck zu sehen) die erste Formbeschreibung nicht genügend Linien finden kann, um die beiden Blätter klar voneinander abzutrennen. Wenn man dem Programm mitteilt, dass die Linienabschnitte, die aus den mit 1 u. 2 bezeichneten Bereichen der Grautonbeschreibung stammen, von verschiedenen Objekten herrühren, hat das Programm keine Schwierigkeiten, die beiden Blätter als solche zu analysieren, wie die Abb. zeigt. Diese Information kommt von Erkennungsprozessen höheren Grades, ist »konzeptgetrieben«, kommt aus dem Wissen, dass ein Blumenbild auszuwerten ist u. deshalb Blätter an verschiedenen Stellen zu erwarten sind. Wann u. wie genau beim Sehen ein Wissen über die Welt in solche Vorgänge eingeht, ist umstritten; Marrs grundsätzlicher Ansatz war, dass datengetriebene Prozesse sehr weit führen; vgl. hierzu zsfd. Frisby (1989, v. a. S. 132ff. u. S. 139ff.). (2) Die *2.5-D-Skizze* ist die nächste Phase der Verarbeitung. Hier werden die Orientierung u. die ungefähre Tiefe sichtbarer Oberflächen explizit gemacht; es ist, als ob das Bild »aufzutauchen« beginnt. Sie enthält eine Beschreibung der räuml. Tiefe u. der Orientierung sichtbarer Oberflächen. Die Informationen über

Schattierung, Textur, Bewegung u. binoculare Disparität werden integriert. Die Repräsentation ist dreidimensional, aber noch beobachterzentriert, da nur die vom Standpunkt des Beobachters aus sichtbaren Oberflächen repräsentiert sind. Sie enthält das Maximum an Information, das durch frühe visuelle Arbeit zu gewinnen ist, v. a. Informationen über die Orientierung u. ungefähre Ausdehnung sichtbarer Oberflächen, sowie eine symbolhafte Repräsentation der Übergänge zw. Oberflächen unterschiedl. Orientierung u. Tiefe. Diese werden in ein Koordinatensystem eingetragen, in dem ein Vektor die räuml. Orientierung des Bildelements an der betreffenden Stelle anzeigt. Tiefensprünge der sichtbaren Oberflächen werden durch durchgezogene Linien, Änderungen der Orientierung von Oberflächen durch gepunktete Linien dargestellt. Die Abb. *Wahrnehmung 49* ist eine Illustration der 2.5-D-Skizze nach Marr (1982): An jedem Punkt des Koordinatensystems zeigt ein Vektor die räuml. Orientierung des Bildelementes an der betreffenden Stelle an, die Tiefensprünge der sichtbaren Oberflächen werden durch durchgezogene Linien, Änderung der Orientierung von Oberflächen durch gepunktete Linien dargestellt. (3) Das *3-D-Modell* schließl. ist eine dreidimensionale Repräsentation, die nicht mehr beobachterabhängig u. für einen Vergleich mit Gedächtnisinhalten geeignet ist. Sie ist außerdem hierarch. organisiert, d. h., es existieren unabhängige Repräsentationen sowohl für das gesamte Objekt als auch für dessen Teile. So wird z. B. die Gestalt eines Menschen o. auch eines Tieres in die Beschreibung einzelner Körperteile u. ihrer Lage zueinander zerlegt – ein sitzender Mensch unterscheidet sich von einem stehenden nur noch durch eine unterschiedl. Orientierung der Beine zum Torso sowie in der relativen Orientierung von Ober- u. Unterschenkel. Nach Marr sind zum Erkennen solcher Formen keine genau analysierten Oberflächenstrukturen mehr von Bedeutung, Figuren werden aus stilisierten Untereinheiten erkannt; so werden Menschen z. B. durch Bauklötzchen o. röhrenähnl. Systeme dargestellt (sog. *generalisierte Zylinder*). (4) Zu zwei Aspekten hat Marrs Theorie bes. wichtige Ideen beigesteuert: (a) → Tiefensehen bzw. Raumwahrnehmung, insbes. zum Verständnis der Verarbeitung von Information aus der → binocularen Disparität: Das zentrale Problem besteht gem. dem marrschen Ansatz darin, korrespondierende Netzhautstellen auch als solche zu erkennen. Marr hat dafür mathemat. Algorithmen bereitgestellt (Marr u. Poggio 1976); Regel 1: *Vereinbarkeit*: Korrespondierende Bildpunkte sind einander in ihren Parametern (lokale Dichte, lokale Entfernung, Orientierung) ähnlich. Regel 2: *Eindeutigkeit*: Jeder Bildpunkt eines Bildes entspricht genau einem Punkt des anderen Bildes. Regel 3: *Kontinuität*: Zwei Bildpunkte werden dann

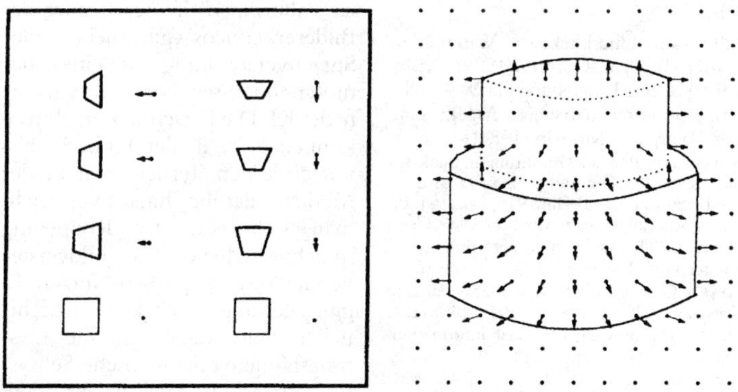

Abb. *Wahrnehmung 49*

bevorzugt miteinander kombiniert, wenn sie eine ähnl. Disparität aufweisen. Wesentl. an diesem Ansatz ist, dass diese Algorithmen zur Tiefenerkennung funktionieren, ohne dass zuvor Objekte o. Teile erkannt werden müssen. (b) Bewegungswahrnehmung: Marr geht davon aus, dass sich Bewegungswahrnehmung zum einen durch Bewegungsdetektoren u. zum anderen durch komplexe Informationsverarbeitungsprozesse konstituiert. Die Detektoren liefern ledigl. zweidimensionale Informationen, indem sie auf Diskontinuitäten im visuellen Feld reagieren. Eine komplexere Bewegungswahrnehmung hat dann die Aufgabe, zwei Probleme zu lösen: das → Korrespondenzproblem, d. h. die Frage, welches Item des Bildes zum Zeitpunkt t_1 welchem anderen Item zum Zeitpunkt t_2 entspricht. Dem schließt sich das Problem an, aus korrespondierenden Bildpunkten die Bewegungsvektoren zu bestimmen; vgl. hierzu auch Ullmann (1979). Marrs Kzpt. beinhaltet, dass Wahrnehmung von Bewegung immer eine sog. *Starrheitsannahme* enthält, die darin besteht, dass die meisten Strukturen der visuellen Welt wenigstens annähernd starr sind u. dass sich die Form einer Struktur in der Bewegung nicht verändert. So reduziert sich das Korrespondenzproblem der Bewegungswahrnehmung auf das Korrespondenzproblem der Tiefenwahrnehmung: Aus der veränderten Position kleiner Gruppen von Punkten werden Bewegungsfiguren berechnet, die die genaue räuml. Verschiebung dieser Punktgruppen wiedergeben.

LIT: Zum Überblick vgl. Wimmer u. Perner (1979) u. Gordon (1989); Frisby (1989) ist eine Darstellung der Wahrnehmungsps. unter marrschem Aspekt; eine krit. Analyse ist Morgan (1984).

◆ Banyard, P. u. a.: Einführung in die Kognitionsps. München 1995; Falk, D. S. u. a.: Ein Blick ins Licht. Berlin 1990; Frisby, J. P.: Optische Täuschungen. Augsburg 1989; Gordon, I. E.: Theories of visual perception. Chichester 1989; Lison, E.: Wissen u. Sehen. In: Heyer, G. u. a. (Hg.): Wissensarten u. ihre Darstellung. Berlin 1988, S. 194–216; Marr, D.: Early processing of visual information. Philosophical transactions of the Royal Society of London, Series B, 275, 1976, S. 483–524; Marr, D. u. Poggio, T.: Cooperative computation of stereodisparitity. Science 194, 1976, S. 283–287; Marr, D. u. Nishihara, H. K.: Representation and recognition of the spatial organization of threedimensional shapes. Proceedings of the Royal Society of London, Series B, 200, 1978, S. 269–294; Marr, D.: Vision: a computational investigation into the human representation and processing of visual information. San Francisco 1982; McArthur, D. J.: Computervision and perceptual psychology. PBu 92, 1982, S. 283-309; Morgan, M. J.: Computational theories of vision (review of Marr). QJEP, 36a, 1984, S. 157–165; Neisser, U.: The imitation of man by machine. Science 139, 1963, S. 193–197; Pylyshyn, Z.: Computation and cognition. Cambridge/Mass. 1984; Ullmann, S.: The interpretation of visual motion. Massachusetts 1979; Wilkening, F.: Zur Rolle des Wissens in der Wahrnehmung. In: Mandl, H. u. Spada, H. (Hg.): Wissensps. München 1988; Wimmer, H. u. Perner, J.: Kognitionsps. Stuttgart 1979; Winston, P. H. (Hg.): The psychology of computer vision. New York 1975.

Computertomographie → physiologische Psychologie (Kasten psychophysiologische Methoden).

Computer vision, Bilderkennen bzw. Bildverstehen durch Computer(-programme); das Schlagwort kennzeichnet einen Bereich der → künstlichen Intelligenz, in dem versucht wird, Computerprogramme zu erstellen, die in der Lage sind, visuelle Erkenntnisleistungen, wie das Identifizieren von Konturen u. Formen u. ganzen Gegenständen, zu vollbringen. Dieses Gebiet des Bildererkennens gilt neben der Sprachverarbeitung als eines der umfangreichsten Forschungsgebiete der KI. Die Forschungsergebnisse können z. B. in der Robotik benutzt werden, ferner auch in der Medizin; darüber hinaus verspricht man sich von der Koppelung sprachverstehender u. bildverstehender Systeme großen Nutzen. Es gibt allerdings noch keine maschinellen Sehsysteme, die die Leistungsfähigkeit des menschl. Sehsystems erreichen. Auch in der Praxis sind Bildverarbeitungssysteme bisher nur von geringer Bedeutung, ein Bildverarbeitungssystem zur Bedienung des Werkzeugssystems konnte noch nicht entwickelt werden, zu einem Durchbruch bei der Automatisierung techn. Prozesse haben maschinelle Sehsysteme noch nicht geführt. Nur ein Bruchteil der KI-orientierten Forschung hat Eingang in operationale techn. Sehsysteme in der Praxis gefunden; diese ist durch eher domänen-spezif., aufgabenoptimierte u. bildklassenspezif. Aspekte gekennzeichnet, mit stark eingeschränkter Allgemeingültigkeit. Alle Berechnungsarchitekturen, die bisher in der wissenschaftl. Literatur als große Entwürfe für allgemein gültigere Sichtsysteme gehandelt wurden, blieben Entwürfe.

Programme zur c. v. – u. damit, so diese Programme ps. Relevanz besitzen, auch die Verarbeitungsprozesse der visuellen Wahrnehmung – beinhalten folgende Stufen: (a) *Darstellung*: Ein Bild wird in einer sog. Grauwert-Matrix dargestellt, d. h. jeder Bildpunkt erhält eine Kodierung entsprechend seinem Helligkeitsgrad, bei Farbbildern kommen noch weitere Darstellungsprobleme hinzu. (b) *Segmentierung*: Das Bild wird in seine einzelnen Elemente aufgeteilt, dazu müssen insbes. die Kanten, welche die Gegenstände begrenzen, durch bes. Programme (die sog. *Kantenfinder*) aufgefunden werden, so dass eine Linienzeichnung entsteht. Anschließend sind die Linien zu interpretieren: Welche gehören zusammen, welche repräsentieren einen Körper? (c) *Objekterkennung*: Das System muss herausfinden, um welche Gegenstände es sich handelt, es muss also wissen, was z. B. einen Würfel, einen Kegel, einen Stuhl etc. ausmacht. (d) *Szenenanalyse*: Die Beziehungen zw. den Objekten sind zu untersuchen, damit die inhaltl. Bedeutung einer Szene erkannt wird; solche Beziehungen sind bspw.: »Kegel steht auf Würfel« o. »Würfel liegt neben Quader«. Während auf den vorhergehenden Stufen (a–c), die meist unter dem Oberbegriff *Bildanalyse* zusammengefasst werden, fast nur → Bottom-up-Prozesse eine Rolle spielen, also nur wenig Wissen (z. B. in Form von Modellen über den Verlauf lokaler Kontrastveränderungen o. typ. Gruppierungen) eingeht, wird das benötigte Modellwissen auf der Stufe der *Szenenanalyse* ausgeprägter: umfangreiche Kenntnisse sowohl hinsichtl. geometr. Bildentstehung, z. B. bezügl. der strahlengeometr. Projektion als auch der elektromagnet. Strahlung u. ihrer physiolog. Bewertung, fließen mit ein; insbes. die physikal. Modellbildung der Lichtreflexion an Oberflächen fand Eingang in kognitivist. orientierte Arbeitshypothesen über Verarbeitungsarchitekturen. Schwierigkeiten ergeben sich z. B. daraus, dass Teile der Objekte u. U. verdeckt sind, die Beleuchtung unterschiedl. ist u. die gleichen Körper in verschiedenen Positionen auftreten können (Rotation). Farbige o. dreidimensionale Darstellungen rufen weitere Probleme hervor.

HI: Die wesentl. Paradigmen der c. v., in histor. Reihenfolge: (a) Die Forschungstradition beginnt Mitte der 50er Jahre; im Zentrum stand v. a. die Auswertung von Luftbildern. Man spricht dabei von *Bildverarbeitung* i. e. S. (da es v. a. um Bild-zu-Bild-Transformationen geht, spricht man zur Kennzeichnung dieses Ansatzes meist von *image processing* – im Gegensatz zum *Bildverstehen*, s. u.). (b) Das Problem der *Objekterkennung* wurde zunächst am Bsp. der *Zeichenerkennung* untersucht, insbes. Erkennung handgeschriebener Druckbuchstaben. Diese Anwendungsdomäne führte zum Paradigma der → Mustererkennung, der Frage, wie man unterschiedl. Manifestationen gleichartiger Objekte korrekt in ihre Klassen einordnen kann. Mustererkennung beeinflusste die Grundkzpte. der Bildverarbeitung auf lange Jahre u. kann seit den 90er Jahren als eine ausgereifte Disziplin angesehen werden; Anwendungen: seismograph. Messungen, Erkennung von Werkstücken auf einem Fließband, Zeichenerkennung etc. Für das allg. Problem des Bildverstehens waren Zeichenerkennung u. Mustererkennung allerdings ein Holzweg, da die darauf aufbauenden Ansätze der Reichhaltigkeit des Wahrnehmungsprozesses nicht gerecht werden. (c) Mit der Analyse von *Polyederszenen* leitete Roberts (1965) einen Paradigmenwechsel ein: Programme, mit denen versucht wird, zwei- o. dreidimensionale Objekte zu identifizieren u. dabei die räuml. Verhältnisse der Objekte zu erkennen u. zu beschreiben. Einen Meilenstein stellt das von Waltz (1975) vorgestellte Markierungsverfahren dar, das in der Lage ist, mehrere zueinander sich in unterschiedl. räuml. Beziehungen findende Polyeder o. gradflächige Körper in räuml. Verhältnissen zu erkennen. Es handelt sich jeweils um Blöcke, die auf- o. nebeneinander stehen u. sich tlw. verdecken (sog. *Blockwelt*), u. das Waltz-Programm ist v. a. in der Lage, unterschiedl. Kanten zu identifizieren (als konvex o. konkav, als Verdeckungskanten o. sogar, falls Schatten abgebildet sind, als Schattenkanten). Diese Blockwelt wurde auf mehrere Jahre zur hauptsächl. untersuchten Domäne. Zur Darstellung der ps. relevanten Aspekte vgl. Wimmer u. Perner (1979). Damit verschob sich das Interesse von der Klassifizierung zur Geometrie, von der *Objekterkennung* im Sinne von *Objektidentifizierung* zur *Objektbeschreibung*, also zur Analyse der Struktur u. Bedeutung. Gleichzeitig wurde deutl., dass Bildverstehen auch wesentl. auf dem Verständnis von Realwelteigenschaften beruht, in diesem Fall auf den Gesetzmäßigkeiten, denen projizierte Polyederkanten genügen. Das Programm von Winograd (→ künstliche Intelligenz) war ein Programm, das in natürl. Sprache Fragen bezügl. solcher Blockweltszenen beantworten konnte. Waltzprogramme verwenden Beschränkungen, die für die Welt der Blöcke gelten, sie lösen aber nicht das → Segmentierungsproblem in der Form, wie es sich bei vielen natürl. Bildern stellt. (Marrs Programm, s. u., versucht dagegen seine Formbeschreibung ohne die Hilfe von Objekterkennungsprozessen zu erstellen.) (d) Seit Mitte der 70er Jahre erlaubten verbesserte apparative Bedingungen auch die Verarbeitung von digitalisierten Bildfolgen mit zeitveränderl. Szenen. Bewegung wurde zunächst vorwiegend als eine zusätzl. Informationsquelle für die Segmentierungsproblematik aufgefasst, also für die Aufgabe, die zu bewegten Objekten gehörenden Bildbereiche vom Hintergrund zu isolieren. Die Einsicht, dass Sehen im Allg. mit zeitveränderl. Szenen zu tun hat u. dass der zeitl. Kontext die Bildanalyse auf vielen Beschreibungsebenen unterstützen kann, setzte sich erst langsam durch. Heute gehört die Bewegungsanalyse zu den beherrschenden Themen auf dem Gebiet Bildverstehen. (e) Gleichzeitig wandte man sich in verstärktem Maße *Realweltszenen* zu; typ. Bsp.: Landhausszenen, Luftaufnahmen von Flugplätzen, Laborszenen, Straßenverkehrsszenen. Die Beiträge in Hanson u. Riseman (1978) vermitteln einen repräsentativen Überblick. Dabei wurden die Grenzen bisher bekannter Methoden deutl.: z. B. entpuppten sich Kantenfinder, die in der Blockwelt brauchbare Ergebnisse liefern, als realweltuntauglich. (e) Marrs → computationale Wahrnehmungstheorien waren eine weitere Wende; Marr entwarf eine kognitiv orientierte, von biolog. Systemen inspirierte hierarch. Rahmenarchitektur für Sehsysteme, in der verschiedene Zwischenrepräsentationen u. Verarbeitungsprozesse vorgesehen sind. Diese Theorie ist diejenige aus dem Bereich der künstl. Intelligenz, die am stärksten von der modernen Wahrnehmungsps. rezipiert worden ist – wenn man von *der* → computationalen Wahrnehmungstheorie spricht, dann ist dies Marrs Modell. Obwohl sich einzelne von Marr postulierte Architekturmerkmale als nicht mit den biolog. Fakten vereinbar u. verbesserungsbedürftig erwiesen haben, führten seine Vorstellungen doch dazu, dass die Aufgaben eines bildverstehenden Systems in der Folgezeit enger an kognitiven Zielen orientiert, wesentl. sorgfältiger formuliert u. auch detaillierter untersucht wurden. Zunehmend wurden auch Ergebnisse aus der Neurophysiologie u. Psychophysik mit einbezogen. (f) In der Auseinandersetzung mit Marr formierte sich eine Art *Neogestalttheorie* bzw. *Neogestaltismus*, der v. a. die Wahrnehmung von Gesamtobjekten thematisiert; es konnte z. B. nachgewiesen werden, dass Konturinformation prinzipiell zur Identifikation von räuml. Objekten ausreicht, dass jedoch insbes. Ecken, Linienkreuze u. Objektformen eine signifikante Rolle spielen; so wird z. B. durch Löschen von Kontursegmenten mit starker Krümmung die Identifikation von Objekten erhebl. erschwert. (g) Die zunehmende Durchdringung des Gebietes führte in den letzten Jahren zu einer Neuformulierung zahlreicher Bildverarbeitungsprozesse, bes. im Bereich der frühen visuellen Wahrnehmung. Bspw. wird die Extraktion von Kanteninformation heute von vielen Forschern nicht mehr als ein eigenständiger, in sich geschlossener Prozess angesehen, man geht vielmehr von Filterprozessen aus, deren Ergebnisse als Basis verschiedener Folgeprozesse außer zum Kantenfinden z. B. auch zur Bewegungsextraktion verwendet werden kann. Die traditionelle Vorstellung, dass Bilder in einer ersten Verarbeitungsstufe durch Kantenfinder segmentiert werden, ist damit als Lösung für allg. Sehsysteme überholt. Dieses Ergebnis zeichnete sich eigentl. schon nach den ersten Erfahrungen mit den Realweltbildern ab, für die ein ausschließl. bottom-up-arbeitender Kantenfinder in der Regel keine brauchbare Segmentierung erzeugen kann. (h) Seit Beginn der 90er Jahre tritt ein neues Paradigma auf: die Modellierung eines Sehsystems als aktiv handelnder Agent. Im Gegensatz zur herkömml. Sicht wird dabei das Augenmerk auf die zielgerichtete Steuerung der einzelnen Verarbeitungsprozesse zur Erfüllung einer konkreten Aufgabe gelegt, etwa zur Verfolgung eines bewegten Objektes, dem man ausweichen möchte, o. zur Unterstützung eines Greifvorganges. *Aktives Sehen* ist der Terminus für diese Untersuchungsrichtung (engl. *active vision, active perception*). Dieser Ansatz führt tlw. zu ganz neuen Lösungen, zum einen, weil nicht alle bisher bekannten Verfahren eine Fokussierung u. Top-down-Steuerung erlauben, zum anderen, weil die für aktives Sehen interessanten Informationen nur mit sehr spezif. u. damit bes. effektiven Verfahren gefunden werden können. (i) Als Alternativen zu Sehsystemen marrscher Prägung spielen Modellbildungen des → Konnektionismus heute eine zunehmende u. fruchtbare Rolle. Ein umfassender Entwurf für die Struktur eines konnektionist. konzipierten Sehsystems findet sich in Feldman (1988).

VD/T: (a) Aus der Sprach- u. Gedankenwelt der c. v. stammt der Begriff der *Beschreibung*, (z. B. *Szenenbeschreibung, Bildbeschreibung, Formbeschreibung, Objektbeschreibung* o. auch *Grautonbeschreibung*); gemeint ist die Analyse eines Bildes bzw. einer dreidimensionalen Szene mit der Aufgabe, bestimmte Elemente davon hinsichtl. ihrer Konturen u. ihrer Bedeutung zu erkennen. Da solche Erkenntnisprozesse in Computerprogrammen explizit beschrieben werden müssen, wird der Begriff »Beschreibung« verwendet; wenn er in der Ps. verwendet wird, ist jedoch eine subjektive Repräsentation gemeint, die diesen erkennenden Charakter besitzt – der Begriff ist also irreführend, da er in der Ps. nicht eine explizite sprachl. Beschreibung meint. (b) *Schattierung* meint in der Terminologie dieses Paradigmas meist die graduelle Änderung der lokalen Luminanzverteilung, die aus lokalen Veränderungen der Oberflächengeometrie entsteht; sie ist nicht ident. mit dem *Schattenwurf* bzw. *Schlagschatten* von 3-D-Objekten.

LIT: Zum Überblick über Modelle der frühen visuellen Informationsverarbeitung vgl. Neumann u. Stiehl (1993); zum Neogestaltismus (s. u.) vgl. Biederman (1985); Pentland (1986); Witkin u. Tennenbaum (1983); eine Weiterentwicklung des Marr-Paradigmas ist Aloimonos (1989).

◆ ALOIMONOS, J. u. SHULMAN, D.: Integration of visual modules: an extension of the Marr paradigm 1989; BIEDERMAN, D.: Human image understanding: recent research and theory. Computer vision, graphics and image processing 32, 1985, S. 29–73; FELDMAN, J. A.: Time, space and form in vision. Technical Report 88–011, International Computer Science Institut, Berkeley 1988; FRISBY, J. P.: Opt. Täuschungen. Augsburg 1989; HANSON, A. R. u. RISEMAN, E. M. (Hg.): Computer vision systems. Orlando 1978; NEUMANN, H. u. STIEHL, H. S.: Modelle der frühen visuellen Informationsverarbeitung. In: GÖRZ, G. (Hg.): Einführung in die künstl. Intelligenz. Bonn 1993, S. 589–681; PENTLAND, A.: Perceptual organization in the representation of natural form. ArI 28, 1986, S. 293–331; ROBERTS, L. G.: Machine perception of three-dimensional solids. In: TIPPET u. a. (Hg.): Optical and electro-optical information processing. Cambridge/Mass 1965, S. 159–197; WALTZ, D.: Understanding line drawings of scenes with shadows. In: WINSTON, P.H: (Hg.): The psychology of computer vision. New York 1975, S. 19–91; WIMMER, H. u. PERNER, J.: Kognitionsps. Stuttgart 1979; WITKIN, A. P. u. TENNENBAUM, J. M.: On the role of structure in vision. In: BECK, J. u. a. (Hg.): Human and machine vision. New York 1983, S. 481–543.

Conceptually-driven → Bottom-up- vs. Top-down-Prozesse.

Conceptual-peg-Hypothese → Bildüberlegenheitseffekt; → duale Kodierungstheorie.

Concurrent augmented feedback → Rückmeldungsverzögerung und Rückmeldungsverzerrung.

Condensation → Erkennungsaufgaben.

Conditioned emotional response → konditionierte emotionale Reaktion.

Conditioned stimulus → klassische Konditionierung.

Confirmation bias → Bestätigungstendenz.

Conjunction fallacy → kognitive Täuschungen und kognitive Heuristiken.

Conservative focusing → Attributlernen.

Constraint, übersetzbar mit *Begrenzung, Eingrenzung*, meist als unübersetzter Fachterminus verwendet. Das Kzpt. wurde v. a. innerhalb der Linguistik definiert (Chomsky 1965, 1980), als formale Restriktion, die die Klasse log. mögl. sprachl. Strukturen in bestimmten Bereichen einschränkt. Später wurde es auch in die → Wissenspsychologie übernommen, als Einschränkung der Klasse log. mögl. Wissenstrukturen. Das Kzpt spielt v. a. bei der Erforschung der *Wissensentwicklung* eine Rolle, bei der Frage, wie Kinder → Begriffe u. neue Wörter lernen, da sämtl. Verweisvorgänge – wie in der Philosophie schon länger gezeigt (vgl. z. B. Quine 1960 u. Goodman 1955) – mehrdeutig sind u. sich somit die Frage erhebt, woher die Kinder die zur Eindeutigkeit führenden C. haben. Für einen Überblick vgl. Keil (1981) u. Weinert u. Waldmann (1988). Das Kzpt. führt so auf das Problem angeborener Wissensstrukturen; vgl. z. B. Carey (1985), die vermutet, dass es bestimmte Formen von inhaltl. Wissen gibt, die angeboren sind, etwa eine *intuitive Ps.* u. eine *intuitive Physik.* Im Bereich der Lernps. wird mit dem Paradigma der *constraints of learning* das Phänomen u. Kzpt. bezeichnet, dass bestimmte Lernvorgänge sehr schwer, andere sehr leicht stattfinden, so dass die Annahme biolog. Prädispositionen erforderl. erscheint: → *preparedness.*

◆ Carey, S.: Conceptual change in childhood. Cambridge, Mass. 1985; Chomsky, N.: Aspects of the theory of syntax. Cambridge, Mass. 1965; Chomsky, N.: Regeln u. Repräsentationen. Frankfurt/M. 1980; Goodman, N.: Fact, fiction and forecast. Indianapolis 1955; Keil, F. C.: Constraints of knowledge in cognitive development. PR 88, 1981, S. 197–227; Quine, W. v. O.: Word and object. Cambridge, Mass. 1960; Seligman, M. E. P. u. Hager, J. L. (Hg.): Biological boundaries of learning. New York 1972.; Weinert, F. E. u. Waldmann, M. R.: Wissensentwicklung, Wissenserwerb. In: Mandl, H. u. Spada, H. (Hg.): Wissensps. München 1988, S. 161–200.

Constraints of learning → constraint; → preparedness.

Contingent negative variation → physiologische Psychologie (Kasten psychophysiologische Methoden).

Continous reinforcement → Verstärkungsplan.

Coolidge-Effekt, Bezeichnung für einen Aspekt, der die → Sexualität von manchen Menschen u. (manchen) Tierarten kennzeichnet: ein Bedürfnis nach sexueller Vielfalt speziell nach wechselnden Partnern. Der Effekt verdankt seinen Namen dem amerikan. Präsidenten Coolidge; vgl. zu der Anekdote, von der diese Bezeichnung herrührt, Ber–

mant (1976). Gründl. erforscht ist der C. erst im Tierreich; vgl. Dewsbury (1981).

◆ Bermant, G.: Sexual behaviour: hard times with the Coolidge effect. In: Siegel, M. H. u. Zeigler, M. P. (Hg.): Psychological research: the inside story. New York 1976; Dewsbury, D. A.: Effects of novelty of copulatory behaviour: the Coolidge effect and related phenomena. PBu 89, 1981, S. 464–482; Städtler, T.: Coolidge-Effect and the need for a romantic love – do they exclude each other? Journal of the Society of variety-motivated Romantics. 13, 1989, S. 89–99.

Coping → Bewältigung.

Corrollary discharge → Reafferenz.

Cortical switching → Transswitching.

Counterconditioning → Gegenkonditionierung.

Coverant-Kontrolle → verdecktes Konditionieren.

Covert conditioning → verdecktes Konditionieren.

Covert operant → verdecktes Konditionieren.

Craik-Cornsweet-O'Brien-Täuschung [auch *Craik-O'Brien-Täuschung*], eine → Wahrnehmungstäuschung, die die Wirkung des menschl. visuellen Systems, Kanten bevorzugt wahrzunehmen, indem → Kontraste verstärkt werden, in einer verblüffenden Weise verdeutlicht: Obwohl die Abb. *Wahrnehmung 54* ganz rechts u. ganz links außen gleich hell ist, erscheint die gesamte rechte Seite wegen der Kantenbildung dunkler als die linke; wenn man einen Bleistift über die mittlere vertikale Linie legt, erscheinen beide Hälften gleich hell. Diese Täuschung rührt von der Verteilung des reflektierten Lichts in der Nähe der Mittelkante zw. den beiden Hälften her; die Abb. (b) zeigt die tatsächl. reflektierte Lichtintensität, die Abb. (c) die wahrgenommene Helligkeitsverteilung. Zur Darstellung u. Erklärung dieses Effekts u. seiner Anwendung in der Kunst vgl. Falk u. a. (1990).

◆ Falk, D. S. u. a.: Ein Blick ins Licht. Berlin 1990; Frisby, J. P.: Opt. Täuschungen. Augsburg 1989.

Crespi-Effekt, ein Phänomen bei Prozessen der → Konditionierung, das darin besteht, dass bei Lernprozessen eine plötzl. Erhöhung o. Verminderung der zur → Verstärkung dienenden Futtermenge zu abrupten Vhsänderungen führt, also eine Art *Kontrasteffekt* gegeben ist. Der C. weist, wie das → latente Lernen, auf die Notwendigkeit einer Trennung von Lernen u. → Performanz hin u. bietet eine empir. Basis für das Kzpt. des → Anreizes.

VD: Das klass. Experiment von Crespi besteht darin, dass verschiedene Gruppen von Versuchstieren unterschiedl. mit Futter belohnt werden: mit niedrigen,

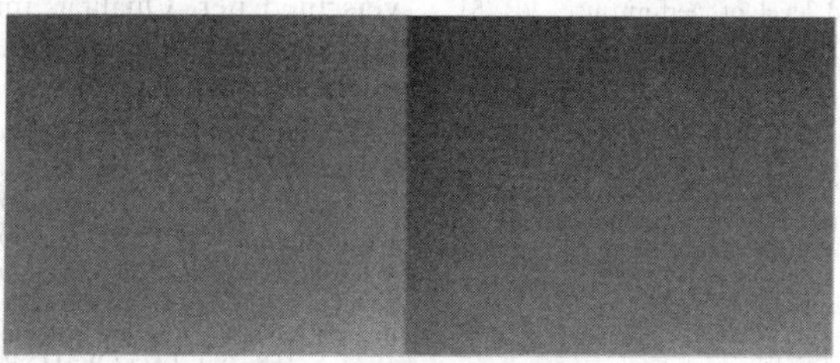

Abb. *Wahrnehmung 54a*

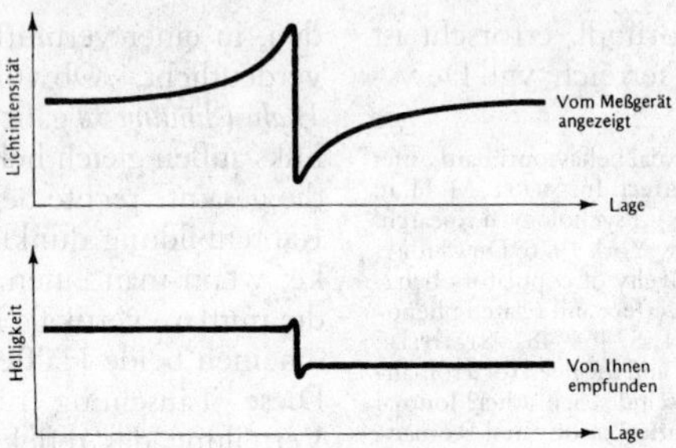

Abb. *Wahrnehmung 54b–c*

mittleren u. hohen Belohnungsmengen; nach mehreren Durchgängen wird dies geändert, so dass die Gruppe mit der Höchstbelohnungsmenge auf das Niveau der mittleren abgesenkt wird, mit dem Ergebnis eines drast. Abfalls der durchschnittl. Lernleistung u. Laufgeschwindigkeit dieser speziellen Gruppe: *negativer Kontrasteffekt*. Fällt die Laufgeschwindigkeit noch unter das Niveau der mittleren Gruppe ab, spricht man von einem *Depressionseffekt*. Bei einer Erhöhung tritt ein positiver Kontrasteffekt auf; das Phänomen eines *umgekehrten Depressionseffekts*, also überschießende Leistung (*Elationseffekt*), ist umstritten; vgl. Schrier (1967); Vgl. zur Terminologie Bredenkamp u. Wippich (1977), die auch auf die abweichende Verwendung dieser Begriffe hinweisen.

LIT: Zu Originalexperimenten vgl. hierzu Crespi (1942ff.); auch Zeaman (1949); neuere Lit.: Flaherty u. Rowan (1985).

◆ Bredenkamp, J. u. Wippich, W.: Lern- u. Gedächtnisps., 2. Bde. Stuttgart 1977; Crespi, L. P.: Quantitative variation of incentive and performance in the white rat. AJP 55, 1942, S. 467–517; Crespi, L. P.: Amount of reinforcement and level of performance. PR 51, 1944, S. 341–357; Flaherty, C. F. u. Rowan, G. A.: Antizipatory contrast: within-subjects analysis. ALB 13, 1985, S. 2–5; Schrier, A. M: Effects on an upward shift in amount of reinforcer on runway performance of rats. JCPP 64, 1967, S. 490–492; Zeaman, D.: Response latency as a function of the amount of reinforcement. JExP 39, 1949, S. 466–483.

Crossmodale Skalierung [engl. *crossmodality matching*, auch *intermodaler Intensitätsvergleich*, *kreuzmodale Skalierung*], eine → psychophysische Methode, typ. für die moderne → Psychophysik; die Methode umgeht die Schwierigkeit, die Empfindungsintensität als Vielfaches eines Standardreizes auszudrücken, indem sie die Empfindungsstärke eines Sinnes bzw. einer Modalität durch die einer anderen Modalität ausdrückt: bspw. werden die Vpn gebeten, die empfunde Lautstärke eines Tones durch entsprechenden Druck mit der Hand auf den Hebel eines Kraftmessers anzugeben, oder: die Länge eines Balkens ist so einzustellen, wie ein vorgespielter Ton hoch erscheint; ähnl.: die Skalierung zw. Lautheit u. Vibrationsempfindung. Durch zahlreiche empir. Untersuchungen, die auf dieser Methode beruhen, konnte Stevens zeigen, dass Intensitäten verschiedener Qualität mit Hilfe von Skalenfaktoren ineinander überführbar sind.

LIT: Zur Problematik vgl. Tack (1983) u. Krantz (1972); zur Bedeutung der c. S. für das Problem der → intersensorischen Koordination vgl. Guski (1989).

◆ Guski, R.: Wahrnehmung. Stuttgart 1989; Krantz, D. H.: A theory of magnitude estimation and cross-modality matching. JMaP 9, 1972, S. 168–199; Tack, W. H.: Psychophys. Methoden. In: Feger, H. u. Bredenkamp, J.

(Hg.): Messen u. Testen. EP, B, I, 3. Bd. Göttingen 1983, S. 346–426.

Cross-Over-Effekt → Informationsintegrationstheorie.

Cross-over-Experimente → Satzlernen.

CRS → Verstärkungsplan.

CS Abk. für *konditionierter Reiz*; → klassische Konditionierung.

CS– → negativer versus positiver Stimulus; → Reiz; → klassische Konditionierung.

CS+ → negativer versus positiver Stimulus; → Reiz; → klassische Konditionierung.

CS-US-Delay → Interstimulusintervall.

CT, Abk. für *Computertomographie*; → physiologische Psychologie (Kasten psychophysiologische Methoden).

Cue → Hinweisreiz.

Cue-dependent forgetting → Kodierungsspezifität; → Vergessen.

Cued recall → Reproduktion.

Cue utilization → Leistungsangst.

D → Hinweisreiz.

Daily hassles → Stress.

Darstellungsregeln → Ausdruck.

Daseinsbewusstsein → Ichbewusstsein.

Dashiell-Labyrinth → Lernlabyrinth.

Data-driven → Bottom-up- vs. Top-down-Prozesse.

Data-limited → Ressourcentheorie.

Datenbegrenzt → Ressourcentheorie.

Datengetriebene Inferenz → psychologische Heuristik.

Datengetriebene Prozesse → Bottom-up- vs. Top-down-Prozesse.

Dauerwahrnehmung → Zeitwahrnehmung.

Daumensprung: Betrachtet man einen Daumen jeweils abwechselnd mit dem rechten u. linken Auge, scheint er sich hin u. her zu bewegen; s. hierzu das Stw. → Stereopsis.

◆ Arnold, W. (Hg.): Experimentelles Praktikum, Bd. 1. Stuttgart 1972.

Deadaptation → Adaptation.

Deadline-Modell → Speed-power-Problem.

Deaktivierungs-Vorannahmen → Wille.

Deckfeld → Sehen.

Deckpunkte → Stereopsis.

Deduktionssysteme → künstliche Intelligenz.

Deduktionstheorien → Wahrnehmungstheorien; → unbewusste Schlüsse.

Deduktive Kodierung → Kodierung.

Deduktives Denken → logisches Schlussfolgern; → induktives Denken; → Denken.

Deduktives Schließen bzw. Schlussfolgern → logisches Schlussfolgern.

Defence conditioning → Bestrafungslernen.

Definierendes Merkmal → semantisches Merkmal.

Definition of categories by attributes → Erkennungsaufgaben.

Definition of categories by numeration → Erkennungsaufgaben.

Defizitmotivation → humanistische Psychologie.

Degradierte Bilder [engl. *degraded pictures*], von Leeper (1935) eingeführte wahrnehmungsps. Methode, bei der Zeichnungen auf Elemente reduziert werden, so dass sie kaum identifizierbar sind, allerdings sofort identifizierbar werden, wenn gesagt wird, um welches Bild es sich handelt; dann ist umgekehrt eine Sichtweise als sinnlose Strichanordnung meist nicht mehr mögl. Es gibt einen vergleichbaren Ansatz im Umgang mit *schwer kategorisierbaren* (*ill-defined*) Wahrnehmungsobjekten; für dieses Forschungsparadigma stehen die Namen Evans u. Arnoult (1967); Posner u. a. (1967); Hacker u. Sucro (1979).

◆ Evans, S. H. u. Arnoult, M. D.: Schematic concept formation: demonstration in a free sorting task. PS 9, 1967, S. 221–222; Hacker, W. u. Sucro, S. V.: Studie zum Einfluß von Klassenzahl u. Klassengröße auf das Bild unscharfer Klassen bei konfiguralen Objekten. ZfPs 188, 1979, S. 26–42; Leeper, R.: A study of a neglected portion in the field of learning the development of sensory organization. JGeP 46, 1935, S. 41–75; Posner, M. I. u. a.: Perceived distance and the classification of distorted patterns. JExP 73, 1967, S. 28–38.

Deklaratives Metawissen → Metakognition.

Deklarative vs. prozedurale Wissensrepräsentation. Eine d. W. ist eine Wissensrepräsentation in Form einer Faktendarstellung. Sie enthält keine direkten Handlungsanweisungen bzw. keine Angaben über Wissensprozesse (des Erwerbs, der Veränderung o. der Anwendung). Gerade Letztere sind dagegen bei der p. W. zentral, die eine Wissensrepräsentation in Form von *Prozeduren* ist, v. a. zur Anwendung von Wissen. In »psychologischerer« Formulierung: *d. W.* bezieht sich auf verbale bzw. verbalisierbare Inhalte, wie z. B. die Erinnerung an den letzten Urlaub o. andere Ereignisse, *p. W.* bezieht sich eher auf Fertigkeiten, wie Radfahren o. Ballwerfen. Vereinfacht gesagt: d.W. ist *Wissen, was*; p. W. ist *Wissen, wie*. Man kann die Dichotomie auch mit folgenden Begriffen charakterisieren: *Handlungswissen* vs. *semant.* u. *episod. Wissen*; ähnl.: → *explizites vs. implizites Wissen*.

Die Idee einer d. W. kam aus dem Problembereich v. a. der Darstellung sprachl. formulierter Aussagen, in dem insbes. Ableitungsprozeduren, mit denen Faktenwissen verarbeitet wird (→ semantisches Gedächtnis), analysiert werden. Der prozedurale Ansatz kam vorwiegend aus der Analyse von Robotern u. thematisierte v. a. den Aspekt der Wissensanwendung. Einen Hinweis auf die ps. Validität dieser Unterscheidung sind Gedächtnisstörungen, bei denen häufig die d. W. gestört ist, während die p. W. erhalten ist; vgl. Parkin (1987): Amnest. Patienten können z. B. das Personengedächtnis o. auch abstraktes Wissen über ein Fach verlieren, wie z. B. ein Musiker, der aber dennoch weiterhin perfekt Piano spielen u. dirigieren kann; vgl. Nilsson (1980) u. Winston (1984). Typ. deklarative Darstellungen sind → semantische Netze u. eine → propositionale Wissensrepräsentation bzw. eine Kombination beider Repräsentationsformen. Eine typ. prozedurale Repräsentation ist eine → produktionssystemtheoretische Wissensrepräsentation. Als zw. beiden stehend

kann man das Prinzip des → frames einordnen.
Die *Deklarativ-prozedural-Kontroverse* dreht sich um das Problem, wie menschl. Wissen sich optimal darstellen lässt – ein Grundproblem der → Wissenspsychologie. Der Vorteil einer d. W. im Computer u. damit wahrscheinl. auch im Gehirn liegt darin, dass jede Wissenseinheit nur einmal gespeichert zu werden braucht, unabhängig davon, wie oft u. in welcher Weise sie verwendet wird; so können neue Wisseneinheiten recht einfach hinzugefügt, modifiziert o. entfernt werden. Bei der p. W. werden Angaben, wie das Wissen benutzt bzw. konstruiert werden soll, bereits für die Darstellung verwendet. Heute ist anerkannt, dass es keine allg. überlegene Darstellungsform gibt, dass jede Darstellungsform für unterschiedl. Wissen optimal ist, was zur Entwicklung u. Benutzung von *hybriden* Wissensrepräsentationsformen führte, in denen deklaratives u. prozedurales Wissen kombiniert werden; auch die Transformierbarkeit der Darstellungsformen ineinander wurde hervorgehoben.
VD/T: Die Verwendung der Begriffe ist im Gebiet der Wissensrepräsentation eine andere als im Bereich der Programmiersprachen, wo man ebenfalls von *deklarativen* u. *prozeduralen* Sprachen spricht; vgl. Kurbel u. Eicker (1988). Die Unterscheidung ist v. a. sinnvoll innerhalb von Computerverarbeitungsmodellen der klass. Newell-Simon-Art, also von symbolverarbeitenden Systemen (→ künstliche Intelligenz). Innerhalb von → neuronalen Netzwerken u. auch von bestimmten semant. Netzwerken ist dieser Unterschied dagegen nicht wesentl. o. nicht gegeben.
LIT: Vgl. zsfd. Heyer (1988) u. Winograd (1975); Oswald u. Gadenne (1984) diskutieren die Unterscheidung zw. deklarativem u prozeduralem Wissen in Philosophie, Ps. u. künstl. Intelligenz.

◆ ANDERSON, J. R.: Language, memory and thougth. Hillsdale 1976; DÖRNER, D.: Problemlösen u. Informationsverarbeitung. Stuttgart 1976; HEYER, G. u. a. (Hg.): Wissensarten u. ihre Darstellung. Berlin 1988; KIEFER, E.: Wissen u. Intelligenz. In: HEYER u. a. (1988), S. 67–84; KLUWE, R. H.: Wissen u. Denken. Stuttgart 1979; KURBEL, K. u. EICKER, S.: Ein Streifzug durch die Welt der Programmiersprachen. DSWR 1–2, 1988, S. 18–25; LAUBSCH, J.: Techniken der Wissensdarstellung. In: HABEL, C. (Hg.): Künstl. Intelligenz. Wien 1984, S. 48–93; NILSSON, N. J.: Principles of artificial intelligence. Palo Alto 1980; NORMAN, D. A. u. RUMELHART, D. E.: Explorations in cognition. San Francisco 1975 (dt.: Strukturen des Wissens. Stuttgart 1978); OSWALD, M. u. GADENNE, V.: Wissen, Können u. künstl. Intelligenz. Eine Analyse der Konzeption des deklarativen u. prozeduralen Wissens. SuK 3, 1984, S. 173–184; PARKIN, W. J.: Memory and amnesia. Oxford 1987; RYLE, G.: The concept of mind. Harmondsworth 1973; WINOGRAD, T.: Frame representation and the declarative/procedural controversy. In: BOBROW, D. G. u. COLLINS, A. (Hg.): Representation and understanding: Studies in cognitive science. New York 1975, S. 185–120; WINSTON, P. H.: Artificial intelligence. Reading, Mass. 1984.

Deklarative Wissensrepräsentation → deklarative vs. prozedurale Wissensrepräsentation.

Deklarativ-prozedural-Kontroverse → deklarative vs. prozedurale Wissensrepräsentation.

Dekomponieren in Teilziele → psychologische Heuristik.

Dekomposition kognitiver Prozesse → kognitive Stufen; Additive-Faktor-Methode.

Dekompositionshypothese → Wortbedeutung, → semantisches Merkmal.

Dekorrelation visueller und propriozeptiver Rückmeldungen → Rückmeldungsverzögerung und Rückmeldungsverzerrung; → Kompatibilität.

Delayed gratification → Belohnungsaufschub.

Delayed response [auch *verzögerte Reaktion*], die typ. Versuchsanordnung ist, dass vor den Augen eines arretierten Tieres, aber außerhalb seiner Reichweite, unter eines von mehreren gleich aussehenden Gefäßen Futter gelegt wird; nach einer bestimmten Zeit lässt man das Tier zum Gefäß; findet es das Futter sofort, muss es eine → mentale Repräsentation der Beköderungssituation über die Verzögerungszeit hinaus aufgebaut haben; tauscht man das Futter aus, kann man u. U. heftige Enttäuschungsreaktionen beobachten (→ Frustration). Die d. r. ist also ein Beleg für eine → Erwartungstheorie; vgl. Amsel (1962).

◆ Amsel, A.: Frustrative nonreward in partial reinforcement and discrimination learning. PR 69, 1962, S. 306–328.

Delbœfsche Täuschung → Geometrisch-optische Täuschungen.

Delegationstendenz → komplexes Problemlösen.

Delta-Bewegung → Phi-Phänomen.

Delta-Phänomen → Phi-Phänomen.

Delta-Regel → Konnektionismus.

Delta-Wellen → physiologische Psychologie (Kasten psychophysiologische Methoden).

Demand characteristics, engl. für *Aufforderungscharaktere*; der Begriff wurde innerhalb der → Artefaktforschung geprägt, um diejenigen Aspekte eines Experiments zu bezeichnen, die die Vp dazu anregen, nicht nur einfach auf die experimentellen Reize zu reagieren, sondern komplexere Vhsweisen zu entwickeln (Orne 1969).

Bsp.: Ein Hinweis in der Instruktion, dass Halluzinationen auftreten können, kann tatsächl. dazu führen, dass die Vp in höherem Ausmaß über erlebte Halluzinationen berichten; wird z. B. der Vp. eine »Paniktaste« im Versuchsraum gezeigt u. erklärt, dass sie diese drücken könne, wenn ihre Angst allzu groß ist, führt das zu einer Erhöhung der auftretenden Angst. Weber, Cook u. Adair haben Ornes d. c. weiter differenziert: (a) *performance cues*, also Hinweisreize über die geforderte Leistung; (b) *role (attitude) cues*, also Hinweisreize über die Motivstruktur. Zur experimentellen Kontrolle u. Ausschaltung dieser Effekte vgl. die Lehrbücher zur → experimentellen Psychologie.

◆ → Artefaktforschung.

Denken. Eine im dt. Sprachraum häufig zitierte ältere Definition ist die Definition von D. als der *Erfassung u. Herstellung von Bedeutungen, Beziehungen u. Sinnzusammenhängen* (Wenzl 1933). Heute dominant ist die Auffassung vom D. als → Informationsverarbeitung. »Ausgewogen« ist die Definition in Dorsch (1987), in dem D. definiert wird als *die interpretierende u. ordnungsstiftende Verarbeitung von Informationen.* Dörner (1987) definiert D. als die *von der gegenwärtigen Außenwelt weitgehend unabhängige, gesteuerte Umwandlung von Wissensbeständen über die mögl. Erscheinungen in der Welt u. die mögl. Formen des Vhs.* I. e. S. meint *D.* bewusstes u. zielgerichtetes D., D. i. w. S. schließt auch »ungerichtetes«, »assoziatives«, »Nur-so-vor-sich-Hindenken« sowie Tagträume mit ein; die wissenschaftl. Ps. reduziert D. häufig auf die engere Bedeutung. Extensional lässt sich D. definieren durch die Hauptforschungsgebiete einer → Denkpsychologie: → Problemlösen; → logisches Schlussfolgern; → Begriffsbildung; Weiteres s. d.

Wie alle wichtigen Grundbegriffe der Ps. so ist auch D. keiner einfachen Definition zugängl., zu stark gehen hier wissenschaftl. u. wissen–

schaftstheoret. Vorannahmen mit ein – es ist schon ein Problem, ob es überhaupt einen gemeinsamen Nenner aller Denkphänomene gibt; vgl. hierzu die empir. Debatte innerhalb der Theorie der → Intelligenz, ob es einen *Generalfaktor* der Intelligenz gibt, womit so etwas wie ein Grundzug von »D. an sich« gegeben wäre. Folgende Definitionsaspekte sind zentral:

(1a) D. ist ein Paradebsp. für einen »verdeckten« Prozess, was insbes. den → Behaviourismus dazu führt, D. durch Umschreibung bzw. Operationalisierung, meist reduktionist. Art, anzugehen: D. als ein Vorgang X in der Blackbox, der zw. zwei Vhsweisen, typischerweise innerhalb einer *Blockierung* stattfindet. Der Behaviourismus konzipiert D. dabei meist im Sinne eines Peripheralismus bzw. einer → Motortheorie als subvokales → inneres Sprechen, einschließl. sonstiger Muskelbewegungen u. Drüsenreaktionen; der Neobehaviourismus als »innere« Reiz-Reaktions-Beziehungen; s. die Stw. → S-R-Theorie u. → Mediation. (b) Demgegenüber betonen die klass. europäischen Ansätze, die → Bewusstseinspsychologie, die → Würzburger Schule, die → Gestalttheorie u. auch wieder die moderne → kognitive Psychologie, die Idee einer → mentalen Repräsentation: D. ist ein »inneres« Geschehen, betrifft vorwiegend »geistige« Strukturen, wird durch ein anderes inneres Geschehen ausgelöst o. kann auch selbständig einsetzen. Diese kognitivist. Sicht der Dinge betrachtet D. stärker formal, während die behaviourist. Konzeption es eher funktional sieht – sozusagen als eine »Weiterführung der Handlung mit anderen Mitteln«, wie dies auch in der klass. Definition von Freud – D. als *Probehandeln* (erstmals verwendet in »Formulierungen über die zwei Prinzipien des psych. Geschehens« 1911) – aus einem ganz anderen Ansatz heraus konzipiert worden ist. In Umkehrung der Verhältnisse gilt dann, nachdem das Denken erst einmal aus dem Handeln entstanden ist, dass es seinerseits dem »Ordnen des Tuns« dient (Aebli 1980/81). (2) Der sowohl der vorwissenschaftl. Sicht wie auch der wissenschaftl. Ps. ursprüngl. inhärente Grundansatz ist eine Abgrenzung von D. gegenüber → Lernen bzw. → Gedächtnis dergestalt, dass D. immer ein Moment der → Umstrukturierung bzw. des → *produktiven* D. enthalte: D. sei mehr als das Speichern von Informationen, es sei eine Art der Verarbeitung von »alten« Informationen, die auf irgendeine Weise zu »neuen« Informationen führt – klass. ist hier das Kzpt. der → Einsicht. Die genannte Abgrenzung wird vom Behaviourismus bzw. den → Lerntheorien in einem reduktionist. Sinne negiert, aber auch das die moderne → kognitive Psychologie prägende Modell der → Informationsverarbeitung legt wenig Wert auf die Abgrenzung von Lernen u. D.: Es gebe einfach mehrere Phasen der Informationsverarbeitung, wb. es künstl. u. inadäquat wäre, eine davon als den Übergang vom *Lernen* zum *D.* hervorzuheben. Dieses Modell hebt auch in stärkerem Maße als die klass. Ansätze die Bedeutung des → Wissens hervor. Orientiert an den Methoden der → künstlichen Intelligenz ging es zwar ursprüngl. von einer Trennung der *Wissensbasis* von darauf definierten *Regeln* aus, sieht diese Trennung aber nicht als fundamental an, sondern wesentl. durch »techn.« Aspekte des jeweiligen KI-Systems determiniert (s. a. das Stw. → deklarative vs. prozedurale Wissensrepräsentation). Völlig ohne diese Unterscheidung kommt das Paradigma des → Konnektionismus aus. Zu einem neueren Ansatz zum *Computerdenken*, der die Besonderheit des menschl. Denkens gegenüber Computern mit dem Indeterminismus der Quantenmechanik in Zusammenhang bringt, vgl. Penrose (1991). (3) Ein ähnl. Bestimmungsmoment u. -problem von D. ist die Idee, dass D. weniger *mechan.* ist als andere kognitive Prozesse; bes. die → Gestalttheorie hebt dieses Moment hervor, insbes. *Einsicht* sei etwas, was das mechan. Moment transzendiert. Auch innerhalb der Grundlagendiskussionen zur künstl. Intelligenz wird diskutiert, inwieweit das menschl. Denken durch Computerprozesse simuliert werden kann u. inwieweit man damit auf eine mechan. u. objektivierbare Weise Kreativität erzeugen kann; vgl. hierzu Boden (1992). Auch das Kzpt. des → Heurismus spiegelt diese Problematik wider, die auch in den Dreyfusschen Analysen zu den Grenzen der künstl. Intelligenz eine wesentl. Rolle spielt (Weiteres s. d.). (4) Eines der Grundprobleme bei der konzeptuellen u. empir. Fassung der Denkvorgänge ist die Frage, inwieweit, wie der → Sensualismus meint, D. immer an sinnl. Vorstellungen gebunden ist. Diesem von der Bewusstseinsps. vertretenen Ansatz steht die Position der → Würzburger Schule gegenüber, die zahlreiche nichtsinnl. Momente des D. aufgewiesen hat. (5) Verwandt damit, aber grundsätzl. unabhängig davon, ist das Problem, inwieweit D. immer durch → Bewusstsein gekennzeichnet ist – wb. die Frage auftritt, ob dies überhaupt ein wissenschaftl. o. eher ein *wissenschaftstheoret.* Problem ist, wie z. B. Rohracher (1963) meint, für den D. immer *bewusst* ist (ansonsten liege eben ein physiolog. Prozess vor). Speziell das Phänomen der → Inkubation scheint ein empir. Hinweis darauf zu sein, dass es eine anscheinend unbewusste Problemlösung gibt, auch in Phasen, in denen keine aktive u. bewusste Denktätigkeit stattfindet. Auch Freuds Theorie des → Unbewussten impliziert eine Art eigenständiger Denkfähigkeit u. Denkqualität des Unbewussten, das nach seiner Vorstellung näml. nicht einfach ein abstraktlog. Raum ist, sondern ein Raum voller eigenständiger Entitäten, die eine Art »Homunculus-Existenz« besitzen u. gem. einem ihnen eigenen Modus, dem sog. *Primärprozess*, ablaufen; s. a. das Stw. → subliminale Wahrnehmung. (6) Ein ähnl. Problem des D.-Kzpts., das von der westl. Denkps. kaum rezipiert wird, dagegen in starkem Maße von der sowjet. Denkps. (vgl. Matthäus 1988), ist die Spannung zw. aktiven, bewusst determinierten Denkprozessen (Phänomendeskription: »*Ich denke*«) u. den als weniger aktiv gesteuert erlebten Prozessen (Phänomendeskription: »*Es denkt in mir*«) – die von Herrmann (1982) betriebene Differenzierung zw. »Akteur « u. »Systembeschreibung«, die Herrmann als *metatheoret.* ansieht, wird in dieser Hinsicht zum *empir.* Problem. (7) Ein weiteres Definitionsmoment von D. hebt die Bedeutung von Prozessen der *Abstraktion* hervor, von D. könne man nur sprechen, wenn → Begriffsbildung vorliegt (Weiteres s. d.). Auch in der Entwicklungsps., bes. der → genetischen Epistemologie, ist im Kzpt. des Übergangs vom *konkreten* zum *formalen* D. u., noch stärker, im Übergang vom *sensomotor.* zum *konkret-operativen* D. die Idee des »eigentl.« D. impliziert, welches dadurch definiert ist, dass es *Schemata* ausbildet, insbes. epistem. Grundkzpte. wie Raum u. Zeit, Zahl u. speziell die Kzpte. der *Invarianz* bzw. des *permanenten Objekts*; Weiteres s. d. Allg. zur Entwicklung des D. vgl. Halford (1982); s. a. das Stw. → konkretes vs. abstraktes Verhalten; vgl. Humphrey (1963). (8) Wichtige Einsichten über Bestimmungsmomente des D. finden sich auch bei der Diskussion des Unterschieds von Tier u. Mensch: Immer wieder hervorgehoben wird in diesem Zusammenhang der *Werkzeuggebrauch* bzw. die *Werkzeugherstellung* (→ Primatenversuche). Aber auch hier wird zunehmend gesehen, dass es keine kontinuierl. Steigerung vom Tier zum Menschen gibt (s. hierzu die Stw. → Ethologie u. → vergleichende Psychologie) u. dass Intelligenzleistungen sich nicht auf einer einheitl. Skala ansiedeln lassen, dass es vielmehr schon bei Tierformen, die wesentl. niederer als der Mensch stehen, z. B. bei Vögeln, erstaunl. kognitive Leistungen gibt, die in einigen Aspekten sogar denen des Menschen überlegen sein können (Weiteres s. das Stw. → Tierpsychologie). (9) In der Psychopathologie liefern insbes. die Störungsformen, in denen es eine starke Verminderung der Denkfähigkeit gibt, näml. die Demenzen, Hinweise auf das, was vorher vorhanden war, vgl. hierzu den klass. Aufsatz von Zutt (1965): »Was lehren uns die Demenzzustände über die menschl. Intelligenz?«. Zur Psychopathologie der Denkstörungen vgl. Scharfetter (1976) u. Barz (1986). Das Phänomen des *idiot savant* verweist auf die Möglichkeit inselartiger Begabungen, also die Möglichkeit herausragender Denkfähigkeiten innerhalb einer generellen kognitiven Minderbegabung; vgl. Howe (1988). (10) Zur Frage, inwieweit D. sprachl. Prozesse impliziert, s. das Stw. → Sprache u. Denken.

VD: Zahlreiche Probleme sind impliziert in der Unterscheidung verschiedener Formen des D.: (a) Die Unterscheidung von → deduktivem u. → induktivem D. ist sowohl auf wissenschaftstheoret. wie auf ps. Ebene höchst problemat.; sämtl. Untersuchungen zum induktiven D. zeigen, konform mit dem wissenschafts–

theoret. Deduktivismus, dass dieses auch auf ps. Ebene in vielen Fällen eben nicht ein induktives, sondern ein hypothesengenerierendes u. -gesteuertes D. ist; Weiteres s. d. Die eigentüml. Art u. Weise, auf die die Ps. die Prozesse der → Begriffsbildung angegangen ist, spiegelt ebenfalls diese Spannung *induktiv vs. deduktiv* wider. Auch der große Problemkreis, wie Menschen → Wahrscheinlichkeiten einschätzen bzw. → Wahrscheinlichkeitsrevisionen durchführen, ist darin impliziert. Die auf diesem Gebiet gewonnenen Ergebnisse liefern tiefe Einsichten in die Art, wie menschl. Denken die Welt ordnet u. strukturiert, u. zeigen damit wesentl. ps. Aspekte des *wissenschaftl.* D. Weitere Forschung zum Thema *wissenschaftl.* u. v. a. zum *physikal. D.* findet sich unter dem Stw. → Expertise; s. a. → Wissenspsychologie. (b) Die Unterscheidung zw. *log.* D. u. *nichtlog.* D. impliziert mehrere Problemkreise u. Denkformen: Sämtl. Untersuchungen zu der Art u. Weise, wie Menschen → logische Schlussfolgerungen verarbeiten, weisen auf viele *nichtlog.* Faktoren hin, v. a. die Benutzung nichtexakter, »illegaler« Schlussfolgerungen, die Benutzung von → Heurismen u. → mentalen Modellen, damit einhergehend eine Transformation von Prozessen des log. D. in Prozesse des → anschaulichen Denkens. Das Verhältnis von Logik u. D. führt auf das Problem des → Psychologismus; zur Beziehung der Logik zur Denkps. vgl. Koffka (1935) u. Vinacke (1952). (c) Die mögl. Gegenpole zum log. D. sind einerseits das anschaul. D., andererseits Phänomene, die mit den Kzpt. *irrationales D.* o. *intuitives D.* gekennzeichnet werden, bis hin zum »wilden« D. der sog. Naturvölker (vgl. Hallpike 1984); auch das kindl. D., insbes. in der präoperationalen Phase, lässt sich als paradigmat. hierfür anführen. Zu Prozessen des intuitiven Denkens bei kreativ künstler. u. wissenschaftl. Leistungen vgl. Pollio (1990). (d) Ein klass. Kzpt. u. Gegensatzpaar ist → *divergentes vs. konvergentes Denken*; Ersteres meint durch → Kreativität gekennzeichnete Denkprozesse, Letzteres solche, die durch eine eindeutige Lösung gekennzeichnet sind. Die darin implizierte Grundproblematik der Dichotomie von *freiem* u. *gebundenem* D. zieht sich durch die gesamte Geschichte der Denkforschung hindurch: die → Psychoanalyse hat das *phantasierende* D. dem *Lustprinzip* zugewiesen, während das dem zweckmäßigen Handeln dienende D. dem *Realitätsprinzip* unterstehe (vgl. z. B. Freud 1941). (e) Die Unterscheidung *verbal-sprachgebundenes* D. vs. *anschaul.* D. führt auf den allg. Problemkreis *Sprache u. Denken* u. die Rolle von → Vorstellungsbildern beim D. (f) Die Unterscheidung *produktives* (auch: *schöpferisches*) vs. *reproduktives D.* ist weniger deskriptiv als dass sie die Grundposition der gestalttheoret. Denkps. in der Abgrenzung von der behaviourist. Konzeption widerspiegelt: *produktives* D. sei das »eigentl.« D., das Neues hervorbringe, insbes. also das (erfolgreiche) Problemlösen. Auch Guilford unterscheidet in seiner Intelligenztheorie *erfassendes, produktives* u. *wertendes* D. – das produktive D. wird differenziert in *konvergentes* u. *divergentes* D. (s. o.). (h) Unter inhaltl. Aspekt wichtig geworden ist v. a. das *numer.-zahlengebundene* D. bzw. das → *mathematische Denken.*

LIT: Tief schürfende Überlegungen zum vorwissenschaftl. Verständnis von D. u. zu D. als Gegenstand der Ps. finden sich in Graumann (1965); vgl. auch Harris (1989).

◆ → Denkpsychologie.

Denkfehler → logisches Schlussfolgern; → Wissenspsychologie.

Denklehre → psychologische Heuristik.

Denkpsychologie. Bisweilen wird der Begriff in einem speziellen Sinne verwendet, näml. zur Kennzeichnung der → Würzburger Schule. Im allg. Sinne bezeichnet er die wissenschaftl. Erforschung des → Denkens, eines der Grundgebiete der → allgemeinen Psychologie. Die D. hat drei Hauptgebiete: → Problemlösen; → logisches Schließen; → Begriffsbildung. Bisweilen werden, eingeordnet in das Forschungsgebiet *logisches Schließen* u. gekennzeichnet durch das Schlagwort → *Urteilen*, auch die Ansätze zum → induktiven Denken, speziell zur kognitiven Verarbeitung von → Wahrscheinlichkeiten der D. zugeordnet. Interessanterweise ist die Erforschung der menschl. → Intelligenz ein außerhalb der eigentl. D. entstandenes Paradigma, das innerhalb der → differentiellen Psychologie entwickelt worden ist.

Hauptmethoden der D. sind: die → Introspektion; die Methode des → lauten Denkens, sämtl. »Objektivierungen« bzw. Operationalisierungen durch auf der Vhsebene beobachtbare Aufgaben – berühmt u. wichtig geworden ist der → Turm von Hanoi, auch → Anagrammprobleme, → Analogieaufgaben u. eine Reihe von Denksportaufgaben, wie sie insbes. von der gestalttheoret. D. entwickelt worden sind (s. hierzu das Stw. → Problemlösen).

HI: Der Begründer der wissenschaftl. Ps. W. Wundt (→ Elementenpsychologie) hielt eine experimentalps. exakte D. für nicht machbar u. wies den Bereich des Denkens der *Völkerps.* als einer eher sozialps. bzw. kulturhistor.-idiograph. orientierten Wissenschaft zu. Die Würzburger Schule u. die → Gestalttheorie waren diejenigen Schulen, die eine elaborierte D. entwickelten. Im amerikan. Behaviourismus wurde das Thema D. stark zurückgedrängt, erst mit dem Neobehaviourismus kam es zu einer Renaissance denkps. Fragestellungen; s. hierzu die Stw. → Begriffsbildung u. → Mediationstheorien. Die aufkommende → kognitive Psychologie schließl. hat unter dem Leitmotiv der → Informationsverarbeitung zahlreiche denkps. Fragestellungen reaktiviert; Weiteres s. d.; zu weiteren histor. Angaben s. die Stw. → Denktheorien u. → Problemlösen.

LIT: Eine sorgfältige Einführung ist Brander u. a. (1983); eine ältere, aber sehr gute Einführung ist von Mayer (1979); die zwei Lehrbücher von Hussy (1984, 1986) stellen teilweise größere Ansprüche; die Arbeit von Aebli (1980/1981) kann ebenfalls als Überblick über die Denkps. benutzt werden, wiewohl es eine ganz persönl. fokussierte Darstellung ist; auch Schaefer (1985) ist empfehlenswert; englischsprachig sind Johnson (1972); Humphrey (1963); Vinacke (1952); Halpern (1989); eine Darstellung der gestalttheoret. Ansätze ist Koffka (1935); einen Überblick speziell über ältere Ansätze bietet Meili (1968); eine Sammlung klass. Texte ist Mandler u. Mandler (1964); eine ausführl. u. tief schürfende Darstellung der sowjet. D., die ganz grundsätzl. Alternativen zu westl. Ansätzen bietet, liefert Matthäus (1988); ein neuerer englischsprachiger Band ist Sternberg u. Smith (1988); einen Überblick über die vielfältigen Formen kognitiven Trainings bietet Klauer (1993).

◆ Aebli, H.: Denken: Das Ordnen des Tuns, 2 Bde. Stuttgart 1980/81; Bartlett, C.: Thinking. London 1958; Barz, H.: Psychopathologie u. ihre ps. Grundlagen. Bern 1986; Bergius, R. (Hg.): Lernen u. Denken. HP, 1. Bd., 2. Hlb. Göttingen 1964; Boden, M.: Die Flügel des Geistes. Kreativität u. Künstl. Intelligenz. Zürich 1992; Boring, E. G.: A history of experimental psychology. New York 1957; Bourne, L. E. u. Dominowski, R. L.: Thinking. ARP 23, 1972, S. 105–130; Brander, S. u. a.: Denken u. Problemlösen. Opladen 1983; Dörner, D.: Denken u. Wollen. Ein systemtheoret. Ansatz. In: Heckhausen, H. u. a. (Hg.): Jenseits des Rubikon. Berlin 1987, S. 238–249; Oesterreich, R. u. Dorsch, F. u. a. (Hg.): Ps. Wörterbuch. Bern 1987; Duncan, C. P.: Recent research on human problem solving. PBu 56, 1959, S. 397–429; Duncker, K.: Zur Ps. des produktiven Denkens. Berlin 1935; Freud, S.: Formulierungen über die zwei Prinzipien des psych. Geschehens. Gesammelte Werke VIII, 230–238, London (1941ff.); Graumann, C. F. (Hg.): Denken. Köln 1965; Greeno, J. G.: The Nature of problem solving abilities. In: Estes, W. K. (Hg.): Handbook of learning and cognitive processes, Bd. 5. Hillsdale 1978, S. 239–270; Halford, G. S.: The development of thought. Hillsdale 1982; Halpern, D. F.: Thought and knowledge: an introduction to critical thinking. Hillsdale 1989; Hallpike, C. R.: Die Grundlagen primitiven Denkens. Stuttgart 1984; Harris, P.: Object permanence in infancy. In: Slater, A. u. Bremner, G. (Hg.): Infant development. London 1989, S. 103–121; Herrmann, T.: Über begriffl. Schwächen kognitivist. Kognitionstheorien: Begriffsinflation u. Akteur-System-Kontamination. SK 1, 1982, S. 3–14; Hey, G.: Psa. des Lernens. Düsseldorf 1978; Howe, M. J. A.: Fragments of genius: the strange feats of idiots savants. London 1988; Humphrey, G.: Thinking: an introduction to its experimental psychology. New York 1963; Hussy, W.: Denkps., 1. Bd. Stuttgart 1984; Hussy, W.: Denkps., 2. Bd. Stuttgart 1986; Johnson, D. M.: A systematic introduction to the psychology of thinking. New York 1972; Klauer, K. J. (Hg.): Kognitives Training.

Göttingen 1993; Koffka, K.: Principles of gestalt psychology. New York 1935; Mandler, J. M. u. Mandler, G. (Hg.): Thinking: from association to gestalt. New York 1964; Matthäus, W.: Sowjet. Denkps. Göttingen 1988; Mayer, R. E.: Denken u. Problemlösen. Berlin 1979; Meili, R. u. Rohracher, H. (Hg.): Lehrbuch der experimentellen Ps. Bern 1968 (2. Aufl.); Müller, K.: Denken u. Lernen als Organisieren. In: Bergius, R. (Hg.): Lernen u. Denken. HP, 1. Bd. 2. Hlb., Göttingen 1964, S. 118–143; Oerter, R.: Ps. des Denkens. Donauwörth 1974; Penrose, R.: Computerdenken. Heidelberg 1991; Pollio, H. R.: Intuitive thinking. In: Underwood, G. u. Stevens, R. (Hg.): Aspects of consciousness, 1. Bd. London 1990; Pongratz, L. J.: Problemgeschichte der Ps. Bern 1967; Rohracher, H.: Einführung in die Ps. Wien 1963 (8. Aufl.); Schaefer, R. E.: Denken. Berlin 1985; Scharfetter, C.: Allg. Psychopathologie. Stuttgart 1976; Scheele, B.: Selbstkontrolle als kognitive Interventionsstrategie. Weinheim 1981; Selz, O.: Zur Ps. des produktiven Denkens u. des Irrtums. Bonn 1922; Sternberg, R. J. u. Smith, E. E.: The psychology of human thought. Cambridge 1988; Vinacke, W. E.: Psychology of thinking. New York 1952; Wehner, E. G. (Hg.): Geschichte der Ps. Darmstadt 1990; Wenzl, A.: Das Leib-Seele-Problem. Leipzig 1933; Wertheimer, M.: Productive thinking. 1945 (dt. Produktives Denken. 1957); Wolman, B. B.: Contemporary theories and systems in psychology. New York 1960; Zutt, J.: Was lehren uns die Demenzzustände über die menschl. Intelligenz? N 36, 1964, S. 1–7.

Denksportaufgaben → Problemlösen.

Denktheorien. Theorien des → Denkens führen auf Grundprobleme der Ps. überhaupt, u. die unterschiedl. Ansätze beinhalten zentrale Definitionskriterien der Hauptschulen der Ps.: (1) In der vorwissenschaftl. Phase der Ps. (von Aristoteles bis hin zum engl. Empirismus) war v. a. der → Assoziationismus Leitmotiv für eine Erklärung des Denkens. Grundansatz war, dass Denkprozesse durch eine mechanist.-sequenzielle Verknüpfung determiniert u. vorangetrieben werden. Damit waren gleichzeitig die zwei Grundfragen jeder D. thematisiert, näml. die, ob diese assoziationist. Verknüpfung als Erklärungsprinzip genügt o. die Annahme von Steuerungsfaktoren einer höheren Ebene notwendig ist (s. a. die Stw. → serielle vs. hierarchische Steuerung; → verbales Verhalten). Des weiteren ist das Problem impliziert, inwieweit die »Dynamik« des Denkens ohne die Einbezugnahme von Motivation, Gefühl u. Wille erklärbar ist u. inwieweit rein kognitivist. Verknüpfungsprinzipien ausreichend sind. (2) Auch die → Elementenpsychologie von Wilhelm Wundt (ca. 1870 – Anfang des 20. Jhdts.), der Beginn der wissenschaftl. Ps. des Denkens, war grundsätzl. assoziationist. orientiert, andererseits waren hier aber durch die Einbeziehung von Phänomenen u. Kzptn. wie Gefühl u. Willen schon stärker motivationale Momente enthalten. In dem Zentralkonzept der Elementenps., der → Apperzeption, kristallisierte sich diese Spannung zw. einem reinen Assoziationismus u. dynam. Momenten deutl. heraus. Gleichzeitig wurde ein weiteres Grundproblem einer D. thematisiert: die Frage, inwieweit Denken – wie diese frühe Bewusstseinsps. meinte – immer durch sinnl. Erfahrungen repräsentiert wird (→ Sensualismus). (3) Die → Würzburger Schule (ca. 1900–1920) stellte dem reinen assoziationist. Verknüpfungsprinzip ein solches höherer Ordnung gegenüber: Jedes Problem bzw. der Willensimpuls, es zu lösen, schaffe eine → determinierende Tendenz, die über die assoziationist. Verknüpfungen hinausgeht u. einen übergeordneten Spannungsbogen erzeugt – Denken erhält hier sozusagen auf kognitive Weise einen dynam. Charakter. Ein zweites zentrales Kondensat der Würzburger Forschungen war der Aufweis der zahlreichen nichtsinnl., also *nichtsensualist.* Elemente des Denkens; Weiteres s. d. (4) Die D. der → Gestalttheorie (ca. 1920–1950) war eine der histor. wichtigsten Ansätze, die v. a. das → Problemlösen analysierte. Denken wird unter dem Leitmotiv *Umstrukturierung* analysiert: Ein Problem ist eine *unvollkommene* o. *unprägnante* → *Gestalt*, der eine Tendenz zur *Umstrukturierung* in eine *gute Gestalt* inne ist. Dieser Umstrukturierungsprozess geht mit einem Erlebnis der → Einsicht einher. Für die Umstrukturierung sind zahlreiche notwendige, erleichternde bzw. erschwerende Bedingungen genannt worden; vgl. zum Überblick Bergius (1964). Vor diesem Hintergrund wird Denken v. a. als *produktives Denken* konzipiert – im Gegensatz zu assoziationist. Ansätzen, die nach Meinung der G. v. a. *reproduktives Denken* als Bezugsbereich haben. Klass. Arbeiten waren Duncker (1935) u. Wertheimer (1945), auch die Arbeiten von Köhler, v. a. zu den sog. → Primatenversuchen; Duncker thematisiert mehr die *Vorbereitungsphase* des Denkens, Wertheimer mehr die mittlere, produktive Phase. Einen Überblick vermitteln die Handbuchartikel von Müller (1964) u. Bergius (1964); Weiteres vgl. unter → Problemlösen. (5) Ebenfalls vorwiegend dynam. Momente hebt die Denktheorie der → Psychoanalyse hervor; Weiteres s. d.; vgl. auch → Unbewusstes. Allg. zu den empir. Untersuchungen über die motivationalen Bedingungen des Denkens vgl. Oerter (1974). (6) v. a. in den USA versuchte der → Behaviourismus (1920–1960) im Sinne einer → Motortheorie bzw. eines → Peripheralismus Denken auf → inneres Sprechen bzw. auf begleitende Muskel- u. Drüsenreaktionen zu reduzieren, auf die die Gesetze der → Konditionierung direkt anwendbar seien. (7) Seit den 60er Jahren, mit dem Aufstieg der → kognitiven Psychologie, erfolgt eine Renaissance des Begriffs der → mentalen Repräsentation. Unter Adaptation von Methoden der → künstlichen Intelligenz werden auf eine »quasihermeneut.« Weise die unterschiedl. → Heuristiken bei Denkprozessen analysiert u. damit einhergehend kommen klass. Themen einer Denkps. wieder auf: → semantisches Gedächtnis; → Wissenspsychologie; → Vorstellung; → analoge Wissensrepräsentation. Innerhalb verschiedener Ansätze, v. a. zum semant. Gedächtnis, kommt dabei ein Neoassoziationismus auf, der den klass. → Assoziationismus durch zahlreiche Elaborationen wesentl. erweitert u. flexibler gestaltet.

LIT: Vgl. zum Überblick Boring (1957); Pongratz (1967); Wolman (1960); Wehner (1990); s. a. das Stw. → Problemlösen; zu differentialps. Aspekten s. das Stw. → Intelligenz; s. a. → kognitive Stile; eine Darstellung der D. der Psa. ist Hey (1978).

◆ → Denkpsychologie.

Dependenz-Hypothese → Lesen.

Depressionseffekt beim Konditionieren → Crespi-Effekt.

Depressiver Attributionsstil, vor dem Hintergrund der Theorie der → gelernten Hilflosigkeit postulierter ätiopathogenet. Faktor für Depressionen: die Tendenz, negative Ereignisse, bes. Misserfolge, *stabil. global* u. *internal* zu attribuieren (→ Attributionsdimensionen; → internale vs. externale Kontrollüberzeugung); vgl. Seligman u. a. (1979), die zur Erfassung solcher Attributionsstile einen Fragebogen entwickelten *(Attributional Style Questionaire, ASQ)*. Nach Abramson u. a. (1978) hängt die Uni–

versalität der Depression ab von der Globalität der Hilflosigkeitsbeschreibung, die Chronizität der Depression von der Stabilität u. die Absenkung des Selbstwertes von der Internalität (inwieweit man das Versagen sich selbst zuschreibt); die Intensität der Depression schließl. hängt mit der Stärke der erwarteten Unkontrollierbarkeit bzw., im Falle von Selbstwertdefiziten, mit der Wichtigkeit der als nichtkontrollierbar eingeschätzten Situation zusammen. Durch diese Reformulierung der Theorie löst sich u. a. ein Problem, das durch die ursprüngl. Theorie der gelernten Hilflosigkeit nicht erklärt werden konnte, wie näml. der niedrige Selbstwert von Depressiven zustande kommt, wenn diese Personen gar keinen Einfluss auf die Ereignisse erwarten.

KR: Aufgrund der Metaanalysen der empir. Studien (Sweeney u. a. 1986) kann der Zusammenhang zw. ungünstigem Attributionsstil u. erhöhter Depressivität als gesichert betrachtet werden, während die Frage der kausalen Deutung des Zusammenhangs offen ist; Brewin (1985) diskutiert fünf theoret. Modelle; vgl. auch Brewin (1988).

LIT: Für einen krit. Überblick zum Thema vgl. Kammer u. Stiensmeier-Pelster (1987) sowie Kammer u. Hautzinger (1988); wichtige Originalarbeiten sind Litman-Adizes (1978); Miller u. Norman (1979); Roth (1980); ein Vergleich von vier theoret. Ansätzen ist Alloy u. Abramson (1988).

◆ ABRAMSON, L. Y. u. a.: Learned helplessness in humans. Critique and reformulation. JAbP 87, 1978, S. 49–74; ALLOY, L. B. u. ABRAMSON, L. Y.: Depressive realism: four theoretical perspectives. In: ALLOY, L. B. (Hg.): Cognitive processes in depression. New York 1988; BREWIN, C. R.: Depression and causal attributions: What is their relation? PBu 98, 1985, S. 297–309; BREWIN, C. R.: Depression u. Attribution: Krit. Fragen. In: KAMMER u. HAUTZINGER 1988, S. 17–29; DAVISON, C. G. u. NEALE, J. M.: Klin. Ps. München 1979; KAMMER, D. u. HAUTZINGER, M. (Hg.): Kognitive Depressionsforschung. Bern 1988; KAMMER, D. u. STIENSMEIER-PELSTER, J.: Depressive Attribuierung: Eine Standortbestimmung. In: AMELANG, M. (Hg.): Bericht über den 35. Kongreß der Dt. Ges. für Ps. in Heidelberg 1986, 2. Bd. Göttingen 1987, S. 557–566; LITMAN-ADIZES, T.: An attributional model of depression. University of California, Los Angeles 1978; MILLER, I. W. u. NORMAN, W. H.: Learned helplessness in humans: a review and attribution theory model. PBu 86, 1979, S. 93–118; ROTH, S.: A revised model of learned helplessness in humans. JPers 48, 1980, S. 103–133; SELIGMAN, M. E. P. u. a.: Depressive attributional style. JAbP 88, 1979, S. 242–247; SWEENEY, P. D. u. a.: Attributional style and depression: a meta-analytic review. JPSP 50, 1986, S. 974–991.

Depressiver Realismus → illusorische Kontrolle.

Deprivation, der Entzug einer Befriedigung; Bsp.: → sensorische Deprivation. Die *Deprivationstechnik* ist ein Verfahren der Messung von → Motivationen: Man misst die Stärke eines Antriebs nach der Dauer des Entzugs einer Befriedigung, z. B. Hunger (vgl. Munn 1950). Häufig findet man dabei das Ergebnis, dass neben der verflossenen Zeit noch andere Aspekte des Entzugs Berücksichtigung finden müssen, so etwa die zeitl. Staffelung der vorangegangenen Gratifikationen (*privation schedule*), der nach Kalorien bemessene Nährwert der letzten Nahrung, die Periodizität des Fress- bzw. des Sexualvhs. etc.; vgl. auch Hinde (1973). Die Bedeutung sozialer D. wird bes. von der → Bindungstheorie thematisiert.

◆ DEMENT, W.: The effect of dream deprivation. Science 131, 1960, S. 1705–1707; HINDE, R. A.: Das Vh. der Tiere, 2 Bde. Frankfurt/M. 1973; MUNN, N. L.: Handbook of psychological research on the rat. Cambridge/Mass. 1950.

Deprivationstechnik → Deprivation.

Derwortsches Gesetz → Gesetz der konstanten Figurzeit.

Derwort-von-Weizsäcker-Gesetz → Gesetz der konstanten Figurzeit.

Desensibilisierung [engl. *desensitization*], eine wichtige Technik der → Verhaltenstherapie, die dazu dient, die Kopplung von furchtinduzierten Reizen mit Angstreaktionen zu löschen, indem *angstantagonist.* Reize, v. a. tiefe Muskelentspannung, mit dem Reiz gekoppelt werden. Bewirkt werden soll damit, dass der Organismus bzw. die Vp gegenüber diesen Angstreizen keine Angst mehr entwickelt, also weniger *sensibel* reagiert, d. h. *desensitiviert* wird. Die angstauslösenden Reize werden im Rahmen der Bildung einer *Angsthierarchie* nach dem Schweregrad gestaffelt, begonnen wird mit der D. der schwächsten Reize.
Die D. ist eine Hauptmethode der Vhstherapie u. impliziert etl. Grundlagenforschungsaspekte, da man aufgrund ausführl. Experimente zur Erforschung ihres Wirkungsmechanismus wesentl. Einsichten in das Wesen der → Angst selbst gewann; vgl. Florin u. Tunner (1975); Butollo u. Höfling (1984). Eines der Grundprobleme ist, ob die D. auf einer → Gegenkonditionierung o. einer → Habituation beruht.

VD: Verfahren, die nicht auf diesem Prinzip einer *kontinuierl. Steigerung* beruhen, werden unter dem Oberbegriff *Konfrontationsverfahren* erfasst, dabei wird der Patient mit den Reizen seiner Angst konfrontiert, im Extremfall sogar massiv; so muss er sich z. B. in einem Raum mit vielen Spinnen o. Schlangen aufhalten, sie u. U. sogar berühren. Solche Verfahren haben sich v. a. bei Panikstörungen als überlegen erwiesen.

◆ Butollo, W. H. u. Höfling, S.: Behandlung chron. Ängste u. Phobien. Stuttgart 1984; Florin, I. u. Tunner, W. (Hg.): Therapie der Angst. Systemat. Desensibilisierung. München 1975.

Desensitization → Desensibilisierung.

Deskriptive Entscheidungstheorie → Entscheidungstheorie.

Deskriptiver Behaviourismus → Behaviourismus.

Destruktionstrieb → Psychoanalyse; → Aggressionstrieb; → Aggression.

Detektion, spezielle Form des → Urteilens, v. a. innerhalb der → psychophysischen Methoden: bei Wahrnehmungsexperimenten Prüfung, inwieweit überhaupt ein Reiz vorgelegen hat, bzw. ob überhaupt ein Reiz von einem »Hintergrundrauschen« abzutrennen war. Weiteres vgl. → Sinnesschwellen, → psychophysische Methoden u. → Signalentdeckungstheorie.

◆ Gigerenzer, G.: Messung u. Modellbildung in der Ps. München 1981; Sixtl, F.: Meßmethoden der Ps. Weinheim 1982.

Determinationsgeräte → Reaktionszeit.

Determinierende Tendenz → Würzburger Schule.

Deterministische Testtheorie → Psychodiagnostik.

Detour task → Umwegproblem.

Detumeszenztrieb → Sexualtrieb.

Deutaranopie → Farbwahrnehmung.

Dezentrale Kapazität → Ressourcentheorie.

Dezentrierung → genetische Epistemologie; → Invarianzkonzept.

Dezibel-Skala → Hören.

D-Gerät → Reaktionszeit.

Diagnostische Psychologie → Psychodiagnostik.

Diagnostizität → korrespondierende Schlussfolgerungen.

Dialektische Barriere → Problemlösen.

Dialog-Konsens-Methoden → Struktur-Lege-Technik.

DIAMANT-Modell → naive Varianzanalyse.

Dichotisches Hören [auch *dichotisches Hörverfahren*; engl. *dichotic listening*], eine der wichtigsten Methoden der modernen kognitiven Ps.; hierbei werden über Kopfhörer den beiden Ohren simultan verschiedene Reize zugeleitet – v. a. einfache Wörter, z. T. aber auch komplexere Wortbildungen, Satzgefüge, Töne, Geräusche u. Laute sowie kurze Melodien. Aufgabe der Vp ist dabei, das Gehörte wiederzugeben, häufig durch gleichzeitiges Nachsprechen (→ *shadowing*). Die Technik geht auf Broadbent (1952, 1954) u. Cherry (1953) zurück u. fand v. a. Verwendung im Zusammenhang mit der Forschung zur → Hemisphärenasymmetrie u. zu Splitbrain-Patienten, sowie zur → Sprachwahrnehmung u. → Aufmerksamkeit; vgl. Kimura (1961, 1964, 1973) u. Studdert-Kennedy u. Shankweiler (1970). V. a. die Fähigkeit zur → selektiven Aufmerksamkeit wurde analysiert, wie also Vpn ihre Aufmerksamkeit auf die Nachrichten eines Ohres konzentrieren können u. was vom nicht beachteten Kanal wahrgenommen wird. Zentrales Ergebnis war, dass der Mensch grundsätzl. in der Lage ist, Informationen auszufiltern u. sich auf ein Ohr zu konzentrieren, so z. B. auch auf denjenigen Kanal, aus dem eine männl. o. weibl. Stimme kommt (auch wenn die Schallquelle wechselt); ebenso ist Konzentration auf eine bestimmte Schallrichtung mögl. In Bezug auf den nicht beachteten Kanal ergaben die ersten Untersuchungen, dass hiervon nur grobe Charakteristika der Stimme (männl./weibl., hoch/tief) behalten werden u. dass Reize mit einem Besonderheitscharakter, z. B. der eigene Name, eine → Orientierungsreaktion hervorrufen. Untersuchungen zeigten, dass auch »höhere« Aspekte, wie bestimmte syntakt. u. semant. Strukturen der nicht zu beachtenden Nachricht verarbeitet u. erkannt werden, aber nicht langfristig gespeichert werden; vgl. Treisman (1964).

LIT: Zum Überblick vgl. Norman (1973); zu den techn. Problemen vgl. Orgass (1982); Weiteres s. die Stw. → shadowing, → Filtertheorie und → Lateralitätseffekt.

◆ Broadbent, D. E.: Speaking and listening simultaneously. JExP 43, 1952, S. 267–273; Broadbent, D. E.: The role of auditory localization in attention and memory span. JExP 47, 1954, S. 191–196; Broadbent, D. E.: Decision and stress. London 1971; Cherry, E. C.: Some experiments on the recognition of speech, with one and with two ears. Journal of the Acoustical Society of America 25, 1953, S. 975–979; Deutsch, J. A. u. Deutsch, D.: Attention: some theoretical considerations. PR 70, 1963, S. 80–90; Haggard, M. B.: Understanding speech. In: Cohen, A. u. Nooteboom, S. G. (Hg.): Structure and process in speech perception. Heidelberg 1975, S. 3–15; Kimura, D.: Cerebral dominance on the perception of verbal stimuly. CJP 15, 1961, S. 166–171; Kimura, D.: Left-right differences in the perception of melodies. QJEP 16, 1964, S. 355–358; Kimura, D.: The asymmetry of the human brain. SA 228, 1973, S. 76–78; Moray, N.: Attention. Selective processes in vision and hearing. London 1969; Norman, D. A.: Toward a theory of memory and attention. PR 75, 1968, S. 522–536; Norman, D. A.: Aufmerksamkeit u. Gedächtnis. Weinheim 1973; Orgass, B.: Neurops. – Gegenstand u. Methoden. In: Poeck, K. (Hg.): Klin. Neurops. Stuttgart 1982; Studdert- Kennedy, M. u. Shankweiler, D.: Hemispheric specialization for speech pereception. Journal of the Acoustical Society of America 48, 1970, S. 579–594; Treisman, A. M.: The effect of irrelevant material on the efficiency of selective listening. AJP 77, 1964, S. 533–564; Treisman, A. M.: Verbal cues, language and meaning in selective attention. AJP 77, 1964, S. 206–216.

Dichotisches Hörverfahren → dichotisches Hören.

Dichromasie → Farbwahrnehmung.

Differential reinforcement of high rates → Verstärkungsplan.

Differential reinforcement of other behaviour → Verstärkungsplan.

Differentielle Emotionstheorie, von Izard (1981ff.) ausgearbeitete → Emotionstheorie mit der zentralen Annahme, dass es spezif. → Emotionstypen, die *Primäremotionen*, gibt u. zwar folgende: (für jede fundamentale Emotion werden zwei Bezeichnungen angegeben, die erste Bezeichnung repräsentiert die niedrigere Intensitätsstufe, die zweite die höhere Intensitätsstufe): (1) → Interesse / Erregung; (2) Vergnügen / → Freude; (3) → Überraschung / → Schreck; (4) Kummer (→ Trauer) / → Schmerz; (5) Zorn (→ Ärger) / Wut; (6) → Ekel / Abscheu; (7) Geringschätzung / Verachtung (→ Ekel); (8) Furcht (→ Angst) / Entsetzen; (9) → Schamgefühl/Schüchternheit / Erniedrigung; (10) → Schuldgefühl / Reue. Auch *Mischemotionen* könnten entstehen – so sei Angst z. B. aus Furcht u. Kummer o. Zorn, Scham aus Schuldgefühl u. Interesse zusammengesetzt, Depression aus Kummer u. Zorn, Ekel, Furcht, Scham, Schuldgefühl. Izards Theorie ist evolutionär u. entwicklungsps. orientiert. Er konzipiert auch eine Phasentheorie der emotionalen Entwicklung; vgl. hierzu Kasten (1983). Izard baut auf den Ansätzen von Tomkins (1962ff.) auf; verwandt seiner Theorie ist die → psychoevolutionäre Emotionstheorie.

LIT: Zur Darstellung u. Diskussion vgl. Goller (1992); zur Kritik vgl. Ulich (1992).

◆ Goller, H.: Emotionspsychologie u. Leib-Seele-Problem. Stuttgart 1992; Izard, C. E. (Hg.): Emotions in personality and psychopathology. New York 1978; Izard, C. E. Die Emotionen des Menschen. Weinheim 1981; Kasten, H.: Entwicklungsps. Ansätze. In: Euler, H. A. u. Mandl, H. (Hg.): Emotionsps. München 1983, S. 85–95; Tomkins, S. S.: Affect, imagery, consciousness, 1. Bd. New York 1962; Tomkins, S. S.: Affect, imagery, consciousness, 2. Bd. New York 1963; Ulich, D.: Begriffsbestimmungen u. Theoriediskussion. In: Ulich u. Mayring (1992) S. 28–57; Ulich, D. u. Mayring, P. (Hg.): Ps. der Emotionen. Stuttgart 1992.

Differentielle Psychologie [ähnl. *Persönlichkeitspsychologie*; die Begriffe werden heute weitgehend syn. gebraucht], das Teilgebiet der Ps., das sich im Unterschied zur → allgemeinen Psychologie v. a. mit den individuellen ps. Unterschieden der Menschen befasst u. mit der Art u. Weise, wie diese individuellen Unterschiede als Parameter in allg. Gesetze eingehen. Dies wird bisweilen eingefangen in der dichotomen Gegenüberstellung, dass die Persönlichkeitsps. *idiograph.* orientiert sei u. die allg. Ps. *nomothet.* (→ idiographisch vs. nomothetisch). Zur Verzahnung von allg. u. d. Ps. vgl. Sixtl (1972). Die d. Ps. versucht also wissenschaftl. diejenigen Themen u. Probleme zu erfassen, die mit den vorwissenschaftl. Kzptn. *Charakter* u. *Persönlichkeit* angesprochen werden; das Zentralkzpt. der modernen d. Ps. ist allerdings weniger das der *Persönlichkeit* als der *Persönlichkeitseigenschaft*. Das Problem des Zusammenspiels dieser Persönlichkeitseigenschaften mit den jeweils gegebenen situativen Faktoren führt in theoret.-metatheoret. Grundprobleme der Ps.: → Personalismus, →

Situationismus u. → Interaktionismus. Das Problem des Zusammenspiels angeborener Persönlichkeitsfaktoren mit Entwicklungs- u. Lernfaktoren führt auf das → Anlage-Umwelt-Problem.
Folgende Paradigmen der d. Ps. sind von allgemeinps. u. grundlagenwissenschaftl. Bedeutung: → Extraversion vs. Introversion, → kognitive Stile, → Intelligenz; vgl. auch → Angst, → Aggression, → Kreativität, → Kontrollüberzeugungen, → Attribution, → Attributionstheorien, → Belohnungsaufschub, → Wahrnehmungsabwehr. Persönlichkeitstheoret. Theorien von allgemeinps. Bedeutung sind die → soziale Lerntheorie u. die → sozialkognitive Lerntheorie; wichtig geworden sind auch Ansätze, die sich um das Kzpt. des → Selbst ranken; eine gleichzeitig motivationstheoret. wie persönlichkeitstheoret. Theorie ist von Murray entwickelt worden (→ Motiv; → affektive Motivationstheorien).

LIT: Hofstätter (1977) war eines der ersten deutschsprach. Bücher, das die amerikan. Forschung rezipiert u. integrativ mit dt. Ansätzen dargestellt hat; das erste deutschsprachige Lehrbuch der empir. Persönlichkeitsforschung ist Herrmann (1969), eine Arbeit, die sich nicht durch eine überwältigende Stofffülle, aber durch eine sehr behutsame u. v. a. die Grundprobleme reflektierende Einführungsart auszeichnet – in neueren u. wenig veränderten Auflagen wird sie bis heute verwendet; das gegenwärtig wohl meist verwendete Lehrbuch ist Amelang u. Bartussek (1990); Brandstätter u. a. (1974) ist ein straff gegliedertes u. informationsreiches Buch; vgl. auch Roth (1969); engagiert u. lebendig geschrieben ist Sader (1980); ein *Handbuch in Schlüsselbegriffen* ist Herrmann u. Lantermann (1985), ein Buch mit heterogenen Beiträgen, auch hinsichtl. des Schwierigkeitsgrades, das keine Vollständigkeit beansprucht, sondern aspektiv aktuelle Kzpte. der Persönlichkeitsforschung heraushebt; Fisseni (1984) ist ein klar geschriebenes Werk, das in gleicher Weise klass. wie modernen Theorien gerecht wird u. versucht, die Grundperspektiven einer Persönlichkeitsps. herauszuarbeiten; einen Überblick über ältere Ansätze liefert das *Handbuch der Psychologie* (Lersch u. Thomae 1960); eine populärwissenschaftl., aber tief schürfende Einführung in wichtige Aspekte der modernen Persönlichkeitsforschung ist Asendorpf (1988); die Grundkontroversen der Persönlichkeitsforschung stellt Pervin (1981) dar; vgl. auch Ahrens u. Amelang (1989); zum Überblick über biolog./neurophysiolog. orientierte Ansätze vgl. Powell (1979), Strelau (1983ff.) sowie Teplow (1972); zum Überblick speziell über ältere Ansätze zur sog. Konstitutionstypologie vgl. von Zerssen (1980); speziell zur faktorenanalyt. psychophysiolog. Konstitutionsforschung vgl. Myrtek (1980); einen Überblick über die multivariate Persönlichkeitsforschung, die sog. *Faktorentheorien* der Persönlichkeit, gibt Pawlik (1982); speziell zur Würdigung von R. B. Cattell u. H. J. Eysenck, den Begründern der bedeutendsten faktortheoret. Persönlichkeitstheorien, vgl. Wittmann (1985), speziell zu Cattell vgl. Horn (1984) u. zu Eysenck vgl. Lynn (1981), für weitere Literatur zu Eysenck vgl. das Stw. → Extraversion vs. Introversion; wichtige Arbeiten bzw. Zusammenfassungen von Cattell sind Cattell (1966) u. Cattell u. Dreger (1977); zu behaviourist. Persönlichkeitskonzeptionen vgl. Bergius (1960); Angleitner (1980) ist der erste Band der Einführung in die nichtfaktoriellen Ansätze der Persönlichkeitsps. (der 2. Bd. ist bis heute nicht erschienen); einen allg. Überblick über Persönlichkeitstheorien vermitteln Pervin (1981) u. Schneewind (1982); engl. Lehrbücher: Levy (1970); Rotter u. Hochreich (1979 dt. Übersetzung); Sherman (1979); Liebert u. Spiegler (1982); zur Geschichte der d. Ps. vgl. Manz (1984); Buss (1976); Plaum (1990); zu den wissenschaftstheoret. Grundlagen vgl. Herrmann (1973); wichtige metatheoret.-programmat. Arbeiten sind Stern (1900) u. Cronbach (1957ff.); speziell für die motivationsps. Aspekte der Persönlichkeitstheorien vgl. Keller (1981) u. Heckhausen (1989).

◆ Ahrens, H. J. u. Amelang, M. (Hg.): Brennpunkte der Persönlichkeitsforschung, 2.

Bd. Göttingen 1989; ALLPORT, G. W.: Personality. A psychological interpretation. New York 1937 (dt.: Persönlichkeit. Struktur, Entwicklung u. Erfassung der menschl. Eigenart. Meisenheim 1949); ALLPORT, G. W.: The general and the unique in the psychological science. JPers 30, 1962, S. 405–422; ALLPORT, G. W.: Traits revisited. AmP 21, 1966, S. 1–10; AMELANG, M. u. BARTUSSEK, D.: Differentielle Ps. u. Persönlichkeitsforschung. Stuttgart 1990 (3. Aufl.); ANGLEITNER, A.: Einführung in die Persönlichkeitsps., 1. Bd. Bern 1980; ASENDORPF, J.: Keiner wie der andere. München 1988; ASENDORPF, J.: Die differentielle Sichtweise in der Ps. Göttingen 1991; BARLOW, D. H. u. HERSEN, M.: Single case experimental designs: strategies for studying behaviour change. New York 1984; BERGIUS, R.: Behaviourist. Konzeptionen zur Persönlichkeitstheorie. In: LERSCH u. THOMAE (1960) S. 475–541; BINET, A. u. HENRI, V.: La psychologie individuelle. Année Psychologique 2, 1895, S. 411–463; BOMMERT, H.: Grundlagen der Gesprächspsychotherapie. Stuttgart 1977; BRANDSTÄTTER, H. u. a.: Ps. der Person. Stuttgart 1974; BRODY, N.: Personality: In search of individuality. San Diego 1988; BUSS, A. R. u. POLEY, W.: Individual differences: traits and factors. New York 1976; BUSS, A. R.: Galton and the birth of differential psychology and new eugenics. JHBS 12, 1976, S. 47–58; BUSS, A. R.: Toward a unified frame-work for psychometric concepts in the multivariate developmental situation: intraindividual change and inter- and intraindividual differences. In: NESSELROADE, J. R. u. BALTES, P. B. (Hg.): Longitudinal research in the study of behaviour and development. New York 1979, S. 41–59; CATTELL, R. P.: Personality and motivation: structure and measurement. New York 1957; CATTELL, R. B. (Hg.): Handbook of multivariate experimental psychology. Chicago 1966; CATTELL, R. B. u. DREGER, R. M.: Handbook of modern personality theory. Washington 1977; COAN, R. W.: Facts, factors, and artefacts: the quest for psychological meaning. PR 71, 1964, S. 123–140; CRONBACH, L. J.: The two disciplines of scientific psychology. AmP 12, 1957, S. 671–684; CRONBACH, L. J.: Beyond the two disciplines of scientific psychology. AmP 30, 1975, S. 116–127; FISSENI, H.-J.: Persönlichkeitsps. Bonn 1984; GRIESE, H. M. u. a. (Hg.): Soziale Rolle. Opladen 1977; GRÜNWALD, H.: Die sozialen Ursprünge ps. Diagnostik. Darmstadt 1980; HECKHAUSEN, H.: Motivation u. Handeln. Berlin 1980 (2. Aufl.; erweiterte Aufl. 1989); HERRMANN, T.: Lehrbuch der empir. Persönlichkeitsforschung. Göttingen 1969; HERRMANN, T.: Persönlichkeitsmerkmale. Stuttgart 1973; HERRMANN, T. u. LANTERMANN, E.-D. (Hg.): Persönlichkeitsps. München 1985; HJELLE, L. A. u. ZIEGLER, D. J.: Personality theories. New York 1981 (2. Aufl.); HOFSTÄTTER, P. R.: Persönlichkeitsforschung. Stuttgart 1977 (2. Aufl.); HOFSTÄTTER, P. R.: Tiefenps. Persönlichkeitstheorien. In: LERSCH u. THOMAE (1964); HORN, J. L. (Hg.): A slim volume. An evaluation of the evolution of psychological theory. MBR 19, 1984, S. 111–380; KELLER, J. A.: Grundlagen der Motivation. München 1981; HUBER, H. P.: Psychometr. Einzelfalldiagnostik. Weinheim 1973; KELLER, J. A.: Grundlagen der Motivation. München 1981; LAMIELL, J. T.: Toward an idiothetic psychology of personality. AmP 36, 1981, S. 276–289; LERSCH, P. u. THOMAE, H. (Hg.): Persönlichkeitsforschung u. Persönlichkeitstheorie. HP, 4. Bd. Göttingen 1960; LEVY, L. H.: Concepts of personality. New York 1970; LIEBERT, R. M. u. SPIEGLER, M. D.: Personality. Strategies and issues. Homewood 1982; LYNN, R. (Hg.): Dimensions of personality. Papers in honour of H. Eysenck. Oxford 1981; MADDI, S. R.: Personality theories: a comparative analysis. Homewood 1980; MAGNUSSON, D.: Individual development from an interactional perspective: a longitudinal study. Hillsdale 1988; MANZ, W.: Persönlichkeitsps. In: LÜCKE, H. E. u. MILLER, R. (Hg.): Geschichte der Ps. München 1984, S. 135–141; MECACCI, L.: Das einzigartige Gehirn: Über den Zusammenhang von Hirnstruktur u. Individualität. Frankfurt/M. 1986; MÜHLFELD, C. u. SCHMIDT, M. (Hg.): Soziolog. Theorie. Hamburg 1974; MYRTEK, M.: Psychophysiolog. Konstitutionsforschung. Göttingen 1980; PAWLIK, K. (Hg.): Multivariable Persönlichkeitsforschung. Bern 1982; PERVIN, L. A.: Personality: theory, assessment, and research. New York 1975; PERVIN, L. A.: Persönlichkeitsps. in Kontroversen. München 1981; PLAUM, E.: Geschichte der Differentiellen- u. Persönlichkeits-Ps. In: WEHNER, E. G. (Hg.): Geschichte der Ps. Darmstadt 1990, S. 52–76; PONGRATZ, L.: Problemgeschichte der Ps. Bern 1967; POWELL, G. E.: Brain and personality. Westmead 1979; RIEMANN, R.: Struktur u. Organisation persönl. Konstrukte. Regensburg 1987; ROTH, E.: Persönlichkeitsps. Stuttgart 1969; ROTTER, J. B. u. HOCHREICH, D. J.: Persönlichkeit. Berlin 1979; RUDINGER, G.: Prozeß-Analysen. In: HERRMANN u. LANTERMANN (1985) S. 202–214; RUDINGER, G.: Struktur-Analysen. In: HERRMANN u. LANTERMANN (1985) S. 191–202; SADER, M.: Ps. der Persönlichkeit. München 1980; SCHNEEWIND, K. A.: Persönlichkeitstheorien. Darmstadt 1982; SIXTL, F.: Gedanken über die Verzahnung von Allg. u. Differentieller Ps. AfP 124, 1972, S. 145–157; SHERMAN, M.: Personality. New York 1979; STERN, W.: Über Ps. der individuellen Differenzen. Leipzig 1900; STERN, W.: Allg. Ps. auf personalist. Grundlage. Den Haag 1935; STRELAU, J.: Temperament – personality – activity. London 1983; STRELAU, J.: Zur biolog. Determination von Persönlichkeitsdimensionen. In: SARRIS, V. (Hg.): Die Zukunft der experimentellen Ps. Weinheim 1986; TEPLOW, B. M.: The problems of types of human higher nervous activity and methods of determining them. In: NEBYLITSYN, V. D. u. GRAY, J. A. (Hg.): Biological bases of individual behaviour. New York 1972; THOMAE, H.: Das Problem der Konstanz u. Variabilität von Eigenschaften. In: LERSCH u. THOMAE (1960) S. 281–357; THOMAE, H.: Alternsstile u. Altersschicksale. Bern 1983; THOMAE, H. u. PETERMANN, F.: Biograph. Methoden u. Einzelfallanalyse. In: BREDENKAMP, J. u. FEGER, H. (Hg.): Datenerhebung. EP, B, I, 2. Bd., Göttingen 1983, S. 362–400; TRAUTNER, H.-M. u. LOHAUS, A.: Entwicklung der Persönlichkeit. In: HERRMANN u. LANTERMAN (1985) S. 387–395; TURNER, M. B.: Philosophy and the science of behaviour. New York 1967; WAHL, H.: Hans Thomae. In: HERRMANN u. LANTERMANN (1985) S. 256–263; VON ZERSSEN, D.: Konstitution. In: KISKER, K. P. u. a. (Hg.): Psychiatrie der Gegenwart, Bd. I/II. Berlin 1980 (2. Aufl.), S. 619–705; WITTMANN, W. W.: Raymond B. Cattell u. Hans Jürgen Eysenck. In: HERRMANN u. LANTERMANN (1985), S. 249–256. ZTSCHR.: Journal of Personality (früher: Character and Personality), Journal of Personality Assessment (begründet als Rorschach Research Exchange), Journal of Personality and Social Psychology, Journal of Research and Personality, Zeitschrift für Differentielle u. Diagnostische Psychologie.

Differentieller negativer Distanzeffekt → Ankerreiz.

Differentielles klassisches Konditionieren → klassische Konditionierung.

Differentielles Transfer-Paradigma → Transfer.

Differentielle Verstärkung → Diskriminationslernen; → klassisches Konditionieren.

Differentielle Verstärkung anderen Verhaltens → Verstärkungsplan.

Differentielle Verstärkung geringer Häufigkeit → Verstärkungsplan.

Differentielle Verstärkung großer Häufigkeit → Verstärkungsplan.

Differentielle Verstärkungspläne → Verstärkungsplan.

Differenzierungsaufgabe → Diskriminationsaufgabe.

Differenzierungshemmung → Hemmung; → Diskriminationslernen.

Differenz-Korrespondenz → korrespondierende Schlussfolgerungen.

Differenzlimen → Sinnesschwellen.

Digitale Repräsentation → analoge Wissensrepräsentation.

Digitale Wissensrepräsentation → analoge Wissensrepräsentation.

Dilemma → Konflikt.

Dimensionale Psychophysik → Psychophysik.

Dimensionsorientierte Entscheidungsmodelle → Entscheidungstheorie.

Dimensionsweises Vorgehen → Entscheidungsheuristiken.

DIN-Farbensystem → Farbwahrnehmung.

Directive-state-theory → Wahrnehmung; Hypothesentheorie der Wahrnehmung.

Direkte Aggression → Aggression.

Direkte Bestrafung → Verstärkung; → Bestrafungslernen.

Direkte Nutzensmessung → Nutzen.

Direkte Parameterspezifikation, eine Determination der Parameter von → Bewegungsprogrammen, die nicht über eine bewusste → mentale Repräsentation läuft

(Wundt sprach hier von »verkürzter Reaktion«). D. h.: bestimmte Aspekte der Bewegung werden unbewusst, also *direkt*, d. h. ohne dazwischengeschaltetes Bewusstsein, bestimmt (= »spezifiziert«). In diesem Zusammenhang ergeben sich demgemäß *Dissoziationseffekte*, bei denen bestimmte Reaktionen, meist verbale Berichte, z. B. über die Position eines Reizes, mit anderen Reaktionen auf diesen Reiz, z. B. dem Zeigen auf diesen, systemat. auseinandergehen – die Vp meint also, den Reiz woanders zu sehen, als wohin sie zeigt; dies tritt z. B. bei → induzierter Bewegung auf. Solche Effekte lassen sich in mindestens drei Dimensionen regelmäßig beobachten: Sprache vs. Motorik, motor. Reaktion A vs. motor. Reaktion B, Entdeckung vs. Lokalisation; s. a. die Stw. → Metakontrast. Man kann z. B. zeigen, dass Reizparameter wie Intensität, Größe, Ortsfrequenz u. Sinnesmodalität die Reaktion schon zu einem Zeitpunkt beeinflussen, zu dem der Reiz noch gar nicht bewusst wahrgenommen wird; vgl. Neumann u. a. (1992); auch kann gezeigt werden, dass Reize, die sich, weil maskiert, auf die Wahrnehmung überhaupt nicht auswirken, einen erhebl. Einfluss auf die Reaktion haben; zum Überblick vgl. Neumann (1990).

VD: Neumann (1989) diskutiert drei Hypothesen zu den Bedingungen dieser Prozesse: (a) die Annahme einer Automatisiertheit der Verbindung zw. Wahrnehmung u. Handeln; (b) die Hypothese, dass die krit. Bedingung für eine d. P. die ist, dass die perzeptive Steuerung des Handelns keine Merkmalsintegration verlangt; (c) die Hypothese, dass d. P. immer dann stattfindet, wenn die Handlungsplanung vor dem Beginn der Handlung abgeschlossen ist. Nach dem Neumannschen Modell hätte das Bewusstsein eine wesentl. geringere Präsenz u. Funktion, es wäre eher vergleichbar der Funktion eines Tachos: viele Prozesse im Auto, v. a. auch das Gasgeben u. damit die Geschwindigkeitserhöhung, werden nicht kausal durch den Tacho beeinflusst, seine Anzeige läuft ledigl. parallel u. hat die Funktion, in bestimmten Fällen, z. B. bei Überschreiten der Geschwindigkeit, Signal zu geben.

◆ Neumann, O.: Kognitive Vermittlung u. direkte Parameterspezifikation. Zum Problem mentaler Repräsentation in der Wahrnehmung. SK 8, 1989, S. 32–49; Neumann, O.: Direct parameter specification and the concept of perception. PRes 52, 1990, S. 207–215; Neumann, O. u. a.: Reaktionszeit u. zeitl. Reihenfolgeurteil: Übereinstimmung o. Dissoziation? ZEAP 39, 1992, S. 621–645; Neumann, O.: Theorien der Aufmerksamkeit: von Metaphern zu Mechanismen. PRu 43, 1992, S. 83–101.

Direkte psychophysische Methoden → psychophysische Methoden.

Direkte psychophysische Skalierungsmethoden → psychophysische Methoden.

Direkte Skalierungsmethoden → psychophysische Methoden.

Direkte vs. indirekte Wahrnehmungstheorien, zwei wichtige Gruppen der → Wahrnehmungstheorien.: (a) D. W. nehmen an, dass unser visuelles System auch komplexe Wahrnehmungsprozesse (wie z. B. → Wahrnehmungskonstanzen, → Tiefensehen u. → Bewegungssehen) bewältigt, indem es die real in unserer Umwelt vorhandenen Prozesse *direkt* registriert. Z. B. seien zur Wahrnehmung der dritten Dimension im Raum keinerlei Schlüsse (auch keine → unbewussten Schlüsse) u. keine rechner. Operationen nötig; all diese Prozesse seien in real existierenden *Invarianten* enthalten, die unsere Umwelt zur Verfügung stellt. I. W. dagegen sehen Wahrnehmung als konstruktiven Prozess, der erst ent–

steht, wenn sensor. Informationen mit Gedächtnisinhalten interagieren. (b) I. W. meinen, dass die Sinnesinformationen meist nicht ausreichen, um die Reichhaltigkeit des tatsächl. subjektiv Wahrgenommenen direkt erzeugen zu können (»impoverished input«), so dass *nichtperzeptuelle*, also *kognitive* Prozesse, die Wahrnehmung »anreichern« müssen. Für die i. W. ist → Wahrnehmung also immer schon → Erkennen.

Die erstere Gruppe von Theorien betont → Bottom-up-Prozesse, die Letztere → Top-down-Prozesse. Indirekte Ansätze heben die Bedeutung von vermittelnden Prozessen (*Mediatoren*), mehrstufiger Verarbeitung u. des Rekurses auf Gedächtnis, Schemata u. Antizipationen hervor.

HI: Histor. Vorläufer der d. W. im 19. Jahrhunderts waren Hering u. Mach; als ihr Begründer gilt v. Helmholtz (1866; s. das Stw. → unbewusste Schlüsse). In der gegenwärtigen Ps. ist der prominenteste Protagonist Gibson mit seinem Kzpt. einer → ökologischen Optik; Epstein (1977), Gregory (1970, 1974) u. Rock (1977, 1983) sind weitere Vertreter.

WÜ: Die Ergebnisse der modernen Wahrnehmungsps. zeigen die Berechtigung beider Ansätze. Anerkannt wird das von den d. W. herausgestellte Forschungsdesiderat, näml. zunächst einmal die (nichtps.) Gesetzmäßigkeiten der außerhalb des Organismus existierenden Strukturen detailliert zu untersuchen, wie dies auch innerhalb der → künstlichen Intelligenz deutl. geworden ist. Die Spezifizierung dieser Gesetzmäßigkeiten stellte sich aber als ungemein schwierig u. aufwendig heraus; Programme ohne Vorerwartungen u. ohne Vorwissen beinhalten äußerst langwierige u. wenig effiziente Verarbeitungsprozesse, die außerdem wenig robust sind, da jeder Verarbeitungsschritt sofort zusammenbricht, wenn nur ein kleines notwendiges Informationsteilchen fehlt; vgl. hierzu McArthur (1982); s. a. Wilkening (1988). McArthur (1982) weist auch auf die Notwendigkeit einer Trennung von *metaphys.* u. *epistem.* Ebene hin: Die Feststellung, dass der opt. Input genug Information enthält, ist zwar eine notwendige, aber keine hinreichende Bedingung dafür, dass Wahrnehmung direkt ist.

LIT: Zum Überblick vgl. Epstein (1980); Wilkening (1988); Michaels u. Carello (1981); zur Terminologie Ullman (1980).

◆ Epstein, W. (Hg.): Stability and constancy in visual perception. New York 1977; Epstein, W.: Direct perception or mediated perception: a comparison of rival viewpoints. ABS 8, 1980, S. 384–185; Gregory, R. L.: The intelligent eye. New York 1970; Gregory, R. L.: Choosing a paradigm for perception, 1. Bd. In: Carterette, E. C. u. Friedman, M. P. (Hg.): Handbook of perception, 1. Bd. New York 1974, S. 255–284; McArthur, D. J.: Computer vision and perceptual psychology. PBu 92, 1982, S. 283–309; Michaels, C. F. u. Carello, C.: Direct perception. Englewood Cliffs 1981; Rock, I.: In defense of unconscious inference. In: Epstein 1977, S. 321–373; Rock, I.: The logic of perception. Cambridge/Mass. 1983; Ullman, S.: Against direct perception. aBS 3, 1980, S. 373–383; Wilkening, F.: Zur Rolle des Wissens in der Wahrnehmung. In: Mandl, H. u. Spada, H. (Hg.): Wissensps. München 1988.

Direktionale Fraktionierung → physiologische Psychologie (Kasten zentrale Begriffe und Paradigmen, Stw. *Reaktionsfraktionierung*).

Direktionale Reaktionsfraktionierung → physiologische Psychologie (Kasten zentrale Begriffe und Paradigmen, Stw. *Reaktionsfraktionierung*).

Discounting principle → naive Varianzanalyse.

Discrete-trial-Prozedur → instrumentelle Konditionierung.

Discriminate operant → Diskriminationslernen; → Hinweisreiz.

Dishabituationsparadigma → Habituation; → Orientierungsreaktion.

Disjunktive Regel → Entscheidungsheuristiken.

Disjunktive Wahlreaktionsaufgabe → Reaktionsexperiment.

Diskrepanz-Hypothese → affektive Motivationstheorien.

Diskrete Wirkreaktion → Diskriminationslernen; → Hinweisreiz.

Diskriminalverteilung → Sinnesschwellen.

Diskriminanda → Reiz.

Diskrimination → Generalisation; → Diskriminationslernen.

Diskriminations-Apparatur, eine Apparatur der experimentellen → Lernpsychologie. Von einem Anfangsabteil gelangt das Tier in ein Abteil, wo es eine »Wahl« treffen muss, z. B. in eine von zwei Richtungen eines Labyrinths weiterzugehen; ist dieser Weg richtig, wird → Verstärkung appliziert.

VD: Der *Lashley-Sprungstand* besteht aus einem Ständer, von dem aus das Tier auf eines von zwei Mustern springen soll, beim Sprung auf das richtige Muster klappt ein dadurch markierter Deckel nach hinten u. das Tier erhält Zugang zum Futter. Damit kann eine sog. → doppelte Diskrimination konditioniert werden: Die hungrige Ratte muss lernen, auf bestimmte Muster u. nicht auf andere zu springen, dabei werden die Muster öfters ausgetauscht, so dass die Ratte nicht einfach lernen kann, nach rechts o. links zu springen.

◆ BRICKENKAMP R. (Hg.): Handbuch apparativer Verfahren in der Ps. Göttingen 1986.

Diskriminationsaufgabe [auch *Diskriminationsexperiment*, *Differenzierungsaufgabe*]. Bei der D. werden zwei physikal. ähnl. Reize dargeboten u. die Vp wird gefragt, ob sie ident. sind bzw. welcher von beiden bezügl. einer subjektiven Qualität größer ist. Die D. kann ihrerseits wiederum in drei Teilaspekte zerlegt werden: (a) → *Detektion* (Signalentdeckung); (b) *Diskrimination* i. e. S. (Bestimmung von → Unterschiedsschwellen; entspricht einer ordinalen Größenschätzung); (c) *Identifizierung* (Zuordnung des Reizes zu einer Reizmenge). D. finden sich innerhalb der → Psychophysik u. der Sozialps., v. a. bei der → Einstellungs-Messung u. der → Personenwahrnehmung (Stereotypen- u. Prototypenforschung); vgl. auch das Stw. → Erkennungsaufgaben.

◆ COLONIUS, H.: Stochast. Theorien individuellen Wahlvhs. Berlin 1984; LUCE, R. D. u. GALANTER, E.: Discrimination. In: LUCE, R. D. u. a.: Handbook of mathematical psychology, 1. Bd. New York 1963, S. 191–243; LUCE, R. D. u. SUPPES, P.: Preference, utility, and subjective probability. In: LUCE, R. D. u. a. (Hg.): Handbook of mathematical psychology, 3. Bd. New York 1965, S. 249–411.

Diskriminationsexperiment → Diskriminationsaufgabe.

Diskriminationslernen [engl. *discrimination learning* bzw. *training*; auch *Unterscheidungslernen*, *differentielle* (→ klassische bzw. → operante) *Konditionierung*], Prozess der *Reaktionsdifferenzierung*, der bei der → Konditionierung stattfindet, wenn zwei o. mehrere Reize verwandt werden u. Verstärkung nur bei einem bestimmten Reiz (*positiver Reiz*, S^+), nicht aber bei einem *Alternativreiz* (*negativer Reiz*, S^-) erfolgt (*differentielle Verstärkung*).

(**T:** Zu terminolog. Feinheiten s. das Stw. → negativer vs. positiver Stimulus.) Als Konsequenz wird ein bestimmtes Vh. nur noch bei Vorliegen des positiven Reizes gezeigt. Der Organismus lernt dabei, nicht mehr »wahllos« zu reagieren, sondern diskriminative → Hinweisreize zu beachten. Die so entstehende *Reizdiskrimination* bzw. *Reiz-Reaktions-Diskrimination* wirkt der → Generalisation entgegen. Bsp.: auf einem Bildschirm erscheinen zwei kleine kreisförmige Lichter, wb. nur das hellere verstärkt wird. Je nach Methode kann man eine visuelle, räuml. o. zeitl. Diskrimination aufbauen. Die Abb. *Lernen 9* zeigt Auszüge aus dem

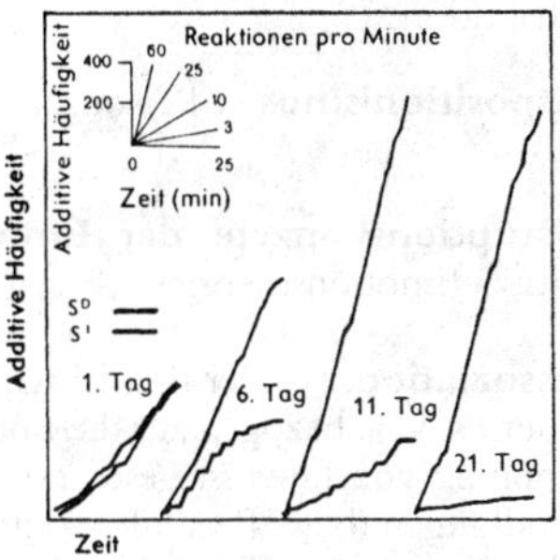

Abb. *Lernen 9*

Protokoll eines D.: Zu Beginn des Trainings ist die Anzahl der Reaktionen auf S^+ u. S^- fast ident.; mit zunehmendem Training wird die Lernkurve für S^+ steiler, was eine erhöhte Reaktionsrate anzeigt; die Reaktionsrate für S^- wird geringer, was durch die immer flacher werdende Kurve dargestellt ist.

Werden beide Reize gleichzeitig dargeboten, spricht man von *Simultan-D.* (auch *Methode der Wahlreaktion*), bei sequenzieller Abfolge der Reize von *Sukzessiv-D.* (*auch Kontrastmethode*). *Multiples D.* ist gegeben, wenn es sich um eine Vielfalt auseinanderzuhaltender Reize handelt, z. B. wenn ein Lehrer seine Schüler beim Namen nennen lernt. Schwieriges D. kann → experimentelle Neurosen auslösen. Von einer *doppelten Diskrimination* spricht man, wenn zwei Reaktionen u. zwei Reizbedingungen gegeben sind, wie z. B. beim → Lashley-Sprungstand. Zum Phänomen u. Kzpt. der → konditionalen Diskrimination s. das Stw. → Begriffslernen. Im Falle des *probabilist. D.* sind Reiz u. Reaktion nur probabilist. miteinander verknüpft, ein perfektes Vh. ist somit nicht mögl; vgl. zsfd. Lee (1977). Zum Begriff u. Phänomen des *extra-* vs. *intra-dimensionalen D.* s. das Stw. → Reversal-shift-Experimente.

HI: Die D. ist eines der Hauptforschungsparadigmen der klass. experimentellen → Lernpsychologie u. der → Lerntheorien. Aus ihm sind viele method. Ansätze hervorgegangen, die das Paradigma des → Begriffslernens vorbereiteten; s. a. das Stw. → Transposition; auch das Kzpt. der → Lerneinstellung entstammt diesem Bereich.

VD/TH: (a) Die klass. Deutung von D. besteht darin, dass durch das Nicht-Verstärken des Vhs. bei Vorliegen des negativen Reizes eine → Frustration entsteht (*Konditionierungs-Löschungs-Theorie* des D.) u. es dadurch zu einer → Extinktion kommt – dem steht allerdings das Phänomen des → *fehlerlosen Diskrimationslernens* entgegen. (b) Nach der Theorie von Hull u. Spence baut sich um den positiven Reiz ein *exzitator.*, um den negativen Reiz ein *inhibitor. Gradient* auf, beide Gradienten addieren sich, so dass sich die effektive Assoziationsstärke des Vhs. auf einen Testreiz als Summe beider Potentiale ergibt; zu den empir. Konsequenzen vgl. Hanson (1959); Mostofsky (1970); Egeth (1967); Weiteres s. das Stw. → Gipfelverschiebung. (c) Weitere wichtige Theorien des D. waren die Aufmerksamkeitstheorien, nach denen D. darin begründet ist, dass die Vp ihre Aufmerksamkeit nur noch auf bestimmte Aspekte des Reizes richtet; diese Aufmerksamkeitsrichtung hängt von Faktoren wie Instruktion, vorherige Erfahrung u. der Art des Reizmaterials ab; für Tierversuche wurden solche Theorien von Sutherland (1959) u. Mackintosh (1965) ausgearbeitet, für den Menschen von Zeaman u. House (1963); letzteres Modell wurde bes. für das Erklären von Intelligenzstörungen verwendet. Allg. werden diese klass. Theorien in neuerer Zeit kritischer gesehen u. die Rolle der Reizkodierung u. der kognitiven Prozesse in weit stärkerem Maße hervorgehoben; vgl. hierzu Kintsch (1982). Ein moderner informationstheoret. Ansatz unter Verwendung von Computersimulationsverfahren mit spezieller Nutzung des Repräsentationsformalismus der Produktionssysteme ist Langley (1987).

◆ Bredenkamp, J. u. Wippich, W.: Lern- u. Gedächtnisps., 2. Bde. Stuttgart 1977; Egeth, H.: Selective attention. PBu 67, 1967, S. 41–57; Foppa, K.: Lernen, Gedächtnis, Vh. Köln 1975 (9. Aufl.); Hanson, H. M.: Effects of discrimination training on stimulus generalization. JExP 58, 1959, S. 321–334; Kintsch, W.: Gedächtnis u. Kognition. Berlin 1982; Langley, P.: A general theory of discrimination learning. In: KLAHR, D. u. a. (Hg.): Production systems models of learning and development. Cambridge 1987, S. 99–161; LEE, W.: Ps. Entscheidungstheorie. Weinheim 1977; MACKINTOSH, N. J.: Selective attention in animal discrimination learning. PBu 64, 1965, S. 124–140; MOSTOFSKY, D.. (Hg.): Attention: contemporary theory and analysis. New York 1970; SUTHERLAND, N. S.: Stimulus analyzing mechanisms. In: Proceedings of the Symposium for the Mechanization of Thought Processes, 2. Bd. London 1959, S. 575–609; WOLFF, J. L.: Concept shift and discrimination-reversal learning in humans. PBu 68, 1967, S. 3l69–408; ZEAMAN, D. u. HOUSE, B. J.: The role of attention in the retardate discrimination learning. In: ELLIS, N. R. (Hg.): Handbook of mental deficiency. New York 1963, S. 159–223.

Diskriminationstraining → Diskriminationslernen.

Diskriminativer Stimulus → Hinweisreiz.

Diskriminatives Belohnungslernen → Belohnungslernen; → Diskriminationslernen; → Hinweisreiz.

Diskriminatives Bestrafungslernen → Diskriminationslernen; → Hinweisreiz; → Bestrafungslernen.

Diskriminatives Unterlassungslernen → Diskriminationslernen; → Hinweisreiz; → Unterlassungslernen.

Diskriminatives Vermeidungslernen → Diskriminationslernen; → Vermeidungslernen.

Diskriminierender Reiz → Hinweisreiz; → Diskriminationslernen.

Diskriminierter Operant → Diskriminationslernen; → Hinweisreiz.

Diskriminierungslernen → Diskriminationslernen.

Diskursanalyse → Textverstehen.

Disokklusion → Bewegungssehen.

Display rules → Ausdruck.

Dispositionale Attribution → Attribution.

Dispositionismus → Personalismus.

Disruptionskonzept der Emotion → Emotionstheorien.

Dissoziation. (1) Der Begriff wird in der Ps. v. a. bezogen auf die Entkopplung von bewusst gesteuerten Handlungen (bzw. Persönlichkeitsteilen) u. solchen, die mehr o. weniger automat., also von unbewussten Steuerzentren dirigiert werden. So kann es bei bestimmten patholog. Störungen u. auch unter Hypnose dazu kommen, dass der Mensch komplexe Handlungen ausführt, ohne sich ihrer bewusst zu sein u. ohne sich später daran zu erinnern, etwas, was früher mit dem Begriff des *Automatismus* bezeichnet worden ist. *Multiple Persönlichkeit, ambulator. Automatismen, automat. Schreiben*, auch bestimmte hyster. Phänomene gehören in diesen Erscheinungskreis, der in der heutigen Terminologie meist mit *dissoziativen Störungen* (vgl. Reinecker 1994) bezeichnet wird. Solche psychopatholog. Phänomene traten v. a. im 19. Jhdt. auf, vgl. Ellenberger (1973). Zur Frage, inwieweit die D. für diese Störungen überhaupt von Bedeutung ist, vgl. Spiegel u. Cardena (1991). D. ist von → Verdrängung abzutrennen; Freud hat eher Letzteres thematisiert, Janet eher die D.; zu neueren Ansätzen vgl. Singer (1990). Die sog. *Neodissoziationstheorie* von Hilgard (1977) ist ein neuerer Ansatz innerhalb der akadem. Ps. zur Erklärung solcher bis heute noch nicht völlig verstan–

denen Phänomene. Auch bestimmte neurolog. Störungen führen zu einer D.: beim → Blindsehen kann der Patient auf einen Markierungspunkt zeigen, ohne ihn bewusst zu sehen, u. bei bestimmten anderen Störungen legt er bestimmte Merkmale einer figuralen Abbildung einer Präferenzentscheidung zugrunde, ohne dass er in der Lage ist, diese Abbildung bewusst wahrzunehmen; zum Überblick vgl. Weiskrantz (1988). (2a) In einem nichtpatholog. Sinne finden sich Dissoziationsphänomene bei Prozessen des → Erkennens u. der Handlungssteuerung, sie weisen darauf hin, dass es Module unseres Erlebens u. Vhs. gibt, die nur schwach mit dem Bewusstsein verknüpft sind, s. hierzu das Stw. → direkte Parameterspezifikation. (2b) I. w. S. des Wortes gibt es auch eine D. zw. den Leistungen in Aufgaben, die das *direkte* u. *indirekte* Gedächtnis prüfen: Hier, wie auch u. U. bei bestimmten amnest. Störungen, tritt die Erscheinung auf, dass die Vpn sich nicht mehr erinnern können, eine bestimmte Aufgabe schon einmal bearbeitet zu haben, sie aber bei einer Wiederholung dieser Aufgabe diese schneller lösen; vgl. die Stw. → implizites Lernen u. → deklarative vs. prozedurale Wissensrepräsentation.

VD: Als *Dissoziationsverfahren* wird folgender method. Ansatz bezeichnet: Es werden Zusammenhänge zw. zwei verschiedenen kognitiven Anforderungen verglichen; stellt man z. B. fest, dass eine Person ein komplexes System steuern kann, aber kaum explizites Wissen darüber besitzt, so tritt hier eine Dissoziation auf. Gibt es nicht nur Pbn, die X können, nicht aber Y, sondern auch solche, die Y können, nicht aber X, spricht man von *doppelter D.* – v. a. in neurops. Untersuchungen schließt man aus doppelten D., dass die Leistungen X u. Y jeweils unterschiedl. kognitive Prozesse ansprechen. Das Verfahren der *Prozessdissoziation* ist in der neueren gedächtnisps. Literatur von Jacoby (1991) vorgeschlagen worden. Dieses Verfahren wird benutzt, um Probleme beim Vergleich direkter u. indirekter Messungen zu überwinden; die Erfassung automat. u. kontrollierter Anteile bei Erinnerungsleistungen erfolgt in diesem Ansatz durch den Vergleich opponenter Teilaufgaben an ein u. demselben Item: Pbn sollen z. B. einen Wortstamm mit einem in einer vorangegangenen Liste dargebotenen Wort ergänzen o., wenn sie dies nicht erinnern, mit dem ersten Wort, das ihnen einfällt (*Inklusionsaufgabe*); alternativ sollen sie eine Ergänzung mit einem Wort vornehmen, das vorher *nicht* dargeboten wurde (*Exklusionsaufgabe*). Bei kontrollierter korrekter Erinnerung werden in der Inklusionsaufgabe alle alten Wörter ergänzt, bei der Exklusionsaufgabe dagegen nur neue Wörter. Bei unkontrollierter, automat. ablaufender Erinnerung ist kein Leistungsunterschied zw. beiden Aufgaben zu erwarten. Für die vergleichende Analyse bewusster u. unbewusster Anteile an Erinnerungsleistungen scheint dieses Verfahren alternativen Vorgehensweisen deutl. überlegen zu sein. Weiteres Bsp.: In einer ersten Phase wird den Vpn eine Liste von Namen präsentiert, die zufällig aus einem örtl. Telefonbuch ausgewählt worden ist; die Namen sollen laut ausgesprochen werden. In einer zweiten Phase werden diese Namen zusammen mit Namen berühmter Personen präsentiert u. es soll angegeben werden, bei welchem Namen es sich um eine berühmte Person handelt u. bei welchem nicht. Unter der ersten Bedingung wird den Vpn vor Beginn der Beurteilungsphase gesagt, dass die Namen, die sie vorher ausgesprochen haben, auch beurteilt werden sollen, dass es sich bei diesen Namen aber ausschließl. um Namen nichtberühmter Personen handele. D. h., wenn sich die Vpn an die vorher gesprochenen Namen erinnern, so können diese leicht als nichtberühmt klassifiziert werden. Amnest. Patienten zeigen dabei das, was in der Literatur als *False-frame-effect* bezeichnet wird, sie beurteilen viele der Telefonbuchnamen als berühmt, die Kontrollgruppe zeigte diesen Effekt nicht. D. h.: offensichtl. verändert die vorherige Verarbeitung der Telefonbuchnamen deren Geläufigkeit für die

Patienten, weil es sie dazu veranlasst, die Namen häufig fälschlich als berühmt zu klassifizieren. Diese Prozesse mögen bei der Kontrollgruppe in derselben Weise ablaufen, sie werden allerdings korrigiert durch die bewusste Erinnerung an die Namen als Items der vorherigen Benennungsepisode. Solche Untersuchungen zeigen, dass auch Gedächtnisleistungen das aufweisen, was für sensor. Leistungen demonstriert werden kann: die Zugreifbarkeit auf eine Information ist eine Funktion des Ausgangssystems, wb. für die Gedächtnisdomäne noch deutlicher die D. zw. bewusst zugänglicher, berichtbarer u. nicht zugänglicher Information in den Vordergrund tritt (Amnestiker protestieren häufig unter Beteiligung massiver Affekte, wenn man sie bittet, Items einer Lernepisode zu reproduzieren o. zu rekognoszieren, da sie eine solche Aufforderung als unsinnig empfinden, weil sie der festen Überzeugung sind, dass es die Episode, von der sie berichten sollen, nicht gab; vgl. zum Überblick Squire 1990).

◆ Ellenberger, H. F.: Die Entdeckung des Unbewußten, 2 Bde. Bern 1973; Hilgard, E. R.: Divided consciousness: multiple controls in human thought and action. New York 1977; Jacoby, L. L.: A process dissociation frame work: separating automatic from intentional uses of memeory. JMLa 30, 1991, S. 513–541; Perrig, W. J. u. a.: Unbewußte Informationsverarbeitung. Bern 1993; Reinecker, H. (Hg.): Lehrbuch der Klin. Ps. Göttingen 1994; Singer, J. L. (Hg.): Repression and dissociation. Chicago 1990; Spiegel, D. u. Cardena, E.: Desintegrated experience: the dissociative disorder revisited. JAbP 100, 1991, S. 366–378; Squire, L. R.: Memory and brain. Oxford 1990; Weiskrantz, L.: Some contributions of neuropsychology of vision and memory to the problem of consciousness. In: Marcel, A. J. u. Bisiach, E. (Hg.): Consciousness in contemporary science. Oxford 1988.

Dissoziationseffekte → Dissoziation.

Dissoziations-Phänomene → Dissoziation.

Dissoziationsverfahren → Dissoziation.

Dissoziative Störungen → Dissoziation.

Distaler Reiz → distaler vs. proximaler Reiz.

Distaler vs. proximaler Reiz [auch *distaler* vs. *proximaler Stimulus*; man spricht auch von *distalen* u. *proximalen Variablen*; beide Begriffe kommen aus der Anatomie: *distal* meint: weg vom Körperzentrum o. vom Ursprungspunkt eines Organs; *proximal* meint: am Ursprung eines Gelenks o. eines Organs]. Die Begriffe sind zentral innerhalb des → probabilistischen Funktionalismus, Ersteres meint das physikal. Umweltereignis, Letzteres die eigentl. Reizung der Sinnesorgane; Brunswik differenziert zw. dem physiolog. Erregungsmuster *(peripherer Stimulus)*, dem physikal. Ereignis *(p. R.)* u. dem Ereignis, das diesen proximalen Stimulus auslöst *(d. R.)*.

LIT: Eine Diskussion der verschiedenen Kzpte. ist bei Murch (1973) zu finden; vgl. des Weiteren Rozeboom (1974).

◆ Bischof, N.: Erkenntnistheoret. Grundlagenprobleme der Wahrnehmungsps. In: Metzger, W. (Hg.): Wahrnehmung u. Bewußtsein. HP, 1. Bd., 1. Hlb. Göttingen 1966, S. 21–78; Murch, G. M.: Visual and auditory perception. Indianapolis 1973; Prinz, W.: Wahrnehmung u. Tätigkeitssteuerung. Berlin 1983; Rozeboom, W. W.: The learning tradition. In: Carterette, E. C. u. Friedman, M. P. (Hg.): Handbook of perception, 1. Bd. New York 1974, S. 212–243.

Distanz-Effekt → massiertes vs. verteiltes Üben.

Distanzrezeptoren → Propriozeption.

Distinguisher → semantisches Gedächtnis.

Distinktheit → naive Varianzanalyse.

Distinktheitskriterium → naive Varianzanalyse.

Distinktives Merkmal → semantisches Merkmal.

Distraktoraufgaben, Aufgaben, die v. a. bei → Gedächtnisprüfmethoden o. Untersuchungen der → Denkpsychologie verwendet werden, um eine Ablenkung der → Aufmerksamkeit von der Hauptaufgabe zu erzeugen (deswegen wird manchmal auch der Begriff »Ablenker« dafür verwendet). Z. B. soll eine Vp beim Einprägen einer Wortreihe o. beim Durchführen einer Denksportaufgabe gleichzeitig leise von Zehn bis Null rückwärts zählen. Typ. ist diese Idee für die → Brown-Peterson-Technik, auch für die Methode der → Gedächtnisauslastung. Bei der gedächtnisps. Methode des Wiedererkennens werden als *Distraktoren* (auch *Distraktor-Items*, *Ablenk-Items*, *Ablenker*) solche Materialien bezeichnet, die einer Menge von bereits dargebotenen u. gelernten Gedächtnisitems neu hinzugefügt werden, u. die Aufgabe der Vp ist, die bereits dargebotenen wiederzuerkennen.

◆ Kintsch, W.: Gedächtnis u. Kognition. Berlin 1982.

Distraktoren → Distraktoraufgaben.

Distraktor-Items → Distraktoraufgaben.

Distress → Stress.

Distributed practice → massiertes vs. verteiltes Üben.

Divergentes Disparitätskriterium → Stereopsis.

Divergentes vs. konvergentes Denken, zentrales Kzpt. der → Theorie der → Intelligenz von Guilford (1967). Guilford unterscheidet *erfassendes*, *produktives* u. *wertendes* D. – das produktive D. wird differenziert in d. D. u. k. D. Letzteres wird charakterisiert als → Denken, wie es zur Lösung von Problemen eingesetzt wird, für die es nur eine einzige anerkannt richtige Lösung gibt – typischerweise das von Intelligenztests erfasste Denken. D. D. ist dagegen nicht auf eine bestimmte Lösung ausgerichtet, sondern wird bei Problemen verlangt, für die es mehrere Lösungsmöglichkeiten gibt o. überhaupt noch keine adäquaten Lösungen gefunden worden sind – ein Denkprozess, der für → Kreativität charakterist. ist. Guilford u. Mitarbeiter schufen zahlreiche Tests zur Erfassung des d. D.; sie führten zu folgenden Faktorengruppen, die für d. D. bestimmend sind: *Flüssigkeit*, *Flexibilität*, *Originalität*, *Elaboration* (das sorgfältige Planen bestimmter Formen im figuralen u. symbol.-semant. Bereich), *Sensitivität* für Probleme, d. h. das Finden von Problemen.

◆ Guilford, J. P.: The nature of human intelligence. New York 1967; Hussy, W.: Denkps., 2. Bd. Stuttgart 1986.

Divergenz → Konvergenz; → Augenbewegungen.

D-Labyrinth → Lernlabyrinth.

Domainorientiert vs. quasi-paradigmatisch. Diese Dichotomie wurde in einer Arbeit zur Wissenschaftstheorie der Ps. von Theo Herrmann gegründet; Ersteres bezeichnet Theorien, die problemorientiert sind, die also von einer bestimmten Fragestellung ausgehen, wie z. B. der nach der Funktionsgrundlage geometr.-opt. Täuschungen, letzterer Begriff bezeichnet theoret. Ansätze, die nicht von einem vorgegebenen Problem ausgehen, sondern von einem vorgegebenen Modell bzw. Paradigma, welches zur Lösung einer bestimmten Problemstellung herangezogen wird; typ. hierfür ist z. B. die Art u. Weise, wie das Erwartung-mal-Wert-Modell auf den verschiedensten Gebieten angewandt worden ist.

◆ Herrmann, T.: Ps. und ihre Forschungsprogramme. Göttingen 1976.

Domains of processing → Verarbeitungsebenen-Theorie.

Dominanzaggression → Aggression.

Dominanzhierarchie → Begriffsbildung.

Dominator-Modulator-Theorie → Duplizitätstheorien; → Helligkeitssehen; → Schwarz-Weiß-Sehen.

Doppelalternations-Problem → Begriffslernen.

Doppelaufgabe [auch *Doppeltätigkeit*; *Doppelstimulationsparadigma*; *Doppelreizaufgabe*; engl. *dual task*], eines der wichtigsten method. Paradigmen der kognitiven Ps.: Die Vp muss zwei Aufgaben durchführen, z. B. eine Tracking-Aufgabe u. gleichzeitig eine Reaktion auf akust. Informationen, die über einen Kopfhörer zugespielt werden, ausführen; Weiteres Bsp.: Bearbeitung einer visuellen Suchaufgabe bei gleichzeitigem Durchführen von Rechenaufgaben. Bei mehreren Tätigkeiten spricht man dementsprechend von *Mehrfachaufgaben* o. *Mehrfachtätigkeiten*.

Die Forschung zeigt, dass Menschen durch Übung hierbei erstaunl. Leistungen erzielen können: Pianisten können z. B. beim Klavierspielen die Zeitmuster der beiden Hände unabhängig voneinander steuern, was normalen Menschen nicht mögl. ist; Stenotypistinnen (an der Steno-Schreibmaschine) können mehrere Finger zugleich zu unterschiedl. Tasten bewegen. Es gibt gleichzeitig aber auch Grenzen, auch bei Aufgaben, die prima facie als nicht bes. schwierig erscheinen: Geübte Stenotypistinnen können z. B. einen Text von einer Vorlage abschreiben u. gleichzeitig einen anderen vorgesagten Text nachsprechen, es gelingt ihnen jedoch nicht, den gesprochenen Text in die Maschine zu tippen u. einen vorgedruckten Text laut zu lesen. Es gibt in diesem Zusammenhang auch das Ergebnis, dass innerhalb bestimmter Aufgabenkombinationen eine Erhöhung der Schwierigkeit einer Aufgabe nicht wie erwartet die Leistung bei der Nebenaufgabe stört (sog. *Schwierigkeitsimmunitäts-Effekt*). Der sog. *strukturelle Veränderungseffekt* besteht in folgendem Phänomen: Die Interferenz zw. zwei Aufgaben kann erhebl. verändert werden, wenn bei der einen Aufgabe geringfügige Veränderungen in den strukturgebundenen Anforderungen vorgenommen werden; bspw. erweist sich die Interferenz als geringer, wenn die Aufgabenmodalitäten (z. B. visuell/auditiv) unterschiedl. sind, als wenn sie gleich o. ähnl. sind; für eine ausführl. Beschreibung dieser Effekte vgl. Schmidt (1987).

D. lassen sich hinsichtl. der Relation der Teilaufgaben in zwei Klassen einteilen: Bei dem ersten Typ steht eine Teilaufgabe im Vordergrund (*Primäraufgabe*), die andere im Hintergrund (*Sekundäraufgabe*). Bei D. des zweiten Typs kommt beiden Teilaufgaben die gleiche Rangordnung zu. Eine Sonderform ist das sog. → Sondierreiz-Experiment.

Eine grundsätzl. Möglichkeit der Durchführung von D. besteht darin, dass eine der beiden Aufgaben kurzfristig zugunsten der anderen verlassen o. aufgeschoben wird; man spricht von *time-sharing* o. auch *switching* (beide Begriffe sind in der Fachliteratur auch im Deutschen üblich).

Eine Möglichkeit der Optimierung von D. besteht darin, dass sie in eine gemeinsame Bewegungs- bzw. Handlungsstruktur integriert werden. Wichtig ist hierbei auch die Synchronisation von Bewegungen, denn das sensomotor. System des Menschen hat eine starke Tendenz zu einer solchen Synchronisation, nicht nur zw. beiden Händen, sondern auch bspw. zw. Handbewegungen u. dem Sprechen; Meistern auf einem Gebiet ist aber auch bisweilen eine Steuerung desynchroner Bewegungen, wie z. B. Klavierspielen (s. o.), mögl.

HI: Untersuchungen zu D. gibt es seit Ende des letzten Jahrhunderts, sie wurden jedoch erst Ende der 70er Jahre unter einem neuen Forschungsaspekt sozusagen wiederentdeckt. Unter dem Namen *Komplikationsexerpiment* wurden schon von Wundt eine Gruppe von Experimenten durchgeführt, die unter D. eingeordnet werden können; ein typ. Bsp.: Die Vp hat auf zwei Reize zu achten, z. B. an einer sog. *Komplikationsuhr* den Lauf des Zeigers zu verfolgen u. anzugeben, wo sich dieser gerade befand, als ein akust. Signal gegeben wurde; vgl. Boring (1957).

TH: Man kann D. theoret. analysieren unter dem Aspekt der (sensomotor.) → Interferenz o. unter dem Aspekt → Aufmerksamkeit bzw. → verteilten Aufmerksamkeit – Letzteres ist in den letzten Jahrzehnten die zentrale Forschungsperspektive gewesen. Die wichtigsten Theorien, die aus der Analyse von D. entwickelt worden sind, waren das → Aufmerksamkeitskapazitäts-Modell u. die → Ressourcentheorie. Die zentralen Forschungsprobleme waren hierbei, ob es eine einheitl. Aufmerksamkeitsquantität gibt u. ob diese Kapazität in einer Alles-o.-Nichts-Weise verwendet wird bzw. ob man sie aufspalten kann. Von dieser Grundfrage gibt es zwei Ableitungen, näml. ob die Aufmerksamkeit *sequentiell* o. *parallel* operiert u. ob es »Extrakosten« für die Koordination des (parallelen o. seriellen) Arbeitens gibt. Eine zweite Frage war die nach den relevanten Eigenschaften einer Aufgabe, also nach dem, was einen »Aufmerksamkeitskanal« ausmachen kann; zu weiteren Ansätzen s. das Stw. → Handlungstheorien.

VD: (1) Die Diskussion von D. führt in Grundprobleme der Aufmerksamkeitstheorien, u. bes. im dt. Raum wurde in den letzten Jahren eine krit. Analyse der herkömml. Erklärungsformen vorangetrieben, v. a. von O. Neumann (vgl. zsfd. Neumann 1985, 1992): Die Idee einer allg. Aufmerksamkeitskapazität geht an der Tatsache vorbei, dass bei D. die auftretenden Interferenzen immer sehr spezif. sind; da näml. das menschl. Gehirn in hohem Maße durch → Modularität gekennzeichnet ist, harmonieren bestimmte Elemente einfach nicht miteinander, ohne dass dies jetzt aus einer *allg.* Theorie abgeleitet werden kann. Die Interferenzen sind derart spezif., dass sie nicht nur von der angesprochenen Sinnes- o. Bewegungsmodalität abhängen, sondern auch von sehr speziellen Eigenschaften der Aufgabe. Bspw. haben Vpn Schwierigkeiten, zwei gesprochene Wörter o. zwei Sinustöne zugleich zu beachten, während ihnen die simultane Verarbeitung eines gesprochenen u. eines geschriebenen Wortes fast fehlerlos gelingt; ähnl.: ob zwei Tonfolgen simultan beachtet werden können, hängt von Details, wie z. B. dem Frequenzabstand, ab. Grundsätzl. scheint es so zu sein, dass Merkmale auf unterschiedl. Dimensionen desselben Objekts, z. B. Form u. Farbe, ohne Interferenz simultan zu verarbeiten sind. Figurale Elemente, die Teile einer übergeordneten perzeptiven Einheit sind, z. B. Buchstaben eines Wortes o. die eines Objekts, können u. U. sogar gleichzeitig besser verarbeitet werden als bei isolierter Darbietung. Getrennte figurale Einheiten können in gewissem Ausmaß u. unter bestimmten Umständen gemeinsam beachtet werden, wenn sie räuml. benachbart sind u. einer gemeinsamen perzeptiven Gruppe zugehören o. sich zu einer räuml. kompakten Konfiguration zusammenfügen. Wo eine solche Integration versagt, ist gemeinsames Beachten hingegen nicht mögl., z. B. bei voneinander unabhängigen Abbildungen o. bewegten Szenen, selbst wenn sie übereinander projiziert werden. Auch die Kapazitätsbeschränkung beim → dichotischen Hören ist kein Ausdruck *unspezif.* Interferenz: Während man einen auditiv dargebotenen Text nachspricht, kann man zwar nicht einen zweiten auditiven Text beachten, aber bei ausreichender Übung ist es sehr wohl mögl.,

Abbildungen sich einzuprägen o. am Klavier Melodien vom Blatt zu spielen. Die Interferenz ist insbes. dann groß, wenn dasselbe sinnesmotor. System beansprucht wird; vgl. Neumann (1983) u. Wickens (1980). Insges. gesehen ist die Interferenz also einerseits zu *speziell*, andererseits manchmal aber auch zu *allg.*, um durch spezif. Ressourcen erklärt werden zu können. Und auch in anderer Hinsicht ist sie recht »unberechenbar«: sie hängt näml. entscheidend von der Geübtheit ab, u. bestimmte Faktoren, die Interferenz bewirken *können*, *müssen* sie nicht notwendigerweise hervorbringen; d. h.: Interferenzen spiegeln nicht eine generelle Leistungsgrenze wider, sondern die Schwierigkeiten *ungeübter* Vpn (vgl. Neisser 1978). Bisweilen tritt Interferenz auch zw. Tätigkeiten auf, die inhaltl. ganz verschieden sind. Insbes. die spezielle Koordinationsmöglichkeit von D., die in einer Integration beider Aufgaben in einer gemeinsamen Tätigkeit besteht, kann schwer mit herkömml. Analysemethoden erfasst werden; so geht schon in den übl. groben Maßen für Leistung, wie »Prozentfehler«, diese Struktur verloren – auch Switching-Prozesse können hiermit nicht gut erfasst werden. Ganz grundsätzl. erscheint die isoliert wahrnehmungs- bzw. aufmerksamkeitstheoret. Sicht von D. inadäquat. Die Schwierigkeit von Mehrfachtätigkeiten ist nach Neumann nicht nur ein Ausdruck der Enge der Aufmerksamkeit, sondern ein tlw. unabhängiges Problem: So findet man z. B. negative Interferenzen bei Handlungen mit der linken u. rechten Hand auch dann, wenn die zerstreuende Information durch Fokussieren desselben Reizobjekts entnommen werden kann. Für gemeinsame Planungsmechanismen bei D. spricht das Phänomen, dass schon eine Vorbereitung auf eine Handlung B die Ausführung der Handlung A beeinträchtigt, so dass die »Kapazität« also nicht bei der Handlungsausführung lokalisiert sein kann, sondern bei der Handlungsbereitschaft.

LIT: Für einen tief schürfenden Überblick vgl. Heuer (1996).

◆ Baerends, G. P.: The functional organization of behaviour. AB 24, 1976, S. 726–738; Boring, E. G.: A history of experimental psychology. New York 1957 (2. Aufl.); Heuer, H.: Doppeltätigkeiten. In: Neumann, O. u. Sanders, A. F. (Hg.): Aufmerksamkeit. EP, C, II, 2. Bd. Göttingen 1996, S. 163–219; Heuer, H.: Motor learning as a process of structural constriction and displacement. In: Prinz, W. u. Sanders, A. F. (Hg.): Cognition and motor processes. Berlin 1984; Navon, D.: Ressources – a theoretical soupstone? PR 91, 1984, S. 216–234; Neisser, U.: Kognition u. Wirklichkeit. Stuttgart 1978 (Orig.: 1976); Neumann, O.: Beyond capacity: a functional view of attention. In: Heuer, H. u. Sanders, A. F.: Perspectives on perceptional action. Hillsdale 1987; Neumann, O.: Der Zusammenhang zw. Enge u. Selektivität der Aufmerksamkeit. Bericht Nr. 19 der Arbeitseinheit Kognitionsps. der Ruhr-Universität Bochum. 1983; Neumann, O.: Die Hypothese begrenzter Kapazität u. die Funktion der Aufmerksamkeit. In: Neumann, O. (Hg.): Perspektiven der Kognitionsps. Berlin 1985, S. 185–231; Neumann, O.: Theorien der Aufmerksamkeit: von Metaphern zu Mechanismen. PRu 43, 1992, S. 83–101; Schmidt, K. H.: Motivation, Handlungskontrolle u. Leistungen in einer Doppelaufgabensituation. Düsseldorf 1987; Wickens, C. D.: The structure of attentional ressources. In: Nickerson, R. S. (Hg.): Attention and performance. Hillsdale 1980.

Doppel-cue-Experimente → Satzlernen.

Doppeltätigkeit → Doppelaufgabe.

Doppelte Diskrimination → Diskriminationslernen.

Doppelte Dissoziation → Dissoziation; → Neuropsychologie.

Drang → Motivation.

Dreh-Nystagmus → Augenbewegungen.

Drehversuch → Reafferenz.

Dreidimensionale Aktivationstheorie → Aktivation.

3-D-Modell → computationale Wahrnehmungstheorie.

Drei-Ebenen-Modell [auch *Mehrebenen-Modell*, *Drei-Komponenten-Modell* bzw. *Multikomponenten-Ansatz*]. Das D. der → Emotionen, bes. der → Angst, besagt, dass bei der Erfassung einer Emotion mindestens drei Ebenen zu berücksichtigen sind; die *verbale, motor.* u. *somatische*; es wird betont, dass zw. diesen Ebenen oft nur geringe Interkorrelationen bestehen, so dass nur eine *mehrdimensionale* Diagnostik adäquat erscheint.

HI: Dieses Kzpt., implizit in vielen älteren Überlegungen enthalten, wurde explizit v. a. von Lang Ende der 60er Jahre (vgl. Lang 1975) für eine vhsorientierte Angstforschung konzipiert u. im dt. Sprachraum v. a. von Birbaumer, Tunner u. Rachman, im engl. Sprachraum von Hodgson u. Borkovec im Zusammenhang mit Forschungen zur systemat. Desensibilisierung u. zu verschiedenen Konfrontationsverfahren angewandt; vgl. zsfd. Hughdahl (1981); Sedlmayr-Länger (1985); Fahrenberg (1984).

LIT: Ein Sammelband mit unterschiedl. Arbeiten vor dem Hintergrund des D. ist Birbaumer u. Öhman (1993); zur Kritik vgl. Pekrun (1988) und Jugdahl (1981).

◆ Birbaumer, N. u. Öhman, A. (Hg.): The structure of emotion. Seattle 1993 (Hogrefe u. Huber); Fahrenberg, J.: Method. Überlegungen zur Mehrebenen-Prozeßforschung. In: Baumann, U. (Hg.): Psychotherapie: Makro-/Mikro-Perspektive. Göttingen 1984, S. 159–176; Jugdahl, K.: The three-systems-model of fear and emotion: a critical examination. BRT 19, 1981, S. 75–85; Lang, P. J.: Angstreduktion u. Angstverhalten: Probleme beim Umgang mit einem Konstrukt. In: Florin, I. u. Tunner, W. (Hg.): Therapie der Angst. München 1975; Pekrun, R.: Emotion, Motivation u. Persönlichkeit. München 1988; Sedlmayr-Länger, E.: Klassifikation von klin. Ängsten. Göttingen 1985.

Dreiecks-Theorie der Liebe → Liebe.

Drei-Komponenten-Ansatz → Einstellung.

Drei-Komponenten-Theorie → Farbwahrnehmung.

Drei-Schalen-Versuch, ein schon von Weber (→ webersches Gesetz) vorgenommenes Experiment zur Demonstration des Phänomens der sensor. → Adaptation: Man nimmt drei Schalen, füllt sie mit Wasser verschiedener Temperatur; den linksstehenden Behälter füllt man mit kaltem Wasser, den in der Mitte mit »neutralem« u. den rechtsstehenden mit warmen Wasser. Die Vp taucht die beiden Hände zunächst in die mittlere Schale u. empfindet selbstverständlich beide Hände als gleich warm; dann hält sie ihre linke Hand in die linke, die rechte Hand in die rechte Schale, u. wenn sie nach einiger Zeit die anfängl. Beobachtung wiederholt u. beide Hände in die mittlere Schale taucht, fühlt sich für diejenige Hand, die vorher im kalten Wasser war, das Wasser warm, für die andere Hand kalt an.

◆ Campenhausen, C. v.: Die Sinne des Menschen. Stuttgart 1993; Arnold, W. (Hg.): Experimentelles Praktikum, Bd. 1. Stuttgart 1972.

DRH, Abk. für *differential reinforcement of high rates*; → Verstärkungsplan.

Driftbewegungen → Augenbewegungen.

Drive-Konzept → Drive-mal-habit-Modell; → Trieb.

Drive-mal-habit-Modell [auch *Trieb-mal-Gewohnheits-Modell* bzw. *Trieb-Gewohnheits-Modell* o. *Drive-habit-Modell*], zentrales Kzpt. der → systematischen Verhaltenstheorie von Hull, das den Zusammenhang von → Motivation u. → Lernen zum Ausdruck bringt. Die Stärke jedes Vhs. ist determiniert durch: (a) die → Habitstärke als Ausdruck der kognitiv-assoziativ verfestigten Lernstrukturen eines Organismus; (b) die Stärke des Triebs (im hullschen System: des → allgemeinen Antriebs). Beide Variablen, unabhängig voneinander messbar, stehen gem. dem D. in einer Wechselwirkung, multiplizieren sich, »schaukeln sich auf«, können einander aber nicht vollständig ersetzen, so dass, wenn ein Faktor gleich Null ist, kein Vh. stattfinden kann – Motivation kann also keine Lernerfahrung ersetzen u. umgekehrt. In Hulls Terminologie: Das Reaktionspotential ${}_SE_R$, auf den Stimulus oder Reiz S mit der Reaktion R zu reagieren, ist das Produkt der Triebstärke mal der Stärke des Habits ${}_SH_R$ als spezif. Reiz-Reaktionsverbindung, die durch die Assoziation von äußeren u. inneren Reizen mit darauf folgenden Reaktionen des Organismus entstanden ist; der formelhafte Ausdruck dafür ist: ${}_SE_R = f({}_SH_R) \times f(D)$. Diese einfache Grundidee präzise zu fassen u. in ein umfangreiches theoret. System zu integrieren war eines der Hauptanliegen der systemat. Vhstheorie Hulls, der mit diesem Modell versucht, eine große Anzahl lerntheoret. Experimente zu integrieren.

WÜ: Das D. spiegelt die grundlegende Spannung zw. einer *assoziationist.* u. einer *antriebstheoret.* Erklärung des Lernens wider: Braucht es zum Lernen Motivation bzw. Verstärkung o. ist der Aufbau von Erfahrungen bzw. von Gewohnheiten auch ohne solche energetisierenden Determinanten mögl., wie es z. B. das Phänomen des → latenten Lernens zu belegen scheint? Zu dieser Kontroverse vgl. Brown (1961) u. Bolles (1975).

◆ Bolles, R. C.: Theory of motivation. New York 1975; Brown, J. S.: The motivation of behaviour. New York 1961; Hinde, R. A.: Das Vh. der Tiere, 2 Bde. Frankfurt/M. 1973; Keller, J. A.: Grundlagen der Motivation. München 1981.

Drive-Theorie der Angst → Triebtheorie der Angst.

DRL, Abk. für *differential reinforcement of low rates*; → Verstärkungsplan.

DRO, Abk. für *differential reinforcement of other behaviour*; → Verstärkungsplan.

Drogen-Postulat → Extraversion vs. Introversion.

Druckempfindungen → Mechanorezeption.

Duale Kodierungstheorie. Eine → Gedächtnistheorie u. Theorie der → Wissensrepräsentation (Paivio 1969ff.) mit der zentralen Annahme, dass es zwei grundlegende Systeme der Wissensrepräsentation u. -speicherung gibt: (a) ein *abstrakt-verbales* u. (b) *ein imaginales*, das vorwiegend auf → Vorstellungsbildern (engl. *imageries*) beruht. *Imageries* müssen nach Paivio nicht ausschließl. visueller Natur sein, sondern können auch *auditor.* o. *hapt.* Charakter haben.

Im imaginalen Repräsentationssystem, das von der Theorie bes. thematisiert wird, herrscht eine *synchron-räuml.*, also → analoge Wissensrepräsentation u. parallele Informationsverarbeitung vor, der Organisationsprozess ist dynam. u. flexibel, während im verbalen System ein sequenzieller Informationsverarbeitungsmodus vorherrscht u. geringere Transformationsmöglichkeiten gegeben sind, so dass dieser Code eine eher stat. Qualität besitzt. Paivio nennt die Basiseinheiten des imaginalen Systems *Imagene* (für *image generators*), die des verbalen Systems *Logogene*. Die Repräsentationssysteme sind grundsätzl. unabhängig von der sensor. Qualität der zu verarbeitenden Informationen, nach der d. K. werden aber abstrakte Wortinformationen v. a. verbal kodiert, konkrete Informationen eher imaginal. Die zentrale Aussage der d. K. ist das *Koderedundanz-Kzpt.*; es postuliert, dass eine Lerninstruktion, die Vorstellungen fördert (Vorstellungsinstruktion, auch *imagery-instruction*), zu besseren Gedächtnisleistungen führt, da auf diese Weise zwei Kodierungssysteme aktiviert werden, wb. eine Information damit sozusagen eine doppelte Basis besitzt; s. Abb. *Vorstellungsbild 3*: Die Abb. demonstriert die Verfügbarkeit der hypothet. Kodierungssysteme als Funktion der Bildhaftigkeit zu verarbeitender Information; die Anzahl der Pluszeichen soll den Grad der Verfügbarkeit kennzeichl. machen.

		KODIERUNGSSYSTEM	
		imaginal	verbal
STIMULI	Bilder	+++	++
	konkrete Begriffe	+	+++
	abstrakte Begriffe		+++

Abb. *Vorstellungsbild 3*

HI/WÜ: Paivios Bedeutung lag darin, dass er in die durch behaviourist. Restriktionen gekennzeichnete Forschung zum → verbalen Lernen das Kzpt. des → Vorstellungsbildes wieder eingeführt hat. Paivio sieht seine Forschung als paradigmat. für das, was er → Neomentalismus nennt. Die d. K. ist damit eines der wichtigsten Paradigmen der modernen Gedächtnisps., von der zahlreiche empir. Forschungsimpulse ausgegangen sind u. an dem sich eine grundlegende Diskussion entzündet hat – die sog. *Imagery-Debatte* (s. unter *Vorstellungsbild*).

KR: Alternativtheorien postulieren entweder, dass Wissen ausschließl. *amodal* bzw. *propositional* gespeichert ist, dass also unsere Gedächtnisleistungen auf einem *einheitl.* Gedächtnis beruhen, in dem die Gedächtnisinhalte *modalitätsfrei* gespeichert sind, so dass sie also keine sensor. Attribute des Sinnessystems, dem sie ursprüngl. entstammen, mehr besitzen, sozusagen »gereinigt« u. nur noch abstrakt sind; o. es wird ein multimodaler Kodierungsansatz gewählt, der einen *modalitätsspezif.* u. einen *amodalen* Kode unterscheidet, v. a. einen *verbalen*, einen *imaginalen* u. einen *propositionalen* Kode; vgl. zsfd. Engelkamp (1990), der ein *modalitätsunspezif.* Gedächtnissystem, das er *konzeptionelles* System nennt, von einem *modalitätsspezif.* unterscheidet.

VD: Details zur d. K.: (a) Paivio hebt bes. den *räuml.* Charakter des imaginalen Systems hervor. Demgemäß scheinen visuelle Vorstellungseffekte beim Verarbeiten sprachl. Materials nicht in erster Linie durch den sensor.-visuellen Anteil des imaginalen Systems determiniert zu sein, sondern durch räuml.-relationale o. figurative Merkmale, die eine modalitätsspezif. Beschränkung überschreiten. Dies wird dadurch bestätigt, dass modalitätsspezif. geschädigte Vpn (Blinde o. Taube) bei Vorstellungsaufgaben Leistungen erbringen, die ident. mit denjenigen einer normalen Kontrollstichprobe sind. Diese Schlussfolgerung wird zusätzl. durch Ergebnisse von Interferenzstudien gestützt, wonach nicht *visuelle* Störaufgaben an sich, sondern *räuml.-relationale* o. *motor.* Komponenten die Interferenz bewirken (für ein Bsp. s. das Stw. → mentales Absuchen). (b) Paivio unterscheidet ein *repräsentationales*, *referentielles* u. *assoziatives* Verarbeitungsstadium: Auf der *repräsentationalen* Ebene sollen Bilder, Objekte u. andere nonverbale Stimuli zunächst einen nonverbalen Kode erzeugen, während Worte v. a. verbal repräsentiert werden. Auf der nachfolgenden *referentiellen* Ebene können Verbindungen zw. den beiden kognitiven Systemen hergestellt werden, insofern imaginale Repräsentanten benannt werden bzw. Wörter Vorstellungsbilder generieren können. Ob u. in welchem Maße referentiell kodiert wird, hängt allerdings nicht nur von der Qualität der Stimuli ab, sondern auch von den Repräsentationsbedingungen (ob eine Lernabsicht vorliegt, ob eine Imagery-Instruktion gegeben ist u. wie viel Zeit zur Verfügung steht etc.). Abstrakte Informationen sollen ihre Bedeutung primär durch weitere intraverbale Verarbeitungsprozesse auf der dritten, der *assoziativen* Enkodierungsstufe erlangen, auf der zu den verbalen Repräsentanten andere linguist. Einheiten assoziiert werden, während im imaginalen System imaginale Kettenassoziationen ablaufen. (c) Auf der ersten Verarbeitungsstufe sind imaginale u. verbale Repräsentationen bei konkreten u. abstrakten Wörtern im gleichen Maße verfügbar; abstrakte Wörter sollen aber auf direkte Weise keinen imaginalen Kode auslösen können. Konkrete Wörter können dagegen auf der referentiellen Bedeutungsebene imaginale Kodes auslösen, während Bilder in diesem Verarbeitungsstadium verbal kodiert werden. Daraus ergibt sich, dass die Verfügbarkeit beider Kodes bei Bildern am wahrscheinlichsten, bei abstrakten Wörtern am unwahrscheinlichsten ist. Der zweite zentrale Befund Paivios zur Stützung der Annahme, dass das visuell-imaginale System für die synchrone Organisation mehrerer Einheiten bes. spezialisiert ist, ist der sog. *Stimulus-Konkretheits-Effekt* im Paarassoziationslernen: Der cued recall ist für Paare aus konkreten Substantiven besser als für Paare aus abstrakten; bei gemischten Paaren ist der cued recall dann besser, wenn das konkrete Wort den *Reiz* u. nicht die *Response* bildet (Paivio 1986). (d) Von hier nimmt eine modifizierte d. K. ihren Ausgang, die davon ausgeht, dass imaginale Verarbeitungsprozesse per se gegenüber verbalen Kodierungsformen einen Vorteil aufweisen: → Konkretheitseffekt.

LIT: Zum Überblick über die d. K. vgl. Wippich (1980, 1984); eine Darstellung der Gegenpositionen findet sich bei Anderson (1988); eine Festschrift zu Ehren von Paivio ist Yuille (1983).

◆ ANDERSON, J. R.: Arguments concerning representations for mental imagery. PR 85, 1978, S. 249–277; ANDERSON, J. R.: Kognitive Ps. Heidelberg 1988; HEYER, G. u. a. (Hg.): Wissensarten u. ihre Darstellung. Berlin 1988, S. 130–155; PAIVIO, A: Mental imagery in associative learning and memory. PR 76, 1969, S. 241–263; PAIVIO, A. u. FOTH, D.: Imaginal and verbal mediators and noun concreteness in paired associate learning: the elusive interaction. JVLVB 9, 1970, S. 384–390; PAIVIO, A.: Imagery and verbal processes. New York 1971; PAIVIO, A.: Neomentalism. Canadian Journal of Psychology 29, 1975, S. 263–291; PAIVIO, A.: Mental representations. A dual coding approach. New York 1986; PYLYSHYN, Z. W.: The imagery debate: analogue media versus tacit knowledge. PR 88, 1981, S. 16–45; SIMON, H. A.: On the forms of mental representation. In: SAVAGE, C. W. (Hg.): Perception and cognitions. Issues in the foundation of psychology, Bd. IX. Minneapolis 1978; TACK, W.: Ziele u. Methoden der Wissensrepräsentation. SK 6, 1987, S. 150–163; WIPPICH, W.: Bildhaftigkeit u. Organisation. Darmstadt 1980; WIPPICH, W.: Lehrbuch der angewandten Gedächtnisps., 1. Bd. Stuttgart 1984; YUILLE, J. C. (Hg.): Imagery, memory and cognition. Hillsdale 1983; ZIMMER, H. D. u. ENGELKAMP, J.: Informationsverarbeitung zw. Modalitätsspezifität u. propositionalem Einheitssystem. In: HEYER u. a. (1988) S. 130–155.

Dual-route-Modell → Worterkennung.

Duft → Geruchswahrnehmung.

Dunkeladaptation → Helligkeitssehen; → Adaptation.

Dunkelangst → Angst.

Duplizitätstheorie, die wahrnehmungsphysiolog. Theorie, dass das → Schwarz-Weiß-Sehen u. die → Farbwahrnehmung über zwei unterschiedl. Sensortypen der Netzhaut vermittelt werden, die *Zapfen* u. die *Stäbchen*. Der Übergang geschieht bei Verringerung der Lichtintensität, also unter natürl. Bedingungen in der Dämmerung, wenn das Farbensehen des Tages (*photop. Sehen*) dem Schwarz-Weiß-Sehen der Dämmerung (*skotop. Sehen*) Platz macht: → Purkinjesches Phänomen.

VD: Eine Alternativtheorie ist die *Dominator-Modulator-Theorie* von Granit; sie postuliert Dominator- u. Modulatorsysteme in der Netzhaut; das Dominatorsystem besteht aus einem *skotop. Dominator* (Stäbchen) u. einem *photop. Dominator* (bestimmte Zapfen) u. reagiert bei jeder beliebigen Frequenz nur mit Helligkeitsempfindungen, während die Modulatorsysteme (bestimmte andere Zapfen) nur auf bestimmte Frequenzbereiche mit Farbempfindungen reagieren.

◆ ARNOLD, W. (Hg.): Experimentelles Praktikum, 1. Bd. Stuttgart 1972; CAMPENHAUSEN, C. v.: Die Sinne des Menschen. Stuttgart

1993; Schmidt, R. F. (Hg.): Grundriß der Sinnesphysiologie. Berlin 1985 (5. Aufl.).

Durchschnittsmodell → Informationsintegrationstheorie.

Durchsichtigkeit → perzeptive Ergänzungen.

Duz- vs. Siez-Jacke, in der von dem bedeutenden dt. Psychologen Max Goldt (Herrmann-Schüler) entwickelten Kommunikationstheorie der → Objektbenennung unter dem Aspekt des Duzens u. Siezens wird unterschieden zwischen Jacken, die mit großer Wahrscheinlichkeit dazu führen, dass der Träger der Jacke geduzt wird u. solchen, in denen er gesiezt wird. Zu weiteren Duz-/Siez-Parametern vgl. Goldt (1997), der speziell darauf verweist, dass man in der Regel in Buchgeschäften gesiezt, in Plattenläden geduzt wird; in Bioläden werde man nach ersten empirischen Forschungen bis 50 geduzt, in manchen Kneipen werde man erst kurz vor dem Tode gesiezt.

◆ Goldt, M.: Darf man den Herbst duzen? TIT 7, 1997, S. 46–47.

Dynamische Entscheidungen → Mehrstufige Entscheidungen.

Dynamische Interaktion → Interaktionismus.

Dynamische Psychologie. (a) Solche ps. Ansätze, die das Wirken psych. *Kräfte* thematisieren, die also nicht einseitig lerntheoret. o. kognitivist. orientiert sind; insbes. die → hormische Psychologie u. die → Psychoanalyse sind hier zu nennen. V. a. im angloamerikan. Sprachraum ist der Begriff *psychodynam.* fast syn. mit *psa.* Auch die → Feldtheorie thematisiert dynam. Aspekte; vgl. auch die Arbeit von Köhler (1950). (b) Bisweilen, jedoch seltener, bezeichnet der Begriff *dynam.* auch solche Theorien, die durch eine *Prozessorientierung* gekennzeichnet sind; die Persönlichkeitstheorie von Thomae (1951) verwendet explizit das Wort »dynam.« zu ihrer eigenen Kennzeichnung, auch die Theorie von Allport (1937) fällt unter diese Kategorie; s. a. das Stw. → dynamische Theorie.

◆ Allport, G. W.: Personality: a psychological interpretation. New York 1937 (dt.: Persönlichkeit. Meisenheim 1949); Köhler, W.: Dynamics in psychology. 1950 (dt.: Dynam. Zusammenhänge in der Ps. Bern 1958); Rudinger, G.: Prozeß-Analysen. In: Herrmann, T. u. Lantermann, E.-D. (Hg.): Persönlichkeitsps. München 1985, S. 202–214; Thomae, H.: Persönlichkeit. Eine dynam. Interpretation. 1951 (4. Aufl. 1971); Thomae, H.: Das Individuum u. seine Welt. Göttingen 1968.

Dynamischer Interaktionismus → Interaktionismus.

Dynamische Sehschärfe → Sehen; → Bewegungssehen.

Dynamisches Moment → Wille.

Dynamische Theorie, von Atkinson u. Birch (1970) begründete hochformalisierte Informations- u. Handlungstheorie; *dynam.* wird die Theorie deswegen genannt, weil sie – im Gegensatz zu *episod.* Modellen – v. a. die kontinuierl. Veränderungen des Handlungsstroms in der Zeit thematisiert; vgl. hierzu Kuhl u. Blankenship (1979). Das Modell analysiert demgemäß v. a. den *Vhswechsel.*

WÜ: Die d. T. ist eine der bedeutsamsten Weiterführungen der Theorien zur → Leistungsmotivation. Sie wird meist als herausragende u. wichtige Theorie der Motivationsps. gewürdigt – ohne dass sie aber eine eigene Forschungsrichtung o. ein eigenes Paradigma mit fruchtbarer weiterer Forschung begründen konnte; die problemhistor.

u. metatheoret. Bedeutung analysiert Kuhl (1983).

VD: Fünf Möglichkeiten des Übergangs der Vorherrschaft einer Vhstendenz (Ta) zu einer anderen (Tb) werden berücksichtigt: (1) Ta bleibt gleich, Tb nimmt an Intensität zu; (2) Ta nimmt ab, Tb nimmt zu; (3) Tb nimmt in der Beobachtungszeit stärker zu als Ta; (4) Ta nimmt ab, während die Intensität von Tb gleich bleibt; (5) Tb nimmt weniger stark ab als Ta. Außer den Handlungstendenzen nimmt das Modell auch Nicht-Handlungstendenzen, also hemmende Prozesse, an. Daneben beinhaltet die Theorie die Idee einer → *Trägheitstendenz*: Motivationen, die einmal angeregt worden sind, verschwinden nicht einfach, sondern bestehen auch ohne äußeren Anreiz eine längere Zeit fort, so dass zu einer angeregten Motivation die bereits zuvor vorhandene Tendenzstärke hinzuaddiert werden muss. Zur Theorie wurden Computersimulationsprogramme entwickelt, welche für eine gegebene Parameterkombination den durch das Modell vorhergesagten Vhsstrom simulieren (Seltser 1973; Kuhl u. Mader 1980).

◆ Atkinson, J. W. u. Birch, D: The dynamics of action. New York 1970; Kuhl, J. u. Blankenship, V.: The dynamic theory of achievement motivation: from episodic to dynamic thinking. PR 86, 1979, S. 141–151; Kuhl, J. u. Mader, N.: Systemübergreifendes Computerprogramm zur Simulation der dynam. Handlungstheorie. Unveröffentl. Prgr. Ruhr-Universität Bochum 1980; Kuhl, J.: Motivation, Konflikt u. Handlungskontrolle. Berlin 1983; Seltser, R. A.: Simulation of the dynamics of action. PRep 32, 1973, S. 859–872.

Easterbrook-Hypothese → Leistungsangst.

Ebenmerklicher Unterschied → Sinnesschwellen.

Echoisches Gedächtnis [auch *präperzeptuelles auditives Gedächtnis*; engl. *precategoric acoustic storage*; vgl. Crowder u. Morton 1969], dem → Kurzzeitgedächtnis vorgeschaltetes modalitätsspezif., präkategoriales Ultrakurzzeit-Gedächtnis für Gehörtes, analog dem → ikonischen Gedächtnis. Vgl. zur Begründung dieses Kzpt. im Gesamtzusammenhang der kognitiven Ps. die klass. Arbeit von Neisser (1974). Die Dauer des e. G. wird etwa mit 2 Sekunden angegeben; vgl. zu abweichenden Werten Massaro (1970). Die Kapazität wird als vergleichsweise gering angesehen: 3 bis 4 Items, wb. es sogar Hinweise darauf gibt, dass möglicherweise nur der jeweils letzte Vokal der Wörter gespeichert wird; vgl. Crowder (1976), der darauf hinweist, dass selbst eine so minimale Speicherung bei der Sprachwahrnehmung sinnvoll sei, da die prosod. Merkmale gesprochener Sprache, wie Tonhöhe, Betonung, Tonfall, ausschließl. in den Vokalen transportiert werden; vgl. zum Überblick Arbinger (1984) u. Baddeley (1979).

KR: Das Kzpt. des E. ist umstrittener als das des ikon. Gedächtnisses, in diesem Zusammenhang werden sämtl. Probleme akut, die unter → *Arbeitsspeicher* u. → *artikulatorische Schleife* dargelegt werden. Baddeley (1979) hält die von Neisser als Beleg für das e. G. genannten Experimente für inadäquat, da sie eher auf ein visuelles Kurzzeitgedächtnis hinwiesen.

VD: Klass. Experimente zum e. G., analog zu den Experimenten Sperlings zum ikon. Gedächtnis (→ Teilberichtsmethode) stammen von Darwin u. a. (1972); sie arbeiteten mit einer originellen Technik, »Der Mensch mit drei Ohren«: Hierbei wurden jeweils dem linken u. rechten Ohr verschiedene Reize gegeben u. ein Reiz zusätzl. auf beide Ohren – mit dem Effekt, dass der dritte Reiz aus der Mitte des Kopfes zu kommen scheint; so ließ sich die 3-mal Matrix von Sperling in die akust. Dimension transponieren. Ebenfalls analog zu der Erforschung des visuellen Systems wurde mit Experimenten gearbeitet, die vom Prinzip der → Maskierung Gebrauch machen, vgl. Massaro

(1970; 1972). Auch der → Suffix-Effekt wurde als Beleg für die Existenz eines e. G. gedeutet.

◆ ARBINGER, R.: Gedächtnis. Darmstadt 1984; BADDELEY, D. A.: Die Ps. des Gedächtnisses. Stuttgart 1979; CROWDER, R. G. u. MORTON, J.: Precategorial acoustic storage. PaP 5, 1969, S. 365–373; CROWDER, R. G.: Principles of learning and memory. Hillsdale 1976; DARWIN, C. J. u. a.: An auditory analogue of the Sperling partial report procedure: Evidence for brief auditory storage. CP 3, 1972, S. 255–267; MASSARO, D. W.: Preperceptual auditory images. JExP 85, 1970, S. 411–417; NEISSER, U.: Kognitive Ps. Stuttgart 1974 (Orig.: 1967); MASSARO, D. W.: Perceptual images, processing time and perceptual units in the auditory perception. PR 79, 1972, S. 124–145.

EEG, Abk. für *Elektroencephalogramm*; → physiologische Psychologie (Kasten psychophysiologische Methoden).

Effektanzmotivation → Wirksamkeitsmotivation.

Effektgesetz [auch *Verstärkungsgesetz*], die Annahme, dass → Lernen bzw. → Konditionierung dann – in schärferer Fassung: *nur dann* – auftritt, wenn dem zu erlernenden Vh. eine → Verstärkung, also ein für den Organismus positiver Effekt, folgt (*starkes u. schwaches E.*). Das E. wurde in Thorndikes → Verknüpfungstheorie erstmals explizit postuliert. Dem E. als Grundmodell des → operanten Konditionierens steht das → Kontiguitätsprinzip der → klassischen Konditionierung gegenüber. Die Grundannahme des E. findet sich in sämtl. klass. → Lerntheorien.

KR: Frühzeitig wurde am E. Kritik wegen seiner angebl. Zirkularität geübt; vgl. Meehl (1950); zu dt. Diskussionen vgl. Westmeyer (1973).

LIT: Für einen mathemat. Ansatz zum E. vgl. Thurstone (1930) u. Gulliksen (1934); unter histor. Perspektive geben Coleman u. Gormezano (1979) einen Überblick über die Problematik u. den empir. Zugang zum E; ein klass. Aufsatz ist Postman (1947).

◆ COLEMAN, S. R. u. GORMEZANO, I.: Classical conditioning and the »law of effect«. Historical and empirical assessment. Bm 7, 1979, S. 1–33; MEEHL, P. E.: The circularity of the law of effect. PBu 47, 1950, S. 52–75; POSTMAN, R. L.: The history and present status of the law of effect. PBu 44, 1947, S. 489–563; THURSTONE, L. L.: The learning function. JGP 3, 1930, S. 469–493; THURSTONE, L. L. u. GULLIKSEN, A. H.: A rational equation of the learning curve based on Thorndike's law of effect. JGP 11, 1934, S. 395–434; WESTMEYER, H.: Kritik der ps. Unvernunft. Stuttgart 1973.

Efferenzkopie → Reafferenz.

Effort-justification-Paradigma → kognitive-Dissonanz-Theorie.

Effort-performance-Funktion → Ressourcentheorie.

Effort-System → Aktivation.

EGG, Abk. für *Elektrogastrogramm*; → physiologische Psychologie (Kasten psychophysiologische Methoden).

Ego → Psychoanalyse.

Ego-bias → Attributionsfehler.

Egocentric bias → Attributionsfehler.

Egozentrische Lokalisation → Raumwahrnehmung; → visuelle Orientierung.

Egozentrische Orientierung → visuelle Orientierung.

Egozentrischer Irrtum → Attributionsfehler.

Egozentrismus → genetische Epistemologie.

Ehrensfels-Kriterien → Ganzheit.

Eidetiker → Eidetisches Vorstellungsbild.

Eidetische Sprache → Sprachwahrnehmung.

Eidetisches Vorstellungsbild, ein → Vorstellungsbild, das bei Menschen mit einer besonderen, eben *eidet.* Fähigkeit über ungewöhnl. lange Zeit, wie eine Fotografie, »im Geiste« erhalten bleibt, so dass die jeweilige Person in der Lage ist, es wie ein reales Bild zu betrachten. Die Vpn berichten typischerweise über ihre Vorstellungsbilder als »vor ihren Augen«, während sie ihre Gedächtnisbilder »im Kopf« haben. Aus der Eidetik-Forschung hat eine Idee Eingang in die naive Ps. gefunden, die These, dass eidet. Bilder bes. typ. für Kinder seien; zur Problematik vgl. Schumann-Hengsteler (1995). Leaskh u. a. (1979) finden bei 500 Schulkindern 7 % als Eidetiker, eine Zahl, die weit unter den 30 bis 90 % früherer Studien (Klüwer 1932) liegt; Gummerman u. Gray (1982) berichten von einem Fall eines außergewöhnl. visuellen Gedächtnisses.

KR: Die moderne Kritik an der Eidetik-Konzeption bezog sich zum einen auf die theoret. wenig haltbare Einordnung als Nicht-Wahrnehmung u. Nicht-Vorstellung, zum anderen auf die nach wie vor problemat. Operationalisierung u. führte dazu, dass das Postulat einer Sonderstellung eidet. Vorstellungen aufgegeben wurde; vgl. Perrig (1988) u. Schumann-Hengsteler (1995); Marks u. McKellar (1982). Zunehmend wird das Kzpt. des e. V. problematisiert u. eine Reintegration in den Normalbereich von Wahrnehmung u. Vorstellung gefordert.

VD: Eine Vorstellung ist nach Neisser (1974, S. 189) dann *eidet.*, wenn sie vier Kriterien erfüllt: (a) die Vp beschreibt sie so klar wie ein äußeres Objekt; (b) sie sieht die Vorstellung an einem bestimmten Platz; (c) sie kann sie wie ein reales Bild beschreiben/analysieren; (d) die Vorstellung verändert ihre Position bei Augenbewegungen nicht. Abgrenzungskriterien zu den negativen → Nachbildern sind: (a) die Zeit: die Persistenz eidet. Bilder ist länger; (b) die Farben: die Farbempfindung ist im Gegensatz zu den Nachbildern nicht komplementär; (c) die Möglichkeit, die Bilder mit den Augen »abzusuchen«, ohne dass diese an Klarheit o. Intensität verlieren.

LIT: Zur Übersicht über neuere Forschungen vgl. Ahsen (1977); Faber (1979); Sheenan u. a. (1983).

◆ Ahsen, A.: Eidetics: an overview. JMI 1, 1977, S. 5–38; Faber, R. N.: Twenty years of haunting eidetic imagery: where's the ghost? BBS 2, 1979, S. 583–629; Gummerman, K. u. Gray, C. R.: An uncommon case of visual memory. In: Neisser, U. (Hg.): Memory observed. San Francisco 1982; Jaensch, E. R. u. Jaensch, W.: Über die Verbreitung der eidet. Anlage im Jugendalter. ZfPs 87, 1921, S. 91–96; Klüwer, H.: Eidetic phenomena. PBu 29, 1932, S. 181–203; Leaskh, J. u. a.: Eidetic imagery in children. Longitudinal and experimental results. PMSu 3, 1969, S. 25–48; Marks, D. F. u. McKellar, P.: The nature and function of eidetic image. JMI 6, 1982, S. 1–28; Neisser, U.: Kognitive Ps. Stuttgart 1974; Perrig, W.: Vorstellung u. Gedächtnis. Berlin 1988; Schumann-Hengsteler, R.: Die Entwicklung des visuell-räuml. Gedächtnisses. Göttingen 1995; Sheenan, P. W. u. a.: Assessment of mental imagery. In: Sheikh, A. (Hg.): Imagery: current theory, research and application. New York 1983.

Eidetische Wahrnehmung → Eidetisches Vorstellungsbild.

Eifersucht, wird oft zusammen mit → Neid thematisiert bzw. durch Abgrenzung definiert; beides sind soziale Emotionen, *Neid* entsteht (nach Foster 1972) aus dem Verlangen etwas zu bekommen, das andere besitzen, während E. in der Furcht wurzelt etwas zu verlieren, das man bereits besitzt. Angst, Ärger, Unsicherheit, Hass, Scham werden mit E. in Verbindung gebracht. E. spielt v. a. innerhalb der Psa. als *ödipale E.* des Jungen auf den Vater eine wichtige Rolle (→ Ödipuskomplex; vgl. Kutter 1978). E. war bis in die zweite Hälfte der 70er Jahre hinein so gut wie ausschl. eine Domäne der Psychiatrie, dementsprechend in extremen Versionen, wie dem *Eifersuchtswahn* (vgl. Schneemann 1989). Mitte der 70er Jahre verlor mit zunehmendem Auftreten alternativer Lebensformen u. der Relativierung überkommener Moral- u. Wertvorstellungen die Idee einer natürl. Notwendigkeit von E. an Boden – das Interesse der Ps. nahm gleichermaßen zu. Einen Überblick über das Thema E. u. Partnerschaft geben Mummendey u. Schreiber (1983).

◆ Bringle, R. G.: Conceptualizing jealousy as a disposition. Alternative Lifestyles 4, 1981, S. 274–290; Bringle, R. G. u. Buunk, B. P.: Eifersucht u. Partnerschaft. In: Amelang, M. u. a. (Hg.): Partnerwahl u. Partnerschaft. Göttingen 1991, S. 71–93; Clanton, G. u. Smith, L. B. (Hg.): Jealousy. Englewood Cliffs 1977; Foster, G. M.: The anatomy of envy. A study in symbolic behaviour. Current Antropology 13, 1972, S. 165–202; Hupka, R. B.: Cultural determinants of jealousy. Alternative Lifestyles 4, 1981, S. 310–356; Kutter, P.: Die menschl. Leidenschaften. Stuttgart 1978; Mead, M.: Jealousy: Primitive and civilized. In: Clanton u. Smith (1977), S. 115–127; Mummendey, A. u. Schreiber, H. J.: Neid u. Eifersucht. In: Euler, H. A. u. Mandl, H.: Emotionsps. München 1983, S. 195–200; Schneemann, N.: Eifersucht u. Eifersuchtswahn. Stuttgart 1989; White, G. L.: Jealousy and partner's perceived motives for attraction to a rival. SPQ 44, 1981, S. 24–30.

Eigengrau → Schwarz-Weiß-Sehen.

Eigenniveaumodell → Bezugssystemtheorien.

Eigenreflex → Reflex.

Eigenschaftsangst → Angst.

Eigenschaftstheorie → Personalismus.

Eigenvalidierung positiver Emotionen, ein innerhalb moderner → Emotionstheorien entwickeltes Prinzip, zuerst explizit artikuliert von Andreas Möller (vgl. Moritz 1995): *Vom Feeling her habe ich ein gutes Gefühl.*

◆ Moritz, R. (Hg.): Doppelpaß u. Abseitsfalle. Stuttgart 1995.

Einblenden → Fading.

Eindrucksbildung [engl. *impression formation*], der Prozess, durch den eine Person über eine andere Person Informationen in Form von einzelnen Merkmalen erhält, die dann zu einem Gesamteindruck integriert werden. Solche Einzelmerkmale erhält man im Alltagsleben durch äußere Erscheinung, z. B. Attraktivität, Ausdruck (z. B. Blickkontakt, Haltung, Gesten, Stimme) u. Beschreibungen (z. B. biograf. Material, Äußerungen Dritter, diagnost. Gutachten u. ähnl.).

Dieser Phänomenbereich wurde innerhalb der → Sozialpsychologie v. a. durch Experimente u. Untersuchungen von Asch (1946; *Asch-Paradigma*) thematisiert: Asch bot unabhängigen Gruppen von Vpn. zwei Listen von Personeneigenschaften: *intelligent, geschickt, fleißig, freundlich* (*warm*)/*kalt* (*cold*), *entschlossen, praktisch, vorsichtig*. Es fanden sich folgende Ergebnisse: (1) Die Beschreibungen des Gesamteindrucks unterschied sich stark, wenn ein einziges Eigenschaftswort in der Liste ausgewechselt wurde, näml. das Adjektiv »freundl.«, (engl.: *warm*) durch das Adjektiv »kalt« (engl.: *cold*). Aufgrund der ersten Liste war der Gesamteindruck viel positiver als aufgrund der zweiten Liste. 91 % der Personen, die die Liste mit dem Wort »freundlich« (*warm*) gelesen hatten, fanden die Personen nun auch großzügig; in der kalt-Liste waren nur 8 % dieser Meinung (so starke Effekte findet man in der Ps. selten). Diese *warm-cold-Variable* wurde Gegenstand zahlreicher empir. Forschungen. Hierbei wurde auch ein Prinzip des *Bedeutungswandel* deutl.: In der Liste, die zu dem Adjektiv *warm* einen negativen Kontext bereitstellte (z. B. *gehorsam, schwach, oberflächl., freundl., nicht ehrgeizig, ineffektiv*) verlor die Information »freundl.« ihren zentralen Einfluss u. wurde inhaltl. auch als verändert erlebt, meist als Unterwürfigkeit. Das *Bedeu-*

tungswandel-Prinzip ist einerseits eine Bezeichnung für diese empir. Erscheinung, andererseits besitzt es theoret. Status insoweit es aus der gestaltps. Eindrucksbildungstheorie Aschs hervorgeht. (2) Ein zweiter wichtiger Aspekt der E. sind → Reihenfolge-Effekte. (a) Häufig findet sich ein *Primacy-Effekt*, also das Phänomen des stärkeren Einflusses der im Zeitablauf früher gegebenen Information auf die Eindrucksbildung (auch *Vorrang-Effekt*). Dieser Effekt begründet das Phänomen der auch in der vorwissenschaftl. Ps. enthaltenen Idee der Dominanz des ersten Eindrucks. (b) *Recency-Effekt* (übersetzbar mit *Neuigkeits-Effekt*; der etwas unglückl. Terminus »Neuigkeit« steht hier nicht für jegl. neue Information, sondern für den verstärkten Einfluss der zuletzt – »recent« – gegebenen Information auf die Eindrucksbildung): Während die Wahrscheinlichkeit des Auftretens von Primacy-Effekten sich dann erhöht, wenn widersprüchl. Informationen bei einer Informationsquelle beobachtet werden u. ohne Unterbrechung in einer Einheit dargeboten werden, steigt umgekehrt die Wahrscheinlichkeit eines Recency-Effektes, je größer das zw. zwei widersprüchl. Informationen liegende Zeitintervall ist. Die Tatsache, dass ein Adjektiv (die *warm-cold-Variable*) *zentralen* Einfluss auf den entstehenden Gesamteindruck ausübt, während die anderen nur *peripher* sind, wird häufig unter dem Konzept *Zentralität/Peripheralität* gefasst; wenn z. B. statt der warm-kalt-Variable das Gegensatzpaar *höflich – plump* eingesetzt wurde, ergab sich, dass der Gesamteindruck deutl. weniger variierte. Aus dem Ansatz von Wishner (1960) ergibt sich, dass eine Eigenschaft in der Beschreibung der Zielperson dann *zentral* ist, wenn sie mit allen o. den meisten Eigenschaften der Checkliste korreliert, dann *peripher*, wenn die Korrelationen null sind; er konnte auch zeigen, dass Eigenschaften, die Asch als peripher angesehen hatte, in den Status einer zentralen Eigenschaft kommen können, wenn eine entsprechende Checkliste konstruiert wird. Insofern reduzierte Wishner Aschs gestalttheoret. Ansatz auf einen elementareren Korrelationsansatz. Zur Darstellung der Experimente hierzu vgl. Rosemann u. Kerres (1986); zur Kritik vgl. Bierhoff (1988).

HI/WÜ: Das Paradigma der E. war eines der zentralen Paradigmen der Sozialps., in dem wichtige Forschungsstränge wurzeln: → Attribution, → soziale Kognition; vgl. → Personenwahrnehmung.

TH: (1) Aschs Experimente führten zur Forschung mit folgenden Schwerpunkten: Welche weiteren Schlüsse zieht man über eine Person, von der man weiß, dass sie gewisse Eigenschaften besitzt, und wie weit zieht man diese Schlüsse? Bruner u. Tagiuri (1954) vertraten in ihrem Übersichtsartikel die Ansicht, dass solche Schlüsse über eine → *implizite Persönlichkeitstheorie* (vgl. auch Cronbach 1955), die im Alltagswissen begründet ist, vermittelt werden können. (2) Wie kombinieren Menschen unterschiedl. Informationen, die sie über eine Person haben – das Problem der Informationsintegration bzw. -kombination? Grundsätzlich gibt es drei Ansätze: (a) das *Summationsmodell* (→ Informationsintegrationstheorie); (b) *Gestaltwahrnehmung* (vgl. Asch 1946ff.); ein holist. Ansatz, der das Prinzip des Bedeutungswandels impliziert (s. o.). (c) Eine alternative Erklärung ist, den genannten Kontexteffekt als *generalisierten* → *Halo-Effekt* zu erklären, danach ergibt sich die Beurteilung einer Eigenschaft im Kontext mit anderen Eigenschaften aus der kontext-freien Bedeutung einer Eigenschaft u. dem Gesamteindruck der Person, der sich aufgrund der gesamten Eigenschaftsliste einstellt. Vgl. für einen zsfd. Überblick über gestalttheoret. Ansätze Lalli (1991); Watkins u. Peyniercioglu (1984) beschreiben den Zickzackkurs, den die Forschung im Hinblick auf die Frage genommen hat, insges. scheint es so zu sein, als ob der Halo-Effekt als Erklärung nicht ausreichend ist. Wichtig geworden ist auch der spätere Ansatz von Hamilton u. Zanna (1974) u. dessen Fortführung von Watkins u. Peyniercioglu (1984). Durch die Renaissance des Schemabegriffs in den 70er Jahren (Graumann u. Sommer 1984) u. das Aufkommen des Paradigmas der sozialen Kognition ergaben sich zwei neue Entwicklungen: Zum einen verlor das Kzpt. der impliziten Persönlichkeitstheorie zunehmend an Bedeutung, da der Schemabegriff ein flexibleres u. auch umfassenderes Strukturkonzept darstellt, zum anderen erweiterte sich die Perspektive innerhalb der Personenwahrnehmung auf eine größere Anzahl von Teilaspekten u. -prozessen, so dass der ursprüngl. Begriff »first impression formation« an Relevanz verlor; »Eindruck« wurde nunmehr als kognitive Repräsentation von Personen durch einen Wahrnehmenden definiert, der Begriff »some person memory« wurde geprägt; vgl. Hamilton u. a. (1980). Die Entwicklungen führten dazu, dass die ursprüngl. Fragestellung der E. wesentl. erweitert wurde, man differenzierte zw. unterschiedl. Teilaspekten bzw. Phasen – Informationsaufnahme, -verarbeitung, -ausgabe –, die ihrerseits von kognitiven Strukturen wie Schemata, Stereotypen o. Prototypen gesteuert werden. Auf der Seite der Informationsaufnahme wurde der Einfluss unvollständiger Information auf die Urteilsbildung untersucht, dabei ging es v. a. darum, ob der Prozess der Informationssuche als Hypothesentestung aufgefasst werden kann. Ein wesentl. Aspekt, der im Zusammenhang mit Eindrucksurteilen untersucht wurde, ist die Verfügbarkeit u. das → priming von Urteilskategorien.

◆ ASCH, S. E.: Forming impressions of personality. JASP 41, 1946, S. 258–290; ASCH, S. E.: Social psychology. Englewood Cliffs 1952; BIERHOFF, H. W.: Sozialps. Stuttgart 1988 (2. Aufl.); BRUNER, J. S. u. TAGIURI, R.: The perception of people. In: LINDZEY, G. (Hg.): Handbook of social psychology, 2. Bd. Reading/Mass. 1954; CRONBACH, L. J.: Processes affecting scores on »understanding of others« and »assumed similarity«. PBu 52, 1955, S. 177–193; GRAUMANN, C. F. u. SOMMER, C. M.: Schema and inference: models in cognitive social psychology. In: ROYCE, J. R. u. MOS, L. P. (Hg.): Annals of theoretical psychology, 1. Bd., New York 1984, S. 31–75; HAMILTON, D. L. u. ZANNA, M. P.: Context effects in impression formation: changes in connotative meaning. JPSP 29, 1974, S. 649–654; HAMILTON, D. L. u. a.: Organizational processes in impression formation. In: HASTIE, R. u. a. (Hg.): Person memory: the cognitive basis of social perception. Hillsdale 1980, S. 121–153; HEIDER, F.: The psychology of interpersonal relations. New York 1958; LALLI, M.: Die Integration von Information bei der sozialen Eindrucksbildung. Regensburg 1991; ROSEMANN, B. u. KERRES, M.: Interpersonale Wahrnehmungen u. Verstehen. Bern 1986; SCHNEIDER, D. J.: Implicit personality theory: a review. PBu 19, 1973, S. 294–309; WATKINS, M. J. u. PEYNIRCIOGLU, Z. F.: Determining perceived meaning during impression formation: another look at the meaning change. JPSP 46, 1984, S. 1005–1016; WISHNER, J.: Reanalysis of »Impressions of Personality«. PR 67, 1960, S. 96–112.

Eindrucksdifferential → semantisches Differential.

Eindrücke → Eindrucksbildung.

Ein-Element-Modell → mathematische Lerntheorien.

Einfache Empfindung → Empfindung.

Einfache Gefühle → Emotion.

Einfaches Lernen [auch *mechanisches Lernen*, *Auswendiglernen*; engl. *rote-learning*], ein Paradigma der Gedächtnisps., das sich mit dem Lernen einfacher Materialien beschäftigt: v. a. → sinnlose Silben, auch Buchstaben, Zahlen o. Wörter (e. L. ist deswegen fast immer → verbales Lernen). Komplexeres Material wird nicht verwendet, damit die elementaren Lernprozesse hervortreten.

HI/WÜ: Hinter diesem Ansatz stehen entweder die klass. → Assoziationstheorien o. im amerikan. Raum die → S-R-Theorien, die ihres mechanist. Grundkzpts. wegen gerade dieses mechan. Lernen über Jahrzehnte hinweg als das Hauptthema der → Lerntheorien angesehen haben. Leitmotivisch ist die Idee, dass es so etwas wie *allg.* → Lerngesetze gibt, die sowohl hinter dem *Vhslernen*, wie auch dem *verbalen Lernen* stehen u. in gewissem Sinne fundamentaler sind als die komplexeren kognitiven Verarbeitungsprozesse, die beim Lernen von sinnvollem Material, wie z. B. ganzen Geschichten, hervortreten.

TH: Der Ansatz führt also in ein Grundproblem der → Lernpsychologie bzw. der → Gedächtnispsychologie: ob e. L. eben wirkl. *mechan.* Lernen ist. Deswegen stehen sich bei fast jedem empir. Phänomen als Alternativerklärungen auf der einen Seite die mechanist. Assoziations- bzw. S-R-Theorien u. auf der anderen Seite die → Gestalttheorie bzw. die moderneren kognitivist. Ansätze gegenüber. Ein klass. Aufsatz in dieser Auseinandersetzung ist die Köhlersche Rezension des McGeochschen Standardwerkes der amerikan. Lernps. (1943). Köhler hält die Idee des e. L. für eine Fiktion, da auch einfachste Lernprozesse von den → Gestaltgesetzen durchdrungen seien, wodurch mechanist. Ansätze ihre Grenzen fänden. Später wurde auch im angloamerikan. Raum dieser einfache paradigmat. Rahmen gesprengt: → Mediation u. → Kodierung waren Kzpte., die den Übergang zum Kognitivismus darstellten.

VD: Unabhängig von diesen forschungsleitenden Theorien wurde innerhalb des Paradigmas e. L. eine große Fülle empir. Befunde erarbeitet, zentrale Aspekte u. Probleme waren: (a) die Abhängigkeit der Behaltensleistung von Umfang u. Lernzeit – die Suche nach typ. → Lern- bzw. Vergessenskurven; insbes. die → mathematischen Lerntheorien bemühten sich um eine exakte Analyse der empir. Befunde; (b) → Alles-oder-nichts vs. inkrementelles Lernen; (c) die Wirkung unterschiedl. Methoden des → Übens: → Ganz-Lernmethode vs. Teil-Lernmethode, → massiertes vs. verteiltes Lernen; (d) Untersuchungen zu den Problemgebieten → Interferenz, → Transfer, → Generalisation; (e) die empir. Analyse verschiedener Gedächtniseffekte, v. a. von Intra-Reihen-Phänomenen (vgl. hierzu Bergius 1964) wie v. a. dem → seriellen Positionseffekt, sowie der Bedeutung der Länge der zu lernenden Reihe u. der Struktur der Reihe (→ Von-Restorff-Effekt); (f) Unterschiede zw. bedeutungshaltigem u. bedeutungsarmem Material; (g) Strukturierungsprozesse wie → Gruppierung u. → Chunking; dabei wurden wichtige → Gedächtnisprüfmethoden entwickelt.

LIT: Vgl. zsfd. McGeoch (1942); Irion (1959); Bergius (1964); zu methodolog. Problemen vgl. Irion (1959).

◆ Bergius, R.: Einfache Lernvorgänge. In: Bergius, R. (Hg.): Lernen u. Denken. HP, 1. Bd., 2. Hlb. Göttingen 1964, S. 147–225; Irion, A. L.: Rote Learning. In: Koch, S. (Hg.): Psychology: a study of a science II. New York 1959, S. 538–560; Köhler, W.: The psychology of human learning (Buchbesprechung). AJP 56, 1943, S. 455–460; McGeoch, J. A.: The psychology of human learning. New York 1942 (2. Aufl. revidiert von A. L. Irion, New York 1952).

Einfaches Memorieren → Memorieren.

Einfachrekation → Reaktionsexperiment.

Einfühlung → soziale Motivation.

Eingebettete Figuren → Gestaltbindung.

Eingeengte Kontrolle → kognitive Stile.

Eingipflige Bevorzugung → Eingipfligkeitsphänomen.

Eingipfligkeitsphänomen [auch Phänomen der *eingipfligen Bevorzugung* o. der *subjektiven Optimalität des Mittelmaßes*; engl. *single-peakedness-phenomenon*]. Eine Präferenz wird *eingipflig* genannt (*unimodale Präferenzfunktion*), wenn es einen Punkt gibt, an dem sie die Richtung wechselt u. monoton fällt; d. h., dass ein »Wohlgefallen« zunächst parallel zur Reizstärke stetig zunimmt (z. B. parallel zur Lautstärke einer Musik), ab einer bestimmten Intensität des Reizes jedoch in Unbehagen umschlägt. Diese Regularität des Präferenzvhs. ist für die verschiedensten Stimuli beobachtet worden, die von einfachen Kontinua, wie der Lautheit, bis hin zu komplizierteren reicht, wie z. B. polit. Parteien, geordnet nach dem Links-Rechts-Schema. Das allg. Prinzip hinter dem E. besteht darin, dass mit der Intensität des Reizes zunächst ein subjektiver Nutzen verbunden ist, gleichzeitig aber auch ein negativer, welcher jedoch langsamer anwächst (»Freude-Pein-Prinzip«, vgl. Gigerenzer 1981). Ein erster Versuch, das E. mittels einer einheitl. Theorie zu erklären, stammt von Coombs u. Aunin (1967). Das E. u. seine Implikationen widersprechen der Grundannahme des → Erwartung-mal-Wert-Modells. Das → Wundtsche Gesetz hängt mit dem E. zusammen.

LIT: Einen Überblick bietet Aschenbrenner (1981, 1985); vgl. auch Gigerenzer (1981).

◆ Aschenbrenner, K. M.: Efficient sets decision heuristics and single peaked preferences. JMaP 23, 1981, S. 227–256; Aschenbrenner, K. M.: Das Eingipfligkeitsphänomen: seine Erklärung u. Bedeutung. In: Albert, D. (Hg.): Bericht über den 34. Kongreß der Dt. Gesellschaft für Ps. in Wien 1984, 1. Bd. Göttingen 1985, S. 49–55; Coombs, C. H. u. Avrunin, G.: Single-peaked functions and the theory of preference. PR 84, 1967, S. 216–230; Gigerenzer, G.: Messung u. Modellbildung in der Ps. München 1981.

Einkanalmodell → Filtertheorie.

Einkapselungen → komplexes Problemlösen.

Einort-Resonanz-Theorie → Hören.

Einsamkeit → Einsamkeitsgefühl.

Einsamkeitsgefühl, das als unlustvoll empfundene kognitiv-emotionale Gewahrwerden des Alleinseins, verbunden mit dem Auftreten von → Affiliationsmotivation.

LIT: Terminolog. Aspekte u. Abgrenzungen zu ähnl. Konstrukten behandelt Heigl (1988); einen kurzen geschichtl. Überblick zur Einsamkeitsforschung geben Peplau u. Perlman (1982) u. Peplau (1985); eine umfassende Bibliographie von 1932–1981 ist in Peplau u. Perlman (1982 A) enthalten; einen neuen Überblick vermitteln Heigl (1988) u. Elbing (1991); zu emotionsps. Aspekten des E. vgl. zsfd. Ulich u. Mayring (1992).

◆ Elbing, E.: Einsamkeit. Göttingen 1991; Heigl, A.: Selbstaufmerksamkeit u. Einsamkeit. Regensburg 1988; Peplau, L. A. u. Perlman, D.: Loneliness. A sourcebook of current theory, research and therapy. New York 1982; Peplau, L. A. u. Perlman, D.: Perspectives on loneliness. In: Peplau u. Perlman 1982; Peplau, L. A.: Loneliness research. Basic concepts and findings. In: Sarason, G. u. Sarason, B. R. (Hg.): Social support: theory, research, applications. Dordrecht, Boston 1985, S. 269–386; Ulich, D. u. Mayring, P. (Hg.): Ps. der Emotionen. Stuttgart 1992.

Einschätzskalen [auch *Ratingskalen*], eine Methode der → psychologischen Skalierung: Wie bei der → Methode der sukzessiven Kategorien lautet die Instruktion, alle Objekte den k geordneten Klassen eines Merkmals zuzuordnen. Im Unterschied dazu werden nicht alle Objekte gleichzeitig sortiert, sondern jedes Objekt wird einzeln zugeordnet, indem eine der Kategorien auf der E. angekreuzt wird. Damit sind bereits getroffene Zuordnungen im Allg. nicht rückgängig zu machen u. Ankerprobleme müssen besonders berücksichtigt werden, z. B. solche, die durch die Veränderung von Bezugssystemen im Laufe der Urteile entstehen. Verschiedende Formen von E. werden bei Guilford (1954) diskutiert. Die Methode der E. verlangt kategoriale Urteile u. erzwingt Transitivität; vgl. hierzu Gigerenzer (1981). Die große Beliebtheit von E. begründet sich in der Ökonomie ihrer Anwendung. Problemat. ist, dass bisweilen eine → Tendenz zur Mitte auftritt, sowie ein Milde-Fehler. E. sind ledigl. *Ordinalskalen*, häufiger wird jedoch unterstellt, die Abstände zw. den Angaben seien gleich.

◆ Gigerenzer, G.: Messung u. Modellbildung in der Ps. München 1981; Guilford, J. P.: Psychometric methods. New York 1954; Taylor, S.: The interface of cognitive and social psychology. In: Harvey, J. H. (Hg.): Cognition, social behaviour and the environment. Hillsdale 1981.

Einsicht, das phänomenale Erleben des Prozesses der *Umstrukturierung* beim → Problemlösen; dabei wird ein Problem auf neuartige Weise wahrgenommen, u. zwar so, dass die Lösung erkennbar wird. Häufig ist diese Erscheinung mit einem *Aha-* bzw. *Heureka-Erlebnis* verknüpft. Der Begriff der E. ist zentral für die → Denktheorie der → Gestalttheorie; vgl. z. B. Köhler (1917ff.). Diese betont, dass weder → Assoziation noch → Konditionierung hinreichende Bedingungen für höhere Lernprozesse sind u. dass auch die Rolle der Vorerfahrungen geringer ist als in den empirist. Lerntheorien angenommen wird. In Köhlers → Primatenversuchen wurde das E.-Kzpt. zum zentralen Analyseinstrument: Affen konnten Stöcke u. Kisten als Werkzeuge verwenden, um z. B. eine an der Decke des Käfigs außer Reichweite der Tiere angebrachte Banane zu erreichen; nach Köhlers Beobachtungen können sie dies ohne den mühsamen Prozess des → Trial-and-Error-Lernens eben durch E. Sie können sich hierbei gelegentl. durchaus vom Ziel ihrer Aktivität – dem Erreichen der Banane – abwenden, um sich dem Mittel zur Erreichung des Ziels, den Stöcken u. Kästen, zu widmen: »Umweg-Merkmal« – nach Ansicht Köhlers eines der wichtigsten Merkmale *einsichtigen* Vhs.

Yerkes (1927) nennt folgende Kriterien von E.: (a) Erforschung, Inspektion o. ständige Prüfung der problemat. Situation; (b) Zögern, Innehalten, Ausdruck konzentrierter Aufmerksamkeit; (c) ein Ausgangsversuch mit einer mehr o. weniger geeigneten Reaktionsweise; falls sich die erste Reaktion als ungeeignet erweist, wird der Versuch mit einer anderen Methode wiederholt, oft mit scharfem u. plötzl. Übergang von der einen zur anderen Methode; (d) ständige o. häufig wiederkehrende auf das Objekt o. Ziel gerichtete Aufmerksamkeit; (e) Erreichen eines krit. Punktes, an dem der Organismus plötzl., unmittelbar u. eindeutig den von der Situation geforderten Anpassungsakt vollzieht; (f) leichte Wiederholbarkeit dieser adaptiven Reaktion nach ihrem ersten Auftreten; (g) deutl. Fähigkeit, den wesentl. Aspekt in der Problemsituation zu entdecken u. zu beachten sowie unwesentl. Bestandteile der Situation zu ignorieren.

HI: Der Begriff E. ist schon von Ruger 1910 zur Beschreibung des Vhs. in Problemsituationen verwendet worden (vgl. Hartmann 1931); auch Yerkes (1927) gebraucht einen ähnl. Begriff u. hat schon früh Kriterien für einsichtiges Vh. aufgestellt.

KR: Ausführl. wird die Problematik des Begriffs von Hartmann (1931), Ogden (1932), Allport (1955) diskutiert; zur Problematik des Kzpts. des Aha-Erlebnisses vgl. Weisberg (1989); s. a. die Stw. → symbolisches Versuchs-Irrtum-Verhalten u. → Begriffsbildung.

LIT: Zu psa. Ansätzen vgl. Joseph (1986).

◆ Allport, F. H.: Theories of perception and the concept of structure. New York 1955; Hartmann, G. W.: The concept and criteria of insight. PR 38, 1931; Köhler, W.: Intelligenzprüfung an Anthropoiden. Abhandlungen der Königl.-Preuß. Akademie der Wissenschaften, Physikal.-Mathemat. Klasse Nr. 1, Berlin 1917; Köhler, W.: Intelligenzprüfungen an Menschenaffen. Berlin 1921; Maier, N. R. F.: Reasoning in humans: I. On direction. JCPs 10, 1930, S. 115–143; Ogden, R. M.: Insight. AJP 44, 1932; Weisberg, R. W.: Kreativität u. Begabung. Heidelberg 1989; Yerkes, R. M.: The mind of gorilla. GPM 2, 1927.

Einstellbewegung → Orientierung.

Einstellung. Die Bedeutung des Begriffs entspricht dem vorwissenschaftl. Sprachgebrauch, auch hinsichtl. seiner Dualität: (a) E. meint einmal das Eingestelltsein, also die Bereitschaft, auf bestimmte Reize mit bestimmten Reaktionen zu antworten (engl. *set*). *Sensor.* E. meint z. B. die Erwartung, dass bestimmte Reize auftreten, *motor.* E. bezeichnet eine bestimmte habitualisierte Reaktionsweise. → *Wahrnehmungseinstellung* bezeichnet das Phänomen, dass ein gegebenes Reizangebot in einer bestimmten Art u. Weise strukturiert u. verarbeitet wird. Der Effekt der E. zeigt sich meist in einer verbesserten Genauigkeit, mit der ein Wahrnehmungsangebot (bzw. eine spezielle Teilstruktur davon) verarbeitet u. wiedergegeben wird. Schon Külpe (→ Würzburger Schule) hat hierzu klass. Arbeiten geleistet; vgl. Haber

(1966); vgl. auch das Stw. → Hypothesentheorie der Wahrnehmung. Auch auf dem Gebiet der Denkps. gibt es mehrere Kzpte., die das Thema E. berühren, zu nennen ist v. a. das Phänomen u. Kzpt. der → Problemlösungs-Einstellung; vgl. Gibson (1941); vgl. auch → funktionale Gebundenheit; → kognitive Stile. Zum Kzpt. *E.* innerhalb der sowjet. Ps. vgl. Matthäus (1988). (b) In einem anderen Sinne meint *E.* eine spezielle Sichtweise von Dingen u. Prozessen, v. a. von sozialen Prozessen – *soziale E.* (*T*: der engl. Begriff lautet *attitude* – in der dt. Fachliteratur wird deshalb auch der Begriff *Attitüde* verwendet; man findet bisweilen auch den Begriff *Werthaltung*). E. bezeichnet also eine bewertende Stellungnahme gegenüber einer Person, Institution o. einem sozialen Prozess (dabei werden ganz heterogene Themen mit einbezogen, wie z. B. Geburtenkontrolle, Kirche u. Religion, Diät u. Gewichtsverlust, Mutter sein vs. berufliche Laufbahn einschlagen, Umweltschutz, Abtreibung bis hin zu Theorien über die Ursachen von Bewusstlosigkeit).

Eine E. wird häufig als mehrdimensionales System konzipiert, bestehend aus kognitiven, affektiven u. handlungsintentionalen Komponenten; die kognitive Komponente bezieht sich auf Wissenselemente, wie z. B. Überzeugung, die affektive o. bewertende bezieht sich auf Gefühle u. die handlungsintentionale o. sog. konnative Komponente ist Ausdruck einer Vhsabsicht (*Drei-Komponenten-Ansatz*). Zur Problematik, inwieweit eine E. wirkl. mehrdimensional u. nicht vorwiegend durch die affektive Komponente determiniert ist, vgl. Klauer (1991), der ein formales Modell für den Einfluss der affektiven Komponente auf das kognitive Urteilen entwirft.

Soziale E. waren das zentrale Thema der Sozialps. v. a. im ersten Drittel dieses Jahrhunderts, wb. die Sozialps. bisweilen geradezu als die Wissenschaft von den sozialen E. definiert wurde. Zentrale Themen waren: (a) eine konsistente begriffl. Fassung des E.-Begriffs; (b) die Beziehung zw. E. u. Vh. sowie (c) das Thema *Einstellungsänderung*; der Schwerpunkt lag hierbei einmal auf Kommunikationsvariablen wie v. a. den Eigenschaften des Kommunikators u. der Kommunikation, dann auf der inneren kognitiven Struktur von Einstellungssystemen: → Konsistenztheorien. (d) Außerdem waren soziale E. das Gebiet, auf dem wichtige Methoden zur → psychologischen Skalierung entwickelt wurden. Dabei wurden entweder ältere Verfahren, wie sie schon innerhalb der → psychophysischen Methoden vorgegeben waren, aufgegriffen u. weiterentwickelt o. völlig neue Ansätze geschaffen.

LIT: Zur Einstellungsmessung vgl. Petermann (1980); zum Thema E. u. Vh. u. zum Thema Einstellungsveränderung vgl. Mummendey (1979ff.); Lindenau (1984); zur histor. Entwicklung des E.-Begriffs vgl. Fleming (1967) u. McGuire (1986); zum Thema Einstellungsänderung vgl. Six u. Schäfer (1985).

◆ Fleming, D.: Attitudes. Perspectives in American History 1, 1967, S. 287–365; Fornell, C. u. Larcker, D. F.: Evaluating structural equation models with an observerbal variables and measurement error. Journal of Marketing Research 18, 1981, S. 39–50; Gibson, J. J.: A critical review of the concept of set in contemporary experimental psychology. PBu 38, 1941, S. 781–817; Haber, R. N.: Nature of the effect of set on perception. PR 73, 1966, S. 335–353; Klauer, K. C.: Einstellungen. Göttingen 1991; Lindenlaub, S.: Einstellung u. Handeln. Göttingen 1984; Matthäus, W.: Sowjet. Denkps. Göttingen 1988; Mummendey, A. (Hg.): Einstellung u. Vh. Bern 1979; Mummendey, H. D. (Hg.): Vh. u. Einstellung: Untersuchung der Einstellungs- u. Selbstkonzeptänderung nach Änderung des alltägl. Vhs. Berlin 1988; Petermann, F. (Hg.): Einstellungsmessung – Einstellungsforschung. Göttingen 1980; Rajecki, D. W.: Attitudes: Themes and advances. Sunderland 1982; Six, B.: Das Kzpt. der Einstellung u. seine Relevanz für die Vorhersage des Vhs. In: Petermann (1980) S. 55–84; Six, B. u. Schäfer, B.: Einstellungsänderung. Stuttgart 1985; Zanna, M. P. u. Fazio, R. H.: The attitude-behaviour relation moving toward a third generation of research. In: Zanna, M. P. u. a. (Hg.): Consistency in social behaviour. Hillsdale 1982.

Einweg-/Zweiweg-Kammer [*engl. one-way/two-way shuttle box*], eine Apparatur der experimentellen → Lernpsychologie, die aus zwei elektrifizierbaren Kammern besteht, so dass den Versuchstieren → Elektroschocks appliziert werden können. Bei einer *Zweiwegaufgabe* wechselt der Ort des Schocks von Lernversuch zu Lernversuch; bei einer *Einwegaufgabe* wird dagegen immer in einer Kammer geschockt, während die andere der sichere Ort ist. Solche Apparaturen können sowohl zur Untersuchung von → Flucht- als auch → Vermeidungslernen benutzt werden.

◆ Brickenkamp R. (Hg.): Handbuch apparativer Verfahren in der Ps. Göttingen 1986.

Einzelfalldiagnostik → Psychodiagnostik.

Eisenbahn-Nystagmus → Augenbewegungen.

Ekel, ein Gefühl der Abneigung u. des Abgestoßenseins, das sich auf Gegenstände, Menschen u. auch Vhsweisen, auch auf die eigene Person beziehen kann. E. ist stark über Körpergefühle (Übelkeit) definiert. In der → psychoevolutionären Emotionstheorie gehört E. zu den acht primären Emotionen des Menschen, er habe die evolutionsbiolog. Funktion, uns von schädigenden Einflüssen, wie verdorbener Nahrung u. Verschmutzungen, fernzuhalten. E. wird häufig auch zusammen mit Verachtung u. Abscheu thematisiert u. zusammen mit → Ärger von Izard in seiner → differentiellen Emotionstheorie als *Feindseligkeitstriade* bzw. zusammen mit Hass als *aggressionsaffine Emotion* (Selg u. a. 1988) konzipiert. Wie E. drückt *Verachtung* bzw. *Geringschätzung* die Abneigung gegen etwas aus, jedoch basiert Letzteres mehr auf kognitiven Einschätzungen als auf Körperempfindungen, ist also eine eher »kalte« Emotion. Ekman (1988) weist darauf hin, dass es für Ekel einen kulturübergreifenden universellen Gesichtsausdruck gibt: Naserümpfen, Hochziehen der Oberlippe, Herunterziehen der Mundwinkel, leicht geöffneter Mund.

LIT: Zur Entwicklungsps. u. zur Bedeutung für die Neurosenentstehung vgl. Kruse (1991); zum Gesichtsausdruck u. seiner ontogenet. Entwicklung vgl. zsfd. Ekman (1988); zu älteren dt. Ansätzen vgl. Lersch (1938).

◆ Ekman, P.: Gesichtsausdruck u. Gefühl. Paderborn 1988; Kruse, O.: Emotionsentwicklung u. Neurosenentstehung. Stuttgart 1991; Lersch, P.: Aufbau der Person. München 1938; Selg, H. u. a.: Ps. der Aggressivität. Göttingen 1988.

EKG, Abk. für *Elektrokardiogramm*; → physiologische Psychologie (Kasten psychophysiologische Methoden).

Ekphorische Hemmung → Interferenz.

Elaborationen. E. eines Gedächtnismaterials bestehen darin, dass nicht nur exakt das gelernt wird, was vorgegeben ist, sondern dass die Vp sich zusätzl. Strukturen um diesen Kern einprägt, dass sie also z. B. nicht nur lernt: *Der Arzt hasste den Anwalt*, sondern dass sie diesen Kern elaboriert durch Annahmen wie: *Der Anwalt hatte den Arzt aufgrund eines Kunstfehlers verklagt. Die Klage wegen des Kunstfehlers war der Grund für den Hass des Arztes.* Diese E. können zusammengeführt werden mit vorhandenem Wissen u. auch mit Emotionen in Bezug auf das Gedächtnismaterial. Wenn diese E. sinnvoll sind, verbessert ein höherer Elaborationsgrad die Gedächtnisleistung (s. a. → Verarbeitungstiefe).

LIT: Über elaborative Prozesse, Erinnern als Rekonstruktion sowie inferentielle Verarbeitungsprozesse vgl. Ballstaedt u. a. (1981); zum Überblick vgl. Anderson (1988).

◆ ANDERSON, J. R.: Kognitive Ps. Heidelberg 1988; BALLSTAEDT, S.-P. u. a.: Texte verstehen – Texte gestalten. München 1981.

Elaborationseffekt → Verarbeitungsebenen-Theorie.

Elaborative Kodierung → Kodierung.

Elaboratives Memorieren → Memorieren.

Elationseffekt beim Konditionieren → Crespi-Effekt.

Elektrischer Geschmack → Geschmackswahrnehmung.

Elektrodermale Aktivität → physiologische Psychologie (Kasten psychophysiologische Methoden).

Elektroencephalogramm → physiologische Psychologie (Kasten psychophysiologische Methoden).

Elektrogastrogramm → physiologische Psychologie (Kasten psychophysiologische Methoden).

Elektrokardiogramm → physiologische Psychologie (Kasten psychophysiologische Methoden).

Elektromyogramm → physiologische Psychologie (Kasten psychophysiologische Methoden).

Elektrooculogramm → physiologische Psychologie (Kasten psychophysiologische Methoden).

Elektroschock, ein typ. Bestrafungs-Reiz, wie er in der experimentellen → Lernpsychologie häufig zur Analyse von → Bestrafungs-, → Flucht- u. → Vermeidungslernen verwendet wird; z. B. bei → Einweg- u. Zweiwegkammern; s. a. das Stw. → Motivation.

◆ CAMPBELL, B. A. u. MASTERSON, F. A.: Psychophysics of punishment. In: CAMPBELL, B. A. u. CHURCH, R. M. (Hg.): Punishment and aversive behaviour. New York 1969, S. 3–42; OLTON, D. S.: Shockmotivated avoidance and the analysis of behaviour. PBu 79, 1973, S. 243–251.

Elementarismus [seltener: *Atomismus*], die philosoph. bzw. ps. Annahme, dass sich psych. Prozesse in atomare Bestandteile – »Elemente« – zerlegen lassen, aus denen sich die komplexeren psych. Erscheinungen ergeben, u. zwar durch meist recht einfache Verknüpfungsprozesse, näml. → Assoziationen. In diesem Sinne sind E. u. → Assoziationismus zwei Seiten desselben Grundansatzes. (Der Begriff *E.* wurde meist in krit. Weise von Gegnern des Standpunktes verwendet, v. a. seitens der → Gestalttheorie, s. u.). Im Hintergrund steht eine Analogie zur Chemie: Als die *ps.* »Atome« gelten die → Empfindungen, v. a. elementare sensor. Empfindungen, wie Temperatur, Farb- u. Tonempfindungen, u. später auch die *einfachen Gefühle.* Ausgehend von diesen beiden Elementenklassen unterschied Wundt (s. u.) zwei Grundklassen *zusammengesetzter* seel. Gebilde: *Vorstellungen* u. *Gemütsbewegungen* (im ersten Fall überwiegen die Empfindungen, im zweiten dagegen die Gefühle). Die Verbindung geschehe durch eine »psych. Synthese« – analog einer chem. Synthese. Aus dieser Idee ergab sich das Kzpt. der → Apperzeption, das den Rahmen einer engen Elementenps. sprengte u. die Elementenps. zu einer → Bewusstseinspsychologie machte. Auch Wundts → Willens-Kzpt. weist über den E. hinaus. Das Prinzip des E. ist eines der Axiome, mit denen Bühler (1927) mögl. Grundtheorien der Ps. u. ihre Problematik zu kennzeichnen versucht.

HI/WÜ: Eine vorwissenschaftl. elementarist. Ps. wurde v. a. innerhalb des engl. Empirismus u. Positivismus begründet. Wissenschaftl. elaboriert wurde das Kzpt. innerhalb der *Elemententps.*, einer Ps. im Geiste des E. Hierzu gehört v. a. das Werk von Wilhelm Wundt u. seiner Schule, der sog. *Leipziger Schule.*

Nach Boring (1957) sind die führenden Vertreter der Elemententps.: W. Wundt (1832–1920), G. E. Müller (1850–1915), E. Mach (1838–1916; Physiker u. Erkenntnistheoretiker), R. Avenarius (1843–1869; Philosoph), H. Ebbinghaus (1850–1909; Begründer der klass. → Gedächtnispsychologie), E. B. Titchener (1867–1927) u. der junge O. Külpe (1862–1915; der spätere Begründer der Würzburger Schule).

KR: Die Elemententps. wurde forschungshistor. v. a. durch die → Gestalttheorie überwunden – der Gegensatz *elementarist.* vs. *gestalthaft* kennzeichnet eine der Grunddichotomien der Ps. Die → Würzburger Schule sprengte den Rahmen der Elemententps., indem sie zeigte, dass mit einer verbesserten Methodik der → Introspektion auch das Denken fruchtbringend untersucht werden kann, was von Wundt skept. gesehen worden war, der dieses Gebiet einer histor. u. sozialps. orientierten *Völkerps.* zugesprochen hatte. Die Würzburger Schule legte gleichzeitig mit den Kzpt. der *unanschaulichen Gedanken* u. der *determinierenden Tendenz* »Anomalien« des Elementenansatzes bloß u. regte v. a. eine Erweiterung des darin implizierten → Sensualismus an; vgl. Schmidt (1981). V. a. im amerikan. Sprachraum war die Hauptgegenrichtung zu dem (dort meist → *Strukturalismus* genannten) E. der → Funktionalismus. Gegen die Methode der Introspektion wendete sich v. a. der → Behaviourismus; vgl. hierzu Neel (1974).

VD/T: (1) Boring (1957) verweist darauf, dass die meist mit *E.* bezeichneten ps. Stränge zwar eindeutig als *experimentell* u. als *physiolog.* zu kennzeichnen, aber schwer mit einer allg. Grundposition zu verknüpfen seien – die Prädikate *sensualist.* o. *assoziationist.* erscheinen Boring als zu eng, *elementarist.* zu weit – tatsächl. lässt sich Wundts Werk als Ganzes keineswegs als elementarist. charakterisieren, dieses Prädikat trifft hauptsächl. auf seine »Physiolog. Ps.« zu – Boring zieht es daher vor, von einer »Inhaltsps.« im Unterschied zur »Aktps.« Brentanos zu reden (was allerdings fälschl. den Eindruck erweckt, Brentanos Ps. sei von Anfang an ein gleichgewichtiger Konkurrent der Ps. Wundts gewesen).
(2) Wilhelm Wundt (1832–1920) gilt als der wichtigste Begründer der wissenschaftl. Ps.; auch die physiolog. Ps., die Kultur- bzw. Völkerps. u. die → experimentelle Psychologie hat er wesentl. inauguriert. Wundt sind v. a. drei Leistungen zuzusprechen: (a) die Verselbständigung der Ps. nach Gegenstand u. Methode; (b) der Aufbau eines geschlossenen Systems der Ps.; (c) die Gründung eines Ps. Instituts. Vom wundtschen Institut wurde ab 1881 eine eigene Zeitschrift herausgegeben, die zunächst »Philosophische Studien«, ab 1906 »Psychologische Studien« genannt wurde. Wundts Leistung bestand v. a. darin, aus vielen vorhandenen Forschungsergebnissen u. -ansätzen eine Synthese u. ein System erstellt zu haben. Wundt war es auch, der am energischsten die Daseinsberechtigung der Ps. als Einzelwissenschaft propagierte u. ihre Abgrenzungs- u. Legitimationsprobleme am deutlichsten artikulierte. Seine Hauptwerke sind die »Grundzüge der physiolog. Ps.«, die in sechs Auflagen von 1874–1911 erschienen, u. der »Grundriß der Ps.«, der von 1886–1918 in dreizehn Auflagen erschien u. als Ergänzung bzw. Vorbereitung der »Grundzüge« angesehen werden kann, die eine nach strengen systemat. Gesichtspunkten durchgeführte Zusammenfassung der ps. Auffassungen Wundts enthalten. Von Anfang an verstand sich die Elemententps. auch als *nomothet.* Ps., Wundts Werk durchzieht allerdings die Spannung zw. der auf naturwissenschaftl. Methodik gegründeten experimentellen Ps. u. der Völkerps., die v. a. auf kulturhistor. Methoden beruht (→ idiographisch vs. nomothetisch); zur Problematik einer einseitigen Wundt-Interpretation vgl. Thomae (1977). Ist die histor. Bedeutung Wundts unbestritten, so ist sein Werk inhaltl. dennoch umstritten: »Die Verschiedenheit der Standpunkte in der Würdigung der Leis-

tungen Wundts u. ihrer psychologiegeschichtl. Bedeutung ist (...) so beträchtl., dass einer geradezu überschwengl. Wertschätzung völlige Ignoranz gegenübersteht« (Meischner u. Eschler 1979, S. 7). Wundt soll, verteilt auf 500 Titel, 53735 Seiten geschrieben haben (zum Vergleich Kant: ca. 4400, Freud: ca. 6500), nach einer Berechnung Borings vom 21. Lebensjahr bis zu seinem Tod 2,2 Seiten im Durchschnitt pro Tag; vgl. hierzu Pongratz (1967).

LIT: Vgl. zum Überblick Meischner u. Eschler (1979); vgl. auch die Schriften der Karl-Marx-Universität; eine Autobiographie ist Wundt (1920); eine Gesamtdarstellung von Wundts Philosophie u. Ps. ist Eisler (1902); zur Bedeutung von Wundt im Vergleich zu Weber u. Fechner vgl. Sprung u. Sprung (1980); eine Auseinandersetzung mit der elementarist. Wahrnehmungsps. findet sich in Hochberg (1977); Weiteres s. das Stw. → Wahrnehmungstheorien.

◆ BORING, E. G.: A history of experimental psychology. New York 1957 (2. Aufl.); BRINGMANN, W. G. u. TWENEY, R. D. (Hg.): Wundt studies. Göttingen 1980; BÜHLER, K.: Die Krise der Ps. Jena 1927; EBBINGHAUS, H.: Grundzüge der Ps., 1. Bd. Leipzig 1902; EISLER, R.: Wilhelm Wundts Philosophie u. Psychologie. Leipzig 1902; HOCHBERG, J. E.: Wahrnehmung. Einführung in die Ps., 2. Bd. Bern 1977; KARL-MARX-UNIVERSITÄT LEIPZIG (Hg.): Beiträge zur Wundt-Forschung I/II. Leipzig 1975–1977; KARL-MARX-UNIVERSITÄT LEIPZIG (Hg.): Probleme u. Ergebnisse der Wundt-Forschung. In: Wissenschaftl. Zeitschr. der Karl-Marx-Universität Leipzig, Heft 2, 1979, 1980; MEISCHNER, W. u. ESCHLER, E.: Wilhelm Wundt. Leipzig 1979; MEISCHNER, W. u. METGE, A.-R. (Hg.): Wilhelm Wundt – progressives Erbe, Wissenschaftsentwicklung u. Gegenwart. Protokoll des internationalen Symposiums. Leipzig 1. u. 2. Nov. 1979; Wissenschaftl. Beiträge der Karl-Marx-Universität Leipzig, Reihe Psychologie, 1980; NEEL, A. F.: Handbuch der ps. Theorien. München 1974; PONGRATZ, L. J.: Problemgeschichte der Ps. Bern 1967; SCHMIDT, W.: Struktur, Bedingungen u. Funktionen von Paradigmen u. Paradigmenwechsel. Frankfurt/M. 1981, 6. Aufl.: 3 Bde. 1908–1911; SPRUNG, L. u. SPRUNG, H.: Weber-Fechner – Wundt: Aspekte zur Entwicklungsgeschichte einer neuen Wissenschaft, der Psychologie. In: MEISCHNER u. METGE (1980) S. 282–301; THOMAE, H.: Ps. in der modernen Gesellschaft. Hamburg 1977; WUNDT, W.: Beiträge zur Theorie der Sinneswahrnehmung. Leipzig 1862; WUNDT, W.: Grundzüge der physiolog. Ps. Leipzig 1874 (2. Aufl.: 2 Bde. 1880; WUNDT, W.: Grundriß der Ps. 1896; WUNDT, W.: Völkerps., 10 Bde. Leipzig 1900–1920; WUNDT, W.: Erlebtes u. Erkanntes (Autobiographie). Stuttgart 1920.

Elementenpsychologie → Elementarismus.

Elicited behaviour → operante Konditionierung.

Elimination by aspects → Entscheidungsheuristiken.

Emblematische Bewegungen → Gestik.

Embleme → Gestik.

EMG, Abk. für *Elektromyogramm*; → physiologische Psychologie (Kasten psychophysiologische Methoden).

Emitted behaviour → operante Konditionierung.

Emmertsches Gesetz, besagt: Die erlebte Größe des → Nachbilds ist proportional der Entfernung des Projektionsschirms.

◆ ARNOLD, W. (Hg.): Experimentelles Praktikum, 1. Bd. Stuttgart 1972; CAMPENHAUSEN, C. v.: Die Sinne des Menschen. Stuttgart 1993; EMMERT, E.: Größenverhältnisse der Nachbilder. Klin. Monatsblätter für Augenheilkunde 19, 1881, S. 443–450; SCHMIDT, R. F. (Hg.): Grundriß der Sinnesphysiologie. Berlin 1985 (5. Aufl.).

Emotion [auch *Gefühl*]. E. wird in einer die gesamte Psychologiegeschichte durchziehenden vermögensps. Dreiteilung neben → Kognition u. → Volition als fundamentale Funktion der Psyche gesehen; E. soll der »irrationale«, »wilde«, nicht durch Verstand u. Vernunft dominierte Teil der Psyche sein, eine Idee, die sich deutl. in dem neurophysiolog. Kzpt. des »dreieinigen Gehirns« manifestiert (vgl. McLean 1973), welches Gefühle vorwiegend dem sog. »Rep–

tiliengehirn« zuordnet. Wenn auch auf diese Weise E. der Vernunft zunächst einmal entgegensteht, so wird doch darauf hingewiesen, dass mit einem Emotionsmechanismus eine wesentl. größere Flexibilität von Lernprozessen gegeben ist – da mit Gefühlen, v. a. mit Lust u. Unlust, die Handlung selbst eine unmittelbare Rückmeldung beinhaltet, ohne dass die »objektiven« Konsequenzen abzuwarten sind; vgl. zsfd. Hernegger (1982). Ungeachtet zahlreicher konzeptueller Probleme (s. u.) gibt es einen gewissen, schon im vorwissenschaftl. Bereich hergestellten Konsens über die Phänomene, die prototypischerweise unter den Begriff E. fallen. Ulich u. Mayring (1992) heben 24 Gefühle als wesentl. heraus, eingeteilt in vier Gruppen: (a) Zuneigungsgefühle: → Liebe/ → Sympathie/ → Bindungsgefühl, → Mitgefühl, Stolz/ → Selbstwertgefühl, → Hoffnung/ Sehnen auch → Überraschung u. → Schreck; (b) Abneigungsgefühle: → Ekel/Abscheu, Verachtung, → Ärger/Wut/Zorn, → Angst/Furcht, Hass, → Eifersucht, → Neid; (c) Wohlbefindensgefühle: → Lustgefühl/Genusserleben, → Freude, Zufriedenheit, Erleichterung/ → Entspannung, Glück; (d) Unbehagensgefühle: Niedergeschlagenheit/Missmut, → Trauer/Kummer/Wehmut, → Schamgefühl, → Schuldgefühl, → Langeweile/Müdigkeit (→ Ermüdung)/Leere, → Anspannung/Nervosität/Unruhe/ → Stress, → Einsamkeitsgefühl. Einzelne dieser Gefühle werden als *primäre E.* angesehen, aus denen sich andere ableiten lassen; s. hierzu die Stw. → differentielle Emotionstheorie u. → Emotionstypen. Die in der Ps. am meisten erforschte E. ist → Angst; überhaupt überwiegen in der Ps. die Analysen negativer Gefühle, wie Carlson (1966) anhand einer systemat. Literaturanalyse ps. Standardwerke von 1875–1961 zeigt. Folgendes sind Grundaspekte u. -probleme der Definition von »E.«:

(1) Bes. die moderne Ps. hebt die Bedeutsamkeit kognitiver Prozesse bei den auf den ersten Blick so »unkognitiv« erscheinenden Gefühlen hervor – die »Vernunft der Gefühle« (Zimmer 1984). Damasio (1994) zeigt anhand einer Analyse neuropatholog. Fälle die grundlegende Rolle, die der E. im »vernünftigen« Vh. des Menschen zukommt, da es bestimmte Hirnverletzungen gibt, die sowohl die adäquate Berücksichtigung sozialer Normen wie langfristige Planungsprozesse verunmöglichen; Damasio nennt die Vorstellung einer vom Gefühl unabhängigen Ratio »Descartes' Irrtum«; Klix (1989) reflektiert über evolutionstheoret. Aspekte des Verhältnisses von E. u. Kognition. Die → Schachter-Singer-Theorie hebt Kognitionen bei E. als ganz wesentl. hervor, da erst diese Kognitionen der an sich strukturlosen u. unspezif. emotionalen Basisaktivierung »Richtung« verleihen. Diese Sichtweise war schon in M. Arnolds → Emotionstheorie vorbereitet, sie konzipiert einen grundlegenden Prozess des → appraisal, der eine Bewertung aufgrund der hedon. Valenz beinhaltet, also die Prüfung, ob ein Objekt »gut« o. »schlecht« ist. Dieses einfache Modell wird in der Theorie des → Stress von Lazarus erweitert u. sehr differenziert dargestellt. Der Ansatz wurde auch elaboriert innerhalb der → Attributionstheorien der E., bes. innerhalb der Theorien zur → Leistungsattribution; s. a. das Kzpt. der → Selbstwirksamkeit; vgl. auch Smith u. Ellsworth (1987); ähnl. Frijda (1987); aus philosoph. Sicht Solomon (1981); zum Überblick vgl. Scherer (1988). Entwicklungsps. u. sozialisationstheoret. Ansätze, speziell der Ansatz des *sozialen Konstruktivismus* (*social constructionist perspective*), postulieren, dass die rein physiolog. Prozesse in starkem Maße von sozial orientierten kognitiven Konstruktionsprozessen überlagert sind. »Fertige« Gefühle resultieren aus einem komplexen sozialen Lern- u. Interaktionsprozess, in dem *kulturelle Skripts* u. *emotionale Schemata* aufgebaut und modifiziert werden,

in denen eine Kopplung zw. Zustandswahrnehmung, Situationswahrnehmung u. Emotionsbenennung enthalten ist: der engl. Terminus »affect labeling« kennzeichnet diese kognitive Situationstypisierung (vgl. Brandtstädter 1985); zum Überblick vgl. Ulich u. Kapfhammer (1991). V. a. Kinder sind auf das stetige emotionale Feedback der Mutter angewiesen, um emotional reagieren zu können; bei Unsicherheit versuchen sie sich bei anderen rückzuversichern, also z. B. vom Gesicht der Mutter Hinweise auf die angemessene Reaktion abzulesen (*social referencing*). Wichtige Arbeiten zum sozialen Konstruktivismus sind Averill (1980); Harré (1986) sowie Ortony u. a. (1988); vgl. auch Lewis u. Brooks (1978). Auch Forscher, die von biolog. vorgegebenen Gefühlsprogrammen ausgehen, akzeptieren diese sozial determinierten Freiheitsräume innerhalb der verschiedenen E.; Ekman (1984) hat dafür den Ausdruck »display rules«, also Darstellungs- bzw. Darbietungsregeln, geprägt; Hochschild (1979) hat diesen Ansatz dahingehend erweitert, dass »feeling rules« nicht nur den Ausdruck, sondern das, was überhaupt gefühlt wird, bestimmen. In westl. Kulturen sind v. a. die Gefühlsschablonen für Leistungssituationen (→ Leistungsattribution) untersucht. Speziell zur Bedeutung emotionaler → Schemata als Organisationsform emotionalen Erlebens vgl. Ulich (1992). Spezielle empir. Phänomene der Interaktion von E. u. Kognition sind: → stimmungsabhängiges Gedächtnis, → kognitive Täuschungen und kognitive Heuristiken, → Attributionsfehler, die verzerrten Schätzungen subjektiver → Wahrscheinlichkeiten, je nachdem ob man in positiver o. negativer Stimmung ist. Zum Überblick vgl. Mandl u. Huber (1983); Roth (1989); Eckensberger u. Lantermann (1985); zum Thema Problemlösen u. E. vgl. Stäudel (1983); zur Frage, ob bei der aktualgenet. Entstehung von Gefühlen zunächst eine kognitive Erfassung der Siuation gegeben sein muss o. ob es eine präkognitive Verarbeitung der Situation gibt, vgl. das Stw. → *Präkognitiv-postkognitiv-Debatte*. Es ist ein weiteres Problem, inwieweit voll ausgebildetete Gefühle wenigstens ein rudimentäres Ich-Bewusstsein voraussetzen; Lewis u. Brooks-Gunn (1979) sprechen von *emotional states*, die sie auch dem Säugling zubilligen, der aber keine *emotional experiences*, also E. im eigentl. Sinne, habe; vgl. zu diesem Problem zsfd. Dornes (1993). Insbes. die → Psychoanalyse operiert mit der Idee *unbewusster* E. Die ältere dt. Ps. hat eine Unterscheidung zw. *einfachen Gefühlen* u. den eigentl. Gefühlen getroffen: Die *einfachen Gefühle* seien Vorläufer der eigentl.; sie schwingen zw. den Polen Schmerz – Wollust, Unangenehmlichkeit – Wohlsein, während die eigentl. Gefühle durch Lust – Unlust o. Freude – Trauer gekennzeichnet sind – dahinter steht ebenfalls die Idee, dass bei den eigentl. Gefühlen die Stellungnahme des Bewusstseins hinzukommt. Es ist darüber hinaus ein eigenes Problem, inwieweit man, selbst bei Anerkennung einer grundlegenden Emotionsspezifität, aufgrund der später hinzutretenden kognitiven Anreicherungen u. Differenzierungen immer noch von *einem* Gefühl sprechen kann; Tomkins (1987) diskutiert z. B. für das Schamgefühl, wieso man trotz unterschiedl. Auslöse-Bedingungen u. Gefühlsschattierungen dieses trotzdem als einen einheitl. Affekt betrachten sollte; vgl. zu diesem Problem im entwicklungsps. Kontext Dornes (1993).

(2) Zunehmend wird gesehen, dass die kognitiven Strukturen der E. auch eine Art eigener *Psychologik* implizieren; dieser Ansatz versucht zu zeigen, dass zahlreiche scheinbar empir. Ergebnisse in Wirklichkeit sprachanalyt. Natur sind; vgl. zum Überblick über diesen Ansatz, der in der Ps. von Smedslund begründet worden ist, Mees (1991), der auch einen eigenständigen Ansatz in dieser Richtung vorlegt; ähnl.: DeRivea (1977); Smith u. Ellsworth (1985) u. Ortony u. a. (1988).

(3) Zur Abgrenzung von E. u. → Motivation: Motivation betrifft eher die Frage nach dem »Warum?« des Verhaltens, den »Was-Will-Ich-Tun-Modus« der Person bzw. das »Impuls-Bewusstsein«. E. betrifft den »Was-Bin-Ich-Modus« der Person bzw. das »Zustandsbewusstsein«; vgl. Ulich (1989). Motivationen können ohne E. existieren. Diese Unterscheidung kann jedoch nicht vollständig durchgehalten werden, da auch das Anstreben o. Vermeiden bestimmter emotionaler Zustände selbst Motiv sein kann – dies ist der Grundansatz der → affektiven Motivationstheorien. Zudem

hängen E. u. Motivation häufig korrelativ zusammen, da Zustände, die zur Motivation führen, durch → Kontrollverlust bzw. Kontrollgewinn gekennzeichnet u. dies emotionale Prozesse sind, vgl. Dörner (1985). Nachdem Arnold (1970) E., ebenso wie Motivation, zwar mit Handlungstendenzen in Verbindung gebracht hat, Erstere aber ledigl. als empfundene Handlungstendenz, Letztere als eine Handlungstendenz mit einer hinzutretenden Kognition konzipiert hat, scheint sich in jüngster Zeit bei vielen Emotionstheoretikern die Einsicht immer mehr durchzusetzen, dass E. u. Motivation untrennbar miteinander verbunden sind u. im Grunde den gleichen Phänomenbereich umschließen; vgl. schon Thomae (1965), so dass ein integrativer Zusammenschluss gegenwärtig mögl. zu werden scheint, vgl. Schmalt (1983); eine tief schürfende Analyse der Bedeutung u. gegenseitigen Abgrenzung der Begriffe *E.*, *Volition*, *Motivation* liefert Sokolowski (1993).

(4) Die Ps. hat verschiedene Formen einer Erfassung von E. entwickelt: (a) Die Induktion von E., lange Zeit das meistgewählte Vorgehen; so wurden z. B. in der Forschung zum → Stress zur Erzeugung subjektiver → Belastung den Vpn Filme mit grausamem Inhalt vorgeführt; in der Angstforschung wurden leichte → Elektroschocks verabreicht; weitere Methoden zur Induktion von Emotionslagen im Labor: die Gabe von Psychpharmaka, Nachstellen von Mimik, Sprachausdruck u. Körperhaltung, → Velten-Technik; Darbietung von Filmen, Musik, Märchen o. Witzen, Geschenkgaben, emotionalisierte Interaktionspartner, auch Hypnose; vgl. hierzu auch Sokolowski (1992). (b) Ein anderer Zugang ist die retrospektive Erhebung: Die Vpn werden aufgefordert, sich daran zu erinnern, wie sie das letzte Mal die fragl. Emotion erlebten. (c) Schwieriger u. komplexer ist die Erhebung der Emotionen im Alltag, also im realen Lebenszusammenhang, wenn z. B., wie in den Forschungen zum → Wohlbefinden, Lottogewinner nach ihrer emotionalen Befindlichkeit befragt werden. Grundsätzlich gibt es eine qualitative Erfassung (→ Emotionstypen) u. eine dimensionale Erfassung (→ Emotionsdimensionen). Der Ausprägungsgrad wird in der Regel über standardisierte Skalen gemessen. Wichtig geworden sind *Eigenschaftswörterlisten*, im dt. Sprachraum bes. die von Janke u. Debus (1984): vorgegebene Eigenschaftsbegriffe, mit denen das eigene Befinden charakterisiert werden soll. Neben solchen standardisierten Messinstrumenten werden heute Fragebogenmethoden wieder mehr empfohlen, des Weiteren offene Interviewtechniken, auch projektive Tests o. die Sprachinhaltsanalyse (vgl. Koch u. Schöfer 1986). Zum Überblick vgl. Mayring (1992); Wallbott u. Scherer (1989) sowie Plutchik u. Kellerman (1989). Eine der wichtigsten Formen ist die Erfassung des → Ausdrucks. Ein grundsätzl. Ansatz ist auch die Erfassung physiolog. Emotionsindikatoren, obgleich das Verhältnis zum Emotionserleben in weiten Bereichen noch ungeklärt ist; vgl. hierzu Plutchik u. Kellerman (1989), des Weiteren Buck (1984).

(5) Jenseits der Lösung dieser Grundprobleme besteht mittlerweile weitgehend Konsens darüber, dass Gefühle nur durch Berücksichtigung all dieser Faktoren, ungeachtet ihrer Wertigkeit, voll erfasst werden können (*Mehrebenenkzpt.* bzw. *Multikomponentenansatz*). Dabei werden v. a. folgende Facetten berücksichtigt: die *subjektive Empfindungsebene*, die *expressive*, also die Ausdrucksebene, die *Vhsebene* u. die *physiolog.* Ebene. Für ein ausführl. Bsp. einer Mehrebenenanalyse vgl. das Stw. → Angst. Hervorgehoben wird seit altersher die Bedeutung des → Ausdrucks für die Gefühle. Die → Mimikfeedback-Hypothese postuliert, dass bei der Entstehung u. Veränderung von E. propriozeptive Rückmeldungen der Gesichtsmuskeln eine wichtige Rolle spielen; vgl. zum Überblick Scherer u. Wallbott (1990); allg. zur Motorik als mögl. Enkodiermedium für E. vgl. Ratajczak (1988).

(6) Kleinginna u. Kleinginna (1981) klassifizierten 100 Definitionen von E. u. schlugen aufgrund ihrer Analyse folgende Arbeitsdefinition vor: *E. ist ein komplexes Interaktionsgefüge subjektiver u. objektiver Faktoren, das von neuronal/hormonalen Systemen vermittelt wird die (a) affektive Erfahrungen, Gefühle der Erregung o. Lust/Unlust bewirken können; (b) kognitive Prozesse, die emotional relevante Wahrnehmungseffekte, Bewertungen, Klassifikations-*

prozesse hervorrufen können; (c) physiolog. Anpassungen an die erregungsauslösende Bedingungen in Gang setzen können; (d) zu Vh. führen können, welches oft expressiv, zielgerichtet u. adaptiv ist. Diese häufig zitierte Definition beinhaltet einen bemühten Versuch, eine Art Durchschnitt der von verschiedenen → Emotionstheorien den E. zugesprochenen Eigenschaften zu bilden, ebenso wie die aus dieser Analyse hervorgegangenen elf Grundgruppen von E.-»Definitionen« eher E.-»Theorien« als Definitionen sind. Ulich (1989) kritisiert an den meisten Definitionen, dass es kein einziges Merkmal gebe, das sowohl notwendig als auch hinreichend ist: weder die oft postulierte Überlebensfunktion von E., die Verankerung der E. in physiolog. Prozessen, ihre Rolle bei der Handlungsregulation, ihre angebl. Signalfunktion, noch die Zweiteilung in angenehme u. unangenehme Gefühle sind nach Ulich konstitutiv. Es ließen sich nur prototyp. Merkmale hervorheben: E. seien einzigartige u. meist – auf der Grundlage von Selbstbetroffenheit – unwillkürl. entstehende, innerhalb menschl. Beziehungen erworbene u. bevorzugt über nichtverbale Kanäle vermittelte seel. Zustände, die meist mit einem erhöhten Grad von Erregung erlebt werden, in denen die Person sich eher als passiv erfährt, die dem Bewusstsein Kontinuität verleihen, die keine primäre Funktion außerhalb ihrer selbst haben. Eine Liste von zehn Merkmalen von E. aus ausdrucksps. Sicht liefert Ekman (1988); einen Minimalkonsens der Emotionsdefinitionen versucht Izard (1979); zu Kriterien für Gefühlserlebnisse aus der Sicht der älteren dt. Psychologie vgl. Bottenberg (1972, S. 35ff.), genannt werden v. a.: Ich-Zugehörigkeit, Subjektivität, Gegensätzlichkeit, Universalität, Aktualität, Wandelbarkeit u. Labilität, Qualitätenreichtum, Unlokalisierbarkeit. Die → Intentionalität von E. wird bes. von der phänomenolog. Ps. hervorgehoben. Insgesamt ist sich die Forschung darüber bewusst, dass sich eine einfache u. von allen Richtungen akzeptierte Definition von *E.* nicht geben lässt, wird diese dennoch versucht, dann im Bewusstsein, einen »Kraftakt« (vgl. Schmidt-Atzert 1981) zu vollführen. Scherer (1981) weist auf das Fehlen einer auch nur halbwegs konsensuellen Definition von E. hin; auch Mandl u. Euler (1983) stellen fest, dass E. zu den am stärksten umstrittenen Phänomenen der Ps. gehört. Reduktionist. E.-Theorien schlagen sogar vor, den E.-Begriff – diesen »Wal unter den Fischen« (Meyer 1933) – als ein überflüssiges u. irreführendes Kzpt. ganz aufzugeben. Gedanken zur schwierigen terminolog. Situation finden sich bei Roth (1989); ausführl. sprachanalyt. Analysen finden sich bei Mees (1991).

VD/T: (a) Im gegenwärtigen Sprachduktus der Ps. wird das Wort *Gefühl* meist vermieden u. ganz bewusst durch den Terminus technicus *E.* ersetzt; ledigl. Ulich (1989) hat als Titel »Das Gefühl«, ein Buch, das sich auch im Inhalt von der akadem. Ps. abhebt. Es besteht auch eine Tendenz zur Verwendung von *E.* als neutralem allg. Oberbegriff, der ganz bewusst alle älteren subtileren Differenzierungen (s. u.) vermeidet, ebenso wie es eine Tendenz gibt, den Begriff *E.* als Zusammenfassung aller mit Gefühlen assoziierten Prozesse zu verwenden, also sowohl die kognitiven Auslösungsmomente wie die nachfolgenden Handlungskonsequenzen mit einzuschließen. Bisweilen wird allerdings die kognitive Komponente vorwiegend für das *Entstehen* von E. verantwortl. gemacht u. von der eigentl. *emotionalen* Reaktionstrias – neurophysiolog. Symptome, motor. Ausdruck u. erlebtes Gefühl – abgegrenzt; auch die motivationale Komponente wird mitunter eher als Folge der emotionalen Erregung denn als Teil der E. gesehen. Scherer (1990) plädiert aber für eine integrative Betrachtung u. meint, dass das Wesen der E. gerade darin liegt, dass diese verschiedenen Ebenen während emotionaler Prozesse intensiv miteinander interagieren. In diesem Zusammenhang wird der dt. Begriff *Gefühl* bisweilen auf das subjektive Erleben reduziert, dies ist z. B. der implizite Sprachgebrauch bei Scherer (1990); einen ähnl. Sprachgebrauch hat Schmidt-Atzert (1993). (b) Im Engl. wird meist *affect* verwendet – die Übersetzung (z. B. im Dreisprachigen ps. Wörterbuch; Duijker u. van Rijswijk 1975) mit *Affekt* ist jedoch nicht adäquat – ursprüngl. war dieser Begriff typ. für den klin. Bereich, im Sinne von intensiver, ungezügelter E. (»Affektdelikt«); allerdings verwendet die

Psychiatrie den Begriff der *Affektivität* in neutralem Sinne von »auf den emotionalen Bereich bezogen« (*»Affektivitätsstörungen«*); auch innerhalb der Psa. wird der Begriff *Affekt* häufig benutzt. In der modernen akadem. Ps. wurde der Affekt-Begriff längere Zeit fast nicht verwendet, jedoch hat sich in der zweiten Hälfte der 80er Jahre eine Art anglizist. Anlehnung ergeben, derart dass das Wort *Affekt* zunehmend wieder im neutralen Sinne, also entsprechend dem Begriff *E.*, verwendet wird. In Izards → differentieller Emotionstheorie wird zw. E. u. *Affekten* unterschieden: Affekte sind Triebe plus E. Auch Zajonc (→ Präkognitiv-postkognitiv-Debatte) trennt zw. *affect* u. *emotion*: Affekte entstehen ohne vorauslaufende Kognitionen, Emotionen durchaus auch aufgrund von Kognitionen, diese Unterscheidung wird in ähnl. Weise von Ewert (1965) getroffen; (c) Das engl. *emotion* hat die Konnotation des Intensiven, des »Emotionalen«, wie sie das deutsche Wort *emotional* o. noch stärker *emotionell* besitzt (Bsp.: *He is an emotional person*), deswegen bezieht sich der engl. Emotionsbegriff bisweilen auf »emotionale«, »niedrigere« Gefühle; vgl. Young (1943). Im Engl. bezeichnet der Begriff *emotion* außerdem meist spezielle Gefühle; er wird also weniger als Oberbegriff – wie *affect* – verwendet. *Feeling* hat stärker die Konnotation des »Gefühlvollen« u. ist eher im vorwissenschaftl. Bereich übl. o. in älteren Werken. Vgl. allg. zum Problem der Übersetzung von ps. Begriffen u. insbes. von solchen, die sich auf emotionale Zustände beziehen, Wagatsuma (1977).

(2) V. a. in der älteren dt. Lit. wurde unterschieden zw. *E.*, *Stimmungen* u. *Erlebnistönungen*; (vgl. Ewert 1983): (a) *Stimmungen* sind Gefühlserlebnisse von diffusem Charakter, in denen sich die Gesamtbefindlichkeit eines Menschen ausdrückt; sie bilden als eine Art Dauertönung den »Grund«, von dem sich klarer umschriebene Erlebnisse als »Figur« abheben. Stimmungen beziehen sich nicht auf Personen, Dinge o. Ereignisse u. verweisen als Zustandserlebnisse nicht auf etwas außerhalb von ihnen Liegendes, sind also nicht intentional gerichtet, sondern geben als relativ überdauerndes Zumutesein den Bezugsrahmen für andere Ereignisse ab. Zur Rezeption des Stimmungsbegriffs innerhalb verschiedener Fragestellungen der modernen Emotionspsychologie vgl. Schwarz (1987). Eine klass. Arbeit aus der Tradition der phänomenolog. Ps. zum Thema »Stimmungen« stammt von Bollnow (1956). (b) *Erlebnistönungen* sind affektive Reaktionen auf Kognitionen, sich wandelnd mit wechselnden Bewusstseinsinhalten; sie haben keine eigene zeitl. Entfaltung, sondern persistieren, bis neue Erlebnisinhalte eine Veränderung einleiten, u. sind grundsätzl. immer gegeben. Sie haben »Grund«-Charakter, von dem sich die Bewusstseinsinhalte abheben. In ihnen kommt zum Ausdruck, wie die Person vom Bewusstseinsinhalt berührt wird, sie können daher auch als »Wertungen« bezeichnet werden. (c) E. bzw. *Gefühle* i. e. S. dagegen heben sich als »Figur« von einem »Grund« von Stimmungen u. Erlebnistönungen ab, haben eine eigene zeitl. Dynamik, haben einen »Einsatz«, »entfalten« sich u. »verklingen«. Sie beziehen sich auf Personen u. personenrelevante Ereignisse u. sind ohne das kognitive Erfassen von Situationen nicht möglich. In der dt. Lit. gab es auch eine wichtige Diskussion über die Abgrenzungskriterien der E. zu den Empfindungen; vgl. zum Überblick Bottenberg (1972). Eine Position betonte die Eigenständigkeit der Gefühle, die andere sah sie als Empfindungsderivat. Es existieren drei Lösungsversuche (Nachfolgendes bezieht sich v. a. auf die sog. *einfachen* Gefühle, v. a. auf → Lust bzw. Unlust): (a) (Einfache) Gefühle entspringen besonderen Empfindungen u. Vorstellungen sowie Eigentümlichkeiten ihres Verhältnisses zueinander; (b) Gefühle sind eine besondere Klasse von Empfindungen; (c) Gefühle sind Charakteristika von Empfindung überhaupt, d. h. zusätzl. zu Qualität, Intensität u. Dauer wird ein Gefühlston als weitere Empfindungsdimension postuliert.

LIT: Das Wesen der E. wird diskutiert anhand von zwölf grundlegenden Fragen in Ekman u. Davidson (1994); zur Geschichte der E.-Kzpte. vgl. Traxel (1983); zu einer kulturvergleichenden Perspektive vgl. Levy (1984) u. Thomas (1993); speziell zum Themenkreis Kognition – E. vgl. Lazarus (1991); Roth (1989); Eckensberger u. Lantermann (1985); zur Erfassung physiolog. Emotionsindikatoren vgl. Larbig (1982); zum Problem der Emotionsspezifität vgl. Kap. 6 in Ekman u. Davidson (1994); tief schürfende Betrachtungen zur adäquaten Konzeptualisierung des E.-Begriffs finden sich in Scheele (1990); ein Überblick über E. in neurophysiolog. Störungen ist Roschmann (1990); zur Entwicklung der E. vgl. Harris (1992) u. Kaufmann-Hayoz (1991); zur Bedeutung von E. für die Neurosenentstehung vgl. Kruse (1991); zur Bedeutung von E. für affektive Störungen vgl. Krause (1990); zur Funktion von E. im Sport vgl. Hackfort (1991); interessante semant. Aspekte des E.-Begriffs beinhaltet ein Diskussionforum in der »Ps. Rundschau« 1989 (S. 206–225) über einen Aufsatz von Norbert Bischof; zur Frage, wie Psychotherapeuten verschiedener Richtungen sprachl. mit Emotionen umgehen, vgl. Kemmler u. a. (1991); ein Überblick über die neurophysiolog. Grundlagen ist Bösel (1986); ein anderer psychobiolog. Überblick (der sich mit Bösel kaum überschneidet) ist Thompson (1988); vgl. auch McNaughton (1989); zum Stellenwert von E. bei psychosomat. Erkrankungen existiert eine eigene Bibliographie bei der Zentralstelle für ps. Information u. Dokumentation in Trier; eine neueres Handbuch ist Lewis u. Haviland (1993); vgl. auch → Eigenvalidierung positiver Emotionen.

◆ → Emotionspsychologie.

Emotionale Aktivierung → Aktivation.

Emotionale Bedeutung → affektive Bedeutung.

Emotionale Gehemmtheit → Hemmung.

Emotionsausdruck → Ausdruck; → Emotion.

Emotionsdimensionen. Eine der Hauptmethoden der Klassifikation von → Emotionen ist der Versuch, übergreifende Charakteristika herauszuarbeiten, durch die sich alle Emotionen kennzeichnen lassen. E. gründen sich meist auf Analysen des → Gesichtsausdrucks bzw. faktorenanalyt. Untersuchungen von Begriffen, die Emotionen beschreiben (→ semantisches Differential). Die wichtigsten E. sind: (a) → *Lust vs. Unlust*; (b) *Aktivität vs. Passivität* (c) *allg. Erregung* (auch *Anspannung*, → *Aktivation*). Als typ. Bsp. lässt sich das Modell von Schlosberg (1952) nennen; er unterscheidet *pleasentness – unpleasentness* (entspricht der Lust/Unlust-Komponente, übersetzbar auch mit »Angenehmheit« vs. »Unangenehmheit«), *attention vs. rejection* (*Zuwendung vs. Abweisung*); 1954 fügte er als dritte Dimension das Aktivationsniveau hinzu. Hofstätter (1955) hat dieses dreidimensionale System wieder auf ein zweidimensionales reduziert. Die Abb. *Emotion 1* zeigt einige der von Schlosberg benutzten Bilder, die nach den zwei Achsen *Angenehmheit – Unangenehmheit* u. *Ablehnung Zugewandtheit* angeordnet wurden. Die Graphik oben links zeigt, dass mit Hilfe der beiden Achsen u. der peripheren Kreisanordnung jedes Bild in Bezug auf die beiden Dimensionen Qualität u. Intensität des Gesichtsausdrucks lokalisiert werden kann: intensive Emotionen werden eher zur Peripherie, neutralere mehr zur Mitte hin angeordnet. Gem. diesem dimensionsanalyt. Ansatz lässt sich jede Emotion durch drei Werte, näml. die Ausprägung, die sie auf diesen drei Dimensionen hat, charakterisieren; so kann man Emotionen wie Farben in Verwandtschaftsbeziehungen bringen. Dieser Ansatz geht bis auf Wundt (1910) zurück, dessen dreidimensionale Gefühlstheorie folgende Dimensionen unterschied: *Erregung* vs. *Beruhigung*, *Spannung* vs. *Lösung*, *Lust* vs. *Unlust*.

VD: Weitere Ansätze: Burt kam in den ersten faktorenanalyt. Untersuchungen zu einem allg. Faktor (*general emotionality*)

u. zwei bipolaren orthogonalen Faktoren, gekennzeichnet durch die Gegensätze *sthenisch – asthenisch* (im Sinne der schon von Kant vertretenen Einteilung der Affekte) u. *euphorisch – dysphorisch* (etwa gleichbedeutend mit Lust-Unlust); vgl. hierzu Burt (1950). Ekman (1955) fand elf Faktoren; Traxel u. Haide (1961) führten diese Faktoren auf vier zurück; Traxel (1960) stellte ein kreisförmiges System vor, das von einer von Kafka (1950) vorgenommenen Unterscheidung einzelner »Uraffekte« ausgehend aus der Beurteilung der Ähnlichkeit/Unähnlichkeit von Emotionen gewon-

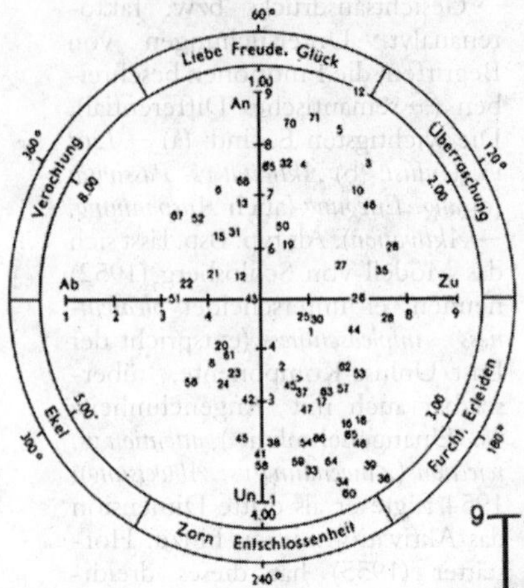

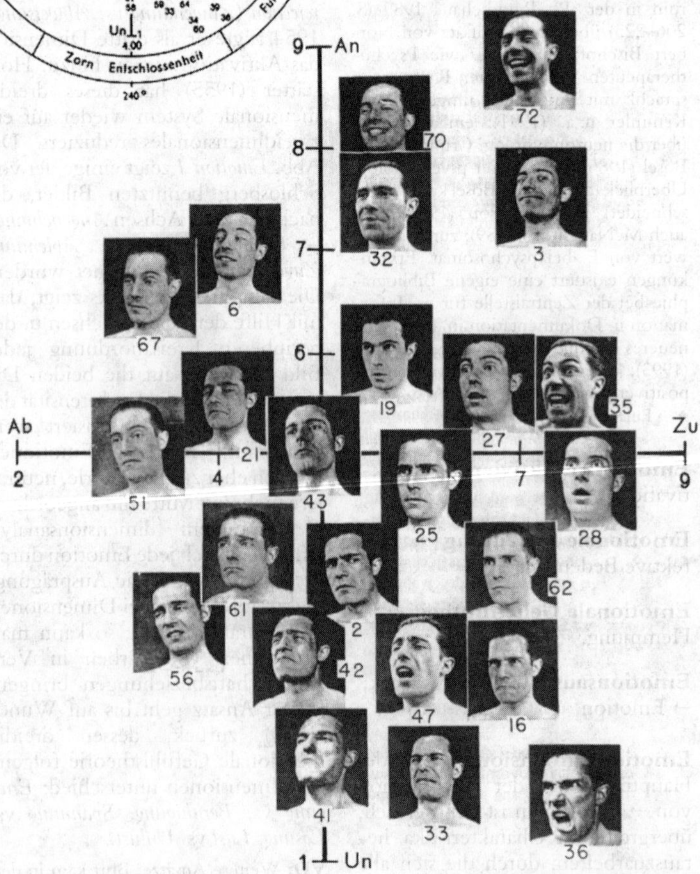

Abb. *Emotion 1*

nen worden war: *Emotionskreis*. Der Emotionskreis wurde zunächst durch die Achsen *positive/negative Wertung* u. *aktive/passive Haltung* interpretiert, dann mit den Gegensätzen *angenehm/unangenehm* u. *Submission/Dominanz*. Später (Traxel u. Haide 1961) wurde die Dimension *Motivationsgrad* o. *Aktivationsgrad* hinzugefügt. Plutchik (1960) kam ebenfalls zu einem *Emotionsrad*, das aus vier Paaren von *primärem Emotionen* gebildet ist; weitere Emotionen sind als Mischungen primärer Emotionsqualitäten aufzufassen. Durch ein Zufügen weiterer Qualitäten längs einer durch das Rad gehenden Intensitäts- o. Aktivitätsachse ergab sich ein dreidimensionales System in Gestalt einer Halbkugel (→ differentielle Emotionstheorie). Ähnlich hat Arnold (1962) eine »Gefühlsrosette« aufgestellt, die er in Anlehnung an die Gefühlsklassifikation von Lersch (1956) nach der »Bezogenheitsregion« (*vitales Dasein*, *Selbstbezogenheit*, *Du-Bezogenheit*, *Umweltverhaftung* u. *Personentranszendenz*) untergliederte u. erweiterte. In weiteren Untersuchungen (Bottenberg 1972; Bush 1973; Averill 1975) wurden ebenfalls drei Dimensionen gefunden, die übereinstimmend als *Lust-Unlust*, *Erregung* bezeichnet wurden, während der dritte Faktor voneinander abweichende Interpretationen erfuhr; Marks (1982) kam in seinen Untersuchungen nur auf die ersten beiden Dimensionen.

LIT: Krit. Anm. zur Methodik gibt Traxel (1983); einen allg. Überblick über die Methoden zur Erfassung von Emotionen geben Scherer u. Wallbott (1990); tief schürfende Gedanken zum Versuch einer Dimensionierung von Gefühlserlebnissen finden sich bei Bottenberg (1972), dort auch eine ausführlichere Darstellung älterer Ansätze.

◆ Arnold, W.: Person, Charakter, Persönlichkeit. Göttingen 1962; Averill, J. R.: A semantic atlas of emotional concepts. Ms. 11003, catalog of Selected Documents in Psychology 5, 1975, S. 330ff.; Bottenberg, E. H.: Emotionsps. München 1972; Burt, C.: The factorial study of emotions. In: Reymert, M. L. (Hg.): Feelings and emotions. New York 1950, S. 531–551; Bush, L. E.: Individual differences in multidimensional scaling of adjectives denoting feelings. JPSP 25, 1973, S. 50–57; Ekman, G.: Dimensions of emotions. AP 11, 1955, S. 279–288; Euler, H. A. u. Mandl, H. (Hg.): Emotionsps. München 1983; Hofstätter, P. R.: Dimensionen des mim. Ausdrucks. ZEAP 3, 1955, S. 505–529; Kafka, G.: Über Uraffekte. AP 7, 1950, S. 256–278; Kristof, W.: Eine empir. Untersuchung zur Klassifikation der Gefühle. PF 28, 1964, S. 46–63; Lersch, P.: Der Aufbau der Person. München 1956; Marks, W.: Das Wortfeld der Gefühlsbegriffe. ZEAP 29, 1982, S. 137–146; Plutchik, R.: The multifactor-analytic theory of emotion. JP 50, 1960, S. 153–171; Scherer, K. R. u. Wallbott, H. G.: Ausdruck von Emotionen. In: Scherer, K. R. (Hg.): Ps. der Emotion. EP, C, IV, 3. Bd. Göttingen 1990, S. 345–422; Schlosberg, H.: The description of facial expression in terms of two dimensions. JExP 44, 1952, S. 229–237; Schlosberg, H.: Three dimensions of emotion. PR 61, 1954, S. 81–88; Schmidt-Atzert, L.: Emotionsps. Stuttgart 1981; Traxel, W.: Empir. Untersuchungen zur Einteilung von Gefühlsqualitäten. In: Bericht über den 22. Kongreß der Dt. Ges. f. Ps. in Heidelberg, 1959. Göttingen 1960, S. 290–294; Traxel, W. u. Haide, H. J.: Dimensionen der Gefühle. PF 26, 1961, S. 179–204; Traxel, W.: Emotionsdimensionen. In: Euler u. Mandl (1983) S. 19–28; Traxel, W.: Zur Geschichte der Emotionskonzepte. In: Euler u. Mandl (1983) S. 11–19; Wundt, W.: Grundzüge der Physiolog. Ps., 2. Bd. Leipzig 1910 (6. Aufl.).

Emotionsknoten → stimmungsabhängiges Gedächtnis.

Emotionskontrolle → Wille.

Emotionskreis → Emotionsdimensionen; → psychoevolutionäre Emotionstheorie.

Emotionspsychologie, ein Teilgebiet der → allgemeinen Psychologie: die wissenschaftl. Erforschung der → Emotion. Die E. ist – im Gegensatz zur Laienmeinung – kein Hauptforschungsgebiet der Ps. gewesen, obwohl im programmat. Selbstbild der Ps. durchaus die große Wichtigkeit des Gebiets hervorgehoben wird. Die E. ist jedoch kein etabliertes Lehrfach der Ps., ebenso wie es kaum Psychologen gibt, die man direkt als Emotionspsychologen bezeichnet; im angloamerikan. Raum sind hier v. a. die Namen C. E. Izard u. R. Plutchik zu nennen (→ psychoevolutionäre Emotionstheorie; → differentielle

Emotionstheorie); die deutschsprachigen Einführungen in die E. sind von Forschern geschrieben, für die die emotionsps. Auseinandersetzung nur ein Teilgebiet ihrer Tätigkeit ist, meist sind es motivationsps., klin. u. sozialps. orientierte Autoren (s. u.).

Scherer (1981) führt die lange Vernachlässigung der E. bis auf Platos Dreiteilung der menschl. Psyche in *Kognition*, *Emotion* u. *Konation* zurück, ebenso auf die dominanten rationalist.-kognitivist. Strömungen der amerikan. Ps.; des Weiteren stünden method. Schwierigkeiten bei der empir. Fundierung emotionaler Phänomene im Wege. Scherer ist es auch, der im Jahre 1981 »wider die Vernachlässigung der E. in der Ps.« plädierte u. den Forschungsbetrieb in folgendem Gleichnis beschrieb: »Goldsucher aus allen Himmelsrichtungen eilen scharenweise zum attribution canyon, um dort schnell noch einen Claim abzustecken; am cognition river sieht man noch die vom Goldfieber Gepackten unermüdl. Sand sieben, um vielleicht doch noch ein Goldkörnchen zu finden; emotion city hingegen ist fast zur ghosttown herabgesunken, in der nur noch einige wenige unverbesserl. Einzelgänger zw. den vielen aufgegrabenen Schürfstellen graben«. In den letzten Jahren hat sich das Bild geändert, man spricht nach einer »kognitiven« u. einer »handlungstheoret.« nun von einer »emotionalen Wende« (Dörner 1984). Innerhalb dieser Wende wurden v. a. die positiven Funktionen von Emotionen deutlicher gesehen, allg. erfolgte ein Zusammenlaufen der Forschungsstränge Kognition-Emotion-Handlung. Zu den Hauptproblemen einer E. s. das Stw. → Emotionstheorien. Zu den wichtigsten Forschungsansätzen gehört die Analyse des Emotionsausdrucks; vgl. Scherer u. Ekman (1982). Die in den klass. Emotionstheorien stark thematisierten biolog. Grundlagen sind in letzter Zeit etwas zurückgetreten, wichtig geworden ist das Thema der → Hemisphärenasymmetrie in seiner Relevanz für emotionale Prozesse; vgl. Kinsbourne u. Bemporad (1984); zur unterschiedl. Lokalisation positiver u. negativer Emotionen vgl. Davidson (1984). Ein anderer wichtiger Forschungsbereich ist der der Entwicklung kognitiver Repräsentationen von Emotionen u. des Repertoires emotionaler Ausdrucksregeln; vgl. Harris u. a. (1981); überhaupt ist der entwicklungsps. Forschungsstrang einer der wichtigsten; vgl. zum Überblick Geppert u. Heckhausen (1990) sowie Plutchik u. Kellerman (1983); ein wichtiger, häufig rezipierter entwicklungsps. Ansatz ist Sroufe (1981); zur Sozialisation der Emotion vgl. Ulich u. Kapfhammer (1991) sowie Lewis u. Michalson (1982). Lange Zeit vernachlässigt worden sind die motivationalen Korrelate des Emotionsprozesses; eine Ausnahme stellt die Erforschung der Emotion → Ärger im Zusammenhang mit der → Frustrations-Aggressions-Theorie dar.

LIT: Bottenberg (1972) ist eine bes. detaillierte u. systemat. Darstellung, die sich mit »altmod.« Gründlichkeit »altmod.« Themen widmet u. viele Probleme abdeckt, die in den neueren Darstellungen nicht berücksichtigt werden; Ulich (1989) ist eine sehr verständl. Einführung, die die akadem. Forschung krit. reflektiert u. auch phänomenolog. Ansätze berücksichtigt, ebenso wie Ulich u. Mayring (1992); Mandl u. Huber (1983) ist ein Handbuch in Schlüsselbegriffen, das zu den wichtigsten Themen der E. leicht verständl. Darstellungen beinhaltet; Izard (1981) ist ein Überblick, der stark die persönl. Sichtweise des Verfassers widerspiegelt; Scherer (1990) ist der neue Band der EP, gewohnt umfassend, detailliert u. systemat., darin zahlreiche Aufsätze zu den unterschiedl. Themen der E.; einen Überblick über die aktuellen Probleme geben Leventhal u. Tomarken (1986); ein anderer knapper Überblick ist Ewert (1983); Ergebnisse vorwiegend neuroanatom., neurophysiolog., messmethod. u. psychopharmakolog. Emotionsforschung finden sich bei Levi (1975); zu klin. Aspekten vgl. Sokarides (1977); zu den biolog. Grundlagen vgl. Plutchik u. Kellerman (1986); zu transkulturellen Aspekten Scherer u. a. (1986); Izard (1978) ist ein Sammelband, der verschiedene Aspekte von Emotionen behandelt u. sowohl einzelne Emotionen als auch allg. theoret. Ansätze beinhaltet; einen kognitions- u. sozialps. Schwerpunkt hat Clark u. Fiske (1982); neuere Überblicke mit bes. Berücksichtigung ausdrucksps. Aspekte sind Scherer

(1988) sowie Scherer u. Ekman (1984); zu Emotionen im höheren Lebensalter, mit einer gleichzeitigen tiefgründigen Darstellung der Grundlagenforschung vgl. Fischer (1988); zwei durchaus seriöse Lehrbücher mit »unseriöser«, den Duktus der akadem. Ps. sprengender Darstellungsweise sind Rost (1987) u. Rost (1990); eine programmat. Darstellung von Forschungsthemen einer zukünftigen E. findet sich im Nachwort von Ekman u. Davidson in Ekman u. Davidson (1990).

◆ Arnold, M. B.: An excitatory theory of emotion. In: Reymert, M. L. (Hg.): Feelings and emotions. New York 1950; Arnold, M. B.: Feelings and emotions. New York 1970; Averill, J. R.: A constructivist view of emotion. In: Plutchik u. Kellerman (1980) S. 305–340; Bard, P.: Diencephalic mechanism for the expression of rage, with special reference to the sympathetic nervous system. American Journal of Physiology 84, 1928, S. 490–515; Bindra, D.: Organization in emotional and motivated behaviour. Canad. J. Psychol. 9, 1955, S. 161–167; Birbaumer, N.: Physiolog. Ps. Berlin 1975; Bischof, N.: Emotionale Verwirrungen. O.: Von den Schwierigkeiten im Umgang mit der Biologie. PRu 40, 1989, S. 188–205; Bischof-Köhler, D.: Zur Phylogenese menschl. Motivation. In: Eckensberger u. Lantermann (1985) S. 3–47; Bösel, R.: Biops. der Emotionen. Berlin 1986; Bottenberg, E. H.: Emotionsps. München 1972; Bollnow, O. F.: Das Wesen der Stimmungen. Frankfurt/M. 1956; Bower, G. H. u. Cohen, P. R.: Emotional influences in memory and thinking: Data and theory. In: Clark u. Fiske (1982) S. 291–333; Brandtstädter, J.: Emotion, Kognition, Handlung. Konzeptuelle Beziehungen. In: Eckensberger u. Lantermann (1985) S. 252–264; Buck, R.: The communication of emotion. New York 1984; Buck, R.: Neurochemical mechanisms of emotion and emotional expression. In: Buck, R.: The communication of emotion. New York 1984, S. 68–118; Buck, R.: Prime theory: an integrated view of motivation and emotion. PR 92, 1985, S. 389–413; Bull, N.: Towards a clarification of the concept of emotion. Psychosom. Med. 7, 1945, S. 210–214; Cannon, W. B.: Again the James-Lange and the thalamic theories of emotion. PR 38, 1931, S. 281–295; Carlson, E. R.: The affective tone of psychology. JGP 75, 1966, S. 65–78; Clark, M. S. u. Fiske, S. T.: Affect and cognition. Hillsdale 1982; Damasio, A. R.: Descartes' Irrtum. München 1994; Darrow, C. W.: Emotion as a relativ functional decortication: The role of conflict. PR 42, 1935, S. 566–578; Davidson, R. J.: Hemispheric asymmetry and emotion. In: Scherer u. Ekman (1984) S. 39–58; Davitz, J. R.: The language of emotion. New York 1969; Demos, E. V.: Facial expressions of infants and toddlers. A descriptive analysis. In: Field, T. u. Fogel, A. (Hg.): Emotions and early interaction. Hillsdale 1982, S. 127–160; De Rivea, J.: A structural theory for emotions. PI (Monograph 40). New York 1977; Dewey, J.: The theory of emotion. I. PR 1, 1894, S. 553–569; Dewey, J.: The theory of emotion. II. PR 2, 1895, S. 13–32; Dörner, D.: Denken, Problemlösen u. Intelligenz. PR 35, 1984, S. 10–20; Dörner, D.: Verhalten, Denken u. Emotion. In: Eckensberger u. Lantermann (1985) S. 157–181; Dornes, M.: Der kompetente Säugling. Frankfurt/M. 1993; Duffy, E.: Emotion. PR 41, 1934, S. 184–198; Duffy, E.: The conceptual categories of psychology: A suggestion for a revision. PR 48, 1948, S. 177–203; Duffy, E.: An explanation of »emotional« phenomena without the use of the concept »emotion«. JGP 25, 1941, S. 283–293; Duijker, H. u. van Rijswijk, M. (Hg.): Dreisprachiges ps. Wörterbuch, 3 Bde. Bern 1975; Eckensberger, L. u. Lantermann, E. D. (Hg.): Emotionen u. Reflexivität. München 1985; Ekman, P.: Expression and the nature of emotion. In: Scherer, K. R. u. Ekman, P. (Hg.): Approaches to emotion. Hillsdale 1984, S. 319–343; Ekman, P.: Gesichtsausdruck u. Gefühl. Paderborn 1988; Ekman, P. u. Davidson, J. (Hg.): The nature of emotions. Fundamental questions. New York 1994; Euler, H.: Lerntheoret. Ansätze. In: Euler u. Mandl (1983) S. 62–72; Euler, H. A. u. Mandl, H. (Hg.): Emotionsps. München 1983; Ewert, O.: Ergebnisse u. Probleme der Emotionsforschung. In: Thomae, H. (Hg.): Theorien u. Formen der Motivation. EP, C, IV, 1. Bd. Göttingen 1983, S. 398–452; Ewert, O.: Gefühl u. Stimmung. In: Thomae, H. (Hg.): Motivation. HP, 2. Bd., Göttingen 1965; Fantino, E.: Emotion. In: Nevin, J. A. (Hg.): The study of behaviour. Glenview/Ill. 1973, S. 281–320; Fehr, F. S. u. Stern, J. A.: Peripheral physiological variables and emotion: The James-Lange-Theory revisited. PBu 74, 1970, S. 411–424; Fell, J. P.: Emotion in the thought of Sartre. New York 1965; Fell, J. P.: The phenomenological approach to emotion. In: Candland, D. K. u. a.: Emotion. Belmont, California 1977, S. 253–285; Fiedler, K. u. Forgas. J. (Hg.): Affect, cognition and social behaviour. Toronto 1988; Fischer, I.: Emotionen im höheren Lebensalter. Frankfurt/M. 1988; Gable, R. K.: Instrument development in the affective domain. Boston 1986; Gardiner, H. M. u. a.: Feeling and emotion: a history of theories. New York 1937; Gellhorn, E.: Motion and emotion: the role of proprioception in the physiology and pathology of emotions. PR 71, 1964, S. 457–472; Gellhorn, E.: Autonomic-somatic integrations. Minneapolis 1967; Gellhorn, E.: (Hg.): Biological foundations of emotion. Glenview 1968; Geppert, U. u. Heckhausen, H.: Ontogenese der Emotion. In: Scherer (1990),

S. 115–215; GERHARDS, J.: Soziologie der Emotionen. Weinheim 1988; GOLDSTEIN, M. L.: Physiological theories of emotion: A critical historical review from the standpoint of behaviour theory. PBu 69, 1968, S. 23–40; GOLLER, H.: Emotionspsychologie u. Leib-Seele-Problem. Stuttgart 1992; GRAY, J. A.: The neuropsychology of anxiety. Oxford 1982; GREEN, A.: Psychoanalyt. Theorien über den Affekt. Psy 33, 1979, S. 681–732; HACKFORT, D. (Hg.): Funktionen von Emotionen im Sport. Schorndorf 1991; HARRÉ, R.: The social construction of emotion. Oxford 1986; HARRIS, P. L. u. a.: Children's knowledge of emotion. JCPPia 22, 1981, S. 247–261; HARRIS, P. L.: Das Kind u. die Gefühle. Bern 1992; HECKHAUSEN, H.: Eine Rahmentheorie der Motivation in 10 Thesen. ZEAP 10, 1963, S. 604–626; HERNEGGER, R.: Psycholog. Anthropologie. Weinheim 1982; HOCHSCHILD, A. R.: Emotion work, feeling rules and social structure. American Journal of Sociology 85, 1979, S. 551–575; IZARD, C. E. (Hg.): Emotions in personality in psychopathology. New York 1979 (Vorwort); IZARD, C. E. (Hg.): Emotions in personality and psychopathology. New York 1978; IZARD, C. E.: Die Emotionen des Menschen. Weinheim 1981; JAMES, W.: The physical basis of emotion. PR 1, 1884, S. 516–529; JAMES, W.: What is an emotion? Mind 19, 1884, S. 188–205; JANKE, W. u. DEBUS, G.: Die Eigenschaftswörterliste EWL. Göttingen 1984; KAHLE, G. (Hg.): Lob des Herzens. Die soziale Dimension der Gefühle. Frankfurt/M. 1981; KANDEL, E. R. u. a. (Hg.): Neurowissenschaften. Heidelberg 1996; KASTEN, H.: Entwicklungsps. Ansätze. In: EULER u. MANDL (1983) S. 85–95; KAUFMANN-HAYOZ, R.: Kognition u. Emotion in der frühkindl. Entwicklung. Berlin 1991; KINSBOURNE, M. u. BEMPORAD, B.: Lateralization of emotions: a model and the evidence. In: FOX, N. A. u. DAVIDSON, R. J. (Hg.): Psychobiology of effective development. Hillsdale 1984; KEMMLER, L. u. a.: Sprachgebrauch in der Psychotherapie. Bern 1991; KLEINGINNA, P. R. u. KLEINGINNA, A. M.: A categorized list of emotion definitions with suggestions for a consensual definition. MaE, 5, 1981, S. 345–355; KLIX, F.: Über Emotion u. Kognition in evolutionsgeschichtl. Betrachtung u. aktualgenet. Prüfung. In: ROTH (1989) S. 17–36; KRAUSE, R.: Psychodynamik der Emotionsstörungen. In: SCHERER (1990) S. 630–705; KRUSE, O.: Emotionsentwicklung u. Neurosenentstehung. Stuttgart 1991; LANGE, C.: Über Gemüthsbewegungen. Leipzig 1887 (Orig. 1885); LANTERMANN, E.-D.: Handlung u. Emotion. In: EULER u. MANDL (1983) S. 273–282; LANTERMANN, E.-D.: Kognitive u. emotionale Prozesse beim Handeln. In: MANDL u. HUBER (1983), S. 248–281; LARBIG, W.: Schmerz. Stuttgart 1982; LAZARUS, R. S. u. a.: Towards a cognitive theory of emotion. In: ARNOLD (1970) S. 207–232; LAZARUS, R. S. u. a.: Emotions: A cognitive-phenomenological analysis. In: PLUTCHIK u. KELLERMAN (1980) S. 189–217; LAZARUS, R. S.: Cognition and motivation in emotion. AmP April 1991; LEEPER, R.: A motivational theory of emotion to replace emotion as a disorganized response. PR 55, 1948, S. 5–21; LEEPER, R.: Some needed developments in the motivational theory of emotions. In: LEVINE, D. (Hg.): Nebraska Symposium on motivation. Lincoln 1965, S. 25–122; LERSCH, P.: Der Aufbau der Person. München 1938; LEVENTHAL, H.: A perceptual motor theory of emotion. Social Science Information, 1982, S. 819–845; LEVENTHAL, H.: A perceptual motor theory of emotion. In: SCHERER u. EKMAN (1984) S. 271–292; LEVENTHAL, H. u. THOMARKEN, A.: Emotions: today's problems. ARP 37, 1986, S. 565–610; LEVENTHAL, H.: Emotion and the autonomic nervous system: a prospectus for research on autonomic specifity. In: WAGNER, H. (Hg.): Social psychophysiology and emotion. Chichester 1988, S. 17–42; LEVI, L. (Hg.): Emotions. New York 1975; LEVY, R. I.: The emotions in comparative perspective. In: SCHERER u. EKMAN (1984) S. 397–412; LEWIS, D. J.: Scientific principles of psychology. Englewood Cliffs 1963; LEWIS, M. u. BROOKS, J.: Self-knowledge and emotion in development. In: LEWIS, M. u. ROSENBLUM, L. (Hg.): The development of affect. New York 1978; LEWIS, M. u. BROOKS-GUNN, J.: Social cognition and the acquisition of the self. New York 1979; LEWIS, M. u. MICHALSON, L. (Hg.): The socialization of Emotions. In: FIELD, T. u. FOGEL, A. (Hg.): Emotion and early interaction. Hillsdale 1982, S. 189–211; LEWIS, M. u. HAVILAND, J.: Handbook of emotions. New York 1993; LINDSLEY, D. B.: Emotion. In: STEVENS, S. S. (Hg.): Handbook of experimental psychology. New York 1951, S. 473–516; MACLEAN, P. D.: Some psychiatric implications of physiological studies on fronto-temporal portion of limbic system (visceral brain). Electroencephalography and Clinical Neurophysiology 4, 1952, S. 407–408; MANDL, H. u. EULER, H. A.: Begriffsbestimmung. In: EULER u. MANDL (1983) S. 5–11; MANDL, H. u. HUBER, G. L. (Hg.): Emotion u. Kognition. München 1983; MANDLER, G.: Denken u. Fühlen. Paderborn 1979; MATTHÄUS, W.: Sowjet. Denkps. Göttingen 1988; MAYRING, P.: Geschichte der Emotionsforschung. In: ULICH u. MAYRING (1992) S. 11–27; MAYRING, P.: Erfassung von Emotionen. In: Ulich u. Mayring (1992) S. 58–72; MCCLELLAND, D. C. u. a.: The achievement motive. New York 1953; MACLEAN, P. D.: A triune concept of the brain and behaviour. Toronto 1973; MCNAUGHTON, N.: Biology and emotion. Cambridge 1989; MEES, U.: Die Struktur der Emotionen. Göttingen 1991; MEYER, W. U. u. a.: Einführung in die Emotionsps. Bern 1993; MEYER, M. F.: That whale among the fishes – the theory of emotion. PR 40, 1933, S. 292–300; OBUCHOWSKI, K.: Orientierung u.

Emotion. Köln 1982 (Orig.: Warschau 1970); ORTONY, A. u. a.: The cognitive structure of emotions. Cambridge 1988; PAPEZ, J. W.: A proposed mechanism of emotion. Archives of Neurological Psychiatry 38, 1937, S. 725–743; PEKRUN, R.: Emotion, Motivation u. Persönlichkeit. München 1988; PONGRATZ, L.: Problemgeschichte der Ps. Bern 1967; PLUTCHIK, R.: Emotion: A psychoevolutionary synthesis. New York 1980; PLUTCHIK, R. u. KELLERMAN, H. (Hg.): Emotion. 1. Bd. Theories of emotion. New York 1980; PLUTCHIK, R. u. KELLERMAN, A. (Hg.): Emotion, 2. Bd. Emotions in early development. New York 1983; PLUTCHIK, R. u. KELLERMAN, A. (Hg.): Emotion, 3. Bd. Biological foundations of emotion. New York 1986; PLUTCHIK, R. u. KELLERMAN, A. (Hg.): Emotion, 4. Bd., the measurement of emotion. San Diego 1989; PRIBRAM, K. H.: Languages of the brain. New Jersey 1971; RATAJCZAK, H.: Emotionsverarbeitung. Frankfurt/M. 1988; REYMERT, M. L. (Hg.): Feelings and emotions. Worcester 1928; ROLLS, E. T.: Neural systems envolved in emotion in primates. In: PLUTCHIK u. KELLERMAN (1986) S. 125–143; ROSCHMANN, R.: Emotionale Reizverarbeitung in den zerebralen Hemisphären. Regensburg 1990; ROST, W.: Die Gefühle – ein ausgesprochen emotionales Lehr- u. Lesebuch. Basel 1987; ROST, W.: Emotionen – Elexiere des Lebens. Berlin 1990; ROTH, E. (Hg.): Denken u. Fühlen. Berlin 1989; ROTH, E.: Kognition, Emotion: Der Problembereich. In: ROTH (1989) S. 3–17 u. S. 157–181; SCHARFETTER, C.: Allg. Psychopathologie. Stuttgart 1976; SCHEELE, B.: Emotionen als bedürfnisrelevante Bewertungszustände. Tübingen 1990; SCHELP, T. u. KEMMLER, L.: Emotion u. Psychotherapie. Bern 1988; SCHERER, K. R.: Wider die Vernachlässigung der Emotion in der Ps. In: MICHAELIS, W. (Hg.): Bericht über den 32. Kongreß der DGfPs in Zürich 1980. Göttingen 1981; SCHERER, K. R.: Emotion as a process. Social Science Information 21, 1982, S. 555-570; SCHERER, K. R. u. EKMAN, P. (Hg.): Handbook of methods in nonverbal behaviour research. Cambridge 1982; SCHERER, K. R. u. EKMAN, P. (Hg.): Approaches to emotion. Hillsdale 1984; SCHERER, K. R.: Emotion as a multicomponent process: A model and some crosscultural data. In: SHAVER, P. u. WHEELER, L. (Hg.): Review on personality and social Psychology. Beverly Hills 1984; SCHERER, K. R. u. a. (Hg.): Experiencing emotion: a crosscultural study. Cambridge 1986; SCHERER, K. R. (Hg.): Faces of emotion. Recent research. Hillsdale 1988; SCHERER, K. R.: Criteria for emotion-antecedent appraisal: a review. In: HAMILTON, V. u. a. (Hg.): Cognitive perspectives on emotion and motivation. Dordrecht 1988, S. 89–126; SCHERER, K. R. (Hg.): Ps. der Emotion. EP C, IV, 3. Bd. Göttingen 1990; SCHERER, K. R. u. WALLBOTT, H. G.: Ausdruck von Emotionen. In: SCHERER (1990) S. 345–422; SCHERER, K. R.: Theorien u. aktuelle Probleme der Emotionsps. In: SCHERER (1990) S. 2–41; SCHMALT, H.-D.: Motivation u. Emotion. In: EULER u. MANDL (1983) S. 249–255; SCHMIDT-ATZERT, L.: Emotionsps. Stuttgart 1981; SCHMIDT-ATZERT, L.: Die Entstehung von Gefühlen. Berlin 1993; SCHNEIDER, K.: Klin. Psychopathologie. Stuttgart 1980 (12. Aufl.); SCHWARZ, N.: Stimmung als Information. Göttingen 1987; SHAFFER, L.. u. a.: Psychology. New York 1940; SILBERMAN, E. K. u. WEINGARTEN, H.: Hemispheric lateralization of functions related to emotion. BaC 9, 1986, S. 322–353; SMITH, C. A. u. ELLSWORTH, P. C.: Patterns of cognitive appraisal in emotion. JPSP 48, 1985, S. 813–838; SOLOMON, R. C.: Emotion u. Anthropologie. In: KAHLE (1981) S. 233–253; SOCARIDES, C. W.: The world of emotions. Clinical studies of affects and their expression. New York 1977; SOKOLOWSKI, K.: Emotion u. Volition. Göttingen 1993; SROUFE, L. A.: Die Organisation der emotionalen Entwicklung. In: FOPPA, K. u. GRONER, E. (Hg.): Kognitive Strukturen u. ihre Entwicklung. Bern 1981, S. 14–34; STÄUDEL, T.: Problemlösen u. Emotion. In: EULER u. MANDL (1983) S. 255–262; STRASSER, S.: Das Gemüt. Freiburg 1956; STRONGMAN, K. T.: The psychology of emotion. London 1973; THOMAE, H.: Die Bedeutung des Motivationsbegriffes. In: THOMAE, H. (Hg.): Motivation. HP II, 2. Bd. Göttingen 1965, S. 3–44; THOMAS, A. (Hg.): Kulturvergleichende Ps. Göttingen 1993; THOMPSON, J. G.: The psychobiology of emotions. New York 1988; TODA, M: Emotion and decision making. AP 45, 1980, S. 133–155; TOMKINS, S. S.: Affect, imagery, and consciousness, 1. Bd. New York 1962; TOMKINS, S. S.: Affect, imagery, consciousness, 2. Bd. New York 1963; TOMKINS, S. S.: Shame. In: NATHANSON, D. (Hg.): The many faces of shame. New York 1987; TRAXEL, W.: Über die Dimensionen u. Dynamik der Motivierungen. ZEAP 8, 1961, S. 418–428; TRAXEL, W.: Zur Geschichte der Emotionskzpte. In: EULER u. MANDL (1983) S. 11–18; ULICH, D.: Das Gefühl. München 1989; ULICH, D. u. KAPFHAMMER, H.-P.: Sozialisation der Emotionen. In: HURRELMANN, K. u. ULICH, D. (Hg.): Neues Handbuch der Sozialisationserforschung. Weinheim 1991, S. 551–572; ULICH, D. u. MAYRING, P. (Hg.): Ps. der Emotionen. Stuttgart 1992; ULICH, D.: Entstehung von Emotion: Aktualgenese. In: ULICH u. MAYRING (1992) S. 73–102; WAGATSUMA, H.: Problems of language in cross cultural research. In: ADLER, L. L. (Hg.): Issues in crosscultural research. Annals of the New York Academy of Science 285, 1977, S. 141–150; WALLBOTT, H. G. u. SCHERER, K. R.: Assessing emotion by questionnaire. In: PLUTCHIK u. KELLERMAN (1989), S. 55–82; WEINER, B.: The emotional consequences of causal ascriptions. In: CLARK, M. S. u. FISKE, S. T. (Hg.): Affect and cognition. Hillsdale 1982, S. 185–209; WEYER, R. S.: Cognitive organization and change. Hillsdale 1974; Woodworth, R. S.: Psychology. New York 1921; Young, P. T.: Emotion in man and animal. New York 1943; Zimmer, D. E.: Die Vernunft der Gefühle. München 1984; Ztschr.: Motivation and Emotion, Cognition and Emotion.

Emotionsspezifität → Emotionstheorien; → Emotionstypen.

Emotionstheorien. E. haben folgende Hauptprobleme: (a) Neben der Grundaufgabe, »das Wesen« von → Emotionen zu fassen, war einer der wichtigsten Forschungsstränge der Versuch, eine Ordnung in die Vielfalt der Emotionen zu bringen, also eine *Emotionsklassifikation* zu entwickeln. Hierfür gibt es zwei grundsätzl. Ansätze: Der *typolog.* Ansatz, versucht verschiedene → Emotionstypen zu unterscheiden, der *dimensionsanalyt.* Ansatz arbeitet verschiedene → Emotionsdimensionen heraus, deren Ausprägung sämtl. Emotionen charakterisiert. Der dimensionsanalyt. Ansatz überwiegt in der modernen Ps., die prominenten Systeme von Plutchik (→ psychoevolutionäre Emotionstheorie) u. Izard (→ differentielle Emotionstheorie) operieren allerdings mit beiden Methoden. (b) Ein weiterer wichtiger Strang von Theorien wurde durch die Frage nach den physiolog. Grundlagen von Emotion begründet. (c) Eine der wichtigsten theoret. Aufgaben ist die Klärung der Interaktion von Kognition u. Emotion bei Gefühlsprozessen. (d) Ebenfalls eine grundlegende Frage ist die nach dem Verhältnis von Emotion u. Handlung. (e) Ein spezielleres Problem war die Frage, welche Rolle der → Ausdruck bei der Entstehung von Emotionen spielt; zentral war hier die → Mimikfeedback-Hypothese. (f) Durch alle Theorien hindurch zieht sich das Problem der *Emotionsspezifität*, also der Frage, inwieweit den Emotionen neurophysiolog. unterscheidbare spezif. Basisprozesse zugrunde liegen. Die einzelnen E. thematisieren all diese Aspekte mit unterschiedl. Schwerpunktsetzung:

(1) Physiolog. orientierte E.: (a) Somatisch-periphere Momente bei der Entstehung von Emotion betonen die histor. bedeutsamen Ansätze von W. James (1884) u. K. Lange (1887) (→ James-Lange-Theorie), welche die Rückmeldungen aus Muskeln bzw. Vegetativum ans ZNS als emotionsgenet. wichtigsten Prozess hervorhoben: »Wir sind traurig, weil wir weinen« ist ein häufig zitierter Satz von James (s. a. → Interozeption). (b) Während die James-Lange-Theorie eine *periphere* E. ist, betont die → Cannon-Bard-Theorie *zentrale* Prozesse, also Prozesse im Cortex; hervorgehoben wird die Rolle des Thalamus (Cannon 1931) bzw. des Hypothalamus (Bard 1928), noch genauer spezifiziert in den Theorien von Papez (1937) u. MacLean (1952) in der Hervorhebung des limb. Systems. (Man unterscheidet bisweilen auch zw. der *psychophysiolog.* E., näml. der James-Lange-Theorie, u. den *neurolog.* bzw. *neuroanatom.* E., also der Theorietradition im Anschluss an die cannonsche Theorie.) Die periphere Theorie von James galt mit Cannon als widerlegt, neuere Ansätze problematisieren dies; vgl. Fehr u. Stern (1970); Gellhorn (1964ff.) versucht eine Integration zentraler u. peripherer physiolog. Regulationsprozesse, die v. a. auf der Unterscheidung des *ergotrophen* u. des *tropotrophen* Systems beruht. (c) Der in den genannten Theorien enthaltenen dominierenden Vorstellung der Hemmung subkortikaler Strukturen durch die Großhirnrinde fügte M. Arnold (1950ff.) den Aufweis der Existenz exzitator. Prozesse hinzu. Arnolds Theorie sprengt allerdings den Rahmen physiolog. orientierten E., indem sie ausführliche Überlegungen zu kognitiven Prozessen anstellt: → appraisal. (d) Aus pharmakolog. Perspektive konzipierte Gray (1982) ein wichtiges Modell von Emotionen, bes. von → Angst, mit dem Zentralkzpt. des *Vhshemmungssystems.* Allg. wird heute ein integrativer Ansatz vertreten; vgl. Birbaumer (1975) u. Bösel (1986). Während subkortikalere Struk-

turen im Bereich der Emotionen unbestritten eine wesentl. Bedeutung zukommt, ist die Rolle der Großhirnhemisphären noch unklar; zum Überblick über die Bedeutung der subkortikalen Strukturen bes. des limb. Systems vgl. Rolls (1986); zur Bedeutung der zerebralen Hemisphären für die Verarbeitung von Emotionen vgl. Roschmann (1990); Silberman u. Weingarten (1986); allg. zum Überblick über physiolog. Aspekte vgl. Kandel u. a. (1996); einen Überblick über biochem. Modelle der Emotion (v. a. von Angst u. Depression) gibt Thompson (1988). (2) Die aus den klass. psychophysiolog. Ansätzen erwachsenen → Aktivationstheorien der Emotionen versuchten, Emotionen auf eine unspezif. allg. Erregung des retikulären Systems zu reduzieren. Es sind im Grunde reduktionist. Theorien, prototypisch der Aufsatz von Duffy (1941) – eine Erklärung emotionaler Phänomene ohne Gebrauch des Kzpts. »Emotion«. In der Weiterentwicklung dieses Ansatzes ergab sich die → Schachter-Singer-Theorie, die in einem Zwei-Prozess-Modell Emotionen konzipiert als zusammengesetzt aus einer unspezif. Aktivierung plus einem dieser unspezif. Erregung Spezifität verleihenden Prozess der → Attribution. (Anm.: Der Begriff *E.* ist v. a. mit der *James-Lange-* u. der *Schachter-Singer-Theorie* verknüpft, eigenartigerweise also mit den von vornherein unplausibelsten.) (3) Eine andere Gruppe der E. formiert sich aus evolutionstheoret. Perspektive, die beiden prominentesten Theorien sind hier die → psychoevolutionäre Emotionstheorie von Plutchik u. die → differentielle Emotionstheorie von Izard. In beiden wird im Rahmen einer darwinist. Perspektive die evolutionäre Anpassungsfunktion von Gefühlen hervorgehoben. Diesen Theorien kommt die Bedeutung zu, gegenüber den in der gegenwärtigen Ps. dominierenden kognitivist. orientierten Modellen die biolog. Determinanten der Gefühle zu thematisieren. Auch die Theorien des → Ausdrucks von Ekman u. darin implizierter emotionsps. Aspekte sind evolutionstheoret. orientiert. Zu den biops. Ansätzen vgl. auch den krit. Aufsatz von Bischof (1989) u. die interessante Theorie von Bischof-Köhler (1985) zur Phylogenese menschl. Motivation. (4) Die Frage nach dem Verhältnis von E. u. Vh. führt zu folgenden theoret. Grundansätzen: (a) Emotionale Vorgänge werden unter dem Aspekt einer Störung von Richtungsaktivität gesehen, wb. dies entweder als Haupteffekt o. als Ursache der E. betrachtet wird, die innerhalb einer gewissermaßen reibungslos ablaufenden Psyche sozusagen überhaupt nicht entstehen: *Disruptionskonzept* (auch: *Konfliktschema*) der E.; vgl. Ewert (1983); zum Überblick vgl. Bottenberg (1972). (b) Die gegensätzl. Richtung sieht emotionale Vorgänge unter dem Aspekt einer Förderung von Richtungsaktivität, dies ist v. a. der Grundansatz der → affektiven Motivationstheorien, ein Ansatz, innerhalb dessen v. a. die motivierende Funktion von Emotion gesehen wird. Das Disruptionsschema war lange Zeit innerhalb der behaviourist. Theorie im angloamerikan. Raum prädominant u. wurde erstmals durch einen wichtigen Ansatz von Leeper (1948) erschüttert. An Leeper schloss Bindra (1955) an: → central motive state; im dt. Sprachraum Traxel (1961), in neuerer Zeit Buck (1985); Weiteres vgl. nachfolgenden Absatz. (5) Zu den Theorien, die v. a. die Bedeutung der → Kognition thematisieren, vgl. die Ausführungen unter dem Stw. → Emotion; zu nennen sind v. a. die mit dem Kzpt. des → appraisals arbeitenden Theorien von M. Arnold u. Lazarus (→ Bewältigung; → Stress). Wichtig geworden sind solche Ansätze bes. auf dem Gebiet der → Angst. Bes. der Ansatz des *sozialen Konstruktivismus* hebt nicht nur die Bedeutung von Kognitionen hervor, sondern auch die konstitutive Dimension des interpersonalen Bezugs, die allen Emotionen inne ist; vgl. hierzu die Ausführungen im Stw. → Emotion. Scheele (1990) geht über die amerikan. kognitiven Bewertungstheorien hinaus u. erarbeitet in Weiterführung des Social-constructing-Ansatzes u. vor dem Hintergrund des Forschungsprogramms der → subjektiven Theorien eine *epistemolog.* E., mit der sie auch das Problem des Verhältnisses u. der Abfolge von Kognition u. Emotion neu konzeptualisiert; Scheele thematisiert insbes. auch den Wertaspekt. (6) Zunehmend besteht die Tendenz, integrative Theorien zu entwickeln, die sowohl Emotion als auch Kognition u. Motivation thematisieren u. in Prozessmodelle bringen, es sind also verallgemeinerte Handlungs- o. Motivationstheorien, wie sie sich im Zuge der sog. »emotionalen Wende« (→ Emotionspsychologie) v. a. im dt. Sprachraum entwickelt haben: → Prüfprozesstheorie; → perceptual motor theory; s. a. das Stw. → komplexes Problemlösen. Zu nennen sind auch die Ansätze von Lantermann (1983); Averill (1980); Mandler (1979); s. a. die Stw. → Stress; → Leistungsangst; → gelernte Hilflosigkeit. Ein eigenständiger, schwer einzuordnender, eher motivationstheoret. Ansatz ist die → Gegenprozess-Theorie, die insbes. auch die zeitl. Dynamik emotionaler Prozesse berücksichtigt. (7) *Reduktionist.* E. führen Emotionen auf andere psych. Prozesse zurück, so v. a. die (schon erwähnte) *Aktivierungstheorie.* Reduktionist. sind v. a. die behaviourist. Ansätze, die sich auf die Analyse physiolog., expressiv. u. motor. Reaktionen bei Emotionen konzentrieren; zum Überblick vgl. Euler (1983). Klass. Forschungsparadigmen waren hierbei das der → konditionierten emotionalen Reaktion u. des → Vermeidungslernens, wb. → Angst u. → Frustration dominant waren u. andere Emotionen vernachlässigt wurden. Physiolog. orientierte vhstheoret. Theorien werden von Goldstein (1968) dargestellt.

VD: Insbes. die Psa. hat eine eigenständige, außerhalb der Tradition der akadem. Ps. stehende E. entwickelt. Funktional werden Gefühle bei Freud als Indikatoren für Triebspannungen, aber auch als deren Sicherheitsventil gesehen: Mit steigender Triebspannung entsteht eine Affektladung, die sich über die Motorik u. im sekretor. System als *Gefühlsausdruck* entlädt u. im Bewusstsein als *Gefühl* erlebt wird. Affekte haben eine Lust-Unlust-Dimension (→ Lust und Unlust). Sie sind Teil der psych. Repräsentanz eines → Triebes. Dem affektiven Triebanteil kann nach Freud auf dreierlei Arten begegnet werden: totale Unterdrückung, so dass man nichts von ihm auffindet o. er als qualitativ gefärbter Affekt zum Vorschein kommt o. in → Angst verwandelt wird. Die Verwandlung in Angst ist typ. für die *Phobie.* In der *Konversionshysterie* ist der Affektbetrag an somat. Symptome gebunden. In der *Zwangsneurose* werden aversive u. andere Regungen verdrängt u. durch *Reaktionsbildung* in betonte Zuwendung, übersteigerte Gewissenhaftigkeit, asket. Vh. usw. verkehrt. Die Psa. postulierte früh, dass Emotionen gemischt auftreten, z. B. als *Ambivalenz* von → Liebe u. Hass. Sie betonte auch die Bedeutung von → Konflikten. Insges. hat sie aber keine geschlossene E. vorgelegt; dagegen wurden zu einzelnen Emotionen zahlreiche Hypothesen entwickelt; so über Angst, → Trauer, über Emotionen im Zusammenhang mit der Sexualität sowie über Eifersucht u. → Schuldgefühl. Neuere psychoanalyt. Untersuchungen beziehen sich auf das Schamgefühl (Lewis 1971), Liebe (Bergmann 1971, Kernberg 1976), Rache (Sokarides 1966), Eifersucht (Pao 1969) u. Hass bzw. aggressives Vh. (Mitscherlich 1956/57). Einen Überblick über neuere Ansätze bietet Kutter (1980ff.); vgl. auch Green (1979); unter entwicklungsps. Aspekt vgl. Emde (1980), der auch über das Problem der Integration psa. Theorien mit den Ergebnissen der akadem. Ps. reflektiert. Eine interne Kritik setzt an der Vermengung trieb- u. affektps. Kzpte. an (Compton 1983), führte zur zunächst noch halbherzig durchgeführten Trennung beider Begriffssysteme (Blanck u. Blanck 1979), zur entschlossenen Aufgabe der traditionellen metaps. Begründung der Affekte (Basch 1976, 1983; Kernberg 1982) u. mündete schließl. in ein Plädoyer für ein differenziertes primäres Affektsystem ein, das mit den Erkenntnissen der empir. Forschung in Einklang zu bringen war (Demos 1982, 1988). Die Arbeiten von Tomkins (1962ff.) stellen hierbei die entscheidende Bezugsquelle für Adaptationen u. Revisionen der psa. Motivationslehre dar (Lichtenberg 1991); eine psa. Darstellung u. Rezeption des Werks von Tomkins ist Demos u. Kaplan (1987). Zum Überblick über die entwicklungstheoret. Implikationen der psa. (u. auch der akadem.-ps.) E. vgl. Dornes (1993). (Die Literatur zum Vorhergehenden findet sich in der Gesamtliteratur zum Stw. → Psychoanalyse.)

LIT: Zum Überblick über die E. vgl. neben den allg. Darstellungen der Emotionsps. v. a. Plutchik u. Kellerman (1980) sowie Meyer u. a. (1993); unter bes. Berücksichtigung des philosoph. Aspekts referieren Gardiner u. a. (1937); einen Überblick über histor, v. a. philosoph. E. vom alten China, Indien, dem Mittelalter bis in die Gegenwart liefert Mayring (1992); zu E. im 19. Jahrhundert vgl. Pongratz (1967); zum Überblick über Theorien, die soziokulturelle Aspekte thematisieren, vgl. Gerhards (1988); über explizite u. implizite E. in den verschiedenen Therapieschulen vgl. Schelp u. Kemmler (1988); zsfd. über die E. der Psa. vgl. Green (1979); über die sowjet. Ansätze zur E. referiert Matthäus (1988); zu entwicklungsps. Theorien vgl. Kasten (1983); zu einer Darstellung von stärker person- u. erlebniszentrierten phänomenolog. Analysen vgl. Ulich u. Mayring (1992); zu phänomenolog. Ansätzen vgl. Fell (1977); zum Emotionskzpt. in der Philosophie Sartres vgl. Fell (1965); ein äußerst interessantes Buch, das emotionsps. u. emotionstheoret. Fragestellungen unter dem philosoph. Aspekt des Leib-Seele-Problems analysiert, ist Goller (1992); zur Frage, warum es zu einer »Entemotionalisierung« der Motivationstheorien kam, vgl. Sokolowski (1993). Weitere E. finden sich jeweils bei den Artikeln zu den einzelnen Emotionen.

♦ → Emotionspsychologie.

Emotionstypen. Ein Grundproblem jeder → Emotionstheorie ist das Problem der Emotionsklassifikation, u. das Kzpt. der E. geht, im (tlw.) Gegensatz zum Kzpt. der → Emotionsdimension, von spezif. u. diskreten Emotionen aus. Meist wird eine Reihe *primärer Emotionen* (auch *Primäremotionen*, *Basisemotionen*) postuliert, aus denen sich durch *Mischungen* bzw. kognitive Prozesse komplexere Emotionen ergeben. Die größte Übereinstimmung über die Fundamentalität herrscht bei den Emotionen Furcht, Freude, Trauer, Zorn u. Überraschung (→ differentielle Emotionstheorie; → psychoevolutionäre Emotionstheorie). Die Abb. *Emotion 3a* zeigt die E. Glück, Ekel, Überraschung, Trauer, Wut, Angst u. den Prozentsatz der Übereinstimmung bei der Beurteilung ihres Gefühlsausdrucks

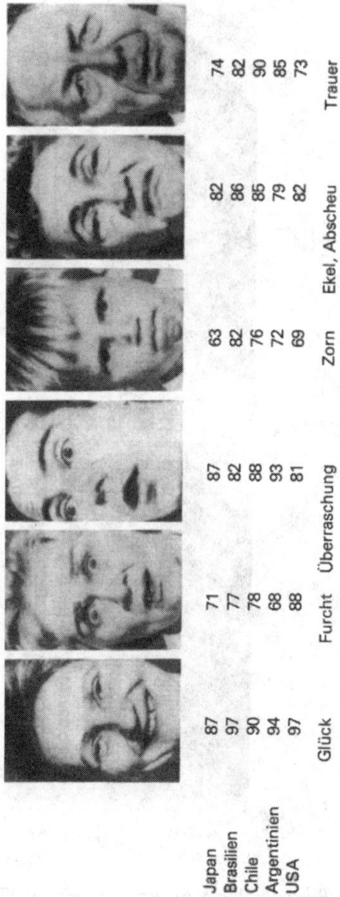

Abb. *Emotion 3a*

über verschiedene Kulturen hinweg; die Abb. *Emotion 3b* zeigt ein Bsp. für Einzelemotionen u. Emotionsmischungen: Überraschung u. Angst einzeln u. ihre Kombinationen (alle Abb. aus Ekman 1988). Schmidt-Atzert (1981) kommt mit einer clusteranalyt. Auswertung der Ähnlichkeitsbeurteilung von 60 Emotionsbegriffen zu 12 voneinander relativ unabhängigen Klassen von Emotionen.

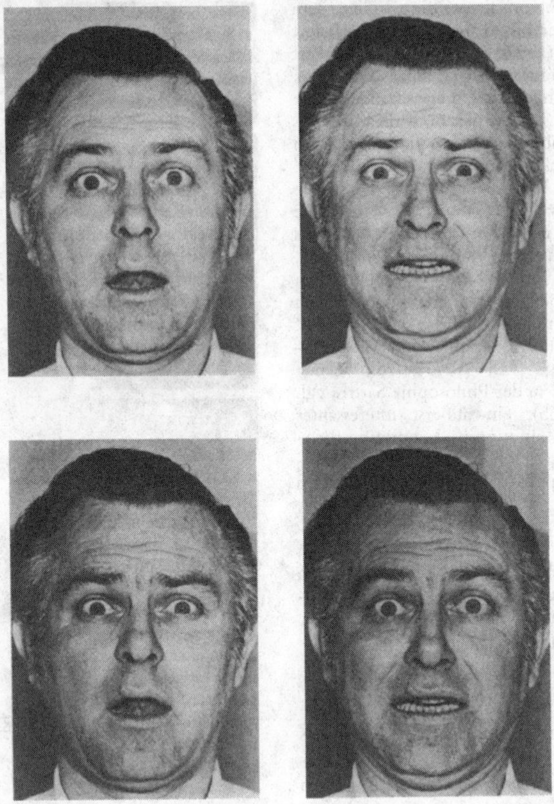

Abb. *Emotion 3b*

Psychobiolog. Ansätze (Papez 1937; Pribram 1971) versuchten den Aufweis neuroanatom. spezifizierbarer Emotionsarten u. die Differenzierung mit physiolog. Messmethoden: So führt z. B. die Reizung des limb. Systems zu klar unterscheidbaren Gefühlen in Abhängigkeit vom Ort der Reizung; vgl. auch Delgado (1970); s. a. das Stw. → James-Lange-Theorie u. → Viscerozeption. Zum Überblick vgl. Birbaumer (1983), speziell zur Bedeutung des limb. Systems vgl. Larbig (1983). Dies führt auf das Problem der *Emotionsspezifität* u. so auf den Problembereich psychophysiolog. Spezifität (→ physiologische Psychologie). Zur psychophysiolog. Differenzierbarkeit vgl. den Überblick von Stemmler (1984); zur Bedeutung des vegetativen Nervensystems Erdmann (1983); zur Bedeutung der Hormone Voigt u. Fehm (1983), zu den Ergebnissen psychopharmakolog. Untersuchungen Janke (1983).

VD: (1) Weitere Ansätze: (a) Arnold (1960) unterscheidet die Emotionen Ärger, Aversion, Mut, Niedergeschlagenheit, Begierde, Verzweiflung, Furcht, Hass, Hoffnung, Liebe, Trauer; Arnolds Bestimmungskriterium ist die Beziehung zu Handlungstendenzen. (b) Ekman u. a. (1984) unterscheiden: Ärger, Freude, Trauer, Überraschung; Bestimmungskriterium ist der Gesichtsausdruck. (c) Frijda (1986) unterscheidet: Begierde, Glück, Interesse, Überraschung, Verwunderung, Leid; Bestimmungskriterium sind

Formen der Handlungsbereitschaft. (d) James (1884) unterscheidet: Furcht, Trauer, Liebe, Wut; Bestimmungskriterium sind Körperreaktionen bzw. Beziehungen zu Instinkten. (e) Plutchik (1980) unterscheidet: Vertrauen, Ärger, Antizipation, Ekel, Freude, Furcht, Trauer, Überraschung; Bestimmungskriterium sind Beziehungen zu adaptiven biolog. Prozessen. (f) Ältere Ansätze nahmen eine große Fülle sehr subtiler Differenzierungen unter den verschiedensten Gesichtspunkten vor, an denen Traxel (1983) kritisiert, dass sie mehr nach rein formalen Kategorien erfolgen als nach der inneren Natur der Emotionen; eine grundlegende Einteilung war die Dichotomie → Lust und Unlust; man hat weiter gruppiert nach »sinnl./geistigen«, »niederen/höheren«, »natur-/kulturbedingten«, »einfachen/komplexen« Emotionen, woran sich weitere Untergliederungen anschlosssen; z. B. die »komplexen Gefühle« in: »intellektuelle«, »ästhetische«, »soziale«, »ethische« u. »religiöse«; man unterschied des Weiteren »Vorstellungs-, Urteils-, Phantasie- u. Begehrungsgefühle« (Höfler) o. »empfindungsbedingte«, »triebbedingte« u. »persönlichkeitsbedingte« (Rohracher). Es wurde auch eine Einteilung der Emotionen orientiert an der Mannigfaltigkeit der Strebungen versucht; vgl. Lersch (1956).

LIT: Für eine krit. Analyse des Versuchs, Basisemotionen herauszuarbeiten, vgl. Ortony u. Turner (1990); vgl. auch das erste Kapitel von Ekman u. Davidson (1994); zum Überblick vgl. Ulich u. Mayring (1992).

◆ Arnold, M. B.: Emotion and personality, 2 Bde. New York 1960; Birbaumer, N.: Psychophysiolog. Ansätze. In: Euler u. Mandl (1983) S. 45–52; Bottenberg, E. H.: Emotionsps. München 1972; Delgado, J. M. R.: Modulation of emotions by cerebral radio stimulation. In: Black, P. (Hg.): Physiological correlates of emotion. New York 1970, S. 189–204; Ekman, P.: Expression and the nature of emotion. In: Scherer, K. R. u. Ekman, P. (Hg.): Approaches to emotion. Hillsdale 1984, S. 319–323; Ekman, P.: Gesichtsausdruck u. Gefühl. Paderborn 1988; Ekman, P. u. Davidson, J. (Hg.): The nature of emotions. Fundamental questions. New York 1994; Erdmann, G.: Vegetatives Nervensystem u. Emotionen. In: Euler u. Mandl (1983), S. 119–124; Euler, H. A. u. Mandl, H. (Hg.): Emotionsps. München 1983; Eysenck, M. W.: Arousal learning and memory. PBu 83, 1976, S. 389–404; Frijda, N. H.: The emotions. Cambridge 1986; James, W.: What is an emotion? Mind 19, 1884, S. 188–205; Janke, W.: Pharmaka u. Emotionen. In: Euler u. Mandl (1983) S. 132–146; Larbig, W.: Limb. System u. Emotionen. In: Euler u. Mandl (1983) S. 109–118; Lersch, P.: Aufbau der Person. München 1956; Ortony, A. u. Turner, T. J.: What's basic about basic emotions? PR 97, 1990, S. 305–331; Papez, J. W.: A proposed mechanism of emotion. Archives of Neurological Psychiatry 38, 1937, S. 725–743; Plutchik, R. u. Kellerman, H. (Hg.): Emotion. 1. Bd. New York 1980; Plutchik, R.: A general psychoevolutionary theory of emotion. In: Plutchik u. Kellerman (1980) S. 3–33; Plutchik, R.: A language for the emotions. PT 2, 1980, S. 68–78; Plutchik, R.: Emotion: A psychoevolutionary synthesis. New York 1980; Plutchik, R.: Emotions. In: Scherer, K. R. u. Ekman, P.: Approaches to emotion. Hillsdale 1984; Pribram, K. H.: Languages of the brain. New Jersey 1971; Schmidt-Atzert, L.: Emotionsps. Stuttgart 1981; Stemmler, G.: Psychophysiolog. Emotionsmuster. Frankfurt/M. 1984; Traxel, W.: Emotionsdimensionen. In: Euler u. Mandl (1983) S. 19–28; Traxel, W.: Zur Geschichte der Emotionskzpte. In: Euler u. Mandl (1983) S. 11–19; Voigt, K.-H. u. Fehm, H. L.: Hormone u. Emotionen. In: Euler u. Mandl (1983) S. 125–131.

Empathie → soziale Motivation.

Empfindlichkeit → Sinnesschwelle.

Empfindung, einfacher subjektiver Vorgang von anschaul., ichfremdem Charakter, der sich unmittelbar an die isolierte Erregung eines Sinnesorgans anschließt, nach Art, Stärke u. Dauer wesentl. von dem Reiz bedingt ist u. demnach in seinem Kommen u. Gehen nicht dem Willen gehorcht wie (partiell) andere Bewusstseinserscheinungen, z. B. die Vorstellung. Jede E. besitzt vier Grunddimensionen: Räumlichkeit, Zeitlichkeit, Qualität u. Intensität; vgl. zum Vorhergehenden Arnold (1972).

HI: Der Begriff *E.* hat v. a. eine psychologiehistor. Bedeutung als Zentralkzpt. der → Elementenpsychologie: Die sog. *einfachen E.* sind jene Elemente, aus denen sich Wahrnehmungen – als Komplexe von E. – zusammensetzen. In der gegenwärtigen Ps. wird das Kzpt. kaum noch verwendet. Einen Überblick über die histor. Entwicklung u. Bedeutung vermittelt Neumann (1972); vgl. hierzu auch Herzog (1992).

VD: Als *reine E.* betrachtet Wundt Sinneseindrücke wie *blau, gelb, kalt* usw.; als allen E. zukommende allg. Eigenschaften werden von ihm *Intensität, Qualität* u. *Gefühlston* o. *sinnl. Gefühl* bestimmt, wb. *Intensität* u. *Qualität* als die ursprüngl. angesehen wurden. E. werden von Wundt ohne Rekurs auf physikal. Vorgänge zunächst introspektiv als die objektiven, d. h. im Erleben auf Äusseres bezogene Elemente des Bewusstseins definiert; doch betont Wundt andererseits die Genese des Begriffs aus dem physiolog. E.-Begriff. Allg schwankt der E.-Begriff bei Wundt zw. – modern ausgedrückt – einer Stellung als hypothet. Konstrukt u. als unmittelbarer Erlebnisgegebenheit. Später ließ Wundt den Gefühlston als Eigenschaft der Empfindungen fallen u. entwickelte die Auffassung, dass es neben den *reinen E.* noch eine zweite Klasse psych. Elemente geben müsse, näml. die *einfachen Gefühle.*

◆ Arnold, W. (Hg.): Experimentelles Praktikum, 1. Bd. Stuttgart 1972; Birbaumer, N. u. Schmidt, R. F.: Biolog. Ps. Berlin 1989; Herzog, M.: Phänomenolog. Ps. Heidelberg 1992; Külpe, O.: Grundriß der Ps. auf experimenteller Grundlage dargestellt. Leipzig 1893; Neumann, O.: Empfindung. In: Ritter, J. (Hg.): Histor. Wörterbuch der Philosophie, 2. Bd. Basel 1972.

Empfindungskreise → Stereopsis.

Empirismus, in der Ps. diejenigen Theorien, die im Gegensatz zum → Nativismus die Bedeutung angeborener Elemente, sowohl auf kognitivem wie auf Verhaltensgebiet, zurückweisen o. als gering ansetzen: Der Geist sei zu Beginn eine *tabula rasa* u. werde erst nach u. nach mit Hilfe der Sinne mit exakten Reproduktionen der Welt angefüllt; s. hierzu die Stw. → Anlage-Umwelt-Problem; → Wahrnehmungstheorien; → Sprache; → Mentalismus; → Behaviourismus. Von der eben gegebenen Definition von *E.* als *inhaltl.* Position ist der *method.* bzw. *wissenschaftstheoret.* E. zu unterscheiden, der als konstitutiv für jede Wissenschaft die Beobachtung mit objektiven Messmethoden hervorhebt. In diesem Sinne ist die gesamte moderne Ps. *empirist.*; v. a. seitens des Behaviourismus ist vehement gegen die ältere Ps. polemisiert worden, die nach Meinung der Kritiker zuviel philosoph. Elemente enthalten habe u. eine »armchair-psychology« gewesen sei (also eine Ps., die man vom Lehnstuhl des Philosphen aus betrieben hat). Dieser *method.* E. lässt sich zwar in gewissem Sinne aus dem *erkenntnistheoret.* bzw. *wissenschaftl.* E. ableiten, ist aber eine grundsätzl. unabhängige Position. Da die Bedeutung der empir. Basis als Forschungsgrundlage von keiner wissenschaftstheoret. Richtung mehr geleugnet wird, wird die Bezeichnung *E.* heutzutage v. a. als Abgrenzung zum *Deduktivismus* verwendet: Letzterer hebt hervor, dass sich aus der reinen Beobachtung, Beschreibung u. Generalisierung von Daten noch keinerlei Theorie gewinnen lässt; eine solche deduktivist. Position wurde v. a. von dem Philosophen K. Popper vertreten.

◆ Benedikt, M.: Der philosoph. Empirismus. Wien 1977; Boring, E. G.: A history of experimental psychology. New York 1957; Herzog, W.: Modell u. Theorie in der Ps. Göttingen 1984; Krüger, L.: Der Begriff des Empirismus. Berlin 1973; Marx, M. H. u. Hillix, W.: Systems and theories in psychology. New York 1963; Marx, M. H.: Theories in contemporary psychology. 1969; Pongratz, L. J.: Problemgeschichte der Ps. Bern 1967; Wehner, E. G.: Geschichte der Ps. Darmstadt 1990.

Empirismus-Rationalismus-Debatte → Nativismus.

EMU, Abk. für *ebenmerklicher Unterschied*; → Sinnesschwellen.

emU, Abk. für *ebenmerklicher Empfindungsunterschied*; → Sinnesschwellen.

Enaktive Repräsentation → Repräsentationsmedien.

Endgestalt → Aktualgenese.

Endhandlung → Trieb.

Endogenes reaktionsspezifisches Erregungspotential → Trieb.

Endogene Zeitgeber → Zeitwahrnehmung.

Endorphine → physiologische Psychologie (Kasten zentrale Begriffe und Paradigmen).

Endreaktion → Trieb.

Endreiz → Trieb.

Energie. Viele vorwissenschaftl. u. auch wissenschaftl. ps. Theorien, v. a. ein naives → Trieb-Modell, enthalten ein quasi-physikal. Modell einer psych. E., die insbes. für das Auftreten u. die Stärke von Vh. verantwortl. ist. V. a. die → Aktivationstheorien beinhalten die Idee der *Energiemobilisation* (vgl. Bösel 1986), also der Vorstellung, dass das Vh. von Organismen, wie das »Vh.« einer Maschine, durch eine entsprechende Bereitstellung u. Aktivierung von E. verursacht wird. Auch in der klass. → Psychoanalyse ist das E.-Kzpt. zentral; s. u. In der Psychopathologie spielte das Kzpt. bei E. Janet eine wichtige Rolle; vgl. Delay (1960) u. Schwartz (1951).

KR: Bes. von Hinde (1956ff.) wurde dieses E.-Modell einer tief schürfenden, sowohl metatheoret. wie empir. fundierten Analyse unterworfen; zur Problematik des E.-Kzpts. innerhalb der modernen Kognitionsps., wie sie sich bes. innerhalb der → Aufmerksamkeitstheorie von Kahneman manifestiert, vgl. Neumann (1985).

VD: Ein komplexes u. eigentümliches energet. Modell steht auch im Zentrum der klass. → Psychoanalyse: (a) Die Hauptidee ist die eines »Apparates«, zunächst als »Neuronenapparat«, später dann als »psych. Apparat« konzipiert, in dem Energie zirkuliert. An allen psych. Funktionen sei etwas zu unterscheiden, das alle Eigenschaften einer Quantität hat (*Affektbetrag, Erregungssumme*), das der Vergrößerung, Verminderung o. Verschiebung fähig ist u. sich über die Gedächtnisspuren der Vorstellungen verbreitet, etwa wie eine elektr. Ladung über die Oberflächen der Körper. Dieser Apparat empfängt Erregungen von außen u. von innen durch die Triebe. Freud versucht, kognitive u. emotionsps. Prozesse durch energet. Modelle wie »Spiel von Besetzungen«, »Abzug der Besetzung«, »Gegenbesetzung« zu beschreiben. (In der Psa. werden diese energet. Aspekte des Vhs. meist mit dem Begriff »ökonom.« bezeichnet.) In diesem Modell zeigt sich Freuds Prägung durch die Physiologie der Helmholtz-Schule. (b) Freud postuliert ein *Konstanzprinzip*, das die Grundlage des → Lustprinzips sei: die Tendenz zur Vermeidung des Anwachsens der Energie bzw. inneren Erregung. Dies impliziert auch die *Abfuhrreaktion*, wb. sich Energiemengen entladen, wenn sie zu groß werden. Es ist hervorzuheben, dass Freuds Theorie nicht eindeutig ist, sein Ansatz oszilliert ständig zw. dem Modell eines Reiz- bzw. Energie-*Reduktions*-Prinzips u. eines *Konstanz*-Prinzips. V. a. in späteren Modellen sieht Freud ein sog. *Nirwanaprinzip* als grundlegend an, die Rückkehr zum Anorganischen, also zum Tode, anders formuliert, die Rückkehr auf den geringsten Grad von E. Diese werde durch die *Todestriebe* bewirkt, welche den *Lebenstrieben* gegenüberstehen, die ein höheres Spannungsniveau schaffen u. voraussetzen. (c) Laplanche u. Pontalis (1972) weisen darauf hin, dass der Begriff der E. nur als abstraktes Invarianzkzpt., ohne zu stark bildl. Deutung, zu erfassen sei. Es sei ein Modell, das etwas über das sagt, was bei bestimmten Wechslungsprozessen konstant bleibt; Bsp.: ein Symptom mobilisiert eine bestimmte Energiequantität, was als Kompensation eine Verarmung auf einer anderen Aktivitätsebene zur Folge hat; weitere Bsp. sind, wenn der Narzissmus (also eine libidinöse Besetzung des Ichs) sich auf Kosten der Objekt-Versetzungen verstärkt o. wenn bei *Hysterie* die Affektentladung durch Abfuhr auf dem Wege einer motor. u. sensor. Innervation umgesetzt wird, die Erregungssumme also ins Körperl. umschlägt (*Konversion*); bei der *Zwangsneurose* bleibt der von den unerträgl. Vorstellungen getrennte Affekt auf psych. Gebiet u. hängt sich an andere, nicht unverträgl. Vorstellungen an, die durch diese »falsche Verknüpfung« zu Zwangsvorstellungen werden; der Angstneurose liegt eine Anhäufung sexueller Spannung, hervorgerufen durch Abstinenz o. durch nicht vollständig abgeführte sexuelle Erregung, zugrunde. Auch die Therapiewirkung lässt sich in diesem energet. Modell einfangen: Abfuhr der mit den verdrängten traumat. Erlebnissen assoziierten Emotionen heilt – eine Annahme, die später modifiziert wurde, wb. dennoch der Begriff der psych. E. erhalten blieb. (d) Das Kzpt. der *Besetzung* vermittelt zw. energet. Ebene u. der kognitiv-emotionalen: Im Hintergrund steht eine Unterscheidung zw. *Vorstellung* u. »Affektquantum« bzw. »Erregungssumme«; Letztere zirkuliert längs assoziativen Ketten u. kann jede Vorstellung o. einen Vorstellungskomplex besetzen. Konkrete Erscheinung, auf die sich diese Idee gründet, ist das Phänomen, dass z.B ein wichtiges Ereignis ohne Emotion erinnert wird, während sich die Emotionen an harmlose Ereignisse heften (dies ist ein Bsp. für *Verschiebung*). (e) Freud versucht auch die Begriffe *Primär-* u. *Sekundärvorgang* in dieser Darstellung einzufangen: Beim Primärvorgang strömt die psych. E. frei ab, da sie ohnehin nach den Mechanismen der Verschiebung u. Verdichtung zw. den Vorstellungsgruppen fließt; sie versucht, diejenigen Vorstellungsgruppen in vollem Umfang wiederzubesetzen, die mit Befriedigungserlebnissen zusammenhängen. Beim Sekundärvorgang dagegen ist die E. zunächst gebunden, bevor sie in kontrollierter Form abströmt, die Vorstellungen werden auf eine stabilere Weise besetzt, die Befriedigung wird aufgeschoben u. erlaubt so psych. Erfahrungen, die die verschiedenen mögl. Befriedigungswege erproben. Daraus erklärt sich der von vornherein energet./ökonom. Aspekt, der den Begriffen *Verschiebung* u. *Verdichtung* anhaftet. Der Umwandlung freier in gebundener Energie entspricht das *Realitätsprinzip*. (f) Zu diesem energet. Modell Freuds gehört auch die Idee eines »Reizschutzes«, d. h. eines primären Antagonismus zw. Ich u. Außenwelt: Jede Erfahrung ist für das Ich grundsätzl. unangenehm u. v. a. jeder starke Reizzuwachs ist als solcher traumat., so dass dem Organismus eine Art Schutzschild zu eigen ist – dieser Schutzschild kann zerschlagen werden, z. B. durch Erscheinungen des Wiederholungszwangs, bei traumat. Neurosen, bei denen das traumatisierende Ereignis im Gedächtnis o. im Traum häufig wiederholt wird; zur Problematik vgl. Eagle (1988). Es sind gerade diese energet. Modelle, welche die moderne Psa. an Freuds Theorien kritisiert u. ablehnt; vgl. hierzu König (1981).

LIT: Allg. zu physikal. u. biolog. Modellen in der Motivationsps. vgl. Nuttin (1969); eine neuere Arbeit zur Integration der energet. u. Informationsverarbeitungs-Aspekte bei der Erklärung menschl. Vhs. ist Hockey u. a. (1986); eine kurze Darstellung verschiedener Ansätze zum Kzpt. der »vitalen Aktivität«, das Ähnliches beinhaltet, findet sich bei Hahn (1980).

S. a. das Stw. → Motivation.

◆ Bösel, R.: Biops. der Emotionen. Berlin 1986; Delay, J.: Pierre Janet et la tension psychologique. Ps. francaise 5, 1960, S. 93–110; Hahn, M.: Die Verwendungsmöglichkeit von Kunstbildern in der Psychodiagnostik am Bsp. des Persönlichkeitsmerkmals »vitale Aktivität«. Frankfurt/M. 1980; Hinde, R. A.: Ethological models and the concept of drive. Brit. J. Philos. Sci. 6, 1956, S. 321ff.; Hinde, R. A.: Energy models of motivation. Sym. Soc. ex. Biol. 14, 1960, S. 199–213; Hinde, R. A.: Das Vh. der Tiere, 2 Bde. Frankfurt/M. 1973 (Orig.: 1966); Hockey, G. R. J. u. a. (Hg.): Energetics and human information processing. Dordrecht 1986; Janet, P.: Les obsessions et la psychasthénie, 2 Bde. Paris 1903; Janet, P.: Les médications psychologiques. Paris 1919; König, W. H.: Zur Neuformulierung der psa. Metaps.: vom Energiemodell zum Informationskonzept. In: Mertens (1981) S. 83–119; Laplanche, J. u. Pontalis, J.-B.: Das Vokabular der Psychoanalyse, 2 Bde. Frankfurt/M. 1972 (Orig. Paris 1967); Mertens, W. (Hg.): Neue Perspektiven der Psa. Stuttgart 1981; Neumann, O.: Hypothese begrenzter Kapazität u. die Funktion der Aufmerksamkeit. In: NEUMANN, O. (Hg.): Perspektiven der Kognitionsps. Berlin 1985, S. 185–231; NUTTIN, J.: Physikal. u. biolog. Modelle in der menschl. Motivationslehre. PRu 22, 1969, S. 115–124; SCHWARTZ, L.: Die dynam. Ps. von Pierre Janet. Basel 1951.

Energiemobilisation → Aktivation.

Energie-Reduktions-Prinzip → Energie; → Lustprinzip.

Engineering psychology → Arbeitspsychologie.

Engramm → Spurentheorie.

Enkephaline → physiologische Physiologie (Kasten zentrale Begriffe und Paradigmen).

Enkodierung → Kodierung.

Enkodierungsspezifität → Kodierungsspezifität.

Entfernungssehen → Raumwahrnehmung.

Entfernungssinne → Sinneswahrnehmung; → Sehen; → Hören.

Entfernungswahrnehmung → Raumwahrnehmung.

Entrainment-Versuch → phänomenale Kausalität.

Entscheidung, nach Thomae (1974) eine Reaktion auf *multivalente* Situationen, die einen → Konflikt induzieren. Kennzeichen sind: (a) eine Ausgangslage, die durch existentielle Unorientiertheit des Handelns gekennzeichnet ist; (b) eine Form der Konfliktlösung, die nicht nur durch eine Intensivierung der Informationssuche zustande kommt, sondern wiederholte Ansätze zur Distanzierung von allzu affektivem Engagement in die Situation einschließt; (c) ein Konfliktabschluss, der dadurch geschieht, dass der Entscheidende die mögl. Handlungsalternativen mit weit in die Zukunft reichenden Belangen verknüpft, sich also darüber klar zu werden versucht, was die Auswahl einer bestimmten Handlung für sein weiteres Leben bedeutet.

Diese Definition ist kennzeichnend für einen *personalen* E.-Begriff, der allerdings im angloamerikan. Raum durch das dortige Vorherrschen von mechanist. Ansätzen nicht verbreitet war u. ist. Der E.-Begriff wird dort oft undifferenziert verwendet – er beinhaltet sowohl einfache Signaldetektionsprobleme wie die »E.« von Ratten, welche Richtung eines Labyrinths sie »wählen«, E. für den Kauf einer Schallplatte, als auch »eigentl.« E., z. B. eine existentielle E. über Leben o. Tod; vgl. hierzu Thomae (1974). Auch u. insbes. der E.-Begriff der sog. → Entscheidungstheorien ist geradezu epiphänomenalist. – es wurde wiederholt darauf hingewiesen, dass Entscheidungstheorien weniger die E. an sich thematisieren u. analysieren als Verrechnungsprozesse gem. eines Nutzensmaximierungsprinzips. Sie setzen eine bestimmte Wertordnung voraus, über deren konkrete Konsequenzen sich der Entscheider in der jeweiligen Situation nur noch einen Überblick verschaffen muss; das Abwägen von Werten innerhalb einer Wertordnung ist nicht Thema dieser Entscheidungstheorien, die in diesem Sinne auch keinen Konfliktbegriff beinhalten. Selbst in denjenigen Ansätzen, die Zielkonflikte thematisieren, geschieht die Auflösung letztl. mit Hilfe komplizierter Verrechnungsprozesse; vgl. hierzu Kirsch (1970ff.). Auch die Rolle emotionaler Faktoren wird in den mechanist. u. rationalist. Entscheidungstheorien ausgeblendet.

TH: Dementsprechend gibt es zum Thema E. wenig *domainorientierte* Theorien, also solche, die E. im strengen Sinne des Wortes thematisieren u. analysieren, dies sind Arbeiten aus der dt. Tradition, für die v. a. die Arbeiten von Thomae (1960, 1974) stehen; eine Weiterentwicklung ist Feger (1978). Im amerikan. Raum ist ein vergleichbarer Ansatz das → Bilanzbogen-Modell. Im internationalen Raum waren die dt. Arbeiten jedoch von geringem Einfluss, dort wurde das Thema von den »Entscheidungstheorien« im speziellen Sinne des Wortes dominiert; Weiteres s. d. Das Thema E. wird auch von der klass. dt. → Willenspsychologie thematisiert, des Weiteren von Lewins → Feldtheorie, auch die moderne → Motivationspsychologie, insbes. die Weiterentwicklungen der Theorie der → Leistungsmotivation, betrachtet die Motivation ganz wesentl. unter dem Leitmotiv *E.* Ein wesentl. Grundkonflikt der modernen Motivationsps. war der zw. Modellen, die menschl. Motivation eher in quasi-physikal. Kräftemodellen einzufangen versuchen, u. denjenigen Ansätzen, die ein Kzpt. der E. – wenn auch meist in einem sehr formalen Sinne – benutzen. Insbes. die leistungsmotivationstheoret. Kzpt. beinhalten beide Modelle, was auch ihre Grundproblematik ausmacht; vgl. hierzu Kuhl (1983).

VD: (1) Ein Teilproblem, das ein spezielles wissenschaftl. Paradigma begründet hat, ist die Frage nach den *Entscheidungsphasen*; meist werden folgende Phasen herausgehoben: (a) Erarbeitung von Alternativen; (b) Informationsverarbeitung; (c) Bewertung; (d) die eigentl. Entscheidungsphase; (e) die Nachentscheidungsphase, in der es um das Problem der Beibehaltung der gewählten E. bzw. sich darin anschließende kognitiv-emotionale Umstrukturierungsprozesse geht. Die *Vorentscheidungsphase* wurde in unterschiedl. wissenschaftl. Paradigmen thematisiert: (a) innerhalb der Informationsverarbeitungsansätze der Entscheidungstheorien, insbes. der → multiattributiven Nutzenstheorie, u. innerhalb des Paradigmas → Wahrscheinlichkeitsrevision; zentral war die Frage des → Informationsverhaltens; (b) innerhalb der Theorie der → kognitiven Dissonanz; vgl. zum Überblick Grabitz u. Grabitz-Kniech (1973) u. Frey-Ochsmann (1978); (c) im → Bilanzbogen-Modell u. im *Konfliktmodell der Folgenantizipation* (Feger 1978); (d) das *Rubikon*-Kzpt. der modernen Motivations- bzw. Willensps. impliziert ebenfalls eine fundamentale Unterscheidung zw. den Phasen vor u. nach der E., vereinfacht ausgedrückt: Vor der E. ist *Motivation* ausschlaggebend, danach der → *Wille.*

(2) Ein wichtiges sozialps. Phänomen ist das der gruppeninduzierten *Risikoverschiebung* (*risky shift*). Es besteht darin, dass bei Gruppenentscheidungen eine Tendenz zu risikoreicheren E. gegeben ist, bzw. dass ein Führer, der solche E. vertritt, sich durchsetzt; vgl. Schaefer (1978). Ein wichtiges spezielles Paradigma innerhalb marktps. Ansätze ist das Thema der *Konsumentenentscheidungen*; vgl. zum Überblick Wiendieck u. a. (1983).

LIT: Zum Überblick vgl. Feger u. Sorembe (1983); Langenheder (1975); Westhoff (1985); zu psychotherapeut. Aspekten Grunwald (1976); zu Entscheidungsprozessen in Gruppen vgl. Brandstätter u. Schuler (1976); zu sportps. Aspekten vgl. Westphal u. a. (1987).

◆ Brandstätter, H. u. Schuler, H. (Hg.): Entscheidungsprozesse in Gruppen. Bern 1976; Feger, H.: Beiträge zur experimentellen Analyse des Konflikts. In: Thomae, H. (Hg.): Motivation. HP, Bd 2. Göttingen 1965, S. 332–412; Feger, H.: Konflikterleben u. Konfliktvh. Bern 1978; Feger, H. u. Sorembe, V.: Konflikt u. Entscheidung. In: Thomae, H. (Hg.): Theorien u. Formen der Motivation. EP, C, IV, 1. Bd.: Göttingen 1983; Frey, D. u. Ochsmann, R.: Schematisierung von Entscheidungsprozessen. In: Irle, M. (Hg.): Attraktivität von Entscheidungsalternativen u. Urteilssicherheit. Bern 1978; Grabitz, H.-J. u. Grabitz-Kniech, G.: Der kognitive Prozess vor Entscheidungen: theoret. Ansätze u. experimentelle Untersuchungen. PB 15, 1973, S. 522–549; Grunwald, W.: Psychotherapie u. experimentelle Konfliktforschung. München 1976; Kirsch, W.: Entscheidungsprozesse, 3 Bde. Stuttgart 1970ff.; Kuhl, J.: Motivation, Konflikt u. Handlungskontrolle. Berlin 1983; Langenheder, W.: Theorie menschl. Entscheidungshandlungen. Stuttgart 1975; Russel, R. W.: The comparative study of »conflict« and »experimental neurosis«. BJP 41, 1950, S. 95–108; Schaefer, R. E.: Eine entscheidungstheoret. Analyse des risky-shift-Phänomens. ZfS 9, 1978, S. 186–205; Thomae, H.: Der Mensch in der Entscheidung. München 1960; Thomae, H.: Konflikt, Entscheidung, Verantwortung. Stuttgart 1974; Westhoff, K.: Erwartungen u. Entscheidungen. Berlin 1985; Westphal, G. u. a.: Entscheiden u. Handeln im Sportspiel. Münster 1987; Wiendieck, G. u. a.: Konsumentenentscheidungen. In: Irle, M. (Hg.): Methoden u. Anwendung der Marktps. EP, D, III, 5. Bd., Göttingen 1983, S. 1–64.

Entscheidungen mit Risiko → Entscheidungstheorie.

Entscheidungen ohne Risiko → Entscheidungstheorie.

Entscheidungen unter rationalem Wettbewerb → Entscheidungstheorie.

Entscheidungen unter Sicherheit → Entscheidungstheorie.

Entscheidungen unter Unsicherheit → Entscheidungstheorie.

Entscheidungen unter Unwissenheit → Entscheidungstheorie.

Entscheidungsanalyse → Entscheidungshilfesysteme.

Entscheidungsberatung → Entscheidungshilfesysteme.

Entscheidungsheuristiken, eines der wichtigsten Paradigmen der modernen → Entscheidungstheorien: E. sind einfache Entscheidungsregeln, nach denen Menschen in komplizierten Situationen ihre Entscheidung vornehmen bzw. vornehmen können, da diese Regeln die Komplexität der Situation vereinfachen, indem sie in effizienter Weise die verschiedenen positiven u. negativen Aspekte des Handelns bewerten, wb. sie einen Teil der Information bewusst ausblenden u. sich auf die wesentl. Aspekte konzentrieren. Sie versuchen also eine Optimierung im Sinne eines Modells der → begrenzten Rationalität. E. sind entweder Regeln zur Vorselektion von Handlungsalternativen o. Regeln bezügl. der zu beachtenden Attribute u. ihrer Gewichtung.
Methoden zur Analyse von E., sog. *Prozessverfolgungsverfahren*, sind die Blickregistrierung, verbale Protokolle u. die → Informationstafel.

Die wichtigsten E. sind: (1) Die E. der *additiven Differenzen* (auch *Additive-Differenzen-Regel*) basiert auf folgender Idee: Die Alternativen werden jeweils hinsichtlich eines Attributs verglichen, die Differenz wird festgestellt u. die Aggregation dieser Differenzen über alle relevanten Attribute führt schließl. zur Wahl der Endalternative. (Bsp.: Jemand will einen Mitarbeiter einstellen u. sich dabei nach Intelligenz u. Erfahrung richten; er führt folgende E. ein: Wenn der Unterschied zw. den Bewerbern auf der Intelligenzdimension größer als ein bestimmter Wert ist, dann wähle den Bewerber mit der höheren Intelligenz, sonst beachte das Attribut Erfahrung u. wähle den mit der größeren Erfahrung.) Bei dieser Regel können also Schwächen in einem Bereich durch Stärken in einem anderen ausgeglichen werden. (2) Diese Ausgleichsmöglichkeit gilt nicht für die *lexikograph. Regel*. Bei ihr werden die Alternativen zunächst bezügl. eines Attributs, das als wichtiges ausgewählt worden ist, verglichen, wb. die Alternative, die unter diesem Aspekt maximal ist, gewählt wird. Lexikograph. Modelle nehmen also eine Ordnung der Alternativen auf einer Dimension an u. dann noch eine Ordnung über die Wichtigkeit der Attribute; zu Varianten der Regel vgl. Feger u. Sorembe (1983). (3) Die *aspektweise Eliminationsregel* (auch *attributweise Aussonderung;* engl. *elimination by aspects*; Tversky 1972) funktioniert nach folgendem Prinzip: Eine Alternative nach der anderen wird mit einem Kriterium verglichen u. bei Nicht-Erfüllung eliminiert; dann erfolgt noch einmal eine Durchmusterung in Bezug auf eine andere relevante Dimension; dieser Prozess geht solange, bis nur noch eine Alternative übrig bleibt. Diese Regel verbindet also die *lexikograph.* mit der *konjunktiven* Regel. (4) Die *Majoritätsregel*: Pro Attribut wird eine Alternative gesucht, deren Ausprägung auf dem Attribut am meisten bevorzugt wird. Die Ergebnisse dieses attributweisen Vergleichs werden addiert u. die Alternative wird gewählt, die die meisten Pluspunkte in sich vereinigt hat. Eine wesentl. Unterscheidung zw. den Regeln ist die zw. *kompensator.* u. *nichtkompensator. Regeln*: bei Ersteren können die Unterschiede zw. Alternativen auf einem Attribut ausgeglichen werden, Stärken u. Schwächen können sich also gegenseitig aufheben; nichtkompensator. E. dagegen erlauben keinen Austausch zw. den Attributen, Vergleiche werden ausschließl. intraattributiv vorgenommen u. die mehrdimensionalen Profile werden in der Regel nicht zu einem Gesamt-Nutzenswert zusammengefasst. Die E. der additiven Differenzen ist kompensator., die lexikograph. Regel dagegen nicht (s. o.). Hinsichtl. der zeitl. Abfolge wird zw. *attributivem* (auch *dimensionsweisem* Vorgehen) u. *alternativenweisem* Vorgehen unterschieden: (a) Beim attributweisen Vorgehen wählt der Entscheidende ein Attribut u. betrachtet dann die Ausprägung mehrerer Alternativen bezügl. dieses Attributs; (b) alternativenweises Vorgehen: Hier werden die Ausprägungen jeweils einer Alternative auf mehreren Attributen nacheinander betrachtet. Die Verknüpfung der einzelnen Operationen kann auf zwei mögl. Weisen erfolgen: (a) Bei der *Elimination* wird eigentl. nichts verknüpft, sondern nach jeder Operation wird eine Entscheidung über die Aussonderung bzw. Nicht-Aussonderung der jeweiligen Alternative gefällt; (b) bei der *Aggregation* werden die Ergebnisse vermerkt u. in Verbindung gesetzt. Die *Majoritätsregel* ist z. B. eine *dimensionsweise aggregierende* Strategie; die *konjunktive Regel* (s. u.) eine *alternativenweise eliminierende* Strategie. Das Prinzip *elimination by aspects* ist danach benannt: es ist eine *aspektweise Eliminationsregel*. Allgemein stellen *Eliminationsregeln* wesentl. geringere Anforderungen an den Entscheidenden als *Aggregationsregeln*, da nur ordinale Vergleiche zu einem konstanten Kriterium auszuführen sind u. das Ergebnis nicht vermerkt, sondern nur zur Entscheidung über den nächsten Schritt gebraucht wird. Dafür können sie Probleme aufwerfen, wenn keine o. mehrere Alternativen beibehalten werden; in diesem Fall müssen entweder die Kriterien verändert o. es muss eine andere Strategie angewandt werden.

WÜ: Obgleich dieses Forschungsparadigma wenig generalisierbare Ergebnisse gebracht hat, hat es doch die moderne Entscheidungsforschung grundlegend geprägt: Es ist eine *prozess-* u. *einzelfallorientierte* Detailanalyse der kognitiven Prozesse, die von einer begrenzten menschl. Informationsverarbeitungskapazität ausgeht u. weniger normativ als deskriptiv orientiert ist. Dieses Paradigma stellt sich damit der Rationalitätskritik innerhalb der Diskussion um die moderne → Entscheidungstheorie; s. a. das Stw. → multiattributive Nutzentheorie.

VD: Weitere E. sind (nach Huber 1982): (a) *Konjunktive Regel*: Eine bestimmte Alternative wird dann gewählt, wenn sie hinsichtl. aller Dimensionen bzw. Attribute ein bestimmtes Kriterium erfüllt (außerdem gilt, dass wenigstens hinsichtl. eines Attributes die anderen Alternativen das Präferenzkriterium nicht erfüllen). Dies ist ein typ. Bsp. für eine Vorselektion. Die Regel stellt eine multidimensionale Verallgemeinerung des *Satisficing-Prinzips* dar; sie sieht mehrere Trennpunkte (engl. *multiple cutting points*) vor, eine Alternative wird nur dann akzeptiert, wenn sie bei jedem Attribut eine Schwelle der Mindestausprägung überschreitet. (b) *Disjunktive Regel*: Die Präferenz für wenigstens ein Attribut der gewählten Alternative muss ein für dieses Attribut spezif. Kriterium überschreiten (im Unterschied zur vorhergehenden Regel müssen hier also nicht alle Kriterien erfüllt sein, z. B. kann ein Mitarbeiter für eine Stelle eingestellt werden, der nur eines von mehreren mögl. Anforderungskriterien erfüllt, wenn es keinen gibt, der besser ist). (c) *Maximierung der Attributezahl mit größerer Präferenz*: Es wird die Alternative gewählt, auf die die größere Anzahl günstiger Attribute entfällt. (d) *Aussondern nach dem am wenigsten präferierten Attribut*: Der Entscheider wählt jene Alternative, die nicht mit dem unattraktivsten Aspekt verbunden ist. (e) *Die Wahl nach dem günstigsten Attribut*: Es soll die Alternative gewählt werden, die mit dem attraktivsten Attribut verbunden ist. (f) *Die Wahl nach der größten Präferenzdifferenz*: Der Entscheider stellt zuerst jenes Attribut fest, für das die größte Differenz zw. Präferenzen für Kennwerte besteht; dann wählt er die Alternative, die hinsichtl. dieses Attributs am attraktivsten ist, ohne die übrigen Attribute zu beachten.

LIT: Zum Überblick vgl. Feger u. Sorembe (1983); Aschenbrenner (1977); Huber (1982) ist der Versuch, eine Theorie darüber zu entwickeln, in welchen Problemlösesituationen welche E. verwendet werden; Aschenbrenner (1981) analysiert im theoret. Kontext des → Eingipfligkeitsphänomens.

◆ Aschenbrenner, K. M.: Komplexes Wahlverhalten: Entscheidungen zw. multiattributen Alternativen. In: Hartmann, K. D. u. Koeppler, K. (Hg.): Fortschritte der Marktps. 1. Bd. Frankfurt/M. 1977, S. 21–52; Aschenbrenner, K. M.: Efficient sets decision heuristics and single peaked preferences. JMaP 23, 1981, S. 227–256; Dawes, R. M.: Social selection based on multidimensional criteria. JASP 68, 1964, S. 104–109; Feger, H. u. Sorembe, V.: Konflikt u. Entscheidung. In: Thomae, H. (Hg.): Theorien u. Formen der Motivation. EP, C, IV, 1. Bd.: Göttingen 1983, S. 536–712; Huber, O.: Entscheiden als Problemlösen. Bern 1982; Simon, H. A.: A behavioural model of rational choice. Quarterly Journal of Economy 69, 1955, S. 99–118; Tverksy, A.: Elimination by aspects: a theory of choice. PR 79, 1972, S. 281–299.

Entscheidungshilfesysteme [auch *Entscheidungshilfetechnologien*]. Aus der Interaktion der *normativen* mit der *ps.* → Entscheidungstheorie entstanden eine Reihe von E., die ein effizientes Entscheiden bzw. Handeln ermöglichen sollen. Jungermann (1981) unterscheidet zw. *Entscheidungstherapie*, *Entscheidungsberatung* u. *Entscheidungsanalyse*: die *Therapie* versucht, grundlegende Fehlstrategien zu beheben, während die *Beratung* das sozusagen normale Entscheidungsvh. zu optimieren versucht; *Entscheidungsanalyse* i. e. S. ist der Teil der Entscheidung, in dem festgestellt wird, welche Konsequenzen – Verlust/Gewinn – eintreten, wenn ein Entscheider eine bestimmte Handlungsalternative wählt. Bei allen Ansätzen wird das Entscheidungsproblem in überschaubare Schritte zerlegt, insbes.: Klärung der Ziele, Strukturierung des Problems, Beschaffung von Information, übersichtl. Aufbereitung der Information, Entscheidungsregel, Bewertung. Nach Maßgabe eines definierten Entscheidungskriteriums, z. B. der Maximierung des erwarteten Nutzens, kann dem Entscheider eine bestimmte Strategie empfohlen werden. E. wurden v. a. für ökonom. Probleme entwickelt, des Weiteren für organisator., medizin., jurist. u. meteorolog., auch städtebaul. Probleme; s. a. das Stw. → Expertensysteme.

LIT: Vgl. zum Überblick Horan (1979); Borcherding (1983); Schaefer (1976); anwendungsorientiert ist die Darstellung von Raiffa (1968); eher theoret. orientiert ist Raiffa u. Slaifer (1961).

◆ Borcherding, K.: Entscheidungstheorie u. Entscheidungshilfeverfahren für komplexe Entscheidungssituationen. In: Irle, M. (Hg.): Methoden u. Anwendungen der Marktps. EP, D, III, Bd. 5. Göttingen 1983, S. 64–174; DeGroot, M. H.: Optimal statistical decisions. New York 1970; Horan, J. J.: Counseling for effective decision making. North Scituate/Mass. 1979; Jungermann, H.: Entscheidungshilfe: Ansätze zur Therapie, Beratung u. Analyse unter dem Aspekt der Entscheidung. In: Michaelis, W. (Hg.): Bericht über den 32. Kongreß der Dt. Gesellschaft für Ps. in Zürich 1980, 1. Bd. Göttingen 1981, S. 465–480; Kepner, C. H. u. Tregoe, B. B.: Problemanalyse u. Entscheidung. New Jersey 1974; Raiffa, H. u. Slaifer, R.: Applied statistical decision theory. Boston 1961; Raiffa, H.: Decision analysis. Reading/Mass. 1968; Schaefer, R. E.: Probabilist. Informationsverarbeitung. Bern 1976.

Entscheidungshilfetechnologien → Entscheidungshilfesysteme.

Entscheidungsintransitivitäten → Entscheidungstheorie.

Entscheidungsphasen → Entscheidung.

Entscheidungsregeln → Entscheidungsheuristiken; → Entscheidungstheorie.

Entscheidungstheorie. I. w. S. meint *E.* jede Theorie der → Entscheidung. Meist wird der Begriff E. jedoch in einem spezielleren Sinne verwendet, in dem er die mathemat.-ökonom., *präskriptiv-normative* E. bezeichnet, die sich aus der theoret. Tradition der Wirtschaftswissenschaften entwickelt hat. Die *deskriptive ps.* E. ist der Versuch ei–

ner Anwendung der Grundideen dieser präskriptiven E. auf die Ps. Zentralkzpt. ist ein → *Erwartung-mal-Wert-Modell*: der Mensch sei ein *Nutzensmaximierer*, der in einer gegebenen Entscheidungssituation rational die mögl. Konsequenzen seiner Handlungen analysiert, sie einer Bewertung unterzieht u. dann diejenige Handlung wählt, die auf lange Sicht den meisten Nutzen abwerfe.

Die E. unterscheidet grundsätzl. folgende Entscheidungssituationen: (1) *Entscheidungen* (bzw. Wahlen) *unter Sicherheit* (bzw. *ohne Risiko*; engl. *riskless choice*). Hierbei sind die Alternativen vollständig bekannt u. ihr Auftreten ist sicher. Zum Problem kann die Entscheidung hier nur werden, wenn der Nutzen fluktuiert (→ probabilistische Nutzenstheorie) o. wenn eine größere Anzahl von Nutzenswerten gegeben ist u. wenigstens einige dieser Alternativen auf mehr als einer Dimension variieren (→ multiattributive Nutzenstheorie). (2) *Entscheidungen mit Risiko* (engl. *judgment under uncertainty*): Hier sind ebenfalls alle Alternativen bekannt, ihrem Auftreten kann jedoch nur eine Wahrscheinlichkeit zugeordnet werden. Dies ist das zentrale Thema der E., v. a. auf diese Situation bezieht sich das klass. Erwartung-mal-Wert-Modell u. das damit verbundene *Bernoulliprinzip*; Weiteres s. d. (3) *Entscheidungen unter Unsicherheit* bzw. *Unwissenheit* (engl. *choice with ignorance*). Die Formulierung ist terminolog. irreführend, auch hier kennt der Entscheider die Alternativen vollständig, er kann ihnen lediglich keine bestimmte Auftretenswahrscheinlichkeit zuordnen. Dieses Paradigma wurde in der mathemat.-ökonom. E. stärker als in der ps. E. thematisiert u. dabei wurde eine Reihe von *Entscheidungsprinzipien unter Unsicherheit* herausgearbeitet (s. u.); vgl. zum Überblick Raiffa (1973). (4) *Entscheidungen unter rationalem Wettbewerb* sind ein Thema der *Spieltheorie*, ein Gebiet, das eher unter sozialem u. Wettbewerbs-Aspekt thematisiert u. analysiert worden ist.

Zentrale Forschungsansätze u. -ergebnisse: Die ps. E. wurde v. a. durch die Arbeiten von Edwards (1954) begründet. Die erste Entwicklungsphase bestand darin, dass man die Gleichsetzung der objektiven Werte mit den entsprechenden subjektiven Repräsentationen aufgab u. die subjektiven Repräsentationen von Nutzen u. Wahrscheinlichkeit analysierte (s. hierzu die Stw. → Nutzen u. → Wahrscheinlichkeit). Diese frühen Ansätze einer ps. E. waren allerdings eher methoden- u. auswertungsorientiert, sie konzentrierten sich v. a. auf Messprobleme, das eigentl. Nutzensmaximierungsprinzip direkt wurde weniger untersucht. Dennoch addierte sich die Summe all dieser Forschungsarbeiten schließl. zu einer zunehmenden Destruierung sämtl. Annahmen der E. auf: (a) Subjektive Wahrscheinlichkeiten u. Nutzen sind nicht einfach Verzerrungen o. quasiphysikal. Abbildungen der objektiven Werte, sondern resultieren aus komplexen Verarbeitungsprozessen. Aus dieser Einsicht ergab sich das Paradigma der → Wahrscheinlichkeitsrevision u. das der → kognitiven Täuschungen u. kognitiven Heuristiken. (b) Es gibt bestimmte Präferenzmuster, die dem mathemat. »korrekten« Vh. widersprechen, z. B. Präferenzen bestimmter Wahrscheinlichkeitswerte, auch die *Varianzpräferenzen*, also die Bevorzugung von Spielen mit unterschiedl. Verhältnis von mögl. Gewinn u. Verlust (z. B. die Bevorzugung von Spielen mit hohem Gewinn u. gleichzeitig hohen Verlustmöglichkeiten gegenüber Spielen mit geringem Gewinn, dem aber auch eine geringe Verlustmöglichkeit gegenübersteht; unterschiedl. Varianzen von Gewinn u. Verlust charakterisieren also Spiele mit unterschiedl. → Risiko). Auch eine »utility for gambling«, also die Wettlust selbst, scheint eine Rolle zu spielen u. das klass. Modell zu sprengen. (c) Allg. scheinen Nutzen u. Wahrscheinlichkeit in vielen

Fällen nicht unabhängig voneinander zu sein, so liegt z. B. häufig eine optimist. Verknüpfung vor, die dem höheren Nutzen eine größere Wahrscheinlichkeit zuordnet. Das Modell der → Leistungsmotivation ist ein spezieller u. bes. wichtiger Fall für einen Verstoß gegen dieses Unabhängigkeitsprinzip. (d) Einige spezielle Bsp. von Vh., das von der mathemat. E. abweicht: Vpn verstoßen insbes. in Bereichen geringer Gewinn-Wahrscheinlichkeiten gegen das Modell, z. B. ziehen viele eine 90 %ige Chance auf 5000 DM Gewinn einer 45 %igen Chance auf 10000 DM Gewinn vor, finden aber die Möglichkeit, mit 0,2 % Wahrscheinlichkeit 5000 DM zu gewinnen weniger begehrenswert als eine 0,1 % Chance auf einen Gewinn von 10000 DM. Individuen gewichten auch sichere Gewinne stärker als selbst sehr hohe Wahrscheinlichkeiten wie 98 o. 99 % (»certainty effect«). Bei den Verlustrisiken verhält sich dies erstaunlicherweise umgekehrt, so ziehen Vpn einen Verlust von 10000 DM mit der Wahrscheinlichkeit von 45 % einem Verlust von 5000 DM mit der Wahrscheinlichkeit von 90 % vor. Grundsätzl. ist es so, wie v. a. von der *prospect theory* (Kahneman u. Tversky 1979) postuliert, dass Menschen in Verlustsituationen risikofreudig sind, im Gewinnbereich jedoch zu Risikoscheu neigen. Sichere Alternativen werden auch gegenüber vom Erwartungswert her besseren riskanten Alternativen präferiert; Bsp.: Lässt man Personen die Wahl, ob sie 50 DM mit Sicherheit bekommen o. eine Münze werfen wollen, wb. sie entweder 100 DM o. gar nichts gewinnen können, so wählen die meisten Menschen die sicheren 50 DM; sie tun dies zumeist auch dann, wenn sie bei der riskanten Alternative 110 DM gewinnen können. Haben sie jedoch die Wahl, entweder 50 DM mit Sicherheit zahlen zu müssen o. aber wiederum eine Münze werfen zu können – also entweder jeglichen Verlust vermeiden zu können o. aber 100 DM bezahlen zu müssen – so wählen die meisten den riskanteren Münzwurf. Auch die Darstellung der Entscheidungssituation ist von richtungsweisender Bedeutung (*framing-effect*; Tversky u. Kahneman 1987): Das Vh. wird insbes. davon beeinflusst, ob Verluste als *entgangene Gewinne* dargestellt werden; z. B. wählten bei der Darstellung der Therapiealternativen in Form von Überlebenschancen Ärzte andere Vhsweisen als bei der spiegelbildl. Darstellung der Alternativen in Form von Sterberaten. (e) Insbes. erwies sich auch das *Nutzenmaximierungsprinzip* bzw. das *Rationalitätsprinzip* selbst als keine generell gültige Vhsmaxime. In zahlreichen Experimenten konnte gezeigt werden, dass sich viele Menschen bewusst gegen die Kriterien der reskriptiven E. entscheiden, selbst dann, wenn sie nach ausführlicher Schulung diese eigentl. als sinnvoll u. log. betrachten. Menschen scheinen insbes. nur einem Prinzip der *begrenzten Rationalität* (*bounded rationality*; Simon 1975) zu genügen: Der Entscheider hat keine unbegrenzte *totale Informiertheit*, er kann also nicht sämtl. Informationen wirkl. überblicken, analysieren u. verstehen, er hat keine unbegrenzte *Sensitivität*, d. h. er kann die Nutzen nicht beliebig genau u. konsistent ordnen, sondern zeigt *Intransitivitäten* (Bsp.: Für eine Vp ist eine Alternative A wertvoller als eine Alternative B u. die Alternative B ist wertvoller als die Alternative C; nach der Transitivitätsannahme müsste dann A auch wertvoller als C sein u. genau dies ist in manchen Fällen jedoch nicht der Fall.) Noch grundsätzlicher ist die Tatsache, dass Menschen im Realfall meist nicht an einem Nutzenmaximierungsprinzip orientiert sind, sondern an einem → Satisficing-Prinzip: Sie wählen nicht den maximalen Nutzen, sondern etwas, was »gut genug« ist.

Überhaupt ist man von der Idee eines allg. gültigen Entscheidungsthemas abgekommen zugunsten einer differentiellen Analyse individueller Entscheidungsprozesse. Typ. hierfür sind die Analysen im Paradigma → Entscheidungsheuristiken, v. a. bei multiattributiven Entscheidungen: Der Entscheidungsprozess wird nicht mehr als Maximierung einer Größe nach vollständigem Durchmustern u. Bewerten aller Alternativen betrachtet, sondern als ein sehr selektives Vergleichen einzelner Dimensionen der mögl. Alternativen. (Man spricht vom Übergang von den *momentorientierten* zu den *dimensionsorientierten* Modellen, vgl. hierzu Payne 1973 – die Formulierung kommt daher, dass der Erwartungswert, die Varianz o. die Schiefe, also die *Momente* im mathemat. Sinne, nach der klass. Theorie diejenigen sein sollen, die die Entscheidung bestimmen.) Dieser Übergang ist verknüpft mit einem weiteren Übergang, dem zu einer *prozessorientierten* Betrachtungsweise von Entscheidungen. In dieser Perspektive wurden auch *Phasenmodelle* der Entscheidung herausgearbeitet, vgl. Montgomery (1983). Jedoch ist die Definition von klar identifizierbaren Phasen bisher nicht gelungen, Entscheider scheinen Phasen nach momentanem Bedarf zu mischen; vgl. Huber (1982). Ein gut abgesichertes Ergebnis ist, dass die Heuristiken an die jeweilige Entscheidungssituation angepasst werden; vgl. Pitz u. Sachs (1984). Zunehmend wurden auch kognitionsps. Modelle, v. a. Theorien des Problemlösens u. des Gedächtnisses, miteinbezogen, wegweisend waren hier die Arbeiten von Herbert Simon (1957, 1965); vgl. zur zsfd. Darstellung Aschenbrenner (1977) u. Wallsten (1980). Dabei wurde auch zunehmend stärker berücksichtigt, wie Alternativen überhaupt gebildet u. wahrgenommen werden (sie wurden nicht länger nur vorausgesetzt). Hierbei wird auch die → Signalentdeckungstheorie einbezogen; vgl. zsfd. Kirsch (1970ff.) u. Lee (1977). Neuere Ansätze untersuchen auch → mehrstufige Entscheidungen u. Entscheidungen mit mehreren Zielen. Das allg. Entscheidungs-Modell wird auch auf den Entscheidungsprozess selbst angewandt (*Metaentscheidungstheorie*), um so eine Optimierung der sinnvollen Länge u. Gründlichkeit von Entscheidungen zu erreichen; vgl. hierzu Pfohl u. Braun (1981; vgl. auch → Informationsverhalten). Ein weiteres wichtiges Thema sind Entscheidungen bei Gruppenprozessen; zentral ist hierbei das Problem der *Konsensusbildung*; hierfür wurden mathemat.-normative Modelle entwickelt, wie die Präferenzen einzelner Individuen möglichst gerecht zu einer Gruppenentscheidung zu kombinieren sind; vgl. zum Überblick Fishburn (1973).

HI/WÜ: Die E. hat eine enorme Breitenwirkung innerhalb der Ps. gehabt. Das grundlegende → *Erwartung-mal-Wert-Modell* hat Eingang in viele Gebiete gefunden; Weiteres s. d. In der Einbeziehung einer kognitiven Komponente (*Erwartung*) lag die E. im Trend der kognitiven Wende, wb. sich aber auch hier seit Anfang der 80er Jahre durch Entwicklung eigenständiger motivationstheoret. Entscheidungsmodelle ein Ablöseprozess ergeben hat. Aus der Interaktion von normativer u. ps. E. haben sich eigene → Entscheidungshilfesysteme entwickelt. Die ps. Forschung u. Theorienbildung zu den E. ist einer der wesentl. »Orte« der Auseinandersetzung der Ps. über das Problem menschl. *Rationalität*: Die E. beinhaltet philosoph. Grundgedanken des Utilitarismus u. Rationalismus; vgl. hierzu Höffe (1975); zur philosoph. Relevanz Suppes (1969). Die Wurzel liegt im Kzpt. des *homo oeconomicus*, des egoist. u. rational handelnden u. gerade dadurch dem Allgemeinwohl dienenden Wirtschaftssubjekts, wie dies in der klass. Nationalökonomie ausgearbeitet worden ist. Zu Beginn der entscheidungstheoret. Entwicklung wurde der Rationalitätsbegriff v. a. auf die Erfüllung von Zielen o. Werten bezogen, die der Beobachter dem Entscheidungssubjekt als Maßstab setzte, Rationalität wurde im Sinne einer *substantiellen* Rationalität interpretiert – wenn das Vh. diesen normativen Aspekten nicht entsprach, wurde es als nicht rational angesehen. Heute ist eine eher *formale* Sicht der Rationalität übl., bei der der materielle Inhalt der Ziele o. Werte ohne Einfluss darauf ist, ob ein Vh. als rational qualifiziert wird; vgl. hierzu Kirsch (1970ff.): Irrational ist das Vh. dann, wenn die Wahl von affektiven u. nicht von intellektuellen Mechanismen dominiert wird, unabhängig davon, ob das Vh. den Rationalitätskriterien genügt (*Begriff der Prozessrationalität*; *procedual rationality*; vgl. Simon 1978). Nach Kirsch hat der Rationalitätsbegriff seine Funktion für die Weiterentwicklung der deskriptiven E. erfüllt u. wird mehr o. weniger umgangen – immer mehr hat sich die E. von einer Theorie der *Rationalitätsanalyse* zu einer *Theorie kognitiver Prozesse* gewandelt; vgl. auch Shelley (1964) und Simon (1964).

KR: Neben den innerhalb der Entwicklung der E. selbst herausgearbeiteten krit. Forschungsergebnissen (s. o.) wurde grundsätzl. erkannt u. kritisiert, dass die ps. E. im Grunde keine eigentl. Theorie der Entscheidungen ist – sie ist nicht *domainorientierte*, sondern eine *quasiparadigmat.* Theorie u. weniger am Prozess der

Entscheidung selbst als an der Frage, inwieweit man ein vorgegebenes Paradigma – das Nutzenmaximierungsprinzip – auf menschl. Vh. anwenden kann, interessiert; vgl. hierzu auch Thomae (1974). Die klass. E. haben deshalb im Grunde auch einen konfliktlosen Charakter; vgl. zsfd. Kirsch (1970ff.) – es wird darauf hingewiesen, dass selbst E., die Zielkonflikte thematisieren, diesen Konflikt letztl. formal lösen; vgl. Heinen (1966).

VD: (1) Zu den *Entscheidungsprinzipien unter Unsicherheit*: Für die oben dargelegte dritte grundlegende Entscheidungssituation, die vorliegt, wenn die Entscheidungsinstanz keine o. unzureichende Information über die Ereigniswahrscheinlichkeiten hat, sind eine Reihe von Entscheidungskriterien vorgeschlagen worden, die zunächst einmal *präskriptiv* sind, über ihren *deskriptiven*, die Empirie beschreibenden Charakter ist noch wenig bekannt. (*T*: Man spricht auch von Entscheidungsregeln u. -prinzipien, der Begriff *Prinzipien* wird meist dann verwendet, wenn ein weiter Rahmen gesteckt ist, der Regelbegriff dagegen, wenn sich ein genaues Vh. daraus ableiten lässt.) Folgendes sind die wichtigsten, in der Literatur diskutierten Kriterien: (a) Das *Maximin- Kriterium* schreibt vor, die Alternative zu wählen, die auch im ungünstigsten Fall den höchsten Mindestgewinn verspricht (*T*: Die Bezeichnung *Maximin* kommt daher, dass der *minimale* Nutzen *maximiert* werden soll. Bei spiegelbildl. Sichtweise wird auch manchmal von der *Minimax*-Regel gesprochen, die davon ausgeht, dass der *maximale* Schaden *minimiert* werden soll.) Das Kriterium scheint bes. geeignet für Situationen, in denen äußerste Vorsicht geraten ist; die Spieltheorie zeigt, dass es in bestimmten *Wettbewerbssituationen* die optimale Vhsregel ist. (b) Das *Maximax-Kriterium* ist optimist., es schlägt die Wahl derjenigen Alternative vor, die den Nutzen maximiert. (c) Die *Optimismus-Pessimismus-Regel* (»hurwiczsche Regel« nach dem Begründer) versucht eine Balance zw. beiden Einschätzungstendenzen zu finden. In der Hurwicz-Regel gibt es einen Parameter, der den Grad der optimist. bzw. pessimist. Einstellung zum Ausdruck bringt; wenn dieser 1 ist, geht die Regel in die *Maximax-Regel* über, wenn er 0 ist, ist sie mit der *Minimax-Regel* ident. (d) Bes. umstritten in der Literatur ist das Prinzip des *unzureichenden Grundes* (auch: *Laplace-Prinzip*; *Indifferenzprinzip*), wonach bei fehlender Information über die Ereigniswahrscheinlichkeiten es keinen Grund gibt, den Ereignissen unterschiedl. Wahrscheinlichkeiten zuzuweisen; es nimmt also an, dass man bei n Ereignissen jedem Ereignis die Wahrscheinlichkeit 1/n zuordnen kann. Das Laplace-Prinzip versucht somit, *Entscheidungen unter Unsicherheit* auf *Entscheidungen unter Risiko* zurückzuführen. (e) Gem. der *Savage-Niehans-Regel* soll der Grad des mögl. *Bedauerns* minimiert werden (*minimal regret*). (*T*: Statt von *Bedauern* wird bisweilen, aber seltener, auch von *Verlust* o. von *Risiko* gesprochen; diese Begriffe werden aber in der Entscheidungstheorie meist in anderer Bedeutung gebraucht.) *Bedauern* liegt vor, wenn eine Alternative gewählt wird, die sich nach Kenntnis der tatsächl. eingetretenen Umweltsituation als nicht optimal erweist; der *Bedauerns-Wert* ist also die Differenz zw. dem erhaltenen Nutzen, nachdem das Ereignis eingetreten ist, u. dem Nutzen, den man erhalten hätte können, wenn man vorher gewusst hätte, welcher Zustand eintreten würde. Es existiert eine umfangreiche Diskussion über diese Entscheidungsregeln, die Bemühungen gehen v. a. dahin, Situationen zu finden, in welchen die Anwendung der einen o. anderen Regel Entscheidungen impliziert, die der intuitiven Vorstellung von Rationalität widersprachen; vgl. zum Überblick Lee (1977).

(2) Der Begriff *E.* wird bisweilen syn. mit *Spieltheorie* verwendet, wb. Letztere sich jedoch im engeren Sinne meist auf Situationen bezieht, bei denen mehrere Personen in Interaktion stehen, während E. meist als übergeordneter Begriff verwendet wird, der sich sowohl auf Situationen bezieht, in denen einzelne Personen mit anderen interagieren bzw. mit diesen in Wettbewerb treten, als auch auf Situationen, in denen es nur eine einzelne Person gibt, die, wie man formuliert, »gegen die Natur« spielt. Die Spieltheorie ist eine abstrakte Analyse von Interessenskonflikten zw. Parteien, die nach bestimmten Regeln interagieren, begründet in den 40er Jahren durch die Arbeiten von von Neumann u. Morgenstern (vgl. 1953). Die Spieltheorie bezieht sich sowohl auf

Glücksspiele i. e. S. wie auf Interessenskonflikte zw. Unternehmen, auch Kriege wurden unter entscheidungstheoret. Aspekt analysiert. Sie ist eine mathemat. Theorie, die aber mit dem Ziel einer Interpretation im Bereich der Sozialwissenschaften aus wirtschaftswissenschaftl. Perspektive erdacht u. entwickelt worden ist. Die Spieltheorie nimmt an, dass jeder Spieler die Auszahlungen kennt, rational handelt u. auch weiß, dass seine Mitspieler ebenso rational wie er selbst sind – er muss sich also überlegen, dass jede Strategie von seinem Mitspieler antizipiert werden kann. Die Spieltheorie unterscheidet zw. *2-Personen-Spielen* u. *N-Personen-Spielen*. Weiter wird häufig unterschieden zw.: (a) *strikt-wettbewerbl. Spielen*: (*pure conflict games*): Hier impliziert jeder Gewinn des einen Spielers jeweils für wenigstens einen der anderen Spieler einen Verlust: *Nullsummen-Spiel* (soll heißen, dass sich die Nutzenswerte zu Null addieren, d. h. also, dass das, was der eine gewinnt, dem andern abgeht); (b) *Koordinationsspiele* (*coordination games*): Hier befinden sich die Spieler in keinem Interessensgegensatz, doch können bei der Verfolgung des gewünschten Ziels Probleme strateg. Art entstehen; (c) *partiell-wettbewerbl. Spiele (mixed-motive games)* beinhalten einen Konflikt derart, dass der von einem Spieler erstrebte Spielausgang sich zwar nicht mit dem anderen angestrebten Spielausgang deckt, ohne dass es sich dabei um ein striktwettbewerbl. Spiel handelt. Solche Spiele enthalten sowohl *kooperative* wie *kompetitive* Elemente. Als *Fundamentalsatz der Spieltheorie* gilt der Beweis, dass das *Maximin-Prinzip* (s. o.) für ein Nullsummen-Spiel mit rationalem Wettbewerb das optimale Prinzip ist. (Die Spieltheorie verlangt die Minimax-Strategie nur für bestimmte Nullsummen-Spiele, näml. solche mit einem sog. *Gleichgewichtspunkt*, einem Sattel; für 2-Personen-Spiele ohne Sattel verlangt sie eine *gemischte* Strategie – *gemischte* Strategien enthalten Zufallselemente, *reine* Strategien nicht, eine *korrelierte* o. *koordinierte gemischte* Strategie ist eine, bei der die Strategie geändert wird, allerdings nicht zufällig, sondern in einem systemat. Verfahren.). Bes. die Sozialwissenschaft hat solche »Spiele« untersucht, mit dem Grundansatz, dass sich in solchen Interaktionen die Grundstruktur auch komplexerer sozialer Prozesse darstellen u. analysieren lässt. Wichtig geworden sind insbes. folgende Ansätze: *Konfliktspiele*, also solche, bei denen einer der beiden Spieler verlieren muss; das Spiel, das die meiste Beachtung in experimentellen Untersuchungen gefunden hat, ist das sog. *Gefangenen-Dilemma*, vgl. hierzu Kranz (1979). Ein spezielles Thema sind lebensgefährl. Risikospiele, die sog. *chicken games*, die v. a. in Amerika Jugendliche miteinander gespielt haben: z. B. mit einem Auto aufeinander losrasen, wb. der gewonnen hat, der als letzter ausweicht. Wichtig geworden sind die Arbeiten von A. Rapoport u. a. (1965ff.). Diese eher deskriptiven Modelle wurden in jüngster Zeit unter Einbezug von Informationsverarbeitungsmodellen im Wesentl. verbessert; zum Überblick vgl. Schulz (1991). Ein spezielles Paradigma sind Lösungen für *verhandelbare Spiele*; auch Untersuchungen zu *Kooperationsbildung* spielen eine wichtige Rolle. Ein wichtiger Aspekt spieltheoret. Analysen war das Problem, unter welchen Bedingungen u. welchen Spielformen die Akteure zu kooperativen Prozessen u. damit zu einem prosozialen Vh. finden; hierbei wurden insbes. verschiedene Varianten der *Tit-for-tat-Strategie* relevant u. analysiert (vgl. z. B. Axelrod 1984). Allg. zur Analyse sozialer Interaktionsprozesse unter spieltheoret. Aspekt vgl. Krivohlavy (1974). Bes. *partiell wettbewerbl.* Spiele wurden auch von Psychologen u. Sozialwissenschaftlern erforscht; zum Begriff des *Metaspiels* vgl. Schulz (1981); Howard (1971).

LIT: Übersichtsdarstellungen zur E. sind Edwards (1954, 1961); Becker u. McClintock (1967); Lee (1977); Jungermann u. deZeeuw (1977); Keeney u. Raiffa (1976) ist anwendungsorientiert; Kirsch (1970ff.) ist aus wirtschaftswissenschaftl. Sicht geschrieben; Luce u. Raiffa (1957) legen das Schwergewicht auf die mathemat. Strukturen; ein Sammelband ist Brandstätter u. Galen (1975); zum Rationalitätskzpt. vgl. Jungermann (1976); vgl. zsfd. Langenheder (1975), der sich v. a. um eine Integration der entscheidungstheoret. u. nichtentscheidungstheoret. Ansätze bemüht; Pfohl u. Braun (1981) ist ein Lehrbuch der formalen E., das in bes. Maße ps. u. soziolog. Aspekte mit einbezieht; in den Wirtschaftswissenschaften hat sich bes. Becker um Anwendung dieses entscheidungstheoret. Ansatzes auf die Erklärung von Vh., das über das eigentl. ökonom. Vh. hinausgeht, bemüht u. Anfang der 90er Jahre hierfür den Nobelpreis bekommen; vgl. Becker (1982); ein interessanter Aufsatz, inwieweit das Modell des Homo oeconomicus »unpsychologisch« ist, ist Frey u. Stroebe (1980); Luce u. Raiffa (1957) ist eine klass. Darstellung der Spieltheorie, die sich an Sozialwissenschaftler wendet, sie diskutiert die Anwendung der Theorie auf Probleme der Konfliktforschung; Rapoport (1966) ist eine Darstellung der 2-Personen-Spiele; Rapoport u. Orwant (1962) geben einen Überblick über die frühe experimentelle, auf spieltheoret. Bspn. beruhende Forschung; eine Zsf. von Aufsätzen zur Spieltheorie im Bereich der Sozialwissenschaften ist Shubik (1965); eine Bibliographie der frühen empir. Literatur ist McClintock u. Messick (1966); neuere praxisnahe u. fast unterhaltsame Darstellungen sind McMillan (1992) u. Dixit u. Nalebuff (1991); Güth (1992) ist eine Darstellung unter angewandtem wirtschaftswissenschaftl. Aspekt.

◆ Allais, P. M.: The behaviour of rational man in risk situations – a critique of the axioms and postulates of the American school. Econometrika 21, 1953, S. 503–546; Aschenbrenner, K.M: Komplexes Wahlverhalten. In: Hartmann, K. D. u. Koeppler, K. (Hg.): Fortschritte der Marktps. 1. Bd. Frankfurt/M. 1977; Axelrod, R. M.: The evolution of cooperation. New York 1984; Becker, G. u. a.: Stochastic models of choice behaviour. BS 8, 1963, S. 41–55; Becker, G. u. McClintock, C. G.: Value: behavioural decision theory. ARP 18, 1967, S. 239–286; Becker, G. S.: Der ökonom. Ansatz zur Erklärung menschl. Vhs. Tübingen 1982; Brandstätter, H. u. Galen, B. (Hg.): Entscheidungsforschung. Tübingen 1975; Coombs, C. H.: A theory of data. New York 1964; Coombs, C. H. u. a.: Mathematical psychology. Woodcliffs 1970; Dixit, A. K. u. Nalebuff, B. J.: Thinking strategically. New York 1991; Edwards, W.: The theory of decision making. PBu 51, 1954, S. 380–417; Edwards, W.: Behavioural decision theory. ARP 12, 1961, S. 473–478; Fishburn, P. C.: Theory of social choice. Princeton 1973; Frey, B. S.: Entscheidungsanomalien: Die Sicht der Ökonomie. PRu 41, 1990, S. 67–83; Frey, B. S.: u. Stroebe, W.: Ist das Modell des Homo oeconomicus »unpsychologisch«? Ztschr. für die gesamte Staatswissenschaft 136, 1980, S. 82–97; Green, D. u. Swets, J. A.: Signal detection theory and psychophysics. New York 1966; Güth, W.: Spieltheorie u. ökonom. (Bei)Spiele. Berlin 1992; Heinen, E.: Das Zielsystem der Unternehmung. Wiesbaden 1966; Höffe, O. (Hg.): Einführung in die utilitarist. Ethik. München 1975; Howard, N.: Paradoxes of rationality: The theory of meta games and political behaviour. Cambridge 1971; Huber, O.: Entscheiden als Problemlösen. Bern 1982; Jungermann, H.: Rationale Entscheidungen. Bern 1976; Jungermann, H. u. deZeeuw, G. (Hg.): Decision making and a change in human affairs. Dordrecht 1977, S. 369–393; Kahneman, D. u. Tversky, A.: Prospect theory: an analysis of decision under risk. Econometrica 47, 1979, S. 263–291; Kaplan, M. F. u. Schwartz, S. (Hg.): Human judgement and decision processes. New York 1975; Keeney, R. L. u. Raiffa, H.: Decisions of multiple objectives: preferences in value trade offs. New York 1976; Kahneman, D. u. Tversky, A.: Prospect theory: an analysis of decision under risk. E 47, 1979, S. 263–291; Kirsch, W.: Entscheidungsprozesse, 3 Bde. Stuttgart 1970ff.; Kranz, H.: Theoret. u. empir. Untersuchungen zum Vh. einer Prisoners-Dilemma-Situation. Frankfurt/M. 1979; Krivohlavy, W. J.: Zwischenmenschl. Konflikte u. experimentelle Spiele. Bern 1974; Langenheder, W.: Theorie menschl. Entscheidungshandlungen. Stuttgart 1975; Lee, W.: Ps. Entscheidungstheorie. Weinheim 1977; Luce, A. u. Raiffa, H.: Games and decision. New York 1957; Luce, R. D.: Individual choice behaviour. New York 1959; May, T. W.: Individuelles Entscheiden in sequenziellen Konfliktspielen. Frankfurt/M. 1983; McClintock, C. G. u. Messick, D. M.: Empirical approaches to game theory and bargaining: a bibliography. General Systems 11, 1966, S. 229–238; McMillan, J.: Games, strategies and managers. Oxford 1992; Montgomery, H.: Decision rules and the search for a dominance structure: Towards a process model of decision making. In: Humphreys, P. u. a. (Hg.): Analysing and aiding decision processes. Amsterdam 1983; Von Neumann, J. u. Morgenstern, O.: Theory of games and economic behaviour. Princeton 1953 (3. Aufl., dt.: Spieltheorie u. wirtschaftl. Vh. Würzburg 1961); Payne, J. W.: Alternative approaches to decision making under risk: moments vs. risk dimensions. PBu 80, 1973, S. 439–453; Pfohl, H.-C. u. Braun, G. E.: Entscheidungstheorie. Landsberg am Lech 1981; Pitz, G. F. u. Sachs, N. J.: Judgement and decision: theory and application. ARP 35, 1984, S. 139–163; Raiffa, H.: Einführung in die Entscheidungstheorie. München 1973; Rapoport, A. u. Orwant, C.: Experimental games: a review. BS 7, 1962, S. 1–37; Rapoport, A. u. Chammah, A. M.: Prisoner's dilemma. Ann Arbor 1965; Rapoport, A.: Two-person-game-theory: the essential ideas. Ann Arbor 1966; Rapoport, A. u. Mowshowitz, A.: Experimental studies of the stochastic models for the prisoner's dilemma. BS 11, 1966, S. 444–458; RAPOPORT, A.: N-person game theory: concepts and application. Ann Arbor 1970; SCHULZ, U.: Vh. in Konfliktspielen. Frankfurt/M. 1991; SHELLY, M. W.: Three evolutions of optimality. In: SHELLY, M. W. u. BRYAN, G. L. (Hg.): Human judgements and optimality. New York 1964; SHUBIK, M. (Hg.): Spieltheorie in Wirtschaft u. Sozialwissenschaften. Frankfurt/M. 1965; SIMON, H. A.: Models of man. New York 1957; SIMON, H. A.: A behavioural model of rational choice: In: SIMON (1957); SIMON, H. A.: Rationality. In: GOULD, J. u. KOLB, W. L. (Hg.): A dictionary of the social sciences. Glencoe 1964, S. 573ff.; SIMON, H. A.: Theories of decision making in economics and behavioural science. In: GREENWOOD, W. T.: Management and organizational behaviour theories: An interdisciplinary approach. Cincinnati, Ohio 1965, S. 300ff.; SIMON, H. A.: Rationality as a process and product of thought. American Economic Review, Papers and Proceedings 68, 1978, S. 1–16; SLOVIC, P. u. a.: Behavioural decision theory. ARP 28, 1977, S. 1–39; STROEBE, W. u. FREY, B. S.: Ps. Aspekte des ökonom. Vhsmodells. In: TIETZ, R. (Hg.): Wert- u. Präferenzprobleme in den Sozialwissenschaften. Berlin 1981, S. 113–129; SUPPES, P.: The philosophical relevance of decision theory. In: SUPPES, P.: Studies in the methodology and foundation of science. Dordrecht 1969, S. 105–114; THOMAE, H.: Konflikt, Entscheidung, Verantwortung. Stuttgart 1974; TVERSY, A. u. KHANEMAN, D.: Rational choice and the framing of decisions. In: HOGARTH, R. M. u. REDER, M. M. (Hg.): Rational choice. Chicago 1987, S. 67–94; WALLSTIN, T. S. (Hg.): Cognitive processes in choice and decision behaviour. Hillsdale 1980; ZTSCHR.: Theory and Decision.

Entscheidungstherapie → Entscheidungshilfesysteme.

Entsetzen → Angst.

Entspanntheit → Entspannung.

Entspannung. *Spannung* bzw. *Anspannung* u. E. sind Grunddimensionen des psych. Lebens, wie sie sich auch im → Emotionsausdruck niederschlagen. E. wird objektivist. erfasst als niedrige → Aktivation, subjektiv als Ausdruck einer inneren Ruhe, bei gleichzeitiger Wachheit u. Klarheit, die als angenehm erlebt wird. Der E. entgegengesetzt sind Zustände des → Stress. E. wird psychophysiolog. als Ausdruck einer parasympath./tropotrophen Ausrichtung des vegetativen Nervensystems gesehen; Vaitl (1978) weist darauf hin, dass es irreführend ist, von der *Tiefe* der E. zu sprechen, dass vielmehr die *Stabilität* der E. ein entscheidender Faktor der Stärke der E. sei. Häufig werden folgende Komponenten der E. unterschieden: (a) *muskuläre E.*, wie sie in der *Progressiven Relaxation* betrieben wird; (b) *vegetative E.*, wie sie v. a. im *Autogenen Training* angestrebt wird, näml. durch Konzentration der Aufmerksamkeit auf die vegetativen Komponenten der E. wie Hautwärme, Gefühl der Schwere, verringerte Herz- u. Atemfrequenz; (c) *cortikale E.*, v. a. eine verringerte Aktivität der Formatio reticularis, die mit Hilfe von *Konzentrationsmethoden* herbeigeführt werden soll. Auch → Biofeedback-Methoden werden zur Erzeugung von E. eingesetzt; zum Überblick über die *Entspannungsmethoden* vgl. Vaitl (1978), Stokvis u. Wiesenhuetter (1971); Madders (1983); Vaitl u. Petermann (1993, 1994). Ein *Relaxationssyndrom* ist auch Bestandteil der Hypnose; vgl. Jovanovic (1988).

◆ ARNOLD, M. B.: Physiological differentiation of emotional states. PR 52, 1945, S. 35–48; JANKE, W. u. NETTER, P. (Hg.): Angst u. Psychopharmaka. Stuttgart 1986; JOVANOVIC, U. J.: Methodik u. Theorie der Hypnose. Stuttgart 1988; MADDERS, J.: Entspannung bei Stress. Stuttgart 1983; PETER, B. u. GERL, W.: Entspannung. München 1977; ROST, W.: Emotionen. Berlin 1990; STOKVIS, B. u. WIESENHUETTER, E.: Der Mensch in der Entspannung. Stuttgart 1971; VAITL, D.: Entspannungs-Techniken. In: PONGRATZ, L. J. (Hg.): Klin. Ps. HP, 8. Bd., 2. Hlb. Göttingen 1978; VAITL, D. u PETERMANN, F.: Handbuch der Entspannungsverfahren, 2 Bde. Weinheim 1993, 1994.

Entspeicherungshilfe → Kodierungsspezifität.

Entwicklungspsychologie, ein Teilgebiet der → Psychologie, in

dem die menschl. Entwicklung unter ps. Aspekt analysiert wird, mit dem Versuch, diejenigen biolog. u. sozialen Determinanten herauszuarbeiten, die bestimmen, wie die psych. Grundfunktionen sich entwickeln.
Der programmat. Kern – wenn auch keineswegs die häufigste Praxis – der E. besteht im Studium der Korrelate intraindividueller Altersunterschiede. Analog zur differentiellen Ps. gibt es allerdings auch in der E. eine histor. bedingte Vermischung zweier unterschiedl. Ansätze: *entwicklungsps.* u. *altersspezif.* Untersuchungen; tatsächl. sind immer noch die meisten empir. Untersuchungen, die beanspruchen entwicklungsps. zu sein, nicht *entwicklungsps.* im eigentl. Sinne, sondern allgemeinps. o. differentialps. Untersuchungen bestimmter Altersgruppen; vgl. Asendorpf (1991). Dass die E. zu wenig entwicklungsps. ist, wird deshalb mit großer Regelmäßigkeit beklagt; vgl. z. B. Wohlwill (1973); McCall (1977).
Von besonderer grundlagenwissenschaftl. Bedeutung ist innerhalb der E. der Ansatz der → genetischen Epistemologie geworden, die zahlreiche grundsätzl. Aspekte des → Denkens, der → Begriffsbildung, der → Kognition u. auch der → Wahrnehmung herausgearbeitet hat; vgl. auch → soziale Motivation, → Bindungsverhalten, → Habituationsparadigma, → Überraschungsparadigma, → Präferenzmethode, → Metakognition, → Begriffsbildung, → Reversal-shift-Experimente, → Constraints, → intuitive Theorien, → Freude, → Leistungsmotivation, → Belohnungsaufschub, → Expertise.

LIT: Ein umfassendes Handbuch der E. ist Mussen (1983ff.); seit 1970 erscheint das Lehrbuch von Oerter; Standardlehrbücher im dt. Sprachraum sind Oerter u. Montada (1987) sowie Trautner (1991, 1992); zwei ältere, aber immer noch häufig gebrauchte Bände sind Nickel (1972, 1975), des Weiteren Wieczerkowki u. zur Oeveste (1982); zur Entwicklungspsychophysiologie vgl. Mayer (1994); ein Handbuch in Schlüsselbegriffen ist Silbereisen u. Montada (1983); vgl. auch Wolman (1982); Thomae (1959); zu Entwicklungstheorien vgl. Baldwin (1980); Flammer (1988); Miller (1993); führende Vertreter der gegenwärtig wichtigsten Entwicklungstheorien stellten ihre eigenen Theorien selbst vor in Vasta (1989); zu vorwissenschaftl. Entwicklungstheorien vgl. Baldwin (1974); zur Geschichte der E. vgl. Höhn (1959); Cairens (1983); Lerner (1982); Werner (1976); zur Kinderps. im 19. Jahrhundert u. bis zum ersten Drittel des 20. Jahrhunderts Reinert (1976); zu Aufgaben u. Problemen der angewandten entwicklungsps. Forschung vgl. Montada (1987) sowie Zigler u. Finn (1984); zu den biolog. Grundlagen vgl. Nasch (1978); zu entwicklungsps. Methoden vgl. Wohlwill (1977); Vasta (1982); Baltes u. a. (1977); Achenbach (1978); speziell zu den Erhebungsmethoden vgl. Mussen (1967) u. Messick (1983); über allg. Entwicklungstests u. spezielle Tests für Kinder u. Jugendliche informiert Filipp u. Doenges (1983); zu entwicklungsps. Grundlagen des Sports vgl. Allmer (1983); zum Kindesalter vgl. Ausubel u. Sullivan (1974); zur Entwicklungsps. der *Lebensspanne* vgl. Baltes (1979) sowie Lerner u. Hultsch (1983); ein ökolog. orientierter Ansatz der Entwicklungsforschung stammt von Bronfenbrenner (1981); ein Buch über angewandte Entwicklungsps. für Pädagogen ist Dollase (1985); zu kulturvergleichenden Aspekten vgl. Thomas (1993); speziell zur Bedeutung der Väter in der Entwicklung u. Erziehung vgl. Fthenakis (1985); zu philosoph. Perspektiven der E. vgl. Lerner (1983); über wilde Kinder u. Wolfskinder vgl. Zimmer (1989); zu Entwicklungsstörungen vgl. Lempp (1981) u. Stork (1990); zur E. der *Kindheit* vgl. Keller (1989); Keller u. Meyer (1982); zum *Jugendalter* Ewert (1983); Oerter (1985); Resch (1996) ist eine Entwicklungspsychopathologie des Kindes- u. Jugendalters; zur Entwicklung im *Schulalter* vgl. Schumann-Hengsteler (1996); Kindesalter u. Jugendalter werden integrativ dargestellt von Rossmann (1996); zum *Erwachsenenalter* vgl. Mietzel (1992) sowie Faltermaier u. a. (1992); Lehr (1978); zur Phase des *Alter(n)s* (bisweilen auch als *Gerontops.* bezeichnet) vgl. Lehr (1979); Thomae (1976); Lehr u. Thomae (1987); Oswald u. Fleischmann (1983); Howe (1988ff.); zur perinatalen Entwicklung vgl. Zimmer (1988) u. Krüll (1990); zur Relativierung der Idee einer großen Bedeutung frühkindl. Traumata für die Entwicklung vgl. Nuber (1996); Clarke u. Clarke (1976); Rutter (1987); Tress (1986); Hemminger (1982) sowie Ernst u. v. Luckner (1985); vgl. krit. zu dieser Kritik Großmann u. a. (1989); aus psa. Sicht Emde (1981); speziell zum Problem des Einflusses elterl. Berufstätigkeit auf die kindl. Entwicklung vgl. Lehr (1978) sowie Lamb u. Sternberg (1989); für Literaturhinweise zur entwicklungsps. Forschung bezügl. der jeweiligen psych. Funktionen vgl. die entsprechenden Stw.

◆ Achenbach, T. M.: Research in developmental psychology – concepts, strategies, methods. New York 1978; Allmer, H.: Entwicklungsps. Grundlagen des Sports. Köln 1983; Arlin, P. K.: Piagetian operations in problem-finding. DP 13, 1977, S. 297–298; Asendorpf, J.: Keiner wie der andere. München 1988; Asendorpf, J.: Die differentielle Sichtweise in der Ps. Göttingen 1991; Astington, J. u. a. (Hg.): Developing theories of mind. Cambridge 1988; Ausubel, D. P. u. Sullivan, E. V.: Das Kindesalter. München 1974; Baehr, D. M.: An age-irrelevant concept of development. Merrill-Balmer Quaterly 16, 1970, S. 238–245; Baldwin, A. L.: Theorien primärer Sozialisationsprozesse, 2 Bde. Weinheim 1974; Baldwin, A. L.: Theories of child development. New York 1980; Balmer, H. (Hg.): Die europäische Tradition: Tendenzen, Schulen, Entwicklungslinien. Die Ps. des 20. Jhdts., 1. Bd. Zürich 1976; Baltes, P. B. (Hg.): Zur Entwicklungsps. der Lebensspanne. Stuttgart 1979; Baltes, P. B. u. Sowarka, D.: Entwicklungsps., Entwicklungsbegriff. In: Silbereisen u. Montada (1983) S. 11–20; Baltes, P. B. u. Schaie, K. W. (Hg.): Life-span developmental psychology: personality and socialization. New York 1973; Baltes, P. B. u. a.: Life-span developmental psychology: introduction to research methods. Monterey 1977; Bischof-Köhler, D.: Zur Phylogenese menschl. Motivation. In: Eckensberger, L. H. u. Lantermann, E. D. (Hg.): Emotion u. Reflexivität. München 1985, S. 3–47; Bloom, B. S.: Stabilität u. Veränderung menschl. Merkmale. Weinheim 1971 (Orig.: Stability and change in human characteristics. 1964); Bornstein, M. H. u. Lamb, M. E. (Hg.): Developmental psychology – an advanced textbook. Hillsdale 1984; Bower, T. G. R.: A primer of infant development. San Francisco 1977; Brainerd, J.: The stage question in cognitive developmental theory. BBS 1, 1978, S. 173–182; Broderick, C. B.: Kinder- u. Jugendsexualität. Reinbek 1979; Bronfenbrenner, U.: Die Ökologie der menschl. Entwicklung. Stuttgart 1981 (Orig.: 1979); Cairns, R. P.: The emergence of developmental psychology. In: Mussen, P. H. (Hg.): Handbook of child psychology, 1. Bd. New York 1983, S. 41–102; Carrey, S.: Conceptual change in childhood. Cambridge, Mass. 1985; Case, R.: Intellectual development from birth to adulthood: a neo-Piagetian interpretation. In: Siegler, R. S. (Hg.): Children's thinking. What develops? Hillsdale 1978, S. 37–71; Chapman, M.: Constructive evolution: Origins and development of Jean Piaget's thought. Cambridge 1988; Clarke, A. M. u. Clarke, A. D. B.: Early experience: myth and evidence. New York 1976; Cols, R. u. Erikson, H.: The growth of his work. Boston 1970; Commons, M. L. u. a.: Systematic and metasystematic reasoning: a case for levels of reasoning beyond Piaget's stage of formal operations. Child Development 53, 1982, S. 1058–1069; Dollase, R.: Entwicklung u. Erziehung. Angewandte Entwicklungsps. für Pädagogen. Stuttgart 1985; Duhm, E.: Entwicklung u. Differenzierung. In: Thomae, H. (Hg.): Entwicklungsps. HP, 3. Bd., Göttingen 1959, S. 220–239; Ewert, O. M.: Entwicklungsps. des Jugendalters. Stuttgart 1983; Emde, R.: Changing models of infancy and the nature of early development: remodelling the foundation. JAPsaA 29, 1981, S. 179–219; Erikson, E. H.: Kindheit u. Gesellschaft. Stuttgart 1961; Ernst, C. u. von Luckner, T.: Stellt die Frühkindheit die Weichen: eine Kritik an der Lehre von der schicksalhaften Bedeutung erster Erlebnisse. Stuttgart 1985; Faltermaier, T. u. a.: Entwicklungsps. des Erwachsenenalters. Stuttgart 1992; Fenichel, D.: The psychoanalytic theory of neuroses. New York 1945; Filipp, S. H. u. Doenges, D.: Entwicklungstests. In: Groffmann, K.-J. u. Michel, L. (Hg.): Intelligenz u. Leistungsdiagnostik. EP, Serie II, 2. Bd., Göttingen 1983, S. 202–306; Flamagnie, R. J. (Hg.): Reasoning: Representation and process in children and adults. Hillsdale 1975; Flammer, A.: Entwicklungstheorien. Bern 1988; Flavell, J. H.: The developmental psychology of Jean Piaget. Princeton 1963; Freud, A.: Das Ich u. die Abwehrmechanismen. Wien 1936; Fthenakis, W. E.: Väter, 2 Bde. München 1985; Furth, H.: Wissen als Leidenschaft. Eine Untersuchung über Freud u. Piaget. Frankfurt/M. 1990; Gelman, R. u. Baillargeon, R.: A review of some Piagetian concepts. In: Flavell, H. u. Markman, E. M. (Hg.): Handbook of child psychology, 3. Bd. New York 1983 (4. Aufl.), S. 167–230; Goldman, R. u. Gold-

MAN, J.: Children's sexual thinking. London 1982; GROSSMANN, K. E. u. a.: Die Ontogenese emotionaler Integrität u. Kohärenz. In: ROTH, E. (Hg.): Denken u. Fühlen. Berlin 1989, S. 36–56; GROSSMANN, K. E.: Reifung u. sensible Phasen. In: SCHIEFELE, H. u. KRAPP, A. (Hg.): Handlexikon zur Pädagog. Ps. München 1981, S. 300–304; HAEBERLE, E. J.: Die Sexualität des Menschen. Berlin 1983; HARRIS, D. B. (Hg.): The concept of development. Minneapolis 1957; HASSENSTEIN, B.: Sexualentwicklung des Kindes in verhaltensbiolog. Sicht. In: HELLBRÜGGE (1982) S. 88–111; HASSENSTEIN, B.: Verhaltensbiologie des Kindes. München 1987 (4. Aufl.); HAVIGHURST, R.: Developmental tasks in education. New York 1948 (3. Aufl. 1972); HELLBRÜGGE, T. (Hg.): Die Entwicklung der kindl. Sexualität. München 1982; HEMMINGER, H.: Kindheit als Schicksal? Die Frage nach den Langzeitfolgen frühkindl. seel. Verletzungen. Reinbek 1982; HINDE, R. A.: Ethology and child development. In: MUSSEN, P. H. (Hg.): Handbook of child psychology, 2. Bd. New York 1983, S. 27–93; HÖHN, E.: Geschichte der Entwicklungsps. u. ihrer wesentl. Ansätze. In: THOMAE (1959) S. 21–45; HOPPE-GRAFF, S.: »Stufe« und »Sequenz« als beschreibende o. erklärende Konstrukte in der Entwicklungsps. In: SILBEREISEN u. MONTADA (1983) S. 55–60; HOWE, J. u. a. (Hg.): Lehrbuch der ps. u. sozialen Alternswissenschaft, 4 Bde. 1988, 1989, 1990, 1991; HUBERT, W.: Sexual- u. Entwicklungsbiologie des Menschen. München 1978; HURRELMANN, K. u. ULICH, D. (Hg.): Handbuch der Sozialisationsforschung. Weinheim 1991; ILLIES, J.: Kulturbiologie des Menschen. München 1978; KAIL, R. u. HAGEN, J. W. (Hg.): Perspectives on the development of memory and cognition. Hillsdale 1977; KAIL, R.: The development of memory in children. San Fransisco 1979; KELLER, H. (Hg.): Handbuch der Kleinkindforschung. Berlin 1989; KELLER, H. u. MEYER, H.-J.: Ps. der frühesten Kindheit. Stuttgart 1982; KLAHR, D. u. SIEGLER, R. S.: The representation of children's knowledge. In: REESE, H. W. u. LIPSITT, L. P. (Hg.): Advances in child development, 12. Bd. New York 1978, S. 61–116; KLAHR, D. u. WALLACE, J. G.: Cognitive development – an information processing view. Hillsdale 1976; KLAHR, D.: Informationsverarbeitungsmodelle in der Denkentwicklung. In: KLUWE, R. H. u. SPADA, H. (Hg.): Studien zur Denkentwicklung. Bern 1981, S. 231–289; KOHLBERG, L.: Childhood psychology and childhood education: a cognitive developmental view. New York 1987; KOHLBERG, L.: Zur kognitiven Entwicklung des Kindes. Frankfurt/M. 1974; KRÜLL, M.: Die Geburt ist nicht der Anfang. Stuttgart 1990; LAMB, M. u. STERNBERG, K.: Tagesbetreuung. In: KELLER (1989) S. 587–608; LEHR, U.: Das mittlere Erwachsenenalter, ein vernachlässigtes Gebiet der Entwicklungsps. In: OERTER, R. (Hg.): Die Entwicklung, ein lebenslanger Prozeß, 1978, S. 147–172; KUTTNER, J. u. SCHWARZ, S.: Expertengespräche. Berlin 1996; LEHR, U.: Die Rolle der Mutter in der Sozialisation des Kindes. Darmstadt 1978; LEHR, U.: Interventionsgerontologie. Darmstadt 1979; LEHR, U.: Ps. des Alterns. Heidelberg 1979; LEHR, U. u. THOMAE, H. (Hg.): Ps. Altersformen. Stuttgart 1987; LEMPP, R. G. E.: Eine Pathologie der psych. Entwicklung. Bern 1981 (4. Aufl.); LEON, I.: Psychoanalysis, Piaget, and attachment. IRPsa 11, 1984, S. 255–278; LERNER, R. H.: Concepts and theories of human development. Reading, Mass. 1976; LERNER, R. M. (Hg.): Development psychology: historical and philosophical perspectives. Hillsdale 1983; LERNER, R. M. u. HULTSCH, D. F.: Human development. A life-span perspective. New York 1983; LERNER, R. M. u. KAUFFMAN, M. B.: The concept of development in contextualism. DR 5, 1985, S. 309–333; LERNER, R. M.: Developmental psychology: historical and philosophical perspectives. Hillsdale 1982; LIEBSCH, B.: Zum Verhältnis von Psychoanalyse u. Genfer Konstruktivismus: Primärprozeß, Sekundärprozeß u. kognitive Struktur. Psy 40, 1986, S. 220–247; LOEVINGER, J.: The meaning and measurement of ego development. AmP 21, 1966, S. 195–217; LOMPSCHER, H. J. (Hg.): Theoret. u. experimentelle Untersuchungen zur Entwicklung geistiger Fähigkeiten. Berlin (Ost) 1972; MACCOBY, E. E. u. MARTIN, J. A.: Socialization in the context of the family: parent-child-interaction. In: MUSSEN, P. H. (Hg.): Handbook of child psychology, Bd. IV, New York 1983, S. 1–101; MAIER, H. W.: Theorien der Kindheitsentwicklung. 1983; MAYER, K. u. a.: Entwicklungspsychophysiologie. Körperl. Indikatoren psych. Entwicklung. München 1994; MCCALL, R. B.: Challenges to a science of developmental psychology. CD 48, 1977, S. 339–344; MESSICK, S.: Assessment of children. In: MUSSEN, P. H. (Hg.): Handbook of Child Psychology, 1. Bd., New York 1983, S. 477–526; MEVES, C.: Tiefenps. Aspekte der kindl. Sexualität. In: HELLBRÜGGE 1982, S. 244–257; NUBER, U.: Der Mythos vom frühen Trauma. 1995; MILLER, D. R.: Psychoanalytic theory of development: a re-evaluation. In: GOSLIN, D. A. (Hg.): Handbook of socialization theory and research. Chicago 1969, S. 81–502; MIETZEL, G.: Wege in die Entwicklungsps. Erwachsenenalter u. Lebensende. Weinheim 1992; MILLER, P.: Theorien der Entwicklungsps. Heidelberg 1993; MONTADA, L.: Brennpunkte der Entwicklungsps. Stuttgart 1979; MONTADA, L.: Systematik der angewandten Entwicklungsps.: Probleme der Praxis, Beiträge der Forschung. In: OERTER u. MONTADA (1987) S. 769–788; MONTADA, L.: Themen, Traditionen, Trends. In: OERTER u. MONTADA (1987) S. 1–86; MOWRER, O. H.: Learning theory and personality dynamics. New York 1950; MUSSEN, P. H. (Hg.): Handbook of research methods in child development. New York 1967; MUSSEN,

P. H. (Hg.): Handbook of child psychology, Bd. I–IV (4. Aufl.), New York 1983; NASCH, J.: Development psychology. A psychobiological approach. Englewood Cliffs 1978; NEIMARK, E. D.: Intellectual development during adolescence. In: HOROWITZ, F. D. (Hg.): Review of child development research. Chicago 1975, S. 541–594; NICKEL, H.: Entwicklungsps. des Kindes- u. Jugendalters, 1. Bd. Bern 1972; NICKEL, H.: Entwicklungsps. des Kindes- u. Jugendalters, 2. Bd. Bern 1975; NISBETT, R.: History of the idea of progress. New York 1980; OERTER, R.: Moderne Entwicklungsps. Donauwörth 1970 (seither in zahlreichen Auflagen erschienen); OERTER, R. (Hg.): Lebensbewältigung im Jugendalter. Weinheim 1985; OERTER, R. u. MONTADA, L. (Hg.): Entwicklungsps. München 1987 (3. Aufl. 1995); OSWALD, W. D. u. FLEISCHMANN, U. M. (Hg.): Gerontops. Stuttgart 1983; PIAGET, J.: Intellectual evolution from adolescence to adulthood. HD 15, 1972, S. 1–12; PIREN, J. E. u. SCHAIE, K. W. (Hg.): Handbook of the psychology of aging. New York 1990; PREYER, W.: Die Seele des Kindes. Leipzig 1982; REINERT, G.: Grundzüge einer Geschichte der Human-Entwicklungsps. In: BALMER (1976) S. 862–896; RESCH, F.: Entwicklungspsychopathologie des Kindes- u. Jugendalters. Weinheim 1996; RIEGEL, K. F.: Grundlagen der dialekt. Ps. Stuttgart 1980; ROSENTHAL, T. u. ZIMMERMANN, B. J.: Social learning and cognition. New York 1978; ROSSMANN, P.: Einführung in die Entwicklungsps. des Kindesalters u. Jugendalters. Bern 1996; RUBIN, I. u. KIRKENDALL, L. A.: Sex in the childhood years. London 1971; RUTTER, M.: Continuities and discontinuities from infancy. In: OSOFSKY, J. (Hg.): Handbook of infant development. New York 1987, S. 1256–1296; SCHERER, K. R.: Entwicklung der Emotion. In: HETZER, H. u. a. (Hg.): Entwicklungsps. des Kindes- u. Jugendalters. Heidelberg 1979, S. 211–253; SCHUMANN-HENGSTELER, R. u. TRAUTNER, H. M. (Hg.): Entwicklung im Schulalter. Göttingen 1996; SEARS, R. R. u. a.: Patterns of child rearing. Evanston, Ill. 1957; SIEGLER, R. (Hg.): Children's thinking: what develops? Hillsdale 1978; SIEGLER, R.: Event knowledge: structure and function in development. Hillsdale 1978; SIGEL, I. E. u. HOOPER, F. H. (Hg.): The thinking in children. New York 1978; SILBEREISEN, R. u. MONTADA, L. (Hg.): Entwicklungsps., ein Handbuch in Schlüsselbegriffen. München 1983; SPADA, H. u. KLUWE, R. (Hg.): Modelle der Denkentwicklung. Bern 1976; STERN, D. N.: Die Lebenserfahrung des Säuglings. Stuttgart 1993; STERNBERG, R. J. u. DOWNING, C. J.: The development of higher-order reasoning in adolescence. Child Development 53, 1982, S. 209–221; STERNBERG, R. J. u. POWELL, J. S.: The development of intelligence. In: FLAVELL, J. H. u. MARKMAN, E. M. (Hg.): Handbook of child psychology. Cognitive Development, 3. Bd. New York 1983 (4. Aufl.), S. 341–419; STERNBERG, R. J. (Hg.): Mechanisms of cognitive development. San Fransisco 1984; STORK, J.: Die seel. Entwicklung des Kleinkindes aus psa. Sicht. In: EICKE, D. (Hg.): Freud u. die Folgen, I. Zürich 1977, S. 868–932; STORK, J.: Neue Wege im Verständnis der allerfrühesten Entwicklung des Kindes: Erkenntnisse der Psychopathologie des Säuglingsalters. 1990; STRAIN, F.: The normal sex interests of children from infancy to adolescence. New York 1948; THOMAE, H. (Hg.): Entwicklungsps. HP, 2. Bd. 1959; THOMAE, H.: Entwicklung u. Prägung. In: THOMAE (1959); THOMAE, H. (Hg.): Patterns of aging. Basel 1976; THOMAS, A. (Hg.): Kulturvergleichende Ps. Göttingen 1993; TOLMAN, S. u. GOODFIELD, J.: Die Entdeckung der Zeit. München 1970; TRAUTNER, H. M.: Lehrbuch der Entwicklungsps. 2. Bd. Göttingen 1991; TRAUTNER, H.: Lehrbuch der Entwicklungsps., 1. Bd., Göttingen 1992 (2. Aufl.); TRESS, W.: Das Rätsel der seel. Gesundheit. Traumat. Kindheit u. früher Schutz gegen psychogene Störungen. Göttingen 1986; VASTA, R. (Hg.): Annals of child development, Vol. 6: Six theories of child development: revised formulations and current issues. Greenwich 1989; VASTA, R. (Hg.): Strategies and techniques of child study. New York 1982; VON STOCKERT, F.-G.: Die Sexualität des Kindes. Stuttgart 1976; WALDMANN, M. u. WEINERT, F. E.: Intelligenz u. Denken. Göttingen 1990; WERNER, A.: Geschichte der Kinderps. im 19. Jahrhundert. In: Balmer (1976); WHITE, R. W.: Competence in psychosexual stages of development. In: JONES, M. R. (Hg.): Nebraska Symposium on Motivation, 8. Bd. Lincoln 1960, S. 97–141; WIECZERKOWSKI, W. u. ZUR OEVESTE, H. (Hg.): Lehrbuch der Entwicklungsps., 3 Bde. Düsseldorf 1982; WIMMER, H.: Commonsense Mentalismus u. Emotion: Einige entwicklungsps. Implikationen. In: ROTH, E. (Hg.): Denken u. Fühlen. Berlin 1989, S. 56–67; WOHLWILL, J. F.: The age variable in psychological research. PR 77, 1970, S. 49–64; WOHLWILL, J. F.: The study of behavioural development. New York 1973; WOHLWILL, J. F.: Strategien entwicklungsps. Forschung. Stuttgart 1977; WOLMAN, B. B. (Hg.): Handbook of developmental psychology. Englewood Cliffs 1982; ZIEBEIL-LUTTHER, F. C.: Frühkindl. Sexualität u. sexuale Erziehung. Psychoanalyt. Erkenntnisse. München 1972; ZIEGLER, R. S. u. RICHARD, D. D.: The development of intelligence. In: STERNBERG, R. J. (Hg.): Handbook of human intelligence. Cambridge 1982, S. 897–971; ZIGLER, E. u. FINN, M.: Applied development psychology. In: BORNSTEIN, M. H. u. LAMB, M. E. (Hg.): Developmental psychology – an advanced textbook. Hillsdale 1984, S. 451–491; ZIMMER, D. E.: Experimente des Lebens. München 1989; ZIMMER, K.: Das Leben vor dem Leben. 1988. ZTSCHR.: Zeitschrift für Entwicklungsps. u. Pädagog. Ps., Zeitschrift für

Gerontologie, Kindheit, Human Development, International Journal of Behavioural Development, Cognitive Development, Journal of Experimental Child Psychology, Child Development, Developmental Psychology, Genetic, Social and General Psychology Monographs (früher: Genetic Psychology Monographs), Cognitive Development, Human Development (interdisziplinär), Journal of Child Development, Journal of Child Language, Journal of Experimental Child Psychology, Journal of Genetic Psychology, Journal of Moral Education, Monographs of the Society for Research in Child Development, Psychology and Aging, Zeitschrift für Entwicklungsps. u. Pädagog. Ps., Developmental Review, Zeitschrift für Sozialisationsforschung u. Erziehungsps. (interdisziplinär), Infant Behaviour and Development. JAHRBÜCHER/FORTSCHRITTSBERICHTE: Advances in Clinical Child Psychology. New York 1977ff., Advances in Child Development and Behaviour. New York 1963ff., Review of Child Development Research. Chicago 1964ff., Jahrbuch für Entwicklungspsychologie. Stuttgart 1979ff.

Environmentalismus → Anlage-Umwelt-Problem.

Environmental psychology → ökologische Psychologie.

Environment-fit-Ansatz → Stress.

EOG, Abk. für *Elektrooculogramm*; → physiologische Psychologie (Kasten psychophysiologische Methoden).

EPA-Struktur → semantisches Differential.

Ephorieren → Erinnern.

Epikritischer Oberflächenschmerz → Schmerz.

Episkotistertachistoskop → Tachistoskop.

Episodisches Gedächtnis, nach Tulving (1972) Gedächtnisinhalte, die sich auf einmalige, raum-zeitl. fixierbare Ereignisse beziehen, die mithin einen autobiograph. Bezug haben – im Gegensatz zum → semantischen Gedächtnis, das nicht Einzelereignisse, sondern ein allg. → Wissen beinhaltet. In Tulving (1983) findet eine Revision der ursprüngl. Arbeitshypothese statt.

KR: Zur Problematik des Kzpts. s. das Stw. → semantisches Gedächtnis.

◆ TULVING, E.: Episodic and semantic memory. In: TULVING, E. u. DONALDSON, W. (Hg.): Organization of memory. New York 1972; TULVING, E.: Elements of episodic memory. Oxford 1983.

Epistemische vs. heuristische Struktur, von Dörner (1976) u. Dörner u. a. (1983) konzipierte Zwei-Ebenen-Struktur des kognitiven Apparates, ein Strukturmodell von → Wissen, ähnl. den → semantischen Netzwerken: Die e. S. ist die Datenbasis, das im Langzeitgedächtnis gespeicherte u. organisierte Faktenwissen des Denkenden; sie spielt v. a. eine *reproduktive* Rolle, während die h. S. den Part des *produktiven* Denkens übernimmt, hier sind die → Heurismen des Problemlösers gespeichert. Die e. S. wird von Dörner als ein Netz mit Knotenpunkten (Daten, Begriffe) konzipiert, die durch verschiedene semant. Relationen miteinander verbunden sind: *Teil-Ganzes-Relation*, *Abstraktheits-Relation* u. *Raum-Zeit-Relation*. Mit der sog. »Tintenfisch-Hypothese« beschreibt Dörner die Zusammenarbeit zw. beiden Strukturen: Das Wissen (= e. S.) ist im netzwerkartig organisierten Langzeitgedächtnis gespeichert u. gleichsam wie ein Tintenfisch greift ein Prozessor mit seinen sieben Krakenarmen (ungefähr entsprechend der Kapazität des Kurzzeitgedächtnisses) hinein u. tastet die Knoten des Netzwerkes ab; Weiteres s. das Stw. → komplexes Problemlösen. Zu den Vorzügen des Dörnerschen Kzpts. vgl. Rost (1980).

VD: Das Wissen innerhalb der e. S. ist in zweifacher Weise hierarch. gegliedert: Einerseits in eine *Abstraktheitshierarchie* (zw. den Begriffen bestehen Oberbegriffs-Unterbegriffsrelationen), andererseits in eine *Komplexionshierarchie* (die Begriffe sind durch Teil-Ganzes-Situation verbunden, d. h. durch Relation zw. einer Komplexion u. ihren einzelnen Elementen). Während innerhalb einer Schicht der Abstraktheitshierarchie lediglich Beziehungen der *Koadjuktion* herrschen, d. h. der Aufteilung einer Menge von Sachverhalten in disjunkte Teilmengen, fügt Dörner innerhalb der einzelnen Schichten der Komplexionshierarchie eine dritte Form von Relationen hinzu: die räuml., zeitl. o. raumzeitl. Relation. Durch Komplexionen, deren Elemente außer räuml. auch zeitl. Relationen aufweisen, sind Prozesse u. Vorgänge (im Sinne von Handlungsprogrammen) abbildbar. Zur Einbindung von Handlungen dienen die Argumente »Eingang«, »Ausgang« u. »Maßnahmen«. Zu den raumzeitl. Relationen zählen auch kausale Relation, etwa aus dem naturwissenschaftl. Bereich (z. B. der Vorgang »Ammoniak-Synthese«). Dörner ordnet der h. S. in Anlehnung an Lompscher als elementare Operationen zu: Zergliedern, Eigenschaftsanalyse, Vergleichen, Ordnen, Abstrahieren, Verallgemeinern, Klassifizieren, Konkretisieren. Insgesamt unterscheidet sich Dörners Modell von anderen Ansätzen dadurch, dass es zunächst die kognitive Struktur in zwei Teile teilt u. diesen jeweils mehrere unterschiedl. Funktionen zuteilt. Während es sich bei der e. S. um deklaratives Wissen handelt, das die Realität abbildet, findet sich in der h. S. prozedurales Wissen, mit dessen Hilfe die e. S. bearbeitet werden kann. (Im Gegensatz dazu ist z. B. im engen Netzwerkansatz der LNR-Gruppe ein großer Teil der Prozeduren in das Datensystem integriert. Mit dieser Integration geht eine enge Bindung an linguist. definierte Wissenselemente einher, durch deren semant. Funktion die Speicherung, Verarbeitung u. Erweiterung von Informationen erfolgt. Prozeduren, wie sie das heurist. Gedächtnis von Dörner aufweist, die in Form von Algorithmen repräsentiert werden u. die zur Lösung von Problemen bereitstehen, fehlen dort.) Auch in der Aufgliederung der e. S. in eine Abstraktheits- u. eine Komplexionshierarchie unterscheidet sich Dörner vom engen Netzwerkansatz, bei dem Oberbegriffs-Unterbegriffs-Relation u. Teil-Ganzes-Relation in einem System integriert sind.

◆ Dörner, D.: Problemlösen. Informationsverarbeitung. Stuttgart 1976; Dörner, D. u. a.: Lohhausen. Bern 1983; Rost, J.: Gedächtnisps. Grundlagen naturwissenschaftl. Wissens. Weinheim 1980.

Epsilon-Bewegung → Phi-Phänomen.

Equal-subrange-Prinzip → Bereichsprinzip; → Äquidistanzmodell; → Range-frequency-Theorie.

Erbe-Umwelt-Kovarianz → Anlage-Umwelt-Problem.

Erbe-Umwelt-Problem → Anlage-Umwelt-Problem.

Erbkoordination → Trieb.

Erblichkeitskoeffizient → Anlage-Umwelt-Problem.

Erbtheorie → Anlage-Umwelt-Problem.

Ereignisattribution → Attributionsdimensionen.

Ereignisevoziertes EEG → physiologische Psychologie (Kasten psychophysiologische Methoden).

Ereigniskorrelierte Aktivität → physiologische Psychologie (Kasten psychophysiologische Methoden).

Ereigniswahrnehmung [auch *Geschehenswahrnehmung*], → Bewegungssehen, das sich auf Prozesse bezieht, bei denen der Mensch dazu neigt, das Wahrgenommene als Beziehungen zw. Objekten zu interpretieren. *E.* u. *Bewegungssehen* bezeichnen rein deskriptiv fast dasselbe, E. kennzeichnet jedoch einen anderen paradigmat. Zugang zu

Problemen des Bewegungssehens, wegweisend waren die Untersuchungen von Johansson (vgl. Johansson 1980) u. frühere Arbeiten in gestalttheoret. Tradition von Michotte (→ phänomenale Kausalität).

Folgende Forschungsaspekte u. Ergebnisse sind zentral: (1) Es existieren bestimmte Arten von → Wahrnehmungskonstanzen, z. B. die Tatsache, dass wir die Bewegung des Reflektors, der auf den Speichen eines Fahrrades angebracht ist, nicht als die Zykloide wahrnehmen, die sie, bedingt durch die Überlagerung von kreis- u. geradliniger Bewegung, eigentl. ist, sondern als einen kreisenden Lichtpunkt; ähnl. ist es mit der Handbewegung eines Menschen, der aus dem Zug winkt: Wir nehmen seine Handbewegung als eine senkrechte, sich auf- u. abbewegende wahr u. nicht als die Sinuskurve, die sie real darstellt; auch ein Lichtpunkt, der sich vor einem homogenen Hintergrund auf einer schrägen Linie hin u. her bewegt, scheint sich vor dem Hintergrund eines Rechtecks auf u. ab zu verschieben, wenn sich das Rechteck synchron in waagrechter Richtung mitbewegt. Solche Phänomene weisen darauf hin, dass unser Wahrnehmungssystem die wahrgenommenen Bewegungen in Komponenten aufspaltet, sozusagen eine *Vektoranalyse* vornimmt: Punkte, die sich gleichzeitig in eine Richtung bewegen, bilden dabei ein Bezugssystem, das den äußeren Rahmen für andere Bewegungen abgibt; wenn die Reizkonfiguration aus verschiedenen Teilbewegungen besteht, kann sich eine Hierarchie der Bezugssysteme herausbilden, in der der stat. Hintergrund den grundlegendsten Rahmen bildet. (2) Neben diesen Gruppierungen werden bei der E. die Elemente häufig als reale Vorgänge interpretiert: Das visuelle System scheint zuerst von der Hypothese auszugehen, dass die Veränderungen durch die Bewegung eines Festkörpers erzeugt werden; so wird ein zu einem Rechteck schrumpfendes Quadrat eben nicht als solches wahrgenommen, sondern als ein starres Quadrat, das sich vom Beobachter entfernt u. dabei nach hinten kippt. Erst wenn die Vorgänge so unregelmäßig sind, dass sie nicht durch einen sich bewegenden Festkörper entstehen können, wird ein sich deformierender Gegenstand wahrgenommen (Johansson 1975). Die Wahrnehmung u. die Erwartung normaler Verhältnisse beeinflusst die Wahrnehmung so stark, dass selbst Widersprüche, wie z. B. ein Farbwechsel der Objekte, in Kauf genommen werden. Das Bewegungserlebnis wird auch durch die erfahrungsbedingte Plausibilität eines Geschehens beeinflusst, wenn z. B. eine Szenenfolge mit einem Auto in verschiedenen Positionen gezeigt wird, wird leichter ein Fahrerlebnis erzeugt als mit einer sinnlosen Figur. Johansson gelangt aufgrund solcher Befunde zu einer *relativist.* Theorie des Sehens, mit der zentralen Annahme, dass Objekte so wahrgenommen werden, dass sie bei ihrer Bewegung im dreidimensionalen Raum eine konstante euklid. Form behalten. (3) Dem visuellen System scheint insbes. auch eine Tendenz zu Eigen zu sein, Bewegungsprozesse als Bewegungen von *biolog.* Systemen, v.a als die Bewegung von anderen Personen, zu interpretieren. Dies geht bis zu ganz komplizierten Bewegungsmustern: Wenn man z. B. Personen, an deren Gelenke kleine Lämpchen angebracht werden, in einem dunklen Raum wahrnimmt, so werden im Ruhezustand die so entstehenden Positionen als völlig sinnlos wahrgenommen, aber sobald Bewegung einsetzt, wird sehr schnell eine menschl. Gestalt identifiziert. Diese Wahrnehmungsfähigkeit ist frühzeitig angelegt, z. B. können schon Kleinkinder zufällige Punktbewegungen von solchen unterscheiden, die Abbildungen realer biolog. Bewegungsabläufe sind. Johansson vermutet, dass bei biolog. Bewegungen der gemeinsame Bewegungsvektor aller Lichtpunkte die Pendelbewegung des Rumpfes ist, die das invariante Erkennungsmerkmal bildet. Er deutet diese überraschende Leistung als eine Spezialisierung der Evolution u. nimmt in der Tradition von Gibson eine → direkte Wahrnehmung an. (4) Bei der E. gibt es häufig ein unmittelbares Kausalitätserlebnis: → phänomenale Kausalität. Auch scheint eine Tendenz zu bestehen, die Wahrnehmung von Objekten zu »vermenschlichen«, ihnen also auch Intentionen zuzuschreiben, was schon in einem frühen Versuch von Heider u. Simmel (1944) dargestellt worden ist.

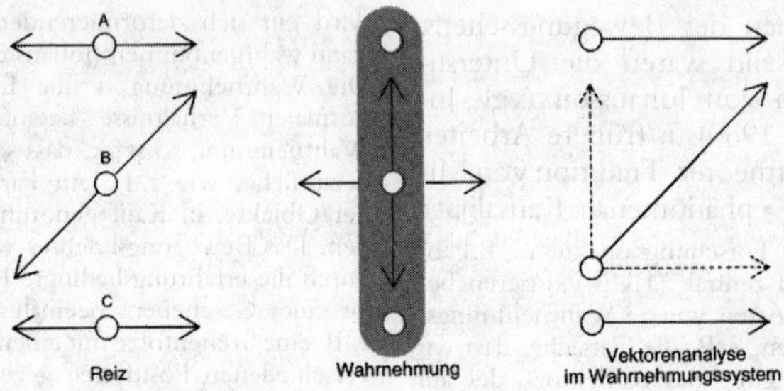

Abb. *Wahrnehmung 43*

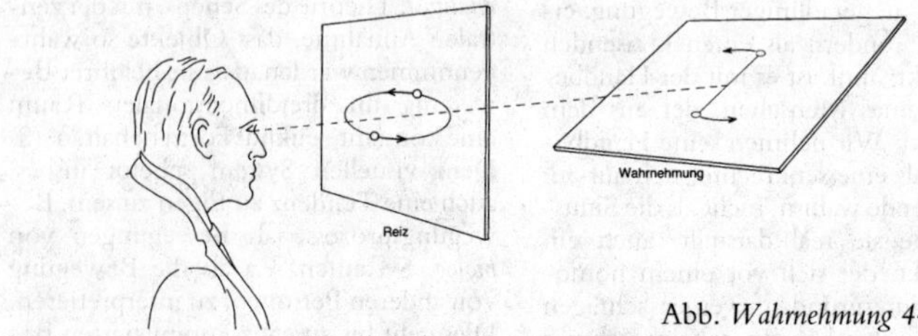

Abb. *Wahrnehmung 44*

Die Forschung u. die Theorie zu E., wie die Phänomene des Bewegungssehens überhaupt, führen auf ein Grundproblem, das schon in der klass. Philosophie thematisiert worden ist: das → Korrespondenzproblem.

VD: Zwei grundsätzl. Experimente: (a) Drei übereinander angeordnete Lichtpunkte A, B, C bewegen sich auf den in der Abb. *Wahrnehmung 43* (aus Johansson 1986) gekennzeichneten Bahnen hin- u. her; wenn nur B zu sehen ist, wird eine einfache Hin- u. Herbewegung auf einer schrägen Bahn wahrgenommen. Kommen die Bewegungen von A u. C hinzu, so bilden die drei Punkte eine Wahrnehmungseinheit, in der die Bahn von B nicht mehr schräg gesehen wird (s. mittlere Zeichnung), stattdessen scheint sich B auf einer vertikalen Bahn zw. A u. C auf u. ab zu verschieben. D. h.: Die Bewegung des Punktes B wird in zwei vektorielle Komponenten zerlegt, wie rechts gezeigt ist, näml. in eine horizontale, die der Bewegung von A u. C entspricht, u. eine vertikale, die der Bewegung von B relativ zu A u. C entspricht. Dieses Ergebnis lässt sich verallgemeinern: Gleiche Vektoren o. Vektorkomponenten bilden eine Wahrnehmungseinheit, die als bewegtes Bezugssystem für die Bewegung der restl. Komponenten dient. (b) Die Abb. *Wahrnehmung 44* (aus Johansson 1986) demonstriert folgendes Experiment: Wenn man auf einem Bildschirm zwei Lichtpunkte darbietet, die sich um einen imaginären Mittelpunkt auf einer ellipt. Bahn bewegen, so wird ein rotierender Stab gesehen; u. weil das visuelle System es »vorzieht«, ihm eine konstante Länge zuzuschreiben, hat der Betrachter den Eindruck, dass der Stab in einer geneigten Ebene rotiert; die wahrgenommene Neigung entspricht in etwa der, die sich aufgrund der Projektion eines Kreises, der tatsächl. auf einer geneigten Ebene liegt, ergeben würde.

LIT: Zum Überblick vgl. Wimmer u. Perner (1979); zu gestalttheoret. Ansätzen Metzger (1968); für einen neueren Überblick vgl. Johansson (1986).

◆ Burke, L.: On the tunnel effect. QJEP, 4, 1952, S. 121–138; Eimer, M.: Konzepte von Kausalität. Bern 1987; Heider, F. u. Simmel, M.: An experimental study of apparent behaviour. AJP 57, 1944, S. 243ff.; Heller, O. u. Lohr, W.: Die phänomenale Beständigkeit: Eine Einführung in den Gegenstand. In: Michotte, A.: Gesammelte Werke, 2. Bd. Die phänomenale Beständigkeit. Bern 1983; Johansson, G.: Visual perception of biological motion and a model for its analysis. PaP 14,

1973, S. 201–211; JOHANSSON, G.: Visual motion perception. SA, Juni 1975; JOHANSSON, G. u. a.: Event perception. ARP 31, 1980, S. 27–63; JOHANSSON, G.: Visuelle Bewegungswahrnehmung. In: RITTER, M. (Hg.): Wahrnehmung u. visuelles System. Heidelberg 1986, S. 168–177; METZGER, W.: Ps. Darmstadt 1968 (4.Aufl.); MICHOTTE, A.: The perception of causality. London 1963; MICHOTTE, A.: Gesammelte Werke, 1. Bd.: Die phänomenale Kausalität. (Hg. O. HELLER u. W. LOHR) Bern 1982; WIMMER, H. u. PERNER, J.: Kognitionsps. Stuttgart 1979.

Erfolgsmotiv → Leistungsmotivation.

Erfolgsorientierung → Leistungsmotivation.

Ergänzungsfarben → Farbwahrnehmung.

Erholungsrate → Reaktion.

Erholungszeit → Reaktion.

Erinnern [auch *Gedächtnisabruf*, engl. *retrieval*; in älterer Terminologie *Ekphorieren*], der Vorgang, bei dem gespeicherte Information aus dem Gedächtnis abgerufen wird – in anderer Terminologie: wieder bewusst gemacht wird. Aktives E., wie es v. a. bei der Gedächtnisprüfmethode der → Reproduktion gefordert wird, ist normalerweise schwieriger als das → Wiedererkennen. Versagt das E., ergibt sich → Vergessen; dort weitere Darlegungen. G. E. Müller (1924) nimmt an, dass beim E. eine *Ziel-* o. *Richtungsvorstellung* wirksam ist, also eine undeutl. Vorstellung von der Art des zu erinnernden Objekts u. zusätzl. eine Ausgangsvorstellung, die mit dieser Zielvorstellung assoziiert ist. Die von der *Ausgangsvorstellung* u. durch die *Zielvorstellung* unterstützte *Reproduktionstendenz* arbeitet dann auf die gesuchten Vorstellungen hin u. erzeugt E.

TH: Innerhalb der kognitiven Ps. wurden elaborierte Modelle entwickelt, die den Prozess des E. exakter analysieren: (a) Das Grundmodell ist die Unterscheidung zw. einer *Adresse* u. der eigentl. *Lokation*: Die Adresse dient dem Auffinden jeder Information, die an einer bestimmten Lokation gespeichert ist, sie ist unabhängig von Aufbau u. Inhalt der Lokation, so dass auch der Suchvorgang völlig unabhängig vom Enkodierungsformat ist. Eine tief schürfende Analyse dieses Grundmodells u. seiner Implikationen für die Gedächtnisps. findet sich in Klimesch (1988); vgl. hierzu auch Prinz (1983). (b) In der Gedächtnisps. spielen v. a. zwei Modelle des Abrufs eine wichtige Rolle: die → Generate-Recognize-Theorie u., bes. im Bereich des Kurzzeitgedächtnisses, das Modell der → Gedächtnisabsuche; (c) v. a. auf das E. bzw. die Gedächtnissuche im → Langzeitgedächtnis bezogen sind die Theorien → semantisches Gedächtnis u. zu den → semantischen Netzwerken. Eine bes. Rolle spielt dabei die → Aktivationsausbreitungs-Theorie; zum Abruf aus dem *Satzgedächtnis* vgl. die Theorie von Thorndyke u. Bower (1974); King u. Anderson (1976); vgl. zsfd. Wender (1980). Für weitere Theorien s. das Stw. → Vergessen.

◆ BADDELEY, A.: Die Ps. des Gedächtnisses. Stuttgart 1979; JONES, G. V.: Independence and exclusivity among psychological processes: implications for the structure of recall. PR 94, 1987, S. 229–235; KING, D. u. ANDERSON, J. R.: Long-term memory retrieval. An intersecting trace activation model. JVLVB 15, 1976, S. 587–605; KINTSCH, W.: Models for free recall and recognition. In: NORMAN, D. A. u. a. (Hg.): Models of human memory. New York 1970, S. 334–374; KINTSCH, W.: Gedächtnis u. Kognition. Berlin 1982; KLIMESCH, W.: Struktur u. Aktivierung des Gedächtnisses. Bern 1988; MÜLLER, G. E.: Abriß der Ps. Göttingen 1924; PRINZ, W.: Wahrnehmung u. Tätigkeitssteuerung. Berlin 1983; THORNDYKE, P. W. u. BOWER, G. H.: Storage and retrieval processes in sentence memory. CP 5, 1974, S. 515–543; WENDER, K. F. u. a.: Modelle des menschl. Gedächtnisses. Stuttgart 1980.

Erkennen. I. w. S. bezeichnet *E.* das E. von Sachverhalten, vgl. hierzu Prinz (1972); i. e. S. bezeichnet es perzeptive Identifikationsvorgänge, also solche kognitive Prozesse, bei denen ein Gegenstand, z. B. ein Apfel, ein Wort, ein Buchstabe

o. auch ein Mensch, als Apfel, bestimmtes Wort, bestimmter Buchstabe o. als ein bestimmter Mensch erkannt wird. E. bezeichnet also die über die → Wahrnehmung i. e. S. hinausgehenden Prozesse, mit denen die »Bedeutung« eines Gegenstandes erfasst wird, d. h. bei denen eine aktuelle Reizrepräsentation mit einer gespeicherten Gedächtnisrepräsentation in Beziehung gesetzt wird. Damit wird also eine dreigliedrige Relation begründet: *S erkennt O als X*; vgl. hierzu Prinz (1983; zu einem erweiterten Schema s. das Stw. → Buchstabenvergleich. Bezeichnend ist, dass diese Bedeutung ebenso unmittelbar wie die »äußere Gestalt« wahrgenommen wird, auch wenn sie erst durch Lernvorgänge erworben worden ist, z. B. erscheint der latein. Buchstabe »A« nicht als eine Figur aus drei Strichen, der eine bestimmte Lautbedeutung zugeordnet ist, sondern als eine Gestalt, deren »A-Haftigkeit« sozusagen zwingend an ihr erscheint.

Wahrnehmung u. E. fallen in der Regel zusammen: Wahrgenommenes ist fast immer auch zugleich Erkanntes. *Bloßgesehen* sind nach Prinz (1983) wahrgenommene Dinge dann, wenn nur solche Bedeutungskomponenten in ihnen enthalten sind, die mit Merkmalen des Reizgegenstandes kovariieren. Unter bestimmten Bedingungen kann Bloß-Wahrgenommenes von *Erkanntem* unterschieden werden, solche Phänomene finden sich v. a. im psychopatholog. Kontext, v. a. bei den verschiedenen Formen der *Agnosie*, bei denen u. U. ein Gegenstand zwar formal wahrgenommen u. beschrieben werden kann, aber es den Patienten nicht mehr mögl. ist, ihn in seiner Bedeutung zu bezeichnen (»Der Mann, der seine Frau mit einem Hut verwechselte« ist der Titel eines populär gewordenen Buches über solche neurops. Störungsformen). Auch das *Déja-vu-Erlebnis* weist darauf hin, dass das im Wiedererkennen implizierte Phänomen der *Bekanntheitsqualität* ein anscheinend unabhängiges Modus darstellt, da es auch fälschlicherweise auftreten kann, bes. in depressiven Erschöpfungszuständen; vgl. hierzu Scharfetter (1976) u. Barz (1986). Der Übergang von *Wahrgenommenem* zu *Erkanntem* kann den Charakter einer Anreicherung o. einer Einordnung des Wahrgenommenen haben.

In begriffl. Hinsicht ist v. a. die von Cattell u. Wundt präzisierte Trennung von *E.* u. *Unterscheiden* von Bedeutung: *E.* i. e. S. liegt vor, wenn ein Gegenstand innerhalb einer großen, zuvor nicht bekannten Menge identifiziert wird (z. B. durch Benennen), die gleiche Reaktion ist eine *Unterscheidung*, wenn der genannte Gegenstand einer von wenigen, zuvor bekannten Objekten ist.

Der Prozess des Wahrnehmens kann introspektiv meist nicht wahrgenommen werden, ist anschaul. also nicht repräsentiert, ledigl. die Produkte können phänomenanalyt. untersucht werden. Allerdings ist die Frage des → Bewusstseins bzw. der Bewusstseinsfähigkeit von E.-Vorgängen nicht einheitl. beantwortbar: Oft wird eine grundsätzl. Gliederung derart angenommen, dass Erkenntnisprozesse zwei Stufen haben, von denen die erste eine Grobgliederung des Wahrnehmungsfeldes bewirkt (→ Figur-Grund-Unterscheidung; → präattentive Prozesse) u. außerdem schnell, ganzheitl., parallel u. demgem. weitgehend unbewusst ist, während die andere Stufe aufmerksam (»attentional«), detailliert u. sequenziell ist u. demgem. eher dem Bewusstsein zugängl. ist: s. hierzu die Stw. → Aufmerksamkeit u. → fokale Aufmerksamkeit; Weiteres s. → Bewusstsein; Informationsintegrationstheorie.

Zur Charakterisierung des E.-Prozesses sind verschiedene Metaphern geprägt worden: (a) *Vergleich*: der Wahrnehmungsvorstellung mit einer Erinnerungsvorstellung; (b) *Verschmelzung*: z. B. war für Wilhelm Wundt das Aufeinandertreffen von Sinneseindrücken u. Gedächtnisresiduen ein Vorgang vom Typus des Verschmelzens, den er als *Assimilation* bezeichnete, die er als eine besondere Erscheinungsform assoziativer Verknüpfung auffasse (c) *Resonanz*: näml. zw. Sinneseindruck u. Gedächtnissystem; (d) *Zuordnung*: ein Kzpt., das auf quasi-physikal. Anklänge verzichtet, es ist in der Ps. prävalent; vgl. auch das Stw. → Bindungsproblem.

Da in der Wahrnehmungsrepräsentation nur visuelle Eigenschaften vertreten sind, kommen als Gegenstück bei dieser Zuordnung auf der Gedächtnisseite auch nur visuelle Anteile in Betracht (alle übrigen Wissenskomponenten, z. B. Namen, motor. Programme zur Artikulation, können am primären Vergleich nicht beteiligt sein). Köhler bezeichnet die Unfähigkeit des → Behaviourismus, dies überhaupt als Problem zu erkennen, als »Erfahrungsfehler« (s. das Stw. → Gestalttheorie; s. auch das Stw. → Höffdings Problem). Die Gesamtheit der visuellen Merkmale, die zu einer Gedächtnisrepräsentation gehören, kann auch als ihre visuelle *Adresse* bezeichnet werden: die Anschrift, über die sie durch visuelle Stimulation erreicht werden kann. In vielen Theorien perzeptiver Erkenntisprozesse wird angenommen, dass die Kommensurabilität zw. Reizseite u. Gedächtnisseite dadurch sichergestellt wird, dass beide Partner des Vergleichs aus gleichartigen Merkmalen bestehen, u. damit verbunden ist die Annahme, dass dem eigentl. Vergleichsprozess ein Prozess der Vorverarbeitung vorausgeht, in dem der jeweilige Reiz in einer Liste von Merkmalen beschrieben wird: → Merkmalsanalyse. Zu den Gedächtnisrepräsentationen wird angenommen, dass jede Adresse aus einem Satz dauerhaft gespeicherter Merkmale besteht; Vergleich geschieht also durch »Aufeinanderlegung« von reizseitigen u. gedächtnisseitigen Merkmalen. Diese Idee kommt aus dem Bereich → *computer vision* u. aus neurophysiolog. Befunden über → *rezeptive Felder*.

TH/HI: Die Ps. hat sich in mehreren Forschungslinien dem Phänomen E. (in einem empir.-experimentellem Zugang) genähert: (1) Im *aktualgenet.* Forschungsansatz (→ Aktualgenese) wird v. a. der *prozessuale* Charakter betont: E. ist hier nicht nur ein theoret. Konstrukt, sondern erlebte Realität, u. das Rationale des Verfahrens der Aktualgenese besteht darin, die spontane Unmittelbarkeit des normalen Erkenntnisvorgangs aufzubrechen u. in zerdehnter Form der Beobachtung zugängl. zu machen. Diese Methodik fand v. a. Anwendung im Rahmen von gestalttheoret. inspirierten Forschungen. (2) Stärker auf objektive Methoden hin ausgerichtet ist eine Forschungstradition, die auf die → Subtraktionsmethode zurückgeht – begründet durch v. Helmholtz u. weiterentwickelt von dem holländ. Physiologen F. C. Donders u. von W. Wundt. Das Rationale dieses Prinzips besteht darin, eine Analyse der → Reaktionszeit hinsichtl. der unterschiedl. Teilkomponenten von Erkenntnisprozessen vorzunehmen. Ein ähnl. method. Ansatz ist die *Fehleranalyse* bei einer Restriktion der Darbietungszeit, s. hierzu das Stw. → Erkennungsaufgaben. Weitere klass. Arbeiten wurden von J. M. Cattell, im dt. Raum von Wirth u. von Ach durchgeführt; zur Weiterentwicklung s. das Stw. → Additive-Faktoren-Methode. Diese Tradition wurde sowohl durch den Behaviourismus wie durch die Gestalttheorie unterbrochen. Prinz (1972) bezeichnet diesen Ansatz der klass. Elementenps. als empir. fruchtbar, aber theoret. nicht ergiebig, da eine Art methodolog. Verkapselung aufgetreten sei. (3) Etwa seit 1950 haben diese Paradigmen im angelsächs. Raum eine Wiederbelebung u. eine Verfeinerung erfahren. Dieser neue Ansatz, der seine Entstehung zu einem guten Teil der Liberalisierung behaviourist. Positionen verdankt, hat zwei Entwicklungslinien vorgebracht: (a) Die Abhängigkeit des Wahrnehmens von *nichtsinnl.* Bedingungen; untersucht wird die Abhängigkeit der Erkenntnisleistungen von Einstellung u. motivationalen u. sozialen Faktoren, wb. vorzugsweise mit Methoden der Fehlerregistrierung bei Zeitlimitation gearbeitet wird; → soziale Wahrnehmung, → Personenwahrnehmung sowie → Wahrnehmungsabwehr. (b) In einer zweiten Entwicklungslinie wird E. als → Informationsverarbeitung behandelt u. im gleichen Rahmen wie maschinelle Erkenntnisprozesse im Computer analysiert. In diesem Gebiet finden schwerpunktmäßig zeitmessende Methoden Verwendung: Suchmethoden, Vergleichsmethoden, Identifikations- u. Klassifikationsmethoden (s. das Stw. → Erkennungsaufgaben). In diesem Gebiet hat das E.-Kzpt. seine bislang präzisesten Detaillierungen erfahren. Charakterist. für diese Modelle ist das Interesse einerseits für die Funktionsstruktur des Gedächtnissystems u. andererseits für die Zergliederung des inneren Zuordnungsvorgangs in Teilprozesse. Hinsichtl. dieser Teilprozesse stehen zwei

Grundkonzeptionen im Wettstreit: *Schablonenmodelle* u. *Merkmalsmodelle*, s. hierzu das Stw. → Mustererkennung. Weitergehende Spezifikationen beziehen sich auf die Zeitstruktur der veranschlagten Teilvorgänge: Der Erkennungsprozess wird in diesen Modellen bestimmt als Vorgang einer durch die Reizrepräsentation veranlassten Suche nach einer passenden Stelle im Gedächtnis; der Verlauf des Einordnungsvorgangs ist von der Zugänglichkeitsstruktur des Systems abhängig.

VD: Eine eigene, weitgehend unabhängige theoret. Tradition ist die aus der → Neuropsychologie bzw. Psychopathologie stammende Forschung zu neurolog. Störungen, v. a. zu den Agnosien (s. o.). Drei theoret. Modelle zur Deutung dieser Erscheinung existieren: Das eine meint, dass die Gedächtnisresiduen gestört seien – wogegen aber spricht, dass sie bisweilen über eine andere Sinnesmodularität ansprechbar sind. Nach einer zweiten Theorie ist demgem. nicht das Gedächtnissystem, sondern seine Ansprechbarkeit durch spezif. Wahrnehmungseindrücke gestört. Eine dritte Theorie ist ganzheitl., nach ihr sind weder Gedächtnis noch Ansteuerbarkeit gestört, sondern die beiden log. u. zeitl. vorgeordnete Konstituierung von gegliederten u. geordneten Wahrnehmungseindrücken. Letztere Theorie wurde aus patholog. Tradition heraus von Goldstein ausgearbeitet u. von den sowohl in psychopatholog. wie ps. Tradition stehenden Forschern A. Rüssel u. H. Werner in einen gestalttheoret. u. aktualgenet. orientierten Ansatz integriert. In eine ähnl. Richtung gehen die Forschungen von v. Senden über die Wiedergewinnung visueller Orientierung bei Blindgeborenen, die durch eine Operation ihr Augenlicht wiedererhalten haben. Insges. gesehen belegt die Psychopathologie die auch in der theoret. Ps. postulierten Kzpte., näml. die Trennung des E. von der *Wahrnehmung* i. e. S. u. des Weiteren die Unterscheidung von *Reizrepräsentation*, *Zuordnungsprogramm* u. *Gedächtnisrepräsentation*.

◆ Barz, H.: Psychopathologie u. ihre ps. Grundlagen. Bern 1986; Bischof, N.: Erkenntnistheoret. Grundlagenprobleme der Wahrnehmungsps. In: Metzger, W. (Hg.): Wahrnehmung u. Bewußtsein. HP, 1. Bd., 1. Hlb. Göttingen 1966, S. 21–78; Graumann, C. F.: Bewußtsein u. Bewußtheit – Probleme u. Befunde der ps. Bewußtseinsforschung. In: Metzger, W. (Hg.): Wahrnehmung u. Bewußtsein. HP, 1. Bd., 1. Hlb. Göttingen 1966, S. 79–130; Merkel, J.: Die zeitl. Verhältnisse der Willenstätigkeit. Philosoph. Studien 2, 1885, S. 73–127; Prinz, W.: Erkennen. In: Ritter, J. (Hg.): Histor. Wörterbuch der Philosophie, 2. Bd. Basel 1972; Prinz, W.: Wahrnehmung u. Tätigkeitssteuerung. Berlin 1983; Scharfetter, C.: Allg. Psychopathologie. Stuttgart 1976; Wundt, W.: Über ps. Methoden. Philosoph. Studien 1, 1882, S. 25ff.

Erkenntnis → Erkennen.

Erkenntnis von Baruch, eine im Zusammenhang mit dem → Problemlösungs-Einstellungs-Kzpt. formulierte ps. Gesetzmäßigkeit: *Wenn man bloß einen Hammer hat, sieht alles aus wie ein Nagel.* Zur Relativierung der Schädlichkeit der aus diesem Problemlösungsvh. sich ergebenden Konsequenzen → *Big Al's Gesetz*.

◆ Bloch, A.: Gesammelte Gründe, warum alles schiefgeht, was schiefgehen kann. München 1985.

Erkennungsaufgaben. Die Ps. hat zur wissenschaftl. Analyse des ursprüngl. philosoph. Themas → *Erkennen* eine Reihe von empir.-experimentellen Paradigmen entwickelt, bisweilen als *noometr. Methoden* bezeichnet. Wichtig geworden ist v. a. die *chronometr. Analyse* anhand unterschiedl. → Reaktionszeit-Paradigmen, speziell die → Additive-Faktoren-Methode u. die → Subtraktionstechnik. Bes. Ausformungen sind: → Gedächtnisabsuche, die → disjunktive Wahlreaktion, die → binäre Zeichenklassifikation, das → visuelle Suchen u. der → Buchstabenvergleich sowie der → mehrdimensionale Figurenvergleich.

Es gibt grundsätzl. zwei Methoden: (a) Registrierung des Zeitverbrauchs bei unbeschränkter Darbietung (*Reaktionszeitmethoden*); (b) *fehlermessende Verfahren*:

Registrierung der Fehlerrate bei zeitl. o. anders beschränktem o. beeinträchtigtem Prozessverlauf, z. B. beim Arbeiten mit dem → Tachistoskop. Grundsätzl. können beide Arten von Verfahren angewandt werden, in der Regel ist nur für eine der Kriteriumsvariablen eine Interpretationsbasis gegeben, die unmittelbar aus der Logik der Aufgabe abgeleitet werden kann. Vgl. zu grundsätzl. Analysen u. Darstellung solcher Aufgaben Prinz (1983).

Bei E. ist wichtig die Unterscheidung zw. den *Prozessbegrenzungen* (engl. *process limitations*) u. den *Zustandsbegrenzungen* (*state limitations*): *state limitations* sind die Leistungsgrenzen, die auf mangelhafte Darbietungsverhältnisse zurückgehen; die *process limitations* sind die absoluten Leistungsgrenzen, die sich aus der Natur der beteiligten Verarbeitungsprozesse ergeben, sie lassen sich nur in reiner Form herausarbeiten, wenn keine *state limitations* wirksam sind; das Interesse gilt z. B. nicht dem Einfluss der Helligkeits- o. Kontrastbedingungen, unter dem visuelle Zeichen dargeboten werden, sondern z. B. dem Einfluss des Umfangs, des Signalrepertoires, aus dem sie entnommen sind usw. (Unterscheidung nach Garner 1962). Zum Problem des Zusammenhangs von Reaktionszeit u. Fehlerraten vgl. das Stw. → Speed-power-Problem.

VD: Die Grundstruktur der meisten E. ist: (1) Gegeben ist ein Reizrepertoire, z. B. die Buchstaben A,B,C,D, u. Reaktionen, z. B. 1,2,3,4; in der *Instruktion* sind Regeln für die Zuordnung von Reiz u. Reaktion niedergelegt; die Reize werden in unvorhersagbarer Reihenfolge einzeln dargeboten u. sollen mit den laut Instruktion richtigen Reaktionen beantwortet werden. (2) Die Grundvarianten dieser Aufgabenstrukturen können nach drei Aspekten gegliedert werden: nach der Beschaffenheit u. dem Darbietungsmodus der Reize, nach der Form der Reaktionsanbindung u. nach der Struktur der Reiz-Reaktions-Zuordnung: *Erkennen, Prüfen* o. *Vergleichen.* (3) Innerhalb jeder dieser Aufgabenformen ist eine weitere Unterscheidung dadurch mögl., ob eine *Identifikation* o. eine *Klassifikation* die Grundlage der Reaktionsentscheidung bildet: (a) *Klassifikator.* Erkennen liegt vor, wenn die gleichen Reize auf eine geringere Zahl von Reaktionen konvergieren; (b) bei reiner *Identifikation* entspricht jedem Reiz eine eigene Reaktion. (Posner [1964] bezeichnet deswegen letztere Prozesse mit dem Schlagwort *information conservation* u. klassifikator. Prozesse mit *information reduction.*) Bei klassifikator. Erkennen können zwei Möglichkeiten unterschieden werden: Klassen können aufgrund eines Merkmals (z. B. *rund* o. *eckig*) gebildet sein o. sie sind einfach beliebig zugeordnet, also nur durch Aufzählung definiert: (*definition of categories by attributes* vs. *by numeration*). (Posner hat vorgeschlagen die erste Form der Informationsreaktion als *gating* u. die zweite als *condensation* zu bezeichnen – dem Terminus *gating* liegt die Vorstellung eines Filters zugrunde, der nur die relevanten Attribute passieren lässt, im anderen Fall wird eine Kategorie aufgebaut, die durch *condensation* verschiedener Attribute definiert ist.) Ein Vergleich zw. *Identifikations-* u. *Klassifikationsaufgaben* bietet die Möglichkeiten zu prüfen, ob der im → Hick-Hyman-Gesetz formulierte Alternativeneffekt von der Zahl der Reiz- o. Reaktionsalternativen abhängt.

◆ AUDLEY, R. J.: Some observations on theories of choice reaction time: tutorial review. In: KORNBLUM, S. (Hg.): Attention and performance IV. New York 1973; GARNER, W. R.: Uncertainty and structure as psychological concepts. New York 1962; GARNER, W. R.: The stimulus in information processing. AmP 21, 1966, S. 11–19; LAMING, D. R. J.: Information theory of choice-reaction times. London 1968; POSNER, M. J.: Information reduction in the analysis of sequential tasks. PR 71, 1964, S. 491–504; POSNER, M. J.: Chronometric explorations of mind. Hillsdale 1978; PRINZ, W.: Wahrnehmung u. Tätigkeitssteuerung. Berlin 1983; SMITH, E. E.: Choice reaction time: an analysis of the major theoretical position. PBu 69, 1968, S. 77–110.

Erkennungsplan → Sprachwahrnehmung.

Erkundungsverhalten → Explorationsverhalten.

Erleben → Verstehen; → geisteswissenschaftliche Psychologie.

Erlebnistönung → Emotion.

Erlebte Kontrolle → Kontrollüberzeugungen; → Kontrolle.

Erlebte Selbstverantwortlichkeit, von Feather (1967) formulierte Elaboration des Risikowahlmodells der → Leistungsmotivation, in der die e. S. für erzielte Leistungsergebnisse als Moderatorvariable für den Zusammenhang zw. Anreiz u. Erfolgserwartung berücksichtigt wird; angenommen wird, dass ein Mindestmaß an e. S. eine notwendige Voraussetzung für die Anregung einer leistungsthemat. Handlungstendenz ist, so dass Leistungsmotivation gar nicht angeregt wird, wenn Erfolg o. Misserfolg als der persönl. Kontrolle weitgehend entzogen betrachtet werden.

◆ FEATHER, N. T.: Valence of outcome and expectation of success in relation to tasked difficulty and perceived locus of control. JPSP 7, 1967, S. 372–386.

Erlernte Hilflosigkeit → gelernte Hilflosigkeit.

Erlernter Trieb → erworbener Trieb.

Erlernungsmethode → Gedächtnisprüfmethoden.

Ermüdung, Zustand einer verringerten Leistungsfähigkeit u. Erholungsbedürftigkeit nach einer → Belastung, vornehml. durch Arbeit. Häufig werden unterschiedl. Formen folgendermaßen differenziert: *phys.* u. *psych.* E.; *muskuläre* u. *zentral-nervöse* E.; *periphere* u. *zentrale* E.; *partielle* u. *allg.* E.; *subjektive* u. *objektive* E. Ein wichtiger Indikator für E. ist die Bedeutung der → Flimmerverschmelzungsfrequenz.

TH: Das Kzpt. des Schwindens der im Organismus verfügbaren Kräftevorräte ist eine klass. vorwissenschaftl. u. wissenschaftl. Konzeption (vgl. Kraepelin 1896) zur Erklärung von E. Von anderer Seite (z. B. Lehmann 1962) wurde v. a. die *Anhäufung von Ermüdungsstoffen* als eigentl. Determinante der E. angesehen; Offner (1928) vertrat ein Modell, das beide Faktoren berücksichtigte. Ein grundlegend anderer Ansatz sieht E. als Motivationsbegriff u. hebt v. a. die Bedeutung von psych. Sättigung u. Monotonie bei der Entstehung von E. hervor; schon Thorndike (1922) sieht E. eher als Nachlassen der *Leistungsbereitschaft* als der *Leistungfähigkeit*, entstanden durch Unlust gegenüber der durchgeführten Tätigkeit, bes. auch durch Unterdrückung anderer Motivationen. Diese Modelle werden heute als überholt u. zu simpel betrachtet; als Reaktion auf die Kritik war längere Zeit ein deskriptiver Forschungsansatz prävalent; erst mit Beginn der Rezeption neurophysiolog. Erkenntnisse innerhalb der E.-Forschung während der 60er Jahre werden wieder stärker explikative Modelle ausgebildet: unter Rekurs auf das → Aktivations-Kzpt. operieren die Theorien von Schmidtke (1965), Grandjean (1963, 1967) u. Haider (1962); betont wird v. a. die Rolle der Formatio reticularis; vgl. Bartenwerfer (1970). *T*: Der E.-Begriff ist v. a. von der Arbeitspsychologie geprägt u. bezeichnet deshalb meist weniger den Zustand eines erhöhten Bedürfnisses nach Schlaf als eben die arbeitsbedingte E. Es gibt aber noch keinen allg. definitor. Konsens; auch Nitsch (1970) sieht die Frage der theoret. Einbettung des E.-Begriffs, seine Definition u. empir. Bestimmbarkeit als noch nicht beantwortbar. Meist wird E. auch von → psychischer Sättigung abgegrenzt.

LIT: Zu Problemen der E. im Sport u. Bereich des sportl. Lernens vgl. Gutin (1973).

◆ BARTENWERFER, H.: Psych. Beanspruchung u. Ermüdung. In: MAYER, A. u. HERWIG, B. (Hg).: Betriebsps. HP, 9. Bd., Göttingen 1970 (2. Aufl.), S. 168–209; BARTLEY, S. H. u. CHUTE, E. F.: Fatigue and impairment in man. New York 1947; BORNEMANN, E.: Ps. der Ermüdung. Ps. in der Praxis 1, 1956/57, S. 157–69; VON BRACKEN, H.: Komponenten der Ermüdung. Zentralwort für Arbeitswissenschaften 6, 1952, S. 161–164; DURIG, A.: Die Theorie der Ermüdung. In: ATZLER, E. (Hg.): Körper u. Arbeit. Handbuch der Arbeitsps. Leipzig 1927, S. 147–195; GIESE, F.: Methoden der Wirtschaftsps. In: ABDERHALDEN, E. (Hg.): Handbuch der biolog. Arbeitsmethoden, 9. Bd. Berlin 1927; GRANDJEAN, E.: Physiolog. Arbeitsgestaltung. Thun 1963; GRAND–

JEAN, E.: Ermüdung u. Leistungsbereitschaft. Naturwissenschaftl. Rundschau 20, 1967, S. 511–518; GUBSER, A.: Monotonie im Industriebetrieb. Bern 1968; GUTIN, B.: Motor. Fertigkeiten u. körperl. Ermüdung: Theorien, Forschungsergebnisse u. ihre Bedeutung für den Leistungssport. Leistungssport 3, 1973, S. 411–417; HAIDER, M.: Ermüdung, Beanspruchung u. Leistung. Eine Einführung in die Ermüdungs- u. Monotonieforschung. Wien 1962; KRAEPELIN, E.: Hygiene der Arbeit. Jena 1896; MOSSO, A.: Die Ermüdung. Leipzig 1892; NITSCH, J.: Theorie u. Skalierung der Ermüdung. Eine Studie zum Beanspruchungsproblem. Köln 1970; OFFNER, M.: Die geistige Ermüdung. Berlin 1928; SCHAEFER, H.: Ermüdung u. Müdigkeit. In: BAUS, W. (Hg.): Ermüdung, Schlaf u. Traum. Stuttgart 1970, S. 1–29; SCHMIDTKE, H.: Die Ermüdung. Bern 1965; SCHÖNPFLUG, W.: Beanspruchung u. Belastung bei der Arbeit. Kzpte. u. Theorien. In: KLEINBECK, U. u. RUTENFRANZ, J. (Hg.): Arbeitsps., EP, D, III, 1. Bd. Göttingen 1987; THORNDIKE, E. L.: Ps. der Erziehung. Jena 1922.

Ernährungspsychologie → angewandte Psychologie.

Erogene Zonen → Sexualtrieb.

Eros → Psychoanalyse; → Trieb.

Erregung. Der Begriff wird im vorwissenschaftl. Bereich v. a. im Sinne einer emotionellen E., bes. im Zusammenhang mit Sexualität, verwendet, so auch in der Ps., jedoch ist dies nicht die dominante Verwendung u. Bedeutung. *E.* wird in der akadem. Ps., aufgrund ihrer experimentellen u. behaviourist. Tradition, meist in einem »objektiveren« Sinne verwendet: die Ps. hat das E.-Kzpt. aus der *Physiologie* adaptiert u. es bezieht sich meistens auf Prozesse in einem psychophys. Zwischenbereich, oft auf hypothet. Konstrukte, deren Ausdeutung – ob *physiolog.* o. *ps.* – innerhalb der einzelnen Theorien nicht ganz klar ist. Häufiger wird statt des E.-Begriffs der Begriff → *Aktivation* verwendet; Weiteres s. d. Der Gegenprozess zur E. ist → Hemmung, ein Kzpt., das in der Psychologie größere Bedeutung als der Begriff *E.* gewonnen hat – die Bedeutung des E.-Begriffs kann daher besser darüber definiert werden; Weiteres → Erregungs-Hemmungs-Theorien u. → Entspannung.

Erregungs-Hemmungs-Theorien. Es gibt keinen eindeutig kodifizierten Begriff *E.*, in einer Reihe von Theorien ist allerdings das Zusammenspiel von erregenden u. hemmenden Komponenten wesentl., wb. meistens Modelle der Physiologie auf die Ps. übertragen worden sind. Begründet wurde dieser Ansatz v. a. innerhalb der russ. → Reflexologie; vgl. Buresova (1984). Wenn auch in den meisten → Lerntheorien ein solches Erregungs-Hemmungs-Modell eine Rolle spielt, ist es v. a. in Eysencks Theorie von → Extraversion vs. Introversion zentral. Auch in vielen modernen etholog. Theorien ist ein kompliziertes Zusammenspiel von Erregung u. Hemmung wichtig; vgl. hierzu Hinde (1973); Weiteres s. die Stw. → Hemmung u. → Aktivation.

◆ BURESOVA, O.: Die sowjet. Pawlow-Schule. In: ZEIER, H. (Hg.): Lernen u. Verhalten, 1. Bd. Lerntheorien. Weinheim 1984, S. 49–75; HINDE, R. A.: Das Vh. der Tiere, 2 Bde. Frankfurt/M. 1973 (Orig.: 1966).

Erregungsspitze → optimale Stimulation.

Erregungstransfer [engl.: *excitation transfer*], das Phänomen, dass ein einmal erregter u. abklingender Gefühlszustand u. U. einen nachfolgenden zweiten Gefühlszustand verstärkt. So kann z. B. körperl. Anstrengung nachfolgende Emotionen wie Ärger, Aggression o. auch sexuelle Erregung intensivieren (Zillmann u. a. 1972). Dies wurde als Bsp. für die Möglichkeit der *Umetikettierung* physiolog. Erregung gewertet, wie sie von der →

Schachter-Singer-Theorie u. ihren Weiterentwicklungen postuliert worden ist. Eine solche Fehlattribution von Resterregungen wurde v. a. von Zillmann (1979) in vielen Untersuchungen demonstriert.

VD: In einem Experiment mussten männl. Studenten eine Minute auf einem Heimtrainer fahren, was zur Folge hatte, dass eine messbare physiolog. Erregung über 9 Minuten lang anhielt, die man subjektiv aber nach 5 Minuten nicht mehr verspürt; als die Studenten sexuell erregenden Stimuli ausgesetzt wurden, ergab sich, dass unmittelbar nach dem Fahrradfahren eine Trennung körperl. Aktivierung u. sexueller Erregung mögl. war, nach 5 Minuten aber beide sich gegenseitig verstärkten.

◆ ZILLMANN, D. u. a.: Excitation transfer from physical exercise to subsequent aggressive behaviour. JESP 8, 1972, S. 247–259; ZILLMANN, D.: Hostility and aggression. Hillsdale 1979.

Ersatzbildung → Verdrängung; → Psychoanalyse.

Ersatzprobe → Konstituentenanalyse.

Erschöpfende Durchmusterung → Gedächtnisabsuche.

Ersetzungsregeln → Phrasenstrukturgrammatik.

Ersparnismethode → Gedächtnisprüfmethoden.

Erstaunen → Überraschung.

Erster Eindruck → Eindrucksbildung.

Erstskizze → computationale Wahrnehmungstheorie.

Erwartung → Erwartungstheorie; → Erwartung-mal-Wert-Modell.

Erwartung-mal-Wert-Modell, Kernmodell der → Entscheidungstheorie, das davon ausgeht, dass sich jede Handlungsalternative bei einer Entscheidung durch zwei unabhängige Messwerte kennzeichnen lässt: den → Nutzen (= *Wert*) u. die → Wahrscheinlichkeit (= *Erwartung*), mit der ein Ereignis eintritt (deshalb auch: *Wahrscheinlichkeit-mal-Nutzen-Modell*). Das E. besagt – in *normativer* Hinsicht –, dass ein »idealer Entscheider« diese beiden Werte multipliziert u. über alle möglichen Konsequenzen einer Handlungsalternative aufsummiert; gewählt werden sollte dann die Handlungsalternative, bei der diese Summe (das ist der *mathemat. Erwartungswert* des Nutzens, also der auf lange Sicht zu erwartende Durchschnittsnutzen), maximal ist (*Bernoulli-Prinzip*). Dieses Prinzip ist eine spezif. Formulierung des allg. *Nutzenmaximierungsprinzips*; zur wissenschaftl. Analyse u. Kritik dieses Prinzips vgl. Pfohl u. Braun (1981) u. Bitz (1980). Die Abb. *Entscheidung 1* zeigt ein Bsp. (von Rosenstiel u. a. 1995) aus dem organisationsps. Bereich: ein Abteilungsleiter steht vor der Entscheidung, die Buchhaltung auf EDV umzustellen (A1) o. nicht (A2).

In *deskriptiver* Hinsicht impliziert dieses Paradigma, dass dieses Idealmodell auch das reale ps. Erleben u. Vh. der Menschen wiedergibt. Durch die Forschung innerhalb dieser Perspektive wurde dieses Modell zunehmend »psychologisiert«, v. a. »subjektiviert«, d. h. es wurden der *subjektive* Nutzen u. die *subjektive* Wahrscheinlichkeit betrachtet (Weiteres s. die entsprechenden Stw.). Die Forschung ergab zunehmend, dass das Vh. der Menschen in weiten Bereichen gegen das E. verstößt, u. es wurde versucht eine Systematik auszuarbeiten, wann die Bedingungen des Modells gelten bzw. nicht gelten; vgl. zum Überblick Lee (1977).

Maximierung des subjektiv erwarteten Nutzens

positive K'n von A 1	W	N	W × N	negative K'n von A 1	W	N	W × N
Einsparung von Kosten	0.3	+2	+0.6	hohe Anschaf-fungs- u. Unterhaltskosten	1.0	–3	–3.0
exaktere Information	0.4	+3	+1.2	Unzufriedenheit unter den Mitarbeitern	0.6	–5	–3.0
schnellere Information	0.8	+2	+1.6	niedrigeres Abteilungsbudget	0.2	–5	–1.0
größere Kapazität	0.8	+3	+2.4	weniger Flexibilität	0.5	–2	–1.0
			Σ = +5.8				Σ = –8.0

Da die Produktsumme aus Nutzen und Wahrscheinlichkeit der negativen Konsequenzen von A 1 größer ist als die der positiven, wird sich der Abteilungsleiter gegen den Kauf einer EDV-Anlage entscheiden, wenn er rational handeln will.

(Bei der Berechnung des kombinierten Produkts von Wahrscheinlichkeit und Nutzen mehrerer Konsequenzen müssen alle denkbaren Kombinationen berücksichtigt werden, also auch die Extremfälle, daß keine der Konsequenzen bzw. alle Konsequenzen zugleich auftreten. Bei 2 Konsequenzen: K_1 ($W_1 = 0{,}40$; $N_1 = 2$) und K_2 ($W_2 = 0{,}70$; $N_2 = 4$) ergäben sich folgende Kombinationen:

$$\begin{aligned} \text{nur } K_1 &: [W_1 \times (1 - W_2)]\, N_1 && = 0{,}24 \\ \text{nur } K_2 &: [W_2 \times (1 - W_1)]\, N_2 && = 1{,}68 \\ \text{weder } K_1 \text{ noch } K_2 &: [(1 - W_1)(1 - W_2)]\, 0 && = 0 \\ K_1 \text{ und } K_2 &: (W_1 \times W_2)(N_1 + N_2) && = 1{,}68 \\ & && \Sigma = 3{,}60 \end{aligned}$$

Die Formel dafür lautet also:

$W_1(1 - W_2)\, N_1 + W_2(1 - W_1)\, N_2 + W_1 \times W_2(N_1 + N_2)$

Sie löst sich auf in $W_1N_1 + W_2N_2$.

Setzt man in diesen Ausdruck die Werte des obigen Beispiels ein, so ergibt sich: $0{,}40 \times 2 + 0{,}70 \times 4 = 3{,}60$. Entsprechend wurde die Berechnung der Werte in Tabelle 2 vorgenommen.)

Abb. *Entscheidung 1*

HI/WÜ: Das E. ist von großer histor. Bedeutung; es wurde v. a. innerhalb der Motivationsps. u. hier v. a. innerhalb der Theorien zur → Leistungsmotivation rezipiert. Die Problematisierung u. Ablösung dieses Modells war eine der wesentl. paradigmat. Diskussionen der Motivationsps. in den 80er Jahren; vgl. hierzu Kuhl (1983). Bisweilen wird versucht, sämtl. → Motivationstheorien zu gliedern in solche, die auf dem → Drive-mal-Habit-Modell auf der einen Seite basieren, u. solchen Theorien, die explizit o. implizit ein E. beinhalten, auf der anderen Seite. Tatsächl. operieren viele Motivationstheorien mit diesem Kern der Entscheidungstheorien, allerdings nicht in dem engen Sinne einer mathemat. Verrechnung, sondern gem. dem grundsätzl. Modell, dass *Emotion* (*Wert*) u. *Kognition* (*Erwartung*, *Wahrscheinlichkeit*) einander gegenübergestellt werden u. gemeinsam zur Motivation bzw. Entscheidung beitragen. Als wichtigste Theorien mit diesem Annahmekern sind zu nennen: Lewins → Feldtheorie, Tolmans kognitive → Zeichen-Gestalt-Theorie u. Atkinsons Theorie der Leistungsmotivation, Rotters Theorie des → sozialen Lernens, im Bereich der Arbeitsps. die → Instrumentalitätstheorie; auch wesentl. Theorien zu → Einstellungen beinhalten diesen Annahmekern.

VD/T: (1) (a) Das Bernoulli-Prinzip wird auch *Bayes-Regel*, *Bayes-Kriterium* genannt; zu unterscheiden vom *Bayes-Theorem* u. von einer *Bayes-Statistik*; vgl. Lee (1977). (b) Die zunehmende Berücksichtigung der subjektiven Repräsentation innerhalb des E. wurde terminolog. folgendermaßen charakterisiert: *Erwartung* (also eigentl.: *Wahrscheinlichkeit*) wird innerhalb dieses Modells meist mit *E* (engl. *expectancy)* abgekürzt; der *objektive Wert* wird mit *V* (engl. *value*, *Valenz* abgekürzt); *utility* meint dagegen den *subjektiven* Wert (im Gegensatz zu *V*., dem *objektiven* Wert). Dementsprechend kann man den oben dargestellten forschungshistor. Prozess terminolog. so charakterisieren: es war ein Übergang von den *EV-Modellen* (auch: *E-mal-V-Modelle*) zu den *EU-Modellen* u. von da zu den *SEU-Modellen*. (SE ist die *subjective expectancy*, also die subjektive Wahrscheinlichkeit); SEU-Modelle sind dementsprechend *Subjective-expectancy-utility-Modelle* bzw. *Subjective-expected-utility-Modelle*.
(2) Edwards (1965) unterscheidet zwei Klassen von SEU-Modellen, die *ASEU* (*additive subjectively expected utility maximization models*) u. *NASEU*-Modelle (*non-additive)*. Im Falle der ASEU-Modelle genügt es, den Nutzen auf einer Intervallskala zu messen, während die subjektiven Wahrscheinlichkeiten auf einer Verhältnisskala zu messen sind, im Falle der NASEU-Modelle müssen beide Größen auf einer Verhältnisskala gemessen werden, d. h. dass für die Nutzenmessung ein absoluter Null-Punkt angenommen werden muss. Aufgrund der empir. Hinweise auf die Nicht-Additivität subjektiver Wahrscheinlichkeit setzt sich Edwards für die Entwicklung von NASEU- Modellen ein; in seinem *WE-SEU-Modell* (*weighted SEU-model*) nimmt er an, dass die Vp die Wahrscheinlichkeiten grundsätzl. unverzerrt wahrnehmen, in gewissen Situationen aber Präferenzen zeigen, was durch den Gewichtungsfaktor ausgedrückt werden soll.
(3) Die Bezeichnung »Erwartung*s*-mal-Wert-Modell« ist die in der Literatur am häufigsten zu findende Formulierung – obgleich sie sprachl. nicht korrekt ist, weil das Genitiv-s an dieser Stelle fehlplatziert ist; es müsste also korrekter heißen: *Erwartung-mal-Wert-Modell*, wie in diesem Lexikon durchgängig verwendet.

LIT: Vgl. zum Überblick den Sammelband von Feather (1982); vgl. zur histor. Einordnung Langenheder (1975); vgl. zum Überblick über weitere Theorien u. über die motivationsps. Implikationen Keller (1981); unter eher persönlichkeitstheoret. u. wissenschaftstheoret. Aspekt vgl. Krampen (1986).

◆ Bitz, M.: Entscheidungstheorie, Kurseinheit 4: das Bernoulli-Prinzip. Hagen 1980; Edwards, W.: Subjective probabilities infered from decisions. In: Luce, R. D. u. a. (Hg.): Readings in mathematical psychology, 2. Bd. New York 1965, S. 465ff.; Fether, N. T. (Hg.): Expectations and actions: expectancy-value models in psychology. Hillsdale 1982; Keller, J. A.: Grundlagen der Motivation. München 1981; Krampen, G.: Handlungsleitende Kognitionen von Lehrern. Instrumentalitätstheoret. Vorhersagen pädagog. Präferenzen. Göttingen 1986; Kuhl, J.: Motivation, Konflikt u. Handlungskontrolle. Berlin 1983; Langenheder, W.: Theorien menschl. Entscheidungshandlungen. Stuttgart 1975; Lee, W.: Ps. Entscheidungstheorie. Weinheim 1977; Pfohl, H.-C. u. Braun, G. E.: Entscheidungstheorie. Landsberg am

Lech 1981; VON ROSENSTIEL, L. u. a.: Organisationsps. Stuttgart 1995 (8. überarb. u. erw. Aufl.).

Erwartungsabhängiges Priming → priming.

Erwartungspotential → physiologische Psychologie (Kasten psychophysiologische Methoden).

Erwartungstheorie [engl. *expectancy-theory*, auch *S-S-* bzw. *S-S*-* bzw. *R-S*-Theorie*; zu dieser Symbolik vgl. → kognitive Lerntheorien], im allgemeinen Sinne jede Theorie, die im Gegensatz zu den einfachen mechanist.-assoziationist. → Lerntheorien u. den → Triebtheorien zentral mit kognitivist. bzw. mentalist. Konstrukten operiert: Lernen besteht nicht in unbewussten mechanist. Assoziationen zw. Reiz u. Reaktion im Sinne der → S-R-Theorien, sondern in der Ausbildung einer *Erwartung* über Reizabfolgen bzw. über das Eintreffen von → Verstärkung, wie dies v. a. von den → kognitiven Lerntheorien postuliert wird.

Ein klass. erwartungstheoret. Kzpt. ist das des → Anreizes innerhalb der → Zeichen-Gestalt-Theorie Tolmans. Frühe u. wichtige Ansätze, die mit dem E.-Kzpt. operieren, sind auch im Bereich der → Frustration entwickelt worden. Seit den 70er Jahren sind E. auf dem Gebiet der → Konditionierung vorherrschend. Einer anderen wissenschaftl. Tradition entstammen die → Entscheidungstheorien, für die der Erwartungs-Begriff axiomat. ist; bes. wichtig wurde das → Erwartung-mal-Wert-Modell.

Auch → Motivation lässt sich erwartungstheoret. konzipieren: Sie ist dann nicht einfach Ausdruck eines (unbewussten) → Triebes, sondern in starkem Maße von bewussten kognitiven Antizipationen u. geplantem Handeln getragen.

◆ BAKER, A. G. u. MERCIER, P.: Attention, retrospective processing, and cognitive representations. In: KLEIN, S. u. MOWRER, R. R. (Hg.): Contemporary learning theories: Pavlovian conditioning and the status of traditional learning theory. Hillsdale 1989, S. 85–116; BOLLES, R. C.: Reinforcement, expectancy, and learning. PR 79, 1972, S. 394–409; DICKINSON, A.: An expectancy theory in animal conditioning. In: KLEIN, S. u. MOWRER, R. R. (Hg.): Contemporary learning theories: Pavlovian conditioning and the status of traditional learning theory. Hillsdale 1989, S. 279-308; FUREDY, J. L.: Issues in human Pavlovian autonomic conditioning: an interactive symposium (special issue). BP 27, 1988; KIMMEL, H. D.: Restructuring of cognitivism in conditioning. BP 27, 1988, S. 195–198; MACKINTOSH, N. J.: Kognitive Lerntheorien. In: ZEIER, H. (Hg.): Lernen u. Vh., 1. Bd. Lerntheorien. Weinheim 1984, S. 153–181.

Erwartungstheorie der Wahrnehmung → Wahrnehmung; Hypothesentheorie der Wahrnehmung.

Erweiterte Übergangsnetze → semantische Netzwerke.

Erworbener Trieb [auch *gelernter, konditionierter, sekundärer* Trieb bzw. Motiv], eine durch → sekundäre Verstärkung entstandene Vhstendenz.

Forschungshistor. bedeutsam war das Kzpt. der → Angst als e. T., der die funktionalen Eigenschaften primärer Triebe wie Hunger u. Durst aufweist u. Verstärkungseigenschaften besitzt. Gleichzeitig wurde, der großen Bedeutung u. Generalität von Angst wegen, postuliert, dass diese dem → allgemeinen Antrieb entsprechen soll; vgl. zsfd. Keller (1981). Kennzeichnend für dieses Kzpt. der Angst als e. T. ist das klass. Experiment von Miller (1948), bei dem Tiere durch Elektroschocks Angst vor einem von zwei verschiedenfarbigen Käfigen lernten; diese Angst fungierte später als Verstärker für das Erlernen neuer Vhsweisen. Berüchtigt ist ein Experiment, das bei der wissenschaftl. Fundierung der Vhstherapie eine wichtige Rolle spielte (Watson u. Rayner 1920); die Abb. *Lernen* 7 zeigt Bilder aus Filmaufnahmen des Originalexperiments »Experimental investigation of babies« (entnommen Schorr 1984):

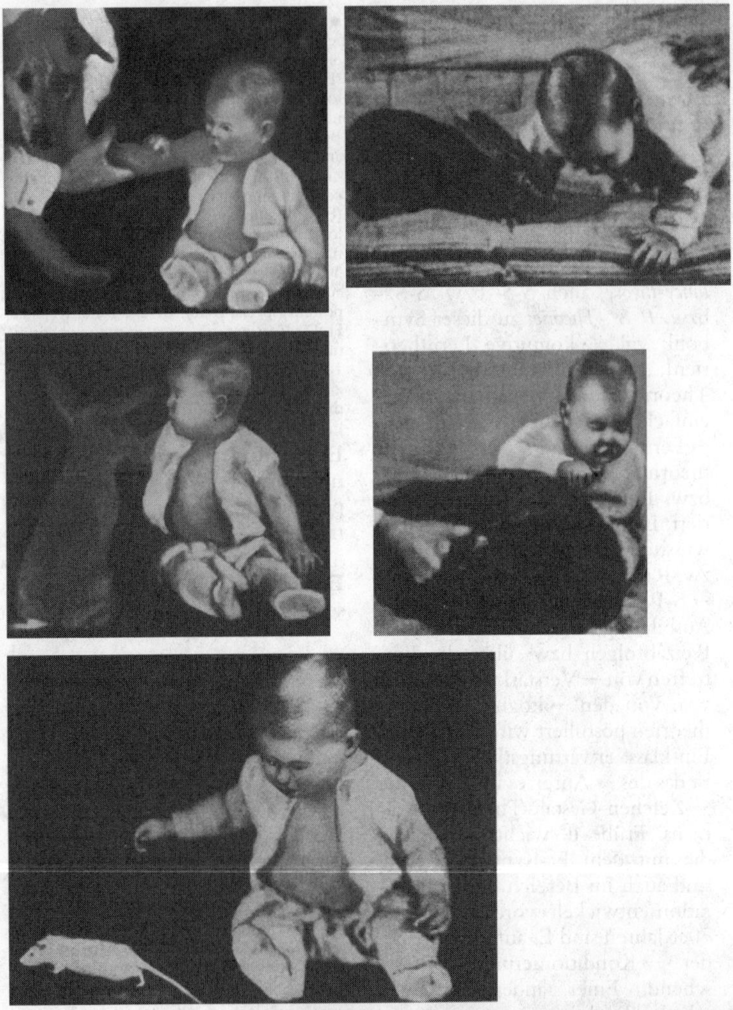

Abb. *Lernen* 7

Der kleine Albert – der dadurch in die Psychologiegeschichte eingegangen ist – zeigte in den experimentellen Voruntersuchungen weder Furcht vor kleinen Tieren (z. B. einer Ratte o. Kaninchen) noch vor großen, wie z. B. einem Hund; nachdem das Kaninchen mit aversiven Reizen (ein lautes Geräusch) gekoppelt wurde, flüchtete Albert vor dem Kaninchen u. seine Furcht weitete sich auf vieles Haarige aus, wie z. B. einen Pelzmuff o. einen Bart.

◆ Keller, H. u. Meyer, H.-J.: Psychologie der frühesten Kindheit. Stuttgart 1982; Miller, N. E.: Studies of fear as an acquirable drive I. Fear as motivation and fear reduction as reinforcement in the learning of new responses. JExP 38, 1948, S. 89–101; Schorr, A.: Die Vhstherapie. Weinheim 1984; Watson, J. P. u. Rayner, R.: Conditioned emotional reactions. JExP 3, 1920, S. 1–14.

Erzählstruktur → Textverstehen.

Erziehungspsychologie → pädagogische Psychologie.

Es → Psychoanalyse.

Es-liegt-auf-der-Zunge-Phänomen → Tip-on-the-tongue-Phänomen.

Ethoendokrinologie → Ethologie.

Ethologie, die Erforschung tier. Vhs. unter bes. Berücksichtigung des evolutionären Hintergrunds u. der Rolle vererbter Komponenten, woraus sich die Bevorzugung der Forschungsstrategie des *Artenvergleichs* ergibt, des Weiteren eine *naturalist. Beobachtungsmethodik*, bes. eine *Freilandbeobachtung*, die auf eine detaillierte Erfassung des Zusammenspiels von Vh. u. Ökologie Wert legt. Wegbereiter des etholog. Grundgedankens waren: O. Heinroth, J. v. Uexküll, T. Schjelderup-Ebbe, J. Fabre, C. Whitman, O. Köhler, W. Craig, R. Yerkes. Das große Verdienst der klass. E., die v. a. durch die drei mit dem Nobelpreis ausgezeichneten Forscher Konrad Lorenz, Karl Ritter v. Frisch u. Nikolaas Tinbergen geprägt worden ist, war, neben der Schaffung u. Klärung einer großen Zahl etholog. Grundbegriffe, die Erkenntnis u. der Nachweis, dass Vhsweisen, u. zwar insbes. die sog. Erbkoordinationen, ebenso gute Artmerkmale darstellen wie jedes morpholog. o. physiolog. Merkmal. Im Gegensatz zur → Tierpsychologie, dem histor. Vorläufer der E., lehnt die E. psychologist. bzw. anthropozentr. Modelle ab, die Erforschung höherer kognitiver u. emotionaler Prozesse wird vernachlässigt o. explizit abgelehnt. Die Adaptation des etholog. Grundansatzes auf den Menschen hat zur Entwicklung einer *Humanethologie* geführt; vgl. Bösel (1974); Eibl-Eibesfeldt (1984).

Seit den 60er Jahren hat auch die akadem. Ps. etholog. Modelle u. Forschungsergebnisse in zunehmendem Maße rezipiert, v. a. die triebtheoret. Kzpt. wie → *Instinkt* u. *Schlüsselreiz* u. die sich darum rankenden Teilkzpt. wie *AAM* u. → Übersprungsverhalten. Innerhalb der → Lerntheorien sind in das Paradigma → *preparedness* etholog. geprägte Gedanken eingeflossen, auch wurde die von der E. herausgearbeitete → Prägung als eigenständige Lernform anerkannt. Von wichtiger histor. Bedeutung auf dem Gebiet der Ps. des → Denkens waren die → Primatenversuche von Köhler. In neuester Zeit sind insbes. die tierps. Ansätze zum Thema → Bewusstsein wichtig geworden. Auch die spektakulären Versuche, Schimpansen eine → Sprache erlernen zu lassen, haben in der Psycholinguistik Bedeutsamkeit gewonnen. Ferner wurde auf dem Problemgebiet → Aggression etholog. Gedankengut von der Ps. rezipiert; s. a. das

Stw. → Ausdruck. Ebenso hat das grundsätzl. → Anlage-Umwelt-Problem von etholog. Ideen profitiert. Auf entwicklungsps. Gebiet hat es bes. im dt. Sprachraum eine groß angelegte Kooperation mit der E. gegeben: das sog. *Bielefeld-Projekt* (vgl. Grossmann 1978); vgl. zur etholog. Entwicklungsps. Hassenstein (1973); Hinde (1983); Trautner (1991). Von dem Kliniker Bowlby wurde eine forschungshistor. bedeutsame Theorie der Mutter-Kind-Bindung u. der Phänomene *Trennung* u. *Trauer* konzipiert, die auf etholog. Grundgedanken Bezug nimmt: → *Bindungstheorie*.

KR: Zur krit. Würdigung der Humanethologie vgl. Schmidbauer u. Lorenz (1971) sowie Schmidbauer (1973); vgl. auch das Stw. → Aggression.

VD: (1) Über lange Zeit hinweg war das Verhältnis zw. Ps. u. E. durch gegenseitige Kritik gekennzeichnet, die sich pointiert dadurch charakterisieren lässt, dass beide Seiten einander dieselben Vorwürfe machten u. beide in gewissem Sinne mit Berechtigung. Zentrale Kritikpunkte waren: (a) Überschätzung bzw. verzerrte Sicht der Vererbungskomponente: so wie die Ps. der E. vorwirft, dass sie das große Potential der modifizierenden Lernprozesse beim Menschen unterschätzt, so kritisierte die E. an der Ps., dass sie die differenzierten Interaktionen von Erbkomponenten u. den verschiedenen Formen von Reifung u. Prägung nur durch vergröbernde u. inadäquate lerntheoret. Kzpte. erfassen konnte. Gerade innerhalb der E. wurden viele Versuche gemacht, die zeigen, dass etl. sensor., sensomotor. u. höhere soziale Vhsweisen, die ohne Zweifel genet. angelegt sind, dennoch erst im Rahmen einer adäquaten objektiven u. sozialen Ökologie sich entwickeln können (→ sensorische Deprivation; vgl. zsfd. Papousek u. Papousek 1982). (b) *Eine verzerrte Sicht der Evolution*: Insbes. der → vergleichenden Psychologie hat die E. vorgehalten, dass das Evolutionsprinzip nicht bedeute, dass sich das Vh., speziell die Intelligenz, als eine kontinuierl. *scala naturae* darstellen lässt, auf der man Tiere o. Menschen hinsichtl. bestimmter Fähigkeiten einfach einordnen könne; vielmehr sei es so, dass jede Tierart u. auch der Mensch eine spezif., qualitativ bes. Art der Anpassung, v. a. auch der Intelligenz, entwickelt habe, die auf ihre spezielle Umwelt zugeschnitten sei u. nicht durch eine allg. Maßformel gekennzeichnet werden könne, weshalb es auch mögl. ist, dass bestimmte Tiere psychomotor. u. kognitive Leistungen vollbringen können, zu denen der Mensch von seiner evolutionären Ausstattung her nicht in der Lage ist (→ Tierpsychologie). Die Ps. kritisiert dagegen an der E., dass sie zu wenig den Freiheitsraum des Menschen thematisiert, der gerade durch seine geringe Instinktgebundenheit u. durch seine bes. kognitiven Fähigkeiten sein angeborenes Vhsrepertoire auf eine Weise sprengen könne, die mit den etholog. Kategorien nicht vollständig zu erfassen sei. (c) Die Verwendung zu simpler theoret. Modelle: Seitens der Ps. wurde an der E. v. a. das → Trieb-Kzpt. u. das damit verbundene simple *hydraul. Modell* kritisiert (Weiteres s. d.; vgl. auch → Aggression). Diese Kritik war aber im Wesentl. *methodolog.* u. *wissenschaftstheoret.* Art, während die von der modernen E. am Triebmodell geübte Kritik sehr detaillierter empir. Art war; s. d. (d) Method. Unzulänglichkeiten: Während die Ps. an der E. häufig eine unzureichende statist. Methodik kritisiert u. bes. im humanetholog. Bereich die zu groben Instrumente der E. zur Erfassung des menschl. Vhs. bemängelt, kritisiert die E. sowohl an der vergleichenden Ps. wie an der Ps. überhaupt, dass zu wenig *naturalist.* Beobachtung stattfinde, die die Besonderheiten der natürl. Ökologie berücksichtigt. Insbes. durch die experimentelle Methodik der Vhstheorien werde das Vh. auf eine Art u. Weise verzerrt, dass im Wesentl. nur Artefakte herauskommen könnten, es werde also zugunsten bestimmter *formaler* method. Standards eine genaue Ausarbeitung einer *inhaltl.* Methodik vernachlässigt; dabei werde insbes. auch die spezif. statist. Verarbeitung der v. a. innerhalb der lerntheoret. Experimente zutage tretenden individuellen Besonderheiten auf eine ungute Weise »geglättet«; vgl. zsfd. Grossmann (1978); das ganze Werk von Hinde (1973) lässt sich als eine Auseinandersetzung zw. E. u. vergleichender Ps. lesen.

(2) *T*: Neben dem Begriff *E.* ist gängig der Begriff der *vergleichenden Vhsforschung* (*comparative ethology*), wb. die Verwendung des Begriffs *vergleichend* aber zurückgeht, da dieser forschungsstrateg. Gesichtspunkt mittlerweile quasi selbstverständl. geworden ist; weitgehend syn. ist der Begriff *Vhsbiologie*; ein heute selten gebrauchter Begriff ist der der *Vhsmorphologie* (um die Analogie zur *vergleichenden anatom. Morphologie* zu betonen), auch der Begriff *Vhsphysiologie* wird verwendet, der aber meist einen stärker physiolog. orientierten Zugang bezeichnet – mit der *Neuroethologie* u. *Ethoendokrinologie* als wichtigsten Teilgebieten. Zur Abgrenzung vom Begriff der *vergleichenden Ps.* u. der *Tierps.* s. diese Stw.

(3) Innerhalb des etholog. Grundansatzes ist mit der *Soziobiologie* ein individuell geprägter Ansatz entwickelt worden, der vorwiegend sozialps. Aspekte thematisiert, begründet durch den Insektenforscher Wilson (1975ff.) sowie Wynne Edwards (1962) u. Hamilton (1964); vgl. zum Überblick Barash (1980). Die Soziobiologie hat die etholog. Forschung, die traditionsgem. mehr am artspezif. Vh. interessiert war, zu einer stärkeren Beachtung innerartl., v. a. individueller Unterschiede veranlasst; sie hat das letzte, noch nicht im Sinne der Darwinist. Evolutions- u. Selektionstheorie erklärte Vh., den → Altruismus, einer solchen Erklärung zugeführt: Gem. der sog. *Verwandtschaftstheorie* kann das vom Selektions- u. Überlebensprinzip der Evolution her eigentl. unsinnige altruist. Vh. dadurch erklärt werden, dass mit ihm die Wahrscheinlichkeit fürs Überleben nahestehender u. erbgutmäßig gesehen ähnl. Individuen gesichert wird. Die Diskussion moralanalogen Vhs. hat allerdings in der E. schon eine ältere Tradition; vgl. z. B. Lorenz (1954); vgl. Leyhausen (1974); vgl. für einen Überblick Vogel (1993) u. Lindauer (1991).

(4) Eine wichtige experimentelle Einzelform, charakteristisch für die E., ist das sog. *Kaspar-Hauser-Experiment*, bei dem Tiere außerhalb ihrer typ. Sozialumgebung aufgezogen werden, womit eine erhebl. → Reizdeprivation einhergeht; je nach Fragestellung werden dem Jungtier oft nur bestimmte (z. B. soziale, d. h. von Artgenossen ausgehende) Reize vorenthalten (sog. *Kaspar-Hauser zweiter Ordnung* o. *Teil-Kaspar-Hauser*).

KR: Eibl-Eibesfeldt (1984).

LIT: Einen Überblick bietet das monumentale Werk von Hinde (1973); ein Wörterbuch der E. ist Immelmann (1982); weitere wichtige Gesamtdarstellung der E. sind: Apfelbach u. Döhl (1980); Barnett (1981); Hassenstein (1980); Immelmann (1979); Marler u. Hamilton (1972); Wickler (1970), Wickler u. Seibt (1973), Tembrock (1980); zur *Neuroethologie* vgl. Bischof (1989); Beiträge der Humanethologie zum Thema Sozialvh., insbes. zu Dominanz u. Aggression, finden sich bei Hinde (1983); zu den etholog. Grundlagen der klin. Ps. vgl. Jürgens u. Ploog (1976); zum Verhältnis von Vhsforschung u. Psychiatrie vgl. Ploog (1964) u. White (1974); ein im dt. Sprachraum einflussreicher Psychologe, der immer biolog. u. etholog. Aspekte hochgehalten hat, ist N. Bischof, der im Rahmen einer etholog. Theorie zum → Inzesttabu eine ausführl. allg. Vhstheorie dargelegt hat; vgl. Bischof (1985); zum evolutionären Aspekt der Psyche vgl. Schurig (1975), ein neuerer Ansatz ist Klix (1992); allg. zur Bedeutung von Modellen u. Analogien innerhalb der E. vgl. McFarland (1978); zur Bedeutung der E. für die Ps. vgl. auch Schmidtbauer (1978); Davey (1983) ist ein Überblick über Tier u. Modelle des menschl. Vhs., wie sie z. B. auch in der Psychopharmakologie wichtig geworden sind; ein wichtiger u. tief schürfender Aufsatz zum Verhältnis von Biologie u. Ps. ist Grossmann (1978); eine umfassende Sammlung sehr verschiedenartiger Arbeiten zur E. ist Stamm u. Zeier (1978); eine Darstellung der Arbeiten der etholog. Pioniere wie auch Zeittafeln zur Entwicklung der E. finden sich in Stamm u. Zeier (1978); eine Darstellung des Werks von Konrad Lorenz ist Wuketits (1991); vgl. auch Wieser (1976); eine populärwissenschaftl., aber tief schürfende Darstellung ist Zimmer (1982); zum Überblick über Tiermodelle menschl. Vhs., wie sie bes. innerhalb der → Psychopharmakologie wichtig sind, vgl. Davey (1983).

◆ Apfelbach, R. u. Döhl, R.: Vhsforschung. Eine Einführung. Stuttgart 1980; Barash, D. P.: Soziobiologie u. Vh. Berlin 1980; Barnett, S. A.: Modern ethology. The science of animal behaviour. New York 1981; Bischof, N.: Das Rätsel Ödipus. München 1985; Bischof, H.-J.: Neuroethologie. Stuttgart 1989;

Bösel, R.: Humanethologie. Stuttgart 1974; Davey, C. G. L. (Hg.): Animal models of human behaviour. New York 1983; Dawkins, R.: Das egoist. Gen. Berlin 1978; Eibl-Eibesfeldt, I.: Grundriß der vergleichenden Vhsforschung – Ethologie. München 1978 (7. Aufl.: 1986); Eibl-Eibesfeldt, I.: Territorialität u. Aggressivität der Jäger- u. Sammlervölker. In: Stamm u. Zeier (1978) S. 474–495; Eibl-Eibesfeld, I.: Die Biologie des menschl. Vhs. Grundriß der Humanethologie. 1984; Ekman, P. (Hg.): Darwin and facial expression: a century of research in review. New York 1973; Grossmann, K. E.: Das Tier als Modell: Biolog. u. ps. Vhsforschung. In: Stamm u. Zeier (1978) S. 505–528; Hamilton, W. D.: The genetical theory of social behaviour I u. II. Journal of Theoretical Biology 7, 1964, S. 1–52; Hassenstein, B.: Instinkt, Lernen, Spielen, Einsicht. Einführung in die Vhsbiologie. München 1980; Hassenstein, B.: Vhsbiologie des Kindes. München 1973; Hinde, R. A. u. Stevenson-Hinde, J. (Hg.): Constraints on learning. London 1973; Hinde, R. A.: Das Vh. der Tiere. Frankfurt/M. 1973 (Orig.: Animal behaviour. New York 1966); Hinde, R. A.: Ethology and child development. In: Mussen, P. H. (Hg.): Handbook of child psychology, 2. Bd. New York 1983, S. 27–93; Hinde, R. A. (Hg.): Primate social relationships: an integrated approach. Oxford 1983; Hofstadter, D.: Metamagikum. Kann sich in einer Welt voller Egoisten kooperatives Vh. entwickeln? Spektrum der Wissenschaft, August 1983, S. 10ff.; Immelmann, K.: Einführung in die Vhsforschung. Hamburg 1979; Immelmann, K.: Wörterbuch der Vhsforschung. Berlin 1982; Immelmann, K. u. a. (Hg.): Vhsentwicklung bei Mensch u. Tier. Das Bielefeld-Projekt. 1982; Jürgens, U. u. Ploog, D.: Etholog. Grundlagen. In: Pongratz, L. J. (Hg.): Klin. Ps. HP, 8. Bd., 1. Hlb. Göttingen 1976, S. 599–633; Jürgens, U. u. Ploog, D.: Von der Ethologie zur Ps. Die Grundbegriffe der Vergleichenden Vhsforschung anhand repräsentativer Bsp. München 1974; Klix, F.: Die Natur des Verstandes. Göttingen 1992; Krebs, J. R. u. Davies, N. B. (Hg.): Öko-Ethologie. Berlin 1981; Leyhausen, P.: The biological basis of ethics and morality. Science, Medicine and Man 1, 1974, S. 28ff.; Lindauer, M.: Auf den Spuren des Uneigennützigen. München 1991; Lorenz, K.: Moral-analoges Vh. geselliger Tiere. Forschung u. Wirtschaft 4, 1954, S. 1–23; Lorenz, K.: Vergleichende Vhsforschung. Grundlagen der Ethologie. Wien 1978; Marler, P. R. u. Hamilton, W. J.: Tier. Vh. München 1972; McFarland, D. J.: Modelle u. Analogien zur Erklärung von Vh. In: Stamm u. Zeier (1978) S. 317–332; McFarland, D. (Hg.): The Oxford companion to animal behaviour. Oxford 1981; McFarland, D. u. Houston, A. (Hg.): Quantitative Ethology. Boston 1981; Milton, W. D.: The genetic evolution of social behaviour, I and II. Journal of Theoretical Biology 7, 1964, S. 1–52; Papousek, H. u. Papousek, M.: Die Rolle der sozialen Integration der psych. Entwicklung u. Pathogenese von Entwicklungsstörungen im Säuglingsalter. In: Nissen, G. (Hg.): Psychiatrie des Säuglings- u. des frühen Kleinkindalters. Bern 1982, S. 69–74; Ploog, D.: Vhsforschung u. Psychiatrie. In: Gruhle, H. W. u. a. (Hg.): Psychiatrie der Gegenwart. Bd. I/1 B Heidelberg 1964, S. 291–443; Schmidbauer, W.: Biologie u. Ideologie – zur Kritik der Humanethologie. Hamburg 1973; Schmidbauer, W. u. Lorenz, K.: Methodenprobleme der Humanethologie. Studium generale, Bd. 24. 1971, S. 462–522; Schmidbauer, W.: Die Bedeutung der Ethologie für die Ps. In: Stamm u. Zeier (1978) S. 528–532; Schurig, V.: Naturgeschichte des Psychischen, 2 Bde. Frankfurt/M. 1975; Stamm, R. A. u. Zeier, H. (Hg.): Lorenz u. die Folgen. (Die Ps. des 20. Jahrhunderts, 6. Bd.) Zürich 1978; Tembrock, G.: Grundriß der Vhswissenschaften. New York 1980; Trautner, H. M.: Lehrbuch der Entwicklungsps., 2. Bd. Göttingen 1991; Trivers, R. L.: The evolution of reciprocal altruism. Quarterly Review of Biology 46, 1971, S. 35–77; Vogel, C.: Der wahre Egoist kooperiert. Eth. Probleme im Bereich von Evolutionsbiologie, Verhaltensforschung u. Soziobiologie. Universitas 1, 1993, S. 25–39; White, N. F. (Hg.): Ethology and psychiatry. Toronto 1974; Wickler, W.: Antworten der Vhsforschung. München 1970; Wickler, W. u. Seibt, U. (Hg.): Vergleichende Vhsforschung. Hamburg 1973; Wieser, W.: Konrad Lorenz u. seine Kritiker. München 1976; Williams G. C.: Group-selection. Chicago 1971; Wilson, E. O.: Sociobiology. The new synthesis. Cambridge Mass. 1975; Wilson, E. O.: Biologie als Schicksal. Die soziobiolog. Grundlagen des menschl. Vhs. Frankfurt/M. 1980; Wuketits, F. M.: Evolutionstheorien. Histor. Voraussetzungen, Positionen, Kritik. Darmstadt 1988; Wuketis, F. A.: Konrad Lorenz. München 1991; Wynne-Edwards, V. L.: Animal dispersion in relation to social behaviour. New York, 1962; Zimmer, D. E.: Unsere erste Natur. Die biolog. Ursprünge menschl. Vhs. Frankfurt/M. 1982; Ztschr.: Ethology, früher Zeitschrift für Tierpsychologie, Animal Behaviour.

EU, Abk. für *ebenmerklicher Empfindungsunterschied*; → Sinnesschwellen.

EU-Modell → Erwartung-mal-Wert-Modell.

Evaluationsprinzip → Reafferenz.

EV-Modell → Erwartung-mal-Wert-Modell.

Evolutionäre Emotionstheorie → psychoevolutionäre Emotionstheorie.

Evozierte Aktivität → physiologische Psychologie (Kasten psychophysiologische Methoden).

Evozierte Potentiale → physiologische Psychologie (Kasten psychophysiologische Methoden).

Examensangst → Leistungsangst.

Examining curiosity → Explorationsverhalten; → Neugier.

Exculpationstendenz → komplexes Problemlösen.

Existentialistische Psychologie, → Psychologie auf der Basis der Existenzphilosophie Martin Heideggers u. der philosoph. Ps. Max Scheelers; von ähnl. Bedeutung sind die Begriffe *anthropolog.* Ps. bzw. anthropolog. orientierte Ps.

◆ May, R. u. a. (Hg.): Existence. 1958; Pollio, H. R.: Behaviour and existence. An introduction to empirical humanistic psychology. Monterey 1982; Valle, R. D. u. Kinn, M.: Existential-phenomenological alternatives for psychology. New York 1978; Wyss, D.: Die anthropolog.-existentiell-ontolog. Ps. In: Balmer, H. (Hg.): Geschichte der Ps., 1. Bd. Weinheim 1985, S. 437–573.

Existenzangst → Angst.

Exklusionsaufgabe → Dissoziation.

Exnersche Spirale → Bewegungsnachbilder.

Expectancy-theory → Erwartungstheorie.

Expectancy-utility-Modelle → Erwartung-mal-Wert-Modell.

Expectancy-value-Modell → Erwartung-mal-Wert-Modell.

Experiment → experimentelle Psychologie.

Experimentelle Neuropsychologie → Neuropsychologie.

Experimentelle Neurosen, Vhsstörungen, die man durch eine bestimmte experimentelle Methodik erzeugen kann, v. a. durch die Induktion von Konflikten. Ein typ. Experiment besteht darin, dass man unterschiedl. Vhsweisen auf einen Kreis u. auf eine Ellipse konditioniert u. dann Formen darbietet, die einander immer ähnl. werden, so dass die Differenzierung zw. Kreis u. Ellipse immer schwieriger wird. Die Folgen bei Tieren sind aggressives u. Verweigerungsvh.; Hunde z. B. winseln, legen sich hin, koten ein etc. Auch isolierte Schreckreize können Anpassungsstörungen bewirken.

HI: Der Begriff e. N. stammt von Pawlow; er beobachtete anläßl. der Überschwemmung Leningrads 1924, dass bei Hunden, die in Versuchsräumen beinahe ums Leben gekommen waren, nahezu alle gelernten Reaktionen fast völlig erloschen waren. Die e. N. waren eine der theoret. Grundlagen für die Entwicklung der → Verhaltenstherapie; s. a. die Stw. → Frustration; → gelernte Hilflosigkeit.

LIT: Klass. Untersuchungen stammen von Masserman (1946); Liddell (1944); Maier u. Longhurst (1947); zur theoret. Analyse vgl. Wolpe (1952).

◆ Liddell, H. S.: Conditioned reflex method and experimental neurosis. In: Hunt, J. McV. (Hg.): Personality and the behaviour disorders, 1. Bd. New York 1944, S. 389–412; Maier, N. R. F. u. Longhurst, J. U.: Studies of abnormal behaviour in the rat: XXI. Conflict and »audiogenic« seizures. JCPP 40, 1947, S. 397–412; Masserman, J. H.: Behaviour and neurosis. Chicago 1946; Wolpe, J.: Experimental neuroses as learned behaviour. BJP 43, 1952, S. 243–268.

Experimentelle Phänomenologie → Gestalttheorie.

Experimentelle Psychologie, → Psychologie auf der Basis einer aus der Naturwissenschaft entlehnten Experimentalmethodik. Histor. Musterbeispiele im kuhnschen Sinne für eine e. Ps. sind v. a. die → psychophysischen Methoden, die → Reaktionszeitexperimente, die klass. → Gedächtnisprüfmethoden, des Weiteren die experimentelle Analyse von → Ausdruck sowie die frühen Paradigmen der → Willenspsychologie. E. P. im restriktiven Sinne akzeptiert nur solche ps. Ergebnisse, die in kontrollierten experimentellen Designs gewonnen werden, lehnt »weichere« Methoden wie v. a. die → Introspektion ab u. steht selbst den aus elaborierten gruppenstatist. Analysen gewonnenen Daten skept. gegenüber.
Die e. Ps. ist ihrer grundsätzl. naturwissenschaftl. Orientierung wegen auch eine Art → mathematische Psychologie; in der Regel jedoch sind die Experimentalpsychologen weniger an elaborierten formalen Modellen als an der Empirie selbst orientiert u. stehen insofern in einer gewissen Oppositon zu den eigentl. mathemat. Psychologen (vergleichbar dem Gegensatz zw. Experimentalphysikern u. theoret. Physikern). Eine liberalere e. Ps. akzeptiert auch die wissenschaftl. kontrollierten Ausformungen der »weicheren« Methoden u. schließt eigentl. nur eine → geisteswissenschaftliche bzw. phänomenologische Psychologie aus. In diesem weiten Sinne ist die gesamte akadem. Ps. experimentell orientiert, v. a. die → allgemeine Psychologie. Aus diesem experimentellen Ansatz heraus hat die Ps. eine Fülle psychologischer Apparaturen zur Durchführung von Experimenten entwickelt; s. hierzu die Stw. → Gedächtnisapparate, → Lernapparaturen, → Motivation, → psychomotorische Tests u. Prüfverfahren, → Sprachwahrnehmung, → Wahrnehmung, → Tachistoskop. Viele ps. Institute haben heute voll eingerichtete experimentalps. Laboratorien mit schallisolierten Räumen, Elektronik, Programmsteuerungsanlagen u. On-line-Anschlüssen zu eigenen Computersystemen. Jeder Psychologiestudent muss etl. experimentalps. Praktika durchlaufen; vgl. allerdings → Nichtteilnehmer-Problem.
Der durch die Experimentalmethodik gekennzeichneten *Laborforschung* steht eine *Feldforschung* gegenüber: alle Untersuchungen, die sich in realen Ökologien abspielen u. demgemäß eine größere → ökologische Validität aufweisen, aber auch mehr Störfaktoren unterliegen; vgl. hierzu Patry (1981).
HI: Es war v. a. die Einführung der experimentellen Methodik, durch die sich die wissenschaftl. Ps., in Gestalt der → Psychophysik, der klass. → Gedächtnispsychologie u. der → Elementenpsychologie, als eigenständige Wissenschaft von der Philosophie emanzipiert hat. Die Tragweite des Schritts kann nur vor dem Hintergrund der Tatsache ermessen werden, dass auf philosoph. Seite (Kant, Herbart) grundsätzl. Argumente gegen die Möglichkeit des Experiments in der Ps. bis in unser Jahrhundert viele Anhänger hatten; nicht wenige Philosophen – die Ps. weiter als Teilgebiet ihres Faches ansahen – verhielten sich ablehnend o. skept. gegenüber den als »rohen Empirikern« verachteten Vertretern der empir.-experimentellen Ps. W. Wundt, Begründer der experimentellen wissenschaftl. Ps. (→ Elementarismus), hat trotz seiner experimentellen Grundausrichtung die Introspektion als wissenschaftl. Methode anerkannt u. verwendet, er blieb jedoch insgesamt skept. gegenüber der Reichweite der experimentellen (u. auch der introspektiven) Methode, bes. in ihrer Anwendung auf Gedächtnis- u. Denkprozesse: Hier müsse eine vergleichende histor.-beschreibende Methode geisteswissenschaftl. Prägung einsetzen (die er *Völkerps.* nannte); das Experiment sei da-

gegen auf die Zergliederung elementarer Vorgänge ausgerichtet, v. a. die Analyse von Vorstellungs-, Willens- u. Erinnerungsakten. Ebbinghaus hat in seiner Begründung der klass. → Gedächtnisps. später Erweiterungsmöglichkeiten aufgezeigt, ähnl. wie die → Würzburger Schule, welche die Introspektion in einem quasi-experimentellen Sinne elaboriert hat.

KR: Kritisiert wurde die e. Ps. wegen der angebl. naiven Aufrechterhaltung des Objektivitätsideals (vgl. Berger 1974), wegen der Außerachtlassung der konkret-histor. Situation der Vpn, der Bewusstheit der Vpn (Dick 1972ff.) u. des personalen Bedeutungsgehalts der Experimentalsituation (vgl. Mertens 1975); → Artefaktforschung. Eine wichtige grundsätzl. Kritik an der experimentellen Methodik stammt von Holzkamp (1964), Ausgangspunkt einer grundsätzl. Psychologiekritik unter marxist. Aspekt (vgl. Holzkamp 1978ff.); Weiteres vgl. die Stw. → kritische Psychologie u. → geisteswissenschaftliche Psychologie sowie → Nicht-Teilnehmer-Problem.

VD: (1) Gesellschaften u. Arbeitsgemeinschaften für e. P.: Im dt. Sprachraum wurde die *Gesellschaft für Experimentelle Ps.* 1904 gegründet; am 1. Oktober 1904 hatte sie 78 Mitglieder, den Vorstand bildeten G. E. Müller, R. Sommer, H. Ebbinghaus, S. Exner, O. Külpe, E. Meumann, F. Schumann; 1929 erfolgte eine Namensänderung in *Deutsche Gesellschaft für Psychologie* (die ältere *Berliner Gesellschaft für Experimental-Psychologie* hatte sich durch ein allzu einseitiges Interesse für Hypnose u. Spuk vorzeitig ins Abseits manövriert). Auch die 1892 von G. Stanley Hall gegündete *American Psychological Association*, die *Internationale Gesellschaft für Psychologie* (seit 1889) sowie zahlreiche nationale u. regionale wissenschaftl. Psychologenvereinigungen waren zunächst weitgehend experimentalps. ausgerichtet, wandelten sich jedoch in Richtung auf einen Methodenpluralismus; vgl. Lüer (1991).

(2) Eine wichtige metatheoret. Konzeption zur krit. Analyse u. Systematisierung von Experimenten war die Theorie der *internen* u. *externen Validität* (Campbell u. Stanley 1966): Die interne Validitität bezieht sich auf die Frage, inwieweit erzielte Effekte tatsächl. ursächl. auf die manipulierten Bedingungen zurückzuführen sind u. nicht durch andere Variablen bewirkt werden; die externe Validität dagegen richtet sich auf die Frage nach dem Ausmaß der Übertragbarkeit eines gefundenen Zusammenhangs auf andere Verhältnisse als die, die im Experiment vorlagen. Die interne Validität ist immer dann gefährdet, wenn Störfaktoren an die Stelle der intendierten unabhängigen Variablen treten, also für sich gesehen völlig ausreichend zur Erzeugung des vorliegenden Effektes sind, dagegen ist die externe Validität gefährdet, sobald die Störfaktoren zu unabhängigen Variablen hinzutreten müssen, damit diese Variable den erzielten Effekt auch tatsächl. bewirkt. Diese Theorie bewirkte zweifellos eine Verfeinerung der experimentellen Methodik, aber keine grundsätzl. Veränderung der Forschungspraxis, es kam ledigl. zu zunehmend differenzierteren Kontrolltechniken u. immer komplexeren multivariaten Designs. Die nachweisl. Erfolge der experimentellen Methodik vor dem Hintergrund des nach wie vor empir.-nomothet. Selbstverständnisses der Ps. sind der Grund für den bis heute unverändert hohen Stellenwert des Laborexperiments innerhalb des main streams der Ps. Zu einer tief schürfenden u. überzeugenden Kritik an der Theorie der internen u. externen Validität vgl. Gadenne (1984).

LIT: Zum Überblick über ps. Apparaturen vgl. Brickenkamp (1986); Shorkey u. Williams (1977) u. Sidowski (1966); einen Überblick über die histor. Entwicklung der e. Ps. vermitteln Wertheimer (1985); speziell zur Loslösung von der Philosophie vgl. Schmidt (1995); zu histor. Aspekten vgl. des Weiteren Preiser (1982); Boring (1957); Beauchamp u. a. (1970); auch Schubeius (1990); über einige aktuelle Aspekte des ps. Experimentierens referiert Ardila (1985); eine Darstellung von 15 klass. Experimenten der Ps. findet sich in Schwartz (1988); zur Wiederbelebung der e. Ps. in der BRD vgl. Traxel (1985); neuere Praktika u. Darstellungen der Experimentalps. sind Heller u. Krüger (1974, speziell für Wahrnehmungs- u. Psychophysik); Lüer (1987); Sarris (1990ff.); Guttmann (1992); Irtel (1993); ältere wegbereitende Arbeiten, die lange Zeit sehr einflussreich waren, sind Traxel (1964/1974) u. in mehreren Auflagen Pauli u. Arnold (z. B. 1972); einen Überblick über wichtige experimentelle Paradigmen auf den Hauptgebieten der gegenwärtigen Ps. u. Gedanken über die Zukunft der e. Ps. liefern Sarris u. Parducci (1985); eine klass. Darstellung der e. Ps. ist Woodworth (1938); die Arbeit von Osgood (1953) war der letzte, von einem Einzelnen geschriebene Gesamtüberblick über die e. P.; die nachfolgenden Auflagen sind: Woodworth u. Schlosberg (1954 – eine tausendseitige überarbeitete Fassung von Osgood 1953) u. Stevens (1951 – 1400 kleingedruckte Seiten, von 34 Spezialisten verfasst); folgende Arbeiten dokumentieren die Ergebnisse experimenteller Forschung aus anderen Bereichen als der allg. Ps.: Persönlichkeitsps.: Maher (1964ff.); Motivationsforschung: Eysenck (1964b); Entwicklungsps.: Reese u. a. (1973); pädagog. Ps.: Meumann (1914); Klauer (1973); Lewis (1968); klin. Ps.: Eysenck (1964a); Hoch (1971); Sozialps. u. Soziologie: Murphy u. a. (1931); Aronson u. Carlsmith (1954); Humphrey u. Argyle (1962); Pages (1967); Berkowitz (1964ff.); Zimmermann (1972); McClintock (1972); Herkner (1981); eine einführende Darstellung zur experimentellen Methodik ist Huber (1987); anspruchsvoller sind Maschewsky sowie Schulz u. a. (1981); vgl. auch die im Stw. Kapitel → Psychologie angegebene Methodenliteratur; in pointierter Form artikuliert J. Drösler (1991) seine Aversion gegenüber einer nichtexperimentellen Ps. (er spricht vom schöngeistigen »Handicap«, das die Experimentalpsychologen haben, weil sie dem populären »Publikumsgeschmack« nicht entgegenkommen); ein interessanter Aufsatz zu verschiedenen Kritiken am experimentellen Vorgehen ist Tent (1992).

◆ Ardila, R.: Einige aktuelle Aspekte ps. Experimentierens. In: Sarris u. Parducci (1985) S. 55–71; Arnold, W. (Hg.): Experimentelles Praktikum, 1. Bd. Stuttgart 1972 (begründet von R. Pauli); Aronson, E. u. Carlsmith, J. M.: Experimentation in social psychology. In: Lindzey, G. u. Aronson, E. (Hg.): The Handbook of Social Psychology, Vol. II. Reading 1954; Beauchamp, K. L. u. a. (Hg.): Current Topics in experimental psychology. New York 1970; Berger, H.: Untersuchungsmethode u. soziale Wirklichkeit. Frankfurt/M. 1974; Berkowitz, L. (Hg.): Advances in experimental social psychology. New York 1964ff.; Boring, E. G.: A history of experimental psychology. New York 1957 (2. Aufl.); Brickenkamp R. (Hg.): Handbuch apparativer Verfahren in der Psychologie. Göttingen 1986; Cochran, W. G. u. Cox, G. M.: Experimental designs. New York 1957; Edwards, A. L.: Experiments, their planning and execution. In: Lindzey, G. u. a.: Handbook of Social Psychology. Cambridge 1954; Eysenck, H. J. (Hg.): Experiments in behaviour therapy. Oxford 1964a; Dick, F.: Wenn p dann q. Gießen 1972; Dick, F.: Kritik der bürgerl. Sozialwissenschaften. Heidelberg 1974; Drösler, J.: Quantitative psychology. Göttingen 1989; Drösler, J.: Vom schöngeistigen Handicap. (Editorial) ZEAP 38, 1991, 1. Heft; Eysenck, H. J. (Hg.): Experiments in Motivation. Oxford 1964b; Fietkau, H.-J.: Zur Methodologie des Experimentierens in der Ps. Meisenheim 1973; Fraisse, P. u. Piaget, J. (Hg.): Traité de psychologie expérimentale, Bd. I–IX. Paris 1963; Fröbes, J.: Lehrbuch der Experimentellen Ps., Bd. I/II. Freiburg 1917/1920; Gadenne, V.: Theorie u. Erfahrung in der ps. Forschung. Tübingen 1984; Guttmann, G. (Hg.): Allg. Ps. Experimentalps. Grundlagen. Wien 1992; Heller, O. u. Krüger, H.-P.: Experimentelle Ps. – Wahrnehmung. Bern 1974; Herkner, W. (Hg.): Experimente zur Sozialps. Bern 1981; Hoch, E. L.: Experimental contributions to clinical psychology. Belmont 1971; Holzkamp, K.: Theorie u. Experiment in der Ps. Berlin 1964; Holzkamp, K.: Wissenschaft als Handlung. Berlin 1968; Holzkamp, K.: Krit. Ps. Hamburg 1972; Holzkamp, K.: Sinnl. Erkenntnis histor. Ursprung u. gesellschaftl. Funktion der Wahrnehmung. Frankfurt/M. 1973; Huber, O.: Das ps. Experiment. Bern 1987; Humphrey, G. (Hg.): Psychology through experiment. London 1963; Humphrey, G. u. Argyle, M.: Social psychology through experiment. London 1962; Irtel, H.: Experimentalps. Praktikum. Springer 1993; Kerlinger, F. N.: Foundations of behavioural research. London 1964; Klauer, K. J.: Das Experiment in der pädagog. Forschung. Düsseldorf 1973; Kling, J. W. u. a.: Woodworth and Schlosberg's experimental psychology. (3. veränderte u. ergänzte Aufl.) London 1971; Lewis, D. G.: Experimental design in education. London 1968; Lüer, G. (Hg.): Allgemeine experimentelle Psychologie. Eine Einführung in die method. Grundlagen mit prakt. Übungen für das experimentelle Praktikum. Stuttgart 1987; Lüer, G.: Ps. im Spiegel ihrer wissenschaftl. Gesellschaft: histor. Fakten, Entwicklungen u. ihre Konsequenzen. PRu 42, 1991, S. 1–11; Maher, B. A. (Hg.): Progress in experimental personality research. New York 1964ff.; Maschewsky, W.: Das Experiment in der Ps. Frankfurt/M. 1977; McClintock, C. G. (Hg.): Experimental social psychology. Chicago 1972; Meili, R. u. Rohracher, H. (Hg.): Lehrbuch der experimentellen Ps. Bern

1963; MERTENS, W.: Sozialps. des Experiments. Hamburg 1975; MEUMANN, E.: Abriß der experimentellen Pädagogik. Leipzig 1914; MURPHY, G. u. a.: Experimental social psychology. New York 1931; OSGOOD, CH. E.: Method and theory in experimental psychology. New York 1953; PAGES, R.: Das Experiment in der Soziologie. In: KÖNIG, R. (Hg.): Handbuch der empir. Sozialforschung. Bd. I, Stuttgart 1967, S. 415–452; PATRY, J.-L. (Hg.): Laborforschung/Feldforschung. Bern 1981; PREISER, S.: Der Weg zu Binet. Anfänge u. Fortschritte von Experiment u. Test. In: BALMER, H. (Hg.): Geschichte der Ps., 2. Bd. Weinheim 1982, S. 36–165; REESE, H. W. u.a.: Experimental child psychology. New York 1973; SARRIS, V. u. PARDUCCI, A.: Die Zukunft der experimentellen Ps. Weinheim 1985; SARRIS, V.: Methodolog. Grundlagen der Experimentalps., 2 Bde. 1990 u. 1992; SCHMIDT, N. D.: Philosophie u. Psychologie. Trennungsgeschichte, Dogmen u. Perspektiven. Reinbek 1995; SCHUBEIUS, M.: Und das psycholog. Laboratorium muß der Ausgangspunkt pädagog. Arbeiten werden. Zur Institutionalisierungsgeschichte der Ps. von 1890–1933. Frankfurt/M. 1990; SCHULZ, T. u. a.: Theorie, Experiment u. Versuchsplanung in der Ps. Stuttgart 1981; SCHWARTZ, S.: Wie Pawlow auf den Hund kam. Die 15 klass. Experimente der Psychologie. Weinheim 1988; SELG, H.: Einführung in die experimentelle Ps. Stuttgart 1975; SHORKEY, C. D. u. WILLIAMS, H.: Behavioural assessment instruments, techniques, and procedures: summary and annotated bibliography. Washington 1977; SIDOWSKI, S. B. (Hg.): Experimental methods and instrumentation in psychology. New York 1966; STEVENS, S. S. (Hg.): Handbook of experimental psychology. New York 1951; TENT, J.: Über den Ursprung des neuerl. Unbehagens an der experimentellen Ps. oder: die Skrupel des Prometheus? In: GUNDLACH, H. (Hg.): Ps. Forschung u. Methode – das Versprechen des Experiments. Festschrift für Werner Traxel. Passau 1992, S. 205–226; TRAXEL, W.: Die Wiederbelebung der Experimentellen Psychologie in der BRD. In: ALBERT, D. (Hg.): Bericht über den 34. Kongreß der Dt. Ges. für Ps. in Wien 1984, 1. Bd. Göttingen 1985, S. 117–120; TRAXEL, W.: Einführung in die Methodik der Ps. Bern 1964 (2. Aufl. 1974); UNDERWOOD, B. J.: Experimental psychology. New York 1949; WERTHEIMER, M.: Die experimentelle Methodik in der Ps. des 19. u. 20. Jahrhunderts. In: SARRIS u. PARDUCCI (1985) S. 29–39; WOODWORTH, R. S.: Experimental psychology. New York 1938; WOODWORTH, R. S. u. SCHLOSBERG, H.: Experimental psychology. New York 1954; WORMSER, R.: Experimentelle Ps. München 1974; ZIMMERMANN, E.: Das Experiment in den Sozialwissenschaften. Stuttgart 1972; ZIMNY, G. H.: Methods in experimental psychology. New York 1961; ZTSCHR.: Journal of Experimental Psychology (seit 1916 von J. Watson u. a. herausgegeben), The Quarterly Journal of Experimental Psychology (seit 1948), Zeitschrift für Experimentelle u. Angewandte Psychologie (seit 1953; seit 1995 *Zeitschrift für Experimentelle Psychologie*), Journal of the Experimental Analysis of Behaviour, Journal of Experimental Education, Journal of Experimental Child Psychology, Journal of Experimental Social Psychology, Journal of Experimental Research in Personality.

Experimentelle Verhaltensstörungen → experimentelle Neurosen.

Experteneffekt → Expertise.

Experten-Laien-Vergleich → Expertise.

Experten-Novizen-Vergleich → Expertise.

Expertensystem, eine spezielle Form *wissensbasierter* Systeme: die Computer-Darstellung des Wissens von Experten bestimmter Gegenstandsbereiche, welche im Unterschied zu herkömml. *Datenbanken* nicht *stat.* verwaltet wird, sondern auf eine *dynam.* Art u. Weise, d. h. ein solches E. kann Fragen beantworten, Schlüsse ziehen, Lösungsvorschläge machen, selbst sinnvolle Fragen stellen, plausible Erklärungen geben, Zusammenhänge aufzeigen. Es wird dabei versucht, die heurist. Inferenzprozesse, die das Wissen des Experten kennzeichnen, im Medium des Computers gewissermaßen zu *externalisieren*, somit jederzeit verfügbar u. auch für weniger »expertenhafte« Personen nachvollziehbar zu machen, so dass auch sie wichtige Entscheidungen, die gemeinhin nur von Experten getroffen werden können, ebenso effizient durchführen können. Die E. werden da eingesetzt, wo die klass. Software-Technologie versagt, näml. bei Problemen, die komplex u. schlecht strukturiert sind u. intelligentes Vh. erfordern u. nicht einfach ein »number chrunching«. Auch die Darstellung u. Verarbeitung von unsicherem u. unvollständigem Wissen ist mit den heutigen Möglichkeiten schon ansatzweise durchführbar; vgl. Negoita (1985). Die Entwicklung von E. beginnt mit dem Prozess der *Wissensaquisition* – eine schwierige Aufgabe, da das Wissen von Experten häufig nicht bewusst vorhanden ist, sondern unbewusst angewandt wird. Diese Fragestellung hat zu einer Interaktion von → künstlicher Intelligenz u. Ps. geführt u. damit zur Entwicklung einer → Wissenspsychologie.

VD/T: (1) E. bestehen aus einer *Wissensbasis* (*Lexikon*) u. einem *Deduktionssystem* (einer Problemlösungskomponente, »Inferenzmaschine«, meist in einer formalen Sprache, oft der Prädikatenlogik erster Ordnung formalisiert). Die Herstellung solcher Deduktionsverfahren ist eines der zentralen Forschungsgebiete der → künstlichen Intelligenz u. von ihr gingen große Anregungen auf die Ps. des → Problemlösens aus, zahlreiche → Heuristiken wurden in diesem Zusammenhang entwickelt; vgl. Bibel (1982).

(2) Der Oberbegriff ist *künstl. Intelligenz* bzw. *KI-Programme*; *wissensbasierte Systeme* sind eine Teilmenge davon u. *E.* sind davon noch einmal eine Teilmenge. Grundsätzl. können auch klass. Datenverarbeitungsprogramme wissensbasiert gelöst werden, umgekehrt müssen E. nicht zwangsläufig auf der Technik wissensbasierter Systeme beruhen.

LIT: Zum Überblick vgl. Kurbel (1992); Harmon u. King (1989); Waterman (1986); Altenkrüger u. Büttner (1992); über die Unterschiede von E. zu den Fähigkeiten u. Leistungen wirkl. Experten vgl. Davis (1982).

◆ ALTENKRÜGER, D. u. BÜTTNER, W.: Wissensbasierte Systeme. Braunschweig 1992; BIBEL, W.: Deduktionsverfahren. In: BIBEL, W. u. SIEKMANN, J. H. (Hg.): Künstl. Intelligenz. Berlin 1982, S. 99–140; DAVIS, R.: Expert systems: Where are we? And where do we go from here? The AI magazine, Spring 1982, S. 3–22; HARMON, P. u. KING, D.: Expertensysteme in der Praxis. München 1989 (3. Aufl.); HAYES-ROTH, F. u. a. (Hg.): Building expert systems. Reading 1983; KURBEL, K.: Entwicklung u. Einsatz von Expertensystemen. Berlin 1992 (2. Aufl.); NEGOITA, C.: Expert systems and fuzzy-systems. Reading 1985; SCHEFE, P.: Künstl. Intelligenz – Überblick u. Grundlagen. Mannheim 1986; SCHNUPP, P. u. NGUYEN HUU, C. T.: Expertensystem-Praktikum. Berlin 1987; WATERMAN, D. A.: A guide to expert systems. Reading 1986.

Expertise, ein neueres Paradigma der → kognitiven Psychologie bzw. der → Wissenspsychologie; hier werden die besonderen Fähigkeiten von Personen analysiert, die es zu Meisterschaft auf verschiedenen Gebieten gebracht haben, z. B. im Schachspiel, in der Physik, der Geometrie, im Programmieren, im Sport. Zur Bezeichnung dieser expertenhaften Fähigkeiten bzw. Kenntnisse wird der engl. Ausdruck *expertise* verwendet, in einer anglozist. Anwendung wird dieser Begriff (groß geschrieben u. dt. ausgesprochen) auch im Deutschen verwendet. Der wichtigste method. Ansatz ist der *Experten-Novizen-Vergleich*, also eine Anlayse der Faktoren, die den Unterschied zw. einem Könner u. einem Anfänger auf einem Gebiet ausmachen.

Die am häufigsten hervorgehobenen Faktoren für den »Experteneffekt« sind: (a) der Umfang des Wissens; (b) die Qualität der metakognitiven Prozesse (→ Metakognition); (c) die Repräsentation des Wissens; (d) die Wissensorganisation. In diesem Paradigma werden auch Entwicklungstheorien bzw. Phasentheorien des Fertigkeitserwerbs erarbeitet; vgl. z. B. Anderson (1983); eine solche Phasentheorie spielt auch eine wichtige Rolle in der Kritik der → künstlichen Intelligenz von Dreyfus (s. d.); s. a. das Stw. → intuitive Theorien. In mehreren kognitionsps. Arbeiten wird die Bedeutung einer »magischen« Zahl von 10 Jahren hervorgehoben, die als Zeitdauer für eine intensive Beschäftigung mit einem bestimmten Wissens- und Fähigkeitsgebiet nötig ist, um zu Meisterschaft zu gelangen; vgl. z. B. Gardner (1996, v. a. S. 440ff.)

HI/WÜ: Das Paradigma, das Anregungen aus der Entwicklung von → Expertensystemen entstammt, führte die Ps. dazu, sich erstmals sozusagen *inhaltl.* mit Kenntnissen u. Fertigkeiten auseinanderzusetzen u. dabei detaillierte, in gewissem Sinne *idiograph.* u. *hermeneut.* Analysen vorzunehmen. Dieser Ansatz hat dazu geführt, die grundlegende Bedeutung einer so simpel erscheinenden Variablen wie *Vorwissen* herauszuarbeiten, u. es war ein wichtiger paradigmatischer Umbruch in der Ps. zu erkennen, dass Entwicklungsprozesse, v. a. kognitive Entwicklungsprozesse, nicht in einer abstraktpsychologist. Weise von unspezifizierten u. oft nur hypostasierten ps. Mechanismen abhängig sind, sondern von eben diesen konkreten Vorkenntnissen u. Vorfertigkeiten. Man konnte z. B. zeigen, dass Kinder, die auf einem bestimmten Gebiet über solches Vorwissen verfügen, auf diesem Gebiet Erwachsenen weit überlegen sind u. sozusagen »frühreif« sind, jedoch nicht in einem reifungstheoret., sondern in einem konstruktivist.-fertigkeitstheoret. Sinne. Inzwischen wurde in vielfältigen weiteren Laien-Experten-Vergleichen nachgewiesen, dass die Zunahme an Kompetenz weniger in der Optimierung generellen Wissens als in der flexiblen Vewendung *bereichsspezif.* Wissens begründet liegt. In dieser Perspektive werden auch klass. Arbeiten, die von einem konstruktivist. Ansatz ausgehen, neu rezipiert, v. a. Bartlett (1932) u. Piaget u. Inhelder (1974). Das Paradigma macht auch deutl., dass die traditionelle Trennung zw. *fluiden* u. *kristallisierten* Fähigkeiten (→ Intelligenz) der Komplexität des Wissenserwerbs nicht gerecht wird; vgl. hierzu Waldmann u. Weinert (1990); vgl. auch die Forschungsarbeiten zu Gedächtniskünstlern (z. B. Bredenkamp u. a. 1988).

VD: Die Untersuchungen von Schachmeistern gehörten zu den frühesten Ansätzen; vgl. Chase u. Simon (1973); zu ausführl. Literaturhinweisen vgl. Gruber (1994); es zeigte sich, dass Experten den Schachkonfigurationen wesentl. mehr Information entnehmen können, weil sie im Langzeitgedächtnis größere Wisseneinheiten gebildet u. gespeichert haben. Allg. scheinen sich gute Schachspieler von schlechten weder durch ihre besseren allg. kognitiven Fähigkeiten noch durch Verarbeitungsgeschwindigkeit, Analysetiefe u. auch nicht durch bessere Heuristiken zu unterscheiden, als vielmehr durch ihre Fähigkeit, viele Positionen sehr schnell identifizieren zu können, wie schon in älteren Untersuchungen von De Groot (1965) gezeigt wurde. Interessante Ergebnisse ergaben sich beim Experten-Novizen-Vergleich von Physikern u. Computerprogrammierern: die Expertenstrategie Ersterer scheint von der bei Programmierern abzuweichen; während Erstere eine *Vorwärtssuche* bevorzugen, nutzen Letztere eine *Rückwärtssuche* (ausgehend vom Ziel einer Konstruktion zum Anfang hin). Häufig entwickeln Experten im Bereich des Programmierens zunächst eine grobe Gesamtlösung des Problems (*breadth-first*), um sich dann mit der Ausarbeitung der Teilprobleme zu befassen, während Anfänger sich häufig in Teilprobleme verstricken (*depth-first*).

LIT: Vgl. zum Überblick Körkel (1987); Glaser (1984); Anderson (1985); Chi u. Glaser (1980); Chi u. Glaser (1988); Ericsson u. Smith (1991); Hofmann (1992); Gruber (1994); das Buch von Hacker (1992) legt das Gewicht mehr auf das *Expertenkönnen*, also auf manuelle Tätigkeiten u. Fertigkeiten, weniger auf die Untersuchung von Wahrnehmung, Expertenwissen u. Problemlösungsstrategien; zur Erforschung von E. vgl. auch Knopf (1987; darin auch das Vorwort von Weinert); zum Einfluss des Vorwissens im Zusammenhang mit der Theorie des → komplexen Problemlösens vgl. Strohschneider (1990); s. a. das Stw. → Bereichseffekte; eine der ersten u. bekanntesten Untersuchungen zur Analyse von Merkmalen der Wissensstruktur kompetenter Problemlöser stammt von Larkin (1979), vgl. auch Larkin u. a. (1980; Physikaufgaben), deren Ergebnisse allerdings in ausführl. Folgeuntersuchungen (Chi u. a. 1981, 1982) nur teilweise bestätigt wurden; zu Untersuchungen aus dem Bereich des Programmierens vgl. Shneiderman (1980); aus den Sozialwissenschaften vgl. Voss u. a. (1983); im medizin. Bereich vgl. Lesgold u. a. (1981); zu Untersuchungen beim Erlernen von Computer- u. Textverarbeitungssystemen vgl. Card u. a. (1983); auch im Bereich des Lernens im Alter finden sich hier zunehmend Anwendungen (vgl. Knopf 1987); Bromme (1992) zeigt die Schwierigkeiten der Expertenforschung am Bsp. der Lehrerkognitionsforschung auf, ein Bereich, der intensiv erforscht worden ist; vgl. auch die Untersuchungen zur *Weisheit* im Alter von Baltes u. Smith (1990).

◆ ANDERSON, J. R.: The architecture of cognition. Cambridge/Mass. 1983; ANDERSON, J. R.: Cognitive psychology and its implications. New York 1985; BALTES, P. B. u. SMITH, J.: Weisheit u. Weisheitsentwicklung. ZEPP 22, 1990, S. 95–135; BARTLETT, F. C.: Remembering. Cambridge 1932; BREDENKAMP, J. u. a.: Gedächtnisps. Untersuchung eines Rechenkünstlers. SuK 7, 1988, S. 69–83; BROMME, R.: Der Lehrer als Experte. Bern 1992; CARD, S. K. u. a.: The psychology of human-computer interaction. Hillsdale 1983; CHASE, W. u. SIMON, H. A.: Perception in chess. CP 4, 1973, S. 55–81; CHI, M. T. H. u. GLASER, R.: The measurement of expertise. In: BAKER, E. L. u. QUELLMALZ, E. S. (Hg.). Educational testing and evaluation. Beverly Hills 1980; CHI, M. T. H. u. a.: Categorization and representation of physic problems by experts and novices. CS 5, 1981, S. 121–152; CHI, M. T. H. u. a.: Expertise in problem solving. In: STERNBERG, R. (Hg.): Advances in the psychology of human intelligence, 1. Bd. Hillsdale 1982, S. 67–76; CHI, M. T. H.: Bereichspezif. Wissen u. Metakognition. In: WEINERT u. KLUWE (1984) S. 211–233; CHI, M. T. H. u. a. (Hg.): The nature of expertise. Hillsdale 1988; CHI, M. T. H. u. GLASER, R. (Hg.): The nature of expertise. Hillsdale 1988; DE GROOT, A. D.: Thought and choice in chess. Den Haag 1965; ERICSSON, K. A. u. SMITH, J. (Hg.): Toward a general theory of expertise. Cambridge 1991; FITTS, P. M. u. POSNER, M. I.: Human performance. Belmont 1967; GARDNER, H.: So genial wie Einstein. Stuttgart 1996; GLASER, R.: Education and thinking – the role of knowledge. AmP 39, 1984, S. 93–104; GRUBER, H.: Expertise. Opladen 1994; HACKER, W.: Expertenkönnen. Göttingen 1992; HOFMANN, R. R. (Hg.): The psychology of expertise. New York 1992; KNOPF, M.: Gedächtnis im Alter. Berlin 1987; KÖRKEL, J.: Die Entwicklung von Gedächtnis- u. Metagedächtnisleistungen in Abhängigkeit von bereichspezif. Vorkenntnissen. Frankfurt/M. 1987; LARKIN, J. H.: Processing information for effective problem solving. Engineering Education 70, 1979, S. 285–288; LARKIN, J. H. u. a.: Expert and novice performance in solving physics problems. Science 208, 1980, S. 1335–1342; LARKIN, J. H.: Enriching formal knowledge: a model for learning to solve textbook physics problems. In: ANDERSON, J. (Hg.): Cognitive skills and their acquisition. Hillsdale 1981, S. 311–334; LESGOLD, A. M. u. a.: The acquisition of perceptual diagnostic skills in radiology. Learning Research and Development Center, Technical Report Nr. PDS-1. University of Pittsburgh 1981; PIAGET, J. u. INHELDER, B.: Intelligenz u. Gedächtnis. Olten 1974; SHNEIDERMAN, B.: Software psychology. Cambridge/Mass. 1980; STROHSCHNEIDER, S.: Wissenserwerb u. Handlungsregulation. Wiesbaden 1990; Voss, J. F.: Problem solving skills in the social science. In: BOWER, G. H. (Hg.): The psychology of learning and motivation. 17. Bd. New York 1983, S. 165–213; Voss, J. F. u. a.: Individual differences in performance: The contrastive approach to knowledge. In: STERNBERG, R. J. (Hg.): Advances in the psychology of human intelligence. Hillsdale 1986, S. 297–334; WALDMANN, M. u. WEINERT, F. E.: Intelligenz u. Denken. Perspektiven der Hochbegabungsforschung. Göttingen 1990; WEINERT, F. E. u. KLUWE, R. H. (Hg.): Metakognition, Motivation u. Lernen. Stuttgart 1984.

Explizite Behaltensaufgaben → implizites Lernen.

Explizites Gedächtnis → implizites Lernen.

Explizites Lernen → explizites vs. implizites Wissen.

Explizites vs. implizites Wissen. E. W. ist Wissen, das bewusst u. verbalisierbar ist; i. W. ist diesem Explikationsprozess nicht zugängl. Dies führt auf das allg. Problem der Wissensrepräsentation, v. a. auf das Gegensatzpaar → deklarative vs. prozedurale Wissensrepräsentation: Viele Fertigkeiten u. Prozeduren beinhalten näml. nichtexplizierbares Wissen; man spricht bisweilen vom *stummen Wissen (tacit knowledge)*; Weiteres vgl. → implizites Lernen.

KR: Haider (1992). Berry (1987) differenziert zw. i. W., das *explizit* gelernt worden ist, dann aber *prozeduralisiert* wurde – dies ist für ihn kein echtes i. W.; echtes i. W. sei in keiner Phase des Lernens explizierbar u. ist insofern auch vom *tacit knowledge* zu unterscheiden – das vom Problemlöser zwar nicht selbst verbalisiert wird, auf gezieltes Nachfragen hin durchaus bewusst werden kann. Berry weist auch darauf hin, dass auch e. W. nicht unbedingt verbalisierbar sein muss u. auch andere Formen der »Deklarierung« etwa eine graph. Aufzeichnung als Indiz für die Explizitheit des Wissenstatbestandes angesehen werden können.

LIT: Zum Überblick vgl. Reber (1989).

◆ BERRY, D.: The problem of implicit knowledge. Expert Systems 4, 1987, S. 144–151; HAIDER, H.: Implizites Wissen u. Lernen. Ein Artefakt? ZEAP 39, 1992, S. 168–200; REBER, A. S.: Implicit learning of artificial grammars. JVLVB 77, 1967, S. 317–327; REBER, A. S.: Implicit learning and tacit knowledge. JExP: G 118, 1989, S. 219–235.

Exploration → Psychodiagnostik.

Explorationstrieb → Explorationsverhalten.

Explorationsverhalten [auch: *Erkundungsvh., Neugiervh*], Vh., das der Umgebungserforschung bzw. der Befriedigung von → Neugier dient; E. kann über die direkte u. indirekte motor. Steuerung der Sinnesorgane erfolgen (→ Orientierungsverhalten), mittels Ortsveränderungen den ganzen Organismus (*lokomotor.* E., in erster Linie Annäherungs- u. Suchbewegungen) o. Manipulationen mit Gegenständen betreffen: *Untersuchungs- u. Manipulations-Vh*; vgl. Harlow (1950ff). E. wird meist als *ungerichtetes* Vh. vom gerichteten *Suchvh.* (*seeking behaviour*) abgegrenzt. Berlyne differenziert zw. *prüfendem* u. *suchendem* E.; ähnl. Livson (1967): *noticing curiosity – examining curiosity*. Hutt (1970) unterschied zwei Phasen: »Was tut das Objekt«; »Was kann ich mit dem Objekt tun?« Jungen zeigen mehr manipulative Neugier als Mädchen (Kreitler u. a. 1975). E. ist ein für höhere Lebewesen sehr kennzeichnendes Vh.; schon Dashiell (1925) u. Nissen (1930) zeigten, dass Ratten auch dann E. zeigen, wenn sie offensichtl. nicht durch einen primären Trieb o. durch die Gegenwart von Reizen, die mit der Befriedigung solcher Triebe assoziiert sind, motiviert werden. In einer Reihe von Beobachtungen des spontanen spieler. Hantierens mit Gegenständen bei Kindern (Bühler 1928, Piaget 1936) u. bei Tieren, v. a. Menschenaffen (Inhelder 1955; Harlow u. a. 1956) wird auf die Bedeutung der Neuheit (Welker 1956) für die Auslösung von Manipulationsvh. hingewiesen. Ein interessantes Experiment demonstriert das »Wesen« von E., indem es näml. zeigt, dass E. nicht ident. ist mit einem allg. *Aktivitätsdrang*, bzw. *Aktivierungstrieb*; (Montgomery 1953): Eine Gruppe von Ratten wurde über längere Zeit durch einen Käfig in der Bewegungsfreiheit eingeschränkt, eine Kontrollgruppe hatte gleichzeitig freien Zugang zu einem Laufrad, auf dem sie sozusagen ihren Aktivitätstrieb ausleben konnte – das Ergebnis war, dass das Ausmaß von E. beider Gruppen in einem geschlossenen Y-Labyrinth sich nicht unterschied. Ähnl. Experimente stellten Charlesworth u. Thompson (1957) und Montgomery (1953) an.

HI: Die Erforschung von E. bildete die empir. Basis für die Theorien der Neugier u. damit für grundlegende paradigmat. Umorientierungen der modernen Motivationsps.

TH: Ein triebtheoret. Ansatz postuliert die Existenz eines eigenständigen *Explorationstriebs*; dieser kann u. U. stärker sein als primäre Triebe wie Hunger u. Durst; eine ähnl. Annahme existiert innerhalb der kognitiven Lerntheorie Tolmans. E. resultiert nach Berlyne (1960ff.) v. a. aus *spezif.* → *Neugier*, einem Zustand leichten Unbehagens u. erhöhter Erregung, der Ausdruck eines Konfliktes zw. Verhaltenstendenzen ist, die in Situationen entstehen, in denen der Organismus komplexen, neuen u. inkongruenten Reizen ausgesetzt ist. Reizmuster, die durch → optimale Komplexität gekennzeichnet sind, lösen E. aus; mit wachsender Vertrautheit der Umgebung schwächt sich das E. ab. Weitere theoret. Ansätze zum

E. finden sich bei McReynolds (1962); Munsinger u. Kessen (1964, 1966); Maw u. Maw (1961); Livson (1967). Zu etholog. Ansätzen vgl. Rensch (1973); Hinde (1973); zur Entwicklung des E. vgl. Keller u. Boigs (1989).

◆ Berlyne, D. E.: Conflict, arousal and curiosity. New York 1960 (dt.: Konflikt, Erregung, Neugier. Stuttgart 1974); Berlyne, D. E.: Complexity and incongruity variables as determinants of exploratory choice and evaluative ratings. CJP 17, 1963, S. 274–290; Bühler, C.: Zwei Grundtypen von Lebensprozessen. ZfPs 108, 1928, S. 222–239; Charlesworth, W. R. u. Thompson, W. R.: Effect of lack of visual stimulus variation on exploratory behaviour in the adult white rat. PRep 3, 1957, S. 509–512; Dashiell, J. F.: A quantitative demonstration of animal drive. JCPS 5, 1925, S. 205–208; Harlow, H. F.: Learning and satiation of response in intrinsicaly motivated complex puzzle performance by monkeys. JCPP 43, 1950, S. 289–294; Harlow, H. F. u. a.: Learning motivated by a manipulation drive. JExP 40, 1950, S. 228–234; Harlow, H. F. u. McClearn, G. E.: Object discrimination learned by monkeys on the basis of manipulation motives. JCPP 47, 1954, S. 73–76; Harlow, H. F. u. a.: Manipulatory motivation in the infant rhesus monkey. JCPP 49, 1956, S. 444–448; Hinde, R. A.: Das Vh. der Tiere, 2 Bde. Frankfurt/M. 1973 (Orig.: 1966); Hutt, C.: Specific and diversive exploration. In: Reese, H. W. u. Lipsitt, L. P. (Hg.): Advances in child developmental behaviour, 5. Bd. New York 1970, S. 120–172; Inhelder, B.: Zur Ps. einiger Vhsweisen – bes. des Spiels von Zootieren. ZfTPs 12, 1955, S. 88–144; Keller, H. u. Boigs, R.: Entwicklung des Explorationsverhaltens. In: Keller, H. (Hg.): Handbuch der Kleinkindforschung. Berlin 1989, S. 443–464; Kreitler, S. u. a.: The nature of curiosity in children. JSchP 13, 1975, S. 185–200; Livson, N.: Toward a differentiated construct of curiosity. JGeP 11, 1967, S. 73–84; Maw, W. H. u. Maw, E. W.: Establishing criterion groups for evaluating measures of curiosity. JExE 3, 1961, S. 299–305; McReynolds, P.: Exploratory behaviour: a theoretical interpretation. PRep 11, 1962, S. 311–318; Montgomery, K. C.: The effect of the hunger and thirst drives upon exploratory behaviour. JCPP 46, 1953, S. 315–319; Munsinger, H. u. Kessen, W.: Stimulus variability and cognitive change. PR 73, 1966, S. 164–178; Munsinger, H. u. Kessen, W.: Uncertainty structure, and preference. PM 78, 1964 (whole No. 586); Nissen, H. W.: A study of exploratory behaviour and the white rat by means of the obstruction method. JGeP 37, 1930, S. 361–376; Piaget, J. L.: La naissance de l'intelligence chez l'enfant. Neuchatel u. Paris 1936; Rensch, B.: Gedächtnis, Begriffsbildung u. Planhandlungen bei Tieren. Berlin 1973; Welker, W. E.: Variability of play and exploratory behaviour in chimpanzees. JCPP 49, 1956, S. 181–185.

Expositionsintervall → Reiz.

Exposure learning apparatus → Exposure-Lern-Apparat.

Exposure-Lern-Apparat [engl. *exposure learning apparatus*], jede Versuchsanordnung, wie z. B. ein Wohnkäfig für Ratten, in dem explorationsanregende Dinge o. Symbole angebracht sind; man spricht von einer *angereicherten Umwelt*; die Tiere wachsen in Wohnkäfigen auf u. werden später auf Symbolunterscheidung geprüft; vgl. hierzu Angermeier (1983).

◆ Angermeier, W. F.: Die Evolution des operanten Lernens. Basel 1983; Brickenkamp, R. (Hg.): Handbuch apparativer Verfahren in der Ps. Göttingen 1986.

Expressive Aggression → Aggression, → Theorien der Aggression.

Extensitätsschwelle → Sinnesschwellen.

Externale Attribution → Attributionsdimensionen; → Attribution; → Kontrollüberzeugungen.

Externalisation primärer Triebe → primäre vs. sekundäre Verstärkung.

Externalitätshypothese → Hunger.

Externe Gedächtnisse → externe Speicher.

Externe Speicher, künstl., außerhalb des menschl. → Gedächtnisses gelegene Speicher wie z. B. Notizbücher o. Computer; der Einsatz von e. S. wird in der modernen → Gedächtnispsychologie seit einiger Zeit analysiert; vgl. z. B. Muthig (1983).

◆ FLAMMER, A.: Externe Gedächtnisse: Krücken, die behindern können. In: ALLEMANN, M. u. SPESCHA, E. (Hg.): Führen, fördern, beraten. Freiburg 1983, S. 192–218; MUTHIG, K. P.: Externe Speicher: Implikationen für Modellvorstellungen zum menschl. Gedächtnis. In: LÜER, G. (Hg.): Bericht über den 33. Kongreß der Dt. Ges. für Ps. in Mainz 1982. Göttingen 1983, S. 252–259.

Extero-interozeptive Konditionierung → interozeptive Konditionierung.

Exterozeption → Propriozeption.

Exterozeptoren → Propriozeption.

Extinktion [auch *Löschung, Abschwächung, Verlernen*], das Phänomen, dass eine durch → operante Konditionierung erworbene Vhsweise abgeschwächt wird u. schließl. ganz verschwindet – u. zwar dadurch, dass die → Verstärkung wegfällt (*Extinktionsgesetz* bzw. *Nicht-Verstärkungsgesetz*). Sowohl dieses Phänomen als auch die das Phänomen bewirkende Prozedur, näml. das Aussetzen der Verstärkung, wird als *E.* bezeichnet. Bei der → klassischen Konditionierung wird der Begriff E. analog für das Darbieten des CS ohne den UCS bzw. für das dadurch bewirkte Schwächerwerden der CR verwendet. Die E. entspricht im Bereich der → Konditionierung dem → Vergessen bei Phänomenen des Gedächtnisses. Wenn die Reaktion nach längerer Nicht-Verstärkung schon verschwunden scheint, gewinnt sie oft wieder an Stärke u. manifestiert sich erneut: *Spontanremission* (Gesetz der spontanen Erholung).

Die Löschungs- bzw. *Extinktionsresistenz* ist das Maß für den Aufwand, der zur Löschung einer bestimmten Reaktion erforderl. ist: Bei der operanten Konditionierung ist dies entweder die Anzahl der unverstärkt auftretenden Reaktionen o. die Zeitdauer. Bei → intermittierender Bekräftigung ist die Löschungsresistenz höher als bei anderen → Verstärkungsplänen.

Es gibt auch eine *Löschungsgeneralisation* in dem Sinne, dass bei der klass. Konditionierung weitere mögl. Auslöser ihre Wirksamkeit verlieren. *Präextinktion* bedeutet, dass einer von mehreren CS allein dargeboten wird o. die Reize in umgekehrter Reihenfolge dargeboten werden, um die assoziative Verknüpfung der beiden Stimuli aufzuheben.

Innerhalb der → Verhaltenstherapie wurden verschiedene Verfahren entwickelt, um ein Problemvh. therapeut. zu löschen, v. a. die systemat. → Desensibilisierung u. die *graduierte Löschung*. In der Diskussion um die Wirkfaktoren der Desensibilisierung wird die Bedeutung u. gegenseitige Abgrenzung der Begriffe → Habituation, → Gegenkonditionierung u. *E.* deutl.; vgl. die Lit. zur Vhstherapie.

VD/TH: (a) Die klass. pawlowsche Theorie sieht E. begründet durch Hemmungsprozesse, ein Gedanke, der auch in Hulls Kzpt. der → reaktiven Hemmung eingeht. (b) Die → kognitiven Lerntheorien sehen E. begründet durch veränderte Erwartungen. (c) Eine weitere Theorie besteht darin, dass E. durch den Ersatz der bedingten Response durch andere Vhsweisen entsteht – ein Vh. verschwindet also nicht nur einfach, vielmehr treten neue Vhn. an seine Stelle. Dies ist der Ansatz der → Kontiguitätstheorie; vgl. Bugelski (1956) u. Harlow (1959). Die Theorie von Harlow definiert Lernen grundsätzl. nicht als Bildung neuer Assoziationen, sondern nur als Hemmung von Responses; sie ist damit eine *Interferenz-* bzw. *Counter-Conditioning-Theorie* der E. (d) Razran (1956) entwirft eine komplizierte *Zweiphasen-Theorie* der E., in welcher der Verlust an Feedback des propriozeptiven CS als entscheidend angesehen wird. (e) Die *Frustrationstheorie* der E. nimmt an, dass → Frustration durch Nichtverstärkung aufgebaut wird, was zu einer Energetisierung interferierender Reaktionen führt, die mit dem ursprüngl. Vh. inkompatibel sind (Wagner 1969). Insges. scheint es so zu sein, dass ein autonomer Abschwächungs- bzw. Zerfallsprozess zur Erklärung aller Extinktionsphänomene nicht ausreicht u.

daher zusätzl. ein aktiver Prozess des Neuaufbaus alternativer Vhsweisen angenommen werden muss. Die theoret. Auseinandersetzung mit der E. führt tief in die Frage nach dem eigentl. Wesen des → Lernens; vgl. hierzu Kendler (1952); zsfd. zu älteren Ansätzen vgl. Hörmann (1964) sowie Gleitman (1954).

LIT: Vgl. zum Überblick Hörmann (1964); Foppa (1975); Bredenkamp u. Wippich (1977).

◆ AMSEL, A.: Partial reinforcement effects on vigor and persistence. In: SPENCE, K. W. u. SPENCE, J. T. (Hg.): The psychology of learning and motivation, 1. Bd. New York 1967; BREDENKAMP, J. u. WIPPICH, W.: Lern- u. Gedächtnisps., 1. Bd. Stuttgart 1977; BUGELSKI, B. R.: The psychology of learning. New York 1956; CAPALDI, E. J.: A sequential hypothesis of instrumental learning. In: SPENCE, K. W. u. SPENCE, J. T. (Hg.): The psychology of learning and motivation, 1. Bd. New York 1967; FOPPA, K.: Lernen, Gedächtnis, Vh. Köln 1975 (9. Aufl.); GLEITMAN, H. u. a.: The S-R-reinforcement-theory of extinction. PR 61, 1954, S. 23–33; HARLOW, H. F.: Learning set and error factor theory. In: KOCH, S. (Hg.): Psychology: the study of the science, 2. Bd. New York 1959, S. 492–537; HÖRMANN, H.: Bedingungen für das Behalten, Vergessen u. Erinnern. In: BERGIUS, R. (Hg.): Lernen u. Denken, HP, 1. Bd., 2. Hlb. Göttingen 1964, S. 225–284; KENDLER, H. H.: »What ist learned?« – a theoretical blind alley. PR 59, 1952, S. 269–277; RAZRAN, G. H. S.: Extinction re-examined and re-analyzed: a new theory. PR 63, 1956, S. 39–52; WAGNER, A. R.: Frustrative nonreward: a variety of punishment. In: CAMPBELL, P. A. u. CHURCH, R. M. (Hg.): Punishment and aversive behaviour. New York 1969.

Extinktionsgeneralisation → Extinktion.

Extinktionsresistenz → Extinktion.

Extradimensionaler Wechsel → Reversal-shift-Experimente.

Extradimensionales Diskriminationslernen → Reversal-shift-Experimente.

Extralisten-Intrusion → Intrusion.

Extraneous-path-Hypothese → TLC.

Extrapunitive Reaktion → Frustration.

Extraversion → Extraversion vs. Introversion.

Extraversion vs. Introversion, ein Kzpt.-Paar, das ursprüngl. von C. G. Jung (1921) begründet worden ist u. innerhalb der akadem. Ps. v. a. in der persönlichkeitstheoret. Faktorentheorie von H. J. Eysenck (1947ff.) wichtig geworden ist: Der Extravertierte ist im Unterschied zum Introvertierten ausgezeichnet durch größere Geselligkeit u. Impulsivität, er zeigt auch eine stärkere Suche nach intensiven Stimuli, neigt deshalb stärker zu Drogen u. zur Nikotinsucht u. zu einem intensiveren u. variantenreicheren Sexualverhalten mit wechselnden Partnern. Eine Darstellung der Korrelate von E./I. mit Indikatoren sozialen Vhs. gibt Wilson (1981); zum Überblick über die faktorenanalyt. Untersuchungen verschiedener Autoren zum E.-Begriff vgl. Carrigan (1960); Cattell (1964) weist darauf hin, dass der E.-Begriff Eysencks nur bedingt mit seinem (Cattells) E.-Begriff vergleichbar sei.

Das eigentl. der → differentiellen Psychologie entstammende Kzpt. *E. vs. I.* hat – wegen seiner allgemeinps. Fundierung – auch in der modernen Grundlagenforschung große Bedeutung erhalten. Grundidee dieser allgemeinps. Fundierung ist Eysencks Postulat einer *leichteren Konditionierbarkeit* der Introvertierten: In Situationen, die mit Schmerz o. Furcht assoziiert werden, bilden Introvertierte schneller Vermeidungsreaktionen aus als Extravertierte; in der Sozialisierung sind diese darum angepasster u. unauffälliger, während die Extravertierten spontaner u. ungehemmter sind u. eine größere soziale Aktivität entfalten. In späteren Theorien wird allerdings hervorgehoben, dass die bessere Konditionierbarkeit der Introvertierten nur vorliegt, wenn die Aufgaben eher leichter als schwerer sind u. der Einfluss arousalerhöhender Situationsbedingungen eher geringer als stärker ist.

VD/T: (1) Eysencks Theorie hat unterschiedl. Phasen durchlaufen: (a) In der ersten Fassung von Eysencks Theorie, der sog. *Erregungs-Hemmungs-Theorie*, wird die geringere Konditionierbarkeit der Extrovertierten damit begründet, dass sie leichter u. stärker → reaktive Hemmungen ausbilden. Diese leichtere Ausbildung von *physiolog.* Hemmungsprozessen führt dann (scheinbar paradoxerweise) dazu, dass sie weniger *soziale* Hemmungen zeigen, weil sie in schwächerem Maße Vermeidungsverhalten erlernen. Das zentrale method. Paradigma, anhand dessen diese Idee festgemacht wird, sind motor. Lernprozesse, typischerweise Tapping-Aufgaben: Extravertierte sollen gem. diesem Modell mehr zur Ausbildung inhibitor. Potentiale neigen u. deswegen stärker als Introvertierte sog. *unwillentl. Ruhepausen* (*involuntary rest pauses, RIP*) erkennen lassen. Allg. müssten sich bei ihnen im Rahmen motor. Aufgaben stärker reaktive Hemmungen aufbauen, so dass also die → Reminiszenz stärker sein müsste, u. dies hat die Implikation: Pausen müssten die Leistung von Extravertierten stärker fördern als die von Introvertierten. Bei verbalem Lernen nimmt Eysenck an, dass Extravertierte schwächere Konsolidierungsprozesse zeigen als Introvertierte u. somit die Spurenfestigung gering ist, was zu schlechten Leistungen beim langfristigen Behalten führt, während bei kurzen Behaltensintervallen, also bei unmittelbarer Reproduktion, bessere Leistungen bei Extravertierten postuliert werden; vgl. Walker (1959); vgl. zsfd. Amelang u. Bartussek (1990). (b) In der zweiten Fassung der Erregungs-Hemmungs-Theorie spielt statt des Hemmungskzpt. das Kzpt. des *kortikalen Erregungsniveaus* eine größere Rolle – bisweilen nennt man deshalb die erste Theorie auch die *Hemmungstheorie* u. die zweite Theorie die eigentl. *Erregungs-Hemmungs-Theorie*. Dieser Unterschied macht sich z. B. an folgendem empir. Effekt fest: Tatsächl. haben Pausen, wie innerhalb der ersten Theoriefassung postuliert, bei Extravertierten bessere Wirkungen – allerdings müssten sie nach der Hemmungstheorie auch schlechtere Vorpausenleistungen haben, was sich aber in empir. Untersuchungen als falsch erwiesen hat. In der zweiten Fassung der Theorie wird dies mit der Annahme einer größeren kortikalen Erregung Introvertierter u. über die Zusatzannahme stärkerer Konsolidierungsprozesse bei höherer kortikaler Erregung erklärt, was nach kurzen Pausen (10 Minuten) zu schlechteren Behaltensleistungen führt. Auch die Ergebnisse von Amelang u. Breit (1983) liefern eine Stütze dafür, dass das kortikale Erregungskzpt. bedeutsamer ist als das Kzpt. reaktiver Hemmung, da sie zeigen, dass die schlechtere Leistung Extravertierter in einer schnellen Tapping-Aufgabe nicht auf *unwillkürl. Ruhepausen* zurückgeführt werden kann. Zentrales Postulat dieser zweiten Fassung der eysenckschen Theorie ist demgemäß, dass extravertierte Menschen zur raschen Ausbildung relativ geringer exzitator. Potentiale neigen (die nötig sind, um Lernprozesse aufzubauen), aber auch zu schnell aufgebauten, intensiven u. langsam abklingenden inhibitor. Prozessen; Introvertierte dagegen sollen schwache exzitator. Potentiale, aber nur langsam einsetzende, schwache Inhibitionsprozesse aufweisen. Die Theorien 1 u. 2 machen ähnl. Vorhersagen, kleine Unterschiede betreffen z. B. die krit. Flimmerverschmelzungsfrequenz: Gem. der Hemmungstheorie müssten Extravertierte höhere Schwellen der Flimmerverschmelzung aufweisen als Introvertierte – weil zwei aufeinander folgende Lichtblitze leichter unterschieden werden könnten, wenn der Wahrnehmungseffekt des ersten Blitzes herabgesetzt o. *gehemmt* wird. Die Erregungstheorie behauptet, dass Introvertierte kortikal erregter sind u. dadurch die ankommenden Reize steigern, was die Lichtblitze subjektiv intensiver mache, u. da die Schwellenwerte für die Flimmerverschmelzung proportional zur Reizintensität zunehmen, sollten sich bei Introspektion höhere Schwellen manifestieren als bei Extravertierten. Bsp.: Vigilanzaufgaben: Gem. der Hemmungstheorie erzeugt die Wahrnehmung Hemmung – ist diese groß geworden, so tritt eine unfreiwillige Ruhepause ein, so dass also Extravertierte mit der Zeit eine stärkere Abnahme der Leistung zeigen müssten; demgegenüber sagt die Erregungstheorie hier voraus, dass ein zw. den Extremen liegendes Erregungsniveau für die Leistung optimal ist u. dass, je nachdem, inwieweit die Testperson am Beginn des Vigilanzexperiments von ihrem optimalen Erregungsniveau entfernt ist u. wie sich ihr Niveau während der Sitzung ändert, ihre Leistung schneller abnimmt als bei Introverierten. (c) In der dritten Fassung seiner Theorie versucht Eysenck, diese hypothet. Prozesse in stärkerem Maße *neurophysiolog.* zu fundieren: Das stärkere exzitator. Potential der Introvertierten wird durch eine niedrigere Schwelle u. eine stärkere Aktivität der *Formatio reticularis* begründet (demgegenüber sei der *Neurotizismus* durch die Aktivität des *limb. Systems* begründet). In dieser Theorie wird die Tatsache, dass Extravertierte größere Reizsuche zeigen u. ein stärkeres Bedürfnis nach sozialem Kontakt haben, damit begründet, dass sie insges. ein geringeres Ausgangserregungsniveau besitzen, so dass sie, um zu einer → optimalen Stimulation zu gelangen, stärker äußere Anregungen brauchen als Introvertierte. Die soziale »Gehemmtheit« der Introvertierten u. die soziale Offenheit der Extravertierten wird hier also nicht so sehr über soziale Lernprozesse als über eine neurophysiolog. Idee begründet. (Die Beziehung zw. kortikalem Arousal u. retikulärem Bombardement ist allerdings nur bis zu jenem Punkt monoton u. positiv, an dem die sog. *transmarginale Hemmung* im Sinne einer Schutzfunktion einsetzt u. einer weiteren Aktivierung entgegenwirkt. Jenseits dieses Punktes ist das Arousal-Niveau paradoxerweise bei solchen Personen höher, die habituell weniger erregbar sind o. auch das stärkere Nervensystem aufweisen: den Extrovertierten.) Dieser Ansatz führt auch zur Formulierung des sog. *Drogen-Postulats*. Dieses beinhaltet in allgemeinster Fassung, dass sich die Wirkung von Drogen nur in Abhängigkeit von Persönlichkeitsmerkmalen voraussagen lässt; in der spezif. Fassung meint es, dass hierfür v. a. E. u. I. wichtig sind, u. zwar postuliert Eysenck eine dem herkömml. psychopharmakolog. Denken entgegengesetzte Drogenwirkung: zentral stimulierende Pharmaka verstärken den Erregungsprozess u. damit *introvertierte* Vhsweisen, während dämpfende Pharmaka die Hemmungsprozesse u. damit extravertiertes Vh. fördern. Die durch aufputschende Substanzen erzeugte Stimulation führe zu einer Erhöhung der Erregung der Formatio reticularis, während ruhig stellende Pharmaka dieses Potential verringern u. damit das Erregungs-Hemmungs-Gleichgewicht in Richtung auf Extraversion verschieben. Außerdem müsste die Sedierungsschwelle (z. B. bei Alkohol) bei Extravertierten niedriger liegen als bei Introvertierten; zum Überblick u. zur Kritik vgl. Legewie (1968).

(2) *T*: Die zweite u. dritte Theorie Eysencks wird häufig auch *Aktivierungs-* o. *Aktivationstheorie* genannt, der Übersetzer von Eysenck u. Eysenck (1987) schlägt vor: *arousal-* o. *An-/Erregungs-Theorie*, um Verwechslungen mit den anderen Aktivationstheorien auszuschließen. Eysenck verwendet im Übrigen für die Wirkung des limb. Systems den Begriff *activation*, für die Wirkung des retikulären Systems den Begriff *arousal*.

LIT: Vgl. zsfd. Eysenck u. Eysenck (1987); Morris (1979); Amelang u. Bartussek (1990); Brocke u. Battmann (1985); zu psychophysiolog. Aspekten vgl. Geen (1983).

◆ Amelang, M. u. Bartussek, D.: Differentielle Ps. u. Persönlichkeitsforschung. Stuttgart 1990 (3. Aufl.); Amelang, M. u. Breit, C.: Extraversion and rapid tapping: reactive inhibition or general cortical activation as determinants of performance differences. Personality and Individual Differences 4, 1983, S. 103–105; Amelang, M. u. Rodel, G.: Persönlichkeits- u. Einstellungskorrelate krimineller Vhsweisen. PRu 21, 1970, S. 157- 179; Bartussek, D.: Extraversion u. EEG: ein Forschungsparadigma in der Sackgasse? In: Amelang, M. u. Ahrens, H. J. (Hg.): Brennpunkte der Persönlichkeitsforschung, 1. Bd. Göttingen 1984, S. 157–189; Brocke, B. u. Battmann, W.: Die Aktivierungstheorie der Persönlichkeit. ZDDP 6, 1985, S. 189–213; Buchsbaum, M.: Self-regulation of stimulus intensity: augmenting/reducing in the averaged evoked response. In: Schwartz, G. E. u. Shapiro, D. (Hg.): Consciousness and self-regulation. New York 1976, S. 101–135; Carrigan, P. M.: Extraversion – introversion as a dimension of personality: a reappraisal. PBu 57, 1960, S. 329–360; Cattell, R. B.: Objective personality tests. A reply to doctor Eysenck. Occupational Psychology 38, 1964, S. 69–86; Eysenck, H. J.: Dimensions of personality. London 1947; Eysenck H. J.: The dynamics of anxiety and hysteria. London 1957; Eysenck, H. J. u. Levey, A. B.: Konditionierung, Introversion-Extraversion u. die

Stärke des Nervensystems. ZfP 174, 1967, S. 96–106; EYSENCK, H. J.: The biological basis of personality. Springfield 1967; EYSENCK, H. J. u. EYSENCK, S. B. G.: The manual to the Eysenck-personality inventory. San Diego 1968; EYSENCK, H. J.: Readings in extraversion. Fields of application. London 1971; EYSENCK, H. J.: Readings in extraversion. Theoretical and methodological issues. London 1971; EYSENCK, H. J.: Eysenck on extraversion. London 1973; EYSENCK, H. J.: The measurement of personality. Lancaster 1976; EYSENCK, S. B. G. u. EYSENCK, H. J.: Personality differences between prisoners and controls. PRep 40, 1977, S. 1023–1028; EYSENCK, H. J.: General features of the model. In: EYSENCK, H. J. (Hg.): A model for personality. Berlin 1981, S. 1–31; EYSENCK, H.-J. u. EYSENCK, M. W.: Persönlichkeit u. Individualität. München 1987 (Orig.: New York/London 1985); GALE, A.: EEG-studies on extroversion-introversion. In: LYNN, R. (Hg.): Dimensions of personality. Oxford 1981, S. 181–207; GEEN, R. G.: The psychophysiology of extroversion/introversion. In: CACIOPPO, J. T. u. PETTY, R. E. (Hg.): Social psychophysiology. New York 1983, S. 931–416; GRAY, J. A.: A critique of Eysencks' theory of personality. In: EYSENCK, H. J. (Hg.): A model for personality. Berlin 1981, S. 246–276; GRAY, J. A.: Angst u. Streß. München 1971; JUNG, C. G.: Ps. Typen. Zürich 1921; LEGEWIE, H.: Persönlichkeitstheorie u. Psychopharmaka. Krit. Untersuchungen zu Eysencks Drogenpostulat. Meisenheim 1968; LEVEY, A. B. u. MARTIN, I.: Personality and conditioning. In: EYSENCK, H. J. (Hg.): A model for personality. Berlin 1981, S. 123–168; MANGAN, G.: The biology of human conduct: east-west modells of temperament and personality. Oxford 1982; MORRIS, L. W.: Extroversion and introversion. Washington 1979; POWELL, G. E.: Brain and personality. London 1979; RAINE, A. u. VENABLES, P. H.: Classical conditioning and socialization – a bio-social interaction. PID 2, 1981, S. 271–283; WALKER, E. L.: Action decrement and its relation to learning. PR 65, 1959, S. 129–149; WILSON, G. S.: Personality and social behaviour. In: EYSENCK, H. J. (Hg.): A model for personality. Berlin 1981, S. 210–240.

Extrinsische Motivation → intrinsische Motivation.

Eye-voice-span, Untersuchungsmethode zu Prozessen des lauten → Lesens: festgestellt wird, wie weit das Auge der Stimme vorauseilt, wenn das Lesematerial laut gesprochen wird; vgl. Schlesinger (1968).

◆ SCHLESINGER, I. M.: Sentence structure and the reading process. The Hague 1968.

Facettentheoretische Komponentenprozesstheorie → Prüfprozesstheorie.

Facial Action Coding System → Gesichtsausdruck.

Facial Affect Scoring Technique → Gesichtsausdruck.

Facial-feedback-Hypothese → Mimikfeedback-Hypothese.

FACS, Abk. für → Facial Action Coding System; → Gesichtsausdruck.

Fading, (a) *f. in*: [*Einblenden*]: das langsame Einführen bzw. Intensiver-Werden eines diskriminativen Reizes; wird z. B. für → *fehlerloses Diskriminationslernen* verwendet; (b) *f. out* [*Ausblenden*]: das langsame Weglassen eines → Verstärkers bei der → Verhaltensformung bzw. Verringerung der Intensität eines diskriminativen Reizes beim → Diskriminationslernen. Auch: das graduelle Ausblenden von Hilfsstimuli, bis die lernende Person nur mehr auf die in minimaler Ausprägung vorhandenen Reize reagiert, wie sie auch in der natürl. Umgebung vorhanden sind.

VD: Unter *prompting* versteht man Hilfestellungen, die die Aufmerksamkeit auf das gewünschte Vh. lenken sollen; solche Prozesse sind bes. bei komplexem Vh. in natürl. Umgebungen wichtig, prompting ist deshalb eine v. a. innerhalb der → Verhaltenstherapie verwendete Methode.

◆ ANGERMEIER, W. F. u. PETERS, M.: Bedingte Reaktionen. Berlin 1973; ANGERMEIER, W. F.: Kontrolle des Verhaltens Berlin 1972.

Fading in → Fading.

Fading out → Fading.

Fächereffekt [auch *Fächerungseffekt*; engl. *fan-effect*, auch in der dt. Fachliteratur *Fan-Effekt*; bisweilen auch *Abrufinterferenz*; engl. *retrieval interference*], ein v. a. beim method. Paradigma des → Faktenabrufs gefundenes Phänomen: Bspw. brauchen Vpn umso länger für die Beurteilung einer bekannten Tatsache (z. B.: «Napoleon Bonaparte war Kaiser«), je mehr Aussagen sie zu dieser Person bzw. Kategorie gelernt hatten. Deswegen spricht man auch vom *Kategorieneffekt* o. (*Kategorien-*) *Größeneffekt*. Ein ähnl. Effekt wird im Paradigma der → Gedächtnisabsuche gefunden.

TH/T: Die begriffl. Logik des Kzpts. liegt darin begründet, dass von einem → semantischen Netzwerk ausgegangen wird, bei dem von einem übergeordneten Knoten verschiedene Verbindungen zu untergeordneten Knoten entstehen, die in der graphentheoret. Darstellung wie ein Fächer aussehen – je mehr solcher Verbindungen es gibt, desto mehr Suchwege müssen durchlaufen werden u. desto länger braucht, gem. diesem Modell, die Suche im Gedächtnis.

KR: Klimesch (1988) versucht zu zeigen, dass dieses Phänomen ein Artefakt ist u. es sogar ein gegenläufiges Phänomen gibt: informationsreiche Gedächtnisstrukturen werden meist rascher aktiviert u. abgesucht als informationsarme Strukturen, Klimesch bezeichnet dies als *Abrufinterferenzparadoxon*. Im ACT*-Modell (→ ACT-Theorie) geht Anderson von einer sehr raschen, prakt. gleichzeitig erfolgenden Aktivierungsausbreitung aus, mit der Konsequenz, dass jeder aktivierte Knoten wieder Aktivität zu jenen Knoten zurückschickt, von denen er aktiviert wird, u. dies führt zur Abschwächung des F.

LIT: Zur Einführung vgl. Anderson (1988); vertiefend Wender u. a. (1980); zu den gedächtnisps. Implikationen u. zur Problematik dieses Kzpts. vgl. Klimesch (1988).

◆ ANDERSON, J. R.: Kognitive Ps. Heidelberg 1988; KLIMESCH, W.: Struktur u. Aktivierung des Gedächtnisses. Bern 1988; WENDER, K. F. u. a.: Modelle des menschl. Gedächtnisses. Stuttgart 1980.

Fächertheorie → Gedächtnistheorien; → Vergessen.

Fächerungseffekt → Fächereffekt.

Fäden → semantisches Gedächtnis.

Fähigkeit → Psychomotorische Fähigkeiten.

Fähigkeit vs. Leistung → Kompetenz vs. Performanz.

Fait-accompli-Effekt → kognitive-Dissonanz-Theorie.

Faktenabruf, eine Methode der Gedächtnis- bzw. Denkps., bes. zur Analyse des → semantischen Gedächtnisses: Die Vp lernt zunächst eine Liste von Sätzen, die einfache Fakten ausdrücken; in der zweiten Phase werden weitere Fakten dargeboten u. es wird gefragt, ob sie in den ursprüngl. Informationen enthalten waren, dabei wird die Entscheidungszeit gemessen. Die entscheidende abhängige Variable ist die Anzahl der Aussagen bzw. Tatsachen, die sich auf eine bestimmte Person o. Lokation beziehen; vgl. Thorndyke u. Bower (1974); zsfd. Wender u. a. (1980). Experimente zum F. können als spezif. Variante von → Satzverifikationsaufgaben aufgefasst werden, in denen die Anzahl u. Art der durch einen Satz ausgedrückten Tatsachen (= Fakten) variiert, die Syntax der Sätze aber weitgehend konstant gehalten wird.

◆ THORNDYKE, P. W. u. BOWER, G. H.: Storage and retrieval processes in sentence memory. CP 5, 1974, S. 515–543; WENDER, K. F. u. a.: Modelle des menschl. Gedächtnisses. Stuttgart 1980.

Falsche Konsensusannahme → Attributionsfehler.

Falscher Alarm → Signalentdeckungstheorie.

Falscher Konsensuseffekt → Attributionsfehler.

Falschinformationseffekt [auch *irreführende nachträgl. Information*; engl. *misleading postevent information*, auch *Verfälschungseffekt*; *misinformation effect*], wenn Informationen integriert werden müssen, die in einem zeitl. Abfolgeverhältnis stehen, kann es dazu kommen, dass Erinnerungen an die Originalinformation durch nachträgl. Information verfälscht werden können. Das Standardparadigma wurde von Loftus u. a. (vgl. 1978) kreiert; vgl. zum Überblick Sporer (1993), vgl. auch → hindsight bias.

◆ Sporer, S. L.: Der Falschinformationseffekt: Verschmelzung, Koexistenz o. Abruffehler? In: Montada, L. (Hg.): Bericht über den 38. Kongreß der dt. Ges. f. Ps. in Trier 1992, 2. Bd. Göttingen 1993, S. 345–356; Loftus, E. F. u. a.: Semantic integration of verbal information in dual visual memory. JExP: HLM 4, 1978, S. 19–31.

Familiarisierungs-Neuheits-Paradigma, eine Forschungsmethode bes. der → Entwicklungspsychologie: Dabei werden zwei gleiche Reize paarweise präsentiert, bspw. zwei rote Kugeln, u. nach erlahmender Aufmerksamkeit wird eine Kugel durch eine neue Figur, z. B. einen gleich großen roten Würfel, ausgetauscht; kehrt die Aufmerksamkeit zurück, so ist dies ein Zeichen dafür, dass der Säugling einen Unterschied zw. beiden Figuren bemerkt; vgl. auch das Stw. → optimale Stimulation.

◆ Dornes, M.: Der kompetente Säugling. Frankfurt/M. 1993.

Familiaritätseffekt → Präkognitiv-postkognitiv-Debatte.

Familienähnlichkeit → Prototyp.

Familienpsychologie → pädagogische Psychologie.

Fan-Effekt → Fächereffekt.

Fangfragen → Wahrnehmungs- und Urteilstendenzen.

Farbbegriffe → Farbwahrnehmung.

Farbbenennung → Farbwahrnehmung.

Farbe → Farbwahrnehmung.

Farbenblindheit → Farbwahrnehmung.

Farbenfeldschwelle → Farbwahrnehmung.

Farbenkreisel → Kolorimeter.

Farbenperspektive, ein Phänomen der → Farbwahrnehmung u. des → Tiefensehens: durch Farben bewirkte räuml. Tiefe eines Bildes, die dadurch begründet ist, dass dem menschl. Auge warme, kräftige Farben (Rot u. Gelb) näher erscheinen als kalte Farben (Blau). Eine Vordergrundsfigur muss warmfarbig u. eine weiter hinten stehende kaltfarbig sein, um eine Perspektive zu erzielen. Dies ist einer der Faktoren des einäugigen → Tiefensehens, der die sog. *Luftperspektive* begründet, die darauf beruht, dass im Freien auch warme Farben immer ins Bläul. übergehen, je mehr sie sich dem Horizont nähern.

Farbensehen → Farbwahrnehmung.

Farbenstereoskopie, ein Phänomen der → Farbwahrnehmung, die Erscheinung, dass blaue o. grüne Striche u. ä. auf rotem Untergrund in einer anderen Ebene zu liegen scheinen (z. B. liegen die blauen scheinbar weiter hinten).

Farbenzeitschwelle → Farbwahrnehmung.

Farbhelligkeit → Farbwahrnehmung.

Farbiger Schatten → Farbwahrnehmung.

Farbige Umstimmung → chromatische Adaptation.

Farbige Verstimmung → chromatische Adaptation.

Farbkonstanz → Wahrnehmungskonstanzen; → Farbwahrnehmung.

Farbkontraste → Farbwahrnehmung.

Farbkreis → Farbwahrnehmung.

Farblehre → Farbwahrnehmung.

Farbmetrik → Farbwahrnehmung.

Farbmetrisches Grundgesetz → Farbwahrnehmung.

Farbmischung → Farbwahrnehmung.

Farbnachbild → Farbwahrnehmung.

Farbreizmetrik → Farbwahrnehmung.

Farbreizschwelle → Farbwahrnehmung.

Farbsättigung → Farbwahrnehmung.

Farbschwelle → Farbwahrnehmung.

Farb-Simultan-Kontraste → Farbwahrnehmung.

Farbtemperatur → Farbwahrnehmung.

Farbtheorien → Farbwahrnehmung.

Farbton → Farbwahrnehmung.

Farbtonausgleich, eine Methode zur Erforschung der → Farbwahrnehmung, bei der die Vpn Farbe kontinuierl. verändern können, ähnl. wie durch Hinzufügen von Gewichten auf einer Waage; z. B. können sie blauem Licht so lange Gelb hinzufügen, bis eine Farbe entsteht, die weder bläul. noch gelbl. ist. Mit diesem Verfahren lässt sich bestimmen, wie stark die subjektive Farbreaktion auf ein Spektrallicht ist. Die Intensität des reinen 580-nm-Gelbs muss zieml. groß sein, wenn etwa ein Tiefblau mit 430 nm ausgeglichen werden soll – dieses Blau löst also eine starke Blau-Reaktion aus. Andererseits braucht es nur wenig vom 580-nm-Gelb, um das 490-nm-Licht auszugleichen.

◆ Falk, D. S. u. a.: Ein Blick ins Licht. Berlin 1990.

Farbunterscheidungskurve → Farbwahrnehmung.

Farbvalenz → Farbwahrnehmung.

Farbvalenzmetrik → Farbwahrnehmung.

Farbwahrnehmung [auch *Farbensehen*]. Neben der Fähigkeit zum → Schwarz-Weiß-Sehen u. zum → Helligkeitssehen hat unser visuelles System die Fähigkeit zur F., die eine andere neurophysiolog. Basis als das Schwarz-Weiß-Sehen besitzt (→

Duplizitätstheorie), obwohl es auch beim Betrachten von Schwarz-Weiß-Mustern zu einer F. kommen kann (→ Fechnersche Farben). Grundsätzl. beruht die F. auf der Wahrnehmung eines kleinen Spektrums der elektromagnet. Wellen: Unsere Augen vermögen elektromagnet. Strahlung im Bereich der Wellenlängen zw. 400 u. 700 nm wahrzunehmen, wb. Licht, wie es die Sonne aussendet, breitbandig zw. diesen Grenzen verteilt ist (die Lage des Wellenlängen-Gipfels hängt von der Temperatur der Lichtquelle ab: je heißer die Quelle, desto mehr ist der Gipfel zum blauen Ende des Spektrums, d. h. in den Bereich kürzerer Wellenlängen verschoben; die aus der Kunst herrührende Vorstellung, wonach Rot, Orange u. Gelb »wärmere« Farben sind u. Blau- u. Grüntöne kalt wirken, hat nichts mit der Spektralzusammensetzung des Lichts, also dem, was die Physiker »Farbtemperatur« nennen, zu tun). Als *monochromat.* bezeichnet man Licht, dessen Energie überwiegend in der Umgebung genau einer Wellenlänge liegt; die meisten farbigen Objekte reflektieren Licht, das solche Intensitätsgipfel aufweist, die Verteilung der Wellenlänge ist aber dennoch breiter als bei monochromat. Licht. Dieses an sich kontinuierl. Spektrum wird durch die Mechanismen der F. in diskontinuierl. Empfindungen, eben die *Farben*, aufgeteilt. (Das Wort *Farbe* ist doppeldeutig: Abgesehen von einer dritten Bedeutung, in der es eine *Malfarbe* bezeichnet, bezeichnet es einmal den physikal. Prozess, also eine bestimmte elektromagnet. Schwingung, welche *Farbe* im zweiten Sinne des Wortes erzeugt, näml. die *Farbempfindung*; im Folgenden wird der Begriff in letzterer Bedeutung verwendet.) F. lässt sich also im Sinne der evolutionären Erkenntnistheorie als Prozess einer aktiven Kategorisierungsleistung im Dienste der biolog. Anpassung verstehen. Deswegen lässt sich auch keine einfache Entsprechung der physikal. Dimensionen Wellenlänge u. Energie einerseits u. Farbton, Sättigung, Helligkeit (s. u.) andererseits herstellen (diese Entsprechung existiert nur zw. Strahlungsenergie u. Helligkeit, eine Beziehung, die angenähert nach dem → Fechnerschen Gesetz verläuft). Die Wahrnehmung von Farben hängt auch von der physikal. Realisation der Farbphänomene ab; ein Überblick über die verschiedenen Erscheinungsweisen der Farben (*Oberflächenfarben*, *Flächenfarben* u. *Raumfarben*, auch über Durchsichtigkeit, Glanzeindrücke, Leuchten u. Beleuchten) findet sich bei Kanizsa (1966); dieses Thema wurde in der Ps. v. a. von Katz (1911) bearbeitet.

F. ist einer der schwierigsten u. gleichzeitig faszinierendsten Problembereiche, der nur noch von Spezialisten überblickt werden kann u. auch das nur partiell. Deswegen hat sich auch ein eigenes interdisziplinär orientiertes Forschungsgebiet ergeben, für das meist der Begriff *Farblehre* verwendet wird, die Forscher stammen aus dem physiolog., technikwissenschaftl. o. auch künstler. Bereich. Es gibt also fast keine eigentl. *Ps. der F.* mehr, auch der Begriff *Farbps.* wird fast nie verwendet. Auf dem Gebiet der F. ist die Trennung zw. physikal., physiolog. u. ps. Aspekten schwierig, speziell die zw. physikal. u. ps.; schon die klass. Auseinandersetzung um die Farbtheorien von Newton u. Goethe läuft auf dieses Grundproblem heraus. (Gem. der Grundkonzeption dieses Lexikons wurde versucht, die zentralen *ps. relevanten*

Aspekte in der nachfolgenden Darstellung herauszuarbeiten). Was als *Farbmetrik* (auch *Farbvalenzmetrik* o. *Farbreizmetrik* bzw. *Kolorimetrie*) bezeichnet wird, ist zum großen Teil allerdings eine *ps.* Aufgabe, eine Art → Psychophysik der F.; sie macht von klass. psychophys. Methoden Gebrauch, näml. von Gleichheits-, Ähnlichkeits- u. Abstandsurteilen. (Schrödinger bezeichnet als *niedere Farbmetrik* diejenige, die nur auf dem Gleichheitsurteil aufbaut, u. bei Einbezug von Abstands- u. Ähnlichkeitsurteilen spricht er von *höherer Farbmetrik.*)

Folgendes sind die wesentl. *ps.* bzw. *psychophys.* Phänomene im Bereich der F.:

(1) F. kommt zustande, wenn bestimmte Bedingungen vorliegen: (a) Der Reiz muss eine bestimmte Intensität besitzen (*Farbschwelle* bzw. *Farbreizschwelle*), eine Mindestzeit andauern (*Farbenzeitschwelle*) u. eine bestimmte Netzhautfläche einnehmen (*Farbenfeldschwelle*). (b) Farbenreizschwelle u. Farbenfeldschwelle sind an der zapfenarmen Netzhautperipherie höher als in der Fovea, wb. allerdings die *Primärfarben* (s. u.) ausgenommen sind, da für sie die Reizung einzelner Zapfen genügt, während zur Empfindung von Mischvalenzen eine größere Zahl von Zapfen erforderl. ist. (c) Bei Verkleinerung des Farbenfeldes auf der Netzhaut geht die *Trichromasie* in *Dichromasie* (Ausfall der Blauempfindung), schließl. in *Monochromasie* (nur noch Rot wird empfunden) über, wie es der zahlenmäßigen Verteilung der drei Zapfentypen (s. u.) entspricht (s. a. das Stw. → Bezold-Brücke-Phänomen). Eine punktförmige Lichtquelle wird dennoch im Regelfall als farblos (u. nicht als Rot) wahrgenommen, wahrscheinl. infolge von Ausgleichsvorgängen in bipolaren Kodiersystemen.

(2a) Das Sonnenlicht kann durch ein Prisma in seine Spektralfarben zerlegt werden, die nach abnehmenden Wellenlängen geordnet folgende Farbempfindungen erzeugen: Rot, Orange, Gelb, Grün, Blau. (b) Das Sonnenlicht besteht aus einer Mischung all dieser Farben, erscheint aber als Weiß. (c) Des Weiteren besitzt der Mensch noch zwei bzw. drei grundlegende Farbkategorien: die Purpurfarben, Braun u. die sog. *unbunten* o. *achromat.* Farben Schwarz, Grau u. Weiß (Weiteres s. u.). (d) Transkulturelle Studien zeigen, dass es kulturübergreifend 11 Basiskategorien der Farbbegriffe bzw. Farbnamen zu geben scheint; wenn sie ausreichend Begriffe besitzen, diese in folgender Reihenfolge enthalten: Schwarz u. Weiß, sofern mehr als zwei Begriffe vorhanden sind, kommt Rot hinzu, dann Gelb u. Grün, dann Blau, dies sind die sog. *Fokalfarben*, die prototypischen Vertreter einer Farbkategorie; hinzukommen dann Braun, dann Purpur (Violett), Pink (Rosa), Orange u. Grau (die Originalarbeiten stammen von Berlin u. Kay 1969 sowie Heider 1972; vgl. zsfd. Bornstein 1973). Die sprachdeterminist. Grundannahme, dass die leichte Benennbarkeit (hohe Kodabilität) dazu führt, dass Farben bes. gut behalten u. wiedererkannt werden, wurde von Brown u. Lenneberg (1954) bestätigt. Zur problemhistor. Bedeutung dieses Ansatzes für eine allg. Kognitionswissenschaft vgl. Gardner (1989). (e) Innerhalb dieser Farben kann man etwa 160 Farbabstufungen unterscheiden, unter Berücksichtigung der unterschiedl. Sättigungsgrade mehrere Hunderttausend bis mehrere Millionen (die Angaben schwanken). Bei Experimenten zur *Farbbenennung* erhält man Ergebnisse mit hoher Konsistenz: Die meisten Vpn sind sich einig, wo reines Blau ohne erkennbare Spuren von Grün o. Gelb vorliegt, Gleiches gilt für Gelb u. Grün, auch für Rot, nur bestehen hier die Vpn darauf, dass etwas Violett hinzugefügt wird, um dem leichten Gelbschimmer von langwelligem Rot entgegenzuwirken. (Es ist diese *subjektive* Rotempfindung, die sich bei *additiver Mischung* mit Grün Weiß ergibt; das normale spektrale Rot addiert sich mit Grün zu Gelb.) (f) Die *Farbunterscheidungskurve* stellt dar, wie genau zw. den einzelnen Spektralfarben unterschieden werden kann: An den Enden des Spektrums (bei den tiefen Rot- u. Blautönen) sind die absoluten Unterschiedsschwellen am größten, d. h., dass dort die Farbunterscheidungsfähigkeit am geringsten ist, während im gelben Bereich die absoluten Unterschiedsschwellen am kleinsten sind. (3a) Die Dimensionen der wahrgenommenen Farbempfindungen sind: *Farbton* (engl. *hue*) u. *Sättigung* (*Reinheit*). Der Sättigungsgrad ist Ausdruck für die Anzahl der verschiedenen Wellenlängen: je gemischter, desto ungesättigter; je purer desto gesättigter; je gesättigter, desto leuchtender; je ungesättigter, desto blasser. (b) Bei den Oberflächenfarben ist eine weitere Eigenschaft die *Helligkeit* (Weiß-Grau- o. Schwarzton). (c) Die Farben haben außerdem bestimmte subjektive Eigenhelligkeiten: Die Farben des mittleren Teilspektrums erscheinen bei gleicher Beleuchtung heller als die Farben der seitl. Ränder des Spektrums. Gelb erscheint heller als Blau o. Rot. Z. B. muss ein Farbreiz mit dem Ausgangswert von 553 nm u. geringer Leuchtdichte bei hoher Leuchtdichte eine Wellenlänge von 525 nm haben, um den gleichen Farbton wie bei der geringeren Leuchtdichte aufzuweisen. Solche Veränderungen werden über das ganze Spektrum beobachtet, mit Ausnahme von drei Wellenlängen, der sog. *Bezold-Brücke-Invarianten*, die bei 478 nm Blau, 503 nm Grün u. 172 nm Gelb liegen; diese drei Stellen im Spektrum decken sich mit den Grundfarben (die Tatsache, dass keine invariante Stelle für Rot gefunden wurde, hängt wahrscheinl. damit zusammen, dass eine rein rote Farbe außerhalb des normalen Sehspektrums liegt). Damit hängt das → Bezold-Brücke-Phänomen zusammen. (d) Auch die Komponenten Farbton, Sättigung u. Helligkeit sind weitgehend unabhängig. Bei geringer Leuchtdichte ist allerdings zwar der Farbton erkennbar, jedoch erscheint die Farbe sehr ungesättigt, bei zunehmender Leuchtdichte nimmt die Sättigung zu, erreicht jedoch ein für jeden Wellenbereich spezif. Maximum, wonach die Sättigung wieder abnimmt. (Diese maximale Sättigungsgrenze tritt für eine rein gelbe Farbe von 172 nm u. für ein Rot von 800 nm bei einer höheren Leuchtdichte ein als bei den übrigen Farben.)

(4a) Wenn man die Farben nach Ähnlichkeitsprinzipien anordnet, ergibt sich eine zykl. Beziehung: Rot – Purpur – Blau – Blaugrün – Grün – Grüngelb – Gelb – Orange – Rot. Zur anschaul. Darstellung dieser zykl. Beziehungen dienen die sog. *Farbkreise*, s. Abb. *Wahrnehmung 2* (Hierbei müssen die Spektralfarben noch ergänzt werden, u. zwar im Bereich zw. Rot u. Violett mit polychromat. Farben, v. a. dem Purpur). (b) Die Mischung der bunten mit den unbunten Farben, also mit den Schwarz-Weiß-Tönen bzw. Graustufen, führt zu Farben, die im Spektrum nicht vorkommen u. auch aus den Spektralfarben nicht gemischt werden können; so wird

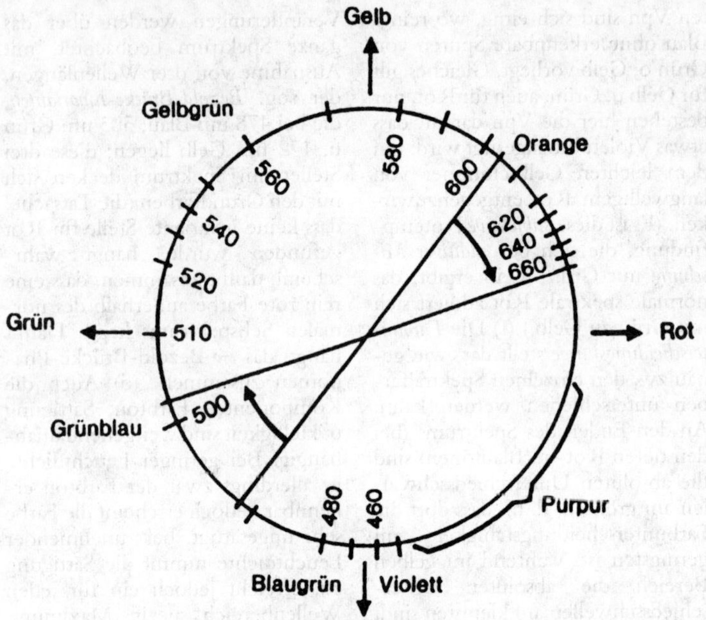

Abb. *Wahrnehmung 2*

bspw. die Mischung von Rot mit Weiß zu *Rosa* u. andererseits mit Schwarz zu *Braun*.

(5a) Wichtige Phänomene ergeben sich bei der sog. *additiven Farbmischung*. Dies ist ein *physiolog.* bzw. *psychophys.* Prozess, zu dem es kommt, wenn gleichzeitig Lichtstrahlen in unterschiedl. Wellenlänge auf dieselben Netzhautstellen treffen, z. B. wenn zwei Projektoren zwei verschiedene Farben auf dieselbe Leinwand werfen u. diese wahrgenommen werden. Eine solche additive Mischung kann auch durch einen → Farbenkreisel hergestellt werden. Ein von den modernen Drucktechniken u. auch vom Farbfernseher her vertrautes Prinzip ist die *partitive* Mischung, die Zerlegung in kleine Punkte, die aus einer gewissen Entfernung ebenfalls als einheitl. Farbe wahrgenommen werden; diese Farberzeugung hat dieselben Ergebnisse wie die additive Mischung. (Zur Unterscheidung: Die *subtraktive* Farbmischung dagegen ist ein *physikal.* Prozess; ein Bsp. ist gegeben, wenn zwei Projektoren ihr Licht nicht übereinander projizieren, sondern zwei verschiedenfarbige Filter gleichzeitig vor die Projektoren geschraubt werden. Auch der Prozess der Vermischung zweier Malfarben lässt sich weitgehend als eine solche subtraktive Mischung verstehen. Dabei ergibt sich die wahrgenommene Mischfarbe nicht aus der gleichzeitigen gemeinsamen Wahrnehmung der ursprüngl. Wellenlängen, wie bei der additiven Farbmischung, sondern beide Filter bzw. Malfarben nehmen dem Gegenstand sozusagen die Wellenlängen weg, die sie absorbieren, u. er reflektiert dann nur noch die »übrig bleibenden« Wellenlängen, also die Wellenlängen, die von beiden gleichzeitig reflektiert werden. Die aus dem Alltag vertraute Mischung von Gelb u. Blau, die Grün ergibt, ist eine solche subtraktive Mischung, bei additiver Mischung von Gelb u. Blau würde sich Weiß bzw. Grau ergeben.) (b) Die Gesetze der additiven Farbmischung werden formal durch die *Grassmannschen Gesetze* beschrieben, die eine vektortheoret. Darstellung der phänomenolog. Gesetzmäßigkeiten versuchen. Deren zentraler Gehalt wurde von

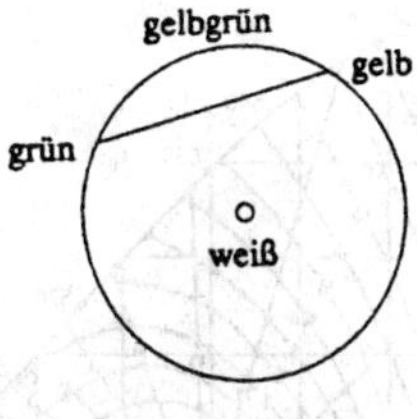

Abb. *Wahrnehmung 3a*

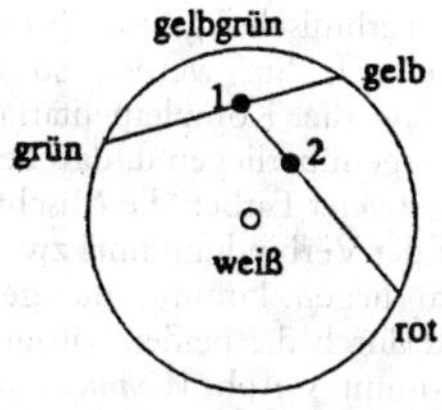

Abb. *Wahrnehmung 3b*

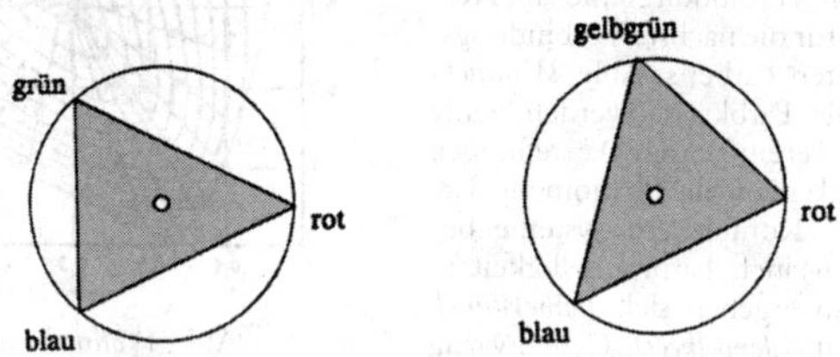

Abb. *Wahrnehmung 3c*

Richter im sog. *farbmetr. Grundgesetz* zusammengefasst: Der helladaptierte Zapfenapparat des trichochromat. Auges (s. u.) bewertet die einfallenden Strahlungen nach drei voneinander unabhängigen, spektralverschiedenen Wirkungsfunktionen linear u. stetig, wb. sich die Einzelwirkungen zu einer einheitl. Gesamtwirkung zusammensetzen, die *Farbvalenz* genannt wird. Die Farbmischungsgesetze implizieren im Wesentl., dass mit drei Farben sämtl. Spektralfarben erzeugt werden können. (Wenn durch Mischungen der Primärfarben eine Vergleichsfarbe hergestellt werden kann, spricht man von einer *eigentl.* Farbmischung; bei manchen Farben aus dem unteren Wellenbereich sind solche Mischungen nicht mögl., in diesen Fällen muss eine Primärfarbe, meistens Rot, von der nachzumischenden Farbe abgezogen werden; solche Mischungen nennt man *uneigentl.* Farbmischungen. Diese Notwendigkeit ergibt sich aus der Umkehrung des Kurvenverlaufs für Rot im kurzen Wellenlängenbereich.) Diese drei Farben können grundsätzl. willkürl. auf solche *Eichlichter* festgelegt werden, sind jedoch, international normiert, auf Blau, Grün u. Rot festgelegt worden. Dies sind die sog. *Primärfarben* (auch *Grundfarben* o. *Hauptfarben*; im Bereich der Druckfarben spricht man nicht von Rot, Gelb u. Blau, sondern von Magenta, Gelb u. Cyan). (c) Durch additive Farbmischungen können Farbeindrücke entstehen, deren Wellenlängenbereich gar nicht vorhanden ist. Wenn z. B. die Wellenlängenverteilung eines roten Lichts mit einer Bandbreite von 10 nm u. Mittelwert von 640 nm mit einem grünen Licht ebenfalls mit einer Bandbreite von 10 nm u. einem Mittelwert von 540 nm gemischt wird, ergibt sich eine gelbe Farbe, die einer »echten« gelben Farbe mit einem Mittelwert von 590 nm gleicht. Solche Farbpaare, die zwar gleich erscheinen, jedoch aus verschiedenen Wellenlängenverteilungen gebildet werden, nennt man *Metamere* o. *metamer. Farbpaare*. (d) Es gibt Farben, die, wenn sie in gleichen Anteilen gemischt werden, Weiß ergeben (*komplementäre Paare, Komplementärfarben*); Rot u. Grün sind Komplementärfarben sowie Gelb u. Blau. Ungleiche Anteile von Komplementärfarben erzielen die Farbe des vorherrschenden Bestandteils, mit geringerer Sättigung. (Das Ergebnis Weiß wird nur bei bestimmten Optimalfarben erzeugt, ansonsten wird Grau o. ungetöntes Licht bei der Mischung erzeugt; man spricht dann von *Kompensativ-*, *Gegen-* o. *Ergänzungsfarben*). (e) Auch zur Darstellung der Phänomene dieser additiven Farbmischung sind *Farbkreise* (s. o.) geeignet. Sie werden so konstruiert, dass die Komplementärfarben einander gegenüberliegen u. dass bei der Mischung zweier Farben die Mischfarbe genau auf der Verbindungslinie zw. zwei Farben zu liegen kommt; die genaue Lage wird durch die beiden Sättigungsgrade bestimmt; s. Abb. *Wahrnehmung 3a* u. *3b*. Bei der Mischung von drei Farben gilt der Punkt der Mischfarbe zweier Farben auf der Verbindungslinie als Ausgangspunkt für die nächste Verbindungslinie zu dritten Farbe; s. Abb. *Wahrnehmung 3c*. Die Farbkreise werden heute nur noch in vereinfachten Darstellungen verwendet, da nicht alle Phänomene darstellbar sind. Komplexere Systeme berücksichtigen auch Farbtonhelligkeit u. Sättigung, so ergeben sich *Farb-Würfel*, *-rhomboeder* u. *-doppelkegel*. Gegenwärtig sind v. a. zwei Systeme wichtig: das *Munsell-System* u. in Deutschland das *DIN-System* (in der Grundlagenforschung wird das Munsell-System bevorzugt, während das DIN-Farbensystem in Deutschland weitgehend im industriellen Bereich gebraucht wird). Die *Normfarbtafel* ist eine zweidimensionale graph. Darstellung der durch additive Farbmischung herstellbaren Beziehungen zw. den Farben. Es ist eine Projektion des Farbenraumes, bei der auf die Darstellung der Helligkeit verzichtet wird; die additiven Mischungen zweier Farben liegen auf der geraden Verbindungslinie der Mischungskomponenten. Die so entstehende Tafel wird meist als Dreieck bzw. als eine Art Hufeisen, das nach links geneigt ist, dargestellt; s. Abb. *Wahrnehmung 4*. Vgl. zum Überblick über die Farbsysteme Wyszecki (1960) u. Simon (1980).

(6) Es gibt vier einzigartige Farbempfindungen bzw. Gegenfarben (Rot, Gelb, Grün u. Blau), die einander nicht ähneln, dies sind die vier *ps. Grundfarben* o. *Urfarben*: Zwischen ihnen besteht ein sog. *Farbantagonismus*: Es wird nie ein rötl. Grün u. ein gelbl. Blau wahrgenommen, ja ein solches ist nicht einmal vorstellbar, u. ebenso empfindet niemand Rot u. Blau als eine Mischung anderer Farben, während jedermann z. B. einen Orangeton sich als ein Ergebnis einer Mischung von Rot u. Gelb vorstellen kann u. man ohne weiteres ein rötl. Blau (Magenta) o. ein grünl. Gelb (Chatreuse) u.

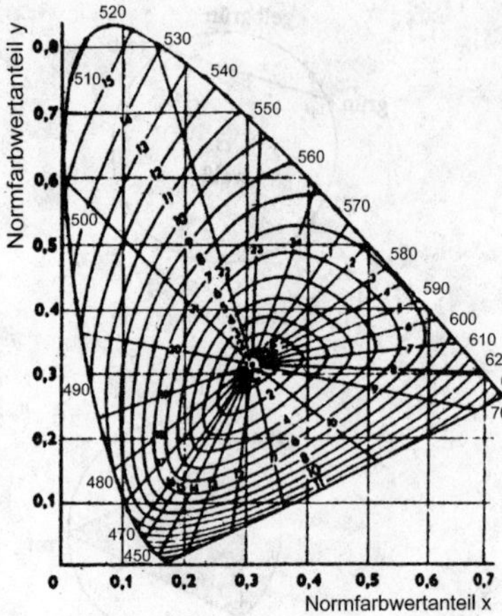

Abb. *Wahrnehmung 4*

Farbsystem DIN 6164 in der Normfarbtafel. Vom Unbuntpunkt (Normlichtart C) verlaufen radial die Geraden gleichen Farbtons (T = 1, ..., 24). Um den Unbuntpunkt verlaufen die Linien gleicher Sättigung (S = 1, ..., 15). E ist der Farbort des energiegleichen Spektrums.

ein bläul. Grün (Cyan) sehen kann. (Von Hubel 1989 wird darauf hingewiesen, dass das Gefühl mancher Leute, Grün mit Blau sehe wie Gelb aus, wahrscheinl. aus Kindheitserfahrungen im Umgang mit Malfarben beruht.) Die *Urfarben* enthalten also neben den vorher genannten Grundfarben, die ausreichend sind, um die Ergebnisse additiver Farbmischung zu erklären, noch die Farbe Gelb, die nicht als Mischfarbe verstehbar ist, worauf schon Hering hingewiesen hat.

(7) Mit diesen vier ps. Grundfarben hängt die Phänomenklasse der unterschiedl. Farbkontraste zusammen: (a) *sukzessive Farbkontraste* (→ Sukzessivkontrast) bzw. *sukzessive Farbphänomene*. Das wichtigste ist das *Farbnachbild*. Die wichtigsten Formen sind *positive* (homochromat.) → Nachbilder: kurz anhaltende Farbempfindungen nach Ausschalten des Reizes in der Komplementärfarbe des zuerst gesehenen Reflexes (bei Murch u. Woodworth 1978 wird allerdings darauf hingewiesen, dass die negativen Nachbilder tatsächl. keine genauen Komplementärfarben sind), die in der Helligkeit sowie

im Farbton dem auslösenden Reiz ähnl. sind. *Negative* (*Heringsche*) Nachbilder sind länger anhaltende Farbempfindungen nach Ausschalten des Reizes, die sich in der Helligkeit sowie im Farbton von dem auslösenden Reiz stark unterscheiden u. in Richtung der Gegenfarbe gehen. Ein Adaptationsstimulus für negative farbige Nachbilder findet sich bei Frisby (1989, S. 78). Eine bes. Form von Nacheffekt stellt der → McCollough-Effekt dar. (b) *Simultane Farbkontraste* (→ Simultankontraste): dazu gehören Phänomene der → Farbkonstanz u. v. a. der Effekt, dass z. B. eine Farbe gesättigter wirkt, wenn die Umgebung in Komplementärfarben gehalten wird, so dass z. B. Rot vor Grün gesättigter als vor Gelb wirkt. Ein Nebeneinanderliegen von zwei Farben hat aber noch einen anderen Effekt: wenn z. B. ein roter Kreis von einem blauen Feld umgeben ist, so erscheint es, als ob ihm ein wenig von der Komplementärfarbe zu Blau, näml. Gelb, beigemischt ist, u. auch das Blau hat einen Hauch von Grün (der Komplementärfarbe zu Rot). Ein solcher Effekt ist v. a. deutl., wenn eine der beiden Flächen neutralgrau ist, da man dann diese »Farbbeimischung« besser erkennen kann, z. B. bekommt ein graues Objekt vor einem gelben Hintergrund einen Violettstich: *induzierte Farbe* o. *induzierter Kontrast*; vgl. Murch u. Woodworth (1978). Ein interessanter, in diesen Zusammenhang gehörender Effekt wurde schon von Goethe beschrieben: die *farbigen Schatten*: Ein Objekt wird von einem weißen u. einem roten Licht so beleuchtet, dass auf einer Wand hinter dem Objekt der Schatten zu sehen ist, u. dort, wo beide Lichter auf die Wand treffen, mischen sie sich im Bild zu einer rosa Farbe, im Gebiet des Schattens, der eine neutrale Farbe haben sollte, scheint die Fläche jedoch grünl. gefärbt, es wird also eine grüne Farbe *induziert*.

(8) Ähnl. wie bei der Helligkeitswahrnehmung gibt es auch bei der F. die grundlegenden Wahrnehmungsphänomene; neben den eben dargelegten Kontrast- u. Nacheffekten treten → Assimilation, → Konstanz u. → Adaptation (→ chromatische Adaptation) auf.

(9) Zwei Effekte der Interaktion von → Raumwahrnehmung u. F. sind die → Farbenstereoskopie u. die → Farbenperspektive. Auch Vorwissen u. Gedächtnis beeinflussen die Farbwahrnehmung (→ Gedächtnisfarbe; → Wahrnehmungskonstanzen).

(10) Es gibt bestimmte Formen von Störungen der F.: Ausfall bzw. herabgesetzte Funktionstüchtigkeit des Rot-Systems (*Protanopie*), des Grün-Systems (*Deuteranopie*), des Blau-Systems (*Tritanopie*). Die Unfähigkeit, Rot u. Grün zu unterscheiden – bei Protanopie u. Deuteranopie –, ist die am häufigsten auftretende; Rot u. Grün können hier nur nach ihrem Unterschied im Helligkeitsgrad differenziert werden. *Achromatopsie* bzw. *Monochromatopsie* ist eine totale Farbblindheit, bei der nur Helligkeitsunterschiede, also Graustufen, jedoch keine Farben gesehen werden.

TH: Als *Farbtheorien* bzw. *Farbwahrnehmungstheorien* werden meist solche Theorien bezeichnet, die versuchen, die wesentl. Gesetzmäßigkeit der F. herauszuarbeiten, wie sie im Hauptteil dargestellt worden sind, u. ihnen eine hypothet., im Idealfall *physiolog.* fundierbare Grundlage zuzuweisen. Diese Farbtheorien beziehen sich meist schwerpunktartig auf bestimmte der oben dargelegten Phänomene: (1) Während frühere Theorien davon ausgingen, dass die Netzhaut zahlreiche Lichtrezeptoren besitzt, von denen jede auf eine einzige Farbe reagiert, nimmt die *trichochromat. Theorie* (auch *Drei-Komponenten-Theorie*), die auf Young u. v. Helmholtz zurückgeht, (*Young-Helmholtz-Theorie*) an, dass die Netzhaut des Auges über drei unterschiedl. farbempfindl. Sensorentypen verfügt. Alle anderen Farbempfindungen seien auf Mischungen der Empfindungen dieser Sensortypen zurückzuführen. Eine Weiß-Empfindung entstehe bei gleichmäßiger Reizung aller drei Zapfenarten; Schwarz-Empfindung bei mangelnder Reizung. Diese Theorie basiert v. a. auf den bei der additiven Mischung (s. o.) auftretenden Phänomenen. Sie findet eine starke Stütze in dem Faktum, dass sich in der Netzhaut des Menschen in der Tat drei Sensortypen (die *Zapfen*) mit unterschiedl. Spektralempfindlichkeit nachweisen lassen, was jedoch erst Ende der 50er Jahre dieses Jahrhunderts entdeckt worden ist. Die Zapfen sprechen nicht nur auf ein Licht an, sondern auf einen größeren Wellenlängenbereich, ihre Absorptionsgipfel liegen ungefähr bei 430, 530 u. 560 nm; daher bezeichnet man die Zapfen mit »blau«, »grün« u. »rot«. (Diese Bezeichnung ist eigentl. ungenau, weil sich die Namen nicht auf das Aussehen der Pigmente beziehen, sondern auf die maximalen Empfindlichkeiten, u. v. a. weil monochromat. Lichtbündel mit den oben genannten Wellenlängen nicht Blau, Grün u. Rot ergeben, sondern Violett, Blau-Grün u. ein gelbl. Rot, da wegen der Überlappung der Absorptionsspektren der Empfindlichkeitskurven nie nur ein Zapfen reagiert.) Diese Theorie beinhaltet also, dass unsere visuelle Wahrnehmung, im Unterschied zur akust. Wahrnehmung, Reize verschmilzt: Während unser Gehör unterschiedl. Töne bei Akkorden z. B. durchaus als einzelne wahrnehmen kann, ist es unmögl., aus einer Mischung zweier o. mehrerer verschiedenfarbiger Lichtstrahlen durch bloßes Betrachten die Komponenten herauszufinden. Zu einem Vergleich des Farbwahrnehmungssystems u. des Hörsystems vgl. Hubel (1989). Neben der Erklärung der bei der additiven Farbmischung auftretenden Phänomene ermöglicht diese Theorie auch eine Erklärung der verschiedenen Formen der *Farbenblindheit*: zum Erklärungsbereich trichochromat. Theorie vgl. zsfd. Hubel (1989). (2) Die *Gegenfarbentheorie* (von Ewald Hering im letzten Jahrhundert ausgearbeitet) orientiert sich v. a. an der Erklärung der Phänomene (6) u. (7), also den Nachbildern, des Weiteren auch an bestimmten Formen der Farbenblindheit, bei denen häufig ein gleichzeitiger Ausfall von zwei Komplementärfarben auftritt. Sie postuliert, dass unsere Farbwelt aus den *vier Urfarben* (deswegen auch *Vier-Farben-Theorie* o. *Urfarbentheorie*) Rot, Gelb, Grün u. Blau aufgebaut ist, wb. sich die Wirkungen der Gegenfarben Rot/Grün u. Blau/Gelb sowie von Schwarz/Weiß antagonist. verhalten: Wenn beide Glieder eines Paares gleichermaßen stimuliert werden, heben sie einander auf u. lösen die Empfindung *Grau/Weiß* aus. Es ist deswegen nicht mögl., ein gelbl. Blau o. ein rötl. Grün zu sehen; s. o. Jedem Gegenfarbenpaar wird eine eigene Sehsubstanz zugesprochen: Werden die Sehsubstanzen abgebaut (*Dissimilation*), entstehen Rot-, Gelb- u. Weiß-Empfindungen, werden sie aufgebaut (*Assimiliation*), kommt es zu Grün-, Blau- u. Schwarz-Empfindungen. Je nach Dissimilierungs- u. Assimilierungsmuster kommen die unterschiedl. Farbempfindungen zustande. So kann diese Theorie z. B. erklären, dass ein intensiver Rotreiz häufig zu einem grünen Nachbild u. umgekehrt führt u. dass Gleiches für Blau u. Gelb sowie Weiß u. Schwarz gilt. Die heringsche Theorie vermochte nicht nur alle Farbtöne u. Sättigungsgrade zu erklären, sondern auch Farben wie Braun u. Olivgrün, die weder im Regenbogen vertreten sind noch mit den klass. Farbenmischverfahren der Psychophysik vorhersagbar sind, bei denen man mit einem Diaprojektor Lichtflecke auf einen dunklen Schirm projiziert. (Braun entsteht nur, wenn ein gelb- o. orangefarbener Lichtfleck von im Durchschnitt hellerem Licht umgeben ist; wenn man einen Braunton unter völliger Ausblendung seiner Umgebung betrachtet, indem man etwa durch eine Röhre aus schwarzem Papier schaut, so sieht er gelb o. orange aus. Man kann Braun als ein Gemisch aus Schwarz (das nur durch räuml. Kontraste entstehen kann) u. Orange o. Gelb betrachten; im heringschen Sinne sind hierbei mindestens zwei Systeme beteiligt, näml. das Schwarz-Weiß- u. das Gelb-Blau-System). (3) In der modernen Fassung dieser Theorie von Hurvich u. Jamson wird eine Integration der trichochromat. u. der Gegenfarben-Theorie versucht: Auf der Rezeptorenebene sind demnach drei Zapfentypen mit unterschiedl. Sensibilität für bestimmte Wellenlängen (Blau, Grün u. Rot) zu unterscheiden (die Hurvich u. Jameson als *Alpha-*, *Beta-* u. *Gamma-Rezeptoren* bezeichnen). Auf höherer Ebene werden die Informationen dann in den Gegenfarben-Kanälen *Rot-Grün* u. *Gelb-Blau* zusammengefasst, zu denen noch ein *Schwarz-Weiß-* (bzw. Hell-Dunkel-)Unterscheidungssystem hinzukommt, das einen Input von allen Rezeptorentypen erhält u. der Erfassung von Intensitätsunterschieden dient. Das erste Stadium des Lichtempfangs ist also dreifarbig, u. die Signale dieses Stadiums werden in die drei Gegenfarbensignale (2 Farbkanäle u. eine Unbuntkanal) verarbeitet, wb. jeder Farbkanal für 2 Farbtonreaktionen zuständig ist. Eine ähnl. integrativer Ansatz wurde in der *Zonentheorie* von v. Kries schon um die Jahrhundertwende konzipiert. (4) Neuere Arbeiten des Amerikaners Edwin Land (1977), der die Polaroid-Kamera erfunden hat, zeigen, dass kognitive Prozesse ebenfalls eine Rolle spielen, dass z. B. bei drei Farben, die ein komplexes Muster, z. B. einen Gegenstand, darstellen, mehr Farben gesehen werden, als wenn dieselben Farben ein einfaches Muster ergeben. Bisweilen als *Landscher Effekt* bezeichnet man den Effekt, dass es durch einen raffinierten Versuchsaufbau mögl. ist, alle Spektralfarben durch Einsatz von ledigl. einem roten u. einem weißen Licht als Wahrnehmungen zu erzeugen. Land thematisiert v. a. die unter (8) genannten Phänomene (die von Hering in Bezug auf die Schwarz-Weiß-Prozesse schon berücksichtigt worden sind), dass also auch die F., wie die Wahrnehmung der unbunten Farben, räuml. Vergleiche erfordert, worauf sich spezif. → Kontrasteffekte u. → Wahrnehmungskonstanzen ergeben. Wesentl. ist, dass wir auch für die F. Kontraste brauchen, so wie wir für die Schwarz-Weiß-Wahrnehmung auf Hell-Dunkel-Gegensätze angewiesen sind; Bsp.: Beleuchtet man mit einem Diaprojektor, vor dem ein roter Filter angebracht ist, eine Gruppe von Gegenständen, bspw. ein weißes Hemd u. eine leuchtend rote Krawatte, dann sieht bei derartiger Beleuchtung weder das weiße Hemd noch die Krawatte überzeugend rot aus, beide erscheinen eher in einem verwaschenen Rosa; nimmt man blaues Licht, dann sieht das Hemd verwaschen blassblau aus u. die Krawatte schwarz (da sie rot ist, reflektiert sie keine kurzen Wellenlängen wie Blau); schaltet man nun wieder auf den roten Projektor um u. überzeugt sich noch einmal, dass die Krawatte in seinem Licht nicht sonderl. rot aussieht, u. schaltet zusätzl. den blauen Projektor an, dann erstrahlt die Krawatte in einem kräftigen Rot (obgleich durch diese Addition kein zusätzl. Licht von der Krawatte reflektiert wird). Es gibt auch Experimente, die zeigen, dass beim Fixieren eines blauen Fleckes vor einem roten Hintergrund der Fleck verschwindet, wenn man seine Grenze auf der Retina stabilisiert: Das Blau löst sich auf, ledigl. der rote Hintergrund bleibt sichtbar. D. h.: Farbgrenzen verlieren ihre Wirkung, wenn sie auf der Netzhaut stabilisiert werden, u. ohne sie können wir keine Farben sehen. Dies weist darauf hin, dass F. zumindest auf einer bestimmten Verarbeitungsstufe ausschließl. von Farbkontrasten u. Farbgrenzen bestimmt wird u. dass demgem. Zellen, deren rezeptive Felder vollständig innerhalb einfarbiger Gebiete liegen, untätig bleiben; vgl. Hubel (1989). Weil F. nach Land kein rein *retinaler*, sondern ein mehr *cortikaler* Prozess ist, der zahlreiche »Berechnungen« beinhaltet, nennt Land seine Theorie *Retinex-Theorie*, um diese enge Verknüpfung von Retina u. Cortex auszudrücken. Nach Lands Theorie besteht F. darin, dass die drei Zapfentypen verschiedene Grautonbeschreibungen u. damit Helligkeitsberechnungen liefern, die der Leuchtdichte der Gegenstände entsprechen, wenn sie im Licht nur einer bestimmten Wellenlänge betrachtet werden (für die der jeweilige Zapfen empfindl. ist); die spezielle F. entsteht dann aus der Kombination dieser drei Beschreibungen. Zum Überblick über die schwierigen u. faszinierenden Ideen Lands vgl. Hubel (1989); Levine u. Shefner (1991); Beck (1972; v. Campenhausen (1993).

VD: (1) Für lange Zeit u. in vielen Farbsystemen wurden Rot, Gelb u. Blau als Primärfarben gesichert, erst später, v. a. von Hering, wurde das Grün hinzugefügt. Mit den beiden entwicklungsgeschichtl. jungen Nebenfarben des Rot, Orange u. Violett wird in den neueren Farbtheorien die alte Farbe Grün zu einer Gruppe zusammengestellt u. mit dem gemeinsamen Begriff *Sekundär-* bzw. *Mischfarben* belegt. Wie kam es zu dieser wahrnehmungsps. betrachtet »ungerechten« Behandlung der Hauptfarbe Grün? Nun, man muss vier grundsätzl. Erfassungsweisen der Farbigkeit auseinanderhalten: die techn., die perzeptuelle, die physiognom. u. die symbol. Bei der techn. Erfassungsweise werden die Farben betrachtet im Hinblick auf Natur u. Herkunft der Pigmente, die zu ihrer Herbzw. Darstellung dienen, im Hinblick auf die Mischgesetze, die bei ihrer Verarbeitung zu berücksichtigen sind. Bei der perzeptuellen Erfassungsweise werden die farbigen Erscheinungen entsprechend den Gesetzen der Wahrnehmung in kontrastierende Einheiten aufgegliedert. Bei der physiognom. Erfassungsweise reagiert der Betrachter als ästhet. Subjekt wertend auf die ihm entgegentretenden farbigen Töne. Bei der symbol. Erfassungsweise schließl. werden in einer kulturell kodierten Weise einzelne Farben bzw. Farbkombinationen mit abstrakten Inhalten deutend verbunden. Die Verstoßung des Grün in den neueren Farbtheorien u. in der Malpraxis kann nur histor. u. zwar aus den engen Zusammenwirkungen der erwähnten Erfassungsweise in einem langen Entwicklungsprozess erklärt werden: Grün hat eine widersprüchl. Position als eine Farbe, die zwar bei perzeptueller Erfassungsweise als einfache, bei techn. Erfassungsweise jedoch als zusammengesetzte Größe erscheint – u. diese widersprüchl. unsichere Position hat das Grün in vielen Farbtheorien bis hinein in die Moderne. Keine der gängigen Farbtheorien u. keines der bekannten kolorimetr. Modelle (eines Munsell, Ostwald u. Küppers) kann Anspruch auf objektive, ahistor. Gültigkeit erheben; vgl. hierzu u. zum Nachfolgenden Lersch (1981) u. Thürlemann (1988).

(2) Zu Rot: Innerhalb der Gruppe der vier ps. Primärfaktoren nimmt Rot eine bevorzugte Stellung ein. Sie ist die stärkste, die vergleichsweise am besten definierte Größe. Nur das Rot ist auf seinen beiden Flanken von den benachbarten Hauptfarben durch je eine Zwischenzone abgegrenzt, denen in den europäischen Sprachen etwa seit dem 17. Jhdt. auch regelmäßig ein einfacher Farbname zugeordnet wird: Orange (bzw. goldfarben) für den rot/gelben, Violett (bzw. Purpur) für den rot/blauen Übergangsbereich. Zudem ist Rot die einzige Hauptfarbe, deren mit Weiß aufgehellter Bereich mit *Rosa* über eine feste einfache Bezeichnung verfügt. Die Objektgebundenheit der verwendeten Farbbegriffe – Verweis auf Frucht u. Blumen – zeugt von ihrem jungen Alter.

LIT: Zum Überblick über die neurophysiolog. u. ps. Grundlagen der F. vgl. de Valois u. de Valois (1975); Boynton (1975, 1979, 1988); Hurvich (1981); speziell zur Wahrnehmung von Oberflächenfarben vgl. Beck (1972); zu den physiolog. Grundlagen vgl. Zrenner (1983, 1990); Hubel (1989); Wittling (1976); zu formalen Modellen in der Ps. der F. vgl. Drösler (1989); zu Phänomenen der F., die man bis heute noch nicht versteht, vgl. Zajonc (1994); zu einem kulturgeschichtl. Überblick über Farbe u. Farbtheorie vgl. Gage (1994); einen praxisorientierten, mit zahlreichen Selbstversuchen versehenen Überblick vermittelt Falk u. a. (1990); zur Auseinandersetzung um die newtonsche u. goethesche Farbtheorie vgl. Martin (1979); eine Darstellung der Farbentheorien unter philosoph. Aspekt ist Hardin (1988); vgl. hierzu auch Tompson (1994) u. Hilbert (1987); eine allg. Übersicht über das Thema Farbe u. F. ist Zwimpfer (1985); im dt. Sprachraum von Bedeutung geworden ist Küppers Farblehre (1981); zur Farbsymbolik vgl. van Hersolte (1952); eine Bibliographie der Farbenlehre ist Richter (1952, 1963); zur F. bei verschiedenen Tierarten vgl. Penzlin (1981); zur Farbmessung vgl. Schultze (1975); zu kulturvergleichender Forschung vgl. Thomas (1993); eine wissenschaftstheoret. Analyse der Messtheorie am Bsp. von farbwahrnehmungstheoret. Problemen, speziell der Grassmann-Axiome, ist Heyer (1990); zur Kontroverse zw. v. Helmholtz u. Hering vgl. Turner (1994); speziell zum Thema Farbadaptation vgl. Kiener (1995); einen ausgezeichnet dokumentierten Überblick über die Entwicklung der Farbtheorien seit der Antike gibt Lersch (1981).

◆ Beck, J.: Surface colour perception. 1972; Berlin, B. u. Kay, P.: Basic colour terms: their universality and evolution. Berkeley 1969; Birbaumer, N. u. Schmidt, R. F.: Biolog. Ps. Berlin 1989; Bornstein, M. H.: Colour vision and colour naming: a psychophysiological hypothesis of cultural difference. PBu 80, 1973, S. 257–285; Boynton, R. M.: Colour, hue and wavelength. In: Carterette, E. C. u. Friedman, M. P. (Hg.): Handbook of perception, 5. Bd. London 1975, S. 301–350; Boynton, R. M.: Human colour vision. New York 1979; Boynton, R. M.: Colour vision. ARP 39, 1988, S. 69–100; Brown, R. u. Lenneberg, E.: A study in language and cognition. JASP 49, 1954, S. 454–462; Campenhausen, C. v.: Die Sinne des Menschen. Stuttgart 1993; de Valois, R. L. u. de Valois, K. K.: Neural coding of colour. In: Carterette, E. C. u. Friedman, M. P. (Hg.): Handbook of perception, 5. Bd. London 1975, S. 82–116; Drösler, J.: Quantitative psychology. Göttingen 1989; Falk, D. S. u. a.: Ein Blick ins Licht. Berlin 1990; Gage, J.: Kulturgeschichte der Farbe. Ravensburg 1994; Gardner, H.: Dem Denken auf der Spur. Stuttgart 1989; Hardin, C. L.: Colours for philosophers: unweaving the rainbow. Indianapolis 1988; Heider, E. R.: Universals in colour naming and memory. JExP 93, 1972, S. 10–20; Van Hersolte, R. E.: Magie u. Symbol der Farbe. 1952; Heyer, D.: Booleschwertige u. probabilist. Messtheorie: Methoden der Fehlerbehandlung in psychophysikal. Theorien. Frankfurt/M. 1990; Hilbert, D. R.: Colour and colour perception: A study in antropocentric realism. Stanford University 1987; Hochberg, J. E.: Wahrnehmung. Einführung in die Ps., 2. Bd. Bern 1977; Hubel, D. H.: Auge u. Gehirn. Heidelberg 1989; Hurvich, L. M.: Colour vision. Mass. 1981; Kanizsa, G.: Die Erscheinungsweisen der Farben. In: Metzger, W. (Hg.): Wahrnehmung u. Bewußtsein. HP, 1. Bd., 1. Hlb. Göttingen 1966, S. 161–191; Katz, D.: Die Erscheinungsweise der Farben u. ihre Beeinflussung. ZfPs, Ergänzungsband 7. Leipzig 1911; Kiener, S.: Experimentelle u. theoret. Untersuchungen des Zusammenhangs zw. Farbadaptation u. Farbunterscheidung. Regensburg 1995; Küppers, H.: Die Logik der Farbe. München 1981; Land, E. H.: The retinex theory of colour vision. SA 237, 1977, S. 108–128; Lersch, T.: Stichwort »Farbenlehre«. In: Reallexikon zur dt. Kunstgeschichte, 7. Bd. München 1981, Sp. 157–174; Levine, M. W. u. Shefner, J. M.: Fundamentals of sensation and perception. Belmont 1991; Penzlin, H.: Lehrbuch der Tierphysiologie. 1981; Martin, M.: Die Kontroverse um die Farblehre. Schaffhausen 1979; Richter, M.: Internationale Bibliographie der Farbenlehre u. ihrer Grenzgebiete. Göttingen 1952/1963; Schultze, W.: Farbenlehre u. Farbenmessung. 1975; Simon, F.: Colour orders. In: Grum, F. u. Bartleson, C. J. (Hg.): Optical radiation measurement, 2. Bd., colour measurement. New York 1980, S. 165–233; Singer, W. (Hg.): Gehirn u. Kognition. Heidelberg 1990; Thomas, A. (Hg.): Kulturvergleichende Ps. Göttingen 1993; Tompson, E.: Colour vision. 1994; Thürlemann, F.: Grün – die verstoßene Vierte. In: Bürgi, B. (Hg.): Rot, Gelb, Blau. Die Primärfarben in der Kunst des 20. Jhdts. Stuttgart 1988, S. 11–28; Turner, R. S.: In the eye's mind. Vision and the Helmholtz-Hering-Controversy. Princeton, University Press 1994; Wittling, W.: Einführung in die Ps. der Wahrnehmung. Hamburg 1976; Wyszecki, G.: Farbsysteme. Göttingen 1960; Wyszecki, G. u. Stiles, W. D.: Colour science. New York 1967; Zajonc, A.: Die gemeinsame Geschichte von Licht u. Bewußtsein. Reinbek 1994; Zrenner, E.: Neurophysiological aspects of colour vision in primates. Berlin 1983; Zrenner, E. u. a.: Colour perception: retina to cortex. In: Spillmann, L. u. Werner, P. (Hg.): Visual perception: the neurophysiological foundations. San Diego 1990; Zwimpfer, M.: Farbe – Licht, Sehen, Empfinden. Bern 1985.

Farbwürfel → Farbwahrnehmung.

FAST, Abk. für Facial Affect Scoring Technique (→ Gesichtsausdruck).

Fast-guess-Modell → Speed-power-Problem.

Fatalistische Externalität → Kontrollüberzeugungen.

Fatigue → Adaptation.

Fear conditioning → Bestrafungslernen; → Angst.

Feature integration theory, eine wichtige moderne → Wahrnehmungstheorie von Treisman u. Julesz, vgl. zsfd. Treisman (1986), mit folgenden zentralen Gedanken: (a) Ein schnell ablaufender *präattentiver* Prozess, der nur für das Erkennen der wichtigsten Umrisse eines Objekts sorgt, liest die Hauptmerkmale u. die globale Textur eines Objekts ein u. kodiert nützl. Elementarmerkmale der Szene. (b) Grundlegende Eigenschaften einer visuellen Szene wie Farbe, Orientierung, Größe, Entfernung werden in getrennten u. parallelen Bahnen kodiert, von denen jede eine eigene *Merkmalskarte* erzeugt. (c) Ausgewählte Merkmale auf diesen Karten werden dann in eine *Positionskarte* (*mastermap, saliencymap*) integriert, anhand deren eine Differenzierung von Reiz u. Hintergrund mögl. ist. (d) Diese Positionskarte bekommt zwar Merkmale aus allen Merkmalskarten, bewahrt aber nur solche auf, durch die sich das Objekt, auf das die Aufmerksamkeit gerichtet ist, von seiner Umgebung abgrenzt. Sobald die hervorspringenden Merkmale einmal in der Positionskarte eingetragen sind, kann durch einen Rückgriff auf die einzelnen Merkmalskarten detaillierte Information über jedes Merkmal gewonnen werden. In der Positionskarte können auf diese Weise die für den Merkmalsvorgang wesentl. Einzelheiten auf den Merkmalskarten kombiniert werden. (e) Ein später einsetzender aufmerksamkeitsgesteuerter (attentiver) Prozess führt zu einer Fokussierung feinerer Merkmale eines Objekts. Hierbei werden Merkmale ausgewählt u. hervorgehoben, die in verschiedenen Merkmalskarten verzeichnet sind. (f) Eine Erkennungsleistung findet dann statt, wenn die hervorspringenden Merkmale in unterschiedl. Merkmalskarten zusammengebracht o. miteinander verbunden werden. Um Details in eng umgrenzten Bereichen des Bildes genauer analysieren zu können, bedarf es gezielter Aufmerksamkeit, die sich möglicherweise auf Informationen aus dem posterioren Parietallappen stützt. Mit dieser Annahme versucht Treisman eine Lösung des → Bindungsproblems.

◆ TREISMAN, A. u. GELADE, G.: A feature integration theory of attention. CP 12, 1980, S. 97–136; TREISMAN, A.: Features and object in visual processing. SA 254 (5), 1986, S. 114–125; VAN DER HEIJDEN, A. H. C.: Selective attention in vision. New York 1991.

Feature-Modelle → Mustererkennung.

Feature-tagging-Modelle → Maskierung.

Fechner-Benham-Phänomen → Fechnersche Farben.

Fechner-Formel → Fechnersches Gesetz.

Fechnersche Farben [auch *Flimmerfarben, Fechner-Benham-Phänomen, Fechner-Benham-Farben, polyphäne Farben*], ein Phänomen der → Farbwahrnehmung, das am besten mit Hilfe der sog. *Benhamschen Scheibe* erzeugt werden kann, einer Scheibe, auf der schwarze Streifen u. konzentr. Ringe eingetragen sind; wenn sie mit der richtigen Geschwindigkeit gedreht wird, zeigt sich die Wahrnehmung konzentr. bunter Ringe. Einen ähnl. Effekt kann man mit der *Fechnerschen Scheibe* erzielen; vgl. hierzu v. Campenhausen (1993). Allg.: Flimmernde Schwarz-Weiß-Abb. u. auch komplizierte u. detaillierte Schwarz-Weiß-Muster können farbige Lichter erzeugen; vgl. hierzu auch die Abb. auf S. 305 in Falk u. a. (1990); s. a. das Stw. → Bidwellsche Scheibe.

◆ FALK, D. S. u. a.: Ein Blick ins Licht. Berlin 1990; CAMPENHAUSEN, C. v.: Die Sinne des Menschen. Stuttgart 1993; MURCH, G. M. u. WOODWORTH, G. L.: Wahrnehmung. Stuttgart 1978.

Fechnersche Scheibe → Fechnersche Farben.

Fechnersches Gesetz [auch *Weber-Fechnersches-Gesetz*]. Zentrales theoret. Kondensat der klass. → Psychophysik, von G. T. Fechner aus dem → Weberschen Gesetz hergeleitetes sog. *psychophys. Grundgesetz*, welches im Wesentl. besagt, dass die dem Reiz korrespondierende Sinnesempfindung nicht proportional zur Reizintensität ist bzw. nicht proportional zu dieser wächst, sondern nur logarithmisch. Das Gesetz drückt also aus, dass die Empfindung in *arithmet.* Reihe ansteigt, wenn die Reizstärke in *geometr.* Reihe wächst; dass z. B. eine Verdoppelung der Reizstärke nicht zur Verdoppelung der Empfindung, sondern zu deutl. weniger führt; für eine Verdoppelung müsste etwa die zehnfache Reizstärke eingesetzt werden. Eine Konsequenz daraus ist z. B., dass Lautstärkeunterschiede beim Hören eines Konzerts annähernd gleich bleiben, da die Entfernungsunterschiede auf den verschiedenen Rängen wegen des logarithm. Zusammenhangs keine große Rolle spielen; auch weißes Papier u. schwarze Buchstaben scheinen sich, egal welche Raumhelligkeit herrscht, immer gleichermaßen voneinander zu unterscheiden. Im Gegensatz zum F. G. steht das → Stevenssche Gesetz (dort auch eine graph. Veranschaulichung des fechnerschen Gesetzes). Mit Hilfe des fechnerschen Ansatzes wird das Psychische am Physischen abgebildet, es wird eine *Fremdmetrik* für das Psychische benutzt. Auf diese Weise kann eine ps. Skala konstruiert werden: Der Nullpunkt ist hierbei die → Absolutschwelle, also der Reiz, bei dem eine ebenmerkl. Empfindung entsteht, u. die Maßeinheit dieser Skala ist der *ebenmerkl. Empfindungsunterschied*, die → Unterschiedsschwelle.

VD/TH: (1) Dem F. G. liegt folgende Logik zugrunde: (a) Aus dem Weberschen Gesetz ergibt sich, dass die phys. Reizdifferenz, die einer Unterschiedsschwelle entspricht, umso größer wird, je weiter man sie vom Nullpunkt der Skala entfernt. Dieser Zusammenhang ist in der Abb. *Psychophysik 5a–c* an einem fiktiven Bsp. illustriert (entnommen aus Prinz 1990). Bsp.: Als Absolutschwelle einer Dimension sei ein Reiz der Größe $S_0 = 40$ (physikal. Einheiten) ermittelt worden; die → Webersche Konstante sei 0,01. Dann ist definitionsgem. dem Reizwert $S_0 = 40$ der Empfindungswert $N = 0$ zuzuordnen. Den Empfindungswert $N = 1$ erhält derjenige Reiz, der um eine Unterschiedsschwelle von der Absolutschwelle verschieden ist: $S_1 = S_0 + k S_0 = S_0 (1+k)$; entsprechend gilt weiter: für $S_2 = S_1 (1+k) = S_0 (1+k)^2$. Allgemein lässt sich der Reizwert S_N zu einem vorgegebenen Wert von N berechnen als: $S_N = S_0 (1+k)^N$. (b) Ist dagegen für einen gegebenen Reizwert S_N der zugehörige Empfindungswert N zu ermitteln, kann der Ausdruck durch Logarithmieren in eine Form gebracht werden, die eine einfache Auflösung nach N gestattet: $\log S_N = \log S_0 + N \log (1+k)$, u. dies lässt sich durch Umformung auf die Form bringen: $N = c \log S_N + C$. In dieser Schreibweise wird deutlich, dass die subjektive Größe eines Reizes eine lineare Funktion des Logarithmus seiner objektiven Größe ist, wb. die multiplikative Konstante c =

Wertetafel für eine fiktive psychophysische Funktion mit $S_0 = 40$ und $k = 0,1$.

N	0	1	2	3	4	5
S_N	40	44	48.40	53.24	58.56	64.42
$\log S_N$	1.6021	1.6435	1.6848	1.7262	1.7676	1.8090

Abb. *Psychophysik 5a*

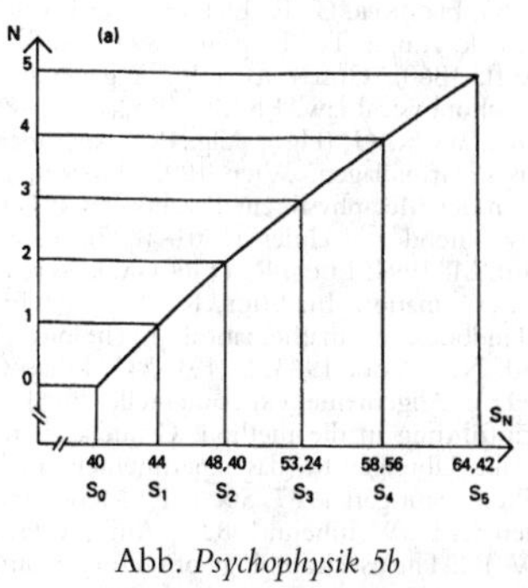

Abb. *Psychophysik 5b*

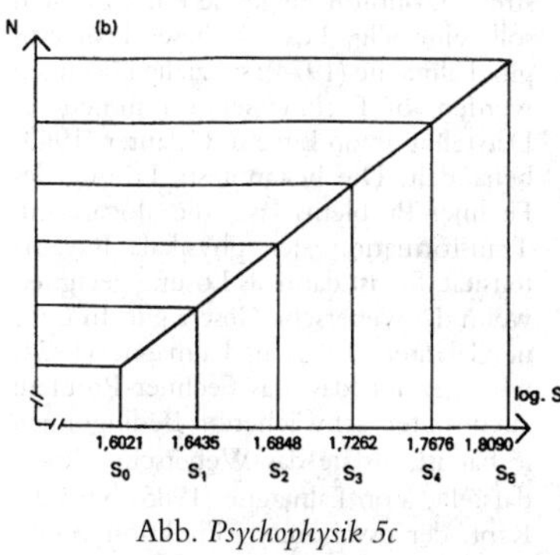

Abb. *Psychophysik 5c*

1/log (1+k) u. die additive Konstante C = –c log S_0 von der Weberschen Konstante bzw. der Absolutheitsschwelle abhängen. Die Abb. (a) zeigt die Wertetafel für eine fiktive psychophys. Funktion mit S_0 = 40 u. k = 0,1. Abb. (b) zeigt die fiktive psychophys. Funktion N = f(S_N) für S_0 = 40 u. k = 0,1. Abb. (c) zeigt die entsprechende Funktion N = f(logS_N). (c) Abstrakt gesprochen liegt dem f. G. also eine Erweiterung des Weberschen Gesetzes durch zwei Annahmen zugrunde: dass der Weberbruch proportional zu einem konstanten Empfindungsunterschied Δ R) ist: Δ R = K x Δ S/S; des Weiteren dass dies auch für unendl. kleine Reizzuwächse gilt, dass also die Infinitesimalrechnung darauf anwendbar ist: dR = K x dS/S. Diese Erweiterung des Weberbruchs wird bisweilen als *Fundamentalformel* bezeichnet; von der Fundamentalformel gelangt man zum f. G., oft als *Maßformel* bezeichnet, indem man festlegt, dass der absoluten Schwelle eine Empfindungsstärke von 0 entspricht. Fechners mathemat. Operationen werden heute als problemat. angesehen, der Gedanke lässt sich aber exakt rekonstruieren: Wird die Unterscheidbarkeit zweier Reize x u. y durch die Wahrscheinlichkeit definiert, mit der der Reiz x bezügl. einer bestimmten Eigenschaft dem Reiz y vorgezogen wird, dann besteht das *Fechner-Problem* darin, eine Transformation der physikal. Reizgröße zu finden, so dass gilt: die Wahrscheinlichkeit dafür, dass der Reiz x bezügl. einer bestimmten Eigenschaft dem Reiz y vorgezogen wird, ist eine Funktion F der Differenz einer Transformation der physikal. Reizgrößen x u. y, wb. F eine streng monoton steigende Funktion sein soll; eine allg. Lösung dieses Problems gibt Falmagne (1974); spezielle Lösungen werden von Fechner selbst u. in neuerer Darstellung von Luce u. Galanter (1963) behandelt. Die bekannteste Lösung des Fechner-Problems ist die logarithm. Transformation der physikal. Reizintensität. Sie ist dann als Lösung geeignet, wenn das webersche Gesetz gilt. In Luce u. Galanter (1963) u. Falmagne (1974) wird gezeigt, dass das Fechner-Problem auch unter schwächeren Bedingungen lösbar ist, als sie das Webersche Gesetz darstellt. Von Falmagne (1985) wird das Kzpt. der psychometr. Funktion verallgemeinert u. als Grundlage einer allg. Theorie der Diskrimination benutzt; vgl. auch Sixtl (1982); Falmagne (1971) u. Varju (1965); Weiteres s. das Stw. → Stevenssches Gesetz; zur Problematik, wie Fechner selbst das F. G. deduziert hat, vgl. Lennig (1994, S. 129ff.).

(2) Seit jeher wird versucht, die psychophys. Beziehungen durch Rekurs auf die physiolog. Prozesse zu begründen, näml. dadurch, wie die Amplitude des Reizes als Impulsfrequenz im Nerv kodiert wird. Es lassen sich hier aber keine eindeutigen Verhältnisse finden; die Übertragung ist außerdem nicht bei allen Sensoren gleich, langsame Dehnungssensoren können in weiten Bereichen eine lineare Übertragungsfunktion haben, häufig ist es aber der Fall, dass die Aktionspotentialfrequenz bei schwachen Reizen steil ansteigt u. bei stärkeren Reizen abnimmt. Diese nichtlineare Übertragungsfunktion wird v. a. bei Sinnesorganen gefunden, bei denen die Reize einen großen Amplitudenumfang haben, z. B. bei Lichtsensoren in der Netzhaut des Auges. Selten ist die umgekehrte Krümmung, dass die Aktionspotentialfrequenz mit steigender Reizamplitude steiler ansteigt, ein Vh., das für die Nocizeptoren typ. ist; vgl. Birbaumer u. Schmidt (1989) sowie Uttal (1973).

◆ Arnold, W. (Hg.): Experimentelles Praktikum, 1. Bd. Stuttgart 1972; Birbaumer, N. u. Schmidt, R. F.: Biolog. Ps. Berlin 1989; Falmagne, J. C.: The generalized Fechner problem and discrimination. JMaP 8, 1971, S. 22–43; Falmagne, J. C.: Foundations of Fechnerian psychophysics. In: Krantz, D. H. u. a. (Hg.): Contemporary developments in mathematical psychology. San Francisco 1974, Vol. II, S. 121–159; Falmagne, J.-C.: Elements of psychophysical theory. New York 1985; Fechner, G. T.: Elemente der Psychophysik, 1. u. 2. Teil Leipzig 1889 (2. Aufl., 1. Aufl. 1860); Guilford, J. P.: A generalized psychophysical law. PR 39, 1932, S. 73–85; Guttmann, G. (Hg.): Allg. Ps., experimentalps. Grundlagen. Wien 1992; Lennig, P.: Von der Metaphysik zur Psychophysik: Gustav Theodor Fechner (1801–1887). Frankfurt/M. 1994; Luce, R. D. u. Galanter, E.: Discrimination. In: Luce, R. D. u. a. (Hg.): Handbook of mathematical psychology, 1. Bd. New York 1963, S. 191–243; Lüer, G. (Hg.): Allgemeine experimentelle Ps. Eine Einführung in die method. Grundlagen mit prakt. Übungen für das experimentelle Praktikum. Stuttgart 1987; Sixtl, F.: Meßmethoden der Ps. Weinheim 1982 (2. Aufl.); Uttal, W. R.: The psychobiology of sensory coding.

New York 1973; VARJU, D.: Über nicht lineare Analogschaltungen zur Simulierung biolog. Adaptationsvorgänge. In: WIENER, N. u. SCHADE, J. P. (Hg.): Progress in brain research, Vol. 17. Amsterdam 1965.

Fechnersches Paradoxon, ein wahrnehmungsps. Phänomen, erstmals von G. Fechner (s. das Stw. → Fechnersches Gesetz) beobachtet: Unter bestimmten Bedingungen führt eine Verringerung der in die Augen gelangenden Strahlungsintensität dazu, dass die empfundene Helligkeit größer wird. Das Phänomen tritt z. B. auf, wenn bei binocularem Beobachtungsreiz für eines der beiden Augen ein Graufeld gesetzt wird, so dass ein Auge ohne, das andere mit Filter beobachtet. Schließt man nun das Auge mit dem Filter, dann sieht die Umwelt heller aus, als wenn beide Augen geöffnet sind.

◆ DESILVA, H. R. u. BARTLEY, S. H.: Sumation and substraction of brightness in binocular perception. BJP 20, 1930, S. 241–250; IRTEL, H.: Untersuchungen zur binocularen Kombination der Helligkeitsinformation. In: BREDENKAMP, J. u. SALRIS, V. (Hg.): Psychophysik heute: aktuelle Probleme u. Ergebnisse III. PB 26, 1984, S. 623–631; IRTEL, H.: Die Prüfung der Additivität binokularer Farbenmischungen. ZEAP 32, 1985, S. 588–602; IRTEL, H.: Experimente zu Fechners Paradoxon der binocularen Helligkeit. ZEAP 33, 1986, S. 413–422.

Feel-better-Phänomen → Wohlbefinden.

Feeling → Emotion.

Fehlattribution → Schachter-Singer-Theorie; → Attribution.

Fehlbeanspruchung → Belastung.

Fehlerkurve → Lernkurve.

Fehlerloses Diskriminationslernen [auch *Unterscheidungslernen ohne Fehler*], eine von Terrace (1963) eingeführte bes. Form des → Diskriminationslernens, wb. der negative Reiz allmähl. eingeblendet wird u. erst dann in voller Stärke auftritt, wenn die Reaktion auf den positiven Reiz bereits voll ausgebildet ist. Eine Reaktion auf den negativen Reiz findet dabei also überhaupt nicht statt. Das Phänomen des f. D. widerspricht der klass. Auffassung, dass Diskriminationslernen durch → Extinktion generalisierter Reaktionen in Anwesenheit des negativen Reizes erreicht wird u. die wiederholte Frustration durch Nicht-Verstärkung die Herausbildung einer Hemmung verursacht. F. D. zeigt, dass sich Diskrimination auch ohne das Auftreten einer einzigen Nicht-Verstärkung erreichen lässt.

LIT: Zur theoret. Bedeutung dieses Phänomens vgl. Hilgard u. Bower (1973) u. Bredenkamp u. Wippich (1977).

◆ BREDENKAMP, J. u. WIPPICH, W.: Lern- u. Gedächtnisps., 2 Bde. Stuttgart 1977; HILGARD, E. R. u. BOWER, G. H.: Theorien des Lernens, 2 Bde. Stuttgart 1973, S. 624ff.; TERRACE, H. S.: Discrimination learning with and without errors. JEAB 6, 1963, S. 1–27; TERRACE, H. S.: Errorless transfer of a discrimination across two continua. JEAB 6, 1963, S. 223–232.

Fehlermanagement → Handlungsfehler.

Fehlermessende Verfahren → Erkennungsaufgaben.

Fehlleistungen → Handlungsfehler.

Fehrer-Raab-Effekt → Metakontrast.

Feinabstimmung → Wissenspsychologie.

Feindselige Aggression → Aggression; → Theorien der Aggression.

Feindseligkeitstriade → Ärger; → Ekel; → Geringschätzung.

Feinkoordination → sensomotorisches Lernen.

Feinmotorik → psychomotorische Tests und Prüfverfahren; → psychomotorische Fähigkeiten.

Feldabhängigkeit → visuelle Orientierung; → kognitive Stile.

Feldartikulation → kognitive Stile.

Feldtheorie, von Lewin (1931ff.) konzipiertes wissenschaftl., wissenschaftstheoret. u. methodolog. Modell zur Erfassung insbes. sozialps. u. motivationaler Phänomene, das Grundideen der → Gestalttheorie mit aus der Physik u. der Mathematik entlehnten Modellen, dem Kzpt. des *Feldes* u. der *Kraft* u. formalen Hilfsmitteln der *topolog.* Mathematik darzustellen versucht.

(a) Grundansatz ist die Annahme, dass sich Vh. als Funktion unmittelbarer Feldeinflüsse des → Lebensraumes verstehen u. erklären lässt. (b) Lewin betont dabei insbes. die *Aktualität*: Vh. hängt vom aktuell gegebenen ps. Feld ab – Vergangenheit u. Zukunft werden damit nicht unwesentl., aber nur insofern relevant, als beide sich in der gegenwärtigen Repräsentation manifestieren. (Lewin spricht von dem Übergang von einer »aristotel.« zu einer »galileischen« Sichtweise.) Im Unterschied zur histor. Ausrichtung, z. B. der Psa., findet sich bei Lewin also eher ein *ahistor.* Ansatz: stabile, überdauernde Persönlichkeitseigenschaften spielen eine geringere Rolle als Komponenten der aktuellen Gesamtsituation. (c) Ein wichtiger Teil der F. ist die sog. *topolog. Ps.*, der Versuch, grundlegende ps. Sachverhalte durch (nichtmetr.) Begriffe der mathemat. Typologie zu beschreiben. Die topolog. Ps. definiert »Bereiche«, »Grenzen« sowie Beziehungen zw. diesen, u. sie beschreibt die zw. den Bereichen mögl. »Lokomotionen«. Ein ps. Zustand o. eine Tätigkeit werden als das In-einem-bestimmten-Bereich-Sein der ps. Person repräsentiert, das Vh. u. die Entwicklung als Lokomotion der psych. Person durch die Regionen konzipiert. (d) Lewin erweiterte später diesen Ansatz durch einen speziellen Richtungs- bzw. Zielbegriff zur sog. *hodolog. Ps.* u. durch die Einführung des ps. Kraftbegriffes zur *Vektorps.* Motivationale Kräfte werden in Lewins topolog. Darstellungsweise als Vektoren im Lebensraum abgebildet mit folgenden drei Merkmalen: *Richtung*, *Stärke* u. *Ansatz*. Die Hauptdeterminante der ps. Kraft (*Motivation*) ist nach Lewin die *Valenz* (= Aufforderungscharakter), also der attraktive o. repulsive Charakter eines Objekts. Eine zweite Determinante ist die Entfernung o. *Distanz* einer Person von einem Zielobjekt, eine weitere die *Spannung* (weitgehend syn. aufgefasst mit *Bedürfnis*). Dabei ist *Valenz* das wichtigere lewinsche Konstrukt, so dass das lewinsche System als umweltkonzentriert gekennzeichnet werden kann. (e) Das Kzpt. der *Quasibedürfnisse* ist zentral für Lewins alternative → Willenspsychologie: Aus Vorsätzen resultieren Spannungszustände im System, die zu Handlungsweisen drängen. Aus diesem Modell gewinnt Lewin eine Typologie von → Konflikten. Anwendungsgebiete des abstrakten Modells sind v. a. die Entwicklungsps. u. die Pädagogik, z. B. die ps. Situation bei Lohn u. Strafe, s. u. Weitere wichtige empir. Untersuchungen zur F. waren die Analysen des → Zeigarnik-Effekts u. der → psychischen Sättigung. Eine Fülle weiterer Probleme lässt sich unter Zugrundelegung lewinscher Vorstellung interpretieren, so z. B. verschiedene Frustrations- u. Konflikteffekte, das Phänomen der → Anspruchsniveausetzung sowie eine große Anzahl sozialps. Prozesse, vgl. Cartwright (1959) u. Deutsch (1968).

WÜ: Lewin entwickelte mit seiner F. einen *dynam.*, aber *nichtmechanist.* Ansatz zur Erklärung menschl. Vhs., er hat damit wesentl. Kzpte. der neueren Motivationsps., v. a. das → Erwartung-mal-Wert-Modell mitbegründet, ebenso Grundgedanken einer → ökologischen Psychologie; lewinsche Begriffe wie *Lebensraum*, *Valenz*, *Zeitperspektive*, *Annäherungs-* bzw. *Vermeidungsverhalten*, *Aus-dem-Felde-gehen* sind ps. Grundbegriffe geworden; auch wesentl. Kzpte. der modernen Sozialps. gehen auf ihn zurück. Viele bedeutende Psychologen waren

Schüler Lewins, z. B. Festinger, Cartwright, Lippitt, Parker.
KR: An den unpräzisen, teils widersprüchl. Anleihen Lewins aus der Physik u. der mathemat. Topologie entzündete sich vielfach Kritik (Leeper 1943; London 1944; Estes 1954; Koch 1941), andere Autoren dagegen betonen die Brauchbarkeit u. zumindest den heurist. Wert des lewinschen Modells (Allport 1937ff.); insbes. die Bewertung der topolog. Ps. ist kontrovers: Während sie von vielen als bloßes Begriffsspiel betrachtet wird, halten andere sie für einen epochalen Versuch der Begründung einer theoret. Ps.; Spezifizierungen u. Neuformulierungen der F. sind Leeper (1943); Bavelas (1948); Festinger (1949).
VD/T: (1) (a) Lewin hat die Bezeichnung seiner Theorie mehrfach geändert: *dynam. Theorie, topolog. Ps., Vektorps., Feldtheorie*; nach Cartwright (1959) hat Lewin die Bezeichnung *F.* schließl. favorisiert. (b) Die von Wolfgang Köhler entwickelte F. ist eine *psychophys. F.*, sie beinhaltet v. a. neurophysiolog. u. grundlagentheoret. Aspekte; auch Tolmans Lerntheorie (→ Zeichen-Gestalt-Theorie) wird bisweilen als *F.* bezeichnet (1932).
(2) Ein wichtiges Teilkonzept der F. ist das der *Zeitperspektive*, von Lewin definiert als die Gesamtheit der Ansichten des Individuums von seiner ps. Zukunft u. seiner ps. Vergangenheit, die zu einer bestimmten Zeit existent sind (Lewin 1951, S. 75). Heckhausen (1965, S. 624) versteht darunter die zeitl. Staffelung aller Erlebnisinhalte eines Menschen, die von der Gegenwart in die Zukunft voraus- u. in die Vergangenheit zurückgreifen. Nachdem Frank (1939) die bes. Bedeutung der Zeitperspektive herausgestellt hat (am Bsp. der Sauberkeitserziehung), fand dieses Kzpt. zunehmend Verwendung; meist wird ein enger Zusammenhang postuliert zw. einer kurzen Zeitperspektive u. einer geringen Fähigkeit zu → Belohnungsaufschub, einer geringen → Frustrationstoleranz, einem engen Planungshorizont u. einer primitiveren Form der Konfliktbewältigung sowie der Unfähigkeit, sich langfristige u. überdauernde Handlungsziele zu stecken (Kasakos 1971). Unter sozialps. Aspekt wird oftmals postuliert, dass eine Beziehung zw. einer verkürzten Zeitperspektive u. einer sozialen Schichtzugehörigkeit besteht. In Anlehnung an Frank (1939), Lewin (1951) u. Kasakos (1971) lassen sich bes. Entwicklungsaspekte der Zeitperspektive unterscheiden: zunehmende Modifizierung, zunehmende Erweiterung, Differenzierung, Anwachsen des Realitätsgehaltes u. gleichzeitig zunehmende Abstraktheit u. Fähigkeit zur Reflexivität, außerdem eine zunehmende Kohärenz u. Integration einzelner Zeitabschnitte; zum Überblick über das Thema Zeit innerhalb verschiedener Persönlichkeitstheorien vgl. Fisseni (1984); vgl. auch → Zukunftsrelevanz-Prinzip.
(3) Einige typ. Bsp. für lewinsche Darstellungsmodelle: Die Abb. *Motivation 5a*

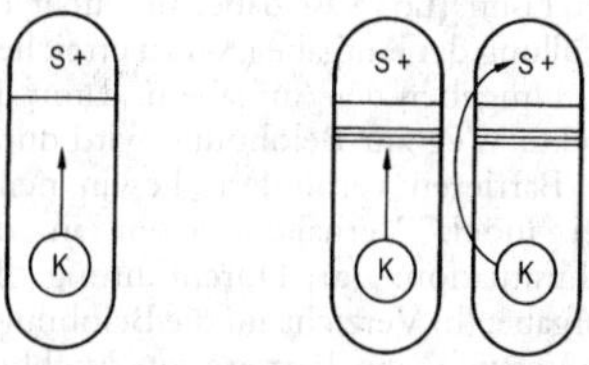

Abb. *Motivation 5a–b*

zeigt die Symbolik für ein Kind (K), das Interesse an einem Spiel (S) hat. Das Spiel hat für das Kind einen positiven Aufforderungscharakter, daher S+. Der Zwangscharakter einer Situation wird versinnbildlicht durch Barrieren, die das »Aus-dem-Feld-Gehen« verhindern (vgl. Abb. *5b*); es gibt die physikal.-körperl. (z. B. Einschließen in ein Zimmer, soziale (Verbot u. Gebot als Machtmittel des Erwachsenen) u. Appell an die Ideologie des Kindes (z. B.: »Du bist doch ein braver Junge«). Die Abb. *Motivation 5c* stellt

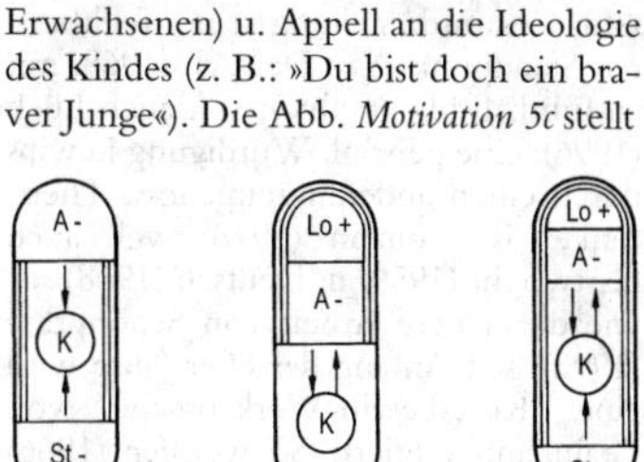

Abb. *Wahrnehmung 5c–e*

die Situation »Gebot mit Strafandrohung« dar; für das Kind gibt es dabei nur die Möglichkeit, die Aufgabe (A-) zu erfüllen, um der Strafe (St-) zu entgehen. Die seitl. Barrieren verhindern das Entkommen aus dieser Zwangssituation. In Bezug auf die Barriere stellt Lewin die allg. Regel auf, dass die Barriere umso fester sein muss, je größer der negative Aufforderungscharakter von Aufgabe u. Strafe ist. Mögl. Verhaltensweisen eines Kindes bei einer Strafandrohung sind nach Lewin: (a) Ausführung des Gebots; (b) Annahme der Strafe; (c) Aktion gegen die Barriere; (d) Kampf mit dem Erwachsenen; (e) Sich-Abkapseln, Trotz (Verhalten innerhalb der Barriere); (f) Flucht in die Irrealität, Affektausbruch. Die Lohnsituation hat nicht den Zwangscharakter, der für die Strafsituation typ. ist; Abb. *Motivation 5d* zeigt die Situation »Gebot mit Aussicht auf Belohnung«: Der Lohn (Lo+) ist dabei nur über die Erfüllung der Aufgabe (A-) zu erreichen. Ein Umgehen der Aufgabe u. damit der direkte Weg zur Belohnung wird durch die Barrieren verhindert. Lewin nennt drei mögl. Verhaltensweisen in der Lohnsituation: (a) Durchführung der Aufgabe; (b) Verzicht auf die Belohnung; (c) Versuch, die Barriere zu durchbrechen. Bes. interessant erscheint die Situation, in der eine Kombination von Lohn u. Strafe auftritt; Lewin nennt das Zensurensystem der Schule als einfachstes u. charakteristischstes Bsp. für eine solche Kombination: Die Belohnung ist nur über die Aufgabe (A-) zu erreichen; auf der Gegenseite droht die Bestrafung (St-). Die gesamte Situation ist durch die bestehenden Barrieren bestimmt; vgl. Abb. *Motivation 5e*.

LIT: Eine mit Lewin sympathisierende zsfd. Gesamtdarstellung seines feldtheoret. Standpunktes ist Deutsch (1968, mit ausführl. Bibliographie); vgl. auch Lück (1996); eine persönl. Würdigung Lewins durch einen anderen zeitgenöss. Theoretiker ist Tolman (1948); vgl. auch Cartwright (1959) u. Deutsch (1968) sowie die neuere Arbeit von Schönpflug (1992); seit Anfang der 80er Jahre wird eine Kurt-Lewin-Werkausgabe von Graumann editiert; Schwermer (1966) gibt einen Überblick über die Entwicklung der experimentellen Willensps. Lewins; in Heigl-Evers (1979) finden sich viele Ansätze, Weiterentwicklungen u. Stellungnahmen zu »Lewin u. die Folgen«; eine Biographie ist Romarrow (1969); zur Darstellung der sozialps. Aspekte vgl. Solle (1969). Eine Würdigung der aktuellen Bedeutung feldtheoret. Ansätze ist Stadler (1981); vgl. auch Stivers u. Wiheeland (1986); zur Bedeutung Lewins für die moderne Ps. u. zu den Eigentümlichkeiten seiner Rezeption vgl. Graumann (1991).

◆ Allport, G. W.: Personality. New York 1937; Allport, G. W.: The genius of Kurt Lewin. JPers 16, 1947/48, S. 1–10; Bavelas, A.: Some mathematical properties of psychological space. Dissertation. Massachusetts Institute of Technology 1948; Cartwright, D.: Lewinian theory as a contemporary systematic framework. In: Koch, S. (Hg.): Psychology: a study of a science, 2. Bd. New York 1959, S. 7–91; Deutsch, M.: Field theory and social psychology. In: Lindzey, G. u. Aronson, E. (Hg.): The Handbook of social psychology, 1. Bd. Reading, Mass. 1968, S. 412–487; Estes, W. K.: Kurt Lewin. In: Estes, W. K. u. a.: Modern learning theory. 1954, S. 317–344; Festinger, L.: The analysis of sociogramms using matrix algebra. HR 2, 1949, S. 153–158; Fisseni, H. J.: Persönlichkeitsps. Göttingen 1984; Frank, L.K.: Time perspectives. Journal of Social Philosophy 4, 1939, S. 293–312; Graumann, C. F. (Hg.): Kurt-Lewin-Werkausgabe. Bern 1981ff.; Graumann, C. F.: Einführung. In Werkausgabe, 4. Bd., Feldtheorie 1982; Graumann, C. F.: Lewin 1990. In: Frey, D. (Hg.): Bericht über den 37. Kongreß der dt. Ges. f. Ps. in Kiel 1990. Göttingen 1991, S. 205–214; Heckhausen, H.: Leistungsmotivation. In: Thomae, H. (Hg.): Motivation. HP, 2. Bd. Göttingen 1965, S. 602–702; Heigl-Evers, A. (Hg.): Ps. des 20. Jhdts., 8. Bd.: Lewin u. die Folgen. Zürich 1979; Heider, F.: Gestalt theory of motivation. In: Jones, M. R. (Hg.): Nebraska Symposium on Motivation. Lincoln 1960, S. 145–172; Kanisza, G. u. Luccio, R.: Die Doppeldeutigkeiten der Prägnanz. GT 8, 1986, S. 99–135; Kasakos, G.: Zeitperspektive, Planungsvh., Sozialisation. München 1971; Koch, S.: The logical character of the motivation concept. PR 48, 1941, S. 15–38; Leeper, R. W.: Lewin's topological and vector psychology: a digest critique. Eugene 1943; Lewin, K.: Umweltkräfte in Vh. u. Entwicklung des Kindes. Orig. 1931 (Neudruck in Graumann 1982, 6. Bd.); Lewin, K.: Die ps. Situation bei Lohn u. Strafe. Leipzig 1931a; Lewin, K.: Der Übergang von der aristotel. zur galileischen Denkweise in Biologie u. Psychologie. Erkenntnis 1, 1931b, S. 421–466; Lewin, K.: Der Richtungsbegriff in der Ps.: der spezielle u. allg. hodolog. Raum. PF 19, 1934, S. 249–299; Lewin, K.: A dynamic theory of personality. New York 1935; Lewin, K.: Principles of topological psychology. New York 1936 (dt. Ausg.: Grundzüge der topolog. Ps. Bern 1969); Lewin, K.: Field theory in social science. New York 1951 (dt. Ausg.: Feldtheorie in den Sozialwissenschaften. Bern 1963); London, J. D.: Psychologist's misuse of the auxiliary concepts of physics and mathematics. PR 51, 1944, S. 266- 291; Lück, H. E.: Die Feldtheorie u. Kurt Lewin. Eine Einführung. Weinheim 1996; Romarrow, A. J.: The practical theorist's book. New York 1969 (dt.: Kurt Lewin – Leben u. Werk. Stuttgart 1977); Schönpflug, W. (Hg.): Kurt Lewin – Person, Werk, Umfeld. Frankfurt/M. 1992, vgl. darin bes. den Aufsatz von Graumann über die Schwierigkeiten der richtigen Lewin-Rezeption der Ps. u. die Schwierigkeiten des Lewin-Bildes; Schwermer, J. J.: Die experimentelle Wissensps. Kurt Lewins. Meisenheim 1966; Solle, R.: Der feldtheoret. Ansatz. In: Graumann, C. F. (Hg.): Sozialps. HP, 7. Bd., 1. Hlb. Göttingen 1969, S. 133–179; Stadler, M.: Feldtheorie heute – von Wolfgang Köhler zu Karl Pribram. GT 3, 1981, S. 185–199; Stivers, E. u. Wiheeland, S. (Hg.): The Lewin legacy. Field theory in current practice. Berlin 1986; Tolman, E. C.: Kurt Lewin, 1890–1947. PR 55, 1948, S. 1–4.

Feldunabhängigkeit → kognitive Stile.

Feré-Effekt → physiologische Psychologie (Kasten psychophysiologische Methoden).

Fertigkeit → Psychomotorische Fähigkeiten.

Feste Quotenverstärkung → Verstärkungsplan.

FI, Abk. für *fixed interval*; → Verstärkungsplan.

Fiat-Tendenz → Wille.

Figurale Nachwirkung → Nachwirkungen.

Figurales Denken → anschauliches Denken.

Figurative Repräsentation → Vorstellungsbild.

Figuratives Schema → Schema; → genetische Epistemologie.

Figur-Grund-Organisation → Figur-Grund-Unterscheidung.

Figur-Grund-Unterscheidung, eine der grundlegenden Phasen u. Komponenten der → Formwahrnehmung, Voraussetzung für höhere Verarbeitungsprozesse: die Tatsache, dass viele Wahrnehmungsrepräsentationen so gegliedert sind, dass ein zentraler Gegenstand (*Figur*) von einem (Hinter-) *Grund* abgehoben wird. Die *Figur* ist der Brennpunkt der Aufmerksamkeit, der *Grund* o. *Umgebungskontext* erscheint weiter entfernt, weniger klar u. undetailliert. Der zentrale Gegenstand wird konturiert gesehen u. als Ganzes wahrgenommen; Gestalt u. Umriss des Grundes dagegen sind undeutl. Die Figur dominiert, ist eindrucksvoller als der Grund u. wird besser in Erinnerung behalten. Drei wesentliche Faktoren bestimmen, was Figur u. was Grund wird: (a) Symmetrie: symmetr. Gebiete werden eher als Figur gesehen; (b) die bedeckte Fläche: Gebiet mit kleinerer Fläche werden wahrscheinlicher zur Figur; (c) Orientierung: vertikale o. horizontale Ausrichtung führt leichter zur Figurbildung als andere Orientierungen.

Goldstein (1939) vertritt die Ansicht, dass die Flexibilität, mit der ein Mensch verschiedene Gegenstände von ihrem Hintergrund abheben kann, die Konsistenz bestimmt, mit der er Bewegungs- u. Intelligenzaufgaben ausführen kann. Das klass. Bsp. für ein opt. Phänomen, das auf der F. beruht, näml. auf einem Umkippen von Figur u. Grund (→ Kippfigur), ist die sog. *rubinsche Becherfigur* (auch *rubinscher Pokal*). Eine Weiterentwicklung des F.-Kzpts. ist das Kzpt. der *Variabilität* u. *Konstanz*; (Rausch 1949, 1966).

HI: Die Erforschung des F.-Kzpts. wurde v. a. durch die → Gestalttheorie, insbes. durch die Arbeiten von Rubin (1921), begründet. Auch Neisser (1974)

Abb. *Wahrnehmung 21*

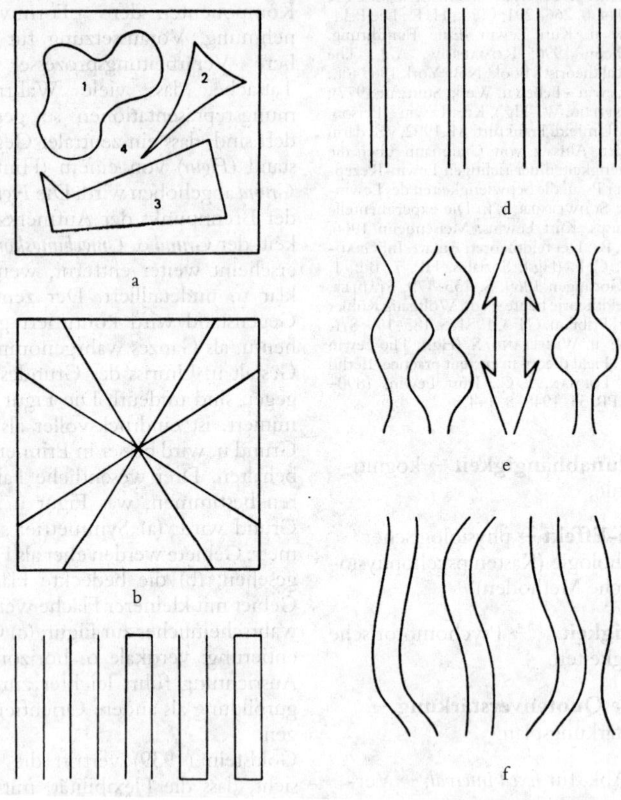

hat dieses Phänomen in seinem Kzpt. der → präattentiven Gliederung thematisiert, u. auch neueste Forschungen aus dem Bereich → computer vision nehmen dieses Thema wieder auf; vgl. Biederman (1985).

VD: Wichtige → Gestaltgesetze beziehen sich auf die F.; s. hierzu die Abb. *Wahrnehmung 21a*: Alle vier Teilflächen sind gleichartig, aber trotzdem erscheinen sie zwingend verschieden: 1, 2 u. 3. sind *Figuren*, 4 bildet den *Grund*. Entweder wird die Anordnung so gesehen, dass die Figuren auf dem Grund aufliegen, o. so, dass die Figuren den Charakter von Löchern haben. Die Figur (b) demonstriert, dass das Phänomen keineswegs trivial ist, da sie zeigt, dass die F. nicht einfach reizdeterminiert ist, da hier zwei mögl. Sichtweisen denkbar sind (s. a. das Stw. → Kippfigur). Bemerkenswert ist, dass die Unterscheidung zw. Figur u. Grund in diesen Fällen keineswegs verflacht, sondern ausgeprägt ist u. bisweilen umschlägt. Auch wenn die Rollenverteilung eindeutiger festgelegt ist, hängt der Status einer Teilfläche vielfach nicht von ihrer eigenen lokalen Beschaffenheit ab, sondern wird von den umfassenderen Strukturmerkmalen des gesamten Reizmusters bestimmt (→ Gestaltgesetze): In den Abb. (c) bis (f) sieht man, dass Teilflächen von Konfiguration dazu tendieren, Figurcharakter anzunehmen, wenn sie z. B. von einer geschlossenen Figur umgeben sind (Abb. c), im Vergleich zu ihrer Umgebung relativ klein (Abb. d), symmetr. (Abb. e) o. gleich breit (Abb. f) sind (aus Prinz 1990).

◆ BIEDERMAN, D.: Human image understanding: recent research and theory. Computer vision, graphics, and image processing 32, 1985, S. 29–73; CAMPENHAUSEN, C. v.: Die Sinne des Menschen. Stuttgart 1993; COREN, S.: Brightness contrast as a function of figure-ground relation. JExP 80, 1969, S. 517–524; GOLDSTEIN, K.: The organism. A holistic approach to biology. New York 1939; NEISSER, U.: Kognitive Ps. Stuttgart 1974 (Orig.: 1967); PRINZ, W.: Wahrnehmung. In: SPADA, H. (Hg.): Lehrbuch Allgemeine Ps. Bern 1990, S. 25–114; RAUSCH, E.: Variabilität u. Konstanz als phänomenolog. Kategorien. PF 23, 1949; RAUSCH, E.: Das Eigenschaftsproblem in der Gestalttheorie der Wahrnehmung. In: METZGER, W. (Hg.): HP 1. Bd./1. Hlb.: Wahrnehmung u. Bewußtsein. Göttingen 1966, S. 868–954; RUBIN, E.: Visuell wahrgenommene Figuren. Kopenhagen 1921.

Filehne-Phänomen → Wahrnehmungskonstanzen.

Filehne-Täuschung → Wahrnehmungskonstanzen.

Filled duration illusion → Zeitwahrnehmung.

Filterabschwächungstheorie → Filtertheorie.

Filteramplitudentheorie → Filtertheorie.

Filtermodelle → Filtertheorie.

Filtertheorie, eine Theorie der → Aufmerksamkeit (Broadbent 1958ff.), eine → Mehrspeichertheorie mit der zentralen Annahme einer begrenzten Aufmerksamkeitskapazität, die es nötig macht, dass im kognitiven System des Menschen zw. Kurzzeitspeicher u. zentralem Verarbeitungsmechanismus ein *Filter* eingeschaltet wird, der eine Überlastung dieser Kapazität verhindert (→ Aufmerksamkeitskapazitäts-Modell); s. Abb. *Kognition 8*. In der F. wird die Funktion des Filters nicht in einer selektiven *Verstärkung* der relevanten Information (*positive Selektion* o. *Abstraktion*) gesehen, sondern in einer selektiven *Hemmung* der irrelevanten Information (*negative Selektion*). Der Filter setzt an bestimmten *phys.* Eigenschaften an (z. B. *»männl.* Stimme auf dem *linken* Ohr«). Die Selektion ist dem Kontakt zw. Reiz- u. Gedächtnisinformation, also der »Bedeutungserkennung«, vorgelagert: *periphere* o. *frühe* Selektion. Die phys. Merkmale, nach denen der Filter trennt, bezeichnet Broadbent als sensor. *Kanäle*; z. B. Kanäle, die auf Reizinformation auf das linke Ohr, Lautstärke aus einer bestimmten Raumrichtung, das Frequenzspektrum einer männl./weibl. Stimme o. dergleichen abgestimmt sind. Nur die Information in dem

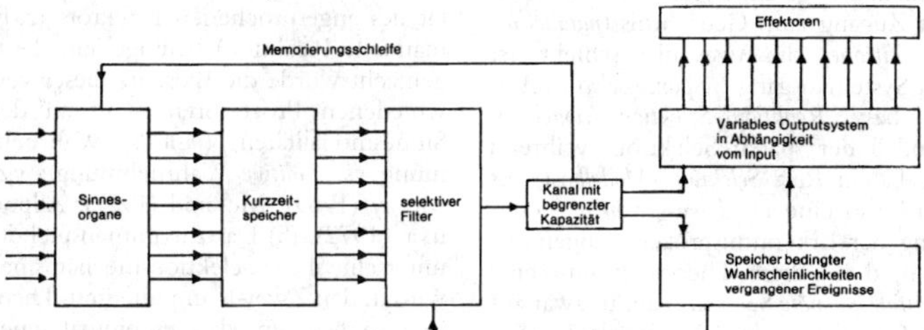

Abb. *Kognition 8*

Kanal, auf den das Aufmerksamkeitssystem abgestimmt ist, wird für eine zentrale Verarbeitung durchgelassen: *Einkanal-Modell*, auch *Flaschenhals-Modell*. Die F. bietet eine einfache Erklärung für das sog. → Cocktailparty-Problem, also für die menschl. Fähigkeit zur → selektiven Aufmerksamkeit. Ihre empir. Basis hat die F. vorwiegend in Experimenten zum → dichotischen Hören.

WÜ: Die F. war die erste moderne Aufmerksamkeitstheorie, die eine ganze Forschungstradition begründet hat; zum Überblick vgl. Norman (1973).

Weiterentwicklungen der F. setzen an der experimentell belegten Tatsache an, dass beim dichot. Hören auch semant. Informationen aus dem unbeachteten Ohr unter bestimmten Umständen aufgenommen werden können: (1) Wichtig geworden ist die Theorie von Treisman (1960ff.), welche postuliert, dass der Filter die Signale nicht eliminiert, sondern nur abschwächt, mit der Konsequenz, dass sie nur noch von solchen zentralen Repräsentationen aktiviert werden können, die herabgesetzte Aktivierungsschwellen aufweisen (*Filteramplituden-Theorie* o. *Filterabschwächungs-Theorie*). Auch nach dieser Theorie wird Aufmerksamkeit eher als ein Phänomen der *frühen Selektion* angesehen. (2) Die Modelle von Deutsch u. Deutsch (1963), ebenso wie Norman (1968) u. tlw. schon Moray (1969), siedeln den Selektionsprozess dagegen nicht auf der peripheren sensor. Ebene, sondern auf der Ebene des zentralen Nervensystems, also im Cortex, an. Die gesamte sensor. Information hat Zugang zum Gedächtnis (*parallel-access-Theorie*), die Auswahl geschieht erst am Systemausgang (*response-selection-Modell* bzw. *Reaktions-Selektions-Modell* o. Modell der späten Selektion, während die F. ein *Reiz-Selektions-Modell* ist). Es wird also eine *top-down-gerichtete* Steuerung der Erkenntnisprozesse angenommen, d. h., diese Theorie nimmt eine *zentrale* o. *späte* Selektion an, u. zwar auf der Grundlage *inhaltl.* Merkmale. Die Selektion ist nicht *negativ* (durch Hemmung irrelevanter Informationen), sondern *positiv*, also durch Verstärkung relevanter Information. Dies geschieht nicht nach dem Alles-o.-Nichts-Prinzip, sondern durch kontinuierl. abgestufte *Voraktivation*, womit eine Sensibilisierung einhergeht. Diese partielle, der Selektion dienende Voraktivierung kann einmal *langfristig* angelegt sein (z. B. beim eigenen Namen o. bei Tabuwörtern) o. auch kurzfristig variieren, grundsätzl. werden die entsprechenden Prozesse nicht mehr, wie von früheren Theorien, als passive, sondern als aktive u. dynam. betrachtet. Die Abb. *Kognition 9* veranschaulicht diese drei Grundmodelle: (a) das Filtermodell, (b) das Abschwächungsmodell mit der Implikation einer frühen Selektion u. (c) das Reaktions-Selektions-Modell mit der späten Selektion; nach Wessells (1984). (3) Auch Treisman (1964) u. Broadbent (1971), Weiterentwicklungen der ursprüngl. Theorien, berücksichtigen eine solche *späte* Selektion, verzichten aber nicht auf die Annahme eines *peripheren sensor.* Filters (*Zwei-Komponenten-Theorie*). Letztere Annahme sehen sie als notwendig an – aufgrund des experimentellen Befundes, dass Selektion aufgrund phys. Merkmale stets um ein Vielfaches wirksamer ist als eine semant. Selektion. Zur Problematik dieser Sichtweise vgl. Prinz (1983), der keinen grundsätzl. Unterschied zw. *inhaltl.* u. *lokaler* Selektion sieht. (4) *Mehrkanal-Modelle* bzw. *Multiprozessor-Modelle* implizieren, dass der Mensch nicht nur über einen einzigen Informationskanal verfügt, sondern dass stattdessen mehrere unabhängige Prozessoren existieren, die parallel u. ohne Interferenz Informationen verarbeiten können. Interferenzen zw. zwei Aufgaben sollten deshalb *strukturell*, d. h. z. B. aufgrund der Nutzung der gleichen Wahrnehmungs- bzw. Stimulusmodalität des angesprochenen Effektors (z. B. manuelle Reaktion) bedingt sein. Festgemacht wurde die Existenz dieser verschiedenen Prozessoren meist an den Sinnesmodalitäten (*visuelle* Wahrnehmung vs. *auditive* Wahrnehmung); vgl. Moray (1969), McLeod (1977); Allport u. a. (1972). (5) Das Zusammenspiel der unterschiedl. Selektionsmechanismen wird in den Zwei-Komponenten-Theorien so gesehen, dass es einmal einen automat. Erkenntnisprozess gibt, der nicht bewusst sein muss, der v. a. nicht überdauernd gespeichert wird (wenn die

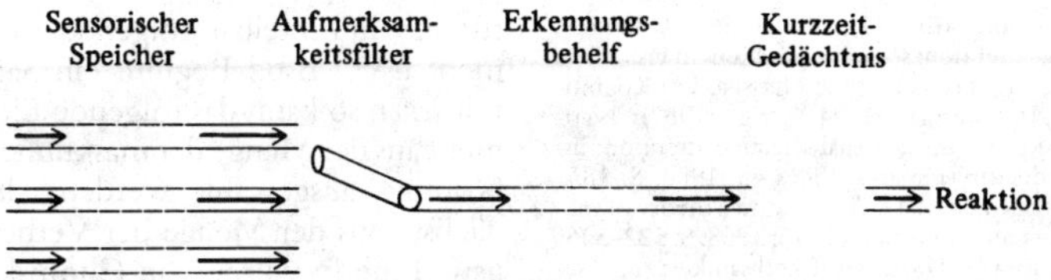

Abb. *Kognition 9a*

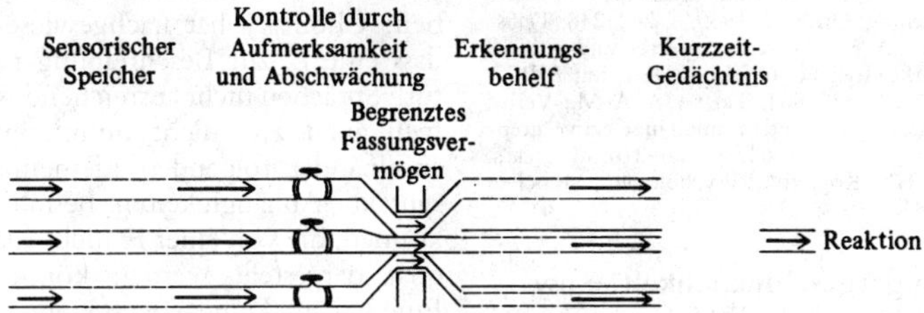

Abb. *Kognition 9b*

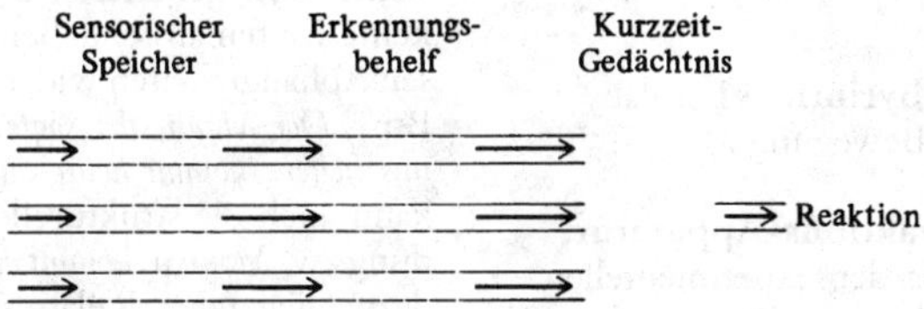

Abb. *Kognition 9c*

Aufgabe allerdings unmittelbar unterbrochen wird, kann die Vp oft die letzten Worte des irrelevanten Textes angeben). Dieser automat. Erkenntnisprozess ist in seiner Kapazität nicht begrenzt u. geht der Selektion voraus, die »Enge der Aufmerksamkeit« ist also nicht als eine Begrenzung der Kapazität der *Erkenntnisprozesse* zu verstehen, sondern als eine »Enge des Bewusstseins«; vgl. auch Moray (1969); Weiteres s. das Stw. → automatische vs. kontrollierte Informationsverarbeitung.

KR: Neisser (1974); Neisser weist v. a. darauf hin, dass Deutlichkeit nicht mit Intensität verwechselt werden darf; er meint, dass ein zwar passives Filtersystem existiert, dass es aber ergänzt wird durch einen aktiven Prozess der → Analyse-durch-Synthese, u. dieser konstruktive Prozess sei der Mechanismus der Aufmerksamkeit. D. h.: irrelevante Informationen werden weder ausgefiltert noch abgeschwächt; sie erfahren einfach keine Behandlung durch die konstruktiven Erkenntnisprozesse; s. a. das Stw. → Aufmerksamkeitskapazitäts-Modell; vgl. auch Norman (1973). Es lässt sich sagen, dass die F. als generelles Modell der Aufmerksamkeit eine erhebl. Übergeneralisierung darstellt, als lokales Modell für den Bereich des selektiven Sprachverstehens dagegen seine Berechtigung besitzt; vgl. Neumann u. a. (1986).

◆ Allport, D. A. u. a.: On the division of attention. A disproof of the single channel hypothesis. QJEP 24, 1972, S. 225–235; Broadbent, D. E.: Perception and communication. New York 1958; Broadbent, D. E.: Cognitive psychology, introduction. In: Summerfield, A. (Hg.): Cognitive psychology. Brit. Medical Bulletin 27, 1971, S. 191–194; Deutsch, J. A. u. Deutsch, D.: Attention: some theoretical considerations. PR 70, 1963, S. 80–90; McLeod, P.: A dual-task response modality effect: support for multiprocessor models of attention. QJEP 29, 1977, S. 651-667; Moray, N.: Attention in dichoctic listening: effective cues on the influence of instructions. JExP 11, 1959, S. 56–60; MORAY, N.: Attention: selective processes in vision and hearing. London 1969; NEISSER, U.: Kognitive Ps. Stuttgart 1974 (Orig.: 1967); NEUMANN, O. u. a.: Visual selective attention: introductory remarks. PRes 48, 1986, S. 185–188; NORMAN, D. A.: Toward a theory of memory and attention. PR 75, 1968, S. 522–536; NORMAN, D. A.: Aufmerksamkeit u. Gedächtnis. Weinheim 1973; PRINZ, W.: Wahrnehmung u. Tätigkeitssteuerung. Berlin 1983; TREISMAN, A. M.: Contextual cues in selective listening. QJEP 12, 1960, S. 242–248; TREISMAN, A. M.: The effect of irrelevant material on the efficiency of selective listening. AJP 77, 1964, S. 533–564; TREISMAN, A. M.: Verbal cues, language and meaning in selective attention. AJP 77, 1964, S. 206–216; WESSELS, M. G.: Kognitive Psychologie. München 1984.

Fingergeschicklichkeit → psychomotorische Fähigkeiten; → psychomotorische Tests und Prüfverfahren.

Fingerlabyrinth → Lernlabyrinth; → Bewegung.

Fingerreaktions-Apparatur, Apparatur der experimentellen → Lernpsychologie, bestehend aus einer Metallplatte, mit der kleine Elektroschocks appliziert werden können, u. einer Feder, die den Zeigefinger auf der Metallplatte festhält.

◆ BRICKENKAMP R. (Hg.): Handbuch apparativer Verfahren in der Ps. Göttingen 1986.

Finiter Automat → Finite-state-Grammatik.

Finite-state-Grammatik [auch *reguläre Sprache; finiter Automat*], Grammatik, die von einer linearen Struktur der Sprache ausgeht u. der Erzeugung einer unendl. Menge von Sätzen mit Hilfe einer endl. Menge von rekursiven Regeln über einen endl. Wortschatz dient; vgl. Bußmann (1990). Satzproduktion wird dabei als ein *Markov-Prozess* gesehen: Das erste Glied im Satz determiniert die Wahlmöglichkeiten für das unmittelbar folgende Element usw.; Bsp.: Beginnt ein Satz mit *Jener*, so kann das folgende Element aus der Menge der maskulinen Nomina ausgewählt werden, das nächste aus der Menge der Verben usw. Eine F. wurde von Chomsky (1957) als einfachster Typ einer → generativen Grammatik beschrieben; Chomsky hat nachgewiesen, dass eine F. zur Beschreibung natürl. Sprachen nicht ausreichend ist, weil auch zw. nicht unmittelbar aufeinander folgenden Elementen syntakt. Abhängigkeiten bestehen können, die von einer F. nicht adäquat dargestellt werden können. Eine F. kann keine eingebetteten o. voneinander abhängigen Ketten von Sätzen generieren u. zugleich keine Ketten ausschließen, die diesen Abhängigkeiten widersprechen; Bsp.: *Der Mann, der sagte, er würde uns helfen, kommt heute an.* Eine F. kann auch die strukturelle Verbindung zw. *Mann* u. *kommt an*, die den dazw. liegenden Relativsatz überspannt, nicht erfassen; auch versagt sie bei Sprachstrukturen, die endlos wiederkehren können, z. B. das Einbetten eines Satzes in einen anderen: *Der Junge, den das Mädchen, das den Hund,* usw. Zur Problematik dieser Kritik an der F. vgl. Reich (1969); s. a. das Stw. → serielle vs. hierarchische Steuerung.

◆ BUSSMANN, H.: Lexikon der Sprachwissenschaft. Stuttgart 1990; CHOMSKY, N.: Syntactic structures. The Hague 1957 (dt.: Strukturen der Syntax. The Hague 1975); REICH, P. A.: The finiteness of natural language. In: Language 45, 1969, S. 831–843.

Fittssches Gesetz, besagt, dass die Bewegungsdauer bei Ziel-Bewegungen eine logarithm. Funktion des Quotienten aus Weite u. Zielgröße ist.

Die genaue Formel lautet: $BZ = a + b \log_2 (2D/W)$; dabei ist BZ die Bewegungszeit, D die Entfernung (engl.

distance) u. W die Breite des Zielbereichs (engl. *width*). Fitts fasste seine Interpretation in Begriffe der → Informationstheorie; er nahm an, dass der Ausdruck $\log_2$ (2D/W), den er als *Schwierigkeitsindex* bezeichnete, der Information entspricht, die nötig ist, um die motor. Kommandos angesichts eines Hintergrundrauschens hinreichend zu spezifizieren. Die Bewegungszeit solle mit dieser Schwierigkeit linear ansteigen, weil die Kanalkapazität des motor. Systems einen festen Wert besitze. Es gibt aber auch Hinweise auf eine lineare Beziehung; vgl. Meyer u. a. (1982); Hacker (1986); zu weiteren Alternativen vgl. Hencok u. Newell (1985). Das Gesetz ist v. a. wichtig bei Montagetätigkeiten (Fitts u. Radford 1966; Fitts u. Posner 1968).

◆ Fitts, P. M. u. Posner, M. I.: Performance. Belmont 1968; Fitts, P. M. u. Radford, B. K.: Information capacity of discrete motor responses under different cognitive sets. JExP 71, 1966, S. 475–483; Hacker, W.: Arbeitsps. Bern 1986; Hencok, P. A. u. Newell, K. M.: The movement speed-accuracy relationship in space-time. In: Heuer, H. u. a. (Hg.): Motor behaviour, programming, control and acquisition. Berlin 1985, S. 153–188; Meyer, D. E. u. a.: Models for the speed and accuracy of aimed movements. PR 89, 1982, S. 449–482.

Fixationstremor → Augenbewegungen.

Fixed intervall reinforcement → Verstärkungsplan.

Fixed ratio reinforcement → Verstärkungsplan.

Fixed-role-Therapie → subjektive Theorien.

Fixed set procedure → binäre Zeichenklassifikation.

Fixierung → Psychoanalyse; → Trieb; → Sexualtrieb; → Verdrängung.

Flächenfarben → Farbwahrnehmung.

Flächenkontrast → Kontrasteffekte.

Flaschenhals-Modell → Filtertheorie.

Flashbulb memories → autobiographisches Gedächtnis.

Flash-masking → Maskierung.

Flexible Kontrolle → kognitive Stile.

Flickerverschmelzungsfrequenz → Flimmerfusionsfrequenz.

Fließmuster → Bewegungsparallaxe; → ökologische Optik.

Flimmerfarben → fechnersche Farben.

Flimmerfusionsfrequenz [auch *Flimmerverschmelzungs-* bzw. *Flickerverschmelzungsfrequenz, krit. Flimmergrenze*, *Sukzessionsgrenze*; engl.: *critical flicker frequency*], ein Phänomen des → Bewegungssehens: Ein stationäres Licht wird wiederholt ein- u. ausgeschaltet; übersteigt die Darbietungsgeschwindigkeit eine bestimmte Grenze (bis zu 25 Reize pro Sekunde), werden nicht mehr diskrete Reize erlebt, sondern ein einziger flackernder Lichtreiz, ein Flimmern. Wird die Geschwindigkeit weiter erhöht, verschwimmt das Flimmern, u. der Lichtreiz erscheint als konstantes Dauerlicht – dies ist die F. (Abk. *Fvf*), die bei 30 bis 50 Reizen pro Sekunde liegt. Je heller das Licht, desto höher die krit. F. Die F. ist ein Faktor, der eng korreliert ist mit den Gefühlen körperl. Müdigkeit u. Schläfrigkeit, u. die F. spielt deswegen eine wichtige Rolle in Untersuchungen der experimentellen u. auch der angewandten Ps., z. B. zur Wirkung von Drogen u. Müdigkeit.

VD: Eine niedrigere Schwelle als die F. hat die sog. *Gestaltfusionsfrequenz*: Wenn eine einfache geometr. Form in kurzen Zeitabständen projiziert wird, dann werden im Regelfall bei einer Flimmerfrequenz über 6 Lichtreizen pro Sekunde nicht einzelne Bilder wahrgenommen, sondern eine konstante Figur, deren Helligkeit period. zu schwanken scheint.

LIT: Einen Überblick über Geräte zur Messung der F. liefert Barkowski (1986); zum Überblick über die Verwendung des Maßes der Flimmerverschmelzungsfrequenz im Rahmen der Psychopharmakologie vgl. Smith u. Misiak (1976).

◆ Arnold, W. (Hg.): Experimentelles Praktikum, 1. Bd. Stuttgart 1972; Barkowski, D.: Geräte zur Messung der Flimmerverschmelzungsfrequenz. In: Brickenkamp, R. (Hg.): Handbuch apparativer Verfahren in der Ps. Göttingen 1986, S. 174–187; Landis, C.: Annotated bibliography of Flicker-Fusion-Phenomena covering the period 1940–1952. University of Michigan 1953; Smith, J. M. u. Misiak, H.: Critical flicker frequency (CFF) and psychotropic drugs in normal human subjects – a review. Psp 47, 1976, S. 175–182.

Flimmerverschmelzungsfrequenz → Flimmerfusionsfrequenz.

Florkontrast, die Tatsache, dass → Helligkeits- u. → Farbkontraste durch ein über ein Farbmuster gelegtes Flor- bzw. Seidenpapier verstärkt werden können; vgl. Arnold (1972).

◆ Arnold, W. (Hg.): Experimentelles Praktikum, 1. Bd. Stuttgart 1972; Campenhausen, C. v.: Die Sinne des Menschen. Stuttgart 1993; Schmidt, R. F. (Hg.): Grundriß der Sinnesphysiologie. Berlin 1985 (5. Aufl.).

Flow → intrinsische Motivation.

Fluchtlernen [auch *Flucht-Training*], eine Form der → operanten Konditionierung, bei der der Organismus einem aversiven Reiz unterworfen wird, der erst dann aufhört, wenn das gewünschte Vh. erfolgt ist. Verstärkend wirkt dabei die Beendigung des durch die aversive Reizung hervorgerufenen Schmerzes. Das F. ist für die experimentelle Ps. ein wichtiges Paradigma zum Nachweis → erworbener Triebe; s. a. die Stw. → Vermeidungslernen; → Bestrafungslernen; → erlernte Hilflosigkeit.

◆ Bredenkamp, J. u. Wippich, W.: Lern- u. Gedächtnisps., 1. Bd. Stuttgart 1977; Foppa, K.: Lernen, Gedächtnis, Vh. Köln 1975 (9. Aufl.).

Fluchttraining → Fluchtlernen.

Fluide Intelligenz → Intelligenz.

Flussmuster → Bewegungsparallaxe.

Focus gambling → Attributlernen.

Fokale Aufmerksamkeit. Wichtig geworden ist das Kzpt. innerhalb der Aufmerksamkeits- u. Wahrnehmungstheorie von Neisser (1974); dort wird der Prozess der Wahrnehmung zweistufig konzipiert: Sinnesinformationen werden zunächst durch parallel arbeitende *präattentive* Prozesse analysiert, woraus eine erste Grundstrukturierung der Wahrnehmung, v. a. eine → Figur-Grund-Unterscheidung, entsteht. Es werden also abgegrenzte Einheiten gebildet, u. auf dieses Material wird dann in einer zweiten Stufe ein bewusster höherer Verarbeitungsprozess, die *f. A.*, angesetzt; Weiteres s. das Stw. → Mustererkennung. V. a. Mandler setzt f. A. u. Bewusstsein zueinander in Beziehung (Mandler 1975, 1985). Der Begriff selbst stammt ursprüngl. aus der Psa., aber das Phänomen wird in der Ps. seit Anfang der wissenschaftl. Ps. thematisiert; vgl. zum histor. Überblick Solley u. Murphy (1960, Kap. 9). Das spezif. Kzpt. der f. A. ist durch diesen theoret. Hintergrund unterschieden von dem eher deskriptiven Kzpt. der → fokussierten Aufmerksamkeit.

◆ Mandler, G.: Consciousness: respectable, useful and probably necessary. In: Solso, R. (Hg.): Information processing and cognition. New York 1975; Mandler, G.: Cognitive psychology. Hillsdale 1985; Neisser, U.: Kognitive Ps. Stuttgart 1974 (Orig.: 1967); Solley, C. M. u. Murphy, G. M.: The development of the perceptual world. New York 1960.

Fokales Wahrnehmungssystem → visuomotorische Koordination.

Fokalfarben → Farbwahrnehmung.

Fokalreize → Adaptationsniveautheorie.

Fokussierte Aufmerksamkeit [engl. *focused attention*; auch *gerichtete Aufmerksamkeit*], diejenige Form der → Aufmerksamkeit, die darin besteht, sich auf eine einzige Aufgabe zu konzentrieren, im Gegensatz zur → verteilten Aufmerksamkeit, bei der untersucht wird, inwieweit Vpn in der Lage sind, mehrere Aufgaben zugleich zu bewältigen (→ Doppelaufgabe). Bei Aufgaben zur f. A. wird die Vp instruiert, auf eine von mögl. Informationsquellen zu achten, alle anderen zu ignorieren. Ein spezielles Bsp. ist das *Eriksen-Paradigma*, bei dem die Vp auf einen Buchstabenreiz reagieren soll, der von Distraktoren flankiert wird; vgl. Eriksen u. Schultz (1979). Bei Aufgaben zur gerichteten Aufmerksamkeit geht es also um den Widerstand gegen Ablenkung, um → Konzentration.

◆ Eriksen, C. W. u. Schultz, D. W.: Information procession in visual research: a continous flow conception in experimental results. PaP 25, 1979, S. 249–263; weitere Literatur: → verteilte Aufmerksamkeit.

Fokussierung → kognitive Stile.

Fokusstrategie → Attributlernen.

Folge-Tracking → Tracking.

Folk psychology → naive Psychologie.

Follow-up servo theory → Bewegungsprogramm.

Forbidden-toy-Paradigma → kognitive-Dissonanz-Theorie.

Forced recall → Reproduktion.

Forcierte Einwilligung → kognitive-Dissonanz-Theorie.

Forensische Psychologie → angewandte Psychologie.

Formale Bildung → Transfer.

Formaler Behaviourismus → Behaviourismus.

Formanten → Phonetik; → Sprachwahrnehmung.

Formationsgrammatik → Phrasenstrukturgrammatik.

Formbasiertes priming → priming; → Worterkennung.

Formdeuteversuch → Psychodiagnostik.

Formkonstanz → Wahrnehmungskonstanzen; → Formwahrnehmung.

Formmaskierung → Maskierung.

Formwahrnehmung [auch *Gestaltwahrnehmung*], die visuelle (oder auch taktile) Analyse, Bestimmung u. Identifikation der Umrisse von ein-, zwei- oder dreidimensionalen → Gestalten, eine der grundlegenden Funktionen der → Wahrnehmung. F. ist weitgehend angeboren, schon kurz nach Geburt mögl., Kinder können sogar Zeichnungen in vielen Fällen fehlerfrei identifizieren, auch Affen sind hierzu in der Lage.

Die zentralen Prozesse u. Aspekte der F. sind: (a) Voraussetzung für eine F. ist eine gewisse Inhomogenität des Feldes, was die Versuche am → Ganzfeld zeigen. Wesentl. für die F. ist die → Figur-Grund-Unterscheidung, also das Herauslösen einer »ins Auge springenden« Gestalt vor einem homogeneren u. sozusagen »allgemeineren« Hintergrund. Dies beinhaltet als einen wesentl. Prozess, der v. a. der → computationalen Wahrnehmungstheorie thematisiert wird, *Kanten-* bzw. *Konturenwahrnehmung*. Diese beruht im Wesentl. auf der Auswertung von Helligkeitskontrasten: Zunächst greift sich das Wahrnehmungssystem nur die Differenz der Leuchtdichten an den Flächengrenzen heraus u. lässt die entfernteren Bereiche der zusammenstoßenden Flächen außer Betracht; es unterstellt, dass sich die Helligkeit nicht ändert, solange keine neue Kante auftaucht. Das Auge sendet also vorwiegend Informationen über Lichtänderungen an den Grenzlinien an das Gehirn; Bereiche, für die keine Änderung gemeldet wird, ergänzt das Gehirn als gleichförmig. (Dies zeigt ein verblüffendes Experiment: Lässt man eine Vp auf einen roten, kreisförmigen Farbfleck mit einem grünen Innenkreis blicken, führt dann eine → Retinastabilisation derart durch, dass sich nur das Bild des äußeren Randes der roten Scheibe auf der Netzhaut bewegen kann, während das Bild der Rot-Grün-Grenze stillsteht, so wird der grüne Kreis bald nicht mehr wahrgenommen, u. die Vp sieht nur noch den roten.) In einem weiteren Schritt wird dann festgestellt, zu welcher Kategorie die Kanten bzw. Flächen gehören; ob sie auf unterschiedl. Helligkeiten o. auf unterschiedl. räuml. Ebenen beruhen. Nur für die erste Kategorie von Kanten werden die Differenzen der Leuchtdichte deutl. wahrgenommen, dabei werden einige objektive Informationen genutzt: z. B. ist der Übergang zw. Licht u. Schatten nie völlig scharf, sondern es gibt immer diffuse Halbschatten; dagegen sind Flächen, die in verschiedenen Raumebenen liegen, meist unterschiedl. beleuchtet; des Weiteren können sich die Leuchtdichten bei räuml. Kanten um einen erhebl. größeren Faktor unterscheiden als die einer Ebene. Wenn die Kanten auf der unterschiedl. räuml. Lage beruhen, entsteht kein Kontrasteffekt, sondern im Gegenteil → Wahrnehmungskonstanz. (Ein Bsp. sind die unterschiedl. Helligkeiten einer gleichfarbigen Zimmerwand, die verschiedene Ebenen aufweist; wir erleben diese Farbe als im Wesentl. gleichartig, wenn man jedoch z. B. in einem Foto einen Teil dieser unterschiedl. Flächen isoliert betrachtet, dann entsteht ein erhebl. Kontrast, man erkennt, wie unterschiedl. die Farbtöne dieser Wand sind, bedingt durch unterschiedl. Beleuchtungsintensität; für weitere Bsp. vgl. Rock (1985); Falk u. a. (1990) u. die Stw. → Kontrasteffekte; → Helligkeitskontrast.) (c) Die nächste Phase der F. impliziert das sog. *Segmentierungsproblem*: die Aufgabe, aus einer Masse von Forminformationen diejenigen herauszufinden, die zusammengehörende Strukturen bilden. Neben dem Figur-Grund-Prinzip operieren hier v. a. die → Gestaltgesetze, wie sie auch in den → computationalen Wahrnehmungstheorien rezipiert werden. Ein modernes methodolog. Paradigma zur Analyse solcher Prozesse sind → Texturen, speziell → Zufallspunktstereogramme. An diesen tapetenähnl. Mustern kann man in zugespitzter Form analysieren, welche Strukturunterschiede unser visuelles System auseinanderhalten kann u. welche nicht (hierzu Frisby 1989, S. 128ff.). (d) Haben sich erste Formen gebildet, erhalten diese bisweilen eine eigene Qualität, die häufig in Richtung auf prototyp. Objekte idealisiert wird u. von den tatsächl. Konturen abweicht: Von Hand gezeichnete geometr. Figuren, die starke Unregelmäßigkeiten aufweisen, werden in der Regel klar als Dreiecke o. Kreise wahrgenommen: → Prägnanzprinzip. (e) Meist setzt sich die F. in einer → Objektwahrnehmung fort, bei der nicht nur Formen, sondern »inhaltl.« Objekte repräsentiert werden, häufig ist dieser Übergang aber nicht sequenziell, sondern beide Prozesse interagieren. (f) In der F. sind auch zwei weitere Wahrnehmungsfunktionen impliziert: → visuelle Orientierung u. → Größenwahrnehmung.

Insgesamt gesehen ist F. ein im Wesentl. → *datengetriebener* Prozess, Vorwissen u. komplexere kognitive Verarbeitungsprozesse spielen erst dann eine Rolle, wenn die durch Ausnützung niederer Reizinformation erreichte F. noch nicht

eindeutig ist, erst dann fließen aktive Problemlösungskomponenten »von oben« mit ein. Durch diese kognitiven Verarbeitungsprozesse ist unser visuelles System in der Lage, die Wirklichkeit regelmäßiger u. geordneter zu repräsentieren, als sie sich im Netzhautbild widerspiegelt; s. hierzu das Stw. → Wahrnehmungskonstanzen. Ein wichtiges älteres Forschungsinstrument zum Studium der F. war die Methode der → Aktualgenese.
TH: Das Thema F. war das zentrale Paradigma der → Gestalttheorie, welche die grundlegenden Wahrnehmungsgesetze (→ *Gestaltgesetze*) bei der F. herausgearbeitet u. versucht hat, diese deskriptiv gefundenen Gesetze explanativ auf ein Prägnanzprinzip zurückzuführen, näml. das Prinzip der *guten* → *Gestalt.* Neuere Ansätze versuchen dieses Prinzip zu formalisieren u. zu quantifizieren: die *gute Gestalt* als diejenige, die ein Minimum an Informationen im informationstheoret. Sinne beinhaltet (Attneave 1959). Ein Versuch, die Gestaltgesetze auf ein *Minimumprinzip* zurückzuführen, ist Hochberg (1977): Unser Nervensystem organisiere die wahrgenommene Welt so, dass Veränderungen u. Unterschiede minimal gehalten werden. Damit kann man z. B. bestimmte Phänomene der → Raumwahrnehmung u. der → Bewegungswahrnehmung erklären. Spätere Modellvarianten gingen insbes. von den Symmetrieeigenschaften der Figuren aus: Prägnanz wird als Invarianz gegenüber Transformationen (z. B. Rotation u. Spiegelung) verstanden (Garner 1974; Palmer 1982; Zimmer 1984; Kebeck 1991). Eine ausgefeilte Theorie der F. stammt von Rock (1985); zentrales Kzpt. ist, dass Wahrnehmung Problemlösungsprozessen gleicht, Rock spricht von der »Logik der Wahrnehmung«.
LIT: Frisby (1989) gibt einen Überblick über die modernen Ansätze der F. unter bes. Berücksichtigung physiolog. Kzpte.; vgl. auch v. Campenhausen (1993); zu den physiolog. Grundlagen vgl. Wittling (1976) sowie Kandel u. a. (1996); Klüver (1966) hat die bei drogeninduzierten Bewusstseinsveränderungen bisweilen auftretenden Phänomene der F. herausgearbeitet: Mandala-ähnl. Muster mit symmetr. Strukturen, konzentr. Muster o. spinnwebartige Gebilde, auch Schnecken-, Spiral-, Wirbel- u. Tunnelmuster; vgl. hierzu auch Shepard (1991).

◆ Albrecht, G. (Hg.): Recognition of pattern and form. Heidelberg 1982; Attneave, F.: Applications of information theory to psychology. New York 1959; Campenhausen, C. v.: Die Sinne des Menschen. Stuttgart 1993; Falk, D.S. u. a.: Ein Blick ins Licht. Berlin 1990; Frisby, J. P.: Opt. Täuschungen. Augsburg 1989; Garner, W. R.: The processing of information and structure. Potomac 1974; Hochberg, J. E.: Wahrnehmung. Einführung in die Ps., 2. Bd. Bern 1977; Kandel, E. R. u. a. (Hg.): Neurowissenschaften. Heidelberg 1996; Kebeck, G.: Fehleranalyse als Methode der Gedächtnisforschung. Wiesbaden 1991; Klüver, H.: Mescal and the mechanisms of halluzination. Chicago 1966; Kubovy, M. u. Pomerantz, J. T.: Perception organization. Hillsdale 1981; Palmer, S. E.: Symmetry, transformations, and the structure of perceptual systems. In: Beck, F. (Hg.): Organization and representation in perception. Hillsdale 1982; Rock, I.: Wahrnehmung. Heidelberg 1985; Shepard, R. N.: Einsichten u. Einblicke. Illusion u. Wahrnehmungskonflikte in Zeichnungen. Heidelberg 1991; Wittling, W.: Einführung in die Ps. der Wahrnehmung. Hamburg 1976; Zimmer, A. C.: Foundations for the measurement of phenomenal symmetry. GT 6, 1984, S. 118–157.

Fortlaufende Darbietung, eine → Gedächtnisprüfmethode; für das → Wiedererkennen z. B. läuft diese folgendermaßen ab: Die Vp wird gebeten, einen Stapel mit Zahlen bedruckter Karten durchzusehen u. dabei für jedes Item zu notieren, ob es bereits im Stapel vorgekommen ist o. nicht; die wichtigste interessierende Variable ist dabei der Abstand zw. den Wiederholungen eines Items, d. h. die Anzahl der Karten, die dazwischenliegen; vgl. Kintsch (1982).

◆ Kintsch, W.: Gedächtnis u. Kognition. Berlin 1982.

Fortlaufender Gedächtnisabruf [engl. *continous recall*], eine → Gedächtnisprüfmethode, bei der der Vp der Name einer semant. Kategorie genannt wird, worauf sie so viele Exemplare dieser Kategorie produzieren soll, wie sie kann, ohne sich zu wiederholen. Bei solchen Untersuchungen findet man Korrelationen zw. der Bevorzugung bestimmter Elemente u. ihrer Position in der Produktionsfolge: Exemplare, die oft genannt werden, werden meistens auch als erste genannt; vgl. Bousfield u. Barklay (1950). Die Vorherrschaft eines bestimmten Exemplares innerhalb einer semant. Kategorie (z. B. Hund in der Klasse der Vierbeiner) spiegelt wider, wie *salient* es in der jeweiligen Kultur ist; s. a. das Stw. → Worthäufigkeits-Effekt.

◆ BOUSFIELD, W. A. u. BARKLAY, W. D.: The relationship between order and frequency of ocurrence of restricted associative responses. JExP 40, 1950, S. 643–647.

Forward conditioning → Interstimulusintervall.

Forward search → psychologische Heuristik.

Fourieranalyse → Ortsfrequenzanalyse.

FR, Abk. für *fixed ratio*; → Verstärkungsplan.

Fractional antedating goal reaction → antizipierte Zielreaktion.

Fraktionierungsmethoden → Partitionsmethoden.

Frame, engl. für *Rahmen* (wb. der Begriff in der dt. Fachliteratur oft unübersetzt verwendet wird): die Gesamtheit des Hintergrund-Wissens, das notwendig ist, um Wahrnehmungsprozesse kognitiv strukturieren u. repräsentieren zu können (→ Erkennen). Im Rahmen sind die relevanten u. invarianten Fakten für stereotype Situationen aufgeführt. So ist in dem Rahmen »Zimmer« etwa als typ. Annahme gespeichert, dass ein Raum von vier Wänden geschlossen wird (was für ein KI-System, z. B. einen Roboter, der in einem Raum agiert, nicht »selbstverständlich« ist, da sein Bildinput oft nur zwei Wände aufweist). Ein Rahmen enthält *Leerstellen* (engl. slots); bei der Instantiierung müssen diese *slots* konkrete Einträge (engl. *values*, *entries* o. *fillers* genannt) bekommen, sofern sie nicht mit Standardwerten (engl. *default values*) vorbesetzt sind. Rahmen kann man als zw. einer → deklarativen u. einer prozeduralen Wissensrepräsentation stehend einstufen.

HI: Minsky (1975) entwickelte das Kzpt. im Rahmen von Forschungen zur → künstlichen Intelligenz, speziell zu → Computer vision. Es ist eine spezielle Ausformung des → Schema-Kzpts., verwandt ist die Idee des → Skripts. Mit dem Kzpt. wird versucht, das im Bereich der künstl. Intelligenz aufgetretene sog. *Bezugsrahmen*-Problem (engl. *frame problem*; vgl. McCarthy u. Hayes 1969; Pylyshyn 1986) zu lösen. Dieses Problem besteht darin, welcher Informationsrahmen in der jeweiligen Situation relevant ist o. nicht – es zeigte sich näml., dass für die Wahrnehmung von Objekten im Raum u. auch für → Sprachwahrnehmung oft erhebliches Vorwissen nötig ist, um die unendl. mögl. Strukturierungen eingrenzen zu können; vgl. zsfd. Wimmer u. Perner (1979); vgl. auch Winograd (1972); Weiteres s. u. Das Kzpt. hat schnell Eingang in die Ps. gefunden, bekannte Bsp. sind das *FRL-System* (*frame representataion language*; Bobrow u. Winograd 1977). Innovator. an diesem System war die Berücksichtigung der Perspektivität von Wissen u. die der Verbindung → deklarativen Wissens mit kognitiven Prozessen im Prozess der *prozeduralen Bindung* (*procedural attachement*), das sind Methoden zur Erschliessung zusätzl. impliziten Wissens, ein Kzpt., das heute Bestandteil vieler Wissensrepräsentationssysteme der KI ist (vgl. Rumelhart u. Norman 1983). Wichtig war auch das System *KEE* (*knowledge engineering environment*; Fikes u. Kehler 1985).

VD: (1) Das oben recht allg. charakterisierte *frame problem* besteht in genauerer Formulierung darin, dass zu einer gegebenen Zeit zu überprüfen ist, ob sich ein bestimmter Sachvh. durch vorherige Ereignisse verändert hat o. nicht, eine

Überprüfung, die recht aufwendig sein kann. Das Problem hat sich bei der Entwicklung von Robotern ergeben; wenn sich z. B. ein Roboter mit einem Schlüssel von Raum 1 nach Raum 2 bewegt u. den Safe dazu öffnet, dann entstehen am Anfang folgende Fakten in der deklarativen Wissensbasis: Der Roboter ist in Raum 1, der Schlüssel ist in Raum 1, der Safe ist in Raum 2, u. in der nächsten Situation befindet sich nun nicht nur der Roboter, sondern auch der Schlüssel in Raum 2 – etwas, was für den Roboter »überraschend« ist, es ist ein Seiteneffekt der Roboterbewegung, dessen Ableitung einigen Mehraufwand in der deklarativen Wissensbasis erfordert. Das Rahmenproblem ist in einer deklarativen u. propositionsorientierten bzw. modularen Struktur bes. akut: entweder jede Wirkung o. jede Nichtwirkung einer mögl. Zustandsänderung eines Moduls bzw. einer Aussage auf andere Module/Aussagen ist in gesonderten Modulen/Aussagen explizit zu notieren, um dem Inferenzmechanismus die Ableitung des Zustands bzw. der Gültigkeit bestimmter Module/Aussagen zu ermöglichen; vgl. Altenkrüger u. Büttner (1992).
(2) Die Bestimmung der Werte der *slots* erfolgt erst beim Zugriff, indem als Facetten angehängte Prozeduren (sog. *Dämonen*) aufgerufen werden; Bsp.: Der sog. *is-needed-Dämon* gibt an, wie der entsprechende slot gefüllt werden kann, falls die Information benötigt wird; der sog. *is-added-Dämon* gibt an, welche Aktionen auszuführen sind, wenn in dem entsprechenden slot Informationen hinzugefügt werden, u. der sog. *is-deleted-Dämon* gibt an, welche Aktionen auszuführen sind, wenn aus dem entsprechenden slot Informationen entfernt werden.

◆ Altenkrüger, D. u. Büttner, W.: Wissensbasierte Systeme. Braunschweig 1992; Bobrow, D. G. u. Winograd, T.: An overview of KRL, a knowledge representation language. Cognitive Science 1, 1977, S. 3–46; Fikes, R. u. Kehler, T.: The role of frame-based representation in reasoning. Communications of the ACM 28, 1985, S. 904–920; McCarthy, J. u. Hayes, P.: Some philosophical problems from the standpoint of artificial intelligence. In: Meltzer, B. u. Michie, D. (Hg.): Machine intelligence 4. Edinburgh 1969; Minsky, M.: A framework for representing knowledge. In: Winston, P. H. (Hg.): The psychology of computer vision. New York 1975, S. 211–277; Pylyshyn, Z. W. (Hg.): The robot's dilema: the frame problem in artificial intelligence. Norwood 1986; Rumelhart, D. E. u. Norman, D. A.: Representation in memory. In: Atkinson, R. C. u. a. (Hg.): Handbook of experimental psychology. New York 1983; Wimmer, H. u. Perner, J.: Kognitionsps. Stuttgart 1979; Winograd, T.: Understanding natural language. CP 3, 1972, S. 1–191; Winograd, T.: Frame representations and the declarative-procedural controversy. In: Bobrow, D. G. u. Collins, A. (Hg.): Representation and understanding: studies in cognitive science. New York 1975.

Frame-Problem → Frame.

Framing-Effekt → kognitive Täuschungen und kognitive Heuristiken; → Entscheidungstheorie.

Francas Gesetz [*Franca's Law*], ein innerhalb des Problemgebiets → Liebe entwickeltes theoret. Modell zum optimalen sequenziellen timing → nonverbaler (speziell taktiler) u. → verbaler Kommunikation: *Miteinander reden können wir immer noch, wenn wir uns nichts mehr zu sagen haben.*

◆ Städtler, T.: Franca's First Law deduced from an information-theory-model of communication. Cambridge/Mass. 1993.

Frasers Spirale, eine → Wahrnehmungstäuschung: ein Bild, das wie eine Spirale aussieht, jedoch de facto keine ist, was man erkennen kann, wenn man versucht, die »Spirale« mit dem Finger nachzuzeichnen; sie besteht näml. in Wirklichkeit aus konzentr. Kreisen, deren

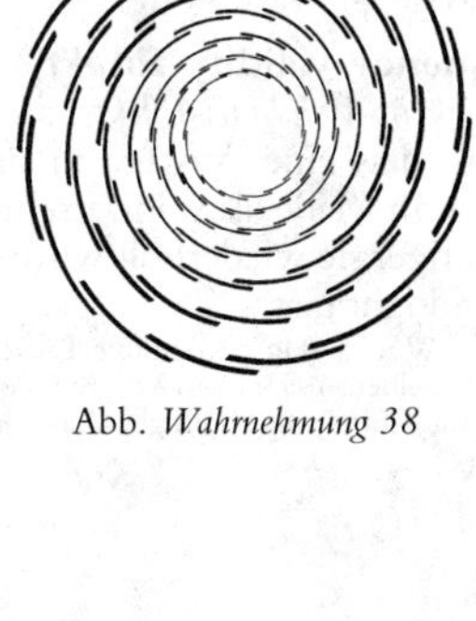

Abb. *Wahrnehmung 38*

Segmente auf den Mittelpunkt hingedreht sind; s. Abb. *Wahrnehmung 38*.

◆ Frisby, J. P.: Optische Täuschungen. Augsburg 1989.

Free magnitude estimation → Verhältnisschätzmethoden.

Free operant avoidance → Vermeidungslernen.

Free-operant-Prozedur → instrumentelle Konditionierung.

Free ratio estimation method → Verhältnisschätzmethoden.

Free recall → Reproduktion.

Freie Assoziation → Assoziation; → Psychoanalyse.

Freie Größenschätzung → Verhältnisschätzmethoden.

Freie Reproduktion → Reproduktion.

Freiflottierende Angst → Angst.

Fremdaggression → Aggression.

Fremdeln → Angst.

Fremdenangst → Angst.

»Fremde-Situation« → Bindungsverhalten.

Fremdreflex → Reflex.

Frequency-Prinzip → Äquidistanzmodell; → Bereichsprinzip; → Range-frequency-Theorie.

Frequency-validity-Effekt, *Häufigkeits-Validitäts-Effekt*, die Illusion, dass eine Aussage in umso stärkerem Maße als wahr erscheint, je häufiger sie wiederholt wird; s. a. → hindsight bias.

◆ Hell, W. u. a. (Hg.): Kognitive Täuschungen. Heidelberg 1993; Hertwig, J.: Frequency-Validity-Effekt u. Hindsight-Bias: Unterschiedl. Phänomene – gleiche Prozesse. In: Hell u. a. (1993) S. 39–72.

Frequenzgesetz → Verknüpfungstheorie; → Lernkurve.

Freude, in der → differentiellen Emotionstheorie von Izard eine fundamentale → Emotion, gekennzeichnet durch ein Gefühl von Vertrauen, Zufriedenheit u. oft durch das Empfinden, geliebt zu werden o. liebenswert zu sein. Lachen u. Lächeln sind eindeutig identifizierbare, universelle Mimikelemente von F.; vgl. Ekman (1988). In älteren Ansätzen, wie dem von Lersch (1938), wird betont, dass F. keine oberflächl. Emotion ist, sondern grosse Tiefe besitzt, die das gesamte Erleben des Menschen verändert. Ergebnisse von Meadows (1975) zeigen, dass in der F. ein höchster Grad an Geselligkeit, Lust, Lebendigkeit u. Vitalität gegeben ist, ausserdem ein bes. Zeiterleben, v. a. die Hingabe an die Gegenwart u. das rasche Vergehen der Zeit. Zu den physiolog. Grundlagen vgl. Buck (1984); s.a. das Stw. → Wohlbefinden. Störungen der Fähigkeit zum Empfinden von Lust bzw. F. sind bei der *Anhedonie* gegeben, bes. im Rahmen der Depression u. auch der Schizophrenie; vgl. hierzu Heimann (1990).

VD: Durch die Emotion F. wird ein grundsätzl. Problembereich angesprochen, der von der Ps. eher vernachlässigt worden ist, näml. das Thema *Glück* – bis heute haben sich die emotionsps. Bemühungen der Ps. eher auf negative Emotionen konzentriert; erst seit den 80er Jahren gibt es vereinzelte Versuche, eine *ps. Eudologie* zu schaffen; vgl. Mayring (1991); Argyle (1987); Creel (1983); Csikszentmihalyi (1983); von Lutz u. Koppenhöfer (1983) wurde eine »kleine Schule des Geniessens« entwickelt; allg. zum Thema *Geniessen* in der Ps. vgl. Lutz (1983). Auch ältere dt. Konzeptionen thematisieren das Thema Glück: Lersch

(1938) stellt Glück als die Hintergrundbestimmung, das »endothyme Quale« der Freude dar, das – im Gegensatz zum *Vergnügen* – den seel. Schwerpunkt des Menschen betreffe, ihn erfasse u. ganz durchdringe; ähnl. bei Bollnow (1956); vgl. auch die Untersuchungen des phänomenolog. Anthropologen Strasser (1956); sowie die Arbeiten von E. Fromm (z. B. 1947). Aus dem psychiatr. Raum stammt eine Arbeit von Rümke (1924), die anhand von klin. Fallbeschreibungen u. Glücksschilderungen aus der Lit. versucht, die Merkmale von Glücksgefühlen zu differenzieren u. in Zusammenhang mit psychiatr. Störungen zu stellen. Folgende Forschungsthemen u. -probleme sind in der modernen »Glücksforschung« wichtig geworden: (a) Durch empir. Forschungen begründet, in denen sich immer wieder eine erstaunl. hohe intraindividuelle Stabilität des Glücks herausgestellt hat, neigen immer mehr Forscher dazu, Glück als eine Art *Persönlichkeitseigenschaft* zu fassen; Costa u. McCrae (1984); Costa u. a. (1987); Costa u. McCrae sehen v. a. die Kombination von Extraversion u. geringem Neurotizismus als optimale Voraussetzung; weitere Zusammenhänge bestehen ausserdem mit dem Selbstwertgefühl; vgl. Diener (1984). (b) Ein wichtiges Forschungsergebnis war die Entdeckung der Unabhängigkeit positiven u. negativen Empfindens, so dass F. u. Wohlbefinden nicht einfach Abwesenheit von Unbehagen ist, vgl. Bradbourn (1969); das Verhältnis der positiven u. negativen Affekte im Leben eines Menschen bestimmt sein Befinden; zu Weiterentwicklungen vgl. Diener (1984); Diener u. Emmons (1984). (c) Bühler (1971) zeigte, dass die Vorstellungen von Glück in den unterschiedl. Altersgruppen sehr verschieden sind: Im frühen Erwachsenenalter wird Selbständigkeit, eigene Lebenseinstellung, Liebe betont; im mittleren Alter Beruf u. Familie; im Übergang zum Alter Erhaltung der Gesundheit; im Alter Finden eines neuen Lebenssinnes. (d) Die Relativität des Glücks wurde empir. in einer eindrucksvollen Studie von Brickman u. a. (1978) belegt, in der Unfallopfer mit Lotteriegewinnern verglichen u. bereits nach einem halben Jahr eine Gleichheit der Glücksgefühle gefunden werden. (e) Als Erklärung solcher u. anderer Phänomene wird die → Adaptationsniveautheorie herangezogen; ähnl. Ansätze fasst Diener (1984) als *judgement theories* des Wohlbefindens zusammen; vgl. auch Schwarz (1987); Brickman u. Campbell (1971). Bierhoff weist darauf hin, dass in der heutigen Sozialisation früh ein relativ hohes Bedürfnisbefriedigungsniveau erreicht wird, so dass das Adaptationsniveau früh hoch liegt u. im Grunde nur noch Frustration auftreten kann. Eine Anwendung der Bereichshäufigkeitstheorie auf die Frage, wie das individuelle Glück erlebt wird, führt zu der These, dass die Einschätzung umso günstiger ausfällt, je mehr Ereignisse am oberen Ende der Verteilung liegen, unabhängig davon, wo der absolute Wert der Ereignisse liegt. Dies bedeutet, dass seltene, sehr positive Ereignisse das wahrgenommene Glück langfristig beeinträchtigen, weil sie zu einer Ausdehnung der Skala nach oben führen, was eine Verschlechterung der Einschätzung alltägl. Ereignisse zur Folge hat. (f) Ein klass. Ansatz der Ps. des Glücks lässt sich als »*Ziel-Erreichtes-Ansatz*« bezeichnen – in Anlehnung an James' klass. Definition des Selbstwerts als Quotient aus *Erreichtem* u. den ursprüngl. *Ansprüchen*; vgl. Thomsen (1943); solche Ansätze spielen v. a. in der Forschung zur → Arbeitszufriedenheit eine grosse Rolle. (g) Aus einer anderen Tradition heraus stammen Forschungen zur *Zufriedenheit* bzw. *Lebenszufriedenheit*, ein Thema, das einerseits in der ps. Biographik angegangen wird (vgl. Huber 1983), andererseits als Sozialindikator ein wichtiges Paradigma in den Wirtschafts- u. Sozialwissenschaften ist; vgl. Zapf (1984) sowie Glatzer u. Zapf (1984). Fahrenberg u. a. (1986) entwickelten ein Instrument zur multimodalen Erfassung der Lebenszufriedenheit, das acht Zufriedenheitsbereiche erfasst. Zentral für die Zufriedenheit scheint der soziale Vergleich zu sein, auch der individuelle durchschnittl. Vergleich u. spezif. individuelle Zielvergleiche. Dabei wird meistens zw. der objektiven Dimension »Wohlfahrt« u. der subjektiven Dimension, dem *Glück* im eigentl. Sinne, unterschieden; bisweilen wird auch noch differenziert zw. dem *Lebensstandard* (Basisbedürfnisse) u. der *Lebensqualität* (höhere Bedürfnisse). Die wohl umfassendste Sammlung von Daten zur empir. Glücksforschung hat Vennhoven (1984) vorgelegt. Ein spezielles Thema innerhalb der Arbeitsps. ist das Thema *Arbeitszufriedenheit*; zum Thema *Ehezufriedenheit* vgl. Kirchler (1989); zur Differenzierung von *Glück*, *Lebenszufriedenheit*, *Wohlbefinden* vgl. Mayring (1991).

◆ Abele, A. u. Becker, P. (Hg.): Wohlbefinden. Theorie – Empirie – Diagnostik. Weinheim 1991; Abele, A. u. a.: Sportl. Aktivitäten u. Wohlbefinden. In: Abele u. Becker (1991), S. 279–297; Argyle, M. u. Crossland, J.: The dimensions of positive emotions. BJSP 26, 1987, S. 127–138; Argyle, M.: The psychology of happiness. London 1987; Bollnow, O. F.: Das Wesen der Stimmungen. Frankfurt/M. 1956; Bradbourn, N. M.: The structure of psychological well- being. Chicago 1969; Brickman, P. u. Campbell, D. T.: Hedonic relativism and planning the good society. In: Appley, M. H. (Hg.): Adaption level theory. New York 1971, S. 287–302; Brickman, P. u. a.: Lottery winners and accident victims: is happiness relative? JPSP 36, 1978, S. 919–927; Buck, R.: Neurochemical mechanisms of emotion and emotional expression. In: Buck, R.: The communication of emotion. New York 1984, S. 68–118; Bühler, C.: Vorstellungen vom Glück in unterschiedl. Altersgruppen in den Vereinigten Staaten. In: Kundler, K. (Hg.): Anatomie des Glücks. Köln 1971, S. 99–117; Campbell, A.: The sense of well-being in America. New York 1981; Costa, P. D. u. McCrae, R. R.: Personality as a life-long determinant of wellbeing. In: Malatesta, C. Z. u. Izard, C. E. (Hg.): Emotions in adult development. Beverly Hills 1984, S. 141–157; Costa, P. D. u. a.: Environmental and dispositional influences on well-being. BJP 78, 1987, S. 299–307; Creel, R. E.: Eudology: the science of happiness. NIP 1, 1983, S. 303–312; Csikszentmihalyi, I. M.: The »Columubus fallacy«. NIP 1, 1983, S. 313–314; Diener, E. u. Emmons, R. A.: The independence of positive and negative affect. JPSP 47, 1984, S. 1105–1117; Diener, E.: Subjective well-being. PBu 95, 1984, S. 542–575; Ekman, P.: Gesichtsausdruck u. Gefühl. Paderborn 1988; Fahrenberg, J. u. a.: Multimodale Erfassung der Lebenszufriedenheit. Psychotherapie, Psychosomatik, Medizin. Ps. 36, 1986, S. 347–354; Fromm, E.: Man for himself. New York 1947; Glatzer, W. u. Zapf, W. (Hg.): Lebensqualität in der Bundesrepublik. Frankfurt/M. 1984; Headey, B. u. a.: Well-being and ill-being: different dimensions? Social Indicators Research 14, 1984, S. 115–139; Heimann, H. (Hg.): Anhedonie. Verlust der Lebensfreude. Stuttgart 1990; Hoffmann, R.: Zur Ps. des Glücks. München 1981 (Diss.); Huber, S.: Zum ps. Konstrukt der Zufriedenheit. Mannheim 1983 (Diss.); Izard, C. E.: Die Emotionen des Menschen. Weinheim 1981; Kaiser, P.: Glück u. Gesundheit durch Ps.? Weinheim 1986; Kammann, R. u. Flett, R.: Affectometer 2: a scale to measure current level of general happiness. Australian Journal of Psychology 35, 1983, S. 257–265; Kirchler, E.: Zufriedenheit unterm gemeinsamen Dach. Ein Überblick über sozialps. Untersuchungen zur Ehequalität. G 20, 1989, S. 75–94; Lersch, P.: Aufbau der Person. München 1938; Lutz, R. (Hg.): Genuß u. Genießen. Weinheim 1983; Lutz, R. u. Koppenhöfer, E.: Kleine Schule des Genießens. In: Lutz (1983), S. 112–125; Mayring, P.: Ps. des Glücks. Stuttgart 1991; Meadows, C. M.: The phenomenology of joy: an empirical investication. Psychological Reports 37, 1975, S. 39–54; Plügge, H.: Wohlbefinden u. Mißbefinden. Tübingen 1962; Rümke, H. C.: Zur Phänomenologie u. Klinik des Glücksgefühls. Berlin 1924; Schwarz, N.: Stimmung als Information. Göttingen 1987; Strasser, S.: Das Gemüt: Grundgedanken zu einer phänomenolog. Philosophie u. Theorie des menschl. Gefühlslebens. Freiburg 1956; Thomsen, A.: Expectation in relation to achievement and happiness. JASP 38, 1943, S. 58–73; Tunner, W.: Freude u. Glück. In: Euler, H. A. u. Mandl, H.: Emotionsps. München 1983, S. 164–168; Vennhoven, R.: Conditions of happiness. Dordrecht 1984; Zapf, W.: Individuelle Wohlfahrt, Lebensbedingungen u. wahrgenommene Lebensqualität. In: Glatzer u. Zapf (1984), S. 13–26.

Freude-Pein-Prinzip → Eingipfligkeitsphänomen.

Freudsche Fehlleistung → Handlungsfehler.

Fröhlich-Effekt [auch *Fröhlichsche Täuschung*], ein wahrnehmungsps. Effekt: Wenn man einen Stab o. einen anderen figuralen Reiz in ein Sichtfenster treten lässt u. darauf achtet, an welcher Stelle man ihn erstmalig bemerkt, dann sieht man ihn nicht an der Fensterkante, sondern erst dann, wenn er bereits ein Stück in das Fenster gewandert ist (Fröhlich 1923); vgl. hierzu auch Neumann u. Müsseler (1990).

◆ Neumann, O. u. Müsseler, J.: Visuelles Fokussieren: Das Wetterwart-Modell u. einige seiner Anwendungen. In: Meinecke, C. u. Kehrer, L. (Hg.): Bielefelder Beiträge zur Kognitionsps. Göttingen 1990, S. 77–108; Fröhlich, F. W.: Über die Messung der Empfindungszeit. Ztschr. für Sinnesphysiologie 54, 1923, S. 58–78.

Fröhlichsche Täuschung → Fröhlich-Effekt.

Frühe Selektion → Filtertheorie.

Frühe Triangulierung → Ödipuskomplex; → Psychoanalyse.

Frustration, die Nichtbefriedigung eines → Bedürfnisses, eines → Triebs o. einer → Motivation. Wichtig geworden ist die → Frustrations-Aggressions-Theorie, nach der Aggression immer aus F. resultiert u. F. immer zu Aggression führt.

Nach der *F.-Regressions-Hypothese* von Barker u. a. (1941) folgt auf F. → Regression, z. B. wenn jemand mit der Faust auf sein Radio schlägt, wenn es Empfangsstörungen hat. Maier (1949ff.) formuliert das *Frustrationsfixationsprinzip*: Versuchstiere entwickeln ein nichtadaptives stereotypes Vh. in Untersuchungen zu → experimentellen Neurosen, u. sie behalten dieses Vh. trotz Misserfolg starr bei, selbst wenn ein anderes Vh. zweckmäßiger wäre. Für Maier war F. ein besonderes Vhsprinzip, das mit den übl. Lern- u. Motivationstheorien nicht erklärbar ist; s. a. das Stw. → gelernte Hilflosigkeit.

TH: Eine frühe lerntheoret. Konzeption mit F. als zentralem Begriff ist Amsel (1958ff.): F. sei neben Belohnung u. Bestrafung eine mögl. Erfahrung für ein Versuchstier auf dem Weg zum o. am Ziel, die auftritt, wenn die Verstärkung, nachdem sie vorher regulär erfolgte, plötzl. u. wider Erwarten ausbleibt; F. hat nach Amsel alle Eigenschaften, die einem Antrieb zukommen, zudem wirkt sie im Sinne eines negativen Anreizes. Die *antizipator. Frustrationsreaktion* diente Amsel zur Erklärung der → intermittierenden Verstärkung. Mit diesem Kzpt. war der Übergang zu den → kognitiven Lerntheorien gebahnt: F. als das Ausbleiben einer durch vorangegangenes Lernen *erwarteten* Belohnung, in diesem Ansatz spielt Nicht-Belohnung keine passive u. nur negative Rolle, besteht also nicht nur in einem einfachen Wegbleiben der Verstärkungen, sondern nur durch den Effekt einer enttäuschten Erwartung erhält sie ihre spezif. Effekte; vgl. auch Wagner (1969).

VD: (1) *T*: Im Rahmen der F.-Aggressions-Theorie wurde innerhalb der Weiterentwicklung differenziert zw. *F.* i. e. S. als der Störung einer zielgerichteten Aktivität u. *F.* i. w. S., die jedes unliebsame Ereignis, jeden Mangelzustand, nicht zuletzt Mangel an Triebbefriedigung umfasst. Speziell Buss (1961) kritisiert an den klass. Analysen, dass eine als F. geschilderte Szene nicht als *F.*, sondern als *Belästigung* anzusetzen ist, solange nicht eine dezidierte Handlungseinheit dadurch gestört wird; Bsp.: auf einer Party wird jemand von einem Betrunkenen mit Zigarettenasche beschmutzt.

(2) Der klin. Psychologe Rosenzweig hat in einer wichtigen Arbeit *extrapunitive* (z. B. Ärger), *intrapunitive* (Selbsterniedrigung u. Schuldgefühle) u. *impunitive Reaktionen* (Verlegenheit u. Scham) auf F. unterschieden. Nach Rosenzweig (1934ff.) unterscheiden sich Normale von Neurotikern v. a. durch die Höhe der *Frustrationstoleranz* – ein ganz bestimmtes Maß von F. sei in der Entwicklung nötig, um diese Toleranz zu entwickeln. Zur Messung konzipierte Rosenzweig den *Picture-frustration-Test*: mit Strichzeichnungen dargestellte frustrierende Situationen, bei denen die Vp angeben soll, wie sie darauf reagieren würde; dieser Test hat v. a. in der klin. Ps. weite Verbreitung gefunden.

LIT: Zsfd. Darstellungen zum Thema sind Stäcker (1977); vgl. auch Lawson (1965); Kornadt (1981); einen Überblick über die motivationsps. Aspekte liefert Keller (1981).

◆ Amsel, A.: The role of frustrative nonreward in noncontinuous reward situations. PBu 55, 1958, S. 102–119; Amsel, A.: Frustrative nonreward in partial reinforcement and discrimination learning. PR 69, 1962, S. 306–328; Barker, R. T. u. a.: Frustration and aggression: an experiment with young children. University of Iowa Studies, Studies in Child Wellfare 18, 1941, Nr. 1; Buss, A. H.: The psychology of aggression. New York 1961; Keller, J. A.: Grundlagen der Motivation. München 1981; Kornadt, H. J.: Die Entwicklung der Frustrations- u. der Aggressionsforschung. In: Kornadt, H. J. (Hg.): Aggression u. Frustration ein ps. Problem, 1. Bd. Darmstadt 1981, S. 3–63; Lawson, R.: Frustration: the study of a concept. New York 1965; Lott, D. F.: Secondary reinforcement and frustration: a conceptual paradox. PBu 67,

1967, S. 197–198; MAIER, N. R. F.: Frustration: the study of behaviour without goal. New York 1949; MAIER, N. R. F.: Frustration theory: restatement and extension. PR 63, 1956, S. 370–388; ROSENZWEIG, S.: Types of reaction to frustration: a heuristic classification. JASP 29, 1934, S. 298–300; ROSENZWEIG, S.: A cast for types of reaction to frustration. American Journal of Orthopsychiatry 4, 1935, S. 395–403; ROSENZWEIG, S.: The experimental measurement of types of reaction to frustration. In: MURRAY, H. (Hg.): Explorations in personality. New York 1938; STÄCKER, K. H.: Frustration. Stuttgart 1977; WAGNER, A. R.: Frustrative nonreward: a variety of punishment. In: CAMPBELL, P. A. u. CHURCH, R. M. (Hg.): Punishment and aversive behaviour. New York 1969.

Frustrations-Aggressions-Theorie, eine Theorie der → Aggression mit folgenden Grundannahmen: (a) Aggression ist immer eine Folge von Frustration, u. umgekehrt führt Frustration immer zu irgendeiner Form von Aggression (Dollard u. a. 1939). Aggression wird also – im Unterschied zu den triebtheoret. Ansätzen – als reaktiv angesehen. (b) Die Stärke der Aggression hängt direkt mit der Stärke der Frustration zusammen. (c) Eine aggressive Handlung, die auf eine Frustration hin erfolgt, reduziert den Anreiz (*instigation*) zu weiteren aggressiven Handlungen: → *Katharsis*.

Zusatzannahmen: (a) Wenn eine Bestrafung der Aggression erwartet wird, kann es zu einer *Hemmung* der Aggression kommen, u. je mehr Bestrafung erwartet wird, desto unwahrscheinl. wird eine Aggression. (b) Die durch eine Frustration ausgelöste Aggression richtet sich am stärksten gegen den Frustrierenden; (c) bei starker Hemmung, den Frustrierenden anzugreifen, kann es zu einer *Verschiebung* der Aggression kommen, so dass ein anderes Objekt bzw. eine andere Person angegriffen o. eine indirekte Aggressionsform gewählt wird. (d) Wenn die Aggression gegen den Frustrierenden u. gegen mögl. Ersatzobjekte gehemmt ist, kann es zur *Selbstaggression* kommen, einer bes. Variante der Verschiebung.

HI/WÜ: Die F. wurde von der *Yale-Schule* formuliert: J. Dollard, L. W. Doob, N. E. Miller, O. H. Mowrer u. R. R. Sears; vgl. Dollard u. a. (1939). Die F. war in der akadem. Ps. auf dem Gebiet der Aggressionsforschung lange Zeit forschungsleitend, ist aber häufig kritisiert worden u. hat zu einer Anzahl von Revisionen Anlass gegeben: Eine erste Weiterentwicklung der F. relativierte die strikte Formulierung der Ausgangstheorie dahingehend, dass Aggression nur eine, wenn auch häufige Reaktionsform auf Frustrationen darstellt. Grundsätzlichere Alternativinterpretationen hoben v. a. das *kognitive* u. *interpersonale* Moment hervor: sowohl Frustration wie Aggression stehen nicht mehr in einfacher kausaler Abhängigkeit von Auslösebedingungen, sondern werden durch *interpretative* Prozesse, v. a. bezügl. der Handlungsabsicht des Aggressors, determiniert. Relativ starke Aggression als Reaktion auf eine Frustration soll nach Buss (1961) auftreten, wenn es sich um *willkürl. Frustrationen* handelt u. wenn die hervorgerufene Aggression eher *passiv* u. *indirekt* ist. Nach Buss ist dann v. a. die Auftretenswahrscheinlichkeit *instrumenteller*, also nichtimpulsiver zweckgerichteter Aggression hoch. Ein bedeutender Ansatz stammt von Feshbach (1964, 1970), der *intentionale* u. *nichtintentionale Aggression* unterscheidet, wb. *intentionale Aggression* verschiedene Funktionen hat: *expressive, feindselige* u. *instrumentelle*. In weiteren Ansätzen wurde die Bedeutung der *erlebten Aggression* in Abhängigkeit von der *Antinormativität* untersucht, d. h. inwieweit die Aggression gegen soziale Normen verstößt; vgl. Lagerspetz u. Westman (1980) sowie Tedeschi u. a. (1974). Es wurde auch festgestellt, dass je nach sozialem Kontext ident. Vhsakte unterschiedl. hinsichtl. der Kriterien *Absichtlichkeit, Schadenshöhe* u. *Normabweichung* beurteilt u. entsprechend auch als mehr o. weniger aggressiv bewertet werden. Berkowitz (1962, 1969) geht es in seiner Revision v. a. darum, die Bedeutung von Emotionen u. Hinweisreizen zu thematisieren u. Frustration u. Aggression aus ihrem recht strikt gefassten Abhängigkeitsverhältnis zu lösen: Er nimmt an, dass Frustration zunächst eine emotionale Reaktion (Ärger, Wut) freisetzt, was die Aggressions-Bereitschaft erhöht, wb. aggressive Handlungen aber nur dann auftreten, wenn auch in der Situation *geeignete Hinweisreize* mit Auslöseeigenschaften vorliegen (→ *Waffeneffekt*). Diese Modifikation ist also eine *Frustrations-Ärger/Wut-Hypothese*, welche die F. sozusagen zu einer unspezif. *Frustrations-Erregungs-Hypothese* reduziert; vgl. Selg (1982). Eine Zusammenfassung der Ergebnisse dieses interpersonalen u. interpretativen Ansatzes findet sich in Mummendey (1981) u. Bierhoff u. Bierhoff-Alfermann (1983). Zunehmend wird im Rahmen dieses Ansatzes auch die Bedeutung sozialer Kompetenz für die Kontrolle aggressiven Vhs. hervorgehoben »Ärger, Aggression u. soziale Kompetenz« ist der programmat. Titel eines im deutschen Raum wegweisenden Buches (Verres u. Sobez 1980). Klass. Probleme der Vhskontrolle bzw. Pädagogik werden innerhalb dieses Ansatzes neu analysiert, so die Frage, inwieweit eine v. a. mit aversiven Methoden arbeitende Erziehung aggressionsfördernd o. aggressionshemmend ist u. inwieweit Massenmedien zum Aufbau aggressiven Vhs. führen können. Die Problematik einer bestrafungsorientierten Pädagogik wird darin gesehen, dass diese häufig nur zu einer selektiven Hemmung u. Verfeinerung des aggressiven Vhs. führt; beobachtet wird auch, dass insbes. in Familien mit aggressiven Bestrafungstendenzen häufig implizit aggressives Vh. auf anderen Gebieten bekräftigt wird, woraus häufig aggressive Störungen hervorgehen.

◆ Berkowitz, L.: Aggression: a social-psychological analysis. New York 1962; Berkowitz, L.: The frustration-aggression hypothesis revisited. In: Berkowitz, L. (Hg.): Routes of aggression. New York 1969, S. 1–28; Bierhoff, H. W. u. Bierhoff-Alfermann, D.: Kognitive Prozesse im Motivationsgeschehen: Attributionen als Ursachenerklärungen von Handlungen. In: Thomae, H.: (Hg.): Theorien u. Formen der Motivation. EP C, IV, 1. Bd. Theorien u. Formen der Motivation. Göttingen 1983, S. 93–226; Buss, A. H.: Physical aggression in relation to different frustrations. JASP 67, 1963, S. 1–7; Buss, A. H.: The psychology of aggression. New York 1961; Dollard, J. u. a.: Frustration and aggression. New york 1939; Feshbach, S.: The function of aggression and the regulation of aggressive drive. PR 71, 1964, S. 257–572; Feshbach, S.: Aggression. In: Mussen, P. H. (Hg.): Carmichael's manual of child psychology, 2. Bd. New York 1970, S. 159–259; Lagerspetz, K. M. J. u. Westman, M.: Moral approval of aggressive acts. Aggressive Behaviour 6, 1980, S. 119–130; Mummendey, A.: Der Stand der ps. Diskussion u. das Kzpt. aggressiven Vhs. In: Michaelis, W. (Hg.): Bericht über den 32. Kongreß der DGfP. in Zürich 1980. Göttingen 1981, S. 357–364; Rule, B. G. u. Nesdale, A. R.: Emotional arousal and aggressive behaviour. PBu 83, 1976, S. 851–863; Selg, H.: (Hg.): Zur Aggression verdammt? Stuttgart 1982 (6. Aufl.); Tedeschi, J. T. u. a.: A reinterpretation of research and aggression. PBu 81, 1974, S. 540–662; Verres, R. u. Sobez, I.: Ärger, Aggression u. soziale Kompetenz. Stuttgart 1980.

Frustrations-Erregungs-Hypothese → Frustrations-Aggressions-Theorie.

Frustrationsfixations-Prinzip → Frustration.

Frustrations-Regressions-Theorie → Frustration.

Frustrationstoleranz → Frustration.

Fühlen → Emotion.

Fullerton-Cattellsches-Gesetz → webersches Gesetz.

Functional core engl. für *Begriffskern*; → Wortbedeutung.

Fundamentale Emotionen → Emotionstypen.

Fundamentaler Attributionsfehler → Attributionsfehler.

Fundamentalformel → Fechnersches Gesetz.

Fundierungstheorie → Gestalttheorie.

Funktionale Architektur → kognitive Architektur.

Funktionale Fraktionierung → physiologische Psychologie (Kasten zentrale Begriffe und Paradigmen, Stw. *Reaktionsfraktionierung*).

Funktionale Gebundenheit → Problemlösen.

Funktionale Reaktionsfraktionierung → physiologische Psychologie (Kasten zentrale Begriffe und Paradigmen, Stw. *Reaktionsfraktionierung*).

Funktionaler Reiz → Reiz; → serielles Lernen.

Funktionales Lernen → Wahrscheinlichkeitslernen.

Funktionale Systeme → Neuropsychologie.

Funktionalismus, v. a. im amerikan. Sprachraum übl. Begriff für die theoret. Grundüberzeugung, dass menschl. Vh., v. a. Wahrnehmung, analysiert werden muss im Hinblick auf seine *Nützlichkeit* bzw. *Funktion*, also seine Anpassung an die Umwelt. Psych. Vorgänge werden demgemäß v. a. *prozessorientiert* analysiert, weniger mit *stat.* Kzpt., wie dies der → Strukturalismus versucht. Des Weiteren versucht der F. klare Ursache-Wirkungs-Beziehungen zu beschreiben u. empir. zu analysieren. Hilgard u. Bower (1971) veranschaul. das funktionalist. Vorgehen anhand von typ. Lernexperimenten u. lerntheoret. Erklärungsansätzen, z. B. am Problem des → Transfers, der → Interferenz u. der → Übungsverteilung.

HI: Der F. war der histor. Wegbereiter des → Behaviourismus. Die Begründer des F. in der Ps. sind John Dewey (1859–1952) u. James Angell (1869–1949); weiterentwickelt wurde das funktionalist. System v. a. durch Robert Woodworth (1869–1962) u. durch Harvey Carr (1873–1954) vgl. dazu Marx u. Hillix (1973) u. Neel (1974); William James ist als unmittelbarer Vorläufer anzusehen; zu seinem Leben u. Werk vgl. Schwehn (1982) u. Flournoy (1930).

VD: Der Begriff *F.* wird eigentüml. schwammig u. undifferenziert verwendet: (a) In Zuspitzung der oben gegebenen Grunddefinition läuft der Gebrauch des Begriffs *funktionalist.* manchmal auf das Postulat hinaus, auf Theoretisierungen zu verzichten u. v. a. die funktionalen Abhängigkeiten zu analysieren – in gewissem Sinne ist dieser *formale* F. der erstgenannten Lesart, näml. dem Herausarbeiten der Funktion der Prozesse, entgegengesetzt. (b) Das Attribut *funktionalist.* wird im amerikan. Sprachraum fast syn. mit *Behaviourismus* verwendet, in dem Sinne, dass der F. sich v. a. auf das konkrete Vh. u. weniger auf die inneren Prozesse bezieht. (c) In einem weiten Sinne *funktionalist.* sind viele Ansätze der modernen Ps., indem sie evolutionstheoret. Aspekte u. die Funktionen kognitiver Prozesse mit berücksichtigen – obgleich diese Theorien meist aus einem völlig anderen Wissenschaftsverständnis als der F. im histor. Sinne operieren; vgl. hierzu Neisser (1979) u. Prinz (1983).

LIT: Zum Begriff *F.* innerhalb der modernen Philosophie des Geistes vgl. Bieri (1981), zum sprachps. Begriff vgl. Bußmann (1990); zum soziolog. F.-Begriff vgl. Schütte (1971) u. Bühl (1975).

◆ Bieri, P. (Hg.): Analyt. Philsophie des Geistes. Königsstein/Taunus 1981; Bühl, E. L. (Hg.): Funktionalismus u. Struktur. 1975; Bussmann, H.: Lexikon der Sprachwissenschaft. Stuttgart 1990; Flournoy, T.: Die Philosophie von William James. Tübingen 1930; Herzog, W.: Modell u. Theorie in der Ps. Göttingen 1984; Hilgard, E. R. u. Bower, G. H.: Theorien des Lernens II. Stuttgart 1971; James, W.: The principles of psychology, 2 Bde. New York 1890; James, W.: Pragmatism. 1907; James, W.: The meaning of truth. 1909; Korthen, M.: Das Problem des Bewußtseins in der Kognitionswissenschaft. Stuttgart 1990; Marx, M. H. u. Hillix, W.: Systems and theories in psychology. New York 1963; Marx, M. H.: Theories in contemporary psychology. 1969; Neel, A. F.: Handbuch der ps. Theorien. München 1974; Neisser, U.: Kognition u. Realität. Stuttgart 1979; Pongratz, L. J.: Problemgeschichte der Ps. Bern 1967; Prinz, W.: Wahrnehmung u. Tätigkeitssteuerung. Berlin 1983; Schütte, H. G.: Der empir. Gehalt des Funktionalismus. 1971; Schwehn, M. R.: Making the world: William James and the life of the mind. Harvard Library Bulletin, 30. Bd., Nr. 4, 1982, S. 426–454; Ulich, D.: Das Gefühl. München 1989; Wehner, E. G.: Geschichte der Ps. Darmstadt 1990.

Funktionalistischer Probabilismus → probabilistischer Funktionalismus.

Funktionelle Diagnostik → Neuropsychologie.

Funktionelle Interferenz → Doppelaufgabe; → Ressourcentheorie.

Funktionsanalyse → Informationsverarbeitungstheorien.

Funktionslust → Wirksamkeitsmotivation.

Furchtinduzierte Aggression → Aggression.

Furchtkonservierungsprinzip → Vermeidungslernen.

Fußnoten-Hypothese, Annahme über die → Satzverarbeitung (Mehler u. Miller; vgl. Miller 1962); sie basiert auf der ersten Version der → generativen Transformationsgrammatik u. beinhaltet die Annahme, dass die syntakt. Basis, der *Kernsatz*, getrennt von den transformationalen Anweisungen gespeichert wird, die auf den Kernsatz anzuwenden sind (Kernsatz + transformationale »Fußnote«). Entsprechend können die Repräsentationen des Kernsatzes u. die Transformationen getrennt vergessen werden; die transformationalen Anweisungen bzw. Fußnoten werden auch schneller/leichter vergessen als die Repräsentation des Kernsatzes. Untersuchungen haben die Unhaltbarkeit dieser These gezeigt; vgl. Grimm u. Engelkamp (1981).

◆ Grimm, H. u. Engelkamp, J.: Sprachps. Berlin 1981; Miller, G. A.: Some psychological studies of grammar. AmP 17, 1962, S. 748–762.

Futterbevorzugungslernen → spezifischer Hunger.

Gambler's fallacy → kognitive Täuschungen und kognitive Heuristiken.

Gamma-Bewegung → Phi-Phänomen.

Gamma-Führungstheorie → Bewegungsprogramm.

Gamma-Phänomen → Phi-Phänomen.

Gamma-Wellen → physiologische Psychologie (Kasten psychophysiologische Methoden).

Ganzberichtsverfahren → Teilberichtsverfahren.

Ganzfeld-Phänomen. Als *Ganzfeld* bezeichnet man ein Gesichtsfeld, in dem keinerlei visuelle Konturen vorhanden sind; man kann es z. B. so herstellen, dass man eine völlig ebene weiße Wand durch einige ebenfalls weiße Schirme so ergänzt, dass die entstandene homogene Fläche das gesamte Gesichtsfeld ausfüllt, während gleichzeitig absolut gleichmäßiges Licht gegeben ist. Eine andere Möglichkeit besteht darin, aufgeschnittene Tischtennisbälle auf die Augen zu setzen. Das G. besteht dann darin, dass z. B. der durch gleichmäßiges farbiges Licht hervorgerufene Farbeindruck unter solchen Bedingungen nach wenigen Minuten verschwindet u. zu einem gleichmäßigen grauen Nebel wird; bei längerem Hineinsehen tritt außerdem häufig der subjektive Eindruck eines Verlusts der Sehfähigkeit auf. Auch die Entfernungswahrnehmung ist gestört. Das Phänomen weist darauf hin, dass das Vorhandensein von → Konturen im visuellen Feld für ein normales Funktionieren des visuellen Wahrnehmungsapparates von zentraler Be–

deutung ist; s. a. das Stw. → Formwahrnehmung.

◆ COHEN, W.: Spatial and textual characteristics of the Ganzfeld. AJP 70, 1957, S. 403–410; KEBECK, G.: Wahrnehmung. Weinheim 1994; METZGER, W.: Opt. Untersuchungen am Ganzfeld II. PF 13, 1930, S. 6–29.

Ganzheit. Der Begriff G. bezeichnet einmal im substantivischen Sinn Erlebnisgegebenheiten, z. B. wenn gesagt wird, dass im Erleben »Ganzheiten« entgegentreten; zum anderen meint der Begriff im attributiven Sinn *Ganzheitlichkeit*, ein Zentralkzpt. der → Ganzheitspsychologie u. → Gestalttheorie: das Phänomen u. Prinzip, dass psych. Geschehen (v. a. auf dem Gebiet der Wahrnehmung) uns in phänomenal »kompakten« Konfigurationen, als → Gestalt, entgegentritt, die wir zwar nachträgl. in Elemente zerlegen können, was jedoch nicht adäquat ist, da die so durch *reduktionist.* Analyse gewonnenen Elemente nicht psych. real sind, weil (viele) psych. Phänomene von Anfang an unzergliedert gegeben sind.

Ganzheitlichkeit wird v. a. durch die sog. *Ehrenfels-Kriterien* näher bestimmt: *Übersummativität* u. *Transponierbarkeit*; am Bsp. einer Melodie: sie ist mehr als die Summe ihrer Teile, u. sie kann auf verschiedene Weise transformiert u. dennoch als dieselbe erkannt werden. Weitere mögl. Bestimmungsmomente von G. sind die sog. *Volkelt-Kriterien*: *Abgegrenztheit* u. *Gegliedertheit*.

Weitere, innerhalb der Ps. diskutierte Kriterien: die Unmittelbarkeit des So-Erlebnisses, eine Mehrheitlichkeit im Sinne einer unitas multiplex: Einheit ist nicht Einfachheit, sondern Ordnung von Vielfachem, des Weiteren die Dominanz der Ganzheit über die Glieder bzw. – genet. gesehen – der Primat der Ganzheit vor den Gliedern, sowie ihre Gewachsenheit – im Gegensatz zur additiven Zunahme; ein weiteres Kriterium ist die Varianz gegen lokale Veränderungen (d. h.: während z. B. Wasser als bloßer Stoff durch Änderung seiner Teile insges. gleich bleibt, ändern sich Gestalten häufig völlig, wenn einzelne Teile geändert werden; vgl. Köhler 1920).

Auch etl. Kzpte. der modernen kognitiven Ps. besitzen ganzheitl. Aspekte, v. a. das Kzpt. des → Schemas u. des → frame. Solche Aspekte sind bes. im Bereich der → Sprachwahrnehmung u. → Begriffsbildung hervorgehoben worden, speziell die *Kontextsensitivität*: Die Wahrnehmung von Sprache u. die Bildung von Begriffen geht nicht von kontextfreien Konstituenten aus, sondern ihre »Elemente« sind immer gleichzeitig auch durch den Kontext definiert; vgl. hierzu den Sammelband von Goscak (1989), der einen ausführl. Überblick über empir. Ergebnisse aus der Psycholinguistik u. Kognitionsps. gibt, die für die Kontextsensitivität natürlich-sprachl. Kzpte. sprechen. In der modernen Wissenschaftstheorie wird der Begriff der *Emergenz* wichtig, er bezeichnet übersummative Eigenschaften von Systemen, die sich im Laufe ihrer Evolution bei zunehmender Komplexität herausgebildet haben; vgl. zum Überblick Krohn u. Küppers (1992).

LIT: Vgl. zum Überblick Herrmann (1976); den philosophiehistor. Hintergrund stellt Baßler (1988) dar; zum Kzpt. der G. vgl. auch Witte (1952), der darauf hinweist, dass die Idee der G. nie alleiniges Ideengut einer Schule gewesen ist; zum ganzheitstheoret. Denken innerhalb der Kognitionsforschung vgl. Müller (1991).

◆ BASSLER, W.: Ganzheit u. Element. Göttingen 1988; GOSCAK, T.: Symbolsystem u. kognitive Architektur: Implikationen des neuen Konnektionismus. Zeitschr. für Semiotik 1989; HERRMANN, T.: Ganzheitsps. in Gestalttheorie. In: BALMER, H. (Hg.): Die Ps. des 20. Jhdts. 1. Bd. Zürich 1976, S. 573–659; KÖHLER, W.: Die phys. Gestalten in Ruhe u. im stationären Zustand. Braunschweig 1920; KROHN, W. u. KÜPPERS, G. (Hg.): Emergenz: Die Entstehung von Ordnung, Organisation u. Bedeutung. Frankfurt/M. 1992; MÜLLER, R. A.: Der (un)teilbare Geist. Modularismus u. Holismus in der Kognitionsforschung. Berlin 1991; WITTE, W.: Zur Geschichte des ps. Ganzheits-Gestalt-Begriffs. Studium generale 5, 1952, S. 454–464.

Ganzheitliche Strategie → Attributlernen.

Ganzheitlichkeit → Ganzheit.

Ganzheitsmethode → Ganz-Lernmethode vs. Teil-Lernmethode.

Ganzheitspsychologie, i. w. S. jede Ps., die nicht von isolierten psych. Funktionen ausgeht, sondern die → Ganzheit bzw. Ganzheitlichkeit des Menschen betont u. sich v. a. gegen einen → Mechanismus wendet. Das wichtigste histor. Paradigma, das unter diesen Oberbegriff fällt, ist die → Gestalttheorie. Als *G.* i. e. S. bezeichnet man die *Leipziger Schule* der Gestalttheorie (auch *Strukturps.* genannt) – im Unterschied zur Berliner Schule (der eigentl. Gestalttheorie). Die G. ging vorwiegend von emotionstheoret. Fragestellungen aus – im Unterschied zur Gestalttheorie, die sich stärker auf wahrnehmungsps. Gebiet profilierte. Zentrales theoret. Kondensat dieser Schulrichtung war eine Theorie der sog. *Komplexqualitäten*, die abgegrenzt seien von den *Gestaltqualitäten*: Sie seien nicht gegliedert, ohne Kontur, nicht abgesetzt von einem Grund, sondern zwar differenziert, jedoch »farbenartig« u. diffus, nicht »transpositionsecht«. Insbes. die *Gefühle* wurden in diesem Sinne als Komplexqualitäten konzipiert. In der Forschung der G. war einer der Grundansätze der Versuch, ältere Versuche der wundtschen Ära (Schwellenuntersuchungen, Komplikationsversuche usw.) unter gestaltps. Fragestellungen zu wiederholen. Diese Bewahrung des Erbes unterschied die Leipziger von der Berliner Gestaltschule, die in scharfe Opposition zu den elementarist. Klassikern trat. Als weitere Arbeitsgebiete kamen bald die Tierps. u. Entwicklungsps. hinzu (H. Volkelt), hieran schlossen sich später die Charakterologie u. Typologie (F. Sander) an. Im Wahrnehmungsbereich wurden akust. (F. Krueger) u. opt. Fragestellungen (O. Klemm, H. Volkelt, F. Sander) unter ganzheitsps. Gesichtspunkten erforscht, wb. auf dem Wahrnehmungsgebiet die Leipziger weitgehend mit den Berlinern übereinstimmten. F. Sanders Kzpt. der → Aktualgenese öffnete hier ein bes. fruchtbares Forschungsfeld. In Leipzig wurden auch, v. a. durch O. Klemm, bedeutende Beiträge zur Motorikforschung geleistet; vgl. hierzu Loosch (1993). Wellek (1950) charakterisiert die Leipziger G. mit vier Schlagworten: *Ganzheit*, *Gefühl*, *Entwicklung*, *Struktur* u. den korrespondierenden Prinzipien des *Holismus* (der Primat des Ganzen vor den Teilen), *Emotionalismus* (die Dominanz des Gefühls), *Sozial-Evolutionismus* (die große Bedeutung sozialer u. entwicklungsgeschichtl. Bedingungen für das seel. Geschehen unter Hervorhebung dieses Entwicklungsgesichtspunkts wird bisweilen auch von der *genet.* G. gesprochen) u. *Antiphänomenalismus* (die Unzulänglichkeit der Gleichsetzung von Bewusstsein u. Seele); vgl. auch Wellek (1955).

HI: Die G. konstituierte sich seit 1917 unter Führung Felix Kruegers (1864–1948), des ehemaligen Schülers u. Nachfolgers Wundts in Leipzig; Krueger arbeitete v. a. über ps. Akustik; zur Einführung mit Herausgabe einer eigenen Ztschr., den *Neuen Psycholog. Studien*, etablierte sie sich Mitte der 20er Jahre. Weitere Vertreter: F. Sander, H. Volkelt (der »progressive Flügel«), O. Klemm, A. Kirschmann, W. Wirth (der »konservative Flügel«). Der konkrete Leipziger Schulzusammenhang löste sich kurz vor dem Zweiten Weltkrieg durch die vorzeitige Emeritierung Kruegers (wegen Eintretens für Juden) auf. Schon im Jahre 1929 hatte F. Sander in Gießen, 1933 in Jena eine »Tochterschule« gegründet. Nach dem Kriege führten Wellek in

Mainz u. Rudert in Heidelberg die Tradition der G. fort. Allgemeinps. ist v. a. die Forschung zur Aktualgenese wichtig geworden, des Weiteren wurde die G. v. a. innerhalb der Persönlichkeitsforschung wichtig; vgl. Wellek (1950ff.). Auch die Entwicklungsps., die Kinder- u. Jugendps. erhielten von der G. zahlreiche Anregungen.

LIT: Wichtige Arbeiten sind Krueger (1915, 1918); eine Zsf. seiner Aufsätze findet sich in Heuss (1953); eine Sammlung klass. Arbeiten ist Sander u. Volkelt (1967); eine wissenschaftshistor. Analyse bietet Herrmann (1957); eine problemhistor. Analyse der G. mit Kzpt. der kuhnschen Wissenschaftsphilosophie versucht Schmidt (1981); eine umfassende Analyse des philosophiehistor. Hintergrunds des Kzpts. liefert Baßler (1988); zum Überblick über die Motorikforschung innerhalb der G. vgl. Loosch (1993); vgl. auch die Originalarbeiten von Klemm (1930ff.).

◆ Bassler, W.: Ganzheit u. Element. Göttingen 1988; Herrmann, T.: Problem u. Begriff der Ganzheit in der Ps. Wien 1957; Heuss, E. (Hg.): Zur Philosophie u. Ps. der Ganzheit. Schriften von Felix Krueger aus den Jahren 1918–1940. Berlin 1953; Klemm, O.: Gedanken über Leibesübung. Neue ps. Studien 5, 1930, S. 145–167; Klemm, O.: Zwölf Leitsätze zu einer Ps. der Leibesübungen. Neue ps. Studien 9, 1938, S. 384–198; Loosch, E.: Das Ganze läuft genauer ab als seine Teile. Zur Geschichte der Motorikforschung von 1925–1939 am ps. Institut in Leipzig. SPP 1, 1993, S. 26–30; Sander, F. u. Volkelt, H.: Ganzheitsps. Gesammelte Abhandlungen. München 1967 (2. Aufl.); Schmidt, W.: Struktur, Bedingungen u. Funktion von Paradigmen u. Paradigmenwechsel. Frankfurt/M. 1981; Wellek, A.: Die Polarität im Aufbau des Charakters. Bern 1950; Wellek, A.: Die Wiederherstellung der Seelenwissenschaft im Lebenswerk Felix Kruegers. Hamburg 1950; Wellek, A.: Ganzheitspsychologie u. Strukturtheorie. 10 Abhandlungen zur Ps. u. philosoph. Anthropologie. Bern 1955.

Ganz-Lernmethode vs. Teil-Lernmethode [auch *Ganzheits-* vs. *Teilmethode*]. Eines der Grundprobleme des Lernens bzw. des → Übens ist die Frage, inwieweit es günstiger ist, vom Beginn an den gesamten Stoff bzw. die gesamte Fertigkeit zu lernen u. einzuüben (= G.) o. sich jeweils auf Teile zu beschränken, die anschließend integriert werden (= T.). Eine zsfd. Darstellung der ps. Aspekte, insbes. der Vor- u. Nachteile beider Methoden, findet sich bei Bergius (1964). Ausubel (1974) empfiehlt eine Kombination beider Methoden in Abhängigkeit von den Lernbedingungen.

VD: McGeoch u. Irion (1952) unterscheiden: (a) Die *reine Teil-Lernmethode*: Sie besteht darin, dass einzelne Teile des Lernmaterials bis zum Lernkriterium gelernt werden; die zweite Lernperiode hat die Integration der in der ersten Lernperiode gelernten Teile zum Ziel. (b) Die *progressive Teil-Lernmethode* ist so angelegt, dass bei ihr von vornherein darauf hingearbeitet wird, die Teile, die gelernt werden, miteinander zu verbinden: Nach Lernen des ersten u. zweiten Teiles werden beide Teile zusammen wiederholt, dann wird der dritte Teil getrennt gelernt u. danach mit dem ersten u. zweiten verbunden usw. (c) Die *wiederholende Teil-Lernmethode* ist eine Modifikation von (b) insofern, als noch mehr Wert auf die frühzeitige Integration der Teile gelegt wird, d. h., immer wenn ein neuer Teil gelernt worden ist, müssen die vorher gelernten Teile wiederholt werden.

◆ Ausubel, D. P.: Ps. des Unterrichts. Weinheim 1974; Bergius, R.: Einfache Lernvorgänge. In: Bergius, R. (Hg.): Lernen u. Denken. HP, 1. Bd., 2. Hlb. Göttingen 1964, S. 147–225; McGeoch, A. u. Irion, A. L.: The psychology of human learning. New York 1952.

Ganzwort-Identifikation → Worterkennung.

Garcia-Effekt → Geschmacksaversionslernen.

Gate-control-Theorie, eine Theorie des → Schmerzes, die v. a. konzipiert wurde, um zu erklären, wie S. durch zentralnervöse bzw. kognitive Prozesse partiell unterdrückt bzw. kontrolliert werden kann (Melzack u. Wall 1965; Melzack u. Casey 1968). Hierfür wird ein dynam. Filter bzw. eine Kon-

trollschranke (engl. *gate*) angenommen, u. zwar schon in der ersten neuronalen Schaltstelle im Rückenmark (periphere Kontrolle).
Es werden drei Systeme differenziert: (a) das sensor.-diskriminative System; (b) das affektiv-motivationale System; (c) das kognitiv-evaluative System. Daraus ergibt sich die wichtige Unterscheidung zw. sensor. Intensität u. affektiv-motivationaler Unannehmlichkeit der Schmerzempfindung, daraus wurde in Abkehr von älteren, eindimensionalen Methoden eine *multidimensionale* Methode der Schmerzmessung entwickelt (Wolff 1982). Ein wichtiges, in diesem Zusammenhang häufig eingesetztes Messinstrument ist der McGill-Fragebogen (Melzack 1975). Auch Verfahren der Signalerkennungstheorie wurden hierbei angewandt (Chapman 1982). Aus der G. wurden Methoden der Schmerzkontrolle entwickelt; vgl. z. B. Bullinger u. Turk (1982); Larbig (1981).

VD: Zu physiolog. Details der G.: Die Theorie postulierte, dass die nachcentripetal projizierten Hinterhornneurone des nocizeptiven Systems durch Erregung dicker, nichtnocizeptiver Afferenzen gehemmt (Schranke geschlossen) u. durch Erregung dünner nocizeptiver Afferenzen aktiviert werden (Schranke offen). Diese Hemmung sollte im Hinterhorn des Rückenmarks generiert werden u. – dies war der krit. Punkt der Theorie – nur über einen präsynapt. Hemmmechanismus auf die dünnen nocizeptiven Afferenzen übertragen werden. Dies konnte nicht bestätigt werden, u. die Theorie wurde in dieser Hinsicht modifiziert. Eine zweite Annahme ist, dass die spinalen Hemmmechanismen der Nocizeption auch durch absteigende Hemmsysteme aktiviert werden können u. dass auf diese Weise die nocizeptive Information auf spinaler Ebene einer zentrifugalen Kontrolle unterliegt. Die Existenz solcher descendierender Hemmsysteme gilt unterdessen als gesichert u. zwar nicht nur im nocizeptiven, sondern auch in allen anderen somatosensor. Systemen. Es bleibt das wesentl. Verdienst der G., darauf hingewiesen zu haben, dass der nocizeptive Zustrom in das Rückenmark schon auf der Ebene der ersten zentralen Neurone durch lokale u. descendierende Einflüsse erhebl. moduliert werden kann.

LIT: Zur Kritik der Theorie vgl. Schmidt (1972).

◆ Bullinger, M. u. Turk, B.: Selbstkontrolle: Strategien zur Schmerzbewältigung. In: Keeser u. a. (1982); Chapman, C. R.: Verfahren der Signalerkennungstheorie u. des evozierten Potentials bei der Schmerzwahrnehmung. In: Keeser u. a. (1982) S. 149–190; Keeser, W. u. a. (Hg.): Schmerz. München 1982; Larbig, W. u. a.: Schmerzregulation u. Psychosomatik: 1. Experimente u. Feldforschung an Feuerläufern. In: Sander, W. (Hg.): Experimentelle Forschungsergebnisse in der psychosomat. Medizin. Göttingen 1981, S. 59–68; Larbig, W.: Zur Psychophysiologie des Schmerzes. In: Vaitl, D.: Psychophysiolog. Merkmale klin. Symptome. Weinheim 1985; Mayer, D. J. u. Price, D. D.: A physiological and psychological analysis of pain: a potential model for motivation. In: Pfaff, D. W. (Hg.): The physiological mechanisms of motivation. New York 1982, S. 433–471; Melzack, R. u. Casey, K. L.: Sensory, motivational and central control determinants of pain: A new conceptual model. In: Kenshalo, D. (Hg.): The skinsenses. Springfield 1968; Melzack, R. u. Wall, P. D.: Painmechanisms: a new theory. Science 150, 1965, S. 971–997 (dt.: Schmerzmechanismen: eine neue Theorie. In: Keeser u. a. 1982 S. 8–29); Melzack, R.: The McGill pain questionnaire: major properties and scoring methods. Pn 1, 1975, S. 277–300; Schmidt, R. F.: Die Gate-Control-Theorie des Schmerzes: eine unwahrscheinl. Hypothese. In: Janzen, R. u. a. (Hg.): Schmerz. Stuttgart 1972; Wolff, B. B.: Die Messung vom Schmerz beim Menschen. In: Keeser u. a. (1982).

Gating → Erkennungsaufgaben; → Worterkennung.

Gebärden → Gestik.

Gedächtnis, die Fähigkeit, frühere Erfahrungen ohne ins Gewicht fallende Änderungen ihres Inhalts u. ihrer Ordnung wieder ins Bewusstsein zu rufen, also zu → erinnern. Für die Überprüfung von Gedächtnisleistungen sind verschiedene → Gedächtnisprüfmethoden entwickelt worden, fundamental ist dabei die Unterscheidung zw. → Wiedererkennen u. → Reproduktion. Die Definition des G. schwankt zw. folgenden Kriterien u. den damit verknüpften empir. Problemen:

(1) I. e. S. meint G. das bewusste Erinnern, begleitet von dem typ. *Reproduktionsbewusstsein*, also dem Bewusstsein, dass man die reaktivierten mentalen Inhalte bereits zuvor erlebt bzw. erfahren hat; vgl. → psychische Präsenzzeit. I. w. S. meint G. die Vergangenheitsdeterminiertheit unseres Vhs., also auch solche Erscheinungen, bei denen das typ. Reproduktionsbewusstsein nicht auftritt: Sämtl. Erkennungsprozesse, z. B. beim → Buchstabenerkennen, beinhalten eine solche Integration von aktueller Wahrnehmung u. gespeicherter Erinnerung, ebenso wie psychomotor. Leistungen, bis hin zum noch wenig verstandenen Problem der Ichidentität bzw. des → Ichbewusstseins; s. a. das Stw. → implizites Lernen. Wippich (1984) gibt grundlegende Bsp. für Gedächtnisphänomene aus einem normalen Tagesablauf, die diese abstrakten Bestimmungen verdeutlichen. Zur Bedeutung des Bewusstseins bzw. des Nicht-Bewusstseins beim Wiedererkennen vgl. Perrig u. a. (1993).

(2) Die Definitionsproblematik des Gedächtnisbegriffs spiegelt sich auch in einigen weiteren empir. Problemen u. den ihnen zugeordneten theoret. Konstrukten: (a) Im Übergangsbereich zw. Wahrnehmung u. dem eigentl. G. steht das Phänomen des *Ultrakurzzeitgedächtnisses* (→ ikonisches Gedächtnis; → echoische Gedächtnis; → Nachbild), also das Phänomen, dass bei allen Wahrnehmungsprozessen der unmittelbare Sinneseindruck sozusagen einige Bruchteile von Sekunden stehen bleibt; es ist ein Problem, ob man dies als G. im eigentl. Sinne betrachten soll. (b) Die Unterscheidung zw. einem → *semantischem* Gedächtnis u. einem *episod.* G. meint Folgendes: Episod. G. ist die Erinnerung an einzelne raum-zeitl. spezifizierbare Vorgänge, semant. G. meint dagegen das allg. Weltwissen, sozusagen die »geronnene Essenz« der einzelnen Lernakte, bei denen die Erinnerung an den jeweiligen konkreten Lernprozess aufgehoben ist u. nur das daraus resultierende Wissen »übrig geblieben« ist. (c) *Wissen* ist ein neueres Kzpt. der Ps. (→ Wissenspsychologie), das sich in gedächtnisps. Kategorien nicht eindeutig einordnen lässt: Wissen ist einmal G. i. e. S., näml. mit Anstrengung zu Erinnerndes (typ. Bsp.: schulischer Stoff), u. es wird in diesem Zusammenhang auch als abgrenzbarer einzelner Gedächtnisinhalt erlebt; Wissen kann aber andererseits auch automat. aktiviert werden u. ist dabei impliziter Bestandteil von Fertigkeiten u. Bewegungen (s. hierzu auch die terminolog. Anmerkungen im Stw. → semantisches Gedächtnis). Auch schon früher wurde zw. *Wissensgedächtnis* u. *Vhsgedächtnis* unterschieden (vgl. Rohracher 1968); vgl. auch → deklarative vs. prozedurale Wissensrepräsentation.

(3) Die wesentl. Aspekte des G.-Kzpts. der modernen Ps. lassen sich durch folgende histor. Paradigmenwechsel kennzeichnen: (a) Während das G. in den 60er Jahren typischerweise als Speicher angesehen wurde, der v. a. dazu dient, Information festzuhalten, herrscht seit den 70er Jahren die Tendenz vor, die Idee eines sozusagen substantialisierten G. aufzugeben zugunsten der Vorstellung vom G. als einem integralen Bestandteil anderer Prozesse der → Informationsverarbeitung. Diese Vorstellung gewann zentrale Bedeutung im Paradigma der → Verarbeitungsebenen. Damit einher geht auch eine Destruktion des Kzpts. einer festen *Kapazität*: Das G. ist weniger durch den Umfang eines *Speichers* begrenzt als durch die *Prozesskapazitäten*, u. auch diese sind häufig nicht so sehr quantitativ beschränkt als durch ihre in-

haltl. Spezifik, vgl. Navon (1984); Weiteres s. das Stw. → Aufmerksamkeitskapazitäts-Modell. (b) Zunehmend wird der Gedanke der → Modularität leitmotivisch: Die Idee eines globalen G. wird aufgelöst in eine Vielfalt von modularen Gedächtnissystemen bzw. -prozessen; so werden verschiedene → sensorische Gedächtnisse unterschieden, wie z. B. das → akustische u. das → visuelle Gedächtnis. Dieser modular orientierte Zugang führt auch zur Reaktivierung der früher populären, innerhalb der Ps. zwischenzeitl. aus der Mode gekommenen Idee von *Spezialgedächtnissen* (vgl. Katzenberger 1967), wie z. B. *Zahlengedächtnis*, *Namensgedächtnis* o. z. B. auch eines Spezialgedächtnisses für die → Gesichtswahrnehmung. Unter zeitl. Aspekt wurde schon früh erkannt, dass man zw. einem → Kurzzeit- u. einem → Langzeitgedächtnis differenzieren muss. Bezeichnend ist auch die Entwicklung der Vorstellungen über das → Arbeitsgedächtnis – auch hier wird die Vorstellung eines Kurzzeitspeichers ausdifferenziert in eine Vielfalt von modularen Kurzzeitgedächtnisprozessen. (c) Ein fundamentaler paradigmat. Wechsel in der Sicht des G. ist der von der Vorstellung eines *passiven* G. hin zu einem *aktiven* G. – nicht länger wird G. als »Wachstafel« gesehen, in dem, wie die → Spurentheorie meint, die Ereignisse nur mechan. eingeprägt werden, sondern als Integrations- u. Konstruktionsprozess. Und auch Erinnern wird nicht als ein passives »Wiedererscheinen« bzw. »Auftauchen« konzipiert, sondern als ein aktiver Rekonstruktionsprozess, bei dem mit Hilfe von → Schemata aus den Gedächtnisinhalten eine Bedeutung konstruiert wird. Zur Frage, ob u. inwieweit das G. immer »schemat.« ist, vgl. Alba u. Hasher (1983). Daraus ergibt sich das Problem, ob »plast.« u. »konkrete« Gedächtnisinhalte o. abstraktere Strukturen gespeichert werden, vgl. hierzu die engagierte Diskussion im klass. Werk der kognitiven Ps. von Neisser (1974), der sich intensiv mit der Gegenposition auseinandersetzt, dass die Gedächtnisinhalte wie bei einer Fotografie o. bei einer Tonbandaufnahme gespeichert sind, eine Position, für die neurophysiolog. Hirnreizungsexperimente sprechen, bei denen sich gezeigt hat, dass durch Reizung unterschiedl. Lokalisationspunkte im Gehirn ganz konkrete Erinnerungen in der (wachen) Vp evoziert werden können (vgl. auch → Wissensrepräsentation; → Vorstellungsbild).

(4) Auch entwicklungsps. Forschungen liefern wesentl. Aspekte der typ. Veränderungen, die der Gedächtnisbegriff innerhalb der letzten Jahrzehnte erfahren hat: Zunehmend wird die klass. *Reifungstheorie* als inadäquat betrachtet; spätestens seit Mitte der 60er Jahre, als die Forschungsgruppe um John Flavell ihre mittlerweile klass. Arbeiten zum → Metagedächtnis durchführte, wird in stärkerem Maße der Einfluss von → Gedächtnisstrategien auf die Gedächtnisleistung hervorgehoben. In diesem Zusammenhang wird unterschieden zw. den *strukturellen Parametern* des G. u. den *strateg.* Prozessen bzw. den *Kontrollprozessen*; v. a. Letztere, die sozusagen den Umgang mit den strukturellen Parametern bezeichnen, seien entscheidend für die Gedächtnisentwicklung u. nicht biolog. Wachstumsprozesse. Dieses Paradigma beinhaltet auch eine wissenschaftl. bzw. wissenschaftstheoret. Umorientierung: von den allg. Theorien zur Analyse spezifischer Lern- u. Erinnerungsvorgänge; vgl. hierzu Weinert u. a. (1986); Kail (1979); Kail u. Hagen (1977). Dieser prozessuale Zugang ersetzt tlw. auch den *psychometr.-quantitativ* orientierten Ansatz, der G. mit Hilfe von Gedächtnistests zu verschiedenen Zeitpunkten misst u. so die Entwicklung zu rekonstruieren versucht; vgl. hierzu Waldmann u. Weinert (1990). Innerhalb dieser Neuorientierung existieren drei Teilströmungen: (a) die Betonung des reflexiven Wissens für Gedächtnisleistungen: → Metagedächtnis; (b) die ebenfalls dem Paradigma Metagedächtnis zuzuordnende, aber davon divergierende Sichtweise, die in stärkerem Maße die allg. strateg. Kompetenzen zur Bewältigung von Gedächtnisaufgaben hervorhebt; vgl. Parisi u. Lindauer (1982); Naus u. Ornstein (1983); (c) der dritte Strang lässt sich durch das Schlagwort *bereichsspezifisches Vorwissen* kennzeichnen; hier wurde gezeigt, dass die Entwicklung des G. in starkem Maße von den vorliegenden inhaltl. Kenntnissen determiniert wird u. dass dementsprechend eine Variation dieser Vorkenntnisse sämtl. Korrelationen zum Alter aufheben kann; vgl. Brown u. de Loache

(1978) u. Körkel (1987). Unter diesem Aspekt wird zunehmend auch das höhere Erwachsenenalter analysiert, auch hier wird die reifungstheoret. Sicht, die sich hier in einer *Degenerationshypothese* manifestierte, kritisiert: Das »G. an sich« scheint im Alter kaum an Kapazität u. Effizität einzubüßen, aber Lern- u. Gedächtnisstrategien scheinen, meist motivational bedingt, vernachlässigt zu werden u. zu »degenerieren«; hieraus ergeben sich auch Möglichkeiten des Gedächtnistrainings; vgl. zsfd. Wippich (1984). Neuere Untersuchungen stellen diese These des *Strategie-* u. *Metagedächtnis-Defizits* allerdings wieder in Frage; vgl. zum Überblick Knopf (1987) u. Körkel (1987).

(5) Die moderne Ps. legt immer weniger Wert auf die Abgrenzung von G. u. anderen Grundfunktionen der Psyche, nämlich Wahrnehmung, Denken, Intelligenz, Emotion u. Motivation (zur Abgrenzung von → Lernen s. d.). Die kognitive Ps. versucht vielmehr zu zeigen, wie eng diese Funktionen bei allen kognitiven Prozessen verknüpft sind, u. berücksichtigt dabei im Rahmen einer zunehmend funktionalist. Perspektive auch die Integration dieser kognitiven Komponenten mit Handlung u. Bewegung; vgl. z. B. Prinz (1983); zur Bedeutung von verschiedenen Gedächtnisparametern als mögl. Korrelat der Intelligenz vgl. Schweizer (1995).

VD/T: (a) Im angloamerikan. Raum wird mit *G.* (*memory*) bisweilen die experimentell-method. Prozedur der Informationsdarbietung u. Abfragung gemeint, während der *Speicher* (*store*) das hypostasierte, sozusagen substantialisierte System bezeichnet, das als hypothet. Konstrukt zur Erklärung des G. fungiert. Ähnl. trennt Kintsch (1982) das *Kurzzeitgedächtnis* u. das, was er das *primäre G.* nennt. (b) *Memory* kann wie *G.* zur Bezeichnung der Erinnerungsfunktion u. gleichzeitig zur Bezeichnung der Gesamtheit der erinnerungsfähigen Inhalte verwendet werden; der engl. Ausdruck kann darüber hinaus noch eine einzelne Erinnerung bezeichnen, eine Verwendung, die im Deutschen nicht mehr gebräuchl. ist, vgl. English u. English (1958). Der engl. Begriff *recollection* meint aktives Erinnern.

LIT: Zu einem histor. Überblick über die unterschiedl. Theorien zur Natur des G. vgl. Flohrey (1993); interessante u. tief schürfende Gedanken zu Gedächtnistäuschungen u. damit verbundenen Grundproblemen des G. finden sich in Hell (1993); ein umfassendes Handbuch der Gedächtnisstörungen ist Baddeley u. a. (1995); vgl. auch Alkon (1995); zum Zusammenhang von G. u. Emotion, speziell beim Behalten von Texten, vgl. Schürer-Necker (1994); einen histor. Überblick über wissenschaftl. Forschungen zur Gedächtnisentwicklung gibt Schumann-Hengsteler (1995).

◆ → Gedächtnispsychologie.

Gedächtnisabruf → Erinnern; → Gedächtnisabsuche.

Gedächtnisabsuche [engl. *memory scanning, memory search*]. Das Schlagwort G. bzw. *Gedächtnissuche* bzw. *Suche im Kurzzeitgedächtnis* o. auch *Wissenszugriff* wird benutzt, um ein theoret. u. methodolog. Paradigma (Sternberg 1966ff.) zu kennzeichnen, bei dem analysiert werden soll, wie beim → Erkennen die Zuordnung einer Reizrepräsentation zu einer Gedächtnisrepräsentation erfolgt, wie also im Gedächtnis nach dieser Gedächtnisrepräsentation *gesucht* wird. Die klass. experimentellen Methoden, auf denen dieses theoret. Modell fußt, waren die → binäre Zeichenklassifikation, die → disjunktive Wahlreaktion, allg. gesprochen: Identifikations- u. → Klassifikationsaufgaben (→ Erkennungsaufgaben). Grundsätzl. muss dabei ein Zeichen innerhalb einer Grundmenge ähnlicher Zeichen identifiziert bzw. klassifiziert werden. Ein Ergebnis wird dabei immer wieder gefunden (v. a. im Paradigma der *binären Zeichenklassifikation*) u. ist zu erklären: der Effekt (der dem im → Hick-Hyman-Gesetz formulierten *Alternativeneffekt* analog ist), dass die Entscheidungszeit mit der Anzahl der Alternativen linear anwächst, dies jedoch je nach Art des Experiments in unterschiedl. Steilheit tut; u. zwar unterscheiden sich die Reaktionszeiten für Ja- u. Nein-Reaktionen nur unwesentl.; vgl. Abb. *Kognition 4a*,

Kurzzeitgedächtnis

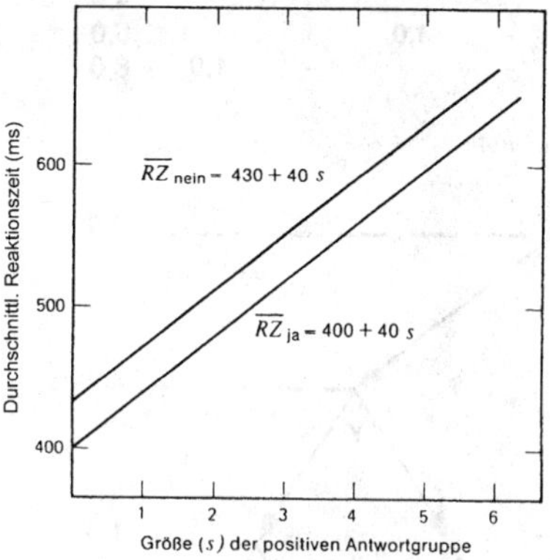

Abb. *Kognition 4a*

die die gemittelten Reaktionszeiten für positive (gefüllte Kreise) u. für negative Reaktionen (leere Kreise) für Gedächtnisreihen unterschiedl. Größe zeigt (nach Sternberg 1966).

TH: Folgendes sind die Grundmodelle, die diskutiert worden sind: (1) Der einfachste denkbare Prozessverlauf bestünde in einer seriellen Durchmusterung des Gedächtnisses nach den jeweils n Alternativen. Diese Durchmusterung könnte auf zweierlei Weisen beendet werden. (a) Entweder wird sie in dem Augenblick abgebrochen, in dem die zum gegebenen Reiz passende Adresse gefunden ist. Dies wird z. B. bei vier Alternativen in je einem Viertel aller Fälle bei der 1., 2., 3. bzw. 4. Adresse der Fall sein, die angesteuert wird; im Durchschnitt sind $(n+1)/2 = 2{,}5$ Teilvergleiche erforderl. (*abbruchfähige Durchmusterung*). (b) Die zweite Variante ist, dass die Durchmusterung erst abgebrochen wird, nachdem alle Teilvergleiche zu Ende geführt worden sind; hier sind stets n=4 Teilvergleiche erforderl. (*erschöpfende Durchmusterung*). Nimmt man an, dass jeder Teilvergleich eine konstante durchschnittl. Teilzeit erfordert, führen beide Varianten zu der Erwartung, dass die Reaktionszeit linear mit der Anzahl der Alternativen wachsen muss. Sternberg favorisiert das Modell der *erschöpfenden (seriellen) Durchmusterung*, dies auf der empir. Basis, dass die Position der Prüfitems in dem angebotenen Itempool keine Rolle spielt u. dass weiterhin kaum zeitl. Unterschiede für das Treffen negativer o. positiver Entscheidungen (also über das Vorliegen o. Nichtvorliegen eines Probe-Items) existieren.

VD: (1) Zur Begründung dieses Modells: Wenn die Durchmusterung nicht erschöpfend wäre, müsste man für Ja-Reaktionen im Mittel kürzere Reaktionszeiten erwarten, da ja dann der Durchmusterungsprozess abgebrochen werden könnte. Sternberg betont, dass eine solche Strategie dann vernünftig ist, wenn man annimmt, dass für die Durchmusterung viel weniger Zeit beansprucht wird als für die Entscheidung, ob Übereinstimmung vorliegt o. nicht. Er vermutet folgenden Prozess: die Ziffern werden dargeboten u. in den Kurzzeitspeicher eingelesen, nach Darbietung der Probeziffer führt die Vp eine sehr schnelle Durchmusterung der Liste durch (38 msec. pro Item), u. jede Übereinstimmung der Probeziffern mit Items der Liste wird vom Komparator registriert; vgl. Sternberg (1969, 1975); Nickerson (1972); zsfd. Baddeley (1979). Die Abb. *Kognition 4b* ist eine Illustration der durchschnittl. Anzahl der erforderl. Teilprozesse bei serieller Durchmusterung; in der Mitte der Abb. sind die aufeinanderfolgenden Schritte der Teilvergleiche 1 bis 8 eingezeichnet; darüber die Abrufwahrscheinlichkeiten bei abbruchfähiger, darunter die bei erschöpfender Durchmusterung. Diesem Modell widersprechen Ergebnisse, in denen eine *logarithm.* Abhängigkeit der Reaktionszeit von der Anzahl der Alternativen gefunden worden ist. Hier kommt ein Modell in Frage, das schon von Hick (1952) vorgeschlagen worden ist, bei dem die Menge der Reize hinsichtl. bestimmter *Merkmale* geprüft werden. Z. B. können bei einer Aufgabe, bei der nach Aufleuchten bestimmter Lämpchen bestimmte diesen Lämpchen zugeordnete Tasten gedrückt werden müssen, in ei-

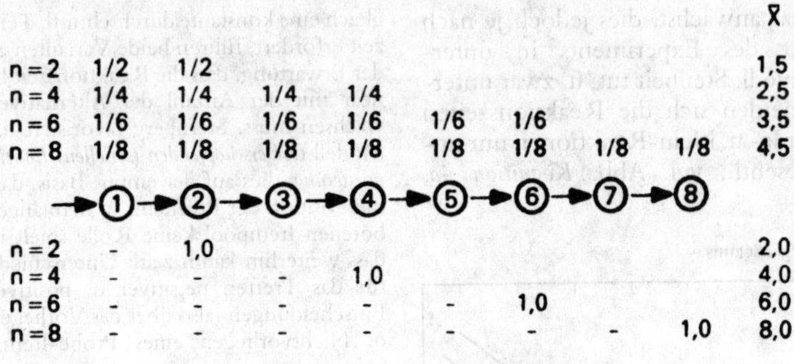

Abb. *Kognition 4b*

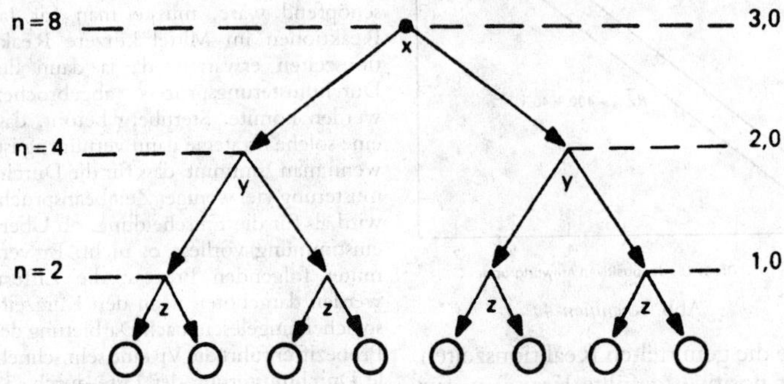

Abb. *Kognition 4c*

nem Teilprozess Entscheidungen darüber getroffen werden, ob der dargebotene Reiz ein Lämpchen aus der oberen o. der unteren Hälfte ist, dann, ob es zur linken o. zur rechten Hälfte gehört, u. dann, ob es zu der inneren o. äußeren gehört. Im schwierigsten Fall ist im Bsp. für eine vollständige Reizintegration der Abschluss aller drei Teilprozesse erforderl., bei vier Alternativen reichen zwei u. bei zwei Alternativen ein einziger Teilprozess. Allg. können n Adressen durch $k=\log_2 n$ Dimensionen geordnet u. zugängl. gemacht werden (vorausgesetzt ist dabei, dass sich die n Adressen so unterscheiden, dass sie durch k Dimensionen tatsächl. geordnet werden können); s. hierzu die Abb. *Kognition 4c*; sie zeigt die serielle Adressierung von 8 Alternativen, die nach drei zweiwertigen Dimensionen (x, y, z) geordnet sind (bzw. von 4 Alternativen nach zwei Dimensionen (y, z) bzw. von 2 Alternativen nach einer Dimension (z). (Die Abb. stammen aus Prinz 1990, S. 77.) Diese beiden Typen von seriellen Modellen: serielle Durchmusterung von *Adressen* u. serielle Durchmusterung von *Unterscheidungsdimensionen* des Adressenraums verkörpern zwei allg. Prinzipien, nach denen der Vergleich zw. Reiz- u. Gedächtnisinformation abgewickelt werden kann: *Gesamtvergleich* u. *analyt. Vergleich* (auch → *Schablonenvergleich* vs. → *Merkmalsvergleich* o. *ungequantelte* vs. *gequantelte* Adressierung); vgl. Prinz (1983) u. Smith (1968); Weiteres s. das Stw. → Mustererkennung. Modelle mit einer dimensionalen gequantelten Adressierung arbeiten wesentl. ökonomischer; sie können im günstigsten Falle mit 14 Teilprozessen eine Reizmenge von 16 384 Reizen überprüfen. Es ist allerdings ein eigenes Problem, inwieweit die experimentellen Daten eindeutig auf diese zwei theoret. Modelle zurückzuführen sind; vgl. hierzu Townsend (1974). Zur Frage, inwieweit der Alternativeneffekt von der Zahl der Reaktions- o. der Reizalternativen abhängt, s. das Stw. → Klassifikationsaufgaben. (2) Alternative Theorien (vgl. Baddeley 1979; Kintsch 1982), wie *Modelle des Parallelvergleichs*, gehen davon aus, dass das Gedächtnis die Fähigkeit hat, die vorhandene Menge gleichzeitig zu checken u. nicht darauf angewiesen ist, sie seriell zu vergleichen. *Modelle der Diskrimination der Stärke von Spuren* nehmen im Wesentl. an, dass während der Darbietung eines Items die Vp entscheidet, ob die Stärke der dazu aufgerufenen Spuren einen bestimmten krit. Wert überschreitet; vgl. zur krit. Diskussion Sternberg (1969); s. a. das Stw. → Buchstabenvergleich. Schweickert (1983) generalisierte Sternbergs Methode auf Netzwerke, in denen parallele Verarbeitung zugelassen wird; Townsends (1974) Modell benutzt eine weitere wichtige Unterscheidung, die zw. unbegrenzter u. begrenzter Verarbeitungskapazität bei parallel laufenden Prozessen; vgl. hierzu zsfd. Hell (1987). Empir. Ergebnisse sprechen dafür, dass v. a. bei schwierigen u. zahlreichen Vergleichen die G. bei Erfolg vorzeitig abgebrochen wird. Eine serielle u. erschöpfende Suche wird nur bei unbekannten u. unorganisierten Itemmengen vorgenommen. Sowohl bei vertrauten als auch bei unvertrauten Testitems wird der Abruf als ein rasch erfolgendes Modell des *Wiedererkennens* beschrieben: Bei Testitems, die hinsichtl. ihres Bekanntheitswertes über einem oberen bzw. unter einem unteren Entscheidungskriterium liegen, wird sehr schnell entschieden, die Größe der Itemmenge hat in diesem Fall keinen Effekt, da ein direkter Zugriff auf die Inhalte des Kurzzeitgedächtnisses angenommen wird. Nur für Items, die zw. beiden Entscheidungskriterien liegen, wird die serielle u. exhaustive Suche i. S. des ursprüngl. Sternbergmodells angenommen (Atkinson u. Juola 1973); vgl. zsfd. Wessells (1984) u. Kluwe (1990). Zu einer Darstellung der Ergebnisse im Rahmen einer erlaborierten arbeitsps. integrativen Theorie vgl. Welford (1981). Weitere Experimente dienten der Frage, auf welcher Stufe der Informationsverarbeitung der Prozess der G. stattfindet; s. hierzu das Stw. → Additive-Faktoren-Methode.

◆ Atkinson, R. C. u. Juola, J. F.: Factors influencing speed and accuracy of word recognition. In: Kornblum, S. (Hg.): Attention and performance IV. New York 1973, S. 583–612; Baddeley, A.: Die Ps. des Gedächtnisses. Stuttgart 1979; Hell, W.: Aufmerksamkeit u. Interferenz. Weinheim 1987; Hick, W.: On the rate of gain of information. JExP 4, 1952, S. 11–26; Hockley, W. E. u. Corballis, M. C.: Tests of serial scanning in item recognition. CJP 36, 1982, S. 189–212; Kintsch, W.: Gedächtnis u. Kognition. Berlin 1982; Kluwe, R. H.: Gedächtnis u. Wissen. In: Spada, H. (Hg.): Lehrbuch Allgemeine Ps. Bern 1990, S. 115–197; Meyer, D. E. u. a.: Modern mental chronometry. BP 26, 1988, S. 3–67; Nickerson, R. S.: Binary classification reaction time: a review on some studies of human information-processing capabilities. PMSu 4, 1972, S. 275–318; Pachella, R. E.: The interpretation of reaction time in information-processing research. In: Kantowitz, B. H. (Hg.): Human information processing: tutorials in performance and cognition. Hillsdale 1974, S. 41–82; Prinz, W.: Reaktionszeitfraktionierung durch Varianzanalyse? AfP 24, 1972, S. 240–252; Prinz, W.: Wahrnehmung u. Tätigkeitssteuerung. Berlin 1983; Prinz, W.: Wahrnehmung. In: Spada, H. (Hg.): Lehrbuch Allgemeine Ps. Bern 1990, S. 25–114; Schweickert, R.: Latent network theory: scheduling of processes in sentence verification and the stroop-effect. JExP: LMC 9, 1983, S. 353–383; Smith, E. E.: Choice reaction time: an analysis of the major theoretical positions. PBu 69, 1968, S. 77–110; Sternberg, S.: High-speed scanning in human memory. Science 153, 1966, S. 652–654; Sternberg, S.: Memory-scanning: Mental processes revealed by reaction-time experiments. American Scientist, 57, 1969, S. 421–457; Sternberg, S.: Memory scanning: new findings and current controversies. QJEP 27, 1975, S. 1–32; Townsend, J. T.: Issues and models concerning the processing of a finite number of inputs. In: Kantowitz, B. H. (Hg.): Human information processing: Tutorials in performance and cognition. Hillsdale 1974, S. 133–185; Welford, A. T.: Fertigkeiten u. Leistung. Bern 1981; Wender, K. F. u. a.: Modelle des menschl. Gedächtnisses. Stuttgart 1980; Wessells, M. G.: Kognitive Ps. München 1984.

Gedächtnisapparat → Gedächtnisprüfmethoden.

Gedächtnisauslastung, aus den Forschungen zur Theorie des → Arbeitsgedächtnisses entwickelte Methode (vgl. Baddeley 1986), die darin besteht, dass nicht nur eine einzige Gedächtnisaufgabe vorgegeben wird, sondern auch eine Zusatzaufgabe, z. B. die Reproduktion von Ziffern o. Silben zur Überprüfung der Auslastung des Gedächtnisses. Eine Weiterentwicklung ist die *Technik des offenen Artikulierens*, bei der die Vpn während der Aufnahme u. Verarbeitung einer Denkaufgabe laut sprechen müssen, z. B. von 1 bis 6 zählen. Hauptergebnis ist jeweils, dass ein mechan. Artikulieren keinen Einfluss auf die Verarbeitungszeiten hatte, während nichtautomatisierte Fertigkeiten, wie das Abzählen einer zufälligen Reihe von sechs Ziffern, die Verarbeitungszeit der Denkaufgabe signifikant verlängerten; Weiteres s. das Stw. → automatische vs. kontrollierte Informationsverarbeitung.

◆ BADDELEY, A. D.: Working memory. Oxford 1986.

Gedächtnis der eigenen Biographie → autobiographisches Gedächtnis.

Gedächtnisfarbe → Wahrnehmungskonstanzen.

Gedächtniskunst → Mnemotechnik.

Gedächtnismessmethoden → Gedächtnisprüfmethoden.

Gedächtnisprüfmethoden. Methoden zur Messung, zum Testen bzw. zum Prüfen des → Gedächtnisses zu entwickeln, war eine der wichtigsten Aufgaben der → Gedächtnispsychologie, u. erst diese Methoden ermöglichten die wissenschaftl. Erforschung des Phänomens Gedächtnis. Mit G. kann man eine quantitative Analyse u. Darstellung der Lernprozesse geben: → Lernkurve. Die wesentl. Methoden wurden schon von der klass. Gedächtnisforschung entwickelt: (a) *Erlernungsmethode*, auch *Methode der Wiederholungen*: Eine Reihe wird so oft dargeboten, bis sie ein- o. zweimal fehlerlos reproduziert werden kann; das Maß der Gedächtnisleistung ist die Anzahl der benötigten Darbietungen; (b) *Ersparnismethode*: Hier wird gemessen, wie viele Wiederholungen notwendig sind, um eine Reihe, die einmal gelernt u. partiell vergessen worden ist, wieder neu bis zur fehlerfreien Reproduktion zu bringen; (c) *Treffermethode*: Hier werden bestimmte Silben einer Reihe dargeboten, die Vp soll die jeweils in der Reihe unmittelbar nachfolgende Silbe angeben (genauer: Es werden betonte Silben dargeboten, u. die Vp soll die unmittelbar folgende unbetonte Silbe angeben); Maß der Gedächtnisleistung: Anzahl der richtigen Aussagen (*Treffer*). Im Gegensatz zur *Erlernungsmethode*, bei der immer nur ganze Silbenreihen berücksichtigt werden, können hier die Trefferquoten bei einzelnen Gliedern der Reihe untersucht werden; (d) *Methode der Hilfen*: Bei der Reproduktion wird, wenn die Vp stockt, o. einen Fehler macht, die richtige Silbe genannt; Maß: Anzahl der gegebenen Hilfen; (e) *Methode der behaltenen Glieder*: Der Vp wird eine Reihe von Silben o. anderen Inhalten vorgeführt, u. sie hat nach einer bestimmten Zeit alle Glieder zu nennen o. aufzuschreiben, an die sie sich noch erinnert; (f) *Rekonstruktionsmethode*: Nachdem sich die Vp eine Reihe eingeprägt hat, bietet man ihr die Elemente dieser Reihe in regelloser Anordnung u. fordert sie dann auf, die ursprüngl. Ordnung wieder herzustellen; jedes Glied am richtigen Ort zählt als Treffer; (g) *Methode der → Gedächtnisspanne*: Wie viele Zahlen, Konsonanten etc. werden nach einmaligem Vorsprechen sofort richtig reproduziert? (h) *Methode des → Wiedererkennens*: Die Vp muss an–

geben, welche Silben einer dargebotenen Reihe ihr bekannt vorkommen. Eine Modifikation dieses Verfahrens stellt die *Methode der ident. Reihen* dar: Hier werden nicht nur Einzelelemente, sondern bekannte neben neuen Reihen unverändert dargeboten, u. die Vp hat über die Identität der Reihen zu entscheiden.

Sämtl. Formen des → Lernens ergeben ebenfalls im weitesten Sinne G.: Wichtig sind die method. Paradigmen, die innerhalb der Forschungen zum → mechanischen Lernen bzw. zum → verbalen Lernen entwickelt worden sind, v. a. das → serielle Lernen u. das → Paarassoziationslernen. Zum Überblick über Gedächtnistests vgl. Brickenkamp (1975). Ein grundsätzl. Aspekt an G. ist die Unterscheidung zw. der aktiven → Reproduktion u. dem → Wiedererkennen; bei Letzterem können auch Reaktionszeiten u. Detektionsschwellen gemessen werden. Die Wiedererkennungsmethoden sind sensiblere Methoden, sie ermöglichen es, längerfristige u. möglicherweise permanente Nachwirkungen auch von schwachen Gedächtnisspuren aufzuweisen. Bei der *Reproduktion* unterscheidet man die *hinweisgesteuerte* (engl. *cued recall*) u. die *freie* Reproduktion (engl. *free recall*). Von *serieller Wiedergabe* (auch in deutscher Fachliteratur oft mit dem engl. Ausdruck *serial recall* bezeichnet) spricht man, wenn die ursprüngl. Ordnung des Materials wiedergegeben werden muss. Die freie Reproduktion zeitigt wichtige gedächtnisps. Effekte wie den → seriellen Positionseffekt u. eine → subjektive Organisation. Ihr Gegenstück, der cued recall, spielt v. a. innerhalb des Paradigmas der → Kodierungsspezifität eine Rolle.

Innerhalb der neueren Paradigmen der Gedächtnisps. wurden weitere forschungshistor. wichtige Techniken entwickelt: (a) Die sog. → Brown-Peterson-Technik u. ihre Weiterentwicklung, die → Wickens-Technik, wurde v. a. innerhalb der Diskussion von Kurzzeit- vs. Langzeitgedächtnis u. → Zerfalls- vs. Interferenztheorie verwendet; s. a. das Stw. → Distraktoraufgaben. (b) → Probezifferaufgaben kamen insbes. innerhalb des *Sternberg-Paradigmas* zur → Gedächtnisabsuche zum Einsatz. (c) → Orientierungsaufgaben sind kennzeichnend für die → Verarbeitungsebenen-Theorie. (d) Das Paradigma der → selektiven Interferenz wurde v. a. verwendet zur Analyse unterschiedl. Kodierungsformen bzw. unterschiedl. Teilsysteme des Gedächtnisses. (e) Die Methode der → Gedächtnisauslastung u. die Technik des offenen Artikulierens wurde innerhalb des Paradigmas des → Arbeitsgedächtnisses entwickelt. (f) Sämtl. → Mnemotechniken können ebenfalls als G. verwendet werden. (g) Insbes. zur Analyse des Langzeitgedächtnisses bzw. des → semantischen Gedächtnisses kommen die von der neueren wissensorientierten Gedächtnisps. entwickelten Methoden zum Tragen, die auch denk- u. sprachps. eine wichtige Rolle spielen: → Satzverifikationsaufgabe; → Satzlernen; → Faktenabruf; → lexikalische Entscheidungsaufgabe; → Begriffsfindungsaufgaben; s. a. die Stw. → fortlaufender Gedächtnisabruf; → missing scan; → mooney-pictures; → fortlaufende Darbietung; → implizites Lernen; zum Überblick vgl. die Stw. → semantisches Gedächtnis u. → semantische Netzwerktheorien; s. a. die method. Paradigmen beim → Satzlernen; Weiteres s. das Stw. → psychologische Semantik.

VD: Schon die ältere Ps. entwickelte zur kontrollierten Darbietung von Gedächtnismaterial spezielle Apparaturen, v. a. die *Gedächtnistrommel*: zwei Zylinder, über die ein verdeckter Endlospapierstreifen läuft, auf dem sich Lernmaterial befindet; in der Öffnung am oberen Ende der Apparatur wird jeweils ein Wort o. Ähnliches dargeboten. Eine Weiterentwicklung war der *Serienapparat* von Ach, das *Mnemometer* von Ranschburg u. der Apparat von Lippmann. Bei manchen klass. Versuchen wurde die

Reproduktionszeit, die Zeit vom Beginn der Darbietung einer Silbe bis zum Aussprechen der zugehörigen Silbe durch die Vp, genau gemessen, u. zwar durch die Verwendung eines *Lippenschlüssels* o. *Schalltrichters* o. eines *Hippschen Chronoskops*; vgl. zsfd. Rohracher (1953) u. Süllwold (1964).

LIT: Zum Überblick über die G. vgl. Melton (1936), McGeoch u. Irion (1952); Puff (1982); zum Überblick über Apparaturen vgl. Brickenkamp (1986); einen Überblick über Gedächtnismaße, unter bes. Berücksichtigung der Messaspekte des impliziten Gedächtnisses, liefert Richardson-Klavehn u. Bjork (1988).

◆ Bäumler, G.: Lern- u. Gedächtnistest LGT3. Göttingen 1974; Brickenkamp R. (Hg.): Handbuch ps. u. pädagog. Tests. Göttingen 1975 (2. Auflage 1997); Brickenkamp R. (Hg.): Handbuch apparativer Verfahren in der Ps. Göttingen 1986; Klimesch, W.: Struktur u. Aktivierung des Gedächtnisses. Bern 1988; McGeoch, A. u. Irion, A. L.: The psychology of human learning. New York 1952; Melton, A. W.: The methodology of experimental studies of human learning and retention. PBu 33, 1936, S. 305–394; Müller, G. E. u. Schumann, F.: Experimentelle Beiträge zur Untersuchung des Gedächtnisses. ZfPs 6, 1894, S. 81–190; Puff, C. R. (Hg.): Handbook of research methods in human memory and cognition. London 1982; Richardson-Klavehn, A. u. Bjork, R. A.: Measures of memory. ARP 1988, S. 475–543; Rohracher, H.: Einführung in die Ps. Wien 1953 (5. Aufl.); Süllwold, F.: Gedächtnistätigkeit u. Vorstellungsverlauf. In: Bergius, R. (Hg.): Lernen u. Denken. HP, 1. Bd., 2. Hlb. Göttingen 1964, S. 36–53; Wippich, W.: Lehrbuch der angewandten Gedächtnisps., 2. Bd. Stuttgart 1985.

Gedächtnispsychologie. Die Ps. des → Gedächtnisses, eine der Grunddisziplinen der → allgemeinen Psychologie. Sie beschäftigt sich einerseits mit quantitativen Fragestellungen, v. a. dem zeitl. Verlauf des Behaltens u. Vergessens: → Lernkurve, → Vergessenskurve, → Gedächtnisspanne. Hierfür hat sie zahlreiche → Gedächtnisprüfmethoden entwickelt. Grundlegende qualitative Fragestellungen betreffen die Bedingungen ökonom. → Übens, des → Vergessens, des → Transfers. Neuere Untersuchungen thematisieren die Strukturen des → Langzeitgedächtnisses, v. a. die mentale Repräsentation von Bedeutung (→ semantisches Gedächtnis) u. → Wissen. Wichtig geworden sind auch Modelle zur → Gedächtnisabsuche; Weiteres s. das Stw. → Gedächtnistheorien.

T: Die G. wird häufig in Lehrbüchern zusammen mit der → Lernpsychologie dargestellt, von jener i. e. S. unterschieden dadurch, dass jene v. a. das thematisiert, was bisweilen *Vhsgedächtnis* genannt wird (vgl. Rohracher 1968), während die G. das *Wissensgedächtnis*, also die typ., auch in der Umgangssprache als *Gedächtnis* bezeichneten Phänomene analysiert, wie z. B. das Merken von Texten u. einzelnen Zeichen. Diese Unterscheidung ist nur histor. verstehbar (s. hierzu die Semantik der Begriffe → Lernen u. → Lerntheorien; s. a. die Gegenüberstellung von lerntheoret. u. kognitivist. Ansätzen unter → Gedächtnistheorien).

HI: Die G. beinhaltet drei wichtige Paradigmen, die einander histor. ablösten: (1) Die klass. Gedächtnisforschung: Die bahnbrechenden Arbeiten wurden von Hermann Ebbinghaus u. G. E. Müller u. ihren Mitarbeitern u. Schülern durchgeführt, im Geiste der → Assoziationspsychologie, aber mit diesen Rahmen sprengenden Ausformungen u. Anreicherungen. Die klass. Gedächtnisforschung beinhaltet ein in sich geschlossenes Paradigma, das durch den Behaviourismus abgelöst u. verdrängt worden ist, dessen Bedeutung aber wieder zunehmend erkannt u. gewürdigt wird. Hier wurde eine Reihe von Gedächtnisprüfmethoden entwickelt, die erstmalig auf diesem Gebiet in großem Ausmaß Untersuchungen mit quantitativen Aspekten gestatteten; s. hierzu die Stw. → Lernkurve; → Jostsche Gesetze. (2) Zw. 1920 u. 1960 wurde die Forschung in starkem Maße von den → S-R-Theorien dominiert, die v. a. das Paradigma des → einfachen Lernens bearbeiteten (s. a. die Stw. → serielles Lernen; → Paarassoziationslernen). Sie versuchten die auf Vhsebene gefundenen Gesetze der → Konditionierung auf die kognitive Ebene des → verbalen Lernens zu übertragen; Weiteres s. d. (3)

Die moderne G. ist kognitivist. orientiert u. operiert mit Modellen, die aus dem Paradigma der → Informationsverarbeitung stammen, so v. a. innerhalb der → Mehrspeichertheorien. Dabei verwischen sich zunehmend die Grenzen zu einer allg. → kognitiven Psychologie. Häufig werden Themen aufgegriffen, die tlw. aus der → Psycholinguistik stammen: → Satzverarbeitung; → Textverarbeitung; → Textgrammatik; vgl. zum Überblick Wender (1980) sowie Grimm u. Engelkamp (1981). Durch Einbezug von Methoden der → künstlichen Intelligenz hat sich die G. zunehmend in Richtung auf eine → Wissenspsychologie entwickelt; vgl. Neisser (1982). Im Rahmen einer zunehmend stärkeren Orientierung an einer ökolog. Validität (vgl. Neisser 1982) werden nun auch in der Grundlagenforschung häufiger prakt. Aspekte thematisiert: Gedächtnisprobleme älterer Menschen, → Mnemotechnik, Zeugenps.; speziell letzteres Gebiet, ein Teilgebiet der Rechts- bzw. Kriminalpsychologie, ist seit Ende der 70er Jahre gedächtnisps. erforscht u. thematisiert worden, vgl. Loftus (1979); einen Überblick über eine solche prakt. G. gibt Wippich (1984, 1985). Im *American Psychologist* war fast die gesamte Januarausgabe 1991 dem Thema »Alltagsgedächtnis« (ähnl. »natürl.« o. »ökolog.« Gedächtnis) gewidmet; diese Debatte ging von einem provozierenden Artikel von Banji u. Crowder (1989) aus; zu ihrer Bedeutung innerhalb der gerontops. Gedächtnisforschung vgl. Gold (1995). Zunehmend gibt es auch eine Integration von Grundlagenforschung u. klin. Ps., also der Ps. der Gedächtnisstörungen.

VD: Weitere wichtige Kzpte. der klassischen G.: (a) Ein fundamentaler Faktor des Erinnerns ist nach G. E. Müller u. Pilzecker (1900) die *Perseverationstendenz*: das Phänomen, dass eine Vorstellung, die einmal im Bewusstsein war, eine Zeitlang die Tendenz hat, wieder von allein ins Bewusstsein zu steigen. (b) Das Kzpt. der *initialen Reproduktionstendenz*, ein Vorläufer gestalttheoret. Gedanken, besagt, dass jeder Bestandteil eines Vorstellungskomplexes bei seinem Wiederauftreten im Bewusstsein die Tendenz besitzt, den gesamten Vorstellungskomplex ganz u. von vorn an zu reproduzieren; vgl. Müller u. Pilzecker (1900); vgl. auch Koffka (1935). (c) Frühzeitig wurde auch die Bedeutung von Aufmerksamkeit u. Lernwille betont; das Erlernen von sinnvollem Material wurde als einfacher als das Einprägen eines sinnfreien Stoffes erkannt; des Weiteren wurde die Bedeutung des Rhythmus' analysiert, auch die sog. *Vorstellungstypen* (visueller, akust. motor. Typus). (d) Mit der Idee der *retroaktiven Hemmung* wurde das → Interferenz-Konzept begründet; vgl. zsfd. Süllwold (1964). Eine Würdigung des wissenschaftl. Werkes von Ebbinghaus ist Sprung u. Sprung (1985); zu neueren Ansätzen vgl. Traxel u. Gundlach (1986, 1987), darin auch zahlreiche biograph. Angaben u. eine Bibliographie der Schriften von Ebbinghaus; Klimesch (1988) weist darauf hin, dass etl. moderne gedächtnisps. Paradigmen (den neueren Autoren tlw. unbekannt) Vorläufer innerhalb der klass. dt. Gedächtnisforschung haben.

LIT: Lehrbücher der G. sind Bredenkamp u. Wippich (1977); Jüttner (1979); Baddeley (1979); Arbinger (1984); Pakin (1996); Loftus u. Loftus (1976); Klatzky (1980); ein Sammelreferat ist Wippich u. Mecklenbräuker (1988); ein Überblick über ältere Ansätze der G. findet sich v. a. bei Bergius (1964); Süllwold (1964); Rohracher (1968); Murray (1980); einen Überblick über interdisziplinäre Ansätze liefern Schmidt (1991) sowie Soloman u. a. (1989); einen histor. Überblick liefert Cofer (1976); ein Sammelband zu Problemen, Trends u. Perspektiven der gegenwärtigen Gedächtnisforschung ist Dörner u. van der Meer (1995); zur Interaktion von Gedächtnisforschung u. Sprachps. vgl. Hermann (1995); zu Gedächtnisstörungen vgl. Kapur (1988); Mayes (1988); Parkin (1987); für einen Überblick über die aus persönlichkeitsps.-psychometr. Perspektive entwickelten Ansätze, insbes. auch zur Frage des Zusammenhangs von G. u. Intelligenz, vgl. Fleischmann (1989); ein Lehrbuch der prakt. Ps. ist Wippich (1984, 1985); speziell zum Themenkreis Gedächtnis u. Alter vgl. Fleischmann (1989) – ein Buch, in dem Grundlagenforschung u. prakt. Anwendung auf interessante Weise integrativ dargestellt werden; vgl. hierzu auch Knopf (1993); Fleischmann (1993); zu Gedächtnistrainingsmöglichkeiten bei Kindern vgl.

Hasselhorn u. Mähler (1993); zum Gedächtnistraining bei Hirngeschädigten vgl. Daum (1993); weitere anwendungszentrierte Bücher sind Gruneberg u. Morris (1979); Gruneberg u. a. (1978): vgl. auch Baddeley (1990); zu neurops. u. psychopatholog. Aspekten vgl. Weinmann u. Hunter (1990); zur krit. Analyse der gedächtnisps. Forschungen vgl. Claxton (1978); Tulving (1979); Neisser (1978); zur krit. Analyse des Verhältnisses von Grundlagenforschung u. neurops. Praxis vgl. Shallice (1979); zur historischen Eindordnung u. Würdigung der ebbinghausschen Gedächtnispsychologie vgl. verschiedene Beiträge in Klix und Hagendorf (1986).

◆ Alba, J. W. u. Hasher, L. S.: Is memory schematic? PBu 93, 1983, S. 203–231; Alkon, D.: Gedächtnisspur. Auf der Suche nach der Erinnerung. Stuttgart 1995; Arbinger, R.: Gedächtnis. Darmstadt 1984; Baddeley, A.: Die Ps. des Gedächtnisses. Stuttgart 1979; Baddeley, A.: Human memory: theory and practice. London 1990; Baddeley, A. u. a. (Hg.): Handbook of memory disorders. Chichester 1995; Banji, R. M. u. Crowder, R. G.: The bankruptcy of everyday memory. AmP 44, 1989, S. 1185–1193; Bartlett, F. C.: Remembering. Cambridge 1932; Bergius, R. (Hg.): Lernen u. Denken. HP, 1. Bd., 2. Hlb. Göttingen 1964; Bergius, R.: Einfache Lernvorgänge. In: Bergius (1964) S. 147-225; Bredenkamp, J. u. Wippich, W.: Lern- u. Gedächtnisps., 2. Bd. Stuttgart 1977; Brown, A. L. u. de Loache, J. S.: Skills, plans and self-regulation. In: Siegler, R. S. (Hg.): Childrens-thinking: what develops? Hillsdale 1978; Brown, A. u. a.: Learning, remembering and understanding. In: Flavell, J. H. u. Markman, E. M. (Hg.): Handbook of child psychology: Cognitive development, 3. Bd. New York 1983, S. 515–629; Chi, M. T. H. (Hg.): Trends in memory development research, 9. Bd. Basel 1983; Claxton, G.: Special review feature: memory research. BJP 69, 1978, S. 513–520; Cofer, C. N.: Historical perspective. In: Cofer, C. N. (Hg.): The structure of human memory. San Francisco 1976; Collins, A. F. u. a. (Hg.): Theories of memory. Hillsdale 1993; Daum, I.: Gedächtnistraining bei Hirngeschädigten: Was bieten allgemeinps. Ansätze? In: Klauer, K. J. (Hg.): Kognitives Training. Göttingen 1993, S. 361–377; Dörner, D. u. van der Meer, E. (Hg.): Das Gedächtnis. Göttingen 1995; Ebbinghaus, H.: Über das Gedächtnis. Leipzig 1885; Ebbinghaus, H.: Grundzüge der Ps., 1. Bd. Leipzig 1897; Ebbinghaus, H.: Abriß der Ps. 1908; Ebbinghaus, H.: Urmanuskript Ueber das Gedächtniß.(Neu herausg. von W. Traxel) Passau 1983; Ebert, E. u. Meumann, E.: Über einige Grundfragen der Ps. der Übungsphänomeme im Bereich des Gedächtnisses. AfgP 4, 1905, S. 1–232; Engelkamp, J.: Das menschl. Gedächtnis. Göttingen 1990; English, H. B. u. English, A. C.: A comprehensive dictionary of psychological and psychoanalytic terms. London 1958; Flavell, J. H.: Development studies in mediated memory. In: Reese, H. W. u. Lipsitt, L. P. (Hg.): Advances in child development in behaviour, 5. Bd. New York 1970, S. 181–211; Flavell, J. H.: What is memory development the development of? HD 14, 1971, S. 225–286; Flavell, J. H.: Cognitive development. Englewood Cliffs 1985; Fleischmann, U. M.: Gedächtnis u. Alter. Bern 1989; Fleischmann, U. M.: Kognitives Training im höheren Lebensalter unter besonderer Berücksichtigung von Gedächtnisleistungen. In: Klauer, K. J. (Hg.): Kognitives Training. Göttingen 1993, S. 343–361; Flohrey, E.: MEMORIA: Geschichte der Kzpte. über die Natur des Gedächtnisses. In: Flohrey, E. u. Breidbach, O.: (Hg.): Das Gehirn – Organ der Seele. Berlin 1993, S. 151–216; Foppa, K.: Lernen, Gedächtnis, Vh. Köln 1975 (9. Aufl.); Gold, A.: Gedächtnisleistungen im höheren Erwachsenenalter. Bern 1995; Grimm, H. u. Engelkamp, J.: Sprachps.: Handbuch u. Lexikon der Psycholinguistik. Berlin 1981; Gruneberg, M. M. u. a. (Hg.): Practical aspects of memory. London 1978; Gruneberg, M. M. u. Morris, P. E. (Hg.): Applied problems in memory. London 1979; Hasselhorn, M. u. Mähler, C.: Möglichkeiten u. Grenzen der Beeinflußbarkeit des Lern- u. Gedächtnisfalls von Kindern. In: Klauer, K. J. (Hg.): Kognitives Training. Göttingen 1993, S. 301–319; Hebb, D. O.: The organization of behaviour. New York 1949; Hell, W.: Gedächtnistäuschungen. In: Hell, W. u. a. (Hg.): Kognitive Täuschungen. Heidelberg 1993, S. 13–39; Herrmann, T.: Gedächtnis u. Sprache. Zum Problem des Blickpunktes. In: Dörner u. van der Meer (1995) S. 199–226; Hilgard, E. R. u. Bower, G. H.: Theorien des Lernens, 1. Bd. Stuttgart 1971; Horn, G.: Memory, imprinting and the brain. Oxford 1985; Jost, A.: Die Accociationsfestigkeit in ihrer Abhängigkeit von der Verteilung der Wiederholungen. ZfPs 14, 1897, S. 436–472; Jüttner, C.: Gedächtnis. München 1979; Kail, R. u. Hagen, J. W. (Hg.): Perspectives on the development of memory and cognition. Hillsdale 1977; Kail, R.: The development of memory in children. San Francisco 1979; Kapur, N.: Memory disorders in clinical practice. London 1988; Katzenberger, L. F.: Gedächtnis o. Gedächtnisse? München 1967; Kintsch, W.: Gedächtnis u. Kognition. Berlin 1982; Klatzky, R. L.: Human memory: structures and processes. San Francisco 1980; Klimesch, W.: Struktur u. Aktivierung des Gedächtnisses. Bern 1988; Klix, F. u. Hagendorf, H. (Hg.): Human memory and cognitive capabilities: mechanisms and performances, 2 Bde. Amsterdam 1986; Knopf, M.: Gedächtnis im Alter. Berlin 1987; Knopf, M.: Gedächtnistraining im Alter. In: Klauer, K. J. (Hg.): Kognitives Training. Göttingen 1993, S. 319–343; Körkel, J.: Die Entwicklung von Gedächtnis- u. Meta-Gedächtnisleistungen in Abhängigkeit von bereichspezif. Vorkenntnissen. Frankfurt/M. 1987; Koffka, K.: Grundlagen der psych. Entwicklung. Osterwieck 1925; Koffka, K.: Principles of gestalt psychology. New York 1935; Lindworsky, J.: Fordern die Reproduktionserscheinungen ein psych. Gedächtnis? Philos. Jahrb. 1920; Lockhart, R. S.: Remembering events: discussion of papers by Jacoby and Craik, Battig and Nelson. In: Cermak, L. S. u. Craik, F. I. M. (Hg.): Levels of processing in human memory. Hillsdale 1979; Loftus, G. R. u. Loftus E. F.: Human memory: The processing of information. Hillsdale 1976; Loftus, E. F.: Eyewitness testimony. Cambridge 1979; Markowitsch, H. J.: Neurops. des Gedächtnisses. Göttingen 1992; Marler, P. u. Terrace, H. S. (Hg.): The biology of learning. Berlin 1984; Mayes, A. R.: Learning and memory disorders and their assessment. NP 24, 1986, S. 25–39; Mayes, A. R.: Human organic memory disorders. Cambridge 1988; Meynert, T.: Klin. Vorlesungen über Psychiatrie. Wien 1890; Milner, B.: Memory disturbances after bilateral hippocampal lesions. In: Milner, B. u. Clickman, S. (Hg.): Cognitive processes and the brain. New York 1965; Müller, G. E. u. Schumann, F.: Experimentelle Beiträge zur Untersuchung des Gedächtnisses. ZfPs 6, 1894, S. 81–190; Müller, G. E. u. Pilzecker, A.: Experimentelle Beiträge zur Lehre vom Gedächtnis. ZfPs (Suppl. Nr. 1) 1900; Müller, G. E.: Abriß der Ps. Göttingen 1924; Murray, D. J.: Research on human memory in the nineteenth century. In: Seamon, J. G.: Human memory. Contemporary Readings. New York 1980; Naus, M. J.: Memory development in the young reader. In: Otto, W. u. White, S. (Hg.): Reading expository material. New York 1982; Naus, M. J. u. Ornstein, P. A.: Development of memory strategies: analysis, questions and issues. In: Chi (1983), S. 1–30; Navon, D.: Resources – a theoretical supstone? PR 91, 1984, S. 216–223; Neisser, U.: Kognitive Ps. Stuttgart 1974 (Orig.: 1967); Neisser, U.: Memory: what are the important questions? In: Gruneberg, M. M. u. a. (Hg.): practical aspects of memory. London 1978; Neisser, U. (Hg.): Memory observed: remembering in natural contexts. San Francisco 1982; Pakin, E. J.: Gedächtnis. Ein einführendes Lehrbuch. Weinheim 1996; Parkin, A.J.: Memory and amnesia: an introduction. Oxford 1987; Penfield, W.: The interpretive cortex. Science 129, 1959, S. 1719–1725; Perlmutter, M.: What is memory aging the aging of? DP 14, 1978, S. 330–345; Perrig, W. J. u. a.: Unbewußte Informationsverarbeitung. Bern 1993; Prentice, W. C. H.: The systematic psychology of Wolfgang Köhler. In: Koch, S. (Hg.): Psychology: A study of a science 1. Bd., S. 427–457. 1959; Prinz, W.: Wahrnehmung u. Tätigkeitssteuerung. Berlin 1983; Reed, G.: Everyday anomalies of recall and recognition. In: Kihlstrom, J. F. u. Evans, F. J. (Hg.): Functional disorders of memory. Hillsdale 1979; Riley, D. A.: Memory for form. In: Postman, L. (Hg.): Psychology in the making. New York 1964; Rohracher, H.: Die Vorgänge im Gehirn u. das geistige Leben. Leipzig 1939; Rohracher, H.: Gedächtnis u. Lernen. In: Meili, R. u. Rohracher, H. (Hg.): Lehrbuch der experimentellen Ps. Bern 1968 (2. Aufl.), S. 115–172; Schmidt, S. (Hg.): Gedächtnis. Probleme u. Perspektiven der interdisziplinären Gedächtnisforschung. Frankfurt/M. 1991; Schürer-Necker, E.: Gedächtnis u. Emotion. Weinheim 1994; Schumann-Hengsteler, R.: Die Entwicklung des visuell-räuml. Gedächtnisses. Göttingen 1995; Schweizer, K.: Kognitive Korrelate der Intelligenz. Göttingen 1995; Shallice, T.: Neuropsychological research and the fractionation of memory systems. Hillsdale 1979; Shallice, T.: Specific impairments of planning. Philosophical Transactions of the Royal Society of London B 298, 1982, S. 199–209; Shallice, T.: From neuropsychology to mental structure. Cambridge 1988; Soloman, P. R. u. a. (Hg.): Memory: interdisziplinary approaches. New York 1989; Sprung, L. u. Sprung, H.: Hermann Ebbinghaus zum Gedenken – Leben, Werk u. Wirken für eine wissenschaftl. Ps. ZfPs 193, 1985, S. 1–7; Squire, L. R. u. Butters, N. (Hg.): Neuropsychology of memory. New York 1984; Squire, L. R.: The neuropsychology of memory dysfunction and its assessment. In: Crant, I. u. Adams, K. M. (Hg.): Assessment of neuropsychiatric disorders. Oxford 1986, S. 268–299; Squire, L. R.: Memory and brain. Oxford 1987; Stern, L. D.: A review of theories of human amnesia. MuC 9, 1981, S. 247–262; Süllwold, F.: Gedächtnistätigkeit u. Vorstellungsverlauf. In: Bergius (1964), S. 36–52; Traxel, W. u. Gundlach, H.: Ebbinghaus Studien, 2 Bde. 1986, 1987; Tulving, E.: Memory research: kind of progress. In: Nilsson, N. (Hg.): Perspectives on memory research. Hillsdale 1979, S. 19–32; Waldmann, M. u. Weinert, F. E.: Intelligenz u. Denken. Göttingen 1990; Weinert, F. E.: Entwicklungsabhängigkeit des Lernens u. des Gedächtnisses. In: Montada, L. (Hg.): Brennpunkte der Entwicklungsps. Stuttgart 1979, S. 61–76; Weinert, F. E. u. a.: Von allg. Theorien der Gedächtnisentwicklung zur Analyse spezif. Lern- u. Erinnerungsvorgänge. In: Amelang, M. (Hg.): Bericht über den 35. Kongreß der Dt. Ges. für Ps. in Heidelberg 1986. Göttingen 1987, S. 447–461; Weinmann, J. u. Hunter, J. (Hg.): Memory: abnormal and clinical perspectives. London 1990; Wender, K. F. u. a.: Modelle des menschl. Gedächtnisses. Stuttgart 1980; Wippich, W.: Lehrbuch der angewandten Gedächtnisps., 1. Bd. Stuttgart 1984; Wippich,

W.: Lehrbuch der angewandten Gedächtnisps., 2. Bd. Stuttgart 1985; Wippich, W. u. Mecklenbräuker, S.: Human learning and memory research in the German speaking countries. GJP 12, 1988, S. 283ff.; Woody, C. D.: Memory, learning and higher brain function. Berlin 1982; Wulf, F.: Über die Veränderung der Vorstellung (Gedächtnis u. Gestalt). PF 1, 1922, S. 333–373; Ziehen, T.: Leitfaden der physiolog. Ps. Jena 1914 (10. Aufl.); Ztschr.: Arbeiten über das Gedächtnis erscheinen gewöhnl. in folgenden experimentellen Zeitschriften: British Journal of Psychology, Journal of Experimental Psychology, Journal of Verbal Learning and Verbal Behaviour, Journal of Memory and Language (Nachfolger des Vorhergehenden), Psychological Review, Psychonomic Science, Quarterly Journal of Experimental Psychology.

Gedächtnisspanne [engl. *memory span*; *rehearsal span*], die Anzahl von Gedächtnis-Items, die nach einer einmaligen Darbietung reproduziert werden können (s. a. das Stw. → Aufmerksamkeitsspanne), durchschnittl. etwa 7 ± 2 Einheiten, was schon von Ebbinghaus (1885) festgestellt u. durch spätere Untersuchungen bestätigt wurde. Bereits Wundt hat hervorgehoben, dass diese Kapazitätzahlen sich auf die Zahl der Items beziehen, gleichgültig wie informationshaltig sie sind: Buchstaben, Zahlen (meist einstellige Zahlen, also Ziffern), Wörter, Bilder (→ Chunking). Die *akust.* G. ist größer als die *visuelle* (bei Kindern umgekehrt). Die Begrenzung der G. wird in der modernen Gedächtnisps. nicht mehr so sehr als Kapazitätsbegrenzung gesehen, sondern als Verarbeitungsbegrenzung; danach determiniert nicht eine Reihe vorgegebener »Kästchen« die G., sondern Prozesse, die innerhalb einer gewissen Zeit durchgeführt werden können; die G. für Zahlen lässt sich nach dieser modernen Ansicht also nicht einfach in Einheiten angeben, sondern nach der Anzahl der Ziffern, die innerhalb einer begrenzten Zeitspanne verarbeitet werden können; vgl. zum Überblick Baeriswyl (1989). Case (1978) hat ein Entwicklungsmodell aufgestellt, das eine anwachsende Kapazität der G. als wesentl. Faktor der geistigen Entwicklung annimmt.

Eine wichtige method. Ausformung der Grundidee der G. ist v. a. die *Zahlenspanne*, die in der psychometr. wie auch in der experimentellen Forschung gleichermaßen Verwendung findet: Abfolgen einstelliger Zahlen werden im Tempo eine Zahl pro Sekunde vorgesprochen; Testwert ist die maximale Länge einer abfolgerichtig wiedergegebenen Zahlenfolge. Die *Lesespannenaufgabe* besteht darin, dass Versuchsteilnehmer eine Reihe von Sätzen vorgegeben bekommen, wb. sie die jeweils letzten Wörter der Sätze erinnern sollen. Die Wiedergabe erfolgt entweder unmittelbar o. verzögert, auch die Darbietungsgeschwindigkeit kann variieren. Bei der quantitativen Definition der Spanne stehen sich gegenüber: fehlerlose Wiedergabe in 50 % aller Fälle vs. arithmet. Mittel aller richtig wiedergegebenen Items; vgl. Dempster (1981). Bis heute ist die Frage nach den individuellen Differenzen der G. nicht völlig geklärt. Schon im vorigen Jahrhundert wurde in der Ps. eine Beziehung zw. dem Kurzzeitgedächtnis u. der Intelligenz vermutet, ein Zusammenhang, der sich allerdings empir. nicht immer bestätigt hat; retadierte Personen haben eine geringere Zahlenspanne, aber sowohl innerhalb des oberen Begabungsbereichs als auch zw. Hochbegabten können mit der Methode der G. keine Unterschiede gefunden werden; vgl. hierzu zsfd. Waldmann u. Weinert (1990).

KR: Es ist ein schwieriges Problem, ob die als *G.* bezeichnete Methode tatsächl., wie der Name suggeriert, die Kapazität eines speziellen Gedächtnisses, des → Kurzzeitgedächtnisses, widerspiegelt; vgl. hierzu Watkins (1974ff.), der betont, dass durch diese Methode Prozesse der Speicherung, Verarbeitung u. Reproduktion vermengt werden (s. a. → Arbeitsgedächtnis). Insbes. stört das aktuelle Erinnern das Behalten der schon gelernten Informationen. Es wurden deshalb andere Aufgaben entwickelt, in der die Versuchsteilnehmer Listen mit 9 Zahlen merken sollten, danach aber nur die ers–

ten, die mittleren u. die letzten 3 Zahlen wiedergeben mussten. Hierbei zeigte sich, dass retardierte Personen v. a. beim Erinnern des Anfangsbereichs defizitär sind, was als strateg. Defizit interpretiert wird, da der üblicherweise gefundene Erinnerungsvorteil des Anfangsitems auf Strategien wie aktives Memorieren zurückzuführen ist. Ähnl. Befunde liefern Untersuchungen mit der *gleitenden* G. (s. u.); vgl. Cohen u. Sandberg (1980); Watkins kommt mit Berechnungen, die auf dem → Recency-Effekt beruhen, auf nur drei Items.

VD: (1) Die G. lässt sich durch Übung verbessern: Ebert u. Meumann (1905) beobachteten bis zu 12 Treffer; die Untersuchungen von Chase u. Ericsson (1982) zeigen, dass es mögl. ist, durch Verwendung von → Mnemotechniken u. intensives Training auf eine Spanne von 82 Zahlen zu kommen; vgl. zu theoret. Ansätzen Ericsson (1985). Außerdem hat sich gezeigt, dass durch Übung hohe Leistungen auch bei einer Präsentationsrate von drei Zahlen pro Sekunde mögl. ist, eine Geschwindigkeit, von der man vorher annahm, dass bei ihr Nutzung von Vorwissen unmögl. sei.

(2) Als Faktoren, die die G. beeinflussen, wurden gefunden: die Art des Materials, die Sinnesmodalität der Aufnahme, die Präsentationsgeschwindigkeit, die Auswertungsmethode, aber auch Faktoren wie die Ermüdung der Vp, Tageszeit des Tests, Übungseffekte u. Drogen; auch Verarbeitungsprozesse wie → Gruppierung, Assoziationen-Bilden o. Rhythmisieren spielen eine Rolle; vgl. zsfd. Baeriswyl (1989); s. auch → akustisches Gedächtnis.

(3) Method. Differenzierungen: (a) Eine häufige Variation ist die sog. *Supraspannen-Technik*: Hier wird der Vp eine Liste mit mehr Items dargeboten, als sie nach einem Durchgang behalten kann (ca. 9–18); unmittelbar nach der Darbietung erfolgt die Wiedergabe der behaltenen Items in der vorgegebenen Reihenfolge; Watkins (1977) meint, dass mit dieser Technik nicht die G., sondern die Gedächtniskapazität gemessen werde, wb. er v. a. auf die größere Anzahl u. Komplexität der Abrufprozesse verwies. Da bei der Supraspanne nicht alle Items wiedergegeben werden, hängt die Wahrscheinlichkeit der Wiedergabe von mehreren Faktoren ab, wie der Itempositon u. auch von bestimmten Speicher- u. Abrufstrategien des Individuums. (b) Bei der *Rückwärtsspannen-Technik* müssen die Items rückwärts wiedergegegeben werden, was häufiger mit dem IQ korreliert. (c) Bei der *serialen G.* wird der Vp eine Folge von Items dargeboten, die sie in der Reihenfolge der Darbietung reproduzieren soll; diese Methode wurde schon von Jakobs (1887) entwickelt. (d) Bei der sog. *gleitenden G.* (engl. *running memory span*) haben – im Unterschied zur *stat. G.* – die Vpn keine Informationen über die Länge der vorgegebenen Reihe, weswegen die Reproduktionsraten deutl. niedriger liegen.

LIT: Eine ältere Überblicksarbeit ist Blankenship (1938); eine Übersichtsanalyse von 150 Arbeiten aus den 60er u. 70er Jahren ist Dempster (1981).

◆ BAERISWYL, F.: Verarbeitungsprozesse u. Behalten im Arbeitsgedächtnis. Heidelberg 1989; BLANKENSHIP, A. B.: Memory span: a review of the Literature. PBu 35, 1938, S. 1–25; CASE, R.: Intellectual development from birth to adulthood: a neo-Piagetian interpretation. In: ZIEGLER, R. S. (Hg.): Children's thinking: what develops? Hillsdale 1978, S. 37–72; CHASE, W. G. u. ERICSSON, K. A.: Skill and working memory. In: BOWER, G. H. (Hg.): The psychology of learning and motivation, 16. Bd. New York 1982, S. 1–58; COHEN, R. L. u. SANDBERG, T.: Intelligence and short-term memory: a clandestine relationship. I 4, 1980, S. 319–331; DEMPSTER, F. N.: Memory span: source of individual and development differences. PBu 89, 1981, S. 63–100; EBBINGHAUS, H.: Über das Gedächtnis. Leipzig 1885; EBERT, E. u. MEUMANN, E.: Über einige Grundfragen der Ps. der Übungsphänomene im Bereich des Gedächtnisses. AfgP 4, 1905, S. 1–232; ERICSSON, K. A.: Memory skill. CJP 39, 1985, S. 188–231; JACOBS, J.: Experiments on »prehension«. Mind 12, 1887, S. 75–79; MURDOCK, B. B.: Human memory: theory and data. Hillsdale 1974; WALDMANN, M. u. WEINERT, F. E.: Intelligenz u. Denken. Göttingen 1990; WATKINS, M. J.: Concept and measurement of primary memory. PBu 81, 1974, S. 529–534; WATKINS, M. J.: The intricacy of memory span. MuC 5, 1977, S. 695–711; WECHSLER, D.: Hamburg-Wechsler-Intelligenz-Test für Erwachsene (HAWIE). Bern 1956.

Gedächtnisspur → Spurentheorie.

Gedächtnisstrategien. Sämtl. gedächtnisps. Modelle aus dem Paradigma der → Informationsverarbeitung unterscheiden *strukturelle* Parameter des Gedächtnisprozesses von sog. *Kontroll-* bzw. *strateg.* Prozessen; Letztere betreffen z. B. Stimulusanalyse, Änderung der Aufnahmebereitschaft, Organisations- u. Gruppierungs-Strategien, wie Wiederholen, Memorieren, Suche im Langzeitgedächtnis. Der Grundansatz der neueren entwicklungsps. Forschungen zur Gedächtnisentwicklung ist der, dass v. a. diese strateg. Prozesse für die individuellen Unterschiede verantwortl. sind. Während einige Autoren den Begriff ausschließl. für bewusste u. willentl. Kontrollvorgänge reservieren wollen (z. B. Naus u. Ornstein 1983), präferieren andere eine weniger restriktive Definition, die prinzipiell auch die Subsumierung automat. Prozesse zulässt (z. B. Brown u. a. 1983); vgl. zsfd. Kail u. Siegel (1977); Flavell (1979). G. werden auch innerhalb der → Mnemotechnik analysiert bzw. entwickelt u. zunehmend auch innerhalb der Grundlagenforschung thematisiert; von großer Wichtigkeit ist eine ganz elementare G., näml. die G. des *inneren Wiederholens* (→ Memorieren); vgl. auch → psychologische Heuristik.

◆ Kail, R. V. u. Siegel, A. W. (Hg.): Perspectives on the development of memory and cognition. Hillsdale 1977; Flavell, J. H.: Kognitive Entwicklung. Stuttgart 1979; Brown, A. L. u. a.: Learning, remembering and understanding. In: Flavell, J. H. u. Markman, E. M. (Hg.): Handbook of child psychology: Cognitive development, 3. Bd. New York 1983, S. 515–629; Naus, M. J. u. Ornstein, P. A.: Development of memory strategies: Analysis, questions and issues. In: Chi, M. T. H. (Hg.): Trends in memory development research, Bd. 9. Basel 1983, S. 1–30.

Gedächtnissuche → Erinnern; → Sternberg-Paradigma; → Gedächtnisabsuche.

Gedächtnistäuschungen → Gedächtnis.

Gedächtnistests → Gedächtnisprüfmethoden.

Gedächtnistheorien. (1) Grundproblem jeder G. ist die Frage nach den ps. Bedingungen des Behaltens u. Vergessens. Dabei besteht eine grundsätzl. Dichotomie: Einmal wird das → Vergessen u. einmal das → Erinnern als entscheidender erklärungsbedürftiger Prozess angesehen; viele G. sind eigentl. Theorien des Vergessens, da das Erinnern gewissermaßen als Selbstverständlichkeit postuliert wird. In extremer Form artikuliert sich diese Position in einem Postulat, das von so unterschiedl. Theorien wie den lerntheoret. (bzw. assoziationstheoret.) G., der psa. G. u. auch bestimmten neurophysiolog. G. vertreten wird, dass einmal Gespeichertes »ewig« erhalten bleibt u. dass erst zur Erklärung des »Versagens« eines solch überdauernden Substrats aktive Prozesse angenommen werden müssen. Die Psa. operiert v. a. mit dem Kzpt. der → Verdrängung, die lerntheoret. G. v. a. mit dem der → Interferenz. Demgegenüber behaupten die → Spurenzerfallstheorien einen autonomen Vergessensprozess, also einen Zerfall der Gedächtnisspuren als Grundlage des Nicht-mehr-erinnern-Könnens. Den Interferenztheorien entsprechen als sozusagen »positive« G. die → Assoziationstheorien, die den Zerfallstheorien entsprechenden Theorien fasst Neisser (1974) unter dem Oberbegriff »Fächertheorien«. Die Kontroverse zw. beiden war eine der großen theoret. Auseinandersetzungen der Gedächtnisps., zur Diskussion der Vor- u. Nachteile beider Theorien u. einer Alternativtheorie vgl. Neisser (1974), der

v. a. die Bedeutung des Rhythmus als organisierendes Prinzip hervorhebt.

(2) Sämtl. G. bewegen sich in einem Spannungsfeld zw. einem *physiolog.* u. einem *ps.* Ansatz. Auch wenn in der Ps. vorwiegend die *ps.* Bedingungen des Behaltens u. Vergessens von Gedächtnisinhalten thematisiert werden, so werden in vielen Ansätzen implizit hypothet. neurophysiolog. Prozesse postuliert, eine Art »konzeptuelles Nervensystem«. Grundansatz ist die – fast tautolog. → Spurentheorie des Gedächtnisses, dass die mentalen Repräsentationen neurophysiolog. »Engramme« im Gehirn hinterlassen, u. in dieser Tradition wurde seit Anfang der Gedächtnisps. eine Reihe von Theorien entwickelt, die zw. einer ps. u. neurophysiolog. (bzw. neurolog.) Ebene oszillieren: klass. war die *Ausschleifungstheorie* (Meynert 1890; Ziehen 1914), weitere physiolog. Theorien wurden von Semon (1908) u. Lindworsky (1920) entwickelt. Auch die → Gestalttheorie beinhaltete solche hypothet. neurophysiolog. Modelle. Bisweilen wird dabei differenziert zw. strukturellen Spuren, die dem Langzeitgedächtnis, u. eher flüchtigen, die dem Kurzzeitgedächtnis zugrunde liegen sollen, wie z. B. in der histor. wichtigen Theorie von Hebb, die als zentrale Annahme beinhaltet, dass das Kurzzeitgedächtnis sich durch kurzfristige Erregungskreise (engl. *reverbary circuits*) konstituiert, welche von den das Langzeitgedächtnis bildenden »abgelagerten Residuen« zu unterscheiden seien; vgl. zum Überblick über ältere Ansätze Rohracher (1968). Dies führt auf Grundprobleme der → physiologischen Psychologie bzw. der → Neuropsychologie überhaupt, näml. der Frage der neurolog. Repräsentation psych. Inhalte; hier stehen sich zwei Theorien gegenüber: auf der einen Seite die *Lokalisationstheorien*, auf der anderen Seite Theorien, die in stärkerer Weise *holist.* Prinzipien betonen; vgl. zum Überblick Shallice (1982, 1988); Woody (1982); Horn (1985); Marler u. Terrace (1984); Squire u. Butters (1984); Squire (1987); vgl. auch → Modularismus.

(3) Eine große Kontroverse (heute nur noch von histor. Bedeutung) war die zw. Assoziationstheorien auf der einen Seite u. der → Gestalttheorie auf der anderen Seite: Erstere sehen G. elementarist. v. a. durch den Aufbau von Assoziationen entstanden u. Vergessen dementsprechend durch die Zerstörung dieser Assoziationen. Assoziationstheoret. orientiert war schon die klassische → Gedächtnispsychologie, welche die Gedächtnisps. überhaupt begründete. Sie formulierte die sog. *Reproduktionsgesetze*, die weitgehend den → Assoziationsgesetzen entsprechen; vgl. Süllwold (1964). Ganzheitl. Ansätze wie v. a. die Gestalttheorie betonen in stärkerem Maße die Bedeutung komplexerer Einheitsbildungsprozesse: Gedächtnis besteht nicht im »Zusammenkleistern« von Elementen, sondern im Bilden neuer → Gestalten, die als solche auch eine eigene motivationale Dynamik beinhalten. Weder die Assoziationstheorie noch die → Konditionierungs-Theorie sind gem. der Gestalttheorie hinreichende Bedingungen für Lernprozesse; dagegen wird die Bedeutung der → Einsicht hervorgehoben, die Rolle der Vorerfahrungen wird als gering angesehen. Koffka (1935) spezifiziert dies dahingehend, dass Gedächtnisinhalte eine Tendenz zur *Normalisierung* haben, insbes. zu *Nivellierung*, *Symmetrisierung* u. *Pointierung*. Diese

These einer autonomen Veränderung der Gedächtnisinhalte wird auch als *Spurenveränderungs-* bzw. *Spurentransformationstheorie* bezeichnet. Eine klass. Arbeit hierzu ist Wulf (1922), in der gezeigt wird, dass Vorlagen im Gedächtnis regelmäßiger wiedergegeben werden, als sie in der Realität sind, dass z. B. ein Kreis mit kleinen Unregelmäßigkeiten sich immer mehr in Richtung auf einen idealen Kreis hin verändert. Es gibt allerdings wenige empir. Untersuchungen hierzu (vgl. Hilgard u. Bower 1971); eine mit der Gestalttheorie sympathisierende, wenn auch krit. Darstellung findet sich bei Prentice (1959); vgl. zu Alternativerklärungen Riley (1964). Ein aus solchen gestalttheoret. Ansätzen hervorgegangenes Kzpt. bzw. Phänomen ist der sog. → Von-Restorff-Effekt. Zu einer Gegenüberstellung speziellerer assoziationstheoret. u. gestalttheoret. Ansätze vgl. die Stw. → Paarassoziationslernen u. → serielles Lernen. Einen ähnl. ganzheitl. Ansatz beinhaltet die Theorie von Bartlett (1932).

(4) Mit dieser Kontroverse war auch die vorwiegend in den 60er u. 70er Jahren geführte Auseinandersetzung zw. den *Lerntheorien* u. den modernen *kognitivist.* G. vorbereitet: (a) Gedächtnis wird innerhalb der Lerntheorien im Grunde epiphänomenal gesehen, es handele sich um »verdeckte« S-R-Prozesse, Gedächtnis bedürfe, wie Lernen auf Vhsebene, der → Verstärkung, Vergessen sei dementsprechend der → Extinktion gleichzusetzen. Wesentl. war die damit einhergehende → Interferenztheorie des Vergessens (Weiteres s. d.). Wichtig geworden sind die empir. Einzeluntersuchungen innerhalb der mit dem lerntheoret. Ansatz einhergehenden method. Grundparadigmen, dem Paarassoziationslernen u. dem seriellen Lernen; als Oberbegriff wird häufig das Kzpt. des → einfachen Lernens verwendet. Diese Ansätze stehen sozusagen zw. der *Lernps.* u. der *Gedächtnisps.* im speziellen Sinne der Begriffe. (b) Die kognitivist. Theorien dagegen sehen das Gedächtnis-Konstrukt als primär an, Verstärkung sei im Allg. kein notwendiger Mechanismus des (kognitiven) Lernens, bei Gedächtnisprozessen werde eine → mentale Repräsentation aufgebaut, die vielerlei unterschiedl. → Kodierungs-Formen beinhalten kann, dabei wird der ursprüngl. Stimulus vollständig transformiert u. in übergeordnete Gedächtnissysteme integriert u. verliert häufig seine Konkretheit (→ propositionale Wissensrepräsentation). Bei diesen Verarbeitungsprozessen spielen zahlreiche Selektionsprozesse u. bewusste → Gedächtnisstrategien eine Rolle, auch Faktoren der → Gruppierung, speziell des → Chunking u. des → Clustering, u. das nicht nur bei der Speicherung, sondern auch beim Abruf: Während das elementare lerntheoret. Modell davon ausgeht, dass Erinnern darin besteht, dass die Assoziationsstärke einen krit. Schwellenwert überschreitet, sehen kognitionstheoret. Ansätze den Abruf eher als einen komplexen Such- u. Entscheidungsprozess.

(5) Sämtl. neueren G. zu spezielleren Problemen stehen unter diesem kognitivist. Leitmotiv: (a) → Mehrspeichertheorien des Gedächtnisses postulieren eine Dichotomie zw. einem Kurzzeit- u. Langzeit-Gedächtnis; s. auch das Stw. → Brown-Peterson-Methode. Eine wesentl. Weiterentwicklung ist dabei das Kzpt. des → Arbeitsgedächtnisses. (b) Eher aus wahrnehmungsps. Tradition heraus entstanden hierbei zahlreiche bedeutende

Theorien zur → Gedächtnisabsuche; Weiteres s. d. (c) Die → Verarbeitungsebenen-Theorie hebt in bes. Maße den prozessualen Aspekt einer Verarbeitung von Gedächtnisinhalten hervor; sie steht in partiellem Widerspruch zu den Mehrspeichertheorien, insofern sie das Kzpt. substantialisierter Speicher kritisiert. (d) Die → duale Kodierungstheorie war diejenige, die (im angloamerikan. Raum) eine Renaissance des Kzpts. des → Vorstellungsbildes u. damit eine Abkehr der modernen Gedächtnisps. vom Paradigma des → verbalen Lernens bewirkt hat. (e) Die → Schema-Theorien heben v. a. den Aspekt hervor, dass Gedächtnisprozesse in gewissem Sinne »abstrakt« sind u. deshalb auch nur im Operieren mit vorhandenen kognitiven Schemata verstehbar u. erklärbar sind; dabei wird v. a. die Schema-Theorie von G. Bartlett in ihrer histor. Bedeutung rezipiert u. gewürdigt. (f) Die Theorie des → Metagedächtnisses thematisiert, v. a. unter entwicklungsps. Perspektive, sämtl. Prozesse, die das Wissen über das Gedächtnis bzw. bewussten Einsatz von Gedächtnisstrategien beinhalten. (g) Im Paradigma → stimmungsabhängiges Gedächtnis werden netzwerktheoret. Modelle zur Interaktion von Stimmung u. Gedächtnis formuliert. (h) Im Paradigma des → zustandsabhängigen Gedächtnisses wird der Einfluss veränderter physiolog. Zustände auf Erinnerungsprozesse analysiert; dies führt auf das allg. Problem u. Paradigma des → kontextabhängigen Lernens.

(6) Zu den wichtigsten neueren G. gehören Modelle, die aus einer Übernahme von Ideen der → künstlichen Intelligenz entstanden sind u. Theorien über die Wissensstrukturen im Langzeit-Gedächtnis beinhalten: → semantische Netzwerke; → Wissenspsychologie. Zunehmend werden dabei Theorien der modernen → Sprachpsychologie rezipiert u. hier insbes. die unter dem Stw. → Satzverarbeitung dargelegten psycholinguist. Modelle. Wichtig ist hierbei v. a. die → generative Transformationsgrammatik geworden, deren empir. Analyse zahlreiche gedächtnisps. Probleme aufgeworfen hat; s. hierzu das Stw. → psychologische Semantik.

(7) Seit Mitte der 80er Jahre wird auch der Ansatz der *parallel-distributiven Informationsverarbeitung* auf Gedächtnisprozesse angewandt; s. hierzu das Stw. → Konnektionismus.

(8) Als wesentl. neuere Hauptttendenzen innerhalb der G. lassen sich herausstellen: (a) Ausgehend von einer Kritik der mangelnden ökolog. Validität der klass. G. werden zunehmend Gedächtnisphänomene in alltagsnahen u. realist. Situationen untersucht; vgl. Neisser (1978); Lockhart (1979). (b) Zunehmend wird die Interaktion verschiedener Sinnesmodalitäten bei der Speicherung berücksichtigt; vgl. hierzu den Entwurf einer *multimodalen* G. von Engelkamp (1990). (c) Die Vielfalt hirnorgan. Schädigungen u. die Breite damit verknüpfter Gedächtnisstörungen haben zu relativ eigenständigen Ansätzen geführt; neurops. Studien wurden spätestens seit Milner (1965) zur Stützung u. Erweiterung gedächtnisps. Modelle herangezogen u. bilden z. B. eine Grundlage für die Unterscheidung zw. Kurzzeit- u. Langzeitspeicher; auch die Unterscheidung zw. episod. u. semant. Gedächtnis findet in neurops. Studien Unterstützung. Als *Kontext-Enkodierungs-Defizit-Modelle* können nach Stern (1981) all jene neurops. Theorien bezeichnet werden, die Gedächtnisstörungen weniger als einen einfachen

»Ausfall« sehen denn als Störung innerhalb der Aufnahme-, Enkodierung-, Konsolidierungs- u. Abrufprozesse; vgl. Mayes (1986); Squire (1986; 1987); zur krit. Analyse des Verhältnisses von Grundlagenforschung u. klin. Forschung vgl. Shallice (1979); ein wichtiges neueres Buch zu den neurops. Aspekten u. Grundlagen des Gedächtnisses ist Markowitsch (1992).

LIT: Zum Überblick vgl. Collins u. a. (1993), sowie sämtl. Lehrbücher der → Gedächtnispsychologie.

◆ → Gedächtnispsychologie.

Gedächtnistrommel → Gedächtnisprüfmethoden.

Gedankliche Übung → mentales Training.

Gefahrenkognition → Risiko.

Gefühl → Emotion.

Gefühl des Wissens, ein dem → Tip-on-the-tongue-Phänomen verwandter gedächtnisps. Effekt der → Metakognition: Die Tatsache, dass man bei bestimmten Gedächtnisaufgaben das Gefühl hat, dass das entsprechende Wissen im Gedächtnis vorhanden, aber im Moment nicht abrufbar ist (Hart 1965).

LIT: Experimentelle Analysen zum Phänomen finden sich bei Priller u. Mittenecker (1988); Reflexionen über die Bedeutung des G. d. W. für das Problem des Bewusstseins bei Klatzky (1989); zu neueren method. Ansätzen vgl. Nelson u. Narens (1980); zur Bedeutung des Phänomens bei »Prüfungsblockaden« vgl. Gruneberg (1978); Weiteres s. das Stw. → Metagedächtnis.

◆ Gruneberg, M. M.: The feeling of knowing, memory blocks and memory aids. In: Gruneberg, M. M. u. Morris, P. (Hg.): Aspects of memory. London 1978; Hart, J.: Memory and the feeling-of-knowing-experience. JEP 56, 1965, S. 208–216; Klatzky, R. L.: Gedächtnis u. Bewußtsein. Stuttgart 1989; Nelson, T. O. u. Narens, L.: A new technique for investigating the feeling of knowing. AP 46, 1980, S. 69–80; Priller, J. u. Mittenecker, E.: Experimente zum Unterschied von »Wort auf der Zunge« u. »Gefühl des Wissens«. ZEAP 35, 1988, S. 129–146.

Gefühlsausdruck → Ausdruck; → Emotion.

Gefühlsdimensionen → Emotionsdimensionen.

Gefühlstheorien → Emotionstheorien.

Gefühlstypen → Emotionstypen.

Gefülltes Intervall → Zeitwahrnehmung.

Gegenfarben → Farbwahrnehmung.

Gegenfarbentheorie → Farbwahrnehmung.

Gegenkonditionierung [engl. *counterconditioning*], Herausbilden einer alternativen Reaktion auf einen bestimmten Reiz, wb. die neue Reaktion mit der ursprüngl. Reaktion unvereinbar ist; Bsp.: um Fluchtvh. (z. B. bei bedrohlichen Reizen) abzubauen, wird dem Versuchstier Futter angeboten, um ein mit Flucht inkompatibles Fressvh. auszubilden.

Der Begriff G. wird einerseits im deskriptiven Sinne verwendet, andererseits im explikativen Sinne als eine Theorie der Funktionsweise der → Desensibilisierung. Das Kzpt. beinhaltet eine formale Erklärung der Desensibilisierung dahingehend, dass zwei unvereinbare Vhsweisen nicht gleichzeitig existieren können, wie dies von Guthrie (→ Kontiguitätstheorie) angenommen worden ist; Wolpe (1958) dagegen nahm Bezug auf das neurophysiolog. Kzpt. der *reziproken Hemmung*. Der Begriff ist insofern ein therapietechn. Kzpt., impliziert aber etl. Grundlagenforschungsaspekte bezüglich der Frage, wie eine → Konditionierung allg. funktioniert.

LIT: Vgl. zum Überblick Blöschl (1977) u. Reinecker (1987).

◆ Blöschl, L.: Lerntheoret. Grundlagen. In: Pongratz, L. J. (Hg.): Klin. Ps. HP, 8. Bd., 1. Hlb. Göttingen 1977, S. 634–664; Kraiker, C. (Hg.): Handbuch der Vhstherapie. München 1974; Reinecker, H.: Grundlagen der Vhstherapie. München 1987; Wolpe, J.: Psychotherapy by reciprocal inhibition. Stanford 1958.

Gegenprozess-Theorie, von Solomon (1980) aufgestellte motivations-emotionsps. Theorie mit der zentralen Annahme, dass ein lustvoller Prozess jeweils einen unlustvollen Prozess nach sich zieht, also eine Art *Rebound-Effekt* erzeugt, wb. dieser zweite, unlustvolle Prozess eine größere Latenz u. größere Trägheit besitzt u. sich deshalb erst nach Abklingen der Lust ausbildet – gem. dieser Theorie hat also sozusagen jede Lust ihren Preis. Die Bedeutung der Theorie besteht darin, dass sie im Unterschied zu anderen → Emotionstheorien auch die zeitl. Dynamik analysiert. Solomon wendet diesen Ansatz auf die Bereiche Drogensucht, Liebe u. Trauer, Stolz, Enttäuschung u. auch auf ästhet. Empfindungen an. Er versucht v. a. drei Phänomene mit seiner Theorie zu thematisieren u. zu erklären: (a) affektiver Kontrast: einem lustvollen Zustand folgt notwendigerweise ein unlustvoller u. umgekehrt; (b) affektive Habituation: Mit wiederholter u. aufeinanderfolgender Darbietung nimmt die Intensität der affektiven Reaktion ab; (c) affektive Entzugssyndrome: Bei wiederholter Darstellung intensiviert sich die Nachreaktion, bspw. folgt auf die drogenerzeugte Lust als Nachreaktion ein unlustvoller Zustand (Kontrast). Durch Habituation lassen die positiven Effekte des Drogenkonsums nach, u. die unlustvolle Nachreaktion wird stärker, bis schließl. die Einnahme der Droge nur noch dazu dient, die negative Nachreaktion zu beseitigen.

◆ Solomon, R. L.: The opponent-process theory of aquired motivation: The costs of pleasure and the benefits of pain. AP 35, 1980, S. 691–712.

Gegenständliches Moment → Wille.

Gegenstandsbewusstsein, das → Bewusstsein, eine gegenständl. Erfahrung zu machen, etwas als »leibhaftig«, als außer mir zu erleben, meist mit dem → Realitätsbewusstsein verknüpft. Der Begriff ist empir. nützl. als Abgrenzung zum Kzpt. des → Ichbewusstseins u. wird v. a. in der Psychopathologie thematisiert.

◆ Barz, H.: Psychopathologie u. ihre ps. Grundlagen. Bern 1986; Jaspers, K.: Allg. Psychopathologie. Berlin 1965 (8. Aufl.).

Gegenwunschtraum → Traum.

Gehör → Hören.

Geisteswissenschaftliche Psychologie, Oberbegriff für all diejenigen Ansätze in der Ps., die philosoph., bes. hermeneut. Methoden u. Modelle einbeziehen – im Gegensatz zum empir. bzw. experimentell orientierten main stream der modernen → Psychologie. Zentral ist der Begriff des → Verstehens, dies impliziert die Rekonstruktion von → Intentionalität. *Verstehen* ist dabei einmal als Gegenstand der ps. Theorienbildung anzusetzen, aber auch als method. Instrument. Diese Tradition geht von Wundts Völkerps. (1900–1920) über Sprangers verstehende Ps. (1922), Kruegers Ganzheitsps. (vgl. Wellek 1953), Salbers Morphologie (1965) sowie den Arbeiten von Bollnow (1941) u. Rothhacker (vgl. 1969) bis zu den heutigen Entwürfen wie denen von Smedslund (1988) u. Laucken (1989). Auch die

→ kritische Psychologie kann als dialekt. Variante einer Hermeneutik betrachtet werden.
Schon bei W. Wundt steht der naturwissenschaftl. orientierten physiolog. Ps. die *Völkerps.* gegenüber, eine auf eher geisteswissenschaftl. Methoden beruhende Analyse von kultur- u. sozialps. Prozessen. Auch die dt. *Charakterologie* (Klages, Lersch, Wellek; vgl. Angleitner u. Borkenau (1985) sowie Fisseni (1984) war vorwiegend geisteswissenschaftl. geprägt.

T: Die Idee einer *g. P.* geht zwar auf Dilthey zurück, er selbst hat diesen Begriff jedoch nicht gebraucht, sondern von *beschreibender* u. *zergliedernder* Ps. gesprochen. Weitgehend synonym sind die Begriffe *hermeneut.* Ps. u. *verstehende* Ps. – der Begriff *verstehende Ps.* stammt von Jaspers, *g. P.* von Spranger. In eine ähnliche Richtung gehen die Begriffe → *phänomenologische* u. *existentialistische Psychologie.*
Die philosoph. Fundierung einer g. P. geht zurück auf den Philosophen W. Dilthey (1833–1911), der mit der konzeptuellen Dichotomie → *idiographisch vs. nomothetisch* sowohl Grundproblematik wie auch Grundprogrammatik einer g. P. herausgearbeitet hat. Ziel der *idiograph.* Wissenschaften ist nach Dilthey v. a. die Beschreibung des Individuellen u. Einzelnen, während die *nomothet.* Wissenschaften auf die Erkenntnis allg. Gesetzmäßigkeiten hinarbeiten. Die Geisteswissenschaften seien idiograph., die Naturwissenschaften nomothet. orientiert. Damit geht eine weitere Dichotomie einher, *Erklären vs. Verstehen*: »Die Natur erklären wir, das Seelenleben verstehen wir.« Eine Analyse der »Krise der Psychologie« unter diesem Leitmotiv ist die Arbeit von Bühler (1927); vgl. hierzu auch Wellek (1959, 1970).
Diese Dichotomien *idiothet. vs. nomograph.* u. *Erklären vs. Verstehen* liefern bis heute Grundkategorien einer wissenschaftstheoret. Reflexion der Ps. Bes. in der differentiellen Ps. sowie in der Philosophie hat es gerade in den letzten Jahrzehnten ein Aufflackern dieser Diskussion gegeben: Im Rahmen der philosoph. Handlungstheorie kam es zu einer *Erklären-vs.-Verstehens-Debatte* bzw., unter anderer Terminologie, zu einer *Gründe-vs.-Ursachen-Debatte.*
Wiewohl die akademische Ps. nicht bzw. sogar antigeisteswissenschaftl. orientiert war u. ist, gibt es auch in ihr bestimmte Paradigmen, die man als hermeneutisch i. w. S. betrachten kann, so die → Attributionstheorien bzw. die → naive Psychologie, ähnl. das Paradigma der *personalen Konstrukte* (Kelley 1955); vgl. Bannister u. Fransella (1971). Im dt. Sprachraum hat sich seit den 80er Jahren ein wichtiges Paradigma zur Rehabilitation hermeneut. Modelle u. ihrer Integration in die intersubjektiv orientierte Methodik der akadem. Ps. entwickelt, das der → *subjektiven Theorien*; vgl. auch das Stw. → Handlungstheorien. Im angloamerikan. Sprachraum ist der aus der Sozialps. kommende Ansatz der *Alltagsphilosophien* Wrightsman (1964ff.) zu nennen, in dem analysiert wird, wie Menschen Konzeptionen über das Wesen und den Sinn ihrer eigenen Existenz u. der Welt entwickeln; für ähnl. Ansätze vgl. auch Krampen (1987). Allg. lässt sich der → Kognitivismus als Annäherung an phänomenolog. u. geisteswissenschaftl. Problemstellungen verstehen, vgl. Reusser (1993).
Auch auf method. Gebiet spielt sich Ähnl. ab: Während die Ps. ursprüngl. gerade durch die Begründung empir. Methoden, wie v. a. der → psychophysischen Methoden, sich von der Philosophie u. der Geisteswissenschaft emanzipiert hat, gibt es seit den 80er Jahren wieder zunehmend Ansätze zur Rehabilitation geisteswissenschaftl. Ansätze, auf den allgemeinsten Nenner gebracht: den vorherrschenden *quantitativen* Methoden werden *qualitative* Methoden gegenübergestellt, u. gleichzeitig wird versucht, diese »weicheren« Methoden zu systematisieren u. zu »erhärten«; vgl. hierzu Mayring (1989); Jüttemann (1983, 1985); Sommer (1987); Hoefert u. Klotter (1994) u. Rudinger (1985) sowie Kleining (1995); Lamnek (1995). Hierbei wird zunehmend auch wieder die Bedeutung des Einzelfalls u. der Falldarstellung gewürdigt; vgl. z. B. das Kzpt. der *komparativen Kasuistik* von Jüttemann (1990), u. dabei erfahren auch *biograph. Methoden* eine Rehabilitation, vgl. z. B. Thomae u. Petermann (1983); vgl. auch

den Sammelband von Schorr (1993). Aschenbach (1985) listet häufig behauptete Gegensätze von qualitativer u. quantitativer Forschung auf: qualitative Forschung sei mehr holist., mehr subjektiv, mehr quantitativ, mehr elementarist., mehr objektiv; qualitative Forschung dagegen gehe eher unstandardisiert an den Gegenstand heran u. lege auf Zählen u. Messen relativ wenig Wert. Ein solch qualitativer Zugang dominiere v. a. in der Phase der Problemstellung u. -herausarbeitung die Forschung; vgl. schon den klass. Aufsatz von Lazarsfeld (1944). Eine Weiterentwicklung der qualitativen Methoden von den *interpretierenden* zu den *entdeckenden*, von den *hermeneut.* zu den *heurist.* Methoden findet sich in Kleining (1995).

LIT: Zu einem vergleichenden Überblick über phänomenolog., existentialist. u. humanist. Ansätze innerhalb der Ps. vgl. Misiak u. Sexton (1973); zum Überblick über neue Ansätze vgl. Jüttemann (1988); zum allg. Überblick über geschichtl. Aspekte, insbes. zu einer problemgeschichtl. Darstellung des Verstehens-, Erlebens- u. Einfühlungsbegriffs vgl. Pongratz (1967), der anhand von 15 Thesen u. Antithesen eine verstehende u. eine objektivist. orientierte Ps. gegenüberstellt; zur Kontroverse vgl. auch Balmer (1982); zur krit. Analyse des Gegensatzpaares *Erklären* vs. *Verstehen* bzw. *idiograph. vs. nomothet.* vgl. Jüttemann (1991ff.) u. Aschenbach (1984); weitere eher philosoph. orientierte Darstellungen der Verstehensproblematik sind Abel (1953) u. Apel (1955); Beckermann (1977); Brunner (1983); vgl. v. a. auch den Aufsatz von Graumann (1982); über das Verhältnis von Ps. u. Geisteswissenschaft vgl. auch Koch (1973).

◆ ABEL, T.: The operation called »Verstehen«. Readings in the Philosophy of Science. New York 1953, S. 677–687; ANGLEITNER, A. u. BORKENAU, P.: Dt. Charakterkunde. In: HERMANN, T. u. LANTERMANN, E.-D. (Hg.): Persönlichkeitsps. München 1985, S. 48–58; APEL, K. O.: Das Verstehen. Eine Problemgeschichte als Begriffsgeschichte. Archiv für Begriffsgeschichte 1, 1955; ASCHENBACH, G.: Erklären u. Verstehen in der Ps. Bad Honnef 1984; ASCHENBACH, G. u. a.: Kulturwissenschaftl. Aspekte qualitativer ps. Forschung. In: JÜTTEMANN, G.: Qualitative Forschung der Ps. Weinheim 1985, S. 25–44; BALMER, H. (Hg.): Geschichte der Ps., 1. Bd. Weinheim 1982; BALMER, H.: Objektive Ps. – verstehende Ps. Perspektiven einer Kontroverse. In: BALMER (1982), S. 93–135; BANNISTER, D. u. FRANSELLA, F.: Inquiring man. Baltimore 1971; BERLYNE, D. E.: American and European psychology. AmP 23, 1968, S. 447–452; BECKERMANN, A.: Gründe u. Ursachen. Kronberg/Ts. 1977; BINSWANGER, L.: Verstehen u. Erklären in der Ps. Groningen 1927; BOLLNOW, O. F.: Das Wesen der Stimmungen. Frankfurt/M. 1941; BOLLNOW, O. F.: Das Verstehen. Mainz 1949; BOLLNOW, O. F.: Mensch u. Raum. Stuttgart 1963; BORGER, R. u. CIOFFI, F. (Hg.): Explanation in the behavioural sciences. Cambridge 1970; BRUNNER, V. F.: Probleme der Kausalerklärung menschl. Handelns. Bern 1983; BÜHLER, C.: Die Krise der Ps. Stuttgart 1927; DANN, H. D.: Was geht im Kopf des Lehrers vor? PEU 35, 1989, S. 81–90; DILTHEY, W.: Die geistige Welt. In: Ges. Schr. V. VI. 1924; DILTHEY, W.: Ideen über eine beschreibende u. zergliedernde Ps. In: Ges. Schr. V, 1924; DILTHEY, W.: Der Aufbau der geschichtl. Welt in den Geisteswissenschaften. In: Ges. Schr. VII. 1927; EBBINGHAUS, H.: Über erklärende u. beschreibende Ps. Ztschr. für Ps. u. Physiologie der Sinnesorgane X, 1885, S. 161–205; FISSENI, H.-J.: Persönlichkeitsps. Göttingen 1984; GRAUMANN, H. M.: Das Verstehen. Versuch einer histor.-krit. Einleitung in die Phänomenologie des Verstehens. In: BALMER (1982), S. 135–248; GRUHLE, H. W.: Grundriß der Psychiatrie. München 1947; GRUHLE, W.: Verstehende Ps. 1948; GRUHLE, H. W.: Verstehen u. Einfühlen. Berlin 1953; HERRMANN, T.: Die Phänomenologie als eine krit. Methode. AP 19, 1961, S. 522–527; HOEFERT, H.-W. u. KLOTTER, C. (Hg.): Neue Wege der Ps. Heidelberg 1994; HUBER, H. P.: Psychometr. Einzelfalldiagnostik. Weinheim 1973; JASPERS, K.: Allg. Psychopathologie. 1913 (seither immer wieder aufgelegt, vgl. z. B. Berlin 1965); JOHNSON-LAIRD, P. N.: Mental models. Cambridge 1983; JÜTTEMANN, G. (Hg.): Psychologie in der Veränderung. Weinheim 1983; JÜTTEMANN, G. (Hg.): Qualitative Forschung in der Ps. Weinheim 1985; JÜTTEMANN, G.: Wegbereiter der histor. Ps. München 1988; JÜTTEMANN, G. (Hg.): Komparative Kasuistik. Heidelberg 1990; JÜTTEMANN, G. (Hg.): Individuelle u. soziale Regeln des Handelns. Beiträge zur Weiterentwicklung geisteswissenschaftl. Ansätze. Heidelberg 1991; JÜTTEMANN, G.: Psyche u. Subjekt. Reinbek 1992; KAFKA, G.: »Verstehende Ps.«, Ps. des Verstehens. Leipzig 1928; KELLY, G. A.: The psychology of personal constructs, 2 Bde. New York 1955; KLEINING, G.: Lehrbuch entdeckende Sozialforschung, 1. Bd. München 1995; KOCH, S.: Ps. u. Geisteswissenschaften. In: GADAMER, H. G. u. VOGLER, P. (Hg.): Neue Anthropologie V. Stuttgart 1973, S. 200–236; KRAMPEN, G.: Handlungstheoret. Persönlichkeitsps. Göttingen 1987; KUNZ, H.: Über den Sinn u. die Grenzen des ps. Erkennens. Stuttgart 1957; LAMNEK, S.: Qualitative

Sozialforschung, 2 Bde. München 1995; Laucken, U.: Denkformen der Ps.: dargestellt am Entwurf einer Logographie der Gefühle. Bern 1989; Lazarsfeld, P.: The controversy over detailed interviews: an offer for negotiation. Political Opinion Quarterly 8, 1944, S. 38–60; Mayring, P.: die qualitative wende: grundlagen, techniken u. integrationsmöglichkeit qualitativer forschung in der ps. in: Schönpflug, W. (Hg.): Bericht über den kongreß der Dt. Ges. für Ps. in Berlin 1988, 2. Bd. Göttingen 1989, S. 384–391; Misiak, H. u. Sexton, W. S.: Phenomenological, existential and humanistic psychologies: a historical survey. New York 1973; Pfänder, A.: Die Seele des Menschen. Handbuch einer Verstehenden Ps. Halle 1933; Pongratz, L.: Problemgeschichte der Ps. Bern 1967; Reusser, K.: Die kognitive Wende in der Ps.: eine Annäherung an phänomenolog. u. geisteswissenschaftl. Problemstellungen. In: Montada, L. u. a. (Hg.): Kognition u. Handeln. Stuttgart 1993; Revers, W. J.: Philosoph. orientierte Theorien der Person u. Persönlichkeit. In: Lersch, P. u. Thomae, H. (Hg.): Persönlichkeitsforschung u. Persönlichkeitstheorie. HP, 4. Bd. Göttingen 1964; Riedel, M.: Einleitung zu W. Dilthey: Der Aufbau der geschichtl. Welt in den Geisteswissenschaften. Frankfurt/M. 1981, S. 9–82; Rothhacker, E.: Die Schichten der Persönlichkeit. Bonn 1969 (8. Aufl.); Rudinger, G. u. a. (Hg.): Qualitative Daten: Neue Wege sozialwissenschaftl. Methodik. München 1985; Salber, W.: Morphologie des seel. Geschehens. Ratingen 1965; Scheler, M.: Der Formalismus in der Ethik u. die materiale Wertethik, 2. Teil. In: Jahrbuch für Philosophie u. Phänomenolog. Forschung 1. Bd., 2. Halle 1916; Schmidt, N. D.: Philosophie u. Ps. Trennungsgeschichte, Dogmen u. Perspektiven. Reinbek 1995; Schorr, A. (Hg.): Ps. Forschungsmethoden in der Diskussion. Göttingen 1993; Schorr, A. (Hg.): Die Ps. u. die Methodenfrage. Göttingen 1994; Scripture, E. W.: The new psychology. 1898; Shavelson, R. J.: Contributions and educational research to policy and practice: constructing, challenging, changing cognition. ER 17, 1988, S. 4–11; Smedslund, J.: Psycho-logic. Berlin 1988; Sommer, J.: Dialog. Forschungsmethoden. Weinheim 1987; Spranger, E.: Lebensformen. Geisteswissenschaftl. Ps. u. Ethik der Persönlichkeit. Halle 1922 (Neuaufl. Tübingen 1966); Spranger, E.: Zur Theorie des Verstehens u. zur geisteswissenschaftl. Ps. München 1918; Störring, G.: Die Frage der geisteswissenschaftl. u. verstehenden Ps. Leipzig 1928; Thomae, H. u. Petermann, F.: Biograph. Methode u. Einzelfallanalyse. In: Bredenkamp, J. u. Feger, H. (Hg.): Datenerhebung. EP, B, I, 2. Bd. Göttingen 1983, S. 362–400; Wellek, A.: Das Problem des seel. Seins. Meisenheim 1953; Wellek, A.: Der Rückfall in die Methodenkrise der Ps. u. ihre Überwindung. Göttingen 1970; Wellek, A.: Ein Dritteljahrhundert nach Bühlers »Krise der Ps.«. ZEAP 6, 1959, S. 109–117; Wrightsman, L. S.: Measurement of philosophies of human nature. PRep 14, 1964, S. 743–751; Wrightsman, L. S.: Social psychology in the seventies. Monterey 1972; Wrightsman, L. S.: Assumptions about human nature. Monterey 1974; Wundt, W.: Völkerps. Eine Untersuchung der Entwicklungsgesetze von Sprache, Mythos u. Sitte, 10 Bde. Leipzig 1900–1920; Wyss, D.: Beziehung u. Gestalt. Entwurf einer Anthropolog. Ps. u. Psychopathologie. Göttingen 1973.

Geistiges Bild → Vorstellungsbild.

Gekreuzte Querdisparation → Stereopsis.

Geläufigkeitsgesetz [auch *Marbesches Gesetz*, *Thumb-Marbesches-Gesetz*, nach Thumb u. Marbe 1901], besagt, dass die zur Hervorbringung einer → Assoziation benötigte Reaktionszeit bei freien Assoziationen mit deren *Kommunalität* abnimmt, d. h., Assoziationen, die von vielen Vp einer Population geteilt werden (hohe Kommunalität), werden schneller gegeben als individuelle Assoziationen (geringe Kommunalität). Dieser Sachverhalt gehört zu den am besten bestätigten Sachverhalten der Ps. (Schlosberg u. Heinemann 1950). Das G. steht in enger Beziehung zum → Clustering-Phänomen; s. a. das Stw. → Worthäufigkeitseffekt.

◆ Schlosberg, H. u. Heinemann, C.: The relationship between two measures of response strength. JExP 40, 1950, S. 235–247; Thumb, A. u. Marbe, K.: Experimentelle Untersuchungen über die ps. Grundlagen der sprachl. Analogiebildung. Leipzig 1901.

Gelbsches Phänomen → Tau- und Kappa-Effekt.

Gelernte Hilflosigkeit. Das Kzpt. der g. H. wurde formuliert innerhalb eines lerntheoret. Ansatzes zur Erklärung des → Vermeidungslernens u. bezieht sich auf folgendes Phänomen: Wenn Tiere u. Menschen aversiven Reizen ausgesetzt sind, denen sie sich durch kein Vh. entziehen können (Seligman 1971ff), dann zeigt sich regressives Vh., v. a. Apathie (zu weiteren Bsp. s. die Stw. → experimentelle Neurosen; → Frustration). Im Humanbereich finden sich des Weiteren Motivationsverlust, Lernschwierigkeiten, emotionale Defizite u. Selbstwertverlust. Der Begriff *g. H.* soll zum einen die beobachteten Lernbeeinträchtigungen anschaul. beschreiben, zum anderen ist er ein theoret. Begriff zur Erklärung dieser Defizite. Gemäß dem Kzpt. der g. H. bildet der Organismus in solchen Situationen eine Erwartung zukünftiger *Unkontrollierbarkeit* aus, u. zwar auch für Situationen, die eigentl. für den Organismus kontrollierbar sind; g. H. ist also ein »überschießendes« Gefühl der Unkontrollierbarkeit. Seligman formuliert als Entstehungsbedingung von g. H. ein Erleben der Nicht-Kontingenz zw. Reiz u. Reaktion (bzw. einer Nicht-Kontingenz zw. Reiz u. *allen* Reaktionen).

HI/WÜ: Die Theorie der g. H. ist eine der wichtigsten u. meistdiskutierten modernen Lerntheorien. Seligmans Kzpt. der Unkontrollierbarkeit bzw. der g. H. richtete sich gegen die lerntheoret. Alternativerklärung, dass es die unspezif. traumatisierende Wirkung der Reize sei, die die Lernbeeinträchtigung verursacht. Er stellte sein Modell in die Perspektive → kognitiver Lerntheorien u. hebt speziell die gemeinsamen konzeptionellen Grundlagen mit den Lerntheorien Bolles u. Rotters (→ soziale Lerntheorie; → Kontrollüberzeugungen) hervor. Später übertrug Seligman sein g. H. auf den Menschen u. formulierte eine Theorie von Depressionen, die gem. seinem Ansatz ebenfalls aus dem Erleben der Unkontrollierbarkeit u. mit den Verhaltensbeeinträchtigungen einhergehen; man konnte tatsächl. auch zeigen, dass Antidepressiva das Entstehen von g. H. verhindern können.

Weiterentwicklungen u. Revisionen der Theorie erfolgten aufgrund der Befunde, dass g. H. nur in manchen der von der ursprüngl. Theorie prognostizierten Fälle auftritt, entscheidend scheinen im menschl. Bereich v. a. die → Attributionen (Ursachenerklärungen) zu sein, die eine Person vornimmt, um das Erlebnis der Nicht-Kontrolle kausal zu rekonstruieren. Dieser Ansatz führte zu einer attributionstheoret. Reformulierung der ursprüngl. Theorie der g. H.: s. hierzu das Stw. → depressiver Attributionsstil. Auch seitens der Ps. der → Leistungsmotivation bzw. der → Leistungsattribution gab es Ansätze zur Analyse von Hilflosigkeitsphänomenen; vgl. zsfd. Heckhausen (1980). Im dt. Sprachraum wurde zu einer Rekonzeptualisierung der Theorie das Kzpt. der → Handlungs- vs. Lageorientierung herangezogen (Brunstein 1990).

KR: Kritisiert wurde die Theorie der g. H. wegen mangelnder empir. Fundierung; zahlreichen widersprechenden Befunden stünden nur Ad-hoc-Thesen gegenüber; unter wissenschaftstheoret. Aspekt kritisiert Brunstein (1990) die Theorie der g. H. Gerade den kognitivist. Charakter der Theorie, der ihre Bedeutung innerhalb der Lerntheorien ausmacht, kritisiert Levis (1976), während sich die gegenteilige Kritik auf die zu geringe Ausarbeitung dieser Perspektive, v. a. im Humanbereich, konzentrierte. Insbes. die Theorie der → Reaktanz kommt zu gegenteiligen Prognosen: Sie prognostiziert extrem »widerspenstiges Vh.« nach Unkontrollierbarkeitserfahrungen; vgl. Wortman u. Brehm (1975). Weitere Kritik: Das Modell gebe nur begrenzten Aufschluss über die individuelle Verarbeitung von unkontrollierbaren Ereignissen; des Weiteren fixiere sich die Reformulierung von Abramson u. a. auf die Erklärung der *Generalisierung* der g. H., wb. vielfältige produktive Formen der Auseinandersetzung mit der Erfahrung der Unkontrollierbarkeit übersehen würden u. der Blick für lebensnahe Situationen verloren gehe. Auch wurde argumentiert, dass die Symptome der Hilflosigkeit keine Defizite seien, sondern eine veränderte Art der Stressverarbeitung, die einen Übergang von *problemorientierten* zu *emotionsorientierten* Strategien darstellt: Hilflosigkeit u. Depression als

Voraussetzung, um erfolglosen Unternehmungen u. Zielsetzungen zu entsagen u. unerreichbare Ziele aufzugeben (Klinger 1975; Pearlin 1980).

VD: Die klass. Experimente von Seligman waren Experimente zum → Vermeidungslernen, die vor dem theoret. Hintergrund der → Zwei-Phasen-Theorie der Angst die Warnfunktion des konditionierten Signals u. die Schutzfunktion der gelernten Angstreaktion untersuchten. In der Phase der Angstkonditionierung wurden die Tiere (Mischlingshunde) in einem Geschirr fixiert u. erhielten eine Serie zufällig über die Zeit verteilter Elektroschocks; als Vorsignal wurde ein akust. Reiz verwendet; die Versuchstiere konnten die Stromstöße weder beenden noch vermeiden. 24 Stunden nach dieser Vorbehandlung wurden die Flucht- u. Vermeidungsreaktionen der Hunde in einer Shuttle-Box untersucht; die Versuchstiere erhielten erneut Stromschläge, welche sie durch Überspringen der Barriere beenden konnten, u. außerdem wurden die Schocks durch das zuvor klass. konditionierte Warnsignal zehn Sekunden vor der Schockapplizierung angekündigt. Seligman u. a. beobachteten nun, dass die Versuchstiere nach der Vorbehandlung im Geschirr (trotz der Vermeidbarkeit des Schocks) weder Flucht- noch Vermeidungsreaktionen erlernten, stattdessen umherrasten, sich nach einigen Versuchsdurchgängen niederlegten u. winselnd Stromschläge bis zu einer Minute Dauer ertrugen. Weitere Versuche dienten dem Nachweis, dass nicht die unspezif. traumatisierende Wirkung der aversiven Reize, sondern die Erfahrung, dass diese Reize *unabhängig von den eigenen Reaktionen* auftreten, die Vhsdefizite verursacht.

LIT: Die Originalliteratur ist Maier u. a. (1969); Seligman u. a. (1971); Seligman (1992); Maier u. Seligman (1976); zum Überblick über die verschiedenen theoret. Ansätze zur e. H. vgl. das Nachwort von Petermann in Seligman (1992); des Weiteren Brunstein (1990), auch Försterling (1986); zur Diagnostik subjektiver Hilflosigkeit vgl. Breitkopf (1989); zu Beziehungen von g. H. zu Angst u. Furcht vgl. Maier (1993).

◆ Abramson, L. Y. u. a.: Learned helplessness in humans: critique and reformulation. JAbP 87, 1978, S. 49–74; Alloy, L. B. u. Abramson, L. Y.: Judgement of contingency: Errors and their implications. In: Baum, A. u. Singer, J. E. (Hg.): Advances in environmental psychology, 2. Bd. Hillsdale 1980; Alloy, L. B. u. Abramson, L. Y.: Learned helplessness, depression and the illusion of control. JPSP 42, 1982, S. 1114–1126; Bolles, R. C.: Reinforcement, expectancy, and learning. PR 79, 1972, S. 394–409; Breitkopf, L.: Zur Diagnostik subjektiver Hilflosigkeit. In: Krampen, G. (Hg.): Diagnostik von Attributionen u. Kontrollüberzeugungen. Göttingen 1989, S. 62–68; Brunstein, J. C.: Hilflosigkeit, Depression u. Handlungskontrolle. Göttingen 1990; Försterling, F.: Attributionstheorie in der Klin. Ps. München 1986; Heckhausen, H.: Motivation u. Handeln. Berlin 1980; Klinger, E.: Consequences of commitment to a disengagment from incentives. PR 82, 1975, S. 1–25; Kuiper, N. A.: Depression and causal attribution for success and failure. JPSP 36, 1978, S. 236–246; Levis, D. J.: Learned helplessness: an alternative S-R-interpretation. JExP: G. 103, 1976, S. 47–63; Maier, S. F. u. a.: Pavlovian fear conditioning and learned helplessness. In: Cambpell, B. A. u. Church, R. M. (Hg.): Punishment. New York 1969; Maier, S. F.: Learned helplessness: Relationships with fear and anxiety. In: Stanford, S. C. u. Salmon, P. (Hg.): Stress. From synapse to syndrome. London 1993, S. 207–247; Maier, S. F. u. Seligman, M. E. P.: Learned helplessness: theory and evidence. JExP: G, 105, 1976, S. 3–46; Nelson, R. E. u. Craighead, W. E.: Selective recall of positive and negative feedbacks, selfcontrol behaviours and depression. JAbP 86, 1977, S. 379–388; Pearlin, L. I.: Life strains and psychological distress among adults. In: Smelser, N. J. u. Erikson, E. H. (Hg.): Themes of work and love in adulthood. Cambridge 1980; Roth, S.: A revised model of learned helplessness in humans. JPers 48, 1980, S. 103–133; Schwartz, B.: Does helplessness cause depression or do only depressed people become helpless? JEP 110, 1981, S. 429–435; Seligman, M. E. P. u. a.: Unpredictable and uncontrolable aversive events. In: Brusch, F. R. (Hg.): Aversive learning and conditioning. New York 1971; Seligman, M. E. P.: Gelernte Hilflosigkeit. München 1992 (erweitert um Franz Petermann: Neue Konzepte u. Anwendungen. Orig.: Helplessness. On depression, development and death. San Francisco 1975); Wortman, C. B. u. Brehm, J. W.: Responses to uncontrollable outcomes: an integration of reactance theory and the learned helplessness model. In: Berkowitz, L. (Hg.): Advances in experimental social psychology, 8. Bd., New York 1975, S. 277–336.

Gelernte Motivation → primäre vs. sekundäre Verstärkung.

Gelernter Trieb → erworbener Trieb.

Gelerntes Motiv → erworbener Trieb.

Gelernte Verstärkung → primäre vs. sekundäre Verstärkung.

General drive → allgemeiner Antrieb.

Generalfaktor → Intelligenz.

Generalisation [auch *Generalisierung*], im allgemeinen Sinne die Anwendung von früher Gelerntem in ähnl. neuen Situationen, in dieser Bedeutung syn. mit → Transfer. Meist wird der Begriff jedoch in einem speziellen Sinne gebraucht: Er bezeichnet bei Prozessen des → Lernens das Phänomen, dass eine Reaktion nicht nur auf die Reize hin erfolgt, für die eine → Konditionierung stattgefunden hat, sondern auch auf solche Reize, die diesen ähnl. sind. Durch → Diskriminationslernen bzw. *Reaktionsdifferenzierung* wird der G. entgegengewirkt.
G. wird differenziert in: (a) *Reizgeneralisation* (auch *Stimulusgeneralisation.*; engl. *stimulus generalization*) für das oben allg. als G. beschriebene Phänomen, also die Ausdehnung der Reaktion auf andere ähnl. Reize, auf die kein Lernprozess stattgefunden hat; (b) *Reaktionsgeneralisation* (auch *Antwortgeneralisation, Verhaltensgeneralisation,* engl. *response generalization)* für das Phänomen, dass bei Konditionierungsprozessen durch einen Reiz auch andere ähnl. Reaktionen ausgelöst werden können. Den unzähligen Experimenten zur Reizgeneralisation stehen nur relativ wenige Untersuchungen zur Reaktionsgeneralisation gegenüber.
Der *Generalisationsgradient* beschreibt die graduellen Unterschiede der G. in Abhängigkeit von der Ähnlichkeit der Reize bzw. Reaktionen; normalerweise tritt die gelernte Reaktion umso stärker u. häufiger auf, je größer die Ähnlichkeit zw. dem Originalreiz u. dem neuen Reiz ist. Eine klass. Arbeit, die eine verlässl. Vorgehensweise zur Gewinnung von Reizgeneralisierungsgradienten bei Tauben darstellte u. einen großen Einfluss auf weitere Forschungen gewann, war Guttman u. Kalish (1956). Durch diese Generalisationsgradienten kann man eine Art *Psychophysik bei Tieren* etablieren.
HI: Bis Anfang der 40er Jahre herrschte lebhaftes Interesse an der mathemat. Präzisierung der Form von Generalisationsgradienten wie auch an der mathemat. Beschreibung der Verlaufskurven des Vergessens, des Erwerbens u. der Löschung. Im Gegensatz zu Letzteren ist das Interesse an einer Weiterentwicklung der mathemat. Beschreibung von Generalisationsgradienten mit wenigen Ausnahmen seit Anfang der 40er Jahre erloschen; vgl. hierzu Gigerenzer (1981).
VD: (1) *T*: (a) Der Begriff *G.* wurde von Pawlow eingeführt. Skinner verwendet häufig den Begriff *Induktion*, z. B. *response induction*; der Begriff *Vhskontrast* bezeichnet bei ihm das Phänomen, das Pawlow unter den Begriff *Induktion* gefasst hat. (b) Die Unterscheidung der *G.* von Kzptn. wie → Transfer o. → Begriffsbildung ist nicht eindeutig, v. a. nicht rein deskriptiv, sondern vom theoret. Voransatz bedingt: Allg. wird der Begriff *G.* dann angewandt, wenn die Reize relativ einfach u. ihre Variabilität auf einzelne, bekannte psychophysikal. Dimensionen beschränkt sind: z. B. Töne unterschiedl. Frequenz, in bestimmten räuml. Mustern angeordnete Farben u. Lichter; bei komplexeren Reizen (Wörter, Strichzeichnungen, Bilder), die hauptsächlich in Humanversuchen angewendet werden, spricht man eher von → Begriffslernen. Der reduktionist. Grundansatz der behaviourist. → Lerntheorien besteht, vereinfacht gesagt, darin, Denk- u. Transferprozesse auf Prozesse der G. zurückzuführen. Dieser Ansatz ist bes. wichtig auf dem Problemgebiet des → Transpositionslernens.
(2) **TH:** (a) Hinter dem G.-Kzpt. steht Pawlows Kzpt. der *Irradiation neuraler Er-*

regung (→ Erregungs-Hemmungs-Theorie; → Reflexologie); Pawlows Kzpt. der *primären G.* beinhaltet die Annahme, dass sämtl. Wahrnehmungs- u. Lernprozesse eine grundsätzl. neurophsysiolog. Irradiation von Erregungs- u. Hemmungsprozessen enthalten, die als solche immer G. aufweisen. Auch Hull unterscheidet zw. *primärer* u. *sekundärer G.* dahingehend, dass sekundäre G. durch vermittelnde Reaktionen (→ Mediationstheorie) zustande kommt, die Ähnlichkeit zw. den Reizen also nicht physikal. definiert ist; auf diese Weise versuchte Hull das, was er *log.* o. *abstrakte* Ähnlichkeit nannte, zu erklären; s. a. das Stw. → semantische Generalisation. (b) Eine reduktionist. Sicht von G., die diese ledigl. als *Mangel an Diskrimination* betrachtet, wurde von Lashley u. Wait in Kritik am Pawlow-Hullschen-Ansatz vertreten. (c) Zu *aufmerksamkeitstheoret.* Theorien vgl. Sutherland u. Mackintosh (1971); zu einer Alternativinterpretation im Geiste der → Bezugssystemtheorien vgl. Thomas u. Jones (1962); Thomas (1974), beides eher kognitiv orientierte Ansätze.

(3) Details zur Methode von Guttman u. Kalish (1956): Tauben wurden operant konditioniert, auf eine Lichtscheibe zu picken, deren Wellenlänge bei etwa 550 nm lag (Gelb-Grün), danach entfiel die Verstärkung; während der nachfolgenden Extinktionsphase wurde die Reaktionsrate auf den Originalreiz (550) u. 10 andere Wellenlängen gemessen, die zw. 490 (rot) u. 610 (blau-violett) variierten u. in zufälliger Reihenfolge je 30 Sekunden lang dargeboten wurden. Die Abb. *Lernen 10* zeigt, dass die Reaktionsstärke umso mehr nachlässt, je weniger der Reiz dem ursprüngl. S^D (Hinweisreiz) ähnl. ist.

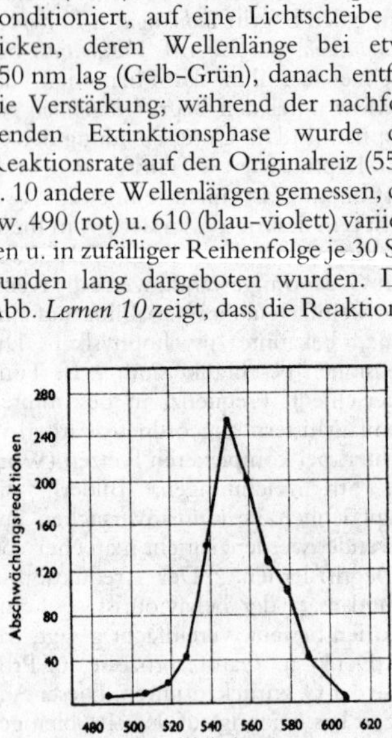

Abb. *Lernen 10*

LIT: Zum Überblick vgl. Bredenkamp u. Wippich (1977) u. Honig u. Urcuioli (1984), die insbes. die Sichtweise der G. innerhalb des Paradigmas des → operanten Konditionierens darstellen, einschl. der sehr spezif. Terminologie.

◆ Bredenkamp, J. u. Wippich, W.: Lern- u. Gedächtnisps., 2. Bde. Stuttgart 1977; Foppa, K.: Lernen, Gedächtnis, Vh. Köln 1975 (9. Aufl.); Guttmann, N. u. Kalish, H. I.: Discriminability and stimulus generalization. JExP 51, 1956, S. 79–88; Honig, W. K. u. Urcuioli, P. J.: Reizgeneralisierung u. Reizkontrolle. In: Zeier, H. (Hg.): Lernen u. Vh., 1. Bd. Lerntheorien. Weinheim 1984, S. 242–298; Lashley, K. S. u. Wait, M.: The Pavlovian theory of generalization. PR 53, 1956, S. 72–87; Sutherland, N. S. u. Mackintosh, N. J.: Mechanisms of animal discrimination learning. New York 1971; Thomas, D. R. u. Jones, C. G.: Stimulus generalization as a function of a frame of reference. JExP 64, 1962, S. 77–80; Thomas, D. R.: The role of adaption-level in stimulus generalization. In: Bower, G. H. (Hg.): The psychology of learning and motivation: Advances in research and theory. New York 1974.

Generalisationsgradient → Generalisation.

Generalisationstest → Begriffslernen.

Generalisierte Delta-Regel → Konnektionismus.

Generalisierte Erwartungen, sämtl. Kognitionen eines Individuums, die über einfache Reiz-Reaktions-Erwartungen hinausgehen, bis hin zu »Weltanschauungen«, z. B. über die Selbst- u. Fremdbestimmtheit des eigenen Handelns, so z. B. *zwischenmenschl. Vertrauen (interpersonal trust)*, eine Art basales soziales Vertrauen, die Erwartung eines Individuums, sich auf andere verlassen zu können. Das Kzpt. ist zentral innerhalb der → sozialen Lerntheorie Rotters; vgl. Bolles (1972).

HI/WÜ: Das Kzpt. g. E. kennzeichnete den Übergang von → S-R-Theorien zu den kognitiven Lerntheorien.

KR: Der Nachweis einer generellen Bedeutung von g. E. gelang nur mit geringem o. zumindest widersprüchl. Erfolg; diagnost. Wert für Vh. u. Erleben haben g. E. nur unter bestimmten Bedingungen, v. a. wenn ein Individuum mit einer subjektiv neuartigen o. mehrdeutigen Situation konfrontiert wird; Problematik u. Reichweite des Kzpts. wird bei Krampen (1987) analysiert.

◆ Bolles, R. C.: Reinforcement, expectancy, and learning,. PR 79, 1972, S. 394–409; Krampen, G.: Handlungstheoret. Persönlichkeitsps. Göttingen 1987.

Generalisierte Erwartungshaltung → generalisierte Erwartungen.

Generalisierter Verstärker → Verstärkung.

Generalisierung → Generalisation.

General motor abilities → psychomotorische Fähigkeiten.

General Problem Solver, eines der ersten Programme der → künstlichen Intelligenz zur Beweisführung bei log. Theorien u. zur Simulierung kognitiver Prozesse, erarbeitet von Newell, Shaw u. Simon seit 1957, erst relativ spät umfassend dargestellt in Newell u. Simon (1972). Es basierte auf den Arbeiten zum Vorläuferprogramm »Logic Theorist«. Wegweisend war der Gedanke, sich an → Heuristiken zu orientieren, denn eine erschöpfende Suche u. ein algorithm. Vorgehen hätte eine nicht zu vertretende Rechenzeit beansprucht. Die Arbeit am G. P. S. war Anstoß für eine systemat. Sammlung von Heurismen, woraus sich zahlreiche Kzpte. der modernen kognitiv orientierten → Denkpsychologie u. der → Wissenspsychologie entwickelt haben, vgl. Newell u. a. (1963); vgl. zsfd. Wimmer u. Perner (1979) u. Hilgard u. Bower (1983).

◆ Bower, G. u. Hilgard, E. R.: Theorien des Lernens II. Stuttgart 1983; Newell, A. u. a.: Empirical explorations with a logic theory machine: a case study in heuristics. In: Feigenbaum, E. A. u. Feldman, J. (Hg.): Computers and thought. New York 1963, S. 109–133; Newell, A. u. Simon, H. A.: Human problem solving. New York 1972; Wimmer, H. u. Perner, J.: Kognitionsps. Stuttgart 1979.

Generate-Recognize-Theorie [auch *Generation-recognition-Hypothese*, *Generierungs-Wiedererkennungs-Modell*, *Generate-test-Modell*], besagt, dass → Erinnern darin besteht, dass zunächst eine Grundmenge von Informationen, die im Umfeld der spezifischen Information liegt, reproduziert wird u. dass auf diese dann ein Prozess des → Wiedererkennens angewandt wird, der die eigentl. Gedächtnisitems selektiert. Diese Theorie ist also eine *Zweiphasentheorie* u. postuliert eine *indirekte Route* des Erinnerns, während z. B. die Idee der → Kodierungsspezifität eine *direkte* Route postuliert; vgl. Kintsch (1970).

Ein komplexes, auf dem Zwei-Phasen-Modell aufbauendes Modell wurde von Anderson u. Bower (1972) konzipiert. Der Effekt, dass Wörter mit hoher Auftretenshäufigkeit leicht reproduziert werden, selten auftretende Wörter dagegen leichter wiedererkannt werden, steht im Einklang mit dem Zwei-Phasen-Modell, gem. dem Wiedererkennen ein Einphasenprozess ist. Ein Problem der Theorie besteht darin, dass sie nicht erklären kann, warum die Wiedererkennungsleistung u. U. geringer ist als die Erinnerungsleistung – ein Problem, das von der Theorie der → Kodierungsspezifität aufgegriffen u. einer Lösung zugeführt wird; zu einer Integration beider Modelle vgl. Kluwe (1990).

VD: Eine wichtige Teilannahme betrifft die Bedeutung des Kontexts: Wenn etwas gemerkt wird, z. B. das Wort *Roboter*, dann wird nicht nur dieses Wort selbst gespeichert, sondern auch Informationen über die situativen Gegebenheiten, z. B.:

schwarz gedruckt, Versuchsleiter nervös, dritte Liste. Wird beim Versuch der Wiedergabe das Wort *Roboter* als einer der »Kandidaten« aktiviert, dann ist die bestehende Verknüpfung mit dem Kontext ausschlaggebend dafür, dass dieses Wort als auf der ursprünglich gelernten Liste befindlich wiedererkannt u. reproduziert wird. Fehlt diese Verknüpfung im Kontext, dann wird dieses Wort »eliminiert« u. ein anderer »Kandidat« gesucht, wenn aber die entsprechende Verbindung besteht, dann wird das Wort richtig wiedererkannt.

LIT: Vgl. Kintsch (1970); Mandler (1980); zsfd. Engelkamp (1990) sowie Watkins u. Gardiner (1979); vgl. auch die Ausführungen in Wessells (1984).

◆ ANDERSON, J. R. u. BOWER, G. H.: Recognition and retrieval processes in free recall. PR 79, 1972, S. 97–123; BAHRICK, H. P.: A two-phase model for prompted recall. PR 77, 1970, S. 215–222; ENGELKAMP, J.: Das menschl. Gedächtnis. Göttingen 1990; KINTSCH, W.: Models for free recall and recognition. In: NORMAN, D. A. (Hg.): Models of human memory. New York 1970, S. 334–374; KLUWE, R. H.: Gedächtnis u. Wissen. In: SPADA, H. (Hg.): Lehrbuch der Allg. Ps. Bern 1990, S. 115–188; MANDLER, G.: Recognizing: the judgement of previous occurrence. PR 87, 1980, S. 252–271; WATKINS, M. J. u. GARDINER, J. M.: An appreciation of generate-recognize-theory of recall. JVLVB 18, 1979, S. 687–704; WENDER, K. F. u. a.: Modelle des menschl. Gedächtnisses. Stuttgart 1980; WESSELLS, M. G.: Kognitive Ps. München 1984.

Generation-recognition-Hypothese → Generate-recognize-Theorie.

Generative Grammatik → generative Transformationsgrammatik; → Finite-state-Grammatik.

Generative Hemmung → Interferenz.

Generative Semantik, eine linguist. Theorie der → Bedeutung u. → Satzverarbeitung, die davon ausgeht, dass die → Tiefenstruktur nicht rein syntakt. zu fassen ist, sondern v. a. durch *semant.* Grundelemente. Die g. S. ist eine Gegenposition zur → generativen Transformationsgrammatik. In ihrem Annahmensystem entfällt die bis dahin übl. strikte Trennung zw. Syntax u. Semantik bzw. zw. Wortsemantik u. Satzsemantik. Die g. S. nimmt an, dass semant. Strukturen in einer der Prädikatenlogik ähnl. Form von universellen Basisregeln erzeugt werden, wb. sich die Bedeutungen von Einzellexemen als syntakt. strukturierte Komplexe von → semantischen Primitiva beschreiben lassen. So wird das Verb *überredet* (*X überredet Y zu Z*) paraphrasiert durch *X macht, dass Y will, dass Z.* Außerdem wird die Menge der syntakt. Kategorien auf drei Elemente reduziert: → *Proposition, Argument* u. *Prädikat.*

LIT: Zu weiteren linguist. Aspekten vgl. Bußmann (1990); zsfd. Immler (1974), Binnick (1972); einführend für Psychologen Hörmann (1976, 1981).

◆ ABRAHAM, W. u. BINNICK, R. I. (Hg.): Zur Entwicklung der G. S. In: ABRAHAM u. BINNICK (1972), S. 3–48; BUSSMANN, H.: Lexikon der Sprachwissenschaft. Stuttgart 1990; HÖRMANN, H.: Meinen u. Verstehen. Frankfurt/M. 1976; HÖRMANN, H.: Einführung in die Psycholinguistik. Darmstadt 1981; IMMLER, M.: Generative Syntax – generative Semantik. München 1974.

Generative Transformationsgrammatik, eine von N. Chomsky (1957, 1965) begründete linguist. Theorie, die eine Weiterentwicklung der → Konstituentenanalyse unter intensivem Gebrauch von formal-log. Mitteln darstellt. Die g. T. beinhaltet folgende Annahmen:

(1) Das Prinzip des *Generierens* meint einen Algorithmus zur Erzeugung von Sätzen mit der zentralen Eigenschaft der *Rekursivität* (vgl. Hermes 1961; Beeh 1977). Dies bedeutet, dass der Mechanismus auch wieder auf die durch diesen Mechanismus erzeugten Ergebnisse angewendet werden kann, womit durch ein endl. Inventar von Elementen eine unendl. Menge von Sätzen erzeugt werden kann (für ein Bsp. s. das Stw. → Sprache). Damit kann eine zentrale Eigenschaft der

menschl. Sprache, näml. die *Kreativität*, d. h. die Fähigkeit, unendl. viele Sätze zu bilden, theoret. eingefangen werden, was eine → Finite-state-Grammatik nicht leisten kann. (*T*: Deswegen wird *generative Grammatik* häufig als Synonym für *g. T.* verwendet, es gibt aber auch noch andere generative Modelle, so z. B. die → generative Semantik; vgl. hierzu Bussmann 1990.) (2) Zentral ist die Unterscheidung zw. einer *Oberflächen-* u. eine *Tiefenstruktur* von Sätzen. Die *Tiefenstruktur* enthält den propositionalen Gehalt, also den Aussagekern eines Satzes in einer normierten Anordnung der Wörter. *Oberflächenstruktur* meint die unmittelbar beobachtbare aktuelle Gestalt von Sätzen; der Begriff wird oft auf die hierarch. Zergliederung eines Satzes in Einheiten, die *Phrasen* genannt werden, angewandt (Konstituentenstruktur). Die Tiefenstruktur spezifiziert sowohl die grammat. Relationen u. Funktionen der syntakt. Elemente als auch alle für die sprachl. Bedeutung eines Satzes wichtigen Elemente, insbes. die Lexeme. Grundansatz ist die Annahme, dass unterschiedl. Sätzen, die Ähnliches bedeuten, auch ähnl. Tiefenstrukturen zugrunde liegen, auf die Transformationen angewandt werden, um die Oberflächenstruktur der Sätze zu erzeugen. Strukturell mehrdeutige Oberflächenstrukturen werden durch so viele Tiefenstrukturen repräsentiert, wie sie unterschiedl. Lesarten aufweisen (z. B. entsprechen dem Satz *Frauen u. Männer mit langen Haaren müssen Bademützen tragen* zwei Tiefenstrukturen, näml.: (a) *Alle Frauen u. Männer müssen Bademützen tragen* (*wenn sie lange Haare haben*). (b) *Alle Frauen u. diejenigen Männer, die lange Haare haben, müssen Bademützen tragen*. Dagegen werden verschiedene bedeutungsgleiche Oberflächenstrukturen, sofern sie Paraphrasen sind (wie z. B. *der gelungene Auftritt* u. *der Auftritt ist gelungen*), aus einer einzigen Tiefenstruktur abgeleitet. In mehrfachen Revisionen der ursprüngl. *Standardtheorie* wurde auch der Status der Tiefenstruktur als ausschließl. Basis für die semant. Interpretation verändert, indem durch die *Spurentheorie* strukturelle Informationen der Tiefenstruktur in die Oberflächen-, jetzt *S-(surface-)Struktur* genannt, eingespeist werden, die in der *revidierten erweiterten Standardtheorie* die einzige Strukturebene der semant. Interpretation darstellt. (3) Zw. Oberflächen- u. Tiefenstruktur vermitteln Regeln, die *Transformationen*, welche die durch die → Phrasenstrukturgrammatik erzeugten Strukturbäume der Tiefenstruktur in abgeleitete Strukturbäume der Oberflächenstruktur überführen (die dann noch lautl. interpretiert werden), was bei korrektem Gebrauch *grammat.*, ansonsten *ungrammat.* Sätze erzeugt. Alle *Transformationen* beruhen auf den beiden Grundoperationen der *Tilgung* u. der *Insertion* von Konstituenten; davon abgeleitete Operationen sind: *Substitution* (= Tilgen u. Einsetzen von Elementen an gleicher Stelle) u. *Permutation* (= Tilgen und Einsetzen von Elementen an anderer Stelle). Um nur angemessene Wörter in die Wortklassensequenz einzufügen, sieht die g. T. *Selektionsrestriktionen* vor, d. h., die Wörter werden über die Kategorisierung nach Wortklassen hinaus auch nach ihrer Kombinierbarkeit in Sätzen kategorisiert. Allg. war der Grundtrend der Entwicklung der g. T. der, die ursprüngl. zu große Macht der Transformationsregeln – die auch inkorrekte Sätze generieren konnten – sinnvoll zu restringieren; vgl. Peters u. Ritchie (1971). (4) Eine der Grundideen der g. T. ist die einer reinen formalen Wohlgeformtheit von Sätzen, die auf syntakt. korrekte Weise Strukturprinzipien entsprechen, wb. semant. Aspekte unberücksichtigt bleiben können. Der *ideale Sprecher* kann diese Grammatikalität eindeutig beurteilen. Hieraus ergibt sich das wichtige Teilmodell der → Kompetenz vs. Performanz. Die g. T. sieht sich v. a. als eine Theorie der *Kompetenz*, also der Sprachfähigkeit eines *idealen Sprechers*. (5) Unter entwicklungsps. Aspekt beinhaltet dieses Modell das nativist. Kzpt. des → Spracherwerbsmechanismus u. die Annahme → linguistischer Universalien, die allen menschl. Sprachen zugrunde liegen.

HI/WÜ: Die (schon angeklungenen) Erweiterungen der Theorie lassen sich folgendermaßen differenzieren: Die 1965 erschienene Abhandlung *Aspects of the Theory of Syntax* erweitert die ursprüngl. nur syntakt. Theorie, begründet durch *Syntactic Structures* (1957), zu einer allg. Grammatiktheorie, in die auch Phonologie u. Semantik einbezogen sind (*Aspekte-Modell*, auch: *Standardtheorie*,

Abk.: ST); vgl. Bußmann (1990). Die Kritik an diesem Kzpt. führte zur Entwicklung der *erweiterten Standardtheorie* (engl.: *extended standard theory*, Abk.: *EST*; Chomsky 1972); seit 1974 erfolgten unter der Bezeichnung *revidierte erweiterte Standardtheorie* weitere Modifikationen. Die g. T. war das Hauptparadigma der sich entwickelnden → Psycholinguistik u. definierte als deren Forschungsprogrammatik die Frage der → *psychologischen Realität der Grammatik* (gemeint ist die der g. T.). Chomskys Bedeutung besteht darin, einerseits den Weg für formale Modelle innerhalb der Sprachps. freigemacht zu haben, andererseits einen expliziten Kognitivismus u. → Mentalismus vertreten zu haben. Des Weiteren hat er das Thema → *Nativismus* innerhalb der modernen Ps. wieder aufleben lassen. Die g. T. ist auch ein Bsp. für eine Art → Modularismus (die Trennung von Syntax u. Semantik bzw. die von Lexikon u. Phonologie).

KR: Zunehmend wurde die ps. Adäquatheit der Theorie krit. gesehen bzw. widerlegt (vgl. hierzu die einzelnen Verweis-Stw.); zur Rezeption u. Kritik in Deutschland vgl. Dittmann (1981); eine frühe krit. Rezeption ist Hockett (1968). Wichtige krit. Weiterentwicklungen sind die → generative Semantik u. die → Kasusgrammatik. Eine Linguistin, die weiterhin in der Tradition der g. T. arbeitet, aber mit deren spezif. Annahmen gebrochen hat, ist Bresnan (1978, 1981); mit ihrer *lexikal.-funktionalen Grammatiktheorie* hat sie die Bedeutung des → mentalen Lexikons betont; in diesem Forschungsansatz wird insbes. versucht, durch Zusammenarbeit mit der künstl. Intelligenz zu Überprüfungsmodellen zu kommen, die zeigen, ob die formalen Theorien auch ps. valide sind. Auch die Theorie von G. Gazdar (1981) ist eine Alternative, die zu den Phrasenstrukturgrammatiken zurückkehrt u. die Auffassung vertritt, man brauche keine Transformation, u. selbst ungewöhnl. Oberflächenstrukturen seien ganz direkt darstellbar; in dieser Theorie operiert die semant. Interpretation unmittelbar auf der von einer Grammatik generierten Oberflächenstruktur, jeder Syntaxregel entsprechen explizite Semantikregeln.

LIT: Eine Einführung in die Theorie für Psychologen bietet Dietrich (1976); einen Überblick vermitteln die Lehrbücher der → Psycholinguistik; einen histor. Überblick liefert Newmeyer (1980); die Rolle der g. T. im histor. Zusammenhang der Entwicklung einer → Kognitionswissenschaft analysiert Gardner (1989); zu einer Diskussion zw. Piaget u. Chomsky über ihre unterschiedl. Ansichten zum → Spracherwerb vgl. Piattelli-Palmarini (1980); terminolog. Wörterbücher sind Lang (1967) u. Welte (1974); eine Gesamtdarstellung von Chomskys Werk mit einer Bibliographie ist Weydt (1976).

◆ Beeh, V.: Der Begriff der Erzeugbarkeit. In: Germanist. Linguistik 1977, S. 51–87; Bresnan, J. W.: A realistic transformational grammar. In: Halle, M. u. a. (Hg.): Linguistic theory and psychological reality. Cambridge/Mass. 1978; Bresnan, J. W. (Hg.): The mental representation of grammatical relations. Cambridge/Mass. 1981; Bussmann, H.: Lexikon der Sprachwissenschaft. Stuttgart 1990; Chomsky, N.: Syntactic structures. The Hague 1957 (dt.: Strukturen der Syntax. The Hague 1975); Chomsky, N.: Aspects of the theory of syntax. Cambridge/Mass. 1965 (dt.: Aspekte der Syntaxtheorie. Frankfurt/M. 1969); Chomsky, N.: Studies on semantics in generative grammar. The Hague 1972 (dt.: Studien zur Fragen der Semantik. Frankfurt/M. 1978); Chomsky, N.: Rules and representations. New York 1980 (dt.: Regeln u. Repräsentationen. Frankfurt/M. 1981); Chomsky, N.: Some concepts and consequences of the theory of gouvernment and winding. Cambridge/Mass. 1982; Dietrich, R.: Generative Linguistik für Psychologen. Stuttgart 1976; Dittmann, J.: Rezeption u. Kritik der Sprachtheorie Noam Chomsky's in der BRD. Deutsche Sprache 9, 1981, S. 61–96, S. 147–180; Gardner, M.: Dem Denken auf der Spur. Stuttgart 1989; Gazdar, G.: On syntactic categories. Philosophical Transactions of the Royal Society of London. Serie B 295, 1981, S. 267–283; Hermes, H.: Aufzählbarkeit, Entscheidbarkeit, Berechenbarkeit. Berlin 1961; Hockett, C.: The state of the art. Den Haag 1968; Lang, E.: Terminologie der generativen Grammatik. Berlin 1967; Newmeyer, F.: Linguistic theory in America: first quarter century of transformational generative grammar. New York 1980; Peters, S. u. Ritchie, R.: On the generative power of transformational grammars. Information Sciences 6, 1971, S. 49–83; Piattelli-Palmarini, M. (Hg.): Language and learning. London 1980; Pinker, S.: Language learnability and language development. Cambridge/Mass. 1984; Welte, W.: Moderne Linguistik: Terminologie/ Bibliographie, 2 Bde. München 1974; Weydt, H.: Noam Chomsky's Werk. Kritik – Kommentar – Bibliographie. Tübingen 1976.

Generiere-und-teste-Heuristik → psychologische Heuristik.

Generierungseffekt, die bessere Gedächtnisleistung für selbsterzeugte im Vergleich zu gelesenen Wörter; von einem *negativen* G. spricht man dagegen, wenn gelesene Wörter besser erinnert werden als generierte. Zum Stand der Forschung vgl. Steffens u. a. (1995). Die Grundanordnung des Versuchs ist, dass Wörter entweder zu lesen o. auf der Basis von Wortfragmenten zu *generieren* sind; eine typ. Vorgabe beim Generieren wäre z. B. »*heiß – k.*«, wb. die Vp die Aufgabe hätte, jeweils das Gegenteil zum ersten Wort zu generieren. In der zweiten Variante werden beide Wörter ganz vorgegeben, das zweite Wort ist jeweils laut auszusprechen.

LIT: Zum Überblick vgl. Slamecka u. Graf (1978); Gardiner u. a. (1988); zur Einordnung in übergeordnete Problemzusammenhänge vgl. Engelkamp (1990).

◆ ENGELKAMP, J.: Das menschl. Gedächtnis. Göttingen 1990; GARDINER, J. M. u. a.: Word frequency and generation effects. JExP: LMC 14, 1988, S. 687–693; SLAMECKA, N. J. u. GRAF, P.: The generation effect: delineation of a phenomenon. JExP: HLM 4, 1978, S. 592–604; STEFFENS, M. C.: Positive u. negative Generierungseffekte: Stand der Forschung u. Versuch einer Integration. In: Bericht über den 39. Kongr. der Dt. Ges. f. Ps. in Hamburg 1994, 1. Bd. Göttingen 1995, S. 439–444.

Generierungs-Wiedererkennungs-Modell → Generate-recognize-Theorie.

Genetische Epistemologie. Der Begriff *g. E.* ist der wohl am häufigsten verwendete Begriff für die Entwicklungstheorie Jean Piagets (s. u.); *genet. Strukturalismus* u. *strukturgenet. Theorie* sind andere Bezeichnungen dieser Theorie, für die es keinen fest kodifizierten Namen gibt. Die g. E. beansprucht, innerhalb eines als *konstruktivist.* u. *kognitivist.* zu bezeichnenden Grundansatzes die Genese kognitiver u. aktionaler Strukturen zu beschreiben u. zu erklären. Als vorwiegend *entwicklungsps.* Theorie konzipiert, enthält die g. E. zahlreiche *allgemeinps.* Implikationen u. ist demgemäß auch von der Grundlagenforschung bzw. von den Grundlagentheorien rezipiert worden. Zentral sind folgende Grundideen u. -modelle: (1) Piaget beschreibt die kognitive Entwicklung als Konstruktion geistiger *Strukturen* in Prozessen immerwährender Differenzierung u. Integration; das einzelne Elemente der Struktur bezeichnet er als (Handlungs-)*Schema.* Dabei wird der Begriff *Schema* in zwei Bedeutungsausprägungen gebraucht: zur Kennzeichnung der offenen Vhsmuster, speziell in Bezug auf die sensomotor. Schemata, sodann zur Bezeichnung von verinnerlichten, dem Vh. zugrunde liegenden Denkmustern (Handlungsplänen bzw. Handlungsschemata). Piaget unterscheidet zw. *figurativen* u. *operativen* Schemata: Ersteres ist ein (meist vereinfachtes) → Vorstellungsbild (z. B. ein Stadtplan), Letzteres meint die Struktur o. Organisation der Handlung. (2) Im Unterschied zu dem eher einfachen (Handlungs-) Schema bezeichnet Piaget umfassendere, in spezif. Weise systematisierte kognitive Strukturen als *Operationen* bzw. *Begriffe* (z. B. das → Invarianzkonzept). Der Operationsbegriff setzt den Schemabegriff auf der Ebene des inneren systematisierten Handelns fort u. wird demgemäß ab dem Alter von sechs Jahren prävalent. Operationen sind nach Piaget in kohärente u. reversible Systeme gruppierte Aktionen, integriert in umfassende Strukturen, die ihrerseits in log.-mathemat. Begriffen zu beschreiben sind. Die wichtigsten Kennzeichen der Operationen sind:

Aktivität, Systematisierung, Dezentrierung u. Reversibilität (s. u.). (3) Die treibende Kraft hinter der kognitiven Aktivität ist die *Äquilibration*, also die Tendenz zur Ausbildung immer besser ausbalancierter kognitiver Gleichgewichtszustände, ein abstraktes Kzpt., in dem sowohl Reifen wie Lernen eingeschlossen sind. (4) Des Weiteren vertritt Piaget einen *interaktionist.* Standpunkt: Weder biolog. Entfaltungsprozesse noch die Auswirkungen einer physikal. wie sozialen Umwelt im Sinne eines assoziativen Lernens reichen zur Erklärung von Entwicklung aus, nur aus der Interaktion beider, vorangetrieben durch die selbstregulierte u. selbstmotivierte ständige Auseinandersetzung zw. dem Individuum u. der Welt, kann Entwicklung verstanden werden. (5) Piaget sieht das menschl. Vh. u. Denken vor einem genet. u. evolutionären Hintergrund. Vh. wird unter dem Gesichtspunkt der Adaptation betrachtet, welche durch zwei komplementäre Mechanismen vermittelt wird: *Assimilation* bedeutet die Angleichung der Umweltgegebenheit an Handlungsmögllichkeiten bzw. an kognitive Schemata. *Akkomodation* bedeutet die Anpassung der Handlungs- u. kognitiven Schemata an die Erfordernisse der Umwelt. Die Entwicklung ist gekennzeichnet durch eine fortschreitende Erweiterung des Handlungsfeldes u. durch ansteigende Mobilität, Permanenz u. Stabilität sowie Reversibilität der kognitiven Strukturen. (6) Vor dem Hintergrund dieser Grundideen entwickelt Piaget eine nichtbiogenet., konstruktivist. Stufentheorie der kognitiven Entwicklung; zentral sind dabei folgende Phasen: (a) die Periode der *sensomotor. Intelligenz* (etwa 0–2 Jahre); (b) die Periode der *konkreten Operationen* (etwa 2–12 Jahre), die häufig noch einmal unterteilt wird in eine *präoperationale* u. eine *konkret-operationale* Phase; (c) die Periode der *formalen Operationen* (etwa ab 11 Jahren). Grundsätzl. erfolgt Entwicklung in einer invarianten Abfolge von Stadien, die durch das Verfügen über zunehmend komplexere log. Operationen charakterisiert sind. Aus den Reflexen, Bewegungen u. Handlungen entwickele sich anschaul. Denken, das durch zunehmende Ausbildung symbol. Repräsentationen gekennzeichnet ist, die sich in einen *konkreten* u. einen *formalen* Typ untergliedern lassen. Jede Stufe bereitet den Weg für die späteren vor, die Stufen müssen in einer invarianten Sequenz durchlaufen werden, auf jeder Stufe gibt es eine Vorbereitungsphase u. eine Endphase. (7) Die spezif. Operationen des Denkens, die Piaget in seine Theorie der Intelligenzentwicklung einbezieht, stellen inhaltl. nur eine Auswahl der mögl. dar; im Einzelnen unterscheidet er log. (Invarianzkzpt., Klassifikation, Seriation), arithmet. (Kzpte. der Kardinal- u. Ordinalzahl), räuml. (topolog. euklid., projektive), zeitl. Operationen (Kzpte. der Sukzession, Dauer u. Geschwindigkeit). (8) Piagets Theorien implizieren auch eine konstruktivist. → Wahrnehmungstheorie, welche insbes. die Bedeutung von Augen- bzw. Blickbewegung betont; vgl. zum Überblick Vonèsche (1984) u. Bryan (1984). (9) Zur Methodik: Piaget arbeitete auf der Basis einer sorgfältigen u. detaillierten, jedoch nicht standardisierten Beobachtung, wb. ursprüngl. v. a. seine eigenen drei Kinder Beobachtungsobjekte waren. In seinen Untersuchungen zum präoperationalen u. konkret-operationalen Denken verwendete er eine Methode der Befragung (sog.

klin. Methode), eine subtile, nichtstandardisierte Befragung, bei der nur der allg. Rahmen vorgegeben wird. Anfängl. konzentrierte er sich auf verbale Interaktionen, später gab er Aufgaben vor, z. B. bei den Untersuchungen der Invarianzkzpte., u. gelangte so zu einer Methodik mit eher experimentellem Charakter.

Zu den einzelnen Entwicklungsphasen nach Piaget:

(1) Zur *sensomotor. Phase*: (a) Zentral innerhalb dieser Entwicklungsphase ist, dass einfache Reflexhandlungen sich zunehmend differenzieren u. an die Umwelt anpassen. Die Wichtigkeit dieser Phase ergibt sich bei Piaget daraus, dass Denken u. auch Sprache sich aus motor. Vorformen entwickeln (→ Kognitionshypothese; s. a. das Stw. → Sprache). Innerhalb dieses Prozesses werden zunehmend die Merkmale des unreifen kindl. Denkens abgestreift. Das System der sensomotor. Assimilationsschemata führt zu einer Art Logik des Tuns, das die Schemata ineinander verschachtelt u. die Substruktur der künftigen Denkoperationen erzeugt. In dieser Phase bilden sich wesentl. Schemata heraus, speziell das → Konzept des permanenten Objekts u. das → Kausalkonzept. Der zentrale Entwicklungsprozeß dieser Phase besteht darin, dass das Kind zunehmend eine Vorstellung bekommt, dass Gegenstände auch außerhalb seiner selbst existieren u. auch weiter existieren, wenn sie nicht wahrgenommen werden. Zunehmend vereinheitlichen sich auch die verschiedenen Sinnesräume zu einem einzigen, u. das Kind bildet sich ein Kzpt. von der Logik von Ortsveränderungen (dass z. B. jede Ortsveränderung umgekehrt werden kann, dass es eine Rückkehr zum Ausgangspunkt gibt, dass eine Ortsveränderung AB mit einer Ortsveränderung BC zu einer einzigen Ortsveränderung AC koordiniert werden kann etc.). Im gleichen Maße objektiviert u. verräumlicht sich für das Kind die Kausalität, d. h., die vom Subjekt erkannten Ursachen liegen nicht mehr allein im eigenen Tun, sondern in beliebigen Gegenständen, u. die Ursache-Wirkung-Beziehungen zw. zwei Gegenständen setzen einen phys. u. räuml. Kontakt voraus. Piaget untersucht des Weiteren die Entwicklung der Wahrnehmung (bzw. das, was er *Wahrnehmungstätigkeiten* nennt, v. a. die Konstanzphänomene). Die letzte Phase der Entwicklung der sensomotor. Intelligenz bringt einen qualitativen Sprung: Das Kind wird fähig, die Ergebnisse seines Handelns in der Vorstellung zu antizipieren u. Handeln geistig auszuführen. Zum Überblick über die sensomotor. Phase vgl. Anderson (1978).

(2) Die Phase der *konkreten Operationen* ist v. a. durch vier Merkmale gekennzeichnet: (a) *Wirklichkeit*: Das Kind beurteilt einen Sachverhalt nicht mehr primär auf der Grundlage der wahrgenommenen Erscheinungsformen, sondern ist in der Lage, die wahren Verhältnisse zu erschließen. Es erkennt auch, dass in manchen Situationen ein begriffl. log. Urteil, also ein Schließen, u. kein Wahrnehmungsurteil verlangt ist. (b) *Dezentrierung*: Das Kind kann mehrere Aspekte eines Sachvhs. gleichzeitig beachten, während sein Denken vorher durch *Zentrierung* gekennzeichnet war: die Konzentration auf einen Aspekt einer Sache, ohne die Fähigkeit, mehrere gegeneinander abzuwägen; s. hierzu v. a. das Stw. → Invarianzkonzept. (c) Berücksichtigung von *Transformationen*: Während auf der präoperationalen Stufe die Tendenz besteht, einen Sachverhalt nach dem gegenwärtigen Zustand zu beurteilen, dem gegenüber die diesen Zustand hervorrufenden Transformationen sekundär sind u. nicht berücksichtigt werden, ist das konkret-operationale Kind zur Berücksichtigung der Transformation in der Lage. (d) *Reversibilität*: Das Kind kann beobachtete Abläufe gedankl. umkehren. Obwohl das konkret-operationale Denken gegenüber dem präoperationalen Denken einen Fortschritt darstellt, weist es eine Reihe von Begrenzungen auf: Es bezieht sich auf Gegenstände, die das Kind wirkl. sieht, u. auf Handlungen, die es ausführt o. zumindest in der Vorstellung ausführen kann; das Kind ist des Weiteren noch nicht in der Lage, seine Strukturen auf abstrakte hypothet. reduzierte Beziehungen anzuwenden – all das ist erst in der nächsten Entwicklungsstufe mögl. Piaget analysiert diese allg. Aspekte am Bsp. des Erwerbs log. u. arithmet. Operationen (Klassifikation, Seriation,

Zahlsystem) sowie sog. *infralog.* (räuml. u. zeitl.) Operationen. Zum Überblick über das konkret.-operator. Denken vgl. MacKay (1978).

(3) Die Phase der *formalen* Operationen ist durch folgende Merkmale gekennzeichnet: (a) Abstraktheit; (b) Beschäftigung mit dem Möglichen; (c) hypothet.-deduktives Schließen; (d) *Interpropositionalität*, d. h. das Erfahren der log. Beziehungen zw. Aussagen; (e) *Kombination* u. *Permutation* von Möglichkeiten: der Jugendliche findet systemat. Methoden zur Variation von Bedingungen (z. B. um ein Turnier auszurichten, bei dem 10 Mannschaften in 2 Gruppen jeweils gegen jeden spielen sollen); (f) *Variablenkontrolle*, die speziell bei der Kausalanalyse von Ereignissen wichtig ist, gemeint ist die grundsätzl. Logik eines Experiments, die darin besteht, Abläufe so zu arrangieren, dass Zusammenhänge zw. den einzelnen Variablen erkennbar u. analysierbar werden; (g) Integration von *Negations-* u. *Reziprozitäts-Reversibilität*: Beides sind Formen des reversiblen Denkens, Ersteres ist das Rückgängigmachen einer Operation, ist die *Kompensation* einer Operation; beides wurde v. a. in den *Waagebalken-Versuchen* analysiert, wb. es darum geht, durch Hinzufügen o. Wegnahme von Gewichten o. durch Verschieben von Gewichten in Relation zum Drehpunkt der Waage eine Ausgangssituation wieder herzustellen. Diese Aspekte sind bes. im Zusammenhang mit dem → Invarianzkonzept wichtig geworden. Piaget untersucht die weitere Entwicklung der Invarianzkzpte. in Bezug auf Menge, Gewicht, Volumen, Raum, Zeit, des Weiteren v. a. die formalen operativen Schemata *Proportion, doppelte Bezugssysteme, hydrostat. Gleichgewicht* u. *Wahrscheinlichkeitsbegriffe*; außerdem die Art u. Weise, wie Menschen wissenschaftl. Gesetze erforschen u. untersuchen, v. a. am Bsp. des physikal. Pendels u. der Elastizität. Zur formalen Beschreibung der höchsten Stufe hat Piaget das log. Kalkül der Kleinschen INCR-Vierer-Gruppe verwendet, vgl. hierzu Wittmann (1978). Piaget hat auch wissenschaftsgeschichtl. Analysen betrieben, z. B. über die Herausbildung eines physikal. Impetusbegriffs. Zum Überblick über die Phase der formalen Operationen vgl. Neimark (1978).

HI/WÜ: Piagets Theorie ist die vielleicht bedeutendste Entwicklungstheorie u. hat die falsche Alternative *endogenist.* vs. *exogenist.* überwunden. Sein Ansatz entstand außerhalb der akadem. Ps., er wurde in den USA erst seit Ende der 60er Jahre rezipiert, dann allerdings, ähnl. wie bei Freud, schon aufgrund des ungeheuren Werkumfangs fast ehrfürchtig wahrgenommen, zunehmend jedoch von der modernen empir. u. gleichzeitig kognitivist. orientierten Entwicklungsps. in Frage gestellt (s. u.). Unter den amerikan. Forschungsgruppen, die von der Piaget-Rezeption bes. stark beeinflusst worden sind, sind v. a. Bruner u. Ausubel zu nennen; vgl. das Stw. → Repräsentationsmedien.

KR: (a) Grundsätzl. scheinen Denken u. kognitive Entwicklung viel bereichsspezifischer zu sein als von Piaget angenommen, so dass sich die von ihm postulierten allg. Gesetzmäßigkeiten nicht strikt replizieren lassen. Zunehmend wird die Entwicklung des Denkens eher als »kognitive Sozialisation« denn als Entfaltung einer log.-genet. Sachlogik gesehen. (b) Neugeborene scheinen in viel stärkerem Maße angeborene Fähigkeiten mitzubringen, insbes. scheint die Wahrnehmungswelt der Kinder nicht derartig fragmentiert zu sein, wie von Piaget angenommen; s. hierzu das Stw. → intersensorische Wahrnehmung; andererseits scheinen sich manche Entwicklungsprozesse über viel längere Zeiträume, bis ins Erwachsenenalter hinein, zu erstrecken, z. B. die Invarianz des Volumens; auch erreichen nicht alle Erwachsenen das Stadium formaler Operationen (vgl. Neimark 1975). (c) Obgleich die von Piaget vorausgesagten Alterstrends bezüglich einzelner Aspekte häufig repliziert werden konnten, scheinen doch Ungleichzeitigkeiten im Erreichen theoret. vergleichbarer Kriterien eher die Regel zu sein. (d) Viele Ergebnisse Piagets scheinen außerdem ein Artefakt seiner Methoden zu sein; vgl. hierzu Bower (1978) u. Donaldson (1978). Auch die neueren Untersuchungen zur Fähigkeit von Kindern zur Philosophie ergeben, dass Piaget die geistige Kapazität der Kinder bisweilen verfehlt u. unterschätzt hat; vgl. z. B. Matthews (1993). (e) An Piagets Theorie ist auch kritisiert worden, dass aufgrund seines individualist. Menschenbildes in seinen Hauptwerken emotionale u. auch soziale Faktoren nicht angemessen berücksichtigt werden; demgemäß sieht er auch Sprache weniger als Ergebnis sozialer Interaktion, er sieht sie vielmehr als aus der symbol. Tätigkeit entstanden, wb. diese wiederum auf den Denkfunktionen aufbaut (→ Kognitionshypothese; vgl. hierzu auch die Kontroverse zw. Piaget u. Wygotski; vgl. hierzu Glick 1983). Allg. zur Kritik an Piagets Theorie vgl. Brainerd (1978); Murray (1974); Siegel u. Brainerd (1978); vgl. auch Dornes (1993); Weiteres s. das Stw. → Invarianzkonzept.

Weiterentwicklungen: Die g. E. war Vorlage für eine Vielzahl bedeutender moderner entwicklungsps. Theorien, die wichtigste ist die Theorie der Entwicklung des moral. Urteils von Kohlberg (vgl. das Stw. → soziale Motivation), des Weiteren gibt es Studien zum Gerechtigkeitsbegriff, zur Empathie, zu Gemeinschaftssinn, Absichtskzpt., Individuumskzpt., Freundschaftskzpt., Altruismus, Rollenübernahme u. Perspektivenübernahme; vgl. zsfd. Flammer (1988). Einige Autoren postulieren *postformale* Entwicklungsstufen, z. B. eine Stufe des *Problem-Findens*; vgl. Arlin (1984); vgl. allg. Commons (1984); vgl. auch Zuckerman (1979); Riegel (1978) postuliert eine Stufe, auf der es nicht nur um Streben nach Gleichgewicht geht, sondern auf der Widersprüche ertragen werden, er spricht von der Stufe der *dialekt.* Operationen. Ein anderer Forschungsstrang basiert auf der Idee von Case (1978), dass das formale Stadium auf der Fähigkeit basiert, Relationen zweiter Ordnung, also Relationen von Relationen, zu erkennen, u. nimmt die Möglichkeit des Erkennens von Relation dritter Ordnung als Merkmal eines postformalen Stadiums an; Case (1978ff.) u. auch Pascual-Leone (1981) operieren beide auf der Annahme einer anwachsenden Kapazität des Gedächtnisses, speziell des → Arbeitsgedächtnisses; vgl. auch Sternberg u. Downing (1982) sowie Commons u. a. (1982). Zum Überblick über die *postformale* Denkentwicklung vgl. Flammer (1988). Klahr (1984) geht nicht von großen Strukturen aus, sondern analysiert diejenigen Prozesse der kognitiven Entwicklung, die der Steigerung der Problemlösefähigkeit zugrunde liegen; Entwicklung manifestiere sich in einem kontinuierl. Zuwachs an deklarativem u. prozeduralem Wissen – Sequenzen werden nicht angenommen; die quantitative Änderung kognitiver Prozesse wird prinzipiell durch sich selbst modifizierende Produktionssysteme verursacht. Fischer u. Pipp (1984) übernehmen die generelle Stufen- u. Strukturkonzeption Piagets u. differenzieren diese durch weitere Unterstufen (*Niveaus*). Damit wird das Ziel verfolgt, die Entwicklung bereichsspezif. Fertigkeiten in Form von beschreibbaren Sequenzen zu präzisieren. Fischer knüpft damit an die Kritik der Minderbetonung von spezif. Inhalten in der Theorie Piagets an u. geht grundsätzl. von der Bereichsspezifität der Fertigkeiten aus, auch nimmt er sowohl situations- wie personenspezif. Entwicklungsbedingungen an u. verläßt damit das empirisch schwer überprüfbare Konzept der Äquilibration als generelles Entwicklungsprinzip; der Übergang von einer Hauptstufe zur nächsten ist die hierarch. Integration der komplexen Struktur einer Stufe in die darauf folgende; Weiteres vgl. → Aufgabenanalyse.

VD: (1) Zur Person Jean Piagets (1896–1980): Piaget hat schon als Kind u. Jugendl. wissenschaftl. Forschungen im Bereich der Biologie betrieben, danach Zoologie studiert u. nach dem Studium im Laboratorium von Binet an Intelligenztests gearbeitet; 1921 wurde er Oberassistent bei Claparède in Genf, 1925 wurde er Vater, u. die Beobachtung seiner Töchter wurde seine wichtigste Bezugsquelle; 1929 wurde er Professor für die Geschichte naturwissenschaftl. Denkens u. nebenher (ab 1936) lehrte er auch Ps. als Lehrbeauftragter der Universität Lausanne; 1940 übernahm er den Lehrstuhl für experimentelle Ps., 1952 nahm er zusätzl. zu seinem Lehrstuhl in Genf einen Ruf an die Sorbonne an; in Genf gründete er 1956 das »Interdisziplinäre Zentrum für genet. Epistemologie«. Bis zu seinem Lebensende (1980) hat er ein großes Arbeitspensum durchgehalten u. ein riesiges Werk hinterlassen; vgl. hierzu Inhelder (1988), seine wichtigste Mitarbeiterin.

(2) Ein wichtiges Teilkzpt. von Piagets allgemeiner Entwicklungstheorie ist das der *Verschiebung*: Es erlaubt die Aufrechterhaltung des Stufenkonzepts, obwohl

auf den einzelnen Stufen eine gewisse Heterogenität der geistigen Entwicklung herrscht u. gleichzeitig auf verschiedenen Stufen große Ähnlichkeiten bestehen: Bei *horizontalen Verschiebungen* findet eine Zeitverschiebung von Entwicklungsschritten *innerhalb* einer Entwicklungsstufe statt, d. h., zu verschiedenen Zeitpunkten einer Stufe kann die gleiche kognitive Struktur auf verschiedene Aufgaben angewendet werden. Ein häufig genanntes Bsp. ist der zeitversetzte Erwerb der Invarianz der Menge, des Gewichts u. des Volumens der Stufen, d. h., dass grundlegend ähnl. Invarianzkzpte. hinsichtl. bestimmter Inhalte zu unterschiedl. Zeitpunkten erworben werden. Bei *vertikalen Verschiebungen* kehren formal ähnl. kognitive Strukturen auf verschiedenen Entwicklungsstufen wieder u. zwar bezügl. der gleichen o. zumindest ähnl. Inhalte; als Bsp. der räuml. Orientierung: Am Ende der sensomotor. Phase vermag das kleine Kind die in der unmittelbaren Umgebung vorhandenen räuml. Beziehungen zu berücksichtigen, es kann z. B. sicher von einem Punkt A zu einem Punkt B u. von B zu einem Punkt C u. wieder zurück gehen, es kann Hindernissen ausweichen usw.; dies ist aber immer noch eng an die eigene Bewegung im Raum gebunden, u. erst auf der nächsten Entwicklungsstufe kann es sich diese Beziehung auch vorstellen. Das Kzpt. der *horizontalen Verschiebung* dient als Erklärung, dass auf einer bestimmten Entwicklungsstufe nicht alle Aufgaben (verschiedenen Inhalts) trotz der gleichen erforderl. Operation gelöst werden können, dagegen zeigen die vertikalen Verschiebungen, dass eine Uniformität dort besteht, wo qualitative Unterschiede (verschiedene Entwicklungsniveaus) gegeben sind.

(3) Zur Phase der sensomotor. Intelligenz: Piaget untergliedert sie in sechs Stufen: (a) einfache Reflexhandlungen (0–4 Wochen); (b) einfache Gewohnheiten primärer Kreisreaktionen (1–4 Monate); (c) aktive Wiederholung von Handlungsfolgen, sekundäre Kreisreaktion (4–8 Monate); (d) Koordinierung sekundärer Kreisreaktionen u. ihrer Anwendung auf neue Situationen (8–12 Monate); (e) aktives Experimentieren, tertiäre Kreisreaktionen (12–18 Monate); (f) Erfinden von neuen Handlungsmustern durch verinnerlichtes Handeln (18–24 Monate). Das hierbei wichtige Kzpt. der *Kreisreaktionen* hat folgenden Gehalt: *Primäre* Kreisreaktionen bestehen darin, dass der Organismus ein einmal aktiviertes Schema aufrechterhält (z. B. das Strampeln mit den Beinchen, das den ganzen Körper u. einen an der Wiege aufgehängten Hampelmann in Bewegung setzt, wird aufrechterhalten); *sekundäre* Kreisreaktionen bestehen darin, dass ein Individuum ein einmal als lustvoll erlebtes Schema an anderer Stelle wieder aktiviert (z. B. kann der Anblick des Hampelmanns einen Säugling verleiten, das Strampeln zu wiederholen); die *tertiären* Kreisreaktionen bestehen darin, dass ein Individuum ein als lustvoll erlebtes Schema spontan variiert.

(4) Der Phase der eigentl. konkreten Operationen wird von Piaget eine Vorphase zugeordnet, die der *vorbegriffl. präoperationalen* Intelligenz (2–7 Jahre). Diese wird unterteilt in die Stufen des *symbol.* Denkens u. des *anschaul.* Denkens. In der ersten Phase (2–4 Jahre), am Ende der sensomotor. Periode, tritt die *semiot.* o. *symbol.* Funktion auf, also die Fähigkeit, etwas Bezeichnetes mit Hilfe eines Zeichens abzubilden, etwas, was die senso-motor. Mechanismen noch nicht implizieren. Diese symbol. Funktion entwickelt sich ebenfalls aus Vorläufern: der *aufgeschobenen Nachahmung*, dem *symbol.* Spiel o. *Fiktionsspiel*, der Zeichnung, dem inneren Bild. All diese Entwicklungsstufen werden schließl. durch diese entwickelte Sprache vervollkommnet. Die Wörter besitzen zunächst noch nicht den Charakter von *Begriffen* im Sinne einer klassifikator. log. Funktion. Auch auf diese Phase treffen die von Piaget in seinen Frühwerken (s. u.) herausgearbeiteten Kennzeichen zu. Des Weiteren besteht auch eine Schwierigkeit, beobachtete Abläufe im Geiste umzukehren (Irreversibilität). In der zweiten Phase der präoperationalen Intelligenz (4 bis 7 Jahre) kommt das Kind in die Phase des anschaul. Denkens, in der eine wachsende Ausbildung von Begriffen stattfindet, die aber immer noch an Anschauungsbilder gebunden ist.

(5) V. a. in seinem Frühwerk, das nicht ganz mit seinem späteren Werken harmonisiert, arbeitet Piaget bestimmte allg. Merkmale des kindl. Denkens heraus: (a)

Wesentl. ist für ihn der kindl. *Egozentrismus*, die Schwierigkeit des Kindes, gedankl. den Standpunkt eines Gegenübers einzunehmen; wenn das Kind z. B. einen Gegenstand betrachtet, gedankl. o. real, so fällt es ihm schwer, andere Sichtweisen dieses Gegenstandes in Erwägung zu ziehen, es verabsolutiert seine Sichtweise. (b) Aus diesem grundlegenden Egozentrismus heraus lassen sich weitere, speziellere Merkmale verstehen: *Animismus*: Da das Kind die Dinge nicht als vom Ich getrennt auffasst, werden sie mit Eigenschaften des Ich ausgestattet »beseelt«, d. h. mit Empfindungen, wie Bewusstsein u. Intention versehen. (c) *Realismus*: Das Kind nimmt an, dass der Name eines Dinges etwas Reales ist, u. es kann sich nicht vorstellen, dass Dinge auch mit beliebig anderen Namen belegt werden können. Auch der Traum wird vom Kind in dieser realist. Welt als von außen in den menschl. Körper hineinkommend aufgefasst. (d) *Partizipation* meint, dass die Natur die Funktion hat, den Menschen zu nützen u. dass viele Dinge sich deshalb in einem solchen teleolog. Sinne erklären lassen: »Steine gibt es, damit Menschen Häuser daraus bauen können.« Daraus ergibt sich ein *Artifizialismus*, die Annahme, dass viele Naturabläufe vom Menschen gemacht seien. (e) Im Denken zeigt sich eine *Transduktion*: Das Kind schließt nicht vom Besonderen aufs Allgemeine u. umgekehrt, sondern vom Besonderen zum Besonderen. (f) Die kindl. Sprache ist v. a. durch einen *Synkretismus* gekennzeichnet, d. h., fremde Worte o. Aussage werden diffus u. ohne inhaltl. Verständnis in ihr eigenes Begriffsfeld aufgenommen u. verwendet), des Weiteren durch *Parataxe* (i. w. S.), d. h., das Kind reiht Aussagen ohne log. Zusammenhang aneinander, etwa durch die fortlaufende Verwendung der Konjunktion »dann«, worin sich nach Piaget eine Unfähigkeit des Kindes zur Darstellung einer log. Abfolge von Ereignissen ausdrückt.

LIT: Piagets Werke sind enthalten in der Ausgabe des Klett-Cotta-Verlages »Gesammelte Werke in 10 Bänden« (Studienausgabe 1975ff.), die meisten davon sind auch als Taschenbücher im Fischer-Verlag erschienen; einführende Darstellungen von Piaget selbst sind Piaget (1970, 1972, 1983) sowie Piaget u. Inhelder (1977), in denen der Schwerpunkt auf der Darstellung der diversen Stufentheorien von Piaget liegt; Piaget (1974) gibt einen guten Einblick in seine Denk- u. Arbeitsweise u. enthält eine Systematisierung vergleichbarer erkenntnistheoret. Probleme in Biologie u. Psychologie; Piaget (1971) war ebenfalls als Einführung gedacht u. enthält eine umfangreiche Auseinandersetzung mit der Würzburger Schule u. der Gestalttheorie; Gesamtdarstellungen sind Flavell (1979); Ginsburg u. Opper (1978); Chapman (1988); Bugle (1985); philosoph. orientiert sind Kesselring (1984, mit einem Theorienvergleich zw. Piaget u. Hegel) u. Fetz (1988, mit einer philosophiegeschichtl. Einordnung von Piagets Werk); ein Wörterbuch zu Piagets Terminologie ist Battro (1973); eine moderne Kurzfassung u. Evaluation der Theorie ist Case (1985); vgl. auch Butterworth (1981); eine umfassende Darstellung der verschiedensten Aspekte ist Steiner (1978), darin auch ausführl. Daten zu Leben u. Werk Piagets u. eine Bibliographie; eine Bibliographie ist McLaughin (1988); das klass. Werk zur Adaptation Piagetscher Kzpte. für die Didaktik ist Aebli (1963); vgl. auch Kubli (1983) u. Schwebel u. Ralph (1973); eine Elaboration der lernps. Ideen ist Montada (1970); zum Vergleich von Piaget u. der empirist. Lernps. vgl. Montada (1978); zu motivationstheoret. Aspekten des Äquilibrationsmodells von Piaget vgl. Mischel (1978); für eine autobiograph. Darstellung vgl. Piaget (1979); biograph. Darstellungen sind Ducret (1984) u. Kesselring (1988); in dem Artikel von Vidal (1983) wird der Versuch unternommen, Piagets Entwicklungstheorie auf dessen eigene Biographie anzuwenden; zum Verhältnis von Piagets u. Freuds Theorie vgl. Vidal (1987) sowie Liebsch (1986); Furth (1990) u. Peters (1978); neuere Ansätze, die v. a. die Phase vom konkreten zum formalen Denken u. differentialps. Aspekte betreffen, referiert Schröder (1989); eine Darstellung der Methodik ist Vollmers (1992); ein wirkungsgeschichtl. Essay ist Steiner (1981); Bibliotheken mit Sammelschwerpunkten zu Piaget sind an der Universität Bern, Bremen u. Kiel sowie die Bibliothèque de la Faculté Psychologie et des Sciences de l'Education Genève; die Fondation Archives Jean Piaget Genève (keine Ausleihe, jedoch Möglichkeit der Dokumenteneinsicht u. Arbeit in einem Lehrsaal).

◆ AEBLI, H.: Über die geistige Entwicklung des Kindes. Stuttgart 1963; ANDERSON, G. C.: Der Ursprung der Intelligenz u. die sensomotor. Entwicklung des Kindes. In: STEINER (1978), S. 94–120; ARLIN, P. K.: Piagetian operations in problem-finding. DP 13, 1977, S. 297–298; ARLIN, P. K.: Adolescent and adult thought: a structural interpretation. In: COMMONS u. a. (1984), S. 258–271; BAILLARGEON, R.: A review of some Piagetian concepts. In: FLAVELL, J. H. u. MARKMAN, E. M. (Hg.): Handbook of child psychology, 3. Bd. New York 1983 (4. Aufl.), S. 167–230; BATTRO, A. M.: Piaget, dictionary of terms. New York 1973; BOWER, T.: Die Wahrnehmungswelt des Kindes. Stuttgart 1978; BOWER, T. G. R.: Human development. San Francisco 1979; BRAINERD, J.: The stage question in cognitive developmental theory. BBS 1, 1978, S. 173–182; BRYAN, K. G.: Piagets Invarianz, visuelle Wahrnehmungsaktivität u. die Messung von Augenbewegungen. In: STEINER (1978); BUGLE, F.: Die Entwicklungsps. Jean Piagets. Stuttgart 1985; BUTTERWORTH, G. (Hg.): Infancy and epistemology: an evaluation of Piaget's theory. London 1981, S. 173–179; CASE, R.: Intellectual development from birth to adulthood: a neo-Piagetian interpretation. In: SIEGLER, R. S. (Hg.): Children's thinking. What develops? Hillsdale 1978 S. 37–72; CASE, R.: Intellectual development. New York 1985; CHAPMAN, M.: Constructive evolution: Origins and development of Jean Piaget's thought. Cambridge 1988; COMMONS, M. L. u. a.: Systematic and metasystematic reasoning: a case for levels of reasoning beyond Piaget's stage of formal operations. Child Development 53, 1982, S. 1058–1069; COMMONS, M. L. u. a. (Hg.): Beyond form and operations. New York 1984; DONALDSON, M.: Children's minds. Glasgow 1978; DORNES, M.: Der kompetente Säugling. Frankfurt/M. 1993; DUCRET, J. J.: Jean Piaget, savant et philosophe, 2 Bde. Genf 1984; FETZ, R. L.: Struktur u. Genese. Jean Piagets Transformation der Philosophie. Bern 1988; FISCHER, K. W. u. PIPP, S. L.: Process of cognitive development: optimal level and skill aquisition. In: STERNBERG, R. J. (Hg.): Mechanisms of cognitive development. New York 1984; FISCHER, K. W.: A theory of cognitive development: the control and construction of hierachies of skills. PR 87, 1980, S. 477–531; FLAMMER, A.: Entwicklungstheorien. Bern 1988; FLAVELL, J.: Kognitive Entwicklung. Stuttgart 1979; FURTH, H.: Wissen als Leidenschaft. Eine Untersuchung über Freud u. Piaget. Frankfurt/M. 1990; GINSBURG, H. u. OPPER, S.: Piaget's Theorie der geistigen Entwicklung. Stuttgart 1978; GLICK, J. A.: Piaget, Vygotsky and Werner. In: WAPNER, S. u. KAPLAN, B. (Hg.): Toward a holistic developmental psychology. Hillsdale 1983, S. 35–52; INHELDER, B.: Ein halbes Jahrhundert in der psychogenet. Werkstatt Genf. SchZPA 47, 1988; KESSELRING, T.: Die Produktivität der Autonomie. Frankfurt/M. 1984; KESSELRING, T.: Jean Piaget. München 1988; KLAHR, D.: Transition processes in quantitative development. In: STERNBERG, R. J. (Hg.): Mechanisms of cognitive development. New York 1984; KUBLI, F.: Erkenntnis u. Didaktik. Piaget u. die Schule. München 1983; LIEBSCH, B.: Zum Verhältnis von Psychoanalyse u. Genfer Konstruktivismus: Primärprozeß, Sekundärprozeß u. kognitive Struktur. Psy 40, 1986, S. 220–247; MACKAY, C. K.: Vom voroperator. zum konkret-operator. Denken. In: STEINER (1978), S. 121–154; MATTHEWS, G. B.: Philosoph. Gespräche mit Kindern. 1993; MCLAUGHIN, J. A.: Bibliography of the works of Jean Piaget and the social sciences. Lanham: University Press of America 1988; MISCHEL, T.: Das Äquilibrationsmodell von Piaget als Motivationstheorie. In: STEINER (1978), S. 671–690; MONTADA, L.: Die Lernps. Jean Piagets. Stuttgart 1970; MONTADA, L.: Piaget u. die empirist. Lernps. In: STEINER (1978), S. 290–305; MURRAY, F. B.: Critical features of Piaget's theory of the development of thought. New York 1974; NEIMARK, E. D.: Die Entwicklung des Denkens beim Heranwachsenden. In: STEINER (1978), S. 145–171; NEIMARK, E. D.: Intellectual development during adolescence. In: HOROWITZ, F. D. (Hg.): Review of child development research. Chicago 1975, S. 541–594; PASCUAL-LEONE, J.: Probleme u. Theorien des konstruktiven Denkens: die heutige Bedeutung Piagets u. eine Kritik der Simulationstheorien der Informationsverarbeitung. In: KLUWE, R. H. u. SPADA, H. (Hg.): Studien zur Denkentwicklung. Bern 1981, S. 443–501; PETERS, R. S.: Die Beziehung zw. Piagets u. Freuds Entwicklungstheorien. In: STEINER (1978), S. 385–400; PIAGET, J.: Gesammelte Werke in 10 Bänden. Studienausgabe. Stuttgart 1975ff. (Band 1: Das Erwachen der Intelligenz beim Kinde/Band 2: Der Aufbau der Wirklichkeit beim Kinde/Band 3: Die Entwicklung des Zahlenbegriffs beim Kinde/Band 4: Die Entwicklung der physikal. Mengenbegriffe beim Kinde/Band 5: Nachahmung, Spiel u. Traum/Band 6: Die Entwicklung des räuml. Denkens beim Kinde/Band 7: Die natürl. Geometrie des Kindes/Band 8: Die Entwicklung des Erkennens I/Band 9: Die Entwicklung des Erkennens. II/Band 10: Die Entwicklung des Erkennens III); PIAGET, J.: Das moral. Urteil beim Kinde. Zürich 1954; PIAGET, J.: Das Erwachen der Intelligenz beim Kinde. Stuttgart 1969; PIAGET, J.: Piaget's theory. In: MUSSEN, P.H: (Hg.): Handbook of child psychology. New York 1970, S. 103–128; PIAGET, J.: Ps. der Intelligenz. Olten u. Freiburg im Breisgau 1971; PIAGET, J.: Theorien u. Methoden der modernen Erziehung. Wien 1972; PIAGET, J.: Intellectual evolution from adolescence to adulthood. HD 15, 1972, S. 1–12; PIAGET, J.: Die

Entwicklung des Erkennens I–III. Stuttgart 1973 (Orig. 1950); PIAGET, J.: Biologie u. Erkenntnis. Frankfurt/M. 1974; PIAGET, J.: Der Aufbau der Wirklichkeit beim Kinde. Stuttgart 1975 (Orig. 1936); PIAGET, J. u. INHELDER, B.: Die Ps. des Kindes. Frankfurt/M. 1977 (Orig. 1966); PIAGET, J.: Jean Piaget. In: PONGRATZ, L. J. u. a. (Hg.): Ps. in Selbstdarstellungen. Bern 1979, S. 149–209; PIAGET, J.: Jean Piaget: Meine Theorie der geistigen Entwicklung. Frankfurt/M. 1983; RIEGEL, K. F. (Hg.): Zur Ontogenese dialekt. Operationen. Frankfurt/M. 1978; RIEGEL, K. F.: Grundlagen der dialekt. Ps. Stuttgart 1980; SCHRÖDER, E.: Vom konkreten zum formalen Denken. Bern 1989; SCHWEBEL, M. u. RALPH, J. (Hg.): Piaget and the classroom. New York 1973; SIEGEL, L. S. u. BRAINERD, C. J.: Alternatives to Piaget. Critical essays on the theory. New York 1978; STEINER, G. (Hg.): Piaget u. die Folgen. Die Ps. des 20. Jahrhunderts., 7. Bd. Zürich 1978; STEINER, G.: Jean Piaget – heute u. morgen? Ein Essay über die Wirkung der Theorie des großen Genfers. ZEPP 13, 1981, S. 3–33; STERNBERG, R. J. u. DOWNING, C. J.: The development of higher-order reasoning in adolescence. Child Development 53, 1982, S. 209–221; VIDAL, F.: Erfahrungen u. Denken. Jean Piagets Weg zur Wissenschaft. Neue Sammlung. Göttinger Ztschr. für Erziehung u. Gesellschaft, 23, 1983, S. 200- 210; VIDAL, F.: Jean Piaget and psychoanalysis. In: BEM, S. u. RAPPARD, H. (Hg.): Studies in the history of psycholgy and the social sciences 4. Leiden, ps. Institut, 1987, S. 315–329; VOLLMERS, B.: Kreatives Experimentieren. Wiesbaden 1992; VONÈCHE, J.: Die Wahrnehmungstheorie Piagets. In: STEINER (1978); WETZEL, F. G.: Kognitive Psychologie. Weinheim 1980; WITTMANN, E.: Piagets Begriff der Gruppierung. In: STEINER (1978), S. 219–236; ZUCKERMAN, H.: The scientific elite: Nobel Laureates' mutual Influences. 1979.

Genetischer Strukturalismus → genetische Epistemologie.

Genitale Phase → Psychoanalyse; → Trieb; → Sexualtrieb.

Genutzte Hinweisreize → Leistungsangst.

Geometrie des visuellen Raumes → Raumwahrnehmung.

Geometrisch-optische Täuschungen [auch *opt. Täuschungen, figurale Täuschungen*], eine spezielle Form von → Wahrnehmungstäuschungen: Figuren, bei denen andere geometr. Verhältnisse wahrgenommen werden, als in Wirklichkeit vorliegen. Man unterscheidet die *induzierenden* Komponenten, die die Täuschung verursachen, von den *Testkomponenten*, diejenigen Teile des Bildes, über die man sich beim Betrachten täuscht: Bei der Ponzo-Täuschung z. B. (s. u.) sind die schräg zulaufenden Linien die induzierenden Komponenten, die zwei zu vergleichenden Striche, die gleich groß sind, aber als unterschiedl. groß wahrgenommen werden, bilden die *Testkomponenten*.
Die Abb. *Wahrnehmung 35a–y* zeigt die histor. wichtig gewordenen Formen der g. T.: (a) *Zöllnersche Täuschung*: Die langen Geraden, objektiv parallel, scheinen gegeneinander geneigt zu sein. (b) *Müller-Lyer-Täuschung*: Die waagrechten Strecken, obwohl gleich, scheinen verschieden lang. Abb. (c) zeigt Variationen dieser Täuschung. (d) *(Horizontal-) Vertikal-Täuschung* (Oppel u. a.): Die vertikale Strecke erscheint größer als die ihr objektiv gleiche horizontale (auch Mittelsenkrechten-Täuschung). (e) *Sandersche Täuschung*: Die rechte Diagonale erscheint kleiner als die ihr objektiv gleiche linke. (f) *Ponzo-Täuschung*: Die scheitelnahe Strecke erscheint größer als die ihr objektiv gleiche scheitelferne; sie wird häufig nicht in der querliegenden Fassung, sondern in der aufrechten Fassung dargestellt u. in dieser Fassung in Zusammenhang mit einer perspektiv. Täuschung (s. u.) gebracht, diese Interpretation erscheint jedoch nach empir. Untersuchungen problemat. (g) *Poggendorffsche Täuschung*: Die beiden objektiv derselben Geraden angehörenden Schrägstrecken scheinen gegeneinander parallel verschoben zu sein. Die nachfolgenden Täuschungen zeigen solche, bei denen die Testli-

Abb. *Wahrnehmung 35 a-γ*

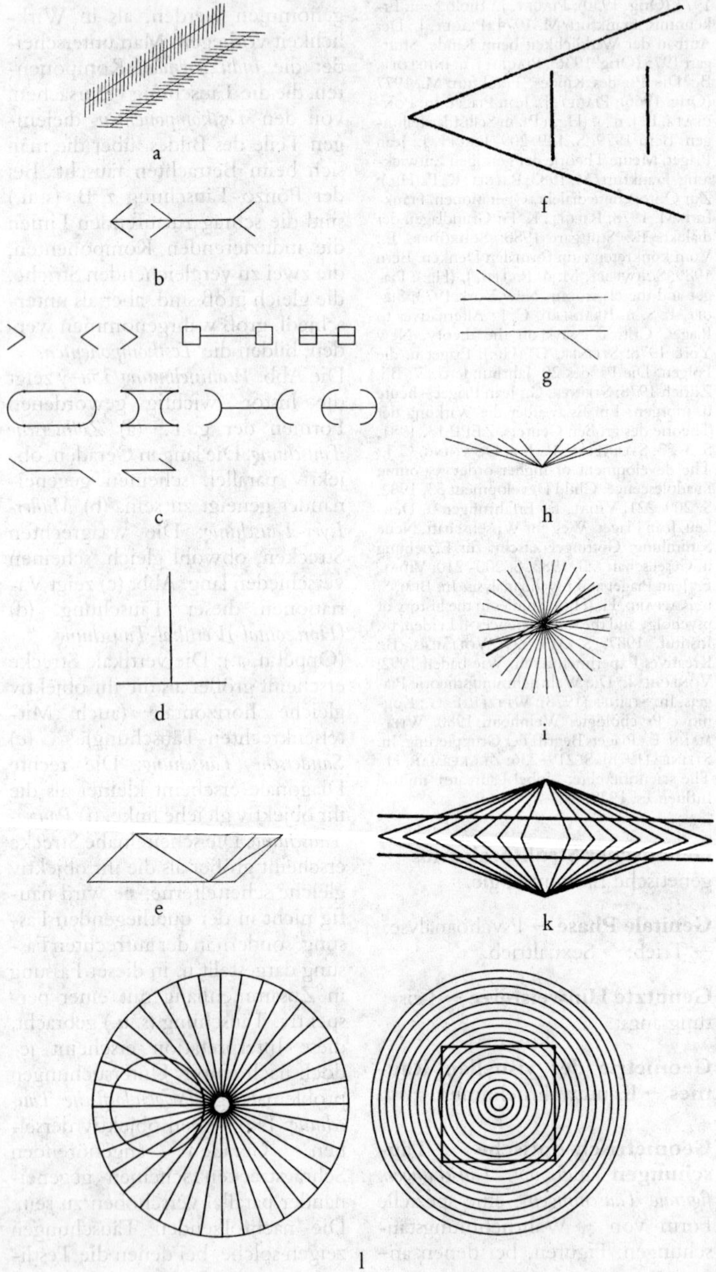

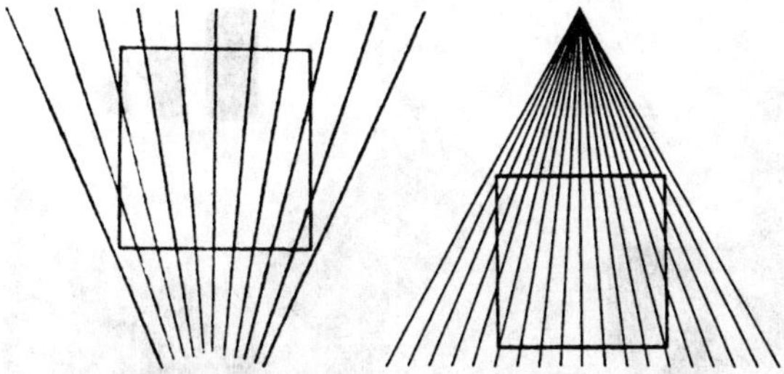

m

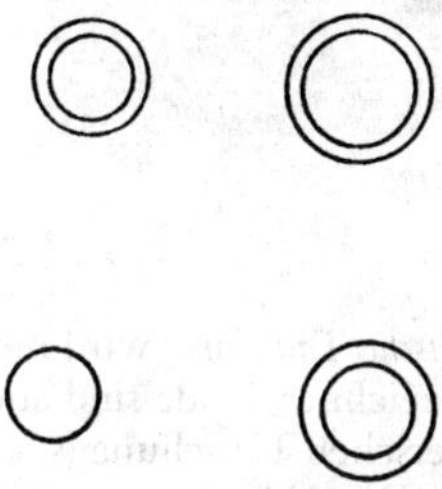

1 2

n

o

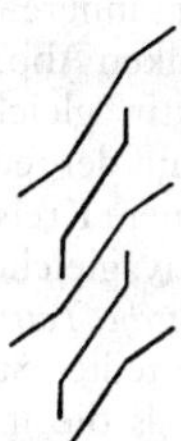

p

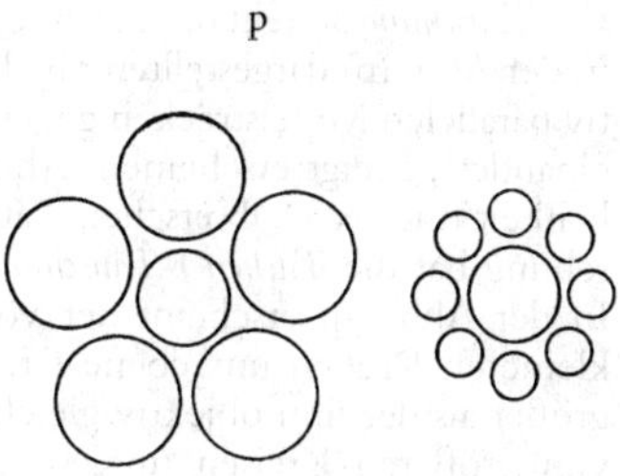

q

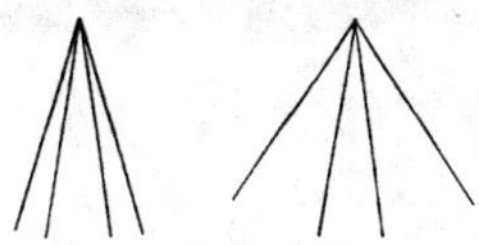

r

s

t

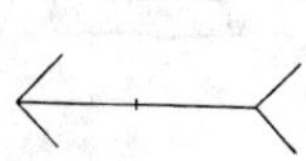

u

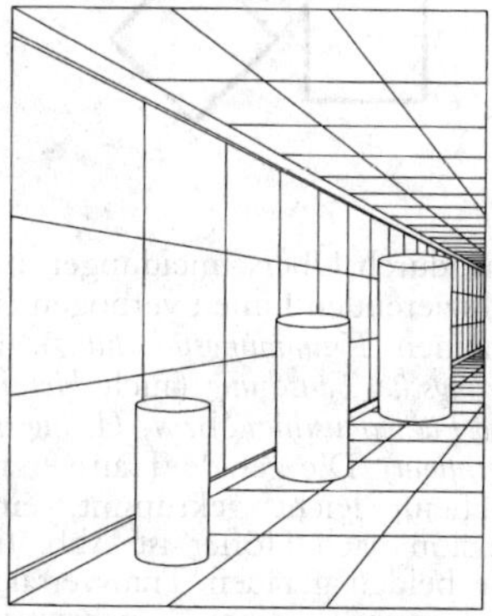

v

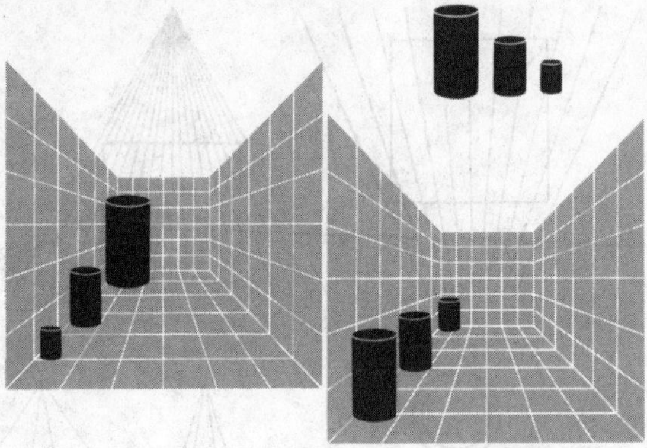

w

x

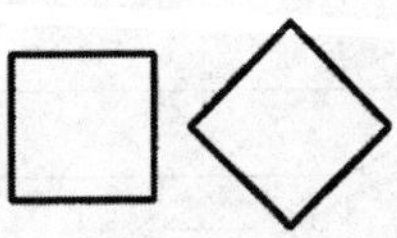

y

nien durch Überschneidungen mit induzierenden Linien verbogen erscheinen (*Krümmungstäuschung*). (h) *Heringsche Täuschung* (auch *Heringsche Fächertäuschung* bzw. *Heringsche Sternfigur*): Die gerade Transversale erscheint leicht gekrümmt; eine Version nach Höfler ist Abb. (i): Die beiden geraden Transversalen erscheinen leicht gekrümmt (*Höflersche Täuschung*). Bisweilen als *Wundtsche Täuschung* wird die Abb. (k) bezeichnet; beide sind auch der Zöllnerschen Täuschung (s. o.) verwandt. Die Abb. (l) zeigt zwei weitere Versionen derselben Gruppe. Ähnl. ist die Ehringsteinsche Täuschung, die in Abb. (m) in zwei Versionen erscheint: das Quadrat erscheint als Trapez. Abb. (n) zeigt zwei Variationen der *Delbœfschen Täuschung*: Der innere Kreis erscheint in der linken Abb. größer als der ihm objektiv gleiche äußere Kreis rechts; u. auf der rechten Abb. erscheint der innere Kreis größer als der ihm objektiv gleiche isolierte. (o) *Oppel-Kundtsche Täuschung*: Die mehrfach unterteilte Strecke erscheint größer als die ihr objektiv gleiche nicht unterteilte. Die *Lippsche Täuschung* besteht darin, dass die in der Abb. (p) dargestellten objektiv parallelen Mittelstrecken gegeneinander geneigt erscheinen. Ähnlichkeit mit der Delbœfschen Täuschung hat die *Titchener-Täuschung*: In der Abb. (q) erscheint der von kleineren Kreisen umgebene Kreis größer als der ihm objektiv gleiche von größeren Kreisen umgebene. In der Abb. (r) erscheint der mittlere Winkel links größer als der ihm ob–

jektiv gleiche mittlere Winkel rechts (*Kreissektorenkontrast*). In der Abb. (s) erscheint der mittlere Bogen links stärker gekrümmt als der ihm objektiv gleiche mittlere Bogen rechts (*Krümmungskontrast*). In der Abb. (t) erscheinen die beiden objektiv gleichen Ringsektoren verschieden groß: *Jastrowsche Täuschung*. In der Abb. (u) erscheint die objektive Mitte der waagrechten Strecke exzentr. (Schwirtz u. a.; bisweilen auch *Juddsche Täuschung*). Die Abb. (v) zeigt das wichtigste Bsp. für eine *perspektiv. Täuschung*, die sog. *Korridor-Täuschung*, die gleiche Zylinder verschieden groß erscheinen lässt, bzw., in anderer Version, s. Abb. (w): In der linken Hälfte sind die Größenunterschiede verstärkt, in der rechten Abb. sind die Größenunterschiede der (in beiden Abb. gleich großen) Zylinder abgeschwächt; oben findet sich eine Abb. der drei Zylinder in der Größe, wie sie in beiden Zeichnungen dargestellt werden. Die Abb. (x) zeigt eine perspektiv. Täuschung, die von der Form her auch der Ponzo-Täuschung gleicht (die Abb. ist Kebeck, 1994, entnommen, sie ist nach Coren u. a., 1984). In Maelicke (1990, auf S. 55) wird gezeigt, dass bei einer bestimmten farbl. Gestaltung solche perspektiv. Täuschungen verschwinden können, da die entscheidenden Informationsverarbeitungsprozesse von einem farbenblinden Kanal herrühren (sog. *Magno-Kanal*), dessen Wirkung durch eine farbige Darstellung konterkariert werden kann. Die Abb. (y) zeigt die *Quadrattäuschung*: Von zwei gleich großen Quadraten, von denen das eine auf der Spitze steht, scheint dieses größer zu sein. Eine weitere interessante Täuschung ist die → Münsterberg-Täuschung. Zu weiteren Bsp. von Täuschungen vgl. Arnold (1972, S. 151).

VD/TH: Nach Gillam (1986) kann man die Theorien zur Erklärung von g. T. in vier Gruppen einteilen: (a) Die *Assimilation-Kontrasttheorien* erklären die Täuschungen damit, dass tatsächl. bestehende Unterschiede zw. den einzelnen Elementen in der Figur entweder »übersehen« (Assimilation) o. überbewertet (Kontrast) werden u. damit die Wahrnehmung beeinflussen. Im Falle der Müller-Lyer-Täuschung können so die Elemente an den Enden jeweils in die Einschätzung der Streckenlänge mit einbezogen werden u. dazu führen, dass die einwärts gerichteten Pfeilspitzen die zw. ihnen liegende Strecke in der Wahrnehmung verlängern. (b) *Aktivitätstheorien* verlegen die Ursachen der g. T. in vorbereitende Prozesse, welche die Wahrnehmung der Täuschung einleiten. Zu ihnen zählt bspw. Festingers Kzpt. der *efferent readiness*: Beabsichtigte u. tatsächl. Fixierungspunkte bei einer Täuschungsfigur sind oft nicht deckungsgleich, u. durch diese Nicht-Kongruenz entstehen Täuschungsphänomene. (c) *Physiolog.* Theorien greifen v. a. auf die Mechanismen der → lateralen Hemmung u. spezif. modularer Merkmalsdetektoren im visuellen Cortex zurück; Untersuchungen haben gezeigt, dass diese zu charakterist. Verzerrungen, z. B. bei der Wahrnehmung von Winkeln, führen können. (d) Als *funktionale* Theorien lassen sich alle Ansätze bezeichnen, die davon ausgehen, dass für die Entstehung von g. T. diejenigen Korrekturmechanismen verantwortl. sind, die unter natürl. Wahrnehmungsbedingungen zu adäquaten Leistungen des Wahrnehmungssystems führen, bei reduzierten Bedingungen allerdings Täuschungsphänomene verursachen. Die Theorie von Gregory (1973) versucht z. B. die meisten g. T. auf Mechanismen der räuml. Wahrnehmung zurückzuführen, die sich im Allg. als optimal erweisen, im Einzelfall aber zu Verzerrungen führen. Aus dieser Sicht weisen die g. T. nicht auf Konstruktionsfehler des visuellen Systems hin, sondern in ihnen manifestieren sich evolutionär nützl. Wahrnehmungsmechanismen, die allerdings in artifiziellen Situationen versagen können. Keiner dieser Theoriengruppen ist aber in der Lage, die gesamte Vielfalt der g. T. erklären zu können. Die Theorien stimmen meist in drei Punkten überein: (a) Die Täuschung betrifft nicht das Denken, sondern die Wahrnehmung; selbst wenn man weiß, dass der Eindruck falsch ist, verschwindet die g. T. nicht. (b) Die Täuschungen entstehen nicht durch Vorgänge der Netzhaut; sie sind fast in voller Stärke wahrnehmbar, wenn ein Auge nur die induzierende Komponente sieht u. das andere nur die Test-Komponente – die g. T. entstehen also im visuellen System erst auf einer höheren Verarbeitungsstufe. (c) Augenbewegungen sind am Zustandekommen der Täuschungen wahrscheinl. nicht beteiligt, da g. T. auch dann auftreten, wenn die Figuren nur so kurze Zeit dargeboten werden, dass die Augen sie nicht abtasten können, o. wenn man mit einer speziellen Vorrichtung dafür sorgt, dass die g. T. stets auf der gleichen Stelle der Netzhaut abgebildet werden.

LIT: Eine populär gehaltene, aber tief schürfende Darstellung ist Rock (1985); Arnold (1972) ist eine Darstellung experimentalps. Aspekte; ein klass., aber schwieriger Übersichtsaufsatz in gestalttheoret. Tradition ist Rausch (1966), darin eine ausführl. Bibliographie; Frisby (1989) ist eine lebendige Darstellung, die anhand einer Analyse der g. T. in die Grundprobleme der Wahrnehmung u. in die wichtigsten Ansätze der modernen Wahrnehmungsforschung einführt; vgl. auch v. Campenhausen (1993); zu kulturvergleichender Forschung vgl. Thomas (1993). Herrmann (1976) analysiert grundlegende wissenschaftstheoret. u. wissenschaftshistor. Aspekte der Ps. am Bsp. der Müller-Lyer-Täuschung; speziell zur Poggendorff-Täuschung vgl. Weintraub u. Krantz (1971).

◆ Arnold, W. (Hg.): Experimentelles Praktikum, 1. Bd. Stuttgart 1972; Blakemore, C. u. a.: Lateral inhibition between orientation detectors in the human visual system. Nature 228, 1970, S. 37–39; Campenhausen, C. v.: Die Sinne des Menschen. Stuttgart 1993; Coren, S. J. u. Girgus, J.: Seeing is deceiving: the psychology of visual illusions. Hillsdale 1978; Ewert, J. P. u. Ewert, S.: Wahrnehmung. Heidelberg 1981; Frisby, J. P.: Opt. Täuschungen. Augsburg 1989; Gillam, B: Geometr.-opt. Täuschungen. In: Ritter, M. (Hg.): Wahrnehmung u. visuelles System. Heidelberg 1986, S. 104–113; Gregory, R. L. u. Gombrich, E. H. (Hg.): Illusion in the nature and art. 1973; Hubel, D. H.: Auge u. Gehirn. Heidelberg 1989; Kebeck, G.: Wahrnehmung. Weinheim 1994; Lindsay, P. H. u. Norman, D. A.: Einführung in die Ps. Berlin 1981; Maelicke, A. (Hg.): Vom Reiz der Sinne. Weinheim 1990; Rausch, E.: Probleme der Metrik. In: Metzger, W. (Hg.): Wahrnehmung u. Bewußtsein. HP, 1. Bd., 1. Hlb. Göttingen 1966, S. 766–865; Robinson, O. J.: The psychology of visual illusion. 1972; Rock, I.: Wahrnehmung. Heidelberg 1985; Schober, H. u. Rentschler, I.: Das Bild als Schein der Wirklichkeit. Opt. Täuschungen in Wissenschaft u. Kunst. München 1972; Thomas, A. (Hg.): Kulturvergleichende Ps. Göttingen 1993; Weintraub, D. J. u. Krantz, D. H.: The Poggendorff illusion: amputations, rotations, and other perturbations. PaP 10, 1971, S. 257–264.

Geringschätzung → Ekel.

Geruchsprisma → Geruchswahrnehmung.

Geruchssinn → Geruchswahrnehmung.

Geruchswahrnehmung [auch *olfaktor. Wahrnehmung, Riechen*], neben der → Geschmackswahrnehmung die → Wahrnehmung chem. Prozesse u. Qualitäten (→ *Chemorezeption*), häufig den »niederen« Sinnen zugeordnet, evolutionär früh ausgebildet (so reagieren bereits einzellige Lebewesen auf chem. Reize), stärker mit den »niederen« Instinkten wie Nahrungsaufnahme o. Sexualität verbunden u. in starkem Maße von emotionalen u. hedon. Reaktionen begleitet, wb. aversive Qualitäten meist auf angeborenen Programmen beruhen. Von den ca. 400 000 bekannten Duftstoffen werden nur etwa 20 % als attraktiv eingestuft, die restl. als neutral o. unangenehm. Mit ansteigender Intensität eines Duftstoffes verändert sich in der Regel seine Qualität ins Negative. Komplexe Gerüche werden meist als angenehmer empfunden, worauf auch die Zusammensetzungen von Parfümen u. Genussmittel wie Tabak u. Wein hinweisen (vgl. Moskowitz 1978). Den experimentalps. bzw. physikal. Zugang zur G. hat die Konstruktion eines Geräts ermöglicht, mit dem man die Geruchsstärke exakt abstufen kann, der *Olfaktometer*; vgl. zu Experimenten u. zur Grundidee Arnold (1972). Die Geruchsschwelle ist äußerst niedrig: Schon die Anwesenheit von nur 10^8 Molekülen eines Geruchsstoffes in einem Raum ist wahrnehmbar. Der Geruchssinn unterscheidet sich von allen anderen Sinnesbereichen dadurch, dass die Sprache für die unterschiedl. Modalitäten der G. keine spezif. Empfindungskategorien bereitstellt (in keiner Sprache) – man charakterisiert meist durch Angabe der *Duftquelle*, etwa *blumig* o. *knoblauchartig*. Bisweilen wird von etwa 10 000 unterscheidbaren Grundduftnoten ausgegangen. Burdach (1988) gibt eine Übersicht über die Kategoriensysteme zur Beschreibung von Gerüchen. Wichtig geworden ist Hennings *Geruchsprisma* mit den 6 Eckpunkten *würzig*, *harzig*, *fruchtig*, *blumig*, *faulig*, *brenzlig* (vgl. Henning 1928). Die *stereochem.* Theorie des Geruchssinns von Amoore unterschied: *kampferartig*, *moschusartig*, *blumig*, *minzig*, *äther.*, *stechend-beißend* sowie *faulig*. Die Anzahl der *Primärgerüche* o. Duftklassen wird also von verschiedenen Autoren unterschiedl. angegeben, man geht heute davon aus, dass es mindestens 7 Gerüche gibt, die durch *Standarddüfte*, also chem. Stoffe, die diesen Duft prototyp. erzeugen, gekennzeichnet werden können; vgl. auch → trigeminale Chemorezeption. Während die Geschmackswahrnehmungen des Menschen, sofern sie durch adäquate Sinnesreize ausgelöst werden, durch die Hauptgeschmacksqualitäten *süß*, *sauer*, *bitter* u. *salzig* sowie die beiden Nebenqualitäten *metallisch* u. *seifig* eindeutig beschreibbar sind, hat sich der Geruchssinn durch seine qualitative Komplexität bis jetzt jeder ps. Klassifikationen entzogen; vgl. Klutzky (1990) sowie Burdach. Auch dimensionale Skalierung u. Faktorenanalyse haben keine sicheren Ergebnisse gebracht; zentral scheint ein Faktor zu sein, der die *hedonische Dimension* repräsentiert (vgl. Woskow 1968). Auch biochem. Methoden, etwa die Aufschlüsselung von Rezeptorproteinen, haben das Problem noch nicht gelöst, das durch die Existenz von *Duftmischungen* noch verkompliziert wird. Insgesamt ist der Stand der Erkenntnis bezügl. der Zusammenhänge zw. chem.-physikal. Reizmerkmalen u. den resultierenden Riechempfindungen noch so wenig fortgeschritten, dass derzeit ernstzunehmende Anstrengungen, zu einer Riechtheorie zu gelangen, kaum noch unternommen werden, auch die älteren – z. T. recht spekulativen – Riechtheorien, etwa die *stereochem. Theorie* von Amoore o. die *Vibrationstheorie* von Wright, werden als teilweise widerlegt betrachtet; vgl. Engen (1982).

VD: Zu psychophysikal. Aspekten der G.: Riechschwellen: *Absolute Schwelle*: hierzu liegen in der einschlägigen Literatur inzwischen Angaben für mehrere hundert Duftstoffe vor (vgl. z. B. Patte u. a. 1975; Punter 1983); sie beträgt z. B. für alpha-Ionon 8,8 x 10^7, Moleküle/ml Luft (zum Vgl.: Hund: 3 x 10^4; Aal: 1 x 10^6 Moleküle pro ml Wasser); *(relative) Unterschiedsschwelle*: wird in der Literatur meist mit 0,25 angegeben (Stone u. Posley 1965). Die Beziehung zw. *Reiz- u. Empfindungsintensität* entspricht dem *Stevensschen Gesetz*. Sämtl. Schwellen sind auch abhängig von der individuellen Riechschärfe, die interindividuelle Variation ist beträchtl. Interessanterweise spielen auch intraindividuelle Variations-Faktoren eine Rolle, wie z. B. der Spiegel von Sexualhormonen: mit ansteigendem Östrogenspiegel wächst bei Frauen die Sensibilität für Duftstoffe des Moschustyps.

LIT: Einen Überblick, bes. über die ps. Aspekte der G., liefert Burdach (1988); zu den physiolog. Grundlagen vgl. Birbaumer u. Schmidt (1989); Altner (1980); Breer (1995); zu forschungsgeschichtl. Aspekten vgl. Cain (1978); zu kulturhistor. Aspekten Corbin (1988); zu entwicklungsps. Aspekten vgl. Reisman 1987) u. Keller u. Meyer (1982); zu Angaben über Riechschwellen u. zur Psychophysik der G. vgl. Burdach (1988).

◆ ALTNER, H.: Physiologie des Geruchs. In: Schmidt, R. F. (Hg.): Grundriß der Sinnesphysiologie. Berlin 1980, S. 274–284; ARNOLD, W.: Ps. Praktikum 1. Bd. Stuttgart 1972; BIRBAUMER, N. u. SCHMIDT, R. F.: Biolog. Ps. Berlin 1989; BREER, H. (Hg.): Biology of olfaction. London 1995; BURDACH, K. J.: Geschmack u. Geruch. Bern 1988; CAIN, W. S.: History of research and smell. In: CAMPENHAUSEN, C. v.: Die Sinne des Menschen. Stuttgart 1993; CARTERETTE, E. C. u. FRIEDMAN, M. P. (Hg.): Handbook of perception, 4. Bd. New York 1978; CORBIN, A.: Pesthauch u. Blütenduft. Eine Geschichte des Geruchs. Berlin 1988; ENGEN, T.: The perception of odors. New York 1982; ENGEN, T.: Remembering odors and their names. AmS 75, 1987, S. 497–503; HENNING, H.: Der Geruch. Leipzig 1924; FINGER, T. E. u. SILVER, W. L. (Hg.): Neurobiology of taste and smell. New York 1987; KELLER, H. u. MEYER, H.-J.: Ps. der frühesten Kindheit. Stuttgart 1982; KLUTZKY, N.: Zur ps. Klassifikation u. Bedeutung von Gerüchen. ZEAP 38, 1990, S. 608–622; MOSKOWITZ, H. R.: Taste and food technology: Acceptability, aesthetics and preference. In: CARTERETTE, E. C. u. FRIEDMAN, M. (Hg.): Handbook of perception, Bd. 6A. New York 1978, S. 457–496; PATTE, F. u. a.: Selected and standardized values of suprathreshold odor intensities for 110 substances. Chemical Senses and Flavor 1, 1975, S. 283–305; PUNTER, P. H.: Measurement of human olfactory thresholds for several groups of structurally related compounds. Chemical Senses 7, 1983, S. 215–236; REISMAN, J.: Touch, motion, and proprioception. New York 1987; STONE, H. u. POSLEY, J. J.: Olfactory discrimination and Weber's law. PMS 20, 1965, S. 657–665; WOSKOW, M. H.: Multidimensional scaling of odors. In: TANYOZLAC, N. (Hg.): Theories of odors and odor measurement. Istanbul 1968, S. 147–191.

Gesamtvergleich → Gedächtnisabsuche.

Gesamtzeithypothese → Lernkurve.

Geschehenswahrnehmung → Ereigniswahrnehmung.

Geschichtengrammatik [engl.: *story grammar*], von Rumelhart (1975) zur Analyse von Erzähltexten (→ Textverstehen) entwickeltes Regelsystem analog dem Regelsystem der → generativen Transformationsgrammatik. Es besteht aus Kategorien, die angeben, aus welchen Komponenten eine Geschichte besteht, sowie aus Regeln, die spezifizieren, welche hierarch. u. sequenzielle Position diese Elemente in der Gesamtstruktur einnehmen: z. B. eine Erzählung enthalte einen Rahmen (*setting*) u. eine *Episode*; der *Rahmen* besteht aus der Beschreibung eines o. mehrerer *Zustände* (states); die Episode setzt sich zusammen aus einem *Ereignis* (*event*) u. einer *Reaktion auf dieses Ereignis*. Eine weitere Regel sieht vor, dass beliebig viele Episoden hintereinander geschaltet werden können, wb. die Ereignisse einer Episode selbst wieder Episoden sein können; charakterist. Ereignisse sind *Aktion* u. *Zustandsänderung* (*changes of state*); zu Weiterentwicklungen s. Rumelhart (1975) u. Thorndyke (1977). Bes. intensiv wurden zwei Hypothesen überprüft: die *Hierarchie-Hypothese*, die besagt, dass Elemente, die in der Geschichtengrammatik auf hoher Hierarchieebene platziert sind, besser behalten werden als solche auf niedrigeren Hierarchieebenen, u. die *Ordnungs-Hypothese*, nach der das Verstehen u. Behalten einer Geschichte abhängig ist von der Reihenfolge, in der die Konstituenten aufeinander folgen; vgl. Mandler (1984).

◆ HOPPE-GRAFF, S. u. SCHÖLER, H.: Was sollen u. was können Geschichtengrammatiken leisten? In: Mandl, H. (Hg.): Zur Ps. der Textverarbeitung. München 1981, S. 307–333; MANDLER, J. M.: Stories, scripts and scenes. Hillsdale 1984; RUMELHART, D. E.: Notes on a schema for stories. In: BOBROW, D. G. u. COLLINS, A. M. (Hg.): Representations and understanding. Studies in cognitive science. New York 1975; RUMELHART, D. E. u. ORTONY, A.: The representation of knowledge in memory. In: ANDERSON, R. C. u. a. (Hg.): Schooling and the acquisition of knowledge. New York 1977, S. 99–136; THORNDYKE, P. W.: Cognitive structures in comprehension and memory of narrative discourse. CP 9, 1977, S. 77–110.

Geschicklichkeit → psychomotorische Tests und Prüfverfahren; → psychomotorische Fähigkeiten.

Geschlechtsspezifische Attribution → Attributionsfehler.

Geschmacksaversionslernen. Lernprozesse, bei denen gustator. Hinweisreize mit Übelkeit u. Erbrechen gekoppelt sind, erzeugen schnell u. intensiv eine konditionierte Nahrungsmittelaversion. G. ist ein prototyp. Fall von → preparedness: Die Lernprozesse bilden sich rasch u. mit großer Resistenz aus, auch bei einer Verstärkungsverzögerung von mehreren Stunden. Das G. scheint willentl. kaum beeinflussbar u. entsteht auch dann, wenn Menschen überzeugt sind, dass die Nahrung, die sie vor der Übelkeit gegessen haben, nichts mit ihrer Übelkeit zu tun hat (so entwickeln Krebspatienten oft resistente Geschmacksaversionen gegen Nahrungsmittel, die sie vor der Applikation einer Übelkeit erzeugenden Chemotherapie zu sich genommen haben).

TH: Zur ps. Erklärung wird eine *neuronale Konvergenzhypothese* aufgestellt, demgemäß bei den meisten Tieren u. auch bei Menschen eine Konvergenz der gustator. u. viszerialen Projektionsbahnen besteht (Watterman 1971); s. a. das. Stw. → spezifischer Hunger.

LIT: Die klass. Arbeiten stammen von Garcia u. seinen Mitarbeitern; vgl. Garcia u. Koelling (1966ff.; bisweilen spricht man auch vom *Garcia-Effekt*); vgl. zsfd. Braveman u. Bronstein (1985); speziell zum Humanbereich vgl. Logue (1985).

◆ BRAVEMAN, N. S. u. BRONSTEIN, P. (Hg.): Experimental assessments and clinical applications of conditioned food aversions. Annals of the New York Academy of Science 443, 1985; GARCIA, J. u. KOELLING, R. A.: Relation of cue to consequence in avoidance learning. PS 4, 1966, S. 123–124; LOGUE, A. F.: Conditioned food aversion learning in humans. In: BRAVEMAN u. BRONSTEIN (1985), S. 316–329; WATTERMAN, A. J.: Chordate structure and function. New York 1970.

Geschmacksblindheit → Geschmackswahrnehmung.

Geschmackspsychophysik → Geschmackswahrnehmung.

Geschmacksqualitäten → Geschmackswahrnehmung.

Geschmacksschwellen → Geschmackswahrnehmung.

Geschmackstetraeder → Geschmackswahrnehmung.

Geschmacksveränderer → Geschmackswahrnehmung.

Geschmackswahrnehmung [auch *gustator. Wahrnehmung, Schmecken*], zusammen mit der → Geruchswahrnehmung Hauptwahrnehmungssystem der → Chemorezeption. Die orale Sensibilität für Geschmacksqualitäten hat ihre Basis in einem spezif. sensor. System u. der Stimulation der Rezeptoren des VII., IX. u. X. Hirnnervs; zu den physiolog. Grundlagen vgl. Burdach (1988) u. Altner (1980). Die G. gehört zu den primitiveren Sinnen u. ist eng mit hedon. Qualitäten verbunden: Süßes wird insbes. von Kindern bevorzugt, bittere Substanzen werden in der Regel gemieden, während sauere u. salzige Komponenten akzeptiert u. präferiert werden, wenn sie bestimmte Konzentrationswerte nicht übersteigen. Es gibt Hinweise dafür, dass diese Präferenzmuster genet. vorgegeben u. auch mit einem spezif.

Ausdrucksvh., insbes. der Mimik, verknüpft sind (Steiner 1979). Auch die meisten Tiere haben ähnl. Präferenzstrukturen wie der Mensch; s. a. das Stw. → Geschmacksaversionslernen; zu entwicklungsps. Aspekten vgl. Reisman (1987). *Hypogeusie* bzw. *Dysgeusie* sind Störungen der G. bis hin zum völligen Ausfall (*Ageusie*, *Geschmacksblindheit*).

Hauptforschungsparadigmen: (a) Ein zentrales Problem der Forschung war die Analyse der *Geschmacksqualitäten*, also der basalen Modi der G. Bereits von Aristoteles wurden als Primärempfindungen der G. konzipiert: *süß, sauer, bitter, salzig*, die heute auch noch als wesentl. angesehen werden. Es gibt Hinweise darauf, dass in anderen, insbes. asiat., Kulturen die Dominanz dieser »gustator. Tetrade« weniger ausgeprägt ist (vgl. O'Mahony u. Muhiudeen 1977). Viele natürl. Geschmacksreize lösen *Mischempfindungen* aus, so schmeckt z. B. eine Orange süß u. sauer. Neben diesen Grundqualitäten gibt es auch zwei Nebenqualitäten, näml. *alkal.* bzw. *seifig* u. *metallisch*; Letztere wird durch Kaliumcarbonat hervorgerufen, auch einige Metalle u. Metallsalze schmecken spezif. metallisch. Für die theoret. bedeutsame Frage, ob die Sensibilitäten für die vier Basalqualitäten miteinander korrelieren o. voneinander unabhängig sind, liegt kaum Forschung vor (nach Burdach nur 1 Studie: Schutz u. Pilgrim, 1957). (b) Weitere zentrale Forschungsphänomene waren die Geschmacksschwellen, die Empfindlichkeit der Geschmackspapillen für mehrere Grundgeschmacksqualitäten, das Auftreten von Simultan- u. Sukzessivkontrasten o. die Wirkung von geschmacksverändernden Substanzen. (c) Der psychophysikal. Zugang zu G. führte neben der Schwellenbestimmung auch zur Konstruktion der *Gust-Skala*; ein Gust entspricht der Geschmacksintensität einer 1 %igen Zuckerlösung bzw. dem jeweiligen Intensitätsäquivalent in den drei anderen Geschmacksqualitäten. So wird eine qualitätsunabhängige Skalierung von Empfindungsintensitäten ermöglicht. Eine Tabelle für die Gustwerte verschiedener Nahrungsmittel findet sich bei Beebe-Center (1949). Die Schwellen unterliegen erhebl. intra- u. interindividuellen Schwankungen, je nach der unterschiedl. Geschmacksempfindlichkeit. Zum Überblick über Geschmacksschwellen u. zur Psychophysik der G. vgl. Burdach (1988). (d) Ein Grundproblem ist die Interaktion der G. mit der Geruchswahrnehmung, woraus sich tlw. noch unverstandene Phänomene ergeben (vgl. Burdach 1988, S. 102–122). (e) Für die G. spielen auch *somatosensor.* Empfindungen der Nahrungsverarbeitung eine wesentl. Rolle: das *Mundgefühl* (engl. *mouthfeel*), das bei Nahrungsaufnahme während des Kauens u. Schluckens entsteht, v. a. determiniert durch die Textur u. Temperatureigenschaften der Lebensmittel (wenn Fleisch zu zäh ist o. Karotten zu matschig sind, so ist dies dem Essensgenuss ebenso abträgl., wie wenn eine Speise zu wenig o. zu viel gesalzen ist; Übersicht bei Christensen 1984). Deswegen ist die G. auch kein passiver Reizvorgang, bes. die freie Beweglichkeit der Zunge sorgt dafür, dass die G. sich in wechselnden Rezeptionszonen abspielt: Wenn wir essen o. trinken, wird die Speise niemals im strengen Sinne stetig, sondern stets portionsweise zugeführt, was auch erklärt, dass aus der sens. Alltagserfahrung wohl Adaptation der Riechwahrnehmung, kaum aber adaptive Sensibilitätsminderungen beim Essen u. Trinken geläufig sind (obgleich Adaptation existiert, allerdings mit großen Problemen der experimentellen Kontrolle der Zungenbewegung).

HI: Einen Überblick über die Geschichte der G. vermittelt Bartoshuk (1978); darin findet sich ein interessanter graph. Überblick über den Stammbaum bedeutender Geschmacksforschung; s. a. das Stw. → Chemorezeption.

VD: (1) Zentrale Aspekte einzelner Geschmacksqualitäten: (a) *Süß*: von den natürl. Zuckern besitzt Saccharose die höchste Süßkraft; die Nahrungsmittelchemie hat insbes. im Zuge der Fitnesswelle versucht, künstl. Süßstoffe zu finden, von denen allerdings nur *Aspartam* nicht von *Saccharose* unterschieden werden kann; (b) *Sauer*: meist von Säuren hervorgerufen, obwohl einige auch süß o. bitter schmecken; (c) *Bitter*: es wird vermutet, dass sich diese Geschmacksqualität in der Evolution bei der Auslö–

sung von Spei- u. Würgereflexen entwickelt hat, also ein Warnindikator von tox. Substanzen ist, wofür auch die niedrige Schwelle für Bitterstoffe spricht, die häufig giftige Qualität besitzen; (d) *Salzig*: wird nur von einer einzigen Substanz, näml. Kochsalz, hervorgerufen. (e) In der Geschmacksforschung wurden als weitere Qualitäten u. a. *scharf*, *adstringierend*, *herb*, *fade* u. *alkohol.* vorgeschlagen. Nach heutigem Verständnis handelt es sich bei diesen zum einen Teil (z. B. *scharf*, *adstringierend*) um Empfindungen der → trigeminalen Chemorezeption, zum andern um unspezif. Geschmacksklassifikationen (*herb*, *fade*) o. um *nasale Aromaempfindungen* (z. B. *würzig*), die der → Geruchswahrnehmung zuzurechnen sind. Nur die bereits von Wundt genannten Nebenqualitäten *metall.* u. *alkal.* sind bis in die neuere Zeit in sinnesphysiolog. Lehrbüchern angeführt, ohne dass ihnen große Beachtung beigemessen wurde, da sie fast nie vorkommen. Henning (1916) entwickelte ein Modell zur Klassifikation von Geruchsempfindungen, das *Geschmackstetraeder*, das allerdings in neuerer Zeit kaum noch zu Klassifikationen herangezogen wird, weil es wahrscheinl. wesentl. Eigenschaften vernachlässigt.

(2) Bes. auch Befunde der vergleichenden Sinnesphysiologie zeigen deutl., dass die gustator. Geschmacksqualitäten nicht mit chem. Merkmalen chemosensor. Stimuli gleichgesetzt werden dürfen, sondern dass sie als Resultat eines von Spezies zu Spezies unterschiedl. Interaktionsprozesses zw. Stimulus u. Rezeptor entstehen; z. B. besitzt für gewisse Tierarten Wasser, welches dem Menschen als geschmacklos erscheint, eine spezif. Geschmacksqualität. Dies zeigt sich auch durch die Fähigkeit gewisser Substanzen, den subjektiven Geschmackseindruck dramat. zu verändern (*taste modifier*), z. B. sauere in süße Empfindungen zu verwandeln o. einen vollständigen Ausfall aller Süßempfindungen zu verursachen. (Westafrik. Eingeborene kauen, bevor sie ihr saures Maisbrot essen, die sogenannte Wunderfrucht, die eine süße G. bewirkt; auch das bes. in der fernöstl. Küche häufig verwendete Mononatriumglutaminat wird gelegentl. den Geschmacksveränderern zugerechnet.)

(3) Ein spezielles Phänomen ist der sog. »elektr. Geschmack«: Geschmacksempfindungen, die durch elektr. Reize der Zungenoberfläche entstehen; bei größeren Zungengebieten entsteht dann meistens die Geschmacksempfindung *sauer* o. *metall.*; bei kleinen Zungengebieten kann man je nach Zungenbereich sämtl. Basalempfindungen hervorrufen. Als bes. eindrucksvoll erwies sich eine elektr. ausgelöste Süßempfindung, von der Vpn berichteten, dass sie sehr rein u. intensiv sei u. dass sie sich von der durch Zucker o. Süßstoff hervorgerufenen Empfindung deutl. unterscheidet.

(4) *T*: Burdach (1988) plädiert dafür, den Begriff G. zu erweitern, so dass er sich auf die Wahrnehmung aller Empfindungen, die bei oral-pharyngaler Stimulation während der Nahrungsaufnahme entstehen, bezieht (im Engl. im Begriff *flavour* zusammengefasst), womit nicht nur die klass. gustator. Empfindungen, sondern auch oral-trigeminale (z. B. die Empfindungsqualität *scharf*, ausgelöst durch Pfeffer), nasal-trigeminale (z. B. *stechende* u. *beißende* bzw. *brennende* bzw. *brenzlige* Gerüche) u. olfaktor. Funktionen (Duft u. Aromawahrnehmung) zum Geschmackssinn hinzugerechnet würden, sowie *taktile* Empfindungen, also die Wahrnehmung der Konsistenz, Temperatur u. Textur von Nahrungsmitteln – was in Richtung des von Edinger bereits 1911 postulierten *Oralsinns* (vgl. Burdach 1988; Tellenberg 1968) geht.

LIT: Zu den neurobiolog. Grundlagen der G. vgl. Finger u. Silver (1987).

◆ Altner, H.: Physiologie des Geschmacks. In: Schmidt, R. F. (Hg.): Grundriß der Sinnesphysiologie. Berlin 1980, S. 262–273; Bartoshuk, L. M.: History of taste research. In: Carterette, E. C. u. Friedman, M. P. (Hg.): Handbook of perception, 4. Bd. New York 1978, S. 3–18; Beebe-Center, J. G.: Standards for the use of the gust scale. JP 28, 1949, S. 411–419; Burdach, K. J.: Geschmack u. Geruch. Bern 1988; Campenhausen, C. v.: Die Sinne des Menschen. Stuttgart 1993; Christensen, C. M.: Food texture perception. Advances in Food Research 29, 1984, S. 159–199; Finger, T. E. u. Silver, W. L. (Hg.): Neurobiology of taste and smell. New York 1987; Henning, H.: Qualitätenreihe des Geschmacks. Zeitschrift für Ps. 74, 1916, S. 203–219; Kiesow, F.: Beiträge zur Physiolog. Ps. des Geschmackssinnes. Philosoph. Studien 10, 1894, S. 329–368 u. S. 523–561; O'Mahony, M. u. Muhiudeen, H.: A preliminary study of alternative taste languages using qualitative description of sodium chloride solutions: Malay versus English. BJP 68, 1977, S.

275–278; Pfaffmann, C. u. a.: Taste psychophysics. In: Beidler, L. M. (Hg.): Taste. Handbook of sensory physiology, 4. Bd., Teil 2. Berlin 1971, S. 75–101; Reisman, J.: Touch, motion, and proprioception. New York 1987; Schutz, H. G. u. Pilgrim, F. J.: Differential sensitivity in gustation. JEP, 54, 1957, S. 41–48; Steiner, J. E.: Oral and facial innate motor responses to gustatory and to some olfactory stimuli. In: Kroeze, J. H. A. (Hg.): Preference behaviour and chemoreception. London 1979, S. 247–262; Tellenberg, H.: Geschmack u. Atmosphäre. Salzburg 1968.

Geschwindigkeits-Genauigkeits-trade-off → Fittssches Gesetz.

Geschwindigkeitstest → Psychodiagnostik; → Persönlichkeitspsychologie.

Geschwindigkeitsunterschiedsschwelle → Bewegungssehen.

Geschwindigkeitswahrnehmung → Bewegungssehen.

Geselligkeitsbedürfnis → Bindungsverhalten; → soziale Motivation.

Gesetz der Ähnlichkeit → Gestaltgesetze.

Gesetz der Bereitschaft → Verknüpfungstheorie.

Gesetz der durchgehenden Kurve → Gestaltgesetze.

Gesetz der Erfahrung → Gestaltgesetze; → Assoziationsgesetze.

Gesetz der ersten Wellenfront → Hören.

Gesetz der geringsten Inhomogenität → Gestaltgesetze.

Gesetz der Geschlossenheit → Gestaltgesetze.

Gesetz der Gleichheit → Gestaltgesetze.

Gesetz der Gleichheit und Ähnlichkeit → Gestaltgesetze.

Gesetz der größten Dichte → Gestaltgesetze.

Gesetz der guten Gestalt → Gestaltgesetze; → Gestalt.

Gesetz der Häufigkeit → Lernkurve.

Gesetz der identischen Sehrichtungen → Stereopsis.

Gesetz der kleinen Zahlen → kognitive Täuschungen und kognitive Heuristiken.

Gesetz der konstanten Figurzeit [auch *Derwortsches Gesetz*, *Derwort-von-Weizsäcker-Gesetz*], besagt, dass der Zeitaufwand in einer → Tracking-Anordnung für das Nachfahren gleicher Figuren unterschiedl. Größe etwa konstant ist, vorausgesetzt, dass die Genauigkeitsanforderungen nicht zu groß sind (Kern 1933, Derwort 1938, Hacker 1974). Ähnl. ist das → Fittssche Gesetz.

Beide Gesetzmäßigkeiten lassen sich durch die Annahme erklären, dass bei im Wesentl. gleichbleibendem zeitl. Verlauf v. a. die Größen der Muskelkräfte variiert werden, sobald Bewegungen unterschiedl. Weite auszuführen sind. D. h. also, dass die Variation der Größe einer Bewegung allein durch die Variation eines globalen Kraft- o. Amplituden-Parameters zustande kommt, während andere Bewegungsmerkmale wie relative Kräfte u. Zeitintervalle invariant bleiben. Vgl. für die Bedeutung dieser Regel für das → sensomotorische Lernen Heuer (1983); Weiteres s. das Stw. → Bewegungsprogramm.

VD: In der Arbeitsps. wurde eine Reihe ähnl. Bewegungs-»Gesetze« – eher Faustregeln – gefunden: (a) Die Variabilität eines Bewegungs-Gesamtvollzugs ist kleiner ist als die Summe der Variabilitäten der Teil-Bewegungen (d. h., dass das Ganze genauer abläuft als seine Teile). (b) Die Bewegungs-Geschwindigkeit ist bei gezielten Bewegungen abhängig von Entfernung u. der Größe des Ziels. (c) Dabei gilt, dass in der ersten Hälfte (*Transportphase*) der Bewegung ein umso größerer Weganteil überbrückt wird, je kleiner das am Ende der Bewegung zu treffende Ziel u. umso größer die Zielentfernung ist. Zwei Gesetzmäßigkeiten sind hierbei wirksam: Mit steigender Entfernung des Ziels steigt das Tempo ballist. Ziel-Bewegungen; mit zunehmender Zielgröße steigt das Tempo ebenfalls. Diese Beziehung gilt für unterschiedl. Entfernungen des Ziels. Der Zeitverbrauch steigt mit anderen Worten keineswegs linear mit den Entfernungen im Greifraum u. den Genauigkeitsanforderungen; vgl. hierzu Hacker (1986). Diese Gesetzmäßigkeit bezieht sich auf ballist. Bewegungen u. entspricht dem derwortschen Gesetz bei *geführten* Bewegungen. (Anm: *Ballist.* Bewegungen sind solche, bei denen nur der Anfang der Bewegung durch eine aktive Muskelaktion initiiert wird, die Bewegung dann aber weitgehend durch physikal. Gesetzmäßigkeiten »ausschwingt«, während *geführte* Bewegungen über die ganze Bewegungsstrecke hin von einem aktiven Muskeleinsatz getragen werden.)

◆ Derwort, A.: Untersuchungen über den Zeitablauf figurierter Bewegungen bei Menschen. PfAGP 240, 1938, S. 661–675; Hacker, W.: Anforderungen an Regulation u. Zeitbedarf bei geführten Bewegungen: Zur Gültigkeit des Derwort-von-Weizsäckerschen-Gesetzes der konstanten Figurzeit. ZfPs 182, 1974, S. 307–337; Hacker, W.: Arbeitsps. Bern 1986 (Neufassung von »Allg. Arbeits- u. Ingenieurps.«).; Heuer, H.: Bewegungslernen. Stuttgart 1983; Kern, G.: Motor. Umreißung opt. Gestalten. NPS 9, 1933, S. 65–104.

Gesetz der Nähe → Gestaltgesetze.

Gesetz der objektiven Einstellung → Gestaltgesetze.

Gesetz der speziellen Determination → Wille.

Gesetz der spezifischen Sinnesenergien, von dem dt. Physiologen Johannes Müller 1827 aufgestellte Aussage, dass jedes Sinnesorgan ausschließl. seine spezif. Arten von Empfindungen bzw. Erlebnissen erzeugt, unabhängig davon, welcher Art der Reiz war. Ein einfaches Bsp. ist, dass ein Druck auf der Haut als Berührung empfunden wird, ein gleicher Druck auf den Augapfel dagegen eine Lichtempfindung zur Folge hat.

HI/WÜ: Dieses Gesetz lässt sich sowohl sinnesphysiolog. als auch wahrnehmungsps. interpretieren; im letzteren Kontext, v. a. im Lichte der → Psychophysik, ist das Gesetz ein Hinweis auf das Selektionsprinzip u. auf die Kategorisierung von Sinneserlebnissen in Abhängigkeit von deren Wirkungsort. Es war einer der ersten empir. fundierten Hinweise darauf, dass Empfindungen u. v. a. Wahrnehmungen eine gelockerte Beziehung zum Reiz haben, was später, z. B. in der → Gestalttheorie, zu einer Ablehnung der Reiz-Wahrnehmungsbeziehung geführt hat, weil das Gesetz impliziert, dass der Reiz keine hinreichende Determinante für Wahrnehmungen ist.

◆ Birbaumer, N. u. Schmidt, R. F.: Biolog. Ps. Berlin 1989; Hajos, A.: Wahrnehmungsps. Psychophysik u. Wahrnehmungsforschung. Stuttgart 1972.

Gesetz der spontanen Erholung → Extinktion.

Gesetz der Übung → Verknüpfungstheorie; → Lernkurve.

Gesetz der Umschlossenheit → Gestaltgesetze.

Gesetz der zentralen Tendenz → zentrale Tendenz.

Gesetz des Aufgehens ohne Rest → Gestaltgesetze.

Gesetz des gemeinsamen Schicksals → Gestaltgesetze.

Gesetz des glatten Verlaufs → Gestaltgesetze.

Gesetz des Kategorialurteils → Kategorialurteile.

Gesetz des übereinstimmenden Verhaltens → Gestaltgesetze.

Gesetz des Vergleichsurteils [auch *Gesetz der vergleichenden Urteile*], ist weniger ein Gesetz als ein Messmodell zur Herleitung der subjektiven Merkmalsdifferenzen bei der Beurteilung zweier Objekte aus der relativen Häufigkeit, mit der das eine Objekt in der subjektiven Einschätzung des Pb über das andere dominiert (Thurstone 1927). Das Messmodell nimmt an, dass die Werte für jeden Stimulus, wenn dieser wiederholt dargeboten wird, eine Normalverteilungs- bzw. Gaußkurve bilden, deren Scheitelpunkt als wahrscheinlichste Position der durch diesen Reiz ausgelösten Empfindung auf einem ps. Kontinuum gedeutet werden kann. Ersetzt man die wiederholten Vergleiche bei einer Vp durch jeweils einmalige Vergleiche bei einer Vielfalt von Personen, so wird die gleiche u. auf gleiche Weise deutbare Gesetzmäßigkeit bei der Verteilung der Werte erwartet. Werden zwei eng benachbarte Reize mehrmals dargeboten, dann entstehen einander überschneidende →Diskriminalverteilungen; Thurstone nimmt an, dass zw. der relativen Häufigkeit u. der Merkmalsdifferenz eine monotone Beziehung besteht, welche als Summenkurve (Verteilungsfunktion) der Standard-Normalverteilung präzisiert wird; vgl. hierzu die Abb. *Psychophysik 4* (entnommen aus Gigerenzer S. 288; sie zeigt die zwei Empfindungs-Normalverteilungen, welche durch zwei Reize A u. B ausgelöst werden; wegen der Überlappung beider Umverteilungen ist sowohl das Urteil, dass A größer B ist, als auch das Urteil, dass B größer A ist, mögl.). Dieses Modell impliziert: Vergleicht man zwei Personen A u. B miteinander, dann kann die Distanz zw. diesen Personen als Differenz der Mittelwerte der beiden Verteilungen (ausgedrückt in *Streuungsheiten*, engl. *discriminal disperson*) operationalisiert werden. Bei Unkenntnis der Verteilung muss angenommen werden, dass ihre Streuungen im Prinzip gleich sind, u. das G. d. V. formuliert die Distanz zweier Stimuli als mathematische Funktion der Antwortverteilung; vgl. hierzu z. B. Gigerenzer (1981) u. Upmeyer (1985). Das G. d. V. lässt sich auch auf Ordinalrelationen zw. Reizen u. Kategoriengrenzen anwenden, wenn man annimmt, dass nicht nur die Reaktionen auf einen Reiz streuen, sondern auch die Positionen der Kategoriengrenze auf dem Reaktionskontinuum sich von Mal zu Mal verändern. Daraus kann man eine mathemat. Formel entwickeln, die als *Gesetz des kategorialen Urteils* bezeichnet wird.

◆ Arnold, W. (Hg.): Experimentelles Praktikum, 1. Bd. Stuttgart 1972; Bradley, R. A. u. Terry, M. E.: Rank analysis von incomplete block designs. I. The method of paired comparisons. Biometrika 39, 1952, S. 324–

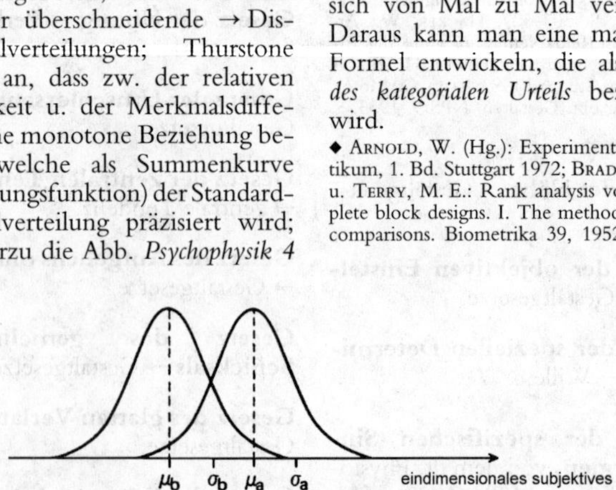

Abb. *Psychophysik 4*

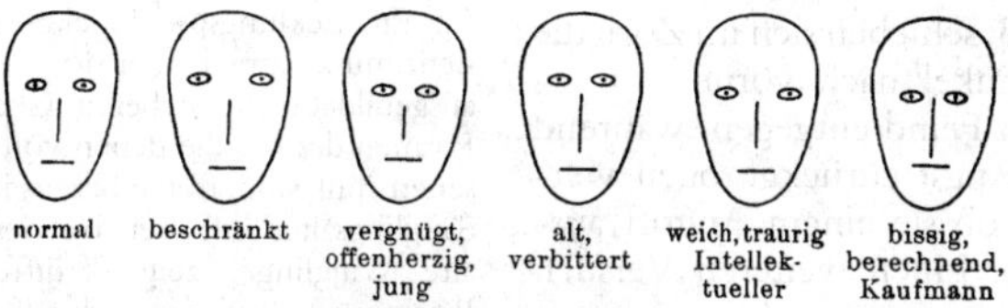

Abb. *Ausdruck 3*

345; DAWES, R. M.: Grundlagen der Einstellungsmessung. Weinheim 1977; GIGERENZER, G.: Messung u. Modellbildung in der Ps. München 1981; GUTTMANN, G. (Hg.): Allg. Ps. Experimentalps. Grundlagen. Wien 1992; LUCE, R. D.: Individual Choice behaviour. New York 1959; LÜER, G. (Hg.): Allgemeine experimentelle Psychologie. Eine Einführung in die method. Grundlagen mit prakt. Übungen für das experimentelle Praktikum. Stuttgart 1987; SIXTL, F.: Meßmethoden der Ps. Weinheim 1982; THURSTONE, L. L.: The measurement of values. Chicago 1959; THURSTONE, L. L.: The method of paired comparisons for social values. JASP 21, 1927, S. 384–400; UPMEYER, A.: Soziale Urteilsbildung. Stuttgart 1985; WESTERMANN, R.: Zur empir. Überprüfung des Skalen-Niveaus von individuellen Einschätzungen u. Ratings. ZfPs 192, 1984, S. 122–133.

Gesetz von Ebbinghaus → Lernkurve.

Gesichterwahrnehmung → Gesichtswahrnehmung.

Gesichtsausdruck [auch *Mimik*]. Der G. ist das wesentl. Medium der → nonverbalen Kommunikation bzw. des → Ausdrucks, v. a. des Affektausdrucks. Stirn, Augenbrauen, Augen (→ Blickkommunikation), Nase, Wangen, Mund u. Unterkiefer sind die Orte des mim. Ausdrucksrepertoires (vgl. Nummenmaa 1964; Leonhard 1976). Die Ausdrucksbewegungen des Gesichts können sprachunabhängig, als Interaktionssignale des Gesprächs sprachbegleitend, sowie, bedingt durch Artikulationsbewegungen, sprachabhängig u. damit paralinguist. sein. Wesentl. Elemente des G. sind v. a. die Augenpartien u. der Mund. Klass. Experimente zeigen, wie sich selbst in einfachsten Strichzeichnungen durch Veränderungen der Elemente Augenbrauen u. Mund der G. deutl. ändert; die Abb. *Ausdruck 3* zeigt die Ausdruckscharaktere solcher schematisierter Gesichtszeichnungen (nach Brunswik u. Reiter 1937); Nummenmaa (1964) u. Ekman u. a. (1971) nehmen eine Segmentierung des G. in die drei Zonen: Stirn, Augen u. untere Gesichtspartie vor. Sie versuchen zu zeigen, wie Emotionen innerhalb dieser Zonen mehr o. weniger unabhängig voneinander zum Ausdruck gebracht werden können. Ekman u. Friesen haben ein wichtiges Manual für die Kodierung des Ausdrucksvhs. des Gesichts entwickelt, das sog. *Facial Action Coding System* (*FACS*) u. die *Facial Affect Scoring Technique* (*FAST*), Systeme, die es erlauben, alle mögl. sichtbaren Muskelbewegungen des Gesichts zu beschreiben u. so den stat. G. durch ein Muster von Muskelaktivitäten zu rekonstruieren, die sog. *action units* des G.; zum Überblick vgl. Ekman (1982). Gem. dem ekmanschen Ansatz gibt es z. B. sieben mit den bloßen Augen unterscheidbaren Brauenbewegungen; fünf sind am Ausdruck von Emotionen beteiligt, während zwei bei redebezogenen Zeichen eine wichtige Rolle spielen. Augenbrauen spielen v. a. beim Ausdruck von Überraschung u. Kummer, Furcht u. Zorn eine wichtige Rolle. Auch die Stellung des Mundes ist beim Emotionsausdruck von großer Wichtigkeit; z. B. schieben sich im Zorn die Mundwinkel nach vorne, sozusagen dem Feind entgegen, während sie bei Angst zurückgezogen werden, als ob sie einem Angriff ausweichen. Einen weiteren Versuch zur Bestimmung des Inventars von Ausdruckselementen des Gesichts unternimmt Birdwhistell (1973); Weiteres s. die Stw. → Emotionstypen u. → Emotionsdimensionen; zum speziellen Gesichtsausdruck s. die Stw. zu den einzelnen → Emotionen.

TH: Seit Darwin heben die Ps. u. die vergleichende Vhsforschung unter einer evolutioniär-biologist. Perspektive die Universalität der mim. Ausdrucksbewegung für primäre Emotionen wie Freude, Trauer, Wut, Furcht u. Überraschung hervor. Kulturanthropologen betonen dagegen stärker die prägende Wirkung der kulturellen Überformung. Die *neurokulturelle Theorie der Mimik* (vgl. Ekman 1988) versucht eine Synthese dieser beiden Forschungstraditionen. Im Übrigen ist die große Bedeutung des G. lange vor ihrer wissenschaftl. Untersuchung schon von Malern, Bildhauern, Dichtern u. Schauspielern erkannt u. dargestellt worden (Engel 1971; Bell 1806).

VD: (1) *T*: (a) *G.* bezieht sich auf die *variablen* Ausdrucksbewegungen des Gesichts – im Gegensatz zu den permanenten, die in älteren Ansätzen von Lavater (1741–1801) u. Gall (1758–1828) ps. interpretiert wurden: *Physiognomie* u. *Phrenologie*. (b) Der Begriff *Mimik* bedeutet zweierlei: spontane o. intendierte Ausdrucksbewegung des Gesichts in primären Kommunikationssituationen u. schauspieler. dargestellten Gesichtsausdruck in sekundären Kommunikationssituationen. Diese Ambiguität – möglicherweise auch unter dem Einfluss des Englischen, wo die Begriffe *mimic* u. *mimicry* nur i. S. der *mim. Imitation* vorkommen (nach Nöth 1985), hat dazu geführt, dass die primär kommunikative Mimik als Bereich der nonverbalen Kommunikation heute vornehml. unter der neutraleren Bezeichnungen G. (Scherer u. Wallbott 1979) o. *Gesichtssprache* (Ekman u. a. 1972) untersucht wird.

(2) Entwicklungsps. Aspekte: Die Gesichtsmuskulatur ist bei der Geburt voll ausgebildet u. einsatzbereit. Charakterist. Formen des G., die denen von Erwachsenen ähnl. sind, treten bereits im frühen Säuglingsalter auf; drei- bis vier Monate alte Säuglinge zeigen differenzierte Reaktionen auf unterschiedl. Formen des Gesichtsausdrucks. Die Nachahmung bestimmter Gesichtsbewegungen ist schon früh mögl., der G. spielt bei der Entwicklung der sozialen Kommunikation eine wichtige Rolle. Für die Ontogenese des Affektausdrucks im menschl. Gesicht ergibt sich folgende Sequenz: Ekel, Überraschung, Interesse/Neugier existieren nach der Geburt bzw. im ersten Monat; spätestens mit vier bis sechs Wochen kommt Freude dazu (evtl. schon ab Geburt); mit drei bis vier Monaten Traurigkeit u. Ärger; mit sechs bis acht Monaten Furcht; vgl. hierzu Dornes (1993). So gibt es schon frühzeitig eine Affektkommunikation u. das Teilen gemeinsamer Affekte. Zw. zwei u. fünf Monaten bemerken Kinder jedoch ledigl. einen Unterschied zw. einem fröhl. u. traurigen Gesicht, reagieren aber darauf selbst nicht emotional, erst danach beginnen sie auf Emotionsausdrücke des Gesichts selbst emotional zu reagieren. Diese *Interaffektivität* begründet sich v. a. darin, dass das Kind den mütterl. Affekt »lesen« kann u. in der Lage ist, ihn auf sich selbst zu beziehen. Bewusstes Maskieren o. Posieren als eine Verstellung im Bereich des G. ist erst ab 3 Jahren, ein implizites Wissen um Ausdrucksregeln frühestens zw. 3 bis 4 Jahren nachweisbar.

LIT: Zum Überblick vgl. v. a. die Arbeiten von Ekman u. seinen Mitarbeitern, der bedeutendsten modernen Forschungsgruppe des Ausdrucks (Ekman 1973ff.); Ekman u. a. (1974); Ekman u. Friesen (1975); zum Überblick über die Ausdruckswahrnehmung des Gesichts vgl. auch Schüle (1976); Leonhard (1976); Nummenmaa (1964); ein Überblicksartikel zur Lateralisierung des Emotionsausdrucks im Gesicht ist Thompson (1985); zu speziellen Aspekten des G. innerhalb der Mutter-Kind-Interaktion vgl. Schaffer (1977); vgl. auch Stern (1985); zum Gesichtsausdruck bei Säuglingen u. Kindern vgl. Charlesworth u. Kreutzer (1973); zur Neurops. des Gesichtsausdrucks vgl. das Übersichtsreferat von Rinn (1984); zur Bedeutung des G. im Rahmen einer allg. Semantik vgl. Nöth (1985); zur mögl. Bedeutung einer gestörten Wahrnehmung des G. als Ursache für den frühkindl. Autismus vgl. Bormann-Kischkel (1990).

◆ Bell, C.: The anatomy and philosophy of expression as connected with the fine arts. London 1806; Birdwhistell, R. L.: Kinesics and context. Harmondsworth 1973; Bormann-Kischkel, C.: Erkennen autist. Kinder Personen u. Emotionen? Regensburg 1990 (Diss.); Brunswik, E. u. Reiter, L.: Eindruckscharaktere schematisierter Gesichter. ZfPs 142, 1938; Charlesworth, W. R. u. Kreutzer, M. A.: Facial expressions of infants and children. In: Ekman (1973) S. 91–168; Dornes, M.: Der kompetente Säugling. Frankfurt/M. 1993; Eibl-Eibesfeldt, I.: Grundriß der vergleichenden Vhsforschung Ethologie. München 1978; Eibl-Eibesfeldt, I.: Liebe u. Haß. München 1985; Ekman, P. u. a.: Facial affect scoring technique: a first validity study. Semiotica 3, 1971, S. 37–58; Ekman, P.: Universals and cultural differences in facial expressions of emotions. In: Cole, J. (Hg.): Nebraska Symposium on Motivation. Lincoln 1972, S. 207–283; Ekman, P.: Cross cultural studies of facial expression. In: Ekman (1973) S. 169–229; Ekman, P. (Hg.): Darwin and facial expression: a century of research in review. New York 1973; Ekman, P. u. Friesen, W. V.: Unmasking the face. Englewood Cliffs 1975; Ekman, P. u. Friesen, W. V.: The facial action coding system: a technique for the measurement of facial movement. Palo Alto 1978; Ekman, P.: Zur kulturellen Universalität des funktionalen Gesichtsausdrucks. In: Scherer u. Wallbott (1979); Ekman, P. (Hg.): Emotion in the human face. New York 1982 (2. Aufl.); Ekman, P.: Methods for measuring facial action. In: Ekman, P. u. Scherer, K. R. (Hg.): Handbook of methods of nonverbal behaviour research. Cambridge 1982; Ekman, P.: Gesichtsausdruck u. Gefühl: 20 Jahre Forschung von Paul Ekman. Paderborn 1988; Ekman, P.: Weshalb Lügen kurze Beine haben. Berlin 1989; Engel, J. J.: Ideen zu einer Mimik. Frankfurt/M. 1971 (Orig.: 1785); Harper, R. G. u. a.: Nonverbal communication: The state of the art. New York 1978; Hjortsjoe, C. H.: Man's face and mimic language. Malmoe 1970; Izard, C. E.: The face of emotion. New York 1971; Leonhard, K.: Der menschl. Ausdruck in Mimik, Gestik u. Phonetik. Leipzig 1976; Nöth, W.: Handbuch der Semiotik. Stuttgart 1985; Nummenmaa, T.: The language of the face. Jyväskylä 1964; Rinn, W. E.: The neuropsychology of the facial expression: A review of the neurological and psychological mechanisms for producing facial expressions. PBu 95, 1984, S. 52–77; Schaffer, H. R. (Hg.): Studies in mother-infant interaction. New York 1977; Scherer, K. R. u. Wallbott, H. G. (Hg.): Nonverbale Kommunikation. Weinheim 1979; Schüle, W.: Ausdruckswahrnehmung des Gesichts. Frankfurt/M. 1976; Stern, D.: The interpersonal world of the infant. New York 1985; Thompson, J. K.: Right brain, left face, left brain, right face: hemispherizity and the expression of facial emotion. Cortex 21, 1985, S. 281–299; Wallbott, H.: Gesichtsausdruck: Einführung. In: Scherer u. Wallbott 1979.

Gesichtsfeedback-Hypothese → Mimikfeedback-Hypothese.

Gesichtsfeld → Sehen.

Gesichtsfeldabhängige Reizdarbietung → physiologische Psychologie (Kasten zentrale Begriffe und Paradigmen, Stw. *Hirnhemisphärenasymmetrie*).

Gesichtssprache → Gesichtsausdruck.

Gesichtswahrnehmung [auch *Gesichterwahrnehmung*], ein Forschungsgebiet der modernen → Wahrnehmungspsychologie, das eine große interdisziplinäre Relevanz besitzt, sowohl für die Ausdrucksps. (→ Mimik) wie für die Sozialps. u. auch Entwicklungsps. Es scheint, als ob die Wahrnehmung menschl. Gesichter bestimmte Besonderheiten aufweist: Tierversuche liefern z. B. Hinweise darauf, dass es Neuronensysteme gibt, die spezif. auf Gesichter reagieren (Perret u. a. 1984); eine bestimmte neurops. Störung besteht darin, dass Menschen, bei weitgehendem Erhalt der sonstigen Erkenntnisfähigkeiten, vertraute Gesichter nicht identifizieren können (*Prosopagnosie*). Auffallend ist, dass viele, aber nicht alle »Gesichtsneurone« nur auf reale dreidimensionale Gesichter, nicht aber auf zweidimensionale Gesichtsfotos ansprechen, sogar bei nur einäugiger Betrachtung. Ebenfalls ein Hinweis auf das Vorhandensein spezieller Gesichtsdetektoren ist die Tatsache, dass man in psychot. o. hypnagogen Zuständen, z. B. auch beim Einschlafen o. Träumen, ins Dunkle leicht Gesichter »hineinsieht«. Eine Änderung des Gesichtsumrisses hat den größten Effekt des Wiedererkennens, dann folgen einzelne Merkmale wie Augen u. Mund. Wahrscheinl. werden Gesichter so gespeichert, dass eine Art Durchschnitt über alle Gesichter gebildet u. abgespeichert wird, u. das Gehirn muss für die zu erkennenden Individuen nur noch die Abweichungen vom Durchschnitt erkennen, es existieren also *Prototypen*. Es dauert deswegen auch umso länger, ein Gesicht zu identifizieren, je durchschnittlicher es ist. Vertauscht man in Fotografien von Gesichtern Auge, Nase u. Mund, dann zeigt sich, dass so entstellte durchschnittl. Gesichter rascher erkannt werden als ungewöhnl. entstellte Gesichter. Unbekannte Gesichter werden invertiert, d. h. auf den Kopf gestellt, deutl. schlechter wiedererkannt, selbst ungewöhnl. Verzerrungen u. Unterschiede werden nicht wahrgenommen, u. auch der Ausdrucksgehalt wird wesentl. schlechter erfasst als in aufrechter Position (*Inversionseffekt*); s. hierzu die Abb. *Wahrnehmung 40a*; vgl.

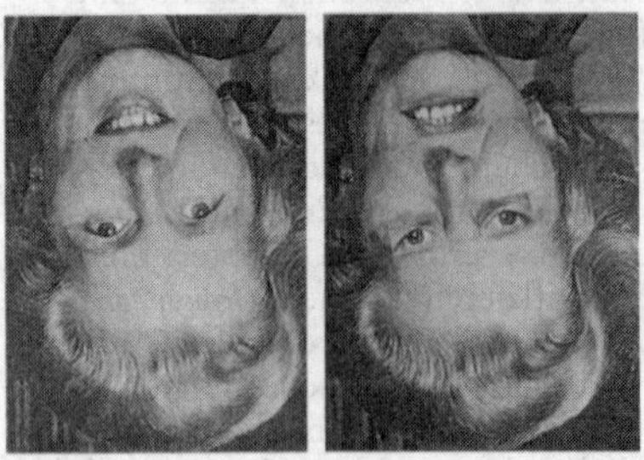

Abb. *Wahrnehmung 40a*

Rock (1973); Diamond u. Carrey (1986) sowie Valentine und Bruce (1988). Es scheint auch ein Spezialgedächtnis für das Wiedererkennen von Gesichtern zu ergeben; vgl. Warrington u. Taylor (1973).

VD: (1) Zu entwicklungsps. Aspekten: Schon ab zwei bis vier Monaten werden richtige Gesichter von solchen unterschieden, bei denen Mund, Auge u. Nase falsch angeordnet sind; zu diesem Zeitpunkt scheint der Säugling die einzelnen Teile eines Gesichts zu einer Gestalt zusammenzufassen. Sehr früh können Säuglinge auch Transformationen eines Gesichts, z. B. durch unterschiedl. Affektausdruck, als solche wahrnehmen, d. h., es wird erkannt, dass es nicht zwei verschiedene Gesichter sind. Zur Relevanz solcher Forschungsbefunde für die Psa. vgl. Dornes (1993). Babys ziehen schon mit drei Wochen das menschl. Gesicht allen anderen Bildern vor; zw. fünf u. sieben Wochen beginnt das Baby, den Blick der Mutter zu erwidern, u. um die achte Lebenswoche können die Kinder das Gesicht ihrer Mutter von fremden Gesichtern unterscheiden, mit drei bis vier Monaten ziehen sie ein menschl. Gesicht nicht nur vor, sondern lächeln es gewöhnl. auch an, in dieser Zeit beginnen sie außerdem, vertraute Gesichter zu bevorzugen. Mit etwa fünf Monaten können Kinder zw. Fotografien von Männern u. Frauen unterscheiden, manche erkennen noch nach zwei Wochen ein Gesicht wieder, auch wenn ihnen das Bild vorher nur eine Minute lang gezeigt worden war. Mit sieben Monaten sind Kinder in der Lage, eine Reihe von Menschen zu erkennen, die sie häufig sehen. Im Alter von etwa zwei Jahren erkennt ein Kind das Gesicht, das es im Spiegel sieht, als sein eigenes; Weiteres s. das Stw. → Ichbewusstsein.

(2) Ein spezieller, zwar von der akadem. Ps. weniger erforschter, aber interessanter Aspekt der G. ist die Frage, was die wahrgenommene Attraktivität bzw. Schönheit von Gesichtern ausmacht. In diesem Zusammenhang wurde durch verschiedene Untersuchungen gezeigt, dass durchschnittlichere Gesichter schöner wirken: durch Übereinanderkopieren entstandene Gesichter werden meist als schöner als Einzelgesichter empfunden, bes. bei Frauen. Beim Mann scheint durch diese Vermischung die für die männl. Attraktivität anscheinend we-

sentl. kantigen Kiefernpartien u. Augenbrauen abgeschwächt zu werden; aber auch bei Frauen scheint es noch zusätzl. Faktoren zu geben, die über die Durchschnittlichkeit hinaus eine spezif. weibl. Schönheit determinieren. Die Abb. *Wahrnehmung 40b* u. die Abb. *Wahrnehmung 40c* demonstrieren dieses Vorgehen u. diesen Aspekt (Fotos von K. Grammer); vgl. hierzu Grammer (1993).

LIT: Zur Anwendung der Methode der Fourier-Analyse auf die G. vgl. Harmon (1973); zur Entwicklung der G. vgl. Carrey (1981); zum Wiedererkennen von Gesichtern vgl. Sporer (1992).

◆ Bäuml, K.-H.: Diskriminationslernen bei rotierten Gesichtern: eine Markov-Analyse von Kodierungs- u. Assoziationsprozessen. ZEAP 39, 1992, S. 1–17; Bruce, V. u. Young, A.: Understanding face recognition. aJP 77, 1986, S. 305–327; Bruce, V.: Recognizing faces. London 1988; Carrey, S.: The development of face recognition. In: Davies, G. u. a. (1981); Davies, G. u. a.: Perceiving and remembering faces. London 1981; Diamond, R. u. Carrey, S.: Why faces are and are not special: an effect of expertise. JExP: G 115, 1986, S. 107–117; Dittrich, W.: Zum Gesichterkennen bei Javaneraffen. Verhandlungen der Deutschen Zoolog. Gesellschaft 78, 1985, S. 334ff.; Dornes, M.: Der kompetente Säugling. Frankfurt/M. 1993; Grammer, K.: Nachtrag: Gesichter u. Schönheit, Partnerwahl u. sexuelle Selektion: Ein Blick in die aktuelle Forschung. In: Landau (1993), S. 297–331; Harmon, L. D.: The recognition of faces. SA 227, 1973, S. 71–82; Landau, T.: Von Angesicht zu Angesicht. Heidelberg 1993; Perret, D. I. u. a.: Neurones responsive to faces in the temporal cortex. Human Neurobiology 3, 1984, S. 197–208; Rock, I.: Orientation and form. New York 1973; Sporer, S. L.: Das Wiedererkennen von Gesichtern. Weinheim 1992; Valentine, T. u. Bruce, V.: Mental rotation of faces. MuC 16, 1988, S. 556–566; Warrington, E. K. u. Taylor, A. M.: Immediate memory for faces: long- or short-term memory? QJEP, 25, 1973, S. 316–322.

Gestalt, ein von der Umgebung abgehobener Wahrnehmungsinhalt, dessen Einzelheiten als zusammengehörig aufgefasst werden. Es handelt sich also um das Produkt kognitiver Integrationsleistungen u. Strukturbildungen, um eine Konfiguration auf dem Gebiet der Wahrnehmung, des Denkens u. auch der Motivation u. Handlung. G. ist ein Zentralkzpt. der → Gestalttheorie, von dieser v. a. charakterisiert durch die Attribute: → *Ganzheit* bzw. *Ganzheitlichkeit* u. → *Prägnanz*. Des Weiteren gilt das Merkmal der *Transponierbarkeit*: Ein typ. Bsp. ist eine Melodie, die in verschiedenen Tonarten darstellbar ist u. immer als die gleiche erkannt wird. Die Entstehungsbedingungen einer G. werden durch die sog. → Gestaltgesetze beschrieben (unter diesem Stw. finden sich zahlreiche konkrete Bsp. für die oben gegebene abstrakte Definition). Die Gestaltqualität wird innerhalb der gestalttheoret. Wahrnehmungsps. bes. am Phänomen der → Figur-Grund-Unterscheidung, an → Konstanzphänomenen, → geometrisch-optischen Täuschungen u. am → Phi-Phänomen demonstriert. Das Figur-Grund-Verhältnis wird überhaupt als paradigmat. u. grundlegend für Gestaltbildungsprozesse angesehen, da es die elementarste Ausgliederung u. Strukturierung einer G. ist, auf der dann die spezielleren Gestaltgesetze operieren; vgl. hierzu auch das Phänomen u. Kzpt. der → Gestaltbindung. Auch im Bereich der → Raumwahrnehmung sieht die Gestalttheorie das Wirken der G.: die dreidimensionale Anordnung als die prägnanteste Strukturierung einer gegebenen Reizvorlage. In ursprüngl. Ansätzen war der G.-Begriff v. a. deskriptiver Natur, in späteren Ansätzen wurde er zunehmend zu einem explanativen Kzpt.

HI: Das G.-Kzpt. wurzelt in den Arbeiten von v. Ehrenfels über *Gestaltqualitäten* (1890) u. wurde wissenschaftl. v. a. von der *Berliner Schule* der Gestaltps. elaboriert; zu histor. Vorläufern vgl. Herrmann (1976).

KR: Schon früh wurde die Problematik dieses Kzpts. u. seiner

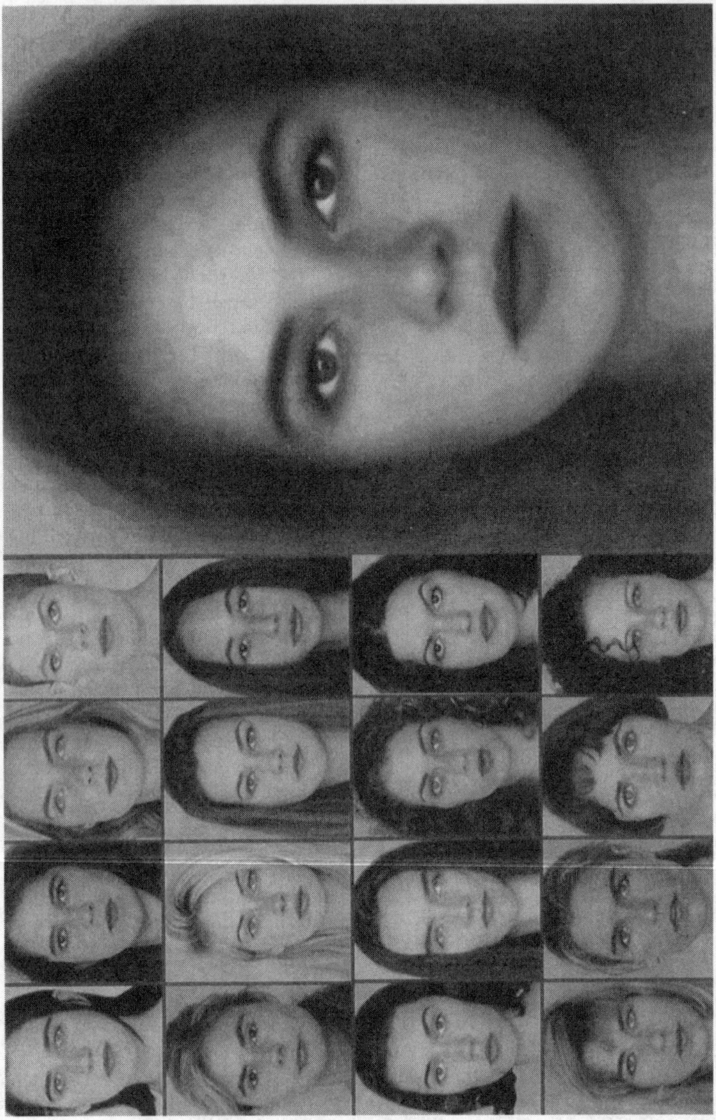

Abb. *Wahrnehmung 40b*

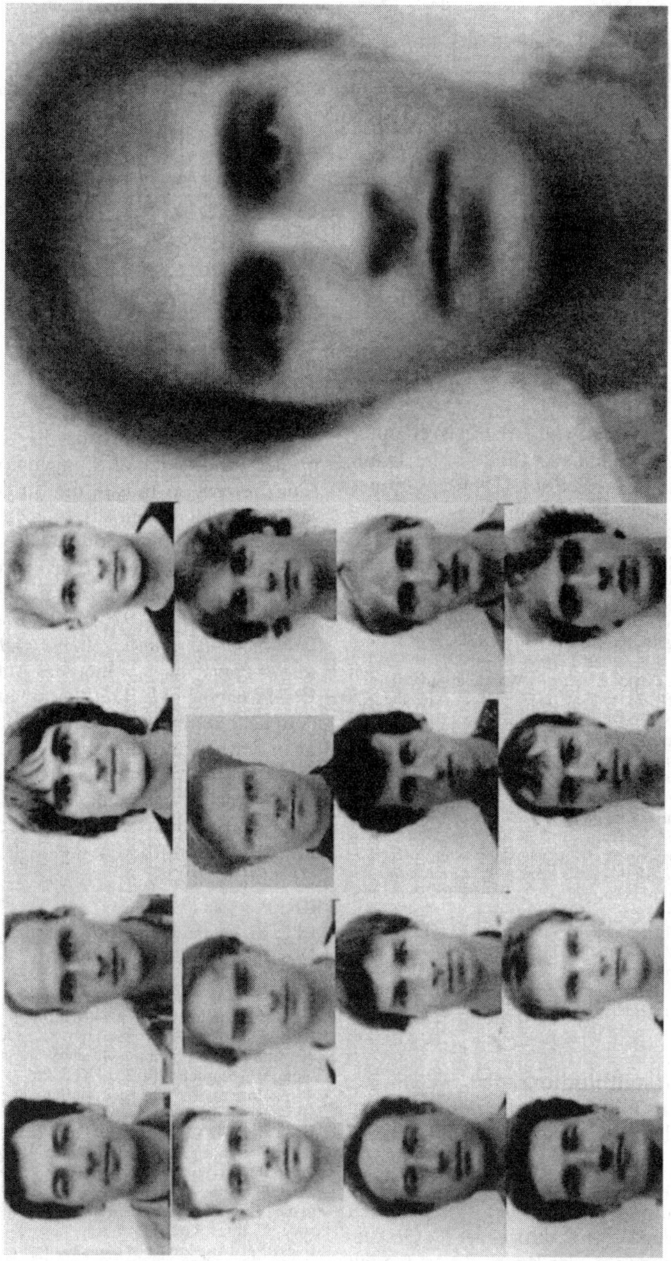

Abb. *Wahrnehmung 40c*

Abb. *Wahrnehmung 51*

schweren Präzisierbarkeit erkannt; vgl. Schlick (1972); Herrmann (1976) u. Rausch (1966); Weiteres s. das Stw. → Prägnanz.

◆ Ash, M. G.: Gestaltps. im Denken des 20. Jahrhunderts. In: Amelang, M.: Bericht über den 35. Kongreß der Dt. Ges. für Ps. in Heidelberg 1986. Göttingen 1987, S. 33–47; Herrmann, T.: Ganzheitsps. in Gestalttheorie. In: Balmer, H. (Hg.): Die Ps. des 20. Jhdts. 1. Bd. Zürich 1976, S. 573–659; Koffka, K.: Zur Grundlegung der Wahrnehmungstheorie. ZfPs 73, 1915, S. 11–90; Koffka, K.: Perception and introduction to the gestalt theory. PBu 19, 1922, S. 531–585; Köhler, W.: Über unbemerkte Empfindungen u. Urteilstäuschungen. ZfPs 66, 1913, S. 51–80; Köhler, W.: Die phys. Gestalten in Ruhe u. im stationären Zustand. Braunschweig 1920; Köhler, W.: Probleme u. Anfänge einer Gestalttheorie. Jahresbericht über die gesamte Physiologie. Berlin 1923; Mach, E.: Die Analyse der Empfindungen u. das Verhältnis des Phys. zum Psych. 1886; Rausch, E.: Das Eigenschaftsproblem in der Gestalttheorie der Wahrnehmung. In: Metzger 1966, S. 868-954; Schlick, M.: Über den Begriff der Ganzheit. In: Topitsch, E. (Hg.): Logik der Sozialwissenschaften. Köln 1972.

Gestaltbindung, das Phänomen, dass einfache Figuren, die in komplexe Konfigurationen eingebettet werden (sog. *eingebettete Figuren*) nachträgl. schwer aus diesen herauszulösen sind. Dieses Phänomen wurde im Rahmen der → Gestalttheorie u. des Kzpts. der → Gestalt thematisiert u. so gedeutet: Wäre Wahrnehmung einfach das Ergebnis der Summe der Wirkungen von Einzelreizen, so müsste die Strukturierung der Originalfigur gleich schwierig sein, ob sie nun allein o. im Zusammenhang gezeigt wird. Klass. Experimente hierzu stammen von Gottschaldt (1926, 1929, sog. *Gottschaldt-Experimente* bzw. *Gottschaldt-Figuren*); s. hierzu Abb. *Wahrnehmung 51*: Die Figur mit dem nach unten weisenden Winkel ist in der unten rechts abgebildeten Figur enthalten, der Quader in der oben rechts abgebildeten, das Sechseck in der schräg liegenden Figur in der mittleren Reihe (aus Gottschaldt 1926).

KR: Postman (1963).

LIT: Zu weiteren theoret. Ansätzen vgl. Djang (1937) sowie Zuckerman u. Rock (1957).

◆ Djang, S. S.: The role of past experience in the visual apprehension of masked forms. JExP 20, 1937, S. 29–59; Gottschaldt, K.: Über den Einfluß der Erfahrung auf die Wahrnehmung von Figuren I. PF 8, 1926, S. 261–317; Gottschaldt, K.: Über den Einfluß der Erfahrung auf die Wahrnehmung von Figuren II. PF 12, 1929, S. 1–87; Postman, L.: Perception and learning. In: Koch, S. (Hg.): Psychology, a study of a science. New York 1963; Thomae, H. u. Feger, H.: Einführung in die Ps., 7. Bd. Frankfurt/M. 1969; Zuckerman, C. B. u. Rock, I.: A reappraisal of the roles of past experience and innate organizing processes in visual perception. PBu 54, 1957, S. 269–296.

Gestaltdimensionen → Prägnanz.

Gestaltfusionsfrequenz → Flimmerfusionsfrequenz.

Gestaltgesetze, von der → Gestalttheorie herausgearbeitete Gesetze, die zeigen, wie das allg. Kzpt. der → Gestalt sich anhand konkreter Bsp. realisiert u. manifestiert. Die G. bezogen sich ursprüngl. auf den Bereich Wahrnehmung, v. a. → Formwahrnehmung; spätere Ansätze versuchten, sie auch auf die Bereiche → Lernen u. → Gedächtnis, → Denken u. → Problemlösen, → Motivation u. → Emotion anzuwenden. Die bahnbrechenden Arbeiten wurden von Wertheimer zw. 1911 u. 1914 durchgeführt geniale Arbeiten, die anhand elementarer Reizmuster (Punkte, Flecken u. Striche) Gruppierungsprozesse untersuchten (Wertheimer 1923; dieser Aufsatz wird bisweilen als »Punktearbeit« bezeichnet). Man kann den Bereich, den die G. beschreiben, unter zwei Aspekten sehen: *Figur-Hintergrund-Differenzierung* u. *Binnengliederung.* Einmal geht es um die Frage, welche Figuren überhaupt als einheitl. u. sich vor einem Hintergrund abhebende empfunden werden, ein andermal um die Frage, wie diese Figuren sich weiter immanent strukturieren; so ergeben sich dann häufig zwei Ausprägungen eines G., z. B. *Gesetz der Nähe/ Gesetz der größten Dichte* u. *Gesetz der Gleichheit u. Ähnlichkeit/ Gesetz der geringsten Inhomogenität.*) Es hat unterschiedl. Ausformungen der G. gegeben, die nachfolgende Darstellung bezieht sich auf die autoritative Darstellung von Metzger (1953, 1966):
(1) *Gesetz der Gleichartigkeit* (auch *Gesetz der Gleichheit u. Ähnlichkeit/ geringsten Inhomogenität*): Wahrnehmungsprozesse haben die Tendenz zu Gruppierungen, in denen Gleiches zusammengefasst ist, bzw. zur Ausbildung von Gruppen, die in sich einheitl. sind, also Grenzen besitzen, die in Qualitätssprüngen verlaufen. Dieses Gesetz hat eine Sonderstellung, insofern sämtl. andere Faktoren die Wirkung dieses Faktors voraussetzen, da erst durch ihn durch Qualitätssprünge – das Sehfeld sozusagen zerrissen wird. (2) Das *G. der Nähe/größten Dichte*: Einheitsbildungen resultieren im Sinne des kleinsten Abstandes o. so, dass dabei möglichst dichte u. möglichst stark von andern abgesetzte isolierte Gruppen entstehen. Die Abb. *Wahrnehmung 25* demonstriert das

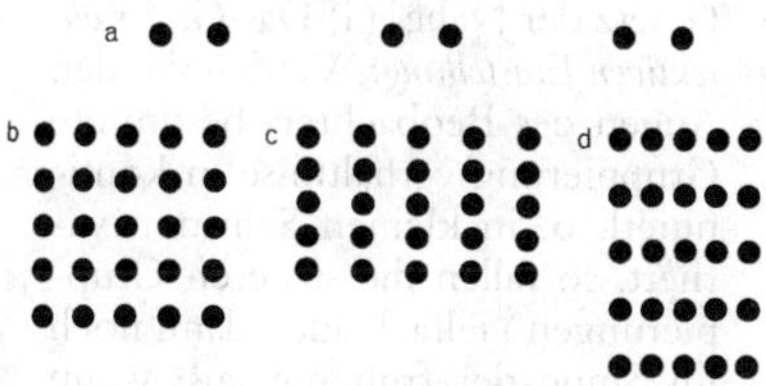

Abb. *Wahrnehmung 25*

Prinzip der Nähe: in der Abb. (a) erscheint die Reihe der Kreise als drei einzelne Paare; bei (b) können gleichermaßen Reihen u. Spalten gesehen werden; bei (c) herrschen Spalten vor, u. zwar wegen der Nähe der Kreise entlang der vertikalen Achse; u. bei (d) herrschen Reihen vor, u. zwar wegen der Nähe der Kreise entlang der horizontalen Achse. Die Abb. *Wahrnehmung 26* demonstriert das Zusammenwirken der ersten beiden Gesetze, Wahrnehmung u. Nähe: dichter beieinander liegende Elemente werden als Einheit zusammengefasst; liegen alle Punkte gleich weit entfernt, wird nach der Ähnlichkeit gruppiert. (3) Das *G. des »gemeinsamen Schicksals«* (= *übereinstimmendes Vh.*): Elemente o. Ge-

Abb. *Wahrnehmung 26*

genstände, die sich gleichförmig verändern o. gemeinsam bewegen, werden als Einheit erlebt; Bsp. hierfür sind v. a. Bestandteile, die sich in Ruhe befinden, während andere sich bewegen: drei Lampen am Straßenrand leuchten ruhig, drei andere flackern, o. drei Fliegen sitzen still, drei kriechen umher. Dieses Gesetz wirkt teilweise gegen das Gesetz der Nähe. (4) Das *G. der objektiven Einstellung:* Werden vor den Augen des Beobachters bestimmte Gruppierungsverhältnisse in kontinuierl. o. in kleinen Schritten variiert, so fallen die späteren Gruppierungen vielfach auch dann noch im Sinne der früheren aus, wenn auch andere gestalthafte Gliederungsprozesse mögl. wären. (5) Das *G. des Aufgehens ohne Rest*: Bspw. gliedern sich Reihen von Elementen, die nach irgendwelchen Prinzipien zur Paarung geeignet sind, nach Möglichkeit bevorzugt so, dass an keinem Ende der Paarung ungepaarte Einzelglieder übrig bleiben. Die Abb. *Wahrnehmung 27* demonstriert dies: Fällt der Blick zunächst auf das linke Ende der Reihe, so gliedert sie sich in Paare, die eine in der Mitte eingeschnürte Spule andeuten; fällt er auf das rechte Ende, so erfolgt eine Umgliederung in oben u. unten eingeschnürte Spulen (aus Metzger 1966). Auch dieses Gesetz kann teilweise die anderen G. aufheben. (6) Das *G. der durchgehenden Kurve* bzw. *des glatten Verlaufs* (bisweilen, allgemeiner, auch

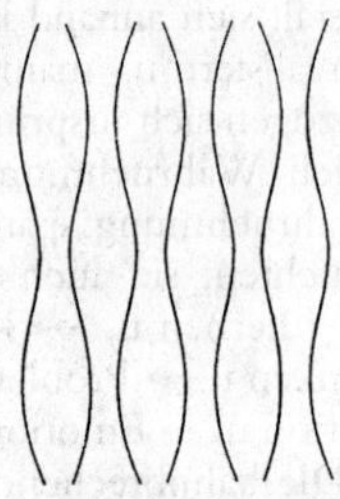

Abb. *Wahrnehmung 27*

Gesetz der guten Fortsetzung): Wahrnehmung wird phänomenal häufig so strukturiert, dass sich durchgehende Linien ergeben, speziell Geraden; abstrakt formuliert: Vektoren, in denen die Elemente angeordnet sind, bestimmen darüber, welche Fortsetzung für eine Elementenreihe gut ist, s. hierzu auch das Stw. → Figur-Grund-Unterscheidung. Die Abb. *Wahrnehmung 28* zeigt ein Bsp. hierfür, wb. der

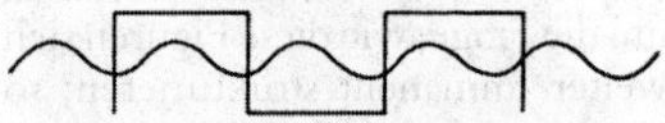

Abb. *Wahrnehmung 28*

Faktor des Aufgehens ohne Rest hier noch die Tendenz verstärkt, eine eckige Gesamtfigur mit einer durchgehenden Wellenlinie zu sehen, statt die Wellenlinie als Begrenzung der eckigen Figur. (7) Das *G. der Geschlossenheit bzw. Umschlossenheit*: Wahrnehmungsprozesse tendieren zu einer Strukturierung, die geschlossene, in sich zurücklaufende Figuren (im Gegensatz zu of-

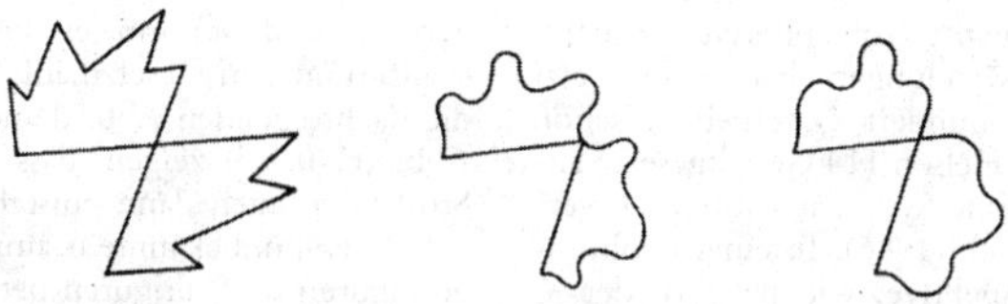

Abb. *Wahrnehmung 29a–c*

fenen) bevorzugt. Kurvenstücke o. Winkel, die einander benachbart sind, ohne sich zu berühren, schließen sich ebenfalls merkl. bevorzugt mit ihrer konkaven Seite nach innen zu Paaren zusammen; s. hierzu die Abb. *Wahrnehmung 29a–c* . Die Abb. *29d* demonstriert auf andere

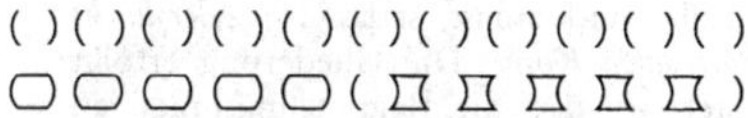

Abb. *Wahrnehmung 29d*

Weise ebenfalls dieses Gruppierungsprinzip: In der oberen Reihe ist eine Serie von Klammern zu sehen, die auf verschiedene Weise gruppiert werden können. In der unteren Reihe wurden Linien zw. den beiden Hälften der Klammern gezogen, um eine Gestalt von »geschlossenem« Umriss herzustellen. In der linken Hälfte dieser unteren Reihe ähneln die geschlossenen Formen im Umriss Fernsehbildschirmen u. in der rechten Hälfte Säulen. Das Prinzip der Geschlossenheit verlangt in beiden Fällen, dass die zweideutigen vertikalen Klammern zusammengeschlossen werden, um abgeschlossene Entitäten zu ergeben. (8) Eine Sonderstellung hat das G. der *Erfahrung bzw. Vorgeschichte des Wahrnehmungsvorgangs*; es besagt, dass Gestaltbildung auch im Sinne von Voreinstellungen u. gewohnten Zusammengefasstheiten erfolgt; Bsp.: Die einzelnen Buchstaben in kursiv geschriebenen Wörtern, auch bekannte einzelne Wörter innerhalb eines gesprochenen Satzes werden als Gestalt erfasst. Wertheimer berücksichtigt im Übrigen auch das Vh. des Beobachters: Blickrichtung, Aufmerksamkeitsverteilung, Auffassungsabsicht.

Die eben dargestellten G. verallgemeinert Wertheimer zum *Gesetz der guten Gestalt*; es besagt, dass die Gestalt, die letztl. gesehen wird, v. a. wenn verschiedene der einzelnen Gesetze zutreffen können, letztl. dadurch determiniert wird, wie »gut« bzw. »prägnant« die entstehende Gesamtkonstellation ist (→ Gestalt; → Prägnanz). Setzt man z. B., wie die Abb. *Wahrnehmung 30*

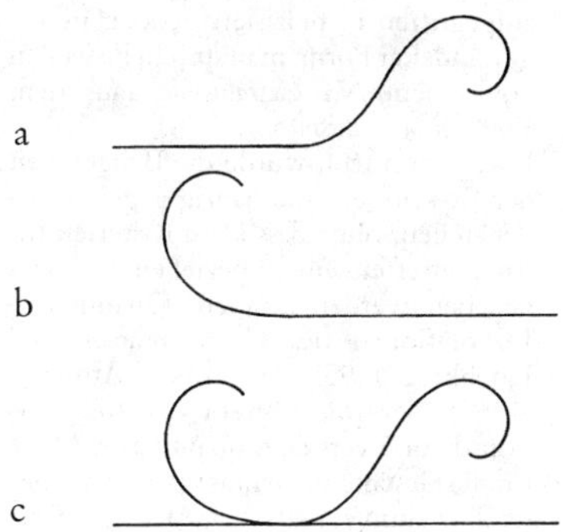

Abb. *Wahrnehmung 30a–c*

dies demonstriert, die Gestalten b u. c zusammen, so gliedert sich das Ganze vor den Augen um in eine Gerade u. eine S-Kurve.

HI/WÜ: Die G. sind Bestandteil der Psychologiegeschichte geworden u. auch noch heute Bestandteil jedes Lehrbuchs (häufig jedoch in vereinfachter Form, die

Darstellungen divergieren auch). Weiterentwicklungen haben bis jetzt weit über hundert G. ergeben; schon 1933 stellt Helson 114 Gestaltgesetze zusammen. Eine Systematik mögl. G. versucht Rausch (1966). In einer evolutionären Perspektive, wie sie z. B. der → ökologischen Optik u. partiell auch den → computationalen Wahrnehmungstheorien zu Eigen ist, werden G. weniger als *psych.* Gesetze verstanden, sondern als solche, die Grundtendenzen der Dinge dieser Welt beschreiben: Teile eines Gegenstandes liegen näml. meist näher beieinander u. sind sich meist ähnlicher als die von verschiedenen Objekten, u. deshalb ist es sinnvoll, sie als zusammengehörig wahrzunehmen (Gesetz der Nähe u. der Gleichheit); da die Umrisse eines Gegenstandes sich nicht in nichts verlieren, ist es auch sinnvoll, nach geschlossenen Gestalten zu suchen, u. falls aufgrund ungünstiger Beleuchtung unterbrochene Linien entstehen, ist es dienl., jene offenen Linien zu verbinden, die sich möglichst ähnl. sind (Gesetz der guten Fortsetzung); weitere Angaben zur histor. Würdigung s. unter dem Stw. → Gestalttheorie. In den Forschungsansätzen zu → Computer vision werden viele der gestalttheoret. Gedanken wieder aufgegriffen u. präzisiert, jedoch in abgewandelter Form, man spricht bisweilen von einem *Neo-Gestaltismus* (aus dem Engl.: *neogestaltism*).

KR: Schon früh wurde die Beliebigkeit der G. kritisiert, die häufig gegeneinander stehen, ohne dass klare Kriterien für das Zutreffen eines speziellen Gesetzes gegeben werden können. Quantitative Elaborationen des Grundansatzes sind Hochberg (1957) u. insbes. Attneave (1959), der mit Mitteln der Informationstheorie versucht, quantitative Maße für die Gestaltgüte herauszuarbeiten; dieser Forschungsansatz hat auch zur Entwicklung der → coding theory geführt; vgl. zsfd. Hochberg (1977).

VD: (1) Die Abb. *Wahrnehmung 31* zeigt weitere konkrete Bsp. für das Wirken von G. bezogen auf die *figurale Binnengliederung* (übernommen aus Prinz 1990, der sie aus Arbeiten von Metzger adaptiert hat): Die Abb. (a) wird als Überlagerung von einem Dreieck u. einem Rechteck wahrgenommen; die andere mögl. Gliederung, die durch die Abb. (b) evoziert wird, ist normalerweise abwegig – aufgrund von Gesetzmäßigkeiten, die die nachfolgenden Abb. demonstrieren. Abb. (c) u. (d) zeigen, dass eindeutige Strukturen auch dann entstehen, wenn ausschließl. unbekannte u. unregelmäßige Figuren u. Teilfiguren beteiligt sind, auch hier sieht man, dass Abb. (d) eine wenig einleuchtende Auffassung von (c) wiedergibt, u. während man in Abb. (a) noch annehmen könnte, dass die Bekanntheit u./o. Regelmäßigkeit der resultierenden Teilgebiete ein entscheidender Faktor ist, ist bei Abb. (c) die Erklärung weniger einleuchtend, denn die beiden in (d) vorgeschlagenen Teilgebilde sind kaum weniger bekannt u. regelmäßig als die beiden »natürl.« Teile, die in Abb. (c) überlagert sind. Das entscheidende Gliederungsprinzip, das in beiden Fällen wirksam ist, ist das *Gesetz der durchgehenden Kurve*: Die Gliederung erfolgt stets so, dass die Begrenzungslinien an Schnittpunkten ihre Richtung u. Struktur nach Möglichkeit fortsetzen. Bei der in Abb. (d) vorgeschlagenen Zerlegung ist dieses Prinzip für jeweils 2 der 4 Schnittpunkte verletzt, während es in der stattdessen gesehenen Fassung voll gewahrt ist. Die Abb. (e) u. (f) zeigen, wie das Gesetz der durchgehenden Kurve verwendet werden kann, um bekannte Reizsituationen unsichtbar zu machen: In beiden Gebilden ist die Ziffer 4 versteckt u. durch Fortsetzung von Linien so getarnt, dass sie kaum noch sichtbar ist. Die Abb. (g) zeigt eine Konfiguration, bei der das Prinzip des durchgehenden Kurvenverlaufs die gesehene Gliederung nicht erklären kann, trotzdem ist die gesehene Struktur eindeutig. In der Abb. (h) kann eine Gliederung gesehen werden, die sogar gegen das Prinzip der durchgehenden Kurve verstößt: Man sieht eine Zackenlinie u. ein Quadrat, die sich in einem Punkt berühren. In den beiden letzten Fällen ist das allgemeine *Prägnanzprinzip* wirksam.

(2) Die Abb. *Wahrnehmung 32* zeigt in der Reihe A Bsp. dafür, wie das Sehsystem bei geometr. Figuren stets die einfachsten Interpretationen wählt, in der Reihe B sind Konstellationen abgebildet, bei denen dieses Prinzip nicht gilt; diese Bsp. stammen von Kanizsa (aus Rock 1985, S. 73).

Abb. *Wahrnehmung 31*

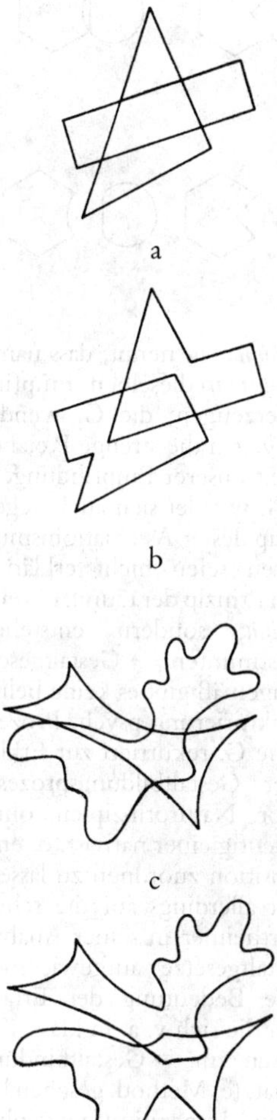

a b c d e

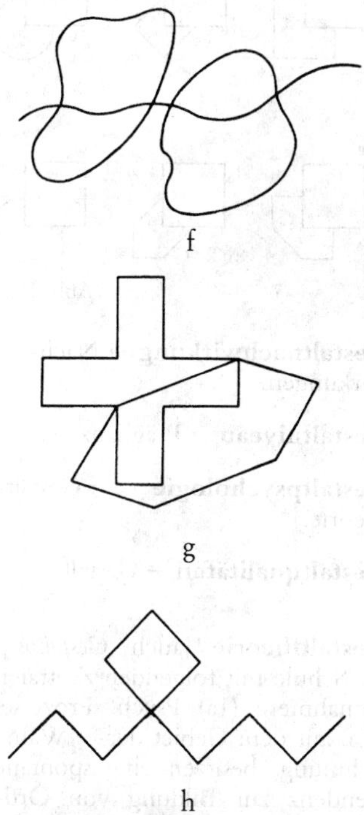

f g h

◆ Attneave, F.: Applications of information theory to psychology. New York 1959; Hochberg, J.: Effects of the Gestalt revolution: the Cornell symposium on perception. PR 64, 1957, S. 73–84; Hochberg, J. E.: Wahrnehmung. Einführung in die Ps., 2. Bd. Bern 1977; Metzger, W.: Gesetze des Sehens. Frankfurt/M. 1953 (2. Aufl.); Metzger, W. (Hg.): Wahrnehmung u. Bewußtsein. HP, 1. Bd., 1. Hlb. Göttingen 1966; Metzger, W.: Figuralwahrnehmung. In: Metzger (1966), S. 693–745; Rausch, E.: Das Eigenschaftsproblem in der Gestalttheorie der Wahrnehmung. In: Metzger (1966), S. 868–954; Prinz, W.: Wahrnehmung. In: Spada, H. (Hg.): Lehrbuch Allgemeine Ps. Bern 1990, S. 25–114; Rock, I.: Wahrnehmung. Heidelberg 1985; Wertheimer, M.: Untersuchungen zur Lehre von der Gestalt II. PF 4, 1923, S. 301–350.

Gestaltgüte → Prägnanz.

Gestalthöhe → Prägnanz.

Gestaltkreis → Bewegung.

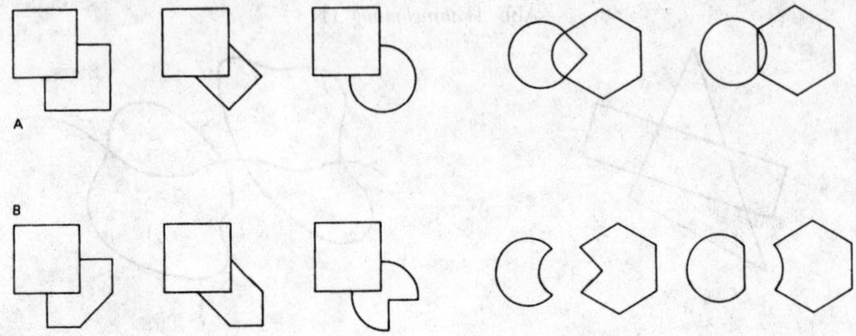

Abb. *Wahrnehmung 32*

Gestaltnachwirkung → Nachwirkungen.

Gestaltniveau → Prägnanz.

Gestaltpsychologie → Gestalttheorie.

Gestaltqualitäten → Gestalt.

Gestalttheorie [auch *Gestaltps.*], ps. Schule mit folgenden zentralen Annahmen: (1a) Psych. Prozesse, v. a. auf dem Gebiet der → Wahrnehmung, besitzen eine spontane Tendenz zur Bildung von Ordnung, u. die dabei entstehende → Gestalt bzw. → Ganzheit hat *emergente* Qualitäten: »Das Ganze ist mehr als die Summe der Teile« (*Übersummativität*). Als paradigmat. Phänomen wird häufig die Wahrnehmung einer Melodie angeführt; weitere *Musterbsp.* waren die → Figur-Grund-Unterscheidung, → Konstanzphänomene, → geometrisch-optische Täuschungen u. das → Phi-Phänomen. (b) Im Gegensatz zum → Elementarismus, ihrem Hauptopponenten, geht die G. davon aus, dass psych. Prozesse von Anfang an gestalthaft sind u. sich nicht in Elemente (→ *Empfindungen*) zerlegen lassen (welche danach erst durch das Wirken von *unbewussten Urteilen* vereinigt werden müßten). Die G. kritisiert an der Elementenps. v. a. das, was sie die *Konstanzannahme* nennt, dass näml. Reize *konstant* dieselben Empfindungen erzeugen; die G. wendet sich also gegen die strenge Reizbestimmtheit unserer Empfindungen. (c) Die G. wendet sich auch gegen das Prinzip des → Assoziationismus: Ganzheiten seien nicht erklärbar durch ein Prinzip der räuml. o. zeitl. *Kontinguität*, sondern entstehen nach bestimmten → Gestaltgesetzen; demgemäß gibt es keine beliebige Strukturierung psych. Prozesse. (d) Die G. rekurriert zur Erklärung der Gestaltbildungsprozesse auf aprior. Naturprinzipien, ohne sich eindeutig einer nativist. o. empirist. Position zuordnen zu lassen. Sie weist allerdings auf die schon von Wertheimer in seiner Analyse der Gestaltgesetze aufgewiesenen begrenzte Bedeutung der Erfahrung hin, die sich v. a. in klass. Experimenten zur → Gestaltbindung gezeigt hat. (e) Method. gesehen hat die G. eine Integration eines phänomenolog. u. experimentellen Ansatzes versucht, man spricht bisweilen von *experimenteller Phänomenologie* (Vollmers 1992); vgl. zu einem neueren Ansatz Kebeck u. Sader (1984). (2) Neben diesen vorwiegend auf dem Gebiet der Wahrnehmung entwickelten Grundideen ist das wichtigste theoret. Kondensat der G. eine bes. → Denktheorie mit dem Grundansatz einer Übertragung der auf dem

Wahrnehmungsgebiet gefundenen Gestaltgesetze auf den denkps. Bereich. Die G. bringt in noch stärkerem Maße als die → Würzburger Schule dynam. Momente ins Spiel: Jedes Problem sei eine defekte Gestalt, welche eine Spannung u. eine ausgleichende Tendenz zur *guten Gestalt* erzeugt, womit ein starker motivationaler Impuls gegeben ist, der durch das Denken bzw. das Problemlösen im Rahmen einer *Umstrukturierung* umgesetzt wird. (3) Der Grundansatz der Denktheorie wurde auch auf das Problemgebiet → Gedächtnis übertragen: Auch dieses wird gem. der G. nicht als passives Speicherinstrument gesehen, sondern als ein aktiver Prozess in gewissem Sinne werden also Lernprozesse als Denkprozesse aufgefasst, so dass denktheoret. Gesetze auch zu gedächtnistheoret. werden: Lern- u. Speicherprozesse werden als Umstrukturierungsprozesse mit einer Prägnanztendenz gesehen. Weder das Kzpt. der → Konditionierung noch das der → Assoziation sei ausreichend für die Erklärung von Lernprozessen; die Bedeutung von Vorerfahrungen für Gedächtnisprozesse sei geringer als die von → Einsicht. Die G. konzipiert zu allen klass. Lern- u. Gedächtnisparadigmen Alternativerklärungen, v. a. auf dem Gebiet des → seriellen Lernens u. des → Paarassoziationslernens. Ein aus solchen gestalttheoret. Analysen hervorgegangenes Kzpt. u. Phänomen ist der sog. → Von-Restorff-Effekt. (4) Gestalttheoret. Ansätze hat es des Weiteren auf allen anderen ps. Gebieten gegeben, v. a. auf Motivationsgebiet; vgl. die Stw. → Wille, → Ach-Lewin-Kontroverse, → Anspruchsniveau, → Zeigarnik-Effekt, → psychische Sättigung; s. a. das Stw. → Ärger. Die wichtigsten Arbeiten wurden auf diesem Gebiet von Lewin (vgl. 1929) geleistet; vgl. zsfd. Schwermer (1966).

HI: Als Begründer der G. gilt Max Wertheimer (1880–1943) mit seinen Untersuchungen über das → Bewegungssehen u. seinen Analysen des Phi-Phänomens (vgl. Wertheimer 1923, 1925). Grundlegend waren des Weiteren die Arbeiten von Wolfgang Köhler (1887–1967; vgl. Köhler 1913, 1917), Kurt Koffka (1886–1941; vgl. Koffka 1915); später auch die Arbeiten von Kurt Lewin (1890–1947; → Feldtheorie). Diese Forscher waren die Hauptvertreter der sog. *Berliner Schule* der G. Bedeutende akadem. Schüler von ihnen waren O. Lauenstein, K. Duncker, R. Arnheim u. Wolfgang Metzger. Vorläufer der Berliner Schule war die sog. *Österreich. Schule* der G., welche die Grundlagen des Gestalt-Kzpts. gelegt hat; Vertreter: F. Brentano, C. von Ehrenfels, A. von Meinong, V. Benussi, S. Witasek, T. Lipps u. H. Cornelius; vgl. Boring (1957). (*T*: Die *philosoph.* Richtung wird meist als *Grazer Schule* bezeichnet, *Österreich. Schule* meint die eher ps. orientierten Erweiterungen dieser Richtung.) Wichtig geworden sind v. a. die Arbeiten von C. v. Ehrenfels, dessen Ansatz v. A. von Meinong aufgegriffen u. zur sog. *Produktionstheorie* o. *Fundierungstheorie* ausgebaut wurde. Gem. dieser Theorie sind »fundierte Inhalte« von Gestalten zu unterscheiden, die Gestaltqualität wurde als Zusatzphänomen gekennzeichnet, das sich den Inhalten über- o. nebenordnet (vgl. Herrmann 1957). Eine Gegenüberstellung der Fundierungstheorie u. der G. findet sich bei Metzger (1966, S. 881). Die Österreich. Schule hat wissenschaftshistor. u. systemat. gesehen eine Zwischenstellung zw. der Elementenps. u. der Ganzheitsps. i. e. S., insofern sie theoret. an *Elementen* festhält, zu denen die Gestaltqualität als weiterer Bestandteil hinzutritt. Als weiterer Vorläufer der G. ist die *Komplextheorie* von Müller u. Schuhmann zu nennen (Müller 1923ff.) – die G. hebt sich von dieser durch die Annahme ab, dass ein psych. Gebilde keine Gestalt *hat*, sondern eine Gestalt *ist*: Die Gestalt lässt sich nicht aus der *Komplexion* der Teile verstehen, sondern die Elemente sind vielmehr nur als Teile eben dieser Gestalt zu bestimmen; vgl. Köhler (1925, 1926). Eine eigenständige Richtung, die man in die G. einordnen kann, die aber meist als eigene Schule abgetrennt wird, ist die → Ganzheitspsychologie, die *Leipziger Schule* der G. Diese thematisierte in stärkerer Weise die Rolle des Gefühls bei der Wahrnehmung. Nach Herrmann (1976) hat nie eine explizite Auseinandersetzung der Berliner Schule mit der Leipziger Schule stattgefunden.

Die Verdrängung der Elementenps. durch die G. war ein langer, sich über zwei Jahrzehnte hinstreckender Prozess. Nach F. Sander (in Pongratz u. a. 1972) beherrschte der Elementenansatz sogar noch in der ersten Hälfte der 20er Jahre weitgehend die wissenschaftl. Ps., bis er dann durch gestaltps. Ansätze überwunden wurde. Die G. hatte nur relativ kurze Zeit, sich zu entwickeln, der Schulzusammenhang wurde durch externe Faktoren (Nationalsozialismus, Zweiter Weltkrieg, Exil) entscheidend geschwächt. Der → Behaviourismus übernahm die Rolle des führenden Paradigmas in der Ps. Zu der weiteren Entwicklung der G. im Exil vgl. Metzger (1976); das Schicksal der nichtemigrierten Gestaltpsychologen stellt Stadler (1984) dar; Schmidt (1981) analysiert die histor. Rolle der G. im Rahmen der kuhnschen Wissenschaftsphilosophie, er meint, das schöpfer. Potential der G. sei keineswegs, wie im Falle der Elementenps., zur Zeit ihrer Verdrängung schon erschöpft gewesen, normalerweise hätte es zu einem Konkurrenzkampf zw. G. u. Behaviourismus kommen müssen.

WÜ: Die G. war eine der großen Strömungen der Ps. des 20. Jhdts., mit deren Alternativerklärungen sich fast alle Mainstream-Paradigmen auseinandergesetzt haben, ohne dass die G. international jemals eine dominierende Rolle in der Ps. gespielt hat. Gestaltps. Gedankengut ist allerdings impliziter Bestandteil von vielen ps. Kzptn. geworden, vgl. hierzu Ertel u. a. (1975). Insbes. viele Aspekte der modernen → kognitiven Psychologie wurden in gestalttheoret. Analysen vorweggenommen; vgl. z. B. Flores d'Arcais (1975). Innerhalb der Theorien aus dem Bereich der → künstlichen Intelligenz zum → Bildverstehen gibt es eine Schule der *Neogestaltisten*, die versuchen, die von der G. erarbeiteten Ansätze in formalisierter Form aufzunehmen; vgl. hierzu zsfd. Görz (1993). Auch die *Gestalttherapie* beruft sich auf die G.; vgl. hierzu Walter (1985). Ash (1987) hebt hervor, dass die Entstehungsgeschichte der G. auch unter dem Aspekt zu sehen ist, dass die experimentelle Ps. zu Anfang des 20. Jahrhunderts noch ein Teilgebiet der Philosophie war. Die G. versuchte durch eine radikale Reformierung ps. Kategorien eine allg. *Weltanschauung* – u. nicht nur eine Ps. – zu begründen, mit der der Dualismus Philosophie-Psychologie ohne Verzicht auf naturwissenschaftl. Methoden überwunden werden konnte. Demgemäß operiert die G. gerne mit naturwissenschaftl., sowohl physikal. wie neurophysiolog., Modellen, vgl. v. a. Köhler (1924); Köhler (1933) versucht zu zeigen, dass Gestaltbildungen selbst im naturwissenschaftl.-physikal. Bereich existieren – was es plausibel macht, dass sie auch im neurophysiolog. u. damit im psych. Bereich vorkommen. Diese Grundannahme einer Korrespondenz der physiolog. Grundlagen u. der psych. Prozesse nennt man das *Isomorphie-Prinzip*. Dieses Prinzip ist vor dem Hintergrund eines Entwurfs einer *gestalttheoret. Naturphilosophie*, insbes. der Biologie zu sehen; vgl. Ash (1987). Eine empir. Auseinandersetzung mit den neurops. Aspekten der G. findet sich v. a. in den Arbeiten von Lashley (1929). Eine Theorie neurops. Störungen aus gestalttheoret. Geiste ist Goldstein (1934). Auch die philosoph. Themen der *Fremdwahrnehmung* u. *Intersubjektivität* wurden angegangen (Köhler 1929): Es seien Pseudoprobleme, eine direkte Wahrnehmung des Fremdseel. sei mögl., so zeigen z. B. Untersuchungen von Heinz Werner, dass die Wahrnehmung von Emotion unmittelbar ist. Ash (1987) analysiert, wie innerhalb der Naturwissenschaften, bes. innerhalb der Biologie, gestalttheoret. Ideen in anderen Kzptn. wieder aufleben. Wesentl. an den gestalttheoret. Ideen war die innerhalb moderner metatheoret. Ansätze zur Evolutionstheorie neu konzipierte Idee der *Emergenz*: die Tatsache, dass im Laufe der Entwicklung von Systemen diese ganzheitl. Eigenschaften entwickeln, die sich nicht aus den Eigenschaften ihrer Elemente heraus erklären lassen. Dieser *Emergentismus* wendet sich also gegen einen *Reduktionismus*, der eine solche Ableitbarkeit postuliert; vgl. hierzu Krohn u. Küppers (1992).

KR: Den holist. Erklärungsmodellen der G. stehen als Grundalternativen Erklärungen im Sinne des → *Elementarismus* gegenüber. Dieser Gegensatz zieht sich durch die gesamte Psychologiegeschichte hindurch; vgl. hierzu Müller (1991) u. das Stw. → Modularismus. Wenn das Gestaltkonzept auch auf phänomenaler Ebene weitgehend akzeptiert ist, so wird es doch auf explanativer Ebene heute insges. als ein eher vages, schwaches o. fast tautolog. Erklärungsprinzip angesehen; vgl. hierzu v. a. das Stw. → Gestaltgesetze. Insbes. die späteren deutschsprachigen Arbeiten zur G. sind durch eine idiosynkrat. Sprachwelt gekennzeichnet, oft mit einer eigenartigen Mischung aus extremer Exaktheit u. Differenziertheit einerseits u. einer argumentator. Vagheit andererseits, die das Eindringen in das Gedankengebäude der G. erschwert. Kritisiert wurde auch der naturist. Einschlag der G., z. B. in der Kritik der → genetischen Epistemologie an der G. (vgl. Piaget 1971) – obwohl dieser Punkt umstritten ist u. die G. keinen eindeutig nativist. Standpunkt vertritt, was schon in frühen Arbeiten Koffkas (1921) dargelegt wurde. Ein weiterer Kritikpunkt Piagets u. damit der gesamten modernen kognitivst. Ps. ist die Vorausetzung eines *passiven* Organismus durch die G., der Piaget seine operationalist. u. konstruktivist. Perspektive gegenübersetzte, die in den USA mit den Arbeiten Bruners aufrechterhalten wird u. zur metatheoret. Voraussetzung der heutigen Kognitionsps. geworden ist; vgl. Ash (1987). Bisweilen wurde an der G. auch ihre einseitige Orientierung an Wahrnehmungsprozessen kritisiert, ihr »Perzeptualismus«.

LIT: Über die Rezeption der G. in der Wissenschaft referiert Ash (1987); zur Rezeption der Gestaltps. durch die Philosophie vgl. Ash u. Geuter (1985); zum bleibenden »Vermächtnis« der G. vgl. Rock u. Palmer (1991); für einen Überblick über die klass. Arbeiten vgl. die frühe Zusammenfassung von Petermann (1928); histor. Abrisse u. eine umfassende Bibliographie zur G. finden sich bei Soyka (1985); eine Sammlung wichtiger Artikel sowie eine Bibliographie vorwiegend zu Arbeiten der Berliner Gesaltps. findet sich in Smith (1988); zu Max Werthheimers Arbeiten vgl. Sarris (1989ff.); eine Auswahl von Einführungstexten wurde von Sader u. Stadler (1983) zusammengestellt u. kurz kommentiert; ein klass. allg. Lehrbuch im Geiste der G. ist Metzger (1954); Metzger (1953) ist ein Lehrbuch der Wahrnehmungsps.; Metzger war als Herausgeber verantwortl. u. auch prägend für die Gestaltung des Bandes *Wahrnehmung u. Bewußtsein* im Rahmen der Reihe *Handbuch der Ps.* (Göttingen 1966); darin finden sich auch wichtige Ansätze von E. Rausch (vgl. auch Rausch 1949), der gestaltps. Theorien weiterentwickelt u. bes. auch auf kunstps. Probleme angewandt hat; zur Biographie Wertheimers vgl. Wertheimer (1980); drei instruktive Arbeiten zur Geschichte der G. sind: Ash (1982); Sprung u. Schönpflug (1992); Smith (1988; umfangreiche annotierte Bibliographie, über 200 Seiten); ein wichtiger Aufsatz zur Rezeption der G. in der Sportwissenschaft ist Tholey (1980); eine lehrbuchartige Darstellung ist Tholey (1986); auch der Ansatz von Kohl (1956) steht in einer ganzheitl. Tradition (allerdings weniger gestalttheoret. als sensumotor. orientiert); zur gestalttheoret. Persönlichkeitsps. vgl. Helm (1964); speziell zur Methodik u. den method. Innovationen der G. vgl. Vollmers (1992).

◆ Ash, M. G.: The emergence of Gestalt theory: experimental psychology in Germany 1890–1920. Diss. Abstracts International 43, 1982; Ash, M. G. u. Geuter, U. (Hg.): Geschichte der dt. Ps. im 20. Jahrhundert. Opladen 1985; Ash, M. G.: Gestaltps. im Denken des 20. Jahrhunderts. In: Amelang, M.: Bericht über den 35. Kongreß der Dt. Ges. für Ps. in Heidelberg 1986. Göttingen 1987, S. 33–47; Ash, M. G.: The role of development concepts in the history of gestalt theory. The work of Kurt Koffka. In: Bringmann, W. G. u. a. (Hg.): Contributions to a history of developmental psychology. Berlin 1985; Bassler, W.: Ganzheit u. Element. Göttingen 1988; Bergius, R.: Produktives Denken (Problemlösen). In: Bergius, R. (Hg.): Lernen u. Denken. HP, 1. Bd., 2. Hlb. Göttingen 1969 (2. Aufl.), S. 519–566; Boring, E. G.: A history experimental psychology. New York 1957 (2. Aufl.); Bühler, K.: Die geistige Entwicklung des Kindes. Jena 1918; Bühler, K.: Die Krise der Ps. 1927 (3. Aufl.: Stuttgart 1965); Duncan, C. P.: Recent research on human problem solving. PBu 56, 1959, S. 397–429; Duncker, K.: Zur Ps. des produktiven Denkens. Berlin 1935; Ertel, S. u. a. (Hg.): Gestalttheorie in der modernen Ps. Darmstadt 1975; Fillbrandt, H.: Die Logik der Entdeckung des Lösungswissens bei Katonaschen Streichholzproblemen. SK 7, 1988, S. 51–65; FLORES D'ARCAIS, G. B.: Einflüsse der Gestalttheorie auf die moderne kognitive Ps. In: ERTEL u. a. 1975; GOLDSTEIN, K.: Der Aufbau des Organismus. Den Haag 1934; GÖRZ, G. (Hg.): Einführung in die künstl. Intelligenz. Bonn 1993; HEIDER, F.: The gestalt theory of motivation. Nebraska Symposium on motivation 1960; HELM, J.: Über Gestalttheorie u. Persönlichkeitsps. In: LERSCH, P. u. THOMAE, H. (Hg.): Persönlichkeitsforschung u. Persönlichkeitstheorie. HP, 4. Bd. Göttingen 1964, S. 357–391; HERRMANN, T.: Problem u. Begriff der Ganzheit in der Ps. Wien 1957; HERRMANN, T.: Ganzheitsps. in Gestalttheorie. In: BALMER, H. (Hg.): Die Ps. des 20. Jahrhunderts., 1. Bd. Zürich 1976, S. 573–659; KATONA, G.: Eine kleine Anschauungsaufgabe. PF 9, 1927, S. 159–162; KATONA, G.: Organizing and memorizing. New York 1940; KATZ, D.: Gestaltps. (4. Aufl. bearbeitet von Metzger u. a.). Basel 1969; KEBECK, G. u. SADER, M.: Phänomenolog.-experimentelle Methodenlehre. GT 6, 1984, S. 193–245; KOFFKA, K.: Beiträge zur Ps. der Gestalt- u. Bewegungserlebnisse. ZfPs 67, 1913; KOFFKA, K.: Ps. der Wahrnehmung. Geisteswissenschaft Bde. 26, 27, 1914; KOFFKA, K.: Zur Grundlegung der Wahrnehmungstheorie. Eine Auseinandersetzung mit V. Benussi. ZfPs 73, 1915, S. 11–90; KOFFKA, K.: Die Grundlagen der psych. Entwicklung. Berlin 1921; KOFFKA, K.: Perception. An introduction to the Gestalt theory. PBu 19, 1922, S. 531–585; KOFFKA, K.: Principles of gestalt psychology. New York 1935; KOHL, K.: Zum Problem der Sensumotorik. Frankfurt/M. 1956; KÖHLER, W.: Über unbemerkte Empfindungen u. Urteilstäuschungen. ZfPs 66, 1913, S. 51–80; KÖHLER, W.: Intelligenzprüfung an Anthropoiden I. Abhandlung der Königl. Preuss. Akademie der Wissenschaften, Physikal.-Mathemat.-Klasse 1. 1917; KÖHLER, W.: Die phys. Gestalten in Ruhe u. im stationären Zustand. Braunschweig 1920; KÖHLER, W.: Gestaltprobleme u. Anfänge einer Gestalttheorie. Jahresbericht über die ges. Physiologie 1922. Berlin 1923; KÖHLER, W.: Probleme u. Anfänge einer Gestalttheorie. Jahresbericht über die gesamte Physiologie u. experimentelle Pharmakologie, 3, Bericht über das Jahr 1922. 1924, S. 512–539; KÖHLER, W.: Komplextheorie u. Gestalttheorie. PF 6, 1925; KÖHLER, W.: Zur Komplextheorie. PF 8, 1926; KÖHLER, W.: Ein altes Scheinproblem. Die Naturwissenschaften 17, 1929, S. 395–401; KÖHLER, W.: Ps. Probleme. Berlin 1933; KÖHLER, W.: Die Aufgabe der Gestaltps. Berlin 1971; KROHN, W. u. KÜPPERS, G. (Hg.): Emergenz: Die Entstehung von Ordnung, Organisation u. Bedeutung. Frankfurt/M. 1992; LASHLEY, K. S.: Brain mechanisms and intelligence: a quantitative study of injuries to the brain. Chicago 1929; LEWIN, K.: Die Entwicklung der experimentellen Willensps. u. die Psychotherapie. Darmstadt 1929 (Neuauflage: 1970); MAIER, N. R. F.: The reasoning in humans: II. The solution of a problem and its appearance in consciousness. JCPs 12, 1931, S. 181–194; METZGER, W.: Die Gesetze des Sehens. Frankfurt/M. 1953 (2. Aufl.); METZGER, W.: Psychologie. Darmstadt 1954; METZGER, W. (Hg.): Wahrnehmung u. Bewußtsein. HP, 1. Bd., 1. Hlb. Göttingen 1966; METZGER, W.: Figuralwahrnehmung. In: METZGER (1966), S. 693–745; METZGER, W. u. ZÖLLER, W.: Simulierung einer buntfarbigen Beleuchtung durch Gegenstände gleicher Oberflächenformen. In: Contemporary research in psychology of perception. Helsinki 1971; METZGER, W.: Gestalttheorie im Exil. In: BALMER, H. (Hg.): Die Ps. des 20. Jahrhunderts., 1. Bd. Zürich 1976, S. 659–687; MÜLLER, G. E.: Komplextheorie u. Gestalttheorie. Göttingen 1923; MÜLLER, G. E.: Bemerkungen zu W. Köhlers Artikel »Komplextheorie u. Gestalttheorie«. ZfP 99, 1926; MÜLLER, K.: Denken u. Lernen als Organisieren. In: BERGIUS, R. (Hg.): Lernen u. Denken. HP, 1. Bd., 2. Hlb. Göttingen 1964, S. 118–143; MÜLLER, R. A.: Der (un)teilbare Geist. Modularismus u. Holismus in der Kognitionsforschung. Berlin 1991; PETERMANN, B.: Die Wertheimer-Koffka-Köhlersche Gestalttheorie u. das Gestaltproblem. Teildruck der Habilitationsschrift. Kiel 1928; PIAGET, J.: The psychology of intelligence. 1947; PIAGET, J.: Ps. der Intelligenz. Olten u. Freiburg im Breisgau 1971; PONGRATZ, L. u. a. (Hg.): Ps. in Selbstdarstellungen. Bern 1972; RAUSCH, E.: Variabilität u. Konstanz als phänomenolog. Kategorien. PF 23, 1949; RAUSCH, E.: Das Eigenschaftsproblem in der Gestalttheorie der Wahrnehmung. In: Wahrnehmung u. Bewußtsein. HP, 1. Bd., 1. Hlb. Göttingen 1966, S. 868–954; RAUSCH, E.: Probleme der Metrik (geometr.-opt. Täuschungen). In: METZGER (1966), S. 776–866; ROCK, I. u. PALMER, S.: Das Vermächtnis der Gestaltpsychologie. Spektrum der Wissenschaft. Februar 1991; SADER, M. u. STADLER, M.: Auswahlbibliographie der Gestaltps.: 1. Einführungstexte. GT 5, 1983, S. 125–129; SCHMIDT, W.: Struktur, Bedingungen u. Funktionen von Paradigmen u. Paradigmenwechsel. Frankfurt/M. 1981; SARRIS, V. (Hg.): Max Wertheimer Memorial Issue. PReS 51, 1989, S. 43–85; SARRIS, V.: Max Wertheimer in New York: zum 50. Jahrestag von *Productive Thinking* (1945). PRu 47, 1996, S. 137–145; SMITH, B.: Gestalt theory: an essay in philosophy. In: SMITH, B. (Hg.): Foundations of Gestalt theory. München 1988; SCHWERMER, J. J.: Die experimentelle Wissensps. Kurt Lewins. Meisenheim 1966; SELZ, O.: Komplextheorie u. Konstellationstheorie. ZfPs 83, 1920, S. 211–327; SOYKA, E.: Auswahlbibliographie für die vierte wissenschaftl. Arbeitstagung der Gesellschaft für Gestalttheorie u. ihre Anwendungen. Bremen 1985; SPRUNG, L. u. SCHÖNPFLUG, W. (Hg.): Geschichte der Ps. in Berlin. Frankfurt/M. 1992; SMITH, B. (Hg.): Foundations of Gestalt theory. München/

Wien 1988; Stadler, M.: Das Schicksal der nichtemigrierten Gestaltpsychologen im Nationalsozialismus. 1984; Tholey, P.: Erkenntnistheoret. u. systemtheoret. Grundlagen der Sensumotorik aus gestalttheoret. Sicht. Sportwissenschaft 10, 1980, S. 7–35; Tholey, P.: Prinzipien des Lehrens u. Lernen sportl. Handlungen. 1986; Vollmers, B.: Kreatives Experimentieren. Wiesbaden 1992; Von Ehrenfels, C.: Über Gestaltqualitäten. Vierteljahrschrift für wissenschaftl. Philosophie 14, 1890 (neu abgedruckt: in Weinhandl, F. (Hg.): Gestalthaftes Sehen. Zum hundertjährigen Geburtstag von Christian von Ehrenfels. Darmstadt 1974); Walter, H. J.: Gestalttheorie u. Psychotherapie. Opladen 1985; Wellek, A.: Ganzheitsps. u. Strukturtheorie. 1969; Wertheimer, M.: Experimentelle Studien über das Sehen von Bewegung. ZfPs 61, 1912, S. 161–265; Wertheimer, M.: Über das Denken der Naturvölker I. Zahlen u. Zahlgebilde. ZfPs 60, 1912, S. 321–378; Wertheimer, M.: Untersuchungen zur Lehre von der Gestalt II. PF 4, 1923, S. 301–350; Wertheimer, M.: Über Gestalttheorie. Erlangen 1925; Wertheimer, M.: Produktives Denken. Frankfurt/M. 1957 (Orig.: New York 1945); Wertheimer, M.: Max Wertheimer, Gestaltprophet. GT 2, 1980, S. 3–17; Zöller, W.: Simulierung einer buntfarbigen Beleuchtung. Ein Beitrag zum Problem der Farbkonstanz. PB 19, 1977, S. 463–486. Ztschr.: Gestalt theory (trotz des englischsprachigen Titels enthält sie meist deutschsprachige Aufsätze).

Gestalttiefe → Prägnanz.

Gestaltwahrnehmung → Formwahrnehmung.

Gestaltzerfall → psychische Sättigung; → Aktualgenese.

Geste → Gestik.

Gestik, die nonverbale Kommunikation mit Händen u. Armen, ein Bestandteil der umfassenderen → Pantomimik. Bisweilen wird die These vertreten, dass die vokale Sprache sich aus nonverbaler G. entwickelt hat, vgl. Hewes (1976). Eine der wichtigsten Forschungsaufgaben einer G. ist die Erarbeitung eines Klassifikationssystems; in der neueren Ps. ist bes. das von Ekman u. Friesen seit Ende der 60er Jahre entwickelte System prominent geworden; sie unterscheiden: *Embleme, Illustratoren, Regulatoren, Adaptoren* (vgl. Ekman 1980). Eine Typologie der Gesten findet sich bereits bei Wundt (1900); er unterscheidet zw. *hinweisenden, nachbildenden, mitbezeichnenden* u. *symbol.* Gesten; Ausführungen zur Gebärdensprache finden sich auch bei Bühler (1933).

VD: (1) *T*: Einigen Autoren unterscheiden terminolog. zw. Gesten u. *Gebärden*; in der Tradition der älteren Ausdrucks-Ps. definiert z. B. Leonhard (1976) Gesten als Ausdrucksbewegungen, die im Gegensatz zu den Gebärden als Zweckbewegungen stärker konventionalisiert u. in ihrer Ausdrucksform festgelegt sind. Gelegentl. wird zw. Gesten u. Gebärden auch nach dem Umfang des Ausdrucksmediums differenziert, wonach die Gebärde den mim. Ausdruck mit einschließt, während die Geste nur auf Hand- u. Körperbewegungen beschränkt ist, vgl. Wespi (1949). Häufig werden die Begriffe allerdings syn. verwendet, wb. G. der neuere, wissenschaftl. üblichere Begriff ist. Während etwa Wundt (1900), Bühler (1933) u. Kiener (1962) den Gesamtbereich der G. unter den Begriffen *Gebärde* u. *Gebärdensprache* abhandeln, ist heute in der Literatur zur nonverbalen Kommunikation, möglicherweise unter dem Einfluss des Engl. u. Franz., wo es nur einen Terminus (*gesture* bzw. *geste*) gibt (vgl. Wespi), nur noch von G. die Rede; vgl. Scherer u. Wallbott (1979).
(2) Details zum Klassifikationssystem von Ekman u. Friesen: (1) *Embleme*: gelernte, sprachunabhängig kodifizierte u. im Allg. intentional verwandte Gesten mit einer fest umrissenen Bedeutung, also kulturell kodifizierte Gesten; Bsp. sind etwa die Kopfgesten für *Ja* u. *Nein*, das Nicken zum Abschied o. die Daumengesten für Ablehnung u. Zustimmung; zum Vergleich zw. gest. u. sprachl. Code vgl. z. B. Ekman (1976). Einen bibliograph. Überblick über die Lexikographie der gest. Embleme bietet Nöth (1985). (2) *Illustratoren*: sprachbegleitende u. auf spezif. Sprachinhalte bezogene Gesten, die zwar auch intentional verwendet werden, aber semant. schwächer kodifiziert sind als Embleme; Ekman u. Friesen (1979) unterscheiden folgende Typen:

(a) *Batons*: Bewegungen, die ein Wort o. eine Phrase betonen; (b) *Ideographen*: Bewegungen, die den Verlauf o. die Richtung der Gedanken skizzieren; (c) *deikt. Bewegungen*: Zeigen auf ein Objekt, einen Ort o. ein Ereignis; (d) *Spatiale Bewegungen*: Bewegungen, die eine räuml. Reaktion abbilden; (e) *Rhythm. Bewegungen*: solche, die den Rhythmus o. das Tempo eines Ereignisses abbilden; (f) *Kinetographen*: Bewegungen, die eine körperl. Aktion o. eine nichtmenschl. physikal. Aktion abbilden; (g) *Piktographen*, Bewegungen, die ein Bild des Referenzobjekts in die Luft zeichnen; (h) *emblemat. Bewegungen*: Embleme, die verwendet werden, um eine verbale Aussage zu illustrieren, ein Wort wiederholend o. ersetzend. (3) *Regulatoren*: sprachbegleitende Gesten u. Körperbewegungen, die unabhängig von spezif. Inhalten die Funktionen haben, die Gesprächsinteraktion, insbes. den Sprecher/Hörerwechsel zu steuern; (4) *Adaptoren*: meist unbewusste Formen der taktilen Kommunikation u. Selbstkommunikation, die als Zeichen von ps. Erkenntniswerten fungieren können u. zwar: (a) in Bezug auf die eigene Person als *Selbstmanipulator* bzw. *Körpermanipulator* (Ekman 1980), z. B. sich selbst anfassen, kratzen, auf die Lippen beißen, etc.; (b) in Bezug auf den Kommunikationspartner als *Alter-Adaptoren*; z. B. jemandem auf die Schulter klopfen; vgl. Kiener (1962); (c) in Bezug auf Gegenstände als *Objekt-Adaptoren*, z. B. das Anfassen o. nervöse Manipulieren eines Schlüssels etc.

LIT: Zur Gebärdensprache als therapeut. Medium der Kommunikation mit autist. u. entwicklungsgestörten Menschen vgl. Duker (1992); zur Entwicklung der G. vgl. Zivin (1985).

◆ Bühler, K.: Ausdruckstheorie. Stuttgart 1933; Duker, P. C.: Gebärdensprache mit autist. u. entwicklungsgestörten Menschen. Ein Handbuch der Gebärden. Dortmund 1992; Ekman, P.: Movements with precise meanings. Journal of Communication 26, 1976, S. 14–26; Ekman, P. u. Friesen, W. V.: Handbewegungen. In: Scherer u. Wallbott (1979), S. 108–123; Ekman, P.: Three classes of nonverbal behaviour. In: Raffler-Engel, W. (Hg.): Aspects of nonverbal communication. Lisse 1980, S. 89–102; Hewes, G. W.: The current status of the gestural theory of the language origin. In: Harnand, S. R. u. a. (Hg.): Origins and evolution of language and speech. Annals of the New York Academy of Science 280, 1976, S. 482–504; Kiener, F.: Hand, Gebärde u. Charakter. München 1962; Leonhard, K.: Der menschl. Ausdruck in Mimik, Gestik u. Phonetik. Leipzig 1976; Morris, D. u. a.: Gesture maps. London 1978; Nöth, W.: Handbuch der Semiotik. Stuttgart 1985; Scherer, K. R. u. Wallbott, H. G. (Hg.): Nonverbale Kommunikation. Weinheim 1979; Wespi, H.-U.: Die Gesten als Ausdrucksformen u. ihre Beziehung zur Rede. Zürich 1949; Wundt, W.: Völkerps. 1. Bd. Die Sprache. Leipzig 1900; Zivin, G. (Hg.): The development of expressive behaviour. Orlando 1985.

Gesundheitspsychologie → angewandte Psychologie; → klinische Psychologie.

Geteilte Aufmerksamkeit → verteilte Aufmerksamkeit.

Gewagtes Fokussieren → Attributlernen.

Gewichthebeversuche → Psychophysik.

Gewohnheit → habit.

Gewohnheitsfamilie → habit.

Gewohnheitshierarchie → habit.

Gewohnheitsstärke → habit.

Gibsonsche Gradienten → Texturwahrnehmung; → ökologische Optik.

Gibsonscher Formeffekt → Nachwirkungen.

Gipfelerlebnis → humanistische Psychologie.

Gipfelverschiebung [auch *Verschiebung des Maximums,* engl. *peakshift*], zentrales Kzpt. der *absoluten Generalisationshypothese* von Spence (1937), mit der dieser versucht, → Transposition auf → Generalisation zurückzuführen u. damit die Notwendigkeit einer *relationalen* Theorie im Sinne der → Gestalttheorie zu widerlegen: Spence nimmt an, dass sich um den positiven Reiz beim → Diskriminationslernen ein Generalisationsgradient, um den negativen Reiz dagegen ein Hemmungsgradient aufbaut u. dass die Tendenz, auf diesen Reiz zu reagieren, gleich der algebraischen Summe der beiden ist: *summierter Nettodiskriminationsgradient* (auch engl.: *post-discrimination gradient*; Abk. *PDG*). Dies führt dann – da der Hemmungsgradient, wenn beide Reize nicht zu weit auseinander sind, bis in den Generalisationsbereich des zweiten Reizes reicht – dazu, dass die maximale Reaktionstendenz nicht bei dem positiven Reiz selber liegt, sondern in Richtung auf den negativen Reiz hin verschoben ist. Dies kann dazu führen, dass die unter → Transposition beschriebenen Effekte auftreten.

Ein Bsp. für die Logik der Theorie: Die Abb. *Lernen 1* (nach Spence 1942, aus Bower u. Hilgard 1983) zeigt einen auf den bekräftigten Trainingsstimulus (mit einer Intensität 160) bezogenen Gewohnheitsgradienten u. einen auf den nichtbekräftigten Stimulus (100) ausgerichteten Hemmungsgradienten. Die Differenz Gewohnheit minus Hemmung ist an einigen Punkten numerisch angegeben. Die Stimuluswerte folgen sich auf einer logarithmischen Skala in gleichen Abständen. In einer Wahlsituation zw. zwei Stimuli wird derjenige mit der größten resultierenden Tendenz gewählt werden. Für das Trainingspaar 160 vs. 100 beträgt diese Differenz z. B. 51,7 für 160 u. 29,7. für 100, so dass in diesem Paarvergleich also der Stimulus 160 gewählt würde. Aufgrund der in der Abbildung aufgeführten Differenzwerte würde man z. B. auch erwarten, dass das Versuchstier den 256-Stimulus (mit einem Differenzwert von 72,1) dem 160-Stimulus (mit einem Differenzwert von 51,7) vorzieht. Auf diese Weise wäre ein nahe dem positiven Stimulus, aber auf der anderen Seite als der negative Stimulus gelegener Stimulus sogar stärker bzw. attraktiver als der positive Stimulus selber. Die Abbildung lässt auch erkennen, dass die Vorhersage des Wahlvhs. für einen gegebenen Stimulus von der Entfernung dieses Paares vom Trainingspaar abhängt. Mit zunehmender Verschiebung des Testpaares vom Trainingspaar weg nach oben sagt die Theorie zunächst Transposition für nahe Paare voraus, dann die Umkehrung der Transposition (der kleinere Stimulus wird gewählt) für mittlere Entfernungen (z. B. 419 vs. 256) u. schließl. Zufallswahlen für Testpaare in sehr großer Entfernung vom Trainingspaar (z. B. 900 vs. 1300). Eine solche Abnahme der Transposition mit zunehmender Distanz wurde tatsächl. oft gefunden, u. sie stellt für die relationale Theorie ein Problem dar. Weiter ergibt sich aus Spences Theorie, dass der positive u. der negative Stimulus nicht gleichzeitig in einem Vergleich vorgegeben werden müssen, um spätere Transposition in paarweisen Vergleichstesten theoret. voraussagen zu können, eine Einzeldarbietung sollte genügen, auch dies wurde in empir. Untersuchungen gefunden. Zur Darstellung weiterer Implikationen der Theorie vgl. Bower u. Hilgard (1983).

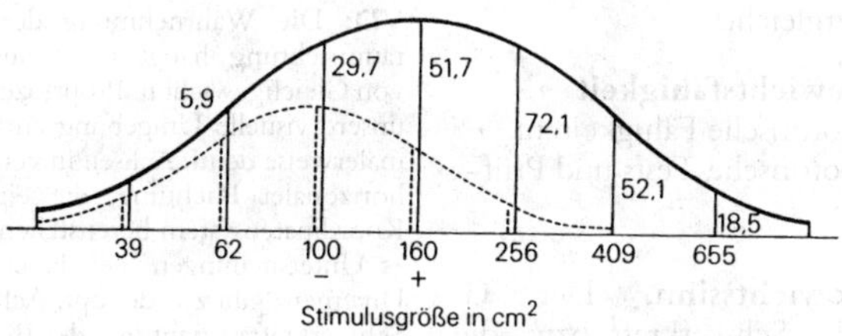

Abb. *Lernen 1*

LIT: Vgl. zsfd. Bredenkamp u. Wippich (1977); zu den empir. Konsequenzen vgl. Hanson (1959); Mostofsky (1970); Egeth (1967); zur Problematik vgl. Honig u. Urcuiola (1984).

◆ Bower, G. H. u. Hilgard, E. R.: Theorien des Lernens, 1. Bd. Stuttgart 1983 (5. Aufl.); Bredenkamp, J. u. Wippich, W.: Lern- u. Gedächtnisps., 1. Bd. Stuttgart 1977; Egeth, H.: Selective attention. PBu 67, 1967, S. 41–57; Hanson, H. M.: Effects of discrimination training on stimulus generalization. JExP 58, 1959, S. 321–334; Honig, W. K. u. Urcuioli, P.: Reizgeneralisierung u. Reizkontrolle. In: Zeier, H. (Hg.): Lernen u. Vh., 1. Bd. Lerntheorien. Weinheim 1984, S. 242–298; Mostofsky, D. (Hg.): Attention: contemporary theory and analysis. New York 1970; Spence, K. W.: The differential response in animals to stimuli varying within a single dimension. PR 44, 1937, S. 430–444.

Gitterfiguren → Nachwirkungen.

Gitterkontrast → Nachwirkungen.

Gitter-Muster → Nachwirkungen.

Given-new-Kontrakt → Vorannahmen vs. Behauptungen.

Gleicherscheinende Intervalle → Paarvergleich.

Gleichgewichtsfähigkeit → psychomotorische Fähigkeiten; → psychomotorische Tests und Prüfverfahren.

Gleichgewichtssinn. Der G. nimmt die Schwerkraft bzw. die Gravitationsbeschleunigung wahr, den Einfluss beliebiger anderer linearer Beschleunigungen u. auch von Rotationsbeschleunigungen. Auf diese Weise vermittelt er auch, wo *oben* u. *unten* ist. Der Mensch besitzt so die Fähigkeit, Informationen über die Körperstellung, bes. die Balance des Körpers, aufzunehmen, zu verarbeiten u. zu Steuermaßnahmen einzusetzen. Für Rotationsbeschleunigungen ist schon der Kopf alleine empfindl. Der G. ermöglicht es, dass man sich auch nach einem langen Aufenthalt im Dunkeln über die Körperstellung u. räuml. Ausdehnung seines Körpers bewusst ist. Die physiolog. Grundlage des G. ist das Vestibularorgan im Innenohr; vgl. Birbaumer u. Schmidt (1989).

Da dieses Gleichgewichtsorgan vorwiegend Informationen über die Stellung des Kopfes im Schwerefeld der Erde liefert, der Kopf aber bewegl. mit dem Rumpf verbunden ist, lässt sich aus der Stellung des Kopfes allein keine eindeutige Information über die Stellung des Körpers im Raum gewinnen, hierfür ist die Zusammenarbeit mit der → Tiefensensibilität notwendig, ergänzt durch visuelle Informationen aus dem Sehsystem. Die Meldungen aus dem Gleichgewichtsorgan dienen nicht nur der bewussten Steuerung, sondern sie werden auch in vielfacher Weise in Reflexbewegungen eingesetzt, die ohne jedes Zutun des Bewusstseins für die Aufrechterhaltung des Körpergleichgewichtes u. für das Festhalten des Fixationspunktes bei Augenbewegungen sowie die subjektive Bewegungslosigkeit der Umwelt bei Kopf- u. Körperbewegungen sorgen (→ Reafferenz-Prinzip).

VD: Die Wahrnehmung der Hauptraumrichtung hängt nicht ausschließl. von Gleichgewicht u. Propriozeption ab; unsere visuelle Umgebung enthält normalerweise deutl. Achsen in vertikaler u. horizonaler Richtung, die ein räuml. Koordinatensystem bereitstellen. So gibt es Untersuchungen, bei denen es eine Divergenz gibt zw. der opt. Achse u. der Schwerkraftausrichtung; der Beobachter hat die Aufgabe, seinen Stuhl so auszurichten, dass er vertikal steht; die meistens ausgewählte Stellung bildet normalerweise ein Kompromiss zw. der Schwerkraftachse u. der Hauptsehachse (→ visuelle Orientierung; → kognitive Stile).

◆ Birbaumer, N. u. Schmidt, R. F.: Biolog. Ps. Berlin 1989; Campenhausen, C. v.: Die Sinne des Menschen. Stuttgart 1993; Klinke, R.: Physiologie des Gleichgewichtssinnes, des Hörens u. des Sprechens. In: Schmidt, R. F. u. Thews, G. (Hg.): Physiologie des Menschen. Berlin 1985 (22. Aufl.).

Gleichgewichtswahrnehmung → Gleichgewichtssinn.

Gleichzeitige Prüfung → Attributlernen.

Gleichzeitigkeitsfenster → Zeitwahrnehmung.

Gleichzeitigkeitsurteil → Zeitwahrnehmung.

Gleitende Gedächtnisspanne → Gedächtnisspanne.

Globale Attribution → Attributionsdimensionen.

Globale Kontrollüberzeugung → Attributionsdimensionen; → internale vs. externale Kontrollüberzeugungen.

Globales Entsprechungsproblem → Korrespondenzproblem.

Globale Stereoskopie → Korrespondenzproblem.

Glucostaten-Theorie → Hunger.

Glück → Freude.

Gnädiger Verfall → Konnektionismus.

Gottschaldt-Experimente → Gestaltbindung.

Gottschaldt-Figuren → Gestaltbindung.

Graceful degradation → Konnektionismus.

Gradient, kontinuierl. Ab- bzw. Zunahme einer Messgröße in Abhängigkeit von der Zeit o. anderen Dimensionen; in den → Lerntheorien wird eine Reihe von Beziehungen zw. Lernbedingungen u. geprüften Leistungen als G. bezeichnet: → Verstärkungsgradient; → Generalisationsgradient; → Appetenz- versus Aversionsgradient; s. a. das Stw. → ökologische Optik.

Gradienten → ökologische Optik.

Gradientenmodell des Konflikts [seltener: *Konfliktwahlmodell*], eine von N. E. Miller (1944, 1959) entwickelte Theorie des → Konflikts, die auf der lewinschen Konflikttypologie u. dem → Gradienten-Kzpt. der Lerntheorien beruht; sie beinhaltet v. a. folgende Postulate: (a) Die Tendenz zur Annäherung an ein Ziel, der *Appetenzgradient,* ist umso größer, je näher sich das Subjekt bei diesem befindet; (b) dasselbe gilt bei einem gefürchteten Reiz für die Vermeidungstendenz, den *Aversionsgradienten*; (c) die Stärke der beiden Gradienten hängt vom Niveau des → allgemeinen Antriebs ab: eine zunehmende Stärke desselben erhöhe die Lage des gesamten Gradienten; (d) zentrale Annahme der millerschen Konflikttheorie ist, dass der *Aversionsgradient* steiler als der *Appetenzgradient* verläuft, so dass die Vermeidungstendenz mit wachsender Zielnähe stärker als die Annäherungstendenz steigt. Eine zentrale Implikation für einen → Appetenz-Aversions-Konflikt besteht demgemäß darin, dass in größerer Entfernung vom Ziel die Appetenztendenz dominiert, so dass das Versuchstier bzw. die Vp einen Teil des Wegs zum Ziel läuft u. dann, am Schnittpunkt der beiden Gradienten, Halt macht, u. zwar dort, wo die Aversionstendenz stärker zu werden beginnt (s. Abb. *Lernen 2*, nach Miller 1959, aus Keller 1981).

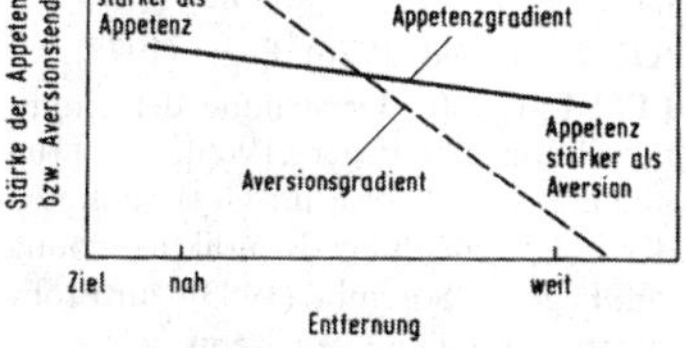

Abb. *Lernen 2*

Zur empir. Analyse vgl. Brown (1948): Ratten wurden so angeschirrt, dass Unterschiede ihrer Zugstärke auf dem Weg zum Ziel gemessen werden konnten. Ausgehend von psychotherapeut. Erfahrungen u. der Annahme, dass zunehmender Ähnlichkeitsgrad verschiedener Zielobjekte mit einem ursprüngl. Ziel sich ähnl. auf Annäherung u. Vermeidung auswirkt wie wachsende Zielnähe, entwickelten Murray u. Berkun (1955) ein dreidimensionales *Konfliktverschiebungsmodell*; vgl. zsfd. Keller (1981). Insbes. Maher u. a. haben seit Anfang der 60er Jahre zur krit. Analyse u. Weiterentwicklung dieses Grundansatzes beigetragen, bes. unter dem Aspekt seiner Anwendung auf soziales Vh.; vgl. z. B. Maher (1964).

VD: Aus seinen wenigen Postulaten kann Miller eine Fülle konkreter Implikationen für das Konfliktvh. ableiten; eine wichtige Implikation sind bestimmte paradoxe Effekte: Mit einem Anwachsen der Annäherungstendenzen wird der Schnittpunkt nicht nur näher ans Ziel herangerückt, sondern liegt auch auf einem höheren Niveau des Vermeidungsgradienten; vergleicht man zwei unterschiedl. starke Vermeidungsgradienten u. ihre Schnittpunkte mit dem Annäherungsgradienten, so bedeutet eine Verminderung der Vermeidungsstärken eine Erhöhung des Schnittpunktes – in beiden Fällen wird also der tatsächlich freigesetzte Beitrag an Vermeidung erhöht; s. die Abb. *Lernen 3a* u. *3b*: (a) demonstriert den Effekt einer Appetenzerhöhung, (b) den einer Aversionserhöhung. Dies heißt: Millers Modell gilt insofern nur für Individuen, die das Ziel *nicht* erreichen; vgl. hierzu auch Feger u. Sorembe (1983).

KR: Grunwald (1976); Feger (1978).

LIT: Eine zsfd. Darstellung der empir. Forschung gibt Feger (1965); zur Darstellung der Theorie im Gesamtrahmen der Entscheidungs-Konfliktforschung vgl. Feger u. Sorembe (1983); zur Problematik des Gradienten-Kzpts. selbst vgl. Sorembe (1977); ein Überblick über

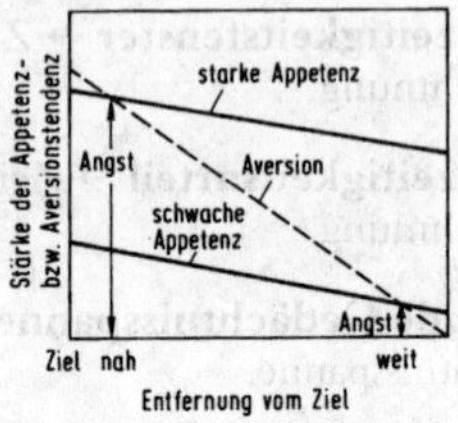

Abb. *Lernen 3a*

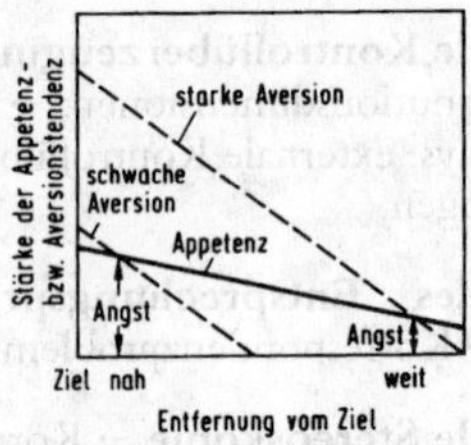

Abb. *Lernen 3b*

Weiterentwicklungen ist Feger u. Sorembe (1983).

◆ Brown, J. S.: Gradients of approach and avoidance responses and their relation to level of motivation. JCPP 41, 1948, S. 450–465; Feger, H.: Beiträge zur experimentellen Analyse des Konflikts. In: Thomae, H. (Hg.): Motivation. HP, 2. Bd. Göttingen 1965, S. 332–412; Feger, H. (Hg.): Studien zur intraindividuellen Konfliktforschung. Bern 1977; Feger, H.: Konflikterleben u. Konfliktvh. Bern 1978; Feger, H. u. Sorembe, V.: Konflikt u. Entscheidung. In: Thomae, H. (Hg.): Theorien u. Formen der Motivation. EP, C, IV, 1. Bd. Göttingen 1983, S. 536–712; Grunwald, W.: Psychotherapie u. experimentelle Konfliktforschung. München 1976; Keller, J. A.: Grundlagen der Motivation. München 1981; Maher, B. A.: The application of the approach-avoidance conflict model to social behaviour. JCR 8, 1964, S. 287–291; Miller, N. E.: Experimental studies of conflict. In: Hunt, McV. (Hg.): Personality in the behaviour disorders, 1. Bd. New York 1944, S. 431–465; Miller, N. E.: Liberalization of basic S-R-concepts: extensions to conflict behaviour, motivation, and social learning. In: Koch, S. (Hg.): Psychology. Study of a science, 2. Bd. New York 1959, S. 196–292; Murray, E. J. u. Berkun, M. M.: Displacement as a function of conflict. JASP 51, 1955, S. 47–56; Sorembe, V.: Informationsverarbeitung u. subjektive Wahrscheinlichkeit im Entscheidungsprozeß. In: Feger (1977) S. 11–147.

Gram → Trauer.

Grammatikalisierung → Sprachproduktion.

Grammatikalität → Kompetenz vs. Performanz; → Sprache; → generative Transformationsgrammatik; → psychologische Realität der Grammatik.

Grammatisch-syntaktische Enkodierung → Sprachproduktion.

Graphologie → Ausdruck.

Grassmannsche Gesetze → Farbwahrnehmung.

Grauen → Angst.

Grazer Schule → Gestalttheorie.

Greenspoon-Effekt → verbale Konditionierung.

Grenzkontrast → Kontrasteffekte.

Grenzmethode [auch *Grenzverfahren, Methode der kleinsten Veränderung, Methode der wahrnehmbaren Unterschiede*; engl. *method of minimal changes*], eine grundlegende → psychophysische Methode, v. a. zur Bestimmung von → Sinnesschwellen: Ein Reiz, der das eine Mal deutl. kleiner, das andere Mal deutl. größer als ein gesuchter Wert ist, wird allmähl. abgeändert, bis er die gesuchte Größe erreicht o. gerade überschritten hat. *Aufsteigende G.*: Man beginnt z. B. mit einem unhörbaren Ton u. verstärkt ihn, bis die Vp eine Hörempfindung anzeigt. *Absteigende G.*: Die Intensität wird verringert, bis keine Hörempfindung mehr gegeben ist. Zu konkreten Rechenbeispielen vgl. Guttmann (1992).

VD: Es ist eine festgefügte Lehrbuchmeinung, dass die heute übl. G. ein anderer Name für die von Fechner entwickelten *Methode der ebenmerkl. Empfindung* ist, was nach Heller (1983) falsch ist: Das heute übl. Grenzverfahren beruhe auf der Gleichheit von Standard- u. Vergleichsreiz, wb. man sich an diese Gleichheit von oben bzw. unten herantastet, um so das Unsicherheitsintervall festzustellen. Sowohl Weber wie Fechner haben diese Methode anders verwendet: Sie haben einen Gegenstand dem anderen ebenmerkl. größer gemacht – der Vergleichsreiz wurde also dem Standardreiz nicht gleich, sondern größer gemacht; dies entspricht also eher der *Herstellungsmethode*.

◆ Arnold, W. (Hg.): Experimentelles Praktikum, 1. Bd. Stuttgart 1972; Guttmann, G. (Hg.): Allg. Ps., experimentalps. Grundlagen. Wien 1992; Heller, O. u. Krüger, H.-P.: Experimentelle Ps. – Wahrnehmung. Bern 1974; Heller, O.: Orientierung innerhalb von phänomenalen Steigerungsreihen. In: Lauterbach, W. u. Sarris, V. (Hg.): Beiträge zur ps. Bezugssystemforschung. Bern 1980, S. 107–136; Lüer, G. (Hg.): Allgemeine experimentelle Ps. Eine Einführung in die method. Grundlagen mit prakt. Übungen für das experimentelle Praktikum. Stuttgart 1987.

Grenzverfahren → Grenzmethode.

Griffellabyrinth → Lernlabyrinth; → Bewegung.

Grobmotorik → psychomotorische Tests und Prüfverfahren; → psychomotorische Fähigkeiten.

Grob- und feinschlägiger Tremor → psychomotorische Tests und Prüfverfahren.

Größen-Entfernungs-Invarianz-Hypothese → Wahrnehmungskonstanzen.

Größen-Gewichts-Täuschung [auch *Charpentier-Koseleffsche Täuschung*], das wahrnehmungsps. Phänomen, dass Gewichte umso schwerer beurteilt werden, je kleiner sie sind u. umgekehrt, dass also gewissermaßen ein Pfund Federn leichter »ist« als ein Pfund Blei. Analog dazu entsteht eine Volumentäuschung, wenn zwei Gegenstände von gleicher räuml. Größe, aber von verschiedenem Gewicht dargeboten werden: Der schwere Gegenstand erscheint dann kleiner. Die G. ist ein Bsp. der Interaktion von Wissen u. → Wahrnehmung.

VD/TH: Die gängige Erklärung des Phänomens operiert mit dem Kontrastprinzip u. dem Einfluss der Erwartung, die uns ein größeres Objekt als schwerer antizipieren lässt, was zu einem Kontrast zw. dem antizipierten Gewicht u. der sensor. Information führt, der das Gewicht leichter erscheinen lässt. Anderson (1970) hat gezeigt, dass diese Informationsintegration von visuellen u. hapt. Reizen nach einer subtraktiven Regel erfolgt: *subjektive Schwere = wahrgenommenes Gewicht minus wahrgenommene Größe*; (vgl. Anderson 1988, S. 34 f.; Massaro 1975, S. 201ff.).

◆ ANDERSON, N. H.: Averaging model applied to the size-weight illusion. PaP 8, 1970, S. 1–4; ANDERSON, J. R.: Kognitive Ps. Heidelberg 1988; KOSELLEFF, P.: Eine Modifikation des Charpentier-Effektes. PF 21, 1936, S. 142–145; MASSARO, D. W.: Experimental psychology and information processing. Chicago 1975; USNADZE, D.: Über die Gewichtstäuschung u. ihre Analoga. PF 14, 1931, S. 366–379.

Größenherstellungsmethode → Verhältnisschätzmethoden.

Größenherstellungsverfahren → Verhältnisschätzmethoden.

Größenkonstanz → Wahrnehmungskonstanzen; → Größenwahrnehmung.

Größenkontrast → Nachwirkungen; → Helligkeitskontrast.

Größenschätzungsaufgabe, eine Form des → Urteilens: eine Person gibt an, wie intensiv sie einen Reiz wahrnimmt bzw. für wie groß sie die Distanz zw. zwei auf einer Dimension liegenden Stimuli hält. Man kann die G. als quantitatives Urteil bzw. als Skalierungsurteil bezeichnen. Größenschätzungen setzen eine Differenzierungsleistung voraus, denn die Distanz zw. zwei Größen kann nicht angegeben werden, wenn die Reize überhaupt nicht unterscheidbar sind. Theorien zu Größenschätzungen sind die → Bezugssystemtheorien, speziell die → Adaptationsniveautheorie; vgl. zsfd. Upmeyer (1985); vgl. auch → Verhältnisschätzmethoden.

◆ GIGERENZER, G.: Messung u. Modellbildung in der Ps. München 1981; SIXTL, F.: Meßmethoden der Ps. Weinheim 1982; UPMEYER, A.: Soziale Urteilsbildung. Stuttgart 1985.

Größenschätzverfahren → Verhältnisschätzmethoden.

Größenverhältnis-Herstellungsmethode → Verhältnisschätzmethoden.

Größenverhältnisschätzmethode → Verhältnisschätzmethoden.

Größenwahrnehmung, ein Teil der → Formwahrnehmung: die Wahrnehmung der absoluten u. relativen Größen von Formen u. Objekten.

Folgendes sind wesentl. Aspekte bzw. Probleme: Weitgehend als Scheinproblem wird heute die Frage angesehen, warum wir das in Wirklichkeit winzige Netzhautbild nicht als ebenso winzig erleben, sondern in der jeweiligen Größe des Objekts – wenn Menschen keinerlei weitere Anhaltspunkte zur Verfügung haben, sind sie näml. nicht in der Lage, die absolute Größe zu bestimmen; Bsp.: Beobachter werden instruiert, einen Vergleichsreiz, der unter natürl. Bedingungen gesehen wird, einem Standardreiz gleichzusetzen, der monocular in völliger Dunkelheit gesehen wird, Ergebnis: die Beobachter sind außerstande, dies so einzustellen, dass die retinalen Größen übereinstimmen; vgl. hierzu Hochberg (1977). Ein klass. Experiment zur Entfernungswahrnehmung (entwickelt innerhalb der → transaktionalistischen Wahrnehmungstheorie) verdeutlicht ebenfalls die Bedeutung der G.: Vpn sollen die Entfernung von Spielkarten einschätzen, dabei werden künstl. Spielkarten verwendet, die unterschiedl. groß sind, was die Vpn nicht wissen; Ergebnis: größere Spielkarten werden als näher u. kleinere als weiter entfernt eingeschätzt. Dies wurde ursprüngl. zur Bestätigung der → Größen-Entfernungs-Invarianz-Hypothese verwendet. Zur Problematik vgl. Hochberg (1977), der darauf hinweist, dass dieses Experiment, da Menschen gar nicht in der Lage sind, die absolute Größe einzuschätzen, nicht so einfach interpretiert werden kann; vgl. des Weiteren Murch u. Woodworth (1978); Weiteres s. die Stw. → Größenkonstanz u. → Nachwirkungen; Das → Emmertsche Gesetz drückt aus, dass die Größe des → Nachbildes sich als Funktion der Entfernung der Fläche verändert u. sich entsprechend vergrößert; Weiteres s. d.; s. a. das Stw. → Helligkeitskontrast für das Bsp. einer *Größentäuschung*.

◆ LUKAS, J.: Psychophysik der Raumwahrnehmung. Weinheim 1996; MURCH, G. M. u. WOODWORTH, G. L.: Wahrnehmung. Stuttgart 1978; HOCHBERG, J. E.: Wahrnehmung. Einführung in die Ps., 2. Bd. Bern 1977; ROCK, I.: Wahrnehmung. Heidelberg 1985.

Grundgesetz des Gedächtnisses → Lernkurve.

Grundkurve → Reaktionsrate.

Grundlinie → Reaktionsrate.

Grundtriebe → Trieb.

Grundwahrscheinlichkeit → Wahrscheinlichkeitsrevision.

Gruppendiagnostik → Psychodiagnostik.

Gruppieren → Gruppierung.

Gruppierung. Die Leistung sowohl des → Kurzzeitgedächtnisses wie des → Langzeitgedächtnisses wird durch Prozesse der unterschiedl. Strukturierung u. Anordnung des Gedächtnismaterials beeinflusst; zu nennen sind v. a. das Rhythmisieren, → Chunking (Einheiten bilden), → Clustering u. die eigentl. G., näml. die Gliederung in zeitl. u. räuml. Strukturen. Wichtig ist hierbei bes. die Gruppierungseinheit 3: Empir. Untersuchungen zeigen, dass unabhängige Einheiten als Dreiergruppen optimal verarbeitet werden. Diese Dreiergruppen haben besondere ordinale Kennzeichen (Anfang, Mitte, Schluss), die eine einfache Speicherung der Reihenfolge ermöglichen. Solche Prozesse wurden v. a. von der Gedächtnisps. der 70er Jahre unter dem Stichwort → Kodierung untersucht; sie sind aber schon lange ein Thema der Ps., wie es bes. von der → Gestalttheorie angegangen worden ist.

LIT: Eine umfassende Untersuchung verschiedener Gruppierungsmethoden legte Ryan (1969) vor; zur Bedeutung solcher G. für das Expertengedächtnis vgl. Chase u. Ericsson (1982); Ericsson u. Polson (1988); zum Überblick vgl. Puff (1979); Bredenkamp u. Wippich (1977).

◆ BREDENKAMP, J. u. WIPPICH, W.: Lern- u. Gedächtnisps., 2. Bd. Stuttgart 1977; CHASE, W. G. u. ERICSSON, K. A.: Skilled memory. In: ANDERSON, J. R. (Hg.): Cognitive skills and their acquisition. Hillsdale 1981, S. 141–149; CHASE, W. G. u. ERICSSON, K. A.: Skill and working memory. In: BOWER, G. H.: The psychology of learning and motivation, 16. Bd. London 1982, S. 1–58; ERICSSON, K. A. u. POLSON, P. G.: An experimental analysis to mechanisms of a memory skill. JExP: Learning, Memory and Cognition 14, 1988, S. 305–316; PUFF, C. R. (Hg.): Memory organization and structure. New York 1979; RYAN, J.: Grouping and short-term memory: different means and patterns of grouping. QJEP 21, 1969, S. 137–147.

Gruppierungsprozesse → Gruppierung.

Guidance-Hypothese → knowledge of results.

Gummiband-Phänomen → Ankerreiz; → Bereichsprinzip.

Gummiband-Theorie → Bezugssystemtheorien; → Bereichsprinzip.

Gustatorische Psychophysik → Geschmackswahrnehmung.

Gustatorische Schwellen → Geschmackswahrnehmung.

Gustatorische Tetrade → Geschmackswahrnehmung.

Gustatorische Wahrnehmung → Geschmackswahrnehmung.

Gust-Skala → Geschmackswahrnehmung.

Habit [auch *Gewohnheit*], zentrales Kzpt. jeder → Lerntheorie, bes. der → systematischen Verhaltenstheorie Hulls: die assoziative Stärke einer S-R-Verbindung, also die durch den → allgemeinen Antrieb aktivierbare Bereitschaft zum Vollzug einer gelernten Reaktion: → Drive-mal-habit-Modell.

VD: Teilkzpte. des H.-Modells: (a) Die *Habitstärke* (auch *Gewohnheitsstärke*; engl. *habit strength*, im hullschen System symbolisiert mit $_{S}H_{R}$) wird durch verschiedene Größen gemessen, v. a. die *Reaktions-Frequenz* bzw. *-amplitude*, die *Reaktionslatenz* u. die *Extinktionsresistenz*. Die Habitstärke ist v. a. abhängig von dem Ausmaß an → Verstärkung. (b) Eine Klasse auf ein Ziel bezogener Gewohnheiten wird auch als *Habitfamilie* bzw. *Gewohnheitsfamilie* (engl. *habit family*) bezeichnet. Die *Gewohnheitsfamilien-Hierarchie* (engl. *habit family hierarchy* bzw. einfach *Gewohnheitshierarchie*, engl. *habit hierarchy*) ist die Darstellung von mehreren H., hierar. geordnet nach den Erfolgsaussichten der Zielerreichung. → Problemlösen u. → Denken lässt sich gemäß der Lerntheorie als eine Umstrukturierung von Reaktionshierarchien verstehen: So wird sich eine Katze in einem Problemkäfig zunächst durch Gitterstäbe zwängen wollen o. kratzen u. miauen u. erst dann vielleicht an einer Schnur ziehen; war sie mehrere Male derart eingesperrt, werden die zum Erfolg führenden Reaktionen zu-, die erfolglosen dagegen abnehmen, so dass am Schluss die richtige Reaktion, nämlich an der Schnur ziehen, in der Reaktionshierarchie den anderen Reaktionen übergeordnet ist; vgl. Hull (1934); Mayzner u. Tresselt (1958); Berlyne (1965).

◆ BERLYNE, D. E.: Structure and direction in thinking. New York 1965; HULL, C. L.: The concept of the habit-family hierarchy and maze learning. PR 41, 1934, S. 33–54; HULL, C. L.: The mechanism of the assembly of behaviour segments in novel combinations suitable for problem solution. PR 42, 1935, S. 219–245; MAYER, R. E.: Denken u. Problemlösen. Berlin 1979; MAYZNER, M. S. u. TRESSELT, M. E.: Anagram solution times: a function of letter-order and word frequency. JExP 56, 1958, S. 350–376.

Habitfamilie → habit.

Habit-Interferenz-Hypothese → Leistungsangst.

Habitstärke → habit.

Habit strength → habit.

Habituation, Nachlassen der Intensität einer Reaktion, v. a. der → Orientierungsreaktion, bei Wiederholen des Reizes bzw. bei Vertrautwerden mit den Reizen u. Herausbildung eines neuronalen Erwartungsmodells. H. wird als Grundeigenschaft des Nervensystems angesehen. H. entsteht durch eine Veränderung der Übertragungsbereitschaft der Synapsen (Horn 1967, vgl. auch Sokolov 1975) o. durch efferente Modulation der Empfindlichkeit peripherer Strukturen (Hernandez-Péon u. Sterman 1966; Segundo u. Bell 1970). Innerhalb der → Verhaltenstherapie ist eines der Grundprobleme, ob Angst sich durch H. o. durch andere Prozesse reduziert; vgl. hierzu Lader u. Wing (1966). Bei Hinde (1973) finden sich Darlegungen über habituationsähnl. Prozesse; zu neurophysiolog. Grundlagen vgl. Sheperd (1993) sowie Kandel u. a. (1996); Weiteres s. das Stw. → Orientierungsreaktion.

VD: H. ist vermutl. die grundlegendste Form des Lernens überhaupt, kann über verschiedene Spezies hinweg von Einzellern bis zum Menschen betrachtet werden. Wichtig sind Zwei-Prozess-Theorien mit folgenden Annahmen: In der ersten Stufe wird eine Analyse u. Bewertung des Reizes vorgenommen, auf der zweiten Stufe erfolgt dann, in Abhängigkeit von der Reizbewertung, die Aktivierung exzitatorischer o. inhibitorischer Mechanismen zur Auslösung bzw. Hemmung der Reaktion. Als bekanntester Vertreter dieser Richtung ist die Theorie des neuronalen Modells nach Sokolov zu nennen. Ähnl. Theorien, die eine Reizanalyse sowie eine aktive Hemmung der Reaktion annehmen, sind von Wagner (1978) u. Öhman (1979) vorgelegt worden. Im Gegensatz zu den Ein-Stufen-Modellen postulieren diese Theorien die Beteiligung von Gedächtnis- u. Reizvergleichsprozessen, die die Ausbildung einer Erwartung u. die Extrapolation der Erfahrung einschließen. Eine Integration von Kzptn. der Psychophysiologie, der Assiozations- u. Gestaltpsychologie versucht Baltissen (1994).

◆ BALTISSEN, R.: Gewöhnung u. Informationsverarbeitung. Bern 1994; HERNANDEZ-PÉON, R. u. STERMAN, M. B.: Brain functions. ARP 17, 1966, S. 363–399; HINDE, R. A.: Das Vh. der Tiere, 2 Bde. Frankfurt/M. 1973 (Orig.: 1966); HORN, G.: Neuronal mechanisms of habituation. Nature 215, 1967, S. 707–711; KANDEL, E. R. u. a. (Hg.): Neurowissenschaften. Heidelberg 1996; LADER, M. H. u. WING, L.: Physiological measures, situative drugs, and morbid anxiety. Oxford 1966; ÖHMAN, A.: The orienting response, attention, and learning: an information-processing perspective. In: HIMMEL, H. D. u. a. (Hg.): The orienting reflex in humans. Hillsdale 1979, S. 443–471; PEEKE, H. V. S. u. HERZ, M. J. (Hg.): Habituation. New York 1973; SEGUNDO, J. P. u. BELL, C.: Habituation of single nerve cells in the vertebrate nervous system. In: HORN, G. u. HINDE, R. A. (Hg.): Short-term changes in neural activity and behaviour. Cambridge 1970; SHEPERD, G. M.: Neurobiologie. Berlin 1993; SOKOLOV, E. N.: The neuronal mechanisms of the orienting reflex. In: SOKOLOV, E. N. u. VINOGRADOVA, O. S. (Hg.): Neural mechanisms of the orienting complex. Hillsdale 1975, S. 217–235; WAGNER, A. R.: Expectancies and the priming of STM. In: HULSE, S. H. u. a. (Hg.): Cognitive processes and the animal behaviour. Hillsdale 1978, S. 177–209.

Habituationsfehler, ein bei → psychophysischen Methoden auftretender → Urteilsfehler, v. a. bei der → Grenzmethode: Der Fehler besteht darin, dass die Vp zu lange dasselbe Urteil abgibt; das Gegenteil hierzu liegt dann vor, wenn die Vp aufgrund des Wissens, dass die Reize immer kleiner bzw. größer werden, das Urteil schon vorzeitig ändert.

◆ GUTTMANN, G. (Hg.): Allg. Ps., experimentalps. Grundlagen. Wien 1992.

Habituationsparadigma → Habituation; → Orientierungsreaktion.

Häufigkeit → Wahrscheinlichkeit.

Häufigkeitseffekt → Range-frequency-Theorie.

Häufigkeitsgesetz → Verknüpfungstheorie; → Lernkurve.

Häufigkeitsprinzip → absolutes Urteil; → Bezugssystemtheorien.

Häufigkeitstheorie des verbalen Diskriminationslernens → verbales Diskriminationslernen.

Häufigkeits-Validitäts-Effekt → Frequency-validity-Effekt.

Halo-Effekt [auch *Korrelationsfehler* o. *Überstrahlungseffekt*], von Thorndike geprägter Begriff zur Bestimmung eines bestimmten → Urteilsfehlers: der Einfluss (Überstrahlung) des (positiven o. negativen) Gesamteindrucks auf die einzelnen Beurteilungsdimensionen u. die Korrelation einzelner Beurteilungsdimensionen untereinander. Diese Korrelation besteht aus zwei Anteilen: der tatsächl., in der Realität auch vorfindl. Korrelation von Merkmalen (*true halo*) u. der diesen tatsächl. Wert übersteigende Anteil der Korrelation (*illusory halo*).

TH: Zwei Erklärungen der zum H. führenden Informationsprozesse sind mögl.: (a) Der Beurteiler bewertet zuerst einzelne, genau festgelegte Dimensionen u. bildet sich im Anschluss daran seinen Gesamteindruck; der Effekt entsteht dann im Rahmen dieser Kombination (traditionelles Modell). (b) Die Einschätzung auf den einzelnen Dimensionen resultiert aus einem von vornherein durch einen → Prototyp geleiteten Gesamteindruck; der illusionäre Halo resultiert aus dem Einfluss bzw. der Ausstrahlung des Prototyps (Kategorienmodell); vgl. auch Lance u. Woehr (1986).

LIT: Zum Überblick vgl. Nathan u. Lord (1985), Murphy u. Reynolds (1988), Jacobs u. Kozlowski (1985).

◆ Cooper, W. H.: Ubiquitous halo. PBu 90, 1981, S. 280–344; Jacobs, R. u. Kozlowski, S.: A closer look to halo error in performance rating. Academy of Management Journal 28. Bd., 1985, S. 201–212; Lance, C. u. Woehr, D.: Statistical control of halo: clarification from two cognitive models of the performance appraisal process. JAP 71, 1986, S. 619–685; Murphy, K. u. Reynolds, D.: Does true halo affect observed halo? JAP 73, 1988, S. 235–238; Nathan, B. u. Lord, R.: Kognitive Kategorisierung u. Dimensionsschemata: ein Prozessansatz zur Untersuchung von Halo bei Leistungsschätzungen. In: Hampp, R. u. Hilgenfeld, C. (Hg.): Beurteilungspersonal. Großheselohe 1985, S. 91–118.

Haltung → Tiefensensibilität.

HAM, Abk. für engl. *Human Associative Memory* (Anderson u. Bower 1973), eines der ersten → semantischen Netzwerke unter Einbeziehung der Idee → propositionaler Wissensrepräsentation, in dem die Begriffe durch Assoziationen bzw. Relationen zu anderen Kzpt. repräsentiert werden.

VD: HAM basiert auf einer Reihe von Regeln zur Transformation ankommender Informationen in eine tiefere Gedächtnisstruktur; speziell erfolgt eine syntakt. Analyse (*parsing*) von Sätzen: (a) Eine Aussage wird auflöst in *Kontext* (K) u. *Tatbestand* (T). (b) Der Kontext kann zerlegt werden in *Zeit* (Z) u. *Lokalität* (L). (c) Der *Tatbestand* kann unterteilt werden in *Subjekt* (S) u. *Prädikat* (P). (d) Das Prädikat kann unterteilt werden in *Relation* (R) u. *Objekt* (O). (e) *Subjekt* o. *Objekt* kann wiederum unterteilt werden in *Subjekt* (S) u. *Prädikat* (P) o. in *Kontext* (K) u. *Tatbestand* (T); s. Abb. *Semantik 6* (nach Anderson u. Bower 1973).

Aussage: Im Park sagte der Hippie, daß die Debütantin ein Deodorant braucht.

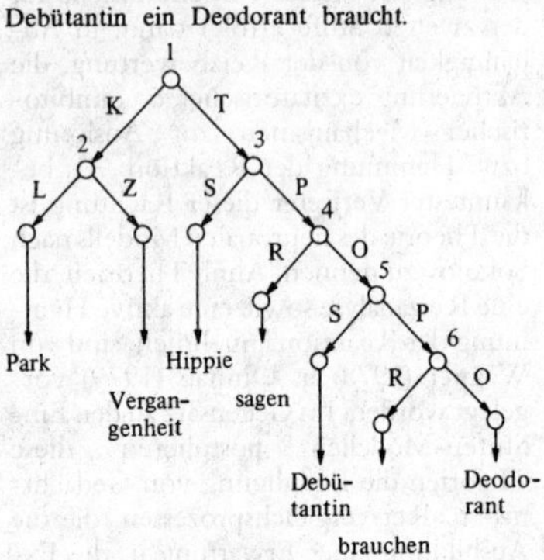

Abb. *Semantik 6*

KR: Wickelgren (1976).

LIT: Zsfd. Darstellung: Bredenkamp u. Wippich (1977); Wessels (1984).

◆ Anderson, J. R. u. Bower, G. H.: Human associative memory. Washington 1973; Bredenkamp, J. u. Wippich, W.: Lern- u. Gedächtnisps., 2. Bde. Stuttgart 1977; Wessells, M. G.: Kognitive Ps. München 1984; Wickelgren, W. A.: Subproblems of semantic memory: a review of »Human associative memory« by J. R. Anderson u. G. H. Bower. JMaP 13, 1976, S. 243–268.

Hamburg-Wechsler-Intelligenztest → Intelligenz.

Hampton-Court-Labyrinth → Lernlabyrinth.

HAMURABI → komplexes Problemlösen.

Handgeschicklichkeit → psychomotorische Fähigkeiten; → psychomotorische Tests und Prüfverfahren.

Handlung, das zentrale Kzpt. der → Handlungstheorien. Von H. wird dann gesprochen, wenn einem → Verhalten ein bewusstes → Ziel zugrunde liegt u. die psychophys. Aktivität zum Zwecke der Zielerreichung absichtl. organisiert ist (→ Plan). Das schließt sowohl absichtl. Tun als auch absichtl. Unterlassen ein. Hervorgehoben wird der zykl. u. rückgekoppelte Charakter von Handlungen, ihre hierarch.-sequenzielle Struktur (→ Handlungsebenen), die Bedeutung der inneren Repräsentationen (*Bild, operative Abbildsysteme, Aktionsprogramm, Handlungspläne,* → Bewegungsvorstellung; → Bewegungsprogramm). Liegen mehrere Handlungsziele vor, spricht man von Mehrfachhandlung; vgl. Fuhrer (1984) u. Witte (1976). Das H.-Kzpt. der sowjet. Tätigkeitsps. hebt insbes. die histor.-gesellschaftl. Determiniertheit von H. hervor.

VD/T: Der Begriff *Handlungsforschung* (engl. *action research*) wird innerhalb der Psychologie bzw. Soziologie meist in einem sehr speziellen Sinne verwendet: diejenige Forschung, bei der der Forscher aktiv in die Lösung sozialer Probleme mit eintritt; wesentl. ist auch eine intensive Auseinandersetzung mit den Handelnden selbst, die nicht einfach von »einem Elfenbeinturm« aus beobachtet werden. Die H. wurde in den 50er Jahren insbes. von Lewin begründet; vgl. Lewin (1953) sowie Heinze (1975).

LIT: Übersichten über unterschiedl. Bestimmungen des H.-Begriffs finden sich bei Thomae (1965); Thomas (1976); Kaminski (1979); vgl. auch die tief schürfenden Überlegungen von Groeben (1986) u. Graumann (1980); zu wissenschaftstheoret. Aspekten vgl. Lenk (1978); zum H.-Begriff aus soziolog. Perspektive vgl. Kiss (1989).

◆ Fuhrer, U.: Mehrfachhandeln in dynam. Umfeldern. Göttingen 1984; Graumann, C. F.: Vh. u. Handeln – Probleme einer Unterscheidung. In: Schluchter, W. (Hg.): Vh., Handeln u. System. Frankfurt/M. 1980. S. 16–31; Groeben, N.: Handeln, Tun, Verhalten als Einheiten einer verstehend-erklärenden Ps. Tübingen 1986; Heinze, T. u. a.: Handlungsforschung im pädagog. Feld. München 1975; Kaminski, G.: Die Bedeutung von Handlungskzpt. für die Interpretation sportpädagog. Prozesse. Handlungstheoret. Grundlagen. Sportwissenschaft 9, 1979, S. 9–28; Kiss, G.: Evolution soziolog. Grundbegriffe. Stuttgart 1989; Lenk, H. (Hg.): Handlungstheorien interdisziplinär, 2. Bd., 1. Hlb. München 1978; Lewin, K.: Tat-Forschung und Minderheitenprobleme. In: Lewin, K.: Die Lösung sozialer Konflikte. Bad Nauheim 1953, S. 278ff.; Thomae, H.: Zur allg. Charakteristik des Motivationsgeschehens. In: Thomae, H. (Hg.): Motivation. HP, 2. Bd. Göttingen 1965, S. 45–122; Thomas, A.: Handlung u. Bewegung als Gegenstand ps. Forschung. Meisenheim 1976; Volpert, W.: Handlungsstrukturanalyse als Beitrag zur Qualifikationsforschung. Köln 1974; Witte, W.: Ist all das, was man umgangssprachl. Handeln nennt, verhaltensspezifischer Art? In: Thomas, A. (Hg.): Ps. der Handlung u. Bewegung. Meisenheim 1976.

Handlungsebene. Die Idee einer hierarch. Strukturierung von → Handlungen durch verschiedene H. ist eines der zentralen Kzpte. der → Handlungstheorien u. ist v. a. von Hacker (1973) elaboriert worden; er unterscheidet eine *intellektuelle* Ebene (Entwurf eines allg. Handlungsziels, Strategiebildung), eine *perzeptiv-begriffl.* (Aktualisierung eines bestimmten Handlungsschemas) u. eine *sensomotor. Regulationsebene* (konkreter Bewegungsentwurf). Diese Ebenen weisen unterschiedl. Bewusstseinsgrade auf. Insbes. in der Theorie der Handlungsregulation u. in den daran anschließenden Ansätzen wird eine Optimierung von Arbeitsprozessen versucht, u. zwar durch eine optimale Zuordnung von Tätigkeiten zu den verschiedenen Ebenen u. Bewusstseinsgraden, um eine günstige Ausnützung der kognitiven Kapazität zu erreichen. Da Handlungen unter *sequenziellem* Aspekt auch in Teilhandlungen zerlegt werden können – was wiederum für Optimierungsprozesse ausgenützt werden kann –, spricht man vom *Prinzip der hierarchisch-sequen-*

ziellen Strukturierung von Handlungen. Zur Kritik an der seiner Meinung nach zu einseitig-hierarch. Determination, die den Handlungstheorien inhärent ist, u. zum Entwurf eines Gegenmodells, basierend auf Grundideen des → Gestaltkreises, vgl. Ennenbach (1991). Man spricht, wenn eine stärkere Unabhängigkeit von Teilsystemen konzipiert wird, von *heterarch.* Modellen, wie sie z. B. von Gallistel (1980) konzipiert worden sind; vgl. zsfd. Fuhrer (1984); zu neueren Ansätzen vgl. Neumann u. Prinz (1988).

◆ Ennenbach, W.: Bild u. Mitbewegung. Köln 1991; Fuhrer, U.: Mehrfachhandeln in dynam. Umfeldern. Göttingen 1984; Gallistel, C. R.: The organization of action: a new synthesis. Hillsdale 1980; Hacker, W.: Allg. Arbeits- u. Ingenieurps. Berlin (Ost) 1973; Hacker, W. u. a. (Hg.): Kognitive u. motivationale Aspekte der Handlung. Bern 1982; Neumann, O. u. Prinz, W. (Hg.): Relations between perception and action: current approaches. Berlin 1988; Volpert, W.: Das Modell der hierarch.-sequentiellen Handlungsorganisation. In: Hacker, W. u. a. 1982.

Handlungsfehler [ähnl. *Fehlleistungen*], sämtl. Handlungen o. Bewegungen einer Person, die (in bestimmter Hinsicht) inadäquat o. erfolglos sind. H. wurden innerhalb der Ps. im Rahmen verschiedener Forschungstraditionen thematisiert: (a) Schon Freud (1901) analysierte alltägl. Phänomene wie Vergessen, Versprechen, Vergreifen, Sich-Irren unter dem psychodynam. Gesichtspunkt, dass solche *Fehlleistungen* kein zufälliges Versagen seien, sondern Effekt unbewusster Mechanismen, die, ähnl. wie der Traum u. Neurosen, eine Art *Wunscherfüllung* darstellen (*Freudsche Fehlleistung*; vgl. krit. hierzu Städtler 1986). (b) Auch innerhalb der akadem. u. angewandten Ps. sind H. ein seit langem analysiertes Paradigma; wichtig geworden ist z. B. die Analyse von krit. Ereignissen u. Arbeitsunfällen im Rahmen der Arbeitsps.; vgl. hierzu Wehner u. Mehl (1987); zu neueren arbeitsps. Ansätzen vgl. Hacker (1986). Überhaupt wurde die nach den 20er Jahren in der behaviourist. Periode abgebrochene systemat. Fehlerforschung zuerst wieder von ingenieurwissenschaftl. orientierten Forschern initiiert (Fitts u. Jones 1961) u. bis heute kontinuierl. verfolgt. Neuere Arbeiten versuchen Strategien des *Fehlermanagements* zu entwickeln, um die Mensch-Maschine-Schnittstelle zu modellieren; vgl. Rouse (1983). Dabei greifen sie auf die kognitive Ps. zurück u. beeinflussen diese stimulierend; vgl. Rasmussen (1980). (c) Innerhalb der kognitiven Ps. werden *action slips* (Norman, 1981) o. *actions not as planned* (Reason, 1979) vorwiegend im Rahmen von Modellen der → Informationsverarbeitung analysiert u. tlw. auf dem Computer simuliert; vgl. Rumelhart u. Norman (1982). (d) Ein Ansatz zum Thema H. innerhalb der neueren → Willenspsychologie ist Heckhausen (1987). (e) Ähnl. Phänomene wurden auch bei der Untersuchung des → mathematischen Denkens im Rahmen der pädagog. Ps. u. Didaktik thematisiert; eine klass. Arbeit ist Weimer (1925); für Sprech-, Lese- u. Rechenfehler vgl. Seemann (1928). (f) Innerhalb der Linguistik u. → Sprachpsychologie ist die *linguist. Fehleranalyse* ein wichtiges Hilfsmittel der Forschung, das seit Jahrzehnten kontinuierl. betrieben wird; vgl. zsfd. Wode (1988); Leuninger (1993); Dittmann (1988) u. Fromkin (1973). Wichtig war v. a. die Analyse von Sprechfehlern u. Versprechern, diese liefern Einsichten in die Prozesse, die sich innerhalb der → Sprachproduktion abspielen. Häufige *Sprechfehler* sind (vgl. MacClay u. Osgood 1959; Clark u. Clark 1977): *Wiederholungen, Fehlstarts ohne/mit Rücklauf.* Häufige *Versprecher* sind: *Antizipationen, Perseverationen, Umkehrungen, Kontraktionen, Verkürzungen, Fehlderivationen, Wortsubstitutionen.* Ähnl. Phänomene sind bestimmte Arten von *Sprechpausen* u. *Interjektionen*, ebenso → Verzögerungsphänomene u. *Zungenbrecher*, auch das → Tip-on-the-tongue-Phänomen. Die Analyse solcher nichtpatholog. linguist. Fehler ist eine wichtige Ergänzung der eigentl. Aphasieforschung.

LIT: Eine neuere kognitionsps. Überblicksarbeit ist Reason (1994); über die Fehleranalyse als Methode der Gedächtnisforschung vgl. Kebeck (1991); zur Analyse von Denkfehlern in der Mathematikdidaktik vgl. Birkhan (1979).

◆ Birenbaum, G.: Das Vergessen einer Vornahme: isolierte seel. Systeme u. dynam. Gesamtbereiche. PF 13, 1930, S. 218–284; Birkhan, G.: Analyse von Denkfehlern in der Mathematikdidaktik als kognitionsps. Untersuchungsinstrument. In: Ueckert, H. u. Rhenius, D. (Hg.): Komplexe menschl. Informationsverarbeitung. Bern (1979) S. 495–502; Brehmer, B.: Modells of diagnostic judgement. In: Rasmussen, J. u. a. (Hg.): New technology and human error. London 1987; Clark, H. H. u. Clark, E. V.: Psychology and language. New York 1977; Dittmann, J. Versprecher u. Sprachproduktion. In: Blanken, G. u. a.: Sprachproduktionsmodelle. Freiburg 1988; Fitts, P. M. u. Jones, R. E.: Analysis of factors contributing to 460 pilot-error experiences in operating aircraft controls. In: Sinaiko, W. H. (Hg.): Selected papers on human factors in the design and use of control systems. New York 1961, S. 332–358; Frese, M.: Fehlermanagement. In: Frese, M. u. Zapf, D. (Hg.): Fehler bei der Arbeit mit dem Computer. Bern 1991; Freud, S.: Psychologie des Alltagslebens (GW IV, SE VI), 1901; Fromkin, V.: Speech errors as linguistic evidence. The Hague 1973; Greif, S. u. Janikowski, A.: Aktives Lernen durch systemat. Fehlerexploration o. programmiertes Lernen durch Tutorials? ZAOP 31, 1987, S. 94–99; Hacker, W.: Arbeitspsychologie. Bern 1986; Heckhausen, H.: Intentionsgeleitetes Handeln u. seine Fehler. In: Heckhausen, H. u. Gollwitzer, P. M. (Hg.): Jenseits des Rubikon. Der Wille in den Humanwissenschaften. Berlin 1987; Kebeck, G.: Fehleranalyse als Methode der Gedächtnisforschung. Wiesbaden 1991; Leuninger, H.: Reden ist Schweigen, Silber ist Gold. Zürich 1993; MacClay, H. u. Osgood, C. E.: Hesitation phenomena in spontaneous english speech. Word 15, 1959, S. 19–44; Meringer, R. u. Mayer, K.: Versprechen u. Verlesen. 1895 (Neuauflage: Amsterdam 1978); Norman, D. A.: Categorization of actional slips. PR 88, 1981, S. 1–15; Rasmussen, J.: What can be learned from human error reports? In: Duncan, K. D. u. a. (Hg.): Changes in working life. London 1980, S. 97–113; Rasmussen, J.: Categories of human operator behaviour in fault management situations. Proceedings of the International Conference on Systems, Man, and Cybernetics. New Delhi 1984; Reason, J. D.: Actions not as planned: the price of automatization. In: Underwood, G. u. Stevens, R.: Aspects of consciousness. London 1979, S. 67–89; Reason, J. u. Macielska, K.: Absent-minded? The psychology of mental lapses and everyday errors. Englewood Cliffs 1982; Reason, J.: Menschl. Versagen. Heidelberg 1994; Rouse, W. B.: Models of human problem solving. Automatica 19, 1983, S. 613–625; Rummelhart, D. E. u. Norman, D. A.: Simulating a skilled typist: a study of skilled cognitive-motor performance. CS 6, 1982, S. 1–36; Seemann, J.: Untersuchung über die Ps. des Rechnens u. der Rechenfehler. AfgP 69, 1928, S. 1–180; Städtler, T.:The concept *Freudsche Fehleistung* – an artefuck? J. for the Psychoanalytical study of Psychanalysis 13, 1996, S. 3–19; Veness, T.: An experiment on slips of the tongue and word association faults. Language and Speech 5, 1962, S. 128–137; Wehner, T. (Hg.): Sicherheit als Fehlerfreundlichkeit. Opladen 1992; Wehner, T. u. Mehl, K.: Handlungsfehlerforschung u. die Analyse von krit. Ereignissen u. industriellen Arbeitsunfällen – ein Implikationsversuch. In: Amelang, M. (Hg.): Bericht über den 35. Kongreß der Dt. Ges. für Ps. in Heidelberg 1986. Göttingen 1987, S. 581–595; Weimer, H.: Ps. der Fehler. Leipzig 1925; Weimer, H.: Zu Theorie u. Praxis des Fehlerproblemes. ZfPs 149, 288, 1940; Wode, H.: Einführung in die Psycholinguistik. Ismaning 1988.

Handlungsforschung → Handlung.

Handlungsinitiierung → Wille.

Handlungsintelligenz → Intelligenz.

Handlungskompetenz → komplexes Problemlösen; Handlungstheorien.

Handlungskontrolle → Handlungs- vs. Lageorientierung.

Handlungsorientierung → Handlungs- vs. Lageorientierung.

Handlungsraum → Handlungstheorien; → Handlung.

Handlungsschwelle → Wille.

Handlungstheorien. Die H. verstehen sich als integratives Programm, als Versuch, Begriffe u. Annahmen verschiedener ps. Theorien mit geringerer Reichweite zu einer umfassenden, gemeinsamen Theorie zu integrieren; vgl. Greif (1987) u. Nitsch (1982). Im Mittelpunkt steht ein spezif. → Handlungs-Begriff, der das Bewusste u. Geplante des menschl. Vhs. betont. Vier grundlegende Aspekte kennzeichnen H.: (a) Kognitivismus, insbes. Hervorhebung des → Planens; (b) Hervorhebung von Rückkopplungsprozessen; → TOTE-Einheit); (c) Betonung der hierarchisch-sequenziellen Organisation des Handelns (→ Handlungsebenen); (d) Interaktionismus bzw. Transaktionalismus.

HI: (1) Als zentraler histor. Anstoß wird allgemein die Arbeit von Miller, Galanter u. Pribram (1960) gesehen, in der durch Rekurs auf Ansätze der Kybernetik, Computerwissenschaft u. der Sprachps. der → Behaviourismus überwunden wird u. die zentrale Bedeutung von *Bildern* (*images*) u. *Plänen* für die Handlungsplanung u. -regulation hervorgehoben wird, ebenso der interaktionist.-rückgekoppelte Charakter des Vhs., generalisiert im Kzpt. der → TOTE-Einheit. (2) In der Sowjetunion u. in Polen hat es ebenfalls eine lange Tradition gegeben, die ähnl. Gedanken beinhaltet, die *Tätigkeitspsychologie* (Rubinstein, Leontjew, Wygotsky); sie hebt – in Abgrenzung gegen die »bürgerl.« Handlungstheorien insbes. die histor. u. gesellschaftl. Determiniertheit des menschl. Handelns hervor. Auch die sog. poln. *Praxeologie* (Tomaszewski 1978) steht in dieser Tradition, sie sieht sich insbes. als Wissenschaft von *effizientem Handeln* (vgl. Kotarbinski 1966); vgl. zsfd. Volpert (1980); Stadler (1980); Seeger (1980). Die Tätigkeitsps. hat unabhängig zahlreiche Themen analysiert, die in der amerikan. Ps. zur Entwicklung einer → kognitiven Psychologie geführt haben. (3) Für die deutschsprachige Ps. wurde inbes. die Arbeit des DDR-Psychologen Hacker wichtig, der sowohl die sowjet. als auch die amerikan. Forschungslinien integriert u. weitergeführt hat, vgl. Hacker (1973); Hacker hob in seinen arbeitsps. Analysen insbes. folgende Phänomene u. Kzpte. hervor: *operative Abbildsysteme*, *Aktionsprogramme*, *Vergleichs-Veränderungs-Rückkopplungseinheiten* u. → Handlungsebenen, wb. insbes. letzteres Kzpt. bedeutsam wurde. (4) Westdeutsche Forscher haben in der Folgezeit diese Gedankengänge aufgegriffen: Volperts (1974ff.) Konzeption des *effizienten Handelns* u. der *Handlungskompetenz*, der Ansatz von Werbik (1976ff.), der Bezug nimmt auf Ansätze der konstruktiven Wissenschaftsphilosophie u. insbes. die Bildung von *Ober- u. Zw.-Zielen* analysiert, auch die Theorie von v. Cranach u. a. (1980) ist einflussreich geworden. Kaminski (1970) beschäftigt sich im Kontext einer allg. Vhstheorie v. a. mit Planungsprozessen (von klin. u. diagnost. tätigen Psychologen). Kaminski (1973) entwickelt das TOTE-Modell unter Problemlösungsaspekt weiter zum Kzpt. des *Handlungsraums*; bes. Wert erhält hierbei neben der hierarch. Regulationsstruktur die Verknüpfung von mehreren Einzelhandlungen zu *Mehrfachhandlungen*, die in zeitl. Überlappung abgewickelt werden; Aebli (1980, 1981) analysiert zahlreiche Probleme, die klassischerweise eher der → Denkpsychologie zugeordnet werden, im Rahmen einer allg. H. unter dem Motto: »Denken, das Ordnen des Tuns«. Oesterreich (1981) versucht eine allg. Theorie optimaler Handlungen, ausgehend von Kzpt. u. Phänomen der → Kontrolle. Innerhalb der Motivationsps. stellte der Übergang zu den H. eine der wichtigsten paradigmat. Transformationen dar (vgl. hierzu Kuhl 1983; Heckhausen 1977, 1980). (5) In der Sozialps. bzw. Soziologie gibt es seit langem noch einen unabhängigen Strang, der sich *H.* bzw. *action theory* nennt; vgl. Brenner (1980) u. Ginsburg (1979), klass. Arbeiten: Weber (1973); Parsons (1937); Homans (1961).

WÜ: H. haben v. a. im dt. Sprachraum große Bedeutung erlangt; in den 70er Jahren bis Anfang der 80er Jahre waren H. hier eines der zentralen Paradigmen. Insbes. in der Arbeitps. wurden H. angewendet u. weiterentwickelt. Ansätze zu einer Analyse von *Arbeitsstörungen* auf handlungstheoret. Grundlage finden sich bei Frese u. a. (1978).

KR: Krit. Äußerungen zu Miller u. a. (1960) finden sich z. B. bei Kreitler u. Kreitler (1976); Kritik zu Hacker (1973) bei Semmer u. Pfäfflin (1978) u. Oesterreich (1981); beim letztgenannten Autor werden auch einige ergänzende Überlegungen zu Volpert (1974) angeführt; eine Stellungnahme zu Werbik (1976) gibt Bergius (1977); v. Cranach u. a. (1980) werden von Jaeggi (1981) rezensiert; eine umfassende Kritik ist Rausch (1992).

LIT: Sammelbände sind Thomas (1976); Volpert (1980); Hacker u. a. (1982); eine umfassende wissenschaftstheoret. Analyse ps. H. bietet Below (1981); eine Einführung in die Handlungsps. in Form eines fiktiven Symposiums u. eines fiktiven Disputs ist Volpert (1992); eine Integration kognitionsps. u. tätigkeitsps. Ansätze versucht Velickovskij (1988); über die sowjet. Ansätze zu Tätigkeitstheorien referiert Matthäus (1988); zur Verknüpfung ps. Handlungs- u. Kognitionstheorien vgl. auch Gerjets (1995); zur Anwendung im Rahmen sprachps. Theorien vgl. z. B. Brennenstuhl (1975); Kzpt. u. Phänomen der *Sprech-Handlungspläne* werden analysiert bei Hermann (1978) u. Hermann u. Laucht (1979); eine *handlungstheoret. Persönlichkeitsps.* (allerdings vorwiegend auf → Erwartung-mal-Wert-Modellen beruhend) versucht Krampen (1987) zu entwickeln; zu klin.-therapeut. Ansätzen vgl. Semmer u. Freese (1979); Dohmen u. a. (1977); Elsinghorst u. Wieland (1977); van Quekelberghe (1979); zur Analyse sporttheoret. Probleme vgl. Nitsch (1982); Weinberg (1978); entwicklungstheoret. Probleme wurden handlungsps. thematisiert v. a. von Galperin (1967), Kossakowski u. Ettrich (1973), Leontjew (1967), also v. a. von marxist. Seite; zwei neuere Gesamtdarstellungen sind Bergmann u. Richter (1994) sowie Fuchs (1996).

◆ Aebli, H.: Denken: Das Ordnen des Tuns. 1. Bd. Stuttgart 1980; Aebli, H.: Denken: Das Ordnen des Tuns. 2. Bd. Stuttgart 1981; Below, E.: Metatheoret. Analysen ps. Handlungstheorien. München 1981; Bergius, R.: Vhstheoret. Ansätze in der Persönlichkeitsforschung. In: Strube, G. (Hg.): Binet u. die Folgen. Zürich 1977; Bergmann, B. u. Richter, P. (Hg.): Die Handlungsregulationstheorie. Göttingen 1994; Brennenstuhl, W.: Handlungstheorie u. Handlungslogik. Kronberg/Ts. 1975; Brenner, M. (Hg.): The structure of action. Oxford 1980; Von Cranach, M. u. a.: Zielgerichtetes Handeln. Bern 1980; Dohmen, L. u. a.: Gesprächstherapeut. Interventionen unter handlungstheoret. Aspekten. In: Braun, K. H. u. Holzkamp, K. (Hg.): Krit. Ps. 2. Bd. Köln 1977, S. 246–273; Elsinghorst, J. u. Wieland, N.: Prozeßanalyse von Sprechhandlungen in der Gesprächspsychotherapie: Eine Anwendung der Handlungstheorie im Rahmen einer empir. Untersuchung. In: Braun, K. H. u. Holzkamp, K. (Hg.): Krit. Ps., 2. Bd. Köln 1977, S. 274–282; Frese, M. u. a. (Hg): Industrielle Psychopathologie. Bern 1978, S. 159–183; Fuchs, R.: Psychologie als Handlungswissenschaft. Göttingen 1996; Galperin, P. J.: Die geistige Handlung als Grundlage für die Bildung von Gedanken u. Vorstellungen. In: Probleme der Lerntheorie. Berlin (Ost) 1967, S. 33–49; Gehlen, A.: Der Mensch, seine Natur u. seine Stellung in der Welt. Frankfurt/M. 1971; Gerjets, P.: Zur Verknüpfung ps. Handlungs- u. Kognitionstheorien. Frankfurt/M. 1995; Ginsburg, G. P. (Hg.): Emerging strategies in social psychological research. New York 1979; Greif, S.: Handlungstheoret. Ansätze. In: Frey, D. u. Greif, S. (Hg.): Sozialps. München 1987 (2. Aufl.); Groeben, N.: Handeln, Tun, Vh. als Einheiten einer verstehend-erklärenden Ps. Tübingen 1986; Hacker, W.: Allg. Arbeits- u. Ingenieurps. Berlin 1973 (3. Aufl.); Hacker, W. u. a. (Hg.): Kognitive u. motivationale Aspekte der Handlung. Bern 1982; Heckhausen, H.: Motivation: Kognitionsps. Aufspaltung eines summar. Konstrukts. PRu 28, 1977, S. 175–189; Heckhausen, H.: Motivation u. Handeln. Berlin 1980; Heckhausen, H.: Ein kognitives Motivationsmodell u. die Verankerung von Motivkonstrukten. In: Lenk, H. (Hg.): Handlungstheorien, interdisziplinär, 3. Bd. München 1982; Herrmann, T.: Sprechhandlungspläne als handlungstheoret. Konstrukte. Bericht Nr. 2 der Forschungsgruppe Sprache u. Kognition am Lehrstuhl für Ps. III. Mannheim 1978; Herrmann, T. u. Laucht, M.: Planung von Äußerungen als Selektion von Komponenten implikativer Propositionsstrukturen. In: Ueckert, H. u. Rhenius, D. (Hg.): Komplexe menschl. Informationsverarbeitung. Bern 1979; Homans, G. C.: Social behaviour: its elementary forms. New York 1961; Jaeggi, E.: Suche nach selbst-versteckten Ostereiern. Psychologie Heute 3, 1981; Kaiser, H. J. u. Werbik, H.: Der »Telefonzellenversuch« – ein erstes Experiment zur Überprüfung einer Theorie sozialen Handelns. ZfS 8, 1977, S. 115–129; Kaiser, H. J.: Konfliktberatung nach handlungstheoret. Prinzipien. Bad Honnef 1979; Kaminski, G.: Vhstheorie u. Vhsmodifikation. Stuttgart 1970; Kaminski, G.: Leistungshandlungen als Bewältigung von Mehrfachaufgaben. Sportwissenschft 3, 1973, S. 233–250; Kaminski, G.: Theoret. Komponenten handlungstheoret. Ansätze. In: Thomas, A. (Hg.): Ps. der Handlung u. Bewegung. Meisenheim 1976; Kossakowski, A. u. Ettrich, K. U. (Hg.): Ps. Untersuchungen zur Entwicklung der eigenständigen Handlungsregualtion. Berlin 1973; Kotarbinski, T.: Merkmale eines guten Planes. In: Alsleben, K. u. Wehrstedt, W. (Hg.): Praxeologie. Quickborn 1966; Krampen, G.: Handlungstheoret. Persönlichkeitsps. Göttingen 1987; Kreitler, H. u. Kreitler, S.: Cognitive orientation and behaviour. New York 1976; Kuhl, J.: Motivation, Konflikt u. Handlungskontrolle. Heidelberg 1983; Lantermann, E. D.: Interaktionen – Person, Situation u. Handlung. München 1980; Lenk, H.: Erklärung, Prognose, Planung. Freiburg 1972;

Lenk, H. (Hg.): Handlungstheorien interdisziplinär. 3 Bde. München 1977ff.; Leontjew, A. A.: Probleme der Entwicklung des Psychischen. Berlin (Ost) 1967; Matthäus, W.: Sowjet. Denkpsychologie. Göttingen 1988; Miller, G. A. u. a.: Plans and the structure of behaviour. New York 1960 (dt.: Strategien des Handelns. Pläne u. Strukturen des Vhs. Stuttgart 1973); Munzert, R.: Das Planen von Handlungen. Frankfurt/M. 1983; Nitsch, J. R.: Vh. u. Handlung. In: Asanger, R. u. Wenninger, G. (Hg.): Handwörterbuch der Ps. Weinheim 1980; Nitsch, J. R.: Handlungsps. Ansätze im Sport. In: Thomas, A.: Sportps. München 1982, S. 26–42; Oesterreich, R.: Handlungsregulation u. Kontrolle. München 1981; Parsons, T.: The structure of social action. Glencoe 1937; Parsons, T. u. Shils, E. A.: Toward a general theory of action. Cambridge 1959; Rausch, A.: Krit. Analyse des handlungstheoret. Ansatzes in der Ps. Regensburg 1992; Rubinstein, S. L.: Grundlagen der Allg. Ps. Berlin (Ost) 1958; Rubinstein, S. L.: Sein u. Bewußtsein. Berlin (Ost) 1963; Semmer, N. u. Pfäfflin, M.: Interaktionstraining. Weinheim 1978; Semmer, N. u. Freese, M.: Handlungstheoret. Implikationen für kognitive Therapie. In: Hoffmann, N. (Hg.): Grundlagen kognitiver Therapie. Bern 1979, S. 115–153; Stadler, M. u. Seeger, F.: Ps. Handlungstheorie als Grundlage des materialist. Tätigkeitsbegriffs. In: Lenk, H. (Hg.): Handlungstheorien: interdisziplinär, 3. Bd. München 1980, S. 183–201; Thomas, A. (Hg.): Ps. der Handlung u. Bewegung. Meisenheim 1976; Tomaszewski, T.: Tätigkeit u. Bewußtsein. Beiträge zur Einführung in die poln. Tätigkeitsps. Weinheim 1978; Tomaszewski, T.: Zur Ps. der Tätigkeit. Berlin (Ost) 1980; Ulich, E.: Industrieps. In: Management-Enzyklopädie, 3. Bd. München 1970, S. 498–519; Van Quekelberghe, R.: Systematik der Psychotherapie. München 1979; Velickovskij, B. M.: Wissen u. Handeln. Kognitive Ps. aus tätigkeitstheoret. Sicht. Berlin (Ost) 1988 (Orig.: Moskau 1982); Volpert, W.: Handlungsstrukturanalyse als Beitrag zur Qualifikationsforschung. Köln 1974; Volpert, W. (Hg.): Beiträge zur ps. Handlungstheorie. Bern 1980; Volpert, W.: Das Modell der hierarch.-sequentiellen Handlungsorganisation. In: Hacker, W. u. a. (1982); Volpert, W.: Wie wir handeln – was wir können. Heidelberg 1992; Weber, M.: Gesammelte Aufsätze zur Wissenschaftslehre. Tübingen 1973; Weinberg, P.: Handlungstheorie u. Sportwissenschaft. Köln 1978; Werbik, H.: Grundlagen einer Theorie sozialen Handelns. Teil 1. ZfS 7, S. 248–261, 1976; Werbik, H.: Handlungstheorien. Stuttgart 1978; Witte, W.: Ist all das, was man umgangssprachl. Handeln nennt, Vh. spezif. Art? In: Thomas, A. (Hg.): Ps. der Handlung u. Bewegung. Meisenheim 1976.

Handlungs- vs. Lageorientierung, zwei grundlegende Formen der → Handlungskontrolle (Kuhl 1983): *Handlungsorientierte* Personen sind bei Schwierigkeiten u. Hindernissen während der Durchführung von Handlungen stärker zukunftsorientiert u. richten ihre Aufmerksamkeit auf handlungsfördernde Aspekte, während *lageorientierte* Personen ihre Aufmerksamkeit auf lagebezogene Inhalte (z. B. die eigene Befindlichkeit o. handlungsirrelevante Aspekte der Situation) richten, typischerweise exzessive Informationsmengen bearbeiten wollen u. so das Auftreten handlungsblockierender Emotionen unterstützen. Im Allg. wird H. im Gegensatz zu L. als förderl. für effizientes Handeln angesehen.

Das Kzpt. (u. der Forscher Kuhl) entstammt der Arbeitsgruppe im Max-Planck-Institut um Heinz Heckhausen (vgl. Heckhausen 1989); mit diesem Modell wurden klass. Ansätze zur → Leistungsangst u. zu → gelernter Hilflosigkeit neu konzeptualisiert (vgl. Brunstein 1990).

VD: Durch eine Untersuchung an frisch operierten Leistenbruchpatienten konnte Kuhl zeigen, dass *Lageorientierte* den postoperativen Schmerz signifikant als intensiver beurteilten u. auch doppelt so viel Schmerzmittel wie *Handlungsorientierte* verlangten, auch mehr Zeit mit *lagebezogenen* Aktivitäten wie dem Betrachten der Operationswunde, Nachdenken über die eigene Situation u. ä. verbrachten als *Handlungsorientierte*, die andere Beschäftigungen angaben: Sie lasen, hörten Radio, schauten sich auf dem Gang um u. schmiedeten Pläne für die Zeit nach der Entlassung.

◆ Brunstein, J. C.: Hilflosigkeit, Depression u. Handlungskontrolle. Göttingen 1990; Heckhausen, H.: Motivation u. Handeln. Berlin 1989 (2. Aufl.); Kuhl, J.: Motivation, Konflikt u. Handlungskontrolle. Berlin 1983.

Handlungswissen → deklarative vs. prozedurale Wissensrepräsentation; → Wissenspsychologie.

Hand- und Fingergeschicklichkeitsverfahren → psychomotorische Tests und Prüfverfahren.

Haploskop → Stereopsis.

Haptik, die Gesamtheit der perzeptiven Prozesse beim Ergreifen, Anfassen u. Berühren. → Tiefensensibilität, → Mechanorezeption u. in gewissem Umfang auch die kutane Thermorezeption wirken hierbei zusammen. Die Wahrnehmung von Eigenschaften wie *flüssig, klebrig, fest, elastisch, weich, hart, glatt, rauh* (hapt. Komplexeigenschaften) u. vielen anderen hat ihren Ursprung in solchen Prozessen. Zu den Aspekten, die durch passives Betasten schlecht o. überhaupt nicht erfasst werden können, vgl. Gordon (1978).
Ein wichtiges Problem ist die Frage des Zusammenhangs zw. visuellen u. hapt. Wahrnehmungen; es wurde v. a. erforscht, unter welchen Bedingungen es zu täuschenden bzw. sich bewährenden Eindrücken kommt. Ein paradigmat. Phänomen ist z. B. die sog. *aristotel. Täuschung*: Kreuzt man Zeige- u. Mittelfinger u. legt zw. die Fingerspitzen ein Kügelchen, so meint man, auch wenn man dies selbst herbeigeführt hat, solange man nicht hinschaut, dass dort zwei Kügelchen seien. Eine ältere Übersicht über hapt. Verzerrungen stammt von v. Skramlik (1937). Auch eine Reihe geometr.-opt. Täuschungen hat auf taktilem u. kinästhet. Gebiet ein Gegenstück: z. B. scheinen mit Widerständen ausgefüllte Strecken größer als opt. gleich lange, aber widerstandsfrei abzustastende Strecken zu sein; auch die Müller-Lyer-Täuschung besitzt ein Pendant auf hapt. Gebiet. Klass. Untersuchungen wurden von Révész (1934) durchgeführt, sie zeigen, dass man gewisse Täuschungen auch bei von Geburt an Blinden findet; er schließt daraus auf das Wirken einer einheitl., modalitätsdurchgängigen Raumwahrnehmungsfunktion; vgl. auch Révész (1953).

VD/T: Der Begriff *H.* ist nicht exakt definiert; er geht über den sinnesphysiolog. Begriff der *Mechanorezeption* hinaus u. ist gleichzeitig enger: Es werden nur solche Eindrücke vom eigenen Leib als *hapt.* bezeichnet, durch die man im wörtl. Sinne etwas erfasst, was man auch an der Außenwelt erfassen kann, also Form-, Lage-, Größeneindrücke, aber nicht Schmerz, Hautprickeln, Kitzel. Der Begriff *H.* ist insofern nicht Bestandteil einer engen Sinnesphysiologie, er findet sich z. B. im Lehrbuch der biolog. Ps. von Birbaumer u. Schmidt (1989) nicht.

LIT: Zu gestalttheoret. Ansätzen vgl. Metzger (1954, 1978); eine umfassende klass. Arbeit ist Révész (1938); zu experimentalps. Untersuchungen vgl. Arnold (1972), wo auch die aristotel. Täuschung in verschiedenen Variationen ausführl. dargestellt wird, des Weiteren eine hapt. Version der Müller-Lyerschen-Täuschung sowie weitere Experimente zu hapt. Längen- u. Dickenschätzungen; über gedächtnisps. Aspekte der H. u. einen kognitionsps. Zugang referieren Wippich u. Wagner (1989).

◆ ARNOLD, W. (Hg.): Experimentelles Praktikum, 1. Bd. Stuttgart 1972; BIRBAUMER, N. u. SCHMIDT, R. F.: Biolog. Ps. Berlin 1989; CAMPENHAUSEN, C. v.: Die Sinne des Menschen. Stuttgart 1993; GORDON, G. (Hg.): Active touch. Oxford 1978; METZGER, W.: Sehen, Hören u. Tasten in der Lehre von der Gestalt. SchZPA, 1954, S. 188–198; METZGER, W. u. a.: Über opt.-hapt. Maßtäuschungen an dreidimensionalen Gegenständen. PB 12, 1978, S. 329–366; RÉVÉSZ, G.: System der opt. u. hapt. Raumtäuschungen. ZfPs 131, 1934, S. 296–375; RÉVÉSZ, G.: Die Formenwelt des Tastsinns, 2 Bde. Haag 1938; RÉVÉSZ, G.: Lassen sich die bekannten geometr.-opt. Täuschungen auch im hapt. Gebiet nachweisen? Jahrbuch für Ps. u. Psychotherapie 1, 1953, S. 464–478; VON SKRAMLIK, E.: Psychophysiologie der Tastsinne. AfgP, 4. Ergänzungsband, Leipzig 1937; WITTE, W.: Haptik. In: METZGER, W. (Hg.): Wahrnehmung u.

Bewußtsein. Allg. Ps. HP, 1. Bd., 1. Hlb. Göttingen 1966, S. 498–518; WIPPICH, W. u. WAGNER, V.: Auch Hände haben ein Gedächtnis. SuK 8, 1989, S. 166–177.

Haptische Komplexqualitäten → Haptik.

Haptische Verzerrung → Haptik.

Haptische Wahrnehmung → Haptik.

Harm anxiety → Leistungsangst; → Angst; → soziale Angst.

Harvard-Gesetz, eine Regelmäßigkeit der → vergleichenden Psychologie bzw. → Ethologie: *Unter genau kontrollierten experimentellen Bedingungen verhält sich ein Versuchstier, wie es ihm verdammt noch mal gefällt*; vgl. Scherr (1986).

◆ SCHERR, G. H. (Hg.): Journal der unwiederholbaren Experimente. München 1986.

Has-Relation → semantisches Gedächtnis.

Hass → Ärger.

Hautgalvanischer Reflex → physiologische Psychologie (Kasten psychophysiologische Methoden).

Hautsinne → Oberflächensensibilität; → Sinneswahrnehmung.

Hawthorne-Effekt → Organisationspsychologie.

Hebbsche Lernregel → Konnektionismus.

Hebbsche Regel → Konnektionismus.

Hedonischer Wert → Wundtsches Gesetz.

Hedonismus → Lust und Unlust.

Hedonistische Motivationstheorie → Triebreduktionstheorie.

Hedonistische Relevanz → Attributionsfehler.

Heidelberger Struktur-Lege-Technik → Struktur-Lege-Technik.

Held-Effekt → Rückmeldungsverzögerung und Rückmeldungsverzerrung.

Helladaptation → Helligkeitssehen; → Adaptation.

Hell-Dunkel-Adapatation → Helligkeitssehen; → Adaptation.

Helligkeit → Helligkeitssehen.

Helligkeitskonstanz → Wahrnehmungskonstanzen; → Helligkeitssehen.

Helligkeitskontrast, das Auftreten von → Kontrasteffekten beim → Helligkeitssehen: An den Über-

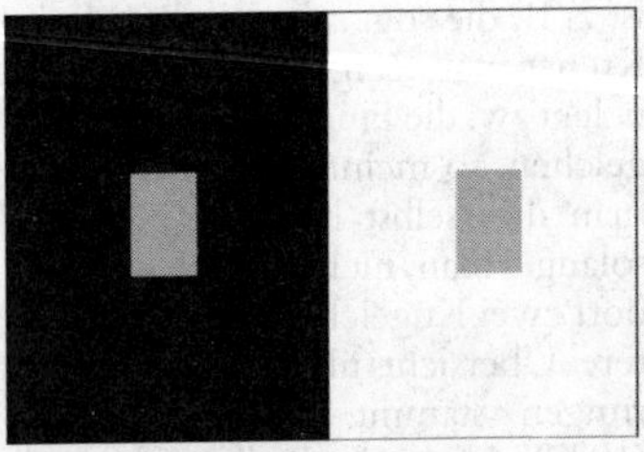

Abb. *Wahrnehmung 15a*

gängen zw. Hell u. Dunkel erscheint das Helle viel heller u. das Dunkle viel dunkler. Zu einem typ. Bsp. vgl. Abb. *Wahrnehmung 15a*: Die beiden grauen Rechtecke reflektieren gleiche Intensitäten,

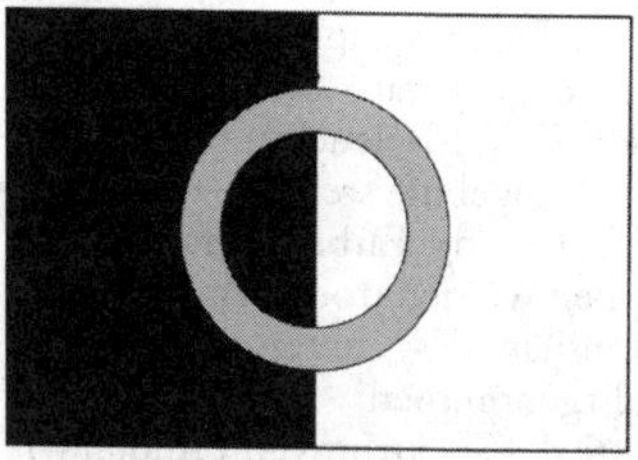

Abb. *Wahrnehmung 15b*

vermitteln aber unterschiedl. Helligkeitseindrücke, weil sie von Bereichen umgeben sind, in denen die Lichtintensität verschieden ist. (Wenn man zwei Löcher in ein Blatt Papier schneidet u. das Bild so abdeckt, dass nur die beiden grauen Gebiete sichtbar sind, dann erkennt man, dass die Rechtecke objektiv gleich hell sind.) Ein weiteres Bsp.: Ein grauer Ring mit schwarzem Hintergrund wirkt etwas heller als derselbe Ring mit weißem Hintergrund; s. Abb. *Wahrnehmung 15b*. Legt man auf die Grenze zw. schwarzer u. weißer Bildhälfte einen Bleistift, so erscheint die linke Hälfte des grauen Rings heller als die rechte, obwohl der Ring tatsächl. einheitl. grau ist (*Koffka-Ring*; er heißt bei Neisser 1974, S. 120, *Benussi-Ring*). Der Koffka-Ring u. auch andere Figuren demonstrieren, dass der H. kein »automat.« Prozess ist, sondern auch von einer »höheren« kognitiven Strukturierung abhängt. Für weitere Bsp. vgl. Goldstein (1980). Auch nebeneinander liegende Komplementärfarben verstärken den H. (→ Farbkontrast): Eine Farbe wirkt gesättigter, wenn die Umgebung in Komplementärfarben gehalten wird; Rot vor Grün wirkt gesättigter als vor Gelb. Ein spezielles Phänomen, das sich beim H. zeigt, sind die → Machschen Bänder. H. ist einer der wichtigsten Faktoren bei der → Formwahrnehmung, da durch den

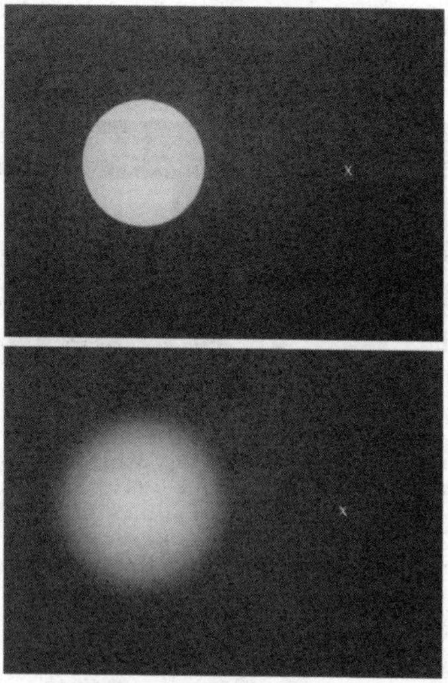

Abb. *Wahrnehmung 15c*

H. Konturen herausgearbeitet u. verstärkt werden. Abb. *Wahrnehmung 15c* demonstriert auf verblüffende Weise den Mechanismus unseres Gesichtssystems, Kontraste zu verstärken bzw. abzuschwächen: Wenn man eine Weile unverwandt auf das X im unten liegenden Feld schaut, verschwindet nach 20 Sekunden die Scheibe normalerweise, weil die »Kantenqualität« zu schwach ist – unser visuelles System füllt dann die Scheibe aus, so dass man ein gleichförmiges Grau wahrnimmt. Eine erstaunl. Wahrnehmungstäuschung in diesem Zusammenhang ist die → Craik-Cornsweet-O'Brien-Täuschung.

VD: Es gibt eine bes. Täuschung im Zusammenhang mit dem H., eine *Größentäuschung* beim Simultankontrast: In der Abb. *Wahrnehmung 15d* erscheint das weiße Quadrat auf schwarzem Grund größer als das schwarze auf weißen Grund. Dieses Phänomen ist darauf zurückzuführen, dass die unscharf abgebildeten Randgebiete einer Kontrastgrenze zu dem helleren Feld addiert werden, dementsprechend wirken z. B. korpulente Menschen in dunkler Kleidung schlanker als in heller.

Abb. *Wahrnehmung 15d*

◆ ARNOLD, W. (Hg.): Experimentelles Praktikum, 1. Bd. Stuttgart 1972; CAMPENHAUSEN, C. v.: Die Sinne des Menschen. Stuttgart 1993; FALK, D. S. u. a.: Ein Blick ins Licht. Berlin 1990; GOLDSTEIN, E. B.: Sensation and perception. Belmont 1980; KANDEL, E. R. u. a. (Hg.): Neurowissenschaften. Heidelberg 1996; KEBECK, G.: Wahrnehmung. Weinheim 1994; MURCH, G. M. u. WOODWORTH, G. L.: Wahrnehmung. Stuttgart 1978; NEISSER, U.: Kognitive Ps. Stuttgart 1974 (Orig.: 1967); SCHMIDT, R. F. (Hg.): Grundriß der Sinnesphysiologie. Berlin 1985 (5. Aufl.).

Helligkeitssehen ist neben dem → Schwarz-Weiß-Sehen u. der → Farbwahrnehmung eine der wesentl. Funktionen der → visuellen Wahrnehmung; H. ist abhängig von: (a) Lichtintensität; (b) Adaptationszustand des Auges: Das Auge kann dunkel- o. helladaptiert sein; Dunkeladaptation bedeutet eine Vergrößerung der Helligkeitsempfindung, je länger der Aufenthalt in der Dunkelheit dauert. (Die Zapfenadaptation dauert ungefähr 7 Minuten, während die Stäbchen nach ungefähr zwei Stunden Dunkelaufenthalt den höchsten Empfindlichkeitsgrad erreichen.) Wird ein dunkel adaptiertes Auge grellem Licht ausgesetzt, folgt eine schmerzhafte Helligkeitsempfindung. Helladaptation dagegen bedeutet eine Verminderung der Helligkeitsempfindung. Bei Helladaptation funktioniert der Stäbchenapparat nicht mehr, der Zapfenapparat ist zwar funktionstüchtig, aber nicht so helligkeitsempfindl. wie der Stäbchenapparat (→ Duplizitätstheorie); (c) Beleuchtungsintensität der Umgebungsreize: → Kontrasteffekte; (d) Farbe: Unterschiedl. Farben werden trotz gleicher Lichtintensität als unterschiedl. hell wahrgenommen: Farben in der Mitte des Spektrums empfinden wir als heller als die Farben an den Enden des Spektrums. Zusätzl. spielt noch die Hell- bzw. Dunkeladaptation (s. o.) eine Rolle, d. h., ob der Zapfen- o. der Stäbchenapparat arbeitet, da die Zapfen für Orange u. die Stäbchen für Grün am empfindlichsten sind. Arbeiten die Zapfen, erscheint Orange in der Relation zu den anderen Spektralfarben trotz gleicher Lichtintensität am hellsten, arbeiten die Stäbchen, gilt dasselbe für Grün (obgleich es dann als Grauwert wahrgenommen wird). Es gibt für jede Wellenlänge eine bestimmte Lichtstärke, die zunächst nur eine Helligkeitsentwicklung verursacht, u. eine bestimmte Lichtstärke, ab welcher es zu einer Farbempfindung kommt. Ganz allg. sind die für die Farbempfindung benötigten Lichtstärken größer als die für die Helligkeitsempfindungen. Aus diesem Grund gibt es zwei spektrale Empfindlichkeitskurven, eine für Stäbchen u. eine für Zapfen, damit kann das → Purkinjesche Phänomen erklärt werden. Zur Skalierung der Beziehung zw. der objektiven Beleuchtung u. der subjektiven Helligkeit wurde die *bril-Skala* von Stevens (1955) entwickelt.

VD: (1) Auf dem Gebiet des H. gibt es interessante → Wahrnehmungskonstanzen, die auf die dem H. zugrunde liegenden neurobiolog. Mechanismen verweisen: Beim H. erscheint ein u. derselbe Gegenstand trotz veränderter Lichtintensität gleich hell, wenn dieselbe Veränderung sowohl im Gegenstand wie im Umfeld stattfindet u. der Kontrast gleichbleibt. Bsp.: Weißes Papier wird im Dämmerlicht als weiß empfunden so wie Kohle in der Mittagssonne als schwarz empfunden wird, obwohl beide dann etwa dieselbe Lichtintensität ausstrahlen; s. a. das Stw. → Kontrasteffekte. Ein klass. Experiment: Gelb (1929) beleuchtete eine schwarze Scheibe auf eine solche Weise, dass in völlig abgedunkeltem Raum nur die Scheibe sichtbar war, mit dem Ergebnis: dem Betrachter erschien die Scheibe keineswegs schwarz, sondern relativ hell u. fast weiß, ja sogar selbstleuchtend; erst wenn eine weiße Karte neben der schwarzen Scheibe gezeigt wurde, erschien die Scheibe schwarz, u. in Abhängigkeit von der Beleuchtung der Karte konnte man fast alle mögl. neutralen Helligkeitsstufen auf der Scheibe erscheinen lassen, obwohl deren Leuchtdichte immer konstant blieb. Zu den neurobiolog. Grundlagen der Helligkeitskonstanz vgl. Hubel (1989); zu den faszinierenden Konstanz-Aspekten bei der Wahrnehmung schwarzer u. weißer Flächen vgl. Gilchrist (1986). Diese Konstanzen können weitgehend damit erklärt werden, dass H. nicht auf der Wahrnehmung absoluter Werte, sondern auf der Wahrnehmung von Helligkeitsverhältnissen beruht. Dieses Gesetz hat allerdings seine Grenzen; vgl. hierzu Murch u. Woodworth (1978); es gibt spezielle Bedingungen, z. B. unterschiedl. Aufmerksamkeitszuwendung, die die einfachen sinnesphysiolog. Prozesse überlagern; → Koffka-Ring. Nach Murch u. Woodworth ist die Helligkeitskonstanz eigentl. eine Konstanz der neutralen Farbe: unabhängig von der Beleuchtung können wir die Grautöne wahrnehmen. Zur Problematik der Begriffe *Konstanz* u. *Kontrast* in diesem Zusammenhang vgl. ebenfalls Murch u. Woodworth (1978).

(2) H. spielt innerhalb der modernen → computationalen Wahrnehmungstheorien eine große Rolle, da gem. diesen Theorien die frühen Phasen der visuellen Verarbeitung v. a. auf der Analyse von Helligkeitsunterschieden beruhen. Die Grundlagen hierfür wurden in den Arbeiten von Horn (1974) u. Land (1977) gelegt; vgl. zsfd. Frisby (1989). Zwei Phasen sind wesentl.: Zuerst werden die Ränder entdeckt, die durch entsprechend große Sprünge der Leuchtdichte gekennzeichnet sind, während alle anderen Informationen vernachlässigt werden. Auf diese Weise werden die allmähl. Übergänge der Leuchtdichte ausgeschieden, während die abrupten Übergänge erhalten bleiben (dahinter steht die Tatsache, dass Abstufungen in der Beleuchtung vergleichsweise allmähl. verlaufen, Variationen im Reflexionsgrad jedoch zieml. plötzl.). Dann werden die erforderl. Helligkeitsprofile aufgebaut, indem sie zw. den Rändern wieder hergestellt werden; ein Bsp., das dies in verblüffender Weise demonstriert, ist die → Craik-Cornsweet-O'Brien-Täuschung. Ein umfassender Ansatz zu einer sowohl neurobiolog. wie von der künstl. Intelligenz beeinflussten Theorie ist Grossberg u. Totorovic (1988); s. a. das Stw. → fechnersches Paradoxon.

(3) Die Empfindlichkeit des Auges für Helligkeitsunterschiede nimmt zur Peripherie hin ab, allerdings kommt dies in der subjektiv empfundenen Helligkeit nicht zum Ausdruck; es scheint einen Kompensationsmechanismus zu geben, der dafür sorgt, dass unabhängig von der Position im Gesichtsfeld ein Reiz stets die gleiche anschaul. Helligkeit gibt; dieser Mechanismus scheint schon in der Netzhaut selbst zu wirken; vgl. hierzu Pöppel u. Edingshaus (1994).

LIT: Vgl. zum Überblick Birbaumer u. Schmidt (1989); Murch u. Woodworth (1978); Falk u. a. (1990); v. Campenhausen (1993); zu neueren Ansätzen im neurobiolog.-ps. Übergangsfeld vgl. Gilchrist (1986); Beck (1972) ist ein Buch über Farbwahrnehmung, das einen großen Raum dem Thema H. widmet.

◆ BECK, J.: Surface colour perception. 1972; BIRBAUMER, N. u. SCHMIDT, R. F.: Biolog. Ps. Berlin 1989; v. Campenhausen (1993); FALK, D. S. u. a.: Ein Blick ins Licht. Berlin 1990; FRISBY, J. P.: Opt. Täuschungen. Augsburg 1989; GELB, A.: Die »Farbenkonstanz« der Sehdinge. In: BETHE, A. u. a. (Hg.): Handbuch der normalen u. patholog. Physiologie, 1. Teil. Berlin 1929; GILCHRIST, A. L.: Die Wahrnehmung schwarzer u. weißer Flecken. In: RITTER, M. (Hg.): Wahrnehmung u. visuelles System. Heidelberg 1986, S. 140–148; GROSSBERG, S. u. TOTOROVIC, D.: Neural dynamics of 1-D and 2-D brightness perception: a unified model of classical and recent phenomena. PaP 43, 1988, S. 241–247; HORN, B. K. P.: Determining lightness from an image. Computergraphics and image processing, 1974, 3. Bd., S. 277–299; HUBEL, D. H.: Auge u. Gehirn. Heidelberg 1989; KANDEL, E. R. u. a. (Hg.): Neurowissenschaften. Heidelberg 1996; LAND, E. H.: The retinex theory of colour vision. SA 237, 1977, S. 108–128; LINDSAY, P. H. u. NORMAN, D. A.: Einführung in die Ps. Berlin 1981; MURCH, G. M. u. WOODWORTH, G. L.: Wahrnehmung. Stuttgart 1978; PÖPPEL, E. u. EDINGSHAUS, A. L.: Geheimnisvoller Kosmos Gehirn. München 1994; STEVENS, S. S.: Decibels of light and sound. Physics today 8, 1955, S. 12ff.

Helligkeitswahrnehmung → Helligkeitssehen.

Helmholtz-Problem → Reafferenz.

Helmholtzsche Quadrate, eine → geometrisch-optische Täuschung, die darauf beruht, dass ein ausgefüllter Raum größer als ein leerer erscheint: Die beiden aus parallelen Linien zusammengesetzten Quadrate in der Abb. *Wahrnehmung 58* scheinen eine größere Oberfläche zu haben als das nur aus der äußeren Begrenzung bestehende.

Abb. *Wahrnehmung 58*

Hemisphärenasymmetrie → Physiologische Psychologie (Kasten zentrale Begriffe und Paradigmen, Stw. *Hirnhemisphärenasymmetrie*).

Hemmung. Analog zu dem korrespondierenden Kzpt. der → Erregung wird das Kzpt. der H. in der akadem. Ps. weniger im umgangssprachl. Sinne der *Gehemmtheit* u. der *emotionalen* H. verwendet als im Sinne einer H. von *Vh.* u. gleichzeitig für die hinter einer solchen Verhaltenshemmung liegenden (postulierten) neurophysiolog. bzw. hypothet.-formalen Prozesse. Das Kzpt. *H.* spielt innerhalb verschiedener Theorien in unterschiedl. Ausformungen eine Rolle: (1) Innerhalb der → Psychoanalyse ist v. a. das Kzpt. der → *Verdrängung* wichtig geworden. (2) Innerhalb der → Gedächtnispsychologie wird H. v. a. im Rahmen des Phänomenbereichs → Interferenz analysiert; man unterscheidet *retroaktive*, *proaktive* u. *assoziative* H. (3) Innerhalb der → Lerntheorien ist eine wichtige Grundidee, dass Lernen nicht nur im Aufbau positiver Erregungsprozesse, sondern auch im gleichzeitigen Aufbau von Hemmungsprozessen besteht. (a) Bes. innerhalb der russ. → Reflexologie ist dieses Kzpt. wichtig geworden, speziell in Pawlows → Erregungs-Hemmungs-Theorie; Pawlow unterschied die *äußere* H. (bedingt durch einen störenden Einfluss starker Reize) von der *inneren* H. (die als Ergebnis von Veränderungen im CR-System durch Konditionierungsprozesse auftritt). *Innere* H. tritt v. a. bei Löschung, Unterscheidungslernen u. verzögerter Konditionierung auf. Die *Löschungshemmung* verhindert eine Reaktion auf einen CS, der seine Signalbedeutung eingebüßt hat, die *Differenzierungshemmung* schränkt den Vorgang der Generalisierung ein. Bei der *verzögerten* Konditionierung erlaubt die H., die Reaktion zurückzuhalten. (b) In Hulls → systematischer Verhaltenstheorie sind v. a. die Kzpte. der *konditionierten* u. der *reaktiven* H. wichtig. (c) Zentral ist das Kzpt. der H. auch in Eysencks Theorie der → *Extraversion vs. Introversion*; H. bezieht sich hier auf einen Prozess innerhalb des ZNS, der mit den ablaufenden kognitiven, motor. perzeptiven Tätigkeiten des Organismus interferiert; Eysenck unterscheidet *zeitl.* u. *räuml.* H.; Erstere ist im Wesentl. experimentell mit Sättigungseffekten verknüpft, in denen es zu einer *inneren* H. im Sinne Pawlows o. einer *reaktiven* H. im Sinne Hulls kommt, während die *räuml.* H. im Wesentl. durch Interferenz mit anderen gleichzeitig ablaufenden Tätigkeitsformen gekennzeichnet ist u. dem pawlowschen Begriff der *äußeren* H. ähnelt. (d) Zum Kzpt. der *reziproken* H. s. das. Stw. → Verhaltenstherapie. (4) Hemmungsphänomene i. w. S. werden auch innerhalb folgender Modelle thematisiert: → Ermüdung, → Sättigung, → Adaptation.

(5) In der klin. Ps. werden Phänomene thematisiert, die dem umgangssprachl. H.-Begriff am nächsten kommen: → soziale Unsicherheit, → Angst, → Schüchternheit. (b) Eine wichtige Rolle spielen hemmende Motivationen in den Theorien zur → Leistungsmotivation.

LIT: Ein umfassendes Handbuch über inhibitor. Prozesse in den verschiedensten kognitiven u. sensomotor. Vorgängen ist Dagenbach u. Carr (1994). Zu den unterschiedl. H.-Kzpten. der Ps. siehe Pilkington u. McKellar (1960) u. Reid (1960); zum Überblick über die Bedeutung des H.-Kzpts. in der Lerntheorie vgl. Boakes u. Halliday (1972); zum Überblick über die unterschiedl. H.-Begriffe bei Pawlow vgl. zsfd. Haseloff u. Jorswieck (1971); zur Darstellung des H.-Kzpts. u. seiner Weiterentwicklung innerhalb der Pawlow-Schule vgl. Buresova (1984); zu den verschiedenen H.-Begriffen in der Physiologie vgl. Birbaumer u. Schmidt (1989); einen tief schürfenden Überblick zum Thema Stress u. Vhshemmung, in dem die Vielfältigkeit u. damit auch die Problematik des Hemmungsbegriffs deutl. wird, ist McNaughton (1993); McNaugthon plädiert auch dafür, die Begriffe *Angst* u. *Vhshemmung* nicht gleichzusetzen.

◆ Birbaumer, N. u. Schmidt, R. F.: Biolog. Ps. Berlin 1989; Boakes, R. A. u. Halliday, M. S. (Hg.): Inhibition and learning. London 1972; Buresova, O.: Die sowjet. Pawlow-Schule. In: Zeier, H. (Hg.): Lernen u. Verhalten, 1. Bd. Lerntheorien. Weinheim 1984, S. 49–75; Dagenbach, D. u. Carr, T. H. (Hg.): Inhibitory processes in attention, memory and language. San Diego 1994; Haseloff, O. W. u. Jorswieck, E.: Psychologie des Lernens. Berlin 1971 (2. Aufl.); Jones, H. G.: The status of inhibition in Hull's system: a theoretical revision. PR 65, 1958, S. 179–182; Jones, H. G.: Inhibition: a symposium IV. Individual differences in inhibitory potential. BJP 51, 1960, S. 220–225; McNaughton, N.: Stress and behavioural inhibition. In: Stanford, S. C. u. Salmon, P. (Hg.): Stress. From synapse to syndrome. London 1993, S. 191–206; Pilkington, G. W. u. McKellar, P.: Inhibition: a symposium I. Inhibition as a concept in psychology. BJP 51, 1960, S. 194–201; Reid, R. L.: Inhibition: a symposium, V. Inhibition, Pawlow, Hull, Eysenck. BJP 51, 1960, S. 226–232.

Hemmungs-Erregungs-Theorien → Erregungs-Hemmungs-Theorien.

Heringsche Fächertäuschung → geometrisch-optische Täuschungen.

Heringsche Gittertäuschung → Heringsches Gitter.

Heringsche Nachbilder → Farbwahrnehmung.

Heringsches Gitter [auch *Heringsches Phänomen*, *Heringsches Muster*, *Heringsche Gittertäuschung*; bisweilen auch *Hermannsches Gitter* bzw. *Muster*, auch *Hermann-Hering-Muster* etc.; vgl. Falk u. a. 1990; Wittling 1976; vgl. auch Zimbardo 1992], die Erscheinung, dass bei der Wahrnehmung von schwarzen Quadraten, die durch weiße »Gräben« voneinander getrennt sind, an den Eckpunkten in den weißen »Gräben« dunkle Punkte erscheinen; s. Abb. *Wahrnehmung 18*. Dieser → Kontrasteffekt wird auch *Kreuz-* bzw. *Balken-Gitter-Kontrast* genannt. Erklärt wird er durch den Prozess der → lateralen Hemmung.

Abb. *Wahrnehmung 18*

◆ Ewert, J. P. u. Ewert, S.: Wahrnehmung. Heidelberg 1981; Campenhausen, C. v.: Die Sinne des Menschen. Stuttgart 1993; Falk, D. S. u. a.: Ein Blick ins Licht. Berlin 1990; Kebeck, G.: Wahrnehmung. Weinheim 1994; Wittling, W.: Einführung in die Ps. der Wahrnehmung. Hamburg 1976; Zimbardo, P. G.: Ps. Berlin 1992 (S. 178).

Heringsches Muster → Heringsches Gitter.

Heringsches Phänomen → Heringsches Gitter.

Heringsche Täuschung → geometrisch-optische Täuschungen.

Heritabilitätskoeffizient → Anlage-Umwelt-Problem.

Hermann-Hering-Gitter → Heringsches Gitter.

Hermannsches Gitter → Heringsches Gitter.

Hermeneutische Psychologie → geisteswissenschaftliche Psychologie.

Herstellungsmethode [auch *Herstellungsverfahren*, *Methode des mittleren Fehlers*; engl. *method of average error*], eine grundlegende → psychophysische Methode, v. a. zur Bestimmung von → Sinnesschwellen: die Vp muss dabei einen Reiz so abändern, dass er einem bestimmten Urteil entspricht, z. B. ein Licht einem zweiten an Helligkeit gleich machen.

VD: (1) Konkrete Bspe.: (a) Bestimmung der → absoluten Schwelle: Vpn erhalten die Aufgabe, denjenigen Reizwert einzustellen, bei dem z. B. ein hörbarer Ton verschwindet o. ein unhörbarer wird. Diese Einstellungen werden mehrfach wiederholt u. aus der Verteilung der Schwellenwert bestimmt. (b) Bestimmung der → Unterschiedsschwelle: Der Vl. stellt mittels eines Tongenerators einen Ton bestimmter Lautstärke her, u. die Vp muss die Intensität des Vergleichtons derart regulieren, dass ihr dieser subjektiv gleich laut erscheint. Als *absolute Unterschiedsschwelle* wird meist die mittlere Variation genommen, das ist der Mittelwert der absoluten Abweichung vom *Punkt der subjektiven Gleichheit* (engl. *point of subjective equality*; Abk. PSE), der Mittelwert der falschen u. richtigen Urteile.

(2) Hinter der H. steht ein wichtiges grundsätzl. Kzpt. der Psychophysik, dass näml. der mittlere Fehler zur Unterschiedsschwelle proportional sei, da Fehler ja deshalb gemacht würden, weil Unterschiede, die unter der Unterschiedsschwelle liegen, nicht bemerkt werden; wenn diese also groß ist, wird auch der mittlere Fehler groß sein. Als *konstanten Fehler* bezeichnet man folgende Differenz: *Punkt subjektiver Gleichheit minus Standardreiz*; zu konkreten Rechenbeispielen vgl. Guttmann (1992).

◆ ARNOLD, W. (Hg.): Experimentelles Praktikum, 1. Bd. Stuttgart 1972; GUTTMANN, G. (Hg.): Allg. Ps. Experimentalps. Grundlagen. Wien 1992; HELLER, O. u. KRÜGER, H.-P.: Experimentelle Ps. – Wahrnehmung. Bern 1974; LÜER, G. (Hg.): Allgemeine experimentelle Ps. Eine Einführung in die method. Grundlagen mit prakt. Übungen für das experimentelle Praktikum. Stuttgart 1987.

Herstellungsverfahren → Herstellungsmethode.

Heterarchische Modelle → Handlungsebene.

Heterochromes Nachbild → Nachbild.

Heterogenes switching → Transswitching.

Heureka-Erlebnis → Einsicht.

Heurismus → psychologische Heuristik.

Heuristik → psychologische Heuristik.

Heuristik des Verankerns → kognitive Täuschungen und kognitive Heuristiken.

Heuristiken → kognitive Täuschungen; → kognitive Heuristiken.

Hick-Hyman-Gesetz [auch *Hicksches Gesetz*, bisweilen auch *Merkelsches Gesetz* o. *Hick-Merkelsches* o. *Merkel-Hick-Hyman-Gesetz*] besagt, dass die Entscheidungszeit bzw. → Reaktionszeit linear mit der Zahl der (gleichwahrscheinl.) Alternativen (*Alternativeneffekt*) bzw., genauer gesagt, mit dem Logarithmus dualis wächst (informationstheoret. interpretiert: mit dem Informationsgehalt des Problems; s. das Stw. → informationstheoretische Psychologie); s. hierzu die Abb. *Kognition 6* (entnommen aus Prinz

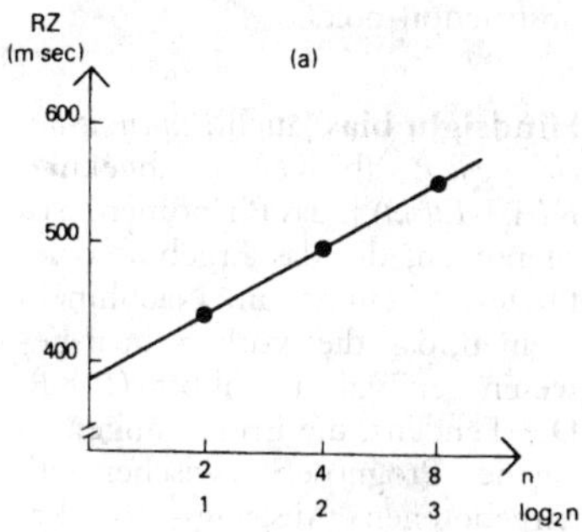

Abb. *Kognition 6*

1990, S. 77). Das H. weist darauf hin, dass bei dem der Reaktion zugrunde liegenden Entscheidungsprozess das Gedächtnis sequenziell durchmustert wird, u. zwar scheint das H. für ein (sequenzielles) *Merkmalsmodell* zu sprechen; s. hierzu das Stw. → Gedächtnisabsuche.

Hick (1952) u. Hyman (1953) führten gleichzeitig u. unabhängig voneinander zwei ähnl. Experimente durch: (a) bei Hick saßen die Vp vor einer Anordnung von 10, bei Hyman vor 8 Lampen, die einzeln ein- o. ausgeschaltet werden konnten. Hicks Vpn reagierten, indem sie eine von n Morsetasten betätigten, auf denen ihre Finger ruhten; (b) Hymans Vpn hatten so schnell wie mögl. eine von n sinnlosen Silben auszusprechen. Welche Reaktion welchen Reizen zugeordnet war, wurde durch Instruktion festgelegt. Beides sind also Paradigmen für eine → disjunktive Wahlreaktion, genauer: Bsp. für eine → Identifikationsaufgabe bzw. für identifizierendes → Erkennen; vgl. zur Einordnung in den Gesamtzusammenhang Prinz (1983). Ähnl. Untersuchungen wurden im letzten Jhdt. schon von Merkel (1885) durchgeführt. (a) Nach Hick gilt: Der Zuwachs der Reaktionszeit = k x $\log_2 n$ (k ist eine Steigungskonstante, u. n steht für die Anzahl der Alternativsignalquellen); (b) Hyman konzipiert die Wahlreaktionszeit als Summe aus der einfachen Reaktionszeit u. der von der Anzahl der Alternativen abhängigen inkrementellen Anteile: Wahlreaktionszeit = einfache Reaktionszeit + k x $\log_2 n$. Zu formalen Details u. Unterschieden zw. Hicks u. Hymans Gesetzesformulierungen vgl. Welford (1981). Das H. konnte auch in anderen Experimenten bestätigt werden, z. B. bei Sortierexperimenten mit Spielkarten. Andere Untersuchungen versuchten zu ermitteln, ob die Zahl der alternativen Reize o. der alternativen Reaktionen die krit. Determinante der Wahlreaktionszeit ist; s. hierzu das Stw. → Klassifikations-vs.-Identifikationsaufgaben. Der informationstheoret. Zeitgeist Mitte der 50er Jahre begünstigte die Rezeption dieses Gesetzes. Um die Mitte der 60er Jahre war die Befundsituation zu diesen u. verwandten Fragen relativ unübersichtl., u. das Forschungsinteresse wandte sich anderen Paradigmen zu, v. a. der → binären Zeichenklassifikation; nur wenige geschlossene theoret. Konzeptionen wurden vorgelegt. In Amerika hat sich v. a. die Schule von Jensen u. in Deutschland die Arbeitsgruppe von Roth mit diesem Ansatz weiter auseinandergesetzt; vgl. zum Überblick Schweizer (1995).

KR: Spätere Untersuchungen ließen die Grenzen des Gültigkeitsbereichs erkennbar werden: Nach intensivem Training einer Aufgabe o. im Fall hochkompatibler S-R-Verknüpfungen geht der Steigerungskoeffizient der linearen Funktionsbeziehung gegen Null. Auch bei einer zu großen Steigerung der Alternativenzahl geht die Linearität verloren, ebenso wie Einstellung, Erwartung, Ermüdung, Übungseinflüsse eine Auflösung dieser linearen Zusammenhänge bedingen. Im Wesentl. scheint das H. dann nicht zu gelten, wenn Buchstaben, Zahlen o. Wörter die Stimuli sind u. ihre Namen die Reaktion; die Antwortzeit hängt dann nicht von der Zahl der Alternativen ab u. auch nicht von der Breite des Wortschatzes. Bei Farbsymbolen u. auch Gesichtern scheint dagegen der Alternativeneffekt zu gelten. Ergebnisse beim → visuellen Suchen zeigen, dass multiples Suchen u. U. nicht länger als einfaches dauert.

LIT: Ein Überblick über das bis 1968 vorliegende empir. u. theoret. Material findet sich bei Smith (1968); theoret. orientierte Übersichten wurden von Laming (1968) u. Audley (1973) vorgelegt; zu neueren Ansätzen vgl. den Sammelband von Vernon (1987); zur Darstellung der Ergebnisse im Rahmen einer arbeitsps. orientierten integrativen Theorie vgl. Welford (1981).

◆ Audley, R. J.: Some observations on theories of choice reaction time: tutorial review. In: Kornblum, S. (Hg.): Attention and performance IV. New York 1973; Hick, W. E.: On the rate of gain of information. QJEP 4, 1952, S. 11–26; Hyman, R.: Stimulus information as a determinant of reaction time. JExP 45, 1953, S. 188–196; Laming, D. R. J.: Information theory of choice-reaction times. London 1968; Merkel, J.: Die zeitl. Verhältnisse der Willenstätigkeit. Philosoph. Studien 2, 1885, S. 73–127; Prinz, W.: Wahrnehmung u. Tätigkeitssteuerung. Berlin 1983; Prinz, W.: Wahrnehmung. In: Spada, H. (Hg.): Lehrbuch Allgemeine Ps. Bern 1990, S. 25–114; Schweizer, K.: Kognitive Korrelate der Intelligenz. Göttingen 1995; Smith, E.: Choice reaction time: an analysis of the major theoretical positions. PBu 69, 1968, S. 77–110; Vernon, P. A. (Hg.): Speed of information processing and intelligence. Norwood 1987; Welford, A. T.: Fertigkeiten u. Leistung. Bern 1981.

Hick-Merkelsches Gesetz → Hick-Hyman-Gesetz.

Hicksches Gesetz → Hick-Hyman-Gesetz.

Hidden units → Konnektionismus.

Hierarchie-Prinzip → semantisches Gedächtnis.

Hierarchische Architektur → Informationsverarbeitungstheorien.

Hierarchische Steuerung → serielle vs. hierarchische Steuerung.

High-level-System → Phi-Phänomen.

Hilfeverhalten → soziale Motivation.

Hill-climbing → psychologische Heuristik.

Hillenbrand-Allee → Raumwahrnehmung.

Hindernisbox → Columbia-obstruction-box.

Hindsight bias [auch *I-knew-it-all-along-effect*; (bisweilen abgekürzt *KIAA-Effekt*)], das Phänomen, dass Menschen, die das Ergebnis eines Prozesses kennen, im Nachhinein meinen, dass dies vorhersehbar gewesen sei; vgl. Fischhoff (1982). Die Tendenz, die Erinnerungen an eigene Prognosen zwischenzeitl. dargebotenen Ausgangs- o. Ergebnisinformationen anzupassen, konnte, ausgehend von klass. Arbeiten von Fischhoff (z. B. 1975), in einer Vielzahl verschiedener Studien mit sehr unterschiedl. Urteilsproblemen nachgewiesen werden. Ähnl. ist das Paradigma des → Falschinformationseffekts; vgl. Stahlberg u. Eller (1993); zur Zsf. vgl. Hawkins u. Hastie (1990); vgl. auch → Frequency-validity-Effekt.

◆ Fischhoff, B.: For those condemned to study the past: heuristics and biases in hindsight. In: Kahneman, D. u. a.: Judgement under uncertainty: heuristics and biases. Cambridge 1982, S. 335–353; Hawkins, S. A. u. Hastie, R.: Hindsight: biased judgements of past events after the outcomes are known. PBu 107, 1990, S. 311–327; Hertwig, J.: Frequency-Validity-Effekt u. Hindsight-Bias: Unterschiedl. Phänomene – gleiche Prozesse. In: Hell u. a. (1993) S. 39–72; Stahlberg, D. u. Eller, F.: Hindsight-Effekte: eine urteilstheoret. Erklärung. In: Montada, L. (Hg.): Bericht über den 38. Kongreß der dt. Ges. f. Ps. in Trier 1992, 2. Bd. Göttingen 1993, S. 735–741.

Hintergrundreize → Adaptationsniveautheorie.

Hinweisende Gesten → Gestik.

Hinweisgesteuerte Reproduktion → Reproduktion.

Hinweis(reiz) [engl. *cue*; auch *Anhaltspunkt, Zeichen, diskriminativer* bzw. *diskriminierender Stimulus* bzw. *Reiz, Unterscheidungsreiz*; Abk.: S^{Δ}], zentrales Kzpt. innerhalb des Paradigmas der → operanten Konditionierung von Skinner; ein Reiz fungiert dann als H., wenn bei seinem Auftreten die Reaktionsrate steigt o. sinkt, dies wird als → *Reizkontrolle* bezeichnet. Der H. kann die entsprechende operante Reaktion auslösen, es liegt jedoch kein eigentl. *Reflex* im Sinne der → klassischen Konditionierung vor, da der H. nur die Information liefert, ob bestimmte Bedingungen im Hinblick auf → Diskriminationslernen vorliegen – Skinner spricht von einem *Pseudoreflex*. Er definiert sein Paradigma des operanten Konditionierens gerade dadurch, dass hier das Vh. (der *Operant*) nicht einfach durch den Reiz ausgelöst wird. Grundparadigmen der operanten Konditionierung, die sich durch die Existenz eines diskriminativen H. bestimmen lassen, sind: *diskriminatives* → *Belohnungslernen*, *diskriminatives* → *Unterlassungslernen*, *diskriminatives* → *Vermeidungslernen*, *diskriminatives* → *Bestrafungslernen*. Beim *diskriminativen Belohnungslernen* erfolgt die Verstärkung eines Vhs. nur dann, wenn ein S^{Δ} zugegen ist; ein Bsp. für ein diskriminatives Unterlassungstraining ist, wenn ein Kind für die Unterlassung von Wutanfällen nur in Gegenwart einer bestimmten Person gelobt wird; beim diskriminativen Bestrafungstraining wird die → Bestrafung durch ein Signal angekündigt, der Organismus lernt also, bei vorhandenem H. das Vh. zu unterlassen.

VD/T: Bisweilen wird unterschieden zw. einem *präsenten* (Abk.: S^{D}) u. einem *absenten* H. (S^{Δ}). Ein auf einen H. bezogener Operant wird *diskriminierter Operant* (engl. *discriminated operant*, auch: *diskrete Wirkreaktion, unterscheidende Wirkreaktion, unterscheidender Operant*) genannt.

◆ Angermeier, W. F.: Kontrolle des Vhs. Berlin 1972; Angermeier, W. F. u. Peters, M.: Bedingte Reaktionen. Berlin 1973; Bredenkamp, J. u. Wippich, W.: Lern- u. Gedächtnisps., 1. Bd. Stuttgart 1977; Foppa, K.: Lernen, Gedächtnis, Vh. Köln 1975 (9. Aufl.).

Hirnforschung → Neuropsychologie.

Hirnhemisphärenasymmetrie → Physiologische Psychologie (Kasten zentrale Begriffe und Paradigmen).

Hirnreizungsexperimente → physiologische Psychologie (Kasten zentrale Begriffe und Paradigmen).

Hirnschädigung → Neuropsychologie.

Hirnschädigungstest → Neuropsychologie.

H-Labyrinth → Lernlabyrinth.

Hochschwellentheorie → Signalentdeckungstheorie.

Hodologische Psychologie → Feldtheorie.

Höffding-Funktion → Höffdings Prinzip.

Höffdings Argument → Höffdings Prinzip.

Höffdings Prinzip [auch *Höffdings Problem, Höffdings Argument, Höffding-Stufe, Höffding-Funktion*]. H. P. ist ein Argument, das ein Grundproblem des → Assoziationismus anspricht, speziell der → Assoziationsgesetze.: Jede *Berührungs-Assoziation*, also Assoziation durch zeitl. o. räuml. Benachbartsein (*Kontigui-*

tät), setzt nach Höffding eine *Ähnlichkeits-Assoziation* voraus; d. h., das Assoziationsgesetz *Kontiguität* benötigt zur Ergänzung unabdingbar ein Assoziationsgesetz *Ähnlichkeit*, denn wenn die Vorstellung a durch *Kontiguität* die Vorstellung b hervorruft, setzt dies voraus, dass zuvor die Vorstellung a durch den Reiz bzw. Sinneseindruck A geweckt wurde (*Wiedererkennung*); diese vorausgesetzte Verbindung zw. A u. a kann nur durch *Ähnlichkeit*, nicht aber durch *Kontiguität* vermittelt sein. Höffdings Argument läuft also darauf hinaus, dass das Kontiguitätsprinzip allenfalls ausreichend ist für die Erklärung der Verbindungen von Erinnerungsvorstellungen untereinander u. somit für die Rekonstruktion vergangener Ereignisse, nicht aber für die Erklärung der Verbindung zw. Sinneseindruck u. Erinnerungsvorstellung u. somit für die Interpretation gegenwärtiger Ereignisse. Prinz (1983) weist darauf hin, dass diese Position im Grunde bereits die von Höffding noch nicht diskutierte Konsequenz einschließt, dass auch der Zusammenhang der Gedächtnisinhalte selbst nicht nur nach Kontiguität, sondern daneben auch nach Ähnlichkeit geordnet sein muss; so können z. B. beim Wiedererkennen Verwechslungen unterlaufen, die auf Ähnlichkeit beruhen u. nichts mit ihrer zeitl. Kontiguität zu tun haben, z. B. Lesefehler wie *Hose* statt *Hase* u. dergleichen. Neisser (1974) nimmt häufig Bezug auf Höffdings Gedankengänge.

◆ Höffding, H.: Über Wiedererkennen, Association u. psych. Aktivität. Vierteljahresschrift für Wissenschaftl. Philosophie, 1889, S. 420–458 u. 1890, S. 27–54, S. 167–265, S. 293–316; Neisser, U.: Kognitive Psychologie. Stuttgart 1974 (Orig.: 1967); Prinz, W.: Wahrnehmung u. Tätigkeitssteuerung. Berlin 1983.

Höffdings Problem → Höffdings Prinzip.

Höffding-Stufe → Höffdings Prinzip.

Höflersche Täuschung → geometrisch-optische Täuschung.

Höhendisparation → Stereopsis.

Höhere Farbmetrik → Farbwahrnehmung.

Hören. Die akust. → Wahrnehmung, also die Wahrnehmung von Schall, ist eine der zentralen Formen der → Sinneswahrnehmung. Das auditive System ist im Gegensatz zum Auge ständig bereit, Informationen zu empfangen, auch während des Schlafs. Es kann unter bestimmten Umständen schon von Geburt an die visuelle Wahrnehmung lenken: Das Neugeborene sucht nach Schallquellen, hält seine Augen längere Zeit darauf gerichtet, dies v. a. wenn die Schallreize mit opt. Prozessen koordiniert sind. Folgendes sind die Grundkzpte. u. -probleme des Gebietes H.:
H. ist ein Forschungsgebiet der Wahrnehmungsps., das im interdisziplinären Übergangsbereich von Physiologie u. Ps. liegt u. bis heute stärker von physiolog. Spezialisten bearbeitet wird. *Audiologie* ist die medizin. Teildisziplin, deren Gegenstand das kranke Ohr ist. *Audiometrie* ist die objektive Messung u. Diagnostik der Hörleistung, bes. die ps. Forschungsgruppe um Heller u. Hellbrück entwickelt in Zusammenarbeit mit Psychoakustikern u. Neurologen unter Heranziehung von Kzptn. u. Methoden der modernen → Psychophysik verbesserte Hörgeräte; vgl. hierzu Hellbrück (1993); Weiteres s. unter dem Stw. → Psychophysik. Die Entwicklung einer wirkl. *ps.* Akustik, einer

Psychoakustik, ist eine Tendenz, die sich erst gegenwärtig abzuzeichnen beginnt; diese ps. orientierte Hörforschung wendet sich im stärkeren Maße Fragen der akust. Mustererkennung zu, u. man entdeckt dabei etl. Analoga zu Wahrnehmungseffekten aus dem Sehbereich, dabei werden Themen aufgegriffen, die in einem unabhängigen Forschungsstrang, näml. innerhalb der *Musikps.*, schon länger erforscht worden sind. Auch innerhalb des Forschungsgebietes der → Sprachwahrnehmung wurden mehrere Ergebnisse erarbeitet, die für eine Ps. des H. relevant sind; Weiteres s. d. Ein Spezialproblem der Forschungen zum H. sind die Erforschung der Wirkung von Schallen, die unerwünscht sind, also von *Lärm*. Die ps. Lärmforschung hat eine bis in die 30er Jahre zurückgehende Tradition (z. B. Laird u. Koye 1929; Bartlett 1934; Bergius 1939). Vgl. zum Überblick Schick (1979, 1981, 1990), Guski (1989); zur Wirkung von Lärm auf die psych. Leistung vgl. Smith u. Ottmann (1987); die Spannung zw. Politik u. Forschung thematisiert bes. Rohrmann (1984): Es stellt die Forschung näml. vor erhebl. Probleme, die negativen Wirkungen von Lärm zu objektivieren; Lärmwirkung ist ein multikausales Geschehen, in das viele Moderatorvariablen eingehen, u. insofern ist die Lärmforschung paradigmat. für die Problematik der angewandten Ps. überhaupt; vgl. Hörmann (1974) u. Kastka (1976).

(1) Zentrales Thema ist die Frage, wie Ohr u. Gehirn Tonhöhen wahrnehmen, analysieren u. bestimmen – wir können zw. 20 Hz u. 18000 Hz wahrnehmen, innerhalb eines Energiebereichs, der von 10^{-13} bis 100 Watt pro qm reicht. Als *Theorien des H.* bzw. *Hörtheorien* bezeichnet man in der Regel nicht allg. Theorien des H., sondern Theorien über eben diese Tonhöhendiskrimination. Es sind weitgehend physiolog. Theorien; wichtig sind die *Einorts-Resonanz-Theorie* von von Helmholtz, die sog. *Telefontheorie* von Rutherford (1821–1894); die *Theorie der stehenden Wellen* bzw. *Schallbildertheorie* von Ewald, ebenfalls seit dem 19. Jahrhundert entwickelt. Die heute dominierende Theorie ist die sog. *Wanderwellen-Theorie* von Georg von Békésy (1899–1972), für die er 1961 den Nobelpreis erhielt. Über neuere Forschungen u. Weiterentwicklungen referiert Hellbrück (1993); vgl. zum Überblick Birbaumer u. Schmidt (1989). Für die Skalierung der Tonhöhenempfindung gibt es die Tonleiter der Musik, eine im nichtps. Bereich entwickelte Art von Skala, bei der eine feste (angenähert logarithm.) Beziehung zw. Frequenz u. Tonhöhe besteht: Jede Verdopplung der Frequenz führt zu einer Erhöhung des Tons um eine Oktave; ein Ton von 250 Hz ist halb so hoch wie ein Ton von 500 Hz. Oberhalb von 500 Hz weicht das empfundene Tonverhältnis stark von der Proportionalität zur Frequenz ab, hier braucht man etwa das Vierfache der Frequenz, um einen doppelt so hohen Ton wahrzunehmen. Auch die subjektive Breite der Abstände nimmt mit zunehmender Frequenz zu: Höhere Oktaven werden als »breiter« empfunden als niedrige. Aus dieser nichtlinearen Beziehung zw. Tonhöhe und Frequenz hat man die sog. *Mel-Skala* entwickelt (abgeleitet von *melody*), die von der Musik-Tonleiter abweicht (man hat hier deswegen auch statt des Begriffs der *Tonhöhen-Empfindung* das Kunstwort *Tonheit* verwendet, Abk.: *z*). Die Mel-Skala ist eine Skala der sog. *Verhältnistonhöhe*, bei ihr bleiben die subjektiven Abstände zw. den Tonhöhen über den gesamten skalierten Bereich hinweg gleich groß. Diese Skala konnte nicht in gleicher Weise wie die Sone-Skala (s. u.) prakt. Bedeutung erlangen.

(2) Zur Skalierung der Lautstärke bzw. *Lautheit* (*T*: *Lautheit*, engl. *loudness*, ist in der dt. Umgangssprache wenig gebräuchl., es wird dort meist mit *Lautstärke* gleichgesetzt; in der Terminologie der Akustik bzw. Psychoakustik wird aber mit *Lautheit* immer die *subjektiv* empfundene Lautstärke bezeichnet). Hierfür wurde ursprüngl. die *Dezibel-Skala* (dB) entwickelt, die eine logarithm. Skala ist.

Die *Phon-Skala* baut auf der *dB-Skala* auf, berücksichtigt aber die Frequenzabhängigkeit der Lautstärkeempfindung. Der Bezugspunkt für die Lautstärkemessung ist jener Schalldruck, der bei der durchschnittl. absoluten Hörschwelle für 1000 Hz herrscht. 0 dB kennzeichnet diese Schwelle, während 40 dB den Geräuschpegel beschreibt, der in unserem Ohr bei normalen Gesprächen herrscht; 90 dB entspricht der Lautstärke eines schweren Lastwagens über 7 m Entfernung. Wenn zwei ident. Schallquellen gleichzeitig aktiv sind, dann erhöht sich die Gesamtlautstärke nur um etwa 3 dB gegenüber den Einzellautstärken. Beide Skalen sind letztl. doch keine optimalen Maße für die Empfindungsgröße *Lautheit*, da das dahinterstehende klass. Modell der Psychophysik u. das → Fechnersche Gesetz, nach dem die Dezibel-Skala in einer linearen Beziehung zu einer aus ebenmerkl. Lautstärkenunterschieden aufaddierten Skala stehen sollte, als revisionsbedürftig angesehen werden; auf die Frage, wievielmal lauter bzw. leiser ein Schall gegenüber einem anderen Schall ist, geben diese Skalen näml. keine Antwort. Erst mit den direkten Methoden der neuen Psychophysik wurde eine Skala erstellt, die diesen Anforderungen genügt; ihre Einheit ist *Sone* (*Sone-Skala*). Dabei entspricht der Wert von einem *Sone* einem Schallpegel von 40 dB. Die Sone-Skala spielt in modernen Verfahren der Lautheits- u. Lärmbewertung eine bedeutende, allerdings umstrittene Rolle. Sie beinhaltet, dass Empfindungsverhältnisse linear von den Reizverhältnissen, Lautheitsverhältnisse also linear von Schalldruckverhältnissen abhängen, u. dies impliziert mathemat. eine Potenzfunktion zw. Lautheit u. Schalldruck (bzw. Schallintensität); der Exponent ist 0,6 (bzw. 0,3 auf die Schallintensität bezogen). Dies bedeutet, dass zu einer Verdopplung der Lautheit jeweils eine Schallpegelerhöhung von 10 dB nötig ist (sog. *10 dB-Regel*). Zur Problematik u. zu einer Alternativ-Theorie, der sog. *Physical-correlate-Theorie* der Lautheit, vgl. Hellbrück (1993). Diese Theorie hat einen wahrnehmungsökolog. Ansatz, da sie von der Frage ausgeht, welche Funktion die Lautheitswahrnehmung hat, u. sie postuliert, dass diese v. a. einer Schätzung der räuml. Entfernung dient, u. gelangt so zu einer *6dB-Regel*; vgl. hierzu Warren (1981) u. die anschließenden Kommentare. Die *absolute Hörschwelle* (auch *Ruhehörschwelle*) ist abhängig von der Frequenz: Für sehr tiefe u. sehr hohe Töne wird sehr viel Schalldruck benötigt. Die mittlere Hörschwelle gesunder Menschen liegt bei 4 Phon. Die Lautstärkenempfindung ist frequenzabhängig (mit zunehmender Lautstärke allerdings in immer geringerem Maße, in der Nähe der Schmerzgrenze ist der Zusammenhang zw. Schalldruck u. Lautheit nahezu linear). Diese Frequenzabhängigkeit führt zum Kzpt. der *Kurven gleicher Lautstärken* bzw. gleicher *Lautheit* (*Isophone*; *Kurven gleicher Pegellautstärke*); dies bedeutet z. B., dass ein Ton mit der Frequenz von 1000 Hz weniger Energie benötigt, um einen bestimmten Lautheitseindruck zu erzeugen, als einer mit der Frequenz 100 o. 10000 Hz. Dieses Kzpt. ist die Grundlage der Lärmbewertung. Ein eigenes Problem ist das der *binauralen Lautheitssummation*, also der Verstärkung des Lautheitseindrucks durch die Aufsummation der Lautstärkeneindrücke über beide Ohren – in diesem Punkt unterscheidet sich das Gehör vom Auge, da es nicht dunkler wird, wenn man eines von beiden Augen schließt; dies ist ein Problem, das nicht nur in der Hörforschung, sondern auch in der Psychometrie diskutiert wird; vgl. Gigerenzer u. Strube (1982).

(3) Ein eigenes Problem ist die Raum- u. Richtungswahrnehmung beim H., deren Möglichkeit früher bezweifelt worden ist. (a) Zum *Entfernungshören* dienen folgende Kriterien: Lautstärkenveränderung (je entfernter die Schallquelle, desto leiser); Lautstärkendifferenz (je entfernter die Schallquelle, desto geringer der Intensitätsunterschied zw. beiden Ohren); Widerhall (je entfernter eine Schallquelle, desto stärker der Widerhall aufgrund der über den Weg entstandenen Anzahl der reflektierenden Wellen); Klangveränderung (mit zunehmender Entfernung gehen hohe Töne verloren). (b) *Richtungshören*: Drei Kriterien ermögl. die akust. Lokalisation: Zeitunterschied, Phasenunterschied (eine seitl. eintreffende Schallwelle wird auch mit einer bestimmten Phasenverschobenheit die beiden Ohren erreichen), Lautstärkenunterschied. Für alle drei Kriterien gilt, dass die

Kopfbewegung bei der Lokalisation mit verrechnet wird, begründet in den Unterschieden des Schalls, der die zwei Ohren erreicht, also der interauralen Pegeldifferenz bzw. der interauralen Laufzeitdifferenz. Auch die Klangfärbung, die der Schall durch Resonanzen u. Reflexionen am Kopf erhält, spielt bei der Richtungswahrnehmung eine Rolle. Das *Gesetz der ersten Wellenfront* (auch *Präzedenzeffekt*) besagt: Wenn zwei Schalle so kurz nacheinander auf das Ohr treffen, dass sie zu einem einzigen Höreindruck verschmelzen, dann wird das Hörereignis dort lokalisiert, wo die Quelle des ersten Schalls ist. Dieses Prinzip spielt im Alltag eine erhebl. Rolle, da uns viele Schallquellen sowohl direkt als auch indirekt über Reflexionen an Boden u. Wänden treffen u. wir so immer mehrere schnell aufeinander folgende Echos wahrnehmen müssten.

Im Übrigen zeigen sich im Hörbereich auch allg. Phänomene wie → Maskierung u. → Adaptation.

VD: (1) Ein Grundphänomen der Psychoakustik, das demonstriert, dass auch bei relativ einfachen Wahrnehmungsprozessen zentrale Prozesse eine wichtige Rolle spielen, ist Folgendes: Komplexe Töne enthalten einen Grund- u. Oberton, u. auch wenn man den Grundton weglässt, hört man nicht etwa einen höheren Ton, sondern das Gehirn fügt sozusagen den Grundton hinzu: Man spricht vom Phänomen des *fehlenden Grundtons* (auch *fehlender Hauptbestandteil*, engl. *missing fundamental*; *Phänomen der subjektiven Grundtonerkennung*, engl. *fundamental tracking*; auch *virtuelle Tonhöhe* o. *Residualton* bzw. *Residuum* – der letztgenannte Begriff ist derjenige, der ursprüngl. zur Bezeichnung des Phänomens eingeführt wurde, u. zwar von Schouten 1938; vgl. hierzu Hellbrück 1993). Das Phänomen ist von Alltagsrelevanz, z. B. beim H. von Musik mit schlechten Lautsprechern, bei denen das Gehörsystem die zu den Partialtönen gehörenden Grundtöne sozusagen erschließt; Ähnliches gilt für die Wahrnehmung der menschl. Stimme über das Telefon.

(2) Außerdem besitzt das Ohr eine Art von Frequenzfilter, was eine wichtige Rolle für das Erkennen von Signalen in einem verdeckenden Rauschen spielt; Menschen können so aus einem Gemisch verschiedener Töne einen bestimmten Ton heraushören. Die Schwelle für diese Frequenzauflösung liegt bei etwa 15 bis 20 % der Tonfrequenz. Das Phänomen, dass sich gleichzeitig vorhandene Tonfrequenzen bei einem Geräusch gegenseitig verdecken, u. zwar in Abhängigkeit vom Frequenzabstand der Prüftöne, hat zum Kzpt. der *krit. Frequenzbänder* geführt: Wenn die hörbaren Frequenzkomponenten eines Geräusches im Frequenzbereich weit auseinander liegen, verdecken sie sich nicht gegenseitig, liegen sie nahe beieinander, verdecken sie sich, was dazu führt, dass das Geräusch bei gleicher physikal. Intensität leiser klingt als bei weit auseinander liegenden Frequenzkomponenten. Derjenige Abstand zw. den beteiligten Tonfrequenzen, von dem ab das Geräusch lauter wird, wird *krit. Frequenzband* genannt. Wenn man also einen Ton von 200 Hz u. einen anderen von 250 Hz gleichzeitig hört, klingt dieses Geräusch leiser, als wenn man einen Ton von 200 u. einen von 350 Hz gleichzeitig hört.

(3) *T*: Da *Töne* – im Unterschied zu Geräuschen – Hörereignisse mit regelmäßigen Schallschwingungen sind, spricht man bisweilen von *Tonwahrnehmung*, wenn speziell dieses Thema betroffen ist; bes. die der älteren dt. Ps. existiert der Begriff der *Tonps*.

LIT: Ein Überblick zur Audiometrie ist Lehnhardt (1987); ein Überblick über die Geschichte der Hörforschung ist Carterette (1978) u. Morton (1978); ein populärwissenschaftl. Buch zur Akustik u. der Erforschung des Gehörs ist Stevens u. a. (1970); eine Einführung in die Physik des Schalls, systemtheoret. orientiert u. speziell auf Psychologen, Audiologen u. Phonetiker zugeschnitten, ist Rosen u. Howell (1991); einen detaillierten Einblick in Anatomie u. Physiologie des Gehörs, insbes. auch in die Funktion des efferenten Systems u. in die physiolog. Korrelate psychoakust. Phänomene vermittelt Pickles (1988); zur Physiologie, Biochemie, Zell- u. Neurobiologie des Hörens vgl. Zenner (1994); zur Evolution des Ohrs vgl. Fleischer (1984); eine deutschsprachige Einführung in die Hörphysiologie, die allerdings nur den Stand der Forschung bis 1975 widerspiegelt, ist Keidel (1975); ein Überblick über neuere

Entwicklungen ist Teas (1989); eine umfassende Darstellung ist Gelfand (1991); ein moderner Klassiker der Physiologie u. Ps. des H. ist Stevens u. Davis (1938); zum räuml. H. vgl. Blauert (1983). Einführungen in die Ps. des H. sind Moore (1982); zu den physikal. u. psychoakust. Grundlagen der Musik vgl. Roederer (1977); vgl. auch Zwicker (1982); ein deutschsprachiger tief schürfender u. dennoch verständl. Überblick ist Hellbrück (1993); auch bei Wendt (1989) findet sich eine einführende u. gleichzeitig tief schürfende Darstellung der verschiedenen Hörtheorien; zur Entwicklung der auditiven Wahrnehmung in der frühesten Kindheit vgl. Keller u. Meyer (1982); speziell zur Entwicklung der Melodiewahrnehmung vgl. Schwarzer (1993); zu experimentalps. Übungen vgl. Arnold (1972); zu prakt. Rechenbsp. mit den unterschiedl. Skalen vgl. Guttmann (1992); zum Überblick über die Musikps. vgl. de la Motte-Haber (1985) u. Bruhn u. a. (1985); auf musikps. Gebiet finden sich im deutschsprachigen Raum klass. Arbeiten, so die aus einem gestalttheoret. orientierten Ansatz geschriebene *Tonps.* von Carl Stumpf (1848–1936); vgl. Stumpf (1883, 1890); bedeutende deutsche Musikpsychologen sind Geza von Révész (1878–1955) u. Albert Wellek (1904–1972), der u. a. eine wichtige Arbeit zum absoulten Gehör verfasste; vgl. Wellek (1938); zur Entwicklung der Melodiewahrnehmung vgl. Schwarzer (1993); zur Enwicklung der auditiven Wahrnehmung in der frühesten Kindheit vgl. Keller u. Meyer (1982).

◆ Arnold, W.: Ps. Praktikum, 1. Bd. Stuttgart 1972; Bartlett, F. C.: The problem of noise. London 1934; Birbaumer, N. u. Schmidt, R. F.: Biolog. Ps. Berlin 1989; Blauert, J.: Spatial hearing. Cambridge/Mass. 1983; Bruhn, u. a. (Hg.): Musikps. Ein Handbuch in Schlüsselbegriffen. München 1985; Campenhausen, C. v.: Die Sinne des Menschen. Stuttgart 1993; Carterette, E. C. u. Friedman, M. P. (Hg.): Handbook of perception, 4. Bd., New York 1978; Carterette, E. C. u. Morton, P. M. (Hg.): Some historical notes on research in hearing. In: Carterette u. Friedman (1978) S. 3–40; de la Motte-Haber, H.: Handbuch der Musikps. Laaber 1985; Fleischer, G.: Geschichte des Ohres – Geschichte der Erde. HNO-Information 2, 1984, S. 7–25; Gelfand, S. A.: Hearing. New York 1991; Gigerenzer, G. u. Strube, G.: Axiomat. Analyse der binauralen Additivität. PB 24, 1982, S. 326–330; Guski, R.: Wahrnehmung. Stuttgart 1989; Guttmann, G. (Hg.): Allg. Ps., Experimentalps. Grundlagen. Wien 1992; Hellbrück, J.: Hören. Physiologie, Ps. u. Pathologie. Göttingen 1993; Hörmann, H.: Das Fluglärmprojekt der DFG – Fragen, Ziele, Probleme. Kap. 1. In: DFG-Forschungsbericht Fluglärmwirkungen 1974; Kastka, J.: Untersuchungen zu Belästigungswirkungen der Umweltbedingungen, Verkehrslärm u. Industriegerüche. In: Kaminski, G. (Hg.): Umweltps. Stuttgart 1976 S. 187–223; Keller, H. u. Meyer, H.-J.: Ps. der frühesten Kindheit. Stuttgart 1982; Keidel, W. D. (Hg.): Physiologie des Gehörs. Stuttgart 1975; Laird, D. A. u. Koye, K.: Psychological measurements of annoyance as related to pitch and loudness. Journal of the Acoustical Society of America 1, 1929, S. 158–163; Lenhardt, E.: Praxis der Audiometrie (6. Aufl.). Stuttgart 1987; Moore, B. C. J.: An introduction to the psychology of hearing. London 1982; Murch, G. M. u. Woodworth, G. L.: Wahrnehmung. Stuttgart 1978; Pickles, J. O.: An introduction to the physiology of hearing. London 1988; Roederer, J. G.: Physikal. u. psychoakust. Grundlagen der Musik. Berlin 1977; Rohrmann, B.: Ps. Forschung u. umweltpolit. Entscheidungen: Das Bsp. Lärm. Opladen 1984; Rosen, R. u. Howell, P.: Signal and systems for speech and hearing. London 1991; Schick, A.: Schallwirkung aus ps. Sicht. Stuttgart 1979; Schick, A. (Hg.): Akustik zw. Physik u. Ps. Stuttgart 1981; Schick, A.: Schallbewertung. Grundlagen der Lärmforschung. Berlin 1990; Schubert, E. D.: History of research on hearing. In: Carterette u. Friedman (1978), S. 41–83; Schwarzer, G.: Entwicklung der Melodiewahrnehmung. Heidelberg 1993; Smith, A. P. u. Ottmann, W.: Einfluß von Umgebungsfaktoren auf die psych. Leistung. In: Kleinbeck, U. u. Rutenfranz, J. (Hg.): Arbeitsps. EP, D, III, 1. Bd. Göttingen 1987, S. 304–380; Stevens, S. S. u. Davis, H.: Hearing. Its psychology and physiology. New York 1938 (Nachdruck 1983); Stevens, S. S.: Schall u. Gehör. Reinbek 1970; Stumpf, C.: Tonps., 2 Bde. Leipzig (1883/1890); Teas, D.: Auditory physiology: present trends. ARP 40, 1989, S. 405–429; Warren, R. M.: Measurement of sensory intensity. BBS 4, 1981, S. 75–223; Wellek, A.: Das absolute Gehör u. seine Typen. Leipzig 1938; Wendt, D.: Allg. Ps. Stuttgart 1989; Zenner, H. P.: Hören. Physiologie, Biochemie, Zell- u. Neurobiologie. Stuttgart 1994; Zwicker, E.: Psychoakustik. Berlin 1982.

Hörtheorie → Hören.

Hoffnung. Im Rahmen der → differentiellen Emotionstheorie wird H. gesehen als eine Interaktion zw. der Grundemotion → Interesse u. einer positiven Erwartung. H. wird in der Theorie der → Leistungsmotivation thematisiert als *H. auf Erfolg* vs. *Angst vor Misserfolg*. In der Lerntheorie Mowrers wird H. als konditionierte Reaktion auf die Signalisierung eines bevorstehenden Ereignisses definiert u. damit als zentral für die Verhaltenssteuerung aufgefasst.

VD: Insges. gesehen konstituiert H. kein wichtiges Forschungsthema der Ps., eher berücksichtigt wurde das Thema *Hoffnungslosigkeit*, es zieht sich durch verschiedene Forschungsansätze hindurch, zentral ist es v. a. im Paradigma der → gelernten Hilflosigkeit, das Hoffnungslosigkeit mit der Ätiopathogenese von Depression in Zusammenhang bringt (Kzpt. der *Unkontrollierbarkeit*; s. a. → depressiver Attributionsstil). Auch in der Psa. wird Hoffnungslosigkeit als konstitutives Merkmal von Depressionen gesehen; vgl. hierzu Bibring (1953). Im psychosozialen Entwicklungsmodell der Persönlichkeit von Erikson (1968) wird Misstrauen in der frühesten Kindheit als diathet. für die Hoffnungslosigkeit von Jugendlichen u. Erwachsenen u. für verschiedene psychopatholog. Erscheinungsbilder postuliert. Horney (1970) geht davon aus, dass die bei Depressiven u. Neurotikern vorliegende Hoffnungslosigkeit durch die Wiederholung von neurot. Vhsmustern im Laufe der Erkrankung immer weiter verstärkt wird, so dass der Kranke in einem »Zirkel der Hoffnungslosigkeit« gefangen ist. Ähnl. Überlegungen finden sich in neueren kognitivist. Depressionstheorien. Im Ansatz von Engel (1968) wird die Bedeutung der Hoffnungslosigkeit für psych. Krankheiten, insbes. psychosomat. Krankheiten analysiert: *Given-up-Syndrom* o. *Phase des Aufgebens* bzw. *Aufgegebenhabens*, die dem Ausbruch o. der Verschlimmerung vieler organ. Erkrankungen vorhergehe, charakterisiert durch ein Gefühl unwiederbringl. Verlustes o. Entbehrens; vgl. Engel u. Schmale (1978). Im dt. Bereich finden sich neuere Ansätze bei Schwarzer (1981) u. Becker (1980).

LIT: Zu älteren dt. Ansätzen vgl. Lersch (1938); zur Bedeutung der H. bei der Bewältigung von Belastungen vgl. Ulich (1984); zu psa. Ansätzen vgl. Schnoor (1988); zum Überblick Ulich u. Mayring (1992); übergreifende Aspekte des Themas *Hoffnungslosigkeit* werden von Krampen (1987) diskutiert.

◆ Becker, P.: Studien zur Ps. der Angst. Weinheim 1980; Bibring, E.: The mechanism of depression. In: Greenacre, P. (Hg.): Affective disorders. New York 1953; Engel, G. L. u. Schmale, A. H.: Der Objektverlust. Eine psa. Theorie der somat. Störung. In: Overbeck, G. u. Overbeck, H. (Hg.): Seel. Konflikte – körperl. Leiden. Reinbek 1978, S. 247–268; Engel, G. L.: A life setting conductive to illness: the given-up complex. Annual International Medicine 69, 1968, S. 293–300; Erikson, E. H.: Identity. New York 1968; Horney, K.: Neurosis and human growth. New York 1970; Krampen, G.: Handlungstheoret. Persönlichkeitsps. Göttingen 1987; Lersch, P.: Aufbau der Person. München 1938; Schnoor, H.: Psa. der Hoffnung. Heidelberg 1988; Schwarzer, R.: Streß, Angst u. Hilflosigkeit. Stuttgart 1981; Ulich, D. u. Mayring, P. (Hg.): Ps. der Emotionen. Stuttgart 1992; Ulich, D.: Ps. der Hoffnung. ZfpersPP 3, 1984, S. 375–385.

Hoffnung auf Erfolg → Leistungsmotivation.

Holismus → Modularismus.

Hologene Methode → Aktualgenese.

Holografisches Modell → Konnektionismus.

Hologramm-Theorie → Neuropsychologie.

Homöostatische vs. nichthomöostatische Motivation. H. M. haben ihren Ursprung in Bedingungen, die das physiolog. Gleichgewicht (*Homöostase*) des Organismus stören u. durch Änderungen im internen Milieu des Organismus bedingt sind. Sie lösen Vh. aus, das der Einregelung dieser gestörten Homöostase dient. N. M., bisweilen auch *stimulusinduzierte* o. *reizgebundene Motivationen* genannt, werden dagegen durch Veränderung der externen Umwelt des Organismus ausgelöst. Sie werden häufig durch die aus ihnen resultierende Handlung nicht reduziert, sondern erhöht u. folgen damit eher einem *Triebinduktions-* als einem → Triebreduktions-Modell. Grossmanns Zwei-Faktoren-Theorie der Motivation ordnet der h. M. Hunger, Durst, Schlaf und Ausscheidung zu, der n. M. sexuelle u. emotionale Erregung, auch → Neugier u. → Explorationsverhalten. Nichthomöostat. Vh. ist in stärkerem Maße von Lernprozessen abhängig als homöostat. Vh.; so zeigen die Ergebnisse von Harlow (1970), dass sensor. u. soziale Deprivation bei Schimpansen adäquates Sozialvh. zerstört, während das Vh. der Nahrungsaufnahme nicht gestört wird.

◆ Bolles, R. C.: Cognition and motivation: Some historical trends. In: Weiner, B.: Human motivation. New York 1974, S. 101–120; Brody, N.: Human motivation. New York 1983; Grossman, S. P.: A textbook of physiological psychology. New York 1967; Harlow, H. F. u. Harlow, M. K.: Developmental aspects of emotion and behaviour. In: Black, P. (Hg.): Physiological correlates of emotion. New York 1970; Lersch, P.: Aufbau der Person. München 1954 (6. Aufl.).

Homogenes switching → Transswitching.

Homo oeconomicus → Wirtschaftspsychologie; → Entscheidungstheorien.

Homotation → Assimilation.

Horizontale Verschiebung → genetische Epistemologie.

Horizontal-vertikal-Täuschung → geometrisch-optische Täuschungen.

Hormische Psychologie, die von William McDougall (1871–1938) begründete ps. Theorie, die, im Gegensatz zu einer einseitigen Wahrnehmungs- u. Denkps., v. a. die motivationalen u. triebhaften Aspekte des Vhs. hervorhebt (griech. *horme* = Drang, Antrieb). Betont wird auch die Zielstrebigkeit des Vhs., die sich aber immer auf Instinktbasis abspielt; McDougall unterscheidet viele verschiedene Instinkte bzw. *propensities,* so v. a. Futtersuche, Ekel, Sexualität, Furcht, Neugier, Schutz u. elterliche Fürsorge, Geselligkeit, Selbstbehauptung, Unterwerfung, Ärger, Wut, soziale Anziehung, Konstruktion, Erwerb, Lachen, Zufriedenheit, Ruhe, Schlafwandern, Umherziehen, Husten, Niesen, Atmen, Ausscheidungen u. andere körperl. Bedürfnisse. Die Instinkte u. die dazugehörigen Emotionen werden durch Lernerfahrungen zu verschiedenen Kombinationen von organisierten Systemen, sog. *sentiments*, gruppiert; *Charakter* besteht aus einem System solcher *sentiments.*

LIT: Für einen knappen Überblick über motivationsps. relevanten Aspekte vgl. Keller (1981).

◆ Keller, J. A.: Grundlagen der Motivation. München 1981; McDougall, W.: An introduction to social psychology. London 1908; McDougall, W.: The hormic psychology. In: Murchison, C. (Hg.): The psychologies of 1930. Worcester 1930, S. 3–36; McDougall, W.: The energies of men. London 1932; McDougall, W.: Aufbaukräfte der Seele. Grundriß einer dynam. Ps. u. Pathops. Stuttgart 1947.

Horopter → Stereopsis.

Horopterkreis → Stereopsis.

Hürden → visuelles Suchen.

Human Associative Memory → HAM.

Human factors engineering → Arbeitspsychologie.

Humanethologie → Ethologie.

Humanistische Psychologie, eine ps. Richtung – weniger eine einheitl. Richtung als eine Strömung o. Sammlung verschiedener Ansätze (vgl. Wertheimer 1978) – die sich in Abgrenzung von der → Psychoanalyse einerseits u. vom → Behaviourismus andererseits als »Dritte Kraft« (*Third force*) konstituiert hat, ohne gegenwärtig mehr als einen Außenseiterstatus erlangen zu können. Wichtige Vertreter: Abraham H. Maslow, Erich Fromm, Charlotte Bühler u. Carl R. Rogers. Folgendes sind die zentralen Bestimmungsmomente: (a) Die h. P. bezieht sich auf Grundideen des Humanismus u. betont die → Ganzheitlichkeit der menschl. Psyche, die nur durch ein → organismisches Modell adäquat abgebildet werden könne. (b) Die h. P. postuliert eine positive Grundtendenz des Menschen zu Gesundheit u. zu Wachstum: *Selbstaktualisierung* (*self actualization*) bzw. *Selbstverwirklichung*; vgl. auch → Kompetenzmotivation. Wichtig u. auch in der akadem. Ps. rezipiert wurde das Kzpt.-Paar *Defizit-* vs. *Wachstumsmotivation* (Maslow 1955): Ersteres bezeichnet alle Strebungen, die vorwiegend der Beseitigung eines Mangelzustandes dienen, Letzteres kennzeichnet die menschl. Tendenz, aus einem liebenden u. kreativen Geist heraus produktiv Dinge zu erschaffen, eine Motivation, die also nicht der Vermeidung von Unlust dient. (c) Sehr bekannt u. in vielen Bereichen der Ps. rezipiert wurde die sog. Maslowsche *Bedürfnispyramide*, die davon ausgeht, dass es eine hierarch. Ordnung von Bedürfnissen gibt: physiolog. Bedürfnisse, Sicherheitsbedürfnisse, Liebesbedürfnisse, Geltungsbedürfnisse, Selbstaktualisierung; zw. diesen Motivationsebenen besteht eine hierarch. Ordnung derart, dass die Erfüllung der niederen Voraussetzung für die Ausbildung der höheren Strebungen ist, welche diese niederen dann nach u. nach ablösen. Erst die *Selbstaktualisierung* ist nach Maslow eine *Wachstumsmotivation*; vgl. auch → Arbeitsmotivation; vgl. auch Alderfer (1972); ähnl. Bühler (1971). (d) Insbes. von Maslow wird im Kzpt. des *Gipfelerlebnisses* (*peak-experience*) die Fähigkeit des Menschen hervorgehoben, ein tiefes Glück bei Selbstverwirklichungs-Aktivitäten zu empfinden, das in einer quasi-myst. Art u. Weise die Lust durch Triebbefriedigung übersteigt. (e) Vor diesem Hintergrund stellt die h. P. an die herkömml. Ps. die Forderung, sich nicht länger hauptsächl. mit den patholog. Seiten des Menschen zu befassen u. nicht länger nur eine »Krüppelps.« zu produzieren. (f) Auf method. Gebiet wird eine den Reduktionismus u. die Objektivität übertreibende Methodik – wie sie in der Sicht der h. P. der akadem. Ps. zu Eigen ist – zurückgewiesen. Betont wird auch, dass selbst innerhalb einer objektiven Wissenschaft moral. Kategorien berücksichtigt werden sollen u. können. (g) Die h. P. beruft sich auf die Existenzphilosophie (Kierkegaard, Heidegger, Buber, Jaspers, Sartre u. a.) u. die Phänomenologie (Husserl, Merlau-Ponty u. a.) u. übernimmt damit auch deren Hauptthemen: *Angst* u. *Freiheit* als zwei Seiten der *Geworfenheit menschl. Existenz*, *Wahl* u. *Entscheidung*, *Verantwortlichkeit*, *Gegenwärtigkeit*, allg. das *In-der-Welt-sein* als existentielles Merkmal des Menschen; vgl. zur Problematik dieser Berufung Quitmann (1985). (h) Die *Gesprächs-* u. *Gestalttherapie* u. auch die *themenzentrierte Interaktion* sind Therapien im Geist der h. P. u. haben maßgebl. zu ihrer Verbreitung beigetragen; vgl. z. B. Rogers (1951, 1973, 1981); Tausch u. Tausch (1979); zu den humanist.

Aspekten der Psa. vgl. Sugarman (1977). (i) Die h. P. hat auch östl. Traditionen wie Yoga, Meditation u. Zen rezipiert; vgl. z. B. Fromm u. a. (1974); Suzuki (1976).

KR: Kritikpunkte an der h. P. waren: Intellekt-Feindlichkeit, mangelnde Methodik u. Unreife der Theoriebildung, unklarer Bezug auf philosoph. Tradition, übertriebener Idealismus u. eine verzerrte Gesellschaftskritik; insbes. antihumanist. Auswüchse bestimmter therapeut. Entwicklungen der h. P. wurden scharf kritisiert; vgl. Koch (1977).

VD/T: Wegen des unter (g) dargelegten Rekurses auf die Philosophie werden bes. im angloamerikan. Sprachraum die Begriffe *phänomenolog. Ps.* u. *existentialist. Ps.* in einem ähnl. Sinne wie *h. P.* verwendet; zwei lehrbuchartige Darstellungen der h. P., die auf die Begriffe *existentiell* u. *phänomenolog.* auch im Titel rekurrieren, sind: Valle u. Kinn (1978 »Existential-phenomenological alternatives for psychology«) sowie Pollio (1982 »Behaviour and existence. An introduction to empirical humanistic psychology«); zum Existenzbegriff vgl. auch May u. a. (1958).

LIT: Zsfd. Darstellungen sind Kollbrunner (1987); Quitmann (1985); Voelker (1980); klass. Programmatiken der h. P. finden sich bei Bühler u. Allen (1972); Rogers (1963); Maslow (1956); vgl. auch das Vorwort des Herausgebers Anthony Sutich der ersten Ausgabe des *Journal of Humanistic Psychology*; ein interessantes Buch über die Idee der Selbstverwirklichung in den unterschiedlichsten Theorien sowie ihre Bedeutung für die psych. Gesundheit ist Paulus (1994).

◆ Alderfer, C. P.: Existence, relatedness, and growth. New York 1972; Allport, G. W.: Becoming. New Haven 1955 (dt. Ausg.: Werden der Persönlichkeit. Bern 1958); Bühler, C. u. Massarik, F. (Hg.): Lebenslauf u. Lebensziele. Studien aus humanist.-ps. Sicht. Stuttgart 1969; Bühler, C.: Grundbegriffe der Humanist. Ps. PsuPr 15, 1971, S. 49–57; Bühler, C. u. Allen, M.: Introduction to humanistic psychology. Monterey 1972 (dt.: Einführung in die Humanist. Ps. Stuttgart 1973); Fromm, E.: Escape from freedom. New York 1941 (dt.: Die Furcht vor der Freiheit. In: dtv-Gesamtausgabe 1980, Bd. I); Fromm, E.: Man for himself. New York 1947 (dt. Ausg.: Psychoanalyse u. Ethik. Konstanz 1954); Fromm, E. u. a. (Hg.): Zen-Buddhismus u. Psa. Frankfurt/M. 1974 (4. Aufl.), S. 9–100; Graumann, C. F.: Ps. – humanist. o. human? In: Voelker (1980), S. 39–51; Horney, K.: New ways in psychoanalysis. New York 1939; Horney, K.: Neurosis and human growth. New York 1950 (dt. Ausg.: Neurose u. menschl. Wachstum. München 1975); Jung, C. G.: Die Beziehungen zw. dem Ich u. dem Unbewußten. Darmstadt 1928; Keller, J. A.: Grundlagen der Motivation. München 1981; Kessler, E.: Die pädagog. Bedeutung des Humanismus. In: Garin, E.: Geschichte u. Dokumente der abendländ. Pädagogik, 2. Bd. Reinbek 1966, S. 298–300; Koch, S.: The image of man implicit in encounter group theory. JHuP 11, 1971, S. 109–128; Koch, S.: Ps. – als Wissenschaft ein Flop. PH 4, 1977, S. 48–52; Kollbrunner, J.: Das Buch der Humanist. Ps. Eschborn 1987; Maslow, A. H.: Dynamics of personality organization. In: PR 50, 1943, S. 514–539; Maslow, A. H.: Self-actualizing people: a study of psychological health. Personality Symposium Nr. 1 on values. 1950; Maslow, A. H.: Motivation and personality. New York 1954 (dt.: Motivation u. Persönlichkeit. Olten 1977); Maslow, A. H.: Deficiency motivation and growth motivation. In: Jones, M. R. (Hg.): Nebraska Symposium on Motivation. Lincoln, Nebr. 1955, S. 1–30; Maslow, A. H.: Towards a humanistic psychology. In: Review of General Semantics 13, 1956, S. 10–22; Maslow, A. H.: Philosophy of psychology: the need for a mature science of human nature. In: Main Currents in Modern Thought 13, 1957, S. 27–32; Maslow, A. H.: Towards a psychology of being. New York 1968 (dt.: Ps. des Seins. München 1973); May, R. u. a. (Hg.): Existence. A new dimension in psychiatry and psychology. New York 1958; May, R.: Man's search for himself. New York 1963; May, R.: Love and will. New York 1969; May, R.: Der verdrängte Eros. Hamburg 1970; Nevill, D. D.: Humanistic psychology. New York 1977; Paulus, P.: Selbstverwirklichung u. psych. Gesundheit. Göttingen 1994; Perls, F. S. u. a.: Gestalttherapie. 2 Bde. Stuttgart 1979; Pollio, H. R.: Behaviour and existence. An introduction to empirical humanistic psychology. Monterey 1982; Quitmann, H.: Humanist. Ps. Göttingen 1985; Rogers, C. R.: Client-centered therapy. Boston 1951 (dt. Ausg.: Die klientbezogene Gesprächstherapie. München 1973); Rogers, C.: Towards a science of a person. In: JHuP 2, 1963, S. 90ff.; Rogers, C. R.: Entwicklung der Persönlichkeit. Stuttgart 1973; Rogers, C. R.: Therapeut u. Klient. München 1981; Severin, F.: Humanistic view points in psychology. New York 1965; Spinelli, E.: The interpreted world. An introduction to phenomenological psychology. London 1989 (mit Bibliographie); Sugarman, A.: Psychoanalysis as a humanistic psychology. Psychotherapy: Theory, Research and Practice 14, 1977, S. 204–211; Sutich, A. J. u. Vich, M. A. (Hg.): Readings in humanistic psychology. New York 1969; Suzuki, D. T.: Die große Befreiung. Einführung in den Zen-Buddhismus. Zürich 1976; Tausch, R. u. Tausch, A.-M.: Gesprächspsychotherapie (7. Aufl.). Göttingen 1979; Valle, R. D. u. Kinn, M.: Existential-phenomenological alternatives for psychology. New York 1978; Voelker, U. (Hg.): Humanist. Ps. Weinheim 1980; Wertheimer, M.: Humanistic psychology and the humane but tough-minded psychologist. AmP 33, 1978, S. 739–745; Ztschr.: Journal of Humanistic Psychology, The Humanistic Psychologist.

Humanökologie → ökologische Psychologie.

Humphreys Brett → Wahrscheinlichkeitslernen.

Humphreys Effekt → intermittierende Verstärkung.

Humphreys Paradoxon → intermittierende Verstärkung.

Hunger und Durst. H. u. D. beruhen auf komplizierten Prozessen, deren Steuerung bis heute wissenschaftl. noch nicht völlig geklärt ist. Für das psych. Sättigungserlebnis wichtig sind sensor. Erlebnisse: orale Sensationen, Geschmack, Berührungsreize, Essaktivitäten sowie die subjektiven Erlebnisse der Füllung des Magens u. der Verdauungsprozesse. Schon die lerntheoret. orientierte Forschung hat gezeigt, dass der Verstärkerwert von Nahrung nicht nur von der Bedürfnislage, also vom H., gemessen über die Deprivationszeit, sondern auch vom subjektiven Belohnungswert abhängig ist, speziell auch von dem Verhältnis von erwarteter u. realer Nahrungsmenge (→ Crespi-Effekt). Nicht allein die rein objektiv-physiolog. → Triebreduktion ist entscheidend, sondern ebenso – auch bei Tieren – Aspekte des konsumator. Vhs.: So besitzt z. B. bei gleichem Nährwert der Geschmack, insbes. die Süße der Nahrung, eine eigene u. starke motivationale Bedeutung (vgl. Hutt 1954). Die *triebinduzierenden* u. *triebreduzierenden* Faktoren scheinen bei der Regulation des Ernährungsvhs. auf komplizierte Weise zusammenzuspielen, da angenehme Getränke einerseits stärker als unangenehme das Trinkvh. reduzieren, andererseits u. U. es auch wieder fördern, so dass also von angenehmen Getränken mehr als von einfachem Wasser getrunken wird; z. B. reduziert die Aufnahme von Saccharinlösung durch den Mund, nicht jedoch eine Injektion der Lösung in den Magen den anschließenden Verbrauch bei Ratten; der Geschmack von Saccharin hat somit einerseits die Eigenschaft eines *Endreizes*, trotzdem trinken Ratten mehr von einer Saccharinlösung als von reinem Wasser, vgl. Grossman (1967). Auch konnte gezeigt werden, dass die Stärke von H. u. D. nicht nur von der Deprivationszeit abhängt, sondern in hohem Maße von den subjektiven Bewertungen insbes. auch von der Berechtigung des Hunger- u. Durstgefühls; vgl. Brehm (1969). Die *Zwei-Komponenten-Theorie des H.* (vgl. schon Beck 1930) nimmt demgemäß eine Trennung zw. der rein oralen Komponente der Sättigung u. der physiolog. Sättigung im eigentl. Sinne vor – dem korrespondiert in etwa die vorwissenschaftl. Unterscheidung zw. *H.* u. *Appetit*. Die *Externalitätshypothese* (Schachter 1971) postuliert, dass übergewichtige Personen in ihrem Ernährungsvh. sensitiver sind für äußere als für innere Hinweisreize (Sättigungsgefühl), was es für sie schwer macht, »Versuchungen« zu widerstehen. Auch Experimente zur → Scheinfütterung am Tier bzw. am Menschen ergaben die unterschiedl. Bedeutung beider Komponenten für adipöse o. normalgewichtige Personen; vgl. van Itallie u. Campbell (1972). Das Ernährungsvh. des Menschen wird zunehmend unter einem interdisziplinären Aspekt analysiert, der über physiolog. Themen hinausgeht, es hat sich eine eigene *Ernährungsps.* konstituiert, die insbes. auch das Thema der Ernährungsstörungen, wie z. B. Anorexia nervosa u. Bulimia nervosa, berücksichtigt.

VD: Physiolog. Aspekte des H.: Ältere physiolog. Theorien des H. hoben v. a. *periphere* bzw. *lokale* Komponenten hervor, v. a. die Füllungsgefühle des Magens – in einem klass. Experiment wurde mit Hilfe eines Gummiballs der Magen künstl. aufgeblasen, um diese Variable kontrollieren zu können; zur Weiterentwicklung vgl. Pennick u. a. (1972). Dieses bes. von Cannon hervorgehobene Moment kann allerdings nicht von so großer Bedeutung sein, da Patienten, denen der Magen entfernt worden ist, dennoch H. haben. Die neueren Theorien betonen die Bedeutung *zentralnervöser* Steuerung, insbes. durch den Hypothalamus; neuroanatom. gesehen gibt es ein separates Hungerzentrum, das von dem allg. *Lustzentrum* abgehoben werden kann. Die *duale Hypothalamustheorie* des H. besagt, dass es getrennte Kontrollzentren für Nahrungsaufnahme und für Beendigung derselben gibt; diese Theorie wird durch andere Forschungen relativiert, ein eindeutiges Gesamtmodell existiert noch nicht. Bezügl. des physiolog. Parameters, der für das Regelungsvh. des H. zentral ist, werden von den verschiedenen Theorien unterschiedl. Faktoren hervorgehoben: (a) die *Glucostaten-Theorie* hebt die Regelung des Blutzuckerspiegels hervor; (b) die *thermale Theorie* den Zusammenhang mit der Temperaturkontrolle des Organismus; (c) die *Lipostaten-Theorie* betont Regulation des Fettgewebes; (d) die *aminostat. Theorie* hebt die Bedeutung des Aminosäurespiegels des Blutes hervor. Die biolog. orientierte *Setpoint-Theorie* beinhaltet die Vorstellung, dass es eine körpereigene Schaltzentrale (*Ponderostat*) gebe, die ein biolog. vorgegebenes Gewicht zu halten versucht – womit die Schwierigkeit einer Gewichtsveränderung verständl. wird; vgl. Cabanac u. a. (1971); Nisbett (1972); Bennett u. Gurin (1982).

LIT: Zum Überblick über motivationale Grundlagen der Nahrungs- u. Flüssigkeitsaufnahme vgl. Becker-Carus (1983); speziell zum Durst vgl. Rolles u. Rolles (1982); zur Ernährungsps. vgl. Dittrichsen (1990); Pudel u. Westenhöfer (1991); Woods-Logue (1995); Gniech (1995); zum Überblick über physiolog. Aspekte vgl. Code (1967) u. Kandel u. a. (1996); ein Review ist Morgane u. Jacobs (1969), das zugleich einen Führer durch die Literatur darstellt; vgl. auch Balagura (1973); speziell zur Neurophysiologie des Durstes vgl. Epstein (1973); für eine Methodenkritik vgl. Diehl (1981).

◆ Balagura, S.: Hunger: a biopsychological analysis. New York 1973; Beck, G.: Neue Beiträge zur Zwei-Komponenten-Theorie des Hungers. ZfPs 118, 1930, S. 283–349; Becker-Carus, C.: Motivationale Grundlagen der Nahrungs- u. Flüssigkeitsaufnahme. In: Thomae, H. (Hg.): Theorien u. Formen der Ps. der Motive. EP C, IV, 2. Bd. 1983, S. 12–70; Bennet, W. u. Gurin, J.: The dieter's dilemma. New York 1982; Brehm, M. L.: Modification of hunger and cognitive dissonance. In: Zimbardo, P. G. (Hg.): The cognitive control of motivation. Glenview 1969, S. 22–29; Cabanac, M. u. a.: Sensory feedback in regulation of body weight: Is there a ponderostat? Nature 229, 1971, S. 125–127; Cannon, W. B. u. Washbur, A. L.: An explanation of hunger. American Journal of Physiology 29, 1912, S. 449–454; Code, C. F. (Hg.): Handbook of physiology, Sekt. 6. Washington 1967; Diehl, J. M.: Die Methodik der Ernährungsforschung als mögl. Ursache für widersprüchl. Befunde. In: Kappus, W. (Hg.): Möglichkeiten u. Grenzen der Veränderung des Ernährungsvhs. Arbeitsgemeinschaft Ernährungsvh. Göttingen 1981, S. 118–132; Dittrichsen, I.: Ernährungsps. Berlin 1990; Elmadfa, I. u. Leitzmann, C.: Die Ernährung des Menschen. Stuttgart 1988; Epstein, A. N. u. a.: Neuropsychology of thirst. Washington 1973; Gniech, G.: Essen und Psyche. Berlin 1995; Grossman, S. P.: Physiological psychology. New York 1967; Hutt, P. J.: Rate of bar pressing as a function on quality and quantity of food reward. JCPP 47, 1954, S. 235–239; Kandel, E. R. u. a. (Hg.): Neurowissenschaften. Heidelberg 1996; Morgane, P. J. u. Jacobs, H. L.: Hunger and thirst World Rev. Nutr. Diet. 10, 1969, S. 100–213; Nisbett, R. E.: Hunger, obesity and the ventromedial hypotalamus. PR 79, 1972, S. 433–453; Penick, S. u. a.: Behaviour modification and the treatment of obesity. Psychosomatic Medicine 23, 1972, S. 49–55; Pudel, V. u. Westenhöfer, J.: Ernährungsps. Göttingen

1991; Pudel, V.: Einflüsse auf die Nahrungsaufnahme des Menschen. In: Dt. Gesellschaft für Ernährung (Hg.): Ernährungsbericht. Frankfurt/M. 1988, S. 203–228; Rolles, B. J. u. Rolles, E. T.: Thirst. Cambridge 1982; Schachter, S.: Emotion, obesity and crime. New York 1971; Van Itallie, T. u. Van der Weele, D.: The phenomenon of satiety. In: Björntorp, P. u. a. (Hg.): Recent advances in obesity research III. London 1983; van Itallie, T. B. u. Campbell, R. C.: Multidisciplinary approach to the problem of obesity. Journal of the American Dietetic Association 61, 1972, S. 385ff.; Woods-Logue, A.: Die Ps. des Essens und Trinkens. Heidelberg 1995; Zimbardo, P. G.: Ps. Berlin 1983.

Hurwiczsche Regel → Entscheidungstheorie.

Hybride Wissensrepräsentationsform → deklarative vs. prozedurale Wissensrepräsentation.

Hydraulisches Modell → Ethologie; → Trieb.

Hyman-Gesetz → Hick-Hyman-Gesetz.

Hyperkomplexe Zellen → Sehen; → Modularismus.

Hypermnesie. (a) Im allg. Sinne ist H. eine ungewöhnl. Gedächtnisleistung, wie sie im Fieber o. unter Hypnose auftreten kann, z. B. das Erinnern längst vergessener Inhalte, wie Fremdsprachen, die in der Kindheit gehört wurden. (b) Im Bereich der Grundlagenforschung wird der Begriff für das Phänomen verwendet, dass u. U. bei zunehmender zeitl. Distanz zu den Merkprozessen ein Item besser erinnert werden kann. Eine typ. Untersuchung bestand darin, dass Dias von einfachen Gegenständen gemerkt werden sollten: Vpn konnten bei der ersten Testung von 40 Dias durchschnittl. 19 Bilder erinnern, bei einer erneuten Testung – 80 Stunden nach Darbietung der 40 Dias (wb. selbstverständl. keinerlei Rückmeldung über die Richtigkeit der Antworten gegeben worden war) – betrug die Reproduktionsleistung jedoch 33 Bilder, was einem H.-Effekt von 74 % entspricht. Das Phänomen zeigt, dass Vergessen nicht einfach von der Zeit abhängt, u. kann auf zwei Weisen gedeutet werden: dass wiederholte Reproduktionsversuche die Rekonstruktion bereits tlw. zerfallender Kodes erlauben o. dass die Vp effizientere Such- bzw. Abruf-Strategien verwenden. Das Phänomen der H. ist v. a. von Erdelyi seit 1974 erforscht worden, vgl. Erdelyi (1982). Vgl. auch das Stw. → Reminiszenz.

◆ Erdelyi, M. H.: A note on the level of recall, level of processing, and imagery hypotheses of hypermnesia. JVLVB 21, 1982, S. 656–661; Klimesch, W.: Struktur u. Aktivierung des Gedächtnisses. Bern 1988.

Hypothese der lexikalischen Speicherung → Wortbedeutung, → semantisches Merkmal.

Hypothesentheorie der Wahrnehmung. Wichtiges Modell zur theoret. Durchdringung der innerhalb der Forschungsrichtung → *soziale Wahrnehmung* gesammelten empir. Befunde, eine Weiterentwicklung der *directive-state-theory* (Bruner u. Goodman 1947); Grundannahme beider Theorien ist, dass Bedürfnisse, Wertungen, Gefühle u. Erfahrungen das Wahrnehmungsgeschehen in eine bestimmte Richtung (*directive*) lenken, so dass auch *nichtsinnl.* Faktoren, v. a. Einstellungen u. Erwartungen, die Wahrnehmung entscheidend mitprägen (*Erwartungstheorie der Wahrnehmung*). Stärker als die directive-state-theory betont die H. das kognitive Element: Bedürfnisse nehmen nicht direkt Einfluss auf die Wahrnehmung, sondern über Hypothesen, wb. die spezif. Art der Hypothesen, ihre Stärke u. Allgemeinheit durch Bedürfnisse u. Erfahrungen determiniert sind; vgl. hierzu Allport (1955). Nach der H. beeinflussen sich Wahrnehmung u. Hypothesen wechselseitig. Die Stärke der Ausprägung einer bestimmten Hypothese kann aufgrund neuer Wahrnehmungserfahrungen über die Zeit variieren. Detaillierte Thesen über die Stärke einer Wahrnehmungs-Hypothese werden von Allport (1955) u. Frey (1984) zusammengefasst. Die H. steht in der Tradition des → Funktionalismus: die eben dargelegte »Verzerrung« der Wahrnehmung habe die Funktion, den Überraschungswert der Umwelt zu minimieren u. diene damit der Anpassung des Individuums; vgl. auch → transaktionalistische Wahrnehmungstheorie.

Die H. enthält v. a. eine Formulierung einer Phasentheorie der Wahrnehmung, des sog. *Wahrnehmungszyklus*: (a) Bereitstellung einer Wahrnehmungshypothese (*perceptual set*); (b) Kontakt mit der Reizsituation; (c) Entscheidung darüber, ob die Wahrnehmungs-Erwartungs-Hypothese mit dem eingetretenen Wahrnehmungs-Ereignis übereinstimmt – bei Übereinstimmung (*checking*) ist der Wahrnehmungs-Vorgang abgeschlossen, bei Nicht-Übereinstimmung beginnt der Zyklus von neuem mit einer anderen bzw. geänderten Wahrnehmungs-E.-Hypothese.

HI/WÜ: Die Theorie beansprucht, eine allgemeinps. Fundierung sozialps. Prozesse zu geben, u. hat enormen wissenschaftl. Einfluss gehabt; vgl. auch die Stw. → soziale Wahrnehmung, → Personenwahrnehmung u. → Einstellung. Zur Kritik vgl. v. a. das Stw. → Wahrnehmungsabwehr.

VD: (1) Folgende Funktionen der Wahrnehmung bzw. Wahrnehmungsbeeinflussung werden unterschieden: (a) selektierende Funktion: → Wahrnehmungsabwehr; (b) akzentuierende Funktion: → Wahrnehmungsakzentuierung; (c) fixierende Funktion; (d) gestaltende, organisierende Funktion. Zu jeder Funktion gibt es klass. gewordene Experimente, Bsp. für (c): es konnte gezeigt werden, dass antisemit. eingestellte Studenten mehr Gesichter als »jüdisch« einstuften u. zutreffender als solche erfassten als ihre rass. unvoreingenommenen Kommilitonen; Bsp. für (d): in einem Experiment wurde den Beobachtern tachistoskop. das Bild einer Liebesszene mit einem jungen Mann dargeboten, bei dem kurzfristig das junge Mädchen durch eine hässl. alte Frau ersetzt wurde, was bei ausreichend kurzer Darbietung in der subjektiven Wahrnehmung durch eine junge Frau ersetzt wurde o. dadurch, dass beide Personen als »mittel-alt« geschildert wurden.

◆ Allport, F. H.: Theories of perception and the concept of structure. New York 1955; Bruner, J. S. u. Goodman, C. C.: Value and need as organizing factors in perception. JASP 42, 1947, S. 33–44; Frey, D.: Die Hypothesentheorie der sozialen Wahrnehmung. In: Frey, D. u. Irle, M. (Hg.): Theorien der Sozialps., 1. Bd. Bern 1993, S. 49–80; Graumann, C. F.: Social perception. Die Motivation der Wahrnehmung in neueren amerikan. Untersuchungen. ZEAP 3, 1955/56, S. 605–661; Postman, L. u. Bruner, J. S.: The reliability of constant errors in psychophysical measurement. JP 21, 1946, S. 293–299; Postman, L. u. Bruner, J. S. u. McGinnies, E. H.: Personal values as selective factors in perception. JASP 43, 1948, S. 142–154.

Hypothesentheorien des Denkens, Theorien des Problemlösens, v. a. der → Begriffsbildung, speziell des → Regellernens u. auch des → Attributlernens. Diese Gruppe von Theorien geht von der Annahme aus, dass Vh. durch Hypothesen gesteuert wird, die verschiedenen *Überprüfungsstrategien* unterworfen werden. Diese so selbstverständl. klingende Annahme ist vor dem histor. Hintergrund des Behaviourismus zu sehen, gegenüber dem diese Theorie ein neues Paradigma bedeutete. Das Wechselspiel zw. *H.* u. *Nicht-H.* in der Konzeptbildung wird in Levine (1975) dargestellt; vgl. hierzu auch Mayer (1979), der die H. unter dem Oberbegriff der *Nicht-Kontinuitätstheorien* einordnet, die den *Kontinuitätstheorien* (→ Begriffsbildung) gegenüberstehen.

Weitere Teilannahmen der ursprüngl. H.: (a) Das Individuum lernt nur nach Fehlern, also negativen Rückmeldungen; der Wechsel der Hypothese setzt voraus, dass die getroffene Klassifikation falsch war; (b) das Individuum besitzt kein Gedächtnis (die falsifizierte Hypothese wird zwar verworfen, bei der Auswahl einer neuen Hypothese steht sie jedoch wieder zur Verfügung *(sampling with replacement)*; (c) das Individuum besitzt eine begrenzte Verarbeitungskapazität (es kann jeweils nur eine Hypothese verfolgen u. nicht mehrere gleichzeitig). Diese Annahmen werden in unterschiedl. Weise eingesetzt u. modifiziert, v. a. in den informationsverarbeitungstheoret. Weiterentwicklungen der H., meist mittels Computersimulation (Hunt 1962; Hunt u. a. 1966).

LIT: Klass. Arbeiten sind Restle (1962); Bower u. Trabasso (1964); Levine (1966); zum Überblick vgl. Hussy (1984); Atkinson u. a. (1965); Schaefer (1985); Brown (1974) ist ein Sammelreferat zu den empir. Grundlagen; Erweiterungen stellen die Ansätze von Williams (1971) u. Bourne (1974) dar.

◆ Atkinson, R. C. u. a.: An introduction to mathematical learning theory. New York 1965; Bourne, L. E.: An inference rule learning. In: Solso, R. (Hg.): Theories in cognitive psychology. Washington 1974, S. 393–395; Bower, G. H. u. Trabasso, D. R.: Concept identification. In: Atkinson, R. C. (Hg.): Studies in mathematical psychology. Stanford 1964, S. 32–94; Brown, A. S.: Examination of hypotheses-sampling theory. PBu 81, 1974, S. 773–790; Gregg, L. W. u. Simon, H. A.: Process models and stochastic theories of simple concept formation. MaP 4, 1967, S. 146–176; Hunt, E. B.: Concept learning: An information processing problem. New York 1962; Hunt, E. B. u. a.: Experiments in induction. New York 1966; Hussy, W.: Denkps., 1. Bd. Stuttgart 1984; Levine, L.: Hypothesis behaviour by humans during discrimination learning. JExP 71, 1966, S. 331–338; Levine, L.: A cognitive theory of learning. Hillsdale 1975; Mayer, R. E.: Denken u. Problemlösen. Berlin 1979; Restle, F. A.: The selection of strategies in cue learning. PR 69, 1962, S. 330–343; Schaefer, A. E.: Denken. Berlin 1985; Williams, G. F. A.: A model of memory in concept learning. CP 2, 1971, S. 158–184.

Hypothesize-and-match-Heuristik → psychologische Heuristik.

Hypothetisches Konstrukt → Behaviourismus; → systematische Verhaltenstheorie; → S-R-Theorien.

IC-Analyse → Konstituentenanalyse.

IC-Grammatik → Phrasenstrukturgrammatik.

Ich → Ichbewusstsein; → Psychoanalyse.

Ich-Aktivität → Ichbewusstsein.

Ichbewusstsein [ähnl. *Selbstbewusstsein*]. Graumann (1966) differenziert das I. bzw. *Selbstbewusstsein* in das einfache *Daseinsbewusstsein*, das schon differenziertere *Befindlichkeitsbewusstsein* u. das langsam sich entwickelnde *Besonderheitsbewusstsein*, das Wissen um die überdauernde persönl. Eigenart. Die im I. implizierte Unterscheidung von *Selbst* u. *Objekt* ist präreflexiv; man kann sagen, dass es in den ersten sechs Monaten des Säuglings ein *existentielles* Selbst gibt, das sich vom Objekt als unterschieden u. getrennt empfinden kann, aber kein *kategoriales* Selbst, das es zu einem klaren I. bringt; vgl. zsfd. Dornes (1993). Die moderne Entwicklungsps. hat gezeigt, dass Annahmen wie die der Psa., dass sich ein Kind erst aus der *primären Symbiose* mit der Mutter lösen müsse, um ein eigenes abgegrenztes Ich zu entwickeln, ebenso inadäquat sind wie die Annahme der → genetischen Epistemologie, dass der Säugling Schwie–

rigkeiten habe, zw. Selbst u. Objekt zu unterscheiden u. quasi in einer Welt der »multiplen Selbste« lebe spätestens ab 2 bis 3 Monaten empfinden Säuglinge sich als eigene Wesen u. auch als Urheber von Handlungen. Selbstinitiierte Handlungen sind näml. von einem Willensgefühl begleitet, sie haben außerdem immer einen Effekt auf das Selbst, aber nicht auf das Objekt Unterschiede, die vom Säugling wohl bemerkt werden. Er ist also zu einer *differentiellen Kontingenzwahrnehmung* in der Lage, die auch zu den Anfängen eines *realist., nichtmag. Kausalitätsverständnisses* beiträgt, das gem. der neueren Forschung viel früher auftaucht, als es in der piagetschen Theorie behauptet wird; vgl. Leslie (1982) u. Dornes (1993). Das Selbst ist also von Anfang an ein fühlendes u. wahrnehmendes, das sich als solches empfindet, aber später wird es auch ein Objekt der Selbstbetrachtung u. Selbstreflexion. Im Engl. wird dieser Unterschied terminolog. als der Unterschied zw. *I-self* vs. *me-self* formuliert. Ein *I-self* existiert von Anfang an, das *me-self* ab etwa 8 Monaten. Ein interessantes method. Paradigma in diesem Zusammenhang ist die Untersuchung, inwieweit Kleinkinder sich im Spiegel selbst erkennen können, was sich mit ca. 10 Monaten langsam herausbildet; Versuche von Gallup (1977) haben (in Weiterentwicklung von Versuchen durch Yerkes u. Yerkes 1929) gezeigt, dass auch Schimpansen u. Gorillas, im Gegensatz z. B. zu Rhesusaffen, lernen können, das eigene Spiegelbild als solches zu identifizieren (sog. *Spiegelversuche*); vgl. hierzu auch Schurig (1989). Überhaupt kann eine elementare Form von I., die Trennung zw. Subjekt u. Objekt, bei zahlreichen höheren Primaten als gesichert gelten; bei Schimpansen sind z. B. Körperbemalung o. das Schmücken mit verschiedenen Gegenständen nachgewiesen; vgl. hierzu Vogel (1983) sowie Lethmate u. Dücker (1973).

Das Kzpt. des I. bzw. des *Ichs* spielt in der modernen Ps. eine marginale Rolle; nach Rohracher (1971) hat die Ps. sich mit dem Ich seit jeher schwer getan, u. das meiste, was darüber geschrieben worden ist, sei »höchst unklares Herumreden«. Das *Ich* als Gegenstand des Selbstbewusstseins u. der Selbstreflexion wird v. a. innerhalb der vorwiegend sozialps. orientierten Theorien des → Selbst bzw. der → Selbstwahrnehmung thematisiert u. analysiert; vgl. auch die Ansätze von Greenwald (1980) u. Kihlstrom (1981); s. a. das Kzpt. des → autobiographischen Gedächtnisses. Über die Rolle des phänomenalen Ichs beim Denken u. Lernen vgl. Müller (1964).

VD: (1) Insbes. Phänomene der Psychopathologie liefern Hinweise auf zentrale Funktionen u. Aspekte des I. Auf der Basis der Psychopathologie der *Ichstörungen* – wie sie v. a. innerhalb der Schizophrenie vorkommen – lassen sich folgende Dimensionen des I. herausarbeiten: (a) *Ich-Vitalität*: Gewissheit der eigenen Lebendigkeit u. der eigenen Existenz; (b) *Ich-Aktivität*: die Gewissheit der Eigenbestimmung des Erlebens, Denkens u. Handelns; (c) die *Ich-Konsistenz*: Gewissheit eines kohärenten Lebensverbandes, sowohl in körperl. wie in biograph. Hinsicht; (d) die *Ich-Demarkation*: die Gewissheit der Abgrenzung des Eigenbereiches, wie sie v. a. in den *Beeinflussungserlebnissen* gestört ist, bei denen Menschen das Gefühl haben, dass ihr Denken u. ihr Körper von äußeren Mächten beeinflusst wird; (e) die zentrale Dimension der *Ich-Identität*: die Gewissheit der eigenen personellen, physiognom., sexuellen u. biograph. Identität (vgl. Scharfetter 1982, 1986). Ein Grundproblem besteht darin, inwieweit I. immer abhängig vom *Gegenstandsbewusstsein* ist, ob es Zustände gibt, z. B. hypnagoger o. hypnopomper Art, in denen möglicherweise »reines I.« gänzl. unabhängig vom Gegenstandsbewusstsein u. von anderen psych. Teilfunktionen erfahren wird; vgl. hierzu Scharfetter (1976) u. Barz (1986). Zw. bloßem *Bewusstsein der Existenz* u. dem spezif. I. steht die Fähigkeit zur → Orientierung innerhalb der räuml. u. zeitl. Orientierungssysteme, die bei *Orientierungsstörungen* reduziert o. aufgehoben ist, verbunden mit einem zunehmendem Verlust an »Persönlichkeit«, wie er v. a. in den schweren *Korsakow-Syndromen* auftritt, ohne dass jedoch hierbei das I. an sich betroffen wäre. Jaynes (1982) vertritt die These, dass es eine Vorform des heutigen I. gegeben hat, bei der das eigene Wollen, Fühlen u. Denken als von außen kommend, als »Stimme der Götter« interpretiert wurde, in einer Art u. Weise, wie es in regressiver Form heute noch in der Schizophrenie auftritt; erst mit dem Zusammenbruch des »bikameralen« Gehirns – näml. durch eine stärkere Verbindung zw. linker u. rechter Gehirnhälfte sei dieser Zustand durch das heutige Bewusstsein abgelöst worden, u. erst seitdem, so spekuliert Jaynes, können sich Subjekte als ichbewusst interpretieren; dieser Prozess hat, nach Jaynes, erst vor ca. 3000 Jahren stattgefunden.

(2) Außer den o. g. Phänomenen sprechen weitere Phänomene dafür, dass auch Tiere ein Bewusstsein haben: (a) tier. Körperbewusstsein, ein Wissen vom eigenen Körper, seiner Dimensionen u. auch seiner Anhänge, (b) das tier. Wissen vom eigenen Schatten, (c) vom individuellen Eigennamen, (d) vom eigenen Duft, (e) von der eigenen sozialen Stellung, (f) vom eigenen Spiegelbild, (g) von der Übereinstimmung der eigenen Erscheinung mit der Umgebung (mimet. Ähnlichkeit), (h) vom eigenen Heim. Auch Nachahmungsleistungen legen nach Portmann (1953) rudimentäre Bewusstseinsprozesse nahe; vgl. auch Thorpe (1956). Auch Phänomene wie die Aufforderung zur Mitwirkung anderer sind als Beleg für ein I. herangezogen worden – Lorenz (1953) erwähnt das Beispiel des Hundes, der seinen Herrn zu etwas bewegen will.

(3) In der → Psychoanalyse ist das Kzpt. des *Ichs* zentral für das sog. *Strukturmodell*: Dem *Ich* steht hier das *Es* gegenüber, u. mit dieser Dichotomie wird das Icherleben als *personales* Erleben dem sozusagen von außen kommenden, »unpersönlichen« Triebhaften gegenübergestellt. Diese Dichotomie wird in neueren Ansätzen kritisiert: All das, was sich an bewusstem Erleben im Ich abspielt, u. sei es auch triebhaften Ursprungs, sei dennoch *ichhaft*; man solle das Trieb-Kzpt. durch das Kzpt. des *Wunsches* ersetzen. Terminolog. manifestiert sich dieses Grundproblem darin, dass statt der herkömml. Übersetzung der dt. Begriffe *Es* u. *Ich* durch *Id* u. *Ego* besser die Übersetzung »The It« u. »The I« gewählt werden solle; vgl. hierzu zsfd. Eagle (1988). Bei Freud repräsentiert der bewusste Kern des Ichs Vernunft und Besonnenheit gegenüber den Triebregungen; es versucht zwischen Triebbedürfnissen und den gesellschaftlichen Normen zu vermitteln; Arlow und Brenner (1976) stellten folgende Liste der Ichfunktionen auf: Bewusstsein, Sinneswahrnehmung, Ausdruck von Affekten, Denken, Kontrolle motorischer Handlungen, Gedächtnis, Sprache, → Abwehrmechanismen und Abwehrtätigkeit im Allgemeinen, Kontrolle, Regulierung und Bindung von Triebenergien, integrative u. harmonisierende Funktion, *Realitätsprüfung*; es besteht allerdings die Gefahr, dass das Ich in jeder dieser Funktionen auf eine primitive Ebene des Funktionierens regrediert. Die ältere Psa. betont die vorrangige Bedeutung des Trieblebens – Freud bezeichnet das Ich in einem Brief als vergleichbar dem »dummen August im Zirkus, der überall seinen Kren dazugibt, damit die Zuschauer glauben, er ordne alles an, was da vor sich geht«. In den Weiterentwicklungen der Psa. wurde die Funktion des Ichs zunehmend hervorgehoben u. gestärkt, u. es bildete sich die sog. »Ich-Psychologie« heraus; vgl. Hartmann (1964ff.) u. Hau (1965); vgl. allerdings krit. hierzu Waelter (1970), der die Gegenüberstellung der freudschen Triebps. u. der Ich-Ps. für einen Mythos hält. (Die Literatur zum vorhergehenden Absatz über die Psa. befindet sich in der Gesamtliteratur zum Stw. → Psychoanalyse.)

LIT: Zu begriffshistor. Darstellung vgl. Kafka (1910); Allport (1943); Schönpflug (1976); zum Kzpt. des Ichs in der Persönlichkeitsps. s. die entsprechenden Lehrbücher; wichtig geworden sind insbes.

die Theorien von Allport (1965, Kzpt. des *Proprium* als Kern der Persönlichkeit), im dt. Raum von Thomae (1951); zu Ansätzen aus der Sicht der Gestalttheorie vgl. Metzger (1963); ein interessanter Aufsatz zu Grundlagenproblemen der Neurologie, in dem versucht wird zu zeigen, dass herkömml. Interpretationen neurolog. Störungen zu mechanist. u. unzureichend sind u. dass das Kzpt. des I. zur Erklärung unabdingbar ist, ist Rosenfield (1992); zur Entwicklung des I. vgl. Döbert u. a. (1980); Weiteres s. die Stichworte → Körperwahrnehmung u. → Bewegungsvorstellung.

◆ ALLPORT, G. W.: The ego in contemporary psychology. PR 50, 1943, S. 451–478; ALLPORT, G. W.: Pattern and growth in personality. New York 1965; BARZ, H.: Psychopathologie u. ihre ps. Grundlagen. Bern 1986; BISCHOF-KÖHLER, D.: Spiegelbild u. Empathie: Die Anfänge der sozialen Kognition. Bern 1989; DÖBERT, R. u. a. (Hg.): Entwicklung des Ichs. Meisenheim 1980; DORNES, M.: Der kompetente Säugling. Frankfurt/M. 1993; EAGLE, M. N.: Neuere Entwicklungen in der Psa. München 1988; EPSTEIN, M.: The deconstruction of the self: Ego and egolessness in Buddhist inside meditation. JTP 20, 1988; GALLUP, G.: Towards an operational definition of self-awareness. In: TUTTLE, R. H. (Hg.): Socioecology and psychology of primates. The Hague 1970; GALLUP, G. G.: Self-recognition in primates. American Psychologist 32, 1977, S. 5ff.; GRAUMANN, C. F.: Bewußtsein u. Bewußtheit – Probleme u. Befunde der ps. Bewußtseinsforschung. In: METZGER, W. (Hg.): Wahrnehmung u. Bewußtsein. HP, 1. Bd., 1. Hlb. Göttingen 1966, S. 79-130; GREENWALD, A. G.: The totalitarian ego. AmP 35, 1980, S. 603–680; GRIFFIN, D. R.: The question of animal awareness. New York 1976; HEDIGER, H.: Tiere verstehen. München 1984; HEDIGER, H.: Zur Frage des Selbstbewußtseins beim Tier. In: STAMM, R. A. (Hg.): Tierps. Weinheim 1984; JAYNES, J.: The origin of consciousness in the breakdown of the bicameral mind. Boston 1982; KAFKA, G.: Versuch einer krit. Darstellung der neueren Anschauungen zum Ich-Problem. AfgP 19, 1910, S. 1–42; KIHLSTROM, J. F.: On personality and memory. In: CANTOR, N. u. KIHLSTROM, J. F. (Hg.): Personality, cognition and social interaction. Hillsdale 1981, S. 123–149; LESLIE, A.: The perception of causality in infants. Per 11, 1982, S. 173–186; LETHMATE, J. u. DÜCKER, G.: Untersuchungen zum Selbsterkennen im Spiegel bei Orang-Utans u. einigen anderen Affenarten. Z. Tierpsychol. 33, 1973, S. 248–269; LORENZ, K.: Verständigung unter Tieren. Zürich 1953; METZGER, W. (Hg.): Wahrnehmung u. Bewußtsein. HP, 1. Bd., 1. Hlb. Göttingen 1966; METZGER, W.: Ps. 1963 (3. Aufl.); MÜLLER, K.: Denken u. Lernen als Organisieren. In: BERGIUS, R. (Hg.): Lernen u. Denken. HP, 1. Bd., 2. Hlb. Göttingen 1964, S. 118–143; PORTMANN, A.: Das Tier als soziales Wesen. Zürich 1953; ROHRACHER, H.: Einführung in die Ps. Wien 1971; ROSENFIELD, I.: Das Fremde, das Vertraute u. das Vergessene. Frankfurt/M. 1992; ROSS, N.: Affect as cognition: with observations on the meanings of mystical states. IRPsa 2, 1975, S. 79–93; SCHARFETTER, C.: Allg. Psychopathologie. Stuttgart 1976; SCHARFETTER, C.: Ich-Psychopathologie des schizophrenen Syndr. N 53, 1982, S. 262–267; SCHARFETTER, C.: Schizophrene Menschen. München 1986; SCHÖNPFLUG, U.: Ich, Teil II. In: RITTER, J. (Hg.): Histor. Wörterbuch der Philosophie. Basel 1976; SCHURIG, V.: Individualisierung, personale Identität u. Ich-Bewußtsein in subhumanen Primatengesellschaften. In: AHRENS, H. J. u. AMELANG, M.: Biolog. Funktionen individueller Differenzierung. Göttingen 1989, S. 78–100; THOMAE, H.: Persönlichkeit, eine dynam. Interpretation. 1951; THORPE, W. H.: Learning and instinct in animals. London 1956; THORPE, W. H.: Science, man and morals. Ithaca 1966; THORPE, W. H.: Animal nature and human nature. London 1974; UNDERWOOD, G. (Hg.): Aspects of consciousness, 3. Bd. New York 1982; VOGEL, C.: Personale Identität u. kognitive intellektuelle Leistungsfähigkeit in sozialem Feld nichtmenschl. Primaten: Biologie von Sozialstrukturen bei Tier u. Mensch. Göttingen 1983; YERKES, R. M. u. YERKES, W. A.: The great apes. New Haven 1929.

Ich-Demarkation → Ichbewusstsein.

Ich-Ideal → Psychoanalyse.

Ich-Identität → Ichbewusstsein.

Ich-Konsistenz → Ichbewusstsein.

Ichniveau → Anspruchsniveau.

Ich-Psychologie → Psychoanalyse.

Ichtriebe → Psychoanalyse.

Ich-Vitalität → Ichbewusstsein.

Icon → ikonisches Gedächtnis.

Id → Psychoanalyse.

Idealer Hörer → Kompetenz vs. Performanz, → Sprache.

Idealer Sprecher → generative Transformationsgrammatik; → Kompetenz vs. Performanz.

Ideal-Ich → Psychoanalyse.

Idealziel → Anspruchsniveau.

Identifikation → Abwehrmechanismen.

Identifikationsaufgabe → Klassifikations- vs. Identifikationsaufgabe.

Identifikationsurteil → absolutes Urteil.

Identifizieren → Erkennen; → Klassifikations- vs. Identifikationsaufgaben.

Identifizierendes Erkennen → Erkennungsaufgaben.

Identische Netzhautpunkte → Stereopsis.

Identitätswahrnehmung → phänomenale Kausalität; → Ereigniswahrnehmung.

Ideographen → Gestik.

Ideomotorik → ideomotorisches Gesetz.

Ideomotorische Kompatibilität → Kompatibilität.

Ideomotorischer Effekt → ideomotorisches Gesetz.

Ideomotorischer Mechanismus → ideomotorisches Gesetz.

Ideomotorisches Gesetz [auch: *ideomotor. Phänomen, ideomotor. Effekt, ideomotor. Mechanismus, Carpenter-Effekt*], das Phänomen, dass eine (intensive) Vorstellung o. Beobachtung einer Bewegung diese Bewegung (automat.) hervorbringt, dass also z. B. ein Zuschauer eines Sportspiels eine Abwehr- o. Angriffsbewegung macht (Carpenter 1874). Anders formuliert: Jede Vorstellung hat die Tendenz, in eine Bewegung überzugehen, wenn sie nicht durch eine antagonist. Vorstellung gehindert wird. Dieses auf den ersten Blick so spezielle Phänomen führt auf das allg. Problemgebiet *Ideomotorik*, also die Frage des Zusammenhangs von Geist u. Körper; vgl. hierzu Prinz (1985); Richter (1957); s. a. *ideomotor.* → Kompatibilität.

VD: (1) Prinz untergliedert die ideomotor. Phänomene in drei Gruppen: (a) die *Mitbewegungen*, d. h. die Synchronisation eigener Körperbewegungen mit wahrgenommener o. vorgestellter Bewegung, etwas, was vielfach unwillkürl. erfolgt o. sich sogar gegen willkürl. Unterdrückung durchsetzt (dies ist der *Carpenter-Effekt* i. e. S.); (b) die teils willkürl., teils unwillkürl. *Nachahmungsbewegungen* u. (c) die Willkürbewegungen. Prinz plädiert dafür, die Bezeichnung *ideomotor.* nicht auf Handlungen anzuwenden, sondern ausschließl. auf Bewegungen u. die Form ihrer Steuerung. Prinz weist auch darauf hin, dass der Ansatz von Carpenter, der den Erscheinungen ihren Namen gab, gleichzeitig dazu beigetragen hat, das Phänomen u. das Kzpt. in Misskredit zu bringen; er verwendete es näml. als Erklärung für Phänomene wie Tischrücken, Gedankenlesen o. »Veitstanz« einerseits, andererseits in einem sehr weiten Sinne, in dem alle Handlungen, die *automat.* ablaufen – von der Steuerung der Gliedmaßen bei der Lokomotion bis hin zum Aussprechen eines Gedankens –, unter diesen Begriff fallen; damit fiele das Kzpt. eigentl. mit dem der *automat. Handlung* zusammen u. wäre insofern überflüssig. Dass der Begriff nicht untergegangen ist, ist William James zu verdanken, der in seiner → Willens-Theorie die Grundidee des *Ideomotorischen* hervorhob. Diese Willenstheorie – die durch Hermann Lotze vorweggenommen wurde – versucht, jede Willkürbewegung gewissermaßen als »Selbstnachahmung« bzw. »Selbstnachahmungsbewegung« zu erklären: die Vorstellung der Bewegung sei eine notwendige u. zugleich hinreichende Voraussetzung für die Ausführung der Bewegung, der Wille manifestiere sich nur in der Vorstellung des Gewollten, er sei nicht nötig, um sozusagen eine Transformation ins Körperliche zu bewirken; James weist darauf hin, dass der Wille v. a. andere konkurrierende Bewegungsvorstellungen ausschalten müsse, bis nur noch eine übrig bleibe, die dann in die entsprechende Bewegung übergeht; vgl. hierzu auch Greenwald (1970). Wie Prinz hervorhebt, ist dieses *ideomotor. Prinzip* zunächst einmal *deskriptiver* Natur, u. es wird von James u. Lotze sozusagen nur mit einem *explikativen* Anspruch erhoben, ohne diesen wirkl. zu erfüllen. Genau diese Explikation liefern Theorien, deren Grundansatz darin besteht, dass jede visuelle Wahrnehmung immer schon eine kinästhet. o. motor. Kodierung enthält – die → Motortheorien, die von einer Negierung des Axioms der prinzipiellen Inkommensurabilität zw. wahrgenommener u. ausgeführter Bewegung ausgehen.

◆ CARPENTER, W. B.: Principles of mental physiology, with their applications to the training and discipline of the mind and the study of its morbid conditions. New York 1874; GREENWALD, A. G.: Sensory feedback mechanisms in performance control: with special reference to the ideomotor mechanism. PR 77, 1970, S. 73–99; PRINZ, W.: Modes of linkage between perception and action. In: PRINZ, W. u. SANDERS, A. F. (Hg.): Cognition and motor processes. Berlin 1984; PRINZ, W.: Ideomotorik u. Isomorphie. In: NEUMANN, O.: Perspektiven der Kognitionsps. Berlin 1985, S. 39–63; RICHTER, R.: Zum Problem der ideomotor. Phänomene. ZfPs 161, 1957.

Ideomotorisches Phänomen → ideomotorisches Gesetz.

Ideomotorisches Prinzip → ideomotorisches Gesetz.

Idiographisch vs. nomothetisch, eine auf Windelband (1894) zurückgehende Unterscheidung: Ziel der *idiograph.* Wissenschaften sei es, das Einzelne in seiner geschichtl. bestimmten Gestalt zu erforschen – im Unterschied zu den *nomothet.* Gesetzeswissenschaften, welche von Erkenntnis *allgemeiner* Gesetze ausgehen. Windelband wollte mit diesem Begriffspaar die inhaltl. Trennung zw. Geistes- u. Naturwissenschaft auf eine method. Trennung zurückführen u. dabei auch der Ps. einen klaren Platz zuweisen: sie sei *inhaltl.* Geistes-, *methodolog.* Naturwissenschaft. Die Trennung ist bei Windelband nicht ganz scharf, er sieht durchaus die Möglichkeiten, nomothet. Fragestellungen in den Geisteswissenschaften u. umgekehrt zu untersuchen. Windelband unterschied vor dem Hintergrund dieses Modells eine *beschreibende* u. eine *zergliedernde* Ps. Dilthey benutzte diesen Ansatz zur Begründung seines Kzpts. einer → geisteswissenschaftlichen Psychologie. Auch die von Wundt be gründete *Völkerps.* bediente sich einer vorwiegend beschreibenden, kulturhistor. Methodik, zu neuen Ansätzen einer solchen histor. Ps. vgl. Jüttemann (1988).

Die Kontroverse flammt in der Ps. in den letzten Jahren wieder auf; vgl. Franck (1982); Lamiell (1981); Marceil (1977). Es wird darauf hingewiesen, dass Idiographie nicht einfach mit dem Einzelfallansatz bzw. mit Einzelfalldiagnostik gleichgesetzt werden kann, auch der Einzelfall kann nomothet. angegangen werden; vgl. Petermann (1992). Es gibt überhaupt einen Trend zu einer zunehmenden Spezifizierung von Gesetzen u. Randbedingungen; s. hierzu die Stw. → preparedness; → constraints; → Expertise.

VD: Auch in der modernen Philosophie hat es eine wichtige Diskussion über die Bedeutung nomolog. u. nichtnomolog. Erklärungen gegeben; zu nennen ist Drays Modell einer *rationalen* Erklärung (1957, vgl. auch Schwemmer 1976), von Wrights (1974) Modell einer *intentionalen* o. *quasi-teleolog.* Erklärung, das von Danto (1965) formulierte Kzpt. der *narrativen* Erklärung; vgl. auch Gallie (1964), vgl.

hierzu auch die von Angehrn (1985) diskutierten Sammelkzpte. der »integrativen (Teil/Ganzes-)Erklärung« u. der »hermeneut. Erklärung«; insbes. von Wrights Überlegungen fanden auch in ps. Diskurse Eingang; vgl. Aschenbach (1984); Mischel (1981); Werbik (1978).

LIT: Zur Bedeutsamkeit des diltheyschen Ansatzes innerhalb der Geschichte der Auseinanderentwicklung von Philosophie u. Ps. vgl. Schmidt (1995); eine klass. Replik auf Dilthey ist Ebbinghaus (1896); für eine verstehend-erklärende Ps. als Bindeglied zw. Natur- u. Geisteswissenschaften vgl. Groeben (1986); vgl. auch Scheele (1991); zur Diskussion in der Sozialps., ob sie *science* o. eher *history* sei; vgl. Gudow (1976); Gergen (1973ff.); Wolff (1977); zur Renaissance des idiograph. Ansatzes in der Persönlichkeitsforschung vgl. Krahe (1991).

◆ Angehrn, E.: Geschichte u. Identität. Berlin 1985; Aschenbach, G.: Erklären u. Verstehen in der Ps. Bad Honnef 1984; Danto, A. C.: Analyt. Philosophie der Geschichte. Frankfurt/M. 1980 (Orig.: 1965); Dray, W. H.: Laws and explanation in history. Oxford 1957; Ebbinghaus, H.: Über erklärende u. beschreibende Ps. Z. Psychol. Physiol. der Sinnesorgane 9, 1896, S. 161–205 (wieder abgedruckt in: Rodi, F. u. Lessing, H. U. (Hg.): Materialien zur Philosophie Wilhelm Diltheys. 1984, S. 45–87); Frank, I.: Psychology as a science: resolving the idiographic-nomothetic controversy. JTSB 12, 1982, S. 1–20; Gallie, W. B.: Philosophy and the historical understanding. London 1964; Gergen, K.-J.: Experimentation in social psychology: a reappraisal. European Journal of Social Psychology 8, 1978, S. 507–527; Gergen, K.-J.: Social psychology as history. JPSP 26, 1973, S. 309-320; Gergen, K.-J.: Social psychology, science and history. Personality and Social Psychology Bulletin 2, 1976, S. 373–383; Groeben, N.: Handeln, Tun, Verhalten als Einheiten einer verstehend-erklärenden Ps. Tübingen 1986; Gudow, R. A.: Social psychology as both science and history. PSPBu 2, 1976, S. 421–427; Herrmann, T.: Über einige Einwände gegen die nomothet. Ps. ZSP 2, 1971, S. 123-149; Jüttemann, G.: Wegbereiter der histor. Ps. München 1988; Krahé, B.: Zur Renaissance des idiograph. Ansatzes in der Persönlichkeitsforschung: eine Zwischenbilanz. In: Frey, D. (Hg.): Bericht über den 37. Kongreß der Dt. Ges. f. Ps. in Kiel 1990. Göttingen 1991, S. 295–301; Lamiell, J. T.: Toward an idiothetic psychology of personality. AmP 36, 1981, S. 276–289; Marceil, J. C.: Implicit dimensions of idiography and nomothesis. A reformulation. AmP 32, 1977, S. 1046–1056; Maschewsky, W.: Das Experiment in der Ps. Frankfurt/M. 1977; Mischel, T.: Ps. Erklärungen. Frankfurt/M. 1981;; Petermann, F.: Einzelfalldiagnose u. klin. Praxis. München 1992 (2. Aufl.); Scheele, B. u. a.: Phänomenolog. Aspekte von Dialog-Konsens-Methoden u. ihr Beitrag zur Verbindung von Idiographik/Nomothetik. In: Herzog, M. u. Graumann, C. F. (Hg.): Sinn u. Erfahrung. Heidelberg 1991, S. 103–132; Schmidt, N. D.: Philosophie u. Psychologie. Trennungsgeschichte, Dogmen u. Perspektiven. Reinbek 1995; Schwemmer, O.: Theorie der rationalen Erklärung. München 1976; von Wright, G. H.: Erklären u. Verstehen. Frankfurt/M. 1974; Werbik, H.: Handlungstheorien. Stuttgart 1978; Windelband, W.: Geschichte u. Naturwissenschaft. Straßburg 1894; Wolff, M.: Social psychology as history: advancing the problem. PSPBu 3, 1976, S. 211–212.

IKG, Abk. für *Impedanz-Kardiogramm*; → physiologische Psychologie (Kasten psychophysiologische Methoden).

I-knew-it-all-along-Effekt → hindsight-bias.

Ikon → ikonisches Gedächtnis.

Ikonische Repräsentation → Repräsentationsmedien.

Ikonisches Gedächtnis [engl. *iconic memory*], eine bes. Form eines → sensorischen Gedächtnisses, ein → Ultrakurzzeitgedächtnis, das die mit den Sinnen aufgenommenen Informationen für die Verarbeitung im Kurzzeitgedächtnis speichert. Die Repräsentation innerhalb des i. G. ist *präkategorial*, beschränkt sich also auf die physikal. Reizdimensionen Farbe, Form, Größe, Position, Helligkeit, während eine weitere *semant.* Verarbeitung nicht stattzufinden scheint; deswegen spricht man auch von einem *präkategorialen* bzw. *präattentiven visuellen Gedächtnis*, im Engl. ist die Bezeichnung *very short-term visual store* geläufig. Der Begriff i. G. geht auf Neisser (1974) zurück. Den »Inhalt« des i. G. bezeichnet man als *Ikon* (engl. *icon*). Dem i. G. entspricht auf auditivem

Gebiet das → echoische Gedächtnis.

Im Kzpt. der → Aufmerksamkeitsspanne bzw. der → Gedächtnisspanne thematisierten bereits zahlreiche ältere dt. Ansätze dieses Phänomen u. kamen auf 4 bis 5 Items als Speicherkapazität. Seit Anfang der 60er Jahre ergaben sich jedoch durch ein neues experimentelles Paradigma, das → Teilberichtsverfahren, Forschungsergebnisse, die diese klass. Zahl in Frage stellten u. darauf hinwiesen, dass erhebl. mehr wahrgenommen als anschließend berichtet wird, so dass die Kapazität des i. G. auf alle Fälle größer ist als die der → Gedächtnisspanne, näml. ca. 9 bis maximal 12 Einheiten (z. B. Buchstaben o. Zahlen); widersprechende Ergebnisse erhielt z. B. Holding (1975): Nach seinen Experimenten beträgt die Spanne des i. G. max. eine Sekunde, obwohl die Dauer stark von der experimentellen Anordnung abhängt u. bis zu 5 Sekunden erreichen kann, wenn das visuelle Feld vor u. nach der Darbietung des Reizes dunkel ist (anstatt hell); auch die Intensität des Reizmaterials spielt eine (fördernde) Rolle, ebenso die Dauer der Darbietung des Stimulus. Vgl. zsfd. Breitmeyer u. Ganz (1976); klass. Experimente hierzu stammen von Averbach u. Coriell (1961).

KR: Vgl. Schultz (1984) u. Haber (1983), der v. a. die Methode einer sehr kurzzeitigen tachistoskop. Darbietung, wie sie beim Teilberichtsverfahren benutzt wird, aufgrund wahrnehmungsps. Überlegungen ablehnt; s. hierzu auch das Stw. → sensorische Register.

VD/TH: Es stehen sich zwei Theorien des i. G. gegenüber: (a) *periphere* Theorien (vgl. Sakitt 1975, 1976) sehen das i. G. als einen Prozess, der schon in der Funktion der Netzhautstäbchen involviert ist (auch ein i. G. der Zapfen existiert, ist jedoch wesentl. kürzer); vgl. Banks u. Barber (1977). (b) Die Bedeutung *zentraler* bzw. kortikaler Prozesse hebt dagegen DiLillo (1977) hervor; vgl. auch Dick (1974); vgl. Turvey (1973), Maffei u. a. (1973); Parks (1965). Bis heute ist diese Frage noch nicht hinreichend geklärt, u. das Kzpt. des i. G. führt tief in Grundprobleme einer Ps. des → Erkennens hinein. Auch die Abgrenzung zu → Aufmerksamkeitsspanne u. → Gedächtnisspanne ist nicht wirkl. geklärt, ebenso die Unterscheidung zw. einem (positiven) → Nachbild u. einem Ikon.

LIT: Überblicke über das Gebiet finden sich bei Dick (1974) sowie Coltheart u. a. (1974) u. Holding (1975).

◆ Arbinger, R.: Gedächtnis. Darmstadt 1984; Auerbach, E. u. Coriell, A. S.: Short-term memory in vision. Bell System Technical Journal 40, 1961, S. 309–328; Baddeley, A.: Die Ps. des Gedächtnisses. Stuttgart 1979; Banks, W. B. u. Barber, G.: Colour information in iconic memory. PR 84, 1977, S. 536–546; Breitmeyer, B. G. u. Ganz, L.: Implication of sustained and transient channels for theories of visual pattern masking, saccadic suppression, and information processing. PR 83, 1976, S. 1–36; Coltheart, M. u. a.: In defence of iconic memory. QJEP 26, 1974, S. 633–641; Coltheart, M.: Iconic memory and visible persistence. PaP 27, 1980, S. 181–228; Den Heyer, K.: The processing of multidimensional information from iconic storage: perceptual independence comparative rates of decay. AP 36, 1972, S. 431–442; Dick, A. O.: Iconic memory and its relation to perceptual processing in other memory mechanisms. PaP 16, 1974, S. 575–596; diLillo, V.: Temporal characteristics of iconic memory. Nature 267, 1977, S. 241–243; Haber, R. N.: The impending demise of the icon: a critique of the concept of iconic storage in visual information processing. BBS 6, 1983, S. 1–11; Holding, D. H.: Sensory storage reconsidered. MuC 3, 1975, S. 31–41; Maffei, L. u. a.: Neural correlates of perceptual adaption to gratings. Science 82, 1973, S. 1036–1038; Neisser, U.: Kognitive Ps. Stuttgart 1974 (Orig.: 1967); Parks, T. E.: Post-retinal visual storage. AJP 78, 1965, S. 145–147; Sakitt, B.: Locus of short-term visual storage. Science 91, 1975, S. 1318–1319; Sakitt, B.: Iconic memory. PR 83, 1976, S. 257–276; Sakitt, B.: Psychophysical correlates of photoreceptor activity. VR 16, 1976, S. 129–140; Schultz, T.: Gibt es ein ikon. Gedächtnis? In: Albert, D. (Hg.): Bericht über den 34. Kongreß der Dt. Ges. für Ps. in Wien 1984, 1. Bd. Göttingen 1985, S. 216–218; Sperling, G.: The information available in brief visual presentations. PM 74, 1960 (ganze Nr. 498); Turvey, M. T.: On peripheral and central processes in vision. PR 80, 1973, S. 1–52.

Ikonische Speicherung → ikonisches Gedächtnis.

Ill-defined problems → Problemlösen.

Illegale Regeln → logisches Schlussfolgern.

Illumination → Problemlösungsphasen.

Illusion der Sicherheit → overconfidence.

Illusion of validity → overconfidence; → kognitive Täuschungen und kognitive Heuristiken.

Illusorische Kontrolle [auch *Kontrollillusion*], subjektive Überzeugung, Ereignisse durch eigenes Handeln beeinflussen zu können, obgleich die Ereignisse objektiv unkontrollierbar sind (→ Kontrollüberzeugungen). Das Stichwort kennzeichnet eine Reihe von Studien von Langer (1975), in denen gezeigt wurde, dass Vpn u. U. zu illusor. Überschätzungen ihrer Beeinflussungsmöglichkeiten, insbes. bei Glücksspielen neigen, während depressive Vpn hierbei sehr realist. urteilen (*depressiver Realismus*); vgl. auch Alloy u. Abramson (1979). Die Befunde Langers stellen eine Herausforderung für die Theorie der → gelernten Hilflosigkeit dar, in der postuliert wird, dass die objektive Non-Kontingenz in einem Lernprozess subjektiv repräsentiert wird.

KR: Für eine krit. Analyse der einzelnen Untersuchungen vgl. Schwartz (1981).

VD: In einem Experiment hatten depressive u. nichtdepressive Versuchsteilnehmer in einer gewinnspielartigen Situation die Wahl zw. zwei Handlungen, näml. einen Knopf zu drücken o. nicht zu drücken, worauf ein rotes o. grünes Licht aufleuchtete o. nicht. Später hatten die Teilnehmer den Grad der »Kontrollierbarkeit« des Lichts durch den Knopfdruck zu schätzen. Überraschenderweise beurteilten die Depressiven die Kontrollierbarkeit der Ergebnisse durchwegs sehr zutreffend, während die Nicht-Depressiven verzerrte Beurteilungen abgaben, die in Richtung einer Überschätzung der Kontrolle gingen, sofern das Licht die Merkmale eines positiven Bekräftigers hatte, u. in Richtung Unterschätzung, sofern es ein negativ besetztes Ereignis darstellte – statt des »Hilflosigkeits«-Fehlers der Depressiven also sozusagen ein »Lebenskunst«-Fehler. Auch andere Befunde bestätigen jedoch diese Realismustheorie der Depression, so das Ergebnis, dass Depressive weniger Asymmetrie bei der Attribution von Erfolg u. Misserfolg zeigen (Kuiper 1978), sich in Zufallssituationen weniger Kontrolleinfluss einbilden (Golin u. a. 1977), negative Erfahrungen ehrlicher erinnern (Nelson u. Craighead 1977) u. in Bezug auf Selbstbelohnung ausgewogener urteilen.

LIT: Ein Vergleich von vier theoret. Ansätzen ist Alloy u. Abramson (1988).

◆ Alloy L. B. u. Abramson, L. Y.: Judgement of contingency in depressed and nondepressed students: sader but wiser? JExP: G 108, 1979, S. 441–485; Alloy, L. B. u. a.: Induced mood and the illusion of control. JPSP 41, 1980, S. 1129–1140; Alloy, L. B. u. Abramson, L.Y.: Depressive realism: four theoretical perspectives. In: Alloy, L. B. (Hg.): Cognitive processes in depression. New York 1988; Golin, S. u. a.: Depression and the illusion of control. JAbP 86, 1977, S. 440–442; Kuiper, N. A.: Depression and causal attribution for success and failure. JPSP 36, 1978, S. 236–246; Langer, E. J.: The illusion of control. JPSP 32, 1975, S. 311–328; Nelson, R. E. u. Craighead, W. E.: Selective recall of positive and negative feedbacks, selfcontrol behaviour and depression. JAbP 86, 1977, S. 379–388; Schwartz, B.: Does helplessness cause depression or do only depressed people become helpless? JEP 110, 1981, S. 429–435.

Illusorische Korrelation → Korrelation.

Illusory Halo → Halo-Effekt.

Illustratoren → Gestik.

Imagene → duale Kodierungstheorie.

Imagery-Debatte → Vorstellungsbild.

Imagery-Instruktion → Bildhaftigkeitseffekt; → duale Kodierungstheorie.

Imaginales System → duale Kodierungstheorie.

Imagismus → Sensualismus.

Imitationslernen → Modelllernen.

Immediate Constituent Analysis → Konstituentenanalyse.

Immer-Verstärkung → Verstärkungsplan.

Impedanz-Kardiogramm → physiologische Psychologie (Kasten psychophysiologische Methoden).

Implizite Behaltensaufgabe → implizites Lernen.

Implizite Information → präsupponierte vs. implizite Information.

Implizite Intelligenztheorie → Intelligenz.

Implizite Persönlichkeitstheorie → subjektive Theorien.

Implizites Gedächtnis → implizites Lernen.

Implizites Lernen, → Lernen, das unbewusst u. ohne Rückgriff auf analyt. Strategien wie Hypothesengenerierung u. -testung abläuft. Man spricht auch von *implizitem Gedächtnis*, das sich dadurch manifestiert, dass beim Erwerb von Lernmaterial *Wiederholungseffekte* auftreten, d. h., dass eine Verbesserung auftritt, ohne dass eine Bewertung gefordert wird, ob der Stoff schon einmal erlernt worden ist; z. B. werden Worte schneller erkannt, gelesen o. verarbeitet, wenn sie schon einmal gelernt worden sind, wb. sich die Vpn der Wiederholung nicht bewusst sein brauchen. Beim *expliziten Gedächtnis*, das sich in expliziten Behaltensaufgaben manifestiert, muss die Vp dagegen eine explizite u. damit bewusste Bewertung abgeben, ob sie einen Reiz wiedererkennt o. nicht. Das Kzpt. des i. L. wurde v. a. im Bereich des Problemlösens u. des Erwerbs künstl. Grammatiken (abstrakte Symbolsysteme mit darauf definierten Regeln) eingeführt, auch beim Vh. zur Steuerung komplexer Systeme; vgl. Reber (1967); Broadbent (1977); s. a. das Stw. → explizites vs. implizites Wissen.

VD: (1) Bisweilen wird differenziert zw. i. L. u. *implizitem Gedächtnis* (Buchner u. Wippich 1995): Ersteres meine den Wissenserwerb über strukturelle Eigenschaften der Relationen zw. Ereignissen, wb. Lernen stets inzidentell (→ inzidentelles vs. intentionales Lernen) erfolgt, d. h., die Vpn werden nicht über die Regelhaftigkeit in der Ereignisabfuhr unterrichtet; es wird hier häufig auch von → unbewusstem Lernen gesprochen. In der typ. Untersuchung zum Grammatiklernen etwa memorieren Vpn zunächst Zeichensequenzen einer finiten Grammatik, u. nachdem sie über die Systematik in den Memorierungssequenzen aufgeklärt worden sind, sollen sie neue Sentenzen als syntakt. »korrekt« u. »inkorrekt« klassifizieren; *implizites Gedächtnis* dagegen beziehe sich auf Lernerfahrungen mit einzelnen Ereignissen, wb. die Lernerfahrung nicht notwendig inzidentell sein muss, es geht um die Nachwirkungen vorangegangener intentionaler o. inzidenteller Erfahrungen, die auftreten, auch wenn von den Vpn kein Bezug zur früheren Lernerfahrung hergestellt werden muss. Unter *implizitem Gedächtnis* werden nach Hoffmann (1993) Beobachtungen zusammengefasst, die zeigen, dass erlebte Ereignisse nachfolgendes Vh. beeinflussen, ohne dass sich die Vpn erinnern können. I. L. stellt in gewisser Weise eine Erweiterung dieser Phänomene dar: Vpn passen ihr Vh. an strukturelle Eigenschaften der Umgebung an, ohne dass sie dazu aufgefordert sind u. ohne sich dessen bewusst zu sein.

(2) **TH:** Schacter (1987) unterscheidet drei Ansätze: (a) das *Modell verschiedener Gedächtnissysteme*: Als Basis für das explizite Gedächtnis wird eine → *deklarative* Wissensrepräsentation, als Basis für implizite Gedächtnisleistungen eine →

prozedurale Wissensrepräsentation postuliert. Dahinter steht die Idee, dass implizite Leistungen mehr das Einschleifen einer Prozedur widerspiegeln u. explizite Leistungen eher die Beteiligung von Bewusstseinsinhalten. (b) Die *Aktivationstheorie* schreibt implizite Gedächtnisleistungen der vorübergehenden Aktivation existierender Gedächtnisrepräsentationen zu, was für eine Zeitlang die Bereitschaft zu einer nochmaligen Aktivation erhöht, ein Effekt, der automat. auftritt u. unabhängig von kontrollierten Prozessen ist. (c) Die *Prozesstheorie* unterscheidet *datengetriebene* Prozesse als Grundlage des impliziten Gedächtnisses u. *konzeptgetriebene* Prozesse als Grundlage des expliziten Gedächtnisses. Implizite Gedächtnisleistungen seien v. a. sensibel für Veränderungen der Reizoberfläche, also z. B. beim Lernen von Wörtern für die Typographie der Schrift (→ Verarbeitungsebenen-Theorie) u. unempfindl. für Manipulationen der konzeptuellen Verarbeitung, weil sie auf datengetriebenen Prozessen beruhen, während das Umgekehrte für explizite Gedächtnisleistungen gelte; vgl. zur Diskussion Engelkamp (1990).

LIT: Einen Überblick über die theoret. Ansätze gibt Schacter (1987); vgl. auch Wippich u. a. (1987); eine neuere umfassende Darstellung ist Buchner (1993); über neue Forschungsansätze zum Thema implizites Gedächtnis vgl. Graf (1993); zum Problem, inwieweit takt. Prozesse im Sport inzidentell besser gelernt werden können, vgl. Roth (1996); zur Bedeutung impliziten Lernens beim Spracherwerb vgl. Weinert (1991).

◆ Berry, D.: The problem of implicit knowledge. Expert Systems 4, 1987, S. 144–151; Berry, D. u. Broadbent, D. E. u. a.: Implicit and explicit knowledge in the control of complex systems. BJP 77, 1986, S. 33–50; Broadbent, D. E.: Levels, hierarchies and the locus of control. QJEP 29, 1977, S. 181–201; Broadbent, A.: The combination of explicit and implicit learning processes. PR 49, 1987, S. 7–15; Buchner, A.: Implizites Lernen. Weinheim 1993; Buchner, A. u. Wippich, W.: Implizites Gedächtnis u. implizites Lernen: Parallelitäten u. Dissoziationen. In: Bericht über den 39. Kongr. der dt. Ges. f. Ps. in Hamburg 1994, 1. Bd. Göttingen 1995, S. 524–529; Engelkamp, J.: Das menschl. Gedächtnis. Göttingen 1990; Graf, P. (Hg.): Implicit memory. New directions in cognition, development and neuropsychology. Hillsdale 1993; Haider, H.: Implizites Wissen u. Lernen. Ein Artefakt? ZEAP 39, 1992, S. 168–200; Harary, D. C. u. Dienes, Z.: The relationship between implicit memory and implicit memory and implicit learning. BJP 82, 1991, S. 59–373; Hoffmann, J.: Unbewusstes Lernen – eine besondere Lernform? PRu 43, 1993a; Perrig, J. P.: Implizites Wissen: eine Herausforderung für die Kognitionspsychologie. Schweizerische Zeitschrift für Psychologie 49, 1990, S. 234–249; Reber, A. S.: Implicit learning of artificial grammars. JVLVB 77, 1967, S. 317–327; Reber, A. S.: Implicit learning and tacit knowledge. JExP: G 118, 1989, S. 219–235; Roth, K.: Spielen macht den Meister. Zur Effektivität incidenteller taktischer Lernprozesse. PuS 1, 1996, S. 3–12; Schacter, D. L.: Implicit memory: history and current status. JExP: LMC 13, 1987, S. 501–518; Weinert, S.: Spracherwerb u. implizites Lernen. Bern 1991; Wippich, W. u. a.: Implizite u. explizite Erinnerungen: Wort- u. Bedeutungsvorstellungen beim Buchstabieren u. Wiedererkennen. AfP 19, 1987, S. 271–295.

Impression formation → Eindrucksbildung.

Impulsive Aggression → Aggression.

Impulsivität → kognitive Stile.

Impunitive Reaktion → Frustration.

Incremental cueing → Satzlernen.

Indifferenz → Zeitwahrnehmung.

Indifferenzintervall → Zeitwahrnehmung.

Indifferenzprinzip → Entscheidungstheorie; → Wahrscheinlichkeitsrevision.

Indirekte Aggression → Aggression.

Indirekte Bestrafung → Verstärkung; → Bestrafungslernen.

Indirekte Nutzensmessung → Nutzen.

Indirekte psychophysische Methoden → psychophysische Methoden.

Indirekte Skalierungsverfahren → psychophysische Methoden.

Indirekte Wahrnehmungstheorien → direkte vs. indirekte Wahrnehmungstheorien.

Individualpsychologie → Psychoanalyse.

Individualspezifische Reaktion → physiologische Psychologie (Kasten zentrale Begriffe und Paradigmen, Stw. *psychophysiologische Spezifität*).

Individuelle Reaktionsspezifität → physiologische Psychologie (Kasten zentrale Begriffe und Paradigmen, Stw. *psychophysiologische Spezifität*).

Individuumsspezifische Reaktionsspezifität → physiologische Psychologie (Kasten zentrale Begriffe und Paradigmen, Stw. *psychophysiologische Spezifität*).

Induktives Denken, Prozesse des → Denkens, die ein Individuum dazu befähigen, aus einer speziellen Erfahrung allg. Regeln, Muster, Begriffe o. Gesetzmäßigkeiten abzuleiten u. auf neue Ereignisse anzuwenden.

In der allg. Ps. gibt es kein eigentl. Forschungsparadigma i. D.; dem i. D. korrespondierende Prozesse werden im Paradigma → Begriffsbildung analysiert, dieses beinhaltet weniger das Thema *Begriffsbildung* als das Thema *Hypothesenbildung*, u. damit ein Kernelement des i. D. – Untersuchungen zu den sog. → Hypothesentheorien der Begriffsbildung wurden explizit als »Experimente zur Induktion« bezeichnet; vgl. Hunt u. a. (1966). Auch die Paradigmen → Wahrscheinlichkeit u. → Wahrscheinlichkeitsrevision beinhalten das Thema i. D.; s. a. das Stw. → Urteilsheuristiken. Auch unter → Korrelation finden sich wichtige u. originelle Ansätze; vgl. auch → Bestätigungstendenz. Der → *Kognitive Komponenten-Ansatz* innerhalb der Intelligenzforschung versucht die konkreten Informationsverarbeitungsprozesse beim i. D. herauszuarbeiten; vgl. zsfd. Pellegrino (1985); Goldman u. Pellegrino (1984). Bes. die Arbeitsgruppe um Klix untersucht den Zusammenhang von mathemat. Hochbegabung u. i. D.; vgl. Klix (1983) u. Schwarz (1986). Zur Entwicklung des i. D. vgl. Waldmann u. Weinert (1990). Hamilton u. Gifford (1976) haben ein induktiv-statist. Modell des *stereotypen Denkens* entworfen. Über Trainingsmöglichkeiten des i. D. referiert Klauer (1993). Holland u. a. (1986) entwerfen eine auf Computersimulation gestützte allg. Theorie des induktiven Lernens, innerhalb deren sie auch Rekonzeptualisierung von Konditionierungsprozessen versuchen.

VD: (1) In der Persönlichkeitsps., speziell der psychometr. Intelligenzforschung, wurde die Bedeutung des i. D. schon frühzeitig erkannt (vgl. Sternberg 1977), gleichzeitig allerdings auf einen engen Teilbereich von Testaufgaben reduziert, v. a. → Analogieaufgaben u. → Reihenergänzungen. Entsprechende Skalen gehören zum zentralen Repertoire gängiger Intelligenztests; Thurstone (1938) macht das i. D. zu einer der von ihm postulierten *primären Denkfähigkeiten*; Cattell (1971) sieht es als zentralen Bestandteil der *fluiden Intelligenz*. Snow u. a. (1984) bestätigen die in klass. Ansätzen postulierten engen Zusammenhänge zw. diesen Tests u. dem Generalfaktor der Intelligenz.

(2) Wissenschaftstheoret. Anm.: Sowohl die klass. Intelligenzforschung wie der kognitive Komponentenansatz implizieren ein naives Modell des i. D., das eine klare Abgrenzung vom *deduktiven Denken* beinhaltet – wenn man allerdings nicht die log. Struktur, sondern den realen ps. Prozess betrachtet, dann verwischen sich diese Unterschiede; vgl. Simon u. Lea (1974). Es stellt sich damit die Frage, ob es überhaupt eine eigene Fähigkeit zum i. D. gibt o. inwieweit dieses aus sehr spezif. Teilfertigkeiten besteht. Skyrms (1975) weist auch darauf hin, dass es falsch ist, anzunehmen, dass deduktive

Schlüsse stets vom Allgemeinen zum Besonderen u. induktive Schlüsse immer vom Besonderen zum Allgemeinen gehen; so gebe es z. B. in der Wissenschaft häufig induktive Argumente, die auf der Basis einer bestimmten Theorie die Plausibilität einer anderen Theorie begründen; vgl. auch Boyd (1985). Solche komplexen Prozesse werden von den einfachen ps. Paradigmen nicht erfasst; vgl. hierzu Untersuchungen von Gick u. Holyoak (1983). Auch die neueren Untersuchungen zum Erwerb von natürl. Kzpten. im Alltag weisen auf grundlegende Unterschiede zum Erwerb artifizieller Kzpte. hin, wie sie in psychometr. Testaufgaben häufig vorkommen; vgl. Weinert u. Waldmann (1988).

◆ Boyd, R.: The logician's dilemma: deductive logic, inductive inference and logical empirism. Erkenntnis 22, 1985, S. 197–252; Cattell, R. B.: Abilities: their structure, growth and action. Boston 1971; Gick, M. L. u. Holyoak, K. J.: Schemainduction and analogical transfer. CP 15, 1983, S. 1–38; Goldman, S. R. u. Pellegrino, J. W.: Deductions about induction: analyses of developmental and individual differences. In: Sternberg, R. J. (Hg.): Advance in the psychology of human intelligence, 2. Bd. Hillsdale 1984, S. 149ff.; Hamilton, D. L. u. Gifford, R. K.: Illusory correlation in interpersonal perception: a cognitive basis of stereotyping judgement. JESP 12, 1976, S. 392–407; Holland, J. H. u. a.: Induction: processes of inference, learning and discovery. Cambridge 1986; Hunt, E. B. u. a.: Experiments in induction. New York 1966; Klauer, K. J. (Hg.): Training des induktiven Denkens. In: Klauer, K. J. (Hg.): Kognitives Training. Göttingen 1993, S. 141–165; Klix, F.: Begabungsforschung – ein neuer Weg in der kognitiven Intelligenzdiagnostik. ZfPs 97, 1983, S. 360–387; Pellegrino, J. W.: Inductive reasoning ability. In: Sternberg, R. J. (Hg.): Human abilities. New York 1985, S. 195–225; Raven, J. C.: Progressive matrices: a perceptual test of intelligence. London 1938; Schwarz, C.: Zur Spezifik von Erkennungsprozessen bei mathemat. Hochbegabten. ZfPs 194, 1986, S. 7–23; Simon, H. A. u. Lea, G.:Problem solving and rule induction: a unified view. In: Gregg, L. W. (Hg.): Knowledge and cognition. Potomac 1974, S. 105–127; Skyrms, B.: Choice and chance: an introduction to inductive logic. Encino 1975; Snow, R. E. u. a.: The topography of ability and learning correlations. In: Sternberg, R. J. (Hg.): Advances in the psychology of human intelligence, 2. Bd. Hillsdale 1984, S. 47–103; Sternberg, R. J.: Intelligence, information processing, and analogical reasoning: a componential analysis of human abilities. Hillsdale 1977; Thurstone, L. L.: Primary mental abilities. PMM Nr. 1. 1938; Vernon, P. E.: The structure of human abilities. London 1971; Waldmann, M. u. Weinert, F. E.: Intelligenz u. Denken. Göttingen 1990; Weinert, F. E. u. Waldmann, M. R.: Wissensentwicklung u. Wissenserwerb. In: Mandl, H. u. Spada, H. (Hg.): Wissensps. München 1988, S. 161–199.

Induzierende Komponente → geometrisch-optische Täuschungen.

Induzierte Bewegung [ähnl. *scheinbare Bewegung*], ein Phänomen des → Bewegungssehens: Die Bewegung eines Objekts wird auf ein eigentl. stationäres Objekt übertragen (*induziert*), so dass das bewegte Objekt ruhig erscheint u. das stationäre Objekt bewegt. Bsp.: bei Filmaufnahmen werden Landschaftsattrappen hinter einem stillstehenden Auto vorbeigezogen, so dass das Auto bewegt erscheint; anderes Bsp.: In einem dunklen Raum wird ein Lichtfleck auf einen Bildschirm projiziert, wird der Schirm bewegt, erlebt die Vp nicht den Schirm, sondern den Lichtfleck bewegt. Auch sich rasch bewegende Wolken lassen den stillstehenden Mond scheinbar dahinrasen; die früher auf Jahrmärkten häufig gezeigte »Hexenschaukel« demonstriert ebenfalls diesen Effekt: Die Vp sitzt auf einer Schaukel in einem Haus, welches um eine Achse gedreht werden kann, u. wenn dies geschieht, glaubt die Vp derart stark zu schaukeln, dass heftige Schwindelgefühle u. Gegenbewegungen erzeugt werden. Ein aus dem Alltag vertrautes Bsp. ist das Phänomen, dass man in einem haltenden Zug sitzt u. ein auf einem Nachbargleis anfahrender Zug einem das Gefühl vermittelt, als ob der eigene Zug sich bewege. Hinter dem Phänomen der i. B. steht das Prinzip, dass wir langsame Bewegungen eines Einzelobjekts nur schwer wahrnehmen können u. dass unsere Wahrnehmung dem Prinzip folgt, dass das größere Objekt – meist eine Gesamtstruktur, die ein kleineres Objekt umgibt – als ruhend wahrgenommen u. als Bezugssystem für die Bewegungswahrnehmung verwendet wird. Insofern ist das Phänomen der i. B. Ausdruck einer Erfahrungskomponente, die allerdings bei dem Phänomen, dass beim schnell fahrenden Zug die Landschaft »vorüberfliegt«, durch die rasch gleitenden Netzhautbilder überdeckt zu werden scheint. Neuere Ergebnisse der Neurophysiologie legen die Existenz von Neuronen nahe, welche spezif. darauf ansprechen, ob ein wahrgenommenes Objekt sich in einer Richtung u. der Hintergrund sich in die Gegenrichtung bewegt.

◆ Braddick, O. J.: A short range process in apparent motion. VR 14, 1974, S. 519–527; Campenhausen, C. v.: Die Sinne des Menschen. Stuttgart 1993; Duncker, K.: Über induzierte Bewegung. PF 12, 1929, S. 128–259; Flores D'Arcais, G. B.: Über die Wirkung figuraler Merkmale auf die entstehende »induzierte Bewegung«. PF 28, 1965, S. 153–178; Jensen, G. D.: Effect of past experience upon induced movement. PMS 11, 1960, S. 281ff.

Induzierte Farbe → Farbwahrnehmung.

Induzierter Distanzeffekt → symbolischer Distanzeffekt.

Induzierter Kontrast → Farbwahrnehmung.

Inertia-Effekt → Wahrscheinlichkeitsrevision.

Infantile Amnesie, die Schwierigkeit bzw. Unfähigkeit, sich an Ereignisse der frühen Kindheit zu erinnern, ein Phänomen, das bes. von der → Psychoanalyse hervorgehoben wird u. im Sinne einer → Verdrängung interpretiert wird. Die moderne kognitive Ps. vertritt dagegen einen schematheoret. Ansatz, gem. dem die Differenz zw. den Verarbeitungsstrukturen des Kleinkindes u. des Jugendlichen bzw. Erwachsenen für diese nur scheinbare Amnesie verantwortlich ist. Die frühesten nichttraumat. Kindeserinnerungen, z. B. die Geburt eines anderen Kindes, finden sich meist im Alter von drei Jahren; vgl. Sheingold u. Tenney (1982). Dennoch lassen sich nichtbewusste Erinnerungen schon bei Säuglingen nachweisen, z. B. dass Babys mehrere Tage lang die Erinnerung an bes. auffällige Puppen bewahren (erkennbar durch ein spontanes Wiedererkennungslächeln); vgl. hierzu Stern (1985).

LIT: Vgl. Schachtel (1947); Campbell u. Spear (1972); eine gute Übersicht über die kognitive u. entwicklungsps. Literatur findet sich bei White u. Pillemer (1979).

◆ Campbell, B. A. u. Spear, N. E.: Ontogeny of memory. PR 79, 1972, S. 215–236; Pillemer, E. D. u. White, S.: Childhood events recalled by children and adults. Advances in child development and behaviour 21, 1989, S. 297–340; Schachtel, E. G.: On memory and childhood amnesia. Pia 10, 1947, S. 1–26; Sheingold, K. u. Tenney, Y. J.: Memory for a salient childhood event. In: Neisser, U. (Hg.): Memory observed. San Francisco 1982; Stern, D.: The interpersonal world of the infant: a view from psychoanalysis and developmental psychology. New York 1985; White, S. H. u. Pillemer, D. B.: Childhood amnesia and the development of a socially accessible memory system. In: Kihlstrom, J. F. u. Evans, F. J. (Hg.): Functional disorders of memory. Hillsdale 1979.

Inferenzen. Kognitive Prozesse beinhalten in vielen Fällen inferentielle Prozesse, also Schlussfolgerungen, die in verschiedenen theoret. Entwürfen als grundlegende Mechanismen angenommen werden, so etwa in Clarks Modell der → Sprachwahrnehmung, wenn der Hörer bei einem Gespräch inferieren muss, was der Sprecher als selbstverständl. voraussetzt, o. in den Modellen zum → Textverstehen von Kintsch u. van Dijk, in denen thematisiert, wie durch I. Kohärenzbrüche in Texten ausgeglichen werden können. Diese Prozesse scheinen weitestgehend automatisiert zu sein: Menschen können später nur schwer entscheiden, ob sie eine bestimmte Aussage gelesen, gehört o. gesehen o. nur inferiert haben. Solche Schlussfolgerungen, die schnell u. häufig unbewusst gezogen werden, bezeichnet man bisweilen als *implizite* I., als *explizite* I. bezeichnet man bewusste Schlussfolgerungen, z. B. beim Beantworten von Fragen o. beim Lösen mathemat. Probleme. *Reduktive* I. reduzieren, wie der Name sagt, die Information. Zu *elaborativen* I. vgl. das Stw. → Elaborationen. Häufig sind I. intendiert, d. h., der Autor des Textes nimmt an, dass der Leser aufgrund seines Vorwissens in Form von Schemata die Bruchstelle mühelos überbrücken kann. Für Forschungsansätze zu I. vgl. van der Meer (1995).

TH: Inferenzen sind ein Beleg für die *konstruktivist.* Auffassung des Leseprozesses als Text-Leser-Interaktion. Zwei Hauptgruppen von Theorien stehen sich gegenüber: die minimalist. Position postuliert, dass beim Lesen nur zwei Typen von I. gebildet werden: I., die für den Aufbau der lokalen Kohärenz eines Texts notwendig sind, u. I., die auf unmittelbar verfügbarem Wissen o. auf expliziten Textaussagen basieren. Solche minimalen Schlussfolgerungen würden beim Lesen automat. gezogen; I., die die globale Ebene der Textorganisation betreffen, werden dagegen nicht beim gewöhnl., sondern nur beim strateg., zielbezogenen Lesen gebildet. Dagegen postuliert die maximalist. Theorie, dass die Inferenzbildung ein integraler Bestandteil des Verstehensprozesses ist: der Leser konstruiert auf der Grundlage seines Wissens von der Welt eine semant. Beschreibung u. Situation, bei der über den unmittelbar gegebenen sprachl. Input hinausgegangen wird, indem durch Schlussfolgerungsprozesse die vorgegebenen Informationen mit bereits vorhandenem Wissen integriert werden.

VD: Graeser u. a. (1994) unterschieden 13 (nach dem Grad ihrer Unverzichtbarkeit auf das Lese- u. Textverstehen geordnete) Inferenztypen: Referenz, Kasusrolle, kausale Ursache, Handlungsziel, Thema, Emotionen von Akteuren, kausale Folgen, Konzeptkategorien, Instrument, Teilhandlung, nichtkausale Merkmale von Teilhandlungen u. Personen, Emotionen der Rezipienten eines Textes, kommunikative Intention des Autors.

LIT: Zum Überblick vgl. Grimm u. Engelkamp (1976); Anderson (1988); Christmann (1989) sowie Graeser u. a. (1993ff.).

◆ ANDERSON, J. R.: Kognitive Ps. Heidelberg 1988; CHRISTMANN, U.: Modelle der Textverarbeitung: Textbeschreibung als Textverstehen. Münster 1989; GRAESER, A. C. u. a.: Constructing inferences during narrative text comprehension. PR 101, 1995, S. 371–395; GRAESER, A. C. u. a.: Inference generation during the comprehension of narrative text. In: LORCH, R. F. u. O'BRIEN, E. J. (Hg.): Sources of coherence in reading. Hillsdale 1995, S. 295–322; GRIMM, H. u. ENGELKAMP, J.: Sprachps.: Handbuch u. Lexikon der Psycholinguistik. Berlin 1981; VAN DER MEER, E.: Gedächtnis u. Inferenzen. In: DÖRNER, D. u. VAN DER MEER, E. (Hg.): Das Gedächtnis. Göttingen 1995, S. 341–380.

Information → informationstheoretische Psychologie.

Information conservation → Erkennungsaufgaben.

Information drive → Neugier.

Informationelle Akkomodation → Wahrscheinlichkeitslernen.

Information reduction → Erkennungsaufgaben.

Informationsästhetik → informationstheoretische Psychologie.

Informationsintegration. Prozess der Zusammenfassung von Informationen zu einem Gesamtbild, speziell insofern sie inkonsistent sind. Dieses Thema tritt auf folgen-

den Gebieten auf: → Eindrucksbildung, → Einstellung u. auch innerhalb der kognitiven Entwicklungsps. (→ Invarianzkonzept; → genetische Epistemologie; → Psychophysik). Die wichtigsten theoretischen Ansätze sind die → Informationsintegrationstheorien.
◆ → Informationsintegrationstheorien.

Informationsintegrationstheorien, alle Theorien, die das Problem der → Informationsintegration thematisieren, kann man als *I.* bezeichnen; wenn man von *der* I. spricht, ist meist die Theorie von Anderson (1965ff.) gemeint. Grundannahme ist, dass jeder Reiz in seinen einzelnen Dimensionen (Bsp.: bei einer Rechtecksfläche Länge und Breite) wahrgenommen wird u. beim Urteil wieder integriert werden muss. Diese Integration erfolgt nach grundsätzl. einfachen algebraischen Regeln (»kognitive Algebra«) wie z. B. der Addition u. der Multiplikation.

Die I. ist also eine sozusagen simplere Gegenposition zur Position der Gestalttheorie und geht im Gegensatz zu dieser, die formal schwer zu präzisierende Umstrukturierungsprozesse postuliert, davon aus, dass man den Prozess der Informationsintegration in einfachen mathemat. Formeln ausdrücken kann: Im *Summations-Modell* wird behauptet, dass der Gesamteindruck aus der Summe von einzelnen Eindrücken besteht, d. h., dass die Gesamtbewertung extremer als die Bewertung der einzelnen Attribute ist; im *Durchschnitts-Modell* (bzw. *Mittelungs-Prinzip*) wird der Gesamteindruck aus dem algebraischen Mittelwert verschiedener Einzeleindrücke kombiniert, d. h. also, das Gesamturteil liegt innerhalb des Bereichs der Einzelurteile. Die empir. Belege favorisieren das zweite Modell.

Implikationen des Summationsmodells sind: (a) *Cross-over-Effekt*: die Tatsache, dass bei der Informationsintegration neu hinzugekommene positive o. negative Merkmale die Gesamtbewertung (als positive o. negative) nach einem additiven Gesetz verschieben; (b) der *Mengeneffekt* (*set size effect*): die Bewertung einer Person fällt positiver/negativer aus, wenn zu vorhandenen Eigenschaften weitere (positive/negative) Eigenschaften hinzukommen, d. h.: der Gesamteindruck ist extremer als die extremste Einzelinformation, was v. a. auftritt, wenn alle o. viele Eigenschaften in einer Menge von Einzelinformationen in eine Richtung gehen. Das Urteil ist also aufgrund ausschließl. unterstützender Informationen übersteigert. Beide Phänomene können vom einfachen Durchschnittsmodell nicht erklärt werden. Es konnte gezeigt werden, dass heterogene Eigenschaftsinformationen Durchschnittsbildung favorisieren, während homogen-negative Informationen eher dem Summations-Prinzip folgen (homogen-positive Informationen werden eher nach dem Durchschnittsmodell beurteilt).

Bspe. für die unterschiedl. Informationsintegrationsmodelle: Sechs Personenmerkmale werden auf einer Skala von –7 bis +7 bewertet, was bspw. in folgenden Daten resultiert: gehorsam: –2, schwach: –1, oberflächlich: –1, freundlich: +2, nicht ehrgeizig: 0, ineffektiv: –2. Nach dem Summationsmodell würde der Gesamteindruck durch die Summe der einzelnen Eindrücke vorhergesagt, in diesem Fall durch G = –6. Das einfache Durchschnittsmodell würde in diesem Gesamtfall die Summe der Einzeleindrücke geteilt durch ihre Anzahl als Ergebnis fordern, also G = –1. Ein anderes Bsp. für die Konsequenzen aus beiden Modellen: Eine Person will auf eine andere einen besonders guten Eindruck machen. Sie verfügt über drei gute Seiten: Intelligenz: +6, Ehrlichkeit: +7, Erfahrung im Umgang mit Computern: +2. Um einen möglichst guten Gesamteindruck zu erzielen, würde sie nach dem Durchschnittsmodell nur die Ehrlichkeit hervorheben, nach dem Summationsmodell aber alle drei Eigenschaften. Die einfachen Summations- und Durchschnittsmodelle sind später als Reaktion auf widersprechende empir. Befunderhebungen modifiziert worden: so wurde das Summationsprinzip eingeschränkt auf den Fall, dass die (7–9) individuell relevantesten Attribute zu einem Gesamteindruck integriert werden. Anderson (1981) berücksichtigt in seinem Durchschnittsmodell zusätzl. einen (neutralen) Anfangseindruck, u. mit diesem modifizierten Durchschnittsmodell kann auch der Mengeneffekt erklärt werden. Nach diesem Modell ist allerdings der Zuwachs der Extremität umso geringer, je kleiner das Verhältnis der Zahl der neu hinzugekommenen zur Zahl der bereits vorhandenen Items ist. Auch ist der Einfluss der Attributzahl auf die Extremität der Gesamturteile bei relativ extrem bewerteten Attributen größer als bei mäßig extrem bewerteten. Bsp.: Angenommen wird, dass eine Zweierliste u. eine Viererliste vorliegen, die alle positiven Eigenschaften der Ausprägung +7 enthalten. Die neutrale Position wird mit 0 gekennzeichnet u. geht in den Durchschnitt mit ein. In der Zweierliste errechnet man dann: (7+7+0)/3 = 4,67, in der Viererliste: (7+7+7+7+0)/5 = 5,6. Nach dem einfachen Durchschnittsmodell würden sich ident. Werte ergeben, näml. jeweils 7. Eine Liste mit symmetr. positiven und negativen Merkmalen würde das modifizierte Modell ähnl. wie das Durchschnittsmodell behandeln, z. B. ((–7)+(–7)+7+7+0)/5 = 0. Das modifizierte Durchschnittsmodell sagt also bei Häufung gleich gerichteter Einzelbewertungen eine Extremisierung voraus u. bei gegensätzlichen Einzelbewertungen etwa den Durchschnitt der Einzelinformationen. Es kann allerdings nicht den Idealfall des Mengeneffekts vorhersagen, näml. einen Gesamteindruck, der extremer ist als der erste Einzeleindruck, was allerdings empir. nicht häufig vorkommt. Die numer. Werte für den Gesamteindruck wurden bei beiden Modellen nur in Bezug auf Differenzen, nicht aber absolut interpretiert. Würde man einen direkten Vergleich der Werte der Einzelinformationen mit dem des Gesamtheitseindrucks anstellen, würde das Summenmodell u. U. Gesamteindrücke vorhersagen, die jenseits des Skalenbereichs liegen; das modifizierte Durchschnittsmodell hätte dann Schwierigkeiten, einen echten Mengeneffekt zu prognostizieren.

Auch auf entwicklungsps. Gebiet liefert die I. eine simplere Alternative zu »anspruchsvolleren« Modellen: Während gemäß Piagets → genetischer Epistemologie die Beschränktheit der Kinder bei → Invarianzaufgaben auf die Wirkung des Prinzips der *Zentrierung* zurückgeführt wird (d. h. dass Kinder nur eine Dimension im Auge behalten können), weisen Untersuchungen vor dem Hintergrund der I. darauf hin, dass Kinder auch im voroperativen Stadium durchaus mehr als eine Reizdimension beachten, sie verwenden ledigl. andere Kombinationsregeln als ältere Kinder u. Erwachsene: statt z. B. die Reizdimensionen einer Fläche multiplikativ zu verbinden, beruht ihre Wahrnehmung auf einer einfachen Addition dieser Merkmalsausprägungen. Kinder besitzen gem. diesem Ansatz auch schon als Fünfjährige ein funktionales Verständnis der drei Dimensionen Zeit, Distanz, Geschwindigkeit u. erschließen die Zeit systemat. aus Distanz u. Geschwindigkeit, allerdings nach folgender subtraktiver Regel: Zeit = Distanz minus Geschwindigkeit. Vertreter der I. sehen in Piagets Ergebnissen Artefakte seiner speziellen Methode (der Wahlaufgaben), die die Beachtung nur einer Reizdimension nahe legt; die Vertreter der I. verwenden deshalb quantitative u. nonverbale Methoden wie z. B. das Herstellungsverfahren u. Schätzskalen. Anderson und Wilkening entwickelten in diesem Zusammenhang die *Theorie des adaptiven Denkens*. Überhaupt seien »reine« Konzepte unnatürl. u. existierten überhaupt nicht, vielmehr solle das Wissen von Kindern als eine Ansammlung von Merkmalen verschiedener Fähigkeiten gesehen werden, die bei der Lösung von Aufgaben typischerweise zusammenwirken (*assemblage theory*), es können formal-operator. zusammen mit sensomotor. Kompetenzen gleichzeitig beteiligt sein. Zur Kritik vgl. Gigerenzer (1983).

VD: (1) Eine Besonderheit der Theorie ist, dass diejenige Teiltheorie, die eine Messmethode impliziert, nicht nur Voraussetzung, sondern expliziter Bestandteil der Theorie ist, sog. *funktionales Messmodell*. Integrationsregeln u. die subjektiven Skalenwerte werden gleichzeitig validiert, wie es im sog. Parallelismus-Theorem von Anderson zum Ausdruck kommt: *Wenn* (a) das lineare Modell korrekt ist u. (b) das Reaktionsmaß eine lineare Skala ist u. (c) die Stimulusvariablen unabhängige Effekte haben, *dann* werden (a) die Daten aus einem faktoriellen Design auf parallelen Profilen abgebildet u. darüber hinaus werden (b) die Randmittelwerte der Datentabelle die Stimuluswerte auf validierten Intervallskalen sein. (2) Vertreter der I. überprüfen ihre Hypothesen mit varianzanalyt. Methoden: eine additive Informationsintegration sehen sie bestätigt, wenn sich zwar varianzanalyt. Haupteffekte finden, die Interaktion aber insignifikant bleibt; bei der übl. graph. Darstellung der Ergebnisse zweifaktorieller Versuchspläne erhält man eine Schar paralleler Funktionen. Hypothesen über multiplikative Informationsintegration gelten dagegen als bestätigt, wenn sich neben den Haupteffekten eine Interaktion zw. den Faktoren zeigt u. wenn diese Interaktion (zumindest überwiegend) bilinear ist; graph. entspricht dem eine Schar linearer Funktionen, die fächerförmig auseinander gehen; vgl. hierzu Graesser u. Anderson (1974).

LIT: Eine zsfd. Darstellung der sozialps. Aspekte findet sich in Bierhoff (1988); ein Übersichtsreferat ist Petzold (1984); vgl. auch Westermann (1987).

◆ ANDERSON, N. H.: Averaging versus adding as a stimulus-combination role in impression formation. JEP 70, 1965, S. 394–400; ANDERSON, N. H.: Functional measurement and psychophysical judgement. PR 77, 1970, S. 457–458; ANDERSON, N. H.: Algebraic models in perception. In: CARTERETTE, E. C. u. FRIEDMAN, M. P. (Hg.): Handbook of perception, 2. Bd. New York 1974, S. 215–298; ANDERSON, N. H.: Foundations of information integration theory. New York 1981; ANDERSON, N. H.: Methods of information integration theory. New York 1982; ANDERSON, N. H.: Cognitive algebra in social psychophysics. In: WEGENER, B. (Hg.): Social attitudes and psychophysical measurement. Hillsdale 1982, S. 123–148; ANDERSON, N. H. (Hg.): Contributions to information integration theory, Bd. III: Development. Hillsdale 1991; BIERHOFF, H. W.: Sozialps. Stuttgart 1988 (2. Aufl.); FISHBEIN, M. u. AJZEN, I.: Belief, attitude, intention, and behaviour. Reading/Mass.; FISHBEIN, M.: An investigation of the relationship between beliefs about an object and the attitude toward the object. Human Relations 16, 1963, S. 233–240; GIGERENZER, G.: Über die Anwendung der Informationsintegrationstheorie auf entwicklungsps. Fragestellungen: eine Kritik. ZEPP 15, 1983, S. 101–120; GRAESSER, C. C. u. ANDERSON, N. H.: Cognitive algebra of equation: gift size = generosity x income. JExP 103, 1974, S. 692- 699; OSGOOD, C. E. u. TANNENBAUM, P. H.: The principle of congruity in the prediction of attitude change. PR 62, 1955, S. 42–55; PETZOLD, P.: Information integration: review of the literature in German-speaking countries since 1970. GJP 8, 1984, S. 312–322; ROSCH, E.: Zur Angemessenheit von Integrationsmodellen der sozialen Eindrucksbildung. ZSP 8, 1977, S. 247–255; SCHÜMER, R.: Eine experimentelle Untersuchung zur sozialen Eindrucksbildung. ZSP 2, 1971, S. 298–308; WESTERMANN, R.: Wahrnehmung: Psychophys. Skalierung u. Informationsintegration. In: LÜER, G. (Hg.): Allg. Experimentelle Ps. Stuttgart 1987, S. 265–309; WILKENING, F. u. a. (Hg.): Information integration by children. Hillsdale 1980; YAMAGISHI, T. u. HILL, C. T.: Initial impression versus missing information explanations of the set-size-effect. JPSP 44, 1981, S. 942–95.

Informationskauf → Informationsverhalten.

Informationstafel, ein Instrument zur Analyse von Entscheidungsprozessen – ein Holzkasten, der in Fächer in Matrixform unterteilt ist, in denen Karten mit Informationen über die Handlungsalternativen enthalten sind; der Entscheidende darf, möglichst genauso wie er im Realfall vorgeht, beliebig viele Karten in beliebiger Reihenfolge aus den Fächern ziehen, bis er sich für eine Alternative entschieden hat; daraus lässt sich die Art u. Reihenfolge der Informationsaufnahme ablesen.

◆ ASCHENBRENNER, K. M.: Komplexes Wahlverhalten. In: HARTMANN, K. D. u. KOEPPLER, K. (Hg.): Fortschritte der Marktps., 1. Bd. Frankfurt/M. 1977; GERDTS, U. u. a.: Problemorientiertes Entscheidungsvh. in Entscheidungssituationen mit mehrfacher Zielsetzung. In: UECKERT, H. u. RHENIUS, D. (Hg.): Komplexe menschl. Informationsverarbeitung. Bern 1979.

Informationstheoretische Ästhetik → informationstheoretische Psychologie.

Informationstheoretische Pädagogik → informationstheoretische Psychologie.

Informationstheoretische Psychologie. Die *Informationstheorie* ist ein Versuch, quantitative Gesetzmäßigkeiten, die sich bei der Nachrichtenübertragung ergeben, in einer formalen Theorie einzufangen. Zentrale Themen sind die Erhaltung der Ordnungscharakteristika der Signale gegenüber Übertragungsstörungen, die Wirksamkeit von Kodierungen bei der Weitergabe von Informationen u. die Kapazität der Übertragungskanäle u. Speicher. Der Begriff der *Information* ist innerhalb der Informationstheorie rein formal definiert, näml. als *Gegenwert zur Wahrscheinlichkeit*: je wahrscheinlicher ein Ereignis bzw. das Auftreten einer Information ist, desto geringer ist der Informationsgehalt. Der Informationsgehalt eines Reizes u. Ereignisses o. eines Zeichens innerhalb einer Menge mögl. Zeichen ist umso höher, je größer die Unsicherheit ist, die durch das Zeichen beseitigt wird, anders formuliert: je geringer die Wahrscheinlichkeit des Auftretens ist. Dies kann operationalisiert werden durch die Anzahl von Binärentscheidungen, die nötig ist, um dieses Zeichen zu bestimmen. Eine Binärentscheidung verkörpert die Informationseinheit 1 *Bit*, z. B. hat ein Ereignis beim Münzwurf (»Adler« vs. »Zahl«) 1 *Bit*; bei einer Menge von 64 gleich wahrscheinl. Zeichen besitzt jedes Zeichen die Informationsmenge *6 Bit*, (denn 2^6 ist 64); anschaul.: man kann mit 6 Fragen in einem geeignet strukturierten Wissensbereich ein Element identifizieren. Ist p die Wahrscheinlichkeit des Zeichens X, so ist der Informationsgehalt von X der Logarithmus dualis von 1/p. Der *mittlere Informationsgehalt* ist dann die Summe dieser einzelnen Informationsgehalte, jeweils gewichtet mit ihrer Wahrscheinlichkeit; dieses Maß wird bisweilen als *Entropie* bezeichnet (Abk. *H*), da es sich dem physikal. Entropie-Begriff vergleichen lässt u. auch als Maß für den Ordnungsgehalt eines Systems dienen kann; daher spricht man häufig auch von der (negativen) *Informationsentropie*. Die Rezeption der Informationstheorie durch die Ps. konstituiert ein Paradigma, das v. a. in den 50er u. 60er Jahren wichtig geworden ist. Dieser informationstheoret. Ansatz i. e. S. ist vom Paradigma der → Informationsverarbeitung abzugrenzen.

Folgendes sind die zentralen ps. Ansätze, innerhalb deren die Informationstheorie angewendet worden ist: (a) Nach frühen Ansätzen durch Miller u. Frick (1949) u. Miller (1953) gab es v. a. im Bereich → Formwahrnehmung Versuche, die → Gestalttheorie informationstheoret. zu präzisieren u. zu erklären; vgl. Hochberg u. McAllister (1953); Attneave (1954, 1965): gute Gestalten seien von schlechten dadurch unterschieden, dass sie weniger Information, also mehr Redundanz beinhalten u. somit einen höheren Grad an Organisation aufweisen. Eine wichtige Weiterführung war Garner (1962). Auch im sog. → Präferenzparadigma wurden im Zusammenhang mit dem Kzpt. der → optimalen Stimulation informationstheoret. Maße zur Bestimmung der Komplexität verwendet. (b) Auch im populärps. Bereich bekannt geworden sind Versuche, die Kanalkapazität der Sinnesorgane informationstheoret. zu bestimmen; vgl. hierzu Trincker (1970). Eine zentrale These war, dass in jedem Sinnessystem etwa 2,8 Bit Information pro Reiz übertragen werden können, eine Behauptung, die sich in dieser Generalität nicht aufrecht erhalten lässt. (c) Auch zum → Reaktionsexperiment wurden Modelle entwickelt, die, ohne ursprüngl. direkt von der Informationstheorie herzustammen, formal dieser ähneln. (d) In der Gedächtnisps., v. a. bei der Analyse des → Kurzzeitgedächtnisses, wurden solche Maße ebenfalls verwendet. (e) In der Sprachps. basiert das Paradigma der → Sprachapproximation weitgehend auf informationstheoret. Ansätzen; zum Erklärungswert des Kzpts. für die Sprachps. vgl. Hörmann (1977) u. Schlesinger (1977). (f) Zum Überblick über informationstheoret. Ansätze innerhalb der Intelligenzforschung vgl. Roth u. a. (1975). (g) Zu informationstheoret. Ansätzen in der → Entscheidungstheorie vgl. Lee (1977). (h) Im dt. Sprachraum hat es eine *informationstheoret.* bzw. *kybernet. Pädagogik* gegeben; der wichtigste Exponent dieser Richtung war Frank (vgl. 1962ff.); vgl. auch von Cube (1965); einen Überblick liefert Weltner (1967). (i) Der informationstheoret. Ansatz ist auch ein wichtiges theoret. Paradigma innerhalb der Kunstps.; vgl. hierzu Berlyne (1971); Kreitler u. Kreitler (1980); Kobbert (1986).

Neben diesen spezif. Ansätzen ist ein häufig verwendetes Rahmenmodell aus der Informationstheorie entlehnt: das sog. *Kommunikationsmodell*, das, zurückgehend auf Shannon u. Weaver (1949), eine technisierte Aufbereitung alter sprachphilosophischer Modellvorstellungen ist; vgl. hierzu Meyer-Eppler (1959); s. Abb. *Information 1*.

KR: Generell wird der informationstheoret. Ansatz heute recht krit. gesehen, da er, wie es schon Neisser (1974) formuliert hat, v. a. auf *unselektive* Informationsverarbeitungssysteme hin entwickelt worden ist u. damit den Besonderheiten der menschl. Wahrnehmung u. Informationsverarbeitung nicht

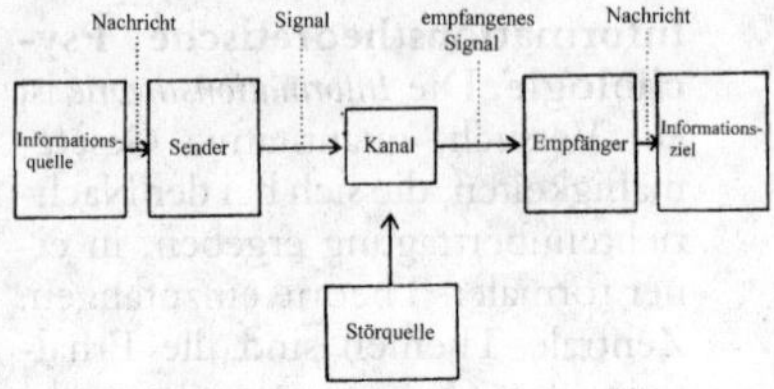

Abb. *Information 1*

gerecht wird; vgl. Timpe (1970) sowie Green u. Curtis (1966). Für eine rein formal-statist. Darstellung von Ordnung u. Variabilität wird er immer noch als geeignet betrachtet, wb. der formale u. der inhaltl.-modelltheoret. Aspekt bisweilen ineinander übergehen, bes. bei den Ansätzen zu den Reaktionszeit-Paradigmen; vgl. hierzu Laming (1968) u. Schmidtke (1961). Der exakte Informationsbegriff wurde allerdings nur in einem Übergangsstadium benutzt; seit den 60er Jahren wurde der Informationsbegriff innerhalb der Ps. zunehmend verwässert, u. es ist eine allg. Konzeption übrig geblieben, die zw. dem formalen Informationsbegriff der Nachrichtentechnik u. dem Hardware-Begriff oszilliert. Überdauert hat aus der Informationstheorie das Hardware-Modell des *Kanals* bzw. der *Kanalkapazität*; s. das Stw. → Informationsverarbeitung.

LIT: Zum Überblick über informationstheoret. Modelle zur Darstellung kognitiver Prozesse vgl. Herrmann (1964); Langer (1962); Mittenecker u. Raab (1973); ein monumentales Werk, das auf dem Informationsansatz i. w. S. beruht, ist Klix (1971); einen Überblick über die I. u. ihre Anwendungen gibt Meyer-Eppler (1969); die klass. Arbeit, in der die I. begründet ist, ist Shannon u. Weaver (1949); Quastler (1956) ist ein Sammelband einer frühen Konferenz über Informationstheorien; zu neueren Ansätzen im Bereich der kognitiven Ps. vgl. Hussy (1986); zum histor. Hintergrund der verschiedenen Informationskzpte. vgl. Rauterberg (1989); für einen frühen Überblick vgl. Simon (1979); zum sog. *Shannonschen Rate-Test*, mit dem man versucht, den Informationsgehalt eines Textes empir. zu bestimmen, vgl. Weltner (1964).

◆ ATTNEAVE, F.: Some informational aspects of visual perception. PR 61, 1954, S. 183–193; ATTNEAVE, F.: Informationstheorie in der Ps. Bern 1965; BERLYNE, D. E.: Aesthetics and psychobiology. New York 1971; VON CUBE, F.: Kybernet. Grundlagen des Lernens u. Lehrens. Stuttgart 1965; FRANK, H.: Kybernet. Grundlagen der Pädagogik. Baden-Baden 1962; FRANK, H.: Kybernet. Analysen subjektiver Sachverhalte. Quickborn 1964; FRANK, H. (Hg.): Kybernetik, Brücke zw. Wissenschaften. Frankfurt/M. 1970; GARNER, W. R.: Uncertainty and structure as psychological concepts. New York 1962; GREEN, R. T. u. CURTIS, M. C.: Information theory and figure perception: the metaphor that failed. AP 25, 1966, S. 12–35; HERRMANN, T.: Informationstheoret. Modelle zur Darstellung der kognitiven Ordnung. In: BERGIUS, R. (Hg.): Lernen u. Denken. HP, 1. Bd., 2. Hlb., Göttingen 1964, S. 641–669; HOCHBERG, J. E. u. MCALLISTER, E.: A quantitative approach to figural »goodness«. JExP 46, 1953, S. 361–364; HÖRMANN, H.: Ps. der Sprache. Berlin 1977; HUSSY, W.: Denkps., 2. Bd., Stuttgart 1986; KLIX, F.: Information u. Verhalten. Bern 1971; KOBBERT, M. J.: Kunstps. Darmstadt 1986; KREITLER, H. u. KREITLER, S.: Ps. der Kunst. Stuttgart 1980; LAMING, D. R. J.: Information theory of choice-reaction times. London 1968; LANGER, D.: Informationstheorie u. Ps. Göttingen 1962; LEE, W.: Ps. Entscheidungstheorie. Weinheim 1977; MEYER-EPPLER, W.: Grundlagen u. Anwendungen der Informationstheorie. Berlin 1969; MILLER, G. A. u. FRICK, F. C.: Statistical behaviouristics and sequences of responses. PR 56, 1949, S. 311–324; MILLER, G. A.: What is information measurement? AmP 8, 1953, S. 3–11; MITTENECKER, E. u. RAAB, E.: Informationstheorie für Psychologen. Göttingen 1973; NEISSER, U.: Kognitive Ps. Stuttgart 1974 (Orig.: 1967); QUASTLER, H. (Hg.): Information theory in psychology. Glencoe Ill. 1956; RAUTERBERG, M.: Über das Phänomen »Information«. In: BECKER, B. (Hg.): Zur Terminologie der Kognitionsforschung. St. Augustin 1989, S. 219–242; ROTH, E. u. a.: Intelligenz. Stuttgart 1975; SCHLESINGER, I. M.: Production and comprehension of utterances. New York 1977; SCHMIDTKE, H.: Zur informationstheoret. Analyse von Wahlreaktionsexperimenten. PF 26, 1961; SHANNON, C. E. u. WEAVER, W.: A mathematical theory of communication. Urbana 1949 (dt.: Mathemat. Grundlagen der Informationstheorie. München 1976); SIMON, H. A.: Information processing models of cognition. ARP 30, 1979, S. 363–396; TIMPE, K. P.: Zum gegenwärtigen Stand einiger Anwendungsmöglichkeiten in der Informationstheorie u. in der Ps. PuEPs 33, 1970, S. 21–43; TRINCKER, D.: Informationsspeicherung bei Lebewesen. In: FRANK (1970), S. 63–80; VAN DER HEIJDEN, A. H. C. u. STEBBINS, S.: The information processing approach. PR 52, 1990, S. 197–206; WELTNER, K.: Informationsps. Ansätze in der Pädagogik. In: KROEBEL, W. (Hg.): Fortschritte in der Kybernetik. München 1967, S. 279–321; WELTNER, K.: Zur empir. Bestimmung subjektiver Informationswerte von Lehrbuchtexten mit dem Ratetest nach Shannon. Grundlagenstudien aus Kybernetik u. Geisteswissenschaft. Bd. 5, Heft 1, 1964, S. 3–11.

Informationstheorie → informationstheoretische Psychologie.

Informationsverarbeitung → Informationsverarbeitungstheorien.

Informationsverarbeitungstheorien. Eine große Gruppe von Theorien der → kognitiven Psychologie operiert mit der zentralen Annahme, dass der menschl. Geist einem Informationsverarbeitungsmodell gleicht, wie es in analoger o. isomorpher Form in einem Computer realisiert ist. Dieses Modell ist so dominant, dass im angloamerikan. Raum die Begriffe → *kognitive Psychologie* u. *I.* (bzw. *Informationsverarbeitungsmodelle*) prakt. syn. verwendet werden. Grundansatz ist die Zergliederung des Prozesses der Informationsverarbeitung in die Phasen: *Informationsaufnahme*, *Informationsspeicherung*, *Informationsabruf*; Weiteres s. das Stw. → kognitive Stufen.

Die zentralen Modelle bzw. Metaphern, die aus der in den 60er Jahren expandierenden Computertechnologie in die Ps. übernommen wurden, sind: → *Kodierung*, → *Arbeitsspeicher* bzw. → *Kurzzeitspeicher* u. → *Langzeitspeicher*, *Speicherzugriff*, *Adressierung* (→ Adresse), → *parallele* vs. *serielle Verarbeitung*, → *zentraler Prozessor*. Diese ursprüngl. Kzpt. sind Hardware-Analogien.

Eine zweite große Gruppe, die nicht mehr zum Informationsverarbeitungsmodell i. e. S. gehören, sind Analogien auf der Software-Ebene; s. hierzu das Stw. → künstliche Intelligenz.
Von den I., die an der *Informatik* angelehnt sind, sind ältere Ansätze zu unterscheiden, die eher an der *Informationstheorie* orientiert sind; s. hierzu das Stw. → informationstheoretische Psychologie. Zu nennen ist v. a. das *Kanalmodell* bzw. das *Kanal-Kapazitätsmodell* (→ Filtertheorie u. → Aufmerksamkeitskapazitäts-Modell). Der Begriff *Kanal* trat sozusagen an die O-Variable im S-O-R-Modell, u. statt *Stimulus* u. *Response* wurde zunehmend von *Input* u. *Output* gesprochen.
Auch typ. Darstellungsformen werden aus der Technik entlehnt: sog. *Blockschaltbilder* mit Flussdiagrammen, die bewusst von der genauen internen Realisierung der Elemente abstrahieren u. die formale Grundstruktur eines Systems hervorheben (innerhalb der kognitiven Ps. ist der Begriff *Funktionsanalyse* zur Bezeichnung solcher Informationsflussmodelle zu einem Modewort geworden; zu einem Plädoyer für eine »funktionelle Analyse« im Gegensatz zu diesem Funktionsanalyse-Begriff vgl. Neumann 1985).
Informationsverarbeitungsmodelle unterscheiden sich von anderen Modellen der mathemat. Ps. dadurch, dass sie die Verarbeitungsprozesse von verhältnismäßig komplizierten Objekten (z. B. Listen, Mengen o. Graphen) untersuchen, auf denen relativ einfache Operationen durchgeführt werden, während *numer.* Modelle verhältnismäßig einfache Objekte (z. B. ganze o. reelle Zahlen, Vektoren o. Matrizen) komplizierten zusammengesetzten Operationen unterwerfen.

Posner u. McLeod (1982) gehen in ihrem Überblicksartikel von zwei Hauptströmungen aus: die eine, die wichtigere, zielt auf eine Synthese von Informationsverarbeitungsmodellen, u. zwar mittels Computersimulation, während die zweite Richtung v. a. an der Entwicklung von einfachen Modellen, überprüfbar in experimentalps. Untersuchungen traditionellen Stils, interessiert ist.

Die frühen Informationsverarbeitungsmodelle wiesen eine weitgehend serielle Architektur auf, bei der die unterschiedl. kognitiven Stufen bzw. Prozesse (s. o.) jeweils an den Ergebnissen der vorhergehenden Verarbeitungsprozesse ansetzen; Neisser (1978) charakterisiert diesen Ansatz ironisch als »processing, more processing, still more processing«. (Eine solche *serielle Architektur* ist nicht mit dem Kzpt. der parallelen vs. seriellen Verarbeitung zu verwechseln; sie kann mit hochparalleler Verarbeitung verknüpft sein, was z. B. in den frühen Stadien visueller Reize der Fall ist.) Dieses Modell dominierte die Forschung bis in die 70er Jahre, die einflussreichste Fassung wurde konzipiert von Atkinson u. Shiffrin Ende der 60er Jahre; s. hierzu das Stw. → Mehrspeichertheorien. Modernere Architekturen sind: (a) Die *Kaskadenarchitektur*, hier wird die serielle Verarbeitung ergänzt um die Möglichkeit einer Rückkopplung zw. jeweils benachbarten Verarbeitungsschritten; der Begriff bezieht sich also auf die Erscheinung, dass spätere Informationsverarbeitungsstufen schon in Gang gesetzt werden können, bevor frühere Stadien vollendet sind, wie z. B. bei der → Sprachrezeption. Es entsteht also kein diskretes *Stufenmodell* der Informationsverarbeitung, sondern es ist einer Variable mögl., verschiedene Verarbeitungsstufen zu beeinflussen, was einen interaktiven Effekt auf die Aufgabenausführung bewirkt. Dieses Modell ist v. a. mit dem Paradigma des → Konnektionismus verbunden; vgl. McClelland (1979). (b) Die *hierarch. Architektur*: Dies ist das in der KI am weitesten verbreitete Verarbeitungsmodell, bei dem die Kontrolle der gesamten Verarbeitung durch ein bes. Modul (»supervisor«, → zentrale

Exekutive) gewährleistet wird. (c) → Produktionssysteme: Sie ergänzen die direkte Kontrolle, die durch einen zentralen Interpreter für die Reproduktionsregeln realisiert wird, durch eine zentrale Datenstruktur (→ Arbeitsgedächtnis); insbes. parallele Produktionssysteme werden als geeignete Modelle menschl. Kognition angesehen, vgl. Newell u. a. (1989). (d) Die *Blackboard-Architektur* (vgl. Erman u. a., 1980): Hier kommunizieren mehrere autonome Subsysteme durch eine gemeinsam zugängl. Datenstruktur, die sog. *Blackboard*. Zur Bedeutung des Modells im Rahmen des Gebiets → Sprachverstehen vgl. Herrmann (1990); eine einführende Darstellung findet sich in Lindsay u. Norman (1981, S. 219; dort übersetzt mit *Tafelmodell*). (e) Im *Multiagentenmodell* (Hewett 1977) wird auch die Kommunikation dezentralisiert, indem autonome Subsysteme (»Agenten«, »Actors«) direkt Nachrichten austauschen; diesem Paradigma entspricht die Software-Technik des *objektorientierten Programmierens*. (f) Brooks (1986) konzipierte eine *Subsumptionsarchitektur*: Diese basiert auf selbständigen Funktionseinheiten über die weitere, diese aktivierende o. hemmende Einheiten geschichtet werden. Ein breites Spektrum von Ansätzen wird in Laird (1991) dargestellt.

KR: S. hierzu die Gesamtdarstellung der Kritik am computerorientieren Ansatz im Stw. → künstliche Intelligenz.

LIT: Zum Überblick u. zur krit. histor. Analyse des Informationsverarbeitungsansatzes vgl. van der Heijden u. Stebbins (1990); vgl. auch Lovi (1983); einen Überblick über verschiedene I. anhand des Paradigmas des Stroop-Effektes gibt Hell (1987); zur Informationsverarbeitung im Sport vgl. Maxeiner u. a. (1996); zum Informationverarbeitungsansatz in der klin. Ps. vgl. Hofer (1986) u. Ingram (1986); in der Marktps. vgl. Srull (1983); in der forens. Ps. vgl. Loftus (1979); ein Rah*m*enmodell zur *e*lementaren u. *k*omplexen menschl. *I*nformations*v*erarbeitung (MEKIV, vgl. die vorher kursiv gesetzten Buchstaben) wird von Hussy dargelegt; es dient dazu, den Ansatz der Kognitionsps. im Allg. u. den der I. im Speziellen zu verdeutlichen, den derzeitigen Kenntnisstand integrativ darzustellen u. den Forschungsrahmen abzustecken; vgl. Hussy (1993).

◆ Brooks, R. A.: Achieving artificial intelligence through building robots. A.I. Memo 899, MIT, Cambridge/Mass. 1986; Erman, L. D. u. a.: The hearsay-II speech understanding system: integrating knowledge to resulf uncertainty. Computational Survey 12, 1980, S. 213–253; Hell, W.: Aufmerksamkeit u. Interferenz. Weinheim 1987; Herrmann, T.: Sprechen u. Sprachverstehen. In: Spada, H. (Hg.): Lehrbuch Allgemeine Ps. Bern 1990, S. 281–322; Hewett, C. E.: Viewing control structures as patterns of passing messages. ArI 8, 1977, S. 323–364; Hyman, R.: Stimulus information as a determinant of reaction time. JExP 45, 1953, S. 188–196; Hofer, M.: Sozialpsychologie erzieherischen Handelns. Göttingen 1986; Hussy, W.: Denken u. Problemlösen. Stuttgart 1993; Ingram, R. E. (Hg.): Information processing approaches to clinical psychology. Orlando 1986; Klimesch, W.: Struktur u. Aktivierung des Gedächtnisses. Bern 1988; Laird, J. E. (Hg.): Integrated cognitive architectures, 2. Bd. Sigart Bulletin 1991, S. 12–184; Lindsay, P. H. u. Norman, D. A.: Einführung in die Ps. Berlin 1981; Loftus, E.: Eyewitness testimony. Cambridge/ Mass. 1979; Lovi, A. D.: Attention and behaviourism – fact and fiction. BJP 74, 1983, S. 301–310; Maxeiner, J. u. a.: Informationsverarbeitung im Sport. Göttingen 1996; McClelland, J. L.: On the time relations of mental processes: an examination of systems of processes in cascade. PR 86, 1979, S. 287–330; Neisser, U.: Kognitive Ps. Stuttgart 1974 (Orig.: 1967); Neisser, U.: Kognition u. Wirklichkeit. Stuttgart 1978 (Orig.: 1976); Neumann, O.: Informationsverarbeitung, Künstl. Intelligenz u. die Perspektiven der Kognitionsps. In: Neumann, O. (Hg.): Perspektiven der Kognitionsps. Berlin 1985, S. 3–39; Newell, A. u. Simon, H. A.: Human problem solving. Englewood Cliffs 1972; Newell, A. u. a.: Elements of a theory of human problem solving. PR 65, 1958, S. 151–166; Newell, A. u. a.: Symbolic architectures for cognition. In: Posner, M. I. (Hg.): Foundations of cognitive science. Cambridge/Mass. 1989, S. 93–131; Palmer, S. E. u. Kimchi, R.: The information processing approach to cognition. In: Knapp, R. J. u. Robertson, L. C. (Hg.): Approaches to cognition: contrasts and controversies. Hillsdale 1986; Paul, R. P.: Robot manipulators: mathematics, programming and control. Cambridge 1981; Posner, M. I. u. McLeod, P.: Information processing models – in search of elementary operations. ARP 33, 1982, S. 477–514; Pylyshyn, Z. W.: Computational models and empirical constraints. BBS 1, 1978, S. 93–127; Srull, T. K.: The role of prior knowledge: acquisition, retention and the use of new information. In: Bagozzi, R. P. u. Tybout, A. M. (Hg.): Advances in consumer research, 10. Bd. Ann Arbor 1983; van der Heijden, A. H. C. u. Stebbins, S.: The information processing approach. PR 52, 1990, S. 197–206.

Informationsverhalten [engl. *informational behaviour*], die Art u. Weise, wie Menschen Informationen für → Entscheidungen sammeln; ein Thema, das von der kognitiven *Dissonanztheorie* angegangen wird; vgl. zum Überblick Grabitz u. Grabitz-Kniech (1973); vgl. auch Frey u. a. (1976). Auch die Theorie der → mehrstufigen Entscheidungen analysiert vor dem Hintergrund der mathemat. Methode des *sequenziellen Testens* das reale Informationsgewinnungsvh., speziell die Frage, inwieweit sich Menschen optimal verhalten; vgl. hierzu Edwards (1965); Witte (1972); zum Überblick vgl. Feger u. Sorembe (1983).

◆ ABEL, B.: Problemorientiertes Informationsvh. Darmstadt 1977; EDWARDS, W.: Optimal strategies for seeking information: models for statistics, choice reaction times, and human information processing. JMaP 2, 1965, S. 312–329; FEGER, H. u. SOREMBE, V.: Konflikt u. Entscheidung. In: THOMAE, H. (Hg.): Theorien u. Formen der Motivation. EP, C, IV, 1. Bd. Göttingen 1983, S. 536–712; FREY, D. u. a.: Informationskosten u. Reversibilität des Entschlusses als Determinanten der Informationsnachfrage vor Entscheidungen. ZEAP 23, 1976, S. 569–585; GRABITZ, H.-J. u. GRABITZ-KNIECH, G.: Der kognitive Prozess vor Entscheidungen: theoret. Ansätze u. experimentelle Untersuchungen. PB 15, 1973, S. 522–549; IRWIN, F. W. u. a.: Value, cost and information as determinants of decision. JExP 54, 1957, S. 229–232; RAPOPORT, A.: Dynamic programming models for multistage decision-making tasks. JMaP 4, 1967, S. 48–78; RAPOPORT, A. u. TVERSKY, A.: Choice behaviour in an optimal stopping task. OBHP, 5, 1970, S. 105–120; RAPOPORT, A. u. BURKHEIMER, G. J.: Models for defered decision making. JMaP 8, 1971, S. 508–538; WITTE, E. (Hg.): Das Informationsvh. in Entscheidungsprozessen. Tübingen 1972.

Ingenieurpsychologie → Arbeitspsychologie.

Inhaltliche Aufmerksamkeit → selektive Aufmerksamkeit; → dichotisches Hören.

Inhaltsadressierung → Gedächtnisabsuche; → Konnektionismus.

Initiierungsregel → Reaktionsexperiment; Erkennungsaufgaben; → Erkennen.

Initiierungs-Vorannahmen → Wille.

Inklusionsaufgabe → Dissoziation.

Inkontingenzdimension → Attributionsdimensionen.

Inkrementelles vs. Alles-oder-nichts-Lernen. Eines der Grundprobleme der → Lernpsychologie ist die Frage, inwieweit sich → Lernen kontinuierl. (*Kontinuitätstheorie*, *Wachstumstheorie* bzw. *-hypothese*) o. eher stufenweise u. abrupt vollzieht, im Extremfall als *one-trial-learning* (→ Lernkurve), wie von einem *Alles-oder-nichts-Modell* postuliert.

TH: Die erste Modellvorstellung ist v. a. mit der → S-R-Theorie verknüpft, derzufolge durch jede → Verstärkung eine assoziative Verbindung zw. Reiz u. Reaktion langsam aufgebaut wird. Die zweite Annahme ist v. a. mit den → kognitiven Lerntheorien u. der → Gestalttheorie verbunden, die eher von »abrupten« Lernprozessen, erzeugt durch → Umstrukturierung bzw. → Einsicht, ausgehen; vgl. zur knappen Darstellung der Diskussion Bergius (1964). Das Problem ist empir. deswegen schwer zu lösen, weil auch S-R-Theorien, wie z. B. die → Kontiguitätstheorie von Guthrie, einen Alles-oder-nichts-Prozess annehmen u. den stufenweisen Aufbau von Vh. dadurch erklären können, dass viele kleine Teilelemente des Vhs. pro Durchgang summiert werden – ein Modell, das innerhalb der → mathematischen Lerntheorien präzisiert u. elaboriert wurde; zum Überblick vgl. Kintsch (1982). Deutsch (1971) analysiert das Problem unter psychophysiolog. Aspekt u. wertet die Forschungslage als Hinweis zugunsten der Hypothese des kontinuierl. Lernens. Restle (1965) hat gezeigt, dass Wachstumsmodelle u. entsprechende Alles-oder-nichts-Modelle den Daten meist gleich gut angepasst werden können. Integrative Ansätze, wie z. B. Greeno (1970), nehmen mehrere Lernstufen an, die einmal Wachstums-, das andere Mal Alles-oder-nichts-Prozesse beinhalten; v. a. Neulernen sei eher ein Wachstumsprozess, während die Bewältigung schon vertrauter Probleme nach einem Alles-oder-nichts-Prinzip erfolgen könne.

KR: Zur Kritik an der Kontinuitätstheorie vgl. Underwood u. a. (1962); auch Estes (1960) argumentiert gegen die Wachstumshypothese; vgl. auch Underwood u. Keppel (1962) sowie Postman (1963).

VD: Das Modell, das Lernen als einen Wachstumsprozess begreift, bezeichnet man als *lineares Modell*; die Alternative, dass Lernen ein diskreter Prozess ist, kann in einem *Markov-Modell* anhand von zwei Zuständen dargestellt werden; vgl. Kintsch (1982). Bower (1961) hat aus dem einfachen Alles-oder-nichts-Modell viele quantitative Vorhersagen für Statistiken wie die mittlere Lernkurve, die Gesamtzahl der Fehler pro Item u. a. abgeleitet; vgl. hierzu Atkinson u. a. (1965); Restle u. Greeno (1970). Eine klass. Arbeit zum Problemkreis war Rock (1957), der die Kontinuitätstheorie v. a. auf dem Gebiet des → verbalen Lernens kritisierte; daran entzündete sich eine große Diskussion, die v. a. von Estes u. Restle aufgegriffen wurde u. zu einer grundlegenden Neuorientierung hin zu stärker kognitivist. Positionen geführt hat; vgl. auch → mathematische Lerntheorien.

◆ Atkinson, R. C. u. a.: An introduction to mathematical learning theory. New York 1965; Bergius, R.: Einfache Lernvorgänge. In: Bergius, R. (Hg.): Lernen u. Denken. HP, 1. Bd., 2. Hlb., Göttingen 1964, S. 147–225; Bower, G. H.: Applications of a model to paired-associate learning. PMe 26, 1961, S. 255–280; Deutsch, J. A.: The cholinergic synapse and the site of memory. Science 1971, S. 788–794; Ehrenfreud, D.: An experimental test of the continuity theory of discrimination learning with pattern vision. JCPP 41, 1948, S. 408–422; Greeno, J. G.: How associates are memorized. In: Norman, D. A. (Hg.): Models of human memory. New York 1970; Kintsch, W.: Gedächtnis u. Kognition. Berlin 1982; Postman, L.: One-trial learning. In: Cofer, C. N. u. Musgrave, B. S. (Hg.): Verbal behaviour and learning. New York 1963; Restle, F.: Significance of all-or-none-learning. PBu 64, 1965, S. 313–325; Restle, F. u. Greeno, J. G.: Introduction to mathematical psychology. Reading, Mass. 1970; Rock, I.: The role of repetition in associate learning. AJP 70, 1957, S. 186–193; Spence, K. W.: The nature of discrimination learning in animals. PR 43, 1936, S. 427–449; Spence, K. W.: An experimental test of the continuity and non-continuity theories of discrimination learning. JExP 35, 1945, S. 252–266; Underwood, B. J. u. Keppel, G.: One-trial learning? JVLVB 1, 1962, S. 1–13; Underwood, B. J. u. a.: Item selection in paired-associate learning. AJP 75, 1962, S. 353–371.

Inkubation, eine wichtige → Problemlösungsphase, in deskriptiver Hinsicht ein Anstieg der Wahrscheinlichkeit, ein Problem dadurch erfolgreich zu lösen, dass man eine Ruhepause einlegt; im explikativen Sinne bezieht sich *I.* auf (postulierte) unbewusste Denkprozesse, die von den kognitiven Systemen des Menschen sozusagen automat. ausgeführt werden. Das Phänomen der I. wurde bes. durch die Beschreibung des Mathematikers Poincaré (1929) hervorgehoben. Zu experimentellen Ansätzen vgl. Fulgosi u. Guilford (1968) u. Silveira (1971). Patrick (1934ff.) thematisierte das Problem I. anhand einer Analyse der Arbeiten von Dichtern u. Malern; vgl. auch das Problem der langfristigen autochthonen Umorganisation des Langzeitgedächtnisses, wie es von der → Gestalttheorie postuliert u. analysiert worden ist; vgl. auch das Stw. → Angstinkubationsprinzip.

LIT: Zur Problematik des Kzpts. vgl. Weisberg (1989).

◆ Fulgosi, A. u. Guilford, J. P.: Short-term incubation in divergent production. AJP 81, 1968, S. 241–246; Patrick, C.: Creative thought in artists. JP 4, 1934, S. 35–73; Patrick, C.: Creative thought in poets. Aps 178, 1935; Poincaré, H.: The foundations of science. New York 1929; Silveira, J.: Incubation: the effect of interruption timing and length on problem solution and quality of problem processing. University of Oregon (Diss.) 1971; Weisberg, R. W.: Kreativität u. Begabung. Heidelberg 1989.

Innerartliche Aggression → Aggression.

Innerbegriffliche Relation → semantisches Gedächtnis.

Innere Hemmung → Hemmung.

Innere Psychophysik → Psychophysik.

Inneres Bild → Vorstellungsbild.

Inneres Ohr → artikulatorische Schleife; → Arbeitsgedächtnis.

Innere Sprache. Das Phänomen der i. S. bzw. des *inneren Sprechens* ist zentral innerhalb des Problemkreises → Sprache u. Denken, bes. innerhalb der → Motortheorie des Denkens, die ein inneres Sprechen als konstitutiv für Denkprozesse ansieht. Wygotsky (1964) sieht die i. S. als ein Denken mit reinen Bedeutungen; die i. S. unterscheide sich von der äußeren Sprache durch ihre Geballtheit u. Unverbundenheit, wb. allerdings das schnelle u. tonlose Artikulieren von Schlüsselwörtern zur Organisation der i. S. beiträgt, wodurch auch der Übersetzungsvorgang in die äußere Sprache erleichtert wird. V. a. Luria (1961ff.) hat den Entstehungsprozess der i. S. u. ihre Funktionen innerhalb der kognitiven Selbststeuerung untersucht. Ein Ergebnis ist, dass das Kind zunächst durch die Äußerungen anderer die regulator. Funktion der Sprache erfährt; im Laufe der Entwicklung übernimmt das Kind dann schrittweise selbst die Rolle des anderen, zw. dem 5. u. 7. Lebensjahr ist es in der Lage, sein Wissen mittels selbstvermittelter sprachl. Instruktionen zu regulieren, wb. bei schwierigen Aufgaben eine Rückkehr zur äußeren Sprache erfolgt. Gezielt eingesetzt für therapeut. Zwecke wird inneres Sprechen im Rahmen der kognitiven → Verhaltenstherapie innerhalb der Methode der *Selbstinstruktion* (Meichenbaum 1977). Thematisiert wird das Phänomen der i. S. auch innerhalb der → genetischen Epistemologie.

LIT: Zum Überblick über ältere dt. Ansätze vgl. Meili (1968); ein frühes Sammelreferat ist Schilling (1929); für einen ausführl. Überblick, speziell auch zur Bedeutung des Kzpts. innerhalb der Aphasieforschung vgl. Wahmhoff (1978).

◆ Hiebsch, H. (Hg.): Ergebnisse der sowjet. Ps. Stuttgart 1967; Luria, A. R.: The role of speech and the regulation of normal and abnormal behaviour. London 1961; Luria, A. R.: Die Entwicklung der Sprache u. die Entstehung psych. Prozesse. In: Hiebsch (1967), S. 465–546; Luria, A. R.: Die höheren kortikalen Funktionen des Menschen u. ihre Störungen bei örtl. Hirnschädigungen. Berlin 1970; Meichenbaum, D. H.: Methoden der Selbstinstruktion. In: Kanfer, F. H. u. Goldstein, A. P. (Hg.): Methoden der Vhsänderung. München 1977; Meili, R.: Denken. In: Meili, R. u. Rohracher, H. (Hg.): Lehrbuch der experimentellen Ps. Bern 1968 (2. Aufl.), S. 172–235; Schilling, R.: Über »inneres Sprechen«. ZfPs 111, 1929, S. 204–243; Wahmhoff, S.: Inneres Sprechen. Weinheim 1980; Wygotsky, L. S.: Denken u. Sprechen. Berlin 1964 (russ. Orig.: 1934).

Inneres Sprechen → innere Sprache.

Innere Stimme → artikulatorische Schleife; → inneres Sprechen.

Inneres Wiederholen → Memorieren.

Innere Uhren → Zeitwahrnehmung.

Input units → Konnektionismus.

Insertion → generative Transformationsgrammatik.

Inspektionsfigur → Nachwirkungen.

Inspektionszeit, die minimale Zeit, die notwendig ist, um ein Vergleichsurteil über zwei Reize zu fällen, z. B. zu beurteilen, welche von zwei vertikalen Linien länger ist. Das Paradigma der I. (engl. *inspection* *time*) wird z. B. eingesetzt zur Bestimmung der Informationsverarbeitungsgeschwindigkeit, v. a. im Rahmen der Tempohypothese der → Intelligenz; vgl. Nettelbeck (1987) u. Neubauer (1993).

◆ Nettelbeck, T.: Inspection time and intelligence. In: Vernon (1987) S. 295–346; Neubauer, A. C.: Intelligenz u. Geschwindigkeit der Informationsverarbeitung: Stand der Forschung u. Perspektiven. PRu 44, 1993, S. 90–105; Oswald, W. D. u. Roth, E.: Zusammenhänge zw. EEG- u. Intelligenzvariablen. PB 16, 1974, S. 1–47; Vernon, P. A.: Speed of information processing and intelligence. Norwood 1987; Vickers, D. u. a.: Perceptual indices of performance, the measurement of inspection time and noise in the visual system. Perception 1, 1972, S. 263–295.

Instanzenmodell → Psychoanalyse.

Instinctual drive → Trieb.

Instinkt → Trieb.

Instinktbewegung → Trieb.

Instinkt-Dressur-Verschränkung → Trieb.

Instinktenergie → Trieb.

Instinkthandlung → Schlüsselreiz; → Trieb.

Instruiertes Konditionieren [engl. *instructed conditioning*], liegt vor, wenn die Vp verbal instruiert wird, eine bestimmte Vhsweise auf einen Reiz hin durchzuführen.

Instruiertes Vergessen [auch *motiviertes Vergessen*, seltener *positives Vergessen*], ein Forschungsparadigma, das darin besteht, die Vp aufzufordern, etwas zu vergessen – womit mühelos ein entsprechender Effekt tatsächl. erzielt wird. Dies kann auch dazu führen, dass proaktive Interferenz nicht aufgebaut wird, vgl. Bjork (1970). Ob dies von einer Blockierung der Wiedererinnerung o. von einer Reaktionsunterdrückung herrührt, ist umstritten.

HI: Das Paradigma ist von Muther (1965) eingeführt worden, bahnbrechend waren die Veröffentlichungen von Bjork (vgl. 1970ff.).

LIT: Zum Überblick vgl. MacLeod (1975).

◆ Bjork, R. A.: Positive forgetting: the noninterference of items intentionally forgotten. JVLVB 9, 1970, S. 255–268; Bjork, R. A.: Theoretical implications of directed forgetting. In: Melton, A. W. u. Martin, E. (Hg.): Coding processes in human memory. Washington 1972, S. 217–236; MacLeod, C. M.: Long-term recognition and recall following directed forgetting. JExP 104, 1975, S. 271–279; Muther, W. S.: Erasure or partitioning in short-term memory. PS 3, 1965, S. 429–430.

Instruktionseffekte, Oberbegriff für alle durch eine unterschiedl. Darstellung des Problems induzierten Besonderheiten des → Problemlösens u. seiner Effizienz; vgl. Birch u. Rabinowitz (1951); Klucksberg u. Weisberg (1966); vgl. zsfd. Hussy (1984); s. a. die Stw. → Problemlösungs-Einstellung; → funktionale Gebundenheit; → Bereichseffekte.

◆ Birch, H. C. u. Rabinowitz, H. S.: The negative effect of previous experience on productive thinking. JExP 41, 1951, S. 121–125; Hussy, W.: Gedächtnisps., 1. Bd. Stuttgart 1984; Klucksberg, S. u. Weisberg, R. W.: Verbal behaviour and problem solving: Some effects of labeling in a functional fixedness problem. JExP 71, 1966, S. 659–664.

Instruktionspsychologie → pädagogische Psychologie.

Instrumentalität → Instrumentalitätstheorie.

Instrumentalitätstheorie, eine motivationsps. Theorie innerhalb der → Arbeitspsychologie; Kern ist ein → Erwartung-mal-Wert-Modell, bei dem aber über den aktuellen Nutzen hinaus auch noch die *Instrumentalität* für zukünftige Werte berücksichtigt ist, d. h. das Maß, inwieweit ein bestimmter Handlungsausgang günstig für ein weiteres Oberziel ist. Die Valenz einer Situation wird demgem. konzipiert als eine Funktion der *unmittelbaren* Werte einer Handlung multipliziert mit den *Instrumentalitäten*; vgl. Vroom (1964). Die I. besagt also im Wesentlichen, dass die Motivation für eine Tätigkeit, bes. die → Arbeitsmotivation, in einem dem Nutzenmaximierungsansatz der klass. Ökonomie vergleichbaren Sinne entsteht, sie thematisiert aber nicht so sehr den Wert der Arbeit an sich als ihren langfristigen Nutzen für Oberziele des Arbeitenden. Weiterentwicklungen des vroomschen Ansatzes sind Porter u. Lawler (1968); Graen (1969); House (1971); Campbell u. a. (1970). Eine spezielle Erweiterung der klass. Theorie der → Leistungsmotivation, die die Instrumentalität von Leistungsergebnissen für zukünftige Ziele berücksichtigt, wurde von Raynor (1969) entwickelt. Auch in dem verallgemeinerten kognitiven Motivationsmodell von Heckhausen (1977) spielen instrumentalitätstheoret. Aspekte eine wesentl. Rolle.

VD/T: I. w. S. wird der Begriff *I.* bisweilen im Sinne von *Erwartung-mal-Wert-Modell* gebraucht, so v. a. bei Krampen (1986).

LIT: Sammelreferate zu empir. Untersuchungen sind Mitchell (1974); Connolly (1976); Mitchell u. Biglan (1971); zu einem Überblick über die motivationsps. relevanten Aspekte vgl. Keller (1981); zum Vergleich des vroomschen Ansatzes mit der Zwei-Faktoren-Theorie der *Arbeitszufriedenheit* bzw. der Theorie der *Bedürfnishierarchie* von Maslow vgl. Wofford (1971); vgl. zum Überblick über den Einsatz der I. innerhalb der Organisationsps. Mitchell (1974, 1979, es handelt sich v. a. um Modelle zur Vorhersage von Berufspräferenzen u. von Arbeitszufriedenheit); zur Anwendung im pädagog. Bereich, insbes. zu Vorhersagen pädagog. Präferenzen, vgl. Krampen (1986).

◆ CAMPBELL, J. P. u. a.: Managerial behaviour, performance and effectiveness. New York 1970; CONNOLLY, T.: Some conceputal and methodological issues in expectancy models of work performance motivation. Academy of Management Review 1, 1976, S. 37–47; GRAEN, G.: Instrumentality theory of work motivation: some experimental results and suggested modifications. JAP Monograph 53, 1969, S. 1–25; HECKHAUSEN, H.: Achievement motivation and its constructs: a cognitive model. MaE 1, 1977, S. 283–329; HOUSE, R. J.: A path goal theory of leader effectiveness. Administrative Science Quarterly 16, 1971, S. 321–338; KELLER, J. A.: Grundlagen der Motivation. München 1981; KRAMPEN, G.: Handlungsleitende Kognitionen von Lehrern. Instrumentalitätstheoret. Vorhersagen pädagog. Präferenzen. Göttingen 1986; MITCHELL, T. R. u. BIGLAN, A.: Instrumentality theories: current uses in psychology. PBu 76, 1971, S. 432–454; MITCHELL, T. R.: Expectancy models of job satisfaction, occupational preference and effort. PBu 81, 1974, S. 1053–1077; MITCHELL, T. R.: Organizational behaviour. ARP 30, 1979, S. 243–281; PORTER, L. W. u. LAWLER, E. E.: Managerial attitudes and performance. Homewood, Ill. 1968; RAYNOR, J.: Future orientation and motivation of immediate activity: an elaboration of the theory of achievement motivation. PR 76, 1969, S. 606–610; VROOM, V. H.: Work and motivation. New York 1964; WOFFORD, J. C.: The motivational basis of job satisfaction and job performance. PP 24, 1971, S. 501–518.

Instrumentelle Aggression → Aggression.

Instrumentelle Konditionierung, weitgehend syn. mit → operanter Konditionierung.

VD: Der Begriff wurde in der → Verknüpfungstheorie von Thorndike verwendet u. betraf Vh., das typischerweise innerhalb eines → Problemkäfigs *instrumentell* zur Erreichung bestimmter Ziele eingesetzt wurde. Skinner versuchte die darin enthaltene teleolog. Konnotation durch Verwendung eines objektivist. Vokabulars auszuschalten. Bredenkamp u. Wippich (1977) weisen auf Unterschiede zw. den Paradigmen *i. K.* u. *operante Konditionierung* hin: Bei dem im Rahmen der i. K. häufig benutzten Laufsteg muss das Versuchstier nach Durchlaufen des Ganges u. → Verstärkung bei der Zielbox vom Versuchsleiter erneut in die Startbox gesetzt werden, ähnl. bei Labyrinthen, dem Problemkäfig von Thorndike u. den zur Untersuchung von Flucht- u. Vermeidungsvh. verwendeten → Einweg- u. Zweiweg-Kammern. Beim Hebeldrücken im operanten Paradigma kann die Ratte dagegen das Vh. jederzeit wiederholen, die Beeinflussung durch den Versuchsleiter ist vergleichsweise geringer. Dieser Unterschied wird auch in der Bezeichnung *discrete-trial-* vs. *free-operant-Prozedur* zum Ausdruck gebracht: Im ersten Fall geht es um ein abgegrenztes, klar definiertes Vh., von dem man eindeutig sagen kann, dass es aufgetreten ist o. nicht, während es im zweiten Fall um ein Kontinuum von Vhsweisen geht, wobei das Versuchstier bzw. die Vp alles Mögl. tun kann. Diese unterschiedl. Prozeduren führen zu verschiedenen abhängigen Variablen u. damit zu unterschiedl. Maßen für den Lernerfolg: Bei der i. K. wird die Veränderung der Laufgeschwindigkeit, die Zahl der Fehler o. die Änderung der Vhslatenz betrachtet; bei der operanten Konditionierung dagegen wird die → Reaktionsrate gemessen u. anhand ihrer Veränderungen der Lernprozess beurteilt.

◆ Bredenkamp, J. u. Wippich, W.: Lern- u. Gedächtnisps., 1. Bd. Stuttgart 1977; Foppa, K.: Lernen, Gedächtnis, Vh. Köln 1975 (9. Aufl.).

Instrumentelles Lernen → operantes Lernen.

Intellektualisierung → Abwehrmechanismen.

Intellektuelle Ebene → Handlungsebene.

Intellektuelle Notfallreaktion → komplexes Problemlösen.

Intelligenz, die unterschiedl. Fähigkeit von Menschen, Probleme – vorwiegend intellektuelle u. klar strukturierte – zu lösen. Die Ps. hat sich in den Anfängen der zunächst v. a. prakt. u. differentialps. orientierten Intelligenzforschung wenig um eine allg. Definition gekümmert; hervorgehoben wurden folgende Aspekte des I.-Begriffs: Neuartigkeit der zu lösenden Probleme u. die Fähigkeit zur Umstrukturierung vorgegebener Denk- u. Vhsweisen. Im allgemeinsten Sinne bezieht sich I. auf veränderbare Aspekte der menschl. Informationsverarbeitung (was im pädagog. Raum der Konzeption der sog. *Lerntests* entspricht, mit denen Testleistungen nach sog. *Pädagogisierungs-* u. *Lernphasen* erhoben werden; vgl. Guthke 1978). Im Jahre 1928 führte das *Journal of Educational Psychology* eine Umfrage unter führenden Intelligenzforschern durch, was sie unter I. verstünden – wichtige Antworten davon sind enthalten in Tyler (1969). Zum Vergleich der damaligen Definitionsversuche mit denen eines (fiktiven) Symposiums aus dem Jahre 1986 vgl. Sternberg u. Berg (1986). Zum Kzpt. der *Hochbegabung* u. zu seinem Zusammenhang mit dem I.-Kzpt. vgl. Waldmann u. Weinert (1990). Zunehmend wird auf die Bedeutung von Kreativität u. eines ausgeprägten Maßes an Interesse u. Involviertheit in die inhaltl. Arbeitsgebiete (*task commitment*) sowohl für I. wie für Hochbegabung hingewiesen. Psychometr. wird Hochbegabung häufig durch einen IQ über 130/140 definiert, also die besten zwei oder ein Prozent der Altersgruppe. I. ist in der Ps., bedingt durch den prakt. u. differentialps. Zugang, zunächst v. a. *operational* definiert, zugespitzt: »I. ist das, was Intelligenztests messen.« Dahinter steht ein weitgehend intuitives Vorverständnis mit dem prakt. Anspruch, durch Intelligenztests den Erfolg intellektueller Leistung auf unterschiedl. Gebieten vorhersagen zu können. Mit den Intelligenztests wurde die moderne Psychodiagnostik bzw. *Psychometrie* begründet; Meilensteine waren, nach Vorarbeit

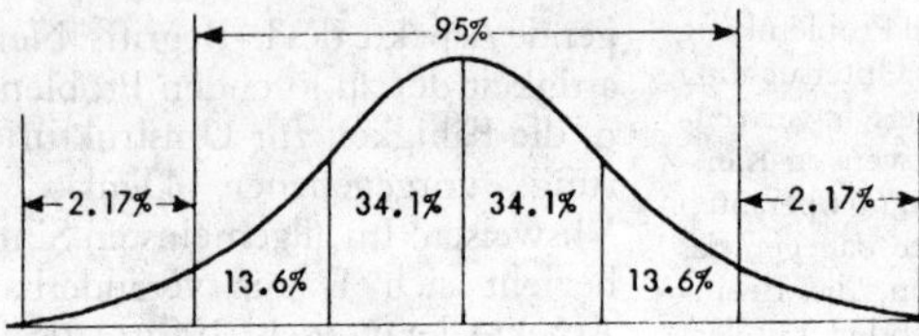

-3s	-2s	-1s	MW	+1s	+2s	+3s	Standardabweichung
55	70	85	100	115	130	145	IQ nach Wechsler
70	80	90	100	110	120	130	Standardwert SW nach Amthauer
0.13%	2.3%	15.9%	50.0%	84.1%	97.7%	99.87%	Prozentuale Häufigkeiten bis zu diesem IQ-Wert

Abb. *Denken 8a*

von Galton, die Arbeiten von Cattell (1890), Binet u. Simon (1905). Stern (1911) operationalisierte als den geistigen Entwicklungsstand das sog. *Intelligenzalter*, d. h. jenes Lebensalter, für das die im Test erzielten Leistungen als durchschnittl. gelten konnten; daraus ergibt sich der *Intelligenzquotient* (IQ) dadurch, dass das Intelligenzalter durch das Lebensalter dividiert u. mit 100 multipliziert wird (*Altersstufen-IQ*). Der international wohl am häufigsten benutzte Intelligenztest ist die 1934 von Wechsler zuerst veröffentlichte (in Erwachsenen- u. Kinderform existierende) *Wechsler-Bellevue-Intelligence-Scale* (Wechsler 1964); die deutschsprachige Version ist als *Hamburg-Wechsler-Intelligenztest für Erwachsene* (HAWIE, für Kinder: HAWIK) bekannt; vgl. Bondy u. a. (1956), vgl. auch Conrad (1983); eine Parallelform zum HAWIE ist der Zürich-Wechsler-Intelligenztest für Erwachsene (ZÜWIE; vgl. Parret u. a. 1970). Wechsler unterscheidet v. a. zw. einer *Verbal-* u. einer *Handlungsintelligenz* – ein starkes Auseinandergehen der beiden Werte wird bisweilen als Hinweis auf psychopatholog. Aspekte gewertet. Seit Wechsler (1939) ist der IQ definiert durch den sog. *Abweichungsquotienten* (*Abweichungs-IQ*), der auf der Basis einer statist. Normierung den Mittelwert des IQ bei 100 ansetzt, mit einer Standardabweichung von 15; es kann aber auch ein Prozentrang bestimmt werden, wie z. B. beim Raven-Test (s. u.) o. ein Standardwert, wie beim im dt. Sprachraum wichtig gewordenen *Intelligenzstrukturtest* (IST) von Amthauer; der IST 70 ist eine aktualisierte Form des IST, er ist, wie Horns »Leistungs-Prüf-System« (LPS; 1962), von Thurstones Intelligenzkzpt. abgeleitet. Relativ weit verbreitet ist auch der »Mannheimer Intelligenztest« (MIT) von Conrad u. a. (1971). Die Abb. *Denken 8a* (wie alle nachfolgenden Abb. entnommen aus Jäger u. Petermann 1992) zeigt Zusammenhänge zw. Gaußscher Normalverteilungskurve u. dem IQ nach Wechsler bzw. Standardwerten nach Amthauer; die Abb. *Denken 8b* zeigt die Intelligenzklassifizierung mit IQ- u. Standardwerten sowie Prozenthäufigkeiten. V. a. Gesell u. Bayley versuchten unabhängig voneinander, die Intelligenzmessung auf die früheste Kindheit anzuwenden; vgl. zum Überblick Keller u. Meyer (1982). Die Abb. *Denken 8c* zeigt eine Beispielaufgabe aus einer

Standardwert nach Amthauer	IQ nach Wechsler	Prozentanteil in der Grundgesamtheit	Intelligenzklassifizierung nach Wechsler
118 u. mehr	127 u. mehr	2,2 %	extrem hoch
112–117	118–126	6,7 %	sehr hoch
107–111	110–117	16,1 %	hoch
94–106	91–109	50,0 %	durchschnittlich
86– 93	79– 90	16,1 %	niedrig
75– 85	63– 78	6,7 %	sehr niedrig
74 u. weniger	62 u. weniger	2,2 %	extrem niedrig (Schwachsinn)

Abb. *Denken 8b*

Modifikation des Binet-Intelligenztests (Binet-Kramer): Der Pb. soll den Fehler (die Sinnwidrigkeit)

Abb. *Denken 8c*

in der Zeichnung erkennen. Die Abb. *Denken 8d* zeigt einige Untertests aus dem Wechsler-Intelligenz-Test: Mosaik-Test, Zahlennachsprechen, Figurenlegen; die Abb. *Denken 8e* zeigt den Untertest *Figurenauswahl* aus dem IST: Der Pb soll in der Vorstellung die zerschnittenen Figuren zusammensetzen u. dann entscheiden, welches der angegebenen Antwortangebote (a – e) jeweils bei der Zusammenfügung entsteht.

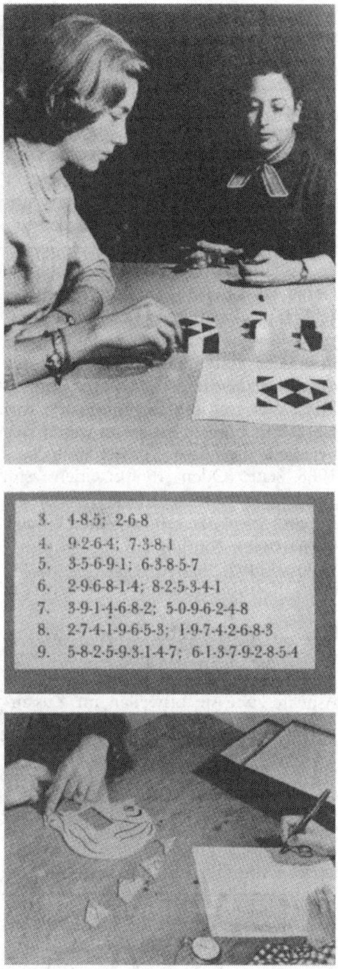

Abb. *Denken 8d*

Der Begriff *I.* erhält seine besondere Definitionsproblematik dadurch, dass hierbei in eigentüml. Weise forschungshistor. u. sachlog. bedingte Momente interagieren:
(1) Grundanspruch der Intelligenztests war u. ist, den »geistigen Erfolg« auf unterschiedl. Gebieten vorherzusagen. Tatsächl. scheint der Zusammenhang von hohem IQ u. exzellenten Leistungen auf unterschiedlichsten Wissensgebieten gesichert; vgl. Tannenbaum (1983); Zusammenhänge mit berufl. u. akadem. Erfolg sind weniger deutl.; vgl. Amelang u. Bartussek (1990); Sternberg u. Davidson (1985). Der Zusammenhang von IQ u. schul. Erfolg liefert allerdings die höchsten Übereinstimmungen in der Psychodiagnostik überhaupt; wesentl. niedriger sind die Korrelationen mit dem Studienerfolg; vgl. Trost u. Bicken (1979). Eine für die Ps. einzigartige Untersuchung wurde von Terman (1925) u. sei-

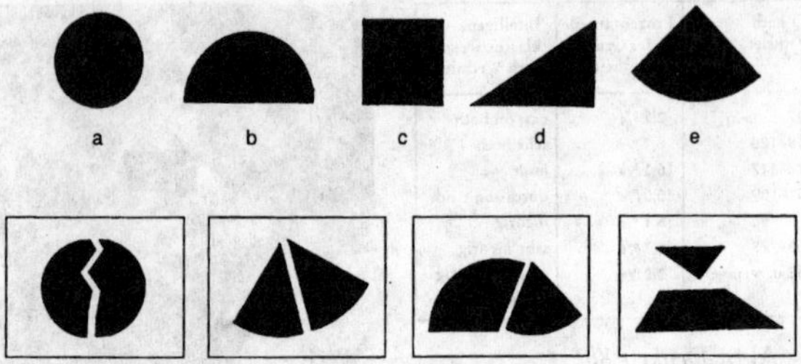

Abb. *Denken 8e*

nen Mitarbeitern (*Terman-Lengstedt-Untersuchung*) begründet: Mehrere hundert Probanden mit hohem IQ wurden über Jahrzehnte hinweg auf ihrem Lebensweg begleitet, die letzte Untersuchung fand 1968 statt (Oden 1968); einen zsfd. Rückblick bietet Sears (1984). Zentrales Ergebnis war, dass diese Vpn., die alle durch einen ursprüngl. IQ von 140 gekennzeichnet waren, im Allg. außerordentl. Positionen in der Wissenschaft u. Wirtschaft erreicht hatten, dass sie auch bessere körperl. Fähigkeiten aufwiesen, frühzeitiger gehen u. sprechen konnten, die Pubertät früher erreichten – negative Aspekte, wie sie bisweilen im Zusammenhang mit hoher I. postuliert werden, traten bei ihnen nicht hervor, eher war eine verringerte Rate von Alkoholismus o. Delinquenz gegeben.

(2) Ursprüngl. beinhaltete der I.-Begriff eine Abgrenzung von → Wissen bzw. von geistigen Strategien – allerdings nehmen die klass. Intelligenztests nach Meinung von Kritikern zu stark auf schul. Wissen Bezug; hieraus ergab sich die Entwicklung von »kulturfreien« bzw. »kulturfairen« Intelligenztests, d. h. solchen Aufgaben, deren Lösung nicht durch eine bestimmte Vorwissensbasis begünstigt wird, die also dem Anspruch des I.-Kzpts., das »reine Denken« zu erfassen, Genüge tun sollen. Typ. für diesen Ansatz sind die sog. *Matrizentests*: Serien abstrakter Bildmuster, die jeweils durch das nächste Bildmuster ergänzt werden müssen. Die Abb. *Denken 8f* zeigt zwei Beispielaufgaben aus Ravens *Progressive Matrices*: Der Pb soll unter den Antwortvorlagen jene auswählen (zeigen o. am Antwortblatt markieren), die das Muster richtig schließt (Lösung: 4 bzw. 5). Eine vergleichende Analyse der Bedeutung der Matrizentests in verschie-

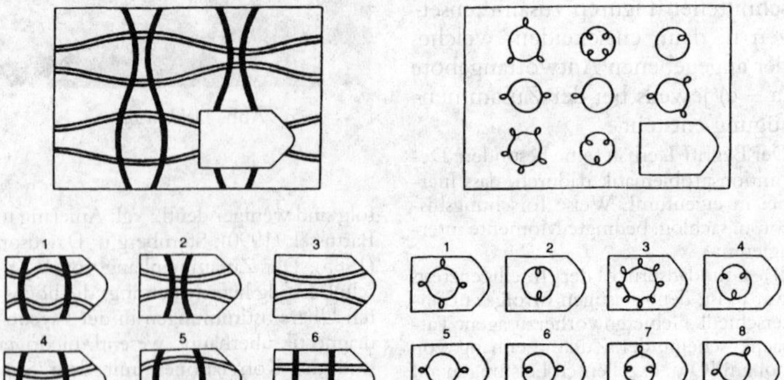

Abb. *Denken 8f*

denen Intelligenztheorien u. ihrer Verwendbarkeit für die Messung des Generalfaktors findet sich in Putz-Osterloh (1981). Ein klass. Modell im Zusammenhang mit dieser Problematik Wissen vs. »reine« I. ist das der *fluiden* vs. *kristallisierten I.* (Cattell 1965): Die fluide I. sei die eigentl. I., näml. die Fähigkeit, sich »flüssig« neuen Problemen anzupassen, ohne dazu wesentl. auf frühere Lernerfahrungen zurückzugreifen, während die kristallisierte I. die Gesamtheit der kumulierten Effekte vorangegangener Lernphasen ist (die sich darin sozusagen »kristallisiert« haben). Nach Horn (1968) ist die fluide I. v. a. durch die Faktoren *figural relation, memory span, induction* gekennzeichnet. Nach der sog. *investment theory* ist die fluide I. Ursache u. Voraussetzung der kristallisierten I.; Revisionen u. Weiterentwicklungen der Theorie sind Undheim (1981) u. Gustavsson (1984). Die neueren kognitivist. orientierten Theorien (s. u.) sehen diese Unterscheidung zw. »eigentl. I.« u. Wissen als hinfällig an: I. ist, ähnl. wie → Kreativität, die sinnvolle Nutzung u. der Aufbau einer reichen Wissensbasis. Auch neuere Untersuchungen aus der psychometr. Intelligenzforschung bestätigen diese Grundidee des kognitive-Komponenten-Ansatzes, sie zeigen näml., dass anscheinend auch bestimmte Anteile der *kristallisierten* I. genet. determiniert sind, so dass auch das, was man normalerweise als »Wissen« bezeichnet, nur teilweise erfahrungs- u. übungsabhängig ist; vgl. z. B. Horn (1985). Vor diesem Hintergrund wird auch die Grenze zw. I. vs. Lern- u. Gedächtnisleistungen als fließend angesehen; zu herkömml. Abgrenzungen vgl. zsfd. Roth (1975).

(3) Eines der allgemeinsten Bestimmungsmomente des I.-Kzpts. ist die Idee, dass I. etwas *Bereichsübergreifendes* darstellt, d. h., dass ein intelligenter Mensch – im Unterschied zu einem spezif. begabten – kognitive Aufgaben der verschiedensten Art effizienter u. schneller durchführen kann als ein weniger intelligenter. Dieses Bestimmungsmoment war eines der zentralen paradigmat. Probleme der Intelligenztheorien: Inwieweit stellt I. eine *allg.* Fähigkeit dar o. ist sie aus *modularen* Teilfähigkeiten zusammengesetzt? (a) Die Annahme eines sog. *Generalfaktors* wurde v. a. von Spearman (1904ff.) begründet, dessen *Zwei-Faktoren-Theorie* der I. beinhaltet, dass jede Intelligenzleistung sich aus einem Generalfaktor *g* u. einem spezif. Faktor *s* für die jeweilige Testaufgabe zusammensetzt. Von dieser Basisannahme aus begründete Spearman die ps. → *Testtheorie.* (b) Das Gegenmodell wurde von Thurstone formuliert; es postuliert, dass sich die I. aus multiplen intellektuellen Fertigkeiten zusammensetzt, den sog. *kognitiven Primärfaktoren* (*primary cognitive abilities*); es ist also ein *Mehrfaktoren-Modell* der I. Zur Erfassung dieser Faktoren entwickelte Thurstone neue mathemat. Verfahren, v. a. die *Faktorenanalyse.* Thurstone postulierte sieben intellektuelle Grundfähigkeiten; seine sowie weitere Arbeiten v. a. von Guilford (1956) führten folgende Faktoren an: *verbal comprehension* (Kenntnisse u. angemessene Verwendung von Wörtern, Tests: Rechtschreibung, richtige Reihung vertauschter Wörter u. Sätze;) *word fluency* (rasches Produzieren von Wörtern, die bestimmten strukturellen o. symbol. Erfordernissen entsprechen; Tests: Anagramme, Reime, Benennungen, Wörter mit vorgegebenen Anfangsbuchstaben oder vier Buchstaben); *numerical ability* (Geschwindigkeit u. Präzision bei einfachen arithmet. Aufgaben; Tests: Addition, Subtraktion, Multiplikation); *spatial ability* (Bewältigung von Aufgaben, die räuml. Vorstellungsprozesse beinhalten; Tests: Verfolgen von mechan. Bewegungen, Vergleich von Würfeln aus verschiedenen Perspektiven; Verständnis komplizierter Instrumente, wie sie bei der Navigation auf See oder in der Luft benötigt werden); *memory* (Behalten paarweiser gelernter Assoziationen; Tests: Wort-Zahl- oder Bild-Figur-Paare u. dergleichen); *perceptual speed* (Geschwindigkeit beim Vergleich oder der Identifikation visueller Konfigurationen; Tests: Anstreichen bestimmter Symbole, Erkennen von Gleichheiten bzw. Unterschieden); *induction oder general reasoning* (schlussfolgerndes → induktives Denken im Sinne des Auffindens einer allg. Regel). Daraus wurde der *Chicago-Test of primary mental abilities* (PMA; 1943) entwickelt; Kemmler u. Langheinrich (1967) haben ihn ins Deutsche übertragen; Horns (1962) *Leistungs-Prüfsystem* (LPS), ist ebenfalls daran orientiert, während der weit verbreitete Intelligenzstruktur-Test

(IST) von Amthauer (1953) sich stärker auf die Anfangsarbeiten von Thurstone stützt. French u. a. (1967) haben eine Sammlung von Tests veröffentlicht, die bisher in der Literatur am häufigsten bestimmten Faktoren zugeordnet worden sind. Zum Überblick über neuere Entwicklungen innerhalb dieser Tradition vgl. Pawlik (1966). (c) Dieser multiple Ansatz kulminierte im sog. *morpholog.* Modell (engl. *structure-of-intellect-model*) von Guilford (1959ff), in dem 120 Faktoren postuliert werden, die sich aus einer Kombination von drei Hauptgesichtspunkten ergeben: den zugrunde liegenden geistigen *Prozessen* o. *Operationen* (Kognition, Gedächtnis, Bewertung, *divergente Produktion* u. *konvergente Produktion*, s. das Stw. → *konvergentes* vs. *divergentes Denken*); den *Materialien o. Inhalten* (figurale, symbol., semant. u. Vhs.-Inhalte); den aus den Operationen u. aus den Inhalten hervorgehenden *Produkten* (*Einheiten*, *Klassen*, *Relation*, *Systeme*, *Transformationen* u. *Implikationen*). Aus der Kombination dieser Dimensionen ergeben sich die 120 Zellen eines Würfels, die je einem Intelligenzfaktor entsprechen; ein Bsp. eines solchen Faktors wäre das Verbalverständnis, das in diesem System klassifiziert wird als *Kognition* von *Einheiten* mit *semant.* Inhalt; s. die Abb. *Denken 9* (nach Guilford). Eine Weiterentwicklung ist Guilford (1981), wo fünf Faktoren zweiter u. darüber hinaus noch 16 Faktoren dritter Ordnung postuliert werden. Guilfords Modelle hatten große histor. Bedeutung für die Intelligenztheorien (weniger für die Entwicklung von Tests), u. sein Modell ist mehrfach mit der Elemententafel der Chemie verglichen worden. Letztl. aber hat sich gezeigt, dass es method., statist. u. wissenschaftstheoret. sehr problemat. ist, insbes. dass sein Beitrag zur prakt. Vorhersage nicht größer ist als der der allgemeiner konzipierten Tests u. dass sich die erhebl. Vielfalt von Guilfords Faktoren doch im Wesentl. auf wenige Grundfaktoren reduzieren lässt, so dass diese Theorie zwar äußerst stimulierend auf die empir. Forschung gewirkt, sich im Lichte der Ergebnisse aber als weitgehend hinfällig erwiesen hat. Zum Überblick über die gefundenen kognitiven Faktoren u. die damit verknüpften Tests vgl. Scholl (1976). Im dt. Raum wichtig geworden ist das Berliner *Intelligenzstruktur-Modell* von Jäger (1973ff.), der aufbauend auf Arbeiten von Meili (vgl. 1981) eine gestalttheoret. Grundauffassung zu elaborieren versucht u. als die vier Grundfaktoren der I. annimmt: Komplexität, Plastizität, Ganzheit u. Flüssigkeit. Jäger gelangt zu folgenden Gruppen von Hauptfaktoren: anschauungsgebundenes Denken/Einfallsreichtum u. Produktivität/Konzentrationskraft u. Tempomotivation/Verarbeitungskapazität/formal-log. Denken u. Urteilsfähigkeit/zahlengebundenes Denken/sprachgebundenes Denken. Jäger (1982) gelangt zu einem *zweimodalen*

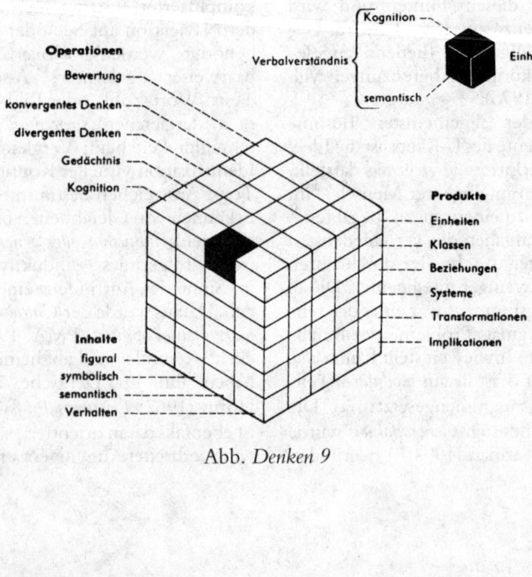

Abb. *Denken 9*

Modell der I., in dem Intelligenztests nach Inhalten (verbal u. numerisch), figural u. auch operational (Bearbeitungsgeschwindigkeit, Einfallsreichtum, Gedächtnis, Verarbeitungskapazität) geordnet sind. (Ausgangspunkt bildete eine Katalogisierung der in der Literatur überhaupt vorfindbaren Aufgabenarten – ca. 2000 Typen, die durch systemat. Analysen auf 190 Aufgabenblöcke reduziert wurden, welche 98 Aufgabentypen angehörten.) Eine knappe, aber tief schürfende Analyse der Bewährungsgrade der unterschiedl. Strukturkomponenten findet sich in Jäger (1984). Ein aus diesem Ansatz erwachsenes neues Intelligenzdiagnostikum ist der *Berliner Intelligenz-Struktur-Test* (BIS, gegenwärtig Form 4), der mit 45 verschiedenen Aufgabentypen eine große Vielfalt und Breite von Intelligenzleistungen erfasst. Der Ansatz von Jäger wird im dt. Raum als beispielhaft gewürdigt; vgl. Amelang u. Bartussek (1990); ein ähnl. Ansatz stammt von Buse u. Pawlik (1982). (d) *Hierarch.* Modelle der I. stellen eine Art Kompromiss dar zw. der *Zweifaktoren-Theorie* u. der Theorie der *kognitiven Primärfähigkeiten*: Angenommen werden sowohl eine *allg.* I. wie spezielle Faktoren, aber zw. beide schieben sich *Gruppenfaktoren* verschiedenen Allgemeinheitsgrades, sozusagen Generalfaktoren für eine Untergruppe von Variablen, ein Ansatz, der zur hierarch. Ordnung von Intelligenzfaktoren führt, wie dies v. a. von Burt (1909ff.) u. Vernon (1950ff.) ausgearbeitet worden ist. Auf der untersten Ebene sind die spezif., nur den betreffenden Test kennzeichnenden Faktoren lokalisiert, darüber die »minor group factors« u. darüber die »major group factors«, wb. die Ebene des höchsten Allgmeinheitgrades, der g-Faktor, die allg. I. repräsentiert. (e) Cattell entwickelte seit den 40er Jahren eine *Triaden-Theorie* der I., eine Erweiterung des Generalfaktor-Modells vor dem Hintergrund seines Modells der *fluiden* vs. *kristallisierten* I. (s. o.). Die fluide I. Cattells entspricht dem g-Faktor (zumindest in einer späteren Interpretation), u. Cattell spekuliert, dass er v. a. die kognitiven Prozesse »Erkennen von Relationen« u. »Konstruieren von Korrelaten« beinhaltet. Grundsätzl. ist Cattells Modell also eine Synthese der Zweifaktoren-Theorie u. eines Modells mehrerer Faktoren: Es wird zwar ein allg. Faktor angenommen, dessen Existenz wird aber aus den in spezif. Weise interkorrelierenden Primärfaktoren thurstonescher Prägung erschlossen; Cattell nimmt des Weiteren drei interagierende Fähigkeitsbereiche an: *capacities* (Kapazitäten des Gehirns, die sich v. a. in der fluiden I., in der Geschwindigkeit u. in der allg. Speicherkapazität widerspiegeln); *provincial powers* (die sensor. u. motor. Fähigkeiten) u. die *agencies* (die den *primary mental abilities* Thurstones entsprechen, d. h. nach Cattell den lernbedingten Fertigkeiten: sprachl. Verstehen, sprachl. Flüssigkeit, Gedächtnis, induktives Denken, räuml. Vorstellen, Wahrnehmungsgeschwindigkeit, quantitative o. numer. Fähigkeit, deduktives Denken). Horn (1968) bietet eine Übersicht über die Untersuchungen aus dieser Tradition; vgl. auch Horn u. Cattell (1966) u. Cattell (1971). Insges. lässt sich sagen, dass die ursprüngl. Frage *Generalfaktor vs. multiple Faktoren* bis heute nicht völlig geklärt ist u. eigentl. als hinfällig betrachtet wird. Obwohl Thurstone sein Modell als Gegenposition zu Spearmans Generalfaktor-Modell gesehen hat, wird heute ein Großteil der Divergenzen als Folge statist. Methodenartefakte gesehen – auch bei Thurstone gibt es Zusammenhänge zw. den Primärfaktoren u. damit eine Tendenz auf eine allg. Komponente hin; vgl. hierzu Brody u. Brody (1976); Eysenck (1979), Pawlik (1966); zsfd. Amelang u. Bartussek (1990). Allg. ist zu sagen, dass die multiplen Komponentenmodelle der I. keine wesentl. verbesserte Vorhersage wissenschaftl. u. geistiger Leistung erlauben als die Generalfaktormodelle; vgl. hierzu Waldmann u. Weinert (1990). Horn (1985) diskutiert eine Reihe von Befunden gegen die Generalfaktortheorie; andere halten an dieser fest (z. B. Humphreys 1985; Feldhusen 1986). Die Annahme eines Generalfaktors scheint insgesamt gerechtfertigt zu sein – es ist allerdings bis heute offen, wie dieser zu interpretieren ist: als formales Abstraktum o. als ein neurophysiolog. Parameter? Unter letztem Aspekt wird er bisweilen mit der allg. *Informationsverarbeitungsgeschwindigkeit* (*Tempohypothese der I.*; vgl. Schweizer 1995) identifiziert, die durch Reaktionszeiten (z. B. bei Aufgaben zur → Gedächtnisabsuche, zur → Inspektionszeit oder zum → Buchstabenvergleich) gemessen wird: sog. *chronometr.* Analyse der I.; vgl. zsfd. Jensen (1982) u. Neubauer (1993). Im dt. Sprachraum sind Vertreter dieses Paradigmas Oswald u. Roth (1974) sowie die Forschergruppe um Lehrl und Fischer; in Amerika Jensen u. Vernon, in Großbritannien v. a. Eysenck; vgl. hierzu Vernon (1987). Vgl. Oswald u. Seus (1975) zum Zusammenhang mit psychophysiolog. Prozessen. Die neueren Ansätze innerhalb der Intelligenztheorien (s. u.) gehen ganz grundsätzl. von einer Vielfalt modularer u. weitgehend unabhängiger Intelligenzformen aus, sie stehen jedoch außerhalb des testtheoret.-psychometr. Zugangs u. der darin enthaltenen Debatte über den Generalfaktor.

(4) Eine grundlegende Definitionsproblematik des Begriffs *I.* besteht darin, inwieweit es Sinn macht, neben den Grundbegriffen → Erkennen, → Denken, → Problemlösen, → Informationsverarbeitung, → Kreativität noch einen zusätzl. I.-Begriff zu konzipieren u. zu verwenden. Ist I. nur ein Oberbegriff für die verschiedenen Problemlösungsfähigkeiten? Der weiteste I.-Begriff findet sich in der → genetischen Epistemologie Piagets; hier bezeichnet *I.* sämtl. Erkenntnistätigkeiten des Menschen, das »Erwachen der Intelligenz« (Buchtitel einer wichtigen Arbeit von Piaget) beschreibt die gesamte kognitive Entwicklung, von den ersten noch sensomotor. »Erfassungen« der Umwelt bis hin zu den eigentl. Intelligenzleistungen. Nach Jäger (1984) z. B. beziehen sich die psychometr. Intelligenzstrukturforschung u. die experimentelle Denkprozessforschung auf den gleichen Gegenstand. Letztl. ist aber dem I.- Begriff immer ein bestimmter histor. Hintergrund u. damit eine differentialps. Konnotation zu eigen, u. man hat auch an den kognitivist. orientierten Intelligenzmodellen kritisiert, dass sie eben diese differentielle Ausformung negieren u. der I.-Begriff zu einem Synonym für *Informationsverarbeitung* zu werden droht. In diesem Zusammenhang wird auch ein Gedanke wichtig, wie er v. a. von Vertretern des Paradigmas des → komplexen Problemlösens vorgetragen wird: dass näml. die durch die Testintelligenz erfassten geistigen Fähigkeiten bei Aufgaben in der realen Praxis, wie z. B. des Managements, unwesentl. seien; die für das prakt. Handeln in realen Ökologien typ. Lösungsprozesse seien in stärkerem Maße gekennzeichnet durch eine Vielfalt (einander tlw. widersprechender) Ziele, u. sowohl Bewertungsprozesse wie auch Informationssuchprozesse sind von großer Bedeutung, während in Intelligenztests klar definierte Probleme vorgegeben sind; vgl. hierzu Hussy u. Scheller (1977); Dörner u. Kreuzig (1983); vgl. auch Putz-Osterloh (1981). Zu einer Darstellung des problemat. Verhältnisses von Problemlöseprozessen u. Intelligenzleistung vgl. Putz-Osterloh (1981).

TH: (1) Die typischerweise mit dem Begriff *Intelligenztheorien* in Zusammenhang gebrachten Theorien entstammen einer Forschungstradition, die aus der angewandten Ps., näml. der Psychodiagnostik u. der → differentiellen Psychologie, kommt u. histor. fast völlig von den entsprechenden Forschungstraditionen aus der allg. Ps., näml. der Denk- u. der Gedächtnisps., isoliert war. Dies sind im Wesentl. die im vorgehenden Abschnitt (3) dargelegten Modelle. Zur Kritik dieser faktorenanalyt. Intelligenztheorien vgl. Sternberg (1977) u. Keating (1984): Bemängelt wird, dass mit dieser Methodik keine eigentl. Prozessanalyse der I. erreicht wird u. dass die Modelle schlecht geeignet sind, um die Entwicklung des Denkens abzubilden; so lässt sich insbes. auch das Problem von Konstanz o. Wechsel der Intelligenzentwicklung schwer beantworten, vgl. hierzu Wohlwill (1980). (2) Diesem dominanten *psychometr.* Ansatz steht ein der Grundlagenforschung zugehöriger *prozessanalyt.* Ansatz gegenüber, der unter Verwendung des allg. → Informationsverarbeitungs-Paradigmas operiert. Das Leitmotiv lässt sich schlagwortartig kennzeichnen: *von der psychometr. Forschung zur differentialps. Analyse des Denkens.* Innerhalb dieses Ansatzes sind zwei Substrategien zu unterscheiden: der → *Kognitive-Korrelate-Ansatz* u. der → *Kognitive-Komponenten-Ansatz* – beide entstammen der allgemeinps. Kognitionsps., v. a. Letzterer war von vornherein grundlagenorientiert. (3) Speziell folgende neuere Intelligenztheorien sind in den 80er Jahren wichtig geworden: (a) Sternberg (1985, 1990) konzipiert eine sog. *triarch. Theorie* der I., in der er folgende grundsätzl. Dimensionen u. Aspekte der I. heraushebt: (a) die geistigen Mechanismen, die intelligentem Vh. unterliegen; (b) der Gebrauch dieser mentalen Anpassung an die Umwelt; (c) die mediative Rolle u. Funktion der I. – zur Vermittlung zw. der internalen u. der externalen Welt. Um diese drei Intelligenzaspekte abzuhandeln, konzipiert er eine *Komponentensubtheorie*, eine *kontextuelle Subtheorie* u. eine *Erfahrungssubtheorie*. Zentral für seine Theorie sind verschiedene Metakomponenten der I., v. a. Problemerkennen, Strategieauswahl, Selbstbeobachtung des eigenen Problemlösungsvhs. Sternberg ist der Ansicht, dass die herkömml. Aufgaben, sowohl der psychometr. als auch der kognitiven Intelligenzforschung, zu sehr auf Effizienz u. Wissen abheben u. dabei das wesentl. Merkmal von I. vernachlässigen: die Fähigkeit, eingefahrene Denkschemata über Bord zu werfen, um ein bestimmtes neuartiges Problem zu lösen. (Sternberg hat eine Reihe von Experimenten durchgeführt, in denen er mit dem »neuen Rätsel der Induktion« operierte, das der Philosoph Goodman konzipiert hat.) (b) Gardner (1983, 1991) konzipiert eine *multifaktorielle* Theorie der I. u. wendet sich damit gegen alle herkömml. Intelligenztheorien, da diese seiner Meinung nach eine zu große Homogenität der Intelligenzprozesse unterstellten. Er postuliert sieben fundamentale u. gleichwertige Formen der I.: linguist., log.-mathemat., räuml., musikal., körperl.-kinästhet., interpersonelle u. intrapersonelle. (4) Kennzeichnend für eine Reihe neuerer Ansätze zur I. ist, dass zwar schon lange postulierte, aber ebenso lange vernachlässigte Formen der I. wieder thematisiert werden: die prakt. I. u. die soziale I.; vgl. zur prakt. I. bes. Wagner u. Sternberg (1986) u. Sperber (1982). Die soziale I. wurde schon in frühen Ansätzen von Thorndike berücksichtigt, er trennte die mechan. I., die weitgehend einer akadem. I. entsprach, von der sozialen I. In neueren Ansätzen wird betont, dass die soziale I. sich stärker auf die interpersonalen u. kommunikativen Fähigkeiten bezieht. Vgl. zum Überblick Sperber (1982); Orlik (1978); Cantor u. Kihlstrom (1987); Ford (1986); Sternberg (1985); zu einem knappen Überblick über die Tests zur sozialen I. u. ihrer Problematik vgl. Sowarka (1990); über Probleme der Operationalisierung referiert Orlik (1972); zur Kritik des Kzpts. der sozialen I. vgl. Birbaumer (1971). Auf der Grundlage dieser Ansätze wird v. a. im dt. Sprachraum zunehmend das Kzpt. der *Weisheit* empir. analysiert; vgl. Dittmann-Kohli (1984); ein ausführl. Literaturverzeichnis bietet die Arbeit von Sowarka (1989). (5) Zunehmend untersucht die Ps. auch die sog. *impliziten* Intelligenztheorien, also die vorwissenschaftl. Kzpte. von I.; hierbei tauchen immer wieder zwei Grundfaktoren auf: eine *allg.* Problemlösefähigkeit, bes. auch eine soziale I., des Weiteren ein Interesse am Lernen; vgl. Süllwold u. Haase (1970) u. Sternberg (1981).

VD/T: (1) In der Intelligenzforschung werden häufig die Begriffe *Strukturmodell* o. *Strukturtheorien* verwendet: Im allg. Sinne beziehen sich die Begriff auf sämtl. Intelligenztheorien, insofern sie die *Struktur* der I. zu analysieren versuchen, v. a. jedoch werden sie auf die Gruppe der Mehrfaktoren-Modelle angewendet, auf das morpholog. Modell von Guilford; in einem noch spezielleren Sinne meinen sie das Modell, das dem Intelligenzstrukturtest von Amthauer zugrunde liegt.

(2) Der Begriff *Intelligenzdifferenzierung* wird als Oberbegriff für die Tatsache gezeichnet, dass Personengruppen unterschiedl. Schwerpunkte von I. besitzen, dass sich speziell auch eine *Altersdifferenzierung*, also eine unterschiedl. Schwerpunktbildung im Laufe des Lebens ergibt; ursprüngl. wurden die Intelligenztests so angelegt, dass nur solche Formen übernommen wurden, bei denen sich männl. u. weibl. Vpn nicht unterscheiden; dessen unbeschadet spricht die Mehrzahl der vorliegenden Untersuchungen dafür, dass in spezif. Funktionsbereichen systemat. Geschlechterunterschiede bestehen; weibl. Vpn sind meist überlegen auf den Gebieten Grammatik, Wortschatz u. Leseleistung, also im verbalen Bereich, männl. hingegen auf den Gebieten räuml. Vorstellung u. damit zusammenhängendem techn. Verständnis; zum Überblick vgl. Merz (1973ff.); zu weiteren Aspekten vgl. zsfd. Mandl u. Zimmermann (1976)

LIT: Zum Überblick über die Gesamtthematik vgl. Kail u. Pellegrino (1988) sowie das umfassende Handbuch von

Wolman (1985); zum Überblick über Intelligenztheorien (ohne Berücksichtigung der aktuellen) vgl. Rosemann (1987); zum Überblick über informationstheoret. Ansätze zur Intelligenz vgl. Roth u. a. (1975); zu einem geschichtl. Abriss der Intelligenztests u. Intelligenztheorien vgl. Eysenck (1967), der von vier Phasen der Intelligenzforschung ausgeht, wb. man sich nur in der zweiten um eine allgemeingültige Definition, jenseits des psychometr. Ansatzes, bemühte; zu verschiedenen definitor. Ansätzen u. zu ihrer Kritik, die im Wesentl. darauf hinausläuft, dass diese Definitionen einen mehr o. weniger tautolog. Charakter haben, vgl. Mühle (1969); Schön-Gaedike (1978); Bahtia (1976); Sternberg u. Detterman (1986); eine ausführl. Darstellung von Intelligenztests u. einzelnen Testaufgaben findet sich bei Brickenkamp (1975), speziell für Kinder bei Schmidtchen (1975); einen tabellar. angelegten Überblick vermittelt auch Konrad (1983); die Historie der Intelligenztest-Entwicklung kann bei Groffmann (1983) nachgelesen werden; zum Problem, inwieweit sich die I. im Lebensalter weiter entwickelt, vgl. Merz u. Stelzel (1973); zur allg. Kontroverse um den IQ-Test vgl. Snyderman u. Rothman (1986) u. Lioungman (1973); vgl. v. a. Rexilius (1976); zu einer Auseinandersetzung zw. zwei Wissenschaftlern über die relative Bedeutung von Anlage- u. Umweltkomponenten vgl. Eysenck u. Kamin (1981); s. a. das Stw. → Anlage-Umwelt-Problem; zum Überblick über die Förderungsmöglichkeit(en) der I. vgl. Jensen (1981); Klauer (1975ff.); Ramey u. Haskins (1981); zu sozialisationstheoret. Aspekten der I. vgl. Huber u. Mandl (1991); zum Zusammenhang von I., motor. Fähigkeiten u. körperl. Eigenschaften vgl. zsfd. Singer (1985); zu alternativen Theorien zur I. vgl. Riegel (1973); ein Sammelband mit wichtigen Aufsätzen zum I.-Kzpt. ist Eysenck (1973).

◆ Amelang, M. u. Bartussek, D.: Differentielle Psychologie u. Persönlichkeitsforschung. Stuttgart 1990 (3. Aufl.); Amelang, M. u. Langer, I.: Zur Kritik der Divergenzhypothese der Intelligenz. AfgP 120, 1968, S. 203–216; Amthauer, R.: Intelligenz-Struktur-Test (IST). Göttingen 1953 (4. Aufl. 1973; IST 70); Amthauer, R.: Intelligenz-Struktur-Test (IST 70). Göttingen 1973 (4. Aufl.); Bahtia, C. M.: The concept of intelligence. Its present status. Indian Journal of Psychology 51, 1976, S. 202–211; Baltes, P. B. u. a.: New perspectives on the development of intelligence in adulthood: toward a dual-process conception and a model of selective optimisation with compensation. In: Baltes, P. B. u. Brim, O. G. (Hg.): Life-span development and behaviour, Bd. 6, S. 33–76. New York 1984; Binet, A. u. Simon, T.: Méthodes nouvelles pour le diagnostique du niveau intellectuel des anormeaux. Année Psychologique 11, 1905, S. 191- 244; Birbaumer, N.: Krit. Bemerkungen zur »sozialen Intelligenz«. SP 13, 1971, S. 69–71; Bondy, C. u. a.: Hamburg-Wechsler-Intelligenz-Test für Erwachsene (HAWIE). Bern 1956; Brickenkamp R. (Hg.): Handbuch ps. u. pädagog. Tests. Göttingen 1975 (2. AUfl. 1997); Brody, E. B. u. Brody, N.: Intelligence. New York 1976; Burt, C.: Experimental tests of general intelligence. BJP 3, 1909, S. 94–177; Burt, C.: Experimental tests of higher mental processes and their relation to general intelligence. BJEP, 19, 1949, S. 100–111; Buse, L. u. Pawlik, K.: Integration faktorenanalyt. Untersuchungen zur Struktur der Intelligenz. In: Pawlik, K. (Hg.): Multivariate Persönlichkeitsforschung. Bern 1982, S. 227–248; Cantor, N. u. Kihlstrom, J. F.: Personality and social intelligence. Englewood Cliffs 1987; Cattell, J. McK.: Mental tests and measurements. Mind 15, 1890, S. 373–381; Cattell, R. B.: The scientific analysis of personality. Harmondsworth 1965 (dt.: Die wissenschaftl. Erfassung der Persönlichkeit. Weinheim 1973); Cattell, R. B.: Abilities – their structure, growth, and action. Boston 1971; Chapin, F. S.: The social insight test. Palo Alto 1967; Conrad, W. u. a.: Mannheimer Intelligenztest (MIT). Weinheim 1971; Dittmann-Kohli, F.: Weisheit als mögl. Ergebnis der Intelligenzentwicklung im Erwachsenenalter. SK 2, 1984, S. 112–132; Dörner, D. u. Kreuzig, H. W.: Problemlösefähigkeiten u. Intelligenz. PRu 34, 1983, S. 185–192; Dockrell, W. B. (Hg.): On intelligence. The Toronto Symposium on Intelligence 1969. London 1970; Eysenck, H. J.: Intelligence assessment: a theoretical and experimental approach. BJEP, 37, 1967, S. 81–98; Eysenck, H. J.: The measurement of intelligence. Lancaster 1973; Eysenck, H. J.: The structure and measurement of intelligence. Berlin 1979; Eysenck, H. J. u. Kamin, L.: Intelligence: the battle for the mind. London 1981; Feldhusen, J. F.: A conception of giftedness. In: Sternberg u. Davidson (1986), S. 112–127; Feldman, D. H.: Beyond universals in cognitive development. Norwood 1980; Ford, M. E.: A living systems, conceptualization of social intelligence: outcomes, processes, and developmental change. In: Sternberg 1986, S. 119–171; Ford, M. E.: For all practical purposes: criteria for defining and evaluating practical intelligence. In: Sternberg, R. J. u. Wagner, R. K. (Hg.): Practical intelligence:

nature and origins of competence in the every day world. New York 1986, S. 183–200; FREDERIKSEN, N. u. a.: The place of social intelligence in a taxonomy of cognitive abilities. I. 8, 1984, S. 315–337; FREDERIKSEN, N.: Toward a broader conception of human intelligence. AmP 41, 1986, S. 445–452; FRENCH, J. W. u. a.: Manual for the kit of reference-tests for cognitive factors. Princeton 1967; GALTON, F.: Hereditary genious. London 1869; GARDNER, H.: Frames of mind: a theory of multiple intelligences. New York 1983 (dt.: Abschied vom IQ: Die Rahmentheorie der vielfachen Intelligenzen. Stuttgart 1991); GETZELS, J. W. u. JACKSON, P. W.: Creativity and intelligence. New York 1962; GROFFMANN, K. J.: Die Entwicklung der Intelligenzmessung. In: GROFFMANN, K. J. u. MICHEL, L. (Hg.): Intelligenz- u. Leistungsdiagnostik. EP, B, II, 2. Bd., Göttingen 1983, S. 2–74; GUILFORD, J. P.: The structure of intellect. PBu 53, 1956, S. 267–293; GUILFORD, J. P.: Traits of creativity. In: ANDERSON, H. H. (Hg.): Creativity and its cultivation. New York 1959, S. 142–161; GUILFORD, J. P.: Measurement and creativity. Theory and Practice 5, 1966, S. 186–189; GUILFORD, J. P.: The nature of human intelligence. New York 1967; GUILFORD, J. P.: Higher-order structure of intellect abilities. Multivariate Behavioural Research 16, 1981, S. 411–435; GUSTAVSSON, J.-E.: A unifying model for the structure of intellectual abilities. I 8, 1984, S. 179–203; GUTHKE, J.: Ist Intelligenz meßbar? Berlin (Ost) 1978; HORN, W.: Leistungsprüfsystem (LPS). Göttingen 1962; HORN, J. L. u. CATTELL, R. B.: Refinement and test of the theory of fluid and cristallized ability intelligence. JEP, 57, 1966, S. 253–270; HORN, J. L.: Organization of abilities and the development of intelligence. PR 75, 1968, S. 242–259; HORN, J. L.: Remodelling old models of intelligence. In: WOLMAN, B. B. (Hg.): Handbook of intelligence. New York 1985, S. 267–300; HORN, W.: Leistungs-Prüfsystem. Göttingen 1962; HUBER, G. L. u. MANDL, H.: Kognitive Sozialisation. In: HURRELMANN, K. u. ULICH, D. (Hg.): Neues Handbuch der Sozialisationsforschung. Weinheim 1991, S. 511–531; HUMPHREYS, L. B.: A conceptualization of intellectual giftedness. In: HOROWITZ u. MCBRIAN (1985), S. 331–360; HUNT, E. B. u. a.: What does it mean to be high verbal? CP 7, 1975, S. 194–227; HUSSY, W. u. SCHELLER, R.: Der Prädiktionswert verschiedener Intelligenzvariablen für den informationsverarbeitenden Prozeß. In: TACK, W. H. (Hg.): Bericht über den 30. Kongreß der dt. Ges. für Ps. in Regensburg 1976. Göttingen 1977, Bd. 1, S. 90–92; INGENKAMP, K.: Ps. Tests für die Hand des Lehrers. Weinheim 1964; JÄGER, A. O.: Dimensionen der Intelligenz. Göttingen 1973 (3. Aufl.); JÄGER, A. O.: Mehrmodale Klassifikationen von Intelligenztestleistungen: Experimentell kontrollierte Weiterentwicklung eines deskriptiven Intelligenzstrukturmodells. D 28, 1982, S. 195–225; JÄGER, A. O.: Intelligenz-Struktur-Forschung: Konkurrierende Modelle, neue Entwicklungen, Perspektiven. PRu 35, 1984, S. 21–35; JÄGER, R. S. u. PETERMANN, F. (Hg.): Psychologische Diagnostik. Weinheim 1992 (2. Aufl.); JENSEN, A. R.: Raising the IQ: the Ramey and Haskins study. I 5, 1981, S. 29–40; JENSEN, A. R.: The chronometry of intelligence. In: STERNBERG, R. J. (Hg.): Advances in the psychology of human intelligence. Hillsdale 1982, S. 255–310; KAIL, R. u. PELLEGRINO, J. W.: Menschl. Intelligenz. Heidelberg 1988; KAMIN, L.: Der Intelligenz-Quotient in Wissenschaft u. Politik. Darmstadt 1979; KEATING, D. P.: The emperor's new clothes: the »new look« in intelligence research. In: STERNBERG, R. J. (Hg.): Advances in the psychology of human intelligence, 2. Bd. Hillsdale 1984, S. 1–45; KELLER, H. u. MEYER, H.-J.: Psychologie der frühesten Kindheit. Stuttgart 1982; KEMMLER, L. u. LANGHEINRICH, D.: Deutsche Fassung der Primary Mental Abilities für acht- bis neunjährige Kinder. In: MERZ, F. (Hg.): Bericht über den 25. Kongreß der dt. Ges. für Ps. in Münster. Göttingen 1967, S. 669–673; KLAUER, K. J.: Intelligenztraining im Kindesalter. Weinheim 1975; KLAUER, K. J. (Hg.): Kognitives Training. Göttingen 1993; KONRAD, W.: Intelligenzdiagnostik. In: GROFFMANN, K. J. u. MICHEL, L. (Hg.): Intelligenz u. Leistungsdiagnostik. EP, B, II, 2. Bd., Göttingen 1983, S. 104–201; KRAPP, A. u. SCHIEFELE, H.: Lebensalter u. Intelligenzentwicklung. München 1976; LIOUNGMAN, C. G.: Der Intelligenzkult. Reinbek 1973; MANDL, H. u. ZIMMERMANN, A.: Intelligenzdifferenzierung. Stuttgart 1976; MEILI, R.: Struktur der Intelligenz. Bern 1981; MERZ, F. u. STELZL, I.: Modellvorstellungen über die Entwicklung der Intelligenz in Kindheit u. Jugend. ZEPP 5, 1973, S. 153–166; MERZ, F.: Geschlechterunterschiede u. ihre Entwicklung. Göttingen 1979; MÜHLE, G.: Definitions- u. Methodenprobleme der Begabtenforschung. In: ROTH, H. (Hg.): Begabung u. Lernen. Stuttgart 1969, S. 69–97; PARRET, F. u. a.: Zürich-Wechsler-Intelligenztest für Erwachsene (ZÜWIE). Bern 1970; O'SULLIVAN, M. u. GUILFORD, J. P.: Six factor test of social intelligence. Beverly Hills 1966; ODEN, M. H.: The fulfillment of promise: forty-year-follow-up of the Terman gifted groups. GPM 77, 1968, S. 3–93; OLERON, P.: Social intelligence and cognitive functioning. Paris 1986; ORLIK, P.: Probleme der Operationalisierung sozialer Intelligenz. In: ECKENSBERGER, L. H. u. ECKENSBERGER, U. S. (Hg.): Bericht über den 28. Kongreß der Dt. Ges. für Ps. in Saarbrücken 1972, 3. Bd. Göttingen 1974, S. 339–383; ORLIK, P.: Soziale Intelligenz. In: KLAUER, K. J. (Hg.): Handbuch der pädagog. Diagnostik. Düsseldorf 1978, S. 341–354; NEUBAUER, A. C.: Intelligenz u. Geschwindigkeit der Informationsverarbeitung: Stand der Forschung u. Perspektiven. PRu 44, 1993, S. 90–105; OSWALD, W. D. u. SEUS, R. Zusammenhänge zw. Intelligenz, Informations-Geschwindigkeit u. evozierten Potentialen. In: Tack, W. (Hg.): Bericht über den 29. Kongreß der dt. Ges. für Ps. in Saarbrücken. 1. Bd. Göttingen 1975, S. 200–202; Pawlik, K.: Concepts in human cognition and aptitudes. In: Cattell, R. B. (Hg.): Handbook of multivariate experimental psychology. Chicago 1966, S. 535–553; Pellegrino, J. W. u. Glaser, R.: Cognitive correlates and components in the analysis of individual differences. I 3, 1979, S. 187–214; Probst, P.: Empir. Untersuchung zum Konstrukt der sozialen Intelligenz. In: Pawlik, K. (Hg.): Multivariable Persönlichkeitsforschung. Bern 1982, S. 201–226; Putz-Osterloh, W.: Problemlöseprozesse u. Intelligenztestleistung. Bern 1981; Ramey, C. T. u. Haskins, R.: The modification of intelligence through early experience. I 5, 1981, S. 5–19; Renzulli, J. S.: The three-ring conception of giftedness: a developmental model for creative productivity. In: Sternberg u. Davidson (1986) S. 53–92; Resnick, L. B. (Hg.): The nature of intelligence. Erlbaum 1976; Rexilius, G.: Zur Problematik der Intelligenz u. ihrer Messung. In: Bruder, K. J. u. a. (Hg.): Kritik der pädagog. Ps. Reinbek 1976; Riegel, K. F. (Hg.): Intelligence: alternative views of a paradigm. Basel 1973; Rosemann, H.: Intelligenztheorien. Reinbek 1987; Roth, E. u. a.: Intelligenz. Stuttgart 1975 (3. Aufl.); Scarr, S.: An authors' frame of mind. NIP 3, 1985, S. 95–100; Schmidtchen, S.: Ps. Tests für Kinder u. Jugendliche. Göttingen 1975; Scholl, R.: Eine empir. Untersuchung zur Faktorenstruktur der Intelligenz. Hamburg 1976; Schön-Gaedike, A.-K.: Intelligenz u. Intelligenzdiagnostik. Weinheim 1978; Schweizer, K.: Kognitive Korrelate der Intelligenz. Göttingen 1995; Sears, R. R.: The gifted children study. In: Mednick, S. A. u. a. (Hg.): Handbook of longitudinal research, 1. Bd. New York 1984, S. 398–414; Singer, R. N.: Motor. Lernen u. menschl. Leistung. Bad Homburg 1985; Snyderman, M. u. Rothman, S.: Science, politics, and the IQ controversy. The Public Interest 83, 1986, S. 79–97; Sowarka, B. H.: Soziale Intelligenz. In: Sarges, W. (Hg.): Managementdiagnostik. Göttingen 1990, S. 285–298; Sowarka, D.: Weisheit im Kontext von Personen, Situationen u. Handlung. Stuttgart 1989; Spearman, C.: »General intelligence«, objectively determined and measured. AJP 15, 1904, S. 201–293; Spearman, C.: The nature of intelligence and the principles of cognition. London 1923; Spearman, C.: Abilities of men. London 1927; Sperber, W.: Zum Forschungsstand im Bereich prakt. Intelligenz. Arbeitsbericht 7 aus dem Forschungsschwerpunkt Produktives Denken – Intelligentes Verhalten. Berlin 1982; Stern, W.: Intelligenzproblem u. Schule. Leipzig 1911; Sternberg, R. J.: Intelligence, information processing, and analogical reasoning: A componential analysis of human abilities. Hillsdale 1977; Sternberg, R. J. u. Detterman, D. K. (Hg.): Human intelligence. Norwood 1979; Sternberg, R. J. u. a.: People's conceptions of intelligence. JPSP 41, 1981, S. 37–55; Sternberg, R. J. u. Davidson, J. E.: Cognitive development in the gifted and talented. In: Horowitz, F. D. u. O'Brian, M. (Hg.): The gifted and the talented: developmental perspectives. Washington 1985, S. 37–74; Sternberg, R. J.: Implicit theories of intelligence, creativity, and wisdom. JPSP 49, 1985, S. 607–627; Sternberg, J. R.: Beyound IQ: a triarchic theory of human intelligence. New York 1985; Sternberg, R. u. Berg, C. A.: Quantitative integration: definition of intelligence: a comparison of the 1921 and 1986 Symposia. In: Sternberg u. Detterman (1986); Sternberg, R. J. u. Davidson, J. E. (Hg.): Conceptions of giftedness. Cambridge 1986; Sternberg, R. u. Detterman, D. K. (Hg.): What is intelligence. Norwood 1986; Sternberg, R. J. (Hg.): Advances in the psychology of human intelligence, 3. Bd. Hillsdale 1986; Sternberg, R. J.: A triarchic theory of intellectual giftedness. In: Sternberg u. Davidson (1986), S. 223–243; Sternberg, R. J.: Metaphors of mind: conceptions of the nature of intelligence. Cambridge 1990; Sternberg, R. J. u. French, P. A.: Intelligence and cognition. In: Eysenck, M. W. (Hg.): International review of cognitive psychology. Chichester 1990; Süllwold, F. u. Haase, H.: Subjektive Intelligenzkriterien. SchZPA 29, 1970, S. 148–464; Süllwold, F.: Implizite Intelligenztheorien. ZEAP 34, 1987, S. 109–119; Tannenbaum, A. J.: Gifted children. New York 1983; Terman, R. M. (Hg.): Genetic studies of genius, 1. Bd. Stanford 1925; Thurstone, L. L.: Multiple factor analysis. PR 38, 1931, S. 406–427; Thurstone, L. L.: Primary mental abilities. PMN Nr. 1. 1938; Thurstone, L. L.: Multiple factor analysis. Chicago 1950; Trost, G. u. Bicken, H.: Studierfähigkeit u. Studienerfolg. München 1979; Tyler, L. E. (Hg.): Intelligence: Some recurring issues. New York 1969; Undheim, O.: On intelligence IV: toward a restauration of general intelligence. SJP 22, 1981, S. 251–265; Vernon, P. E.: The structure of human abilities. London 1950; Vernon, P. E.: Intelligence: heredity and environment. San Francisco 1979; Vernon, P. E.: Heredity – environment determinants of intelligence. In: Thomas, R. M. (Hg.): The encyclopedia of human development and education. Oxford 1990, S. 227–233; Vernon, P. A.: Speed of information processing and intelligence. Norwood 1987; Wagner, R. K. u. Sternberg, R. J.: Practical intelligence in real word-pursuits: the role of tacit knowledge. JPSP 48, 1985, S. 436–458; Wagner, R. K. u. Sternberg, R. J. (Hg.): Practical intelligence. Cambridge 1986; Waldmann, M. u. Weinert, F. E.: Intelligenz u. Denken. Göttingen 1990; Wechsler, D.: The measurement of adult intelligence. Baltimore 1939; Wechsler, D.: Die Messung der Intelligenz Erwachsener. Bern 1964; Weinert, F. E. u. Waldmann, M. R.: Wissensentwicklung u. Wissenserwerb. In: Mandl, H. u. Spada, H. (Hg.): Wissensps. München 1988, S. 161–199; Weis, R.: Grundintelligenz-Test CFT 3, Skala 1. Braunschweig 1971; Wolman, B. B. (Hg.): Handbook of intelligence. New York 1985; Wohlwill, J. F.: Cognitive development in the child. In: Brim, O. G. u. Kagan, J. (Hg.): Constancy and change in human development. Cambridge/Mass. 1980, S. 359–444.

Intelligenzalter → Intelligenz.

Intelligenzdifferenzierung → Intelligenz.

Intelligenzquotient → Intelligenz.

Intelligenzstrukturmodell → Intelligenz.

Intelligenzstrukturtest → Intelligenz.

Intensitätsschwelle → Sinnesschwellen.

Intention. Aufgrund der experimentellen u. behaviourist. Tradition der Ps. wurde die Tatsache, dass Menschen *Ziele* haben – *Intentionalität* –, von der akadem. Ps. wenig berücksichtigt u. thematisiert. Prävalent waren reduktionist. Ansätze, wie typischerweise innerhalb der → Lerntheorien das Kzpt. der → antizipatorische Zielreaktion; s. a. das Stw. → inzidentelles vs. intentionales Lernen. Intentionalität wurde außerhalb der akadem. Tradition v. a. innerhalb der *phänomenolog. Ps.* analysiert; vgl. Herzog (1992). Auch die Motivationsps. – ebenso wie das Kzpt. der → Motivation selbst – hat lange Zeit Intentionalitätsaspekte nicht berücksichtigt. Eine Ausnahme bildete die → Gestalttheorie, die im Kzpt. → *Anspruchsniveau* u. Ähnl. schon früh intentionale Aspekte aufgegriffen hat. Auch in den → Entscheidungstheorien werden Ziele berücksichtigt, *Zielbildung* ist allerdings kein zentrales Thema, erst die → Handlungstheorien haben dieses Problem in stärkerem Maße berücksichtigt. Innerhalb der akadem. Ansätze wurde die Wirkung unterschiedl. Zielsetzungen auf Motivation u. Vh. in einer wichtigen Arbeit von Locke (1968) untersucht; Bandura (1987) hat Lockes Zieltheorie aufgegriffen u. motivierende Aspekte verschiedener Komponenten des intendierten Ziels differenziert. Wichtige Ansätze sind des Weiteren Ryan (1970) u. Irwin (1971). Innerhalb der → Ethologie werden intentionale Phänomene unter Schlagworten wie *Endreiz*, *zeitl. Koordination* u. *Integration des Vhs.* dargestellt; vgl. hierzu Hinde (1973; v. a. Kap. 25). Mit dem Aufkommen der kognitiven Ps. wurde v. a. das Thema → Plan(en) entdeckt u. analysiert u. dadurch der Zielbegriff implizit eingeführt. Zum Kzpt. der *persönl. Ziele* vgl. Brunstein u. Maier (1996), gemeint sind Anliegen, Projekte u. Bestrebungen, die eine Person in ihrem Alltag verfolgt u. in der Zukunft realisieren möchte.

LIT: Eine Analyse der Bedeutung des Kzpt. *I.* bzw. *Ziel* in modernen Theorien u. eine Analyse der Rolle von Zielen in Entscheidungsprozessen bietet von der Weth (1990); für eine zsfd. Darstellung des Kzpt. der I. innerhalb der Ps. vgl. Baumgartner (1985); eine Integration entscheidungstheoret. kognitionps. u. gedächtnisps. Ansätze versucht Pfister (1991); zu neurops. Störungen, die die Zielbildungsfähigkeit beeinträchtigen (v. a. das Frontalhirn scheint dabei gestört zu sein), vgl. Shallice (1982, 1988); vgl. auch Kornhuber (1987); unter sprachanalyt. Aspekt analysieren Searle (1983) u. Fodor (1981, 1987); eine klass. tierexperimentelle Analyse zur Intentionalität bei Schimpansen ist Premack u. Woodruff (1978); eine Untersuchung zur Entwicklung der I. bei Kleinkindern ist Wimmer u. Perner (1983); aus diesem

Paradigma wurde auch eine neue Theorie zum Verständnis des Autismus entwickelt; vgl. Frith (1992); zur Diskussion (innerhalb der modernen Handlungstheorien) des Verhältnisses von *kausalen* u. *teleolog.* Erklärungen vgl. Lanz (1987); zur Kritik der experimentellen Intentionalitätsforschung vgl. Schwarze (1989); zur philosoph. Kritik an Intentionalitäts-Erklärungen vgl. Stich (1983); moderne Bsp. für den Versuch, Intentionalität in ps. Theoriebildungen Raum zu geben, sind Werbiks handlungstheoret. Rekonstruktion der → Aggression u. Groeben u. Scheeles ps. Subjektmodell (→ subjektive Theorien); vgl. hierzu auch Herrmann (1987); zu sprachps. u. linguist. Aspekten des I.-Kzpts. vgl. Bießner (1982); zu neueren philosoph. Aspekten des Intentionalitätskzpts. vgl. Forum für Philosophie (1990); zu problemgeschichtl. Aspekten des Intentionalitätskzpts. vgl. Pongratz (1967); zur Konzeption eines weiten u. engeren Intentionalitätsbegriffs vgl. Groeben (1986).

◆ Bandura, A.: Self-regulation of motivation and action through goal systems. In: Hamilton, V. u. a. (Hg.): Cognition, motivation, and affect: a cognitive science view. Dordrecht 1987; Baumgartner, I.: Intentionalität: Begriffsgeschichte u. Begriffsanwendung in der Psychologie. Würzburg 1985; Biessner, S.: Die Intention als Determinante für Vollzug u. Didaktik von Sprechkommunikation. Frankfurt/M. 1982; Brunstein, J. C. u. Maier, G. W.: Persönl. Ziele. Ein Überblick zum Stand der Forschung. PRu 47, 1996, S. 146–160; Fodor, J. A.: Representations. Brighton 1981; Fodor, J. A.: Psychosemantics. The problem of meaning in the philosophy of mind. Cambridge 1987; Forum für Philosophie Bad Homburg (Hg.): Intentionalität u. Verstehen. Frankfurt/M. 1990; Frith, U.: Autismus. Heidelberg 1992; Herrmann, T.: Was ist das Psychologische an ps. Theorien? In: Amelang, M. (Hg.): Bericht über den 35. Kongreß der Dt. Ges. f. Ps. in Heidelberg 1986, 2. Bd. Göttingen 1987, S. 159–168; Herzog, M.: Phänomenolog. Psychologie. Heidelberg 1992; Hinde, R. A.: Das Vh. der Tiere, 2 Bde. Frankfurt/M. 1973 (Orig.: 1966); Irwin, F. W.: Intentional behaviour and motivation. 1971; Kornhuber, H. H.: Handlungsentschluß, Aufmerksamkeit u. Lernmotivation im Spiegel menschl. Hirnpotentiale. In: Heckhausen, H. u. a (Hg.): Jenseits des Rubikon: Der Wille in den Humanwissenschaften. Berlin 1987; Lanz, P.: Handeln zw. Rationalität u. Kausalität. Königsstein 1987; Locke, E. A.: Toward a theory of task motivation and incentives. OBHP, 3, 1968, S. 157–189; Pfister, H. R.: Struktur u. Funktion von Zielen in diachron. Entscheidungen. Frankfurt/M. 1991; Pongratz, L.: Problemgeschichte der Ps. Bern 1967; Premack, D. u. Woodruff, G.: Do the chimpanzees have a theory of mind? BBS 4, 1978, S. 515–526; Ryan, T. A.: Intentional behaviour. 1970; Schwarze, H.: Ist die experimentelle Intentionalitätsforschung ein Selbstmißverständnis? In: Ahrens, H. J. u. Amelang, M. (Hg.): Biolog. Funktion individueller Differenzierung. Göttingen 1989, S. 36–45; Searle, J. R.: Intentionality. Cambridge 1983; Stich, S. P.: From folk psychology to cognitive science. The case against belief. Cambridge 1983; Shallice, T.: Specific impairments of planning. Philosophical Transactions of the Royal Society of London. B 298, 1982, S. 199–209; Shallice, T.: From neuropsychology to mental structure. Cambridge 1988; von der Weth, R.: Zielbildung. Frankfurt/M. 1990; Wimmer, H. u. Perner, J.: Beliefs in young children's and the understanding of deception. C 13, 1983, S. 103–128.

Intentionales Lernen → inzidentelles vs. intentionales Lernen.

Intentionalität → Intention.

Intentionalitätsdimension → Attributionsdimensionen.

Intentionsbewegung → Konflikt.

Intentionsbildung → Wille.

Interaffektivität → Gesichtsausdruck.

Interaktionismus, Oberbegriff für ps. Theorien, die Wechselwirkungsprozesse berücksichtigen u. thematisieren. Vom Thema *soziale Interaktion* abgesehen, das in der → Sozialpsychologie erforscht wird, ist innerhalb der Grundlagenforschung, v. a. in der differentiellen Ps. u. auch der allg. Ps., ein I. mit folgenden (vier) Basisaxiomen wichtig geworden: (a) Aktuelles Vh. ist eine Funktion einer vielfach gerichteten Interaktion o. Rückkopplung zw. Individuum u. den Situationen; (b) das Individuum ist in diesem Interaktionsprozess ein aktiv Handelnder, der Intentionen verfolgt; (c) auf der Personenseite der Interaktion sind kognitive u. motivationale Faktoren wesentl. Determinanten des Vhs.; (d) auf der Situationsseite ist die ps. Bedeutung, die Situationen für das Individuum haben, der entscheidende Faktor (vgl. Magnusson u. Endler 1977). Schon W. Sterns *Konvergenztheorie* (1935) u. Lewins → Feldtheorie waren in diesem Sinne interaktionist. Als *moderner* I. werden Ansätze bezeichnet wie z. B. Ekehammar (1974), Endler u. Magnusson (1976), Magnusson u. Endler (1977), Bowers (1973), Magnusson (1976, 1980), die in Reaktion auf die v. a. von Mischel vorgebrachte Kritik des → Situationismus am klass. Kzpt. der Persönlichkeitseigenschaften entstanden sind. Gem. dem modernen I. begehen Theorien, die vorwiegend mit dem klass. Kzpt. der *Persönlichkeit* operieren (Personalismus) den sog. *Organismusfehler*, also die Überschätzung stat. Eigenschaften, u. der Situationismus den *Stimulusfehler*, also einer Überschätzung der situativen Determinanten – nur Ansätze, die beide Seiten berücksichtigen, können als adäquate gelten. Der moderne I. versucht das *Personalismus-Situationismus-Problem* v. a. durch Einbezug der mathemat. Methode der Varianzanalyse einer Lösung zuzuführen; zur Zusamenfassung vgl. Höfer (1982), Lantermann (1980, 1982); Magnuson (1980). Das Kzpt. der *Interaktion* u. des I. führt in Grundprobleme der Ps., u. die Ps. tut sich bis heute schwer, die Interaktion des Menschen mit seiner materialen u. sozialen Umgebung adäquat einzufangen (vgl. Graumann 1979). Der schärfste u. »eigentl.« Interaktionsbegriff ist derjenige, der folgendes Modell beinhaltet: Eine Person beeinflusst ihre materiale o. soziale Umgebung, u. diese Veränderung nimmt umgekehrt auch wieder rückwirkend auf die Person Einfluss (wb. außerdem zusätzl. Personen die Situation nicht nur gestalten, sondern sie auch auswählen). Dieser starke I.-Begriff wird mit dem Begriff der *Transaktion* belegt (auch *dynam.* o. *reziproke* Interaktion; *dynam. Interaktionismus*); bes. die modernen → Handlungstheorien betonen die transaktionalist. Komponente; vgl. Lantermann (1982) u. Heyland (1984). Ein Transaktionalismus beinhaltet also immer einen *prozessorientierten* Ansatz, er benötigt jedoch als Voraussetzung eine *ökolog. Ps.*, wie sie erst im Entstehen ist – aufgrund der Tatsache, dass die Ps. die »Welt der Dinge« (Graumann) lange Zeit nicht berücksichtigt hat, war ihr nur ein eingeschränkter Interaktionsbegriff mögl. Deswegen kam es auch zu der eigentüml. terminolog. Situation, dass Theorien, die ledigl. die *kognitive Strukturierung* einer Situation thematisieren, sich selbst schon als *transaktional* bezeichnen, wie z. B. die modernen → Stress-Theorien, obgleich sie nicht einmal *interaktional* sind; Ähnliches gilt für die sog. → transaktionalen Wahrnehmungstheorien. Diese »Unterdetermination« des Begriffs geht soweit, dass innerhalb der behaviourist. beeinflussten Sozialps. der (soziale) Interaktionsbegriff schon dann erfüllt ist, wenn Individuen »in Gegenwart anderer« Vh. zeigen. Auch der Zugang zum Interaktionsbegriff über die Methode der Varianzanalyse erscheint in dieser Perspektive als mechanist. u. inadäquat, denn der statist. Interaktionsbegriff meint nicht mehr, als dass die mathemat. Wechselwirkung zw. Person u. Situation mehr zur Varianzaufklärung beiträgt als jeder Faktor für sich, u. es ist mehrfach darauf hingewiesen worden, dass hier eine einseitig gerichtete Interaktion vorliegt, die im Grunde keine eigentl. Interaktion ist; vgl. Olweus (1976); vgl. auch Buxbaum (1981) u. im Zusammenhang des → Anlage-Umwelt-Problems Overton (1973). Deswegen bezeichnen die Vertreter eines *dynam.* I. diesen varianzanalyt. Ansatz als *stat.* o. *mechan.* I. – die Position des dynam. I. betont dagegen die wechselseitigen Einflüsse von Personen u. Situationen sowie die Effekte, die aufgrund der Auswahl von Situation entstehen, in denen die Personen »natürlicherweise« interagieren. Als *Interaktionismusdebatte* bezeichnet man einmal das Grundproblem, wie man Persönlichkeits- u. Situationseigenschaften sowie ihre Wechselwirkung berücksichtigt, anders formuliert, inwieweit Persönlichkeitseigenschaften wie »ehrlich« o. »faul« tatsächl. existieren, d. h., inwieweit Menschen sich in Bezug auf bestimmte Vhsbereiche *konsistent* zeigen bzw. verhalten (*Konsistenzproblem*). Die moderne Interaktionismusdebatte dreht sich v. a. um die Frage, ob der spezif. varianzanalyt. orientierte Zugang zum I. der richtige Lösungsweg ist. Zur method. Problematik vgl. Buss (1977); Pawlik (1982ff.) weist darauf hin, dass der statist. I. keine im Vergleich zur sog. traditionellen Ps. neue Varianz ausschöpfe, er falle eher unter das Kzpt., das als *unidirektionale Interaktion* bezeichnet worden ist – d. h., dass z. B. Vh. durch zwei miteinder interagierende unabhängige Variablen beeinflusst wird; dem gegenüber meint der theoret. konzipierte Interaktions-Begriff eine Interdependenz, d. h. die reziproke Beeinflussung der themat. Variablen; v. a. weise der varianzanalyt. Interaktionsbegriff keinen Ausweg aus dem »ökolog. Dilemma« der differentiellen Psychologie, welches dadurch entstehe, dass es im natürl. Umfeld – im Unterschied zum Versuchslabor – spezif. Personen-Situations-Kombinationen gibt, d. h., dass bestimmte Personen mit einigen Situationen häufiger in Wechselwirkung treten als andere. Zu einer weiteren method. Kritik vgl. Olweus (1976). Eine grundlegende Kritik am I., insbes. an dessen eigener Kritik am Kzpt. der Persönlichkeitseigenschaften, übt Herrmann (1980), demzufolge der I. auf einem Geschichtsklischee beruhe, wonach die Entwicklung der Persönlichkeitstheorie als eine dialekt. Triade anzusehen sei, die aus dem Eigenschaftsmodell einerseits, dem situationist. Modell andererseits u. aus dem Interaktionismus als angebl. Synthese der beiden Modelle bestehe – eine Dreiteilung, die Herrmann als missglückten u. primitiven Versuch zur Konzeptualisierung der Psychologiehistorie ansieht.

LIT: Einen Überblick bietet Moser (1991); zur Unterscheidung von fünf Versionen des Interaktionsbegriffs vgl. Pervin u. Lewis (1978); zum Persönlichkeitsbegriff vgl. Graumann (1964); Amelang u. Bartussek (1990).

◆ Amelang, M. u. Bartussek, D.: Differentielle Psychologie u. Persönlichkeitsforschung. Stuttgart 1990 (3. Aufl.); Bowers, K. S.: Situationism in psychology: an analysis and a critique. PR 1973, S. 307–336; Buss, A. R.: The trait-situation controversy and the concept of interaction. PSPBu 3, 1977, S. 196–201; Buxbaum, O.: Mechanist. Interaktionismus als Alternative zu empir. fundierten Persönlichkeitsmerkmalen? PRu 32, 1981, S. 16–30; Ekehammar, P. B.: Interactionism in personality from historical perspective. PBu 81, 1974, S. 1026–1048; Endler, N. S.: The case for person-situation interactions. CPR 16, 1975, S. 12–21; Endler, N. S. u. Magnusson, D. (Hg.): Interactional psychology and personality. Washington 1976; Endler, N. S. u. Magnusson, D.: Toward an interactional psychology of personality. PBu 83, New York 1976, S. 957–974; Golding, S. L.: Flies in the ointment: methodological problems in the analysis of percentage of variance due to persons and situations. PBu 82, 1975, S. 278–

288; Graumann, C. F.: Eigenschaften als Problem der Persönlichkeitsforschung. In: Lersch, P. u. Thomae, H. (Hg.): Persönlichkeitsforschung u. Persönlichkeitstheorie. HP, 4. Bd. Göttingen 1964, S. 84–154; Graumann, C. F.: Personen u. Situationen. In: Lehr, U. u. Weinert, F. E. (Hg.): Entwicklung u. Persönlichkeit. Stuttgart 1975, S. 15–24; Graumann, C. F.: Die Scheu des Ps. vor der Interaktion. Ein Schisma u. seine Geschichte. ZfS 10, 1979, S. 284ff.; Hartshorne, H. u. May, M. A.: Studies in decit. Studies in the nature of character, 1. Bd. New York 1928; Herrmann, T.: Die Eigenschaftskonzeption als Heterostereotyp. Kritik eines persönlichkeitsps. Geschichtsklischees. ZDDP 1. 1980, S. 7–16; Heyland, M. E.: Interactionism and the person x situation debate. In: Royce, J. R. u. Mos, L. P. (Hg.): Annals of theoretical psychology, 2. Bd. New York 1984, S. 303–328; Hoefert, H.-W. (Hg.): Person u. Situation. Göttingen 1982; Krauskopf, C. J.: Comments on Endler and Magnusson's attempt to redefine personality. PBu 85, 1978, S. 280–283; Lantermann, E. D.: Interaktion. München 1980; Lantermann, E. D. (Hg.): Wechselwirkungen. Göttingen 1982; Lehmann. H. C. u. Witty, P. A.: Faculty psychology and personality traits. AJP 46, 1934, S. 486–500; Lerner, R. M. u. Busch-Rossnagel, N. A. (Hg.): Individuals as producers of the development. New York 1981; Magnusson, D.: The individual in the situation. SP 16, 1974, S. 124–132; Magnusson, D.: The person and the situation in an interactional model of behaviour. Scandinavian Journal of Psychology 17, 1976, S. 253–271; Magnusson, D. u. Endler, N. S. (Hg.): Personality at the crossroads: current issues in interactional psychology. Hillsdale 1977; Magnusson, D.: Personality in an interactional paradigm of research. ZDDP 1, 1980, S. 17–34; Mischel, W.: Toward a cognitive social learning reconceptualization of personality. PR 80, 1973, S. 252–283; Mischel, W.: Introduction to personality. New York 1976 (2. Aufl.); Moser, K.: Konsistenz der Person. Göttingen 1991; Olweus, D.: Der »moderne« Interaktionismus von Person u. Situation u. seine varianzanalyt. Sackgasse. ZEPP 13, 1976, S. 171–185; Overton, W. F.: The assumptive base of the nature-nurture controversy: additve vs. interactive conceptions. HD 16, 1973, S. 74–89; Pawlik, K.: Der Interaktionismus aus vhswissenschaftl. Sicht. In: Eckensberger, L. H. (Hg.): Ber. über den 31. Kongreß der Dt. Ges. für Ps. in Mannheim. Göttingen 1979; Pawlik, K.: Multivariable Persönlichkeitsforschung: Zur Einführung in Fragestellung u. Methodik. In: Pawlik, K. (Hg.): Multivariable Persönlichkeitsforschung. Bern 1982, S. 17–54; Pervin, L. A. u. Lewis, M. (Hg.): Perspectives in interactional psychology. New York 1978; Stern, W.: Allg. Ps. auf personalist. Grundlage. 1935.

Interaktionismusdebatte → Interaktionismus.

Interaktionssynchronität → nonverbale Kommunikation.

Interaktive Sprachverarbeitungsmodelle → Sprachrezeption.

Interesse. In der → differentiellen Emotionstheorie wird I. als die motivationale Bedingung für einen Großteil menschl. Handelns betrachtet, als eine fundamentale positive Emotion, die sich mit anderen vermischen kann. Der Ausdruck von I. ist durch das Heben o. Senken von Augenbrauen, Verengung o. Erweiterung der Augenlidöffnung u. verstärkten Muskeltonus im Gesicht gekennzeichnet; zuweilen lässt sich auch ein leicht geöffneter Mund, Neigung des Kopfes u. schräge Körperhaltung beobachten, was als Ausdruck der Bemühung des Individuums zu verstehen ist, die perzeptiven Voraussetzungen zum Erkennen des Gegenstandes zu verbessern. I. stellt kein wichtiges ps. Forschungsparadigma dar, ist aber Schnittpunkt einer Reihe von Paradigmen mit ähnl. Thematik: → Neugier; → intrinsische Motivation; → Lernmotivation; → optimale Stimulation.

LIT: Zum Überblick vgl. Prenzel (1988); zum Überblick über ältere amerikan. Ansätze vgl. Berlyne (1949); zu entwicklungsps. Aspekten vgl. Dornes (1993); zum Gesichtsausdruck u. seiner ontogenet. Wirkung vgl. zsfd. Ekman (1988); im deutschsprachigen Raum sind als neuere Ansätze Todt (1978), unter eher pädagog. Aspekt Schiefele (1974) zu nennen.

◆ Berlyne, D. E.: »Interest« as a psychological concept. BJP 39, 1949, S. 184–195; Dornes, M.: Der kompetente Säugling. Frankfurt/M. 1993; Ekman, P.: Gesichtsausdruck u. Gefühl. Paderborn 1988; Izard, C. E.: Die Emotionen des Menschen. Weinheim 1981; Prenzel, M.: Die Wirkungsweise von Interesse. Opladen 1988; SCHIEFELE, H.: Lernmotivation u. Motivlernen. München 1974; TODT, E.: Interesse. Bern 1978.

Interferenz, die gegenseitige Überlagerung von psych. Prozessen, die sich damit meist auch stören. (T: *I.* bedeutet also im Allg. *negative* Beeinflussung; bisweilen wird darauf hingewiesen, dass eine neutrale Leseart sinnvoller wäre; vgl. z. B. Hell 1987.) Interferenzphänomene sind v. a. wichtig im Bereich von Lernen u. Gedächtnis; im Bereich der Wahrnehmung gibt es ähnl. Prozesse (→ Maskierung). Man kann I. als einen speziellen Fall von → Transfer sehen, als einen *negativen Transfer*, allerdings wird bisweilen dahingehend differenziert, dass bei der I. die Wiedergabe, beim Transfer schon die Einprägung gestört ist; vgl. hierzu Foppa (1975). Ein tlw. unabhängiger Phänomenbereich, der gerade in der gegenwärtigen Ps. von enormer Bedeutung ist, ist die I. von *Handlungen* bei → Doppelaufgaben; dieser Zugang entstammt eher dem Problemkreis → Aufmerksamkeit u. Wahrnehmung als der Gedächtnisps.; Weiteres s. d.

Man unterscheidet im gedächtnisps. Bereich: (a) *proaktive* I., bei der ein früherer Lernprozess einen späteren behindert; (b) *retroaktive* I., bei der der ursprüngl. Lernprozess gestört wird, wenn in dem Intervall zw. dem Erlernen des Stoffes u. der Behaltensprüfung eine zweite Aufgabe gelernt wird; unter dem Begriff der *rückwirkenden Hemmung*, auch *retroaktive Hemmung* bzw. *Retroaktion* genannt, wurden solche Phänomene schon in der klass. Gedächtnisps. thematisiert; vgl. Müller u. Pilzecker (1900). Ein Bsp. für retroaktive I. (beim Paarassoziationslernen, dem typ. method. Paradigma der klass. Interferenztheorien): Eine Vp lernt zuerst eine Liste von Paaren, die sog. A-B-Liste (z. B. *Pfarrer – kalt*) u. dann eine zweite Liste (A-C), in der die Stimuluswörter dieselben sind, aber andere Reaktionswörter verwendet werden (z. B. *Pfarrer – betrunken*); hierdurch wird mehr Vergessen der ersten Liste verursacht als durch eine Liste C-D, die in keinerlei Beziehung zur ersten steht (z. B. *Bauer – faul*). Beim → seriellen Lernen manifestiert sich I. v. a. durch Intrusionen: Bei der Wiedergabe der zweiten Liste werden Items aus der ersten Liste in die zweite »hineingeschmuggelt«.

Wichtige hierbei auftretende Phänomene sind: (a) Die negativen Auswirkungen der *retroaktiven I.* werden kleiner bzw. verschwinden ganz, wenn das Behaltensintervall vergrößert wird; bei der *proaktiven I.* ist es umgekehrt, hier werden die negativen Auswirkungen mit zunehmenden Behaltensintervallen größer. (b) I. ist im Allg. umso größer, je ähnlicher die zwei interferierenden Gedächtnisaufgaben sind. Einen Überblick über die empir. Aspekte u. Analysen der I. vermittelt Baddeley (1979).

Ein früher Versuch einer formalisierten Darstellung der Zusammenhänge von I. u. Ähnlichkeit ist die sog. *Skaggs-Robinson-Kurve*, derzufolge bei minimaler u. maximaler Ähnlichkeit maximale I. existiert u. im mittleren Bereich nur mittlere I. (Skaggs-Robinson-Hypothese); vgl. Skaggs (1925) u. Robinson (1927), dargestellt in McGeoch u. Irion (1952); s. Abb. *Gedächtnis 5*. Hierin manifestiert

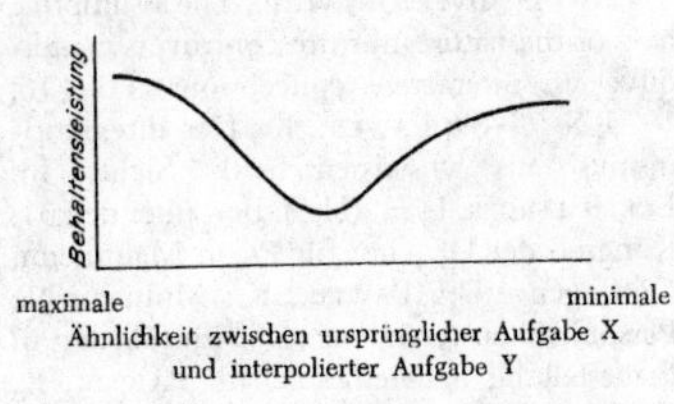

Abb. *Gedächtnis 5*

sich das sog. *Ähnlichkeitsparadoxon*. Eine histor. wichtige Weiterentwicklung dieses Modells war das *dreidimensionale* Modell von Osgood (1949); er versucht die I. in einer allg. Theorie des → Transfers zu erklären, man spricht auch von der *Transfertheorie der I.*: Die I. sei umso größer, je ähnlicher die Reaktionen bei zwei aufeinanderfolgenden Lernaufgaben werden; Osgood beruft sich dabei zur Begründung auf das aus der Neurophysiologie bekannte *Prinzip der reziproken Reaktionshemmung*, dass näml. mit dem Erlernen einer Reaktion B auf den Reiz A gleichzeitig auch gelernt wird, nicht mit dem »Gegenteil« von B zu reagieren; die retroaktive Hemmung müsste deshalb bei antagonist. Reaktionsgliedern in beiden Lernzielen maximal sein (s. hierzu die Abb. beim Stw. → Transfer).

TH: Sämtl. Theorien zur Erklärung der I. beinhalten explizit o. implizit die Annahme, die schon in der klass. → Perseverationstheorie ausgedrückt ist, dass näml. der Prozess der Verfestigung der Gedächtnisspur über den Lernvorgang hinaus andauert u. dass dieser Verfestigungsprozess – auch nach Abschluss des manifesten Lernvorgangs – durch neue Lernprozesse gestört werden kann, während umgekehrt ein Minimum an interpolierter Tätigkeit ein Minimum an Vergessen bewirkt; vgl. Müller u. Pilzecker (1900). V. a. im angloamerikanischen Sprachraum war die Entwicklung bzw. die Auseinandersetzung zw. verschiedenen Ausprägungen der Interferenztheorien über zwei Jahrzehnte hinweg eines der wichtigsten lerntheoret. bzw. gedächtnisps. Forschungsparadigmen, das seine Bedeutung v. a. deswegen erhielt, weil in der Sicht der S-R-Theorien I. die wesentl. bzw. einzige Ursache für → Vergessen ist: (a) Die Theorie der *Reaktionsinterferenz* (auch *Responseinterferenz*, *Antwortinterferenz*; vgl. McGeoch 1942) sieht I. v. a. durch Prozesse auf der Vhsebene begründet, näml. durch ein gegenseitiges Sich-Stören von Reaktionen (Hypothese der *Reaktionskonkurrenz*). Dies impliziert, dass die Assoziationsfestigkeit der mentalen Repräsentation unbeeinflusst ist (*Unabhängigkeitshypothese*). (b) Die *Zweifaktorentheorie* der I. nimmt neben der Reaktionskonkurrenz auch noch ein Verlernen der Assoziationen an. (c) Andere Theorien heben wieder stärker die Reaktionskonkurrenz hervor, sehen diese allerdings in einer stärker kognitivist. Perspektive, bei der es nicht mehr so sehr um Konkurrenz einzelner Reaktionen geht als um die Konkurrenz zw. ganzen Reaktionsklassen (*Response-set-interference-Hypothese*), die durch Abstraktions- u. Regelbildungsprozesse gebildet worden sind; vgl. Kintsch (1982).

HI/WÜ: Sämtl. Interferenztheorien gehen im Wesentl. auf Ideen der Chicagoer Funktionalisten Carr, Robinson u. McGeoch zurück. Diesen Ansätzen wird allerdings trotz ihrer komplizierten u. geistreichen Gedankengänge über die engen Grenzen des verbalen Lernens u. speziell des Paarassoziationslernens hinaus zur Erklärung alltägl. Vergessens keine große Bedeutung mehr beigemessen; vgl. Klatzky (1980) u. Baddeley (1979).

VD: (1) In der älteren dt. Ps. wird statt des I.-Begriffs v. a. der Begriff der → *Hemmung* verwendet, u. es wurde eine größere Anzahl unterschiedl. *Hemmungen* herausgearbeitet, bei denen deskriptive u. explanative Aspekte in oft schwer zu durchschauender Weise zusammenspielen: (a) *Rückwirkende Hemmung* (Müller u. Pilzecker 1900) entspricht weitgehend der retroaktiven I. (b) *Assoziative o. generative Hemmung*: Wenn eine Vorstellung A, die früher mit einer Vorstellung B assoziiert wurde, auch noch mit einer Vorstellung C assoziiert werden soll, wird die Herstellung dieser neuen Assoziation durch die bereits bestehende Verknüpfung erschwert; dies ist also ein Fall proaktiver I; zu weiteren Details dieses Kzpts. u. zum *Gesetz der assoziativen Hemmung* vgl. Bergius (1964). (c) Wenn beide Assoziationen (A mit B u. A mit C) gestiftet sind, so hemmen sich bei Gegebensein der Vorstellung A die beiden von A ausgehenden Reproduktionstendenzen gegenseitig, man spricht dann von einer *reproduktiven* o. *effektuellen Hemmung*. (d) Das Kzpt. der *ekphor. Hemmung* meint ebenfalls eine Hemmung der Gedächtniswiedergabe, aber nicht durch eine spezif. assoziative Verbindung, sondern dadurch, dass unmittelbar vor der Reproduktion des Gelernten eine neue Gedächtnisaufgabe gegeben wird; vgl. hierzu Rohracher (1968); vgl. zum Überblick über diese älteren Ansätze Süllwold (1964); Bergius (1964); Hörmann (1964). (e) Der Begriff der *Ähnlichkeitshemmung* bzw. der *Ranschburgschen Hemmung* (nach dem Begründer des Kzpts.) bezeichnet das Phänomen, dass I.

v. a. bei zwei ähnl. Gedächtnisaufgaben auftritt; s. o. (f) *Affektive Hemmung* bezeichnet das Phänomen, dass nachfolgende Affekte, im Extremfall ein Unfallschock, die Einprägung eines vorher gelernten Stoffes erschweren: In einem älteren Versuch wurde dies in recht rabiater Form demonstriert, indem Kinder nach dem Vorlesen einer Geschichte durch das Auslösen eines Brandalarms in Angst versetzt wurden.
(2) Der Begriff *strukturelle* I. spielt innerhalb der Paradigmen → Doppelaufgaben u. → Ressourcentheorie eine Rolle: Gemeint ist eine I., die aus unvereinbaren Anforderungen gleichzeitiger Aktivitäten an ident. Strukturen resultiert, was am offensichtlichsten ist, wenn periphere Strukturen wie z. B. Augen o. Hände betroffen sind. Diese Art von I. tritt immer dann auf, wenn die Ausführung zweier Aufgaben dieselben Rezeptoren o. Effektoren erfordert. Im Modell der unspezif. Ressourcen (→ Ressourcentheorie) ist die Annahme einer strukturellen I. eine Zusatzannahme – gemeint sind solche Interferenzprozesse, die sich nicht durch eine allg. unspezif. I. o. *Kapazitätsinterferenz* begründen lassen, also nicht durch Inanspruchnahme einer allg. → Aufmerksamkeit bzw. Aufmerksamkeitskapazität. Im deskriptiven Sinne spricht man auch von *spezif.* Interferenz. Dieses Kzpt. verlor zunehmend an Plausibilität, in dem Maße, in dem die Forschung zeigte, dass die spezif./strukturelle I. nicht die Ausnahme, sondern die Regel ist.

LIT: Eine detaillierte Darstellung der ursprüngl. Interferenztheorien findet sich in Irion (1959); zwei histor. wichtige Überblicksaufsätze sind Postman u. Keppel (1969) u. Postman (1972); vgl. zsfd. Kintsch (1982).

◆ Baddeley, A.: Die Ps. des Gedächtnisses. Stuttgart 1979; Bergius, R. (Hg.): Lernen u. Denken. HP, 1. Bd., 2. Hlb. Göttingen 1964; Bergius, R.: Einfache Lernvorgänge. In: Bergius (1964) 225–284; Foppa, K.: Lernen, Gedächtnis, Vh. Köln 1975 (9. Aufl.); Gibson, E. J.: Systematic application of the concepts of generalization and differentiation to verbal learning. PR 47, 1940, S. 196–229; Hell, W.: Aufmerksamkeit u. Interferenz. Weinheim 1987; Hörmann, H.: Bedingungen für das Behalten, Vergessen u. Erinnern. In: Bergius, R. (Hg.): HP, 1. Bd., 2. Hlb. Göttingen 1964, S. 225–284; Irion, A. L.: Rote learning. In: Koch, S. (Hg.): Psychology: a study of a science. New York 1959; Kintsch, W.: Gedächtnis u. Kognition. Berlin 1982; Klatzky, R. L.: Human memory: structures and processes. San Francisco 1980; McGeoch, J. A.: Psychology of human learning. New York 1942; McGeoch, J. A. u. Irion, A. L.: The psychology of human learning. New York 1952; Müller, G. E. u. Pilzecker, A.: Experimentelle Beiträge zur Lehre vom Gedächtnis. ZfPs (Suppl. Nr. 1),1900; Osgood, C. E.: The similarity paradox in human learning. PR 56, 1949, S. 132–143; Postman, L.: The present status of interference theory. In: Cofer, C. N. (Hg.): Verbal learning and verbal behaviour. New York 1961, S. 152–179; Postman, L. u. Keppel, G.: Readings in verbal learning and memory. Harmondsworth 1969; Postman, L.: A pragmatic view of organization theory. In: Tulving, E. u. Donaldson, W. (Hg.): Organization of memory. New York 1972, S. 3–48; Ranschburg, P.: Über die Bedeutung der Ähnlichkeit beim Erlernen, Behalten u. bei der Reproduktion. J. Psychol. Neurol. 5, 1905, S. 113–288; Robinson, E. S.: The »similarity« factor in retroaction. AJP 39, 1927, S. 297–312; Rohracher, H.: Gedächtnis u. Lernen. In: Meili, R. u. Rohracher, H. (Hg.): Lehrbuch der experimentellen Ps. Bern 1968 (2. Aufl.), S. 115–172; Skaggs, E. B.: Further studies in retroactive inhibition. PM 34, 1925, 8, (ganze Nr. 161); Slamecka, N. J. u. Ceraso, J.: Retroactive inhibition of verbal learning. PBu 57, 1960, S. 449–475; Süllwold, F.: Gedächtnistätigkeit u. Vorstellungsverlauf. In: Bergius (1964) S. 36–52; Underwood, B. J.: The effect of successive interpolation on retroactive and proactive inhibition. PM 59, 1945 (3, ganze Nr. 273); Underwood, B. J.: Interference and forgetting. PR 64, 1957, S. 49–60.

Interferenztheorie des Vergessens → Interferenztheorie.

Interhemisphärischer Leistungsvergleich → Neuropsychologie.

Interlistenähnlichkeit → Intralistenähnlichkeit u. Interlistenähnlichkeit.

Interlisten-Intrusion → Intrusion.

Intermediate-term-memory → Arbeitsgedächtnis; → Mehrspeichertheorien.

Intermittierende Bekräftigung → Verstärkungspläne.

Intermittierende Verstärkung [auch *partielle Verstärkung*, *Partialverstärkung*, bisweilen: *period. Verstärkung*], → Verstärkung, die nicht nach jeder »richtigen« Handlung erfolgt, sondern nur bei bestimmten Durchgängen, je nach → Verstärkungsplan. Das Gegenteil ist die *kontinuierl. Verstärkung*. I. V. verlangsamt den Lernvorgang, erhöht aber die Löschungsresistenz – dies wird auch als *Partialverstärkungseffekt*, *Humphreys Effekt* bzw. *Humphreys Paradoxon* bezeichnet; vgl. Zeier (1988).

TH: Nach Humphreys Diskriminationshypothese ist die geringere Löschungsbereitschaft des i. K. auf die schwierigere Unterscheidung von Trainings- u. Extinktionsphase zurückzuführen; vgl. Humphreys (1939). Nach Amsels Interpretation erzeugen nichtbelohnte Durchgänge → Frustration u. erhöhen so in einer Art Kontrasteffekt den Gesamtverstärkungswert der belohnten Durchgänge, was sich an der erhöhten Extinktionsresistenz des so bekräftigten Vhs. zeigt.

LIT: Eine Zsf. experimenteller Befunde ist Lewis (1960) sowie Jenkins u. Stanley (1950); vgl. auch Foppa (1975).

◆ Humphreys, L. G.: Generalization as a function of method of reinforcement. JExP 25, 1939, S. 361–372; Jenkins, W. O. u. Stanley, J. C.: Partial reinforcement: a review and critique. PBu 47, 1950, S. 193–259; Lewis, D. J.: Partial reinforcement: a selective review of the literature since 1950. PBu 57, 1960, S. 1–28; Zeier, H.: Wörterbuch der Lerntheorien u. der Vhstherapie. Eschborn 1988.

Intermodaler Intensitätsvergleich → crossmodale Skalierung.

Intermodale Skalierung → crossmodale Skalierung.

Intermodale Wahrnehmung → intersensorische Wahrnehmung.

Internale Attribution → Attributionsdimensionen.

Internales psychophysisches Urteil → Distanzeffekt.

Intero-exterozeptive Konditionierung → interozeptive Konditionierung.

Interozeption, i. w. S. die Wahrnehmung *interner*, also vom Körper selbst ausgehender Reize; eine Definition, unter die sowohl die → Viscerozeption wie die → Kinästhesie fällt. I. e. S. wird der Begriff meist eingegrenzt auf Viscerozeption. Zum Problemhintergrund s. das Stw. → Körperwahrnehmung. I. führt in erkenntnistheoret. Probleme, da hier die Trennung von Subjekt u. Objekt nicht mehr ohne weiteres mögl. ist (vgl. z. B. Armstrong 1962). Im teilweisen Gegensatz zur → Introspektion ist es durch Weiterentwicklung psychophysiolog. Methoden in zunehmendem Maße mögl., die bei der I. ablaufenden Aufnahme-, Weiterleitungs- u. Verarbeitungs-Prozesse zu objektivieren. Insbes. zentralnervöse Parameter wurden häufig als geeignet angesehen, um Aufschluss über die bei der Wahrnehmung körperl. Vorgänge sich abspielende bewusste o. nichtbewusste Informationsverarbeitung zu geben (vgl. z. B. Dixon 1981).

VD/T: Der Begriff *I.* wird nicht immer gleichartig verwendet: So verschiedenartige Sinneserlebnisse wie Müdigkeit, Hunger, Appetit u. Durst, Schwindel, Übelkeit, Atemnot, Hustenreiz, Schmerz, Jucken, sexuelle Erregung, Körpertemperatur, Völlegefühl, Schwellungsgefühl (z. B. der Nasenschleimhaut), Harn- u. Stuhldrang, Trockenheit des Mundes, Schwitzen der Hände, muskuläre Anspannung/Entspannung, Follikelsprung, Magen- u. Darmbewegung u. der Herzschlag werden bisweilen unter I. rubrifiziert. I. w. S. sind auch die Wahrnehmung der Körperposition u. Bewegung (Kinästhesie) sowie die Wahrnehmung der Stellung der Extremitäten *in*–

terozeptiv, insofern sie die Verarbeitung körpereigener Information implizieren. Sherrington (1906) hat auf Rezeptorebene *I.* u. *Propriozeption* von *Exterozeption* (*Kontakt-* u. *Distanzrezeptoren*) unterschieden; hierbei sind *Propriozeptoren* der vestibulären, muskulären u. artikulären Reizaufnahme zugeordnet, während *Interozeptoren* Reize insbes. aus den Verdauungsorganen vermitteln; diese enge Definition von I. deckt sich also weitgehend mit *Viscerozeption*; s. a. das Stw. → interozeptive Konditionierung.

LIT: Zum Überblick vgl. Vaitl (1985) u. Reed (1990).

◆ ADAM, G.: Perception, consciousness, memory. New York 1980; ARMSTRONG, D. M.: Bodily sensations. London 1962; BRENER, J.: Visceral perception. In: BEATTY, J. u. LEGEWIE, H. (Hg.): Biofeedback and behaviour. New York 1977, S. 235–259; DIXON, N. F.: Preconscious processing. Chichester 1981; DUVAL, S. u. WICKLUND, R. A.: A theory of objective self-awareness. New York 1972; HEAD, H.: Studies in neurology. London 1920; MATTHEWS, K. A. u. a.: Focus of attention and awareness of bodily sensations. In: UNDERWOOD, G. (Hg.): Aspects of consciousness. London 1982; OTTO, J. H.: Interozeption. In: BÖSEL, R.: Biops. der Emotionen. Berlin 1986, S. 127–139; PENNEBAKER, J. W.: The psychology of physical symptoms. New York 1982; PENNEBAKER, J. W. u. HOOVER, C. W.: Visceral perception versus visceral detection: disentangling methods and assumptions. BSR 9, 1984, S. 339–352; REED, S. D. u. a.: Interoception. In: CACIOPPO, J. T. u. TASSINARY, L. G. (Hg.): Principles of psychophysiology. Cambridge 1990; SCHACHTEL, E. G.: Metamorphosis. New York 1959; SCHANDRY, R.: Zur Psychophysiologie der interozeptiven Wahrnehmung. München 1985 (unveröffentl. Habil.); SHERRINGTON, C. S.: Experiments on the value of vascular and visceral factors for the genesis of emotion. Proceedings of the Royal Society 66, 1900, S. 390–403; SHERRINGTON, C. S.: On the proprioceptive system, especially in its reflex aspects. B 29, 1906, S. 467–482; SHONTZ, F. C.: Perceptual and cognitive aspects of body experience. New York 1969; VAITL, D.: Interozeption: ein neues interdisziplinäres Forschungsgebiet. PRu 46, 1985, S. 171–185; VAITL, D. u. SCHANDRY, R. (Hg.): From the heart to the brain. The psychophysiology of circulation-brain interaction. Frankfurt/M. 1995; WEITKUNAT, R.: Ps. u. elektrocortikale Korrelate kardiozeptiver Prozesse. München 1987.

Interozeptive Konditionierung, → Konditionierungs-Prozesse, bei denen entweder der unkonditionierte Reiz o. der konditionierte o. beide sich auf die Stimulation eines *inneren Organs* beziehen (→ Interozeption), z. B. eine direkte Reizung der Magenschleimhaut; bisweilen wird auch bei einer direkten Reizung des Gehirns von *i. K.* gesprochen.

VD: Wenn der US *extern* u. der CS *intern* ist, wird bisweilen von einer *intero-exterozeptiven Konditionierung* gesprochen, wenn beide intern sind, von einer *i. K.*; wenn der US *intern* u. der CS *extern* ist, von einer *extero-interozeptiven* K. (vgl. Razran 1961). Zu allen drei Typen liegen auch Humanexperimente vor; Überblick bei Schandry (1985).

◆ BYKOW, K. M.: The cerebral cortex and the internal organs. Moskau 1959; RAZRAN, G.: The observable unconscious and the inferable conscious in current Soviet psychophysiology. PR 68, 1961, S. 81–147; BURESOVA, O.: Die sowjet. Pawlow-Schule: Experimente, Theorien u. Einfluß auf die Ps. In: ZEIER, H. (Hg.): Pawlow u. die Folgen. Die Ps. des 20. Jahrhunderts, 4. Bd. Zürich 1977; SCHANDRY, R.: Zur Psychophysiologie der interozeptiven Wahrnehmung. München 1985 (unveröffentl. Habilschrift).

Interozeptoren → Interozeption.

Interpersonelle Attraktion → soziale Motivation.

Interpersonelle Simulation → Selbstwahrnehmungstheorie.

Interpolationsbarriere → Problemlösen.

Interpositionseffekt → Tiefensehen.

Intersensorische Koordination. Mit dem Begriff *i. K.* o. ähnlichen wie *kreuzmodale Wahrnehmung*, *intersensor. Wahrnehmung* (s. a. das Stw. → crossmodale Skalierung) wird ein Grundproblem der → Wahrnehmung, näml. die Koordination der verschiedenen Sinne angesprochen. Wichtig ist hierbei insbes. die Zusammenarbeit von Sehen u. Hören, wb. die visuelle Information die Führungsgröße zu sein scheint: → visuelle Dominanz. Das Problem ist, wie die verschiedenen Modalitäten zur Bildung eines einheitl. Objekts beitragen, wie also visuelle u. nichtvisuelle Prozesse auf eine Weise koordiniert werden, die dem Wahrnehmenden den Eindruck verleiht, dass sich seine Empfindungen ganz selbstverständl. auf ein einheitl. Objekt der Außenwelt beziehen. Spezielle Phänomene in diesem Problemkreis sind: → Synästhesie u. → physiognomische Wahrnehmung. Ein wichtiges method. Paradigma ist das der → Prismenbrillenversuche. Ein interessantes Phänomen, das in diesen Problemkreis fällt, ist die Zuordnung von Ton u. Mundbewegungen bei Filmen, was ein Problem ist, wenn der Ton monophon wiedergegeben wird, womit kein eindeutiges Richtungssignal gegeben ist. Ein wichtiger Aspekt im Bereich i. K. sind die sog. *allg. Qualitäten* (z. B. Intensität o. Größe), die fast jede Sinnesempfindung kennzeichnen; vgl. zum Überblick Guski (1989). I. K. funktioniert bereits von Geburt an: Gibt man z. B. 20 Tage alten Kindern einen Schnuller mit Noppen zum Saugen u. zeigt ihnen hinterher die Bilder von zwei Schnullern, so blicken sie länger den genoppten Schnuller an. Man nimmt heute an, dass es eine angeborene Koordination zw. der auditiven u. visuellen Verarbeitung räuml. Informationen gibt, derart, dass die auditive Stimulation ein visuelles Suchprogramm auslöst, um die mögl. Schallquellen zu lokalisieren, auch dies ein Prozess, den man schon bei Kleinstkindern findet. Es scheint so zu sein, dass die Wahrnehmung des Säuglings ganzheitl. u. nicht additiv ist, man spricht auch von *amodaler Wahrnehmung* – die konstruktivist. Sicht, wie sie v. a. in Piagets → genetischer Epistemologie artikuliert ist, dass erst für die unterschiedl. Sinnesgebiete Extra-Schemata gebildet werden u. dass es eine eigene Leistung des Wahrnehmungssystems ist, diese zusammenzuführen, scheint nicht richtig zu sein. Die Bildung einer einheitl. Selbst- u. Objektwahrnehmung hat also angeborene Grundlagen, obwohl hierbei Lernprozesse eine Rolle spielen; Aufgabe der Entwicklung ist eher eine *Differenzierung* als eine *Ganzheitsbildung*. Zu den Konsequenzen für die Psa. vgl. Dornes (1993).

VD: Entwicklungsps. Aspekte: Bei der Erforschung dieses Phänomens finden sich erstaunl. Ergebnisse, die in starkem Maße das Bild eines mit vielen angeborenen Grundfähigkeiten ausgerüsteten Kindes bestätigen, die also das Bild widerlegen, wie es sowohl von der Psa. als auch von der genet. Epistemologie unterstellt worden ist: Säuglinge sind z. B. erstaunt, wenn sie sich eine mit Hilfe stereoskop. Schattenwerfer erzeugte illusionäre dreidimensionale Figur nähern, sie betasten wollen u. dann tatsächl. nichts fühlen. Ein anderes Phänomen in dem Zusammenhang ist der → Looming-Effekt. Mit 30 Tagen sind Säuglinge auch irritiert, wenn eine Stimme, die sie hören, nicht aus dem Mund kommt, sondern von der Seite; führt man Säuglingen Filme auf zwei nebeneinanderstehenden Monitoren vor (für keinen der beiden Filme zeigen die Säuglinge eine Präferenz) u. führt dann einen Ton ein, so blicken die Kinder länger auf den Film, der mit dem Ton synchron ist.

LIT: Zum Überblick über das Thema i. K. vgl. Walk u. Pick (1981); Marks (1978); zur Entwicklung der i. W. vgl. Gibson u. Spelke (1983); Ayres (1992).

◆ Ayres, A. J.: Bausteine der kindl. Entwicklung. Die Bedeutung der Integration der Sinne für die Entwicklung des Kindes. Berlin 1992; Dornes, M.: Der kompetente Säugling. Frankfurt/M. 1993; Gibson, E. u. Spelke, E.: The development of perception. In: Flavell, J. u. Markman, E. (Hg.): Handbook of child psychology, 3. Bd. Cognitive development. New York 1983, S. 1–76; Guski, R.: Wahrnehmung. Stuttgart 1989; MARKS, L. E.: The unity of the senses. Interrelations among the modalities. New York 1978; WALK, R. D. u. PICK, H. L. (Hg.): Intersensory perception and sensory integration. New York 1981.

Intersensorische Wahrnehmung → intersensorische Koordination.

Interstimulusintervall [Abk. *ISI*], der zeitl. Abstand von konditioniertem u. unkonditioniertem Stimulus bei der → klassischen Konditionierung; s. a. das Stw. → stimulus-onset-asynchrony. Der Abstand zw. zwei konditionierten Reizen wird *intertrial intervall* (Abk.: *ITI*) genannt.

Je nach I. unterscheidet man innerhalb der klass. Konditionierung die sog. *simultane Konditionierung,* bei der CS u. US gleichzeitig auftreten, die *verzögerte Konditionierung,* bei der der US verzögert einsetzt (*CS-US-delay*), u. die Konditionierung eines sog. *Spurenreflexes,* bei der der US stark verzögert einsetzt. Das am häufigsten verwendete Paradigma innerhalb der klass. Konditionierung ist das der *verzögerten Konditionierung* (vgl. Mackintosh 1974). Bei langsamen, v. a. vegetativen Reaktionen, z. B. der Speichelsekretion bei Pawlows Hunden, können bis zu 5 Sekunden optimal sein, bei schnellen motor. Reaktionen, wie der Lidschlag-Konditionierung, nur eine halbe Sekunde; vgl. für theoret. Analysen Jones (1962). Das Kzpt. der *Reaktionsformung* beinhaltet die Annahme, dass ein unterschiedl. ISI unterschiedl. (topograph.) Merkmale des CR formt; vgl. Prokasy (1965). Als *rückwirkende* bzw. *rückwärts gerichtete Konditionierung* (engl. *backward conditioning*) bezeichnet man die Form, bei welcher der UCS vor dem CS dargeboten wird; die anderen Formen werden entsprechend unter dem Oberbegriff *Vorwärtskonditionierung* bzw. *vorwärtsgerichtete Konditionierung* (engl. *forward conditioning*) gefasst.

◆ JONES, J. E.: Continguity and reinforcement in relation to CS-UCS intervals in classical aversive conditioning. PR 69, 1962, S. 176–186; MACKINTOSH, N. J.: The psychology of animal learning. London 1974; PROKASY, W. F.: Classical eyelid conditioning: experimenter operations, task demands, and response shaping. In: PROKASY, W. F: (Hg.): Classical conditioning: a symposium. New York 1965.

Inter-stressor-Stereotypie → physiologische Psychologie (Kasten zentrale Begriffe und Paradigmen, Stw. *psychophysiologische Spezifität*).

Intervallpläne → Verstärkungsplan.

Intervallverstärkung → Verstärkungsplan.

Intervenierende Variable → Behaviourismus; → systematische Verhaltenstheorie; → S-R-Theorien.

Intracraniale Selbstreizung → physiologische Psychologie (Kasten zentrale Begriffe und Paradigmen, Stw. *Hirnreizungsexperimente*).

Intradimensionaler Wechsel → Reversal-shift-Experimente.

Intradimensionales Diskriminationslernen → Reversal-shift-Experimente.

Intralistenähnlichkeit u. Interlistenähnlichkeit. (a) *Intra-L.* ist die *innere* Ähnlichkeit einer Liste von Reizen, typischerweise von Wörtern (→ serielles Lernen; → Paarassoziationslernen). Erhöht man die Ähnlichkeit zw. den Reiz-Items einer Paar-Assoziations-Liste, wird die Reizdiskrimination zunehmend schwieriger u. der Lernprozess durch die Verwechslungen verlangsamt; Ähnlichkeit zw. den Antwort-Items fördert dagegen die Reproduktion. Diese gegenläufigen Effekte können sich überlagern u. gegenseitig aufheben, so dass es schwierig ist, den allg. Effekt von Intra-L. zu untersuchen. Eine klass. Untersuchung ist Gibson (1942). (b) *Inter-L.* ist die Ähnlichkeit zweier Listen. Sowohl Inter-L. wie Intra-L. sind wichtig bei Untersuchungen des Phänomens der → Interferenz.

LIT: Vgl. zum Überblick Kintsch (1982).

◆ GIBSON, E. J.: Intralist generalization as a factor in verbal learning. JExP 30, 1942, S. 185–200; KINTSCH, W.: Gedächtnis u. Kognition. Berlin 1982.

Intralisten-Intrusion → Intrusion.

Intrapunitive Reaktion → Frustration.

Intraserieller Kontrasteffekt → Adaptationsniveautheorie.

Intrinsische Motivation, → Motivation, die durch die Ausführung einer Tätigkeit selbst angeregt u. befriedigt wird, im Gegensatz zur *extrins. Motivation*, bei der eine Handlung vorwiegend durch das Erreichen eines äußeren Ziels motiviert wird. *I. M.* bezieht sich also auf Vhsweisen, bei denen kein offensichtl. »äußerer Zweck« erkennbar ist; klass. Bsp. sind Spiel, → Neugier, → Orientierungsverhalten, Manipulationsverhalten u. → Explorationsverhalten sowie jede Art künstler. Aktivität. Die Unterscheidung zw. i. M. u. *extrins. Motivation* ist vorwiegend theoret. Art, u. es gibt bis heute keine generell akzeptierte Konzeption; Heckhausen (1980) diskutiert verschiedene Auffassungen; vgl. auch Dyer u. Parker (1975). Heckhausen favorisiert ein auf Kruglanski (1975) zurückgehendes attributionstheoret. Kzpt., nach dem Handeln dann intrins. motiviert ist, wenn Mittel (Handlung) u. Zweck (Handlungsziel) themat. übereinstimmen, eine Definition, nach der z. B. Leistungshandeln (→ Leistungsmotivation) dann eine i. M. besitzt, wenn es nur um des zu erzielenden Leistungsergebnisses willen selbst u. nicht wegen äußerer Belohnung unternommen wird. Ein zentrales Forschungsthema war das Problem der »Korrumpierung« der i. M. durch zusätzl. extrins. Bekräftigungen; vgl. DeCharms (1968); Lepper u. Greene (1978); Deci (1975); Notz (1975).Von DeCharms wurden auch pädagog. Programme zur Förderung der i. M. entwickelt; ähnl. von Bandura u. Schunk (1981); vgl. Bates (1979). Zu Beiträgen aus pädagog. Sicht vgl. zsfd. Prenzel (1988) u. Schiefele (1974); s. a. die Stw. → Lernmotivation u. → Interesse.

TH: (a) White formuliert in seinem Kzpt. der → Kompetenzmotivation die Idee zweckfreier Aktivitäten, die er insbes. in der Kindheit von Lebewesen u. v. a. beim Spielen verwirklicht sieht; vgl. auch McReynolds (1971). (b) Eine aktivitätstheoret. Konzeption mit der Zentralidee der → optimalen Stimulation bietet die wissenschaftshistor. bedeutsame Theorie Berlynes (→ Neugier). (c) Eine Weiterentwicklung ist die Theorie von Hunt, der in einem Integrationsversuch von Informationsverarbeitungsmodellen u. Ansätzen der kognitiven Entwicklungstheorie Piagets jeder Informationsverarbeitung ein Moment der i. M. zuspricht, bes. wenn sie durch eine *optimale Inkongruenz* zw. dem momentanen Informationszufluss u. einem Vergleichsstandard gekennzeichnet ist. (d) Eine auf DeCharms (1968) zurückgehende Konzeption betont v. a. das Moment der *Selbstbestimmung* bzw. der → persönlichen Verursachung (*personal causation*). Deci (1975) hat diesen Ansatz in attributionstheoret. Hinsicht elaboriert. (e) In seinem Kzpt. des *flow* betont Csikszentmihalyi (1975, 1992) das freudige Aufgehen in einer Handlung, die durch eine optimale Position zw. den zwei Polen Angst u. Langeweile gekennzeichnet ist; er analysiert v. a. Rocktänzer, Schachspieler, Felskletterer, Chirurgen. Das Flow-Kzpt. hat eine große Popularisierung erfahren, es beansprucht Phänomene zu analysieren, die nicht nur »jenseits von Angst u. Langeweile«, sondern auch jenseits der traditionellen Forschungsgebiete der akadem. Ps. stehen.

HI/WÜ: In den verschiedenen Kzptn. u. theoret. Diskussion zur i. M. wurden zahlreiche Grundprobleme u. -ideen erarbeitet, die leitmotivisch für die moderne Motivationsps. sind, denn das Kzpt. der i. M. wirft das Problem auf, inwieweit das theoret. Modell »Motivation« überhaupt sinnvoll ist.

◆ Bandura, A. u. Schunk, D. H.: Cultivating competence, self-efficiacy and intrinsic interest through proximal self-motivation. JPSP 41, 1981, S. 586–598; Bates, J. A.: Extrinsic reward and intrinsic motivation: a review with implications for the classroom. RER 49, 1979, S. 557–576; Csikszentmihalyi, M.: Beyond boredom and anxiety. San Francisco 1975; Csikszentmihalyi, M.: Flow. Das Geheimnis des Glücks. Stuttgart 1992; Day, H. u. a. (Hg.): Intrinsic motivation: a new direction in education. Toronto 1971; DeCharms, R.: Personal causation. New York 1968; Deci, E. L.: Intrinsic motivation. New York 1975; Deci, E. L.: The psychology of self-determination. Lexington 1980; Dyer, L. u. Parker, D. F.: Classifying outcomes in work motivation research: an examination of the intrinsic-extrinsic dichotomy. JAP 60, 1975, S. 455–458; Heckhausen, H.: Motivation u. Handeln. Berlin 1980; Hunt, J. McV.: Intrinsic motivation and its role in psychology development. In: Levine, D. (Hg.): Nebraska Symposium on motivation. Lincoln 1965, S. 189–282; Hunt, J. McV.: Toward a history of intrinsic motivation. In: Day (1971), S. 1–32; Kruglanski, A. W.: The endogenous-exogenous partition in attribution theory. PR 82, 1975, S. 387–406; Kruglanski, A. W.: Endogenous attribution and intrinsic motivation. In: Lepper u. Greene (1978) S. 85–107; Lepper, M. R. u. Greene, D. (Hg.): The hidden costs of reward. Hillsdale 1978; McReynolds, P.: The nature and assessment of intrinsic motivation. In: Reynolds, P. (Hg.): Advances in psychological assessment, 2. Bd. Palo Alto 1971; Notz, W. W.: Work motivation and the negative effect of extrinsic rewards. AmP 30, 1975, S. 884–891; Prenzl, M.: Die Wirkungsweise von Interesse. Opladen 1988; Schiefele, H.: Lernmotivation u. Motivlernen. München 1974.

Introjektion → Abwehrmechanismen.

Introspektion, Selbstbeobachtung, die durch das → Bewusstsein ermöglichte → Wahrnehmung innerer Prozesse, wie v. a. → Denken u. → Fühlen; s. a. die Stw. → Interozeption u. → lautes Denken. Die I. war innerhalb der älteren Ps. eine zentrale wissenschaftl. Forschungsmethode in so unterschiedl. Schulen wie der → Elementenpsychologie, der → Assoziationspsychologie u. der → Gestalttheorie u. wurde bes. innerhalb der → Würzburger Schule systemat. elaboriert. Die Ablehnung der I. war eines der Axiome des → Behaviourismus.

KR: Klass. Argumente gegen die I. sind: das Argument der mangelnden Objektivität u. Relativität, des Weiteren das sog. *Spaltungs-Argument*, wonach I. eine quasi-schizophrene Spaltung des Bewusstseins voraussetzt; wichtig geworden ist v. a. das *Veränderungs-* bzw. *Stör-Argument*, wonach während der I. der Gegenstand der Selbstbeobachtung sich verändert. Zur wissenschaftl. »Ächtung« der I. hat auch die Tatsache beigetragen, dass die unterschiedl. ps. Schulen (Wundt in Leipzig; Külpe u. Bühler in Würzburg; Titchener an der Cornell University in den USA), die die I. gebrauchten, zu einander widersprechenden Ergebnissen gekommen sind; vgl. z. B. Koch (1964). In der modernen Ps. ist v. a. die Arbeit von Nisbett u. Wilson (1977) wichtig geworden, ein empir. Versuch, die wissenschaftl. Wertlosigkeit mitgeteilter Erlebnisdaten zu belegen: Vpn verneinen bspw. konsequent u. konsistent die Frage, ob die Anwesenheit Dritter ihre Bereitschaft vermindert, einem in Not Geratenen zu helfen, obwohl diese Gesetzmäßigkeit experimentell leicht demonstrierbar ist. Zur Kritik daran vgl. Smith u. Miller (1978); auch Ericsson u. Simon (1980) versuchten vor dem Hintergrund eines Modells der Informationsverarbeitung eine Rehabilitation bestimmter Erlebnisdaten, bes. solcher, die auf der Verbalisation, v. a. der Methode des → lauten Denkens, beruhen – eine Methode, die sie als von introspektiven Berichten i. e. S. abgegrenzt sehen, da sie die Denkprozesse weniger zu verändern u. zuverlässiger zu sein scheinen; als Oberbegriff werden die Schlagworte *verbale Protokolle* o. *Protokollanalyse* verwendet. Für eine Anleitung zu empir. Experimenten zu diesem Thema vgl. Lüer

(1987). Auch die Arbeiten von Bakan (1969) u. (aus behaviourist. Sicht) von Lieberman (1979) plädieren für eine partielle Akzeptanz introspektionist. Methoden.

LIT: Zur Geschichte der I. vgl. Boring (1953); Danziger (1980); vgl. auch Lyons (1986); zur Kritik an Nisbett u. Wilson vgl. Smith u. Miller (1978); zur Bedeutung u. zu den Grenzen der introspektiven Methoden im Bereich der Wahrnehmung vgl. Hochberg (1977); Lyons (1986) untersucht die Bedeutung der I. in der Geschichte der Ps. u. gelangt zu einer weitgehend ablehnenden Sicht dieser Methode; ein Plädoyer zur Integration von Erlebnisdaten u. experimenteller Forschung ist Heineken (1987); zur Diskussion der I. zusammen mit dem Problem des → Bewusstseins vgl. Gadenne u. Oswald (1991); zu einem interessanten Fallbsp. für die Selbstbeobachtungen eines Neurologen, der selbst einen Schlaganfall erleidet, vgl. Brodal (1973).

◆ Bakan, D.: A reconsideration of the problem of introspection. In: Bakan, D.: On method. San Francisco 1969, S. 94–112; Boring, E.: A history of introspection. PBu 50, 1953, S. 169–189; Brodal, A.: Self observations and neuro-anatomical considerations after a stroke. B 96, 1973, S. 675–694; Danziger, K.: The history of introspection reconsidered. JHBS 16, 1980, S. 241–262; Ericsson, K. A. u. Simon, H. A.: Verbal reports as data. PR 87, 1980, S. 215–251; Gadenne, V. u. Oswald, M. E.: Kognition u. Bewußtsein. Berlin 1991; Heineken, E.: Bewußtsein u. Gedächtnis. Eschborn 1987; Hochberg, J. E.: Wahrnehmung. Bern 1977; Koch, M.: Gedanken u. Gedankenerinnerungen. In: Bergius, R. (Hg.): Lernen u. Denken. HP, 1. Bd., 2. Hlb. Göttingen 1964, S. 53–75; Lieberman, D. A.: Behaviourism and the mind: a (limited) call for a return to introspection. AmP 34, 1979, S. 319–333; Lyons, W.: The disapperance of introspection. Cambridge/Mass. 1986; Lüer, G. (Hg.): Allg. experimentelle Ps. Eine Einführung in die method. Grundlagen mit prakt. Übungen für das experimentelle Praktikum. Stuttgart 1987; Lyons, W.: The disapperance of introspection. Cambridge/Mass. 1986; Mandler, J. W. u. Mandler, G. (Hg.): Thinking: from association to gestalt. New York 1964; Nisbett, R. E. u. Wilson, T. D.: Telling more than we can know: verbal reports on mental processes. PR 84, 1977, S. 231–259; Smith, E. R. u. Miller, F. D.: Limits on perception of cognitive processes: a reply to Nisbett and Wilson. PR 85, 1978, S. 355–362.

Introversion vs. Extraversion → Extraversion vs. Introversion.

Intrusion, Fehlerart beim → seriellen Lernen, die darin besteht, dass z. B. eine sinnlose Silbe o. auch eine Zahl o. ein Wort in die zu lernende u. wiederzugebende Silben- o. Zahlliste »eingeschmuggelt« wird. Man unterscheidet *Intralisten-I.*, wenn Vertauschungen innerhalb der Liste stattfinden, *Interlisten-I.*, wenn aus einer anderen gelernten Liste ein Item eingefügt wird, u. *Extralisten-I.*, wenn das falsche Item von »außerhalb« kommt.

◆ Kintsch, W.: Gedächtnis u. Kognition. Berlin 1982.

Intuitive Physik → constraint.

Intuitives Denken → Denken.

Intuitives Wissen → Wissenspsychologie.

Intuitive Theorien, Theorien von Laien, in direktem Umgang mit bestimmten Gegenstandsbereichen erworben, meist in naiver, vorwissenschaftl. Weise strukturiert u. erst sekundär durch Belehrungen verfeinert u. meist in → mentalen Modellen repräsentiert. So bilden Menschen z. B. beim Umgang mit techn. o. physikal. Prozessen eine sog. *qualitative Physik* (de Kleer u. Brown 1984) aus, die von der wissenschaftl. abweicht; ähnl.: die *qualitative Prozesstheorie* aus dem Bereich des maschinellen Lernens (Forbus 1984). Das Kzpt. der *i. T.* ist wichtig, um die typ. Herangehensweise u. auch die typ. Fehler zu verstehen, die Laien u. Schüler beim Erlernen einer Wissenschaft machen. Auch von Experten werden solche Vorstellungen teilweise noch verwendet. Man versucht, computerunterstützte Expertensysteme für die formale Darstellung dieser qualitativen Denkprozesse zu entwickeln. Forbus u. Gentner (1986) entwickeln ein Stufenmodell des → Wissenserwerbs; s. a. das Stw. → Expertise.

LIT: Für eine knappe zsfd. Darstellung vgl. Weinert u. Waldmann (1988); vgl. speziell zu den Fehlern einer naiven Physik Wilkening u. Lamsfuß (1993) u. McCloscey (1983).

◆ De Kleer, J. u. Brown, J. S.: A qualitative physics based on confluences. ArI 24, 1984, S. 7–83; Forbus, K. D.: Qualitative process theory. Technical Report Nr. 789, AE Lab. MIT. 1984; Forbus, K. D. u. Gentner, D.: Learning physical domains: toward a theoretical framework. In: Michalski, R. S. u. a. (Hg.): Machine learning, an artificial intelligence approach, Bd. 2. Los Altos 1986, S. 311–348; McCloscey, M.: Irrwege der Intuition in der Physik. Spektrum der Wissenschaft 1983, S. 88–99; Weinert, F. E. u. Waldmann, M. R.: Wissensentwicklung, Wissenserwerb. In: Mandl, H. u. Spada, H. (Hg.): Wissensps. München 1988, S. 161–200; Wilkening, F. u. Lamsfuss, S.: (Miß-) Konzepte der naiven Physik im Entwicklungsverlauf. In: Hell, W. u. a. (Hg.): Kognitive Täuschungen. Heidelberg 1993, S. 271–290.

Invarianzaufgaben → Invarianzkonzept.

Invarianzen → ökologische Optik.

Invarianzkonzept, wichtiger → Begriff, der die Einsicht reflektiert, dass zentrale Eigenschaften von physikal. Objekten bei diversen Transformationen derselben erhalten bleiben, so z. B. die Masse bei einer Transformation der äußeren Gestalt. Diese kognitive Struktur wurde v. a. von der → genetischen Epistemologie Piagets thematisiert u. analysiert. Bei einer typ. Aufgabe zur Untersuchung des I. wird z. B. vor den Augen eines Kindes eine Plastilinkugel zu einer längl. Wurst verformt u. das Kind gefragt, ob die Wurst jetzt aus genau soviel Plastilin besteht wie die Kugel. An den dabei sich abspielenden kognitiven Prozessen macht Piaget die Merkmale reifen Denkens fest: Die Invarianz der Plastilinmenge kann dadurch erkannt werden, dass das Kind (a) sich in seinem Urteil nicht von dem hervorstechenden Aspekt des Aussehens der Plastilinmasse im Endzustand leiten lässt, sondern sich mit dem Problem gedankl. auseinandersetzt (Aspekt der *Wirklichkeit* u. des *Schließens* im Unterschied zum rein wahrnehmungsmäßigen Urteil); (b) indem das Kind in Gedanken die Verformung zur Wurst wieder rückgängig macht (*Reversibilität*); (c) der wesentl. Faktor beim Gelingen des Erkennens der Invarianz ist nach Piaget, dass es dem Kind gelingt, sich von der unmittelbaren Wahrnehmung u. der Zentrierung auf jeweils nur eine Dimension zu lösen; Piaget spricht dann von *Dezentrierung* – eines seiner wichtigsten Erklärungskonzepte. Nach Piaget besitzt die Entwicklung des I. eine immanente Logik u. ist wenig beeinflussbar durch Training u. Lernen. Weitere Bsp. für die Entwicklung bzw. das Wirken des I.: (a) Zwei Becher sind mit gleich viel Wasser gefüllt, das Wasser aus dem einen Becher wird in ein anders geformtes Gefäß geschüttet; im durchschnittl. Alter von sieben bis acht Jahren erkennen Kinder die Gleichheit der Wassermenge; vorher glauben sie, dass in einem schmalen hohen Gefäß mehr Flüssigkeit sei, obgleich vorher die Flüssigkeitsmengen in zwei gleich weiten Gefäßen als gleich eingeschätzt worden sind; s. Abb. *Denken* 7 (entnommen aus Legewie u. Ehlers 1992). (b) Eine von zwei Reihen von Perlen wird räuml. auseinandergezogen – diese Invarianz wird im Alter von sechs bis sieben Jahren erkannt. (c) Erst im Alter von neun bis zehn Jahren wird eine bestimmte Flächeninvarianz erkannt, wenn näml. von zwei Papierflächen, die

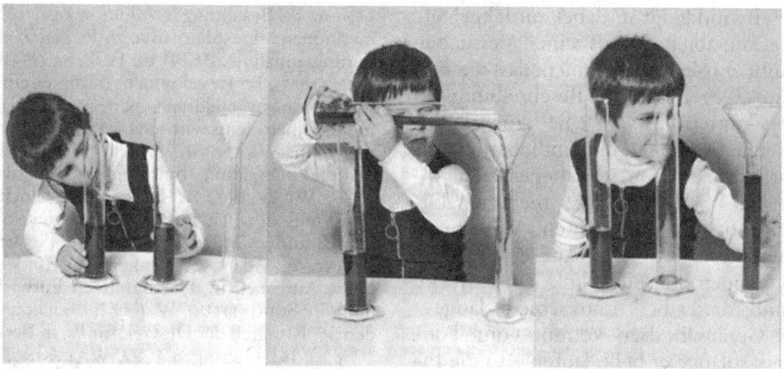

Abb. *Denken* 7

gleich groß sind, eine in Teilflächen zerschnitten wird. Diese Phänomene können als Bspe. für das allgemeine Schema der Erwerbung jedes Erhaltungsbegriffs dienen: Ob es sich um die Verformung einer Tonkugel handelt, an der das Kind die Erhaltung der Substanz (mit sieben bis acht Jahren), des Gewichts (mit neun bis zehn) oder des Volumens, gemessen durch die Menge des verdrängten Wassers, wenn der Gegenstand untergetaucht wird (mit elf bis zwölf Jahren) entdeckt, ob es ihm um die Erhaltung der Längen (eine gerade Strecke verglichen mit der zuerst ebenfalls geraden und dann gebrochenen gleichen Strecke, oder zwei kongruente gerade Stäbe, die gegeneinander verschoben werden), der Flächen oder der Inhalte (durch die Verschiebung von Elementen), die Erhaltung der Systeme bei veränderter räumlicher Anordnung usw. handelt: immer findet man, dass auf den präoperativen Stufen Reaktionen, die auf die wahrnehmungsmäßigen o. bildhaften Darstellungen zentriert sind, und danach auf den operativen Stufen Reaktionen, die auf der Identität und der Reversibilität durch Inversion der Reziprozität beruhen.

TH: Die Genese der Invarianz u. die Zentrierungshypothese führen auf grundsätzl. Probleme der allg. u. der Entwicklungsps. V. a. im Rahmen der → Informationsintegrationstheorie wird ein Alternativmodell entwickelt; dieser Ansatz postuliert, dass das Kind zwei Dimensionen gleich gewichtig beachtet, welche dann anhand einfacher algebraischer Regeln in ein Urteil integriert werden; der Unterschied zw. reifem u. unreifem Denken besteht gem. diesem Ansatz also nicht in *Zentrierung* vs. *Dezentrierung*, sondern in der Urteilsregel, gem. der integriert wird: Kinder integrieren additiv, Erwachsene dagegen multiplikativ. Dieses Modell wurde in mehreren Studien bestätigt (vgl. Wilkening 1980). In neuester Zeit versuchen Wilkening u. Anderson die Entwicklungshypothese in einen breiteren theoret. Rahmen einzubetten; sie analysieren auch die Themen Zeit u. Geschwindigkeit. Bsp. für Wilkenings alternative Experimente: Wilkening fragt Kinder »Wie glückl. wäre wohl ein hungriges Kind, ein Pizzastück einer bestimmten Größe zu bekommen?« Die Kinder schätzen die Größe dann anhand einer »Smiley-Skala« ein (ein Kind kann Abbildungen strahlender Gesichter zur Beurteilung vergeben, je mehr es vergibt, desto attraktiver u. größer wird das Pizzastück eingeschätzt). Ein anderes Bps.: Nach Piaget können Kinder bis zum Alter von 12 Jahren nicht die Zeit abschätzen, die etwa eine Spielzeuglokomotive für eine festgelegte Strecke braucht; Piaget postuliert, Kinder müssten die richtige Vorstellung bekommen, was Zeit sei, u. im Laufe ihrer Entwicklung indirekt aus ihrem Wissen über

Geschwindigkeit u. dabei zurückgelegte Strecken ableiten. Aus seinen Versuchen glaubt er folgern zu können, dass die Zeit – im Gegensatz zur Beschreibung im Physikunterricht – eine zusammengesetzte Größe sei; die kindl. Schwierigkeit, sie zu erfassen, sei daher einfach Folge der Schwierigkeit, mehrere Dimensionen zu verknüpfen. Wilkenings Alternativexperiment: Auf einem etwa 3 m langen Steg steht links ein schreckl. Hund; dieser bellt unterschiedl. lange – das Geräusch dazu kommt vom Tonband; solange er bellt, laufen – so die Instruktion – alle Tiere in seiner Umgebung weg, so schnell sie können: eine Schildkröte nur sehr langsam, ein Meerschweinchen schon etwas schneller u. am schnellsten eine Katze. Ist der Hund still, bleiben die Tiere stehen. Wilkening setzt nun bspw. das Meerschweinchen in einer bestimmten Entfernung vom Hund hin u. fragt das Kind, wie lange dieser wohl gebellt habe, o. er lässt umgekehrt den Hund eine Weile bellen u. will dann vom Kind wissen, wie weit das Meerschweinchen gekommen sei. Dabei erweist sich, dass schon 5-Jährige durchaus Weg u. Geschwindigkeit systemat. zu einer Zeitschätzung verknüpfen – jedoch nicht durch Division, sondern Subtraktion.

LIT: Zum Überblick vgl. Beilin (1978); speziell zur Entwicklung des Flächenkonzepts u. zum Vergleich der piagetschen Theorie mit der Informationsintegrationstheorie vgl. Rümmele (1993); zu neueren alternativen Erklärungsansätzen vgl. Klahr u. Wolles (1976); zu produktionssystemtheoret. Ansätzen vgl. Klahr u. a. (1987), zum Überblick über informationstheoret. Ansätze vgl. auch Sternberg (1984).

◆ ANDERSON, N. H. u. WILKENING: F.: Adaptive thinking in intuitive physics. In: ANDERSON, N. H. (Hg.): Contributions to information theory, 3. Bd.: Development. Hillsdale 1991; BEILIN, H.: Invarianztraining bei physikal. Mengenbegriffen. In: STEINER, G. (Hg.): Piaget u. die Folgen. Die Ps. des 20. Jhdts., Bd. VII. Zürich 1978, S. 260–290; KLAHR, D. u. WALLACE, J. G.: Cognitive development: an information processing view. Hillsdale 1976; KLAHR, D. u. a.: Production system models of learning and development. Cambridge 1987; LEGEWIE, H. u. EHLERS, W.: Knaurs moderne Ps. München 1992; RÜMMELE, A.: Entwicklung des Flächenkonzepts. Münster 1993; STERNBERG, R. J. (Hg.): Mechanisms of cognitive development. San Francisco 1984; WILKENING, F.: Beachtung u. Addition zweier Dimensionen: eine Alternative zu Piagets Zentrierungsannahme. ZEPP 10, 1978, S. 99–102; WILKENING, F.: Development of dimensional integration in children's perceptual judgement. Experiments with area, volume, and velocity. In: WILKENING, F. u. a. (Hg.): Information integration by children. Hillsdale 1980; WILKENING, F.: Integration, velocity, time, and distance information: a developmental study. CP 13, 1981, S. 213–247; WILKENING, F.: Adaptives Denken von Kindern: Neue Aufgaben in der kognitiven Entwicklung. In: SCHÖNPFLUG, W. (Hg.): Bericht über den 36. Kongreß der Dt. Ges. für Ps. in Berlin 1988, 2. Bd. Göttingen 1989; WILKENING, F. u. ANDERSON, N. H.: Representation and diagnosis of knowledge structures in developmental psychology. In: ANDERSON, N. H. (Hg.): Contributions to information integration theory, 3. Bd.: Development. Hillsdale 1991.

Inverse Grenzmethode → Grenzmethode; → Psychophysik.

Inverse Konstanzmethode → Konstanzmethode; → Psychophysik.

Inverse Psychophysik → Psychophysik.

Inversionsfiguren → Kippfiguren.

Inzesttabu → Ödipuskomplex.

Inzidentelles vs. intentionales Lernen. Die Gegenüberstellung u. Untersuchung von Lernprozessen, die ohne ausdrückl. Lerninstruktion vor sich gehen (= *inzidentell*), im Unterschied zu solchen Lernprozessen, die absichtl. Lernen mit bewusster Vornahme des Einprägens beinhalten (= *intentional*), ist ein wichtiges Problem innerhalb der → Lernpsychologie u. → Gedächtnispsychologie. Einen Überblick über die Forschungen liefert Postman (1964) mit dem zentralen Ergebnis, dass die Lernabsicht als solche keine wesentl. Determinante der Gedächtnisleistung ist, außer wenn sie sekundär zu einer besseren

→ Verarbeitungstiefe führt. Die Lerninstruktion scheint also nur insofern Behaltensrelevanz zu besitzen, als sie den Grad der Auseinandersetzung mit dem Material determiniert; vgl. auch Foppa (1975) sowie Bergius (1964).
Lernen ohne ausdrückl. Instruktion erfordert eine *Verschleierungsaufgabe*; diese Methode hat im Rahmen des Paradigmas der → Verarbeitungsebenen große theoret. Relevanz erhalten, was sich auch sprachl. darin manifestiert, dass man dann statt von *Verschleierungsaufgaben* von *Orientierungsaufgaben* spricht. Vgl. auch → unbewusstes Lernen; → implizites Lernen.

◆ Bergius, R.: Einfache Lernvorgänge. In: Bergius, R. (Hg.): Lernen u. Denken. HP, 1. Bd., 2. Hlb. Göttingen 1964, S. 147–225; Foppa, K.: Lernen, Gedächtnis, Vh. Köln 1975 (9. Aufl.); McGeoch, A. u. Irion, A. L.: The psychology of human learning. New York 1952; Postman, L.: Short-term memory and incidental learning. In: Milton, A. W. (Hg.): Categories of human learning. New York 1964; Schönpflug, W. u. Weike, P.: Einprägung u. Aktivierung bei gleichzeitiger Variation der Absichtlichkeit des Lernens u. der Ich-Bezogenheit des Lernstoffs. PF 27, 1964, S. 366–376.

IQ → Intelligenz.

Irrationales Denken → Denken.

Is-a-Relation → semantisches Gedächtnis.

I-self → Ichbewusstsein.

ISI, Abk. für → *Interstimulusintervall.*

Isolierte Reihenglieder → Von-Restorff-Effekt.

Isolierung → Abwehrmechanismen.

Isophone → Hören.

Ist-Element-von-Relation → TLC.

Ist-Teilmenge-von-Relation → TLC.

James-Lange-Theorie, von W. James (1884) u. K. Lange (1885, vgl. 1910) begründete → Emotionstheorie mit der zentralen Annahme, dass → Emotionen sekundär aus der Wahrnehmung körperl. Reaktionen entstehen. Nach dieser Theorie sind viscerale, thermale u. muskuläre Veränderungen nicht Konsequenzen, sondern Ursachen von Emotionen: *periphere* Gefühlstheorie. Während James alle Körpervorgänge bis hin zu grobmotor. Vhsweisen betrachtete, thematisierte der Däne Carl Lange (1885) v. a. das kardiovaskuläre Reaktionssystem, u. während James' Darstellung eher im Prinzipiellen verbleibt, schildert Lange für sieben Affekte spezif. körperl. Veränderungen.

HI/WÜ: Diese Emotionstheorie wurde schon in Arbeiten von Aristoteles u. Darwin vorbereitet, des Weiteren durch die franz. Vertreter des materialist. Sensualismus; vgl. Gardiner u. a. (1937); Ewert (1965). Die J. ist eine der histor. bedeutsamsten Emotionstheorien, deren theoret. u. empir. Analyse eine ganze Forschungstradition begründet hat; s. a. das Stw. → Interozeption.

KR: Gegen die J. richtete sich die *Cannon-Bard-Theorie* (*Thalamus-Theorie.* Cannon 1927; Bard 1928). Gem. dieser entstehen die körperl. Begleiterscheinungen von Emotionen als Nebenprodukt sympath., vom Thalamus ausgehender efferenter Entladungen – diese Theorie war also eine *zentralist.* Theorie. Cannon betonte außerdem, dass verschiedene physiolog. Reaktionsmuster bei unterschiedl. Emotionen nicht zu unterscheiden wären, da die Sensibilität der inneren Organe unzureichend sei; außerdem seien die Vorgänge in den Eingeweiden zu träge, um dem emotional Erlebten vorherzugehen. Befunde, auf die Cannon sich hierbei stützte, waren Befunde wie z. B., dass bei Tieren, deren Eingeweide vom zentralen Nervensystem durch Verletzungen u. Durchtrennungen isoliert waren, dennoch eindeutig emotionale Vhsweisen auftreten (z. B. Senken des Kopfes, Anlegen der Ohren, Bellen beim Anblick einer Katze etc.).

Dieses grundsätzl. Ergebnis konnte auch bei querschnittsgelähmten Menschen gefunden werden; zu neueren Untersuchungen vgl. Hohmann (1966). Die Tierexperimente von Bard zeigten außerdem, dass die durch Decortisierung hervorgerufene *Scheinwut* bei Katzen erst nach Entfernung des ventrocaudalen Diencephalons beendet werden kann – ein deutl. Hinweis auf die Bedeutsamkeit zentraler Prozesse. Weiterentwicklungen der Cannon-Bard-Theorie zeigten, dass nicht nur der Thalamus, sondern viele andere subcortikale u. cortikale (Amygdala) Strukturen Hippicampus beteiligt sind (Papez 1937; McClean 1949).

Mit der Cannon-Bard-Theorie schien die J. zunächst widerlegt, in neuerer Zeit lebte der periphere Ansatz aber wieder auf; insbes. wurde zunehmend gezeigt, dass verschiedenen Emotionen sehr spezif. physiolog. Erregungsmuster entsprechen. Außerdem zeigte eine genaue Betrachtung von Durchtrennungsexperimenten, dass das Auftreten von postoperativen emotionalen Ausdrucksbewegungen keine Widerlegung der J. darstellt, da eben sie die Grundlage von Gefühlserlebnissen sein können. Weiterhin ist heute bekannt, dass die afferente Innervation der Eingeweide viel größer ist, als man früher glaubte, u. häufig die Efferenzen zu den Organen übersteigt (vgl. Leek 1972). Auch Cannons Bsp. für ein emotionales Erleben bei einer hochquerschnittsgelähmten Frau wurde hinsichtl. der Vollständigkeit der spinalen Läsion bezweifelt, es wurde auch darauf hingewiesen, dass hier Lernprozesse substituierend fungieren konnten; vgl. Fehr u. Stern (1970). Schon Arnold (1945) stellte Cannons These uniformer Sympathikusreize in Frage: Nicht alle Emotionen könnten als Bereitstellungsfunktion verstanden werden, Ärger u. Furcht wären eher Hindernisse wirksamer Aktionen; Arnold nahm drei verschiedene physiolog. Syndrome an: *Furcht*, verbunden mit starker Erregung des sympath. Nervensystems, *Ärger* mit starker Erregung des parasympath. Systems u. *Aufregung* bzw. *gehobene Stimmung* mit mittlerer Erregung des sympath. Nervensystems. Seit den 50er Jahren war auch ein stetiger Anstieg von kontrollierten Untersuchungen zu beobachten, deren Ergebnisse für die Existenz von zw. verschiedenen Emotionen differenzierenden physiolog. Erregungsmustern sprechen. Eine histor. wichtige Untersuchung stammt von Ax (1953), der zw. der cannonschen u. der arnoldschen These differenzieren wollte u. v. a. die beiden Aspekte Furcht u. Angst überprüfte; sein Ansatz ist der Beginn der modernen *differentiellen Psychophysiologie* der Emotionen; vgl. auch die Arbeiten von Funkenstein u. a. (1954), die das Ärgersyndrom analysierten; des Weiteren Schachter (1957) über das Herz-Kreislauf-System u. Sternbach (1960). Für einen Überblick vgl. Fahrenberg (1967).

LIT: Vgl. zsfd. Weitkunat (1987); Schandry (1981); die psychopharmakolog. Implikationen werden an verschiedenen Stellen diskutiert in Janke u. Netter (1986); zur Kontroverse zw. zentralist. u. peripheralist. Ansätzen vgl. Schachter (1975).

◆ Arnold, M. B.: Physiological differentiation of emotional states. PR 52, 1945, S. 35–48; Ax, A. F.: The physiological differentiation between fear and anger and humans. PsM 15, 1953, S. 433–442; Bard, P.: Diencephalic mechanism for the expression of rage, with special reference to the sympathetic nervous system. American Journal of Physiology 84, 1928, S. 490–515; Birbaumer, N.: Physiolog. Ps. Berlin 1975; Boring, E. G.: A history of experimental psychology. New York 1957; Brener, J.: A general model of voluntary control applied to the phenomena of learned cardiovascular change. In: Obrist, P. u. a. (Hg.): Cardiovascular psychophysiology. Chicago 1974; Cannon, W. B.: The James-Lange-theory of emotions: a critical examination and an alternative. AJP 39, 1927, S. 106–338; Dimond, S. J.: Neuropsychology. New York 1980; Ewert, O.: Gefühl u. Stimmung. In: Thomae, H. (Hg.): Motivation. HP, 2. Bd., Göttingen 1965; Fahrenberg, J.: Psychophysiolog. Persönlichkeitsforschung. Göttingen 1967; Fehr, F. S. u. Stern, J. A.: Peripheral physiological variables and emotion: The James-Lange-Theory revisited. PBu 74, 1970, S. 411–424; Fehr, F. S. u. a.: Peripheral physiological variables and emotion: the James-Lange-theory revisited. PBU 74, 1970, S. 411–424; Funkenstein, D. H. u. a.: The direction of anger during a laboratory stress-inducing situation. PsM 16, 1954, S. 404–413; Funkenstein, D. H.: The physiology of fear and anger. SA 192, 1955, S. 74–80; Gardiner, H. M. u. a.: Feeling and emotion. New York 1937; Hohmann, G. W.: Some effects of spinal cord lesions on experience emotional feelings. PPh 3, 1966, S. 143–156; James, W.: What is an emotion? Mind 19, 1884, S. 188–205; Lange, C. G.: Die Gemütsbewegungen.

Würzburg 1910 (die Originalschrift wurde dän. 1885, dt. 1887 veröffentlicht); LANGE, C. G.: The emotions (engl. Übers.). Baltimore 1922; LEEK, B. F.: Abdominal visceral receptors. In: NEIL, E. (Hg.): Handbook of sensory physiology, 3. Bd. Berlin 1972; MACLEAN, P. D.: Psychosomatic disease and the visceral brain: Recent developments bearing on the Papez theory of emotion. PsM 11, 1949, S. 338–353; NETTER, P. (Hg.): Angst u. Psychopharmaka. Stuttgart 1986; PAPEZ, J.W.: A proposed mechanism of emotion. Archiv of Neurology and Psychiatry 38, 1937, S. 725–743; SCHACHTER, S.: Cognition and peripheralist-centralist controverses in motivation and emotion. In: GAZZANIGA, M. S. u. BLAKEMORE, C. (Hg.): Handbook of psychobiology. New York 1950, S. 529–564; SCHACHTER, J.: Pain, fear and anger in hypertensives u. normotensives. PsM 19, 1957, S. 17–29; SCHANDRY, R.: Psychophysiologie. München 1981; SHERRINGTON, C. S.: Experiments on the value of vascular and visceral factors for the genesis of emotion. Proceedings of the Royal Society 66, 1900, S. 390–403; SHERRINGTON, C. S.: On the proprioceptive system, especially in its reflex aspects. B 29, 1906, S. 467–482; STERNBACH, R. A.: Correlates of difference in time to recover from startle. PsM 22, 1960, S. 143–168; WEITKUNAT, R.: Ps. u. elektrocortikale Korrelate kardiozeptiver Prozesse. München 1987; WINE, J.: Test anxiety and direction of attention. PBu 76, 1971, S. 92–104.

Ja-Sager → Wahrnehmungs- und Urteilstendenzen.

Jastrowsche Täuschung → geometrisch-optische Täuschungen.

Jetzt-Gefühl → Zeitwahrnehmung.

Jnd Abk. für engl. *just notable difference*; → Sinnesschwellen.

Job enlargement → Arbeitspsychologie.

Job enrichment → Arbeitspsychologie.

Jostsche Gesetze [auch *Jostsche Sätze*], innerhalb der klass. → Gedächtnispsychologie formulierte Aussagen über Prozesse des → Übens bzw. über → Lernkurven: (a) Sind zwei Assoziationen von gleicher Stärke, aber von verschiedenem Alter, so hat für die ältere eine Neuwiederholung größeren Wert (*Erster Jostscher Satz*). (b) Ein im Zusammenhang der Problemstellung → massiertes vs. verteiltes Lernen formuliertes Gesetz: Sind zwei Assoziationen von gleicher Stärke, aber von verschiedenem Alter, so fällt die ältere in Zukunft weniger ab (*Zweiter Jostscher* Satz; bisweilen auch *Jostsches Paradoxon*); s. a. das Stw. → Ribotsches Gesetz. Daraus folgt, dass dieselbe Anzahl von Wiederholungen umso bessere Resultate bringt, auf je längere Zeit sie verteilt wird. Zum Problem der Übereinstimmung von experimentellen Vergessenskurven u. Jostschen Sätzen vgl. Simon (1966).

◆ JOST, A.: Die Accociationsfestigkeit in ihrer Abhängigkeit von der Verteilung der Wiederholungen. ZfPs 14, 1897, S. 436–472; ROHRACHER, H.: Gedächtnis u. Lernen. In: MEILI, R. u. ROHRACHER, H. (Hg.): Lehrbuch der experimentellen Ps. Bern 1968 (2. Aufl.); SIMON. H. A.: A note on Jost's law and exponential forgetting. PMe 31, 1966, S. 505–506.

Jostsche Sätze → Jostsche Gesetze.

Juddsche Täuschung → geometrisch-optische Täuschungen.

Kältenachempfindung → Thermorezeption.

Kanal → Informationsverarbeitungstheorien; → Filtertheorie; → Ressourcentheorie.

Kanizsas Dreieck → subjektive Konturen.

Kanonische Sentoid-Strategie → Sprachrezeption.

Kantenfinder → computationale Wahrnehmungstheorie; → Computer vision.

Kantenwahrnehmung → Formwahrnehmung.

Kapazitätstheorien → Aufmerksamkeitskapazitäts-Modell.

Kappa-Effekt → Tau- und Kappa-Effekt.

Kartenselektionsaufgabe → Bestätigungstendenz.

Kartenwissen → kognitive Landkarte.

Kaspar-Hauser-Experiment → Ethologie.

Kaspar-Hauser-zweiter-Ordnung → Ethologie.

Kasuistisches Wissen → Wissenspsychologie.

Kasusgrammatik, von Fillmore (1968) begründete Variante der → generativen Transformationsgrammatik mit der Grundidee des Verzichts auf »Subjekt-von« bzw. »Objekt-von« als Funktionsbegriffe der → Tiefenstruktur zugunsten von *semant.* begründeten sog. *Tiefenkasus* bzw. *semant. Relationen. Agens* bezeichneten den belebten Urheber bzw. Verursacher einer Handlung (Bsp.: *Philip* in *Philip öffnete die Tür*); *Instrumental* bezeichnet die Rolle des unbelebten Verursachers einer Handlung (Bsp.: *Der Wind öffnete die Tür*) o. des Objekts, mit dessen Hilfe eine Handlung vollzogen wird (*Philip öffnete die Tür mit dem Schlüssel*); *Objektiv* (später als *Patiens* bezeichnet) bezeichnet das unbelebte, von einer Handlung direkt betroffene Objekt (*die Tür* im ersten Bsp.); *Dativ* (auch *Rezipient, experiencer*) bezeichneten den belebten Mitspieler, der von einem Zustand o. einer Handlung (im Vergleich zum Patiens) weniger betroffen ist; (Bsp.: *Philip öffnete seiner Frau die Tür*). *Lokativ* meint den Ort der Handlung. Nach Fillmore selegiert jedes Verb eine bestimmte Menge von *Tiefenkasus*, die seinen *Kasusrahmen* bilden. Die Ausgangsbasis für syntakt. Regeln bilden Kasusstrukturen, die vom Kasusrahmen des jeweiligen Verbs determiniert werden. Realisierungsregeln bestimmen, wie die Tiefenkasus in syntakt. Funktion wie Subjekte u. Objekte geführt werden. Dass die syntakt. Funktionen universell nur auf der Basis von Tiefenkasus definiert werden können, ist die »stärkste« Hypothese der K. Dies impliziert, dass syntakt. Funktionen von Tiefenkasus abgeleitete Begriffe der Universalgrammatik darstellen u. dass Tiefenkasus für die Beschreibung u. Phänomene relevant sind, die in anderen Modellen in der Syntax behandelt werden.

HI/WÜ: Die K. ist eine linguist. Theorie, die im Rahmen der zunehmenden Bedeutung semant. Faktoren in der Ps. rezipiert wurde (→ Satzverarbeitung).

LIT: Revisionen der Originalarbeiten finden sich in Fillmore (1969), eine fast totale Revision in Fillmore (1977); eine zsfd. Darstellung bietet Pleines (1980); für einen komprimierten Überblick vgl. Bußmann (1990); zur entwicklungsps. Bedeutung u. zur Universalität der semant. Relationen vgl. Brown (1973).

◆ Brown, R.: A first language: the early stages. Cambridge 1973; Bussmann, H.: Lexikon der Sprachwissenschaft. Stuttgart 1990; Chafe, W. R.: Meaning and the structure of language. Chicago 1970; Engelkamp, J.: Satz und Bedeutung. Stuttgart 1976; Fillmore, C. J.: The case for case. In: Bach, E. u. Harms, T. (Hg.): Universals in linguistic theory. New York 1968 (dt.: In: Abraham, W. (Hg.): Kasustheorie. Frankfurt/M. 1971); Fillmore, C. J.: Types of lexical information. In: Kiefer, F. (Hg.): Studies in syntax and semantics. Dordrecht 1969, S. 109–137; Fillmore, C. J.: The case for case reopened. In: Cole, P. u. Morgan, J. L. (Hg.): Grammatical relations. New York 1977, S. 59–82; Heringer, H. J.: Theorie der deutschen Syntax. München 1970; Pleines, J. (Hg.): Beiträge zum Stand der Kasustheorie. Tübingen 1980.

Katastatische Tendenz → Wille.

Katastrophentheorie → systemtheoretische Psychologie.

Kategoriales Verhalten → Konkretes vs. abstraktes Verhalten.

Kategoriale Wahrnehmung, das Phänomen, dass aus einer kontinuierl. Veränderung der physikal. Parameter eines sprachl. Schallsignals, das einer Vp in einem Wahrnehmungsexperiment dargeboten wird, nicht ein ebenso allmähl. sich veränderndes Wahrnehmungsereignis resultiert, sondern dass diskrete Einheiten (Kategorien) wahrgenommen werden, bei denen außerdem von Feinheiten abstrahiert wird. Dieses Phänomen, das auf ein Grundproblem der Ps. bzw. Philosophie des → Erkennens verweist, wurde v. a. innerhalb der Sprachps. experimentell analysiert (vgl. Palermo 1977). Z. B. wurde mittels pattern playback (→ Phonetik) eine Serie von Reizen synthet. erzeugt, die schrittweise die Laute *ba*, *da*, *ga* ergeben, u. Vpn als Unterscheidungsaufgabe vorgegeben; es zeigte sich, dass die Vpn bei der Wahrnehmung dieser Reize die akust. Unterschiede innerhalb der Phonembereiche vernachlässigten u. nur die drei distinkten Lautklassen hörten; sie beachteten also bes. die akust. Unterschiede an den Phonemgrenzen (jeweils zw. *b*, *d* u. *g*), was als Nachweis für die ps. Realität des *Phonems* (vgl. Bußmann 1990) gewertet worden ist. Nach Untersuchungen z. B. von Miller u. a. (1976) kann k. W. auch bei nichtsprachl. Reizen vorliegen. Im Rahmen der Theorienbildung zur → Sprachwahrnehmung wird u. a. diskutiert, ob die k. W. als Beleg für die → Motortheorie der Sprachwahrnehmung gelten kann u. ob es sich bei ihr um eine angeborene o. eine erlernte Vhsweise handelt.

LIT: Überblick: Eilers (1980); Sammelband: Eimas u. Miller (1981).

◆ Bussmann, H.: Lexikon der Sprachwissenschaft. Stuttgart 1990; Eilers, R. E.: Infant speech perception. History and mystery. In: Yeni-Komshian, G. H. u. a. (Hg.): Child phonology, 2. Bd. New York 1980, S. 23–39; Eimas, P. D. u. Miller, J. L. (Hg.): Perspectives on the study of speech. Hillsdale 1981; Miller, J. D. u. a.: Discrimination and labeling of noise-buzz sequences with varying noise-lead times. Journal of the Acoustical Society of America 66, 1976, S. 410–417; Palermo, D. S.: Psychology of language. Glenview/Ill. 1977.

Kategorialurteile, eine Bewertung von Reizen auf einer vorgegebenen Skala geordneter Urteilskategorien; Bsp.: Bücher sollen nach ihrer Dicke o. soziale → Einstellungen nach ihrer Ausrichtung im polit. Spektrum beurteilt werden. Die K. enthalten einen begrenzten Bereich von Antwortmöglichkeiten, die bildl. vorgegeben wird: in der Regel eine vertikale o. horizontale Strecke, die meist durch 5, 7 o. 9 gleichabständige Markierungen unterteilt ist. Die Markierungen sind mit den entsprechenden Zahlen u./o. verbalen Bezeichnungen wie *leise*, *laut*, *sehr laut* etc. versehen. K. führen zu *Kategorienskalen* (*Methode der Kategorialurteile*, *Kategorienmethode)*. Die K. sind eine wichtige Methode der → psychologischen Skalierung bzw. → psychophysische Methode.

K. sind einerseits → *direkte* Skalierungsmethoden, haben aber ein *indirektes* Moment, da das Urteil oft nicht in Form eines Messwertes, sondern als sprachl. Urteil erhoben wird. Deshalb sind Annahmen über die Beziehungen zw. den Urteilen u. dem hypothet. zugrunde liegendem subjektiven Kontinuum erforderl., wenn man Letzteres als Zahlenskala abbilden will. Das wichtigste Skalierungsmodell postuliert, dass die Vp bei Vorgabe von n abgestuften Urteilskategorien das Reizspektrum in n subjektiv gleich große Bereiche einteilt, so dass die subjektiven Abstände zw. aufeinderfolgenden Urteilskategorien gleich groß sind, s. u. Spezielle method. Ausformungen: (a) *Methode der gleich erscheinenden Intervalle*, eine direkte Skalierungsmethode; die Vp hat n Reize in vorgegebene Kategorien einzuordnen, die Kategorien müssen jedoch nicht nur eine Rangordnung bilden, sondern auch gleich groß sein (im subjektiven Kontinuum); zu Berechnungsmethoden vgl. Sixtl (1982). Diese Methode ist bes. in der Einstellungsmessung übl.; vgl. Thurstone u. Chave (1929) u. Edwards (1957). (b) Will man nicht die Annahme machen, dass die Vpn die Antwortkategorien tatsächl. als gleichbleibende Kategorien verwenden, o. verzichtet man von vornherein auf entsprechende Anweisungen, wird die Kategorienskalierung als *Methode der aufeinander folgenden Intervalle* (auch: *Methode der sukzessiven Intervalle bzw. Kategorien*) bezeichnet, es ist eine indirekte Skalierungsmethode: Die Vp hat n Reize in vorgegebene Kategorien einzuordnen; die Kategorien müssen eine Rangordnung bilden, sie müssen jedoch nicht gleich groß sein, d. h., die Unterschiede zw. aufeinanderfolgenden Kategorien müssen nicht gleich groß sein; vgl. hierzu Sixtl (1982). Dabei fehlt es dann aber an der Berechtigung, die Kategorien mit gleichabständigen Zahlen zu bezeichnen; zur Ableitung der Skalenwerte muss vielmehr eines der verschiedenen Urteilsmodelle verwendet werden; am bekanntesten ist das *Gesetz des Kategorialurteils* (engl. *law of categorial judgement*: Torgerson 1958; vgl. auch Sixtl 1982), eine Adaptation des → *Gesetzes des Vergleichsurteils*. Die grundlegende Annahme besteht darin, dass sowohl die Reize als auch die Kategoriengrenzen keine feste Position auf dem Empfindungskontinuum haben, sondern schwanken, wb. ihre Ausprägung jeweils einer Normalverteilung folgt. Aus dieser Grundvorstellung kann man statist. Schätzungen für die Mittelwerte der Normalverteilung ableiten, die dann als Skalenwerte für die Kategoriegrenzen u. die Reize genommen werden.

◆ Arnold, W. (Hg.): Experimentelles Praktikum, 1. Bd. Stuttgart 1972; Dawes, R. M.: Grundlagen der Einstellungsmessung. Weinheim 1977; Edwards, R. L.: Techniques of attitude scale construction. New York 1957; Gigerenzer, G.: Messung u. Modellbildung in der Ps. München 1981; Guttmann, G. (Hg.): Allg. Ps. Experimentalps. Grundlagen. Wien 1992; Heller, O.: Orientierung innerhalb von phänomenalen Steigerungsreihen. In: Lauterbach, W. u. Sarris, V. (Hg.): Beiträge zur ps. Bezugssystemforschung. Bern 1980, S. 107–136; Lüer, G. (Hg.): Allgemeine experimentelle Ps. Eine Einführung in die method. Grundlagen mit prakt. Übungen für das experimentelle Praktikum. Stuttgart 1987; Shepard, R. N.: On the status of a »direct« psychophysical measurement. In: Savage, C. W: (Hg.): Perception and cognition. Minneapolis 1978; Sixtl, F.: Meßmethoden der Ps. Weinheim 1982; Thurstone, L. L. u. Chave, E. J.: The measurement of attitude. Chicago 1929; Torgerson, W. S.: Theory and methods of scaling. New York 1958; Ward, L. M. u. Lockhead, G. R.: Sequential effects and memory in category judgements. JExP: HPP 84, 1970, S. 27–34; Westermann, R.: Zur empir. Überprüfung des Skalen-Niveaus von individuellen Einschätzungen u. Ratings. ZfPs 192, 1984, S. 122–133; Wever, E. C. u. Zener, K. E.: The method of absolute judgement in psychophysics. PR 35, 1928, S. 466–493.

Kategorieneffekt, die Tatsache, dass beim → Buchstabenerkennen o. Ziffernerkennen unter bestimmten Umständen, v. a. wenn die Darbietung kurzzeitig o. verrauscht ist, eine Zuordnung zur Kategorie *Buchstabe* o. *Ziffer* mögl. ist, ohne dass die Buchstaben o. Ziffern schon völlig identifiziert sind; vgl. Mohr (1984). D. h., dass die Zugehörigkeit von Symbolen zu verschiedenen Kategorien unabhängig von ihren visuellen Eigenschaften ihre Unterscheidung erleichtern kann: Bspw. kann eine Ziffer schneller in einem Kontext von Buchstaben gefunden werden als in einem Kontext von Ziffern. Dies gilt selbst für den Fall perfekter Kontrolle der visuellen Ähnlichkeit, wenn z. B. das Symobl 0 als Buchstabe o. als Ziffer verwendet wird. Der Effekt führt auf das theoret. Problem, ob er sich aus den semant. Eigenschaften von Buchstaben u. Ziffern ergibt o. Ergebnis verschiedener Ähnlichkeitsstrukturen bei Buchstaben u. Ziffern ist; zum an–

deren wird die Auseinandersetzung darum geführt, wo sich im Informationsverarbeitungsprozess semant. Eigenschaften auswirken.

◆ Mohr, W.: Visuelle Wahrnehmung u. die Zeichenfunktion. Regensburg 1984.

Kategorieneffekt → Fächereffekt.

Kategoriengrößeneffekt → Fächereffekt.

Kategorienmethode → Kategorialurteile.

Kategorienskalen → Kategorialurteile.

Kategorienverfahren → Kategorialurteile.

Kategorisierungsaufgabe → Sortiertechnik.

Kategorisierungseffekte → Distanzeffekt.

Katharsis, »reinigende Abfuhr«, *Abreaktion*; das Phänomen bzw. Kzpt., dass die gestaute Energie eines → Triebs durch eine *Endhandlung* verbraucht u. abgeführt wird. Das Kzpt. spielte in unterschiedl. Forschungskontexten eine wichtige Rolle, innerhalb der akadem. Ps. v. a. im Rahmen der → Frustrations-Aggressions-Theorie, auch in der → Psychoanalyse u. den älteren etholog. Theorien der → Aggression. Die Idee der K. spielte v. a. innerhalb der Anfänge der Psa. eine wichtige Rolle, angeregt durch die Beobachtung, dass psychopatholog. Symptome bei Bewusstmachung des ihnen zugrunde liegenden traumat. Erlebnisses unter heftiger emotionaler Erregung sich abschwächten o. ganz verschwanden: *kathart. Methode* (Freud 1895) bzw. *Abreaktion* – ein Begriff, der von hier aus in die Umgangssprache übergegangen ist, jedoch in der späteren Entwicklung der Psa. an Bedeutung verlor, da stärker die Bedeutung der kognitiven Integration betont wurde – »Erinnern, Wiederholen, Durcharbeiten« ist der programmat. Titel der Arbeit, in der diese neue Perspektive begründet wurde; vgl. Freud (1914); vgl. LaPlanche u. Pontalis (1975).

KR: Der K.-Hypothese steht ein lerntheoret. Ansatz gegenüber, demzufolge das erfolgreiche Ausführen einer Handlung, deren weitere Auftretenswahrscheinlichkeit erhöht wird (bisweilen spricht man von einem *umgekehrten K.-Effekt*). Weder die Hypothese der K. noch ihr lerntheoret. Gegenpart konnten eindeutig bestätigt werden; die generelle Gültigkeit der einen o. anderen Position ist wenig wahrscheinl. Das Kzpt. *K.* wird im Allg. skept. gesehen, v. a. seine vulgär.-ps. Anwendungen, insbes. auf den Sport (vgl. Zumkley 1978; Peper 1981). Selg (1988) weist auf die Möglichkeit einer »Trivialkatharsis« hin, die lediglich darin besteht, dass die Ausführung von Aggression körperl. Energie verzehrt.

VD: Das in der aristotel. Poetik begründete K.-Kzpt., das die K. als die der Tragödie zugeordnete Wirkung konzipierte, wurde durch die gesamte Geistesgeschichte hindurch ambivalent interpretiert: einmal als simple Abreaktion u. einmal als eine eth. Reinigung durch empath. Miterleben – wb. die experimentelle Forschung der Ps. immer mehr am Kzpt. einer aktiven Vergeltungshandlung orientiert war u. insofern eine sehr spezif. Ausdeutung des K.-Begriffs impliziert.

LIT: Zum Überblick vgl. Geen (1976); Geen u. Quanty (1977); ein Resümee über den Stand der Diskussion der Hypothese gibt Kornadt u. Zumkley (1992); eine engagierte Diskussion der Problematik findet sich bei Rost (1990).

◆ Freud, S.: Erinnern, Wiederholen, Durcharbeiten (1914). In: G.W. X; Freud, S.: Studien über Hysterie (1895). In: G.W. I; Geen, R. G. u. Quanty, M. B.: The katharsis of aggression: an evaluation of a hypothesis. In: Berkowitz, L. (Hg.): Advances in experimental social psychology, 1. Bd. 0. New York 1977, S. 1–37; Geen, R. G.: Observing violence in the mass media: implication of basic research. In: GEEN, R. G. u. O'NEAL, E. C. (Hg.): Perspectives on aggression. New York 1976, S. 193–234; KORNADT, H. J. u. ZUMKLEY, H.: Ist die Katharsis-Hypothese endgültig widerlegt? In: KORNADT, H. J. (Hg.): Aggression u. Frustration als ps. Problem, 2. Bd. Darmstadt 1992, S. 156–223; LAPLANCHE, J. u. PONTALIS, J. B.: Das Vokabular der Psa. Frankfurt/M. 1975 (2. Aufl. Orig.: Paris 1967); MORAY, J. u. FESHBACH, S.: Let's not throw the baby out with the bath water: the katharsis hypothesis revisited. JPers 46, 1978, S. 462–473; PEPER, D.: Aggressive Motivation im Sport. Ahrensburg 1981; ROST, W.: Emotionen: Elixiere des Lebens. Berlin 1990; SELG, H. u. a.: Ps. der Aggressivität. Göttingen 1988; ZUMKLEY, H.: Aggression u. Katharsis. Göttingen 1978.

Katzen-Karussell-Experimente → Rückmeldungsverzögerung und Rückmeldungsverzerrung.

Kausalattribution → Attribution.

Kausale Bedeutungstheorie → psychologische Semantik; → verbales Verhalten.

Kausale Schemata. Das Kzpt. wird in zwei unterschiedl. Forschungstraditionen verwendet: (1) Im Rahmen der → naiven Varianzanalyse sind k. S. vereinfachende heurist. Schlussschemata, die Menschen dann anwenden, wenn komplexe Sachvh. erklärt werden müssen (da im Rahmen solcher vorwissenschaftl. ps. Erklärungen, im Unterschied zur Wissenschaft, eine systemat. Datensammlung u. Analyse nicht mögl. ist.) Das Schema *multipler notwendiger Ursachen* z. B. beinhaltet, dass ein Effekt nur dann zustande kommt, wenn alle Ursachen wirksam sind. Nach Kelleys Theorie ist eine Anwendung des Schemas dann wahrscheinl., wenn ein Effekt bes. extrem ausfällt, während mittlere Effekte eher auf nur eine Ursache zurückgeführt werden. Das Schema *multipler hinreichender Ursachen* besagt, dass jede Ursache allein schon den Effekt erklären kann; wenn ein Effekt gegeben ist, kann man aber dann nicht eindeutig rückschließen, ob eine gegebene Ursache – z. B. eine positiv bewertete im Vergleich zu einer negativ bewertenden Erklärung – den Effekt herbeiführt o. nicht; vgl. Kelley (1972). Eine wichtige Vorläuferuntersuchung stammt von Thibaut u. Ricken (1955); ausführl. Darstellungen bieten Bierhoff u. Bierhoff-Alfermann (1983); eine Erweiterung haben Reeder u. Brewer (1979) geliefert.

(2) V. a. im Rahmen des Paradigmas → kognitive Täuschungen und kognitive Heuristiken wird die Existenz von k. S. durch die Tatsache demonstriert, dass Personen dazu tendieren, zufällige Sequenzen von Ereignissen als Kausalketten zu beschreiben, woraufhin schon frühe Arbeiten von Michotte u. Piaget hinweisen (→ phänomenale Kausalität), in neuerer Zeit Arbeiten von Tversky u. Kahneman (1980). Darüber hinaus tendieren Personen dazu, eher die Folgen aus der Kenntnis der Ursachen vorherzusagen, als aus der Kenntnis der Folgen die Ursachen zu rekonstruieren, was bedeutet, dass Personen eher der in ihrem Kausalschema enthaltenen Richtung folgen. Bspw. wird es meistens für wahrscheinl. gehalten, dass ein Mädchen blaue Augen habe, wenn man weiß, dass seine Mutter blaue Augen hat, als dass man es umgekehrt erschließt; die Urteilenden folgen einem Kausalschema »Vererbung«, das gerichtet von der Mutter zur Tochter geht – genau diese Richtungsgebundenheit ist aber für das Wahrscheinlichkeitsurteil irrelevant, da die konditionale Wahrscheinlichkeit beider Ereignisse gleich ist.

◆ BIERHOFF, H. W. u. BIERHOFF-ALFERMANN, D.: Kognitive Prozesse im Motivationsgeschehen: Attributionen als Ursachen u. Erklärungen von Handlungen. In: THOMAE, H. (Hg.): Theorien u. Formen der Motivation.

EP, C IV, 1. Bd. Göttingen 1983, S. 93- 226; KELLEY, H. H.: Causal schemata and the attribution process. In: JONES, E. E. u. a. (Hg.): Attribution: perceiving the courses of behaviour. Morristown 1972; MICHOTTE, A.: Perception of causality. New York 1963; REEDER, G. D. u. BREWER, M. B.: A schematic model of dispositional attribution in interpersonal perception. PR 86, 1979, S. 61–79; THIBAUT, J. W. u. RIECKEN, H. W.: Some determinants and consequences of the perception of social causality. JPers 24, 1955, S. 113–133; TVERSKY, A. u. KAHNEMAN, D.: Causal schemas in judgement under uncertainy. In: FISHBEIN, N. (Hg.).: Progress in social psychology 1. Bd. Hillsdale 1980, S. 49–72.

Kausalitätswahrnehmung → phänomenale Kausalität; → Ereigniswahrnehmung.

Kausalkonzept. Die Vorstellungen u. → Begriffe, die Menschen sich über kausale Prozesse u. Abhängigkeiten machen, gehören zu den wichtigen kognitiven Strukturen, wie sie v. a. von der → genetische Epistemologie Piagets untersucht worden sind; s. a. das Stw. → phänomenale Kausalität. Gem. Piagets Theorie bilden sich erste Kausalideen schon in der *sensomotor. Phase*; das »Gefühl des Wirkens« bildet sich auch ohne ausgeprägtes bedeutsames Ich-Bewusstsein heraus, die Bewegungen des eigenen Körpers werden zunehmend als kontrollierbar erlebt. Die Kausalvorstellungen dieser *präoperationalen Phase* sind immer noch durch den kindl. *Animismus*, *Artifizialismus* u. *Egozentrismus* geprägt u. führen insgesamt zu einer *mag.-phänomenist.* Kausalität, d. h., die Verbindungen zw. beobachtbaren Phänomenen erfolgen nicht über Wirkprozesse, sondern allein aufgrund ihrer Kovariation; so geht z. B. der erste von mehreren ins Wasser geworfenen Steinen nach Meinung des Kindes unter, weil er weiß ist, der nächste aufgrund seiner schwarzen Farbe; so versucht das Kleinkind z. B. durch die Bewegung einer Rassel ein interessantes u. mit dem Klang der Rassel verbundenes Geräusch zu wiederholen. Auch die Bedeutung der zeitl. Priorität der Ursache ist noch nicht völlig bewusst, bisweilen werden auch Ereignisse als Ursache angegeben, die dem beobachteten Effekt nachfolgen. Im Sinne des Animismus schreibt das Kind den Prozessen häufig innere Motive zu: Sonne, Mond o. Wolken bewegen sich bspw., weil sie eigene, meist auf die Person des Kindes gerichtete Absichten verfolgen. Zunehmend bildet sich aber eine Tendenz zur *Vergegenständlichung* u. *Verräumlichung* heraus, wobei sich das Kind zunehmend über die sich real abspielenden Kausalprozesse bewusst wird. Das Kind schreibt nun auch externen Objekten eine kausale Wirksamkeit zu, die zuvor beim »Gefühl des Wirkens« auf die eigene Aktivität beschränkt blieb (*Vergegenständlichung*). Im Stadium der *konkreten Operationen* (etwa nach dem achten Lebensjahr) wird das erste rudimentäre Konzept mechan. Kausalität erworben. Im Stadium der *formalen Operationen* wird schließl. der dem naturwissenschaftl. K. entsprechende Kausalbegriff gebildet, wozu auch die Entwicklung der grundlegenden Logik wissenschaftl. u. experimentellen Vorgehens gehört. Vgl. auch → kausale Schemata.

◆ DORNES, M.: Der kompetente Säugling. Frankfurt/M. 1993; PIAGET, J.: The child's conception of physical causality. London 1970; PIAGET, J.: Understanding causality. New York 1977.

K-**Effekt** → Tau- und Kappa-Effekt.

Kenntnis des Resultats → knowledge of results.

Kern-Kontext-Theorie [engl. *core-context-theory*], von Titchener be–

gründete → Wahrnehmungstheorie, die ein Vorläufer von Theorien war, welche die Wahrnehmung als ein dynam. Phänomen u. nicht als einen stat. mechan. Prozess konzipieren. Nach der K. besteht die Wahrnehmung einerseits aus einem *Kern* unmittelbarer Empfindungen, andererseits aus sekundären Empfindungen, die aus früheren Erfahrungen stammen, wb. dieser gelernte Erfahrungs-*Kontext* beträchtl. interindividuell variiert, während der unmittelbare Kern relativ stabil bleibt. So soll z. B. die → Größenwahrnehmung anfangs v. a. von der retinalen Größe des Bildes (dem *Kern*) abhängen, die genaue Einschätzung der Größe, Enfernung, Schnelligkeit u. dergleichen soll dagegen von gelernten Aspekten des Kontexts abhängen; s. a. das Stw. → Adaptationsniveau.

◆ Boring, E. C.: A history of experimental psychology. New York 1950; Cratty, J. B.: Motor. Lernen u. Bewegungsvh. Frankfurt/M. 1975; Titchener, E. B.: A beginner's psychology. New York 1916.

Kernsatz → Fußnoten-Hypothese.

Kernspintomographie → physiologische Psychologie (Kasten psychophysiologische Methoden).

Kerzenproblem → Problemlösen.

KI, Abk. für → künstliche Intelligenz.

KIAA-Effekt → Hindsight bias.

Kieler Determinationsgerät → Reaktionszeit.

Kinästhesie → Tiefensensibilität.

Kinästhetik → Tiefensensibilität.

Kinästhetische Nachwirkung → Tiefensensibilität.

Kinästhetischer Sinn → Tiefensensibilität.

Kindling → Sensitivierung.

Kinematographischer Effekt → Kinematographisches Prinzip.

Kinematographisches Prinzip, ein auf der Trägheit des → Bewegungssehens beruhendes Phänomen: Bilder, die in kurzen Abständen hintereinander gezeigt werden, suggerieren eine durchgehende kontinuierl. Bewegung. (Filme werden so projiziert, dass in jeder Sekunde 24 Bilder gezeigt werden, u. ein Spezialverschluss im Projektor zeigt jedes Bild dreimal, so dass ein Flackern vermieden wird, das bei 24 Bildern auftritt.)

◆ Arnold, W. (Hg.): Experimentelles Praktikum, 1. Bd. Stuttgart 1972; Falk, D. S. u. a.: Ein Blick ins Licht. Berlin 1990.

Kineme → Kinesik.

Kinemik → Kinesik.

Kinesik [auch *Kinemik*], Forschungsansatz von Birdwhistell (1973ff.), ein Versuch der Anwendung linguist. u. semiot. Analyseprinzipien auf Phänomene der → nonverbalen Kommunikation, v. a. der → Gestik u. → Pantomimik. Die K. beinhaltet ein Notationsverfahren für Körperbewegungen; ausgehend von graph. Grundsymbolen für 8 Körperzonen ergibt sich ein komplexes System von Kinegraphen, dessen Anwendbarkeit Birdwhistell in detaillierten Analysen demonstrierte, z. B. in der Analyse des kinem. Vhs. eines durchschnittl. Amerikaners, bei dem er eine begrenzte Anzahl von ca. 50 bis 60 kinem. Elementen (sog. Kinemen) feststellen zu können glaubt. So unterscheidet er z. B. 32 Kineme im Gesichts- u. Kopfbereich; 3 Kineme des Kopfnickens (einfaches, zweifaches u. dreifaches K.) u. 4 Kineme des Augenbrauenvhs. Zur Kritik vgl. Dittmann (1971); zum Kzpt. des *persönl. Raums* vgl. Sommer (1969) u. Mogel (1990).

◆ Birdwhistell, R. L.: Cinesics and context. Harmondsworth 1973; Birdwhistell, R. L.: The language of the body. In: Silverstein, A. (Hg.): Human communication. Hillsdale 1974, S. 203–220; Dittmann, A. T.: Review of R. L. Birdwhistell cinesics and context. Psychiatry 34, 1971; Mogel, H.: Umwelt u. Persönlichkeit. Göttingen 1990; Sommer, R.: Personal space: the behavioural basis of design. Englewood Cliffs 1969.

Kinetischer Tiefeneffekt, die Tatsache, dass bestimmte zweidimensionale Figuren bei Bewegungen von Menschen dreidimensional wahrgenommen werden, dass z. B. das Schattenbild eines Stabes, das aussieht wie ein schiefes T, zweidimensional wahrgenommen wird, dass aber sofort eine dreidimensionale Wahrnehmung entsteht, wenn der Gegenstand zu rotieren beginnt – obgleich ein Stab, der in einer senkrechten Ebene kreist u. dabei ständig seine Länge ändert, das gleiche Schattenbild hervorrufen würde; vgl. Rock (1985); Hochberg (1977). Die Abb. *Wahrnehmung 53* zeigt zwei Bsp. (entnommen Metzger 1966, S. 728): Bei der ersten Abb. dreht sich hinter einem Schirm mit einem dreieckigen Ausschnitt ein regelmäßiges Achteck, das aus acht verschiedenfarbenen Dreiecken aufgebaut ist: Man glaubt, eine sich drehende Pyramide zu sehen; die zweite Abb. stellt folgende Versuchsvorrichtung dar: Man schaut durch ein innen mattschwarzes Rohr aus einiger Entfernung exzentrisch auf eine langsam rotierende Scheibe, auf die Speichen gezeichnet sind, u. sieht bei langsamer Drehung der Scheibe eine Kugel.

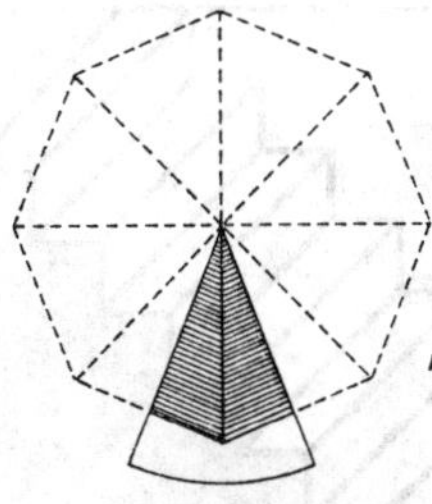

Abb. *Wahrnehmung 53a*

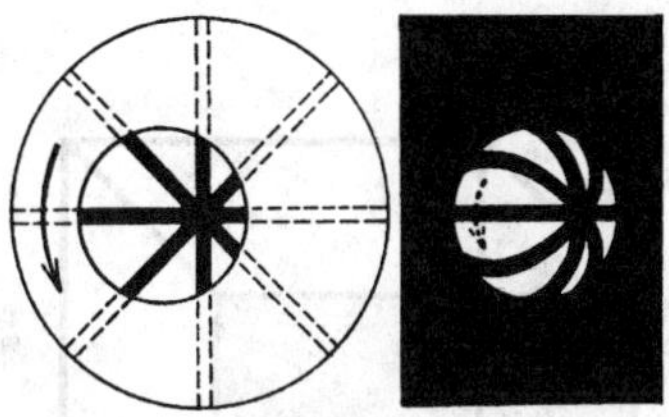

Abb. *Wahrnehmung 53b*

◆ Hochberg, J. E.: Wahrnehmung. Bern 1977; Rock, I.: Wahrnehmung. Heidelberg 1985.

Kinetographen → Gestik.

Kippfiguren [auch *Umschlagfiguren, Umsprungbilder, Reversionsfiguren, Inversionsfiguren, zweideutige* bzw. *bedeutungsambivalente* Figu-

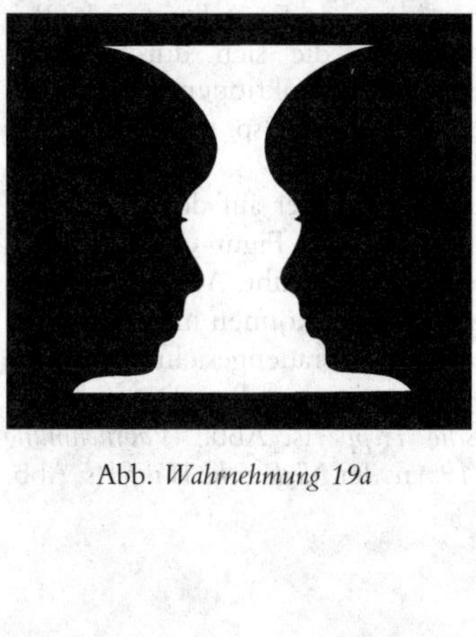

Abb. *Wahrnehmung 19a*

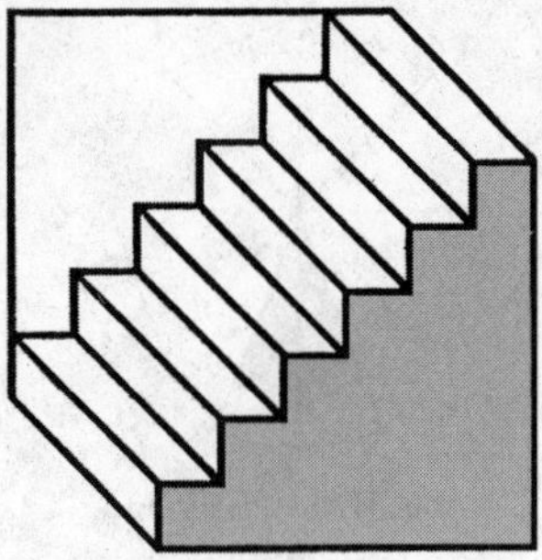

Abb. *Wahrnehmung 19b*

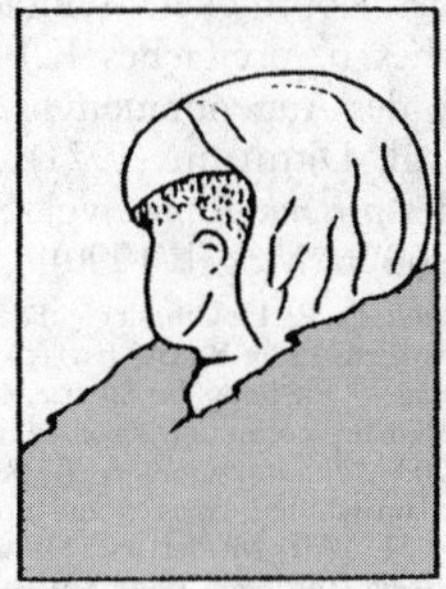

Abb. *Wahrnehmung 19d*

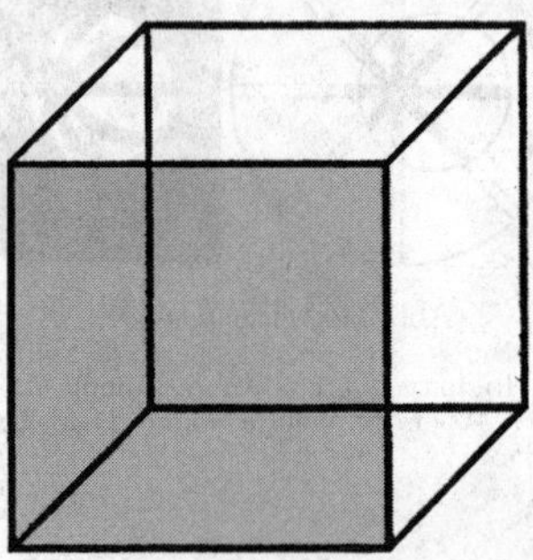

Abb. *Wahrnehmung 19c*

ren], bedeutungsambivalente visuelle Vorlagen, die sich auf wenigstens zwei unterschiedl. Weisen sehen lassen; ein Wechsel der Auffassung wird opt. *Inversion* genannt. Die Wahrnehmung variiert in Abhängigkeit von Kontext sowie Erwartungen u. Einstellungen des Betrachters, die sich durch unterschiedl. Instruktionen steuern lassen. Ein klass. Bsp. ist der *Rubinsche Becher* o. *Pokal* (s. Abb. *Wahrnehmung 19a*), der auf der Uneindeutigkeit der → Figur-Grund-Unterscheidung beruht: Außer dem weißen Becher können hier auch zwei dunkle Frauengesichter wahrgenommen werden. Die *Schrödersche Treppe* (s. Abb. *Wahrnehmung 19b*) u. der *Neckersche Würfel* (s. Abb. *Wahrnehmung 19c*) sind K., die auf einer Uneindeutigkeit der mögl. Version des → Tiefensehens bzw. der → Raumwahrnehmung beruhen. Ein humorist. Bsp. ist die bisweilen als »Gattin-Schwiegermutter«-K. bezeichnete Darstellung; s. Abb. *Wahrnehmung 19d*; zu weiteren interessanten Bsp. vgl. Falk u. a. (1990, S. 246); eine ganz simple Figur, die dennoch eine große Anzahl verschiedener Auffassungsmöglichkeiten ergibt, ist die *Wundtsche* → *Serviettenringfigur*. Als *Schafer-Murphy-Effekt* wird bisweilen die bevorzugte Wahrnehmung einer bestimmten Figur-Grund-Verteilung bei K. bezeichnet, die durch vorhergehende Belohnung determiniert ist.

K. machen in frappanter Weise deutl., dass die Wahrnehmung nicht einfach reizdeterminiert ist u. die Abhebung der Figur vom Hintergrund eine aktive Leistung des Wahrnehmungssystems ist, denn auch bei uneindeutigen Konfigurationen ist es nicht so, dass die Figur weniger stark vom Vordergrund abgesetzt ist, sie kippt nur bisweilen um, ist aber während ihrer Gültigkeit ebenso deutl. wie eine eindeutige Figur.

TH: Ein Erklärungsansatz ist die Sättigungs- bzw. Ermüdungstheorie von W. Köhler, die besagt, dass die für beide Wahrnehmungsmöglichkeiten zuständigen Nervenprozesse nur begrenzt andauern, weil eine Ermüdung einsetzt u. das Gehirn auf den alternativen Wahrnehmungsprozess umschaltet.

LIT: Zur Problematik vgl. Rock (1985); zum Überblick vgl. Kebeck (1994) und Goldstein (1984).

◆ Campenhausen, C. v.: Die Sinne des Menschen. Stuttgart 1993; Falk, D. S. u. a.: Ein Blick ins Licht. Berlin 1990; Goldstein, E. B.: Sensation and perception. Belmont 1984; Kebeck, G.: Wahrnehmung. Weinheim 1994; Rock, I.: Wahrnehmung. Heidelberg 1985.

Kippnachwirkung → Nachwirkungen.

Kitzelempfindung → Mechanorezeption.

Kjersted-Robinson-Gesetz → Lernkurve.

Klassifikationsaufgabe → Klassifikations- vs. Identifikationsaufgabe.

Klassifikationsmethode → Sortiertechnik.

Klassifikations- vs. Identifikationsaufgaben. Beides sind Formen von → Erkennungsaufgaben bzw. → Reaktionsexperimente; K. unterscheiden sich von I. dadurch, dass jeweils mehrere Reize einer einzigen Reaktion zugeordnet werden, während bei I. jeweils ein bestimmter Reiz einer bestimmten Reaktion zugeordnet ist, welche demgemäß als solche *identifiziert* werden muss.

VD: Ein Vergleich zw. I. u. K. bietet die Möglichkeit, zu prüfen, ob der im → Hick-Hyman-Gesetz formulierte *Alternativeneffekt* von der Zahl der Reiz- o. der Reaktionsalternativen abhängt, da im Unterschied zu I. bei K. die Zahlen nicht perfekt korreliert sind. Die generelle Antwort lautet: Es kommt auf die inhaltl. Zuordnung zw. Reizen u. Reaktionen an; vgl. Posner (1964) u. Smith (1968); wenn die Reize, die den gleichen Reaktionen zugeordnet sind, durch eine gemeinsame Adresse vertreten werden können, ist der Zeitbedarf für die Klassifikation von 4 Reizen in 2 Reaktionskategorien der gleiche wie für die Identifikation von zwei Reizen. Dies ist mögl., wenn die Reize, die einer Reaktion zugeordnet sind, gemeinsame Merkmale aufweisen, dann besteht die Möglichkeit, eine gemeinsame Adresse auszubilden, die durch diese gemeinsamen Merkmale spezifiziert ist. Wenn dagegen die Ausbildung einer gemeinsamen Merkmalsadresse nicht mögl. ist, ist die 4:2-Klassifikation ähnl. zeitaufwendig wie eine 4:4-Identifikation. Dieser Überlegung liegt die Vorstellung zugrunde, dass die Struktur der jeweils beteiligten Adressen sich in gewissen Grenzen nach den aktuellen Aufgabenanforderungen richtet, wb. eine dimensionale Struktur des Adressenraums nötig ist, eine solche kann sich v. a. dann entwickeln, wenn das Reizmaterial selbst eine entsprechende Organisation aufweist: → mehrdimensionaler Figurenvergleich.

◆ Posner, M. I.: Information reduction in the analysis of sequential tasks. PR 71, 1964, S. 491–504; Smith, E.: Choice reaction time: an analysis of the major theoretical positions. PBu 69, 1968, S. 77–110.

Klassifikatorisches Erkennen → Erkennungsaufgaben.

Klassifizieren → Erkennen; → Klassifikations- vs. Identifikationsaufgaben.

Klassische Konditionierung [auch *respondentes Lernen*, *Signallernen*, *Pawlowsche Konditionierung*, *Konditionierung vom Typ I*, *Konditionierung vom Typ S*; ältere, seltenere Formulierung: *klass. Bedingen*], eine → Konditionierung, bei der ein neutraler Reiz mit einem Reiz gekoppelt wird, der, meist durch eine vorgegebene biolog. Auslösefunktion bedingt, zuverlässig bestimmte Reaktionen bei einem Tier o. einer

Abb. *Lernen 6a*

Vp hervorruft. Durch diese Koppelung erlangt der neutrale Reiz die Fähigkeit, diese Reaktion auch allein auszulösen. Eines der klass. Versuchsergebnisse bestand darin, dass der Ton einer Stimmgabel, der des Öfteren vor der Präsentation der Nahrung für Hunde erklang, bei den Hunden dann auch allein die Speichelsekretion auslöste. In einem anderen Versuch wurde der Anblick einer weißen Ratte, die vorher bei einem neun Monate alten Jungen keine Furchtreaktion ausgelöst hatte, regelmäßig mit lauten Geräuschen, die bei Babys Furchtreaktionen auslösen, gekoppelt u. erhielt so ebenfalls eine aversive Qualität (Watson u. Rayner 1920); → erworbener Trieb. Eine k. K. wurde für die unterschiedlichsten Organismen vom Blattwurm bis zum Menschen nachgewiesen u. scheint insofern ein phylogenet. elementarer Lernprozess zu sein. Ein Überblick über einige wichtige unbedingte Reize u. Reaktionen, mit denen konditionierte Reaktionen ausgebildet werden können, findet sich in Foppa (1975). Einen Überblick über die verschiedenen Apparate u. Messanordnungen enthält Gormezano (1966); vgl. speziell für Ratten Munn (1950). Die Abb. *Lernen 6a* zeigt Pawlow, seinen Mitarbeiterstab u. einen Versuchshund; die Abb. *Lernen 6b* zeigt Pawlows Versuchsapparatur (aus Brickenkamp 1986, S. 293).

Das prototyp. Konditionierungs-Experiment zerfällt meist in drei Phasen: (a) In der sog. *Kontrollphase* wird geprüft, ob der NS wirkl. ein neutraler Reiz ist, also die UR nicht selbst auslöst. Dies ist nicht leicht zu entscheiden, da häufig die sog. → Orientierungsreaktion auftritt, eine unspezif. Reaktion, die dadurch definiert ist, dass sie bei wiederholter Darbietung des auslösenden Reizes erlischt. Da sowohl das Auftreten der psychogalvan. Hautreaktion als auch das Öffnen der Augenlider Komponenten der Orientierungsreaktion sind u. gleichzeitig die in Humanversuchen hauptsächlich konditionierten Reaktionen darstellen, entsteht das Problem der Spezifikation der CR. Ein method. Problem entsteht auch, wenn eine durch den neutralen Reiz ausgelöste Reaktion der CR so ähnl. ist, dass eine Unterscheidung schwierig wird – eine sog. *Alphareaktion*. Weiter besteht die Möglichkeit einer → Pseudokonditionierung. (b) In der zweiten Phase, der *Akquisitionsphase*, werden die neutralen Reize mit dem US gekoppelt; das zeitl.

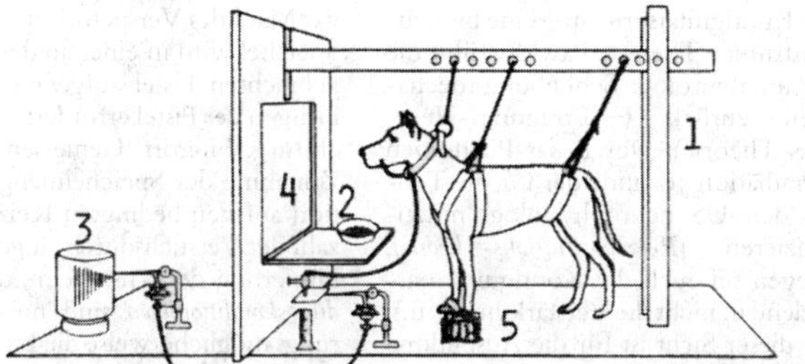

Abb. *Lernen 6b*

Versuchsapparatur nach Pawlow (Dimensionen: unterschiedlich, je nach Größe des Tieres; Material: Holz, Plastik, Metall; 1 = Halterung; 2 = Futternapf; 3 = Speichelregistriergerät; 4 = Lichtscheibe oder Öffnung zur Darbietung von Reizen; 5 = elektronischer Rost mit Feder)

Verhältnis der beiden wird → Interstimulusintervall genannt. (c) In der dritten Phase wird der CS schließl. allein dargeboten, es tritt → Extinktion auf, u. man prüft die *Extinktionsresistenz*. (d) Manchmal schließt sich noch eine vierte Phase an, die der Feststellung dient, ob eine *spontane Erholung* (auch *Spontanremission*) der Reaktion auftritt, d. h. ein Wiederauftreten der CR, meist mit geringerer Stärke als vor der Extinktionsperiode; zsfd. vgl. Gormezano u. Moore (1969).

Eine k. K. ist von einer → operanten Konditionierung zu unterscheiden, allerdings besteht in fast allen Lernprozessen eine Wechselwirkung zw. einer k. K. u. einer operanten Konditionierung. Insbes. aus solchen Interaktionsprozessen hat sich eine neue Interpretation u. Auseinandersetzung mit der schon fast »altmod.« k. K. ergeben. Bis heute ist die Sinnhaftigkeit der Unterscheidung zw. einer k. K. u. einer operanten Konditionierung, wie sie von der klass. → Zwei-Faktoren-Theorie der Konditionierung postuliert wird, nicht völlig geklärt. Zunehmend wird erkannt, dass die funktionalen Unterschiede gering sind u. in jedem realen Lernprozess meist Interaktionen beider Konditionierungsarten gegeben sind; vgl. hierzu zsfd. Bredenkamp u. Wippich (1977).

T: (a) Der Reiz, der im Sinne einer → primären Motivation die Reaktion zuverlässig auslöst, wird als *unbedingter/unkonditionierter Reiz/Stimulus* bezeichnet, die Reaktion als *unbedingte/unkonditionierte Reaktion* bzw. *unbedingter Reflex*. Standardabkürzungen sind *US* u. *UR*, auch: *UCS* u. *UCR*. (b) Der ehemals neutrale Reiz (*NS*) wird, nachdem er diese Auslösequalität erhalten hat, als *bedingter Reiz/Stimulus* (seltener *bedingendes Signal*; engl. *conditioned* bzw. *conditional stimulus*) bezeichnet; Standardabk.: *CS*). Die an diesen CS gekoppelte neue Reaktion ist die *bedingte Reaktion* bzw. der *bedingte Reflex*. Bechterew hat vom *Assoziationsreflex* gesprochen. (Die k. K. wird auch als *Signallernen* bezeichnet – dieser Begriff ist allerdings keine reine Deskription, da es theoret. problemat. ist, ob sich die k. K. tatsächl. als *Signallernen* interpretieren lässt; s. u.); s. a. das Stw. klass. → Konditionierung zweiter Ordnung. (c) Interessanterweise verwendete Pawlow ursprüngl. den dt. Begriff »Bekräftigung«.

HI: Die grundlegenden method. u. theoret. Paradigmen der k. K. wurden v. a. durch den russ. Physiologen Iwan Pawlow (→ Reflexologie) begründet u. in jahrzehntelanger Arbeit experimentell erforscht; er verwendete dabei im Wesentl. Versuchstiere, bevorzugt Hunde, u. analysierte v. a. die Konditionierung von sekretor. Reflexen.

WÜ: Die k. K. ist eines der empir. Hauptparadigmen, auf die sich der → Behaviourismus beruft, u. die in diesem Rahmen durchgeführten Experimente gehören zu den klass. Experimenten der Ps. Die Arbeit Pawlows wurde mit dem Nobelpreis für Medizin gewürdigt.

TH: Nach Pawlow ist für die Ausbildung einer k. K. keine → Verstärkung im eigentl. Sinne nötig, entscheidend sei allein das → Kontiguitätsprinzip – eine bis heute umstrittene Theorie. Pawlow führt die k. K. auf neurolog. Schließungsmechanismen zurück (→ Erregungs-Hemmungs-Theorie): Durch das Phänomen der Irradiation gewinne der CS die Tendenz, den US neurophysiolog. mitzuproduzieren *(Reizsubstitutions-Theorie)*, deswegen sei auch die Kontiguität entscheidend u. nicht die Verstärkung (s. u.). Nach dieser Sicht ist für die Ausbildung einer Konditionierung kein Bewusstsein des Zusammenhangs nötig: → unbewusstes Lernen; s. a. das Stw. → interozeptive Konditionierung. Die → kognitiven Lerntheorien konzipieren die k. K. als Ausbildung von *Erwartungen* u. weisen darauf hin, dass der CS zuverlässige Informationen über den US vermitteln muss, damit eine k. K. mögl. ist; vgl. hierzu Rescorla (1972); Brewer (1974).

KR: Kraiker hebt in einer zsfd. Darstellung der Problematik des Paradigmas der k. K. fünf Merkmale derselben hervor: (a) Elementarismus; (b) die Annahme, dass die bedingten → Reflexe tatsächl. *Reflexe* sind; (c) die Annahme der Beliebigkeit des konditionierten Stimulus; (d) die Identität von CR u. UR; (e) die Annahme, dass die Umwandlung eines Reizes in einen bedingten Reiz eines anderen Reflexes nur dann mögl. ist, wenn der Reflex auf den ersten Reiz physiolog. schwächer ist als auf den zweiten: So ist es z. B. mögl., bei einem Hund leichte Hautschädigungen zu konditionierten Nahrungsstimuli zu machen, da der Nahrungsreflex stärker ist als der Abwehrreflex – dies gelingt jedoch nicht mit → Elektroschocks. Allg. wird dieses Phänomen als *Stärkeregel* dahingehend formuliert, dass sehr schwache u. sehr starke Reize als CS weniger leicht zu konditionieren sind; vgl. hierzu auch Millenson (1967). Alle diese Annahmen sind problemat; vgl. hierzu Kraiker (1974). Auch die Effekte der → sensorischen Vorkonditionierung, der → Blockierung u. der Überschattung (→ overshadowing) stellen das klass. Modell in Frage; vgl. Rescorla (1972); Klein u. Mowrer (1989).

VD: Details zu den pawlowschen Experimenten (s. Abb. *6b*): Das Futter wird, heutzutage in Form eines Pulvers in genau dosierter Menge, mittels einer pneumat. Vorrichtung mit Schlauch, direkt in das Maul des Versuchstiers gespritzt. Der Speichel wird in einer an der Wange angebrachten Fistel aufgefangen; das Anbringen der Fistel erfordert einen kleinen chirurg. Eingriff. Gemessen werden die Zunahme der Speichelmenge als Reaktion auf den bedingten Reiz u. die Anzahl der Versuchsdurchgänge bis zur Stabilisierung des Vhs. Beim *klass. Vermeidungskonditionieren* sind nur die Halterung, möglicherweise die Lichtscheibe u. der elektr. Rost notwendig. Hier wird der CS mit dem UCS gepaart; die R u. später die CR besteht aus dem Heben des Fußes. Schon nach eins bis zwei Durchgängen vermeidet das Tier den UCS; es hebt den Fuß, sobald es den CS wahrnimmt.

LIT: Zum Überblick Black u. Prokasy (1972); Gormezano u. Moore (1969); im dt. Sprachraum ist das Standardlehrbuch bis Anfang der siebziger Jahre Foppa (1975); danach Bredenkamp u. Wippich (1977); neuere Arbeiten sind Klein u. Mowrer (1989); zur Bedeutung der Prinzipien des k. K. für die Entwicklungsps. vgl. Trautner (1992) u. Rovee (1986); eine ausführl. Darstellung der sowjet. Pawlow-Schule u. ihres Verhältnisses zu der Akadem. Ps. bieten Kussmann (1984) u. Buresova (1984); die Literaturangaben zu Pawlows Werken finden sich unter dem Stw. → Reflexologie; für eine Übersicht über neuere kognitiv interpretierte Tierexperimente zur klass. u. operanten Konditionierung vgl. Rescorla u. Holland (1982); zur Weiterführung von Pawlows Ideen auf persönlichkeitstheoret. Gebiet vgl. Gray (1964).

◆ Black, A. H. u. Prokasy, W. F. (Hg.): Classical conditioning II: current theory and research. New York 1972; Bredenkamp, J. u. Wippich, W.: Lern- u. Gedächtnisps., 1. Bd. Stuttgart 1977; Brewer, W. F.: There is no convincing evidence for operant or classical conditioning in adult humans. In: Weimer, W. B. u. Palermo, D. S. (Hg.): Cognition and the symbolic processes. Hillsdale 1974; Brickenkamp, R. (Hg.): Handbuch apparativer Verfahren in der Ps. Göttingen 1986; Buresova, O.: Die sowjet. Pawlow-Schule: Experimente, Theorien u. Einfluss auf die Ps. In: Zeier, H. (Hg.): Lernen u. Vh., 1. Bd. Lerntheorien. Weinheim 1984, S. 49–75; Foppa, K.: Lernen, Gedächtnis, Vh. Köln 1975 (9. Aufl.); Gormezano, I.: Classical conditioning. In: Sidowski, S. B. (Hg.): Experimental methods and instrumentation in psychology. New York 1966; Gormezano, I. u. Moore, J. W.: Classical conditioning. In: Marx,

M. H. (Hg.): Learning processes. New York 1969; GRAY, J. A. (Hg.): Pavlov's typology. 1964; KLEIN, S. u. MOWRER, R. R. (Hg.): Contemporary learning theories: Pavlovian conditioning and the status of traditional learning theory. Hillsdale 1989; KRAIKER, C. (Hg.): Handbuch der Vhstherapie. München 1974; KRAIKER, C.: Bemerkungen über die empir. u. theoret. Grundlagen der Vhstherapie. In: KRAIKER (1974), S. 11–33; KUSSMANN. T.: Pawlow u. das klass. Konditionieren. In: ZEIER, H. (Hg.): Lernen u. Vh., 1. Bd. Lerntheorien. Weinheim 1984, S. 12–49; MILLENSON, J. R.: Principles of behaviour analysis. London 1967; MUNN, N. L.: Handbook of psychological research on the rat. Boston 1950; KLEIN, S. u. MOWRER, R. R. (Hg.): Contemporary learning theories: Pavlovian conditioning and the status of traditional learning theory. Hillsdale 1989; RESCORLA, R. A.: Informational variables in Pavlovian conditioning. In: BOWER, G. H. (Hg.): The psychology of learning and motivation, Bd. 6. New York 1972; RESCORLA, R. A. u. HOLLAND, P. C.: Behavioural studies of sociative learning in animals. ARP 33, 1982, S. 265–308; ROVEE, C.: The rise and fall of classical conditioning research: Its promise for the study of early development: In: LIPSEET, L. P. u. ROVEE-COLLIER, C. (Hg.): Advances in infancy research. 3. Bd. Norwood 1986, S. 1939–1959; TRAUTNER, H. M.: Lehrbuch der Entwicklungsps., 1. Bd. Göttingen 1972; WATSON, J. P. u. RAYNER, R.: Conditioned emotional reactions. JExP 3, 1920, S. 1–14; ZTSCHR: The Pavlovian Journal of Biological Science.

Klassisches Bedingen → klassische Konditionierung.

Klassische Testtheorie → Psychodiagnostik.

Klein-Elementen-Modelle → mathematische Lerntheorien.

Kleiner Albert → erworbener Trieb; → klassische Konditionierung.

Klick-Experimente, ein experimentelles Paradigma der → Psycholinguistik: Den Vpn werden über Kopfhörer auf ein Ohr Sätze eingespielt, auf das andere Klicks, u. die Vp müssen angeben, an welchen Stellen sie diese Klicks innerhalb des Satzes wahrgenommen haben. Dabei ergibt sich, dass die wahrgenommene Lokalisierung der Klicks entsprechend der subjektiv empfundenen Organisation der Sätze erfolgt u. nicht an der objektiven Stelle: Die Einspielung der Störreize (Töne) wurde vor, während u. nach den *Konstituentengrenzen* (→ Konstituentenanalyse) in Sätzen vorgenommen, die Störreize wurden jedoch entsprechend der Hypothese mit den Konstituentengrenzen zusammenfallend wahrgenommen; zu weiteren Experimenten vgl. Fodor u. a. (1974).

HI/WÜ: Die Technik wurde zuerst von Ladefoged u. Broadbent (1960) angewandt u. dann von Fodor u. Bever (1965) benutzt, um die → psychologische Realität der Grammatik, insbes. die Validität des Kzpts. der Konstituentenstruktur (→ Konstituentenanalyse; → Phrasenstrukturgrammatik) von Sätzen nachzuweisen.

LIT: Zur Problematik vgl. zsfd. Grimm u. Engelkamp (1981); Engelkamp (1973).

◆ BUSSMANN, H.: Lexikon der Sprachwissenschaft. Stuttgart 1990; ENGELKAMP, J.: Semant. Struktur und Verarbeitung von Sätzen. Bern 1973; FODOR, J. A. u. BEVER, T. G.: The psychological reality of linguistic segments. JVLVB 4, 1965, S. 414–420; FODOR, J. A. u. a.: The psychology of language. New York 1974; GRIMM, H. u. ENGELKAMP, J.: Sprachps. Berlin 1981; LADEFOGED, P. u. BROADBENT, D. E.: Perception of sequence in auditory events. QJEP 12, 1960, S. 162–170.

Klick-Fusion → Zeitwahrnehmung.

Klinische Neuropsychologie → Neuropsychologie.

Klinische Psychologie, Teilgebiet der → angewandten Psychologie, das sich mit den ps. Grundlagen der psych. Störungen u. der Psychotherapie beschäftigt. Die k. Ps. ist Teil des Hauptstudiums, eines der drei Schwerpunktfächer, auf die man sich im Diplomstudium spezialisieren kann. Die k. Ps. – die von Laien häufig mit der Ps. insges. identifiziert wird – ist ein Teilgebiet, das sich erst spät entwickelt hat

u. das noch heute um seine Identität ringt. In den letzten Jahren haben sich wichtige Fortschritte v. a. hinsichtl. einer grundwissenschaftl. Fundierung der psych. Störungen u. einzelner störungsspezif. Behandlungsmethoden, wie z. B. der verschiedenen *Angststörungen*, ergeben. Wichtige allgemeinps. Kzpte., die in der k. Ps. rezipiert worden sind o. tlw. von dort herstammen, sind: → gelernte Hilflosigkeit, → Selbstwirksamkeit, sämtl. → Attributionstheorien, → Stress, → Bewältigung, auch zahlreiche Paradigmen u. Methoden der → physiologischen Psychologie; speziell das Gebiet der → Angst war ein Thema, bei dem Grundlagenforschung u. Klinik sich eng berühren, v. a. bei dem in den letzten Jahren prävalenten Thema der *Panikattacken* (vgl. Ehlers u. Margraf 1989); s. a. die Stw. → Aktivation, → Aufmerksamkeit, → Emotionstheorien; vgl. auch → Psychosomatik.

Für die ps. u. psychiatr. Diagnostik gleichermaßen bedeutsam sind die Klassifikationssysteme psych. Störungen. Die größte Verbreitung besitzt das ICD (*International Classification of Diseases*, die Klassifikation der Weltgesundheitsorganisation WHO), seit 1993 ist das ICD–10 gültig; vgl. Weltgesundheitsorganisation (1993). Zunehmend gewinnt das von der Amerikan. Psychiatr. Vereinigung (APA) entwickelte Klassifikationssystem DSM (*Diagnostic and Statistical Manual of Mental Disorders*) an Einfluss, das von wissenschaftl. Impulsen der Diagnostikforschung geprägt ist u. zu einer deutl. Verbesserung der Reliabilität psychiatr. Diagnosen geführt hat (Saß u. a. 1996).

VD/T: Die eingangs gegebene Definition ist durchaus umstritten u. heute noch programmat.: (a) Bis heute sind die meisten Psychotherapieformen eben nicht auf der Basis einer allg. k. Ps. entstanden, sondern es sind meist außerhalb der akadem. Ps. an individuell geprägten Ansätzen einzelner Persönlichkeiten geschaffene Gedankengebäude; eine Ausnahme ist die → Verhaltenstherapie. Zur Bezeichnung derjenigen k. Ps., die sich als Grundlagentheorie psych. Störungen versteht, wurde bisweilen auch der Begriff *Pathopsychologie* vorgeschlagen; vgl. Bastine (1984). Eine bes. Definition u. Konzeption vertritt Pongratz (1983), wenn er unter k. Ps. alle auf der Grundlage der modernen Ps. entwickelten Therapieformen zusammenfasst u. damit v. a. die → Verhaltenstherapie meint, während er mit »Psychotherapie« i. e. S. die Psa. u. alle von ihr abgeleiteten Schulen bezeichnet (wb. letzterer Sprachgebrauch durchaus übl., ersterer ungewöhnl. ist). (b) Dementsprechend gibt es auch auf dem Gebiet der theoret. Grundlagen der psych. Störungen eine Art Zweiteilung: diejenigen Ansätze, die den verschiedenen Psychotherapieformen entstammen, u. solche Ansätze, die sozusagen »unideolog.« mit empir. Grundlagenforschungsmethoden psych. Störungen zu durchdringen versuchen; vgl. hierzu Grawe (1994). (c) Eine weitere Problematisierung der Definition besteht in der Abgrenzung zum Gebiet der *Psychiatrie*: Letztere ist eine vorwiegend von medizin. Seite, also von Ärzten entwickelte psych. Krankheits- u. Therapielehre; bisweilen wird der k. Ps. in Abgrenzung von der Psychiatrie das Gebiet der *nichtpsychot.* Störungen zugewiesen, also der herkömmlicherweise als *Neurosen* bezeichneten Störungen (die dadurch definiert sind, dass sie nicht durch endogene (Gehirn-)Prozesse, sondern durch psychosoziale Prozesse entstanden sind). Zunehmend besteht aber eine Tendenz zur Verwischung dieser ursprüngl. Grenzlinien, v. a. im angloamerikan. Bereich waren Ps. u. Psychiatrie schon immer viel stärker legiert. (d) Aus histor. u. auch sachlog. Gründen wird die → Neuropsychologie ebenfalls meist nicht in die k. Ps. mit eingeschlossen. (e) Auch die → Psychosomatik wird aus dem Bereich der k. Ps. i. e. S. meist ausgeklammert. (f) Im engl. Sprachraum hat sich innerhalb der Gebietsverteilung der führenden Fachzeitschriften eine sprachl. u. inhaltl. Regelung ergeben: Das *Journal of Consulting* *and Clinical Psychology* berücksichtigt Manuskripte, die sich mit der Diagnose o. der Behandlung gestörten Verhaltens beschäftigen, jedoch nicht Manuskripte über die Ätiologie o. deskriptive Pathologie gestörten Verhaltens, für die das *Journal of Abnormal Psychology* zuständig ist. *Clinical Psychology* entspricht also im anglo-amerikan. Bereich eher dem Kzpt. einer wissenschaftl. fundierten Psychotherapie. Eine vergleichbare Aufspaltung gibt es im deutschen Sprachraum nicht. (g) Der Begriff der *abnormalen Ps.* selbst wird im Deutschen höchstens als Übersetzung von *abnormal psychology* verwendet; wofür bisweilen auch die Übersetzung *Psychopathologie* gewählt worden ist, obgleich dieser Begriff im dt. Raum eine spezif. Bedeutung hat: (h) *Psychopathologie* meint im dt. Sprachraum meist die deskriptive Grundlagentheorie der Psychiatrie, die eine genaue Beschreibung u. Klassifikation der bei psych. u. v. a. bei psychot. Störungen auftretenden Phänomene beinhaltet u. dabei bewusst die Frage einer nosolog. Einordnung dieser Phänomene ausklammert. (i) *Medizin. Ps.* betrifft die Gesamtheit aller ps. Aspekte der Tätigkeit des Arztes bzw. des Psychologen in einem Krankenhaus, bisweilen auch die *Gesundheitsps.*, also die psych. Aspekte von körperl. Krankheit u. Gesundheit, miteinschließend; typ. Themenfelder sind die Betreuung u. psych. Nachsorgung bei Operationen, die Betreuung Sterbender, Compliance-Probleme; die Semantik des Begriffs ist allerdings vage u. gegenwärtig v. a. durch eine Prüfungsordnung als Teilgebiet der Medizin bestimmt; Lehrpläne der medizin. Ps. beinhalten im Grunde die normalen Lehrpläne der Ps., meist jedoch unter ärztl. Gesichtspunkt u. unter speziellem Zuschnitt für die Situation im Krankenhaus; vgl. Huppmann u. Hoffmann (1977); Dahme (1977); Schmidt (1984b); Basler u. Florin (1985); Gerber u. a. (1994); vgl. Pöppel u. Bullinger (1990).

(Anm.: Das Gebiet der k. Ps. ist aus diesem Lexikon ausgeklammert, eingegangen wird jedoch auf klin. Aspekte von Grundlagenthemen u. es finden sich bei allen wichtigen Begriffen Verweise auf klin. Aspekte. Geplant ist ein eigenes Lexikon über psych. Störungen u. ein weiteres über die unterschiedl. Psychotherapieformen.)

LIT: Reinecker (1994) sowie Davison u. Neale (1996) sind Standardlehrbücher der psych. Störungen; Benesch (1995) ist ein Wörterbuch der k. Ps. u. der Psychotherapie, während Schmidt (1984a) u. Bastine (1984) die Erörterung von Störungsbildern ausklammern; ein Handbuch in sechs Bänden zur Störungslehre u. zur Therapie ist Wittling (1980ff.); besonderen Wert auf die Integration von Grundlagenforschung u. k. Ps. legen Baumann u. Perrez (1990) u. Perrez u. Baumann (1991, zu diesem Lehrbuch ist ein Fragenkatalog erschienen, mit sechs Audiokassetten mit ausgewählten Texten aus beiden Bänden); vgl. auch Comer (1995); Reinecker (1995) ist ein Buch mit Falldarstellungen u. Einzelfallstudien; ein Lehrbuch der klin. Kinderps. ist Petermann (1995); zsfd. zur klin. Diagnostik vgl. Petermann u. Kusch (1992); Beiträge der experimentellen Ps. zur Klärung der ps. Grundlagen der Schizophrenie finden sich z. B. in Ruckstuhl (1981); zur Depressionsforschung vgl. Hautzinger u. Greif (1981); zur Klassifikation psych. Störungen vgl. Baumann (1990) u. Möller (1989); ein ausgezeichnetes Lexikon der Psychiatrie, das v. a. Wert darauf legt, die Einzelheiten der sehr heterogenen psychiatr. Terminologie zu erklären, ist Peters (1984).

◆ Basler, H.-D. u. Florin, I. (Hg.): Klin. Ps. u. körperl. Krankheit. Stuttgart 1985; Bastine, R.: Entwicklungen u. Kontroversen in der klin. Ps. In: Amelang, M. (Hg.): Bericht über den 35. Kongreß der Dt. Ges. f. Ps. in Heidelberg 1986. Göttingen 1987, S. 501–515; Bastine, R.: Klin. Ps., 1. Bd. Stuttgart 1984; Baumann, U. u. a. (Hg.): Klin. Ps. Trends in Forschung u. Praxis. 6 Bde., Bern 1978–1984; Baumann, U. u. Perrez, M. (Hg.): Lehrbuch Klin. Ps., 1. Bd. Bern 1990; Baumann, U.: Klassifikation. In: Baumann u. Perrez (1990); Beckmann, D. u. a. (Hg.): Medizin. Ps. Berlin 1982; Benesch, H.: Enzyklopäd. Wörterbuch Klin. Ps. u. Psychotherapie. München 1995; Comer, R. J.: Klin. Ps. Heidelberg 1995; Dahme, B. u. a.: Lernziele der medizin. Ps. Empfehlungen zu den Zielen u. Methoden des Unterrichts. München 1977; Davison, G. C. u. Neale, J. M.: Klin. Ps. Weinheim 1996 (4. Aufl.); Ehlers, A. u. Margraf, J.: Agoraphobien u. Panikanfälle. In: Reinecker (1989) S. 73–106; Fichter, M. u. Wittchen, H.-U.: Clinical psychology and psychotherapy. A survey of the present state of professionalisation in 23 countries. AmP 35, 1980, S. 16–25; Förderung deutscher Psychologenvereinigungen (DGfPs u. BDP): Grundlagen der heilkundl. Tätigkeit von Psychologen –

rechtl. u. fachwiss. Aspekte. Bonn 1988; FÖRDERUNG DEUTSCHER PSYCHOLOGENVEREINIGUNGEN (DGfPs u. BDP): Weiterbildung in klin. Ps., Bildungsgang zum klin. Psychologen/Psychotherapeuten. Bonn 1988; GERBER, W.-D. u. a. (Hg.): Medizin. Ps. München 1994; GOLDFRIED, M. R.: Converging themes in psychotherapy: Trends in psychodynamic, humanistic and behavioural practice. New York 1982; GRAWE, K. u. a.: Psychotherapie im Wandel. Von der Konfession zur Profession. Göttingen 1994; HARTIG, M.: Probleme u. Methoden der Psychotherapieforschung. München 1975; HAUTZINGER, M. u. GREIF, S. (Hg.): Kognitionsps. der Depression. Stuttgart 1981; HELLPACH, W.: Klin. Ps. Stuttgart 1946; HOCKEL, M.: Rechtsrahmen ps. Berufstätigkeit in der Sicht des Psychologen. In: HOCKEL, M. u. a./BDP (Hg.): Handbuch der angewandten Ps., 2. Bd. Landsberg 1981, S. 23–90; HUPPMANN, G. u. HOFFMANN, V.: Zur histor. Entwicklung der medizin. Ps. in Deutschland. Medizin. Ps. 3, 1977, S. 145–168; LEONHARDT, W.: Zum Verhältnis von Psychiatrie u. Ps. Deutsches Ärzteblatt 71, 1974, S. 99–100; MEYERHOFF, H.: Leitfaden der klin. Ps. München 1959; MINSEL, W.-R. u. SCHELLER, R.: Brennpunkte der klin. Ps., 3. Bd.: Ps. u. Medizin. München 1982; MÖLLER, H.-J.: Probleme der Klassifikation u. Diagnostik. In: REINECKER (1989), S. 3–24; PERREZ, M. u. BAUMANN, U. (Hg.): Lehrbuch klin. Ps., 2. Bd. Bern 1991; PETERMANN, F. u. KUSCH, M.: Klin. Diagnostik. In: JÄGER, R. S. u. PETERMANN, F. (Hg.): Ps. Diagnostik. Weinheim 1992 (2. Aufl.), S. 510–533; PETERMANN, F. (Hg.): Lehrbuch der Klin. Kinderps. Modelle psych. Störungen im Kindes- u. Jugendalter. Göttingen 1995; PETERS, U. H. (Hg.): Wörterbuch der Psychiatrie u. klin. Ps. München 1984; PONGRATZ, L. J.: Lehrbuch der klin. Ps.: Ps. Grundlagen der Psychotherapie. Göttingen 1973; PONGRATZ, L. J. (Hg.): Klin. Ps. HP., 8. Bd., 2 Hlbe. Göttingen 1977/1978; PONGRATZ, L. J.: Das Verhältnis von klin. Ps. u. Psychotherapie. ZkPPP 31, 1983, S. 229–239; PONGRATZ, L. J.: Einleitung: Geschichte, Gegenstand, Grundlagen der klin. Ps. In: PONGRATZ (1977), S. 1–59; PÖPPEL, E. u. BULLINGER, M. (Hg.): Medizin. Ps. Weinheim 1990; REINECKER, H. (Hg.): Lehrbuch der klin. Ps.: Modelle psych. Störungen. Göttingen 1994 (2. Aufl.); REINECKER, H. (Hg.): Fallbuch der Klin. Ps. Einzelfallstudien zum Lehrbuch der Klin. Ps. Göttingen 1995; RUCKSTUHL, U.: Schizophrenieforschung. Weinheim 1981; SASS, H. u. a. (dt. Überarbeitung): Diagnost. u. Statist. Manual Psych. Störungen. DSM-IV (hg. von der American Psychiatry Association). Göttingen 1996; SCHMIDT, L. (Hg.): Lehrbuch der klin. Ps. Stuttgart 1984a; SCHMIDT, L. R.: Ps. in der Medizin. Stuttgart 1984b; SCHRAML, W. J. u. BAUMANN, U. (Hg.): Klin. Ps., 2 Bde. Bern 1974, 1975; SHAKOW, D.: What is clinical psychology? AmP 31, 1976, S. 553–560; STERN, E. (Hg.): Handbuch der klin. Ps. Zürich 1954; WATSON, R.: A brief history of clinical psychology. PBu 50, 1953, S. 321–346; WELTGESUNDHEITSORGANISATION: Internationale Klassifikation psych. Störungen. ICD–10, Kap. V (f). Bern 1993; WITTLING, W. (Hg.): Handbuch der klin. Ps., 6 Bde., Hamburg 1980ff.; WITTLING, W.: Klin. Ps. im Rahmen medizin. Probleme u. Institutionen. In: WITTLING, W. (Hg.): Handbuch der klin. Ps., Bd. 6. Hamburg 1980, S. 341–407; ZTSCHR.: Psychopathologie u. Psychotherapie, Psychopathologie u. Psychotherapie, Psychotherapie – Psychosomatik Medizin. Ps., The British Journal of Clinical Psychology, The British Journal of Medical Psychology, Zeitschrift für Klinische Psychologie. Forschung u. Praxis (Organ der Sektion Klin. Ps. im BDP, der DGVT, der Gesellschaft für wissenschaftl. Gesprächstherapie u. der Sektion Klin. Ps. im Berufsverband österreich. Psychologen), Clinical Psychologist, Clinical Psychology Review, Journal of Abnormal Psychology (gegr.: als Journal of Abnormal and Social Psychology), Journal of Clinical Psychology, Journal of Consulting and Clinical Psychology; JAHRBÜCHER/FORTSCHRITTSBERICHTE: Klinische Psychologie – Trends in Forschung u. Praxis. Bern 1978ff. Psychopathologie u. Psychotherapie (hg. im Auftrag der Görres-Gesellschaft, früher: Jahrbuch für Psychologie, Psychotherapie u. medizin. Anthropologie), Progress in Clinical Psychology. New York 1952ff.

Klötzchenwelt → künstliche Intelligenz.

Knoten → semantisches Gedächtnis.

Knowledge engineering → Wissenspsychologie.

Knowledge of performance → knowledge of results.

Knowledge of results [*Bekanntheit der Lernresultate, Kenntnis des Resultats*, meist abgekürzt *KR*]. *KR* ist das Schlagwort für das v. a. im Bereich des → sensomotorischen Lernens akut werdende Problem u. Phänomen, ob u. wie Lernprozesse durch eine rückmeldende Information über das Bewegungsergebnis beeinflusst werden; dies spielt v. a. bei → Tracking-Aufgaben eine Rolle. In einem typ. *KR-Experiment* muss die Person eine Bewegung auf eine bestimmte Zielposition hin ausführen, wb. sie aber das Ziel nicht direkt sehen kann u. über das Bewegungsergebnis erst nachträgl. informiert wird (*Kenntnis des Resultats*), so dass die nachfolgende Bewegung entsprechend korrigiert werden kann. Das Experiment umfasst eine Reihe solcher Versuchsgänge, die jeweils aus der Sequenz Bewegung KR bestehen; variiert werden u. a. die Zeitintervalle zw. einzelnen Ereignissen sowie die Bewegungsbedingungen, insbes. die sensor. Rückmeldungen. Bisweilen wird unterschieden zw. KR u. *knowledge of performance* (Abk.: *KP*) – Letzteres meint Informationen über die Ausführung der Bewegung.

HI: Diese Experimente entstanden im theoret. Rahmen der S-R-Theorien, haben sich jedoch zu einem eigenständigen method. Paradigma entwickelt, nachdem der S-R-theoret. Ansatz als inadäquat erkannt worden ist.

VD: (1) *T*: (a) *KR* kann vom Begriff *feedback* dahingehend unterschieden werden, dass *KR* das extern vermittelte Feedback beschreibt, während *feedback* die internale *sensor.* Rückmeldung bezeichnet; vgl. zu terminolog. Problemen Bilodeau (1969). (b) Im Unterschied zur → Verstärkung steht bei KR der Aspekt *Information* im Vordergrund. Eine Verzögerung von KR führt normalerweise nicht zu einer Beeinträchtigung des Lernens, u. der Wegfall führt, im Unterschied zur Verstärkung, nicht zu einer Löschung u. auch zu keiner o. nur geringer Leistungsminderung; vgl. zsfd. Heuer (1983).
(2) Wulf (1992) weist bezügl. des Problems der optimalen Rückmeldung darauf hin, dass viele der herkömml. Regeln nicht generell gültig sind: (a) Rückmeldungen sollten nicht unbedingt möglichst häufig gegeben werden, eine verringerte Häufigkeit kann effektiver sein; dabei sind zusammengefasste u. gemittelte Rückmeldungen häufig gleich effektiv wie o. sogar effektiver als ständige Rückmeldungen. Diese Befunde lassen sich mit der *»Guidance«-Hypothese* erklären (Salmoni u. a. 1984), die mittlerweile um einige Annahmen erweitert worden ist (Schmidt 1991). Danach wirken Rückmeldungen in zweifacher Weise auf den Lernprozess, zum einen führen sie die Lernenden zur Zielbewegung, indem sie Informationen liefern, die für Korrekturen beim nächsten Bewegungsversuch genutzt werden können; daneben gibt es aber auch negative Effekte, z. B. dass die externe Rückmeldung mit bestimmten Informationsverarbeitungsprozessen interferiert – durch zu häufige Rückmeldungen wird daher die Ausbildung eines internen Fehlerentdeckungsmechanismus beeinträchtigt, welcher die Lernenden von äußerer Rückmeldung weitgehend unabhängig macht. Auch führten die durch ständige Rückmeldung induzierten geringen Korrekturen zu ständigen Veränderungen u. damit Instabilitäten bei der Herausbildung einer Bewegung. Wulf weist darauf hin, dass Untersuchungen zu → Kontext-Interferenz der gängigen Regel widersprechen, dass häufige Wiederholung durch ein drillähnliches Üben zur Stabilität von Bewegungsabläufen optimal beiträgt; zwar führe die ständige Wiederholung eines bestimmten Bewegungsablaufs (*blockweises* Üben) zu schnellen Leistungssteigerungen, sie ist aber für das Bewegungslernen deutl. ineffektiver als ein permanenter Wechsel der Aufgaben (*randomisiertes* Üben). (Ausgenommen ist hierbei möglicherweise das Lernen der Bewegungsparameter.)

LIT: Zum Überblick vgl. Ammons (1956); Bilodeau (1966, 1969); Holding (1965); Singer (1985); neuere krit. Überblicksliteratur ist Salmoni u. a. (1984); vgl. auch Wulf (1992); zur Frage, unter welchen Bedingungen KR wirksam ist u. ob Rückmeldungen als KR o. als KP effektiver sind, sowie für weitere Literaturhinweise vgl. Haase u. Hänsel (1996).

◆ Ammons, R. B.: Effects of knowledge of performance: a survey and tentative theoretical formulation. JGP 24, 1956, S. 279–299; Bilodeau, E. A. (Hg.): Acquisition of skill. New York 1966; Bilodeau, I. M.: Information feedback. In: Bilodeau, E. A. u. Bilodeau, I. M. (Hg.): Principles of skill acquisition. New York 1969, S. 255–285; Haase, H. u. Hänsel, F.: Ps. Aspekte des Techniktrainings. Leistungssport Mai 1996, S. 47–51; Heuer, H.: Bewegungslernen. Stuttgart 1983; Holding, D. H.: Principles of training. Oxford 1965; Salmoni, A. u. a.: Knowledge of results and motor learning: a review an critical appraisal. PBu 95, 1984, S. 355–386;

Schmidt, R. A.: Frequent augmented feedback can degrate learning. Evidence and interpretations. In: Requin, J. u. Stelmach, G. E. (Hg.): Tutorials in motor neuroscience. Holland 1991, S. 59–75; Singer, R. N.: Motor. Lernen u. menschl. Leistung. Bad Homburg 1985; Wulf, G.: Neuere Befunde zur Effektivierung des Bewegungslernens. SPP 1, 1992, S. 12–17.

Koderedundanz-Konzept → duale Kodierungstheorie.

Kodierung [auch *Enkodierung* bzw. *Codierung* o. *Encodierung*], ein aus der Informatik u. Informationstheorie stammendes Kzpt., das in der Ps. in verschiedenen u. unterschiedl. weiten Bedeutungsausprägungen verwendet wird: (a) i. a. S. bezeichnet der Begriff jede »zusätzl.« Informationsverarbeitung nach der sensor. Reizaufnahme; bisweilen wird sogar die Umwandlung physiolog. in ps. Prozesse mit *K.* bezeichnet. (b) Bisweilen bezieht sich *K.* auf kognitive Verarbeitungsprozesse, bei denen aufgenommene Informationen in verschiedene Zusammenhänge integriert werden; vgl. z. B. das Stw. → Kodierungsspezifität. Bisweilen wird dies auch durch den Begriff »semant.« spezifiziert: *semant. K.* (c) Meist bezieht sich K. auf das, was in einem anderen Sprachbild als eine *Repräsentationsform* o. auch neutraler als *Speicherform*, bisweilen auch als *Format* bezeichnet wird, also z. B. die Tatsache, dass eine visuell dargebotene Liste von Buchstaben meist phonet. repräsentiert u. gespeichert – *kodiert* – wird. Parallel hierzu spricht man auch von einer *semant.* K., allerdings nicht im allgemeinen Sinne des unter (b) Dargelegten, gemeint ist vielmehr, dass beim Merken eines Satzes nicht dessen lautl. Form, sondern nur dessen Inhalt, die Bedeutung, also die Semantik, gespeichert wird. (d) In einem speziellen Sinne meint *K.* solche Prozesse, mit denen das Gedächtnismaterial gegliedert u. strukturiert wird: → Gruppierung; → Clustering; → Chunking. Diese Prozesse werden bisweilen als *reduktive K.* bezeichnet, weil mit ihnen die zu verarbeitende Informationsmenge reduziert wird; *elaborative K.* meint dagegen jede K., die nicht nur vorhandene Strukturierungs- u. Reduktionsmöglichkeiten ausnutzt, sondern zusätzl. Ordnungsstrukturen in das Gedächtnis hineinbringt; s. das Stw. → subjektive Organisation.

HI: Der Begriff *K.* bzw. *Kode* o. *Code* ist charakterist. für die Phase der → Gedächtnis- u. → Denkpsychologie, in der der Übergang zum Kognitivismus stattfand – der K.-Begriff umging gewissermaßen das damals heikle Kzpt. einer → mentalen Repräsentation u. das eines → Vorstellungsbildes (→ duale Kodierungstheorie), obwohl er Ähnliches meint; vgl. z. B. Melton u. Martin (1972).

LIT: Für einen Überblick vgl. Bredenkamp u. Wippich (1977); Kintsch (1982).

◆ Bower, G. H.: Organizational factors in memory. CP 1, 1970, S. 18–46; Bredenkamp, J. u. Wippich, W.: Lern- u. Gedächtnisps., 2. Bd. Stuttgart 1977; Kintsch, W.: Gedächtnis u. Kognition. Berlin 1982; Herriot, P.: Attributes of memory. London 1974; Johnson, N. F.: Organization and the concept of memory Code. In: Melton u. Martin (1972); Martin, E.: Stimulus encoding in learning and transfer. In: Melton u. Martin (1972); Melton, A. W. u. Martin, E. (Hg.): Coding processes in human memory. Washington 1972; Tulving, E. u. Bower, G. H.: The logic of memory representation. In: Bower, G. H. (Hg.): The psychology of learning and motivation, 8. Bd. New York 1974; Wickens, D. D.: Encoding categories of words: an empirical approach to meaning. PR 77, 1970, S. 1–15.

Kodierungsspezifität [auch *Enkodierungsspezifität*]. Das Prinzip bzw. die Theorie der K. (Tulving u. Thomson 1973; Wiseman u. Tulving 1975) geht davon aus, dass Erinnern ein aktiver Rekonstruktions- bzw. Rekodierungsvorgang ist, der demgem. nur dann optimal funktioniert, wenn die Art u. Weise, wie das Gedächtnismaterial beim Einprägen kodiert worden ist, auch beim Abruf zum Tragen kommt bzw. benutzt werden kann, wenn also *Erinnerungskontext* u. *Abrufkontext* sich ähnl. sind, wenn v. a. bestimmte Erinnerungshilfen (auch *Abrufhilfen, Entspeicherungshilfen*, engl. *retrieval cues*) gegeben sind, die auf diese Kontextähnlichkeit hinweisen bzw. sie erzeugen; s. a. → kontextabhängiges Gedächtnis. So kann z. B. gezeigt werden, dass Homographen (Wörter, die mehrere Bedeutungen aufweisen) nur dann in hohem Maße wiedererkannt werden können, wenn sich Darbietungs- u. Prüfkontext weitgehend decken – wenn also die Kodierung »spezif.« ist: Wird z. B. das Wort *Ball* im Sinne von *Schützenball* gelernt, ist die Wiedererkennungsleistung am höchsten, wenn es in einem Kontext abgerufen wird, der auf diese Bedeutung hin ausgerichtet ist, u. ist wesentl. geringer im Rahmen von Kontexten, die eine Kodierung als *Fußball* nahelegt.

Dem korrespondiert eine spezielle Vergessenstheorie, nach der → Vergessen durch ein *Versagen der Abrufprozesse* hervorgerufen wird, welches v. a. dann auftritt, wenn eine solche K. nicht gegeben ist, wenn der Vp keine ausreichenden Erinnerungshilfen zur Verfügung stehen (*cue dependent forgetting*).

Eine Erweiterung des Kzpts. stammt von Hunt u. Einstein (1981), die es vom Paradigma des cued recall auch auf die freie Reproduktion u. Wiedererkennen angewandt haben: Das Wiedererkennen werde v. a. durch eine → Orientierungsaufgabe profitieren, die die itemspezif. Kodierung verbessert, der free recall von einer Orientierungsaufgabe gefördert, die die relationale Enkodierung verbessert; vgl. zsfd. Engelkamp (1990).

KR: Vgl. Santa u. Lamwers (1974); Reder u. a. (1974).

VD: Ein innerhalb dieses Paradigmas erarbeiteter Gedächtniseffekt ist das *Phänomen* des *misslingenden Wiedererkennens* (engl. *recognition failure of recallable information*; bisweilen missverständl. bzw. falsch übersetzt mit »fälschl. Wiedererkennen« o. »Wiedererkennensfehler« – das engl. »*recognition failure*« bedeutet Scheitern des Wiedererkennens); Bsp.: Die Vpn mussten Wortpaare wie *Zug – schwarz* lernen, wb. ihnen gesagt wurde, dass sie nur für das zweite Item verantwortl. seien, das als zu erinnerndes Wort bezeichnet wurde – das erste Wort diente als »Kontext«. Nach dieser Lernphase wurden Worte wie *weiß* dargeboten, zu denen die Vp freie Assoziationen produzieren sollten; das konnten bspw. sein: *Schnee, schwarz, Wolle, rein*; die Wörter der Assoziationsaufgabe waren dabei so gewählt, dass mit hoher Wahrscheinlichkeit eines der zu erinnernden Wörter genannt wurde (so ruft bspw. die Vorgabe von *weiß* mit hoher Wahrscheinlichkeit die Assoziation von *schwarz* hervor). In durchschnittl. 66 % der Fälle kam das zu erinnernde Wort unter den vier produzierten Assoziationen vor, u. nachdem die Vp die Assoziationen genannt hatten, sollten sie angeben, welches der vier Wörter sie ursprüngl. gelernt hatten (u. zwar sollten sie immer eines als das wahrscheinlichste angeben, auch wenn sie der Meinung waren, keines der assoziierten Wörter gelernt zu haben); Ergebnis: Sofern sich das zu erinnernde Wort unter den produzierten Wörtern befand, wurde es nur in 54 % der Fälle auch richtig identifiziert (die wahre Wiedererkennungsrate muss also noch niedriger gelegen haben, da immer eine Wahl gefordert war u. ein Teil der Treffer Zufallstreffer gewesen sein müssen). Danach wurden den Vpn die ursprüngl. Kontextwörter dargeboten, u. nun sollten die zu erinnernden Wörter reproduziert werden; Ergebnis: Die Vpn reproduzierten 61 % der Wörter, ein Wert, der höher liegt als die Wiedererkennungsrate von 54 % (von denen noch die Zufallsrate abgerechnet werden muss). Darüber hinaus fand sich das Ergebnis, dass von den reproduzierten Wörtern 42 % im vorangehenden Test nicht wiedererkannt worden waren, obwohl sie zu den assoziierten Wörtern gehört hatten (Watkins u. Tulving 1975). Dieses Phänomen widerspricht der Vorstellung, dass → Wiedererkennen leichter ist als Wiedergabe, u. damit der → Generate-recognize-Theorie. Es gibt allerdings Hinweise, dass dieser Effekt nur bei ganz spezif. Typen von Wörtern auftritt, so dass seine Reichweite nicht ohne weiteres bestimmbar ist. Die Ergebnisse wurden dahingehend interpretiert, dass der Kontext des Wortes *weiß* sich deutl. vom ursprüngl. Lernkontext für *schwarz* unterschied; im Gegensatz dazu stand das Wort bei der Reproduktionsaufgabe wieder im ursprüngl. Kontext. Das Verfahren wird auch verwendet, um die bei der Enkodierung tatsächl. verwendeten Attribute zu eruieren: Fehler beim Wiedererkennen treten häufig bei Synonymen u. Antonymen auf, es scheinen also v. a. semant. Kodierungsattribute eine Rolle zu spielen, weniger syntakt.; s. a. das Stw. → Aufhebung der proaktiven Hemmung u. → Markierungsmodell.

◆ WATKINS, M. J. u. TULVING, E.: Episodic memory: when recognition fails. JExP: G 104, 1975, S. 5–29; ENGELKAMP, J.: Das menschl. Gedächtnis. Göttingen 1990; HUNT, R. R. u. EINSTEIN, G. O.: Relational and item-specific information in memory. JVLVB 20, 1981, S. 497–514; REDER, L. M. u. a.: A semantic interpretation of encoding specifity. JExP 102, 1974, S. 648–656; SANTA, J. L. u. LAMWERS, L. L.: Encoding specifity: fact or artefact? JVLVB 13, 1974, S. 412–423; TULVING, E.: Elements of episodic memory. Oxford 1983; TULVING, E. u. THOMSON, D. M.: Encoding specifity and retrieval processes in episodic memory. PR 80, 1973, S. 352–373; WIPPICH, W.: Lehrbuch der angewandten Gedächtnisps., 2. Bd. Stuttgart 1985; WISEMAN, S. u. TULVING, E.: A test of confusion theory of encoding specifity. JVLVB 14, 1975, S. 370–381.

Kodierungsvariabilität. Während das Prinzip der → Kodierungsspezifität die Bedeutung einer gleichartigen Kodierung während der Einpräg- u. Abrufphase betont, wurden unter dem Thema *K.* dagegen die Effekte untersucht, die eintreten, wenn Gedächtnismaterial auf verschiedene Art u. Weise, also z. B. in verschiedenen Kontexten u. mit verschiedenen Kodierungsprozessen, eingeprägt wird. Bsp.: Ein Konsonantentrigramm, wie z. B. *TLQ*, kann einmal als »etwas, was mit einem T anfängt« kodiert werden, beim nächsten Mal als »etwas, das mit einem Q endet«; eine sinnhaltige Silbe wie »Hut« kann einmal nach dem *Begriff* Hut, ein anderes Mal nach dem *Bild* eines Hutes kodiert werden. Im Allg. führt eine solche variable Kodierung zu einer Verzögerung u. Verschlechterung des Lernens; es kann aber auch zu einem besseren Transfer führen u. nützl. sein für eine Wiedergabe unter variablen Abrufbedingungen. Diese Phänomene sind v. a. von Martin (1972) analysiert worden; die Bedeutung der K. für die → Interferenztheorie wird in Baddeley (1979) dargestellt; zur *multiplen Kodierung* vgl. Wippich (1985).

◆ BADDELEY, A.: Die Ps. des Gedächtnisses. Stuttgart 1979; MARTIN, E.: Stimulus encoding in learning and transfer. In: MELTON, A. W. u. MARTIN, E. (Hg.): Coding processes in human memory. Washington 1972; WIPPICH, W.: Lehrbuch der angewandten Gedächtnisps., 2. Bd. Stuttgart 1985.

Köhler-von-Restorff-Effekt → Von-Restorff-Effekt.

Körperbewusstsein → Körperschema; → Körperwahrnehmung.

Körperbild → Körperschema.

Körperfühlbild → Körperschema.

Körperhaltung → Pantomimik; → Tiefensensibilität.

Körper-Ich → Körperschema.

Körper-Imago → Körperschema.

Körperliches Selbst → Körperschema.

Körperliches Wohlbefinden → Wohlbefinden.

Körpermanipulatoren → Gestik.

Körperorientierung → Pantomimik.

Körperposition → Pantomimik.

Körperschema, das kognitive → Schema, das als gespeicherter Standard u. Vergleichsmaßstab für alle Körperpositionen u. -bewegungen bzw. alle auf den Körper einwirkenden hapt. Reize dient; s. a. das Stw. → Körperwahrnehmung. In diesem perzeptiv-kognitiv-neurolog. Sinne wurde das Kzpt. von dem Neurologen Head 1911 (vgl. Head 1920) begründet, der bes. auch den ganzheitl. Charakter des K. hervorhob. Später wurde das Kzpt. durch Pick (1915) u. dann v. a. von Schilder (1923) psa.-persönlichkeitsps. erweitert. Das Kzpt. spielt v. a. eine wichtige Rolle bei der theoret. Analyse der sog. *Körperschemastörungen* (vgl. Poeck 1982).

KR: Shontz (1969, 1975); Paulus (1982); speziell zu einer Kritik an den neurops. Grundlagen vgl. Poeck (1967) u. Poeck u. Orgass (1971); zum Zusammenhang der Anorexie mit Störungen des K. vgl. Bruch (1973).

VD/HI/T: Den Begriff des *Schemas* im Zusammenhang mit den Körperwahrnehmungsstörungen führte Bonnier (1905) ein; er beschrieb auch mit dem Begriff der *Coenästhesie* die Körperwahrnehmung, die durch die Integration verschiedener sensor. Eindrücke aus Muskeln, Gelenken u. Haut zustande kommt, u. verwies hierbei bes. auf die räuml. Qualitäten der Körperlichkeit, um deren Klärung sich zuvor bes. Munk (1890) bemüht hatte. Die grundlegenden experimentellen Untersuchungen u. Theorien stammen von Head, der zusammen mit Holmes das Kzpt. des *Postural-Schemas* entwickelte (Head u. Holmes 1911). Der Begriff *K.* selbst wurde von Pick (1908) eingeführt, der betonte, dass es mehrere K. für jede sensible Qualität des Körpers gebe; Pick sprach von »Raumbildern« des Körpers, die sich im Laufe des Lebens durch sensor. Informationen entwickeln, u. benutzte dieses Kzpt. als Grundlage für die Erklärung klin. Beobachtungen. V. a. Schilder (1923) betonte den Zusammenhang der gestörten Körperwahrnehmung mit der Leiblichkeitserfahrung, was schließl. dazu führte, dass der in der amerikan. Literatur zunehmend gebräuchl. Begriff des »body-image« (Schilder 1935) sich weit über den Inhalt des ursprüngl. Kzpts. hinaus erweiterte u. nun die gesamte subjektive Körpererfahrung umfasst. Der Begriff *image* hat weniger den Bedeutungsinhalt eines Abbildes, ist vielmehr orientiert am *Imago*-Begriff Freuds, impliziert also bes. auch die unbewussten Inhalte der Körpererfahrung, was dazu führte, dass unterschiedl. u. unklare Funktionen unter einem Oberbegriff zusammengefasst wurden. Entsprechend den unterschiedl. Forschungsansätzen existiert nebem dem Begriff K. eine Fülle ähnl. Termini: *Körper-Ich, Körper-Bild, Körper-Selbst, Körper-Bewusstsein, Körper-Imago, körperl. Selbst, Körperfühlbild,* im Engl. *body-scheme, postural model, body-image, body-concept, body-percept.*

LIT: Zum Überblick vgl. Joraschky (1983).

◆ Bielefeld, J.: Körpererfahrung. 1986; Bischof, N.: Stellungs-, Spannungs- u. Lagewahrnehmung. In: Metzger, W. (Hg.): Wahrnehmung u. Bewußtsein. HP, 1. Bd., 1. Hlb. Göttingen 1966, S. 409–497; Bonnier, B.: L'aschémtie. Rev. Neurol. 13, 1905, S. 604–609; Bruch, H.: Eating disorders. London 1973; Conolly, K. u. Jones, E.: A development study of afferent-reafferent integration. BJP 61, 1970, S. 259–266; Fisher, S.: Body experience in fantasy and behaviour. New York 1970; Head, H. u. Holmes, G.: Sensory disturbances from cerebral lesions. Brain 34, 1911, S. 102–154; Head, H.: Studies in neurology, 1. Bd. London 1920; Joraschky, P.: Das Körperschema u. das Körper-Selbst als Regulationsprinzip in der Organismus-Umwelt-Interaktion. München 1983; Lange, H.: Zur Bedeutung der Körpererfahrung für das motor. Lernen. In: Bielefeld (1986), S. 59–87; Munk, H.: Über die Funktion der Großhirnrinde. Berlin 1890; Oerter, R.: Moderne Entwicklungsps. Donauwörth 1977; Paulus, P.: Zur Erfahrung des eigenen Körpers. Weinheim 1982; Pick, A.: Über Störungen der Orientierung im eigenen Körper. Arb. dtsch. Psychiat. Univ. Klin. Prag 1908, S. 1–19; Pick, A.: Zur Pathologie des Bewußtseins vom eigenen Körper. Neurolog. Zentralblatt 34, 1915, S. 257–264; Poeck, K. u. Orgass, B.: The concept of the body scheme: a critical review and some experimental results. In: Cortex 7, 1971, S. 254–277; Poeck, K.: Der Begriff des Körperschemas u. seine Probleme. In: Dt. Gesellschaft f. Sprachheil–

pädagogik in Deutschland e.V. (Hg.): Sprachheilpädagog. u. hirnpatholog. Probleme bei der Rehabilitation von Hirn- u. Sprachgeschädigten. Hamburg 1967, S. 62–75; POECK, K. (Hg.): Klin. Neurops. Stuttgart 1982; SCHILDER, P.: Das Körperschema. Berlin 1923; SCHILDER, P.: The image and appearance of the human body. London 1935; SHONTZ, F. C.: Psychological and cognitive aspects of body experience. New York 1969; SHONTZ, F. C.: The psychological aspects of physical illness and disability. New York 1975.

Körper-Selbst → Körperschema.

Körpersprache → Pantomimik.

Körpertransformation → sensomotorisches Lernen.

Körperwahrnehmung [auch *Somatognosie*]. Die Information über den eigenen Körper, über die Stellung seiner Glieder, die Spannungsverteilung in seiner Muskulatur u. seine Lage im Raum (→ Propriozeption) u. auch die Wahrnehmung visceraler Reize (→ Viscerozeption) wird von Organen geliefert, die in der klass. Reihe der »5 Sinne« nicht vertreten sind; in der Terminologie der Sinnesphysiologie wird von *Stellungs-*, *Kraft-* u. *Lagesinn* gesprochen, auch vom *somästhet. Sinn* als Sammelbezeichnung für die → *Tiefensensibilität* u. die *Oberflächensensibilität* (vgl. z. B. Nafe u. Kenshalo 1966).
K. ist kein kohärentes Forschungsparadigma der Ps.; das Thema wird von Physiologie, Sportps., Psychomotorik, Heilpädagogik, Motortherapie, Psychotherapie, Neurologie, Psychiatrie angegangen; stärker von physiolog. Seite her werden erforscht: Viscerozeption u. → Kinästhesie; die Ps., speziell die Sportps., analysierte bes. das Problemfeld *Körperorientierung* u. *Körperbewusstsein*, bes. das → Bewegungsbewusstsein; ein wichtiges Kzpt. in diesem Zusammenhang ist das des → Körperschemas. K. spielt eine wichtige Rolle bei der Konstitution des → Bewusstseins, bes. des → Ichbewusstseins. Zu Störungen der K. s. das Stw. → Körperschema.

Die *Leiblichkeit* des Menschen ist auch ein zentrales Thema der → phänomenologischen Psychologie u. Medizin (vgl. z. B. Merleau-Ponty 1966), das auch innerhalb der *Körpertherapien* eine wichtige Rolle spielt (vgl. Petzold 1974, 1977). Betont wird die leibl. Relevanz unserer Welterfahrung, der Leib als Orientierungspunkt für die Umweltwahrnehmung, als Mittelpunkt subjektiven Erlebens, als Bezugsfeld des Befindens, als Ausdrucksorgan u. als Artikulationsstelle zw. Selbst u. Umwelt. Große Popularität hat ein Slogan der Körpertherapie gefunden: »Wir haben keine Körper, wir sind welche«.

VD: (1) Folgende ps. Paradigmen tangieren das Thema K.: (a) Die wahrnehmungsps. Forschung zur K. beschäftigte sich v. a. mit der Frage, inwieweit die bewusste Repräsentation über Körperdimensionen mit den physikal. Gegebenheiten übereinstimme (Übersicht: Shontz 1969). Es wurden konstante Unterschiede zw. K. u. der Objektwahrnehmung festgestellt: Beständig trifft man auf eine Überschätzung der Kopfbreite u. Vorderarmlänge u. eine Unterschätzung bei der Hand- u. Fußlänge. (b) Unter entwicklungsps. Aspekt lieferte Piaget (→ genetische Epistemologie) einen wichtigen Beitrag zum Verständnis der motor. Aktivität u. zur Konstruktion von Umweltschemata u. verdeutlichte hierbei die Bedeutung des Körperschemas für die Konstruktion der Realität. Er zeigt, wie einfachste Bewegungs- u. Wahrnehmungsmuster fortschreitend über primitive Schemata, mit denen das Handhaben u. Umgehen mit Objekten geübt wird, schließl. zu Handlungsabläufen führen. Im Zusammenhang mit der Bildung des → *permanenten Objekts* kommt es zur Trennung zw. dem erkannten Ding u. dem erkennenden Subjekt. Diese Subjekt-Objekt-Trennung spielt sowohl für die kognitive als auch für die affektive Entwicklung eine entscheidende Rolle. (c) Der Einfluss von Persönlichkeitsvariablen auf die Körperwahrnehmung wird mit Methoden untersucht, die kognitive Kontrollen auszuschalten versuchen, hierzu gehören Zeichentests wie der »draw-a-person-test« (Goodenough 1962), Untersuchungen mit verzerrenden Linsensystemen o. tachistoskop. Untersuchungen von Körperteilen, Darstellung von Körperteilen auf Fotografien (Secord u. Jourard 1953); am bekanntesten sind die Untersuchungen von Wapner (1965), Witkin (1973) u. Witkin u. a. (1962) zur → visuellen Orientierung u. → Feldabhängigkeit. (d) Unter psa. Aspekt wird v. a. die Beziehung zw. der Körpererfahrung u. dem Selbstgefühl thematisiert (vgl. Glover 1956; Schilder 1923, Federn 1956). (e) Unter testps. Aspekt hat sich seit den 50er Jahren v. a. Fisher (1970, 1973) intensiv mit der Messung der Körpergrenzen-Stabilität u. der Körper-Selbst-Struktur beschäftigt. Es wurde untersucht, inwieweit innerhalb des Körper-Selbst die Prominenz einzelner Körperzonen differenziert werden kann, mit der Zielrichtung, eine individuell spezif. »Körper-Landkarte« zu entwerfen. (f) Auch bei vielen prakt. Problemen spielen Aspekte der K. eine wichtige Rolle, so z. B. bei der psych. Verarbeitung von Herzschrittmachern u. Organersatz sowie Eingriffen in die körperl. Integrität (z. B. künstl. Darmausgang, Prothesen u. a.). Auch im Zusammenhang von Schönheitsoperationen wurden solche Prozesse untersucht. Man fand z. B., dass bei vielen Patienten, die sich einem schönheitschirurg. Eingriff unterzogen, das Erlebnis der Diskordanz zw. dem »What I am« u. »What I look like« Ausgangspunkt für die Operation war.

LIT: Vgl. zum Überblick Bielefeld (1986) u. Joraschky (1983); v. Campenhausen (1993); zu einer krit. Analyse vgl. Shontz (1969; 1975); Paulus (1982); zur Bedeutung der Körpererfahrung für das motor. Lernen vgl. Lange u. a. (1986); eine Bibliographie findet sich in Bielefeld (1986); zu dem Phänomen der Phantomschmerzen u. des Phantomgliedes vgl. Fisher (1970); zum Zusammenhang zw. Körper u. Selbstbewusstsein vgl. Zion (1965).

◆ Bain, B. C.: Toward a theory of perception: participation as a function of body-flexibility. JGP 89, 1973, S. 157–296; Bielefeld, J.: Körpererfahrung. 1986; Campenhausen, C. v.: Die Sinne des Menschen. Stuttgart 1993; Critchley, M.: The parietal lobes. London 1953; Erikson, E. H.: Identität u. Lebenszyklus. Frankfurt/M. 1956; Federn, P.: Ich-Ps. u. die Psychosen. Stuttgart 1956; Fisher, S. u. Cleveland, S. E.: Body image and personality. New York 1968; Fisher, S.: Body experience in fantasy and behaviour. New York 1970; Fisher, S.: Body image boundaries and halluzinations. In: West, J. (Hg.): Halluzinations. New York 1962; Fisher, S.: Orgasmus. Stuttgart 1973; Gallup, G. G.: Chimpanzees' self-recognition. Science 167, 1969, S. 86–87; Gellert, E.: Childrens constructions of their self-images. PMS 40, 1975, S. 307–324; Glover, E.: Grades of ego-differentiation. In: Glover, E. (Hg.): The early development of mind. New York 1956; Goodenough, F.: Measurement of intelligence by drawings. New York 1962; Greenacre, J.: Early physical determinants in the development of the sense of identity. J. Am. Psychoanal. Assoc. 6, 1958, S. 612–627; Hoff, H. u. Schilder, P.: Die Lagereflexe des Menschen. Wien 1927; Holst, E. V. u. Mittelstaedt, H.: Das Reafferenzprinzip. Naturwissenschaften, 1950, S. 464–476; Joraschky, P.: Das Körperschema u. das Körper-Selbst als Regulationsprinzip in der Organismus-Umwelt-Interaktion. München 1983; Lange, H.: Zur Bedeutung der Körpererfahrung für das motor. Lernen. In: Bielefeld (1986), S. 59–87; Marcel, G.: Sein u. Haben. Paderborn 1953; Merleau-Ponty, M.: Phänomenologie der Wahrnehmung. Berlin 1966; Nafe, E. P. u. Kenshalo, D. R.: Somästhesie. In: Metzger, W. (Hg.): Wahrnehmung u. Bewußtsein. HP I, 1. Hlb. Göttingen 1966, S. 221–249; Paulus, P.: Zur Erfahrung des eigenen Körpers. Weinheim 1982; Petzold, H. (Hg.): Psychotherapie u. Körperdynamik. Paderborn 1974; Petzold, H. (Hg.): Die neuen Körpertherapien. Paderborn 1977; Sacks, O.: Der Mann, der seine Frau mit einem Hut verwechselte. Reinbek 1987; Sacks, O.: Eine Anthropologin auf dem Mars. Reinbek 1995; Schilder, P.: Das Körperschema. Berlin 1923; Secord, P. F. u. Jourard, S. L.: The appraisal of body kathexis: JCP 17, 1953, S. 343–347; Shontz, F. C.: Psychological and cognitive aspects of body experience. New York 1969; Shontz, F. C.: The psychological aspects of physical illness and disability. New York 1975; Wapner, S. (Hg.): The body percept. New York 1965; Witkin, H. A. u. a.: Psychological differentiation. New York 1962; Witkin, H. A.: Psycholog. Differenzierung u. Formen der Pathologie. Psy 27, 1973, S. 555–593; Zion, L. C.: Body concept as it relates to self-concept. Research Quaterly 36, 1965, S. 490–495.

Koffka-Ring → Helligkeitskontrast.

Kognition. Schon die klass. Vermögensps. unterschied K., Gefühl

u. Wille als Grundkomponenten der Psyche; innerhalb dieser Triade bezeichnet *K.* die Gesamtheit der nichtemotionalen u. nicht den Willen betreffenden psych. Funktionen, also diejenigen Vorgänge, die etwas mit der Entstehung von Erkenntnis u. Wissen zu tun haben, v. a. → Wahrnehmung, → Vorstellen, → Denken, → Verstehen, → Urteilen. Neisser (1974) definiert als *K.* alle Prozesse, durch die der sensor. Input umgesetzt, reduziert, weiterverarbeitet, gespeichert, wieder hervorgeholt u. schließl. benutzt wird, auch dann, wenn sie ohne das Vorhandensein entsprechender Stimulation verlaufen (wie bei Vorstellungen o. Halluzinationen); Neisser spricht – im Anschluss an den bekannten Freud-Titel »Triebe u. Triebschicksale« – von »Reizschicksalen«. Eine restriktivere Verwendung des Begriffs umfasst nur diejenigen Phänomene, die bewusst o. unmittelbar erfahrbar sind. Dörner 1989 plädiert dafür, mit *K.* das zu bezeichnen, was vor der kognitiven Wende so bezeichnet worden ist: den Prozess, der in der Umgangssprache mit → Einsicht bezeichnet wird u. der von der bloßen Feststellung o. Wahrnehmung eines Sachverhalts abgehoben wird. Die noch von Neisser (1974) aufgeführten Prozesse des Umsetzens, Reduzierens, Speicherns etc. werden bisweilen mit Begriffen wie *kognitive Strukturen* o. *kognitive Mechanismen* belegt (vgl. Oswald 1980), s. a. das Stw. → kognitive Architektur. Smolensky (1988) schlägt ein Komplexitätskriterium vor, demgemäß von *K.* erst zu sprechen ist, wenn eine große Anzahl von Zielsetzungen unter einer Vielfalt von Umweltbedingungen aufrecht erhalten u. verfolgt werden kann. Wenn kognitive Prozesse sozusagen auf sich selbst angewendet werden, entsteht das Phänomen u. das Problem der → Metakognition bzw. des → Bewusstseins; vgl. auch das Stw. → kognitive Stile.

K. ist das zentrale Thema der → kognitiven Psychologie u. demgem. »gebrauchstheoret.« v. a. durch diejenigen wissenschaftl. Paradigmen definiert, die innerhalb dieser Forschungsrichtung wichtig geworden sind; s. d. Die Problematik des Begriffs des Kognitiven wird auch deutl. in Diskussionen um den → Konnektionismus, z. B. in den Arbeiten von Fodor u. Pylyshyn (1988) u. Smolensky (1988); s. a. das Stw. → soziale Kognition.

VD: (1) In ganz eigentüml. Weise »oszilliert« die Semantik des Begriffs *K.* (bzw. der Begriffe *kognitiv* u. *kognitive Prozesse*) u. spiegelt darin die Grundproblematik dieses Begriffs wider: (1a) Schon die direkte Übersetzung des Begriffs *K.* durch → *Erkennen* ist rein linguist. korrekt, gibt aber den realen Sprachgebrauch nicht wieder: *Erkennen* wird v. a. im dt. Sprachraum verwendet, hier v. a. das Phänomen u. das Problem thematisierend, wie bei Wahrnehmungsprozessen die sensor. Komponente u. die Gedächtniskomponente beim Prozess des Wahrnehmens integriert werden, wie also Gegenstände eine »Bedeutung« erhalten, also als bestimmte identifiziert werden; Weiteres s. das Stw. → Wahrnehmung. Im Engl. ist in diesem Zusammenhang eher der Begriff *recognition* bzw. *pattern recognition* übl. o. auch der Begriff *object perception* (→ Objektwahrnehmung). *Kognition* dagegen zielt auf einen größeren Phänomenbereich, den man besser mit »kognitive Prozesse« bezeichnet, eben nicht nur die Wahrnehmung u. Identifikation, sondern sämtl. Informationsverarbeitungsprozesse, die herkömmlicherweise mit *Vorstellung*, *Denken*, *Problemlösen* bezeichnet werden. Die v. a. innerhalb der neuen dt. Ansätze wesentl. Unterscheidung zw. *Wahrnehmung* u. *Erkennen* wird im Engl. häufig nicht getroffen. (So gibt es z. B. im »The Blackwell Dictionary of Cognitive Psychology« kein Stw. *K.*, dort ist nur die *kognitive Ps.* definiert, durch ihre Hauptthemen: *Infor-*

mationsverarbeitung, d. h. v. a. *Aufmerksamkeit, Wahrnehmung, Lernen* u. *Gedächtnis*; vgl. Eysenck, 1990.) (b) »Kognitive Prozesse« hat also meist eine weitere Bedeutung als der Begriff *K.*; dabei werden bisweilen sogar emotionale Prozesse mit einbezogen, nach der Logik: Kognitiv ist alles, was sich »im Kopf« abspielt u. »nichtphysiolog.« ist. In diesem legeren Sprachgebrauch wird *kognitiv* fast syn. mit *mental* verwendet. Dies führt dann auf die Grundlagenproblematik von Kzptn. wie → Bewusstsein u. → mentale Repräsentation. Bisweilen wird getrennt zw. *kognitiven Prozessen* u. *Kognitionen*: Kognitive Prozesse beziehen sich auf die erste Stufe der Informationsverarbeitung, die präattentiv, parallel u. holist., während die zweite Stufe bewusst (*attentive*) ist, sequenziell abläuft, u. ihre Inhalte mitteilbar sind. In der Ps. seien aus diesem Grund zwei kognitive Forschungsausrichtungen auseinanderzuhalten (vgl. Scheerer 1987): zum einen die *kognitive Ps.*, die ihre Aufgabe darin sieht, das Schicksal der Eingangsinformation u. die funktionelle Struktur ihrer Transformation zu begreifen, d. h. die Prozesse zu erforschen versucht – wie die Wahrnehmungs, Denk- u. Gedächtnisps. das tut; zum anderen die *Kognitionsps.*, die sich mit dem mental repräsentierten *Inhalt*, d. h. mit den bewusst zugängl. Ergebnissen der kognitiven Prozesse beschäftigt – wie z. B. die Emotions-, Motivations- u. Sozialps.; vgl. hierzu Neisser (1967) u. Sokolowski (1993). (c) Demgem. gibt es zwei Zugänge zum Kognitiven: Der eine konzipiert die kognitiven Prozesse weitgehend als hypothet. Konstrukte bzw. abstrakt-modellhaft als Informationsverarbeitungsprozesse u. versucht die Erlebniskomponente bzw. die Komponente der → Introspektion weitgehend auszublenden. Der andere Zugang akzeptiert grundsätzl. diesen Erlebnis- bzw. Introspektions-Zugang, hier werden auch emotionale Prozesse mit einbezogen, u. dabei entsteht dann unmittelbar das Problem, in welcher Sprache diese kognitiven Prozesse abgebildet o. wiedergegeben werden sollen. Dies führt bisweilen zu einer Art *Hermeneutik*, dergestalt, dass kognitive Prozesse in der normalen Objektsprache wiedergegeben werden. So gibt es z. B. viele Untersuchungen über »kognitive Prozesse« bei Lehrern, in denen mehr o. weniger »erzählt« wird, was Lehrer sich so bei der Schülerbeurteilung o. bei der Hausaufgabenvorbereitung denken, was »ihnen durch den Kopf geht«. Insbes. auch die Arbeiten innerhalb des Paradigmas → Attribution sind auf dieser Sprachebene angesiedelt, vgl. auch das Paradigma → subjektive Theorien.

(2) Während in diesem weiten Sinne von *K.* bzw. *kognitiv* auch sprachl. Prozesse in den Bedeutungsbereich der Begriffe fallen, gibt es eine enge Verwendung des Begriffs, in der *kognitiv* geradezu als Gegensatz zu *linguist.* definiert ist; s. hierzu das Stw. → Kognitionshypothese.

LIT: Zu begriffshistor. Aspekten vgl. Prinz (1976); zu patholog. Aspekten der kognitiven Funktion vgl. Ellis (1982); zu Alterungsprozessen vgl. Horn (1982); zur Entwicklung der K. u. ihrer Interaktion mit Emotion vgl. Kaufmann-Hayoz (1991) u. Salthouse (1986); speziell zu kognitiven Strukturen vgl. Sommerfeld (1994); zum Verhältnis von K. u. Motivation vgl. Thomae (1973); zu kulturvergleichenden Aspekten vgl. Thomas (1993); in Astington u. a. (1988) finden sich Darstellungen von neueren entwicklungsps. Untersuchungen, über die mentale Repräsentation vorwissenschaftl. K.-Kzpte.; vgl. hierzu auch die interessanten Ausführungen von Wimmer (1989); krit. zur Verwendung von Prädikaten wie »kognitiv»oder »mental« äußert sich Graumann (1984ff.); zum Wandel des K.-Kzpts. in der Sozialps. vgl. die tief schürfende Arbeit von Graumann u. Sommer (1984); eine Weiterführung des kognitiven zum epistemolog. Menschenbild findet sich in Groeben u. Scheele (1977), darin auch eine Gegenüberstellung des behaviouralen u. des kognitiven Modells, sowie Klassifikation der unterschiedl. Ausformung beider Paradigmen.

◆ ASTINGTON, J. u. a. (Hg.): Developing theories of mind. Cambridge 1988; DÖRNER, D.: Emotion, Kognition und Begriffsverwirrungen: zwei Anmerkungen zur Köhler-Vorlesung von Norbert Bischof. PRu 40, 1989, S. 206–225; ELLIS, A. W.: Normality and pathology in cognitive function. London 1982; EYSENCK, M. W. (Hg.): The Blackwell Dictionary of Cognitive Psychology. Oxford 1990; FODOR, J. A. u. PYLYSHYN, Z. W.: Connectionism and the cognitive architecture: a critical analysis. C 28, 1988, S. 3–71; GRAU–

MANN, C. F.: Bewußtsein u. Verhalten. Gedanken zu Sprachspielen in der Ps. In: LENK, H. (Hg.): Handlungstheorien interdisziplinär III, 2. Hlb. München 1984, S. 547–573; GRAUMANN, C. F. u. SOMMER, C. M.: Schema and inference: Models in cognitive social psychology. In: ROYCE, J. R. u. MOS, L. P. (Hg.): Annals of Theoretical Psychology, 1. Bd. New York 1984, S. 31–75; GROEBEN, N. u. SCHEELE, B.: Argumente für eine Ps. des reflexiven Subjekts. Paradigmawechsel vom behaviouralen zum epistemolog. Menschenbild. Darmstadt 1977; HERRMANN, T.: Über begriffl. Schwächen kognitivist. Kognitionstheorien: Begriffsinflation u. Akteur-System-Kontamination. SK 1, 1982, S. 3–14; HERRMANN, T.: Was ist das »Psychologische« in den ps. Theorien? In: AMELANG, M. (Hg.): Bericht über den 35. Kongreß der Dt. Ges. für Ps. in Heidelberg 1986, 2. Bd. Göttingen 1987; HORN, J. L.: The aging of human abilities. In: WOLMAN, B. B. (Hg.): Handbook of developmental psychology. Englewood Cliffs 1982, S. 847–870; KAUFMANN-HAYOZ, R.: Kognition u. Emotion in der frühkindl. Entwicklung. Berlin 1991; NEISSER, U.: Kognitive Ps. Stuttgart 1974 (Orig.: 1967); OSWALD, M.: Jenseits der Methodologie des Behaviourismus. Diss. Mannheim 1980; PRINZ, W.: Kognition, kognitiv. In: RITTER, J. (Hg.): Histor. Wörterbuch der Philosophie, 4. Bd. Basel 1976; SALTHOUSE, T.: A cognitive theory of aging. Berlin 1986; SCHEERER, E.: Stw. »Ps.«. In: GRÜNDER, K. F. (Hg.): Histor. Wörterbuch der Philosophie, 7. Bd. Basel 1987; SMOLENSKY, P.: On the proper treatment of connectionism. BBS 11, 1988, S. 1–23; SOMMERFELD, E.: Kognitive Strukturen. Münster 1994; SOKOLOWSKI, K.: Emotion u. Volition. Göttingen 1993; THOMAE, H.: Cognition and motivation: Modern aspects of an ancient problem. Psychologia 16, 1973, S. 179–190; THOMAS, A. (Hg.): Kulturvergleichende Ps. Göttingen 1993; WIMMER, H.: Common-sense Mentalismus u. Emotion: Einige entwicklungsps. Implikationen. In: ROTH, E. (Hg.): Denken u. Fühlen. Berlin 1989, S. 56–67.

Kognition-Emotion-Debatte → Präkognitiv-postkognitiv-Debatte.

Kognitionshypothese, eine dem → Sprachdeterminismus gegenläufige Position, die besagt, dass das Denken für die Sprachfähigkeit fundamental ist. Hierbei lassen sich zwei unterschiedlich starke Versionen differenzieren: (1) Die starke Version der K. besagt, dass rein kognitive Prozesse – ohne spezif. sprachl. Module – hinreichend u. notwendig für den Spracherwerb sind. Dies ist die These der → genetischen Epistemologie (vgl. Piaget 1970; Furth 1976); vgl. auch den Ansatz von Bates u. MacWhinney (1982). Für Piaget ist die sprachl. Entwicklung untrennbar an die kognitive Ontogenese gekoppelt, die Basis des Spracherwerbs liegt in der sensomotor. Intelligenz des Menschen. Dabei akzeptiert er allerdings die Existenz angeborener Fähigkeiten, hebt sie sogar hervor, aber die Universalität der menschl. Kognition besteht nach Piaget in einer unspezif. angelegten Entwicklungslogik, die durch die Umwelt in Gang gesetzt u. determiniert wird. *Holist.* Spracherwerbstheorien, die diesen Ansatz aufgreifen, finden sich v. a. in der Entwicklungs- u. Kognitionsps.; im Rahmen der kognitiven Linguistik wird ein solcher Ansatz von Langacker (1987) vertreten. Die K. steht im Gegensatz zur Annahme der → generativen Transformationsgrammatik, dass das Kind für den Erwerb der Sprache mit einem angeborenen → Spracherwerbsmechanismus u. → linguistischen Universalien ausgestattet ist. (2) Der schwachen Version der K. zufolge sind die kognitiven Repräsentationen zunächst Ausgangspunkt der sprachl. Ontogenese, sprachl. u. kognitive Entwicklung interagieren zumindest an bestimmten Punkten, im Verlauf des Spracherwerbs werden dann aber sprachl. Gesetzmäßigkeiten dominant, die Existenz autonomer sprachl. Regularitäten wird nicht geleugnet. Vgl. hierzu Slobin (1985), gem. dessen Theorie das Kind den Spracherwerb mit Hilfe von universellen Strategien u. Prinzipien (*operating principles*) bewältigt; dem Kind sei eine *language making capacity* mitgegeben, die sowohl semant.-konzeptuelle als auch formal-syntakt. Prinzipien beinhaltet.

KR: Die linguist. Forschung der vergangenen Jahre hat umfangreiche Evidenz für die Annahme vorgebracht, dass es sich bei der Syntax um ein relativ autonomes Subsystem der Sprache handelt; es gibt eine Reihe von syntakt. Phänomenen, die nicht mit semant.-pragmat. Kategorien zu beschreiben sind; vgl. Felix (1987). Gegen die starke Version der K. spricht v. a. die Beobachtung, dass Kinder mit mentalen Defiziten nicht unbedingt sprachl. Defizite aufweisen müssen u. umgekehrt. Untersuchungen zum Dysgrammatismus (eine Sprachentwicklungsstörung, die primär den morpholog.-syntakt. Bereich betrifft) unterstützen diese These einer modularen Organisation; vgl. Clahsen (1988); vgl. auch die Stw. → Modularismus u. → Kognition.

◆ Bates, E. u. MacWhinney, B.: Functional approaches to grammar. In: Wanner, E. u. Gleitmann, L. (Hg.): Language acquisition: The state of the art. Cambridge 1982; Clahsen, H.: Normale u. gestörte Kindersprache. Amsterdam 1988; Cromer, R. F.: The development of language and cognition: The cognition hypothesis. In: Foss, B. (Hg.): New perspectives in child development. Harmondsworth 1974, S. 184–252; Felix, S.: Cognition and language growth. Dordrecht 1987; Furth, H. G.: Intelligenz u. Erkenntnis. Frankfurt/M. 1976; Grimm, H. u. Engelkamp, J.: Sprachps. Berlin 1981; Langacker, R. W.: Foundations of cognitive grammar, 1. Bd.: prerequisites. Stanford 1987; Miller, M.: Sprachl. Sozialisation. In: Hurrelmann, K. u. Ulich, D. (Hg.): Handbuch der Sozialisationsforschung. Weinheim 1980, S. 649–668; Piaget, J.: Ps. der Intelligenz. Zürich 1970; Slobin, D. (Hg.): The cross-linguistic study of language acquisition. Hillsdale 1985; Wygotsky, L. S.: Denken u. Sprechen. Berlin 1964.

Kognitionspsychologie → kognitive Psychologie.

Kognitionswissenschaft [engl.: *cognitive science*; der engl. Begriff wird auch in der dt. Fachliteratur häufig verwendet], interdisziplinärer Ansatz zur Erforschung menschl. Denkens u. → Wissens, in dem Forschungsstränge der → künstlichen Intelligenz, der Informatik, Kybernetik, Linguistik, Neurophysiologie, Neurops. u. der → kognitiven Psychologie zusammenlaufen. Gardner hebt fünf Aspekte der K. hervor: (a) die zentrale Bedeutung des Begriffs der → mentalen Repräsentation; (b) die Modellfunktion des Computers; zur Rolle des Computers in der K. vgl. Pylyshyn (1989); (c) die Vernachlässigung emotionaler, histor. u. kultureller Faktoren sowie des kontextuellen Hintergrundes der kognitiven Prozesse; (d) die Betonung der Interdisziplinarität (Philosophie, Ps., künstl. Intelligenz, Linguistik, Anthropologie, Neurowissenschaften); (e) die Wiederaufnahme klass. Fragen der abendländ. Erkenntnisphilosophie (Gardner konstatiert, dass v. a. dieser Punkt wahrscheinl. nicht allg. Zustimmung findet). Die K. ist keine geschlossene Schule; sie wird durch das Paradigma der → Informationsverarbeitung zusammengehalten. Es gibt weder Grenzen bezügl. des Untersuchungsgegenstandes – elementare geistige Prozesse sind ebenso untersuchbar wie komplexe Abläufe –, noch hinsichtl. der verwendeten Methoden. Das Experiment bleibt das method. Zentrum, Intro-, Retro- u. Extrospektion sind mit- u. nebeneinander einsetzbar; Blickbewegungsregistration u. Computersimulation ergänzen das Instrumentarium. Eine Fixierung auf eine extrem empirist. u. nativist. Position erfolgt nicht: Es wird davon ausgegangen, dass Wahrnehmung schon in einem sehr frühen Stadium der Reizverarbeitung beeinflusst wird, aber nicht allein durch angeborene Anschauungs- u. Denkformen, sondern auch durch erworbenes Wissen. Auch ist die K. neutral hinsichtl. des Problems, ob kognitive Prozesse vornehml. anschauungsgebunden u. unanschaul.

sind. Der Grundzugang ist nicht elementarist., sondern strebt nach der Entwicklung von Systemen, die durch die Interaktion von Struktur- u. Prozessanteilen das kognitive Geschehen adäquat abbilden. Der Vorwurf der mechanist. Betrachtungsweise, aufgrund der Computeranalogien u. der Blockbilddarstellungen provoziert, ist nach Hussy (1984) unzutreffend.

Wichtige ps. Paradigmen, die innerhalb der K. entwickelt wurden o. mit ihr in einem engen Zusammenhang stehen, sind: → computer vision; → Wissenspsychologie; → Schema, → frame, → Skript; → Bottom-up- vs. Top-down-Prozesse; → Imagery-Debatte; → Konnektionismus; → Verarbeitungstiefe; → deklarative vs. prozedurale Wissensrepräsentation; s. a. die Stw. → Aufmerksamkeit; → Sternberg-Paradigma; → propositionale Wissensrepräsentation; → Modularismus; → Vorstellungsbild; → Farbbegriffe; → kognitive Täuschungen und kognitive Heuristiken.

Gardner sieht zwei Zukunftsmodelle der K.: Die »schwache«, weniger ambitionierte K. sieht sich lediglich als eine verstärkte interdisziplinäre Anstrengung zw. den Forschungsbereichen; Gardner selbst vertritt eine *starke* Position, gem. der es eine *einheitl.* K. gibt u. die Grenzlinien der traditionellen Gebiete wegfallen sollten; er schlägt auch eine Gliederung der wissenschaftl. Ausbildung u. Forschung gem. dieser Strukturierung vor.

VD/HI: Histor. Meilensteine waren das *Hixon-Symposium* 1948 über »cerebrale Vhsmechanismen« (vgl. Jeffress 1951). In Boston wurde die Diskussion dieser kognitiven Grundthemen am MIT u. den angegliederten Lincoln Laboratories fortgeführt. In Harvard begannen N. Chomsky u. M. Minsky in den 50-er Jahren ebenfalls anti-behaviourist. Theorierichtungen einzuleiten; v. a. die → generative Transformationsgrammatik u. überhaupt die Entwicklung der modernen → Psycholinguistik spielten hierbei eine wichtige Rolle. Die *Ford Foundation* gründete in Palo Alto das *Center for Advanced Studies in the Behavioural Sciences*. Bei der *Rand-Corporation* arbeiteten v. a. Albert Newell u. Herbert Simon. In England gab es eine Entsprechung, den 1949 gegründeten *Ratioclub* zum Thema der Informationsverarbeitung bei Lebewesen u. Maschinen; ein bedeutendes Buch war W. R. Ashbys *Design for a Brain* (1952); brit. Protagonisten waren C. Cherry u. D. Broadbent (→ dichotisches Hörverfahren). Aus der Neurops. kamen Arbeiten von D. Hebb (vgl. Hebb 1949). Bisweilen wird als »Geburtszeit« der K. der 1. Sept. 1956 angesetzt, an dem ein Symposium über Informationstheorie u. Informatik am MIT stattfand, mit Vorträgen von Newell, Simon, Chomsky u. Miller. In den 70er Jahren wurde v. a. die *Alfred-P.-Sloan-Foundation* zum Promotor mehrerer Forschungsprogramme der K.; 1977 erschien die erste Ausgabe der Zeitschrift *Cognitive Science: A multidisciplinary journal of artificial intelligence, psychology and language*. 1979 erfolgte die Gründung einer gleichnamigen Gesellschaft. Seitdem explodiert die Forschungsaktivität nicht nur in den USA; im angloamerikan. Sprachbereich gibt es Zentren für interdisziplinäre Graduiertenstudiengänge. In Deutschland wurde 1992 ein Graduiertenkolleg eingerichtet; seit 1990 existiert die Zeitschrift *Kognitionswissenschaft*; *Philosophical psychology* ist eine Ztschr., in der viel über kognitionswissenschaftl. Ansätze gebracht wird (seit 1988).

LIT: Einen Überblick über die K. u. ihre Geschichte liefern Gardner (1985) u. Mainzer (1994); vgl. auch Heyer (1987); eine neuere Darstellung ist Strohme (1995); verschiedene Definitionsansätze finden sich bei Miller (1979) u. Norman (1980); ein englischsprachiger Überblick mehrerer Autoren ist Stillings u. a. (1987); zu den philosoph. Hintergründen vgl. ebenfalls Gardner (1989); schon klass. gewordene philosoph. Arbeiten, die die Idee einer K. vorbereiteten, sind: Ryle (1949); Fodor (1975); Putnam (vgl. z. B. 1975) u. Dennett (1978); zur geschichtl. Entwicklung vgl. auch Smith

(1990); eine krit. Analyse ist Scheerer (1988); Robinson (1986) gibt einen kurzen Rückblick auf die philosoph. Tradition; Knapp (1986) stellt die Wegbereiter der kognitiven Wende vor; über das Problem des → Bewusstseins in der K. reflektiert Kurthen (1990); zur Idee einer *hermeneut.* K., die auf das Gedankengut von Heidegger zurückgeht, vgl. Kurthen (1994), vgl. auch das Memorandum zur Förderung der K. in Deutschland (Dt. Ges. für Ps. 1988); der Band 52 der Ztschr. *Psychological Research/Ps. Forschung* enthält Beiträge zu typ. kognitionswissenschaftl. Forschungen.

◆ ASHBY, W. R.: Design for a brain. New York 1952; BRUNER, J. u. a.: A study of thinking. New York 1956; BRUNER, J.: In search of mind. New York 1983; CHURCHLAND, P.: Neurophilosophy. Cambridge/Mass. 1986; DENNETT, D. C.: Brainstorms. Philosophical essays on mind and psychology. Cambridge/Mass. 1978; DT. GESELLSCHAFT FÜR PS. (Hg.): Memorandum zur Förderung der Kognitionswissenschaft. PRu 39, 1988, S. 49–55; ERICSSON, K. A. u. SIMON, H. A.: Protocol analysis. Cambridge/Mass. 1984; FEIGENBAUM, E. A. u. FELDMAN, J. (Hg.): Computers and thought. New York 1963; FODOR, J. A. u. KATZ, J. J. (Hg.): The structure of language. Englewood Cliffs 1964; FODOR, J. A.: The language of thought. New York 1975; GARDNER H.: The mind's new science. New York 1985 (Stuttgart 1989); HEBB, D.: Behaviour. New York 1949; HEYER, G.: Kognitive Wissenschaft. Ein Überblick. Zeitschrift für Philosoph. Forschung 41, 1987, S. 279–290; HUNT, E.: Cognitive science – definition, status, and questions. ARP 40, 1989, S. 603–629; HUSSY, W.: Denkps., 2. Bd. Stuttgart 1986; JEFFRESS, L. A. (Hg.): Cerebral mechanisms in behaviour. The Hixon-Symposium. New York 1951; KLAHR, D. u. KOTOVSKY, K. (Hg.): Complex information processing: the impact of Herbert A. Simon. Hillsdale 1989; KNAPP, D. J. u. ROBERTSON, L. C. (Hg.): Approaches to cognition: contrasts and controverses. Hillsdale 1986; KNAPP, D. J.: The emergence of cognitive psychology in the latter half of the twenty century. In: KNAPP u. ROBERTSON (1986), S. 13–35; KURTHEN, M.: Das Problem des Bewußtseins in den Kognitionswissenschaften. Stuttgart 1990; KURTHEN, M.: Hermeneut. Kognitionswissenschaft. Bonn 1994; MAINZER, K.: Computer – neue Flügel des Geistes. Die Evolution computergestützter Technik, Wissenschaft, Kultur u. Philosophie. Berlin 1994; MILLER, G. A. u. a.: Plans and the structure of behaviour. New York 1960 (dt.: Strategien des Handelns. Pläne u. Strukturen des Vhs. Stuttgart 1973); MILLER, J.: States of mind. New York 1979; MINSKY, M. (Hg.): Semantic information processing. Cambridge/Mass. 1968; NEISSER, U.: Cognitive psychology. New York 1967 (dt.: Kognitive Ps. Stuttgart 1974); NEWELL, A. u. SIMON, H. A.: Human problem solving. Englewood Cliffs 1972; NORMAN, D.: Twelve issues for cognitive science. Cognitive Science 4, 1980, S. 1–32; NORMAN, D. (Hg.): Perspectives on cognitive science. Ablex Norwood/New Jersey 1981; NORMAN, D.: What is cognitive science? In: NORMAN (1981); POSNER, M. I. (Hg.): Foundations of cognitive science. Cambridge 1989; PUTNAM, H.: Mind, language and reality. Philosophical Papers, 2. Bd. Cambridge 1975; PYLYSHYN, Z. W.: Computing in cognitive science. In: POSNER (1989), S. 49–91; ROBINSON, D. N.: Cognitive psychology and philosophy of mind. In: KNAPP u. ROBERTSON (1986) S. 1–11; RYLE, G.: The concept of mind. London 1949 (dt.: Der Begriff des Geistes. Stuttgart 1969); SCHEERER, E.: Towards a history of cognitive science. International Society of Science Journal 40, 1988, S. 7–20; SEARLE, J. R.: Minds, brains and progress. New York 1982; SLOAN FOUNDATION: CS 1978. Report of the State of the Art Committee. 1978 (unveröffentlicht); SMITH, J.-C. (Hg.): Historical foundations and cognitive science. Dordrecht 1990; STILLINGS, N. A. u. a. (Hg.): Cognitive Science: an introduction. Cambridge/Mass. 1987; STROHME, H.: Kognitive Systeme. Eine Einführung in die Kognitionswissenschaft. Opladen 1995; TURING, A. M.: Computing machinery and intelligence. Mind 59, 1950 (dt.: Kann eine Maschine denken? Kursbuch 8, 1967, S. 106–138); TURING, A. M.: On computable numbers with an application to the Entscheidungsproblem. Proceedings of the London Mathematical Society, Serie 2, 42, 1936, S. 230–265; TYLER, S. A. (Hg.). Cognitive anthropology. New York 1969; ZTRSCH.: Cognitive Science, Kognitionswissenschaft.

Kognitiv → Kognition.

Kognitive Algebra → Informationsintegrationstheorie.

Kognitive Architektur [ähnl. *funktionale Architektur*], die festen Grundstrukturen der kognitiven Systeme (→ Kognition); gemeint sind sämtl. Speicherstrukturen u. Verarbeitungsvorgänge, die den Rahmen kognitiver Leistungen festlegen, sozusagen die abstrakte Struktur des neurophysiolog. Systems, also Gesetzmäßigkeiten, die das Individuum nicht zu verändern vermag, auch wenn es sie erkennt u. explizit repräsentiert. Pylyshyn

(1984) spricht von »kognitiv nicht penetrierbaren« Funktionen; allerdings ist nicht alles, was kognitiv-inpenetrierbar u. erfahrungsresistent ist, Teil der k. A. (so verneinen Vpn bspw. konsequent u. konsistent die Frage, ob die Anwesenheit Dritter ihre Bereitschaft vermindern würde, einem in Not Geratenen zu helfen, obwohl diese Gesetzmäßigkeit experimentell leicht demonstrierbar ist).

VD: Hunt (1978) unterscheidet zw. *Wissensinhalten* u. basalen, mechan. funktionierenden *Informationsverarbeitungsprozessen*, die unabhängig von den spezif. Inhalten mit mehr o. weniger großer Effizienz auf diese Inhalte zugreifen, wie z. B. der Decodier-Prozess der beispielsweise das graph. Schriftbild von »A« als einen bestimmten sprachl. Buchstaben identifiziert. Ähnl. untergliedert Pylyshyn (1984) das kognitive System im Rahmen einer Computeranalogie in unterschiedl. Ebenen: (a) Wissen, Strategien, Algorithmen; (b) »hardware«, also die biolog. Prozesse; (c) die *funktionale Architektur*, die die fixen Ressourcen des Systems enthält, die es verwendet, um Wissen u. Algorithmen zu implementieren (z. B. Strukturen der Wissensrepräsentation; basale Abrufprozesse; vorgegebene Elemente für Algorithmen); diese Ebene ist dadurch charakterisierbar, dass die Operationen nicht durch die jeweiligen Wissensinhalte beeinflusst werden, auf denen sie operieren. In traditionellen Computermodellen wurde die unterhalb des Wissens u. der Strategien liegende Beschreibungsebene häufig vernachlässigt, weil ein bestimmtes Programm durch eine unendl. große Anzahl unterschiedl. Hardware-Konfigurationen realisiert werden konnte, die ps. Beschreibungsebene mithin *funktionell autonom* zu betrachten sei, vgl. Putnam (1975); kritisiert an diesem Argument wurde, dass die umgekehrte Relation nicht stimme, da auf einer bestimmten Architektur nicht alle Algorithmen realisiert werden können, auch wenn Kompensationen u. Substitutionen meist mögl. sind; vgl. Johnson-Laird (1983). Es besteht ein großes Problem, diese Architektur zu erfassen, weil viele Prozessmaße hochsensibel gegenüber Aufgabeninhalten sind, wb. es fragl. ist, ob Architekturmaße ps. überhaupt messbar sind bzw. ob die Trennung zw. *Architektur* u. *Inhalt* überhaupt den Aufbau des menschl. Informationsverarbeitungssystems zutreffend beschreibt; vgl. Kosslyn u. a. (1985); vgl. zsfd. Waldmann u. Weinert (1990); Weiteres s. das Stw. → Informationsverarbeitungstheorien.

LIT: Für eine kurze Darstellung der Problematik vgl. Fischer (1990); eine allg. Diskussion des Architekturproblems findet sich in Newell (1990).

◆ FISCHER, K.: Funktionale Architektur u. mentale Repräsentation: Einige funktionsgesteuerte Regelmäßigkeiten in kognitiven Prozessen. In: BÜHLER, K.-E. (Hg.): Aspekte des Leib-Seele-Problems. Würzburg 1990, S. 223–261; HUNT, E.: The mechanics of verbal ability. PR 85, 1978, S. 109–130; JOHNSON-LAIRD, P. N.: Mental models. Cambridge 1983; KOSSLYN, S. M. u. a.: A computational analysis of mental image generation: Evidence from functional dissociations in split-brain patients. JExP: G 114, 1985, S. 311–341; NEWELL, A.: Unified theories of cognition. Cambridge 1990; PUTNAM, H.: Mind, language and reality. Philosophical Papers, 2. Bd. Cambridge 1975, S. 429–440; PYLYSHYN, Z.: Computation and cognition. Cambridge 1984; WALDMANN, M. u. WEINERT, F. E.: Intelligenz u. Denken. Göttingen 1990.

Kognitive Aufgaben → mentales Training.

Kognitive Aufgabenanalyse → Wissenspsychologie.

Kognitive Basisoperationen → Problemlösen.

Kognitive Bewertung → Appraisal.

Kognitive Dissonanz → kognitive Dissonanz-Theorie.

Kognitive Dissonanz-Theorie. Eine kognitiv orientierte Theorie der Sozialps. (Festinger 1957ff.) mit einem allgemeinps. Grundansatz u. zahlreichen allgemeinps. Implikationen bezügl. solcher Prozesse, mit denen der Mensch seine → Einstellung gegenüber Dingen, v. a. sozialen Vorgängen, reguliert. Die K. folgt dem Prinzip der → kognitiven Konsistenz, das von der K. hinsichtl. folgender Annahmen spezifiziert wird: (1) Tritt ein Widerspruch zw. verschiedenen kognitiven Elementen o. zw. kognitiven u. Vhs.-Elementen auf, so entstehen dadurch eine aversive Stimulation u. ein motivationaler Druck zur Reduktion dieser Dissonanz. (2) Die Intensität der Dissonanz steht in Abhängigkeit von der Wichtigkeit der miteinander dissonanten Kognitionen sowie ihrem zahlenmäßigen Verhältnis. (3) Die Reduktion kognitiver Dissonanz – die von Festinger besonders thematisiert worden ist – kann erfolgen durch: (a) Vermehrung der Anzahl konsonanter Kognitionen u./o. Verminderung dissonanter Kognitionen, v. a. durch Informationssuche, selektive Wahrnehmung, Vergessen, Ignorieren, Unterdrücken; (b) Ersatz dissonanter Kognitionen durch entsprechende konsonante Kognitionen; (c) Veränderung der Relevanz o. Bedeutsamkeit konsonanter o. dissonanter Kognitionen. (4) Die Änderungsresistenz einer Kognition bestimmt sich aus dem Grad ihrer Realitätsverankerung bzw. der Anzahl relevanter Kognitionen. (5) Die Prozesse zur Herbeiführung kognitiver Konsonanz beinhalten neben rein kognitiven Prozessen auch Handlungen, in deren Folge kognitive Umstrukturierungen u. Motivationen zu erwarten sind. Verschiedene Autoren (z. B. Irle 1975) adaptieren die ursprüngl. nur auf die Nachentscheidungsprozesse zugeschnittenen Ideen als für den ganzen Entscheidungsprozess gültig; dieser wird als eine Folge tentativer Entscheidungen aufgefasst. Die K. wurde mehrfach modifiziert, vgl. Irle u. Möntmann (1978) sowie Irle (1982) u. Möntmann (1985). Nach dem heutigen Stand der Forschung sind Dissonanzeffekte nur dann zu erwarten, wenn die Vpn. unter voller Entscheidungsfreiheit handeln, das einstellungsdiskrepante Vh. öffentl. durchführen u. wenn negative Konsequenzen aus dem einstellungsdiskrepanten Vh. resultieren.

Die K. ist gewissermaßen eine Theorie kognitiver Motivationen; vgl. in diesem Zusammenhang auch das Sammelreferat von Kiesler u. Pallak (1976), das der Frage nachgeht, inwieweit kognitive Dissonanz auch so etwas wie einen allg. u. unspezif. Aktivierungs- bzw. Motivationseffekt für nichtdissonanzreduzierendes Vh. haben kann. Verschiedentl. konnte auch gezeigt werden, dass die Manipulationen von Dissonanzzuständen Auswirkungen auf die Kontrolle u. Steuerung primärer Triebe wie Hunger o. Durst haben kann (Brehm 1962): So berichten etwa Vpn, die sich einer langen Nahrungsdeprivation unterzogen haben (= hohe Dissonanz), ein deutl. geringeres subjektives Hungergefühl als andere, die nur kürzere Zeit hungerten u. denen für die Teilnahme am Experiment eine zusätzl. finanzielle Entschädigung angeboten wurde (= als geringe Dissonanz interpretiert). Brehm meint deshalb, dass selbst physiolog. Modifikationszustände kognitiv repräsentiert sein müssen, um ps. Effekte hervorzurufen; ähnl. Ergebnisse gibt es in vergleichbaren Experimenten zur kognitiven Steuerung von Schmerz; vgl. Zimbardo (1968ff.). Festinger hat die genauen Rahmenbedingungen der Entstehung von kognitiver Dissonanz nicht eindeutig präzisiert, was eine Reihe von Autoren zu Alternativformulierungen geführt hat; vgl. hierzu zsfd. Frey u. Gaska (1993); vgl. auch Feger u. Sorembe (1983).

Brehm u. Cohen (1962) erachten Diskrepanz u. Wichtigkeit von Kognitionen nur als Teilkomponenten des gesamten Bedingungsgefüges von Dissonanz; sie heben besonders die *Selbstverpflichtung* einer Person als weitere notwendige Entstehungsbedingung für kognitive Dissonanz hervor, des Weiteren die *Freiwilligkeit* (*volition*). Wicklund u. Brehm (1976) thematisieren insbes. die von der Person erlebte *Verantwortlichkeit* (*responsibility*) für die getroffene Entscheidung o. Selbstverpflichtung. Greenwald u. Ronis (1978) interpretieren die Motivation, die auf Kognitionsänderung abzielt, weniger als ein Bedürfnis nach Aufrechterhaltung der psycho-log. Konsistenz, sondern eher als ein Verlangen nach Bewahrung der Selbstachtung u. des Selbstbildes eines Individuums. Die dabei vorgenommenen Präzisionen waren meist mit einer Einschränkung des Geltungsbereiches verbunden. Weitreichendere Alternativen sind die → Selbstwahrnehmungstheorie sowie die *Impression-Management-Theorie* u. die *Response-Contagion-Theorie*; vgl. zum Überblick Frey (1985).

HI/WÜ: Die K. ist die vielleicht bekannteste, bedeutendste, jedenfalls am meisten erforschte sozialps. Theorie; sie war eine der frühesten kognitiven Theorien der amerikan. Sozialps.

VD: Die empir. Prüfung der K. hat eine Reihe von klass. gewordenen sozialps. Forschungsparadigmen hervorgebracht: (a) *Nachentscheidungs-Dissonanz* (*postdecisional dissonance*): die K. postuliert, dass nach einer Entscheidung die zurückgewiesenen Alternativen abgewehrt werden, um Dissonanz zu reduzieren, während der gewählten Alternative verstärkt positive Aspekte zugeschrieben werden (*spreading apart effect*, vgl. hierzu Brehm 1956 u. Brehm u. Cohen 1959). Ob u. unter welchen Umständen es auch zu gegenläufigen Effekten (*Regret-Effekte*) kommt, ist bisher nicht geklärt; vgl. Frey (1985). Der sogenannte *Fait-accompli-Effekt* besagt, dass unerwartete negative Konsequenzen einer Entscheidung die Attraktivität einer gewählten Alternative steigern – allerdings nur dann, wenn sich das Individuum für die eintretenden negativen Folgen Selbstverantwortung zuschreibt (Brehm 1959). Frey meint, dass der auch in Untersuchungen zur sequenziellen Informationssuche vor einer Entscheidung aufgezeigte → Inertia-Effekt als Versuch, kognitive Dissonanz auch im Vorentscheidungsprozess zu reduzieren, angesehen werden kann. (b) *Forcierte Einwilligung* (*forced compliance*): Eine Person, die aufgrund von Belohnung o. Bestrafung ein zu ihren Einstellungen diskrepantes Vh. ausgeführt hat, ändert ihre Einstellung in Richtung auf das gezeigte Vh. hin. Festinger postuliert, dass die resultierende Einstellungsänderung umso größer ist, je geringer die Rechtfertigung, z. B. Belohnung, für das Vh. sind. Das klass. Experiment hierzu stammt von Festinger u. Carlsmith (1959), wb. Vpn. eine andere Person überzeugen sollen. (c) Ähnl. ist das sogenannte *Forbidden-toy-Paradigma*: Kinder werten ein zuvor untersagtes Spielzeug nach Androhung einer niedrigeren Strafe stärker ab als nach Androhung einer hohen. (d) *Over-justification-Effekt* meint die von der K. vorhergesagte Einstellungsänderung nach einstellungskonvergentem Vh. in Abhängigkeit von externer Belohnung, d. h.: je ausgiebiger eine Sukzession von Aktivität belohnt wird, desto weniger attraktiv werten sie diese Aktivität, so dass extrinsische Verstärkung einer Aktivität u. U. die → intrinsische Motivation zurückziehen scheint (Deci 1975; Lepper u. Greene 1978). (e) *Selektive Informationssuche* (*selective exposure*): das Ausmaß der Vermeidung neuer Informationen bzw. der selektiven Suche von Informationen, die eine bestimmte Einstellung bestätigt, hängt kurvilinear mit der Stärke der kognitiven Dissonanz zusammen; d. h.: die Selektivität der Informationssuche wächst zunächst mit der Stärke der Dissonanz an, nimmt dann jedoch wieder ab; ab einer gewissen Höhe der Dissonanz wird eine Revision der Entscheidung betrachtet. (f) *Soziale Unterstützung* (*social support*): Eine bes. Möglichkeit der Dissonanzreduktion besteht darin, die eigene Meinung der kommunizierten In–

formation anzugleichen, also andere von der eigenen Meinung zu überzeugen o. nach sozialer Unterstützung (gleichgesinnt) zu suchen. Festinger u. a. (1956) fanden in einer berühmten Untersuchung, dass Mitglieder einer Sekte, deren Vorhersage eines demnächst eintreffenden Weltuntergangs nicht eingetroffen war, anstatt an ihrem Glauben zu zweifeln, nun sogar verstärkt begannen, neue Mitglieder für ihre Sekte zu werben. (g) Die Auswirkungen unternommener Anstrengungen thematisiert das *Effort-justification-Paradigma*: kognitive Dissonanz als Resultat von geleistetem Einsatz u. Aufwand; die K. postuliert, dass die aufgebrachte Anstrengung eine Tendenz erzeugt, den Aufwand zu rechtfertigen (vgl. Aronson u. Mills 1959).

◆ Aronson, E. u. Mills, J.: The effect of severity of initiation on liking for a group. JASP 59, 1959, S. 177–181; Aronson, E.: The theory of cognitive dissonance. A current perspective. In: Berkowitz, L. (Hg.): Advances in experimental social psychology, 4. Bd. New York 1969, S. 1–34; Beckmann, J.: Kognitive Dissonanz – eine handlungstheoret. Perspektive. Berlin 1984; Brehm, J. W. u. Cohen, A. R.: Choice and chance. Relative deprivation as determinants of cognitive dissonance. JASP 58, 1959, S. 383–387; Brehm, J. W. u. Cohen, A. R.: Explorations in cognitive dissonance. New York 1962; Brehm, J. W.: Increasing cognitive dissonance by a fait accompli. JASP 58, 1959, S. 369–382; Brehm, J. W.: Post-decision-changes in the desirability of alternatives. JASP 52, 1956, S. 384–389; Chapanis, N. u. Chapanis, A.: Cognitive dissonance: Five years later. PBu 66, 1964, S. 1–22; Cooper, J. u. Fazio, R. H.: A new look at dissonance theory. In: Berkowitz, L. (Hg.): Advances in experimental social psychology, Bd. 17. New York 1984, S. 229–266; De Jong, W.: An examination of self-perception mediation of the foot-in-the-door-effect. JPSP 37, 1979, S. 2221–2239; Deci, E. L.: Intrinsic motivation. New York 1975; Feger, H. u. Sorembe, V.: Konflikt u. Entscheidung. In: Thomae, H. (Hg.): Theorien u. Formen der Motivation. EP C, IV, 1. Bd. Göttingen 1983, S. 536–712; Festinger, L. u. Carlsmith, J. M.: Cognitive consequences of forced compliance. JASP 58, 1959, S. 203–210 (dt. Übers. in: Irle, M. (Hg.): Texte aus der experimentellen Sozialps. Neuwied 1969, S. 325–342); Festinger, L. u. a.: When prophecy fails. Minneapolis 1956; Festinger, L.: A theory of cognitive dissonance. Stanford 1957 (dt.: Theorie der kognitiven Dissonanz. Bern 1978); Freedman, J. u. Fraser, S. C.: Complience without pressure: The foot-in-the-door-technique. JPSP 4, 1966, S. 195–202; Frey, D. u. Gaska, A.: Die Theorie der kognitiven Dissonanz. In: Frey, D. u. Irle, M. (Hg.): Theorien der Sozialps., Bern 1993, S. 275–326; Frey, D.: Informationssuche u. Informationsbewertung bei Entscheidungen. Bern 1981; Grabitz, H.-J. u. Grabitz-Gniech, G.: Der kognitive Prozeß vor Entscheidungen: Theoret. Ansätze u. experimentelle Untersuchungen. PB 15, 1973, S. 522–549; Greenwald, A. G. u. Ronis, D. L.: Twenty years of cognitive dissonance: case study of the evolution of a theory. PR 85, 1978, S. 53–57; Hovland, C. I. u. a.: Communication and persuasion. New Haven 1953; Irle, M.: Lehrbuch der Sozialps. Göttingen 1975; Irle, M. u. Möntmann, V.: Die Theorie der kognitiven Dissonanz: Ein Resümee ihrer theoret. Entwicklung 1957–1976. In: Festinger, L. (Hg.): Theorie der kognitiven Dissonanz. Bern 1978, S. 274–303; Irle, M. (Hg.): Studies in decision making. Berlin 1982; Keller, J. A.: Grundlagen der Motivation. München 1981; Kiesler, C. A. u. Pallak, M. S.: Arousal properties of dissonance manipulations. PBu. 83, 1976, S. 1014–1025; Lawrence, D. H. u. Festinger, L.: Deterrents and reinforcement. The psychology of insufficient reward. Stanford 1962; Lepper, M. R. u. Greene, D. (Hg.): The hidden costs of reward. Hillsdale 1978; Möntmann, V.: Kognitive Dissonanz u. Gewinn von Information als Konsequenz eines kognitiven Hypothesentests. Pfaffenweiler 1985; Ochsmann, R. u. Frey, D.: Attraktivitätsänderung der Entscheidungsalternativen als Möglichkeit der Reduktion kognitiver Dissonanz. In: Irle, M. (Hg.): Attraktivität von Entscheidungsalternativen u. Urteilssicherheit. ZSP Beiheft 4, 1978, S. 88–100; Wicklund, R. A. u. Brehm, J. W.: Perspectives on cognitive dissonance. Hillsdale 1976; Zajonc, R. B.: Cognitive theories in social psychology. In: Lindzey, G. u. Aronson, E. (Hg.): The Handbook of social psychology. 1. Bd. Reading/Mass. 1968, S. 320–411; Zimbardo, P. G. (Hg.): Cognitive dissonance and the control of human motivation. In: Abelson, R. P. u. a. (Hg.): Theories of cognitive consistency. Chicago 1968, S. 439–447; Zimbardo, P. G. (Hg.): The cognitive control of motivation. Glenview, Ill. 1969.

Kognitive Heuristiken → kognitive Täuschungen und kognitive Heuristiken; → Entscheidungsheuristiken.

Kognitive Hypothese des mentalen Trainings → mentales Training.

Kognitive Hypothesen bei Versuchstieren → Zeichen-Gestalt-Theorie; → klassische Konditionierung.

Kognitive Komplexität → kognitive Stile.

Kognitive-Komponenten-Ansatz, prozessanalyt. Ansatz zur Erforschung der → Intelligenz, der im Rahmen des Paradigmas der → Informationsverarbeitung operiert u., mehr als die herkömml. psychometr. orientierte Intelligenzforschung, eine Analyse der konkreten Denkprozesse versucht. Im Unterschied zu dem ähnl. → Kognitive-Korrelate-Ansatz setzt der K. bei den einzelnen Gruppen von Testitems an u. versucht die Teilprozesse zu identifizieren, die für die Unterschiede zw. Personengruppen verantwortl. sind (Pellegrino u. Glaser 1979). Der K. verwendet die Methode der → Aufgabenanalyse u. versucht damit die Sequenz der kognitiven Komponenten zu spezifizieren, die an der Lösung von bestimmten Intelligenztest-Aufgaben beteiligt sind; vgl. hierzu Waldmann u. Weinert (1990); Keating (1984). Als die wesentl. mögl. kognitiven Korrelate der Intelligenz wurden untersucht: → Inspektionszeit, die → Wahlreaktionszeit, → evozierte Potentiale, Gedächtnis- u. Aufmerksamkeitseigenschaften; vgl. dazu Schweizer (1995). Der K. teilt mit den traditionellen psychometr. Intelligenztheorien die Annahme, dass Intelligenztestaufgaben zentrale Aspekte der I. erfassen. Folgende Aufgabenklassen werden als bes. wichtig gesehen: → induktives Denken, → deduktives Denken u. → bildhaftes Denken bzw. → räumliches Denken; vgl. zum Überblick Resnick (1976). Zur Kritik des kognitivist. Ansatzes u. seiner behaupteten Überlegenheit gegenüber dem psychometr. Ansatzes vgl. Sternberg u. French (1990).

◆ Keating, D. P.: The emperor's new clothes: the »new look« in intelligence research. In: Sternberg, R. J. (Hg.): Advances in the psychology of human intelligence, 2. Bd. Hillsdale 1984, S. 1–45; Pellegrino, J. W. u. Glaser, R.: Cognitive correlates and components in the analyses of individual differences. I 3, 1979, S. 1987–214; Resnick, L. B. (Hg.): The nature of intelligence. Erlbaum 1976; Schweizer, K.: Kognitive Korrelate der Intelligenz. Göttingen 1995; Sternberg, R. J. u. French, P. A.: Intelligence and cognition. In: Eysenck, M. W. (Hg.): International review of cognitive psychology. Chichester 1990; Waldmann, M. R. u. Weinert, F.: Intelligenz u. Denken. Göttingen 1990.

Kognitive Konsistenz → Konsistenztheorien.

Kognitive-Korrelate-Ansatz, ein prozessanalyt. Ansatz zur Erforschung der → Intelligenz, der im Rahmen des Paradigmas der → Informationsverarbeitung operiert u., mehr als die herkömml. psychometr. orientierte Intelligenzforschung, eine Analyse der konkreten Denkprozesse versucht. Der K. geht von psychometr. unterschiedl. Gruppen von Personen aus (z. B. Hoch- u. Niedrig-Intelligenten) u. sucht dann nach kognitiven Prozessen, bei denen sich die Gruppen voneinander unterscheiden (Hunt u. a. 1975). Zentral ist die Frage, inwieweit einzelne, isolierte Informationsverarbeitungskomponenten (z. B. Kurzzeitgedächtnis, Wissensabrufprozesse, Organisation des semant. Wissens) in der Lage sind, Unterschiede in Intelligenztestwerten zu erklären. Typ. Fragen sind etwa, in welchen Komponenten sich Personen mit hohem verbalen IQ von solchen mit niedrigem verbalen IQ unterscheiden. Ein verwandtes Paradigma ist der → Kognitive-Komponenten-Ansatz.

◆ Hunt, E. B. u. a.: What does it mean to be high verbal? CP 7, 1975, S. 194–227; Schweizer, K.: Kognitive Korrelate der Intelligenz. Göttingen 1995.

Kognitive Landkarte, [auch *mentale Landkarte*; engl.: *cognitive* *map*], das mentale Modell bzw. → Vorstellungsbild des äußeren Raumes, das jemand z. B. vom Grundriss einer Stadt hat. Typ. Untersuchungsmethoden sind das *Externalisieren* der k. L., d. h. das Zeichnen eines Plans, o. Aufgaben des → mentalen Absuchens. Für eine analoge u. auch relativ detailgetreue Natur der k. L. spricht der → symbolische Distanzeffekt (s. a. die unter diesem Stw. im Kleinschriftteil genannten Einschränkungen). Bei der Repräsentation von k. L. lässt sich *Kartenwissen* (*maps*) von *Straßenwissen* (*routes*) unterscheiden: Ersteres bezieht sich auf eine Art mentale Überblickskarte, die Informationen über die absoluten u. relativen Raumpunkte enthält sowie die Basis für Distanz-, Orts- u. Richtungsurteile abgibt; dagegen kommt beim Straßenwissen die konkrete sensomotor. Raumerfahrung ins Spiel, Distanzen werden aufgrund der Bewegungserfahrungen zw. den entsprechenden Punkten geschätzt u. beziehen sich auf konkrete Wege, euklid. Distanzen müssen erschlossen werden. Da dem Straßenwissen die Erfahrung realer Räume mit bedeutungsvollen Objekten u. einer semant. Rauminterpretation zugrunde liegt, unterliegen die innerhalb dieser Repräsentation getroffenen Urteile in stärkerem Maße als beim Kartenwissen dem konzeptionellen Wissen über die Objekte u. den Raum. Wichtig geworden ist das Entwicklungsmodell von Siegel u. White (1975), nach dem sich k. L. in einer Sequenz von *landmark knowledge* über *route knowledge* zu *survey knowledge* entwickeln sollen – von *Wissen über Merkpunkte* hin zu *Wissen über Routen* u. *Übersichts-Wissen*; vgl. auch das Stw. → räumliches Gedächtnis.

HI: Das Kzpt k. L. wurde schon von Tolman geprägt, der im Gegensatz zu den S-R-Theorien schon frühzeitig auf die Bedeutung innerer mentaler Modelle hinwies (Tolman 1948). Das Thema wurde dann Anfang der 80er Jahre in Folge der verstärkten Zuwendung zum Themenkreis → räumliche Kognition wieder aufgegriffen.

LIT: Für einen histor. u. wissenschaftstheoret. Überblick vgl. Downs (1981); Gaerling u. a. (1985); Lünsch (1960); Downs u. Stea (1973; 1977); zu entwicklungsps. Aspekten vgl. Siegel u. White (1975); Cohen (1985); für eine Zusammenfassung vgl. Downs u. Stea (1977); einen Überblick über neuere Ansätze u. theoret. Grundprobleme des Kzpts. vermittelt Engelkamp (1990).

◆ Cohen, P. R. (Hg.): The development of spatial cognition. Hillsdale 1985; Downs, R. M. u. Stea, D.: Cognitive maps and spatial behaviour: process and products. In: Downs, R. M. u. Stea, D. (Hg.): Image and environment. Chicago 1973, S. 8–26; Downs, R. M. u. Stea, D.: Maps in minds. New York 1977 (dt.: Kognitive Karten: Die Welt in unseren Köpfen. Stuttgart 1982); Downs, R. M.: Maps and mapping as metaphors for spatial representations. In: Liben, L. S. u. a. (Hg.): Spatial representation and behaviour across the life span. New York 1981, S. 143–166; Engelkamp, J.: Das menschl. Gedächtnis. Göttingen 1990; Gaerling, T. u. a.: Adults' memory representation of the spatial properties of their everyday physical evironment. In: Cohen (1985), S. 141–184; Lünsch, K.: The image of the city. Cambridge 1960; Siegel, A. W. u. White, S. H.: The development of spatial representations of large-scale environments. In: Reese, H. W. (Hg.): Advances in child development. In: Behaviour 1. Bd. New York 1975, S. 110–155; Tolman, E. C.: Cognitive maps in rats and men. PR 55, 1948, S. 189–208.

Kognitive Lerntheorien, → Lerntheorien, die den mechanist. → Antimentalismus der klass. Lerntheorien überwinden u. kognitive Prozesse beim Lernen miteinbeziehen, v. a. → Anreiz u. → Erwartung. Wegbereiter war Tolmans → Zeichen-Gestalt-Theorie, auch der Ansatz von Konorski u. Miller (1937). Lernen bzw. → Verstärkung besteht gem. den k. L. nicht in unbewussten Reiz-Reaktions-Ver–

bindungen im Sinne der → S-R-Theorien, sondern in der Ausbildung einer *Erwartung* über Reizabfolgen bzw. über das Eintreffen von Verstärkung (*Erwartungstheorien*). (Verstärkung wirkt also im Sinne der k. L. nur auf die → Performanz, nicht auf den eigentl. Lernprozess.)

VD/T: Da Erwartungen hinsichtl. Reizabfolgen, also S-S-Folgen, in den k. L. zentral sind, werden sie bisweilen auch als *S-S-Theorien* bezeichnet. In moderner Terminologie wird oft das Symbol S* als neutraler Oberbegriff für alle Konsequenzen – v. a. für → Verstärker – verwendet (Bolles 1972); man spricht dann von *S-S*-* u. *R-S*-Erwartungen* bzw. von S-S*- u. von R-S*-Theorien. In dieser Terminologie u. Sichtweise war schon Pawlows Reizsubstitutionstheorie der → klassischen Konditionierung ein S-S*-Ansatz.

Auch die Unterschiede zw. der klass. u. → operanten Konditionierung, wie sie von der → Zwei-Faktoren-Theorie betont werden, werten die k. L. gem. obigem Ansatz gering – in einer unitarist. Sicht geht es nach Ansicht der k. L. in beiden Fällen um die Ausbildung von Erwartungen. Paradigmat. Experimente mit curarisierten Tieren zeigen, dass Lernen auch dann auftritt, wenn Tiere sich nicht bewegen können u. damit auch keine vegetativen CR als Vermittler in Frage kommen. Dies zeigt, dass Lernen nicht immer S-R-Lernen sein kann u. dass solche Prozesse auch nicht durch die Annahme einer peripheren Mediation, typischerweise einer → antizipierten Zielreaktion, erklärt werden können; vgl. Solomon u. Turner (1962). Zu weiteren Hinweisen auf kognitive Prozesse bei Tieren (die für die klass. Theoretiker Versuchsobjekte von sozusagen größerer Evidenz sind als der Mensch) s. die Stw. → Primatenversuche; → symbolisches Versuch-Irrtums-Lernen; → delayed response; → räumliches Lernen; → Begriffslernen; vgl. Kaminski (1964); Rescorla u. Holland (1982); s. a. das Stw. → Tierpsychologie.

Die k. L. heben ein spez. Kzpt. der *Kontingenz* hervor, dass näml. nicht das reine → Kontiguitätsprinzip entscheidend für die Verknüpfung sei, sondern der *Informationsgehalt* der Stimuli bzw. der Verstärker. Der Unterschied zum klass. Kzpt. der Verstärkung wird deutl., wenn Verstärker u. Vh. in einer Null-Korrelation stehen, sie also nur zufällig u. unsystemat. gemeinsam auftreten: Dabei wird nach dem klass. Kzpt. Vh. verstärkt (da ja Vh. u. Verstärkung bisweilen zusammen auftreten), nach der informationstheoret. Konzeption bildet sich dagegen kein Lernprozess, da die Reize bzw. der Verstärker keine valide Vorhersage ermöglichen, also kein wirkl. Informationspotential besitzen. Versuchstiere scheinen also zw. vhsabhängigen Verstärkern u. vhsunabhängigen Verstärkern diskriminieren zu können. Dies impliziert, dass das alleinige Auftreten des US ohne den CS die Signaleigenschaft des US hemmt. Wegweisend waren hier die Arbeiten von Rescorla u. Wagner (1972); sie sprechen von einer *Hemmungskonditionierung* bzw. *inhibitor. Konditionierung*, wenn die Korrelation zw. CS u. US negativ ist, also der CS anzeigt, dass der US wahrscheinl. nicht auftritt, im Unterschied zu einer *exzitator. Konditionierung*, die die Wahrscheinlichkeit des Auftretens eines US anzeigt. Mit diesen Kzpt. lassen sich die Effekte der → konditionierten emotionalen Hemmung u. Phänomene wie die → sensorische Vorkonditionierung u. → Blockierung besser erklären. In neueren Ansätzen, z. B. in *Timing-Theorien* (Gibbon u. Balsam 1981) u. der *Comparator-Hypothese* (Miller u. Schachtman 1985), wird die Kontiguitätsannahme wieder berücksichtigt, eine Rückkehr zur S-R-Theorie erfolgt jedoch nicht.

HI/WÜ: Seit den 70er Jahren sind die k. L. Theorien auf dem Gebiet der → Konditionierung bestimmend u. haben die klass. Lerntheorien weitgehend verdrängt; allerdings wird tlw. wieder gesehen, dass die k. L. das Lernen von Vh. nicht völlig erklären können, u. damit einhergehend kommt es zu einer gewissen Renaissance klass. Ansätze (Stevenson 1983; Klein 1987; Brown 1982).

LIT: Wichtige Arbeiten zu den k. L. sind Bolles (1972); Dickinson (1989); Furedy (1988); Kimmel (1988); Rescorla (1988); Baker u. Mercier (1989); deutschsprachige Darstellungen sind Mackintosh (1984) u. Amsel u. Rashotte (1984); ein Buch, in dem durchgehend die Spannung zw. mechanist. u. kognitiven Lerntheorien diskutiert wird, ist Kintsch (1982); man vgl. bei diesem Werk auch die Unterschiede zw. der 1. u. 2. Auflage; ein histor. wichtiger Ansatz zur Integration der Lerntheorien u. der pädagog. Ps. war Ausubel (1974), der Lernen als Auf- u. Ausbau kognitiver Strukturen konzeptualisierte; ein interessantes Buch zum Schnittpunkt zw. klass. Konditionieren, bestimmten Paradigmen der k. L. u. Problemen der Hirnforschung, insbes. Modellen des → Konnektionismus, ist Lachnit (1993); ein wichtiger neuerer Ansatz zu einer kognitiven Rekonstruktion der bei klass. u. operanter Konditionierung ablaufenden Lernprozesse im Rahmen eines Computersimulationsansatzes ist Holland u. a. (1986), die Konditionierungsprozesse im Rahmen einer allg. Theorie induktiven Lernens betrachten; für eine Übersicht über neuere kognitiv interpretierte Tierexperimente zur klass. u. operanten Konditionierung vgl. Rescorla u. Holland (1982).

◆ Amsel, A. u. Rashotte, M. E.: Entwicklungsrichtungen der S-R-Lerntheorien in Amerika. In: Zeier, H. (Hg.): Lernen u. Vh., 1. Bd. Lerntheorien. Weinheim 1984, S. 75–153; Ausubel, D. P.: Ps. des Unterrichts. Weinheim 1974; Baker, A. G. u. Mercier, P.: Attention, retrospective processing, and cognitive representations. In: Klein, S. u. Mowrer, R. R. (Hg.): Contemporary learning theories: Pavlovian conditioning and the status of traditional learning theory. Hillsdale 1989, S. 85–116; Black, R. W.: Incentive motivation and the parameters of reward in instrumental conditioning. In: Arnold, W. J. u. Levine, D. (Hg.): Nebraska Symposium on Motivation. Lincoln 1970, S. 85–137; Bolles, R. C.: Reinforcement, expectancy, and learning. PR 79, 1972, S. 394–409; Brown, A. L.: Learning and development: the problems of compatibility, access, and induction. HD 25,1982, S. 89–115; Dickinson, A.: An expectancy theory in animal conditioning. In: Klein, S. u. Mowrer, R. R. (Hg.): Contemporary learning theories: Pavlovian conditioning and the status of traditional learning theory. Hillsdale 1989, S. 279–308; Furedy, J. L.: Issues in human Pavlovian autonomic conditioning: an interactive symposium (special issue). BP 27, 1988; Gibbon, J. u. Balsam, P.: Rating association in time. In: Locurto, C. M. (Hg.): Autoshaping and conditioning theory. New York 1981, S. 219–253; Gigerenzer, G.: Messung u. Modellbildung der Ps. München 1981; Holland, J. H. u. a.: Induction: processes of inference, learning, and discovery. Cambridge 1986; Kaminski, G.: Ordnungsstrukturen u. Ordnungsprozesse. In: Bergius, R. (Hg.): Lernen und Denken. HP 1. Bd., 2. Hlb. Göttingen 1964, S. 373–493; Kimmel, H. D.: Restructuring of cognitivism in conditioning. BP 27, 1988, S. 195–198; Kintsch, W.: Gedächtnis u. Kognition. Berlin 1982; Klein, S.: Learning: Principles in application. New York 1987; Konorski, J. u. Miller, S.: On two types of conditioned reflex. JGP 16, 1937, S. 264–272; Lachnit, H.: Assoziatives Lernen u. Kognition. Heidelberg 1993; Mackintosh, N. J.: Kognitive Lerntheorien. In: Zeier, H. (Hg.): Lernen u. Vh., 1. Bd. Lerntheorien. Weinheim 1984, S. 153–181; Miller, R. R. u. Schachtman, T. R.: Conditioning context as an associative baseline: Implications for response generation and the nature of conditioned inhibition. In: Miller, R. R. and Spear, N. E. (Hg.): Information processing in animals: conditioned inhibition. Hillsdale 1985, S. 51–88; Rescorla, R. A.: Pavlovian conditioning: it's not what you think it is. AmP 43, 1988, S. 151–160; Rescorla, R. A. u. Holland, P. C.: Behavioural studies of associative learning in animals. ARP 33, 1982, S. 265–308; Rescorla, R. A. u. Wagner, A. R.: A theory of Pavlovian conditioning: variations in the effectiveness of reinforcement and nonreinforcement. In: Black, A. H. u. Prokasy, W. F. (Hg.): Classical conditioning II. New York 1972, S. 64–99; Solomon, R. L. u. Turner, L. H.: Discriminative classical conditioning in dogs paralyzed by curare can later control discriminative avoidance responses in the normal state. PR 69, 1962, S. 202–219; Stevenson, A. J.: How children learn – the quest for a theory. In: Kessen, W. (Hg.): Handbook of child psychology, 1. Bd. New York 1983, S. 213–235.

Kognitive Linguistik → Sprachpsychologie; → Psycholinguistik.

Kognitive Primärfaktoren → Intelligenz.

Kognitive Prozesse → Kognition.

Kognitive Psychologie. Folgende Merkmale charakterisieren den Begriff: In seiner hauptsächl. Bedeutung meint er diejenige Strömung der Ps., welche → Kognition (wieder) als eigenständiges u. hauptsächl. Forschungsobjekt erkannt u. angenommen hat. Und zwar wird damit v. a. derjenige ps. Forschungsstrang bezeichnet, der sich im angloamerikan. Raum aus der Überwindung des → Behaviourismus entwickelt hat. Zentral ist dabei das aus Nachrichtentechnik u. Computerwissenschaft stammende Modell der → Informationsverarbeitung. Vorher vernachlässigte Themen wie → Aufmerksamkeit, → Vorstellungsbild, → semantisches Gedächtnis, → mentale Repräsentation, → Erkennen, → kognitive Stufen u. zunehmend sogar das Thema → Bewusstsein sind dabei wieder ins Zentrum der Forschung gerückt. (In gewissem Sinne kann man sagen, dass die k. P. gerade diejenigen Themen u. Kzpte., die in der vorwissenschaftl. Ps. prävalent u. geradezu selbstverständl. sind, zum Forschungsparadigma erhebt, u. der Laie – zumindest der europä. Laie – versteht deswegen das Revolutionäre dieses Ansatzes demgemäß meist gar nicht, da ihm die Ausblendung all dieser Themen durch den Behaviourismus nicht bekannt bzw. schwer nachvollziehbar ist.) Weitere prototyp. Paradigmen sind: → Gedächtnisabsuche; → Teilberichtsverfahren; → priming; → ikonisches Gedächtnis; → Kurzzeitgedächtnis; → NI-PI-Aufgabe; → dichotisches Hören; → Reaktionsexperiment. Neisser (1974) weist darauf hin, dass in den genuinen Themenbereich der k. P. auch psychopatholog. Phänomene wie Halluzination, Wahn, Hypnose u. auch Phänomene wie Schlafen, → Lesen, Hypnose fallen. Auch sprachps. u. psycholinguist. Phänomene werden von der k. P. in ihren Themenkanon aufgenommen – die moderne → Psycholinguistik hat überhaupt wesentl. zur Konstitution einer k. P. beigetragen. Die k. P. berücksichtigt in geringerem Maße dynam. bzw. motivationale Variablen, wenn diese in die Analyse eingehen, dann als unabhängige Variablen, deren Wirkung untersucht wird, ohne aber bis ins Letzte ihren Ursprung zu erforschen. Die k. P. war u. ist immer noch grundsätzl. nicht biolog. bzw. neurophysiolog. orientiert, schon Neisser (1974) artikuliert eine gewisse Skepsis gegenüber einer frühen Biologisierung der Forschung; v. a. im Rahmen der Entwicklung einer allg. → Kognitionswissenschaft kommt es aber zu einer zunehmenden Berücksichtigung solcher Aspekte, ja eine Zuwendung zu den Neurowissenschaften ist ein wichtiger Trend der modernen k. P. (vgl. Prinz u. Neumann 1990). Damit einher geht eine stärkere Betonung lokaler, spezialisierter Mechanismen (→ Modularismus) u. die Entstehung quasi-neuronaler Verarbeitungsmodelle (→ Konnektionismus). Zu den Methoden der k. P.: Bisweilen wird unterschieden nach solchen, die schnell ablaufende (Sekunden- u. Millisekundenbereich) u. solche für langsam ablaufende Prozesse (Minutenbereich) unterteilen. Zu den Ersteren gehören die Messungen der → Reaktionszeit, der Zeit zur → Entscheidung sowie die Messung von → Augenbewegungen; zu den Letztgenannten verbale Daten (Selbstauskünfte, Befragung, → Wissensdiagnostik), vgl. hierzu das Stw. → Introspektion. Auch die → Computersimulation ist ein wichtiger Zugang; zur Erfassung kognitiver Strukturen u. längerwährender Prozesse vgl. auch → Dissoziationsverfahren. Zum Überblick über die Methoden der k. P. vgl. Funke (1996).

HI: Ein volles Verständnis des Begriffs k. P. ist nur über den histor. Hintergrund mögl.: (1) Eine frühe Thematisierung kognitiver Aspekte findet sich bes. im »absichtsvollen → Behaviourismus« Tolmans, in seiner → Zeichen-Gestalt-Theorie, speziell seinem Kzpt. der → kognitiven Landkarte. Auf metatheoret. Ebene war Tolmans Kzpt. der *intervenie-*

renden Variable bedeutsam. Dabei fand allmähl. ein Wandel vom *S-R-Modell* zum *S-O-R-Modell* statt, das »innere« Prozesse berücksichtigte, wb. diese inneren Prozesse zunehmend »subjektiver« u. »kognitiver« geworden sind. (2) Im Neobehaviourismus war Osgoods → Mediationstheorie ein erster Durchbruch in Richtung Kognitivismus. Innerhalb der → Gedächtnispsychologie war das Kzpt. der → Kodierung dasjenige, das »im informationstheoret. Gewande« kognitivist. Gedankengut in die behaviourist. Ps. eingebracht hat. (3) Partiell unabhängig davon wurden in den 50er Jahren innerhalb der → sozialen Lerntheorie Rotters, speziell im Kzpt. der → Kontrollüberzeugungen, u. innerhalb von Heiders → naiver Kausalanalyse die Grundlagen der → Attributionstheorie gelegt u. damit eine eindeutig kognitivist. Richtung begründet, die allerdings erst mit über einem Jahrzehnt Verspätung größeren Einfluss auf den main stream gewonnen hat. (4) Ein einzelnes Werk von großer programmat. Bedeutung war: »Strategien des Handelns. Pläne u. Strukturen des Verhaltens« (1960; dt. 1974). In ihm versetzten der Neurowissenschaftler K. Pribram, der mathemat. orientierte Psychologe Galanter u. der auf verschiedenen Gebieten der Gedächtnisps. mit bedeutenden Arbeiten hervorgetretene Neal E. Miller (s. z. B. das Stw. → Gedächtnisspanne) dem Reflexbogenmodell des klass. Behaviourismus den Todesstoß u. forderten eine kybernet. Analyse des Vhs. mit dem Zentralkzpt. der TOTE-Einheit; sie meinten, dass es vernünftig erscheine, zw. dem Reiz u. der Reaktion »ein bisschen Weisheit einzuschieben«. (5) Im wahrnehmungsps. u. im gedächtnisps. Bereich u. im Bereich → Erkennen waren es v. a. die Arbeiten zur → Gedächtnisabsuche u. über die → Additive-Faktoren-Methode, des Weiteren die → Mehrspeichertheorien, auch das Kzpt. der → Verarbeitungstiefe, sowie die diversen Theorien der → Aufmerksamkeit, welche sozusagen den Kernbestand der kognitiven Ps. konstituierten, die dann durch die Arbeit von Ulric Neisser (1974, Orig. 1967) eine gebündelte Zusammenfassung u. eine programmat. Perspektivierung erfahren haben. Neisser vertrat eine konstruktivist. → Wahrnehmungstheorie mit einer Hervorhebung des Modells der → Analyse-durch-Synthese u. des Kzpts. des → Schemas, dabei die Pionierarbeit des engl. Psychologen Frederic Bartlett (s. das Stw. → Gedächtnispsychologie) würdigend. Neisser betonte die Anregungen, die von der Computerwissenschaft ausgegangen waren, wandte sich aber gegen eine unkrit. Übernahme. Im Kategoriensystem der American Psychological Association für die Psychological Abstracts wurde in den 70er Jahren die Kategorie »Cognitive Processes« aufgenommen; 1970 wurde die Ztschr. *Cognitive Psychology* gegründet; die Arbeit von Lindsay u. Donald Norman (1981, Orig. 1972) war das erste Lehrbuch, u. schon in den 60er Jahren wurde von Bruner u. Miller in Havard das »Center for Cognitive Studies« gegründet. (6) Kognitivist. u. konstruktivist. Wahrnehmungstheorien wurden auch in einem partiell unabhängigen Forschungsstrang, näml. im Paradigma → soziale Wahrnehmung thematisiert. Zu weiteren kognitivist. Forschungstraditionen im Bereich Wahrnehmung s. das Stw. → Wahrnehmungstheorien. (7) Weitere wichtige Anstöße rezipierten die → künstliche Intelligenz u. die moderne Linguistik, speziell die → generative Transformationsgrammatik. 1972 veröffentlichten Newell u. Herbert Simon das monumentale »Human Problem Solving«, in dem sie den → *General Problem Solver* konzipierten; zu den weiteren Paradigmen, die sich aus der Interaktion von k. P. u. künstl. Intelligenz entwickelten, s. das Stw. → künstliche Intelligenz; wichtig waren v. a. die Themen → Mustererkennung u. → Sprachverstehen bzw. semant. Informationsverarbeitung; s. a. die Stw. → semantisches Gedächtnis; → semantische Netzwerke; → Problemlösen. Zunehmend wurden auch »noch subjektivere« Phänomene wie → Vorstellungsbild u. ähnl. Phänomene thematisiert. (8) Ein tlw. unabhängiger Strang, ebenfalls sehr typ. für die moderne k. P., ist die Weiterentwicklung der → Entscheidungstheorien, v. a. innerhalb des Paradigmas → kognitive Täuschungen und kognitive Heuristiken. (9) Im dt. Sprachraum wurde der Kognitivismus früh rezipiert, zu Anfang der 70er Jahre gab es in Bochum die Arbeitseinheit »Kognitionspsychologie«; einer der bedeutendsten Vertreter ist W.

Prinz, der Ende der 80er Jahre das Max-Planck-Institut für Prozesse der Kognition u. Handlungssteuerung aufgebaut hat; bereits 1979 wurde im Buch »Kognitionsps.« von Wimmer u. Perner diese Richtung zsfd. dargestellt. (10) Insges. kann man die unterschiedl. Forschungsrichtungen bzw. Forscher differenzieren hinsichtl. ihrer methodolog. Herkunft: Die experimentalps. orientierten, die an Modellen der künstl. Intelligenz orientierten, die neurops. orientierten u. die Gruppe der anwendungsorientierten. Gerade aus Letzterer, näml. der Human-Performance-Forschung, also der arbeitsps. Forschung zum → sensomotorischen Lernen, sind wichtige Ansätze zur k. P. entstanden, v. a. durch Donald Broadbent u. Welford (s. die Stw. → Aufmerksamkeit, → Reaktionsexperiment; → Filtertheorie). (11) Neben der allg. Ps. wurden zunehmend auch andere ps. Teildisziplinen kognitivist. orientiert, wb. sie entweder eine eigene kognitive Tradition mitbrachten u. partiell die allg. Ps. beeinflussten o. von dieser dann in Richtung Kognitivismus beeinflusst worden sind: (a) Kognitivist. Entwicklungstheorien thematisieren v. a. die fortschreitende Konstruktion von kognitiven Repräsentanten der Außenwelt. Ihr wichtigster Vertreter war ursprüngl. Jean Piaget mit seiner → genetischen Epistemologie, des Weiteren L. Kohlbergs Theorie der moral. Entwicklung; vgl. z. B. Kohlberg (1974, 1987); vgl. Heidbrink (1991). Einer der wichtigsten Ansätze war J. Bruners Kzpt. der → Repräsentationsmedien (in den 60er Jahren entwickelt, vgl. dt.: Bruner 1988). In neuerer Zeit sind im Rahmen des Paradigmas der → Informationsverarbeitungstheorien wichtige Ansätze entstanden, die sich v. a. um die allgemeinps. Kzpte. → Metakognition, → Expertise, → Skript, → Problemlösen, → deklarative vs. prozedurale Wissensrepräsentation, → Produktionssysteme ranken. Diese Informationsverarbeitungsansätze thematisieren in stärkerem Maße als andere die realen u. spezif. Prozesse u. Strategien, welche Menschen benutzen, um ihre Welt zu repräsentieren. Das Kzpt. der Produktionssysteme ist zentral in der Theorie von D. Klahr, der Aspekt des *Problemlösens* ist zentral in der Theorie von R. Case; vgl. hierzu zum Überblick Flammer (1988); verschiedene Theoretiker dieser Tradition stellen sich vor in Sternberg (1984), vgl. zum Überblick auch Klahr (1981), ein wichtiger Sammelband ist auch Siegler (1978); vgl. auch Siegler u. Richards (1983). (b) Auch in der Sozialps. gibt es einen wichtigen kognitivist. Strang: → soziale Kognition (vgl. hierzu krit. Graumann 1988); nachdem sich schon früher in den Bereichen → Personenwahrnehmung u. → soziale Wahrnehmung (s. o.) kognitivist. Traditionen ausgebildet hatten. (c) Die ursprüngl. allgemeinps. orientierte k. P. hat sich erst Mitte der 70er Jahre Fragestellungen der differentiellen Ps. zugewandt, v. a. im Bereich der → Intelligenz (vgl. Resnick 1976); Weiteres s. d. (d) Auch in der Psychotherapie hat es einen Boom kognitiver Therapien, speziell auch kognitiver Vhstherapien, gegeben, zum Überblick über diese u. zu ihren histor. Wurzeln innerhalb der allg. Ps. vgl. van Quekelberghe (1979); zu kognitionsps. Ansätzen in der Depressionsforschung vgl. Hautzinger u. Greif (1981).

KR: Eine frühe radikale Kritik der k. P. v. a. wegen ihrer mangelnden ökolog. funktionalist. Orientierung ist Neisser (1978); zur Kritik, die v. a. die Beliebigkeit u. Paradigma-Orientiertheit hervorhebt, vgl. Allport (1975); Claxton (1980); eine tief schürfende Darstellung wissenschaftl. u. wissenschaftstheoret. Grundprobleme der Kognitionsps. gibt Neumann (1985); für eine ökolog. orientierte Kognitionsps. plädiert Neisser (1985); Scheerer (1978) plädiert dafür, wegzugehen von einer rein paradigmaorientierten Forschung, hin zu einer problemorientierten Forschung, die zw. den Polen einer überzeugungsorientierten Forschung u. der Flachheit theorieloser Empirie hindurchgeht; Herrmann (1982, 1987) verweist auf Probleme, die sich ergeben, wenn man eine systemtheoret. u. eine handlungstheoret. Perspektive vermengt, er analysiert also die Problematik von Formulierungen wie »ein kognitives Schema sieht etwas«, der »zentrale Prozessor meint, sein Ziel nicht erreichen zu können«, »das Bewusstsein steuert die kognitiven Prozessoren«; zur Kritik des Kognitivismus in der Sozialps. vgl. Graumann (1988); eine Verteidigung des Kognitivismus ist Fiedler (1983).

VD/T: Der Begriff *k. P.* wirft etl. terminolog., wissenschaftstheoret. u. definitor. Probleme auf: (1) Im angloamerikan. Raum wird häufig ein Attribut sowohl in seiner objektsprachl. wie in seiner metasprachl. Bedeutung verwendet (man spricht bspw. auch vom »absichtsvollen Behaviourismus«, *purposive behaviourism*), u. Ähnliches gilt für die »kognitive« Ps., die ja eigentl. »kognitivist.« ist – eine sprachl. Differenzierung, die im dt. Sprachraum zunehmend häufiger vorgenommen wird. (Eine bes. Verwendung des Begriffs *kognitivist.*, vorwiegend zur Bezeichnung phänomenolog. orientierter Theorien, findet sich bei Oswald 1980.) Zunehmend wird auch der Begriff »*Kognitionsps.*« verwendet, er hat jedoch einen neutraleren Beiklang, so kann man dann auch von der Kognitionsps. der Psa. sprechen; *Kognitionsps.* meint also stärker jede Ps., die sich mit dem Thema Kognition beschäftigt, während »k. P.« stärker den am Anfang des Artikels dargelegten programmat. Charakter betont. (2) Kognitive Prozesse waren auch in der klass. Ps., schon in der → Elementenpsychologie u. → Bewusstseinspsychologie bei Helmholtz, Fechner, Donders, Wundt u. später auch innerhalb der → Gestalttheorie ein wichtiges Thema, beide fallen demgemäß eigentl. unter den Oberbegriff »k. P.«; aus histor. Gründen werden sie jedoch nicht hierunter eingeordnet. Die moderne k. P. unterscheidet sich von den älteren Ansätzen durch die stärkere Betonung experimentalps. Mittel u. durch die Skepsis gegenüber der Methode der → Introspektion. Auch Theorien, für die kognitive Prozesse ein selbstverständl. Forschungsthema sind, da sie ohnehin den Behaviourismus ablehnen, wie phänomenolog. orientierte u. psa. Richtungen, werden nicht im eigentl. Sinne unter *k. P.* eingeordnet. (3) Bei genauer Differenzierung kann innerhalb der verschiedenen theoret. Ansätze der k. P. unterschieden werden zw. solchen, die zwar kognitive Prozesse als *Forschungsobjekt* anerkennen, sie aber in einem quasi-reduktionist. Sinne auf »objektivere« Prozesse zurückzuführen versuchen, u. solchen, die kognitive Prozesse auch als *explikative Modelle* verwenden. Bei genauer Differenzierung lassen sich unter diesem Aspekt noch folgende weitere Unterscheidungen treffen: (a) Am stärksten kognitivist. sind Theorien wie die → Attributionstheorien, die die Denkprozesse von Menschen sozusagen inhaltl. thematisieren u. damit andere Denk- bzw. Motivations- bzw. Handlungsprozesse zu erklären versuchen; vgl. auch das Stw. → geisteswissenschaftliche Psychologie. (b) Eine zweite Gruppe von Theorien operiert zwar mit dem Kzpt. der → mentalen Repräsentation, wie bestimmte Theorien zum → Vorstellungsbild, tut dies jedoch in einer abstrakteren Art u. Weise als die Attributionstheorien; Weiteres s. d. (c) Eine dritte Gruppe operiert mit Erklärungskonstrukten, deren Charakter nicht i. e. S. als *kognitiv* zu bezeichnen ist; es sind die eigentl. Hauptmodelle der k. P. (s. u.); sie beziehen sich auf hypothet. Speicherstrukturen u. Informationsverarbeitungsprozesse. Diese Informationsverarbeitungs-Terminologie ist sozusagen eine *quasi-kognitive* Explikationsbasis. (d) Wiederum andere Theorien, wie z. B. die → ökologische Optik von Gibson, thematisieren zwar kognitive Prozesse, operieren jedoch auch nicht mit Informationsverarbeitungsmodellen u. anderen kognitiven Prozessen, sie sind sozusagen Kognitionstheorien auf einer *nichtkognitivist.* Basis. (4) Die letzte Unterscheidung führt auf ein weiteres Kriterium u. Problem: Wenn die k. P. den Behaviourismus auch überwindet, so akzeptiert der main stream der k. P. jedoch dasjenige Postulat des Behaviourismus, das Introspektion ablehnt u. mentalen Phänomenen sozusagen keine »eigene Welt« zuspricht; die k. P. ist also keine im eigentl. Sinne *verstehende* (o. *hermeneut.*) Psychologie (obgleich dies in Bezug auf die Attributionstheorie umstritten ist, welche auch nicht mit derselben Selbstverständlichkeit zum Kernbereich der k. P. gerechnet wird). (5) Die k. P. war u. ist – zumindest im wesentl. Teil – auch in dem speziellen Sinne *kognitivist.*, dass sie »unemotional« bzw. »antiemotional« (genauer: *antiemotionalist.*) geprägt ist; Emotionen waren nicht ihr Hauptthema, waren sozusagen ein Forschungsobjekt von größerer Subjektivität u. damit von geringerer experimentalps. Analysierbarkeit als die zwar auch subjektiven, aber doch »beherrschbareren« eigentl. kognitiven Prozesse. In einem noch engeren Sinne kognitivist. u. »unemotional« sind speziell die attributionstheoret. Ansätze der → Motivations- u. → Emotionspsychologie, da sie zumindest partiell den *reduktionist.* Ansatz haben, Emotionen auf kognitive Prozesse zurückzuführen. Zunehmend, im Paradigma → stimmungsabhängiges Gedächtnis u. in der sog. → Präkognitiv-Postkognitiv-Debatte, finden sich erste Ansätze, den kognitiven approach auch auf den emotionalen Bereich anzuwenden; Weiteres s. das Stw. → Emotionstheorien. (6) Zunehmend sieht sich die k. P. als Teil einer integrativen → Kognitionswissenschaft, wb. die k. P. schon immer grundsätzl. integrativ orientiert war, da sie speziell die Abgrenzung von Wahrnehmung, Denken u. Gedächtnis als artifiziell angesehen u. überwunden hat. Allerdings wurde in diesem integrativen Zugang lange Zeit neben der Emotion (s. o.) die Motorik u. die allg. Vhssteuerung ausgeblendet; die k. P. war also lange Zeit eher *strukturalist.* als *funktionalist.* orientiert – im eher strukturalist. Aspekt manifestierte sich das eher kontinentaleuropäische Erbe der k. P., das angelsächs. Erbe dagegen im funktionalist. Aspekt. Zur zunehmenden Einbeziehung der Motorik u. Vhssteuerung in die k. P. u. zur Bedeutung, die diese funktionalist. Aspekte in älteren Arbeiten gespielt haben, vgl. Scheerer (1984). Bes. im dt. Sprachraum wird innerhalb einer funktionalist. u. ökolog. Perspektive zunehmend eine Integration kognitivist. Fragestellungen mit solchen der Handlungs- u. Bewegungssteuerung versucht; vgl. Prinz (1983; s. hierzu das Stw. → Aufmerksamkeit).

LIT: Ein einführendes Standardlehrbuch in die k. P. ist Lindsay u. Norman (1981); von gleichem Rang, aber aktueller, ist Anderson (1988); schwieriger u. tiefer gehend ist Rumelhart (1977); speziell auf die Gedächtnis- u. Aufmerksamkeitsforschung ausgerichtet ist Norman (1973); eine frühe dt. Darstellung ist Wimmer u. Perner (1979), sie ist gründl. u. informativ, allerdings selektiv; Posner (1976) ist eine einführende, einfache, aber von einem bedeutenden Forscher sorgfältig geschriebene Arbeit; Ueckert u. Rhenus (1979) bieten einen Sammelband mit recht heterogenen Darstellungen; nicht sehr empfehlenswert ist das erste Lexikon der kognitiven Ps. (Eysenck 1990); weitere neue Darstellungen sind: Eysenck (1984, 1990); Solso (1979); Reed (1982); Wessels (1984); Bennett u. McConkey (1989); Cohen (1983); eine Darstellung von verschiedenen anwendungsorientierten Ansätzen ist Izawa (1993); vgl. auch Hoffmann u. Deffenbacher (1992); populärwissenschaftl. Darstellungen sind Hunt (1984) u. Baddeley (1986); in LeDoux u. Hearst (1986) diskutieren Experten der Kognitions- u. der Hirnforschung an ausgewählten Themen über Gemeinsamkeiten u. Unterschiede; zur Bedeutung von Herbert Simon, einem der wichtigsten Forscher auf diesem Gebiet, vgl. Klahr u. Kodowsky (1989); zur Wechselwirkung von k. P. u. künstl. Intelligenz vgl. Klix (1987); eine neuere Einführung mit niedrigem Anspruchsniveau ist Banyard u. a. (1995).

◆ Allport, D. A.: Critical notes: the state of cognitive psychology. QJEP 27, 1975, S. 141–152; Anderson, J. R.: Kognitive Ps. Heidelberg 1988; Baddeley, A. D.: So denkt der Mensch: Unser Gedächtnis u. wie es funktioniert. München 1986; Baldwin, A. L.: Theorien primärer Sozialisationsprozesse, 2 Bde. Weinehim 1974; Banyard, P. u. a.: Einführung in die Kognitionsps. München 1995; Bennett, A. F. u. McConkey, K. M. (Hg.): Cognition in individual and social contexts. Amsterdam 1989; Bruner, J. S.: Studien zur kognitiven Entwicklung. Stuttgart 1988; Claxton, G.: Cognitive psychology: a suitable case for what sort of treatment? In: Claxton, G. (Hg.): Cognitive psychology – new directions. London 1980; Cohen, G.: Psychology of cognition. London 1983; Ericsson, K. A. u. Simon, H. A.: Protocol analysis. Cambridge/Mass. 1984; Erikson, E. H.: Kindheit u. Gesellschaft. Stuttgart 1961; Eysenck, M. W.: A handbook of cognitive psychology. Hillsdale 1984; Eysenck, M. W. (Hg.): The Blackwell dictionary of cognitive psychology. Oxford 1990; Eysenck, M. W. u. Keane, M. T.: Cognitive psychology: a students handbook. London 1990; Eysenck, M. W. u. a. (Hg.): Cognitive psychology. Hillsdale 1990; Fenichel, D.: The psychoanalytic theory of neuroses. New York 1945; Fiedler, K.: Antikognitivist. Tendenzen in der Ps. SuK 4, 1983, S. 215–227; Freud, A.: Das Ich u. die Abwehrmechanismen. Wien 1936; Funke, J.: Methoden der Kognitiven Ps. In: Erdfelder, E. u. a. (Hg.): Handbuch quantitativer Methoden. Weinheim 1996, S. 515–528; Graumann, C. F.: Der Kognitivismus in der Sozialps. – die Kehrseite der »Wende«. PRu 39, 1988, S. 83–90; Hassenstein, B.: Verhaltensbiologie des Kindes. 1987; Hautzinger, M. u. Greif, S. (Hg.): Kognitionsps. der Depression. Stuttgart 1981; Heidbrink, H.: Stufen der Moral. Zur Gültigkeit der kognitiven Entwicklungstheorie. Lawrence Kohlbergs. 1991; HERRMANN, T.: Über begriffl. Schwächen kognitivist. Kognitionstheorien: Begriffsinflation u. Akteur-System-Kontamination. SuK 1, 1982, S. 3–14; HERRMANN, T.: Was ist das »Psychologische« in den ps. Theorien? In: AMELANG, M. (Hg.): Bericht über den 35. Kongreß der Dt. Ges. für Ps. in Heidelberg 1986, 2. Bd. Göttingen 1987; HINDE, R. A.: Ethology and child development. In: MUSSEN, P. H. (Hg.): Handbook of child psychology, Bd. 2. New York 1983, S. 27–93; HOFFMANN, R. R. u. DEFFENBACHER, K. A.: A brief history of applied cognitive psychology. ACP 6, 1992, S. 1–48; HUNT, M.: Das Universum in uns. München 1984; IZAWA, C. (Hg.): Cognitive psychology applied. Hillsdale 1993; KEATING, D. P.: The emperor's new clothes: the »new look« in intelligence research. In: STERNBERG, R. J. (Hg.): Advances in the psychology of human intelligence, 2. Bd. Hillsdale 1984, S. 1–45; KLAHR, D.: Informationsverarbeitungsmodelle in der Denkentwicklung. In: KLUWE, R. H. u. SPADA, H. (Hg.): Studien zur Denkentwicklung. Bern 1981, S. 231–289; KLAHR, D. u. KODOVSKY, K. (Hg.): Complex information processing. The impact of Herbert A. Simon. Hillsdale 1989; KLAHR, D. u. SIEGLER, R. S.: The representation of children's knowledge. In: REESE, H. W. u. LIPSITT, L. P. (Hg.): Advances in child development, Bd. 12. New York 1978, S. 61–116; KLATZKY, R. L.: Human memory. New York 1979; KLIX, F.: Kognitive Ps. u. Künstl. Intelligenz: Wechselwirkung u. Eigenständigkeit verschiedener Disziplinen, dargestellt am Bsp. neuer Forschungsergebnisse. In: AMELANG, M. (Hg.): Bericht über den 35. Kongreß der Dt. Ges. für Ps. in Heidelberg 1986, 2. Bd. Göttingen 1987, S. 237–252; KOHLBERG, L.: Zur kognitiven Entwicklung des Kindes. Frankfurt 1974; KOHLBERG, L.: Childhood psychology and childhood education: a cognitive developmental view. New York 1987; LEDOUX, J. E. u. HEARST, W. (Hg.): Mind and brain: dialogues in cognitive neuroscience. Cambridge 1986; LEE, V. u. a.: Are head-start-effects sustained? CD 61, 1990, S. 495–507; LINDSAY, P. H. u. NORMAN, D. A.: Einführung in die Ps. Berlin 1981; LOEVINGER, J.: The meaning and measurement of ego development. AmP 21, 1966, S. 195–217; MAIER, H. W.: Theorien der Kindheitsentwicklung. 1983; MASSARO, D. W.: Experimental psychology and information processing. Chicago 1975; MILLER, D. R.: Psychoanalytic theory of development: a re-evaluation. In: GOSLIN, D. A. (Hg.): Handbook of socialization theory and research. Chicago 1969, S. 81–502; MOWRER, O. H.: Learning theory and personality dynamics. New York 1950; NEISSER, U.: Kognitive Ps. Stuttgart 1974 (Orig.: 1967); NEISSER, U.: Kognition u. Wirklichkeit. Stuttgart 1978 (Orig.: 1976); NEISSER, U.: Toward an ecologically oriented cognitive science. In: SCHLECHTER, T. M. u. TOGLIA, M. P. (Hg.): New directions in cognitive science. Norwood 1985, S. 17–32; NEUMANN, O.: Informationsverarbeitung, Künstl. Intelligenz u. die Perspektiven der Kognitionsps. In: NEUMANN, O. (Hg.): Perspektiven der Kognitionsps. Berlin 1985, S. 3–39; NORMAN, D. A.: Aufmerksamkeit u. Gedächtnis. Weinheim 1973; OSWALD, M.: Jenseits der Methodologie des Behaviourismus. Diss. Mannheim 1980; POSNER, M. I.: Kognitive Ps. München 1976; PRINZ, W.: Kognition, kognitiv. In: RITTER, J. u. GRÜNDER, K. (Hg.): Histor. Wörterbuch der Philosophie, 4. Bd. Basel 1976; PRINZ, W.: Wahrnehmung u. Tätigkeitssteuerung. Berlin 1983; PRINZ, W. u. NEUMANN, O.: Introduction. In: NEUMANN, O. u. PRINZ, W. (Hg.): Relationships between perception and action: current approaches. Berlin 1990; REED, S. K.: Cognition. Monterey 1982; RESNICK, L. B. (Hg.): The nature of intelligence. Erlbaum 1976; ROSENTHAL, T. u. ZIMMERMANN, B. J.: Social learning and cognition. New York 1978; RUMELHART, D. E.: An introduction to human information processing. New York 1977; SCHEERER, E.: Probleme der Modellierung kognitiver Prozesse: Von der Funktionsanalyse zur genet. Analyse. Bericht Nr. 4/1978 a, Psychol. Institut der Ruhr-Universität Bochum, Arbeitseinheit Kognitionsps.; SCHEERER, E.: Motor theories of cognitive structure: a historical review. In: PRINCE, W. u. SANDERS, A. F. (Hg.): Cognition and motor processes. Berlin 1984; SEARS, R. R. u. a.: Patterns of child rearing. Evanston, Ill. 1957; SOLSO, R. L.: Cognitive psychology. New York 1979; STERNBERG, R. J. (Hg.): Mechanisms of cognitive development. San Fransisco 1984; STORCK, J.: Die seel. Entwicklung des Kleinkindes aus psa. Sicht. In: EICKE, D. (Hg.): Die Psychologie des 20. Jahrhunderts, Bd. 2: Freud u. die Folgen (1). Zürich 1977, S. 868–932; UECKERT, H. u. RHENIUS, D. (Hg.): Komplexe menschl. Informationsverarbeitung. Bern 1979; VAN QUEKELBERGHE, R. (Hg.): Modelle kognitiver Therapien. München 1979; VAN QUEKELBERGHE, R.: Systematik der Psychotherapie. München 1979; WALDMANN, M. R. u. WEINERT, F.: Intelligenz u. Denken. Göttingen 1990; WESSELLS, M. G.: Kognitive Ps. München 1984; WHITE, R. W.: Competence in psychosexual stages of development. In: JONES, M. R. (Hg.): Nebraska Symposium on motivation, Bd. 8. Lincoln 1960, S. 97–141; WICKELGREN, W. A.: Cognitive psychology. Englewood Cliffs 1979; WIMMER, H. u. PERNER, J.: Kognitionsps. Stuttgart 1979; Ztschr.: Cognitive Psychology, Journal of Memory and Language (die Weiterentwicklung des ursprüngl. Journal of Verbal Learning and Verbal Behaviour), The European Journal of Cognitive Psychology (erscheint seit 1989, Hg.: European Society for Cognitive Psychology, verantwortl.: M. W. Eysenck), Cognition, Cognitive Development (eine entwicklungsps. Ztschr.); s. a. die Stw. → künstliche Intelligenz u. → Kognitionswissenschaft.

Kognitive Repräsentation → mentale Repräsentation.

Kognitive Simplexität → kognitive Stile.

Kognitive Stile, intraindividuell stabile Informationsverarbeitungstendenzen; der Begriff bezieht sich im Gegensatz zu den kognitiven *Fähigkeiten*, wie z. B. der → Intelligenz, nicht auf das Niveau kognitiver Leistung, sondern auf die spezif. Art u. Weise der Verarbeitung, eben den *Stil*. Das Paradigma ist der Versuch, → kognitive Prozesse unter einem persönlichkeitsps. Aspekt zu analysieren.

Die wesentl. Kzpte. waren: (1) → *Feldabhängigkeit* vs. *Feldunabhängigkeit*, von Witkin u. a. in den 50er Jahren entwickelt: die unterschiedl. Fähigkeit, bei Wahrnehmungs- u. Denkprozessen den Einfluss des Kontextes auf ein zu beurteilendes Teilgebiet überwinden zu können (Witkin u. a. 1954ff.). Feldunabhängige zeigen beim Nützen von Hinweisreizen ein stärker analyt. Agieren, verarbeiten auch weniger Reize, v. a. beim → Begriffslernen; beim Hypothesenprüfen zeigen sie ein aktiveres Vorgehen u. setzen differenzierte Strategien ein (»Teilnehmerrolle«); bei der Abwehr von Angst u. Konflikt setzen sie eher Mechanismen der Intellektualisierung u. Isolierung ein, während Feldabhängige zu Verdrängung u. Verleugnung neigen. Gegenüber sozialen Stimuli sollen Feldabhängige erhöhte Aufmerksamkeit zeigen u. deshalb diese Stimuli verglichen mit Feldunabhängigen bes. gut lernen, was sich in leichterer sozialer Beeinflussbarkeit manifestiert. Das Kzpt. wurde ursprüngl. aus Experimenten zur → visuellen Orientierung gewonnen, auch in Bezug auf Tests, die die Fähigkeit analysierten, → eingebettete Figuren aus einer ganzen Figur herauslösen zu können. Das Konstrukt wurde später erweitert u. von Witkin u. a. redefiniert als *analyt.* (auch: *artikuliertes*, *differenziertes*) vs. *globales* Funktionieren – aus einem *Wahrnehmungstyp* war damit ein *kognitiver Stil* geworden; zur Kritik vgl. Schulte (1974) u. Diedermann (1984). (2) *Kognitive Steuerungsprinzipien*, von Gardner u. a. seit Ende der 50er Jahre entwickelt – ein Kzpt., das weitgehend dem des k. S. entspricht; Letzteres bezeichnet meist eine Kombination von Steuerungsprinzipien: (a) *Feldartikulation*: vgl. hierzu das weitgehend gleichbedeutende Kzpt. der Feldabhängigkeit vs. Feldunabhängigkeit (s. o.). (b) *Leveling* vs. *sharpening*: *Leveler* zeigen die Tendenz, neue Perzepte an vorher verarbeitete Reize zu assimilieren; *Sharpener* halten demgegenüber Gedächtnisspuren früherer Stimuli u. aktuelle Information hinsichtl. wesentl. Merkmale getrennt. Die Ersteren vereinfachen ihr kognitives Umfeld, die Letzteren gestalten es für sich maximal komplex u. differenziert. (3) *Fokussierung* (bzw. *scanning*) bezieht sich auf individuelle Modi der Aufmerksamkeitslenkung: *Scanner* tasten das Reizfeld extensiv ab, *Non-Scanner* o. *Fokussierer* dagegen zentrieren die Aufmerksamkeit auf einige wenige Bereiche aus dem Reizfeld. (4) Weitere Steuerungsprinzipien (von geringerer Bedeutung): (a) *Äquivalenzumfang* bzw. *Äquivalenzspektrum*: die kognitive Differenzierung, also die Weite u. Genauigkeit der Kategorien, die benutzt werden; (b) *Toleranz für unrealist. Erfahrungen* meint den Ausprägungsgrad der Bereitschaft, auch solche Erlebnisinhalte zu akzeptieren, die nicht mit dem erworbenen Erfahrungsschatz übereinstimmen; (c) *Eingeengte* vs. *flexible* Kontrolle bezieht sich auf eine unterschiedl. ausgeprägte Anfälligkeit gegenüber Ablenkungen. (c) *Impulsivität* vs. *Reflexivität*: ein Stil, der sich auf die Dimension der Schnelligkeit bezieht, mit der Entscheidungen gebildet werden (Kagan 1965; Kagan u. a. 1963); Personen am reflexiven Pol denken vor einer Entscheidung gründl. über verschiedene Lösungswege nach u. weisen entsprechend lange Lösungszeiten u. wenig Fehler auf, während impulsive gegensätzl. reagieren. Reflexive arbeiten bei komplizierten Aufgaben konzentrierter, sind aufmerksamer, tasten das Stimulusfeld, wie Arbeiten zur Blickbewegung zeigen, systemat. u. länger ab u. stellen effizientere Fragen, was auf eine elaboriertere Hypothesenbildung schließen lässt. Diese Stildimension gehört neben dem Steuerungsprinzip der → Feldabhängigkeit zu den am meisten erforschten kognitiven Stilen; zur Kritik an diesem Kzpt. vgl. Diedermann (1983); Kagan (1971). (e) *Kognitive Komplexität vs. Simplexität*, der Komplexitätsgrad, mit dem jemand seine soziale Umwelt erfasst u. versteht (Bieri 1955, Bieri u. Blacker 1956); eine Person gilt als kognitiv komplex, wenn sie über viele Dimensionen zur Beurteilung u. Erklärung eines Vhs. verfügt; vgl. Mandl u. Huber (1978). (f) *Kognitive Strukturiertheit*: die Komplexität der Informationsverarbeitung eines Menschen; im Unterschied zum Kzpt. der kognitiven Komplexität geht es über die *soziale* Informationsverarbeitung hinaus u. meint die allg. Differenziertheit der gesamten kognitiven Prozesse. Das Kzpt. wurde entwickelt in der Theorie der »konzeptuellen Systeme« von Harvey u. a. (1961) sowie Schroder u. a. (1967). Im dt. Raum wurde es von Seiler (1973) elaboriert u. weiterentwickelt.

LIT: Zur Diagnostik der k. S. vgl. Diedermann (1988); zsfd. vgl. Clauss (1978); Sarrni u. Kogan (1978); zum Stand der Forschung, zu den Problemen u. zur histor. Entwicklung vgl. Nickel (1984); zur Definition, Klassifikation u. ps. Relevanz vgl. Petzold (1985); zu entwicklungsps. u. zu sozialisationsps. Aspekten vgl. Huber u. Mandl (1991); allg. zu Begriffsbildungs- bzw. zu Konzeptbildungsstilen, bes. unter entwicklungsps. Aspekt, vgl. Nickel (1984).

◆ Angleitner, A.: Einführung in die Persönlichkeitsps., 1. Bd. Bern 1980; Bieri, J. u. Blacker, E.: The generality of cognitive complexity in the perception of people and inkblots. JASP 53, 1956, S. 112–117; Bieri, J.: Cognitive complexity, simplexity and predictive behaviour. JASP 51, 1955, S. 263–268; Clauss, G.: Zur Psychologie kognitiver Stile. Neuere Entwicklungen im Grenzbereich von Allgemeiner u. Persönlichkeitspsychologie. In: Vorwerg, M. (Hg.): Zur ps. Persönlichkeitsforschung. Berlin/Ost 1978; Diedermann, J.: Der kognitive Stil Impulsivität-Reflexivität. Eine krit. Bestandsaufnahme. ZEPP 15, 1983, S. 66–74; Diedermann, J.: Feldabhängigkeit – Feldunabhängigkeit. Kompetenz statt Präferenz. ZEPP 16, 1984, S. 162–171; Diedermann, J.: Zur Diagnostik kognitiver Stile. D 34, 1988, S. 289–300; Harvey, J. O. u. a.: Conceptual systems and personality organization. New York 1961; Hörmann, H.: Konflikt u. Entscheidung. Göttingen 1960; Huber, G. L. u. Mandl, H.: Kognitive Sozialisation. In: Hurrelmann, K. u. Ulich, D. (Hg.): Neues Handbuch der Sozialisationsforschung. Weinheim 1991, S. 511–531; Kagan, J. u. a.: Psychological significance of styles of conceptualization. In: Wrigth, J. C. u. Kagan, J. (Hg.): Basic cognitive processes in children. MSRCD 28, 1963 (2, Serie Nr. 86); Kagan, J.: Impulsive and reflective children: significance of conceptual tempo. In: Krumboltz, J. (Hg.): Learning and the educational process. Chicago 1965, S. 133–161; Kagan, N.: Educational implications of cognitive styles. In: Lesser, G. (Hg.): Psychology and educational practice. Glenview 1971, S. 242–292; Kelly, G. A.: A theory of personality: the psychology of personal constructs. New York 1955; Krohne, H. W.: Kognitive Stile. In: Herrmann, T. u. Lantermann, E.-D. (Hg.): Persönlichkeitsps. München 1985, S. 338–347; Mandl, H. u. Huber, G. L. (Hg.): Kognitive Komplexität. Göttingen 1978; Nickel, H.: Begriffsbildung im Kindesalter. Bern 1984; Petzold, M.: Kognitive Stile: Definition, Klassifikation u. Relevanz eines ps. Konstrukts aus wissenschaftshistor. Sicht. PEU 32, 1985, S. 161–177; S. 742–782; Saarni, C. u. KAgan, N.: Kognitive Stile. In: Steiner, G. (Hg.): Piaget u. die Folgen. Die Psychologie des 20. Jhdts., 7. Bd. Zürich 1978, S. 445–465; Schroder, H. M. u. a.: Human information processing. New York 1967; Schulte, D.: Feldabhängigkeit in der Wahrnehmung – ein method. krit. Beitrag zur Differentiellen Ps. Meisenheim 1974; Seiler, T. B.: Kognitive Strukturiertheit. Stuttgart 1973; Streufert, S. C. u. a.: Conceptual structure, information search, and information utilization. JPSP 2, 1965, S. 736–740; Wagner, I.: Trainingsversuche mit kognitiv impulsiven Kindern. Lit.-Bericht. AfP 125, 1973, S. 288–316; Werner, H.: Comparative psychology of mental development. Chicago 1948; Witkin, H. A. u. Asch, S. E.: Studies in space orientation 3, IV. JExP 38, 1948, S. 603–640; Witkin, H. A.: Individual differences in ease of perception of enbedded figures. JPers 19, 1950, S. 1–15; Witkin, H. A. u. a.: Personality through perception. New York 1954; Witkin, H. A. u. a.: Psychological differentiation. Studies of development. New York 1962; Witkin, H. A.: Psychological differentation: Current status. JPSP 37, 1979, S. 1127–1145.

Kognitive Stufen. Die Idee, dass Erkenntnisprozesse, z. B. beim → Reaktionsexperiment, sich in unterschiedl. Verarbeitungsstufen zerlegen lassen, ist seit Mitte des vorigen Jhdts. ein wichtiges Paradigma der → kognitiven Psychologie u. der → Informationsverarbeitungs-Theorie. Dieses Paradigma beinhaltet zwei Annahmen: (a) dass kognitive Prozesse sich aufspalten lassen in eine zeitl. nicht überlappende serielle Abfolge von Teilprozessen (*Stufenmodell*); (b) dass die Einfügung o. das Weglassen eines Teilprozesses die mittlere Zeit für das Durchlaufen der anderen Teilprozesse nicht beeinflusst, so dass man die Zeit für einen Teilprozess bestimmen kann als die Differenz der Bearbeitungszeiten zweier Aufgaben: → Subtraktionsmethode. Wegen der Bedeutung der Registrierung u. Analyse der (Reaktions-)Zeit spricht man auch vom Paradigma der *chronometr. Analyse* kognitiver Prozesse. Für lange Zeit geriet diese Methode in Vergessenheit bzw. in Misskredit; vgl. Boring (1942) u. Smith (1968); sie erlebte aber mit dem Wiederaufkommen der kognitiven Ps. eine Renaissance: → Additive-Faktoren-Methode.

VD: Aus einem anderen experimentellen Umfeld heraus entwickelte sich eine Konzeption, die zwar weiterhin Stufen annimmt, aber keine diskreten, d. h., es wird nicht mehr davon ausgegangen, dass eine vorangehende Stufe vollständig abgeschlossen werden muss, bevor die Verarbeitung in der nächsten beginnen kann; s. hierzu das Stw. → Buchstabenerkennen; vgl. Eriksen u. Schultz (1979); vgl. zsfd. Hell (1987). Andere *Nicht-Stufen-Modelle* stammen von Posner (1978); McClelland (1979); Wickelgren (1976); Miller (1983) schlug ein Zwischenmodell vor (*asynchronous-discrete-coding-model*), das im Gegensatz zu den rein kontinuierl. Modellen nicht annimmt, dass jede kleine Informationseinheit sofort weitergereicht wird, sondern dass partielle Information dann zur Antwortvorbereitung weitergereicht werden kann, wenn ein Kode, der zur Kategorisierung von Items benutzt wird, komplett aktiviert wird.

LIT: Zum Überblick über unterschiedl. Ansätze zur chronometr. Analyse, v. a. im Zusammenhang mit der → Intelligenz, vgl. Schweizer (1995).

◆ Boring, E. C.: Sensation and perception in the history of experimental psychology. New York 1942; Eriksen, C. W. u. Schultz, D. W.: Information processing in visual search: a continous flow conception and experimental results. PaP 25, 1979, S. 279–263; Hell, W.: Aufmerksamkeit u. Interferenz. Weinheim 1987; McClelland, J. L.: On the time relations of mental processes: an examination of systems of processes in cascade. PR 86, 1979, S. 297–330; Miller, J.: Can response preparation begin before stimulus recognition finishes? JExP: HPP 9, 1983, S. 161–181; Posner, M. I.: Chronometric explorations of mind. Hillsdale 1978; Sanders, A. F.: Stage analysis of reaction processes. In: Stelmach, G. E. u. Requin, J. (Hg.): Tutorials in motor behaviour. Amsterdam 1980; Schweizer, K.: Kognitive Korrelate der Intelligenz. Göttingen 1995; Smith, E. E.: Choice reaction time: an analysis of the major theoretical positions. PBu 69, 1968, S. 77–110; Wickelgren, W. A.: Network strength theory of storage and retrieval dynamics. PR 83, 1976, S. 466–478.

Kognitive Täuschungen und kognitive Heuristiken. In einer Weiterentwicklung der Forschungen zu den → Entscheidungstheorien u. zum Thema → Wahrscheinlichkeitsrevision wurden typ. Urteilsfehler herausgearbeitet u. analysiert, die Menschen beim Lernen aus der Erfahrung machen, insbes. beim Abschätzen von Wahrscheinlichkeiten. Man spricht unter normativem Aspekt vom Paradigma der *kognitiven Täuschungen* (*biases* o. *fallacies*); unter einem neutralen Aspekt spricht man von kognitiven *Heuristiken* bzw. *Urteilsheuristiken*. Diese Zwiespältigkeit ist in gewissem Sinn berechtigt, weil – wie die spätere Kritik gezeigt hat – die normative Basis, auf die sich die Klassifizierung als »Täuschungen« stützt, durchaus nicht unumstritten ist. Es gibt aber eine Reihe weniger fundamentale Heuristiken/Täuschungen, die meist nur als *Täuschungen* bezeichnet werden; die Grundlogik dieses Ansatzes besteht oft darin, diese spezielleren Täuschungen auf fundamentalere Täuschungen bzw. *Heuristiken* zurückzuführen. Das Paradigma der Fallacy- bzw. Heuristikforschung arbeitet weitgehend mit *stochast. Problem-*

aufgaben; vgl. hierzu Pea (1995); umfangreiche Sammlungen zu den Aufgaben finden sich z. B. bei Bazerman (1991). Hogarth (1987) nennt mehr als 30 Varianten von Fehleinschätzungen, Täuschungen u. Verzerrungen, für die das kognitive System anfällig ist.

(1) Die *Verfügbarkeitsheuristik* (*availability heuristic* bzw. *bias*) besteht darin, dass bei der Beurteilung der Wahrscheinlichkeit von Ereignissen solche Informationen bes. stark gewichtet werden, die unmittelbar aus dem Gedächtnis abrufbar, also *verfügbar*, leicht vorstellbar o. konkret u. farbig, also »lebendig« (engl. *vivid*; *Vividness-These*) sind. So werden große Unfälle besser im Gedächtnis behalten als eine größere Anzahl kleinerer Unfälle, auch wenn sie ebenso viele Menschenleben gekostet haben; die Wahrscheinlichkeit großer Unfälle wird deswegen überschätzt. Die Verfügbarkeitsheuristik führt nur dann zu korrekten Ergebnissen, wenn dem Urteiler häufige Ereignisse leichter einfallen als seltene. (2) Die *Repräsentativitätsheuristik* besteht darin, dass die Einordnung eines Objekts in eine Klasse von der Ähnlichkeit abhängt, die der Beurteiler zw. Objekt u. Klasse wahrnimmt, also davon, für wie *repräsentativ* er dieses Ereignis für die Grundklasse sieht. Dies beinhaltet, dass statt einer rein *statist.* Korrelation eine *inhaltl.* Ähnlichkeitsbeziehung herangezogen wird. Für den Vorgang »Zehnmaliges Werfen einer Münze« sind z. B. solche Ereignisse repräsentativ, die eine unregelmäßig Aufeinanderfolge der Teilergebnisse »Kopf« u. »Zahl« aufweisen, wb. beide Teilergebnisse etwa mit gleicher gleiche Häufigkeit auftreten; Repräsentativität beschränkt sich aber nicht auf bloße Häufigkeitsgesichtspunkte – Gipfel o. Mittelwerte von Verteilungen (etwa die durchschnittl. Körpergröße einer Gruppe von Personen) sind ebenfalls repräsentativ für die Grundmenge, ohne dass der Wert selbst bes. häufig (häufiger als alle andere Werte) vorkommen muss. Ein weiteres Zeichen für Repräsentativität ist, dass ein Ereignis als »passend« wahrgenommen wird, weil sich Erklärungen für das Zustandekommen dieses Ereignisses aufdrängen; Bsp.: Handlungen, die als repräsentativ für Personen mit bestimmten Merkmalen erlebt werden. Obwohl hohe Repräsentativität eines Ereignisses oft mit hoher Wahrscheinlichkeit zusammenfällt, sind die beiden Kzpte. doch grundlegend verschieden, u. daraus entstehen dann Abweichungen bei der Schätzung subjektiver Wahrscheinlichkeiten von den Werten, die die objektive Wahrscheinlichkeitstheorie verlangt. Bsp.: Die meisten Menschen überschätzen die Wahrscheinlichkeit, dass jemand einen bestimmten Beruf hat, sobald er wie ein typ. Vertreter dieses Berufsstandes aussieht; dabei vernachlässigen sie oft auch die Grundwahrscheinlichkeit, mit der jemand der betreffenden Beschäftigung nachgeht: Phänomen der *Vernachlässigung der Grundwahrscheinlichkeit* (vgl. Bar-Hillel 1983; s. das Stw. → Wahrscheinlichkeitsrevision). (3) Die *Verankerungsheuristik* (auch *Verankerungseffekt*, *Ankereffekt* bzw. Heuristik des *Verankern* u. *Anpassens*) besteht darin, dass Personen ihre Schätzungen der Wahrscheinlichkeit an einem Startwert »Anker« aufhängen, der durch die spezif. Formulierung des Problems o. andere Informationen vorgegeben ist; Tversky u. Kahneman (1974) illustrierten diesen Verankerungseffekt, indem sie Personen schätzen ließen, wie viel Prozent der in den Vereinten Nationen vertretenen Staaten afrikan. sind: Sie drehten vor den Augen der Vp ein Glücksrad, das eine Zufallszahl vorgab, u. die Vp musste angeben, ob der Prozentsatz größer o. kleiner als die Zahl sei, wb. hohe Zahlenvorgaben zu hohen Schätzwerten u. umgekehrt führten; d. h., dass die Schätzung durch die Zufallszahlen als Ausgangswerte – »Anker« – beeinflusst wurden. Durch die Einbeziehung weiterer Informationen wird der Startwert schließl. zur endgültigen Häufigkeits- o. Wahrscheinlichkeitsschätzung modifiziert (»Anpassung«). Kahneman u. Tversky sehen darin ein eigenständiges heurist. Kzpt., Scholz (1981) sieht es als Spezialfall der Verfügbarkeitsheuristik. Allg. ist die Darstellung eines Problems bzw. der Entscheidungssituation von großer Bedeutung (*framing-effect*; Tversky u. Kahneman 1987); das Vh. wird z. B. davon beeinflusst, ob Verluste sprachl. als entgangene Gewinne dargestellt werden; z. B. entschieden sich bei der Darstellung der Therapiealternativen in Form von Überlebenschancen mehr

Ärzte für einen riskanten chirurg. Eingriff als in der spiegelbildl. Darstellung in Form von Sterberaten. (4) Eine weitere Heuristik wird *internale Kohärenz* (engl. *internal coherence*) genannt: die Strategie, Urteile, die mit den Überzeugungen übereinstimmen, über Gebühr zu präferieren; vgl. Hogarth (1987). Tversky u. Kahneman geben auch zahlreiche Bsp. für die Wirkung *kausaler Schemata*, also dafür, unter welchen Umständen Kausalitätsdenken auch bei Wahrscheinlichkeitsproblemen eingesetzt wird u. unter welchen Umständen dies zu fehlerhaften Resultaten führt.

HI/WÜ: Dieses Paradigma wurde v. a. von Tversky u. Kahnemann seit Anfang der 70er Jahre entwickelt; vgl. Kahnemann u. a. (1982). Nisbett u. Ross (1980) trugen wesentl. zur Systematisierung u. Popularisierung der Ergebnisse bei, ihre Arbeit ist eine Bestandsaufnahme der kognitiven, urteilsorientierten Sozialps. Ende der 70er Jahre. Leitmotiv ist, dass Urteilsfehler, d. h. Abweichungen der Laienurteile von den normativen (statist.) richtigen, zurückzuführen sind auf die extensive Nutzung intuitiver Urteilsstrategien bei gleichzeitiger Vernachlässigung formal-log. Überlegungen. Das Buch verdeutlicht – auch wenn die häufige Berufung auf den »lay scientist« anderes vermuten lässt – die Abwendung von der attributionstheoret. Metapher des Laienwissenschaftlers u. den Übergang zu einer an Heuristiken u. Schemata orientierten Betrachtungsweise, für die Taylor (1981) die Metapher des »kognitiven Geizhalses« prägte; Schwarz (1982) verwendet die Bezeichnung »homo heuristicus«: Der Laie kommt mit einigen allg. Heuristiken u. mit schemat. organisiertem Alltagswissen aus, um sich nur unter bestimmten Umständen auf aufwendige attributionstheoret. Analysen einzulassen, Heuristiken u. Alltagstheorien leisten ihm meist gute Dienste, führen ihn aber manchmal in die Irre; dies scheint den *homo heuristicus* jedoch wenig zu belasten: Er gibt eine Theorie nicht auf, auch wenn die Daten ihr widersprechen, sondern erst, wenn er eine bessere gefunden hat. Die Auseinandersetzungen um dieses Paradigma waren eine der wichtigsten Diskussionen der modernen Ps. zum Thema *Rationalität des Menschen*. Nachdem das freudsche Bild eines von Instinkten gesteuerten Menschen u. das behaviourist. Menschenbild der Vorkriegszeit zunächst von der rationalist. Vorstellung des Menschen abgelöst worden war, entwickelte sich mit diesem neuen Forschungsprogramm ein Bild des Menschen als kognitiv beschränktes Wesen. Dieser Pessimismus gipfelte in der häufigen Demonstration, dass gerade auch Experten (Diagnostiker, Politiker, Juristen, Wissenschaftler, hochintelligente o. statist. gebildete Menschen) nicht von den typ. Täuschungen u. Denkfehlern verschont bleiben u. dass sich ihr Expertentum mehr in übersteigerter Selbstsicherheit als in einer objektiv ansteigenden Leistung bei Entscheidungen u. Prognosen zeigt (→ overconfidence). Der Ansatz hatte auch großen Einfluss auf die Sozialps.: Galten Urteilsverzerrungen zuvor als Ausdruck einer Motivation, die zur Erreichung von kognitiver Harmonie die Verzerrung der Realität in Kauf nimmt, so wurden Urteilstäuschungen im Lichte der Heuristikforschung auf die mangelnde Fähigkeit des Individuums zurückgeführt, angemessene kognitive Strategien zur Urteilsbildung heranzuziehen. Diese Position wurde bes. von Nisbett u. Rost (1980) vertreten, die soziale Urteile, wie z. B. Attributionstendenzen, aus der Perspektive der Verwendung von Urteilsheuristiken neu konzeptualisierten. In der Folgezeit wurde aus dem Studium der Verwendung von Heuristiken im sozialen Kontext wichtige neue Erkenntnisse zu unterschiedl. Aspekten der sozialen Urteilsbildung, wie z. B. der Verwendung von Vorteilen (Bodenhausen 1988) o. der Zuschreibung von Persönlichkeitseigenschaften (Schwarz u. a. 1991) gewonnen. Von bes. Interesse für Sozialpsychologen ist die aus der Anwendung der Repräsentativitäts- u. Verfügbarkeitsheuristik entwickelte Kritik der → Attributionstheorien, insbes. des Kovariationsmodells mit seiner Metapher vom Laienwissenschaftler, der Schlussfolgerungen in Anlehnung an ein varianzanalyt. Vorgehen trifft. Darüber hinaus erlauben diese Heuristiken eine einheitl. Erklärung einer Vielzahl von → Attributionsfehler, für die in den 70er Jahren zahlreiche Minitheorien entwickelt wurden; so wird gezeigt, wie diese Heuristiken den fundamentalen Attributionsfehler u. eine Reihe von *self-serving biases* o. *actor-observer-differences* erklären können.

KR: Einer der Kritikpunkte war, dass das normative Vorgehen, näml. das reale menschl. Vh. mit Idealmodellen der Mathematik zu vergleichen, nicht adäquat sei; in der Praxis könne ein »unsauberes« Vorgehen durchaus effizient u. ökonom. sein. Es wurde auch darauf hingewiesen, dass die Wahrscheinlichkeitsprobleme, die in den konkreten Bsp. impliziert sind, häufig tatsächl. keine eindeutig definierte normative Lösung besitzen. Neuere Ansätze gehen davon aus, dass eine viel größere Anzahl kognitiver Strategien bei der Bestimmung von Wahrscheinlichkeiten eine Rolle spielt u. sich situations- u. personenspezif. unterschiedl. Denkstrategien eruieren lassen, vgl. Cohen (1981); Sherman u. Corty (1984); Einhorn u. Hogarth (1981); Hardin (1980); Tweney u. a. (1982); zur Rezeption dieser Forschungsergebnisse in der Sicht der Wirtschaftswissenschaften vgl. Frey (1990). Im dt. Sprachraum hat sich eine Diskussion an der These entzündet, dass sich am Bsp. dieses Paradigmas zeige, dass die method. Werkzeuge der Wissenschaft zu stark deren Inhalt u. wissenschaftl. Modelle bestimmten; vgl. Gigerenzer (1988) sowie Jungermann u. Wiedemann (1988). Es ist auch kritisiert worden, dass innerhalb dieses Paradigmas – trotz der grundsätzl. kognitivist. Orientierung noch recht wenig Gebrauch von den innerhalb der modernen Wissensps. erarbeiteten Ergebnissen gemacht worden ist; ein Versuch in diese Richtung ist Thüring (1991).

VD: Bspe. für die Erklärungen weiterer kognitiver Verzerrungen durch Heurismen: (a) Die *Verfügbarkeitsheuristik* wurde z. B. zur Erklärung des → hindsight bias angewandt, da im Nachhinein die Faktoren, die das Eintreten begünstigen, sinnfälliger sind als die Faktoren, die zu einem anderen Ergebnis hätten führen können. Ebenso wurden → *Perseveranzeffekte* damit erklärt, dass kausale Aspekte, die in der ursprüngl. Erklärung benutzt werden, durch die Benutzung bes. sinnfällig werden (vgl. Nisbett. u. Ross 1980). Auch zur Erklärung der → Attributionsfehler des *falschen Konsensus* u. des *egozentr. Irrtums* wurde das Prinzip angewandt. (b) Die *Repräsentativitätsheuristik* wird von Vpn nicht nur herangezogen, wenn die Wahrscheinlichkeit zu beurteilen ist, mit der Urteilsobjekt A einer Kategorie B angehört, sondern auch dann, wenn zu beurteilen ist, mit welcher Wahrscheinlichkeit ein Ereignis A die Folge B haben wird. Ebenso wird sie herangezogen, wenn zu beurteilen ist, welches Ereignis A als nächstes in einer Sequenz von Ereignissen der Gesamtheit B auftreten wird (auch *Monte-Carlo-Effekt*). Darauf beruht z. B. die *gambler's fallacy*, einer der grundlegenden Fehlheuristiken von Spielern, die Annahme, dass ein Ereignis, das eine Zeitlang nicht eingetreten ist, in naher Zukunft, aufgrund einer »Mittelungsregel«, mit größerer Wahrscheinlichkeit auftreten wird; d. h., dass z. B. auf eine lange Serie von Rot beim Roulett Schwarz folgen müsste – eben weil die Sequenz für die Grundgesamtheit *repräsentativ* sein sollte. Diese Heuristik begründet auch das sog. »Gesetz der kleinen Zahlen« (Tversky u. Kahneman 1974), wonach Beobachter von dem Vh. einer einzelnen Person in übertriebener Weise auf Charakteristika der Gesamtgruppe schließen, sie also dazu neigen, Ereignisse bei kleinen Stichproben als repräsentativ für die Verhältnisse in der Gesamtpopulation anzusehen. Allg. haben sie Schwierigkeiten damit, Informationen über die Stichprobengrößen auszuschöpfen (*insensitivity to sample size*). Es ist zu betonen, dass die Repräsentativitätsheuristik in zahlreichen Aufgaben zu korrekten Urteilen führt; fehlerträchtig ist nicht die Benutzung der Repräsentativitätsheuristik an sich, sondern das unrealist. Vertrauen, das Personen in ihre Urteile haben, wenn Repräsentativität vorhanden ist. In diesen Fällen tendieren Personen des Weiteren zu der Annahme übergroßer Regelmäßigkeit bei Zufallsereignissen. Da die Repräsentativitätsheuristik außerdem nahelegt, dass eine Vorhersage möglichst repräsentativ für die vorhandene Information sein soll, trägt sie dazu bei, dass Extremwerte (»Ausreißer«) bei Vorhersagen zu stark berücksichtigt werden; Vpn vernachlässigen also das Problem der *statist. Regression*. Die Repräsentativitätsheuristik kann auch die *conjunction fallacy* (*Konjunktionsfehler*) erklären, die darin besteht, dass ein zusammengesetztes Ereignis, wenn es bes. repräsentativ ist, als wahrscheinlicher eingeschätzt wird als jedes der einzelnen

Ereignisse. Bsp.: Einer Vp wird eine Denkaufgabe der folgenden Art gestellt: »Nehmen Sie an, Boris Becker erreicht das Wimbledon-Finale des nächsten Jahres. Wie hoch ist die Wahrscheinlichkeit, dass Folgendes passiert: (a) Becker wird den 1. Satz verlieren. (b) Becker wird den 1. Satz verlieren u. das Spiel gewinnen? Viele halten die Alternative 2 für die wahrscheinlichere, obwohl 2 eine Konjunktion von 1 mit der Aussage »wird das Spiel gewinnen« ist; nach der klass. Wahrscheinlichkeitstheorie kann die Wahrscheinlichkeit einer Konjunktion aber nie größer als die Wahrscheinlichkeit der Einzelereignisse sein; vgl. hierzu Leuner (1993) sowie Hertwig (1995).

LIT: Ein Versuch, die wesentl. Ergebnisse aus der kognitiven Ps. im Hinblick auf die Mathematikdidaktik zusammenzufassen, gleichzeitig ein klarer Überblick ist Pea (1995).

◆ Bar-Hillel, M.: The base-rate fallacy controversy. In: Scholz, R. W. (Hg.): Decision making under uncertainty. Amsterdam 1983, S. 39–63; Bazerman, M. H.: Biases. In: Staw, B. M. (Hg.): Psychological dimensions of organizational behaviour. New York 1991, S. 453–478; Bodenhausen, G. V.: Stereotypic biases in social decision making and memory: testing process models of stereotype use. JPSP 55, 1988, S. 726–737; Cohen, L. J.: Can human irrationality be experimentally demonstrated? BBS 4, 1981, S. 317–370; Einhorn, H. J. u. Hogarth, R. M.: Behavioural decision theory: processes of judgement and choice. ARP 32, 1981, S. 53–88; Engländer, T.: Zwei Stufen der Hypothesenbildung. ZfPs 194, 1986, S. 73–92; Frey, S.: Entscheidungsanomalien in Sicht der Ökonomie. PRu 41, 1990, S. 67–83; Gigerenzer, G. u. Murray, D.: Cognition as intuitive statistics. Hillsdale 1987; Gigerenzer, G.: Woher kommen Theorien über kognitive Prozesse? PRu 39, 1988, S. 91–100; Gigerenzer, G.: Kognitive Prozesse u. Werkzeug-Metaphern. Antwort auf Jungermann u. Wiedemann u. Schulz. PRu 40, 1989, S. 33–35; Hardin, C. L.: Rationality and disconfirmation. Social Studies of Science 10, 1980, S. 509–514; Hertwig, R.: Die »Conjunction fallacy« – eine Dekade später. In: Bericht über den 39. Kongr. der Dt. Ges. f. Ps. in Hamburg 1994, 1. Bd. Göttingen 1995, S. 318–323; Hogarth, R.: Judgement and choice. Chichester 1987; Jungermann, H. u. Wiedemann, P.: Wer hat Angst vor Tversky u. Kahneman: Gigerenzers Interpretation eine kognitive Illusion? PRu 4, 1988, S. 217–221; Kahneman, D. u. a. (Hg.): Judgement under uncertainty: heuristics and biases. New York 1982; Krüger, L. u. a. (Hg.): The probabilistic revolution, 2 Bde. Cambridge 1987; Lee, W.: Ps. Entscheidungstheorie. Weinheim 1977; Leutner, D.: Die Verletzung der Konjunktionsregel beim Schätzen von Wahrscheinlichkeiten: Ergebnisse einer Forschungsdekade zum »Conjunction fallacy«-problem. In: Montada, L. (Hg.): Bericht über den 38. Kongreß der dt. Ges. f. Ps. in Trier 1992, 2. Bd. Göttingen 1993, S. 247–254; Nisbett, R. u. Ross, L.: Human inferences: strategies and short comings of social judgement. Englewood Cliffs 1980; Pea, W.: Stochast. Denken: Analysen aus kognitionsps. u. didakt. Perspektive. Frankfurt/M. 1995; Scholz, R. W.: Stochast. Problemaufgaben: Analyse aus didakt. u. ps. Perspektive. Bielefeld 1981; Schwarz, N.: Homo heuristicus: Zur Ps. des kognitiven Geizhalses. ZfS 13, 1982, S. 343–347; Taylor, S.: The interface of cognitive and social psychology. In: Harvey, J. H. (Hg.): Cognition, social behaviour and the environment. Hillsdale 1981; Schwarz, N.: Homo heuristicus: Zur Ps. des kognitiven Geizhalses. ZfS 13, 1982, S. 343–347; Schwarz, N.: Stimmung als Information. Göttingen 1987; Sherman, S. J. u. Corty, E.: Cognitive heuristics. In: Wyer, R. S. u. Srull, T. K. (Hg.): Handbook of social cognition, 1. Bd. Hillsdale 1984, S. 189–286; Strack, F.: Urteilsheuristiken. In: Frey, D. u. Irle, M. (Hg.): Motivations- u. Informationsverarbeitungstheorien (Theorien der Sozialps.), Bd. III. Bern 1985, S. 239–267; Thüring, M.: Probabilist. Denken in kausalen Modellen. Weinheim 1991; Tversky, A. u. Kahneman, D.: Judgement under uncertaincy: heuristics and biases. Science 185, 1974, S. 1124–1131; Tversky, A. u. Kahneman, D.: Extensional vs. intutive reasoning: the conjunction fallacy in probability judgement. PR 90, 1983, S. 293–315; Tverksy, A. u. Kahneman, D.: Rational choice and the framing of decisions. In: Hogarth, R. M. u. Reder, M. M. (Hg.): Rational choice. Chicago 1987, S. 67–94; Tweney, R. D. u. a.: Rationality and disconfirmation: further evidence. Social Studies of Science 12, 1982, S. 435–441.

Kognitive Universalien → linguistische Universalien.

Kognitive Verzerrungen → kognitive Täuschungen und kognitive Heuristiken.

Kognitivismus → kognitive Psychologie.

Kognitivistische Psychologie → kognitive Psychologie.

Kohortentheorie → Worterkennung.

Kolbeneffekt → perzeptive Ergänzungen; → phänomenale Kausalität.

Kollative Variable → Neugier.

Kolorimeter, ein Apparat, mit dem die Vp die Farbe einer Fläche in Farbton, Helligkeit u. Sättigung kontinuierl. u. systemat. verändern kann; s. das Stw. → Farbwahrnehmung.

VD: Ein *Farbenkreisel* ist ein einfacher Farbmischer, der in vorelektron. Zeit wichtig war: eine schnell rotierende Achse, auf die Farbscheiben aufgesteckt werden können, die so radial geschlitzt sind, dass zwei o. mehrere ineinandergesteckt werden können, so dass man einen Kreis mit verschiedenen Sektoren erhält, deren Größe sich durch Verschiebung der Scheiben beliebig ändern lässt; bei schneller Umdrehung verschmelzen verschiedenfarbige Felder zu einem einheitl. Eindruck.

◆ Arnold, W. (Hg.): Experimentelles Praktikum, 1. Bd. Stuttgart 1972; Falk, D. S. u. a.: Ein Blick ins Licht. Berlin 1990.

Kolorimetrie → Farbwahrnehmung.

Kombinierte Methode → assoziatives Äquivalent.

Kombiniertes Verfahren → assoziatives Äquivalent.

Kommunikation. Der Begriff *K.* erfährt in der Ps. keine spezifizierte, von der Umgangssprache abweichende o. auch nur genauer abgegrenzte Definition, hat aber eine derartig vielfältige Verwendung und Ausdehnung erfahren, dass sein Kommunikationswert problematisch wird: In kybernet. Ansätzen wird *K.* teilweise generell für die *informationelle Kopplung dynam. Systeme* (vgl. Klaus 1969; → informationstheoretische Psychologie) verwendet, u. in den verschiedenen sozialps. Ansätzen, v. a. unter vhs-theoret. Aspekt, geht der Begriff fast in den allg. Begriff der *Interaktion* über; Graumann (1972) analysiert das Verhältnis beider Begriffe u. bezeichnet sie als »Titel o. Sammelbegriffe nomothet. Wissenschaften, die zu definieren sich kaum ein Wissenschaftler Mühe gibt, die aber als Hinweise in Buchtitel- u. Kapitelüberschriften ganz nützl. sind.« Watzlawicks Axiom: »Man kann nicht nichtkommunizieren« (vgl. Watzlawick u. a. 1980) weist darauf hin, dass ein Mensch zwar aufhören kann – nach einer Terminologie von Goffman (1971) –, »information given« zu liefern, aber dennoch immer noch »information given-off« liefert; für Wyss (1976) findet K. bereits dann statt, wenn sich ein Subjekt *intentional der Welt zuwendet.*

Etliche Autoren haben die Verwendungsweisen des Begriff unter semiot. u. inhaltsanalyt. Aspekt analysiert; vgl. Kalkofen (1983); Dance (1970) u. Merten (1977). Merten (1977) legt nach einer Bestandsaufnahme des Begriffs 160 Definitionen o. definitoide Sätze zum K.-Begriff vor u. erhält 9 inhalt. unterschiedl. Definitionstypen. Er formuliert folgende Kriterien von K.: *Reziprozität* (eine Unterscheidung, die v. a. Licht auf die Problematik des Begriffs der *Massenkommunikation* wirft), *Intentionalität, Anwesenheit, Sprachlichkeit, Wirkung, Reflexivität* (Nicht-Kausalität). Karle (1984) analysiert, wie zutreffend diese Kriterien in verschiedenen theoret. Ansätzen sind. Für die Diskussion zw. dem *pansemiot.* Ansatz, der K. bereits in jegl. Form der Informationsverarbeitung annimmt, u. spezifizierenden Ansätzen vgl. auch Nöth (1985, S. 124ff.), der eine umfassende integrative Perspektive von Kommunikationsphänomenen versucht.

◆ Dance, F. E. X.: The concept of communication. The Journal of Communication 20, 1970, S. 201–210; Forgas, J. P.: Soziale Interaktion u. Kommunikation. München 1992 (2. Aufl.); Goffman, E.: Vh. in sozialen Situationen. Gütersloh 1971; Graumann, C. F.: Interaktion u. K. In: Graumann, C. F. (Hg.): Sozialps. HP, 7. 2. Hlb. Göttingen 1972, S. 1109–1262; Habermas, J.: Vorbereitende Bemerkungen zu einer Theorie der kommunikativen Kompetenz. In: Habermas, J. u. Luhmann, N.: Theorie der Gesellschaft o. Sozialtechnologie. Frankfurt 1971, S. 101–141; Hymes, D. H.: On communicative competence. In: Pride, J. B. u. Holmes, J. (Hg.): Soziolinguistics. Harmondsworth 1972, S. 269–293; Kalkofen, H.: Bestimmungselemente der Kommunikation. In: Dutz, K. D. u. Wulff, H. J. (Hg.): Kommunikation, Funktion u. Zeichentheorie. Münster 1983, S. 111–163; Karle, M.: K. als neues Paradigma der Psychopathologie. Würzburg 1984; Klaus, G.: Wörterbuch der Kybernetik. Frankfurt 1969; Mattejat, F. u. Brumm, J.: Kommunikationsps. Grundlagen. In: Pongratz, L. J. (Hg.): Klin. Ps. HP, 8. Bd., 1. Hlb. Göttingen 1977, S. 715–843; Merten, K.: Kommunikation. Eine Begriffs- und Prozeßanalyse. Opladen 1977; Nöth, W.: Handbuch der Semiotik. Stuttgart 1985; Ruesch, J. u. Bateson, G.: Indiviudal, group, and culture: a review of the theory of human communication. In: Ruesch, J. u. Bateson, G. (Hg.): Communication. New York 1968 (2. Aufl.); Schmitz, H. W.: Ethnografie der Kommunikation. Hamburg 1975; Tembrock, G.: Biokommunikation, 2 Bde. Berlin 1971; Watzlawick, P. u. a.: Menschl. Kommunikation. Bern 1980; Wyss, D.: Mitteilung u. Antwort. Untersuchungen zur Biologie, Ps. u. Psychopathologie von Kommunikation. Göttingen 1976.

Kommunikative Kompetenz → Kompetenz vs. Performanz.

Komparativurteil → absolutes Urteil.

Kompatibilität. Das Prinzip der K. (Fitts 1951) wurde im Bereich der arbeitsps. Grundlagenforschung formuliert u. besagt, dass solche Arbeitsgeräte günstig sind, bei denen zw. der Struktur einer Bewegung u. der Apparatur eine Art Isomorphie gegeben ist, derart, dass die Struktur eines Geräts die daran auszuführende Bewegung optimal unterstützt, so dass es insbes. nicht zu einer *Dekorrelation visueller u. propriozeptiver Rückmeldungen* kommt. Wenn K. vorliegt, werden sensomotor. Prozesse mit hoher Geschwindigkeit u. gleichzeitig mit geringer Fehleranzahl ausgeführt, u. die Reaktionszeit ist weitgehend unabhängig von der Anzahl der Antwortalternativen; vgl. Welford (1980). Der *Kompatibilitätseffekt* erscheint durch Übung nicht erzeugbar o. eliminierbar zu sein. Dieses Prinzip führt in tiefe Probleme des Verhältnisses von Motorik u. Sensorik, näml. in das der *Ideomotorik*; vgl. Prinz (1985).

Der ursprüngl. K.-Begriff bezog sich auf eine *räuml.* K., daneben spielt eine *symbol.* K. eine wichtige Rolle, die dann vorliegt, wenn Reize u. Reaktionen über ein gemeinsames abstraktes Merkmal verfügen, wie z. B. die Gleichfarbigkeit von Reiz- u. Reaktionselementen. Von *ideomotor.* K. spricht man, wenn bei Aufgaben eine extreme Ähnlichkeit zw. dem Reizereignis u. den sensor. Konsequenzen der zugeordneten Reaktion gegeben ist, wie etwa beim Abschreiben von Buchstaben o. beim Nachsprechen auditiv dargebotener Reize; s. a. die Stw. → Stroop-Effekt u. → Simon-Effekt. Zu erkenntnistheoret. Aspekten vgl. Prinz (1985).

LIT: Zum Überblick vgl. Hoyos (1974); einen Überblick über die Bedeutung des Kzpts. für die Grundlagenforschung liefert Hommel (1990).

◆ Fitts, P. M.: Engineering psychology and equipment design. In: Stevens, S. S. (Hg.): Handbook of experimental psychology. New York 1951, S. 1287–1840; Fitts, P. M. u. Seeger, C.: S-R compatibility: spatial characteristics of stimulus and response. JExP 46, 1953, S. 199–210; Hommel, B.: Kompatibilität, Interferenz u. Handlungssteuerung. In: Meinecke, C. u. Kehrer, L. (Hg.): Bielefelder Beiträge zur Kognitionsps. Göttingen 1990, S. 221–275; Hoyos, C. G.: Kompatibilität. In: Schmidtke, H. (Hg.): Ergonomie, 2. Bd. München 1974; Prinz, W.: Ideomotorik u. Isomorphie. In: Neumann, O.: Perspektiven der Kognitionsps. Berlin 1985, S. 39–63; Prinz, W. u. a.: Handlungen als Ereignisse. In: Dörner, D. u. van der Meer, E. (Hg.): Das Gedächtnis. Göttingen 1995, S. 129–168; Welford, A. T. (Hg.): Choice reaction times. London 1980.

Kompensations-Tracking → Tracking.

Kompensativfarben → Farbwahrnehmung.

Kompetenz → Kompetenz vs. Performanz.

Kompetenzmotivation → Wirksamkeitsmotivation.

Kompetenz vs. Performanz. (1) Im Rahmen der → generativen Transformationsgrammatik wird unterschieden zw. einer allg. Sprachfähigkeit (*K.*) u. der individuellen Sprachverwendung (*P.*): (a) *K.* meint das internalisierte Wissen eines *idealen Sprecher/Hörers*, der in der Lage ist, Urteile über die Grammatikalität von Sätzen, also die formale syntakt. Wohlgeformtheit, des Weiteren über Mehrdeutigkeiten und Paraphrasen-Beziehungen abzugeben; Ziel der Transformationsgrammatik ist es, eine Grammatik so zu konzipieren, dass sie ein abstraktes Modell dieses Sprechers liefert. (b) *P.* dagegen betrifft den aktuellen Gebrauch von Sprache in konkreten Situationen, der von der K. geleitet ist, jedoch von verschiedenen Faktoren wie Begrenztheit des Gedächtnisses, der nachlassenden Aufmerksamkeit, der Verschiebung des Interesses und der Zerstreutheit überlagert wird; vgl. Fillenbaum (1971).
(2) In der Lernps. wird eine ähnl. Differenzierung zw. *K.* (ähnl.: *Fähigkeit*; engl. *ability*) u. *P.* (ähnl.: *Leistung*; engl. *performance*) vorgenommen; insbes. in der Diskussion zw. den verschiedenen → Lerntheorien spielt dieses Modell bei der Analyse der Bedeutung motivationaler Faktoren eine wichtige Rolle; Grundansatz der → Zeichen-Gestalt-Theorie war z. B., dass Motivation nur die P. beeinflusst, den eigentl. Lernvorgang, also die Fähigkeit bzw. K. dagegen nicht wesentl. berührt.

HI/WÜ: Das Kzpt. ist der Kern des chomskyschen Linguistikmodells: Forschungsgebiet der Linguistik sei die K., Forschungsgebiet der → Psycholinguistik die P. Nach diesem additiven Modell kommt der Psycholinguistik ein recht eingeschränkter Aufgabenbereich zu, der zudem in völliger Abhängigkeit von linguist. Theorienbildung steht, eine Abgrenzung, die mittlerweile nicht mehr akzeptiert wird; vgl. Hörmann (1976). Die Frage nach der empir. Adäquatheit des Modells u. des damit verknüpften des *idealen Sprechers* führt auf das grundlegende Problem der → psychologischen Realität der Grammatik bzw. das allg. Problem einer sprachl. Wissensrepräsentation; vgl. hierzu Görz (1988). Eine Erweiterung des K.-Begriffes stellt der Begriff der *kommunikativen Kompetenz* (Hymes 1968) dar; vgl. auch Habermas (1971).

◆ Bussmann, H.: Lexikon der Sprachwissenschaft. Stuttgart 1990; Fillenbaum, S.: Psycholinguistics. ARP 22, 1971, S. 251–308; Görz, G.: Repräsentation sprachl. Wissens. In: Heyer, G. u. a. (Hg.): Wissensarten u. ihre Darstellung. Berlin 1988, S. 84–89; Habermas, J.: Vorbereitende Bemerkungen zu einer Theorie der kommunikativen Kompetenz. In: Habermas, J. u. Luhmann, N.: Theorie der Gesellschaft o. Sozialtechnologie. Frankfurt/M. 1971, S. 101–141; Hörmann, H.: Meinen und Verstehen. Frankfurt/M. 1976; Hymes, D.: The ethnography of speaking. In: Fishman, J. A. (Hg.): Readings in the sociology of language. The Hague 1968.

Kompilierung → Wissenspsychologie.

Komplementäre Paare → Farbwahrnehmung.

Komplementärfarben → Farbwahrnehmung.

Komplex, organisierte Gesamtheit von tlw. o. ganz unbewussten u. stark affektbesetzten Vorstellungen u. Erinnerungen. Der Komplexbegriff wurde von C. G. Jung innerhalb seiner Weiterentwicklung der

→ Psychoanalyse konzipiert – man spricht deswegen zur Kennzeichnung seiner Theorie auch von der *komplexen Psychologie*. Ähnl. Ideen finden sich in den frühen Hysterietheorien Freuds; vgl. hierzu Laplanche u. Pontalis (1972). Innerhalb der Methode der → freien Assoziation sieht Jung die Wirkung des K. so, dass er die Reaktion auf die Reizwörter beeinflusst, entweder indem das Reizwort den K. direkt streift o. indem es Letzterem gelingt, sich mit dem Reiz in Verbindung zu setzen. Zu C. G. Jung u. seiner Theorie vgl. das Stw. → Psychoanalyse; dort auch Literaturangaben.

◆ LAPLANCHE, J. u. PONTALIS, J.-B.: Das Vokabular der Psa., 2 Bde. Frankfurt 1972 (Orig. Paris 1967).

Komplexe Psychologie → Psychoanalyse; → Komplex.

Komplexes Problemlösen, → Problemlösen, das sich auf Realitätsbereiche bezieht, die durch hohe → Komplexität gekennzeichnet sind. Handeln in solchen Problemgebieten muss speziell folgende Systemeigenschaften berücksichtigen: *Vernetztheit* der Variablen, *Intransparenz* der Problemzustände, *Eigendynamik* der Variablen, die sich auch ohne Eingriffe durch den Problemlöser verändern, des Weiteren *Polytelie*, die darin besteht, dass es keine eindeutige Problemstellung u. Zielformulierung, sondern mehrere Ziele gibt, die im Laufe des Lösungsprozesses wechseln können. Typischerweise werden in diesem Forschungsansatz Vpn vor die Aufgabe gestellt, in durch Computersimulationen dargestellten Umwelten zu handeln u. Probleme zu lösen, z. B. Führung eines Betriebes, Ausübung von Regierungsaufgaben, insbes. in der Entwicklungshilfe. Der erste Ansatz war das System *Tanaland* (vgl. Dörner u. a. 1975), in dem das ökolog. System einer afrikan. Landschaft mit verschiedenen Tier- u. Pflanzenarten sowie zwei Menschengruppen simuliert wird; dabei sind gut 50 Systemvariablen zu beachten. Der Höhepunkt war *Lohhausen* (Dörner u. a. 1983), das Programm einer fiktiven Mittelstadt, wb. die Vpn die Bürgermeisterrolle übernehmen musste; gut 2000 Variablen lagen dem simulierten Realitätsbereich zugrunde; pro Vp fielen ca. 100 000 Daten an, was zu methodolog. Problemen führte, vgl. die krit. Diskussion in Funke (1986). Auch die *Schneiderwerkstatt* (Putz-Osterloh 1981) war ein wichtiges Paradigma; weitere Simulationsprogramme waren: *Hamurabi*, *Ninife*, *Mondlandung*, *Ökosystem*, *Poraeu*, *Smoo2*, *Dagu-Dore*, *Epidemie*, *Moro*, *Smoo3*, *Energie*. Die ursprüngl. Modelle wurden von Dörner u. a. (1988) in einem allg. Modell der Handlungsregulation weiter präzisiert, das inzwischen als Simulationsprogramm realisisert ist (vgl. Dörner 1992).

TH: Die Forschung zum k. P. führte zu folgendem theoret. Kondensat: Es wird eine allg. menschl. Schwäche beim Umgang mit Komplexität konstatiert, speziell die Unfähigkeit zur Kontrolle rückgekoppelter u. vernetzter Systeme, insbes. die mangelnde Fähigkeit beim Umgang mit *nichtlinear* wachsenden Verläufen. Die entscheidenden Kriterien für den Unterschied zw. guten u. schlechten Vpn sind gem. dem dörnerschen Ansatz nicht die allg. Testintelligenz, sondern spezifischere Prozesse u. Fähigkeiten: (a) differenzierte Gedächtnisbildung; (b) eine Vhsorientierung, die eher auf die Folgen als auf das unmittelbare Ergebnis achtet; (c) eine gute *Dependenz- u. Komponentenanalyse*: die Komponentenanalyse ist die Zerlegung einer Variablen in ihre Bestandteile, die Dependenzanalyse ist die Frage nach den Kausalbeziehungen zw. verschiedenen Variablen; (d) gute

Sub- u. Superordinationsprozesse: Subordination ist die Suche nach Unterprozessen bzw. Unterbegriffen, während die Superordination auf das Auffinden von Überbegriffen o. von übergeordneten Operationsebenen u. Planzielen gerichtet ist; (e) eine klare Analyse von Teil- u. Generalzielen; (f) insbes. die Fähigkeit zu einer sinnvollen *Absichtsrangierung*, d. h. einer sinnvollen zeitl. Staffelung der Absichten, u. *Zeitplanung*, die durch hohe Stabilität gekennzeichnet ist u. wenig Absichtswechsel beinhaltet; hieraus entwickelt sich ein eigenes theoret. Modell der *Absichtsbehandlung*; vgl. Dörner (1982, 1983, 1988); (g) von größter Bedeutung ist eine hohe *heurist. Kompetenz*, also nicht einfach bereichsspezif. Wissen, sondern übergreifende praxisorientierte Strategien u. Heurismen; s. hierzu das Stw. → epistemische vs. heuristische Struktur. Des Weiteren hebt Dörner eine hohe *Kontrollkompetenz* hervor, die sich v. a. negativ definieren lässt, näml. durch die Fähigkeit, das zu vermeiden, was schlechte Vp in unsicheren u. verwirrenden Situationen zeigen: eine *intellektuelle Notfallreaktion*, d. h. kurzatmige u. unbedachte Handlungsweisen; *themat. Vagabundieren*, d. h. irrationaler Wechsel der Handlungsangriffspunkte; *Einkapselungen*, d. h. das Sich-Verbeißen in ein Thema u. das Abschirmen gegenüber Kritik u. verunsichernden Informationen; eine *Delegations- u. Exculpationstendenz*, d. h. das Bestreben, Verantwortung abzuschieben. (h) Auch die Bedeutung *selbstreflexiver* Steuermechanismen wird betont; (i) als Variable von größter Vorhersagefähigkeit wird die positive Einschätzung der eigenen Handlungskompetenz gesehen, welche Selbstsicherheit u. Kreativität erzeugt u. den Hauptunterschied zw. guten u. schlechten Versuchspersonen ausmacht.

HI/WÜ: Das Paradigma wurde in Deutschland seit Mitte der 70er Jahre begründet u. »monopolist.« von der Arbeitsgruppe um Dietrich Dörner vertreten. Es nahm viele Themen der aufkommenden → Wissenspsychologie vorweg u. begründete eine eigene Form von → Handlungstheorie. Bekannt geworden ist es v. a. durch die damit verbundene Kritik am Kzpt. der → Intelligenz, insbes. der Testintelligenz, die ein ungeeigneter Prädikator für die Leistungen im k. P. sei; vgl. Putz-Osterloh u. Lüer (1981); Dörner u. Kreuzig (1983); Jäger (1984); vgl. das Themenheft der Diagnostica, Heft 4, 1991. Des Weiteren beinhaltet das Paradigma ein Plädoyer für eine stärkere Einzelfall- u. Prozessorientierung. Einen vergleichbaren Ansatz hat die Forschungsgruppe um Brehmer (vgl. 1987): Die Vp spielt einen Feuerwehreinsatzleiter, der von einem Aufklärungsflugzeug Informationen über Waldbrände bekommt; ein wesentl. Faktor hierbei ist die Tatsache, dass Brände sich exponentiell ausbreiten, während die Bekämpfungsmittel nur linear bewegt werden können; im Rahmen dieses Forschungsansatzes wurde das »Dynam. Umgebungssimulations-System« (DESSY, abgeleitet vom Engl. *dynamic environmental simulation system*) entwickelt.

KR: Zur Kritik des Ansatzes vgl. Hussy (1984); Funke (1986) bemängelt die unzureichende Nutzung des systemtheoret. Ansatzes, insbes. im Hinblick auf die zentralen Begriffe der *Komplexität* u. *Vernetzung*; des Weiteren wird die suboptimale Versuchsplanung u. unzureichende Bestimmung der Lösungsgüte u. damit die Invalidität der Intelligenzkritik hervorgehoben.

LIT: Eine zsfd. Darstellung findet sich in Dörner (1983); eine populäre Darstellung ist Dörner (1989); eine Weiterentwicklung der Theorie findet sich in Strohschneider (1990); zur Weiterführung u. zur Ergänzung des dörnerschen Ansatzes um die Dimension *Emotion* vgl. Städel (1987); insbes. in Dörner (1989) wird die »Logik des Misslingens« auch u. gerade bei gutwilligen Vp anhand vieler Fallbsp. eindrückl. beschrieben, u. es wird auch gezeigt, wie idealist. Vpn zu recht inhumanen Vhsweisen gelangen können; zu einem beratungskzpt. beim k. P. vgl. Burkart (1995); Kluwe u. Haider (1990) haben ein Modell der internen Repräsentation komplexer techn. Systeme entwickelt; zur Philosophie der Verwendung von Computerszenarios in der ps. Forschung vgl. Dörner (1992).

◆ Brehmer, B.: Modells of diagnostic judgement. In: Rasmussen, J. u. a. (Hg.): New technology and human error. London 1987; Burkart, T.: Beratung bei Lösen komplexer Probleme. Frankfurt/M. 1995; Dörner, D. u. a.: Über das Problemlösen in sehr komplexen Realitätsbereichen. In: Tack, W. H. (Hg.): Bericht über den 29. Kongreß der Dt.

Ges. f. Ps. in Salzburg 1974, 1. Bd. Göttingen 1975, S. 339–340; Dörner, D.: Kognitive Merkmale erfolgreicher u. erfolgloser Problemlösungen beim Umgang mit sehr komplexen Systemen. In: Ueckert, H. u. Rhenius, D. (Hg.): Komplexe menschl. Informationsverarbeitung. Bern 1979, S. 185–195; Dörner, D.: Wie man viele Probleme zugleich löst – o. auch nicht! SuK 1, 1982, S. 55–66; Dörner, D. u. Kreuzig, H. W.: Problemlösefähigkeit u. Intelligenz. PRu 34, 1983, S. 185–192; Dörner, D. u. a. (Hg.): Lohhausen. Bern 1983; Dörner, D.: The organization of action in time. Bamberg. Memorandum Nr. 19 am Lehrstuhl für Ps. 2 der Universität Bamberg 1983; Dörner, D.: Wissen u. Vhsregulation: Versuch einer Integration. In: Mandl, H. u. Spada, H. (Hg.): Wissensps. München 1988, S. 264–279; Dörner, D. u. a.: Ein System zur Handlungsregulation o. – die Interaktion von Emotion, Kognition, Motivation. SuK 3, 1988, S. 217–232; Dörner, D.: Die Logik des Mißlingens. Reinbek 1989; Dörner, D.: Jenseits des Kognitivismus: »Künstliche Seelen« u. Handlungsregulation. In: Montada, L. (Hg.): Bericht über den 38. Kongreß der Dt. Ges. für Ps. in Trier 1992, 1. Bd. Göttingen 1992, S. 50–51; Dörner, D.: Über die Philosophie der Verwendung von »Mikrowelten« o. »Computerszenarios« in der ps. Forschung. In: Gundlach, H. (Hg.): Ps. Forschung u. Methode – das Versprechen des Experiments. Festschrift für Werner Traxel. Passau 1992; Funke, J.: Komplexes Problemlösen. Berlin 1986; Hussy, W.: Zum Begriff der Problemschwierigkeit beim komplexen Problemlösen. Trierer ps. Berichte 11, 1984, Heft 4; Kluwe, R. H. u. Haider, H.: Modelle zur internen Repräsentation komplexer techn. Systeme. SuK 9, 1990, S. 173–192; Jäger, A. O.: Intelligenz-Struktur-Forschung: konkurrierende Modelle, neue Entwicklungen, Perspektiven. PRu 35, 1984, S. 21–35; Putz-Osterloh, W. u. Lüer, G.: Über die Vorhersagbarkeit komplexer Problemlöseleistungen durch Ergebnisse in einem Intelligenztext. ZEAP 28, 1981, S. 309–334; Stäudel, T.: Problemlösen, Emotion u. Kompetenz. Regensburg 1987; Strohschneider, S.: Wissenserwerb u. Handungsregulation. Wiesbaden 1990; Tent, L.: Intelligenz u. Problemlösefähigkeit. PRu 25, 1984, S. 152–154.

Komplexionshierarchie → epistemische vs. heuristische Struktur.

Komplexität → optimale Stimulation; → Neugier; → Explorationsverhalten; → komplexes Problemlösen.

Komplexitätshypothese → Wortbedeutung, → semantisches Merkmal.

Komplextheorie → Gestalttheorie.

Komponentenanalyse → komplexes Problemlösen; → semantisches Merkmal.

Komponentenanalytischer Ansatz → semantisches Merkmal.

Komponentenmodelle → mathematische Lerntheorien.

Komponentenprozesstheorie → Prüfprozesstheorie.

Komponententheoretische Darstellung → semantisches Merkmal.

Komponententheorie → semantisches Merkmal.

Kompromissverhalten → Konflikt.

Konditionale Diskrimination → Begriffslernen; → Diskrimination.

Konditionieren → Konditionierung.

Konditionierte emotionale Hemmung → konditionierte emotionale Reaktion.

Konditionierte emotionale Reaktion [auch *konditionierte emotionale Hemmung*, engl. *conditioned emotional response*], ein Phänomen bzw. eine Versuchsanordnung der experimentellen → Lernpsychologie, bei der ein Reiz dargeboten wird, der durch eine → klassische Konditionierung mit aversiven Reizen gekoppelt wurde u. dadurch ein anderes Vh. – quasi wie eine primäre → Bestrafung – reduzieren kann. Der Terminus k. e. R. meint also eigentl. eine *konditionierte Angstreaktion* bzw. einen *konditionierten emotionalen Bestrafungsreiz*.

Mit dieser Prozedur lässt sich die Stärke einer klass. Konditionierung anhand der Unterdrückung eines operant konditionierten Vhs., speziell die durch Angstreize bedingte Beeinträchtigung des Vhs., quantitativ erfassen – dies war auch die histor. Bedeutung dieses Phänomens u. Kzpts.; vgl. Estes u. Skinner (1941); Mowrer u. Solomon (1954); vgl. zsfd. Foppa (1975).

VD: In einem verallgemeinerten Sinne spricht man von *Transfer-von-Kontrolle-Technik*, wenn ein klass. konditionierter Reiz während der Ausführung einer operanten Reaktion präsentiert wird u. sein Einfluss auf das Vh. – fördernd vs. hemmend – überprüft wird. So kann ein zuvor mit Futter gekoppelter Reiz appetitives Vh. fördern u. Flucht- bzw. Vermeidungsvh. hemmen. Die Technik dient auch zur Überprüfung der → Zwei-Prozess-Theorien des → operanten Konditionierens; vgl. Grabitz u. Hammerl (1985) u. Hammerl (1991).

◆ ESTES, W. K. u. SKINNER, B. F.: Some quantitative properties of anxiety. JExP 29, 1941, S. 390–400; FOPPA, K.: Lernen, Gedächtnis, Vh. Köln 1975 (9. Aufl.); GRABITZ, H.-J. u. HAMMERL, M.: Zur Funktion von Signalreizen beim Entstehen von Hilflosigkeit. ZEAP 32, 1985, S. 563–572; HAMMERL, M.: Effekte signalisierter Verstärkung: ein Beitrag zu den Grundlagen der Lernps. Regensburg 1991; MOWRER, O. H. u. SOLOMON, L. N.: Contiguity vs. drive-reduction in conditioned fear: the proximity and abruptness of drive-reduction. AJP 67, 1954, S. 15–25.

Konditionierte Geschmacksaversion → Geschmacksaversionslernen.

Konditionierte Hemmung → Hemmung; → reaktive Hemmung.

Konditionierter Trieb → erworbener Trieb.

Konditioniertes Motiv → erworbener Trieb.

Konditionierte Verstärkung → primäre vs. sekundäre Verstärkung.

Konditionierung, elementare Form des → Lernens, die sich in zwei Formen aufspaltet: (a) bei der → klassischen Konditionierung wird eine *Reiz-Reaktions-Verknüpfung* aufgebaut; (b) bei der → operanten Konditionierung wird ein Vh. einer → Verstärkung unterworfen u. damit erworben bzw. in seiner Häufigkeit erhöht.

Eine der Grundfragen der K. ist die Frage, inwieweit die unter (a) u. (b) dargelegten K.-Formen von grundsätzl. unterschiedl. Natur sind, wie dies von der → Zwei-Faktoren-Theorie der K. postuliert wird.

K. meint im *deskriptiven Sinne* die Beschreibung der method.-experimentellen Prozeduren, im *explikativen* Sinne ein assoziationist. u. mechanist. Erklärungsprinzip. K. war das klass. Paradigma des → Behaviourismus. Mit dem Aufkommen kognitivist. Modelle wurde dieses Modell zurückgedrängt, bis hin zu der extremen Gegenposition, dass es eine K. überhaupt nicht gäbe; vgl. Brewer (1974). Immer deutlicher wird jedenfalls erkannt, dass Konditionierungsprozesse biolog. vorbereiteten Grenzen (→ preparedness) unterliegen, es also keinen allg., sozusagen formalen Lernmechanismus bei Menschen u. Tieren gibt, der beliebig »bedient« werden kann, u. folgl. ist auch nicht jede Reiz-Reaktions-Verknüpfung mögl.

VD: Es gibt auch eine K. des Immunsystems, die v. a. in der Psychoneuroimmunologie untersucht wird; vgl. Ader (1981) u. Buske-Kirschbaum (1995); s. a. das Stw. → instruiertes Konditionieren.

LIT: Zu neuen Ansätzen der Theorienbildung im Bereich K. vgl. Lachnit (1993); zur Bedeutung der Prinzipien des K. für theoret. Ansätze innerhalb der Entwicklungsps. vgl. Trautner (1992); zur Kritik vgl. Brewer (1974).

◆ ADER, R.: Psychoneuroimmunology. Orlando 1981; BREWER, W. F.: There is no convincing evidence for operant or classical conditioning in adult humans. In: Weimer, W. B. u. Palermo, D. S. (Hg.): Cognition and the symbolic process. Hillsdale 1974, S. 1–42; Buske-Kirschbaum, A.: Klass. Konditionierung von Immunfunktionen beim Menschen. Weinheim 1995; Lachnit, H.: Assoziatives Lernen u. Kognition. Heidelberg 1993; Trautner, H. M.: Lehrbuch der Entwicklungsps., 1. Bd. Göttingen 1992.

Konditionierung höherer Ordnung → Konditionierung zweiter Ordnung.

Konditionierungs-Löschungs-Theorie des Diskriminationslernens → Diskriminationslernen.

Konditionierung vom Typ I → Zwei-Faktoren-Theorie der Konditionierung; → klassische Konditionierung.

Konditionierung vom Typ S → klassische Konditionierung.

Konditionierung vom Typ II → operante Konditionierung; → Zwei-Faktoren-Theorie der Konditionierung.

Konditionierung zweiter Ordnung, eine → Konditionierung, bei der ein neutraler Stimulus dadurch zum konditionierten Stimulus wird, dass er mit einem bereits etablierten konditionierten Stimulus gepaart eingesetzt wird. Bsp.: Vpn werden konditioniert, auf einen Lichtreiz (CS 1) zu reagieren, der zusammen mit Nahrung (US) dargeboten wird; danach werden sie der Kombination eines Schallreizes (CS 2) u. des Lichtreizes (CS 1) ausgesetzt, ohne dass Nahrung präsentiert wird; wenn der Schallreiz dann allein dargeboten wird, zeigen die Vp die gleiche konditionierte Reaktion, die zuvor durch den Lichtreiz hervorgerufen wird. Dieser Prozess gelingt umso stärker, je größer die Ähnlichkeit zw. den beiden konditionierten Reizen ist. Sie erfolgt am schnellsten, wenn der neue Reiz ein zuverlässiger Prädiktor des ursprüngl. konditionierten Reizes ist, u. sie ist im Rahmen einer vorwärts gerichteten Konditionierung effektiver als bei gleichzeitigen o. rückwirkenden. Eine solche *Konditionierung höherer Ordnung* erweitert den Bereich der klass. Konditionierung beträchtl., denn sie ist nicht mehr daran gebunden, dass ein biolog. relevanter Reiz auftritt, stattdessen werden Vhsreaktionen durch ein unbegrenztes Repertoire von Reizen kontrollierbar; deshalb ist die K. z. O. ein wichtiger Prozess für das Verständnis vieler Arten komplexen menschl. Vhs. Das Phänomen entspricht der → sekundären Verstärkung bei der → operanten Konditionierung; ähnl. ist die → sensorische Präkonditionierung; vgl. Bredenkamp u. Wippich (1977); s. a. das Stw. → Blockierung.

◆ Bredenkamp, J. u. Wippich, W.: Lern- u. Gedächtnisps., 1. Bd. Stuttgart 1977; Rescorla, R. A.: Pavlovian second-order conditioning: studies in associative learning. Hillsdale 1980.

Konfigurationsprinzip → naive Varianzanalyse.

Konfirmatorisches Attributionsmuster → Attributionsfehler.

Konflikt. Nach English u. English (1958) das gleichzeitige Wirken von gegensätzl. o. sich gegenseitig ausschließenden Impulsen, Wünschen o. Tendenzen (Übers. v. Verf.); Pongratz (1961) definiert: »Ein menschl. K. ist eine inkompatibel-antagonist. gespannte Situation mit Positionsappell« (*Positionsappell* meint den Druck zur Entscheidung). Auch Lehr (1965) nennt als eingebürgerte Bestimmungsaspekte von *K.*: Auslösung mehrerer bes. inkompatibler psych. Tendenzen u. hebt v. a. das situative Moment der *Unorientiertheit* hervor, sowie eine Spannung in Richtung auf Lösung des Widerstreits. Es ist ein Problem, ob die widerstrebenden Tendenzen gleich stark sein müssen, wie dies v. a. von Lewin betont worden ist; vgl. hierzu Kuhl (1983). Typ. für Konfliktverhalten ist eine Unterbrechung des bisherigen Handlungsvollzugs; dies manifestiert sich meist in einer verlängerten Reaktionszeit; vgl. hierzu Thomae (1974). Die Ethologie stellt folgende Vhsweisen in Konfliktsituationen heraus: (a) Hemmung aller Reaktionen außer einer; (b) *Intentionsbewegungen*, d. h. Vhsweisen, bei denen die Vhshemmung unvollständig ist, so dass das Vh. in unvollständiger Form auftritt; (c) Alternation zw. zwei Bewegungen; (d) *ambivalentes* Vh. (gemischt aus beiden Vhsweisen); (e) *Kompromissverhalten*; (f) vegetative Störungen; (g) → Übersprungsverhaltenen; (h) *umadressierte* Vhsweisen, d. h.: motor. Abläufe, bei denen eine der Konflikttendenzen noch zum Durchbruch kommt, jedoch auf einen anderen Gegenstand gerichtet ist als den, der diese Aktivität ursprüngl. auslöst hat; (i) sexuelle Inversion, d. h., dass z. B. ein Männchen weibl. Vhsweisen übernimmt; (j) Regression; (k) Akinese; (l) insbes. beim Frustrations-K. wird häufig eine Steigerung der Heftigkeit des gerade ablaufenden Vhs. beobachtet (nach Hinde 1973).

TH: Eine der wesentl. theoret. Paradigmen der Forschung war der Versuch einer *Konflikttypologie*; die histor. bedeutsamste Theorie stammt von Lewin (1935), der folgende Arten von K. unterscheidet: (a) der *Annäherungs-Annäherungs-K.* (auch *Appetenz-Appetenz-K.*; Pongratz verwendet den Begriff *Äquivalenz-K.*): der K. zw. zwei positiv bewerteten Alternativen; (b) der *Vermeidungs-Vermeidungs-K.* (auch *Aversions-Aversions-K.*; bei Pongratz: *Vitations-K.*) o. das *Dilemma*: Die Person steht vor zwei negativ bewerteten Alternativen; (c) der *Annäherungs-Vermeidungs-K.* bzw. *Appetenz-Aversions-K.* (bei Pongratz: *Ambivalenz-K.*): Die Person steht vor einem gleichzeitig positiv u. negativ bewerteten Ziel; (d) der häufigste menschl. K. ist der *doppelte Annäherungs-Vermeidungs-K.*, bei dem die Person vor zwei Alternativen steht, die beide Vor- u. Nachteile haben. Pongratz (1961) ergänzt als eigene Kategorie den *Frustrations-K.*, der bei der Blockierung von Vhstendenzen auftritt. Diese K.-Typen haben bestimmte Charakteristika: Der *Appetenz-Appetenz-K.* hat ein instabiles Gleichgewicht, da eine geringe Annäherung an ein positiv bewertetes Ziel leicht zu einer Festlegung der betreffenden Richtung führen kann. Stabiler ist ein *Aversions-Aversions-K.*, hier führt die Annäherung an einen Pol zu verstärkten Aversionstendenzen u. damit leicht zu einem Zurückgehen an den Ausgangspunkt. Die Vermeidung des K. wird von Lewin als *Aus-dem-Felde-Gehen* bezeichnet (→ Feldtheorie). Aus einer Verknüpfung dieser Gedankengänge mit lerntheoret. Ansätzen entstand das → *Gradientenmodell des Konflikts*. La Fafes (1969) versucht, die Grundkonflikte unter formalem Aspekt auf einen einzigen Typ, den *N-Stufen-K.*, zu reduzieren.
Grundsätzl. lassen sich Konflikttheorien danach unterscheiden, ob sie von einem *mechanist.* Kräftemodell ausgehen u. den Ausgang bzw. die Lösung des K. in solchen vektoriellen Modellen einzufangen versuchen o. ob sie einen *personalist.* Ansatz wählen, der den K. v. a. auf ein Problem der → Entscheidung zurückführt. Der erste Ansatz ist häufiger mit empir. orientierten Methoden verknüpft, der zweite eher mit phänomenolog. Vorgehensweisen; ein Integrationsversuch ist Feger (1978).

HI/WÜ: Der K.-Begriff ist v. a. innerhalb der klin. Ps. u. der Psychotherapie von großer Wichtigkeit; vgl. hierzu Grunwald (1976), bes. die → Psychoanalyse hebt die Bedeutung von K. für die Entstehung von Neurosen hervor, welche als misslungene Verarbeitungen von K. aufgefasst werden; vgl. z. B. Pongratz (1957). Laplanche u. Pontalis (1972) weisen darauf hin, dass Freud während seiner ganzen Theorieentwicklung immer wieder versucht hat, einen nicht reduzierbaren, konfliktträchtigen Dualismus aufzubauen: Trieb vs. Wahrnehmung, Lustprinzip vs. Realitätsprinzip, Sexualität vs. Aggressivität, Lebenstrieb vs. Todestrieb, bewusst vs. unbewusst, Abwehr vs. Trieb, Überich vs. Es; vgl. hierzu auch Pongratz (1973). Ein wesentl. spezif. Konflikt innerhalb der Sexualität konstituiert sich im → Ödipuskonflikt: Triebwünsche stehen einem elterl. Gebot gegebenüber. Zu den speziellen Konfliktaspekten der Sexualität vgl. das Stw. → Sexualtrieb; zum Überblick über klin. Konflikttheorien vgl. Benesch (1995). Die Bedeutung des K. wird auch am Bsp. des Phänomens der → experimentellen Neurosen deutlich. Seiler (1975) hat die verschiedenen Modelle zur Bedeutung des K. für die Entwicklung kognitiver Strukturen analysiert. Auch innerhalb Berlynes Theorie der → Neugier existiert die Vorstellung, dass die Neuigkeit u. »Interessantheit« von Reizen v. a. durch ihre Konflikthaftigkeit determiniert wird.

KR: Gegen die wissenschaftl. Tauglichkeit des K.-Kzpts. argumentieren Oram u. Heilizer (1965): Das Gegenüber von Tendenzen sei so grundsätzl., dass ein explizites K.-Kzpt. unnötig sei; Mischel (1971) hebt die Problematik des K.-Kzpt. im entwicklungsps. Kontext hervor; zu den Schwierigkeiten des Kzpt. unter etholog. Perspektive vgl. Hinde (1973).

LIT: Einen nach Schulen gegliederten Überblick über die Beiträge zur experimentellen Analyse des K. bietet Feger (1965); ein neuerer, eher auf Forschungsprobleme orientierter Überblick ist Feger u. Sorembe (1983); zur sozialwissenschaftl. Konfliktforschung vgl. die Überblicksarbeiten von Bühl (1972) sowie Glasl (1990); vgl. auch Rüttinger (1977); zum organisationsps. Aspekt des K. vgl. Esser (1975); *Konfliktlösungsstrategien* wurden in der Sozialps., v. a. in den Theorien der Verhandlung u. der Kooperation, analysiert; vgl. Pruitt u. Smith (1981); zur Übertragung auf die Ebene internationaler K. vgl. Lindskold (1979); der Lösung sozialer K. ist ein eigenes Publikationsorgan gewidmet: *The Journal of conflict resolution. Konfliktests* bestehen darin, dass ein Tier o. ein Mensch einer Situation unterworfen wird, in der er gleichzeitig belohnt u. bestraft wird. Die zwei am meisten verwendeten K.-Tests sind der *Geller-Seifter-Test* u. der *Vogel-Trink-Test*; beim Geller-Seifter-Test erhält (z. B.) eine Ratte eine Nahrungsbelohnung für das Niederdrücken eines Hebels u. bei jedem zweiten Mal einen elektr. Schock; beim Vogel-Trink-Test (»Vogel« ist der Name des Forschers, der den Test begründet hat) darf eine durstige Ratte Wasser trinken, erhält aber gleichzeitig einen Elektroschock. Beide Tests werden v. a. zu Forschungen innerhalb der Psychopharmakologie verwendet; man kann z. B. zeigen, dass Tranquillizer das Vermeidungsvh., also die Angst vor der Bestrafung, vermindern u. dadurch die Fressrate bei den bestraften Durchgängen erhöhen, während die Fressrate bei unbestraften Durchgängen gleich bleibt.

◆ Benesch, H.: Enzyklopäd. Wörterbuch Klin. Ps. u. Psychotherapie. München 1995; Bühl, W. L. (Hg.): Konflikt u. Konfliktstrategie. München 1972; English, H. B. u. English, A. C.: A comprehensive dictionary of psychological and psychoanalytical terms. London 1958; Epstein, S.: The measurement of drive and conflict in humans. In: Jones, M. R. (Hg.): Nebraska symposium on motivation. Lincoln 1962, S. 127–209; Esser, W. M.: Individuelles Konfliktvh. in Organisationen. Stuttgart 1975; Feger, H.: Beiträge zur experimentellen Analyse des Konflikts. In: Thomae, H. (Hg.): Motivation. HP, 2. Bd. Göttingen 1965, S. 332–415; Feger, H.: Konflikterleben u. Konfliktvh. Bern 1978; Feger, H. u. Sorembe, V.: Konflikt u. Entscheidung. In: Thomae, H. (Hg.): Theorien u. Formen der Motivation. EP, C, IV, 1. Bd. Göttingen 1983, S. 536–712; Glasl, F.: Konfliktmanagement. Bern 1990 (2. Aufl.); Grunwald, W.: Psychotherapie u. experimentelle Konfliktforschung. München 1976; Hinde, R. A.: Das Vh. der Tiere, 2 Bde. Frankfurt/M. 1973 (Orig.: 1966); Hofstätter, P. R.: Ps. (Fischer-Lexikon). Frankfurt/M. 1957; Kuhl, J.: Motivation, Konflikt u. Handlungskontrolle. Berlin 1983; La Fafes, L.: Reduction of conflict to one type. PRep 25, 1969, S. 165–166; Lehr, U.: Erscheinungsweisen des Konflikts. In: Thomae, H. (Hg.): Motivation. HP, 2. Bd. Göttingen 1965; Laplanche, J. u. Pontalis, J. B.: Das Vokabular der Psa. Frankfurt 1975 (2. Aufl.; Orig.: Paris 1967); Lewin, K.: Dynamic theory of personality. New York 1935; Lindscold, S.: Managing conflict through announced conciliatory initiatives backed with retaliatory capability. In: Austin, W. G. u. Worchel, S. (Hg.): The social psychology of intergroup relations. Monterey, Cal. 1979; Lückert, H. R.: Konfliktps. München 1957;

Mischel, W.: Piaget: Cognitive conflict and the motivation of thought: In: Mischel, T. (Hg.): Cognitive development and epistemology. New York 1971, S. 311–355; Oram, P. G. u. Heilizer, F.: A note on the concept of conflict. JP 1965, 59, S. 35–43; Pongratz, L. J.: Die Reifungsfunktion seel. Konflikte. 1957; Pongratz, L. J.: Ps. menschl. Konflikte. Göttingen 1961; Pongratz, L. J.: Lehrbuch der klin. Ps. Göttingen 1973; Pruitt, D. G. u. Smith, D. L.: Impression management in bargaining. In: Tedechi, J. T. (Hg.): Impression management. Theory and social psychological research. New York 1981; Rüttinger, B.: Konflikt u. Konfliktlösung. München 1977; Thomae, H.: Konflikt, Entscheidung, Verantwortung. Stuttgart 1974.

Konfliktlösungsstrategien → Konflikt.

Konfliktmodell der Folgenantizipation → Entscheidung.

Konfliktschema der Emotion → Emotionstheorien.

Konflikttypologien → Konflikt.

Konfliktverschiebungsmodell → Gradientenmodell des Konflikts; → Gradient.

Konfliktwahlmodell → Gradientenmodell des Konflikts; → Gradient.

Konfrontationsverfahren → Desensibilisierung.

Konfusionsskalen → psychophysische Methoden.

Konjungierte Augenbewegungen → Augenbewegungen.

Konjunktionsfehler → kognitive Täuschungen und kognitive Heuristiken.

Konjunktive Regel → Entscheidungsheuristiken.

Konjunktivplan → Verstärkungsplan.

Konkrete Operation → genetische Epistemologie.

Konkretes vs. abstraktes Verhalten, bei der Analyse hirnpatholog. Fälle von L. Goldstein beschriebene Einstellungen u. Vhsmöglichkeiten, die der Gesunde beide zur Verfügung hat, während beim Hirngeschädigten das Vh. einseitig auf das *konkrete* Niveau absinke: Seine Fähigkeit zur Abstraktion ist deutl. verringert, das »kategoriale Vh.« ist erschwert, er »klebt« sozusagen am unmittelbaren sinnl. Wahrnehmbaren. Nach Goldstein ist dies der eigentl. Kern vieler hirnorgan. Störungen; vgl. Goldstein u. Scheerer (1941); Gelb u. Goldstein (1920).

HI/WÜ: Obwohl die Forschungen Goldsteins außerhalb der akadem. Ps. angesiedelt waren, wurden sie dennoch häufig von dieser rezipiert, da Goldsteins Ansätze durch Anregungen der Ps., näml. der → Gestalttheorie, beeinflusst waren u. auf eine sozusagen »psychologischere« Weise als Neurologen u. Psychiater hirnorgan. Störungen analysierten.

◆ Gelb, A. u. Goldstein, K.: Ps. Analysen hirnpatholog. Fälle. Leipzig 1920; Goldstein, K. u. Scheerer, M.: Abstract and concrete behaviour. PM 53, 1941, ganze Nr. 239; Wenzl, A.: Das Leib-Seele-Problem. Leipzig 1933.

Konkretheit → verbales Lernen.

Konkretheitseffekt → Bildüberlegenheitseffekt.

Konkret-operationale Phase → genetische Epistemologie.

Konkurrierende Pläne → Verstärkungsplan.

Konnektionismus, ein wichtiges Paradigma der modernen → Kognitionswissenschaft, das durch folgende Aspekte gekennzeichnet ist: (1) Grundansatz: kognitive Prozesse werden in Form von Aktivitätsmustern in *künstl. Neuronennetzen* nach–

gebildet. Den Knoten dieser Netzwerke sind numer. Aktivitätswerte zugeordnet, wb. jede Verknüpfung zw. zwei Einheiten wiederum einen numer. Wert, die *Gewichtung*, besitzt. Analog zur funktionellen Unterscheidung von Neuronen in *sensor.*, *motor.* u. *Interneurone* gibt es bei den konnektionist. Modellen sog. *Eingangseinheiten* (*input units*), *Ausgangseinheiten* (*output units*) u. *Zwischenschichten* (*hidden units*). Gruppen von Input-Einheiten erzeugen ein Aktivierungsmuster, das sich auf spezif. Weise durch das Netz fortpflanzt, um dann in einem bestimmten Aktivierungsmuster von Output-Einheiten zu kulminieren. Verfügt ein Netzwerk über mindestens eine Zwischenschicht, dann spricht man von *mehrschichtigen Netzen* (*multilayerd networks*). Solche Neuronennetze bzw. -netzwerke weisen bestimmte Eigenschaften von Nervenzellen bzw. Synapsen auf: Konvergenz u. Divergenz, inhibitor. u. exitator. Verbindung, Summation der Eingangsinformation, Schwellen- Aktivierungs- u. Fortleitungsfunktion, Transmission kontinuierl. Größen. Die Einführung einer Zwischenschicht eröffnet die Möglichkeit der *internalen Repräsentation* u. unterscheidet die meisten konnektionist. Modelle von Rosenblatts *Perceptron* (s. u.). (2) Hauptmerkmal ist eine *verteilte Speicherung* bzw. *Repräsentation* u. eine *parallele Verarbeitung* (*parallel-distributed processing*; Abk. *PDP*); man spricht daher auch von PDP-Ansatz. *Verteilte Repräsentation* meint, dass einzelne Knoten des Netzes keine Entsprechung zu einfachen Begriffen haben, so dass jeder Knoten an der Repräsentation einer Vielfalt von Kzptn. beteiligt ist. Die Repräsentation von Wissen liegt also nicht in einzelnen Einheiten, sondern in *Verbindungen* zw. den Einheiten (daher »*K.*«), genauer gesagt im Muster ihrer Gewichtungen. Dies führt zu Eigenschaften wie: *automat. Generalisierung*; *Prototypen-Extraktion*, *Musterergänzung* u. *Inhaltsadressierbarkeit*; vgl. Hinton u. a. (1986); Weiteres s. u.; vgl. auch Clark (1989). (3) Mit diesen Merkmalen bieten konnektionist. Modelle eine Alternative zum klass. Ansatz der → Informationsverarbeitung, bei dem Symbole nach syntakt. Regeln umgeformt werden (klass. *Symbol-processing-Paradigma*; bzw. *Rules-and-representation-Modell*): Eine Symbolebene als Gegensatz zur Ebene physikal. Zustandsgrößen existiert nicht, kognitive Leistungen ergeben sich als emergente Eigenschaft aus dem Zusammenwirken *subkognitiver* bzw. *subsemant.* Prozesse. Da die der Kognition zugrunde liegenden, sozusagen »kleineren« Prozesse im K. zentral sind, verwendet man zur Kennzeichnung auch das Schlagwort *Mikrokognition*. Demgemäß beinhaltet der K. auch nicht die klass. *von-Neumann-Architektur*, die durch eine strikte Trennung von Datenspeicher- u. Prozessoren, bes. dem → zentralen Prozessor, gekennzeichnet ist; der K. lehnt die Notwendigkeit eines zentralen Prozessors überhaupt ab. Abstrakter formuliert: Ein Dualismus zw. *Repräsentation* u. *regelgeleiteten Operationen* besteht nicht; die Repräsentationen sind aktiv, u. das Vh. des Systems ist *regelhaft*, ohne *regelgeleitet* zu sein. (4) Konnektionist. Systeme arbeiten deswegen nicht mit einer vorab definierten Datenbasis, sondern erwerben ihr Wissen durch verschiedene Lernprozeduren, die in einer allmähl. Veränderung des Konnektivitätsmusters resultieren.

Aus diesen Grundmerkmalen ergeben sich folgende weitere Eigenschaften: (5)

Konnektionist. Modelle sind *kontextsensitiv*, da die Aktivation eines Knotens auch von seiner vorherigen Aktivation abhängig ist, gleichzeitig vom Aktivierungszustand aller anderen damit verbundenen. (Anm.: Zwar spiegelt der K. innerhalb des Verarbeitungssystem Kontextabhängigkeit wider, die einkommende Information ist aber grundsätzl. *kontextfrei*, d. h., es werden keine Interaktionen zw. den Eingangseinheiten angenommen, Ähnl. gilt für die Ausgangseinheiten.) (6) Konnektionist. Netzwerke zeichnen sich durch *Fehlertoleranz* aus: Unter optimalen Input-Bedingungen ist ein neuronales Netzwerk von der Vhsseite her nicht von einem klass. regelbasierten System zu unterscheiden, bei suboptimalen Input-Bedingungen kann es Fehler automat. korrigieren u. zeigt bei zunehmend undeutl. werdendem Input ein Vh., das in der Literatur bildhaft als »graceful degradation« (»gnädiger Verfall«) beschrieben wird (während ein auf explizit gespeicherten Regeln basierendes System schon beim kleinsten Fehler völlig zusammenbricht u. keinen Qutput mehr produziert). (7) Im Digitalcomputer ist ein Prinzip der *Ortsadressierung* realisiert, d. h., ein Speicherinhalt wird über einen bestimmten phys. Ort im Speicher, die *Adresse*, aufgefunden, u. dies ist ein Modell, das nach gegenwärtigem Erkenntniszustand für das menschl. Gedächtnis nicht zutrifft. Dort obwaltet ein Prinzip der *Inhaltsadressierung*, das auf einer analyt. Zerlegung des zu repräsentierenden Inhalts in Merkmalkomponenten besteht, vgl. Prinz 1983. D. h.: Das spezif. Muster der für einen Gegenstand gleichzeitig zutreffenden Merkmale (z. B. Größe, Form, Farbe) bestimmt seine Repräsentation – konnektionist. Modelle operieren nicht mit einer solchen Inhaltsadressierung, da nicht aufgrund der für die Inhaltsadressierung erforderl. Merkmalskomponenten für jedes Reizmuster eine bestimmte Adresse berechnet wird, sondern die spezif. Konfiguration der jeweils vorhandenen Merkmalsausprägungen selbst bildet den Inhalt des Speichers, wb. nicht jedes individuelle Merkmal jedes einzelnen Reizmusters gespeichert wird, sondern die Kontingenzwahrscheinlichkeit aller Merkmale in der Gesamtheit der bis dahin analysierten Reizmuster. (8) Allg. modelliert der konnektionist. Ansatz mentale Prozesse bzw. den Geist als ein *adaptives* System, das gleichzeitig *flexibel* u. *dennoch starr* ist: Obwohl es andauernd versucht, die einkommenden Daten abzubilden, versucht es dies doch mit den Mitteln bestehenden Wissens u. bestehender Konfigurationen. Dies ergibt ein auf eigentüml. Weise *holograph.* System (vgl. Pribram 1978): Es speichert einzelne Ereignisse sozusagen übereinander, Aspekte verschiedener Ereignisse vermischen sich. Dies hat zur Folge, dass sich das System automat. so verhält, als ob es *Generalisierungen* über einzelne Bsp. hinweg gebildet hätte, obwohl es im Grunde nur einzelne Beispielsfälle speichert. Auf diese Weise löst dieser Ansatz ein zentrales Dilemma der Theorien des menschl. Gedächtnisses, näml. die Frage, wie das Gedächtnis sowohl die *generalisierten* bzw. *prototyp.* Aspekte von Objekt- u. Ereignisklassen darstellt, als auch die spezif. Merkmale *einzelner* Objekt- u. Ereignisexemplare; vgl. hierzu Norman (1985).

PDP-Modelle scheinen mehr geeignet für »niedere«, sog. *subsymbol.* Prozesse, wie sie v. a. bei der → Wahrnehmung vorhanden sind, bes. der Sprachwahrnehmung (vgl. Rumelhart u. McClelland 1986); auch auf dem Gebiet der sensomotor. Steuerung, z. B. für das Schreibmaschineschreiben, wurden konnektionist. Modelle entwickelt. Wichtig geworden sind v. a. Ansätze zur → Mustererkennung o. zur Wahrnehmung bzw. Korrektur von opt. Täuschungen, auch Modelle, wie man z. B. Tierarten nach charakterist. Merkmalen unterscheidet, des Weiteren Modelle zum Erlernen von Wahrscheinlichkeitsbeziehungen. Bei umfassenderen Prozessen wie Problemlösen, Problemerkennen, Erfinden u. anderen »symbolbeladenen« Prozessen scheinen PDP-Modelle schwächer zu sein, hier scheint eher der *Symbolverarbeitungsansatz* zu greifen; vgl. hierzu auch Scheerer (1989).

HI: Der K. entstammt einer eigenen Tradition von Modellen der Informationsverarbeitung, in der Wert auf die neurophysiolog. u. neuroanatom. Plausibilität gelegt wird. Der klass. Ansatz ist McCulloch u. Pitts (1943), wo Neuronennetze informationstechn. analysiert u. formale Strukturen vorgeschlagen wurden (»McCulloch-Pitts-Neuron«).

Aufgegriffen wurde der Ansatz von Rosenblatt (1962), der das Modell des *Perceptron* elaborierte, einer erkennenden (theoret.) Maschine, der es z. B. mögl. ist, eine Gruppe visueller Reizmuster als einander ähnl. o. unähnl. zu erkennen. Es konnte gezeigt werden, dass sich aus einfachen Bausteinen, die im Wesentl. die Funktion von Nervenzellen nachbilden, jede noch so komplizierte log. Schaltung (mithin jeder Computer) aufbauen lässt; vgl. z. B. Morago (1971). Durch Verschalten solcher Einheiten zu Verbänden (vgl. Braitenberg, 1978) entstehen Systeme, die parallel arbeiten u. grundlegende Funktionen wie z. B. Mustererkennung (Minsky u. Papert 1969) o. assoziative Speicherung ausführen können. Der Nachweis entsprechend aufgebauter neuroanatom. Formationen (vgl. Szentagothai 1974) schlägt – mittels des gemeinsamen Verarbeitungsprinzips – eine Brücke zw. Modellen des Gedächtnisses u. solchen der Wahrnehmung u. der Bewegungssteuerung. Wooldridge (1979) hat auf der Grundlage formaler Neurone das visuelle Wahrnehmungssystem rekonstruiert; Grossberg (1973ff.) hat die damit verbundenen Prinzipien u. Probleme theoret. eingehend behandelt. Ursprüngl. schien dieses theoret. Paradigma durch eine krit. Analyse von Minsky u. Papert (1966) den Todesstoß erhalten zu haben, da sie gezeigt haben, dass es zwar für Modelle ohne *Zwischenschicht* eine allg. Lernregel gibt, nicht aber für Modelle mit *Zwischenschichten*, u. dass bestimmte Lernaufgaben nur lösbar sind, wenn mindestens eine Zwischenschicht eingeführt wird. Nachdem diese Schwäche überwunden worden ist (s. u.), haben solche Modelle zunehmend an Attraktivität gewonnen, man spricht deshalb auch vom *Neokonnektionismus*. In führenden ps. Fachzeitschriften lässt sich inzwischen eine wachsende Zahl von Publikationen finden, in welchen dieser Modelltyp vertreten wird; ein Drittel aller Beiträge der *Cognitive Science Conference* 1987 beschäftigte sich mit diesem Thema; vgl. hierzu Heyer u. a. (1988); wichtige Artikel im *Psychological Review* waren z. B. Metcalve-Eich (1982); Kohonen (1977); Kohonen u. a. (1981); Grossberg (1980); Murdock (1982). Im dt. Raum hat es schon in den 70er Jahren ähnl. Modelle gegeben, wie z. B. die *Lernmatrix* von Steinbach (1961); vgl. auch die Ansätze von Frank (s. hierzu das Stw. → informationstheoretische Psychologie) u. von Hassenstein (1970); zum Überblick vgl. Bösel (1977). Ein bes. Ansatz ist das sog. *holograph.* Modell von Pribram (1978); auch in Skandinavien hat es damals schon ähnl. Ansätze gegeben; vgl. z. B. Anderson (1972) u. Amari (1977).

KR: Zur Kritik des K. vgl. Fodor u. Pylyshyn (1988); Smolensky (1988); zu den Unterschieden zw. konnektionist. Modellen u. realen Gehirnen vgl. Click u. Asanuma (1986) sowie Massaro (1988); vgl. auch Scheerer (1989); zur Kritik an der neurophysiolog. Adäquatheit der konnektionist. Grundannahmen vgl. Crick (1989); eine Sondernummer der Ztschr. *Cognition* widmet sich der Kritik des K. (Cognition 28, 1988).

VD: Beispiele für die Arbeitsweise von konnektionist. Neuronensystemen: (a) Schon von Hebb (1949) wurde ein Prinzip für das Lernen im Nervensystem vorgeschlagen, das besagt, dass die Verbindung zw. zwei Neuronen immer dann gestärkt wird, wenn beide zum gleichen Zeitpunkt aktiviert werden. Dementsprechend kann in einem konnektionist. Netz das Gewicht der Verbindung zweier Knoten proportional zum Produkt ihrer Aktivierung verändert werden: Bei gleichem Vorzeichen der Aktivierung beider Einheiten wird das Gewicht der Verbindung zw. ihnen erhöht, bei ungleichen Vorzeichen erniedrigt (*Hebbsche Lernregel*); den Proportionalitätsfaktor nennt man *Lernrate*. Die Hebb-Regel führt jedoch nur bei ganz spezif. Eigenschaften der Eingangsgrößen zum gewünschten Erfolg, unter anderen Bedingungen versagt dieses Netz. (b) Weitaus mächtiger ist die nach ihren Begründern benannte *Widrow-Hoff-Regel*, auch *Delta-Regel* genannt (vgl. McClelland u. a. 1986): Beibehalten wird die Basisannahme, dass jede Gewichtsveränderung davon abhängen soll, was an dem relevanten Eingangs- u. Ausgangsknoten basiert; zusätzl. werden jedoch Abweichungen (dafür steht das Symbol *Delta*) zw. dem erwünschten u. dem tatsächl. erreichten Ausgangsmuster berücksichtigt: Die Veränderung der Verknüpfung zw. zwei Einheiten ist gleich der (mit zwei Parametern gewichteten) Differenz von Soll-Ausgang u. Ist-Ausgang des Systems. Derartige Netzwerke ändern ihre Verknüpfungen umso mehr, je weiter sie von ihrem Zielzustand entfernt sind; wenn Ist- u. Soll-Zustand ident. sind, findet keine Veränderung mehr statt. Hier liegt also eine Prozedur zur Fehlerkorrektur vor, was in der Fachterminologie auch als *supervidiertes Lernen* (*supervised learning*) bezeichnet wird. Zur Erweiterung der Delta-Regel wurde eine *generalisierte Delta-Regel* vorgeschlagen, die darin besteht, dass die am Ausgang gemessene Abweichung u. die daraus resultierenden Gewichtskorrekturen rückwärts durch das Netz geführt werden (*back-propagation*), wb. genau festgestellt werden muss, welche der tieferliegenden Knoten tatsächl. zu dem Fehler am Ausgang beigetragen haben. Mittels *back-propagation* u. *generalisierter Delta-Regel* können auch *mehrschichtige* Netze lernen, womit die Kritik von Minsky u. Papert (s. o.) überwunden ist u. Modelle mit Zwischenschichten entwickelt werden können.

LIT: Einführungen in konnektionist. Modelle liefern Görz (1993) u. Kemke (1988); eingängige Darstellungen finden sich bei Strube (1990) u. Boden (1992); umfassender ist Rojas (1991); zum Vergleich klass. u. konnektionist. Modelle in der kognitiven Ps. u. zur Kontroverse zw. konnektionist. u. klass. symbol. Darstellungen vgl. Scheerer (1991) u. Helm (1990); zum Kzpt. der neuronalen Verbände vgl. Palm (1982, 1988); vgl. auch Sheperd (1972); die »Bibel« zur ps. Entwicklung u. Anwendung des K. ist McClelland, Rumelhart u. The PDP Research Group (1986); vgl. auch Rumelhart (1989); philosoph. Aspekte diskutiert Clark (1989); vgl. auch Gadenne (1991); ein Vorschlag zur Kombination von K. u. Symbolverarbeitung ist Schneider (1987); zur Bedeutung des PDP-Modells für eine Theorie menschl. → Handlungsfehler vgl. Reason (1994); eine knappe Darstellung der Funktionsweise neuronaler Netzwerke im Zusammenhang mit ps. Theorien des Wissens findet sich bei Strohschneider (1990); eine Darstellung konnektionist. Ansätze im Rahmen des Themas *unsicheres Wissen* ist Spies (1993); zu konnektionist. Modellen der Sprachproduktion vgl. Schade (1992).

◆ AMARI, S.: Neural theory of association and concept-formation. Biol. Kybern. 26, 1977, S. 175–185; ANDERSON, J. A.: A simple neural networks generating interactive memory. Math. Biosci. 14, 1972, S. 197–220; ANDERSON, J. A. u. a.: Descriptive features, categorial perception and probability learning: Some applications of a neural model. PR 84, 1977, S. 413–451; BODEN, M. A.: Die Flügel des Geistes: Kreativität u. künstl. Intelligenz. München 1992; BÖSEL, R.: Signalverarbeitung in Nervennetzen. München 1977; BRAITENBERG, V.: Cell assemblies in the cerebral center. In: HEIM, R. u. PALM, G. (Hg.): Theoretic approach to complex systems. Berlin 1978, S. 171–188; CHURCHLAND, P.: Neurophilosophy. Cambridge/Mass. 1986; CLARK, A.: Microcognition: Philosophy, cognitive science and parallel distributed processing. London 1989; CLICK, F. u ASANUMA, C.: Certain aspects of the anatomy and physiology of the cerebral cortex. In: RUMELHART u. a. (1986); CRICK, F.: The recent excitement about neural networks. Nature 337, 1989, S. 129–132; ECCLES, J. C.: Das Gehirn des Menschen. München 1975; FODOR, J. A. u. PYLYSHYN, Z. W.: Connectionism and cognitive architecture: a critical analysis. C 28, 1988, S. 3–71; GADENNE, V. u. OSWALD, M. E.: Kognition u. Bewußtsein. Berlin 1991; GÖRZ, G.: Einführung in die künstl. Intelligenz. Bonn 1993; GROSSBERG, S.: Contour enhancement, short term memory, and constancies in reverberating neural networks. Studies in Applied Mathematics 52, 1973, S. 213–257; GROSSBERG, S.: Classical and instrumental learning by neural networks. Progr. Theor. Biol. 3, 1974, S. 51–141; GROSSBERG, S.: Do all neural models really look alike? PR 85, 1978, S. 592–596; GROSSBERG, S.: How does the brain build a cognitive map? PR 87, 1980, S. 1–57; HASSENSTEIN, P.: Biolog. Kybernetik. Heidelberg 1970; HEBB, D. O.: The organization of behaviour. New York 1949; HELM, G.: Klass. vs. konnektionist. Modelle in der Kognitiven Ps. In: BECKER, B. (Hg.): Zur Terminologie der Kognitionsforschung. St. Augustin 1989, S. 103–112; HELM, G.: Symbol. u. konnektionist. Informationsverarbeitung. Berlin 1990; HEYER, G. u. a. (Hg.): Wissensarten u. ihre Darstellung. Berlin 1988, S. 67–84; HINTON, G. E.: Distributed representations. In: RUMELHART u. a. (1986) S. 77–110; KEMKE, C.: Der neuere Konnektionismus. Ein Überblick. Informatik-Spektrum 11, 1988, S. 143–152; KOHONEN, T.: Associative memory. Communication and Cybernetics 17, 1977; KOHONEN, T. u. a.: Storage and processing of information in distributed associative memory systems. In: HINTON, G. E. u. ANDERSON, J. A. (Hg.): Parallel models of associative memory. Hillsdale 1981, S. 105–143; MASSARO, D. W.: Some criticisms of connectionist models of human performance. JML 27, 1988, S. 213–234; MCCLELLAND, J. L. u. RUMELHART, D. E. and THE PDP RESERACH GROUP (Hg.):

Parallel distributed processing, 2. Bd. Cambridge 1986; McCulloch, W. S. u. Pitts, W. H.: A logical calculus of ideas immanent in nervous activity. Bulletin of Mathematical Psychology 5, 1943, S. 45–143; Metcalve-Eich, J.: A composite holographic associative recall model. PR 89, 1982, S. 627–661; Minsky, M. u. Papert, S.: Perceptrons. Cambridge/Mass. 1969; Minsky, M.: The society of mind. New York 1985; Morago, S.: Threshold logic and its applications. Huntington 1971; Murdock, B. B.: A theory for the storage and retrieval of item and associative information. PR 89, 1982, S. 609–62; Norman, D. A.: New views of human information processing: implications for intelligent decision support systems. In: Hollnagel, E. u. a. (Hg.): Intelligent decision aids in process environments. San Miniato 1985; Palm, G.: Neural assemblies. Springer 1982; Palm, G.: Assoziatives Gedächtnis u. Gehirntheorie. Spektrum der Wissenschaft. Juni 1988, S. 54–64; Pribram, K. H.: Modes of central processing in human learning and remembering. In: Teyler, T. J. (Hg.): Brain and learning. Stanford 1978, S. 147–163; Prinz, W.: Wahrnehmung u. Tätigkeitssteuerung. Berlin 1983; Reason, J.: Menschl. Versagen. Heidelberg 1994; Rojas, R.: Theorie der neuronalen Netze. Berlin 1991; Rosenblatt, F.: Principles of neurodynamics, perceptrons and the theory of brain mechanisms. Washington 1962; Rumelhart, D. E. u. McClelland, J. L.: On learning the past tense of english verbs. In: McClelland u. Rumelhart (1986) S. 216–271; Rumelhart, D. E.: The architecture of mind: a connectionist approach. In: Posner, M. I. (Hg.): Foundations of cognitive science. Cambridge 1989, S. 133–159; Schade, U.: Konnektionismus. Zur Modellierung der Sprachproduktion. Opladen 1992; Scheerer, E.: Philosoph. Begeisterung für den Konnektionismus: etwas mehr Skepsis, bitte! In: Becker, B. (Hg.): Zur Terminologie der Kognitionsforschung. St. Augustin 1989, S. 136–150; Scheerer, E.: Symbolverarbeitung u, Konnektionismus: Eine Kontroverse ohne Ende? In: Becker, B. (Hg.): Zur Terminologie der Kognitionsforschung. St. Augustin 1989, S. 112–124; Scheerer, E.: Konnektionismus u. Symbolverarbeitung: Einige Traditionslinien der dt. Ps. ZfPs, Suppl. 11, 1991, S. 25–44; Schneider, W.: Connectionism: is it a paradigm shift for psychology? Behaviour Research Methods, Instruments and Computers 19, 1987, S. 73–83; Sheperd, G. M.: The neuron doctrine: a revision of functional concept: Yale Journal of Biology and Medicine 45, 1972, S. 548–599; Smolensky, P.: The proper treatment of connectionism. BBS 11, 1988, S. 1–74; Spies, M.: Unsicheres Wissen. Heidelberg 1993; Steinbach, K.: Lernende Automaten. München 1961; Stoffer, T. H.: Perspektiven konnektionist. Modelle: Das neuronale Netzwerk als Metapher im Rahmen der kognitionsps. Modellbildung. In: Meinecke u. Kehrer (Hg.): Bielefelder Beiträge zur Kognitionsps. Göttingen 1990, S. 275–305; Strohschneider, S.: Wissenserwerb u. Handlungsregulation. Wiesbaden 1990; Strube, G.: Neokonnektionismus: neue Basis für die Theorie u. Modellierung menschl. Kognition. PRu 41, 1990, S. 29–143; Szentagothai, J. M. A.: Conceptual models of neural organization. Cambridge/Mass. 1974; Wooldridge, D. E.: Sensory processing and the brain. New York 1979.

Konnotation → psychologische Semantik, → affektive Bedeutung.

Konnotative Bedeutung → affektive Bedeutung.

Konsens → naive Varianzanalyse.

Konsensuskriterium → naive Varianzanalyse.

Konservatives Fokussieren → Attributlernen.

Konservativismus-Effekt → Wahrscheinlichkeitsrevision.

Konsistenzdebatte → Personalismus.

Konsistenzkriterium → naive Varianzanalyse.

Konsistenzproblem → Interaktionismus.

Konsistenztheorien, sämtl. Theorien, die als zentralen Annahmekern ein Prinzip der *kognitiven Konsistenz* beinhalten: Menschen streben danach, eigene Kognitionen (Überzeugungen, → Einstellungen etc.) untereinander u. mit ihrem Vh. in Konsistenz zu halten, also widerspruchsfrei zu organisieren. Die K. sind gewissermaßen Theorien einer kognitiven Motivation. Die wichtigste K. ist die → Kognitive-Dissonanz-Theorie.

F. Heider, Begründer der → Attributionstheorie, postuliert in seinem Modell (Heider 1946ff.), dass interpersonales Vh. u. → soziale Wahrnehmung Regeln u.

Gesetzmäßigkeiten unterliegen, wie sie von der → Gestalttheorie postuliert werden; Grundannahme ist, dass kognitive Systeme immer zu einem Gleichgewichtszustand tendieren: *Balance-Theorien*. In dieser Theorie sind Prinzipien entwickelt worden für dyadische und triadische Wahrnehmungssysteme (aus 2 o. 3 Teilelementen bestehende Wahrnehmungsgegebenheiten), die beschreiben, wie solche Prozesse kognitiver Homöostase vor sich gehen. Solche kognitiv-perzeptiven Systeme werden durch Personen u. Objekte sowie deren Beziehungen zueinander repräsentiert. Ein Bsp.: Eine Person mag eine andere, u. beide wählen eine bestimmte Partei – dies ist eine *ausbalancierte Triade*; ein Bsp. für eine unbalancierte Situation wäre, wenn jemand eine Person mag, die eine andere politische Meinung vertritt; solche Ungleichgewichtsprozesse können z. B. dadurch ausbalanciert werden, dass die eine Person meint, dass die von ihr geschätzte Person für ihre Einstellung zu der anderen politischen Richtung nicht verantwortl. sei, weil sie durch irreführende Informationen dazu gelangt sei. Heider entwickelt ein elaboriertes formales System, mit deren Hilfe sich Gleichgewichts- o. Ungleichgewichtszustände zweier o. dreier Systemen darstellen lassen. Weiterentwicklungen des heiderschen Ansatzes sind Newcombs *Symmetrietheorie interpersonaler Kommunikation* (Newcomb 1959ff.), Rosenbergs Theorie *affektiv-kognitiver Konsistenz*, das Modell der *kognitiven Balance* von Abelson u. Rosenberg (1958), das Kzpt. der *kognitiven Kongruenz* von Osgood u. Tannenbaum (1955), vorwiegend entwickelt zur Vorhersage von Einstellungsänderungen. Ein Bsp. für den Ansatz letztgenannter Theorie, das gleichzeitig auch die Idee der kognitiven Konsistenz noch einmal verdeutlicht: Durch Messung mit dem → semantischen Differential werden die Einstellungen eines Individuums gegenüber einer Informationsquelle (z. B. einer bestimmten Zeitschrift) u. einem Kzpt. (z. B. dem Kommunismus) erruiert; mit Hilfe des Kongruenzprinzips wird dann versucht, die Einstellungsänderungen zu prognostizieren, die beim Individuum dann auftreten, wenn es einen Artikel in der Zeitung liest, der eine positive bzw. negative Tendenz dem Kommunismus gegenüber beinhaltet; Grundprinzip: Änderungen in der Bewertung verlaufen durchwegs in Richtung auf erhöhte Kongruenz mit dem vorhandenen Bezugssystem. Die Frage nach der Kongruenz bzw. Inkongruenz stellt sich immer dann, wenn eine Person mit einer Information aus einer bestimmten Informationssquelle konfrontiert wird, welche eine positive o. negative Bewertung über ein bestimmtes Kzpt. abgibt. Das Ausmaß der stattfindenden Einstellungsmodifikation lässt sich anhand verschiedener Formeln ermitteln. Tannenbaum nennt v. a. vier Möglichkeiten, vorhandene Inkongruenz zu reduzieren: Lösung o. Schwächung der vorhandenen Verbindung zw. Informationsquellen u. Kzptn.; Änderung der Einstellung gegenüber den Informationsquelle; Ungültigmachen bzw. Infragestellen der Aussage, die von der Quelle über das Kzpt. getroffen wurde; Stärkung u. Favorisierung der ursprüngl. Einstellung gegenüber dem Kzpt. Weitere Möglichkeiten, kognitive Inkonsistenz aufzulösen, werden von McGuire (1966) beschrieben.

LIT: Zsfd. vgl. Irle (1975).

◆ ABELSON, R. P. u. ROSENBERG, M. J.: Psycho-logic: a model of attitutional cognition. Behav. Sci. 3, 1958, S. 1–13; ABELSON, R. P. u. a. (Hg.): Theories of cognitive consistency: a source book. Chicago 1968; HARAY, F. u. a.: Structurals models: an introduction to the theory of directed graphs. New York 1965; HEIDER, F.: Attitudes and cognitive organization. JP 21, 1946, S. 107–112; HEIDER, F.: The psychology of interpersonal relations. New York 1958; INSKO, C. A.: Theories of attitude change. New York 1967; IRLE, M.: Lehrbuch der Sozialps. Göttingen 1975; MCGUIRE, W. J.: The current status of cognitive consistency theories. In: FELDMAN, S. (Hg.): Cognitive consistency. New York 1966, S. 1–46; NEWCOMB, T. M.: Individual systems of orientation. In: KOCH, S. (Hg.): Psychology: a study of a science, 3. Bd. New York 1959; NEWCOMB, T. M.: Interpersonal balance. In: ABELSON, R. P. u. a. (Hg.): Theories of cognitive consistency: a source book. Chicago 1968; OERTER, R.: Struktur u. Wandlung von Werthaltungen. München 1970; OSGOOD, C. E. u. TANNENBAUM, P. H.: The principle of congruity in the prediction of attitude change. PR 62, 1955, S. 42–55; ZAJONC, R. B.: Cognitive theories in social psychology. In: LINDZEY, G. u. ABELSON, E. (Hg.): The handbook of social psychology, Vol. 1. Reading/Mass. 1968, S. 320–411.

Konsonant-Vokal-Trigramme → sinnlose Silbe.

Konstante Nutzenserwartungen → probabilistische Nutzenstheorien.

Konstanter Fehler → psychophysische Methoden; → Wahrnehmungs- und Urteilstendenzen.

Konstanter Urteilsfehler → psychophysische Methoden; → Wahrnehmungs- und Urteilstendenzen.

Konstanz → Konstanzphänomene.

Konstanzannahme → Gestalttheorie.

Konstanz der visuellen Orientierung → visuelle Orientierung.

Konstanzmethode [auch *Konstanzverfahren, Methode der konstanten Reize*; ursprüngl. *Methode der richtigen u. falschen Fälle*], eine grundlegende → psychophysische Methode, v. a. zur Bestimmung von → Sinnesschwellen; die K. ersetzt den veränderl. Reiz der → Grenzmethode durch eine Reihe nicht veränderbarer, also *konstanter* Reize, unter denen die gesuchte Größe liegen muss. Dabei werden die einzelnen Stufen gleich oft, aber in beliebiger Reihenfolge dargeboten, um die Unwissentlichkeit zu gewähren; soll z. B. ein Paar gleich hell erscheinender Lichter bestimmt werden, so vergleicht man damit etwa der Reihe nach die Helligkeit unterschiedl. Stufen, jede mehrere Male u. zwar gleich oft, ohne dass eine bestimmte Ordnung der Aufeinanderfolge eingehalten wird. Aus den erhaltenen Urteilen wird der gesuchte Wert mit Hilfe von Formeln abgeleitet.

◆ Arnold, W. (Hg.): Experimentelles Praktikum, 1. Bd. Stuttgart 1972; Guttmann, G. (Hg.): Allg. Ps., experimentalps. Grundlagen. Wien 1992; Heller, O. u. Krüger, H.-P.: Experimentelle Ps. – Wahrnehmung. Bern 1974; Lüer, G. (Hg.): Allgemeine experimentelle Ps. Eine Einführung in die method. Grundlagen mit prakt. Übungen für das experimentelle Praktikum. Stuttgart 1987.

Konstanzphänomene → Wahrnehmungskonstanzen.

Konstanzprinzip → Energie; → Lustprinzip.

Konstanzverfahren → Konstanzmethode.

Konstituenten → Konstituentenanalyse.

Konstituentenanalyse [engl.: *Immediate Constituent Analysis*, auch: *IC-Analyse*], Verfahren der Sprachwissenschaft bzw. der → Sprachpsychologie. Die K. beinhaltet die Idee einer hierarch. Struktur von Sätzen, derart, dass jeder Satz aus mehreren Einheiten auf mehreren Ebenen besteht. Jeder Satz wird schrittweise in der Regel in zwei unmittelbare *Konstituenten* zerlegt, die dann ihrerseits in ihre Konstituenten zerlegt werden. Bsp.: Der Satz: »Der Professor hält einen Vortrag« wird in 2 Konstituenten zerlegt; denn *Der Professor* ist ersetzbar durch *er* (= Nominalphrase, NP) und *hält einen Vortrag* durch *doziert* (= Verbalphrase, VP). Die Abb. *Sprache 1* zeigt vier Repräsentationsformen des *Strukturbaums*, den man durch eine abgeschlossene K. des Beispielsatzes erhält. Solche Strukturen nennt man *Konstituentenstrukturen* o. *Phrasenstrukturen*; vgl. hierzu Bußmann (1990). Diese Zerlegung bzw. Segmentierung wird durch verschiedene syntakt. Tests, v. a. durch die *Verschiebe-* u. *Ersatzprobe*, begründet u. gestützt. Klass. psycholinguist. Untersuchungen zur Phrasenstrukturgrammatik stammen von Johnson (1965); Weiteres s. die Stw. → Klick-Experimente u. → Satztiefe. Das Verfahren geht auf Bloomfield (1933) zurück. Die K. ist die Grundlage der → Phrasenstrukturgrammatik. Aus der Grundidee der K. entwickelte sich die → generative Transformationsgrammatik. Eine Einführung bieten die Lehrbücher der → Psycholinguistik.

◆ BLOOMFIELD, L.: Language. New York 1933; BUSSMANN, H.: Lexikon der Sprachwissenschaft. Stuttgart 1990; JOHNSON, N. F.: The psychological reality of phrase structure rules. JVLVB 4, 1965, S. 469–475; POSTAL, P. M.: Constituent structure: a study of contemporary models of syntactic description. Bloomington 1964.

Konstituentengrammatik → Phrasenstrukturgrammatik.

Konstituentenstruktur → Konstituentenanalyse.

Konstituentenstrukturgrammatik → Phrasenstrukturgrammatik.

Konstruktivismus. Konstruktivist. sind ps. Ansätze, die davon ausgehen, dass der Mensch sowohl in der Wahrnehmung wie im Handeln die Wirklichkeit nicht passiv abbildet, sondern aktiv erschafft. Der K. steht damit im Gegensatz zu einem erkenntnistheoret. → Empirismus; s. a. das Stw. → Bottom-up- vs. Top-down-Prozesse. Seit Mitte der 80er Jahre wird ein K. als Leitmotiv der Ps. engagiert in den Arbeiten von Watzlawick (1969ff.) propagiert, vgl. des Weiteren Stangl (1989). Vor diesen »modischen« Tendenzen hat es mit Piagets → genetischer Epistemologie innerhalb der Entwicklungsps. schon lange eine Theorie im konstruktivist. Geiste gegeben, deren zentrale Annahme lautet: Die kognitive Entwicklung besteht nicht in einem passiven Erfahrungszuwachs, sondern in einem aktiven Aufbau kognitiver Strukturen; vgl. hierzu Edelstein u. Hoppe-Graff (1993); darin v. a. der Aufsatz von Beilin.

◆ EDELSTEIN, W. u. HOPPE-GRAFF, S. (Hg.): Die Konstruktion kognitiver Strukturen. Perspektiven einer konstruktivist. Entwicklungsps. Bern 1993; KRUSE, P. u. STADLER, M.: Radikaler Konstruktivismus – psycholog. Darlegungen zu einem philosoph. Zweifel. In: AMELANG, M. (Hg.): Bericht über den 35. Kongreß der Dt. Ges. für Ps. in Heidelberg 1986, 2. Bd. Göttingen 1987, S. 199–210; Lo-

(a)

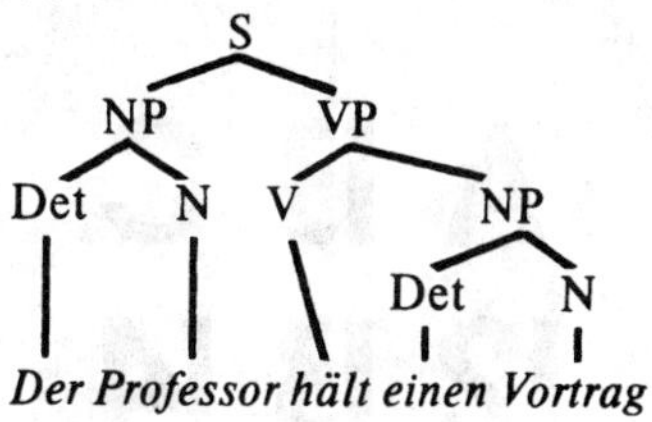

(b) S → NP + VP

VP → V + NP

NP → Det + N

(d)

Der	*Professor*	*hält*	*einen*	*Vortrag*
Det	N	V	Det	N
NP		V	NP	
NP		VP		
S				

(c) $[[[\textit{Der}]_{Det}\ [\textit{Professor}]_{N}]_{NP}\ [[\textit{hält}]_{V}\ [[\textit{einen}]_{Det}\ [\textit{Vortrag}]_{N}]_{NP}]_{VP}]_{S}$

Abb. *Sprache 1*

renzen P. u. Schwemmer, O.: Konstruktive Logik, Ethik u. Wissenschaftstheorie. Mannheim 1973; Maturana, H. R.: Erkennen: Die Organisation u. Verkörperung von Wirklichkeit. Braunschweig 1982; Schmidt, S. J. (Hg.): Der Diskurs des radikalen Konstruktivismus. Frankfurt/M. 1987; Stangl, W.: Das neue Paradigma der Ps. Die Ps. im Diskurs des Radikalen Konstruktivismus. Braunschweig 1989; von Foerster, H.: Sicht u. Einsicht. Braunschweig 1985; von Glasersfeld, E.: Wissen, Sprache u. Wirklichkeit. Arbeiten zum radikalen Konstruktivismus. Braunschweig 1987; Watzlawick, P. u. a.: Menschl. Kommunikation. Bern 1969; Watzlawick, P. (Hg.): Die erfundene Wirklichkeit. Beiträge zum Konstruktivismus. München 1981; Werbik, H.: Handlungstheorien. Stuttgart 1978.

Konsumentenpsychologie → Marktpsychologie.

Kontaktrezeptoren → Propriozeption.

Kontext → visuelles Suchen.

Kontextabhängiges Gedächtnis [auch *kontextbezogenes Gedächtnis*], das Phänomen, dass viele Gedächtnisleistungen (in einer bisher noch nicht genau geklärten Art u. Weise) abhängig sind von der Umgebung, innerhalb derer die Gedächtnisprozesse stattfinden, z. B. dem Raum o. der Beleuchtung; untersucht wurden sogar Lernprozesse unter Wasser; vgl. Baddeley (1979) s. a. das Stw. → zustandsabhängiges Gedächtnis. Auch die sog. infantile Amnesie wurde in dieser Perspektive interpretiert; vgl. White u. Pillemer (1979).

◆ Baddeley, A.: Die Ps. des Gedächtnisses. Stuttgart 1979; White, S. H. u. Pillemer, D. B.: Childhood amnesia and the development of a socialy accessible memory system. In: Kihlstrom, J. F. u. Evans, F. J. (Hg.): Functional disorders of memory. Hillsdale 1979; Wippich, W.: Lehrbuch der angewandten Gedächtnisps., 2. Bd. Stuttgart 1985.

Kontextabhängiges Lernen → Kontextabhängiges Gedächtnis.

Kontexteffekte, das Phänomen der Beeinflussung der Wahrnehmung einer Teilfigur durch andere Elemente des wahrgenommenen Gesamtmusters, worin sich ein grundlegender Aspekt der Wahrnehmung manifestiert, wie er klassischerweise von der → Gestalttheorie u. auch von der modernen Kognitionsps. thematisiert worden ist (s. a. das Stw. → kategoriale Wahrnehmung). Ein elementares Bsp. sind die in Abb. *Wahrnehmung 1* demonstrierten Effekte: Bei der Abb. (a) wird dasselbe Zeichen ein-

Abb. *Wahrnehmung 1a*

mal als »A« u. einmal als »H« gelesen; im Fall (b) wird dasselbe Zeichen einmal als »B« o. als »13« wahrgenommen.

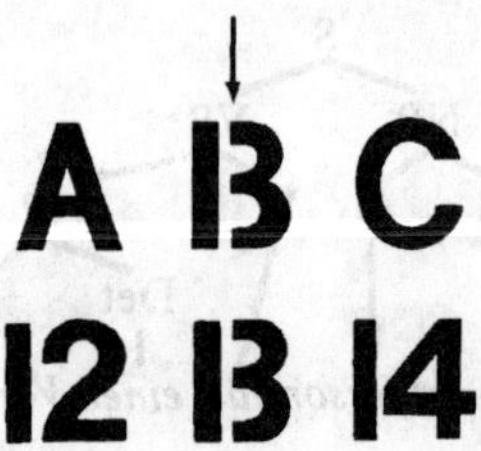

Abb. *Wahrnehmung 1b*

Auch die Abhängigkeit der → Helligkeitswahrnehmung von allen im Umfeld vorhandenen Leuchtdichten lässt sich unter *K.* einordnen. Dagegen sind Wahrnehmungsveränderungen aufgrund adaptationsspezif. Rezeptoren (z. B. Farbveränderungen o. Kontraste) o. auch → figurale Nachwirkungen nicht unter den K. i. e. S. zu ordnen, da sie auf einfache neurophysiolog. Mechanismen zurückzuführen sind, während K. i. e. S. erfahrungsmäßige u. kognitive Verarbeitungsprozesse beinhalten; s. a. das Stw. → Wortüberlegenheitseffekt. Zur Bedeutung des Kontextes beim Erkennen von Szenen vgl. Palmer (1975). Eine spezielle Art von Kontexteffekten, → Sequenzeffekte, werden von den → Bezugssystemtheorien thematisiert (s. a. das Stw. → Adaptationsniveau). Zum allg. Problem des K. u. solcher Effekte, die man unter K. einordnen kann, wie z. B. den → Stroop-Effekt, vgl. Hell (1987). Bes. auch die → Personenwahrnehmung u. die → soziale Wahrnehmung beinhalten zahlreiche K.; vgl. hierzu zsfd. Stahlberg (1987); s. a. → Reihenfolge-Effekte; → Kontextinterferenz sowie → kontextabhängiges Gedächtnis.

◆ Anderson, J. R.: Kognitive Ps. Heidelberg 1988; Hell, W.: Aufmerksamkeit u. Interferenz. Weinheim 1987; Kebeck, G.: Wahrnehmung. Weinheim 1994; Palmer, S. E.: Effects of contextual scenes on the identification of objects. MuC 3, 1975, S. 519–526; Sarris, V. u. Stolze, G.: Theorien u. Experimente in der Psychophysik: Kontexteffekte, psychophysikal. Gesetze u. ps. Bezugssystem-Modelle. In: Lauterbach, W. u. Sarris, V. (Hg.): Beiträge zur ps. Bezugssystemforschung. Bern 1980, S. 236–270.

Kontextenkodierungsdefizit-Modelle → Gedächtnistheorien.

Kontextinterferenz, eine spezielle Art von → Interferenz, sie bezieht sich auf den Einfluss, den die Übungsreihenfolge verschiedener motor. Fertigkeiten, die während einer experimentellen Sitzung bzw. Trainingseinheit geübt werden, auf das Erlernen dieser Fertigkeiten hat. Dabei wird randomisiertes Üben mit einem blockweisen Üben verglichen. Eine randomisierte Aufgabe beeinträchtigt die Leistung während der Übungsphase, führt aber zu einem besseren Lernen der motor. Fähigkeiten als geblocktes Üben. Derartige Kontext-Effekte, die inzwischen in zahlreichen Untersuchungen nachgewiesen worden sind, stellen die Methode des ständig wiederholten Übens infrage. Sie sprechen im Gegenteil dafür, dass ein ständiger Wechsel der Aufgabe im Endeffekt zu einem besseren Lernen der Bewegung führt als ein drill-ähnl. Üben. KontextEffekte sind im Übrigen nicht nur bei Labor-Aufgaben, sondern auch beim Lernen sportmotor. Fertigkeiten festgestellt worden; Kontexteffekte werden in der Regel dann nicht gefunden, wenn die zu lernenden Aufgaben Parametervariationen desselben generalisierten motor. Programmes darstellen; zum Überblick vgl. McGill u. Hall (1980).

TH: Derzeit existieren im Wesentl. zwei unterschiedl. Klärungsansätze für K.-Effekte: (a) Die *Elaborations-Hypothese* (Shea u. Morgan 1979) geht davon aus, dass die Lernenden unter randomisierten Übungsbedingungen variablere Encodierungsstrategien verwenden, die zu einer differenzierteren u. elaborierteren Gedächtnisrepräsentation führen als blockweises Üben. (b) Die *Rekonstruktions-Hypothese* geht davon aus, dass bei randomisierten Bedingungen der Bewegungsplan, bedingt durch die Interferenz der dazwischen geschalteten Aufgaben, vergessen wird u. daher bei jedem Versuch rekonstruiert werden muss. Diese wiederholten Bewegungsplan-Rekonstruktionen – die bei einer blockweisen Aufgabenanordnung nicht notwendig sind, da sich der Bewegungsplan bereits im Arbeitsgedächtnis befindet – führen hiernach letztlich zu effektiverem Lernen.

◆ McGill, R. A. u. Hall, K. G.: A review of the contextual interference effect in motor skill acquisition. Human Movement Science 9, 1990, S. 241–289; Shea, J. P. u. Morgan, R. L.: Contextual interference effects on the acquisition, retention and transfer of a motor skill. JExP: HLM 5, 1979, S. 179- 187; Lee, T. D. u. McGill, R. A.: The locus of contextual interference in motor-skill acquisition. JExP: LMC 9, 1983, S. 737–747; Wulf, G.: Neuere Befunde zur Effektivierung des Bewegungslernens. SPP 1, 1992, S. 12–17.

Kontextreize → Adaptationsniveautheorie.

Kontextuelle Verfügbarkeit → verbales Lernen.

Kontext-Verfügbarkeit → verbales Lernen.

Kontiguitätsprinzip, die Annahme, dass für die Ausbildung einer → klassischen Konditionierung ledigl. die raumzeitl. *Kontiguität,* also das unmittelbare Aufeinanderfolgen von bedingtem u. unbedingtem Reiz entscheidend sei u. nicht die → Verstärkung; vgl. Wasserman (1989); Papini u. Bitterman (1990). (Anm.: Das K. ist nicht ident. mit dem → Assoziationsgesetz der Kontiguität.)

TH: Das K. ist zentral in Pawlows → Lerntheorie, wonach der CS im Kortex eine neuronale Aktivität auslöst, die sich mit der Erregung überlappt, die durch die Darbietung des US ausgelöst wird; so könne der CS den US in seiner Funktion ersetzen (*Prinzip der Reizsubstitution*), mit größtmögl. Wirkung dann, wenn CS u. US zeitl. nahe beieinander auftreten, wb. der CS dem US vorausgehen sollte. Pawlows K. wird auch von den → S-R-Theorien geteilt, die allerdings die von ihm postulierte CS-US-Assoziation ablehnen u. von einer direkten Verknüpfung zw. dem CS u. dem UR ausgehen. Die → Kontiguitätstheorie von Guthrie versucht, mit dem K. als einzigem Lernprinzip eine reduktionist. → Lerntheorie aufzubauen.

KR: Das K. scheint aber nach neuerer Forschung weder eine notwendige noch eine hinreichende Bedingung für Konditionierungsprozesse zu sein, wie das Auftreten von → preparedness u. die Untersuchungen von Rescorla (1972) zeigen, die auf die Bedeutsamkeit des Informationsgehalts des Stimulus hinweisen (→ kognitive Lerntheorien). Auch das Phänomen der → Blockierung widerspricht einer einfachen Kontiguitätsannahme.

◆ GIBBON, J. u. BALSAM, P. (Hg.): Spreading association in time. In: LOCURTO, C. M. u. a. (Hg.): Autoshaping and conditioning theory. New York 1981, S. 219–253; MILLER, R. R. u. SCHACHTMAN, T. R.: Conditioning context as an associative baseline: implications for response generation and the nature of conditioned inhibition. In: MILLER, R. R. u. SPEAR, N. E. (Hg.): Information processing in animals: Conditioned inhibition. Hillsdale 1985, S. 51–88; PAPINI, M. u. BITTERMAN, M. E.: The role of contingency in classical conditioning. PR 97, 1990, S. 396–403; RESCORLA, R. A.: Information variables in Pavlovian conditioning. In: BOWER, G. H. (Hg.): The psychology of learning and motivation, Bd. 6. New York 1972; WASSERMAN, E. A.: Pavlovian conditioning: is temporal contiguity irrelevant? AmP 44, 1989, S. 1550–1551.

Kontiguitätstheorie, von Guthrie (1935ff.) entworfene → Lerntheorie, die das → Kontiguitätsprinzip als einziges Lernprinzip annimmt u. damit auf den → Verstärkungs-Begriff verzichtet: »Verstärkung« findet nach Guthrie dadurch statt, dass mit der Zielerreichung der Lernvorgang abgeschlossen bzw. abgebrochen wird u. damit – zumindest momentan – keine weiteren konkurrierenden S-R-Verbindungen zu erlernen sind. Die K. impliziert die Annahme eines → Alles-oder-nichts-Lernens u. versucht, das scheinbare allmähl. Stärkerwerden der Reaktion durch die Aufsummation kleiner Reiz-Reaktions-Verbindungen zu erklären.

HI/WÜ: Die K. war eine Art Außenseitertheorie innerhalb der großen Lerntheorien, die zwar niemals dominant wurde, in ihrem Insistieren auf einfachen Alternativverklärungen aber eine stetige Herausforderung für die anderen Theorien bildete. Der Gedanke der Aufsummation kleiner Reiz-Reaktions-Verbindungen war Wegbereiter der → Reizstichprobentheorie, der bedeutendsten → mathematischen Lerntheorie.

LIT: Formalisierungen dieser Theorie wurden von Voecks (1950) u. Estes (1959) sowie Mueller u. Schoenfeldt (1954) vorgelegt; zur Kritik vgl. ebenfalls Müller u. Schoenfeld (1954).

◆ ESTES, W. K.: Stimulus-response theory of drive. In: JONES, M.R. (Hg.): Nebraska Symposium on Motivation. Lincoln 1958, S. 35–69; ESTES, W. K.: Statistical approach to learning theory. In: KOCH, S. (Hg.): Psychology: a study of science, 2. Bd. New York 1959; GUTHRIE, E. R.: The psychology of learning 1935; GUTHRIE, E. R.: The psychology of human conflict. 1938; GUTHRIE, E. R.: Conditioning. 1942; MUELLER, C. G. u. SCHOENFELDT, W. N.: E. R. Guthrie. In: ESTES, W. K. (Hg.): Modern learning theory. New York

1954, S. 345–379; VOECKS, V. W.: Formalization and clarification of a theory of learning. JP 30, 1950, S. 341–363.

Kontingente vs. nichtkontingente Verstärkung, [engl. *contingent* vs. *random reinforcement, correlated* vs. *uncorrelated reinforcement*; die nichtkontigente Verstärkung wird bisweilen auch als *freie* o. *wahrscheinl.* Verstärkung bezeichnet], der Begriff k. V. bedeutet manchmal, dass eine → Verstärkung unmittelbar auf die Reaktion ausgeführt wird, meist jedoch bezeichnet er eine Verstärkung, die sozusagen zuverlässig eine bestimmte Reaktionsart verstärkt – im Gegensatz zu einer n. V., die zwar häufig dieselbe Höhe u. Frequenz hat, aber nicht auf eine bestimmte Response hin erfolgt, sondern nach zufälligen äußeren Maßstäben. N. V. kann zu sog. → abergläubischem Verhalten führen. Unterschiedl. *Kontingenzverhältnisse* werden in den diversen → Verstärkungsplänen analysiert. Im Jargon des → operanten Konditionierens spricht man auch von *Kontingenzen*, wenn man die unmittelbaren Effekte u. Konsequenzen eines Vhs. meint, meist also die Verstärker. Innerhalb der modernen → kognitiven Lerntheorien erhält das Kzpt. der Kontingenz eine besondere Ausformung, s. d.

Kontingenz → kognitive Lerntheorien; → operante Konditionierung; → kontingente vs. nicht kontingente Verstärkung.

Kontingenzdimension → Attributionsdimensionen.

Kontingenzgesteuertes Verhalten → Selbstkontrolle.

Kontingenzparadigma → Wirksamkeitsmotivation.

Kontinuierliche Vermeidung → Vermeidungslernen.

Kontinuierliche Verstärkung → Verstärkungsplan; → Verstärkung.

Kontinuitätshypothese → linguistische Universalien.

Kontinuitätstheorie → Begriffsbildung; → Hypothesentheorien; → Begriffslernen; → inkrementelles vs. Alles-oder-Nichts-Lernen.

Kontrast → Kontrasteffekte.

Kontrasteffekte, das wahrnehmungsps. Phänomen, dass ab einem gewissen Grad der Unterschiedlichkeit von Reizen dieser Unterschied im subjektiven Empfinden noch verstärkt wird. (Bei geringeren Reizunterschieden findet sich → Assimilation; s. a. das Stw. → Bezold-Brücke-Phänomen.) Die wichtigsten K. sind: → Helligkeits- u. → Farbkonstraste; dabei kann man jeweils unterscheiden zw. → Simultankontrast u. → Sukzessivkontrast. Weitere Phänomene, die sich ebenfalls als K. begreifen lassen, sind bestimmte Formen von → Nachwirkungen. Die Konturwahrnehmung konstituiert sich im Wesentl. aus K.: Das Auge sendet nur Informationen über Lichtänderungen an Grenzlinien an das Gehirn, Bereiche, für die keine Änderung gemeldet wird, ergänzt das Gehirn als gleichförmig. Dies zeigt ein verblüffendes Experiment: Lässt man die Vpn auf einen roten, kreisförmigen Farbfleck mit einem grünen Innenkreis blicken, führt dann eine → Retinastabilisation derart durch, dass sich nur das Bild des äußeren Randes der roten Scheibe auf der Netzhaut bewegen kann, während das Bild der Rot-grün-Grenze stillsteht, so wird der grüne Kreis alsbald nicht mehr wahrgenommen, u. die

Vp sieht nur noch den roten Kreis. Zu einem ähnl. Bsp. s. das Stw. → Helligkeitskontrast. K. sind auch einer der Faktoren des → Tiefensehens. Zur Bedeutung im Bereich der → Farbwahrnehmung s. d. Zur Rolle von Assimilation u. Kontrast beim Entstehen von → geometrisch-optischen Täuschungen vgl. Rock (1985). Nach einer modernen Theorie zu neuronalen Informationsverarbeitung (Grossberg 1990) besteht das visuelle System aus einem Kontrastverarbeitungssystem u. einem helligkeitsspezif. Teilsystem. Auch innerhalb der → Bezugssystemtheorien werden Phänomene thematisiert, die mit K. i. w. S. zu tun haben: Wenn sich durch → Ankerreize ein neues Adaptationsniveau durchsetzt, entsteht dabei eine neue Urteilsskala, die Reizabstände feiner differenziert, womit auch die Unterschiedlichkeit verstärkt wird u. K. auftreten. Das Prinzip des Kontrasts ist ein wichtiges → Assoziationsgesetz. Kognitive K. werden auch innerhalb der Sozialps. untersucht (*Assimilation-Kontrast-Theorie*; vgl. Sherif u. Hovland 1961); zum Kzpt. der *Kontrastmethode* → Diskriminationslernen.

VD: Bei den simultanen K. kann man einen *Randkontrast* (auch *Grenzkontrast*) von einem *Binnenkontrast* unterscheiden: Ersterer tritt an den Trennungslinien (Konturen), aber auch an weniger scharfen Hell-Dunkel-Übergängen von Flächen unterschiedl. Leuchtdichte auf. Bekannte Demonstrationen zum Randkontrast sind: das → Heringsche-Gitter u. die → Machschen Bänder. Der Binnenkontrast ist ein K., der im Innern des kontrastierenden Infeldes auftritt, er ist im Gegensatz zum Randkontrast ein *Flächenkontrast*: Durch ihn bedingt erscheint ein helles Infeld im Innern der Kontrastfläche weniger hell, ein dunkles Infeld aufgehellt, ein farbiges Infeld weniger gesättigt; im Innern des Kontrastinfeldes ist die Abhebung des Infeldes geringer als im Rand- oder Grenzgebiet. Der Randkontrast ist bes. wichtig beim → Helligkeitssehen u. den → Helligkeitskontrasten, tritt aber auch beim Hautsinn auf, v. a. hinsichtl. der Temperatur. Neuronale Grundlagen werden von Baumgartner (1964) u. Jung (1961) diskutiert.

LIT: Einen Überblick über neuere Forschungsaspekte der Kontrastwahrnehmung beim Menschen, v. a. im Zusammenhang mit → Gitter-Mustern, liefern Campbell u. Maffei (1986); zu K. im sozialps. Bereich vgl. Stahlberg (1987).

◆ Baumgartner, G.: Neuronale Mechanismen des Konstrast- u. Bewegungssehens. Bericht der Ophthalm. Ges. 66, 1964, S. 111–125; Jung, R.: Neuronal integration in the visual cortex and its significants for visual information. In: Rosenblith, W. A. (Hg.): Sensory communication. New York 1961; Arnold, W. (Hg.): Experimentelles Praktikum, 1. Bd. Stuttgart 1972; Campbell, F. W. u. Maffei, L.: Kontrast u. Raumfrequenz. In: Ritter, M. (Hg.): Wahrnehmung u. visuelles System. Heidelberg 1986, S. 132–139; Campenhausen, C. v.: Die Sinne des Menschen. Stuttgart 1993; Falk, D. S. u. a.: Ein Blick ins Licht. Berlin 1990; Grossberg, S.: A model cortical architecture for the preattentive perception of 3-D-form. In: Schwartz, E. L. (Hg.): Computation and neuroscience. Cambridge/Mass. 1990, S. 117–138; Kebeck, G.: Wahrnehmung. Weinheim 1994; Murch, G. M. u. Woodworth, G. L.: Wahrnehmung. Stuttgart 1978; Rock, I.: Wahrnehmung. Heidelberg 1985; Schmidt, R. F. (Hg.): Grundriß der Sinnesphysiologie. Berlin 1985 (5. Aufl.); Sherif, M. u. Hovland, C. I.: Social judgement. New Haven 1961; Stahlberg, D.: Assimilation u. Kontrast. In: Frey, D. u. Greif, S. (Hg.): Sozialps.: Ein Handbuch in Schlüsselbegriffen. München 1987, S. 111–121.

Kontrastempfindlichkeitsfunktion → Nachwirkungen.

Kontrastmethode → Diskriminationslernen.

Kontrektations-Trieb → Sexualtrieb.

Kontrolle. Der Begriff *K.* stand während der 80er Jahre innerhalb etl. ps. Paradigmen an wichtiger Stelle. Das wichtigste Paradigma ist das der → Kontrollüberzeugungen, es thematisiert das Problem, wie u.

unter welchen Umständen Menschen ihr Leben als von ihnen selbst gestaltet u. kontrolliert erleben. Im Rahmen dieser Theorie ist eine Situation dann *unkontrollierbar*, wenn alle ausführbaren Reaktionen ohne Einfluss auf das Auftreten positiver o. negativer Konsequenzen bleiben; diese Verwendung des Begriffs geht konform mit der innerhalb der Theorie der → gelernten Hilflosigkeit. Demgegenüber wird *Kontrollierbarkeit* in der Attributionstheorie Weiners (→ Leistungsattribution) als → Attributionsdimension aufgefasst: Ursachenfaktoren sind kontrollierbar, wenn sie willkürl. beeinflusst u. verändert werden können. Wichtig ist der Begriff *K.* auch innerhalb der Paradigmen → Stress u. → komplexes Problemlösen. Eine andere Bedeutung spielt der Begriff K. im Rahmen des Paradigmas der → operanten Konditionierung (→ *Reizkontrolle* u. *Reaktionskontrolle*).

VD/T: (a) Der Begriff ist vom engl. *control* abgeleitet, wb. der engl. Begriff weniger der dt. Bedeutung von *K.*, näml. *absichernde Überwachung* entspricht, sondern mehr dem Begriff der *Steuerung* bzw. *Steuerbarkeit*; bei der Verwendung des Begriffs im Rahmen der ps. Fachsprache dominiert aber diese anglizist. Semantik. (b) Der situative Aspekt, inwieweit eine Handlung kontrollierbar ist, wird im Deutschen besser mit dem Begriff der *Kontrollierbarkeit* bezeichnet, obwohl hierfür häufig der an die neutrale engl. Form angelehnte Begriff *K.* verwendet wird.

LIT: Zum Überblick vgl. Krampen (1982), Prsystaf (1979); Preiser (1988) diskutiert auch philosoph. u. soziale Implikationen; die bisher vorliegende K.-Kzpte. sind v. a. situativ orientiert, eine persönlichkeitstheoret. Aufarbeitung versucht Krampen (1987); ein handlungstheoret. Ansatz ist Österreich (1981).

◆ Averill, J. R.: Personal control over aversive stimuli and its relationship to stress. PBu 80, 1973, S. 286–303; Krampen, G.: Differentialps. der Kontrollüberzeugungen. Göttingen 1982; Krampen, G.: Handlungstheoret. Persönlichkeitsps. Göttingen 1987; Oesterreich, R.: Handlungsregulation u. Kontrolle. München 1981; Preiser, S.: Kontrolle u. engagiertes Handeln. Göttingen 1988; Prystaf, G.: Die Bedeutung von Vorhersagbarkeit u. Kontrollierbarkeit von Stressoren für Klassifikationen von Belastungssituationen. ZKP 8, 1979, S. 283–301.

Kontrollerleben → Kontrollüberzeugungen; → Kontrolle.

Kontrollierbarkeit → Kontrollüberzeugungen; → Kontrolle.

Kontrollierende Response → Selbstkontrolle.

Kontrollierte Informationsverarbeitung → automatische vs. kontrollierte Informationsverarbeitung.

Kontrollierte Prozesse → automatische vs. kontrollierte Informationsverarbeitung.

Kontrollierte Response → Selbstkontrolle.

Kontrollillusion → Illusorische Kontrolle.

Kontrollkognitionen → Kontrolle; → Kontrollüberzeugungen.

Kontrollmotivation → Wirksamkeitsmotivation.

Kontrollüberzeugungen, generalisierte, meist situativ u. zeitl. relativ stabile Überzeugungen einer Person darüber, inwieweit sie → Kontrolle über ihr eigenes Handeln u. die Macht hat, Dinge zu verändern u. somit das eigene Leben aktiv zu gestalten (= *internale* K.), bzw. inwieweit sie sich fremddeterminiert (= *externale* K.) fühlt (Rotter 1954ff.). In der eigenartigen gemischt lerntheoret.-kognitiven Terminologie Rotters: *Internale* K.

bzw. internale Kontrolle liegen vor, wenn eine Person Ereignisse, die eigenen Handlungen folgen, als kontingent zum eigenen Handeln perzipiert; während *externale* K. vorliegen, wenn eine Person Ereignisse, die eigenen Handlungen folgen, nicht als kontingent zum eigenen Handeln wahrnimmt, sondern sie als Ergebnis von Zufall, Schicksal wahrnimmt o. als von anderen Personen kontrolliert o. als unvorhersehbar (wegen der Komplexität der Umwelt). Von Rotter wurde hierfür ein Fragebogen entwickelt (ROT-IE-Fragebogen). Grundprobleme einer Theorie der K. sind v. a. die Fragen nach der Dimensionalität u. nach der Bereichspezifität vs. Generalität von K.

T: Das engl. Originalkzpt. *locus of control of reinforcement* wurde verschieden übersetzt: *Ort der Steuerung, Ort der Kontrolle, Verstärkungskontrolle*; zunehmend setzt sich der Begriff *K.* durch.

HI/WÜ: Das Konstrukt der K. ist ein wichtiges Paradigma der modernen Ps.: Zw. 1967–1989 finden sich (nach Krampen 1989) für den Begriff über 5000 Literaturnachweise in PSYcINFO, der Höhepunkt lag in der Zeit zw. 82/83. Krampen (1987) weist darauf hin, dass das Kzpt. ein altes soziolog. u. ps. Problem anspricht, näml. das Problem der Selbstbestimmtheit menschl. Handelns, u. er diskutiert ähnliche Konstrukte: → persönliche Verursachung; → Wirksamkeitsmotivation; → Selbstkontrolle; → Selbstwirksamkeit. Die Theorie der K. wurzelt in der → sozialen Lerntheorie der Persönlichkeit, die eine der Übergangslinien von lerntheoret. Persönlichkeitstheorien hin zu kognitiven Ansätzen war. Die Untersuchungen zu diesem Konstrukt werden von Herkner (1980) als erste empir. prüfbare *Attributionstheorie* bezeichnet, obwohl Rotter den Begriff der → Attribution zwar thematisiert, aber nicht explizit benutzt, wie er auch später die Entwicklungen der Attributionstheorie nicht zur Kenntnis genommen hat.

KR: Zur krit. Analyse vgl. Krampen (1989); zu einer krit. Differenzierung des Erwartungsbegriffs innerhalb des K.-Kzpts. vgl. Heckhausen (1981) sowie Schmalt (1984).

VD: Weiterentwicklungen: Weiner (1972) hat darauf hingewiesen, dass die Komponenten des Internalitäts-Externalitäts-Konstrukts zwei unabhängige Kausaldimensionen konfundieren, näml. die *Kontrollregion* (*internal vs. external*) u. die *Zeitstabilität* (*stabil vs. variabel*). So ist *Geschicklichkeit* ein internaler u. stabiler Ursachenfaktor, Zufall ein externaler u. variabler. Da dieses Gegensatzpaar auf zwei Dimensionen variiert, ergeben sich alternative Interpretationsmöglichkeiten; so ist nach Weiner das Ausmaß von typ. Erwartungsänderungen gerade von der Dimension *stabil* vs. *variabel* abhängig u. nicht von der Dimension *internal* vs. *external* (→ Leistungsattribution). Im Forschungsbereich des Paradigmas → gelernte Hilflosigkeit wurde den weinerschen Dimensionen die Dimension *global* vs. *spezif.* hinzugefügt, die von Bedeutung für die Entstehung von Depressionen sein soll; s. hierzu das Stw. → depressiver Attributionsstil; Weiteres s. das Stw. → Attributionsdimensionen. Hochreich (1975) u. Rotter (→ soziale Lerntheorie) unterscheiden *passiv-externale* u. *defensiv-externale* K. durch Rekurs auf ein Konstrukt des interpersonalen Vertrauens. Die nichttypolog. ausgerichtete dreidimensionale Konzeption von Levenson (1981) differenziert zw. *Internalität, sozialbedingter Externalität* u. *fatalist. Externalität.* Die Unterscheidung von *wahrgenommener* u. *erlebter Kontrolle* (*Kontrollierbarkeit, Kontrollerleben*) findet sich bei Tiffany (1967) u. DeCharms (1979).

LIT: Zsfd. Darstellungen sind Lefcourt (1976); Phares (1976); Krampen (1982); Mielke (1982); zu speziellen diagnost. Aspekten informiert Krampen (1989); zur Entwicklung von K. vgl. Diethelm (1991).

◆ DeCharms, R. C.: Personal causation and perceived control. In: Perlmutter, L. C. u. Monty, R. A. (Hg.): Choice and perceived control. Hillsdale 1979, S. 29–40; Diethelm, K.: Mutter – Kind – Interaktion. Entwicklung von ersten Kontrollüberzeugungen. Bern 1991; Heckhausen, H.: Ein kognitives Motivationsmodell u. die Verankerung von Motivkonstrukten. In: Lenk, H. (Hg.): Handlungstheorien – interdisziplinär, 3. Bd. München 1981, S. 283–532; Herkner, W. (Hg.):

Attribution. Ps. der Kausalität. Bern 1980; HOCHREICH, D. J.: Defensive externality and attribution of responsibility. JPers 42, 1975, S. 543–557; KRAMPEN, G.: Differentialps. der Kontrollüberzeugungen. Göttingen 1982; KRAMPEN, G.: Kontrollüberzeugung. In: HERRMANN, T. u. LANTERMANN, E.-D. (Hg.): Persönlichkeitsps. München 1985, S. 265–270; KRAMPEN, G.: Handlungstheoret. Persönlichkeitsps. Göttingen 1987; KRAMPEN, G. (Hg): Diagnostik von Attributionen u. Kontrollüberzeugungen. Göttingen 1989; LEFCOURT, H. M.: Locus of control. Hillsdale 1976; LEVENSON, H.: Differentiating among internality, powerful others and chance. In: LEFCOURT, H. M. (Hg.): Research within the locus of control construct, 1. Bd. New York 1981, S. 15–63; MIELKE, R. (Hg.): Interne/externe Kontrollüberzeugung. Bern 1982; MIELKE, R.: Locus of control – ein Überblick über den Forschungsgegenstand. In: MIELKE (1982), S. 15–42; PHARES, E. J.: Locus of control in personality. Morristown 1976; ROTTER, J. B.: Social learning and clinical psychology. New York 1954; ROTTER, J. B.: The role of the psychological situation in determining the direction of human behaviour. Nebraska Symposium on Motivation 3, 1955, S. 285-268; ROTTER, J. B.: Generalized expectancies for internal versus external control of reinforcement. PM 80, 1966; ROTTER, J. B.: The development and application of social learning theory. Selected papers. New York 1982; SCHMALT, H. D.: Ps. Aspekte einer Theorie der Handlung. In: LENK, H. (Hg.): Handlungstheorien – interdisziplinär, 3. Bd., 2. Hlb. München 1984, S. 517–546; TIFFANY, W.: Mental health: a function of experience to control. JClinP 23, 1967, S. 311–315; WEINER, B.: Theories of motivation. Chicago 1972.

Kontrollverlust → Kontrolle; → Angst.

Kontrollwissen → Metakognition; → Wissenspsychologie.

Konturen → Kontrasteffekte; → Helligkeitswahrnehmung.

Konturwahrnehmung → Formwahrnehmung; → Kontrasteffekte; → Helligkeitswahrnehmung; → Schwarz-Weiß-Sehen.

Konvergentes Denken → divergentes vs. konvergentes Denken.

Konvergentes Disparitätskriterium → Stereopsis.

Konvergenz. *Vergenz* bezeichnet das Verhältnis der Sehachsen; der Begriff *K.* wird einmal in diesem allg. Sinne verwendet, meint aber eigentl. das Verschieben dieser Achsen aus einer parallelen Stellung hin zu einem kleineren Winkel, was nötig ist, um einen Gegenstand zu fixieren. Eine *Divergenzbewegung* ist demgem. die Verschiebung hin zu einem größeren Winkel. Bei weiter entfernten Objekten ist der Winkel klein, bei geringerer Entfernung ist er relativ groß; bei »unendl.« Einstellung wird er Null, beide Augen stehen dann parallel. Konvergenzbewegungen sind eine wichtige Klasse von → Augenbewegungen. Wenn die Augen völlig unkoordiniert wären, würden wir Gegenstände oft doppelt sehen, weil sie in jedem Auge auf eine andere Netzhautregion abgebildet werden u. nur ein Gegenstand, der auf → korrespondierende Netzhautpunkte produziert wird, als einheitl. Bild wahrgenommen wird; s. hierzu das Stw. → Stereopsis. Konvergenzbewegungen können bewusst kontrolliert werden, werden jedoch meist automat. durch unscharfe Bilder o. durch Doppelbilder ausgelöst. Durch die Registrierung der K. der Augen kann das Wahrnehmungssystem die Entfernung nach dem Prinzip der trigonometr. Landvermessung bestimmen, dabei werden im Unterschied zur → Querdisparation nicht nur Entfernungsdifferenzen wahrgenommen, sondern der absolute Abstand eines Objektes. Grundsätzl. kann die K. bis zu 25 m ein Faktor des → Tiefensehens sein. Zu den eigentüml. Effekten, die sich ergeben, wenn man Experimente durchführt, bei denen die K. der alleinige Anhaltspunkt für die Raumwahrnehmung ist, vgl. Rock (1985, S. 55).

TH: Zur Wirkungsweise der K. gibt es unterschiedl. Theorien: Sherrington geht davon aus, dass Rückmeldungen aus den Augenmuskeln verwendet werden; Helmholtz meint, dass die Steuersignale für die Konvergenzbewegungen entscheidend seien, u. v. Holst bevorzugt in seinem → Reafferenz-Prinzip eine Kombination beider Prozesse. Gegen alle Theorien lassen sich Einwände finden; vgl. Kaufman (1974) u. Drösler (1966).

LIT: Über neue Forschungsaspekte u. theoret. Probleme zu Vergenzbewegungen, speziell zur Ruhelage der Augen, vgl. Heuer (1990).

◆ ARNOLD, W. (Hg.): Experimentelles Praktikum, 1. Bd. Stuttgart 1972; CAMPENHAUSEN, C. v.: Die Sinne des Menschen. Stuttgart 1993; DRÖSLER, J.: Das beidäugige Raumsehen. In: METZGER, W. (Hg.): Wahrnehmung u. Bewußtsein. HP, 1. Bd., 1. Hlb. Göttingen 1966, S. 590–615; FALK, D. S. u. a.: Ein Blick ins Licht. Berlin 1990; HEUER, H.: Die Ruhelage der Augen u. ihre Konsequenzen. In: MEINECKE, C. u. KEHRER, L.: Bielefelder Beiträge zur Kognitionsps. Göttingen 1990, S. 139–192; KAUFMAN, L.: Sight and mind. New York 1974; MURCH, G. M. u. WOODWORTH, G. L.: Wahrnehmung. Stuttgart 1978; ROCK, I.: Wahrnehmung. Heidelberg 1985.

Konvergenzbewegungen → Konvergenz; → Augenbewegungen.

Konvergenztheorie → Anlage-Umwelt-Problem; → Interaktionismus.

Konversationsmaximen, Regeln, die Gespräche steuern, um die → Sprachrezeption zu erleichtern; zentral ist das *Kooperationsprinzip* (Grice 1979), das besagt, dass Sprecher u. Hörer kooperieren müssen, wenn die Kommunikation erfolgreich verlaufen soll. Grice hebt vier K., die sich als Ausformungen dieses Grundprinzips verstehen lassen, hervor: (1) die *Quantitätsmaxime*: »Sei so informativ wie erforderlich, aber nicht informativer als nötig!«; (2) die *Qualitätsmaxime*: »Sei wahrhaftig!«; (3) die *Relevanzmaxime*: »Sage nur, was für das Gespräch wesentl. ist!«; (4) die *Ausdrucksmaxime*: »Sei deutlich!«. Nach dem *Realitätsprinzip* interpretieren Hörer Sätze in dem Glauben, dass der Sprecher sich auf Situationen o. auf Ideen bezieht, die Sinn ergeben. vgl. auch das Prinzip der → Sinnkonstanz, das dem Hörer v. a. hilft, Mehrdeutigkeiten aufzulösen.

LIT: Vgl. zum Überblick u. zu krit. Analysen Anderson (1988).

◆ ANDERSON, J. R.: Kognitive Ps. Heidelberg 1988; CLARK, H. H. u. CLARK, E. V.: Psychology and language. New York 1977; GRICE, H. P.: Logik u. Konversation. In: MEGGLE, G. (Hg.): Handlung, Kommunikation, Bedeutung. Frankfurt/M. 1979.

Konversion → Abwehrmechanismen.

Konversionshypothese → syllogistisches Schlussfolgern.

Konzentration, der Willensprozess, der sicherstellt, dass solche Reize der → Aufmerksamkeit zugeordnet werden, die für eine aktuelle Absicht relevant sind. Damit korreliert die Effektivität, mit der zielgerichtete mentale Tätigkeiten hinsichtl. Intensität (Schnelligkeit), Güte u. Ausdauer reguliert werden. Der Begriff *K.* entstammt eher der angewandten Ps., v. a. der Arbeitsps. u. der pädagog. Ps., u. bezieht sich demgemäß weniger auf laborhafte Aufmerksamkeitssituationen als auf Arbeitsaufgaben innerhalb ökolog. repräsentativer Situationen. V. a. in der differentiellen Ps. hat sich eine Forschungstradition herausgebildet, die Konzentrationsfähigkeit als allg. Leistungsaspekt u. Intelligenztestleistung untersucht (Bartenwerfer 1983) u. z. T. theoret. von Intelligenz abgrenzt (s. Westhoff u. Kluck 1983). Wichtige Konzentrationstests sind der *KLT* von Düker u. der *d2* von Brickenkamp; vgl. hierzu Brickenkamp (1975). Zum Überblick über

Trainingsmöglichkeiten der K. vgl. Westhoff (1993). In der Arbeitsps. gibt es ein ähnl. Kzpt., das der mentalen → Belastung (*mental workload*); vgl. Moray (1979). Aus der experimentellen Aufmerksamkeitsforschung ist der Begriff der → fokussierten Aufmerksamkeit derjenige, der die größte Nähe zum K.-Begriff aufweist.

◆ Bartenwerfer, H.: Allg. Leistungstests. In: Heiss, R. u. a. (Hg.): Ps. Diagnostik, HP, 6. Bd. Göttingen 1964; Bartenwerfer, H.: Allg. Leistungsdiagnostik. In: Groffmann, K. J. u. Michel, L. (Hg.): Intelligenz- u. Leistungsdiagnostik. EP, B, II, 2. Bd. Göttingen 1983, S. 482–512; Brickenkamp, R. (Hg.): Handbuch ps. u. pädagog. Tests. Göttingen 1975; Daneman, M.: Reading and working memory. In: Beech, J. R. u. Colley, A. M. (Hg.): Cognitive approaches to reading. New York 1987, S. 57–86; Debus, G.: Ps. der Gefühlswörter. In: Jäger, L. (Hg.): Histor. Wörterbuch des dt. Gefühlswortschatzes. Aachen 1988, S. 95–138; Eysenck, M. W.: Attention an arrousal. Berlin 1982; Hacker, W. u. Richter, P.: Psych. Fehlbeanspruchung. Berlin 1984; Hockey, G. R. J. u. a. (Hg.): Energetics and human information processing. Dordrecht 1986; Mierke, K.: Konzentrationsfähigkeit u. Konzentrationsschwäche. Bern 1957; Moray, N. (Hg.): Mental workload: its theory and measurement. New York 1979; Parasuraman, R. u. Davies, D. R. (Hg.): Varieties of attention. New York 1984; Rapp, G.: Aufmerksamkeit u. Konzentration. Bad Heilbrunn 1982; Reisberg, B.: Hirnleistungsstörungen: Alzheimersche Krankheit u. Demenz. Weinheim 1986; Trimmel, M. u. a.: Angewandte u. experimentelle Neuropsychophysiologie. Berlin 1990; Warburaton, D. M.: A state model for mental effort. In: Hockey u. a. 1986, S. 217–232; Westhoff, K. u. Kluck, M.-L.: Zusammenhang zw. Intelligenz u. Konzentration. D 29, 1983, S. 310–319; Westhoff, K.: Zu Übbarkeit konzentrierten Arbeitens. In: Klauer, K. J. (Hg.): Kognitives Training. Göttingen 1993, S. 247–256; Wickens, C. D.: Engineering psychology and human performance. Columbus 1984.

Konzept → Begriffsbildung.

Konzept der Invarianz → Invarianzkonzept.

Konzept der Kausalität → Kausalkonzept.

Konzept des permanenten Objekts, ein wichtiger Begriff bzw. eine wichtige kognitive Struktur, die sich in der Fähigkeit manifestiert, auch bei Verschwinden eines Objekts dessen Weiterbestehen zu repräsentieren, es also als *permanent existierendes Objekt* zu erfassen; vgl. auch → Invarianzkonzept. Das Thema wurde bes. von der → genetischen Epistemologie Piagets bearbeitet. Diese wie auch die Psa. geht davon aus, dass dieses Kzpt. nicht primär vorhanden ist, sondern erst erworben bzw. aufgebaut werden muss. Die Welt des Kindes sei anfängl. eine Welt der Teilobjekte, in der z. B. die gesehene, die gefühlte u. die geschmeckte Brust nur unverbunden nebeneinander existieren u. erst später zu einem einheitl. Objekt zusammengefasst werden können. Ein typ. Untersuchungsergebnis: Deckt man einen vor dem Säugling liegenden interessanten Gegenstand mit einem Tuch zu, so schweifen die Augen ab, u. der Säugling macht keinen Versuch, das Tuch wegzuziehen, obwohl er motor. dazu in der Lage ist; s. die Abb. *Denken 6a.* Piagets Schlussfolgerung lautet, dass der Säugling sozusagen nicht an die Weiterexistenz des Objekts glaubt, dass er sich vom abwesenden Gegenstand kein Bild machen könne. Die Erinnerungen vergangener Empfindungen u. Wahrnehmungen können erst aktiviert werden, wenn das Objekt konkret erscheint, dann ist ein Wiedererkennen gegeben. Dem widerspricht die moderne Entwicklungsps., insbes. Untersuchungen zur → intersensorischen Wahrnehmung. Neueren Forschungen zufolge existieren die einfachsten Formen der Objektpermanenz, die Piaget auf acht Monate datiert, bereits mit fünf Monaten (Baillargeon 1986ff.).

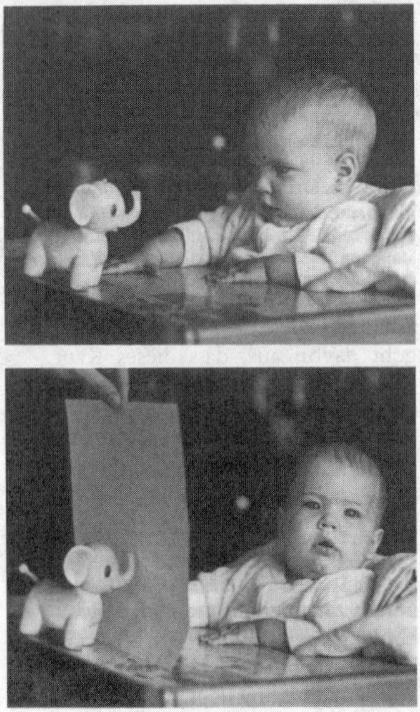

Abb. *Denken 6a*

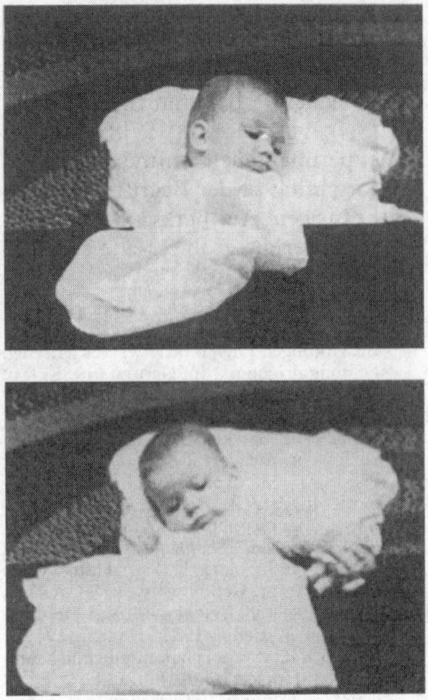

Abb. *Denken 6b*

VD: Nach Piagets Theorie wird Objektpermanenz erst nach der *sensomotor. Phase* gebildet, obwohl schon vorher die Voraussetzungen dafür aufgebaut werden: Fällt einem Kind bspw. ein Gegenstand plötzl. aus der Hand, so sucht es zwar nicht danach, wiederholt aber ein paarmal die Greifbewegungen. Dies zeigt, dass Anfänge von Objektpermanenz entstehen, aber das Objekt immer noch Teil der Handlung ist u. keine von ihr unabhängige Existenz hat, die Wiederholung einer Handlung soll gem. Piagets Interpretation das Objekt quasi wiederbringen. Zu Beginn des dritten Stadiums der sensomotor. Entwicklung wird das Kind zwar immer noch nicht nach Objekten suchen, die man vor seinen Augen versteckt hat, aber Objekte wiederfinden, die man vor seinen Augen nur zum Teil hat verschwinden lassen; s. Abb. *Denken 6b* (aus dem Film: Ordinal scales of infant development, Nr. 1. object Permanence; by I. C. Uzgiris u. J. McV Hunt. University of Illinois 1966; entnommen aus Steiner 1984, S. 98). Später sucht das Kind dann auch nach einem vollständig versteckten Gegenstand (s. Abb. *Denken 6c*). Im vierten Stadium der sensomotor. Entwicklung, zw. neun u. zwölf Monaten, sucht der Säugling ein verdecktes Objekt, indem er z. B. das Tuch wegzieht, aber er scheitert bspw. an folgender Aufgabe: Der Vl. nimmt einen Spielzeugpapagei, versteckt ihn zweimal nacheinander unter der Matratze zur lin-

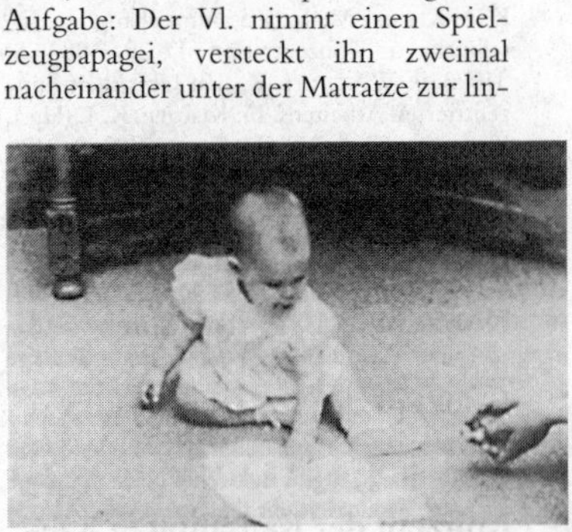

Abb. *Denken 6c*

ken des Kindes an einer Stelle A, beide Male sucht das Kind sofort danach u. zieht ihn hervor; im dritten Durchgang wird der Papagei langsam vor den Augen des Kindes an die entsprechende Stelle rechts unter der Matratze zu B geführt, sobald der Papagei rechts (bei B) verschwindet, dreht sich das Kind nach links u. sucht den Papagei bei A. Dieses verblüffende Vh. ist als *A-B-Irrtum* o. *Stadium-IV-Fehler* bezeichnet worden; vgl. zum Überblick Harris (1987). Das Phänomen belegt, dass das Objekt immer noch als ein Teil der eigenen Handlung begriffen wird: Das Kind sucht, wo die Suchhandlung beim letzten Mal erfolgreich war. In der fünften Phase, ab ca. zwölf Monaten, wird kein A-B-Irrtum mehr begangen.

LIT: Vgl. zum Überblick Dornes (1993); Rauh (1987); Oerter (1987).

◆ Baillargeon, R.: Representing the existance and location of hidden objects: Object permanence in 6- and 8-month-old infants. C 23, 1986, S. 21–41; Baillargeon, R.: Object permanence in 3½- and 4½-month-old infants. DP 23, 1987, S. 655–664; Dornes, M.: Der kompetente Säugling. Frankfurt/M. 1993; Harris, P.: The development of search. Salaptek, P. u. Cohen, L. (Hg.): Handbook of infant perception, 2. Bd.: From perception to cognition. New York 1987, S. 155–207; Rauh, H.: Frühe Kindheit. In: Oerter, R. u. a. (Hg.): Entwicklungsps. München 1987 (2. Aufl.), S. 131–203; Steiner, G. (Hg.): Entwicklungsps., 1. Bd., 1984.

Konzeptentwicklung → Begriffsbildung.

Konzepterwerb → Begriffsbildung.

Konzeptfindung → Begriffsbildung.

Konzeptgetrieben→ Bottom-up- vs. Top-down-Prozesse.

Konzeptidentifikation → Attributlernen.

Konzeptlernen → Begriffslernen.

Konzeptualisierungsebene → Sprachproduktion.

Konzeptueller Determinismus → Begriffsbildung; → Wortbedeutung.

Konzeptueller Vergleich → Buchstabenvergleich.

Konzeptuelle Systeme → kognitive Stile.

Konzept von der eigenen Begabung [auch: *Selbstkzpt. eigener Fähigkeit*], das spezif. → Selbstkonzept, das man von den eigenen Begabungen u. Fähigkeiten hat (Meyer 1973). Dieser Bestandteil des Selbstbildes hat zahlreiche Auswirkungen auf Erleben u. Vh. v. a. in leistungsbezogenen Situationen, z. B. auf Leistung, Anstrengung, Ausdauer, Erfolgserwartung u. Affekte. Meyers Modell ist ein Neuansatz innerhalb der → Leistungsmotivations-Theorien zur Überwindung des klass. Risikowahlmodells. Als Hauptziel wird nicht mehr das Erleben von Stolz über die eigene Tüchtigkeit genannt, sondern das Bestreben, Information über die eigene Tüchtigkeit zu erlangen, wb. Meyer davon ausgeht, dass jeweils diejenige Schwierigkeitsstufe bevorzugt wird, bei der maximale Information über die eigene Tüchtigkeit zu erwarten ist. Dies sind Aufgaben, bei denen die subjektive Erfolgswahrscheinlichkeit unter der Voraussetzung eines maximalen Anstrengungsaufwandes mittelhoch ist, während nach Meyer der Informationsgewinn bei submaximalem Anstrengungsaufwand sinkt, da ein mögl. Misserfolg auch auf eine zu geringe Anstrengung zurückgeführt werden kann u. deshalb keine eindeutigen Informationen über die eigene Fähigkeit liefert.

Meyer führt zusätzl. ein *Sparsamkeitsprinzip* ein, wonach der Anstrengungsaufwand nie höher ist als zur Bewältigung der Aufgabe unbedingt nötig, wb. bei relativ hoher subjektiver Wahrscheinlichkeit der intendierte Anstrengungsaufwand deshalb gering ist, weil ein stärkerer Einsatz nicht notwendig erscheint. Mit diesem Prinzip versucht er einige klass. Phänomene der Leistungsmotivationstheorie neu zu interpretieren.

WÜ: Die Neudefinition des Leistungsmotivs i. S. eines Informationsbedürfnisses wird bisweilen als eine Abkehr von *hedonist.* Motivationsmodellen (welche die Maximierung lustgetönter Affekte als fundamentales Motivationsprinzip betrachten) zugunsten *kognitiver* Motivationsmodelle gewürdigt (Meyer 1973; Trope 1975).

KR: Die Kritik wies darauf hin, dass dieses Modell inadäquat sein muss, da ihm zufolge Misserfolg wie Erfolg gleichermaßen gesucht werden müssten, da beide symmetr. Informationen über die eigene Begabung liefern; vgl. z. B. Heckhausen (1980); Kuhl (1983).

LIT: Zsfd. vgl. Meyer (1984).

◆ Heckhausen, H.: Motivation u. Handeln. Berlin 1980; Kuhl, J.: Leistungsmotivation: Neue Entwicklungen aus modelltheoret. Sicht. In: Thomae, H. (Hg.): Theorien u. Formen der Motivation. EP, C, IV, 1. Bd. Göttingen 1983, S. 505–626; Meyer, W.-U.: Leistungsmotiv u. Ursachenerklärung von Erfolg u. Mißerfolg. Stuttgart 1973; Meyer, W.-U.: Anstrengungsintention in Abhängigkeit von Begabungseinschätzungen u. Aufgabenschwierigkeit. Archiv f. Ps. 125, 1973, S. 245–262; Meyer, W.-U.: Das Kzpt. von der eigenen Begabung. Bern 1984; Trope, Y.: Seeking information about one's own ability as a determinant of choice among tasks. JPSP 32, 1975, S. 1004–1013.

Kooperationsprinzip → Konversationsmaximen.

Koordinative Strukturen, eine Gruppe von Muskeln, deren Aktivität in bestimmter Weise aneinander gekoppelt ist; gelegentl. wird der Begriff auch als Bezeichnung für komplizierte Reflexe verwendet, bei denen die Reflexantwort nicht nur eine einzelne Muskelzuckung ist, sondern aus einem koordinativen Bewegungsmuster besteht (z. B. Easton 1978). In einer Reihe von Arbeiten werden das Kzpt. → Bewegungsprogramm u. das der k. S. als Gegensätze dargestellt (z. B. Kelso 1981); für eine integrative Sicht vgl. Heuer (1990). Der Begriff führt tief in Grundprobleme der Motorik hinein; vgl. die einführende Darstellung von Kelso u. Kay (1987).

◆ Easton, T. A.: Coordinative structures – the basis for a motor-program. In: Landers, D. M. u. Christina, R. W. (Hg.): Psychology of motor behaviour and sport. Champaign/Ill. 1978, S. 63–81; Heuer, H.: Psychomotorik. In: Spada, H. (Hg.): Lehrbuch der Allg. Ps. Bern 1990, S. 495–560; Kelso, J. A. S. u. Kay, B. A.: Information and control: A macroscopic analysis of perception-action coupling. In: Heuer, H. u. Sanders, A. F. (Hg.): Perspectives on perception and action. Hillsdale 1987, S. 3–32; Heuer, H.: Wie wirkt mentale Übung? PRu 26, 1985, S. 191–200.

Kopfbewegungsparallaxe → Bewegungsparallaxe.

Korrekturmethode → Lernlabyrinth.

Korrelation. Die Frage, wie Menschen Zusammenhänge, insbes. (Wahrscheinlichkeits-)Zusammenhänge zw. Ereignissen, wahrnehmen u. kognitiv repräsentieren, wird von unterschiedl. Forschungsparadigmen innerhalb der Ps. thematisiert u. analysiert: (1) Eine wichtige Linie entstammt den → Entscheidungstheorien, speziell den Forschungen zur → Wahrscheinlichkeitsrevision, man bezeichnet diesen Ansatz auch als *Regressions-Ansatz* im Unterschied zum *Bayesian. Ansatz*; vgl. Slovic u. Lichtenstein (1971). (2) Das Paradigma der → *kognitiven Täuschungen u. kognitiven Heuristiken* versucht, die solchen Schwierigkeiten u. Fehlern beim Erfassen von Zusammenhängen zugrunde liegenden Mechanismen zu analysieren. (3) Ein unabhängiger Forschungsstrang ist der der → genetischen Epistemologie (vgl. Inhelder u. Piaget 1958); in ihm wurde der K.-Begriff unter entwicklungsps. Aspekt erforscht – nach Piagets Theorie ist die Erfassung von K. erst auf der Stufe der *formalen Denkoperationen* mögl., also im Durchschnitt mit 13 Jahren.

Folgendes waren die wesentl. Forschungsansätze u. -probleme: (a) In der Regel zeigen sich nennenswerte Lernfortschritte nur dann, wenn die zu lernende Beziehung einfach ist; vgl. Slovic u. Lichtenstein (1971); (b) Experten scheinen sich von naiven Vpn weniger durch bessere Leistungen als durch überhöhtes Vertrauen in die eigene Leistung zu unterscheiden. (c) Es tritt ein *Positivitätseffekt* (engl. *positivity bias*) auf, d. h. dass sich die Vpn v. a. auf den positiven Zusammenhang zweier Variablen konzentrieren u. negative Zusammenhänge weniger beachten, d. h. dass Menschen (wie Tiere) besser in der Lage sind, das gemeinsame Auftreten von einem Signal u. einem Ereignis zu lernen, wenn das Signal ein positiv vorhandenes Zeichen ist, z. B. ein Lichtblitz, als wenn es z. B. das Ausbleiben eines Lichtblitzes ist; vgl. Newman u. a. (1980) (*feature-positive-effect*); vgl. Nisbett u. Ross (1980). (Anm.: Der Begriff *Positivitätseffekt* beinhaltet zwei unterschiedl. Bedeutungsausprägungen: Konzentration auf positive Merkmalsausprägungen u. Konzentration auf hypothesenbestätigende Information; → Bestätigungstendenz; vgl. hierzu Fiedler 1985.) (d) Das Kzpt. bzw. Phänomen der *illusor. K.* wurde in krit. Analysen des Vhs. von klin. Diagnostikern herausgearbeitet (vgl. Chapman u. Chapman 1967ff.): Als Stimuli werden mehrere »Symptome« X1, X2, X3 vorgegeben, u. die »Diagnostiker-Vp.« sagt die »Diaggnose« Y voraus, wonach sie ein Feedback über die Richtigkeit ihrer Diagnose erhält. Sie hat also eine Möglichkeit zu lernen, wie die »Symptome« mit dem »Kriterium« kovariieren. Ein anderes method. Paradigma ist die Analyse des Umgangs mit einer *Vierfeldertafel*, einem method. Instrument der Statistik. Gerade die Ergebnisse innerhalb dieses Paradigmas haben sehr provokativ gewirkt, da sie zeigten, dass auch erfahrene Kliniker leicht dazu neigen, diagnost. Stereotypien zu reproduzieren, statt die wirkl. empir. Basis zu beachten. Die Bedeutung *illusor. K.* wurde auch für die Auswertung von Tests u. Beobachtungsverfahren demonstriert. Vor dem Hintergrund dieses Kzpts. vertritt Shweder (1975) eine Grundsatzkritik der gesamten Persönlichkeitsps., die seiner Meinung nach wesentl. auf solchen eingebildeten K. beruht; zur Kritik des Kzpt. vgl. Block (1977). In einem ähnl. Sinne haben Hamilton u. Gifford (1976) ein induktiv-statist. Modell des *stereotypen Denkens* entworfen – der Stereotyp wird hierbei sozusagen probabilist. aufgefasst als eine K. zw. sozialer Gruppenzugehörigkeit u. einem Persönlichkeitsmerkmal; Hamilton u. Gifford zeigen ebenfalls das Wirken *illusor. K.*, heben jedoch stärker die Bedeutung des *Distinktheits-* bzw. *Seltenheitswerts* mancher Ereignisse hervor, die das induktive Denken entscheidend verzerren. Zum Überblick über diese verschiedenen Ansätze vgl. Fiedler (1985).

Insges. ergibt sich ein eigentüml. uneinheitl. Bild über die Fähigkeit des Menschen, Zusammenhänge zu erfassen. Auf der einen Seite wird der Mensch als *intuitiver Statistiker* gesehen, was z. B. die Grundlage der → naiven Varianzanalyse ist, einer wichtigen ps. Theorie, die darauf beruht, dass der Mensch zu einem solchen Zusammenhangs-Denken in der Lage ist. Darüber hinaus müssten – gem. den modernen → kognitiven Lerntheorien – sogar (z. B.) Ratten im Grunde zu einem wahrscheinlichkeitstheoret. Lernen von Zusammenhängen fähig sein. Auf der anderen Seite zeigen die oben genannten Forschungen wesentl. Restriktionen der menschl. Fähigkeiten auf, u. im Gegensatz zu Piaget vertreten deshalb andere Forscher (z. B. Smedslund 1963) die These, dass selbst den meisten Erwachsenen das Kzpt. *K.* im Grunde wesensfremd ist, dass sie insbes. nicht verstehen, dass auch ein regelmäßiges Nicht-Auftreten eines Ereignisses im Zusammenhang mit einem anderen Ausdruck einer K. sein kann; vgl. zum Überblick Crocker (1981) u. Hamilton (1981). Untersuchungen zum → depressiven Attributionsstil zeigen, dass Depressive u. U. realistischere Urteile über statist. Zusammenhänge abgeben als nichtdepressive Menschen – Letztere neigen zu einer → *Kontrollillusion*, sie überschätzten z. B. ihre positiven Chancen bei Glücksspielen, u. haben das Gefühl, auch bei solchen eigentl. unbeeinflussbaren Prozessen Einfluss nehmen zu können; vgl. z. B. Alloy (1980) u. Alloy u. Abramson (1979). Das Phänomen der → verbalen Konditionierung zeigt im Übrigen, dass das Erfassen von Zusammenhängen auch unbewusst vonstatten gehen kann. Manche Autoren vertreten die Ansicht, dass unser Wissen über die probabilist. Gesetze der Natur u. der sozialen Umwelt überhaupt nicht auf induktivem Wege zustande kommt, also nicht durch quasistatist. Modelle erfassbar ist, sondern im Grunde deduktiver Natur ist; vgl. Shweder (1977); Brehmer (1980); vgl. zu einem allg. Überblick Hell (1993).

◆ ALLOY, L. B. u. ABRAMSON, L. Y.: Judgement of contingency in depressed and non depressed students: Sader but wiser? JExP 108, 1979, S. 441–485; ALLOY, L. B. u. a.: Induced mood and the illusion of control. JPSP 41, 1980, S. 1129–1140; BLOCK, J.: Correlational bias in observer ratings. JPSP 35, 1977, S. 873–880; BREHMER, B.: In one word: not from experience. AP 45, 1980, S. 223–241; CHAPMAN, L. J. u. CHAPMAN, J. P.: Genesis of popular but erroneous psychodiagnostic observations. JAbP 72, 1967, S. 193–204; CHAPMAN, L. J. u. CHAPMAN, J. P.: Illusory correlations as an obstacle to the use of valid psychodiagnostic signs. JAbP 74, 1969, S. 271–280; CROCKER, J.: Judgement of covariation by social perceivers. PBu 90, 1981, S. 272–292; FIEDLER, K.: Kognitive Strukturierung der sozialen Umwelt. Göttingen 1985; HAMILTON, D. L. u. GIFFORD, R. K.: Illusory correlations in interpersonal perception: a cognitive basis of stereotyping judgement. JESP 12, 1976, S. 392–407; HAMILTON, D. L.: Illusory correlations as a basis for stereotyping. In: HAMILTON, D. L. (Hg.): Cognitive processes in stereotyping and intergroup behaviour. Hillsdale 1981; HELL, W. u. a. (Hg.): Kognitive Täuschungen. Heidelberg 1993; INHELDER, B. u. PIAGET, J.: The growth of logical thinking from childhood to adolescence. New York 1958; LEICHNER, R.: Klin. Urteilsbildung. In: PONGRATZ, L. J. (Hg.): Klin. Ps. HP, Bd. 8, 2. Hlb. Göttingen 1978; MCARTHUR, L. Z.: Illusory causation and illusory corelation: two epistemological accounts. PSPBu 6, 1980, S. 507–519; NEWMAN, J. u. a.: The feature-postive-effect in adult human subjects. JJExp: HLM 6, 1980, S. 630–650; NISBETT, R. E. u. ROSS, L.: Human inference: Strategies and short comings of social judgement. Englewood Cliffs 1980; SHWEDER, R. A.: How relevant is an individual difference theory of personality? JPers 43, 1975, S. 455–484; SHWEDER, R. A.: Likeness and likelihood in everyday thought: magical thinkings in judgements about personality. Current Anthropology 18, 1977, S. 637–658; SLOVIC, P. u. LICHTENSTEIN, S.: Comparison of Bayesian and regression approaches to the study of information processing in judgement. OBHP, 6, 1971, S. 649–744; SMEDSLUND, J.: The concept of correlation in adults. SJP 4, 1963, S. 165–173.

Korrelationsfehler → Halo-Effekt.

Korrelationsforschung → Psychophysik.

Korrelationshypothese → psychologische Realität der Grammatik.

Korrelierte Verstärkung → Verstärkungsplan.

Korrespondenzhypothese → psychologische Realität der Grammatik.

Korrespondenzproblem [auch *Übereinstimmungsproblem*, engl. *correspondence problem*]: bei der → Stereopsis das Problem, welche Punkte innerhalb der den beiden Augen dargebotenen Bilder einander bei der *binocularen Fusion* zugeordnet werden müssen – das visuelle System muss näml. ohne offenkundige monoculare Anhaltspunkte die binocularen Disparitäten eines Bildpaares ermitteln können.

Dies ist kein einfaches geometr. Problem, da die binoculare Fusion schon auf der Ebene der → Formwahrnehmung stattfinden kann (also bevor noch Gegenstände identifiziert sind, deren Teile einander sozusagen »inhaltl.« zugeordnet werden können). Das Problem der sog. *globalen Stereoskopie* besteht dann in der Frage, wie das Gehirn weiß, welches die richtigen Links-Rechts-Paare von Formen sind, da das Kriterium nicht immer Form o. Ähnlichkeit der Konturen o. Größe sein kann, was von den → Zufallspunktstereogrammen demonstriert wird, in denen alle Bildelemente einander sehr ähnl. sind u. jeder beliebige Punkt in dem einen Bild grundsätzl. mit jedem beliebigen Teil des anderen Bildpaares verschmolzen werden könnte. Zu erwarten wäre ein Zufallsnebel von Punkten in vielen verschiedenen Entfernungen, wb. ein jeder aus den mehr o. weniger willkürl. Kombinationen von Punkten aus dem rechten u. linken Blickfeld resultiert. Trotzdem liefert das Gehirn eindeutige Strukturen. Man spricht deswegen von der *globalen Stereoskopie* o. vom *globalen K.*, weil das Gehirn die gesamte, also *globale* Zusammengehörigkeit von Formen aus der Vielfalt mögl. Entsprechungszusammenhänge herausfindet: Es werden nur diejenigen lokalen Entsprechungen hergestellt, die die richtige Gesamtentsprechung für beide Felder erreichen. Dieses Problem wird zwar anhand der Zufallspunktstereogramme bes. deutl., gilt aber auch für natürl. Szenen.

Beim → Bewegungssehen besteht das K. in der Frage, welche Teile einer Bewegungsstruktur als *ident.* erlebt werden, so dass sie als Phasen im Bewegungsablauf eines *einzigen Objekts* wahrgenommen werden. Dieses Problem wird bei komplizierten Prozessen der → Ereigniswahrnehmung deutl., aber auch schon bei einfacheren Effekten, wie dem → Wagenradeffekt u. dem → Ternus-Effekt. Daran schließt sich die Frage an, ob bereits eine Positionsveränderung von Helligkeitswerten auf der Retina zur Bewegungserkennung benutzt wird o. erst Körper als solche erkannt u. dann deren Positionsveränderung als Bewegung wahrgenommen werden. Experimentelle u. theoret. Analysen weisen darauf hin, dass das Identitätserlebnis sich in einer ganz frühen Phase (schon innerhalb der → Erstskizze) ergibt. Nach Johanssons Theorie (1964ff.) wird das Übereinstimmungsproblem von unserem visuellen System so bewältigt, dass es versucht, eine Wahrnehmungsrepräsentation von Bewegungen zu erzeugen, die eine möglichst einfache Gesamtstruktur ergibt, u. dass dabei jene Elemente, die mindestens eine ident. Komponente aufweisen, zu einer Gesamtgruppe, also zu einem *Objekt*, zusammengefügt werden; vgl. zsfd. Wimmer u. Perner (1979).

TH: Zur computerwissenschaftl. Lösung dieses Problems u. zu weiteren Theorien vgl. Marr u. Poggio (1976); Poggio (1986); zsfd. Frisby (1989).

◆ Frisby, J. P.: Opt. Täuschungen. Augsburg 1989; Marr, D. u. Poggio, T.: Co-operative computation of stereo disparity. Science 194, 1976, S. 283–287; Johansson, G.: Perception of motion and changing form. SJP 5, 1964, S. 181–208; Johansson, G.: Visual motion perception. SA, Juni 1975; Poggio, T.: Wie Computer u. Menschen sehen. In: Ritter, M. (Hg.): Wahrnehmung u. visuelles System. Heidelberg 1986, S. 78–89; Wimmer, H. u. Perner, J.: Kognitionsps. Stuttgart 1979.

Korrespondierende Netzhautpunkte → Stereopsis.

Korrespondierende Schlussfolgerungen. Die Theorie der k. S. (Jones u. Davis 1965; auch Theorie *korrespondierender Inferenz*) ist eine der drei protagonist. Theorien der → Attribution; sie analysiert v. a. diejenigen Attributionsprozesse, die von den beobachtbaren Handlungen o. Handlungseffekten zu den *Intentionen* u. von da zu den *Dispositionen* einer Person führen. Im Unterschied zur → naiven Varianzanalyse geht die Theorie in ihrer ursprüngl. Fassung von einmaligen Handlungen aus, was in der Fassung von Jones u. McGuillis (1976) erweitert worden ist. Gem. der Theorie gibt es vier Regeln, die beschreiben, wie der Beobachter aufgrund vorliegender Effekte *korrespondierende* (d. h. diesen Effekten zuschreibbare) Ursachen ausfindig machen kann. Dabei werden v. a. solche Attributionsprozesse thematisiert, in denen entschieden wird, ob eine Handlung eher durch *soziale Anpassung* u. Erwünschtheit determiniert ist o. durch eine eigenständige *Persönlichkeits-Disposition* bzw. *Intention* des Handelnden. Grundmodell ist der Schluss von Handlungen bzw. ihren Effekten über die Berücksichtigung von Wissen u. Fähigkeit zu einer Intention u. von da zu einer Persönlichkeitsdisposition; s. Abb. *Attribution 2*.

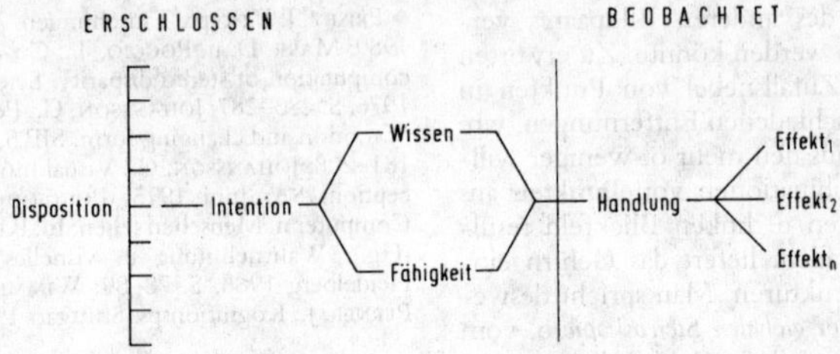

Abb. *Attribution 2*

HI/WÜ: Die wissenschaftshistor. Bedeutung der Theorie der k. S. ist geringer als die der anderen beiden großen Attributionstheorien.

VD: Zentral ist das Kzpt. der *Inferenz-Korrespondenz,* d. h. der Grad der Übereinstimmung des durch Inferenz hergestellten Zusammenhangs zw. einer bestimmten Handlung u. der dieser Handlung zugrunde liegenden Disposition. Bsp.: Wir beobachten an einer Person in einer Gruppe eine Reihe dominanter Vhsweisen (Befehle erteilen, Anweisungen geben, usw.) u. attribuieren ihr aus diesem Grunde die Persönlichkeitseigenschaft *Dominanz*; erfahren wir nun, dass diese Personen aufgrund der Instruktion eines Versuchsleiters diese dominierende Rolle spielt, ist unser Rückschluss auf die Disposition Dominanz viel weniger *kongruent.* Nach Jones u. Davis ist die *Korrespondenz* einer *Handlungs-Dispositions-Inferenz* eine inverse Funktion zweier Bedingungskomponenten: (a) die soziale *Erwünschtheit* dieser Effekte; (b) der Anzahl *nichtgemeinsamer Effekte* (*non-common-effects*). Dieser Terminus *nichtgemeinsame Effekte* bezieht sich auf den Aspekt, ob der Effekt einer Handlung nur mit dieser o. auch durch andere erreicht werden kann, inwieweit ein Effekt also handlungsspezif. ist. D. h.: je mehr Gründe eine Person für eine bestimmte Handlung hat u. je sozial akzeptierter diese Gründe sind, desto weniger informativ ist diese Handlung in Bezug auf die Identifikation bestimmter Dispositionen o. Persönlichkeitsmerkmale dieser Person. Umgekehrt gilt: Handlungen mit einem bes. spezif. Effekt u. einer geringen sozialen Erwünschtheit sind bes. informativ, man spricht auch von hoher *Diagnostizität*; ein Bsp. für eine solche Handlung wäre etwa, wenn sich jemand dazu entschließt, seinen Freund zu bestehlen.

In einer erweiterten Version von Stroebe (1980) gilt: Die Korrespondenz einer Schlussfolgerung ist umso größer: (a) je geringer die Zahl der nichtgemeinsamen positiven Effekte ist; (b) je geringer die soziale Erwünschtheit dieser positiven Effekte ist; (c) je größer die Zahl der nichtgemeinsamen negativen Effekte ist; (d) je unerwünschter diese negativen Effekte sind.

In einer Revision der Korrespondenztheorie (Jones u. McGillis 1976) tritt an die Stelle des Kzpts. der angenommenen sozialen *Erwünschtheit* das Kzpt. der *erwarteten Effektvalenz.* Diese bestimmt sich aus Erwartungen, die das Vh. der beobachteten Personen messen (a) an den Vhsweise einer Gruppe, Kategorie o. Klasse bestimmter Referenzpersonen (*category-based expectancy*) u. (b) an den bisherigen Vhsweisen dieser Personen selbst (*target-based expectancy*). Die erwartete Valenz eines Handlungseffekts ist damit das Ergebnis einer gesellschaftl. wie auch persönl. Erwünschtheit.

LIT: Zsfd. u. einführende Darstellung finden sich bei Keller (1981); Heckhausen (1980) u. Herkner (1980); einen Überblick über die nicht sehr zahlreichen Untersuchungen, die auf dieser theoret. Konzeption basieren, geben Jones u. McGillis (1976).

◆ HECKHAUSEN, H.: Motivation u. Handeln. Berlin 1980; HERKNER, W. (Hg.): Attribution. Bern 1980; JONES, E. E. u. DAVIS, K. E.: From acts to dispositions. In: BERKOWITZ, L. (Hg.): Advances in experimental social psychology, 2. Bd. New York 1965, S. 219–266; JONES, E. E. u. MCGILLIS, D.: Correspondent inferences and the attribution cube: a comparative reappraisal. In: HARVEY, J. H. u. a. (Hg.): New directions in attribution research, 1. Bd.

Hillsdale 1976, S. 389–420; Keller, J. A.: Grundlagen der Motivation. München 1981; Laucken, U.: Naive Vhstheorie. Stuttgart 1974; Stroebe, W.: Grundlagen der Sozialps., 2 Bde. Stuttgart 1980.

Korridor-Täuschung → geometrisch-optische Täuschungen.

Korrumpierung der intrinsischen Motivation → intrinsische Motivation.

Kossnersches Phänomen, ein wahrnehmungsps. Phänomen, das darin besteht, dass Farben satter u. deutl. unterschieden u. die Helligkeitsdifferenzen vergrößert werden, wenn man durch Zerstreuungslinsen eine künstl. Kurzsichtigkeit u. damit eine Verkleinerung der wahrgenommenen Gegenstände erzeugt.

Kovariationsprinzip → naive Varianzanalyse.

KR → knowledge of results.

Kraftsinn → Tiefensensibilität.

Krausches Gesetz, eine das Problem der Abgrenzung von *Flach- u. Tiefsinn* thematisierende Regel, die als heuristische Maxime bes. von der *Österreichischen Schule* der empirischen Intelligenzforschung (um Qualtinger) verwendet worden ist: *Ein Schein von Tiefe ensteht oft dadurch, dass ein Flachkopf zugleich ein Wirrkopf ist (*Kraus 1914; vgl. auch Qualtinger 1982 sowie Strauß (1996).

◆ Kraus, K.: Über Pseudo-Tiefe u. ihre Operationalisierungen. In: Kraus, K.: Gute Ansichten sind wertlos. Es kommt darauf an, wer sie hat. Wien 1914, S.200–216; Qualtinger, H.: A norr is a norr. Wien 1982; Strauss, B.: Introspektive Analysen zum Krausschen Gesetz. Ztschr. für abschwellende Bocksgesänge 7, 1996, S. 312–319.

Kreativität, die Fähigkeit, etwas Neues zu schaffen, wb. häufig betont wird, dass es gleichzeitig etwas Zweckmäßiges sein müsse, hervorgehoben wird des Weiteren meist das Moment der Durchbrechung von Konventionen. In der klass. Kreativitätsforschung (s. u.) wird K. v. a. unter dem Aspekt der *Generierung* gesehen: K. impliziert weniger die Konstruktion einer eindeutigen Lösung als das Hervorbringen vieler Lösungsvorschläge – bei Aufgaben mit *offenem* Lösungscharakter. Deshalb enthalten typ. Tests zur Messung von K. folgende Aufgaben: Bsp. für einen Begriff finden (bspw. für »alles, was Lärm macht«); möglichst viele Verwendungszwecke zu einem vorgegebenen Ding, z. B. zu einem Schlüssel, finden; ähnl.: Gemeinsamkeiten eines Paares (z. B. Uhr/Schreibmaschine) nennen, ferner Deutungen zu Mustern wie Drudeln u. zu sinnfreien Linienzügen erfinden. Wenn man einen Unterschied zw. kreativem Denken u. → produktivem Denken herausheben will, so wäre dies, dass K. immer ein *Problemfinden* beinhaltet (obgleich gerade Letzteres in den klass. Kreativitätstests wenig beachtet worden ist). Die ursprüngl. Differenzierung von → Intelligenz u. K., dahingehend, dass der Intelligenzbegriff die Beurteilung hochstrukturierter Probleme in Situationen erfassen sollte, die auf eine einzig richtige Lösung hinsteuern, während K. sich auf relativ unstrukturierte Problemsituationen mit einem breiten Suchraum u. einer Vielzahl von Lösungen bezieht, ist zunehmend hinfällig geworden, da im Rahmen der modernen Problemlösungsforschung, v. a. im Paradigma des → komplexen Problemlösens, gerade solche Aspekte thematisiert werden.

Das eigentl. K.-Paradigma wurde in der differentiellen Ps. begründet, v. a. durch die Arbeiten des amerikan. Psychologen J. P. Guilford, die dieser im Rahmen seiner Theorien zur Intelligenz seit den 50er Jahren entwickelt hat. Guilford betont v. a. die Bedeutung → divergenten Denkens; vgl. zsfd. Guilford (1974).

Auch aus der angewandten Ps. kommen wichtige Beiträge zur K., v. a. aus der Arbeits- u. Wirtschaftsps. Ohne zum eigentl. K.-Paradigma zu gehören, thematisieren die sich um das Phänomen → Problemlösungsphasen rankenden Ansätze wesentl. Aspekte der K. – die meisten *Kreativitätsphasen* sind ident. mit den *Problemlösungsphasen.* Unter dem Leitmotiv einer → psychologischen Heuristik nähert sich auch die moderne → kognitive Psychologie bzw. → Wissenspsychologie dem Thema; unter motivationsps. Aspekt sind sämtl. Ansätze zum Thema → intrinsische Motivation relevant. Zunehmend wird das Thema K. unter dem Aspekt → Expertise gesehen; dieser Neuansatz sieht K. nicht als eine spezielle Art des Denkens, sondern als originelle Nutzung einer reichen Wissensbasis, eine Theorie, die v. a. R. Weisberg in einem Buch mit dem bezeichnenden Titel: »Creativity – what you, Mozart, Einstein, and Picasso have in common« (1986) dargestellt hat. Weisberg versucht v. a. den naiven Kreativitätsmythos zu widerlegen, wonach geniale Ideen in Form eines unerwarteten, unvorbereiteten u. deshalb unerklärl. Geistesblitzes auftauchen; Analysen großer Entdecker u. Erfinder (Einstein, Darwin, Mozart, Freud) zeigen hingegen, dass die Lebensleistungen vieler histor. einflussreicher Persönlichkeiten durch langdauernde, beharrl. u. oft beschwerl. Auseinandersetzungen mit einem Spezialgebiet gekennzeichnet sind; vgl. hierzu Gruber (1981); Gruber u. Davis (1988); Brown (1989); zur Kritik vgl. Weinert (1990).

VD: Die Abb. *Denken 10* zeigt je ein Bsp. für sprachfreie Kreativitätsskalen zum *Vervollständigen, Kombinieren* u. *Produzieren* mit Vorgabe je einer kreativen bzw. nichtkreativen Lösung. Beim Vervollständigen geht es um die Ergänzung der Vorgabe zu einem Alltagsgegenstand, beim Kombinieren sind die vorgesehenen Formen zur Darstellung eines definierten Gegenstandes (unabhängig von ihrer absoluten Größe u. ihrer Anzahl) zu verwenden, u. beim Produzieren gilt es, innerhalb der gegebenen Zeit möglichst viele Alltagsobjekte aus der vorgegebenen Form (wiederum unabhängig von der absoluten Größe) zusammenzustellen (Abb. entnommen Hussy 1984/86).

LIT: Zum Überblick über die klass. Kreativitätsforschung vgl. Ulmann (1973) u. Preiser (1976); zum aktuellen Stand der ps. Kreativitätsforschung vgl.

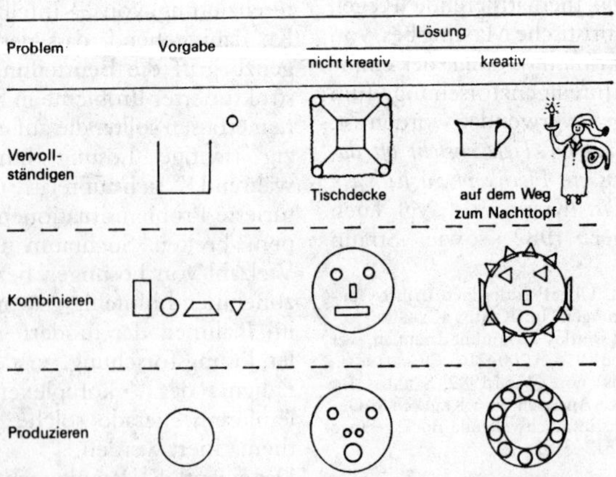

Abb. *Denken 10*

Weinert (1990), des Weiteren Bearron u. Harrington (1981); zum Kreativitätstraining vgl. Hany (1993); zu Kreativität in Wissenschaft u. Technik vgl. Facaoaru (1985); zur Bedeutung der K. innerhalb der modernen Intelligenzforschung vgl. Waldmann u. Weinert (1990); zu K. in der Literatur vgl. Rothenberg (1986); neuere Handbücher sind Glover (1989) u. Sternberg (1988); über die sowjet. Kreativitätsforschung referiert Matthäus (1988); zu Kreativitätstests u. ihrer Problematik vgl. Groffmann (1982); Interessantes zum Thema K. unter dem Leitmotiv einer angewandten Problemlöseps. enthält Neber (1987); zu einer krit. Betrachtung der herkömml. Kreativitätsforschung aus einer ganzheitl. u. gestalttherapeut. Sicht vgl. Hemmer-Junk (1995).

◆ BEARRON, F. u. HARRINGTON, D. M.: Creativity, intelligence, personality. ARP 31, 1981, S. 439–476; BROWN, R. T.: Creativity: what are we to measure? In: GLOVER, J.A. u. a. (1989), S. 3–32; FACAOARU, C.: Kreativität in Wissenschaft u. Technik. Bern 1985; GLOVER, J. A. u. a. (Hg.): Handbook of creativity. New York 1989; GROFFMANN, K. J.: Die Entwicklung der Intelligenzmessung. In: GROFFMANN, K. J. u. MICHEL, L. (Hg.): Grundlagen ps. Diagnostik. EP, B, II., 2. Bd., Göttingen 1982, S. 2–103; GRUBER, H. E.: Darwin on man: a psychological study of scientific creativity. Chicago 1981; GRUBER, H. E. u. DAVIS, S. N.: Inching our way up mount Olympus: the evolving systems approach to creative thinking. In: STERNBERG, R. J. (Hg.): The nature of creativity. Cambridge 1988, S. 243–270; GUILFORD, J. P.: Persönlichkeitsps. Stuttgart 1974; HANY, E. A.: Kreativitätstraining: Positionen, Probleme, Perspektiven. In: KLAUER, K. J. (Hg.): Kognitives Training. Göttingen 1993, S. 189–217; HEMMER-JUNK, K.: Kreativität – Weg u. Ziel. Frankfurt/M. 1995; HENNESSEY, B. A. u. AMABILE, T. M.: The conditions of creativity. In: STERNBERG (1988), S. 11–38; HUSSY, W.: Denkps., 2 Bde. Stuttgart 1984/86; KRAUSE, R.: Kreativität. Untersuchungen zu einem problemat. Kzpt. München 1972; MATTHÄUS, W.: Sowjet. Denkpsychologie. Göttingen 1988; MUMFORD, M. D. u. GUSTAFSON, S. B.: The creative syndrome: integration, applicaton, and innovation. PBu 103, 1988, S. 27–43; NEBER, H. (Hg.): Angewandte Problemlöseps. Münster 1987; PREISER, S.: Kreativitätsforschung. Darmstadt 1976; ROTHENBERG, A.: Kreativität in der Literatur. In: LANGNER, R.: Ps. der Literatur. Weinheim 1986, S. 78–103; STERNBERG, R. J. (Hg.): The nature of creativity. Cambridge 1988; ULMANN, G.: Kreativität. Neue amerikan. Ansätze zur Erweiterung des Intelligenzkzpts. Weinheim 1968; ULMANN, G.: Kreativitätsforschung. Köln 1973; WALDMANN, M. u. WEINERT, F. E.: Intelligenz u. Denken. Göttingen 1990; WEINERT, F. E.: Der aktuelle Stand der ps. Kreativitätsforschung u. einige daraus ableitbare Schlussfolgerungen für die Lösungen prakt. Probleme. In: HOFSCHNEIDER, P. H. u. MAYER, K. U. (Hg.): Generationsdynamik u. Innovation in der Grundlagenforschung. München 1990; WEISBERG, R. W.: Genius and other myths. New York 1986.

Kreisreaktion → genetische Epistemologie.

Kreissektorenkontrast → geometrisch-optische Täuschungen.

Kreis-Zahnrad-Phänomen, eine → Bewegungstäuschung: Eine Figur aus Kreisen, die in einer zahnradartigen Form in der Mitte zusammenstoßen, vermittelt bei Drehung der Vorlage das Empfinden, als ob die Kreise in sich selbst rotieren; das innere Zahnrad scheint sich langsam in entgegengesetzter Richtung zu bewegen; vgl. hierzu Arnold (1972); s. Abb. *Wahrnehmung 12*.

Abb. *Wahrnehmung 12*

◆ ARNOLD, W. (Hg.): Experimentelles Praktikum, Bd. 1. Stuttgart 1972.

Kreuz-Gitter-Kontrast → Heringsches Gitter.

Kreuzlabyrinth → Lernlabyrinth.

Kreuzmodale Skalierung → crossmodale Skalierung.

Kreuzmodale Wahrnehmung → intersensorische Koordination.

KR-Experiment → knowledge of results.

Kriminalpsychologie → angewandte Psychologie.

Kristallisierte Intelligenz → Intelligenz.

Kriteriumsorientierte Leistungsmessung → pädagogische Psychologie; → Psychodiagnostik.

Kriteriumsorientierte Tests → Psychodiagnostik.

Kritische Flimmergrenze → Flimmerfusionsfrequenz.

Kritische Lebensereignisse → Stress.

Kritische Periode → Prägung.

Kritische Phase → Prägung.

Kritische Psychologie, die seit Ende der 60er Jahre von Klaus Holzkamp u. Mitarbeitern am psycholog. Institut der Freien Universität in West-Berlin entwickelte Psychologierichtung, die – zunächst von anderen als *Konstruktivismus* bezeichnet – zunehmend die Züge einer *marxist.* orientierten Ps. annahm, wb. sowohl Inhalte, Methoden u. Anwendungen der *bürgerl.* Ps. kritisiert u. abgelehnt werden; vgl. Holzkamp (1968ff.). Holzkamp arbeitete auf konstruktivist. Grundlage unter Einbeziehung von Gedankengängen Lewins u. Brunswiks u. stellte folgende Aspekte seines Paradigmas heraus: (a) Es richtet sich gegen die Fiktion des aus seinen gesellschaftl. Bezügen herausgelösten Individuums, wie es sich bes. im klass. Konzept des ps. → Experiments spiegele; (b) es richtet sich gegen die Beliebigkeit der bürgerl. Ps., die auf einer Zirkularität des Theorie-Empirie-Verhältnisses beruhe; (c) Holzkamp betont auch eine dialekt. Beziehung zw. Individuum u. Gesellschaft, die nicht von allen marxist. orientierten Theoretikern akzeptiert wird.

HI/KR: Die k. P. wurde heftig kritisiert: In der dt. Ps. spielte sich seit Ende der 60er Jahre eine metatheoret. Grundlagendiskussion ab, die dem Positivismusstreit in der dt. Soziologie ähnelte, in der sich die wissenschaftstheoret. Positionen *krit. Rationalismus* u. *empirist. positivist.-analyt. Wissenschaftstheorie* gegenüberstanden: Popper, Albert, Groeben, Hermann, Keuth, Münch, Westmeyer auf der einen Seite vs. Frankfurter Schule u./o. Marxismus: Adorno, Habermas, Holzkamp (vgl. Albert u. Keuth 1973; vgl. Brocke 1973); die k. P. hatte innerhalb der akadem. Ps. nur eine anregende Außenseiterrolle, u. auch die ist seit Ende der 70er Jahre im Schwinden.

LIT: Eine Bibliographie der Veröffentlichungen aus dem Bereich der k. P. findet sich in der Zeitschrift *Forum Kritische Psychologie*, in 5/1979; 6/1980; 8/1981; 10/1982; 11/1983; 14/1984; 18/1986; ein Psychologielexikon im krit. Geiste ist Rexilius u. Grubitzsch (1980); eine Darstellung der Motivationsps. auf der Basis der k. P. ist Holzkamp-Osterkamp (1977, 1982); zur Geschichte, Theorie u. Praxis der k. P. vgl. Rexilius (1988).

◆ Albert, H. u. Keuth, H. (Hg.): Kritik der krit. Ps. Hamburg 1973; Baum, K.-H. u. Albert, H. u. Keuth, H. (Hg.): Kritik der krit. Ps. Hamburg 1973; Braun, K. H. u. Holzkamp, K. (Hg.): Bericht über den 1. internationalen Kongreß krit. Ps., 2 Bde. Köln 1977; Braun, K. H. u. Holzkamp, K. (Hg.): Subjektivität als problemps. Methodik. Frankfurt/M. 1985; Braun, K. H. u. a. (Hg.): Karl Marx u. die Wissenschaft vom Individuum. Marburg 1983; Brocke, B. u. a.: Wissenschaftstheorie auf Abwegen. Stuttgart 1973; Bruder, K.-J. (Hg.): Kritik der bürgerl. Ps. Frankfurt/M. 1973; Holzkamp, K. (Hg.): Krit. Ps. Berlin 1978; Holzkamp, K.: Gesellschaftlichkeit des Individuums. Aufsätze 1974–1977. Köln 1978; Holzkamp, K.:

Grundlegung der Ps. Frankfurt/M. 1983; HOLZKAMP, K.: Krit. Ps. Frankfurt/M. 1972; HOLZKAMP, K.: Sinnl. Erkenntnis – histor. Ursprung u. gesellschaftl. Funktion der Wahrnehmung. Frankfurt/M. 1973; HOLZKAMP, K.: Wissenschaft als Handlung. Berlin 1968; HOLZKAMP-OSTERKAMP, U.: Grundlagen der ps. Motivationsforschung I. Frankfurt 1977; HOLZKAMP-OSTERKAMP, U.: Grundlagen der ps. Motivationsforschung II. Frankfurt 1982; REXILIUS, G. u. GRUBITZSCH, S. (Hg.): Handbuch ps. Grundbegriffe. Mensch u. Gesellschaft in der Ps. Hamburg 1980; REXILIUS, G. (Hg.): Ps. als Gesellschaftswissenschaft. Geschichte, Theorie und Praxis krit. Ps. Opladen 1988; SCHURIG, V.: Die Entstehung des Bewußtseins. Frankfurt 1976.

Kritisches Frequenzband → Hören.

Krümmungskontrast → geometrisch-optische Täuschungen.

Krümmungstäuschung → geometrisch-optische Täuschung.

Kryptoarithmetik, *Geheimalgebra*, eine typ. Aufgabe der → Denkpsychologie, ein *Anordnungsproblem*; von Bartlett (1958) stammt folgendes Bsp.: DONALD + GERALD = ROBERT; der Problemlöser erhält die Hilfs-Information D = 5, u. seine Aufgabe besteht darin, jeden Buchstaben durch eine Zahl zu ersetzen, so dass die Addition stimmt; vgl. hierzu zsfd. Schaefer (1985); vgl. Greeno (1978). (Die Lösung lautet: T=0, G=1, O=2, B=3, A=4, D=5, N=6, R=7, L=8, E=9.)

◆ BARTLETT, C.: Thinking. London 1958; GREENO, J. G.: The Nature of problem solving abilities. In: ESTES, W. K. (Hg.): Handbook of learning and cognitive processes, Bd. 5. Hillsdale 1978, S. 239–270; SCHAEFER, A. E.: Denken. Berlin 1985.

Künstliche Intelligenz [Abk.: *KI*; engl.: *artificial intelligence*; Abk.: *AI*]. Eine häufig zitierte Definition geht auf Minsky (1968) zurück: *KI ist die Kunst, Maschinen dazu zu bringen, Dinge zu tun, die Intelligenz erfordern würden, wenn Menschen sie tun würden. KI* kennzeichnet somit eine Forschungsrichtung, die versucht, die → Wissensrepräsentationen von Menschen sowie ihre Veränderung u. Anwendung durch Computerprogramme zu simulieren (*kognitive Modellierung*). Informationsverarbeitende Systeme lassen sich innerhalb von drei Zugangsweisen beschreiben: als *informationsverarbeitende* Systeme, als *symbolverarbeitende* u. als *wissensverarbeitende* Systeme; vgl. Kiefer (1988). Zentral ist der *Symbolverarbeitungs-Ansatz*: kognitive Prozesse sind Transformationen von Symbolstrukturen, u. angenommen wird, dass ein derartiges System, gleich welche Trägermaterie es benutzt, ähnl. Gesetzmäßigkeiten unterworfen ist.

Die wichtigsten KI-Teildisziplinen sind: → Wissensrepräsentation, → Expertensysteme, → Planen u. → Problemlösen; → Sprachverarbeitung; → Bildverstehen; Robotik; Deduktionssysteme bzw. automat. Beweisen; des Weiteren: maschinelles Lernen u. intelligente Lehrsysteme (*ICA Systeme*; Abk. für engl. *intelligent computer aided instruction*, Programme, die den Studenten o. einen anderen Lernenden bei Lernprozessen unterstützen; vgl. Rosenkranz u. Spörri 1988). Die KI hatte am Anfang zwei Grundrichtungen, die Gruppe *am Carnegie Institut of Technology* (heute *Carnegie-Mellon University*), ihr gegenüberstehend Forschungsgruppen vom *Massachusetts Institut of Technology* (*MIT*) u. der *Stanford University* (u. a. Minsky, McCarthey, Feigenbaum, Slagle, Raphael, Papert). Letztere Richtung sieht die KI mehr als Ausweitung der Mathematik u. Logik u. ist stärker darauf aus, möglichst effiziente formalisierte Techniken zu entwickeln, unabhängig davon, inwieweit diese Methoden ps. adäquat sind. Ein weiterer, ps. relevanter Streitpunkt innerhalb der Entwicklung der KI war der zw. den »Generalisten« u. »Experten«: Erstere glauben an übergreifende Programme, Letztere setzen ihre Hoffnung auf spezif. Programme mit großem Detailwissen für einen begrenzten Bereich.

WÜ: Die KI hat der Ps. starke Impulse gegeben, u. die Möglichkeit der Computerdarstellbarkeit der Forschungsergebnisse hat es auch der auf der Basis der harten empir. Forschungskriterien des Behaviourismus stehenden amerikan. Ps. erlaubt, klass. kognitivist. Fragestellungen der Ps. in einem neuen Gewand wiederzuentdecken; s. die Stw. → computer vision; → computationale Wahrnehmungstheorien; Weiteres s. u. Seit Ende der 70er Jahre wird dafür plädiert, dass die KI der Ps. ein neues u. vielleicht erstmals wissenschaftl. Fundament geben könne. Als *schwache KI-These* wird die Ansicht bezeichnet, dass das Erfinden intelligenter Programme ledigl. eine Testmöglichkeit für kognitionsps. Theorien ist; die *starke These der KI* dagegen behauptet, dass man Computern buchstäbl. Verstehen u. andere kognitive Zustände zusprechen kann. Neumann (1985) unterscheidet drei Varianten des »computational view of mind«, von denen die beiden ersten der Theorie der schwachen KI-These verpflichtet sind: (a) Im allgemeinsten Sinne soll die Theorie nicht mehr besagen, als dass Computersimulation ein künstl. Forschungsinstrument ist; (b) im zweiten Sinne, dass von der Lösung techn. Rechenprobleme Anregungen für die Modellierung der Rechenvorgänge ausgehen; diese Variante geht auf die Biokybernetik u. die mathemat. Biophysik der 40er u. 50er Jahre zurück; ein Bsp. dafür, dass eine computationale Theorie im Sinne der zweiten Variante keineswegs der künstl. Intelligenz verpflichtet sein muss, sind die Arbeiten von S. Grossberg (1980ff.); (c) die dritte Variante entspricht einer starken KI-These u. besagt, dass Rechner u. ihre Programme dem Zentralnervensystem u. seiner Funktionsweise so ähnl. sind, dass sie gemeinsam als zwei Varianten von intelligenten Systemen untersucht werden können.

HI: Zur histor. Entwicklung der KI, speziell der für die Ps. relevanten Paradigmen (nach Dreyfus u. Dreyfus 1987): (1) Als eigentl. Ursprung der KI gilt die Dartmouth-Konferenz im Jahre 1956; Leitmotiv der daran anschließenden sog. klass. Periode, die von Mitte der 50er bis Mitte der 60er Jahre dauerte u. innerhalb deren z. B. der → General Problem Solver entwickelt worden ist, war die Suche nach allg. Prinzipien, mit denen es grundsätzl. mögl. sein sollte, beliebige Probleme zu lösen; zentral war die Idee eines zielgerichteten Durchlaufens eines *Lösungs-* bzw. → *Problemraums.* Diese Phase führte zur Einsicht, dass dieses Kzpt. eines generellen Programms ein fruchtloses Unterfangen ist, denn je mehr Problemklassen ein einziges Programm bewältigt, umso schwächer ist es bei ganz bestimmten Problemen; zunehmend ging man deshalb dazu über, bereichsspezif. Heuristiken zu ermitteln; vgl. Jackson (1986). (2) In der zweiten Phase der KI, bisweilen die Phase der *kognitiven Simulation* genannt, war das Leitmotiv *semant. Informationsverarbeitung* bzw. → Sprachverstehen; einflussreich war der 1964 von Fodor u. Katz herausgegebene Sammelband »The structure of language«, eine Anthologie von Aufsätzen aus Philosophie, Ps. u. Linguistik, im Geiste der → generativen Transformationsgrammatik. Aus der KI selbst kommend, stellten Edward Feigenbaum u. Julian Feldman unter dem Titel: »Computer and Thought« (1963) die am besten funktionierenden Programme zusammen; während ihre Sammlung eindeutig »Carnegie-Schlagseite« hatte (s. o.), betonte ein 1968 von Marvin Minsky herausgegebenes Konkurrenzwerk »Semantic Information Processing« die Position des MIT. Wichtig geworden sind auch Dissertationen von Minskys Schülern Black u. Bobrow (der später mit der LNR-Gruppe zusammenarbeitete); Evans, Raphael u. Quillian aus den Jahren 1964 bis 66 schufen Programme, die man heute den *natürlichsprachl.* Systemen zuordnen würde, die also Fragen über ein (eng begrenztes) Gebiet beantworten können. Ein bedeutsames Modell dieser Phase war das des → semantischen Netzwerkes, umgesetzt auf einem Computerprogramm namens → TLC, das Studenten in einfacher Weise Kommunikation mit dem Wissensgebiet der Geographie ermöglichte u. auch ein ps. Modell zum

Sprachverstehen u. zur Repräsentation darstellen sollte. In den 70er Jahren wurde innerhalb dieses Ansatzes eine große Anzahl unterschiedl. Modelle entworfen: z. B. → HAM, → ACT, → MEMOD; die bedeutendste ps. Forschungsgruppe, die sich daraus rekrutierte, war die sog. → LNR-Gruppe. Diese Phase wird bisweilen auch als die »romant.« Periode bezeichnet, da damals optimist. Prognosen geäußert wurden, dass es in Kürze mögl. sei, KI-Programme zu schaffen, die den Fähigkeiten des Menschen gleichkommen o. sie übertreffen würden; diese Phase dauerte bis Mitte der 70er Jahre. (3) Die dritte KI-Phase entstand aus der Einsicht, dass semant. Netzwerke das Alltagswissen nur inadäquat zu repräsentieren vermögen, da sie auf kontextfreien Grammatiken basieren u. so das Problem des Kontexts nicht lösen u. nur eine kleine Anzahl beschränkter Sätze verarbeiten können. Aus dieser Erkenntnis entwickelte sich das Kzpt. der → prozeduralen Wissensrepräsentation u. der *Mikrowelt*; bahnbrechend war Winograds Programm SHRDLU, bei dem ein Benutzer mit einem Roboter, der mit einem Greifarm spielzeugähnl. Klötzchen (»Klötzchenwelt« bzw. »Blockwelt«) bewegt u. ein Sehauge hat, einen Dialog in natürl. Sprache führen kann. (4) Eine neue Tendenz ist die Abwendung von künstl. Mikrowelten hin zu realen Welten. Zunehmend ist erkannt worden, dass die Problemlösungsfähigkeit eines Programms nicht so sehr von formalen Prinzipien beeinflusst ist, sondern von dem darin enthaltenen *Wissen*, u. demgem. wurde versucht, das Wissen menschl. Experten abzubilden (→ Expertensysteme). Wesentl. für diese vierte Phase, die nach Dreyfus u. Dreyfus Mitte der 70er Jahre begann, ist die Inangriffnahme des *Common-sense-knowledge-Problems*, also der Versuch, große AI-Systeme aufzubauen, die die vielen kleinen impliziten »Selbstverständlichkeiten«, die im Alltagswissen eines normalen Menschen enthalten sind, formal u. exakt einfangen. Kennzeichnend für diese Zeit ist die Pluralität der Repräsentationssysteme, wb. die → propositionale Wissensrepräsentation, die während der Phase des *semantic information processing* dominierte, weiterhin benutzt u. ausgebaut wird; wesentl. Erweiterungen waren die Kzpte. → frame u. → Skript. (5) Neue, groß angelegte Forschungsprojekte, wie das japan. *Fifth-generation-project*, das amerikan. Projekt *Strategic computing initiative* (*SCI*) u. die europ. Programme *ESPRIT* (*European Strategic Programm for Research and Development in Information Technology*) u. *EURECA* haben Aufgabenschwerpunkte, welche Fortschritte bei der Wissensrepräsentation voraussetzen, v. a. die Verarbeitung natürl. Sprache, auch die natürlich-sprachl. Mensch-Maschine-Kommunikation u. weitere Verbesserungen von Software-Systemen; vgl. Franck (1987). Ein großes Problem bei der Konstruktion von Expertensystemen ist immer noch die *Wissensbasis*, ein Gebiet, auf dem zunehmend auch Psychologen ihre Kompetenzen einbringen. (Anm.: Bei dieser histor. Darstellung wurde der Bereich → computer vision ausgeklammert, zur histor. Darstellung dieses Bereichs s. d.)

KR: Die KI stellt eine große Herausforderung für die Ps. dar, u. in der Abwehr überzogener Ansprüche der KI war die moderne Ps. zu einer tief gehenden Reflexion ihrer Grundlagen gezwungen. Die Hauptkritik am KI-Ansatz besteht darin, dass Gehirn u. Computer sehr unterschiedl. Arbeitsweisen besitzen: Das Gehirn sei ein massiv parallel verarbeitendes System, dessen Einzeloperationen im Vergleich zum seriell arbeitenden Rechner lange dauern, aber ohne erkennbare Kapazitätsbeschränkung sind. Es wird ferner betont, dass das starre, regelgeleitete Verfahren symbolverarbeitender Systeme u. ihre kontextfrei definierte Semantik mit wesentl. Merkmalen menschl. Kognition wie Flexibilität u. Ganzheitlichkeit nicht vereinbar seien. Ein weiterer wichtiger Unterschied sei, dass das Gehirn ständig Spontanaktivität produziert u. seine Verarbeitungsprozesse eine Erregungssummation erfordern, die sich gegen einen Hintergrund von Rauschen durchsetzen muss; aus solchen Ideen heraus entwickelte sich der moderne → Konnektionismus. Zum Unterschied zw. natürl. Gehirn u. Computermodellen vgl. auch Reeke u. Edelman (1988). Ein Gegenargument zu dieser Kritik ist das *Analogieargument*, dass das Gehirn u. der Computer – so, wie es auch in der biolog. Evolution zur unabhängigen Entwicklung ähnl. Erkenntnisstrukturen gekommen ist – zu analogen Strukturen gefunden haben u. dass es auf solche abstrakten Strukturen ankomme u. nicht auf die physikal. Parameter der konkreten Umsetzung; eine ausführl. Entwicklung des Arguments findet sich bei Pylyshyn (1978); zur Problematik vgl. Neumann (1985). Klimesch (1988) weist darauf hin, dass ein grundlegendes Phänomen des Gedächtnisses in Computermodellen schwer einzufangen ist, dass näml. viele Gedächtnisprozesse umso schneller ablaufen, je reichhaltiger ein Gedächtnis ist. Der bekannteste Kritiker der KI ist H. Dreyfus (1985; vgl. auch Dreyfus u. Dreyfus 1987); er argumentiert v. a. dahingehend, dass der Mensch im Unterschied zum Computer über ein diffuses Bewusstsein verfüge, er könne Mehrdeutigkeiten tolerieren, habe einen Körper, der das Erleben seiner Umwelt u. seiner subjektiven Eindrücke organisiert u. koordiniert, könne ein Opfer von Langeweile, Erschöpfung o. Antriebslosigkeit werden u. verfüge über eindeutige Absichten u. Bedürfnisse, die seine Situationen strukturierten; im Übrigen seien sämtl. optimist. Zukunftsprognosen über die künftigen Leistungen der KI weit überzogen – vor diesem Hintergrund ist einer der führenden ersten KI-Forscher, näml. T. Winograd, zu einem KI-Kritiker konvertiert; vgl. Winograd u. Flores (1989); vgl. auch Winograd (1981); Haugeland (1985); eine krit. Diskussion des Beitrags der KI geben auch Dresher u. Hornstein (1976); vgl. auch Winograd (1977); eine wichtig gewordene Kritik an der Verwendung von Computermetaphern in der Ps. schrieb Allport (1975); eine Zusammenfassung der Debatte ist Miller (1988).

VD: Ein spezielles Gebiet, das den engeren KI-Rahmen sprengt, ist die *Robotik*, also computergesteuerte Handhabungs- u. Verarbeitungssysteme, z. B. bei Produktionsprozessen in einer Fabrik. In einer groben Aufteilung kann man *intelligente* u. *nichtintelligente* Roboter unterscheiden. Die bisherigen Industrieroboter besaßen meist keine o. nur geringe eigene Intelligenz, es waren programmgesteuerte Handhabungsautomaten, bei denen ein starres Programm die einzelnen Bewegungen vorab genau festlegte. Die klass. KI-Roboter »Freddy« in Edinburgh u. »Shakey« in Stanford erlangten in den 70er Jahren Berühmtheit, »Freddy« war z. B. in der Lage, ein hölzernes Spielzeugauto wieder selbständig zusammenzubauen, wenn man es vor seinem Fernsehauge in die Einzelteile zerlegt hatte. »Shakey« war ein Roboter mit Greifarm u. Fernsehauge, der in einer überdimensionalen Klötzchenwelt lebte; er konnte Anweisungen wie etwa »Bring den großen roten Block aus Zimmer A nach Zimmer B!« ausführen etc.; vgl Bibel u. a. (1987). Bei der Robotersteuerung ist die *phys.* von der *log.* Steuerung zu unterscheiden; während Erstere v. a. techn. Probleme beinhaltet, betrifft Letztere v. a. die Planung der auszuführenden Aktionen (Planherstellung); für die log. Steuerung werden Methoden eingesetzt, die in den Bereichen Problemlösen u. Planen entwickelt wurden.

LIT: Zum Gesamtüberblick vgl. Gorz (1993) u. Mainzer (1994); ein Wörterbuch der KI ist Raggett u. Baines (1991); Baron (1987) gibt eine Einführung in die Funktionsweise von Nervensystemen u. Gehirn von einem computertheoret. Standpunkt; zur Geschichte der KI vgl. Newell (1983); zur Einordnung in die allg. → Kognitionswissenschaft vgl. Gardner 1989; zur Interaktion von kognitiver Ps. u. KI, speziell zur Problematik dieses Verhältnisses; vgl. Sharkey u. Pfeifer (1984); vgl. auch Krämer (1994); speziell zur Forschungssituation in Deutschland vgl. Arweiler (1995).

◆ Allport, D. A.: Critical notes: the state of cognitive psychology. QJEP 27, 1975, S. 141–152; Arweiler, P.: Künstl.-Intelligenz-Forschung in Deutschland. Münster 1995; Baron, R. J.: The cerebral computer. Erlbaum 1987; Bibel, W. u. a.: Studien- u. Forschungsführer künstl. Intelligenz. Berlin 1987; Bobrow, D. G. u. Collins, A. (Hg.): Representation and understanding: studies in cognitive science. New York 1975; Boden, M.: Computermodels of mind. Cambridge 1988; Boden, M. (Hg.): The philosophy of artifical intelligence. Oxford 1990; Broadbent, D. E.: Cognitive psychology, introduction. In: Summerfield, A. (Hg.): Cognitive psychology. Brit. Medical Bulletin 27, 1971, S. 191–194; Claxton, G.: Cognitive psychology: a suitable case for what sort of treatment? In: Claxton, G. (Hg.): Cognitive psychology new directions. London 1980; Dresher, E. u. Hornstein, N.: On some supposed contributions of artificial intelligence to scientific study of language. C 4, 1976, S. 321–398; Dreyfus, H.: Die Grenzen künstl. Intelligenz. Frankfurt/M. 1985 (engl.: What computers can't do: a critique of artificial reason. New York 1972); DREYFUS, H. u. DREYFUS, S.: Mind over machine. New York 1986; DREYFUS, H. u. DREYFUS, S.: Künstl. Intelligenz. Reinbek 1987; ELLIS, A. W.: Normality and pathology in cognitive function. London 1982; FEIGENBAUM, E. u. FELDMAN, J. (Hg.): Computers and thought. New York 1963; FODOR, J.: The language of thought. Harvard 1975; FRANCK, R.: Unterschiedl. Ansätze zur Weiterentwicklung der Informatik: Vergleich der japan., amerikan. u. europä. Strategie. In: LÖWE, M. u. a. (Hg.): Umdenken in der Informatik. Berlin 1987, S. 163–169; GARDNER, H.: Dem Denken auf der Spur. Stuttgart 1989; GORZ, G. (Hg.): Einführung in die Künstl. Intelligenz. Bonn 1993; GROSSBERG, S.: Human and computer rules and representations are not equivalent. BBS 3, 1980, S. 136–138; GROSSBERG, S.: Studies of mind and brain. London 1982; HAUGELAND, J.: Künstl. Intelligenz – programmierte Vernunft? Hamburg 1985; HAYES-ROTH, F.: Building expert systems. 1983; JACKSON, P.: Introduction to expert systems. Reading 1986; KIEFER, E.: Wissen u. Intelligenz. In: HEYER, G. u. a. (Hg.): Wissensarten u. ihre Darstellung. Berlin (1988), S. 67–84; KINTSCH, W.: Semantic memory: A tutorial. In: NICKERSON, R. S. (Hg.): Attention and performance VIII. Hillsdale 1980, S. 595–620; KLIMESCH, W.: Struktur u. Aktivierung des Gedächtnisses. Bern 1988; KRÄMER, S. (Hg.): Geist – Gehirn – künstl. Intelligenz. Berlin 1994; LEVINE, D.: Vision in man and machine. New York 1985; LIGHTHILL, J.: A report on artificial intelligence. Science Research Countshill 1972; MAINZER, K.: Computer – neue Flügel des Geistes. Die Evolution computergestützter Technik, Wissenschaft, Kultur u. Philosophie. Berlin 1994; MILLER, L.: Has artificial intelligence contributed to an understanding of the human mind? A critique of arguments for and against. CS 2, 1988, S. 111–127; MINSKY, M. (Hg.): Semantic information processing. Cambridge/Mass. 1968; NEUMANN, O.: Informationsverarbeitung, Künstl. Intelligenz u. die Perspektiven der Kognitionsps. In: NEUMANN, O. (Hg.): Perspektiven der Kognitionsps. Berlin 1985, S. 3–39; NEWELL, A. u. a.: Elements of a theory of human problem solving. PR 65, 1958, S. 151–166; NEWELL, A. u. SIMON, H. A.: Human problem solving. Englewood Cliffs 1972; NEWELL, A.: You can't play 20 questions with nature and win: projective comments on the papers of this symposium. In: CHASE, W. G. (Hg.): Visuell information processing. New York 1978; NEWELL, A.: Intellectual issues in the history of artificial intelligence. In: MACHLUP, F. u. MANSFIELD, U. (Hg).: The study of information: Interdisciplinary messages. New York 1983; NORMAN, D. A. u. RUMELHART, D. E.: Explorations in cognition. San Francisco 1975 (dt.: Strukturen des Wissens. Stuttgart 1978); PAPERT, S.: The role of artifical intelligence in psychology. In: PIATTELLI-PALMRINI, M. (Hg.): Language and learning. London 1980; PAUL, R. P.: Robot manipulators: mathematics, programming and control. Cambridge 1981; PYLYSHYN, Z. W.: Computational models and empirical constraints. BBS 1, 1978, S. 93–127; QUILLIAN, M. R.: Semantic memory. In: MINSKY (1968), S. 227–270; RAGGETT, J. u. BAINES, W.: Artificial intelligence from A to Z. Chapman and Hall 1991; REEKE, G. u. EDELMAN, G.: Real brains and artificial intelligence. In: GRAUBART, S. (Hg.): The artifical intelligence debate. Cambridge/Mass. 1988; ROSENKRANZ, F. u. SPÖRRI, G.: Methoden u. Kzpte. intelligenten computergestützten Unterrichts. Information Management 2, 1988, S. 42–47; SCHANK, C. u. COLBY, K. M. (Hg.): Computermodels of thought and language. San Francisco 1973; SCHANK, R. C. u. WILENSKY, R.: Response to Dresher and Hornstein. C 5, 1975, S. 133–145; SCHEERER, E.: Probleme der Modellierung kognitiver Prozesse: Von der Funktionsanalyse zur genet. Analyse. Bericht Nr. 4/1978 a, Psychol. Institut der Ruhr-Universität Bochum, Arbeitseinheit Kognitionsps.; SCHEERER, E.: Motor theories of cognitive structure: a historical review. In: PRINCE, W. u. SANDERS, A. F. (Hg.): Cognition and motor processes. Berlin 1984; SCOTT, P. B.: The robotics revolution. New York 1975; SEARLE, J.: Intentionality. Cambridge 1983; SHARKEY, N. E. u. PFEIFER, R.: Uncomfortable bedfellows: Cognitive Psychology and AI. In: YAZDANI, M. u. NARAYANAN, A. (Hg.): Artificial intelligence: human effects. New York 1984, S. 163–172; SPADA, H. u. OPWIS, K.: Wissensps.: Erwerb, Repräsentation u. Nutzung von Wissen. In: AMELANG, M. (Hg.): Bericht über den 35. Kongreß der Dt. Ges. für Ps. in Heidelberg 1986, 2. Bd. Göttingen 1987, S. 253–264; STEDE, M.: Einführung in die Künstl. Intelligenz. 2. Bd. Sprendlingen 1987; TENNANT, H.: Natural language processes. New York 1981; TURING, A. M.: Kann eine Maschine denken? In: ENZENSBERGER, M. (Hg.): Kursbuch 8, 1967: Neue Mathematik. Grundlagenforschung, Theorie der Automaten. Frankfurt/M. 1967, S. 106–138. (Orig. 1950); WEIZENBAUM, J.: Computerpower and human reason. San Fransisco 1976 (dt.: Die Macht der Computer u. die Ohnmacht der Vernunft. Frankfurt/M. 1979); WINOGRAD, T.: Understanding natural language. CP 3, 1972, S. 1–191; WINOGRAD, T.: On some contested suppositions of generative linguistics about the scientific study of language. C 5, 1977, S. 151–179; WINOGRAD, T.: What does it mean to understand language? In: NORMAN, D.: Perspectives on cognitive science. Ablex Norwood 1981; WINOGRAD, T. u. FLORES, F.: Erkenntnis, Maschinen, Verstehen. Berlin 1989; WINSTON, P. (Hg.): The psychology of computer vision. New York 1975; WOS, L. u. a.: Automated reasoning. Englewood Cliffs 1984; ZTSCHR.: Artificial Intelligence, Künstliche Intelligenz.

Künstliche Neuronennetze → Konnektionismus.

Kummer → Trauer.

Kurven gleicher Lautheit → Hören.

Kurven gleicher Pegellautstärke → Hören.

Kurvilineare Aktivierungshypothese → Aktivation-Leistungs-Paradigma.

Kurzzeitgedächtnis [häufige Abk. *KZG*; engl. *short-term memory*; Abk. *STM*], Gedächtnissystem, das kurzfristig eine geringe Menge von Informationen speichern u. weiterverarbeiten kann, z. B. für den Übergang ins → Langzeitgedächtnis. Ein typ. Bsp. für das Wirken des K. liegt vor, wenn man eine Telefonnummer gesagt bekommt u. sie sich für kurze Zeit zur Ausführung des Wählvorgangs merkt. Dem K. vorgeschaltet ist ein *Ultrakurzzeitgedächtnis*, die → sensorischen Register. Die von diesen Registern ins K. transferierten Informationen werden dort kurzfristig gespeichert u. Verarbeitungsprozessen unterworfen. Ursprüngl. wurde dem K. v. a. eine phonolog. Kodierung zugesprochen, eine nur teilweise gültige Annahme (→ Modalitätseffekt; → phonologischer Ähnlichkeitseffekt). Die Trennung zw. dem K. u. einem Langzeitgedächtnis ist die zentrale Essenz der → Mehrspeichertheorien, deren Analyse seit Ende der 60er Jahre eines der Hauptthemen der Gedächtnisps. ist. Der Begriff K. spricht allerdings einen Themenbereich an, der seit langer Zeit in der Ps. thematisiert wurde, der ältere Begriff war *unmittelbares Behalten*. Auch die Lerntheorien mussten eine Art K. postulieren, v. a. zur Erklärung der Effekte verzögerter Verstärkung – sowohl Pawlow wie Hull postulierten das Wirken von *Reizspuren*. Die Kapazität des K. wird durch die *magical number* 7 ± 2 angegeben, gemessen in → chunks. Diese Messung durch die → Gedächtnisspanne wird jedoch kritisiert, da bei ihr Prozesse der Speicherung, der Verarbeitung u. Reproduktion vermengt werden – mit Berechnungen, die auf den → Recency-Effekt beruhen, kommt man auf etwa 3 Items (Watkins 1974, 1977). Craik (1971) fasst die experimentellen Befunde zur Kapazität der Kurzzeit-Komponente in der freien Reproduktion zusammen u. kommt zu dem Schluss, dass sie ungefähr 2,5 bis 3,5 Worte umfasst, also beträchtl. weniger als die unmittelbare Gedächtnisspanne, da diese auch Langzeitkomponenten enthält; vgl. hierzu Baddeley (1979). Die Kapazität des K. ist frühzeitig stabil ausgeprägt, vgl. zsfd. Ornstein u. Corsale (1979), u. bleibt bis ins Alter konstant; vgl. Craik (1977); Kausler (1982); erst im hohen Alter, etwa ab dem 8. Lebensjahrzehnt, lassen sich deutliche negative Veränderungen des Umfangs der Gedächtnisspanne nachweisen; vgl. Fleischmann (1982); vgl. zsfd. u. zur Problematik dieser Ergebnisse Knopf (1987). Bis heute ist nicht ganz klar, inwieweit sich das K. »an sich« überhaupt entwickelt o. ob es nur Techniken des Umgangs mit Material sind, die weiterentwickelt werden: → Metagedächtnis; vgl. zsfd. Waldmann u. Weinert (1990). Die Dauer des K. lässt sich schwer bestimmen, da viele theoret. Annahmen mit eingehen, z. B. die Frage, welche Rolle aktives → Memorieren spielt u. ob die Kurzzeit-Langzeit-Dichotomie überhaupt valide ist. Forschungsergebnisse, die mit der → Brown-Peterson-Technik gewonnen wurden, weisen darauf hin, dass die Informationen nach 9 Sekunden weitgehend zerfallen sind, nach 18 Sekunden prakt. vollständig; vgl. auch Murdock (1961).

Wichtige mit dem K. verknüpfte Forschungsprobleme u. Paradigmen sind: (a) Prozesse des → Vergessens im K.: Ursprüngl. wurde für das K. v. a. eine *Interferenztheorie* postuliert – gegenüber einer *Spurenzerfallstheorie*, die das Langzeitgedächtnis kennzeichnen solle; zunehmend wird aber ein integrativer Standpunkt vertreten. Eine der bekanntesten Versuchsanordnungen in diesem Zusammenhang war die → Brown-Peterson-Technik. (b) Prozesse des → Erinnerns im K.: Die Abrufzeiten hängen von der Größe der Antwortgruppen ab, meist werden mehrere Stufen der Informationsverarbeitung unterschieden, wichtig geworden ist v. a. das *Paradigma der seriellen erschöpfenden Suche*, des Weiteren *Modelle des Parallelvergleichs*, *Modelle der sich selbst beendenden Suche* u. *Modelle der Diskrimination u. Stärke von Spuren*; vgl. zsfd. Baddeley (1979); Weiteres → Gedächtnisabsuche. (c) Faktoren der Speicherung: Hier sind v. a. Prozesse der → Kodierung u. → Gruppierung entscheidend; Weiteres s. das Stw. → einfaches Lernen. Grundsätzl. postulieren Theorien des K. meist kurzfristige neuronale Erregungskreise, so Hebbs klass. Theorie der *reverberating circuits*, während das Langzeitgedächtnis seine Grundlage in strukturellen Zelländerungen haben solle; eine ähnl. Fassung wurde in allgemeinerer Form in Deutschland von C. Weinschenk vertreten; zur Modifikation dieser Auffassung vgl. Rohracher (1968); zu den neurophysiolog. Grundlagen s. das Stw. → Gedächtnistheorien.

VD/T: (a) *K.* wird auch, v. a. im Kontext der Mehrspeichertheorien, als *Primärgedächtnis* bezeichnet, auch der Begriff → *Arbeitsgedächtnis* wird verwendet, teils jedoch in abweichender Bedeutung (s. d.). (b) Allg. wird sowohl von *K.* als auch von *Kurzzeit-Speicher* gesprochen; der in der klass. Theorie von Atkinson u. Shifrin (→ Mehrspeichertheorien) gemachte Unterschied wird heute kaum mehr beachtet. Zur Unterscheidung von *Gedächtnis* u. *Speicher*. s. das Stw. → Gedächtnis. (c) Kintsch (1982) verwendet den Begriff *Primärgedächtnis*, um die hypostasierte Entität K. zu bezeichnen, während er mit *K.* rein deskriptiv die Prozesse des unmittelbaren Behaltens meint, v. a. die → Gedächtnisspanne. (d) In der älteren Ps. führte man noch weitere Differenzierungen durch: Fällt die Wiedergabe des Gelernten noch in den Bereich der sog. *psych. Präsenz* (W. Stern 1897), dann soll für die Erinnerung typ. Reproduktionsbewusstsein fehlen; unter dem *unmittelbaren Behalten* i. e. S. versteht man eine echte Gedächtnisleistung, die sich aber von den langfristigen Speicherungsprozessen des Langzeitgedächtnis unterscheidet, was mit der → Methode der behaltenen Glieder nachgewiesen worden ist; vgl. zsfd. Hörmann (1969); Weinschenk (1955); Süllwold (1964). (e) Der Begriff *K.* ist auch in die Umgangssprache eingegangen, jedoch in eigentüml. verzerrter Weise – dort wird mit K. meist ein Gedächtnis von mehreren Stunden, Tagen o. auch Wochen bezeichnet, so wenn Studenten davon sprechen, dass sie bei Prüfungsvorbereitungen Lernmaterial nur in ihr K. aufnehmen u. es nach einigen Wochen wieder vergessen haben – dies entspricht dem wissenschaftl. Begriff des Langzeitgedächtnisses, das wissenschaftl. Kzpt. des K. dagegen betrifft nur Prozesse im Sekundenbereich.

◆ Baddeley, A.: Die Ps. des Gedächtnisses. Stuttgart 1979; Craik, F. I. M.: Primary memory. British Medical Bulletin 27, 1971, S. 232–236; Craik, F. I. M.: Age differences in human memory. In: Birren, J. E. u. Schaie, K. W. (Hg.): Handbook of the psychology of aging. New York 1977, S. 384–420; Fleischmann, U. M.: Zur Gültigkeit des »Zahlennachsprechens« im hohen Lebensalter. Z. Gerontol. 15, 1982, S. 15–21; Hörmann, H.: Bedingungen für das Behalten, Vergessen u. Erinnern. In: Bergius, R. (Hg.): Lernen u. Denken. HP, 1. Bd., 2. Hlb. Göttingen 1964, S. 225–284; Kausler, D. H.: Experimental psychology and human aging. New York 1982; Kintsch, W.: Gedächtnis u. Kognition. Berlin 1982; Knopf, M.: Gedächtnis im Alter. Berlin 1987; Miller, G. A.: The magical number 7 plus or minus 2: some limits on our capacity for processing information. PR 63, 1956, S. 81–97; Müller, G. E. u. Schumann, F.: Experimentelle Beiträge zur Untersuchung des Gedächtnisses. ZfPs 6, 1894, S. 81–190; Murdock, B. B.: The retention of individual items. In: JExP 62, 1961, S. 618–625; Ornstein, P. A. u. Corsale, K.: Organizational factors in children's memory. In: Puff, C. R. (Hg.): Memory organization and structor.

New York 1979, S. 219–258; ROHRACHER, H.: Gedächtnis u. Lernen. In: MEILI, R. u. ROHRACHER, H. (Hg.): Lehrbuch der experimentellen Ps. Bern 1968 (2. Aufl.), S. 115–172; STERN, W.: Psych. Präsenz. ZfPs 13, 1897, S. 325–349; SÜLLWOLD, F.: Das unmittelbare Behalten u. seine denkps. Bedeutung. Göttingen 1964; WALDMANN, M. u. WEINERT, F. E.: Intelligenz u. Denken. Göttingen 1990; WATKINS, M. J.: Concept and measurement of primary memory. PBu 81, 1974, S. 695–711; WATKINS, M. J.: The intricacy of memory span. MuC 5, 1977, S. 529–534; WEINSCHENK, C.: Das unmittelbare Gedächtnis als selbständige Funktion. Göttingen 1955; WUNDT, W.: Grundriß der Ps. Leipzig 1905.

Kurzzeitspeicher → Kurzzeitgedächtnis.

KVK → sinnlose Silbe.

Kybernetische Pädagogik → informationstheoretische Psychologie; → kybernetische Psychologie.

Kybernetische Psychologie. Der Begriff *k. P.* ist kein fest kodifizierter Begriff, es gibt eine Reihe ps. Ansätze, die die Modelle der Kybernetik übernehmen, v. a. die zentralen Kzpt. des *Regelkreises* bzw. der *Homöostase*. Da die Kybernetik von Anfang an interdisziplinär konzipiert worden ist, haben v. a. die biolog. Wissenschaften frühzeitig kybernet. Modelle übernommen u. Regelungsprozesse in vielen Systemen nachgewiesen; vgl. schon die frühe Arbeit Mittelstaedts (1956). Insbes. die Sinnes- u. Nervenphysiologie u. von daher die *physiolog. Ps.* sind voller kybernet. Ansätze; vgl. Birbaumer u. Schmidt (1989). Einer der Protagonisten im dt. Sprachraum war der Physiologe W. Keidel; vgl. auch die wichtige Arbeit des Neurophysiologen Walter (1953). Innerhalb der Ps. spielen homöostat. Modelle z. B. innerhalb der → Motivationstheorien eine Rolle; vgl. Fletcher (1942), Stagner (1951), Vickers (1973); krit.: Maze (1953). Die bahnbrechende Programmatik der modernen → kognitiven Psychologie von Miller u. a. (1960) verwendet in ihrem → TOTE-Kzpt. eine Elaboration des kybernet. Homöostasekzpt.; vgl. hierzu auch Thomae (1983). Auch das Modell der → Orientierungsreaktion enthält ein Regelkreismodell. Für die Bedeutung kybernet. Aspekte im sensomotor. u. sprachl. Bereich vgl. die Stw. → Reafferenz sowie → Rückmeldungsverzögerung u. Rückmeldungsverzerrung.

VD/T: Wenn man die *Informationstheorie* auch zur Kybernetik rechnet (was umstritten ist), so sind auch die Ansätze der → informationstheoretischen Psychologie unter die k. P. zu subsummieren; Weiteres s. d. Auch in der Neurops. werden kybernet. Modelle rezipiert, man spricht bisweilen von *Neurokybernetik* o. *Psychokybernetik*, zwei Begriffe, die jedoch mehr im populären Bereich auftauchen, als dass sie sich im wissenschaftl. Bereich etabliert haben; vgl. Benesch (1988); vgl. auch die sog. *Neurobionik* (Beier, u. Glas 1968; Forth u. Schewitzer 1976). Wenn man die *Informatik* zur Kybernetik rechnet, was ebenfalls umstritten ist, so lassen sich in die k. P. auch sämtl. → Informationsverarbeitungstheorien mit einbeziehen, des Weiteren die Ansätze zur → künstlichen Intelligenz; s. a. das Stw. → Konnektionismus. Bezieht man die Systemtheorien mit ein, so sind auch die Ansätze zur → systemtheoretischen Psychologie als kybernet. orientiert i. w. S. zu bezeichnen.

LIT: Zur Einführung in die Kybernetik vgl. Flechtner (1972) u. von Cube (1975); ein Wörterbuch ist Klaus (1969); zu kybernet. Analysen geistiger Prozesse vgl. Klix (1968); von Cube (1965) ist zwar vom Titel her eine kybernet. Analyse der Grundlagen des Lernens u. Lehrens, er verwendet jedoch fast ausschließl. informationstheoret. Modelle; der Protagonist der kybernet. Ansätze in der Pädagogik im dt. Sprachraum war Frank (1962ff.); zur geschichtl. Entwicklung der biolog. Kybernetik bis 1948 vgl. Hassenstein (1960); zur Überwindung des Homöostasebegriffs im Zusammenhang mit entwicklungsps. u. Intelligenz-Forschungen vgl. Rosemann (1987); zu philosoph.-wissenschaftstheoret. Überlegungen bezügl. der Stellung der Kybernetik in Biologie u. Ps. vgl. Bischof (1968); einen umfassenden Überblick über die Denkschulen der Kybernetik u. ihre sozialwissenschaftl. Adaptationen gibt Richardson (1990).

◆ Beier, W. u. Glas, K.: Bionik – eine Wissenschaft der Zukunft. Jena 1968; Benesch, H.: Zw. Leib u. Seele. Grundlagen der neuroevolutionären Psychokybernetik. Frankfurt/M. 1988; Birbaumer, N. u. Schmidt, R. F.: Biolog. Ps. Berlin 1989; Bischof, N.: Kybernetik in Biologie u. Ps. In: Moser, S. (Hg.): Information u. Kommunikation. München 1968, S. 63–73; Borko, H. (Hg.): Computer applications in the behavioural sciences. Englewood Cliffs 1962; Brajnes, S. N. u. Svecinskij, V. B.: Probleme der Neurokybernetik u. Bionik. Stuttgart 1971; Cherry, C.: Kommunikationsforschung – eine neue Wissenschaft. Frankfurt/M. 1967; Colby, K. M.: Computer simulation of neurotic processes. In: Stacey, R. W. u. Waxman, B. D. (Hg.): Computers in biomedical research. New York 1965; Colby, K. M. u. a.: A computer model of psychotherapy. JNMD 142, 1966, S. 148–152; v. Cube, F.: Kybernet. Grundlagen des Lernens u. Lehrens. Stuttgart 1965; v. Cube, F.: Was ist Kybernetik. München 1975; Fenk, A. u. Vanoucek, J.: Zur Messung prognost. Leistung. ZEAP 39, 1992, S. 18–55; Flechtner, H.-J.: Grundbegriffe der Kybernetik. Stuttgart 1972; Fletcher, J. M.: Homeostasis as an explanatory principal in psychology. PR 49, 1942, S. 80–87; Forth, E. u. Schewitzer, E.: Bionik. Leipzig 1976; Frank, H.: Grundlagenprobleme der Informationsästhetik. Stuttgart 1959; Frank, H.: Kybernet. Grundlagen der Pädagogik. Baden-Baden 1962; Frank, H. (Hg.): Kybernetik, Brücke zw. den Wissenschaften. Frankfurt/M. 1964; Frank, H.: Kybernet. Analysen subjektiver Sachverhalte. Quickborn 1964; Frank, H.: Kybernet. Grundlagen der Pädagogik. Baden-Baden 1969 (2. Aufl.); Garner, W. R.: Uncertainty and structure as psychological concepts. New York 1962; Grossman, S. P.: A textbook of physiological psychology. New York 1967; Hassenstein, B.: Die geschichtl. Entwicklung der biolog. Kybernetik bis 1948. Naturwissenschaftl. Rundschau 13, 1960, S. 419–424; Hassenstein, B.: Biolog. Kybernetik, elementare Einführung. 1973; Hussy, W.: Denkps., 2 Bde. Stuttgart 1984/1986; Keidel, W. D.: Sinnesphysiologie, Teil I: allg. Sinnesphysiologie, visuelles System. Berlin 1971; Klaus, G.: Wörterbuch der Kybernetik. Frankfurt/M. 1969; Klix, D. (Hg.): Kybernet. Analysen geistiger Prozesse. Berlin 1968; Kornhuber, H. H.: Wahrnehmung u. Information. In: Stamm, R. A. u. Zeier, H. H. (Hg.): Die Ps. des 20. Jhdts., Bd. VI, S. 783–798, München 1978; Masser, S.: Grundlagen der allg. Kommunikationstheorie. Stuttgart 1971; Maze, J. R.: On some corruption of the doctrine of homeostasis. PR 60, 1953, S. 405–412; Meyer-Eppler, W.: Grundlagen u. Anwendung der Informationstheorie. Berlin 1969; Miller, G. A. u. a.: Plans and the structure of behaviour. New York 1960 (dt.: Strategien des Handelns. Pläne u. Strukturen des Vhs. Stuttgart 1973); Mittelstaedt, H. (Hg.): Regelungsvorgänge in der Biologie. München 1956; Mittelstaedt, H. (Hg.): Regelungsvorgänge in lebenden Wesen. Wien 1961; Mittenecker, E.: Kybernet. Modelle in der Ps. In: Lienert, G. (Hg.): Bericht über den 23. Kongr. der Dt. Ges. für Ps. 1962. Göttingen 1963, S. 68–92; Mittenecker, E. u. Raab, E.: Informationstheorie für Psychologen. Göttingen 1973; Moser, U. u. a.: Über den Wert der Computersimulation in der Neurosenforschung. SchZPA 25, 1966, S. 309–315; Richardson, G.: Feedback thought in social science and system theory. Philadelphia 1990; Rosemann, H.: Intelligenztheorien. Reinbek 1987; Schmidt, H.: Regelungstechnik. Ztschr. des. Dt. Ingenieurs 85, 1941, S. 81–88; Seifert, H.: Information über Information. München 1968; Selg, H. u. Bauer, W.: Forschungsmethoden der Ps. Stuttgart 1971; Stagner, R.: Homeostasis as a unifying concept in personality theory. PR 58, 1951, S. 5–17; Thomae, H.: Motivationsbegriffe u. Motivationstheorien. In: Thomae, H. (Hg.): Theorien u. Formen der Motivation. EP, C IV, 1. Bd. Göttingen 1983, S. 1–65; Ückert, H.: Computersimulation. In: Bredenkamp, J. u. Feger, H. (Hg.): Hypothesenprüfung. EP, Reihe. Forschungsmethoden Bd. 5. Göttingen 1983, S. 530–616; Vickers, G.: Motivation theory – a cybernetic contribution. BS 18, 1973, S. 242–249; Wagner, R.: Probleme u. Bsp. biolog. Regelung. Stuttgart 1954; Walter, W. G.: The living brain. New York 1953 (dt.: Das lebende Gehirn. Köln 1961); Weizenbaum, J.: Contextual understanding by computers. In: Kohlers, P. A. u. Eden, M. (Hg.): Recognizing patterns. Cambridge 1968; Wiener, N.: Cybernetics. New York 1948 (dt.: Kybernetik. Regelung, Nachrichtenübertragung in Lebewesen u. Maschinen. Reinbek 1963); Wiener, N.: Mathematik – mein Leben. Düsseldorf 1962.

Lachen, wichtiges Element des menschl. → Ausdrucks, v. a. im Zusammenhang mit → Freude u. Glück auftretend, häufig begleitet von ausladenden Bewegungen, Singen, Tanzen, Springen, Stampfen u. In-die-Hände-Klatschen. Physiolog. gesehen ist L. eine merkwürdige Modifikation der Atembewegungen, bei der die Atmung in mehreren hintereinanderfolgenden Stößen ausgeführt wird, während die Einatmung kontinuierl. in etwas beschleunigten Zügen erfolgt; die Gesichtsmuskel werden dabei zusammengezogen, wodurch eine Verbreiterung des Mundes entsteht u. die Mundwinkel etwas angehoben werden; bei intensivem Lachen werden u. U. auch Tränen vergossen; diese Merkmale wurden als kulturübergreifend erwiesen, vgl. z. B. Ekman u. Friesen (1975). L. entsteht bei Wahrnehmung überraschender kognitiver Inkongruenzen, typischerweise bei Witzen, auch bei lexikal. Beschreibungen des L. Bereits halbjährige Kinder reagieren auf die unterschiedl. Situationen (z. B. Gekitzeltwerden, Versteckspielen) mit L.; vgl. Izard (1981); → Lächeln.

◆ Ekman, P. u. Friesen, W. V.: Unmasking the face. New Jersey 1975; Izard, C. E.: Die Emotionen des Menschen. Weinheim 1981; Rotbart, M. K.: Laughter in young children. PB 80, 1973, S. 247–256; Wolff, P. H.: Observations on the early development of smiling. In: Foss, B. N. (Hg.): Determinants of infant behaviour II. New York 1963, S. 110–135.

LAD Abk. für *language acquisition device*; → Spracherwerbsmechanismus.

Lächeln. L. ist ein wichtiges Element des menschl. → Ausdrucks, ein universelles Symbol für Freundlichkeit, Zustimmung u. Freude. Schon vor der Geburt lächeln Babys. Das ganz frühe L. unmittelbar nach der Geburt ist eine reflexhafte Aktivität, der vermutl. elektr. Aktivitäten des Gehirns zugrunde liegen. Mit sechs Wochen wird das Lächeln erstmals durch einen visuellen Reiz ausgelöst, am besten durch den Anblick eines Gesichts. Säuglinge lächeln bis zu Beginn des 2. Monats eine Pappattrappe mit einem aufgezeichneten Oval mit zwei Punkten an, wb. der zentrale Auslöser offensichtl. die Augen sind, so dass auch zwei Glaskugeln u. andere glänzende Gegenstände L. hervorrufen, wenn diese ungefähr dieselbe Größe u. Form u. denselben Abstand wie die Augen einer Person haben. Ab diesem Zeitpunkt ist es kein bloßer Automatismus mehr, sondern ein vom Affekt der Freude begleitetes Signal, das die Interaktion mit der Betreuungsperson u. ihrer affektive Tönung wesentl. beeinflusst, selbst wenn zu diesem Zeitpunkt noch unterschiedslos alle Gesichter angelächelt werden. Mit ca. zweieinhalb bis drei Monaten beginnt selektives Anlächeln von Gesichtern, das mütterl. Gesicht wird häufiger u. stärker angelächelt als andere: *soziales Lächeln*; Abb. *Ausdruck 2* zeigt Bsp. für L. bei Menschen verschiedener Kulturen (aus Landau 1994).

VD: Zur Frage, wie sich echtes L. von gestelltem künstl. L. unterscheidet, vgl. Ekman (1985, 1988): Unechtes L. ist unsymmetr. u. die Muskeln um die Augen sind nicht beteiligt, auch der zeitl. Verlauf ist ein anderer. Bei bestimmten neurolog. Störungen, wenn Patienten nur eine Gesichtshälfte willentl. bewegen können, sind sie nur in der Lage, ein künstl. L. in der »funktionierenden« Gesichtshälfte zu produzieren, während bei einer Reaktion auf einen gelungenen Witz durchaus ein beidseitiges L. mögl. ist, das also durch andere Gehirnbereiche gesteuert werden muss.

◆ Ekman, P.: Telling lies. New York 1985; Ekman, P. u. a.: Smiles when lying. JPSP 54, 1988, S. 414–420; Izard, C. E.: Die Emotionen des Menschen. Weinheim 1981; Landau, T.: Von Angesicht zu Angesicht. Heidelberg 1993.

Lärm → Hören.

Lage → Tiefensensibilität.

Lageorientierung → Handlungs- vs. Lageorientierung.

Lagesinn → Tiefensensibilität.

Lagewahrnehmung → Tiefensensibilität.

Laienwissenschaftler → kognitive Täuschungen und kognitive Heuristiken.

Λ-Hypothese → Aktivation-Leistungs-Paradigma.

Lancement-Versuch → phänomenale Kausalität.

Landmark events → autobiographisches Gedächtnis.

Landmark knowledge → kognitive Landkarte.

Langeweile, das Empfinden einer subjektiv langsamer vergehenden Zeit, v. a. bei Unterstimulation o. der Konfrontation mit Ereignissen, die kein → Interesse auslösen. Das Thema L. wird innerhalb der modernen Emotionsps. vernachlässigt; Analysen von L. finden sich v. a. im Zusammenhang mit der Ps. der → Zeitwahrnehmung. In der älteren dt. Ps. gibt es ausführlichere Ansätze (Revers 1949, 1964); zu etholog. Aspekten vgl. Bilz (1971); zur Bedeutung der L. innerhalb der Depression vgl. Bucher (1977). Einen *Langeweilesättigungstrieb* postulieren Glanzer (1953), Myers u. Miller (1954) u. Fowler (1965, 1967); dieser sei die Grundlage für → Neugier bzw. → Explorationsverhalten u. diene der Vermeidung bekannter Reize.

◆ BILZ, R.: Langeweile. In: BILZ, R.: Paläoanthropologie. Frankfurt/M. 1971; BUCHER, R.: Depression u. Melancholie. Bern 1977; FOWLER, H.: Curiosity in exploratory behaviour.

Abb. *Ausdruck 2*

New York 1965; Fowler, H.: Satiation and curiosity: constructs for a drive and incentive-motivational theory of exploration. In: Spence, K. W. u. Taylor, J. (Hg.): The psychology of learning and motivation, 1. Bd. New York 1967, S. 157–227; Glanzer, M.: The role of stimulus satiation in spontaneous alternation. JExP 45, 1953, S. 387–393; Hübner, B.: Die Langeweile. Freiburg 1962 (Diss.); Jacobi, G.: Langeweile, Muse u. Humor u. ihre pastoraltheolog. Bedeutung. Berlin 1952; Myers, A. K. u. Miller, N. E.: Failure to find a learned drive based on hunger. Evidence for learning motivated by »exploration«. JCPP 47, 1954, S. 428–436; Revers, W. J.: Die Ps. der Langeweile. Meisenheim 1949; Revers, W. J.: Das Zeitproblem in der Ps. AfP 116, 1964, S. 279ff.

Langeweilesättigungstrieb → Langeweile.

Language acquisition device → Spracherwerbsmechanismus.

Language acquisition support system → Sprache.

Language making capacity → Kognitionshypothese.

Langzeitgedächtnis [häufige Abk. LZG; auch *Langzeitspeicher*], eine in den → Mehrspeichertheorien des Gedächtnisses postulierte Gedächtnisinstanz, die zuständig ist für die langfristige Speicherung von Informationen. Das L. umfasst alles Wissen eines Menschen über Sachverhalte, Personen, Vorgänge, einschl. der persönl. Erlebnisse u. des Wissens über die eigene Person (nach Kluwe 1990). *L.* meint also v. a. das, was umgangssprachl. mit → *Wissen* bezeichnet wird. Zur Darstellung u. Analyse hat die moderne Ps. elaborierte Modelle vorgelegt, v. a. → semantische Netzwerke; s. hierzu die Stw. → Merkmalstheorien; → Wissenspsychologie; → propositionale Wissensrepräsentation; → Skript; → frame; → Schema. Über die Kapazität des L. lässt sich nicht viel sagen, eine obere Grenze ist nicht bekannt, bes. hoch sind Leistungen des → Wiedererkennens, insbes. bei bildhaftem Material. Dennoch kommt natürlich → Vergessen vor, als erklärende Theorien stehen sich die *Interferenztheorie* u. die *Spurenzerfallstheorie* gegenüber. Ein wichtiges Phänomen in diesem Zusammenhang ist das → Gefühl-des-Wissens, das darauf hinweist, dass man ein Wissen von der Existenz des Gespeicherten haben kann, ohne es im Moment unmittelbar abrufen zu können. Ein eigenes Problem ist die Frage, wie die langfristige Information, die in → Bewegungen u. »Prozeduren« steckt, gespeichert wird; insbes. → Bewegungsprogramme scheinen fast keinem Vergessen zu unterliegen; vgl. zsfd. Arbinger (1984) u. Kluwe (1990); s. a. die Stw. → visuelles Gedächtnis u. → auditives Gedächtnis.

Es wurde die Auffassung vertreten, dass es zwei grundsätzl. verschiedene L. gibt: → episodisches u. → semantisches Gedächtnis; s. a. die Stw. → deklarative vs. prozedurale Wissensrepräsentation. Grundsätzl. nimmt man an, dass die Information beim Übergang ins L. auf vielfache Weise verändert u. einer → Kodierung unterworfen wird, so dass sie sozusagen keine »äußere Ähnlichkeit« mehr mit dem ursprüngl. Material hat. Es scheint eine Hierarchie von → Verarbeitungsebenen zu geben, vom einfachen → Memorieren hin zu elementaren Kodierungsprozessen wie → Gruppierung u. → Chunking. Diese Prozesse führen schließl. zu komplexen Repräsentationsstrukturen, die bes. beim → Textverstehen u. bei der → Satzverarbeitung zutage treten: Meist wird nur der Gehalt der sprachl. Information gespeichert (die zentrale → Proposition), also das, was ein Text »eigentlich« sagt, nicht die spezif. stilist. o. grammat. Form, in der dies ausgedrückt ist, u. diese Einzelpropositionen werden zu komplexen Makrostrukturen verarbeitet (→ Geschichtengrammatik). Es ist allerdings auch belegt, dass auch phonem. kodiertes Material im Langzeitgedächtnis gespeichert werden kann; bes. das → Tip-on-the-tongue-Phänomen weist darauf hin, dass unser Behalten von

Wörtern auch eine phonem. Komponente einschließt. Die → duale Kodierungstheorie postuliert, dass es zwei unabhängige, aber doch miteinander verbundene Gedächtnissysteme gibt, ein bildhaftes u. ein verbales System. Es besteht ein enger Zusammenhang zw. der ursprüngl. Kodierung u. dem Abruf, wie dies v. a. von der Theorie der → Kodierungsspezifität thematisiert worden ist.

◆ ARBINGER, R.: Gedächtnis. Darmstadt 1984; KLUWE, R. H.: Gedächtnis u. Wissen. In: SPADA, H. (Hg.): Lehrbuch der Allg. Ps. Bern 1990, S. 115–188.

Langzeitspeicher → Langzeitgedächtnis.

Laplace-Prinzip → Entscheidungstheorie; → Wahrscheinlichkeitsrevision.

Lashley-Sprungstand → Diskriminationsapparatur.

LASS, Abk. für *language acquisition support system*; → Sprache.

Latentes Lernen, Lernen ohne → Verstärkung, das sich deswegen zunächst nicht manifestiert, bei Einführung einer Verstärkung jedoch durch einen unmittelbaren massiven Lernfortschritt deutl. wird – anders gesagt: aus diesem massiven Lernfortschritt schließt man, dass schon vorher ein Lernprozess stattgefunden hat, der latent bleibt, bis der Verstärker ihn sozusagen hervorholt.

L. L. war eines der Phänomene, die zur Trennung von → Kompetenz u. Performanz u. zum Kzpt. des → Anreizes geführt haben. Das Phänomen des l. L. führt auch auf das Problem → *inkrementelles vs. Alles-oder-nichts-Lernen*.

In einem klass. Experiment zum Nachweis von l. L. werden Tiere erst nach häufigerem Durchlaufen eines Labyrinths (durch Futter in der Zielbox) verstärkt; die Tiere zeigten daraufhin schnell ein richtiges Durchlaufen des Labyrinths. Gegen das Experiment wurde eingewandt, dass bereits beim unverstärkten Durchlaufen des Labyrinths eine versteckte Verstärkung durch die Befriedigung von Neugier vorliegen könne, so dass es sich gar nicht um l. L. im eigentl. Sinne handele; zu den verschiedenen Versuchsanordnungen, die dieses Gegenargument auszuschliessen versuchen, vgl. Thistlethwaite (1951).

LIT: Zum Überblick vgl. Thistlethwaite (1951) u. Revenstorf (1966).

◆ REVENSTORF, D.: Theorien u. Experimente zum latenten Lernen. PB 9, 1966, S. 122–163; THISTLETHWAITE, D. L.: A critical review of latent learning and related experiments. PBu 48, 1951, S. 97–129.

Latenzannahme → Tiefenpsychologie; → Psychoanalyse.

Latenz-Phase → Psychoanalyse; → Trieb; → Sexualtrieb.

Latenzzeit → Reaktionszeit.

Laterale Hemmung → Sehen.

Lateraler Transfer → Transfer.

Lateralitätseffekt [engl.: *right ear advantage*; Abk. REA], der Effekt, dass das rechte Ohr bei der → Sprachwahrnehmung dominant ist, wohingegen nichtsprachl. Reize besser vom linken Ohr verarbeitet werden. Dieser Effekt wurde mit der Methode des → dichotischen Hörens ermittelt. Er ist bei Vokalen weniger deutl. als bei Konsonanten. Zur Erklärung wird auf das Kzpt. der → Hirnhemisphärenasymmetrie verwiesen.

◆ EIMAS, P. D.: Speech perception in early infancy. In: COHEN, L. B. u. SALAPATEK, P. (Hg.): Infant perception: from sensation to cognition, 2. Bd. New York 1975, S. 193–231.

Laufbewegungen → Bewegung.

Laufsteg → Lernlabyrinth.

Lautebene → Sprachproduktion.

Lautes Denken, eine Methode zur Analyse des → Denkens bzw. des → Problemlösens: Eine Vp wird, während sie mit einem Sachverhalt umgeht u. eine Lösung für ein Problem sucht, aufgefordert, laut auszusprechen, was sie gerade denkt – der Oberbegriff für diese Methode ist *verbale Daten* bzw. *verbale Protokolle.*

HI: Diese Methode ist seit langem eine Standardmethode der Denkps., die bereits von Watson (1921) u. Claparéde (1932, vgl. 1969) diskutiert wurde u. bes. innerhalb der → Würzburger Schule wichtig geworden ist. Im deutschsprachigen Raum sind Untersuchungen von Merz (1969) sowie von Franzen u. Merz (1976) vorgelegt worden. Im Zusammenhang mit der Informationsverarbeitung beim → Problemlösen ist die Methode v. a. von Duncker (1935), Lüer (1973) sowie von Dörner (1974) eingesetzt worden; amerikan. Ansätze finden sich bei Newell u. Simon (1972). Die derzeit umfassendste u. theoret. Diskussion der Methode des l. D., welche die zwischenzeitl., v. a. durch behaviourist. Einflüsse, weitgehend obsolet gewordene Methode wieder reaktiviert hat, stammt von Ericsson u. Simon (1980). Auch Payne u. a. (1978) plädieren für diese Methode u. gleichzeitig für eine deutl. Abgrenzung von der → Introspektion.

◆ Claparède, E.: Die Entdeckung der Hypothese. In: Graumann, C. F. (Hg.): Denken. Köln 1969, S. 109–115 (Orig.: 1932); Dörner, D.: Die kognitive Organisation beim Problemlösen. Bern 1974; Duncker, K.: Zur Ps. des produktiven Denkens. Berlin 1935; Ericsson, K. A. u. Simon, H. A.: Verbal Reports as data. PR 87, 1980, S. 215–251; Franzen, U. u. Merz, F.: Einflüsse des Verbalisierens auf die Leistung bei Intelligenzprüfungen: Neue Untersuchungen. ZEPP 8, 1976, S. 117–134; Lüer, G.: Gesetzmässige Denkabläufe u. Problemlösung. Weinheim 1973; Merz, F.: Der Einfluß der Verbalisierung auf die Leistung der Intelligenzaufgaben. ZEAP 16, 1969, S. 114–137; Newell, A. u. Simon, H. A.: New and problem solving. Englewood Cliffs 1972; Payne, J. W. u. a.: Exploring predecisional behaviour: an alternative approach to decision research. OBHP 22, 1978, S. 17–44; Watson, J. B.: Is thinking merely the action of language mechanisms? BJP 11, 1921, S. 87–104.

Lautheit → Hören.

Lautsymbolik. Von alters her werden Laut-Bedeutungs-Relationen als sprachhistor. wirksame Faktoren diskutiert, ein Teilproblem der → Psychophonetik. Die *onomatopoet. Theorie des Sprachursprungs* postuliert, dass die Sprache über die Nachahmung natürl. Laute u. allmähl. Systematisierung entstanden ist; vgl. Ertel (1969). Bekannt gewordene ps. Experimente zur L. sind Zuordnungen von phonet. zu visuellen Gebilden, dabei erhielt z. B. Köhler (1947) das Ergebnis, dass das Kunstwort »maluma« einer runden und das Kunstwort »takete« einer eckigen Figur zugeordnet wird. Untersuchungen von Ertel mit dem → semantischen Differential sprechen für die Existenz einer universellen L. im Bereich der → affektiven Bedeutung.

◆ Ertel, S.: Psychophonetik. Göttingen 1969; Köhler, W.: Gestalt psychology. New York 1947.

Law of readiness → Verknüpfungstheorie.

L-Daten → Psychodiagnostik; → differentielle Psychologie.

Learned-reference-scale-Modell → Bezugssystemtheorien.

Learning-adaption-Modell → Bezugssystemtheorien.

Learning by doing, Prozesse des → Wissenserwerbs bzw. des → Lernens, die sich aus der handelnden Auseinandersetzung mit einem Problem ergeben.

LIT: Zum Überblick vgl. Anzai u. Simon (1979, 1984); Kluwe u. a. (1986).

◆ Anzai, Y. u. Simon, H. A.: The theory of learning by doing. PR 86, 1979, S. 124–140; Anzai, Y.: Cognitive control of real-time event-driven systems. CS 8, 1984, S. 221–254; Kluwe, R. H. u. a.: Learning by doing in the control of complex systems. In: Amelang, M.

(Hg.): Bericht über den 35. Kongreß der Dt. Ges. f. Ps. in Heidelberg. Göttingen 1986.

Learning set → Lerneinstellung.

Learning without awareness → unbewusstes Lernen.

Lebensereignisforschung → Stress.

Lebensqualität → Freude.

Lebensraum, die Gesamtheit der zu einer gegebenen Zeit vorhandenen Faktoren (Personen u. ps. Umwelt), die das Vh. bestimmen; L. ist das Zentralkzpt. der lewinschen → Feldtheorie.

In Anlehnung an Lewin hat Tolman (→ Zeichen-Gestalt-Theorie) einen unmittelbaren *Vhsraum* (*immediate behaviour space*) bestimmt als augenblickl. Wahrnehmung der »Stimulus-Situation« sowie der eigenen Person; daneben wird noch die »belief-value-matrix« als weiteres umweltbezogenes Konstrukt angegeben. Überhaupt ist der Raum ein allg. Modell bzw. eine Metapher, die sich durch mehrere Theorien hindurchzieht; vgl. zsfd. Kaminski (1978) u. Bischof (1966); vgl. auch → Problemraum; zum Kzpt. des *Handlungsraums* vgl. Kaminski (1974ff.); zum Kzpt. des *persönl.* R. vgl. Sommer (1969) u. Mogel (1990). Vgl. auch → Raumwahrnehmung; → räumliche Kognition; → kognitive Landkarte. Die sog. → Proxemik analysiert die räuml. Bedingungen u. Strukturen von Kommunikationsprozessen.

◆ Altmann, I. u. Vinsel, A. M.: Personal space: An analysis of E.T. Hall's proxemics framework. In: Altmann, I. u. Wohlwill, J. F. (Hg.): Human behaviour and environment, 2. Bd. New York 1977, S. 181–260; Bischof, N.: Erkenntnistheoret. Grundlagenprobleme der Wahrnehmungsps. In: Metzger, W. (Hg.): Wahrnehmung u. Bewußtsein. HP, 1. Bd., 1. Hlb. Göttingen 1966, S. 21–78; Boesch, E. E.: Zw. zwei Wirklichkeiten. Bern 1971; Bollnow, O. F.: Mensch u. Raum. Stuttgart 1963; Goelz, W.: Dasein u. Raum. Philosoph. Untersuchungen zum Verhältnis von Raumerlebnis, Raumtheorie u. gelebtem Raum. Tübingen 1970; Kaminski, G.: Studieren als Handeln u. Trauern. PB 16, 1974, S. 310–337; Kaminski, G.: Entscheidungsprozesse in ökolog.-ps. Praxis. In: Brandstaetter, H. u. Gahlen, B. (Hg.): Entscheidungsforschung. Tübingen 1975, S. 161–181; Kaminski, G.: Ps. u. Bauen. Einführung in den Problemkreis aus der Sicht des Psychologen. In: Joedicke, J. (Hg.): Ps. u. Bauen. Stuttgart 1975, S. 6–30; Kaminski, G.: Ökops. u. Klin. Ps. In: Baumann u. a. (Hg.): Klin. Ps. – Trends in Forschung u. Praxis 1. Bern 1978, S. 33–73; Kruse, L. u. Graumann, C. F.: Sozialps. des R. u. der Bewegung. Kölner Ztschr. f. Soziologie u. Sozialps. 20, 1978, S. 177–219; Kruse, L.: Räuml. Umwelt. Berlin 1974; Mogel, H.: Umwelt u. Persönlichkeit. Göttingen 1990; Sommer, R.: Personal space. Englewood Cliffs 1969; Stroeker, E.: Philosoph. Untersuchungen zum R. Frankfurt/M. 1965.

Lebensstil → Psychoanalyse.

Lebenstriebe → Psychoanalyse; → Trieb.

Lebenszufriedenheit → Freude.

Lee-Effekt, Störung des Sprechens durch verzögerte auditive Rückmeldung (Lee 1950, 1951), wodurch z. B. Stottern künstl. erzeugt werden kann. Die Störung entsteht durch die Überlappung von gesprochenen u. über Kopfhörer wiedergegebenen Spracheinheiten u. ist bei einer Verzögerung von 2 sec. bei normalen Sprechern am stärksten ausgeprägt. Zu den damit verknüpften Grundproblemen vgl. das Stw. → Rückmeldungsverzögerung und Rückmeldungsverzerrung.

◆ Lee, B. S.: Effects of delayed speech feedback. Journal of the Acoustical Society of America 22, 1950, S. 824–826; Lee, B. S.: Artificial stutter. Journal of Speech and Hearing Disorders 16, 1951, S. 53–55.

Leerlaufreaktion → Trieb.

Lehrerkognitionsforschung → subjektive Theorien.

Lehr-Lern-Forschung → pädagogische Psychologie.

Leipziger Schule → Elementarismus; → Ganzheitspsychologie; → Gestalttheorie.

Leistungsangst [engl.: *achievement anxiety*], → Angst, die im Zusammenhang mit Leistungsanforderungen auftritt; dazu gehören insbes. die *Prüfungs-* u. *Examensangst* (*test anxiety*) u. die *Schulangst* (Schwarzer 1979), aber auch situationsspezif. Ängste, wie z. B. *Mathematikangst* (Richardson u. Woolfolk 1980) o. *sportbezogene* Ängste (Hackford u. Schwenkmezger 1981). *T*: (v. a. im dt. Sprachraum werden *Prüfungs-* u. *Examensangst* weitgehend syn. mit *L.* gebraucht.) L. ist bereichsspezif., wichtig erscheint v. a. die Differenzierung zw. einer L., die auf einer *phys. Bedrohung*, u. einer, die auf einer *Bedrohung des Selbstwertgefühls* beruht (*harm anxiety* vs. *shame anxiety*). Hoch- u. Niedrigängstl. unterscheiden sich in erster Linie bei selbstwertrelevanten Aufgaben – selbst bei einem so lebensbedrohenden Tun wie dem Fallschirmspringen entfällt nach ps. Untersuchungen der Hauptteil der A. auf die *shame anxiety*.

HI/WÜ: Das ps. Paradigma *L.* entstand in den 50er Jahren (Mc Keachi 1951). Seine forschungshistor. Bedeutsamkeit liegt darin, dass auf diesem Gebiet die ersten eigenständigen Angst-Fragebogen entwickelt worden sind: *Test-anxiety-Fragebogen* nach Mandler u. Sarason (1952); *Achievement-anxiety-Test* nach Alpert u. Haber (1960) – während vorher Angstmessung in andere Skalen integriert war. Außerdem wurde im Paradigma *L.* das Kzpt. einer *situationsspezif.* Angst hervorgehoben, das den allg. Angstbegriff durch einen konkreteren Ansatz ersetzte – eine Perspektive, die für die moderne Angstforschung typ. ist; s. a. das Stw. → Aktivation-Leistungs-Paradigma.

TH: (a) Die → *Triebtheorie* der Angst sieht Angst dann als förderl., wenn die zu erbringende Leistung einfach ist, als hinderl. dann, wenn sie schwierig ist, was unter Berufung auf das → Drive-Kzpt. von Hull erklärt wird: Hohe Stärke des *gelernten Triebs* Angst begünstigte bei einfachen Leistungen die Wahrscheinlichkeit der richtigen Reaktion, da bei dieser weitgehend nur eine Reaktionstendenz angesprochen wird, während bei komplexen Leistungen – bei denen mehrere ähnl. Reaktionstendenzen konkurrieren – auch falsche Reaktionstendenzen verstärkt werden. (b) Die *Habit-interference-Hypothese* (*Yale-Theorie*; Mandler u. Sarason 1952) geht von einer ähnl. Logik aus, näml. dem gegenseitigen Sich-Stören von leistungsbezogenen Aufgaben u. aufgabenirrelevanten Reaktionen (*task-irrelevant responses*) – die beide durch Angst hervorgerufen werden. (c) Danach fand ein grundlegender Paradigmenwechsel statt: von den vhstheoret. Konzeptionen zu eher kognitiv orientierten Modellen. Der Grundansatz ist die sog. *Aufmerksamkeitshypothese* der L., nach der aufgabenirrelevante kognitive Prozesse die aufgabenadäquaten Kognitionen hemmen (Sarason 1972; Wine 1971, 1980). Diese Theorie hat also dieselbe Logik wie die *Habit-interference-Theorie*, nur auf kognitiver Ebene. Als entscheidender handlungsstörender Faktor wird nicht so sehr die Emotionalität (*emotionality*) an sich gesehen, vielmehr die sog. *Worry-Kognitionen*. Diese beinhalten aufgabenirrelevante Gedanken über das Leistungsergebnis u. seine Konsequenzen, über die Angemessenheit des Vh. u. über das Abschneiden im Vergleich zu anderen Personen etc. Zum *Worry-Emotionality-Kzpt.* vgl. Liebert u. Morris (1967) u. Schwarzer (1981). (*T*: *worry* wird meist mit *Besorgnis*, *Besorgtheit* o. *Selbstzweifel* übersetzt; *emotionality* mit *Aufgeregtheit*, *Spannung*, *Erregung* o. *emotionaler Aktivierung*.) (d) Neben der Aufmerksamkeitshypothese gibt es die *Easterbrook-Hypothese*, die mit einem Informationsverarbeitungsmodell operiert (Easterbrook 1959): Bei erhöhtem Angst-Niveau erfolge eine Einschränkung des Bereichs genutzter *Hinweisreize* (*cue utilization*); jede Person hat nur eine beschränkte Verarbeitungskapazität, u. wenn diese durch eine zu einfache Aufgabe nicht voll ausgelastet wird, wendet sich die überschießende Kapazität irrelevanten Reizen zu – die positive Wirkung der Angst kann nun gerade in der Einschränkung des Bereichs der Reiznutzung liegen, so dass sich u. U. die Wahrnehmung auf die notwendigen Reize beschränkt, was für die Lösung der Aufgabe optimal ist. Bei komplexen Aufgaben dagegen wird Angst meist dazu führen, dass die ohnehin schon ausgeschöpfte Kapazität der Person völlig überfordert wird. In diesem Sinne kommt auch das Easterbrookmodell zu der Implikation, dass die Lösung einfacher Aufgaben durch Angst verbessert wird, die Leistung bei komplexen Aufgaben dagegen eher verschlechtert wird. Zur Kritik des Modells vgl. Krohne (1981) u. Eysenck (1979). (e) Ausgehend von einer Kritik dieser kognitiven Ansätze finden sich v. a. im deutschen Sprachraum Ansätze, die eine handlungstheoret. Neukonzipierung vorschlagen u. hierbei längerfristige Lern- u. Leistungsprozesse, so insbes. die lernvorbereitenden Handlungsweisen u. langfristige Strategien des Lernens analysieren. Insbesondere Krohne (1975ff.) u. Schwarzer (1980) haben hierbei das Kzpt. der *Angstbewältigung* ausgebaut. Die unterschiedl. Ansätze bei aversiven u. nichtaversiven Reaktionen, bei Konditionierungsaufgaben u. Nicht-Konditionierungsaufgaben sowie im Bereich komplexer Aufgaben stellt Seipp (1990) dar.

LIT: Zum Überblick vgl. Krohne (1980ff.); Schwarzer (1980ff.); Sarason (1980); unter anwendungsorientiertem Aspekt Helmke (1983); Überblicksreferate über die empir. Studien zum Verhältnis von Angst u. Leistung sind Heinrich u. Spielberger (1982) sowie Seipp (1990).

◆ ALPERT, R. u. HABER, R. N.: Anxiety in academic achievement siutations. JASP 61, 1960, S. 207–215; EASTERBROOK, J. A.: The effect of emotion on cue utilization and the organization of behaviour. PR 66, 1959, S. 183–201; EYSENCK, M. W.: Anxiety, learning and memory: a reconceptualization. JRiP 13, 1979, S. 363–385; HACKFORT, D. u. SCHWENKMEZGER, P.: Angst u. Angstkontrolle im Sport. Köln 1981; HEINRICH, D. L. u. SPIELBERGER, C. D.: Anxiety and complex learning. In: KROHNE u. LAUX (1982) S. 148–165; HELMKE, A.: Prüfungsangst. Ein Überblick über neuere theoret. Entwicklungen u. empir. Ergebnisse. PRu 34, 1983, S. 193–211; KROHNE, H. W.: Angst u. Angstverarbeitung. Stuttgart 1975; KROHNE, H. W.: Theorien zur Angst. Stuttgart 1976; KROHNE, H. W.: Angsttheorie: Prüfungsangst. Unterrichtswissenschaft 8, 1980, S. 226–242; KROHNE, H. W. u. LAUX, L. (Hg.): Achievement, stress and anxiety. Washington 1981; KROHNE, H. W. (Hg.): Angstbewältigung in Leistungssituationen. Weinheim 1985; LIEBERT, R. N. u. MORRIS, L. W.: Cognitive and emotional components of test anxiety: a distinction and some initial data. Psychol. Rep. 20, 1967, S. 975-978; MANDLER, G. u. SARASON, S. B.: A study of anxiety and learning. JASP 47, 1952, S. 166–173; MCKEACHIE, W. J. u. a.: Relieving anxiety in classroom examinations. JASP 50, 1955, S. 93–98; RICHARDSON, F. C. u. WOOLFOLK, R. L.: Mathematics anxiety. In: SARASON (1980), S. 271–288; SARASON, I. G.: Experimental approaches to test anxiety: attention and their uses of information. In: SPIELBERGER, C. D. (Hg.): Anxiety: current trends in theory and research, 2. Bd. New York 1972; SARASON, I. G.: Test anxiety. Hillsdale 1980; SCHWARZER, R.: Schulangst u. Schulunlust in Gesamt- u. Regelschulen. Aachen 1979; SCHWARZER, R.: Schulangst u. Lernerfolg. Düsseldorf 1980; SCHWARZER, R.: Streß, Angst u. Hilflosigkeit. Stuttgart 1981; SCHWARZER, R.: Besorgtheit u. Aufgeregtheit als unterscheidbare Komponenten der Leistungsängstlichkeit. PB 23, 1981, S. 579–594; SCHWARZER, R. u. a. (Hg.): Advances in test anxiety research, 1. Bd. Lisse 1982; SCHWARZER, R. u. a. (Hg.): Advances in test anxiety research, 2. Bd. Lisse 1983; SCHWARZER, R. (Hg.): The self in anxiety, stress and depression. Amsterdam 1984; SEIPP, B.: Angst u. Leistung an Schule u. Hochschule. Eine Metaanalyse. New York 1990; SPENCE, J. T. u. SPENCE, K. W.: The motivation components of manifest anxiety: drive and drive stimuli. In: SPIELBERGER (1966), S. 291–326; SPIELBERGER, C. D. (Hg.): Anxiety and behaviour. New York 1966; WINE J. D.: A cognitive-attentional theory of test anxiety. In: SARASON (1980), S. 349–386; WINE, J.: Test anxiety and direction of attention. PBu 76, 1971, S. 92–104.

Leistungsattribution. Das Paradigma *L.* entstand aus einer Überschneidung von Forschungssträngen zum Thema → Leistungsmotivation u. → Attribution; es stellt eine Weiterführung von motivationsps. Problemen unter einem kognitivist. Aspekt dar: (1) Das zentrale Phänomen der Leistungsmotivation, näml. die Bevorzugung mittlerer Risiken bei Erfolgsmotivierten, wird attributionstheoret. so erklärt, dass in diesem mittleren Bereich Leistungen am stärksten der eigenen Leistungsfähigkeit zugeschrieben werden können, was bei *internalen Kausalerklärungen*, bes. bei *Anstrengungsattribuierung*, am deutl. ausgeprägt sein soll, da hier die stärkste Kovariation zw. Anstrengungsaufwand u. Handlungsergebnis besteht. (2) Die im Vergleich zu Misserfolgsmotivierten größere Persistenz bei erwartungswidrigen Misserfolgen wird nicht mehr zurückgeführt auf die Veränderung der Erfolgswahrscheinlichkeit von leichter Schwierigkeit hin zu der für Erfolgsmotivierte maximal motivierenden mittleren Schwierigkeit, sondern mit der variableren Misserfolgsattribuierung Erfolgsmotivierter erklärt: Bei Rückführung von Misserfolgen auf *mangelnde Anstrengung* o. *Pech* erscheint es aussichtsreicher, sich weiter mit vermehrter Anstrengung um eine Lösung zu bemühen als bei stabilen Verursachensfaktoren (Fähigkeitsmangel). (3) Eine weitere Annahme ist, dass Misserfolgszuschreibungen auf *stabile* Ursachen (z. B: Fähigkeitsmangel, Aufgabenschwierigkeit) nachfolgende Erfolgserwartungen stark reduzieren; Ursachenzuschreibungen nach Misserfolg auf *internale* Faktoren (Anstrengung u. Fähigkeitsmangel) maximieren dagegen negative selbstwertbezogene Affekte. Da *Mangel an Fähigkeit* sowohl ein *stabiler* als auch *internaler* Faktor ist, sollen Attributionen auf diese Ursache bes. nachteilige Wirkungen auf nachfolgendes Leistungsvh. haben (Meyer 1984; Weiner u. Sierad 1975). Auf der anderen Seite erhöhen Erfolgsattributionen auf *stabile* Ursachen die Erwartungen auf Erfolg in stärkerem Maße als Zuschreibungen auf *variable* Faktoren. Darüber hinaus werden positive Emotionen nach Erfolgen (z. B. Stolz) maximiert, wenn *internale* Attributionen vorgenommen werden. Auf der anderen Seite führen nach Weiner (1971) Erfolgsattributionen auf hohe Fähigkeit zu Stolz u. hohen Erfolgserwartungen.

HI/WÜ: Begründet wurde das Paradigma v. a. durch die Arbeiten von Weiner; im dt. Sprachraum finden sich frühe Ansätze bei Schmalt (1978ff.); es ist die wichtigste Weiterentwicklung des Paradigmas der Leistungsmotivation, das mittlerweile zu einer Art *attributionstheoret. Emotionsps.* ausgebaut worden ist; Kernstück dieses kognitiven Emotions-Modells bildet, ähnl. wie bei Lazarus (→ Stress), die Annahme, dass (Kausal-)Kognitionen eine hinreichende Bedingung für das Auftreten affektiver Reaktionen darstellen. Im Gegensatz zu anderen kognitiven Emotionstheorien verzichtet Weiner auf das Kzpt. der Erregung (→ Schachter-Singer-Theorie); Weiners Theorie hat darüber hinaus attributionale Analysen von Hilfevh. (Ickes u. Kidd 1976), Einsamkeit (Peplau u. a. 1979), Depression (Abramson u. a.; → gelernte Hilflosigkeit) angeregt.

VD: Im Einzelnen arbeitet Weiner folgende Attributionen u. ihre typ. Affekte heraus:

(1) Bei *Erfolg*: (a) Attribuierung (nachfolgend abgekürzt: Att.): Anstrengung als variabler Faktor; daraus resultiert der Affekt (Aff): Aktivierung, Erregungszunahme; (b) Att.: Anstrengung als stabiler Faktor; Aff.: Entspannung; (c) Att.: eigene Persönlichkeit; Aff.: Selbstaufwertung; (d) Att.: Anstrengung u. Persönlichkeit anderer Personen; Aff.: Dankbarkeit (e) Att.: Glück; Aff.: Überraschung; (f) Att.: Begabung vs. Aufgabenschwierigkeit; Aff.: Kompetenz vs. Sicherheit.

(2) Attribuierungen u. typ. Affekte bei *Misserfolg* sind: (a) Att.: Begabung; Aff.: Inkompetenz; (b) Att.: Anstrengung als stabiler/variabler Faktor; Aff.: Schuldgefühle; (c) Att.: Persönlichkeit, intrins. Motivation; Aff.: Resignation; (d) Att.: Anstrengung anderer Personen, Motivation u. Persönlichkeit anderer Personen; Aff.: Aggression; (e) Att.: Pech; Aff.: Überraschung.

LIT: Für Überblicke s. Schmalt u. Meyer (1976); Keller (1981); Försterling (1986); Heckhausen (1980); einen Überblick über die empir. u. theoret. Problematik vermittelt Kuhl (1983); eine neuere Arbeit ist Weiner (1986).

◆ Försterling, F.: Attributionstheorie in der Klin. Ps. München 1986; Heckhausen, H.: Motivation u. Handeln. Berlin 1980; Ickes, W. J. u. Kidd, R. F.: An attributional analysis of helping behaviour. In: Harvey, J. H. u. a. (Hg.): New directions in attribution research, 1. Bd. Hillsdale 1976; Keller, J. A.: Grundlagen der Motivation. München 1981; Kuhl,

J.: Leistungsmotivation: Neue Entwicklungen aus modelltheoret. Sicht. In: Thomae, H. (Hg.): Theorien u. Formen der Motivation. EP, C, IV. 1. Bd., Göttingen 1983, S. 505–626; Meyer, W.-U.: Das Kzpt. der eigenen Begabung. Bern 1984; Peplau, L. A. u. a.: An attributional analysis of loneliness. In: Frieze, I. H. u. a. (Hg.): Attribution theory: applications to social problems. New York 1979; Schmalt, H. D. u. Meyer, W.-U.: Leistungsmotivation u. Vh. Stuttgart 1976; Schmalt, H.-D.: Leistungsthemat. Kognitionen. I: Kausalerklärungen für Erfolg u. Mißerfolg. ZEAP 25, 1978, S. 246–272; Schmalt, H.-D.: Leistungsthemat. Kognitionen. II: Kausalattribuierungen, Erfolgserwartung u. Affekte. ZEAP 26, 1979, S. 509–531; Weiner, B. u. Kukla, A.: An attributional analysis of achievement motivation. JPSP 15, 1970, S. 1–20; Weiner B.: Perceiving the causes of success and failure. New York 1971; Weiner, B. u. a.: Causal ascriptions and achievement behaviour: a conceptual analysis of effort and reanalysis of locus of control. JPSP 21, 1972, S. 239–248; Weiner, B. u. Sirad, J.: Misattribution for failure and enhancement of achievement strivings. JPSP 31, 1975, S. 415–421; Weiner, B.: A theory of motivation for some classroom experiences. JEP 71, 1979, S. 1–29; Weiner, B.: An attributionally based theory of motivation and emotion: focus, range and issues. In: Feather, N. T. (Hg.): Expectations and actions: expectancy-value models in psychology. Hillsdale 1982; Weiner, B.: The emotionaly consequences of causal attributions. In: Clark, M. u. Fiske, S. T. (Hg.): Affect a cognition: 17th Annual Carnegie Symposium on cognition. Hillsdale 1982; Weiner, B.: An attributional theory of motivation and emotion. New York 1986.

Leistungskurve → Lernkurve.

Leistungsmotiv → Leistungsmotivation.

Leistungsmotivation, die durch das *Leistungsmotiv* angeregten motivationalen Prozesse, also die Motivation, Erfolg zu erlangen u. Misserfolg zu vermeiden; wesentl. ist dabei die *Auseinandersetzung mit einem Gütemaßstab* (McClelland u. a. 1953). Häufig wird, begründet von Murray (1938), folgende Abkürzung verwendet: *nAch* (*need achievement*). Eine spätere Definition (Atkinson 1964) hebt den affektiven Aspekt hervor: Das Erfolgsmotiv wird als die Fähigkeit aufgefasst, Stolz (*pride*) in Bezug auf die eigene Leistung zu erleben, das Misserfolgsmotiv besteht darin, auf Misserfolge mit Scham u. Verlegenheit (*shame*; *embarrassment*) zu reagieren. (Im formalen Modell, s. u., wird allerdings der Anreiz-Parameter auf den Erwartungs-Parameter reduziert, u. so wurden auch in einschlägigen Experimenten die Anreizparameter Stolz u. Scham entweder völlig vernachlässigt o. recht willkürl. operationalisiert; vgl. hierzu Schützwohl 1991). In den attributionstheoret. Ansätzen (→ Leistungsattribution) wird L. definiert als die Fähigkeit, Erfolg durch internale Faktoren, insbes. durch Anstrengung verursacht, zu erleben. Zu den Messmethoden der L., die von McClelland (vgl. 1953) begründet worden sind, vgl. Schmalt (1976). Meist wird das *Leistungsmotiv* als Persönlichkeitsmerkmal abgehoben von der *L.* i. e. S., also dem unmittelbar ablaufenden motivationalen Prozess (bei Murray, dem ursprüngl. Begründer des Kzpts., hat »motive« beide Bedeutungen). McClelland beschreibt das für Leistungsmotivierte charakterist. Syndrom als eine Reihe ganz bestimmter Wertorientierungen: die Orientierung an Leistung im Gegensatz zur Orientierung an subjektiver Anstrengung, Rationalismus, die Betonung vertragl. geregelter Interaktionsbeziehungen, die flexible normative Orientierung an Vhskontrolle durch die Gemeinschaft u. durch den öffentl. Druck im Gegensatz zur Selbstorientierung, der Glaube an den Wert rationaler Planung, die Überzeugung vom Nutzen harter persönl. Anstrengung, Optimismus u. Vertrauen in die eigene Leistungsfähigkeit. Charakterist. ist auch eine bes. Zeitperspektive: Zeit ist wertvoll, man darf sie nicht verschwenden; Leistungsorientierte haben auch einen weiten zeitl. Horizont (Heckhausen 1963). Je nach Ausprägung des Leistungsmotivs unterscheidet man *Erfolgsorientierte* u. *Misserfolgsorientierte* – Erstere werden v. a. durch die Hoffnung auf Erfolg, Letztere durch die Angst vor Misserfolg angetrieben.

Diese Ausprägung des Leistungsmotivs geht als Gewichtungsfaktor in das sog. *Risikowahlmodell* der L. ein (Atkinson 1957; vgl. auch Atkinson u. Feather 1966; McClelland u. a. 1953). Es ist eine spezif. Variante des → Erwartung-mal-Wert-Modells bezogen auf die L. Darin wird versucht, die L. in eine mathemat. Formel zu fassen, die Folgendes aussagt: *Erfolgsmotivierte wählen vorwiegend mittelhohe Schwierigkeiten, Misserfolgsmotivierte dagegen präferieren extrem leichte o. extrem schwierige Aufgaben.* Bei vorgegebener Aufgabe gilt: Erfolgsmotivierte operieren mit größerer Intensität u. Ausdauer im Bereich mittlerer Schwierigkeit als in den Extrembereichen, für Misserfolgsmotivierte gilt das Umgekehrte (obwohl die sich hier abzeichnenden Profile nicht ganz konsistent sind). Über die empir. Überprüfung des Risikowahlmodells in Bezug auf die Vhsaspekte *Ausdauer* u. *Leistung* – für die es nicht in erster Linie konzipiert war – referiert Kuhl (1983).

HI/WÜ: Das Risikowahlmodell ist eine Weiterführung von Gedanken, die in den klass. Forschungen zum → Anspruchsniveau konzipiert worden sind. Allg. gelten die Theorien zur L. als das wichtigste Paradigma der modernen → Motivationspsychologie, dessen Formalisierungs-, Operationalisierungs- u. Differenzierungsgrad als beispielhaft für Motivationstheorien betrachtet werden. Die wichtigsten Theoretiker der L., John W. Atkinson u. David McClelland, sind die führenden Forscher der modernen Motivationsps.; McClelland ist einer der Begründer der Motivmessung; s. das Stw. → affektive Motivationstheorien. L. ist eines der Forschungsgebiete, auf dem sich dt. Forscher bes. profiliert haben, insbes. Heinz Heckhausen hat sich durch seine Arbeiten (vgl. Heckhausen 1963ff.) auf diesem Gebiet internationalen Ruf erworben u. zahlreiche Forschungsaktivitäten initiiert; er hat das erste Max-Planck-Institut für Motivationsps. begründet; vgl. zur Würdigung von Heckhausens wissenschaftl. Werk Max-Planck-Institut für ps. Forschung (1990). Aus den Theorien zu L. wurden auch pädagog. Förderprogramme entwickelt, einen Überblick bietet Krug (1983).

KR: Einzelfallstatist. Analysen haben gezeigt, dass die empir. Verträglichkeit der Daten bei individueller Modellkontrolle gering ist u. dass deshalb der universelle Gültigkeitsanspruch des Risikowahlmodells unbegründet bleibt. Insbes. der Zusammenhang von überwiegender Misserfolgsmotivation u. der Bevorzugung extrem schwieriger u. extrem leichter Leistungsgrade ist empir. ungenügend belegt; häufig wurde eine Verschiebung des Präferenzmaximums in Richtung auf schwierigere Aufgaben (weg vom mittleren Bereich) gefunden; vgl. Herber (1976); Kuhl (1983); Heckhausen (1980). Neuere Analysen weisen darauf hin, dass das Bevorzugen mäßig hoher Schwierigkeitsstufen ein auf der Skalierungsmethode beruhendes Artefakt zu sein scheint. Aus dieser Problematik heraus haben sich folgende Weiterentwicklungen ergeben: das Kzpt. der → erlebten Selbstverantwortlichkeit, der → Instrumentalität von Leistungsergebnissen für zukünftige Ziele Raynor (1969ff.), der zeitl. → Zieldistanz u. des → persönlichen Standards. Grundlegendere Neuansätze waren verallgemeinerte kognitive Motivations- u. → Handlungs-Theorien (vgl. Heckhausen 1977), insbes. die attributionstheoret. Leistungsmotivationstheorie (→ Leistungsattribution) u. das Kzpt. der → Handlungskontrolle, die Neuformulierung des Leistungsmotivs als generalisiertes → Konzept eigener Begabung u. die → dynamische Theorie von Atkinson u. Birch. Eine grundsätzl. paradigmat. Erweiterung ist eine Renaissance des Kzpts. → Wille.

VD: (1) Zur Leistungsmotivationsmessung wird der *Thematische Apperzeptionstest* (*TAT*) eingesetzt, ein *projektiver* Test (vgl. Hörmann 1964), der sich bereits bei der Konstruktion von inhaltsanalyt. Verfahren zur Messung biolog. Motive bewährte hatte (Murray 1938; Atkinson u. McClelland 1948; McClelland u. Atkinson 1948, McClelland u. a. 1953; Atkinson 1958). Dabei werden Bilder mit sozialen Situationen vorgegeben, u. der

Abb. *Motivation 3*

Eine Geschichte, die hohes nAch *zeigt*
Dieser Junge hat gerade seine Geigenstunde beendet. Er freut sich über die Fortschritte, die er macht, und er fängt an zu glauben, dass seine Opfer sich lohnen werden. Wenn er Konzertgeiger werden will, wird er nicht mehr mit seinen Kumpels spielen gehen können, er wird auf viele Verabredungen und Feste verzichten und jeden Tag üben müssen, ganz egal, was los ist. Zwar weiß er, dass er mehr Geld verdienen würde, wenn er das Geschäft seines Vaters übernehmen würde, aber die Vorstellung davon, ein großer Geiger zu werden, Menschen mit seiner Musik zu beglücken, zählt mehr für ihn. Er erneuert seine Verpflichtung, alles zu tun, was nötig ist, um es zu schaffen – und sein Bestes zu geben.

Eine Geschichte, die niedriges nAch *zeigt*
Der Junge hält die Geige seines Bruders und wünscht sich, er könnte darauf spielen, weiß jedoch, dass das die Zeit und das Geld für die Stunden nicht wert ist. Sein Bruder tut ihm leid, denn der muss alle Dinge im Leben, die Spaß machen, aufgeben und üben, üben, üben. Es wäre toll, wenn man eines Tages aufwachen könnte und sofort ein Musiker von Weltrang wäre, aber so geht das eben nicht. Die Wirklichkeit, das ist langweiliges Üben, eine Jugend ohne Spaß und die hohe Wahrscheinlichkeit, es doch nicht weiter zu bringen, als einfach ein Typ mehr zu sein, der irgendein Instrument in einem Kleinstadtorchester spielt.

Pb muss schildern, wie er die dargestellte Situation sieht; seine Deutung wird dann inhaltsanalyt. ausgewertet, nach einem Kategorienkatalog – dem sog. *nAch-Schlüssel*: (a) Erwähnung eines Leistungsbedürfnisses; (b) instrumentelle Handlung mit unterschiedl. Ausgängen; (c) antizipierte positive u. negative Zielsetzungen; (d) Hindernisse o. Handlungshemmnisse; (e) Hilfe durch eine Person; (f) affektiver Zustand; Leistung als Hauptthema. Die Abb. *Motivation 3* (entnommen aus Zimbardo 1992) u. der dazugehörige Text zeigt ein Bildbeispiel (im Ur-TAT werden gemalte Bilder verwendet) plus die dazugehörige Interpretation zweier verschiedener Vpn. Während im klass. TAT die Motive, *Erfolg aufzusuchen* bzw. *Misserfolg zu meiden*, durch den McClellandschen Inhaltsschlüssel nicht differenziert erfasst waren, deutete sich mit der Zeit an, dass man unterschiedl. Validierungsbefunde für verschiedene Drittel der Kennwertverteilung erhielt, u. so wurde der Versuch unternommen, einen getrennten Inhaltsschlüssel für das *Misserfolgsmotiv* zu entwickeln, der sich im Wesentl. auf die negativen Kategorien des nAch-Schlüssels stützte (Moulton 1958), ein Ansatz, der nicht weiter verfolgt wurde, da zur Messung des Misserfolgsmotivs ein besser geeignetes Frageverfahren entwickelt worden ist, der *Test Anxiety Questionare* (→ Leistungsangst). Von Heckhausen (1963) wurde ein weiterer Inhaltsschlüssel entwickelt, der beide Motivrichtungen getrennt erfasste. Die TAT-Methode zur Motivmessung beruht auf einer lange Jahre fortentwickelten u. empir. abgesicherten ps. Theorie über den Zusammenhang zw. dem zu messenden latenten Konstrukt u. dem beobachtbaren Vh.; Kuhl (1983) weist darauf hin, dass das durch das TAT-Maß gemessene Leistungsmotiv anscheinend genau die Vhsdimension beeinflusst, die man von einem Motiv erwartet, während Fragebogen nur partielle Aspekte davon erfassen, v. a. wie viel Wert eine Person der Leistung (bewusst) beimisst, ohne tat-

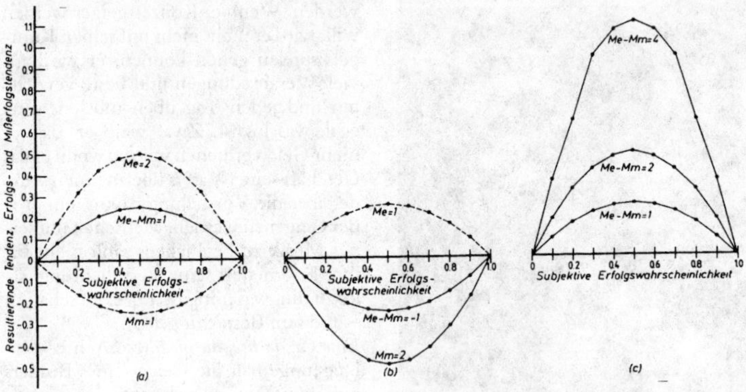

Abb. *Motivation 4*

sächl. mit den spezif. Vhskorrelaten in Zusammenhang zu stehen.
(2) Details zum Risikowahlmodell: (a) Aufbauend auf der Tradition von → Erwartung-mal-Wert-Modellen wird die motivationale Tendenz, Erfolg aufzusuchen (*Te*), als Produkt der subjektiven Erfolgswahrscheinlichkeit (*We*) u. des subjektiven Anreizes von Erfolg (*Ae*) aufgefasst: Te = We x Ae. (b) Zusätzl. wird das Leistungsmotiv (*Me*) als Gewichtungsfaktor eingeführt. So ergibt sich als Ausgangsformel: Leistungsmotivation = Produkt aus *Anreiz* u. Erfolgswahrscheinlichkeit, gewichtet mit der Ausprägung des Leistungsmotivs: Te = Me x Ae x We. (c) Zusätzl. wird der *Erfolgsanreiz* (Ae) als invers lineare Funktion der *Erfolgswahrscheinlichkeit* definiert: Ae = 1 – We; dahinter steht die einfache Logik, dass der Anreiz umso größer ist, je schwieriger die Aufgabe ist; er ist also gegenläufig zur Erfolgswahrscheinlichkeit; die Urformel lautet dementsprechend ergänzt: Te = Me x (1-We) x We. (d) Atkinson nimmt weiterhin an, dass leistungsthemat. Situationen auch eine Meidungstendenz (Tm) auslösen können, die entsprechend als Produkt von Misserfolgswahrscheinlichkeit (Wm), negativem Misserfolgsanreiz (Am) u. dem Motiv, Misserfolg zu meiden (Mm), aufgefasst wird: Tm = Mm x Am x Wm. Am wird wiederum als invers lineare Funktion von Wm, der Misserfolgswahrscheinlichkeit, gefasst: dementsprechend: Tm = Mm x (1-Wm) x Wm. (Wm selbst wird als invers lineare Funktion der Erfolgswahrscheinlichkeit aufgefasst: Wm = 1 – We). (e) Die aus dem Konflikt zw. aufsuchender u. meidender Tendenz resultierende Tendenz (RT) wird als Differenz des aufsuchenden (Te) u. des meidenden (Tm) Anteils aufgefasst. RT = Te-Tm = (Me x Ae x We) – (Mm x Am x Wm). (f) Durch Einsetzen von (1 – We) für Ae u. (1 – Wm) für Am sowie (1 – We) für Wm ergibt sich die einfachste Form des atkinschen Risikowahlmodells: RT = (Me – Mm) x We (1 – We). (g) Für überwiegend erfolgsmotivierte Personen (Me > Mm) ergibt sich aufgrund des komplementären Zusammenhangs von We u. Ae das Maximum der resultierenden Tendenz bei Aufgaben mittlerer Schwierigkeit (We = 0,5), während für Misserfolgsmotivierte (Mm > Me) an dieser Stelle das Minimum der RT-Funktion, also das Maximum der (negativen) Meidungstendenz lokalisiert ist. Die Abb. *Motivation 4* zeigt die Stärke der resultierenden Tendenz (u. – gestrichelt – der Erfolgs- u. Misserfolgstendenz) in Abhängigkeit von der subjektiven Erfolgswahrscheinlichkeit, wenn (Fall a) das Erfolgsmotiv einer Person stärker ist als ihr Misserfolgsmotiv (Me – Mm = 1), wenn (Fall b) ihr Misserfolgsmotiv stärker ist als ihr Erfolgsmotiv (Me – Mm = –1) u. wenn (Fall c) bei verschiedenen Personen das Erfolgsmotiv in unterschiedl. Maße stärker ist als das Misserfolgsmotiv (aus Kuhl 1983, nach Atkinson 1964).

(3) Dem Modellparameter der *subjektiven Wahrscheinlichkeit* ist weit weniger Forschungsaktivität zugekommen als dem Leistungsmotiv; Schneider (1973) verglich mehrere Messmethoden; auf der Grundlage des Rasch-Modells analysierte Kuhl (1977). Bekannt ist die Motivabhängigkeit der Beziehung zw. subjektiver Erfolgswahrscheinlichkeit u. objektiver Schwierigkeit; schon Atkinsons (1957) Überlegungen legen nahe, dass die bei Erfolgsmotivierten häufig gefundenen Verschiebungen der Risikopräferenz in den mäßig schwierigen Bereich dadurch zu erklären sind, dass Erfolgsmotivierte die objektiven Erfolgsaussichten überschätzen.

LIT: Zum Überblick vgl. Heckhausen (1980); Keller (1981); Schmalt u. Meyer (1976); speziell zur Motivation nach Misserfolg vgl. Brunstein (1995); zur Bedeutung der kognitivist. Umorientierung in der Forschung zur L. vgl. Scheele (1981).

◆ Atkinson, J. W. u. McClelland, D. C.: The projective expression of needs II: the effects of different intensities of the hunger drive on thematic perception. JExp 38, 1948, S. 643–658; Atkinson, J. W.: Motivational determinants of risk taking behaviour. PR 64, 1957, S. 359–372; Atkinson, J. W. (Hg.): Motives in fantasy, action and society. Princeton 1958; Atkinson, J. W.: An introduction to motivation. Princeton 1964 (dt.: Einführung in die Motivationsforschung. Stuttgart 1975); Atkinson, J. W. u. Feather, N. T. (Hg.): A theory of achievement. New York 1966; Atkinson, J. W. u. Birch, D.: The dynamics of action. New York 1970; Atkinson, J. W. u. Raynor, O. (Hg.): Motivation and achievement. New York 1974, S. 271–326; Brunstein, J. C.: Motivation nach Misserfolg. Göttingen 1995; Heckhausen, H.: Hoffnung u. Furcht in der Leistungsmotivation. Meisenheim 1963; Heckhausen, H.: The anatomy of achievement motivation. New York 1967; Heckhausen, H.: Motivation: Kognitionsps. Aufspaltung eines summar. Konstrukts. PRu 28, 1977, S. 175–189; Heckhausen, H. u. a.: Fortschritte der Leistungsmotivationsforschung. Vorpublikationsabzug. Ruhr-Universität Bochum 1978; Heckhausen, H.: Motivation u. Handeln. Berlin 1980; Herber, H.-J.: Motivationsps. Stuttgart 1976; Hörmann, H.: Theoret. Grundlagen der Projektiven Tests. In: Heiss, R. (Hg.): Psycholog. Diagnostik. HP, 6. Bd., Göttingen 1964, S. 71–112; Keller, J. A.: Grundlagen der Motivation. München 1981; Krug, S.: Motivförderungsprogramme: Möglichkeiten u. Grenzen. ZEPP 15, 1983, S. 317–346; Kuhl, J.: Zum Problem der Eindimensionalität der Messung von Leistungsmotivation mittels des Heckhausen-TAT. Diplomarbeit, Ps. Institut der Ruhr-Universität Bochum 1972; Kuhl, J.: Meß- u. prozeßtheoret. Analysen einiger Personen- u. Situationsparameter der Leistungsmotivation. Bonn 1977; Kuhl, J.: Leistungsmotivation: Neue Entwicklungen aus modelltheoret. Sicht. In: Thomae, H. (Hg.): Theorien u. Formen der Motivation. EP, IV, 1. Bd., Göttingen 1983, S. 505–626; Max-Planck-Institut für ps. Forschung (Hg.): Heinz Heckhausen. Erinnerungen, Würdigungen, Wirkungen. Berlin 1990, S. 43–73; McClelland, D. C. u. Atkinson, J. W.: The projective expression of needs I: the effects of different intensities of the hunger drive on perception. JP 25, 1948, S. 205–222; McClelland, D. C. u. a.: The achievement motive. New York 1953; Moulton, R. W.: Notes for a projective measure of fear of failure. In: Atkinson, J. W. (Hg.): Motives in fantasy, actions and society. Princeton 1958, S. 563–571; Murray, H. A.: Explorations in personality. New York 1938; Raynor, J. O.: Future orientation and motivation of immediate activity: an elaboration of the theory of achievement motivation. PR 76, 1969, S. 606–610; Raynor, J. O.: Relationship between achievement-related motives, future orientation, and academic performance. JPSP 15, 1970, S. 28–33; Raynor, J. O.: Future orientation in the study of achievement motivation. In: Atkinson and Raynor 1974, S. 121–154; Scheele, B.: Selbstkontrolle als kognitive Interventionsstrategie. Weinheim 1981; Schmalt, H.-D. u. Meyer, W.-U. (Hg.): Leistungsmotivation u. Vh. Stuttgart 1976; Schmalt, H.-D.: Das LM-GITTER. Göttingen 1976; Schmalt, H.-D.: Methoden der Leistungsmotivmessung. In: Schmalt u. Meyer (1976), S. 165–191; Schneider, K.: Motivation unter Erfolgsrisiko. Göttingen 1973; Schützwohl, A.: Determinanten von Stolz u. Scham: Handlungsergebnis, Erfolgserwartung u. Attribution. Zimbardo, P. G.: Psychologie. Berlin 1992. ZEAP 38, 1991, S. 76–93.

Leistungs-Prüfsystem → Intelligenz.

Leistungstest → Psychodiagnostik.

Lernapparaturen, innerhalb der → Lernpsychologie entwickelte Vorrichtungen zur Analyse des → Lernens. Wichtig sind innerhalb des Paradigmas des → operanten Konditionierens die → Skinner-Box, der → Problemkäfig, diverse → Lernlabyrinthe u. die → Einweg- u.

→ Zweiweg-Kammer; s. a. die Stw. → Wisconsin-General-Test-Apparat; → Fingerreaktions-Apparatur; → Speichelabsonderungs-Apparatur; → Diskriminations-Apparatur; → Additivschreiber; → Platzlernen-Apparatur; → Exposure-Lern-Apparat; → Elektroschock; → Lidschlag-Konditionierung.

◆ BRICKENKAMP R. (Hg.): Handbuch apparativer Verfahren in der Ps. Göttingen 1986.

Lerneinstellung [engl. *learning set*: der engl. Ausdruck wird auch in der dt. Fachliteratur häufig verwendet], ein Kzpt. zur Erklärung des Phänomens, dass sich bei Lern- bzw. Problemlösungsprozessen nach anfänglich langsamen Verbesserungen meist ein stabiles Lösungsvh., eine Vhsstrategie, die für die betreffende Aufgabe optimal ist, herausbildet: die L. Es fällt Vpn u. Tieren allg. leichter, Aufgaben derselben Art hintereinander zu lösen als Aufgaben mit wechselnder Struktur; man spricht auch vom »Lernen zu lernen«. Das Kzpt. wurde von Harlow (1949) anhand von Analysen des → Diskriminationslernens gebildet u. ist einerseits klass.-lerntheoret., andererseits partiell kognitivist. orientiert. Es geht näml. davon aus, dass Organismen in Lernprozessen verschiedene Stufen durchlaufen, bei denen sie von einfachen Lernprozessen hin zu »abstrakteren« Strategien gelangen; s. a. das Stw. → *inkrementelles vs. Alles-oder-nichts-Lernen*. Das Kzpt. thematisiert also Probleme, die von der → Gestalttheorie eher mit dem Kzpt. der → Einsicht angegangen werden; s. a. das Stw. → Problemlösungs-Einstellung. Für verschiedene Problemarten kann sich jeweils eine unabhängige L. entwickeln; man kann demgem. auch ein Umschalten von einer L. auf eine andere beim Wechsel der Problemart beobachten. Die Bedeutung des Begriffs L. wurde in seiner Anwendung auf menschl. Lernen bisweilen auf *kognitive Fertigkeiten* allgemein ausgedehnt; vgl. Gagne (1962).

LIT: Vgl. zum Überblick das Sammelreferat von Medin (1972); vgl. auch Kaminski (1964); ein mathemat. Ansatz ist Restle (1958).

◆ GAGNÉ, R. M.: The acquisition of knowledge. PR 69, 1962, S. 355–365; HARLOW, H. F.: Learning set and error factor theory. In: KOCH, S. (Hg.): Psychology: a study of a science, 2. Bd. New York 1959; HARLOW, H. F.: The formation of learning sets. PR 56, 1949, S. 51–65; KAMINSKI, G.: Ordnungsstrukturen u. Ordnungsprozesse. In: BERGIUS, R. (Hg.): Lernen u. Denken. HP, 1. Bd., 2. Hlb. Göttingen 1964, S. 373–492; MEDIN, D. L.: The role of reinforcement in discrimination learning sets in monkeys. PBu 77, 1972, S. 305-318; RESTLE, F.: Toward a quantitative description of learning set data. PR 65, 1958, S. 77–91.

Lernen, (1) im allgemeinen Sinne Sammelname für Prozesse im Organismus, die durch »Erfahrungen« entstehen u. zu Veränderungen des Vhs. führen (vgl. Bergius 1971). In diesem Sinne bewegen sich die Lernvorgänge zw. den Polen → Habituation als dem simpelsten Lernprozess u. den komplexen Prozessen des → Wissenserwerbs. Ergänzend wird meist hinzugefügt, dass diese Vhsänderungen *überdauernd* u. durch irgendeine Art von *Erfahrung* bzw. *Übung* bedingt sind, also nicht durch Reifung, Ermüdung, mechan. Eingriffe o. Pharmaka zustande gekommen sind.

(2) Diese allgemeinste Definition erhält innerhalb der Ps. zwei Facetten: (a) V. a. innerhalb der pädagog. Ps. u. der Arbeitsps. wird der Begriff mehr im vorwissenschaftl. Sinne verwendet: L. als *Erwerb von Wissen u. Fertigkeiten*. (b) Innerhalb der Grundlagenforschung war der Begriff *L.* über Jahrzehnte hinweg vom behaviourist. Paradigma der → Lerntheorien okkupiert, so dass er bis heute einen reduktionist. Klang besitzt: L. wird definiert durch *beobachtbare Vhsänderungen*. Die Versuche, das päda-

gog. Lernen u. Lehren, also L. im normalsprachl. Sinne des Wortes, auf L. im engen, aber innerhalb der Ps. dominanten Sinne des Wortes u. damit auf die (neo-)behaviourist. Lerntheorien zurückzuführen, werden skeptisch beurteilt; vgl. Weinert (1969).

(3) Die verschiedenen Arten u. Facetten des L. sind klass. Themen der → Lernpsychologie u. ergeben sozusagen eine extensionale Definition von *L.*: (a) Fundamental ist die Unterscheidung zw. der → klassischen Konditionierung, auch *Signal-Lernen* genannt, u. dem → instrumentellen bzw. → operanten Lernen, das in den Lehrbüchern häufig unter den Schlagworten *L. am Erfolg* o. *L. durch Versuch u. Irrtum* rubriziert wird. Eine weitere wichtige Grundform ist das → Diskriminationslernen. (b) Unter »inhaltl.« Aspekt wird unterschieden: → verbales Lernen; → sensomotorisches Lernen; → räumliches Lernen; → soziales Lernen bzw. → Modelllernen; → Vermeidungslernen; → Fluchtlernen; → Bestrafungslernen; → Begriffslernen; s. a. das Stw. → Prägung; (c) die Unterscheidung von *mechan.* L. u. *kognitivem* L. beruht darauf, dass sich Lernprozesse trennen lassen in solche, die auf simplen assoziationist. Konditionierungs-Prozessen beruhen, u. solche, die »höhere« Elemente wie Denken u. → Einsicht erfordern; die Dichotomie thematisiert also die grundlegende Spannung zw. den → kognitiven Lerntheorien u. den klass. mechanist. Lerntheorien.

(4) Eines der Grundprobleme des *L.*-Begriffs ist die Frage, inwieweit man L. in einem empirist. Sinne als passives Einprägen fassen soll, wie dies v. a. vom → Behaviourismus u. vom → Assoziationismus vertreten wird, o. inwieweit L. immer konstruktivist. u. kognitive Prozesse enthält, wie dies v. a. von der → Gestalttheorie u. auch der → genetischen Epistemologie betont wird.

(5) (a) Die in den lerntheoret. Ansätzen schon in der Definition von L. hervorgehobene Bedeutung von → Verstärkung u. → Übung beinhaltet theoret. Voraussetzungen, die sich durch die Forschung zum → Beobachtungslernen u. → one-trial-learning als zu spezif. erweisen, es gibt L. auch ohne diese Prozesse. (b) Schon innerhalb der klass. Lerntheorien wurde gesehen, dass L. – wegen der Möglichkeit von → latentem Lernen – nicht immer mit einer unmittelbaren Vhsänderung gleichgesetzt werden kann u. deswegen eher als Änderung der → Kompetenz definiert werden sollte, wie dies v. a. innerhalb von Tolmans → Zeichen-Gestalt-Theorie konzipiert worden ist (s. a. die Stw. → Crespi-Effekt; → Anreiz). (c) Im Paradigma des → operanten Konditionierens wird zur Definition von *L.* regelmäßig auf den Begriff der *Auftretenswahrscheinlichkeit des Vhs.* bzw. der *Vhswahrscheinlichkeit* rekurriert: L. wird nicht definiert als Veränderung eines einzelnen Vhs., sondern der → *Basisrate* des Vhs. (d) Innerhalb dieses Paradigmas wird anstelle von L. oft auch der Begriff *Training* benutzt, so wird z. B. statt von *Fluchtlernen* auch von *Flucht-Training* gesprochen. (e) Da der Begriff *L.*, wie oben dargelegt, ebenso wie die Begriffe *Lerntheorie* u. *lerntheoret.*, eng mit behaviourist. Kzpt. verknüpft ist, wird in Lehrbüchern die Darstellung solcher Theorien oft durch die Überschrift »*... durch Lernen*« angekündigt. (f) Auch in nichtbehaviourist. Theorien hat der Begriff *L.* einen weiten u. formalen Sinn angenommen, so dass er in einem umgangssprachl. eher ungewöhnl. Sinn verwendet wird, z. B. spricht man vom »L.« von Begriffen, Einstellungen, Haltungen, Bedürfnissen (vgl. z. B. Eyferth 1964) – in der Umgangssprache würde man eher von Erwerb sprechen.

(6) Die Abgrenzung von *L.* zu den benachbarten Gebieten → Denken, → Gedächtnis, → Motivation u. → Emotion ist unscharf, wird unterschiedl. bestimmt u. ist vorwiegend durch wissenschaftshistor. u. paradigmat. Vorentscheidungen bedingt: (a) Auf die Abgrenzung von *Denken* wird immer weniger Wert gelegt, v. a. innerhalb der → Wissenspsychologie umschließt Wissenserwerb Denken u. L. gleichermaßen; zu weiteren Anmerkungen s. die Stw.: → Behaviourismus; → Einsicht; → Primatenversuche; → Begriffsbildung; → Mediationstheorie. (b) Vom Begriff des *Gedächtnisses* wird *L.* bisweilen dahingehend abgegrenzt, dass das Gedächtnis eine mehr o. weniger bewusste Wissensspeicherung beinhalte, während *L.* v. a. eine Vhsänderung meint, deren Bewusstseinsgrad keine Rolle spielt, obgleich er häufig als gering angesehen wird (s. a. das Stw. →

unbewusstes Lernen). Zum Teil wird auch dahingehend differenziert, dass das Gedächtnis jegl. *Speicherung* einer Information bzw. Veränderung sei, während L. die *Manifestation* dieser Speicherung betreffe, bisweilen wird das *Wissensgedächtnis* dem *Vhsgedächtnis* gegenübergestellt – Letzteres als Oberbegriff für die Paradigmen der (neo-)behaviourist. Lerntheorien. V. a. aber sind die Begriffe *Gedächtnis* u. *L.* dadurch abgegrenzt, dass sie unterschiedl. wissenschaftl. Paradigmen entstammen: Das Kzpt. *Gedächtnis* bezieht sich auf eher kognitivist. Modelle., wie sie die klassische → Gedächtnispsychologie bis hin zu modernen → Informationsverarbeitungstheorien durchziehen; *lerntheoret.* Ansätze dagegen operieren im Geiste der Konditionierungs- u. → S-R-Theorien; bezeichnend ist das Paradigma des → einfachen Lernens, der S-R-theoret. Versuch, typ. *Gedächtnis*-Phänomene beim → verbalen Lernen reduktionist. zu erklären, pointiert formuliert: »Gedächtnis« auf »L.« zurückzuführen. (c) Das Kzpt. *Motivation* betrifft kurzfristige, sozusagen nichtstrukturelle Vhsänderungen, wb. der moderne Motivationsbegriff auch hier eine strikte Abgrenzung nicht als sinnvoll erachtet (Weiteres s. d.). Zur Bedeutung von Motivation für L.: s. die Stw. → Verstärkung; → Anreiz; → Drive-mal-habit-Modell; → Triebtheorie der Angst; → Lernmotivation; s. a. die Stw. → Vermeidungslernen; → Leistungsangst; vgl. zsfd. Bergius (1964) u. Jäger (1959).

LIT: Überlegungen zur Definitionsproblematik von L. vor dem Hintergrund einer behaviourist. Ps. finden sich in Verplanck (1957); ein zsfd. Überblick über verschiedene L.-Konzeptionen findet sich bei Bergius (1964) u. Shuell (1986); einen Überblick über gebräuchl. formale u. experimentelle Lern- u. Gedächtnismaße bietet Foppa (1975).

◆ → Lernpsychologie.

Lernen am Erfolg → Trial-and-error-Verhalten.

Lernen durch Einsicht → Einsicht.

Lernen im Schlaf. Es ist bis heute nicht völlig geklärt, ob es ein L. i. S. gibt. Sicher ist, dass ein Schlafen *nach* dem Lernprozess den Lernerfolg im Sinne des schon von der klass. → Perseverationstheorie aufgestellten Postulats durch ein Nicht-Stören der Konsolidierungsvorgänge verbessert; vgl. Jovanovic (1977).

◆ Birbaumer, N. u. Schmidt, R. F.: Biolog. Ps. Berlin 1989; Jovanovic, U. J.: Traumforschung. In: Pongratz, L. J. (Hg.): Klin. Ps. HP, 8. Bd., 1. Hlb. Göttingen 1977, 2. Hlb. Göttingen 1978, S. 1257–1319; Sinz, R.: Lernen u. Gedächtnis. Stuttgart 1980 (3. Aufl.), S. 141–148.

Lernen ohne Verstärkung → latentes Lernen.

Lernen zu lernen → Lerneinstellung.

Lernerleichterung → Transfer.

Lernexperiment → Konditionierung; → Lernen.

Lerngesetze. Die Annahme allg. L. ist der Grundansatz der → Lerntheorien; zentral sind das → Effektgesetz, die Gesetze der → Extinktion u. → Generalisation; s. a. die Stw. → Verknüpfungstheorie u. → systematische Verhaltenstheorie. Auch die klass. → Gedächtnispsychologie versucht grundlegende L. herauszuarbeiten; s. das Stw. → Lernkurve. Die klass. → Assoziationsgesetze lassen sich ebenfalls als L. verstehen.

KR: Kritisiert wird die Idee *allg.* L. insbes. von der → Ethologie; vgl. hierzu auch Bitterman (1975): In etholog. Sichtweise ist jeder Fall von Lernen eine spezialisierte Fähigkeit, so dass es keinerlei allg. L. geben kann; s. hierzu das Stw. → preparedness; vgl. auch die Diskussion des Phänomens der → Selbstformung.

VD: Das grundsätzl. Lernexperiment innerhalb des → S-R-Modelles, aus dessen Analyse die L. abgeleitet werden, beinhaltet im Wesentl. sechs abhängige Variablen: die Lernrate; die sog. *asymptot.* Vhsstärke (die Vhsstärke, die sich nach einer größeren Anzahl von verstärkten Versuchen ergibt u. sozusagen die Endform des gelernten Vhs. darstellt); die *augenblickl.* Vhsstärke (Bsp. für die Bedeutung der augenblickl. Vhsstärke sind die Untersuchungen zum → Crespi-Effekt, bei dem bes. die Vhsstärke im ersten Lernversuch nach dem Belohnungswechsel interessant ist); die Lerngeschwindigkeit; die → Extinktionsresistenz; die Extinktionsrate. Die ersten drei Variablen können anhand einer *Lernkurve* beschrieben werden, die den Zusammenhang zw. den Lernversuchen (o. der verstreichenden Zeit) u. der Vhsstärke (z. B. Lauf, Geschwindigkeit, Zugstärke) darstellt. Die asymptot. Vhsstärke wird dabei häufiger verwendet als die Lernrate; vgl. hierfür zsfd. Bredenkamp u. Wippich (1977).

◆ BITTERMAN, M. E.: The comparative analysis of learning. Science 188, 1975, S. 699–709; BREDENKAMP, J. u. WIPPICH, W.: Lern- u. Gedächtnisps., 1. Bd. Stuttgart 1977; GÜNTÜRKÜN, O.: Über die Universalität u. die Diversität der Lerngesetze: Eine synapt. Hypothese. In: Bericht über den 39. Kongr. der dt. Ges. f. Ps. in Hamburg 1994, 1. Bd. Göttingen 1995, S. 593–598.

Lernkurve [auch *Behaltenskurve*], die graph. Darstellung des Lernzuwachses als Funktion der Zeit, ein wichtiges method.-formales Hilfsmittel, um die Ergebnisse von → Gedächtnisprüfmethoden bzw. → Lernexperimenten formal darzustellen. Auf der X-Achse wird die Lernzeit bzw. die Anzahl der Versuche aufgetragen, auf der Y-Achse die Leistung bzw. die Ausprägung einer bestimmten Dimension der Leistung; die Abb. *Gedächtnis 1* zeigt verschiedene Bspe. Zum Überblick über gebräuchl. Lern- u. Gedächtnismaße vgl. Foppa (1964). Spiegelbildl. kann man eine → Vergessenskurve darstellen. Als *Behaltensintervall* bezeichnet man den Abschnitt zw. dem letzten Lernprozess u. der Überprüfung des Gelernten. L. sind *Summenkurven*, d. h., am Endpunkt ist die Gesamtleistung, die durch das Lernen erreicht worden ist, ablesbar, an der Steilheit kann man die Größe des laufenden Zuwachses ablesen. *Leistungskurven* steigen an, *Fehlerkurven* fallen ab. Als *Vincent-Kurve* bzw. als *Vincentisierung* bezeichnet man eine Standardisierung von Lernkurven, die darin besteht, dass die Leistungen unterschiedl. Vp so vergleichbar gemacht werden, dass auf der X-Achse eine stets gleich lange Strecke abgetragen wird, die dann unterteilt wird; zum Begriff der *Rückwärts-L.* (*backward learning curve*)

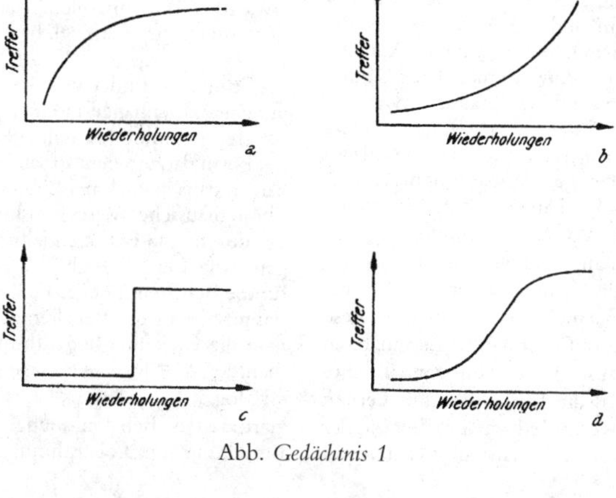

Abb. *Gedächtnis 1*

u. zur *Melton-L.* vgl. Yaremko (1982) u. Foppa (1965); Weiteres s. das Stw. → Verstärkungspläne.
Die drei Grundformen der L. sind die negativ beschleunigte (nach oben gewölbte), die positiv beschleunigte (nach oben offene) u. die S-Kurve; gelegentl. kommt auch eine lineare L. vor. Erstere ist die häufigste Form. *Lernplateaus* sind Ausdruck von Lernperioden geringer o. gar keiner Leistungsänderung, auf die häufig ein plötzlicher Anstieg folgt. Dies ist häufig bei Problemlösungen u. beim Lernen von Begriffen gegeben.

VD: (1) Schon die klass. Gedächtnisps. sah eine Hauptaufgabe darin, solche sich in L. manifestierenden Grundgesetze des → Übens zu formulieren: (a) Eine bisweilen als *Grundgesetz des Gedächtnisses* bezeichnete Gesetzmäßigkeit besagt im Wesentl., dass das Behalten von der Anzahl der Wiederholungen abhängt u. zwar mit fallendem Wirkungsgrad (*Gesetz der Häufigkeit, Häufigkeitsgesetz*); zur Problematik vgl. Bergius (1964, S. 183ff.). Insbes. Wiederholungen von Gedächtnismaterial, das schon bis zur Reproduzierbarkeit gelernt worden ist, haben nur eine relativ geringe Steigerung des Behaltens zur Folge; s. a. die Stw. → Jostsche Gesetze u. → Überlernen. (b) Grundsätzl. fällt der Übungseffekt nach kurzer Zeit stark ab, d. h., dass die ersten Übungsdurchgänge den größten Gewinn bringen; dieses *Potenzgesetz der Übung* besagt also in anderen Worten, dass die Zeit, die man benötigt, um eine Aufgabe zu lösen, eine Potenzfunktion der Übung ist, die man auf diese Aufgabe verwendet; vgl. hierzu Anderson (1988). (c) Das *Gesetz von Ebbinghaus* besagt, dass die Anzahl der notwendigen Wiederholungen mit zunehmender Länge der zu lernenden Reihe von Worten o. → sinnlosen Silben wächst, anfangs schnell, später langsamer; längere Silbenreihen benötigen also unproportional mehr Zeit als kürzere. Diese Beziehung ist für sinnvolles Lernmaterial nicht so ausgeprägt. Thurstone konnte zeigen, dass die Länge der zum Lernen eines Items erforderl. zusätzl. Zeit mit der Quadratwurzel der Anzahl von Items in einer Liste ansteigt; Weiteres s. das Stw. → Vergessenskurve.

(2) Die vorgehenden Ansätze sind grundlegend, bisweilen wurde versucht, einige Aspekte hiervon anders zu formulieren: (a) Die *Gesamtzeithypothese* (*total-time-hypothesis*; Bugelski 1962), dass bei Gedächtnisprozessen, v. a. beim → Paarassoziationslernen, die Aufteilung der gesamten Zeit geringe Auswirkungen hat, so dass es z. B. nur einen geringen Unterschied macht, ob man für eine Liste 10 Versuchsdurchgänge u. für jedes Item 2 Sekunden o. 5 Versuchsdurchgänge u. 4 Sekunden pro Item hat. Die Gesamtzeithypothese ist nur annähernd richtig; man findet viele Ausnahmen, aber sie ist eine nützl. Approximation; vgl. Kintsch (1982); Baddeley (1979); Cooper u. Bantle (1967); sämtl. Gedächtnisprozesse, bei denen höhere Verarbeitungs- u. Kodierungsprozesse eine Rolle spielen, lassen sich nicht mit ihr erfassen. (b) Das *Kjersted-Robinson-Gesetz* besagt, dass das Verhältnis dessen, was bei unterschiedl. Aufteilungen des Lernmaterials gelernt wird, relativ konstant für unterschiedl. Längen des Materials ist. Eine Verallgemeinerung wird oft so formuliert: die Form der Vincent-Kurve ist unabhängig von Variationen der Länge der zu lernenden Item-Liste. Anders formuliert: die Wirkungen der Wiederholungen innerhalb entsprechender Lernperioden sind auch bei verschieden langen Reihen etwa proportional: Im ersten u. letzten Sechstel der aufgewendeten Lernzeit werden je etwa 30 % der Reihe gelernt u. in den vier mittleren Sechsteln der Lernzeit je etwa 10 %. Bei sinnvollem Material kann dies erhebl. variieren; vgl. hierzu Bergius (1964).

(3) Frühzeitig findet man den Versuch, die Zusammenhänge in einer mathematisierten o. zumindest teilmathematisierten Form darzustellen, so schon bei Herbart u. danach auch bei Ebbinghaus. Die Ebbinghaussche Vergessenskurve kann gut durch eine Exponentialfunktion angepasst werden: $Y = ab^{-t}$ (Y ist ein Maß für die Behaltensmenge, a u. b sind Konstante, u. t ist die Behaltenszeit). Wenn man die Gleichung logarithmiert, erhält man: $\log Y = \log a - t(\log b) = a_0 - a_1 t$; wb. $\log a = a_0$ u. $\log b = a_1$. Dies impliziert, dass die Behaltensmenge in linearer Beziehung zum Logarithmus der Behal-

tenszeit steht, in einem Koordinatensystem mit logarithmierter Abszisse ist die Behaltensfunktion eine Gerade; vgl. hierzu Kintsch (1982). Wesentl. stärker mathemat. orientiert als die klass. Ansätze war jedoch eine eigene Tradition, mit der die → mathematische Psychologie begründet worden ist; nach Gulliksen (1934) wurde das erste mathemat. Lernmodell im Jahre 1907 vorgestellt; es war Vorläufer eines Modelltyps, der annimmt, dass das Lernen in einem konstanten Verhältnis auftritt, Vergessen jedoch proportional der Menge des bereits Gelernten ist, woraus folgt, dass die Lernrate vom Anteil des noch zu Lernenden abhängt, d. h., dass die *kumulative Fehlerkurve* als Funktion der Einzelversuche negativ beschleunigt ist. Das wichtigste Alternativmodell nahm an, dass die Lerngeschwindigkeit von der bereits gelernten Menge abhängt, während das Vergessen proportional zum Quadrat der bereits gelernten Menge ist. Ein anderes Modell beinhaltet, dass die Lerngeschwindigkeit proportional zum Produkt der bereits gelernten Menge u. der Menge des noch zu Lernenden ist; so entsteht eine Kurve, die zuerst positiv u. dann negativ beschleunigt ist, also eine S-Form hat; sie ist Ausdruck eines *autokatalyt.* Prozess, der sich selbst stimuliert u. dabei seine Hilfskräfte verbraucht (ähnl. wie bei der Ausbreitung einer Seuche). 1930 formulierte Thurstone ein Lernmodell mit zwei Hauptvariablen: die Versuchsdurchgänge u. die Wahrscheinlichkeit, dass eine Handlung erfolgreich sein wird; die Wahrscheinlichkeit einer richtigen Reaktion ist nach Thurstone so bestimmt: p (Wahrscheinlichkeit eines Erfolgs) = S/(S+E); (S = Anzahl der bisher richtigen Reaktionen, E = Anzahl der Fehler). D. h., die Erfolgswahrscheinlichkeit verändert sich in dem Maße, in dem die Anzahl richtiger Reaktionen zu- o. abnimmt; Weiteres vgl. Foppa (1965). Zur Geschichte mathemat. Formulierungen der Lernps. vgl. zsfd. Foppa (1964); vgl. hierzu auch Coombs u. a. (1975); Weiteres s. das Stw. → mathematische Lerntheorien.

LIT: Zur method. Kritik am Instrument der L. vgl. Bahrick (1964); für einen allg. Überblick vgl. zsfd. Bergius (1964); McGeoch (1952); zum Problem der L. im Bereich des → sensomotorischen Lernens vgl. Singer (1985).

◆ ANDERSON, J. R.: Kognitive Ps. Heidelberg 1988; BADDELEY, A. D.: Die Ps. des Gedächtnisses. Stuttgart 1979; BAHRICK, H. P.: Rentention curves: facts or artefacts? PBu 61, 1964, S. 188–194; BAHRICK, H. P.: Semantic memory content in permastore: fifty years of memory for spanish learned in school. JExP: G 113, 1984, S. 1–37; BERGIUS, R.: Einleitung, Begriffe, Prinzipien, Methoden. In: BERGIUS, R. (Hg.): Lernen u. Denken. HP, 1. Bd., 2. Hlb. Göttingen 1964, S. 3–36; BUGELSKI, B. R.: Presentation time, total time and mediation in paired-associate learning. JExP 63, 1962, S. 409–412; COOPER, E. C. u. BANTLE, A. J.: The total time hypothesis in verbal learning. PBu 68, 1967, S. 221–234; COOMBS, C. H. u. a.: Mathemat. Ps. Weinheim 1975; FOPPA, K.: Probabilist. Lernmodelle. In: BERGIUS, R. (Hg.): Lernen u. Denken. HP, 1. Bd., 2. Hlb. Göttingen 1964, S. 617–641; FOPPA, K.: Lernen, Gedächtnis, Vh. Köln 1965 (9. Aufl.); GULLIKSEN, A. H.: A rational equation of the learning courver based on Thorndike's law of effect. JGP 11, 1934, S. 395–434; KELLER, F. S.: The phantom plateau. JEAB 1, 1958, S. 1–13; KINTSCH, W.: Gedächtnis u. Kognition. Berlin 1982; THURSTONE, L. L.: The learning function. JGP 3, 1930, S. 469-493; LOFTUS, G. R.: Observations: evaluating forgetting curves. JExP: LMC 11, 1972, S. 397–406; MCGEOCH, A. u. IRION, A. L.: The psychology of human learning. New York 1952; ROBINSON, J. A.: Sampling autobiographical memory. CP 8, 1976, S. 578–595; ROHRACHER, H.: Gedächtnis u. Lernen. In: MEILI, R. u. ROHRACHER, H. (Hg.): Lehrbuch der experimentellen Ps. Bern 1968 (2. Aufl.); SINGER, R. N.: Motor. Lernen u. menschl. Leistung. Bad Homburg 1985; THURSTONE, L. L.: The relation between learning time and length of task. PR 37, 1930, S. 44–53; THURSTONE, L. L.: The error function in maze learning. JGP 9, 1933, S. 288–301; YAREMKO, R. M. u. a.: Reference handbook of research and statistical methodes in psychology: for students and professionals. New York 1982.

Lernlabyrinth, eine Apparatur der experimentellen → Lernpsychologie: Versuchstiere müssen das L. durchlaufen u. erhalten (meist) am Ende Futter zur → Verstärkung; s. hierzu die Stw. → Reihenlernen; → räumliches Lernen; → latentes Lernen. Die meisten einfachen Labyrinthe weisen die Form eines Y o. eines T auf (*Y-Labyrinth*, *T-Labyrinth*); es gibt auch X- bzw. Kreuz-, U- o. H-Labyrinthe; das D-(Dashiell-) Labyrinth hat einen quadrat. Grundaufbau; die Abb. *Lernen 16*

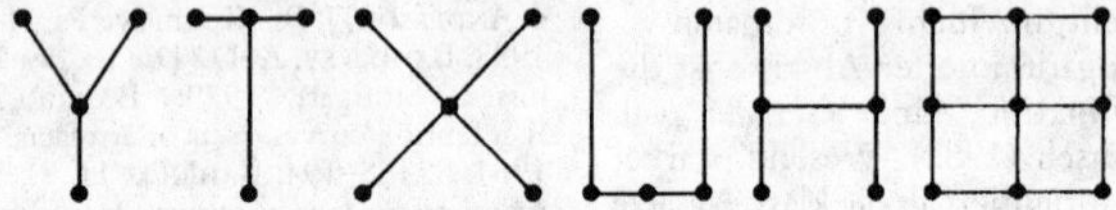

Abb. *Lernen 16*

demonstriert diese verschiedenen Labyrinthformen. Solche Labyrinthe werden v. a. auch bei der Untersuchung von → Explorationsvh. eingesetzt; vgl. zsfd. Keller (1981). Simpler ist der *einfache Laufsteg*, bei dem ein Tier von einem Abteil in ein zweites laufen kann (→ Vermeidungslernen). Das *Hampton-Court-Labyrinth* ist ein Bsp. für ein phantasievolles Labyrinth, das im Aufbau den engl. Gartenparks ähnelt. Es gibt auch kompliziertere Labyrinthe, z. B. *multiple T-* u. *Y-Labyrinthe.*

VD: (1) Versuche mit Labyrinthen werden auf zwei verschiedene Arten durchgeführt: entweder lässt man die Korrektur einer falschen Wahlreaktion zu, d. h., das Tier kann umkehren, wenn es zur falschen Seite gelaufen ist (*Korrekturmethode*; engl. *correction method*), o. der Durchgang wird beendet, sobald eine Reaktion erfolgt, gleichgültig ob diese richtig o. falsch ist (*Reaktionsmethode;* engl. *noncorrection method*).

(2) Finger-, Griffel- u. Bleistift-Labyrinthe werden vorwiegend als Test zur Messung → psychomotorischer Fähigkeiten verwendet; dabei muss die Vp., der häufig die Augen verbunden sind, das Labyrinth mit einem Bleistift möglichst schnell ohne Fehler durchfahren.

◆ Brickenkamp R. (Hg.): Handbuch apparativer Verfahren in der Ps. Göttingen 1986; Keller, J. A.: Grundlagen der Motivation. München 1981.

Lernmatrix → Konnektionismus.

Lernmethode → Sortiertechnik.

Lernmotivation, → Motivation zu schul. u. berufl. Lernen, ein wichtiges Thema der neueren → pädagogischen Psychologie; vgl. Hofer u. a. (1986). Zu diesem Thema werden v. a. folgende Paradigmen der akadem. Ps. rezipiert: → Leistungsmotivation (vgl. Rheinberg 1980 sowie Lissmann u. Paetzold 1982); → intrinsische Motivation; → Neugier; → optimale Stimulation. Einen Überblick über die motivationsps. begründeten Programme zur Motivationsförderung im Unterricht gibt Weßling-Lünnemann (1985); im dt. Sprachraum wichtig gewordene Arbeiten sind Portele (1975) u. Schiefele (1974); s. a. das Kzpt. des → Interesses; speziell unter unterrichtsps. Aspekt vgl. Brunnhuber (1982). Ein schon fast klass. gewordener Aufsatz ist Heckhausen (1974), der aus motivationsps. Sicht folgende grundsätzl. Formen der Lernmotivierung zu analysieren u. verbessern versucht: L. durch Lob u. Tadel, durch Aufforderungsgehalte der Aufgabensituation, durch Realisierungsmöglichkeiten für Eigeninitiative u. durch Selbststeuerung des Vhs. Das letzte Moment wird insbes. von dem Kzpt. des *selbstgesteuerten Lernens* hervorgehoben, vgl. Neber u. a. (1978).

◆ Brunnhuber, P.: Prinzipien effektiver Unterrichtsgestaltung. 1982; Fürntratt, E.: Motivation schul. Lernens. Weinheim 1976; Heckhausen, H.: Bessere Lernmotivation u. neue Lernziele. In: Weinert u. a. (Hg.): Pädagog. Ps., 1. Bd. Stuttgart 1974, S. 575–605; Herber, H. J.: Motivationstheorie u. pädagog. Praxis. Stuttgart 1979; Hofer, u. a.: Die Ps. des Lerners. In: Weidenmann u. a. (Hg.): Pädagog. Ps. München 1986, S. 219–277; Knörzer, W.: Lernmotivation. Weinheim 1976; Lissmann, U. u. Paetzold, B.: Leistungsrückmeldung, Lernerfolg u. Lernmotivation. 1982; Neber, H. u. a. (Hg.): Selbstgesteuertes Lernen. Weinheim 1978; Portele, G.: Lernen u. Motivation. Weinheim 1975; Rheinberg, F.: Leistungsbewertung u. Lernmotivation. Göttingen 1980; SCHIEFELE, H.: Lernmotivation u. Motivlernen. München 1974; WESSLING-LÜNNEMANN, G.: Motivationsförderung im Unterricht. Göttingen 1985.

Lern-Prüf-Methode → serielles Lernen; → Paarassoziationslernen.

Lernpsychologie, (a) im allgemeinen Sinne die Ps. des → Lernens, manchmal mit Einschluss der → Gedächtnispsychologie; (b) in der eingeschränkter, jedoch häufiger gebrauchten Bedeutung: die Gesamtheit der *(neo-)behaviourist.* → Lerntheorien u. der damit verknüpften Untersuchungen, v. a. zu den verschiedenen → Konditionierungs-Paradigmen; (c) innerhalb der pädagogischen Psychologie: die *Instruktionsps.*, also die *Ps. des Lernens u. Lehrens.*
Die allgemeinste Aufgabe der L. ist die Suche nach generellen → Lerngesetzen, Fragen nach der individuellen Lernkapazität, der Rolle der → Übung beim Lernen, der Bedeutung von → Motivation, → Anreiz, → Belohnung u. → Bestrafung; des Weiteren die Erforschung der dem → Transfer u. dem → Vergessen unterliegenden Vorgänge. Weitere Themen sind: → Lerneinstellung; Verlernen (→ Extinktion); → inkrementelles vs. Alles-oder-nichts-Lernen; → latentes Lernen; → inzidentelles vs. intentionales Lernen; → unbewusstes Lernen; → Lernen im Schlaf; → entdeckendes Lernen; → programmiertes Lernen. Die L. versucht insbes. eine quantitative Analyse der Lernprozesse (→ Lernkurve) zu liefern u. hat dazu eine Reihe von → Lernapparaturen entwickelt; Weiteres → Lerntheorien.

LIT: Zwei klass. deutschsprachige Lehrbücher der L. einschl. der Gedächtnisps. sind Foppa (1975) u. Bredenkamp u. Wippich (1977); zu den Ansätzen aus dem pädagog. Bereich s. das Stw. → pädagogische Psychologie; integrative Darstellungen sind Gagné (1969); Lunzer (1971); Edelmann (1986); Klein (1987); ein witziges Buch ist Lefrancois (1994); zum Lernen bei Tieren vgl. Walker (1987); Bitterman (1975); zu den biolog. Grundlagen des Lernens vgl. Marler u. Terrace (1984); zur Neurobiologie vgl. Lynch u. a. (1984); weitere Lehrbücher: Tarpy (1979); Schwartz (1984); Staddon u. Ettinger (1989); ein Überblicksreferat über die moderne Forschung zu Lernen u. Gedächtnis im deutschsprachigen Raum geben Wippich u. Mecklenbräuker (1988); eine wissenschaftstheoret.-histor. Rekonstruktion der Geschichte der L. ist Barker u. Gholson (1984); *Psychology of Learning and Motivation: Advances in Research and Theory* ist ein Jahrbuch, das seit 1967 erscheint.

◆ BARKER, P. u. GHOLSON, B.: The history of the psychology of learning as a rational process: Lakatos vs. Kuhn. In: REESE, H. W. (Hg.): Advances in child development and behaviour, 18. Bd. New York 1984; BEACH, F. A. The snark was a boojum. AmP 5, 1950, S. 115–124; BERGIUS, R. (Hg.): Lernen u. Denken. HP, 1. Bd., 2. Hlb. Göttingen 1964; BERGIUS, R.: Einfache Lernvorgänge. In: BERGIUS (1964), S. 147–225; BERGIUS, R.: Einleitung: Begriffe, Prinzipien, Methoden. In: BERGIUS (1964), S. 3–36; BERGIUS, R.: Ps. des Lernens. Stuttgart 1971; BITTERMAN, M. E.: The comparative analysis of learning. Science 188, 1975, S. 699–709; BLÖSCHL, L.: Lerntheoret. Grundlagen. In: PONGRATZ, L. J. (Hg.): Klin. Ps. HP, 8. Bd., 1. Hlb. Göttingen 1977, S. 634–664; BOWER, G. H. u. HILGARD, E. R.: Theorien des Lernens, 2 Bde. Stuttgart 1983; BREDENKAMP, J. u. WIPPICH, W.: Lern- u. Gedächtnisps., 1. Bd. Stuttgart 1977; EDELMANN, W.: Einführung in die Lernps. München 1986; EYFERTH, K.: Das Lernen von Haltungen, Bedürfnissen u. sozialen Vhsweisen. In: BERGIUS (1964), S. 347–373; FOPPA, K.: Lernen, Gedächtnis, Vh. Köln 1975 (9. Aufl.); FREY, D. u. IRLE, M. (Hg.): Gruppentheorien u. Lerntheorien. Bern 1985; GAGE, N. u. BERLINER, D. C.: Pädagog. Ps. Weinheim 1986; GAGNÉ, R. M.: Die Bedingungen des menschl. Lernens. Hannover 1969; GLASER, R. u. BASSOK, M.: Learning theory and the theory of instruction. ARP 40, 1989, S. 631–666; HASELOFF, O. W. u. JORSWIECK, E.: Ps. des Lernens. Berlin 1971; HILGARD, E. R. u. BOWER, G. H.: Theorien des Lernens, 2 Bde. Stuttgart 1973; JÄGER, A.: Einige emotionale, conative u. zeitl. Bedingungen des Erinnerns. ZEAP 6, 1959, S. 737–765 u. Nr. 6, 1960, S. 1–28; JOHNSTON, T. D.: Contrasting approaches to a theory of learning. BBS 4, 1981, S. 125–139; KANFER, F. H. u. PHILLIPS, J. S.: Lerntheoret. Grundlagen der Vhstherapie. München 1975; KIMBLE, G. A.: Hilgard and Marquis' conditioning and learning. New York 1961; KLEIN, S. u. MOWRER, R. R. (Hg.): Contemporary learning theories: Pavlovian conditioning and the status of traditional learning theory. Hillsdale 1989; KLEIN, S.: Learning: Principles in application. New York 1987; KOCH, W. K. u. a. (Hg.): Modern learning theory. New York 1954; LEFRANCOIS, G. R.: Ps. des Lernens. Report von Kongor dem Androneaner. Berlin 1994; LUNZER, E. A.: Das menschl. Lernen u. seine Entwicklung. Stuttgart 1971; LYNCH, G. u. a.: Neurobiology of learning and memory. New York 1984; MARLER, P. u. TERRACE, H. S. (Hg.): The biology of learning. Berlin 1984; ROTH, H.: Pädagog. Ps. des Lehrens u. Lernens. München 1983; SCHWARTZ, B.: Psychology of learning and behaviour. New York 1984; SHUELL, D. J.: Cognitive conceptions of learning. RER 56, 1986, S. 411–436; STADDON, J. E. R. u. ETTINGER, R. H. (Hg.): Learning. San Diego 1989; TARPY, R. M.: Lernen. Berlin 1979; TRAUTNER, H. M.: Lehrbuch der Entwicklungsps. Bd. 2, Göttingen 1991; TVERSKY, B.: The rebirth of learning. CoP 27, 1982, S. 679–680; ULICH, D.: Zur Relevanz vhstheoret. Lern-Kzpte. für die Sozialisationsforschung. In: HURRELMANN, K. u. ULICH, D. (Hg.): Neues Handbuch der Sozialisationsforschung. Weinheim 1991, S. 57–77; VENDA, W. F.: Prospects for the development of a psychological theory of learning. SoP 20, 1982, S. 452–478; VERPLANCK, W. S.: A glossary of some terms used in the objective science of behaviour. PR, Suppl. 64, 1957; WALKER, S.: Animal learning: an introduction. London 1987; WEINERT, F.: Lehrt die Lernps. lehren? In: IRLE, M. (Hg.): Bericht über den 26. Kongreß der Dt. Gesellschaft für Ps. in Tübingen 1968. Göttingen 1969; WEINERT, F. E.: Lernforschung als zentrale Aufgabe der pädagog. Ps. In: WEIDENMANN u. a. (Hg.): Pädagog. Ps. Weinheim 1994; WESTMEYER, H. u. HOFFMANN, N. (Hg.): Vhstherapie. Hamburg 1977; WIPPICH, W. u. MECKLENBRÄUKER, S.: Human learning and memory research in the German speaking countries. GJP 12, 1988, S. 283ff.; ZEIER, H. (Hg.): Lernen u. Vh., 1. Bd. Lerntheorien. Weinheim 1984; ZTSCHR.: Journal of Experimental Psychology: Learning, Memory and Cognition; v. a. im *Annual Review of Psychology* wird jährlich in krit. Weise die neu herausgekommene Literatur über das Lernen zusammengefasst. JAHRBUCH/FORTSCHRITTSBERICHTE: The psychology of learning and motivation. New York 1967ff.; Advances in Analysis of Behaviour. Chichester 1979ff.; Advances in the Study of Behaviour. New York 1965ff.

Lerntheorien. Im allgemeinen Sinne bezeichnet der Begriff sämtl. theoret. Ansätze zu den verschiedensten Aspekten des → Lernens. Im engen u. gebräuchlichsten Sinne bezieht er sich aber nur auf die *(neo-) behaviourist.* Ansätze (→ Behaviourismus), v. a. zu Phänomenen wie → Konditionierung u. → mechanischem Lernen, später auch zu komplexeren Phänomenen wie → Begriffslernen, → Angst, → Frustration, → Konflikt. Zentral ist das Paradigma der → Konditionierung. In diesem Sinne beinhaltet der Begriff *L.* einen reduktionist. Ansatz, der treffender durch den weitgehend syn. Begriff der *Vhstheorien* wiedergegeben wird. Auf jedem Gebiet u. zu jedem großen Thema der Ps. gibt es einen solchen *vhstheoret. Ansatz*: → Wahrnehmungstheorien; → Denktheorien; → Gedächtnistheorien, → Motivationstheorien, → Emotionstheorien; zu Ansätzen auf dem Gebiet der Sprachps.: → verbales Verhalten; → Mediationstheorie; zu sozialps. Ansätzen vgl. Frey u. Irle (1985).

Die wichtigsten L. sind: (a) Pawlows Lehre von der → klassischen Konditionierung (→ Reflexologie); (b) Skinners Kzpt. der → operanten Konditionierung; (c) die → systematische Verhaltenstheorie Hulls, (d) Thorndikes → Verknüpfungstheorie; (e) die → Zeichen-Gestalt-Theorie von Tolman; (e) die → Kontiguitätstheorie von Guthrie. (In der klass. Darstellung von Hilgard werden noch die → Gestaltpsychologie, die → Feldtheorie u. die → Psychoanalyse Freuds dazugerechnet, diese werden aber nicht als *L.* i. e. S. bezeichnet, s. o.)

Die L. werden meistens in die beiden großen Gruppen der *mechanist.* L. (→ S-R-Theorien) u. der *kognitiven* L. eingeteilt (wb. die mechanist. L. als die »eigentl.« L. zu bezeichnen sind, im Gegensatz zu den »weniger lerntheoret.« ausgerichteten → kognitiven Lerntheorien). Die → mathematischen Lerntheorien entziehen sich dieser Einordnung. Der

Übergang von der ersten zur zweiten Gruppe war der große Trend, der in den 50er u. dann verstärkt in den 60er u. 70er Jahren stattgefunden hat. Grundlegend war auch der Wechsel von umfassenden L. hin zu Miniaturtheorien, die Teilphänomene des Lernens analysieren; vgl. hierzu Venda (1982).

Die wichtigste Adaptation der L. innerhalb der angewandten Ps. ist die → Verhaltenstherapie; eine ausführl. Darstellung der klin. Störungsmodelle, die sich aus den unterschiedl. L. ableiten lassen, ist Blöschl (1977) – aus diesen Ableitungen heraus werden in prägnanter Weise die empir. Unterschiede zw. den verschiedenen L. deutl.; vgl. hierzu auch Kanfer u. Phillips (1975). Zur Frage, inwieweit sich die Vhstherapie überhaupt aus den L. ableiten lässt – eine der wichtigsten Grundlagendiskussionen –, vgl. den Sammelband Westmeyer u. Hoffmann (1977).

LIT: Einen klass. gewordenen Überblick vermitteln Bower u. Hilgard (1983); vgl. auch Haseloff u. Jorswieck (1971); eine kürzere Darstellung findet sich auch in Foppa (1975); eine tief schürfende, umfangreiche u. schwierige Darstellung der L. ist Koch u. a. (1954); eine Überblicksarbeit über neue moderne L. ist Johnston (1981); seine Arbeit löst eine heftige Diskussion aus (EBS 1981, S. 139–173); ein neuerer Überblicksartikel über das Verhältnis von L. u. Lehr- bzw. Unterrichtstheorien ist Glaser u. Bassok (1989); eine neuere Darstellung ist Klein u. Mowrer (1989); eine Zeittafel zur Entwicklung der L. findet sich in Zeier (1984); zu Ansätzen aus dem pädagog. Bereich vgl. Gage u. Berliner (1986); Roth (1983); Weinert (1994); zu entwicklungstheoret. Ansätzen vgl. Trautner (1991).

◆ → Lernpsychologie.

Lesbarkeit → Textverstehen.

Lese-Benennungs-Effekt, das Phänomen, dass das Lesen von Wörtern o. Buchstaben nur etwa die Hälfte der Zeit benötigt, die für das Benennen von Farben u. Bildern gebraucht wird.

VD: Wörter u. Bilder sind keineswegs unterschiedl. gut identifizierbar bzw. diskriminierbar, der L. ist also nicht darauf zurückzuführen, dass verbales Material grundsätzl. schneller in Tätigkeiten einbezogen werden kann; wenn z. B. auf die Darbietung von Substantiven u. Bildern mit der Nennung des zugeordneten Verbs reagiert werden soll, findet sich kein Unterschied in den Latenzzeiten; vgl. Pfeil (1959). Der L. ist wahrscheinl. darin begründet, dass die zeitl. Struktur der Handlung auf ordinalem Niveau direkt in der Wortstruktur, nicht aber in Bild o. Fotografie räuml. enthalten ist, dass also eine Art → Kompatibilität gegeben ist; vgl. zum Überblick Hommel (1990).

LIT: Vgl. zum Überblick Pfeil (1959); Wolff (1979); Fraisse (1984); s. a. → Bildüberlegenheitseffekt.

◆ Fraisse, P.: Perceptual processing of words and drawings. In: Sarris, V. u. Parducci, A. (Hg.): Perspectives in psychological experimentation: Towards the year 2000. Hillsdale 1984, S. 151–163; Hommel, B.: Kompatibilität, Interferenz u. Handlungssteuerung. In: Meinecke, C. u. Kehrer, L. (Hg.): Bielefelder Beiträge zur Kognitionsps. Göttingen 1990, S. 221–275; Pfeil, A.: Lesen u. Benennen im Reaktionsversuch. In: Rausch, E. (Hg.): Ps. Arbeiten, Bd. 5. Frankfurt/M. 1959; Wolff, P.: Funktionsanalyse des Unterschieds zw. Lesen u. Benennen. Ps. Forschungsberichte aus dem Fachbereich 3 der Universität Osnabrück, Nr. 13, 1979.

Lesen, einer der wichtigsten u. interessantesten kognitiven Prozesse, der zahlreiche Grundprobleme einer → kognitiven Psychologie beinhaltet, v. a. → Mustererkennung u. die Erfassung von → Bedeutung. L. ist ein hierarch. Prozess, der aus folgenden Ebenen u. Teilprozessen besteht: (a) subsemant. Verarbeitungsprozesse, das Erkennen von Buchstaben u. Wortformen (→ Worterkennung); (b) die Verarbeitung von → Wortbedeutung; (c) die semant.-syntakt. Verarbeitung (→ Satzverarbeitung); (d) die satzübergreifende Verarbeitung mit dem Ziel einer Rekonstruktion der im zu lesenden Text enthaltenen Wissensstruktur: → Textverstehen; → Sprachverstehen; vgl. Christmann (1989). Bei einer Legasthenie ist die

Fähigkeit zum L. bei normaler Intelligenz u. ohne erkennbare sonstige neurops. Auffälligkeiten selektiv gestört.

TH: Folgende grundsätzl. theoret. Modelle stehen sich gegenüber: die *analyt.* Position, die von einem Buchstaben-für-Buchstaben-Identifikationsprozess ausgeht, die *Ganzwortidentifikationstheorie* u. die Theorie, die annimmt, dass bestimmte Buchstabengruppen erkennungsleitend sind; vgl. Scheerer (1978). Die experimentellen Befunde deuten darauf hin, dass sich die visuelle Analyse gewöhnl. auf Einheiten stützt, die größer sind als Buchstaben, die jedoch nicht mit ganzen Wörtern zusammenfallen; wie eine solche Buchstabengruppe jedoch aussieht, darüber gehen die Meinungen auseinander; vgl. Scheerer (1978); Wickelgren (1979); Gibson u. Levin (1980). Allg. wird davon ausgegangen, dass auch auf dieser niederen Ebene der Textverarbeitung konzeptgetriebene Prozesse eine wichtige Rolle spielen, dass näml. bestimmte sprachtyp. Buchstabenschemata ausgebildet sind, deren Leerstellen bei der Aktivierung nach ganz besimmten Ausfüllungen verlangen, vgl. z. B. Adams u. Collins (1979). Empir. Ergebnisse zeigen, dass bei Worterkennungsprozessen tatsächl. eine → Merkmalsanalyse erfolgt, dass jedoch nicht jeder Buchstabe einzeln durchgemustert wird, so dass sowohl ganzheitl. wie merkmalsanalyt. Prozesse erfolgen; vgl. z. B. Neisser (1974). Der Worterkennungsprozess ist unter spezif. ps. Gesichtspunkt auch ein Paradebeispiel für die Bildung von → chunks. Ein klass. Ansatz in dieser Richtung war die Analyse der Leseprozesse mit → Sprachapproximationen. In den vergangenen beiden Jahrzehnten wurden zahlreiche Versuche unternommen, gedruckte wie auch handschriftl. Texte für Computer lesbar zu machen. Hieraus ergaben sich viele Anregungen für das Problemfeld Worterkennung; vgl. Fisher u. a. (1962); Uhr (1966); Zusne (1970); Neisser (1974); Hunt (1975). Neuere handlungstheoret. Ansätze betonen, dass L. kein isolierter kognitiver Prozess ist, sondern innerhalb verschiedener Situations- u. Handlungszusammenhänge erfolgen kann, woraus sich auch unterschiedl. Teilprozesse ergeben können; vgl. z. B. Stiefenhöfer (1986). Theorien des L. entstanden ursprüngl. v. a. aus pädagog. Ansätzen, ergänzt wurden sie von neurops. Seite. Seit den 60er Jahren nimmt die → kognitive Psychologie die Herausforderung durch dieses Thema an; vgl. Smith (1973); Scheerer-Neumann (1977); Gibson u. Levin (1975). In einer zweiten Generation (vgl. Stiefenhöfer 1986) dieser kognitivist. Ansätze erfolgt zunehmend eine Integration mit der allg. → Wissenspsychologie u. der Theorie des → semantischen Gedächtnisses; vgl. Ballstaedt u. a. (1981). Bis heute ist der Prozess des L. noch nicht völlig verstanden, in gewissem Maße gilt immer noch Neissers Wort, dass Lesen ein »ebenso geläufiger wie unmögl. Prozess sei« (Neisser 1974, S. 177) – die tlw. heftig geführten Kontroversen zu den verschiednen Leselernmethoden, zum Frühlesen, zur Ganzheitsmethode u. zur Legasthenie sind Ausdruck dieser noch unvollständigen Grundlagenkenntnisse; vgl. z. B. Hofer (1976); Plickat u. Wieczerkowski (1979); Plickat (1979).

VD: Eines der Grundprobleme der Forschung, wie es bes. von psycholinguist. u. neurolinguist. Seite thematisiert wird, ist die Beziehung zw. L. u. Schreiben: (a) Der als *Dependenz-Hypothese* bezeichnete Ansatz nimmt an, dass die geschriebene Sprache direkt abhängig von der gesprochenen ist, so dass selbst leises L. wie auch Schreiben notwendigerweise phonolog. mediiert wird (de Saussure 1916; Bloomfield 1933; Rubenstein u. a. 1971; Meyer u. a. 1974). (b) Die Gegenpositon – die *Autonomie-These* – postuliert eine relative Unabhängigkeit der geschriebenen Sprache beim geübten Leser u. Schreiber (Vachek 1949; Uldall 1944), so dass ein direkter Zugriff zur semant. Repräsentation aufgrund von visuellen Merkmalen bei der Perzeption von geschriebener Sprache mögl. ist. Auch sollen beim Schreiben graphem. Worteinheiten direkt ohne phonolog. Mediierung aktivierbar sein. Die empir. Evidenz weist darauf hin, dass im normalen Leseprozess parallele Kodierungsstrategien auftreten, vgl. LaBerge u. Samuel (1974). (c) Für das laute Lesen wird zusätzl. ein dritter Enkodierungsweg angenommen: Das geschriebene Wort wird mit der adäquaten phonolog. Form auf direktem Weg ohne Aktivierung der Graphem-Phonem-

Korrespondenz-Regeln u. ohne Aktivierung der semant. Repräsentation mit Hilfe von Lexem-Korrespondenz-Regeln in Verbindung gebracht. Im normalen Leseprozess scheint die phonolog. Mediierung vorzuherrschen, zumindest auf der syntakt. Ebene, vgl. Rozin u. Gleitman (1977); Kleinman (1975); bei einzelnen Wörtern, insbes. wenn sie komplex u. schwer erkennbar sind, wenden Leser sogar Subvokalisierungsaktivitäten an; vgl. zsfd. Friederici (1984).

LIT: Zum Überblick über die Leseforschung vgl. Reber u. Scarborough (1977); Murray u. a. (1978); Scheerer (1978) sowie Just und Carpenter (1987); über neurolinguist. Forschungsansätze referiert Friederici (1984); ein Überblick über kognitive Prozesse beim Lesen vermittelt Molitor (1985); zum Überblick über Ansätze zur Leseforschung im vorigen Jahrhundert vgl. Scheerer (1981); zum Überblick über eine *Leserps.* mit den Hauptthemen *Lesealter, Lesetypologie, Leseinteressen* u. *Lesemotivation* vgl. Groeben (1982), Groeben und Vorderer (1988); speziell zum Problem der Worterkennung bei geschriebener Sprache vgl. Balota (1994); zum Überblick über verschiedene Theorien u. zu einem modernen prozessanalyt. Ansatz vgl. Graf (1994).

◆ Ballstaedt, S.-P. u. a.: Texte verstehen, Texte gestalten. München 1981; Balota, D. A.: Visual word recognition. In: Gernsbacher, M. A. (Hg.): Handbook of psycholinguistics. San Diego 1994; Bloomfield, L.: Language. New York 1933; Christmann, U.: Modelle der Textverarbeitung: Textbeschreibung als Textverstehen. Münster 1989; de Saussure, F.: Cours de linguistique générale. Paris 1916; Fisher, G. L. u. a. (Hg.): Optical and character recognition. Washington 1962; Friederici, A. D.: Neurops. der Sprache. Stuttgart 1984; Fries, C. C.: Linguistics and reading. New York 1963; Gibson, E. J. u. Levin, H.: The psychology of reading. Cambridge 1975; Graf, E.: Lese-Rechtschreibschwäche. Frankfurt/M. 1994; Groeben, N.: Leserps.: Textverständnis – Textverständlichkeit. Münster 1982; Groeben, N. und Vorderer, P.: Leserps.: Lesemotivation-Lektürewirkung. Münster 1988; Heller, D.: Über den Zusammenhang von Lesen u. Rechtschreiben. Ps. in Erziehung u. Unterricht 24, 1977, S. 205–212; Hofer, A. (Hg.): Lesenlernen. 1976; Huey, E. B.: The psychology and pedagogy of reading. New York 1908; Hunt, E. B.: Artificial intelligence. New York 1975; Just, M. A. und Carpenter, P. A.: The psychology of reading and language comprehension. Newton, Mass. 1987; Kleinman, G. M.: Speech recording in reading. JVLVB 14, 1975, S. 323–339; LaBerge, D. u. Samuels, S. J.: Towards a theory of automatic information processing and reading. CP 6, 1974, S. 293–323; Mandl, H. (Hg.): Zur Ps. der Textverarbeitung. München 1981; Marshall, J. C.: Neuropsychological aspects of orthographic representation. In: Wales, R. J. u. Walker, E. (Hg.).: New approaches to language mechanisms. Amsterdam 1976, S. 109–131; Meyer, D. E. u. a.: Functions of graphemic and phonemic. Codes in visual word-recognition. MuC 2, 1974, S. 309–321; Molitor, S.: Kognitive Prozesse beim Schreiben. Tübingen (Forschungsbericht 31 des Deutschen Instituts für Fernstudien, Universität Tübingen) 1985, S. 334–345; Murray, F. B. u. a. (Hg.): The aquisition of reading. Baltimore 1978; Neisser, U.: Kognitive Ps. Stuttgart 1974 (Orig.: 1967); Plickat, H.-H. u. Wieczerkowski, W. (Hg.).: Lernerfolg u. Trainingsform im Rechtschreibunterricht. Bad Heilbrunn 1979; Plickat, H.-H.: Grundprobleme der Rechtschreibdidaktik. In: Plickat u. Wieczerkowski 1979, S. 11–52; Reber, A. S. u. Scarborough, D. L. (Hg.).: Toward a psychology of reading. Hillsdale 1977; Rozin, P. u. Gleitman, L. R.: The structure and acquisition of reading II. In: Reber (1977); Rubenstein, H. u. a.: Evidence for phonemic recording in visual word-recognition. JVLVB 10, 1971, S. 645–657; Scheerer, E.: Probleme u. Ergebnisse der experimentellen Leseforschung. ZEPP 10, 1978, S. 347–354; Scheerer, E.: Early german approaches to experimental reading researches: the contributions of Wilhelm Wundt and Ernst Meumann. PRes 43, 1981, S. 111–130; Scheerer-Neumann, G.: Funktionsanalyse des Lesens. Ps. in Erziehung u. Unterricht 24, 1977, S. 125–135; Schenk-Danzinger, L.: Legasthenie. In: Pongratz, L. J. (Hg.): Klin. Ps. HP, Bd. 8, 2. Hlb., Göttingen 1978, S. 2591–2625; Singer, H. u. Rudell, R. B. (Hg.): Theoretical models and processes of reading. Newark 1976; Smith, F. (Hg.): Psycholinguistics and reading. New York 1973; Stiefenhöfer, H.: Lesen als Handlung. Weinheim 1986; Uhr, L. (Hg.): Pattern recognition, learning and thought. New York 1966; Uldall, H. J.: Speech and writing. Acta Linguistica 4, 1944, S. 11–16; Vachek, J.: Some remarks on writing and phonetic transcription. Acta Linguistica 5, 1949, S. 86–93; Zusne, L.: Visual perception of form. New York 1970.

Leserpsychologie → Lesen.

Lesespannenaufgabe → Gedächtnisspanne.

Letter matching → Buchstabenvergleich.

Leuchtdichtemaskierung → Maskierung.

Leveling → kognitive Stile.

Level of aspiration → Anspruchsniveau.

Levels-of-processing-Theorie → Verarbeitungsebenen-Theorie.

Lexical-access from spectra-model → Worterkennung.

Lexikalische Enkodierung → Sprachproduktion.

Lexikalische Entscheidungsaufgabe, eine Methode der Gedächtnis- bzw. Denkps., bes. zur Analyse des → semantischen Gedächtnisses: Der Vp wird eine Reihe von Buchstaben vorgelegt, u. sie soll so schnell wie mögl. entscheiden, ob diese ein Wort ergeben o. nur eine bedeutungslose Buchstabenkombination darstellen; Weiteres s. das Stw. → semantisches Priming.

◆ SCHMIDT, R.: On the spread of semantic excitation PRes 38, 1976, S. 333–353; WENDER, K. F. u. a.: Modelle des menschl. Gedächtnisses. Stuttgart 1980.

Lexikalischer Ähnlichkeitseffekt, ps. Effekte bei der → Worterkennung: Das Erkennen von Wörtern wird verändert, meist erschwert, wenn sich in ihrer »Nachbarschaft« ähnl. befinden; vgl. zum Überblick Lively u. a. (1994).

◆ LIVELY, S. E. u. a.: Spoken word recognition: research and theory. In: GERNSBACHER, M. A. (Hg.): Handbook of psycholinguistics. San Diego 1994, S. 265–302.

Lexikalischer Determinismus → Begriffsbildung; → Wortbedeutung.

Lexikalische Route → Worterkennung.

Lexikalisch-funktionale Grammatiktheorie → generative Transformationsgrammatik.

Lexikalistische Theorie → psychologische Realität der Grammatik.

Lexikalistische vs. transformationalistische Hypothese → psychologische Realität der Grammatik; → mentales Lexikon; → generative Transformationsgrammatik.

Lexikographische Entscheidungsheuristiken → Entscheidungsheuristiken.

Lexikon → mentales Lexikon.

Lexikontheorie → Wortbedeutung.

Libet-Effekt → Bewusstsein.

Libido → Sexualtrieb; → Psychoanalyse.

Licht-von-oben-Hypothese → Vertiefungs-Erhöhungs-Effekt.

Lidschlag-Konditionierung, ein häufig innerhalb der → Lernpsychologie verwendetes method. Paradigma: durch einen Luftstoß auf das Auge, der durch einen vorhergehenden Reiz angekündigt wird, wird das Schließen des Augenlids konditioniert. Die L. fand v. a. Anwendung innerhalb des Paradigmas der → Triebtheorie der Angst u. allg. innerhalb von Analysen des → Bestrafungslernens; zu seiner Problematik vgl. Fröhlich (1983).

◆ FRÖHLICH, W. D.: Perspektiven der Angstforschung. In: THOMAE, H. (Hg.): Ps. der Motive. EP, C, IV, 2. Bd., Göttingen 1983, S. 110–277; PROKASY, W. F.: Classical eyelid conditioning: experimenter operations, task demands, and response shaping. In: PROKASY, W.F: (Hg.): Classical conditioning: a symposium. New York 1965.

Liebe. Unter den → sozialen Motivationen bzw. den sie begleitenden → Emotionen ist die L. eine, deren besondere Bedeutung durch die Alltagsps. u. auch durch die belletrist. Literatur hervorgehoben wird – dennoch stellt *L.* in der Ps. kein Mainstream-Paradigma dar; charakteristischerweise fehlt das Stw. in den meisten Lehr- u. Handbüchern der Motivations- u. Emotionsps. o. es gibt nur eine knappe Darstellung. V. a. die Psa. hebt die sexuelle Basis der L. hervor, sowohl bei der L. zw. Mann u. Frau wie der zw. Eltern u. Kinder – Zärtlichkeit u. L. als Sublimationen des → Sexualtriebs. Freud konzipiert im letzten Entwurf seiner Triebtheorie das psych. Leben als determiniert von einem Grundkonflikt zw. *Lebens-* u. *Todestrieben*, wb. die Lebenstriebe im Dienste des Eros, also im Dienste der L. wirken; s. a. das Stw. → Ödipuskomplex. Zum Überblick über die psa. Ansätze vgl. auch Bornemann (1968). Berühmt geworden ist eine Weiterentwicklung des psa. Ansatzes unter dem Leitmotiv einer → humanistischen Psychologie: Erich Fromms »Kunst des Liebens« (1956). Die psa. Sichtweise wird von der modernen empir. Forschung nicht eingenommen: Es gibt unterschiedl. motivationale bzw. Verhaltenssysteme, die »L.« involvieren, ohne dass damit eine unitäre Triebbasis impliziert ist; insbes. scheinen Zärtlichkeit u. Sexualität unterschiedl. emotional-behaviourale Module zu sein – die eigentl. L. im Sinne einer nichtsexuellen Zuneigung scheint ihre Wurzeln eher im Zärtlichkeitssystem als in der Sexualität zu besitzen. Auch das → Bindungsverhalten der Kinder hat seine eigene Basis, die L. der Kinder zu ihren Eltern u. umgekehrt scheint ein primäres Verhaltenssystem darzustellen, das sich auch nicht dadurch erklären lässt, dass die Eltern für die Kinder wichtige Agenten der Befriedigung primärer Triebe darstellen; Weiteres s. unter dem Stw. → Bindungsverhalten. Zum Unterschied von *liking* u. *loving* vgl. Rubin (1970ff.). Sternberg (1987) unterscheidet zwei Gruppen von Liebestheorien: (a) Die Theorien der ersten Gruppe behaupten, dass sich *L.* (*loving*) u. *Sympathie* (*liking*) nur quantitativ, aber nicht qualitativ unterscheiden: L. ist bes. große Sympathie. (b) Im Gegensatz hierzu behaupten die Theorien der zweiten Gruppe, dass Liebe u. Sympathie qualitativ verschieden sind, diese Theoriengruppe zerfällt in drei Teilklassen: Eine Teilklasse nimmt an, dass L. u. Sympathie zwei völlig verschiedene Prozesse sind; die nächste Theorieklasse nimmt an, dass Liebe u. Sympathie zwar verschieden sind, aber dennoch einige gemeinsame Eigenschaften haben, u. die Theorien der dritten Teilklasse postulieren, dass Liebe aus mehreren Komponenten besteht, von denen eine die der Sympathie ist; vgl. hierzu Herkner (1991). Zum Vergleich der unterschiedl. theoret. Ansätze vgl. Sternberg (1987). Speziell zum Kzpt. der *romant. L.* vgl. Rubin (1973) u. Branden (1980); zur Kulturrelativität dieser romant. Liebe vgl. Trommsdorff (1991). Verschiedene Entwicklungsmodelle für das Entstehen u. die Entwicklung von L. wurden konzipiert: ein *Stufenmodell*, wie z. B. von Levinger u. Snoek (1972), o. ein *Radmodell* von Reiss (1960). Ersteres hebt stärker die Gerichtetheit der Liebesentwicklung hervor, das Radmodell eher die Möglichkeit des Rückfalls u. einer Neu-Entwicklung. Zu faktorenanalyt. Ansätzen vgl. Swenson u. Gilner (1964); Rubin (1970ff.); vgl. auch → Eifersucht. Die *Drei-*

eckstheorie (Sternberg 1986) geht davon aus, dass es drei Liebeskomponenten gibt: *Intimität* (*Vertrautheit*), *Leidenschaft* u. *Entscheidung/Bindung* (*commitment*). Die Theorie heißt deshalb *Dreieckstheorie*, weil die verschiedenen Formen der Liebe als Dreiecke o. Teil-Dreiecke dargestellt werden können: Intimität ist die obere Spitze des Dreiecks, Leidenschaft die linke u. Entscheidung/Bindung die rechte. Die Größe des Dreiecks entspricht dem Ausmaß der Liebe. Vollständige Liebe, die alle drei Grundkomponenten in gleichem Maße enthält, wird als gleichseitiges Dreieck dargestellt, andere Liebesvarianten durch entsprechende Teil-Dreiecke veranschaulicht. Vgl. auch → *Francas Gesetz* sowie → *Von-Ebner-Eschenbach-Gesetz*.

LIT: Zum Überblick vgl. Sternberg (1988); vgl. Pope (1980); zu evolutionären u. transkulturellen Aspekten vgl. Eibl-Eibesfeldt (1970); vgl. auch Buss (1994); einen knappen Überblick liefern Maiwald u. Schreiber (1991); zur Darstellung von L. im Gesamtkontext Sexualität u. Bindung vgl. Meyer (1994); zum Thema sexuelle Attraktion u. L. vgl. Centers (1975); zu den verschiedenen Messmethoden der L. vgl. Hendrick u. Hendrick (1989); eine Begriffsbestimmung u. ein Überblick über aktuelle Forschungsfragen zum Thema L. findet sich bei Bierhoff (1991); ein Überblick über Messverfahren, Kzpte., Skalen u. Korrelate von Einstellungen zu L. u. Partnerschaft ist Amelang (1991); zur Entwicklungsps. u. zur Bedeutung für die Neurosenentstehung vgl. Kruse (1991); zum Gesichtsausdruck von L. u. seiner ontogenet. Entwicklung vgl. zsfd. Ekman (1988); vor einem evolutionstheoret. Hintergrund analysieren Symons (1979) u. Hunt (1992); der Versuch einer biochem. Theorie auf psychopatholog. Grundlage ist Liebowitz (1983); zu therapeut. Aspekten vgl. Wyss (1975).

◆ Amelang, M. u. a. (Hg.): Attraktion u. Liebe. Formeln u. Grundlagen partnerschaftl. Beziehungen. Göttingen 1991; Amelang, M.: Einstellungen zu Liebe u. Partnerschaft: Konzepte, Skalen u. Korrelate. In: Amelang u. a. (1991), S. 153–196; Bierhoff, H. W.: Liebe. In: Amelang u. a. (1991) S. 197–234; Bornemann, E.: Das Geschlechtsleben des Kindes. München 1985; Bornemann, E.: Lexikon der Liebe u. Sexualität, 2 Bde. München 1968 (2. Aufl.); Branden, N.: The psychology of romantic love. Los Angeles 1980; Buss, D.: Die Evolution des Begehrens. Hamburg 1994; Centers, R.: Sexual attraction and love. Springfield 1975; Eibl-Eibesfeldt, I.: Liebe u. Hass. Zur Naturgeschichte elementarer Vhsweisen. München 1970; Ekman, P.: Gesichtsausdruck u. Gefühl. Paderborn 1988; Fromm, E.: The art of loving. New York 1956 (dt.: Die Kunst des Liebens. Frankfurt/M. 1972); Goldberg, St. R. u. Deutsch, F.: Life-span individual and family development. Monterey 1977; Grossmann, K.: Bindungsgefühl. In: Euler, H. A. u. Mandl, H. (Hg.): Emotionsps. München 1983, S. 168–177; Haisch, J. (Hg.): Angewandte Sozialps. Bern 1983; Hendrick, C. u. Hendrick, S. S.: Research on love: does it measure up? JPSP 56, 1989, S. 704–794; Herkner, W.: Lehrbuch der Sozialps. Bern 1991; Hunt, M.: Das Rätsel der Nächstenliebe. Frankfurt/M. 1992; Klein, R.: Modelle der Partnerwahl. In: Amelang, M. u. a. (Hg.): Partnerwahl u. Partnerschaft. Göttingen 1991, S. 31–71; Kolb, I.: Das Kreuz mit der Liebe. Hamburg 1980; Kruse, O.: Emotionsentwicklung u. Neurosenentstehung. Stuttgart 1991; Kutter, P.: Die menschl. Leidenschaften. Stuttgart 1978; Levinger, G. u. Snoek, J. D.: Attraction in relationship: a new look at interpersonal attraction. Morristown 1972; Liebowitz, M. R.: The chemistry of love. Boston 1983; Mahler, M. u. a.: Die psych. Geburt des Menschen. Frankfurt/M. 1980; Maiwald, M. u. Schreiber, A.: Die biolog. Grundlagen von Paarverhalten: eine Übersicht biops. Grundlagen. In: Amelang u. a. (1991), S. 1–60; Meyer, H.: Sexualität u. Bindung. Weinheim 1994; Murstein, B. I.: Love, Sex, and Marriage through the ages. New York 1974; Pope, K. S. u. a. (Hg.): On love and loving. San Francisco 1980; Reiss, I. L.: Toward a sociology of the heterosexual love relationship. Marriage and Family Living 22, 1960, S. 139–145; Rubin, Z.: From liking to loving: patterns of attraction in dating relationships. In: Huston, T. L. (Hg.): Foundations of interpersonal attraction. New York 1974, S. 389–402; Rubin, Z.: Liking and loving. New York 1973; Rubin, Z.: Measurement of romantic love. JPSP 16, 1970, S. 265–273; Safilios-Rothschild, C.: Love, sex, and sex roles. Englewood Cliffs 1977; Sternberg, R. J.: A triangular theory of love. PR 93, 1986, S. 199–135; Sternberg, R. J.: Liking vs. loving: a comparative evaluation of theories. PBu 102, 1987, S. 331–345; Sternberg, R. J. (Hg.): The psychology of love. New Haven 1988; Swenson, C. H. u. Gilner, F.: Factor analysis of self-report statements of love relationships. JIP 20, 1964, S.

186–188; SYMONS, D.: The evolution of human sexuality. New York 1979; TROMMSDORFF, G.: Sympathie u. Partnerwahl. In: AMELANG u. a. (1991), S. 185–221; WYSS, D.: Lieben als Lernprozeß. Göttingen 1975.

Life-event-Forschung → Stress.

Lineare Lernprogramme → programmiertes Lernen.

Lineares Lernmodell → mathematische Lerntheorien.

Lineares Operatormodell → mathematische Lerntheorien.

Linearisierung → Sprachproduktion.

Linguistische Fehleranalyse → Handlungsfehler.

Linguistische Universalien. Strukturen, die in allen natürl. Sprachen vorkommen, wie bestimmte phonet. o. semant. Merkmale (*substantielle* l. U.) u. auch bestimmte grammat. Kategorien (*formale* l. U.), wie z. B. der Plural. Unter anderem Aspekt spricht man von *Universalgrammatik*, einer allen Sprachen zugrunde liegende allg. Grammatik. Das Kzpt. der (formalen) l. U. wurde bes. von der → generativen Transformationsgrammatik hervorgehoben, die diese (z. B. Ersetzungs- u. Transformationsregeln) als angeborene Voraussetzungen des Spracherwerbs ansieht (→ Spracherwerbsmechanismus). Die Gegenposition, Bestandteil einer → Kognitionshypothese, postuliert dagegen, dass die sensomotor. u. pragmat. Prozesse u. Strukturen primär sind u. die syntakt. Organisation vorbereiten; vgl. z. B. Bloom (1970) u. Brown (1973); Hörmann (1976); man spricht in diesem Zusammenhang von *kognitiven Universalien*. Dass bereits etablierte kognitive Prozesse zwar eine notwendige, aber nicht hinreichende Bedingung des Spracherwerbs darstellen, zeigt sich schon darin, dass Kinder verschiedener Sprachgemeinschaften systemat. unterschiedl. Sprachmuster aufweisen (vgl. Bierwisch 1979). Vertreter der sog. *starken Kontinuitätshypothese* (vgl. Pinker 1984) gehen davon aus, dass die Regeln u. Prinzipien der Universalgrammatik dem Kind von Anfang an in ihrer Gesamtheit zur Verfügung stehen u. dass die Grammatik des Kindes zu jedem Zeitpunkt der Entwicklung eine Untermenge der Erwachsenengrammatik im Hinblick auf die zu erwerbende Zielsprache darstellt. Vertreter der *eingeschränkten Kontinuitätshypothese* (Hyams 1986) betonen, dass die Regeln zwar zur Verfügung stehen, dass aber gerade deshalb die Grammatik des Kindes im Verlauf der Entwicklung Strukturen zulässt, die in der Zielsprache ungrammat., in einer anderen Sprache jedoch mögl. wären. Vertreter der *Diskontinuitätshypothese* (Felix 1987) gehen davon aus, dass die Grammatik des Kindes während der Entwicklung auch Strukturen aufweist, die nicht auf universalgrammat. Prinzipien beruhen.

LIT: Zum Überblick vgl. den Sammelband Hawkins (1988); Greenberg (1978) ist eine umfassende vierbändige Darstellung; eine neuere dt. Übersetzung eines wichtigen Buches ist Pinker (1996); zu einem kurzen Überblick über linguist. Aspekten vgl. Bußmann (1990); zu philosoph. Aspekten vgl. Stegmüller (1975).

◆ BIERWISCH, M.: Sprache u. Gedächtnis: Ergebnisse u. Probleme. In: BIERWISCH, M. (Hg.): Ps. Effekte sprachl. Strukturkomponenten. Berlin 1979, S. 29–130; BLOOM, L.: Language development: form and function in emerging grammars. Cambridge/Mass. 1970; VAN DEN BOOM, H.: Eine Explikation des linguist. Universalien-Begriffes. Language Universals 1978, S. 59–78; BRETTSCHNEIDER, G. u. LEHMANN, C. (Hg.): Wege zur Universalienforschung. Tübingen 1980; BROWN, R.: A first language: the early stages. Cambridge/Mass. 1973; BUSSMANN, H.: Lexikon der Sprachwissenschaft. Stuttgart 1990; CHOMS-

KY, N.: Reflections of language. New York 1975 (dt.: Reflexionen über die Sprache. Frankfurt/M. 1977); COSERIU, E.: Die sprachl. (u. die anderen) Universalien. In: SCHLIEBEN-LANGE, B. (Hg.): Sprachtheorie. Hamburg 1975, S. 127–161; FELIX, S.: Cognition and language growth. Dordrecht 1987; GREENBERG, J. H. u. a. (Hg.): Universals of human language, 4 Bde. Stanford 1978; HAWKINS, J. A. (Hg.): Explaining language universals. Oxford 1988; HÖRMANN, H.: Meinen u. Verstehen. Frankfurt/M. 1976; HYAMS, N. M.: Language acquisition and the theory of parameters. Dordrecht 1986; MILLER, M.: Sprachl. Sozialisation. In: HURRELMANN, K. u. ULICH, D. (Hg.): Handbuch der Sozialisation. Weinheim 1980; PINKER, S.: Language learnability and language development. Cambridge 1984; PINKER, S.: Der Sprachinstinkt. München 1996; STEGMÜLLER, W.: Hauptströmungen der Gegenwartsphilosophie, 2. Bd. Stuttgart 1975 (S. 1–35).

Linsenmodell → probabilistischer Funktionalismus.

Lipostaten-Theorie → Hunger.

LNR-Gruppe, Abk. f. die Forscher *P. E. Lindsay, D. A. Norman* u. *D. E. Rumelhart*; sie haben Bedeutendes zum Problemkreis → semantische Netzwerke beigetragen, die → Wissenspsychologie u. den modernen → Konnektionismus mitbegründet. Ausgangspunkt war das → Aktive Strukturelle Netzwerk (Computerprogramm MEMOD), das seit den 70er Jahren entwickelt worden ist. Das Kzpt. der → semantischen Primitiva wurde ps. elaboriert u. auf Computerprogrammen realisiert. In den 80er Jahren führte die Gruppe Untersuchungen über → Handlungsfehler u. Buchstabenerkennung durch; es bildeten sich LNR-Untergruppen wie die *LNR-Skill-Group* u. die *LNR-Perception-Research-Group*.

◆ NORMAN, D. A. u. RUMELHART, D. E.: The LNR approach to human information processing. C 10, 1981, S. 235–240; RUMELHART, D. E., LINDSAY, P. H. u. NORMAN, D. A.: A process modell for long-term memory. In: TULVING, E. u. DONALDSON, W. (Hg.): Organization of memory. New York 1972, S. 198–246.

Load → Belastung.

Loci-Methode → Mnemotechnik.

Locus of causality → Attribution.

Locus of control → Kontrollüberzeugungen.

Locus of control of reinforcement → Kontrollüberzeugungen.

Löschung → Extinktion.

Löschungsgeneralisation → Extinktion.

Löschungshemmung → Hemmung.

Löschungsresistenz → Extinktion.

Lösung → Emotionsdimensionen.

Logic theorist → General Problem Solver.

Logik → logisches Schlussfolgern; → Problemlösen; → Denken.

Logisches Problem des Spracherwerbs → Sprache.

Logisches Schließen → logisches Schlussfolgern.

Logisches Schlussfolgern [engl. *reasoning*; auch *log. Schließen, deduktives Schließen* bzw. *Schlussfolgern*]. Wie Menschen mit log. Problemen umgehen bzw. sie lösen, ist eines der Hauptforschungsgebiete der → Denkpsychologie bzw. der Ps. des → Problemlösens. Forschungsschwerpunkte waren hierbei die Untersuchung der Prozesse beim → syllogistischen Schlussfolgern, beim → propositonalen Schlussfolgern u. beim → analogen Schlussfolgern. Das Hauptproblem ist hierbei die Erklärung der typ. Fehler, die Men–

schen machen. Grundansatz ist, dass das deduktive menschl. Denken nicht einfach Widerspiegelung der formalen Strukturen ist, sondern dass Menschen – selbst ausgebildete Logiker, zumindest in bestimmten Stadien der Beweisführung – häufig Gebrauch von anschaul. Denkelementen machen u. dass insbes. Laien nicht nur auf die kodifizierten log. Regeln zurückgreifen, sondern zu → Heurismen greifen, die nicht exakt mit den log. Operationen übereinstimmen (*patholog. o. illegale Regeln*; vgl. Massey 1981; Dörner 1973), was zu guten Ergebnissen führen kann, bei bestimmten krit. Problemen jedoch Fehler hervorruft.

Fast alle Theorien operieren mit der Grundannahme, dass Menschen über eine natürl. *mentale Logik* verfügen, die in einem formalen Regelsystem wiedergegeben werden kann; vgl. Braine (1978); Henle (1962). Ein Problemlösemodell zum deduktiven Schließen, das ein solches Regelsystem verwendet, ist das sog. *ANDS-Modell* (*A Natural Deduction System*) von Rips 1983; ein neueres Modell stammt von Braine u. a. (1984); vgl. auch Osherson (1975); Johnson-Laird (1975). Eine theoret. Alternative, die den Gedanken einer abstrakten mentalen Logik aufgibt, stammt von Cheng u. Holyoak (1985), die von *pragmat. Inferenzschemata* ausgehen, die in Termini von *Ziel*, *Aktion* u. *Bedingung* formuliert sind u. häufig auch nichtlog. Begriffe wie *Ursache* u. *Vorhersage* enthalten. Log. Schlüsse werden in diesem Ansatz mit konkreten, eher kausal interpretierten Wenn-Dann-Regeln in Verbindung gebracht u. enthalten vielfach Heuristiken, die aus konkreteren u. praxisnäheren Handlungsbereichen abgeleitet sind, die in der Regel mit log. Regeln vereinbar sind, im Einzelfall aber falsch sein können. Ein integratives Modell aus dem dt. Raum ist das SPIV-Modell von Hussy (1983) – dieses Modell ist ein *Struktur- u. Prozessmodell menschl. Informationsverarbeitung* (daher die Abkürzung), es enthält neben einer *epistem.* u. *heurist.* auch eine sog. *evaluative* Struktur mit Bewertungskriterien, die *Evaluatoren*.

Zunehmend werden die klass. Untersuchungen zum l. S. krit. gesehen: Die meisten method. Paradigmen zur Untersuchung der Denkfähigkeit des Menschen seien untyp. für die Anforderungen, denen sich der Mensch im Alltag, der Schule u. dem Beruf ausgesetzt sieht; der Mensch ist nicht die »log. Niete«, als die er in diesen Forschungen bisweilen erscheint, seine bes. Fähigkeit besteht darin, eine immense Wissensbasis aufzubauen u. aktiv zu nutzen. Seit Mitte der 80er Jahre wird zunehmend mit Ansätzen gearbeitet, in denen in stärkerem Maße die Bedeutung von → Vorwissen thematisiert wird, vgl. z. B. die Arbeiten zum erklärungsbasierten Lernen von Mitchell u. a. (1986) u. zum fallbasierten Lernen von Schank u. Leake (1989), die der Forschungsrichtung *maschinelles Lernen*, einem Teilgebiet der → künstlichen Intelligenz entstammen; vgl. Michalski u. a. (1983, 1986).

LIT: Zum Überblick vgl. Anderson (1988); Hussy (1986); Wason u. Johnson-Laird (1972); Falmagne (1975); zu den individuellen Unterschieden u. zur Bedeutung für die Hochbegabungsforschung vgl. Waldmann u. Weinert (1990); zum Thema »unscharfes Schließen«, also zu Ableitungsprozessen bei unsicherem Wissen, vgl. Spies (1993); zum Training deduktiven Urteilens vgl. Hinnersmann (1989).

◆ ANDERSON, B. F.: The complete thinker. Englewood Cliffs 1980; ANDERSON, J. R.: Kognitive Ps. Heidelberg 1988; BRAINE, M. S.: On the relation between the natural logic of reasoning and standard logic. PR 85, 1978, S. 1–21; BRAINE, M. S. u. a.: Some empirical justification for a theory of natural proposition logic. In: BOWER, G. H. (Hg.): The psychology of learning and motivation, 1. Bd. 8. Orlanda 1984, S. 313–371; CHENG, P. W. u. HOLYOAK, K. J.: Pragmatic reasoning schemas. CP 17, 1985, S. 391–416; DÖRNER, D.: Illegal thinking. In: ELITHORN, A. u. JONES, D. (Hg.): Artificial and human thinking. Amsterdam 1973, S. 310–318; FALMAGNE, R. J.: Reasoning: representation and process in children and adults. Hillsdale 1975; HENLE, M.: On the relation between logic and thinking. PR 69, 1962, S. 366–378; HINNERSMANN, H.: Theorie u. Training deduktiven Urteilens. Frankfurt 1989; HUSSY, W.: Komplexe menschl. Informationsverarbeitung: das SPIV-Modell. SuK 2, 1983, S. 47–62; HUSSY, W.: Denkps., 2. Bd. Stuttgart 1986; JOHNSON-LAIRD, P. N.: Models of deduction. In: FALMAGNE (1975), S. 7–54; JOHNSON-LAIRD,

P. N. u. Byrne, R. M. J.: Deduction. Erlbaum 1991; Massey, G. J.: The fallacy behind fallacies. In: French, P. A. u. a. (Hg.): Midwest studies in philosophy, 1. Bd. 6. Minneapolis 1981; Michalski, R. S. u. a. (Hg.): Machine learning: an artificial intelligence approach. Palo Alto 1983; Michalski, R. S. u. a. (Hg.): Machine learning: an artificial intelligence approach, 2. Bd. Palo Alto 1986; Mitchell, D. M. u. a.: Explanation-based generalization: a unifying view. Machine Learning 1, 1986, S. 47–80; Osherson, D. N.: Logical abilities in children, 3. Bd. Hillsdale 1975; Rips, L. J.: Cognitive processes in propositional reasoning. PR 90, 1983, S. 38–71; Schank, C. u. Leake, D. B.: Creatifity and learning in a case-based explainer. ArI 40, 1989, S. 353–385; Spies, M.: Unsicheres Wissen. Heidelberg 1993; Waldmann, M. u. Weinert, F. E.: Intelligenz u. Denken. Göttingen 1990; Wason, P. C. u. Johnson-Laird, P. N.: Psychology of reasoning: structure and content. Cambridge 1972.

Logogene → duale Kodierungstheorie.

Logogen-Modell → Worterkennung.

Lokale Aufmerksamkeit → selektive Aufmerksamkeit; → dichotisches Hören.

Lokalisationslehre → Neuropsychologie; → Modularismus.

Lokalzeichen → Raumwahrnehmung.

Lokalzeichentheorie → Raumwahrnehmung; → Motortheorie.

Lokation → Erinnern → Erkennen.

Lokationsdimension → Attributionsdimensionen.

Lokomotion → Bewegung.

Lombard-Effekt, die Tatsache, dass unter Störbedingungen Sprecher deutlicher artikulieren u. mit größerer Intensität als sonst sprechen, um die schlechten Kommunikationsbedingungen auszugleichen.

◆ Dreher, J. J. u. O'Neill, J. J.: Effects of ambient noise on speaker intelligibility for words and phrase. Journal of the Acoustical Society of America 29, 1957, S. 1320–1323.

Long-delay learning → Verstärkungsgradient.

Long-range-Prozess → Phi-Phänomen.

Looming-Effekt, das Phänomen, dass visuelle Muster, die sich schnell vergrößern o. verkleinern, als Objekte interpretiert werden, die sich nähern bzw. entfernen, wodurch eine Alarmreaktion ausgelöst wird, u. zwar bei Menschen u. bei Affen schon im Alter von 2 Wochen; Weiteres s. die Stw. → Raumwahrnehmung u. → Bewegungssehen.

◆ Keller, H. u. Meyer, H.-J.: Ps. der frühesten Kindheit. Stuttgart 1982; Rock, I.: Wahrnehmung. Heidelberg 1985.

Loudness → Hören.

Low-level-System → Phi-Phänomen.

Luftperspektive → Tiefensehen.

Lustgefühl → Lust und Unlust.

Lustprinzip. Im Rahmen von Freuds → Psychoanalyse neben dem *Realitätsprinzip* eines der beiden Prinzipien, die das psych. Geschehen beherrschen: die Tendenz, Unlust zu vermeiden u. sich Lust zu verschaffen. Im Gegensatz zu den traditionellen hedonist. Doktrinen verstand Freud nicht darunter, dass die mit menschl. Handeln angestrebte Finalität die Lust sei, sondern, dass unsere Handlungen durch die Lust o. die Unlust determiniert seien, die in der *Gegenwart* durch die Vorstellung der zu vollbringenden Handlungen u. ihrer Folgen entstünden; er vermerkt auch, dass diese Motivation nicht bewusst wahrgenommen werden muss; vgl. Laplanche u. Pontalis (1972). Das Kzpt. L. geht zurück auf Fechner; vgl. hierzu Dorer (1932).

VD: Ursprüngl. wurde das *L.* als *Unlustprinzip* bezeichnet: Die Motivation sei die aktuelle Unlust u. nicht die Aussicht auf die zu erreichende Lust, u. es handle sich um einen automat. Regulationsmechanismus. Der Begriff des L. bleibt ohne große Änderungen in Freuds Werk erhalten, was sich ändert, ist die Stellung des Prinzips im Verhältnis zu anderen Prinzipien. Ein Problem ist das Verhältnis zum → Konstanzprinzip: Einmal gibt es Ansätze Freuds, das L. u. das Konstanzprinzip gleichzusetzen, dann Ansätze, in denen das L. eher im Gegensatz zur Konstanz steht, weil es dem freien Abströmen der Energie entspricht, die Konstanz dagegen der Bindung der Energie; Freud fragt deshalb auch in einer späteren Arbeit, ob das L. nicht im Dienste des Todestriebs steht. Auch konzediert Freud in späteren Arbeiten, dass es Phänomene gibt, die »jenseits des L.« stehen: Mit dem Begriff *Wiederholungszwang* bezeichnete er sämtl. Vhsweisen, durch die das Subjekt sich aktiv in unangenehme Situationen bringt u. alte Erfahrungen wiederholt, ohne sich des Vorbilds zu erinnern; auch die immer wieder auftretenden Angstzustände u. Vergegenwärtigungen der traumat. Situation im Rahmen *traumat. Neurosen* sind für Freud Ausdruck eines Wiederholungszwangs u. stellen die Dominanz des L. in Frage; zur Problematik vgl. Laplanche u. Pontalis (1972). Auch vertrat Freud die Auffassung, dass Abfuhr von Aggressionen nicht schon an u. für sich lustvoll sei – im Gegensatz zur Abfuhr von Libido: Nur wenn Aggression mit Libido vermischt, d. h. erotisiert sei u. gegen Repräsentanzen äußerer Objekte gerichtet werde, vermittele die Abfuhr der Aggression Lust.

LIT: Nitzschke (1989) ist ein interessanter Aufsatz über die freudsche u. die fechnersche Konzeption vor psa. Hintergrund.

◆ Dorer, M.: Histor. Grundlagen der Psa. 1932; Fechner, G. T.: Über das Lustprinzip des Handelns. Ztschr. für Philosophie u. philosoph. Kritik Halle, 1848, S. 1–30 u. S. 163-194; Laplanche, J. u. Pontalis, J.-B.: Das Vokabular der Psa., 2 Bde. Frankfurt 1972 (Orig. Paris 1967); Nagera, H.: Psa. Grundbegriffe. Frankfurt 1977; Nitzschke, B.: Freud u. Fechner. Einige Anmerkungen zu den psa. Kzptn. »Lustprinzip« u. »Todestrieb«. In: Nitzschke, B. (Hg.): Freud u. die akadem. Ps. München 1989, S. 80–96; für weitere Literatur vgl. die Gesamtliteratur zu → Psychoanalyse.

Lust und Unlust, L. u. U. bzw. Lust- u. Unlustgefühle sind elementare → Emotionsdimensionen, undefinierbar (»Sie lassen sich so wenig näher beschreiben wie rot o. warm o. bitter« – Külpe 1922, S. 256, zit. n. Bottenberg 1972; »Was aber Lust u. was Unlust bedeutet, ist jedem unmittelbar bekannt.« – Rehmke 1924, S. 7, zit. n. Bottenberg), jedermann aber vertraut aus dem eigenen subjektiven Erleben (s. a. das Stw. → Wohlbefinden). L. ist meist mit Annäherungs-, U. meist mit Vermeidungsverhalten o. auch → Aggression verbunden. Insbes. Arnold (1960) verknüpfte das Auftreten von L. u. U. mit der Realisierung von Aktionsbereitschaften, wb. L. u. U. ein unmittelbares intuitives → appraisal liefern, ob eine Aktionsbereitschaft positiv o. negativ zu bewerten sei. Ähnl. konzipieren Izard u. Tomkins (1966) positive Affekte als *adient* u. negative als *abient* (annäherungs- vs. vermeidungsbetont). Kubie (1953) fasste L. u. U. als ein psych. Rückkopplungsprinzip auf, das darauf angelegt sei, vergangene Erfahrungen zu wiederholen o. auszuschalten. Als neurophysiolog. Grundlage wird ein (umstrittenes) *Lustzentrum* gesehen. Das → *Lustprinzip* (ursprüngl. *Lust-Unlust-Prinzip*, schon von Fechner 1848 begründet) der → Psychoanalyse postuliert einen angeborenen Mechanismus, U. zu vermeiden bzw. L. aufzusuchen. Bestimmte motivations- bzw. emotionsps. Theorien (z. B. Young 1921ff.) heben hervor, dass viele Vhsbereiche des Menschen dadurch gesteuert werden, dass nicht die objektive Verstärkung, also → Triebreduktion entscheidend sei, sondern das unmittelbare sinnl. Genießen, z. B. der Geschmack der Nahrung (Weiteres s. die Stw. → Triebreduktion; → Verstärkung; s. a. → affektive Motivationstheorien). Wegen der Bedeutung, die in diesen Theorien L./U. besitzen, spricht man von »hedonist.« Theorien; nach Troland (1928) lassen sich drei Arten von Hedonismustheorien unterscheiden, die sich jeweils durch die besondere Gewichtung von Vergangenheit, Gegenwart u. Zukunft voneinander abheben; Boring (1950) sieht z. B. Freud als Vertreter einer zukunftsorientierten, die Lerntheorie als Repräsentanten eines in die Vergangenheit gerichteten Hedonismus. Mit L. u. U. sind Grundprobleme der → Emotionspsychologie verknüpft, v. a. die Frage, ob diese Elemente in allen Gefühlen vorhanden sind, ob sie überall in gleicher Qualität erlebt werden u. ob man sie auch getrennt von den Sinnesempfindungen verstehen kann: Der *Alghedonismus* betrachtet L./U. als die genuinen Emotionen (Vertreter: Ebbinghaus, Külpe, Lehmann, Lindworsky, Titchener), wb. die Vielfalt der Gefühle durch situative bzw. kognitive Faktoren erklärt wurde (→ Emotionsdimensionen). Den Individualcharakter von L./U. verfocht Külpe. Eine Mannigfaltigkeit verschiedener Arten von L./U. vertraten Claparede, Krueger, Lipps, McDougall, Wundt.

Störungen der Fähigkeit zum Empfinden von L. sind bei der *Anhedonie* gegeben, bes. im Rahmen der Depression u. auch der Schizophrenie; vgl. hierzu Heimann (1990).

LIT: Für eine zsfd. Darstellung vgl. Bottenberg (1972) u. Tunner (1983); zu den neuronalen Substraten von L. u. U. vgl. Ploog (1990).

◆ ARNOLD, M. B.: Emotion and personality, 2 Bde. New York 1960; BORING, E. G.: A history of experimental psychology. New York 1957 (2. Aufl.); BOTTENBERG, E. H.: Emotionsps. München 1972; HEIMANN, H. (Hg.): Anhedonie. Verlust der Lebensfreude. Stuttgart 1990; HESS, W. R.: Die funktionelle Organisation des vegetativen Nervensystems. Basel 1948; IZARD, C. E. u. TOMKINS, S. S.: Affect and behaviour. In: SPIELBERGER, C. D. (Hg.): Anxiety and behaviour. New York 1966, S. 81–125; KUBIE, L. S.: The place of emotions in the feedback concept. In: VON FOERSTER, H. (Hg.): Cybernetics, circular arousal and feedback mechanisms in biological and social systems. New York 1953, S. 48–72; KÜLPE, O.: Vorlesung über Ps. Leipzig 1922; OLDS, J.: Drives and reinforcement. New York 1977; PLOOG, D.: Neuronale Substrate der Lust u. Unlust: In: HEIMANN (1990), S. 31–58; TOMKINS, S. S.: Affect, imagery, consciousness, 1. Bd. New York 1962; TROLAND, L. T.: The fundamentals of human motivation. New York 1928; TUNNER, W.: Lust u. Unlust. In: EULER, H. A. u. MANDL, H. (Hg.): Emotionsps. München 1983, S. 201–204; ULICH, D.: Das Gefühl. München 1982; WUNDT, W.: Grundriß der physiolog. Ps. Leipzig 1902 (5. Aufl.); YOUNG, P. T.: Emotions in man and animal. New York 1973; YOUNG, P. T.: Pleasantness and unpleasantness in relation to organic response. AJP 32, 1921, S. 38–53; YOUNG, P. T.: Emotion in man and animal. New York 1973.

Lust-Unlust-Prinzip → Lustprinzip.

Lustzentrum → physiologische Psychologie (Kasten zentrale Begriffe und Paradigmen, Stw. *Hirnreizungsexperimente*).

McCollough-Effekt, ein wahrnehmungsps. Effekt (McCollough 1965), der darin besteht, dass → Nachwirkungen von → Komplementärfarben durch die spezif. Orientierung von Streifenmustern ausgelöst werden, wenn diese in einer Adaptationsphase mit einer spezif. Farbe assoziiert gesehen werden: Einer Vp werden über die Dauer von 5 Minuten abwechselnd im Rhythmus von etwa 10 sec. ein Dia. mit grüner Fläche u. schwarzen Horizontalstreifen u. ein Dia mit roter Fläche u. schwarzen Vertikalstreifen gezeigt. Wird anschließend ein schwarzweißes Testdia gezeigt, auf dem die eine Hälfte vertikale Streifen hat, die andere horizontale Streifen abbildet, erlebt die Vp eine schwache Grünwahrnehmung bei den Vertikalstreifen u. eine schwache Rotfärbung bei den Horizontalstreifen; vgl. Abb. *Wahrnehmung 50.*

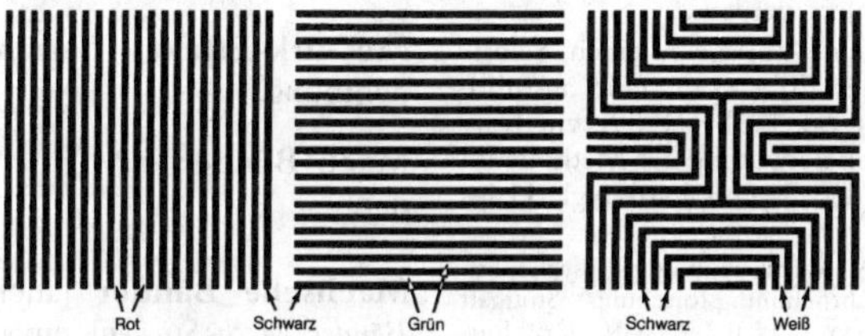

Abb. *Wahrnehmung 50*

Die Nachwirkung kann stunden- o. sogar wochenlang anhalten, u. die Wirkung ist von einem Auge aufs andere übertragbar. Der M. ist also eine *lagespezif. Farbadaptation*. Der M. kann auch durch → Vorstellungsbilder erzeugt werden.

Dieser Effekt hat eine große Anzahl von Forschungsarbeiten angeregt, er war der erste von vielen gleichartigen Nachwirkungen, die in den Jahren danach entdeckt wurden; diese werden als Gruppe der sog. *abhängigen Nachwirkungen* zusammengefasst, weil das Erscheinen einer irgendwie gearteten Nachwirkung von einer anderen Stimuluseigenschaft abhängig gemacht wird (im Bsp.: von der Anwesenheit vertikaler u. horizontaler Linien). Ähnl. Farbnachwirkungen können von der Richtung einer Bewegung (z. B. rechtsgerichtete vs. linksgerichtete Bewegung), von der Linienbreite (breite vs. schmale Streifen) o. von der Krümmung (konvexe vs. konkave Linien) abhängig gemacht werden.

TH: Neurophysiolog. u. lerntheoret. Ansätze stehen sich gegenüber; vgl. zsfd. Murch (1976). Es wird angenommen, dass der M. das Ergebnis einer Ermüdung der farbspezif. Rezeptoren u. deren Assoziationen mit lagespezif. Detektoren auf subcortikaler Ebene ist. Auch ein zweistufiges Entstehungsmodell wird diskutiert, in dem die sensor. Ermüdung der Farbrezeptoren auch eine cortikale Assoziation mit der Lageinformation aufbaut. Insges. ist der M. noch nicht völlig geklärt (vgl. Skowbo 1984; Murch 1976; MacKay u. MacKay 1973).

VD: Die Besonderheit des M. besteht darin, dass er sehr lange dauert u. nicht ganz dem einfachen → Nachbild vergleichbar ist, da solche Nachbilder eine längere Reizdauer brauchen, weil man das Muster starr fixieren muss. Außerdem überrascht beim M., dass er mit zwei Eigenschaften nicht zusammenpasst, die man für Linien-Detektoren annimmt: Wenn die spezif. Farbermüdungen zu den Schaltkreisen gehörten, die für das Linienerkennen zuständig sind, dann müsste der Effekt verschwinden, wenn die Konturen zw. den weißen u. schwarzen Streifen verwischt würden (womit die Linienhaftigkeit verloren gehen würde), andererseits dürfte es den Effekt nicht verändern, wenn man den Helligkeitsunterschied zw. den weißen u. schwarzen Linien verändert, so lange nur die Linien deutl. gesehen werden – aber das Gegenteil ist der Fall: Eine Erhöhung des Kontrastes verstärkt den Nacheffekt, eine Veränderung des Brennpunktes hat keinen Einfluss; vgl. hierzu Lindsay u.

Norman (1981). Grundsätzl. besteht folgendes Problem: Da alle Teile der Netzhaut während der Adapationszeit gleichermaßen der roten u. grünen Farbe ausgesetzt waren, können diese illusionären Farben nicht auf dieselben Mechanismen zurückzuführen sein, die man als Ursache der normalen negativen farbigen Nachbilder annimmt, denn beim M. sind die negativen farbigen Nachwirkungen an die Richtung des Stimulus, der sie verursachte, gebunden worden. Außerdem ergibt sich folgender Effekt, wenn man das Bild um 90 Grad dreht: Die illusionären Farben wechseln ihren Ort u. bringen auf diese Weise zum Ausdruck, dass »vertikal« u. »horizontal« in Beziehung zur Netzhaut u. nicht zur Welt definiert werden.

LIT: Für eine Vorlage zu einem Selbstversuch des Effektes u. eine ausführl. Diskussion vgl. Frisby (1989); zur Darstellung der Bedeutung der Methode im Rahmen der Psychophysik vgl. Hajos (1972).

◆ Hajos, A.: Wahrnehmungsps. Psychophysik u. Wahrnehmungsforschung. Stuttgart 1972; Lindsay, P. H. u. Norman, D. A.: Einführung in die Ps. Berlin 1981; MacKay, D. M. u. MacKay, V.: Orientation-sensitive aftereffects of dichoptically presented colour and form. Nature 242, 1973, S. 477–479; McCollough, C.: Colour adaption of edge-detectors in the human visual system. Science 149, 1965, S. 1115–1116; Murch, G. M.: Classical conditioning of the McCollough-effect: temporal parameters. VR 16, 1976, S. 615–619; Murch, G. M.: Studies in perception. Indianapolis 1976; Skowbo, D.: Are McCollough-effects conditioned responses? PBu 96, 1984, S. 215–226.

McCrary-Huntersche Regel, besagt, dass beim → seriellen Lernen der Fehleranteil der einzelnen Positionen nicht von der Höhe der Gesamtfehleranzahl abhängt, gleichgültig ob beim Reproduzieren einer (z. B.) 14-gliedrigen Liste 80 o. 120 Fehler gemacht werden – der Fehleranteil des 8. Items beträgt z. B. stets 10 % u. der Fehleranteil des ersten Items 1 %; vgl. McCrary u. Hunter (1953); vgl. auch → serielle Positionskurve.

◆ Haubensak, G.: Absolutes u. vergleichendes Urteil. Berlin 1985; McCrary, J. W. u. Hunter, W. S.: Serial position curves in verbal learning. Science 117, 1953, S. 131–134.

McCulloch-Pitts-Neuron → Konnektionismus.

McGee's erstes Gesetz, ein Gesetz zu den Zeitparametern von → Vermeidungsverhalten: *Es ist erstaunlich, wie lange es dauert, etwas zu erledigen, woran man nicht arbeitet*; vgl. auch → Prinzip der optimalen Beschränktheit.

◆ McGee, J.: The law of avoidance behaviour adopted zu human affairs. Washington (Diss., i.Vorb.).

McGurk-Effekt → Sprachwahrnehmung.

Mach-Bänder → Machsche Bänder.

Machsche Bänder [auch *Mach-Bänder*, *Mach-Streifen*], ein spezieller → Kontrasteffekt: Dort, wo eine dunkle an eine helle Fläche angrenzt, erscheint ein schmaler Streifen der dunklen Fläche noch dunkler u. ein ebensolcher Streifen am Rand der hellen Fläche noch heller als der Rest der jeweiligen Fläche; es ist also ein *simultaner Grenzkontrast*. Solche Kontrasterhöhungen lassen sich auch in anderen Sinnessystemen nachweisen, vgl. Birbaumer u. Schmidt (1989).

LIT: Zur Forschungsgeschichte vgl. Ratcliff (1965); vgl. Kebeck (1994, S. 34) zur Anleitung für einen Selbstversuch.

◆ Birbaumer, N. u. Schmidt, R. F.: Biolog. Ps. Berlin 1989; Campenhausen, C. v.: Die Sinne des Menschen. Stuttgart 1993; Kebeck, G.: Wahrnehmung. Weinheim 1994; Mach, E.: Über die Wirkung der räuml. Verteilung des Lichtreizes auf die Netzhaut. Akademie der Wissenschaften, Wien, Mathemat.- Naturwissenschaftl. Klasse 52, 1865, S. 303- 322; Ratcliff, F.: Mach bands. San Francisco 1965.

Machsche Spirale → Bewegungsnachbilder.

Mach-Streifen → Machsche Bänder.

Machtmotivation, → Motivation zum Anstreben einer sozialen Position, die es erlaubt, dominierenden Einfluss auf andere auszuüben; vgl. Schneider (1978). Gemessen wird die M. meist in projektiven Verfahren (z. B. »Macht-Gitter« von Schmalt 1979 o. TAT-Verfahren nach Winter 1973, dt. Schnackers u. Kleinbeck 1975); zu weiteren Maßen vgl. Heckhausen (1980). Eine Ps. der Entwicklungsstadien der M. stammt von McClelland (1975). Das Thema *Macht* bzw. *Machtvh.* ist ein wichtiges Paradigma der Sozialps. u. Soziologie, vgl. Schneider (1977). Aus motivationstheoret. Sicht stammt einer der ersten Ansätze u. Kzpte. von Murray (1938).

VD: In einer Reihe von Untersuchungen von McClelland u. Mitarbeitern zeigte sich: Personen mit höherer M. sind krankheitsanfälliger (höherer Blutdruck, schwächere Immunabwehrfunktion mit niedrigerer natürl. Killerzellenaktivität durch chron. gesteigerte sympath. Aktivität), weil sie sich oft als unter ständigem Druck stehend erleben bzw. meinen, machtorientieres Vh. zeigen zu müssen (*power stress*; vgl. McClelland 1989).

◆ Heckhausen, H.: Motivation u. Handeln. New York 1980; McClelland, D.: Power: the inner experience. New York 1975; McClelland, D. C.: Macht als Motiv. Stuttgart 1978; McClelland, D. C.: Motivational factors in health and disease. AmP 44, 1989, S. 675–683; Murray, H. A.: Explorations in personality. New York 1938; Schmalt, H.-D.: Machtmotivation. PRu 30, 1979, S. 269–285; Schnackers, U. K. u. Kleinbeck, U.: Machtmotiv u. machtthemat. Vh. in einem Verhandlungsspiel. AfP 127, 1975, S. 300–319; Schneider, H.-D.: Sozialps. der Machtbeziehungen. Stuttgart 1977; Veroff, J.: Development and validation of a projective measure of powermotivation. JASP 54, 1957, S. 1–8. Winter, D. G.: The power motive. New York 1973; Witte, E. H.: Theorien zur sozialen Macht. In: Frey, D. u. Irle, M. (Hg.): Theorien der Sozialps., 2. Bd. Bern 1985, S. 123–156.

Magic eye → Zufallspunktstereogramme.

Magisch-phänomenistische Kausalität → Kausalkonzept.

Magnifikation → Bewegungssehen.

Magnitude estimation engl. für → *Größenschätzverfahren.*

Magnitude-Messungen → Verhältnisschätzmethoden.

Magnitude production engl. für → *Größenherstellungsverfahren.*

Magnitude-Skalen → Verhältnisschätzmethoden.

Magno-Kanal → Sehen.

Maintainance vs. elaborative rehearsal → Memorieren.

Majoritätsregel → Entscheidungsheuristiken.

Makroproposition → Textverstehen.

Manifestationsannahme → Tiefenpsychologie; → Psychoanalyse.

Manifeste Angst → Triebtheorie der Angst.

Manipulationsverhalten → Explorationsverhalten.

Maps → kognitive Landkarte.

Markiertheit → semantisches Merkmal.

Markiert vs. unmarkiert → semantisches Merkmal; → Wortbedeutung.

Markierungsmodell [engl. *feature tagging modell*], Modell des → Gedächtnisses, das annimmt, dass bei der Einprägung u. Enkodierung eines Wortes dominante Attribute im Gedächtnis als »vorgekommen« *markiert* werden; ein Wort wird also nicht als solches gelernt, sondern als Arrangement semant., phonem. u. anderer Attribute. Wenn bspw. das Wort »Ball« im Kontext mit »gesellschaftl. Veranstaltung« präsentiert wird, dann werden die Vpn ledigl. diejenigen Merkmale von »Ball« verarbeiten, die für diesen Kontext wichtig sind; streng genommen werden sie sich später nicht an das Wort »Ball«, sondern ledigl. an die spezif. Merkmale erinnern, die sie enkodiert haben. Das Wort wird nur dann wiedergegeben o. wiedererkannt, wenn diese enkodierten Attribute in einem Behaltenstest aktiviert werden, u. sie werden nicht wiedererkannt, wenn das Wort in einem Kontext vorgegeben wird, der z. B. Sportbälle betrifft, denn dieser Kontext wird die enkodierten spezif. Merkmale nicht auslösen. Zum Problem, inwieweit dieses Modell das Phänomen des fälschl. Wiedererkennens (→ Kodierungsspezifität) erklären kann, vgl. Wessells (1984); vgl. auch Kintsch (1982).

◆ Kintsch, W.: Gedächtnis u. Kognition. Berlin 1982; Wessells, M. G.: Kognitive Ps. München 1984.

Marktpsychologie [engl. *marketing psychology*], ein Teilgebiet der → angewandten Psychologie; Gegenstand der M. ist das Erleben u. Vh. der Menschen im Marktgeschehen, allg. die Ps. von Anbietern u. Nachfragern, von Unternehmern u. Verbrauchern; neuerdings tritt auch das Vh. der Funktionäre von öffentl. Institutionen, die sich ins Marktgeschehen einmischen (z. B. die Berater von Verbraucherzentralen, die Mitarbeiter der Stiftung »Warentest« o. Parteifunktionäre, die Gesetzesvorlagen für das Vh. am Markt vorbereiten), in den Blickpunkt des Interesses. Die M. konzentriert sich weitgehend auf das Konsumentenvh., andere Marktteilnehmer, insbes. das Vh. der Unternehmer u. Anbieter werden vernachlässigt. Die M. ist demgemäß v. a. eine *Konsumentenps.*, also eine *Käufer-* u. *Verbraucherps.*, u., da sie meist prakt. Zwecken dient, v. a. auch eine *Werbeps.* – bes. im internationalen Sprachraum ist der Begriff *Wirtschafts- u. Werbeps.* üblich (zur Abgrenzung von → Wirtschaftspsychologie s. d.). Typ. Themen der M. sind: das Konsumvh., der Kaufentscheidungsprozess, Markentreue u. Markenwechsel, Kaufrisiko u. Konsumentensozialisation, das *Konsumklima* als Einstellung zur Wirtschaftslage, das *Image* als Einstellung zum Angebot Konsumententypologien, Kommunikation im Markt, Verteilungskonflikte, Konflikte zw. Produktion u. Handeln. Die M. entstammt der Volkswirtschafts- u. der Betriebswirtschaftslehre, speziell der Marketing-Forschung (früher *Absatzforschung* genannt). In der M. treten fast alle theoret. Ansätze auf, die in der Ps. eine Rolle spielen; in Deutschland waren bis zu den 70er Jahren v. a. gestalt- u. feldtheoret. Ansätze verbreitet; vgl. zum Überblick Rüttinger u. a. (1974). Populär geworden sind die Arbeiten von E. Dichter (1961, 1964), eine Adaptation psa. Ansätze für die Marktforschung (sog. »Motivforschung«); diese Richtung wird allerdings innerhalb der wissenschaftl. Ps. als spekulativ u. fragwürdig betrachtet.

LIT: Zur Definitionsproblematik von *M.* vgl. das einleitende Kap. in der *Enzyklopädie der Ps.* von Irle (1983a), darin auch eine tief schürfende Analyse zum Wissenschaftsbegriff der M.; den Methoden u. Anwendungen der M. gewidmet ist der Band von Irle (1983b); einen Überblick über die Methoden der M.

gibt Salcher (1978); eine umfassende Darstellung zur Theorie der Konsumentenentscheidungen ist Windieck (1983); zum Kzpt. des Konsumklimas vgl. Katona (1975); wichtige Sammelreferate sind Twedt (1965) u. Jacoby (1976); ein weiterer Überblick ist Sheth (1972); ein wichtiger Reader ist Britt (1970); die Arbeit von Katona (1975) ist ein Bsp. für einen eher gesamtwirtschaftl., die Arbeiten von Engel u. a. (1968) u. Kroeber-Riel (1975) sind Bspe. für einen eher einzelwirtschaftl. Zugang; Zaltman u. a. (1973) ist eine Arbeit über wissenschaftstheoret. Aspekte; Klassiker sind die Arbeiten von Katona (1951ff.); zur Werbeps. vgl. Kroeber-Riel, W. u. Meyer-Hentschel (1982); zwei umfassende Handbücher sind die von Irle herausgegebenen beiden Bände der *Enzyklopädie der Ps.* (1983).

◆ Bergler, R. (Hg.): Marktps. Bern 1972; Britt, S. H. (Hg.): Consumer behaviour in theory and in action. New York 1970; Corkindale, D. u. Kennedy, S.: Advertising effectiveness. Marketing Communications Research Sender, o. J.; Dichter, E.: Strategien im Reich der Wünsche. Düsseldorf 1961; Dichter, E.: Handbuch der Kaufmotive. Wien 1964; Dunn, S. W. u. Barban, A. M.: Advertising. Hinsdale (1978); Engel, J. F. u. a.: Consumer behaviour. New York 1968; Irle, M. (Hg.): Marktps. als Sozialwissenschaft. EP D, III, 4. Bd. Göttingen 1983a; Irle, M.: Forschungsprogramme in der Marktps. In: Irle (1983a) S. 1–45; Irle, M.: Methoden u. Anwendung in der Marktps. EP, D, III, 5. Bd. Göttingen 1983b; Jacoby, J.: Consumer psychology, an octennium. ARP 1976, S. 331- 358; Katona, G.: Psychological analysis of economic behaviour. New York 1951; Katona, G.: The powerful consumer. New York 1960; Katona, G.: The relationship between psychology and economics. Annabor 1963; Katona, G.: Psychological economics. New York 1975; Kroeber-Riel, W. (Hg.): Konsumentenverhalten. München 1975; Kroeber-Riel, W. u. Meyer-Hentschel, G.: Werbung. Würzburg 1982; Mayer, H. u. a.: Werbeps. Stuttgart 1982; Rüttinger, B. u. a.: Motivation des wirtschaftl. Vhs. Stuttgart 1974; Salcher, E. F.: Ps. Marktforschung. Berlin 1978; Sheth, J. N.: Eine zsfd. Übersicht zum Käuferverhalten. In: Bergler (1972), S. 143–192; Spiegel, B.: Werbeps. Untersuchungsmethoden. Berlin 1958; Twedt, T. W.: Consumer psychology. ARP 16, 1965, S. 265–293; Von Rosenstiel, L. u. Ewald, D.: Marktps. Stuttgart 1979; Windieck, G. u. a.: Konsumentenentscheidungen – Darstellung u. Diskussion konkurrierender Forschungsansätze. In: Irle (1983), S. 1–64; Wright, J. S. u. a.: Advertising. New York 1978; Zaltman, G. u. a.: Metatheory and consumer research. New York 1973; Ztschr.: Journal of Marketing, Journal of Marketing Research, Journal of Advertising Research.

Maschinelles Lernen → künstliche Intelligenz.

Maschinenmodell → organismisches Modell; → Mechanismus.

Maskierung, die Störung bzw. Unterdrückung der Wahrnehmung eines Reizes durch die Wahrnehmung eines anderen. M. beruht auf der *visuellen Persistenz*, der Tatsache, dass, egal wie kurz der objektive Reiz dargeboten wird, er dem Bewusstsein zw. 60 u. 300 msec. erhalten bleibt: → ikonisches Gedächtnis. Ein typ. Bsp. ist das *visuelle Rückwärtsmaskierung* (engl. *backward masking*): ein visueller Reiz, der einem anderen nachfolgt (*Maske*), beeinflusst die weitere Verarbeitung des ersten Reizes dahingehend, dass er diesen verdeckt o. *maskiert*, so dass dieser gar nicht bewusst wahrgenommen wird (Kahneman 1968). Es existiert auch *Vorwärtsmaskierung* (*forward masking*), eine M. des zweiten durch den ersten Reiz. Der Maskierreiz kann aus einem Lichtblitz bestehen (*flash masking*, M. durch homogenes Licht, auch *Leuchtdichtemaskierung* genannt) o. eine spezif. Form aufweisen (*Formmaskierung*). Bei Letzterer kann man differenzieren zw. einer M. durch angrenzende Konturen, die meist → Metakontrast genannt wird u. einer M. durch visuelle Zufallsmuster (*visual noise masking*); vgl. hierzu Wittling (1976). Maskierungsprozesse funktionieren optimal nur innerhalb eines bestimmten Reizabstandes, der zw. 60 bis 100 msec. liegt. Oft erhöht der erste, nicht bewusst wahrgenommene Reiz die erlebte Intensität des zweiten Rei-

zes, wb. der Summationseffekt umso deutlicher ist, je geringer das Intervall. M. ist nicht nur ein corticaler Prozess, er wirkt sich bereits auf dem primären Sehzentrum aus u. ist auch bei Affen u. Katzen nachweisbar.
Die grundsätzl. Implikation von M.-Effekten ist, dass der maskierte Stimulus, auch wenn er nicht bewusst wahrgenommen wird, Wirkungen hat, z. B. den → Fehrer-Raab-Effekt. Es scheint so zu sein, dass visuelle Informationen auf mehreren verschiedenen Wegen sofort parallel verarbeitet werden. Während z. B. auf einer »Schiene« der Aufbau von Konturen beginnt, ist bereits eine Botschaft, dass *irgendetwas* sich ereignet hat, unterwegs, um eine Reaktion zu veranlassen; s. hierzu das Stw. → direkte Parameterspezifikation.

HI: Die forschungshistor. Bedeutung dieses so spezif. erscheinenden Phänomens liegt darin, dass es in ausgeklügelten Experimenten zur Analyse quantitativer Eigenschaften insbes. des ikon. Gedächtnisses verwendet wurde: durch eine systemat. Variation der Position u. Intensität der Reize kann man die Verlaufseigenschaften des ikon. Gedächtnisses analysieren, da eine M. ja nur dann auftreten kann, wenn ein noch ablaufender Speicherprozess in diesem kurzfristigen sensor. Gedächtnis gestört wird.

VD/TH: Zur Erklärung v. a. des *backward masking* stehen sich die Modelle *integration* u. *interruption* gegenüber: Nach Ersteren werden Ziel- u. Maskenstimulus trotz ihrer sequenziellen Darbietung im ikon. Gedächtnis als *Komposition* gespeichert, was zu einem stark *verrauschten* Ikon führt; die *Interruptions-Hypothese* besagt, dass die Verarbeitung des *Zielstimulus* durch die Exposition der *Maske* beendet wird u. beide somit getrennt u. unabhängig voneinander gespeichert werden. Averbach u. Coriell, die die klass. Experimente auf diesem Gebiet durchführten, konnten zeigen, dass beide Prozesse stattfinden – ob *interruption* o. *integration* vorliegt, hängt von dem zeitl. Intervall zw. Zielstimulus- u. Maske ab, was durch die Verwendung unterschiedl. Maskierungsreize (z. B. Ringe o. Balken) gezeigt werden konnte; vgl. für eine übersichtl. Darstellung des Experiments Arbinger (1984).

LIT: Vgl. zsfd. Breitmeyer u. Ganz (1976); zu Maskierungsprozessen im auditiven Gedächtnis vgl. Massaro (1970, 1972); zum Überblick vgl. Murch u. Woodworth (1978) sowie v.Campenhausen (1993); eine Diskussion der unterschiedl. theoret. Ansätze sowie der komplexen u. widersprüchl. empir. Forschungsergebnisse findet sich bei Neisser (1974); s. a. das Stw. → figurale Nachwirkung.

◆ ARBINGER, R.: Gedächtnis. Darmstadt 1984; AVERBACH, E. u. CORIELL, A. S.: Short-term memory in vision. Bell System Technology Journal 40, 1961, S. 309–328; BREITMEYER, B. G. u. GANZ, L.: Implication of sustained and transient channels for theories of visual pattern masking, saccadic supression and information processing. PR 83, 1976, S. 1–36; CAMPENHAUSEN, C. v.: Die Sinne des Menschen. Stuttgart 1993; DIXON, N. F.: Subliminal perception. London 1971; KAHNEMAN, D.: Methods, findings, and theory in studies of visual masking. PBu 70, 1968, S. 404–425; MASSARO, D. W.: Preperceptual auditory images. JExP 85, 1970, S. 411–417; MASSARO, D. W.: Preperceptual images. Processing time and perceptual units in auditory perception. PR 79, 1972, S. 124–145; MURCH, G. M. u. WOODWORTH, G. L.: Wahrnehmung. Stuttgart 1978; NEISSER, U.: Kognitive Ps. Stuttgart 1974 (Orig.: 1967); SCHILLER, P. H.: Behavioural and electrophysiological studies of visual masking. In: LEIBOVIC, P. (Hg.): Information processing in the nervous system. Berlin 1969; SCHILLER, P. H.: Single unit analysis of backward visual masking and metacontrast in the cat's lateral geniculate nucleus. VR 8, 1968, S. 855–866; WITTLING, W.: Einführung in die Ps. der Wahrnehmung. Hamburg 1976.

Massed practice → massiertes vs. verteiltes Üben.

Massenaktions-Prinzip → Neuropsychologie.

Maßformel → fechnersches Gesetz.

Massiertes Lernen → massiertes vs. verteiltes Üben.

Massiertes vs. verteiltes Üben [auch *massiertes* vs. *verteiltes Lernen*; engl. *distributed* bzw. *spaced* vs. *massed practice*]. Die Frage, ob Lernen dann effizienter ist, wenn das Lernmaterial *massiert* – im Extremfall in einem einzigen Block – o. wenn es *verteilt*, also mit mehreren Pausen dazwischen, gelernt wird, ist ein wichtiges Problem einer Ps. des → Übens. Eine zsfd. Darstellung der Befunde der klass. Gedächtnisps. gibt Süllwold (1964), mit dem Tenor, dass der Lernerfolg bei Kumulierung geringer ist als bei Verteilung. Dies wurde auch von späteren Ansätzen bestätigt: Das Lernen von längeren Reihen ist bei v. Ü. effizienter, bes. hinsichtl. der Verteilung der Fehler, es ergibt sich eine flachere Kurve, das Reihenstellenphänomen ist weniger deutl. Wichtig ist auch, was während der → Pausen getan wird: Das Ausfüllen mit sehr ähnl. Tätigkeiten ist für das Lernen am wenigsten günstig. Zunehmend wird gesehen, dass es keine allg. Antwort auf die Frage gibt, da dies auch von den unterschiedl. Lern- bzw. Kodierungsstrategien der Vp abhängt; vgl. hierzu Kintsch (1982). In der Arbeitsps. gibt es den → Blumenfeld-Effekt, der einen ähnl. Aspekt anspricht.

VD: Das Grundproblem differenziert sich folgendermaßen: der *Blockgrößeneffekt* betrifft die Frage, wie groß die Blöcke von Lerndurchgängen während einer Sitzung sein sollten; der *Intervallgrößeneffekt* (auch *Abstandseffekt*, *spacing-effect*, *Distanzeffekt*) betrifft die Frage, wie lang das optimale Intervall zw. den Blöcken sein sollte. Peterson (1966) konnte zeigen, dass bei zweimaliger Darbietung desselben Wortpaares die Wahrscheinlichkeit einer anschließenden Reproduktion mit zunehmender Länge des Intervalls zw. den beiden Darbietungen des Paares steigt; die Vorgabe der selben Items als (z. B.) 2. u. 5. Paar führt dementsprechend zu besserem Behalten als eine Anordnung als 4. u. 5. Paar. Erklärungshypothesen werden besprochen von Melton (1970) u. Hintzman (1974). Die Forschung konzentrierte sich fast ausschließl. auf den weniger einheitl. Intervalleffekt; Baddeley (1979) weist darauf hin, dass aber gerade der Intervalleffekt äußerst schwer zu analysieren ist u. dass er nur in Folge einer theoret. Voreingenommenheit, näml. durch die Postulate der hullschen Lerntheorie, ein so häufig untersuchter Forschungsaspekt war.

LIT: Zu den method. Problemen vgl. McGeoch u. Irion (1952); zsfd. Hovland (1940); Bergius (1964); Baddeley (1979); ein histor. wichtiges Sammelreferat war Underwood (1971); Adams (1956) gibt eine Zusammenfassung der Implikationen der hullschen Theorie zum Problem; Hilgard u. Bower (1971) stellen anhand dieses Paradigmas die Kennzeichen des Funktionalismus dar.

◆ Adams, J. A.: Some implications of Hull's theory for human motor performance. JGP 55, 1956, S. 189–198; Baddeley, A.: Die Ps. des Gedächtnisses. Stuttgart 1979; Bergius, R.: Einfache Lernvorgänge. In: Bergius, R. (Hg.): Lernen u. Denken. HP, 1. Bd., 2. Hlb. Göttingen 1964, S. 147–225; Hilgard, E. R. u. Bower, G. H.: Theorien des Lernens II. Stuttgart 1971; Hintzman, D. L.: Theoretical implications of the spacing effect. In: Solso, R. L. (Hg.): Theories in cognitive psychology: the Loyola Symposium. Potomac 1974; Hovland, C. I.: Distribution of practice with varying lengths of list. JExP 1940, S. 271–284; Kintsch, W.: Gedächtnis u. Kognition. Berlin 1982; McGeoch, A. u. Irion, A. L.: The psychology of human learning. New York 1952; Melton, A. W.: The situation with respect to the spacing of repetitions and memory. JVLVB 9, 1970, S. 596–606; Peterson, L. R.: Short-term verbal memory in learning. PR 73, 1966, S. 193–207; Süllwold, F.: Gedächtnistätigkeit u. Vorstellungsverlauf. In: Bergius, R. (Hg.): Lernen u. Denken. HP, 1. Bd., 2. Hlb. Göttingen 1964, S. 36–53; Underwood, B.: Ten years of massed practice on distributed practice. PR 68, 1971, S. 229–247.

Mastermap → Feature integration theory.

Match-execute-Zyklus → produktionssystemtheoretische Wissensrepräsentation.

Matching-to-sample-Prozedur → Begriffslernen.

Materialbearbeitungstest → psychomotorische Tests.

Mathematische Hochbegabung → mathematisches Denken.

Mathematische Lerntheorien, → Lerntheorien, die mit mathemat. Mitteln, v. a. mit dem Kzpt. der Wahrscheinlichkeit (*probabilist. Lerntheorien*) versuchen, die informellen Grundlagen der älteren Lerntheorien zu präzisieren. Sie bezogen sich ursprüngl. vorwiegend auf → Konditionierung u. → einfaches Lernen. Klass. ist v. a. die → *Reizauswahltheorie* u. das *lineare Lernmodell* (auch: *lineares Operatormodell*) von Bush u. Mosteller (1951, 1955); vgl. auch Estes u. Suppes (1950). Estes u. Burke (1953) u. Restle (1955) übertrugen diese Ideen später auf das → Diskriminationslernen u. → Begriffslernen; vgl. Bourne u. Restle (1959); Bourne u. Hygood (1959); Restle (1955); Restle u. Greeno (1970).

HI: Die große Zeit der m. L. reichte von den 60er bis Anfang der 70er Jahre. Ursprüngl. verschärften die m. L. den behaviourist. Grundansatz, später überwanden sie sowohl diesen als auch die einfachen Konditionierungstheorien u. entwickelten sich zunehmend auf Modelle der Informationsverarbeitung hin, von denen sie schließl. abgelöst wurden.

VD: Es gibt zwei Hauptparadigmen der m. L.: (1) *Operatormodelle*: Sie erlauben unendl. viele Stufen im Lernfortschritt; protagonist. war hier die *stochast. Lerntheorie* von Bush u. Mosteller (1951, 1955). Es gibt *lineare* u. *nichtlineare* Operator-Modelle (häufig auch: *Alpha-Modelle* vs. *Beta-Modelle*); unter den nichtlinearen Modellen ist das von Luce (1959) wichtig geworden; im Gegensatz zum Bush-Mosteller-Modell, bei dem die Wirkung eines Ereignisses in der Änderung der Reaktionswahrscheinlichkeit durch Anwendung eines linearen Operators ausgedrückt wird, nimmt Luce (1959) an, dass sich die Wirkung direkt auf die Reaktionsstärke u. dadurch indirekt auf die Wahrscheinlichkeit der Reaktion bezieht; zu einem Vergleich beider Fassungen vgl. Coombs (1975). Wie Sternberg (1963) festgestellt hat, sind das lineare Operatormodell u. das Beta-Modell moderne Fassungen der beiden Haupttypen der frühesten Lerngleichungen, wie sie von Gulliksen (→ Lernkurven) besprochen wurden. Das lineare Modell führt zu einer negativ beschleunigten Lernkurve, das Beta-Modell zu einer logist. Funktion, die S-förmig verläuft. (2) *Stadienmodelle* (engl. *state models*): Hierbei ist nur eine endl. Anzahl von fixierten Lernzuständen zugelassen; sie sind eine Weiterentwicklung der Reiz-Reaktions-Assoziationstheorie aus der Guthrie-Tradition (→ Kontiguitätstheorie); klass. ist hier die → Reizauswahltheorie von Estes (1950). Bei Coombs u. a. (1975) werden die Stadienmodelle unterteilt in die *Komponentenmodelle*, die *Strukturmodelle* (engl. *pattern models*) u. die *Klein-Elemente-Modelle* (*1-Element-Modell* u. *2-Element-Modell*); die Strukturmodelle u. Komponentenmodelle sind Modelle mit großen o. beliebig vielen Elementen, *N-Elemente-Modelle*. Einen Überblick über verschiedene Klassifikationsmöglichkeiten gibt Restle (1959).

LIT: Zsfd. Darstellungen sind Atkinson u. Estes (1963); im dt. Sprachraum Foppa (1964); Kintsch (1982); Schaefer (1985); eine Gegenüberstellung der m. L. u. eines ihrer »Hauptkonkurrenten«, der → Entscheidungstheorie, findet sich in Lee (1977); vgl. hierzu auch Feger u. Sorembe (1983); zur Kritik an der Verwendung von Markov-Prozessen in der Ps. vgl. Sixtl (1996); s. a. die Stw. → Hypothesentheorie u. → Begriffsbildung.

◆ Atkinson, R. C. u. Estes, W. K.: Stimulus sampling theory. In: Luce, R. D. u. a. (Hg.): Handbook of mathematical psychology, 2. Bd. New York 1963, S. 121–168; Atkinson, R. C. u. a.: An introduction to mathematical learning theory. New York 1965; Bourne, L. E. u. Hygood, R. C.: The role of stimulus redundancy in concept identification. JExP 58, 1959, S. 232–238; Bourne, L. E. u. Restle, F.: A mathematical theory of concept identification. PR 66, 1959, S. 278–296; Bush, R. R. u. Mosteller, F. A.: A mathematical model for simple learning. PR 58, 1951, S. 313–323; BUSH, R. R. u. MOSTELLER, F. A.: Stochastic models for learning. New York 1955; COOMBS, C. H. u. a.: Mathemat. Ps. Weinheim 1975; ESTES, W. K. u. BURKE, C. J.: A theory of stimulus variability in learning. PR 60, 1953, S. 276–286; ESTES, W. K.: Toward a statistical theory of learning. PR 57, 1950, S. 94–107; ESTES, W. K.: Component and pattern models with Markovian interpretations. In: BUSH, R. R. u. ESTES, W. K. (Hg.): Studies in mathematical learning theory. Stanford 1959; ESTES, W. K. u. SUPPES, P.: Foundations of linear models. In: BUSH, R. R. u. ESTES, W. K. (Hg.): Studies in mathematical learning theory. Stanford 1959, S. 137–179; FEGER, H. u. SOREMBE, V.: Konflikt u. Entscheidung. In: THOMAE, H. (Hg.): Theorien u. Formen der Motivation. EP C, IV, 1. Bd., Göttingen 1983, S. 536–712; GULLIKSEN, H.: A generalization of Thurstone's learning function. PMe 18, 1953, S. 297–307; BOWER, G. H. u. HILGARD, E. R.: Theorien des Lernens, 2 Bde. Stuttgart 1973; KINTSCH, W.: Gedächtnis u. Kognition. Berlin 1982; LEE, W.: Ps. Entscheidungstheorie. Weinheim 1977; LUCE, R. D.: Individual choice behaviour. New York 1959; PALMERS, C.: Mathemat. Lernmodelle. In: ZEIER, H. (Hg.): Lernen u. Vh., 1. Bd. Lerntheorien. Weinheim 1984, S. 517–565; RESTLE, F.: A theory of discrimination learning. PR 65, 1955, S. 11–19; RESTLE, F.: A survey and classification of learning models. In: BUSH, R. R. u. ESTES, W. K. (Hg.): Studies in mathematical learning theory. Stanford 1959. Kap. 20; RESTLE, F. u. GREENO, J.: Introduction to mathematical psychology. Reading 1970; SCHAEFER, A. E.: Denken. Berlin 1985; SCHULZ, U.: Vh. in Konfliktspielen. Frankfurt/M. 1991; SIXTL, B.: Einführung in die Exakte Psychologie. München 1996; STERNBERG, S.: Stochastic learning theory. In: LUCE, R. D. u. a. (Hg.): Handbook of mathematical psychology, 3. Bd. New York 1963.

Mathematische Psychologie, diejenige Richtung der Ps., die in besonderem Maße Gebrauch von mathemat. Modellen macht. Man kann das Instrumentarium der m. P. grob unterteilen in: Modelle für *Theorien* u. Modelle für *Daten* – Letztere sind die *mathemat. Methoden* i. e. S., v. a. *Mess-*, *Test-* u. *Skalierungstheorie*.

Folgende Ansätze gehören zu den mathematisierten Grundparadigmen der Ps.: Schon die klass. → Psychophysik versuchte ihre Ergebnisse in Form einer einfachen mathemat. Notation darzustellen (→ fechnersches Gesetz). Eine elaborierte Weiterentwicklung, die sich aus mathemat. Ansätzen innerhalb der Technik der Radarüberwachung ergeben hat, war die → Signalentdeckungstheorie. Auch innerhalb der → Lerntheorien hat es seit den 50er Jahren Ansätze zu formalisierten Modellen gegeben: → mathematische Lerntheorien. Die *Informationstheorie* wurde innerhalb verschiedener inhaltl. Gebiete adaptiert: → informationstheoretische Psychologie; vgl. auch das Stw. → kybernetische Psychologie. Auch die → Entscheidungstheorien basieren auf mathemat. Ansätzen. Die *spieltheoret.* Ansätze leiten von der Entscheidungstheorie zur mathemat. Analyse sozialps. Prozesse über; überhaupt hat in der Sozialps. eine Vielfalt mathemat. Formalismen Anwendung gefunden. Innerhalb der → Konsistenztheorien gibt es Ansätze zur mathemat. Elaboration dieses ursprüngl. nur in einem qualitativen Sinne formalen Ansatzes. Auch im Bereich → Gedächtnis finden sich häufig mathemat. Ansätze; ein wichtiges Modell, das hier zum Einsatz kommt, ist der *Markov-Prozess* bzw. allg. die Analyse stochast. Prozesse. Einen erhebl. Formalisierungsgrad weisen viele Ansätze aus der Psycholinguistik auf, ohne jedoch üblicherweise zur m. P. gerechnet zu werden.

HI: Der eigentl. Beginn der m. P. liegt in der Mitte der 60er Jahre mit dem Erscheinen des *Handbook of mathematical psychology* (Hg.: Luce, Bush, Galanter 1963ff.) u. des *Journal of Mathematical Psychology* (1964). 1972 fand in Ann Arbor (USA) eine Konferenz mathemat. Psychologen u. Statistiker statt, bei der eine Bestandsaufnahme formaler Theorien u. Modelle in der Ps. erarbeitet wurde, die 2 Jahre später in dem 2-bändigen Werk mit den Titeln *Learning, Memory and Thinking* u. *Measurement, psychophysics* *and neural information processing* (Krantz u. a. 1974) veröffentlicht wurde. Grundsätzl. gibt es seitdem einen mathemat. Strang der Ps., dessen Vertreter meist sehr geachtet sind, obwohl ihre wissenschaftl. Tätigkeit partiell isoliert ist.

VD/T: Der Einsatz von formalen Methoden ist innerhalb der Ps. fast ubiquitär u. wird deshalb meist nicht als ausreichend angesehen, um eine ps. Theorie als unter die m. P. fallend zu charakterisieren (es gibt sogar einen partiellen Gegensatz zw. mathemat. Psychologen u. statist. orientierten; die Zeitschrift *Journal of Mathematical Psychology* wurde u. a. deswegen gegründet, um den Druck von Herausgebern zu entkommen, in mechan. Weise statist. Null-Hypothesen zu testen). I. w. S. ist die gesamte → experimentelle Ps. zumindest auf eine Mathematisierung hin ausgerichtet (obgleich die Experimentalmethodiker häufig den formalist. ausgerichteten mathemat. Psychologen skept. gegenüber stehen, da sie bei ihnen nicht selten eine solide empir. Basis vermissen). Auch die aus dem Bereich der Computerwissenschaft u. → künstlichen Intelligenz entlehnten Modelle werden meist nicht mit dem Attribut *m. P.* bezeichnet, ledigl. bestimmte Teilaspekte, die über qualitativ-formale Probleme u. Darstellungen hinausgehen, wie z. B. die Frage der Modellierung von Prozessen der → Informationsverarbeitung durch ein Modell wie z. B. das der → parallelen vs. seriellen Informationsverarbeitung, werden als »m. P.« angesehen.

LIT: Einen Überblick über die m. P. vermitteln Deppe (1977) sowie Coombs u. a. (1975); ein Überblick über die Modelle der m. P. ist Greeno (1973); ein Buch, bei dem stochast. Prozesse, v. a. Markov-Modelle für Lernen u. Gedächtnis, im Zentrum stehen, ist Wickens (1982); einen Überblick über mathemat. Modelle in der Sozialps. liefert Tack (1969); eine neuere Überblicksdarstellung ist Nowakowska (1983); Sydow u. Petzold (1982) vermitteln in erster Linie einen Überblick über Skalierungs- u. Testmodelle sowie über mathemat. Modelle der allg. Ps.; eine Einführung in die Messtheorie ist Orth (1974ff.); allg. über Messung u. Modellbildung in der Ps. vgl. Gigerenzer (1981); zur Testtheorie vgl. Krauth (1995); Messen u. Testen integrativ behandeln Steyer u. Eid (1993); neben den genannten Sammelbänden sind v. a. Arrow u. a. (1959) u. Atkinson (1964) zu nennen; eine klass. Arbeit zur Bedeutung formaler Modelle in den nicht formalen Wissenschaften ist Apostel (1961); ein Überblick über die in der Linguistik verwendeten mathemat. Modelle u. Methoden findet sich in Luce u. a. (1963) in den Kapiteln von M. Chomsky u. G. A. Miller; eine knappe einführende Darstellung in mathemat. Modelle der Sozialwissenschaften ist Boudon (1970); ein Vergleich von mathemat. Modellen u. Computersimulations-Methoden am Bsp. desselben Forschungsbereiches liefert Deppe (1977, S. 103–147); zum Problem der Entscheidbarkeit u. Bewertbarkeit mathemat. Modelle vgl. Bush (1963); vgl. auch Tack (1971) u. Miller (1964); Estes (1975) ist eine krit. Rede; eine Charakterisierung der m. P. in Form eines witzigen fiktiven Dialogs zw. Student u. Professor ist Vorberg (1983); krit. Bemerkungen zu m. P. finden sich bei Lüer (1981) u. Möbus (1988); eine größere krit. Arbeit ist Auinger (1995).

◆ Apostel, L.: Toward the formal study of models in the non-formal sciences. In: Freudenthal, H. (Hg.): The concept and the role of the model in mathematics and natural and social sciences. Dordrecht 1961; Arrow, K. J. u. a. (Hg.): Mathematical methods in the social sciences. Proceedings of the first Stanford Symposium. Stanford 1959; Atkinson, R. C. (Hg.): Studies in mathematical psychology. Stanford 1964; Auinger, H.: Mißbrauchte Mathematik. Zur Verwendung mathemat. Methoden in den Sozialwissenschaften. Frankfurt 1995; Boudon, R.: Mathemat. Modelle u. Methoden. Frankfurt/M. 1970; Bush, R. R.: Estimation and evaluation. In: Luce u. a. (1963), 1. Bd.; Coombs, C. H. u. a.: Mathemat. Ps. Weinheim 1975; Deppe, W.: Formale Modelle in der Ps. Stuttgart 1977; Estes, W. K.: Some targets for mathematical psychology. JMaP 12, 1975, S. 263–288; Gigerenzer, G.: Messung u. Modellbildung in der Ps. München 1981; Greeno, J. G.: A survey of models in mathematical psychology. In: Wolman, B. B. (Hg.): Handbook of general psychology. Englewood Cliffs 1973; Krantz, D. H. u. a. (Hg.): Contemporary developments in mathematical psychology, 1. Bd. San Francisco 1974; Krauth, J.: Testkonstruktion u. Testtheorie. Weinheim 1995 (mit Anwendungsprogramm auf Diskette); Laming, D.: Mathematical psychology. New York 1973; Luce, R. D. (Hg.): Developments in mathematical psychology. New York 1960; Luce, R. D. u. a. (Hg.): Handbook of mathematical psychology, 3 Bde., New York 1963–1965; LUCE, R. D. u. a. (Hg.): Readings in mathematical psychology. New York Vol. I: 1963, Vol. II: 1965; LÜER, G.: Bemerkungen zu den mathemat. u. psychometr. Modellen der kognitiven Entwicklung aus der Sicht von Theorien der Informationsverarbeitung. In: KLUWE, R. H. u. SPADA, H. (Hg.): Studien zur Denkentwicklung. Bern 1981, S. 79–91; MILLER, G. A.: Mathematics and psychology. New York 1964; MÖBUS, C.: Zur Modellierung kognitiver Prozesse mit daten- bzw. zielorientierten Regelsystemen. In: MANDL, H. u. SPADA, H. (Hg.): Wissensps. München 1988, S. 423–469; NOWAKOWSKA, M. (Hg.): Quantitative psychology. Amsterdam 1983; ORTH, B.: Einführung in die Theorie des Messens. Stuttgart 1974; ORTH, B.: Grundlagen des Messens. In: FEGER, H. u. BREDENKAMP, J. (Hg.): Messen u. Testen. EP, B, 3. Bd. Göttingen 1983, S. 136–180; RESTLE, F. u. GREENO, J. G.: Introduction to mathematical psychology. Reading 1970; STEYER, R. u. EID, M.: Messen u. Testen. Berlin 1993; SYDOW, H. u. PETZOLD, P.: Mathematische Ps. Berlin 1982; TACK, W. H.: Das Entscheidbarkeits-Problem bei der Verwendung formaler Modelle. PB 13, 1971, S. 355–365; TACK, W. H.: Mathemat. Modelle in der Sozialps. In: GRAUMANN, C. F. (Hg.): Sozialps. HP, 7. Bd., 1. Hlb. Göttingen 1969; VORBERG, D.: Zwei Bücher. Ein Zwei-Personen-Stück über mathemat. Ps. PRu 4, 1983, S. 212–217; WICKENS, T. D.: Models for behaviour. San Francisco 1982; ZTSCHR.: Journal of Mathematical Psychology, British Journal of Mathematical and Statistical Psychology, Psychometrika, in der DDR war die experimentelle Ztschr. die *Zeitschrift für Psychologie*, auch das *Archiv für Psychologie* ist sehr method. orientiert.

Mathematischer Unterricht → mathematisches Denken.

Mathematisches Denken. Mathemat. Lehr-, Lern- u. Denkprozesse sind schon lange Gegenstand der Ps. u. der Mathematikdidaktik. Selz, Wertheimer u. Duncker (→ Gestalttheorie) bedienten sich mathemat. Probleme bei der Untersuchung des → Denkens. Katz (1913) schrieb ein Buch über die Ps. des mathemat. Unterrichts; Thorndike beschäftigte sich mit der Ps. der Algebra. Auch die moderne kognitive Ps. greift diese Ansätze auf; so beschäftigt sich die Forschergruppe um Greeno mit der Operation des Zählens (Greeno u. a. 1984; Riley u. Greeno 1980), des Addierens (Riley u. a. 1983) u. Subtrahierens (Behr u. a. 1985), um daraus im Computer simulierbare Modelle aufzubauen, die v. a. auch die Fehler von Schülern generieren (Greeno 1983; Riley u. Greeno 1980); eine wichtige Arbeit ist Wachsmuth (1985). Allg. war die Analyse typ. Fehler ein wichtiger Forschungsansatz; vgl. Ginsburg (1983); Romberg u. Collis (1985). Siegler u. Shrager (1984) erörtern die frühe Entwicklung von Addition u. Subtraktion. Browns u. Burtons Analyse (1978) zum Verständnis der Subtraktion gehört bereits zu den Klassikern. Wichtige Ansätze, weniger aus der Tradition der Grundlagenforschung als aus didakt. Perspektive, sind: Siegler u. Vago (1978); Simon u. Paige (1979); Noelting (1980); Hart (1981); Vergnaud (1983); Behr u. a. (1984); Reiss u. a. (1987). Zu Problemen der Algebra vgl. Kintsch u. a. (1984); Reusser (1989). Zum Überblick vgl. Scholz u. Hasemann (1989); Haußmann u. Reiss (1990). Eine eigenständige Forschungstradition stellen die innerhalb der → genetischen Epistemologie angestellten Untersuchungen über die Entwicklung des Zahl- u. Raumbegriffs beim Kind dar; vgl. Piaget u. Szeminska (1969); Piaget u. Inhelder (1971). Überblicke zur Entwicklung des mathemat. Denkens sind Ginsburg (1983) u. Steiner (1986); vgl. auch Gelman u. Gallistel (1978); zur mathemat. Hochbegabung vgl. Aiken (1972).

◆ AIKEN, L. R.: Ability and creativity in mathematics. RER 42, 1972, S. 405–434; BEHR, M. u. a.: Order and equivalence of rational numbers: a clinical teaching experiment. Journal for Research in Mathematics Education 15, 1984, S. 323–334; BEHR, M. J. u. a.: A model of competence for subtraction: Mathematical principles, cognitive structures and procedural skills. Paper presented at the Annual Meeting of the American Educational

Research Association. Chicago 1985; BROWN, J. S. u. BURTON, R. R.: Diagnostic models for procedural bugs in basic mathematical skills. CS 2, 1978, S. 155–192; GELMAN, R. u. GALLISTEL, C. R.: The child's understanding of numbers. Cambridge 1978; GINSBURG, H. P.: The development of mathematical thinking. New York 1983; GREENO, J. G.: Conceptual entities. In: GENTNER, D. u. STEVENS, A. L. (Hg.): Mental models. Hillsdale 1983, S. 227–252; GREENO, J. G. u. a.: Conceptual competence and children's counting. CP 16, 1984, S. 94–143; HART, K.: Childrens understanding of mathematics: 11–16. London 1981; HAUSSMANN, C. u. REISS, M.: Mathemat. Lehr-, Lern-, Denkprozesse. Göttingen 1990; KATZ, D.: Ps. u. mathemat. Unterricht. Leipzig 1913; KINTSCH, W. u. a.: Methods and tactics in cognitive sciences. New York 1984; NOELTING, G.: The development of proportional reasoning and the ratio concept: Part 1, Differentation of stages. Educational Studies in Mathematics 11, 1980, S. 217–253; PIAGET, J. u. SZEMINSKA, A.: Die Entwicklung des Zahlbegriffs beim Kind. Stuttgart 1969; PIAGET, J. u. INHELDER, B.: Die Entwicklung des räuml. Denkens beim Kinde. Stuttgart 1971; REISS, M. u. a.: The assessment of cognitive structures in proportional reasoning. In: BERGERON, A. u. HERSCOVICS, N. (Hg.): Proceedings of the Eleventh International conference for the Psychology of Mathematics Education, 2. Bd. Montreal 1987, S. 310–316; REUSSER, K.: From text to situation to equation: cognitive simulation of understanding and solving mathematical word problems. In: MANDL, H. u. a. (Hg.): Learning and instruction in an international context. Oxford 1989; RILEY, M. S. u. GREENO, J. G.: Details of programming a model of childrens counting in ACTP. Universität Pittsburgh 1980; RILEY, M. S. u. a.: Development of childrens problem solving ability. In: GINSBURG (1983); ROMBERG, T. A. u. COLLIS, K. F.: Cognitive functioning and performance on addition and subtraction word problems. Journal for Research in Mathematics Education 16, 1985, S. 375–382; SCHOLZ, R. W. u. HASEMANN, K.: Ps. Forschung zu mathematikbezogenen Lehr-, Lern- u. Denkprozessen. ZEPP 21, 1989, S. 325–355; SIEGLER, R. S. u. VAGO, S.: The development of the proportionality concept. JExChP 25, 1978, S. 371–395; SIEGLER, R. S. u. SHRAGER, J.: Strategy choices in addition: how do children know what to do? In: SOFIAN, C. (Hg.): Origins of cognitive skills. Hillsdale 1984; SIMON, H. A. u. PAIGE, J. M.: Cognitive processes in solving algebra word problems. In: SIMON, H. A. (Hg.): Models of thought. New Haven 1979; STEINER, H. G. (Hg.): Grundfragen der Entwicklung mathemat. Fähigkeiten. Köln 1986, S. 69–86; VERGNAUD, G.: Multiplicative structures. In: LESH, R. u. LANDAU, M. (Hg.): Acquisition of Mathematics Concepts and Processes. New York 1983; WACHSMUTH, I.: Logical analysis of cognitive structures. Columbus 1985; WALDMANN, M. R. u. WEINERT, F.: Intelligenz u. Denken. Göttingen 1990.

Mathematisch-ökonomische Entscheidungstheorie → Entscheidungstheorie.

Matrizentest → Intelligenz.

MAUT-Modell → multiattributive Entscheidungstheorie.

Maximax-Kriterium → Entscheidungstheorie.

Maximax-Regel → Entscheidungstheorie.

Maximin-Kriterium → Entscheidungstheorie.

Maximin-Regel → Entscheidungstheorie.

Means-ends-readiness → Zeichen-Gestalt-Theorie.

Mechanic vs. elaborative rehearsal → Memorieren.

Mechanischer Interaktionismus → Interaktionismus.

Mechanisches Denken → Denken.

Mechanisches Lernen → einfaches Lernen.

Mechanisches Memorieren → Memorieren.

Mechanismus [auch *Mechanizismus*]. Mechanist. Ansätze in der Ps. postulieren, dass psych. Prozesse nicht durch eine übergreifende aktive u./o. personale Instanz wie Geist, Verstand, Wissen bewirkt werden, sondern gem. einfachen additiven Gesetzmäßigkeiten, ähnl. denen der physikal. Mechanik. Speziell auf dem Gebiet der → Denktheorie meint M. einen → Assoziationismus: Die Gesetze des Denkens seien die → Assoziationsgesetze. Nach dieser Vorstellung funktioniert die menschl. Psyche ähnl. wie eine physikal. Maschine (*Maschinenmodell*).

Herzog (1984) kennzeichnet den M. bzw. das Maschinenmodell durch folgende Grundannahmen: *Passivität, Reaktivität, Ziellosigkeit, Machbarkeit, Additivität* sowie, unter methodolog. Gesichtspunkt, *Atomismus, Reduktionismus* u. *Physikalismus*, die Betonung *quantitativer* Veränderungen, des Weiteren *Anti-Emergentismus* u. *Determinismus*.

Bspe. für mechanist. Ansätze innerhalb der Ps. sind neben der Elementen- u. Assoziationsps. die → Reflexologie u. sämtl. Spielarten des → Behaviourismus bzw. der → S-R-Theorien. Innerhalb der S-R-Theorien war ein wichtiger Übergang der von den mechanist. zu den »kognitiveren« Ansätzen. Auch die Psa. beinhaltet, v. a. aus der Sicht ihrer Kritiker, viele mechanist. Elemente, v. a. in ihrem grundlegenden Modell der (Trieb-) Energie, auch wenn sie sich in weiten Teilen betont antimechanist. darstellt.

T: Folgende Differenzierungen des Begriffs *M.* lassen sich vornehmen: (a) Im weitesten Sinne kennzeichnet M. fast alle Ansätze der herkömml. akadem. Ps., insofern sie weitgehend auf Kzpt. wie *Ich, Persönlichkeit, Wille, freie Entscheidung, Sinn* verzichten u. eher formale Erklärungsprinzipien bevorzugen. (b) In einem engeren Sinne bezieht sich *M.* auf solche ps. Ansätze, die mit Modellen operieren, die aus der Physik o. Technik entlehnt sind. Dabei lässt sich noch einmal differenzieren zw. solchen Modellen, die *mechanist.* in einem ganz engen Sinne sind, u. solchen, die elektr. o. elektron. Modellprinzipien implizieren. Meist jedoch werden auch diese letzteren Ansätze mit einbezogen, als gemeinsames Kennzeichen des M. bleibt die Leugnung der Eigenständigkeit biolog. u. ps. Systeme (Maschinenmodell). Dieses Maschinenmodell begründet eine eigene Modelltradition in der Ps., entsprechend dem technolog. Wandel gewannen immer wieder neue u. andere Maschinen Modellcharakter: von der Dampfmaschine über das Telefon bis zum Computer (s. a. die Stw. → kybernetische Psychologie; → informationstheoretische Psychologie). Hierbei fand eine zunehmende »Ent-Mechanisierung« statt u. v. a. ein Übergang von einem Modell der → Energie zu einem Modell der → Informationsverarbeitung.

Der Begriff »M.« wird, v. a. im pejorativen Sinne, von den Gegenpositionen des M. verwendet; bes. die → Gestalttheorie ist ein Bsp. für eine antimechanist. Theorie, die sich v. a. gegen das Additivitätstheorem u. das Anti-Emergentismus-Theorem wendet (obwohl sie andererseits in eigentüml. Weise mit Modellen operiert, die in einem physikal. wie biolog. Zwischenraum angesiedelt sind, u. versucht, die Plausibilität biolog. Modelle durch physikal. Modellbildungen darzulegen). Grundsätzl. antimechanist. orientiert ist die humanist. u. die phänomenolog. Ps. Diese Alternativtheorien werden bisweilen als → *organismisches Modell* zusammengefasst.

LIT: Zum Überblick vgl. Herzog (1984), Pongratz (1967); vgl. auch Bühler (1927), für den das mechanist. Axiom eine der Positionen ist, mit denen er die mögl. Grundtheorien der Ps. zu systematisieren versucht.

◆ Bühler, K.: Die Krise der Ps. Jena 1927; Herzog, W.: Modell u. Theorie in der Ps. Göttingen 1984; Köhler, W.: Werte u. Tatsachen. Berlin 1968; Plessner, H.: Die Stufen des Organischen u. der Mensch. Frankfurt/M. 1981; Pongratz, L. J.: Problemgeschichte der Ps. Bern 1967.

Mechanizismus → Mechanismus.

Mechanorezeption, die durch *Mechanorezeptoren* vermittelte Wahrnehmung mechan. Reize, also von *Berührungsempfindungen* auf der Haut (→ Oberflächensensibilität). Die M. besitzt vier grundlegende Qualitäten: Druck-, Berührungs-, Vibrations- u. Kitzelempfindungen. Die Haut ist nicht auf der ganzen Fläche, sondern nur punktförmig mechanosensibel (*Tastpunkte*).

T: *M.* ist ein »techn.« Begriff, er bezeichnet das, was intuitiv verständlicher auch als *Tastsinn* bezeichnet wird; man könnte auch von einem »Fühlsinn« sprechen; vgl. hierzu Birbaumer u. Schmidt (1989), diese Bezeichnung ist jedoch nicht übl.; man spricht auch von *taktiler Empfindung* bzw. *taktiler Sensibilität*, wenn jedoch nicht nur eine Reizung der Haut, sondern aktive Greif- bzw. Tastbewegungen mit einbezogen werden, spricht man eher von → *Haptik*.

VD: *Taktile Empfindungsschwelle*: Die minimale notwendige Eindrucktiefe der Haut, die zu einer gerade wahrnehmbaren Berührungsempfindung führt, liegt in der Größenordnung von 0,01 mm. An den Fingerspitzen sind die Schwellen deutl. geringer als in der Handinnenfläche. Als Maß für das räuml. Auflösungsvermögen der Haut für taktile Reize wird die Bestimmung der *räuml. Unterschiedsschwelle* (auch *Raumschwelle*) herangezogen, der Abstand zw. zwei taktilen Reizen, bei denen diese gerade noch getrennt wahrgenommen werden; dies lässt sich mit einem Stechzirkel (mit abgestumpften Spitzen um Schmerz zu vermeiden) untersuchen. Die *simultane Raumschwelle* wird geprüft, wenn beide Spitzen gleichzeitig aufgesetzt werden; die erhaltenen Werte sind ein Maß für das räuml. Auflösungsvermögen der Haut; die *sukzessive Raumschwelle* ist deutl. besser als die simultane, oft viermal so gut, z. B. 1 mm statt 4 mm. Die Raumschwellen können durch Übung halbiert werden; Blinde sind bes. bekannt für die Entwicklung dieser Fähigkeit; zu weiteren Werten vgl. Birbaumer u. Schmidt (1989).

LIT: In Arnold (1972) finden sich zahlreiche Experimente zur M.; zur Entwicklung der M. in der frühesten Kindheit vgl. Keller u. Meyer (1982).

◆ ARNOLD, W. (Hg.): Experimentelles Praktikum 1. Bd. Stuttgart 1972; BIRBAUMER, N. u. SCHMIDT, R. F.: Biolog. Ps. Berlin 1989; CAMPENHAUSEN, C. v.: Die Sinne des Menschen. Stuttgart 1993; DARIAN-SMITH, I.: Touch in primates. ARP 33, 1982; KELLER, H. u. MEYER, H.-J.: Psychologie der frühesten Kindheit. Stuttgart 1982; SCHMIDT, R. F. u. THEWS, G. (Hg.): Physiologie des Menschen. Berlin 1985 (22. Aufl.).

Mechanorezeptive Mediation → Viscerozeption.

Mechanorezeptoren → Mechanorezeption.

Mediation → Mediationstheorie.

Mediational deficiency hypothesis → Mediationstheorie.

Mediationsdefizit-Hypothese → Mediationstheorie.

Mediationstheorie, eine Weiterentwicklung der klass. → S-R-Theorie, die davon ausgeht, dass zw. Reiz u. Reaktion *vermittelnde Responses* bzw. Reaktionen treten (Osgood 1952). Über deren Natur bestehen unterschiedl. Auffassungen: In manchen Versionen werden sie als *rudimentäre Sprechvorgänge* angesetzt (→ Motortheorie des Denkens; → Sprache u. Denken); als *repräsentationale Responses*, eine Art → Vorstellungsbilder, werden sie von Osgood u. Bousfield (1961) beschrieben.

Die osgoodsche Theorie ist bes. durch das → semantische Differential bekannt geworden, das auf ihr aufbaut.

Bewusst eingesetzt können Mediatoren die Vhsleistung verbessern; so konnte in der Forschung zum → verbalen Lernen nachgewiesen werden, dass die Behaltensleistung für paarweise vorgegebene sinnlose Silben verbessert wird, wenn diese inhaltl. in sinnvolle Begriffe transformiert u. *mediiert* werden; Bsp.: aus den Silben BAC – FIH wird der Begriff *Backfisch* gebildet u. als *natural language mediator* (NLM) verwendet. Die → Reversal-shift-Experimente zeigen, dass die Fähigkeit, sprachl. Mediatoren zur Unterstützung des Lernens einzusetzen, entwicklungsabhängig ist, da Kleinkinder dazu noch nicht in der

Lage sind (*Mediationsdefizit-Hypothese*, engl. *mediational deficiency hypothesis*).

HI/WÜ: Mit Hilfe der M. kann die Entstehung einer neuen Reiz-Reaktions-Verbindung erklärt werden, wenn eine einfache u. direkte Assoziationsbildung zur Erklärung nicht ausreicht; vgl. Jensen (1971); s. hierzu die Experimente zur → Begriffsbildung. Die M. stellt *das* Paradigma des → Neobehaviourismus dar. Bedeutsam wird dieser Ansatz in der Sprachps., wo er in ein mediationstheoret. Kzpt. der → Bedeutung mündet, das der einfachen *Substitutionstheorie* der behaviourist. Sprachps., nach der ein Wort an die Stelle eines Objekts bzw. Ereignisses tritt u. dieselbe Reaktion auslöst, entgegensteht; vgl. Grimm u. Engelkamp (1981) sowie Flade (1984).

T: Das spezielle Kzpt. der *Mediation* im Sinne der M. ist ein kognitives Kzpt. Im weiten Sinne kann *Mediation* auch einfach die Annahme vermittelnder Prozesse bezeichnen, wie sie bes. im Neobehaviourismus, hier v. a. im Kzpt. der → antizipierten Zielreaktion, thematisiert wurden. Dabei wurden v. a. Vorgänge einer *peripheren* Mediation untersucht, also motor. o. vegetative Prozesse, die nicht direkt sichtbar sind wie das offene Vh., da sie sich im Nervensystem bzw. in unterschwelliger Form abspielen (Kaubewegungen, Speichelabsonderungsprozesse, inneres Sprechen).

◆ BOUSFIELD, W. A.: The problem of meaning in verbal learning. In: COFER, C. (Hg.): Verbal learning and verbal behaviour. New York 1961, S. 81–91; FLADE, A.: Das Kzpt. der Bedeutung bei Osgood. In: V. EYE, A. u. MARX, W. (Hg.): Semant. Dimensionen. Göttingen 1984, S. 33–45; GRIMM, H. u. ENGELKAMP, J.: Sprachps.: Handbuch u. Lexikon der Psycholinguistik. Berlin 1981; JENSEN, A. R.: The role of verbal mediation in mental development. JGeP 118, 1971, S. 39–70; KENDLER, H. H. u. KENDLER, T. S.: Mediation and conceptual behaviour. In: SPENCE, K. W. u. SPENCE, J. T. (Hg.): Psychology of learning motivation. 2. Bd. New York 1968; OSGOOD, C. E.: The nature and measurement of meaning. PBu 49, 1952, S. 197–237.

Mediator → Mediationstheorie.

Medienpsychologie → angewandte Psychologie.

Medizinische Psychologie → klinische Psychologie.

MEG Abk. für *Magnetencephalogramm*; → physiologische Psychologie (Kasten psychophysiologische Methoden).

Mehrdimensionaler Figurenvergleich [auch *Vergleich komplexer Figuren*], eine → Erkennungsaufgabe (Nickerson 1967ff.): Der Versuch basiert auf einem Satz mehrdimensional variierender Figuren, z. B. Quadrate o. Kreise, die rot, blau, groß o. klein sein können; dies gibt eine Grundgesamtheit von z. B. $2^3 = 8$ mögl. Figuren; im Versuch werden dann je zwei Figuren dargeboten, u. die Vp muss entscheiden, ob sie gleich o. verschieden sind (sog. *Same-different-Vergleich*). Es wird also eine krit. Eigenschaftskombination verabredet (z. B. *kleines rotes Quadrat*), die als Standard gilt (auf die die dargebotenen Figuren hin geprüft werden müssen). In einer anderen Versuchsvariante werden jeweils zwei Figuren dargeboten (simultan o. sukzessiv) u. müssen im Hinblick auf eine o. mehrere relevante Dimensionen verglichen werden: wenn z. B. Farbe u. Größe relevante Dimensionen waren, mussten ein kleines rotes Dreieck u. ein kleines rotes Quadrat trotz ihrer Formverschiedenheit als »gleich« klassifiziert werden. Es gibt also drei Versuchsvarianten: *Standardvergleich*, *Sukzessivvergleich* u. *Simultanvergleich*.

TH/HI: Zunächst wurde der Frage nachgegegangen, ob die Reize als ganzes miteinander verglichen werden o. ob der Vergleich gequantelt erfolgt, d. h. getrennt für verschiedene Attribute. Da die Forschung auf die zweite Alternative hinwies, wurde untersucht, ob diese Quanten simultan o. sukzessiv, voneinander abhängig o. unabhängig bearbeitet werden. Dieses Aufgabenparadigma hat die Forschung zur Struktur perzeptiver Kenntnisse nachhaltig bestimmt. Nach einer virulenten Forschungsphase schwand jedoch um die Mitte der 70er Jahre das Vertrauen in den Erkenntniswert des Paradigmas dahin, da sich die theoret. Fragen als schwer entscheidbar bzw. äußerst problemat. erwiesen (→ Mustererkennung; → parallele vs. serielle Verarbeitung). Auch erwies sich eine der entscheidenden Voraussetzungen als unhaltbar, dass näml. im Falle des gequantelten Vergleichs genau diejenigen Quanten verwendet werden, die der Experimentator als Konstruktionsdimensionen dem Reizmaterial eingepflanzt hat; vgl. Prinz (1970). Prinz u. Scheerer-Neumann (1974).

◆ Nickerson, R. S.: »Same«-»different« response times with multiattribute stimulus differences. PMS 24, 1967, S. 543–554; Nickerson, R. S.: Categorization time with categories defined by disjunctions and conjunctions of stimulus attributes. JExP 73, 1967, S. 211–219; Prinz, W. u. Scheerer-Neumann, G.: Component processes in multi-attribute stimulus classification. PRes 37, 1974, S. 25–50; Prinz, W.: Untersuchungen zur Funktionsanalyse visueller Erkennungsprozesse bei mehrdimensional variierendem Figurenmaterial. Diss. Bochum 1970.

Mehrdimensionale Schwellen → Sinnesschwellen.

Mehrebenen-Modell → Drei-Ebenen-Modell.

Mehrfachaufgabe → Doppelaufgabe.

Mehrfachhandlungen → Handlungstheorien; → Handlung; → Doppelaufgaben.

Mehrfachreiz-Geräte → Reaktionszeit.

Mehrfachtätigkeit → Doppelaufgabe.

Mehrfach-Wahlreaktion → Reaktionsexperiment.

Mehrkanalmodell → Aufmerksamkeit.

Mehrspeichertheorien des → Gedächtnisses gehen nicht von einer einheitl. Gedächtnisinstanz aus, sondern nehmen mehrere Gedächtnisteilsysteme an (deswegen auch *Multikomponentenansatz* o. *Modalitätenmodell* des Gedächtnisses). Die M. entstammen dem großen Paradigma → Informationsverarbeitung, sie sehen das Gedächtnis in Analogie zur Struktur u. Arbeitsweise von Computern. Zentral ist die Dichotomie zw. einem → Kurzzeit- u. einem → Langzeitgedächtnis: *Zwei-Speicher-Modell*; die Abb. *Gedächtnis 2a–c* zeigen unterschiedl. Realisationen dieser Grundidee (PM = primary memory = Kurzzeitgedächtnis; SM = secondary memory = Langzeitgedächtnis). Manche Autoren nehmen noch eine Art *Zwischenzeit-Gedächtnis* (*intermediate-term-memory*) an; vgl. Kintsch (1982). Die aufgenommene Information soll gem. den M. gerichtet von den → sensorischen Registern durch das Kurzzeit- in das Langzeitgedächtnis laufen u. dabei einer Anzahl von Verarbeitungsprozessen – v. a. → Memorieren, → Kodierung, → Gruppierung – unterworfen sein. Ein weiterer wichtiger Teil des Modells ist das Kzpt. des *Memorierungspuffers*; dieser hat die Funktion, die eintreffenden Informationen sozusagen abzupuffern, um sie für Bearbeitungsprozesse zur Verfügung zu stellen. Damit wurde die Idee eines → Arbeitsgedächtnisses vorbereitet; vgl. zsfd. Kintsch (1982). Ein wichtiges Teilkzpt. war das der *Kontrollprozesse* (→ automatische vs. kontrollierte Informationsverarbeitung); diese regeln den Informationsfluss zw. den Speichern, es sind → Gedächtnisstrategien, die zum Einprägen, Behalten, Erinnern ausgewählt, eingesetzt u. organisiert werden.

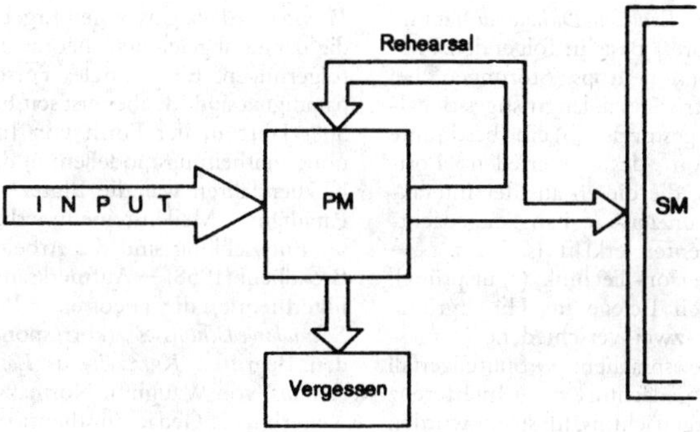

Abb. *Gedächtnis 2a*
Gedächtnismodell nach Waugh u. Normann (1965)

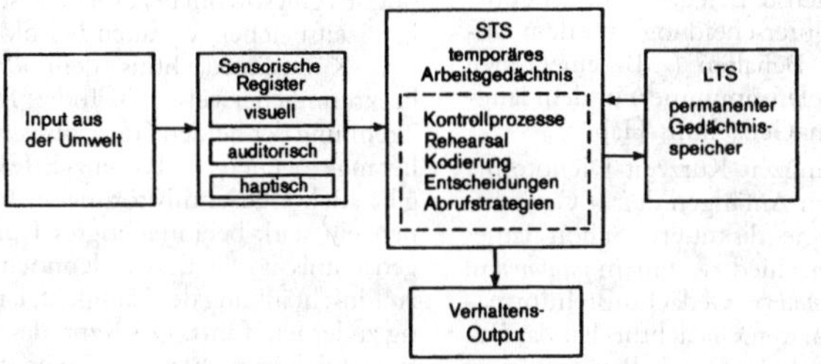

Abb. *Gedächtnis 2b*
Gedächtnismodell nach Atkinson u. Shiffrin (1971)

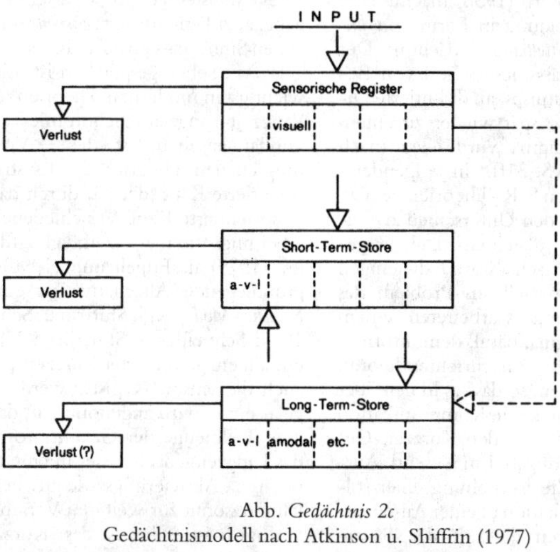

Abb. *Gedächtnis 2c*
Gedächtnismodell nach Atkinson u. Shiffrin (1977)

Die *Kurzzeit-Langzeit-Dichotomie* hat ihre empir.-theoret. Basis in folgenden Phänomenen: (a) neurops. Störungen, bei denen kurzfristiges u. langfristiges Behalten selektiv gestört ist; (b) eine bestimmte Interpretation des → seriellen Positionseffekts, die diesen aus der Interaktion von Kurzzeit- u. Langzeitgedächtniskomponenten erklärt (s. d.); s. a. → Brown-Peterson-Technik; (c) ursprüngl. standen auch Belege im Hintergrund, welche für zwei verschiedene Vergessensprozesse sprachen: → Spurenzerfall im Kurzzeitgedächtnis vs. → Interferenz im Langzeitgedächtnis; (d) später wurden v. a. auch unterschiedl. Prozesse der → Kodierung im Kurzzeit- u. Langzeitgedächtnis diskutiert: → Modalitätseffekt; → phonologischer Ähnlichkeitseffekt; (e) der einfachste Beleg besteht in der offensichtl. Unterscheidung zw. dem unmittelbaren Behalten (z. B. einer eben gehörten Telefonnummer) u. dem langfristigen »Im-Gedächtnis-Haben«.

HI: Die Langzeit-Kurzzeit-Dichotomie wird seit den Anfängen der → Gedächtnispsychologie diskutiert. Schon James (1890) unterschied zw. einem *primären* u. einem *sekundären* Gedächtnis: Information im primären Gedächtnis hat das Bewusstsein nicht verlassen. Reproduktion aus ihr sei einfach u. mühelos, dagegen sei der Abruf aus dem sekundären Gedächtnis oft durch aktive Suchtprozesse gekennzeichnet. Stern (1938) machte eine ähnl. Unterscheidung in Form von *unmittelbares* vs. *mittelbares* Gedächtnis. Der Grund dafür, dass diese schon von Beginn der Gedächtnisps. an diskutierte Dichotomie erst so spät wieder zu einem wichtigen Paradigma wurde, liegt (nach Baddeley 1979, S. 31ff.) in Folgendem: Die traditionellen S-R-Theorien negierten weitgehend den Unterschied zw. einem Kurzzeit- u. einem Langzeitgedächtnis; andererseits waren diejenigen Forscher, die speziell am Problem des Kurzzeitgedächtnisses arbeiteten, einem anderen Paradigma, näml. dem informationstheoret. bzw. nachrichtentheoret. Ansatz verbunden, so dass es in den 50er Jahren so gut wie keine Kommunikation zw. den Langzeit- u. den Kurzzeit-Gedächtnisforschern gab. Ein wesentl. Auslösepunkt für die Entstehung einer solchen Kommunikation u. einer Auseinandersetzung waren die mit der *Brown-Peterson-Technik* gewonnen Ergebnisse u. die daraus abgeleiteten theoret. Schlussfolgerungen. Ein zentrales Forschungsparadigma sind M. aber erst seit Ende der 50er Jahre in der Form von Informationsverarbeitungsmodellen; in den 60er u. 70er Jahren war die Blütezeit dieses Paradigmas. Meilensteine innerhalb dieser Entwicklung sind die Arbeiten von Broadbent (1958; → Aufmerksamkeit; → Filtertheorie); die Theorie des *Primär-* u. *Sekundärgedächtnisses* (korrespondierend den Begriffen *Kurzzeit-* u. *Langzeitgedächtnis*) von Waugh u. Norman (1965); weiterhin die Gedächtnistheorie von Atkinson u. Shiffrin (1977).

KR: Die Forschung hat gezeigt, dass die empir. Belege für die Trennung von Kurzzeit- u. Langzeitgedächtnis brüchig sind. Es gibt sowohl bei erhebl. gestörtem Langzeitspeicher wie auch bei blockiertem Kurzzeitgedächtnis dennoch den herkömmlicherweise als Indiz für die Trennung der beiden Gedächtnissysteme herangezogenen → Rezenz-Effekt. Es gibt auch Gedächtnisstörungen, bei denen ein stark beeinträchtigtes Kurzzeitgedächtnis vorliegt, was dennoch nicht zu Einschränkung der Fähigkeit, langfristig zu lernen, führt. Das Kzpt. des → Arbeitsspeichers ist u. a. aus dieser Problematik hervorgegangen. Rohracher (1971) kritisiert die M. dahingehend, dass es zwar ein *Kurzzeitgedächtnis* im Sinne eines transienten Bewusstseinsinhaltes gebe, aber keinen *Kurzzeitspeicher* in dem engen Sinne, dass etwas als Residuum abgelagert u. eben gespeichert ist. Eine der wichtigsten modernen Theorien, die die Kurzzeit-Langzeit-Dichotomie als sekundär ansehen, ist die → Verarbeitungsebenen-Theorie, die das strukturorientierte Kzpt. der M. durch das prozessorientierte Kzpt. verschiedener Verarbeitungsstufen ersetzen; vgl. zsfd. Baddeley (1979) u. Engelkamp (1990). Eine grundlegende Alternative ist ein *Ein-Speicher-Modell* (vgl. Shiffrin u. Schneider 1977; Schneider u. Shiffrin 1977): Hier entfällt ein gesonderter Kurzzeitspeicher, auch die sensor. Register werden weggelassen; es wird angenommen, dass sich eine Teilmenge der Gesamtinformation des Langzeitgedächtnisses in einem temporären Aktivierungszustand befinden kann u. somit zur weiteren Verarbeitung verfügbar ist – dies ist das »Kurzzeitgedächtnis«, das somit ein Zustand des Langzeitgedächtnisses ist. Diese Annahme hat Eingang in das umfassende Modell des → ACT u. in das Kzpt. der → Aktivationsausbreitung gefunden; für eine zsfd. Darstellung vgl. Kluwe (1990); zur weiteren Problematik s. das Stw. → Kurzzeitgedächtnis.

VD/T: Mit *M.* wird die Differenzierung innerhalb eines allg. Gedächtnisses bezeichnet; Ansätze, die mehrere modalitätsspezif. Gedächtnisse, z. B. ein visuelles, auditor. o. → motor. Gedächtnis o. ein Gedächtnis für Namen, Zahlen etc., annehmen, werden meist nicht als *M.* bezeichnet. Die Bezeichnungen *Langzeit-* u. *Kurzzeitgedächtnis* sind in die Umgangssprache eingegangen, jedoch in einem Sinn, der nicht mit dem wissenschaftl. Gebrauch übereinstimmt (s. das Stw. → Kurzzeitgedächtnis).

LIT: Norman (1970) fasst 13 dieser Theorien zusammen; zu Kurzzeit- u. Langzeitgedächtnis-Modellen im Rahmen des → Konnektionismus vgl. Schreter (1989).

◆ ATKINSON, R. C. u. SHIFFRIN, R. M.: The control process of short-term memory. SA 225, 1971, S. 82–90; ATKINSON, R. C. u. SHIFFRIN, R. M.: Human memory: a proposed system and its control processes. In: BOWER, G. (Hg.): Human memory: basic processes. New York 1977; BADDELEY, A.: Die Ps. des Gedächtnisses. Stuttgart 1979; ENGELKAMP, J.: Das menschl. Gedächtnis. Göttingen 1990; JAMES, W.: Principles of psychology. New York 1890; KINTSCH, W.: Gedächtnis u. Kognition. Berlin 1982; KLUWE, R. H.: Gedächtnis u. Wissen. In: SPADA, H. (Hg.): Lehrbuch der Allg. Ps. Bern 1990, S. 115–188; NORMAN, D. A.: Models of human memory. London 1970; RESTLE, R. u. a. (Hg.): Cognitive theory, 1. Bd. Hillsdale 1975; ROHRACHER, H.: Einführung in die Ps. Wien 1971; SCHNEIDER, W. u. SHIFFRIN, R. N.: Controlled and automatic human information processing I. PR 84, 1977, S. 1–66; SCHRETER, Z.: Kurzzeit- u. Langzeitgedächtnis in connectionist. Modellen. In: BECKER, B. (Hg.): Zur Terminologie der Kognitionsforschung. St. Augustin 1989, S. 73–90; SHIFFRIN, R. M. u. SCHNEIDER, W.: Controlled and automatic processing: II. PR 84, 1977, S. 127–190; STERN, W.: General psychology from the personalistic standpoint. New York 1938; WAUGH, N. C. u. NORMAN, D. A.: Primary memory. PR 72, 1965, S. 89–104.

Mehrstufige Entscheidungen. → Entscheidungen mit mehreren Entscheidungsebenen; man unterscheidet zw. *sequenziellen* u. *dynam. Entscheidungen.* Bei *sequenziellen* Entscheidungen beziehen sich die Entscheidungsschritte auf das gleiche Problem, sind jedoch unabhängig voneinander. Eine solche Sicht von Entscheidungen wird v. a. von *stat.* Entscheidungsmodellen gewählt – die klass. → Entscheidungstheorien waren solche stat. Modelle, die sich meist auf einstufige Entscheidungen bezogen u. mehrstufige nur als Kette einstufiger Entscheidungen erfassen konnten. Bei *dynam.* m. E. hat jede Teilentscheidung Folgen für die weiteren Entscheidungen; dynam. Entscheidungsmodelle versuchen, mehrere Entscheidungen über eine Vielzahl von Perioden hinweg so abzustimmen, dass insges. ein Optimum erreicht wird. Bei Lee (1977, S. 262ff.) findet man ausführl. terminolog. Analysen.

HI: M. E. wurden seit den 50er Jahren von der angewandten Mathematik u. den Wirtschaftswissenschaften analysiert; die Ps. begann in den 60er Jahren, sich diesen Aspekten zuzuwenden, u. analysiert dabei insbes. das → Informationsverhalten.

LIT: Vgl. zum Überblick Kleiter (1974); Feger u. Sorembe (1983).

◆ EDWARDS, W.: Optimal strategies for seeking information: models for statistics, choice reaction times, and human information processing. JMap 2, 1965, S. 312–329; FEGER, H. u. SOREMBE, V.: Konflikt u. Entscheidung. In: THOMAE, H. (Hg.): Theorien u. Formen der Motivation. EP, C, IV, 1. Bd., Göttingen 1983, S. 536–712; KLEITER, G. D.: Mehrstufige Entscheidungsmodelle in der Ps. PB 16, 1974, S. 93–127; LEE, W.: Ps. Entscheidungstheorie. Weinheim 1977; RAPOPORT, A: Dynamic programming models for multistage decision-making tasks. JMaP 4, 1967, S. 48–78; RAPOPORT, A. u. BURKHEIMER, G. J.: Models for defered decision making. JMaP 8, 1971, S. 508–538.

Melodiewahrnehmung → Hören.

Mel-Skala → Hören.

Melton-Lernkurve → Lernkurve.

MEMOD → Aktives Strukturelles Netzwerk.

Memorieren [engl. *rehearsal*], Wiederholen von zu lernendem Material; die simple Tatsache, dass Vpn die zu lernenden Gedächtnisitems innerl. wiederholen, spielt in der Gedächtnisps. eine wichtige Rolle, v. a. im Zusammenhang mit dem → Auswendiglernen, den → Mehrspeichertheorien u. der → Verarbeitungsebenen-Theorie. Atkinson u. Shiffrin (Lit. s. → Mehrspeichertheorien) schrieben dem M. zwei Funktionen zu: das Aufrechterhalten von Informationen im → Kurzzeitgedächtnis u. den Transfer von Information in das → Langzeitgedächtnis. Bes. unter entwicklungsps. Aspekt wurde das *innere Wiederholen* als → Gedächtnisstrategie intensiv erforscht. Craik u. Lockhart (Lit. s. → Verarbeitungsebenen-Theorie) unterschieden das *einfache* bzw. *mechan.* vom *verarbeitenden Wiederholen* (engl. *mechanic vs. elaborative rehearsal*; auch *maintainance vs. elaborative rehearsal*; auch *Wiederholen vom Typ I/II*; *primäres vs. sekundäres Wiederholen*): Einfaches Wiederholen hält die Information bloß im Gedächtnis, elaboratives Wiederholen verarbeitet sie, kodiert die Information semant., umfasst v. a. → Gruppierungsprozesse, insbes. → Chunking. Nur das verarbeitende Wiederholen beinhalte eine Itemanalyse auf tieferer Ebene, was eine qualitativ bessere Repräsentation u. damit höhere Abrufwahrscheinlichkeit einschließt. Die letzte Annahme wurde zu einem Hauptargument der Verarbeitungs-Theoretiker gegen die Mehrspeichertheorien (Übersicht: Kintsch 1982). Neuere Ergebnisse zeigen jedoch, dass sie nicht generell haltbar ist, da auch das reine Wiederholen zu einer deutl. Verbesserung der Merkleistung führt; s. hierzu das Stw. → Verarbeitungsebenen-Theorie. Shaughnessy (1981) stellte fest, dass Vpn in freier Wahl der Memorierungsstrategie dazu tendierten, das mechan. subvokale M. anzuwenden.

◆ Atkinson, R. C. u. Shiffrin, R. M.: Human memory: a proposed system and its control processes. In: Spence, K. W. u. Spence, J. T. (Hg.): Psychology of learning and motivation: advances in research and theory, 2. Bd. New York 1968, S. 89–195; Craik, F. I. M. u. Watkins, M. J.: The role of rehearsal in short-term memory. JLVB 12, 1973, S. 599–607; Kintsch, W.: Gedächtnis u. Kognition. Berlin 1982; Rundus, D.: Analysis of rehearsal processes in free recall. JExP 89, 1971, S. 63–77; Shaughnessy, J. J.: Memory monitoring accuracy and modification of rehearsal strategies. JVLVB 20, 1981, S. 216–230.

Memorierungspuffermodell → Mehrspeichertheorien.

Memory → Gedächtnis.

Memory monitoring → Metakognition → Metagedächtnis.

Memory operating characteristic curve → Wiedererkennen.

Memory scanning → Gedächtnisabsuche.

Memory search → Gedächtnisabsuche.

Memory set → binäre Zeichenklassifikation.

Mengeneffekt → Informationsintegrationstheorie.

Mengentheoretische Theorie der Bedeutung → semantisches Merkmal.

Mentale Gegenwart → Zeitwahrnehmung.

Mentale Landkarte → kognitive Landkarte.

Mentale Logik → logisches Schlussfolgern.

Mentale Modelle, geistige Abbildungen eines Wirklichkeitsbereichs, die strukturelle Analogien zur Welt besitzen, ohne notwendigerweise bildhaft i. e. S. zu sein. M. M. als Wissensrepräsentation unterscheiden sich dadurch von symbol.-semant. Modellen, dass sie weniger stat. sind, weniger von der Wirklichkeit abstrahieren u. im Unterschied zu ihnen nicht auf linguist. Strukturen basieren. Typ. Bsp. von m. M. werden z. B. beim Lösen von Physikaufgaben aufgebaut, z. B. Modelle für einen Automotor o. für bestimmte elektr. Stromnetze, z. B. Blockkästchen, die mit Pfeilen verbunden sind, etc.; s. a. das Stw. → intuitive Theorien. M. M. besitzen einen holist. Charakter, d. h., sie bestehen nicht aus isolierten Operationen, sondern bilden ein Ganzes. M. M. stehen zw. einer → propositionalen Wissensrepräsentation u. einem → Vorstellungsbild. Die Theorie der m. M. postuliert einerseits, dass Menschen solche m. M. bei Denk-Problemlösungsprozessen verwenden, andererseits benutzt dieser Ansatz selbst m. M. als Darstellungsmittel, um Denkprozesse zu rekonstruieren. Gentner u. Gentner (1983) untersuchen den Effekt unterschiedl. m. M. auf die Lösung einfacher elektr. Probleme, sie unterscheiden: das Modell fließenden Wassers vs. das Modell einer sich bewegenden Masse von Individuen. McCloskey (1983) fand bei der Analyse der m. M. von Studenten über sich bewegenden Objekte eine große Nähe zu mittelalterl. Theorien: Es wird von den Studenten z. B. angenommen, dass ein Objekt, das in Bewegung versetzt wird, eine »innere Kraft« erhält, die die Bewegung aufrecht erhält, u. dass diese Kraft langsam schwindet. Bemerkenswert ist, dass solche Modelle zum Teil mit korrektem Lehrbuchwissen verknüpft u. beibehalten werden. Die Bedeutung dieses Ansatzes liegt deshalb auch in der gedächtnisps. Fundierung einer Lehr-Lern-Forschung; Williams u. a. (1983) entwickelten ein Lehr-Lern-Programm, das im Dialog arbeitet u. explizite Inhalte der m. M. des Lernenden erfasst u. darauf ein Modell der Wissensvermittlung aufbaut.

M. M. scheinen auch die Medien zu sein, anhand deren Menschen operieren, wenn sie abstrakt-formale Aufgaben wie z. B. → logische Schlussfolgerungen durchführen: Die typ. log. Fehler, die Menschen machen, lassen sich gut anhand solcher m. M. erklären, eben dadurch, dass diese eine »inhaltl.«, vorstellungshafte, über das Formale hinausgehende Qualität besitzen, die teilweise den Bereich der korrekten log. Regeln sprengt. Auch für ps. Theorien des → Textverstehens ist das Modell wichtig geworden, es bildet einen integrativen Rahmen für die umfassende Modellierung des Ineinandergreifens von Textinhalten u. nichtsprachl. Vorwissenstrukturen.

HI: Das Modell wurde v. a. von Johnson-Laird (1983) entwickelt, wichtige Arbeiten wurden von Gentner u. Gentner (1983) u. Gentner u. Stevens (1983) vorgelegt. Vor dem Hintergrund des Kzpts. wurde auch die Idee der → intuitiven Theorien entwickelt. Ähnl. ist das Kzpt. des *operativen Abbild-Systems* von Hacker (1986).

LIT: Zum Überblick vgl. Seel (1991) u. Dutke (1994) sowie Schnotz (1993); eine ausführl. Darstellung des Kzpts. im Zusammenhang mit dem Problem des Bildverstehens liefert Weidenmann (1988); zur Bedeutung des Kzpts. für die Theorien des Wissenserwerbs u. der Wissensentwicklung vgl. Weinert u. Waldmann (1988); zur Relevanz für das Textverstehen vgl. Schnotz (1988); zur Kritik vgl. Rips (1986).

◆ Dutke, S.: Mentale Modelle: Konstrukte des Wissens u. Verstehens. Göttingen 1994; Gentner, D. u. Gentner, D. R.: Flowing waters of teeming crowds: mental models of electricity. In: Gentner u. Stevens (1983), S. 99–130; Gentner, D. u. Stevens, A. L.: Mental models. Hillsdale 1983; Hacker, W.: Allg. Arbeits- u. Ingenieursps. Bern 1986; Johnson-Laird, P. N.: Mental models. Cambridge 1983; McCloskey, M.: Naive theory of motion. In: Gentner u. Stevens (1983), S. 299–324; Rips, L. J.: Mental muddles. In: Brand, M. u. Harnish, R. M. (Hg.): Problems in the representation of knowledge and belief. Tucson, Arizona 1986, S. 258–286; Schnotz, W.: Textverstehen als Aufbau mentaler Modelle. In: Mandl, H. u. Spada, H. (Hg.): Wissensps. München 1988, S. 161–200; Schnotz, W.: Aufbau von Wissensstrukturen. München 1993; Seel, N. M.: Weltwissen u. mentale Modelle. Tübingen 1991; Weidenmann, B.: Psych. Prozesse beim Verstehen von Bildern. Bern 1988; Weinert, F. E. u. Waldmann, M. R.: Wissensentwicklung u. Wissenserwerb. In: Mandl, H. u. Spada, H. (Hg.): Wissensps. München 1988, S. 161–200; Williams, M. D. u. a.: Human reasoning about a simple physical system. In: Genter u. Stevens (1983), S. 131–154.

Mentale Repräsentation [bisweilen auch nur *Repräsentation*; innerhalb der künstl. Intelligenz ist eher der Begriff der *internen Repräsentation* übl.], die geistige Abb. von Wahrnehmungen, Gedächtnisinhalten o. Denkprozessen. Diese m. R. kann abstrakt sein (→ propositionale Wissensrepräsentation) o. auch anschaul. (→ Vorstellungsbild). I. w. S. meint *m. R.* jeden Denkprozess, i. e. S. nur eine anschaul. Repräsentation.

M. R. ist ein Zentralbegriff der modernen → kognitiven Psychologie, die sich damit im Gegensatz zum → Behaviourismus stellt, der die Annahme einer solchen m. R. zu vermeiden suchte. Theorien, für die das Kzpt. einer m. R. zentral ist, werden bisweilen unter dem Oberbegriff → *Mentalismus* gefasst. Die moderne Ps., v. a. die → Wissenspsychologie, untersucht, wie Wissen mental repräsentiert ist, also welche *Wissens-* bzw. *Repräsentationsformate* es gibt.

HI/T: Das Kzpt. einer m. R. ist partiell ident. mit dem klass. Begriff des → Bewusstseins. In der Ps. bis Ende der 60er Jahre dominiert der Begriff der → Kodierung, noch bis in die 70er Jahre hinein ist er gegenüber dem Repräsentationsbegriff vorrangig. Ein wichtiger Ansatz war auch das Kzpt. der → Repräsentationsmedien von Bruner. Parallel mit einer Renaissance des Kzpts. des Vorstellungsbildes kam auch der Begriff der m. R. wieder auf. Die Impulse zur Entwicklung des Kzpts. einer m. R. kamen vorwiegend aus den Nachbarwissenschaften, näml. aus der → künstlichen Intelligenz u. aus der → generativen Transformationsgrammatik. Beide Impulse wurden von der Philosophie aufgenommen, histor. wichtig ist das Werk von J. A. Fodor »The language of thought« (1975), in dem eine Integration der *Philosophie des Geistes* mit der Kognitionswissenschaft u. Sprachwissenschaft versucht wird (sog. *representational theory of mind*, *Repräsentationstheorie des Geistes*) – ein Ansatz, der die Intentionalitätsdiskussion der Scholastik u. der Brentano-Schule wiederentdeckt u. sich um einen am Cartesianismus orientierten Mentalismus bemüht, der gleichwohl den Substanzdualismus u. andere unhaltbare Konsequenzen zu vermeiden versucht; Grundannahme ist die einer »Sprache des Geistes« (*language of thought*, also eigentl.: »Sprache des *Denkens*«, die erstere Übersetzung ist aber übl.). Als *Repräsentationshypothese* wird bisweilen die spezielle Annahme der künstl. Intelligenz bezeichnet, dass alle Verarbeitungsprozesse in einem geeigneten symbol. Formalismus als Programm dargestellt werden können; vgl. zur Kritik Winograd u. Flores (1989); Neumann (1989).

LIT: Engelkamp u. Pechmann (1988) analysieren Idee u. Problematik des Kzpts. der m. R. u. weisen darauf hin, dass der Gebrauch des Begriffs inflationär geworden ist; Herrmann (1988) weist darauf hin, dass das Reden über eine m. R. eine voraussetzungsreiche Theorie, meist eine Leib-Seele-Theorie beinhaltet, die aber kaum je expliziert wird; er kritisiert auch den Begriff *Repräsentationsformat*; Stoyan (1988) analysiert die anthropomorphe Sprechweise innerhalb der KI, bes. bei Minsky; philosoph. Aspekte diskutieren Kemmerling (1988) u. Kurthen (1992); unter empir.-ps. Aspekt analysieren Zimmer u. Engelkamp (1988); unter KI-Aspekt Furbach (1988); vgl. auch LeNy (1988); Neumann (1989); Engelkamp u. Pechmann (1993) enthält eine krit. Diskussion des Kzpts. durch namhafte Psychologen.

◆ Engelkamp, J. u. Pechmann, T.: Krit. Anmerkungen zum Begriff der mentalen Repräsentation. SK 7, 1988, S. 2–12; Engelkamp, J. u. Pechmann, T. (Hg.): Mentale Repräsentation. Bern 1993; Fodor, J. A.: The language of thought. New York 1975; Fodor, J. A.: Representations. Cambridge 1981; Furbach, U.: Wissensrepräsentation u. Programmiersprachen. In: Heyer u. a. (1988), S. 262–272; Herrmann, T.: Mentale Repräsentation – ein erläuterungsbedürftiger Begriff. SK 7, 1988, S. 162–176; Heyer, G. u. a. (Hg.): Wissensarten u. ihre Darstellung. Berlin 1988; Kemmerling, A.: Philosoph. Kognitivismus u. die Repräsentation sprachl. Wissens. In: Heyer u. a. (1988), S. 21–47; Kemmerling, A.: Mentale Repräsentation. K 1, 1991, S. 47–57; Kurthen, M.: Neurosemantik. Stuttgart 1992; LeNy, J.-F.: Wie kann man mentale Repräsentationen repräsentieren? SuK 7, 1988, S. 113–122; Neumann, O.: Kognitive Vermittlung u. direkte Parameterspezifikation. Zum Problem mentaler Repräsentation in der Wahrnehmung. SK 8, 1989, S. 32–49; Palmer, S. E.: Fundamental aspects of cognitive representation. In: Rosch, E. u. Lloyd, B. B. (Hg.): Cognition and categorization. Hillsdale 1978, S. 259–303; Putnam, H.: The meaning of »meaning«. In: Gunderson, K. (Hg.): Language, mind, and knowledge. Minneapolis 1975; Scheerer, E.: Mentale Repräsentation in interdisziplinärer Perspektive. In: Krause, W. (Hg.): Beiträge zu einer Theoret. Ps. 1992; Stich, S.: From folk psychology to cognitive science. The case against belief. Cambridge 1983; Stoyan, H.: Wissen wissensbasierte Programme etwas? In: Heyer u. a. (1988); Winograd, T. u. Flores, F.: Erkenntnis, Maschinen, Verstehen. Berlin 1989; Zimmer, H. D. u. Engelkamp, J.: Informationsverarbeitung zw. Modalitätsspezifität u. propositionalem Einheitssystem. In: Heyer u. a. (1988), S. 130–155.

Mentale Rotation. Das Paradigma der m. R. ist ein Forschungsansatz zur Analyse von → Vorstellungsbildern: Vpn, denen Buchstaben, Ziffern, abstrakte geometr. Figuren o. Bilder realer Objekte in verschiedenen Rotationsstellungen präsentiert werden, müssen angeben, ob die Bilder durch Rotationen aus einer Bezugsfigur hervorgehen können. Die Abb. *Vorstellungsbild 1a–c*

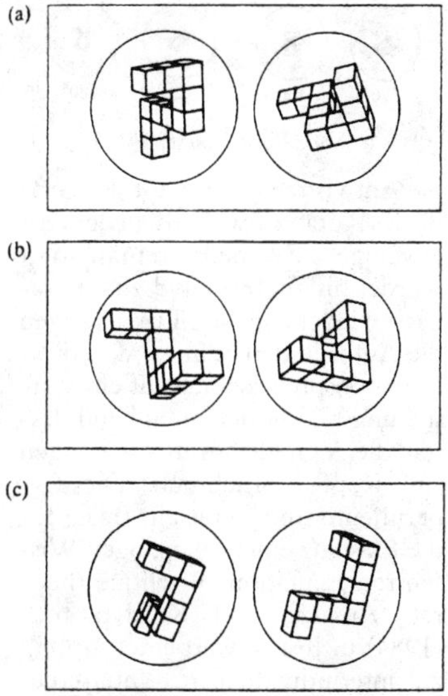

Abb. *Vorstellungsbild 1a–c*

zeigt Reizmaterial aus einem Experiment; in Vorlage (a) unterscheiden sich die Objekte durch eine 80-Grad-Drehung innerhalb der Bildebene; in Fall (b) lassen sie sich durch eine 80-Grad-Rotation in die Bildebene hinein ineinander transformieren; bei der Vorlage (c) können die beiden Objekte nicht zur Deckung gebracht werden. Die Abb. *Vorstellungsbild 2* zeigt sechs Orientierungen des Buchstabens R (die linken zwei Spalten) u. des Spiegelbildes von R (die rechten zwei Spalten). Die klass. Experimente stammen von Shepards Arbeitsgruppe u. a.; vgl. zsfd. Shepard (1978); Cooper (1976); Shepard u. Cooper (1982). Es zeigte sich, dass

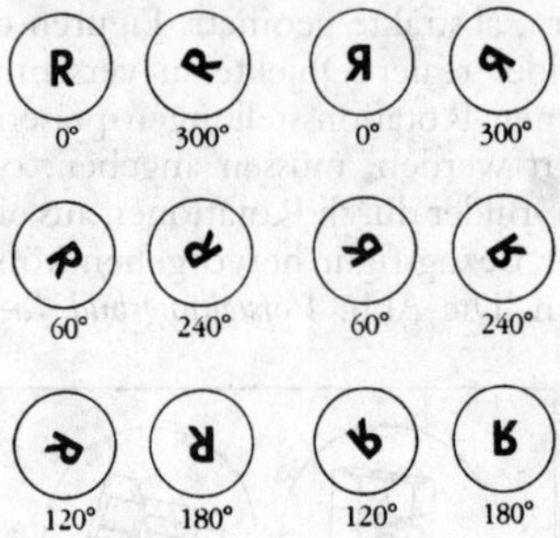

Abb. *Vorstellungsbild 2*

die Antwortzeit linear mit der Größe des Rotationswinkels, in dem das jeweilige Zeichen repräsentiert wurde, bis zu 180 Grad zu- u. danach wieder abnahm. Daraus zogen die Autoren den Schluss, dass diese Rotationsprozesse sich auf ein Vorstellungsbild beziehen, anhand dessen die Vpn die m. R. sozusagen »im Kopf« vornehmen. Die Experimente sind somit ein Beleg für die Existenz einer → analogen Wissensrepräsentation. Wichtige theoret. Ansätze sind Kosslyn u. a. (1984) u. Just u. Carpenter (1985); zu interindividuellen Unterschieden u. zur Bedeutung für die Hochbegabungsforschung vgl. Waldmann u. Weinert (1990); Weiteres s. das Stw. → Vorstellungsbild.

HI/WÜ: Die Methode der m. R. ist ein wichtiges u. typisches Paradigma der modernen kognitiven Ps.

◆ Cooper, L. A.: Demonstration of a mental analogue of an external rotation. PuP 19, 1976, S. 298–302; Just, M. A. u. Carpenter, P. A.: Cognitive coordinate systems: accounts of mental rotation and individual differences in spatial ability. PR 92, 1985, S. 137–171; Kosslyn, S. M. u. a.: Individual differences in mental imagery ability: a computational analysis. C 18, 1984, S. 195–243; Shepard, R. N. u. Cooper, L. A.: Mental images and their transformations. Cambridge/Mass. 1982; Shepard, R. N.: The mental image. AmP 33, 1978, S. 125–137; Waldmann, M. u. Weinert, F. E.: Intelligenz u. Denken. Göttingen 1990.

Mentales Absuchen [auch *Bildprüfen*; engl. *mental scanning*], eine Untersuchungsmethode speziell zur Analyse von → Vorstellungsbildern bzw. von → kognitiven Landkarten: Die Vp muss nach einer gegebenen Vorlage ein Vorstellungsbild generieren, danach soll sie einen bestimmten Ausschnitt des zuvor gezeigten Bildes in ihrer bildhaften Vorstellung sich vergegenwärtigen. Das Ergebnis ist, dass dieser Absuchprozess visueller Vorstellungen ähnl. Gesetzen unterworfen ist wie das Absuchen bei realen Wahrnehmungsprozessen; vgl. Finke u. Pinker (1983), Pinker u. a. (1984). Man konnte auch zeigen, dass die Einschätzung von Distanzen eine lineare Funktion der metr. Distanz ist u. nicht nur von der Anzahl der zu scannenden Objekte abhängt; s. das Stw. → symbolischer Distanzeffekt. Bsp.: Der Vp wurde eine Landkarte einer fiktiven Insel dargeboten, die eine Hütte, einen Baum, einen Felsen u. einen Brunnen zeigte; nachdem sich die Vp die Karte genau eingeprägt hatte, wurde ihr eines der Objekte genannt, auf dessen Lage auf der Karte sie sich konzentrieren sollte, 5 sec. später wurde ein zweites Objekt genannt, dessen Standort sie ebenfalls bestimmen sollte; das Ergebnis war: Je weiter die Positionen der beiden Objekte auseinanderlagen, umso mehr Zeit wurde zum Absuchen der mentalen Landkarte benötigt.

VD: Ältere Forschungen untersuchten Interferenzen beim Bildprüfen, mit folgendem Ergebnis: Den Vpn fiel es schwerer, ihre Antworten durch Zeige-Prozesse auf einer vorgegebenen graph. Darstellung wiederzugeben, als einfach *Ja* o. *Nein* zu sagen. Bei anderen kognitiven Aufgaben, bei denen sie nicht eine Vorstellung absuchen sollten, sondern z. B. Sätze durchgehen u. deren Bestandteile als Substantiv o. Nicht-Substantiv klassifizieren mussten, fehlten diese Interferenzen. Dies ist ein Hinweis darauf, dass Vorstellung u. Wahrnehmung zumindest zum Teil dieselben geistigen Mechanismen benutzen u. dass dies räuml. o. motor. Repräsentationskomponenten sind; s. a. das Stw. → Bewegung; vgl. zsfd. Anderson (1988).

◆ ANDERSON, J. R.: Kognitive Ps. Heidelberg 1988; FINKE, R. A. u. PINKER, S.: Directional scanning of remembered visual patterns. JExP: HPP 9, 1983, S. 398–410; PINKER, S. u. a.: Mental extrapolation in patterns constructed from memory. MuC 12, 1984, S. 207–218.

Mentales Bild → Vorstellungsbild.

Mentales Lexikon [auch *subjektives Lexikon*], → mentale Repräsentation lexikal. Informationen, v. a. von → Wortbedeutungen u. → Begriffen. Das Kzpt. des *m. L.* adaptiert den linguist. Begriff des *Lexikons* (vgl. Bußmann 1990) für die Ps. u. thematisiert unter psycholinguist. Aspekt das, was unter gedächtnisps. Aspekt als → semantisches Gedächtnis analysiert wird. Eines der Grundprobleme ist, inwieweit bei der → Worterkennung das wahrgenommene Wort mit den Beständen des m. L. interagiert; Weiteres s. unter → Sprachrezeption.

VD: Das Lexikon hat in der → generativen Transformationsgrammatik die Funktion, den Endsymbolen der syntakt. Strukturbeschreibungen konkrete Wörter zuzuordnen. Das Lexikon der → generativen Semantik dagegen setzt sich aus syntakt. strukturierten Komplexen von kleinsten semant. Bausteinen zusammen, denen entsprechende phonolog. Realisierungen zugeordnet sind. Zu der zunehmend wichtigen Rolle des Lexikons in der Beschreibung morpholog. u. syntakt. Regularitäten vgl. das Stichwort *lexikalist. vs. transformalist. Hypothese* bei Bußmann (1990).

LIT: Vgl. zsfd. Grimm u. Engelkamp (1981); Leuninger (1986) gibt eine krit. Einschätzung neuro- u. psycholinguist. Untersuchungen zum m. L.; eine informative Einführung ist Aitchison (1987); ein Überblick zum Lexikonerwerb ist Szagun (1980).

◆ AITCHISON, J.: Words in the mind: an introduction to the mental lexicon. Oxford 1987; BUSSMANN, H.: Lexikon der Sprachwissenschaft. Stuttgart 1990; GRIMM, H. u. ENGELKAMP, J.: Sprachps. Berlin 1981; LEUNINGER, H.: Mentales Lexikon. Basiskonzepte, Wahrnehmungsalternativen: neuro- u. psycholinguist. Überlegungen. Linguist. Berichte 103, 1986, S. 224–251; SZAGUN, G.: Sprachentwicklung beim Kind. München 1980.

Mentales Training [auch *mentales Üben*], die Vergegenwärtigung u. Vorstellung von Prozessen des → Übens bzw. des → sensomotorischen Lernens, wenn z. B. ein Sportler eine bestimmte Bewegung nicht real, sondern nur »im Geiste« ausführt. Unter bestimmten Umständen, die bis heute nicht völlig geklärt sind, kann m. T. deutl. Lerneffekte zeitigen.

TH: (a) Eine der zentralen Ansätze zur Wirksamkeit des m. T. ist die sog. *kognitive Hypothese*, die im Wesentl. beinhaltet, dass der Transfer von mentaler Übung auf die reale Ausführung von Bewegungen v. a. dann erfolgt, wenn die *räuml.* Repräsentation verbessert wird. Diese Verbesserung kann nur dann sich auch in der realen Bewegung manifestieren, wenn sie in eine entsprechende motor. Repräsentation umgesetzt werden kann; Aufgaben, bei der eine solche Umsetzung leicht ist, werden oft als *kognitive* Aufgaben bezeichnet, Aufgaben, bei denen diese Umsetzung von großer Schwierigkeit ist, als *motor. Aufgaben*. Es ist einer der besten gesicherten Befunde, dass die Wirkung des m. T. bei *kognitiven* Aufgaben größer ist als bei *motorischen*. (b) Die zweite Wirkungshypothese ist die sog. *psychoneuromuskuläre* Hypothese, nach der sich, gem. dem → ideomotorischen Prinzip, bei der vorgestellten Ausführung einer Bewegung in den betroffenen Muskeln neuromuskuläre Aktivität abspielt. Ein Beleg dafür ist das Forschungsergebnis, dass m. T. bei solchen Bewegungen erfolgreich sein kann, deren Verlauf in erster Linie durch die motor. Kommandos bestimmt wird, z. B. einfache Wurfaufgaben; bei ihnen kann ein geübter Ausführender schon auf der Grundlage der antizipator. Durchführung der Wurfbewegung sich vergegenwärtigen, inwieweit diese erfolgreich sein wird; vgl. Heuer (1985ff.).

LIT: Einen umfassenden Überblick über die vorliegenden Ergebnisse geben Feltz u. Landers (1983, 1988); zur Analyse der Wirkmechanismen vgl. Heuer (1985).

◆ CRATTY, J. B.: Motor. Lernen u. Bewegungsvh. Frankfurt/M. 1975; FELTZ, D. L. u. LANDERS, D. M.: The effect of mental practice on motor skill learning and performance: a meta-analysis. JSpP 5, 1983, S. 25–27; FELTZ, D. u. a.: A revised meta-analysis of the mental practice literature on motor skill learning. In: DOCKMANN, D. u. SWETS, J. (Hg.): Enhancing human performance: Issues, theories and techniques. Washington 1988, S. 61–101; HEUER, H.: Wie wirkt mentale Übung? PRu 36, 1985, S. 191–200; HEUER, H.: Psychomotorik. In: SPADA, H. (Hg.): Lehrbuch der Allg. Ps. Bern 1990, S. 495–560; SINGER, R. N.: Motor. Lernen u. menschl. Leistung. Bad Homburg 1985; ULICH, E.: Das Lernen sensumotor. Fertigkeiten. In: BERGIUS, R. (Hg.): Lernen u. Denken. HP, 1. Bd., 2. Hlb. Göttingen 1964, S. 326–346; VOLKAMER, M.: Bewegungsvorstellung u. mentales Training. In: KOCH, K. (Hg.): Motor. Lernen – Üben – Trainieren. Schorndorf 1972, S. 137–150; VOLPERT, W.: Sensomotor. Lernen. Frankfurt/M. 1981; VOLPERT, W.: Untersuchungen über den Einsatz des mentalen Trainings beim Erwerb einer sensomotor. Fertigkeit. Köln 1969.

Mentales Üben → mentales Training.

Mentalismus, die Richtungen der Ps., in denen der Begriff einer → mentalen Repräsentation bzw. des → Bewusstseins verwendet wird bzw. zentral ist, womit meist die Verwendung der → Introspektion einhergeht. Der Begriff M. wurde ursprüngl. meist in abwertender Form gebraucht, v. a. seitens des Behaviourismus gegenüber den klass. Ansätzen der → Bewusstseinspsychologie, auch gegenüber der → Gestalttheorie. Seit den 70er Jahren ist, v. a. im Zuge der Renaissance des Kzpts. des → Vorstellungsbildes, ein neuer M. auf dem Vormarsch; Paivio (→ duale Kodierungstheorie) spricht explizit von einem *Neomentalismus*, der sich durch seine stärkere Ausrichtung auf eine empir.-experimentelle Fundierung von dem klass. M. abzuheben beansprucht. Allg. verwendet das gegenwärtig dominante ps. Paradigma der → kognitiven Psychologie zahlreiche mentalist. Konstrukte; der Begriff *Kognitivismus* wird jedoch zur Charakterisierung dieses Ansatzes bevorzugt. Zunehmend analysiert die Ps. die »natürl. mentalist. Ps.«, also die Art u. Weise, wie Menschen anderen Menschen Meinungen, Intentionen u. geistige Zustände zuschreiben. Tief schürfende Überlegungen unter neurops. Aspekt über das Problem des M. finden sich in Werth (1983).

Innerhalb der Sprachwissenschaft u. der → Psycholinguistik operiert insbes. Chomskys → generative Transformationsgrammatik explizit mit dem *M.*-Begriff, wb. der M. mit einem → Nativismus verknüpft wird: Postuliert wird ein angeborener → Spracherwerbsmechanismus, der die Basis für den kreativen Aspekt von Sprachentwicklung u. Sprachanwendung darstellt, ein Ansatz, der gegen den Empirismus der amerikan. behaviourist. Linguistik gerichtet ist, v. a. gegen die behaviourist. Sprachauffassung Skinners (→ verbales Verhalten). Zur ausführl. Darstellung u. Kritik des chomskyschen M. vgl. Bense (1973) sowie Leuninger (1979).

◆ BENSE, E.: Mentalismus in der Sprachtheorie Noam Chomskys. Kronberg 1973; CHURCHLAND, P.: Matter and consciousness. Cambridge 1984; ENGELKAMP, J. u. PECHMANN, T.: Krit. Anmerkungen zum Begriff der mentalen Repräsentation. SK 7, 1988, S. 2–12; FODOR, J. A.: The language of thought. New York 1975; FODOR, J. A.: Representations. Cambridge 1981; FODOR, J.: Psychosemantics. Cambridge 1987; GENTNER, D. u. GRUDIN, J.: The evolution of mental metaphors in psychology: a ninety-years retrospective. AmP 40, 1985, S. 181–192; HERRMANN, T.: Mentale Repräsentation – ein erläuterungsbedürftiger Begriff. SK 7, 1988, S. 162–176; HERZOG, W.: Modell u. Theorie in der Ps. Göttingen 1984; LEUNINGER, H.: Reflexionen über die Universalgrammatik. Frankfurt/M. 1979; MARX, M. H. u. HILLIX, W.: Systems and theories in psychology. New York 1963; MARX, M. H.:

Theories in contemporary psychology. 1969; NEUMANN, O.: Kognitive Vermittlung u. direkte Parameterspezifikation. Zum Problem mentaler Repräsentation in der Wahrnehmung. SK 8, 1989, S. 32–49; PAIVIO, A.: Neomentalism. Canadian Journal of Psychology 29, 1975, S. 263–291; PALMER, S. E.: Fundamental aspects of cognitive representation. In: RISCH, E. u. LLOYD, B. B. (Hg.): Cognition and categorization. Hillsdale 1978, S. 259–303; PENCE, E.: Mentalismus in der Sprachtheorie Noam Chomskys. Kronenberg 1973; PONGRATZ, L. J.: Problemgeschichte der Ps. Bern 1967; PREMACK, D. u. WOODRUFF, G.: Do the chimpanzees have a theory of mind? BBS 4, 1978, S. 515–526; STICH, S.: From folk psychology to cognitive science. The case against belief. Cambridge 1983; WEHNER, E. G.: Geschichte der Ps. Darmstadt 1990; WERTH, R.: Bewusstsein. Berlin 1983; WIMMER, H. u. PERNER, J.: Beliefs in young children and the understanding of deception. C 13, 1983, S. 103–128; WIPPICH, W. u. BREDENKAMP, J.: Bildhaftigkeit u. Lernen. Darmstadt 1979.

Mental scanning → mentales Absuchen.

Mere-exposure-Effekt → Präkognitiv-postkognitiv-Debatte; → optimale Stimulation.

Merkel-Hick-Hyman-Gesetz → Hick-Hyman-Gesetz.

Merkmalsanalyse → Mustererkennung.

Merkmalsdetektoren → Sehen; → Modularismus.

Merkmalsidentifikation → Attributlernen.

Merkmalskarte → Feature integration theory.

Merkmalstheorie der Bedeutung → semantisches Merkmal.

Merkmalsvergleich → Mustererkennung.

Merkmalvergleichsmodell → semantisches Merkmal.

Me-self → Ichbewusstsein.

Messtheorie → mathematische Psychologie; → Psychologie.

Metaentscheidungstheorie → Entscheidungstheorie.

Metagedächtnis, Hauptform der → Metakognitionen: verbalisierbares Wissen einer Person über ihr eigenes Gedächtnis (Flavell 1971), also Wissen über die Funktionsweise, die Begrenzungen, unterschiedliche Schwierigkeiten von Gedächtnisanforderungen bzw. die Effizienz unterschiedlicher Einpräge- bzw. Abrufstrategien. Typ. Indikatoren für das M. sind die Genauigkeit der prognost. Einschätzung der eigenen erreichbaren Leistung (→ *Prädiktionsverfahren*), die Einschätzung der eigenen Reproduktionsbereitschaft (engl. *recall readiness*) u. die Beurteilungsfähigkeit, ob der eigene Lernprozess schon so weit fortgeschritten ist, dass das Lernmaterial fehlerfrei reproduziert werden kann; zur Erfassung dieser Komponenten gibt es Interviews u. Fragebögen.

Das Kzpt. des M. geht aus der Trennung von *strukturellen* u. *strateg.* Parametern des Gedächtnisses hervor: Zunehmend wurde erkannt, dass eine rein reifungstheoret. Sicht der Gedächtnisentwicklung, gem. der eine ominöse Fähigkeit »Gedächtnis« zunehmend an Stärke zunimmt, inadäquat ist, dass vielmehr gelernte kognitive Strategien von wesentl. größerer Bedeutung sind; vgl. hierzu Waldmann u. Weinert (1990). In diesem Ansatz wurde das Kzpt. bzw. Phänomen des *Produktionsdefizits* (engl. *production deficiency*) herausgearbeitet: die Tatsache, dass jüngere Kinder bis ins Schulalter hinein manchmal über geeignete kognitive Strategien, etwa zum Einprägen einer Liste, verfügen, diese Strategien aber nicht einsetzen können, jedoch nur eines kleines Anstoßes u. einer kleinen Hilfe bedürfen, womit u. U. eine starke Gedächtnisverbesserung einhergeht.

Das Kzpt. wurde von Flavell (1971) begründet, weiterentwickelt von Flavell u.

Wellman; Brown (1978) gab einen häufig zitierten Überblick, konzipierte M. jedoch – abweichend von Flavell u. Wellman – hauptsächl. als Problemlösefähigkeiten; Fischer u. Mandl (1981) charakterisieren den Ansatz von Flavell u. Wellman als *Kompetenzmodell* u. stellen ihnen das *Performanzmodell* von Brown gegenüber: Bei Flavell stehen im Mittelpunkt metakognitive Wissensaspekte, bei Brown dagegen metakognitive Regulationsvorgänge. Weitere wichtige Ansätze waren: Paris (1978), Brown u. a. (1981, 1983); Flavell (1979, 1981, 1984); Borkowski u. a. (1987), Pressley u. a. (1985); Paris u. Oka (1986).

WÜ: Das Paradigma *M.* ist ein typ. Paradigma der modernen kognitiven Ps. bzw. kognitiven Entwicklungsps.

LIT: Vgl. zsfd. Körkel (1987) u. Schneider (1989); zum Überblick über Methoden zur Erfassung des M. vgl. Schneider (1989); Knopf (1987); zur Kritik vgl. Cavanaugh u. Perlmutter (1982).

◆ Borkowski, J. G. u. a.: Metacognition, motivation and the transfer of control processes. In: Ceci, S. J. (Hg.): Handbook of cognitive, social and neuropsychological aspects of learning disabilities. Hillsdale 1987; Brown, A. L.: Knowing when, where, and how to remember: A problem of metacognition. In: Glaser, R. (Hg.): Advances in instructional psychology. Hillsdale 1978, S. 77–165; Brown, A. L. u. a.: Learning to learn: on training students to learn from texts. Educational Researcher 10, 1981, S. 14–21; Brown, A. u. a.: Learning, remembering and understanding. In: Flavell, J. H. u. Markman, E. M. (Hg.): Handbook of child psychology: Cognitive development (Vol. 3). New York 1983, S. 515–629; Cavanaugh, J. C. u Perlmutter, M.: Metamemory: A critical examination. CD 53, 1982, S. 11–28; Fischer, P. M. u. Mandl, H.: Selbstdiagnost. u. selbstregulative Aspekte der Verarbeitung von Studientexten: eine krit. Übersicht über Ansätze zur Förderung u. Beeinflussung von Lernstrategien. In: Mandl, H. (Hg.): Zur Ps. der Textverarbeitung. München 1981, S. 389–477; Flavell, J. H.: First discussant's comments: What is memory development the development of? HD 14, 1971, S. 272–278; Flavell, J. H. u. Wellman, H. M.: Metamemory. In: Kail, R. V. u. Hagen, J. W. (Hg.): Perspectives on the development of memory and cognition. Hillsdale 1977, S. 3–33; Flavell, J. H.: Metacognitive development. In: Scandura, J. M. u. Brainerd, C. J. (Hg.): Structural process theories of complex human behaviour. Alphen a. d. Rijn. 1978, S. 213–247; Flavell, J. H.: Metacognition and cognitive monitoring. A new area of cognitive-developmental inquiry. AmP 34, 1979, S. 906–911; Flavell, J. H.: Cognitive monitoring. In: Dickson, P. (Hg.): Children's oral communication skills. New York 1981, S. 35–60; Flavell, J. H.: Annahmen zum Begriff Metakognition sowie zur Entwicklung von Metakognition. In: Weinert, F. E. u. Kluwe, R.H. (Hg.): Metakognition, Motivation u. Lernen. Stuttgart 1984, S. 223–231; Kluwe, R. H. u. Schiebler, K.: Entwicklung exekutiver Prozesse u. kognitiver Leistungen. In: Weinert, F. E. u. Kluwe R. H. (Hg.): Metakognition, Motivation u. Lernen. Stuttgart 1984, S. 31–60; Knopf, M.: Gedächtnis im Alter. Berlin 1987; Körkel, J.: Die Entwicklung von Gedächtnis- u. Metagedächtnisleistungen in Abhängigkeit von bereichspezif. Vorkenntnissen. Frankfurt/M. 1987; Kreutzer, M. A. u. a.: An interview study of children's knowledge about memory. Monographs of the Society for Research in Child Development 40, 1975; Paris, S. G. u. Oka, E. R.: Children's reading strategies, metacognition and motivation. DR 6, 1986, S. 25–56; Paris, S. G.: The development of inference and transformation as memory operations. In: Ornstein, P. (Hg.): Memory development in children. Hillsdale 1978, S. 129–156; Pressley, M. u. a.: Children's metamemory and the teaching of memory strategies. In: Forrest-Pressley, D. L. u. a. (Hg.): Metacognition, cognition and human performance (Vol. 1). San Diego 1985, S. 111–153; Schneider, W.: Zur Entwicklung des Metagedächtnisses bei Kindern. Bern 1989; Waldmann, M. u. Weinert, F. E.: Intelligenz u. Denken. Göttingen 1990.

Metakognition, Oberbegriff für → Kognitionen, die der Regulation von Kognitionen dienen, die also andere kognitive Prozesse als Objekt haben; man spricht deswegen auch von *Wissen 2. Ordnung*, *Metawissen* o. *Kontrollwissen*. Wellman (1983) arbeitet folgende Differenzierung heraus: (a) Langzeitspeicherwissen über kognitive Phänomene; (b) Wissen über den momentanen Gedächtniszustand; (c) die Regulation/Kontrolle kognitiver Prozesse (wichtig ist bes. die metakognitive Überwachung der Gedächtnisaktivitäten, engl. *memory monitoring*); (d) »metakognitive Emotionen« (Bsp.: *verwirrt*, *neugierig*). Das wichtigste metakognitive Kzpt. ist das des → Metagedächtnisses. Von metakognitiver Art sind auch das → Gefühl des Wissens u.

das → Tip-on-the-tongue-Phänomen. Das Kzpt. beinhaltet sowohl das deklarative Metawissen wie auch die Überwachung u. Regulation; diese Doppelbödigkeit hat zur Kritik geführt u. zur Forderung nach einer konzeptuellen Trennung; Cavanaugh u. Perlmutter (1982); Wellman (1983); manchmal wird auch die Dichotomie *stat.* Wissen vs. *strateg.* Wissen verwendet; andere Autoren (z. B. Paris u. Lindauer 1982) sprechen von *deklarativem* vs. *prozeduralem* Wissen. Während sich Cavanaugh u. Perlmutter (1982) für eine Beschränkung des Begriffs auf den Aspekt des mitteilbaren Wissens aussprechen, möchte Chi (1984) die Bezeichnung »Meta« auf (das im Allg. nicht verbalisierbare Wissen) über Strategien u./o. kognitive Prozesse beschränken, da es »Wissen 2. Ordnung« ist, d. h. *Regeln über Regeln* umfasst.

HI: Vorläufer des Kzpts. M. finden sich schon in den »Bewusstseinslagen« der → Würzburger Schule (Zweifel, Erstaunen, das Bewusstsein vom Denkprozess selbst; vgl. Cavanaugh u. Perlmutter 1982); bes. O. Selz (1913) thematisierte solche Selbstregulationsprozesse des Denkens; vgl. hierzu Kluwe (1981). Auch die Leseforschung hat schon lange solche Aspekte berücksichtigt; vgl. Körkel (1987). Weitere histor. Vorläufer waren die Arbeiten von Gesell, Tolman, Lewin, Werner, Piaget u. Wygotsky; vgl. hierzu Paris u. Lindauer (1982). Als Begründer des neueren M.-Paradigmas gilt J. H. Flavell (1971), der v. a. das Kzpt. des Metagedächtnisses begründet hat, das Forschungen zur Entwicklung des → Gedächtnisses entstammt. Dieses Kzpt. fand von diesem entwicklungsps. Ansatz her Eingang in die allg. Ps.; vgl. Lovelace (1984); Maki u. Berri (1984); Metcalfe (1986). Auch auf andere Felder wurde das Kzpt. M. angewandt: Spracherwerb (Bialystok u. Ryan 1985), Lesen (Baker 1985; Baker u. Brown 1984), Intelligenz (Sternberg 1984, der seine Komponententheorie der Intelligenz um sog. *metacomponents* erweiterte: Kontrollprozesse höherer Ordnung, die Operationen niedriger Komponenten kontrollieren u. steuern). Metakognitive Aspekte wurden auch aus anderen Forschungstraditionen heraus thematisiert, v. a. bei Vorgängen der Handlungs- u. auch der Emotionskontrolle; vgl. Kuhl (1984); Mischel (1981). Metawissen gewinnt auch bei der Entwicklung von KI-Systemen zunehmend an Bedeutung; vgl. Davis u. Buchanan (1977); s. a. das Stw. → zentrale Exekutive.

KR: Obwohl die hinter dem Kzpt. stehende Grundidee einer Trennung von *strukturellen* u. *strateg.* Parametern des Gedächtnisses allg. anerkannt ist, wird zunehmend gesehen, dass der große Klärungsanspruch des Kzpts. überzogen war; vgl. zsfd. Waldmann u. Weinert (1990). Zur terminolog. Kritik vgl. Groeben u. Scheele (1982); für eine krit. Bewertung der grundsätzlichen Aspekte des Kzpts. vgl. Christmann u. Groeben (1996).

LIT: Einen Überblick bietet Knopf (1987); zur prakt. Anwendung vgl. Wippich (1984) sowie Weinert u. Kluwe (1984); zur Konzeption eines Trainings metakognitiver Kompetenzen bei kognitiver Retardierung vgl. Lauth (1993); ein synopt. Vergleich der Begriffsverwendung in der englischsprachigen Literatur findet sich bei Schneier (1989).

◆ BAKER, L. u. BROWN, A. L.: Metacognitive skills and reading. In: PEARSON, P. D. u. a. (Hg.): Handbook of reading research. New York 1984, S. 353–394; BAKER, L.: How do we know, when we don't understand? Standards for evaluating text comprehension. In: FORREST-PRESSLEY, D. L. u. a. (Hg.): Metacognition, cognition, and human performance. Vol. 1, San Diego 1985, S. 155–205; BIALYSTOK, E. u. RYAN, E. B.: A metacognitive framework for the development of first and second language skills. In: FORREST-PRESSLEY, D. L. u. a. (Hg.): Metacognition, cognition and human performance. Vol. 1, San Diego 1985, S. 207–252; CAVANAUGH, J. C. u. PERLMUTTER, M.: Metamemory: a critical examination. CD 53, 1982, S. 11–28; CHI, M. T. H.: Bereichspezif. Wissen u. Metakognition. In: WEINERT u. KLUWE (1984), S. 211233; CHRISTMANN, U. u. GROEBEN, N.: Reflexity and learning: problems, perspectives, and solutions. In: VALSINGER, J. u. VOSS, H.-G. (Hg.): The structure of learning processes. Norwood 1996, S. 45–85; DAVIS, R. u. BUCHANAN, B. G.: Meta-level knowledge: Overview and applications. IJCAI-77 Proceedings. Pittsburgh, PA: Carnegie-Mellon University 1977; Flavell, J. H.: What is memory development the development of? HD 14, 1971, S. 223–286; Flavell, J. H. u. Wellman, H. M.: Metamemory. In: Kail, R. V. u. Hagen, J. W. (Hg.): Perspectives on the development of memory and cognition. Hillsdale 1977, S. 3–33; Flavell, J. H.: Cognitive monitoring. In: Dickson, P. (Hg.): Children's oral communication skills. New York 1981, S. 35–60; Forrest-Pressley, L. u. Gillies, L. A.: Children's flexible use of strategies during reading. In: Pressley, M. u. Levin, J. R. (Hg.): Cognitive strategy training and research. New York 1983, S. 133–156; Groeben, N. u. Scheele, B.: Einige Sprachregelungsvorschläge für die Erforschung Subjektiver Theorien. In: Dann, H.-D. u. a. (Hg.): Analyse u. Modifikation Subjektiver Theorien von Lehrern. Konstanz 1982, S. 9–39; Kluwe, R. H.: Metakognition. In: Michaelis, W. (Hg.): Bericht über den 32. Kongreß der Dt. Ges. f. Ps. Göttingen 1981, S. 246–258; Knopf, M.: Gedächtnis im Alter. Berlin 1987; Körkel, J.: Die Entwicklung von Gedächtnis- u. Metagedächtnisleistungen in Abhängigkeit von bereichspezif. Vorkenntnissen. Frankfurt/M. 1987; Kuhl, J.: Volitional aspects of achievement motivation and learned helplessness. Toward a comprehensive theory of action control. In: Maher, B. A. (Hg.): Progress in experimental personality research (Vol. 13). New York 1984, S. 100–171; Lauth, G. W.: Konzeption u. Evaluation eines Trainings metakognitiver Kompetenzen bei kognitiver Retardierung. In: Klauer, K. J. (Hg.): Kognitives Training. Göttingen 1993, S. 67–95; Lovelace, E. A.: Metamemory. JEP: Learning, memory and cognition 10, 1984, S. 756–766; Maki, R. u. Berry, S. L.: Metacomprehension of textmaterial. JEP: LMC 10, 1984, S. 663–679; Metcalfe, J.: Feeling of knowing in memory and problemsolving. JEP: LMC 12, 1986, S. 288–294; Mischel, W.: Metacognition and the rules of delay. In: Flavell, J. u. Ross, L. (Hg.): Cognitive social development: Frontiers and possible futures. New York 1981, S. 240–271; Paris, S. G. u. Lindauer, B. K.: The development of cognitive skills during childhood. In: Wolman, B. B. (Hg.): Handbook of developmental psychology. Englewood Cliffs 1982, S. 333–349; Schneider, W.: Zur Entwicklung des Metagedächtnisses bei Kindern. Bern 1989; Sternberg, R. J.: Mechanisms of cognitive development: A componential approach. In: Sternberg, R. J. (Hg.): Mechanisms of cognitive development. New York 1984, S. 163–186; Waldmann, M. u. Weinert, F. E.: Intelligenz u. Denken. Göttingen 1990; Weinert, F. E. u. Kluwe, R. H. (Hg.): Metakognition, Motivation u. Lernen. Stuttgart 1984; Wellman, H. M.: Metamemory revisited. In: Chi (1983); Wellman, H. M.: The child's theory of mind. In: Yussen, S. R. (Hg.): The growth of reflection in children. Orlando 1985, S. 169–206; Wippich, W.: Lehrbuch der angewandten Gedächtnisps., 1. Bd. Stuttgart 1984.

Metakognitive Emotionen → Metakognition.

Metakontrast, eine → Maskierung durch angrenzende Konturen, die dann vorliegt, wenn die Wahrnehmbarkeit eines Testreizes durch die vorausgehende o. nachfolgende Darbietung eines maskierenden Reizes, der den Testreiz räuml. nicht überlagert, sondern ledigl. an ihn angrenzt, beeinträchtigt wird. Im übl. Fall besteht der Testreiz aus einem schwarzen Vollkreis, einem Buchstaben o. einem ähnl. Testreiz, während als Maske ein schwarzer Ring verwendet wird, der den Testreiz möglichst eng umschließt: In einer anderen ebenfalls häufigen experimentellen Anordnung wird als Testreiz ein schwarzes Quadrat verwendet, das links u. rechts durch zwei angrenzende Quadrate gleicher Art flankiert wird. Verschiedene Bsp. für solche Reizanordnungen beim M. zeigt die Abb. *Wahrnehmung 45*. Diese Versuchs-

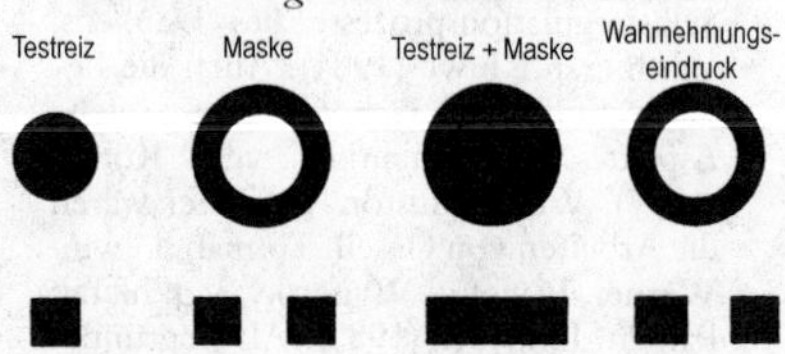

Abb. *Wahrnehmung 45*

anordnung hat folgendes Ergebnis: Der Testreiz wird nicht nur in seiner Helligkeit u. Deutlichkeit beeinträchtigt, sondern häufig wird er phänomenal vollkommen ausgelöscht, es ergibt sich meistens eine resultierende Gesamtfigur. Als *Fehrer-Raab-Effekt* bezeichnet man das Phänomen, dass beim M. die bis zum völligen phämomenalen Verschwinden gehende Helligkeitsreduktion die Reaktionszeit – wider Erwarten – nicht bedeutend erhöht, sondern dass der Maskierreiz vielmehr sogar eine Verkürzung derselben bewirkt (bei kurzen Reizabständen). Dies hat folgende Implikation: Obwohl der Testreiz auf der Ebene der bewussten Wahrnehmung der Maskierung unterworfen ist, kann er eine motor. Reaktion auslösen; vgl. hierzu Neumann (1982); Neumann u. Prinz (1987); zu einem Erklärungsansatz, dem sog. »Wetterwart-Modell«, vgl. Neumann u. Müsseler (1990).

TH: Da recht unterschiedl. Effekte beim M. auftreten, lässt er sich schwer einheitl. theoret. erklären; vgl. zum Überblick Wittling (1976). Es gibt wahrscheinl. keinen visuellen Effekt, zu dessen Erklärung so unterschiedl. Arten von Mechanismen vorgeschlagen wurden: Es sei ein fotochem. Effekt auf der Retina, ein Hemmungseffekt in den neuronalen Netzwerken, eine laterale Hemmung bei der Verarbeitung von Konturinformationen o. ein Effekt der zeitl. Integration bei der Konturbildung; man postulierte auch eine Interaktion zw. ton. u. phas. visuellen Kanälen, man sah den M. als Konsequenz nicht realisierbarer Scheinbewegungen, man führte ihn auf Mechanismen zurück, die eigentl. der sakkad. Unterdrückung dienen, u. es ist sogar vermutet worden, dass es sich gar nicht um einen perzeptiven Effekt handelt, sondern um eine Art Urteilstäuschung, die dadurch zustande kommt, dass der Maskierreiz die Aufmerksamkeit vom Testreiz ablenkt.

HI: Der Name *M.* geht auf R. Stigler (1910) zurück, der in ihm eine Variante des visuellen Konstrast sah, hervorgerufen durch einen *nach* (griech. *meta*) dem Reiz dargebotenen Kontrast induzierten Reiz. Der M. hat eine recht verschlungene Forschungsgeschichte, wurde mehrfach vergessen u. wiederentdeckt, u. a. von Werner (1935) u. von Averbach u. Coriell (1961), die eigentl. das visuelle Kurzzeitgedächtnis untersuchen wollten. Die moderne Forschung geht wesentl. auf eine Arbeit von Alpern (1953) zurück, die aber zunächst in der Ps. nur wenig Beachtung fand. Zu einem integrierten Forschungsgebiet wurde das Phänomen M. erst im Gefolge des Sammelreferats von Kahneman (1968).

◆ Alpern, M.: Metakontrast. JOSA 43, 1953, S. 648–657; Averbach, E. u. Coriell, S.: Short-term memory in vision. Bell System Technical Journal 40, 1961, S. 309–328; Heckhausen, H. u. a. (Hg.): Jenseits des Rubikons: Der Wille in den Humanwissenschaften. Berlin 1987; Kahneman, D.: Method, findings and theory in studies of visual masking. PBu 70, 1968, S. 404–425; Neumann, O.: Experimente zum Fehrer-Raab-Effekt u. das »Wetterwart-Modell« der visuellen Maskierung. Bericht Nr. 24/1982, Ps. Institut der Ruhr-Universität Bochum, Arbeitseinheit Kognitionsps.; Neumann, O. u. Prinz, W.: Kognitive Antezedenzien von Willkürhandlungen. In: Heckhausen, H. u. a. (Hg.): Jenseits des Rubikon: Der Wille in den Humanwissenschaften. Berlin 1987, S. 195–215; Neumann, O. u. Müsseler, J.: Visuelles Fokussieren: Das Wetterwart-Modell u. einige seiner Anwendungen. In: Meinecke, C. u. Kehrer, L. (Hg.): Bielefelder Beiträge zur Kognitionsps. Göttingen 1990, S. 77–108; Stigler, R.: Chronophot. Studien über den Umgebungskontrast. PfAGP 134, 1910, S. 365–435; Werner, H.: Studies on contour: I. Qualitative analysis. AJP 47, 1935, S. 40–64; Wittling, W.: Einführung in die Ps. der Wahrnehmung. Hamburg 1976.

Metamere → Farbwahrnehmung.

Metamerische Farbpaare → Farbwahrnehmung.

Metaphysischer Behaviourismus → Behaviourismus.

Metapsychologie → Psychoanalyse.

Metastatische Tendenz → Wille.

Metathetisches Merkmal → prosthetische vs. metathetische Merkmale.

Metavolition → Wille.

Metawissen → Metakognition.

Methode der aufeinanderfolgenden Intervalle → Kategorienskalen.

Methode der behaltenen Glieder → Gedächtnisprüfmethoden.

Methode der ebenmerklichen Empfindung → Grenzmethode.

Methode der ebenmerklichen Unterschiede → Herstellungsmethode.

Methode der Einzelreize → psychophysische Methoden.

Methode der Gedächtnisauslastung → Arbeitsgedächtnis.

Methode der gleich erscheinenden Intervalle → Paarvergleich; → Partitionsmethoden.

Methode der Gleichteilung → Partitionsmethoden.

Methode der Hilfen → Gedächtnisprüfmethoden.

Methode der identischen Reihen → Gedächtnisprüfmethoden.

Methode der Kategorialurteile → Kategorienskalen.

Methode der kleinsten Veränderung → Grenzmethode.

Methode der konstanten Reize → Konstanzmethode.

Methode der konstanten Summen → psychophysische Methoden.

Methode der multiplen Reize → psychophysische Methoden.

Methode der Orte → Mnemotechnik.

Methode der Reizgrößenfraktionierung → Verhältnisschätzmethoden.

Methode der Reizgrößenvervielfachung → Verhältnisschätzmethoden.

Methode der richtigen und falschen Fälle → Konstanzmethode.

Methode der sukzessiven Approximation → Verhaltensformung.

Methode der sukzessiven Intervalle → Paarvergleich.

Methode der sukzessiven Kategorien → Kategorialurteile.

Methode der Unterschiedsreduktion → psychologische Heuristik.

Methode der wahrnehmbaren Unterschiede → Grenzmethode.

Methode der Wiederholungen → Gedächtnisprüfmethoden.

Methode der Worthaken → Mnemotechnik.

Methode des doppelten Reizes → Verhältnisschätzmethoden.

Methode des mittleren Fehlers → Herstellungsmethode.

Methode des Paarvergleichs → Paarvergleich.

Methoden der Reizbeurteilung → psychophysische Methoden; → Verhältnisschätzmethoden.

Methoden der Reizunterscheidung → psychophysische Methoden.

Methoden des Reizvergleichs → psychophysische Methoden.

Methodologischer Behaviourismus → Behaviourismus.

Mikrogenese → Aktualgenese.

Mikrokognition → Konnektionismus.

Mikrotremor → Augenbewegungen.

Mikrowelt → künstliche Intelligenz.

Milde-Fehler → Wahrnehmungs- und Urteilstendenzen.

Milieutheorie → Anlage-Umwelt-Problem.

Mimicry-Theorem → Vorstellungsbild; → analoge Wissensrepräsentation.

Mimik → Gesichtsausdruck.

Mimikfeedback-Hypothese [auch *Gesichtsfeedback-Hypothese*; *facial-feedback-Hypothese*], postuliert, dass → Emotionen sich v. a. über eine propriozeptive Rückmeldung des → Gesichtsausdrucks konstituieren; vgl. Zajonc (1985). Z. B. können sich gem. diesem Modell durch die Kontraktion von Gesichtsmuskeln die Blutgefäße komprimieren, woraus eine Veränderung der Blutzufuhr im Gehirn u. damit eine Veränderung des Gefühlszustands resultiert, u. zwar vorwiegend über eine Veränderung der Gehirntemperatur; bisweilen werden außer der Gesichtsmuskulatur auch die Zungenbewegungen, der Klang der eigenen Stimme u. die Gesichtstemperatur als Quelle von Afferenzen genannt. Die Theorie wirft das Problem auf, ob es eine initiale Konkordanz von Gesichtsausdruck u. Gefühl gibt, des Weiteren, ob diese erlernt wird o. ob sie, wie die Theorie behauptet, dadurch entsteht, dass der Gesichtsausdruck sozusagen die Gefühle erst produziert. Außerdem ergibt sich die Frage, ob auch willkürl. erzeugte Gesichtsausdrücke zum entsprechenden Gefühl führen, was meistens mit dem Hinweis verneint wird, dass die willkürl. Innovation der Gesichtsmuskulatur anderen efferenten u. afferenten Bahnen folgt als die spontane u. deshalb des Feedback anders ist. Nach Untersuchungen Ekmans an Schauspielern, die nach dem Stanislawski-Sytem ausgebildet worden sind, erzeugen v. a. mim. Prozesse häufig tatsächl. entsprechende physiolog. Veränderungen, wie sie sich bei der realen Emotion einstellen, jedoch vorwiegend nur bei Zorn, Depression, Angst u. Trauer, ein vorgetäuschtes Lächeln dagegen ruft keine entsprechenden Veränderungen hervor.

LIT: Zum Forschungsstand vgl. Buck (1980) u. Laird (1984); zur Begründung der Theorie vgl. v. a. Tomkins (1962/63); für eine krit. Analyse der M. u. eine darüber hinausgehende Theorie vgl. Schmidt-Atzert (1993), darin auch ausführl. Methodendarstellungen u. Analysen.

◆ Ekman, P. u. a.: Smiles when lying. JPSP 54, 1988, S. 414–420; Buck, R.: Nonverbal behaviour and the theory of emotion: the facial-feedback hypothesis. JPSP 38, 1980, S. 811–824; Laird, J.: The real role of facial response in the experience of emotion: a reply to Tourangeau and Ellsworth, and others. In: JPSP 47, 1984, S. 909–917; Schmidt-Atzert, L.: Die Entstehung von Gefühlen. Berlin 1993; Tomkins, S. S.: Affect, imagery, consciousness, 2 Bde. New York 1962/63; Zajonc, R. B.: Emotion and facial efference: a theory reclaimed. S 228, 1985, S. 15–21.

Minderwertigkeitsgefühl → Psychoanalyse.

Min-Effekt → symbolischer Distanzeffekt.

Minimalanbindung → Späte Schließung.

Minimalpaare → Phonem.

Minimax-regret-Regel → Entscheidungstheorie.

Minimumprinzip → Gestalttheorie; → Gestaltgesetze; →

Raumwahrnehmung; → Bewegungssehen; → Formwahrnehmung.

Mischemotionen → Emotionstypen; → Emotionsdimensionen; → psychoevolutionäre Emotionstheorie; → differentielle Emotionstheorie.

Mischplan → Verstärkungsplan.

Misconceptions → Wissenspsychologie.

Misinformation-Effekt → Falschinformationseffekte.

Misleading postevent information → Falschinformationseffekte.

Misserfolgsmotiv → Leistungsmotivation.

Misserfolgsorientierung → Leistungsmotivation.

Missglückte Verdrängung → Verdrängung.

Missing scan [übersetzt: *Sichten von Auslassungen*], eine → Gedächtnisprüfmethode: Die Grundidee besteht darin, Auslassungen zu erkennen; den Vpn werden z. B. zwölf Zahlen aus der Gruppe 1–16 vorgelesen, u. sie müssen angeben, welche Zahlen *nicht* vorgelesen worden sind; dabei werden auch einige Zahlen zweimal vorgelesen.

Mit dieser Methode konnte man z. B. nachweisen, dass hirngeschädigte Personen, bei denen der Übergang vom Kurzzeit- ins Langzeitgedächtnis gestört ist, tatsächl. ein normales Kurzzeitgedächtnis haben, dass ihre Leistung aber signifikant schlechter ist, wenn die Zahlen wiederholt werden, was auf Transferierungsschwierigkeiten vom Kurzzeit- ins Langzeit-Gedächtnis zurückzuführen ist; vgl. Kintsch (1982).

◆ KINTSCH, W.: Gedächtnis u. Kognition. Berlin 1982.

Missionar- u. Kannibalen-Problem → Problemlösen.

Mitbewegungen → ideomotorisches Gesetz.

Mitbezeichnende Gesten → Gestik.

Mitgefühl → soziale Motivation.

Mitleid → soziale Motivation.

Mittelbares Gedächtnis → Mehrspeichertheorien.

Mittelgrößen-Problem → Begriffslernen.

Mittelsenkrechten-Täuschung → geometrisch-optische Täuschung.

Mittel-Ziel-Analyse → psychologische Heuristik.

Mittel-Ziel-Bereitschaft → Zeichen-Gestalt-Theorie.

Mittenbildung → Partitionsmethoden.

Mitübung → Transfer.

Mnemometer → Gedächtnisprüfmethoden.

Mnemonik → Mnemotechnik.

Mnemotechnik [auch *Mnemonik*], die Gesamtheit kognitiver Techniken zur Verbesserung des → Gedächtnisses. Viele M. machen sich den Vorteil der bildhaften Repräsentation zunutze; vgl. zsfd. Higbee (1979). Typ. M. sind: (a) Bei der *Methode der Orte*, auch *Loci-Methode* genannt, wird eine Anordnung aus vertrauten Orten festgelegt (z. B. der Grundriss eines vertrauten Hauses o. eine bestimmte Wegstrecke mit markanten Zwischenpunkten), u. die zu lernenden Worte werden diesen *loci* über Vorstellungsbilder zugeordnet. (b) Die *Methode der Worthaken* (*peg-word-Methode*), bei der zunächst eine Serie von Wörtern (»Haken«, auch »Ankerwörter«) gelernt wird, an die später das zu lernende Material angehängt werden kann (wb. die Hakenwörter natürl. standardmäßig beherrscht werden müssen). Bekannt ist eine Version dieser Technik, bei der die Ankerwörter zusammen mit den ersten 10 Ziffern (wegen der Festlegung einer Reihenfolge) in Reimform (als zusätzliche Gedächtnishilfe) vorgegeben werden; das zu lernende Material (z. B. folgende Liste mit Tieren: *Elefant*, *Kuh*, *Schwein* etc.) wird dann in ähnlicher Weise wie bei der Methode der *Orte* mit den *Worthaken* in Beziehung gesetzt, am besten mit Hilfe von integrativen Vorstellungsbildern: ein Elefant schwimmt im Rhein, eine Kuh hat ein Bündel Stroh im Maul etc. (c) Ähnl. ist die *Schlüsselwortmethode*: Unter einem Schlüsselwort versteht man ein Wort der eigenen Sprache, das eine gewisse Klangähnlichkeit mit Teilen des zu lernenden Wortes der fremden Sprache aufweist; aus dem Schlüsselwort u. der richtigen Übersetzung des zu lernenden Wortes wird dann, wie bei der Methode der Worthaken, ein Vorstellungsbild geformt. Bei einem späteren Hören des Wortes der Fremdsprache kann auf dem Umweg der Erzeugung des gleichen Vorstellungsbildes die richtige Übersetzung erinnert werden. Bsp.: aus dem zu lernenden (spanischen) Wort »espinilla« wird das Schlüsselwort »Spinne« entnommen; die dt. Übersetzung ist »Schienbein« u. es wird demgem. ein Vorstellungsbild geformt, bei dem z. B. eine Spinne über ein Schienbein krabbelt. (d) Im amerikan. Sprachraum sind die SQ3R-Methode u. PQ4R-Methode wichtig geworden; sie bestehen im Wesentl. in einer Systematisierung der Verarbeitungsstrategien von Texten: *preview*, *questions*, *read*, *reflect*, *reside*, *review* (etwa: *fragen*, *lesen*, *nachdenken*, *wiedergeben*, *zurückblicken*); vgl. hierzu Thomas u. Robinson (1972) sowie Anderson (1988). Wichtig sind im Übrigen → *externe Speicher*, also Notizbücher, Notizzettel, die in den 80er Jahren von der Gedächtnisforschung thematisiert worden sind.

LIT: Zum Überblick vgl. Lorayne u. Lucas (1974); zur Geschichte Yates (1984); Bspe. für wissenschaftl. Forschung auf diesem Gebiet sind Bower (1970) u. Atkinson u. Raugh (1975); deutschsprachige Literatur: Wippich (1984); Hadju (1967, histor. Arbeit über M. im Mittelalter); Metzig u. Schuster (1982); Zielke (1986) ist ein populär-wissenschaftl. Buch; eine neuere Untersuchung ist Bredenkamp u. a. (1988); Wagner (1979) zu interkulturellen Unterschiedlichkeiten; zur Analyse von Gedächtniskünstlern vgl. Coltheart u. Glick (1974), Luria (1968) ist ein berühmter klass. Bericht über einen Gedächtniskünstler; vgl. auch Hunt u. Love (1972); Hunter (1962, 1977) über den engl. Mathematiker Aitken, sowie Berichte von Bower (1973) über »memory freaks«; zur Klassifizierung u. Bewertung mnemotechnischer Verfahren vgl. Bellezza (1981).

◆ Anderson, J. R.: Kognitive Ps. Heidelberg 1988; Atkinson, R. G. u. Raugh, M. R.: An application of the mnemonic keyword method to the acquisition of russian vocabulary. JExP: HLM 104, 1975, S. 126–133; Bellezza, F. S.: Mnemonic devices: classification, characteristics and criteria. RER 51, 1981, S. 247–275; Bower, G. H.: Analysis of a mnemonic device. AmS 58, 1970, S. 496–510; Bower, G. H.: Memory freaks I have known. PT 7, 1973, S. 64–65; Bredenkamp, J. u. a.: Gedächtnisps. Untersuchung eines Rechenkünstlers. SuK 7, 1988, S. 69–83; Coltheart, M. u. Glick, M. J.: Visual imagery: a case study. QJEP 26, 1974, S. 438–453; Hadju, H.: Das mnemotechn. Schrifttum des Mittelalters. Amsterdam 1967; Higbee, K. L.: Recent research on visual mnemonics: historical roots and educational fruits. RER 49, 1979, S. 611-629; Hunt, E. u. Love, T.: How good can memory be? In: Melton, A. W. u. Martin, E. (Hg.): Coding processes in human memory. Washington 1972; Hunter, I. M. L.: An ex–

ceptional talent for calculative thinking. BJP 53, 1962, S. 243–258; HUNTER, I. M. L.: An exceptional memory. BJP 68, 1977, S. 155–164; LORAYNE, H. u. LUCAS, J.: The memory. New York 1974; LURIA, A. R.: The mind of a mnemonist. New York 1968; METZIG, W. u. Schuster, M.: Lernen zu lernen. Berlin 1982; RAUGH, G. H.: Analysis of mnemonic device. American Scientist 58, 1970, S. 496–510; THOMAS, E. L. u. ROBINSON, H. A.: Improving reading in every class: a source book for teachers. Boston 1972; WAGNER, D. A.: Culture and mnemonics. In: GRUNEBERG, M. M. u. a. (Hg.): Practical aspects of memory. London 1979; WIPPICH, W.: Lehrbuch der angewandten Gedächtnisps., 2 Bde. Stuttgart 1984, 1985; YATES, F. A.: The art of memory. Chicago 1966; YATES, F. A.: Das künstl. Gedächtnis. Wien 1984; ZIELKE, W.: Techniken für ein besseres Gedächtnis. Landsberg/Lech 1986.

Mnestisch stabilisierte Bezugssysteme → Bezugssystem; → Äquidistanzmodell.

MOC-Kurve → Wiedererkennen.

Modale Ergänzungen → perzeptive Ergänzungen.

Modaler Bewegungsablauf → Trieb.

Modalitätseffekt, die Tatsache, dass auditor. dargebotene Items besser (kurzfristig) gespeichert werden können als visuell dargebotene, v. a. die letzten Positionen; vgl. hierzu Watkins (1972). Allg. gilt, dass die auditive → Gedächtnisspanne größer ist als die visuelle (bei Kindern umgekehrt).

Murdock u. Walker (1969) interpretieren den M. als Hinweis für *modalitätsspezif.* Kurzzeitspeicher mit unterschiedl. Kapazität, wb. das → auditive Gedächtnis mehr Kapazität als das → visuelle Gedächtnis habe. Watkins (1972) interpretiert den Effekt so, dass die Speicherung im → Kurzzeitgedächtnis allg. phonolog. sei; s. a. das Stw. → phonologischer Ähnlichkeitseffekt. Insbes. Nilsson (1979) lieferte Hinweise darauf, dass der M. von der Aufgabenbedingung abhängt. Eine differenzierte Analyse des Problems des M. liefern Engle u. a. (1980).

◆ ENGLE, R. W. u. a.: The modality-effect: is it a result of different strategies? JVLVB 19, 1980, S. 226–239; MURDOCK, B. B. u. WALKER, K. D.: Modality effects in free recall. JVLVB 8, 1969, S. 665–667; NILSSON, L. G.: A functional interpretation of the modality effect. Scandinavian Journal of Psychology 20, 1979, S. 259–265; WATKINS, M. J.: Locus of the modality effect in free recall. JVLVB 11, 1972, S. 644–648.

Modalitätsmodell des Gedächtnisses → Mehrspeichertheorien.

Modalitätsspezifische Repräsentation → analoge Wissensrepräsentation; → Vorstellungsbild; → sensorisches Gedächtnis; → duale Kodierungstheorie.

Modalitätsspezifisches Gedächtnis → sensorisches Gedächtnis; → Modalitätseffekt; → Kodierung.

Modell der Diskrimination der Spurenstärke → Gedächtnisabsuche.

Modell der kritischen Merkmale → Mustererkennung.

Modell des leeren Organismus → Behaviourismus; → S-R-Theorien.

Modelling → Modelllernen.

Modelllernen [auch *Beobachtungslernen*, *Imitationslernen*, *passives Lernen*, *Modelltraining*, *stellvertretendes Lernen*; s. a. das Stw. → soziales Lernen], von A. Bandura eingeführte Bezeichnung für einen Prozess des → Lernens, bei dem sich ein Individuum als Folge der Beobachtung des Vhs. anderer – ohne eigene aktive Vhsdurchführung – neue Vhsweisen aneignet o. schon bestehende Vhsmuster verändert (*stellvertretende Verstärkung*; engl. *vicarious reinforcement*).

Bandura hat in genauen empir. Analysen die Faktoren analysiert, die M. bedingen. Wichtig sind v. a.: (a) die Häufigkeit, mit der das Modell dem Beobachter begegnet; (b) der Anreiz zum Lernen der beobachteten Vhsweisen; (c) allg. Merkmale der Situation u. Interaktion (z. B. Abhängigkeit, Macht-Unterschiede, Gruppenzugehörigkeit, Öffentlichkeit usw.); (d) Merkmale des Modells: soziale Macht, Ansehen, Attraktivität, Geschlecht, Alter, affektive Bedeutung, Fähigkeiten usw.; (e) Merkmale des Beobachters: eigene Kompetenz u. Einschätzung, Bedürfnis u. Abhängigkeit, soziale Isolierung, emotionale Zuständigkeit usw.

HI/WÜ: Banduras *sozialkognitive Lerntheorie* ist die gegenwärtig wohl am breitesten rezipierte Systematisierung von Erscheinungen, die in älteren Ansätzen unter dem Begriff *Nachahmung* analysiert wurden; man spricht auch von *Vorbildforschung*; vgl. Halisch (1984). Banduras Theorie war einer der Meilensteine, die die herkömml. → Lerntheorien in Richtung Kognitivismus erweiterten u. die Rolle der Verstärkung relativierten. Ihre Bedeutung liegt in der Anwendung auf praxisrelevante Gebiete, v. a. die Psychotherapie (→ Selbstwirksamkeit) u. die → Aggressions-Forschung.

VD: (1) Ältere Erklärungsansätze zum M. sind: (a) Instinkttheorien, die M. als angeborene Disposition ansetzen; vgl. McDougall (1908); (b) die Assoziationstheorien, paradigmat. Guthrie (→ Kontiguitätstheorie); (c) die Verstärkungstheorien, die die Prinzipien des → operanten Konditionierens heranzuziehen versuchten; vgl. Miller u. Dollard (1941) u. die Arbeiten von Skinner (zur Skinner-Literatur s. das Stw. → operante Konditionierung); (d) Theorien des affektiven Feedbacks, z. B. Mowrer (1960), die in einer Zwei-Stufen-Theorie des M. folgende Prozesse hervorheben: Im ersten Schritt werden Gefühle durch Koppelung mit positiven o. negativen Konsequenzen klass. konditioniert u. veranlassen Personen zu Annäherungs- bzw. Vermeidungsvh.; das von einem Modell gezeigte Vh. erhält durch diese klass. Konditionierung *sekundären Verstärkerwert* für den Beobachter, der dazu neigt, dieses Vh. auch selbst auszuführen; die Ausführung des Vhs. wird nun selbst (intermittierend) verstärkt. Die zweite Form des Imitationslernens bildet nach Mowrer das *empath., einfühlende Lernen*: Durch sensor. Feedback erfährt ein Beobachter die Reaktion einer Modellperson, u. die oben dargelegte *affektive Konditionierung* veranlasst ihn, diejenigen Reaktionen nachzuahmen, die mit positiven sensor. Feedback verbunden waren, während die als bestraft wahrgenommenen gehemmt werden.
(2) Innerhalb der → genetischen Epistemologie wird die Nachahmung als motor. Prozess gesehen, der für die Genese von Vorstellungsbildern verantwortl. ist u. damit eine unentbehrl. Voraussetzung für den Erwerb der Symbolfunktion. Die Imitation spielt eine wichtige Rolle in der frühen Interaktion: Eltern imitieren schon früh die Gesten ihrer Säuglinge, aber auch umgekehrt. In den 80er Jahren hat es eine wichtige Diskussion zur Bedeutung der frühesten Imitation gegeben; Ausgangspunkt waren erstaunliche Befunde, die zeigen, dass 12 bis 21 Tage alte Kinder in der Lage sind, Gesichtsausdrücke u. Fingerbewegungen von Erwachsenen nachzuahmen; vgl. Dornes (1993) u. Rauh (1987).

LIT: Die wichtigsten Arbeiten Banduras liegen in Deutsch vor: Bandura (1976); Bandura (1994) enthält auch Beiträge von 17 weiteren Autoren; Bandura (1986) stellt eine Weiterentwicklung hin zu einer Persönlichkeitstheorie dar; Bandura (1971) enthält die psychotherapeut. Implikationen der Theorie des M.; Übersichtsarbeiten zu diesen Anwendungen im dt. Sprachraum sind Vogl (1974) u. Bauer (1979); beide beinhalten gleichzeitig gute allg. Überblicke über die Theorien; zu kognitionsps. Aspekten der Nachahmung vgl. Prinz (1985) u. Stränger (1977); Green u. Osborne (1985); Phillips u. Orten (1983).

◆ BANDURA, A.: Lernen am Modell. Stuttgart 1976; BANDURA, A.: Psychotherapy based upon modelling principles. In: BERGIN, A. E. u. GARFIELD, S. U. (Hg.): Handbook of psychotherapy and behaviour change. New

York 1971, S. 653–708; Bandura, A.: Sozial-kognitive Lerntheorie. Stuttgart 1979; Bandura, A.: Social foundations of thought and action. A social cognitive theory. Englewood Cliffs 1986; Bandura, A.: Lernen am Modell. Stuttgart 1994; Bauer, M.: Vhsmodifikation durch Modellernen. Stuttgart 1979; Dornes, M.: Der kompetente Säugling. Frankfurt/M. 1993; Green, G. u. Osborne, G. J.: Does vicarious instigation provide support for observational learning theory? A critical review. PBu 97, 1985, S. 3–17; Halisch, F.: Vorbildeinfluss u. Motivationsprozesse. Frankfurt/M. 1984; McDougall, W.: An introduction to social psychology. London 1908; Miller, N. E. u. Dollard, J.: Social learning and imitation. New Haven 1941; Mowrer, O. H.: Learning theory and behaviour. New York 1960; Phillips, D. C. u. Orten, R.: The new causal principle of cognitive learning theory: perspectives on Bandura's »reciprocal determinism«. PR 90, 1983, S. 158–165; Prinz, W.: Ideomotorik u. Isomorphie. In: Neumann, O.: Perspektiven der Kognitionsps. Berlin 1985, S. 39–63; Rauh, H.: Frühe Kindheit. In: Oerter, R. u. a. (Hg.): Entwicklungsps. München 1987 (2. Aufl.), S. 131–203; Stränger, J.: Beobachtungslernen. Bochum 1977, Diss.; Vogl, S.: Modellernen. In: Kraiker, C. (Hg.): Handbuch der Vhstherapie. München 1974.

Modelltraining → Modelllernen.

Modifizierte freie Reproduktion → Reproduktion.

Modifizierte modifizierte freie Reproduktion → Reproduktion.

Modulare Merkmalsdetektoren → Sehen; → Modularismus.

Modularismus. *Modularität* ist eines der Schlagwörter, das in vielen Diskussionen der modernen Ps. u. Kognitionswissenschaft auftaucht. Der Begriff stammt aus der Technik, v. a. der Computertechnik (u. kommt demgem. in früheren Diskussionen des Problemkreises, s. u., nicht vor). *Modularität* meint, dass Psyche u./o. Gehirn sich (zumindest in wesentlichen Teilen) aus unabhängigen »Bauteilen« zusammensetzen, die jeweils sehr spezif. Funktionen erfüllen, so dass all diese Module auch selektiv gestört sein können, ohne das Funktionieren anderer wesentl. zu beeinträchtigen. Dieser *M.* hat als Gegenposition den *Holismus*, der postuliert, dass solche Einzelfunktionen aus einem zentralen u. einheitl. Mechanismus heraus entstehen u. zu verstehen sind; zum Überblick vgl. Müller (1991).

Auf folgenden Gebieten ist der Gegensatz *M.* vs. *Holismus* wichtig geworden: (1) In der Neuropsychologie ging es um die realen physiolog. Grundlagen der in der Kognitionswissenschaft meist eher formal definierten Module; die modularist. Position manifestierte sich in der sog. *Lokalisationslehre*, die postuliert, dass psych. Funktionen sich klar bestimmten Gehirnteilen zuordnen lassen, eine Position, die v. a. aus der Erklärung von neurops. Störungen, speziell der *Aphasien*, erwachsen ist. Folgende neurolog. Fakten sind Anhaltspunkte für eine im weitesten Sinne modulare Struktur des ZNS: (a) die Hierarchie der cerebralen Teilstrukturen vom Verlängerten Mark bis zur Großhirnrinde u. deren funktionaler Differenzierung; (b) die funktionalen Spezialisierungen neocortikaler Areale, v. a. der Projektionsareale u. der Sprachregion; (c) die Existenz von Säulenmodulen auf der Großhirnrinde. *Holist.* Ansätze dagegen, wie z. B. der von J. Hughlings-Jackson, betonen die Beteiligung des Gesamtgehirns auch an scheinbar sehr spezialisierten neuropsych. Funktionen u. heben demgem. stärker den hierarch. Aufbau des Gehirns hervor; Störungen sind deswegen nicht rein negativer Art, also nicht nur *Ausfälle*, sondern sie werden interpretiert als eine *Enthemmung* o. *Freilegung der Funktionen niederer Hirnstrukturen.* Ein bedeutender Vertreter einer modernen holist. Position ist Karl Lashely, der eine *Äquipotentialitätshypothese* vertrat, wonach sehr verschiedene Orte des Gehirns, zumindest innerhalb eines funktionalen Areals, gleich bedeutsam für das Entstehen von Erinnerungen u. die Ausbildung von Fertigkeiten sind; Lashley setzt des Weiteren die Quantität operativ zerstörter Hirnmasse in direkten Zusammenhang mit den resultierenden Vhsdefiziten (Modell der *Massenaktion*). Eine integrative Position vertritt der bedeutende Neuropsychologe Luria, der einerseits den engen Lokalisationismus ablehnt, aber auch die holist. Gegenentwürfe kritisiert; Luria zufolge gibt es eine eindeutige Korrespondenz von neuralen Orten u. elementaren mentalen Funktionen; Lokalisationen sind allerdings, v. a. bei komplexen Prozessen, gem. Luria nicht ontogenet. fixiert, sondern »dynam.«; allg. wird bei Luria der soziale u. ps. Aspekt stark betont, er hat also eine soziogenet. Sicht neuropsych. Prozesse. (2) Ein wichtiges Problemgebiet, auf dem der Gegensatz von M. u. Holismus ausgetragen worden ist, war die moderne Linguistik bzw. → Sprachpsychologie. Modularist. ist der Grundansatz von Chomskys → generativer Transformationsgrammatik, mit der Annahme einer autonomen Syntax, die sich im Sinne des → Nativismus unabhängig von der übrigen Intelligenz entwickele u. im reifen Organismus ebenso selbständig fungiere. Diese Abgrenzung der Syntax von der Semantik ist eng verwandt mit der Trennung von → Kompetenz u. → Performanz; vgl. hierzu Newmeyer (1986). Chomsky postuliert einen angeborenen → Spracherwerbsmechanismus bzw. ein angeborenes Sprachvermögen, die sog. »sprachl. Universalgrammatik«, u. er nimmt neben diesem Modul auch andere angeborene Programme für kognitive Domänen an, z. B. für die visuelle Perzeption, für musikal. u. mathemat. Fähigkeiten o. auch das Erkennen von Gesichtern. Chomsky hat eine weitere Modularitätshypothese, näml. die einer *intragrammat.* Modularität, wonach die Grammatik ihrerseits aus *Submodulen* besteht. Müller weist darauf hin, dass bei Chomsky auch eine Art *Domain-* o. *Forschungsmodularismus* besteht, d. h. eine Aufsplitterung des Gegenstandsbereichs in mehrere separat zu erforschende Domänen, was nicht notwendigerweise mit einer *Objektmodularität* verbunden ist. Im Gegensatz hierzu betrachten Vertreter einer *holist. Kognitionstheorie* Sprache nicht als ein autonomes Subsystem, sondern als Epiphänomen der Kognition; vgl. Schwarz (1992). Sprachfähigkeit u. allg. kognitive Fähigkeiten sind in diesem Ansatz untrennbar miteinander verbunden; ein wesentl. Thema ist die Schnittstelle zw. Syntax u. Semantik; vgl. hierzu Rudzka-Ostyn (1988); unter der Bezeichnung »kognitive Grammatik« wird ein holist. Ansatz v. a. von Langacker (1987) u. Lakoff (1987) vertreten. (3) Auch in den modernen → Wahrnehmungstheorien ist das Thema Modularität ubiquitär: Zum Überblick über die modularen Aspekte der Wahrnehmung u. v. a. der visuellen Wahrnehmung vgl. Zeki u. Shipp (1988), Livingstone u. Hubel (1988); s. hierzu v. a. die Stw. → Sehen u. → visuomotorische Koordination. In einer neuen Sichtweise der Module wird betont, dass diese nicht nur durch typ. Auslöseeigenschaften (Bewegung, Form, Position) charakterisiert sind, sondern durch typ. Vhsreaktionen (Augenbewegung, Handbewegung, Armbewegung); aus dieser Sichtweise sind die Module Bindeglieder zw. Augen u. Bewegungsorganen; Jeannerod (1981). Während der klass. Lokalisationismus wesentl. von *empirist.-assoziationist.* Lerntheorien geprägt worden ist, hat sich das moderne Modularitätsparadigma im Kontext *nativist.* o. zumindest explizit antibehaviourist. Theorien entwickelt, wohingegen neuere holist. Modelle, wie z. B. das von Piaget (→ genetische Epistemologie), meist in Opposition zur überstarken Betonung des Angeboren stehen (s. a. das Stw. → Anlage-Umwelt-Problem).

KR: Zur Kritik des Modularitätskonzepts vgl. Garfield (1987) u. Marslen-Wilson u. Tylor (1987); Müller (1989) sieht sowohl M. als Holismus im Licht der modernen neurowissenschaftl. Erkenntnisse als zu überwindende Metaphern an, die die Komplexität u. Differenziertheit der Realität nur unzureichend wiedergeben können. Eine Sammlung von Rezensionen zu Fodor (vgl. VD-Teil, 2. Abschnitt) ist enthalten in *The Behavioural and Brain Sciences* 8, 1985; krit. Arbeiten zum Modulbegriff Fodors sind im Bd. 7 (1984) der Ztschr. *Cognition* zusammengestellt; ein dt. Aufsatz, der untersucht, inwieweit die von Fodor genannten Eigenschaften u. Module zusammenhängen, ist Friederici (1993).

VD: (1) Anhand der klass. Lokalisationstheorien arbeitet Müller weitere Annahmen des M. – zusätzl. zu dem oben dargestellten modularist. Kerntheorem – heraus: (a) Ein *methodolog. Vereinfachungs-*

postulat: die Komplexität von Gegenstandsbereichen soll systemat. vereinfacht werden; (b) ein *Formalisierungspostulat*: die komplexe Wirklichkeit soll in Form klarer u. formal präziser Darstellungen, wie z. B. in der Form von Schaltbildern u. Diagrammen, stattfinden; (c) ein *Linearitätstheorem*: mentale Prozesse sollen gem. dieser Vorstellung von Zentrum zu Zentrum, also von Modul zu Modul wandern; kennzeichnend für dieses Theorem sind die typ. Art u. Weise der graph. Darstellung innerhalb der klass. Lokalisationstheorie, sowie die für die neuere kognitive Ps. typ. Flussdiagramme; (d) Müller hebt des Weiteren ein Postulat des *Theorieprimats* hervor, dass näml. empir. Daten primär im Licht einer vorgefassten Theorie interpretiert werden, auch (e) ein Prinzip der *patho-normalen Inferenz*, dass näml. aus der gestörten Psyche bzw. aus der gestörten Gehirnfunktion direkte Schlussfolgerungen auf das normale Funktionieren gezogen werden dürfen. Auch der Holismus lässt sich in weitere Annahmen aufspalten: (a) *Kompensationstheorem*: Symptome sind, holist. gesehen, nicht reine Defizite, bei ihrer Entstehung spielen die kompensator. Anstrengungen des verbleibenden gesunden Gewebes eine große Rolle; (b) *Distributionstheorem*: die neurale Repräsentation bedeutungstragender mentaler Einheiten (wie → Engramme, Lexeme etc.) wird als über eine Vielzahl neuronaler Elemente verteilt begriffen; (c) *Parallelismustheorem*: mentale Prozesse werden nicht als lineare Abläufe, sondern als Folgen von ganzheitl. Zuständen begriffen, die elementaren mentalen Prozesse verlaufen demnach parallel; (d) *kognitivist.* Theorem: aphas. Symptome werden auf generelle kognitive Störungen zurückgeführt, Sprache wird verstanden als integrierter Bereich einer allg. Intelligenz; demnach kann es also keine eigentl. sprachspezif. Störung geben u. deshalb auch keine generelle Abgrenzung zw. aphas. u. intellektuellen Störungen; (e) *Individualpostulat*: im Umgang mit den klin. Daten widmen sich Holisten primär den Besonderheiten des individuellen Falls u. sind skept. gegenüber gruppenstat. Methoden. Müller hebt hervor, dass mit dem Holismus – wegen seines Verzichts auf *Theorieprimat* u. *Formalisierungspostulat* – häufig eine verschwommene Terminologie einhergeht, die symptomat. ist für das sehr bruchstückhafte Wissen von der zerebralen Organisation; die Holisten nehmen fast stets die Rolle des advocatus diaboli ein, der die vereinfachten Diagramme u. Typologien des Lokalisationismus kritisiert, ohne ein Modell von vergleichbarer Klarheit u. klin. Nützlichkeit als Alternative anbieten zu können.

(2) Sowohl innerhalb der Ps. wie der allg. Kognitionswissenschaft wurde eine Arbeit des Sprachwissenschaftlers, Psychologen u. Philosophen J. Fodor (1983) einflussreich, die die Idee der Modularität philosoph. fundiert u. als Leitmotiv für die Kognitionswissenschaft zu etablieren versucht. Fodor (1983) hebt folgende Charakteristika kognitiver Module hervor: (a) *Domainspezifität*: Module sind auf bestimmte Gegenstandsbereiche spezialisiert, z. B. auf die Farbwahrnehmung o. die Analyse räuml. Verhältnisse; (b) *angeborene Spezifität*: die Module sind genet. programmiert; (c) *feste Verdrahtung*: die spezif. mentalen Prozesse werden nicht durch äquipotentielle, sondern durch spezialisierte neurale Mechanismen bewerkstelligt; (d) *Autonomie*: die Methoden sind unabhängig von Prozessen in anderen Modulen; (e) *Unzerlegbarkeit*: sie lassen sich nicht in elementare Subprozesse zerlegen, vielmehr entspricht ihre Architektur relativ direkt dem jeweiligen neuralen System. Fodor meint, dass v. a. die sog. Input-Ebene, also die Wahrnehmungsebene, modular konzipiert ist, während die Ebene des Denkens nicht modular ist. Neben den definitor. eingeführten Merkmalen von Modulen besitzen Input-Systeme laut Fodor weitere Eigenschaften: (a) *obligator.* Operationen: die ablaufenden Prozesse sind automat. u. komplex zugleich, so sei z. B. die Wahrnehmung einer Wortfolge als sprachl. Äußerung für einen Muttersprachler unvermeidbar; (b) Unbewusstheit der Prozesse; (c) Schnelligkeit, v. a. erreicht durch das automat. Funktionieren u. durch die *Abschottung*; (d) *»informationelle Verkapselung«*: die Informationssysteme haben keinen Zugang zur Information höherer, d. h. zentraler Systeme. Diese Eigenschaft macht die Input-Prozesse den Reflexen ähnlich, nur dass die intramodularen Prozesse komplexe Rechenvorgänge sind. Input-Sys-

teme sind aufgrund dieser Eigenschaften *Verkapselung* u. *Berechnungskomplexität* nach Fodor sozusagen gleichzeitig »dumm« u. »schlau«. Obwohl Fodor die Möglichkeit eines Top-Down-Feedbacks anerkennt, meint er, dass wesentl. Aspekte dieser Input-Prozesse davon nicht affiziert werden; (e) *»seichter« Output*: so analysiert das Sprach-Input-System z. B. allein die linguist. u. evtl. die log. Form, nicht aber z. B. die pragmat. Aspekte von Sprechakten, der Output der Input-Systeme ist also nicht von einer tiefen Verarbeitung; (f) *autonome Ontogenese*: die Entwicklung der verschiedenen kognitiven Verarbeitungsprozesse folgt nicht *allg.* Gesetzen, sondern jedes Inputsystem entwickelt sich in einer eigenen endogen bestimmten Ordnung u. Geschwindigkeit; (g) *modulare Pathologie*: bei Verletzungen können einzelne Input-Systeme separat gestört sein, während der Rest des kognitiven Apparates weiter funktioniert; es kommt so zu speziellen Krankheitsbildern. V. a. aufgrund der Verkapselungshypothese ist Fodors Modell, wenn auch nur für den perzeptuellen Bereich, *stark-modularist.*; Müller weist darauf hin, dass ein *schwach-modularist.* Ansatz zwar die funktionale Spezialisierung von mentalen Teilsystemen, aber durchaus auch ein gewisses Maß intermodularer Wechselwirkungen annehmen könnte; er nennt als Bsp. hierfür das Modell der multiplen Intelligenzen von Gardner (1983). Auch ist festzustellen, dass die tatsächl. vorhandene Modularität im Gehirn häufig nicht auf dem groben Raster liegt, auf dem Fodor sie postuliert; es scheint also nicht so sehr ein Modul für Sprachwahrnehmung u. Farbwahrnehmung etc. zu geben, sondern kleinere Module bspw. vom Typus »dunkler Balken auf hellem Grunde im Winkel von 30 Grad, rechtes Auge«.

◆ Brown, J.: The life of the mind. Hillsdale 1988; Creutzfeldt, O.: Generality of the functional structure of the neocortex. Naturwissenschaften 64, 1974, S. 507–517; Fodor, J.: The modularity of mind. Cambridge/Mass. 1983; Fodor, J.: Precis of the modularity of mind. BBS 8, 1985, S. 1–42; Friederici, A.: Über die Eigenschaften kognitiver Module. In: Hildebrandt, H. u. Scheerer, E. (Hg.): Interdisziplinäre Perspektiven der Kognitionsforschung. Frankfurt/M. 1993, S. 49–63; Gardner, H.: Frames of mind. London 1983; Garfield, J. L. (Hg.): Modularity in knowledge representation and natural-language understanding. Cambridge 1987; Hossner, E.-J.: Module der Motorik. Schorndorf 1995; Hubel, D. u. Wiesel, T.: Brain mechanisms of vision. SA 241, 1979, S. 130–144; Jeannerod, M.: Intersegmental coordination during reaching at natural visual objects. In: Long, J. u. Baddeley, A. D. (Hg.): Attention and performance, Bd. IX. Hillsdale 1981, S. 143–172; Jeannerod, M.: Specialist channels for cognitive responses. C 10, 1981, S. 135–137; Lakoff, G.: Women, fire, and dangerous things. What categories reveal about the mind. Chicago 1987; Langacker, R. W.: Foundations of cognitive grammar, 1. Bd.: Prerequisites. Stanford 1987; Livingstone, M. u. Hubel, D.: Secregation of form, color, movement, and depth: anatomy, physiology, and perception. Science 240, 1988, S. 740–749; Marlsen-Wilson, W. u. Tylor, L. K.: Against modularity. In: Garfield (1987) S. 37–62; Müller, R.-A.: Der (un)teilbare Geist. Modularismus u. Holismus in der Kognitionsforschung. Berlin 1991; Newmeyer, F.: Linguistic theory in America. Orlando 1986; Posner, M. u. a.: Localization of cognitive operations in the human brain. Science 240, 1988, S. 1627–1631; Rudzka-Ostyn, B. (Hg.): Topics in cognitive linguistics. Amsterdam 1988; Schwarz, M.: Einführung in die kognitive Linguistik. Tübingen 1992; Zeki, S. u. Shipp, S.: The functional logic of cortical connections. Nature 355, 1988, S. 311–317.

Modularität → Modularismus.

Moduliertes Angstkontrollsystem → Angst.

Modulus → Verhältnisschätzmethoden.

Molares Verhalten → Zeichen-Gestalt-Theorie; → klassische Konditionierung; → Verhalten; → Behaviourismus.

Molekulares Verhalten → Zeichen-Gestalt-Theorie; → klassische Konditionierung; → Verhalten.

Momentorientierte Entscheidungsmodelle → Entscheidungstheorie.

Moment-zu-Moment-Führung der Bewegung → Bewegungsprogramm.

Mondtäuschung, die → Wahrnehmungstäuschung, dass der Mond (v. a. in einer klaren Nacht) am Horizont viel größer erscheint, als wenn er hoch oben am Himmel steht (auf Fotos wirkt er dann meist enttäuschend klein); zum Überblick über die verschiedenen theoret. u. empir. Ansätze vgl. kurz Rock (1985), ausführl. Hershenson (1989); eine Bibliographie ist Pflug (1989).

VD/TH: Eine wichtige Theorie zur Erklärung der M. wendet die → Größen-Entfernungs-Invarianz-Hypothese an: Das Weltall erscheint uns subjektiv als eine abgeflachte Kuppel, womit die subjektive Entfernung des Mondes am Horizont am größten ist, u. nach dem → Emmertschen Gesetz wird der Mond deswegen dort als größer wahrgenommen. Dieser bis vor kurzem dominierende Erklärungsansatz (z. B. Baird u. Wagner 1982; Kaufman u. Rock 1962; Restle 1970) ist u. a. mit dem Problem konfrontiert, dass die Hauptevidenz für die Theorie der abgeflachten Kuppel genau die scheinbare Größenveränderung des Mondes ist; außerdem gibt es das Paradox, dass den meisten Leuten der Mond am Horizont gar nicht weit, sondern eher relativ nah erscheint. Eine neuere Theorie (Reed 1984) betont die unterschiedl. geometr. Gesetzmäßigkeiten, die bei Bewegung von Objekten in erdnahen Bahnen u. erdfernen Bahnen gelten: Wenn sich Objekte (Wolken, Flugzeuge) in erdnahen Bahnen bewegen, verändert sich der von ihnen eingenommene Sehwinkel deutl., z. B. bei Annäherung an den Beobachter; dies gilt aber nicht für die Bewegung von Himmelskörpern in erdfernen Bahnen, hier sind die Veränderungen des Sehwinkels (u. damit der retinalen Abbildung) bei allen Positionen über dem Horizont nicht voneinander diskriminierbar – die M. entsteht nach dieser Theorie dadurch, dass wir die geometr. Charakteristika der Bewegung in erdnahen Bahnen auf diejenigen von Himmelskörpern in erdfernen Bahnen übertragen. Experimente, bei denen mit opt. Geräten »künstl. Monde« erzeugt werden, sprechen allerdings für die Größen-Entfernungs-Invarianz-These; vgl. hierzu Rock (1985); vgl. zur Problematik allerdings Lukas (1996) – insgesamt ist die richtige Erklärung der M. bis heute umstritten.

◆ BAIRD, J. C. u. WAGNER, M.: The moon illusion: I. How high is the sky? JExP: G 111, 1982, S. 296–303; HERSHENSON, M. (Hg.): The moon illusion. Hillsdale 1989; KAUFMAN, L. u. ROCK, I.: The moon illusion, I. Science 136, 1962, S. 953–961; LUKAS, J.: Psychophysik der Raumwahrnehmung. Weinheim 1996; PFLUG, C.: Annotated bibliography. In: Hershenson (1989) S. 385–407; REED, C. F.: Terrestrial passage theory of the moon illusion. JExP: G 113, 1984, S. 489–500; RESTLE, F.: Moon illusion explained on the basis of relative size. Science 167, 1970, S. 1092–1096; ROCK, I.: Wahrnehmung. Heidelberg 1985.

Monitoring, Technik, bei der die Vpn einen bestimmten Reiz (*Zielreiz*) beachten u. so schnell wie mögl. auf diesen reagieren muss; Zielreize sind in der Regel Buchstaben, Phoneme o. Wörter. Die Technik wird verwendet, um die Belastung des informationsverarbeitenden Systems zu prüfen, auch um festzustellen, ob zu dem Zeitpunkt der Prüfung bereits bestimmte, meist semant. Informationen verarbeitet sind.

VD: Das *Buchstaben-* bzw. *Phonem-M.* (auch *Phonem-Überwachung*) ist bes. zur Untersuchung der Verarbeitung mehrdeutiger Sätze eingesetzt worden. Bei dieser Methode werden: Sätze mit doppelter Einbettung vorgegeben, wie die folgenden: (1) *The zebra which the lion that the gorilla chased killed was running.* (2) *The zebra the lion the gorilla chased was running.* In Satz (2) fehlen die Relativpronomina. Eine Aufgabe besteht darin, die Sätze gleichzeitig zu verstehen, zu paraphrasieren u. ein bestimmtes Phonem heraus-zuhören, in diesem Fall ein [g] in *gorilla.* Das Ergebnis war, dass die Vpn umso mehr Zeit dafür brauchen, je schwieriger ein Satz zu verstehen ist (in diesem Bsp. ein Satz der Form 2, weil die Relativpronomina fehlen).

LIT: Vgl. zum Überblick Anderson (1988) u. Schwarz (1992).

◆ ANDERSON, J. R.: Kognitive Ps. Heidelberg 1988; GRIMM, H. u. ENGELKAMP, J.: Sprachps. Berlin 1981; MEHLER, J. u. a.: Tails of words: Monitoring ambiguity. JVLVB 17, 1978, S.

29–35; NEWMAN, J. E. u. DELL, G. S.: Phonological nature of phonem monitoring: a critique of some ambiguity studies. JVLVB 17, 1978, S. 359–374; SCHWARZ, M.: Einführung in die Kognitive Linguistik. Tübingen 1992.

Monochromasie → Farbwahrnehmung.

Monochromatopsie → Farbwahrnehmung.

Monoculare Tiefencues → Tiefensehen.

Monothematische Theorien → Motivationspsychologie.

Monte-Carlo-Effekt → kognitive Täuschungen und kognitive Heuristiken.

Mooney-pictures [übersetzt: *verschleierte Bilder*], eine Methode zur Erfassung von Erkennens- u. Gedächtnisleistungen: Die Vp erhält *unvollständige Bildkonturen* u. soll versuchen zu erkennen, was sie darstellen; danach folgt ein Rekognitionstest mit anderen M. als Distraktoren. Wesentl. Resultat ist, dass solche Bilder gut wiedererkannt werden, deren Bedeutung in der Kodierphase korrekt erkannt worden ist; vgl. Wiseman u. Neisser (1974).

◆ NEISSER, U.: Kognitive Ps. Stuttgart 1974; NEVELSKY, P. B.: Comparative investigation of the short-term memory and long-term memory span. In: PRIBRAM, K. H. u. BROADBENT, D. E. (Hg.): Biology of memory. New York 1970, S. 21–28; WISEMAN, S. u. NEISSER, U.: Perceptual organization as a determinant of visual recognition memory. AJP 87, 1974, S. 675–681.

Moral → soziale Motivation.

Moralisches Verhalten → soziale Motivation.

Morphem, kleinste Einheit der grammat. Analyse, die man bei der Zergliederung von Wörtern erhält die nicht mit der Silbentrennung verwechselt werden darf: M. ist ein sprachl. Element, das noch *bedeutungstragende* u. nicht nur *bedeutungsunterscheidende* Funktionen hat, wie das → Phonem. Das Wort *unglücklich* wird z. B. in die drei Morpheme *un*, *glück* u. *lich* zerlegt.

◆ BUSSMANN, H.: Lexikon der Sprachwissenschaft. Stuttgart 1990; GRIMM, H. u. ENGELKAMP, J.: Sprachps. Berlin 1981.

Morphologisches Modell → Intelligenz.

Motilität → Psychomotorik.

Motiv, individuell spezif. u. stabile Ausprägung motivationaler Tendenzen; also eine Disposition – während → *Motivation* den Prozess meint, der außerdem stärker situationsabhängig u. kurzfristiger ist; vgl. z. B. Weiner (1975). Als Bsp. s. die Unterscheidung zw. → *Leistungsmotivation* u. *Leistungsmotiv*; o. die zw. → *Affiliationsmotivation* u. das *Affiliationsmotiv*. Im Engl. wird M. meist abgekürzt mit *n (→ need)*, so z. B.: *nAff* (*need affiliation, Affiliationsmotiv*), *nAch* (*need achievement, Leistungsmotiv*). Die moderne Motivmessung wurde von Murray (1938) u. McClelland begründet; sie basiert v. a. auf dem → *Thematischen Apperzeptionstest* (TAT), einem speziellen *projektiven Test*; vgl. Hörmann (1964).

VD: Es gibt drei verschiedene Arten der diagnost. Ermittlung von M. durch projektive Tests: (a) allg. projektive Tests (so sollte der TAT ursprüngl. eine Fülle von Bedürfnissen erkennen); (b) motiv-spezif. projektive Tests; z. B. das *need-achievement-Maß* von McClelland (1953), das Heckhausen in dt. Fassung (1963) vorgelegt hat; (c) motivspezif. Auswertung allg. projektiver Methoden; z. B. die Bestimmung der Schulleistungs-Motivation mit Hilfe der sog. Sequenzanalyse des TAT; zur Problematik vgl. Kagan u. Lesser (1961).

◆ ANGLEITNER, A.: Einführung in die Persönlichkeitsps., 1. Bd. Bern 1980; HECKHAUSEN, H.: Hoffnung u. Furcht in der Leistungsmotivation. Meisenheim 1963; HÖRMANN, H.: Theoret. Grundlagen der Projektiven Tests. In HEISS, R. (Hg.): Ps. Diagnostik. HP, Bd. 6. Göttingen 1964, S. 71–112; KAGAN, J. u. LESSER, G. (Hg.): Contemporary issues in thematic apperceptive methods. Springfield 1961; MCCLELLAND, D. C. u. a.: The achievement motive. New York 1953; MURRAY, H. A.: Explorations in personality. New York 1938.

Motivation, das, was das Vh. »bewegt« o. verursacht; paradigmat. Bsp. für motivationale Phänomene sind → Hunger und Durst, → Sexualität, → Leistungsmotivation u. → Aggression, des Weiteren → Arbeitsmotivation, → Lernmotivation, → Anschlussmotivation, → Machtmotivation, → soziale Motivation. Im M.-Kzpt. gehen ältere Kzpte. wie *Antrieb*, *Antriebserlebnisse*, *Triebfedern* (vgl. Klages 1926; Lersch 1954; Pfänder 1933) auf; auch das Kzpt. des → Willens (s. u.) wurde weitgehend durch das Kzpt. der M. ersetzt.

Wie bei allen Grundbegriffen der Psychologie gibt es auch für *M.* keine einfache Definition, die wesentl. Zugänge zum Begriff sind folgende:

(1) Als grundlegende Funktionen der M. werden angesehen: (a) *Selektion*, also die Bestimmung der unter den vorliegenden Handlungstendenzen sich letztl. durchsetzenden Tendenz; (b) *Aktivierung*, also die Verursachung von Vh. u. die Determinierung seiner Intensität; hierzu die Stw. → Aktivation u. → Aktivation-Leistungs-Paradigma; (c) Aufrechterhaltung des Vhs. (*Persistenz*); (d) (Ziel-)Orientierung; zu diesen Definitionskriterien vgl. Jones (1955); Heckhausen (1963ff.); Brown (1961); Bindra u. Stewart (1971); (e) bisweilen, so insbes. bei Heckhausen, findet sich ein üblicherweise als persönlichkeitsps. betrachteter Gesichtspunkt, näml. die Erklärung der individuellen Unterschiedlichkeit des Vhs. als in den explikator. Bereich des M.-Kzpts. fallend, etwas was üblicherweise eher durch das → Motiv-Kzpt. angesprochen wird; (f) des Weiteren findet sich bei Heckhausen auch ein »klin.« Kriterium: M. als Erklärung für auffällige Abweichungen der psych. Funktionsleistungen vom Vorgegebenen, Üblichen, Zweckmäßigen, bes. krass bei sog. → Handlungsfehlern; auch eine außergewöhnl. Ausdauer u. Intensität des Vhs. wird als »motivationsverdächtig« angesehen, v. a. wenn sie relativ situationsunabhängig ist; (g) von mehreren Autoren (vgl. z. B. Brown 1961) wird auf den Restklassencharakter des M.-Kzpts. hingewiesen, das bisweilen einfach deswegen angewandt wird, weil keine andere Erklärung mögl. erscheint.

(2) Diese Grundaspekte des M.-Begriffs werden von den verschiedenen → Motivationstheorien in unterschiedl. Weise thematisiert, u. so ergeben sich M.-Begriffe unterschiedl. Weite: (a) Die restriktivste Definition des M.-Kzpts., wie sie v. a. von der modernen → Ethologie vertreten wird, nimmt M. als Erklärung dafür, warum ein Organismus auf einen konstanten Reiz hin Reaktivitätsveränderungen zeigt, die nicht auf Prozesse des Lernens zurückgeführt werden können, was v. a. daran erkennbar ist, dass sie zeitl. begrenzt u. reversibel sind, gleichzeitig jedoch länger dauern als ein o. zwei Sekunden; hiervon sind auch solche Veränderungen auszuschließen, die leicht mit peripheren Veränderungen der Sinnesorgane (Akkomodation, Adaptation) in Zusammenhang gebracht werden können, ebenso wie bestimmte Veränderungen der Wahrnehmung o. der Effektoren (z. B. Muskelermüdung); vgl. hierzu Hinde (1973, S. 223ff.). Dies beinhaltet, dass es keine scharfe u. meist auch nur eine hypothet. Abgrenzung zu Lernprozessen gibt, u. dies impliziert *nicht*, dass die so charakterisierten Vhsän-

derungen auf einem einzigen Mechanismus beruhen, wie dies v. a. in simplen Trieb- bzw. Energiemodellen angenommen wird – Hinde (1973) hebt die Spezifität u. die Vielfalt motivationaler Faktoren hervor, die ein unitarist. M.-Kzpt. als obsolet erscheinen lassen. In dieser Perspektive werden die von den meisten anderen Richtungen betonten Hauptmomente der M., näml. Energetisierung, Persistenz, Selektion u. Zielorientierung des Vhs., aus dem Erklärungsbereich des Kzpts. ausgeschlossen. (b) Diesem engen Kzpt. steht das weite u. generalist. Kzpt. der modernen M.-Ps. gegenüber, das sich typischerweise in der Formulierung artikuliert, dass M. die Frage nach dem »Warum« von Vh. betrifft, also Energetisierung, Persistenz, Selektion u. Zielorientierung des Vhs. insges. umfasst. (c) Die stark kognitivist. Ausrichtung der meisten modernen Motivationstheorien impliziert, dass M. v. a. im Paradigma → Entscheidung aufgeht, so dass v. a. *Vhsselektion* u. *-ausrichtung* die entscheidenden Erklärungsaspekte der modernen Motivationsps. sind. Eine eigentüml. Verknüpfung von Entscheidungsaspekten u. eher energet.-motivationalen Aspekten beinhaltet das klass. Modell der → Leistungsmotivation; vgl. hierzu auch die differenzierten Diskussionen der verschiedenen Erklärungsansprüche des klass. Risikowahlmodells der Leistungsmotivation. Zum allg. Problem der Erklärung der Zielgerichtetheit des Vhs. s. die Stw. → Intention u. → Plan. (d) Insbes. die → Lerntheorien trennen deutl. zw. *energetisierenden* u. *selektierenden* Faktoren: → Drive-mal-habit-Modell. Allg. reduzieren sie M. auf → Verstärkung, also auf all das, was Lernprozesse ermöglicht, erleichtert u. beschleunigt, insbes. also Strafe u. Belohnung; vgl. zsfd. Bergius (1965). Bestimmte Lerneffekte, wie v. a. → latentes Lernen u. → Crespi-Effekt führten zur Konzeption einer → Anreizmotivation; unter den klass. Lerntheorien sind insbes. die → systematische Verhaltenstheorie von Hull u. die → Zeichen-Gestalt-Theorie von Tolman u. ihre Auseinandersetzungen mit diesem Problemkreis wichtig geworden; vgl. zsfd. Keller (1981) u. Bergius (1965). (e) Die → Aktivationstheorien, die der M. v. a. eine *unspezif.* Energiemobilisations-Funktion zusprechen, betonen in einer reduktionist. Art u. Weise den *energet.* Erklärungsaspekt: Weiteres s. d. (f) Die Idee der *Persistenz* wird insbes. vom Kzpt. der → Trägheitstendenz thematisiert; bes. innerhalb der Theorien der Leistungsmotivation wird zw. den Aspekten *Persistenz, Vhsausrichtung* u. *Vhsintensität* differenziert.

(3) Von McClelland u. a. (1953) wurden verschiedene Grundmodelle der M. herausgearbeitet: (a) das *Überlebensmodell*, welches der Motivation eine Signalfunktion nach der Art homöostat. Regulationsmechanismen zuordnet; die Motivation habe die evolutionäre Funktion, Vh. auszulösen, das Defizite im Körper einregelt u. damit das Überleben sichert. Unter dieses Leitmotiv fallen v. a. die Psa., die → Lerntheorien, speziell die → Triebreduktionstheorie; s. a. das Stw. → homöostatische vs. nichthomöostatische Motivation; (b) das *Reizintensitätsmodell*, wonach jeder Reiz ab einer gewissen Intensität Antriebscharakter erwirbt u. damit Vh. aktiviert, das auf Verminderung o. Beseitigung dieser Reizung abzielt; hierunter lässt sich die → Triebtheorie der Angst einordnen; (c) das *Reizmustermodell*, das davon ausgeht, dass Motivation auf bestimmten Variationen neuraler Reizmuster basiert, v. a. auf mittleren Diskrepanzen zw. Erwartung u. Wahrnehmung, die als angenehm erfahren werden: s. die Stw. → optimale Stimulation; → Neugier; → intrinsische Motivation; (d) das *Affekterregungsmodell*, dessen Grundidee darin besteht, dass in bestimmten Reizsituationen, welche Diskrepanzen zw. einer Wahrnehmung u. einer Erwartung (Adaptationsniveau) aufweisen, positive o. negative Effekte entstehen; kennzeichnend hierfür sind die → affektiven Motivationstheorien.

(4) Eine typ. Ausformung u. Konkretisierung des allg. M.-Kzpts. ist das Modell des → Triebs. Oft ist das Kzpt. der M. auch mit einem Kzpt. der psych. → Energie verknüpft. Zu physikal. u. biolog. Modellen in der M.-Lehre vgl. Nuttin (1969). Während das Triebkzpt. jedoch die endogene Determiniertheit des Vhs. betont, hebt das M.-Kzpt. stärker die Interaktion der innerorganism. Bedürfnisse u. der Umwelteinflüsse hervor, so schon in der klass. *Need-press-Konzeption* der M. (Murray 1938; *need* = innerorganism. Tendenzen; *press* = Um-

welteinflüsse). Bes. die modernen kognitivist. orientierten Theorien akzentuieren dieses interaktive Moment. Zur Unterscheidung einer physiolog. basierten M. u. einer solchen, die erst durch Lern- bzw. kognitive Prozesse entstanden ist, werden die Begriffe *primäre* vs. *sekundäre* M. benutzt; s. a. das Stw. → homöostatische vs. nichthomöostatische Motivation.

(5) Auch die unterschiedl. empir.-operationalen Erfassungsmethoden von M. charakterisieren den Kerngehalt des Kzpts.: (a) Allgemeinste Indikatoren für M. sind eine Erhöhung der Vigilanz u. der allg. Aktivität (erhöhte M. muss aber nicht unbedingt mit erhöhter Aktivität einhergehen, bisweilen gibt es gerade bei extrem hoher M. ein Erstarren, *freezing*; vgl. z. B. Brown u. Jacobs 1949). (b) Typ. Operationalisierungen von M. auf Vhsebene, z. B. bei Hunger, sind die Stunden des Nahrungsentzugs o. auf physiolog. Ebene die Konzentration von bestimmten Hormonen, v. a. bei der Sexualität. (c) V. a. die method. Paradigmen lerntheoret. Provenienz charakterisieren M. sehr deutl., wie z. B. die → Deprivationstechnik, bei der Bedürfnisbefriedigung längere Zeit verhindert wird (z. B. Wasser-Deprivation) u. die Auswirkung dieser Deprivation auf das Vh. gemessen wird. Von Bedeutung sind insbes. die klass. experimentellen Anordnungen zur Analyse des → Konflikts u. der → Frustration; Grundidee ist häufig das Schaffen einer Barriere, die dem Zielobjekt im Wege steht (z. B. dem Futter, dem Sexualpartner), wie z. B. in der → Columbia-obstruction-box; M. kann dabei durch die Schwierigkeit o. die Aversivität der Barriere quantifiziert werden (elektrifizierter Laufrost, Wassertemperatur im Schwimmlabyrinth, Komplexität des Labyrinths, allg. Energieaufwand): Wie viel Elektroschock ist sozusagen dem Versuchstier das Futter bzw. der Sexualpartner wert? (d) Auch das Schaffen positiv motivierender Reize ist ein wichtiges method. Paradigma: Welcher von zwei o. mehreren Reizen wird bevorzugt? (→ Präferenzmethode); s. a. das Stw. → Explorationsverhalten. (e) Nicht auf Vhsebene, sondern auf der Ebene der emotionalen Prozesse analysiert v. a. die → Psychoanalyse. Eine wichtige Methode zur Erfassung von unbewussten emotionalen Prozessen sind projektive Tests; vgl. Hörmann (1964). (g) Ein weiteres methodolog. Paradigma ist das Phänomen, dass Vpn stärker u. selektiver auf »motivierende« Reize reagieren; paradigmat. sind hierfür die Untersuchungen zur → sozialen Wahrnehmung u. zur → Personenwahrnehmung, vgl. Graumann (1965); s. a. das Stw. → Leistungsangst. Vgl. allg. zu dem Methoden der Motivationsmessung Graumann (1965); des Weiteren Vinacke (1962); Malmo (1962) u. Vinacke (1962); McClelland (1958).

(6) M. gehört zu den klass. Grundkomponenten der Psyche, neben *Emotion, Kognition* u. *Volition* bzw. *Wille* – u. gleichzeitig ist das Verhältnis zu dieser schwer bestimmbar: (a) *M. u. Emotion*: Sämtl. Motivationstheorien operierten eher auf formaler Ebene als auf der Ebene der die M. begleitenden emotionalen Prozesse, selbst die sog. → affektiven Motivationstheorien. Erst in neueren integrativen Ansätzen (→ Emotionstheorien) wird dieser eingeengte Ansatz erweitert. (b) *M. u. Kognition*: werden in den modernen Ansätzen integrativ gesehen, insbes. in den → Handlungstheorien; im dt. Sprachraum war ein wegweisender Ansatz Heckhausen (1977); vgl. auch Heckhausen u. Rheinberg (1980). Insbes. die modernen → Attributionstheorien sind reduktionist. in dem Sinne, dass sie motivationale Aspekte weitgehend auf kognitive Prozesse reduzieren, speziell auf dem Gebiet der → Leistungsattribution; vgl. zsfd. Thomae (1965; 1973) u. Bolles (1974); Zimbardo (1969). (c) *M. u. Volution*: Das moderne M.-Kzpt. war in gewissem Sinne *antivoluntarist.* u. geradezu der histor. Ersatz für den klass. Willensbegriff, der, von der modernen Ps. als untaugl. Konstrukt angesehen, in den kognitivist. Ansätzen fast im Paradigma → Entscheidung aufgegangen ist. Neuere Ansätze haben jedoch dazu geführt, diese antivoluntarist. Position aufzugeben u. dem Kzpt. des Willens wieder explikativen Rang zuzusprechen. M. ist in dieser Sicht im Wesentl. das, was das spezielle Vh. (unter den vielerlei mögl. Vhsweisen) selektiert, während die Durchführung, Beibehaltung u. Auslösung einer Handlung einer Willensfunktion zugeordnet wird – ein rein motivationales Modell würde hier zu stark zu »Vhsflimmern« führen, da rein

motivationale Faktoren bei einer Annäherung an das Ziel so variieren, dass es kaum zu einem konstanten u. zielgerichteten Vh. kommen kann; Weiteres → Willen.

KR: Eine klass. Kritik an der Nützlichkeit u. Sinnhaftigkeit des M.-Kzpts. besteht darin, dass die *Aktivierung* u. *Energetisierung* von Vh. ein Scheinproblem sei, da jeder Organismus als solcher Aktivität zeige, so dass letztl. nur die *Spezifität* bzw. die *Richtung* dieses Vhs. erklärenswert ist – dieser krit. Grundgedanke findet sich artikuliert bei so verschiedenen Autoren wie Kelly (1958), Atkinson u. Birch (→ dynamische Theorie) u. auch innerhalb der modernen Ethologie, vgl. Hinde (1973). Auch das Prinzip der *funktionellen Autonomie der Motive* von Allport (1937) besagt, dass im Grunde jede überdauernde Handlungsorientierung habituell u. damit zur M. werden kann. Vgl. hierzu auch die Stw. → intrinsische Motivation u. → Neugier; vgl. Heckhausen (1963) u. Fuchs (1963).

LIT: In der deutschsprachigen Ps. findet sich in den 60er Jahren eine wichtige Grundlagendiskussion über die Sinnhaftigkeit des M.-Kzpts.; vgl. Foppa u. a. (1963) u. Görlitz (1973, 1977); eine ausführl. Auseinandersetzung mit den wissenschaftstheoret. Aspekten des M.-Kzpts. findet sich in jedem Lehrbuch der → Motivationspsychologie, zu nennen sind hier insbes. Heckhausen (1980) u. Thomae (1965a, 1983); ein Reader ist Thomae (1965a); eine philosoph. Analyse ist Peters (1958); zu kulturvergleichenden Aspekten vgl. Thomas (1993).
◆ → Motivationspsychologie.

Motivationale Aktivation → Aktivation.

Motivational factor → naive Kausalanalyse.

Motivationskontrolle → Wille; → Handlungsregulation.

Motivationsmessung → Motivation.

Motivationspsychologie, die wissenschaftl. Erforschung der → Motivation, eines der Hauptgebiete der → allgemeinen Psychologie. Bedingt durch die Vagheit u. Vielfältigkeit des Motivationsbegriffs selbst ist auch das Gebiet der M. schwer abzugrenzen. Es gibt eine weite Fassung, die sich v. a. auf der Ebene der Lehrbücher manifestiert. Hier findet sich eine Rezeption fast sämtl. wichtiger ps. Theorien unter motivationsps. Aspekt (s. das Stw. → Motivationstheorien). Die »real existierende« M. ist – entgegen den programmat. Lehrbuchdarstellungen – auf wenige Hauptparadigmen konzentriert, die die »eigentl.« moderne M. repräsentieren: im Wesentl. das Paradigma → Leistungsmotivation u. seine Ausläufer; typ. motivationsps. Forschung würde auch auf dem Gebiet → Neugier u. Exploration betrieben, schon das Gebiet → Aggression wird eher von sozialps. Seite erforscht; → Hunger u. Durst u. auch → Schmerz sind Gebiete, in denen vorwiegend physiolog. Forschung rezipiert wird das, was gem. der programmat. Definition hier »motivationsps.« wäre, wird auf diesen Gebieten eher von anderen Ansätzen angegangen, vorwiegend von der klin. Ps., im speziellen Bsp. Hunger u. Durst auch seitens der Ernährungsps. (vgl. Pudel u. Westenhöfer 1991). Auch eine Sexualmotivation ist kein Paradigma der akadem. Ps., obwohl sie auf der programmat. Ebene als eine der wesentl. Motivationen des Menschen betrachtet wird. Insofern steht die reale Forschungspraxis tlw. im Gegensatz zu dem, was man als zentrale motivationsps. Aufgaben betrachtet. Die Zahl der Psychologen, die sich selbst explizit als Motivationspsychologen betrachten, ist dementsprechend auch gering; im amerikan. Sprachraum sind die Namen David C. McClelland, John W. Atkinson u. Bernard Weiner zu nennen; im dt. Sprachraum v. a. Heinz Heckhausen u. Hans Thomae (s. hierzu die Literaturangaben). Dem entspricht, dass es im Wesentl. nur eine motivationsps. Ztschr. (s. u.) gibt; auch im Katalog der ps. Teildisziplin der APA wird M. nicht als eigenes Teilgebiet der Ps. dargestellt, sondern als eines der 25 Spezialgebiete der physiolog. Ps. Dies steht in eigenartigem Gegensatz zu der innerhalb des programmat. Selbstbildes der Ps. durchaus vorhandenen Würdigung der M. als fundamentales Grundgebiet, u. in noch stärkerem Gegensatz zum Laienverständnis, das motivationale Fragestellungen als typ. für die Ps. überhaupt ansieht.

Typ. Fragestellungen, wie sie der Laie als »motivationsps.« ansieht, werden v. a. innerhalb der klin. Ps. erforscht, bes. innerhalb der Forschung zum Thema → Angst; auch die → Emotionspsychologie enthält viele Aspekte, die motivationsps. von großer Relevanz sind; interessante Analysen zum Thema *Kaufmotivation* finden sich innerhalb der → Marktpsychologie (mit dem Begriff *Motivforschung* werden die im Rahmen der Marktps. vor psa. Hintergrund entwickelten Ansätze von E. Dichter bezeichnet; vgl. Newman 1960). Besonders die → Psychoanalyse liefert ausführl. Analysen über *unbewusste* Motivation u. die typ. Modelle komplizierter psych. Kausalzusammenhänge, die, auf eine der unmittelbaren Erwartung oft widersprechende Art u. Weise, Handlungen zu erklären versuchen, welche mit dem normalen vorwissenschaftl. Erklärungsrepertoire nicht mehr erklärt werden können, u. entspricht deshalb sehr stark dem Laienverständnis von M. – die M. der Psa. wird aber, wie die Psa. insges., von der akadem. M. sehr skept. betrachtet.

LIT: Deutschsprach. Lehrbücher der M. sind: Herber (1976), ein kleines, selektives, aber von einer durchgehenden, genauen Analytik getragenes Lehrbuch; Heckhausen (1989), das führende Lehrbuch mit idiosynkrat. gesetzten Schwerpunkten u. einer die Lehrbuchdarstellung sprengenden subjektiven Analytik, die stark von den eigenen Forschungsproblemen u. Denkweisen geprägt ist; Schneider u. Schmalt (1981): Heckhausen-Schule, die auch Hunger, Durst u. Sexualität behandeln; Schmalt (1986): Heckhausen-Schule, sozusagen eine kleine Ausgabe des »großen Heckhausen«; Keller (1981): das ausgeglichenste u. didakt. sorgfältigste Werk; Thomae (1965): der 2. Band des *Handbuchs der Ps.*, ein stark vom Herausgeber Thomae geprägter Band, der ausführl. auf die metatheoret. Grundlagen des Motivationskzpts. eingeht u. in stärkerem Maße als die anderen Lehrbücher klass. dt. Ansätze rezipiert; eine Fortführung hiervon ist die *Enzyklopädie der Ps.*, bisher erschienen ist Thomae (1983 a,b), sowie Scherer (1990) u. Kuhl u. Heckhausen (1996); Übersetzungen ins Deutsche sind Atkinson (1975; Orig. 1964); Weiner (1994) ist eine grundlegende Überarbeitung der »Theories of motivation« von Weiner (1972), im Vorwort zur 2. Aufl. findet sich eine Darstellung der Schwerpunktthemen der aktuellen Motivationsps. aus der Sicht von Weiner; unübersetzte klass. Motivationslehrbücher sind Cofer u. Appley (1964); Young (1961); Brown (1961); eine wichtige Quelle ist das *Nebraska Symposium on Motivation*, das seit den 40er Jahren regelmäßig stattfindet.

◆ Allport, G. W.: Personality. New York 1937 (dt.: Gestalt u. Wachstum in der Persönlichkeit. Meisenheim 1970); Atkinson, J. W.: An introduction to motivation. Princeton 1964; Atkinson, J. W.: Einführung in die Motivationsforschung. Stuttgart 1975; Bäumler, G.: Eine krit. Revision des »Yerkes-Dodson-Gesetzes« von 1908. In: Gundlach, H. (Hg.): Ps. Forschung u. Methode – das Versprechen des Experiments. Festschrift für Werner Traxel. Passau 1992, S. 39–52; Benesch, H.: Enzyklopädisches Wörterbuch Klin. Ps. u. Psychotherapie. München 1995; Bergius, R.: Behaviourist. Motivationsbegriffe. In: Thomae (1965), S. 817–866; Bierhoff, H. W. u. Bierhoff-Alfermann, D.: Kognitive Prozesse im Motivationsgeschehen: Attributionen als Ursachenerklärungen von

Handlungen. In: THOMAE (1983a), S. 93–226; BINDRA, D. u. STEWART, J. (Hg.): Motivation. Harmondsworth 1977; BOLLES, R. C.: Cognition and motivation: some historical trends. In: WEINER, B.: Human motivation. New York 1974, S. 101–120; BROWN, J. S. u. JACOBS, A.: The role of fear in the motivation and acquisitions of response. JExP 39, 1949, S. 747–759; BROWN, J. S.: The motivation of behaviour. New York 1961; COFER, C. N. u. APPLEY, M. H.: Motivation: theory and research. New York 1964; EAGLE, M.: A critical examination of motivational explanation in psychoanalysis. PCT 3, 1980, S. 329–380; FEATHER, N. T. (Hg.): Expectations and actions: expectancy-value models in psychology. Hillsdale 1982; FEATHER, N. T.: The study of persistence. PBu 59, 1962, S. 94–114; FOPPA, K. u. a.: Tübinger Symposium über Motivation. ZEAP 10, 1963, S. 604–690; FUCHS, R.: Funktionsanalyse der Motivation u. Kommentar. ZEAP 10, 1963, S. 626–645; GÖRLITZ, D.: Motivation: Differenzen u. Gemeinsamkeiten in ihrer Bestimmung. PB 15, 1973, S. 575–602; GÖRLITZ, D.: Motivation: Möglichkeiten u. Schwierigkeiten ihrer Ortsbestimmung im Rahmen der Allg. Ps. PB 19, 1977, S. 56–72; GRAUMANN, C.-F.: Social perception. Die Motivation der Wahrnehmung in neueren amerikan. Untersuchungen. ZEAP 3, 1955, S. 605–661; GRAUMANN, C.-F.: Methoden der Motivationsforschung. In: THOMAE (1965), S. 123–205; HEBB, D. O.: The organization of behaviour. New York 1949; HECKHAUSEN, H.: Eine Rahmentheorie der Motivation in 10 Thesen. ZAEP 10, 1963, S. 604–620; HECKHAUSEN, H.: Motivation: Kognitionsps. Aufspaltung eines summar. Konstrukts. PRu 28, 1977, S. 175–189; HECKHAUSEN, H. u. RHEINBERG, F.: Lernmotivation im Unterricht, erneut betrachtet. Unterrichtswissenschaft 8, 1980, S. 7–47; HECKHAUSEN, H.: Motivation u. Handeln. Berlin 1989 (2. erw. Aufl.); HERBER, H.-J.: Motivationsps. Stuttgart 1976; HINDE, R. A.: Das Vh. der Tiere, 2 Bde. Frankfurt/M. 1973 (Orig.: 1966); HÖRMANN, H.: Theoret. Grundlagen der Projektiven Tests. In: HEISS, R. (Hg.): Ps. Diagnostik. HP, 6. Bd., Göttingen 1964, S. 71–112; JONES, M. R. (Hg.): Nebraska Symposium on Motivation. Lincoln 1955; KELLER, J. A.: Grundlagen der Motivation. München 1981; KELLY, G. A.: Man's construction of his alternatives. In: LINDZEY, G. (Hg.): Assessment of human motives. New York 1958, S. 33–64; KLAGES, L.: Die Grundlage der Charakterkunde. Leipzig 1926; KUHL, J.: Motivation, Konflikt u. Handlungskontrolle. Berlin 1983; KUHL, J. u. HECKHAUSEN, H. (Hg.): Motivation, Volition u. Handlung. EP, C, IV, 4. Bd. Göttingen 1996; LERSCH, P.: Aufbau der Person. München 1954 (6. Aufl.); MADSEN, K. B.: Theories of motivation. Kopenhagen 1968; MADSEN, K. B.: Theories of motivation. In: WOLMAN, B. B. (Hg.): Handbook of general psychology. Englewood Cliffs 1973, S. 673–706; MADSEN, K. B.: Modern theories of motivation. Kopenhagen 1974; MALMO, R. B.: Activation. In: BACHRACH, A. J. (Hg.): Experimental foundations of clinical psychology. New York 1962, S. 386–422; MCCLELLAND, D. C.: Personality. New York 1951; MCCLELLAND, D. C. u. a.: The achievement motive. New York 1953; MCCLELLAND, D. C.: Methods of measuring human motivation. In: ATKINSON, J. W. (Hg.): Motives in fantasy, action and society. Princeton 1958, S. 7–42; MCDOUGALL, W.: An introduction to social psychology. London 1908; MILLER, N. E. u. DOLLARD, J.: Social learning and imitation. New Haven 1941; MITSCHERLICH, A. u. VOGEL, H.: Psa. Motivationstheorie. In: THOMAE (1965), S. 759–794; MURRAY, H. A.: Explorations in personality. New York 1938; NEWMAN, J. W.: Motivforschung u. Absatzlenkung. Frankfurt/M. 1960; NUTTIN, J.: Physikal. u. biolog. Modelle in der menschl. Motivationslehre. PRu 22, 1969, S. 115–124; PETERS, R. S.: The concept of motivation. London 1958; PFÄNDER, A.: Die Seele des Menschen. Halle 1933; PRIBRAM, K. H.: Languages of the brain. Englewood Cliffs 1971, S. 679–689; PUDEL, V. u. WESTENHÖFER, J.: Ernährungsps. Göttingen 1991; SCHERER, K. R. (Hg.): Ps. der Emotion. EP, C, IV, 3. Bd. Göttingen 1990; SCHNEIDER, K. u. SCHMALT, H.-D.: Motivation. Stuttgart 1981; THOMAE, H.: Das Wesen der menschl. Antriebsstruktur. Leipzig 1944; THOMAE, H. (Hg.): Motivation. HP, 2. Bd., Göttingen 1965; THOMAE, H.: Das Problem der Motivarten. In: THOMAE (1965), S. 415–465; THOMAE, H.: Die Bedeutungen des Motivationsbegriffs. In: THOMAE (1965), S. 3–45; THOMAE, H.: Motivformen. In: THOMAE (1965), S. 205–229; THOMAE, H.: Über die allg. Charakteristik des Motivationsgeschehens. In: THOMAE (1965), S. 65–123; THOMAE, H.: Cognition and motivation: modern aspects of an ancient problem. P 16, 1973, S. 179–190; THOMAE, H. (Hg.): Theorien u. Formen der Motivation. EP, C, IV, 1. Bd. Göttingen 1983a; THOMAE, H. (Hg.): Ps. der Motive. EP, C, IV. 2. Bd. Göttingen 1983b; THOMAE, H.: Motivationsbegriff u. Motivationstheorien. In: THOMAE (1983a), S. 1–62; THOMAS, A. (Hg.): Kulturvergleichende Ps. Göttingen 1993; VINACKE, W. E.: Motivation as a complex problem. In: JONES, M. R. (Hg.): Nebraska Symposium on Motivation. Lincoln 1962, S. 1–46; WEINER, B.: An attributional theory of motivation and emotion. New York 1986; WEINER, B.: Theories of motivation. Chicago 1972; WEINER, B.: Motivationspsychologie. Weinheim 1994 (3. Aufl.); YOUNG, P. T.: Motivation and emotion. New York 1961; ZIMBARDO, P. G.: The cognitive control of motivation. Glenview 1969; ZTSCHR.: Learning and Motivation, Motivation and Emotion; Jahrbuch/Fortschrittsberichte: The psychology of learning and motivation. New York 1967ff.

Motivationsspezifische Reaktionsmuster → physiologische Psychologie (Kasten zentrale Begriffe und Paradigmen, Stw. *psychophysiologische Spezifität*).

Motivationstheorien. Die Bezeichnung *M.* bezieht sich auf keine scharf definierte Gruppe von Theorien; meist handelt es sich um die Zusammenfassung motivationsps. relevanter Aspekte von Theorien, die nicht o. nicht nur Theorien der → Motivation sind, sondern entweder über den Bereich der Motivation hinausgehen o. auch in einem anderen Erklärungszusammenhang gebildet worden sind: die klass. → Willenspsychologie, → Feldtheorie, → Ethologie, → Triebtheorien, → Lerntheorien, physiolog. orientierte Theorien (→ Aktivation; Weiteres s. d.; vgl. auch → physiologische Psychologie), → Entscheidungstheorien, → Attributionstheorien, sozialps. Theorien, v. a. die → Konsistenz- bzw. → Dissonanztheorien. Rezipiert werden meist auch Themen der → humanistischen Psychologie (Defizit- u. Wachstumsmotivation), regelmäßig auch die Ansätze von Cattell u. Eysenck: → Extraversion vs. Introversion. Ein eigener Strang, unabhängig u. neben der akadem. Ps., ist die M. der → Psychoanalyse; vgl. hierzu zsfd. Mitscherlich u. Vogel (1965); eine tief schürfende Analyse ist Eagle (1980). Wichtig geworden sind auch die motivationsps. Aspekte der modernen → Ethologie, welche v. a. eine elaborierte Fassung u. Weiterentwicklung des → Trieb-Kzpts. geliefert haben; vgl. zum Überblick Hinde (1973). Auch die meisten → Emotionstheorien besitzen motivationsps. Relevanz.
Eine Gliederung der histor. Stränge der M. wurde von Heckhausen (1980) versucht, der folgende Forschungstradition unterscheidet: Ethologie (Lorenz, Tinbergen) als instinkttheoret. Strang, die persönlichkeitsps. Linie (Stern, Allport, Lersch, Maslow, Cattell, Thomae), die sozialps.-kognitionsps. Linie (Lewin, Heider, Festinger), die lernps. Linie (Pawlow, Thorndike, Woodworth, Tolman, Hull, Spence, Mowrer, Brown, Miller u. Skinner) sowie die psychophysiolog.-aktivationsps. Linie (Young, Duffy, Hebb, Bindra, Berlyne u. Eysenck). Unter die eigentl. motivationsps. Linie ordnet er die Namen Freud, Murray, McClelland, Atkinson, Weiner, Vroom, Irwin ein.
In der modernen → Motivationspsychologie sind von Wichtigkeit v. a. die → Entscheidungstheorien u. hierbei v. a. das → Erwartung-mal-Wert-Modell, wie es bes. innerhalb der Theorie der → Leistungsmotivation, der bedeutendsten modernen M., adaptiert worden ist. Weiterentwickelt wurde dieser Ansatz durch die → Attributionstheorien; vgl. Weiner (1986).
Die wesentl. paradigmat. Auseinandersetzung u. Verschiebung der Motivationsps. seit Mitte der 70er Jahre bestand in dem zunehmenden Einbezug kognitivist. Konstrukte (vgl. Heckhausen 1989; Kuhl 1983) u. einer zunehmend integrativen Betrachtungsweise von Motivationsphänomenen im Gesamtzusammenhang der → Handlung, dabei sowohl Kognition, Emotion, wie auch Bewegung u. Interaktion mit der Ökologie berücksichtigend. Wegweisend im dt. Sprachraum waren hierbei die sog. → Handlungstheorien, u. einer der wesentl. Neuansätze war die Renaissance des Kzpt. des → Willens. Zunehmend werden auch emotionsps. Aspekte thematisiert.

Lersch unterscheidet M. nach der Anzahl der zugrunde gelegten Motive: *monothemat.* Theorien, die nur eine Triebkraft annehmen, worunter er die Phase der Psa. einordnet, innerhalb deren eine theoret. Dominanz des Sexualtriebs gegeben war; *polythemat.* Theorien, die von einer Vielfalt von Grundtendenzen ausgehen, z. B. McDougalls → hormische Psychologie; *athemat.* Theorien, die von einer Grundtendenz ausgehen, diese aber als inhaltl. nicht spezifiziert ansehen, z. B. Jungs Kzpt. der Libido als allg. seel. Energie; vgl. hierzu Thomae (1965).

LIT: Madsen (1968, 1974; Kurzfassung: 1973) macht einen ambitionierten Versuch einer synopt. Darstellung der verschiedenen M. anhand eines wissenschaftstheoret. orientierten Rasters; eine tabellarische Übersicht der verschiedenen M. liefert Weiner (1994, S. 344–345).

Motivation-Volition-Debatte → assoziatives Äquivalent.

Motivforschung → Motivationspsychologie.

Motiviertes Vergessen → instruiertes Vergessen; → Vergessen; → Verdrängung.

Motor fitness components → psychomotorische Fähigkeiten.

Motorik → Psychomotorik.

Motorische Äquivalenz → Bewegung; → Bewegungsprogramm.

Motorische Aufgaben → mentales Training.

Motorische Bewusstseinstheorien → Motortheorien.

Motorische Grundeigenschaften → psychomotorische Fähigkeiten.

Motorische Nacheffekte → Bewegungsnacheffekte.

Motorische Reaktion → Reaktionszeit.

Motorische Reaktionszeit → Reaktionszeit.

Motorischer Transfer → sensomotorisches Lernen; → Transfer.

Motorisches Gedächtnis → Bewegung; → sensomotorisches Lernen.

Motor learning → sensomotorisches Lernen.

Motortheorie der Raumwahrnehmung → Raumwahrnehmung.

Motortheorien gehen von der Annahme aus, dass kognitive Prozesse nicht »rein kognitiv« sind, sondern eine motor. u./o. kinästhet. Kodierung beinhalten, d. h., dass die kognitive Repräsentation die partielle o. latente Aktivierung von Bewegungs- u. Reaktionsprogrammen, einschließl. der kinästhet. Begleiterscheinungen solcher Bewegungen, impliziert (*motor. Bewusstseinstheorien*); vgl. hierzu Prinz (1985).

Schon bei dem Philosophen Berkeley findet sich motortheoret. Gedankengut, speziell in Bezug auf das Problem der → Raumwahrnehmung. Sein Ansatz wurde in der *Lokalzeichentheorie* von Lotze elaboriert; diese besagt, dass Raumwahrnehmung sich durch die Augenbewegungen, die zur Fixation u. visuellen Exploration exekutiert werden müssen, konstituiert wird u. dass diese taktilen Eindrücke zusammen mit der zweidimensionalen Wahrnehmung insges. eine dreidimensionale Repräsentation geben. Diese spezielle motor. Theorie lässt sich nicht mit der modernen empir. Evidenz vereinbaren; vgl. zum Überblick Wolff (1985); vgl. auch Neisser (1978) u. Turvey (1979). In gewisser Hinsicht stellt das → Reafferenz-Prinzip eine Weiterentwicklung solcher motortheoret. Gedanken dar. Diese ursprüngl. M. fielen zunehmender Kritik anheim u. wurden nur noch durch Wundt u. Ebbinghaus hochgehalten – sie wurden letztl. nicht aufgrund empir. Gegenevidenz aufgegeben, sondern durch einen generellen Paradigmenwechsel: Die Annahme der Bedeutsamkeit von motor. Prozessen für die Kognition, speziell für die Wahrnehmung, war v. a. deswegen notwendig, weil ein sensualist. Elementarismus allein die Raumwahrnehmung nicht erklären konnte – mit dem Obsoletwerden dieses Elementarismus entfiel auch die Notwendigkeit von M. Es fand sich danach allerdings eine Tendenz, motortheoret. Ansätze auf höhere geistige Prozesse zu adaptieren: Ribot's Theorie (1889) der Aufmerksamkeit, die → James-Lange-Theorie der Emotion u. die Denktheorie von Titchener (1909).

Die M. des Denkens beinhalten die Annahme, dass Denken → inneres Sprechen ist, eine Annahme, die sich schon bei Platon findet u. zentral ist für den → Behaviourismus (was von dem Philosophen Herbert Feigl sarkast. so kommentiert wurde, dass der Behaviourist mit seiner Luftröhre zur Erkenntnis gekommen sei, dass er keinen Verstand habe; zit. nach Anderson 1988). Diese Konzeption ist also eine *periphere* Denktheorie, im Gegensatz dazu steht die *zentralist. Hypothese*: »Reine Denkakte« werden von der → Gestaltpsychologie postuliert; auch Lashley (1951) u. Hebb (1959) gehen davon aus, dass das Denken ausschließl. in der Aktivierung zentralnervöser Vorgänge besteht. In ihrer *starken* Version beinhaltet die Theorie, dass das Denken aus verdeckten Responses der peripheren Sprechorgane besteht (Denken = Sprechen minus Laut). Die *schwache Version* der Theorie besagt, dass Denken nicht notwendigerweise mit innerem Sprechen verknüpft ist, aber durch dieses gefördert werden kann; Sokolov (1971) u. Vinacke (1974) weisen darauf hin, dass gerade das Lösen schwieriger Probleme durch den kinästhet. Kode positiv unterstützt werden kann (s. a. das Stw. → Mediationstheorie). Tatsächl. zeigen empir. Untersuchungen, dass minimale motor. Aktivitäten u. a. des Kehlkopfs, der Zunge u. der Lippen während verschiedener geistiger Tätigkeiten auftreten (z. B. Sokolov 1971ff.; McGuigan u. Choonover 1973). Bei Gehörlosen treten minimale *Fingerbewegungen* auf; gehörlose Kinder, die das Sprechen gelernt haben, zeigen neben Fingerbewegungen auch *artikulator.* Begleitprozesse des Denkens; vgl. Max (1937); Sokolov (1971).

M. versuchen eine Lösung des Problems der → *Ideomotorik*, also der Verbindung von Wahrnehmung/Vorstellung auf der einen u. Bewegung/Handlung auf der anderen Seite. In dieser Perspektive ist motortheoret. Gedankengut in den neuen kognitionsps. Ansätzen, v. a. in Deutschland u. hier hauptsächl. innerhalb der Arbeiten der ursprüngl. Bielefelder Forschungsgruppe, zunehmend wichtiger geworden; vgl. Prinz (1984); Scheerer (1984). Motortheoret. Gedanken finden sich auch bei Neisser (1978); durchgehend motortheoret. orientiert ist die Theorie der → genetischen Epistemologie von Piaget.

VD: (1) Die M. der → Sprachwahrnehmung besagt (in ihrer starken Version), dass die Identifizierung der physikal. Signale auf der phonet. Stufe der Sprachwahrnehmung durch den internen Nachvollzug der artikulator. Bewegungen des Sprechers erfolgt. Sprache wird demzufolge nicht über die Analyse akust. Parameter, sondern auf dem Umweg über das Aussprechen verstanden (Liberman u. a. 1963, 1967). Für diese Theorie spricht, dass akust. ähnl. Reize mit verschiedenen Artikulationsmustern zu verschiedenen Wahrnehmungen führen u. umgekehrt. Allg. gilt, dass bei Veränderungen sowohl der Artikulation als auch der akust. Stimulation die Veränderung der Wahrnehmung eher mit den Veränderungen der Artikulation korrelierten. Gegen die *starke* Version spricht jedoch die Tatsache, dass bei Paralyse der Sprechorgane die Sprachwahrnehmung nicht nennenswert gestört ist, so dass auch stumme Kinder lernen können, Sprache zu verstehen, ebenso die Tatsache, dass fremde Sprachen meist besser verstanden als ausgesprochen werden. Eine *schwache* Version, dergemäß die Vermittlung über artikulator. Prozesse zwar nicht zwingend ist, auf höheren Stufen der Sprachwahrnehmung jedoch eine wichtige Rolle spielen kann, wird

jedoch meist als gültig angesehen; eine krit. Darstellung liefert Lane (1965).
(2) Das *Prinzip der gemeinsamen Kodierung* (Prinz 1992) geht davon aus, dass Handlungen nicht nur durch die Efferenzen repräsentiert sind, die ihrer Erzeugung zugrunde liegen, sondern ebenso auch durch die Re-Afferenzen, die ihren wahrnehmbaren Effekten zugrunde liegen: Wenn z. B. eine Vp ihren linken Zeigefinger bewegt, um eine Reaktionstaste zu betätigen, ist diese Handlung durch eine Reihe wahrnehmbarer Effekte repräsentiert: das Bewegungsgefühl im Finger, die Berührung der Taste, das Geräusch, das die Taste macht, etc. Diese Re-Afferenzen, die ja erst bei u. nach der Ausführung der Handlung entstehen, sind den Efferenzen zeitl. nachgeschaltet – das schließt aber nicht aus, dass sie bei der Vorbereitung u. Steuerung von Handlungen eine Rolle spielen, dann näml., wenn Handlungen durch antizipator. Repräsentationen ihrer Effekte gesteuert werden, vgl. hierzu Prinz (1992).

LIT: Zum Überblick vgl. Scherer (1984); Greenwald (1970); Weimer (1977); ein frühes Sammelreferat ist Schilling (1929); eine frühe krit. Analyse Pillsbury (1911).

◆ Anderson, J. R.: Kognitive Ps. Heidelberg 1988; Greenwald, A. G.: Sensory feedback mechanisms in performance control: with special reference to the ideomotor mechanism. PR 77, 1970, S. 73–99; Hebb, D. O.: The organization of behaviour. New York 1959; Lane, H.: The motor theory of speech perception: a critical review. PR 72, 1965; Lashley, K. S.: The problem of serial order in behaviour. In: Jeffries, L. A. (Hg.): Cerebral mechanisms in behaviour. New York 1951, S. 112–136; Liberman, A. M. u. a.: A motor theory of speech perception. Stockholm 1963; Liberman, A. M. u. a.: Perception of the speech code. PR 74, 1967, S. 431–461; Luria, A. R.: The role of speech and the regulation of normal and abnormal behaviour. London 1961; Max, L. W.: An experimental study of the motor theory of consciousness. JCPS 24, 1937, S. 301–344; McGuigan, F. J. u. Choonover, R. A.: The psychophysiology of thinking. New York 1973; Neisser, U.: Kognition u. Wirklichkeit. Stuttgart 1978; Neumann, O.: Lokalzeichen. In: Ritter, J. u. Gründer, K. (Hg.): Histor. Wörterbuch der Philosophie, 5. Bd. Basel 1980; Pillsbury, W. B.: The place of movement in psychology. PR 28, 1911, S. 83–99; Prinz, W.: Modes of linkage between perception and action. In: Prinz, W. u. Sanders, A. F. (Hg.): Cognition and motor processes. Berlin 1984; Prinz, W.: Ideomotorik u. Isomorphie. In: Neumann, O.: Perspektiven der Kognitionsps. Berlin 1985, S. 39–63; Prinz, W.: Common coding approach to perception and action. In: Neumann, O. u. Prinz, W. (Hg.): Relationships between perception and action. Berlin 1990, S. 167–201; Ribot, T.: Psychologie de l'attention. Paris 1889; Scheerer, E.: Motor theories of cognitive structure: a historical review. In: Prinz, W. u. Sanders, A. F. (Hg.): Cognition and motor processes. Berlin 1984, S. 77–99; Schilling, R.: Über »inneres Sprechen« (Sammelreferat). ZfPs 111, 1929, S. 204–243; Sokolov, A. N.: Untersuchungen zum Problem der sprachl. Mechanismen des Denkens. In: Hiebsch, H. (Hg.): Ergebnisse der sowjet. Ps. Stuttgart 1969, S. 430–564; Sokolov, A. N.: Internal speech and thought. IJP 6, 1971, S. 79–92; Sokolov, A. N.: Inner speech and thought. New York 1972; Titchener, E. B.: Lectures on the experimental psychology of the thought process. New York 1909; Turvey, M.: The thesis of the efference-mediation of vision cannot be rationalized. BBS 2, 1979, S. 81–83; Vinacke, W. E.: The psychology of thinking. New York 1974; Weimer, W. B.: A conceptual framework for cognitive psychology: motor theories of the mind. In: Shaw, R. u. Bransford, J. (Hg.): Perceiving, acting, knowing. Hillsdale 1977; Wolff, P.: Wahrnehmungslernen durch Blickbewegungen. In: Neumann, O. (Hg.): Perspektiven der Kognitionsps. Berlin 1985, S. 63–113; Wygotsky, L. S.: Denken u. Sprechen. Berlin 1964.

Movement time → Reaktionszeit.

Move-problems → Problemlösen.

MRI, Abk. für *magnetic resonance imaging*; → physiologische Psychologie (Kasten psychophysiologische Methoden).

Mühevolles Erinnern → automatische vs. kontrollierte Informationsverarbeitung.

Müller-Effekt→ Aubertsches Phänomen.

Müller-Lyer-Täuschung → geometrisch-optische Täuschungen.

Münsterberg-Täuschung, eine → geometrisch-optische Täuschung: in der Abb. *Wahrnehmung 59* (entnommen aus v. Campenhausen 1993) scheinen die parallelen horizontalen Linien in dem seitl. versetzten Schachbrettmuster zu konvergieren.

Abb. *Wahrnehmung 59*

VD: Die M. kann noch nicht vollständig erklärt werden, an ihr sind nicht nur corticale Vorgänge der → Formwahrnehmung, sondern auch periphere Verarbeitungsvorgänge, bes. → Kontrasteffekte beteiligt. Der Täuschungseffekt bleibt aus, wenn die Felder nicht in Schwarz u. Weiß, sondern in zwei Farben dargestellt werden, die mit gleicher Leuchtdichte geboten werden; der Effekt ist noch erhebl. eindrucksvoller, wenn sich zw. den schwarzen u. weißen Feldern eine graue Linie befindet. Nach der Kachelwand, an der das entdeckt wurde, wird diese hier nicht abgebildete Version mit den grauen Linien *Café-Haus-Täuschung* genannt; vgl. v. Campenhausen (1993) sowie Gregory u. Heard (1979).

◆ Campenhausen, C. v.: Die Sinne des Menschen. Stuttgart 1993; Gregory, R. L. u. Heard, P.: Borderlocking and the café wall illusion. Per 8, 1979, S. 365–380.

Münzschätzungs-Experimente → Wahrnehmungsakzentuierung.

Multiagentenmodell → Informationsverarbeitungstheorien.

Multiattributive Entscheidungstheorie [auch *multiattributive Wahltheorie, multidimensionale Nutzenstheorie*; engl. *multiattributive utility theory*; man spricht abgekürzt vom *MAUT-Modell*]. Entscheidungsalternativen heißen *multiattributiv* bzw. *multidimensional*, wenn sie mehrere entscheidungsrelevante Attribute (auch: *Aspekte, Dimensionen*) aufweisen; ein Auto hat z. B. Bewertungsdimensionen wie Sicherheit, Preis, Geschwindigkeit, Aussehen. Multidimensionalität macht den Entscheidungsprozess also auch dann schwierig u. kompliziert, wenn → *Entscheidungen unter Sicherheit* vorliegen, da der Entscheider dabei die Dimensionen gewichten u. miteinander verrechnen muss; wenn er sich also für ein spezielles Auto entscheidet, muss er Unterschiede in Preis, Geschwindigkeit, Aussehen etc. berücksichtigen, bewerten u. gegeneinander aufrechnen.

M. E. können grundsätzl. auch auf *Entscheidungen unter Risiko* angewandt werden, die *Wahrscheinlichkeit* o. *Unsicherheit* lässt sich näml. als eine eigene Bewertungsdimension ansehen, es stehen sich dann also nicht länger Nutzen u. Wahrscheinlichkeit gegebenüber, sondern die Wahrscheinlichkeit wird sozusagen als eine Art Nutzen betrachtet. Zur multiattributiven Nutzenmessung bei Unsicherheit über die Konsequenzen vgl. zsfd. Borcherding (1983).

Es ist ein Problem, ob getrennte Komponenten-Nutzenwerte überhaupt bestimmbar sind u. ob diese Werte sich zu einem einwertigen Gesamt-Nutzen zusammensetzen lassen; Luce u. Tukey (1964) konnten zeigen, dass dann, wenn die Präferenzurteile bestimmten Axiomen genügen, den Komponenten numer. Werte derart zugeordnet werden können, dass die Alternative mit der größeren Summe aus den Komponentenwerten auch die bevorzugte Alternative ist. Da dieses Axiomensystem die Basis für eine gleichzeitige Messung des Nutzens zweier Komponenten darstellt, bezeichneten Luce u. Tukey es als Theorie der *simultanen verbundenen Messung* (engl. *simultaneous conjoint measurement*); es wird auch als Theorie der *additiven verbundenen Messung* (*additive conjoint measurement*) bezeichnet, um es von den später entwickelten nichtadditiven Versionen abzuheben.

TH: Die untersuchten Entscheidungsstrategien lassen sich in *algebraische* u. in

Prozessmodelle unterteilen: (1) *Algebraische Modelle* beschreiben das Vh. durch eine Formel, die angibt, wie Bewertungen der Alternativen auf den einzelnen Attributen zu einem Gesamturteil verknüpft werden. Die meist untersuchte Formel dieser Art ist das *additive* o. *lineare Modell.* Es definiert den Gesamtwert einer Alternative als Summe der Werte aller verschiedenen Attribute (*Additive-utility-Regel*). Diese Regel wurde zunächst für den zweidimensionalen Fall axiomatisiert, später auf beliebig viele Dimensionen erweitert. Die allg. Axiomatisierung additiver Modelle hat unter der Bezeichnung *verbundene Messung* (engl. *conjoint measurement*) große Bedeutung weit über die Entscheidungstheorie hinaus erlangt. Dieser traditionelle sog. *Regressionsansatz* (wegen der Verwendung der statist. Verfahren *multiple Regression* u. *Varianzanalyse*) wird heute zunehmend krit. gesehen, da diese Verfahren zu grob sind; vgl. Dawes u. Corrigan (1974). (2) *Prozessmodelle* nehmen eine bestimmte Abfolge von Vergleichen an, wobei die Verknüpfung der Attribute oft *logisch*, z. B. durch Konjunktion, erfolgt; sie betrachten deshalb nicht die globale Anpassung, sondern konstruieren spezielle Alternativen, für die verschiedene Entscheidungsregeln unterschiedl. u. auffällige Bevorzugungsmuster vorhersagen; bewährt hat sich hierbei die Provokation *intransitiver* Bevorzugungen; vgl. hierzu Huber (1979) u. Humphreys (1977). Das zentrale Forschungsergebnis dieses Ansatzes war das Herausarbeiten unterschiedl. → Entscheidungsheuristiken, ein Kzpt., das charakterist. für die moderne Entscheidungstheorie ist.

HI/WÜ: Das MAUT ist eines der wichtigsten Paradigmen der modernen → Entscheidungstheorien.

◆ Borcherding, K.: Entscheidungstheorie u. Entscheidungshilfeverfahren für komplexe Entscheidungssituationen. In: Irle, M. (Hg.): Methoden u. Anwendungen der Marktps. EP, D, III, Bd. 5. Göttingen 1983, S. 64–174; Dawes, R. M. u. Corrigan, B.: Linear models in decision making. PBu 81, 1974, S. 95–106; Huber, O.: Intransitive Präferenzen u. Strategien für multidimensionale Entscheidungen. ZEAP 26, 1979, S. 62–93; Humphreys, P.: Application of multi-attribute utility theory. In: Jungermann, H. u. deZeeuw, G. (Hg.): Decison making and change in human affairs. Dordrecht 1977; Luce, R. D. u. Tukey, J. W.: Simultaneous conjoint measurement: an new type of fundamental measurement. JMaP 1, 1964, S. 1–27.

Multiattributive Wahltheorie → multiattributive Entscheidungstheorie.

Multidimensionale Nutzenstheorie → multiattributive Entscheidungstheorie.

Multidimensionaler Nutzen → multiattributive Entscheidungstheorie; → Nutzen.

Multikomponentenansatz → Mehrspeichertheorien.

Multilayerd networks → Konnektionismus.

Multiple Kodierung → Kodierungsvariabilität.

Multiple negative Fokusstrategie → Attributlernen.

Multipler Kode → Kodierung; → sensorisches Gedächtnis; → Gedächtnis; → Gedächtnistheorien.

Multipler Plan → Verstärkungsplan.

Multiples Bewusstsein → Bewusstsein.

Multiples Diskriminationslernen → Diskriminationslernen.

Multiple spezifische Ressourcen → Ressourcentheorie.

Multiples T-Labyrinth → Lernlabyrinth.

Multiples Y-Labyrinth → Lernlabyrinth.

Multiprozessormodell → Aufmerksamkeit; → Aufmerksamkeitskapazitäts-Modell; → Ressourcentheorie.

Mundgefühl → Geschmackswahrnehmung.

Munsell-System → Farbwahrnehmung.

Murphys Gesetz, fundamentale Prämisse zahlreicher → Handlungstheorien sowie zentrales Ergebnis der empirischen Weisheitsforschung: *Wenn etwas schiefgehen kann, wird es auch schiefgehen*; vgl. Bloch (1985). Simpson (1986) schlägt eine Formulierung vor, die nicht nur besser der Lebenserfahrung entspricht, sondern sich auch für eine mathemat. Formalisierung besser eignet: *Wenn etwas schiefgehen kann, kann es schiefgehen.*

VD: T. Städtler wollte 1986 zusammen mit K. Grawe ein Metaanalyse sämtlicher empirischer Untersuchungen zu M.G. durchführen, nach 9 Jahren und 34712 berücksichtigten (kontrollierten) Studien kam es jedoch zum Zerwürfnis beider Forscher (u. nachfolgend zum Abbruch des Projekts) aufgrund einer nicht zu behebenden Uneinigkeit darüber, inwieweit innerhalb der Metaanalyse auch die abgebrochenen u. gescheiterten Studien berücksichtigt u. sogar als positive Belege gewertet werden sollten. Diese Streitfrage spaltet bis heute die gesamte Murphy-Forschung in zwei Lager; vgl. aus psa. Sicht Mertens (1994ff.).

◆ Grawe, K. u. Städtler T.: Die ps. Murphologie auf dem Prüfstand der Empirie. DFG-Forschungsprojekt (1986–1995); Mertens, W.: Vh. gemäß dem Murphy-Gesetz – ein Beleg für die Realität von Todestrieb und Wiederholungszwang? JPsa 1994, S. 13–34; Simpson, W. R.: Eine probabilist. Formulierung der Murphy-Dynamik – angewendet auf die Analyse operationaler Forschungsprobleme. In: Scherr, G. H. (Hg.): Journal der unwiederholbaren Experimente. München 1986.

Musikpsychologie → Hören.

Muskuläre Entspannung → Entspannung.

Mustererkennung. Eines der zentralen Probleme des → Bildverstehens bzw. der → Objektwahrnehmung ist die Frage, wie ein Objekt bzw. ein Muster als solches identifiziert wird, d. h. mit einer gespeicherten Gedächtnisvorstellung verglichen wird. Dies ist eines der wichtigsten Probleme einer Theorie des → Erkennens u. ein Hauptparadigma der modernen → kognitiven Psychologie, wie es in der älteren Ps. v. a. von der → Gestalttheorie thematisiert worden ist. Das Problem wurde durch Anregungen aus der → künstlichen Intelligenz bzw. Informatik wiederentdeckt, da seit den 60er Jahren Programme bzw. Maschinen entwickelt worden sind, die einfache Muster erkennen können. Diese so selbstverständl. erscheinende Leistung unseres kognitiven u. visuellen Systems beinhaltet eine ganz enorme, bis heute noch nicht voll verstandene Leistung; die Abb. *Kognition 1* (aus Neisser, 1974, S. 68) zeigt z. B., welch unterschiedl. Versionen eines Buchstabens von uns mühelos als ein A erkannt werden, was erkennenden Maschinen bis heute Mühe bereitet.

TH: (1) Die Theorie des *Schablonenvergleichs* (engl. *template matching*) geht davon aus, dass das kognitive System des Menschen eine zu identifizierende Figur mit einem Standardmuster (*Schablone*) vergleicht. Das simple Schablonenvergleichsmodell führt auf das Problem, wie wir eine Gestalt erkennen können, wenn Input u. Schablone nicht ideal übereinander passen (s. Abb. *Kognition 2*, aus Neisser 1974, S. 72), wie wir also eine Gestalt erkennen können, auch wenn eine neue retinale Position (Abb. a), wenn eine Größenveränderung (Abb. b) u. wenn eine veränderte Orientierung vorliegt (Abb. c). Für all diese Fälle müssen als Voraussetzung für diesen Vergleich zahlreiche Vorverarbeitungsprozesse angenommen werden. Computerprogramme benützen meist zunächst einfache *lokale Reinigungsprogramme*, die kleine Lücken ausfüllen u. isolierte Punkte

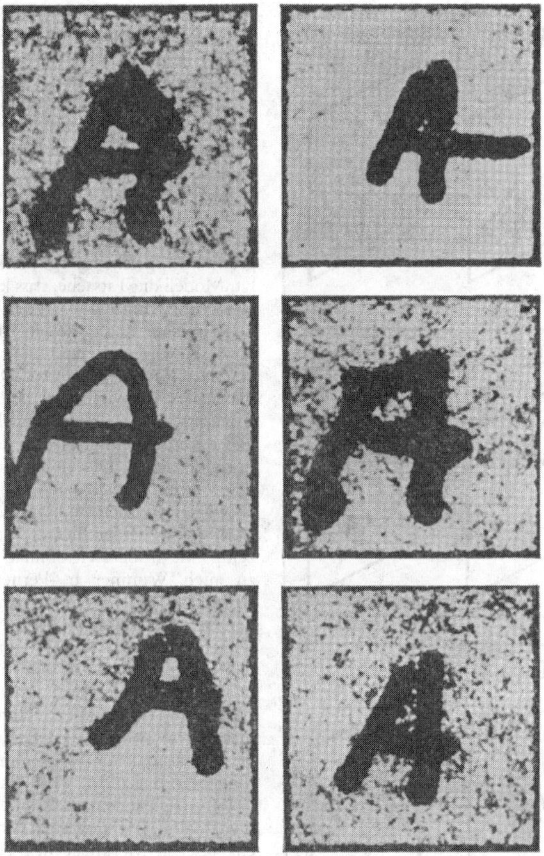

Abb. *Kognition 1*

ausschalten. Des Weiteren wird eine *Normalisierung* vorgenommen: Die Figur wird so transformiert, dass ihr Zentrum (geometr. definiert) mit dem Zentrum der Inputfläche zusammenfällt, sodann wird sie symmetr. ausgedehnt o. zusammengezogen, bis sie einen Standardwert erreicht, u. wird dann so rotiert, dass ihre längste Achse eine festgesetzte Orientierung erreicht. Ähnl. Prozesse finden beim menschl. visuellen System statt. In vielen Fällen sind aber solche Transformationen nicht ausreichend; vgl. hierzu die Bsp. aus Wimmer u. Perner (1979). Eine sozusagen weniger strenge Auslegung des Schablonenmodells ist das sog. *Prototypmodell*, nach dem es nicht für jedes Perzept eine eigene Schablone gibt, sondern eine Art Urmuster, das für eine ganze Klasse von Umweltreizen repräsentativ ist; vgl. hierzu Murch u. Woodworth (1978). (2) Die Theorie der *Merkmalsanalyse* (engl. *Feature analysis*; deswegen auch: *Feature-Modell*) geht davon aus, dass M. dadurch geschieht, dass analysiert wird, ob bestimmte *krit. Merkmale* am zu identifizierenden Muster vorhanden sind (deswegen auch: *Modell der krit. Merkmale*). Diese Theorie beinhaltet ein Kzpt. der → Moduralität (s. a. das Stw. → Wahrnehmung). Typ. ist ein zweistufiger Prozess: (a) Merkmalsfindung (*feature extraction*); (b) Merkmalsbewertung (*feature evaluation*). Eine wichtige spezielle

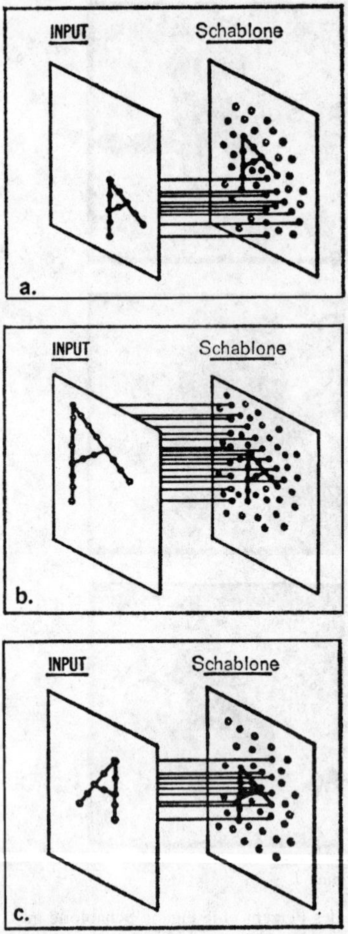

Abb. *Kognition 2*

Theorie ist das → Pandämonium-Modell. Angewandt auf die Erkennung von Buchstaben wird z. B. davon ausgegangen, dass alle Druckbuchstaben in 12 krit. Elemente zerlegbar u. deswegen anhand dieser krit. Elemente erkennbar sind; s. Abb. *Kognition 3* (entnommen aus Neisser 1974, S. 211, nach Gibson 1965): Jeder Buchstabe ist charakterisiert durch diejenigen Merkmale, die in seiner Spalte mit einem »+« markiert sind. Auf dem Gebiet der akust. Wahrnehmung unternahmen Jakobson u. Halle (1956) eine ähnl. Analyse für die krit. Merkmale gesprochener Wörter. Chomsky u. Halle (1968) dehnten diese Analyse auf verschiedene Sprachen aus u. kamen zu dem Schluss, dass die phonet. Kombinationen aller Sprachen zw. 15 bis 20 krit. Merkmale umfassen. Auch die Tatsache, dass Sprache am Telefon verständl. bleibt, obwohl das Telefon nur Frequenzen um 300 Hz überträgt, weist darauf hin, dass ein Merkmalsmodell adäquat ist. Ganz grundsätzl. spricht für ein merkmalsanalyt. Modell die Tatsache, dass kleine Details großen Einfluss darauf haben können, welcher Kategorie ein Muster zugewiesen wird (z. B. der Unterschied zw. einem »Q« u. einem »O«). Die Merkmalsanalyse vernachlässigt den globalen Zusammenhang, der Schablonenvergleich berücksichtigt diesen, jedoch nur in rigider Form. Die modernen Methoden, die im Bereich → computer vision entwickelt worden sind, versuchen eine Verbindung beider Elemente u. gleichzeitig eine größere Flexibilität; vgl. hierzu auch Wimmer u. Perner (1979). Grundsätzl. scheint das menschl. Erkennen beide Prozesse zu beinhalten, eine reine Schablonenanalyse scheint auf keinen Fall ausreichend zu sein; zur experimentellen Analyse vgl. Neisser (1974) u. Nickerson (1972). Aber auch die Merkmalsanalyse ist nicht ausreichend zur Erklärung komplexer Wahrnehmungsleistungen; z. B. kann das Problem, ob ein Telefon sich in einem Raum befindet, nicht damit gelöst werden, da sich die charakterist. Merkmale des Telefons je nach Blickwinkel verändern u. da die Merkmale des Telefons an sich einen geringen Einfluss auf die Gesamtheit der in einer Situation vorhandenen Merkmale haben. Insbes. die Besonderheit des menschl. visuellen Systems, das Reizangebot zunächst einer Grobgliederung zu unterwerfen u. sich dann auf bestimmte Teile zu konzentrieren, kann mit elementaren mustererkennungstheoret. Kzpt. nicht erklärt werden, hierzu müssen Theorien der → Aufmerksamkeit einsetzen. Neisser (1974) entwickelt in diesem Zusammenhang v. a. das Kzpt. der → fokalen Aufmerksamkeit u. der *präattentiven Prozesse*; er weist auch auf die Bedeutung unterschiedl. Wahrnehmungseinstellungen hin. Zu weiteren Ausführungen s. die Stw. → computer

Merkmale	A	B	C	E	K	L	N	U	X	Z
Gerades Segment										
Horizontal	+			+		+				+
Vertikal		+		+	+	+	+			
Schräg /	+				+				+	+
Schräg \	+				+		+		+	
Kurve										
geschlossen		+								
vertikal geöffnet								+		
horizontal geöffnet			+							
Überschneidung	+	+		+	+				+	
Redundanz										
Zyklische Vertauschung		+		+						
Symmetrie	+	+	+	+	+			+	+	
Diskontinuität										
Vertikal	+				+				+	
Horizontal				+		+	+			+

Abb. *Kognition 3*

vision u. → computationale Wahrnehmungstheorien. Eine weitere Frage im Zusammenhang mit beiden Modellen ist, ob die notwendigen Vergleiche im Rahmen einer parallelen o. einer seriellen Informationsverarbeitung (→ parallele vs. serielle Informationsverarbeitung) stattfinden. Nach Neisser (1974) sprechen die empir. Ergebnisse eher für eine parallele Verarbeitung u. für ein Merkmalsmodell. Viele Neuansätze zur M. finden sich im Rahmen des → Konnektionismus.

VD/T: In Wimmer u. Perner (1979) wird statt des Begriffs *Merkmalsanalyse* auch der Begriff *M.* selbst verwendet.

◆ Chomsky, N. u. Halle, M.: The soundpattern of English. New York 1968; Gibson, E. J.: Learning to read. Science 148, 1965, S. 1066–1072; Jakobson, R. u. Halle, M.: Fundamentals of language. The Hague 1956; Murch, G. M. u. Woodworth, G. L.: Wahrnehmung. Stuttgart 1978; Neisser, U.: Kognitive Ps. Stuttgart 1974 (Orig.: 1967); Nickerson, R. S.: Binary-classification reaction time: a review and some studies of human information-processing capabilities. PMSu 4, 1972, S. 275–318; Wimmer, H. u. Perner, J.: Kognitionsps. Stuttgart 1979.

Mustertheorie des Schmerzes → Schmerz.

n, Abk. für → need.

N1 → physiologische Psychologie (Kasten psychophysiologische Methoden).

N2 → physiologische Psychologie (Kasten psychophysiologische Methoden).

Nachbarschafts-Aktivations-Modell → Worterkennung.

Nachbild, die elementarste Form von → Nachwirkungen: das Phänomen, dass nach einer Lichtwahrnehmung die Empfindung nicht sofort verschwindet, sondern noch eine Zeitlang andauert. Deswegen sieht man z. B. bei einem wandernden leuchtenden Punkt (in der Dunkelheit) einen mehr o. weniger langen leuchtenden Streifen. Es existiert ein *primäres N.*, es ist meist von kurzer Dauer, und ein *positives N.*, also ein homochromat. (d. h., es ist bei einem weißen Lichtblitz da weiß, wo der Reiz weiß war, schwarz, wo er schwarz war). Darauf folgt ein *negatives N.*, das in der Komplementärfarbe zu der Ausgangsempfindung erscheint (*he-*

terochromes N.); zu experimentalps. Anordnungen vgl. Arnold (1972). Ein N. kann bei schwacher Gesamtbeleuchtung bis zu 20 Sekunden dauern. Wenn zwei Bilder in schneller Folge o. abwechselnd gezeigt werden, so dass die Zeit zw. der Darbietung kürzer ist als die Persistenz, erscheinen die Bilder wie ein einziges. Geräte, die diese Effekte ausnützen, sind das *Lebensrad* u. das *Fantaskop*, s. das Stw. → kinematographisches Prinzip, vgl. hierzu Arnold (1972) sowie Falk u. a. (1990) – dort finden sich auch Anleitungen für experimentelle Selbstversuche, ebenso bei Kebeck (1994). Es gibt auch ein *akust.* Nachbild; vgl. Murch u. Woodworth (1978). Die Größe des negativen N. steht in einem gesetzmäßigen Verhältnis zu dessen Entfernung zum Beobachter: → Emmertsches Gesetz. Eine bes. Form von N. sind → Bewegungsnachbilder. In der Abb. *Wahrnehmung 16*

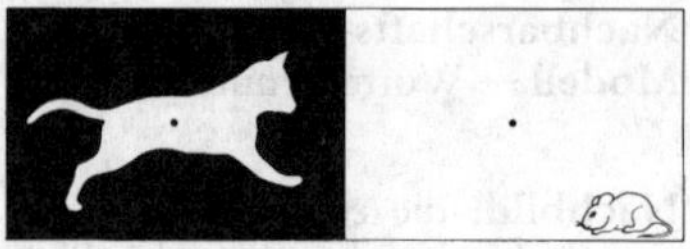

Abb. *Wahrnehmung 16*

kann ein negatives N. dadurch erzeugt werden, dass man mindestens eine Minute lang auf den schwarzen Punkt mitten in der Katze starrt, u. wenn man dann nach rechts schaut, sieht man die Katze vor der Maus.

◆ Arnold, W. (Hg.): Experimentelles Praktikum, 1. Bd. Stuttgart 1972; Brown, J. L.: Afterimages. In: Graham, C. L. (Hg.): Vision and visual perception. New York 1965; Campenhausen, C. v.: Die Sinne des Menschen. Stuttgart 1993; Falk, D. S. u. a.: Ein Blick ins Licht. Berlin 1990; Heckhausen, H.: Allg. Ps. in Experimenten. Göttingen 1969; Kebeck, G.: Wahrnehmung. Weinheim 1994; Murch, G. M. u. Woodworth, G. L.: Wahrnehmung. Stuttgart 1978.

Nachbildende Gesten → Gestik.

Nachdrängen → Verdrängung.

Nacheffekte → Nachwirkungen.

Nachempfindungen → Nachwirkungen.

Nachentscheidungs-Dissonanz → kognitive-Dissonanz-Theorie.

Nachentscheidungsphase → Entscheidung; → kognitive Dissonanztheorie.

Nachführverhalten → Tracking.

Nachlaufprägung → Prägung.

Nachwirkungen [auch *Nacheffekte, Nachempfindungen*], bestehen darin, dass die (längere) Wahrnehmung einer Figur die Wahrnehmung einer anderen danach betrachteten Figur verändert bzw. verzerrt, meist in der Hinsicht, dass bestimmte Elemente der ursprüngl. Figur in der neuen Figur weniger stark o. »gegenläufig« verzerrt wahrgenommen werden. N. werden demgemäß mit folgender method. Grundstruktur erfasst: Zunächst wird die sog. *Inspektionsfigur* (*I-Figur*) angesehen, danach ein *Adaptationsstimulus* (*Testfigur, T-Figur*) über den sog. *Adaptationszeitraum* hinweg betrachtet, um Ermüdungen o. irgendeine andere Adaptation der fragl. Sinnesmechanismen zu erzeugen. Schließl. wird zum ursprüngl. Teststimulus zurückgekehrt *(Test-Adaptation-Test-Zyklus)*. N. lassen sich also als *sukzessive* opt. → Wahrnehmungstäuschungen verstehen, im Unterschied zu den normalen *simultanen* opt. Täuschungen. Zwei Bsp.: Wenn man mit geschlossenen Augen an einem gekrümmten Rand mit dem Finger auf u. ab streicht, wird danach ein getasteter

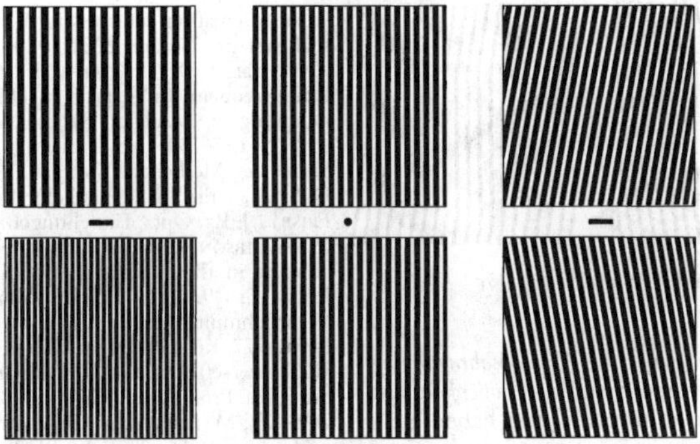

Abb. *Wahrnehmung 37a*

gerader Rand in entgegengesetzter Richtung gekrümmt erscheinen; wenn man wiederholt einen Ton hört, der an Intensität zunimmt, dann erklingt ein Ton mit gleichmäßiger Intensität meist, als ob er an Intensität abnähme. Eine wichtige Gruppe von N. ist die der → Bewegungsnachwirkungen. Eine eigentüml. u. noch nicht völlig verstandene N. ist der → McCollough-Effekt. N. zeigen sich auch bei → Prismenbrillenversuchen. Das elementarste Bsp. für N. ist ein → Nachbild. Es gibt auch kinästhet. u. propriozeptive N.; vgl hierzu Hochberg (1977). Auch die → Fechnerschen Farben lassen sich als N. verstehen. Am Ausgangspunkt der Forschung standen die sog. *figuralen* N. (Köhler u. Wallach 1944) u. die *Gestaltnachwirkung* (auch *Gibsonscher Formeffekt*). Ein Bsp. für eine figurale N.: Die Betrachtung einer größeren Figur bewirkt im Anschluss daran, dass u. U. eine andere Figur kleiner gesehen werden kann. Beim Gibsonschen Formeffekt wird einmal auf eine gekrümmte Linie geblickt u. einmal auf eine gerade, wb. nach einigen Sekunden bei der Betrachtung der geraden Linie eine leichte Krümmung in der entgegengesetzten Richtung wahrzunehmen ist; vgl. zsfd. Murch u. Woodworth (1978, S. 146ff.).

Die in der Forschung der letzten 20 Jahre am häufigsten analysierten Stimuli sind *Gitter-Muster*, also Muster, die aus Streifen verschiedener Dicke u. Dichte bestehen; man kann dabei das Kzpt. der → Ortsfrequenzanalyse anwenden. Folgende Arten von N. lassen sich an solchen Mustern reproduzieren: die *Ortsfrequenznachwirkung*, man spricht auch von einem (*simultanen* bzw. *sukzessiven*) *Größenkontrast*; Bsp.: wenn man in der Abb. *Wahrnehmung 37a* zwei Minuten lang auf die kurzen horizontalen Streifen links schaut, stimmt man den oberen Teil des Gesichtsfeldes auf eine niedrige u. den unteren auf eine hohe Ortsfrequenz ein (man soll dabei das Auge entlang des Strichs hin u. her bewegen, damit keine Nachbilder auftreten). Wenn man dann auf den Punkt zw. den mittleren Gittern schaut, scheint das obere Gitter eine größere Ortsfrequenz zu haben als das untere (die Streifen des oberen Gitters scheinen näher beieinander zu liegen). Mit den Streifen rechts kann man das entsprechende Experiment für die *Orientierung* durchführen, man spricht dann von einer

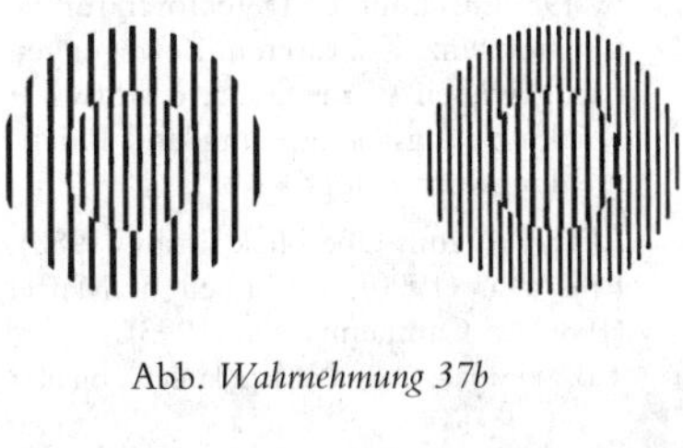

Abb. *Wahrnehmung 37b*

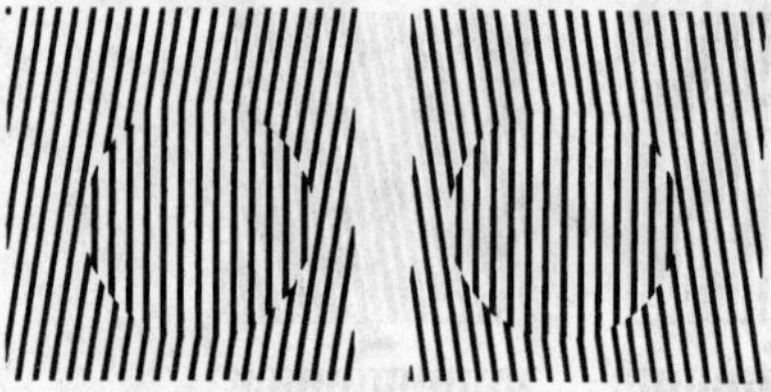

Abb. *Wahrnehmung 37c*

Kippnachwirkung. Die Abb. *Wahrnehmung 37b* zeigt einen *Simultan-Größenkontrast*: Die beiden mittleren Gitter haben gleiche Ortsfrequenz, scheinen aber wegen der Verschiedenheit der umgebenden Gitter ungleich zu sein. Die Abb. *Wahrnehmung 37c* zeigt einen simultanen *Richtungskontrast*: Die scheinbare Richtung der mittleren (vertikalen) Gitter wird durch die Gitter ihrer Umgebung beeinflusst.

TH: Das grundsätzl. Erklärungskzpt. der N. ist das von (neurophysiolog.) Merkmalsdetektoren, die antagonist. Paare bilden, so dass bei Ermüden des einen Detektors (bedingt durch die dauerhafte Reizeinwirkung) die Wirkung des anderen stärker hervortritt. Es gibt N., die eher peripher verankert sind, wie z. B. die *Farbnachwirkungen*, was man daraus erkennen kann, dass sie nicht von einem Auge auf das andere transformiert werden. Wo eine solche Übertragung von einem Auge auf das andere stattfindet, v. a. bei den N. der Gitterstrukturen, müssen diese in höheren Verarbeitungszentren des Gehirns ihren Ursprung haben. Da – vor diesem theoret. Hintergrund – durch Untersuchungen der Wirkung von N. Rückschlüsse auf die sog. Merkmalsdetektoren gezogen werden können, werden N. bisweilen als »Mikroelektroden des Psychologen« bezeichnet (vgl. Malhotra 1966/67 u. Frisby 1989). Es konnten Detektoren für die Ortsfrequenz, Konturen u. Bewegungen nachgewiesen werden; s. a. das Stw. → Rückmeldungsverzögerung und Rückmeldungsverzerrung.

LIT: Vgl. zum Überblick Frisby (1989); Falk u. a. (1990); Campbell u. Maffei (1986); v. Campenhausen (1993).

◆ Blakemore, C. u. a.: Lateral inhibition between orientation detectors in the human visual system. Nature 228, 1970, S. 37–39; Campbell, F. W. u. Maffei, L.: Kontrast u. Raumfrequenz. In: Ritter, M. (Hg.): Wahrnehmung u. visuelles System. Heidelberg 1986, S. 132–139; Campenhausen, C. v.: Die Sinne des Menschen. Stuttgart 1993; Falk, D. S. u. a.: Ein Blick ins Licht. Berlin 1990; Frisby, J. P.: Opt. Täuschungen. Augsburg 1989; Gibson, J. J.: Adaption, aftereffect and contrast in the perception of curved lines. JExP 16, 1933, S. 1ff.; Hochberg, J. E.: Wahrnehmung. Einführung in die Ps., 2. Bd. Bern 1977; Köhler, W. u. Wallach, H.: Figural after-effects: an investigation of visual processes. Proc. Amer. Phil. Soc. 88, 1944, S. 269–357; Malhotra, M. K.: Figurale Nachwirkungen. Sammelbericht. PF 30, 1966/67, S. 1–104; Mollon, J. D.: After-effect and the brain. New Scientist Feb. 1974, S. 479–482; Murch, G. M. u. Woodworth, G. L.: Wahrnehmung. Stuttgart 1978; Sagara, M. u. Oyama, T.: Experimental studies on figural after-effects in Japan. PBu 54, 1957, S. 327–338.

Nähe-Relation → TLC.

nAff, Abkürzung für *need for affiliation* → Anschlussmotiv.

Nahrungsmittelaversion → Geschmacksaversionslernen.

Naive Handlungsanalyse → naive Kausalanalyse.

Naive Kausalanalyse [auch *naive Handlungsanalyse*], histor. einflussreichster Bestandteil der → naiven Psychologie F. Heiders (1958), eine Analyse der kognitiven Prozesse, die Menschen vornehmen, wenn sie versuchen, → Attributionen für menschl. Vh. zu finden. Heider analysiert, wie Menschen die Handlungen anderer Menschen ps. zu erklären versuchen, um den Menschen zu bewerten o. zu verstehen; man spricht schlagwortartig von *Wahrnehmung personaler Kausalität*. Dabei geht er von der Situation aus, dass eine Handlung abgeschlossen ist u. der Mensch nun nach ursächl. Erklärungen für ihr Zustandekommen sucht. Hierbei sollen die ablaufenden Attributions-Prozesse v. a. auf folgende Faktorengruppen führen: *Personenvariablen* vs. *Umweltvariablen*. Z. B. kann eine Leistung bewirkt sein durch Kräfte, die in der Person selbst liegen, o. durch Einflüsse aus der Umwelt; die Personenvariablen können untergliedert werden in: *Motivation* (»*try*«; *Motivationsfaktor*, engl. *motivational factor*) u. *Fähigkeit* (»*can*«; Machtfaktor, *engl. power factor*). *Motivation* kann noch einmal untergliedert werden in: *Intention* u. *Anstrengung*. Die Umweltvariablen lassen sich gliedern in *Aufgabenschwierigkeit* u. *Zufall* (auch *Glück*, *Gelegenheit*); die Abb. *Attribution 1* zeigt den Aufbau

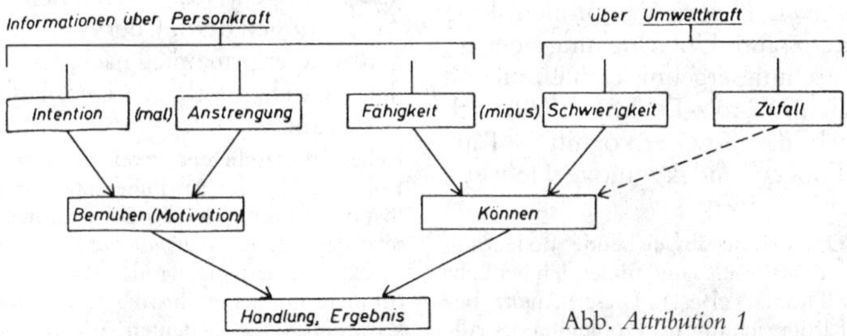

Abb. *Attribution 1*

von Heiders Handlungsanalyse (aus Heckhausen 1980): von Informationen über Komponenten der »Person-« u. der »Umweltkraft« (obere Zeile) über daraus gebildete Konzepte (mittlere Zeile) zur resultierenden Handlung u. zu ihrem Ergebnis.

Heider analysiert v. a., wann Menschen die Handlungen eines anderen auf *Can*- bzw. *Try*-Faktoren zurückführen. Nach Heider betrachten die meisten Menschen *Aufgabenschwierigkeit* als einen dispositionalen u. damit zeitl. relativ unveränderl. Faktor, Glück u. Motivation (Anstrengung u. Absicht) dagegen als eher temporäre, d. h. zeitl. relativ veränderl. Faktoren.

HI: Heider stand in der Tradition der → Gestalttheorie; einer seiner Forschungsschwerpunkte war die → phänomenale Kausalität, woraus viele seiner Ideen hervorgingen. Seine Arbeit entfaltete mit etwa zehn Jahren Verspätung ihre Wirkung u. legte den Grundstein zu den Attributionstheorien, einem der Hauptparadigmen der modernen Ps. der 70er u. 80er Jahre.

LIT: Zsfd. u. einführende Darstellungen finden sich bei Keller (1981), Heckhausen (1980) u. Herkner (1980).

◆ Heckhausen, H.: Motivation u. Handeln. Berlin 1980; Heider, F.: The psychology of interpersonal relations. New York 1958 (dt.: Ps. der interpersonalen Beziehungen. Stuttgart 1977); Herkner, W. (Hg.): Attribution. Bern 1980; Keller, J. A.: Grundlagen der Motivation. München 1981.

Naive Psychologie [auch *Alltagsps.*; vgl. Wortmann 1983 u. Tacke 1985; auch *naive Vhstheorie*, vgl. Laucken 1974; engl. *common-sense psychology*; auch *folk psychology*]. Der Begriff n. P. ist doppeldeutig u. wird in zweifachem Sinne verwendet: Einmal bezeichnet er die vorwissenschaftl. Kzpte. von Laien, also die Minitheorien, die der Mensch benutzt, um das eigene Tun u. das seiner Mitmenschen zu erklären, vorherzusagen u. zu beeinflussen; zum anderen bezeichnet der Begriff auch die wissenschaftl. Erforschung dieser vorwissenschaftl. Kzpte. u. ihrer Bedeutung im Rahmen der alltägl. Lebensbewältigung. Dieses Paradigma wurde durch die → Attributionstheorien von Heider u. Kelley begründet. Als *naive Handlungstheorie* wird bisweilen der Ansatz der sog. *Berner Schule* (v. Cranach u. a. 1980) bezeichnet, in denen handlungstheoret. Kzpte. zur Analyse interaktiven Handelns in konkreten Alltagssituationen (Streitsituationen von Kindern, mütterl. Vh., Lehrer-Schüler-Interaktionen) verwendet werden; untersucht wird, wie diese Handlungen von naiven Beobachtern strukturiert u. repräsentiert werden. Sportbezogene Analysen bieten Nitsch u. a. (1979) u. Tschakert u. a. (1981); zur Alltagsps. von Lehrern u. Erziehern vgl. Hofer (1986). In die Perspektive einer n. P. lässt sich auch das Paradigma der → subjektiven Theorien einordnen. Eine interessante Untersuchung über ps. Forschungsergebnisse im Urteil von Laien ist Holz-Ebeling (1989); vgl. auch das Stw. → kognitive Täuschungen und kognitive Heuristiken.

VD/T: Eine abweichende Bedeutung des Begriffs *Alltagsps.* findet sich bei Lehr u. Thomae (1991): Dieser Ansatz beschäftigt sich mit ps. Problemen des Alltags.

◆ v. Cranach, M. u. a.: Zielgerichtetes Handeln. Bern 1980; Davies, M. u. Stone, T. (Hg.): Folk psychology. The theory of mind debate. Oxford 1995; Hildebrandt, H.: Zur Bedeutung des Begriffs der Alltagspsychologie in Theorie u. Geschichte der Psychologie. Eine psychologiegeschichtl. Studie anhand der Krise der Psychologie in der Weimarer Republik. Frankfurt/M. 1991; Hofer, M.: Sozialps. erzieher. Handelns. Göttingen 1986; Holz-Ebeling, F.: Alltagsps. Denken. Heidelberg 1989; Laucken, U.: Naive Vhstheorie. Stuttgart 1974; Lehr, U. u. Thomae, H.: Alltagsps. Darmstadt 1991; Nitsch, J. R. u. Allmer, H.: Naive psychoregulative Techniken der Selbstbeeinflussung im Sport. Sportwissenschaft 9, 1979, S. 143–163; Scheele, B. u. Groeben, N.: Die Heidelberger Struktur-Lege-Technik (SLT). Weinheim 1984; Tacke, G.: Alltagsdiagnostik. Weinheim 1985; Tschakert, R. u. a.: Untersuchungen zu naiven Techniken der Psychoregulation im Sport. Köln 1981; Wortmann, K.-H.: Alltagsps. der sozialen Durchsetzung. Münster 1983.

Naive Varianzanalyse, Bezeichnung für die → Attributionstheorie von Kelley (1967, 1972, 1973), die davon ausgeht, dass Menschen → Attributionen bezügl. der Handlungen anderer prinzipiell nach der Art der wissenschaftl. Varianzanalyse vornehmen.

Kelley unterscheidet zwei grundsätzl. Fälle: (1) Hat der Attribuierende Informationen aus mehreren Beobachtungen, setzt das sog. *Kovariationsprinzip* ein; ein Effekt wird derjenigen mögl. Ursache attribuiert, mit der er über die Zeit hinweg kovariiert. Dies bedeutet: Wenn über verschiedene Situationen hinweg gleiches Vh. auftritt, dann neigen Beobachter dazu, dieses Vh. eher auf eine *Personeneigenschaft* zu attribuieren; wenn über verschiedene Personen hinweg in der gleichen Situationen gleiches Vh. auftritt, dann wird dies eher der *Situation* zugeschrieben. Mögl. Erklärungen für be-

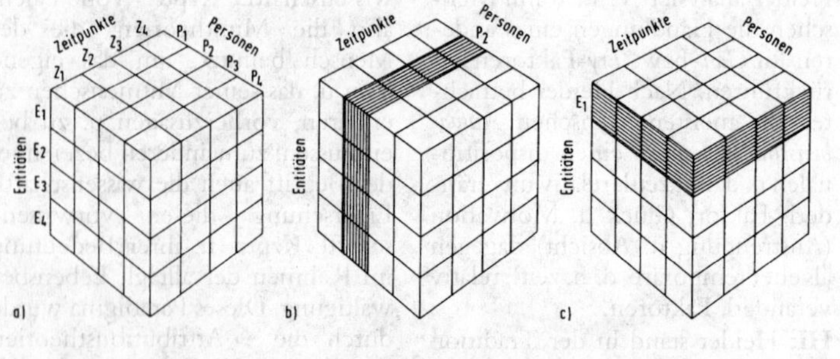

Abb. *Attribution 3*

stimmte Handlungen lassen sich in *Personen*, *Entitäten* (Objekten, Situationen bzw. Sachverhalten, andere Personen) u. *Zeitpunkten* bzw. *Modalitäten* finden: *Attributionswürfel*, *ANOVA-Modell* (Abk. für engl. *analysis of variance*) s. Abb. *Attribution 3*: (a) zeigt das allg. Modell; (b) Datenkonstellationen für Person-Attribuierungen; (c) Datenkonstellationen für Entitäts-Attribuierungen; Bsp.: Eine bestimmte Person zeigt sich wiederholt (d. h. zu verschiedenen Zeitpunkten) kontaktfreudig gegenüber anderen Personen bzw. Entitäten; in diesem Fall führt die Datenkonstellation notwendigerweise zu einer Ursachenattribuierung auf bestimmte *Merkmale* der Person, etwa auf ein bes. ausgeprägtes *Kontakt-* o. *Affiliationsmotiv*; eine Attribuierung auf eine Entität (Situation) wäre dagegen gegeben, wenn bei verschiedenen Schülern über verschiedene Zeitpunkte immer wieder ein bestimmtes Fach abgelehnt würde, so dass man dieses selbst als Ursache betrachtet. Die Validität einer Attribution wird anhand von *Konsensus* (auch *Konsens*), *Distinktheit* (auch *Besonderheit*) u. *Konsistenz* geprüft: (a) der *Konsensus* betrifft die Übereinstimmung des Handelns dem Vh. anderer (es ist nicht eine Übereinstimmung der Meinungen im Sinne des umgangssprachl. Konsens-Begriffes gemeint, sondern eher eine Verhaltensübereinstimmung); er ist hoch, wenn eine Verhaltensweise bei einer großen Anzahl von Personen auftritt; (b) die *Distinktheit* ist dann hoch, wenn der Effekt nur bei einer bestimmten Entität (Situation) auftritt; (c) eine hohe *Konsistenz* liegt dann vor, wenn der Effekt oft o. immer auftritt; Bsp.: Wenn ein Schulfach von Schülern abgelehnt wird, so ist der Rückschluss darauf, dass dies in dem Fach selber begründet ist, dann am größten, wenn diese Reaktion gem. dem Distinktheitskriterium nur in diesem Fach auftritt, verschiedene Personen in gleicher Weise ablehnend reagieren u. diese Vhsweise zeitl. Stabilität zeigt. Distinktheits-Informationen sind v. a. ausschlaggebend bei der Attribution auf Personen (s. a. das Stw. → Attributionsfehler). Zum Überblick über die relative Bedeutung dieser Faktoren vgl. McArthur (1972). Es gibt auch Interaktionen zw. den Kriterien: So werden die Tendenzen zur Entitäts-Attribution bei hoher Besonderheit u. hohem Konsens u. die umgekehrte Tendenz zur Person-Attribution bei niedriger Besonderheit u. niedrigem Konsens abgeschwächt, wenn zugleich niedrige Konsistenz vorliegt. Ist von den Kriterien Besonderheit u. Konsens eines der beiden hoch u. das andere niedrig, so fördert hohe Konsistenz eine Entität-plus-Person-Attribution. (2) Der zweite grundlegende Attributionsfall ist gegeben, wenn ein Attribuierender Informationen aufgrund nur weniger Beobachtungen, im Extremfall aufgrund einer einzigen Handlungsbeobachtung gewinnt; hier setzen die *Konfigurationsprinzipien* u. → *kausale Schemata* ein: (a) Wenn zwei mögl. Ursachen vorliegen, die jede für sich einen Effekt verursacht haben können, entsteht eine gewisse Unsicherheit bei der Bestimmung der eigentl. wirksamen Ursache; das attributionale Vh. in dieser Situation versucht Kelley mit dem *Abwertungsprinzip* (*discounting principle*) zu beschreiben: Gem. diesem Prinzip wird eine gegebene Ursache (z. B. eine positiv bewertete Ursache des Vhs. einer anderen Person) abgewertet, wenn eine zweite plausible Ursache (etwa eine weniger positiv bewertete Erklärung) zur Verfügung steht; s. hierzu die Abb. *Attribution 4*, die das Ursachenschema nach

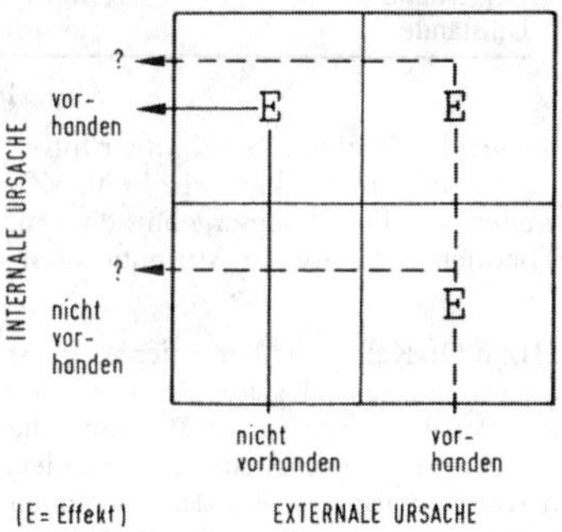

Abb. *Attribution 4*

diesem Abwertungsprinzip verdeutlicht. Die Bedeutung dieses Prinzips wurde bes. in Leistungssituationen u. in interpersonellen Konfliktsituationen demonstriert. (b) Das *Aufwertungsprinzip* (*augmentation principle*) besagt: Wenn für einen bestimmten Effekt sowohl eine plausible hemmende als auch eine plausible förderl. Bedingung vorliegt, dann wird die Rolle der förderl. Ursache für das Auftreten des Effekts höher bewertet als für den Fall, wo sie alleine als plausible Ursache für den Effekt vorhanden wäre. Ein Bsp. für das *Abwertungsprinzip* liefert die Untersuchung von Thibaut u. Riecken (1955), in der gezeigt wurde, dass das Einwilligen einer Person mit geringerem Status in ein ihr abgefordertes Vh. seltener auf *internale* Gründe zurückgeführt wird als das einer statushöheren Person. Denn während bei Letzterer *externale* Vhsursachen (wie z. B. Zwang) weitgehend entfallen, kann das Vh. der statusniedrigeren Person sowohl durch die Rückführung auf *internale* Eigenschaften (z. B. ihre Hilfsbereitschaft) als auch durch die Einwirkung *externaler* Faktoren (z. B. den ausgeübten Druck) erklärt werden. Ein weiteres Bsp.: Wenn eine Person eine sehr schwierige Aufgabe löst, während eine andere eine mittelschwierige Aufgabe mit Erfolg absolviert, dann ist eine Tendenz dazu gegeben, der ersten Person mehr intellektuelle Kapazität zuzuschreiben. Die Abb. *Attribution 5* zeigt die typ. Kausalzuschreibungen bei Vorliegen bestimmter Informationen (aus Heckhausen 1980). Zu weiteren Forschungsergebnissen u. Theorien s. das Stw. → Attributionsfehler.

Attribution auf	Art der Information		
	Konsistenz	Distinktheit	Konsensus
Person	hoch	niedrig	niedrig
Gegenstand	hoch	hoch	hoch
Umstände	niedrig	hoch	niedrig

Abb. *Attribution 5*

HI/WÜ: Kelleys Theorie der n. V. ist die elaborierteste der drei histor. wichtigen Attributionstheorien. Während die attributionstheoret. Analysen in Heiders naiver Kausalanalyse erst dann beginnen können, wenn die zu erklärenden Handlungen bereits abgeschlossen sind, u. während der Suchprozess für Erklärungen im Modell der → korrespondierenden Schlussfolgerung meist dann erfolgreich beendet ist, wenn eine handlungsadäquate Disposition gefunden wurde, ist das Modell von Kelley universell angelegt. Bierhoff u. Bierhoff-Alfermann (1983) zeigen die partielle Gegensätzlichkeit der Implikationen von Kelleys Modell u. des Modells der korrespondierenden Schlussfolgerungen. Für Hamilton (1980) ist das Modell von Kelley zuständig für *Ursachenzuschreibungen*, das Korrespondenzmodell für *Verantwortlichkeitszuschreibungen*.

VD: Auch im Bereich der Wahrnehmung, bes. in Untersuchungen zur → phänomenalen Kausalität, findet man vergleichbare Prinzipien: In einem Trickfilm werden zwei Dreiecke in Bewegung auf ein Haus hin dargestellt; während eines der Dreiecke freie Bahn hatte, musste das andere ein schwarzes Hindernis aus dem Weg räumen, u. die Ergebnisse zeigen, dass schon Kindergartenkinder angeben, dass das Dreieck, das ein Hindernis beiseite räumen muss, mehr bestrebt ist, das Haus zu erreichen ein Ausdruck des Aufwertungsprinzips.

LIT: Vgl. einführend u. zsfd. Herkner (1980); Heckhausen (1980); Keller (1981); eine Erweiterung des ANOVA-Systems ist das DIAMANT-Modell nach Pruitt u. Insko (1980); eine quantitative Analyse von Auf- u. Abwertungsprinzip vor dem Hintergrund algebraischer Modelle findet sich bei Himmelfahrt u. Anderson (1975); entwicklungsps. Ansätze zum Kovariationsprinzip stellt Schuster (1992) zusammen.

◆ Bierhoff, H. W. u. Bierhoff-Alfermann, D.: Kognitive Prozesse im Motivationsgeschehen: Attribution als Ursachenerklärungen von Handlungen. In: Thomae, H. (Hg.): Theorien u. Formen der Motivation. EP, C, IV, 1. Bd., Göttingen 1983, S. 93–226; Hamilton, V. L.: Intuitive psychologist or intuitive laywers? Alternative models of the attribution process. JPSP 39, 1980, S. 767–772; Heckhausen, H.: Motivation u. Handeln. Berlin 1980; Herkner, W. (Hg.): Attribution. Bern 1980; Himmelfahrt, S. u. Anderson, N. H.: Integration theory applied to opinion attribution. JPSP 31, 1975, S. 1064–1072; Keller, J. A.: Grundlagen der Motivation. München 1981; Kelley, H. H.: Attribution theory in social psychology. In: Levine, D. (Hg.): Nebraska Symposium on motivation.

Lincoln 1967, S. 192–241; Kelley, H. H.: Causal schemata and the attribution process. Morristown 1972; Kelley, H. H.: The processes of causal attribution. AmP 28, 1973, S. 107–128; Kelley, H. H. u. Michela, J. L.: Attribution: theory and research. ARP 31, 1980, S. 457–501; McArthur, L. A.: The how and what of why: Some determinants and consequences of causal attribution. JPSP 22, 1972, S. 171–193; Pruitt, J. D. u. Insko, C. A.: Extension on the Kelley attribution modell: the role of comparison-object consensus, target-object consensus, distinctiveness and consistency. JPSP 39, 1980, S. 39–58; Schuster, B.: Der Erwerb des Kovariationsprinzips im Kindesalter. Frankfurt/M. 1992; Thibaut, J. W. u. Riecken, H. W.: Some determinants and consequences of the perception of social causality. JPers 24, 1955, S. 113–133.

Namensvergleich → Buchstabenvergleich.

Naming → Worterkennung.

Napalkov-Phänomen → Angstinkubationsprinzip.

Nasal-trigeminale Wahrnehmung → trigeminale Chemorezeption; → Geschmackswahrnehmung.

NASEU-Modell → Erwartung-mal-Wert-Modell.

Nativismus [auch *Rationalismus*], die philosoph.-ps. Lehrmeinung, die die Bedeutung angeborener Elemente im Wahrnehmen, Erkennen, Denken u. in der Sprache hervorhebt (im spezif.-philosoph.-erkenntnistheoret. Sinne spricht man auch von *Rationalismus*); s. hierzu v. a. die Stw. → Anlage-Umwelt-Problem u. → Wahrnehmungstheorien. Der Gegensatz ist der → Empirismus bzw. eine → Tabula-rasa-Theorie. V. a. die → Ethologie betont die Bedeutung des Angeborenen.

Ein N. – der lange Zeit als widerlegt galt – wurde innerhalb der modernen Ps. v. a. im Rahmen der → Psycholinguistik aufgrund der Argumente von N. Chomsky (→ generative Transformationsgrammatik) wieder diskutiert. Linguist. Belege für eine nativist. Position sind folgende Phänomene: (a) dass jedes durchschnittl. sozialisierte Kind etwa die gleiche Zeit benötigt, um das Sprechen zu lernen; (b) dass auch durch schwere neurolog. Störungen die Spracherwerbsfähigkeit nur wenig beeinflusst wird; (c) dass auch Störungen des perzeptuellen Inputs keinen entscheidenden Einfluss haben, so dass sich der Spracherwerb von blinden u. sehenden Kindern kaum unterscheidet u. auch der Erwerb der Zeichensprache bei taubstummen Kindern analog zu dem der Lautsprache bei hörenden Kindern verläuft; (d) ein weiterer Beleg für die genet. Verankerung der Sprachentwicklung ist die Existenz einer → kritischen Periode (→ Spracherwerbsmechanismus; → Sprache; → linguistische Universalien); Weiteres s. das Stw. → Mentalismus.

VD/T: Man spricht von der *Empirismus-Rationalismus-Debatte*; eine andere Dichotomie ist: *N.* vs. *funktionale Ansätze*; der Begriff *funktional* wird verwendet, um darauf hinzuweisen, dass sich der Spracherwerb als *Funktion*, d. h. in Abhängigkeit von etwas entwickelt, nicht vorwiegend nach endogenen Gesetzmäßigkeiten. Bisweilen wird auch der Begriff *interaktionist.* in diesem Zusammenhang im selben Sinne wie *funktional* verwendet (ein andermal zur Kennzeichnung von Spracherwerbstheorien, die stärker die soziale Interaktion beim Spracherwerb hervorheben).

LIT: Ein charakterist. Bild der Diskussion zw. behaviourist. u. Chomskyschen Ansätzen der 60er u. 70er Jahre vermittelt der Aufsatz von Slobin (1971); ein Überblick zur Universalgrammatik ist Fanselow u. Felix (1987).

◆ Fanselow, G. u. Felix, S. W.: Kognitive Sprachtheorie. 1987; Herzog, W.: Modell u. Theorie in der Ps. Göttingen 1984; Marx, M. H. u. Hillix, W.: Systems and theories in psychology. New York 1963; Marx, M. H.:

Theories in contemporary psychology. 1969; Pongratz, L. J.: Problemgeschichte der Ps. Bern 1967; Slobin, D. J. (Hg.): The ontogenesis of grammar. New York 1971; Wehner, E. G.: Geschichte der Ps. Darmstadt 1990.

Natürliche Begriffe → perzeptuelle Begriffe.

Natural Language mediator → Mediationstheorie.

Neckerscher Würfel → Kippfiguren; → Tiefensehen; → Raumwahrnehmung.

Need → Motiv; → Bedürfnis; → Motivation.

Need for affiliation → Anschlussmotivation.

Need for variation → Neugier.

Need-onset-Hypothese → Triebreduktionstheorie.

Need-press-Konzeption → Bedürfnis; → Motivation.

Need-reduction-Hypothese → Triebreduktionstheorie.

Need-termination-Hypothese → Triebreduktionstheorie.

Negative Belohnung → Belohnungslernen.

Negative Bestrafung → Bestrafungslernen.

Negative Fokusstrategie → Attributlernen.

Negative Induktion → positive vs. negative Induktion.

Negative Nachbilder → Farbwahrnehmung.

Negativer Bewegungssukzessivkontrast → Bewegungsnachbilder.

Negativer Distanzeffekt → Ankerreiz.

Negativer Generierungseffekt → Generierungseffekt.

Negativer Kontrasteffekt beim Konditionieren → Crespi-Effekt.

Negativer Ödipuskomplex → Ödipuskomplex.

Negativer Teillisten-Ganzlisten-Transfer → subjektive Organisation.

Negativer Transfer → Interferenz; → Transfer.

Negativer vs. positiver Stimulus. Ein Reiz, der mit → Verstärkung assoziiert wird, wird *p. S.* genannt, ein mit Nicht-Verstärkung assoziierter Reiz *n. S.*

Dabei lassen sich folgende Fälle unterscheiden: (a) Beim → operanten Konditionieren ist der n. S. der → Stimulus, der anwesend ist, wenn kein Vh. verstärkt werden soll; Symbol: S^{Δ}; (b) beim → Diskriminationslernen ist der n. S. der Stimulus, auf den hin keine Response verstärkt wird; Symb.: *S–*; (c) bei der differentiellen → klassischen Konditionierung: derjenige konditionierte Stimulus, auf den kein unkonditionierter Stimulus folgt; Symb.: *CS–*. (d) beim → Diskriminationslernen ist der p. S. der Stimulus, bei dem die zugehörige Response verstärkt wird; Symb.: *S+* o. S^{Δ} (→ Hinweisreiz); (e) beim differentiellen klass. Konditionieren: derjenige CS, auf den ein US folgt; Symb.: *CS+*.

◆ Yaremko, R. M. u. a.: Reference handbook of research and statistical methodes in psychology: for students and professionals. New York 1982.

Negativer Zeitfehler → Urteilsfehler.

Negative Selektion → Filtertheorie.

Negatives Nachbild → Nachbild.

Negativismus → Abwehrmechanismen.

Negativ-Transfer → Transfer; → Problemlösungs-Einstellung.

Neid, eine in der ps. Forschung weniger thematisierte → Emotion: die negative Reaktion einer Person auf das Schicksal einer anderen Person, wb. Gerechtigkeitsnormen u. ein Gerechtigkeitsmotiv eine wichtige Rolle spielen, wie schon von Heider (1977) hervorgehoben worden ist. Die Psa. thematisiert v. a. den Neid zw. den Geschlechtern (*Penisneid*).

LIT: Vgl. zum Überblick Ulich u. Mayring (1992); Mummendey u. Schreiber (1983); zu älteren dt. Ansätzen vgl. Lersch (1938); eine engagierte Analyse von N. aus einem krit. soziolog. Blick ist Schöck (1980); s. a. das Stw. → Eifersucht.

◆ FOSTER, G. M.: The anatomy of envy. Current Antropology 13, 1972, S. 145–202; HEIDER, F.: Ps. der interpersonalen Beziehungen. Stuttgart 1977; LERSCH, P.: Aufbau der Person. München 1938; MUMMENDEY, H. D. u. SCHREIBER, H.-J.: Neid u. Eifersucht. In: Euler, H. A. u. Mandl, H. (Hg.): Emotionsps. München 1983, S. 195–200; SCHÖCK, H.: Der Neid. Die Urgerichte des Bösen. München 1980; SILVER, M. u. SABINI, J.: The social construction of envy. Journal for the Theory of Social Behaviour 8, 1978, S. 313–332; ULICH, D. u. MAYRING, P. (Hg.): Ps. der Emotionen. Stuttgart 1992.

Nein-Sager → Wahrnehmungs- und Urteilstendenzen.

N-Elementen-Modell → mathematische Lerntheorien.

Neoassoziationismus → Assoziationismus.

Neobehaviourismus → Behaviourismus.

Neogeometrische Theorie der menschlichen Bewegung → Rückmeldungsverzögerung und Rückmeldungsverzerrung.

Neogestaltismus → computer vision; → Gestalttheorie.

Neogestalttheorie → computer vision; → Gestalttheorie.

Neo-Hullianer → systematische Verhaltenstheorie; → Frustrations-Aggressions-Theorie.

Neokonnektionismus → Konnektionismus.

Neomentalismus → Mentalismus; → duale Kodierungstheorie.

Neopsychoanalyse → Psychoanalyse.

Nervosität → Angst, → Entspannung.

Netzhautstabilisation → Augenbewegungen; → Sehen.

Netzwerk → semantische Netzwerke.

Netzwerktheorie des stimmungsabhängigen Gedächtnisses → stimmungsabhängiges Gedächtnis.

Neugier, die Motivation, sich neuen, ungewohnten u. komplexen Situationen auszusetzen bzw. diese aktiv aufzusuchen, also → Explorationsverhalten o. → Orientierungsverhalten zu zeigen. Unter emotionspsycholog. Aspekt betont McDougall (1908) die emotionale Komponente der *Verwunderung* (→ Überraschung); Shand (1914) bezeichnete die N. als primäre Emotion, die einem »einfachen Impuls zu wissen« entspreche; Vertreter der → differentiellen Emotionstheorie sehen N. als eine Art gesteigertes → Interesse. Der Begriff *N.* wird in der wissenschaftl. Ps. nicht im vorwissenschaftl. Sinne des »Durch-das-Schlüsselloch-Guckens« verwendet, sondern als übergreifender Begriff für sämtl. Phänomene der Reizsuche, unter dem sowohl der Erkenntnisdrang des Forschers, die Faszination durch künstler. Objekte wie der Sensationshunger eines Rummelplatzbesuchers subsumiert werden. N. wird meist gesehen als Ausdruck eines grundlegenden »Reizhungers« bzw., abstrakter gesprochen, einer Tendenz nach → optimaler Stimulation; s. a. die Experimente zur → sensorischen Deprivation; vgl. auch → Familiarisierungs-Neuheits-Paradigma u. → Präferenzmethode.

TH: (1a) N. als *gelernte* Vhsweise, die von sekundären Motiven bestimmt wird, ist der Ansatz von Dollard u. Miller (1950), die das Orientierungsbedürfnis des Kindes aus der Erfahrung der unangenehmen Konsequenzen von Nicht-Orientiertheit ableiten. (b) Auch die Psa. sieht *Schaulust* u. *Wissenstrieb* insofern als sekundär an, als sie von sexuellen Partialtrieben abstammen, deren Sublimation sie darstellen (vgl. Arnoff 1962). (2) Die Instinkt- bzw. Triebmodelle lassen sich in zwei Gruppen differenzieren: (a) Das *homöostat.* Triebmodell (Dashiell 1928, Nissen 1930) sieht N. analog den physiolog. Trieben, wie z. B. Hunger o. Durst, durch organismusinterne Spannungen motiviert, die schließl. in der motor. Endhandlung (Explorationsvh.) befriedigt werden u. damit den gleichen Gesetzmäßigkeiten (Anstieg mit Deprivation, Verstärkung durch Triebreduktion, Befriedigung durch adäquate Stimulation) unterliegen wie »normale« Triebe; bes. von Harlow wird auf Experimente verwiesen, die die extreme Ausdauer von Schimpansen bei → Manipulationsvh. belegen. (2b) Das *anreizorientierte, nicht-homöostat.* Triebmodell (Berlyne 1950 u. Harlow 1950ff.; Montgomery 1954; Myers u. Miller 1954; auch schon McDougall 1908; Fiske u. Maddi 1961) erklärt N. durch einen Sättigungs- o. Langeweiletrieb u. durch organismusexterne Anreize. (3) Fiske u. Maddi (1961) vertreten eine → Aktivierungstheorie mit der Idee der → optimalen Stimulation. Dies ist auch das Grundmodell der Theorie von David Berlyne (1950ff., vgl. v. a. 1960). Diese bedeutendste Theorie der N. betont die grundsätzl. *Konflikthaftigkeit* von neugiererzeugenden Reizen, die alle Variablen des *Vergleichs* seien (*collative variables*), da Neuartigkeit nur in Bezug auf einen Vergleichstimulus bestimmt werden kann. Die Theorie nimmt weiterhin an, dass ein Belohnungs- u. Aversionszentrum das Neugierverhalten steuert: → Wundtsches Gesetz. Erregungssuche, also das Streben nach einem optimalen Erregungsniveau, begründe eine *diversive N.*, durch welche diejenige Art von Explorationsvh. motiviert ist, die Neuigkeit, Veränderung o. Vielfalt schafft; die subjektive Unsicherheit dagegen u. das damit verbundene Unbehagen des Organismus bewirke eine *spezif. N.*, aus der eine andere Art von Exploration erwachse, die dieses Unbehagen reduziere. (4) Die kognitiven Theorien (Hunt 1963ff.; Mischel 1971) postulieren, dass allen kognitiven Prozessen eine immanente Tendenz zur Ausführung u. damit zu N. inne sei; s. das Stw. → intrinsische Motivation. (5) Zuckerman (1974) vereint Risiko, Aktivierung, Reizsuche u. Angst in einem Interaktionsmodell, im Kzpt. des *sensation-seeking* – eine Persönlichkeitseigenschaft, die darin besteht, intensive Reize aktiv aufzunehmen u. zu suchen. (6) Während all diese Theorien eine aktive Tendenz zum Aufsuchen neuer Reize betonen, beinhaltet eine *Langeweile-Theorie* der N. die Logik, dass der Organismus v. a. zur Vermeidung (allzu) bekannter Reize tendiert.

HI/WÜ: N. stellt eines der wichtigen »kleineren« Paradigmen der modernen Motivationsps. dar, das wegweisend war für die Entwicklung einer kognitiven Sicht der Motivationen; vgl. zum Überblick Keller u. Voss (1976). Insbes. die berlynsche Theorie wurde vielfach rezipiert u. innerhalb der Kunstps. Grundlage einer neuen *experimentellen Ästhetik;* vgl. hierzu Kreitler u. Kreitler (1980).

VD/T: (a) Eine Analyse der begriffl. Problematik der verwendeten Begriffe findet sich bei Krieger (1981); Langevin (1971) zeigt die Problematik eines einheitl. N.-Begriffs auf, indem er auf die mäßigen Korrelationen zw. den verschiedenen Messmethoden für N. hinweist; Keller u. Voss (1976) haben gezeigt, dass *curiosity* u. *Neugier* nicht exakt dieselbe Bedeutung haben; allg. zum Problem der Übersetzung von ps. Begriffen, insbes. von Begriffen, die sich auf emotionale Zustände beziehen, vgl. Wagatsuma (1977). (b) Zur Erklärung u. Benennung der Suche nach Neuem wurden zahlreiche Begriffe u. Kzpte. geschaffen: *information drive, need for novelty, sensory variation drive, stimulus seeking, alternation behaviour, stimulus hunger, stimulus change seeking behaviour, need for variation, novelty-seeking behaviour, seeking curiosity, Variationsmotivation, stimulus seeking motivation, need for variable stimulus input, search for variety of experience*; zum Überblick vgl. Keller (1981).

LIT: Zum Überblick über die motivationsps. Aspekte vgl. zsfd. Keller (1981); zur Entwicklungsps. u. zur Bedeutung für die Neurosenentstehung vgl. Kruse (1991) u. Dornes (1993); zum Gesichtsausdruck u. seiner ontogenet. Entwicklung vgl. zsfd. Ekman (1988); über die neurobiolog. Grundlagen referieren Brodda u. Wellner (1981); zur Bedeutung von N. für Lernprozesse vgl. Neber (1981); zur Beziehung von N. u. Angst vgl. Spielberger u. a. (1981).

◆ Arnoff, J.: Freud's conception of the origin of curiosity. JP 54, 1962, S. 39–45; Berlyne, D. E.: Novelity and curiosity as determinants of exploratory behaviour. BJP 41, 1950, S. 68–80; Berlyne, D. E.: Conflict, arousal and curiosity. New York 1960 (dt.: Konflikt, Erregung, Neugier. Stuttgart 1974); Berlyne, D. E.: Exploratory and epistemic behaviour. In: Koch, S. (Hg.): Psychology: a study of a science, 5. Bd. New York 1963, S. 284–364; Berlyne, D. E.: Arousal and reinforcement. In: Levine, D. (Hg.): Nebraska Symposium on Motivation. Lincoln 1967, S. 1–110; Berlyne, D. E. u. Madsen, K. B. (Hg.): Pleasure, reward preference. New York 1973; Brodda, K. u. Wellner, U.: Neurobiolog. Grundlagen von explorativem Vh. In: Voss u. Keller (1981), S. 17–56; Bühler, K.: Die geistige Entwicklung des Kindes. Jena 1918; Dashiell, J. F.: Fundamentals of objective psychology. Boston 1928; Dollard, J. u. Miller, N. E.: Personality in psychotherapy. New York 1950; Dornes, M.: Der kompetente Säugling. Frankfurt/M. 1993; Ekman, P.: Gesichtsausdruck u. Gefühl. Paderborn 1988; Fiske, D. W. u. Maddi, S. R. (Hg.): Functions of varied experience. Homewood Ill. 1961; Handrick, I.: The discussion of the »instinct to master«. PQ 12, 1943, S. 561–565; Harlow, H. F. u. a.: Learning motivated by a manipulation drive. JExP 40, 1950, S. 228–234; Harlow, H. F.: Motivation as a factor in the acquisition of new responses. In: Current Theory and Research in Motivation. A symposium. Lincoln 1953, S. 24–49; Heckhausen, H.: Entwurf einer Ps. des Spielens. PF 27, 1964, S. 225–243; Hunt, J.: Motivation inherent in information processing and action. In: Harvey, D. J. (Hg.): Motivation and social interaction: Cognitive determinance. New York 1963, S. 35–94; Keller, H. u. Voss, H.-G.: Neugier und Exploration. Stuttgart 1976; Keller, H.: Entwicklung explorativen Vhs. im ersten Lebensjahr. In: Voss u. Keller (1981), S. 56–80; Krieger, R.: Ungewißheit u. Neugier. In: Voss u. Keller (1981), S. 80–109; Kreitler, H. u. Kreitler, S.: Ps. der Kunst. Stuttgart 1980; Kruse, O.: Emotionsentwicklung u. Neurosenentstehung. Stuttgart 1991; Langevin, R.: Is curiosity an unitary construct? CJP 25, 1971, S. 361–374; Livson, N.: Toward a differentiated construct of curiosity. JGeP 11, 1967, S. 73–84; McDougall, W.: An introduction to social psychology. London 1908; Mischel, W.: Piaget: cognitive conflict on the motivation of thought. In: Mischel, T. (Hg.): Cognitive development and empistemology. New York 1971, S. 311–355; Montgomery, K. C.: Role of the exploratory drive in learning. JCPP 47, 1954, S. 60–64; Myers, A. K. u. Miller, N. E.: Failure to find a learned drive based on hunger. Evidence for learning motivated by »exploration«. JCPPs 47, 1954, S. 428–436; Neber, H. (Hg.): Entdeckendes Lernen. Weinheim 1981; Nissen, H. W.: A study of exploratory behaviour in the white rat bei means of the obstruction method. JGeP 37, 1930, S. 361–376; Shand, A. F.: The foundation of character. London 1914; Spielberger, C. D. u. a.: Neugier u. Angst. In: Voss u. Keller (1981), S. 197–226; Voss, H.-G. u. Keller, H.: Neugierforschung. Weinheim 1981; Wagatsuma, H.: Problems of language in cross cultural research. In: Adler, L. L. (Hg.): Issues in crosscultural research. Annals of the New York Academy of Science 285, 1977, S. 141–150; Zuckerman, M.: The sensation seeking motive. In: Maher, B. A. (Hg.): Progress in experimental personality research, 7. Bd. New York 1974, S. 180–148.

Neugierverhalten → Neugier; → Explorationsverhalten.

Neuigkeitseffekt → Eindrucksbildung.

Neuigkeitsproblem → Bewegungsprogramm.

Neun-Punkte-Problem → Problemlösen.

Neuroethologie → Ethologie.

Neuro-imaging → physiologische Psychologie (Kasten psychophysiologische Methoden).

Neurokulturelle Theorie des Ausdrucks → Ausdruck; → Gesichtsausdruck.

Neurokybernetik → kybernetische Psychologie.

Neuronale Netzwerke → Konnektionismus.

Neurophysiologische Methoden → Neuropsychologie.

Neuropsychologie, ein Teilgebiet der → Psychologie speziell der → klinischen Psychologie (ein Stw., auf das, vgl. die Konzeption, nicht in Einzelartikeln eingegangen wird, sondern das hier nur in einem Überblicksartikel dargestellt wird), das aus einer eigenen Forschungstradition heraus entstanden ist. Die N. erforscht die zentralnervösen Grundlagen der psych. Phänomene u. des Vhs. anhand einer Analyse der neurops. Störungen, v. a. der Störungen der Sprache (*Aphasien*), des Erkennens (*Agnosien*) u. der Handlungssteuerung (*Apraxien*).

T: In gewissem Sinne wäre es also korrekter, von einer *Neuropsychopathologie* zu sprechen, u. die N. ist in gewissem Sinne immer eine *klin. N.* gewesen. I. e. S. bezeichnet *klin. N.* diejenigen Ansätze, die sich v. a. um Diagnostik u. Therapie gestörten Vhs. bemühen, im Unterschied zur *experimentellen* N. Zunehmend besteht ein Trend, den Terminus *N.* in einem erweiterten Sinne zu verwenden – so wie allg. die verschiedenen Richtungen der physiologog. Ps. zusammenwachsen; die Termini *Neurowissenschaften* (*neurosciences*) u. *Hirnforschung* (*brain sciences*) akzentuieren diese integrative u. erweiterte Perspektive (vgl. auch → Kognitionswissenschaft). Bunge (1981) charakterisiert N. als Integration einer »geistlosen« Neurowissenschaft u. einer »hirnlosen« Ps. Zur Abgrenzung von der → *physiologischen Psychologie* s. d. (In einem älteren deutschsprachigen Lehrbuch wird der Begriff *N.* syn. mit *physiol. Ps.* verwendet: Guttmann 1972.)

Die Abgrenzung u. die Sonderstellung der N. ergab sich histor. aus der Tatsache, dass sie Phänomene des menschl. Gehirns u. des Vhs. betraf, die nur *ps.* erfassbar waren (erst nach dem Tode durch neuroanatom. Untersuchungen). Danach gab es eine Phase, in der das EEG u. die Echoencephalographie zur Verfügung standen. Mit der Einführung der sog. *bildgebenden* diagnost. Methoden der Neurologie (vgl. hierzu den Kasten beim Stw. → physiologische Psychologie) ist die Aufgabe der N., Veränderungen im Gehirn aufgrund von ps. feststellbaren Funktionsausfällen zu lokalisieren, um damit evtl. auch stereotakt. Operationen vorzubereiten, in den Hintergrund getreten zugunsten der Früherkennung von Schädigungen u. der umfassenden Diagnose zur Erarbeitung von Rehabilitationsprogrammen sowie deren Durchführung u. Evaluierung.

Häufig wird zw. einer *funktionellen* u. einer *strukturellen* neurops. Diagnostik unterschieden, dergestalt, dass Erstere versucht, spezif. ps. Funktionsdefizite zu analysieren, während Letztere das morpholog. Substrat derselben herauszufinden versucht. Der funktionale Aspekt ist der, für den der Psychologe Kompetenz beansprucht u. für den er sich auch im klin. Bereich einen Platz erobert hat. Die Beziehung zw. strukturellen u. funktionalen Aspekten ist durchaus nicht eindeutig u. führt auf das allg. Problem der somat. Basis psych. Prozesse. Ob bei einer Hirnschädigung überhaupt eine Funktionsstörung auftritt, hängt von einer Vielzahl von Faktoren ab: Häufig sorgen multiple Funktionsrepräsentationen u. bilaterale interhemisphär. Funktionsrepräsentationen für einen Funktionstransfer zur ungeschädigten Hemisphäre, u. es ergeben sich zahlreiche Möglichkeiten der Kompensation des Funktionsausfalls durch eine Umstrukturierung des gesamten funktionalen Systems. Dies hat zur Folge, dass bisweilen erhebl. morpholog. Störungen zu geringen o. gar keinen funktionalen Störungen führen; bisweilen führt sogar eine operative Entfernung einer gesamten Gehirnhemisphäre nicht zu katastrophalen Vhsausfällen, sondern zu einer Verbesserung der kognitiven Leistungsfähigkeit, wenn vorher im Verlauf einer lang andauernden Erkrankung ein Großteil der Funktion der geschädigten von der ungeschädigten Hemisphäre mit übernommen worden ist. Wittling (1980) gibt einen Überblick über die Faktoren, die die Symptomausbildung determinieren.

Die *Methoden der N.* lassen sich differenzieren in *ps.* und die *neurophysiol.* Methoden. (a) Die ps. Methoden bestehen vorwiegend in elaborierten Tests zur Überprüfung des gestörten bzw. ungestörten Vhs. Die klass. Forschungsparadigmen der N. waren die Beobachtung von Ausfallerscheinungen bei Basisfunktionen, der Vergleich mit prämorbiden Leistungsmaßen bzw. prämorbiden Leistungsschätzungen, der *interhemisphär. Leistungsvergleich* nach dem Prinzip der *funktionalen Hemisphären-Spezialisierung* u. der interhemisphär. Leistungsvergleich nach dem Prinzip der *kontralateralen Repräsentation.* Eine wichtige Methode bzw. ein wichtiges Methodenprinzip der N. ist die *doppelte Dissoziation*: Mit diesem Verfahren wird der Nachweis angestrebt, dass jeder von zwei unterschiedl. Läsionsorten nur eine spezielle Beeinträchtigung bewirkt, wb. jeweils diejenigen Funktionen erhalten bleiben, die bei einer Läsion des anderen Gehirnareals verloren gehen. Dieses Methodenprinzip stellt eine wesentl. Hilfe bei der Zuordnung von Funktionen zu bestimmten Gehirnbereichen dar. Weitere wichtige Ansätze sind das → dichotische Hörverfahren u. die → gesichtsfeldabhängige Reizdarbietung (vgl. → Hirnhemisphärenasymmetrie im Kasten »Zentrale Begriffe u. Paradigmen der physiologischen Psychologie« beim Stw. → physiologische Psychologie). (b) Ältere *neurophysiolog.* Untersuchungstechniken sind das EEG, die Szintigraphie (Messung der Hirndurchblutung durch radioaktive Marker), die bei Gesunden eingesetzt werden können. Auch die Ultraschalldiagnostik wird zunehmend verfeinert angewandt. (c) Mit der Einführung des *Computertomogramms* (*CT*), der *Positronen-Emisions-Tomographie* (*PET*) u. der *nuklear-magnet. Resonanzdarstellung* (*NMR*) des Gehirns (*bildgebende Verfahren*; vgl. hierzu den Kasten beim Stw. → physiologische Psychologie) haben sich die Forschungsmöglichkeiten der N. gewaltig vergrößert. (d) Ein wichtiger Zugang, v. a. in der allg. N., ist die tierexperimentelle Forschung. Hier stehen vielfältige Techniken zur Wahl: dauernde Ausschaltung bestimmter Hirnstrukturen durch chirurg., therm. o. chem. Läsionen (*Ablationsmethode*), vorübergehende *Funktionsblockierung*, hauptsächl. durch Pharmaka u. Unterkühlung, direkte lokale Stimulation durch elektr. u. chem. Reize. Beim Menschen sind solche Eingriffe nur in Ausnahmefällen mögl. (Psychochirurgie, Reizversuche bei stereotakt. Operationen). Auch in umgekehrter Richtung (bei der Beobachtung der Effekte von Vhsmanipulationen auf das Gehirn) bieten sich die direkte Registrierung der elektr. Hirnaktivität sowie der Nachweis lokaler histolog. o. biochem. Veränderungen an.

HI: Die N. konstituierte sich seit Mitte des vorigen Jahrhunderts als Teilgebiet der Gehirnpathologie. Sie wurde gefördert durch die sich zunehmend entwickelnde ps. Diagnostik – bedingt durch den ständig steigenden Bedarf an Eignungs-, Auswahl-, Leistungs- u. Behandlungsmethoden. Auch die »Fortschritte« der Schusswaffentechnik u. die wachsende Zahl von Hirnverletzten infolge der Weltkriege unterstützte diesen Aufschwung: Das Patientengut der Psychiater u. Neurologen verschob sich dabei von patholog. u. altersbedingten Hirnveränderungen (also Vpn mit zumeist schlechter allg. körperl. u. geistiger Verfassung) zu z. T. eng umschriebenen Gehirnverletzungen junger, sonst gesunder Menschen, die häufig eher sensor. u. motor. Beeinträchtigungen als massive Veränderungen höherer geistiger Funktionen hervorgerufen hatten. Auf der Basis der so sich entwickelnden N. wurden Lazarettabteilungen u. Schulen für Hirnverletzte gegründet sowie Diagnostik u. Rehabilitationsprogramme entwickelt. Bes. einflussreich war die Entwicklung der amerik. N., weil dort eine enge Integration der Arbeit experimenteller Psychologen, Linguisten u. Neurologen gegeben war, unter einflussreicher Mitwirkung von emigrierten deutschen Wissenschaftlern – ebenfalls »unterstützt« durch die Opfer des Korea- u. des Vietnam-Krieges. Die Erfolge der N. führten zu einer verstärkten Interaktion von Psychologen mit Neurochirurgen u. Neurologen. Auch konnte die Ps. darauf verweisen, dass im Bereich der Grundlagenforschung viele ps. Ideen dem physiolog. Nachweis vorausgegangen waren (vgl. Preilowski 1987). Dennoch ist die N. in Deutschland bis heute kein wirk. eigenständiges u. als solches in die Ps. integriertes Fach, auch die meisten Lehrbücher der Ps. beinhalten sie nicht, u. organisator. sind Neuropsychologen meistens den neurolog.-psychiatr. Kliniken angegliedert.

In der Ps. waren es v. a. die Arbeiten von Donald Hebb u. von Karl Pribram, deren neurops. Ideen allgemeinps. rezipiert worden sind bzw. allgemeinps. Anspruch besaßen (vgl. Pribram 1971; Hebb 1949). V. a. das Kzpt. des → ARAS u. das eines Lustzentrums (vgl. → Hirnreizungsexperimente im Kasten »Zentrale Begriffe u. Paradigmen der physiologischen Psychologie« beim Stw. → physiologische Psychologie) wurde innerhalb der Motivationsps. rezipiert. Ein wichtiges kleineres Paradigma ist das des → Blindsehens. Das Kzpt. der → Aktivation ist eines, bei dem physiolog. u. ps. Aspekte frühzeitig interagierten; Weiteres s. d. Auf dem Gebiet der → Wahrnehmungspsychologie hat es schon immer eine interdisziplinäre Zusammenarbeit von Sinnesphysiologen u. Psychologen gegeben – die wichtigen → Wahrnehmungstheorien wurden von Sinnesphysiologen entwickelt; Weiteres s. d.; vgl. v. a. das Stw. → Sehen.

Shallice (1988) sieht als den großen histor. Trend der N. den Übergang von den »Diagramm-Machern« zur *kognitiven N.*, d. h. von bisweilen hypothet. lokalisationstheoret. Analysen hin zu sehr theorieorientierten, äußerst differenzierten ps. Analysen, die die Brücke zur allg. Ps. zu schlagen versuchen. In dieser Perspektive werden viele ältere Ansätze heute äußerst krit. gesehen, denn diese Ansätze der Defizitmessung gehen zu sehr von einer *vermögensps.* Grundidee aus, dergestalt, dass Störungen des Lesens, des Schreibens o. des Sprachverständnisses usw. Störungen von globalen Fähigkeiten darstellen, während sie heute als *komplexe funktionale Systeme* gesehen werden, die aus der Interaktion vieler verschiedenartiger Komponenten resultieren u. auch anatom. häufig in unterschiedl. Hirnregionen lokalisiert sind. Auch die Systematik klin. Syndrome, wie sie die klass. Hirnpathologie erarbeitet hatte, erwies sich nicht als dauerhaft, da dabei Defekte genuiner psych. Leistungen neben dem rein operational definierten Versagen bei bestimmten Untersuchungsverfahren standen, so dass oft nur vermeintl. eigenständige Leistungsstörungen zu einer Inflation begriffl. u. operationaler Unterscheidungen zw. Leistungsdefekten geführt haben, die oft höchst fragwürdig waren (vgl. Poeck 1982). Hierbei hat sich auch eine Verschiebung von der klass. Einzelfallstudie zu den Gruppenvergleichsstudien u. von dort wieder zurück zu den Einzelstudien ergeben, die Shallice (1988) als die prototyp. Analysemethode der N. sieht; zu den länderspezif. Methodenpräferenzen vgl. Beaumont (1987).

KR: Shallice (1988) sieht die Gefahr einer *ultrakognitiven N.*, einer N., die von Forschern ohne ausreichende neurophysiolog., neuroanatom. u. klin. Erfahrung ausgeübt wird, mit einer Überbetonung *ps.* Annahmen. Preilowski äußert in diesem Zusammenhang auch die Befürchtung, dass neurops. Thesen, innerhalb der N. noch gar nicht abgesichert, dennoch als »härtere« Begründungsform in die Lücken ps. Theorien einspringen müssen u. Geschlossenheit u. Fundiertheit suggerieren, obwohl sie häufig ledigl. eine Neuformulierung alter ps. Befunde in neurowissenschaftl. Termini sind. »Wichtige Fragen, viel Literatur, wenig präzise Antworten«, so charakterisiert er den Stand der Forschung.

VD: (1) Der theoret. Grundanspruch der Neurops., die kortikalen Grundlagen des Vhs. zu erarbeiten, führte zur Idee einer *Lokalisationslehre*, wonach sich das Gehirn in definierbare Zentren einteilen lässt, an die spezif. psych. Funktionen gebunden sind. Die Auseinandersetzung mit dieser Rahmenvorstellung ist das zentrale theoret. Paradigma der N., u. lokalisationstheoret. Ideen ziehen sich durch die gesamte Geschichte der Neurologie u. Neurops. hindurch. Schon Galls (1825) *Craniologie* beinhaltet lokalisationstheoret. Annahmen, denen bereits Flourens (1824) ganzheitl. Positionen entgegensetzt. Klass. Arbeiten im Sinne der Lokalisationstheorie waren die Arbeit von Broca über die frontale Sprachregion (1861), die Arbeiten Wernickes (1874) über die sensor. Sprachregion u. die Arbeiten von Fritsch u. Hitzig (1870) über die präzentrale motor. Region, denen schon Jackson (1878), Marie (1906) u. auch Freud (1892) ganzheitl. Modelle gegenüberstellten. Zur gleichen Zeit, als Henschen (1918) u. Kleist (1934) detaillierte Gehirnkarten aufgrund klin. Fallsammlungen publizierten, beschäftigten sich Goldstein (1927ff.), Head (1926) u. Lashley (1929) mit den komplexen interaktiven Prozessen des Nervensystems u. des Gesamtorganismus. Lashley postulierte ein *Massenaktions-Prinzip*, nach dem der Grad der Störung von der Menge der zerstörten Hirnmasse abhängt, u. ein *Äquipotentialitäts-Prinzip*, nach dem bestimmte Gebiete des Gehirns die Funktion anderer Teile übernehmen können. Die Dichotomie → Modularismus bestimmt die Diskussion bis in die neuere Zeit, v. a. innerhalb der Aphasietheorien; lokalisationstheoret.: Nielsen (1947); Reitan (1964); ganzheitl.: Schuell (1974); Luria (1966ff.); Conrad (1948, 1950). Auch innerhalb der allg. Ps. spielten Versuche einer organ. Fundierung psych. Prozesse eine Rolle, typ. u. wichtig war die Suche eines Gehirnkorrelates des → Gedächtnisses: Der Weg ging dabei von der simplen → *Spurentheorie* über komplexere neuroanatom. Versuche bis zur Theorie der *semiautonomen, reverberierenden Zellverbände* von Hebb (1949), die sowohl holist. wie lokalist. Aspekte beinhaltet. Hirnlokalisationen aufgrund hirnelektr. Messungen versuchten Walter (1953) und Eccles (1953). Unbestritten ist heute, dass außer einigen fundamentalen Funktionen, wie z. B. bestimmten sensor. Leistungen, psych. Funktionen üblicherweise nicht in einem räuml. eng umschriebenen Zentrum lokalisiert sind, sondern sog. *funktionale Systeme* darstellen, deren Komponenten in verschiedenen Regionen des Gehirns repräsentiert sind u. deren funktionale Interaktionsmechanismen auch heute noch nicht ganz geklärt sind. Aus der Kritik der Lokalisationstheorien ergab sich schließl. eine Krise dieser Forschungsrichtung u. nachfolgend ein grundlegender Bedeutungswandel hinsichtl. der zentralen Termini *Funktion* u. *Lokalisation*: In modernen Theorien wird der Funktionsbegriff meist auf komplizierte u. plast. Systeme bezogen, die eine bestimmte Anpassungsaufgabe realisieren (Atmungsfunktion, Bewegungskoordination usw.). Diese *funktionellen Systeme* besitzen nach Bernstein (1975) keine *metr.*, sondern eine *topolog.* Struktur (nach Bernstein 1975), d. h., dass die Elemente, die an der Aufgabenbewältigung beteiligt sind, wechseln können, während das Ziel unverändert bleibt (Theorie der *dynam. Lokalisation*). Dabei sind selbst einfache Funktionen wie die Atmung nicht in einem bestimmten Rindenabschnitt o. in einer isolierten Gruppe von Nervenzellen zu lokalisieren, sondern gehen auf die summar. Tätigkeit verschiedener, tlw. weit entfernter Kortexgebiete zurück, wb. einzelne Zonen (Teilsysteme) jeweils eine bestimmte Zeit der Vhsorganisation übernehmen können (vgl. Luria 1970). Zu einem geschichtl. Überblick über die Lokalisationslehre vgl. Clarke u. Ewhurst (1973).

(2) Eine wichtige u. populär gewordene, wenn auch spekulative ganzheitl. Theorie ist die sog. *Hologramm-Theorie* des Gehirns von Pribram (1971), die sich anlehnt an das fotograph. Verfahren der Holographie, bei dem mit Hilfe von Laser dreidimensionale Bilder erzeugt werden können. Das Besondere dabei ist, dass die Informationen sowohl über jeden einzelnen Punkt als auch über das ganze Hologramm verteilt sind, so dass es teilweise gegen Zerstörung gefeit ist u. mit jedem beliebigen Teil des Hologramms das gesamte Bild rekonstruiert werden kann, was zur Erklärung der erhebl. Plastizität des Gehirns bei Hirnverletzungen bzw. Hirnstörungen angeführt wird. Dieses Modell des Gehirns wird als heurist. wertvoll betrachtet, wichtig ist v. a. das Teilkzpt. des *verteilten Gedächtnisses* (der Ausdruck stammt von Lashley): Jedes Hologrammstückchen sagt ein wenig über jeden Teil der Szene, kein Stück aber ist unersetzl. Der zweite wichtige Aspekt ist der, dass man beliebig viele Hologramme auf dem gleichen Filmstück überlagern u. dann die Bilder der Originalszenen nacheinander reproduzieren kann, ohne Interferenz durch die übrigen Bilder (vgl. Harth 1982). Zur Bedeutung des Modells innerhalb der

Entwicklung einer allg. → Kognitionswissenschaft vgl. Gardner (1989). Innerhalb neuerer esoter. Ansätze, v. a. der → transpersonalen Psychologie, wird dieses Prinzip zu einem allg. »holograph. Weltbild« weiterentwickelt (vgl. Wilber 1986).

(3) Bis in die Gegenwart zieht sich ein Grundkzpt. der neurops. Diagnostik hin: die Idee einer *globalen Hirnschädigung*, die sich mit univariaten diagnost. Verfahren, idealerweise mit einem einzigen ps. Test, feststellen ließe, der valide u. reliabel zw. hirngeschädigten u. nicht-hirngeschädigten Personen differenziert (»Hirnschädigungstest«). Diese Idee wird heute zunehmend als verfehlt angesehen u. teilweise hart kritisiert; zum Überblick vgl. Heaton u. a. (1978). Die Annahme eines globalen Hirnschädigungskonstrukts geht histor. v. a. auf einige frühere neurops. Untersuchungen, wie etwa die Arbeiten Lashleys o. Goldsteins u. a., zurück, die, wie heute allg. akzeptiert ist, nur ungenügend kontrolliert waren u. keineswegs die Schlussfolgerungen zuließen, die tatsächl. gezogen wurden. Seit Beginn der 60er Jahre haben v. a. Reitan u. a. die Unhaltbarkeit dieses globalen Konstrukts gezeigt u. eine differenzierte Diagnostik auf der Basis multivariater Verfahren entwickelt (vgl. Reitan 1974).

LIT: Neuere Lehrbücher: Ellis u. Young (1991); Kolb u. Whishaw (1993); Canavan u. Sartory (1990); Poeck (1982); ein Lehrbuch, das Falldarstellungen zur klin. Neurops. enthält, ist Gauggel u. Kerkhoff (1996); vgl. zsfd. zur neurops. Diagnostik Wittling u. a. (1992); einen Überblick über die modernen experimentellen Techniken der N. bietet Hannay (1986); zur Rolle neurolog. Ideen in der Ps. vgl. Hebb (1951); zur N. der Sprache – bisweilen spricht man von *Patholinguistik* – vgl. Friederici (1984) u. Peuser (1978); zur N. des Gedächtnisses vgl. Markowitsch (1992); speziell zur N. des Frontalhirnsyndroms, das v. a. motivations- u. handlungsps. relevant ist, vgl. Koch (1994); zu den neurops. Ideen von Sigmund Freud vgl. Pribram (1962); Amacher (1965); Spehlmann (1953); zur neurops. Rehabilitation vgl. von Steinbüchel u. a. (1992); über histor. Beziehungen der N. zur Psychiatrie vgl. Leischner (1988); zu den neurops. u. neurophysiolog. Grundlagen der klin. Ps. vgl. Huppmann u. a. (1977) sowie Birbaumer u. Lutzenberger (1977); eine populärwissenschaftl. u. dennoch tief gehende Darstellung des Individualitäts-Aspekts der Gehirnstruktur findet sich bei Mecacci (1986); zur N. des Kindesalters vgl. Remschmidt u. Schmidt (1981); populärwissenschaftl., aber tief schürfende Darstellungen sind die Arbeiten von Sacks (1987, 1995); gerade in den 90er Jahren ist auch eine Reihe von Büchern entstanden, in denen interdisziplinär denkende Wissenschaftler neurowissenschaftl. Versuche starten, vgl. z. B. Edelman (1993, 1995) u. Gell-Mann (1994); zu philosoph. Ansätzen vgl. Bunge (1981); Churchland (1986); Dennett (1994); für weitere Literatur dieser Art vgl. das Stw. → Bewusstsein; zur Idee einer allg. Neurowissenschaft vgl. Gregory (1987); vgl. auch Kosslyn u. Koenig (1992); zu N. von Talent u. Spezialbegabung vgl. Obler u. Fein (1988); vgl. des Weiteren die Arbeiten von Pöppel (1988ff.); zu neurops. Ansätzen zu den grundlegenden psych. Funktionen s. die jeweiligen Stw. (→ Wahrnehmung, → Emotion etc.); die wohl umfangreichste Darstellung neurops. Wissens ist Boller u. Grafman (1988–1995); Klassiker u. zugleich sehr lesenswerte Bücher sind die Arbeiten von Alexander R. Luria (1970ff.); ein interessantes Buch, das diesen bedeutenden russ. Neurops. u. seine Aktualität würdigt, ist Jantzen (1994), darin auch eine Luria-Bibliographie; zu den Klassikern gehören des Weiteren die Arbeiten von H. Head (1920ff.) u. die Arbeiten von J. H. Jackson (vgl. Taylor 1931).

◆ Amacher, P.: Freuds' neurological education and its influence on psychoanalytic theory. In: PI, Bd. IV, Nr. 4, 1965, S. 16ff.; Basmajian, J. V. (Hg.): Biofeedback – principles and practice for clinicians. Baltimore 1989; Beaumont, J. G.: Einführung in die Neurops. Weinheim 1987; Bernstein, N. A.: Bewegungsphysiologie. Leipzig 1975; Birbaumer, N. u. Lutzenberger, W.: Neurophysiolog. Grundlagen. In: Pongratz, L. J. (Hg.): HP, 8. Bd., 1. Hlb. Göttingen 1977, S. 482–526; Boller, F. u. Grafman, J. (Hg.): Handbook of neuropsychology, 10 Bde. Amsterdam 1988–1995; Broca, P.: Remarques sur le siège de la faculté du langage articulé, suives d'une observation d'aphemie. Bulletin et Mémoires de la Société Anatomique de Paris. 1861, S. 330–357; Bunge, M.: From mindless neuroscience and brainless psychology to neuropsychology. Whyting Lecture:

winter conference on brain research, Keystone, Colorado (January 24–31), 1981; CANAVAN, A. G. M. u. SARTORY, G.: Klin. Neurops. Ein Lehrbuch. Stuttgart 1990; CHURCHLAND, P. S.: Neurophilosophy. Cambridge/Mass. 1986; CLARKE, E. u. DEWHURST, K.: Die Funktion des Gehirns. Lokalisationstheorien von der Antike bis zur Gegenwart. München 1973; CONRAD, K.: Über differentiale u. integrale Gestaltfunktion u. den Begriff der Protopathie. Nervenarzt 19, 1948, S. 315–323; CONRAD, K.: Schlußbemerkungen über den Begriff der Vorgestalt. Nervenarzt 21, 1950, S. 454; DENNETT, D. C.: Philosophie des menschl. Bewusstseins. Hamburg 1994; ECCLES, J. C.: The neurophysiological basis of mind. Oxford 1953; EDELMAN, G. M.: Göttl. Luft, vernichtendes Feuer. Wie der Geist im Gehirn entsteht. München 1995; EDELMAN, G. M.: Unser Gehirn – ein dynam. System. München 1993; ELLIS, A. W. u. YOUNG, A. W.: Einführung in die Kognitive Neurops. Bern 1991; FLOURENS, P.: Recherches experimentales sur les proprietes et les fonctions du systeme nerveux dans les animaux vertebres. Paris 1824; FREUD, S.: Über Aphasie. Leipzig 1892; FRIEDERICI, A. D.: Neurops. der Sprache. Stuttgart 1984; FRITSCH, G. u. HITZIG, F.: Über die elektr. Erregbarkeit des Großhirns. Arch. Anat. Physiol. u. Wiss. Med. 37, 1870, S. 300–332; GALL, F. J.: Sur les fonctions du cervau et sur celles de chacune de ses parties. Paris 1825; GARDNER, M.: Dem Denken auf der Spur. Stuttgart 1989; GAUGGEL, S. u. KERKHOFF, G. (Hg.): Fallbuch der Klin. Neurops.: Praxis der Neurorehabilitation. Bern 1996; GELB, A. u. GOLDSTEIN, K.: Ps. Analysen hirnpatholog. Fälle. Leipzig 1920; GELL-MANN, M.: Das Quark u. der Jaguar: Vom Einfachen zum Komplexen. München 1994; GOLDSTEIN, K.: The Organism. New York 1927; GOLDSTEIN, K.: Der Aufbau des Organismus. Den Haag 1934; GOLDSTEIN, K.: After effects of brain injuries in war, their evaluation and treatment: the application of psychologic methods in the clinic. New York 1942; GOLDSTEIN, K. u. SCHEERER, M.: Abstract u. concrete behaviour. Psychological monographs 53, 1941; GREGORY, R. L. (Hg.): The Oxford companion to the mind. Oxford 1987; GUTTMANN, G.: Einführung in die Neurops. Bern 1972; HANNAY, J. (Hg.): Experimental techniques in human neuropsychology. New York 1986; HARTH, E.: Windows on the mind: reflections on the physical basis of consciousness. New York 1982; HEAD, H.: Studies in neurology, 2 Bde. Oxford 1920; HEAD, H.: Aphasia and kindred disorders of speech, 2 Bde. London 1926; HEATON, R. u. a.: Neuropsychological test results associated with psychiatric disorders in adults. PBu 45, 1978, S. 141–162; HEBB, D. O. u. PENFIELD, W.: Human behaviour after extensive bilateral removal from the frontal lobes. Arch. Neurol. Psychiat. (Chic.) 44, 1940, S. 421ff.; HEBB, D. O.: The organization of behaviour: a neuropsychological theory. New York 1949; HEBB, D. O.: The role of neurological ideas in psychology. JPers 20, 1951, S. 39–55; HECAEN, H. u. ALBERT, L. M.: Human neuropsychology. New York 1978; HENSCHEN, S. E.: Über die Hörsphäre. J. Psychol. Neurol. 22, Suppl. 3, 1918, S. 45–60; HUPPMANN, G. u. a.: Neurops. Grundlagen. In: PONGRATZ, L. J. (Hg.): Handbuch der Ps., Bd. 8/1. Hlb. Göttingen 1977, S. 535–557; JACKSON, J. H.: On affections of speech from disease of the brain. Brain 1, 1878, S. 304; JANTZEN, W. (Hg.): Die neuronalen Verstrickungen des Bewußtseins. Münster 1994; KLEIST, K.: Gehirnpathologie. Leipzig 1934; KOCH, J.: Neurops. des Frontalhirnsyndroms. Weinheim 1994; KOLB, B. u. WHISHAW, I. Q.: Neurops. Heidelberg 1993; KOSSLYN, S. M. u. KOENIG, O.: Wet mind. The new cognitive neuroscience. New York 1992; KRÖNER-HERWIG, B. u. SACHSE, R.: Biofeedbacktherapie. Stuttgart 1988; LASHLEY, K. S.: Brain mechanisms and intelligence. Chicago 1929; LEISCHNER, A.: Histor. Beziehungen der Neurops. zur Psychiatrie. In: OEPEN, G. (Hg.): Psychiatrie des rechten u. linken Gehirns. Köln 1988, S. 26–33; LEZAK, M. S.: Neuropsychological assessment. Oxford 1976; LURIA, A. R.: Human Brain and Psychological process. New York 1966; LURIA, A. R.: Die höheren kortikalen Funktionen des Menschen u. ihre Störungen bei örtl. Hirnschädigungen. Berlin (ehem. DDR) 1970; LURIA, A. R.: Die Funktion der Sprache in der geistigen Entwicklung des Kindes. Düsseldorf 1970; LURIA, A. R.: The Working Brain. Harmondsworth 1973; LURIA, A. R.: The Neuropsychology of Memory. New York 1976; LURIA, A. R.: The mind of a mnemonist. New York 1978; LURIA, A. R.: Der Mann, dessen Welt in Scherben ging. Reinbek 1991; LURIA, A. R.: Romant. Wissenschaft: Forschungen im Grenzbezirk von Seele u. Gehirn. Reinbek 1993; MARIE, P.: Revision de la question de l'aphasie: la troisieme circonvolution frontale gauche ne joue aucun role special dans la fonction du langage. Sem. med. 21, 1906, S. 241–247; MARKOWITSCH, H. J.: Neurops. des Gedächtnisses. Göttingen 1992; MECACCI, L.: Das einzigartige Gehirn: Über den Zusammenhang von Hirnstrukturen u. Individualität. Frankfurt/M. 1986; MILLER, E.: Clinical neuropsychology. Harmondsworth 1972; MOEDE, W.: Die Untersuchung u. Übung von Gehirngeschädigten nach experimentellen Methoden. Langensalza 1917 (Neuaufl.: New York 1958); NIELSEN, J. M.: Agnosia, Apraxia, Aphasia. New York 1947 (2. Aufl.); OBLER, L. K. u. FEIN, D. (Hg.): The exceptional brain. Neuropsychology of talent and special abilities. New York 1988; ORGASS, B.: Neurops. Gegenstand u. Methoden. In: POECK (1982); PERRET, E.: Gehirn u. Vh. Bern 1973; PEUSER, G.: Aphasie. Eine Einführung in die Patholinguistik. München 1978; POECK, K. (Hg.): Klin. Neurops. Stuttgart 1982; PÖPPEL, E.:

Grenzen des Bewußtseins. Stuttgart 1988 (2. Aufl.); PÖPPEL, E. (Hg.): Gehirn u. Bewußtsein. Weinheim 1989; PÖPPEL, E., Lust u. Schmerz. Berlin 1993 (2. Aufl.); PÖPPEL, E. u. EDINGSHAUS, A.-L.: Geheimnisvoller Kosmos Gehirn. München 1994; POPPELREUTHER, W.: Die psych. Schädigungen durch Kopfschuß im Kriege. 1914/16, 1. Bd. Leipzig 1917; POSNER, M. I. u. RAICHLE, M. E.: Gedanken-Bilder. Heidelberg 1996; PREILOWSKI, B.: Neurops. In: AMELANG, M.: Bericht über den 35. Kongreß der Dt. Ges. f. Ps. Göttingen 1987, S. 109–121; PRIBRAM, K. H.: The neuropsychology of Sigmund Freud. In: BACHRACH, A. J. (Hg.): Experimental foundations of clinical psychology. New York 1962, S. 442–470; PRIBRAM, K. H. (Hg.): Brain and behaviour. Harmondsworth 1969; PRIBRAM, K. H.: Languages of the brain. Englewood Cliffs 1971; PRIBRAM, K. H.: Mind, brain, and consciousness. In: DAVIDSON, R. J. u. DAVIDSON, M. (Hg.): The psychology of consciousness. New York 1980; PRIBRAM, K. H. Localization and distribution of function in the brain. In: ORBACH, J. (Hg.): Neuropsychology after Lashley. Hillsdale N.J. 1982; REITAN, R. M.: Psychological deficits resulting from cerebral lesions in man. In: WARREN u. AKERT (1964); REITAN, R. u. DAVISON, L. (Hg.): Clinical neuropsychology: current status and application. Washington 1974; REMSCHMIDT, H. u. SCHMIDT, M.: Neurops. des Kindesalters. Stuttgart 1981; SACKS, O.: Der Mann, der seine Frau mit einem Hut verwechselte. Reinbek 1987; SACKS, O.: Eine Anthropologin auf dem Mars. Reinbek 1995; SCHUELL, H.: Aphasia. Theory and Therapy. Baltimore University Park Press 1974; SHALLICE, T.: From neuropsychology to mental structure. Cambridge 1988; SPEHLMANN, R.: Sigmund Freuds neurolog. Schriften. Berlin 1953; SPREEN, O.: Neurops. Störungen. In: PONGRATZ, L. J. (Hg.): HP 8. Bd., 1. Hlb., Göttingen 1977, S. 154–254; TAYLOR, J. (Hg.): Selected writings of John Huglings Jackson. London 1931; VON STEINBÜCHEL, N. u. a. (Hg.): Neuropsychological rehabilitation. Berlin 1992; WALSH, K. W.: Neuropsychology. Edinburgh 1978; WALTER, W. G.: The living brain. New York 1953; WEIS, S. u. a.: Das Gehirn des Menschen. In-vivo-Morphologie, Kernspintomographie u. 3D Computerrekonstruktion. Göttingen 1992; WERNICKE, C.: Der aphas. Symptomenkomplex. Breslau 1874; WILBER, K. (Hg.): Das holograph. Weltbild. Bern 1986 (Orig.: 1982); WILLIAMS, M.: Brain damage and the mind. Harmondsworth 1970 (deutsch: Hirnschäden, eine Einführung in die klin. Neurops. Weinheim 1978); WITTLING, W. u. a.: Neurops. Diagnostik. In: JÄGER, R. S. u. PETERMANN, F. (Hg.): Psycholog. Diagnostik. Weinheim 1992 (2. Aufl.), S. 575–602; WITTLING, W.: Zerebrale Funktionsdiagnostik. In: WITTLING, W. (Hg.): Handbuch der Klin. Ps., 1. Bd. Hamburg 1980, S. 281–322; YOUNG, R. M.: Mind, brain, and adaption in the nineteenth century. Oxford 1970. ZTSCHR.: Cognitive Neuropsychology, Behavioural Brain Science, Journal of Neuroscience, Neuropsychologia, Cortex, Brain and Language, Journal of Clinical Neuropsychology, Annual Review of Neuroscience; weitere Ztschr.: → physiologische Psychologie.

Neuropsychopathologie → Neuropsychologie.

Neurose → klinische Psychologie.

Neurotische Angst → Angst.

Neurowissenschaften → Neuropsychologie.

Neutrale Farben → Farbwahrnehmung; → Schwarz-Weiß-Sehen.

Nichtberücksichtigung der Stichprobengröße → kognitive Täuschungen und kognitive Heuristiken.

Nichtexplizierbares Wissen → implizites Lernen; → Wissensrepräsentation.

Nichthomöostatische Motivation → homöostatische vs. nichthomöostatische Motivation.

Nichtkompensatorische Entscheidungsheuristiken → Entscheidungsheuristiken.

Nichtkontingente Verstärkung → kontingente vs. nichtkontingente Verstärkung.

Nicht-Kontinuitätstheorie → Begriffsbildung; → Hypothesentheorien; → Begriffslernen.

Nicht-Kontinuitätstheorie des Begriffslernens → Begriffslernen.

Nichtlexikalische Route → Worterkennung.

Nichtlineare Operatormodelle → mathematische Lerntheorien.

Nichtlinguistische Kommunikation → nonverbale Kommunikation.

Nichtsinnliche Faktoren der Wahrnehmung → Wahrnehmung; Hypothesentheorie der Wahrnehmung.

Nichtsprachliche Kommunikation → nonverbale Kommunikation.

Nichtteilnehmer-Problem, eine der Hauptstreitfragen der → experimentellen Psychologie: das Problem der Daten von Individuen, die nicht an der Untersuchung teilnahmen, dies aber hätten tun sollen, u. von Individuen, die teilnahmen, dies aber besser unterlassen hätten; vgl. auch Städtler (1992). Von der → Zweiten Würzburger Schule wurde Anfang der 90er Jahre ein Projekt initiiert, das, analog zur Terman-Studie innerhalb der → Intelligenzforschung, den weiteren Lebenslauf von 20 Psychologiestudenten erforscht, die es geschafft haben, während ihres ganzen Studiums an keinem einzigen Experiment teilzunehmen; im Hintergrund steht die Annahme eines zentralen Persönlichkeitsmerkmals *Sich-Heraushalten*.

VD: Ein wegweisendes Experiment (Calhoun 1982) analysiert das N. experimentell: Um die externe Validität der Befunde sicherzustellen, wurde eine Zufallsstichprobe 105 erwachsener Amerikaner nicht zur Untersuchung herangezogen; der Altersdurchschnitt lag bei ungefähr 25,7 Jahren, u. es waren schätzungsweise gleich viele Männer und Frauen in der Stichprobe. Die Vpn wurden zufällig auf zwei Experimentalgruppen verteilt: die eine Hälfte wurde der Bedingung »nicht freiwillige Teilnahme« zugeordnet, die andere der Bedingung »freiwillige Nicht-Teilnahme«. Die Ergebnisse zeigen, dass Vpn, die nicht zum Experiment erscheinen, nicht zuverlässig von solchen zu unterscheiden sind, die dies tun, u. zwar bes. dann nicht, wenn (a) man Vpn ausschließt, die zu den falschen Zeiten nicht erscheinen, (b) man die beiden Stichproben nicht miteinander vergleicht, (c) man die Stichproben vergleicht auf der Basis nicht erhobener Daten u. (d) statistische Tests nicht vorgenommen o. unter Verletzung sämtl. Voraussetzungen durchgeführt werden.

◆ Calhoun, L. u. a.: Das Problem der Nicht-Teilnehmer: eine Grundfrage der empir. Ps. Journal für seel. Radschläge. Frankfurt 1988; Städtler, T.: Versuche ohne Versuchsleiter – eine Weiterentwicklung des Calhoun-Paradigmas. Oberwerrn 1992.

Nicht-umkehrbare Veränderung → Reversal-shift-Experimente.

Nicht-Umkehr-Wechsel → Reversal-shift-Experimente.

Nichtverbale Kommunikation → nonverbale Kommunikation.

Niedere Farbmetrik → Farbwahrnehmung.

Niedergeschlagenheit → Trauer.

NI-PI-Aufgabe → Buchstabenvergleich.

Nirwana-Prinzip → Energie; → Psychoanalyse.

Niveau-Test → Psychodiagnostik; → Persönlichkeitspsychologie.

NMR, Abk. für *nuklearmagnetische Resonanzdarstellung*; → physiologische Psychologie (Kasten psychophysiologische Methoden).

NOAH, Computerprogramm zur Simulation der → Wissensrepräsentation bzw. des → semantischen Gedächtnisses; es beinhaltet die Erstellung hierarch. Pläne (Sacerdoti 1977).

◆ Sacerdoti, E.: A structure for plans and behaviour. New York 1977.

Nocizeptoren → Schmerz.

Nominaler Reiz → Reiz; → serielles Lernen.

Nomothetisch → idiographisch vs. nomothetisch.

Non-core-Merkmale → Begriffsbildung.

Non-correction-method → Lernlabyrinth.

No-negative-evidence-Problem → Sprache.

Nonius-Sehschärfe → Sehen.

Non-REM-Phase → Traum.

Non reversal shift → Reversal-shift-Experimente.

Non-scanning → kognitive Stile.

Nonverbale Kommunikation [auch *nichtverbale, nichtsprachl., nichtlinguist., außersprachl. Kommunikation*]; → Kommunikation mit nichtsprachl. Mitteln; Kerngebiete sind: → Gesichtsausdruck u. → Gestik; s. a. → Blickkommunikation; spezielle Ansätze sind die → Proxemik u. die → Kinesik. Auch die → vokale Kommunikation wird bisweilen der n. K. zugeordnet. Als Randgebiete behandeln einige Autoren auch die Zeichen des olfaktiven o. sogar des gustativen Kommunikationskanals. Auch Aspekte wie Kleider, Mode, Körperpflege u. Haarmode werden bisweilen unter dem Leitmotiv der n. K. thematisiert; es existieren sogar Ansätze zu einer Semiotik der Zeit (*Chronemik*; vgl. Poyatos 1976). Zum Verhältnis *verbaler* u. n. K. vgl. Key (1980). Neben der Unterscheidung zw. *verbal* u. *nonverbal* besteht die Differenzierung zw. *vokaler* u. *nonvokaler* Kommunikation (Laver u. Hutcheson 1972; Scherer 1982); aus der Kombination der beiden Dichotomien ergeben sich 4 Modalitäten kommunikativen Vhs.: (a) die verbal-vokale Kommunikation (Kommunikation mit den Zeichen einer Lautsprache); (b) die nonverbal-vokale Kommunikation (vgl. Scherer 1982); sie umfasst den Bereich der Paralinguistik bis zu nichtsprachl. Lautzeichen wie Schreien, Lachen o. etwa kommunikativem Hüsteln; (c) die verbal-nonvokale Kommunikation (Schrift, Zeichensprache etc.); (d) die nonverbal-nonvokale Kommunikation (vgl. Scherer u. Wallbott 1979): die visuellen u. z. T. taktilen menschl. Kommunikationsphänomene (die *n. K.* i. e. S.).
Das Forschungsparadigma n. K. greift alte Themen der → Ausdruckspsychologie unter neuen Aspekten auf – u. steht in krit. Kontrast zu dieser älteren Tradition. Wegweisend in der Ps. waren die Arbeiten von Argyle (1969), der die Bedeutung von *social skills* u. einer Vielfalt nonverbaler Signale innerhalb der Sozialps. thematisierte bisweilen als *new look* innerhalb der Theorie der sozialen Interaktion bezeichnet, vgl. hierzu Heslin u. Patterson (1982).
Zentrale Forschungsaspekte sind: n. K. als → Emotionsausdruck u. n. K. als Indikator interpersonaler Einstellungen, wie Sympathie o. Ablehnung; n. K. als Ausdruck von Statussituationen u. Persönlichkeit; Letzteres wurde v. a. von der klass. Ausdrucksps. analysiert, vgl. zsfd. Wallbott (1985). Auch die Rolle von n. K. bei der Gesprächs- u. Interaktionssteuerung wurde thematisiert, vgl. z. B. Duncan u. Fiske (1977). Hier wurde z. B. das (umstrittene) Phänomen der *Selbst-* u. *Interaktionsynchronizität* beschrieben: die Tatsache, dass das Sprechen

eng mit dem eigenen Bewegungsvh. o. dem des Gesprächspartners synchronisiert ist; die Kongruenz von Körperhaltungen der kommunizierenden Personen ist ein ähnl. Phänomen, das sich v. a. zeigt, wenn die Interaktion gut läuft; es spielt eine wichtige Rolle beim Flirten; vgl. Giles (1980).

VD/T: Der Begriff des *Nonverbalen* wurde vielfach kritisiert: Er erscheine (a) zu unbestimmt; (b) durch seine negative Bestimmung zu umfassend; (c) auch die analyt. Trennung des Nonverbalen von der Sprache wird als method. unzulässig angesehen; vgl. Knapp (1978). Sebeok (1979) kritisiert den Terminus, weil er nach der Formel »Kommunikation minus Sprache« einen zu großen Bereich impliziere, wb. aber das Gebiet des Nichtsprachl. neben dem Gebiet des Nonvokalen noch andere Gebiete der Semiotik, v. a. die visuelle u. akust. Kommunikation, z. B. die Musik u. andere akust. Signale des Menschen, umfasse; Sebeok möchte angesichts des »terminolog. Morasts« den Begriff gänzl. vermeiden.

LIT: Eine zsfd. Darstellung der angloamerikan. Lit. der 70er Jahre ist Scherer u. Wallbott (1979); ein Methodenhandbuch ist Ekman u. Scherer (1982); ein unabhängiger Forschungsstrang zum Thema sind zahlreiche Ansätze innerhalb der → Ethologie: vgl. hierzu Hinde (1972); ein Leitfaden für die Forschung mit Bibliographie ist Key (1977); weitere Darstellungen: Harper (1978); Key (1982); Smith (1971); Scherer (1970); zum Begriff der Metakommunikation vgl. Meyer-Hermann (1976) sowie Watzlawick u. a. (1969, vgl. 1985).

◆ Argyle, M.: Social interactions. London 1969; Argyle, M.: Bodily communication. London 1975; Duncan, S. D. u. Fiske, D. W.: Face-to-face interaction. Hillsdale 1977; Ekman, P. u. Scherer, K. R. (Hg.): Handbook of methods of nonverbal behaviour research. Cambridge 1982; Giles, H.: A connotation theory: some new directions. In: Silva, M. W. S. (Hg.): Aspects of linguistic behaviour. New York Papers in Linguistics, Special No. 9, 1980, S. 105–136; Harper, R. G. u. a.: Nonverbal communication. The state of the art. New York 1978; Heslin, R. u. Patterson, M. L.: Nonverbal behaviour in social psychology. New York 1982; Hinde, R. A. (Hg.): Nonverbal communication. Cambridge 1972; Key, M. R.: Nonverbal communication: a research guide and bibliography. Metuchen 1977; Key, M. R. (Hg.): The relationship of verbal and nonverbal communication. Den Haag 1980; Key, M. R. (Hg.): Nonverbal communication today. Berlin 1982; Knapp, M. L.: Nonverbal communication in human interaction. New York 1978; Laver, J. u. Hutcheson, S. (Hg.): Communication in face to face interaction. Harmondsworth 1972; Leathers, D. G.: Nonverbal communication systems. Boston 1976; Meyer-Hermann, R.: Meta-Kommunikation. In: Linguistik und Didaktik 25, 1976, S. 83–85; Poyatos, F.: Man beyond words. Oswego N.Y. 1976; Scherer, K.: Nonverbale Kommunikation. Hamburg 1970; Scherer, K. u. Wallbott, H. G. (Hg.): Nonverbale Kommunikation. Weinheim 1979; Scherer, K. R. (Hg.): Vokale Kommunikation. Weinheim 1982; Sebeok, T. A.: Theorie u. Geschichte der Semiotik. Reinbek 1979; Smith, R. R.: Nonverbal communication. Indianapolis 1971; Wallbott, H. G.: Ausdruck. In: Hermann, T. u. Lantermann, E. D. (Hg.): Persönlichkeitsps. München 1985, S. 380–387; Watzlawick, P. u. a.: Menschl. Kommunikation. Bern 1985 (7. Aufl.); Weitz, S. (Hg.): Nonverbal communication. New York 1974; Ztschr.: Journal of nonverbal behaviour.

Nonverbal-nonvokale Kommunikation → nonverbale Kommunikation.

Nonvokale Kommunikation → vokale Kommunikation; → nonverbale Kommunikation.

Noometrische Methoden → Erkennungsaufgaben.

Normalisierung → Mustererkennung.

Norm-Farbtafel → Farbwahrnehmung.

Normorientierte Tests → Psychodiagnostik.

Novizen-Experten-Paradigma → Expertise.

NS, Abk. für *neutraler Reiz*; → klassische Konditionierung.

N-Stufen-Konflikt → Konflikt.

Nuklearmagnetische Resonanzdarstellung → physiologische Psychologie (Kasten psychophysiologische Methoden).

Numerisches Denken → mathematisches Denken.

Nutzen. Eine *ps.* Theorie des N. wurde v. a. in der Tradition der → Entscheidungstheorien u. des → Erwartung-mal-Wert-Modells konzipiert. Sie ist eine Adaptation u. Weiterentwicklung der ökonom. Nutzenstheorie (vgl. Stigler 1950; Kauder 1965). Der Begriff *N.* wird innerhalb dieses Paradigmas in einem sehr formalen Sinne verwendet als der *antizipierte subjektive Wert* eines Dinges o. eines Handlungsergebnisses. N. in diesem techn. Sinne des Wortes ist also nicht unbedingt die mit der Realisierung verbundene Befriedigung, auch nicht die *Brauchbarkeit* o. *Nützlichkeit* im umgangssprachl. Sinne des Wortes, sondern die *augenscheinl. Erwünschtheit in der Entscheidungssituation*; vgl. hierzu Lee (1977). Der N.-Begriff der Nutzenstheorie ist also abstrakt u. inhaltl. unspezifiziert u. interessiert sich auch nicht für das Warum u. Woher menschl. Präferenzen.
Die ps. Erforschung des N. thematisierte stärker als die ökonom. Nutzenstheorie *nichtmonetäre* Güter, z. B. den N. von Abwechslung o. sogar von gerechten Vh. Sie ging dabei davon aus, dass nicht der *objektive* N. für das Vh. des Menschen entscheidend ist, sondern der *subjektive*, also »persönl. Wert«, den ein objektiver Wert für einen bestimmten Menschen besitzt. *(T*: Der Begriff »*N.*«, engl. *utility*, Standard-Abk. *U*, wird auf eben diesen subjektiven Wert bezogen, während man den objektiven Wert als *Wert*, engl. *value*, Abk. *V* bezeichnet.) Schon Bernoulli argumentierte in seiner Lösung des sog. *St.-Peterburger-Paradoxons* (vgl. hierzu Schneeweiß 1967), dass der N. des Geldes nicht proportional zum Spielgewinn steigt, dass also nicht der Erwartungswert des Spielgewinns, sondern der Erwartungswert des N. des Spielgewinns maximiert wird. Dabei postulierte Bernoulli, dass der N. eines bestimmten Geldbetrages gleich dem Logarithmus dieses Betrages sei, dass also die Nutzensfunktion *konkav* verläuft, d. h., dass der Nutzenszuwachs eines Gutes mit zunehmender Menge immer geringer wird. Die Ps. hat diese Grundannahme anhand einer großen Anzahl von Versuchen zu erhärten versucht u. kam zu dem Ergebnis, dass die menschl. Nutzensfunktion wahrscheinl. nicht dieser einfachen Vorstellung entspricht, sondern auch Teile mit Aufwärtskrümmungen besitzt. Außerdem bestimmen Menschen Gewinn u. Verlust nicht *absolut*, sondern als Abweichung von einem Referenzpunkt, wozu gewöhnl. der Status quo dient. Verluste werden dabei höher als Gewinne gleicher Größe gewertet; so verhalten sich Individuen bes. *risikoavers*, wenn sie zw. einem Verbleiben im Status quo u. einer Lotterie von positiven u. negativen Abweichungen vom Status quo wählen können. Auch das → Anspruchsniveau spielt hierbei eine wichtige Rolle; vgl. hierzu Kirsch (1970ff.); Pfohl u. Braun (1981).
Weitere Grundprobleme einer Nutzenstheorie begründen zwei eigenständige Paradigmen: (a) Das Problem der Entscheidung zw. Gegenständen, die auf mehreren Dimensionen unterschiedl. N. besitzen, führte zur Herausbildung einer → multiattributiven Nutzenstheorie; (b) das Problem, dass der N.

nicht konstant ist, sondern, auch bei → *Entscheidungen unter Sicherheit,* bisweilen fluktuiert, führte zur Entwicklung → probabilistischer Nutzenstheorien.

HI: Psychologiehistor. war der Ansatz einer ps. Nutzenstheorie deswegen bedeutsam, weil hier zum ersten Mal das Problem *subjektiver Skalen* auftauchte tatsächl. hat die von Bernoulli vorgeschlagene logarithm. Nutzensfunktion große Ähnlichkeit mit Fechners → psychophysischem Gesetz; vgl. hierzu Coombs u. a. (1975).

KR: Lee (1977) bewertet den Beitrag der Nutzenstheorie zu einer allg. Entscheidungstheorie gering; es war nicht mögl., eine allgemein gültige Nutzensfunktion für Geld u. andere Güter herauszuarbeiten.

VD: Neben diesen *ps.* Ansätzen war ein großer Teil der Forschung zu N. stärker auf der *mathemat.-formalen* bzw. *ökonometr.* Seite des interdisziplinären Übergangsfeldes zw. Ps. u. formal-ökonomischer Entscheidungstheorie angesiedelt. Diese Ansätze sind weniger deskriptiv o. explikativ orientiert, sondern eher präskriptiv o. sogar edukativ; vgl. hierzu Jungermann (1977). Sie betrafen v. a. das Problem der *Nutzensmessung,* also das Problem, Verfahren zu entwickeln, die die Messung dieses »nichtobjektiven« Messwerts objektiv u. auf einem möglichst hohen *Skalenniveau* garantieren. Ausgangspunkt der ökonom. Theorie bilden die von Gossen aufgestellten *Grenznutzen-Gesetze,* nach denen der N. eines Gutes mit zunehmendem Konsum des Gutes abnimmt; diese Ansätze gingen von der Fiktion aus, dass der N. auf einer Intervallskala gemessen wird (die Nationalökonomie spricht meist von einer *kardinalen* Nutzensmessung). Später zeigten nationalökonom. Ansätze, dass dies auch ohne kardinale Nutzensmessung bzw. ohne Grenznutzen-Begriff mögl. ist: Die *Indifferenzkurvenanalyse* von Edgeworth u. die Theoreme von Pareto beinhalten, dass man ein kardinales Nutzensmaß ableiten kann, sofern Wertdifferenzen subjektiv miteinander verglichen werden können. In den Arbeiten von von Neumann u. Morgenstern (1953) wurde eine *axiomat. Nutzenstheorie* als Rationale für konsistentes Vh. entwickelt; andere Axiomatisierungen finden sich bei Fishburn (1970), Luce u. Raiffa (1957), Pratt u. a. (1965) u. Savage (1954). Eine formalisierte Gegenüberstellung verschiedener Axiomalisierungen gibt Fishburn (1981). Der Grundansatz all dieser Ansätze besteht darin, auf mathemat. präzisierte Weise zu zeigen: Wenn die Präferenzen eines Menschen eine bestimmte Ordnung u. Konsistenz besitzen, dann lässt sich jeder mögl. Konsequenz ein Maß zuordnen, das man *N.* nennen kann, das die Präferenzordnung erhält u. das → Bernoulli-Prinzip erfüllt. Die Methodik der Nutzensmessung hat meist folgenden Grundansatz: Der Entscheider hat die Wahl zw. zwei hypothet. Alternativen: Alternative 1 führt sicher zu einer mittelguten Konsequenz X_1; die Alternative 2 führt mit einer Wahrscheinlichkeit p zur besten, mit der Restwahrscheinlichkeit 1-p zur schlechtesten Konsequenz. In solchen Entscheidungssituationen wird ein Entscheider umso eher die probabilist. Alternative 2 wählen, je höher die Wahrscheinlichkeit p für einen guten Ausgang ist, gleichzeitig wird er umso eher die sichere Alternative wählen, je höher er den sicheren Ausgang bewertet. Entscheidungssituationen dieser Art werden als *Choice-dilemma-Situation* bezeichnet. Die Vp hat dann die Aufgabe, die Wahrscheinlichkeit so zu verändern, dass sie ihre beiden Alternativen als gleichgut bewertet, sie soll also *Indifferenz* herstellen. Durch diesen »Trick« schafft man es also, einen nichtprobabilist. N. mit einem probabilist. N. direkt gleichzusetzen – man schafft ein sog. *Sicherheitsäquivalent,* u. man kann daraus auf mathemat. Wege – nach Axiomen, die in ihrer Urform von von Neumann u. Morgenstern begründet worden sind (s. o.) – eine entscheiderspezif. Nutzensfunktion ableiten. Dieses Verfahren nennt man *Basic-reference-lottery-ticket-Methode (BRLD-Methode).* Vgl. Raiffa (1968); vgl. zu weiteren solchen Methoden zsfd. Borcherding (1983); ein Überblick über die Methoden zur *Utility-Messung* auf verschiedenen Skalenniveaus findet sich bei Fishburn (1981); über ps. relevante Ansätze wird bei Lee (1977) referiert; eine Darstellung der von neumannschen u. morgensternschen Axiome u. ihrer Bedeutung findet sich in Coombs u. a. (1975). Diese Theoreme begründen also eine *indirekte* Methode der Nutzenmessung: Aus dem Vh. (Bevorzugung o. Ablehnung bestimmter Güter) wird, via mathemat. Axiome, auf eine zugrunde liegende Nutzensfunktion geschlossen. Eine *direkte* Nutzensmessung dagegen stellt die Vpn vor die Aufgabe, den N. direkt als Zahl anzugeben – man setzt hier also das voraus, was die ersten Ansätze zu beweisen versuchen, dass der Mensch tatsächl. in der Lage ist, eine solche unmittelbare Bewertung vorzunehmen. Für die *indirekten* Methoden spricht theoret. viel, sie sind axiomat. begründet, ihre Angemessenheit kann empir. überprüft werden, es werden von den Personen nur Urteile auf Ordinalskalen-Niveau, also auf Vergleichsniveau, verlangt, was der Differenzierungsfähigkeit der Person eher angemessen ist als Urteile auf einer Skala höheren Niveaus, u. darüber hinaus ist der aus Präferenzen abgeleitete N. ein validerer Indikator für die tatsächl. Güte von Alternativen als der explizit verbalisierte N. In der Praxis aber ist die direkte Messung wesentl. einfacher u. ökonomischer; Vergleichsstudien ergeben zudem gute Übereinstimmungen zw. direkten u. indirekten Verfahren; vgl. Wallsten (1977); für eine ausführl. Diskussion vgl. Lee (1977).

LIT: Eine krit. u. systemat. Darstellung der Theorie des erwarteten N. findet sich bei Adams (1963), Raiffa (1968) u. Lee (1977); eine Übersicht zu den Querverbindungen mit den Wirtschaftswissenschaften gibt Wossidlo (1975); eine Rekonstruktion ps. Nutzenstheorien u. ihrer Varianten mit den wissenschaftstheoret. Mitteln der strukturalist. Wissenschaftstheorie ist Stephan (1990).

◆ Adams, E. W. u. Fagot, R.: A model of riskless choice. BS 4, 1959, S. 1–10; Adams, E. W.: Survey of Bernoullian utility theory. In: Solomon, H. (Hg.): Mathematical thinking in the measurement of behaviour Glencoe, Ill. 1960, S. 151–268; Aschenbrenner, K. M.: Single-peaked risk preferences and their dependability on the gambler's presentation mode. JExP: HPP 4, 1978, S. 513- 520; Borcherding, K.: Entscheidungstheorie u. Entscheidungshilfeverfahren für komplexe Entscheidungssituationen. In: Irle, M. (Hg.): Methoden u. Anwendungen der Marktps. EP, D, III, Bd. 5. Göttingen 1983, S. 64–174; Coombs, C. H. u. a.: Mathemat. Ps. Weinheim 1975; Fishburn, P. C.: Utility theory for decision making. New York 1970; Fishburn, P. C.: Subjective expected utility. A review of normative theories. TD 13, 1981, S. 139–199; Howard, R. A.: Proximal decision analysis. Management Science 17, 1971, S. 507–541; Jungermann, H.: Einleitung. In: Lee (1977); Kauder, E.: A history of marginal utility theory. Princeton 1965; Krantz, D. H. u. a.: Foundations of measurement, 1. Bd. New York 1971; Lee, W.: Ps. Entscheidungstheorie. Weinheim 1977; Luce, R. D. u. Raiffa, H.: Games and decision. New York 1957; Von Neumann, J. u. Morgenstern, O.: Theory of games and economic behaviour. Princeton 1953 (3. Aufl., dt.: Spieltheorie u. wirtschaftl. Vh. Würzburg 1961); Pfohl, H.-C. u. Braun, G. E.: Entscheidungstheorie. Landsberg am Lech 1981; Pratt, J. W. u. a.: Introduction to statistical decision theory. New York 1965; Raiffa, H.: Decision analysis. Reading, Mass. 1968; Savage, L. J.: The foundations of statistics. New York 1954; Schneeweiss, H.: Entscheidungskriterien bei Risiko. Berlin 1967; Stephan, E.: Zur log. Struktur ps. Theorien. Berlin 1990; Stigler, G. J.: Development of utility theory. Journal of Political Economy 58, 1950, S. 307–327; Wallsten, D. S.: Measurement and interpretation of beliefs: a review. In: Jungermann, H. u. de Zeeuw, G. (Hg.): Decision making and a change in human affairs. Dordrecht 1977, S. 369–393; Wossidlo, P. R.: Zum gegenwärtigen Stand der empir. Entscheidungstheorie aus mikroökonom. Sicht. In: Brandstätter, H. u. Galen, B. (Hg.): Entscheidungsforschung. Tübingen 1975, S. 98–133.

Nutzen-Maximierungs-Prinzip → Wirtschaftspsychologie; → Entscheidungstheorien; → Erwartung-mal-Wert-Modell.

Nystagmus → Augenbewegungen.

Obere Intensitätsschwelle → Sinnesschwellen.

Obere Unterschiedsschwelle → Sinnesschwellen.

Oberflächenfarben → Farbwahrnehmung.

Oberflächenschmerz → Schmerz.

Oberflächensensibilität, bisweilen Oberbegriff für die in der Haut realisierten Modalitäten, also die *Hautsinne.* Hierzu gehört der Tastsinn (→ Mechanorezeption) u. der Temperatursinn (→ Thermorezeption); daneben besitzt die Haut auch Chemorezeptoren u. → Nocizeptoren.

◆ Arnold, W. (Hg.): Experimentelles Praktikum 1. Bd. Stuttgart 1972; Birbaumer, N. u. Schmidt, R. F.: Biolog. Ps. Berlin 1989; Nafe, E. P. u. Kenshalo, D. R.: Somästhesie. In: Metzger, W. (Hg.): Wahrnehmung u. Bewußtsein. HP, 1. Bd., 1. Hlb. Göttingen 1966, S. 221–249.

Oberflächenstruktur → generative Transformationsgrammatik.

Oberflächliche Verarbeitung → Verarbeitungsebenen-Theorie.

Objekt-Adaptoren → Gestik.

Objektbenennung, ein wichtiger Aspekt der → Sprachproduktion zentriert sich um die Frage, mit welchen Mitteln die Bezugnahme auf Objekte erfolgt, ein Thema, mit dem sich im dt. Sprachraum v. a. die Mannheimer Forschungsgruppe »Sprache u. Kognition« beschäftigt hat. Dabei werden Fragen folgender Art erforscht: Welche Attribute eines Objektes nehmen Sprecher bei wechselnden Kontexten in ihre Benennung dieses Objekts auf? Wie verhalten sich Sprecher – wenn es multiple Möglichkeiten gibt, ein Objekt zu benennen –, damit ein Hörer dieses Objekt eindeutig von seinen Kontextobjekten unterscheiden kann? Welche kognitiven Voraussetzungen müssen bei einem Sprecher gegeben sein, damit ein Objekt kontextdiskriminativ benannt wird? Wie sehen die kognitiven Vorgänge aus, die der Produktion kontextdiskriminativer O. zugrunde liegen? Wann z. B. verwendet der Beobachter u. Beschreiber die *deiktische*, wann die *intrinsische* Perspektive? (Bei ersterer macht der Beobachter sich selbst zum Ausgangspunkt der Raumbeschreibung, bei letzterer bietet das Bezugsobjekt den Ausgangspunkt; s. u.). Die meisten Forschungsarbeiten beziehen sich auf die O., die durch die Produktion von Nominalphrasen erfolgt: Welches Nomen wird gewählt? Welches Adjektiv o. welche Adjektive werden gewählt? Herrmann u. Deutsch (1976) haben den Gebrauch referentieller Ausdrücke bei der O. unter dem Aspekt der Benennungsflexibilität von Sprechern untersucht. Herrmann (1982) hat Aspekte des situationsspezif. Sprechens in einem größeren Rahmen erläutert. In Herrmann u. Grabowski (1994) findet sich eine Darstellung dieses Themas im Rahmen einer allg. Ps. des Sprechens.
Im Hintergrund steht eine grundsätzlich andere Sicht von *Bedeutung*: Wörter sind keineswegs mit Dingen, Sätze keineswegs mit Aussagen so fest verbunden, wie herkömmlicherweise angenommen, postuliert wird also die flexible Beschaffenheit von Begriffen, des Weiteren, dass die Begriffe *kontextdiskriminativ* sind, ihre Verwendung u. Bedeutung also von Kontext zu Kontext variiert.

HI/WÜ: Die Bedeutsamkeit dieses Paradigmas bestand darin, dass es in bewusster Absetzung von psycholinguist. Modellen operierte, außerdem stand in seinem Zentrum die Sprachproduktion u. des Weiteren das Wort als zentrale Einheit – ingesamt ergibt sich so eine Sprachps., die in ganz neuartiger u. ungewöhnl. Weise gleichzeitig stärker ps., kognitiv wie pragmat. orientiert ist u. eine Herausforderung für die psycholinguist. Forschung darstellt. Deutsch (1994) stellt die histor. Entwicklung dieses Paradigmas dar, in Kornadt u.a. (1994) werden die in diesem Paradigma involvierten grundsätzlichen sprachps. Probleme erörtert.

VD: Ein Beispiel für die Phänomene, die innerhalb dieses Paradigmas analysiert werden: Ein Fahrer u. ein Beifahrer befinden sich in einem Auto auf der rechten Fahrbahn einer Straße. Am rechten Straßenrand sind Parkbuchten eingelassen, in der mittlerer befindet sich ein Objekt (ein geparktes Auto o. ein Baum). Der Beifahrer fordert den Fahrer auf, das Fahrzeug *vor* bzw. *hinter* diesem Objekt zu platzieren. Es stellt sich die Frage, unter welchen Bedingungen der Fahrer die Parkbucht 1 o. die Parkbucht 3 (vgl. Abb. *Sprache 6*) wählt. Es treten z. B. folgende

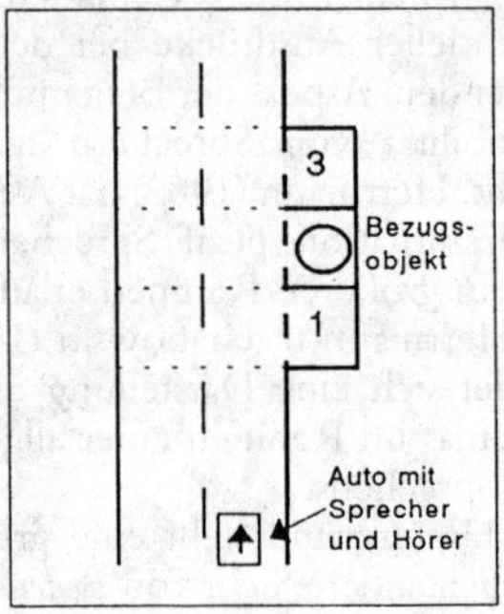

Abb. *Sprache 6*

Möglichkeiten auf: Handelt es sich um ein *ungerichtetes* Bezugsobjekt (Bsp. Baum), so kommt auf den ersten Blick nur die Verwendung des deiktischen Bezugssystems in Frage; »Vor dem Baum« bezeichnet somit die Parkbucht 1, »hinter dem Baum« die Parkbucht 3. Liegt ein *gerichtetes* Bezugsobjekt (z. B. ein Auto, hier gibt es sozusagen kanonische Bewegungs- u. Benutzerpositionen) vor, dann ergibt sich Folgendes: steht das Auto in Fahrtrichtung, so bezeichnet bei intrinsischer Lokalisation »vor dem Auto« die Parkbucht 3, »hinter dem Auto« die Parkbucht 1. Bei deiktischer Verwendung der Raumausdrücke ergeben sich gerade entgegengesetzte Zuordnungen. Steht das Auto entgegen der Fahrtrichtung, so stimmen deiktische u. intrinsische Verwendung von »vor« u. »hinter« überein. Die empir. Forschung innerhalb dieses Paradigmas untersucht, wovon es abhängt, welche Perspektive u. Bezeichnung tatsächlich verwendet wird; vgl. auch → Duz- vs. Siez-Jacke.

◆ Deutsch, W.: Mit dem Zeitgeist gegen den Zeitgeist – die Anfänge des Forschungsprogramms »Objektbenennung«. In: Kornadt u. a. (1994), S. 15–36; Herrmann, T. u. Deutsch, W.: Ps. der Objektbenennung. Bern 1976; Herrmann, T.: Sprechen u. Situation. Berlin 1982; Herrmann, T. u. Grabowski, J.: Sprechen. Ps. der Sprachproduktion. Heidelberg 1994; Kornadt, H.-J. u. a. (Hg.): Sprache u. Kognition. Heidelberg 1994.

Objektbeschreibung → Objektwahrnehmung; → computer vision.

Objektbeziehung → Psychoanalyse.

Objektbeziehungstheorien → Psychoanalyse.

Objekterkennung → computer vision; → Mustererkennung.

Objektiver Reiz → Reiz.

Objektive Wahrscheinlichkeit → Wahrscheinlichkeit.

Objektkonstanz → Wahrnehmungskonstanzen; → Formwahrnehmung.

Objektpermanenz → Konzept des permanenten Objekts.

Objektrepräsentation → Objektwahrnehmung.

Objektverlust → Trauer.

Objektwahrnehmung. Die menschl. → Wahrnehmung bleibt meist nicht bei der → Formwahrnehmung stehen, sondern versucht zu einer höhergradigen Repräsentation fortzuschreiten, bei der nicht nur Formen, sondern *Gegenstände* als solche erkannt werden (*Objektrepräsentation* bzw. in der Terminologie der computationalen Wahrnehmungstheorien: *Objektbeschreibung*). Dies ist einmal eine *Abstraktions*-Leistung, da es um die gemeinsame Strukturrepräsentation von unterschiedl. o. auch unterschiedl. genauen Darstellungen von Figuren, wie z. B. Gesichtern u. auch handgeschriebenen Buchstaben geht. Hinzu tritt das Problem der → Mustererkennung, also der inhaltl. Identifizierung dieser durch Abstraktion gewonnenen Struktur, also z. B. der Identifizierung des jeweiligen Buchstabens o. Gesichts. Dieses Problem, das von der *Wahrnehmung* i. e. S. in den Problembereich des → Erkennens führt, wird in verstärktem Maße von den modernen Wahrnehmungstheorien angegangen, v. a. von den aus der künstl. Intelligenz kommenden → computationalen Wahrnehmungstheorien. Die neurops. Störung der *Agnosie* besteht in der Unfähigkeit, ein wahrgenommenes Objekt begriffl. einzuordnen u. zu benennen; vgl. Humphrey u. Riddoch (1987).

Dabei tritt das Problem auf, welcher Anteil an der O. *datengetrieben* u. welcher *konzeptgetrieben* stattfindet: Welchen Anteil an der Rekonstruktion von Objekten besitzt das Vorwissen, u. wie weit lassen sich aus dem Reizangebot Strukturen ohne solches Vorwissen, rein aufgrund der Auswertung der Wahrnehmungsinformationen, gewinnen? Frisby (1989) diskutiert das Problem an einem konkreten Beispiel, näml. → Kanizsas Dreieck: Entstehen die amodalen Umrisse dadurch, dass unser visuelles System versucht, ein Dreieck, also ein Objekt, zu erzeugen, o. findet diese Wirkung auf einem niedrigeren Niveau statt, bei dem es ledigl. um die Auswertung von Helligkeitskontrasten geht? Ein Ergebnis der Forschung zur → Raumwahrnehmung, v. a. zu → Zufallspunktstereogrammen, ist z. B., dass → Stereoskopie vom visuellen System bewältigt werden kann, ohne dass ein vorgehendes Stadium der O. nötig wäre: Wir können keinen einzigen »Gegenstand« bei beiden Stereohälften erkennen, wenn wir sie getrennt betrachten. Schon ältere Untersuchungen zur → Ereigniswahrnehmung weisen darauf hin, dass Menschen eine Tendenz haben, einfache o. symbol. Elemente »inhaltl.« auszufüllen, also entweder soziomorph (als Menschen u. ihre Handlungen) zu deuten o. auch zumindest im Sinne einer einfachen physikal. »Mikrowelt«: als Gegenstände, die z. B. einander »schieben« etc.; Weiteres s. d.

◆ Frisby, J. P.: Opt. Täuschungen. Augsburg 1989; Rock, I.: Wahrnehmung. Heidelberg 1985; Humphrey, G. W. u. Riddoch, M. J. (Hg.): Visual object processing: a cognitive neuropsychological approach. London 1987. Schepp, B. E. u. Ballesteros, S. (Hg.): Object perception – structure and process. Hillsdale 1989; Strat, T. M.: Natural object recognition. Berlin 1992; Sutherland, N. S.: Object recognition. In: Carterette, E. D. u. Friedman, M. P. (Hg.): Handbook of perception, 3. Bd., S. 157–206.

Obstruktionskammer → Columbia-obstruction-box.

Obstruktionsmethode → Obstruktionskammer.

Oddity-Problem → Begriffslernen.

Ödipuskomplex, Zentralkzpt. der → Psychoanalyse: eine sexuelle Attraktion zw. Kindern u. Eltern dergestalt, dass das männl. Kind die Mutter, das weibl. Kind den Vater sexuell begehrt.

Diese psych. Tendenz sei zu hemmen u. zu verdrängen, was aber erst gelingen kann, wenn diese Objektbesetzung aufgegeben wird u. durch Identifizierungen ersetzt wird. Der Knabe identifiziert sich nach Freud mit dem Vater u. verinnerlicht mit dessen Inzestverbot zugleich auch dessen andere Verbote; so entsteht das *Über-Ich*, der erste Schritt des Kindes hinein in die Kultur. Nach Freud wird der Ö. zw. dem 3. u. 5. Lebensjahr, zur Zeit der phall. Phase erlebt. Der *Untergang des Ö.* kennzeichnet den Eintritt in die *Latenzperiode*, in der die Sexualität sozusagen stillgelegt ist. In der Pubertät erfährt der Ö. eine Wiederbelebung u. wird mit mehr o. weniger Erfolg durch einen bes. Typus der *Objektwahl* (gemeint ist: Partnerwahl) überwunden. Er spielt eine grundlegende Rolle bei der Strukturierung der Persönlichkeit u. der Ausrichtung der sexuellen Wünsche der Menschen. Die Psa. macht den Ö. zur

Hauptbezugsachse der Psychopathologie, indem sie für jeden patholog. Typus die Form seiner Position im Ö. u. seine Lösung zu bestimmen sucht (vgl. hierzu Schlegel 1973ff.). Die psa. Anthropologie postuliert, dass die trianguläre Struktur des Ö., dessen Allgemeingültigkeit sie behauptet, in den unterschiedlichsten Kulturen wiederzufinden ist u. nicht nur da, wo die auf Ehe gegründete Familie prädominiert.

KR: Das Kzpt. des Ö. ist eines der psa. Postulate, das auch wohlwollende akadem. Psychologen an einer positiven Rezeption der Psa. hindert; Bischof (1985) sieht die Inzesthemmung biolog. verankert u. deshalb keiner komplexen mytholog. Erklärung bedürfend. Auch kulturanthropolog. Studien bestärken die biologist. Ansicht, dass hier ein angeborener Mechanismus obwaltet, dergestalt, dass bei Menschen, die zusammen aufwachsen, die also in einer »primären Vertrautheit« miteinander stehen, keine sexuellen Aktivitäten entstehen. Dies belegen die Untersuchungen zum Brauch der »kleinen Braut« (Wolf 1966) auf Taiwan u. die geringe erot. Bindungsrate zw. Kindern, die gemeinsam in einem israelischen Kibbuz aufwachsen (vgl. Shepher 1983); auch Analysen zur Parallel-Cousinen-Heirat in arab. Ländern (McCabe 1983). Bischof (1985) entwirft ein komplexes etholog. orientiertes Aktivationsmodell u. ordnet die Inzesthemmung in die allg. Spannung zw. Intimität u. Autonomie ein.

VD: Im Kzpt. des *vollständigen Ö.* differenziert die klass. Psa. zw. einer *positiven* u. *negativen* Form: In seiner positiven Gestalt stellt sich der Komplex als sexuelles Verlangen gegenüber dem Elternteil entgegengesetzten Geschlechtes u. Todeswunsch gegenüber dem Elternteil gleichen Geschlechtes dar. Die negative Form beschreibt die entgegengesetzte Konstellation: sexueller Wunsch gegenüber dem Elternteil gleichen u. Todeswunsch gegenüber dem Elternteil entgegengesetzten Geschlechtes, wb. angenommen wird, dass sowohl Knabe wie Mädchen im Verlauf ihrer Entwicklung zw. beiden Formen hin u. her pendeln. Freud nahm an, dass der Ö. sowohl durch phylogenet. wie durch ontogenet. Determinanten strukturiert werde, wb. Erstere für sein universelles Auftreten verantwortl. seien. Eine weitere Implikation der Theorie ist, dass die unbefriedigende Bewältigung der im Zusammenhang mit dem Ö. auftretenden Konflikte bei Kindern u. Erwachsenen Grundlage sämtl. Neurosen darstellt, während es dem gesunden Individuum gelingt, die Schwierigkeiten angemessen zu bewältigen. Das ursprüngl. einfache Kzpt. hat sich in den nachfolgenden 60 bis 70 Jahren zu einer umfangreichen Theorie entwickelt, die eine komplexe Abfolge von vielen Entwicklungs- u. Sozialisationsschritten enthält. Die theoret. Weiterentwicklungen bezogen sich v. a. auf die folgenden Themenkomplexe: die kulturanthropolog. u. ethnopsa. Infragestellung der generellen Gültigkeit der patriarchal. Familienstruktur; die Einbeziehung ichstruktureller Voraussetzungen, wie sie sich v. a. in präödipalen Interaktion ergeben; die Berücksichtigung von Über-Ich-Vorläufern u. damit auch die Relativierung der fehlenden Sozialisierungsleistungen; die Entdeckung einer *frühen Triangulierung*, gemeint ist die frühe Bedeutung des Dreiecks Kind – Mutter – Vater, die ein Zustandekommen der vollständigen ödipalen Triangulierung erst ermöglicht; die Revision der Sichtweise über die Entstehung der Geschlechtsidentität; die Weiterentwicklung der Sozialisationsperspektive anhand der Thematisierung der Adoleszenz u. des Erwachsenenalters; die Problematisierung der isolierten Sichtweise des ödipalen Kindes bzw. des Heranwachsenden u. die Einbeziehung familiendynam. Perspektiven; eine Kritik an der anthrozentr. Sichtweise des Ödipus-Komplexes u. die Neu-Konzeptualisierung der weibl. Sozialisation; vgl. hierfür zsfd. Mertens (1991).

LIT: Eine zsfd. Darstellung der freudschen Theorie ist Holder (1976); vgl. auch Stolze (1976); O. Rank (1912) hat das Inzestmotiv in Dichtung u. Sage untersucht; eine neuere Arbeit zur empir. Überprüfung der Theorie des Ö. ist Greve u. Groos (1996).

◆ BISCHOF, N.: Das Rätsel Ödipus – die biolog. Wurzeln des Urkonfliktes von Intimität u. Autonomie. München 1985; GREVE, W. u. GROOS, J.: Der Untergang des Ödipuskomplexes. Argumente gegen einen Mythos. Bern 1996; HOLDER, A.: Der Ödipuskomplex. In: EICKE, D. (Hg.): Freud u. die Folgen, I. Zürich 1976, S. 608–616; MCCABE, J.: FBD marriage – further support for the Westermarck hypothesis of the incest taboo? American Anthropologist 85, 1983, S. 50–69; MERTENS, W.: Psa. Theorie u. Forschungsbefunde. In: HURRELMANN, K. u. ULICH, D. (Hg.): Neues Handbuch der Sozialisationsforschung. Weinheim 1991 (4. Aufl.), S. 77–99; RANK, O.: Das Inzestmotiv in Dichtung u. Sage. Wien 1912; SCHLEGEL, L.: Grundriß der Tiefenps., 5 Bde. München 1973–1979; SHEPHER, J.: Incest – a biosocial view. New York 1983; STOLZE, H.: Ödipale Situation – ödipale Konflikte – Ödipuskomplex. In: EICKE, D. (Hg.): Freud u. die Folgen, I. Zürich 1976, S. 616–623; WOLF, A. P.: Childhood association, sexual attraction and the incest taboo in a chinese case. American Anthropologist 68, 1966, S. 833–898; für die Freud-Originalliteratur: → Psychoanalyse.

Ödipuskonflikt → Ödipuskomplex.

Ökologische Optik, eine der wichtigsten → Wahrnehmungstheorien (Gibson 1950ff.) mit folgenden zentralen Annahmen: (1) Grundansatz ist, dass Wahrnehmung nicht unter künstl. Laborsituationen untersucht werden soll, sondern in einem natürl. (»ökolog.«) Zusammenhang, denn im Laufe der biolog. Evolution ist unser Wahrnehmunssystem auf diese spezielle Welt u. ihre typ. *opt. Anordnungen* (*optical arrays*) angelegt. Gibson geht von einem bewegl. visuellen System aus, er spricht vom *umherwandernden Sehen* (*ambulatory vision*) u. auch von *Umgebungssehen* (*ambient vision*) – im Gegensatz zu der von den meisten herkömml. Theorien thematisierten, von Gibson als »Schnappschusssehen« bezeichneten stat. Wahrnehmungssituation. (Gibson spricht deswegen auch nicht von *Stimuli*, sondern von *Stimulus-Information*.) Dies heißt speziell auch, dass in der ö. O. von der Raumwahrnehmung ausgegangen wird u. die zweidimensionale *Bildwahrnehmung* u. die darin implizierte Formwahrnehmung sekundär u. abgeleitet ist (was sowohl in der → Gestalttheorie als auch in Teilen der → kognitiven Psychologie in umgekehrter Schwerpunktsetzung angegangen wird). Aus diesem ökolog. Ansatz heraus muss auch die Ps. deshalb ein Beschreibungssystem für die typ. im Wahrnehmungsfeld des Menschen existierenden Stimuli entwickeln u. sich dabei auch auf die *physikal.* Gesetzmäßigkeiten einlassen. Vor diesem Hintergrund versucht Gibson das großangelegte Projekt, sämtl. Ereignisse u. Veränderungen der Welt unter wahrnehmungstheoret. Aspekt zu klassifizieren u. zu systematisieren: Translationen u. Rotationen, Zusammenstöße von Objekten, nichtstarre Verformungen, Oberflächenverformungen u. Oberflächenzerfall sowie Veränderungen der Farben u. Textur. (2) Die ö. O. ist eine → *direkte* Wahrnehmungstheorie: Bei der Wahrnehmung müsse nichts verarbeitet, verrechnet o. »kognitiv hinzugefügt werden« (s. auch das Stw. → Bottom-up- vs. Top-down-Prozesse; Weiteres s. u.); auch komplexe Wahrnehmungsleistungen, wie z. B. die → Wahrnehmungskonstanzen o. das → Tiefensehen, lassen sich auf die direkte Wahrnehmung realer Prozesse zurückführen. Von bes. Bedeutung sind hierbei sogar die sog. *Invarianzen* o. *Invarianten*, das zentrale Kzpt. der ö. O.: Eigenschaften von Objekten u. Ereignissen, die trotz bestimmter Transformation konstant bleiben. Bes. wichtige Invarianzen (höherer Ordnung) sind *Gradienten*: das Ausmaß, in dem sich bestimmte Stimulusgruppen verändern. Bes. wichtige Gradienten sind die → *Texturgradienten*: das Ausmaß, in dem sich (Oberflächenmuster) verändern. Texturgradienten können Größenkonstanz dadurch begründen, dass auf gleichförmigem Untergrund gleiche Scheiben immer dieselbe Art von Kästchen bedecken, obwohl ihr Sehwinkel mit der Tiefe kleiner wird (s. Abb. *Wahrnehmung 39a*).

(3) Grundlagen der Bewegungswahrnehmung sind gem. diesem Ansatz auch keine stat. Einzelbilder, sondern → Bewegungssehen ist ein Sonderfall der → Ereigniswahrnehmung. Ist das visuelle System in Bewegung, werden aus Texturgradienten → *Bewegungsgradienten*: Alle Elemente einer Textur werden aus ihrer ursprüngl. Lage verschoben, u. es entstehen *Fließmuster*, die mit Verschiebungsvektoren beschrieben werden können; Fließmuster selbst stellen wieder Invarianten dar. In dieser Forschungsperspektive versucht Gibson die typ. Wahrnehmungsgesetze, v. a. die Gestaltgesetze, nicht auf *visuelle* Prozesse zurückzuführen, sondern auf *objektive* Gesetzmäßigkeiten der real gegebenen Welt. So kann man z. B. viele → Gestaltgesetze als bildhafte Beschreibung realer Materialgruppierungen in der Welt verstehen, die in der Textur reflektiert u. vom Wahrnehmen aufgenommen werden. Gibson versucht den Ansatz mathemat. zu fundieren, indem er Gesetzmäßigkeiten der projektiven Geometrie benutzt, die sich mit Verhältnissen befasst, die bei perspektiv. Transformationen invariant bleiben u. damit die Grundlage der Zentralperspektive darstellen. (4) Ein wichtiges Kzpt. ist die *Bodentheorie*: Typischerweise wird bei einer aufrechten Fortbewegung im Freien der untere Teil des visuellen Systems mit dem *Boden*, der obere mit dem *Himmel* ausgefüllt; zw. beiden verläuft der *Horizont*. In einem Gebäude ist der Fußboden das Äquivalent zum Erdboden. Diese drei Elemente sind das grundlegende Bezugssystem für die Raumwahrnehmung. Gibson hebt hervor, dass sich die Wahrnehmung für das Sehen auf dem Erdboden bei aufrechtem Gang entwickelt hat, was bedeutet, dass die untere Hälfte des Gesichtsfeldes in der Regel mit festem Untergrund angefüllt ist. Dieser Boden hat opt. wahrnehmbare Eigenschaften, die in der Regel ein Bezugssystem bieten. Z. B. sind ebene u. horizontal-erstreckte Oberflächen opt. anders als unebene u./o. geneigte erkennbar: die Abstände zw. gleichlangen Objekten verändern sich mit zunehmender Entfernung von Beobachtern auf ebenen Flächen stetig, auf unebenen Flächen unstetig; diese Stetigkeit ist größer bei abwärts geneigten Flächen, kleiner bei nach oben ansteigenden usw. Auch bestimmte Wahrnehmungskonstanzen können mit diesem Bezugsrahmen erklärt werden, z. B. bestimmte Formen der Größenkonstanz dadurch, dass viele Objekte ein invariantes Verhältnis von Objekten zum Horizont ergeben; so wirken die Telefonmasten in der Abb. *Wahrnehmung 39b* deshalb alle gleich groß, da sie im selben Verhältnis von der Horizontlinie geschnitten werden. (5) Ein weiteres wichtiges Kzpt. ist das der *Angebote* (*affordances*, bisweilen auch mit *Affordanzen* übersetzt): Eigenschaften der Umwelt bzw. von Gegenständen, die unmittelbar einladen, etwas mit ihnen auf eine bestimmte Weise zu tun; zum Überblick über solche Grund-

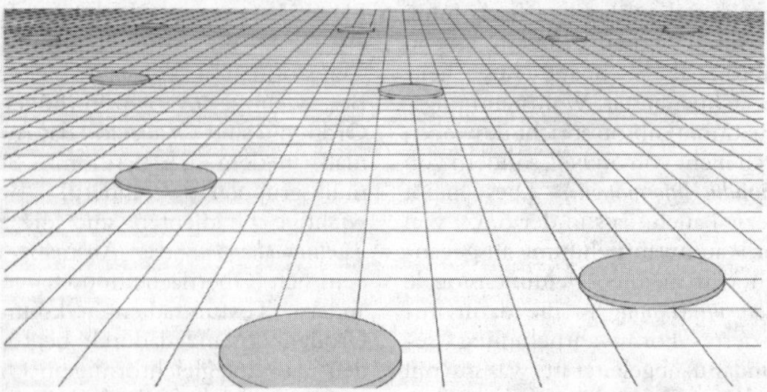

Abb. *Wahrnehmung 39a*

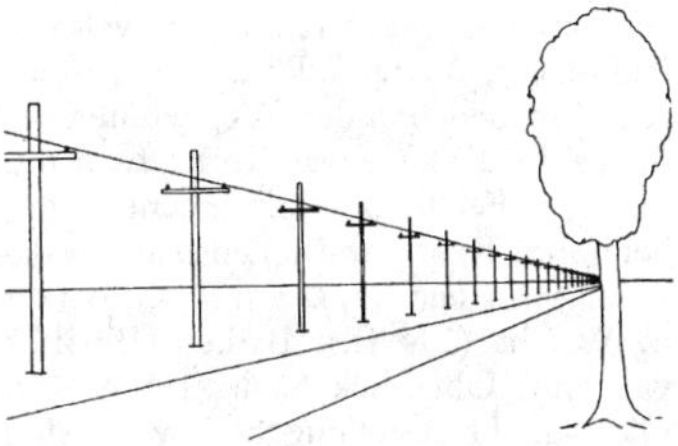

Abb. *Wahrnehmung 39b*

Affordanzen vgl. Kebeck (1994, S. 304). Nach der ö. O. muss ein Tier nicht »verrechnen«, ob es über einen Abgrund springen kann o. ein Hindernis übersteigen kann, es sieht dies unmittelbar. Dies zeigen z. B. auch Tierexperimente, die demonstrieren, dass ein Frosch einer Öffnung ansehen kann, ob es mögl. ist sie zu durchspringen, o. dass Menschen sehr genau wissen, inwieweit Treppen für ihre Körpergröße optimal besteigbar sind.

HI/WÜ: Die ö. O. ist eine der bedeutsamsten u. meist diskutierten Wahrnehmungstheorien der modernen Ps.; v. a. die Forschungsgruppe um Michael Turvey u. Robert Shaw beruft sich auf Gibsons Arbeiten. Schulübergreifend gewürdigt wird Gibsons detailbesessenes Bemühen, nicht laborhaft u. abstrakt die Wahrnehmungswelt u. ihre Prozesse zu beschreiben, sondern sozusagen »farbig« u. realist. – Gibsons Forschungen haben ihren Ausgangspunkt in der Praxis: Er war in den 30er Jahren u. Anfang der 40er Jahre in der amerikan. Luftwaffe als Ausbilder u. Berater von Flugzeugpiloten tätig. Gibsons Theorie wird in neueren Ansätzen zur → computer vision aufgenommen, sowohl im klass. Marr-Paradigma (→ computationale Wahrnehmungstheorie) wie im Paradigma *aktives Sehen*.

LIT: Gibsons Hauptwerke: ausgehend von dem Bemühen, die klass. Psychophysik vom »Kopf auf die Füße zu stellen« (1950), hat sich über eine intensive Beschäftigung mit der phylogenet. Entwicklung der Sinnesorgane (1966) die eigentl. ö. O. (1979) entwickelt; eine verständliche, didakt. ausgefeilte Einführung in Wahrnehmungsprobleme aus der Perspektive der ö. O. gibt Guski (1989), indem er typ. Alltagshandlungen u. Bewegungen der Menschen analysiert (z. B. Treppengehen, den Umgang mit Haushaltsgeräten); eine positive Darlegung der Theorie ist Michaels u. Carello (1981); sympathisierend, aber krit. sind Bruce u. Green (1985) u. Gordon (1989); eine histor. wichtig gewordene Kritik ist Ullman (1980); ein kurzer Aufsatz zu den grundlegenden gibsonschen Kzptn. ist Munz (1989); Ennenbach (1991) kritisiert den Neuheitsanspruch der ö. O.: Die Bedeutung der aktiven Aufnahme u. der Bewegung sei in den Klassikern der phänomenolog. Ps. u. auch in den wissenschaftl. Untersuchungen von Held längst thematisiert.

◆ Bruce, V. u. Green, P. M.: Visual perception. Physiology, psychology and ecology. London 1985; Ennenbach, W.: Bild u. Mitbewegung. Köln 1991; Gibson, J. J.: The perception of the visual world. Boston 1950 (dt.: Die Wahrnehmung der visuellen Welt. Weinheim 1973); Gibson, J. J.: The senses considered as perceptual systems. Boston 1966 (dt.: Die Sinne u. der Prozeß der Wahrnehmung. Bern 1973); Gibson, J. J.: The ecological approach to visual perception. Boston 1979 (dt.: Wahrnehmung u. Umwelt. München 1982; Gordon, I. E.: Theories of visual perception. Chichester 1989; Guski, R.: Wahrnehmung. Stuttgart 1989; Kebeck, G.: Wahrnehmung. Weinheim 1994; Michaels, C. F. u. Carello, C.: Direct perception. Englewood Cliffs 1981; Munz, C.: Der ökolog. Ansatz zur visuellen Wahrnehmung: Gibsons Theorie der Entnahme opt. Information. PRu 40, 1989, S. 63–75; Rock, I.: The logic of perception. Cambridge/Mass. 1983; Ullman, S.: Against direct perception. BBS 3, 1980, S. 373–415; Wilkening, F.: Zur Rolle des Wissens in der Wahrnehmung. In: Mandl, H. u. Spada, H. (Hg.): Wissensps. München 1988.

Ökologische Psychologie [auch *Ökops.*, *Umweltps.*, engl. meist *environmental psychology*], das Gebiet bzw. die Schulrichtung der Ps., die sich besonders mit den Umweltfaktoren menschl. Handelns beschäftigt, von Wohnräumen über Stadtumwelten, von so speziellen Fragestellungen wie z. B. den Verhaltensauswirkungen von Umweltgiften bis hin zu geopsych. Gesamtsystemen; vgl. Pawlik (1976). Graumann (1978) plädiert dafür, aus der ö. P.

keine neue »Bindestrichpsychologie« im Sinne eines ps. Gebiets zu machen, auch keine neue Schulrichtung, sondern eher von einer ökolog. *Perspektive* auszugehen. Diese Perspektive besteht darin, situative Gegebenheiten des Verhaltens zu berücksichtigen, also die »Umweltvergessenheit« der Ps. zu überwinden (s. a. → Transaktionalismus; → Situationismus.)
Ein zentrales Kzpt. der ö. P. ist das Kzpt. des *Raumes* u. seiner verschiedenen Ausformungen (vgl. Kruse 1974; Mehrabian 1978); nach Wicker (1979) sind diese »Alltagsräume« (Mehrabian 1978) die grundlegenden Umwelteinheiten der ö. P. Bisweilen, aber nicht notwendigerweise, ist die Umweltps. auch »ökolog. orientiert« im polit. Sinne des Wortes u. untersucht dann Themen wie z. B. das Umweltbewusstsein; vgl. Fietkau u. Kessel (1981). Das Kzpt. der *ökolog. Repräsentativität* meint das Ausmaß, in dem die jeweilige experimentelle Situation für die Situationen, mit denen ein Mensch tagtägl. konfrontiert wird, typisch ist. Der Begriff wurde durch Brunswick innerhalb seines → probabilistischen Funktionalismus eingeführt; vgl. Pawlik (1976), zu weiteren Aspekten Maschewsky (1977). Das Kzpt. wurde von Holzkamp (1964ff.) in seiner Repräsentanz-Konzeption aufgenommen u. modifiziert.

T: (1) Zunehmend wird der Begriff *Humanökologie* als Oberbegriff verwendet, um alle interdisziplinären Ansätze zur Mensch-Umwelt-Thematik zusammenzufassen; er ist nicht zu verwechseln mit der amerikan. »human ecology«, einem soziolog. Forschungsansatz innerhalb der sog. Chicagoer Schule; vgl. hierzu Miller (1986).

HI: Ein vergessener u. nun wieder gewürdigter Pionier der ö. P. war der dt. Psychologe Willi Hellpach (1924, 1952), Begründer *geops*. Forschungen, die den Zusammenhang zw. räuml. Umwelt wie Landschaft, Wetter u. Psyche thematisieren. Ein bedeutender Wegbereiter des ökops. Gedankens war Kurt Lewin mit seiner → Feldtheorie u. seinem → Lebensraum-Kzpt. Ein Meilenstein war das *Behaviour-setting-Kzpt.* von R. G. Barker u. Wright (1949ff.); Barker (1964ff.); vgl. zum Überblick Saup (1983), s. u. Ökolog. Fragestellungen i. w. S. sind schon seit langem von der Kulturps. aufgegriffen worden, die Bedeutung der Lebenswelt u. die Bedeutung der Sachlogik der Dinge wurden schon immer von der phänomenolog. Ps. thematisiert. Speziell innerhalb der Entwicklungsps. ist eine ökolog. Perspektive bei der Analyse von Sozialisationsbedingungen v. a. in den Arbeiten U. Bronfenbrenners (1976, 1978) wichtig geworden. Zu den ökops. Aspekten von Murrays → Need-press-Konzeption vgl. Mogel (1990). Gibsons → ökologische Optik ist eine besondere, kaum mit anderen Ansätzen zu vergleichende Ausformung des Ökologie-Gedankens in der Wahrnehmungsps. Auch der gesamten → Ethologie ist ein ökolog. approach inne. In Deutschland konstituierte sich im Jahre 1974 auf dem 29. Kongress der Dt. Ges. für Ps. zum ersten Mal eine Arbeitsgruppe zum Thema Umweltps., vgl. Kaminski (1976); 1975 trafen sich auf Schloss Heinheims ebenfalls umweltps. interessierte Wissenschaftler, vgl. Graumann (1978); 1976 gab es ein erstes interdisziplinäres Treffen, vgl. Eckensberger u. Burgard. 1976 wurde innerhalb der Dt. Forschungsgemeinschaft ein Schwerpunktprogramm »Ps. Ökologie« eingerichtet; in der Folge erschien eine Reihe von Sammelreferaten (Kaminski 1978; Kruse 1978; Graumann 1978).

KR: Die Kritik hebt hervor, dass die ö. P. bisher noch kein eigenes Umweltkzpt. entwickelt habe, sie arbeite noch atheoret. bzw. bediene sich relativ unkrit. theoret. Kzpte. aus anderen Wissenschaften; vgl. Kruse (1974); Mogel kritisiert bei neueren Umweltkzptn. ihre einseitige Festlegung, z. B. die übersteigerte Betonung der Kultur bei Boesch (1980).

VD: Zu Barkers Behaviour-setting-Kzpt., einem der zentralen Kzpte. der ö. P.: Es meint Umwelteinheiten, die komplexer sind als eine → Situation, jedoch weniger umfassend als eine Institution o. ein Gemeinwesen: z. B. das Setting einer Unterrichtsstunde, das aus Objekten wie Tisch u. Stühlen u. aus Personen mit verschiedenen Rollen besteht, in dem typ. organisierte Verhaltensweisen ablaufen, die an bestimmte raumzeitl. Umgebungsbedingungen geknüpft sind. Dieses Kzpt. wurde erstmals in Barker u. Wright (1955) entwickelt. Die Beschreibung von behaviour-settings erfolgt in der Barker-Schule einem Deskriptionsschema, das Barker u. Wright für die Midwest-Studie (1955) entworfen hatten. Grundannahme war das Postulat, dass viele Aspekte des Vhs. von Menschen adäquater auf der Grundlage der Merkmale von behaviour settings voraussagbar sind als auf der Grundlage ihrer Persönlichkeitsmerkmale. Daraus ergibt sich die Notwendigkeit einer Öko-Verhaltenswissenschaft (*eco-behavioural science*) unabhängig von der Ps., einer Wissenschaft von der Struktur u. der Funktion von behaviour-settings. Der größte Teil der empir. Arbeiten von Barker u. seinen Mitarbeitern bestand in der Identifizierung u. Beschreibung von behaviour settings einer amerikan. u. einer engl. Gemeinde, von großen u. kleinen Schulen u. Kirchengemeinden. Bechtel (1977) verwendete diesen Ansatz zur Untersuchung von städt. Wohngebieten u. von Arbeits- u. Wohnbereichen in Militärkasernen. Eine zentrale Prämisse von Barkers Konzeption besteht in der Annahme einer »Synomorphie« von Vh. u. Umwelt, einer Art Strukturgleichheit von Standardverhaltensmustern u. sozialen u. phys. Umgebungsaspekten; bspw. ist die Grenzlinie eines Fußballfeldes auch die Grenze für das Spielvh., o. die Stühle in einem Klassenzimmer sind so angeordnet, dass die Schüler die Lehrer gut sehen können. Das Arrangement phys. Umgebungskomponenten kann im Sinne von Barrieren einige Verhaltensmuster fordern, andere dagegen eher verhindern. In einer seit 1960 zunehmend differenzierten u. theoret. Betrachtungsweise begreift Barker settings als homöostat. Systeme, die ihr Funktionieren auf einem optimalen Niveau einregeln u. der Ausführung eines Settingprogramms dienen; Bsp. für Settingprogramme sind die Regel eines Sportspiels, die Agenda einer Sitzung o. das Kollegium eines schulischen Unterrichtsgebietes; Barker unterscheidet dabei drei grundlegende Prozesse. Für das Funktionieren eines Behaviour settings auf dem postulierten Gleichgewichtsniveau bedarf es einer optimalen Anzahl von Settingteilnehmern. Von *undermanning* spricht Barker, wenn die zur Ausführung erforderl. Anzahl nicht vorhanden ist, *overmanning* meint das Gegenteil, dazwischen liegt das optimale manning.

LIT: Einen ausführl. Überblick über die vielfältigen Aspekte des Themas liefert das Handbuch in Schlüsselbegriffen von Kruse u. a. (1990); ein Resümee über zehn Jahre Ökops. zieht Kaminski (1985); vgl. auch Miller (1986); zu ökolog. Aspekten der Sozialps. vgl. Kruse (1978); ein zsfd. Überblick über die Entwicklung in anderen Ländern findet sich u. a. bei Moos u. Insel (1974); Altmann u. Wohlwill (1976); Stokols (1977); zum Umweltbegriff vgl. Mogel (1990); zu ökolog. Ansätzen der Sozialisationsforschung vgl. Walter (1980); zu ps. Ansätzen, die für den Umweltschutz nützl. sind, vgl. Schahn u. Giesinger (1993).

◆ Altmann, J. u. Wohlwill, J. F.: Human behaviour and environment. Advances in theory and research. Volume 1. New York 1976; Barker, G. u. Wright, H. F.: Psychological ecology and the problem of psychosocial development. CD 20, 1949, S. 131–143; Barker, R. G. u. Wright, H. F.: Midwest and its children. The psychological ecology of an American town. Evanston 1955; Barker, R. G. u. Gump, P. V. (Hg.): Big school, small school: highschool size and student behaviour. Stanford 1964; Barker, R. G.: Ecological psychology. Stanford 1968; Barker, R. G. u. Wright, H. F.: One boy's day. New York 1951; Bechtel, R. B.: Enclosing behaviour. Stroudsburg 1977; Boesch, E. E.: Kultur u. Handlung. Wien 1980; Bronfenbrenner, U. (Hg.): Ökolog. Sozialisationsforschung. Stuttgart 1976; Bronfenbrenner, U.: Ansätze zu einer experimentellen Ökologie menschl. Entwicklung. In: Oerter, R. (Hg.): Entwicklung als lebenslanger Prozeß. Hamburg 1978; Canter, D. u. Stringer, P.: Environmental interaction. Psychological approaches to our physical surroundings. New York 1975; Eckensberger, L. H. u. Burgard, P.: Ökosysteme in interdisziplinärer Sicht. Bericht über ein DFG-Symposion. Arbeiten der Fachrichtungen Psychologie an der Universität des Saarlandes 49, 1976; Fietkau, H. J. u. Görlitz, D: (Hg.): Umwelt u. Alltag in der Psychologie. Weinheim 1981; Fietkau, H. J. u. Kessel, H. (Hg.): Umweltlernen. Veränderungsmöglichkeiten des Umweltbewußtseins. Königstein (Ts.) 1981; Graumann, C. F. (Hg.): Ökolog. Perspektiven in der Ps.

Bern 1978; Hellpach, W.: Psychologie der Umwelt. In: Abderhalden, E. (Hg.): Handbuch der biolog. Arbeitsmethoden, 1. Bd., VI, C/III. Berlin 1924; Hellpach, W.: Mensch u. Volk der Großstadt. Stuttgart 1952; Hoefert, H.-W. (Hg.): Person u. Situation. Göttingen 1982; Holzkamp, K.: Theorie u. Experiment in der Ps. Berlin 1964; Holzkamp, K.: Krit. Ps. Hamburg 1972; Ittelson, W. H. u. a.: Einführung in die Umweltpsychologie. Stuttgart 1977; Kaminski, G. (Hg.): Umweltpsychologie. Perspektiven – Probleme – Praxis. Stuttgart 1976; Kaminski, G.: Behaviour and environment: Ökolog. Fragestellungen in der Allg. Psychologie. In: Graumann, C. F. (Hg.): Ökolog. Perspektiven in der Psychologie. Bern 1978, S. 83–97; Kaminski, G.: Zehn Jahre Ökopsychologie. In: Albert, D.: Bericht über den 34. Kongreß der Dt. Gesellschaft für Psychologie, 2. Bd. Göttingen 1985, S. 837–840; Kruse, L.: Räuml. Umwelt. Die Phänomenologie des räuml. Verhaltens als Beitrag zu einer psycholog. Umwelttheorie. Berlin 1974; Kruse, L.: Ökolog. Fragestellung in der Sozialpsychologie. In: Graumann, C. F. (Hg.): Ökolog. Perspektiven in der Psychologie. Bern 1978, S. 171–190; Kruse, L. u. a. (Hg.): Ökolog. Ps. Ein Handbuch in Schlüsselbegriffen. Weinheim 1990; Lewin, K.: Kriegslandschaft. ZAP 12, 1917, S. 440-447; Lewin, K.: Psycholog. Ökologie. In: Lewin, K.: Feldtheorie in den Sozialwissenschaften. Bern 1963, S. 98–101; Kaminski, G.: Environmental psychology. GJP 2, 1978a, S. 225–239; Magnusson, D. u. Endler, N. S. (Hg.): Personality at the crossroads: current issues in interactional psychology. Hillsdale 1977; Magnusson, D. (Hg.): Toward a psychology of situations. Hillsdale 1981; Maschewsky, W.: Das Experiment in der Ps. Frankfurt/M. 1977; Mehrabian, A.: Räume des Alltags o. wie die Welt unser Verhalten bestimmt. Frankfurt/M. 1978; Miller, R.: Einführung in die ökolog. Ps. Opladen 1986; Mogel, H.: Umwelt u. Persönlichkeit. Göttingen 1990; Moos, R. u. Insel, P. (Hg.): Issues in social ecology. Human milieus. Palo Alto 1974; Pawlik, K.: Ökolog. Validität: Ein Bsp. aus der Kulturvergleichsforschung. In: Kaminski (1976), S. 59–72; Pervin, L. A. u. Lewis, M.: Perspectives in interactional psychology. New York 1978; Piperek, M.: Umweltpsychologie, Wohn- u. Baupsychologie. Wien 1975; Saup, W.: Barkers Behaviour-setting-Kzpt. u. seine Weiterentwicklung. PRu 34, 1983, S. 134–146; Schahn, J. u. Giesinger, T. (Hg.): Ps. für den Umweltschutz. Weinheim 1993; Sommer, R.: Personal space. The behavioural basis for design. Englewood Cliffs 1969; Stapf, K. H.: Ökopsychologie u. Systemwirtschaft. In: Graumann (1978), S. 251–273; Stokols, D.: Perspectives on environment and behaviour – theory, research and applications. New York 1977; Walther, H.: Ökolog. Ansätze in der Sozialisationsforschung. In: Hurrelmann, K. u. Ulich, D. (Hg.): Handbuch der Sozialisationsforschung. Weinheim 1980, S. 285–298; Walter, H. u. Oerter, R. (Hg.): Ökologie u. Entwicklung. Mensch-Umwelt-Modelle. Donauwörth 1979; Wicker, A. W.: An introduction to ecological psychology. Monterey 1979; Ztrsch.: Journal of Environmental Psychology. Jahrbuch/Fortschrittsberichte: Advances in Environmental Psychology. Chichester 1978ff.

Ökologische Validität → probabilistischer Funktionalismus.

Ökologische Wahrnehmungstheorie → ökologische Optik.

Ökonomischer Aspekt → Psychoanalyse.

Ökopsychologie → ökologische Psychologie.

Österreichische Schule → Gestalttheorie.

Okklusion → Bewegungssehen.

Olfaktometer → Geruchswahrnehmung.

Olfaktorisches Gedächtnis, → sensorisches Gedächtnis für → Geruchswahrnehmung; das o. G. wurde bei weitem nicht so intensiv wie das visuelle o. auditive Gedächtnis untersucht; zum Überblick vgl. Baddeley (1979) u. Arbinger (1984).

◆ Arbinger, R.: Gedächtnis. Darmstadt 1984; Baddeley, A.: Die Ps. des Gedächtnisses. Stuttgart 1979; Engen, T. u. Ross, B. M.: Long-term memory of odors with and without verbal discription. JExP 100, 1973, S. 221–227; Engen, T. u. a.: Short-term memory of odors. JExP 99, 1973, S. 222–225.

Olfaktorische Wahrnehmung → Geruchswahrnehmung.

On the job recording → Wissenspsychologie.

One-to-one-program-Idee → Bewegungsprogramm.

One-trial-learning, Lernen in einem Lerndurchgang; bei bestimmten → Konditionierungen genügt schon ein einzelner Durchgang zur Erzielung einer dauernden Vhsänderung, insbes. wenn → preparedness vorliegt.

Open-loop-Theorien → Bewegungsprogramm.

Operant → operante Konditionierung.

Operant chamber → Skinner-Box.

Operante Konditionierung [auch *S-R-Lernen, Stimulus-Lernen, Konditionierung vom Typ II*], weitgehend syn. mit → instrumenteller Konditionierung: → Konditionierung, bei der im Unterschied zur → klassischen Konditionierung nicht die Verknüpfung zw. zwei Reizen gelernt wird u. Lernen nicht durch die Wirkung des → Kontiguitätsprinzips stattfindet, sondern durch → Verstärkung, also durch Belohnung o. Bestrafung. Bsp.: eine Taube pickt in einer → Skinner-Box einen Hebel nieder, o. ein Tier innerhalb eines thorndikeschen → Problemkäfigs schafft es, diesen zu öffnen, und für die erfolgreiche Durchführung des Versuchs wird den Tieren Futter gegeben. Da das Vh. bei der o. K. schon vorhanden ist, wird als zentrales Maß v. a. die Veränderung der → Basisrate benutzt; Weiteres s. d.; s. a. das Stw. → Reaktion. *Diskriminative* o. K. bzw. → Diskriminationslernen liegt vor, wenn ein bestimmtes Vh. so verstärkt wird, dass es nur noch bei Vorliegen definierter Hinweisreize auftritt.

Je nachdem, ob ein Vh. produziert o. unterlassen wird, lassen sich folgende Grundformen der o. K. unterscheiden: → Belohnungslernen, → Unterlassungslernen, → Fluchtlernen, → Vermeidungslernen. Beim Vorliegen eines diskriminativen → Hinweisreizes wird differenziert in: *diskriminatives* Belohnungs-, Unterlassungs- u. Bestrafungslernen; die Unterscheidung geht auf Grant zurück; vgl. hierzu Bredenkamp u. Wippich (1977).

HI/WÜ: Das Paradigma o. K. gründet auf den Arbeiten von Burrhus Frederic Skinner seit Ende der 30er Jahre u. war das zentrale Forschungsgebiet der experimentellen → Lernpsychologie, das die empir. Basis für Skinners Begründung eines radikalen → Behaviourismus bildet. Als allg. Oberbegriff wird das Schlagwort → *Verhaltensanalyse* verwendet. Kennzeichnend für diesen Ansatz ist eine Vielfalt empir.-deskriptiver Analysen, v. a. zu den Aspekten → Verstärkungsgradient u. der differentiellen Wirkung unterschiedl. → Verstärkungspläne. Weitere Techniken bzw. Phänomene aus diesem Problemkreis sind: → Verhaltensformung; → fading; → abergläubisches Verhalten; → konditionierte emotionale Hemmung. Typ. Apparaturen sind die → Skinner-Box u. Additivschreiber zur Aufzeichnung der Lernprozesse.

Skinner versucht auch, die Grundideen der o. K. auf zahlreiche andere Gebiete zu übertragen. Ein bes. wichtiges u. gleichzeitig problemat. Gebiet ist das des → verbalen Verhaltens. V. a. innerhalb der → Verhaltenstherapie finden sich zahlreiche Praxisanwendungen; vgl. hierzu Karoly (1977); ebenso auf dem Gebiet des → programmierten Unterrichts. Blough (1955) entwickelte vhsanalyt. Methoden für psychophys. Messungen an Tieren; Premack (1976) benutzte die operante Methodik zur Analyse der Frage, ob auch Schimpansen zur Bildung von Invarianzbegriffen im Sinne Piagets → genetischer Epistemologie fähig sind. Auch die psychopatholog. Grundlagenforschung verwendet operante Techniken, um Prozesse u. Funktionen zu untersuchen, die nicht bewusst u. verbal vermittelbar sind; vgl. hierzu Honig (1966); Verhave (1966). Die Abb. *Lernen 8* vermittelt etwas von der objektivist. Vorgehensweise der Skinnerianer, die mit ihren Methoden gleichermaßen

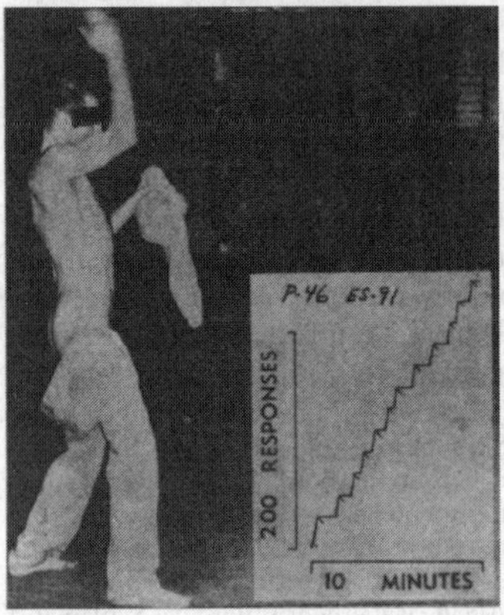

Abb. *Lernen 8*

Ratten wie schwer gestörte Menschen untersuchen u. z. B. feststellen, dass der abgebildete Patient, der 24 von insgesamt 29 Lebensjahren in der Psychiatrie verbracht hat u. mit psychometr. Methoden untestbar war, dennoch »eine operante Reaktionsrate von 1000 Reaktionen pro Stunde hatte u. einfache Diskriminationsleistungen erbringen konnte«; im Vordergrund sieht man eine kumulative Reaktionskurve, wie sie für die Arbeiten des Skinnerianer typ. ist (Abb. entnommen Schorr 1984; Orig.-Abb. aus einer Arbeit von O. R. Lindsley 1960).

TH: Nach der → Zwei-Faktoren-Theorie der Konditionierung unterscheidet sich die Wirkungsweise einer o. K. grundlegend von der einer klass. Konditionierung: einmal durch die bereits erwähnten Merkmale *Verstärkung* statt einfacher Kontiguität von Reiz u. Reaktion, des Weiteren werde bei der o. K. das Vh. nicht durch den Stimulus hervorgerufen, sondern vom Organismus spontan hervorgebracht; Skinner prägte dafür den Begriff des *Operanten* (engl. *operant*), der oft mit *Wirkreaktion* übersetzt wird; er spricht auch von *emitted behaviour* im Unterschied zu *elicited behaviour* – eine Unterscheidung, die beim Menschen ungefähr dem Unterschied zw. einem Reflex u. einer willkürl. Bewegung entspricht; vgl. Flaherty u. a. (1977). Eine begriffshistor. Analyse des Kzpts. des Operanten ist Scharff (1982).

KR: Ein wichtiger u. witziger Aufsatz zur Kritik der Kzpts. der o. K. ist Breland u. Breland (1961), der auf die Schwierigkeiten der Anwendung von Konditionierungsprinzipien unter ökolog. validen Situationen, näml. bei der Zirkusdressur von Tieren, hinweist u. das »Fehlverhalten« von Tieren »anprangert«, die sich nicht an die allg. → Lerngesetze halten wollen. In eine ähnl. Richtung zielt die Grundsatzkritik der → Ethologie; Weiteres s. das Stw. → Verhaltensanalyse; s. a. das Stw. → Selbstformung.

LIT: Allg. Überblicksliteratur ist Angermeier u. a. (1994); Holland u. Skinner (1961); Angermeier u. Peters (1973); Honig u. Staddon (1977); Werner u. Butollo (1984); Kraiker (1980) versucht eine Rekonstruktion der Theorie des operanten Lernens mit den Mitteln der strukturalist. Wissenschaftstheorie; welch komplexe Methodik u. schwierige theoret. Detailanalysen das Paradigma enthält, demonstrieren z. B. die deutschsprachigen Aufsätze von Honig u. Urcuioli (1984); Schwartz u. Gamzu (1984).

◆ Die angeg. Lit. findet sich in der Gesamtliteratur zu → Verhaltensanalyse.

Operante Konditionierung autonomer Reaktionen, ein wichtiges Versuchsparadigma, das auf der in der → Zwei-Faktoren-Theorie der Konditionierung angenommenen Differenzierung von → operanter u. → klassischer Konditionierung beruht, gem. welcher eine operante Konditionierung nur für das motor., nicht jedoch das autonome (vegetative) Nervensystem mögl. ist. Der Forschergruppe um N. E. Miller gelang es allerdings in den 60er Jahren nachzuweisen, dass curarisierte Ratten, die keinerlei motor. Vh. ausführen können, folgl. keine Möglichkeit einer peripheren Mediation haben, dennoch ihre Herzrate zu beeinflussen lernten – Verstärkung war die Tatsache, dass sie durch Veränderung der Herzrate einen Elektroschock vermeiden konnten. Hieraus entwickelte sich das Biofeedback (vgl.

den Kasten »Zentrale Begriffe u. Paradigmen der physiologischen Psychologie« beim Stw. → physiologische Psychologie).

LIT: Wichtige Originalarbeiten: Miller u. a. (1970); Black u. a. (1962); Harris u. Brady (1974); für eine krit. Analyse vgl. Katkin u. Murray (1968); Furedy (1988); Hamm u. Veitl (1988); zu informationstheoret. Ansätzen u. zu psychophysiolog. Ansätzen vgl. Dawson u. Schell (1985); für eine Übersicht über neuere kognitiv interpretierte Tierexperimente zur klass. u. operanten Konditionierung vgl. Rescorla u. Holland (1982).

◆ BLACK, A. H. u. a.: Exploratory studies of the conditioning of autonomic responses in curarized dogs. PM 76, 1962, S. 1–31; DAWSON, M. E. u. SCHELL, A. M.: Information processing and human autonomic classical conditioning. In: ACKLES, P. K. u. a. (Hg.): Advances in psychophysiology, 1. Bd. Greenwich 1985, S. 89–166; FUREDY, J. L. (Hg.): Issues in human Pavlovian autonomic conditioning: an interactive symposium (special issue). BP 27, 1988; HAMM, A. u VEITL, D.: Klass. Konditionieren autonomer Reaktionen: Einflüsse von Reizinhalt u. Kontext. ZEAP 35, 1988, S. 41–73; HARRIS, A. H. u. BRADY, J. V.: Animal learning by visceral and autonomic conditioning. ARP 1974, S. 107–133; KATKIN, E. S. u. MURRAY, E. N.: Instrumental conditioning of automatically mediated behaviour: theoretical and methodological issues. PBu 70, 1968, S. 52–68; MILLER, N. E. u. a.: Learned modification of autonomic functions: a review and some new data. Circulation Research 27, 1970, Suppl. 1, S. 3–11; RESCORLA, R. A. u. HOLLAND, P. C.: Behavioural studies of associative learning in animals. ARP 33, 1982, S. 265–308.

Operantes Lernen → operante Konditionierung.

Operantes Verhalten → operante Konditionierung.

Operation → genetische Epistemologie.

Operationaler Behaviourismus → Behaviourismus.

Operationalismus → Operationismus.

Operational-parallele Informationsverarbeitung → parallele vs. serielle Informationsverarbeitung.

Operationismus [auch *Operationalismus*], der wissenschaftstheoret. Ansatz, der fordert, wissenschaftl. Begriffe durch empir. Operationen zu fundieren, speziell diejenige Bedeutungslehre, die besagt, dass die Bedeutung eines wissenschaftl. Begriffes nicht durch eine ontolog. Entität bestimmt ist, sondern durch die Messoperationen selbst. Der O. wurde durch den Physiker Bridgman (1927, vgl. 1961) begründet u. von Stevens u. Boring in die Ps. eingeführt; vgl. Boring u. a. (1945); Stevens (1935). In der Ps. wurde der O. durch den oft kolportierten Satz »Intelligenz ist, was der Intelligenztest misst« bekannt, der Boring, dem Lehrer von Stevens, zugeschrieben wird.

◆ BORING, E. G. u. a.: Symposium on operationism. PR 52, 1945, S. 241–294; BRIDGMAN, P. W.: The logics of modern physics. New York 1961 (2. Aufl.); KLÜVER, J.: Operationalismus. Stuttgart 1971; STEVENS, S. S.: The operation and definition of concepts. PR 42, 1935, S. 517–527.

Operative Abbildsysteme → Handlungstheorien; → Handlung.

Operatives Kompartment → Arbeitsgedächtnis.

Operatives Schema → Schema; → genetische Epistemologie.

Operatormodelle → mathematische Lerntheorien.

Opfer → persönliche Verursachung.

Oppel-Kundtsche-Täuschung → geometrisch-optische Täuschungen.

Oppel-Täuschung → geometrisch-optische Täuschungen.

Optimale Anregung → optimale Stimulation.

Optimale Inkongruenz → optimale Stimulation; → intrinsische Motivation.

Optimale Komplexität → optimale Stimulation.

Optimale Stimulation. Das Kzpt. der o. S. beinhaltet die Idee, dass dem Menschen eine Tendenz inne ist, ein optimales Niveau der Anregung/Stimulation bzw. → Aktivation anzustreben, so dass Abweichungen davon in einer homöostat. Art u. Weise eingeregelt werden. Insbes. sei der Organismus bestrebt, ein adäquates Niveau an sensor. Input aufrechtzuerhalten, u. er zeige → Explorationsverhalten o. → Neugier bei Unterstimulation, ästhet. Präferierung (→ Präferenzmethode) bei o. S., bei exzessiver Stimulation Vermeidungsvh.; Schultz (1967) bezeichnete diesen Prozess als *Sensoristasis*.
Im Allg. wird die Hypothese eines *inversen* Zusammenhangs zw. der Stimulation u. dem Vh. angenommen: Mittlere, nicht übermäßig hohe Aktivierung vermittelt den stärksten *hedon. Wert* (auch *hedon. Tonus*) u. ruft somit das stärkste Annäherungsvh. hervor. Dies ist z. B. der Ansatz von Fiske u. Maddi (1961) (s. a. → Aktivation-Leistungs-Paradigma); Hebb (1955) u. Leuba (1955) sind ebenfalls typ. Vertreter eines Kzpts. mittleren Optimums; Nunally u. Lemond (1973) dagegen nehmen eine montone Beziehung an. Auch nach der → *Diskrepanz-Hypothese* von McClelland u. a. (1953) u. Haber (1958) werden bei der Reizrezeption durch den Organismus geringe Abweichungen vom Adaptationsniveau als positiv, starke als negativ erfahren. Über verschiedene Ansätze mit dieser gemeinsamen Grundkonzeption referiert zsfd. Raab (1981).

TH: (a) Wissenschaftshistor. am bedeutsamsten waren die theoret. Ansätze von Berlyne (1960ff.). Berlyne (1960) ging von einem *Aktivierungsminimum* aus (der Organismus versuche ein möglichst geringes Aktivationsniveau stabil zu halten), setzte in einem späteren Aufsatz das Optimum in der *Mitte* des Aktivierungkontinuums an (Day u. Berlyne 1971) u. später bezog er noch die *Aktivierungsspitzen-Idee* (*arousal jags*; Berlyne 1974) ein, gem. der kurzfristig auch eine starke Aktivierung angestrebt wird, wenn danach ein rascher Abfall erfolgt. Berlyne bezieht sich auf das sog. → Wundtsche Gesetz, das er neurobiolog. zu begründen versucht. (b) Ein Modell der o. S. ist auch im Bereich der → Leistungsmotivation gegeben: Nygard (1977) führt die Bevorzugung mittlerer Risiken durch Erfolgsmotivierte darauf zurück, dass bei dieser Schwierigkeitsstufe die o. S. gegeben sei; mittlere Risiken seien für Personen, die Zusatzreizung suchen, bes. attraktiv, weil sie den mit maximaler Unsicherheit über das Handlungsergebnis einhergehenden Aktivierungsschub zur Herstellung des optimalen Erregungsniveaus brauchen; Schneider (1973) hat ein ähnl. Kzpt. Zum Überblick über motivationsps. Aspekte vgl. Keller (1981). (c) Die Grundidee einer o. S. ist auch wichtig innerhalb des Kzpts. der → Extra- vs. Introversion u. in zahlreichen neueren persönlichkeitsps. Ansätzen aus dem östl. Raum; vgl. hierzu zsfd. Amelang u. Bartussek (1990). Ein in diesem Zusammenhang wichtig gewordenes differentialps. Kzpt. ist das des *sensation-seeking*: die Tendenz, neue u. stimulierende Situationen aufzusuchen u. sie zu erkunden; vgl. Zuckerman (1974ff.). In diesem Kzpt. wird auch die Rolle der Angst berücksichtigt, angenommen wird, dass sensation seeking mit wachsender Angst (bei gleichzeitig zunehmender Neuartigkeit bzw. steigendem Risiko) später abnimmt. (d) Die Konzeptionen von Hebb (1955), Fiske u. Maddi (1961), Leuba (1955) u. der frühe Berlyne sehen die o. S. *physiolog.*, ihnen stehen *kognitivist.* orientierte Ansätze gegenüber; vgl. Myers u. Miller (1954); McReynolds (1956); Hunt (1963) u. die späteren Ansätze von Berlyne.
Diese kognitivist. Ansätze konstituieren im Grunde ein eigenes Paradigma, das

der *optimalen Komplexität* (auch *Neuheit, Interessantheit, Unerwartetheit* o. *Ungewissheit*). Es gibt unterschiedl. Operationalisierungen von Komplexität; meist wird sie operationalisiert über Reizmuster, z. B. die Seitenanzahl von Zufallspolygonen (Birkhoff 1933; Attneave u. Arnoult 1956), auch über achromat. Schachbretter mit variierender Anzahl von Segmenten, über die Anzahl von Punkten in einem visuellen Reizfeld, über gerasterte Flächenmuster von unterschiedl. Feinheit des Rasters, im auditiven Bereich durch Tonfolgen unterschiedl. Tonhöhe, Dauer u. Lautstärke etc.; vgl. hierzu Raab (1981). Ein wichtiger Schritt war die Unterscheidung zw. einer *objektiven* u. *subjektiven* Komplexität; vgl. Raab (1972). Eine ähnl. Variable wie Komplexität ist *Neuheit*, u. die Konfusion beider Variablen bereitet in der Forschung große Probleme: Zajonc (1968) fasst eine Reihe von Untersuchungen zusammen, die eine mit steigender Vertrautheit anwachsende »Erfreulichkeit« von visuellen Reizen ergab, was meist damit erklärt wird, dass der mit einem neuem Reiz einhergehende aversive Konfliktzustand durch die steigende Vertrautheit reduziert wird (*Mere-exposure-Effekt*). Diesen Arbeiten steht eine von Cantor (1968) ausgehende Gruppe von Untersuchungen gegenüber, die eine monoton abfallende Beziehung zw. Vertrautheit u. hedon. Wert ergeben, was als Ausdruck perzeptiver Neugier gedeutet wird. Berlyne (1970) u. andere Forscher fanden, dass eine Tendenz besteht, komplexe Reize mit dem Grad ihrer Bekanntheit mehr u. mehr zu bevorzugen, das Umgekehrte sei bei einfachen Reizen der Fall; vgl. auch → Familiarisierungs-Neuheits-Paradigma u. → Präferenzmethode.

KR: Als Fazit der empir. Analysen scheint sich zu ergeben, dass der vom Kzpt. der o. S. postulierte globale Zusammenhang in dieser einfachen Form nicht existiert; vgl. Raab (1981); zur Problematik des Kzpts. unter neurobiolog. Aspekt vgl. Brodda u. Wellner (1981).

HI/WÜ: Die Idee einer o. S. ist von großer histor. Bedeutung, denn sie hat das Triebkzpt. u. davon abgeleitete motivationsps. Modelle in mehrfacher Hinsicht überwunden: Im Gegensatz zur → Triebreduktionstheorie geht sie nicht davon aus, dass Vh. durch eine Vermeidung von Reizen motiviert ist, also nicht von einem *Spannungsreduktionsprinzip* folgt, sondern dass im Gegenteil jeder Organismus eine Grundtendenz zu einer aktiven Suche nach Reizung besitzt. Das Kzpt. der o. S. hat also eine Idee überwunden, die innerhalb der → Psychoanalyse in konsequenter Weise Ausdruck gefunden hat in der Idee des *Todestriebs* bzw. des *Nirwana-Prinzips*, dass näml. der Grundcharakter der Triebe *konservativ* sei u. dass das Triebleben im Grunde auf eine *Rückkehr zum Nichtbelebten* hinauslaufe. Diesem »lebensfeindlichen« Modell wird das Modell eines Organismus gegenübergestellt, der nicht erst über den Umweg einer Reizung (bzw. der Vermeidung einer solchen) zur Aktivität gezwungen werden muss, sondern immer schon eine aktive Grundtendenz besitzt.

VD: (1) Anmerkungen zu den Besonderheiten der berlynschen Konzeption: (a) Berlyne nimmt eine U-Kurve der Beziehung zw. Stimulation (von ihm *Aktivierungspotential* genannt) u. Aktivierung an: Die Aktivierung wachse nicht linear mit zunehmender Stimulation, sondern falle nach einem Optimum wieder ab. (b) Berlyne nimmt des Weiteren an, dass sensor. Deprivation – also v. a. Langeweile – nicht durch *Unterstimulation* gekennzeichnet sei, sondern durch eine hohe (aversive) Aktivierung. Die Logik von Berlynes Modell ist also nicht wie die der meisten anderen Modelle, dass eine zunehmende Stimulation des Organismus zu einem mittleren Optimum führe u. dann wieder abfalle; bei ihm führt zu niedrige Stimulation zu einem hohen Aktivierungspotential u. zu hohe Stimulation zu einem fallenden Aktivierungspotential – Berlyne versucht also eine Begründung des Optimalitätsprinzips; s. hierzu das Stw. → Wundtsches Gesetz. (c) Das Kzpt. der kurzzeitigen Erregungsspitze, *arousal jag*, wird damit begründet, dass der Organismus diese kurzfristige Erregung wegen der darauf folgenden sofortigen Aktivierungsverminderung anstrebe; ähnl. ist Heckhausens (1964) Kzpt. des *Aktivierungszirkels* gelagert; später nimmt Berlyne auch an, dass der Aktivierungsanstieg auch selbst positiv verstärkend sein kann.

LIT: Vgl. zsfd. Raab (1981); Keller u. Voss (1976); Keller (1981); Hamilton u. Vernon (1976).

◆ AMELANG, M. u. BARTUSSEK, D.: Differentielle Ps. u. Persönlichkeitsforschung. Stuttgart 1990 (3. Aufl.); ATTNEAVE, F. u. ARNOULT, M.: The quantitative study of shape and pattern perception. PBu 53, 1956, S. 452–471; BERLYNE, D. E.: Conflict, arousal and curiosity. New York 1960 (dt.: Konflikt, Erregung, Neugier. Stuttgart 1974); BERLYNE, D. E.: Exploratory and epistemic behaviour. In: KOCH, S. (Hg.): Psychology: a study of a science, 5. Bd. New York 1963, S. 284–364; BERLYNE, D. E.: Arousal and reinforcement. In: LEVINE, D. (Hg.): Nebraska Symposium on Motivation. Lincoln 1967, S. 1–110; BERLYNE, D. E.: Novelty, complexity and hedonic value. PuP 8, 1970, S. 279–286; BERLYNE, D. E. u. MADSEN, K. B. (Hg.): Pleasure, reward, preference. New York 1973; BEXTON, W. H. u. a.: Effects of decreased variation in the sensory environment. CJP 8, 1954, S. 70–76; BIRKHOFF, G. D.: Aesthetic measure. Cambridge/Mass. 1933; BRICKENKAMP, R.: Untersuchungen über den Zusammenhang von Ungewißheit u. Wißbegier. Bericht über den 25. Kongreß der Dt. Ges. f. Ps. Göttingen 1967, S. 540–544; BRODDA, K. u. WELLNER, U.: Neurobiolog. Grundlagen von explorativem Vh. In: Voss u. KELLER (1981), S. 17–56; CANTOR, G. N.: Children's »like and dislike«. Ratings of familiarized and unfamiliarized visual stimuli. JExChP 6, 1968, S. 651–657; CRANDALL, J. E.: Relation of epistemic curiosity to subjective uncertainty. JExP 88, 1971, S. 273–276; DAY, H. I. u. BERLYNE, D. E.: Intrinsic motivation. In: LESSER, G. S. (Hg.): Psychology and educational practice. Glenview, Illinois 1971; DEMBER, W. N. u. EARL, R. W.: Analysis of exploratory, manipulatory and curiosity behaviour. PR 64, 1957, S. 91–96; MYERS, R. D. u. MILLER, N. E.: Failure to find a learned drive based on hunger, evidence for learning motivated by »exploration«. JCPP 47, 1954, S. 428–436; FISKE, D. W. u. MADDI, S. R. (Hg.): Functions of varied experience. Homewood 1961; HABER, R. N.: Discrepancy from adaption level as a source of affect. JExP 56, 1958, S. 370–375; HAMILTON, V. u. VERNON, M. D. (Hg.): The development of cognitive processes. New York 1976; HEBB, D. O.: The drives and the C.N.S. (conceptual nervous system). PR 62, 1955, S. 243–254; HECKHAUSEN, H.: Entwurf einer Ps. des Spielens. PF 27, 1964, S. 225–243; HUNT, J. McV.: Motivation inherent in information processing and action. In: HARVEY, O. J. (Hg.): Motivation and social interaction. New York 1963, S. 35–94; KELLER, H. u. VOSS, H.-G.: Neugier u. Exploration. Stuttgart 1976; KELLER, H.: Entwicklung explorativen Vhs. im ersten Lebensjahr. In: Voss u. KELLER (1981), S. 56–80; LEUBA, C.: Toward some integration of learning theory. The concept of optimal stimulation. PRep 1, 1955, S. 27–33; MCCLELLAND, D. C. u. a.: The achievement motive. New York 1953; MCREYNOLDS, P.: A restricted conceptualization of human anxiety and motiviation. PRep 2, 1956, S. 293–312; MUNSINGER, H. u. KESSEN, W.: Uncertainty, structure and preference. PM 78, 1964 (whole No. 586); NUNALLY, J. C. u. LEMOND, L. C.: Exploratory behaviour and human development. In: REESE, H. W. (Hg.): Advances in child development behaviour, 8. Bd. New York 1973, S. 60–109; NYGARD, R.: Personality, situation and persistence. Oslo 1977; RAAB, E.: Ästhetik u. Neugier. In: Voss u. KELLER (1981), S. 263–309; RAAB, E.: Der ästhet. Eindruck als Funktion der »objektiven« u. »phänomenalen« K. von Bildern. PF 35, 1972, S. 317–333; SCHNEIDER, K.: Motivation unter Erfolgsrisiko. Göttingen 1973; SCHULTZ, D. P.: Evidence suggesting a sensory variation drive in humans. JGP 77, 1967, S. 87–99; SHEFFIELD, F. D: A drive induction theory of reinforcement. In: HABER, R. N. (Hg.): Current research in motivation. New York 1966, S. 98–111; Voss, H.-G. u. KELLER, H.: Neugierforschung. Weinheim 1981; WUNDT, W.: Grundzüge der physiolog. Ps. Leipzig 1874; ZAJONC, R. B.: Attitutional effects of mere exposure. JPSP, Monograph Supplement 9, 1968, S. 1–21; ZUCKERMAN, M.: The sensation seeking motive. In: MAHER, B. A. (Hg.): Progress in experimental personality research, Bd. 7. New York 1974, S. 180–184; ZUCKERMAN, M. u. a.: Sensation seeking in England and America: Crosscultural, age and sex comparisons. JCCP 36, 1978, S. 139–149; ZUCKERMAN, M.: Sensation seeking: beyond die optimal level of arousal. Hillsdale 1979.

Optimismus-Pessimismus-Regel → Entscheidungstheorie.

Optische Anordnung → ökologische Optik.

Optische Bewegungsillusionen → Bewegungstäuschungen.

Optische Fließmuster → Bewegungsparallaxe.

Optische Inversion → Kippfiguren.

Optisches Auflösungsvermögen → Sehen.

Optische Täuschung → Wahrnehmungstäuschungen.

Optokinetische Reaktion → optomotorische Reaktion; → Augenbewegungen.

Optokinetischer Nystagmus → optomotorische Reaktion; → Augenbewegungen.

Optomotorische Reaktion [auch *o. Reflex*], ein Vh. zur Ausrichtung der Körperstellung u. der Wahrnehmung (→ Augenbewegungen): Wenn man ein Tier in einer Trommel mit senkrechten Streifen auf eine Plattform setzt u. die Trommel rotieren lässt, dann wird es Augen, Kopf o. den ganzen Körper reflexartig in die Drehrichtung bewegen (werden nur die Augen bewegt, so spricht man von *optokinet. Reaktion*). Bei Menschen folgen die Augen den Streifen, wenn nicht per Instruktion etwas anderes verlangt wird, bis der Streifen aus dem Gesichtsfeld verschwindet, in diesem Moment springen die Augen zurück, um den nächsten Streifen anzuvisieren; man spricht hier von einer langsamen u. schnellen Phase des *optokinet. Nystagmus.* Auch wenn wir den Kopf drehen, schwenken die Augen automat. in die Gegenrichtung, dies gilt insbes. bei geschlossenen Augen; vgl. hierzu Rock (1985); s. a. das Stw. → Reafferenz.

◆ Ennenbach, W.: Bild u. Mitbewegung. Köln 1991; Rock, I.: Wahrnehmung. Heidelberg 1985.

Optomotorischer Reflex → optomotorische Reaktion; → Reafferenz; → Augenbewegungen.

Orale Phase → Psychoanalyse; → Trieb; → Sexualtrieb.

Orale Sensibilität → Geschmackswahrnehmung.

Oralsinn → Geschmackswahrnehmung.

Oral-trigeminale Wahrnehmung → trigeminale Chemorezeption; → Geschmackswahrnehmung.

Ordinale Positionshypothese → serielles Lernen.

Ordinaler Positionseffekt → serielle Positionskurve.

Organisationsentwicklung → Organisationspsychologie.

Organisationspsychologie, ein Hauptgebiet der → angewandten Psychologie; die O. thematisiert u. analysiert Fragestellungen der → Arbeitspsychologie unter *systemtheoret.* Aspekt; ihr Gegenstand sind die Prozesse, die sich innerhalb von Arbeitsorganisationen (u., bei einem erweiterten Gebrauch des Begriffs, innerhalb von Organisationen überhaupt, Krankenhäusern, Universitäten, Schulen, Gefängnissen) abspielen. (Gegenstand der O. ist also nicht das *Organisieren* als Tätigkeit o. das organisator. Verhalten, vgl. Franken 1978.) Zu den prakt. Zielen der O. gehören: Herstellung von Arbeitszufriedenheit, Senkung der Produktionskosten, eine Verbesserung der Produktqualität, eine Senkung des Krankenstandes u. eine Steigerung des leistungsbezogenen Engagements der Mitarbeiter (*Leistung* u. *Zufriedenheit* ist ein traditionelles Schlagwortpaar zur Charakterisierung des Aufgabenfeldes.) *Organisationsentwicklung* ist der schlagwortartige Oberbegriff zur Kennzeichnung aller solcher Veränderungsprozesse, die der Humanisierung des Arbeitslebens u. der Steigerung der Leistungsfähigkeit dienen. Die O. ist interdisziplinär angelegt u. wurde stark von Nicht-

Psychologen geprägt; sie überlappt sich v. a. mit der Soziologie u. der Betriebswirtschaftslehre; vgl. hierzu Gebert u. Rosenstiel (1989).

VD: (1) *T*: Es gibt einen weiteren Begriff von O., der den älteren Begriff der → Betriebspsychologie ersetzt; i. e. S. beschäftigt sich die O. v. a. mit den ps. Aspekten der Organisation selbst, also primär mit Organisationsmerkmalen, um dann die Auswirkungen auf das Individuum, insbes. auf dessen Interaktion mit der Gruppe u. der Organisation, zu studieren. Der Begriff kam in Deutschland erst Ende der 60er, Anfang der 70er Jahre auf; in den USA setzte er sich bereits früher durch u. soll von Lavitt 1961 im Rahmen eines Vortrags geprägt worden sein; das erste Lehrbuch, das sich *Organizational Psychology* nennt, wurde 1965 von Pass veröffentlicht. (2) Ein wichtiger von der O. thematisierter u. auch im populären Bereich bekannt gewordener Effekt ist der sog. *Hawthorne-Effekt*: Bei organisationsps. Untersuchungen innerhalb einer großen amerikan. Firma in den 20er Jahren (sog. *Hawthorne-Studies*) zeigte sich eine deutl. Verbesserung der Arbeitseffizienz, die jedoch, wie weiterführende Analysen später deutl. machten, nicht aus der Spezifik der vorgeschlagenen Lösungsmethoden resultierten, sondern aus der Tatsache, dass Menschen sich beachtet u. im positiven Sinne erforscht fühlten; mit diesem Effekt wurde deutl., dass Arbeitnehmer nicht nur auf die Veränderung der phys. Arbeitsbedingungen reagierten, sondern dass die Qualität der unmittelbaren Sozialbeziehungen ebenso bedeutsam ist; daraus erwuchs die *Human-Relations-Bewegung* innerhalb der O.; vgl. Roethlisberger u. Dickson (1939).

LIT: Frühe deutschsprachige Bücher waren von Rosenstiel u. a. (1972) u. Neuberger (1976); ein Handwörterbuch ist Sauermann (1981); neuere Lehrbücher sind Weinert (1987) sowie Greif u. Bamberg (1994); vgl. auch Gros (1994); einen method. orientierten Überblick gibt Seifert (1978); zu den motivationalen Grundlagen vgl. von Rosenstiel (1975); zur Geschichte der O. vgl. Mayer (1970); ein Handbuch in Grundbegriffen ist Hoyos u. a. (1990); eine umfassende Darstellung ist Roth (1989a).

◆ Burell, G. u. Morgan, G.: Sociological paradigms and organizational analysis. London 1979; Dunette, M. D. (Hg.): Handbook industrial and organizational psychology. Chicago 1976; Franken, J.: Organisationsps. als wissenschaftl. Disziplin. In: Mayer (1978), S. 332–349; Gebert, D. u. von Rosenstiel, L.: Organisationsps. Stuttgart 1989 (2. Aufl.); Gebert, D.: Organisationsentwicklung. Stuttgart 1974; Greif, S. u. Bamberg, E. (Hg.): Die Arbeits- u. Organisationsps. Göttingen 1994; Gros, E. (Hg.): Anwendungsbezogene Arbeits-, Betriebs- u. Organisationsps. Göttingen 1994; Hoyos, C. Graf u. a. (Hg.): Wirtschaftsps. in Grundbegriffen. München 1990 (2. Aufl.); Mayer, A. (Hg.): Organisationsps. Stuttgart 1978; Mayer, A. u. Herwig, B. (Hg.): Betriebsps. HP, 9. Bd. Göttingen 1970; Mayer, A.: Die Betriebsps. in einer technisierten Welt. In: Mayer u. Herwig (1970), S. 3–55; Neuberger, O.: Führungsvh. u. Führungserfolg. Berlin 1976; Neuberger, O.: Organisation u. Führung. Stuttgart 1977; Neuberger, O.: Organisationstheorie. In: Roth (1989), S. 205–251; Pass, B. M.: Organizational psychology. Boston 1965; Roethlisberger, F. J. u. Dickson, W. J.: Management and the worker. Cambridge (1939); Roth, E. (Hg.): Organisationsps. EP, D, III, 3. Bd. Göttingen 1989a; Roth, E.: Gegenstand, Geschichte u. Trends der Organisationsps. In: Roth (1989a), S. 3–17; Sauermann, P.: Stichwort Organisationsps. In: Von Beckerath, P. G. u. a. (Hg.): Handwörterbuch der Betriebsps. u. der Betriebssoziologie. Stuttgart 1981, S. 298–299; Seidel, E.: Betriebl. Führungsformen. Geschichte, Kzpte., Hypothesen, Forschung. Stuttgart 1978; Seifert, M. J.: Indikatoren zur quantitativ-vergleichenden Organisationsforschung. Eine Dokumentation von Mess-Instrumenten. Speyerer Forschungsberichte, 1. Bd. u. 2. 1978; Stogdill, R. M.: Handbook of leadership. New York 1974; Trebesch, K. (Hg.): Organisationsentwicklung – Kzpte. u. Fälle. Stuttgart 1981; V. Rosenstiel, L. u. a.: Organisationsps. Stuttgart 1972 (8. überarb. u. erw. Aufl. 1995); v. Rosenstiel, L.: Die motivationalen Grundlagen des Vhs. in Organisationen. Berlin 1975; Weinert, A. B.: Lehrbuch der Organisationsps. München 1987 (2. Aufl.); Ztschr.: Organizational Behaviour and Human Performance.

Organismische Psychologie → organismisches Modell.

Organismisches Modell [auch *Organismusmodell*, *organismische Ps.*], Grundansatz innerhalb der Ps. (auch der Biologie u. Physiologie), der im Gegensatz zum *Maschinenmodell* die Besonderheit lebender Systeme hervorhebt, also einen → Mechanismus ablehnt u. die → Ganzheitlichkeit des Menschen u. seiner Psyche betont sowie das Phänomen der *Emergenz* (von lat.: *emergere* = auftauchen), d. h. die Tatsache, dass innerhalb der biolog. Evolution neue Systeme bzw. Phänomene »auftauchen«, die nicht reduktionist. auf Gesetzmäßigkeiten einer darunterliegenden Ebene vollständig zurückgeführt werden können. Speziell in der Ausformung der → humanistischen Psychologie nimmt das Modell auch eine inhärente Tendenz des Organismus zu einem positiven u. eigenständigen Wachstum an: *Selbstaktualisierung.* Ein wichtiger Einzelansatz, der mit dem o. M. operiert, ist der des Neurologen u. Psychiaters Kurt Goldstein. Auch die → genetische Epistemologie lässt sich hierunter einordnen.

Die vom o. M. hervorgehobene Ganzheitlichkeit lebendiger Systeme wird von der → Gestalttheorie, wie an zahlreichen Bsp. demonstriert, auch nicht lebendigen Systemen im physikal. Bereich zugesprochen – für sie sind »organism.« u. »ganzheitl.« nicht syn. u. nicht einmal eng verknüpft; insofern waren die Gestalttheoretiker auch der Meinung, dass Ganzheitlichkeit eine wissenschaftl. exakte Analyse nicht ausschließe – im Gegensatz zum *Vitalismus* in der Biologie, vgl. hierzu Köhler (1968), der dafür plädiert, den »Sondervitalismus« des Lebendigen zugunsten einer Art »Panvitalismus« aufzuheben; vgl. auch Plessner (1981). Auch ein weiteres Privileg des Organischen, näml. die Fähigkeit zu selbststabilisierenden Rückkopplungsprozessen u. zur Selbstorganisation, wird durch die Entwicklungen, die sich um das Paradigma »Selbstorganisation« zentrieren, aufgehoben: Viele, auch physikal. Systeme besitzen diese Fähigkeit; vgl. hierzu auch das Stw. → systemische Psychologie.

LIT: Zur Gegenüberstellung von *organism.* u. *mechanist. Modellen* in der Entwicklungsps. vgl. Trautner (1991); zur Problemaktik des Begriffs »o. M.« u. zur Einordnung in den histor.-philosoph. Gesamtzusammenhang vgl. Herzog (1984); zum Kzpt. der Emergenz vgl. Krohn u. Küppers (1992).

◆ HALL, C. S. u. LINDZEY, G.: Theories of personality. London 1970; HERZOG, W.: Modell u. Theorie in der Ps. Göttingen 1984; KÖHLER, W.: Werte u. Tatsachen. Berlin 1968; KROHN, W. u. KÜPPERS, G. (Hg.): Emergenz: Die Entstehung von Ordnung, Organisation u. Bedeutung. Frankfurt/M. 1992; PLESSNER, H.: Die Stufen des Organischen u. der Mensch. Frankfurt/M. 1981; TRAUTNER, H. M.: Lehrbuch der Entwicklungsps. 2. Bd., Göttingen 1991.

Organismusfehler → Interaktionismus.

Organismusmodell → organismisches Modell.

Orgasmus → Sexualtrieb.

Orientierung, die Fähigkeit eines Lebewesens, seine Körperlage u. seine Bewegungen, u. zwar sowohl die Fortbewegung (Lokomotion) als auch die Bewegungen einzelner Körperteile, nach der Umwelt auszurichten; allgemeiner formuliert: die Fähigkeit, die eigene Lage innerhalb der zeitl. u. räuml. Bezugssysteme festzustellen. Speziell beim Menschen wird auch noch eine O. in Bezug auf die biograph. Ordnung u. den individuellen Erfahrungszusammenhang wichtig, wie sie in *Orientierungsstörungen* verringert o. bei der *Desorientiertheit* aufgehoben ist. Die räuml. O. erfolgt entweder mit Hilfe vorhandener Reizquellen, z. B. Gestirne, Landmarken, Lichtquellen, o. durch selbstausgesandte Reize, z. B. bei der Echoortung. Bewegungen der Richtungsorientierung freibewegl. Tiere werden als *Einstellbewegung* (*Taxis*, Plural: *Taxien*) bezeichnet, bei festsitzenden Organismen spricht man von *Tropismen.* Eine zeitl. O. wird v. a. durch → circadiane Rhythmen, also eine *innere*

Uhr, ermöglicht. Solche Prozesse wurden v. a. im Bereich der → Ethologie analysiert; vgl. Schöne (1973); vgl. auch Merkel (1980) und Lindauer (1964). *Orientierungsvh.* ist Vh., das über die direkte u. indirekte motor. Steuerung der Sinnesorgane die Reizaufnahme u. die → Exploration der Umgebung verbessert. O. wird als eine der Grundlagen der → Neugier gesehen. Wichtig geworden ist v. a. das Kzpt. des → Orientierungsreflexes. O. scheint wie → Explorationsverhalten einem Modell der → optimalen Stimulation zu genügen.

LIT: Klass. etholog. Untersuchungen sind von v. Frisch (1965); vgl. auch Lindauer (1964); zur Entwicklungsps. des O. vgl. Bühler u. a. (1928); zsfd. zu motivationsps. Aspekten Keller (1981); zu psychopatholog. Aspekten vgl. Barz (1986) u. Scharfetter (1976); zu neurops. Aspekten der Orientierung in Raum u. Zeit vgl. Pöppel u. Edingshaus (1994).

◆ Barz, H.: Psychopathologie u. ihre ps. Grundlagen. Bern 1986; Berlyne, D. E.: The influence of complexity and novelty in visual figures on orienting responses. JExP 55, 1958, S. 289–296; Bühler, C. u. a.: Die Affektwirksamkeit von Fremdheitseindrücken im ersten Lebensjahr. ZfPs 107, 1928, S. 30–49; v. Frisch, K.: Tanzsprache u. Orientierung der Bienen. Berlin 1965; Keller, H.: Entwicklung explorativen Vhs. im ersten Lebensjahr. In: Voss u. Keller (1981), S. 56–80; Lindauer, M.: Orientierung im Raum. Fortschritte der Zoologie 16, 1964, S. 58–140; Merkel, F. W.: Orientierung im Tierreich. Stuttgart 1980; Pöppel, E. u. Edingshaus, A.-L.: Geheimnisvoller Kosmos Gehirn. München 1994; Scharfetter, C.: Allg. Psychopathologie. Stuttgart 1976; Schöne, H.: Raumorientierung, Begriffe u. Mechanismen. Fortschritte der Zoologie 21, 1973, S. 1–19; Schöne, H.: Vh. u. Orientierung. ZTPs 33, 1973, S. 287–294; Voss, H.-G. u. Keller, H. (Hg.): Neugierforschung. Weinheim 1981.

Orientierungsaufgaben → Verarbeitungsebenen-Theorie.

Orientierungskonstanz → visuelle Orientierung.

Orientierungsreaktion, von neuen o. unerwarteten Reizen ausgehende Ausrichtung der → Aufmerksamkeit u. evtl. daran anschließendes → Explorationsverhalten. Das Pendant zum O. ist die *Defensivreaktion*. Es besteht das Problem der Differenzierung zw. einer O. u. *Verteidigungsreaktion* o. *Schreckreaktion* (*startle-Reaktion*); vgl. Turpin (1986). Das Kzpt. wurde von Pawlow (1927) geprägt (er sprach ursprüngl. vom *Orientierungs-Reflex* bzw. vom »Was-ist-das-Reflex«?). Die O. unterscheidet sich nach Pawlow von der bloßen Aufmerksamkeit dadurch, dass das vegetative Nervensystem meist in eine ergotrope Funktionslage verschoben wird u. dass Aktivitäten entfaltet werden, die die Effektivität der Sinnesorgane erhöhen, z. B. Drehen des Kopfes, Stellen der Ohren, Reflexe der Stützmotorik etc. V. a. durch die Arbeiten von Sokolov (1963) wurde das Kzpt. der O. in der Ps. bedeutsam; Sokolov betont die Unspezifität der auslösenden Stimuli u. hebt insbes. die → Habituation der O. hervor.

Unklarheit herrscht darüber, ob der Begriff der O. nur die spontanen u. reflexartigen Reaktionen umfassen soll, die bei Pawlow u. Sokolov im Vordergrund stehen, oder ob die Ausweitung auf abstraktere kognitive Prozesse legitim bzw. fruchtbar ist, wie von Öhman (1979) vorgeschlagen. Während bei Pawlow u. Sokolov die O. nur bei Nichtübereinstimmung von Wahrnehmung u. Erwartung ausgelöst wird (*mismatch-detector*), bezeichnet Öhman (1979) auch kognitive Prozesse beim Auftreten erwarteter Signale (*match-detector*) als *O.* Sie tritt jedesmal dann auf, wenn kontrollierte Informationsverarbeitung erforderl. ist. Das Kzpt. wurde v. a. wichtig innerhalb der Forschungen u. Theorien zur → Neugier, vgl. Brodda u. Wellner (1981). Da die O. immer auftritt, wenn für die aktuelle Stimulation im Informationssystem kein korrespondierendes Modell vorliegt, sie außerdem in dem Maße habituiert, wie sich bei weiterer Stimulation ein neurales Modell ausbildet, u. bei Abweichung vom Modell sofort wieder auftritt (*Dishabituation*), kann man die Analyse einer O. zur Untersuchung von kognitiven Prozessen benutzen, z. B. bei Kleinkindern, bei denen eine direkte sprachl. Befragung nicht mögl. ist (*Habituations-* bzw. *Dishabituationsparadigma*).

LIT: Zum Überblick vgl. Rohrbaugh (1984); Siddle (1983); zu den physiolog. Grundlagen vgl. Rösler (1982).

◆ BRODDA, K. u. WELLNER, U.: Neurobiolog. Grundlagen von explorativem Vh. In: VOSS, H. G. u. KELLER, H. (Hg.): Neugierforschung. Weinheim 1981, S. 17–56; ÖHMAN, A.: The orienting response, attention and learning: an information processing perspective. In: KIMMEL, H. D. u. a. (Hg.): The orienting reflex in humans. Hillsdale 1979, S. 443–471; PAWLOW, I. P.: Conditioned reflexes. Oxford 1927; RÖSLER, F.: Elektrophysiol. Korrelate kognitiver Prozesse. Berlin 1982; ROHRBAUGH, J. W.: The orienting reflex performance and central nervous system manifestation. In: PARASURAMAN, R. u. DAVIES, D. R. (Hg.): Varieties of attention. New York 1984, S. 323–373; SIDDLE, D. A. T. (Hg.): Orienting and habituation: perspectives in human research. Chichester 1983; SOKOLOV, E. N.: Higher nervous functions: the orienting reflex. Annual Review of Physiology 25, 1963, S. 545–589; SOKOLOV, E. N.: The neuronal mechanisms of the orienting reflex. In: SOKOLOV, E. N. u. VINOGRADOVA, O. S. (Hg.): Neural mechanisms of the orienting complex. Hillsdale 1975, S. 217–235; TURPIN, G.: Effects of stimulus intensity on autonomic responding: the problem of differentiating orienting and defence reflexes. Psychophysiology 23, 1986, S. 1–14.

Orientierungsreflex → Orientierungsreaktion.

Orientierungstheorie → Adaptationsniveautheorie; → Bezugssystemtheorien; → Range-frequency-Theorie.

Orientierungsverhalten → Orientierung.

Orientierungswahrnehmung → visuelle Orientierung; → Orientierung.

Origin → persönliche Verursachung.

Ort der Kontrolle → Kontrollüberzeugungen.

Ort der Steuerung → Kontrollüberzeugungen.

Ortsfrequenzanalyse, ein aus der Nachrichtentechnik stammender Ansatz; mit der sog. *Fourieranalyse* können beliebige zeitl. o. räuml. Stimuli (Töne o. Bilder) durch eine begrenzte Anzahl von elektromagnet. Sinuswellen beschrieben werden. Dieser Ansatz wurde v. a. in der Wahrnehmungsps. eingesetzt; Sinnessysteme werden dabei als Frequenzanalysatoren betrachtet (Campbell u. Robson 1968). Die Adaptation der Theorie der O. für wahrnehmungsps. Modelle (auch *Raum-Frequenz-Modell*) geht von der Annahme aus, dass unser Nervensystem über visuelle Szenen sozusagen »nachdenkt«, indem es Bilder in eine andere Repräsentationsform transformiert, die einer Beschreibung in Begriffen von Hell u. Dunkel mathemat. äquivalent ist – u. solche Bilder können entsprechend der Anzahl ihrer Hell-Dun-

Abb. *Wahrnehmung 52*

kel-Zyklen über einer gegebenen Distanz im visuellen Raum mit der Fourieranalyse mathemat. analysiert werden. Wie Abb. *Wahrnehmung 52* veranschaulicht, sind die niedrigen Raum- bzw. Ortsfrequenzen für den Gesamteindruck bzw. die globale Gestalt des Bildes zuständig, also für die globalen Umrisse u. Merkmale (das verschwommene Bild in Abb. b), während die hohen Ortsfrequenzen für die scharfen Kanten u. feinen Einzelheiten (Abb. c) verantwortl. sind. Unser Gehirn entdeckt normalerweise alle Arten von Frequenzen u. liefert dabei eine vollständige Sicht wie in Bild a (Abb. aus Frisby 1989, S. 120). Erkenntnisleistungen können unter bestimmten Umständen durch den sog. *Ortsfrequenzinhalt* eines Stimulus besser vorhergesagt werden als durch geometr. Merkmalsbeschreibungen wie *Ecken* u. *globale Form* usw. (vgl. Sekuler 1974). Ortsfrequenz innerhalb von Buchstaben ist ein guter Prädiktor für die eingeschätzte Ähnlichkeit dieser Buchstaben. Wichtig geworden ist der Ansatz auch bei der Analyse bestimmter Formen von → Nachwirkungen, die mit opt. Mustern erzeugt worden sind. Auch auf Gedächtnis- u. Vorstellungsbilder lässt sich das Modell anwenden; vgl. Harvey (1986); Perrig (1988). Das Modell scheint v. a. bei Wahrnehmungsleistungen mit tiefem Niveau (Schwellenbestimmungen, Identifikationen, Rekognition) präzise Vorhersagen zu machen, während bei höheren kognitiven Prozessen propositionale Merkmalsrepräsentationen besser geeignet scheinen.

VD: Wichtig geworden im Rahmen dieses Modells sind wahrnehmungsps. Untersuchungen an Gittermustern (s. hierzu das Stw. → Nachwirkungen, Kleinschriftteil). *Ortsfrequenz* bezieht sich in diesem Fall auf die Zahl der hellen u. dunklen Streifen pro Grad des Sehwinkels; niedrige Ortsfrequenz meint also breite Streifen mit großem Abstand, hohe Ortsfrequenz meint dünne, nah beieinander liegende Streifen. *Gitterkontrast* meint den Unterschied zw. der Lichtintensität der hellsten u. dunkelsten Gitterteile. Erste Untersuchungen analysierten die *Kontrastempfindlichkeitsfunktion*, also die Grenze zw. den Bereichen, in denen das Gitter zu sehen ist, u. denen, wo es nicht mehr erkennbar ist u. in einem grauen Nebel verschwindet. Das menschl. visuelle System ist für Raumgitter mit sehr niedriger u. sehr hoher Frequenz nicht empfindl., wohl aber für mittlere Frequenzen, u. deshalb ist ein hoher Kontrast nötig, damit wir niedrige u. hohe Frequenzen sehen können.

LIT: Eine zsfd. Darstellung findet sich bei Levine u. Shefner (1991); Überblicksartikel zur Fourieranalyse, die auch dem weniger mathemat. geneigten Leser ansprechen können, sind die Beiträge von Georgeson (1979) u. Weisstein (1980); die Bedeutung der Fourier-Analyse für die visuelle Wahrnehmung wird herausgestellt bei Graham (1981) u. Cornsweet u. a. (1984); eine Übersicht über die empir. Befunde u. eine Kritik des Ortsfrequenzfilter-Ansatzes findet sich bei Uttal (1981, S. 603ff.).

◆ CAMPBELL, F. W. u. ROBSON, J. G.: Application of FOURIER-analysis to the visibility of gratings. Journal of Physiology 197, 1968, S. 551–566; CORNSWEET, T. N.: The beginnings of visual perception: the retinal image and its initial encoding. In: DARIAN-SMITH, I. (Hg.): Handbook of physiology, section I. The nervous system, Vol. 3: sensory processes. Bethesda 1984, S. 257–316; FRISBY, J. P.: Optische Täuschungen. Augsburg 1989; GEORGESON, M.: Spatial Fourier analysis and human vision. In: SUTHERLAND, N. S. (Hg.): Tutorial essays in psychology, 2. Bd. Hillsdale 1979, S. 39–88; GRAHAM, N.: Spatial-frequency channels in human visions: detecting edges without edge detectors. In: HARRIS, C. S. (Hg.): Visual coding and adaptability. Hillsdale 1980, S. 215–262; HARVEY, L. O. JR.: Visual memory: what is remembered? In: KLIX, F. u. HAGENDORF, H. (Hg.): Human memory and cognitive capabilities. Amsterdam 1986; LEVINE, M. W. u. SHEFNER, J. M.: Fundamentals of sensation and perception. Belmont 1991; PERRIG, W. J.: Vorstellung u. Gedächtnis. Berlin 1988; POLLEN, D. A. u. TAYLOR, J. H.: The striate cortex and the spatial analysis of visual space. Neurosciences: Third Study Programm. Cambridge/Mass. 1974; SEKULER, R.: Spatial vision. ARP 25, 1974, S. 195–232;

UTTAL, W. R.: A taxonomy of visual processes. Hillsdale 1981; WILSON, H. R. u. BERGEN, J. R.: A four mechanism model of spatial vision. VR 19, 1979, S. 19–32.

Ortsfrequenznachwirkung → Nachwirkungen.

Ortskonstanz → Wahrnehmungskonstanzen.

Osgood-Modell → Transfer.

Osgoodsche Transferfläche → Transfer.

Outflow-Theorien → Bewegungsprogramm; → Reafferenz.

Output units → Konnektionismus.

Overconfidence, die allg. Tendenz des Menschen, sein Wissen bzw. die Schlussfolgerungen, die er aus einer gegebenen Wissensbasis ableiten kann, zu überschätzen. Der Begriff O. ist fast ident. mit dem Ausdruck *Illusion der Sicherheit.* Lichtenstein u. a. (1982) teilen in ihrem Sammelreferat die Forschung zum Overconvidence-Phänomen in zwei Bereiche ein: (a) die Einschätzung des Wahrheitsgehalts von Aussagen; (b) die Einschätzung quantitativer Größen. Der ersteren Frage ist größere Aufmerksamkeit zuteil geworden; Weiteres s. die Stw. → kognitive Täuschungen und kognitive Heuristiken sowie → Korrelation.

◆ HOFFRAGE, U.: Illusion der Sicherheit bei Entscheidungen unter Unsicherheit. In: HELL, W. u. a. (Hg.): Kognitive Täuschungen. Heidelberg 1993, S. 73–98; LICHTENSTEIN, S. u. a.: Calibration of probabilities: the state of art to 1980. In: KAHNEMAN, D. u. a. (Hg.): Judgement under uncertainty. Heuristics and biases. Cambridge 1982; MAY, R. S.: Realismus von subjektiven Wahrscheinlichkeiten. Frankfurt/M. 1987; OSKAMP, S.: Overconfidence in case-study judgement. JCP 29, 1965, S. 261–265.

Over-justification Effekt → kognitive-Dissonanz-Theorie.

Overmanning → ökologische Psychologie.

Overshadowing [übersetzbar mit *Überschattung* bzw. *Überdeckung*; häufig wird der engl. Begriff in der dt. Fachliteratur verwendet], ein ursprünglich bei der → klassischen Konditionierung beobachtetes Phänomen, das darin besteht, dass hervorstechende (*saliente*) Einzelreize eines zusammengesetzten Stimulus (→ *compound conditioning*) weniger saliente daran hindern, die Fähigkeit zur Auslösung einer konditionierten Reaktion zu erwerben. Werden also beim Konditionieren zwei Reize als Verbindung gemeinsam dargeboten, so besteht die Möglichkeit, dass der »stärkere« Reiz auf Kosten des »schwächeren« Reizes die Vorherrschaft über die konditionierte Reaktion erringt.

Die Salienz eines Reizes wird durch seine physikal. Eigenschaften (Intensität, zeitl. Dauer) o./u. durch seine Signalwirkung für den US determiniert (engl. *cue validity*; vgl. Lanzetta u. Orr 1980), also durch das Ausmaß, in dem der Reiz das Auftreten eines relevanten Ereignisses (US) vorhersagen kann; so tritt Überschattung z. B. auf, wenn ängstl. Gesichtsausdrücken, die in einem Kompound mit einem Ton dargeboten werden, ein aversiver US (Elektroschock) folgt; dagegen tritt dieser Effekt nicht auf, wenn freundl. Gesichtsausdrücke verwendet werden. Überschattungseffekte können daher zur Analyse von *stimulusspezif.* Effekten wie → belongingness u. → preparedness verwendet werden.

Unter Umständen kann auch ein der Überschattung entgegengesetzter Effekt auftreten, dass näml. saliente Elemente die Konditionierung schwächerer Elemente begünstigen: *Potenzierung*; Weiteres s. das Stw. → Blockierung.

LIT: Vgl. ausführl. zur Methodik u. Problematik Honig u. Urcuioli (1984); zum Überblick vgl. Hammerl (1991); Rescorla u. Wagner (1972).

◆ Hammerl, M.: Effekte signalisierter Verstärkung: ein experimenteller Beitrag zu den Grundlagen der Lernps. Regensburg 1991; Honig, W. K. u. Urcuioli, P.: Reizgeneralisierung u. Reizkontrolle. In: Zeier, H. (Hg.): Lernen u. Vh., 1. Bd. Lerntheorien. Weinheim 1984, S. 242–298; Lanzetta, J. D. u. Orr, S.P.: Influence of facial expressions on the classical conditioning of fear. JPSP 39, 1980, S. 1081–1087; Rescorla, R. A. u. Wagner, A. R.: A theory of Pavlovian conditioning: Variations in the effectiveness for reinforcement and non-reinforcement. In: Black, A. H. u. Prokasy, W. F. (Hg.): Classical conditioning 2: current theory and research. New York 1972, S. 64–99.

Ovsiankina-Effekt → Zeigarnik-Effekt.

P3 → physiologische Psychologie (Kasten psychophysiologische Methoden).

Paarassoziationslernen [engl. *paired-associate-learning*; geläufige Abk. *PAL*], ein spezielles Forschungsparadigma des → verbalen Lernens bzw. des → einfachen Lernens, bei dem der Vp Paare von Wörtern, Buchstaben o. Zahlen vorgegeben werden, die gelernt werden müssen. Das erste Item eines Paares, das *Reiz-* bzw. *Stimulus-Item*, dient als Reiz/Stimulus für die Reproduktion des zweiten, das üblicherweise *Antwort-* bzw. *Reaktions-Item* genannt wird. Hinter diesem Paradigma steht eine → S-R-Theorie, die durch diese künstl. Methode versucht, auf verbalem Gebiet ein Reiz-Reaktions-Modell zu etablieren. Zur Problematik vgl. Kintsch (1982) sowie Bredenkamp u. Wippich (1977). Zum *probabilist. P.*, bei dem die Reaktion nicht fest zugeordnet ist, sondern zufallsmäßig, also probabilist. erfolgt, vgl. zsfd. Lee (1977). Innerhalb der psychometr. orientierten Intelligenzforschung wird die Fähigkeit zur Bildung neuer Assoziationen als ein grundlegender eigenständiger Leistungsbereich angesehen: *associative memory* bzw. *rote memory*; vgl. Pawlik (1982).

VD: (1) Es gibt folgende Spezifikationen der Grundidee: (a) *Antizipationsmethode*: Ein erstes Element des Paares wird vorgegeben, u. die Vp versucht, die dazugehörige »response« zu antizipieren, worauf die Darbietung des ganzen Paares erfolgt, so dass die Vp Rückmeldung über die Richtigkeit erhält. (b) *Lern-Prüf-Methode*: Hierbei werden die Paardarbietungen (Lernphase) u. Antizipations-Versuche (Prüfphase) in getrennten Abschnitten durchgeführt; sämtl. Paare werden dargeboten, u. im abschließenden Prüfdurchgang werden nur die Stimuli – in der Regel in veränderter Reihenfolge vorgelegt, wb. die Vp versucht, die zugehörigen Responses zu produzieren. Diese Methode hat sich mehr durchgesetzt; Battig (1969) hat die Argumente hierfür zusammengestellt. (c) Mit *associative matching* bezeichnet man die Methode, bei der beim PAL in der Testphase auf der einen Seite die gesamten Stimulus-Items präsentiert werden, auf der anderen Seite (in zufälliger Reihenfolge) die ganzen Response-Items u. die Vp die Aufgabe hat, beide einander zuzuordnen.
(2) **TH:** PAL-Theorien heben folgende Erklärungsaspekte hervor: (a) Zahlreiche empir. Befunde sprechen für die Annahme verschiedener PAL-Phasen, zumindest zweier: einer Phase des *Response-* bzw. *Antwort-Lernens* u. einer Phase des *assoziativen Lernens*, also des Zuordnungslernens; vgl. Bredenkamp u. Wippich (1977, S. 18ff.). Das Modell des *Antwortlernens* wurde von Hovland u. Kurtz (1952) begründet u. versucht v. a. das Phänomen theoret. zu konzeptualisieren, dass vorheriges Vertrautmachen mit den Silben einer seriellen Lernaufgabe das Lernen erleichtert; man spricht auch vom Problem der *Response-* bzw. *Antwort-Integration*; vgl. Kintsch (1982). Dieses Kzpt. beinhaltet eine erste Abweichung von einer strikten S-R-Theorie des verbalen Lernens, es war eine erste Erweiterung der klass. → Interferenztheorie; eine Weiterentwicklung stammt von Mandler (1967). Des Weiteren erweist es

sich als nötig, eine Phase des *Stimulus-Lernens* o. der *Stimulus-Kodierung* zu berücksichtigen; Battig (1968) konzipiert sogar 10 Teilprozesse – allg. stellen diese Phasentheorien einen Übergang zu den kognitiven Ansätzen dar. (b) Treiber u. Groeben (1976) stellten fest, dass beim P., in der Phase der Herstellung u. Speicherung der assoziativen Verknüpfungen, sich sieben Klassen von Assoziationsstrategien herausarbeiten lassen, die nach steigender Komplexität geordnet auch eine Zunahme von konstruktiver semantischer Elaboration der sinnarmen Silben implizierten. Innerhalb des PAL-Paradigmas ebenfalls relevant war die allg. lerntheoret. Kontroverse: → inkrementelles Lernen vs. Alles-oder-nichts-Lernen. (c) Ein weiterer wichtiger Aspekt u. ein damit verknüpftes theoret. Grundproblem besteht darin: Die Vp lernt nicht nur die Verknüpfung vom Stimulus zur Response (*Vorwärtsassoziation* von A zu B), sondern auch eine Verknüpfung von Response zu Stimulus (*Rückwärtsassoziation* von B zu A). Dieses Phänomen bereitet den S-R-Theorien Schwierigkeiten u. ist ein Indiz für die gestalttheoret. Position, gem. deren keine gerichtete Assoziation zw. zwei Ereignissen besteht, da die beiden Glieder als eine Einheit, als eine → Gestalt gelernt werden; vgl. Asch (1968); Asch u. Ebenholtz (1962); zu lerntheoret. Ansätzen vgl. Wollen u. Gallup (1965) sowie Jantz u. Underwood (1958); weiterführend vgl. Ekstrand (1969); Murdock (1974) hält das Problem für experimentell nicht entscheidbar; zu neueren Ansätzen aus der Sicht kognitiver Theorien vgl. Lockhart (1969).

◆ ASCH, S. E. u. EBENHOLTZ, S. M.: The principle of associative memory. Proceedings of the American Philosophical and Society 106, 1962, S. 135–163; ASCH, S. E.: The doctrinale tyranny of associationism: or what is wrong with rote learning. In: DIXON, T. R. u. HORTON, D. L. (Hg.): Verbal behaviour and general behaviour theory. Englewood Cliffs 1968; BATTIG, W. F.: Paired-associate learning. In: DIXON, T. R. u. HORTON, D. L. (Hg.): Verbal behaviour and general behaviour theory. Englewood Cliffs 1968; BATTIG, W. F.: Advantages of recall over anticipation methodes in verbal learning. Behaviour Research Methodes and Instrumentation 1, 1969, S. 217–220; BERGIUS, R. (Hg.): Lernen u. Denken. HP, 1. Bd., 2. Hlb. Göttingen 1964; BREDENKAMP, J. u. WIPPICH, W.: Lern- u. Gedächtnisps., 2. Bd., Stuttgart 1977; EKSTRAND, B. R.: Backward associations. PBu 65, 1969, S. 50–64; HOVLAND, C. I. u. KURTZ, K. N.: Experimental studies in rote learning: X. Prelearning syllable familiarization and the length-difficulty relationship. JExP 44, 1952, S. 31–39; JANTZ, E. M. u. UNDERWOOD, B. J.: R-S-learning as a function of meaningfulness and degree of S-learning. JExP 56, 1958, S. 174–179; KINTSCH, W.: Gedächtnis u. Kognition. Berlin 1982; LEE, W.: Ps. Entscheidungstheorie. Weinheim 1977; LOCKHART, R. S.: Retrieval asymmetry in the recall of adjectives and nouns. JExP 79, 1969, S. 12–17; MANDLER, G.: Verbal learning. In: MANDLER, G. u. MUSSEN, P. (Hg.): New direction in psychology, 3. Bd. New York 1967, S. 1–50; MURDOCK, B. B.: Human memory: theory and data. Potomac 1974; PAWLIK, K. (Hg.): Multivariate Persönlichkeitsforschung. Bern 1982; TREIBER, B. u. GROEBEN, N.: Vom Paar-Assoziationslernen zum Elaborationsmodell. Forschungsprogrammwechsel in der Ps. des verbalen Lernens. ZfS 7, 1976, S. 3–46; WOLLEN, K. A. u. GALLUP, G. G.: R-S-recall as a function of opportunity for intratrial rehearsal. PS 3, 1965, S. 157–158.

Paarvergleich (engl. *method of paired comparison*) eine → psychophysische Methode bzw. eine Methode zur Messung von → Einstellungen, eine indirekte Skalierungsmethode nach L. L. Thurstone (1898–1955): Bei n Reizen werden alle mögl. Paar-Kombinationen gebildet, u. die Vp bewertet, welcher Reiz jeweils ein höheres Maß des vorher festgelegten Beurteilungskriteriums aufweist. Bsp.: eine Vp soll entscheiden, welches Verbrechen sie am meisten verabscheut, u. es stehen sich Paare gegenüber wie z. B.: »Unterschlagung vs. Einbruchsdiebstahl«; »Unterschlagung vs. Mord im Affekt«. Wenn man die Items nach den entsprechenden Häufigkeiten ihrer Dominanz ordnet, erhält man eine ordinale Skala.

VD: (1) Zur Skalierung von Reizen aufgrund von Daten aus Paarvergleichssituationen gibt es v. a. zwei Modellarten: In einem Fall werden Reize durch Zufallsvariablen repräsentiert; prominentes Bsp. ist die *Thurstone-Skalierung*; sie beruht auf dem → Gesetz des Vergleichurteils. Die zweite Modellart repräsentiert Reize

durch geeignete Werte für jedes Reizpaar, welche die Reaktionswahrscheinlichkeit ausdrücken; am bekanntesten ist die sog. *BTL-Skalierung* (Bradley u. Terry 1952; Luce 1959).
(2) Als Kurzform aus der Methode des P. wurde die *Methode der gleich erscheinenden Intervalle* (engl. *method of equal appearing intervals*) entwickelt sowie die Methode der *sukzessiven Intervalle* (engl. *method of successive intervals*), die aber ebenso wie der P. in der Praxis der Einstellungsmessung kaum noch zur Anwendung kommt. Spricht man von der *Thurstone-Skala* bzw. *Thurstone-Skalierung*, ist immer die Methode der gleicherscheinenden Intervalle gemeint; histor. handelt es sich um die erste standardisierte Attitüdenskala, der eine *Aufgabenanalyse* (engl. *item analysis*) vor ihrer Anwendung vorausgeht; zu weiteren Informationen vgl. das Stw. → Kategorialurteile.

Pädagogische Psychologie. Die p. Ps. steht im interdisziplinären Übergangsbereich zw. Ps. u. Pädagogik (insbes. empir. Pädagogik). Sie ist neben der → klinischen Psychologie u. der → Arbeits-, → Betriebs- u. → Organisationspsychologie der dritte große Hauptstrang der → angewandten Psychologie, eines der Spezialisierungsgebiete des Hauptdiplomstudiums. Die p. Ps. hat die zentralen Themen: Lernen, Lehren u. Erziehen. Seit den 80er Jahren konstituiert sich auch eine eigene *Familienps.*, die pädagog. Aspekte im Rahmen des Gesamtsystems Familie thematisiert; vgl. Schneewind (1983ff.), Schneewind u. Lukesch (1978) u. Labate (1983ff.). Im umfassendsten Sinne beinhaltet die p. Ps. sämtl. ps. Aspekte u. Probleme von Sozialisation, Erziehung u. Unterricht, womit auch Bereiche der Aus- u. Weiterbildung (Erwachsenenbildung), der Rehabilitation u. Resozialisierung, pädagog. Aspekte der Gerontologie u. andere Probleme des *lebenslangen Lernens* impliziert sind. Sie bezieht sich auf Sozialisationsprozesse in Institutionen, wie z. B. Kindergarten, Schule, Berufsausbildung, sozialpädagog. Institutionen u. auch in außerinstitutionellen Bereichen, wie z. B. Familie, Berufsleben, Peergroups, Medien, Freizeit. Einen Überblick über die Berufsfelder der p. Ps. gibt Wenninger (1986).

Zu den prakt. Aufgaben der p. Ps. gehören Diagnose u. Prognose, Beratung, Prävention, Intervention, Evaluation.

T: Zur Kennzeichnung der pädagog.-ps. Teilgebiete verwendet man auch die Begriffe *Erziehungsps.* u. *Instruktionsps.*, wb. für letzteren Bereich auch der Begriff *Schulps.* o. der allgemeinere Begriff der *Lehr-Lern-Forschung* verwendet wird, bisweilen spricht man auch von *ps. Didaktik* o. einer *Ps. des Lehrens* bzw. des *Unterricht(en)s* (letzterer Begriff ist nicht nur ein anderer Terminus, sondern beinhaltet die programmat. Forderung nach einer stärkeren Berücksichtigung der realen Unterrichtssituation – im Gegensatz zur eher abstrakten Lehr-Lern-Forschung; vgl. Skowronek 1979; zur Differenzierung von *Lehren* u. *Instruktion* vgl. Weinert 1976).

Die wichtigsten Gebiete, auf denen die p. Ps. zum Einsatz konmmt, sind: (1) Erziehungsberatung, des Weiteren andere Formen der Beratungs- u. Bildungsarbeit (Ausbildungs-, Fort- o. Weiterbildung): Hochschul-, Arbeits- u. Berufs-, Personal- u. Bildungsberatung in Wirtschaft u. Verwaltung, Beratungs- u. Bildungsarbeit in Heimen, Kurkliniken u. allg. Krankenhäusern. Allg. ist die Weiterbildung von Nicht-Psychologen (Pflegepersonal, Bedienstete des Strafvollzugs, Lehrer, Ärzte, Polizeibeamte, Wehrdienstberater) ein Feld, in dem das Wissen der p. Ps. eingesetzt wird; auch die Beratung bei berufsfeldbezogenen Schwierigkeiten fällt darunter. (2) Schulps.: Es gibt drei große klass. Beiträge der p. Ps. zur Unterrichtspraxis: Fähigkeitsmessung, Altersplatzierung, Instruktionsoptimierung; Heckhausen (1976) spricht die Hoffnung aus, dass eine bessere → Lernmotivation der vierte Problembereich werden wird, vgl. hierzu paradigmat. die Analysen von Lob u. Tadel durch Heckhausen (1976). (3) Ein

wichtiges Querschnittsgebiet ist das der pädagog. *Diagnostik*, vgl. Ingenkamp (1995); Tent u. Stelzl (1993/95). Wichtig ist in der Schule v. a. die sog. *kriteriumsorientierte Leistungsmessung*; vgl. Klauer (1987). Zur Beobachtung u. Messung von Lehrer- u. Schülervh. vgl. Graumann u. Hofer (1976) sowie Dobrick u. Hofer (1981).
Es gibt sechs Forschungstraditionen in der p. Ps.: die entwicklungsps. Tradition, die lernps., die sozialps., die testps., die klin.-ps. u. die unterrichtsps. Zu einer Gliederung der p. Ps. nach Forschungsebenen vgl. Brandstädter (1986), der pädagog.-ps. *Grundlagen-*, *Technologie-*, *Implementations-* u. *Evaluationsforschung* unterscheidet.
Die p. Ps. gehört zu den präparadigmat. Disziplinen, die noch zu keinem stabilen Selbstverständnis gefunden haben; kennzeichnend ist die Häufigkeit metatheoret. u. programmat. Diskussionen: Während die einen Öffnungen u. Ausweitungen des Gegenstandsfeldes verlangen (z. B. Heckhausen 1986) u. außerdem eine stärkere Orientierung an der Entwicklungsps. (Oerter 1986), plädieren andere für eine stärkere Fokussierung auf bestimmte Bereiche, wie v. a. die Lehr-Lern-Forschung (Weinert 1986). So legt das Lehrbuch von Gage u. Berliner (1996) den Schwerpunkt stark auf Schule u. Unterricht (1969 wird im *Annual Review of Psychology* die Sparte »Educational Psychology« in »Instructional Psychology« umbenannt), während Brandstädter u. a. (1979) sich für eine entwicklungsps. Öffnung u. auch für eine Implementation von wichtigen Aspekten der klin. Ps. stark machen. Bis in die 60er Jahre hinein war die p. Ps. durch zwei inzwischen überwundene einengende Tendenzen gekennzeichnet: in der Forschung beschränkt auf Lernps. u. im Anwendungsbereich Konzentration auf Schule bzw. Volksschulen; dann kam es in den letzten Jahrzehnten zu einer starken Verlagerung weg von Erziehung hin zu den kognitiven Aspekten des Lernens, wb. Erziehung eher der Sozialisationsforschung o. der Pädagogik zugeschoben wird. In dem so restringierten Forschungsbereich werden erziehungswissenschaftl. Aspekte v. a. unter dem Thema »handlungsleitende Kognitionen« von Erziehern, v. a. von Lehrern thematisiert, vgl. Hofer (1986) u. Wahl (1983). Als Zukunftsperspektiven der p. Ps. lassen sich nennen: verstärkte Bearbeitung des Praxisbezuges, die Lösung vom Setting »Schule« u. die verstärkte Kooperation mit anderen Wissenschaften (vgl. Weidenmann 1993).
Wichtige Themen der allgemeinps. Grundlagenforschung, die in der p. Ps. rezipiert werden, sind: → Gedächtnis, → Lernen, → Lerntheorien, → Wissenserwerb, → Metakognition, → Repräsentationsmedien, → Neugier, → Interesse, → intrinsische Motivation, → Leistungsmotivation, → Leistungsangst, → Lesen, → Expertise, → subjektive Theorien, → mathematisches Denken.

LIT: Zu den Anfängen der p. Ps. u. ihrer Verwurzelung in der experimentellen Gedächtnisps. vgl. Sporer (1987); zu Lernstörungen vgl. Zielinski (1995); zur Förderdiagnostik vgl. Grissemann (1990); zum Verhältnis von Psa. u. Erziehungsberatung vgl. Aichhorn (1970); zur Übernahme verhaltenstherapeut. Kzpte. vgl. Mees u. Selg (1977); über die Arbeiten von Tausch u. Tausch (1963ff.) wurde der humanist.-klientzentrierte Ansatz von Rogers in die Erziehungsps. u. in die Lehrerausbildung getragen u. hat dort seinen festen Platz; vgl. auch Tausch (1982); zur Stellung der p. Ps. im Rahmen der Erziehungswissenschaft vgl. Derbolav (1959); Roth (1959); zum Verhältnis von p. Ps. u. Sonderpädagogik vgl. Bleidick (1984); zur Abgrenzung von der Entwicklungsps., bes. der angewandten Entwicklungsps., vgl. Heller (1985); Standardlehrbücher sind: Gage u. Berliner (1996); Brandstädter u. a. (1979); Weidenmann u. Krapp (1996); lange verwendet worden u. von einer sorgfältigen Konzeption geprägt ist Weinert u. a. (1976); vgl. auch Mietzel (1993); die entsprechenden Bände der *Enzyklopädie der Psychologie* sind: Schneewind (1994); Weinert (1996a, b); Weinert u. Mandl (1996); ein interessantes Buch zur Rezeption allgemeinps. Befunde für das Intelligenz- u. Begabungsproblem ist Waldmann u. Weinert (1990); speziell zur Begabungsdiagnostik in der Schul- u. Erziehungsberatung vgl. Heller (1991); ein krit. Handbuch für den Praktiker über testdiagnost. Verfahren in Vor-, Sonder- u. Regelschulen ist Borchert (1991); zur Sozialps. erzieher. Handelns vgl. Hofer (1986); über das Experiment in der p. Ps. vgl. Hofer (1976); zum Thema »Pygmalion im Klassenzimmer«, also zur Prägung von Schülern durch Vorannahmen u. Vorurteile der Lehrer vgl. Rosenthal u. Jacobson (1968; → Rosenthal-Effekt).

◆ Aichhorn, A.: Psychoanalyse u. Erziehungsberatung. München 1970; Anderson, R. C. u. a. (Hg.): Schooling and the acquisition of knowledge. Hillsdale 1977; Backman, C. W. u. Secord, P. F.: A social-psychological view of education. New York 1968; Bennett, N.: Unterrichtsstile u. Schulleistung. Stuttgart 1979; Bleidick, U.: Pädagogik u. Sonderpädagogik. In: Lück, H. E. u. Miller, R. (Hg.): Geschichte der Ps. München 1984, S. 231–235; Bloom, B. S.: Stabilität u. Veränderung menschl. Merkmale. Weinheim 1971 (Orig.: 1964); Borchert, J. u. a.: Testdiagnost. Verfahren in Vor-, Sonder- u. Regelschulen. Heidelberg 1991; Bommert, H.: Der Psychologe in der Erziehungsberatung. In: Benesch, H. u. Dorsch, F. (Hg.): Berufsaufgaben u. Praxis des Psychologen. München 1984, S. 52–62; Brandtstädter, J. u. a. (Hg.): Pädagog. Ps. Stuttgart 1979; Brandtstädter, J.: Pädagog. Ps.: Programmat. Perspektiven. In: Weidenmann u. Krapp (1986), S. 771–774; Bromme, R.: Das Denken von Lehrern bei der Unterrichtsvorbereitung. Weinheim 1981; Brophy, J. E. u. Good, T. L.: Die Lehrer-Schüler-Interaktion. München 1974; Bruner, J. S.: Studies in cognitive growth. New York 1966; Brunner, R. u. Zeitner, W.: Lexikon zur Pädagog. Ps. u. Schulpädagogik. München 1980; Correll, W.: Einführung in die pädagog. Ps. Donauwörth 1978 (8. Aufl.); Derbolav, J.: Die Stellung der pädagog. Ps. im Rahmen der Erziehungswissenschaft u. ihrer Bedeutung für das pädagog. Handeln. In: Hetzer, H. (Hg.): Pädagog. Ps. HP, Bd. X. Göttingen 1959, S. 3–43; Dobrick, M. u. Hofer, M.: Aktion u. Reaktion. Die Beobachtung des Schülers im Handeln des Lehrers. Göttingen 1991; Dohmen, G. u. a. (Hg.): Unterrichtsforschung u. didakt. Theorie. München 1970, S. 188–218; Evert, O.: Zum Selbstverständnis der Pädagog. Ps. im Wandel ihrer Geschichte. In: Brandtstädter (1986) S. 15–28; Gage, N. L.: Paradigmen für die Erforschung des Lehrens. In: Weinert (1976), S. 70–101; Gage, N. L.: Unterrichten – Kunst o. Wissenschaft? München 1979; Gage, R. M. u. Dick, W.: Instructional psychology. ARP 34, 1983, S. 261–295; Gage, N. L. u. Berliner, D. C.: Pädagog. Ps. Weinheim 1996 (5. Aufl.); Glaser, R. (Hg.): Advances in instructional psychology. Hillsdale 1982; Gramm, A. u. Mandl, H.: Schulreifetests u. Schulerfolg. München 1971; Gramm, A. u. Mandl, H.: Einschulungsdiagnostik. Weinheim 1977; Graumann, C. F.: Lehrerpersönlichkeit u. Lehrervh. In: Weinert u. a. (1976), S. 495–521; Graumann, C. F. u. Hofer, M.: Lehrervh. u. Schülervh. In: Weinert u. a. (1976), S. 521–547; Grissemann, H.: Förderdiagnostik von Lernstörungen. Bern 1990; Havers, N.: Erziehungsschwierigkeiten in der Schule. Weinheim 1978; Hechinger, F.: Vorschulerziehung als Förderung sozial benachteiligter Kinder. Stuttgart 1970; Heckhausen, H.: Bessere Lernmotivation u. neue Lernziele. In: Weinert u. a. (1976), S. 575–605; Heckhausen, H.: Die pädagog. Ps. vor neuen Herausforderungen. In: Weidenmann u. Krapp (1986), S. 786–788; Heiland, A.: Ein Kzpt. rational-technolog. pädagog. Handelns u. seine Bedeutung für das Technologieproblem in der Empir. Pädagogik. Braunschweig 1984; Heller, K. A. (Hg.): Leistungsdiagnostik in der Schule. Stuttgart 1984; Heller, K. A.: Zur Lage der Pädagog. Ps. in Forschung u. Lehre. In: Mandl, H. u. Schnotz, W. (Hg.): Arbeitstagung Pädagog. Ps. Trier 1985; Heller, K. A.: Begabungsdiagnostik in der Schul- u. Erziehungsberatung. Bern 1991; Herrmann, U.: Die Rolle der Ps. in der Entwicklung der modernen Erziehungswissenschaft. In: Balmer, H. (Hg.): Die Ps. des 20. Jhdts., 1. Bd. Zürich 1976, S. 1013–1027; Hofer, M.: Das Experiment in der Pädagog. Ps. In: Weinert u. a. (1976), S. 711–739; Hofer, M. (Hg.): Informationsverarbeitung u. Entscheidungsvh. von Lehrern. München 1981; Hofer, M.: Sozialps. erzieher. Handelns. Göttingen 1986; Hölzel, J.: Erziehungsberatung. München 1981; Huber, G. L. u. a. (Hg.): Pädagog. Ps. als Grundlage pädagog. Handelns. München 1984; Iben, G.: Kompensator. Erziehung. München 1974; Ingenkamp, K. H. (Hg.): Handbuch der Unterrichtsforschung. Weinheim 1970; Ingenkamp, K. H. (Hg.): Die Fragwürdigkeit der Zensurengebung. Weinheim 1971; Ingenkamp, K. H.: Lehrbuch der pädagog. Diagnostik. Weinheim 1995 (3. Aufl.); Klauer, K.-J.: Kriteriumsorientierte Tests. Lehrbuch der Theorie u. Praxis lehrzielorientierten Messens. Göttingen 1987; Krapp, A. u. Heiland, A.: Wissenschaftstheoret. Grundfragen der Pädagog. Ps. In: Weidenmann u. Krapp (1986), S. 41–73; LáBate, L.: Family psychology. Washington 1983; LáBate, L. (Hg.): The handbook of family psychology and therapy. Homewood 1985; Liebel, H. u. Ziegler, G.: Ps. Grundwissen für pädagog. Berufe. Ein Arbeitsbuch zur Verhaltensmodifikation. Weinheim 1984; Lukesch, H.: Elterl. Erziehungsstile. Stuttgart 1976; Lukesch, H. u. a. (Hg.): Familiäre Sozialisation u. Intervention. Bern 1980; Mandl, H. u. Fischer, P. M. (Hg.): Lernen im Dialog mit dem Computer. München 1985; Mees, L. u. Selg, H. (Hg.): Vhsbeobachtung u. Vhsmodifikation. Stuttgart 1977; Mietzel, G.: Ps. in Unterricht u. Erziehung. Göttingen 1993 (4. Aufl.); Oerter, R.: Die Perspektiven für eine Umorientierung pädagog.-ps. Forschung. In: Weidenmann u. Krapp (1986), S. 780–783; Perrez, M. u. a.: Erziehungsps. Beratung u. Intervention. Bern 1985; Reigeluth, C. M.:

Instructional design theories and models: an overview of their current status. Hillsdale 1983; Rheinberg, F.: Leistungsbewertung u. Lernmotivation. Göttingen 1980; Rosenthal, R. u. Jacobson, L.: Pygmalion in the class-room. New York 1968 (dt.: Pygmalion im Klassenzimmer. Weinheim 1971); Ross, D. (Hg.): Entwicklungsps. für die Grundschule. Bad Heilbrunn 1982; Roth, H.: Ps. u. Pädagogik u. das Problem einer pädagog. Ps. In: Derbolav, J. u. Roth, H. (Hg.): Ps. u. Pädagogik. Heidelberg 1959, S. 77–138; Roth, H. (Hg.): Begabung u. Lernen. Stuttgart 1968; Schiefele, H. u. Krapp, A. (Hg.): Handlexikon zur pädagog. Ps. München 1981; Schmidtchen, S.: Ps. Tests für Kinder u. Jugendliche. Göttingen 1975; Schneewind, K. A. u. Lukesch, H. (Hg.): Familiäre Sozialisation: Probleme, Ergebnisse, Perspektiven. Stuttgart 1978; Schneewind, K. A. u. Herrmann, T. (Hg.): Erziehungsstilforschung. Bern 1980; Schneewind, K. A. u. a.: Eltern u. Kinder. Stuttgart 1983; Schneewind, K. A.: Familienps.: Plädoyer für die »Geburtshilfe« einer überfälligen ps. Disziplin. In: Amelang, M. (Hg.): Bericht über den 35. Kongreß der Dt. Ges. f. Ps. in Heidelberg 1986. Göttingen 1987, S. 567–579; Schneewind, K. A. (Hg.): Ps. der Erziehung u. Sozialisation. EP, D, I, 1. Bd. Göttingen 1994; Skinner, B. F.: Erziehung als Vhsforschung. München 1971; Skowronek, H. (Hg.): Umwelt u. Begabung. Stuttgart 1973; Skowronek, H.: Entwicklungslinien der Pädagog. Ps. In: Brandtstädter u. a. (1979); Sporer, S.: Gedächtnis in vitro u. in vivo: Von Hermann Ebbinghaus' sinnlosen Silben zur experimentellen Pädagogik u. zur Aussageps. In: Traxel, W. (Hg.): Ebbinghaus-Studien 2. Passau 1987, S. 107–121; Fthenakis, W. E.: Die Vaterrolle in der neueren Familienforschung. PEU 31, 1984, S. 1–21; Fthenakis, W. E. (Hg.): Väter, 2 Bde. München 1985; Tausch, R. u. Tausch, A: Erziehungsps. Göttingen 1963 (8. Aufl. 1981); Tausch, R.: Wie kann ich als Lehrer echter, einfühlsamer u. wärmer-sorgender werden? In: Rost, D. (Hg.): Entwicklungsps. für die Grundschule. Bad Heilbrunn 1982, S. 106–132; Tent, L. u. Stelzl, I.: Pädagog.-ps. Diagnostik, 2 Bde. Göttingen 1993/1995; Tomann, W.: Familienkonstellation. München 1965; Treiber, H. u. Weinert, F. E. (Hg.): Lehr-Lern-Forschung. München 1982; Trolldenier, H.-P. u. Meissner, B. (Hg.): Texte zur Schulps. u. Bildungsberatung. Braunschweig 1983; Ulich, D.: Gruppendynamik in der Schulklasse. München 1972; Ulich, K.: Schul. Sozialisation. In: Hüllmann, J. u. Ulich, D. (Hg.): Handbuch der Sozialisationsforschung. Weinheim 1980; Ulich, D.: Stichwort: »Pädagog. Ps.«. In: Asanger, R. u. Wenninger, G. (Hg.): Handwörterbuch der Ps. Weinheim 1982; Valtin, R.: Legasthenie – Theorien u. Untersuchungen. Weinheim 1970; Wagner, I.: Aufmerksamkeitstraining mit impulsiven Kindern. Stuttgart 1976; Wahl, D.: Erwartungswidrige Schulleistungen. Untersuchungen zur Meßstabilität u. zu den Geltungsbereichen des Konstruktes von over- u. under-achievement. Weinheim 1975; Wahl, D. u. a.: Naive Vhstheorie von Lehrern. 1983; Wahl, D. u. a.: Ps. für die Schulpraxis. München 1984; Waldmann, M. u. Weinert, F. E.: Intelligenz und Denken. Göttingen 1990; Wegner, W.: Der Psychologe im Schulbereich. In: Bennesch, H. u. Dorsch, F. (Hg.): Berufsaufgaben u. Praxispsychologen. München 1984, S. 126–137; Weidenmann, B.: Psych. Belastung von Lehrern – ein krit. Überblick über neuere empir. Arbeiten. In: Ingenkamp, K. H. (Hg.): Sozial-emotionales Vh. in Lehr- u. Lernsituationen. Landau 1984, S. 139–153; Weidenmann, B. u. Krapp, A. (Hg.): Pädagog. Ps. Weinheim 1986 (3. Aufl. 1996); Weidenmann, B.: Stichwort: pädagog. Ps. In: Schorr, A. (Hg.): Handwörterbuch der angewandten Ps. Bonn 1993, S. 492–497; Weinert, F. E. u. a. (Hg.): Funkkolleg Pädagog. Ps., 2 Bde. Frankfurt 1976; Weinert, F. E.: Der Beitrag der Ps. zur Theorie u. Praxis des Lehrens. In: Weinert u. a. (1976), S. 739–763; Weinert, F. E.: Schulps. zw. Wissenschaft, Ideologie u. Praxiologie. Bildung u. Erziehung 33, 1980, S. 206–218; Weinert, F. E.: Lernforschung als eine zentrale Aufgabe der Pädagog. Ps. In: Weidenmann u. Krapp (1986), S. 783–785; Weinert, F. (Hg.): Ps. des Lernens u. Instruktion. EP, D, I, 2. Bd. Göttingen 1996a; Weinert, F. (Hg.): Ps. des Unterrichts in der Schule. EP, D, I, 3. Bd. Göttingen 1996b; Weinert, F. E. u. Mandl, H. (Hg.): Ps. der Erwachsenenbildung. EP, D, I, 4. Bd. Göttingen 1996; Wenninger, G.: Berufsfelder der pädagog. Ps. In: Weidenmann u. Krapp (1986), S. 735–767; Zielinski, W.: Lernschwierigkeiten. Stuttgart 1995 (2. Aufl.); Ztschr.: British Journal of Educational Psychology, Psychologie in Erziehung und Unterricht, Zeitschrift für Entwicklungspsychologie u. Pädagog. Psychologie, Zeitschrift für empir. Pädagogik u. Pädagogische Psychologie, Journal of Counseling Psychology, Journal of Educational Psychology, Psychologie in Erziehung und Unterricht (Vorgänger: Schule u. Psychologie), Journal of School Psychology, Zeitschrift für Pädagogik, Educational Researcher, Review of Educational Research. Besondere Bibliotheken mit Schwerpunkt pädagog. Ps. sind: Universitätsbibliothek Dortmund, die Fernuniversität Hagen, die Stiftung u. Bücherei der Gewerkschaft Erziehung u. Wissenschaft (enthält v. a. ältere Arbeiten inkl. NS-Titel), die Hamburger Lehrer-Bibliothek, die Hochschulbibliothek Karlsruhe u. das Pädagog. Zentrum Berlin.

Paired associate-learning → Paarassoziationslernen.

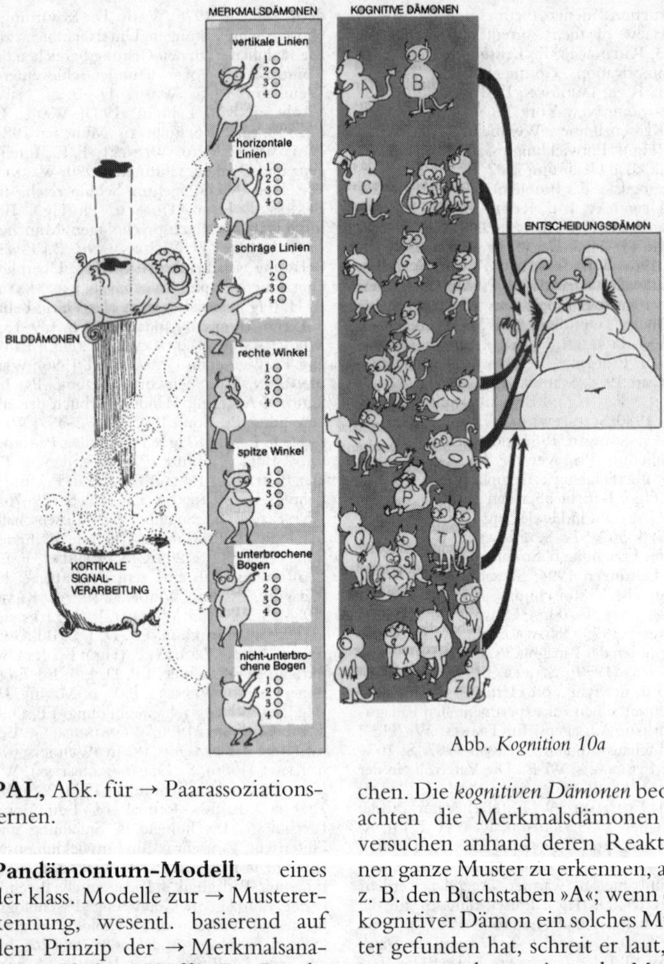

Abb. *Kognition 10a*

PAL, Abk. für → Paarassoziationslernen.

Pandämonium-Modell, eines der klass. Modelle zur → Mustererkennung, wesentl. basierend auf dem Prinzip der → Merkmalsanalyse (Selfridge 1955ff.). Das P. geht von einer Hierarchie von Merkmalsdetektoren aus (bildhaft »Dämonen« genannt): Die erste Gruppe von Dämonen, die *Bilddämonen* (auch *Datendämonen*), haben die einfachste Aufgabe, die Registrierung des anfängl. Bildes, das dann von den *Berechnungsdämonen* (auch *Merkmalsdämonen*) weiter analysiert wird, die das Muster nach bestimmten Merkmalen, z. B. bes. Linien, Winkelkurven u. Konturen, absuchen. Die *kognitiven Dämonen* beobachten die Merkmalsdämonen u. versuchen anhand deren Reaktionen ganze Muster zu erkennen, also z. B. den Buchstaben »A«; wenn ein kognitiver Dämon ein solches Muster gefunden hat, schreit er laut, u. zwar umso lauter, je mehr Merkmale er ausmachen kann. Schließl. lauscht ein *Entscheidungsdämon* dem *Pandämonium* der kognitiven Dämonen; er wählt den lautesten kognitiven Dämon als Repräsentanten des Musters aus, das in der Umgebung wahrscheinl. zu sehen ist. Die Abb. *Kognition 10a* (aus Lindsay u. Norman 1981) zeigt die Struktur u. Funktion eines solchen P.: In der Tabelle (Abb. *Kognition 10b*) werden die sensor. Merkmale der

Buchstaben des Alphabets aufgelistet. Jeder Merkmalsdämon meldet die Auftretenshäufigkeit eines bestimmten Merkmaltyps im Muster, u. jeder kognitive Dämon sucht dann nach der besonderen Merkmalskombination, die seinem Muster entspricht, wb. die Reaktionsstärke von der Anzahl der vorgefundenen Merkmale abhängt.

Bevor dieses System funktionieren kann, muss noch ein weiteres Problem bewältigt werden: Einige Buchstaben unterscheiden sich von anderen näml. nur dadurch, dass sie zusätzliche Merkmale aufweisen. Der Buchstabe »F« wird z. B. durch eine vertikale Linie, zwei horizontale Linien u. drei rechte Winkel dargestellt; der Buchstabe »P« hat diese Merkmale ebenfalls, zeichnet sich aber zusätzlich durch einen unterbrochenen Bogen aus. Erscheint der Buchstabe »P« im System, ergibt sich kein Problem, denn der P-Dämon reagiert stärker als der F-Dämon; erscheint jedoch der Buchstabe »F«, dann schreien beide Dämonen

	Vertikale Linien	Horizontale Linien	Schräge Linien	Rechte Winkel	Spitze Winkel	Nicht-unterbrochene Bogen	Unterbrochene Bogen
A		1	2		3		
B	1	3		4			2
C							1
D	1	2		2			1
E	1	3		4			
F	1	2		3			
G	1	1		1			1
H	2	1		4			
I	1	2		4			
J	1						1
K	1		2	1	2		
L	1	1		1			
M	2		2		3		
N	2		1		2		
O						1	
P	1	2		3			1
Q			1		2	1	
R	1	2	1	3			1
S							2
T	1	1		2			
U	2						1
V			2		1		
W			4		3		
X			2		2		
Y	1		2		1		
Z		2	1		2		

Abb. *Kognition 10b*

gleich laut; der Entscheidungsdämon ist nicht in der Lage, einen von ihnen auszuwählen. Das gleiche Problem ergibt sich bei den Buchstaben P u. R, V u. Y, O u. Q. Dieses Problem kann durch die Festsetzung einer einheitl. maximalen Reaktionsstärke für alle Dämonen gelöst werden, d. h., ein Dämon reagiert nur dann mit höchster Intensität, wenn alle gesuchten Merkmale vorhanden sind; wenn ein gesuchtes Merkmal fehlt o. (umgekehrt) ein nichtgesuchtes Merkmal auftaucht, dann wird der Dämon daran gehindert, mit höchster Intensität zu schreien.

Wesentl. Merkmale des P. sind: (a) die Informationen sind hierarch. gegliedert; einer der beteiligten Spezialisten hat die endgültige Entscheidungsbefugnis. (b) Die Informationsverarbeitung ist seriell: Informationen aus einer niedrigeren Hierarchieebene müssen vorliegen, bevor die Dämonen einer höheren Ebene tätig werden können; die Dämonen interagieren nicht, ihre Handlungen sind nicht wechselseitig voneinander abhängig; vgl. zsfd. Lindsay u. Norman (1981). Eine ähnl. Theorie wurde von Sutherland (1957) entwickelt, der mit Polypen arbeitete, da diese Tiere ein System sehr spezialisierter Erkennungsmodule besitzen, die dem P. gleichen (diese Tiere unterscheiden leicht zw. vertikalen u. horizontalen Strichen, können aber offenbar nicht eine um 45 Grad nach rechts geneigte Linie von einer um 45 Grad nach links geneigten unterscheiden).

◆ Lindsay, P. H. u. Norman, D. A.: Einführung in die Ps. Berlin 1981; Lindsay, H. T.: Über begriffl. Schwächen kognitivist. Kognitionstheorien: Begriffsinflation u. Akteur-System-Kontamination. SuK 1, 1982, S. 3–14; Selfridge, O. G.: Pandemonium: a paradigm for learning. In: Symposium on the Mechanization of Thought Processes. London 1959; Sutherland, N. S.: Visual discrimination of shape by the octopus. BJP 48, 1957, S. 55–70.

Panik → Angst.

Pantomimik, Forschungsgebiet der → nonverbalen Kommunikation bzw. → Ausdruckspsychologie: die Ausdrucksformen der Bewegungen u. Haltung des ganzen Körpers. Darunter fallen – abgegrenzt zur → Gestik – die Gebiete *Körperhaltung*, *Körperorientierung* (auch *Körperposition*) u. *Körperbewegung*. Anders als die → Mimik u. die Gestik hat die P. nur ein schwach kodifiziertes kommunikatives Potential, dessen Bedeutung Sender u. Empfänger zumeist unbewusst bleibt. Eine systemat. Verbindung vielfältiger Körperhaltungen – Hewes (1957) hält die Unterscheidung von über tausend Positionstypen für mögl. – mit speziellen Kommunikationsinhalten ist jedoch kaum mögl. Folgendes sind die Grundaspekte des Ausdrucksinhaltes der P.: (a) kulturspezif. Ausdruck: gleiche Körperhaltungen haben in verschiedenen Kulturen unterschiedl. Bedeutungen; einige Anthropologen beschreiben auch kulturspezif. Merkmale in alltägl. prakt. Körperbewegungen; so gibt es kulturspezif. Stile des Gehens; (b) verschiedene Körperhaltungen haben auch einen phylogenet. Hintergrund, z. B. als Ausdruck von Flucht- u. Aggressionsvh., wie er v. a. von der Ethologie herausgearbeitet wurde; vgl. z. B. Grant (1968); (c) Körperhaltung als Ausdruck verdrängter Prozesse wurde v. a. von der Psa. thematisiert; vgl. Deutsch (1952) u. Mahl (1968); (d) Zwischenmenschl. Beziehungen können sich in Körperhaltungen artikulieren: Ausdruck von Sympathie, Antipathie, Dominanzstreben u. a. zwischenmenschl. Einstellungen; vgl. Scheflen (1979), Mehrabian (1969); (e) Körperhaltungen können auch ein Ausdruck emotionaler Zustände sein, v. a. bei extremen Emotionen (vgl. Ekman u. Friesen 1967); zu weiteren emotionsps. Aspekten vgl. Rost (1990).

VD/T: Zu dem älteren Begriff *P.* ist in neuerer Zeit der der *Körpersprache* hinzugetreten, ein wissenschaftl. umstrittener Terminus, der jedoch nicht nur durch populär-wissenschaftl. Bücher (Fast 1970; Bonnafont 1979; Lamb u. Watson 1979) verbreitet wird, sondern auch teilweise schon Eingang in die wissenschaftl. Literatur gefunden hat (Scheflen 1976; Birdwhistell 1974; Key 1975; Dittmann 1978). Der Begriff *Körpersprache* umfasst bisweilen auch Aspekte der Gestik.

◆ Argyle, M.: Bodily communication. London 1975; Birdwhistell, R. L.: The language of the body. In: Silverstein, A. (Hg.): Human communication. Hillsdale 1974, S. 203–220; Bonnafont, C.: Die Botschaft der Körpersprache. Genf 1979; Davis, M.: Understanding body movement. New York 1972 (Bibl.); Deutsch, F.: Analytic posturology. PQ 21, 1952, S. 196–214; Dittmann, A. T.: The role of body movements in communication. In: Siegman, A. W. u. Feldstein, S. (Hg.): Nonverbal communication. Hillsdale 1978, S. 69–95; Ekman, P. u. Friesen, V. W.: Head and body in the judgement of emotion. PMS 24, 1967, S. 711–724; Fast, J.: Body language. New York 1970; Frijda, N. H.: Mimik u. Pantomimik. In: Kirchoff, R. (Hg.): Ausdrucksps. HP, Bd. 7, Göttingen 1965, S. 351–421; Grant, E. C.: An ethological description of nonverbal behaviour during interviews. Journal of Medical Psychology 41, 1968, S. 177–184; Hewes, G. W.: The anthropology of posture. SA 196, 1957, S. 123–132; Key, M. R.: Paralanguage and kinesics. Metuchen 1975; LaBarre, W.: Paralinguistics, kinesics, and cultural anthroplogy. In: Sebeok, T. A. u. a. (Hg.): Approaches to semiotics. Den Haag 1972, S. 191–220; Lamb, W. u. Watson, E.: Body code. London 1979; Mahl, G. F.: Gestures and body movements in interviews. In: Shlien, J. (Hg.): Research in psychotherapy III. Washington (Am. Psych. Ass.) 1968, S. 295–346; Mehrabian, A.: Significance of posture and position. In: PBu 71, 1969, S. 359–372; Perrino, B.: Evaluation of postures. Semiotica 37, 1981, S. 27–38; Rost, W.: Emotionen: Elixiere des Lebens. Berlin 1990; Scheflen, A. E.: Körpersprache u. soziale Ordnung. Stuttgart 1976; Scheflen, A. E.: Die Bedeutung der Körperhaltung in Kommunikationssystemen. In: Scherer u. Wallbott 1979; Scherer, K. R. u. Wallbott, H. G. (Hg.): Nonverbale Kommunikation. Weinheim 1979.

Panumsches Phänomen. Bietet man bei beidäugigem Sehen dem einen Auge zwei senkrechte Linien, dem anderen eine dar u. lässt Letztere mit Hilfe des Stereoskops mit einer der beiden anderen zur Deckung kommen, so wird immer die innere der beiden Linien, die der

Medianebene des Gesichtsfeldes näher liegt, weiter vorne als die äußere gesehen.

Das P. P. belegt eine evolutionäre Anpassung der opt. Wahrnehmung bei der → Stereopsis bzw. beim → Tiefensehen – denn bei gegebenem Fixationspunkt stammen die nasalwärts abgebildeten Umgebungslinien gewöhnl. aus größerer Ferne, die in Richtung Schläfen abgebildeten dagegen aus größerer Nähe.

◆ Wilde, K.: Das Panum-Phänomen – die Enstehung der Kernebene. ZEAP 4, 1957, S. 1–30.

Panumsche Verschmelzungsgrenze → Stereopsis.

Paradoxe Kälteempfindung → Thermorezeption.

Parallel-access-Theorie → Filtertheorie.

Parallele Durchmusterung → Gedächtnisabsuche.

Parallele Informationsverarbeitung → parallele vs. serielle Informationsverarbeitung.

Parallele vs. serielle Informationsverarbeitung. Ein aus der Computerwissenschaft entlehntes Modell der → Informationsverarbeitung, das bei zahlreichen Problemen der → kognitiven Psychologie eine Rolle spielt (s. die Stw. → Erkennen; → Mustererkennen; → Gedächtnisabsuche): (a) *Parallel* ist eine Informationsverarbeitung, wenn Information gleichzeitig durch verschiedene Teilsysteme verarbeitet wird, *seriell* ist sie dann, wenn ein Prozess nach dem anderen stattfindet. Als Merkmal für eine serielle Verarbeitung gilt die Tatsache, dass die Informationsverarbeitungszeit linear anwächst, wenn die Anzahl der zu verarbeitenden Elemente linear wächst, während sie bei parallelen Prozessen nicht bzw. viel weniger ansteigt; zur theoret. u. experimentellen Analyse vgl. Neisser (1974). Townsend (1971, 1972) hat darauf hingewiesen, dass ein linearer Anstieg der Suchzeit durchaus mit parallelen Prozessen vereinbar ist, wenn näml. eine beschränkte Verarbeitungskapazität existiert; das Argument wurde von Vorberg (1977) noch verallgemeinert.

VD: Neisser (1974) weist darauf hin, dass man zw. *räuml.-* u. *operational-paralleler-serieller* Verarbeitung unterscheiden muss: (a) *räuml. Parallelität*: Dabei werden dieselben Operationen über den ganzen wirksamen Teil der Netzhaut gleichzeitig ausgeführt; ein »Z« irgendwo im Sehfeld wird unverzügl. durch den Analysator für spitze Winkel, Parallelen usw. bearbeitet; dies ist ein Postulat, das Neisser nicht plausibel erscheint. Eine *räuml.-serielle* bzw. *-sequenzielle* Aktivität ist eine solche, die zu einem bestimmten Zeitpunkt nur einen Teil des Inputfeldes analysiert u. die Arbeit u. das zu verarbeitende Gebiet sozusagen nach u. nach abarbeitet. (b) Eine *operational-parallele* Verarbeitung (z. B. der Merkmalsanalysatoren bei der Mustererkennung) liegt vor, wenn die einzelnen Teilprozesse unabhängig voneinander arbeiten; z. B. ist die Prüfung spitzer Winkel in keiner Weise abhängig von anderen Prüfergebnissen. Eine *operational-serielle* Verarbeitung dagegen meint, dass die Analyse aus sukzessiven Schritten besteht, die aufeinander bezogen sind, wb. also der Output früherer Analysatoren Input der nachfolgenden Analysatoren wird. Die unter (b) genannten Bestimmungsaspekte sind im Allg. gemeint, wenn von *paralleler* Informationsverarbeitung die Rede ist.

◆ Meyer, M.: Serielle vs. parallele Verarbeitung visueller Information. Eine experimentelle Untersuchung am Bsp. eines Konzentrationstests. Bonn 1994; Neisser, U.: Kognitive Ps. Stuttgart 1974 (Orig.: 1967); Townsend, J.: A note on the identifiability of parallel and serial processes. PaP 10, 1971, S. 161–173; Townsend, J. T.: Some results concerning the identifiability of parallel and serial processes. BMSP 25, 1972, S. 168–199; Townsend, J. T. u. Ashby, F. G.: The stochastic modeling of elementary psychological processes. Cambridge 1983; Vorberg, D.: On the equivalence of parallel and serial models of information processing. Paper presented to the 10. Mathematical Psychology Meeting. Los Angeles 1977.

Parallelvergleichs-Modelle → Gedächtnisabsuche.

Parallel-verteile Verarbeitung → Konnektionismus.

Parameter-Regelung → Bewegungsprogramm.

Parameterspezifikation → Bewegungsprogramm; → Reaktionsexperiment.

Parser → Parsing.

Parsing, syntakt. Analyse, ein Begriff, der v. a. in automat. Spracherkennungsmodellen (→ Sprachrezeption, vgl. dort speziell auch VD-Teil) verwendet wird, die mit auf dem Computer implementierten P.-Programmen, sog. *Parsern*, operieren. Diese Parser *zerlegen* vorgegebene sprachl. Information in syntakt. Strukturen u. funktionieren vom Prinzip her quasi als Umkehrung von → Transformationsgrammatiken; ein Parser-Programm enthält Regeln über die Stellung von Satzteilen, über deren Auftretenswahrscheinlichkeiten u. über die Zusammengehörigkeit von Wörtern, Phrasen.

VD: Gem. den Parsingmodellen vollzieht sich die syntakt. Verarbeitung als eine Art Mustervergleich: Syntakt. Kenntnis includiert Muster für einzelne Satz- u. Konstitutionstypen, in denen die Abfolge der Wörter gem. ihrer syntakt. Kategorienzugehörigkeit festgelegt ist. Die Muster können komplexe Abfolgemöglichkeiten beinhalten; bei der Satzanalyse wird unter Rekurs auf die Satzmuster festgestellt, ob die Reihenfolge der wahrgenommenen Wörter (gem. ihrer syntakt. Kategorienzugehörigkeit) mit einer der in einem Satzmuster festgelegten Abfolgemöglichkeiten übereinstimmt. Der Parser operiert also in diesem Modell *top down*; gem. der *Tiefe-zuerst-Strategie* wird bei mehreren mögl. Wegen nur *ein* Übergang versucht; erweist sich dieser Analyseweg als falsch, muss der Parser zurückgehen (*back tracking*) u. einen anderen Übergang in einem Satznetzwerk versuchen. In anderen Modellen arbeitet der Parser mit der *Breite-zuerst-Strategie* u. erstellt parallel die mögl. Lesarten; die endgültige Auswahl einer Lesart geschieht erst am Satzende bzw. an der Konstituentengrenze. Es existieren formale Modelle für die vollständige grammat. Analyse von Sätzen, auf deren Basis auch Computer so programmiert werden können, dass sie die grammat. Struktur auch schwieriger Sätze analysieren können. Ein solches Modell ist z.B das der *erweiterten Übergangsnetze* (*augmented transition networks*); vgl. Wanner u. Maratsos (1978).

LIT: Für die ps. Relevanz vgl. Wimmer u. Berner (1979); zur Problematik vgl. Lachman u. a. (1979); vgl. zum Überblick Schwarz (1992).

◆ Garret, M. F.: Levels of processing in sentence production. In: Butterworth, B. V. (Hg.): Language production, 1. Bd. London 1980; Lachman, R. u. a.: Cognitive psychology and information processing. Hillsdale 1979; Schwarz, M.: Einführung in die Kognitive Linguistik. Tübingen 1992; Wanner, E. u. Maratsos, M.: An ATN approach to comprehension. In: Halle, M. u. a. (Hg.): Linguistic theory in psychological reality. Cambridge 1978; Wimmer, H. u. Berner, J.: Kognitionsps. Stuttgart 1979.

Partial report → Teilberichtsverfahren.

Partialtrieb → Psychoanalyse; → Trieb; → Sexualtrieb.

Partialverstärkung → Verstärkungsplan; → intermittierende Verstärkung.

Partialverstärkungseffekt → intermittierende Verstärkung.

Partielle Verstärkung → intermittierende Verstärkung.

Partist strategy → Attributlernen.

Partitionsmethoden, von Stevens (→ Psychophysik) verwende-

ter Oberbegriff für eine Reihe von → psychophysischen Methoden; sie basieren auf Ordinalurteilen (Reihenfolgeurteilen) o. auf Intervallurteilen (Abstandsurteilen). Dazu gehören v. a. die *Bisektion* (*Methode der Mittenbildung*) u. die *Äquisektion* (*Methode der Gleichteilung*); auch die verschiedenen Varianten der → Kategorienskalen können einbezogen werden. (a) Die *Bisektion* geht auf Plateau in der Mitte des letzten Jahrhunderts zurück: Er ließ Maler ein mittleres Grau zw. einem extremem Schwarz u. Weiß einstellen; es wird also eine *subjektive Mitte* erzeugt, die das Kontinuum in zwei gleicherscheinende Abstände teilt. Ob eine Person dies auch tatsächl. konsistent durchführt, lässt sich mittels des *Bisymmetrieaxioms* überprüfen; vgl. Pfanzagl (1968). (b) Die *Äquisektion* ist eine Erweiterung, die durch mehrfache Anwendung der Bisektion entsteht u. ein subjektives Kontinuum in mehrere gleiche Abstände einteilt (*Methode der gleich erscheinenden Intervalle*).
Die P. sind Verfahren, die zw. den *direkten* u. *indirekten* Verfahren (→ psychophysische Methoden) anzusiedeln sind; sie basieren auf Ordinalurteilen (Reihenfolgeurteilen) o. auf Intervallurteilen (Abstandsurteilen).

VD: Diese P. können als eine eigene Art psychophys. Methoden definiert werden, da die Vp im Gegensatz zu den *direkten* Methoden keine numer. Schätzungen, sondern Ordinal- o. Intervallurteile abgibt u. im Gegensatz zu den *indirekten* Methoden nicht von Urteilshäufigkeiten ausgegangen wird. Die messtheoret. Bedeutung liegt darin, dass man mit einfachen, den Menschen nicht überfordernden Urteilen eine psychophys. Skala mit einem hohen Niveau ableiten kann; vgl. Pfanzagl (1968), der die axiomat. Bedingungen dafür formuliert, dass eine Bisektionsskalierung zu Intervallskalen führt (sog. *Differenz-* u. *Bisymmetriestrukturen*); es kann gezeigt werden, dass Bisymmetriestrukturen die Operation des Addierens bzw. des Zusammenlegens ersetzen können, deren Nichtanwendbarkeit auf psych. Prozesse über lange Zeit hinweg als Argument für die Unmöglichkeit des Messens auf psych. Gebiet angeführt worden ist. Die grundsätzl. Bedeutung dieser Verfahren liegt also darin, dass sie die Anwendung des Begriffs *messen* auf psych. Gebiet rechtfertigen; zur empir. Überprüfung vgl. Westermann (1980).

◆ Arnold, W. (Hg.): Experimentelles Praktikum, 1. Bd. Stuttgart 1972; Carterette, E. C. u. Anderson, N. H.: Bisection of loudness. PaP 26, 1979, S. 265–280; Guttmann, G. (Hg.): Allg. Ps., experimentalps. Grundlagen. Wien 1992; Lüer, G. (Hg.): Allgemeine experimentelle Ps. Eine Einführung in die method. Grundlagen mit prakt. Übungen für das experimentelle Praktikum. Stuttgart 1987; Pfanzagl, J.: Theory of measurement. Würzburg 1968; Tack, W. H.: Psychophys. Methoden. In: Feger, H. u. Bredenkamp, J. (Hg.): Messen u. Testen. EP, B, I, 3. Bd. Göttingen 1983, S. 346–426; Westermann, R.: Die empir. Überprüfung des Niveaus ps. Skalen. ZfPs 188, 1980, S. 450–468.

Partizipation → genetische Epistemologie.

Parvo-Interblob-Kanal → Sehen.

Parvo-Kanal → Sehen.

Passives Lernen → Modelllernen.

Passives Vermeidungslernen → Vermeidungslernen.

Passiv-externale Kontrollüberzeugung → Kontrollüberzeugungen.

Patholinguistik → Neuropsychologie.

Pathologische Regeln → logisches Schlussfolgern.

Pathopsychologie → klinische Psychologie.

Pattern playback → Phonetik; → Sprachwahrnehmung.

Patterntheorie des Schmerzes → Schmerz.

Pause. Effekte der P. sind ein zentrales Problem der Ps. des → Übens. Ammons (1947) hebt vier charakterist. Züge für den Verlauf der Lernkurve nach Einführung einer P. hervor: (a) ein plötzl. Ansteigen der Kurve; (b) ein allmähl. Abflachen der Kurve; (c) eine Wiederaufnahme der Lernkurve vor der P.; (d) ein bleibender Unterschied im Leistungsniveau. Im Allg. wird dies auf der Basis der hullschen → systematischen Verhaltenstheorie so erklärt, dass in einer P. → reaktive Hemmung abgebaut wird: → Reminiszenz; s. a. das Stw. → Anwärmverlust; vgl. Kimble (1949) u. Wasserman (1951ff.); vgl. zsfd. Ulich (1964).

◆ AMMONS, C. H.: Acquisition of motor skills: II. Rotary pursuit performance with continuous practice before and after a single rest. JExP 37, 1947, S. 393–411; AMMONS, C. H.: Temporary and permanent inhibitary effects associated in acquisition of a simple perceptual-motor skill. JGP 62, 1960, S. 223–245; BARVORIC, C.: Die Auswirkungen der Pause im sensomotor. Lernprozeß. In: REKLA, J. u. a. (Hg.): Beiträge zur Didaktik u. Methodik der Leibesübungen. Schorndorf 1972, S. 117–119; KIMBLE, G. A.: An experimental test of a two-factor-theory of inhibition. JExP 39, 1949, S. 15–23; ULICH, E.: Das Lernen sensumotor. Fertigkeiten. In: BERGIUS, R. (Hg.): Lernen u. Denken. HP, 1. Bd., 2. Hlb. Göttingen 1964, S. 326–346; WASSERMAN, H. N.: A unifying theoretical approach to motor learning. PR 59, 1952, S. 278–284; WASSERMAN, H. N.: The effect of motivation and amount of prerest practice upon inhibitary potential in motor learning. JExP 72, 1951, S. 162–172.

Pawlowsche Konditionierung → klassische Konditionierung.

Pawn → persönliche Verursachung.

PDP-Ansatz → Konnektionismus.

Peakshift → Gipfelverschiebung.

Pendeltachistoskop → Tachistoskop.

Perception lag → Wahrnehmung.

Perceptual defence → Wahrnehmungsabwehr.

Perceptual identification → Erkennungsaufgaben; → Worterkennung.

Perceptual latency → Wahrnehmung.

Perceptual motor theory, eine integrative → Emotionstheorie von Leventhal (1984); ein mehrstufiges Prozessmodell. Leventhal postuliert ein *parallel-processing-model*, in dessen einem Teil die *problemorientierte*, in dessen anderem Teil die *affektorientierte Vhskontrolle* stattfindet. In beiden Teilen unterscheidet er drei Stufen: die Repräsentation der Umwelt, die Auswahl von Coping-Reaktionen u. die Überprüfung. Des Weiteren unterscheidet er drei hierarch. Ebenen der Informationsverarbeitung u. Handlungskontrolle, die zwar getrennt sind, jedoch parallel interagierend arbeiten – das emotionale System kann durch Stimulation auf jeder der Ebenen aktiviert werden, je mehr Ebenen gleichzeitig beteiligt sind, desto schneller u. klarer wird die Emotion erlebt: (a) das *expressive motor system*, in dem angeborene Reiz-Reaktionsketten automat. Reaktionen neuromotor. Art auf eingehende Reize erzeugen; (b) das *schematic processing system*, ein automat. Verarbeitungssystem, das auf einem schemat. Gedächtnis basiert, in dem das gesamte erlebte emotionale Geschehen gespeichert ist, dort geschieht die Verarbeitung automat., so dass eine schnelle emotionale Bewertung der Situation mögl. ist, parallel zu den kognitiven Prozessen; die Repräsentationen sind hierbei konkret (v. a. Bilder) u. wirken als Filter für die Aufmerksamkeitsfokussierung u. Erwartungsbildung; dieses schemat. Gedächtnis ist holist. u. konkret u. arbeitet nach Leventhals Ansicht analog; (c) das *begriffl. System*, in dem abstrakte Propositionen u. Regeln über emotionale Episoden u. mögl. willentl. Reaktionen auf emotionale Situationen u. auch Emotionen selbst enthalten sind. Insges. lässt sich die P. als ein funktionalist. orientiertes Komponenten-Prozess-Modell betrachten, ähnl. der → Prüfprozesstheorie.

◆ LEVENTHAL, H.: A perceptual motor theory of emotion. In: SCHERER, K. R. u. EKMAN, P. (Hg.): Approaches to emotion. Hillsdale 1984, S. 271–292.

PERDIX, Computerprogramm zur Simulierung der menschl. → Wissensrepräsentation bzw. des → semantischen Gedächtnisses, ein Modell des Lösens geometr. Probleme, eine Weiterentwicklung bzw. Spezifizierung des → ACT (Greeno 1976, 1978).

◆ GREENO, J.: A theory of knowledge for solving problems and answering questions. In: KLAHR, D. (Hg.): Cognition and instruction. Hillsdale 1976, S. 123–159; GREENO, J.: A study of problem-solving. In: GLASER, R. (Hg.): Advances in instructional psychology, 1. Bd. Hillsdale 1978, S. 13–75; WENDER, K. F. u. a. Modelle des menschl. Gedächtnisses. Stuttgart 1980.

Performance-ressource-Function → Ressourcentheorie.

Performanz → Kompetenz vs. Performanz.

Periodische Verstärkung → intermittierende Verstärkung.

Peripheralismus, theoret. Ansätze der Ps., die versuchen, »zentral« erscheinende Phänomene – *zentral* in dem Sinne, dass sie durch Funktionen u. Prozesse im *Zentralnervensystem*, also v. a. im Gehirn, bedingt sind – durch *periphere* Prozesse zu erklären. Ein wichtiges Bsp. ist die → James-Lange-Theorie der Gefühle, die Gefühle v. a. in Vhsweisen u./o. körperl. Begleiterscheinungen begründet sieht. In gewissem Sinne sind auch die → Motortheorien, zumindest Teile von ihnen, peripheralist., indem sie höhere mentale Prozesse auf Bewegungsprozesse zurückzuführen versuchen. Dem klass. → Behaviourismus ist durchgehend ein peripheralist. Moment zu eigen; er versucht, wie schon der Begriff *Behaviourismus* besagt, zentrale Prozesse durch Verhaltensprozesse reduktionist. zu erklären; vgl. Sanders (1978).

LIT: Rock (1985) erörtert an unterschiedl. Theorien des Phänomens der → perzeptiven Ergänzungen den Gegensatz von peripheren u. zentralen Erklärungen innerhalb der → Wahrnehmungstheorien.

◆ HERZOG, W.: Modell u. Theorie in der Ps. Göttingen 1984; MARX, M. H. u. HILLIX, W.: Systems and theories in psychology. New York 1963; MARX, M. H.: Theories in contemporary psychology. 1969; PONGRATZ, L. J.: Problemgeschichte der Ps. Bern 1967; ROCK, I.: Wahrnehmung. Heidelberg 1985; SANDERS, C.: Die behaviourist. Revolution in der Psychologie. Salzburg 1978; WEHNER, E. G.: Geschichte der Ps. Darmstadt 1990.

Peripheralität → Eindrucksbildung.

Periphere Emotionstheorie → James-Lange-Theorie.

Periphere Mediation → Mediationstheorien; → kognitive Lerntheorien.

Periphere Schmerzkontrolle → Gate-control-Theorie.

Peripherer Stimulus → distaler vs. proximaler Reiz.

Permutation → generative Transformationsgrammatik.

Perseveranzeffekt, das Phänomen, dass Personen die Wahrscheinlichkeit eines Ereignisses überschätzen, dessen Eintreten zuvor von ihnen begründet wurde, selbst wenn ihnen mitgeteilt wird, dass tatsächl. keinerlei Information über das Eintreffen o. Nicht-Eintreffen des von ihnen erklärten Ereignisses vorlägen; anders formuliert: *P.* meint das Festhalten an einer Erklärung, auch wenn die Information, die zu dieser Erklärung führte, sich im Nachhinein als unbrauchbar erweist. Ein gegenläufiges Phänomen ist der → Hindsight bias; s. a. → kognitive Täuschungen und kognitive Heuristiken.

◆ STAHLBERG u. a.: Die Wirkung nachträgl. Information: Perseveranz- u. Hindsight-Effekte. ZEAP 40, 1993, S. 294–309.

Perseverationstendenz → Gedächtnistheorien; → Gedächtnispsychologie.

Perseverationstheorie, eine gedächtnisps. Theorie, die auf Müller u. Pilzecker (1900) zurückgeht, häufig im Rahmen physiologischer → Spurentheorien formuliert; sie beinhaltet, dass die Ausbildung der Engramme einen Prozess darstellt, der eine gewisse Zeit benötigt (also »perseveriert«) u. der während dieser Ausbildungszeit anfällig für Störungen ist (Hypothese der *Spurenkonsolidierung, Konsolidierungshypothese*). Belege hierfür sind neurops. Störungen, traumat. Amnesien u. die gedächtnishemmende Wirkung von Elektroschocks, sowie das Phänomen der → Interferenz. Die P. beinhaltet v. a. die Annahme, dass die Geschwindigkeit des Lernens durch die Geschwindigkeit der Konsolidierung von Gedächtnisspuren begrenzt ist.

LIT: Vgl. zsfd. u. auch zur Problematik dieses Modells Baddeley (1979); speziell zur Wirkung von Pharmaka auf die Konsolidierung vgl. McGaugh u. Dawson (1971).

◆ BADDELEY, A.: Die Ps. des Gedächtnisses. Stuttgart 1979; MCGAUGH, J. L. u. DAWSON, R. G.: Modification of memory storage processes. BS 16, 1971, S. 45–63; MÜLLER, G. E. u. PILZECKER, A.: Experimentelle Beiträge zur Lehre vom Gedächtnis. ZfPs (Suppl. Nr. 1) 1900.

Persönliche Konstrukte → subjektive Theorien.

Persönlicher Raum → Kinesik; → ökologische Psychologie.

Persönlicher Standard, Zentralkzpt. einer Elaboration des Risikowahlmodells der → Leistungsmotivation (Kuhl 1978). Der p. S. ist definiert als der Punkt auf der Schwierigkeitsskala, an dem der Mittelpunkt der Anreizskala verankert ist. Personen, deren Standard bei schwierigen Aufgaben verankert ist, müssen schwierigere Aufgaben meistern, um einen bestimmten Anreiz zu erlangen, als Personen mit leichterem Standard. Aufgrund dieser Modellelaboration ergeben sich asymmetr. Präferenzfunktion für den Fall, dass der p. S. von dem Punkt mittlerer Erfolgswahrscheinlichkeit abweicht; das ursprüngl. Atkinson-Modell wäre dann ein Spezialfall, bei dem der Standard auf der mittleren Schwierigkeitsstufe liegt.

◆ KUHL, J.: Standard setting and risk preference: an elaboration of the theory of achievement motivation and an empirical test. PR 85, 1978, S. 239–248.

Persönliche Verursachung [engl. *personal causation*]. In dem von de Charms (1968) entwickelten Kzpt. der p. V. wird idealtyp. zw. dem Selbsterleben als *Verursacher* (engl. Originalkzpt.: *origin*) u. als *Abhängiger* (engl. Originalkzpt.: *pawn* =

Opfer, Bauernfiguren im Schachspiel) unterschieden. Als *Verursacher* werden solche Personen bezeichnet, die sich als frei u. selbstbestimmt erleben, während *Abhängige* ihr Vh. durch externe Kräfte determiniert sehen. Der Ansatz fand Anwendung im Bereich der pädagog. Ps. durch Trainingsprogramme, die die Leistungsmotivation der Schüler fördern sollen, indem sie das *Verursachererleben* stärken (de Charms 1973).

Das Kzpt. ist dem der internalen vs. externalen → Kontrollüberzeugungen verwandt. Im Hintergrund dieses Ansatzes steht das Kzpt. der → Wirksamkeitsmotivation. In neueren Arbeiten machen de Charms u. Mitarbeiter (1981) deutl., dass sich ihr Kzpt. sowohl von dem der → Kausalattribution als auch von dem der Kontrollüberzeugungen unterscheidet: Ihr Kzpt. wende sich primär den persönl. Erfahrungen, kontrolliert zu werden, zu, während sich *Kontrollüberzeugungen* v. a. auf subjektiv wahrgenommene Kontrollmöglichkeiten u. die Wahrnehmung u. Erwartung von Handlungs-Ergebnis-Kontingenzen bezögen u. von daher ihren Schwerpunkt, ähnl. wie das Forschungskonstrukt *Kausalattribution*, in der Analyse individueller Wahrnehmungsprozesse hätten.

LIT: Zum Überblick vgl. Keller (1981).

◆ DE CHARMS, R.: Ein schul. Trainingsprogramm zum Erleben eigener Verursachung. In: EDELSTEIN, W. u. HOPF, D. (Hg.): Bedingungen des Bildungsprozesses. Stuttgart 1973; DE CHARMS, R.: Enhancing motivation: change in the classroom. New York 1976; DE CHARMS, R.: Personal causation and locus of control: two different traditions and two uncorrelated measures. In: LEFCOURT, H. M. (Hg.): Research within the locus of control construct, 1. Bd. New York 1981, S. 337–358; DE CHARMS, R.: Personal causation and perceived control. In: PERLMUTTER, L. C. u. MONTY, R. A. (Hg.): Choice and perceived control. Hillsdale 1979, S. 29–40; DE CHARMS, R.: Personal causation. New York 1968; KELLER, J. A.: Grundlagen der Motivation. München 1981.

Persönlichkeit → differentielle Psychologie.

Persönlichkeitseigenschaft → differentielle Psychologie; → Personalismus.

Persönlichkeitsfragebogen → Psychodiagnostik; → Persönlichkeitspsychologie.

Persönlichkeitsmerkmal → Personalismus.

Persönlichkeitspsychologie → differentielle Psychologie.

Persönlichkeitstest → Psychodiagnostik; → Persönlichkeitspsychologie.

Persönlichkeitstheorien → Persönlichkeitspsychologie.

Personal causation → persönliche Verursachung.

Personale Konstrukte → naive Psychologie.

Personalentwicklung → Arbeitspsychologie.

Personalismus. (1) In der älteren Ps. meint *P.* v. a. solche Theorien, die das Personale in einem eher metaphys. Sinne betonen, wie z. B. der Personalismus von Stern; vgl. hierzu Fisseni (1984). *P.* wird bisweilen als Oberbegriff benutzt für diejenigen theoret. Ansätze, die innerhalb des Problemfeldes → Interaktionismus v. a. die Bedeutung von *Persönlichkeitsmerkmalen* bzw. *Persönlichkeitseigenschaften* hervorheben (auch *Dispositionismus*, *Eigenschaftstheorien*) – im Unterschied zum → Situationismus. Wichtige Persönlichkeitsmerkmale sind: → Ängstlichkeit, → Aggressivität, → Extraversion vs. Introversion, → Intelligenz, → Kreativität.

Die zentralen Annahmen einer mit dem Kzpt. der Persönlichkeitseigenschaften operierenden *Eigenschaftstheorie* sind: (a)

Persönlichkeitseigenschaften sind über bestimmte Situationen – zumindest über solche, die im Hinblick auf die untersuchten Eigenschaften relevant sind – stabil, es besteht also ein bestimmtes Maß an positiver Korrelation zw. den Handlungen eines Individuums in verschiedenen Situationen; (b) auch eine Stabilität der Eigenschaft über die Zeit wird angenommen; (c) die individuellen Unterschiede innerhalb einer Eigenschaft sind reliabel. Das zentrale Problem ist also die Frage nach der *Konsistenz* von Persönlichkeitseigenschaften: inwieweit das Vh. von Menschen über verschiedene Situationen u. auch über die Zeit hinweg eine größere Gleichmäßigkeit aufweist – dies ist die Voraussetzung dafür, um den Begriff »Persönlichkeitseigenschaft« überhaupt explikativ zu verwenden, man kann sogar sagen: Dies ist die Voraussetzung dafür, dass der Begriff »Persönlichkeitseigenschaft« überhaupt einen Sinn hat. Dies wird v. a. durch Arbeiten von Mischel (1968ff.) in Frage gestellt, der durch eine Zusammenstellung von einer großen Anzahl von Untersuchungen belegt, dass Vh. sehr situationsspezif. ist u. dass interindividuelle Differenzen im Wesentl. das Resultat vorangegangener Lernbedingungen u. Verstärkungspläne sind, so dass jede eigenschaftszentrierte Persönlichkeitsforschung ins Leere läuft. Grundbeleg ist die Tatsache, dass Tests, die Persönlichkeitseigenschaften erfassen, im Durchschnitt nur eine Konsistenz u. Validität von 0.30 besitzen, was zwar signifikant ist, aber unbrauchbar für Zwecke einer effizienten Vorhersage. Eine klass. Untersuchung ist Hartshorne u. May (1928), die Hunderte von Kindern in 23 verschiedenen Situationen (Klassenzimmer, sportl. Wettkämpfe, Parties etc.) beobachteten u. dabei feststellten, dass Kinder sich je nach Umständen sehr unterschiedl. »ehrl.« bzw. »moral.« verhalten, dass sie also in unterschiedl. situativen Zusammenhängen durchaus einmal lügen, stehlen o. betrügen können, während sie sich in anderen ehrl. verhalten, woraus folgt, dass das Vh. nicht von einer allg. Persönlichkeitseigenschaft »Ehrlichkeit« abhängen könne. Ähnl. gelagert sind die Untersuchungen von Newcomb (1929) u. Sears (1963).

Diese Auseinandersetzung wird mit verschiedenen Begriffen belegt: *Konsistenzdebatte* als neutralste Bezeichnung, *Personalismus-Situationismus-Debatte*, wenn das Problem der Konsistenz zurückgeführt wird auf die einander gegenüberstehenden Gegenpole; → *Interaktionismusdebatte*, wenn ein spezif. Lösungsansatz hervorgehoben wird.

LIT: Zur Diskussion, ob Persönlichkeitseigenschaften eher im essentialist. Sinne als real existierende neurops. Strukturen verstanden werden sollen o. ledigl. als hypothet. Konstrukte vgl. Herrmann (1973); Amelang u. Bartussek (1990); Allport (1966); die meisten lerntheoret. orientierten Persönlichkeitstheoretiker v. a. im angloamerikan. Sprachraum neigen dazu, P. als hypothet. Konstrukte zu betrachten, eine essentialist. Konzeption findet sich dagegen v. a. der dt. Charakterkunde; vgl. Angleitner u. Borkenau (1985); vgl. auch Wellek (1966); vgl. krit. hierzu Herrmann (1973); zum Persönlichkeitsbegriff vgl. Graumann (1964).

◆ Allport, G. P.: Traits revisited. AmP 21, 1966, S. 1–10; Allport, G. W. u. Odbert, H. S.: Trait names: a psycholexical study. Psychological Monographs 47, 1936, ganze Nr. 211; Amelang, M. u. Bartussek, D.: Differentielle Psychologie u. Persönlichkeitsforschung. Stuttgart 1990 (3. Aufl.); Amelang, M. u. Borkenau, P.: Vorhersagen für einige Personen u. viele Merkmale. Oder: Konsistenz über Merkmale u. Kontextbedingungen als Eigenschaft. In: Michaelis, W. (Hg.): Bericht über den 32. Kongreß der Dt. Ges. für Ps. in Zürich 1980. Göttingen 1981; Amelang, M. u. Borkenau, P.: Versuche einer Differenzierung des Eigenschaftskonzepts: Aspekte intraindividueller Variabilität u. differentieller Vorhersagbarkeit. In: Amelang, M. u. Arens, H. J. (Hg.): Brennpunkte der Persönlichkeitsforschung, 1. Bd. Göttingen 1984, S. 89–107; Angleitner, A. u. Borkenau, P.: Dt. Charakterkunde. In: Herrmann, T. u. Lantermann, E.-D. (Hg.): Persönlichkeitsps. München 1985, S. 48–59; Angleitner, A. u. a.: A taxonomy of German personality descriptive terms. EJP 2, 1988, S. 171-203; Bem, D. J. u. Allen, A.: On predicting some of the people some of the time: the search for cross-situational consistency in behaviour. PR 81, 1974, S. 506–520; Cattell, R. P.: Interpretation of the twelve primary personality factors. CuP 13, 1944, S. 55–90; Epstein, S.: Traits are alive and well. In: Magnusson. N. S. u. a. (Hg.): Personality at the cross roads: current issues in interactional psychology. Hillsdale 1977, S. 83–98; Epstein, S.: Does aggregation produce spuriously high estimates of behaviour stability? JPSP 50, 1986, S. 1199–210; Fisseni, H.-J.: Persönlich–

keitsps. Bonn 1984; GRAUMANN, C. F.: Eigenschaften als Problem der Persönlichkeitsforschung. In: LERSCH, P. u. THOMAE, H. (Hg.): Persönlichkeitsforschung u. Persönlichkeitstheorie. HP, 4. Bd. Göttingen 1964, S. 475–586; GUILFORD, J. P.: Persönlichkeit. Weinheim 1970; HARTSHORNE, H. u. MAY, M. A.: Studies in deceit, Studies in the nature of character. 1. Bd. New York 1928; HERRMANN, T.: Persönlichkeitsmerkmale. Stuttgart 1973; HERRMANN, T.: Lehrbuch der empir. Persönlichkeitsforschung. Göttingen 1976 (3. Aufl.); HERRMANN, T.: Die Eigenschaftskonzeption als Heterostereotyp. ZDDP 1, 1980, S. 7–16; JOHN, O. P. u. a.: Better than the alphabet: taxonomies of personality-descriptive terms in English, Dutch and German. In: BONARIUS, H. u. a. (Hg.): Personality psychology in Europe: Theoretical and empirical developments. Lissey 1984; KENRICK, D. T. u. STRINGFIELD, D. O.: Personality traits and the eye of the beholder. PR 87, 1980, S. 88–104; LEHMANN, H. C. u. WITTY, P. A.: Faculty psychology and personality traits. AJP 46, 1934, S. 486–500; MAGNUSSON, D.: The person and the situation in an interactional model of behaviour. Scandinavian Journal of Psychology 17. 1976, S. 253–271; MISCHEL, W.: Personality and assessment. New York 1968; MISCHEL, W.: Toward a cognitive social learning reconceptualization of personality. PR 80, 1973, S. 252–283; MISCHEL, W.: Introduction to personality. New York 1976 (2. Aufl.); MISCHEL, W.: On the interface of cognition and personality. AmP 34, 1979, S. 740–754; MOSER, K.: Konsistenz der Person. Göttingen 1991; NEWCOMB, T. M.: Consistency of certain extravert-introvert-behaviour patterns in 51 problem boys. New York 1929; PIEKE, P. K.: Searching for consistency: the Carleton student behaviour study. Stanford 1982 (Diss.); ROTH, E.: Persönlichkeitsps. Stuttgart 1981 (6. Aufl.); SCHNEEWIND, K. A.: Forschungsleitende Kzpte. der Persönlichkeitspsychologie. In: AMELANG, M. u. AHRENS, H. J. (Hg.): Brennpunkt der Persönlichkeitsforschung. Göttingen 1984, S. 11–29; SEARS, R. R.: Dependency motivation. In: JONES, M. R. (Hg.): Nebraska Symposium on Motivation. Lincoln 1963, S. 25–64; THOMAE, H.: Das Problem der Konstanz u. Variabilität der Eigenschaften. In: Persönlichkeitsforschung u. Persönlichkeitstheorie. HP, 4. Bd. Göttingen 1964; WELLEK, A.: Die Polarität im Aufbau des Charakters. Bern 1966 (3. Aufl.).

Personalismus-Situationismus-Problem → Personalismus; → Situationismus; → Interaktionismus.

Personalistische Wahrscheinlichkeit → Wahrscheinlichkeit.

Personalpsychologie → Arbeitspsychologie.

Personenorientierte Attribution → Attributionsfehler.

Personenvariablen → naive Kausalanalyse.

Person-environment-fit-Ansatz → Stress.

Personenwahrnehmung [ähnl. *interpersonale Wahrnehmung*], Oberbegriff für ein Forschungsgebiet der Sozialps., das sich mit der Art u. Weise befasst, wie man andere Personen wahrnimmt. Typ. Fragestellungen sind: Wie bildet man → Eindrücke bei anderen Menschen? Sind diese Eindrücke genaue u. zuverlässige Abbilder dieser Menschen, o. sind sie verzerrt? Welche Prozesse bzw. Faktoren sind für die Verzerrungen verantwortl.? Wie beeinflussen Eindrücke, die man sich anhand von beobachtetem Vh. o. durch Schilderung dritter Personen gebildet hat, das eigene Vh. diesen Personen gegenüber? Welche zusätzl. Schlüsse zieht man über die Eigenschaften u. Eigenarten einer Person anhand von Informationen, die man schon hat? Was sind die Wahrnehmungsprozesse, die affektiven Variablen, die Persönlichkeitsmerkmale des Beurteilenden, die diese Tatbestände beeinflussen?

T/HI: Die Semantik des Begriffs P. ist recht spezif.: Es geht weniger um die unmittelbare direkte Wahrnehmung anderer Personen (etwas, was in der → Ausdruckspsychologie, insbes. den Forschungen zur → Mimik analysiert wird), die Forschung zur P. bezieht sich vielmehr in weitem Umfang auf verbale Informationen über Personen, welche von einem sozialen Agenten vermittelt werden. Insofern ist sowohl der Begriff »Personen« wie »Wahrnehmung« problematisch: Die Forschung bezieht sich zunächst auf verbale Informationen über

Personen, u. außerdem geht es meist um eine komplexe Informationsverarbeitung, weniger um unmittelbare sensor. Wahrnehmung; vgl. Irle (1975). Das Gebiet steht zw. → sozialer Wahrnehmung u. → sozialer Einstellung. In einem »mittelweiten« Sinne gehören zu *P.* auch noch die Forschungen zur → Attribution – dies ist sozusagen ein zweites Standbein des Paradigmas P., das aber heute als eigenständiges Forschungsgebiet gilt. Auch das gegenwärtig dominante Paradigma der → sozialen Kognition wurzelt unmittelbar in dieser Tradition. Die Forschungstradition P. ist fast genau so alt wie die Sozialps., u. hat überhaupt eine Art Sonderstellung, es diente häufig als Anregung u. Ausgangspunkt für die Entwicklung unterschiedl. theoret. Ansätze.

◆ Bruner, J. S. u. Tagiuri, R.: The perception of people. In: Lindzey, G. (Hg.): Handbook of social psychology, 2. Bd. Reading/ Mass. 1954; Cook, M.: Interpersonal perception. Hamondsworth 1973; Hamilton, D. L. u. a.: Organizational processes in impression formation. In: Hastie, R. u. a. (Hg.): Person memory: the cognitive basis of social perception. Hillsdale 1980, S. 121–153; Heider, F.: The psychology of interpersonal relations. New York 1958; Irle, M.: Lehrbuch der Sozialps. Göttingen 1975; Jahnke, J.: Interpersonale Wahrnehmung. Stuttgart 1975; Rosemann, B. u. Kerres, M.: Interpersonale Wahrnehmungen u. Verstehen. Bern 1986; Schneider, D. J.: Implicit personality theory: a review. PBu 19, 1973, S. 294–309.

Personkraft → naive Kausalanalyse.

Perspektiveneffekt → Attributionsfehler.

Perspektivenübernahme → soziale Motivation.

Perspektivische Täuschung → geometrisch-optische Täuschungen.

Perstimulatory fatigue → Adaptation.

Perzept → Wahrnehmung.

Perzeptiv-begriffliche Ebene → Handlungsebene.

Perzeptive Deprivation → sensorische Deprivation.

Perzeptive Ergänzungen. Ergänzungen von Wahrnehmungsstrukturen sind gegeben, wenn Vpn vollständige Strukturen beschreiben, obwohl die entsprechende Reizkonstellation Lücken enthält. Das älteste hierfür bekannte Bsp. ist die Ausfüllung des → blinden Flecks. Auch bei bestimmten neurops. Störungen, z. B. bei Hemianopsie, bei der eine Hälfte des Gesichtsfelds beider Augen ausfällt, treten bisweilen auch amodale Ergänzungen auf: Lässt man Vpn mit Hemianopsie im linken Teil des Gesichtsfeldes den Mittelpunkt eines tachistoskop. dargebotenen Kreises fixieren, so geben sie meist an, einen vollständigen Kreis zu sehen, obwohl ein Teil des Netzhautbildes auf einen blinden Netzhautbereich fällt. Diese einfachste Form der p. E. ist dadurch gekennzeichnet, dass die Vpn die Lücken überhaupt nicht erwähnen, dass sie keine Unterscheidung zw. den von ihnen hinzugefügten u. den der Reizkonstellation entsprechenden Figurteilen treffen. Da es sich hier um eine Ergänzung von unverdeckten Bereichen handelt, wird bisweilen von *modalen* Ergänzungen gesprochen. Bei Überschneidung durch undurchsichtige Gebilde sind *amodale* (also verdeckte) Ergänzungen gegeben, der bei weitem häufigere Fall von Ergänzungserscheinungen. → Subjektive Konturen sind ein wichtiger Fall einer amodalen Ergänzung. Ergänzungsphänomene sind auch die Phänomene der *scheinbaren Durchsichtigkeit* (vgl. Michotte u. a. 1966) – überhaupt führen Durchsichtigkeits-Phänomene auf wahrnehmungsps. Grundprobleme, vgl. hierzu Metellin (1986). Ein weiteres wichtiges Bsp. ist der

Schirm-Effekt, der darin besteht, dass ein Objekt ein anderes tlw. verdeckt, ohne dass das verdeckte Objekt in irgendeiner Weise als unvollständig erscheint. Ein bes. interessanter Fall ist folgender: Wenn man eine Figur, wie z. B. eine stetige Kurve, hinter einer Spaltblende verschiebt, so dass nur noch kleine wechselnde Ausschnitte der Kurve gesehen werden, dann haben viele Vpn dennoch den Eindruck, dass sie die Kurve in ihrer Gesamtheit wahrnehmen. Diese Versuchsanordnung wurde schon im 19. Jahrhundert begründet u. »anorthoskop. Darbietung« genannt. Es ist ein großes theoret. Problem, wie eine solche Wahrnehmung überhaupt mögl. ist. Wenn der Versuch z. B. in der Dunkelheit erfolgt, so dass die Vorrichtung nicht erkennbar ist, nimmt der Beobachter nur einen sich bewegenden Punkt wahr – ein wichtiger Faktor bei dieser *anorthoskop. Formwahrnehmung* ist also, ob man den Spalt sieht o. nicht, ein Hinweis auf die Bedeutung des Wissens für die Wahrnehmung. Rock (1985) erörtert an den unterschiedl. Theorien dieses Phänomens den Gegensatz von *peripheren* u. *zentralen* Erklärungen innerhalb der → Wahrnehmungstheorien; s. a. die Ausführungen zum *Tunneleffekt* im Stw. → phänomenale Kausalität.

VD: (1) Ein anderes Bsp. für eine amodale Ergänzung ist der sog. *Piston-Effekt* (*Kolbeneffekt*): Ein kleines rechteckiges Objekt bewegt sich in einem horizontalen Spalt nach rechts auf einen den Spalt begrenzenden Schirm zu, verschwindet hinter dem Schirm, u. nach einer gewissen Zeit tritt ein gleichartiges Objekt hinter dem Schirm hervor u. bewegt sich nach links (im Gegensatz zum *Tunnelversuch* ereignen sich hier »Eingang« u. »Ausgang« genau an derselben Stelle des Schirms); wenn das Objekt wieder zurückkehrt, berichtet etwa die Hälfte der Vpn, es sei überhaupt nicht o. nur tlw. hinter den Schirm gelangt, dasselbe wird von vielen Vpn auch behauptet, wenn das Objekt zwar nicht unmittelbar, aber doch nach sehr kurzer Zeit wieder hinter dem Schirm hervortritt.
(2) *T*: Von *amodaler Wahrnehmung* wird bisweilen auch in anderer Bedeutung gesprochen, s. hierzu das Stw. → intersensorische Koordination.

◆ Metellin, F.: Die Wahrnehmung von Durchsichtigkeit. In: Ritter, M. (Hg.): Wahrnehmung u. visuelles System. Heidelberg 1986, S. 150–157; Michotte, A. u. a.: Die amodalen Ergänzungen von Wahrnehmungsstrukturen. In: Metzger, W. (Hg.): Wahrnehmung u. Bewußtsein. HP, 1. Bd., 1. Hlb. Göttingen 1966, S. 978–1002; Rock, I.: Wahrnehmung. Heidelberg 1985.

Perzeptive Selektion → selektive Aufmerksamkeit.

Perzeptives Lernen → Wahrnehmungslernen.

Perzeptives pooling → Adaptationsniveautheorie.

Perzeptiv-motorisch → Bewegung; → Psychomotorik; → sensomotorisches Lernen.

Perzeptron → Konnektionismus.

Perzeptuelle Begriffe, Begriffe, die auf unmittelbarer Wahrnehmung gründen wie »Rot« o. »Rechteck«. Das Kzpt. der p. B. führt auf das Problem u. Kzpt. der *Basiskategorien* o. der *natürl. Begriffe* u. wurde in neueren ps. Ansätzen im Rahmen der → Prototypentheorie der Wortbedeutung analysiert. Wichtige Ansätze betrafen die → Farbbegriffe.

LIT: Vgl. zur histor. Einordnung Gardner (1989).

◆ Berlin, B. u. Kay, P.: Basic colour terms: Their universality and evolution. Berkeley 1969; Gardner, H.: Dem Denken auf der Spur. Stuttgart 1989; Rosch, E. H. u. a.: Basic objects in natural categories. CP 8, 1976, S. 382–439; Rosch, E. H.: Natural categories. CP 4, 1973, S. 328–350.

PEST-Methode → psychophysische Methoden.

PET, Abk. für *Positronen-Emissions-Tomographie*; → physiologische Psychologie (Kasten psychophysiologische Methoden).

Peterson-Technik → Brown-Peterson-Technik.

PG, (1) Abk. für *Pupillogramm*; → physiologische Psychologie (Kasten psychophysiologische Methoden). (2) Abk. für *Plethysmogramm*; → physiologische Psychologie (Kasten psychophysiologische Methoden).

Phänomenale Kausalität, das Phänomen, dass sich beim → Bewegungssehen, bes. bei der → Ereigniswahrnehmung, ein unmittelbarer Eindruck einer kausalen Verursachung ergibt, der nicht durch Denkprozesse vermittelt ist, also keine *inferentielle Kausalität* darstellt, sondern eben eine p. K. (*Kausalwahrnehmung*). Dieses Paradigma wurde durch die Arbeiten von A. Michotte, in Weiterführung gestalttheoret. Ansätze, begründet. Ein prototyp. Grundexperiment ist die sog. *Scheibentechnik*: Vpn bekommen hinter einem Schirm aus Karton, in den ein langer schmaler Schlitz geschnitten ist, bewegte Formen, wie z. B. kleine Quadrate o. Kreise, verschieden gefärbt, dargeboten; diese Figuren bewegen sich auf einander zu, bisweilen haben sie Kontakt miteinander; das zentrale Ergebnis: Die Vpn haben nicht einfach die Wahrnehmung von bewegten geometr. Figuren, sondern, je nach den genaueren Versuchsausführungen, den Eindruck des »Stoßens« (sog. *Lancement-Versuch* bzw. *Stoßversuch*) o. »Schiebens« (sog. *Entrainement-Versuch* bzw. *Schiebeversuch*); s. hierzu die Abb. *Wahrnehmung 41*. Das Erlebnis des Fort-Schiebens entsteht, wenn b sich sofort mitbewegt, wenn das Objekt a darauf stößt (vgl. Abb. *Wahrnehmung 41a*); das Erlebnis des Fort-Stoßens entsteht, wenn das Objekt a stehenbleibt, nachdem es das Objekt b erreicht hat, während das Objekt b sich allein zu bewegen beginnt (vgl. Abb. *Wahrnehmung 41b*). Ein sog. *Transporteffekt* kann sich ergeben, wenn zwei Objekte so bewegt werden, dass sie eine Anmutung von »Fahrzeugen« mit »Gepäck« besitzen.

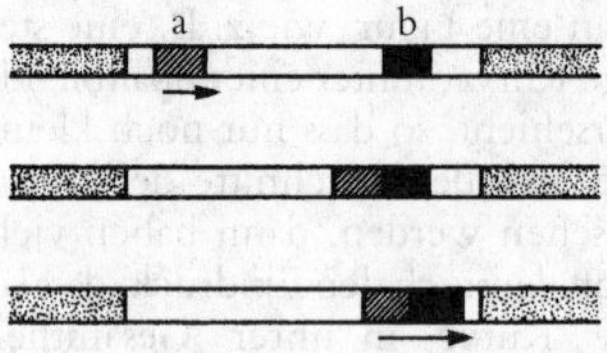

Abb. *Wahrnehmung 41a*
Schematische Darstellung des Entrainement-Versuchs

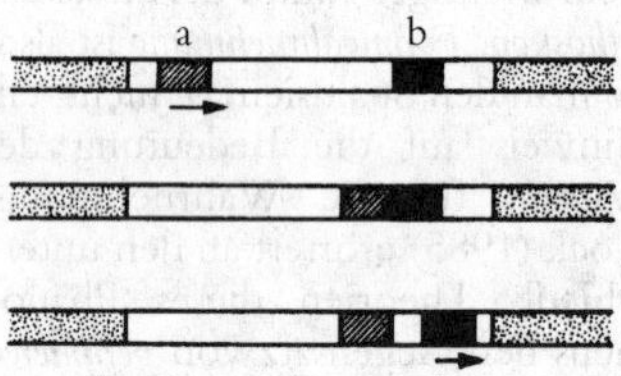

Abb. *Wahrnehmung 41b*
Schematische Darstellung des Lancement-Versuchs

Nach Michotte ist nicht die raum-zeitl. Koinzidenz die Ursache der p. K., denn eine einfache raum-zeitl. Korrelation der Veränderung von Objekten, wie z. B. ein gleichzeitiges Zufallen von Tür u. dem Aufleuchten einer Lampe, bringt nach seinen Untersuchungen keinen zwingenden Kausaleindruck hervor. Nur dort wo der Eindruck einer »Ampliation«, also einer »Ausweitung« der Bewegung, auftritt, entsteht p. K.: Ein bewegtes Objekt wird als aktiv erlebt, ein anderes als passiv, u. das passive wird kurzzeitig mit der Bewegung des ersten Objekts derart identifiziert, dass dieses aktive Objekt die Ortsveränderung des passiven hervorzurufen scheint. *Ampliation* enthält also einen Produktivitätsaspekt, die Bewegung des zweiten Objekts wird als »erzeugt« durch die Ortsveränderung des ersten erlebt, u. dieser Produktivitätsaspekt ist nach Michotte das essentielle Kennzeichen des naiven u. echten Kausalitätsempfindens bzw. Kausalitätsbegriffs – ohne Bewegungsampliation vermuten die Vp häufig »Auslösungsmechanismen«, dies grenzt die p. K. von der ledigl. wahrgenommenen Abhängigkeit ab. Die michottschen Theorien sind eine sozusagen empir. Widerlegung der empirist. Kausalitätstheorie, die, ursprüngl. begründet durch Hume, postuliert, dass Kausalität nichts als die zeitl. koinzidierte Veränderung beinhalte; vgl. hierzu Metzger (1968) u. Eimer (1987). Eine Informationsverarbeitungstheorie zu den michotteschen Ergebnissen wurde von Weir (1975) entwickelt; Weiteres s. das Stw. → amodale Ergänzung.

Das Problem der p. K. führt in weiterer Perspektive auf die Frage, inwieweit der Mensch über ein angeborenes → Kausalkonzept verfügt u. inwieweit dieses im Zuge der kognitiven Entwicklung elaboriert wird; dieses Thema wurde v. a. innerhalb der → genetischen Epistemologie erforscht.

VD: (1) Das Phänomen p. K., ebenso wie viele andere Phänomene des Bewegungssehens, impliziert die Frage nach der Identität des Objekts (*Identitätswahrnehmung*), da ja Bewegung nicht als ein Prozess erlebt wird, bei dem man ständig ein neues Objekt sieht, sondern bei dem das alte Objekt in einer neuen Position erlebt wird. Michotte hat dieses Problem ebenfalls erforscht, die grundlegende Versuchssituation sieht folgendermaßen aus: Ein kleines Rechteck bewegt sich von links nach rechts u. verschwindet dann in einem Schirm; nach einiger Zeit taucht etwas weiter links ein neues Rechteck auf u. bewegt sich ebenfalls von links nach rechts; Ergebnis: Werden bestimmte zeitl. u. räuml. Verhältnisse eingehalten, sieht die Vp nicht *zwei* Objekte, sondern *ein* Objekt, das durch einen Tunnel fährt (*Tunnelexperiment* bzw. *Tunneleffekt*). Unter Umständen wird auch dann noch Identität unmittelbar erlebt, wenn sich das Aussehen des Objekts, z. B. seine Farbe o. Form ändert; Bsp.: Wenn ein Objekt in einem Tunnel verschwindet u. nach einiger Zeit ledigl. in einem Merkmal verändert wieder aus dem Tunnel auftaucht, wird es weiterhin als ident. erlebt, die Identität der Bewegung scheint also anderen Identitätsfaktoren wie z. B. Form o. Farbe übergeordnet zu sein (*phänomenale Beständigkeit*; vgl. Heller u. Lohr 1983).

LIT: Alle wichtigen Schriften Michottes u. seiner Mitarbeiter zum Thema p. K. sind in dem von Otto Heller u. Winfried Lohr herausgegebenen ersten Band seiner Gesammelten Werke (1982) zusammengestellt worden; detailliert beschrieben werden die oben skizzierten Effekte in Michotte (1963, S. 91–98) u. in den in Michottes Gesammelten Werken einbezogenen Untersuchungen seines Mitarbeiters M. Yela zur phänomenalen Verursachung bei zunehmender räuml. Distanz; Michotte hat zwei Versionen seiner Theorie vorgelegt: Die erste Fassung, die in seinem Hauptwerk (La perception de la causalité, 1946, engl. Ausg. 1963) dargelegt wird, ist von ihm Anfang der 60er Jahre in wenigen Punkten revidiert worden; diese Fassung legt er vor im Aufsatz »Theorie der phänomenalen Kausalität; neue Perspektiven 1961«, der ebenfalls im 1. Bd. der Gesammelten Werke (1982) enthalten ist.

◆ Burke, L.: On the tunnel effect. QJEP 4, 1952, S. 121–138; Dornes, M.: Der kompetente Säugling. Frankfurt/M. 1993; Eimer, M.: Konzepte von Kausalität. Bern 1987; Heller, O. u. Lohr, W.: Die phänomenale Beständigkeit: Eine Einführung in den Gegenstand. In: Michotte, A.: Gesammelte Werke, 2. Bd.: Die phänomenale Beständigkeit. Bern 1983; Johansson, G.: Visual perception of biological motion and a model for its analysis. PaP 14, 1973, S. 201–211; Johansson, G.: Visuelle Bewegungswahrnehmung. In: Ritter, M. (Hg.): Wahrnehmung u. Visuelles System. Heidelberg 1986; Leslie, A.: The perception of causality in infants. Per 11, 1982, S. 173–186; Metzger, W.: Ps. Darmstadt 1968 (4. Aufl.); Michotte, A.: The perception of causality. London 1963; Michotte, A.: Die Kausalitätswahrnehmung. In: Metzger, W. (Hg.): Wahrnehmung u. Bewußtsein. HP, 1. Bd., 1. Hlb. Göttingen 1966, S. 954–977; Michotte, A.: Gesammelte Werke, 1. Bd.: Die phänomenale Kausalität. (Hg. O. Heller u.

W. LOHR). Bern 1982; PIAGET, J.: The child's conception of physical causality. London 1970; PIAGET, J.: Understanding causality. New York 1977; WEIR, S.: The perception of motion: Actions, motives and feelings. In: Progress in perception. University of Edinburgh, Department of AI 1975, Report Nr. 13, S. 6–38.

Phänomenale Verdopplung, ein Begriff zur Analyse bzw. Beschreibung der Reizvorlagen bei Prozessen der → Formwahrnehmung: Ein Bsp. hierfür ist, wenn zwei aneinanderliegende Objekte – man denke an Strichzeichnungen geometr. Objekte – ein- u. dieselbe Linie als Kontur aufweisen; eine solche Linie wird dann gleichzeitig sowohl als Begrenzung der einen wie auch der anderen Figur wahrgenommen; s. das Stw. → Kippfiguren; s. hierfür Lehrbücher der → Gestalttheorie.

Phänomen der subjektiven Grundtonerkennung → Hören.

Phänomen des fehlenden Grundtons → Hören.

Phänomen des misslingenden Wiedererkennens bei reproduzierbarem Material → Kodierungsspezifität.

Phänomenologische Psychiatrie → phänomenologische Psychologie.

Phänomenologische Psychologie, ps. Ansätze auf der Basis der husserlschen Phänomenologie (vgl. Drüe 1963) u. anderer phänomenolog. Ansätze wie denen von Merleau-Ponty u. Sartre. Zentral ist der Versuch, Ps. nicht mit naturwissenschaftl.-objektiven Kategorien zu betreiben, sondern die jeweilige *Lebenswelt* des Menschen detailliert wiederzugeben, in ihrer jeweiligen *Perspektivität* u. *Horizontstruktur.* Zentral ist auch die Idee der → Intentionalität. Weitere Grundkategorien der phänomenolog. Strukturanalyse sind *Räumlichkeit*, *Leiblichkeit*, *Sozialität* u. *Historizität.*

HI/WÜ: Die p. P. ist, wiewohl eine grundlegende Alternative zur herkömml. akadem. u. experimentell orientierten Ps., keine der großen Schulen der → Psychologie; im dt. Sprachraum wird sie v. a. von C. M. Graumann vertreten (vgl. z. B. Graumann 1960). Bedeutsam geworden ist ein phänomenolog. Ansatz innerhalb der Psychiatrie (*phänomenolog. Psychiatrie*), zu nennen ist v. a. Jaspers »Allgemeine Psychopathologie« (1913; vgl. 1965), noch heute ein Standardlehrbuch; in ihm wird eine detaillierte deskriptive Analyse der verschiedenen psychopatholog. Erscheinungsbilder geliefert, die Betonung liegt auf einer vorurteilsfreien Beschreibung u. nicht auf »Gehirnmythen«. Auch die → humanistische Psychologie ist durchweg phänomenolog. geprägt. Eine Kritik der → künstlichen Intelligenz aus dem Geiste der Phänomenologie stammt von Dreyfus u. Dreyfus (1987).

VD/T: Im amerikan. Sprachraum wird der Begriff »phänomenolog.« häufig in einem weiten u. legeren Sinne verwendet, in dem er fast alle nichtbehaviourist. u. nichtakadem. Ansätze zusammenfasst, sowohl die dt. Persönlichkeitstheorien wie bisweilen auch die Psa. u. auch die genet. Epistemologie von J. Piaget. In einem »mittelweiten« Sinne fallen darunter auch die → geisteswissenschaftliche Psychologie u. die existentialist. Ps.

LIT: Einen Überblick über phänomenolog. Ansätze in der Ps. liefern Valle u. King 1978); einen Überblick über die p. P. (i. e. S.) liefern Graumann u. Metraux (1977); vgl. auch Herzog (1992); Herzog u. Graumann (1991); zum problemat. Verhältnis von Ps. u. Phänomenologie vgl. Graumann (1991); zur Bedeutung der husserlschen Phänomenologie für die Kognitionsps. vgl. Scheerer (1985); eine Phänomenologie des räuml. Vhs. u. der räuml. Umwelt hat Kruse (1974) vorgelegt; zur *Phänomenologie der Dingwelt* vgl. Graumann (1974); zur *Phänomenologie der Intersubjektivität* vgl. Schütz (1971) u. Kisker (1969); eine klass. Arbeit zur phänomenolog. Wahrnehmungslehre ist Straus (1956); zur (Miss-)Verwendung des Begriffs »Phänomenologie« vgl. Churchill (1988) sowie Henley u. Faulkner (1989).

◆ Baumgartner, E.: Intentionalität, Begriffsgeschichte u. Begriffsanwendung in der Ps. Würzburg 1985; Berger, P. L. u. Luckmann, T.: Die gesellschaftl. Konstruktion der Wirklichkeit. Frankfurt/M. 1969; Buytendijk, F. J.: The phenomenological approach to the problem of feelings and emotions. In: Ruitenbeek, H. (Hg.): Psychoanalysis and existential philosphy. New York 1962; Churchill, S.: Humanistic psychology and introductory textbooks. THP 16, 1988, S. 341–357; Douglas, J. D. (Hg.): Understanding everyday life. Chicago 1970; Dreyfus, S. E. u. Dreyfus, H. L. (Hg.): Towards a reconciliation of phenomenology in AI. In: Partidge, D. u. Wilks, Y. A. (Hg.): Foundational issues in artefitial intelligence. Cambridge 1987; Drüe, H.: Edmund Husserls System der phänomenolog. Ps. Berlin 1963; Giorgi, A.: Psychology as a human science: a phenomenologically based approach. New York 1970; Giorgi, A. u. a. (Hg.): Duquesne studies in phenomenological psychology, 1. Bd. Pittsburgh 1971; Giorgi, A. (Hg.): Phenomenology and psychlogical research. Pittsburgh 1985; Graumann, C. F.: Grundlagen einer Phänomenologie u. Ps. der Perspektivität. Berlin 1960; Graumann, C. F.: Psychology and the world of things. JPP 4, 1974, S. 389-404; Graumann, C. F. u. Métraux, A.: Die phänomenolog. Orientierung in der Ps. In: Schneewind, K. A. (Hg.): Wissenschaftstheoret. Grundlagen in der Ps. München 1977, S. 27–53; Graumann, C. F. u. Wintermantel, M.: Sprachverstehen als Situationsverstehen. In: Engelkamp, J. (Hg.): Ps. Aspekte des Verstehens. Berlin 1984, S. 205–229; Graumann, C. F.: Phänomenolog. Analytik u. experimentelle Methodik in der Ps. In: Braun, K. H. u. Holzkamp, K. (Hg.): Subjektivität als Problem ps. Methodik. Frankfurt/M. 1985, S. 38–59; Graumann, C. F.: Phänomenolog. Ps. In: Asanger, R. u. Wenninger, G. (Hg.): Handwörterbuch der Ps. Weinheim 1988 (4. Aufl.); Graumann, C. F.: Phänomenologie u. Ps. – ein problemat. Verhältnis. In: Herzog, M. u. Graumann, C. F. (Hg.): Sinn u. Erfahrung. Heidelberg 1991, S. 22–43; Groeben, N.: Handeln, Tun, Vh. als Einheiten einer verstehend-erklärenden Ps. Tübingen 1986; Gurwitsch, A.: Studies in phenomenology and psychology. Evanston 1966; Gurwitsch, A.: Phenomenology and the theory of science. Evanston 1974; Gurwitsch, A.: Das Bewußtseinsfeld. Berlin 1975; Harré, R. u. Secord, P. F.: The explanation of social behaviour. Oxford 1972; Herrmann, T.: Die Phänomenologie als eine krit. Methode. AP 19, 1961, S. 522–527; Herzog, M. u. Graumann, C. F. (Hg.): Sinn u. Erfahrung. Phänomenolog. Methoden in den Humanwissenschaften. Heidelberg 1991; Henley, T. u. Faulkner, K.: An addendum to Churchill's review of introductory texts. THP 17, 1989, S. 329–330; Herzog, M.: Phänomenolog. Ps. Heidelberg 1992; Husserl, E.: Ideen zu einer reinen Phänomenologie u. phänomenolog. Ps. Halle 1913; Husserl, E.: Erfahrung u. Urteil. Hamburg 1948; Husserl, E.: Phänomenolog. Ps. Den Haag 1962; Kisker, K. P.: Phänomenologie der Intersubjektivität. In: Graumann, C. F. (Hg.): Sozialps. HP, 7. Bd., 1. Hlb. Göttingen 1969, S. 81–107; Kockelmans, J. J.: Edmund Husserls phenomenological psychology. Pittsburgh 1967; Kruse, L.: Räuml. Umwelt. Die Phänomenologie des räuml. Vhs. als Beitrag zu einer ps. Umwelttheorie. Berlin 1974; Kunz, H.: Die Daseinsanalytik Martin Heideggers in ihrer Bedeutung für die Ps. u. die Philosoph. Anthropologie. In: Balmer, H.: Geschichte der Ps., 1. Bd. Weinheim 1982, S. 422–437; McLeod, R. B.: The phenomenological approach to social psychology. PR 54, 1947, S. 191–210; Meinertz, J.: Moderne Seelenprobleme in ihrer Bedeutung für die Ps. Heidelberg 1948; Merleau-Ponty, M.: Phänomenologie der Wahrnehmung. Berlin 1966; Merleau-Ponty, M.: Die Humanwissenschaften u. die Phänomenologie. In: Vorlesungen I, 1973, S. 129–226; Merleau-Ponty, M.: Die Struktur des Vhs. Berlin 1976; Messer, A.: Husserls Phänomenologie in ihrem Verhältnis zur Ps. AfP 22, 1912, S. 117–129; Metreaux, A. u. Graumann, C. F. (Hg.): Versuche über die Erfahrung. Berlin 1975; Metzger, W.: Ps. (4. Aufl.) Darmstadt 1968; Natanson, M. (Hg.): Phenomenology and the social sciences. Evanston 1973; Naumann, K. F. u. Mètraux, A.: Die phänomenolog. Orientierung der Ps. In: Schneewind, K. A. (Hg.): Wissenschaftstheoret. Grundlagen der Ps. Basel 1977, S. 27–55; Psathas, G.: Phenomenological sociology. New York 1973; Sartre, J. P.: Das Sein u. das Nichts. Hamburg 1962; Sartre, J. P.: Die Transzendenz des Ego. 3 Essays, Hamburg 1964; Scheerer, E.: Edmund Husserls Phänomenologie u. ihre Perspektiven für die Kognitionsps. In: Neumann, O. (Hg.): Perspektiven der Kognitionsps. Berlin 1985, S. 231–268; Schütz, A.: Gesammelte Aufsätze, 3 Bde. Den Haag 1971; Schütz, A. u. Luckmann, T.: Strukturen der Lebenswelt. 2 Bde. Frankfurt/M. 1979; Spiegelberg, H.: The phenomenological movement. A historical introduction. Den Haag 1960; Spiegelberg, H.: Phenomenology in psychology and psychiatry. Evanston 1972; Steinmann, H. G.: Zur systemat. Stellung der Phänomenologie, AfP 36, 1917, S. 391–423; Straus, E.: Vom Sinn der Sinne. (2. Aufl.) Berlin 1956; Straus, E.: Ps. der menschl. Welt. Berlin 1960; Straus, E.: Phenomenological psychology. New York 1966; Straus, E. u. Griffith, R. M. (Hg.): Phenomenology of will and action: The second Lexington conference. Pittsburgh 1967; Valle, R. S. u. King, M. (Hg.): Existential-phenomenological alternatives for psychology. New York 1978; Waldenfels, B.: Der Spielraum des

Vhs. Frankfurt/M. 1980; Wyss, D.: Die Anthropolog.-Existential-Ontolog. Ps. u. ihre Auswirkungen insbes. auf die Psychiatrie u. Psychotherapie. In: Balmer, H.: Geschichte der Ps., 1. Bd. Weinheim 1982, S. 437–573; Ztschr.: Journal of Phenomenological Psychology.

Phallische Phase → Psychoanalyse; → Trieb; → Sexualtrieb.

Phallogramm → physiologische Psychologie (Kasten psychophysiologische Methoden).

Phallussymbol → Traum.

Phase der formalen Operation → genetische Epistemologie.

Phasentheorien des sensomotorischen Lernens → sensomotorisches Lernen.

Phi-Phänomen, → Bewegungssehen ohne retinale Ortsveränderung, also eine Bewegungstäuschung, Prototyp von *Scheinbewegungen*: Wenn man in einem verdunkelten Raum in einem bestimmten zeitl. Abstand nacheinander an verschiedenen Stellen zwei Punkte (o. auch andere geometr. Objekte, Kreise etc.) aufleuchten lässt, werden sie nicht als zwei Punkte, sondern als Bewegung eines Punktes von a nach b erlebt (*stroboskop. Scheinbewegung*). Durch das P. wird die elementarste Theorie des Bewegungssehens widerlegt, dass Bewegungssehen dann entsteht, wenn das auf die Netzhaut projizierte Element seine Lage verändert.

HI: Der Begriff *P.* wurde von Wertheimer (1912) geprägt. Aus der Analyse des Phänomens entwickelt er die Grundideen der → Gestalttheorie. Wertheimers Leistung bestand darin, das Sehen von Bewegung als originäres, nicht weiter reduzierbares Phänomen aufzufassen. Wesentl. am P. ist, dass zwei ursprüngl. getrennte Reize nunmehr als *ein* Reiz gesehen werden, es wird also eine *phänomenale Identität* erreicht; als Ersatz für die quantitative Reduktion kommt es nach Auffassung der Gestalttheorie zu einer *phänomenalen Felderfüllung* des Raums zw. den ursprüngl. Reizen, u. es tritt »Bewegung« als phänomenal selbständige Erlebnisdimension hinzu.

TH: Nach einer Theorie von Braddick (1974) lassen sich die Ergebnisse dieser u. vieler anderer Experimente durch die Annahme zwei unterschiedl. Verarbeitungssysteme erklären: Ein schnell arbeitendes *Low-level-System*, lokalisiert in monocularen Zellen, benötigt nur sehr kurze zeitl. o. räuml. Intervalle (*Short-range-Prozess*; wenn der Sehwinkel kleiner als 1 Grad ist) zw. zwei Reizen, um eine Bewegung zu identifizieren, u. registriert die Bewegung eines Objektes vor dessen Form (Folge: der springende Lichtpunkt kann aus der Gesamtgestalt herausgelöst wahrgenommen werden). Ein *High-level-System*, das sich in binocularen Cortexzellen befindet, arbeitet langsamer, benötigt größere Zeit- o. Raumintervalle (*Long-range-Prozess*; bei Verschiebungen bis zu 20 Grad Sehwinkel) u. nimmt eine Form stets vor der Bewegung wahr. Folge: Die ganze Gruppe der Lichtpunkte wandert. Eine Diskussion der wichtigsten Unterscheidungsmerkmale findet sich bei Braddick (1980); vgl. zu neuerer Forschung Bischof u. Groner (1985).

VD: (1) Details zu dem Experiment: (a) Beträgt die zeitl. Abfolge des Aufleuchtens mehr als 200 msec., so sieht die Vp die Punkte getrennt voneinander alternierend aufleuchten; (b) bei rascherer Folge (200 bis 30 msec., optimal bei ca. 60 msec.) glaubt man, nur noch einen Punkt zu sehen, der sich zw. den beiden Projektionsstellen hin- u. herbewegt (sog. *optimale*, *quasireale* o. *Beta-Bewegung*); (c) wird die Geschwindigkeit weiter gesteigert (Zeitabstände unter 30 msec.), sieht man simultan in beiden Projektionsstellen je einen Punkt konstant leuchten; (d) bei Zeiten knapp über 200 msec. wird auch noch die sog. *partielle* Bewegung u. die *Phi-Bewegung* beobachtet; Letztere wurde als *reine Scheinbewegung* bezeichnet, da hier nur noch das Bewegtheitserlebnis dominiert u. die scheinbare Gegenständlichkeit eines hin- u. herbewegten Objektes (Punktes etc.)

weitgehend entfällt (die dargelegten Zeiten, wie auch die erlebten Phänomene selbst, sind von den jeweiligen Versuchs-Parametern abhängig; vgl. hierzu Arnold 1972). (e) Von Bedeutung ist, dass das P. auch bei einäugigem Sehen auftritt, wie auch bei der für beide Augen getrennten Darbietung von je einem Lichtpunkt, auch dann, wenn die Lichter nur auf eine einzige Hirnhemisphäre geleitet werden o. wenn ein Reiz auf eine Hirnhemisphäre u. der zweite auf eine andere geleitet wird, ja sogar wenn ein u. dieselbe Region der Retina alternierend gereizt wird, die Reize für die Vp jedoch an getrennten Orten erscheinen. Das Phänomen wird *nicht* wahrgenommen, wenn verschiedene Retinastellen gereizt werden, die Reizquelle jedoch subjektiv von ein- u. demselben Ort auszugehen scheint; für das Auftreten der Phi-Bewegung ist also die phänomenale Lage des Objekts entscheidend. Wenn die beiden Lichtpunkte abwechselnd von einem Rechteck verdeckt werden, erwecken sie den Eindruck einer Scheinbewegung, solange man das Rechteck nicht sieht; wenn man es aber sieht, wirken die Punkte unbewegt; s. a. das Stw. → phänomenale Kausalität. Dies weist darauf hin, dass höhere Verarbeitungsprozesse eine Rolle spielen.

(2) *T*: Der Begriff *P.* meint i. w. S. das Phänomen, dass das Bewegungserlebnis ein irreduzibles Wahrnehmungsmodul darstellt; i. e. S. meint es die oben dargestellte experimentelle Realisation dieses Prinzips; in einem noch spezielleren Sinne meint man das unter (d) Dargelegte. Der Begriff *stroboskop. Bewegung* o. stroboskop. Scheinbewegung meint meist dasselbe, ähnl. wie der Begriff → *Stroboskop-Effekt*, Letzterer kann jedoch auch noch eine andere Bedeutungsausprägung haben; s. d. Der Begriff *Beta-Bewegung* o. *Beta-Phänomene* wird entweder im oben dargelegten Sinne verwendet o. weitgehend syn. mit *Scheinbewegungen.*

(3) Unter *Scheinbewegungen* fallen folgende weitere Phänomene: (a) Als *Alpha-Bewegung* o. *Alpha-Phänomen* bezeichnet man das Phänomen, dass ein Beobachter, dem ähnl. Objekte unterschiedl. Größe mit großer Geschwindigkeit hintereinander präsentiert werden, den Eindruck hat, als ob nur ein Objekt sich zusammenzieht o. ausdehnt (nach English u. English 1958). (b) Die *Gamma-Bewegung* ist eine Scheinbewegung der Expansion u. Kontraktion, die entsteht, wenn die Beleuchtungsintensität einer Einzelfigur im dunklen Umfeld plötzl. erhöht (Dehnungsbewegung) o. herabgesetzt wird (Schrumpfungsbewegung); vgl. Newman (1934). (c) Mit *Delta-Bewegung* o. *Delta-Phänomen* bezeichnet man Bewegungseindrücke, die bei dichten Folgen von Reizen verschiedener Helligkeit auftreten; hellere Reize erscheinen weiter vorne, dunklere weiter hinten. Dieses Phänomen ist in seiner Ausgeprägtheit von den Helligkeitskontrasten abhängig. (d) *Epsilon-Bewegung* o. *Epsilon-Phänomen*: die phänomenale Entfernungsverlagerung, die z. B. dann entsteht, wenn der Darbietung einer weißen Linie vor schwarzen Hintergrund eine schwarze Linie auf weißem Grund folgt. (e) Einen komplexen Sonderfall von Scheinbewegungen stellt die → figurale Nachwirkung dar; sie beruht auf dem Zusammenfließen von Eindrücken hintereinander dargebotener Figuren, deren Konturen einander berühren, sie zeigt sich sowohl in flächigen als auch in räuml. Scheinverlagerungen der zuerst dargebotenen Figurenkonstellation.

LIT: Zum Überblick über die unterschiedl. theoret. Ansätze vgl. Kohler (1968); zu experimentalps. Aspekten vgl. Arnold (1972), ausführl. Teuber (1960).

◆ ARNOLD, W. (Hg.): Experimentelles Praktikum, 1. Bd. Stuttgart 1972; CAMPENHAUSEN, C. v.: Die Sinne des Menschen. Stuttgart 1993; BISCHOF, W. F. u. GRONER, M.: Beyond the displacement limit. VR 25, 1985, S. 839–847; BRADDICK, O. J.: A short-range process in apparent motion. VR 14, 1974, S. 519–527; BRADDICK, O. J.: Low-level and high-level processes in apparent motion. Philosophical Transaction of the Royal Society London a, 290, 1980, S. 137–151; ENGLISH, H. B. u. ENGLISH, A. C.: A comprehensive dictionary of psychological and psychoanalytical terms. London 1958; GREGORY, R. L.: Eye and brain. New York 1976; KAUFMAN, L.: Sight and mind. New York 1974; KÖHLER, W. u. WALLACH, H.: Figural after-effects. Proceedings of the American Philosophical Society 88, 1944, S. 269–357; KOHLER, I.: Wahrnehmung. In: MEILI, R. u. ROHRACHER, H. (Hg.): Lehrbuch der experimentellen Ps. Bern 1968, S. 57–114; KORTE, A.: Kinematoskop. Untersuchung. ZfPs 72, 1915, S. 193ff.; NEWMAN, E. B.: Versuche über das Gamma-Phänomen. PF 19, 1934, S. 102–121; PETERMANN, B.: Die Wertheimer-Koffka-Köhlersche Gestalttheorie u. das Gestaltproblem. Teildruck der Habilitationsschrift. Kiel 1928; Sarris, V.: Max Wertheimer on seen motion: theory and effidence. PRes 51, 1989, S. 58–68; Teuber, H.-L.: Perception. Handbook of physiology and neurophysiology III, 1960, S. 1595–1668; Wertheimer, M.: Experimentelle Studien über das Sehen von Bewegung. ZfP 61, 1912, S. 161–265.

Phonem, Analyseeinheit der → Phonologie: kleinste *bedeutungsunterscheidende* Lauteinheit – im Gegensatz zum → Morphem. P. sind nicht aufgrund ihrer *physikal.* Eigenschaften, sondern nur im Rahmen einzelner Sprachen durch den Vergleich von *Minimalpaaren* feststellbar, z. B.: *g* vs. *k*. P. sind als *ps.* Einheiten anzusehen, da sie nur in Kenntnis der Bedeutung von Wörtern, in denen sie auftreten, identifiziert werden (Engelkamp 1974). Nach Bever (1968) stellen sie jedoch keine direkten Einheiten des Sprachvhs. dar, da sie weder perzeptuelle noch artikulator. Realität besitzen. Die Auflösung des P.-Begriffs durch die Einführung → distinktiver-phonetischer Merkmale hat sich für die Sprachps. als bedeutsam erwiesen. Zur Vertiefung weiterer linguist. Aspekte vgl. Koerner (1978) u. Bußmann (1990).

◆ Bever, T. G.: A survey of some recent work in psycholinguistics. In: Plath, W. J. (Hg.): Specification and utilization a transformational grammar. Scientific Report No. 3. Yorktown Heights 1968; Bussmann, H.: Lexikon der Sprachwissenschaft. Stuttgart 1990; Engelkamp, J.: Psycholinguistik. München 1974; Grimm, H. u. Engelkamp, J.: Sprachps.: Handbuch u. Lexikon der Psycholinguistik. Berlin 1981; Koerner, E. F. K.: Zu Ursprung und Entwicklung des Phonem-Begriffes. In: Hartmann, D. u. a. (Hg.): Sprache in Gegenwart u. Geschichte. Köln 1978, S. 82–93.

Phonematik → Phonologie.

Phonemic-restoration-Effekt [auch *phonem. Ergänzungs-* bzw. *Ersetzungseffekt*], die Einfügung von objektiv nicht gegebenen Lauten in die subjektive Wahrnehmung: Spielt man Vp Sätze vor, in denen einzelne Laute weggelassen u. die Lücken durch Husten o. ähnl. gefüllt sind, so nehmen fast alle Hörer an, einen Laut gehört zu haben (vgl. Warren 1970); Bsp. Das engl. Wort **eel*, bei dem das Anfangsphonem von einem Rauschen überlagert wurde, wird je nach Satzzusammenhang einmal als *wheel*, *heel*, *meal* o. *peel* wahrgenommen. Das Bemerkenswerte daran war, dass die Sätze bis zu dem * ident. waren, der krit. Unterschied im Satz, der die unterschiedl. Wahrnehmung determiniert, trat erst später auf; Wörter werden also nicht immer sofort, sondern manchmal erst rückwirkend, nachdem der Kontext bekannt ist, identifiziert.
Der P. belegt den konstruktivist. Charakter der → Sprachwahrnehmung, wie er v. a. von der → Motortheorie der Sprachwahrnehmung u. der Theorie der → Analyse-durch-Synthese postuliert wird.

◆ Warren, R. M. u. Warren, R. P.: Auditory illusions and confusions. SA 223, 1970, S. 30–36; Warren, R. M.: Perceptual restorations of missing speech sounds. Science 167, 1970, S. 392ff.

Phonemik → Phonologie.

Phonemische Kodierung → phonologischer Ähnlichkeitseffekt; → auditives Gedächntis.

Phonemische Verarbeitungsebene → Verarbeitungsebenen-Theorie.

Phonemischer Ergänzungseffekt → Phonemic-restoration-Effekt.

Phonemischer Ersetzungseffekt → Phonemic-restoration-Effekt.

Phonem-Monitoring → Monitoring.

Phonem-restoration-Effekt → Phonemic-restoration-Effekt.

Phonem-Überwachung → Monitoring.

Phonetik, umfassende Disziplin zur Erforschung der gesprochenen Sprache u. ihrer verschiedenen materialen Eigenschaften (→ Sprachproduktion; → Sprachwahrnehmung); vgl. Mansell u. Tillmann (1980); Habermann (1978); Schindler u. Thürmann (1971); Bußmann (1990). Die *artikulator. P.* behandelt die Vorgänge bei der Produktion einer Lautsequenz; die *akust. P.* untersucht die physikal. Eigenschaften des Schallgebildes; Gegenstand der *auditiven P.* ist vornehml. die Wahrnehmung in Abhängigkeit von physikal. u. artikulator. Parametern. Eine der wichtigsten Methoden ist die Arbeit mit dem *Tonspektrogramm*, auch *Sonogramm*, einer graph. Aufzeichnung von Sequenz u. Intensität gesprochener Sprache. Am aussagekräftigsten in einem solchen Tonspektrogramm sind Lage u. Zahl der sog. *Formanten*; das sind Energiekonzentrationen in einem relativ engen Frequenzbereich, die im Spektrogramm an der dunklen Färbung erkennbar sind. Damit eng verknüpft ist die Erzeugung *synthet. Sprache*, die mittels *pattern playback* erfolgt: Dabei werden vereinfachte, gemalte Tonspektrogramme in eine künstl. Sprache umgewandelt. Dieses Verfahren eignet sich u. a. zur Überprüfung, welche Signaleigenschaften für die → Sprachwahrnehmung relevant sind.

◆ Bussmann, H.: Lexikon der Sprachwissenschaft. Stuttgart 1990; Habermann, G.: Stimme u. Sprache. München 1978; Mansell, P. u. Tillmann, H. G.: Phonetik. Stuttgart 1980; Schindler, F. u. Thürmann, E.: Bibliographie zur Phonetik u. Phonologie des Deutschen. Tübingen 1971.

Phonetische Kodierung → phonologischer Ähnlichkeitseffekt; → auditives Gedächtnis.

Phonokardiogramm → physiologische Psychologie (Kasten psychophysiologische Methoden).

Phonologie [auch: *funktionale/funktionelle Phonetik; Phonematik; Phonemik*], Teildisziplin der Sprachwissenschaft, die sich mit den bedeutungsunterscheidenden Sprachlauten – den → Phonemen –, ihren Eigenschaften, Relationen und Systemen beschäftigt. Die P. wird von der *Phonetik* als der naturwissenschaftl. orientierten Untersuchung der materiellen Seite der Sprachlaute abgesetzt. Zum Verhältnis von Phonologie u. Psycholinguistik vgl. Linell (1979); ausführl. themat. geordnete bibliograph. Angaben bei Bußmann (1990).

◆ Bussmann, H.: Lexikon der Sprachwissenschaft. Stuttgart 1990; Chomsky, N. u. Halle, M.: The sound pattern of English. New York 1968; Ginnsen, D. A.: Current approaches to phonological theory. Bloomington 1979; Linell, P.: Psychological reality in phonology. Cambridge 1979; Makkai, V. B. (Hg.): Phonological theory: evolution and current practice. Lake Bluff/Ill. 1972; Meinhold, G. u. Stock, E.: Phonologie der dtsch. Gegenwartssprache. Leipzig 1980.

Phonologische Analyse → Sprachwahrnehmung.

Phonologischer Ähnlichkeitseffekt, die Tatsache, dass beim Speichern von Buchstaben, auch wenn diese *visuell* dargeboten werden, die Fehler häufig durch die *phonem.* Ähnlichkeit der Buchstaben bedingt sind. Insbes. Conrad (1964) analysierte dieses Gebiet u. stellte eine *Verwechslungsmatrix* des Englischen auf. Dieser Effekt wurde als Beleg für die *phonolog.* Kodierung visueller Items im → Kurzzeitgedächtnis gewertet – im Gegensatz zum Langzeitgedächtnis, das nur noch den »Inhalt« speichere, also eine *semant. Kodierung* besitze. Mit der Zeit erwies sich diese Dichotomie jedoch als zu grob, da relativ hohe Kodierungsvariabilität herrscht. Es ist auch belegt, dass auch phonem. kodiertes Material im Langzeitgedächtnis gespeichert werden kann: bes. das → Tip-on-the-tongue-Phänomen weist darauf hin, dass unser Behalten von Wörtern auch eine phonem. Komponente einschließt.

VD: *Phonologische* Kodierung meint *phonet.* bzw. *phonem.* Kodierung, also eine *sensor.* Kodierung im Gegensatz zu einer *artikulator.* Kodierungsform, welche motor.-kinästhet. Repräsentationsformen impliziert; ähnl. wie *phonolog.* werden auch die Begriffe *akust.*, *auditiv* u. *auditorisch* verwendet – dabei ist gerade die Unterscheidung zw. *auditor.* u. *artikulator.* Kodierung eine wichtiges Problem im Zusammenhang des → Kurzzeitgedächtnisses bzw. → echoischen Gedächtnisses (s. a. das Stw. → Arbeitsgedächtnis): Ob näml. diese Verwechslungsfehler auf eine *artikulator.* o. *akust.* Speicherqualität zurückzuführen sind, ist umstritten, denn es gibt einen *Effekt der artikulator. Unterdrückung*, der darin besteht, dass eine Unterdrückung des subvokalen Artikulierens die Gedächtnisleistung vermindert; vgl. Murray (1968).

LIT: Zum Überblick vgl. Baddeley (1979) sowie Kroll (1975); zur Kritik dieses Ansatzes vgl. Morris (1978); für einen Überblick über neuere Ergebnisse vgl. Beariswyl (1989; S. 54–60); Weiteres s. das Stw. → visuelles Gedächtnis.

◆ Baddeley, A.: Die Ps. des Gedächtnisses. Stuttgart 1979; Baddeley, A. D.: Working memory. Oxford 1986; Baeriswyl, F.: Verarbeitungsprozesse u. Behalten im Arbeitsgedächtnis. Heidelberg 1989; Conrad, R.: Acoustic confusions in immediate memory. BJP 55, 1964, S. 75–84; Kroll, N. E. A.: Visual short-term memory. In: Deutsch, D. u. Deutsch, J. A. (Hg.): Short-term memory. New York 1975; Morris, P. E.: Encoding in short-term memory: a reply to Baddeley. BuBPS 31, 1978, S. 122ff.; Murray, D. J.: Articulation and acoustic confusability in short-term memory. JExP 17, 1968, S. 679–684; Wickelgren, W. A.: Auditory or articulatory coding in verbal short-term memory. PR 76, 1969, S. 232–235.

Phonologischer Speicher → artikulatorische Schleife; → auditorisches Gedächtnis.

Phonskala → Hören.

Photopischer Dominator → Duplizitätstheorie.

Photopisches Sehen → Duplizitätstheorien; → Helligkeitssehen; → Schwarz-Weiß-Sehen.

Phrasenstruktur → Konstituentenanalyse; → Phrasenstrukturgrammatik.

Phrasenstrukturgrammatik [auch *Konstituenten-(Struktur)-Grammatik*, *IC-Grammatik*, *Formationsgrammatik*, *taxonomische Grammatik*], Grammatiktyp des amerikan. Strukturalismus auf der Basis der → Konstituentenanalyse. In einer P. wird mit einer Anfangsmenge von Ketten u. mit einer endl. Anzahl von *Phrasenstruktur-* o. *Ersetzungsregeln*, die ein Neuformulieren von Phrasen ermöglichen, gearbeitet. Eine strikt an der Oberflächenstruktur operierende P. kann einer Reihe von syntakt.-semant. Problemen nicht hinreichend gerecht werden, z. B. diskontinuierl. Elementen, Mehrdeutigkeiten, Paraphrase-Beziehungen zw. Sätzen (z. B. die Aktiv-Passiv-Paraphrase). So kann eine P. des Englischen die unterschiedl. Strukturen von *What are you looking for* u. *What are you running for* o. die Ambiguität von *The teachers' marks are very low* nicht erklären. Im Modell der P. kann man ebenfalls nicht einfangen, dass *John hit Bill* u. *Bill is hit by John* in enger Beziehung zueinander stehen. Auch kann sie keine Sätze generieren, zu denen das Zusammenfügen zweier paralleler Wortfolgen gehört, um bspw. Sätze wie *Der Film spielt in Chicago* u. *Das Stück spielt in*

Chicago zu *Der Film u. das Stück spielen in Chicago* zu verbinden. Diese Schwierigkeiten werden von der generativen Transformationsgrammatik zur Rechtfertigung verwendet, Sätzen prinzipiell mehrfache syntakt. Repräsentationen zuzuschreiben (Oberflächen-/Tiefenstruktur), zw. denen Transformationen vermitteln. Innerhalb der generativen Transformationsgrammatik werden die ursprüngl. stat. analyt. beschreibenden Regeln (z. B. S! NP + VP, d. h.: »Ein Satz besteht aus einer Nominalphrase u. einer Verbalphrase«) nunmehr zu *generativen Ersetzungsregeln* (vgl. Bußmann 1990) umgedeutet.

◆ Bar-Hillel, Y. u. a.: On formal properties of simple phrase structure grammars. Zeitschrift f. Phonetik, Sprachwissenschaften u. Kommunikationsforschung. Berlin 1961; Bechert, J. u. a.: Einführung in die generative Transformationsgrammatik. München 1970; Bussmann, H.: Lexikon der Sprachwissenschaft. Stuttgart 1990; Fodor, J. A. u. Bever, T.G.: The psychological reality of linguistic segments. JVLVB 4, 1965, S. 414–420; Johnson, N. F.: Language models and functional units of language behaviour. In: Rosenberg, S. (Hg.): Directions in psycholinguistics. New York 1965, S. 29–65; Johnson, N. F.: The psychological reality of phrase structure rules. JVLVB 4, 1965, S. 469–475; Johnson, N. F.: Sequential verbal behaviour. In: Dixon, T. R. u. Horton, D. L. (Hg.): Verbal behaviour and general behaviour theory. Englewood Cliffs 1968, S. 421–450; Postal, P.M: Constituent structure: a study of contemporary models of syntactic descriptions. Bloomington 1964; Postal, P. M.: Limitations of phrase structure grammars. In: Fodor, J. A. u. Katz, J. J. (Hg.): The structure of language. Englewood Cliffs 1964, S. 137–154.

Phrasenstrukturregeln → Phrasenstrukturgrammatik.

Phrase shadowing → Shadowing.

Phrenologie → Gesichtsausdruck.

Physical-correlate Theorie → Hören.

Physikalischer Vergleich → Buchstabenvergleich.

Physikalisches Denken → Denken; → Experten-Novizen-Vergleich.

Physikalische Verarbeitungsebene → Verarbeitungsebenen-Theorie.

Physikalisch-strukturelle Verarbeitungsebene → Verarbeitungsebenen-Theorie.

Physiognomie → Gesichtsausdruck.

Physiognomische Wahrnehmung, das Phänomen, dass bei der Formwahrnehmung nicht nur die Form wahrgenommen wird, sondern dabei auch ein bestimmter Affekt ausgelöst wird (wie dies beim Gesicht, also bei der *Physiognomie*, normal ist). Z. B. wird eine ansteigende Schnörkellinie als »fröhlich« wahrgenommen wird, ein abfallender Bogen als »traurig«. Unter entwicklungsps. Aspekt wurde dieses Phänomen bes. von Heinz Werner (vgl. 1953; die Originalarbeiten stammen aus den 20er Jahren) thematisiert u. analysiert.

LIT: Vgl. unter psa. Aspekt Dornes (1993); unter psychopatholog. Aspekt Barz (1986) u. Scharfetter (1976).

◆ Barz, H.: Psychopathologie u. ihre ps. Grundlagen. Bern 1986; Dornes, M.: Der kompetente Säugling. Frankfurt/M. 1993; Scharfetter, C.: Allg. Psychopathologie. Stuttgart 1976; Werner, H.: Einführung in die Entwicklungsps. München 1953.

Physiologische Psychologie, das Teilgebiet der → Psychologie bzw. der Biologie, das sich mit den physiolog. Grundlagen der psych. Prozesse u. des Vhs. beschäftigt. Im Grunde ist es nicht nur ein Teilgebiet, sondern fast eine eigene Schulrichtung, da die Erforschung der physiolog. Grundlagen des Vhs. nicht in derselben Art u. Weise ein »Teilgebiet« darstellt wie z. B. die Motivationsps. o. die Lernps. Vertreter der p. Ps. sind sehr objektivist.-naturwissenschaftl. orientiert, oft einem Ideal der → experimentellen Psychologie verpflichtet. (Bei Wundt geht die Bedeutung von *p. Ps.* in die Richtung einer → allgemeinen experimentellen Psychologie, die von einer eher geisteswissenschaftl. orientierten *Völkerps.* abgegrenzt ist.) Die p. Ps. ist eine Art naturwissenschaftl. Zugang zum philosoph. *Leib-Seele-Problem* – obgleich dies allerdings wenig reflektiert wird u. nur wenigen Forschern bewusst ist (vgl. Fahrenberg 1989). Es gibt einen Trend zu einer umfassenden *Neurowissenschaft*, wobei die p. Ps. als deren vhsorientierter Teil angesehen wird; vgl. Davis u. a. (1987). Zunehmend werden auch noch breiter angelegte Oberbegriffe verwendet wie *biolog. Ps.*, *Biops.*, *Psychobiologie* o. *Neurobiologie*, im engl. Sprachraum auch *behavioural neuroscience* (während der analoge dt. Begriff *Vhsneurobiologie* bei uns nur zögernd Fuß zu fassen beginnt). In den Lehrbüchern von Adler (1979), Bösel (1981) u. Schurig (1981) werden ausdrückl. Genetik, Abstammungslehre, Anthropologie u. Ethologie als Teilbereiche der p. Ps. angesehen; krit. hierzu: Markowitsch (1983). Die biolog. Ps. als Lernthema des Grundstudiums wird immer noch häufig im Sinne von »Physiologie in den für die Ps. bedeutsamen Abschnitten« verstanden u. angeboten, insbes. wenn dieses Lehrangebot von Fachvertretern aus dem Bereich der Medizin wahrgenommen wird. Nachdem die Rahmenprüfungsordnung für die Ps. an den meisten Universitäten umgesetzt wurde, ist die Biops. bzw. p. Ps. obligator. Gegenstand der Vordiplomprüfung, inwieweit Inhalte der biolog. Ps. dagegen im Hauptstudium angeboten werden, variiert stark. P. Ps. kann unterteilt werden in *generelle* p. Ps., *differentielle* p. P., *klin.* u. *angewandte* p. Ps.

T: Folgende terminolog. Differenzierungen lassen sich vornehmen: (a) Meist wird die *Psychophysiologie* von der *p. Ps.* dadurch abgegrenzt, dass Erstere *nichtinvasive* Messmethoden benutzt, also solche, die keinen körperlichen Eingriff erfordern (z. B. das EEG). *Psychophysiologie*, speziell bezogen auf das Gehirn, v. a. beruhend auf EEG-Methoden, bezeichnet man auch als *Neuropsychophysiologie*; vgl. hierzu Trimmel (1990). Charakterist. für die p. Ps., die sich v. a. als Grundlagenforschung versteht, sind, in Abgrenzung zur Psychophysiologie, Methoden, wie sie nur in der Tierforschung mögl. sind, weil nur innerhalb dieser Forschung invasive Eingriffe zur Aufdeckung grundlegender Zusammenhänge zw. Gehirn u. Vh. mögl. sind (beim Menschen ist dies nur ausnahmsweise im Rahmen von Operationen mögl.). (b) Fahrenberg (1979a, b) versucht die p. Ps. überhaupt auf eine vorwiegend tierexperimentelle Wissenschaft einzugrenzen, die in hochkontrollierten Laborversuchen in erster Linie Grundlagenforschung betreibt – was der Tendenz amerikan. Lehrbücher entspricht, während im dt. Sprachraum u. zunehmend auch international *p. Ps.* als Oberbegriff verstanden wird, der die *Psychophysiologie* i. e. S. des Wortes mit einschließt, wenn nicht gar in den Vordergrund rückt, wie z. B. im Lehrbuch von Rogge (1981). (c) Außerdem wird die Psychophysiologie dadurch definiert, dass sie von der Beobachtung der physiolog., v. a. der peripheren Reaktionsebene, auf die psych. Prozesse schließt, während typ. für die p. Ps. die umgekehrte Betrachtungsweise ist, also die Variation der physiolog. Parameter u. die Beobachtung des psych. Korrelats (z. B. Verhaltensänderungen bei Hirnreizungen). Diese Unterscheidung verliert an Bedeutung; zunehmend wird *p. Ps.* als Oberbegriff verwendet; vgl. hierzu Ax (1964, 1983). Einschlägige Ztschr. für die Psychophysiologie sind *Psychophysiology* u. *Biological Psychology*; typ. für die p. Ps.

sind *Physiological Psychology*, *Behavioural Brain Research*, *Physiology and Behaviour*, *Journal of Comparative and Physiological Psychology*, *Behavioural and Neural Biology*. (d) Die → *Neuropsychologie* stellt eine unabhängige Forschungstradition dar u. ist dadurch definiert, dass sie die Zusammenhänge von Hirnschäden u. daraus resultierenden Verhaltensstörungen erforscht (typ. Ztschr.: *Neuropsychologia*, *Cortex*, *Brain and Language*, *Journal of Clinical Neuropsychology*). Im dt. Sprachraum wird bisweilen *Neurops.* syn. mit *p. Ps.* gebraucht, z. B. bei Guttmann (1972). (e) *Chemische Ps.* bezeichnet das Forschungsgebiet, das den Zusammenhang zw. psych. Prozessen u. chem. Substanzen (Hormonen u. Transmittern) untersucht (*Neurochemops.*) sowie die Veränderung der Neurotransmissionsprozesse nach der Verabreichung von Pharmaka, insbes. Psychopharmaka (*Psychopharmakologie*, vgl. Elbert u. Rockstroh (1993) – da die meisten Psychopharmaka die Wirkung natürl., im menschl. Organismus vorkommender Substanzen verstärken, abschwächen o. imitieren, kann die Psychopharmakologie helfen, die Bedeutung u. Wirkungsweise körpereigener psychoaktiver Stoffe aufzuklären. Außerdem versucht die chem. Ps. eine Analyse der molekular-biolog. Grundlagen des Vhs., insbes. des Lernens (*molekulare Psychochemie*).

Im Unterschied zur medizin. Diagnostik geht es in der psychophysiolog. Diagnostik um die Untersuchung höherer Funktionssysteme, für die es kein Standardrepertoire gibt; die Auswahl der Methoden orientiert sich an Paradigmen der Ps. So werden bei EEG-Untersuchungen v. a. Paradigmen der Wahrnehmungs- u. der kognitiven Ps. eingesetzt, z. B. Reizdiskriminationsaufgaben, Vigilanzaufgaben, Bahnungsparadigmen zur Untersuchung von Antizipationsprozessen, Lernaufgaben mit spezif. Charakteristika, die z. B. die Aufmerksamkeit betreffen. Zur Untersuchung elementarer Aktivationsprozesse im zentralen u. peripheren Bereich werden die Paradigmen der Orientierungsreaktion u. ihre Habituation sowie der klass. Konditionierung verwendet. Um komplexe emotionale Aktivierungsprozesse auszulösen, werden Laborstressoren, wie z. B. experimentelle Induktion von Emotion (Stressinterview, freier Vortrag, körper. Bedrohung), auch grobmotor. o. kognitive Aufgaben eingesetzt; vgl. z. B. Stemmler (1984). Bei allen psychophysiolog. Untersuchungen müssen bestimmte Varianzquellen berücksichtigt werden, v. a. das Problem der *psychophysiolog. Spezifität* (s. Kasten »psychophysiolog. Paradigmen«) u. das *Ausgangswertproblem* (die Tatsache, dass die reaktiven Veränderungen des Organismus hinsichtl. eines bestimmten Parameters vom Ausgangswert dieses Parameters systemat. abhängen; vgl. Wilder 1931). Allg. zum Problem der Reliabilität psychophysiolog. Daten vgl. Fahrenberg u. a. (1984).

HI: Die p. Ps. war wichtig bei der Konstituierung der Ps. als Wissenschaft; als Forschungsdisziplin jedoch spielt sie in den deutschsprachigen Ländern trotz einiger hervorragender Forschungsgruppen eine untergeordnete Rolle, im Gegensatz zur angloamerikan. Ps. – etwa 20 % aller wissenschaftl. Beiträge zu den Neurowissenschaften stammen in den USA von physiolog. Psychologen, mehr als 1000 Psychologen sind in den USA mit der Forschung in p. Ps. befasst, in der Bundesrepublik Deutschland sind es etwa 100 aktive Forscher (nach Birbaumer u. Schmidt 1989; dort auch zu den histor. Ursachen dieser Situation). Wichtige dt. Forscher sind N. Birbaumer (v. a. Forschungen zu physiolog. Aspekten der klin. Ps. u. zum Biofeedback); J. Fahrenberg (Forschungen zu Aktivation u. zur psychophysiolog. Konstitutionslehre); W. Janke (v. a. Forschungen zur Psychopharmakologie u. zu Umweltstress, vgl. Debus 1995); H. Markowitsch (zur Neurops. des Gedächtnisses); E. Pöppel (→ Blindsehen; → Zeitwahrnehmung; → Wahrnehmung; → Reaktionszeit); D. Hellhammer (Psychophysiologie klin. Störungen, speziell der Anorexie; vgl. Hellhammer 1983ff.); Angela Friederici betreibt als Direktorin eines Max-Planck-Instituts neurops. orientierte → Sprachpsychologie. Ein Pionier physiolog. Betrachtungsweisen im deutschsprachigen Raum war (der Österreicher) Hubert Rohracher (vgl. Rohracher 1967).

VD: Folgende Gehirnteile wurden innerhalb der psychophysiolog. Forschung als bes. wichtig erkannt: (1) Die *Formatio reticularis* ist für die Steuerung von Wachheit und Aufmerksamkeit zuständig; sie ist das neuroanatom. Korrelat dessen, was man unter funktionalem Aspekt als *aufsteigendes retikuläres aktivierendes System* (*ARAS*) bezeichnet. Nach Lindsley hat das ARAS neben einer allg. Erregungsfunktion, die mit der Aufrechterhaltung des Schlaf-Wach-Rhythmus zusammenhängt, zwei weitere Funktionen, näml. eine allg. u. eine spezif. Alarmfunktion – Erstere dient der Erzeugung eines generellen Aufmerksamkeitszustandes, Letztere der Aufmerksamkeitsfokusierung auf spezif. Hinweisreize; vgl. Lindsley (1970) sowie Hobson u. Brazier (1980); Weiteres vgl. das Stw. → Aktivation. (2) Dem *limb. System* wird v. a. eine wichtige Rolle bei der Erzeugung der Emotionen zugeschrieben, seine Besonderheit wird, vereinfacht gesagt, darin gesehen, dass es Meldungen aus dem Körperinneren bei der höheren Informationsverarbeitung berücksichtigt (sog. *visceral brain, viszerales Gehirn*, vgl. MacLean 1990). Eine kurzgefasste Analyse des limb. Systems findet sich in Bösel (1986). (3) Zu den wichtigsten anatom. Unterstrukturen des limb. Systems gehört der Hypothalamus, der v. a. für motivationale Prozesse eine wichtige Rolle spielt (vgl. Valenstein u. a. 1970). Von großer histor. Bedeutung waren die Hirnreizungsexperimente von Hess in den 20er Jahren, bei denen durch elektr. Reize innerhalb des Hypothalamus Angriffs- u. Verteidigungsvh., einschließl. der Äußerungen von Wut/Angst, ausgelöst werden konnten. Etwa zur gleichen Zeit untersuchten W. Cannon u. sein Schüler P. Bard das Vh. von Katzen nach Abtragen des Vorderhirns, incl. des Thalamus, jedoch ohne den Hypothalamus: Die Tiere sind dann höchst reizbar, u. die Schwelle zur Aggression ist sehr gering, man spricht von »Scheinwut«; wird auch der Hypothalamus abgetragen, ist diese Scheinwut nicht mehr auszulösen. All diese Befunde belegen die Bedeutung des Hypothalamus für den Ausdruck emotionalen Vhs., u. zwar sowohl hinsichtl. der somat. Komponente (Steuerung der Gesichts- u. Extremitätsmuskeln) als auch der visceralen (autonome Steuerung von Drüsen u. Muskeln); vgl. zum Überblick über diese u. weitere Versuche Shepherd (1993). (4) Der *Hippocampus* ist v. a. für Gedächtnisprozesse, speziell für das → Kurzzeitgedächtnis, wichtig, außerdem zur Aufmerksamkeitssteuerung; vgl. hierzu Isaacson (1982) u. das Sammelreferat von Schmajuk (1984), das speziell für Psychologen einen informativen Überblick gibt.

LIT: Einen Überblick zur Lage der p. Ps. in der BRD in der Mitte der 80er Jahre gibt Irle (1983); einen Überblick über Gegenstand u. Ausbildungsinhalte Markowitsch (1983); eine interessante Diskussion zur Abgrenzung u. zur Definition der physiolog. Ps. findet sich bei Rösler (1985); zur Ideengeschichte der Neurobiologie vgl. Florey u. Breidbach (1993); über den Einfluss falscher Physikverständnisse auf die Entwicklung der Neurobiologie vgl. Janich (1993); zur Entstehung der p. Ps. im 19. Jahrhundert vgl. Schurig (1985); über Probleme bei der Verwirklichung einer biolog. orientierten Ps. in Deutschland vgl. Preilowski (1981); zur p. Ps. in Nordamerika vgl. Markowitsch (1986); zur Psychophysiologie der Angst vgl. Birbaumer (1977); zur Geschichte der Hirnforschung vgl. Clarke u. Dewhurst (1973); Baron (1987) gibt eine Einführung in die Funktionsweise von Nervensystem u. Gehirn von einem computertheoret. Standpunkt; Standardlehrbücher sind: Schandry (1981); Birbaumer (1975); Birbaumer u. Schmidt (1989); Bösel (1981); Kandel u. a. (1996); speziell zu psychophysiolog. Aspekten kognitiver Prozesse vgl. den Sammelband *Spektrum der Wissenschaft* (1990); Roth u. Prinz (1996) sind Reflexionen deutschsprachiger Autoren über die Zukunft der Hirn- u. Kognitionsforschung; zu den chem. Grundlagen des Vhs. vgl. Snyder (1993); speziell zu den chem. Grundlagen der Psychosen vgl. Barondes (1995); zu einem gleichzeitig kognitionsps. wie neurowissenschaftl. Ansatz vgl. Posner u. Raichle (1996); zur Psychoneuroimmunologie vgl. Schedlowski u. Tewes (1996); speziell zur Neuroanatomie vgl. Nauta u. Feirdag (1990); zur p. Ps. der Emotion vgl. Thompson (1988); ein grundlagenkrit. Aufsatz ist Bischof (1989); weitere Angaben finden sich bei allen Stw.

(Anm.: Gemäß der Konzeption dieses Lexikons, vgl. Nachwort, erfährt die p. Ps. eine weniger intensive u. extensive Behandlung. Die zentralen Paradigmen der p. Ps. sind im nachfolgenden »Kasten« dargestellt; ein zweiter Kasten gibt einen Überblick über die psychophysiolog. Methoden.)

◆ ADLER, M.: Physiolog. Ps. Stuttgart 1979; AKIL, H. u. a.: Endogenous opioids: biology and function. Annual Review of Neurosciences 7, 1984, S. 223–255; ALEXANDER, F.: Psychosomatic medicine. New York 1950; ALLEN, M.: Models of hemispheric specialization. PBu 93, 1983, S. 73–104; ANNETT, M.: Left, right, head and brain. Hillsdale 1985; AX, A. F.: The physiological differentiation between fear and anger in humans. PsM 15, 1953, S. 433–442; AX, A.: Goals and methods in psychophysiology. Pph 1, 1964, S. 18–25; AX, A.: Basic concepts of psychophysiology. IJPph 1, 1983, S. 3–6; AX, A.: Are there universal concepts of psychophysiology? IJPph 1, 1983, S. 99ff.; BARON, R. J.: The cerebral computer. Erlbaum 1987; BARONDES, S. H.: Moleküle u. Psychosen. Heidelberg 1995; BEAUMONT, J. C. u. a.: Hemisphericity: a critical review. CNP 1, 1984, S. 191–212; BERCLUCCHI, G.: Does bigger equal better, functionally? BBS 2, 1978, S. 280ff.; BERGER, W. u. a. (Hg.): Haltung u. Bewegung beim Menschen. Berlin 1984; BIRBAUMER, N.: Physiolog. Ps. Berlin 1975; BIRBAUMER, N. (Hg.): Psychophysiologie der Angst. München 1977; BIRBAUMER, N. u. SCHMIDT, R. F.: Biolog. Ps. Berlin 1989; BISCHOF, N.: Emotionale Verwirrungen oder: von den Schwierigkeiten im Umgang mit der Biologie. PRu 40, 1989, S. 188–205; BÖSEL, R.: Physiolog. Ps. Berlin 1981; BÖSEL, R.: Biops. der Emotionen. Berlin 1986; BOWLBY, J.: Verhalten unter Konfliktbedingungen. Frankfurt/M. 1993; BRENER, J.: A general model of voluntary control applied to the phenomena of learned cardiovascular change. In: UBRIST, P. u. a. (Hg.): Cardiovascular psychophysiology. Chicago 1974; BRENER, J.: Psychobiological mechanisms in biofeedback. In: WHITE, L. u. TURESKY, B. (Hg.): Clinical biofeedback. New York 1982, S. 24–74; BRICKENKAMP R. (Hg.): Handbuch apparativer Verfahren in der Ps. Göttingen 1986; BRYDEN, M. P.: Laterality: functional asymmetry in the intact brain. New York 1982; CLARKE, E. u. DEWHURST, K.: Die Funktion des Gehirns. Lokalisationstheorien von der Antike bis zur Gegenwart. München 1973; COHEN, G.: Theoretical interpretations of lateral asymmetries. In: BEAUMONT, J. G. (Hg.): Divided visual field studies of cerebral organization. New York 1982, S. 87–111; COHEN, R.: Das Anhedonie-Kzpt. in der Schizophrenieforschung. In: HEIMANN, H. (Hg.): Anhedonie. Verlust der Lebensfreude. Stuttgart 1990, S. 59–71; DAVIDSON, J.: Hemispheric asymmetry and emotion. In: SCHERER, K. R. u. EKMAN, P. (Hg.): Approaches to emotion. Hillsdale 1984, S. 39–57; DAVIS, H. P. u. a.: The role of physiological psychology in neuroscience. Neuroscience Newsletter, Vol. 18, Nr. 1, 1987, S. 6–7; DEAN, R.: Lateralization of cerebral functions. In: WEDDING, D. u. a. (Hg.): The Neuropsychology Handbook. New York 1986, S. 80–102; DEBUS, G. u. a. (Hg.): Biops. von Streß u. emotionalen Reaktionen. Göttingen 1995; DEEGENER, G.: Neurops. u. Hemisphärendominanz. Stuttgart 1978; DELANK, H. W. u. HEUSER, L.: Bildgebende Diagnostik in der Neurologie. Stuttgart 1995; DELGADO, J. M. R. u. a.: Learning motivated by electrical stimulation of the brain. American Journal of Physiology 179, 1954, S. 587–593; ELBERT, T. u. ROCKSTROH, B.: Psychopharmakologie. Göttingen 1993; ENGEL, B. T.: Response specifity. In: Greenfield, N. S. u. Sternbach, R. A. (Hg.): Handbook of psychophysiology. New York 1972; ENGEL, R. R.: Aktivierung u. Emotion. München 1986; FAHRENBERG, J.: Die Bedeutung individueller Unterschiede für die Methodik der Aktivierungsforschung. In: SCHÖNPFLUG, W. (Hg.): Methoden der Aktivierungsforschung. Bern 1969; FAHRENBERG, J.: Psychophysiologie. In: KISKER, K. P. u. a. (Hg.): Psychiatrie der Gegenwart, 1. Bd., Berlin 1979; FAHRENBERG, J.: Psychophysiology. GJP 3, 1979, S. 321–343; FAHRENBERG, J.: Psychophysiolog. Methodik. In: GROFFMANN, K.-J. u. MICHEL, L. (Hg.): Vhsdiagnostik. EP, B, II, 4. Bd. Göttingen 1983, S. 1–192; FAHRENBERG, J. u. a.: Aktivierungsforschung im Labor-Feld-Vergleich. München 1984; FAHRENBERG, J.: Einige Thesen zum psychophysiolog. Problem aus der Sicht der psychophysiolog. Forschung. In: MARX, W. (Hg.): Ps. u. Philosophie, Frankfurt/M. 1989, S. 9–36; FLOREY, E. u. BREIDBACH, O. (Hg.): Das Gehirn – Organ der Seele? Zur Ideengeschichte der Neurobiologie. Berlin 1993; FRIEDERICI, A.: Neurops. der Sprache. Stuttgart 1984; GALE, A.: The psychophysiology of individual differences: studies of extraversion and the EEG. In: KLEINE, P. (Hg.): New approaches in psychological measurement. London 1973; GALLISTEL, C. R.: Self-stimulation: The neurophysiology of reward and motivation. In: DEUTSCH, J. A. (Hg.): The physiological basis of memory. New York 1973, S. 175–267; GAZZANIGA, M. S.: Right hemisphere language following commisurotomy: a twenty-year-perspective. AmP 38, 1983, S. 525–537; GAZZANIGA, M. (Hg.): Handbook of cognitive neuroscience. New York 1984; GAZZANIGA, M. S.: Das erkennende Gehirn. Paderborn 1989; GAZZANIGA, M. S. u. LEDOUX, J. E.: Neurops. Integration kognitiver Prozesse. Stuttgart 1983; GESCHWIND, N. u. DAMASIA, A. R.: Apraxia. In: VINKEN, J. P. u. a. (Hg.): Handbook of clinical neurology, 1. Bd. 1985, S. 423–432; GESCHWIND, N.: Disconnection syndromes in animals and man. B 88, 1965, S. 585–644; GRAY, J. A.: The neuropsychology of anxiety. Oxford 1982; GRÜNEWALD-ZUBERBIER, E. u. a.: Slow potentials of the human precentral and parietal cortex during goal-directed movements. Journal of Physiology (London) 284, 1978, S. 181–182; GUTTMANN, G.: Einführung in die Neurops. Bern 1972; HACAEN, H. u. DE AJURIAGUIRRA, J.: Left-han–

dedness, manual superiority, and cerebral dominance. New York 1964; HAHN, W. W.: Attention and heart rate. A critical appraisal of the hypothesis of Lacey and Lacey. PBu 1973, 79, S. 59–70; HAIER, R. J. u. a.: Cortical glucose metabolic rate correlates of reasoning and attention studied with positron emission tomography. I 12, 1988, S. 199–217; HELLHAMMER, D.: Psychobiolog. Ansätze bei Anorexia nervosa. In: MEERMANN, R. (Hg.): Anorexia nervosa. Stuttgart 1981, S. 43–55; HELLHAMMER, D.: Gehirn u. Vh. Münster 1983; HESS, W. R.: Das Zwischenhirn. Basel 1954; HOBSON, J. A. u. BRAZIER, M. A. (Hg.): The reticular function revisited: specifying function for a nonspecific system. New York 1980; HOPPER, J.: The brain's river of rewards. American Health Dez. 1987, S. 36–41; ISAACSON, R. L.: The limbic system. New York 1982 (2. Aufl.); IRLE, E.: Physiolog. Ps. in Deutschland. PRu 3, 1983, S. 125–133; IVERSEN, S. D.: Brain endorphins and reward function: some thoughts and speculations. In: SMITH, J. u. Lane, R. (Hg.): The neurobiology of opiate reward processes. Amsterdam 1983, S. 439–468; JANICH, P.: Über den Einfluß falscher Physikverständnisse auf die Entwicklung der Neurobiologie. In: FLOREY u. BREIDBACH (1993), S. 309–326; JANISSE, M. P.: Pupillometry – the psychology of pupillary response. New York 1977; JANKE, W. u. NETTER, P.: Angst u. Psychopharmaka. Stuttgart 1986; JUNG, R.: Perception and action. In: SZENTAGOTHI, I. u. a. (Hg.): Regulatory function of the CNS. Advances in physiological sciences, 1. Bd. Oxford 1981, S. 17–36; JUNG, R.: Zur Bewegungsphysiologie beim Menschen: Fortbewegung, Zielsteuerung u. Sportleistung. In: BERGER u. a. (1984), S. 7–65; KANDEL, E. R. u. a. (Hg.): Neurowissenschaften. Heidelberg 1996; KELLER, J. A.: Grundlagen der Motivation. München 1981; KEYSER, J.: Hemisphärenunterschiede, Emotionen u. bilaterale elektrodermale Aktivität. Frankfurt/M. 1995; KIMURA, D.: The asymmetry of the human brain. SA 228, 1973, S. 70–78; KNOBLOCH, H.: Eine Untersuchung zur Spezifität physiolog. und psycholog. Aktivierungsmuster (Diss.). Freiburg 1976; KORNHUBER, H. H. u. DEECKE, L.: Hirnpotentialänderungen bei Willkürbewegungen u. passiven Bewegungen des Menschen: Bereitschaftspotential u. reafferente Potentiale. Pflügers Archiv für die gesamte Physiologie 284, 1965, S. 1–17; LABERGE, D. u. BUCHSBAUM, M. S.: PET measurements of pulvinar acitivity during an attention task. JNS 10, 1990, S. 613–619; LACEY, J. I. u. LACEY B. C.: Verification and extension of the principle of autonomic response-stereotypy. Amer. J. Psychol. 71, 1959, S. 50–53; LACEY, J. I.: Somatic response patterning and stress: some revisons of activation theory. In: APPLEY, M. H. u. TRUMBULL, R. (Hg.): Psychological stress. Issues in research. New York 1967; LACEY, B. C. u. LACEY, J. I.: Studies of heart rate and other bodily processes in sensory motor behaviour. In: OBRIST, P. A. u. a. (Hg.): Cardiovascular psychophysiology. Chicago 1974, S. 538–564; LACEY, B. C. u. LACEY, J. I.: Cognitive modulation of time-dependent primary bradycardia. PPh 17, 1980, S. 209–221; LACROIX, J. M.: The acquisition of autonomic control through biofeedback: The case against an afferent process and a two-process alternative. PPh 18, 1981, S. 573–587; LINDSLEY, D. B.: Emotion. In: STEVENS, S. S. (Hg.): Handbook of experimental psychology. New York 1951, S. 473–516; LINDSLEY, D. B.: Attention, consciousness, sleep, and wakefullness. In: FIELD, J. u. a. (Hg.): Handbook of physiology, Section 1, neurophysiology. Bd. III. Washington 1960, S. 1553–1593; LINDSLEY, D. B.: The reticular activating system and perceptual integration. In: SHEER, D. E. (Hg.): Electrical stimulation of the brain. Austin, Texas 1961, S. 331–349; LINDSLEY, D. B.: The role of nonspecific reticulo-thalamo-cortical-systems in emotion. In: BLACK, D. (Hg.): Physiological correlates of emotion. New York 1970, S. 147–188; MACLEAN, P. D.: The triune-brain in evolution. 1990; MARKOWITSCH, H.: Was ist physiolog. Ps.? PRu 34, 1983, S. 86–94; MARKOWITSCH, H. J.: Physiolog. Ps. in Nordamerika. PRu 37, 1986, S. 151–154; MARTIN, I. u. VENAPLES, P. (Hg.): Techniques in psychophysiology. New York 1980; MCGLONE, J.: Sex differences in human brain asymmetry: a critical survey. BBS 3, 1980, S. 215–263; MILLNER, B.: Brain mechanisms suggested by studies of temporal lobes. In: DARLEY, F. L. (Hg.): Brain mechanisms underlying speech and language. New York 1967; MORUZZI, G. u. MAGOUN, H. W.: Brain stem reticular formation and activation of the EEG. Electroencephalography and Clinical Neurophysiology 1, 1949, S. 455–473; MYRTEK, M.: Psychophysiolog. Konstitutionsforschung. Göttingen 1980; NAUTA, W. J. u. FEIRTAG, M.: Neuroanatomie. Heidelberg 1990; OBRIST, P. A.: Cardiovascular psychophysiology. A perspective. New York 1981; OLDS, J. u. MILLNER, P.: Positive reinforcement produced by electrical stimulation of septal area and other regions of rat brain. JCPPS 47, 1954, S. 419–427; OLDS, J.: Physiological mechanism of reward. In: JONES, M. R. (Hg.): Nebraska symposium on motivation. Lincoln 1955, S. 70–139; OLDS, J.: Pleasure centers in the brain. SA 195, 1956, S. 105–116; OLDS, J.: Self-stimulating experience and differential reward systems. In: JASPERS, H. H. u. a. (Hg.): Reticular formation of the brain. Boston 1958, S. 671–687; PANKSEPP, J.: Brain opioids: a neurochemical substrate for narcotic and social lipendence. In: COOPER, S. J. (Hg.): Theory in psychopharmakology, 1. Bd. London 1982, S. 149–175; PERECMAN, E. (Hg.): Cognitive processing in the right hemisphere. New York 1983; PETERSEN, S. E. u. a.: Positron emission tomographic studies of the cortical anatomy of single-word-processing. Nature 331, 1988, S. 585–589; PFLUG,

B.: Depression u. Anhedonie. In: Heimann, H. (Hg.): Anhedonie. Verlust der Lebensfreude. Stuttgart 1990, S. 71–83; Pinel, J. P. J.: Biopsychology. Boston 1993; Ploog, D.: Neuronale Substrate der Lust u. Unlust. In: Heimann, H. (Hg.): Anhedonie. Verlust der Lebensfreude. Stuttgart 1990, S. 31–159; Posner, M. I. u. a.: Localization of cognitive operations in the human brain. Science 140, 1988, S. 1627–1631; Posner, M. I. u. Raichle, M. E.: Gedanken-Bilder. Heidelberg 1996; Powers, E. D.: Behaviour: the control of perception. Chicago 1973; Preilowski, B.: Probleme bei der Verwirklichung einer biolog. orientierten Ps. in Deutschland. In: Michaelis, W. (Hg.): Bericht über den 32. Kongreß der Dt. Ges. f. Ps. in Zürich 1980. Göttingen 1981; Preilowski, B.: Vergleichende Neurops. Untersuchungen zur Gehirnasymmetrie bei Menschen u. Affen. Konstanz 1985; Rösler, F.: Psychophysiologie: Perspektiven, Zielsetzungen, Forschungsprogramme (Diskussionsgruppe). In: Albert, D. (Hg.): Bericht über den 34. Kongr. der Dt. Ges. f. Ps. in Wien 1984. Göttingen 1985, S. 515–518; Rogge, K.-E.: Physiolog. Ps. München 1981; Rohracher, H.: Die Arbeitsweise des Gehirns u. die psych. Vorgänge. München 1967; Rolls, E. T.: Neural systems involved in emotions in primates. In: Plutchik, R. u. Kellerman, H. (Hg.): Emotion: theory, research, and experience, 3. Bd. Biological Foundations of Emotions. New York 1986, S. 125–149; Roschmann, R.: Emotionale Reizverarbeitung in den zerebralen Hemisphären. Regensburg 1990; Rösler, F.: Hirnelektr. Indikatoren in der Diagnostik. In: Groffmann, K.-J. u. Michel, L. (Hg.): Vhsdiagnostik. EP, B, II, 4. Bd. Göttingen 1983, S. 336–433; Roth, G. u. Prinz, W. (Hg.): Kopf-Arbeit. Gehirnfunktion u. kognitive Leistungen. Heidelberg 1996; Roy, E. A. (Hg.): Neuropsychological studies of apraxia and related disorders. Amsterdam 1985; Schandry, R.: Psychophysiologie. München 1981; Schedlowski, M. u. Tewes, U. (Hg.): Psychoneuroimmunologie. Heidelberg 1996; Schmajuk, N. A.: Psychological theories of hippocampal function. PhyP 12, 1984, S. 166–183; Schurig, V.: Gegenstand u. Grenzen der Physiolog. Ps. In: Michaelis, W. (Hg.): Bericht über den 32. Kongreß der Dt. Ges. f. Ps. in Zürich 1980, 1. Bd. Göttingen 1981; Schurig, V.: Zw. Johannes Müller u. Wilhelm Wundt – die Entstehung der physiolog. Ps. im 19. Jahrhundert. In: Albert, D. (Hg.): Bericht über den 34. Kongreß der Dt. Ges. f. Ps. in Wien 1984, 1. Bd. Göttingen 1985, S. 120–123; Shepherd, G. M.: Neurobiologie. Berlin 1993; Silberman, E. K. u. Weingarten, H.: Hemispheric lateralization of functions related to emotion. BaC 9, 1986, S. 322–353; Snyder, S. H.: Chemie der Psyche. Heidelberg 1993; Spektrum der Wissenschaft: Gehirn u. Kognition. Heidelberg, 1990; Sperry, R. W.: Lateral spezialization in the surgically seperated hemispheres. In: Schmitt, F. u. Worden, F. G. (Hg.): The neurosciences: third study programm. Cambridge/Mass. 1974; Springer, S. P. u. Deutsch, G.: Linkes – rechtes Gehirn. Heidelberg 1987 (aktualisierte u. erweiterte 3. Aufl. 1995); Steller, M.: Psychophysiolog. Aussagenbeurteilung. Kiel 1985; Stemmler, G.: Psychophysiolog. Emotionsmuster. Frankfurt/M. 1984; Sutton, S. u. a.: Evoked potential correlates of stimulus uncertainty, S 150, 1965, S. 1187–188; Thompson, J. G.: The psychobiology of emotions. New York 1988; Thompson, R. F.: Das Gehirn. Heidelberg 1994; Trimmel, M.: Angewandte u. experimentelle Neuropsychophysiologie. New York 1990; Ulmann, J. F.: Ps. der Lateralität. Bern 1974; Valenstein, E. S. u. a.: Reexamination of the role of the hypothalamus in motivation. PR 77, 1970, S. 16–31; Valenstein, E. S. (Hg.): Brain stimulation and motivation. Glenview, Ill. 1973; Valenstein, E. S. History of brain stimulation: Investigations into the physiology of motivation. In: Valenstein (1973), S. 1–43; Weis, S. u. a.: Das Gehirn des Menschen. In-vivo-Morphologie, Kernspintomographie u. 3D Computerrekonstruktion. Göttingen 1992; Weitkunat, R.: Ps. u. elektrocortikale Korrelate kardiozeptiver Prozesse. München 1987; Wilder, J.: Das »Ausgangswert-Gesetz«. Ein unbeachtetes biolog. Gesetz u. seine Bedeutung für Forschung u. Praxis. Ztschr. für Neurologie 137, 1931, S. 317–338; Wilson, G. D.: Stichwort Feré-Effekt. In: Arnold, W. u. a. (Hg.): Lexikon der Psychologie. Freiburg 1971, S. 620–621; Wittling, W. W.: Neurops. Diagnostik. EP, B, II, 4. Bd. Göttingen 1983, S. 1–192; Wundt, W.: Grundzüge der Physiologischen Psychologie. 1874ff.; Zaidel, E.: Lexical organization in the right hemishere. In: Busser, P. u. Rougel-Buser, A.: Cerebral correlates of conscious experience. Amsterdam 1977; Zeier, H.: Biofeedback. Bern 1990. Ztschr.: The Quarterly Journal of Experimental Psychology, Psychophysiology, Physiological Psychology, Biological Psychology, Annual Review of Neuroscience, Brain and Cognition, Cardiovascular Psychophysiology, Behavioural Neuroscience, Journal of Comparative and Physiological Psychology, Psychobiology, Biological Psychology, Brain Research, Experimental Brain Research, Brain, Journal of Psychophysiology, Behavioural Brain Research, Physiology and Behaviour, Behavioural and Neural Biology.

Zentrale Begriffe u. Paradigmen der physiologischen Psychologie:

Biofeedback, bezeichnet die Rückmeldung von nicht direkt wahrnehmbaren physiolog. Prozessen, wie z. B. Herzfrequenz, Blutdruck, elektr. Muskel- o. Hirnaktivität durch ein wahrnehmbares Signal. Man benötigt dazu einen Biorezeptor, der die betreffende Organfunktion erfassen u. als elektr. Potentiale darstellen kann, die verstärkt u. in direkt wahrnehmbare visuelle o. akust. Signale umgeformt werden. Mit solchen exterozeptiven Feedbackschleifen kann der Organismus lernen, auch sog. unwillkürl. u. autonome Körperfunktionen ähnl. wie willkürl. Körperbewegungen zu kontrollieren, d. h., autonome Reaktionen werden operant konditioniert (→ operante Konditionierung). Die Methode findet vielseitige Verwendung, so bei Entspannungstherapien u. bei der systemat. Desensibilisierung; vgl. Lehrbücher der → Verhaltenstherapie. Innerhalb der Biofeedbacktheorien wichtig geworden ist einmal der lerntheoret. Ansatz, der den Biofeedbackmechanismus darin sieht, dass durch den externen, exterozeptiven Feedbackreiz das interozeptive Reaktionssystem unter operante Kontrolle gerät; ein alternativer Ansatz sieht v. a. eine verbesserte visceriale Diskrimination, also eine verbesserte → Interozeption (Brener 1974; 1982). Probleme für diese Theorie ergeben sich daraus, dass häufig eine Kontrolle über nicht diskriminierbare Körperprozesse nachgewiesen wurde, andererseits deutl. wahrnehmbare Reaktionen u. U. nur schwer o. gar nicht beeinflussbar sind. Eine weitere Alternativtheorie stammt von Lacroix (1981), der als krit. Prozess des Biofeedbacks die Identifikation u. Diskrimination efferenter Impulse sieht, also eine Art *Feed-foreward-Kontrollansatz* vertritt. Erkenntnistheoret. u. method. Grundprobleme der Biofeedback-Theorien diskutiert Weitkunat (1987); sowohl physiolog. Grundlagen wie Anwendungen in der Psychotherapie werden von Zeier (1990) dargestellt; vgl. -auch Basmajian (1989); Kröner-Herwig u. Sachse (1988).

Endorphine/Enkephaline, körpereigene »Drogen«, für die der Opiat-Rezeptor, der 1973 entschlüsselt worden ist, »gedacht« ist (die exogen zugeführten Drogen wie Heroin, Morphium etc. passen zu diesem Rezeptor u. können so »überschießende« Glückserlebnisse erzielen). Derzeit werden drei voneinander unabhängige endorphinerge Systeme angenommen; es sind mittlerweile mehr als 30 Endorphine bekannt; vgl. Akil u. a. (1984); Panksepp (1982); Iverson (1983).

Hirnreizungsexperimente. H. sind eine wichtige Forschungsmethode der → Neuropsychologie bzw. physiolog. Ps., bei denen durch Stromstöße von außen das Gehirn gereizt wird. Ein wichtiges spezielles Paradigma davon ist das der *intracraniellen Selbstreizung*: Bei dieser Methodik können Tiere die Elektroden selbst bedienen, also bestimmte Teile ihres Gehirns selbst reizen. Dies führte zu dem Ergebnis, dass bei bestimmten Gehirnarealen die Tiere ein hohes Maß an Selbststimulation produzierten, was zu dem Postulat führte, dass sich darin ein »Lustzentrum« manifestiere, ein unspezif. Belohnungs- u. Verstärkungssystem, das die neurophysiolog. Basis für → Verstärkung bzw. → Bestrafung darstelle. Bei Menschen werden die durch Gehirnstimulation ausgelösten Gefühle beschrieben als Gefühle des Glücks, des Vergnügens, der Freude, des Entzückens, der Zufriedenheit, der Begeisterung u. der Verzückung; aber auch schwer beschreibbare neue o. auch vertraute Gefühle tauchen auf. Dieses »Lustzentrum« wird im limb. System vermutet; es gibt auch ein System, das die Basis negativer Gefühle, wie Wut u. Ärger, aber auch Angst, zu sein scheint, vgl. Delgado u. a. (1954), wahrscheinl. der *Mandelkern* (*Amygdala*). Das Modell des Lustzentrums ist umstritten (vgl. Valenstein 1973), mehrere alternative Modelle wurden entwickelt; einen Überblick über die verschiedenen Selbstreizungs- bzw. Gehirnreizungs-Theorien vermittelt Gallistel (1973); unter motivationsps. Aspekt referiert zfsd. Keller (1981). Allg. scheinen die neuronalen Grundlagen von Lust/Unlust komplexer zu sein als die frühen simplen einfachen Ansätze annehmen; auch generelle neurobiolog. Thesen zur Depression, wie die *Katecholamin-Hypothese* o. die *Noradrenalin-Mangel-Hypothese* der (auch bei einer Schizophrenie häufig zu findenden) *Anhedonie* werden mittlerweile nicht mehr adäquat gesehen; vgl. zfsd. z. B. Cohen (1990) u. Pflug (1990). Zum Überblick über das Thema Lustzentren vgl. Hopper (1987); die klass. Arbeiten sind: Olds u. Millner (1954); Delgado u. a. (1954); Olds (1956); zum Überblick vgl. auch Ploog (1990).

Hirnhemisphärenasymmetrie. Das Paradigma *H.* – das auch in der Populärliteratur und Boulevardpresse große Resonanz gefunden hat – basiert auf der Annahme einer Funktionstrennung der Hirnhälften. Es finden sich folgende Gegenüberstellungen der linken vs. rechten Hemisphäre: *analyt.* vs. *gestalthaft*, *seriell* vs. *parallel*, *seriell* vs. *gestalthaft*, *sequenziell* vs. *simultan*, *time-ordered* vs. *time-independent*, *zukunftsbezogen* vs. *vergangenheitsbezogen*, *propositional* vs. *apositional*, *propositional* vs. *emotional*, *kontextfrei* vs. *kontextgebunden*, *specifics and details* vs. *patterns and totalities*, *bewusst* vs. *unbewusst*; vgl. für weitere Dichotomien Dean (1986). Die rechte Hemisphäre ist v. a. auf visuelle u. räuml. Orientierung spezialisiert, wahrscheinl. spielt sie eine wichtige Rolle bei der Identifikation des Gesichtsausdrucks. Im auditor. Bereich ist sie spezialisiert auf die Identifikation u. Unterscheidung von Geräuschen u. nichtsprachl. Tönen, bei den meisten Menschen schließt sie auch die musikal. Funktion ein – dagegen findet man bei professionellen Musikern eine linkshemisphär. Spezialisierung (was auf ihre eher analyt. Herangehensweise an musikal. Aufgaben zurückgeführt wird). Bei rechtshemisphär. Verletzungen kommt es meist zu stärkerer genereller Verlangsamung der Informationsverarbeitung als bei linkshemisphär. Nach der Hypothese *funktioneller Dominanz* ist die rechte Hemisphäre stärker als die linke u. an allen Aspekten emotionalen Geschehens beteiligt, während die Hypothese *differentieller Valenz* eine Beteiligung beider Hemisphären an emotionalen Prozessen, mit einer Spezialisierung der rechten Hälfte für Emotionen negativer Valenz u. der linken Hälfte für Emotionen positiver Valenz. Zur Bedeutung der Hemisphärenasymmetrie für die Verarbeitung von Emotionen vgl. Roschmann (1990); Silberman u. Weingarten (1986); Keyser (1995). Das schon fast zu einer Art Populärphysiologie gewordene simple dichotome Modell, wie es von Wissenschaftlern eigentl. nie vertreten worden ist, ist unhaltbar: Es herrschen dynam. Interaktionen zw. beiden Hemisphären, u. eine derartige Zweiteilung ist nicht mögl.; vgl. hierzu insbes. Gazzaniga (1983); populär u. dennoch tief schürfend ist Gazzaniga (1989). Zum Überblick vgl. Ullmann (1974); Deegener (1978); Springer u. Deutsch (1987); Allan (1983); Cohen (1982); Annett (1985); Gazzaniga u. Ledoux (1983); Bryden (1982) u. Preilowski (1985); speziell zu Geschlechtsunterschieden hinsichtl. der Hirnasymmetrie vgl. das krit. Referat von McGlone (1980); speziell zu kognitiven Prozessen in der rechten Hemisphäre vgl. Perecman (1983). Mit dem vorhergehenden Ansatz ist das *Split-brain-Paradigma* verknüpft: die Untersuchung von sensor., kognitiven u. behaviouralen Prozessen bei Menschen, bei denen die hauptsächl. Verbindungen zw. den Großhirnhemisphären (v. a. der sog. *Balken, corpus callosum*) chirurg. durchtrennt worden ist (*Komissurektomie*; wird aus therapeut. Gründen bisweilen bei Epileptikern durchgeführt). Hierzu wurde v. a. die Methode der *gesichtsfeldabhängigen Reizdarbietung* entwickelt: eine nur für das eine Auge sichtbare Darbietung von Reizmaterial (womit also jeweils nur eine Hirnhemisphäre angesprochen wird): *Gesichtshalbfeldtest* (*visual-half-field-tachistoscopic test*).

Reaktionsfraktionierung. Das Paradigma der *richtungsgebundenen R.* (auch *direktionale* o. *funktionale* Fraktionierung) thematisiert den Zusammenhang zw. kognitiven Prozessen u. psychophysiolog. Prozessen: Es werden geistige Aufgaben, die »Informationszurückweisung« (engl. *environmental intake rejection*) erfordern, von solchen unterschieden, die eine Informationsaufnahme (engl. *environmental intake*) beinhalten (Bsp. für Ersteres: Rechenaufgaben; Bsp. für Letzteres: Anhören eines Textes o. Entdecken von verborgenen Signalen). In beiden Fällen ergibt sich ein Anstieg der elektrodermalen Reaktion, aber die kardiovaskulären Parameter nehmen zwei unterschiedl. Richtungen: Bei der Informationsaufnahme kommt es zu einem Abfall der Herzfrequenz, bei einer Informationszurückweisung zu einem Anstieg. Dieses Phänomen wurde dahingehend interpretiert, dass die erniedrigte Herzrate zur Aktionsaktivierung der Barorezeptoren der Carotis sinus führt, wenn die Aufgabe Informationsabwehr (*motivierte Unaufmerksamkeit*) erfordert, woraus eine Aktivierung der Hirnstammzentren resultiert, die einen hemmenden Einfluss auf die höhere zentralnervöse Aktivität, v. a. im Cortex, haben soll. Letztere Teilhypothese beinhaltet also den fast ketzer. Gedanken der Steuerung kortikaler Strukturen durch vegetative Funktionen. Diese spezielle Teilhypothese führte zur *Barorezeptoren-Hypothese* des Bluthochdrucks; sie besagt, dass Blutdruckerhöhungen in bestimmten Fällen dadurch gelernt bzw. verstärkt werden, dass sie zu einer Erhöhung der Schmerzschwelle führen. Die Problematik führt auf die Idee einer *kardiovaskulären Psychophysiologie*, innerhalb deren man nach kardiovaskulären Reaktionsprofilen als Risikoindikatoren des Bluthochdrucks o. Herzinfarkts sucht. Vgl. zu diesem Kzpt. Lacey (1967); Lacey u. Lacey (1959ff.); zur Forschung u. zur Problematik vgl. Engel (1986); vgl. auch Weitkunat (1987); Obrist (1981); zur Kritik vgl. Hahn (1973).

Psychophysiologische Spezifität. Das Kzpt. thematisiert ein in allen psychophysiolog. Paradigmen u. v. a. innerhalb der psychophysiolog. Methoden bestehendes Problem: Es scheint auf psychophysiolog. Ebene keine allgemeingültigen Beziehungen zw. Reiz u. Reaktion zu geben, sondern eine große interindividuelle Varianz bzw. eine intraindividuelle Konstanz, anders formuliert: Ein Individuum unterscheidet sich in seinen typ. Reaktionen, z. B. auf Stress, häufig in charakterist. Weise von anderen. Ein Spezialfall davon ist die *psychosomat. Spezifität*, die Tatsache, dass Individuen auf gleiche Belastungen hin Erkrankungen an unterschiedl. Organsystemen zeigen. Zahlreiche Teilkzpte. ranken sich um dieses Grundproblem: *individualspezif. Reaktion*, *individuelle Reaktionsspezifität*, *Reaktionsstereotypie*, *Inter-Stressor-Stereotypie* o. auch *Symptomspezifität* – all diese Kzpte. beschreiben diese grundlegende Tatsache, dass es bei unterschiedl. Reizklassen zu Reaktionsmustern kommt, die für das Individuum charakterist. sind. Engel unterschied zw. einer *individuumsspezif.* u. einer *stimulusspezif. Reaktionsspezifität* (*SSR*), im letzteren Falle werden die Reize variiert, u. es werden z. B. physiolog. Reaktionsunterschiede bei Ärger- u. Angstreizen gefunden. Das Kzpt. der *motivationsspezif. Reaktionsmuster* (*MSR*) integriert ISR u. SSR durch Annahme intraindividueller Reizbewertungs- und Situationseinschätzungen, die nicht unabhängig von den Eigenschaften und Erfahrungen des reagierenden Individuums gesehen werden können (Fahrenberg 1969; Ax 1964); vgl. auch die Ausführungen zum Thema *Emotionsspezifität* in dem Stw. → Emotion u. → Emotionstheorien. Zum Überblick vgl. Weitkunat (1987); Engel (1986); Obrist (1981); zum Problem der psychosomat. Spezifität vgl. Alexander (1950); zu den Wurzeln dieses Problems innerhalb der psychophysiolog. Konstitutionsforschung vgl. Myrtek (1980); zur Problematik vgl. Fahrenberg (1983).

Verhaltenshemmungssystem. Ein v. a. im Zusammenhang der theoret. Durchdringung der Implikationen psychopharmakolog. Forschungen für den Aufbau des Nervensystems (speziell des limb. Systems s. u.) wichtig gewordenes Kzpt. (engl. *behavioural inhibition system*), das innerhalb der neurophysiolog. → Angst-Theorie von Gray eine wichtige Rolle spielt; vgl. Gray (1982) sowie Janke u. Netter (1986); zum Überblick vgl. Bowlby (1993).

Vgl. auch die Stw.: → Blindsehen, → Aktivation, → Traum, → Sehen, → Modularismus, → Schmerz. (Die Literaturangaben befinden sich in der Gesamtliteratur des Stw. → physiologische Psychologie.).

Psychophysiologische Methoden:

(1) Die wichtigste psychophysiolog. Methode ist das *Elektroencephalogramm* (*EEG*): Damit werden elektr. Potentialschwankungen auf der Schädeloberfläche registriert, die in einem engen Zusammenhang zu zentralnervösen Prozessen stehen. Es sind Summenpotentiale von elektrophysiolog. Vorgängen in cortikalen u. subcortikalen Strukturen – völlig geklärt ist allerdings die Genese des EEG noch nicht. Weitere wichtige psychophysiolog. Methoden bzw. *Biosignale* sind: das *Elektrookulogramm* (*EOG*), die Messung von Blickbewegungen u. auch von Lidschlag; das *Pupillogramm*

(*PG*), die Messung von Dilatation u. Kontraktion der Pupille; das *Elektromyogramm* (*EMG*) misst Tonus u. Tonusänderung der Muskulatur u. ist ein Indikator von Prozessen der → Aktivation, ähnl. das *Tremorgramm* (*TG*). Wichtig ist auch das *Elektrokardiogramm* (*EKG*) u. andere Methoden zur Messung kardiovaskulärer Prozesse, wie das *Phonokardiogramm* (*PKG*), *Impedanz-Kardiogramm* (*IKG*, die Messung der Latenz u. der Amplitude der Schlagabstandsänderung), das *Sphygmogramm*, das den arteriellen Blutdruck misst, u. das *Plethysmogramm* (*PG*), das das periphere Pulsvolumen bzw. die Volumenänderung wiedergibt. Die Registrierung der Hautleitungsfähigkeit bzw. ihrer Änderungen ist eine andere psychophysiolog. Methode (Abk. *EDA: elektrodermale Aktivität*, ähnl.: *psychogalvan.* o. *hautgalvan. Reflex*); die Anzahl spontaner Leitfähigkeitsänderungen pro Minute wird als Ausdruck der emotionalen Erregtheit gedeutet (man spricht auch vom *Feré-Effekt* zur Bezeichnung der Abnahme des elektr. Widerstandes bzw. einer Zunahme der Leitfähigkeit der Hautoberfläche); als *Tarchanoff-Effekt* bezeichnet man einen ähnl. Prozess, bei dem man zwei Elektroden auf die Haut setzt u. die Änderung der Potentialdifferenz aufzeichnet; vgl. hierzu Wilson (1971); ähnl. das *Transpirogramm*, das die Hautfeuchte misst, u. das *Thermogramm*, das das Hauttemperaturenniveau bzw. seine Änderungen misst. Weitere Messmethoden betreffen das gastrointestinale System: *Elektrogastrogramm* (*EGG*), das Urogenitalsystem (z. B. das *Phallogramm* u. *Vaginalplethysmogramm*, also die Messung der Penis- bzw. Vaginaldurchblutung, z. B. als Instrument innerhalb der Sexualphysiologie); Messungen von Speichel, Urin u. Blut geben Veränderungen im endokrinen System wieder. (Streng genommen gehören die Blut- u. Serumsanalyse nicht zum Bereich der psychophysiolog. Daten, da sie eigentl. invasiv sind, wegen der Geringfügigkeit des Eingriffs werden sie jedoch meist zu den nichtinvasiven Methoden gezählt.) Auch *Pupillendilation* gilt als (umstrittener) psychophysiologischer Indikator, z. B. für Aktivation u. Aufmerksamkeit; zu den Apparaten zur *Pupillometrie* vgl. Brickenkamp (1986) u. Janisse (1977).

In den meisten Fällen müssen die Rohsignale mit techn. u. mathemat. Prozeduren von allen biolog. sowie techn. Artefakten bereinigt werden, so können z. B. Bewegungen, also alle biophysikal. Registrierungen, stören. Zur Ableitung von Biosignalen sind spezielle Messeinrichtungen erforderl.; vgl. Schandry (1981); Martin u. Venaples (1980). Zum Überblick über psychophysiolog. Methoden vgl. Rösler (1983); Fahrenberg (1983); Trimmel (1990).

(2) Zur Methode des EEG: Die EEG-Oberflächenpotentiale sind durch verschiedene Amplituden- u. Frequenzklassen gekennzeichnet, die zwar intraindividuell relativ konstant, interindividuell dagegen sehr unterschiedl. ausgeprägt sein können: *Delta-Wellen* (0,5 bis 4 Hz), *Theta-Wellen* (4–8 Hz); *Alpha-Wellen* (8–13 Hz); *Beta-Wellen* (13–22 Hz). Daneben sind noch weitere Potentialformen bekannt wie z. B. sinusoidale *Schlafspindel* (= Sigma-Wellen: 12–14 Hz) o. sehr frequente, niedervoltige Gamma-Wellen (22–30 Hz).

Beziehungen der EEG-Parameter zum Vh.: Es bestehen Zusammenhänge zw. Veränderungen der EEG-Parameter u. verschiedenen Bewusstheitszuständen, auch verschiedene Stadien der Schlaftiefe sowie der Entspannung u. Anspannung im Wachzustand könnten damit grob unterschieden werden. Psych. Anspannung spiegelt sich im EEG durch Wellenmuster hoher Frequenzen bei niederigen Amplituden (= EEG-Desynchronisation) wider, während bei einem zunehmenden Verlust an Wachheit bis hin zum tiefen Schlaf oder Koma die EEG-Muster zunehmend hochamplitudige u. langsame Wellenzüge aufweisen. Je mehr ein Individuum zur »Ausblendung« aktivierender Außenreize neigt, umso weniger wird das EEG Anzeichen einer Desynchronisation zeigen; ebenso: je intensiver eine Vp bemüht ist, sich einen Gegenstand visuell vorzustellen, umso eher wird das EEG Zeichen einer Desynchronisation aufweisen u. umgekehrt. Ebenso lässt sich über das Verhältnis der Alpha- zu den Beta-Perioden ein Maß für die Abnahme der anfängl. Attraktivität von Reizmaterial entwickeln. Dem gegenüber sind die Beziehungen zw. habituellen Reaktionen aufgrund von Persönlichkeitsfaktoren (z. B. Extra- vs. Introversion, vegetative Labilität) u. EEG-Parameter relativ schwach; vgl. Gale (1973).

(3) Für nahezu alle kontinuierl. messbaren Biosignale lässt sich die Unterscheidung zw. *spontaner* u. *evozierter* (auch *ereigniskorrelierter, reizkorrelierter*) Aktivität während vor o. nach einer Handlungsdurchführung (*reaktionskorrelierter* Aktivität) treffen. Als *Spontanaktivität* bzw. *Spontan-EEG* bezeichnet man alle Signale, die ohne erkennbaren Zusammenhang mit einem äußeren, objektiv definierbaren Ereignis (Reiz, Reaktion) o. einem inneren, subjektiv fassbaren Ereignis (z. B. Umspringen am Necker-Würfel) erfassbar sind; z. B. das Spontan-EEG. Davon abzugrenzen sind Signal-Veränderungen, die einem zeitl. exakt eingrenzbaren Ereignis folgen (einer Reizdarbietung) o. einem solchen Ereignis vorausgehen (einer abgegrenzten Bewegung). Solche *reiz-* u. *reaktionskorrelierten* bzw. *ereigniskorrelierten* Veränderungen lassen sich von den meisten Biosignalen gewinnen, wichtig sind folgende (sensor., kognitiv, motor. evozierte) Potentiale: phas. Hautleitfähigkeitsänderungen, Modulationen der Herzfrequenz, des Blutdrucks u. der peripheren Durchblutung. (Bei diskontinuierl. messbaren Signalen, z. B. Elektrolyten, Hormonen usw., ist diese Unterscheidung zwar prinzipiell auch mögl., jedoch weniger markant, da die zeitl. Beziehungen zw. auslösendem Ereignis, z. B. einer Beanspruchung der Arbeit, u. der Registrierung einer phas. Veränderung, z. B. der Katecholamine im Urin, weniger deutl. sind).

(4) Ereignisevozierte EEG-Aktivitäten ergeben sich nach opt., akust. o. taktiler Reizung als kortikale Erregungskorrelate, es sind im Rauschen der EEG-Spontanaktivität versteckte charakterist. phas. Potentialschwankungen, die demgemäß nur mit komplexen mathemat. Methoden herausgefiltert werden können u. vorwiegend über den entsprechenden sensor. Projektionsfeldern des Kortex registriert werden. Ereigniskorrelierte Potentiale werden stets über mindestens 60 Wiederholungen gleichartiger auslösender Ereignisse gemittelt; der Verlauf dieser Potentiale ist durch Minima u. Maxima gekennzeichnet, deren Amplitude u. Latenz mit zahlreichen experimentellen Variablen kovariieren. Zur Kennzeichnung werden positive (P) u. negative (N) Extremwerte entweder durchnummeriert u. z. B. P1, N1, P2, N2, P3

genannt, o. sie werden nach ihrem zeitl. Abstand von der Stimulusdarbietung in msec. bezeichnet als »N200« o. ein »P300«. Die frühen Komponenten dieser Potentiale (0–80 msec. nach der Reizdarbietung) sind entsprechend den primären Projektionsarealen auf der Schädeloberfläche lokalisiert, während die späten Potentialkomponenten (80–300 msec. nach der Reizdarbietung) sich über die gesamte Hirnrinde ausbreiten, vgl. Näätänen u. a. (1987).

Beziehung zu Vh. u. kognitiven Prozessen: Die N1-Komponente ist stärker ausgeprägt, wenn sich die Aufmerksamkeit auf Stimuli richtet, die sich von anderen Stimuli im Experiment durch physikal. Merkmale unterscheiden; sie erweist sich aber auch als ein Indikator für die Abrufwahrscheinlickeit von Items im Kurzzeitgedächtnis. Die N2 soll mit der Reizbewertung u. der sensomotor. Entscheidung bei Reaktionsaufgaben zusammenhängen; ihre Latenz kovariiert mit der Reaktionszeit. Die dabei am gründlichsten untersuchte Komponente, P3, variiert mit dem Informationsgehalt des Stimulus in Bezug auf die experimentelle Aufgabe, seltene, aber für die Vp bes. relevante Stimuli erzeugen eine bes. ausgeprägte P3; da die P3 ihr Maximum oft erst erreicht, wenn die Response-Entscheidung bereits gefallen ist, könnte sie auch eine Bewertung der vorausgegangenen Entscheidung o. die Speicherung der Information eines Aufgabendurchlaufs für weitere Durchgänge im Experiment anzeigen (man rechnet, dass die kortikale Auslösung der Response etwa 100 msec. vor ihrer Umsetzung in registrierbare Bewegungen erfolgt).

V. a. die langsamen Potentialverschiebungen des EEG brachten vor u. während Willkürbewegungen neue Einsichten in die Hirntätigkeit bei motor. u. kognitiven Leistungen: Oberflächennegative langsame Hirnpotentiale gehen willkürl. o. bedingten Handlungen voraus u. begleiten zielgesteuerte Bewegungen. In bedingten Reflexexperimenten mit Warnreizen u. bei Schallauslösung einer Bewegung entsprechen diese hirnelektr. Veränderungen dem *Erwartungspotential* (jetzt meist *Contingent Negative Variation, CNV*, genannt), bei *Willkürentschluss* u. *Rückwärtsanalyse* dem kornhuberschen *Bereitschaftspotential* (Kornhuber u. Deecke 1965). Nach diesen *Vorbereitungspotentialen* erscheinen die größeren oberflächennegativen *Zielbewegungspotentiale* (vgl. Grünewald-Zuberbier u. a. 1978) u. nach Erreichung des Zieles die oberflächenpositiven *Bezugspotentiale* (vgl. Jung 1981). Auf den Bewegungsvorgang gerichtete Willensintentionen entsprechen also (bei einfachen u. Zielbewegungen) den negativen Hirnpotentialen (nur bei komplizierteren erlernten Handlungen ist die Ableitung unterschiedl.). Die Negativierungen sind also Korrelate der Handlungsintention, u. die positive Potentialverschiebung am Ende entspricht jeweils der Erledigung der Handlung. Es wird angenommen, dass dieses Vollzugspotential ein Erlöschen des Intentionsprozesses im Kortex anzeigt.

(5) Das EEG sowie das *MEG* (*Magnetencephalogramm*) sind Methoden, die eine quantitative u. kontinuierl. Verfolgung von Prozessen im Gehirn erlauben; die diesen Vorgängen zugrunde liegenden Aktionen der Neuromodulatoren u. der Rezeptoren bleiben aber unsichtbar wenn allerdings das EEG vielkanalig über die gesamte Hirnrinde abgeleitet wird (*brain mapping*), ist eine

differenzierte Einschätzung des Aktivierungsgrades in unterschiedl. Reaktionen des ZNS auch mit dieser Methode mögl. Im Vergleich zu anderen Verfahren, wie z. B. der Positronen-Emissions-Tomographie (s. u.), hat das EEG-Mapping den Vorteil, die neuronale Aktivität des Großhirns unmittelbar u. mit vergleichsweisen hohen zeitl. Auflösungen zu erfassen, so dass es die bildhafte Darstellung der Aktivität jener Gehirnregionen erlaubt, die an der Durchführung einer kognitiven Tätigkeit beteiligt sind. V. a. für solche Zwecke gibt es neue Verfahren, die eine zwar träge zeitl. Auflösung haben u. so nicht die Darstellung der Hirnaktivität erlauben, aber der Sichtbarmachung cerebraler Strukturen dienen. Diese *bildgebenden* Verfahren (*neuro-imaging*) werden nicht nur für klin. Zwecke eingesetzt, sondern auch für Grundlagenforschungszwecke innerhalb der Kognitionsps. (a) Die *Computertomographie* (*CT*) ist eine »scheibchenweise« Durchleuchtung des Körpers mit Röntgenstrahlen, woraus sich Bilder ergeben, die nachher von einem Computer zusammengesetzt werden. (b) Die *Kernspintomographie* bzw. *nuklearmagnet. Resonanzdarstellung* (*NMR*, später umgetauft in *MRI*, *magnetic resonance imaging*) ist ein Verfahren, das die schwachen magnet. Eigenschaften der in allen Organen vorkommenden Wasserstoffatome ausnutzt; in einem von außen angelegten Magnetfeld richten sich die Atomkerne aus, werden mittels Radiowellen angeregt, beginnen zu »kreiseln« u. senden dabei ebenfalls Radiowellen aus, die aufgefangen u. zu digitalen Bildern zusammengesetzt werden; speziell ergibt sich so eine risikolose Messung des Sauerstoffverbrauchs (durch Änderung der Kernspin-Resonanz). (c) Bei der *Positronen-Emissions-Tomographie* (*PET*) werden lokale Unterschiede in der cerebralen Durchblutung u. im neurochem. Stoffwechsel festgestellt. (Im Gegensatz zu Röntgenstrahlen liefert das Magnet-Resonanz-Verfahren überdies sehr kontrastreiche Fotos von Weichteilgeweben u. ist deshalb bedeutend für Untersuchungen am Gehirn. Die Schnittbilder sind allerdings zweidimensional, u. um eine dreidimensionale Darstellung zu erhalten, muss man parallele Schnittbilder in einem gleichmäßigen Abstand aufnehmen, die mit Hilfe eines Computers zu dreidimensionalen Bildern zusammengesetzt werden.) Die Abb. *Psychophysiologie 1* zeigt die Bilder der drei grundlegenden Methoden im Vergleich. Zum Einsatz kommt auch ein Verfahren zur Bestimmung des regionalen cerebralen Blutflusses (*rCBF*), bei dem nach Einatmung o. Injektion radioaktiver Isotope die Durchblutung der Hirnbereiche dargestellt werden kann. Erst die Kombination dieser nichtinvasiven Verfahren mit Methoden der digitalen Bildverarbeitung unter Computergrafik erlaubt eine In-Vivo-Morphologie des menschl. Gehirns. (Die Verfahren sind allerdings sehr teuer, noch wenig verbreitet u. auf klin. Anwendungen beschränkt; so ist weiterhin das EEG die Hauptmethode der neurops. Forschung.) Die Methode der Positronen-Emissions-Tomographie wurde unter kognitionsps. Aspekt besonders von Posner u. seiner Forschungsgruppe benutzt; vgl. Posner u. a. (1988); Posner u. Raichle (1996). Die sog. *Subtraktionstechnik* (in psychophysiolog. Ausformung) basiert darauf, zwei Leistungen, die sich möglichst nur in einem Aspekt unterscheiden, zu vergleichen: Die mittels PET messbare Hirndurchblutung wird

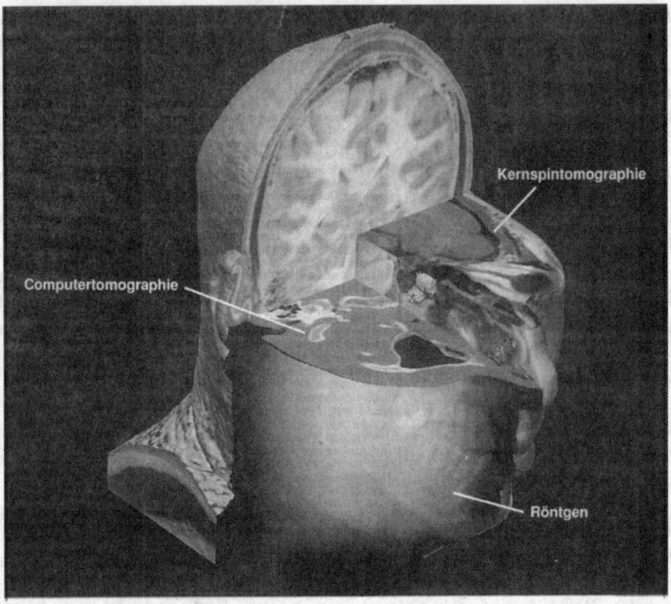

Abb. *Psychophysiologie 1*

vor u. während einer ganz spezif. kognitiven Aktivität erfasst, aus der Differenz ergeben sich die bes. aktiven Hirnareale für die spezif. Aktivität; bittet man z. B. Personen, akust. bzw. visuell dargebotene Wörter wiederholt auszusprechen, u. *subtrahiert* jene Vorgänge, die auf der Wortwahrnehmung beruhen, so unterscheiden sich die den Prozessen zugrunde liegenden Hirnareale nicht mehr in Abhängigkeit von der Darbietungsmodalität. Damit kann man z. B. belegen, dass in beiden Fällen dasselbe motor. System benutzt wird o. dass an der passiven Wahrnehmung akust. bzw. visuell präsentierter Wörter unterschiedl. Hirnteile beteiligt sind; vgl. Petersen (1988). Zum Überblick über bildgebende Diagnostik vgl. Delank u. Heuser (1995); vgl. auch Weis (1992).

Physiologischer Nystagmus → Augenbewegungen.

Physischer Vergleich → Buchstabenvergleich.

Pictorial Superiority Effekt → Bildüberlegenheitseffekt.

Picture-Effekt → Bildüberlegenheitseffekt.

Picture-frustration-test → Frustration.

Piston-Effekt → perzeptive Ergänzungen; → phänomenale Kausalität.

PKG, Abk. für *Phonokardiogramm*; → physiologische Psychologie (Kasten psychophysiologische Methoden).

Planbildung → Plan(en).

Plan(en). Das Kzpt. P. hat in der objektivist. orientierten akadem. Ps., wie das Kzpt. der → Intention, lange Zeit keine Rolle gespielt, bis es durch eine programmat. Pionierarbeit von Miller u. a. (1960) eingeführt worden ist: P. wird als zentrales Bindeglied zw. der *Vorstellung* bzw. dem *Bild* (engl. image) u. dem Vh. betrachtet, des Weiteren wird das Kzpt. der → *TOTE-Einheit* entworfen u. die Verbindung zw. P. u. Handlung analysiert, auch die Korrelation u. Integration von Plänen sowie die Bedeutung der Sprache für die Planung u. Ausführung des Handelns. Diese Arbeit stellt das Bindeglied zw. dem (Neo-)Behaviourismus u. der heraufkommenden → kognitiven Psychologie dar. Wichtig ist das Kzpt. *P.* innerhalb der → Handlungstheorien, betont wird hierbei v. a. die *Zielgerichtetheit* u. der hierarch. Aufbau von Plänen, die ständige Rückkopplung zw. P. u. der Ausführung von Handlungen, die *Veränderbarkeit* von Plänen sowie das Wissen des Handelnden. Bei Hacker (1973) werden insbes. *operative Abbildsysteme*, *Aktionsprogramme* u. verschiedene → *Handlungsebenen* unter Planungsaspekt behandelt. Volpert (1974, 1981) thematisiert v. a. *illusionäre Pläne*. Bei Werbik (1978) werden insbes. die Bedeutung handlungsvorbereitender Überlegungen, der *Suchprozess* u. die *Bildung von Zielen* untersucht, ähnl. in den Arbeiten von v. Cranach u. a. (1980), der auch die Bedeutung von Absicht u. Entschluss bei Planungen von Handlungen hervorhebt. Die Bedeutung von P. wird auch bei Laucken (1973), Boesch (1976), Harrè u. Secord (1976), Kreitler u. Kreitler (1976), Lantermann (1980), Oesterreich (1981) u. Nitsch (1982) analysiert. Bei Neisser (1979) werden die Beziehungen zw. Wahrnehmung, Planung u. Handlung auf kognitionsps. Basis betrachtet. Auch in den Ansätzen zum → komplexen Problemlösen wird die Bedeutung von Planungsprozessen hervorgehoben. Innerhalb der Sprachps. findet sich das Kzpt. der *Sprechhandlungspläne* (Hermann u. Laucht 1979; Herrmann 1978). Im Rahmen der → künstlichen Intelligenz wurden Programme entwickelt, die Planungsprozesse simulieren bzw. hierarch. Pläne erstellen, vgl. hierzu Kluwe u. Spada (1981). Physiolog. Aspekte absichtl. u. zielgerichteten Vhs. finden sich bei Evarts (1980). »Planhandlungen« von Tieren werden bei Rensch (1973) diskutiert (s. a. das Stw. → Tierpsychologie). Aspekte der Planung im Schach analysiert de Groot (1978). Der Begriff *P.* war auch einer der Meilensteine der Entwicklung einer → Wissenspsychologie; s. a. die Stw. → Schema u. → kognitive Landkarte. Innerhalb der Sportps. ist das Kzpt. des → Bewegungsprogramms wichtig geworden.

LIT: Einen ausführl. Überblick über die ps. Aspekte des Themas liefert Munzert (1983), der insbes. auch die differentialps. Aspekte analysiert; zu den Grundlagen einer allg. (nichtps.) Planungstheorie vgl. Stachowiak (1970); Bechmann (1981); Lenk (1972); Handlungsplanung ist v. a. in den dt. Ansätzen zur kognitiven Ps. ein zentrales Thema geworden; vgl. z. B. Neumann u. Prinz (1987); zu neurops. Störungen, die spezif. die Planungsfähigkeit beeinträchtigen, vgl. Shallice (1982) u. Damasio (1994) (bei solchen Störungen scheint v. a. das beim Menschen bes. große u. differenzierte Frontalhirn beteiligt zu sein); vgl. auch Kornhuber (1987) u. Shallice (1988); zu neueren Ansätzen aus dem Bereich der modernen Motivations- bzw. Willensps. vgl. Gollwitzer (1992); Kuhl u. Heckhausen (1996).

◆ Bechmann, A.: Grundlagen der Planungstheorie u. Planungsmethodik. Stuttgart 1981; Boesch, E. E.: Ps. des Alltags. Bern 1976; Von Cranach, M. u. a.: Zielgerichtetes Handeln.

Bern 1980; Damasio, A. R.: Descartes' Irrtum. München 1994; de Groot, A. D.: Thought and choice in chess. The Hague 1978; Evarts, E. V.: Brain mechanisms in voluntary movement. In: McFadden, D. (Hg.): Neuronal mechanisms in behaviour. New York 1980; Gollwitzer, P. M.: Abwägen u. Planen. München 1992; Hacker, W.: Allg. Arbeits- u. Ingenieur-Ps. Berlin (Ost) 1973; Harré, R. u. Secord, P. F.: The explanation of social behaviour. Oxford 1972; Herrmann, T.: Sprechhandlungspläne als handlungstheoret. Konstrukte. Bericht Nr. 2 der Forschungsgruppe Sprache u. Kognition am Lehrstuhl für Ps. III. Mannheim 1978; Herrmann, T. u. Laucht, M.: Planung von Äußerungen als Selektion von Komponenten implikativer Propositionsstrukturen. In: Ueckert, H. u. Rhenius, D. (Hg.): Komplexe menschl. Informationsverarbeitung. Bern 1979; Kluwe, R. u. Spada, H.: Wissen u. seine Veränderung. In: Foppa, K. u. Gröner, R. (Hg.): Kognitive Strukturen u. ihre Entwicklung. Bern 1981; Kornhuber, H. H.: Handlungsentschluß, Aufmerksamkeit u. Lernmotivation im Spiegel menschl. Hirnpotentiale. In: Heckhausen, H. u. a. (Hg.): Jenseits des Rubikon: Der Wille in den Humanwissenschaften. Berlin 1987; Kreitler, H. u. Kreitler, S.: Cognitive orientation and behaviour. New York 1976; Lantermann, E. D.: Interaktionen – Person, Situation u. Handlung. München 1980; Laucken, U.: Naive Vhstheorie. Stuttgart 1974; Lenk, H.: Erklärung, Prognose, Planung. Freiburg 1972; Miller, G. A. u. a.: Plans and the structure of behaviour. New York 1960 (dt.: Strategien des Handelns. Pläne u. Strukturen des Vhs. Stuttgart 1973); Munzert, R.: Das Planen von Handlungen. Frankfurt/M. 1983; Neisser, U.: Kognition u. Wirklichkeit. Stuttgart 1979; Neumann, O. u. Prinz, W.: Funktionen der selektiven Aufmerksamkeit für die Handlungssteuerung. SuK 6, 1987, S. 32–49; Nitsch, J. R.: Handlungsps. Ansätze im Sport. In: Thomas, A. (Hg.): Sportps. München 1982; Oesterreich, R.: Handlungsregulation u. Kontrolle. München 1981; Rensch, B.: Gedächtnis, Begriffsbildung u. Planhandlungen bei Tieren. Berlin 1973; Shallice, T.: Specific impairments of planning. Philosophical Transactions of the Royal Society of London B 298, 1982, S. 199–209; Shallice, T.: From neuropsychology to mental structure. Cambridge 1988; Stachowiak, H.: Grundriß einer Planungstheorie. Kommunikation 6, 1970, S. 1–18; Strohschneider, S. u. von der Weth (Hg.): Ja, mach nur einen Plan. Bern 1993; Volpert, W.: Handlungsstrukturanalyse als Beitrag zur Qualifikationsforschung. Köln 1974; Volpert, W.: Sensomotor. Lernen. Frankfurt/M. 1981; Werbik, H.: Grundlagen einer Theorie sozialen Handelns. Teil 1. ZfS 7, S. 248–261, 1976; Werbik, H.: Handlungstheorien. Stuttgart 1978.

Planning by abstracts → psychologische Heuristik.

Plateausche Spirale → Bewegungsnachbilder.

Platzlernen-Apparatur [engl. *place learning apparatus*], eine Apparatur der experimentellen → Lernpsychologie: In einem einfachen → T-Labyrinth lernt das Tier z. B., in den rechten Raum einzudringen; danach wird das Labyrinth um 180 Grad gedreht; biegt das Tier jetzt wiederum rechts ab, so handelt es sich um rein *motor. Lernen*, biegt das Tier dagegen in den anderen Arm ab, so nimmt man an, dass es räuml. Verhältnisse gelernt hat: → räumliches Lernen.

◆ Brickenkamp R. (Hg.): Handbuch apparativer Verfahren in der Ps. Göttingen 1986.

Pleasantness-rating → Verarbeitungsebenen-Theorie.

Plethysmogramm → physiologische Psychologie (Kasten psychophysiologische Methoden).

Pötzl-Effekt, das Phänomen, dass unterschwellige Reize, bezogen auf Assoziationen u. Träume, deutl. Effekte zeitigen: Pötzl (1917) ließ Vpn im Tachistoskop ein Bild 10 msec. lang betrachten u. beschreiben; in späteren Träumen tauchten Details dieses Bildes auf, welche unmittelbar nach der tachistoskop. Darbietung nicht beschrieben worden waren. Obwohl Pötzl von neurolog. u. nicht von psa. Überlegungen ausgegangen war, wurden seine Arbeiten als Unterstützung der Auffassung der → Psychoanalyse gewertet, dass der → Traum in der Lage sei, an nichtbewusst beachtete Aspekte der Bilder anzuknüpfen u. diese zu erinnern u. zu verstärken. (Später wurden unter dem Begriff → Blindsehen ähnl. Phänomene, wie sie Pötzl ursprüngl. interessiert hatten, angegangen.)

KR: Die moderne kognitive Ps. steht dem P. skept. gegenüber; vgl. hierzu Neisser (1974); Johnson u. Eriksen (1961); Eriksen (1962); zur Kritik an dieser Kritik vgl. Emrich (1983).

◆ EMRICH, H.: Psychophysiolog. Grundlagen in der Psychiatrie u. Psychosomatik: bewußte u. nicht bewußte Wahrnehmung emotionaler Reize. Bern 1983; ERIKSEN, C. W. (Hg.): Behaviour and awareness. Durham 1962; JOHNSON, H. u. ERIKSEN, C. W.: Preconscious perception: a reeximation of the Poetzl Phenomenon. JASP 62, 1961, S. 497–503; NEISSER, U.: Kognitive Ps. Stuttgart 1974 (Orig.: 1967); PÖTZL, O.: Experimentell erregte Traumbilder in ihren Beziehungen zum indirekten Sehen. ZfGNP 37, 1917, S. 278–349.

Poggendorffsche Täuschung → geometrisch-optische Täuschungen.

Pointer → semantisches Gedächtnis.

Pollyanna-Effekt, universelle menschl. Tendenz, Wörter mit positiver Bewertung häufiger, leichter u. mit größerer Varietät zu benutzen als Wörter mit negativer Bedeutung, bisweilen dahingehend verallgemeinert, dass der Mensch sich leichter an angenehme Ereignisse erinnert.

VD: Pollyanna ist die Heldin des gleichnamigen Romans von Eleanor Porter aus dem Jahre 1913; Pollyanna ist von unausrottbarem Optimismus beseelt u. geneigt, in allem u. jedem nur das Gute zu sehen.

◆ BOCK, M.: Angenehme u. unangenehme Erfahrungen aus gedächtnisps. Sicht – Bilanz einer achtzigjährigen Forschung. PB 22, 1980, S. 280–292; GRIMM, H. u. ENGELKAMP, J.: Sprachps. Berlin 1981.

Polyphäne Farben → Fechnersche Farben.

Polythematische Theorien → Motivationspsychologie.

Ponzo-Täuschung → geometrisch-optische Täuschungen.

Pop-out-Effekt → visuelles Suchen.

Portatives Verhalten, kann immer dann beobachtet werden, wenn ein Mensch die Grenze zu dem Raum eines anderen Menschen öffnet u. überschreitet; diese Grenze wird in der Regel durch eine Tür repräsentiert, u. p. V. ist dementsprechend ein die Tür betreffendes Vh. Wie kaum ein zweites komplexes Alltagsverhalten kann das p. V. durch eine Fülle wohldefinierter Messwerte u. Messwertkombinationen genau dargestellt werden. Als bes. wichtig gelten die folgenden acht Messwerte o. Dimensionen: (1) die Klopfhäufigkeit KH; (2) die Klopfgeschwindigkeit KG; (3) die Klopfintensität KI; (4) die relative Klopfhöhe RK (kleine Menschen können z. B. den Klopfpunkt auf der Tür relativ hoch ansetzen, um – evtl. unbewusst – durch akust. Signalgebung größer zu erscheinen; (5) die Öffnungsgeschwindigkeit ÖG; (6) das Verhältnis von Anfangs- u. Endgeschwindigkeit der Türöffnung A/E; (7) der maximale Öffnungswinkel MÖ; (8) die Schließungsgeschwindigkeit SE. In der Wahrnehmungsps. wurde die Hypothese diskutiert, dass dunkle Türen schwerer erscheinen als helle u. dass dementsprechend bei solchen Türen eine höhere Klopfintensität eine höhere Anfangsgeschwindigkeit der Türöffnung vorkommt; zum Überblick vgl. Salzgraf (1985).

◆ SALGRAF, F. R.: Das portative Vh. als Problem der modernen Ps. PRu 36, 1985, S. 102–103; STÄDTLER, T.: Das portative Vh. als ökolog. repräsentatives Forschungsobjekt. J. Port. Behav. 17, 1989, S. 200–204.

Positionskarte → Feature integration theory.

Positionsvertauschung → serielle Positionskurve; → serielles Lernen.

Positive Abstraktion → Filtertheorie.

Positive Belohnung → Belohnungslernen.

Positive Bestrafung → Bestrafungslernen.

Positiver Ödipuskomplex → Ödipuskomplex.

Positiver Transfer → Transfer.

Positiver Zeitfehler → Urteilsfehler.

Positive Selektion → Filtertheorie.

Positive set → binäre Zeichenklassifikation.

Positives Vergessen → instruiertes Vergessen.

Positive vs. negative Induktion. *Induktion* bedeutet, dass Konditionierungsprozesse bei zwei o. mehreren ähnl. Reizen nicht unabhängig sind, sondern sich gegenseitig beeinflussen, so dass sich, wenn sich die Verstärkungsbedingungen für den einen Reiz in positiver o. negativer Richtung ändern, auch das nicht direkt davon betroffene Vh. auf den anderen ähnl. Reiz ändert. (a) P. I. liegt vor, wenn diese Veränderung gleichsinnig erfolgt, wenn also eine Verstärkungserhöhung für den einen Reiz auch eine Verstärkung des Vhs. auf den anderen ähnl. Reiz bewirkt. (b) N. I. bezeichnet das entgegengesetzte Phänomen, dass also die Herabsetzung der Verstärkung für Reaktionen auf den zweiten Reiz zu einer Erhöhung der dem ersten Reiz zugeordneten Reaktionsrate führt. Dies hat Reynolds (1961) als *Vhskontrast* bezeichnet; s. a. das Stw. → overshadowing.

VD/T: Der Terminus *Induktion* geht auf Pawlow zurück; Skinner verwendet den Begriff im Sinne von → Generalisation.

LIT: Vgl. zsfd. Hilgard u. Bower (1973); Schwartz u. Gamzu (1984); Grabitz u. Stockhorst (1988).

◆ GRABITZ, H.-J. u. STOCKHORST, U.: Interaktionseffekte in multiplen Verstärkungsplänen: nachweisbar im Humanverhalten? ZEAP 35, 1988, S. 559–572; HILGARD, E. R. u. BOWER, G. H.: Theorien des Lernens 2 Bde., Stuttgart 1973; REYNOLDS, G. S.: Behavioural contrast. JEAB 4, 1961, S. 57–71; SCHWARTZ, B. u. GAMZU, E.: Pawlowsche Steuerung von operantem Vh. In: ZEIER, H. (Hg.): Lernen u. Vh., 1. Bd.: Lerntheorien. Weinheim 1984, S. 298–334; SCHACHTMAN, T. R. u. HALL, G.: Potentiation and overshadowing of instrumental responding by pigeons: the role of behavioural contrast. LM 21, 1990, S. 85–95.

Positivitätseffekt → Korrelation; → Bestätigungstendenz.

Positronen-Emissions-Tomographie → physiologische Psychologie (Kasten psychophysiologische Methoden).

Post-discrimination gradient → Gipfelverschiebung.

Postformale Denkentwicklung → genetische Epistemologie.

Postintentionale Phase → Wille.

Postkognitiv → Präkognitiv-postkognitiv-Debatte.

Postkognitiv-präkognitiv-Debatte → Präkognitiv-postkognitiv-Debatte.

Postrotatorischer Nystagmus → Augenbewegungen.

Post-stimulatory fatigue → Adaptation.

Postural-Schema → Körperschema.

Potenzgesetz → Stevenssches Gesetz.

Potenzgesetz der Übung → Lernkurve.

Potenzierung → overshadowing.

Power factor → naive Kausalanalyse.

Power law → stevenssches Gesetz.

Power-test → Psychodiagnostik; → Persönlichkeitspsychologie.

PQ4R-Methode → Mnemotechnik.

Präattentiv, »vor der → Aufmerksamkeit«, also → unbewusst; → fokale Aufmerksamkeit.

Präattentive Prozesse → fokale Aufmerksamkeit.

Präattentives visuelles Gedächtnis → sensorische Register; → ikonisches Gedächtnis.

Prädikat-Argument-Struktur → propositionale Wissensrepräsentation.

Prädiktionsverfahren, eine Forschungsmethode im Rahmen des Paradigmas → Metagedächtnis: Die Vp bekommt eine Gedächtnisaufgabe zur Bearbeitung vorgelegt, um sich damit vertraut zu machen, u. wird anschließend aufgefordert, einzuschätzen, wie ihre Leistung bei einer vergleichbaren weiteren Aufgabe dieser Art ausfallen wird.

◆ Hasselhorn, M. u. a.: Metakognitive u. motivationale Bedingungen der Prognose eigener Gedächtnisleistung. ZEAP 34, 1978, S. 195–211; Hasselhorn, M. u. a.: Zur Konfundierung metakognitiver u. motivationaler Aspekte im Prädiktionsverfahren. ZEAP 36, 1989, S. 31–41.

Präextinktion → sensorische Vorkonditionierung.

Präferenda → Präkognitiv-postkognitiv-Debatte.

Präferenzmethode [*Wahlmethode, Bevorzugungsmethode*], eine Methode zur Messung der → Motivation: mit einer meist paarweisen Vorgabe von Reizmustern wird festgestellt, welche dieser Reize bevorzugt werden. Die P. kommt z. B. in der Säuglingsforschung zum Einsatz; bspw. werden zwei Gesichter präsentiert, von denen eines das der Mutter ist, u. es wird gemessen, von welchem Zeitpunkt an ein Säugling das fremde u. das vertraute Gesicht differenzieren kann (dies geschieht durch die Analyse der Kopfbewegungen, des Blickverhaltens u. der Dauer der Zuwendung). Bei formalen Mustern werden häufig solche bevorzugt, die durch einen mittleren Grad an Komplexität gekennzeichnet sind u. so eine → optimale Stimulation vermitteln; vgl. Keller u. Meyer (1982); Dornes (1993); Raab (1981); Graumann (1965); Fantz (1958); Berlyne (1958).

◆ Berlyne, D. E.: The influence of complexity and novelty in visual figures on orienting responses. JExP 55, 1958, S. 289–296; Dornes, M.: Der kompetente Säugling. Frankfurt/M. 1993; Fantz, R. L.: Pattern vision in young infants. PRe 8, 1958, S. 43–47; Graumann, C.-F.: Methoden der Motivationsforschung. In: Thomae (1965), S. 123- 205; Keller, H. u. Meyer, H.-J.: Ps. der frühesten Kindheit. Stuttgart 1982; Raab, E.: Ästhetik u. Neugier. In: Voss, H.-G. u. Keller, H. (Hg.): Neugierforschung. Weinheim 1981, S. 263–309; Thomae, H. (Hg.): Motivation. HP, 2. Bd., Göttingen 1965.

Präferenzparadigma → Präferenzmethode.

Präferenztheorie → Entscheidungstheorie.

Prägnanz, zentraler Aspekt des Kzpt. u. Phänomens → *Gestalt*: Bei psych. Prozessen geht es nicht nur um Gestaltbildung an sich, sondern es zeigt sich eine Tendenz zur *guten* Gestalt (*Prägnanztendenz*), die durch *Einfachheit, Abgegrenztheit* u. *innere Stimmigkeit* – eben P. – gekennzeichnet ist. Charakterist. ist das Phänomen des *Auf-eine-Prägnanzstufe-Hinweisens*-o.-*Hindrängens*, indiziert dadurch, dass sich bei Abweichung von Prägnanzstufen der Eindruck des »Gestörten«, des »Noch nicht ganz« o. »Nicht mehr ganz«, u. U. des »Zuviel« o. »Zuwenig« usw. bildet. Konkretisierungen dieses allg. P.-Kzpt. sind die → Gestaltgesetze, die in differenzierter Weise die verschiedenen *Prägnanzfaktoren* beschreiben, welche letztl. für die Gliederung einer Gestalt verantwortl. sind; vgl. Köhler (1920, 1950).

KR: Eines der Probleme des P.-Kzpt. ist sein quasi-teleolog. Charakter; kritisiert wird auch die mangelnde quantitative Präzisierung des Kzpt.; eine solche Präzisierung wird innerhalb des informationstheoret. Ansatzes versucht; vgl. Hochberg u. McAlister (1953); Attneave (1965); für Bsp. von Wahrnehmungsprozessen, bei denen das Prinzip der P. versagt, vgl. Rock (1985) u. Kanisza u. Luccio (1986). Weiteres s. das Stw. → Gestaltgesetze.

VD: Schon Wertheimer (1923) hatte zw. verschiedenen *Prägnanzstufen* unterschieden, um damit den Grad zu kennzeichnen, in dem ein Wahrnehmungsgebilde eine bestimmte figurale Struktur am zwingendsten u. am reinsten verwirklicht. Alle Formen, die diesem Anspruchsniveau nicht gerecht werden, werden entweder als Annäherung an eine Prägnanzstufe gesehen, z. B. als »fast« rechter Winkel, als »fast« gleichschenkliges Dreieck – o. als indifferent, flau, nichtssagend, aber auch als zwiespältig, ambivalent, zw. verschiedenen Prägnanzbereichen schwankend o. auf eine Prägnanzstufe hindrängend. Elaboriertere Kzpte., um die Art u. Ausgeprägtheit einer Gestalt, also ihre P. zu charakterisieren, sind die sog. *Gestalt-Dimensionen*, v. a. das *Gestalt-Niveau* u. die *Gestalt-Tiefe*: (a) Das *Gestalt-Niveau* wird differenziert in die *Gestalt-Güte* u. die *Gestalt-Höhe*; *Gestalt-Güte* stimmt in etwa mit der wertheimerschen P. überein, kann als *Einfachheit, Klarheit, Geschlossenheit* charakterisiert werden; *Gestalt-Höhe* meint den *Gliederungsreichtum* einer Gestalt. Bsp.: Eine Gestalt von maximaler *Gestalt-Güte* u. minimaler *Gestalt-Höhe* ist die Kugel. (b) Vom *Gestalt-Niveau* (= G.-Güte u. G.-Höhe) ist die *Gestalt-Tiefe* zu unterscheiden: Art u. Grad der physiognom. Bedeutsamkeit, also eine Art Sinnträchtigkeit der Gestalt; vgl. hierzu Herrmann (1976) u. Rausch (1966).

◆ ATTNEAVE, F.: Informationstheorie in der Ps. Bern 1965; HATFIELD, G. u. EPSTEIN, W.: The status of the minimum principle in the retical analysis of psychological perception. PBu 97, 1985, S. 155–186; HOCHBERG, J. u. MCALLISTER, E.: A quantitative approach to figural »goodness«. JExP 46, 1953, S. 361–364; KÖHLER, W.: Die phys. Gestalten in Ruhe u. im stationären Zustand. Braunschweig 1920; KÖHLER, W.: Psychology and evolution. AP 7, 1950, S. 288–297; METZGER, W. (Hg.): Wahrnehmung u. Bewußtsein. HP, 1. Bd., 1. Hlb. Göttingen 1966; RAUSCH, E.: Das Eigenschaftsproblem in der Gestalttheorie der Wahrnehmung. In: METZGER (1966), S. 868–954; ROCK, I.: Wahrnehmung. Heidelberg 1985; WERTHEIMER, M.: Untersuchungen zur Lehre von der Gestalt II. PF 4, 1923, S. 301–350.

Prägnanzfaktoren → Prägnanz.

Prägnanzprinzip → Prägnanz.

Prägnanzstufen → Prägnanz.

Prägnanztendenz → Prägnanz.

Prägung, eine Form des → Lernens, die bes. von der → Ethologie thematisiert u. erforscht worden ist u. sich durch zwei Eigenschaften von anderen Lernprozessen unterscheidet: (a) durch eine ausgeprägte sensible Phase (auch *krit. Phase/Periode*), also einen Lebensabschnitt, in dem das Lebewesen bestimmten Lernerfahrungen bes. zugängl. ist u. in dem bestimmte Umwelteindrücke einen stabileren dauerhafteren Eindruck hinterlassen als außerhalb dieses Zeitraums; (b) durch ein sehr stabiles, mitunter irreversibles Lernergebnis. Ein klass. Bsp. ist die *Nachlaufprägung* junger Nestflüchter, also die Tatsache, dass die frisch geschlüpften Jungen nach der Geburt sozusagen dem »erstbesten« Lebewesen nachlaufen u. es als Vater o. Mutter akzeptieren; populär geworden sind die Bilder von Konrad Lorenz, dem ein Gänserudel hinterherläuft. Auch die sexuelle Präferenz vieler Tierarten wird durch P. festgelegt. Im Gegensatz zu früheren Ansichten sind die Grenzen von P. zu anderen Lernvorgängen fließend. Auch beim Menschen scheint es z. B. eine sensible Phase für die Entwicklung der → Sprache zu geben; ob eine solche auch für die Entwicklung der → Intelligenz gibt, ist umstritten; vgl. Krapp u. Schiefele (1976).

VD/T: Während sich das verhaltensbiolog. Kzpt. der sensiblen Phase meist auf ganz bestimmte Vhsbereiche bezieht, wird in der pädagog. Ps. der Begriff häufig im weiteren Sinne verwendet, um einen ganzen Lebensabschnitt zu bezeichnen, der für die gesamte weitere Persönlichkeitsentwicklung eine wichtige Rolle spielt.

LIT: Eine klass. Arbeit ist Lorenz (1935); eine ausführl. Darstellung der Untersuchungen zur P. findet sich in Hess (1975); speziell zur Sprachentwicklung vgl. Lenneberg (1972); zu Prägeprozessen bei Tieren, speziell zu sexuellen Prägeprozessen vgl. Immelmann (1972); allg. über die Bedeutsamkeit frühkindl. Erfahrung für die menschl. Entwicklung vgl. Ebert (1978); zur sensitiven Periode in der Entwicklung vgl. Bornstein (1987); auch das Phasenmodell der → Psychoanalyse zur psychosexuellen Entwicklung, speziell das Fixierungskzpt., enthält die Vorstellung prägungsartiger Vorgänge; vgl. hierzu Trautner (1992); zur Problematik der Übertragung des P.-Kzpts. auf den menschl. Bereich vgl. Schmalohr (1980).

◆ Bornstein, M. H. (Hg.): Sensitive periods in development. Hillsdale 1987; Ebert, O. M.: Über die Bedeutsamkeit frühkindl. Erfahrungen für die menschl. Entwicklung. In: Dollase, R. (Hg.): Handbuch der Früh- u. Vorschulpädagogik, 2. Bd. Düsseldorf 1978, S. 67–78; Hess, E. H.: Prägung. 1975; Immelmann, K.: Sexual and other long-term aspects of imprinting in birds and other species. Adv. Study Behav. 4, 1972, S. 147–174; Krapp, A. u. Schiefele, H.: Lebensalter u. Intelligenzentwicklung. München 1976; Lenneberg, E. H.: Biological foundations of language. New York 1967 (dt.: Biolog. Grundlagen der Sprache. Frankfurt/M 1972); Lorenz, K.: Der Kumpan in der Umwelt des Vogels. J. Orn. 83, 1935, S. 137–213 u. S. 289–413; Schmalohr, E.: Frühe Mutterentbehrung bei Mensch u. Tier. München 1980; Trautner, H. M.: Lehrbuch der Entwicklungsps., 1. Bd. Göttingen 1992.

Präintentionale Phase → Wille.

Präkategoriales Gedächtnis → sensorisches Gedächtnis.

Präkategoriales visuelles Gedächtnis → sensorisches Register; → ikonisches Gedächtnis.

Präkognitiv → Präkognitiv-postkognitiv-Debatte.

Präkognitiv-postkognitiv-Debatte [bisweilen auch *Kognition-Emotion-Debatte*]. Zajonc (1980) stellte in einem stark beachteten Artikel (»Präferenzen benötigen keine Inferenzen«) die These auf, dass von Objekten o. Menschen eine emotionale Anmutung ausgehen kann, ohne dass vorher kognitive Analysen stattgefunden haben, d. h. also dass Gefühle *präkognitiv* sein können. (Zajoncs Ausführungen beziehen sich auf den Phänomenbereich »Annäherung u. Vermeidung«; ausdrückl. klammert er elaborierte Affekte wie Schuld o. Scham aus.) Nach Zajonc gibt es eine Klasse von globalen Merkmalen, die sog. *Präferenda*, welche unmittelbare affektive Urteile ermöglichen, die weitgehend ohne kognitive Beteiligung zustande kommen. Insbes. zeigen Personen häufig gegenüber gesehenen Objekten subjektive Gefühle, ohne dass sie als vertraut erkannt werden müssen:

Mere-exposure-Effekt ohne Wiedererkennungsleistung; ebenso kann die Erfahrung von Ähnlichkeit u. Vertrautheit ohne bewusste Analyse entstehen (*Familiaritätseffekt*). Als Belege führt Zajonc an: Für eine affektive Reaktion *vor* der Wiedererkennung sprechen die Ergebnisse von Experimenten zur → unterschwelligen Wahrnehmung; für die von Zajonc angenommene Abfolge von Wiedererkennen u. Merkmalsunterscheidung sprechen Resultate von Patterson u. Baddeley (1977), die herausfanden, dass Fotografien von Personen besser wiedererkannt werden, wenn die abgebildeten Personen zuvor nach Persönlichkeitseigenschaften beurteilt werden mussten, als wenn sie nach bestimmten phys. Eigenschaften beurteilt worden waren (vgl. auch → Kodierungsspezifität). Auch können Drogen die Emotionen von Versuchspersonen ändern, ohne dass diese davon wissen; Zajonc verweist auch auf Experimente zur intracranialen Selbststimulation u. darauf, dass es separate neuroanatom. Strukturen für Kognition u. Emotion gibt; so hat die neurophysiolog. Forschung gezeigt, dass direkte Verbindungen zw. dem Thalamus u. der Amygdala (dem wahrscheinl. Zentrum der Emotion) existieren, so dass die Amygdala direkte Informationen vom Thalamus bekommen kann. Dies hat die Implikation, dass die ältere Vorstellung von Kognition u. Emotion, dass näml. die sensor. Informationen von den Sinnesorganen über den Thalamus in den Neocortex gemeldet werden müssen u. von dort erst rückwirkend die Amygdala beeinflussen können, falsch ist, da es eine Art »bypass« zw. Thalamus u. Amygdala gibt. (Darüber hinaus ist diese Struktur nur eine Synapse lang, während der Hippocampus, das Zentrum des Gedächtnisses, mehrere Synapsen vom Thalamus entfernt ist, so dass also Gefühle im wörtl. Sinne den sensor. Informationen »näher« liegen als eine elaborierte kognitive Verarbeitung, die Gedächtnismaterial benötigt.) Zajonc hat seine Auffassung in weiteren Arbeiten sowohl präzisiert als auch in einigen Punkten entschärft: Es wird konzediert, dass die emotionale Erfahrung, bei der irgendeine Form von Selbstwahrnehmung stattfinden muss, um eben diese Erfahrung zu ermöglichen, ebenso auf kognitiven Prozessen beruhen dürfte wie der sprachl. Bericht über subjektives emotionales Erleben, während es sich jedoch mit emotionalem Ausdruck anders verhalte, da dieser nach Zajonc mit größter Wahrscheinlichkeit motor.-somat. repräsentiert wird, was bedeuten würde, dass bestimmte Reize direkt u. ohne kognitive Vermittlungen in emotionale Aktivitäten umgesetzt werden.

LIT: Zu der hieraus entstandenen Diskussion vgl. allg. O'Malley (1981); Lazarus (1982, 1984); Zajonc (1984); Pro Zajonc: Tomkins (1981); Rachman (1981). Contra: Birnbaum (1981); Mandler (1982); v. a. Lazarus (1981ff.); vgl. zum Überblick Brandtstädter (1985); zu den neurophysiolog. Belegen vgl. Ledoux (1987); Leventhal u. Scherer (1987) sehen die Kontroverse v. a. als eine semant. an, die von gegenseitigem Missverstehen belastet ist, u. versuchen Alternativen aufzuzeigen; zu einer weiterführenden Theorie, die diese eingeengte Fragestellung überwindet, vgl. Scheele (1990); sehr krit. Anmerkungen zur Debatte gibt Bischof (1989); vgl. auch Dörner (1989) u. Scherer (1989); zur Darstellung u. Diskussion vgl. Goller (1992); zu einem tief schürfenden Lösungsansatz zur P. vgl. Sokolowski (1993).

◆ Birnbaum, M. H.: Thinking and feeling. AP 36, 1981, S. 99–101; Bischof, N.: Emotionale Verwirrungen. O.: Von den Schwierigkeiten im Umgang mit der Biologie. PRu 40, 1989, S. 188–205; Brandtstädter, J.: Emotion, Kognition, Handlung. In: Eckens-

BERGER, L. H. u. LANTERMANN, E.-D. (Hg.): Emotion u. Reflexivität. München 1985, S. 252–264; DÖRNER, D.: Emotion, Kognition u. Begriffsverwirrungen: zwei Anmerkungen zur Köhler-Vorlesung von Norbert Bischof. PRu 40, 1989, S. 206–209; FIEDLER, K.: Antikognitivist. Tendenzen in der Ps. SuK 4, 1983, S. 215–227; GOLLER, H.: Emotionspsychologie u. Leib-Seele-Problem. Stuttgart 1992; LAZARUS, R. S.: A cognitivist's reply to Zajonc on emotion and cognition. AP 36, 1981, S. 222–223; LAZARUS, R. S.: Thoughts on the relation between emotion and cognition. AP 37, 1982, S. 1019–1024; LAZARUS, R. S.: On the primacy of cognition. AP 37, 1984, S. 124–129; LEDOUX, J. E.: Emotion. In: FLUM, F. (Hg.): Handbook of physiology – the nervous system V. Washington 1987, S. 419–459; LEVENTHAL, H. u. SCHERER, K. R.: The relationship of emotion and cognition: a functional approach to a semantic controversy. CaE 1, 1987, S. 3–28; MANDLER, G.: The structure of value: accounting for taste. In: CLARK, M. S. u. FISKE, S. T. (Hg.): Affect and cognition. Hillsdale 1982; O'MALLEY, M.: Feeling without thinking? Reply to Zajonc. JPers 108, 1981, S. 11–15; PATTERSON, K. E. u. BADDELEY, A. D.: When face recognition fails. JEP: Human learning and memory. 1977, S. 406–417; RACHMAN, S.: The primacy of affect. BRT 19, 1981, S. 279–290; SCHEELE, B.: Emotionen als bedürfnisrelevante Bewertungszustände. Tübingen 1990; SCHERER, K. R.: Von den Schwierigkeiten im Umgang mit den Emotionen o.: terminolog. Verwirrungen. PRu 40, 1989, S. 209–216; SOKOLOWSKI, K.: Emotion u. Volition. Göttingen 1993; TOMKINS, S. S.: The quest for primary motives: Biography and autobiography of an idea. JPSP 41, 1981, S. 306–329; ZAJONC, R. B.: Feeling and thinking. Preferences need no inferences. AP 35, 1980, S. 151–175; ZAJONC, R. B.: On the primacy of affect. AP 39, 1984, S. 117–123.

Präkonditionierung → sensorische Vorkonditionierung.

Prälinguistisches Gedächtnis → sensorisches Gedächtnis.

Prämissenkonversion → syllogistisches Schlussfolgern.

Präoperationale Phase → genetische Epistemologie.

Präparation → Problemlösungsphasen.

Präperzeptuelles auditives Gedächtnis → echoisches Gedächtnis.

Präperzeptuelles visuelles Gedächtnis → sensorische Register; → ikonisches Gedächtnis.

Präsenter Hinweisreiz → Hinweisreiz.

Präskriptive Entscheidungstheorie → Entscheidungstheorie.

Präsupponierte vs. implizite Information. *Präsuppositionen* sind Wissensbestände, die der Sprecher beim Hörer voraussetzt, wenn er mit seiner Äußerung beginnt. *Implikationen* sind Wissensbestände, die der Hörer durch → Inferenzen aus der Äußerung des Sprechers ableiten kann; vgl. Grimm u. Engelkamp (1981). Bei → verbaler Kommunikation u. beim → Sprachverstehen spielen diese Informationen eine wichtige Rolle, da niemals alle zum Verstehen notwendigen Informationen in direkter Form übertragen werden; vgl. auch → Voran-nahmen vs. Behauptungen.

◆ CLARK, H. H. u. LUCY, P.: Understanding what is meant from what is said: a study in conversationally conveyed requests. JVLVB 14, 1975, S. 650–672; GRIMM, H. u. ENGELKAMP, J.: Sprachps. Berlin 1981.

Präsupposition → präsupponierte vs. implizite Information.

Präzedenzeffekt → Hören.

Praktische Psychologie → angewandte Psychologie; → Psychologie.

Praxeologie → Handlungstheorien.

Precategoric acoustic storage → echoisches Gedächtnis.

Premack-Prinzip → Verstärkung.

Premotor time → Reaktionszeit.

Preparatory activation → Aktivation.

Preparedness. Das Kzpt. einer *biolog. Bereitschaft* (Seligman 1970) besagt, dass – entgegen der *Äquipotentialitätsprämisse* der klass. → Lerntheorien – → Lerngesetze meist nicht generell gültig sind, sondern dass es → constraints gibt: eine biolog. P. erleichtert bzw. erschwert bestimmte Lernverbindungen. Ein paradigmat. Fall eines solchen *vorbereiteten Lernens* ist das → Geschmacksaversionslernen; weitere Bsp.: Wasser lässt sich leicht mit elektr. Schlägen assoziieren, Geschmack dagegen ist schwer mit elektr. Schlägen, Wasser schwer mit Krankheit in Zusammenhang zu bringen; auch lernen Ratten z. B. sehr leicht, in einem Labyrinth immer den gleichen Gang zu wählen, wenn sie mit Wasser belohnt werden, brauchen aber wesentl. länger bei Futterbelohnung. Dieses Vh. macht evolutionsbiolog. Sinn, da Bäche u. Seen ihre Lokalisation weitaus seltener verändern als Würmer u. Getreidesamen. Das P.-Kzpt. wurde auch zur theoret. Erklärung von Phobien verwendet; vgl. McNally (1987).

KR: Delprato (1980); Jacobs u. Nadel (1985); vgl. Hamm (1987); in diesen Kritiken wird dem P.-Kzpt. seine Zirkularität vorgeworfen, dass die spezif. P. eines Reizes nicht a priori bestimmt werden könne, sondern erst post hoc durch das Lernkriterium selbst; vgl. auch Washbourn (1978); s. a. das Stw. → belongingness.

LIT: Vgl. zsfd. Seligman u. Hager (1972); Bolles (1975); Hinde u. Stevenson-Hinde (1973); zu frühen russ. Ansätzen, die dieses Forschungsproblem schon in den sechziger Jahren thematisierten, vgl. zsfd. Asratyan (1965).

◆ Asratyan, E. A.: Compensatory adaption reflex activity and the brain. New York 1965; Bolles, R. C.: Learning theory. New York 1975; Delprato, D. J.: Hereditary determinants of fears and phobias: a critical review. BT 11, 1980, S. 90–103; Hamm, A.: Kontext u. Reizinhalt: Ihre Einflüsse beim klass. Konditionieren. Regensburg 1987; Güntürkün, O.: Über die Universalität u. die Diversität der Lerngesetze: Eine synapt. Hypothese. In: Bericht über den 39. Kongr. der dt. Ges. f. Ps. in Hamburg 1994, 1. Bd. Göttingen 1995, S. 593–598; Hinde, R. A. u. Stevenson-Hinde, J. (Hg.): Constraints on learning: Limitations and pre-dispositions. New York 1973; Jacobs, W. J. u. Nadel, L.: Stress-induced recovery of fears and phobias. PR 92, 1985, S. 512–531; McNally, R. J.: Preparedness and phobias: a review. PBu 101, 1987, S. 283–303; Seligman, M. E. P.: The generality of the laws of learning. PR 77, 1970, S. 406–418; Seligman, M. E. P. u. Hager, J. L. (Hg.): Biological boundaries of learning. New York 1972; Washbourn, S. L.: Human behaviour and the behaviour of other animals. AmP 33, 1978, S. 405–418.

PRF, Abk. für *Performance-ressource-Funktion* (→ Ressourcentheorie).

Primacy-Effekt → serielle Positionskurve; → Reihenfolge-Effekte.

Primäraufgabe → Doppelaufgabe.

Primäre Bewertung → appraisal.

Primäre Dyade → psychoevolutionäre Emotionstheorie; → Emotionstypen.

Primäre Emotion → Emotionstypen.

Primäreffekt → serielle Positionskurve.

Primäre Generalisationstendenz → Generalisation.

Primäre Kreisreaktion → genetische Epistemologie.

Primäre Motivation → primäre vs. sekundäre Verstärkung.

Primärer Distanzeffekt [auch *physikal. Distanzeffekt*], bezeichnet das Phänomen, dass bei Urteilen, bei denen die Größe zweier Reize verglichen werden soll, die Schwierigkeit des Urteils u. damit die Reaktionszeit (also die Zeit der Urteilsfindung) anwächst, je weniger sich die beiden Reize unterscheiden; d. h.: je größer die *Distanz* zw. beiden ist, desto schneller ist der Unterschied zu erkennen u. zu beurteilen. Die Wahlreaktionszeit hängt also vom Größen- u. Intensitätsunterschied der beiden zur Wahl stehenden Reize ab; je stärker sich z. B. zwei Grautöne unterscheiden, desto schneller ist zu erkennen, welcher von beiden der hellere ist; einen ähnl. Effekt gibt es auf der Ebene der Vorstellungen: → symbolischer Distanzeffekt.

♦ HAUBENSAK, G.: Absolutes u. vergleichendes Urteil. Berlin 1985.

Primärer Entwurf → computationale Wahrnehmungstheorie.

Primärer Text → Shadowing.

Primäres Bindungssystem → Bindungsverhalten.

Primäre Skizze → computationale Wahrnehmungstheorie.

Primäres Memorieren → Memorieren.

Primäres Nachbild → Nachbild.

Primäres Wiederholen → Memorieren.

Primäre vs. sekundäre Generalisation → Generalisation.

Primäre vs. sekundäre Verstärkung. (a) P. V. bzw. *primäre Motivation* liegt vor, wenn eine → Verstärkung durch Verabreichung von solchen Reizen erfolgt, auf die jedes Lebewesen der betreffenden Art ohne vorangegangenes Lernen anspricht (d. h. vorwiegend biolog. determinierte Reize). Bei einer p. V. werden also primäre → Triebe befriedigt (→ Triebreduktion), z. B. Hunger o. Durst. (b) S. V. (auch *bedingte, abgeleitete, gelernte, konditionierte Verstärkung, Verstärkung zweiter Ordnung*) bzw. *sekundäre Motivation* liegt vor, wenn die Verstärkung durch Darbietung ursprüngl. neutraler Reize erfolgt, die Verstärkerwert erst durch häufige gemeinsame Darbietung mit einem *primären Verstärker* u. einer so entstandenen assoziativen Verknüpfung erworben haben. Damit ein Reiz eine sekundär verstärkende Wirkung erlangt u. lange beibehält, sollte er den primären Verstärker zunächst zuverlässig ankündigen, später sollte die Korrelation zw. beiden Reizen gemindert werden. Im Zusammenhang mit dem Kzpt. der s. V. stehen die Kzpte. der → Anreizmotivation u. der → antizipierten Zielreaktion; s. a. das Stw. → sensorische Präkonditionierung. Eines der wichtigsten Paradigmen der s. V. war → Angst als → erworbener Trieb; s. a. die Stw. → Vermeidungslernen; → Frustration.

KR: Nach Longstreth (1972) sind die vhstheoret. Ansätze zur Erklärung von s. V. gescheitert, da überzeugende empir. Daten für das Phänomen fehlen; die Darbietung von s. V. ohne gleichzeitige p. V. scheint eher einen Frustrations- als einen Verstärkungseffekt zu haben; Longstreth entwickelt eine kognitive Erwartungstheorie der s. V.

VD: (1) S. V. bewirkt z. B., wie in klass. Experimenten gezeigt, dass das Klickgeräusch des Fütterungsmechanismus die Löschung einer erlernten Reaktion verzögert, o. dass Hühner allein schon durch den Anblick des primären Verstärkers durch eine Glasscheibe hindurch belohnt werden u. nahezu denselben Lernzuwachs aufweisen. Bezeichnend ist auch das Phänomen, dass Marken, mit denen Schimpansen Futter eintauschen können, ebenfalls Lernprozesse fördern; vgl. z. B. Bugelski (1938); Wolfe (1936). S. V. ist v. a. wichtig beim → Reihenlernen, wo eine p. V. meist erst nach dem letzten Handlungsschritt erfolgt; z. B. kann schon das Ticken eines Metronoms, das während des Versuches läuft, hier sekundär verstärkend wirken. Hull postuliert, dass s.V. eher mit *Stimulation*, p. V. eher mit *Stimulationsreduktion* assoziiert ist. Schwerer lassen sich dagegen sekundäre Motive auf der Grundlage physiolog. Bedürfnisse wie Hunger o. Durst nachweisen – diese Möglichkeit der sog. *Externalisation primärer Triebe* ist umstritten. S. V. ist v. a. wichtig im sozialen Bereich; vgl. hierzu Eyfert (1964).

(2) Bei Dollard u. Miller (1950) u. Mowrer (1950) ist das Kzpt. der *sekundären Motivation* zentral für ihren Versuch, eine lernps. Neurosentheorie zu konzipieren; vgl. zsfd. die Lehrbücher der → Verhaltenstherapie. Innerhalb der Vhstherapie wird ein elaboriertes System von s. V. im Rahmen des *token-reinforcements* bzw. *token-managements* aufgebaut, wb. Spielmarken o. ähnl. Gegenstände ausgegeben werden, die später gegen primäre Verstärker eingetauscht werden können.

LIT: Zum Überblick vgl. Foppa (1975); Bredenkamp u. Wippich (1977); zu einer umfassenden Diskussion der Problematik vgl. Irle (1975); zur Relevanz u. Problematik des Kzpts. im Rahmen des → Gradientenmodells des Konflikts vgl. Feger u. Sorembe (1983).

◆ Bredenkamp, J. u. Wippich, W.: Lern- u. Gedächtnisps., 1. Bd. Stuttgart 1977; Bugelski, R.: Extinction with and without sub-goal reinforcement. JCPS 26, 1938, S. 121–131; Dollard, J. u. Miller, N. E.: Personality and psychotherapy. New York 1950; Eyferth, K.: Das Lernen von Haltungen, Bedürfnissen u. sozialen Vhsweisen. In: Bergius, R. (Hg.): HP, 1. Bd., 2. Hlb. Göttingen 1964, S. 347–373; Feger, H. u. Sorembe, V.: Konflikt u. Entscheidung. In: Thomae, H. (Hg.): Theorien u. Formen der Motivation. EP, C, IV, 1. Bd., Göttingen 1983, S. 536–712; Foppa, K.: Lernen, Gedächtnis, Vh. Köln 1975 (9. Aufl.); Irle, M.: Lehrbuch der Sozialps. Göttingen 1975; Longstreth, L. E.: A cognitive interpretation of secondary reinforcement. In: Cole, J. K. (Hg.): Nebraska Symposium on Motivation. Lincoln 1972, S. 33–80; Mowrer, O. H.: Learning theory and personality dynamics. New York 1950; Wolfe, J. B.: Effectiveness of token-rewards for chimpanzees. Comparative Psychology Monographs 12, 1936, Serial Nr. 60.

Primärfarben → Farbwahrnehmung.

Primärgedächtnis → Kurzzeitgedächtnis; → Mehrspeichertheorien.

Primärschmerz → Schmerz.

Primärskizze → computationale Wahrnehmungstheorie.

Primärvorgang → Psychoanalyse; → Energie; → Traum.

Primary cognitive abilities → Intelligenz.

Primatenversuche [*Anthropoidenversuche*], ps.-etholog. Untersuchungen an Menschenaffen, v. a. bekannt geworden durch Köhlers »Intelligenzprüfungen an Menschenaffen« im Jahre 1917 (vgl. Köhler 1921), die der Untermauerung der Gedächtnis- u. Denkps. der → Gestalttheorie dienten u. insbes. die Bedeutung der → Einsicht zu demonstrieren versuchten. Klass. ist der *Turmbau-* u. der *Stockversuch*. In beiden Fällen muss ein Lockobjekt, das ohne Hilfsmittel nicht erreicht werden kann, entweder mit Hilfe von Kisten o. mit Hilfe einer sinnvollen Stockbenutzung erreicht werden – beides also *Werkzeug-Probleme*. Die Abb. *Denken 5a* und *5b* zeigt Köhlersche Originalfotos, auf den ersten beiden sieht man, wie Schimpansen einen Turm aus Kisten bauen, auf dem dritten sieht man, wie ein Affe zwei Stöcke ineinander schiebt, so dass er mit diesem längeren Stock nach der Banane angeln kann. Ähnl. Versuche stammen von Yerkes (1916; 1927). Nach dem Zweiten Weltkrieg gab es in Deutschland in den 60er Jahren eine Art Renaissance des Ansatzes durch die Gruppe um Rensch (Dücker, Döhl, Lethmate; vgl. z. B. Rensch 1973). Allg. wird Werkzeuggebrauch als ein typ. Zeichen hochentwickelter Intelligenzen betrachtet; vgl. Beck (1980).

Abb. *Denken 5a* und *5b*

LIT: Einen ausführl. Überblick über diesen Forschungsansatz liefert Simons (1984); vgl. auch Lück (1987); die P. sind tlw. auch film. dokumentiert.

◆ Beck, B. B.: Animal tool behaviour: Use and manufacture of tools by animals. New York 1980; Köhler, W.: Intelligenzprüfungen an Menschenaffen. Berlin 1921; Lück, H. E.: Wolfgang Köhler auf Teneriffa. GT 9, 1987, S. 170–181; Rensch, B.: Gedächtnis, Begriffsbildung u. Planhandlungen bei Tieren. Berlin 1973; Simons, D.: Verständnis u. Problemlösevh. bei Primaten. Göttingen 1984; Yerkes, R. M.: The mental life of monkeys and apes. 1916; Yerkes, R. M.: The mind of gorilla, Teil 1. GPM 2, 1927, S. 1–193 u. S. 375–551.

Prime → Priming.

Prime-Reiz → Priming.

Prime-Wort → Priming.

Priming, eine *assoziative Bahnung* bzw. automat. *Voraktivation* eines mentalen Prozesses, v. a. einer bestimmten semant. Klasse im Wissenssystem: Bei dem klass. Experiment bekommen die Vpn eine → lexikalische Entscheidungsaufgabe, sie müssen also entscheiden, ob eine vorgegebene Buchstabenfolge ein Wort darstellt o. nicht, u. der P.-Effekt besteht darin, dass dieser Prozess beschleunigt wird, wenn kurz vorher ein semant. ähnl. Wort vorgegeben worden ist; vgl. Meyer u. Schvaneveldt (1976). Der P.-Effekt wird dahingehend erklärt, dass durch die Identifikation des ersten Wortes das semant. Umfeld in erhöhte Aktivität versetzt wird, so dass das zweite Wort schneller erkannt werden kann (s. a. → Aktivationsausbreitungstheorie). Mit dieser Methode kann man z. B. zeigen, dass Aphasiker ein partiell intaktes Wortwissenssystem haben müssen, da P.-Effekte bei ihnen auftreten, dass aber der Zugang zu diesem System gestört sein muss; vgl. hierzu Schwarz (1992); zum Kzpt. des *repetition p.* → Unbewusstes (VD-Teil).

VD: (1) Das zuerst dargebotene Wort nennt man den *Prime-Reiz* o. das *Prime-Wort* o. einfach *Prime*; die zuletzt dargebotenen Wörter nennt man die *Target-Wörter* o. einfach *Targets*; diese werden durch das Primewort »geprimt«. Die wichtigste Variable im P.-Experiment ist die stimulus-onset-asynchrony: Wenn das Zeitintervall größer ist als einige Sekunden, verschwindet der Effekt; vgl. Meyer u. a. (1974).

(2) Die Untersuchungen von Neeley (1977) mit Erwachsenen weisen darauf hin, dass es zwei Typen von P. gibt: ein automat. Prozess, der ohne bewussten Vorsatz u. sehr schnell aktiviert wird u. nur eine erleichternde Wirkung ausübt, u. ein strateg., erwartungsabhängiges, bewusstes P., das sich bei längeren Prime-Target-Intervallen zeigt; vgl. Posner u. Snyder (1975). Die Möglichkeit eines *unbewussten* P. zeigt, dass Target-Wörter in einer lexikal. Entscheidungsaufgabe auch dann schneller verarbeitet werden, wenn das Prime-Wort unterschwellig dargeboten wird; vgl. zsfd. Engelkamp (1990).

(3) Von *formbasiertem* P. spricht man, wenn man von primes ausgeht, die mit den targets gemeinsame Phoneme o. phonet. Eigenschaften haben; z. B. wird untersucht, wie eine Vorgabe des Wortes »bull« das Erkennen eines Wortes wie »beer« beeinflusst.

LIT: Zu entwicklungsps. Aspekten vgl. Weinert u. Waldmann (1990).

◆ Engelkamp, J.: Das menschl. Gedächtnis. Göttingen 1990; Meyer, D. E. u. a.: Loci of contextual effects on visual word-recognition. In: Rabbit, P. (Hg.): Attention and performance. New York 1974; Meyer, D. E. u. Schvaneveldt, R. W.: Meaning, memory structure and mental processes. In: Cofer, C. N. (Hg.): Structure of human memory. San Francisco 1976, S. 54–89; Neely, J. H.: Semantic priming and retrieval from lexical memory: roles of inhibitionless spreading activation and limited-capacity attention. JExP: G 106, 1977, S. 226–254; Posner, M. I. u. Snyder, C. R. R.: Attention and cognitive control. In: Solso, R. L. (Hg.): Information processing cognition: the Loyola Symposium. Hillsdale 1975; Schwarz, M.: Einführung in die kognitive Linguistik. Tübingen 1992; Waldmann, M. u. Weinert, F. E.: Intelligenz u. Denken. Göttingen 1990.

Primitiva → semantische Primitiva.

Prinzip der begrenzten Rationalität → Entscheidungstheorie.

Prinzip der Einprägsamkeit → Verknüpfungstheorie.

Prinzip der gemeinsamen Kodierung → Motortheorie.

Prinzip der hierarchisch-sequentiellen Strukturierung von Handlungen → Handlungsebene.

Prinzip der linguistischen Relativität → Sapir-Whorf-Hypothese.

Prinzip der optimalen Beschränktheit, ein zur (Teil-)erklärung von → McGees erstem Gesetz entwickeltes transaktionales Handlungsmodell: Der Beginn des Schreiben einer universitären Arbeit (von der Hausarbeit bis hin zur Habilitation) darf durch ein zu extensives Literaturstudium und durch ein zu tiefes geistiges Eindringen in das Thema nicht zu lange verzögert werden, da sonst die Gefahr besteht, dass das wirkliche Ausmaß des Problems erkannt wird u. der Schreiber dadurch den Zustand der *optimalen Beschränktheit* (*range of optimal limitedness*) verliert (*Gertrud-Sauer-Effekt*). *Städtlers Ergänzung* (1996) weist darauf hin, dass dieser Prozess auch durch die Erkenntnis des nichtexistenten → Sinns einer wissenschaftl. Problemstellung erfolgen kann; vgl. auch → Thomas Goldene Regel.

◆ STÄDTLER, T.: The Law of optimal limitedness and other transactional regularities of human scientific behaviour. Oberwerrn 1996.

Prinzip der partiellen Irreversibilität der Angst → Vermeidungslernen.

Prinzip der Reizsubstitution → Kontiguitätsprinzip; → klassische Konditionierung.

Prinzip der unmittelbaren Verstärkung → Verstärkungsgradient.

Prinzip der Verfügbarkeit → Verknüpfungstheorie.

Prinzip der zufriedenstellenden Alternative → Satisficing-Prinzip.

Prinzip des geringsten Aufwands → räumliches Lernen.

Prinzip des unzureichenden Grundes → Entscheidungstheorie; → Wahrscheinlichkeitsrevision.

Prismenbrillen-Effekt → Prismenbrillenversuche.

Prismenbrillenversuche, ein wichtiges, method. Paradigma der Wahrnehmungsps.: Eine Vp trägt eine Zeit lang eine Brille, die opt. Verzerrungen bewirkt u. untersucht wird, inwieweit die Vp sich an diese Verzerrungen anpassen kann. (Es gibt auch Versuche mit prismat. Kontaktlinsen; der Unterschied liegt darin, dass sich Kontaktlinsen mit den Augen mitbewegen.) Nach dem Abnehmen der Brillen resultiert eine negative → Nachwirkung: Das sensomotor. System hat sich an das neue »Weltbild« gewöhnt u. verzerrt nun die neuen Wahrnehmungen sozusagen »in entgegengesetzter Richtung«. Anpassungen an die beim Tragen der Brillen auftretenden Verzerrungen scheinen nur dann mögl. zu sein, wenn aktive Bewegungen mögl. sind, bei passivem Betrachten scheint sich dies nicht zu ergeben; die Korrektur der Effekte ist also nicht so sehr eine Anpassung des visuellen Systems allein als vielmehr ein Prozess der sensor.-motor. Koordination bzw. Adaptation. P. bzw. *Prismenbrillen-Effekte* sprechen das grundsätzl. Problem der → intersensorischen Koordination an u. das, was Kohler das Problem der allg. → Adaptation nennt. Des Weiteren weisen die P. auf die Bedeutung der Rückmeldung bzw. der Rückmeldungsverzerrung für das → Bewegungssehen hin.

VD: Bsp. für P.: In einem klass. Experiment von Stratton (1897) wurden Prismen verwendet, die das entstehende Bild um 180 Grad drehten (man spricht bisweilen zur Bezeichnung solcher Prismenbrillen von *Strattonschen Brillen*), so dass die wahrgenommene Welt Kopf stand. Nach einigen Tagen kontinuierl. Tragens der Brillen trat eine zunehmende Anpassung an die neue visuelle Welt auf, nicht nur die motor. Koordination wurde annähernd normal, viele Vpn gaben auch an, ihre Umwelt zeitweise wieder aufrecht wahrzunehmen. Kohler (1951), der Hauptvertreter dieses Methodenparadigmas, hat die verschiedenen Varianten des Experiments mit langen Gewöhnungszeiten bis über 60 Tage durchgeführt; neben der prismat. Verzerrung u. der horizontalen o. vertikalen Umkehrung der Netzhaut verwendete er auch Prismen, die eine Farbseparation bewirkten o. Teile des Gesichtsfelds in einer bestimmten Farbe einfärbten. Er beobachtete Adaptationsprozesse wie eine Begradigung von Linien u. Kanten, die durch das Prisma gekrümmt wurden, sowie das langsame Verschwinden von Farbrändern, die durch die unterschiedl. Lichtbrechung im Prisma zustande kamen; sogar so komplexe Prozesse wie die Farbseparation wurden nach einiger Zeit korrigiert. Die Nacheffekte dauerten in diesen Fällen länger als bei den anderen Prismen; so zeigen sich bspw. bei einer Brille, die die linke Hälfte des Gesichtsbildes in einem blauen u. die rechte Hälfte in einem gelben Farbton erscheinen ließ, nach einigen Wochen eine vollständige Anpassung, d. h. die wahrgenommene Umwelt wies die normalen Farbverhältnisse auf; nach Abnehmen der Brille erschienen die beiden Gesichtshälften dann für einige Tage in den Gegenfarben der Farbtöne. Kohler fand auch einen Effekt, bei dem sich keinerlei Anpassung zeigte: Prismen, die eine spezielle Farbseparation erzeugten, bei der blaue Farbtöne dem Betrachter näher als gelbe u. rote erschienen; diese von Kohler als »Farbstereoeffekt« bezeichnete Wirkung, die die Tiefenwahrnehmung der Vpn wesentl. veränderte, blieb auch nach mehreren Wochen vollständig erhalten. In einem Experiment soll eine Vp mit Prismenbrille zwei Messpunkte vermittels einer Eisenkette auf kürzestem Wege verbinden. Diese Kette erscheint der Vp geradlinig, sie ist in Wirklichkeit gekrümmt; wird sie beim Versuch der Verbindung der Punkte nun objektiv gerade dargeboten, so erscheint sie der mit Brille sehenden Vp gekrümmt u. dabei länger; die Vp kommt niemals auf den Gedanken, ihre euklid.-geometr. Vorstellungen zu opfern, sondern gibt sofort die Mechanik preis, sie glaubt z. B. an eine Deformation der Kette durch Zug o. ein Kraftfeld. Kohler ist der Auffassung, dass darin eine direkte Veranschaulichung der Einsteinschen Äquivalenz von Geometrie u. Kraftfeld zum Ausdruck kommt.

LIT: Zum Überblick vgl. Kornheiser (1976); Howard (1978, 1982); Welch (1978); Heuer (1983); wichtige theoret. Ansätze sind enthalten in Hein u. Held (1962) u. in Hay u. Pick (1966); ein Überblick über neuere Forschungsaspekte der sensor.-motor. Adaptation ist Held (1986); vgl. auch Kohler (1966); zwei klass. Aufsätze sind Stratton (1896, 1897); zur Kritik vgl. Rock (1985).

◆ Campenhausen, C. v.: Die Sinne des Menschen. Stuttgart 1993; Dolezal, H.: Living in a world transformed: the perceptual and performatory adaption to visual distortion. New York 1982; Frisby, J. P.: Opt. Täuschungen. Augsburg 1989; Hay, J. C. u. Pick, H.: Visual and proprioceptive adaption to optical displacement of the visual stimulus. JExP 71, 1966, S. 150–158; Hein, A. u. Held, R.: A neural model for labile sensorimotor coordinations. In: Bernard, E. E. u. Kare, M. R. (Hg.): Biological prototypes and synthetic systems 1. New York 1962; Held, R. u. Hein, A.: Adaption of disarranged hand-eye coordination contingent upon re-afferent stimulation. PMS 8, 1958, S. 87–90; Held, R.: Plastizität sensor.-motor. Systeme. In: Ritter, M. (Hg.): Wahrnehmung u. visuelles System. Heidelberg 1986, S. 200–208; Heuer, H.: Bewegungslernen. Stuttgart 1983; Howard, I. P. u. Tempelton, W. B.: Human spatial orientation. London 1966; Howard, I. P.: Effects of exposure to spatially distorted stimuli. In: Walk, R. D. u. Pick, H. L. (Hg.): Perception and experience. New York 1978; Howard, I. P: Human visual orientation. Chichester 1982; Kohler, I.: Über Aufbau u. Wandlungen der Wahrnehmungswelt. Abhandlungen der Österr. Akademie der Wissenschaften, philosoph.-histor. Klasse, Wien 1951; Kohler, I.: Die Zusammenarbeit der Sinne u. das allg. Adaptationsproblem. In: Metzger, W. (Hg.): Wahrnehmung u. Bewußtsein. HP, 1. Bd., 1. Hlb. Göttingen 1966, S. 616–656; Kornheiser, A. S.: Adaption to lateraly displaced vision: a review. PBu 83, 1976, S. 783–816; Murch, G. M. u. Woodworth, G. L.: Wahrnehmung. Stuttgart 1978; Rock, I.: Wahrnehmung. Heidelberg 1985; Stratton, G.: Some preliminary experiments on vision without inversion of the retinal image. PR 3, 1896, S. 611–617; Stratton, G.: Upright vision and the retinal image. PR 4, 1897, S. 182–187; Welch, R. B.: Perceptual modification. New York 1978.

Proaktive Hemmung → Interferenz; → Hemmung.

Proaktive Interferenz → Interferenz.

Probabilistische Entscheidungstheorien → probabilistische Nutzenstheorien; → Entscheidungstheorien.

Probabilistische Informationsverarbeitung → Wahrscheinlichkeitsrevision.

Probabilistische Lerntheorien → mathematische Lerntheorien.

Probabilistische Nutzenstheorien [auch *probabilistische Wahltheorien, bzw. Entscheidungstheorien*]. Auch bei → *Entscheidungen unter Sicherheit*, bei denen also der Entscheider sicher weiß, was eintreten wird, können variierende bzw. fluktuierende Präferenzen auftreten, d. h., dass kein konstantes Entscheidungsvh. gegeben ist. Hierzu gibt es zwei grundsätzl. Lösungsansätze: (a) *Modelle konstanter Nutzenserwartungen* nehmen an, dass der grundsätzl. → Nutzen einer Entscheidung konstant bleibt u. die Inkonsistenzen eine Folge unkontrollierter augenblicklicher Schwankungen, wie z. B. der Aufmerksamkeit, sind. Wichtige solcher entscheidungstheoret. Modelle wurden von Luce (1959) entwickelt. (b) Die *Modelle stochast. Nutzenserwartungen*, also die p. N., nehmen an, dass die Inkonsistenz eine Folge inhärenter Zufallsprozesse ist, dass der eigentl. Entscheidungs- bzw. Wahlmechanismus zwar rein determinist. abläuft, sich der Nutzen aber durch probabilist. Schwankungen ständig verändert. Wichtige solcher Modelle wurden entwickelt von Becker u. a. (1963) u. Coombs (1964).

VD: Von den p. N., die konstanten Nutzen annehmen, ist das *Wahlaxiom* von Luce (1959) die bekannteste u. empir. am häufigsten geprüfte Theorie. Es besagt zweierlei: (a) Wenn die Menge der Alternativen zwei Alternativen enthält, von denen die eine vor der anderen immer bevorzugt wird, dann kann die nicht bevorzugte aus der Grundmenge der Alternativen entfernt werden, ohne dass sich die Wahlwahrscheinlichkeiten für die Alternativen ändern. (b) Wenn auf diese Weise alle mögl. Eliminierungen durchgeführt werden, gilt für diese Restmenge der Alternativen: Die Wahlwahrscheinlichkeiten für die Alternativen entsprechen den ursprüngl. Wahlwahrscheinlichkeiten. Dieses Axiom bestimmt z. B., dass die Wahrscheinlichkeit, aus einer Speisekarte Roastbeef zu wählen, gleich der Wahrscheinlichkeit ist, Roastbeef aus den angebotenen Fleischgerichten zu wählen, multipliziert mit der Wahrscheinlichkeit, überhaupt ein Fleischgericht zu wählen. Aus dem *Wahlaxiom* u. den Gesetzen der Wahrscheinlichkeitsrechnung leitete Luce zahlreiche interessante Konsequenzen ab; wichtig ist das sog. *Gesetz des konstanten Verhältnisses*; eine Darstellung findet sich in Coombs u. a. (1975); zu ps. Aspekten vgl. Feger u. Sorembe (1983).

◆ Becker, G. u. a.: Stochastic models of choice behaviour. BS 8, 1963, S. 41–55; Bock, R. D. u. Jones, L. V.: The measurement and prediction of judgment and choice. San Fransisco 1968; Coombs, C. H.: A theory of data. New York 1964; Coombs, C. H. u. a.: Mathemat. Ps. Weinheim 1975; Feger, H. u. Sorembe, V.: Konflikt u. Entscheidung. In: Thomae, H. (Hg.): Theorien u. Formen der Motivation. EP, C, IV, 1. Bd. Göttingen 1983, S. 536–712; Luce, R. D.: Individual choice behaviour. New York 1959; Thurstone, L. L.: The prediction of choice. PMe 10, 1945, S. 236–253.

Probabilistischer Funktionalismus [seltener *funktionalistischer Probabilismus*], eine → Wahrnehmungstheorie mit folgenden Grundideen: (a) Wahrnehmung ist *funktional* (→ Funktionalismus), d. h. sie dient nicht einfach einer Abbildung, sondern der Bewegungssteuerung u. Handlungsorientierung. (b) Wahrnehmung ist auf eine natürl. Umwelt ausgerichtet u. demgem. in artifiziellen Untersuchungssituationen, wie sie die herkömml. Wahrnehmungsps. bevorzugt hat, nicht adäquat zu erfassen. Das von Brunswik konzipierte Prinzip der *ökolog. Validität* besagt, dass ps. Prozesse in dem Zusammenhang untersucht werden sollen, in dem sie natürlicherweise stattfinden, da sie sich auf ihn evolutionär hin entwickelt haben; bei Verletzung dieses Prinzips ist nicht mit aussagekräftigen Ergebnissen zu rechnen. (c) Die Beziehung zw. Abbild u. der abgebildeten Außenwelt – in Brunswiks Terminologie: die Beziehung zw. *proximalem* u. *distalem* Reiz – ist eine unsichere, *probabilist.*, u. demgem. beinhaltet die Wahrnehmung einen Prozess des (hypothet.) Schließens, der sie von einem Reiz auf das dahinterstehende Ereignis führt. Brunswik steht mit diesen Annahmen in der Theorie der → unbewussten Schlüsse. Brunswiks *Linsenmodell* verdeutlicht diesen Probabilismus: Vom Reiz gehen quasi strahlenförmig verschiedene Ursachen aus, die durch die Verarbeitung des Wahrnehmungssystems wieder auf eine subjektive Repräsentation hin gebündelt werden; zur Darstellung des sog. *doppelten Linsenmodells* vgl. Gordon (1989). (d) Eine → Wahrnehmungstäuschung kann dadurch entstehen, dass aufgrund der Reizkonfiguration in der Person ein Informationsverarbeitungsprozess in Gang gesetzt wird, der im Allg. zu einer durchaus funktionalen Anpassungsleistung führt, aufgrund einer atyp. Reizstruktur jedoch zu einer fehlerhaften Objektwahrnehmung. Unter natürl. Umständen geschieht dies gem. der Theorie des p. F. allerdings selten, da aufgrund des Kontextes, in den ein wahrgenommenes Objekt eingebettet ist, meist genügend Zusatzinformationen vorhanden sind; viele Wahrnehmungstäuschungen seien Artefakte künstl. arrangierter Wahrnehmungssituationen. Auf dieser Basis wurden auch kulturvergleichende Studien unternommen, die z. B. gezeigt haben, dass Menschen, die in ihrer Lebensumwelt hauptsächl. rechte Winkel vorfinden, im Vergleich zu anderen Kulturen ein spezif. Wahrnehmungssystem ausgebildet haben, das dazu neigt, Wahrnehmung in Richtung auf solche Winkel hin zu idealisieren bzw. zu verzerren. Auch unsere Kulturtechnik, dreidimensionale Gebilde durch zweidimensionale Zeichnungen wiederzugeben, führe zu einer Tendenz, umgekehrt wiederum zweidimensionale Abbildungen dreidimensional zu interpretieren; vgl. hierzu Segall u. a. (1966). Ein weiteres Thema, das vom p. F. schwerpunktmäßig behandelt worden ist, ist das der → Personenwahrnehmung; vgl. schon die frühe Arbeit von Brunswik u. Reiter (1938).

◆ Brunswik, E. u. Reiter, L.: Eindrucks-Charaktere schematisierter Gesichter. ZfPs 142, 1938, S. 67–134; Brunswik, E.: Conceptual framework of psychology. International encyclopedia of unified science, 1, Nr. 10. Chicago 1952; Brunswik, E.: Perception and the representative design of psychological experiments. Berkeley 1956; Brunswik, E.: The conceptual focus of systems. In: Marks, H. (Hg.): Theories in contemporary psychology. New York 1963, S. 226–237; Gordon, I. E.: The theory of visual perception. Chichester 1989; Hamond, K. R. (Hg.): The psychology of Egon Brunswik. New York 1966; Petrinovich, L.: Probabilistic functionalism: a conception of research method. AmP 34, 1979, S. 373–390; Segall, M. H. u. a.: The influence of culture on visual perception. Indianapolis 1966.

Probabilistisches Diskriminationslernen → Diskriminationslernen.

Probabilistisches Paarassoziationslernen → Paarassoziationslernen.

Probabilistische Testtheorie → Psychodiagnostik.

Probabilistische Wahltheorien → probabilistische Nutzenstheorien.

Probability learning → Wahrscheinlichkeitslernen.

Probability matching → Wahrscheinlichkeitslernen.

Probability tracking → Wahrscheinlichkeitslernen.

Probereiz-Experiment → Sondierreiz-Experiment.

Probetechnik → Probeziffernaufgabe.

Probe-Wiedererkennungs-Technik → Probeziffernaufgabe.

Probeziffernaufgabe [auch *Probe-(Wiedererkennungs)-Technik*], eine → Gedächtnisprüfmethode: Den Vpn wird eine Liste von Items zum Lernen gegeben, danach ein *Probe-Item*, also z. B. eine Ziffer, u. sie müssen überprüfen, ob diese in der ursprüngl. gelernten Liste vorkommt; P. sind auch das Kernprinzip des Paradigmas der → Gedächtnisabsuche.

VD: (1) Bei einer *sequenziellen* P. müssen die Vp eine lange Itemliste lernen, länger als die Gedächtnisspanne, so dass es unmögl. ist, alle Items fehlerfrei zu produzieren; dann wird ein Item der Liste als Probe gegeben, die Vp wird instruiert, das nachfolgende Item zu nennen; da die Vp nicht weiß, welches Item geprüft wird, muss sie versuchen, alle Items zu behalten – die Items der Liste, die zw. der Darbietung eines Items in der Probeziffer liegen, dienen als Ablenkungsitems; das Verfahren ähnelt also der → Brown-Peterson-Technik; bei dieser Aufgabe zeigt sich ein ausgeprägter → Recency-Effekt; vgl. Kintsch (1982).

(2) *T*: Die Übersetzung »Probe-Ziffer« o. »Probe-Item«, ebenso wie »Probeziffernaufgabe« ist eine anglizist. Übersetzung des engl. »probe« u. sollte eigentl. besser mit »Sondier«-(Ziffer) übersetzt werden, wie dies z. B. bei Wessells (1984) geschieht.

◆ Kintsch, W.: Gedächtnis u. Kognition. Berlin 1982; Waugh, N. C. u. Norman, D. A.: Primary memory. PR 72, 1965, S. 89–104; Wessells, M. G.: Kognitive Psychologie. München 1984.

Probierbewegungen → Trial-and-error-Verhalten.

Problem → Problemlösen.

Probleme der Lokalisationsänderung → Problemlösen.

Problemidentifizierung → Problemlösungsphasen.

Problemkäfig [engl. *puzzle box*], eine von Thorndike (→ Verknüpfungstheorie) entwickelte Apparatur der experimentellen → Lernpsychologie: ein Käfig, der von dem Versuchstier (bei Thorndike v. a. Katzen) von innen entriegelt werden muss. Eine Weiterentwicklung stellt die → Skinner-Box dar. Bei Thorndikes P. kann im Unterschied zu den → Primatenversuchen Köhlers der verborgene Schließmechanismus nicht erkannt werden, ist einer → Einsicht also nicht zugänglich.

◆ Guthrie, E. R. u. Horton, G. P.: Cats in a puzzle box. New York 1946.

Problemkomplexität → Problemlösen.

Problemlösefertigkeiten → Problemlösen.

Problemlösen. Das Thema P. ist eines der Hauptforschungsgebiete der → Denkpsychologie. Prototyp. Bsp. für P. sind das Lösen von Denksportaufgaben u. mathemat. Problemen. Zur Konzeptionalisierung des Problembegriffs zieht die moderne Ps. meist das formale Begriffsinventar des Paradigmas der → Informationsverarbeitung heran, speziell das Kzpt. des → Problemraums. Klassischerweise wird ein *Problem* innerhalb der Ps. meist so definiert, dass *ein Ausgangszustand in einen Endzustand transformiert wird,* wb. eine *Barriere* bzw. ein *Hindernis* überwunden werden muss (Duncker 1935). (Fehlt die Barriere, ist also das Problem durch unmittelbaren Rekurs auf Regeln lösbar, wird oft von einer *Aufgabe* gesprochen.) Je nach Barrieretypen lässt sich eine Taxonomie von Problemtypen aufbauen; z. B. unterscheidet Greeno (1978) *Induktion einer Struktur, Transformation einer Situation, Umordnung von Elementen*; Dörner (1976) unterscheidet nach dem Bekanntheitsgrad der Mittel folgende Problemtypen: *Interpolationsbarriere* (Bsp.: die Umformung einer Gleichung in eine andere); *Synthesebarriere* (Bsp.: das Problem, aus sechs Streichhölzern vier gleichschenklige Dreiecke zu legen); *dialekt. Barriere* (Bsp.: ein regelgesteuertes Verfassen eines Gedichtes); *dialekt. u. synthet. Barriere* (Bsp.: freies Verfassen eines Gedichtes). Bisweilen wird unterschieden zw. *Anordnungsproblemen* u. *Transformationsproblemen*: Erstere bestehen aus Elementen, die der Problemlöser so anzuordnen hat, dass sie einem bestimmten Kriterium genügen, typ. Bsp. sind → Anagrammprobleme u. eine → Kryptoarithmetik. Letztere bestehen darin, dass ein vorgegebener Zustand in einen anderen transformiert wird; dabei lassen sich nach Greeno (1978) zwei Klassen unterscheiden: *Probleme der Lokalisationsänderung* (*move-problems*) u. *Änderungsprobleme* (*change-problems*); typ. Bsp. sind der → *Turm von Hanoi*, das *Missionare-u.-Kannibalen-Problem* (vgl. Jülisch u. Krause 1976) u. → *Wasserumschütt-Aufgaben*, die zu den ältesten Untersuchungsparadigmen der Denkps. gehören; vgl. zsfd. Schaefer (1985). *Anagrammprobleme* sind typ. für den lerntheoret. Ansatz. Der *Turm von Hanoi* ist ein typ. Bsp. für den bisweilen als *prozessorientiert* bezeichneten Ansatz, also dem Versuch, die »unsichtbaren« Denkprozesse zu operationalisieren. Klass. gewordene Denksportaufgaben wurden auch innerhalb der → Gestalttheorie (s. u.) entwickelt. Innerhalb der Forschungstradition der → genetischen Epistemologie sind die sog. *Invarianzaufgaben* wichtig geworden, also Versuche, bei denen eine bestimmte Stoffmenge, z. B. Wasser o. Knet, in andere Formen gegossen bzw. geknetet wird u. die Vp., meist ein Kind, entscheiden muss, ob es sich noch dieselbe Menge handelt; vgl. zum Überblick Ginsburg u. Opper (1985); vgl. das Stw. → Invarianzkonzept. Von großer histor. Bedeutung sind auch die → Primatenversuche, die v. a. W. Köhler innerhalb der Tradition der gestalttheoret. Problemlösungsps. mit Schimpansen durchgeführt hat, weiteres s. d.; ähnl. Versuche wurden von Thorndike mit seinem → Problemkäfig durchgeführt. Im Paradigma → komplexes Problemlösen beschäftigt man sich mit Analysen hochkomplexer Problemlöseprozesse, die sich beim Handeln in computersimulierten Umwelten ergeben. Eines der wichtigsten Forschungsgebiete – bisweilen als eigenes Paradigma neben das Paradigma P. gestellt – war die Untersuchung der Art u. Weise, wie Menschen mit Problemen der Logik umgehen; → logisches Schlussfolgern; s. a. die Stw. → mathematisches Denken, → induktives Denken.

Die Ps. analysiert die kognitiven Prozesse beim P., v. a. die typ. → Problemlösungsphasen, Strategien u. → Heurismen, die Menschen verwenden, auch die typ. Hindernisse u. Schwierigkeiten beim P.: → Problemlösungs-Einstellung; funktionale Gebundenheit (s. u.); → Atmosphäreneffekt. Des Weiteren versucht sie grundlegende *Problemlösungsfähigkeiten* zu identifizieren; zum Überblick vgl. Greeno (1978).

TH: (1) In behaviourist. bzw. lerntheoret. Sicht wird P. v. a. auf → Trial-and-error-Verhalten zurückgeführt. Während dieses Vhs. wird die *Reaktions-* bzw. *Gewohnheitshierarchie* umstrukturiert: Wenn die ursprüngl. an der Spitze dieser Hierarchie stehende dominante Reaktion nicht erfolgreich ist, wird das Individuum Suchreaktionen durchführen, die Lernprozesse beinhalten, die diese Reaktionshierarchie verändern. Eine bes. Rolle spielen hierbei Prozesse der → Generalisation u. der → Mediation. Beispielhaft für einen elaborierten lerntheoret. Ansatz ist die Anagrammforschung (Mayzner u. Tresselt 1962, 1966) u. das Paradigma *Originalitätstraining* (Maltzman 1960), wb. es darum geht, Reaktionshierarchien zu verändern. Ein moderner assoziationstheoret. Ansatz ist Berlyne (1965). (2) Die wichtigste klass. Theorie des P. war die der → Gestalttheorie, die eine Übertragung der auf dem Wahrnehmungsgebiet gefundenen → Gestaltgesetze auf den denkps. Bereich versucht: Ein Problem sei eine → Gestalt, der eine Tendenz zur *Umstrukturierung* auf eine *gute Gestalt* immanent ist (→ Prägnanz). Dieser Umstrukturierungsprozess geht mit einem Erlebnis der → Einsicht einher; zum Überblick über erleichternde u. erschwerende Bedingungen dieses Prozesses vgl. Bergius (1964). Aus diesem Grundansatz heraus entstand das Kzpt. der *funktionalen Gebundenheit* (Duncker 1935); es kennzeichnet die Tatsache, dass bestimmte Gegenstände ein vorgegebenes fixiertes Verwendungspotential besitzen, das nur schwer transzendiert werden kann. Die Schwierigkeiten der Vpn beim *Kerzenproblem* (s. u.) beruhen z. B. darauf, dass die Schachtel nur als Behälter u. nicht als Träger für einen Gegenstand gesehen wird, ähnl. beim *Seilproblem* (s. u.). Vgl. zum Überblick über Experimente zur funktionalen Gebundenheit u. zu ihrem Gegenteil, der Flexibilität gegenüber Dingen u. Tätigkeiten, Duncan (1959). Von Duncker sind des Weiteren v. a. bestimmte Phasen bzw. *heurist. Methoden* des P. herausgearbeitet worden: Die *Situationsanalyse* versucht, das Problem zu lokalisieren; ihr wichtigster Bestandteil, die *Materialanalyse*, macht kenntl., was von dem Gegebenen zur Lösung verwendbar ist o. nicht; die *Konfliktanalyse* versucht die Hinderungsgründe bei der Zielerreichung zu erkennen; die *Zielanalyse* stellt die Frage: »Was ist gefordert u. was nicht?«, sie bringt in Verbindung mit der Konfliktanalyse den *Funktionalwert* der Lösung hervor, ein dem Funktionalwert entsprechender Gegenstand o. eine entsprechende Operation wird in einem *Suchmodell* konzipiert, dieses Suchmodell tritt in Kontakt mit der realen Situation, es kommt zu einer *Resonanz* u. zu einer *Ausfällung des Gemeinsamen*, wodurch die Lösung generiert wird. Wertheimer (1945) arbeitet folgende Heurismen heraus: *Gruppieren*, *Umordnen*, *Zentrieren*; bei Selz (1922) finden sich: begriffl. *Überordnung*, *Unterordnung* o. *Nebenordnung*. (3) Dominierend sind gegenwärtig → Informationsverarbeitungs-Modelle, eine Adaptation von Modellen der → künstlichen Intelligenz. Typ. für diese Ansätze sind Programme zur Computersimulation von Denkprozessen; klass. ist der → *General Problem Solver* (Newell u. Simon 1972; vgl. auch Simon 1979). Ein protagonist. dt. Werk zur (weiterführenden) Rezeption des Informationsverarbeitungsansatzes war Dörner (1976); vgl. auch Dörner (1974). Diese neuere Forschung u. Theorienbildung zum P. thematisiert bes. das Verhältnis von Denken u. Wissen, ein Aspekt, der sowohl von behaviourist. wie von gestalttheoret. Seite vernachlässigt worden ist. Wissen kann das P. dadurch fördern, dass es ihm problemrelevante Fakten zur Verfügung stellt u. zu einer konkreteren Repräsentation des Problems beitragen kann (→ Bereichseffekt), wb. ein eigenes Problem die Frage der Verfügbarkeit dieses Wissens ist; s. hierzu das Stw. → Instruktionseffekt; s. auch das Stw. → Kreativität; vgl. hierzu Putz-Osterloh (1988). Aus diesem Ansatz heraus hat sich eine spezielle → Wissenspsychologie konstituiert. Während ältere kognitionstheoret. Ansätze alle Prozesse vernachlässigten, bei denen ein Problemlöser mit einer Problemumwelt interagiert, u. des Weiteren meist nur begrenzte Probleme anhand einer homogenen Population mit einer reduzierten Zeitskala erforschten, erweiterte die neuere Forschung diesen Ansatz: (a) Es wurden zunehmend Situationen mit offenen Ausgangs- u. Zielzuständen in realen bzw. simulierten Anwendungsfeldern analysiert, v. a. im Paradimga des komplexen Problemlösens; (b) auch komplexe abstrakte Probleme, wie sie z. B. innerhalb der Naturwissenschaft auftreten, wurden thematisiert, v. a. im Paradigma → Expertise; (c) es wurden auch differentialps. Determinanten mit einbezogen, neben Persönlichkeitscharakteristika u. Intelligenz auch lösungsbezogene Determinanten u. Strategien. Durch diese Forschungsansätze hat sich das herkömml. Bild vom P. in wesentl. Aspekten geändert: Es muss nicht notwendigerweise eine interne Repräsentation des Problems aufgebaut werden, des Weiteren gibt es viele variierende Formen der Repräsentation, u. es ist schwer, generelle Strukturen herauszuarbeiten; auch bei quantitativen Problemen sind qualitative Repräsentationen von Bedeutung, selbst bei Experten, s. hier die Stw. → syllogistisches Schlussfolgern; → mentale Modelle. Des Weiteren ist es nicht so, dass erst ein Verständnis des Problems gegeben ist u. dann eine Lösung, sondern dass schon im Verstehensprozess Lösungsversuche mit impliziert sind. Zunehmend wird P. als ein Prozess gesehen, bei dem nicht so sehr eine *allg.* Problemlösefähigkeit wichtig ist, sondern sehr *spezif.* Heurismen; vgl. Rüppell u. a. (1987).

Die Problemlösungsforschung ist bisweilen begleitet von Trainingsprogrammen zur Förderung der Problemlösefertigkeiten; vgl. Glaser (1984); Seiler (1968), Smock (1981); zu neueren Ansätzen aus dem Paradigma Informationsverarbeitung vgl. Lüer (1973); Larkin (1980); Simon (1980); zu Implikationen für den naturwissenschaftl. Unterricht vgl. Frey u. Lang (1973). Die Effektivität dieser Trainingsprogramme ist bis heute umstritten; vgl. zum Überblick Klauer (1993) (s. hierzu auch die Lit. zum komplexen Problemlösen, das ebenfalls solche Versuche beinhaltet).

VD: Innerhalb der gestalttheoret. Ansätze zum P. sind eine Reihe klass. gewordener Denksportaufgaben entwickelt worden: (a) Das *Bestrahlungsproblem*: Duncker (1935) instruierte seine Vp., ein Verfahren zu finden, das geeignet ist, einen kranken Menschen von einer inoperativen Geschwulst zu befreien; nahegelegt wird die Verwendung von Strahlen, wb. jedoch zu beachten ist, dass diese auch gesundes Gewebe zerstören, was vermieden werden sollte. Duncker stellt die verschiedenen Lösungsversuche in einem Strukturbaum dar; s. Abb. *Denken 1a*. (b) Das *Kerzenproblem*: Die Vpn werden instruiert, eine Kerze an der Wand zu befestigen; es stehen zu diesem Zweck drei Kerzen, eine Anzahl von Streichhölzern u. eine Schachtel mit Reißbrettstiften zur Verfügung; der Lösungsweg besteht darin, dass zunächst die Schachtel mit Hilfe der Reißbrettstifte an der Wand befestigt und danach die Kerze auf die Schachtel gestellt wird; zündet man die Kerze vorher an u. lässt etwas flüssiges Wachs auf die Schachtel tropfen, so verbessert sich die Standfestigkeit. (c) *Die Seilaufgabe* von Maier (1931) verlangt von den Vpn zwei von der Decke hängende Seile miteinander zu verknüpfen, wb. die Schwierigkeit darin besteht, dass sie so weit auseinander platziert sind, dass man beide Enden nicht zugleich fassen kann. Zur Lösung ist ein Seilende mit einem Gegenstand zu beschweren, damit es zum Schwingen gebracht wird u. mit dem anderen verknotet werden kann. Hierfür stehen verschiedene Gegenstände zur Verfügung, die einmal in Vorversuchen für andere Zwecke verwendet wurden (z. B. Schalter für einen Stromkreis), während sie bei einer anderen Versuchsgruppe keine derartige Vorprägung erhalten. Es zeigt sich, dass die Objekte, die durch Vorprägung eine funktionale Gebundenheit erhalten haben, schwerer für eine Lösung herangezogen werden, bei der sie in ganz andere Funktionen eingesetzt werden müssen; s. o.; s. Abb. *Denken 1b*. (d) Weitere typ. Aufgaben sind *Streichholzprobleme*, wie sie v. a. von Katona (1940) verwendet wurden, bei denen Streichholzanordnungen in andere Anordnungen gem. definierter Regel überführt werden sollen (z. B.

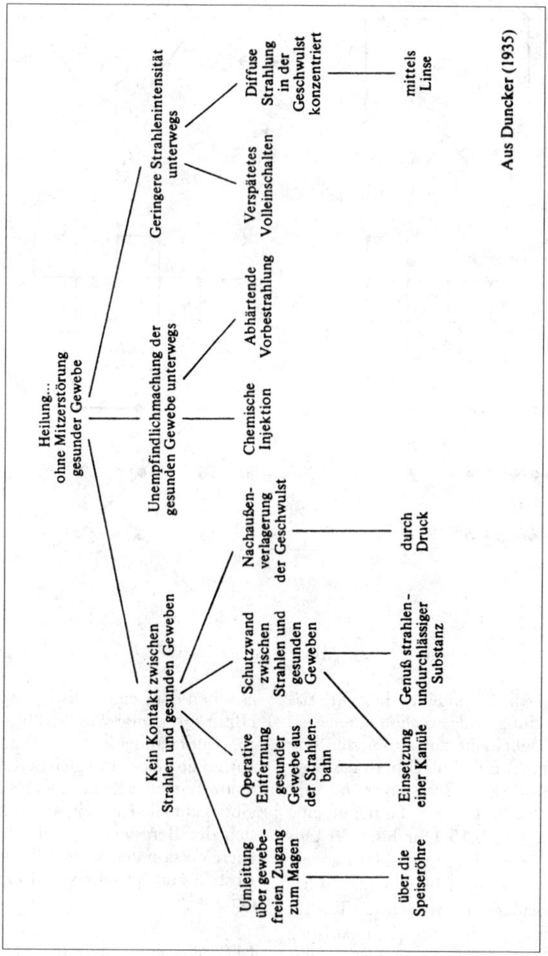

Abb. *Denken 1a*

fünf Quadrate in vier umzuwandeln, wb. nur drei Streichhölzer bewegt werden dürfen; s. Abb. *Denken 1c.*
Fillbrandt (1988) hat die Strategien der Vp bei solchen Streichholzaufgaben analysiert. (e) Auch das *Neun-Punkte-Problem* stellt ein typ. gestaltps. Untersuchungsparadigma dar. Die geforderte Leistung besteht darin, neun Punkte, die in der Form eines Quadrates angeordnet sind (der neunte Punkt befindet sich in der Mitte), mit vier geraden Strichen – ohne abzusetzen – zu verbinden; s. Abb. *Denken 1d.* Die Schwierigkeit besteht jeweils darin, sich von einer bestimmten vorgegebenen Wahrnehmung zu lösen, im Falle des Neun-Punkte-Problems von der Quadratwahrnehmung, zu der nach Auffassung der Gestalttheorie das menschl. Individuum bei der Wahrnehmung der Punktekonfiguration tendiert;

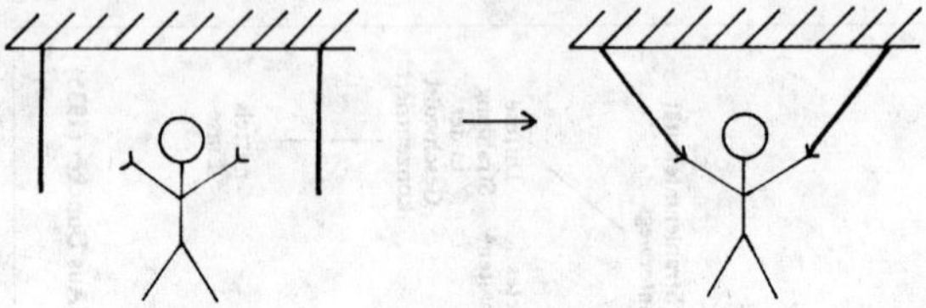

Abb. *Denken 1b*

Abb. *Denken 1c*

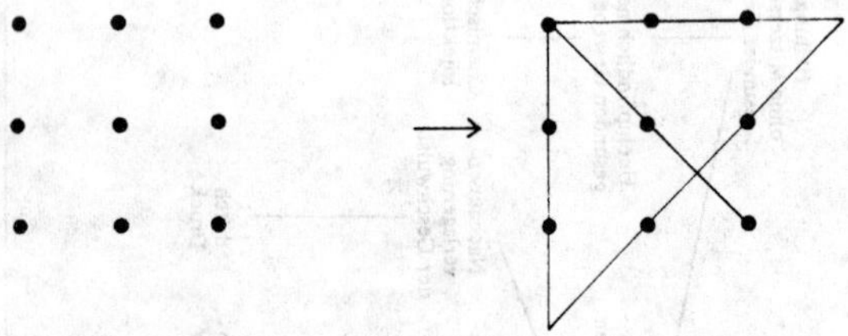

Abb. *Denken 1d*

erst wenn diese aufgebrochen ist, das Wahrnehmungsfeld also *umstrukturiert* ist, ist die Möglichkeit zur Problemlösung geschaffen. (f) Ein ähnl. Bsp. ist das *Bergsteigerproblem*: Ein Bergsteiger beginnt morgens um sechs eine Tour auf eine Berghütte; von 9.15 Uhr bis 9.30 Uhr macht er eine Pause, um 12.00 Uhr erreicht er sein Ziel, er übernachtet in der Hütte u. macht sich am nächsten Tag auf den Rückweg, der mit dem Aufstieg ident. ist; er hat es nicht eilig u. pausiert zw. 8.30 Uhr u. 9.00 Uhr sowie zw. 10.15 Uhr u. 10.30 Uhr; um 12.00 Uhr erreicht er wieder seinen Startpunkt vom Vortag. Gibt es einen Punkt auf der Strecke, auf dem er sich zum gleichen Zeitpunkt sowohl während des Auf- als auch des Abstiegs befand? Dieses Problem weist für die meisten Personen einen erhebl. Schwierigkeitsgrad auf, kann jedoch einer überraschenden Lösung zugeführt werden, wenn es gelingt, es so umzustrukturieren, dass man Auf- u. Abstieg auf den gleichen Tag legt: Steigt am gleichen Tag eine Person vom Tal zur Hütte auf u. eine von der Hütte zum Tal ab, benutzen beide den gleichen Weg u. starten sie beide zum gleichen Zeitpunkt, so treffen sie sich in jedem Falle; folgl. gibt es auf alle Fälle einen Punkt, an dem sich der Bergsteiger (in der ursprünglichen Version der Aufgabe) beim Auf- u. Abstieg zum gleichen Zeitpunkt befindet.

LIT: Vgl. zum Überblick Hussy (1981, 1984); Krause (1982); Mayer (1979); Brander u. a. (1983); Greeno (1978); Simon (1978); vgl. auch die Thesen Funkes (1984); zum Überblick über praxisorientierte Ansätze vgl. Neber (1987); Gregg (1974) ist eine Referatsammlung zum Thema; wichtige Arbeiten zu grundlegenden Problemlösungsfähigkeiten bzw. kognitiven Basisoperationen sind: Feldhusen u. a. (1972); Lüer (1973); Lompscher (1972); Carroll (1976); vgl. auch Dörner (1976); Nilsson (1980) stellt Verfahren der künstl. Intelligenz zum P. dar; zum Verhältnis von P. u. Intelligenz vgl.

Putz-Osterloh (1981); eine wichtige entwicklungsps. Theorie mit problemlösungstheoret. Kzpt. ist Case (1985); zum Überblick über ähnl. Theorien vgl. Flammer (1988); zu Problemlösungsansätzen in der Psychotherapie vgl. zsfd. Kämmerer (1987) u. Krause u. Simons (1981); zum P. in sozialen, menschl. u. persönl. bedeutsamen Bereichen vgl. Dittmann-Kohli (1987); zur Störung des P. bei verschiedenen klin. Gruppen vgl. King u. Phillips (1985) u. Dobson u. Dobson (1981); für die Bedeutung von Emotionen für Problemlösung vgl. z. B. Mandl u. Huber (1983); vgl. auch Hesse u. Gerrards (1989) sowie Stäudel (1987); speziell zur Wirkung guter Laune auf das P. vgl. Abele-Brehm (1989); für eine problemlösungstheoret. Konzeption von Entscheidungsprozessen mit dem Zentralkzpt. der → Entscheidungsheuristik vgl. Huber (1982).

◆ Abele-Brehm: Problemlösungsfördernde u. -beeinträchtigende Wirkungen guter Laune. In: Schönpflug, W. (Hg.): Bericht über den 36. Kongreß der Dt. Ges. für Ps. in Berlin 1988, 1. Bd., Göttingen 1989, S. 10ff.; Aebli, H.: Denken, das Ordnen des Tuns, 2 Bde. Stuttgart 1980/81; Anderson, B. F.: The complete thinker. Englewood Cliffs 1980; Anderson, J. R.: Kognitive Ps. Heidelberg 1988; Bergius, R. (Hg.): Lernen u. Denken. HP, 1. Bd., 2. Hlb. Göttingen 1964; Berlyne, D. E.: Structure and direction in thinking. New York 1965; Bourne, L. E. u. a.: The psychology of thinking. Englewood Cliffs 1971; Brander, S. u. a.: Denken u. Problemlösen. Opladen 1983; Carroll, J. D.: Psychometric tests as cognitive tasks. In: Resnick, L. B. (Hg.): The nature of intelligence. Hillsdale 1976, S. 27–56; Case, R.: Intellectual development. New York 1985; Davis, G. A.: Current status of research and theory in human problem solving. PBu 66, 1966, S. 36–54; Dittmann-Kohli, F.: Die Vermittlung von Situations- u. Handlungswissen als Schlüssel zur Verbesserung berufl. u. außerberufl. Lebensbewältigung. In: Neber (1987), S. 240-262; Dobson J. G. u Dobson, K. S.: Problem-solving strategies of depressed and nondepressed college students. CRT 5, 1981, S. 237–249; Dörner, D.: Die kognitive Organisation beim Problemlösen. Bern 1974; Dörner, D.: Problemlösen als Informationsverarbeitung. Stuttgart 1976; Duncan, C.: Recent research on human problem solving. PBu 56, 1959, S. 397–429; Duncker, K.: Zur Ps. des produktiven Denkens. Berlin 1935; Feldhusen, J. F. u. a.: Development of the Purdue Elementary Problem Solving Inventory. PRep 31, 1972, S. 891–901; Fillbrandt, H.: Die Logik der Entdeckung des Lösungswissen bei Katoanaschen Streichholzproblemen. SK 7, 1988, S. 51–65; Flammer, A.: Entwicklungstheorien. Bern 1988; Frey, K. u. Lang, M. (Hg.): Kognitionsps. u. naturwissenschaftl. Unterricht. Bern 1973; Fuchs, A.: Sprache u. log. Denken. Theoret. u. experimentelle Untersuchungen zum transitiven Schließen. Frankfurt/M. 1983; Funke, J.: Diagnose der westdeutschen Problemlöseforschung in Form einiger Thesen. SuK 3, 1984, S. 159–172; Funke, J.: Komplexes Problemlösen. Berlin 1986; Getzels, J. W.: Creative thinking, problem solving and instruction. In: Hilgard, E. R. u. Richey, H. G. (Hg.): 63. Yearbook of the National Society for the Study of Education. Chicago 1964, S. 240–267; Getzels, J. W.: Problem finding: a theoretical note. CS 3, 1979, S. 167–172; Ginsburg, H. J. u. Opper, S.: Piagets Theorie der geistigen Entwicklung. Stuttgart 1985; Glaser, R.: Education and thinking – the role of knowledge. AmP 39, 1984, S. 93–104; Greeno, J. G.: The Nature of problem-solving abilities. In: Estes, W. K. (Hg.): Handbook of learning and cognitive processes, Bd. 5. Hillsdale 1978, S. 239–270; Gregg, L. W. (Hg.): Knowledge and cognition. Hillsdale 1974; Guilford, J. P.: The nature of human intelligence. New York 1967; Hayes, J. R.: Cognitive Psychology. Homewood 1978; Hesse, F. W.: Aufbau der Wissensrepräsentation in Problemlösesituationen u. Mechanismen der Problembearbeitung Entwicklung einer Perspektive. Göttingen: Arbeitsbericht Nr. 6 der Abtlg. für Allg. Ps. u. Methodenlehre des Instituts für Ps. der Georg-August-Universität Göttingen 1963; Hesse, F. u. Gerrards, A.: Zur Wirkung emotionaler Belastung auf das Verständnis u. die Lösung von Problemen. In: Roth, E. (Hg.): Denken u. Fühlen. Berlin 1989, S. 98–113; Huber, O.: Entscheiden als Problemlösen. Bern 1982; Hussy, W.: Zur Frage der Beteiligung von Lern- u. Gedächtnisprozessen an komplexen menschl. Informationsverarbeitungen u. Prozessen. Trierer Ps. Berichte 8, Heft 5, 1981; Hussy, W.: Denkps., 1. Bd. Stuttgart 1984; Hussy, W.: Denkps., 2. Bd. Stuttgart 1986; Jackson, P.: Introduction to expert systems. Reading 1986; Jäger, A. O.: Intelligenz-Strukturforschung: Konkurrierende Modelle, Neuentwicklungen, Perspektiven. In: Lüer, G. (Hg.): Bericht über den 33. Kongreß der Dt. Ges. für Ps. in Mainz 1982. Göttingen 1983, S. 339–353; Johnson, N. F.: A systematic introduction to the psychology of thinking. New York 1972; Jülisch, B. u. Krause, W.: Semant. Kontext u. Problemlöseprozesse. In: Klix, F. (Hg.): Ps. Beiträge zur Analyse kognitiver Prozesse. Berlin (Ost) 1976, S. 274–301; Kämmerer, A.: Die therapeut. Strategie »Problemlösen« in der therapeut. Beratung. In: Neber (1987), S. 287–315; King, S. u. Phillips, S.: Problem-solving characteristics of process and reactive schizophrenics and affective disorder patients. JAbP 94, 1985, S. 17–29; Katona, G.: Organizing and memorizing. New York 1940; Klauer, K. J. (Hg.): Training des induktiven Denkens. In: KLAUER, K. J. (Hg.): Kognitives Training. Göttingen 1993, S. 141–165; KRAUSE R. u. SIMONS, D.: Problemlösen – eine Analyse des Kzpts. u. seine Anwendung in der Psychotherapieforschung. ZKP 10, 1981, S. 265–280; KRAUSE, W.: Problemlösen – Stand u. Perspektiven. Teil I u. II. ZfPs 190, 1982, S. 17–36; LARKIN, J. H.: Teaching problem solving in physics: the psychological laboratory in the practical classroom. In: TUMA, D. T. u. REIF, F. (Hg.): Problem-solving in the education: issues in teaching and research. Hillsdale 1980, S. 111–126; LOMPSCHER, H. J. (Hg.): Theoret. u. experimentelle Untersuchungen zur Entwicklung geistiger Fähigkeiten. Berlin (Ost) 1972; LÜER, G.: Anwendung von Problemlösestrategien im Schulunterricht. In: FREY u. LANG (1973), S. 132–145; LÜER, G.: Gesetzmäßige Denkverläufe beim Problemlösen. Weinheim 1973; MAIER, N. R. F.: The reasoning in humans: II. The solution of a problem and its appearance in consciousness. JCPs 12, 1931, S. 181–194; MALTZMAN, I.: On the training of originality. PR 67, 1960, S. 229–242; MANDL, H. u. HUBER, G. L. (Hg.): Emotion u. Kognition. München 1983; MAYER, R. E.: Denken u. Problemlösen. Berlin 1979; MAYZNER, M. S. u. TRESSELT, M. E.: Anagram solution times: a function of word transition probabilities. JExP 63, 1962, S. 510–513; MAYZNER, M. S. u. TRESSELT, M. E.: Anagram solution times: a function of multiple solution anagramms. JExP 71, 1966, S. 66–73; NEBER, H. (Hg.): Angewandte Problemlöseps. Münster 1987; NEWELL, H. A. u. SIMON, H. A.: Human problem solving. Englewood Cliffs 1972; NILSSON, N. J.: Principles of artificial intelligence. Palo Alto 1980; OSTERLOH, M.: Handlungsspielräume u. Informationsverarbeitung. Bern 1983; PUTZ-OSTERLOH, W.: Problemlöseprozesse u. Intelligenztestleistung. Bern 1981; PUTZ-OSTERLOH, W.: Wissen u. Problemlösen. In: MANDL, H. u. SPADA, H. (Hg.): Wissensps. München 1988, S. 247–263; REITMAN, W. R.: Heuristic decision procedures, open constraints and the structure of ill-defined problems. In: SHELLYII, M. W. u. BRYAN, G. L. (Hg.): Human judgements and optimality. New York 1964, S. 282–315; RELEY, M. S. u. a.: Development of childrens problem solving ability. In: GINSBURG, H. (Hg.): The development of mathematical thinking. New York 1983; RÜPPELL, H. u. a.: Problemlösen – allgemein o. spezifisch? In: NEBER (1987), S. 173–192; SCHAEFER, A. E.: Denken. Berlin 1985; SEILER, T. B.: Die Reversibilität in der Entwicklung des Denkens. Stuttgart 1968; SELZ, O.: Zur Ps. des produktiven Denkens u. des Irrtums. Bonn 1922; SIMON, H. A.: Information-processing theory of human problem solving. In: ESTES, W. K. (Hg.): Handbook of learning and cognitive processes. Hillsdale 1978; SIMON, H. A.: Information processing models of cognition. ARP 30, 1979, S. 363–396; SIMON, H. A.: Cognitive science: the newest science of the artificial: CS 4, 1980, S. 33–46; SIMON, H. A.: Search and reasoning in problem solving. ArI 21, 1983, S. 7–29; SMOCK, C. D.: Constructivism and educational practices. In: SIEGEL, J. E. u. a. (Hg.): New directions in Piagetian theory and practice. Hillsdale 1981, S. 51–69; SPEEDIE, S. M. u. a.: Classification and evaluation of problemsolving tasks. Contemporary Educational Psychology 1, 1976, S. 52–74; STÄUDEL, T.: Problemlösen, Emotion u. Kompetenz. Regensburg 1987; THURSTONE, L. L.: Primary mental abilities. PMM Nr. 1. 1938; WERTHEIMER, M.: Productive thinking. New York 1945.

Problemlösungs-Einstellung

[engl. *problem-solving-set*], die Tendenz, beim → Problemlösen an einem einmal als erfolgreich erkannten Lösungsweg festzuhalten, was förderl. im Sinne einer ökonom. u. schnellen Problemlösung, aber auch hinderl. sein kann, da es dem Entdecken neuer u. evtl. effizienterer Lösungsmethoden im Wege steht (*Negativ-Transfer*). Klass. sind die *Wasserumschüttaufgaben* bzw. *Wasserglasaufgaben* von Luchins u. Luchins (1950), bei denen die Vp eine geforderte Wassermenge in einem Gefäß durch Umschütten aus anderen Gefäßen mit einem bestimmten Fassungsvermögen herstellen soll. Dabei erweist sich bei den ersten Aufgaben eine bestimmte Sequenz als sinnvoll, während bei späteren Aufgaben ein anderes Prinzip besser ist. Bartlett (1958) stellte beim Experimentieren mit kryptoarithmet. Aufgaben einen ähnl. Effekt fest; s. a. das Stw. → funktionale Gebundenheit. Im Zusammenhang mit der P. wurde die → *Erkenntnis von Baruch* formuliert, vgl. auch → *Sevareids Gesetz*.

VD: Details zu den Wasserumschüttaufgaben (vgl. Abb. *Denken 11*): Gegeben sind drei Krüge A,B,C, bspw. mit einem Fassungsinhalt von 21, 127 u. 3 l; die abzufüllende Wassermenge beträgt 100. Diese Menge kann dadurch erzeugt werden, dass man B füllt u. davon 21 l mit Hilfe des Krugs A wegnimmt, dann noch 2 mal 3 l mit Hilfe des Krugs C weg-

Aufgabe	Krüge folgenden Inhalts vorhanden			Abzufüllende Wassermenge
	A	B	C	
1.	29	3		20
2. E 1	21	127	3	100
3. E 2	14	163	25	99
4. E 3	18	43	10	5
5. E 4	9	42	6	21
6. E 5	20	59	4	31
7. K 1	23	49	3	20
8. K 2	15	39	3	18
9.	28	76	3	25
10. K 3	18	48	4	22
11. K 4	14	36	8	6

Aus Luchins (1942)

Abb. *Denken 11*

nimmt. Dieses Lösungsprinzip B – A–2C erweist sich als sinnvoll für die Aufgaben Nr. 2 bis 11 (Nr. 1 ist ein Einübungsbsp.). Die Aufgaben 7, 8, 10 u. 11 waren krit., da sie entweder mit Hilfe einer kürzeren, effektiveren Methode (A–C o. A+C) o. mit Hilfe der längeren (B–A–2C) wie bei 2 bis 6 gelöst werden konnten. Die Aufgabe 9 war eingeschoben worden, damit sich die Vp von ihrer schon mechan. Reaktionsweise »erholen« konnten, weil hier die Formel B–A–2C nicht angewendet werden konnte. Eine Gruppe sollte nacheinander die Aufgaben Nr. 2 bis 11 beantworten, eine 2. Gruppe die Fragen Nr. 7 bis 11. Ergebnis: Die 2. Gruppe kam fast immer auf die kurze, die effektivere Lösungsmethode, während die erstere Gruppe häufig die längere, auf einer P. beruhende Methode wählte, selbst bei den Fragen 10 u. 11.

◆ Bartlett, F. C.: Thinking. London 1958; Luchins, A. S. u. Luchins, E. H.: New experimental attempts at preventing mechanization in problem solving. JGP 42, 1950, S. 279–297; Luchins, A. S.: Mechanization in problem solving. PM 54, 1942.

Problemlösungsphasen. Ein wichtiges Thema in der Ps. des → Problemlösens ist die Frage, ob es typ. Stufen u. Abläufe gibt; eine auf den Mathematiker Poincaré zurückgehende Gliederung, die von Wallas (1926) u. Hadamard (1945) in die Ps. eingeführt worden ist, beinhaltet folgende P.: (a) *Präparation* (Problemidentifizieren, Suchvh. differenzieren); (b) → *Inkubation*; (c) *Illumination* (→ Aha-Erlebnis); (d) *Evaluation*; (e) *Ausführung*. Die Grundlogik dieses Modells zieht sich auch durch andere Theorien; ein klass. Stufenmodell stammt von Dewey (1910); von nichtps. Seite wurde ein P.-Kzpt. von dem Mathematiker Polya (1945) entwickelt; aus therapeut. Sicht von D'Zurilla u. Goldfried (1971); wichtige Ansätze stammen von der → Gestalttheorie.

◆ Dewey, J.: How we think. Boston 1910; Hadamard, J.: The psychology of invention in the mathematical feel. Princeton 1945; Poincaré, H.: The foundations of science. New York 1929; Polya, G.: How to solve it. Princeton 1945; Wallas, G.: The art of thought. New York 1926; D'Zurilla, T. J. u. Goldfried, M. R.: Problem solving and behaviour modification. JAbP 78, 1971, S. 107–126.

Problemlösungsstufen → Problemlösungsphasen.

Problemlösungs-Trainingsprogramme → Problemlösen.

Problemraum, aus der → künstlichen Intelligenz in die Ps. übernommenes Kzpt.: im formalen Sinne die Darstellung des Problems, also der gegebenen Informationen u. mögl. Lösungswege, im ps. Sinne die Repräsentation eben dieser Strukturen. Der P. beinhaltet v. a. die Menge der Objekte u. die darauf anzuwendenden Operationen bzw. Operatoren. → Problemlösen wird häufig als *Absuchen eines P.* beschrieben, der aus verschiedenen Problemzuständen besteht. Der Teil des P., von dem aus der Problemlöser zielgerichtet Veränderungen mit den ihm verfügbaren Operatoren vornehmen kann, wird als *Suchraum* bezeichnet. Bei gegebenem Anfangszustand gibt es viele Wege, die man auswählen kann, um den Zustand zu verändern; die Operatoren beim Problemlösen lassen sich dadurch charakterisieren, dass sie einen Zustand des P. in einen anderen überführen. Mit dem Begriff *P.* kann man also deskriptiv die potentiellen Schritte charakterisieren, die der Problemlösende unternehmen kann. Die Theorie des P. befasst sich größtenteils damit, diejenigen Prinzipien zu identifizieren, die den Suchprozess im Problemraum steuern, also z. B. die Art u. Weise, wie Vpn ihre Teilziele auswählen, wenn das Gesamtziel nicht auf direktem Wege erreichbar ist.

HI/WÜ: Das Kzpt. des Absuchens eines P. wurde von Newell u. H. Simon (1972) entwickelt u. beherrscht heute in der kognitiven Ps. die Analyse des Problemlösens.

LIT: Vgl. zum Überblick Anderson (1988); Jackson (1986); ein Bsp. für die Darstellung des Problemlösungsprozesses anhand einer Lösung des → Turms von Hanoi geben Lüer u. Spada (1990).

◆ ANDERSON, J. R.: Kognitive Ps. Heidelberg 1988; LÜER, G. u. SPADA, H.: Denken u. Problemlösen. In: SPADA, H. (Hg.): Lehrbuch der Allg. Ps. Bern 1990, S. 189–280; JACKSON, P.: Introduction to expert systems. Reading 1986; NEWELL, A. u. SIMON, H.: Human problem solving. Englewood Cliffs 1972.

Problemschwierigkeit → Problemlösen.

Produktionsaufgabe [engl. *production tasks*], eine Methode der Gedächtnis- bzw. Denkps., bes. zur Analyse des → semantischen Gedächtnisses bzw. zur Wissensdiagnose; Bsp.: »Nenne einen Vogel, der gelb ist!« o. »Nenne einen Vogel, der mit K beginnt!«, aus der → Reaktionszeit zur Lösung der P. werden die Strukturen des semant. Gedächtnisses erschlossen; Weiteres s. die Stw. → Aktivationsausbreitungstheorie; → Satzverifikationsaufgaben.

◆ CANTOR, N. u. MISCHEL, W.: Prototypes in person perception: In: BERKOWITZ, L. (Hg.): Advances in experimental social psychology, 12. Bd., S. 3–52.

Produktionsdefizit → Metagedächtnis.

Produktionsregel → produktionssystemtheoretische Wissensrepräsentation.

Produktionssystem → produktionssystemtheoretische Wissensrepräsentation.

Produktionssystemtheoretische Wissensrepräsentation → Wissensrepräsentation auf der Basis von *Produktionssystemen*. Produktionssysteme (auch *Produktionsregeln*, *Semi-thue-Systeme*) sind ein formales Modell aus der → künstlichen Intelligenz zur Computersimulation von → Wissen. Sie bestehen, vereinfacht gesagt, aus Handlungsanweisungen: Eine einzelne *Produktion* ist eine Wenn-Dann-Formel, dabei spezifiziert die linke Seite einer Produktion die Testbedingung, die mit dem Inhalt des Datenspeichers verglichen werden, die erfüllt (»wahr«) sein muss, damit die auf der rechten Seite der Produktion angegebenen Aktionen ausgeführt werden können. Produktionssysteme bestehen also aus handlungsbezogenen Wenn-Dann-Anweisungen: *Wenn eine bestimmte Bedingung gegeben ist, dann soll eine bestimmte Aktion erfolgen.* Anderson (1988) nennt als Bsp. für eine Produktion: *WENN das Ziel darin besteht, ein Auto mit Schaltgetriebe zu fahren, u. der erste Gang eingelegt ist u. das Auto schneller als 20 km/h fährt, DANN lege den zweiten Gang ein.* (Produktionssysteme sind also *regelbasierte* Systeme – letzterer Begriff wird allerdings auch oft mit *Produktionssystemen* gleichgesetzt; Regeln sind näml. die am häufigsten verwendete Form der Darstellung von Wissen, u. die meisten → Expertensysteme sind regelbasierte Systeme.) Produktionssysteme sind v. a. auf → prozedurale Wissensrepräsentationen zugeschnitten, erlauben aber auch eine Handhabung von deklarativem Wissen. Diese Repräsentation ist modular u. anschaulich, sie ergibt eine natürl. Wissensbeschreibung (Expertenregeln): *Was ist wann zu tun*?

Es gibt in der Ps. vermutl. keine Theorie, die in ihrer Konzeption einfacher, in ihrer Anwendung auf psych. Phänomne jedoch umfassender ist als die Theorie der informationellen Produktionssysteme: Psych. Aktivität wird als bedingungsabhängig bzw. Bedingungen werden als aktivitätsauslösend betrachtet – das ist der simple Kern der Theorie; ihre Komplexität ergibt sich erst in der konkreten Modellentwicklung.

HI: Die log. Grundlagen stammen von Post (1943), die kognitionsps. Umsetzung des Gedankens wurde v. a. durch die Arbeiten von Newell (1973, 1980) geleistet; eine der ersten Anwendungen war eine Reanalyse des → Sternberg-Paradigmas; vgl. Wender u. a. (1980); auch der → *General Problem Solver* impliziert produktionstheoret. Gedanken. Neben diese gelegentl. als »neoklass.« bezeichnete Konzeption trat Mitte der 70er Jahre eine wesentl. elaboriertere ps. Rahmenkonzeption: Andersons (1976) → ACT-Theorie, des Weiteren das ACT-Star-System u. das SOAR-System aus der Arbeitsgruppe von Newell; vgl. Rosenbloom u. Newell (1986). Viele der in den letzten Jahren entwickelten Computermodelle menschl. Informationsverarbeitung beruhen auf Produktionssystemen.

VD: (a) Ein Produktionssystem enthält folgende Bestandteile: Die *Regelbasis*, welche die Menge der Produktionsregeln enthält; die *Faktenbasis* (*Datenbasis*), in der permanente o. temporäre Fakten gespeichert sind, u. schließl. das *Kontrollsystem*, welches eine *Abarbeitungsstrategie* verfolgt, d. h., es entscheidet über die Art u. Weise, welche Regelbasis durchlaufen werden soll; der *Regelinterpreter*, welche die anzuwendenden Regeln sucht u. evtl. ausführt. *Regeln* u. *Fakten* bilden zusammen die *Wissensbasis*. Die Aufgaben des Kontrollsystems u. des Regelinterpreters werden von der *Problemlösungskomponente* übernommen. Die Arbeitsweise eines Produktionssystems ist zykl. Man spricht von einem »Match-execute-Zyklus« o. »Recognize-act-Zyklus«. (b) Man kann jedes Rechenprogramm mit Hilfe eines geeigneten Produktionssystems darstellen, obwohl Produktionssysteme keinen speziellen, vom Datenspeicher getrennten Prozesskontrollspeicher besitzen, der bestimmt, was »als nächstes zu tun ist« – dies wird auch als »Einheit von Kontroll- u. Datenspeicher« bezeichnet, u. dies ist etwas, was Produktionssysteme von den meisten anderen prozedural orientierten formalen Sprachen auszeichnet: Es muss bei jedem Zyklus von Produktionsauswahl u. Produktionsanwendung eine Bestandsaufnahme der gesamten zur Verfügung stehenden Information gemacht werden. Dies hat zur Folge, dass jede neu hinzukommende Information sofort Einfluss auf das Vh. nehmen kann, eine Eigenschaft, die in der Sprache der kognitiven Ps. auch als *datengetrieben* bezeichnet wird. Hierdurch u. durch das Fehlen eines separaten Kontrollmechanismus wird das System schwer überschaubar, man ist schnell auf die Benutzung von Computern angewiesen, selbst wenn das System aus einer kleinen Zahl von Pro–

duktionen besteht. (c) Produktionssysteme sind *modular* organisiert: Da jede Produktion auf ein- u. denselben Datenspeicher Bezug nimmt u. keine Produktion mit einer anderen direkt verknüpft ist, wirkt sich das Streichen o. Hinzufügen einer einzelnen Produktion relativ schwach auf das Vh. des Gesamtsystems aus. (e) Die Architektur der Produktionssysteme entspricht dem ps. plausiblen Wechselspiel zw. dem Erkennen einer Informationsstruktur (*Konditionsteil* einer Produktion) u. der entsprechenden Umgestaltung dieser Struktur (*Aktionsteil* der Produktion). Weiterhin bedingt die Zerlegung der Kontrollprozesse in elementare Einheiten, dass alle Annahmen über diese Prozesse explizit dargelegt werden müssen, es ist nicht mögl., wie z. B. bei Modellen, die in Form von Flussdiagrammen definiert werden, »Homunculi« einzubauen; vgl. hierzu Wender u. a. (1980).

LIT: Einen Überblick gibt Opwis (1988); zur Kritik vgl. Wender u. a. (1980).

◆ ANDERSON, J. R.: Language, memory and thought. Hillsdale 1976; NEWELL, A.: Production systems: models of control structure. In: CHASE, W. G. (Hg.): Visual information processing. New York 1973, S. 463–526; NEWELL, A.: Physical symbol systems. CS 4, 1980, S. 135–188; OPWIS, K.: Produktionssysteme. In: MANDL, H. u. SPADA, H. (Hg.): Wissensps. München 1988, S. 74–99; POST, E. L.: Formal reductions of the general combinatorial decision problem. American Journal of Mathematics 65, 1943, S. 197–215; ROSENBLOOM, P. u. NEWELL, A.: The chunking of goal hierarchies: generalized model of practice. In: MICHALSKI, R. S. u. a. (Hg.): Machine learning II: an artificial intelligence approach. Los Altos 1986; WENDER, K. F. u. a.: Modelle des menschl. Gedächtnisses. Stuttgart 1980.

Produktionstheorie → Gestalttheorie.

Produktives Denken → Denken; → Problemlösen.

Programmierter Unterricht → programmiertes Lernen.

Programmiertes Lernen [auch *programmierter Unterricht*], auf das Paradigma der → operanten Konditionierung von Skinner zurückgehende Lehrmethode, die versucht, das *Prinzip der unmittelbaren* → *Verstärkung* vom ps. Versuchslabor auf den Unterricht dadurch zu übertragen, dass der Lernstoff in kleine, aufeinander aufbauende Einzelschritte gegliedert wird, nach deren Bearbeitung eine unmittelbare Rückmeldung über Erreichen o. Nichterreichen des Lernziels erfolgt.

VD: Bei *linearen* Programmen wird bei einer falschen Antwort der betreffende Lernschritt automat. wiederholt, bis die richtige Antwort gewählt wird, bei *verzweigten* Programmen dagegen wird einerseits nach einem Fehler der betreffende Lernstoff in neuer u. ausführlicherer Form dargeboten, andererseits werden Zwischenschritte übersprungen, wenn die Lernleistung hoch ist.

LIT: Für einen Überblick vgl. Hilgard u. Bower (1973); Correll (1966); Gottschaldt (1972).

◆ ANGERMEIER, W. F.: Kontrolle des Vhs. Berlin 1972; ANGERMEIER, W. F. u. PETERS, M.: Bedingte Reaktionen. Berlin 1973; CORRELL, W.: Programmiertes Lernen u. Lernmaschinen. Braunschweig 1965; GOTTSCHALDT, K.: Ps. des Programmierten Lernens. Hannover 1972; HILGARD, E. R. u. BOWER, G. H.: Theorien des Lernens, 2 Bde., Stuttgart 1973.

Programmsteuerung → Bewegungsprogramm.

Programmtheorien → Bewegungsprogramm.

Progressive Teil-Lernmethode → Ganz-Lernmethode vs. Teil-Lernmethode.

Projektion → Abwehrmechanismen.

Projektionsproblem → Sprache.

Projektive Tests → Psychodiagnostik.

Prompting → Fading.

Propensity → Trieb; → hormische Psychologie.

Proposition → propositionale Wissensrepräsentation.

Propositionale Bedeutungstheorie → propositionale Wissensrepräsentation; → psychologische Semantik.

Propositionales Schlussfolgern [auch *konditional-syllogist. Schlussfolgern*; vgl. Hussy (1986), gemeint ist v. a. der Bereich der *Aussagenlogik*, zum Überblick vgl. Tugendhat u. Wolf 1983; Stegmüller 1984; Urchs 1993; Oberschelp 1992; Bühler 1992]. P. S. ist einer der Forschungsschwerpunkte zum → logischen Schlussfolgern; einer der Hauptaspekte ist die Analyse u. Erklärung der typ. Fehler, die Vpn machen. Wichtig ist v. a. das *Scheitern am modus tollens* (auch *modus tollendo tollens*); diese Regel besagt: Wenn man vorgibt »p impliziert q« u. »q ist falsch«, dann ist daraus zu schließen »p ist falsch«. Dabei treten folgende Fehlschlüsse auf: (a) Die *Verleugnung des Antecedens*, d. h., etwa 20 % der Vpn glauben fälschlich, man könne aus der Tatsache, dass p q impliziert u. p nicht wahr ist, schlussfolgern, dass q nicht wahr ist. Man spricht auch von der *falschen (lückenhaften) Strategie*, die also darin besteht, dass Personen nicht darüber nachdenken, ob Bedingungen dafür existieren, dass q wahr sein könnte, obwohl p falsch ist. Wason illustriert diese lückenhafte Strategie am Kartenselektionsproblem (→ Bestätigungstendenz). (b) Der Fehler, der als *Bejahung des Konsequens* bekannt ist, besteht darin, dass auch wiederum etwa 20 % der Vpn glauben, dass p wahr ist, wenn p q impliziert u. q wahr ist. Eine Erklärung dafür ist, dass Vpn konditionale Prämissen als *bikonditionale* Prämissen interpretieren (*unerlaubte Konversion*; engl. *illicit conversion*). (Bei einer bikonditionalen Prämisse folgt, wenn eine ihrer beiden Aussagen wahr ist, dass mit log. Notwendigkeit auch die andere wahr sein muss; entsprechend gilt, dass, wenn eine der Aussagen falsch ist, auch die andere falsch sein muss; sprachl. wird diese Bikonditionalität durch die Formulierung »genau dann« bzw. »dann und nur dann« ausgedrückt.) Dies konnte in einer Reihe von Experimenten nachgewiesen werden; vgl. Taplin u. Staudenmayer (1973). Diese Hypothese kann aber nicht alle Fehler im Umgang mit dem modus tollens erklären, was Experimente von Wason u. Johnson-Laird (1972) beweisen, welche zeigen, dass Menschen grundsätzl. Schwierigkeiten haben, mit falsifizierenden Informationen umzugehen; Weiteres s. die Stw. → Bestätigungstendenz; → Wahrscheinlichkeit u. → Wahrscheinlichkeitsrevision. Johnson-Laird u. Byrne (1991) legen einen einheitl. Ansatz zur Erklärung aller Bereiche deduktiven Schlussfolgerns auf der Basis des Kzpts. der → mentalen Modelle vor, der für den Bereich des syllogist. Schlussfolgerns empir. gut gestützt ist u. für den auch aus dem Bereich des aussagenlog. Schlussfolgerns u. des Schlussfolgerns mit Relationen bestätigende Befunde vorliegen. Im dt. Sprachraum hat schon Lüer (1973) die Bearbeitung aussagenlog. Beweisprobleme aus einer Informationsverarbeitungs-Perspektive heraus analysiert.

◆ Bühler, A.: Einführung in die Logik. Freiburg 1992; Dörner, D.: Die kognitive Organisation beim Problemlösen. Bern 1974; Hussy, W.: Denkps., 2. Bd. Stuttgart 1986; Johnson-Laird, P. N.: Models of deduction. In: Falmagne, R. (Hg.): Reasoning: representation and process in children and adults. Hillsdale 1975, S. 7–54; Johnson-Laird,

P. N. u. Byrne, R. M. J.: Deduction. Erlbaum 1991; Lüer, G.: Gesetzmäßige Denkabläufe beim Problemlösen. Weinheim 1973; Oberschelp, A.: Logik für Philosophen. Stuttgart 1992; Stegmüller, W.: Probleme u. Resultate der Wissenschaftstheorie u. Analyt. Philosophie, 3. Bd.: Strukturtypen der Logik. Berlin 1984; Taplin, J. E. u. Staudenmayer, H.: Interpretation of abstract conditional sentencies in deductive reasoning. JVLVB 12, 1973, S. 530–542; Tugendhat, E. u. Wolf, U.: Log.-semant. Propädeutik. Stuttgart 1983; Urchs, M.: Klass. Logik. Berlin 1993; Wason, P. C. u. Johnson-Laird, P. N.: Psychology of reasoning: structure and content. Cambridge 1972.

Propositionale Theorien → Satzverarbeitung.

Propositionale Wissensrepräsentation, → Wissensrepräsentation auf der Basis von *Propositionen*. Man spricht bisweilen auch von einer *bedeutungsbasierten* o. *quasi-linguist*. Form der Wissensrepräsentation, die insbes. zur Darstellung sprachl.-begriffl. Wissens, aber auch *episod*. Wissens (→ episodisches Gedächtnis) verwendet wird.

(1) Der Begriff der *Proposition* bezeichnet den deklarativen Gehalt einer sprachl. Äußerung, also denjenigen Bedeutungsgehalt, der bei Abstraktion von ihrer syntakt. Form u. ihrer illokutionären Rolle als eigenständiger Behauptung formulierbar ist; vgl. zum log.-philosoph. Hintergrund Tugendhat u. Wolf (1983). Propositionen sind keine Sätze, auch keine Wortfolgen, sondern abstrakte Wisseneinheiten, von denen man sagen kann, ob sie wahr o. falsch sind, sozusagen »hypothet. Wissenskerne«, die in Form von Sätzen ausgedrückt werden, sprachl. aber nicht gebunden sind. (2) Die propositionale Darstellung von Wissensstrukturen erfolgt in Anlehnung an die Prädikatenlogik: Ein allg. Relationskzpt. (das *Prädikat*) stellt eine Verbindung zw. spezif. Inhaltskzpten. (den *Argumenten*) her u. konstituiert somit eine Sinneinheit; so wird der Satz »Die Griechen liebten Kunstwerke« in der üblichen Notation folgendermaßen dargestellt: »Liebten, Agent: Griechen, Objekt: Kunstwerke«. Hier stellt also das Prädikat Liebten eine Relation zw. den Argumenten Griechen (als Agent) u. Kunstwerke als Objekt) her; statt des Begriffs *Proposition* wird deshalb auch der Begriff *Prädikat-Argument-Struktur* verwendet. Das Kzpt. geht zurück auf die im Rahmen der → generativen Semantik entwickelte → Kasusgrammatik. Durch die lineare Struktur einer p. W. wird die raumzeitl. Struktur von Sprache adäquat wiedergegeben. Einer p. W. steht als wesentl. Alternative eine → analoge Wissensrepräsentation gegenüber, also eine anschaul., nichtabstrakte, s. hierzu → Vorstellungsbild; vgl. zum Überblick Perrig (1988). (3) Die Idee einer p. W. beinhaltet des Weiteren meist die Vorstellung, dass Menschen beim Verstehen von Sätzen einen komplexen Satz in elementare Propositionen zerlegen (*Propositionalisierung*). Bsp.: *Nixon schenkte Breschnew, dem Staatschef der UdSSR, einen schönen Cadillac.* Die Bedeutung dieses Satzes lässt sich in folgende einfache Propositionen zusammenfassen: (a) *Nixon schenkte Breschnew einen Cadillac.* (b) *Der Cadillac war schön.* (c) *Breschnew war Führer der UdSSR.* Die Darstellung dieses Bsp. als Prädikat-Argument-Struktur führt zu einer Liste, in der auf eine *Relation* eine geordnete Reihe von Argumenten folgt; die Relationen entsprechen den Verben (in diesem Fall *schenken*), Adjektiven (*schön*) o. anderen relationalen Ausdrücken (*war Staatschef der*) innerhalb der Sätze. Dagegen erscheinen die Argumente als Substantive (*Nixon, Cadiallac, Breschnew* u. *UdSSR*). So kommt man zu folgender Darstellungsform: (a) (*Schenken*, Nixon, Cadillac, Breschnew, *Imperfekt*); (b) (*Schön*, Cadillac); (c) (*Staatschef-der*, Breschnew, UdSSR). In klass. Forschungsergebnissen wurde gezeigt, dass bei der → Satzverarbeitung nicht der »Wortlaut«, also die »Oberflächeninformation« sprachl. Ausdrücke, repräsentiert u. gespeichert wird, sondern die konzeptuelle Information, die im abstrakten u. sprachfreien Format der Proposition dargestellt werden kann. Bspw. können Vpn nach kürzester Zeit nicht mehr unterscheiden, ob sie den Satz gehört haben: *Nixon schenkte Breschnew, dem Staatschef der UdSSR, einen schönen Cadillac.* Oder: *Breschnew bekam von Nixon einen Cadillac geschenkt* (Bransford u. a. 1972); vgl. zum Überblick Kintsch (1974); Engelkamp (1976); zu weiteren empir. Studien vgl.

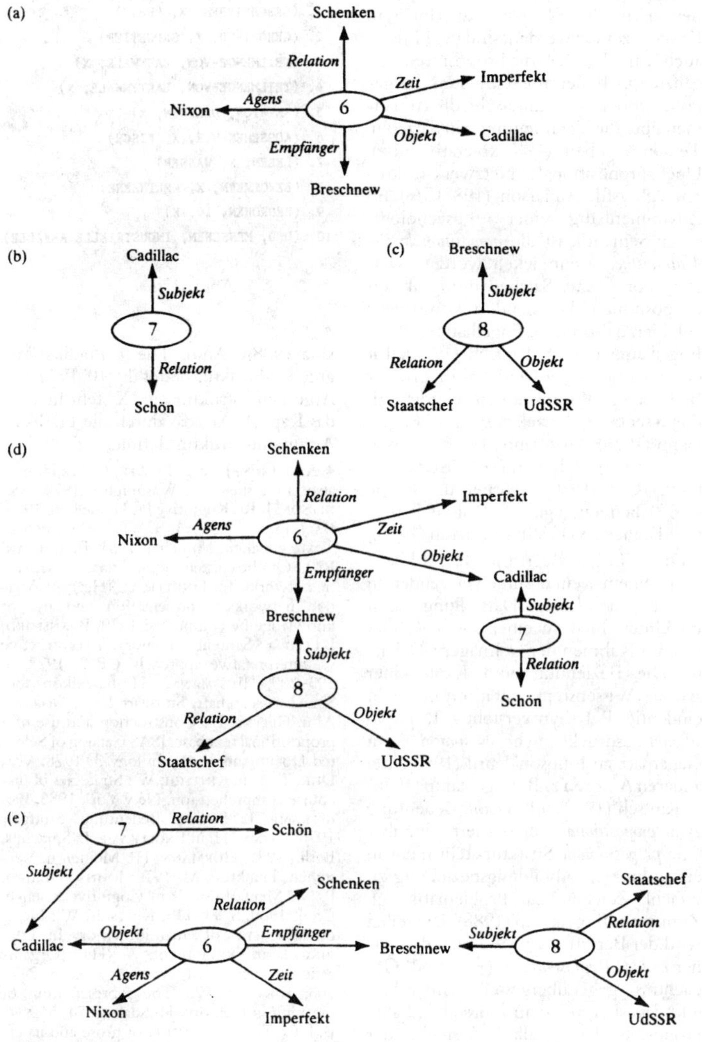

Abb. *Wissen 1*

van Dijk u. Kintsch (1983). (4) Propositionale Modelle werden häufig zusammen mit der Idee des → semantischen Netzwerkes verwendet, z. B. im → HAM-Modell u. auch in den ersten Modellen der → LNR-Gruppe. Dies ergibt also sog. *propositionale Netzwerke*. Die Abb. *Wissen 1* (aus Anderson 1988) stellt die oben dargelegten Propositionen als ein solches propositionales Netzwerk dar; die Abb. (d) zeigt, wie die Netzwerke (a) bis (c) in einem übergeordneten Netzwerk kombiniert sein können; Teil (e) ist eine andere (inhaltl. äquivalente) Darstellung des Netzwerkes von (d). Während beim HAM-Modell die Propositionen in einzelne Elemente, die (binären) Knoten, zerlegt werden, sind bei LNR u. auch Kintsch (1974) die Propositionen als ganzheitl. Bedeutungseinheiten aufgefasst, woraus sich unterschiedl. Annahmen über die Verarbeitung von Sätzen u. Texten ergeben (→ Textverarbeitung). Über propositionale Netzwerkstrukturen vgl. zsfd. Anderson (1988). (5) Im Zusammenhang einer → psychologischen Semantik ist die *propositionale Bedeutungstheorie* entwickelt worden, welche Wort- bzw. Satzbedeutung als auf Propositonen beruhend rekonstruiert; vgl. hierzu Grimm u. Engelkamp (1981); Engelkamp (1976); Kintsch (1974). Ihr Gegenpart ist die → Merkmalstheorie der Bedeutung. Propositionen werden als Repräsentationsmittel z. B. von Engelkamp (1976), Hörmann (1976), Kintsch (1972, 1974), Pylyshyn (→ Vorstellungsbild), Rost (1980), Dörner u. Greene (1978) benutzt; vgl. zsf. Ballstaedt u. a. (1981); Piekara (1988); Bußmann (1990).

VD: (1) **T:** Der Begriff *p. W.* wird häufig in einem weiten Sinne verwendet, in dem er jede *abstrakte* Darstellung meint im Unterschied zu einer *anschaul.*, dies v. a. im Rahmen der → Imagery-Debatte. Die Beziehung zum Kzpt. einer *sprachl.* Wissensrepräsentation ist nicht eindeutig: Pylyshyn versteht z. B. *propositional* ausdrückl. nicht als *sprachl.* – im Gegensatz zu Johnson-Laird (1980). Bei anderen Autoren z. B. Engelkamp (1976) o. Kintsch (1972) soll *sprachl.* Bedeutung zwar *propositional* repräsentiert sein, aber eine *propositionale* Struktur steht nicht in einer direkten Abbildungsbeziehung zu sprachl. Zeichen; zur Problematik vgl. Zimmer u. Engelkamp (1988). Bisweilen wird der Begriff der p. W. auch dem einer *episod. Repräsentation* (→ episod. Gedächtnis) gegenübergestellt. Auch hier gilt, dass sich in jedem hinreichend allg. propositionalem Kalkül (einschl. der Modal- u. Tense-Logik) jede episod. Struktur nachbilden lässt, vgl. Tulving (1984).

(2) Ein weiteres Bsp. für eine p. W. in Form einer Prädikat-Argument-Struktur (die leicht von der oben dargestellten abweicht) zeigt die Abb. *Wissen 2*, sie repräsentiert den im Stw. → semantisches Merkmal *merkmaltheoret.* dargestellten Wissenskomplex in *propositionaler* Form (in Anlehnung an Kintsch 1974 aus Piekara 1988). (Anm.: Die 9. Prädikat-Argument-Struktur bettet die 10. Prädikat-Argument-Struktur ein; X steht hier für das Kzpt. WAL, das durch die Prädikat-Argument-Struktur definiert wird.)

```
1. (GESCHRIEBEN, X, "Wal")
2. (GEHÖRT-ZU, X, SÄUGETIER)
3. (TEILMENGE-VON, ZAHNWALE, X)
4. (TEILMENGE-VON, BARTENWALE, X)
5. (ART-VON, DELPHIN, X)
6. (AUSSEHEN-WIE, X, FISCH)
7. (LEBEN, X, WASSER)
8. (BEVÖLKERN, X, WELTMEERE)
9. (BEDROHEN, 10, X)
10. (UND, MENSCHEN, INDUSTRIELLE ABFÄLLE)
```

Abb. *Wissen 2*

◆ Anderson, J. R. u. Bower, G. H.: Human associative memory. Washington 1973; Anderson, J. R.: Kognitive Ps. Heidelberg 1988; Ballstaedt, S.-P. u. a.: Texte verstehen, Texte gestalten. München 1981; Brachman, R. J.: On the epistemological status of semantic networks. In: Findler, G. (Hg.): Associative networks: representation and use of knowledge by computers. 1979; Bransford, J. D. u. a.: Sentence memory: a constructive vs. interpretative approach. CP 3, 1972, S. 193–209; Bussmann, H.: Lexikon der Sprachwissenschaft. Stuttgart 1990; Dörner, A. u. Greene, E.: Construction and use of a propositional text base. JSAS Catalog of Selected Documents in Psychology 3, 1978; Van Dijk, T. A. u. Kintsch, W.: Strategies of discourse comprehension. New York 1983; Engelkamp, J.: Satz u. Bedeutung. Stuttgart 1976; Grimm, H. u. Engelkamp, J.: Sprachps. Berlin 1981; Hörmann, H.: Meinen u. Verstehen. Frankfurt/M. 1976; Johnson-Laird, P. N.: Mental models in Cognitive Science. CS 4, 1980, S. 71–115; Kintsch, W.: Notes on the structure of semantic memory. In: Tulving, E. u. Donaldson, W. (Hg.): Organization of memory. New York 1972, S. 247–308; Kintsch, W.: The representation of meaning in memory. Hillsdale 1974; Meyer, B. J. F.: The organization of prose and its effects on memory. Amsterdam 1975; Ogden, L. K. u. Richards, J. A.: The meaning of meaning. London 1923; Perrig, W.: Vorstellung u. Gedächtnis. Berlin 1988; Piekara, F. H.: Wie idiosynkrat. ist Wissen? Frankfurt/M. 1988; Probst, R. u. Perrig, W. J.: Perzeptuelle u. konzeptuelle Anteile gespeicherter Erfahrungen. ZEAP 35, 1988, S. 259–281; Rost, J.: Gedächtnisps. Grundlagen naturwissenschaftl. Wissens. Weinheim 1980; Tugendhat, E. u. Wolf, U.: Log.-semant. Propädeutik. Stuttgart 1983; Tulving, E.: Précis of elements of episodic memory. BBS 2,

1984, S. 223–238; ZIMMER, H. D. u. ENGELKAMP, J.: Informationsverarbeitung zw. Modalitätsspezifität u. propositionalem Einheitssystem. In: HEYER, G. u. a. (Hg.): Wissensarten u. ihre Darstellung. Berlin 1988, S. 130–155.

Propositionalisierung → propositionale Wissensrepräsentation.

Propriozeption, die Wahrnehmung körperinterner Prozesse, bes. bei der Bewegung, v. a. im vestibulären, muskulären u. artikulären Bereich; s. hierzu die Stw. → Interozeption; → Viscerozeption; → Tiefensensibilität; → somatoviscerale Sensibilität. Das Gegenstück wäre die *Exterozeption* als Wahrnehmung äußerer Prozesse.

Die Kzpte. gehen auf Sherrington (1906) zurück, der, an der Lage u. der Wirkungsrichtung der sensiblen Körperelemente orientiert, unterscheidet: *Interozeptoren* (vermitteln Organempfindungen), *Propriozeptoren* (informieren über die Stellung der Gelenke, Muskelspannung, Lage des Körpers, lineare u. Drehbewegungen des Körpers) u. *Exterozeptoren* (vermitteln Informationen über die Umwelt). Die Exterozeptoren werden differenziert in: *Kontaktrezeptoren* (Tast-, Geschmacks-, Druck-, Berührungs-, Temperatur- u. Schmerzsinn) u. *Distanzrezeptoren* (Gesichts-, Gehör- u. Geruchssinn). Es ist aber darauf hinzuweisen, dass es keine eigentl. Rezeptionsorgane gibt, die ausschließl. der Eigen- bzw. Außenwahrnehmung dienen; alle »Propriozeptoren« beteiligen sich auch an der Erschließung der Umwelt, u. alle »Exterozeptoren« können auch Information über den eigenen Körper vermitteln; vgl. hierzu Bischof (1966).

◆ BIRBAUMER, N. u. SCHMIDT, R. F.: Biolog. Ps. Berlin 1989; BISCHOF, N.: Stellungs-, Spannungs- u. Lagewahrnehmung. In: METZGER, W. (Hg.): Wahrnehmung u. Bewußtsein. HP, 1. Bd., 1. Hlb. Göttingen 1966, S. 409–497; HEAD, H.: Studies in neurology. London 1920; SHERRINGTON, C. S.: Experiments on the value of vascular and visceral factors for the genesis of emotion. Proceedings of the Royal Society 66, 1900, S. 390–403; SHERRINGTON, C. S.: On the proprioceptive system, especially in its reflex aspects. B 29, 1906, S. 467–482; SHEPERD, G. M.: Neurobiologie. Berlin 1993.

Propriozeptoren → Propriozeption.

Prosodie, von der *Prosodik* untersuchte sprachl. Prozesse, die sich auf größere Einheiten als einzelne Phoneme beziehen, wie die zeitl. Segmentierung, die Sprechpausen, die Intonation u. Sprachmelodie, der Rhythmus der Sprache, die Schnelligkeit, die Lautstärke, die subjektive Qualität der Sprechstimme. Die Rolle der P. wird zunehmend innerhalb der Theorien der → Sprachwahrnehmung betont: Sie determiniert die Grundgestalt der Wahrnehmung u. vermittelt einen kohärenten auditor. Gesamteindruck – von Nooteboom u. a. (1978) als *prosod. Kontinuität* bezeichnet –, der wesentl. dazu beiträgt, dass es mögl. ist, den sprachl. Mitteilungen einer Person folgen zu können, auch wenn gleichzeitig viele andere Stimmen u. Geräusche auf uns einwirken (→ Cocktailparty-Problem). Die Wahrnehmung der syntakt. → Oberflächenstruktur wird entscheidend durch die P. beeinflusst, was sich dadurch zeigt, dass Wahrnehmungsfehler dann gehäuft auftreten, wenn die prosod. Grenzen nicht mit den syntakt. übereinstimmen (s. a. → Klick-Experimente).

◆ NOOTEBOOM, S. G. u. a.: Contribution of prosody to speech performance. In: LEVELT, W. J. M. u. FLORES D'ARCAIS, G. B. (Hg.): Studies in the perception of language. New York 1978, S. 75–107.

Prosodik → Prosodie.

Prosodische Enkodierung → Sprachproduktion.

Prosoziales Verhalten → soziale Motivation.

Prospektives Gedächtnis, das Gedächtnis für zukünftige Ereignisse – erinnert werden jedoch im Grunde die Resultate vergangener Informationsprozesse, wie z. B. Absichten, Intentionen o. Pläne, insofern ist der Erinnerungsbezug bei solchen Aufgaben retrospektiv. Darüber hinaus sind prospektive Gedächtnisausgaben durch Anforderungen an die Handlungssteuerung u. das Zeitmonitoring charakterisiert: Meist hat man nicht vergessen, was man tun wollte (z. B. Vater zum Geburtstag zu gratulieren), sondern nur, die entsprechende Tätigkeit zur rechten Zeit in Gang zu setzen (nämlich an seinem Geburtstag u. nicht einen Tag später); vgl. Schumann-Hengsteler (1995); Einstein u. McDaniel (1990); Harris (1984).

◆ HARRIS, J. E.: Remembering to do things: a forgotten topic. In: HARRIS, J. E. u. MORRIS, P. E. (Hg.): Everyday memory actions and absent mindedness. London 1984, S. 71–92; EINSTEIN, G. O. u. MCDANIEL, M. A.: Normal aging and prospective memory. JexP: LMC 16, 1990, S. 717–726.

Prosthetisches Merkmal → prosthetische vs. metathetische Merkmale.

Prosthetische vs. metathetische Merkmale. Eine innerhalb der → Psychophysik wichtig gewordene Unterscheidung, zurückgehend auf Stevens, v. a. zur Erklärung des Unterschieds der mit direkten u. indirekten → psychophysischen Methoden gefundenen Ergebnisse: Bei p. M. unterscheiden sich zwei Stimuli quantitativ voneinander, bei m. M. hingegen qualitativ. Bsp. für erstere: Lautstärke, Helligkeit, Gewicht; Bsp. für letztere: Tonhöhe, visuelle Neigung einer Strecke gegen eine vorgestellte horizontale Einstellung. Ein theoret. Ansatz hierzu nimmt an, dass auf physiolog. Ebene bei p. M eine Erregungsaddition erfolgt, bei m. M. eine Veränderung der Erregungskonstellation.

VD: Die Unterscheidung ist nicht ganz eindeutig; Kristof (1969) bietet eine andere Unterscheidung an, die sich nicht so sehr auf die Stimuli selbst bezieht, sondern vielmehr auf das Umgehenkönnen mit Zahlen hinsichtl. der Stimuli; er unterscheidet drei Klassen: Klasse 1: p. M., bei denen die Unterschiedsbegriffe (Differenzen, Quotienten) subjektiv von den Vp nicht unterschieden werden können u. daher eine Verhältnisskala unmögl. wird; Bsp.: Helligkeit, Dunkelheit, Lautstärke; Klasse 2: Merkmale, bei denen die subjektive Unterscheidbarkeit zwar gegeben ist, diese aber nicht in Zusammenhang gebracht werden kann mit Differenzen bzw. Quotienten reeller Zahlen, womit wiederum eine Verhältnisskala unmögl. wird; Bsp.: Tonhöhe; Klasse 3: m. M., bei denen sowohl die Unterscheidbarkeit als auch die Abbildbarkeit auf reelle Zahlen mögl. ist u. somit eine Verhältnisskala; Bsp.: Geruchsintensitäten.

◆ BREDENKAMP, J. u. SARRIS, V.: Psychophysics today. GJP 11, 1987, S. 179–198; KRISTOF, W.: Untersuchungen zur Theorie ps. Messens. Meisenheim 1969.

Protanopie → Farbwahrnehmung.

Protokollanalyse → Introspektion.

Protopathischer Tiefenschmerz → Schmerz.

Prototyp, der Vertreter eines → Begriffs, der diesen am charakteristischsten repräsentiert, der also die höchste *Typikalität* (auch *semant. Zentralität*) besitzt. So weisen z. B. »Huhn« u. »Spatz« für die Kategorie »Vogel« nicht in demselben Maße Typikalität auf, obwohl semant. Merkmale sie beide also solche klassifizieren – ein Spatz wird als der typischere Vertreter der Kategorie »Vogel« angesehen. Ein Typikalitäts-Effekt zeigt sich am deutlichsten bei → Satzverifikationsaufgaben; so wird z. B. der Satz »Ein Adler ist ein Vogel« schneller verifiziert als der Satz »Ein Pinguin ist ein Vogel« (aus dieser Problematik heraus wurde das ursprüngl. semant. Netzwerk des → TLC von den Autoren weiterentwickelt zur → Aktivationsausbreitungstheorie). Der P. ist meist auch dadurch gekennzeichnet, dass er die meisten Gemeinsamkeiten mit allen anderen anerkannten Begriffsinstanzen aufweist; er ist ferner durch eine bes. Häufigkeit ausgezeichnet, wb. allerdings → *semantische* Begriffe – im Gegensatz zu *perzeptuellen* – stark erfahrungs- u. damit kulturabhängig sind. Rosch postuliert auch, dass P. v. a. *bildhaft* gespeichert sind. *Prototypennahe* Instanzen sind sich ähnl., *prototypenferne* Instanzen sind auch untereinander unähnl.

Daraus ergeben sich die typ. Methoden zur Ermittlung von P.: (a) Vpn werden aufgefordert, Bsp. eines Begriffs aufzulisten, wb. die *häufigsten* u. *erstgenannten* als prototyp. Instanzen des jeweiligen Begriffs gewertet werden; (b) vorgegebene Bsp. eines Begriffs sollen als mehr o. weniger typ. eingestuft werden; (c) es sollen vorher nicht genannte Bsp. eines Begriffs hinsichtl. der Zugehörigkeit verifiziert werden. Rosch (1973ff.) fand, dass diese unterschiedl. Methoden zu ähnl. Ergebnissen führen – ein Hinweis auf die Validität des P.-Kzpts. Mit diesen Methoden konnte z. B. eine Rangreihe der Instanzen des Kzpts. Vogel ermittelt werden Rangfolge in abnehmender Typikalität: *Sperling, Meise, Eule, Kuckuck, Strauß, Pinguin.* Es konnte sogar gezeigt werden, dass selbst mathemat.-log. definierte Begriffe wie z. B. der Begriff »ungerade Zahl« Typikalitätseffekte aufweisen u. somit auch hier P. existieren: so gilt die Zahl 7 als typischerer Vertreter einer ungeraden Zahl als z. B. 3 (Armstrong u. a. 1983 – die Untersuchung war eigentl. gegen das P.-Kzpt. gerichtet).

Das Kzpt. des P. konstituiert die *Prototypentheorie* der → Wortbedeutung. Sie steht im Gegensatz zu Theorien, die stärker an der Linguistik u. Logik orientiert sind, wie v. a. die → Merkmalstheorie der Bedeutung u. die frühen → semantischen Netzwerke. Gem. der Prototypentheorie sind Begriffe nicht logizist., also durch exakte Mengen bzw. Merkmale definiert, sondern nur über *Familienähnlichkeit* verknüpft (vgl. Rosch u. Mervis 1975); Familienähnlichkeit, ein von dem Philosophen Wittgenstein (1953) entwickeltes Kzpt., kennzeichnet das Phänomen, dass Begriffe sich in vielen Fällen nicht abstrakt durch ein gemeinsames Merkmal definieren lassen, dass die Begriffsinstanzen sich deswegen auch paarweise nicht unbedingt ähnl. sein müssen, dennoch wie die Mitglieder einer Familie untereinander wenigstens einer anderen Begriffsinstanz ähneln. Die Prototypentheorie hebt auch hervor, dass durch Typikalitätseffekte die »Ränder« der Begriffe unscharf werden, dass also bei bestimmten Exemplaren nicht exakt entschieden werden kann, ob sie noch unter einen Begriff fallen o. schon nicht mehr (ist z. B. der Wal ein Fisch im Sinne des Sprachgebrauchs der Umgangssprache?). Es wurde auch gezeigt (Labov 1973), dass situationsabhängig die Begriffsgrenzen variieren: Je nach Kontext wurde das gleiche Gefäß dem Begriff *Tasse* zugeordnet o. nicht; s. u.

HI/WÜ: Der Ansatz wurde v. a. durch die Arbeiten von E. Rosch (1973ff.) begründet, zunächst an *perzeptuellen* Begriffen, später auch an *semant. Begriffen.* An der Prototypentheorie wird allg. gewürdigt, dass sie eine »psychologischere« Sicht der → Wortbedeutung ermöglicht u. eine große Anzahl empir. Forschungsarbeiten initiiert hat. Die Relevanz der Prototypentheorie für die Ethnologie konnten Berlin (1968), Berlin u. a. (1974) zeigen; für Teilbereiche der Semantik Brugman (1981), Coleman u. Cay (1981); Lakoff (1982) u. Lindner (1981); Anwendungen auf sprachwissenschaftl. Kategorien untersuchte z. B. Ross (1973). Das Kzpt. fand in abgewandelter Form auch Eingang in die Forschung zur sozialen Eindrucksbildung; vgl. deJong (1988) u. Buxbaum (1981); zur Rezeption des Kzpts. in der Stereotypenforschung vgl. Hamilton (1979) sowie Cantor u. Mischel (1979); der Prototypenansatz ist auch in der Emotionsforschung (durch die Forschungsgruppe um Russell) bei der Vorhersage von Entscheidungszeiten bei Emotionsbenennungen erfolgreich angewandt worden; vgl. Fehr u. Russell (1984); zur Kritik vgl. Osherson u. Smith (1981).

VD: (1) Ein Teilkzpt. der P.-Theorie ist das Kzpt. der *Begriffsebenen*; die Prototypentheorie unterscheidet: die *untergeordnete* (z. B. Campingstuhl), die *Basis-* (z. B. Stuhl) u. die *übergeordnete* Ebene (z. B. Möbel). Als bedeutsamste erweist sich die *Basisebene*, da auf ihr sowohl eine abstrakte wie eine sinnl. Begriffsbildung mögl. ist (vgl. Hunn 1976); gleichzeitig ist der Unterschied zu Elementen anderer Begriffe maximiert; der Informationswert ist am höchsten; auf dieser Ebene werden die P. angesiedelt. Mervis u. Rosch (1981) charakterisieren die Basisebene durch drei Aspekte: (a) Eine Person verwendet ähnl. Bewertungsmuster beim Umgang mit Instanzen solcher Kategorien; (b) Vertreter solcher Kategorien besitzen eine ähnl. Gesamtgestalt (*overall shape*); (c) eine einzelne geistige Vorstellung umfasst die ganze Kategorie. Rosch u. a. (1976) konnten zeigen, dass die Verifikation einer Begriffsinstanz auf der Basisebene schneller erfolgt als auf der übergeordneten o. untergeordneten

Abb. *Semantik 4a*

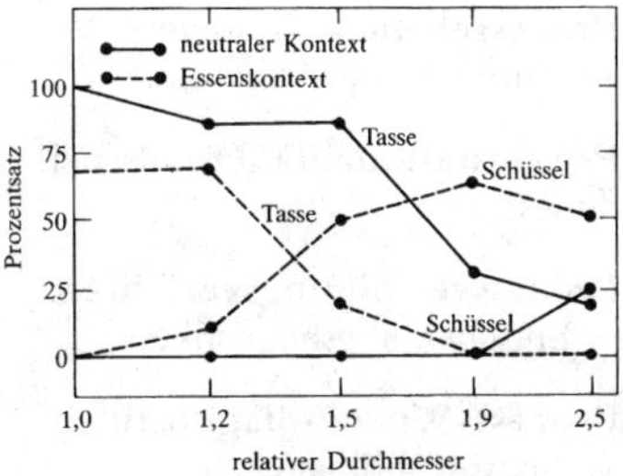

Abb. *Semantik 4b*

Ebene. Außerdem fanden sie, dass beim Durchlaufen der Hierarchie von oben nach unten genau auf der Basisebene ein starker Zuwachs gemeinsamer Eigenschaften zu beobachten ist u. dass der Wechsel zur untergeordneten Ebene keinen entscheidenden Zugewinn mit sich bringt, ferner, dass Objekte spontan mit den Etiketten des Basisniveaus benannt werden (die Diaprojektion eines Campingstuhls wird mit der Reaktion »Stuhl« u. nicht mit »Campingstuhl« o. »Möbel« beantwortet). Newport u. Bellugi (1978) stellten fest, dass in der amerikan. Zeichensprache für Taubstumme die Begriffe der Basisebene durch ein einziges Zeichen, die der anderen Ebenen durch komplexe Zeichenketten repräsentiert sind.

(2) In der Untersuchung von Labov (1973) wurden die Grenzen der Kategorie »Tasse« untersucht; die Abb. *Semantik 4a* zeigt einen Teil der Figuren, die verwendet wurden, um festzustellen, welche Items von Vpn als »Tasse« bezeichnet werden, welche nicht. In der Abb. *Semantik 4b* ist die Prozentzahl der Vpn dargestellt, die die Figur als *Tasse* o. *Schüssel* bezeichneten, als Funktion des Verhältnisses von Durchmesser zu Tiefe der Tasse – denn dies erwies sich als entscheidende, die Begriffsgrenze determinierende Variable. Ein weiterer determinierender Faktor war der Kontext: Ohne Instruktion (neutraler Kontext) dargeboten, nimmt der Prozentsatz der Bezeichnung als *Tasse* mit zunehmendem relativen Durchmesser allmählich ab (durchgezogene Kurven). Die gestrichelten Kurven zeigen die Klassifikationen von Vpn, die aufgefordert wurden, sich den Gegenstand mit Kartoffelpüree gefüllt auf einem Tisch vorzustellen (Essenskontext); in diesem Kontext wurde das Objekt seltener als »Tasse« u. häufiger als »Schüssel« bezeichnet, wb. die Kurven jedoch wiederum einen kontinuierlichen Übergang von »Tasse« zu »Schüssel« zeigen (nach Labov 1973, entnommen aus Anderson 1988).

LIT: Ein eingängiger u. dennoch tief schürfender Aufsatz ist Bromme (1988).

◆ Anderson, J. R.: Kognitive Ps. Heidelberg 1988; Armstrong, S. L. u. a.: What some concepts might not be. C 13, 1983, S. 263–308; Berlin, B.: Tzeltal numeral classifiers. The Hague 1968; Berlin, B. u. a.: Principles of Tzeltal plan classification. New York 1974; Bromme, R.: Die Prototypentheorie: zur Ps. der begriffl. Erfassung des »Wesentlichen«. In: Groeben, N. u. a. (Hg.): Zukunfts-Gestalt- u. Ps. Münster 1988, S. 141–155; Brugman, C.: Story of over. MA Thesis, University of California, Berkeley 1981; Buxbaum, O.: Nicht additive Urteilsbildung in der Personenwahrnehmung. ZEAP 24, 1977, S. 214–229; Cantor, N. u. Mischel, W.: Prototypes in person perception: In: Berkowitz, L. (Hg.): Advances in experimental social psychology, 12. Bd., S. 3–52; Coleman, L. u. Cay, P.: Prototype semantics. Language 57, 1981, S. 46ff.; deJong, P. F.: An application of the prototype scale. JPers 56, 1988, S. 487–508; Fehr, B. u. Russell, J. A.: Concept of emotion viewed from a prototyp perspective. JExP 113, 1984, S. 464–486; Hamilton, D. L.: A cognitive-attributional analysis of stereotyping. In: Berkowitz, L. (Hg.): Advances in experimental social psychology, 12. Bd. New York 1979, S. 53–84; Hunn, E.: Toward a perceptual model of folk biological classifications. American Ethnologist 3, 1976, S. 508–524; Labov, W.: The boundaries of words and their meanings. In: Bailey, C. J. N. u. Shoy, R. W. (Hg.): New ways of analyzing variation in English. Washington 1973, S. 340–373; Lakoff, G.: Categories and cognitive models. LAUT, Series A, Nr. 96, Universität Trier 1982; Lindner, S.: A lexico-semantic analysis of verb particle constructions with »up« and »out«. PhD Dissertation, University of California, San Diego 1981; Mervis, C. B. u. Rosch, E. H.: Categorization of natural objects. ARP 32, 1981, S. 89–115; Newport, E. L. u. Bellugi, U.: Linguistic expression of category levels in a visual gestural language: a flower is a flower is a flower. In: Rosch, E. H. u. Lloyd, B. B. (Hg.): Cognition and categorization. Hillsdale 1978, S. 49–71; Osherson, D. N. u. Smith, E. E.: On the adequacy of prototype theory as a theory of concepts. C 9, 1981, S. 35–58; Piekara, F. H.: Wie idiosynkrat. ist Wissen? Frankfurt/M. 1988; Posner, M. I. u. Keele, S.: On the genesis of abstract ideas. JExP 77, 1968, S. 353–363; Rosch, E. H.: Natural categories. CP 4, 1973, S. 328–350; Rosch,

E. H.: Cognitive representations of semantic categories. JExP: G 104, 1975, S. 192–233; Rosch, E. H. u. Mervis, C. B.: Family resemblance: studies in the internal structure of categories. CP 7, 1975, S. 573–605; Rosch, E. H. u. a.: Basic objects in natural categories. CP 8, 1976, S. 382–439; Ross, J. R.: Nouniness. In: Fujimura, O. (Hg.): Three dimensions of linguistic theory. Tokio 1973; Ross, J. R.: Clausematiness. In: Keenan, E. (Hg.): Semantics for natural languages. Cambridge 1974; Wittgenstein, L.: Philosophical investigations. New York 1953.

Prototypentheorie der Wortbedeutung → Prototyp.

Proxemik, ein populärwissenschaftlicher, aber heuristisch wertvoller Ansatz zur Analyse der räumlichen Aspekte der → nonverbalen Kommunikation (vgl. Hall 1974ff.); untersucht wird v. a. die unbewusste Strukturierung des Raumes u. der Distanz zwischen Menschen in alltäglichen Handlungen; vgl. Scherer (1970).

◆ Hall, E. T.: Handbook for proxemic research. Washington 1974; Hall, E. T.: Die Sprache des Raums. Düsseldorf 1976; Scherer, K.: Nonverbale Kommunikation. Hamburg 1970.

Proximaler Reiz → distaler vs. proximaler Reiz.

Prozedurale Semantik → Wortbedeutung.

Prozedurale Wissensrepräsentation → deklarative vs. prozedurale Wissensrepräsentation.

Prozeduralisierung → ACT-Theorie; → deklarative vs. prozedurale Wissensrepräsentation.

Prozessbegrenzungen → Erkennungsaufgaben.

Prozessdiagnostik → Psychodiagnostik.

Prozessdissoziation → Dissoziation.

Prozessebenen-Theorie → Verarbeitungsebenen-Theorie.

Prozessrationalität → Entscheidungstheorie.

Prozessverfolgungsverfahren → Entscheidungsheuristiken.

Prozess-Wissensdiagnostik → Wissenspsychologie.

Prüfmethoden → Sortiertechnik; → Suchmethode.

Prüfprozesstheorie [auch *Komponentenprozesstheorie, facettentheoret. Komponentenprozesstheorie, Stimulusevaluationstheorie*], von Scherer seit Anfang der 80er Jahre entwickelte integrative → Emotionstheorie, die, wie der Name sagt, ein Prozessmodell des *stimulus evaluation check* postuliert, demgemäß jeder Reiz mehrere Bewertungen in hierarch. Ordnung durchläuft, woraus spezielle Emotionen resultieren. Jeder dieser Prüfprozesse löst nach Scherer automat. die jeweilige Emotion aus. Die Vielfalt der erlebbaren Emotionen stellt eine Mischung der Ergebnisse der einzelnen Checks u. ihrer Interaktionen dar. Scherer thematisiert insbes. die Emotionen Stress, Furcht, Ärger, Freude u. Zufriedenheit, auch Trauer, Scham u. Schuld. Im ersten Prüfprozess werden *Neuheit* u. *Unerwartetheit* überprüft, als Ergebnisse können *Überraschung* o. *Langeweile* resultieren. Die zweite Überprüfung betrifft die intrins. *Angenehmheit/Unangenehmheit* des Reizes u. zwar unabhängig von der Zielrelevanz; das Ergebnis dieses Checks sind *Eustress/Distress.* Der dritte Prüfprozess betrifft die Relevanz des Reizes im Hinblick auf die momentan aktiven Bedürfnisse u. Ziele des Organismus: Stellt der Reiz eine Behinderung der Zielerreichung dar, so resultiert *Är-*

ger o. *Furcht*, entspricht er der Erwartung, so ergibt sich *Freude* u. *Zufriedenheit*. Der vierte Prüfprozess betrifft die Bewältigbarkeit, wb. Scherer die Stresstheorie von Lazarus (→ appraisal) in differenzierter Form aufnimmt: Es erfolgt eine Überprüfung der Verursachung des Ereignisses, der Kontrollierbarkeit der Konsequenzen des Ereignisses, der Bewältigbarkeit u. schließl. der Anpassungsmöglichkeit des Organismus an unkontrollierbare Ereignisse. Bei unkontrollierbaren negativen Ereignissen resultiert *Trauer*, bei Nichtbewältigbarkeit *Furcht* u. bei Bewältigbarkeit *Ärger*. Für höhere Spezies, bes. für den Menschen, nimmt Scherer einen fünften Prüfprozess an, näml. den auf Übereinstimmung mit Normen der Gruppe u. des Selbst; bei Nicht-Übereinstimmung soll *Scham* u. *Schuld* resultieren. Scherer geht davon aus, dass sich emotionales Erleben bei Kleinkindern auf der Grundlage dieser Reizbewertungsschritte im Laufe der ersten 18 Lebensmonate ausdifferenziert. Die P. lässt sich als ein funktionalist. Emotionsmodell betrachten, ähnl. geartet ist die → *perceptual motor theory*. Scherers Ansatz ist verwandt Leventhals → perceptual motor theory; zum Versuch einer Kombination beider Theorien vgl. Leventhal u. Scherer (1987).

◆ LEVENTHAL, H. u. SCHERER, K. R.: The relationship of emotion to cognition: a functional approach to a semantic controversy. CaE 1, 1987, S. 3–28; SCHERER, K. R.: Wider die Vernachlässigung der Emotion in der Ps. In: Michaelis, W. (Hg.): Bericht über den 32. Kongreß der DGfPs in Zürich 1980. Göttingen 1981; SCHERER, K. R.: Emotion as a process. Social Science Information 21, 1982, S. 555–570; SCHERER, K. R. u. EKMAN, P. (Hg.): Approaches to emotion. Hillsdale 1984; SCHERER, K. R.: Emotion as a multicomponent process: a model and some crosscultural data. In: SHAVER, P. u. WHEELER, L. (Hg.): Review on personality and social Psychology. Beverly Hills 1984.

Prüfungsangst → Leistungsangst.

PSE, Abk. für *point of subjective equality* (→ Herstellungsmethode).

Pseudokonditionierung, das bei der → klassischen Konditionierung auftretende Phänomen, dass eine Response auf einen vorher neutralen Stimulus ausgelöst wird u. zwar, indem man diesen neutralen Stimulus nach einer Reihe effektiver Stimuli präsentiert. Dann kann es dazu kommen, dass dieser Stimulus, ohne ein einziges Mal mit dem US zusammen aufgetreten zu sein, eine (ähnl.) Reaktion auslöst, was bes. dann zu beobachten ist, wenn der US ein schädl. Reiz ist, z. B. ein elektr. Schlag, der mehrmals vor der ersten Präsentation des CS dargeboten wird. So treten z. B. Schreckreaktionen bezüglich Signalen auf, die nie mit dem ursprüngl. Schreckauslöser verbunden vorgekommen sind. Die P. ist also dadurch gekennzeichnet, dass bedingte Reaktionen selbst dann auftreten, wenn zw. konditionalem u. unbedingtem Auslöser keine ersichtl. Beziehung gestiftet wurde. Ein klass. Versuch u. die Bezeichnung stammt von Grether (1938); s. a. das Stw. → sensorische Vorkonditionierung; vgl. hierzu Bredenkamp u. Wippich (1977); Gormezano (1966); Seidel (1959).

◆ BREDENKAMP, J. u. WIPPICH, W.: Lern- u. Gedächtnisps., 1. Bd. Stuttgart 1977; GORMEZANO, I.: Classical conditioning. In: SIDOWSKI, S. B. (Hg.): Experimental methods and instrumentation in psychology. New York 1966; GRETHER, W. F.: Pseudo-conditioning without paired stimulation encountered in attempted backward conditioning. JCPS 25, 1938, S. 91–96; SEIDEL, R. J.: A review on sensory preconditioning. PBu 56, 1959, S. 58–73.

Pseudoskop → Stereopsis.

Pseudotargets → visuelles Suchen.

Psychiatrie → klinische Psychologie.

Psychische Kraft → Energie.

Psychische Präsenzzeit → Zeitwahrnehmung.

Psychischer Moment → Zeitwahrnehmung.

Psychische Sättigung, der zunehmende Widerwille, eine Tätigkeit durchzuführen; p. S. stellt sich bei wiederholten Handlungen ein u. ist mit einem *Gestaltzerfall* verknüpft, d. h. einer abnehmenden Strukturierung u. Kontrolle, die Handlung wird immer ungleichmäßiger u. schlechter: Z. B. zerfallen Gedichte bei mehrfach wiederholtem Vortrag in der subjektiven Wahrnehmung in bloße Wortfolgen o. Wörter, ebenso wie ein Wort bei ständigem Aussprechen die subjektive Repräsentation seiner Bedeutung verlieren kann. Es konnte gezeigt werden, dass p. S. bei angenehmen wie unangenehmen Handlungen relativ rasch, bei neutralen Handlungen dagegegen später eintritt. Dies wird so interpretiert, dass Handlungen mit großer Ich-Nähe sich schneller sättigen als solche mit geringer Ich-Nähe, so werden z. B. Handlungen wie das Gehen fast nie gesättigt. Auch wenn Handlungen, z. B. das Durchführen von Markierungsstrichen, nur neben einer Haupthandlung durchgeführt werden, fällt diese Sättigung weitgehend aus – entscheidend für die p. S. sei ein mangelnder Figur-Grund-Bezug von Handlung u. übergreifendem Willensziel. Das Phänomen wurde v. a. innerhalb der → Gestalttheorie, speziell der gestalttheoret. Motivations- u. Emotionsps., analysiert (Karsten 1928); zu arbeitsps. Aspekten s. das Stw. → Ermüdung.

◆ Karsten, A.: Psych. Sättigung. PF 10, 1928, S. 142–254; Lewin, K.: Die Entwicklung der experimentellen Willensps. Darmstadt 1929 (Neuauflage: 1970).

Psychische Spannung → Energie; → Anspannung.

Psychoakustik → Hören.

Psychoanalyse. Die Psa. ist eine von Sigmund Freud (1856–1939) entwickelte ps. Theorie, die, ausgehend von einer Theorie über die Ätiologie u. Therapie psych. Störungen, zunehmend auch eine allgemeinps. Theorie bzw. eine Theorie mit allgemeinps. Anspruch ausgebildet hat:

(1) Die Beobachtung, dass zahlreiche psychopatholog. Symptome sich der Einfügung in ein Kausalgefüge auf bewusster Ebene widersetzten, führte Freud – durchaus im Sinne eines naturwissenschaftl. orientierten Determinismus – dazu, einen Bereich zu postulieren, der dem unmittelbaren → Bewusstsein u. der unmittelbaren Erinnerung unzugängl. ist u. seine eigenen Gesetzmäßigkeiten habe: das → Unbewusste. Diese Grundannahme differenzierte er – v. a. innerhalb seiner Psychologie des → Traums aus: Er konzipierte eine Unterteilung der Psyche in *bewusst, unbewusst, vorbewusst* (Standardabk. *bw., ubw., vbw.*), das sog. *top. Modell.* Im Prozess der → Verdrängung würden Triebregungen bzw. Wünsche (zur Problematik der Unterscheidung dieser beiden Begriffe vgl. Holt 1976) in den Bereich des Unbewussten transferiert. Dieser sei durch vom Bewusstseinsbereich unterschiedene Prozesse gekennzeichnet, insbes. durch das → Lustprinzip sowie durch den sog. *Primärvorgang*, im Unterschied zum *Sekundärvorgang*, der innerhalb der bewussten Prozesse dominiert (vgl. hierzu das Stw. → Unbewusstes).

(2) Später ergänzt Freud das *top. Modell* durch das sog. *Struktur-* bzw. *Instanzenmodell* der Psyche, das die Unterscheidung *Es*, *Ich* u. *Über-Ich* beinhaltet (*Ich* u. *Es* werden im Engl. in einer latinisierten Version übersetzt mit *Ego* u. *Id*; zur Problematik dieser Terminologie vgl. Bettelheim 1982). Die Theorie ist also eine *Schichttheorie* (ein Modell, wie es, vor einem ganz anderen Hintergrund, auch in der dt. Charakterkunde prävalent war; vgl. Angleitner u. Borkenau 1985): (a) Das Kzpt. des *Es* hat innerhalb der freudschen Theorie keinen völlig geklärten Status; es beinhaltet näml. einerseits, unter kognitivem Aspekt, das Unbewusste u. ersetzt damit in späteren Fassungen der Theorie häufig das Unbewusste des früheren top. Modells; es ist andererseits unter motivationalem Aspekt der Bereich der Triebe. Vgl. zur Problematik dieser Annahmen Eagle (1988). (b) Das *Ich* ist eine Ausführungs-, Vermittlungs- u. Kontrollstruktur. Es muss zw. den Triebansprüchen des Es u. den Anforderungen der Außenwelt sowie den Geboten des Über-Ichs vermitteln; es hat die Aufgabe der *Realitätsprüfung* u. orientiert sich am *Realitätsprinzip*; für seine Aktivitäten verbrauche das Ich sublimierte Triebenergie. Die meisten Ich-Funktionen laufen bewusst ab; es gibt allerdings auch unbewusste Aktivitäten des Ichs, die sog. → Abwehrmechanismen. (c) Das *Über-Ich* beinhaltet die introjizierten elterl. Normvorstellungen u. moral. Forderungen (Gewissen); zu den verwandten Begriffen *Ich-Ideal* bzw. *Ideal-Ich* vgl. Pongratz (1983). Das Über-Ich ist das Resultat der Bewältigung des → Ödipuskonfliktes; zu weiteren Ausführungen vgl. das Stw. → Ichbewusstsein.

(3) Neben den strukturtheoret. Ansätzen (vgl. 1. u. 2.) ist die zweite große Kerntheorie der Psa. eine elaborierte Triebtheorie, die der Darstellung u. Erklärung der *dynam.* Aspekte des menschl. Vhs. dient. (Die Psa. u. verwandte Theorien werden deshalb, v. a. im amerikan. Sprachraum, global als *psychodynam.* Theorien bzw. als *Psychodynamik* bezeichnet.) Diese Triebtheorie hat mehrere Phasen durchlaufen: (a) In der ersten Phase (1894–1911) stellt Freud *Sexualatrieb* u. *Selbsterhaltungstriebe* (= *Ichtriebe*) gegenüber; die Energie des Sexualtriebs nannte Freud *Libido*. Der Hauptakzent richtet sich in dieser Phase auf die theoret. Fundierung der Sexualtriebe, dem Selbsterhaltungstrieb wurde nur wenig Beachtung zuteil. Für eine weitere Differenzierung vgl. Nagera (1974). (b) Die Einführung des Kzpts. *Narzissmus* in der zweiten Phase (1911–1914) verwischte die Unterscheidung zw. Sexual- u. Ichtrieben: Beide gingen aus einer gemeinsamen libidinösen Quelle hervor; eine Unterscheidung ließe sich nur im Hinblick auf das Objekt treffen, auf das die Libido sich richtet, ein äußeres Objekt o. das eigene Ich. Freud berücksichtigte in manchen Arbeiten auch noch ein nichtlibidinöses Element, das er »Interesse« nannte (ein Kzpt. das in der späteren Ichps. reaktiviert worden ist; vgl. hierzu Eagle 1988). (c) In der dritten Fassung (1915–1920) wurde Aggression, die vorher als ein Element des Sexualtriebs u. hauptsächl. im Zusammenhang mit dem Sadismus betrachtet worden war, den nichtlibidinösen Ichtrieben in Gestalt des Triebs zur Bemächtigung der äußeren Welt – *Bemächtigungstrieb* – zugeordnet. Diese stärkere Betonung der Aggression entsprang aus Freuds Überlegungen zum Problem der *Ambivalenz*. (d) Im

vierten Schritt (1920–1939) wird die Dualität zw. dem → *Aggressionstrieb* bzw. *Destruktionstrieb* auf der einen u. dem *Sexualtrieb* auf der anderen Seite deutl. hervorgehoben. Die Ichtriebe verlieren ihre Eigenständigkeit u. werden teils von libidinösen, teils von aggressiven Trieben abgeleitet. Schließl. wird dieser Dualismus noch verallgemeinert u. auf eine fast philosoph. zu nennende Ebene gehoben, indem die sexuellen Triebe unter dem allg. Kzpt. der *Lebenstriebe* (*Eros*) subsumiert werden u. für die aggressiven Triebe als tieferliegende Tendenz ein *Todestrieb* (*Thanatos*) postuliert wird. Der Todestrieb solle Einheiten auflösen, während das Ziel des Eros sei, immer größere Einheiten herzustellen; Eros wird also als integrierende, konsolidierende, zusammenziehende, erhaltende u. vitalisierende Kraft gesehen, der Todestrieb als differenzierende, trennende, auflösende, negierende, lebensfeindliche Kraft. (f) Zusätzl. zu dieser sozusagen konkreten Theorie enthält die Triebtheorie der Psa. noch eine »abstrakte« Triebtheorie: das Kzpt. einer allg. psych. → Energie, welche sowohl Denken wie Vh. antreibt u. für die, analog zur Physik, ein Erhaltungsgesetz gilt: *Konstanzprinzip*, Weiteres s. das Stw. → Energie. (*T*: Der Begriff der *Libido* wird einmal im speziell triebtheoret. Sinne als Energie des Sexualtriebs u. einmal im abstraktenerget. Sinne dieser unspezif. allg. Energie verwendet.) Mit diesem energet. Kzpt. zeigt sich deutl. die Verhaftung Freuds an mechanist., physikal. bzw. techn. Modellen. Zur Darstellung der Triebtheorie vgl. Bibring (1936); Lampl-de Groot (1956) u. Nagera (1974); ein neueres Überblicksreferat ist Compton (1983). Zu Freuds allg. Modell dessen, was ein »Trieb« darstellt, vgl. die Darlegungen unter diesem Stw.

(4) Obwohl aus der Betrachtung *emotionaler* Prozesse entstanden u. immer auch emotionstheoret. Implikationen u. Gedanken enthaltend, war die triebtheoret. Fassung typ. für die klass. Psa., zunehmend aber werden emotionstheoret. Aspekte innerhalb der Psa. stärker berücksichtigt u. elaboriert; vgl. Krause (1983); Weiteres s. unter dem Stw. → Emotionstheorie. Unter Freuds emotionstheoret. Ansätzen wichtig geworden ist v. a. seine Theorie der → Angst; vgl. auch → Schuldgefühl, → Trauer.

(5) Die Psa. impliziert einen wesentl. *genet.* Aspekt u. damit eine *psa. Entwicklungsps.*: Psych. Störungen seien (fast) immer auf (psych.) Traumata der *Kindheit* zurückzuführen. In diesem Zusammenhang u. auch im Zusammenhang mit der Trieblehre entwickelt Freud eine Phasentheorie der Entwicklung, die bei ihm v. a. eine Phasentheorie *sexueller* Entwicklung ist (da nach Freud sexuelle Entwicklung nicht erst mit der Pubertät, sondern schon in den ersten Lebensmonaten beginnt); vgl. hierzu die Ausführungen zum Stw. → Sexualtrieb. Von der *oralen* über die *anale* bis zur *phall.* Phase durchschreite das Kind stufenweise bis etwa zum 5. Lebensjahr verschiedene Organisationsformen der Sexualität. Eine weitere zentrale Annahme ist, dass die frühkindl. Entwicklung die gesamte Persönlichkeitsentwicklung entscheidend prägt; nach Freud können bis zum 6. Lebensjahr alle Grundthemen menschl. Zusammenlebens wie Besitz, Liebe, Gehorsam in der Eltern-Kind-Beziehung angesprochen werden. Speziell dieser Aspekt hat befruchtend auf die Sozialisationsforschung gewirkt u. sich in zahlreichen Studien

über die langfristigen Sozialisationsauswirkungen verschiedener Formen des Stillens, der Sauberkeitserziehung u. der sexuellen Erziehung niedergeschlagen. Es ist anzumerken, dass Freuds Entwicklungsps. eine *rekonstruktive* ist, d. h. eine solche, die aus den (in der Therapie) gewonnen Aussagen Erwachsener auf Prozesse der Frühkindheit zurückschließt; die Problematik dieses Zugangs war einer der wichtigsten Ansatzpunkte für die modernen Weiterentwicklungen. Eine zsfd. Darstellung der Entwicklungsps. Freuds u. ihrer Weiterentwicklungen durch die Nachfolger ist Stork (1976); vgl. auch Tyson u. Tyson (1990); das klass. psa. Werk, in dem sämtl Befunde einer rekonstruktiven Entwicklungsps. zusammengetragen wurden, ist Bernfeld (1925); einen Überblick über die zwei Zugänge in der psa. Entwicklungsps., näml. den rekonstruktiven u. den direktbeobachtenden, gibt Tyson (1989); zu anderen Neuansätzen vgl. den Sammelband Ohlmeier (1973); verschiedene Arbeiten haben den Vorteil einer Integration von Psa. u. der genet. Epistemologie von J. Piaget hervorgehoben: Greenspan (1979) u. Fast (1985).

(6) In ihrer Gesamtstruktur zerfällt die Psa. in drei Ebenen: die Ebene der klin. Beobachtung, die unmittelbar darauf aufbauenden »kleineren« theoret. Modelle u. die allg. theoret. Modelle, für Letztere verwendet Freud häufig den Begriff *Metaps.* Als metaps. Aspekte nennt Freud: (a) den *dynam.* Aspekt: die Triebtheorie; (b) den *ökonom.* Aspekt: das Kzpt. der psych. Energie, der Besetzung u. das Konstanzprinzip; (c) den *top.* bzw. *topograph.* Aspekt: betrifft einerseits die Trennung zw. *vorbewusst*, *bewusst* u. *unbewusst* u. andererseits die Instanzenlehre, also die Trennung von *Es*, *Ich* u. *Über-Ich*; Nagera (1974) fügt noch den *genet.* Aspekt hinzu. Als die zentralen Annahmen der Psa. lassen sich festhalten: (a) das Kzpt. des Unbewussten u. damit der Selbstverborgenheit des Menschen; (b) die Bedeutung der frühen Kindheit; (c) innerhalb der Störungstheorie die Lehre von der Verdrängung u. dem Widerstand; vgl. hierzu auch Pongratz (1983). Durch die ganze freudsche Theorie zieht sich eine Spannung zw. mechanistischen Modellen u. einem humanistischen Menschenbild hin; vgl. hierzu Holt (1972) u. Wyss (1977). Freud hat zeit seines Lebens mindestens 14 einander z. T. widersprechende Definitionen dessen gegeben, was Psa. ist, übersichtl. zusammengestellt bei Kutter (1989). Man kann die Entwicklung der Psa. folgendermaßen gliedern: 1886–1896: voranalyt. Zeit; 1896–1910: Zeit der grundlegenden Entdeckungen; 1910–1919: Zeit der Konsolidierung; 1919–1926: Neuformulierung der Triebtheorie u. die Entwicklung der Strukturtheorie; 1926–1939: psa. Ich-Psychologie; vgl. Mertens (1990).

(7) *Weiterentwicklungen:* (a) Zur engeren Schule Freuds rechnet Wyss (1977) Abraham, Ferenczi, Fenichel u. die Vertreter der brit. Gruppe: Glover, Jones, A. Freud, Klein sowie die New Yorker Gruppe: Hartmann u. sein Schüler Spitz, Greenacre, Erikson sowie Reik, Reich, Federn, Alexander; diese hielten im Großen u. Ganzen an Freuds grundlegenden Auffassungen fest, so z. B. an der Libidotheorie u. der Triebdynamik. (b) Die wesentl. Änderung, die die Psa. innerhalb der sog. *Neopsychoanalyse* (Harald Schultz-Henke, Karen Horney, Erich Fromm u. Harry Stack Sullivan) erfuhr, war die Ersetzung der Libidotheorie durch eine Sozialisations- u. Gesellschaftstheorie. Das Unbewusste wird in seiner Bedeutung wesentl. geschmälert, auch die Rolle der Sexualität u. die Sym–

bolforschung sowie die Aufschlüsselung der Symptome tritt zurück; vgl. hierzu Wyss (1977) u. Pongratz (1983); eine kurze zsfd. Darstellung der Werke der einzelnen Autoren findet sich in Eicke (1976). (c) Ein radikaler Bruch wurde durch die *Individualps.* Alfred Adlers (1870–1937) vollzogen: Die Bedeutung des Unbewussten wird als geringer angesehen, es stehe stärker im Dienste des Ichs; Adler betont v. a. eine teleolog. u. ganzheitl. Sicht der Persönlichkeit, die sich im zentralen Kzpt. des *Lebensstils* manifestiert, u. er stellt das Streben nach Macht zur Überwindung des *Minderwertigkeitsgefühls* in den Mittelpunkt menschl. Strebungen. Als *Überkompensation* wird das Bemühen des Individuums bezeichnet, die Funktion eines bisher minderwertigen Organs durch angestrengtes Training zu perfektionieren. Des Weiteren ist Adlers Individualps. stärker sozialps. ausgerichtet als die klass. Psa. Vgl. zum Überblick Ansbacher u. Ansbacher (1972); Jacoby (1974); Sperber (1970); ein Wörterbuch der Individualps. ist Brunner u. a. (1985). (d) C. G. Jung (1875–1961) distanziert sich in seiner *Analyt. Ps.* vom Dogma der sexuellen Ätiologie der Neurose u. setzt das Kzpt. des → Komplexes an seine Stelle (daher: *Komplexe Ps.*). Des Weiteren postuliert er ein kollektives Unbewusstes: die Archetypen (vgl. Balmer 1972); vgl. zsfd. Hannah (1982) u. Stern (1976); zur Weiterentwicklung vgl. Dieckmann u. Jung (1977). Allgemein war Jung derjenige Psychologe, der schon früh parapsycholog., myst. u. religiöse Phänomene in sein Denken mit einbezog, ein Aspekt, der ihn bis in die 50er Jahre in eine Art Schattendasein verwies, während sich danach u. v. a. auch in der Gegenwart, z. B. innerhalb der → transpersonalen Psychologie, eine Renaissance der Ps. Jungs abzeichnet. Einer der eigenartigsten wissenschaftshistor. Weiterentwicklungsprozesse der Ps. fand statt, als Eysenck Jungs Konzepte der → Extravs. Introversion aufnahm u. zu einem faktorenanalyt.-neurophysiolog. Konzept weiterentwickelte. (e) Wilhelm Reich (1897- 1957) postulierte in seiner *Charakteranalyse* (1933) genannten Weiterentwicklung, dass die Libido nicht an die genitalen Zonen gebunden sei, sondern den ganzen Leib erfülle, u. dass Hemmungen dieser Energie zu psychosomat. Störungen führen, ein Kzpt., das besonders in der *Bioenergetik* u. den *Körpertherapien* weiter ausgebaut worden ist; vgl. Büntig (1977); Petzold (1985) u. Lowen (1988). Ein ausführl. Überblick über die Entwicklung der psa. Bewegungen in den verschiedenen europäischen u. amerikan. Ländern findet sich in Eicke (1976).

(8) Folgendes sind die wesentl. Aspekte u. Tendenzen der modernen Psa.: (a) Sie ist in starkem Maße den als *Ich-Ps.* u. *Selbst-Ps.* bezeichneten Strömungen verpflichtet (vgl. Mitchell 1988; Abend 1988): Zunehmend wird dem Ich eine größere Autonomie u. eine eigene Energie zugesprochen, u. einer neuen Beziehungserfahrung innerhalb der Therapie wird ein größeres Gewicht eingeräumt als der Bewusstmachung des Unbewussten. Während in Freuds Ichmodell sämtl. Energie aus dem Es stammt, wohingegen das Ich sozusagen nur für Kanalisierung u. Kontrolle sorgt, wurde das Ich, v. a. bei Hartmann, mit größerer Autonomie ausgestattet (»Ichps.«), was in der »Selbstps.« von H. Kohut (1979) u. O. Kernberg (1976ff.) noch weiter ausgebaut worden ist. Der Begriff der *Selbstps.* beinhaltet die Ersetzung einer abstrakten Instanz »Ich« durch ein phänomenolog. Selbst u. sein Selbsterleben. Zum Ichbegriff bei Freud u. zur psa. Ichps. vgl. Hartmann (1964/65); Drews u. Brecht (1975). Mit dieser ichps. Entwicklung geht eine Weiterentwicklung des Kzpts. der *Objektbeziehung* einher; dies ist der klass. freudsche Begriff für sämtl. Beziehungen des Ichs zur Außenwelt (schon die im wörtl. Sinne objektivist. Terminologie verdeutlicht das dahinter stehende Modell eines quasi-autist. Ich, dem die Außenwelt u. eben auch die Menschen als Ganzes wie »Objekte« gegenüberstehen). Das Kzpt. der Objektbeziehung hatte in der freudschen Theorie keinen systemat. Stellenwert, erst durch nichtorthodoxe Psychoanalytiker wie M. Klein u. schließl. von den ich- bzw. den selbstps. Richtungen wurde dieses Kzpt. zu einem der wichtigsten Bestandteile der modernen Psa. ausgebaut; vgl. Kutter (1982). Alle diese Theoretiker sehen den Menschen in seiner ersten Lebenszeit im Konflikt zw. Narzissmus u. Objektwelt; Ziel der gesunden Entwicklung sei das

Gleichgewicht zw. der Beziehung zu sich selbst u. zu den Gegebenheiten der Umwelt; dieses Entwicklungsziel werde nicht erreicht, wenn das Kind in dieser Phase ein schweres Defizit mütterl. Zuwendung erleidet; narzisst. Störungen, v. a. Borderline-Störungen, können die Folge sein. Die Objektbeziehungstheoretiker lenken außerdem den Blick vom Strukturmodell u. vom Ödipuskomplex auf die frühen Interaktionsvorgänge zw. Mutter u. Kind u. beschreiben die Auswirkung mangelhafter mütterl. Fürsorge u. Einfühlung im Hinblick auf so wichtige Entwicklungsphasen wie Symbiose, Differenzierung, Übungsphase, Wiederannäherung u. Objektkonstanz. Sie machen auf die Konsequenzen mangelhafter Internalisierung für die Repräsentanz u. Welt des Kindes aufmerksam u. zeigen auf, wie verschiedene Ich-Funktionen beeinträchtigt werden. Kzpte. wie »Grundstörung« (Balint), »wahres Selbst« u. »falsches Selbst« (Winnicott), »Störungen in der Trennung u. Individuation« (Mahler) weisen alle auf den ähnl. Sachverhalt hin, dass lange vor dem Erreichen eines neurot. Konfliktpotentials die Ichentwicklung des Kindes in entscheidendem Punkten traumat. beeinträchtigt werden kann. Behandlungstechn. rückte demgemäß auch die mütterl. Dimension in den Vordergrund. Von hier aus sucht die moderne Psa. Zugang zu den *Borderline-Patienten*, die, gem. dieser Theorie, aufgrund der mangelhaften Differenzierung von Selbst- u. Objektrepräsentanzen bei den geringsten Enttäuschungen rasch zur Desintegration neigen u. von intensiver Wut, panischer Angst u. dem Erleben unendl. Alleinseins überschwemmt werden, was damit zusammenhängt, dass der Patient die beruhigenden, tröstenden Aspekte seiner Mutter nur unzulängl. verinnerlichen konnte. Besonders hier sei eine eher mütterl. zuwendende, weniger zurückhaltende Haltung des Therapeuten notwendig. (c) Ein grundsätzl. Aspekt der modernen Psa. ist die Ablehnung der freudschen Metaps. bei gleichzeitiger Wertschätzung seiner klin. Ideen; zur Problematik dieser Trennung vgl. Eagle (1988). Insbes. das Energie- u. Kraft-Kzpt. sowie die Trieblehre werden kritisiert. Speziell zur Kritik am energet. Modell vgl. zsfd. König (1981); vgl. des Weiteren Applegarth (1971), Gill u. Holzman (1976) u. Swanson (1977). Neue Konzeptionalisierungen auf informationstheoret. o. handlungstheoret. Basis werden versucht; vgl. Peterfreund (1971); Schafer (1973); Rosenblatt u. Thickstun (1977); zur Darstellung des handlungs- u. sprachtheoret. Ansatzes von Schafer vgl. Schönle (1981). Ein hermeneut. Ansatz stammt von P. Ricoeur; vgl. hierzu Jeron (1981). (c) Während die Entwicklungsps. der klass. Psa. fast ausschließl. von Rekonstruktionen (s. o.) herstammte, öffnete die moderne Psa. sich v. a. seit den 70er Jahren stärker einer direkt-beobachtenden empir. Forschung (sog. *baby-watcher*), die zur Destruktion mehrerer psa. Mythen führte, v. a. der des inkompetenten, passiven u. nur triebhaft stimulierten Säuglings u. der einseitigen Dominanz der Pflegepersonen. Und wo die klass. Psa., v. a. im Kzpt. des Narzissmus, von einem atomaren Individuum ausging u. dann v. a. eine Zweierbeziehung, näml. zw. Mutter u. Kind, thematisierte, wurde in neuerer Zeit, nach frühen Vorarbeiten von Melanie Klein, zunehmend die Idee ausgesprochen, dass auch der Vater in den Sozialbeziehungen sehr wichtig ist: Konzept der *frühen Triangulation*, also der Bedeutung des Vaters *vor* dem Ödipuskomplex; v. a. die französ. Psa. hat sich mit diesem Thema eingehend auseinandergesetzt; vgl. Stork (1974). Zum Überblick über die empir. psa. orientierte Säuglingsforschung vgl. Emde (1981); Lichtenberg (1991); Stern (1985); Stork (1986); zsfd. vgl. Dornes (1993). Für einen allg. Überblick über die moderne Psa. vgl. Mertens (1996) u. Kutter (1989) sowie Rudolf (1987).

(9) *Das Verhältnis von Psa. u. akadem. Ps.:* Die Psa. ist eine der Theorien, die die Geistesgeschichte des 20. Jahrhunderts entscheidend mitgeprägt haben; zur Frage, warum sie sich gegen ähnl. differenzierte Vorläufer durchgesetzt hat, vgl. Tömmel (1985). V. a. in der Populärrezeption wird die Psa. häufig mit der Ps. identifiziert o. als deren Hauptteil betrachtet – was in groteskem Gegensatz zur realen Situation steht: Tatsächl. ist die Psa. außerhalb der akadem. Ps. entstanden, niemals wirkl. in diese integriert worden, u. es hat von Anfang an ein äußerst spannungsreiches Verhältnis zw. beiden bestanden – allerdings wird durch

neuere histor. Untersuchungen deutl., dass sowohl die Schulmedizin wie die akadem. Ps. der Psa. auch schon am Anfang nicht derart ablehnend gegenübergestanden haben, wie dies von psa. Seite meist dargestellt wird (vgl. Elliger 1990): So wurde Freud 1908 von Hall nach Amerika zur 20. Gründungsfeier der Clark University eingeladen, hier traf er auch mit William James zusammen, der bereits 1894 eine Arbeit von Breuer u. Freund (1983) rezensiert hatte; es ist ein bleibendes Mitverdienst von Hall, dass die Psa. durch die amerikan. akadem. Ps. insges. weit freundlicher aufgenommen worden ist als durch die dt. Auch Kurt Lewin stand der Psa. immer aufgeschlossen gegenüber u. setzte diese Haltung auch in den USA fort. H. Murray u. Saul Rosenzweig waren zwei Hauptprotagonisten einer Forschungsgruppe in den USA, die seit den 30er Jahren darum bemüht war, eine Brücke zw. akadem. Ps. u. psa. beeinflussten Psychologen zu schlagen; sie verfassten auch die ersten Überblicksarbeiten zu empir. Untersuchungen zur Psa.; vgl. hierzu Sears (1943); Kline (1972); Fisher u. Greenberg (1977). Aus Anlass des Todes von Freud 1939 entschlossen sich die Herausgeber des *Journal of Abnormal and Social Psychology*, einen großen Teil des Jahresbandes 1940 der Würdigung der Leistungen Freuds u. dem Verhältnis zw. Psa. u. experimenteller Psychologie zu widmen. Zu einer Darstellung der Rezeption in Amerika vgl. Park (1931); Shakow u. Rapoport (1964). Zur Rezeption Freuds durch die dt. Ps.: William Stern ist derjenige unter den akadem. Psychologen, der sich am kontinuierlichsten mit Freud auseinandergesetzt hat; vgl. Geuter u. Nitzschke (1989); Freud wurde auch in Bühlers berühmter Arbeit zur Krise der Ps. (1927) ausführl. gewürdigt. Zum Verhältnis von Freud u. Fechner vgl. Nitzschke (1989); zum Verhältnis von Freud u. Wundt vgl. Tögel (1989); zum Verhältnis von Freud u. Lewin vgl. Lück u. Rechtien (1989); zum Verhältnis von Freud u. Piaget vgl. Vidal (1989); zum Verhältnis von Freud, Luria u. Wygotsky vgl. Elrod (1989). Allg. zur Darstellung des Verhältnisses von akadem. Ps. u. Psa. vgl. Elliger (1986) u. Nitzschke (1989); vgl. in diesem Zusammenhang auch das *Journal für Psychologie*, Heft 3, 1993. Folgende Paradigmen lassen sich nennen, innerhalb derer es zu einer Interaktion psa. u. akadem.-ps. Ideen gekommen ist: → subliminale Wahrnehmung, bes. → Wahrnehmungsabwehr, das → Assoziationsexperiment u. seine Spezifizierung innerhalb der psa. Therapieformen zur freien Assoziierung, nachfolgend von Jung zu einer Art Testinstrument entwickelt, woraus sich der Rorschach-Test u. damit die *projektiven Tests* entwickelten; wichtig geworden ist v. a. der → TAT, der innerhalb der modernen Forschung zur → Leistungsmotivation eine große Bedeutung besitzt; vgl. auch die Stw. → kognitive Stile, → Regression u. → Verdrängung.

(10) *Die Kritik der akadem. Ps. an der Psa.* konstituiert geradezu ein eigenes wissenschaftshistor. bzw. metatheoret. Paradigma. Dabei kristallisierten sich folgende Hauptkritikpunkte heraus: (a) Die Psa. sei eine ineffektive Therapieform bzw. habe ihre Effektivität nicht bewiesen; dieser Kritikpunkt wurde v. a. von H. Eysenck vorgetragen (vgl. Eysenck 1985). Für eine Darstellung der seitens der akadem. Psychotherapieforschung geäußerten Kritik an der Effizienz der Therapie vgl. Grawe (1994). (b) Die Psa. sei eine Pseudowissenschaft, die grundsätzl. unüberprüfbare Behauptungen aufstelle; dies war v. a. der Tenor von Poppers Psa.-Kritik. (c) Die Psa. sei zwar wissenschaftl. überprüfbar, ihre zentralen Axiome erweisen sich aber im Lichte der empir. Forschung als falsch. (d) Zw. den Polen (b) u. (c) steht der Vorwurf, dass die psa. Methodik selbst nicht geeignet sei, um die Axiome der Psa. zu überprüfen, da die Therapie durch subtile gegenseitige Beeinflussungsprozesse genau diejenige Art von Realität schaffe, die man beweisen will. Typ. sei auch eine Immunisierung psa. Gesetze durch Adhoc-Hypothesen u. tlw. auch durch Diskriminierung des Kritikers, insbes. seien ihre Begriffe vage u. mehrdeutig u. ihre Ableitungen nicht durchsichtig u. exakt (Cioffi 1970; Nagel 1959). Andere wissenschaftstheoret. Analysen versuchen in stärkerem Maße, dem bes. Charakter der Psa. gerecht zu werden. Vgl. hierzu auch die selbstkrit. Arbeiten von Spence (1982) u. Slap u. Levine (1978); vgl. auch Eagle (1988) u. z. B. die Rekonstruktionen zur Begriffsproblematik von »oral«

innerhalb der Psa. (Sandler u. Dare 1973) u. von »Homosexualität« (Schalmey 1975); auch Göllner (1973) fordert die Operationalisierung psa. Termini u. zeigt gleichzeitig ihre Problematik auf. Die Arbeit von M. Perrez (1972), einem akadem. Psychologen, analysiert, inwieweit in der Psa. Erklärungsformen vorkommen, die den wissenschaftstheoret. Standardkriterien entsprechen, und zeigt, dass sie diesem Anspruch in weiten Teilen nicht Genüge tut, konzediert aber, dass sie dennoch eine heurist. fruchtbare Theorie sei bzw. sein könne. Ebenfalls stärker der Psa. entgegen kommen folgende Arbeiten: Schalmey (1975) analysiert verschiedene psa. Arbeiten über den von Freud beschriebenen Fall Schreber sowie verschiedene Paranoia-Theorien auf ihre argumentative Struktur; auch Sherwood (1969) verwirft das HO-Schema als Bezugsnorm einer Analyse u. rekonstruiert psa. Gesetzesaussagen vor dem Hintergrund einer allg. Theorie histor. Erklärungen. Ein grundlegender Alternativansatz sieht die Psa. bzw. die psa. Methodologie tlw. oder ganz als eine *hermeneut.* Wissenschaft, die nicht den wissenschaftstheoret. Idealen einer an der Naturwissenschaft orientierten Wissenschaft genügen muss, soll u. kann; vgl. Kuiper (1964); Habermas (1968); Klauber (1968); Ricoeur (1969); Rosenkötter (1969); Lorenzer (1974) – die nomothet.-naturwissenschaftl. Selbstrezeption der Psa. bezeichnet Habermas als *szientist. Missverständnis*; zur Kritik vgl. Grünbaum (1984). Zum Überblick über die Psa.-Kritik vgl. Eschenröder (1984), ein elementar gehaltenes Buch; vgl. auch Zimmer (1986), eine von einem Wissenschaftsjournalisten engagiert geschriebene, lesenswerte Arbeit (vgl. auch die im Nachwort von 1990 dargestellten »Bissigkeiten« bei der Rezeption dieses Buches); Möller (1978) ist eine differenzierte Überblicksarbeit, die im psychiatr. Raum die krit. Rezeption der Psa. befördert hat. Als Meilenstein der Psa.-Kritik, als ein Werk, das einerseits höchsten wissenschaftstheoret. Maßstäben Genüge tut u. sich andererseits tief in das psa. Denken u. Argumentieren eingelassen hat, gilt Grünbaum (1984; vgl. auch 1991): Die Psa. sei, im Gegensatz zur Fehlinterpretation Poppers, ein System, das durchaus am Methodenkanon naturwissenschaftl.-empir. Forschung messbar sei u. dort, wo dies geschehen sei, sei sie hinreichend falsifiziert worden. Für einen Überblick über die empir. Untersuchungen der psa. Postulate vgl. zsfd. Kiener (1978). Die Psa. kritisiert auch an den wohlwollenden experimentalps. Versuchen, dass sie psa. Hypothesen zu isoliert u. ohne Berücksichtigung ihrer Stellung im Gesamtkontext der Psa. analysieren u. dass sie v. a. die Entwicklung der letzten Jahrzehnte zu wenig berücksichtigen u. nur auf klass. Kzpte. Bezug nehmen; vgl. hierzu Werthmann (1979), Mertens (1994) sowie Köhler (1989ff.). Auch die Anfang der 90er Jahre gegründete *Neue Deutsche Gesellschaft für Psychologie* hat auf ihre Fahnen eine positivere Rezeption der Psa. geschrieben (vgl. auch das Konzeptions-Kapitel dieses Lexikons).

Folgendes sind die inhaltl. Grundannahmen der Psa., die – jenseits wissenschaftstheoret. Aspekte – in einem tlw. krassen Gegensatz zu zentralen Axiomen der modernen akadem. Ps. stehen: (a) Zwar hat die kognitive Ps. durchaus das Kzpt. des → *Bewusstseins* u. auch des → *Unbewussten* wiederentdeckt, sie widerspricht aber der psa. Annahme, dass es einen abgegrenzten Bereich des Unbewussten gebe u. dass Bewusstes u. Unbewusstes im Sinne zweier »Homunkuli« zu konstruieren seien, so wie es überhaupt nur einen graduellen Unterschied zw. den verschiedenen Bewusstseinsstufen gibt; die Informationsverarbeitung des Menschen geschehe auf mehreren Stufen, denen auf unterschiedl. Weise ein (zunehmendes) Bewusstsein zukommt. (b) Das grundsätzl. konstruktivist. Axiom der modernen Ps. bezügl. → Kognition u. → Wahrnehmung widerspricht einer psa. Vorstellung, die v. a. ihrer Entwicklungstheorie immanent ist, dass näml. Kinder bestimmte Erlebnisse o. Erinnerungen auf eine »quasi-eidet.« Art besitzen, die sie erst nachträgl. deuten u. verarbeiten. Die akadem. Ps. geht demgemäß davon aus, dass alles Wissen, Erkennen u. Speichern ein Akt aktiver Konstruktion ist, der nur soviel speichern, erkennen u. wiedererkennen kann, als er mit seinen vorhandenen Wissensstrukturen verarbeiten kann – unvereinbar damit ist die Idee, dass ein Kind, das einige Monate o. Jahre alt ist, Szenen in seinem Kopf mit sich herumträgt, die es erst viele Jahre später zu verstehen anfängt. (Dieser so akadem. erscheinende Aspekt erlangt in den letzten Jahren durch das Problem des Kindesmissbrauchs u. der damit verbundenen zeugenps. Fragestellungen große gesellschaftl. Relevanz.) (c) Speziell das, was die rekonstruktive psa. Entwicklungsps. postuliert hat, v. a. das, was auch innerhalb der psa. Selbstkritik als »Adultomorphisierung« der Kindheit bezeichnet worden ist, näml. die Neigung, frühe Stadien der Entwicklung aus der Sicht späterer patholog. Zustände darzustellen, erscheint akadem. Entwicklungspsychologen als weitgehend phantast. klingende Spekulation: So ist es z. B. sicherlich inadäquat, das Vh. des Kindes mit dem Begriff »narzisst.« zu belegen, da dieses Vh. im Hinblick auf seine kindl. Welt u. seine kindl. Fähigkeiten adäquat ist u. keine Ähnlichkeiten mit dem narzisst. Vh. Erwachsener aufweist; vgl. hierzu auch Peterfreund (1978). Speziell folgende Axiome der freudschen Psa. sind von der empir. Kleinkindforschung problematisiert o. widerlegt worden: die Annahme eines anfängl. Urglückszustands, eines »ozean. Gefühls« o. eines »primären Narzissmus«; die Annahme einer undifferenzierten Wahrnehmungsfähigkeit des Säuglings; die Annahme eines generellen Prinzips der Spannungsabfuhr zur Erklärung für frühe Entwicklungsprozesse; die Annahme einer prädominanten Bedeutung der »Oralität« – sämtl. Sinne sind für den Säugling wichtig; deswegen sind z. B. beim Füttern eher die soziale Beziehung u. optimaler Blickkontakt wichtig, weniger die damit verbundene Spannungsreduktion; auch die Annahme, dass Motivationssysteme wie → Neugier, → Bindungsverhalten u. → Kompetenzmotivation nur sekundärer Natur seien, ist im Licht der empir. Forschung verfehlt, diese Motivationssysteme sind ebenso grundlegend wie z. B. Hunger u. Durst. Insgesamt sieht die moderne Ps. das Kleinkind einerseits komplexer, da sie es mit einem sehr reichhaltigen Repertoire an Erkenntnis- u. Handlungsmodulen ausgestattet sieht, woraus viele Probleme einer psa. Entwicklungsps. sich als Scheinprobleme erweisen, da bestimmte Leistungen eben keine »aktiven Leistungen« darstellen, sondern eine Art »Verwendung« bzw. Ausgestaltung eines weitgehend angeborenen Potentials, andererseits wird das Kleinkind von der modernen Ps. wiederum als einfacher als seitens der Psa. betrachtet, da sie dem Kleinkind bestimmte »adultomorphe« Vhs.- u. Denkweisen nicht zutraut. Überhaupt wird das Postulat der großen Bedeutsamkeit der frühen Kindheit für Störungen zunehmend als ein Dogma erkannt, das im Einzelfall wahr sein kann, aber einer empir. Detailanalyse bedarf u. nicht vorausgesetzt werden kann; vgl. hierzu Hemminger (1982); Clarke u. Clarke (1976); Kohlberg (1972). Die moderne Psa. rezipiert u. akzeptiert diese Kritik tlw., v. a. die am Triebkzpt. u. an der Entwicklungsps., vgl. hierzu die tief schürfenden Darlegungen bei Eagle (1988), ohne dass völlig klar wird, was von der verbleibenden Analyse noch »psa.« zu nennen ist; vgl. hierzu auch Mertens (1996). Neuere krit. Literatur zur Zukunft der Psa. sind: Bell u. Höfelt (1995); Burian (1995); Lütkehaus (1996); Cremerius (1995). Zu weiteren krit. Aspekten vgl. die Ausführungen unter folgenden Stw.: → Trieb; → Sexualtrieb; → Energie; → Ödipuskomplex; → Regression; vgl. auch → Adornos Übertreibung.

VD: Die Psa. enthält außerdem eine elaborierte Theorie psych. Störungen sowie eine Therapietheorie (die beide gem. der Konzeption dieses Lexikons hier nur knapp dargestellt werden, s. d.):
(1) Eine zentrale Idee der *psa. Störungstheorie* ist die Vorstellung, dass neurot. Symptome sich als *symbol.* Ausdruck unbewusster Konflikte verstehen lassen, deren Wurzeln in die Kindheit zurückreichen: Durch eine → Verdrängung o. andere → Abwehrmechanismen werden Konflikte im Unbewussten gehalten, wb. sexuelle Tendenzen zentral sind. Damit entstehe ein unbewusster Bereich, der unkontrollierbare psych. Wirkungen entfaltet u. bei einer Störung der Balance von Abwehr u. Verdrängung zur Symptombildung führt. Das Symptom ist Ausdruck einer Kompromissbildung zw. verdrängender Kraft u. den drängenden Triebstrebungen. Die Psa. kennzeichnet die verschiedenen Neurosen durch die Stufe, auf der die Fixierung u. damit die Regression stattfindet, durch das Vorherrschen charakterist. Abwehrmechanismen u. durch die Bedeutung u. Wie-

derbelebung bestimmter frühkindl. Beziehungskonstellationen. In diesem begriffl. Rahmen entwickeln sich auch Versuche, die nicht im ursprüngl. Behandlungsbereich der Psa. liegenden *Psychosen* störungstheoret. zu konzeptualisieren, u. zwar als sog. *narzisst. Neurosen*, die nicht *Übertragungsneurosen* im eigentl. Sinne darstellen: Bei ihnen gehe die Störung noch weiter in die Kindheit zurück u. setze schon bei der Konstituierung des Ichs an, das unvollständig u. störanfällig ausgebildet wird. Diese narzisst. Neurosen bzw. Psychosen sind auch dadurch von den eigentl. Neurosen abgehoben, da bei diesen (*Angsthysterie*, *Konversionshysterie*, *Zwangsneurose*) die Libido immer auf reale u. imaginäre Objekte verschoben ist, anstatt von diesen auf das Ich zurückbezogen zu sein, woraus resultiert, dass sie der psa. Behandlung zugänglicher sind, da sie zum Aufbau einer Übertragungsneurose im therapietechn. Sinne innerhalb der Behandlung (s. u.) geeignet sind. Zum Überblick über die psa. Neurosen- u. Psychosenlehre vgl. Loch (1984) u. Bach (1981). Neben dieser klin. Psychopathologie hat Freud auch eine »Psychopathologie des Alltags« entworfen, in der er → Fehlleistungen wie Versprecher o. Erinnerungslücken unter einem kognitiv-psychodynam. Aspekt analysiert.

Sowohl mit der freudschen Entwicklungsps. als auch mit ihrer Störungstheorie ist eine differentielle psa. Persönlichkeitsps. verbunden: Charaktere lassen sich als rudimentäre Formen einer Neurose verstehen, so sollen z. B. nur Personen mit ausgeprägter *analerotischer* frühkindl. Erfahrung im späteren Leben die Charakterzüge Eigensinn, Spaß u. Ordnungsliebe aufweisen (*analer Charakter*). Vgl. zum Überblick Hoffmann (1984) u. Hofstätter (1974).

(2) Zur freudschen *Therapietheorie:* Grundidee ist, die dem Symptom zugrunde liegenden unbewussten Konflikte bewusst zu machen, was (wie bes. in Freuds frühen Theorien hervorgehoben) mit einer *Abreaktion* der damit verknüpften schädl. Affekte einhergeht (→ Katharsis). Freuds zentrale psa. Therapiemethode zur Aufdeckung des Unbewussten ist, nach früheren Versuchen mit Hypnose u. Suggestion, eine nichtdirektive u. nichtsuggestive Methode der *freien → Assoziation*: Der Patient soll – ohne etwas zurückzuhalten o. zu verschweigen – all das erzählen, was ihm in den Sinn kommt, u. der Psychoanalytiker unterwirft diese Gedanken einer *Interpretation*, in der er die unbewusste Symbolik aufschlüsselt u. damit die zugrunde liegenden Konflikte freilegt. Dabei muss er den *Widerstand* des Patienten gegen diese Aufarbeitung überwinden, was teilweise dadurch geschieht, dass auch dieser Widerstand einer Deutung unterworfen wird. Beim Einlassen auf diesen Prozess kommt es regelmäßig dazu, dass der Patient seine frühkindl. Erfahrungen u. Probleme in der Interaktion mit dem Therapeuten, der stellvertretend für frühere Autoritäten stehe, reaktiviert, also auf ihn *überträgt*, es entsteht eine sog. *Übertragungsneurose* (im Sinne der psa. Therapietechnik), eine Art künstl. Neurose u. neue Version der klin. Neurose, deren Aufdeckung zur Entdeckung der infantilen Neurosen führt. Zur Darstellung der modernen psa. Therapie vgl. Thomä u. Kächele (1985); Mertens (1990ff.); zu Freuds Begriff der Assoziation – der von allgemeinps. Bedeutung ist – vgl. Reicheneder (1988); speziell zur Technik der freien Assoziation vgl. Hölzer u. Kächele (1988).

(3) V. a. in späteren Arbeiten hat Freud verschiedene kulturtheoret. Ansätze formuliert – diese Ansätze haben bes. beigetragen zur Popularität der Psa. bzw. zur öffentl. Auseinandersetzung über ihre Annahmen: Freud sieht als Basis der Kultur den Triebverzicht, er fördere geistige Leistungen durch *Desexualisierung* von Triebenergie u. deren *Verschiebung* u. *Sublimierung*. In »Massenpsychologie u. Ichanalyse« (1921) analysiert er die Wirkung eines Führers auf die Masse: Die Gruppenmitglieder erleben den Führer als Verkörperung ihres *Ich-Ideals*; die Beziehung sei der Verliebtheit vergleichbar, so wie die Masse dem Führer blind folge, so unterwirft sich auch der Hypnotisierte dem Hypnotiseur. Die Religion als große Illusion vermöge viele Menschen durch die Einbeziehung in eine allg. Neurose vor der individuellen Neurose zu bewahren; die »universelle Zwangsneurose« Religion basiert für Freud auf Schuldgefühlen einem Urvater gegenüber, gegen den sich seine Söhne erhoben hatten, u. als Sühne für diesen (histor. nicht

nachweisbaren) »Vatermord« unterwarfen sie sich einem religiösen Vatergesetz, u. der Vater wurde in den Himmel projiziert. Myst. Gefühle von Ewigkeit, von Unbegrenztem o. das Bewusstsein »aus dieser Welt können wir nicht fallen« interpretierte Freud als Reste eines Kindheitszustandes, in dem das kleine Wesen noch nicht zw. sich u. der Umwelt unterscheiden kann. Eine zsfd. Darstellung der Gesellschafts-, Kultur- u. Religionskritik ist Schlederer (1976); zu den sozialps. Aspekten der Psa. vgl. Mitscherlich u. Muck (1969); für neuere Ansätze vgl. Görlich (1983). Eine zsfd. Darstellung von Freuds Theorien zu Witz u. Humor ist Strotzka (1976). Speziell zu metatheoret. Problemen der psa. Literaturinterpretation vgl. Groeben (1984). Eine Theorie der Kunst auf der Basis der freudschen Psa. ist Kuhns (1986). Zur psa. inspirierten Geschichtswissenschaft, welche v. a. darin besteht, das Leben wichtiger histor. Figuren psa. zu rekonstruieren (sog. *Psychobiographik*), vgl. Peters (1989ff.).

LIT: (1a) Gesamtausgaben: Die *Standard Edition of the Complete psychological works of Sigmund Freud*, meist *S.E.* abgekürzt, enthält 24 Bände (London 1953–1974) u. zeichnet sich v. a. durch die Kommentare von J. Strachey aus: die (nicht vollständige) Ausgabe *Gesammelte Werke* (*GW*) ist in 18 Bänden in London 1940–1952 erschienen; der 18. Band ist in Frankfurt/M. 1968 erschienen; seit 1960 liegt die gesamte Edition beim S. Fischer Verlag Frankfurt/M. vor, diese Ausgabe ist ohne Kommentar; eine neuere selektierte *Studienausgabe* liegt in 10 Bdn. plus Ergänzungsband beim S. Fischer Verlag vor (1969–1975); darin ist das editorische Material der Standardedition in dt. Übersetzung übernommen. Ein Gesamtverzeichnis der freudschen Schriften findet sich in: *Sigmund Freud – Konkordanz u. Gesamt-Bibliographie*. Studienausgabe Frankfurt/M. (S. Fischer Verlag) 1975. S. 75–103. (1b) Einführende Schriften Freuds: *Vorlesungen zur Einführung in die Psa.* (1916/17, GW XI; S.E. XV u. XVI Stud. I); *Neue Folge der Vorlesungen zur Einführung in die Psa.* (1933; GW XV; S.E. XXII, Stud. I); *Abriß der Psa.* (postum 1940; GW XVII, S.E. XXIII, Stud. Erg.-Band). (1c) Werke Freuds zur Triebtheorie: Das Initial- u. Standardwerk zur Trieb-, v. a. zur Sexualitätstheorie ist: *Drei Abhandlungen zur Sexualtheorie* (1905; GW V, S.E. VII, Stud. V); weitere wichtige Arbeiten: *Der Untergang des Ödipuskomplexes* (1924; GW XIII, S.E. XIX, Stud. V); *Über weibl. Sexualität* (1931; GW XIV, S.E. XXI, Stud. V); *Jenseits des Lustprinzips* (1920; GW XIII, S.E. XVIII, Stud. III) führt das Kzpt. *Eros* vs. *Todestrieb* ein. (1d) Freuds Werke zum top. Modell u. zum Strukturmodell: v. a. das siebte Kap. der Traumdeutung (1900; GW II/III; S.E. IV–V, Stud. II), in dem Freud das topograph. Modell formuliert; *Formulierungen über die zwei Prinzipien des psych. Geschehens* (1911; GW VIII; S.E. VII; Stud. III): formuliert wird das Kzpt. des Realitäts- u. Lustprinzips sowie des Primär- vs. Sekundärvorgangs, die Schrift beinhaltet also wesentl. metaps. Ideen; *Zur Einführung des Narzißmus* (1914; GW X, S.E. XIV, Stud. III) bildet den Auftakt zu einer Reihe metaps. Essays; die wichtigsten sind: *Triebe u. Triebschicksale* (1914; GW X, S.E. XIV, Stud. III); *Das Unbewußte* (1915; GW X, S.E. XIV, Stud. III); *Das Ich und das Es* (1923; GW VIII, S.E. XIX, Stud. III) ist Freuds letzte große metaps. Schrift mit der Explikation des Strukturmodells (Es vs. Ich vs. Über-Ich). (1e) *Wichtige Arbeiten* zur *Störungslehre*: Die Schrift *Hemmung, Symptom u. Angst* (1926; GW XIV, S.E. XXII, Stud. VI) enthält eine relativ abschließende Darstellung der Symptombildung im Kontext der Preisgabe der frühen Angsttheorie: Angst als umgewandelte unabgeführte Libido vs. Signal-Funktion der Angst; durch die Schriften zur Hysterie wurde die Psa. begründet – am Anfang standen die mit Josef Breuer zusammen verfassten *Studien über Hysterie* (1895, GW I, ohne Breuers Beiträge; S.E. II mit Breuers Beiträgen, Stud. Ergänzungsband 37 nur Teil IV); *Zur Psychotherapie der Hysterie* sowie der Vortrag *Zur Ätiologie der Hysterie* (1896; GW I, S.E. III, Stud. VI) beinhalten die sexuelle Ätiologie der Hysterie noch im Sinne der Trauma- bzw. Verführungstheorie; von den Arbeiten zur Zwangsneurose ist v. a. wichtig *Charakter u. Analerotik* (1908; GW VII, S.E. IX, Stud. VII) u. *Über Triebumsetzungen insbes. Analerotik* (1917; GW X, S.E. XVII, Stud. VII); die Arbeit *Das ökonomische Problem des Masochismus* (1924; GW XIII, S.E. XIX, Stud. III) steht im metaps. Kontext der Strukturtheorie, insbes. der Todestriebhypothese; *Neurose u. Psychose* (1924; GW XIII, S.E. XIX, Stud. III) u. *Der Realitätsverlust bei Neurose u. Psychose* (1924 GW XIII, S.E. XIX, Stud. III) sind Anwendungen des Strukturmodells auf das Problem der Differenzierung Neurose vs. Psychose; *Trauer u. Melancholie* (1917; GW X, S.E. XIV, Stud. III) enthält Freuds Depressionstheorie; die Theorie der Fehlleistungen ist enthalten in: *Der Witz und seine Beziehung zum Unbewußten* (1905; GW VI, S.E. VIII, Stud. IV). (1f) Freuds Schriften über den Traum: Die *Traumdeutung* (1900; GW II/III, S.E. IV–V, Stud. II), knappe Darstellungen sind *Über den Traum* (1901; GW II/III, S.E. V) u. *Metaps. Ergänzungen der Traumdeutung* (1917; GW X, S.E. XIV, Stud. III). (1g) Kulturtheoret. Schriften: Die Hypothese über die Urhorde u. die Tötung des Urvaters ist *Totem u. Tabu* (1912/13; GW IX, S.E. III, Stud. IX); *Die Zukunft einer Illusion* (1927; GW XIV, S.E. XXI, Stud. IX) ist Freuds Hauptwerk über Religion als soziales Phänomen, *Der Mann Moses u. die monotheistische Religion* (1939; GW XIV, S.E. XXIII, Stud. IX) stellt Freuds religionsps. Altersopus dar; *Das Unbehagen in der Kultur* (1930; GW IV, S.E. XXI, Stud. IX) u. die *Die Zukunft einer Illusion* verschärfen den Antagonismus zw. Trieb u. Kultur; *Massenps. u. Ich-Analyse* (1921; GW XIII, S.E. XVIII, Stud. IX) analysiert Probleme der Massenps. *Schriften Freuds zur Kunst*: (a) bildende Kunst: *Eine Kindheitserinnerung des Leonardo da Vinci* (1910; GW VIII, S.E. XI, Stud. X); *Der Moses des Michelangelo* (1914; anonym veröffentlicht; GW X, S.E. XIII, Stud. X); (b) Literatur: *Der Wahn u. die Träume in W. Jensens Gradiva* (1907; GW VII, S.E. IX, Stud. X); *Der Dichter u. das Phantasieren* (1908; GW VII, S.E. IX, Stud. X) thematisiert Probleme der poet. Produktion; ebenso *Das Motiv der Kästchenwahl* (1913; GW X, S.E. VII, Stud. X) u. *Das Unheimliche* (1919; GW VII, S.E. XVII, Stud. IV). Ein Kompendium zur Orientierung in Freuds Schriften ist Hinrichs (1994).

(2) *Einführungen u. Gesamtdarstellungen*: Brenner (1967) ist eine die neuere Entwicklung der Psa. kaum berücksichtigende, populär gewordene Darstellung der klass. Psa.; Wyss (1977) ist eines der ganz wenigen Bücher, die die Psa. in ihrer exakten chronolog. Entwicklung darstellen, u. zwar unter dem Gesichtspunkt, welches empir. Problem bzw. Phänomen Freud zur Formulierung welchen theoret. Kzpts. veranlasst hat; Rapoport (1960) war eine der Rekonzeptualisierungen der Psa., die für die Rezeption der Psa. durch die akadem. Ps. wichtig geworden sind. Sie entspricht allerdings nicht mehr der modernen Sichtweise; diese findet sich z. B. bei Thomä u. Kächele (1985) o. Mertens (1996); Mertens (1983) ist ein Sammelband mit einer großen Anzahl von Autoren, der heterogene Aufsätze beinhaltet, von sehr insider. u. schwer verständl. bis zu bisweilen sehr simplen Beiträgen, es ist ein Handwörterbuch in Schlüsselbegriffen, das sowohl über die Grundlagen wie über die verschiedensten Anwendungsformen referiert; Eagle (1988) ist eine Darstellung der modernen Tendenzen der Psa. u. Auseinandersetzung mit der Psa.-Kritik. In *Kindlers Enzyklopädie der Psychologie des 20. Jahrhunderts* erschienen zwei umfangreiche Bände (je ca. 1000 Seiten): »Freud u. die Folgen«; die Bände enthalten Aufsätze vieler Autoren mit heterogenem Niveau u. vermitteln umfangreichste Information über persönl. Hintergründe, bibliograph. Aspekte u. auch zahlreiche fotograf. Abbildungen. Köhler (1990ff.) ist eine sehr ausführl. Darstellung von Freuds Werk, mit dem bes. Anliegen, ihn vor unberechtigten Angriffen abzuschirmen; eine der wenigen Gesamtdarstellungen von Freuds kognitionsps. Modellen ist Erdely (1985); zur psa. Diagnostik vgl. Rauchfleisch (1992); zu Freuds klass. Fällen vgl. Grotjahn (1976).

(3) *Lexika*: Nagera (1977) ist nicht durchgehend von reinen Psychoanalytikern verfasst, es ist eine ursprüngl. dreibändige Darstellung der Grundkzpte., die eher die großen Linien aufweist u. nicht so detailliert u. kennerhaft ist wie das klass. »Vokabular der Psa.« von Laplanche u. Pontalis (1972); beide Lexika beinhalten (fast) keine über die freudsche Originallit. hinausgehende Literaturangaben; diese enthält Eidelberg (1968), ein Begriffswörterbuch, das jedoch eigenartige Verzerrungen u. Auslassungen aufweist u. nicht dem Niveau der anderen beiden vergleichbar ist.

◆ Abend, S. M.: Intrapsychic vs. intrapersonal: the wrong dilemma. PE 8, 1988, S. 497–504; Adler, A.: Menschenkenntnis (1927). Frankfurt 1966; Adler, A.: Der Sinn des Lebens (1933). Frankfurt 1973; Adler, A.: Über den nervösen Charakter (1911). Frankfurt 1973; Alexander, F. u. French, Th. M.: Psychoanalytic therapy, New York 1946; Angleitner, A. u. Borkenau, P.: Deutsche Charakterkunde. In: Herrmann, T. u. Lantermann, E.-D. (Hg.): Persönlichkeitsps. Ein Handbuch in Schlüsselbegriffen. München 1985, S. 48–58; Ansbacher, H. u. Ansbacher, R.: Alfred Adlers Individualps. München 1972; Applegart, A.: Comments on aspects of the theory of psychic energy. JAPsaA 19, 1971, S. 379–418; Arlow, J. A. u. Brenner, C.: Grundbegriffe der Psa. Reinbek 1976; Bach, H. (Hg.): Der Krankheitsbegriff in der Psychoanalyse. Göttingen 1981; Bakan, J.: Sigmund Freud and the jewish mystical tradition. New York 1948; Balint, M. u. Dührssen, A.: Der Arzt, sein Patient u. die Krankheit. Stuttgart 1967; Balint, M. u. Dührssen, A.: Analyt. Psychotherapie in Theorie, Praxis u. Ergebnissen. Göttingen 1972; Balmer, H.: Die Archetypentheorie von C. G. Jung. Berlin 1972; Barton, A.: Freud, Jung, Rogers. Stuttgart 1979; Basch, M. F.: Empathic understanding: a review of the concept and some theoretical considerations. JAPsaA 31, 1983, S. 101–126; Basch, M. F.: The concept of affect: a re-examination. JAPsaA 24, 1976, S. 759–777; Battegay, R.: Psa. Neurosenlehre. Bern 1971; Bell, K. u. Höfelt, K. (Hg.): Psychoanalyse im Wandel. Giessen 1995; Bergmann, M. S.: Psychoanalytic observations on the capacity to love. In: MacDevitt, J. B. u. Settlage C. F. (Hg.): Separation/individuation. New York 1971, S. 15–40; Bernfeld, S.: Psychologie des Säuglings. Wien 1925; Bettelheim, P.: Reflections: Freud and the soul. The New Yorker 1, 1982, S. 52–93; Bibring, E.: Zur Entwicklung u. Problematik der Triebtheorie. Imago 22, 1936, S. 147–176; Blanck, G. u. Blanck, R.: Ich-Psychologie II. Stuttgart 1979; Borger, M. R. u. Cioffy, F. (Hg.): Explanations in the behavioural sciences. Cambridge 1970; Brandell, G.: Sigmund Freud – Kind seiner Zeit. München 1976; Brandt, L. W.: Process or structure? PsaRev 53, 1956, S. 50–54; Brenner, C.: Grundzüge der Psa. Frankfurt 1967; Brunner, R. u. a. (Hg.): Wörterbuch der Individualps. 1985; Bühler, K.: Die Krise der Psychologie. Jena 1927; Büntig, W.: Das Werk von Wilhelm Reich u. seinen Nachfolgern. In: Eicke (1977), S. 383–426 (dort finden sich auch die Veröffentlichungen Wilhelm Reichs in chronolog. Reihenfolge); Burian, W. (Hg.): Die Zukunft der Psychoanalyse. Göttingen 1995; Cioffi, F.: Freud and the idea of a pseudo-science. In: Borger u. Cioffi (1970); Clarke, A. M. u. Clarke, A. D. B.: Early experience: myth and evidence. New York 1976; Compton, A.: The current status of the psychoanalytic theory of instinctual drives I. Drive Concept Classification and Development. PQ 52, 1983, S. 364–401; Cremerius, J. (Hg.): Die Zukunft der Psychoanalyse. Frankfurt/M. 1995; Demos, V. u. Kaplan, S.: Motivation and affect reconsidered: affect biographies of two infants. Psychoanalysis and Contemporary Thought 10, 1987, S. 147–221; Demos, V.: Affect in early infancy. Physiology or psychology? PE 1, 1982, S. 533–574; Demos, V.: On affect and the development of the self: a new frontier. In: Goldberg, A. (Hg.): Frontiers in self psychology. Progress in self psychology, 3. Bd. Hillsdale: The Analytic Press 1988, S. 27–54; Dieckmann, H. u. Jung, E.: Weiterentwicklung der Analyt. (Komplexen) Psychologie. In: Eicke (1977), S. 859–862; Dornes, M.: Der kompetente Säugling. Frankfurt/M. 1993; Drews, S. u. Brecht, K.: Psa. Ich-Ps. Frankfurt/M. 1975; Eagle, M. N.: Neuere Entwicklungen in der Psa. München 1988; Edel, M. u. Holzmann, P. S. (Hg.): Psychology vs. metapsychology. PI 9, 1976, Monograph 36; Eicke, D. (Hg.): Freud u. die Folgen (I). Zürich 1976; Eicke, D. (Hg.): Freud u. die Folgen (II). Zürich 1977; Eidelberg, L.: Encyclopedia of psychoanalysis. London 1968; Elliger, T. J.: S. Freud u. die akadem. Ps. Ein Beitrag zur Rezeptionsgeschichte der Psa. in der dt. Ps. (1895–1945). Weinheim 1986; Elliger, T. J.: Sigmund Freuds *splendid isolation*. Materialien zur Kritik der psa. Geschichtsschreibung. Psy 44, 1990, S. 612–627; Elrod, N.: Freud u. Luria u. Wygotski. In: Nitzschke (1989), S. 181–191; Emde, R. N.: Changing models of infancy and the nature of early development: remodelling the foundation. JAPsaA 29, 1981, S. 179–219; Emde, R. N.: Toward a psychoanalytic theory of affect. II. Emerging models of emotional development in infancy. In: Greenspan, S. I. u. Pollock, G. H. (Hg.): A course of life. Psychoanalytic contributions toward understanding personality development, 1. Bd.: Infancy and early childhood. U.S. Department of Health and Human Services, 1980, S. 85- 112; Erdelyi, M. H.: Psychoanalysis: Freud's cognitive psychology. New York 1985; Erikson, E. H.: Die Kindheit u. Gesellschaft. Stuttgart 1973; Eschenröder, C.: Hier irrte Freud. München 1984; Eysenck, H. J.: The effects of psychotherapy – an evaluation. JCP 16, 1952, S. 319–324; Eysenck, H. J.: The experimental study of Freudian concepts. BuBPS 25, 1972, S. 261–268; Eysenck, H. J. u. Wilson, G. D. (Hg.): The experimental study of Freudian theories. London 1973; Eysenck, H. J.: Sigmund Freud – Niedergang u. Ende der Psa. München 1985; Fairbairn, R. D.: Psychoanalytic studies of the personality. London 1963; Fast, I.: Infantile narcissism and the active infant. PsaP 2, 1985, S. 153–170; Fenichel, O.: Perversionen, Psychosen, Charakterstörungen. Darmstadt 1967; Fenichel, O.: Spezielle psa. Neurosenlehre. Wien 1932; Ferenczi, S. u. Rank, I.: Entwicklungsziele der Psa. Wien 1923; Fisher, S. u. Greenberg, R. P.: The scientific credibility of Freud's theory and therapy. New York 1977; Freud, E. u. a.: Sigmund Freud. Sein Leben in Bildern u. Texten. Frankfurt/M. 1976; Gay, P.: Freud. Frankfurt 1991; Geuter, U. u. Nitzschke, B.: Freud u. Stern. In: Nitzschke (1989), S. 108–137; Gill, M. M. u. Holzman, P. S. (Hg.): Psychology vs. metapsychology: Essays in memory of George S. Klein. New York 1976; Göllner, R.: Quantifizierung u. Dokumentation tiefenps. Information. ZfPsMuPsa 19, 1973, S. 370–378; Görlich, B.: Sozialwissenschaftl. Psa. In: Mertens (1983), S. 41–49; Grawe, K. u. a.: Psychotherapie im Wandel. Von der Konfession zur Profession. Göttingen 1994; Green, A.: Psa. Theorien über den Affekt. Psy 33, 1979, S. 681–732; Greenspan, S. I.: Intelligence and adaption: an integration of psychoanalytic developmental psychology. PI 47/48, New York 1979; Groeben, N.: Metatheoretical problems of the psychoanalytical interpretation of literature. Poetics 13, 1984, S. 407–420; Grotjahn, M. u. vom Scheidt, J.: Freud im Spiegel seiner Biographen. In: Eicke (1976), S. 197–226; Grotjahn, M.: Freuds klass. Fälle. In: Eicke (1976), S. 147–153; Grünbaum, A.: Is Freudian psychoanalysis pseudo-scientific by Karl Popper's criterian of demarcation? American Philosophical Quarterly 16, 1979, S. 131–141; Grünbaum, A.: The foundation of psychoanalysis: a philosophical critique. University of California Press, Berkeley, Los Angeles 1984 (dt.: Die Grundlagen der Psychoanalyse: eine philosoph. Kritik. Reclam Verlag 1988); Grünbaum, A. (Hg.): Krit. Betrachtungen zur Psychoanalyse. Adolf Grünbaums »Grundlagen« in der Diskussion. Berlin 1991; Guntrip, H.: Personality structure and human interaction. London 1961; Habermas, J.: Erkenntnis u. Interesse. Frankfurt 1968; Hannah, B.: C. G. Jung – sein Leben u. sein Werk. Fellbach-Oeffingen 1982; Hartmann, H.: Die Grundlagen der Psa. Leipzig 1927; Hartmann, H.: Die Entwicklung des Ichbegriffes bei Freud. Psyche 18, 1964/65, S. 420–440; Hartmann, H.: Ich-Psychologie. Stuttgart 1972; Hau, T. F.: Ichorganisation und die Struktur des Erlebens. Zeitschrift für Psychosomatische Medizin 11, 1965, S. 119–128; Hemminger, H.-J.: Kindheit als Schicksal? Reinbek 1982; Hilgard, E. R.: Experimental approaches to psychoanalysis. In: Pumpian-Mindlin (1952), S. 3–45; Hilgard, E. R.: Freudian experimental psychology. BS 2, 1957, S. 74–79; Hilgard, E. R.: What becomes of the input from the stimulus? In: Eriksen, C. W.: Behaviour and awareness: a symposium of research and interpretation. Durham 1962; Hinrichs, R.: Freuds Werke. Göttingen 1994; Hoffmann, S. O.: Charakter u. Neurose. Ansätze zu einer psa. Charakterologie. 1984; Hoffmann-Richter, U.: Freuds Seelenapparat. Die Geburt der Psa. aus dem Wiener Positivismus u. der Familiengeschichte Freuds. Bonn 1994; Hofstätter, P. R.: Tiefenps. Persönlichkeitstheorien. In: Lersch, P. u. Thomae, H. (Hg.): HP, 4. Bd.: Persönlichkeitsforschung u. Persönlichkeitstheorie. Göttingen 1964; Holt, R. R.: Drive or wish? A reconsideration of the psychoanalytic theory of motivation. In: Gill (1976); Holt, R. R.: Freud's mechanistic and humanistic images of man. PsCS 1, 1972, S. 3–24; Hölzer, M. u. Kächele, H.: Die Entwicklung der freien Assoziation durch Sigmund Freud. JPsa 22, 1988, S. 184–217; Hook, S. (Hg.): Psychoanalysis, scientific method, and philosophy. New York 1959; Horney, K.: New ways in psychoanalysis. New York 1939; Inhelder, B.: Die affektive u. kognitive Entwicklung des Kindes. SchZPA 15, 1956, S. 251–268; Jacoby, H.: A. Adlers Individualps. u. dialekt. Charakterkunde. Frankfurt 1974; Jeron, M.: Hermeneutik u. Energetik – zur Interpretation der Psa. durch Paul Ricoeur. In: Mertens (1981), S. 161–208; Jones, E.: Das Leben u. Werk von Sigmund Freud, 3 Bde. Bern 1960–1962; Jung, C. G.: Gesammelte Werke 1–18. Zürich 1958ff. (Bes.: Allgemeines zur Komplextheorie: GW 8, Psychogenese der Geisteskrankheiten: GW 3, Psycholog. Typen: GW 6, über die Archetypen des kollektiven Unbewußten: GW 9/1, zwei Schriften über Analytische Ps.: GW 7); Kaufman, I. C.: Symposium on Psychoanalysis and ethology III. IJPsa. 1960, S. 318–326; Kernberg, O.: Self, ego, affects, and drives. JAPsaA 30, 1982, S. 893–917; Kernberg, O. F.: Object relation theory and clinical psychoanalysis. New York 1976 (dt.: Objektbeziehungen u. Praxis der Psa. Stuttgart 1981); Kiener, F.: Empir. Kontrolle psa. Thesen. In: Pongratz, L. J. (Hg.): HP, Klin. Ps., 8. Bd., 2 Hlb. Würzburg 1978, S. 1200–1242; Klauber, J.: Über die Verwendung geisteswissenschaftl. u. naturwissenschaftl. Methoden in der Psa. Psy 22, 1968, S. 518–553; Kline, P.: Fact and fantasy in Freudian theory. London 1972; Kohlberg, L. u. a.: The predictability of adult mental health from childhood behaviour. In: Wolman, B. B. (Hg.): Manual of child psychology. New York 1972; Köhler, T.: Abwege der Psa.-Kritik. Frankfurt 1989; Köhler, T.: Das Werk Sigmund Freuds, 1. Bd. Heidelberg 1990; Köhler, T.: Das Werk Sigmund Freuds, 2. Bd. Heidelberg 1993; Köhler, T.: Anti-Freud-Literatur von ihren Anfängen bis heute. Stuttgart 1996; Kohut, H.: Narzißmus. Frankfurt/M. 1975; Kohut, H.: Die Heilung des Selbst. Frankfurt/M. 1979; König, W. H.: Zur Neuformulierung der psa. Metaps.: vom Energiemodell zum Informationskonzept. In: Mertens (1981), S. 83–119; Krause, R.: Zur Onto- u. Phylogenese des Affektsystems u. ihre Beziehungen zu psych. Störungen. Psy 37, 1983, S. 1016–1043; Krüll, M.: Freud u. sein Vater. Frankfurt/M. 1992; Kuhns, R.: Psa. Theorie der Kunst. Frankfurt/M. 1986;

KUIPER, P. C.: Verstehende Ps. u. Psa. Psy 18, 1964, S. 15–32; KUTTER, P. (Hg.): Psychologie der zwischenmenschl. Beziehungen. Psa. Beiträge zu einer Objektbeziehungs-Ps. Darmstadt 1982; KUTTER, P.: Moderne Psychoanalyse. München 1989; KUTTER, P.: Psychoanalyt. Ansätze. In: EULER, H. A. u. MANDL, H. (Hg.): Emotionsps. München 1983, S. 53–61; KUTTER, P.: Über die Rolle der Emotion. Psa I, 1980, S. 188–201; LAMPL-DE GROOT, J.: Anmerkungen zur psychoanalyt. Triebtheorie. In: MITSCHERLICH, A. (Hg.): Entfaltung der Psychoanalyse. Stuttgart 1956, S. 194–204; LAPLANCHE, J. u. PONTALIS, J.-B.: Das Vokabular der Psa., 2 Bde. Frankfurt 1972 (Orig. Paris 1967); LERSCH, P.: Der Aufbau der Person. München 1938; LEWIS, H. B.: Shame and guilt in neurosis. New York 1971; LICHTENBERG, J.: Psa. u. Säuglingsforschung. Berlin 1991; LOCH, W. (Hg.): Die Krankheitslehre der Psa. Stuttgart 1984; LORENZER, A.: Die Wahrheit der psa. Erkenntnis. Frankfurt 1974; LOWEN, A.: Bio-Energetik. 1988; LÜCK, H. E. u. RECHTIEN, W.: Freud u. Lewin. In: NITZSCHKE (1989), S. 137–161; LÜTKEHAUS, L. (Hg.): Dieses innere Afrika. Texte zur Entdeckung des Unbewußten vor Freud. Frankfurt/M. 1989; LÜTKEHAUS, L.: Psychoanalyse ohne Zukunft? Frankfurt/M. 1996; MARCUSE, L.: Sigmund Freud – sein Bild vom Menschen. Zürich 1956; MARTIN, M.: The scientific status of psychoanalytic clinical evidence. Inquiry 7, 1964, S. 13–36; MASSON, J. M.: Was hat man dir, du armes Kind, getan? Reinbek 1984; MERTENS, W. (Hg.): Neue Perspektiven der Psa. Stuttgart 1981; MERTENS, W.: Psychoanalyt. Theorien u. Forschungsbefunde. In: MERTENS (1981), S. 77–99; MERTENS, W.: Psa. Ein Handbuch in Schlüsselbegriffen. München 1983; MERTENS, W.: Einführung in die psa. Therapie, 3 Bde. Stuttgart 1990ff.; MERTENS, W.: Psa. auf dem Prüfstand. München 1994; MERTENS, W.: Psychoanalyse. (5. überarbeitete u. erweiterte Auflage). Stuttgart 1996; MITCHELL, S. A.: The intrapsychic and the interpersonal: different theories, different domains, or historical artefacts? PE 8, 1988, S. 472–496; MITSCHERLICH, A.: Aggression u. Anpassung. Psyche 10, 1956/57, S. 177–193; MITSCHERLICH, A. u. MUCK, M.: Der psa. Ansatz in der Sozialps. In: GRAUMANN, K. F. (Hg.): Sozialps. HP 7. Bd., 2. Hlb. Göttingen 1969, S. 108–128; MÖLLER, H. J.: Method. Grundprobleme der Psychiatrie. Stuttgart 1976; MÖLLER, H. J.: Psa. – erklärende Wissenschaft o. Deutungskunst? München 1978; MURRAY, H. A.: Explorations in personality. New York 1938; NAGEL, E.: Methodological issues in psychoanalytic theory. In: Huk (1959); NAGERA, H. (Hg.): Psychoanalytische Grundbegriffe. Frankfurt 1977; NITZSCHKE, B.: Zur Herkunft des »Es«. Psy 37, 1983, S. 769–804; NITZSCHKE, B.: Zur Herkunft des »Es«. (II). Psy 39, 1985, S. 1102–1132; NITZSCHKE, B.: Freud u. die Akadem. Ps. München 1989; NITZSCHKE, B.: Freud u. Fechner. In: NITZSCHKE (1989), S. 80–97; NUNBERG, H.: Allg. Neurosenlehre. Bern 1959; OHLMEIER, D. (Hg.): Psychoanalyt. Entwicklungsps. Freiburg 1973; ORBAN, P.: Über den Prozeß der Symbolbildung. In: EICKE (1976), S. 527–564; ORGELER, H.: Alfred Adler. Der Mann u. sein Werk. Wien 1956; PAO, P. N.: Pathological jealousy. Psychoanalytic Quarterly 38, 1969, S. 616–638; PARK, D. G.: Freudian influence on academic psychology. PR 38, 1931, S. 73–85; PETERFREUND, E.: Information, systems, and psychoanalysis. PI 7, 1971, Monograph 25/26; PERREZ, M.: Ist die Psa. eine Wissenschaft? Bern 1972; PETERFREUND, E.: Some critical comments on psychoanalytic conceptions of infancy. IJPsa 59, 1978, S. 427–441; PETERS, U. H. (Hg.): Tiefenpsychologie u. Biographik. Frankfurt 1989; PETERS, U. H. (Hg.): Adolf-Hitler-Psychogramme. Frankfurt 1994; PETERS, U. H. (Hg.): Lebensgeschichte u. Selbsterkenntnis. Frankfurt 1994; PETZOLD, H. (Hg.): Die neuen Körpertherapien. 1985; PONGRATZ, L. J.: Hauptströmungen der Tiefenps. Stuttgart 1983; POPPER, K.: Conjectures and refutations: the growth of scientific knowledge. New York 1963; POPPER, K. R.: Logik der Forschung. Tübingen 1969 (3. Aufl.); PUMPIAN-MINDLIN, E. (Hg.): Psychoanalysis as science. Stanford 1952; RACHMAN, S. (Hg.): Critical essays and psychoanalysis. Oxford 1963; RAPOPORT, D.: On the psychoanalytic theory of affects. IJPsa 34, 1953, S. 177–198; RAPOPORT, D.: Die Struktur der psa. Theorie. 1960; RATTNER, J.: Alfred Adler. Reinbek 1978; RAUCHFLEISCH, U.: Psychodynam. Theorie. In: JÄGER, R. S. u. PETERMANN, F. (Hg.): Psycholog. Diagnostik. Ein Lehrbuch. Weinheim 1992 (2. Aufl.), S. 79–90; REICH, W.: Charakteranalyse. Köln 1933; REICHENEDER, J. G.: Zur Entwicklung des Begriffs der »Assoziation« bei Freud bis in das Jahr 1895. JPsa 23, 1988, S. 181–209; REUTH, A.: Bemerkungen zur Aggression. In: PETERS, U. (Hg.): Die Schriften der Anna Freud, Bd. X. München 1980, S. 2773–2794; RICOEUR, P.: Die Interpretation. Ein Versuch über Freud. Frankfurt 1969; ROSENBLATT, A. D. u. THICKSTUN, J. D.: Energy, information, and motivation: a revision of psychoanalytic theory. JAPsaA 25, 1977, S. 537–558; ROSENKÖTTER, L.: Über Kriterien der Wissenschaftlichkeit in der Psa. Psy 23, 1969, S. 161–169; ROSENZWEIG, S.: The experimental study of regression. In: Murray (1938), S. 472–490; RUDOLF, G. u. a. (Hg.): Psychoanalyse der Gegenwart. Eine krit. Bestandsaufnahme 75 Jahre nach der Gründung der Deutschen Psychoanalytischen Gesellschaft. Göttingen 1987; SANDLER, J. u. DARE, C.: Der psa. Begriff der Oralität. Psyche 27, 1973, S. 777–787; SCHAFER, R.: Action: its place in psychoanalytic interpretation and theory. AnP 1, 1973, S. 159–196; SCHAFER, R.: Psychoanalysis without psychodynamics. IJPsa 56, 1975, S. 41–55; SCHAFER, R.: Eine neue Sprache für die Psa. Stuttgart 1982; SCHALMEY, P.: Die Bewährung psa. Hypothesen. Diss. Universität München 1975; SCHLEDERER, F.: Die Gesellschafts-, Kultur- u. Religionskritik bei Freud. In: EICKE (1976), S. 995–1037; SCHMIDT, R.: Die Individualps. Alfred Adlers. Stuttgart 1982; SCHÖNLE, O.: Die Konzeption Roy Schafers u. ihr Resultat, die »action language«. In: MERTENS (1981), S. 124–161; SCHÖPF, A.: Sigmund Freud. München 1982; SCHULTZ-HENCKE, H.: Der gehemmte Mensch. Stuttgart 1940; SCHUR, M.: Sigmund Freud. Leben u. Sterben. Frankfurt 1977; SEARS, R. R.: Survey of objective studies of psychoanalytic concepts. New York 1943; SHAKOW, D. u. RAPOPORT, D.: The influence of Freud on American psychology. PI, 4. Bd., Monograph 13, 1964; SHERWOOD, M.: The logic of explanation in psychoanalysis. New York 1969; SLAP, G. W. u. LEVINE, F. J.: On hybrid concepts in psychoanalysis. PQ 67, 1978, S. 499–523; SOCARIDES, C. W.: On vengeance. Journal of the American Psychoanalytic Association 14, 1966, S. 356–375; SPENCE, D.: Narrative truth and theoretical truth. PQ 51, 1982, S. 43–69; SPERBER, M.: Alfred Adler o. das Elend der Psychologie. Wien 1970; STERN, P. J.: C. J. Jung – Prophet des Unbewußten. München 1976; STERN, D. N.: The interpersonal world of the infant. New York 1985; STORK, J. (Hg.): Die Frage nach dem Vater. Freiburg 1974; STORK, J. (Hg.): Zur Ps. u. Psychopathologie des Säuglings – neue Ergebnisse in der psa. Reflexion. Stuttgart 1986; STORK, J.: Die seel. Entwicklung des Kleinkindes aus psa. Sicht. In: EICKE (1976), S. 868–933; STROTZKA, H.: Witz u. Humor. In: EICKE (1976), S. 305–322; SULLIVAN, H. S.: The Interpersonal theory of psychiatry. New York 1953; SULLIVAN, H. S.: The Psychiatric Interview. New York 1954; SULLOWAY, F. J.: Freud – Biologie der Seele. Köln 1982; SWANSON, D. R.: A critique of psychic energy as an explanatory concept. JAPsaA 25, 1977, S. 603–633; SYMONS, D.: The evolution of human sexuality. New York 1979; THOMÄ, H. u. KÄCHELE, H.: Wissenschaftstheoret. u. methodolog. Probleme der klin.-psa. Forschung. Psy 27, 1973, S. 205–236 u. S. 309–355; THOMÄ, H. u. a.: Das Konsensusproblem in der Psa. Psy 30, 1976, S. 978–1027; THOMÄ, H. u. KÄCHELE, H.: Handbuch der psa. Therapie Bd. 1: Grundlagen. Berlin 1985; THORNTON, E. M.: Freud and cocaine – the freudian fallacy. London 1983; TITZE, M.: Lebensziel u. Lebensstil. München 1979; TÖGEL, C.: Freud u. Wundt. In: NITZSCHKE (1989), S. 97–107; TÖMMEL, S. E.: Die Evolution der Psa. Frankfurt/M. 1985; TOMKINS, S.: Affect, imagery, consciousness I: the positive effects. New York 1962; TOMKINS, S.: Affect, imagery, consciousness II: the negative effects. New York 1963; DORER, M.: Histor. Grundlagen der Psa. 1932; TYSON, P. u. TYSON, R.: Psychoanalytic theories of development. New Haven u. London 1990; TYSON, P.: Two approaches to infant research. A review and integration. In: DOWLING, S. u. ROTHSTEIN, A. (Hg.): The significance of infant observational research for clinical work with children, adolescents and addults. Madison, Conneticut 1989, S. 3–23; VIDAL, F.: Freud u. Piaget. In: NITZSCHKE (1989), S. 162–181; WERTHMANN, H. V.: Buchbesprechung von Fisher S., Greenberg, R. P.: The scientific credability of Freud's theories and therapy. Psy 33, 1979, S. 1164–1167; WINNICOTT, D. W.: Von der Kinderheilkunde zur Psychoanalyse. München 1976; WYSS, D.: Tiefenps. Schulen von den Anfängen bis zur Gegenwart. Göttingen 1977 (5. Aufl.); ZIMMER, D. E.: Tiefenschwindel. Reinbek 1986; ZTSCHR.: Psychoanalytic Psychology, The International Journal of Psychoanalysis, Journal of American Psychoanalytic Association, The Psychoanalytic Study of the Child, Psychoanalysis and Contemporary Thought – a Quarterly of integrative and interdisciplinary Studies, Review of psychoanalytic Books, The Psychoanalytic Quarterly, The Psychoanalytic Review, The American Journal of Psychoanalysis, Contemporary Psychoanalysis, American Imago, The Journal of the American Academy of Psychoanalysis, Journal of the American Psychoanalytic Association, The International Review of Psycho-Analysis, Imago, Psyche, Psychoanalyse, Zeitschrift für psychosomatische Medizin und Psychoanalyse.

Psychodiagnostik [auch *ps. Diagnostik, diagnost. Ps.*: ähnl. *Psychometrie*], ein Teilgebiet der → Psychologie, bes. der → angewandten Psychologie: die Gesamtheit der Verfahren u. Theorien, die dazu dienen, psych. Prozesse u. das Vh. von einzelnen Personen o. auch Gruppen zu erforschen, in einer weiter gefassten Konzeption auch: Messinstrumente zur Erfassung von Situationen, Gegenständen bzw. Institutionen zu entwickeln. Typ. Bsp. für Fragestellungen der P.: (a) Klin. Ps.: Wie lässt sich die Belastung von Personen mit Hilfe von Fragebogen erfassen? (b) Pädagog. Ps.: Wie lässt sich Schulerfolg vorhersagen? (c) Berufsps.: Wie lässt sich die Eignung für einen bestimmten Beruf feststellen? Die Ergebnisse der P. werden häufig in einem psychodiagnost. *Gutachten* festgehalten, für das bestimmte formale u. inhaltl. Kriterien entwickelt worden sind; vgl. hierzu Boerner (1980); Fisseni (1992); vgl. auch Hartmann u. Haubl (1984). P. ist auch die Voraussetzung für Indikationsstellungen u. Entscheidungen innerhalb der Psychotherapie. Nahezu alle ps. Institute u. Hochschulen führen eine Testbibliothek, darüber hinaus ist eine Möglichkeit zur Fernleihe gegeben über die Testbibliothek des *Dt. Instituts für Internationale pädagog. Forschung* in Frankfurt/M. (nur für Dipl.-Psychologen u. Studenten). Der BDP gibt im Hogrefe-Verlag einen umfassenden Testkatalog heraus.

Haupteinsatzgebiete der prakt. orientierten P. sind: die → klinische Psychologie, die → pädagogische Psychologie, die → Entwicklungspsychologie, die → Arbeits-, → Betriebs- u. → Organisationspsychologie (v. a. bei der Berufseignungsdiagnostik); eine wichtige Rolle spielt die P. auch innerhalb der → Psychopharmakologie; unter den jeweiligen Stw. finden sich ausführl. Literaturangaben zur bereichsspezif. P. Die P. war dasjenige Instrument, mit dem die Psychologen Eingang in öffentl. Institutionen u. auch in das Bewusstsein der Öffentlichkeit gefunden haben, u. bis heute sind Psychologen bisweilen auf die diagnost. Funktion reduziert u. dürfen selbst in psychiatr. Kliniken keine therapeut. Funktionen wahrnehmen (sog. »Testknechte«).

HI: Die wichtigsten Wurzeln der P. sind: (a) die durch die Psychiatrie begründete klin. Diagnostik, die v. a. ein elaboriertes Klassifikationssystem psych. Störungen begründet hat; (b) die → differentielle Psychologie u. Persönlichkeitsps., ein Gebiet, auf dem zahlreiche Tests, v. a. zur Messung der → Intelligenz, entwickelt worden sind; (c) auch die experimentelle Grundlagenforschung, bes. die allg. Ps., hat die P. gefördert, einerseits durch ihre Ausrichtung auf ein quantitatives, experimentelles Denken, andererseits dadurch, dass sie ein Inventar spezieller Messverfahren entwickelt hat, z. B. auf den Gebieten der → Wahrnehmung u. des → Gedächtnisses, auch der → Bewegung. Während die Forschung in Deutschland sich bis Anfang der 80er Jahre auf keinem hohen Niveau befand u. v. a. gegenüber der amerikan. zurücklag, setzte Mitte des Jahrzehnts ein wahrer Testboom ein, u. eine Fülle von Neuerscheinungen folgte. Seit 1986 begleitet die Förderation Deutscher Psychologenverbände (s. Testkuratorium 1986) die Testentwicklung mit Kriterien für die Testbewertung, Verfahrensentwicklung u. elektron. Datenverarbeitung; die Zeitschrift *Diagnostica* u. die *Zeitschrift für Differentielle und Diagnostische Psychologie* berichten regelmäßig über Neuerscheinungen auf dem Testmarkt; Kubinger (1996) gibt eine krit. Analyse der gebräuchl. Verfahren.

Die wichtigsten Methoden der P. sind: (1) Ps. *Tests*: Ein Test ist eine Art kleines Experiment, bei dem unter standardisierten Bedingungen Probanden o. Versuchspersonen (Standardabkürzungen: *Pb*, *Vpn*) bestimmte Testaufgaben, sog. Test-Items, ausführen; ihr Vh. bzw. ihre dabei erzielten Ergebnisse werden anhand vorgegebener Kriterien gemessen bzw. bewertet. Wissenschaftl. Tests müssen den Hauptkriterien (a) *Objektivität*, (b) *Reliabilität* u. (c) *Validität* genügen, d. h., sie sollen: (a) die gleichen Ergebnisse erzielen, unabhängig davon, wer den Test durchführt, (b) bei wiederholten Messungen immer dasselbe Ergebnis liefern u. (c) das u. nur das messen, worauf die vorgegebene Fragestellung abzielt. Psychometr. Tests sind hochstrukturiert u. lassen nur eine einzige richtige Lösung zu, im Unterschied zu den projektiven Verfahren (s. u.). Nach inhaltl. Aspekten sind psychometr. Tests in (a) *Leistungstests* u. (b) *Persönlichkeitstests* unterteilbar. Zu (a): Leistungstests kann man differenzieren in allg. Leistungstests u. spezielle Funktions- u. Eignungs-Tests; vgl. Vay u. Stumpf (1988). Leistungstests können ferner hinsichtl. der Zeitbegrenzung bei der Testvorgabe in *Geschwindigkeitstests (speed-tests)* u. *Niveau-tests (power-tests)* unterschieden werden (→ Speed-power-Problem). Typ. Bsp. sind Intelligenztests, Entwicklungstests u. Schultests. Zu (b): Neben den Persönlichkeitstests i. e. S. gibt es noch die *Persönlichkeitsfragebogen*, das wichtigste Forschungsinstrument zur Erhebung von Persönlichkeitsdaten. (*T*: Innerhalb der Persönlichkeitsps. spricht man von *T-Daten* u. meint die Ergebnisse von Tests; die Ergebnisse von Fragebogen werden als *Q-Daten*, engl. *questionaire*, bezeichnet; daneben gibt es noch *L-Daten*, Lebenslauf-Daten, also biograph. Angaben.) (2) Als eine besondere Art von Test, die aus einer völlig anderen, näml. *psychodynam.* Tradition heraus entstanden ist, sind die *projektiven Tests* bzw. *Verfahren* anzusehen, z. B. als prominentester der *Rorschach-Test* (auch *Formdeuteversuch*) u. der → TAT. Projektiven Verfahren liegt die Hypothese der → Projektion zugrunde, d. h., dass die eigenen Wünsche, Triebe, Spannungen auf die Außenwelt (andere Personen, Objekte, Bilder) übertragen werden. Bei solchen Verfahren ist die Vorlage z. B. wie beim Rohrschach-Test ein Tintenklecks o. wie beim TAT Bilder, die Menschen bei bestimmten Handlungen darstellen; die Vp soll ihre persönl. Wahrnehmung dieser Vorlagen wiedergeben. Solche projektiven Verfahren sind also von der Vorlage her unstrukturiert, u. es gibt keine »richtige« Lösung, während die »eigentl.« Tests hochstrukturiert sind u. ihre Items nur eine einzige richtige Lösung zulassen. *T*: Die »eigentl.« ps. Tests sind nur die unter (1) genannten, man spricht auch von *psychometr. Verfahren*, weil hierbei exakte Vorschriften zur Messung bzw. Auswertung vorliegen. Psychometr. Verfahren werden meist als *objektiv* bezeichnet (im Sinne des oben dargelegten Objektivitäts-Begriffs) – unter einem anderen Aspekt werden allerdings auch bisweilen die projektiven Verfahren als objektiv betrachtet, da bei ihnen keine bewusste Verfälschung mögl. ist. (3) Ein weiteres wichtiges, v. a. der älteren Ps. bevorzugtes Mittel war die Diagnostik des → Ausdrucks. (4) V. a. im sozialps. Bereich wichtig geworden ist eine Interaktions-Diagnostik. (5) Ein weiterer wichtiger method. Ansatz im Bereich der P. ist die Benutzung → psychophysiologischer Methoden.

KR: Zur Kritik an der P., bes. an Tests, vgl. Ingenkamp (1981); Grubitzsch u. Rexilius (1978); Hartmann (1984); Jäger (1986). Bes. der Testmethodik wurde vorgeworfen, dass ihre Grundlagen insuffizient seien; unter gesellschaftskrit. Aspekt wurde bemängelt, dass der Mensch zum Objekt degradiert werde, dass es eine systemstabilisierende Vermessung gäbe, mit einer Benachteiligung unterer Sozialschichten u. einer Stabilisierung des Vererbungsdenkens, des Weiteren eine Steigerung von Angst u. Konkurrenzdenken.

VD: Innerhalb der P. hat es eine Reihe von Grundsatzdebatten gegeben, die die innere Problematik des Fachs widerspiegeln: (1) Der Gegensatz zw. *psychometr.-quantitativen* Tests gegenüber den *projektiven* Tests; s. o. (2) Dieser Kontroverse liegt eine tiefer gehende zugrunde: Auf der einen Seite steht eine im eigentl. Sinne *klin.* Urteilungsbildung, also eine eher erfahrungs- u. intuitionsgesteuerte Diagnostik, mit den Hauptinstrumenten einer freien o. standardisierten *Exploration* bzw. *Anamnese*, aus einer eher psychiatr. u. geisteswissenschaftl. Tradition stammend (vgl. Schraml 1964; Undeutsch 1983). Auf der anderen Seite steht eine statist. Urteilsbildung mit einer mechanisierten, heutzutage meist auf EDV-Basis erfolgenden Datenbehandlung, mit der die Urteilsbildung der Intuition des einzelnen Diagnostikers entzogen u. intersubjektiv verbindl. geregelt ist; vgl. Meehl (1954); Sayer (1966); Jäger u. Mattenklott (1984). (3) Ähnl. geartet ist die Gegenüberstellung von *quantitativer* vs. *qualitativer* Diagnostik; vgl. Petermann (1989): Von Seiten der qualitativ orientierten Forscher bzw. Diagnostiker wird der P. vorgeworfen, dass sie sich zu stark auf die Tests konzentriert u. dabei die qualitativen Verfahren, wie z. B. nichtstandardisierte Interviews o. nichtreaktive Verfahren, vernachlässigt; außerdem seien lange Zeit Messverfahren nur einseitig hinsichtl. der klass. Messgütekriterien Objektivität, Reliabilität, Validität beurteilt worden, während andere Kriterien wie Selektionsrate o. die aus den Tests sich ergebenden Interventionen zu wenig Beachtung gefunden hätten. Auch seien die diesen Verfahren zugrunde liegenden Persönlichkeitsmodelle nicht wirkl. grundlegend durchdiskutiert worden. Zur sog. Krise der Diagnostik, die sich aus solcher Kritik ergeben hat, vgl. Jäger (1986); vgl. auch Jüttemann (1985);

Weiteres s. unter dem Stw. → Psychologie, vgl. speziell auch die dort angegebene Methodenliteratur. (4) Eine weitere Kontroverse u. Gegenüberstellung ist: *Status-* vs. *Prozessdiagnostik*, d. h. auf der einen Seite eine Diagnostik, die sich vorwiegend auf die Analyse eines gegenwärtigen Zustandes konzentriert, auf der anderen Seite eine Diagnostik, die v. a. Veränderungen bzw. Veränderungsmöglichkeiten angeht. Dem korrespondiert weitgehend die Unterscheidung zw. einer *Vhsdiagnostik* u. einer Diagnostik, die eher persönlichkeitsorientiert ist u. den Versuch macht, Menschen hinsichtl. bestimmter Persönlichkeitseigenschaften in bestimmte Typologien bzw. Störungsklassifikationen einzuteilen, zu bewerten bzw. zu bemessen; vgl. Goldfried u. Kent (1972). Ist die prozessorientierte Diagnostik v. a. auf den Therapieverlauf bezogen, spricht man von einer *therapiebezogenen* Diagnostik, bei der es im Unterschied zur herkömml. klin. Diagnostik nicht so sehr um die Analyse von An-sich-Merkmalen geht, sondern um die Diagnostik der Veränderungen innerhalb des therapeut. Prozessgeschehens; vgl. Jäger (1986). Der Sammelband Jüttemann (1984) enthält Diskussionen u. Einzeluntersuchungen zu neueren wichtigen Aspekten klin.-ps. Diagnostik; vgl. auch die Stw. → Situationismus, → Personalismus u. → Interaktionismus. (5) Eine wichtige Gegenüberstellung ist die von *Einzelfalldiagnostik* u. *Gruppendiagnostik*: Erstere ist auf die Prüfung singulärer u. idiograph. Hypothesen ausgerichtet, ihr Ziel ist es, spezif. Besonderheiten o. Veränderungen eines Pb. zu analysieren; dem gegenüber geht es bei der Gruppendiagnostik darum, die ermittelten Daten so auszuwählen, dass Statistiken aus Personenstichproben resultieren, die als Schätzungen für Parameter von Populationen dienen – die herkömmlichen ps. Tests sind gruppendiagnost. Tests. Die moderne *Einzelfalldiagnostik* ist der Versuch, method. Modelle, die innerhalb der psychometr. Gruppendiagnostik entwickelt worden sind, auch zu einer psychometr. Einzelfalldiagnostik heranzuziehen, also für den Spezialfall: die Anzahl der untersuchten Personen N = 1. Zur Einzelfalldiagnostik vgl. Petermann (1982ff.); zu den testtheoret. Grundlagen der Einzelfallanalyse vgl. Tack (1979). (6) In eine ähnl. Richtung geht die Unterscheidung von *normorientierten* u. *kriteriumsorientierten* Tests: Erstere beruhen auf der klass. Testtheorie u. drücken die Ausprägung der Eigenschaft eines Pb aus im Vergleich zu den Werten der Gruppe; Letztere orientieren sich an Kriterien, also an der Art u. Weise, wie u. wieweit jemand bestimmte Testaufgaben bewältigen kann; vgl. Klauer (1987). (7) Die theoret. Grundlagen betrifft die Gegenüberstellung *klass.* vs. *probabilist.* Testtheorie: Die klass., gelegentl. auch »determinist.« genannte Testtheorie geht im Wesentl. von der beobachteten Antwort aus, unterschiedl. Antworten einer Person auf eine Frage bei mehrmaliger Testung wird auf das Auftreten eines additiv hinzugefügten »Messfehlers« zurückgeführt. Im Gegensatz dazu betrachten die probabilist. Ansätze von vornherein nur die Wahrscheinlichkeit, mit der eine bestimmte Person eine bestimmte Frage in bestimmter Weise beantwortet; diese Wahrscheinlichkeit wird in Abhängigkeit vom Ausprägungsgrad des Merkmals bei der Person u. den Eigenschaften der Frage gesehen. Die wichtigsten Grundlagen der probabilist. Messtheorie wurden durch die Arbeiten von G. Rasch (seit den 60er Jahren) gelegt u. v. a. durch die Arbeiten von G. Fischer u. seiner Arbeitsgruppe für die Ps. nutzbar gemacht (vgl. Fischer 1974). Die probabilist. Messmodelle sind der klass. Testtheorie überlegen, allerdings bedingen sie einen erhöhten Aufwand; das Hauptproblem der Anwendung ps. Tests, näml. die oft unbefriedigende Validität, kann allerdings auch bei der Verwendung dieser Verfahren nicht unmittelbar beseitigt werden, hierzu ist v. a. eine Verbesserung der inhaltl. Theorie notwendig. (8) Eine spezielle Kontroverse innerhalb der klin. ps. Diagnostik ist die zw. unterschiedl. Menschen- bzw. Krankheitsmodellen: Dem *medizin.* Modell, das psych. Störungen im Sinne einer Krankheit sieht, steht ein *psychosoziales* Modell gegenüber, welche psych. Störungen eher als gelernte u. im Laufe einer Entwicklung aufgebaute Vhssysteme sieht, die sich nicht grundsätzl. von normalem Vh. unterscheiden.

LIT: Die umfassendeste Darstellung der P. ist die Anfang der 80er Jahre entstandene Serie »Psychologische Diagnostik« (in vier Bänden) innerhalb der *Enzyklo-*

pädie der Psychologie, herausgegeben von Groffmann u. Michel; speziell zur Intelligenz- u. Leistungsdiagnostik vgl. Groffmann u. Michel (1983); das erste umfassende Lehrbuch der ps. Diagnostik war von Jäger (1988; in der Zwischenzeit in der 3. Aufl. herausgegeben von Jäger u. Petermann 1995); weitere Lehrbücher: Fisseni (1990); Guthke u. a. (1990, 1991); Amelang u. Zilinski (1994); Kubinger (1995); vgl. auch Wottawa u. Hossiep (1987); Handbücher der ps. Tests sind Brickenkamp (1975ff.); zu kriteriumsorientierten Tests vgl. Klauer (1987); zu einer behaviouralen Diagnostik vgl. Kessler (1985) u. Schulte (1974); zum Überblick über die klass. u. die modernen Testtheorien vgl. Krauth (1995) u. Kubinger (1989); vgl. auch die Aufsätze in Bredenkamp u. Feger (1983a); ein Klassiker der Testtheorie im dt. Sprachraum war Lienert (1967); ein Band, in dem Wissenschaftler u. Praktiker den Anspruch u. die Grenzen der P. diskutieren, ist Pulver u. a. (1978); zu den Rechtsbedingungen ps. Diagnostik vgl. Schumacher u. Schumacher-Merz (1982); zu Persönlichkeitsfragebogen vgl. Angleitner u. Wiggins (1986), allg. zur Persönlichkeitsmessung Groffmann u. Michel (1982b); zu den unterschiedl. Diagnose- u. Klassifikationssystemen in der klin. Ps. s. d.

◆ Amelang, M. u. Zilinski, W.: Ps. Diagnostik u. Intervention. Berlin 1994; Angleitner, A. u. Wiggins, J. S. (Hg.): Personality assessment via questionaires. Berlin 1986; Boerner, K.: Das ps. Gutachten. Weinheim 1980; Bredenkamp, J. u. Feger, H. (Hg.): Datenerhebung. EP, B, I, 2. Bd. Göttingen 1983a; Bredenkamp, J. u. Feger, H. (Hg.): Messen u. Testen. EP, B, I, 3. Bd. Göttingen 1983; Brickenkamp, R. (Hg.): Handbuch ps. u. pädagog. Testverfahren. Göttingen 1975; Brickenkamp, R. (Hg.): Erster Ergänzungsbd. zum Handbuch ps. u. pädagog. Tests. Göttingen 1983; Brickenkamp, R. (Hg.): Handbuch apparativer Verfahren in der Ps. Göttingen 1986; Fischer, G. H.: Einführung in die Theorie ps. Tests. Stuttgart 1974; Fisseni, H.-J.: Persönlichkeitsbeurteilung. Zur Theorie u. Praxis des ps. Gutachtens. Göttingen 1992; Fisseni, H.-J.: Lehrbuch der ps. Diagnostik. Göttingen 1990; Goldfried, M. R. u. Kent, R. N.: Traditional vs. behavioural assessment: a comparison of methodological and theoretical assumptions. PBu 77, 1972, S. 409–420; Groffmann, K. J. u. Michel, L. (Hg.): Grundlagen ps. Diagnostik. EP, B, II, 1. Bd. Göttingen 1982a; Groffmann, K. J. u. Michel, L. (Hg.): Intelligenz- u. Leistungsdiagnostik. EP, B, II, 2. Bd. Göttingen 1982b; Groffmann, K. J. u. Michel, L. (Hg.): Persönlichkeitsdiagnostik. EP, B, II, 3. Bd. Göttingen 1982c; Grubitzsch, S. u. Rexilius, G.: Testtheorie – Testpraxis. Reinbek 1978; Guthke, J. u. a. (Hg.): Psychodiagnostik, I. Berlin 1990; Guthke, J. u. a. (Hg.): Psychodiganostik, II. Berlin 1991; Hartmann, H. A. u. Haubl, R. (Hg.): Ps. Begutachtung. München 1984; Hartmann, H. A.: Zur Ethik gutachterl. Handelns. In: Hartmann u. Haubl (1984), S. 3–32; Heil, F. E.: Klin. vs. statist. Urteilsbildung. In: Jäger u. Petermann (1992), S. 39–42; Hörmann, H.: Theoret. Grundlagen der projektiven Verfahren. In: Groffmann u. Michel (1982b), S. 173–247; Ingenkamp, K.: Testkritik ohne Alternative. In: Jäger, R. S. u. a. (Hg.): Tests u. Trends (1981). Weinheim 1981, S. 71–101; Jäger, R. S. u. a. (Hg.): Diagnost. Urteilsbildung in der Ps. Göttingen 1984; Jäger, R. S. u. Mattenklott, A. (Hg.): Diagnost. Urteilsbildung in der Ps. Göttingen 1984; Jäger, R. S. u. Mattenklott, A.: Diagnost. Urteilsbildung in der Ps., Entwicklungen u. Trends. In: Jäger u. a. (1984), S. 17–61; Jäger, R. S.: Der diagnost. Prozeß. Göttingen 1986; Jäger, R. S. (Hg.): Ps. Diagnostik. Weinheim 1988; Jäger, R. S. u. Petermann, F. (Hg.): Ps. Diagnostik. Weinheim 1992 (2. Aufl., 3. Aufl. 1995); Jäger, R.S.: Diagnostik. In: Herrmann, T. u. Lantermann, E.-D. (Hg.): Persönlichkeitsps. München 1985, S. 225–233; Jensen, A. R.: Personality. ARP 9, 1958, S. 295–322; Jüttemann, G. (Hg.): Neue Aspekte klin.-ps. Diagnostik. Göttingen 1984; Jüttemann, G. (Hg.): Qualitative Forschung in der Ps. Weinheim 1985; Kessler, B. H.: Behaviourale Diagnostik. In: Schmidt, L. (Hg.): Lehrbuch der klin. Ps. Stuttgart 1985, S. 164–189; Klauer, K. J.: Kriteriumsorientierte Tests. Göttingen 1987; Krauth, J.: Testkonstruktion u. Testtheorie. Weinheim 1995 (mit Diskette u. einem PC-Programm für die Durchführung der erforderlichen Rechnungen); Kubinger, K. D. (Hg.): Moderne Testtheorie. München 1989; Kubinger, K. D. (Hg.): Themenheft Testrezension. 25 einschlägige Verfahren. ZDDP 17, 1996; Kubinger, K. D.: Einführung in die ps. Diagnostik. München 1995; Lienert, G. A.: Testaufbau u. Testanalyse. Weinheim 1967; Meehl, P. E.: Clinical vs. statistical prediction: a theoretical analysis and a review of the evidence. Minneapolis 1954; Pawlik, K. (Hg.): Diagnose der Diagnostik. Stuttgart 1976; Petermann, F.: Einzelfalldiagnose u. klin. Praxis. Stuttgart 1982; Petermann, F. (Hg.): Einzelfallanalyse. München 1989 (2. Aufl.); Petermann, F.: Idiographie u. Nomothetik. In: Jäger u. Petermann (1992) S. 36–39; Pulver, U. u. a. (Hg.): Ist Psychodiagnostik verantwortbar? Bern 1978; Rasch, G.: Probabilistic models for some intelligence and attainment tests. Chicago 1980; Reinert, G. u. Wittling, W.: Klin. Ps.: Kzpte. u. Tendenzen. In: Wittling,

W. (Hg.): Handbuch der Klin. Ps., 1. Bd. Hamburg 1980, S. 14–80; RUDINGER, G. u. a.: Qualitative Daten. München 1985; SAYER, J.: Measurement and prediction, clinical and statistical. PBu 66, 1966, S. 178–200; SCHEURER, H.: Test vs. Exploration. In: JÄGER u. PETERMANN (1992), S. 42–49; SCHRAML, W.: Das psychodiagnost. Gespräch (Exploration u. Anamnese). In: HEISS, R. (Hg.): Ps. Diagnostik. HP, 6. Bd. Göttingen 1964; SCHULTE, D. (Hg.): Diagnostik in der Vhstherapie. München 1974; SCHUMACHER, D. u. SCHUMACHER-MERZ, I.: Rechtsbedingungen ps. Diagnostik. In: GROFFMANN u. MICHEL (1982a), S. 538–567; TACK, W. H.: Testtheoret. Grundlagen der Einzelfallanalyse. In: PETERMANN u. HEHL (1979), S. 49–69; TESTKURATORIUM DER FÖDERATION DEUTSCHER PSYCHOLOGENVERBÄNDE: Beschreibung der einzelnen Kriterien für die Testbewertung. D 32, 1986, S. 358–360; TESTKURATORIUM DER FÖDERATION DEUTSCHER PSYCHOLOGENVERBÄNDE: Richtlinien für den Einsatz elektron. Datenverarbeitung der ps. Diagnostik. PRu 37, 1986, S. 163–165; THOMAE, H. u. PETERMANN, F.: Biograph. Methode u. Einzelfallanalyse. In: Bredenkamp u. Feger (1983), S. 363–400; UNDEUTSCH, U.: Exploration. In: FEGER, H. u. BREDENKAMP, J. (Hg.): Enzyklopädie der Ps., 2. Bd. Datenerhebung. Göttingen 1983, S. 321–361; VAY, E. u. STUMPF, H.: Leistungsdaten. In: JÄGER (1988), S. 320–333; WELTGESUNDHEITSORGANISATION: Internationale Klassifikation psych. Störungen. ICD–10, Kap. V (f). Bern 1993; WOTTAWA, H. u. HOSSIEP, R.: Grundlagen ps. Diagnostik. Göttingen 1987; ZTSCHR.: Zeitschrift für Differentielle u. Diagnostische Psychologie, Diagnostica, European Journal of Psychological Assessment.

Psychoevolutionäre Emotionstheorie. Obwohl es seit Darwin, der die Kontinuität des Ausdrucksvhs. zw. Tieren u. Menschen analysiert hat, mehrere evolutionstheoret. Ansätze zur Erklärung von → Emotion gegeben hat, wird als der Prototyp einer p. E. meist die Arbeit von Plutchik (1980) betrachtet. Das zentrale Modell der Theorie ist die Idee von acht grundlegenden Vhssystemen mit evolutionär relevanten Effekten; diese sind jeweils aufgebaut aus einem Reiz-Ereignis, einer erschlossenen Kognition, einer primären Emotion u. einem daraus folgenden Vh. mit einer bestimmten Funktion: (1) Reiz (R.): Verlust einer geschätzten Person; erschlossene Kognition (K.): »Isolierung«; Emotion (E.): Kummer; hieraus resultiert eine Vhsweise (V.): Um-Hilfe-Rufen; diese hat die Funktion (F.) soziale Reintegration.

Plutchiks Emotionssystem umfasst folgende weitere Vhssysteme: (2) R.: Bedrohung; K.: »Gefahr«; E: → Angst, Schrecken; V.: Zurückzug; F.: Schutz; (3) R.: Hindernis; K.: »Feind«; E.: → Ärger, Wut; V.: Angriff; F.: Zerstörung; (4) R.: mögl. Geschlechtspartner; K: »Besitz«; E.: → Freude, Ekstase; V.: Werbung u. Paarung; F.: Reproduktion; (5) R.: Verlust einer geschätzten Person; K.: »Isolierung«; E.: Annahme, Akzeptanz, Vertrauen (→ Bindungsgefühl); V.: Paarbildung; F.: Inkorporation; (6) R.: scheußl. Gegenstand; K.: »Gift«; E.: Ekel; V.: Ausspeien, Erbrechen; F.: Zurückweisung; (7) R.: neue Umwelt; K.: »Was ist hier los?«; E.: Erwartung, Antizipation (→ Neugier; → Interesse); V.: Überprüfen; F.: → Exploration; (8) R.: plötzl. neuartiger Gegenstand; K.: »Was ist das?«; E.: → Überraschung, Erstaunen; V.: Abstoppen; F.: Orientierung. Ohne Bezugnahme auf Plutchik gelangt Toda (1980) zu einem ähnl. Kzpt. von Emotion als einem evolutionär entwickelten Entscheidungssystem für typ. Vhskonstellationen in primitven u. wilden Umgebungsbedingungen.

KR: Ulich (1992); Scheele (1990).

VD: Weitere Aspekte der Theorie: (a) Plutchik (1980) ordnet die Emotionen auf einem »Emotionskreis« (vgl. Abb. *Emotion 5*) nach dem Grad der Ähnlichkeit an: Die auf dem Kreis diametral gegenüberliegenden Emotionen sind sich am unähnlichsten (z. B. Freude vs. Traurigkeit, Ärger vs. Furcht), die nur durch eine Primäremotion auf dem Kreis getrennten Emotionen sind von mittlerer Ähnlichkeit (z. B. Freude – Furcht – Traurigkeit). (b) Plutchik konzipiert auch *Mischemotionen*; während bei Izard aber die fundamentalen Emotionen ihre qualitative Identität in der Kombination beibehalten, entstehen bei Plutchik so *neue* Emotionen. (c) Plutchik nimmt außerdem eine gemeinsame Aktivierungsdimension an u. kommt zu einer Halbkugel der Emotionen (Bsp. für die Bedeutung der Aktivierungsdimension:

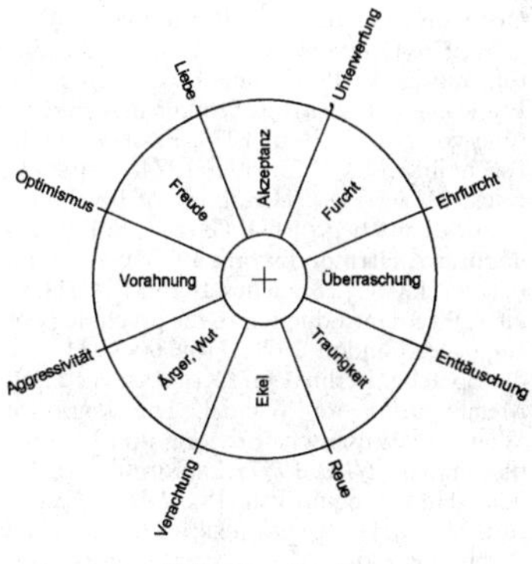

Abb. *Emotion 5*

Mit sinkender Aktivierung wird nach Plutchik aus *Ekstase* das Gefühl der *Freude*, des *angenehmen Berührtseins*, der *Heiterkeit*, schließl. der *Ruhe*). (d) Eine Mischung benachbarter Emotionen wird von Plutchik *primäre Dyade* genannt; Mischungen von Emotionen, die durch eine andere Emotion getrennt sind, heißen *sekundäre Dyade*; etc.; Bspe. für eine *primäre Dyade*: Mischung von Ärger u. Freude führt zu Stolz; Mischung von Furcht u. Sorge führt zu Schuldgefühl; Bspe. für eine sekundäre Dyade: Mischung von Freude u. Überraschung führt zu Entzücken, von Überraschung u. Sorge zu Enttäuschung; tertiäre Dyade: Mischung von Ärger u. Überraschung führt zu Ressentiment, Mischung von Furcht u. Erwartung zu Angst (bzw. Vorsicht o. Misstrauen).

LIT: Zur Geschichte evolutionstheoret. Ansätze in der Ps. vgl. Hehlmann (1963); zur Darstellung u. Diskussion vgl. Goller (1992); zur Kritik vgl. Ulich (1992); Scheele (1990).

◆ Darwin, C.: The expression of emotions in men and animals. London 1872 (dt.: Der Ausdruck der Gemüthsbewegungen bei den Menschen u. den Thieren. Stuttgart 1901); Goller, H.: Emotionspsychologie u. Leib-Seele-Problem. Stuttgart 1992; Plutchik, R.: A general psycho-evolutionary theory of emotion. In: Plutchik, R. u. Kellerman, H. (Hg.): Emotion, 1. Bd. New York 1980, S. 3–33; Plutchik, R.: Emotion: a psychoevolutionary synthesis. New York 1980; Toda, M: Emotion and decision making. AP 45, 1980, S. 133–155; Ulich, D.: Begriffsbestimmungen u. Theoriediskussion. In: Ulich u. Mayring (1992), S. 28–57; Ulich, D. u. Mayring, P. (Hg.): Ps. der Emotionen. Stuttgart 1992.

Psychogalvanischer Reflex → physiologische Psychologie (Kasten psychophysiologische Methoden).

Psychokybernetik → kybernetische Psychologie.

Psycholinguistik, → Sprachpsychologie, die auf der Rezeption der modernen Linguistik beruht.

HI: »Geboren« wurde der Begriff 1953 auf einem interdisziplinären Forschungsseminar in Bloomington, Indiana, in dessen Gefolge 1954 das Buch »*Psycholinguistics*« von Osgood u. Sebeok erschien; der Begriff wurde nach Engelkamp (1974) aber schon von Pronko 1946 verwendet. Vier histor. Phasen lassen sich unterscheiden: (a) In der ersten Phase dominierten behaviourist. u. assoziationist. Kzpt.; P. wurde unter dem Etikett → *verbales Lernen* (*verbal learning*) betrieben; vgl. Skinner (1957). Dieser Ansatz wurde durch die → Mediationstheorie u. → Informationstheorie (→ Sprachapproximationen) elaboriert. (b) In der zweiten Phase orientierte sich die P. weitgehend an der → generativen Transformationsgrammatik. Leitmotiv der Forschung war die Frage nach der → *psychologischen Realität der Grammatik* (mit *Grammatik* ist die generative Transformationsgrammatik gemeint). Im Mittelpunkt stand der Satz u. die → Satzverarbeitung. Grimm u. Engelkamp (1981) meinen, dass der Begriff *P.* wahrscheinl. auf lange Sicht nur als Bezeichnung für diese zweite Phase erhalten bleiben wird. (c) Eine Umorientierung u. der Übergang in die dritte Phase wurde eingeleitet durch eine Untersuchung von J. Sachs (1967), es folgte eine allg. Hinwendung zu Aspekten der → Bedeutung. Nun waren die → Kasusgrammatik u. das Kzpt. der → Proposition die linguist. Modelle, die stärker rezipiert wurden (Perfetti 1972). Auf der Wortebene gewannen → Merkmalstheorien zunehmend an Bedeutung. Analog zum Lexikon-Kzpt. der Linguistik versuchte die Ps. bzw. P. eine Theorie des → mentalen Lexikons zu entwickeln. Beide Entwicklungen führten zu einer gedächtnisps. Orientierung der Sprachps. gegen Ende der 60er u. Anfang der 70er Jahre (→ semantisches Gedächtnis). Die semantikorientierte P. entwickelte dann

Ende der 70er Jahre ein zunehmendes Interesse an den Prozessen der Sprachverarbeitung, was in die vierte Phase führte: (d) Zunehmend wurden Modelle der → Informationsverarbeitung (nicht zu verwechseln mit dem Begriff der Informationstheorie der Frühphase der P.) verwendet; s. die Stw. → Sprachwahrnehmung, → Sprachverstehen, → Sprachproduktion. Mit dem Wechsel von der semantikorientierten zu einer an der Informationsverarbeitung orientierten Sprachps. vollzog sich eine weitere Akzentverschiebung von der Satz- zur Textebene; s. das Stw. → Textverstehen. Zunehmend wurde auch erkannt, dass der Gebrauch von Sprache in einer komplexen Gesamtsituation stattfindet, die Hörer u. Sprecher sowie ihre Intention umfasst; s. das Stw. → verbale Kommunikation.

LIT: Deutsche Überblicksarbeiten sind Leuninger u. a. (1973 u. o. J.); Engelkamp (1974); List (1972) u. das Kapitel »Die ps. Realität der Grammatik« in Hörmann (1967); engl. Darstellungen sind: das zwar den Titel *P.* tragende, aber noch ganz an assoziativen u. wahrscheinlichkeitstheoret. Leitideen orientierte Frühwerk von Osgood u. Sebeok (1954); monograph. Darstellungen zur ps. Analyse der generativen Transformationsgrammatik sind Miller u. McNeill (1969); Herriot (1970); Deese (1970), Slobin (1971) u. Greene (1972); ein übergreifendes Standardwerk ist Clark u. Clark (1977); vgl. auch Weissenburg u. Schriefers (1987); ein umfassendes neueres Handbuch ist Gernsbacher (1994); einen Überblick über die ps. relevanten wissenschaftl. Grundlagen der generativen Transformationsgrammatik bietet Dietrich (1976); neuere Darstellungen sind Dijkstra u. Kempen (1993) u. Miller (1993); im dt. Sprachraum sind es v. a. die Arbeiten von J. Engelkamp gewesen, die die amerikan. P. rezipiert u. weitergeführt haben; vgl. Engelkamp (1973ff.); eine hervorragende Orientierungshilfe ist das Lexikon u. Handbuch von Grimm u. Engelkamp (1981), dem auch das vorliegende Lexikon zahlreiche Anregungen verdankt. Zur kognitiven Wende in der Linguistik vgl. Kertész (1997).

◆ Clark, H. H. u. Clark, E. V.: Psychology and language. New York 1977; Deese, J.: Psycholinguistics. Boston 1970; Dietrich, R.: Generative Linguistik für Psychologen. Stuttgart 1976; Dijkstra, T. u. Kempen, G.: Einführung in die Psycholinguistik. Bern 1993; Engelkamp, J.: Semant. Strukur u. Verarbeitung von Sätzen. Bern 1973; Engelkamp, J.: Psycholinguistik. München 1974; Gernsbacher, M. A. (Hg.): Handbook of psycholinguistics. San Diego 1994; Greene, J.: Psycholinguistics. Harmondsworth 1972; Grimm, H. u. Engelkamp, J.: Sprachps. Berlin 1981; Herriot, P.: An introduction to the psychology of language. London 1970; Hörmann, H.: Ps. der Sprache. Berlin 1967; Kertész, A. (Hg.): Metalinguistik im Wandel. Die kognitive Wende in Wissenschaftstheorie und Linguistik. Frankfurt/M. 1997; Leuninger, H. M. u. a. (Hg.): Linguistik u. Ps., 2 Bde. Frankfurt/M. o. J.; Leuninger, H. M. u. a.: Psycholinguistik. Ein Forschungsbericht. Frankfurt/M. 1973; List, G.: Psycholinguistik. Stuttgart 1972; List, G.: Sprachps. Stuttgart 1981; Miller, G. A. u. McNeill, D.: Psycholinguistics. In: Lindzey, G. u. Aronson, E. (Hg.): The handbook of social psychology, 3. Bd. Reeding, Mass. 1969, S. 166–794; Miller, G.: Wörter. Streifzüge durch die Psycholinguistik. Heidelberg 1993; Osgood, C. E. u. Sebeok, T. A. (Hg.): Psycholinguistics. Baltimore 1954; Perfetti, C. A.: Psychosemantics: some cognitive aspects of structural meaning. PBu 78, 1972, S. 241–259; Pronko, N. H.: Language and psycholinguistics. PBu 43, 1946; Sachs, J.: Recognition memory for syntactic and semantic aspects of connected discourse. PaP 2, 1967, S. 437–442; Skinner, B. F.: Verbal behaviour. New York 1957; Slobin, D. J.: Psycholinguistics. London 1971; Weissenburg, J. u. Schriefers, H. (Hg.): Psycholinguistics. In: Ammon, U. u. a. (Hg.): Sociolinguistics: An international handbook of the science of language and society, 1. Bd. Berlin 1987, S. 470–487.

Psychological job design → Arbeitspsychologie.

Psychologie. Die derzeit gebräuchlichste Definition der Ps. charakterisiert diese als *Wissenschaft vom → Verhalten u. → Erleben* – eine Kompromissformulierung, die eine Integration der beiden Extrempositionen darstellt: der älteren von der Ps. als Wissenschaft von der *Seele* u. der behaviourist. von der Ps. als *Verhaltenswissenschaft*; zum problemhistor. Hintergrund der Begriffe vgl. Pongratz (1967) sowie Jüttemann u. a. (1991). Einen weiter gefassten Gegenstand der Ps. sieht Hofstätter (1957), wenn er im Anschluss an Karl Bühler auch die »geistigen Gebilde« (Sprache, Kunst, Literatur, Recht, Wirtschaft, Religion etc.) in die Thematik der Ps. mit einbezieht. Dies führt letztl. auf die Frage, inwieweit die Ps. die »Welt der Dinge« (Graumann 1979) einbeziehen muss u. nicht in einem → Psychologismus verbleiben darf. Aus der Bejahung dieser Frage hat sich einerseits die → ökologische Psychologie entwickelt, andererseits eine Ps., die die kulturellen Gebiete des Menschen thematisiert: *Kulturps.* bzw. *histor. Ps.*, auch die klass. wundtsche *Völkerps.* war eine Sozialps., die die kulturellen Regeln u. Aspekte des Menschseins thematisiert hat; vgl. hierzu Jüttemann (1988); zum Problem des »In-der-Welt-Seins« vgl. auch Pfistner (1987); für weitere Literaturangaben vgl. den LIT-Absatz.

Kennzeichnend für das moderne Selbstverständnis der Ps. ist, dass sie wenig Wert auf solche Grundsatzdefinitionen legt, dass ihr Gegenstandsbestimmungen einer Wissenschaft weniger wichtig sind als das Eingehen auf das reale wissenschaftl. Vorgehen u. auf die »realexistierenden« Theorien, zugespitzt: »Psychologie ist das, was Psychologen tun«; vgl. hierzu Herrmann (1971) u. Westmeyer (1973); krit. hierzu: Herzog (1984).

Ps. wird als Diplomstudiengang an allen dt. Universitäten gelehrt, einziger Abschluss ist der »Diplompsychologe« bzw. »Diplompsychologin«. (In einem entscheidenden Punkt hat sich die rechtl. Lage der Ps. geändert: Früher war die Bezeichnung *Psychologe* bzw. *Psychologin* nicht rechtlich geschützt, nur der akadem. Titel *Diplom-Psychologe*, nach langen Musterprozessen hat ein Urteil des Bundesgerichtshofs 1985 Klarheit geschaffen, womit die Berufsbezeichnung nun nicht mehr ungestraft ohne Ausbildungsgrundlage verwendet werden darf, vgl. Hockel 1993.)

Die herkömml. Gliederung der Ps. unterteilt diese folgendermaßen: (1) → allgemeine Psychologie; (2) → Entwicklungspsychologie; (3) → differentielle Psychologie u. Persönlichkeitspsychologie; (4) → Sozialpsychologie. In der früheren Prüfungsordnung war des Weiteren → Ausdruckspsychologie ein eigenes Fach. (5) Seit Beginn der Ps. existieren Forschungsansätze, die die physiolog. Grundlagen des menschl. Vh. analysieren: → physiologische Psychologie u. → Neuropsychologie (Physiologie, v. a. Neurophysiologie ist zusammen mit Biologie – in den ps. relevanten Aspekten – obligator. Nebenfach des Psychologiestudiums.) (6) Die unter 1 bis 5 genannten grundlagenorientierten Fächer sind die hauptsächl. Bestandteile des Vordiplomstudiums u. lassen sich als theoret. Ps. abgrenzen von der → angewandten Psychologie. Diese enthält nachfolgende Fächer, Bestandteile des Hauptdiplomstudiums (wb. jeweils ein Schwerpunkt gewählt werden kann): (a) die → klinische Psychologie; (b) die → pädagogische Psychologie; (c) die → Arbeits-, → Betriebs- u. → Organisationspsychologie. Eine Art Querschnittsfach ist die → Psychodiagnostik.

Der main stream der gegenwärtigen akadem. Ps. versteht die Ps. als eine *nomothet.*, an den Erkenntnisidealen der Naturwissenschaft orientierte Wissenschaft (zu weiteren Ausführungen vgl. → idiographisch vs. nomothetisch). Kennzeichnend für diese nomothet. Ps. ist eine elaborierte Methodenlehre. Damit konform gehend wird als Beginn der modernen Ps. die Etablierung eines empir. Methodenkanons gesehen, v. a. innerhalb der → Psychophysik sowie innerhalb der → Elementenpsychologie, bes. im Werk von Wilhelm Wundt, der als Begründer der modernen Ps. gilt. Man kann sogar sagen, dass die gegenwärtige Ps. sich weniger inhaltl. als durch diese ihre Methodik definiert: als eine grundsätzl. *empir.* Wissenschaft, die ausführl. Gebrauch von statist. Methoden macht, im Idealfall auch von der Methode des Experiments; vgl. hierzu die Stw. → experimentelle Psychologie u. → mathematische Psychologie. Innerhalb des statist. Zugangs hat die Ps. – teils durch Elaboration vorliegender Modelle, teils in eigenständiger Entwicklung – v. a. folgende formal-method. Grundmodelle geschaffen: *Faktorenanalyse*, *Testtheorie*, *Skalen-* u. *Messtheorie*, speziell auch *multidimensionale Skalierung* bzw. *nonmetr. multidimensionale Skalierung* sowie die *Varianzanalyse*, vgl. hierzu die angegebene Literatur; krit. hierzu: Wottawa (1990); vgl. auch die daran anschließende Diskussion sowie Gigerenzer (1995). (Anm.: Für eine ausführl. Liste method. Literatur vgl. den entsprechenden Absatz im Literaturverzeichnis.) Diesem method. Zugang des main streams, für den der allgemeinste Begriff *quantitative* Methoden zutrifft, wird zunehmend als Alternative ein Methodenkanon *qualitativer* Vorgehensweisen gegenübergestellt; vgl. hierzu die Ausführungen im Stw. → geisteswissenschaftliche Psychologie.

Folgende Grundspannungen durchziehen die Ps. von Beginn an: (1) → Empirismus vs. → geisteswissenschaftliche Psychologie. (2) idiographische vs. nomothetische Ps. (→ idiographisch vs. nomothetisch); (3) → Mentalismus vs. → Behaviourismus; (4) → Mechanismus vs. → Organismusmodell; (5) Elementarismus vs. → Holismus; (6) → Strukturalismus vs. → Funktionalismus; (7) → Personalismus vs. → Situationismus; vgl. auch → Interaktionismus. (8) → Kognitivismus vs. → dynamische Psychologie. (9) → Nativismus vs. Rationalismus; vgl. auch das Stw. → kritische Psychologie. Die Ps. hat sich diesen Grundspannungen seit jeher gestellt, u. deswegen sind wissenschaftstheoret. u. wissenschaftsphilosoph. Reflexionen u. Analysen sehr charakterist. für die Ps. – kaum ein Lehrbuch, in dem diese nicht neben den empir. Ergebnissen breiten Raum einnehmen, u. in gewissem Sinne befindet sich die Ps. bis heute in einer permanenten Krise, die von vielen allerdings als eine produktive angesehen wird, als Kennzeichen einer lebendigen Wissenschaft; zur Literatur vgl. den LIT-Absatz.

Aus den vorhergehenden Grundspannungen ergeben sich die wichtigen Schulrichtungen der Ps., die sich durch eine spezif. Kombination der jeweiligen Ismen charakterisieren lassen u. unterscheiden: Die → Elementenpsychologie war die dominante Ps. im 19. Jahrhundert, herausgefordert wurde sie von der → Gestalttheorie, danach, etwa seit den 20er Jahren, abgelöst durch den → Behaviourismus, der bis in die 60er Jahre hinein das dominante Paradigma der amerikan. Ps. gewesen ist u. der Ps. auch über seine eigentl. Geltungszeit hinaus das objektivist. u. vhsorientierte Antlitz gegeben hat. Dieser wurde dann seit den 60er Jahren zunehmend von einer → kognitiven Psychologie abgelöst. Die → Psychoanalyse ist diejenige Schule, die außerhalb der eigentl. akadem. Ps. sich entwickelt hat. Weitere wichtige außeraka-

dem. Ansätze sind die → Ethologie u. die → genetische Epistemologie. Die → humanistische Psychologie stellt sowohl den behaviourist. wie psa. Ansätzen eine Alternativposition entgegen. Eine → geisteswissenschaftliche Psychologie war früher v. a. in Deutschland von Bedeutung, gegenwärtig u. v. a. international spielt sie eine geringe Rolle. In gewissem Sinne lassen sich auch die physiolog. Ps., die mathemat. Ps. u. die experimentelle Ps. als eigene »Schulen« verstehen.
Wenn auch das sog. »Zeitalter der Schulen«, also die intensiven Auseinandersetzungen zw. Elementenps., Behaviourismus u. Gestalttheorie, vorbei u. die Ps. zunehmend pluralist. geworden ist, so bestehen doch immer noch große geistige u. auch sprachl. Barrieren zw. der empir. orientierten akadem. Ps. u. den humanist. wie phänomenolog. Alternativpositionen. Bes. krass manifestiert sich dieser Gegensatz auch heute noch innerhalb der klin. Ps u. Psychotherapieforschung, trotz zahlreicher integrativer Ansätze sind bis heute die Fronten zw. Psa. u. → Verhaltenstherapie verhärtet u. bestimmte method.-»mentale« Differenzen schwer überwindbar: Die akadem. Ps. wirft der Psa. u. vergleichbaren »weicheren« phänomenolog. Richtungen oft vor, sie betrieben eine Pseudowissenschaft, was jene mit dem Argument kontern, die verhaltensorientierte Theorie u. Therapie sei eine »Rattenps.« (wegen der hauptsächl. Verwendung von Ratten als Versuchsobjekte), die an allem menschl. Relevanten vorbeigehe. Es hat sich 1990 in Berlin die *Neue Deutsche Gesellschaft für Psychologie* konstituiert, welche der die akadem. Ps. repräsentierenden *Deutschen Gesellschaft für Psychologie* eine Organisations-Alternative gegenüberstellen will, in der humanist., psa., krit. u. geisteswissenschaftl. Gedankengut stärker berücksichtigt wird, ohne den nomothet. Ansatz zu verdammen.

VD: (1) Zur Rolle der dt. Ps.: Die moderne wissenschaftl. Ps. wurde in gewissem Sinne von Deutschen begründet, noch 1912 konzediert Stanley Hall, dass weder in Amerika noch in England irgendetwas geleistet worden sei, was mit den Schriften der Deutschen auf gleicher Höhe stünde. Bis 1933 mussten deshalb Psychologiestudenten in den USA die dt. Sprache beherrschen – seitdem allerdings hat sich das Verhältnis umgekehrt. In der Nachkriegszeit verschärfte sich der Gegensatz zw. der nordamerikan. u. der kontinentaleuropä. Ps.; Métraux (1985) hat diesen Streit um die sog. Amerikanisierung der Ps. in der Bundesrepublik untersucht; allgemein zum Vergleich zw. der amerikan. u. der dt. Ps. vgl. Holzner (o. J.) u. Allport (1961). Bis in die Gegenwart ist die akadem. Ps. der Bundesrepublik in starkem Maße von amerikan. Vorbildern dominiert, wenngleich sie die übernommenen Paradigmen meist tiefer schürfend als die Amerikaner analysiert u. schließl. oft auch überwindet. Thomae (1984) vertritt die wissenschaftshistor. These, dass theoret. Neuansätze der europäischen Ps. erst dann wirksam geworden sind, wenn sie von Amerika aus mit dem Segen des methodolog. Behaviourismus reimportiert worden sind – er führt als Bsp. die »kognitive Wende« u. die Life-span-development Forschung an. Es hat mehrere Diskussionen über die Verwendung der engl. Sprache für die Veröffentlichung der dt. Forschung bzw. für die Veröffentlichung dt. Forschung in englischsprach. Organen gegeben, vgl. Traxel (1975ff.) u. die Diskussion in Bd. 40 der *Psychologischen Rundschau* 1989 (S. 89ff.); vgl. auch Becker (1980); so wurde z. B. auch der Titel von »Psychologische Forschung« (begründet von Koffka, Köhler u. Wertheimer) in »Psychological Research« umgewandelt (u. er enthält jetzt nur noch engl.-sprachige Veröffentlichungen, vorwiegend über Wahrnehmung, Lernen u. Kommunikation), u. einige Periodika haben einen engl. Nachtitel bekommen, z. B. »Archiv für Psychologie/Archives of psychology«

(sie publizieren in englisch u. in deutsch); auch die schweizerische entwicklungspsycholog. Zeitschrift »Vita Humana« wurde in »Human Development« umbenannt.

(2) Wie wohl bei keinem anderen wissenschaftl. Gebiet gehen das Bild in der Öffentlichkeit u. die Forschungsrealität der Ps. aneinander vorbei: In der Populärliteratur u. Boulevardpresse werden (o. wurden zumindest lange Zeit) folgende Themen u. Schlagworte sowie Forschungsgebiete als typ. für die Ps. erachtet: Psychoanalyse, klin. Psychologie, zunehmend auch die Hirnforschung; des Weiteren die Themen: Emotion, Unbewusstes, Sexualität; außerdem Schlagworte wie: *Minderwertigkeitskomplex*, *Traumdeutung*, *Graphologie*. Tatsächl. jedoch sind für den main stream der *akadem.*, d. h. an den Universitäten gelehrten, sich als selbst *wissenschaftl.* definierenden Ps. all die genannten Forschungsthemen eher untyp. (vgl. die entsprechenden Stw.). Paradigmen, die diese akadem. Ps. kennzeichnen (u. in der Öffentlichkeit nahezu unbekannt sind), lauten bspw.: → Subtraktionstechnik, → Risikowahlmodell, → Gedächtnisabsuche, → semantische Netzwerke, → Mehrspeichertheorien, → Doppelaufgaben, → Filtertheorien. Entsprechend dieser Miss-Repräsentation der wissenschaftl. Ps. werden bei Fragen nach bedeutenden Psychologen immer wieder genannt: Sigmund u. Anna Freud (Freud war Arzt u. Begründer der → Psychoanalyse, einer außerhalb der akadem. Ps. entstandenen Richtung, Weiteres s. d.; Anna Freud war ursprüngl. Volksschullehrerin), des Weiteren: Jean Piaget (→ genetische Epistemologie; ebenfalls von Haus aus kein Psychologe, sondern philosoph. orientierter Biologe) sowie Konrad Lorenz (→ Ethologie); in diese Richtung geht auch die Nennung anderer Psychoanalytiker wie Alfred Adler, Carl Gustav Jung o. Wilhelm Reich – alle drei im schroffen Gegensatz zur akadem. Ps. sich befindend. Für die Gegenwart werden häufig genannt: Alexander Mitscherlich u. Horst Eberhard Richter (beide Psychoanalytiker, Psychosomatiker u. Gesellschaftstheoretiker), bisweilen auch Noam Chomsky (Linguist; → generative Transformationsgrammatik). Prototyp. Vertreter der akadem. Ps. dagegen sind auch innerhalb gebildeter Kreise nur wenig o. gar nicht bekannt: G. Fechner (→ Psychophysik), H. Ebbinghaus (→ Gedächtnispsychologie; → Vergessenskurve), W. Wundt (→ Elementenpsychologie), O. Külpe (→ Würzburger Schule), N. Ach (→ Wille, → Würzburger Schule; → Begriffsbildung), O. Selz (→ Würzburger Schule), K. Bühler (→ Sprachpsychologie; → Würzburger Schule), I. Pawlow (→ Reflexologie; → Konditionierung), J. Watson (→ Behaviourismus), E. Thorndike (→ Verknüpfungstheorie), E. Tolman (→ Zeichen-Gestalt-Theorie), C. Hull (→ systematische Verhaltenstheorie), B. F. Skinner (→ Verhaltensanalyse; → operante Konditionierung), M. Wertheimer, K. Koffka, W. Köhler u. K. Koffka (→ Gestalttheorie), Kurt Lewin (→ Feldtheorie; → Wille), F. Heider (→ naive Psychologie, → Attributionstheorie, → kognitive Dissonanztheorie), G. A. Kelly (→ Attributionstheorien), U. Neisser (→ kognitive Psychologie), D. Broadbent (→ Filtertheorie), D. Norman (→ Mehrspeichertheorien, → Aufmerksamkeit, → Konnektionismus), R. Sternberg (→ Gedächtnisabsuche; → Sternberg-Paradigma; → Intelligenz), H. Murray (→ affektive Motivationstheorie; → Leistungsmotivation), D. McLelland u. J. Atkinson (→ Leistungsmotivation), B. Weiner (→ Leistungsattribution), M. Seligman (→ gelernte Hilflosigkeit), R. Plutchik (→ psychoevolutionäre Emotionstheorie), C. Izard (→ differentielle Emotionstheorie), M. Posner (→ kognitive Psychologie, → NI-PI-Aufgabe), J. Bruner (→ Repräsentationsmedien), A. Bandura (→ sozialkognitive Lerntheorie; → Selbstwirksamkeit), J. B. Rotter (→ soziale Lerntheorie), D. Berlyne (→ optimale Stimulation), N. E. Miller (→ Gedächtnisspanne), H. Simon (→ kognitive Psychologie; → Entscheidungstheorie; → Wirtschaftspsychologie; → General Problem Solver), C. Osgood (→ affektive Bedeutung; → semantisches Differential), A. Paivio (→ Vorstellungsbild; → duale Kodierungstheorie), P. Ekman (→ Ausdruck), H. Helson (→ Adaptationsniveautheorie), J. Gibson (→ ökologische Wahrnehmungstheorie). Zu weiteren bedeutenden Psychologen vgl. die unter »Geschichte« u. »internationale Psychologie« dargelegte Literatur bzw.

Biographien. (Anm.: Die vorgenannten Vertreter sind Begründer von eher *allgemeinps.* zu nennenden Paradigmen, für spezielle Vertreter der Sozialps., Entwicklungsps. u. differentiellen Ps. sowie der physiolog. Ps. vgl. die jeweiligen Stw.; vgl. auch die Stw. → phänomenologische Psychologie, → geisteswissenschaftliche Psychologie u. → humanistische Psychologie.) Bedeutende *dt.* Vertreter der akadem. *allgemeinps.* Gegenwartsps. sind: Heinz Heckhausen (gest. 1988), der auf dem Gebiet → Leistungsmotivation internationalen Rang erworben hat; Dietrich Dörner, der sich durch das weitgehend von ihm begründeten Paradigma des → komplexen Problemlösens großes Renommee erworben hat; Wolfgang Prinz ist derjenige, der einen eigenständigen Weg zur Überwindung amerikan. Paradigmen auf dem Gebiet → Aufmerksamkeit u. → Wahrnehmung gegangen ist (s. a. die weiteren Angaben beim Stw. → Aufmerksamkeit). Heckhausen u. Prinz sind (bzw. waren) auch diejenigen, die neben Franz Weinert (→ pädagogische Psychologie) ein Max-Planck-Institut für Ps. aufgebaut haben; D. Dörner leitet die Max-Planck-Arbeitsgruppe »kognitive Anthropologie«. In die Gruppe dieser renommierten Spitzenleute lassen sich weiterhin einreihen: Theo Herrmann, der v. a. durch seine wissenschaftstheoret. u. sprachps. Arbeiten wichtig geworden ist (→ Objektbenennung); auch Johannes Engelkamp hat wichtige psycholinguist. Arbeiten geliefert, in jüngster Zeit auch zur Ps. des → Gedächtnisses; Klaus Scherer hat Bedeutendes zur Erforschung der → Emotionen u. des → Ausdrucks geleistet (→ Prüfprozesstheorie). Unter den Psychologen der ehemaligen DDR, die im dt. u. auch im internationalen Raum große Bedeutung erworben haben, sind Friedhart Klix (→ Informationsverarbeitung) u. Winfried Hacker (→ Handlungstheorien) zu nennen; zur Ps. in der ehemaligen DDR vgl. Klix u. a. (1980). Die eben genannten Psychologen sind Vertreter der zweiten Generation nach dem Krieg. Wichtige Namen der »Väter-Generation« lauten: Philipp Lersch (Persönlichkeitspsychologe), Wolfgang Metzger (→ Gestaltpsychologie), Albert Wellek (→ Ganzheitspsychologie); des Weiteren sind zu nennen: F. Sander, K. Gottschaldt (für beide: → Gestalttheorie), W. Arnold, W. Salber, W. J. Revers (alle drei Vertreter einer philosophisch-geisteswissenschaftlichen Persönlichkeitspsychologie). Wichtige Namen einer Art »Zwischengeneration« sind: Peter Hofstätter, der zur Rezeption u. Integration der amerikan. (empirischen) Persönlichkeitsforschung u. Sozialps. beigetragen u. das wegweisende »Fischer-Lexikon-Psychologie« verfasst hat; Hans Thomae, dessen persönlichkeitspsychologisches Werk einen der frühen Ansätze zur Integration nomothetischer u. idiographischer Vorgehensweisen darstellt; Hans Hörmann, der durch seine Arbeiten zur → Sprachpsychologie zur Überwindung restringierter psycholinguistischer Ansätze beigetragen hat; W. Traxel, einer der Protagonisten sowohl der → experimentellen Psychologie wie (später) der psychologiehistorischen Forschung; Wilhelm Witte u. Gustav A. Lienert, Protagonisten einer mathematischmethodenorientierten Ps.; Carl F. Graumann, einer der wichtigsten Vertreter der Sozialpsychologie sowie der bedeutendste Vertreter der → phänomenologischen Psychologie in Deutschland, er hat auch Tiefschürfendes zur Wissenschaftstheorie u. -historie der Ps. beigetragen; Martin Irle hat durch sein Lehrbuch u. seine Forschung die dt. Sozialpsychologie maßgeblich geprägt (→ kognitive Dissonanztheorie). Für die nachfolgende Psychologiegeneration sowie für weitere wichtige Vertreter der Ps. vgl. die speziellen Stw. Von der American Psychological Association wird alle vier Jahre (seit 1948) ein Verzeichnis der Mitglieder der APA mit kurzen biograph. Daten veröffentlicht.

LIT: (1) Eine Debatte über den Gegenstand der Ps. findet sich in Eberlein u. Pieper (1976) – dieser Band verdeutlicht auch die Kommunikations- u. Sprachschwierigkeiten, die zw. den verschiedenen Psychologengenerationen herrschen; vgl. auch die Bedenken von Irle (1975) bezügl. einer Definition des Gegenstandsbereichs der Sozialps.; man vgl. auch die iron. Bemerkungen von Upmeyer (1985); Literatur zu den im ersten Absatz genannten Gegenstandsgebieten der Ps.: zur Ps. der Kunst vgl. Kreitler u. Kreitler (1980); Kobert (1986); Schuster u. Beisl (1978); Allesch (1987); zur Ps. der

Literatur vgl. Groeben (1972) u. Langner (1986); zur Religionsps. vgl. Schmitz (1992); vgl. auch folgende Stw.: → Sprache u. → Sprachpsychologie; → Wirtschaftspsychologie; → angewandte Psychologie (darin über die Ps. des Rechts); vgl. auch Herrmann (1987) sowie Gumin u. Moler (1985); zu weiteren Ausführungen vgl. die Stw. → Verhalten u. → Handlung; zu den verschiedenen Schulen der Ps. vgl. Herzog (1984); Marx u. Hillix (1963); Marx (1969); Thomae u. Feger (1972); tief schürfende Gedanken über den Gegenstand der Ps. finden sich auch in Traxel (1974); zur Frage, wie die Ps. sich im Spiegel der Öffentlichkeit darstellt, vgl. Berufsverband Deutscher Psychologen (1996); zur Entwicklung der Ps. im Spiegel ihrer wissenschaftl. Gesellschaft vgl. Lüer (1991); alle zwei Jahre findet ein Kongress der Dt. Ges. für Ps. statt, in dem der jeweilige Vorsitzende einen Bericht zur Lage der Ps. liefert; diese Tradition begann mit Graumann (1973). (Anm.: die Literatur zu 1 befindet sich unter »Allgemeine, vermischte Literatur«.)

(2) Metatheoret., v. a. selbstkrit. Arbeiten zur Ps.: Bühler (1927; vgl. 1978) ist die klass. Arbeit zur »Krise der Ps.«; Lewin (1930) ist eine Diskussion unterschiedl. Denkweisen der Ps.; eine Neuauflage der Methodendebatte war Ende der 50er Jahre der Streit zw. Albert Wellek u. Peter Hofstätter (vgl. Métraux 1985); die Arbeiten von Herrmann (1971ff.) u. Westmeyer (1973ff.) sind wichtige wissenschaftstheoret. Reflexionen der 70er Jahre, innerhalb deren eine intensive Rezeption der analyt. Wissenschaftstheorie sensu Carnap u. Stegmüller erfolgte; speziell zur Anwendung der strukturalist. Theorienkonzeption (sensu Sneed u. Stegmüller) vgl. Westermann (1987) u. Stephan (1990); vgl. zum Überblick über Reflexionen, die sich auf andere wissenschaftstheoret. Ansätze berufen, den Sammelband von Schneewind (1977); Herzog (1984) plädiert für eine *reflexive* Ps., für eine Art *Wissenschaftsps.*, wie sie innerhalb der Sozialps., verkürzend → *Artefaktforschung* genannt, sich schon entwickelt hat; ein Versuch zur Integration hermeneut. u. objektiv-wissenschaftl. Ansätze ist Groeben u. Scheele (1977); im dt. Sprachraum vermitteln v. a. die Arbeiten bzw. Sammelbände von Jüttemann einen Überblick über Grundlagenreflexionen innerhalb der Ps.; ein früher amerikan. Sammelband wissenschaftstheoret. Diskussionen ist Borger u. Cioffi (1970); zunehmend mehr beachtet werden auch die Arbeiten von Smedslund, dessen zentrale These ist, dass viele scheinbar empir. Postulate der Ps. sich ledigl. als Bedeutungsexplikationen der Begriffe erweisen; vgl. Smedslund (1988); vgl. auch Brandtstädter (1982) (Anm.: die Literatur zu 2 findet sich unter »metatheoretische Literatur«.)

(3) Zur Psychologiegeschichte vgl. Lück (1991) u. Wehner (1990); vgl. auch die vielen interessanten Aufsätze in dem umfangreichen ersten Band der »Ps. des 20. Jahrhunderts« (Balmer 1976); eine anschaul. illustrierte Geschichte der Ps. ist Lück u. Miller (1993); zu den Methoden der psychologiegeschichtl. Forschung vgl. Lück u. Miller (1991); vgl. auch Pongratz u. Brozek (1980); Eckart u. Sprung (1983); Wolman (1968); Schmidt (1981) ist eine interessante Analyse von wissenschaftshistor. Prozessen innerhalb der Ps. im Rahmen des kuhnschen wissenschaftshistor. Paradigmen-Kzpts.; Pongratz (1967) ist eine Problemgeschichte, die jedoch weniger die Probleme der modernen Ps. thematisiert als ihre philosoph. Hintergründe; über die Entstehung der Ps. als Tochter von Philosophie u. Physiologie vgl. Holenstein (1993); zur Geschichte der Ps. im 19. Jahrhundert vgl. Prinz (1987); speziell über die Trennungsgeschichte von Philosophie u. Ps. vgl. das interessante Buch von Schmidt (1995); zur Fragwürdigkeit der Idee, dass durch das wundtsche Labor auch die moderne Ps. begründet worden sei (Institutionalisierungsthese), vgl. Métraux (1980); eine Sozialgeschichte der Ps. ist Lück u. a. (1987); zur Geschichte der praxisorientierten Ps. vgl. Maikowski u. a. (1976); vgl. auch den Sammelband von Ash u. Geuter (1985); zur Institutionalisierungsgeschichte der Ps. vgl. Schubeius (1990); zur Geschichte der internationalen u. deutschsprach. Fachliteratur vgl. Krampen u. Wiesenhütter (1993); eine Psychologiegeschichte in autobiograph. Darstellungen ist Boring (1930ff.); vgl. auch Krawiec (1972ff.) u. Bonin (1983) sowie Pongratz u. a. (1972, 1979) u. Wehner (1992). 1981 wurde von W. Traxel ein Institut für die Ge-

schichte der neueren Ps. an der Universität Passau gegründet, in dem sich auch ein größeres Archiv befindet; eine ähnl. Institut gibt es an der Universität Heidelberg (C. F. Graumann); in Ohio in Amerika gibt es die außerordentl. umfangreichen *Archives of the History of American Psychology*, die Spezialbibliotheken, Korrespondenzen u. umfangreiches Filmmaterial enthalten. (Anm.: Die Literatur zu 3 findet sich unter »Geschichte«.)

(4) Ps. Zeitschriften: Die *Psychologische Rundschau* ist das Organ der Dt. Gesellschaft für Ps., es veröffentlicht wissenschaftl. Arbeiten u. auch Verbandsinformationen; dem entspricht die schweizerische *Zeitschrift für Psychologie*; die *Psychologie in Österreich* u. der *American Psychologist*; in der DDR war es die *Psychologie für die Praxis*. Der *Report Psychologie* wird vom Berufsverband deutscher Psychologen (BDP) herausgegeben u. ist für die prakt. Ps. zuständig. Das tschech. Periodikum *Studia Psychologica* akzeptiert englisch-, französisch-, russisch- u. deutschsprachige Beiträge. Das *Journal für Psychologie* (seit 1993) wird von der »Neuen Gesellschaft für Psychologie« unterstützt. Einen Überblick über deutschsprachige Psychologiezeitschriften gibt Becker (1984).

(5) Bibliographien: *Psychological Abstracts* u. der *Psychological Index* (inzw. eingestellt) sind period. erscheinende internationale Bibliographien, in denen neben Monographien v. a. Zeitschriftenartikel zu abstracts zusammengefasst werden; ein Überblick über die dabei verwendeten Leitbegriffe ist der *Thesaurus of Psychological Index Terms* (Hg.: *American Psychological Association*). Die computerlesbare Version der Psychological Abstracts ist *PsycINFO* seit 1967. Im dt. Sprachraum gibt es die *Bibliographie der deutschsprachigen ps. Literatur* von Dambauer (Hg.), die seit Anfang der 70er Jahre erscheint u. eine Fortführung des von A. Wellek herausgegebenen Werkes *Gesamtverzeichnis der deutschsprachigen ps. Lit. der Jahre 1942–1960* ist. Reinert (1976ff.) ist eine Bibliographie ps. Dissertationen; von 1962–1989 ist eine *Bibliographie der ps. Literatur sozialist. Länder* in Berlin erschienen. Der *Psychologische Index* ist ein Referatedienst über die ps. Lit. in deutschsprachigen Ländern; *The German Journal of Psychology* ist eine period., annotierte Bibliographie der deutschsprachigen psycholog. Publikationen. Seit 1963 erscheint in Köln die »Köhler-u.-Volckmar-Fachbibliographie Ps. u. Grenzgebiete«. Eine ausführl. Darstellung der wissenschaftl. Informationssysteme innerhalb der Ps. findet sich in Wilhelm (1987), vgl. auch Laucken (1996). In der Universitätsbibliothek der Universität des Saarlandes findet sich eine Schwerpunktbibliothek der ps. Lit. mit über 1 Million Bänden. Zu weiteren Literaturhinweisen vgl. die themat. gegliederten Angaben im Literaturteil.

◆ *Allgemeine, vermischte Literatur:* ALLESCH, C. G.: Geschichte der ps. Ästhetik. Göttingen 1987; ALLPORT, G. W.: Europäische u. amerikan. Theorien der Persönlichkeit. In: v. BRACKEN, H. u. DAVID, H. P. (Hg.): Perspektiven der Persönlichkeitstheorie. Bern 1961, S. 13–27; ASCHENBACH, G. u. a.: Kulturwissenschaftl. Aspekte qualitativer ps. Forschung. In: JÜTTEMANN (1985), S. 25–44; BECKER, J. H.: Englischsprachige Publikation deutscher Psychologen. Trends, Inhalte, Herkunft, internationale Aufnahme. PB 22, 1980, S. 356-371; BECKER, J. H.: German-language psychological journals. An overview. GJP 8, 1984, S. 323–344; BERUFSVERBAND DEUTSCHER PSYCHOLOGEN (Hg.): Die Ps. im Spiegel der Öffentlichkeit. 1996; BRANDTSTÄDTER, J.: Aprior. Elemente im ps. Forschungsprogramm. ZfS 13, 1982, S. 267–277; DAMBAUER, J. (Hg.): Bibliographie der deutschsprachigen ps. Literatur 1972ff.; EBERLEIN, G. u. PIEPER, R. (Hg.): Ps. – Wissenschaft ohne Gegenstand? Frankfurt/M. 1976; GIGERENZER, G.: Über den mechan. Umgang mit statist. Methoden. In: ROTH (1995), S. 607–618; GRAUMANN, C. F.: Die Scheu des Psychologen vor der Interaktion. ZSP 10. 1979, S. 284–304; GRAUMANN, C. F.: Zur Lage der Ps. In: REINERT, G. (Hg.): Bericht über den 37. Kongreß der Dt. Ges. f. Ps. in Kiel 1970. Göttingen 1973, S. 19–37; GRAWE, K. u. a.: Psychotherapie im Wandel. Von der Konfession zur Profession. Göttingen 1994; GROEBEN, N.: Literaturps. Stuttgart 1972; GUMIN, N. u. MOLER, A. (Hg.): Ps., Psychologisierung, Psychologismus (Schriften der Carl-Friedrich-von-Siemens-Stiftung Nr. 9, München 1985; HAHN, M. u. SCHUSTER, M. (Hg.): Fortschritte der Kunstps. Frankfurt/M. 1980; HERRMANN, T.: Über einige Einwände gegen die nomothet. Ps. ZSP 2, 1971, S. 123–149; HERRMANN, T.: Was ist das Psychologische an ps. Theorien? In: AMELANG, M. (Hg.): Bericht über den 35. Kongreß der Dt. Ges. f. Ps. in Heidelberg 1986, 2. Bd. Göttingen 1987, S. 159–168; HERZOG, W.: Modell u. Theorie in der Ps. Göttingen 1984; HOFSTÄTTER, P. R.: Ps. Fischer-Lexikon. Frankfurt/M. 1957; HOLZNER, B.: Amerikan. u. Deutsche Ps. Würzburg o. J.; IRLE, M.: Lehrbuch der Sozialps. Göttin–

gen 1975; JÜTTEMANN, G. (Hg.): Die Geschichtlichkeit des Seelischen. Weinheim 1986; JÜTTEMANN, G.: Wegbereiter der histor. Ps. München 1988; JÜTTEMANN, G. u. a. (Hg.): Die Seele. Ihre Geschichte im Abendland. Weinheim 1991; KLIX, F. u. a. (Hg.): Ps. in der DDR. Berlin (Ost) 1980; KOBBERT, M. J.: Kunstps. Darmstadt 1986; KREITLER, H. u. KREITLER, S.: Ps. der Kunst. Stuttgart 1980; LANGNER, R. (Hg.): Ps. der Literatur. Weinheim 1986; LAUCKEN, U. u. a.: Einführung in das Studium der Ps. Stuttgart 1996 (7., vollständig überarb. Aufl.); LAZARSFELD, P.: The controversy over detailed interviews: an offer for negotiation. Political Opinion Quarterly 8, 1944, S. 38–60; LÜER, G.: Ps. im Spiegel ihrer wissenschaftl. Gesellschaft: histor. Fakten, Entwicklungen u. ihre Konsequenzen. PRu 42, 1991, S. 1–11; MARX, M. H. u. HILLIX, W.: Systems and theories in psychology. New York 1963; MARX, M. H.: Theories in contemporary psychology. 1969; MAYRING, P.: die qualitative wende: grundlagen, techniken u. integrationsmöglichkeit qualitativer forschung in der ps. in: SCHÖNPFLUG, W. (Hg.): Bericht über den Kongreß der Dt. Ges. für Ps. in Berlin 1988, 2. Bd. Göttingen 1989, S. 384–391; MÉTRAUX, A.: Der Methodenstreit u. die Amerikanisierung der Ps. in der Bundesrepublik 1950–1970. In: ASH u. GEUTER (1985); PFISTNER, H.-J.: Handlungsfreiheit u. Systemnotwendigkeit. Ein Beitrag zu der Frage: Was ist Ps.? Mannheim 1987; PONGRATZ, L. J.: Problemgeschichte der Ps. Bern 1967; REINERT, G. (Hg.): Bibliographie deutschsprachiger ps. Dissertationen. 1976ff.; SCHMITZ, E.: Religionsps. Göttingen 1992; SCHUSTER, M. u. BEISL, H.: Kunstps. Köln 1978; THOMAE, H. u. FEGER, H.: Hauptströmungen der neueren Ps. Einführung in die Ps., 7. Bd. Frankfurt/M. 1972; THOMAE, H.: Ps. in der modernen Gesellschaft. Hamburg 1977; THOMAE, H.: Ps. – eine amerikan. Wissenschaft? In: LÜCK, H. E. u. a. (Hg.): Geschichte der Ps. München 1984, S. 34–40; TRAXEL, W.: Grundlagen u. Methoden der Ps. Bern 1974; TRAXEL, W.: Internationalität ein Provinzialismus? Über die Bedeutung der dt. Sprache für deutschsprachige Psychologen. PB 17, 1975, S. 584–594; TRAXEL, W.: »Publish or perish!« PB 21, 1979, S. 62–77; UPMEYER, A.: Soziale Urteilsbildung. Stuttgart 1985; WAHL, H.: Hans Thomae. In: HERRMANN, T. u. LANTERMANN, E. D. (Hg.): Persönlichkeitsps. Ein Handbuch in Schlüsselbegriffen. München 1985, S. 256–264; WESTMEYER, H.: Kritik der ps. Unvernunft. Stuttgart 1973; WILHELM, H.: Informationshandbuch Ps. Frankfurt/M. 1987; WELLEK, A. (Hg.): Gesamtverzeichnis zur deutschsprachigen ps. Lit. der Jahre 1942–1960. Göttingen 1965; WESTERMANN, R.: Theorienstruktur u. Forschungsmethodik in der Ps. Unveröffentlichte Habilitationsschrift Georg-August-Universität Göttingen 1985; WESTERMANN, R.: Zur Anwendung der strukturalist. Theorienkonzeption in der Ps. In: AMELANG, M. (Hg.): Bericht über den 35. Kongreß der Dt. Ges. f. Ps. in Heidelberg 1986, 2. Bd. Göttingen 1987, S. 169–178; WOTTAWA, H.: Einige Überlegungen zu (Fehl-)Entwicklungen der ps. Methodenlehre. PRu 41, 1990, S. 84–97 (u. das daran anschließende Diskussionsforum bis S. 107).

Methoden: AHRENS, H. J.: Multidimensionale Skalierung. Weinheim 1974; BARTENWERFER, H. u. RAATZ, U.: Methoden der Ps. Wiesbaden 1979; BAUER, P. u. a.: Sequenzielle statist. Verfahren. Stuttgart 1986; BORG, I.: Anwendungsorientierte multidimensionale Skalierung. Berlin 1981; BORG, I. u. STAUFENBIEL, T.: Theorien u. Methoden der Skalierung. Bern 1993 (2. Aufl.); BORTZ, J.: Lehrbuch der empir. Forschung. Für Sozialwissenschaftler (unter Mitarbeit von D. Bongers). Berlin 1984; BREDENKAMP, J.: Der Signifikanztest in der ps. Forschung. Frankfurt/M. 1972; BREDENKAMP, J.: Theorie u. Planung ps. Experimente. Darmstadt 1980; BREDENKAMP, J. u. FEGER, H. (Hg.): Datenerhebung. EP, B, I, 2. Bd. Göttingen 1983a; BREDENKAMP, J. u. FEGER, H. (Hg.): Messen u. Testen. EP, B, I, 3. Bd. Göttingen 1983b; BREDENKAMP, J. u. FEGER, H. (Hg.): Strukturierung u. Reduzierung von Daten. EP, B, I, 4. Bd. Göttingen 1983c; BREDENKAMP, J. u. FEGER, H. (Hg.): Hypothesenprüfung. EP, B, I, 5. Bd. Göttingen 1983d; CZIENSKOWSKI, U.: Wissenschaftl. Experimente. Planung, Auswertung, Interpretation. Weinheim 1996; ERDFELDER, E. u. a. (Hg.): Handbuch quantitativer Methoden. München 1996; FASSNACHT, G.: Systemat. Vhsbeobachtung. München 1979; GIGERENZER, G.: Messung u. Modellbildung der Ps. München 1981; GREVE, W. u. WINTURA, D.: Wissenschaftl. Beobachtung in der Ps. Eine Einführung. München 1991; GRUBITZSCH, S. u. REXILIUS, G.: Testtheorie – Testpraxis. Reinbek 1978; HERRMANN, T. u. TACK, W. H. (Hg.): Methodolog. Grundlagen der Ps., EP, B, I, 1. Bd. Göttingen 1994; HOEFERT, H.-W. u. KLOTTER, C. (Hg.): Neue Wege der Ps. Heidelberg 1994; JÜTTEMANN, G. (Hg.): Qualitative Forschung in der Ps. Weinheim 1985; JÜTTEMANN, G. u. THOMAE, H. (Hg.): Biographie u. Ps. Berlin 1987; JÜTTEMANN, G. (Hg.): Komparative Kasuistik. Heidelberg 1990; KLEINING, G.: Lehrbuch entdeckende Sozialforschung, 1. Bd. München 1995; KRIZ, J. u. LISCH, R.: Methoden-Lexikon für Mediziner, Psychologen, Soziologen. München 1988; LAMNEK, S.: Qualitative Sozialforschung, 2 Bde. München 1995; MEES, U. u. SELG, H. (Hg.): Vhsbeobachtung u. Vhsmodifikation. Stuttgart 1977; MERTENS, H. u. SEILER, H.: Die Interaktionsanalyse. Stuttgart 1978; ORTH, B.: Einführung in die Theorie des Messens. Stuttgart 1974; PETERMANN, F. u. Hehl, F.-J. (Hg.): Einzelfallanalyse. München 1979; REVENSTORF, D.: Faktorenanalyse. Stuttgart 1980; ROCHEL, H.: Planung u. Analyse von Untersuchungen im Rahmen des Allgemeinen Linearen Modells. Berlin 1983;

ROTH, E. (Hg.): Sozialwissenschaftl. Methoden: Lehr- u. Handbuch für Forschung u. Praxis. München 1995 (4. Aufl.); RUDINGER, G. u. a. (Hg.): Qualitative Daten: Neue Wege sozialwissenschaftl. Methodik. München 1985; SCHORR, A. (Hg.): Ps. Forschungsmethoden in der Diskussion. Göttingen 1993; SCHORR, A. (Hg.): Die Ps. u. die Methodenfrage. Göttingen 1994; SCHULZ, T. u. a.: Theorie, Experiment u. Versuchsplanung in der Ps. Stuttgart 1981; SELG, H. u. a.: Forschungsmethoden der Ps. Stuttgart 1992; SIXTL, B.: Einführung in die Exakte Psychologie. München 1996; SOMMER, J.: Dialog. Forschungsmethoden. Weinheim 1987; SPRUNG, L. u. SPRUNG, H.: Grundlagen der Methodologie u. Methodik der Ps. Berlin (Ost) 1984; STELZL, I.: Fehler u. Fallen der Statistik. Bern 1982; THOMAE, H. u. PETERMANN, F.: Biograph. Methode u. Einzelfallanalyse. In: BREDENKAMP u. FEGER (1983a); TRAXEL, W.: Grundlagen u. Methoden der Ps. Bern 1974; WESTERMANN, R. u. HAGER, W.: Entscheidung über statist. u. wissenschaftl. Hypothesen: Zur Differenzierung u. Systematisierung der Beziehungen. ZfS 13, 1982, S. 13–21; WOTTAWA, H.: Ps. Methodenlehre. Eine orientierende Einführung. Weinheim 1988.

Lehrbücher und Einführungen: BENESCH, H. u. a.: Ps.-Lesebuch. Frankfurt/M. 1990; BENESCH, H.: dtv-Atlas zur Ps., 2 Bde. München 1994; HERKNER, W. H.: Psychologie. Wien 1986; KRECH, D. u. CRUTCHFIELD, R. S. u. a.: Grundlagen der Ps. Weinheim 1984 (8. Bde., dt. Bearbeitung u. Hg.: Helmut Benesch); LEGEWIE, H. u. EHLERS, W.: Knaurs moderne Ps. München 1992; LEVIN, M.: Ps. Forschung im Umriß. Berlin 1986; LIEBEL, H. u. ZIEGLER, G.: Ps. Grundwissen für pädagog. Berufe. Weinheim 1984; LINDSAY, P. H. u. NORMAN, D. A.: Einführung in die Ps. Berlin 1981; SCHÖNPFLUG, W. u. SCHÖNPFLUG, U.: Ps. Weinheim 1995 (3. Aufl.); ULICH, D.: Einführung in die Ps. Stuttgart 1989; WAHL, D. u. a.: Ps. für die Schulpraxis. München 1984; ZIMBARDO, P. G.: Ps. Berlin 1995 (dt. Bearbeitung von Siegfried Hoppe-Kraff, Barbara Keller u. Irma Engel).

Reader: SCHÖNPFLUG, W. (Hg.): System Mensch. Stuttgart 1977; SANFORD, F. H. u. a. (Hg.): Moderne ps. Forschung, 4 Bde. Weinheim 1971.

Handbücher: Der Hogrefe-Verlag hat von Ende der 50er bis Anfang der 80er Jahre ein zwölfbändiges *Handbuch der Psychologie* herausgegeben; seit Anfang der 80er Jahre erscheint die auf 88 Bände angelegte *Enzyklopädie der Psychologie.* Eine Art alternatives Handbuch ist die vom Kindler Verlag herausgegebene *Psychologie des 20. Jahrhunderts* (Zürich 1976ff.), die in 15 Bänden stärker nichtakadem. Ansätze berücksichtigt, v. a. auch zwei umfangreiche Bände über die Psa. enthält, u. auch jeweils einen Band für Psychosomatik u. Psychiatrie sowie Pädagogik – eine anregende, bisweilen höchst interessante, wenn auch etwas heterogene u. unsystemat. Reihe.

Lexika und Wörterbücher: ARNOLD, W. u. a. (Hg.): Lexikon der Ps., 3 Bde. Freiburg 1971; ASANGER, R. u. WENNINGER, G. (Hg.): Handwörterbuch der Ps. Weinheim 1988; BERTELSMANN LEXIKON PSYCHOLOGIE. München 1995; CLAUSS, G. (Hg.): Fachlexikon ABC Psychologie. Frankfurt 1996; CORSINI, R. J. u. OZAKI, P. D. (Hg.): Encyclopedia of psychology, 4 Bde., Chichester 1984; DIETRICH, G. u. WALTER, H.: Grundbegriffe der ps. Fachschreibung. München 1970; DORSCH, F. u. a. (Hg.): Ps. Wörterbuch. Bern 1994 (12. Aufl.); DUIJKER, H. C. J. u. VAN RYJSWIJK, M. J. (Hg.): Dreisprachiges ps. Wörterbuch, 3 Bde. Bern 1975; ENGLISH, H. B. u. ENGLISH, A. C.: A comprehensive dictionary of psychological and psychoanalytical terms. London 1974; FRÖHLICH, W. D.: dtv-Wörterbuch zur Ps. München 1987; GRUBITZSCH, S. u. REXILIUS, G.: Handbuch ps. Grundbegriffe. Reinbek 1981; HAAS, R.: Wörterbuch der Ps. u. Psychiatrie. Deutsch-Englisch. Göttingen 1988; HAAS, R.: Wörterbuch der Ps. u. Psychiatrie. Englisch-Deutsch. Göttingen 1980; HARRÉ, R. u. LAMB, B. R. (Hg.): The encyclopedic dictionary of psychology. Oxford 1983; HEHLMANN, W.: Wörterbuch der Ps. Stuttgart 1962; HERRMANN, T. u. a. (Hg.): Handbuch ps. Grundbegriffe. München 1977; HOFSTÄTTER, P. R.: Ps. (Fischerlexikon). Frankfurt/M. 1972; KOSCHNICK, W. J.: Standard Dictionary of the Social Sciences. Standardwörterbuch für die Sozialwissenschaften (engl.–dt./dt.–engl.) 1993; MEYERS KLEINES LEXIKON: Psychologie. Mannheim 1986; PÖSSIGER, G.: Wörterbuch der Ps. München 1974; SCHMIDBAUER, W.: Psychologie. Lexikon der Grundbegriffe. Reinbek 1991; Schülerduden Psychologie. Mannheim 1996 (2. überarb. Aufl.); V. SURY, K.: Wörterbuch der Ps. u. ihrer Grenzgebiete. Freiburg i.Br. 1974; TEWES, U. u. WILDGRUBE, K.: Psychologielexikon. 1991; WOLMAN, B. B. (Hg.): Dictionary of behavioural science. New York 1989; WOLMAN, B. B. (Hg.): International encyclopedia of psychiatry, psychology, psychoanalysis, and neurology. New York 1977 (12 Bde.).

Studieneinführungen u. Anleitungen zu wissenschaftl. Arbeiten: AMERICAN PSYCHOLOGICAL ASSOCIATION: Publication Manual of the American Psychological Association. Washington 1983 (1993: 14. unveränd. Aufl. der 3.); DEUTSCHE GESELLSCHAFT FÜR PS. (Hg.): Richtlinien zur Manuskriptgestaltung. Göttingen 1987; FRISCH, M.: Studium der Ps. 1993; LAUCKEN, U. u. a.: Einführung in das Studium der Ps. Stuttgart 1996 (7., vollständig überarb. Aufl.); MICHAELIS, W.: Psychologieausbildung im Wandel. München 1986; NOLTING, H.-P.: Ps. lernen. München 1996; REED, J. G. u. BAXTER, P. M.: Library use: a handbook for psychology. Washington 1983; TRIMMEL, M.: Wissenschaftl. Arbeiten in der Ps. Wien 1994; WILHELM, H.: Studienführer Ps. München 1984; WISSENSCHAFTSRAT (Hg.):

Empfehlungen zur Forschung in der Ps. Köln 1983.
Internationale Psychologie: BROWN, L. B.: Psychology in contemporary China. Oxford 1981; HEARNSHAW, L. S.: A short history of British psychology: 1840–1940. New York 1964; KLEIN, P. T. (Hg.): Referencing encyclopedia of American psychology and psychiatry. New York 1975 (US-Quellen zur Psychologie: Gesellschaften, Forschungszentren, Bildungseinrichtungen, Zeitschriften, Spezialbibliotheken, Stiftungen u. Preise, Ausbildungseinrichtung u. Ausbildungsprogramme); KRAWIEC, T. S: (Hg.): The psychologists. Autobiographies of distinguished psychologists, 3 Bde. Oxford 1972ff.; KUSSMANN, T.: Sowjet. Ps. Bern 1974; MATTHÄUS, W.: Sowjet. Denkps. Göttingen 1988; MURPHY, G.: Asian psychology. New York 1969; NORDBY, V. J. u. HALL, C. S.: A guide to psychologist and their concepts. San Francisco 1974 (Biographien von 42 Psychologen, Darstellung ihrer Theorien u. Bibliographien); OVER, R.: Psychology and psychologists in Europe: a bibliography of Englisch-language publications. Psychological Documents 14, 1984; PAWLIK, K. (Hg.): International directory of psychologists. Amsterdam 1984 (Adressen berufl. u. biograph. Angaben von mehr als 32 000 Psychologen aus 43 Ländern außer USA); PETZOLD, M.: Indische Ps. München 1986; REUCHLIN, M.: Histoire de la psychologie. Paris 1980; STRICKLAND, L. H. (Hg.): Directions in soviet social psychology. Berlin 1984; VAN QUEKELBERGHE, R.: Klin. Ethnops. Heidelberg 1991; WATSON, R. I. (Hg.): Eminent contributors to psychology. New York 1974, 2 Bde. (Verzeichnis der wichtigsten Veröffentlichungen von mehr als 500 Persönlichkeiten, die einen wichtigen Beitrag zur Entwicklung der Ps. leisteten); WOLMAN, B. B.: International directory of psychology. A guide to people, places and policies. New York 1979 (nach Ländern geordnete Beschreibung von mehr als 60 nationalen psycholog. Organisationen u. Überblick über die Forschungs- u. Ausbildungssituation im jeweiligen Land); ZUSNE, L.: Biographical dictionary of psychology. London 1985.
Geschichte: ASH, M. G. u. GEUTER, U. (Hg.): Geschichte der Ps. im 20. Jahrhundert. Opladen 1985; BALMER, H. (Hg.): Die Ps. des 20. Jahrhunderts, 1. Bd.: Die europäische Tradition. Tendenzen, Schulen, Entwicklungslinien. Zürich 1976; BONIN, W. F.: Die großen Psychologen. Düsseldorf 1983; BORING, E. (Hg.): History of psychology in autobiography, 4 Bde. (1930–1952, Bd. 5 ist 1967 erschienen, Bd. 6 1974, Bd. 7 1980); BORING, E. G.: A history of experimental psychology. New York 1957 (2. Aufl.); CARPINTERO, H. u. TORTOSA, F.: Die Evolution ps. Forschungsfelder. Eine Betrachtung anhand der »psychological abstracts«. In: LÜCK u. MILLER (1991), S. 91–110; ECKARDT, G. u. SPRUNG, L. (Hg.): Advances in historiography of psychology. Berlin (Ost) 1983; GEUTER, U.: Die Professionalisierung der dt. Ps. im Nationalsozialismus. Frankfurt/M. 1984; HOLENSTEIN, E.: Die Ps. als eine Tochter von Philosophie u. Physiologie. In: FLOHREY, E. u. BREIDBACH, O. (Hg.): Das Gehirn – Organ der Seele? Berlin 1993, S. 289–308; KRAMPEN, G. u. WIESENHÜTTER, J.: Bibliometr. Befunde zur Entwicklung der Teildisziplinen in der Ps. PRu 44, 1993, S. 25–34; KRAWIEC, T.S: (Hg.): The psychologists. Autobiographies of distinguished psychologists, 3 Bde. Oxford 1972ff.; LÜCK, H. E. u. a. (Hg.): Geschichte der Ps. München 1984; LÜCK, H. E. u. a.: Sozialgeschichte der Ps. Opladen 1987; LÜCK, H. E.: Geschichte der Ps, Stuttgart 1991; LÜCK, H. E. u. MILLER, R. (Hg.): Theorien u. Methoden psychologiegeschichtl. Erforschung. Göttingen 1991; LÜCK, H. E. u. MILLER, R. (Hg.): Illustrierte Geschichte der Ps. München 1993; MAIKOWSKI, R. u. a.: Ps. u. ihre Praxis. Materialien zur Geschichte u. Funktion einer Einzelwissenschaft der Bundesrepublik. Frankfurt/M. 1976; MARX, M. H. u. HILLIX, W.: Systems and theories in psychology. New York 1963; MARX, M. H.: Theories in contemporary psychology. 1969; MEISCHNER, W. u. ESCHLER, E.: Wilhelm Wundt. Leipzig 1979; MEISCHNER, W. u. METGE, A.-R. (Hg.): Protokoll des internationalen Symposiums. Leipzig 1. u. 2. Nov. 1979: Wilhelm Wundt progressives Erbe, Wissenschaftsentwicklung in der Gegenwart. Wissenschaftl. Beiträge der Karl-Marx-Universität Leipzig, Reihe Ps., 1980; MÉTRAUX, A.: Der Methodenstreit u. die Amerikanisierung der Ps. in der Bundesrepublik 1950–1970. In: ASH u. GEUTER (1985); METRAUX, A.: Wilhelm Wundt u. die Institutionialisierung der Ps. PRu 31, 1980, S. 84–98; MURCHISON, C.: A history of psychology in autobiography. Worcester, Mass. 1930; PONGRATZ, L. J.: Problemgeschichte der Ps. Bern 1967; PONGRATZ, L. J. u. a. (Hg.): Ps. in Selbstdarstellungen, 1. Bd. Bern 1972; PONGRATZ, L. J. u. a. (Hg.): Ps. in Selbstdarstellungen, 2. Bd. Bern 1979; PONGRATZ, L. J. u. BROZEK, J. (Hg.): Historiography of modern psychology. Göttingen 1980; PRINZ, W.: Geschichte der Ps. des dt. Raumes im 19. Jahrhundert. Report Nr. 156 – Research Group on »Perception and Action«, Zentrum für interdisziplinäre Forschung, Universität Bielefeld 1987; SCHMIDT, N. D.: Philosophie u. Ps. Trennungsgeschichte, Dogmen u. Perspektiven. Reinbek 1995; SCHMIDT, W.: Struktur, Bedingungen u. Funktionen von Paradigmen u. Paradigmenwechsel. Frankfurt/M. 1981; SCHUBEIUS, M.: Und das ps. Laboratorium muss Ausgangspunkt pädagog. Arbeiten werden! Zur Institutionalisierungsgeschichte der Ps. von 1890–1933. Frankfurt/M. 1990; SPRUNG, L. u. SPRUNG, H.: Weber – Fechner – Wundt: Aspekte zur Entwicklungsgeschichte einer neuen Wissenschaft, der Ps. in: MEISCHNER u. METGE (1980), S. 282–301; WEHNER, E. G. (Hg.): Geschichte der Ps.

Darmstadt 1990; WEHNER, E. G. (Hg.): Ps. in Selbstdarstellungen, 3. Bd. Bern 1992; WOLMAN, B. B. (Hg.): Historical roots of contemporary psychology. New York 1968; ZUSNE, L.: Biographical dictionary of psychology. London 1985; ZTSCHR.: Journal of the History of Behavioural Sciences; Ps. u. Geschichte.
Metatheoretische Literatur: ANGEHRN, E.: Geschichte u. Identität. Berlin 1985; ARNOLD, W. J. (Hg.): Conceptual foundations of psychology. Lincoln 1976; ASCHENBACH, G.: Erklären u. Verstehen in der Ps. Bad Honnef 1984; BAKAN, D.: The mystery-mastery-complex in contemporary psychology. AmP 20, 1965, S. 186–191; BARKER, P. u. GHOLSON, B.: The history of the psychology of learning as a rational process: Lakatos vs. Kuhn. In: REESE, H. W. (Hg.): Advances in child development and behaviour, 18. Bd. New York 1984; BISCHOF, N.: Aristoteles, Galilei, Kurt Lewin – u. die Folgen. In: MICHAELIS, W. (Hg.): Bericht über den 32. Kongreß der dt. Ges. f. Ps. in Zürich 1980. Göttingen 1981; BORGER, R. u. Cioffi, F. (Hg.): Explanation in the behavioural sciences. Cambridge 1970; BRANDSTÄDTER, J. u. REINERT, G.: Wissenschaft als Gegenstand der Wissenschaft vom menschl. Erleben und Vh.: Überlegungen zu einer Konzeption einer Wissenschaftsps. ZfAW 4, 1973, S. 368–369; BRANDTSTÄDTER, J.: Aprior. Elemente in ps. Forschungsprogrammen. ZfS 13, 1982, S. 267–277; BRANDTSTÄDTER, J.: Struktur u. Erfahrung in der ps. Forschung. Berlin 1987; BRUNSWIK, E.: The conceptual framework of psychology. International Encyclopedia of Unified Science, 1. Bd., Nr. 10. Chicago 1952; BÜHLER, K.: Die Krise der Ps. Frankfurt/M. 1978. (Orig.: 1927); BUNGE, M. u. Ardila, R.: Philosophie der Ps. Tübingen 1990; COAN, R. W.: Toward a psychological interpretation of psychology. JHBS 9, 1973, S. 313–327; EBERLEIN, G. u. PIEPER, R. (Hg.): Ps. – Wissenschaft ohne Gegenstand? Frankfurt/M. 1976; FARRELL, E.: Metaphor and psychology: a replay to Gholson and Barker. AmP 41, 1986, S. 719–720; FISKE, D. W.: The limits for the conventional science of personality. JPers 42, 1974, S. 1–11; GADENNE, V.: Theorie u. Erfahrung in der ps. Forschung. Tübingen 1984; GENTNER, D. u. GRUDIN, J.: The evolution of mental metaphors in psychology: a ninety-years retrospective. AmP 40, 1985, S. 181–192; GHOLSON, B. u. BARKER, P.: Kuhn, Lakatos, and Laudan: applications in the history of physics and psychology. AmP 40, 1985, S. 755–569; GHOLSON, B. u. BARKER, P.: Metaphors in psychology and physics: a reply to Farrell. AmP 41, 1986, S. 720–721; GÖRRES, A.: Einleitung: Das Unbehagen in der Ps. In: GÖRRES, A.: Kennt die Ps. den Menschen? München 1978, S. 7–13; GRAUMANN, C. F.: Die Scheu des Psychologen vor der Interaktion. ZSP 10. 1979, S. 284–304; GRAUMANN, C. F.: Vh. u. Handeln – Probleme einer Unterscheidung. In: SCHLUCHTER, W. (Hg.): Vh., Handeln u. System. Frankfurt/M. 1980, S. 16–31; GROEBEN, N. u. SCHEELE, B.: Argumente für eine Ps. des reflexiven Subjekts Paradigmawechsel vom behaviouralen zum epistemolog. Menschenbild. Darmstadt 1977; HERRMANN, T.: Über einige Einwände gegen die nomothet. Ps. ZSP 2, 1971, S. 123–149; HERRMANN, T.: Zur Lage der Ps. PRu 24, 1973, S. 1–19; HERRMANN, T.: Die Ps. u. ihre Forschungsprogramme. Göttingen, 1976; HERRMANN, T.: Ps. u. das krit.-pluralist. Wissenschaftsprogramm. In: SCHNEEWIND 1977, S. 55–69; HERZOG, W.: Modell u. Theorie in der Ps. Göttingen 1984; HIEBSCH, H.: Wissenschaftsps. – ps. Fragen der Wissenschaftsorganisation. Berlin (Ost) 1977; HOEFERT, H. W. u. Klotter, C. (Hg.): Neue Wege der Ps. Asanger Verlag 1993; HOLZKAMP, K.: Krit. Ps. Frankfurt/M. 1972; HOLZKAMP, K.: Sinnl. Erkenntnis – histor. Ursprung u. gesellschaftl. Funktion der Wahrnehmung. Frankfurt/M. 1973; JOURARD, S. M.: A humanistic revolution in psychology. In: MILLER (1972), S. 6–13; JÜTTEMANN, G. (Hg.): Psychologie in der Veränderung. Weinheim 1983; JÜTTEMANN, G.: Qualitative Forschung in der Ps. Weinheim 1985; JÜTTEMANN, G. (Hg.): Die Geschichtlichkeit des Seelischen. Weinheim 1986; JÜTTEMANN, G.: Wegbereiter der histor. Ps. München 1988; JÜTTEMANN, G.: Zw. Wissenschaft u. Glaubenslehre: Ps. ohne Identität. RP April 1991a, S. 19–25; JÜTTEMANN, G. (Hg.): Individuelle u. soziale Regeln des Handelns. Heidelberg 1991; KVALE, S.: Lernps. als Ideologie u. Technologie. Ps. u. Gesellschaft 3/4, 1977, S. 143–175; LEWIN, K.: Der Übergang von der aristotel. zur galileischen Denkweise in Biologie u. Ps. Annalen der Philosophie 9, 1930, S. 421–460; MASLOW, A. H.: Die Ps. der Wissenschaft. München 1977; MCGUIRE, W. J.: The Ying and Yang of progress in social psychology: seven koans. JPSP 26, 1973, S. 446–456; MERTENS, W. u. FUCHS, G.: Krise der Sozialps.? München 1978; MISCHEL, T.: Ps. Erklärungen. Frankfurt/M. 1981; PALERMO, D. S.: Is a scientific revolution taking place in psychology? Science Studies 1, 1971, S. 135–155; PAWLIK, K. (Hg.): Diagnose der Diagnostik. Stuttgart 1976; PEPITONE, A.: Toward a normative and comparative biocultural social psychology. JPSP 34, 1976, S. 641–653; POLITZER, G.: Kritik der Grundlagen der Ps. Ps. u. Psa. Frankfurt/M. 1978. (Orig.: 1929); ROZEBOOM, W. W.: The art of metascience or, what should a psychological theory be? In: ROYCE, J. R. (Hg.): Toward unification in psychology – The first Banff Conference on Theoretical Psychology. Toronto 1970, S. 53–160; SCHMIDT, W.: Struktur, Bedingungen u. Funktionen von Paradigmen u. Paradigmenwechsel. Frankfurt/M. 1981; SCHNEEWIND, K. A. (Hg.): Wissenschaftstheoret. Grundlagen der Ps. München 1977; SCHNEEWIND, K. A.: Methoden des Denkens in der Ps. Stuttgart 1979; SCHORR, A. (Hg.): Ps. Forschungsmethoden in der Diskussion. Göttingen 1993; SCHORR, A. (Hg.): Die Ps. u. die

Methodenfrage. Göttingen 1994; Silverman, I.: Crisis in the social psychology: the relevance of relevance. AmP 26, 1971, S. 583–584; Smedslund, J.: Psycho-logic. Berlin 1988; Stephan, E.: Zur log. Struktur ps. Theorien. Berlin 1990; Stevens, S. S.: Psychology and the science of science. PBu 36, 1939, S. 221–263; Strickland, L. H. u. a. (Hg.): Social psychology in transition. New York 1976; Weinert, F. E.: Lehrt die Lernps. lehren? In: Irle, M. (Hg.): Bericht über den 26. Kongreß der Dt. Ges. f. Ps. Göttingen 1969, S. 53–58; Wellek, A.: Ein Dritteljahrhundert nach Bühlers »Krise der Ps.«. ZEAP 6, 1959, S. 109–117; Wellek, A.: Der Rückfall in die Methodenkrise der Ps. u. ihre Überwindung. Göttingen 1970; Westermann, R.: Strukturalist. Theorienkonzeption u. empir. Forschung in der Ps. Eine Fallstudie. Berlin 1987; Westmeyer, H.: Kritik der ps. Unvernunft. Stuttgart 1973; Westmeyer, H.: Ps. u. Wissenschaftstheorie: Einige Überlegungen aus analyt. Sicht. In: Schneewind (1977), S. 71–92.

Psychologenberuf: Bund Deutscher Psychologen: Berufsordnung für Psychologen. RP 1, 1986, 11, S. 9–46; Geuter, U.: Berufsfelder des Psychologen. In: Lück, H. E. u. a. (Hg.): Geschichte der Ps. München 1984, S. 49–56; Hockel, M.: Berufsaufgaben. RP 10, 1985, S. 6–7; Hockel, M.: Rechtsrahmen ps. Berufstätigkeiten aus Sicht des Psychologen. In: Hockel, M. u. a./BDP (Hg.): Handbuch der Angewandten Ps., 2. Bd. Landsberg 1981, S. 23–90; Hockel, C.: Diplom-Psychologe/ Diplom-Psychologin. Blätter zur Berufskunde. Bielefeld 1993; Jacob, U.: Weiterbildungskzpte. für eine Approbation als Diplom-Psychologe in der Krankenversorgung. In: Ebel, V. (Hg.): Ps. Heilkunde. Möglichkeiten – Nutzen – Kosten. Bonn 1985, S. 33–37; Maikowski, R. u. a.: Ps. u. ihre Praxis. Frankfurt/M. 1967; Michaelis, W.: Psychologieausbildung im Wandel. München 1986.

Psychologische Fachverlage: Die drei großen auf Ps. spezialisierten Verlage sind: Hans Huber Verlag, Hogrefe Verlag sowie die Psychologie-Verlagsunion. Zwei kleinere Verlage sind der Asanger-Verlag und der S.-Roderer-Verlag. Auch der Juventa-Verlag gibt eine ps. Reihe heraus (»Grundfragen der Ps.«), ebenfalls der Kohlhammer-Verlag (»Standards Psychologie«, »Grundriss der Ps.«; auch im Springer-Verlag u. im Spektrum-Akademischer-Verlag erscheint wichtige ps. Literatur.

(Anm.: Wegen der Überlappung der angegebenen Gebiete gibt es partielle Literaturüberschneidungen.)

Psychologie des Lehrens → pädagogische Psychologie.

Psychologie des Unterrichtens → pädagogische Psychologie.

Psychologische Akustik → Hören.

Psychologische Apparaturen → experimentelle Psychologie.

Psychologische Diagnostik → Psychodiagnostik.

Psychologische Didaktik → pädagogische Psychologie.

Psychologische Gesetze. Die sich als → nomothetische u. → experimentelle Psychologie verstehende moderne Ps. hat versucht, nach dem Vorbild der Naturwissenschaften Zusammenhänge zw. psych. Variablen aufzuzeigen, denen Gesetzescharakter zukommt. Hinter dem Begriff »Gesetz« verstecken sich allerdings Formulierungen von ganz unterschiedlicher Qualität: von einfachen Faustregeln bis hin zu physiolog. Gesetzmäßigkeiten; vgl. die nachfolgenden Stw.: → Assoziationsgesetze, → Blochsches Gesetz, → Effektgesetz, → Fechnersches Gesetz, → Geläufigkeits-Gesetz, → Gesetz der Bereitschaft, → Gesetz der Häufigkeit, → Gesetz der ersten Wellenfront, → Gesetz der Geschlossenheit, → Gesetz der identischen Sehrichtungen, → Gesetz der kleinen Zahlen, → Gesetz der speziellen Determination, → Gesetz der spontanen Erholung, → Gesetz der Übung, → Gesetz der zentralen Tendenz, → Gesetz von Ebbinghaus; → Wundtsches Gesetz, → Gestaltgesetze, → ideomotorisches Gesetz, → Jostsche Gesetze, → Kjersted-Robinson-Gesetz, → Lerngesetze. → Hick-Hyman-Gesetz, → Potenzgesetz der Übung, → Riccosches Gesetz, → Stevenssches Gesetz, → Verschiebungsgesetze des → Anspruchsniveaus, → Wundtsches Gesetz, → Yerkes-Dodson-Gesetz; vgl. auch: Risikowahlmodell der →

Leistungsmotivation u. diverse beim Stw. → Entscheidungstheorie dargestellte Regeln u. auch das Stw. → Erwartung-mal-Wert-Modell.

◆ Drösler, J.: Quantitative Ps. Bern 1989.

Psychologische Heuristik. Der Begriff *Heuristik* stammt ursprüngl. aus der Philosophie u. meint eine *Denklehre*, also den Versuch, die Prinzipien, Methoden u. auch Tricks effizienten Denkens herauszuarbeiten. Im speziellen Sinne wird *Heuristik* auch syn. mit *Heurismus*, einer einzelnen solchen Denkregel, verwendet. Die Entwicklung rationaler Entdeckungs- u. Erfindungsverfahren wird auf den Missionar Lullus im 13. Jh. (»Lullische Kunst«) u. auf den Jesuiten Jungius (erstes Auftreten des Begriffs »Heuristik«) zurückgeführt. Descartes, bes. Leibniz u. Wolff sind bedeutende Repräsentanten dieser Denktradition.

Insbes. die → Denktheorie der → Gestalttheorie, speziell ihre Theorie zum → Problemlösen u. hier insbes. Duncker (1935), arbeitete innerhalb des Paradigmas des *produktiven Denkens* zahlreiche heurist. Strategien u. damit verbundene denkps. Effekte heraus: *systemat. Reduktion der Unterschiede zw. Ziel u. Endzustand*, *Mittel-Ziel-Analyse*, *Situationsanalyse als Konfliktanalyse*, *Materialanalyse* u. *Zielanalyse*, *analog. Denken*. Duncker entwarf auf dieser Basis auch didakt. Methoden, die später von Wertheimer (1945) aufgegriffen wurden.

Innerhalb der Ansätze zur → künstlichen Intelligenz gewinnt das Kzpt. der Heuristik bzw. des *Heurismus* eine große Bedeutung: Bei der Entwicklung von Programmen, die das menschl. Denken simulieren sollten, wurde klar, dass selbst bei elementaren Prozessen des log. Schlussfolgerns mit rein algorithmischen, d. h. durch exakte Bedingungen festgelegten Prozeduren, keine komplexen Probleme gelöst werden können, dass vielmehr – und dies ist der zentrale geistes- u. psychologiegeschichtl. Aspekt des Heurismus-Begriffes – auch innerhalb dieser »mechanisierten« Denkformen »Faustregeln« nötig sind. Das bahnbrechende Programm des → *General Problem Solver* war Ausdruck eines solchen heurist. Vorgehens. Heurismen ermöglichen es, systemat. u. zielgerichtet *offene* Probleme anzugehen u. zu lösen. Zu diesem wichtigen Grundproblem der künstl. Intelligenz, inwieweit mit »mechan.« Methoden Originalität u. Kreativität erzeugt werden kann, vgl. Boden (1992). Diese Richtung führte zu zahlreichen Neuansätzen innerhalb der Ps. des → Problemlösens.

Neben der Grundidee des → Problemraums u. seines systemat. Absuchens, unter bes. Berücksichtigung der Methode der *Suchraumeinschränkung*, sind wichtige Heurismen: *Vorwärts-* u. *Rückwärtssuche* (auch: *Vorwärts-* u. *Rückwärts-Verkettung*; engl. *forward chaining, backward chaining*). Im ersten Fall geht die Suche von den Prämissen vorwärtsschreitend zu den Konklusionen hin, u. im zweiten Fall geht sie von den Konklusionen rückwärtsschreitend zu den notwendigen Prämissen. Die Vorwärtsverkettung wendet man v. a. an, wenn die mögl. Zielzustände bekannt u. ermittelt werden sollen, was innerhalb von → Expertensystemen den Vorteil hat, dass das wissensbasierte System auf Änderungen der Wissensbasis schnell reagieren kann, indem es von einer neuen u. geänderten Regel ausgeht u. die Wissensbasis vorwärtsverkettend durchläuft. Bei großen Regelmengen ist dagegen die Rückwärtsverkettung vorteilhafter u. deswegen eine Strategie, die in vielen Expertensystemen verwandt wird. Analysen zur → Expertise zeigten, dass Experten innerhalb der Physik häufig eine Vorwärtssuche bevorzugen, während expertenhafte Programmierer häufig eine

Rückwärtssuche präferieren. Im Zusammenhang mit der Vorwärtsverkettung spricht man häufig von einer *datengetriebenen Inferenz*, im Zusammenhang mit der Rückwärtsverkettung von einer *zielgetriebenen Inferenz*. Ein wichtiger Heurismus, v. a. bei wenig geläufigen Problemen, ist die Methode der *Unterschiedsreduktion*, die darin besteht, den Unterschied zw. dem bereits erreichten Zustand u. dem Zielzustand auf der Basis von Ähnlichkeit zu reduzieren; man spricht auch von *hill-climbing* (übersetzbar mit *Bergsteigermethode*): das generelle Ziel des Berggipfels im Auge unternimmt der Bergsteiger einen Schritt u. prüft, ob er ein Stück an Höhe gewonnen hat o. nicht; diese Strategie ist oft effizient, kann aber in die Irre führen, wenn man auf die richtige Lösung nur dann kommt, wenn man gegen das Ähnlichkeitskriterium verstößt; man kann sich dann auf einem Nebengipfel versteigen. Zwei andere wichtige Strategien sind die *Tiefen-Suche* u. die *Breiten-Suche* (*depth-first*; *breadth-first*); Erstere meint die vollständige Ausarbeitung von einzelnen Lösungswegen, Letztere meint, dass zuerst eine grobe Gesamtlösung des Problems versucht wird, um sich dann mit der Ausarbeitung der Teilprobleme zu befassen; vgl. zum Überblick Kurbel (1992). Weitere wichtige Heurismen sind: das *Dekomponieren in Teilziele*; die *Generiere- u. Teste-Heuristik*, die *Hypothesize-and-match-Heuristik*; *planning by abstracts*; *Analytische-Fragen-stellen*, *Verbalisieren*; vgl. zsfd. Schaefer (1985); Wickelgren (1974); Nilsson (1980); Anderson (1988). Wichtige Heurismen beziehen sich auf die Überwindung von → Problemlösungs-Einstellungen. Eine bedeutsame Anwendung des Heurismus-Kzpts. findet sich in den Kzptn. der → Urteilsheuristiken u. → Entscheidungsheuristiken.

VD: Außerhalb der akadem. Ps. trugen v. a. die Ansätze des Mathematikers Polya (1945) zur Entwicklung einer modernen Heuristik bei. Populär geworden sind die Arbeiten von DeBono (1971). Bes. bekannt geworden ist die Technik des *brainstorming*, bei der durch forciertes Assoziieren – ohne dass krit. Einwände erlaubt sind – möglichst entlegene Lösungshandlungsmöglichkeiten generiert werden sollen, aus denen dann nach realist. Kriterien eine Selektion erfolgt (Osborne 1963). Die *Synektik* ist eine Methode, die v. a. mit Analogien arbeitet: Zu einem bestimmten Problem wird ein entsprechendes Problem in einem anderem Bereich gesucht, es wird z. B. studiert, wie die Natur ein bestimmtes techn. Problem gelöst hat (Gordon 1961). Moderne populäre heurist. Werke sind Hayes (1981) u. Jackson (1980).

LIT: Vgl. zum Überblick Groner u. a. (1983); Danneberg (1989); Bromme u. Hömberg (1977); Müller (1970).

◆ Anderson, J. R.: Kognitive Ps. Heidelberg 1988; Boden, M.: Die Flügel des Geistes. Kreativität u. künstl. Intelligenz. Zürich 1992; Bransford, J. u. Stein, B. S.: The ideal problem solver. New York 1984; Bromme, R. u. Hömberg, E.: Ps. u. Heuristik. 1977; Danneberg, L.: Methodologien. Berlin 1989; de-Bono, F.: Laterales Denken. Hamburg 1971; Duncker, K.: Zur Ps. des produktiven Denkens. Berlin 1935; Glaser, R.: Education and thinking – the role of knowledge. AmP 39, 1984, S. 93–104; Gordon, J. J.: Synectics. New York 1961; Groner, M. u. a.: Approaches to heuristic. Historical review. In: Groner (1983); Groner, R. u. a. (Hg.): Methodes of heuristics. Hillsdale 1983; Hayes, J. R.: The complete problem solver. Philadelphia 1981; Jackson, K. F.: Die Kunst der Problemlösung. München 1980; Kurbel, K.: Entwicklung u. Einsatz von Expertensystemen. Berlin 1992; Müller, J.: Grundlagen der systemat. Heuristik. Berlin 1970; Nilsson, N. J.: Principles of artificial intelligence. Palo Alto 1980; Osborne, A. F.: Applied imagination. New York 1963; Polya, G.: How to solve it? 1945 (dt.: Schule des Denkens. Vom Lösen mathemat. Probleme. Bern 1967, 2. Aufl.); Schaefer, R. E.: Denken. Berlin 1985; Wertheimer, M.: Productive thinking. New York 1945; Wickelgren, W. A.: How to solve problems. San Francisco 1974.

Psychologische Methoden → Psychologie; → mathematische Psychologie; → Psychodiagnostik; → physiologische Psychologie sowie die Angaben zu den einzelnen Teilgebieten, z. B. → Emotion; → Bewegung; → Lernen; → Gedächtnis etc. bzw. → Gedächtnispsychologie; → Lernpsychologie etc.; von dort aus weitere Verweise auf spezielle ps. M.

Psychologische Realität der Grammatik. Das Schlagwort kennzeichnet das Forschungspara–

digma, das kennzeichnend für die zweite Hauptphase der → Psycholinguistik war: die Untersuchung, inwieweit das linguist. Modell der → generativen Transformationsgrammatik realen psych. Prozessen entspricht (vgl. auch → Kompetenz vs. Performanz). Als *starke Korrespondenzhypothese* wird die Annahme bezeichnet, der Sprachbenutzer verfüge nicht nur über die Informationen, die die Transformationsgrammatik in ihrer Strukturbeschreibung darstellt, sondern er verarbeite diese Informationen auch nach den Regeln dieser Grammatik. Anstelle der strengen Korrespondenzhypothese trat jedoch bald die *schwache Korrespondenzhypothese*, die den Anspruch aufrecht erhielt, dass der Hörer eines Satzes über jene Informationen verfügt, wie sie die Strukturbeschreibung in der Transformationsgrammatik vorsieht, aber den Anspruch fallen ließ, der Sprachbenutzer erwerbe diese Information durch Anwendung des von der Transformationsgrammatik vorgeschriebenen Regelapparates. Diese Position wird auch als *Korrelationshypothese* bezeichnet (Watt 1970).

Das grundsätzl. Ergebnis dieses Forschungsparadigmas war, dass sich die in der generativen Transformationsgrammatik implizierten Prozesse u. »Instanzen« nur in begrenztem Maße als ps. real aufweisen lassen. Die grundsätzl. Differenzierung zw. einer *Oberflächen-* u. *Tiefenstruktur* kann zwar als valide gelten, aber sie entspricht nicht den spezif. Annahmen der Transformationsgrammatik; vgl. zsfd. Engelkamp (1974). Insbes. die Syntaxorientiertheit dieses Modells wurde weitgehend aufgegeben (→ generative Semantik); vgl. Grimm u. Engelkamp (1981) sowie Lakoff u. Ross (1968). Damit wurde auch das hinter diesem Paradigma stehende wissenschaftstheoret. Modell, das die Ps. der Linguistik nachordnet, als unhaltbar erwiesen; vgl. zsfd. Engelkamp (1974); s. auch das Stw. → Sprachpsychologie.

VD: (1) Innerhalb dieses Forschungsparadigmas hat es folgende Teilparadigmen gegeben: (a) Es wurde versucht zu zeigen, dass Satzphrasen auch Wahrnehmungseinheiten bilden (→ Klick-Experimente; → Phrasenstrukturgrammatik), allg., dass die reale psych. → Satzverarbeitung bzw. → Sprachrezeption den Regeln zur Satzerzeugung entspricht. Die Theorie der → Ableitungskomplexität ging dabei von der Hypothese aus, dass linguist. komplexere Sätze (im Sinne der Transformationsgrammatik) schwerer zu verarbeiten sind; eine spezielle gedächtnisps. Ausformung hiervon war die → Fußnoten-Hypothese, ähnl. die → Yngve-Hypothese. (b) Ein anderer Forschungsansatz war die Überprüfung des Oberflächen-Tiefenstruktur-Modells der generativen Transformationsgrammatik; ein typ. method. Vorgehen besteht darin, mit Satzpaaren zu arbeiten, bei denen oberflächengleiche Satzphrasen mit unterschiedl. syntakt. Tiefenstrukturen vorliegen. Die Wirksamkeit tiefenstrukturaler Information belegte z. B. Blumenthal (1967), indem er zeigte, dass Sätze mit ident. Oberflächen-, aber verschiedenen Tiefenstrukturen sich in ihren Verarbeitungsformen u. -zeiten unterscheiden. Bsp.: *gloves were made by hand* vs. *gloves were made by tailors* – zwei Sätze mit ident. Oberflächenstruktur, aber verschiedener Tiefenstruktur: das tiefenstrukturale Subjekt (*tailor*) ist hierbei eine wirksamere Gedächtnishilfe als die adverbiale Bestimmung (*by hand*). (c) Ein *spezieller* Ansatz hat sich mit der Rolle der *Grammatikalität*, also der rein formalen Wohlgeformtheit von Sätzen bei der Sprachverarbeitung beschäftigt; vgl. Epstein (1961); Marx u. Miller (1964) sowie Miller u. Izard (1963). Eine wichtige Methode bestand in folgendem Vorgehen: Es werden Sätze aus Kunstwörtern mit syntakt. korrekten Morphemendungen gebildet, u. diesen bedeutungsleeren, aber syntakt. korrekten Sätzen werden reine Zufallsfolgen derselben Wörter gegenüber gestellt, wb. in Lernexperimenten überprüft wird, wie sich die Sprachverarbeitungsprozesse unterscheiden.

◆ ANDERSON, J. R.: Kognitive Ps. Heidelberg 1988; BLUMENTHAL, A. L.: Prompted recall of sentences. JVLVB 6, 1967, S. 203–206; BRESNAN, J. W.: A realistic transformational grammar. In: HALLE, M. u. a. (Hg.): Linguistic theory and psychological reality. Cambridge/Mass. 1978; BUSSMANN, H.: Lexikon der Sprachwissenschaft. Stuttgart 1990; CHOMSKY, N.: Deep structure, surface structure and semantic interpretation. In: STEINBERG, D. D. u. JAKOBOVITS, L. A. (Hg.): Semantics. London 1971, S. 183–216; ENGELKAMP, J.: Psycholinguistik. München 1974; EPSTEIN, W.: The influence of syntactical structure on learning. AJP 75, 1961, S. 121–126; GRIMM, H. u. ENGELKAMP, J.: Sprachps. Berlin 1981; LAKOFF, G. u. ROSS, J. R.: Is deep structure necessary? Bloomington 1968 (dt.: In: ABRAHAM-BINNICK, R. I. (Hg.): Generative Semantik. Frankfurt/M. 1972, S. 66–70); MARX, L.E. u. MILLER, G.A.: The role of semantic and syntactic constraints in the memorization of English sentences. JVLVB 3, 1964, S. 1–5; MILLER, G. A.: Some psychological studies of grammar. AmP 17, 1962, S. 748–762; MILLER, G. A. u. IZARD, S.: Some perceptual consequences of linguistic rules. JVLVB 2, 1963, S. 217–228; WATT, W. C.: On two hypotheses concerning psycholinguistics. In: HAYES, J. R. (Hg.): Cognition and the development of language. New York 1970, S. 137–220.

Psychologische Refraktärperiode → psychologische Refraktärzeit.

Psychologische Refraktärzeit [auch *Refraktärperiode*], Bezeichnung für das Phänomen (bzw. für die Erklärung des Phänomens), dass in Versuchssituationen, in denen zwei Reize kurz hintereinander mit zwei verschiedenen motor. Reaktionen zu beantworten sind, die Reaktion auf den zweiten Reiz verzögert wird; vgl. zum Überblick Bertelson (1966) u. Koch (1994): Der Effekt bleibt auch nach mehreren Monaten Training erhalten u. tritt auch ein, wenn beide Reize unterschiedl. Sinnesmodalitäten angehören; er kann als ein Bsp. für eine *generelle* → Interferenz angesehen werden. Dieser Sachverhalt wird häufig damit erklärt, dass der Mensch als informationsverarbeitendes System wie ein *Einkanal-System* arbeitet: Die Begrenztheit der zentralen Verarbeitungskapazität bewirke, dass das Auftreten des zweiten Reizes während noch die Bearbeitung des ersten abläuft eine Speicherung erfordert u. damit eine Belastung der zentralen Mechanismen; s. das Stw. → Filtertheorie. Zur Relevanz dieser Ergebnisse für die modernen Theorien der → Aufmerksamkeit vgl. Neumann (1985).

VD: Ein neueres Paradigma, das einen ähnl. Effekt ergibt, verlangt von der Vp eine einfache Reaktion, meist Tastendruck, auf einen einfachen Reiz, z. B. einen Ton, während sie zugleich mit einer anderen Tätigkeit befasst ist; vgl. zum Überblick Posner (1978). Auch hier findet sich Interferenz selbst bei Verschiedenheit in der Sinnesmodalität u. in der Antwortart, u. auch hier bleibt sie nach monatelangem Training bestehen. Neben der Interferenz, die durch die Enge der perzeptiven Aufmerksamkeit verursacht wird, erscheint dies die einzige Form zu sein, die im Prinzip unabhängig vom Grad der Geübtheit ist.

◆ BERTELSON, P.: Central intermittency 20 years later. QJEP 18, 1966, S. 153–163; KOCH, R.: Die ps. Refraktärperiode. Frankfurt/M. 1994; NEUMANN, O.: Die Hypothese begrenzter Kapazität u. die Funktion der Aufmerksamkeit. In: NEUMANN, O. (Hg.): Perspektiven der Kognitionsps. Berlin 1985, S. 185–231; POSNER, M. I.: Chronometric exploration of mind. Hillsdale 1978; SCHNEIDER, W. u. KOCH, R.: Psycholog. Refraktärperiode. In: MEINECKE, C. u. KEHRER, L. (Hg.): Bielefelder Beiträge zur Kognitionsps. Göttingen 1990, S. 93–221.

Psychologischer Moment → Zeitwahrnehmung.

Psychologische Semantik. Der Begriff kennzeichnet kein kohärentes Paradigma, sondern eine Perspektive, auf die unterschiedl. sprach- u. gedächtnisps. Ansätze seit den 70er Jahren hinführen. Die Idee einer *Semantik*, also einer Lehre der *Bedeutung* von Wörtern, Sätzen u. sogar Texten, wurde in der Philosophie begründet, dann auch in frühen Ansätzen der Ps., dann v. a. in der Linguistik, von wo sie über die → Psycholinguistik wieder zurück in die Ps. gefunden hat. Die → Sprachpsychologie musste sich in ihrer Entwicklung sowohl von den philosoph. wie linguist. Kzptn. emanzipieren u. den Weg zu den eigentl. ps. Fragestellungen finden, vgl. hierzu Hörmann (1976), dessen Arbeit diesen Weg rekonstruiert u. eine programmat. Perspektive entwickelt hat. Zentraler Gedanke ist die Abwendung von der Syntaxorientiertheit der durch die → generative Transformationsgrammatik dominierten Linguistik. Diese zunehmende »Semantisierung« der Linguistik erfolgte einerseits innerhalb der Linguistik selbst, andererseits innerhalb der durch die Rezeption der Linguistik entstandenen *Psycholingusitik*, welche beim Versuch, die *ps. Realität* der Linguistik, bes. der generativen Transformationsgrammatik, zu überprüfen, in zahlreichen Forschungsergebnissen deren Unzulänglichkeit aufgezeigt hat. Gleichzeitig erfolgt eine Abkehr von Modellen, die sich zu stark an philosoph.-logizist. Bedeutungskzpte. anlehnen; Hörmann (1976) hat dies auf die schlagwortartige Formulierung gebracht, dass der Zentralbegriff einer p. S. nicht mehr *Bedeutung* ist, sondern: *Meinen* u. *Verstehen*. In diesem Zusammenhang stellt sich die Sprachps. auch komplexeren Problemen, die den Rahmen simpler semant. Theorien sprengen, wie z. B. der *Metapher* (vgl. z. B. Hörmann 1972/73). Zunehmend ist die Sprachps. auch kommunikationsorientiert, was sich durch die kontrastierende Gegenüberstellung von *Satzbedeutung* u. *Äußerungsbedeutung* schlagwortartig ausdrücken lässt.

In der Ps. wurde insbes. die → Wortbedeutung thematisiert, weniger die Satzbedeutung (s. hierzu → Satzverarbeitung) – überhaupt ist das Verhältnis von *Wort-* u. *Satzsemantik*, also die Frage, wie sich die Bedeutung des Gesamtsatzes aus der Bedeutung seiner Einzelelemente erklären lässt, eine der schwierigsten Fragen der Psycholinguistik, für das es bis heute kein allg. akzeptiertes Modell gibt. Im Hintergrund vieler ps. Theorien der Bedeutung von Wörtern stand lange Zeit eine sowohl *empirist.* wie *referenztheoret.* Position, gem. der die Bedeutung eines Wortes der dem Zeichen zugeordnete Gegenstand ist, eine Idee, die in empirist. Umsetzung meist als gespeichertes *Abbild* bzw. als *bildhafte Vorstellung* konkretisiert wurde – das klass. assoziationsps.-empirist. Kzpt. der *Idee*, die nicht eine *einfache Idee* sein muss, sondern auch eine komplexe, zusammengesetzte Idee sein kann, in jedem Falle aber auf Wahrnehmung gegründet ist. Die Problematik dieser Auffassung, insbes. bezügl. abstrakter Objekte (Begriffe) u. der Bedeutung negativer Existenzsätze, sowie die Notwendigkeit einer Unterscheidung zw. *Intension* u. *Extension* (vgl. Bußmann 1990), auch die Schwierigkeit der Annahme einer bildhaften Repräsentation für Worte wie z. B. »aber« führte dazu, dass diese Position heute weitgehend aufgegeben ist; vgl. zsfd. Wender u. a. (1980).

TH: Folgende Theorien sind in der modernen Ps. wichtig geworden: (a) Bedeutungstheorien des → Behaviourismus standen den Konzeptionen aus dem Geist eines → Mentalismus gegenüber; Erstere operierten, wie v. a. die skinnersche → Verhaltensanalyse, mit der Idee einer *Reizsubsitutionstheorie*, Letztere mit dem Begriff des → Vorstellungsbildes. (b) Die weitere große Diskussion fand statt zw. den → Merkmalstheorien u. den eher am Kzpt. des → Prototyps orientierten Ansätzen. (c) Andere Ansätze operieren mit dem Kzpt. einer → assoziativen Bedeutung. (d) Neuere Entwicklungen sind die → semantischen Netzwerke. Die Merkmalstheorie u. die semant. Netzwerke erlauben eine Analyse sowohl der Wort- wie der Satzbedeutung. (e) Auf die → Satzbedeutung zugeschnitten sind die Kzpte. einer → propositionalen Wissensrepräsentation. (f) Die Analysen zur → affektiven Bedeutung thematisieren das philosoph.-linguist. meist unter dem Gegensatzpaar *Denotation* vs. *Konnotation* zusammengefasste Problemgebiet; das Kzpt. der affektiven Bedeutung ist zentral innerhalb einer wichtigen Weiterentwicklung der ursprüngl. behaviourist. Ansätze; s. a. das Stw. → Lautsymbolik.

VD/T: In ps. Zusammenhängen wird der Begriff *semant.* oft in einem weiten Sinne gebraucht, der für jede bedeutungsvolle Interpretation u. kognitive Verarbeitung steht u. damit die Beschränkung auf den sprachl. Bereich verliert; in diesem Sinne werden z. B. beim Vorstellungsbild *sensor.* u. *semant.* Komponenten unterschieden, u. in der Imagery-Debatte geht es um die relative Bedeutung dieser Elemente; vgl. z. B. Perrig (1988). Wichtige Aspekte des Semantik-Begriffs vermitteln auch die Unterscheidung: → *episodisches* vs. *semantisches Gedächtnis*; auch das Paradigma der → Verarbeitungsebenen beinhaltet den Begriff *semant.* in einer sehr spezif. Verwendungsweise; vgl. hierzu Engelkamp (1990); s. a. → Kodierung; zur Problematik des Begriffs *semant.* u. seiner Verwendung bei verschiedenen Autoren vgl. Aebli (1980) u. Michels (1991).

LIT: Ein umfassender Überblick über die verschiedensten Aspekte der Semantik findet sich in Nöth (1985) u. Brekle (1972); zu philosoph. log. Aspekten vgl. Tugendhat u. Wolf (1983; vgl. auch Grabowski (1996).

◆ Aebli, H.: Denken: Das Ordnen des Tuns, 2 Bde. Stuttgart 1980/81; Antal, L. (Hg.): Aspekte der Semantik. Zu ihrer Theorie u. Geschichte. 1662–1962. Frankfurt/M. 1972; Bierwisch, M.: Semantics. In: Lyons, J. (Hg.): New horizons in linguistics. Baltimore 1970, S. 161–185; Brekle, H. E.: Semantik, eine Einführung in die sprachl. Bedeutungslehre. München 1972; Bussmann, H.: Lexikon der Sprachwissenschaft. Stuttgart 1990; Clark, H. H. u. Clark, E. V.: Psychology and language. New York 1977; Engelkamp, J.: Das menschl. Gedächtnis. Göttingen 1990; Fodor, J. A. u. a.: The psychology of language. New York 1974; Grabowksi, J. u. a. (Hg.): Bedeutung – Kzpte. – Bedeutungskzpte. Opladen 1996; Grimm, H. u. Engelkamp, J.: Sprachps.: Handbuch u. Lexikon der Psycholinguistik. Berlin 1981; Hoffmann, J.: Die Welt der Begriffe. Weinheim 1986; Hörmann, H.: Semant. Anomalie, Metapher u. Witz. Folia linguistica 5, 1972/73, S. 310–330; Hörmann, H.: Meinen u. Verstehen. Frankfurt/M. 1976; Klix, F. (Hg.): Gedächtnis, Wissen, Wissensnutzung. Berlin 1984; Kronasser, H.: Handbuch der Semasiologie. Heidelberg 1968; Michels, H.-P.: Informationsverarbeitung u. künstl. Intelligenz. Frankfurt/M. 1991; Nöth, W.: Handbuch der Semiotik. Stuttgart 1985; Ogden, L. K. u. Richards, J. A.: The meaning of meaning. London 1923; Paprotté, W.: Linguist. Aspekte der Bedeutungsentwicklung. In: Seiler, T. B. u. Wannenmacher, W.: Bedeutung u. Wortbedeutungsentwicklung. Berlin 1985, S. 75–101; Perrig, W. J.: Vorstellung u. Gedächtnis. Berlin 1988; Ullmann, S.: Grundzüge der Semantik. Berlin 1967; Tugendhat, E. u. Wolf, U.: Log.-semant. Propädeutik. Stuttgart 1983; Wannenmacher, W. u. Seiler, T.-B.: Theoret. u. empir. Ansätze zur Wortbedeutungsentwicklung in den Siebziger Jahren. In: Michaelis, W. (Hg.): Bericht über den 32. Kongreß der Dt. Gesellschaft für Ps. in Zürich 1980. Göttingen 1981, S. 231–246; Wender, K. F. u. a.: Modelle des menschl. Gedächtnisses. Stuttgart 1980; Wiegand, H. E. u. Wolski, W.: Arbeitsbibliographie zur Semantik in der Sprachphilosophie, Logik, Linguistik u. Psycholinguistik (1963–1973). In: Germanist. Linguistik 1–6, S. 93–938.

Psychologisches Gutachten → Psychodiagnostik.

Psychologische Skalierung. Die sich als → nomothetische u. → experimentelle Psychologie verstehende moderne Ps. wurde (u. a.) dadurch konstituiert, dass sie Methoden entwickelt hat, mit denen man psych. »Gegenstände« bzw. Prozesse ähnl. wie physikal. Gegenstände bzw. Prozesse messen kann. Dabei wurde zum einen eine grundlegende allg. Messtheorie (nicht ident. mit der mathemat. *Masstheorie*) elaboriert, andererseits wurden spezialisierte Ad-hoc-Verfahren, deren meßtheoret. Grundlage nicht völlig gesichert ist, entwickelt; vgl. die Stw. → psychophysische Methoden; → Einstellung; → Psychodiagnostik; → differentielle Psychologie; → Intelligenz; → mathematische Psychologie.

◆ → Psychologie (Methodenliteratur).

Psychologische Tests → Psychodiagnostik.

Psychologische Zeit → Zeitwahrnehmung.

Psychologismus, der wissenschaftl. bzw. wissenschafsttheoret. *Reduktionismus*, welcher versucht, Gesetze anderer Wissenschaften auf Gesetzmässigkeiten der → Psychologie zurückzuführen. Ein solcher P. hat histor. v. a. innerhalb der Philosophie bei der Begründung der Logik eine wichtige Rolle gespielt, wb. es um die Frage geht, inwieweit die Logik »Denkgesetze« beschreibt o. nichtps., objektive, »ideale« bzw. sprachl. Gegebenheiten. Das Problem des P. wird auch akut im Bereich der Ethik u. der Ästhetik. Sozusagen das »Gegenteil« des P. sind Reduktionismen, die die Ps. auf andere Wissenschaften zurückzuführen versuchen, z. B. der Physikalismus o. auch Physiologismus, allg. der Biologismus; vgl. hierzu Sanders (1978). Zum Problem der wechselseitigen Reduzierbarkeit von Soziologie u. Ps. vgl. Glück (1979); Hummell u. Opp (1971, 1973); Eberlein u. von Kondratowitz (1977).

LIT: Tief schürfende Überlegungen zum Problem des P. innerhalb der Ps. u. Philosophie finden sich in Schmidt (1995), vgl. auch Rath (1990); allg. zum Reduktionismus vgl. Erlenkämper (1976).

◆ EBERLEIN, G. u. VON KONDRATOWITZ, H. J. (Hg.): Ps. statt Soziologie? Frankfurt/M. 1977; ERLENKÄMPER, R.: Reduktives Erkennen. München 1976; GLÜCK, P.: Soziolog. Erklärungen u. individuelles Handeln. Augsburg 1979; HUMMELL, H. J. u. OPP, K. D.: Die Reduzierbarkeit von Soziologie auf Ps. Frankfurt/M. 1971; HUMMELL, H. J. u. OPP, K. D.: Soziales Vh. u. soziale Systeme. Probleme der Erklärung sozialer Prozesse, Bd. II. Frankfurt/M. 1973; LURIA, A. R.: Reduktionismus in der Psychologie. In: ZEIER, H. (Hg.): Pawlow u. die Folgen. Die Psychologie des 20. Jhdts., 6. Bd. Zürich 1977. S. 614–625; RATH, M.: Der Psychologismusstreit – die Geschichte eines gescheiterten Rettungsversuchs. In: SCHORR, A. u. WEHNER, T. (Hg.): Psychologiegeschichte heute. Göttingen 1990, S. 112–127; RUNESON, S.: On the possibility of »smart« perceptual mechanisms. SJP 18, 1977, S. 172–179; SANDERS, C.: Die behaviourist. Revolution in der Psychologie. Salzburg 1978; SCHMIDT, N. D.: Philosophie u. Psychologie. Trennungsgeschichte, Dogmen u. Perspektiven. Reinbek 1995.

Psychometrie, die Entwicklung, Prüfung u. Anwendung von Methoden der → psychologischen Skalierung; diese wurden hauptsächl. begründet durch die → Psychophysik, die → differentielle Psychologie u. die → Psychodiagnostik; speziell die → Intelligenz.

◆ ARNOLD, W. (Hg.): Experimentelles Praktikum, 1. Bd. Stuttgart 1972; BRADLEY, R. A. u. TERRY, M. E.: Rank analysis of incomplete block designs. I. The method of paired comparisons. Biometrika 39, 1952, S. 324–345; DAWES, R. M.: Grundlagen der Einstellungsmessung. Weinheim 1977; GIGERENZER, G.: Messung u. Modellbildung in der Ps. München 1981; GUTTMANN, G. (Hg.): Allg. Ps. Experimentalps. Grundlagen. Wien 1992; LÜER, G. (Hg.): Allgemeine experimentelle Psychologie. Eine Einführung in die method. Grundlagen mit prakt. Übungen für das experimentelle Praktikum. Stuttgart 1987; SIXTL, F.: Meßmethoden der Ps. Weinheim 1982; SIXTL, B.: Einführung in die Exakte Psychologie. München 1996; THURSTONE, L. L.: The method of paired comparisons for social values. JASP 21, 1927, S. 384–400; THURSTONE, L. L.: The measurement of values. Chicago 1959; UPMEYER, A.: Soziale Urteilsbildung. Stuttgart 1985; WESTERMANN, R.: Zur empir. Überprüfung des Skalen-Niveaus von individuellen Einschätzungen u. Ratings. ZfPs 192, 1984, S. 122–133.

Psychometrische Funktion. In der → Psychophysik, speziell bei der Bestimmung von → Sinnesschwellen, geht man von der Annahme aus, dass die Empfindungen, die durch eine Sinnesreizung ausgelöst werden, variieren; es lässt sich also nicht jedem Reiz eine exakte Empfindung zuordnen, beide stehen vielmehr in einem Wahrscheinlichkeits-Zusammenhang. Thurstone ging in seiner *Phi-Gamma-Hypothese* davon aus, dass es sich hierbei um eine Normalverteilung handelt, er verwendet die Bezeichnung *N-Funktion* (auch *Phi-Funktion* von

Gamma); vgl. Thurstone (1928). Die *L-Funktion* wurde von Bradley u. Terry (1952) vorgeschlagen; vgl. zum Überblick Sixtl (1996). Diese durch einen Stimulus erzeugte Normalverteilung der Reaktionswahrscheinlichkeit wird als *p. F.* bezeichnet, was andeuten soll, dass es sich hier um einen universellen Funktionstyp handelt, der allen stimulusgenerierten Sinneseindrücken zugrunde liegt. Dementsprechend werden → Sinnesschwellen nicht durch einzelne Schätzungen, sondern durch statist. Auswertungen von mehreren Schwellenbestimmungen erfasst. Thurstones Leistung bestand nicht nur darin, dass er den Schwellenmethoden ein gemeinsames theoret. Kzpt. unterlegte, er postulierte, dass die psychometr. Funktion auch für nichtphysikal. Bedeutungsstimuli zutrifft, z. B. für Präferenzen von Personen (Thurstone hat die Annahme der Verteilung aber nicht auf Aussagen, engl. *Items* o. *statements*, einer Einstellungsskala übertragen). Wenn etwa ein Beurteiler Personen nach ihrer Beliebtheit miteinander vergleicht, dann ergibt sich für jede Person eine Diskriminalverteilung, die durch Eindrücke zu den verschiedenen Gelegenheiten zustande kommt (im Engl. heißt die Verteilung *discriminal process*). Vergleicht man zwei Personen A u. B miteinander, dann kann die Distanz zw. diesen Personen als Differenz der Mittelwerte der beiden Verteilungen, ausgedrückt in Streuungseinheiten, operationalisiert werden. Bei Unkenntnis der Verteilung muss angenommen werden, dass ihre Streuungen im Prinzip gleich sind u. das → Gesetz des Vergleichsurteils formuliert die Beziehung zw. einer Distanz zweier Stimuli als Funktion der Antwortverteilung in einem mathemat. Gesetz, das von einer Normalverteilung ausgeht; vgl. hierzu z. B. Gigerenzer (1981) u. Upmeyer (1985).

Während die klass. psychophysikal. Theorien u. Methoden einen einzigen Transformationsprozess zw. Reiz u. Antwort annehmen, werden in der → Signalentdeckungstheorie zwei Teilprozesse unterschieden: (a) bei der Stimulusanalyse stellen sich »Reizhintergrund allein« u. »Signal + Reizhintergrund« als zwei Mengen dar, die intern als zwei sich überlappende Normalverteilungen repräsentiert sind; (b) wenn der Beurteiler die Frage beantworten will, ob ein Signalreiz vorhanden ist o. nicht, dann legt er ein Antwortkriterium über die internen Verteilungen fest u. antwortet mit »Ja« o. »Nein«, wenn sich der Sinneseindruck jenseits o. diesseits vom Kriterium befindet. Dabei unterscheidet sich der Teilprozess theoret. kaum von Thurstones Gesetz des Vergleichsurteils, abgesehen davon, dass der diffuse Reizhintergrund für die Streuung der subjektiven Verteilungen verantwortl. gemacht wird. Diese Idee wurde schon vor der Formulierung der Signalentdeckungstheorie entwickelt; sie stellt gegenüber den traditionellen Schwellenbestimmungen einen Schritt in Richtung auf Vereinheitlichung aller psychophys. Urteile mit zwei Alternativen dar, so dass auch absolute Schwellen auf Vergleichsurteilen u. nicht absoluten Urteilen beruhen. Der eigentl. Fortschritt der Signalentdeckungstheorien besteht darin, dass der Antwortprozess vom Prozess der Reizanalyse abgetrennt wird; Weiteres s. d.

◆ BRADLEY, R. A. u. TERRY, M. E.: Rank analysis of incomplete block designs I: the method of paired comparisons. Biometrika 39, 1952, S. 324–345; GIGERENZER, G.: Messung Modellbildung. München 1981; SIXTL, F.: Meßmethoden der Ps. Weinheim 1982; SIXTL, B.: Einführung in die Exakte Psychologie. München 1996; THURSTONE, L. L.: The phi-gamma-hypothesis. JExP 11, 1928, S. 293–305; THURSTONE, L. L.: Psychological methods. New York 1948; UPMEYER, A.: Soziale Urteilsbildung. Stuttgart 1985.

Psychomobilität → Psychomotorik.

Psychomotobilität → Psychomotorik.

Psychomotor abilities → psychomotorische Fähigkeiten.

Psychomotorik, Oberbegriff für den Phänomen- bzw. Forschungsbereich, der sich mit der menschl. → Bewegung, insbes. mit solchen Bewegungsaspekten befasst, bei denen bewusste Prozesse, Ausdrucksprozesse u. Prozesse des Willens eine Rolle spielen – im Gegensatz zum allg. Oberbegriff *Motorik* bzw. *Motilität* (wb. *Motilität* stärker automat.-vegetativ gesteuerte Bewegungsprozesse meint, so z. B. *Motilität* der Magen- u. Darmwände). Vgl. zum Überblick Zimmer u. Cicurs (1991).

VD/T: Geprägt wurde das Kzpt. *P.* in der Neurologie u. Psychiatrie als diejenigen Bewegungen (auch Sprache), durch welche die Ergebnisse der Gedankenvorgänge u. des Willens zum Ausdruck kommen; im gleichen Sinne verwenden Kwint (1931) u. Gurewitsch (1926) den Begriff, wenn sie P. als *willkürl.* u. *bewusste* Bewegung bezeichnen; andere Autoren, wie Kiphard u. Fondes, wollen mit dem Begriff angenommene Wechselwirkungen zw. Psyche u. Motorik herausstellen (vgl. Kiphard 1970, 1981). Ähnl. werden Begriffe wie *Sensomotorik*, *Psychomobilität* u. *Psychomotobilität* verwendet. Bisweilen wird mit *Neuromotorik* das angeborene Bewegungsrepertoire des Säuglings, vorwiegend die Reflexmotorik, bezeichnet. Bei *P.* wird bisweilen der Ausdruck von Stimmung u. Gefühlen betont, wie er sich z. B. in Hüpfen u. Tanzen artikuliert; vgl. Kiphard (1980). In letzter Zeit wird der Begriff *P.* auch im Sinne von *Motopädagogik* verwendet, also im Sinne einer motor. Förderung u. Übungsbehandlung, vgl. Decker (1984); Huber (1990). Janko (1985 S. 16) weist darauf hin, dass sich der Begriff *psychomotor abilities* im engl. Sprachraum v. a. auf die Fähigkeit der Hand- u. Fingergeschicklichkeit bezieht, wb. die Grobmotorik ausgeschlossen wird. Bei Poeck wird der Begriff *psychomotorische Störungen* für Beeinträchtigungen psychomotor. Koordinationsleistungen u. der Reaktionsfähigkeit verwendet (Poeck 1982). Weitere definitor. Analysen liefern Marhold (1965) u. Gutewort u. Pöhlmann (1966).

◆ Decker, R.: Die »Psychomotorik«. Sportunterricht 33, 1984; Gurewitsch, M.: Über die Formen der motor. Unzulänglichkeit. ZfGNP 98, 1925; Gutewort, W. u. Pöhlmann, R.: Biomechanik – Motorik. Theorie u. Praxis der Körperkultur 15, 1966, S. 595–604; Huber, G. u. a.: Psychomotorik in Therapie u. Pädagogik. Dortmund 1990; Janko, W.: Intelligenz u. Psychomotorik. Idstein 1985; Kiphard, E. J.: Wie weit ist mein Kind entwickelt? Dortmund 1980; Kiphard, E. J.: Leibesübung als Therapie. Gütersloh 1970; Kiphard, E. J.: Motopädagogik. Dortmund 1981; Kwint, L. A.: Die Evolution der mim. Psychomotorik. Ztschr. f. Kinderforschung 38, 1931; Marhold, G. Begriffe u. Definitionen. Praxis der Körperkultur 14, 1965, S. 1013–1015; Poeck, K.: Klin. Neurops. Stuttgart 1982; Zimmer R. u. Cicurs, H.: Psychomotorik. Schorndorf 1991.

Psychomotorische Fähigkeiten, [auch *motor. Grundeigenschaften*; engl. *general motor abilities, motor fitness components*]. In einem differentialps. bzw. persönlichkeitsps. Zugang zum Thema → Bewegung, wird versucht, ähnl. wie auf dem Gebiete der Intelligenz, grundlegende Fähigkeiten zu unterscheiden. Ein klass. Ansatz aus der Ps. ist Guilford (1957), der folgende *motor abilities* unterscheidet: *strength, impulsion, speed, static precision, dynamic precision, coordination, flexibility*. Aus dem *sporttheoret.* Bereich finden sich folgende Ansätze zu p. F.: Koch (1967); Gundlach (1968); Mathews (1969); Fetz (1972); Fleishman (1954, 1972); Meinel u. Schnabel (1976); Frey (1977). Die älteren sporttheoret. Ansätze waren meist intuitiv-phänomenolog. orientiert, seit Mitte der 60er Jahre wurde verstärkt eine empir.-analyt. Betrachtungsweise der Motorik eingesetzt, v. a. durch Fleishman u. seine Mitarbeiter (1954ff.), wb. folgende koordinative Fertigkeiten gefunden wurden: *motor. Steuerungsfähigkeit allg., motor. Steuerungsfähigkeit der oberen Extremitäten, motor. Kombina-*

tionsfähigkeit, motor. Anpassungs- u. Umstellungsfähigkeit, Fingergeschicklichkeit, Handgeschicklichkeit, Reaktionsschnelligkeit, Fähigkeit zur schnellen räuml. Orientierung, Schnelligkeit der Fingerbewegungen, Schnelligkeit der Armbewegungen; Cumbee (1979) kommt zu fünf Faktoren: *Gleichgewichtsfähigkeit I* (*Körpergleichgewicht*), *Gleichgewichtsfähigkeit II* (*Objektgleichgewicht*), *Timing, Schnelligkeit der Armbewegungen, Handgeschicklichkeit*; vgl. auch Vandenberg (1964); Liemohn u. Knapczyk (1974); vgl. Roth (1982) u. Willimczik u. Roth (1983). Eines der Grundprobleme ist, ob p. F. genereller Natur o. spezif. sind (*Specifity-Theorien* vs. *General-motor-ability-Theorien*). Beide Extrempositionen gelten mittlerweile als unhaltbar.

VD/T: Der Begriff *Fähigkeit* wird in einem allgemeineren Sinne als *Fertigkeit* verwendet, etwa vergleichbar mit *Begabung*, während der Begriff *Fertigkeit* eher aufgabenspezif. Charakteristik hat; vgl. hierzu Singer (1985); nach Janko (1985, S. 16) wird der Begriff *psychomotor abilities* im engl. Sprachraum v. a. auf die Fähigkeit der Hand- u. Fingergeschicklichkeit, also die Feinmotorik bezogen; Roth (1982) weist darauf hin, dass der terminolog. klaren u. weithin akzeptierten Einteilung des phys. konditionellen Bereiches eine verwirrende Meinungsvielfalt über die Benennung u. Struktur koordinativer Fähigkeiten gegenübersteht; in Willimczik u. Roth (1983) wird darauf hingewiesen, dass es 80 Begriffe zur Beschreibung von Koordinationsleistungen gibt; ein Überblick über Testinstrumente für koordinative Fähigkeiten findet sich bei Roth (1982, S. 48).

KR: Goeters (1983).

LIT: Zum Überblick vgl. Wurdel (1972); Cratty (1975); Singer (1985); zur Geschichte u. zum Stand der taxonom. orientierten Motorikforschung vgl. Fleishman u. Quaintance (1984); Pawlik (1976) hat die verschiedenen p. F. nach dem Grad ihrer Bestätigung zusammengestellt; vgl. hierzu Willimczik u. Roth (1983).

◆ Cratty, B. J.: Motor. Lernen u. Bewegungsvh. Frankfurt/M. 1975; Cumbee, F. Z.: A factorial analysis of motor coordination. In: Morgan, W. P. (Hg.): Contemporary readings in sport psychology. Springfield 1970, S. 187–205; Fetz, F.: Bewegungslehre der Leibesübung. Frankfurt/M. 1972; Fleishman, E. A.: Dimensional analysis of psychomotor abilities. JExP 48, 1954, S. 427–445; Fleishman, E. A.: The structure and measurement of physical fitness. New York 1964; Fleishman, E. A.: Structure and measurement of psycho-motor abilities. In: Singer, R. N. (Hg.): The psycho-motor domain: movement behaviour. Philadelphia 1972, S. 78–106; Fleishman, E. A.: On the relation between abilities, learning and human performance. AmP 27, 1972, S. 1017–1032; Fleishman, E. A.: Toward a taxonomy of human performance. AmP 30, 1975, S. 1127–1149; Fleishman, E. A. u. Quaintance, M. K.: Taxonomies of human performance. New York 1984; Frey, G.: Zur Terminologie u. Struktur phys. Leistungsfaktoren u. motor. Fähigkeiten. Leistungssport 7, 1977, S. 339–362; Goeters, K. M.: Faktorielle Änderungen im Lernprozeß: Das Fleishman-Paradigma als Artefakt-Bildner? ZDDP 4, 1983, S. 301–318; Guilford, J. P.: A system of psychomotor abilities. AJP 71, 1957, S. 164–174; Gundlach, M.: Systembeziehungen körperl. Fähigkeiten u. Fertigkeiten. Theorie u. Praxis der Körperkultur 17, 1968, Beiheft II, S. 198–205; Janko, W.: Intelligenz u. Psychomotorik. Idstein 1985; Koch, K.: Die Entwicklung phys. Leistungsgrundlagen u. motor. Eigenschaften. Leibesübung 18, 1967, S. 24–26; Liemohn, W. P. u. Knapczyk, D. R.: Factor analysis of gross and fine motor ability in developmentally disabled children. RQu 45, 1974, S. 424–432; Mathews, D. K.: Measurement in physical education. Philadelphia 1969; Meinel, K. u. Schnabel, G. (Hg.): Bewegungslehre. Berlin (Ost) 1976; Pawlik, K.: Dimension des Vhs. Bern 1976; Roth, K.: Strukturanalyse koordinativer Fähigkeiten. Bad Homburg v. d. H. 1982; Singer, R. N.: Comparison of interlimb skill achievement in performing a motor skill. RQu 27, 1986, S. 406–410; Singer, R. N.: Motor. Lernen u. menschl. Leistung. Bad Homburg 1985; Vandenberg, S. G.: Factor analytic studies of the Lincoln-Oseretzky-Test of motor proficiency. PMS 19, 1964, S. 23- 41; Willimczik, K. u. Roth, K.: Bewegungslehre. Reinbek 1983; Wurdel, A.: Sportmotor. Testbatterien u. motor. Lernfähigkeiten. Ahrensburg 1972.

Psychomotorische Fertigkeiten → psychomotorische Fähigkeiten.

Psychomotorische Prüfverfahren → psychomotorische Tests und Prüfverfahren.

Psychomotorische Tests und Prüfverfahren. Methoden zur Prüfung u. Analyse von → psychomotorischen Fähigkeiten zu entwickeln, war ein wichtiges Anliegen der Ps. der → Bewegung. Typ. method. Paradigmen sind → Tracking u. → Tapping. Komplexe Geschicklichkeit wird durch Aufgaben gemessen, in denen Vpn sich durch → Lernlabyrinthe durcharbeiten müssen. Häufig sind auch Tests, bei denen Vpn Stöpsel in Löcher stecken o. montieren müssen.

VD: Spezielle Verfahren: (1) *Zweihandprüfverfahren*: Es wird die Koordinationsfähigkeit beider Hände geprüft, die Grob- u. Feinmotorik der beiden Arme u. Hände ist gleichermaßen tangiert. Die klass. Vorgehensweise der Zwei-Handprüfer besteht darin, dass die Vp durch die Bedienung von zwei Hebeln *(Schiebemodell)* o. von zwei Kurbeln (*Kurbelmodell*) mit der jeweils rechten u. linken Hand gleichzeitig zwei rechtwinklig zueinander geordnete Achsen so gegeneinander verschiebt, dass der Koordinationspunkt der beiden Achsen den auf der Platte aufgezeichneten Weg nicht verlässt; zu weiteren Modifikationen u. Details vgl. Wahler (1986). (2) *Steadiness-Verfahren* (bzw. *Tremormeter, Stabilimeter*): erfassen die Zitterbewegung der Hand o. eines Fingers; *(Arm-Hand-Unruhe*; grob- u. feinschlägiger Tremor); diese motor. Fähigkeit lässt Aussagen über die Präzision von Arm-Hand-Bewegungen zu. Die Apparatur besteht aus mehreren linear neben- o. untereinander angeordneten Löchern, deren Durchmesser sich graduell verkleinert, o. aus einer sich verengenden Nachziehspur u. einem Abtaststift; wird der Rand der Löcher o. der Nachziehspur berührt, schließt sich der Stromkreis, ein Fehler wird angezeigt. (3) *Aiming-Verfahren*: Ein Kontaktgriffel u. eine Metallplatte von hinreichend gleichem Durchmesser, auf die mit einem Metallstift, der aus einer bestimmten Distanz mit der Hand zur Metallplatte geführt wird, gezielt werden soll. (4) *Hand- u. Fingergeschicklichkeitsverfahren*: liegen zumeist in Form von Steck- u. Scheibenaufgaben vor, sog. *Materialbearbeitungstests*, die, von einigen Ausnahmen abgesehen, keine automat. Reizdarbietung o. Registrierung zulassen; damit wird die Geschicklichkeit der Hand bzw. der Finger erprobt. Durch die Einführung fotoelektr. Abtastsysteme wurde die Auswertung wesentl. erleichtert, so dass die unhandl. Metallplatten wegfallen u. Papiervorlagen eingesetzt u. beliebig ausgetauscht werden können. Die Verfahren finden v. a. auch Einsatz beim Messen von Bewegungsstörungen.

LIT: Zum Überblick vgl. Wahler (1986); vgl. auch Cratty (1975) u. Singer (1985); zsfd. zur Diagnostik motor. Fähigkeiten u. Fertigkeiten vgl. Bös (1987); zum Überblick über spezielle sportmotor. Tests vgl. Wurdel (1972).

◆ Bös, K.: Diagnostik motor. Fähigkeiten u. Fertigkeiten. In: JÄGER, R. S. u. PETERMANN, F. (Hg.): Ein Lehrbuch. Psycholog. Diagnostik. Weinheim 1992 (2. Aufl.), S. 602–619; Bös, K.: Handbuch sportmotor. Tests. Göttingen 1987; CRATTY, B. J.: Motor. Lernen u. Bewegungsvh. Frankfurt/M. 1975; SINGER, R. N.: Comparison of interlimb skill achievement in performing a motor skill. RQu 27, 1986, S. 406–410; SINGER, R. N.: Motor. Lernen u. menschl. Leistung. Bad Homburg 1985; WAHLER, R.: Prüfverfahren psychomotor. Fertigkeiten. In: BRICKENKAMP, R. (Hg.): Handbuch apparativer Verfahren in der Ps. Göttingen 1986, S. 256–272; WURDEL, A.: Sportmotor. Testbatterien u. motor. Lernfähigkeiten. Ahrensburg 1972.

Psychoneuroimmunologie → Psychosomatik.

Psychopharmakologie → physiologische Psychologie.

Psychophonetik, Bezeichnung für psycholinguist. Forschungen, die sich mit dem Zusammenhang zw. lautsprachl. (phonet.) Ereignissen u. den psych. Korrelaten befassen. Ein wichtiges Problem hierbei ist die → Lautsymbolik.

◆ ERTEL, S.: Psychophonetik. Göttingen 1969.

Psychophysik, Teilgebiet der → experimentellen Psychologie: Zentrale Problemstellung ist die Frage, wie ein objektiver physikal. → Reiz mit der durch ihn erzeugten → Empfindung quantitativ zusammenhängt; es geht also um die Abbildung *physikal.* in *subjektiven* Dimensionen (daher *dimensionale* P., nach Prinz 1990). Die formalisierte Darstellung dieses Zusammenhangs nennt man die *psychophys.* bzw. *psychometrische Funktion.* Der erste u. wichtigste theoret. Ansatz hierzu ist das → Fechnersche Gesetz. Zur Bewältigung dieses Programms hat die klass. P. eine Fülle von → psychophysischen Methoden entwickelt, die v. a. folgende Aufgaben haben: (a) die Bestimmung von → Sinnesschwellen; (b) die Bestimmung von → Weberschen Konstanten; (c) auch typ. → Urteilsfehler wurden herausgearbeitet. Klass. Untersuchungen sind Gewichtsschätzversuche, wb. die Vp ein Gewicht auf dem Handrücken dargeboten bekommt u. es mit einem zweiten, auf dem anderen Handrücken dargebotenen Gewicht vergleichen soll. Ebenso wurden Zeitdauer, Flächen u. Längen analysiert; man hat mindestens 20 Beziehungen auf den verschiedensten Wahrnehmungsgebieten untersucht, Stevens (s. u.) v. a. Lautstärke u. Helligkeit. Die klass. P. konzentrierte sich v. a. auf elementare sensor. Prozesse, man kann aber grundsätzl. auch eine P. komplexerer Prozesse betreiben, z. B. eine P. von Nutzen, Wahrscheinlichkeit u. Risiko (s. das Stw. → Entscheidungstheorien) – schon Fechner hat versucht, seine Grundidee auch im Bereich der Moral u. Ökonomie anzuwenden.

Die Anwendungsbereiche der P. erstrecken sich v. a. auf die Arbeits- u. Umweltps., die Vigilanzforschung u. die elektroakust. Industrie. Außerdem sind psychophys. Methoden ein wichtiges method. Hilfsmittel der neurops. Forschung. Durch Verwendung der Methoden der → operanten Konditionierung kann man auch eine Art P. bei Tieren etablieren; vgl. Blough u. Yager (1972). Gundlach (1993) meint, dass der Gegenstandsbereich u. die Aufgabe der P. bis heute weitgehend verzerrt gesehen u. dargestellt werden, u. bietet einen Alternativansatz.

HI/WÜ: Die P. wurde nach Vorarbeiten durch den Sinnesphysiologen Müller (→ Gesetz der spezif. Sinnesenergien) u. den Physiologen Weber (→ Webersches Gesetz) durch den Philosophieprofessor Gustav Theodor Fechner (1801–1887) entwickelt. Es war der Versuch eines empir. Zugangs zum Leib-Seele-Problem u. gleichzeitig wurde damit eine neue Epoche in der Geschichte der Ps. eingeleitet: die der Messung psych. Größen. Über die engen Messungen elementarer Sinnesprozesse, welche die klass. Psychophysik hauptsächl. thematisiert hat, hinaus, wurden seither die verschiedensten Intensitäten von Erlebnissen gemessen: die Stärke von sinnl. Empfinden (z. B. erlebte Lautheit), Gefühlserregung (z. B. Stärke der erlebten Angst), Einstellungen (z. B. erlebte Hilfsbereitschaft gegenüber Ausländern), Bedürfnissen (z. B. erlebte Intensität des Hungers), Funktionszuständen (z. B. erlebte Müdigkeit). Hiermit wurde die wissenschaftl. Ps., speziell die experimentelle u. mathemat. orientierte Ps. begründet. Der Ansatz verlor aber wegen seines auf Elementarismus u. Introspektionismus beruhenden Ansatzes an Bedeutung u. fristete lange Zeit ein Randdasein im Übergangsgebiet zw. Sinnesphysiologie u. Ps.

Seit Ende der 30er Jahre hat sich jedoch eine *neue P.* etabliert, die v. a. durch die Verwendung *direkter* psychophys. Methoden, durch die → crossmodale Skalierung u. eine stärkere Berücksichtigung der subjektiven Dimension gekennzeichnet ist (vgl. Ekman 1968). Bes. der Amerikaner S. S. Stevens (1906–1973) führte hier eine Vielzahl empir. Analysen durch; daraus resultierte das sog. → Stevenssche Gesetz, das eine dem Fechnerschen Gesetz widersprechende psychophys. Formel beinhaltet. Bes. im dt. Sprachraum wurde von einzelnen Forschern die Tradition der P. aufrecht erhalten, aber eine stärkere Orientierung an ps. Prozessen gefordert, eine »P. ohne Physik«. Eine solche *intraphänomenale P.* wird von O.

Heller vertreten; Heller analysiert z. B., wie erlebte Zuwächse mit erlebten Distanzen zusammenhängen; vgl. Heller (1978); eine bes. Rolle spielt darin die Methode der → Bisektion, mit der sich z. B. eine Skalierung der Anspannung konstruieren lässt, die nicht auf physiolog. Messmethoden beruht (vgl. Heller 1971, 1981); Heller (1980) betont insbes., dass es nötig sei, eine Passung von Reizmenge u. Urteilsmenge zu wahren. Aus seiner Kritik heraus entwickelt er eine neue Skalierungstechnik, das *Kategorien-Unterteilungsverfahren*; hier ist eine Kategorienskala vorgegeben, die in fünf Kategorien mit jeweils noch 10 Feineinteilungen unterteilt ist, so dass eine Skala mit insgesamt 50 Unterteilungen entsteht, die außerdem nach oben offen ist, um auch schmerzhaften Empfindungen Rechnung zu tragen; zur prakt. Anwendung dieser Methode in der Audiometrie vgl. zsfd. Hellbrück (1993). Zunehmend treten an die Stelle des Skalen-Paradigmas der *äußeren P.* (s. u.) Fragestellungen, welche innere Prozesse in den Mittelpunkt stellen u. damit stärker der Programmatik der *inneren P.* Fechners entsprechen. Dabei verschmelzen klass. method. Paradigmen mit komplexen Fragestellungen kognitiv orientierter Forschung; das gilt speziell für die Modellierung von Entscheidungsprozessen, für die Modellierung von Kontextwirkungen als Folge nichtlinearer psychophys. Dynamik, aber auch für eine Vielzahl von fundamentalen Problemen komplexer Repräsentation in Wahrnehmung u. Gedächtnis, vgl. Geissler u. a. (1992).

KR: Seit jeher wurde an der P. der Elementarismus kritisiert, auf dessen Basis die komplexe Muster- u. Strukturbildung in der Wahrnehmung nicht erklärt werden kann; vgl. hierzu Prinz (1990); Kohler (1968); zur method. Kritik s. das Stw. → psychophysische Methoden; s. auch das Stw. → Stevenssches Gesetz. Auch die Beeinflussung sensor. Prozesse durch die Eigenaktivität des Benutzers, der z. B. ein Gewicht in der Hand wiegen kann, konnte in der klass. P. noch nicht adäquat erfolgen. Eine frühe Zsf. der Kritik an seinem Ansatz ist von Fechner (1882) selbst herausgegeben worden. Wiewohl man das Fechnersche u. das Webersche Gesetz als Ausdruck von Prozessen der → Adaptation verstehen kann (vgl. Hajos 1972), wird dieses Phänomen selbst innerhalb der klass. P. nicht eigentl. thematisiert; es ist eine Domäne der → Adaptationsniveautheorie, einer modernen Weiterentwicklungslinie der P. Zunehmend ist auch deutl. geworden, dass sich das Urteilsvh. des Menschen bei der Ausführung psychophys. Aufgaben nicht einfach dem eines einfachen Messinstruments gleichsetzen lässt, sondern dass kognitive Prozesse eine wichtige Rolle spielen, dass also die Vp nicht einfach eine Empfindungsreihe herstellt bzw. angibt, sondern ein komplexes → Bezugssystem konstruiert. Eine Darstellung des Spannungsfeldes zw. der klass. P. u. den kognitiv orientierten bezugstheoret. Ansätzen ist Sarris u. Stolze (1980). Aus der Kritik des Schwellenkzpts. der P. entstand die moderne → Signalentdeckungstheorie. Eine andere wichtige Weiterentwicklung ist die → Informationsintegrationstheorie.

VD: (1) Die in ihrer späteren Entwicklung meist auf recht »techn.« Aspekte restringierte P. war einmal ein programmat. Gesamtentwurf für die gesamte Ps. Fechner nahm drei Bereiche an: Das Physikalisch-Physische (*Reiz*), das Physiologisch-Physische (*Erregung*), das Psychische (*Erleben* bzw. *Empfindung*). Zw. Erregung u. Empfindung bestünden direkte funktionelle Beziehungen, deren Untersuchung die Domäne der *inneren* P. ist; zw. Reiz u. Empfindung bestünden indirekte funktionelle Beziehungen (die Erregungen vermitteln): *äußere P.*; vgl. hierzu Hajos (1972). Hajos nennt die Erforschung der Beziehung zw. Erregung u. Wahrnehmung *Korrelationsforschung*, eine interdisziplinäre Aufgabe. Die Domäne der *Sinnesphysiologie* wäre die Untersuchung der Beziehung zw. Reiz u. Erregung. Die Idee der *inneren P.* war das direkte empir. Gegenstück zur Leib-Seele-Metaphysik, ein Programm, das allerdings zu Fechners Zeit prakt. nicht realisierbar war, daher musste die mittelbare äußere P. als indirekter Weg für Rückschlüsse auf eine innere P. dienen. Ähnl. unterscheidet Ekman (1968): (a) das Studium von S-R- bzw. von Reiz-Reaktionsbeziehungen (im Sinne einer nicht behaviourist. Lesart); dies ist das Thema der klass. P.; (b) die psychophysiolog. Beziehungen; (c) intrasubjektive Beziehungen. Ein Bsp. für Problemtypus (a): objektiv u. subjektiv empfundene Lautstärke; ein Bsp. für (b): Blutalkoholspiegel u. subjektives Wohlbefinden; ein Bsp. für (c) wäre gegeben, wenn man die subjektive Höhe eines Tones skalieren lässt, dann die Ähnlichkeit von Tönen u. beide Ergebnisse zueinander in Beziehung setzt, so dass man aus der subjektiven Tonhöhe die subjektive Ähnlichkeit ableiten kann, ähnl. Untersuchungen kann man über Dunkelheit u. Flächengrößen machen; ein komplexeres Bsp. ist die Beziehung zw. emotionaler Anteilnahme an Ereignissen, die an einem Ort stattfinden, u. der subjektiven Entfernung des Einschätzers zu diesem Ort; dies ein charakterist. Ansatz der *neuen* P.

(2) In der klass. P. hält man die Empfindlichkeit des Sinnessystems konstant, man variiert die Reize u. beobachtet, ob eine ebenmerkl. Empfindung o. ein Empfindungsunterschied auftritt; in der *dynam.* P. dagegen hält man den Testreiz konstant, variiert mit Hilfe eines zweiten Reizes (Adaptationsreiz) die Empfindlichkeit u. untersucht, ob eine ebenmerkl. Empfindung auf den konstanten Testreiz folgend auftritt o. nicht. Durch die Umkehrung der variierten Größe – die Empfindlichkeit im Gegensatz zum Reiz – lässt sich ein solches Vorgehen als *inverse Methode* bzw. als *inverse P.* kennzeichnen. Entsprechend gibt es eine *inverse Grenzmethode*, *Konstanz-* u. *Herstellungsmethode*; vgl. hierzu Hajos (1972).

LIT: Grundlegende messtheoret. Fragen werden behandelt in Tack (1983) u. Luce u. Galanter (1963); zu psychophysikal. Fragen vgl. Marks (1973); zu einer P. des Risikos vgl. Coombs u. Huang (1970); zum Grundproblem der P. vgl. Falmagne (1971); die klass. fechnerschen Arbeiten sind: Fechner (1860ff.); zur Würdigung vgl. Traxel (1964) u. Woodworth u. Schlosberg (1964); eine biograph. Studie zu Fechners Leben ist Lennig (1994); zu der Beziehung von P. u. Einstellungsmessung vgl. Reiss (1978); ein elaborierter moderner Ansatz ist Falmagne (1985); zum Überblick über die Ansätze im angloamerikan. Bereich vgl. Carterette (1974); zu Anwendungen der P. im Bereich der klin. Ps. vgl. Grossberg u. Grant (1978); eine histor. Studie über die Entstehung u. über die Argumentationsstränge der fechnerschen P. bietet Gundlach (1993); darin findet sich auch ein genauer Überblick über Fechners Leben u. Arbeiten, sowie ein Überblick über die unterschiedl. lexikal. Definitionen von *P.*; ein bio- u. bibliograf. Index zu Fechners psychophys. Arbeiten ist Gundlach (1988); tief schürfende Gedanken zur messtheoret. Grundlage der P. im Zusammenhang mit dem Phänomen der → Raumwahrnehmung enthält Lukas (1996); ein Überblicksreferat zur neueren Forschung in Deutschland ist Bredenkamp u. Sarris (1987).

◆ Arnold, W. (Hg.): Experimentelles Praktikum, 1. Bd. Stuttgart 1972; Birbaumer, N. u. Schmidt, R. F.: Biolog. Ps. Berlin 1989; Blough, D. S. u. Yager, D.: Visual psychophysics in animals. In: Jameson, D. u. Hurvich, L. M. (Hg.): Handbook of Sensory Physiology. Vol. VII/4: Visual Psychophysics. Berlin 1972; Bredenkamp, J. u. Sarris, V.: Psychophysics today: contemporary research in the Fed. Rep. of Germany. GJP 11, 1987, S. 179–197; Carterette, E. C. u. Friedman, M. P.: Handbook of perception, 2. Bd. Psychophysical judgement and measurement. New York 1974; Coombs, C. H. u. Huang, L. C.: Polynomial psychophysics of risk. JMaP 7, 1970, S. 317–338; Ekman, G.: Psychophysik u. ps. Meßmethoden. In: Meili, R. u. Rohracher, H. (Hg.): Lehrbuch der experimentellen Ps. Bern 1968; Falmagne, J. C.: The generalized Fechner problem and discrimination. JMaP 8, 1971, S. 22–43; Falmagne, J. C.: Foundations of Fechnerian psychophysics. In: Krantz, D. H. u. a. (Hg.): Contemporary developments in mathematical psychology. San Francisco 1974, Vol. II, S. 121–159; Falgmagne, J. C.: Elements of psychophysical theory. Oxford 1985; Fechner, G. T.: Über ein psychophys. Grundgesetz u. dessen Beziehung zur Schätzung der Sterngrößen. Abhandlung der Königl. Sächs. Gesellschaft der Wissenschaften 4, 1859, S. 457–532; Fechner, G. T.: Elemente der Psychophysik, Leipzig, 1. Teil 1860, 2. Teil 1864 (2. unveränderte Aufl. mit Hinweisen auf spätere Arbeiten u. einem chronolog. geordneten Verzeichnis seiner sämtl. Schriften. Leipzig 1889); Fechner, G. T.: Revisionen der Hauptpunkte der Psychophysik. Leipzig 1882; Geissler, H.-G. u. a. (Hg.): Cognition, information processing and psychophysic: basic issues. Hillsdale 1992; Grossberg, J. M. u. Grant, B. F.: Clinical psychophysics. PBu 85, 1978, S. 1154–1176; Gundlach, H.: Index Psychophysicus. Bio- u. Bibliograph. Index zu Fechners Elementen der Psychophysik u. den Parerga. Passau 1988; Gundlach, H.: Entstehung u. Gegenstand der Psychophysik. Berlin 1993; Guttmann, G. (Hg.): Allg. Ps., experimentalps. Grundlagen. Wien 1992; Hajos, A.: Wahrnehmungsps. Psychophysik u. Wahrnehmungsforschung. Stuttgart 1972; Hellbrück, J.: Hören. Physiologie, Ps. u. Pathologie. Göttingen 1993; HELLER, O. u. KRÜGER, H.-P.: Experimentelle Ps. – Wahrnehmung. Bern 1974; HELLER, O.: Psychophysik u. reaktive Anspannungssteigerung. ZEAP 18, 1971, S. 204–254; HELLER, O.: Psychophysik ohne Physik. In: SCHÜLE, W. (Hg.): Wahrnehmungsps. Frankfurt/M. 1978, S. 78–91; HELLER, O.: Orientierung innerhalb von phänomenalen Steigerungsreihen. In: LAUTERBACH, W. u. SARRIS, V. (Hg.): Beiträge zur ps. Bezugssystemforschung. Bern 1980, S. 107–136; HELLER, O.: Zur Quantifizierung psych. Anspannung. In: TENT, L. (Hg.): Erkennen Wollen – Handeln. Gedenkschrift für Heinrich Düker zum 80. Geburtstag. Göttingen 1981, S. 213–225; HELLER, O.: Theorie u. Praxis des Verfahrens der Kategorienunterteilung (K. U.). In: HELLER, O. (Hg.): Forschungsbericht 1981. Würzburg 1982, Ps. Institut, Lehrstuhl für Allg. Ps., S. 1–15; KOHLER, I.: Wahrnehmung. In: MEILI, R. u. ROHRACHER, H. (Hg.): Lehrbuch der experimentellen Ps. Stuttgart 1968, S. 57–114; LAUTERBACH, W. u. SARRIS, V. (Hg.): Beiträge zur ps. Bezugssystemforschung. Bern 1980; LENNIG, P.: Von der Metaphysik zur Psychophysik. Gustav Theodor Fechner (1801–1887). Eine ergobiograph. Studie. Frankfurt/M. 1994; LUCE, R. D. u. GALANTER, E.: Discrimination. In: LUCE, R. D. u. a. (Hg.): Handbook of mathematical psychology, 1. Bd. New York 1963, S. 191–243; LÜER, G. (Hg.): Allgemeine experimentelle Ps. Eine Einführung in die method. Grundlagen mit prakt. Übungen für das experimentelle Praktikum. Stuttgart 1987; LUKAS, J.: Psychophysik der Raumwahrnehmung. Weinheim 1996; MARKS, L. E.: Sensory processes: the new psychophysics. New York 1973; PRINZ, W.: Wahrnehmung. In: SPADA, H. (Hg.): Lehrbuch Allg Ps. Bern 1990, S. 25–114; REISS, M.: Einstellung u. Psychophysik. Frankurt/M. 1978; SARRIS, V. u. STOLZE, G.: Theorien u. Experimente in der Psychophysik: Kontexteffekte, psychophysikal. Gesetze u. ps. Bezugssystem-Modelle. In: LAUTERBACH, W. u. SARRIS, V. (Hg.): Beiträge zur ps. Bezugssystemforschung. Bern 1988, S. 236–270; TACK, W. H.: Psychophys. Methoden. In: FEGER, H. u. BREDENKAMP, J. (Hg.): Messen u. Testen. EP, B, I, 3. Bd. Göttingen 1983, S. 346–426; TRAXEL, W.: Einführung in die Methodik der Ps. Bern 1964; VARJU, D.: Über nicht lineare Analogschaltungen zur Simulierung biolog. Adaptationsvorgänge. In: WIENER. N. u. SCHADE, J. P. (Hg.): Progress in brain research, Vol. 17. Amsterdam 1965; WEBER, E. H.: Der Tastsinn u. das Gemeingefühl. In: WAGNER R. (Hg.): Handwörterbuch der Physiologie. Leipzig (1846); WOODWORTH, R. S. u. SCHLOSBERG, H.: Experimental psychology. New York 1964.

Psychophysiologische Methoden → physiologische Psychologie (Kasten »Psychophysiologische Methoden«).

Psychophysiologische Spezifität → physiologische Psychologie (Kasten zentrale Begriffe und Paradigmen).

Psychophysische Funktion → Psychophysik.

Psychophysische Grundformel → Fechnersches Gesetz.

Psychophysische Maßformel → Fechnersches Gesetz.

Psychophysische Methoden, wurden innerhalb der klass. → Psychophysik entwickelt, um → Sinnesschwellen zu bestimmen, gleichwertig erscheinende Reize o. gleichwertig erscheinende Reizunterschiede (→ Webersches Gesetz) zu finden o. eine ganze subjektive Skala zu konstruieren. Die p. M. waren Vorbild für die method. Entwicklung allgemeiner subjektiver Skalierungsmethoden, wie sie v. a. im Bereich der Messung der → Einstellung wichtig geworden sind. Die p. M. lassen sich (nach Tack 1983) folgendermaßen klassifizieren:
(1) Methoden der *Reizunterscheidung*; dies sind die klass. p. M., meist *indirekte* Verfahren, die *nicht* darauf beruhen, dass die Vp einem gegebenen subjektiven Reiz direkt eine Empfindungsstärke zuordnen muss, sondern es wird mit → Unterschiedsschwellen operiert u. darauf gem. der Logik des → Fechnerschen Gesetzes eine Skala konstruiert. Die Vp urteilt hierbei nur über Gleichheit bzw. Verschiedenheit u. über das Größer- bzw. Kleinersein von Reizen; diese Verfahren erfordern also nur *Ordinalurteile* (Reihenfolgeurteile). Stevens (1951ff.) bezeichnet diese Methoden – da sie auf der Unterscheidbarkeit bzw. Nicht-Mehr-Unterscheidbarkeit beruhen – als *Konfusionsmethoden*; bisweilen wird auch von *Variabilitätsmethoden* gesprochen. Wichtige indirekte p. M. sind: → Herstellungsmethode, → Konstanzmethode, → Grenzmethode. Das Konstanzverfahren wird auch als eine Methode der *Urteilsfindung* bezeichnet, das Herstellungs- u. Grenz-

verfahren dagegen als eine *Methode der Reizfindung*; s. a. die Stw. → Paarvergleich; → Rangordnungsverfahren; → Methode der sukzessiven Kategorien; vgl. Guttmann (1992). Diese Methoden wurden v. a. von Thurstone (1927, 1959) mathemat. begründet, v. a. die Methode des Paarvergleichs. (2) Die *direkten* Skalierungsmethoden, auch Methoden der *Reizbeurteilung* genannt, beruhen dagegen auf der *direkten* Zuordnung von Zahlenwerten zu Empfindungen; (zur Problematik des Begriffs vgl. Zinnes 1969). Sie sind demgem. (meist) → Verhältnisschätzmethoden. Prakt. experimentelle Bsp., die den Unterschied zw. direkten u. indirekten Methoden verdeutlichen, finden sich bei Westermann (1987); zur Problematik u. den Vor- u. Nachteilen von Verhältnis- u. Kategorien- bzw. Partitionsskalen, vgl. Hellbrück (1993). Krit. analysiert Poulton (1989) die Verhältnismethoden u. die damit verknüpfte neue Psychophysik. (3) Zw. den direkten u. indirekten Methoden stehen die Methoden des *Reizvergleichs* (Bezeichnung nach Tack); sie fordern z. B. die Einstellung der subjektiven Mitte zw. zwei vorgegebenen Reizgrößen; Stevens bezeichnet diese p. M. als → *Partitionsmethoden*; Weiteres s. d. Man kann auch auf Intervallurteilen direkte Skalierungsmethoden aufbauen: Bei der *Methode der einzelnen Reize* ordnet die Vp nach einem vorgegebenen Urteilsschema (fünf bis sieben Zahlen) den einzeln dargebotenen Reizen einen bestimmten Wert zu; sie soll z. B. darauf achten, dass der Reiz, der mit 3 bewertet wird, sich vom Reiz mit dem Wert 2 genausoviel unterscheidet, wie der Reiz mit dem Wert 4 vom Reiz mit dem Wert 3, damit die Urteile tatsächl. Intervallskalenniveau haben. Werden alle Reize gleichzeitig zur Beurteilung dargeboten, spricht man von der *Methode der multiplen Reize*; vgl. Guttmann (1992). (4) Die → crossmodale Skalierung kann man als eine eigenständige Form ansehen, die sowohl von den direkten wie indirekten Methoden unterschieden ist.

Bei p. M. treten typ. → Urteilsfehler auf, speziell eine → Tendenz zur Mitte, ein → Ankereffekt u. ein → Habituationsfehler.

VD: (a) Moderne Weiterentwicklungen von p. M. sind die sog. *adaptiven Verfahren*; es sind Methoden, bei denen die Effizienz der Messung dadurch erhöht wird, dass die Reizvorgabe von der Antwort der Vp auf vorhergehende Reize abhängig gemacht wird; hat sich bspw. gezeigt, dass ein bestimmter Reiz deutl. überschwellig ist, dann muss er nicht mehr wiederholt werden, man kann sich auf geringere Reizintensitäten beschränken. Wichtig ist das einfache *Up-down-Verfahren*: Die Reizintensität, z. B. der Schallpegel, wird in bestimmten Schritten, z. B. 2 dB, so lange reduziert, wie die Vp eine positive Reaktion (»Ich höre es«) durch den entsprechenden Tastendruck anzeigt; wenn sie den Ton nicht mehr hört, lässt sie die Taste los bzw. drückt sie einen entsprechenden anderen Knopf; dies veranlasst den Reizgenerator, die Intensität um die gleichen Schritte wieder zu erhöhen; auch in diesem Verfahren pendelt sich die Vp also auf eine Schwelle ein. Zu den adaptiven Verfahren gehören auch die sog. *Tracking-Verfahren*, wie sie in der Audiometrie übl. sind; vgl. hierzu Hellbrück (1993). Die Nachteile einer konstanten Schrittgröße werden bei der sog. *PEST-Methode* vermieden (die Abk. steht für *Parameter Estimation by Sequential Testing*); hierbei wird die Schrittgröße verdoppelt bzw. halbiert, wenn bspw. bei zwei vorausgegangenen Reizveränderungen keine positive Reaktion folgte; diese Methode verbindet Präzision mit einer ökonom. Vorgehensweise. Die genannten Verfahren führen zum *50 %-Punkt* einer psychometr. Funktion, der als Schwelle definiert ist. (d) Wird ein anderer Punkt gesucht, z. B. ein *75 %-Punkt*, dann bieten sich die sog. *BUDTIF-Verfahren* an (*»Block-up-down-temperal-interval-forced-choice*): hierbei werden auf jeder gewählten Intensitätsstufe (Blocks) vier Durchgänge präsentiert, wb. in jedem Durchgang zwei Stimulus-Intervalle angeboten werden, von denen eines den Reiz enthält, u. die Vp muss entscheiden, welches Intervall den Reiz enthält; die Reizintensität wird solange geändert, bis in dem jeweiligen Block von den vier Durchgängen drei richtig beantwortet werden. (Dies gilt für den 75 %-Punkt; für andere muss ein anderes Verhältnis gewählt werden z. B. fünf Durchgänge, von denen vier richtig erkannt werden müssen: *80 %-Punkt*). Bei den eben genannten Verfahren muss die

Vp eine Entscheidung zw. zwei Intervallen fällen, Methoden, bei denen zw. zwei Alternativen gewählt werden muss, werden auch *2AFC–Verfahren* genannt (*Two-alternative-forced-choice*); entsprechend gibt es auch *3AFC* o. *4AFC–Verfahren*. Diese Methoden sind v. a. wichtig geworden innerhalb der → Signalentdeckungstheorie; die Vor- u. Nachteile der jeweiligen Vorgehensweise sind ausführl. bei Kollmeier u. a. (1988) diskutiert; vgl. hierzu auch Hellbrück (1993).

◆ ARNOLD, W. (Hg.): Experimentelles Praktikum, 1. Bd. Stuttgart 1972; GUTTMANN, G. (Hg.): Allg. Ps., experimentalps. Grundlagen. Wien 1992; HELLBRÜCK, J.: Hören. Physiologie, Ps. u. Pathologie. Göttingen 1993; HELLER, O. u. KRÜGER, H.-P.: Experimentelle Ps. – Wahrnehmung. Bern 1974; KOLLMEIER, B. u. a.: Adaptive staircase-techniques in psychoacoustics. A comparison of human data and a mathematical model. Journal of die Acoustical Society of America 83, 1988, S. 1852–1862; KRANTZ, D. H.: A theory of magnitude estimation and cross-modality matching. JMaP 9, 1972, S. 168–199; LÜER, G. (Hg.): Allgemeine experimentelle Ps. Eine Einführung in die method. Grundlagen mit prakt. Übungen für das experimentelle Praktikum. Stuttgart 1987; MASHOUR, M. A.: A comparison of the method of ratio estimations and the method of magnitude estimation. Rep. Psychol. Labor, Universität Stockholm 1961; MELLERS, B.: Evidence against »absolute« scaling. PaP 33, 1983, S. 523–526; POULTON, E. C.: Bias in quantifying judgement. Hove 1989; SHEPARD, R. N.: On the status of a »direct« psychophysical measurement. In: SAVAGE, C. W: (Hg.): Perception and cognition. Mineapolis 1978; STEVENS, S. S. u. VOLKMANN, J.: Relation of pitch to frequency: a revised scale. AJP 53, 1940, S. 329–353; STEVENS, S. S. (Hg.): Handbook of experimental psychology. New York 1951; STEVENS, S. S.: Mathematics, measurement, and psychophysics. In: STEVENS, S. S. (1951); STEVENS, S. S.: On the psychophysical law. PR 64, 1957, S. 153–181; STEVENS, S. S.: Ratio scales, partition scales and confusion scales. In: GULLIKSEN, H. u. MESSICK, S. (Hg.): Psychological scaling: theory and applications. New York 1966; TACK, W. H.: Psychophys. Methoden. In: FEGER, H. u. BREDENKAMP, J. (Hg.): Messen u. Testen. EP, B, I, 3. Bd. Göttingen 1983, S. 346–426; THURSTONE, L. L.: The method of paired comparisons for social values. JASP 21, 1927, S. 384–400; THURSTONE, L. L.: The measurement of values. Chicago 1959; WEGENER, B.: Einstellungsmessung in Umfragen: kategoriale vs. Magnitude-Skalen. Zuma-Nachrichten Nr. 3, 1978, S. 3–27; TORGERSON, W. S.: Theory and methods of scaling. New York 1958; WESTERMANN, R.: Wahrnehmung, psychophys. Skalierung u. Informationsintegration. In: LÜER, G. (Hg.): Allg. experimentelle Ps. Stuttgart 1987, S. 265–308; ZINNES, J. L.: Scaling. ARP 20, 1969, S. 447–478.

Psychophysisches Gesetz → Fechnersches Gesetz.

Psychophysisches Grundgesetz → Fechnersches Gesetz.

Psychophysische Skalierung → psychophysische Methoden.

Psychosomatik, ein interdisziplinäres Forschungsgebiet der Medizin, das solche körperl. Störungen erforscht, bei deren Entstehung psych. (Belastungs-) Faktoren eine wichtige bzw. dominante Rolle spielen. Die P. wurde v. a. von psa. orientierten Forschern begründet u. vorangetrieben. In den 60er Jahren entstand zu diesem Ansatz durch die sog. *Vhsmedizin* (vgl. Hellhammer u. Ehlert 1991; Meermann u. Vandereycken 1991; Miltner u. a. 1986) eine Alternativkonzeption auf der Basis der → Verhaltenstherapie bzw. → Verhaltenstheorie. In neueren Ansätzen wird der Begriff *psychomat. Störungen*, der eine philosoph. u. psa. Konnotation besitzt, durch den Begriff der *psychophysiolog. Störungen* ersetzt. Zu einer Interaktion von P. u. ps. Grundlagenforschung kommt es v. a. auf dem Gebiet der → physiologischen Psychologie; vgl. auch das Stw. → Stress. *Psychoneuroimmunologie* ist ein interdisziplinäres Gebiet, das die Wechselwirkung zw. dem zentralen Nervensystem, dem endokrinen System u. dem Immunsystem analysiert u. seit Beginn der 80er Jahre zunehmend an Profil gewinnt; vgl. hierzu Kropiunigg (1990); Schedlowski u. Tewes (1995); Kaschka u. Aschauer (1990); Miketta (1992).

◆ AHRENS, S. (Hg.): Entwicklung u. Perspektiven der Psychosomatik in der BRD. Berlin 1990; AHRENS, S. u. a.: Psychosomatik der

Neurologie. Stuttgart 1994; ALEXANDER, F.: Psychosomat. Medizin. Berlin 1985; BRÄUTIGAM, W. u. a.: Psychosomat. Medizin. Stuttgart 1992; DANZER, G.: Psychosomat. Medizin. Kzpt. u. Modelle. Frankfurt/M. 1995; DOGS, C. P.: Grundlagen der Psychotherapie u. Psychosomatik. Heidelberg 1993; ERMANN, M.: Psychotherapeut. u. psychosomat. Medizin. Ein Leitfaden auf psychodynam. Grundlage. Stuttgart 1994; HANKE, A.: Psychosomat. Störungen. Stuttgart 1981; HELLHAMMER, D. H. u. EHLERT, U.: Verhaltensmedizin, Ergebnisse u. Anwendung. Bern 1991; HERTZ, D. G. u. MOLINSKI, H.: Psychosomatik der Frau. Berlin 1986; JANSSEN, P. L. u. SCHNEIDER, W. (Hg.): Diagnostik in der Psychotherapie u. Psychosomatik. Frankfurt/M. 1994; JORES, A. (Hg.): Prakt. Psychosomatik. Bern 1994; KAPFHAMMER, H.-P.: Psychoanalyt. Psychosomatik. Berlin 1985; KASCHKA, W. P. u. ASCHAUER, H. N.: Psychoimmunologie. München 1990; KLUSSMANN, R.: Psychosomat. Medizin. Berlin 1992; KÖHLER, T.: Psychosomat. Krankheiten. Stuttgart 1995; KROPIUNIGG, U.: Psyche u. Immunsystem. Berlin 1990; MEERMANN, R. u. VANDEREYCKEN, W.: Verhaltenstherapeut. Psychosomatik in Klinik u. Praxis. Stuttgart 1991; MIKETTA, G.: Netzwerk Mensch. 1992; MILTNER, W. u. a.: Verhaltensmedizin. Berlin 1986; NEUN, H. (Hg.): Psychosomat. Einrichtungen: Was sie (anders) machen u. wie man sie finden kann. Göttingen 1994; OVERBECK, G. u. OVERBECK, A.: Seel. Konflikt, körperl. Leiden: Reader zur psychoanalyt. Psychosomatik. 1994; SCHEDLOWSKI, M. u. TEWES, U.: Psychoneuroimmunologie. Heidelberg 1995; SHORTER, E.: Moderne Leiden. Zur Geschichte der psychosomat. Krankheiten. Reinbek 1994; V.UEXKÜLL, T. u. a. (Hg.): Psychosomat. Medizin. 1990; WAHL, R. u. HAUTZINGER, M. (Hg.): Verhaltensmedizin. 1989.

Psychotherapie → klinische Psychologie.

Pulfrich-Effekt, ein Phänomen, bei dem die Illusion des → Tiefensehens erzeugt wird, indem beiden Augen, ähnl. wie bei der → Stereoskopie, verschiedene Bilder geboten werden u. zwar dadurch, dass die Abhängigkeit der Latenzzeit des Auges von der Lichtintensität ausgenutzt wird: Bei der Wahrnehmung eines schwingenden Pendels wird vor das Gesichtsfeld des einen Auges ein dunkles Glas gehalten, u. das unabgedeckte Auge informiert das Gehirn etwas schneller als das hinter dem dunklen Glas, da im Dämmerlicht die Netzhautzellen langsamer reagieren. Dadurch lokalisieren die beiden Augen das schwingende Pendel in zwei verschiedenen Lagen; das bedeckte Auge sieht das Pendel geringfügig in der Zeit zurückversetzt. Wenn nun das Pendel zur Seite des »nackten« Auges schwingt, entsteht eine künstl. → binoculare Disparität, u. dies führt dazu, dass man das Pendel hinter seiner wirkl. Lage sieht; wenn das Pendel umkehrt, liegt seine scheinbare Bahn vor der wirkl. u. deshalb scheint das Pendel auf einer Ellipse aus der wirkl. Bahn heraus zu schwingen.

VD: Früher hat man das Phänomen zur Diagnose der Syphilis verwendet, heutzutage dient es der Differentialdiagnose bei der opt. Neuritis, die bei der multiplen Sklerose auftritt: Hier unterscheidet sich die Reaktionszeit der Augen wirkl., so dass der Patient diesen Effekt ohne Filter erlebt.

◆ CAMPENHAUSEN, C. v.: Die Sinne des Menschen. Stuttgart 1993; FALK, D. S. u. a.: Ein Blick ins Licht. Berlin 1990.

Punktschwanken → autokinetisches Phänomen.

Punktsehschärfe → Sehschärfe; → Bewegungssehen.

Punkt subjektiver Gleichheit → Herstellungsmethode.

Punktwandern → autokinetisches Phänomen.

Pupillenausdruck → Blickkommunikation.

Pupillendilatation → physiologische Psychologie (Kasten psychophysiologische Methoden).

Pupillogramm → physiologische Psychologie (Kasten psychophysiologische Methoden).

Pupillometrie → physiologische Psychologie (Kasten psychophysiologische Methoden).

Purkinjesches Phänomen, ein Effekt im Zusammenhang mit der → Farbwahrnehmung, der bei Änderung der Beleuchtungsstärke zu beobachten ist: Die Farbe Blau erscheint in der Dämmerung heller als die Farbe Rot; ein Orange, welches bei Tageslicht heller erscheint als Grün, wird in der Dämmerung als dunkler wahrgenommen. Beim Dämmerungssehen ändern sich näml. zunehmend der Farbton, die Sättigung u. die Helligkeit: Rot wird als Schwarz, Grün als Hellgrau gesehen, in der Raumferne ändert sich die Farbe nach einem blauen Hellgrau hin.

TH: Dieses Phänomen wird mit der → Duplizitätstheorie erklärt: beim Dämmerungssehen findet der Übergang von der Vorherrschaft des Zapfenapparates (Farbsehen) zum Stäbchenapparat (Helligkeitssehen) statt; da intensitätsschwaches, kurzwelliges (blaues) Licht die Stäbchen eher erregt als ein an Intensität gleiches langwelliges (rotes) Licht, treten die o. g. Phänomene auf.

VD: Ein typ. Experiment: Es liegt ein rotes u. ein blaues Feld von annähernd gleicher Helligkeit u. Sättigung vor, der Raum wird verdunkelt, dann wieder ganz schwach aufgehellt; Ergebnis: als Erstes wird die Farbe Blau sichtbar, u. zwar in einem dunkelgrauen Farbton, während sich das Rot überhaupt nicht von seiner dunklen Umgebung abhebt; erst bei weiterer Aufhellung des Raumes wird das Rot sichtbar, ebenfalls das Dunkelgrau; doch zeigt sich auch jetzt noch ein deutl. Helligkeitsunterschied zw. beiden Farben.

◆ ARNOLD, W. (Hg.): Experimentelles Praktikum, 1. Bd. Stuttgart 1972; CAMPENHAUSEN, C. v.: Die Sinne des Menschen. Stuttgart 1993; BIRBAUMER, N. u. SCHMIDT, R. F.: Biolog. Ps. Berlin 1989.

Purposive behaviourism → Behaviourismus.

Pursuit rotor → Tracking.

Puzzle box → Problemkäfig.

Q-Daten → Psychodiagnostik; → differentielle Psychologie.

Qualitätsmaxime → Konversationsmaximen.

Qualitätsschwelle → Sinnesschwellen.

Qualitative Diagnostik → Psychodiagnostik.

Qualitative Physik → intuitive Theorien.

Qualitative Prozesstheorie → intuitive Theorien.

Qualitative Wissensdiagnose → Wissenspsychologie.

Quantitätsmaxime → Konversationsmaximen.

Quantitative Diagnostik → Psychodiagnostik.

Quasibedürfnis → Wille; → Feldtheorie; → assoziatives Äquivalent.

Quasilinguistische Wissensrepräsentation → propositionale Wissensrepräsentation.

Quasi-paradigmatisch → domainorientiert vs. quasi-paradigmatisch.

Quasi-physiologischer Behaviourismus → Behaviourismus.

Quasi-reale Bewegung → Phi-Phänomen.

Querdisparation → Stereopsis.

Quotenverstärkung → Verstärkungsplan.

R, Standardabkürzung für → Reaktion; → S-R-Theorien.

r, Abkürzung für organismusinterne → Reaktion; Weiteres s. d.

Radikaler Behaviourismus → Behaviourismus.

Räuber- und Beuteaggression → Aggression.

Räumliche Hemmung → Hemmung.

Räumliche Kognition [engl.: *environmental cognition*, *spatial representations of environments*], allg. Oberbegriff für die mentale Repräsentation räuml. Beziehungen, meist also räuml. → Vorstellungsbilder. Diese Repräsentationen bewahren sowohl *topolog.* als auch *projektive* u. *euklid.* räuml. Relationen; vgl. Kosslyn u. a. (1979, 1980); s. a. Piaget u. Inhelder (1978). Die Abbildung des Raumes führt häufig zur Ausformung einer → kognitiven Landkarte. Die klass. Untersuchungen zum → symbolischen Distanzeffekt u. zu → mentalen Rotationen sprechen für eine → analoge Repräsentation. Diese auch der vorwissenschaftl. Ps. inhärente Idee wird problematisiert durch die Existenz von Kategorisierungseffekten u. Verzerrungen, die auf die Existenz von propositionalen Repräsentationsanteilen hinweisen (Weiteres s. das Stw. → symbolischer Distanzeffekt). Wahrscheinl. muss eine *räuml.* Repräsentation i. e. S. von einer *visuellen* Repräsentation getrennt werden (→ duale Kodierungstheorie; → visuell-räuml. Skizzenblock). Ein integratives Modell zur r. K. stammt von Thorndyke (1981); speziell zur Bedeutung von → Vorstellungsbildern vgl. Thorndyke u. Hayes-Roth (1982); Hintzmann u. a. (1981); Steiner (1988); Wippich (1985); vgl. auch das Stw. → räumliches Gedächtnis.

HI: Das Paradigma r. K. entstammt im Unterschied zu den meist mit dem Stw. → *Raumwahrnehmung* bezeichneten Forschungsansätzen nicht der Wahrnehmungsps., sondern einen interdisziplinären Ansatz; hier sind Anregungen von außerhalb der Ps., näml. von Stadtplanern, Architekten u. Geographen eingegangen; wichtig waren auch entwicklungsps. Ansätze; allg. kann man das Gebiet unter die große Perspektive → ökologische Psychologie einordnen.

LIT: Zum Überblick vgl. Liben u. a. (1981); Evans (1980); einen interdisziplinären Überblick über verschiedene Ansätze liefert Harvey (1981); zur histor. Bedeutung für Grundprobleme der → Wissensrepräsentation s. Zimmer u. Engelkamp (1988); einen Überblick über prakt. Anwendungen gibt Wippich (1985).

◆ Evans, G. W.: Environmental cognition. PBu 88, 1980, S. 259–287; Harvey, J. H. (Hg.): Cognition, social behaviour and the environment. Hillsdale 1981; Hintzmann, D. L. u. a.: Orientation in cognitive maps. CP 13, 1981, S. 149–206; Kosslyn, S. M. u. a.: On the demystification of mental imagery. BBS 2, 1979, S. 535–581; Kosslyn, S. M.: Image and mind. Cambridge/Mass. 1980; Liben, L. S. u. a. (Hg.): Spatial representation in behaviour across the life span: theory and application. New York 1981; Piaget, J. u. Inhelder, B.: Die Entwicklung des räuml. Denkens beim Kinde. Stuttgart 1971 (Orig.: 1948); Steiner, G.: Analoge Repräsentation. In: Mandl, H. u. Spada, H. (Hg.): Wissensps. München 1988, S. 99–123; Thorndyke, P. W.: Spatial cognition and reasoning. In: Harvey (1981); Thorndyke, P. W. u. Hayes-Roth, B.: Differences in spatial knowledge equired from maps and navigation. CP 14, 1982, S. 560–589; Wippich, W.: Lehrbuch der angewandten Gedächtnisps., 2. Bd. Stuttgart 1985; Zim-

MER, H. D. u. ENGELKAMP, J.: Informationsverarbeitung zw. Modalitätsspezifität u. propositionalem Einheitssystem. In: HEYER, G. u. a. (Hg.): Wissensarten u. ihre Darstellung. Berlin 1988, S. 130–155.

Räumliche Kompatibilität → Kompatibilität.

Räumliche Orientierung → Orientierung; → Raumwahrnehmung; → kognitive Landkarte; → anschauliches Denken.

Räumliches Denken → räumliches Gedächtnis; → Raumwahrnehmung.

Räumliches Gedächtnis. Folgende Phänomene sind gemeint, wenn von *r. G.* die Rede ist (vgl. Schumann-Hengsteler 1995): Erinnerungen, die bildhaft sind, wie Aussehen, Farbe, Form u. Identität von Gegenständen, v. a. räuml. Inhalte wie Position, Relation u. raumzeitl. Koordinaten – dabei ist die Frage, ob u. inwieweit ein r. G. von einem allg. → visuellen Gedächtnis abzutrennen ist. Experimentalps., neurops. u. entwicklungsps. Belege sprechen für eine solche Trennung: So zeigt sich z. B., dass bei Affen mit spezif. Hirnläsionen v. a. Ausfälle im visuellen Bereich vorkommen, wb. die Lokalisationsleistung relativ unbeeinträchtigt bleibt; auch beim Menschen gibt es neurops. Störungen, bei denen starke Ausfälle im Bereich des visuellen Wiedererkennens existieren (z. B. Patienten, die das Aussehen eines Elefanten nicht beschreiben können, obwohl sie wissen, was ein Elefant ist), gleichzeitig aber ein unbeeinträchtigtes Gedächtnis für Positionen von Objekten haben. Auf der anderen Seite finden sich Patienten ohne Schwierigkeiten im Bereich des visuellen Mustererkennens, jedoch mit extremen Lokalisationsproblemen (sie können z. B. kein vor ihnen stehendes Glas ergreifen). Die sog. räuml. Metapher ist zu allen Zeiten in der Konzeption des → Gedächtnisses sehr beliebt gewesen; letztl. liegt ihr die Vorstellung zugrunde, Erinnerungen seien Objekte, die im Geiste o. im Kopf an spezif. Orten verstaut sind. Diese schon bei Augustinus zu findende Idee findet sich im neuen Gewand in den → Mehrspeichertheorien. Die Gedächtnisps. war lange Zeit durch die Untersuchung verbaler Prozesse dominiert, daneben wurde auch das Gedächtnis für Bilder untersucht, zum Gedächtnis für Orte o. Positionen gab es jedoch lange Zeit keine Forschung u. auch heute noch ist die Ausbeute zu solchen Stichworten gering; tlw. wird das Behalten von räuml. Information ledigl. als Thema des Langzeitgedächtnisses betrachtet; *spatial memory* o. *spatial cognition* bezieht sich in diesem Fall auf → kognitive Landkarten, Wege- u. Kartenwissen sowie Wissen über die jeweilige Lebensumwelt. Ein zweiter Bereich, in dem die räuml. Information eine Rolle spielt, ist das gesamte Feld der Erforschung zum → Vorstellungsbild. Wichtig geworden sind die Experimente zur → mentalen Rotation; vgl. auch die Stw. → Arbeitsgedächtnis, → Raumwahrnehmung u. → anschauliches Denken.

◆ SCHUMANN-HENGSTELER, R.: Die Entwicklung des visuell-räuml. Gedächtnisses. Göttingen 1995.

Räumliches Hören → Hören.

Räumliches Lernen [engl. *spatial learning*], → Lernen von Raum- u. Ortszusammenhängen, ein spezieller Zugang zum allg. Thema → Raumwahrnehmung bzw. Orientierung aus behaviourist.-lerntheoret. Sicht, v. a. innerhalb der →

Zeichen-Gestalt-Theorie Tolmans. Typ. dabei ist die Untersuchung des Vhs. in → Lernlabyrinthen, z. B. in dem klass. Exp. von Tolman u. Honzik, einem sog. *Umwegproblem* (engl. *detour task*): Bei dieser Lern- bzw. Problemlösungsaufgabe wird dem Versuchstier ein einmal als erfolgreich erlebter Weg blockiert, zur erneuten Erreichung des Ziels muss es lernen, einen Umweg zu gehen; Bsp.: Ratten sollten auf Futtersuche ein Labyrinth explorieren, bei Abriegelung des direkten Weges bestand die Möglichkeit der Zielerreichung auf Weg 2 o. 3, wb. Weg 2 deutl. kürzer als Weg 3 war; schließl. wurde auch Weg 2 blockiert; das Exp. zeigte, dass bei Blockierung von Weg 1 der größte Teil der Tiere den kürzeren Umweg wählte, während bei der zusätzl. Blockierung von Weg 2 schließl. die einzige Alternative, Weg 3, gegangen wurde, eine Bestätigung des von Tolman postulierten *Prinzips des geringsten Aufwands*, ein Hinweis auf das Kzpt. der → kognitiven Landkarte; vgl. zfsd. Tolman u. a. (1946); Tolman (1948); s. a. das Stw. → latentes Lernen. Eine weitere typ. Lernapparatur in diesem Zusammenhang ist die → Platzlernen-Apparatur.

◆ Tolman, E. C. u. a.: Studies in spatial learning. JExP 36, 1946, S. 221–229; Tolman, E. C.: Cognitive maps in rats and men. PR 55, 1948, S. 189–208.

Räumliches Sehen → Tiefensehen; → Raumwahrnehmung; → Stereopsis.

Räumliche Summation → Sehen.

Räumliche vs. lineare Wissensrepräsentation. Die Termini werden z. B. bei Anderson (1988) zur Kennzeichnung verschiedener Formen von → analogen Wissensrepräsentationen verwendet: Bei der r. W. bewahren die → Vorstellungsbilder Informationen über die Position von Objekten im Raum, während eine l. W. Information über die Abfolge von Ereignissen, z. B. die Reihenfolge von Wörtern innerhalb eines Satzes bewahrt. Typ. l. W. sind impliziert in verbalen Lernprozessen, speziell beim → seriellen Lernen, z. B. beim Lernen einer Reihe sinnloser Silben; dabei treten typ. Reihenfolge-Effekte auf; vgl. auch das Stw. → räumliches Gedächtnis.

◆ Anderson, J. R.: Kognitive Ps. Heidelberg 1988; Haubensak, G.: Absolutes u. vergleichendes Urteil. Berlin 1985.

Räumlich-parallele Informationsverarbeitung → parallele vs. serielle Informationsverarbeitung.

Räumlich-sequenzielle Informationsverarbeitung → parallele vs. serielle Informationsverarbeitung.

Rahmen → frame.

Rahmenproblem → frame.

Randkontrast → Kontrasteffekte.

Randomisiertes Üben → knowledge of results; → Kontextinterferenz.

Random reinforcement → kontingente vs. nichtkontingente Verstärkung; → Verstärkungspläne.

Range-frequency-Theorie [auch *Bereichs-Häufigkeits-Theorie*], eine → Bezugssystemtheorie (Parducci 1965ff.), entstanden aus der krit. Auseinandersetzung mit der → Adaptationsniveautheorie, mit der zentralen Annahme, dass das Urteilsvh. bei → psychophysischen Methoden, speziell bei Kategorialurteilen, z. B. bei der Einschätzung der Größe von Reizen, einen Kompromiss zweier Tendenzen darstellt: (a) dem → Bereichsprinzip, speziell dem *Equal-subrange-Prinzip*, also der Tendenz, die Reichweite (*range*) in Klassen mit gleicher Breite (*subranges*) einzuteilen; (b) dem *Frequency-*, bzw. *Häufigkeitsprinzip* (bzw. *Häufigkeitseffekt*), also der Tendenz, jeder Kategorie die gleiche Anzahl von Stimuli zuzuweisen, d. h. also, dass häufig auftretende Reize engere Unterbereiche entstehen lassen als selten auftretende Reize, wb. angenommen wird, dass Reize im Kontinuum der internen Repräsentation normalverteilt sind u. dass demgemäß die Übergänge im Zentrum der Verteilung dichter zusammenliegen als an den Rändern der Verteilung. Die R. spezifiziert Fälle, bei denen Bereichs- u. das Häufigkeitsprinzip zu unterschiedl. Einordnung eines Reizes in die vorgegebenen Urteilskategorien führen; für diesen Fall schließt der Beurteiler einen Kompromiss – nach Parducci das arithmet. Mittel zw. beiden Tendenzen, beide Prinzipien werden also als gleich stark bewertet. Mit diesen Grundideen beschreibt diese Theorie in formal präzisierter Weise Bezugssystemeffekte.

HI/WÜ: Die R. stellt einen der Meilensteine in der Forschungstradition der Bezugssystemtheorien dar, die in vielen Teilen empir. gut gesichert ist; vgl. Haubensak (1985). Parduccis Theorie bezieht sich auf die Abhängigkeit der Reizbeurteilung von anderen, ebenfalls zu beurteilenden Reizen, insbes. werden der Bereich, den die Reize umspannen u. die Schiefe der Reizverteilung betrachtet (man kann hier von *internen Kontexteffekten* sprechen). Helsons u. Sarris' Bezugssystemtheorien dagegen betrachten *externe* Kontexteffekte, näml. die Abhängigkeit der Urteile von Reizen, die selbst nicht beurteilt werden sollen; vgl. hierzu Westermann (1987); zum Vergleich der R. mit der *Orientierungstheorie* Hellers vgl. Schüssler (1981); s. a. das Stw. → Äquidistanzmodell.

◆ Haubensak, G.: Absolutes u. vergleichendes Urteil. Berlin 1985; Parducci, A.: Category-judgement: a range frequency model. PR 72, 1965, S. 407–418; Parducci, A.: A range-frequency approach to sequential effects in category ratings. In: Kornblum, S. (Hg.): Attention and performance. New York 1973; Parducci, A.: Contextual effects: a range frequency analysis. In: Carterette, E. C. u. Friedman, M. P. (Hg.): Handbook of perception, 2. Bd. New York 1974; Schüssler, S.: Range-frequency-Theorie u. Orientierungstheorie. Würzburg (Diss.) 1981; Westermann, R.: Wahrnehmung: psychophys. Skalierung u. Informationsintegration. In: Lüer, G. (Hg.): Allgemeine Experimentelle Ps. Stuttgart 1987, S. 265–308.

Rangordnen → Rangordnungsverfahren.

Rangordnungsverfahren, eine indirekte Skalierungsmethode (→ psychophysische Methoden): n Reize werden vorgegeben, jedoch im Unterschied zur Methode des → Paarvergleichs nicht paarweise, sondern alle zur gleichen Zeit. Die Vp muss die Reize nach vorgegebenen Kriterien in eine Rangordnung bringen, z. B. Politiker in eine Rangordnung der Beliebtheit einordnen.

◆ Arnold, W. (Hg.): Experimentelles Praktikum, 1. Bd. Stuttgart 1972; Dawes, R. M.: Grundlagen der Einstellungsmessung. Weinheim 1977; Gigerenzer, G.: Messung u. Modellbildung in der Ps. München 1981; Guttmann, G. (Hg.): Allg. Ps. Experimentalps. Grundlagen. Wien 1992; Lüer, G. (Hg.): Allgemeine Experimentelle Psychologie. Eine Einführung in die method. Grundlagen mit prakt. Übungen für das experimentelle Praktikum. Stuttgart 1987; Westermann, R.: Zur empir. Überprüfung des Skalen-Niveaus von individuellen Einschätzungen u. Ratings. ZfPs 192, 1984, S. 122–133.

Rangschätzung → Rangordnungsverfahren.

Ranschburgsche Hemmung → Interferenz.

Rapid-eye-movements → Traum.

Ratingskalen → Einschätzskalen.

Ratio estimation method engl. für → *Verhältnisschätzmethode.*

Rationalisierung → Abwehrmechanismen.

Rationalismus → Nativismus.

Rationalitätsprinzip → Entscheidungstheorie.

Ratio production engl. für → *Verhältnisproduktionsmethode.*

Rattenpsychologie → Behaviourismus.

Raum → Raumwahrnehmung; → Lebensraum.

Raumfarben → Farbwahrnehmung.

Raumkonstanz → visuelle Orientierung; → Wahrnehmungskonstanzen.

Raumschwelle → Sinnesschwellen.

Raumtiefenschwelle → Stereopsis.

Raumwahrnehmung [ähnl. *Tiefenwahrnehmung*; s. a. das Stw. → Tiefensehen], eine grundlegende Funktion der → Wahrnehmung, v. a. des → Sehens; sie kann differenziert werden in: *Entfernungs-* bzw. *Abstandswahrnehmung, Tiefenwahrnehmung* i. e. S. u. *Wahrnehmung räuml. Beziehungen.* (Mit *Abstands-* u. *Entfernungswahrnehmung* meint man die Feststellung des absoluten Abstandes eines Objektes zum Beobachter, im Unterschied zur *Tiefenwahrnehmung*, die einfach die Wahrnehmung der räuml. Tiefe meint;) s. a. die Stw. → visuelle Orientierung u. → Größenwahrnehmung. Ein Teilprozess der R. ist die Wahrnehmung der eigenen Position im Raum (*egozentr. Lokalisation*). Wahrscheinl. wird die räuml. Position eines Reizes unabhängig von der Identität u. sonstigen Reizmerkmalen verarbeitet u. in zwei getrennten visuellen cortikalen Systemen repräsentiert; vgl. Styles u. Allport (1986). Eine eigene Wahrnehmungsfunktion, die viele räuml. Aspekte beinhaltet, ist das → Bewegungssehen; s. a. die Stw. → kinetischer Tiefeneffekt; → stereokinetischer Effekt; → Umstrukturierungs-Bewegung; → Bewegungsparallaxe. Bei Untersuchungen zum → anschaulichen Denken hat man drei Grundfähigkeiten gefunden: *räuml. Relation, räuml. Orientierung* u. *Visualisierung.* Im Zusammenhang mit Störungen des Kurzzeitgedächtnisses ist ein wesentl. Symptom die *räuml.* (u. zeitl.) *Desorientiertheit*; vgl. Barz (1986); Shallice (1988); Poeck (1982).

R. wird v. a. durch das binoculare → Tiefensehen begründet, obgleich ästhet. u. akust. Faktoren eine wichtige Rolle spielen (→ Tiefensensibilität; → Gleichgewichtssinn; → somatoviscerale Sensibilität; → Hören). Die Beweglichkeit der Sinnesorgane u. die Fähigkeit zur Lokomotion spielt eine wesentl. Rolle; vgl. Jerison (1973) u. Trevarthen (1978). Die Fähigkeit zur R. wird v. a. durch die Faktoren → Akkommodation, → Konvergenz u. bes. Querdisparation bzw. → Stereopsie begründet; vgl. Murch u. Woodworth (1978); Prinz (1990); vgl. auch Schmidt (1985). Auch die Farbe beeinflusst die R.: Ein Farbdruck vermittelt einen stärkeren Tiefeneindruck als das gleiche Bild in Schwarz-Weiß; s. a. die Stw. → Farbenstereoskopie u. → Farbenperspektive. Ein wesentl. Teil dieser Faktoren ist angeboren, ebenso die grundsätzl. Fähigkeit zu R. Ein wichtiges entwicklungsps. Phänomen, das dies demonstriert, ist die → visuelle Klippe. Dennoch bedarf es Erfahrung, um dieses genet. Potential für die R. zu entwickeln, vgl. hierzu auch das Stw. → sensorische Deprivation. Zu weiteren erfahrungsbedingten Elementen der R. s. Murch u. Woodworth (1978); s. v. a. die Ausführungen über das monoculare Tiefensehen. Frisby (1989) weist darauf hin, dass die R. über die Orientierung im Raum hinaus wahrscheinl. die Funktion hat, Tarnungen zu entlarven (ähnl. wie bei der militär. Abwehr Stereoaufnahmen vom Flugzeug gemacht werden, um getarnte militär. Anlagen besser entdecken zu können): Mit einem zur R. befähigten Wahrnehmungssystem kann z. B. besser entschieden werden, ob eine Streifenform z. B. zu einem Tiger gehört o. zu Zweigen, Ästen u. Blättern eines Baumes. Dies ist deswegen von Bedeutung, weil Experimente zur Stereoskopie, bes. auch zu den → Zufallspunktstereogrammen, deutl. zeigen, dass die R. der → Objektwahrnehmung vorangehen kann. Es gibt auch bei bestimmten Aufgaben Schwierigkeiten, zu einer Objektwahrnehmung zu gelangen, die sich aber sofort auflösen, sobald eine Tiefenwahrnehmung zur Verfügung steht. Zum evolutionären Hintergrund der R. vgl. Ditfurth (1976) u. Campbell (1979).

Das Problem der R. führt auf die Frage nach der Geometrie des visuellen Raumes. Wichtige Versuche wurden hierzu schon Anfang dieses Jahrhunderts durchgeführt: Hillebrand (1902) u. Blumenfeld (1913) sowie Poppelreuter (1911) führten sog. *Alleen-Versuche* durch (*Hillebrand-Allee*), ein Bsp.: die Vpn sollen eine Anordnung von zwei Reihen hängender Fäden justieren, so dass beide Reihen in ihrem gesamten Verlauf parallel erscheinen – dabei wurde eine Abweichung von der wirkl. Parallelität deutl., die etwas über die Geometrie des subjetiven Raumes gegenüber dem objektiven aussagt; vgl. hierzu den Aufsatz von Suppes (1977), in dem die Theorien zur Frage: »Is visual space Euclidian?« tabellar. zusammengestellt sind. Die umfassendste Theorie geht zurück auf die Arbeit von Luneburg (1950) u. den daran anschließenden Ergänzungen u. Modifikationen von Blank (1957); vgl. hierzu Lukas (1996).

VD/TH: Das Problem der R. ist durch die gesamte Geistesgeschichte innerhalb der Philosophie u. auch innerhalb der Malerei u. der Kunsttheorie diskutiert worden. Grundprobleme sind: (a) wie eine phänomenale Dreidimensionalität aus dem zweidimensionalen Netzhautbild sich konstituiert; (b) wie wir Wahrgenommenes als in einem externen Raum u. nicht auf unserer Netzhaut liegend wahrnehmen (Problem der *exzentr. Projektion*, nach J. Müller 1842); (c) die Frage, inwieweit diese Prozesse gelernt o. angeboren sind: Ist z. B. ein blind geborener Mensch zur R. in der Lage, kann er z. B. eine Kugel o. einen Würfel richtig benennen? Folgende theoret. Ansätze sind wichtig geworden: (a) Eine ältere Theorie ist, dass jede Wahrnehmung eine Art von Ortsempfindung mit sich führt, das sog. *Lokalzeichen*, wb. dieses meist im Sinne einer → Motortheorie als durch Augenbewegungen entstehend konzipiert wird (*Motortheorie der R.*). Dieses Kzpt. ist also ein empirist. Ansatz, demzufolge R. sich aus der nichträuml. visuellen Empfindung entwickelt, die ihre Räumlichkeit erst durch die Auswertung von Sinnesdaten über Muskelempfindungen bei Augenbewegungen erhält (Lotze 1852); vgl. hierzu Klemm (1911); Boring (1942); vgl. das Stw. »Lokalzeichen« in Ritter u. Grunder (1980). Schon der Philosoph Berkeley hat eine solche empirist. Motortheorie formuliert, derzufolge nur die Integration des Sehraums mit Tast- o. Greifbewegungen zu R. führen kann. Helmholtz übernimmt dieses Kzpt. der Lokalzeichen in seinem »Handbuch der Physiolog. Optik« von 1866: Augenmuskelempfindungen u. Lokalzeichen werden nach ihm durch einen → unbewussten Schluss verbunden. Eine sensualist. Theorie der R. wird auch von Mach entwickelt, der ebenfalls mit motortheoret. Kzpt. operiert. (b) E. Hering ist einer der Hauptvertreter einer *nativist.* Wahrnehmungstheorie im 19. Jhdt., er konzipiert das Modell eines imaginären → *Zyklopenauges*, das die monocularen Bilder in der Hauptblickrichtung zusammenführt. Im Gegensatz zur empirist. Theorie postuliert er, dass die fokussierenden Augenbewegungen angeboren sind. Er unterteilt auch den Begriff *Lokalzeichen* in Höhen-, Breiten- u. Tiefenwerte. Nach C. Stumpf ist die Räumlichkeit von Vorstellungen unmittelbar gegeben, wie z. B. auch die Farbempfindung; eine Vorstellung kann nicht anders als ausgedehnt repräsentiert werden, u. jede Ausdehnung ist gleichzeitig in irgendeiner Art gefärbt; Farbe u. Ausdehnung sind deshalb gleichursprüngl. Qualitäten, so dass es weder eines *unbewussten Schlusses* noch einer *schöpfer. Synthese* bedarf, um sie miteinander in Verbindung zu bringen. (c) Obwohl grundsätzl. jenseits von Empirismus u. Nativismus stehend postuliert auch die → Gestalttheorie das ursprüngl. Gegebensein der R. In dieser Perspektive verschiebt sich das Problem, wie Tiefenwahrnehmung überhaupt mögl. ist: Es ist nicht so, dass ohne eine Mindestanzahl von Kriterien keine R. erfolgt, es scheint vielmehr eine grundsätzl. Tendenz des visuellen Systems zu geben, Anordnungen räuml. wahrzunehmen. Die Gestalttheorie interpretiert dies im Sinne des → Prägnanzprinzips. Eine Fortführung dieses Ansatzes sind die Theorien von Hochberg (1977), der mit einem *Minimum-Prinzip* operiert u. von Rock (1985) der das Leitmotiv einer *Logik der Wahrnehmung* konzipiert: bestimmte opt. Konstellationen ergeben in räuml. Sicht die einfachste Strukturierungsmöglichkeit von visuellen Vorlagen. (d) Insbes. die → ökologische Optik von Gibson analysiert R. im Sinne einer → direkten Wahrnehmungstheorie: Die wichtigsten Leistungen der R., Entfernungs- u. Tiefenwahrnehmung u. auch räuml. Bewegungssehen, sind über direkt wahrnehmbare Invarianten, bes. über bestimmte *Texturgradienten* der Umwelt zu bestimmen. Auch die von Gibson so genannte → Bewegungsperspektive ist ein wichtiger Faktor der R.: Aufgrund der Bewegungsparallaxe entsteht ein Gradient der Richtungsänderung, d. h., je weiter ein Objekt entfernt ist, desto geringer ist die Richtungsänderung; vgl. zsfd. Rock (1985). Gibson betont insbes. dabei die Bedeutung eines handelnden u. sich bewegenden Wahrnehmers in realen Umwelten. Vorläufer dieses Ansatzes war der → probabilistische Funktionalismus von Brunswik, der Wahrnehmung als Auswertung der wahrscheinl. Eigenschaften u. von Gegenständen innerhalb einer gegebenen Umweltstruktur sieht. Auch die → transaktionalistische Wahrnehmungstheorie von Ames lässt sich hier einordnen; im Rahmen von Untersuchungen zu dieser Theorie wurden einige neue Wahrnehmungseffekte innerhalb der R. aufgezeigt. (e) Seit den 60er Jahren wurde mit Hilfe der mathemat. Modelltheorie versucht, physiolog. Ergebnisse mathemat. zu formulieren; vgl. z. B. Suppes (1977). (f) Die → computationale Wahrnehmungstheorie versucht im Detail u. mit computersimulierbaren Theorien zu erklären, wie aus der nichträuml. zweidimensionalen *Primärskizze* eine *2.5-D-Skizze* u. dann eine *3-D-Skizze* entsteht. S. a. die Theorie der → kognitiven Landkarte.

LIT: Einen Überblick über Theorien der R. vermittelt Richards (1975); zu den neurobiolog. Grundlagen nicht nur der R., sondern allg. der räuml. Ordnung der Wahrnehmung vgl. Grüsser (1982); zum räuml. Vorstellungsvermögen vgl. Maier (1994); zu Ansätzen aus dem Bereich der → künstlichen Intelligenz vgl. Poggio (1986) u. Hatfield (1990); zu philosoph. u. ps. Ansätze vgl. Gostonyi (1976) u. Arnold (1949); zu physikal. Aspekten vgl. Falk u. a. (1990); zu Theorien u. Problemen im physiolog.-ps. Übergangsgebiet vgl. Wittling (1976); ein Überblicksaufsatz, der insbes. auf die Integration visueller u. kinästhet. Prozesse bei der Entstehung der R. eingeht, ist Bischof (1966); zu entwicklungsps. Aspekten vgl. Reisman (1987); ein klass. Aufsatz zur Raum- u. Gestaltauffassung bei operierten Blindgeborenen vor u. nach der Operation ist von Senden (1932); der Wechsel der Aufmerksamkeit von einer räuml. Position zu einer anderen wurde v. a. von Posner u. a. (1987) untersucht; einen Überblick über die sportps. relevanten Aspekte des Themas bietet Cratty (1975); Bspe. für die Anwendung systemanalyt. Methoden u. Modellvorstellungen auf Probleme der R. finden sich bei Bischof u. Scheerer (1970) u. bei Klix (1971); zur Bedeutung von Störungen der R. u. zur Bedeutung einer mögl. Störung der R. innerhalb des Rahmens verschiedener Behinderungsformen vgl. Wehr-Herbst (1988); zu kulturvergleichender Forschung vgl. Thomas (1993); zu einem Ansatz aus phänomenolog. Perspektive vgl. Scheerer (1986); zur Entwicklung des → räumlichen Gedächtnisses vgl. Schumann-Hengstler (1995); ein tief schürfendes Buch über die Psychophysik der R. ist Lukas (1996).

◆ Arnold, W.: Das Raumerlebnis in Naturwissenschaft u. Erkenntnistheorie. Nürnberg 1949; Barz, H.: Psychopathologie u. ihre ps. Grundlagen. Bern 1986; Bischof, N. u.

SCHEERER, E.: Systemanalyse der opt.-vestibulären Interaktion bei der Wahrnehmung der Vertikalen. PF 34, 1970, S. 90–181; BISCHOF, N.: Psychophysik der Raumwahrnehmung. In: METZGER, W. (Hg.): Wahrnehmung u. Bewußtsein. HP, 1. Bd., 1. Hlb. Göttingen 1966, S. 307–408; BLANK, A. A.: The geometry of vision. British Journal of Physiological Optics 14, 1957, S. 1–30; BORING, E. G.: Sensation and perception in the history of experimental psychology. New York 1942; CAMPBELL, B. G.: Entwicklung zum Menschen. Stuttgart 1979; CAMPENHAUSEN, C. v.: Die Sinne des Menschen. Stuttgart 1993; CRATTY, B. J.: Motor. Lernen u. Bewegungsvh. Frankfurt/M. 1975; DITFURTH, H. v.: Der Geist fiel nicht vom Himmel. Hamburg 1976; ENNS, J.: Threedimensional features that pop out in visual search. In: BRODY, D. (Hg.): The first international conference on visual search. London 1989; FALK, D. S. u. a.: Ein Blick ins Licht. Berlin 1990; FRISBY, J. P.: Opt. Täuschungen. Augsburg 1989; GOSTONYI, A.: Der Raum. Geschichte seiner Probleme in Philosophie u. Wissenschaft 1976; GRÜSSER, O.-J.: Die räuml. Ordnung der Wahrnehmung. Neurobiolog. Grundlagen. Nova-Acta-Leopoldina 1982; HATFIELD, G.: The natural and the normative. Theories of Spacial Perception from Kant to Helmholtz. Cambridge/Mass. 1990; HOCHBERG, J. E.: Wahrnehmung. Bern 1977; HOWARD, I.: Human visual orientation. Chichester 1982; JERISON, H. J.: Evolution of the brain and intelligence. New York 1973; KLEMM, O.: Geschichte der Ps. Leipzig 1911; KLIX, F.: Information u. Vh. Bern 1971; LOTZE, H.: Medizin. Ps. o. Physiologie der Seele. 1852; LUNEBURG, R. K.: The metric of binocular visual space. JOSA 40, 1950, S. 627–642; LUKAS, J.: Psychophysik der Raumwahrnehmung. Weinheim 1996; MAIER, P. H.: Räuml. Vorstellungsvermögen. Komponenten, geschlechtsspezif. Differenzen, Relevanz, Entwicklung u. Realisierung in der Realschule. Frankfurt/M. 1994; MAIER, P. H.: Räuml. Vorstellungsvermögen. Frankfurt/M. 1994; MURCH, G. M. u. WOODWORTH, G. L.: Wahrnehmung. Stuttgart 1978; POECK, K. (Hg.): Klin. Neurops. Stuttgart 1982; POGGIO, T.: Wie Computer u. Menschen sehen. In: RITTER, M. (Hg.): Wahrnehmung u. visuelles System. Heidelberg 1986, S. 78–89; POSNER, M. I. u. a.: Isolating attentional systems: a cognitive anatomical analysis. PsB 15, 1987, S. 107–121; PRINZ, W.: Wahrnehmung. In: SPADA, H. (Hg.): Lehrbuch Allg. Ps. Bern 1990, S. 25–114; REISMAN, J.: Touch, motion and proprioception. New York 1987; RICHARDS, W.: The visual space perception. In: CARTERETTE, E. C. u. FRIEDMAN, M. P.: Seeing. Handbook of perception, 5. Bd., New York 1975, S. 351–386; RITTER, J. u. GRUNDER, K. H. (Hg.): Histor. Wörterbuch der Philosophie, 5. Bd. Basel 1980; ROCK, I.: Wahrnehmung. Heidelberg 1985; SCHARFETTER, C.: Allg. Psychopathologie. Stuttgart 1976; SCHEERER, E.: The constitution of space perception: a phenomenological perspective. AP 63, 1986, S. 157–173; SCHMIDT, R. F. (Hg.): Grundriß der Sinnesphysiologie. Berlin 1985 (5. Aufl.); VON SCHUMANN-HENGSTLER, R.: Die Entwicklung des visuell-räuml. Gedächtnisses. Bern 1995; v. SENDEN, M.: Raum- u. Gestaltauffassung bei operierten Blindgeborenen vor u. nach der Operation. Leipzig 1932; SHALLICE, T.: From neuropsychology to mental structure. Cambridge 1988; STYLES, E. A. u. ALLPORT, D. A.: Perceptual integration of identity, location and colour. PRes 48, 1986, S. 189–200; SUPPES, P.: Is visual space euclidean? Synthese 35, 1977, S. 397–421; THOMAS, A. (Hg.): Kulturvergleichende Ps. Göttingen 1993; TREVARTHEN, C. B.: Modes of perceiving and modes of acting. In: PICK, H. u. SALTZMAN, E. (Hg.): Modes of perceiving and processing information. Hillsdale 1978; WEHR-HERBST, E.: Wahrnehmung u. Bewegung. Heidelberg 1988; WITTLING, W.: Einführung in die Ps. der Wahrnehmung. Hamburg 1976.

Raumzeitliche Kontiguität → Kontiguitätsprinzip.

Reaction time → Reaktionszeit.

Reading span measure → Gedächtnisspanne.

Reafferenz. Das R.-Modell entwickelte sich aus einem Versuch der Lösung des sog. *Helmholtz-Problems*: die Frage der Stabilität der → egozentrischen Lokalisation trotz ständiger Veränderung des Netzhautbilds durch → Augenbewegungen (s. a. die Stw. → Bewegungswahrnehmung; → Orientierungswahrnehmung). Es geht also um die wahrgenommene Stabilität der Umgebung bei Eigenbewegungen. Das Prinzip der R. besagt: Das Zentralnervensystem kompensiert mit Hilfe einer vom Bewegungskommando abgezweigten *Efferenzkopie*, d. h. einem inneren Modell der Bewegung bzw. des durch die Bewegung erzeugten Effektes, die durch die Ausführung einer Bewegung hervorgerufene u. durch ein Sinnesorgan zurückgemeldete Bewegungseffekte (= *R.*). (Das gilt nicht für niedere spinale Bewegungsleistungen, wird aber im Bereich der höheren Wahrnehmung, v. a. der Blickmotorik wirksam.) So ist es mögl., dass Augenbewegungen nicht als Bewegung der Umwelt vom Gehirn »missinterpretiert« werden; Körper u. Umwelt werden vielmehr als konstant erlebt, nur die Augen als bewegt. Das R.-Prinzip besagt also für diesen speziellen Fall der Augenbewegungen, dass die retinale Afferenz mit dem motor. Kommando zur Steuerung der Sackade (*Efferenzkopie*) verglichen wird u. der Unterschied zw. der aufgrund des Kommandos zu erwartenden R. u. der von den Sinnesorganen tatsächl. gemeldeten Afferenz die wahrgenommene Richtung der Dinge bestimmt. Grundannahme ist also, dass neben der efferenten Innovation eine zentrale »Nebenentladung« (engl. *corollary discharge*) auftritt. In der frühen Fassung wird der Kompensationsvorgang als unabhängig von der Willkürbewegung konzipiert, entscheidend sei die Aktivität der Bewegung; in späteren Arbeiten wird die Efferenzkopie als Folge eines Willkürimpulses beschrieben. Folgende Versuchsanordnung demonstriert dies: Wenn man die Augenmuskeln künstl. lähmt, so dass das Gehirn also beim Versuch, die Augen zu bewegen, eine nicht in eine Bewegung umsetzbare Efferenzkopie erstellt, hat dies zur Folge, dass die Welt bei jedem Versuch, die Augen zu bewegen, phänomenal als bewegt erlebt wird. Von Holst u. Mittelstaedt (1950) entwickelten ihr R.-Prinzip auf der Basis von optokinet. Folgebewegungen von Insekten, die sie als *optomotor. Reflex* bezeichneten, (obwohl ihre Theorie grundsätzl. gegen die klass. Reflextheorie gerichtet ist). Das R.-Prinzip wurde innerhalb der Ps. rezipiert u. weiterentwickelt von Hein u. Held (1962) u. von Festinger u. Cannon (1965).

KR: Dieser Ansatz wurde kritisiert von Forschern, die in der Tradition der Gibsonschen direkten Wahrnehmungstheorien stehen; vgl. zum Überblick Shebilske (1984); eine zsfd. Kritik an der physiolog.-mechanist. Verkürzung dieses Modells findet sich bei Ennenbach (1991); Weiteres s. das Stw. → Augenbewegungen.

VD: (1) Ein klass. Experiment ist der *Drehversuch*: Ein Tier o. eine Vp sitzen auf einem Stuhl im Inneren eines Zylinders, der senkrecht schwarz/weiß gestreift ist; der Versuch wird in folgenden Varianten durchgeführt: (a) Drehung des Stuhls bei Stillstehen des Zylinders; (b) Drehung des Zylinders in Gegenrichtung bei stillstehendem Stuhl; (c) Drehung von Stuhl u. Zylinder in gleicher Richtung mit gleicher Geschwindigkeit. Bei (a) sieht die Vp die Umgebung in Ruhe, Schwindel tritt auf wie beim Karussellfahren, verantwortl. sind gem. der klass. Reflextheorie *Labyrinthreflexe*. Die gleichen Effekte treten auch bei der Variante (b) auf; dieser Effekt wird hier dem *optomotor. Reflex* zugeschrieben. Bei der Variante (c) zeigt die Vp keine Drehreaktion; der *optomotor. Reflex* kann zwar nicht wirken, die *Labyrinthreflexe* müssten aber Wirkung zeigen, werden jedoch durch die Eigenbewegung ausgeschaltet. Zu weiteren Variationen dieses Versuchs vgl. zfsd. Ennenbach (1991).

(2) Ein weiteres Problem im Zusammenhang mit dem R.-Modell betrifft die Beschaffenheit u. Herkunft des Bewegungssignals. Die *Outflow-Theorien* nehmen an, dass die Information aus Quellen stammt, die an der Planung u. Ausführung der Bewegung beteiligt u. auf der efferenten Seite angesiedelt sind; die *Inflow-Theorien* siedeln sich auf der afferenten Seite, d. h. in propriozeptiven Rückmeldungen über die ausgeführte Bewegung an; vgl. zum Überblick Shebilske (1977).

(3) Eine weitere Kontroverse betrifft die Natur des Prozesses, durch den die Bewegungsinformation in Rechnung gestellt wird, u. den funktionalen Ort, an

dem dieser Prozess anzusiedeln ist. Die klass. Position, wie sie im Modell von von Holst u. Mittelstaedt vertreten wird, lokalisiert den Verrechnungsmechanismus auf der Ebene der sensomotor. Koordination, d. h. auf proximaler Ebene, sie operiert also mit einem *Kompensationsprinzip*. Eine Alternative ist im sog. *Evaluationsprinzip* von MacKay entwickelt worden (vgl. z. B. MacKay 1973): diese Position lokalisiert den Vorgang, bei dem die Eigenbewegung in Rechnung gestellt wird, auf der Ebene der distalen Repräsentation; vgl. hierzu Prinz u. a. (1995). Hier stellt die Veränderung der Afferenzen nicht eine Störgröße dar, die es auszuschalten gilt, sondern liefert im Gegenteil eine Bestätigung der stabilen Natur der Umgebung: Wenn näml. die Umgebung stabil ist, müssen die Ansichten aus der Perspektive eines Beobachters o. eines Sinnesorgans, der bzw. das sich in einer bestimmten Weise bewegt, sich gleichfalls in bestimmter u. vorhersagbarer Weise verändern; als *Evaluation* bezeichnet MacKay den laufenden Abgleich zw. der gegebenen Afferenz auf der einen u. den »Ansichten« auf der anderen Seite, die aufgrund der kognitiven Karte bei gegebener Bewegung jeweils zu erwarten sind. Die kognitive Karte ist der Ort, an dem das Bewegungssignal in Rechnung gestellt wird; eingetragen wird es dort als Bewegung des Organismus (relativ zur Welt).

LIT: Zum Überblick vgl. Ennenbach (1991); physiolog. Aspekte thematisieren Jung (1976) u. Berger (1984); zum Überblick über neue Forschungsergebnisse vgl. Wallach (1986).

◆ Berger, W. u. a. (Hg.): Haltung u. Bewegung beim Menschen. Berlin 1984; Carpenter, R. H. S.: Movements of the eyes. London 1977; Ennenbach, W.: Bild u. Mitbewegung. Köln 1991; Festinger, L. u. Canon, L. K.: Information about spatial location based on knowledge about efference. PR 72, 1965, S. 373–384; Hein, A. u. Held, R.: A neural model for labile sensorimotor coordinations. In: Bernard, E. E. u. Kare, M. R. (Hg.): Biological prototypes and synthetic systems 1. New York 1962; Von Holst, E. u. Mittelstaedt, H.: Das Reafferenz-Prinzip. Naturwissenschaften 37, 1950, S. 464–476; Jung, R.: Einführung in die Bewegungsphysiologie. In: Gauer u. a. (Hg.): Physiologie des Menschen, 14. Bd.: Sensomotorik. München 1976, S. 1–97; MacKay, D. M.: Visual stability and voluntary eye movement. In: Jung, R. (Hg.): Handbook of sensory physiology. Bd. 7/3. Berlin 1973, S. 307–331; Prinz, W. u. a.: Handlungen als Ereignisse. In: Dörner, D. u. van der Meer, E. (Hg.): Das Gedächtnis. Göttingen 1995, S. 129–168; Shebilske, W. L.: Context effects and efferent factors in perception and cognition. In: Prinz, W. u. Sanders, A. F.: Cognition and motor processes. Berlin 1984, S. 99–121; Shebilske, W.: Visuomotor coordination in visual direction and position constancies. In: Epstein, W. (Hg.): Stability and constancy in visual perception: Mechanisms and processes. New York 1977, S. 23–69; Wallach, H.: Wahrgenommene Stabilität der Umgebung u. Eigenbewegung. In: Ritter, M. (Hg.): Wahrnehmung u. visuelles System. Heidelberg 1986, S. 114–121.

Reaktanz, Widerstandsreaktion auf Freiheitsentzug bzw. Freiheitseinengung, eine motivationale Erregung mit dem Ziel, eine bedrohte u. abnehmende o. gänzlich eliminierte Freiheit wiederherzustellen. Die Idee einer menschl. Widerstandsreaktion auf Freiheitsentzug wurde von Brehm (1972ff.) elaboriert u. war ein wichtiges kleineres Paradigma der Sozialps.

VD: (1) Ein klass. Beispiel für R. stellt die von Weiner-Regan u. Brehm (1977) durchgeführte Studie zum Kaufverhalten in einem Supermarkt dar, bei der Kunden, die einem schwachen Einflussversuch ausgesetzt waren (geringere verbale bzw. materielle Beeinflussung) zu 90 % die beworbene Brotsorte kauften, wohingegen bei starkem Einflussversuch der Erfolg der Beeinflussung deutl. geringer war – »latente Reaktanz« (weil die Vpn. keinen Widerstand zeigten, sondern nur ein weniger starkes Nachgeben). Weiteres Bsp.: der sog. »Romeo-u.-Julia-Effekt« (Driscoll u. a. 1972): Verbietendes Eingreifen bei einer Liebesbeziehung führe zu einer Intensivierung der Liebesgefühle gegenüber dem schwierig zu erreichenden Partner. »Hard-to-get-Phänomen« ist die allg. Bezeichnung für diesen Sachverhalt (vgl. Walster u. a. 1973). Zur Anwendung innerhalb der klin. Ps. vgl. Brehm (1980), zur Anwendung bei der Analyse ps. Experimente vgl. Gniech (1976); weitere Anwendungsfelder finden sich bei Gniech u. Grabitz (1978).

(2) Spezifikationen der Brehmschen Theorie: (a) Das Konzept der Wichtigkeit einer Freiheit von Dickenberger (1978) versucht einen entscheidungstheoret. Ansatz. (b) Eine Integration mit Theorien der erlernten Hilflosigkeit versuchen Wortman u. Brehm (1975). (c) Dickenberger u. Gniech (1982) thematisieren insbes. das Vh. bei R., wb. Nachgeben u. Widerstand in einem lerntheoret. Konfliktmodell eingefangen werden.

◆ Brehm, J. W.: Responses to loss of freedom: a theory of psychological reactance. General Learning Press, Morristown, N.J. 1972; Brehm, S.: Anwendung der Sozialps. in der klin. Praxis. Bern 1980; Dickenberger, D.: Ein neues Konzept der Wichtigkeit von Freiheit: Konsequenzen für die Theorie der ps. Reaktanz. Weinheim 1978; Dickenberger, D. u. Gniech, G.: The theory of psychological reactance. In: Irle, M. (Hg.): Studies in decision making. New York 1982, S. 311–341; Dickenberger, D.: Reaktanztheorie – Widerstand bei der Kindererziehung. In: Haisch, J. (Hg.): Angewandte Sozialps. Bern 1983; Driscoll, R. u. a.: Parental inference and romantic love: The Romeo and Juliet effect. JPSP 24, 1972, S. 1–10; Gniech, G.: Störeffekte in ps. Experimenten. Stuttgart 1976; Gniech, G. u. Grabitz, H.-J.: Freiheitseinengung u. ps. Reaktanz. In: Frey, D. (Hg.): Kognitive Theorien der Sozialps. Bern 1978, S. 48–74; Gniech G. u. Preuss, V.: Territorialität: Über das Vh. in sozialen Räumen. In: Witte, E. H. (Hg.): Beiträge zur Sozialps. Weinheim 1980, S. 226–232; Walster, E. u. a.: »Playing hard to get«: Understanding an elusive phenomenon. JPSP 26, 1973, S. 113–121; Weiner-Regan, J. u. Brehm, J. W.: Konsequenzen eingeschränkter Entscheidungsfreiheit am Bsp. des Kaufvhs. In: Koch, J. J. (Hg.): Sozialer Einfluß u. Konformität. Weinheim 1977, S. 140–149; Wortman, C. B. u. Brehm, J. W.: Responses to uncontrollable outcomes. An integration of reactance theory and the learned helplessness model. In: Berkowitz, L. E. (Hg.): Advances in Experimental and Social Psychology, 8. Bd. New York 1975, S. 277–336.

Reaktion, das → Verhalten, das durch einen → Reiz bzw. Hinweisreiz ausgelöst wird. *R.* ist eines der Grundkzpte. der → S-R-Theorien. Eines der Probleme dieses Kztps. ist, inwieweit die *R.* wirklich *reaktiv* ist, wie dies v. a. der klass. → Behaviourismus annimmt; s. hierzu die Stw. → Hinweisreiz; → Reflex; → operantes Konditionieren. Die Standardabk. ist *R.* Mit *r* werden meist sog. *innere* R. bezeichnet, z. B. vegetative Prozesse. Solche »kleinen« r-s-Prozesse werden in den behaviourist. Lerntheorien dazu verwendet, um auf eine reduktionist. Weise Prozesse die »Zielstrebigkeit« zu erklären; s. hierzu z. B. das Kzpt. der → antizipierten Zielreaktion; in der Weiterentwicklung wurden daraus die → Mediationstheorien.

VD/T: (1) *R.* ist die Standardübersetzung des engl. Wortes *response*; Hörmann (1964) empfiehlt, *response* nicht zu übersetzen; Bredenkamp u. Wippich (1977) übersetzen *response* dann mit *R.*, wenn, wie bei der → klassischen Konditionierung, ein Reiz schon vor dem Lernversuch eine Response auslöst; *unconditioned response* wird also mit *unkonditionierte Reaktion* übersetzt; wenn *neue* Stimulus-Response-Verbindungen erworben werden sollen u. die *response* vor dem Lernexperiment keinen zuverlässigen Auslöser hatte, bleiben sie beim engl. Terminus *response*.

(2) Kennzeichnend für das »*R.*-Sprachspiel« ist eine etwas angestrengte objektivist.-physikal. Terminologie, die sich um quantitative Bestimmungsmomente der R. bzw. der Reaktionsstärke bemüht: die *Reaktionsamplitude* bezeichnet die *Reaktionsstärke* im eigentl. Sinne u. wird bevorzugt mit psychophysiolog. Maßen, z. B. der elektrodermalen Reaktion, gemessen, o. auch mit Vhsmaßen, z. B. der Stärke, mit der eine Ratte an einem Geschirr zieht, um zum Futter zu gelangen. Die Amplitude ist also die Differenz zw. einem Ausgangszustand u. dem höchsten Wert, der mit einem entsprechenden Maß in dem experimentellen Treatment zu messen ist. Von der Amplitude wird bisweilen die *magnitude* unterschieden; diese misst z. B. nicht die Stärke, mit der an einem Seil gezogen wird, sondern die Länge des Ziehens o. den Durchmesser der Pupillenerweiterung; vgl. hierzu Yaremko u. a. (1982). Weitere Maße sind die *Frequenz*, also die Vhshäufigkeit, auch die *Latenz*, d. h. die Zeit, die bis zur Ausbildung einer R. bestimmter Stärke vergeht. In einer etwas eigentüml. Terminologie wird von der *Topographie* eines Vhs. bzw. von *topograph. Merkmalen* ge-

sprochen, wenn der »Inhalt«, also das spezielle Muster o. die Form einer R. gemeint ist, z. B. die spezielle Art u. Weise, wie eine Ratte einen Hebel niederdrückt; Topographie ist somit ein Oberbegriff für räuml. Anordnung u. auch für mechan. u. energet. Verhältnisse. Ein anderes Maß ist die *Erholungszeit* bzw. *Erholungsrate* (engl. *recovery time* bzw. *recovery rate*), also die Zeit bzw. die Wiederholungszahl, die benötigt wird, bis ein Vhsmaß auf seine ursprüngl. basale Stärke zurückgekehrt ist – z. B. der Hautwiderstand, nachdem die Vp einem Schreck ausgesetzt worden ist. *Rekrutierungszeit* (engl. *recruitment time*) ist die Zeit, die eine Reaktion braucht, um ihre maximale Intensität zu erreichen; vgl. zsfd. Yaremko u. a. (1982). V. a. im Paradigma des → operanten Konditionierens werden nicht nur quantitative Maße einer einzelnen Reaktion berücksichtigt, sondern ein statist. Maß, näml. die → Reaktionsrate bzw. die *Basisrate*, da hier das Vh. nicht neu ausgebildet wird, sondern schon vorher bestanden hat u. im Wesentl. nur bezügl. dieser Rate erhöht o. erniedrigt wird; Weiteres s. d.

(3) Es wurde auch diskutiert, inwieweit z. B. die Reproduktion einer Silbe im Paarassoziationsversuch als *R.* u. nicht als *Mitteilung* zu verstehen ist; vgl. Natsulas (1967); auch in der Psychophysik gab es eine Auseinandersetzung, inwieweit psychophys. Skalen eher auf *R.* o. mitgeteilten *Urteilen* beruhen; vgl. hierzu Treisman (1962) sowie Heineken (1983).

◆ Bredenkamp, J. u. Wippich, W.: Lern- u. Gedächtnisps., 1. Bd. Stuttgart 1977; Heineken, E.: Bewußtsein u. Gedächtnis. Eschborn 1987; Hörmann, H.: Bedingungen für das Behalten, Vergessen u. Erinnern. In: Bergius, R. (Hg.): Lernen u. Denken, HP, 1. Bd., 2. Hlb. Göttingen 1964, S. 225–284; Natsulas, T.: What are perceptual reports about? PBu 67, 1967, S. 249–262; Skinner, B. F.: The concept of reflex in the description of behaviour. JGP 5, 1931, S. 427–458; Skinner, B. F.: The generic nature of the concepts of stimulus and response. JGP 12, 1935, S. 40–65; Skinner, B. F.: Verbal behaviour. New York 1957; Treisman, A. M.: Psychology explanation: the »private data« hypothesis. British Journal of Philosophy of Science 13, 1962, S. 130–143; Yaremko, R. M. u. a.: Reference handbook of research and statistical methodes in psychology: for students and professionals. New York 1982.

Reaktionsamplitude → Reaktion.

Reaktionsaufgabe → Reaktionsexperiment.

Reaktionsauslösezeit → Reaktionszeit.

Reaktionsbildung → Abwehrmechanismen.

Reaktionsblockierung → Angst.

Reaktionsexperiment [auch *Reaktionsaufgabe*], ein wichtiges method. Paradigma zur Analyse der → Reaktionszeit u. zum Schließen auf dahinterstehende kognitive Prozesse bzw. → kognitive Stufen; s. hierzu das Stw. → Subtraktionsmethode, des Weiteren: → Erkennungsaufgaben; → Additive-Faktoren-Methode. Man unterscheidet zw. folgenden Arten von R.: (a) *Einfachreaktion*: ein Signal, das fest an eine Reaktion gekoppelt ist; (b) *antizipierende Reaktion*: ein Signal, das mit stets derselben Vorwarndauer angekündigt wird; (c) *Unterscheidungsreaktion* (bisweilen auch als *Wahlreaktion* i. e. S. bezeichnet): von zwei mögl. Ereignissen soll nur auf ein bestimmtes reagiert werden; die Reaktionszeit ist größer als bei der einfachen Reaktion; (d) *Wahlreaktion* (bisweilen als *Mehrfach-Wahlreaktion* bezeichnet): Im Unterschied zur *Unterscheidungsreaktion* muss auf jedes der Signale geantwortet werden; dabei gibt es die Möglichkeit, einmal aus mehreren Antwortmöglichkeit auszuwählen o. jedem Stimulus eine spezif. Antwort zuzuordnen, also z. B. Signal A nur mit der Reaktion A, Signal B mit B beantworten zu lassen etc. Bei Letzterem wird das → Hick-Hyman-Gesetz gefunden, eine lineare Beziehung zw. Reaktionszeit u. dem Logarithmus der Alternativen-

zahl. (e) Es gibt noch das Paradigma *simultane Darbietung mehrerer Signale*, ein wenig erforschtes Gebiet, bei dem das verblüffende Ergebnis erzielt wurde, dass bei gleichzeitiger Darbietung unterschiedl. Signale bisweilen eine Reaktionszeitverkürzung auftritt; (f) *sukzessive Darbietung mehrerer Signale*: Es soll auf zwei aufeinanderfolgende Signale jeweils reagiert werden; dabei spielt der Zeitabstand eine Rolle: bei zu kurzen Abständen ist eine Unterscheidung unsicher u. eine Verlängerung der zweiten Reaktion wird verursacht (→ psychologische Refraktärperiode.)
Bei der Einfachreaktion kann die Reaktionszeit durch Übung nur wenig beeinflusst werden, bei Wahlreaktionen kann eine deutl. Verkürzung erreicht werden, der zeitl. Unterschied zw. Einfach- u. Wahlreaktionen bleibt aber immer bestehen. Zum Einfluss weiterer Stimulusparameter auf die Reaktionszeit vgl. zsfd. Schmidt (1987). Ein eigenes Problem ist die Frage des → Bewusstseins beim R.; s. hierzu das Stw. → direkte Parameterspezifikation.

VD: Während unter reizorientierter Perspektive die Reaktion bloß ein selbst nicht weiter interessierender Indikator für das Erreichen eines bestimmten Transformationszustands der Eingangsinformation ist, ist unter handlungs- o. tätigkeitsorientierter Perspektive das Zustandekommen der Reaktion der zu erklärende Sachverhalt selbst. Wie werden die intentionalen Zustände, die aufgrund der Instruktion erzeugt werden, implementiert u. aufrechterhalten? Und: Wie treten instruktionsabhängige Intention u. reizabhängige Information vor u. bei der Realisierung der Reaktionshandlung miteinander in Wechselwirkung? Dieser Ansatz geht also davon aus, dass die Aufgabe der Vp nicht mit der Darbietung des Reizes beginnt, sondern mit dem Vorlesen der Instruktion. Dabei ist zu unterscheiden zw. *Initiierungsregeln* u. *Ausführungsregeln*: Erstere legen fest, was zu tun ist u. unter welchen Bedingungen es zu tun ist (z. B. rechte Taste drücken, wenn grünes Licht aufleuchtet); Letztere legen fest, durch welche Bewegungen die Handlung im Einzelnen zu realisieren ist u. welche Information zur Steuerung der Bewegung heranzuziehen ist (z. B. wie Arm, Hand u. Finger zu bewegen sind, um aus einer gegebenen Ruheposition heraus den betreffenden Tastendruck auszuführen). Das *Initiierungsproblem* führt in Fragen der klass. → Willenspsychologie, das *Ausführungsproblem* in Fragen der Steuerung von → Bewegungen; zur Bedeutung der → Kompatibilität vgl. Hommel (1990). Nach Prinz (1983) sorgen Intentionen für eine (vorübergehende o. andauernde) Markierung solcher Bedeutungskomponenten des Wissensgedächtnisses, die für die Realisierung einer Bewegung relevant sind (*Relevanzmarkierungen, spezif. Selektionswert*); intentionsbezogene Selektionen richten sich auf diejenigen Komponenten der Objektrepräsentation, die die stärkste Markierung, d. h. den höchsten Selektionswert, aufweisen.

LIT: Die Analyse von R. als method. Mittel in der kognitiven Ps. behandeln Lachman u. a. (1979); zur Problematik, ob R. wirkl. immer Minimalzeiten für den Abschluss der erforderl. Teilprozesse widerspiegeln, vgl. Pachella (1974), s. a. das Stw. → Speed-power-Problem; zum Überblick über die theoret. Hauptansätze vgl. Smith (1968).

◆ Hommel, B.: Kompatibilität, Interferenz u. Handlungssteuerung. In: Meinecke, C. u. Kehrer, L. (Hg.): Bielefelder Beiträge zur Kognitionsps. Göttingen 1990, S. 221–275; Lachman, R. u. a.: Cognitive psychology and information processing: An introduction. Hillsdale 1979; Pachella, R. E.: The interpretation of reaction time in information-processing research. In: Kantowitz, B. H. (Hg.): Human information processing: Tutorials in performance and cognition, Hillsdale 1974, S. 41–82; Prinz, W.: Wahrnehmung u. Tätigkeitssteuerung. Berlin 1983; Prinz, W.: Wahrnehmung. In: Spada, H. (Hg.): Lehrbuch Allg. Ps. Bern 1990, S. 25–114; Schmidt, G.: Wahrnehmungs- u. Reaktionsleistungen von Sportspielern. Ahrensburg bei Hamburg 1987; Smith, E. E.: Choice reaction time: an analysis of the major theoretical positions. PBu 69, 1968, S. 77–110; Teichner, W. H. u. Krebs, M. J.: Laws of the simple visual reaction time. PR 79. 1972, S. 344–358.

Reaktionsformung → Interstimulusintervall.

Reaktionsfraktionierung → physiologische Psychologie (Kasten zentrale Begriffe und Paradigmen).

Reaktionsfrequenz → Reaktion.

Reaktionsgeneralisation → Generalisation.

Reaktions-Interferenz → Interferenz.

Reaktionsitem → Paarassoziationslernen.

Reaktionskonkurrenz → Interferenz.

Reaktionskontrolle → Verhaltenskontrolle.

Reaktionslatenz → Reaktion.

Reaktionsmethode → Lernlabyrinth.

Reaktionsrate, Häufigkeit, mit der eine bestimmte Reaktion auftritt, z.B. bei einer →operanten Konditionierung. Die Anzahl der Reaktionen wird dabei meist kumulativ über die Zeitachse aufgetragen, um Veränderungen in der R. über längere Perioden hinweg beobachten u. vergleichen zu können. Zur automat. Aufzeichnung u. Auswertung wird ein → Additivschreiber benutzt; s. a. das Stw. → Lernkurve.
Damit Veränderungen in der R. auf Konditionierungsprozesse zurückgeführt werden können, muss vorher die *Basisrate* (auch *Basislinie, Grundkurve, Grundlinie*; engl. *baseline*) bestimmt werden, also die *Spontanrate*, die ein Vh. hat, bevor mit einer → Verstärkung begonnen wird. Das Kzpt. der *Basisrate* ist ein zentraler Begriff im Paradigma des operanten Konditionierens, da es hier nicht darum geht, völlig neues Vh. aufzubauen, sondern schon gegebenes Vh. zu modifizieren, so dass sich Lernen meist nicht als Ausbildung eines *neuen* Vhs. erfassen lässt, sondern nur als *Veränderung der Basisrate*.

◆ ANGERMEIER, W. F. u. PETERS, M.: Bedingte Reaktionen. Berlin 1973; ANGERMEIER, W. F.: Kontrolle des Vhs. Berlin 1972.

Reaktions-Selektions-Modell → Filtertheorie.

Reaktionsspezifische Energie → Trieb.

Reaktionsspezifische Ermüdung → Trieb.

Reaktionsstärke → Reaktion.

Reaktionsstereotypie → physiologische Psychologie (Kasten zentrale Begriffe und Paradigmen, Stw. *psychophysiologische Spezifität*).

Reaktionstopographie → Reaktion.

Reaktionsunsicherheit → Angst.

Reaktionszeit [Abk. *RZ*, häufiger, auch in der dt. Fachliteratur, *RT*, von engl. *reaction time*]. Die Reaktion auf ein Signal setzt sich aus folgenden Anteilen zusammen: (a) Reizaufnahme im Rezeptor u. Weiterleitung zum ZNS (afferente Phase); (b) Reizverarbeitung gegebenenfalls mit Entscheidungsfindung u. Bildung eines Befehls zur Ausführung einer Antwort (Verarbeitungsphase); (c) Impulsgebung zum Ausführungsvorgang u. Umschaltung auf die motor. Endplatte (incl. der *Latenzzeit* des Muskels) bis zum Beginn der Muskelkontraktion (efferente Phase); (d) Muskelarbeit zur Ausführung des Befehls (motor. Phase).

Die Angaben über die R. auf opt. Reize schwanken zw. 150 bis 200 msec., die auf akust. Reize zw. 130 u. 160 msec., sie liegen im ersten Falle durchschnittl. bei 180 msec. bzw. im akust. Fall bei 140 msec. Im Allg. ist also die R. auf akust. Signale geringer als auf opt.; zur Problematik vgl. z. B. Kohfeld (1971). Die R. auf einen visuellen Reiz verlängert sich, wenn die Leuchtdichte reduziert wird; vgl. z. B. Teichner u. Krebs (1972). Unter neurophysiolog. Aspekt wird postuliert, dass der R. oszillator. Prozesse zugrunde liegen, die dazu führen, dass die R. nicht gleichmäßig verteilt sind, sondern mit diesen Prozessen mitschwingen, dass also die subjektive Zeit sozusagen gequantelt ist, wahrscheinl. bei einer Periode der Gehirnoszillationen von 0,03 bis 0,04 sec.; vgl. hierzu Pöppel (1985); Weiteres s. das Stw. → Zeitwahrnehmung. Eine Hirnläsion führt in der Regel zu einer Zunahme der R., was mit der häufig vorhandenen allg. Verlangsamung hirnverletzter Patienten korreliert; vgl. Poeck (1982). Die Analyse von R. ist ein wichtiges method. Hilfsmittel der modernen kognitiven Ps.: → Reaktionsexperiment.

T: Der Zeitraum vom Auftreten der Erregung im Rezeptor bis zur Reizung des Muskels u. Entstehung einer mechan. Aktivität im Muskel wird meist mit *R.* i. e. S. bezeichnet. Bisweilen wird dafür auch der Ausdruck *Latenzzeit* verwendet. Dieser Begriff ist jedoch meist eingeengt auf die Zeit der Reizübertragung auf die motor. Endplatte des Muskels u. die chem. Reaktionen direkt vor Kontraktionsbeginn; im Engl. gibt es neben *reaction time* auch den Ausdruck *premotor time*; bisweilen spricht man von *initiation-time*, in Deutschland auch von *Reaktionsauslösezeit*; die Zeitdauer der ausführenden Reaktion wird mit *Reaktionsvollzugszeit* (engl. *movement time*), *Ausführungszeit* o. *Bewegungszeit* bezeichnet. Method. wird häufig nicht genau getrennt, da bei einfachen Verhaltensweisen, u. beim Drücken einer Taste diese Vollzugszeit im Grunde in die R. mit eingeht, u. deswegen differenzieren nur wenige Arbeiten ausdrückl. zw. *R.* u. *Bewegungszeit.*

Zur Unterscheidung zw. *sensor.* u. *motor.* R. vgl. Woodworth u. Schlosberg (1954): Eine *sensor.* Reaktion ist eine solche, die auf eine vollständige Wahrnehmung wartet, während eine *motor.* sich nicht auf den Reiz konzentriert, sondern auf die Ausführung, wb. das Auftreten des Reizes überhaupt schon als Auslöser wirkt (man kann dies daran erkennen, dass bei einer solchen Einstellung auch ein anderer, ein irrelevanter Reiz die Bewegung auslösen kann). Es besteht kein Zusammenhang zw. den Fähigkeiten, schnell zu reagieren u. sich schnell zu bewegen.

Wesentl. Einflussfaktoren der R. sind die Komplexität der motor. Antwort (→ Bewegungsprogramm), die Existenz eines Warnsignals vor dem entscheidenden Stimulus u. der zeitl. Abstand zw. diesen beiden Signalen, die Plazierung eines zusätzl. entscheidenden Stimulus in das laufende RT-Intervall (→ psychologische Refraktärzeit), das Niveau der → Aktivation, die Konzentration entweder auf eine möglichst kurze Reaktionszeit o. aber eine möglichst kurze Bewegungszeit (Kristina 1973), die Zahl der Stimulus-Response-Alternativen (→ Hick-Hyman-Gesetz), die → Kompatibilität von Stimulus u. Response, die Vorhersehbarkeit des Stimulus u. das extensive Üben (→ Automatisierung).

VD: (1) *Reaktionszeit-Messgeräte*: Die Bestimmung der R. reicht psychologiegeschichtl. weit zurück; vgl. Grundlach (1978): Schon in den Anfängen der → experimentellen Psychologie wurden moderne elektr. Apparate eingesetzt, mit denen einfache Wahl- u. relativ einfache Mehrfachwahlreaktionen untersucht werden konnten; zum Überblick vgl. Wahler (1986). Ein bis in die jüngste Zeit wichtig gewesenes Gerät war der sog. *Bettendorff-Reaktiometer* (vgl. Steck u. Rausche 1977). Bei diesen einfachen Geräten muss auf einen Reiz (meist ein Ton- o. ein Lichtsignal) eine Taste gedrückt werden, was aber nicht typ. für normale Reaktionsweisen ist, wie sie z. B. beim Kraftfahren o. im Sport auftreten. Ökolog. validere Geräte zur Analyse solcher komplexer Reaktionssituationen sind die sog. *Determinationsgeräte* (die Bezeichnung geht auf Mierke 1955 zurück, der, ausgehend vom *Wahlreaktionsgerät* der Deutschen Wehrmacht, das *Kieler Determinationsgerät* entwickelte; eine weitere Entwicklung war das *Wiener Determinationsgerät*). Dies sind komplexe Mehrfach-Reiz-Geräte; sie bieten v. a. eine sequenzielle Analyse an, wb. eine Aufgabe in die andere übergeht; tlw. wird diese davon abhängig gemacht, ob die vorgehende Reaktion korrekt o. angemessen war, bzw. in der richtigen Zeit erfolgt ist. So werden beim *Wiener Determinationgerät* fünf verschiedene Farbsignale dargeboten, zu denen entsprechende Farbtasten gehören, zwei weiße Lichtsignale, denen zwei Fußpedale zugeordnet sind, u. zwei Tonsignale, auf die mit zwei Hebeln zu reagieren ist. Ein übl. Untersuchungsturnus umfasst 180 Reaktionen, wb. jeder Reiz insges. 20mal dargeboten wird. Anstelle der Farbsignale können auch einfache geometr. Zeichen verwendet werden; die akust. Reize – ein hoher u. ein tiefer Summton – werden beim Kieler Gerät getrennt über den linken u. rechten Kanal des Kopfhörers dargeboten. Am *D-Gerät* besteht die Wahl zw. zwei grundlegend verschiedenen experimentellen Bedingungen: im *Reaktionsversuch* werden die Signale mit einer bestimmten – beliebig wählbaren – Frequenz dargeboten, dies wird bei hoher Frequenz als *Belastungsversuch* bezeichnet; im sog. *Aktionsversuch* hingegen erfolgt das Weiterschalten zum nächsten Signal nur bei einer richtigen Reaktion; Fehlreaktionen werden unabhängig registriert; damit bestimmt zwar der Pb das Tempo des Tests, durch die pausenlose Darbietung von Reaktionssignalen wird jedoch in der Regel eine hohe Motivation provoziert, so dass ein längerer Aktionsversuch ebenfalls relativ belastend ist. Solche Geräte finden ihre Anwendung v. a. in der Verkehrs-, Pharmako- u. Neurops.; vgl. zum Überblick Kisser u. a. (1986). Das Determinationsgerät von Mierke wurde ursprüngl. v. a. zur Analyse von Willens- u. Motivationsprozessen eingesetzt, nicht so sehr zu Reaktionszeitmessung im eigentl. Sinne; analysiert wurde der Einfluss von Gewöhnung, Erfahrung u. Automatisierungstendenzen, von Überforderungserlebnissen, affektiven Störungen u. Hemmungen, abnormer Ablenkbarkeit u. Schockwirkungen etc. In der angeg. Überblicks-Literatur findet sich eine ausführl. Bibliographie von zahlreichen Untersuchungen mit Hilfe dieser Apparaturen.

LIT: Zur R. im Sport vgl. Hartkopf (1964); Jungmann (1972); Ritzdorf (1982); Schmidt (1987); des Weiteren Krüger (1982); eine Bibliographie ist Krüger u. Kaufholz (1982); ein Literaturbericht über die Einfach-R. ist Teichner (1954); zur allg. Bedeutung der R. als Maß für ps. Prozesse vgl. Sixtl (1982); zur Bedeutung der R. als mögl. Korrelat der Intelligenz vgl. Schweizer (1995). Zehn Beiträge zu Grundlagen- u. Anwendungsproblemen der Reaktionszeitmessung enthält Welford (1980).

◆ CRAIK, K. J. W.: Theory of the human operator in control system I, II. BJP 38, 1948, S. 56–61 u. S. 142–148; EYSENCK, M. W.: Persönlichkeit u. Individualität. München 1987 (Orig.: New York/London 1985); GRUNDLACH, H.: Wie man die »Seelentätigkeit« erforschte. PH 5, 1978, S. 36–45; HARTKOPF, G.: Reaktionszeiten bei verschiedenen Sportarten. Diss. Hamburg 1964; HOMMEL, B.: Kompatibilität, Interferenz u. Handlungssteuerung. In: MEINECKE, C. u. KEHRER, L. (Hg.): Bielefelder Beiträge zur Kognitionsps. Göttingen 1990, S. 221–275; JEFFRIES, R. u. a.: A process model for missionaries-cannibals and other river crossing problems. CP 9, 1977, S. 412–414; JUNGMANN, H. (Hg.): Sportwissenschaftl. Untersuchungen während der XX. olymp. Spiele München 1972. Gräfelfing 1976, S. 13–19; KARAT, J.: A model for problem solving with incomplete constraint knowledge. CP 14, 1982, S. 538–559; KISSER, R. u. a.: Determination. In: BRICKENKAMP, R. (Hg.): Handbuch apparativer Verfahren in der Ps. Göttingen 1986, S. 225–256; KOHFELD, D. L.: Simple reaction time as a function of stimulus intensity in decibel of light and sound. JExP 88, 1971, S. 251–257; KRISTINA, R. W.: Influence of enforced motor and sensory sets on reaction latency and movement speed. RQu 44, 1973, S. 483–487; KRÜGER, A.: Die Reaktionszeit des Sportlers. Beiheft zu Leistungssport 31, 1982; KRÜGER, A. u. KAUFHOLZ, M.: Ausgewählte Bibliographie zur Reaktionszeit u. zum Antizipationsvermögen des Menschen. In: KRÜGER (1982) S. 114–132; LACHMAN, R. u. a.: Cognitive psychology and information processing: reintroduction. Hillsdale 1979; POECK, K. (Hg.): Klin. Neuropsychologie. Stuttgart 1982; PÖPPEL, E.: Grenzen des Bewußtseins. Frankfurt/M. 1985; RITZDORF, W.: Visuelle Wahrnehmung u. Antizipation. Schorndorf 1982; SCHMIDT, G.: Wahrnehmungs- u. Reaktionsleistungen von

Sportspielern. Ahrensburg bei Hamburg 1987; Schweizer, K.: Kognitive Korrelate der Intelligenz. Göttingen 1995; Sixtl, F.: Meßmethoden der Ps. Weinheim 1982; Smith, E. E.: Choice reaction time: an analysis of the major theoretical positions. PBu 69, 1968, S. 77–110; Steck, P. u. Rausche, A.: Testkrit. Prüfung u. provisor. Normierung des Bettendorff-Reaktiometers T96. PPr 21, 1977, S. 173–184; Teichner, W. H.: Recent studies of simple reaction time. PBu 51, 1954, S. 128–149; Teichner, W. H. u. Krebs, M. J.: Laws of the simple visual reaction time. PR 79. 1972, S. 344–358; Wahler, R.: Reaktionszeitmeßgeräte – Einfach- u. Mehrfachwahl. In: Brickenkamp, R. (Hg.): Handbuch apparativer Verfahren in der Ps. Göttingen 1986, S. 212–225; Welford, A. T. (Hg.): Reaction times. London 1980; Woodworth, R. S. u. Schlosberg, H.: Experimental psychology. New York 1954.

Reaktionszeitexperiment → Reaktionsexperiment.

Reaktionszeitgeräte → Reaktionszeit.

Reaktive Anstrengungssteigerung → Wille.

Reaktive Hemmung, ein wichtiges Kzpt. innerhalb der → systematischen Verhaltenstheorie von Hull: gem. diesem Modell wird bei jeder Reaktionsauslösung im Organismus eine → Hemmung, also eine *negative Motivation*, erzeugt, woraus sich ein Bedürfnis nach Ruhe ergibt, das mit der Anzahl der Durchführungen eines Vhs. wächst. Eine *konditionierte Hemmung* entsteht dadurch, dass sich bei Beendigung der Aktivität durch Reduktion dieser r. H. eine Verstärkung ergibt.

Mit Hilfe des Kzpts. der r. H. u. der konditionierten Hemmung erklärt Hull den bei Wegfall der Verstärkung einsetzenden u. graduell fortschreitenden Prozess der → Extinktion. Das Kzpt. wird auch zur Erklärung bestimmter Effekte des → Übens, v. a. des → Reminiszenz-Effektes nach Pausen, verwendet. Eysencks Kzpt. der → Extraversion vs. Introversion beruht im Wesentl. auf einer persönlichkeitsps. Ausweitung dieses Kzpts.: Extrovertierte sind nach Eysenck dadurch gekennzeichnet, dass sie zur Ausbildung nur schwacher exzitator., aber schneller u. intensiver r. H. neigen, bei Introvertierten soll es umgekehrt sein, allerdings nur bis zur Ausbildung einer *transmarginalen Hemmung*.

KR: Zur Problematik des Kzpts. vgl. Reid (1960); vgl. auch Underwood (1953); s. a. die Stw. → Extinktion u. → Hemmung.

VD/T: Der Begriff *konditionierte Hemmung* wird auch im rein deskriptiven Sinne verwendet, v. a. im Paradigma des → operanten Konditionierens, um folgendes Phänomen zu beschreiben: nach Bildung einer CS-US-Assoziation wird bei weiteren Darbietungen des CS der US weggelassen; es bildet sich eine CR aus, die einer inhibitor. Reaktion entspricht; zur Übersicht vgl. den Reader von Miller u. Spear (1985).

◆ Miller, R. R. u. Spear, N. E. (Hg.): Information processing in animals: Conditioned inhibition. Hillsdale 1985; Reid, R. L.: Inhibition V: Pavlov, Hull, Eysenck. BJP 51, 1960, S. 226–232; Underwood, B. J.: Learning. ARP 4, 1953, S. 31–58.

Realangst → Angst.

Realisationsmotivation → Wille.

Realitätsbereich → Problemlösen.

Realitätsbewusstsein, das → Bewusstsein um die Tatsächlichkeit von Wahrgenommenem. R. ist Ausdruck der allg. menschl. Fähigkeit des *Erfahrungsbewusstseins*, das ist die Fähigkeit, sich des Modus seiner Erfahrung bewusst zu sein, also eine *Wahrnehmung* unterscheiden zu können von einer noch so plast. *Vorstellung*. Das R. kann versagen: bei Ermüdung, bei Bewusstseinsstörungen, bei Demenz u. auch bei Ichbewusstseinsstörungen; vgl. z. B. Jaspers (1912, 1959) u. Scharfetter (1976).

VD: Ähnl. geartet ist Freuds Kzpt. der *Realitätsprüfung* (vgl. Laplanche u. Ponta–

lis 1972). Janet (1903) formulierte das Kzpt. einer *Realitätsfunktion*, die weitgehend dem Kzpt. der R. entspricht, die er v. a. bei Hysterie u. Psychasthenie gestört sah; er konzipierte eine Hierarchie des Bewusstseins mit fünf Ebenen, an der Spitze die Realitätsfunktion; mit dieser Konzeption wollte er jeder geistigen Operation einen sog. *Realitätskoeffizienten* zuschreiben u. zeigen, dass psych. Funktionen beim Patienten umso rascher abnehmen, je höher der Realitätkoeffizient ist (Janet 1903). Scharfetter (1976) versucht eine dimensionale Charakterisierung der verschiedenen Erfahrungsmodi durch unterschiedl. Ausprägungen dieses R.

◆ JANET, P.: Les obsessions et la psychasthénie, 2 Bde. Paris 1903; JASPERS, K.: Die Trugwahrnehmung. ZGNP 4, 1912, S. 289–354; JASPERS, K.: Ps. der Weltanschauungen. Berlin 1925 (3. Aufl.); JASPERS, K.: Allg. Psychopathologie (7. Aufl.) Berlin 1959; KLOOS, G.: Das Realitätsbewusstsein in der Wahrnehmung u. Trugwahrnehmung. Leipzig 1938; LAING, R. D.: Phänomenologie der Erfahrung. Frankfurt/M. 1967; LAPLANCHE, J. u. PONTALIS, J.-B.: Das Vokabular der Ps., 2 Bde. Frankfurt/M. 1972, S. 431–436; SCHARFETTER, C.: Allg. Psychopathologie. Stuttgart 1976.

Realitätsfunktion → Realitätsbewusstsein.

Realitätsprinzip → Psychoanalyse; → Energie; → Konversationsmaximen.

Realitätsprüfung → reality monitoring; → Psychoanalyse; → Realitätsbewusstsein.

Realitätsverleugnung → Abwehrmechanismen.

Reality monitoring, die Fähigkeit zu unterscheiden zw. »richtigen« u. »falschen« Erinnerungen, also Erinnerungen, die aus wirkl. Erlebnissen, u. solchen, die aus »Einbildungen« resultieren – Fakt u. Phantasie. Dieses Untersuchungsthema wurde u. a. von Johnson u. Raye (1981) begründet. Die auf den ersten Blick eindeutige Unterscheidung ist bei Kindheitserinnerungen bisweilen durchaus schwierig, da sie wie ein Palimpsest von vielen Erzählungen u. Wiedererinnerungen überlagert sind. Das Problem wird auch akut innerhalb der Zeugenps. – gerade beim Problem des sexuellen Kindesmissbrauchs spielt diese Frage eine wichtige Rolle. Man konnte zeigen, dass man Personen Erinnerungen »einreden« kann, z. B., dass sie als Kind einmal verloren gegangen waren; s. a. → autobiographisches Gedächtnis; vgl. auch Anderson (1984) sowie Cohen u. Faulkner (1989).

◆ ANDERSON, R. F.: Did I do it or did I only imagine doing it? JExP: G 113, 1984, S. 594–634; COHEN, G. u. FAULKNER, D.: Age differences in source forgetting: effects on reality monitoring and on eyewitness testimony. PA 4, 1989, S. 1–8; JOHNSON, M. K. u. RAYE, C. I.: Reality monitoring. PR 88, 1981, S. 67–85.

Realziel → Anspruchsniveau.

Recall → Reproduktion.

Recall readiness → Metagedächtnis.

Recall-Schema → Bewegungsprogramm.

Recency-Effekt → serielle Positionskurve; → Reihenfolge-Effekte.

Rechtspsychologie → angewandte Psychologie.

Recognition failure of recallable information → Kodierungsspezifität.

Recognition-Schema → Bewegungsprogramm.

Recognize-act-Zyklus → Produktionssysteme.

Recruitment time → Reaktion.

Reduktionismus → Psychologismus; → Behaviourismus.

Referentielles Verarbeitungsstadium → duale Kodierungstheorie.

Referenztheorie → psychologische Semantik.

Reflex, unwillkürl., automat. u. ohne Verzögerung ablaufende physiolog. Reaktion auf einen äußeren o. inneren Reiz – meist ein einfaches, bisweilen auch relativ komplexes Aktivierungsmuster eines Muskels (bzw. einer Muskelgruppe) o. einer Drüse. Ein aus dem Alltag bekanntes Bsp. ist die Erscheinung, dass das Anfassen eines heißen Gegenstandes die Hand zurückzucken lässt, noch bevor der Hitzeschmerz bewusst wird u. eine willkürl. Bewegung einsetzen kann; Berühren der Hornhaut des Auges führt immer zu einem Lidschlag; Kontakt von Speisen mit der hinteren Rachenmandel löst Schlucken aus. Die meisten Reflexe vollziehen sich unbewusst, z. B. diejenigen, die Kreislauf u. Atmung kontinuierl. an die jeweiligen Erfordernisse des Organismus anpassen. Nach dem Kzpt. des Reflexbogens durchläuft die dabei beteiligte Erregung eine bestimmte Sequenz: Ein Rezeptor setzt den Reiz in Nervenimpulse um, diese gelangen über afferente Nervenfasern ins Zentralnervensystem u. durchlaufen dort eine o. mehrere Synapsen, wonach das Ausgangssignal schließl. über efferente Fasern die Erregung am Erfolgsorgan (Effektor) auslöst; befinden sich Rezeptoren u. Effekte anatom. an derselben Stelle, so handelt es sich um einen *Eigenreflex*; bei verschiedenen Stellen spricht man von einem *Fremdreflex*.

HI/WÜ: Das ursprüngl. *physiolog.* Kzpt. *R.* wurde durch die → Reflexologie u. den → Behaviourismus für die Ps. fruchtbar gemacht, u. zwar v. a. im Kzpt. des → bedingten Reflexes. Während allerdings der heutige R.-Begriff sehr eingeengt ist u. sich auf klar spezifizierbare Phänomene bezieht, gewann für die Ps. v. a. die dahinterstehende allg. Idee Bedeutung: die eines reaktiven Automatismus, mit dem man in einer reduktionist. Weise »höhere« seel. Erscheinungen auf physiolog.-mechanist. zurückzuführen versuchte, wie dies die Reflexologie v. a. für kognitive Prozesse versucht hat. Auch die genet. Ableitung der Willkürhandlung aus dem R. war eines der zentralen Probleme der Ps. des 19. Jhdts. Ein wichtiges Kzpt. in diesem Zusammenhang ist das → ideomotorische Prinzip. Noch die frühen theoret. Konzeptionen innerhalb von Sigmund Freuds → Psychoanalyse zeigen den Einfluss des Reflexmodells. Wichtig geworden ist das Kzpt. R. auch innerhalb bestimmter Theorien der → Bewegung, v. a. innerhalb der → Reflexkettentheorie.

KR: Während das R.-Modell im deskriptiven Sinne, also zur Beschreibung klar spezifizierbarer physiolog. Prozesse, unbestritten ist, sind die dem ursprüngl. Reflexmodell inhärenten allgemeineren Annahmen nicht haltbar: Dem Nervensystem ist eine grundsätzl. Spontanaktivität zu eigen, die der Idee einer passiven Reaktivität widerspricht, auch die Einsinnigkeit des Wirkungsverlaufs von Reiz zu Reaktion (bzw. von der Wahrnehmung zu Bewegung) entspricht nicht den objektiven Gegebenheiten im Nervensystem. Die Bedeutung der Spontanaktivität wird z. B. daran deutl., dass gewisse rhythm. Lokomotionsbewegungen auch nach vollständiger Ausschaltung der sensiblen Nerven erhalten bleiben; R. haben im Rahmen dieser → Bewegungsprogramme eine nur modifikator. Wirkung; auch innerhalb der Ethologie hat sich aus dieser Erkenntnis heraus eine neue Sicht der Instinkthandlung ergeben. Die Einsinnigkeit wird v. a. durch das Kzpt. der → Reafferenz überwunden. Auch auf bewegungstheoret. Gebiet wurde zunehmend erkannt, dass Bewegungen eher durch → Bewegungsprogramme u. nicht durch Reflexe gesteuert werden, ja dass das Nervensystem insgesamt eher *programmorganisiert* ist. Zur Integration von verschiedenen R. u. flexibleren → koordinativen Strukturen vgl. Heuer (1990), z. B. kann der R. an den jeweiligen Zustand der übergeordneten Bewegung angepasst werden, auch die sog. *Reflexumkehr* im Verlauf des Schrittzyklus verdeutlicht diese flexible Integration von R. u. komplexeren Bewegungsstrukturen: Eine Reizung in der Stemmphase erhöht die Aktivität der Streckmuskeln, in der Schwingphase dagegen die der Beugemuskeln – der biolog. Sinn liegt darin, dass eine solche Reizung unter natürl. Bedingungen ein Hindernis indiziert u. dass es sinnvoll ist, in der Schwingphase das Bein über das Hindernis zu heben, in der Stemmphase dagegen zusätzl. Widerstand entgegenzusetzen; vgl. Forssberg (1976). Auch der Behaviourismus selbst hat sich bald gegenüber dem R.-Kzpt. distanziert verhalten; vgl. schon Skinner (1931); Dewey (1896) ist eine frühe Kritik, die die modernen Einwände schon vorwegnimmt; er will das Kzpt. des *Reflexbogens* durch dasjenige eines wahrnehmungs- u. bewegungsumfassenden Kreises ersetzen, ähnl. wie später die *Gestaltkreislehre*; vgl. hierzu Sanders (1978); Weiteres s. das Stw. → sequenzielle vs. hierarchische Steuerung.

VD/HI: Der R.-Begriff hat eine lange Geschichte, wichtige philosoph. Vorarbeiten waren Hekerophilus (ca. 300 v. Chr.), Galen (131–201) u. Descartes (1596–1650). In der 2. Hälfte des 19. Jhdts. wurde der Reflexbogen zur unbestrittenen analytischen Einheit der Neurophysiologie. Die Arbeiten von M. Hall (1790–1857) u. J. Müller (1801–1851) klärten seine Wirkungsweise: Ein spezif. afferenter Reiz bewirke eine efferente Innovation u. mit ihr eine Reaktion – spinale, nach Müller auch cerebrale Stationen im ZNS dienen als Schaltstellen; dieses Kzpt. war entscheidend für die Vorstellung vom → bedingten Reflex. Diese Konzeption setzt den getrennten Eintritt der motor. u. der sensiblen Nerven ins Rückenmark voraus (*Bell-Magendiesches Gesetz*). Im 19. Jahrhundert ist die Arbeit des bedeutenden engl. Neurologen Jackson wichtig geworden; Setchenow, der Begründer der russ. Reflexologie, führte den Ansatz weiter u. legte noch stärkeren Nachdruck auf die Bedeutung der Muskelbewegungen. Der bedeutendste Vertreter dieser Schule u. Begründer der modernen → Lerntheorien, I. Pawlow, hatte ursprüngl. angenommen, dass die Schaltstellen des *bedingten* R. stets in cortikalen Zentren zu suchen seien, was durch erfolgreiche Versuche zur → Konditionierung bei großhirnlosen Tieren widerlegt wurde. Pawlow trug seine Theorien über bedingte R. erstmals auf dem Internationalen Kongress für Psychologie in Madrid 1903 vor; (er arbeitete v. a. mit dem Nahrungsreflex u. einem Abwehrreflex, der zustande kommt, wenn Hunde aversive Substanzen ins Maul bekommen). 1907 erschien Bechterews »Objektive Psychologie« in russ. Sprache, wurde 1913 ins Französ. u. Deutsche übersetzt u. fand sehr bald internationale Beachtung, die den Ansätzen Pawlows wegen der Unzugänglichkeit seiner Arbeiten noch lange versagt blieb.

LIT: Vgl. zum Überblick über physiolog. Aspekte Birbaumer u. Schmidt (1989) u. Kandel u. a. (1996); für einen Überblick über die »Reflexgrammatik« des menschl. Nervensystems vgl. Stopoy (1983); für sportwissenschaftl. u. bewegungstheoret. Aspekte vgl. Singer (1985); Fearing (1970) schildert die naturwissenschaftl. u. naturphilosoph. Vorgeschichte des R.-Begriffs; eine histor. Darstellung der Entwicklung der verschiedenen R.-Kzpte. findet sich in Brozeck u. Diamond (1976); vgl. auch Scheerer (1992); zu einem Überblick über Bedeutung u. Entwicklung der Reflexe in der frühesten Kindheit vgl. Keller u. Meyer (1982).

◆ Birbaumer, N. u. Schmidt, R. F.: Biolog. Ps. Berlin 1989; Brozeck, J. u. Diamond, S.: Die Ursprünge der Objektiven Ps. In: Balmer, H. (Hg.): Die europäische Tradition. Die Ps. des 20. Jhdts., 1. Bd. Zürich 1976, S. 721–820; Dewey, J.: The reflex arc concept in psychology. PR 3, 1896, S. 357–370; Fearing, F.: Reflex action. A study in the history of physiological psychology. Cambridge 1970 (2. Aufl.); Forssberg, H. u. a.: Phasic control of reflex during locomotion in vertebrates. In: Herman, R. M. u. a. (Hg.): Neural control of locomotion. New York 1976, S. 647–674; Heuer, H.: Psychomotorik. In: Spada, H. (Hg.): Lehrbuch der Allg. Ps. Bern 1990, S. 495–560; Kandel, E. R. u. a. (Hg.): Neurowissenschaften. Heidelberg 1996; Keller, H. u. Meyer, H.-J.: Psychologie der frühesten Kindheit. Stuttgart 1982; Sanders, C.: Die behaviourist. Revolution in der Psychologie. Salzburg 1978; Scheerer, E.: Reflex, Reflexbewegung. In: Ritter, J. u. Grunder, K.-H. (Hg.): Histor. Wörterbuch der Philosophie, 8. Bd. Basel 1992; Singer, R. N.: Motor. Lernen u. menschl. Leistung. Bad Homburg 1985;

SKINNER, B. F.: The concept of reflex in the description of behaviour. JGP 5, 1931, S. 427–458; STOPOY, H.: Spinale Regelmechanismen u. ihre Variabilität – Vorteile u. Gefahren. In: RIEDER, H. u. a. (Hg.): Motorik- u. Bewegungsforschung. Heidelberg 1983, S. 56–58.

Reflexbogen → Reflex.

Reflexivität → kognitive Stile.

Reflexkettentheorie → sensomotorisches Lernen; → Bewegungsprogramm.

Reflexologie, eine Richtung der → Psychologie, in der das Kzpt. des → Reflexes zentral ist; des Weiteren wird v. a. ein Physiologismus vertreten, der die → Introspektion als Forschungsmethode weitgehend ablehnt. Wichtig geworden ist v. a. die russ. R., mit ihren Hauptvertretern Bechterew, Setschenow u. I. Pawlow (1849–1936). Bes. die von Pawlow entwickelten Ideen sind für die Entwicklung der modernen Ps. wichtig geworden: → bedingter Reflex u. → Konditionierung, → Reizgeneralisation bzw. Reizdifferenzierung. (Auch die amerikan. Lerntheorien u. damit der → Behaviourismus sind also *reflexolog.* i. w. S., ohne dass der Begriff *R.* darauf angewandt wird.) Des Weiteren die Kzpte.: Denken als subvokales, → inneres Sprechen, die Konzeption der Sprache als eines *zweiten Signalsystems*, welches das *erste Signalsystem* (die bedingten Reflexe u. Reize) überlagert, eine → Erregungs-Hemmungs-Theorie, die Idee der → experimentellen Neurosen u. die Begründung einer elementaren Temperamentstypologie. Neuere Ansätze in reflexolog. Tradition sind die Arbeiten von Anochin (1967), der das Kzpt. des *funktionellen Systems* prägte, d. h. die Idee einer dynam. Organisation neuraler Funktionen, die einem Anpassungsziel dienen, ein Kzpt. das weit über das einfache Reiz-Reaktions-Kzpt. hinausgeht.

LIT: Es gibt drei wichtige Bücher von Bechterew in Deutsch (1913, 1926, 1928); eine Bibliographie der Arbeiten Pawlows u. seiner in deutsch erhältl. Werke ist Dube (1953); seine Werke sind in deutscher Übersetzung 1953ff. in Ostberlin erschienen; vgl. auch Pawlow (1973); ein deutscher Auswahlband ist »Die bedingten Reflexe« (München 1972), nicht ident. mit »Conditioned reflexes«, welches die engl. Ausgabe von »Vorlesungen über die Arbeit der Großhirnhemisphären« (1926), darstellt; eine umfassende u. tief schürfende Darstellung der histor. Hintergründe u. der zentralen Annahmen der R. ist Brozek u. Diamond (1976); eine zsfd. Darstellung der Pawlow-Schule ist Buresova (1984); zu problemgeschichtl. Aspekten vgl. Pongratz (1967).

◆ ANOCHIN, P. K.: Das funktionelle System als Grundlage der physiolog. Architektur des Vhs.-Aktes. Jena 1967; BECHTEREW, W. M.: Objektive Psychologie o. Psychoreflexologie. Leipzig 1913; BECHTEREW, W. M.: Allg. Grundlagen der Reflexologie des Menschen. Leipzig 1926; BECHTEREW, W. M.: Die kollektive Reflexologie. Halle 1928; BECHTEREW, W. M.: General principles of human reflexology. New York 1928 (Neuausgabe 1975); BROZECK, J. u. DIAMOND, S.: Die Ursprünge der objektiven Psychologie. In: BALMER, H. (Hg.): Die europäische Tradition. Die Ps. des 20. Jhdts., 1. Bd., 1976, S. 721–820; BURESOVA, O.: Die sowjet. Pawlow-Schule. In: ZEIER, H. (Hg.): Lernen u. Verhalten, 1. Bd. Lerntheorien. Weinheim 1984, S. 49–75; DUBE, W.: Iwan Petrowitsch Pawlow. Bibliographie der Veröffentlichungen über sein Lebenswerk in dt. Sprache. Leipzig (1953), Hg.: L. PICKENHAIN Berlin (Ost) 1953–1954; PAWLOW, I. P.: Sämtl. Werke 1.–6. Bd. Berlin (Ost, ehemalige DDR) 1953–1954 (Hg.: L. Pickenhain); PAWLOW, I.: Die bedingten Reflexe. München 1972; PAWLOW, I. P.: Auseinandersetzung mit der Psychologie. München 1973; PONGRATZ, L.: Problemgeschichte der Ps. Bern 1967; SETSCHENOW, I. M.: Physiolog. Studien über den Hemmungsmechanismus für die Reflextätigkeit des Rückenmarks im Gehirn des Frosches. Berlin 1863; WATSON, J. P.: The place of the conditioned reflex in psychology. PR 23, 1916, S. 89–116; ZTSCHR.:The Pavlovian Journal of Biological Science.

Reflexumkehr → Reflex.

Regelgesteuertes Verhalten → Selbstkontrolle.

Regelidentifikation → Attributlernen.

Regellernen → Attributlernen.

Regression, ein Rückfall in eine frühere Entwicklungsform des Vhs., Denkens u. der Sozialbeziehungen; Bsp.: ein Kind, welches nach Geburt des neuen Geschwisterchens wieder am Daumen lutscht o. einnässt. Eine wichtige Rolle spielt der Begriff innerhalb der → Psychoanalyse, er ist dort ein spezieller → Abwehrmechanismus; vgl. Laplanche u. Pontalis (1972) u. Nagera (1977). Die freudsche Störungstheorie unterstellt, dass es bei Störungen der Sexualentwicklung zu Fixierungspunkten kommt, zu denen das Individuum bei späteren Konflikten u. daraus entstehenden Neurosen *regrediert*, womit gleichzeitig eine Ich-Abwertung wie eine Befriedigung verknüpft ist. Dadurch würden diese alten Konflikte reaktiviert u. zugleich die damit verbundenen früheren Wünsche. Aus diesem Ansatz ergibt sich eine differentielle Psychopathologie der psych. Störungen; vgl. Schlegel (1973ff.). Untersuchungen aus der akadem. Ps. zur R. unter dem Aspekt → Frustration stammen aus der Schule von Lewin; vgl. Barker u. a. (1941); Barker (1938); vgl. auch die Forschungen von Barthol u. Ku (1959) sowie Rosenzweig (1938).

KR: In der neueren psa. Selbstkritik wird der Begriff *R.* zunehmend problematisiert: nicht jede Störung des Erwachsenseins, die Ähnlichkeit mit einem Zustand der Kindheit hat, sei als R. zu verstehen; vgl. Peterfreund (1978), der dahingehend argumentiert, dass man nicht sagen könne, dass ein zwei Monate alter Säugling sich auf einer »normalen aphas. Entwicklungsstufe« befinde, auch könne man von einem Menschen, der einen Gehirnschlag erlitten hat, nicht sagen, dass er auf einen früheren Zustand normaler Aphasie regrediert sei; vgl. hierzu Eagle (1988).

LIT: Für einen Überblick über etholog. Bsp. regressionsartiger Vhsweisen vgl. Dejung (1967); zu patholog. Regressionserscheinungen bei cerebralen Erkrankungen vgl. Pilleri (1971); eine Zsf. experimenteller Untersuchungen zum Thema findet sich in Feger (1965).

◆ Barker, R. G.: Frustration and aggression: an experiment by the young children. Child Welfare 18, 1941, Nr. 1; Barker, R. G.: Frustration as an experimental problem, V. CuP 7, 1938, S. 145–150; Barthol, R. P. u. Ku, N. D.: Regression under stress to first learned behaviour. JASP 59, 1959, S. 134–136; Dejung, B.: Regressionen im Vh. des Menschen. Zürich 1967; Eagle, M. N.: Neuere Entwicklungen in der Psychoanalyse. München 1988; Feger, H.: Beiträge zur experimentellen Analyse des Konflikts. In: Thomae, H. (Hg.): Motivation. HP, Bd 2. Göttingen 1965, S. 332–412; Laplanche, J. u. Pontalis, J.-B.: Das Vokabular der Psa., 2 Bde. Frankfurt 1972 (Orig. Paris 1967); Lewin, K.: Regression, Retrogression u. Entwicklung. In: Graumann, C. F. (Hg.): Kurt Lewin Werkausgabe, 6. Bd. Bern 1941, S. 293–336; Nagera, H. (Hg.): Psa. Grundbegriffe. Frankfurt/M. 1977; Peterfreund, E.: Some critical comments on psychoanalytic conceptions of infancy. IJPsa 59, 1978, S. 427–441; Pilleri, G.: Instinktbewegungen des Menschen in biolog. u. neuropatholog. Sicht. In: Bilz, R. u. Petrilowitsch, N. (Hg.): Beiträge zur Vhsforschung. Basel 1971, S. 1–37; Rosenzweig, S.: The experimental study of regression. In: Murray, H. A. (Hg.): Explorations in personality. New York 1938, S. 472–490; Schlegel, L.: Grundriß der Tiefenps. 5 Bde. München 1973–1979.

Regressionsansatz → multiattributive Entscheidungstheorie; → Wahrscheinlichkeitsrevision.

Regret-Effekt → kognitive-Dissonanz-Theorie.

Reguläre Sprache → Finite-state-Grammatik.

Regulatoren → Gestik.

Rehearsal → Memorieren.

Reihenergänzungen [auch: *Reihenfortsetzungsaufgaben*], eine Methode bes. zur Untersuchung des → induktiven Denkens: Die Vp soll angeben, was das nächste Element in einer Reihe von Zahlen, Buchstaben o. geometr. Figuren ist; sie muss also die Gesetzmäßigkeit erkennen, z. B. die Zahlenreihe 1, 2, 4, 8 durch 16, 32 ergänzen. Ähnl. sind *Matrizen*, zweidimensionale Anordnungen von formalen o. inhaltl. bedeutungsvollen Bildern, bei denen einige Elemente vorgegeben sind, das letzte ergänzt werden muss, meist nach Art eines Analogieschlusses; R. u. Matrizen sind Bestandteile der wichtigsten → Intelligenz-Tests, Matrizen sind kennzeichnend für die sog. *kulturfreien* bzw. *kulturfairen* Tests, z. B. die *Coloured progressive matrices* von Raven (1956). Die Fähigkeit, serielle Muster zu induzieren, gilt als bedeutende Komponente wissenschaftl. Entdeckung (Kedrov 1966) u. künstler. Leistung (Simon u. Sumner 1968). Schon Simon u. Kotovsky (1963) haben eine Informationsverarbeitungstheorie über die Lösung von Buchstabenreihenaufgaben vorgelegt.

◆ Kedrov, B. M.: On the question of the psychology of scientific creativity. Soviet Psychology 5, 1966, S. 18–37; Klauer, K. J. (Hg.): Training des induktiven Denkens. In: Klauer, K. J. (Hg.): Kognitives Training. Göttingen 1993, S. 141–165; Pellegrino, J. W. u. Glaser, R.: Cognitive correlates and components in the analysis of individual differences. I 3, 1979, S. 187–214; Raven, J. C.: Coloured progressive matrices. London 1956 (Orig. 1947); Simon, H. A. u. kotovsky, K.: Human acquisition of concepts for sequential patterns. PR 70, 1963, S. 534–546; Simon, H. A. u. Sumner, R. K.: Pattern in music. In: Kleinmuntz, B. (Hg.): Formal representation of human judgement. New York 1968.

Reihenfolge-Effekte. Der Begriff R. spricht ein Thema u. Problem an, das innerhalb der Psychophysik, der Gedächtnisps. u. der Sozialps. auftritt: Wie wirkt sich die Reihenfolge des Auftretens von Informationselementen auf die Informationsintegration u. Speicherung aus? Zu gedächtnisps. Aspekten vgl. das Stw. → serielle Positionskurve. Zu R. im Bereich der Psychophysik vgl. Haubensak (1989). Zum Überblick über sozialps. R. vgl. Jones u. Goethals (1972) sowie das Stw. → Eindrucksbildung.

◆ Haubensak, G.: Primacy-Effekte in psychophys. Urteilen. ZEAP 36, 1989, S. 42–56; Jones, E. E. u. Goethals, G. R.: Order effects in impression formation: attribution context and the nature of the entity. In: Jones, E. E. u. a. (Hg.): Attribution: perceiving the causes of behaviour. Morristown 1972; Lalli, M.: Die Integration von Information bei der sozialen Eindrucksbildung. Regensburg 1991.

Reihenfolgeurteil → Zeitwahrnehmung.

Reihenfolgewahrnehmung → Zeitwahrnehmung.

Reihenfortsetzungsaufgaben → Reihenergänzungen.

Reihenlernen, das Lernen von Vhssequenzen, wie es typischerweise beim Durchlaufen eines → Lernlabyrinths auftritt; s. a. das Stw. → serielles Lernen.

VD: Es ist ein theoret. Problem, ob beim R. tatsächl., wie das Kzpt. impliziert, einfach einzelne Vhsweisen verkettet werden, o. ob nicht vielmehr so etwas wie → räumliches Lernen stattfindet, wie dies v. a. innerhalb von Tolmans → Zeichen-Gestalt-Theorie u. im Kzpt. der → kognitiven Landkarte postuliert wird. Für die Tolmansche Konzeption sprechen Experimente, die zeigen, dass bei Veränderungen des Labyrinths, z. B. wenn es zunächst *durchschwommen* u. dann *durchlaufen* wird, die Lernleistung erhalten bleibt; ein klass. Experiment hierzu ist Munn (1950). Hull geht unter Verwendung des Kzpts. der → antizipierten Zielreaktion davon aus, dass die Verstärkung am Schluss die gesamte Sequenz verstärkt, so dass die gesamte Sequenz sozusagen »rückwärts« gelernt wird. Aus Hulls Ansatz lassen sich zahlreiche Hypothesen über das R. bilden, z. B. dass der kürzeste Weg bevorzugt wird, dass Fehler am Ende des Labyrinths eher als solche am Anfang eliminiert werden, u. sich das Tier um so schneller dem Ziel nähert, je näher es ihm ist (Kzpt. des *Zielgradienten*). Weitere Ansätze stammen von Bower (1959) u. Estes (1960); s. a. das Stw. → mathematische Lerntheorien; vgl. auch Miller u. Frick (1949).

◆ Bower, G. H.: Choice point behaviour. In: Bush, R. R. u. Estes, W. K. (Hg.): Studies in mathematical learning theory. Stanford 1959, S. 109–124; Estes, W. K.: A random walk model for choice behaviour. In: Arrow, K. J. u. a. (Hg.): Mathematical methods in the social scienes. Stanford 1960, S. 265–276; Miller, G. A. u. Frick, F. C.: Statistical behaviouristics and sequences of responses. PR 56, 1949, S. 311–324; Munn, N. L.: Handbook of psychological research on the rat. Boston 1950.

Reihenstelleneffekt → serielle Positionskurve.

Reihenstellenphänomen → serielle Positionskurve.

Reine Scheinbewegung → Phi-Phänomen.

Reine Teil-Lernmethode → Ganz-Lernmethode vs. Teil-Lernmethode.

Reinheit → Farbwahrnehmung.

Reiz [ebenso häufig *Stimulus*; engl.: *stimulus*] *R.* ist ein Zentralkzpt. der → S-R-Theorien u. der → Psychophysik; es bezeichnet Sachverhalte bzw. Wirklichkeitsbereiche, die, in menschl. Informationsverarbeitungssysteme aufgenommen, meist eine → Empfindung erzeugen, dann weiterverarbeitet werden u. u. U. Anstoß für → Reaktionen, also → Verhalten u. → Handlungen, sein können. Das *Expositionsintervall* ist die Zeitdauer, während derer ein Stimulus dargeboten wird. In die Definition des R.-Begriffes gehen Grundprobleme der Erkenntnistheorie u. → Wahrnehmungstheorien ein, (vgl. Bischof 1966; Gundlach 1976; Gibson 1960, 1979; Chein 1954; Arnoult 1963); s. a. das Stw. → ökologische Psychologie.

Das R.-Kzpt. entstammt einerseits dem klass. → Reflex-Begriff, andererseits der klass. Sinnesphysiologie. Zum Überblick über die histor. Entwicklung des Kzpts. vgl. Rothschuh (1992). Der Ansatz der Psychophysik beinhaltet die Idee der quantitativen Messbarkeit von R. u. beruht auf der experimentellen Isolation spezif. Reizdimensionen u. ihrer sensor. Äquivalente. Meist wird unterschieden zw. den *physikal./objektiven* R. u. seinem *subjektiven* individuellen Perzept (Koffka 1935; Köhler 1940; Brunswik 1971). Bes. in der Gedächtnisps. wird zw. dem *nominalen* R., als dem objektiv definierten, u. dem *funktionalen* R., als dem erkannten u. verarbeiteten, unterschieden; s. hierzu die Stw. → serielles Lernen u. → einfaches Lernen. Zur Unterscheidung von → distalem u. → proximalem Reiz s. d. Zur Unterscheidung → negativer vs. positiver Stimulus s. d.

Das R.-Kzpt. wird innerhalb des Behaviourismus u. der → Verhaltenstherapie zunehmend formalisiert u. ausgedehnt, so dass die Abk. *S.* in den vhstherapeut. Analysen weniger mit *Stimulus* als mit *Situation* zu übersetzen ist.

Für Sachverhalte mit größerer Gegenstandsweite wird manchmal der Begriff »Stimulus-Situation« vorgeschlagen (Sells 1963; Sherif u. Sherif 1963); s. a. das Stw. → Situation. Zum Problem des »sozialen R.«, der v. a. in der behaviourist. Konzeption zur Definition der → Sozialpsychologie verwendet wird, vgl. Graumann (1969).

VD: Problemhistor. wichtig war die lerntheoret. Konzeption von Tolman (1932), der das R.-Kzpt. schon früh handlungsbezogen definiert hat: R. lösen gem. diesem Ansatz *Erwartungen* hinsichtl. eines Zielobjektes aus, denen zeitl. später handlungsbegleitende Umweltgegebenheiten folgen, die qualitativ von den auslösenden R. unterschieden werden müssen: *behaviour support*. Dabei werden *Diskriminanda* u. *Manipulanda* unterschieden; vgl. Kruse u. Graumann (1978): *Diskriminanda* sind sensor. Umweltgegebenheiten, die für die Ausführung einer Handlung unterschieden werden müssen, *Manipulanda* sind Umweltgegebenheiten, die als *motor support* (z. B. Wasser hat eine mehr o. weniger ebene Oberfläche) einzelne Handlungen (Schwimmen, Gehen) ermöglichen.

Gibson (1960) hat die verschiedenen Verwendungen des Stimulusbegriffes in der Ps. anhand von acht Fragen mit jeweils zwei entgegengesetzten Antwortmöglichkeiten zusammengefasst; zentral sind dabei folgende Definitions- u. Abgrenzungsprobleme: Inwieweit kann *Stimulus* unabhängig von der *Response* bzw. vom Individuum, das diesem Stimulus ausgesetzt ist, definiert werden? Wie groß kann die Gegenstandsweite eines Sachvhs. u. Realitätsbereichs sein, damit dieser noch als *Stimulus* bezeichnet werden kann, bzw. ab welcher Gegenstandsweite sind mehrere Stimuli festzulegen? Weitere Fragen betreffen z. B. das Problem, ob ein Stimulus ein Individuum *motiviert* o. nur eine Response auslöst, ob er eine *hinreichende Ursache* für eine Response darstellt, inwieweit ein Stimulus in der Umwelt existiert bzw. Informationen über die Umwelt bereitstellt. Gibson (1979) schlägt vor, den Begriff *Stimulus* nur in seiner *physiolog.* Bedeutung zu verwenden. *Stimuli* enthalten nach ihm keinerlei Informationen über ihren Ursprung in der Umgebung, kommen – wegen der sensor. Adaptation – nur zeitl. begrenzt vor u. verursachen eine Response des sensor. Mechanismus. *Stimulus-Informationen*, die Gibson von *Stimuli* i. e. S. abgrenzt, bleiben dagegen beständig in der Umwelt vorhanden; sie verursachen auch keine Wahrnehmungen. Was für *Stimuli* (z. B. sensor. Schwellen) gilt, ist nicht für *Stimulus-Informationen* bindend (vgl. Gibson 1979, S. 56ff.). Innerhalb seiner → ökologischen Optik versucht Gibson, Umwelt zu beschreiben, die über die alltägl. visuelle Wahrnehmung bedeutsam wird. Dazu erscheint ihm ein Stimulus-Response-Ansatz ungeeignet, ebenso die Verwendung physikal. Begriffe wie Raum, Zeit, Materie o. Energie. In diesem Zusammenhang spielt auch das → Affordanz-Kzpt. eine wichtige Rolle.

LIT: Zum Stimulusbegriff im Rahmen von Informationsverarbeitungsprozessen vgl. Garner (1970).

◆ Arnoult, M. B.: The specification of a »social« stimulus. In: Sells, S. B. (Hg.): Stimulus determinants of behaviour. New York 1963, S. 18–30; Barker, R. C.: Ecological psychology. Stanford 1968; Bischof, N.: Erkenntnistheoret. Grundlagenprobleme der Wahrnehmungsps. In: Metzger, W. (Hg.): Wahrnehmung u. Bewußtsein. HP I, 1. Bd., 1. Hlb. Göttingen 1966, S. 21–78; Bischof, N.: Psychophysik der Raumwahrnehmung. In: Metzger, W. (Hg.): Wahrnehmung u. Bewußtsein. HP I, 1. Bd., 1. Hlb. Göttingen 1966, S. 307–408; Boring, E. G.: The stimulus-error. AJP 32, 1921, S. 449–471; Brunswik, E.: The conceptual frame work of psychology. In: Neurath, O. u. a.: Foundations of the unity of science. Chicago 1971, S. 655–760; Chein, J.: The environment as a determinant of behaviour. JSP 39, 1954, S. 115-127; English, H. B. u. English, A. C.: A comprehensive dictionary of psychological and psychoanalytical terms. Ohio 1958; Garner, W. R.: The stimulus in information processing. AmP 25, 1970, S. 350–358; Gibson, J. J.: The concept of stimulus in psychology. AmP 15, 1960, S. 694–703; Gibson, J. J.: The ecological approach to visual perception. Boston 1979; Graumann, C. F.: Sozialps.: Ort, Gegenstand, Aufgabe. In: Graumann, C. F. (Hg.): HP 7, 1. Hlb. Göttingen 1969, S. 3–80; Gundlach, H.: Reiz. Verwendung eines Begriffs in der Ps. Bern 1976; Koffka, K.: Principles of Gestalt psychology. London 1935; Köhler, W.: Dynamics in psychology. New York 1940; Kruse, L. u. Graumann, C. F.: Sozialps. des Raumes u. der Bewegung. KZSSP 20, 1978, S. 177–219; Rothschuh, K. E.: Reiz u. Reaktion. In: Ritter, J. u. Grunder, K.-H. (Hg.): Histor. Wörterbuch der Philosophie, 8. Bd. Basel 1992; Sells, S. B.: Stimulus determinants of behaviour. New York 1963; Sherif, M. u. Sherif, C. W.: Varieties of social stimulus situation. In: Sells 1963, S. 82–106; Tolman, E. C.: Purposive behaviour in animals and men. Apleton 1932; Tolman, E. C. u. Brunswik, E.: The organism and the causal texture of the environment. PR 42, 1935, S. 43–77.

Reizauswahltheorie → Reizstichprobentheorie.

Reizdeprivation → sensorische Deprivation.

Reizdiskrimination → Diskriminationslernen.

Reizekorrelierte Aktivität → physiologische Psychologie (Kasten psychophysiologische Methoden).

Reizfindung → psychophysische Methoden.

Reizgeneralisation → Generalisation.

Reizgrößenfraktionierung → Verhältnisschätzmethoden.

Reizgrößenvervielfachung → Verhältnisschätzmethoden.

Reizhunger → Neugier.

Reizintensitätsmodell → Motivationspsychologie.

Reizkontrolle → Verhaltenskontrolle.

Reizlimen → Sinnesschwellen.

Reizmustermodell → Motivationspsychologie.

Reiz-Reaktions-Diskrimination → Diskriminationslernen.

Reiz-Reaktions-Theorie → S-R-Theorien; → Behaviourismus.

Reizrelationstheorie → Reiztheorien.

Reizschwelle → Sinnesschwellen.

Reiz-Selektions-Modell → Filtertheorie.

Reizsituation → Situation.

Reizstichprobentheorie [auch *Reizauswahltheorie*, *statist. Lerntheorie*; engl. *stimulus sampling theory*], eine → mathematische Lerntheorie, die annimmt, dass Lernen auf einem Prozess beruht, bei dem zw. den vielen mögl. Elementen einer Reizmenge u. den Reaktionselementen bestimmte Koppelungen selektiv aufgebaut werden; vgl. Estes (1950); Neimark u. Estes (1967). Die R. wurde ursprüngl. im Rahmen der → Konditionierungs-Theorie formuliert, ist aber nicht notwendig an Verstärkungsprinzipien gebunden, sondern lässt sich auch innerhalb eines Informationsverarbeitungsansatzes verwenden; vgl. hierzu Kintsch (1982).

KR: Zur krit. Analyse der R. vgl. Anderson (1964).

VD: (1) Zu den formalen Grundideen der R.: Angenommen, die Reizmenge S enthält 15 Elemente, von denen 5 mit der richtigen Antwort (R_1) u. 10 mit der falschen Antwort (R_2) verknüpft sind; weiterhin angenommen, die Wahrscheinlichkeit, in die Stichprobe aufgenommen zu werden, ist für jedes Element 0,2; als mögl. Ergebnisse des Stichprobennehmens können dann 0,1,2,...,15 Elemente in einem Durchgang ausgewählt werden, wb. die Wahrscheinlichkeit jedes dieser Ereignisse durch die Binominalverteilung gegeben ist. Für den Fall, dass 3 Reizelemente ausgewählt worden sind, ist die Wahrscheinlichkeit hierfür 0,2501. Angenommen, dass 2 der 3 ausgewählten Elemente mit der richtigen Antwort verknüpft sind, eines mit der falschen Antwort, so kann die Antwortwahrscheinlichkeit der Vp berechnet werden als: p(richtig) = ⅔; p(falsch) = ⅓. Die Information durch den Vl., dass R_1 in diesem Durchgang richtig war, führt dann mit der Wahrscheinlichkeit C dazu, dass das eine Reizelement der Stichprobe, das mit R_2 verknüpft war, mit R_1 verbunden wird. Wenn C z. B. 1 ist, dann hat sich am Ende von Durchgang 1 die Zusammensetzung von S folgendermaßen verändert: Jetzt sind 6 der Reizelemente mit R_1 verknüpft, u. daher ist die Gesamtwahrscheinlichkeit dieser Antwort im nächsten Durchgang etwas größer.

Es gibt viele mögl. Varianten dieses Auswahl- u. Verknüpfungsprinzips, wodurch unterschiedl. Modelle entstehen, die verschiedenen experimentellen Anforderungen angepasst werden können. Es ist z. B. mögl., die im Bsp. gemachten Annahmen so zu ändern, dass jedes Element der Reizgruppe S mit gleicher Wahrscheinlichkeit ausgewählt wird, u. auch anzunehmen, dass die Vp in jedem Durchgang eine Zufallsstichprobe der festen Größe S zieht; auf diese Weise sind

Berechnungen, um die Stichprobengröße zu bestimmen, nicht mehr nötig. Oder man kann spezielle Annahmen über die N, die Anzahl der Elemente in der Reizmenge machen; am interessantesten sind die Annahmen der Extreme N = unendl. u. N = 1; bei N = unendl. wird die Theorie formal äquivalent mit dem sog. *linearen Modell* von Bush u. Mosteller (→ mathematische Lerntheorien), in dem Lernen als graduelle Stärkung einer Reiz-Reaktions-Verknüpfung angesehen wird; nimmt man dagegen an, dass die gesamte Reizsituation durch ein einziges Reizelement – Estes nennt es ein *Reizmuster* – dargestellt werden kann, wird Lernen ein *Alles-oder-nichts-Prozess* in Abhängigkeit davon, ob dieses einzelne Reizmuster mit der richtigen Antwort verknüpft wird o. nicht; s. a. das Stw. → *inkrementelles vs. Alles-oder-nichts-Lernen*.

◆ ANDERSON, N. H.: An evaluation of stimulus sampling theory. In: MELTON, A. W. (Hg.): Categories in human learning. New York 1964; ESTES, W. K.: Toward a statistical theory of learning. PR 57, 1950, S. 94–107; KINTSCH, W.: Gedächtnis u. Kognition. Berlin 1982; NEIMARK, E. D. u. ESTES, W. K.: Stimulus sampling theory. San Francisco 1967.

Reizsubstitutionstheorie → Kontiguitätsprinzip; → klassische Konditionierung.

Reizsummation → Sehen.

Reiztheorien, bisweilen (vgl. Rock 1985) als Oberbegriff für diejenigen → Wahrnehmungstheorien verwendet, die, in empirist. Tradition, die Beziehung zw. Reiz u. subjektiver Wahrnehmung als eine relativ einfache dimensionale Transformation auffassen, die also → direkte Wahrnehmungstheorien sind. Eine typ. R. ist die klass. → Psychophysik, man spricht deshalb zur Kennzeichnung dieser ganzen Wahrnehmungstradition auch von *psychophys. orientierter* Wahrnehmungsforschung.

Die *Reizrelations-Theorien* lassen sich als Weiterführung dieses Ansatzes verstehen, sie sind als Erklärungen v. a. bei den → Wahrnehmungskonstanzen nötig, da diese deutl. machen, dass Reize nicht unmittelbar abgebildet werden, sondern nur in Relation zu ihrer Umgebung: z. B. spiegelt die wahrgenommene Helligkeit in stärkerem Maße *Verhältnisse* als absolute Werte wider (s. a. das Stw. → Kontrasteffekte). Ein neuer elaborierter Ansatz einer R. ist die → ökologische Optik, die mit großer Detailgenauigkeit versucht, die in den verschiedensten Wahrnehmungssituationen wirksamen komplexen, aber dennoch direkt wahrgenommenen Invarianten eines Wahrnehmungsangebotes herauszuarbeiten (deswegen spricht man zur Kennzeichnung des Gibsonschen Ansatzes bisweilen von einer *Psychophysik der* (bspw.) *Bewegung* o. einer *Psychophysik des Raumes*; vgl. Hochberg 1977). Die R. scheinen in speziellen Teilbereichen der Wahrnehmung ihre Gültigkeit zu besitzen, bei der → Formwahrnehmung, → Größenwahrnehmung u. → visuellen Orientierung scheint jedoch eher eine → Verrechnungstheorie zu greifen, die komplexere kognitive Prozesse postuliert. Insbes. die Formwahrnehmung impliziert, dass Wahrnehmung nicht nur eine wie auch immer geartete Verarbeitung des Reizes ist, sondern ein produktiver Prozess, wie dies klassischerweise v. a. von der → Gestalttheorie postuliert worden ist.

◆ HOCHBERG, J. E.: Wahrnehmung. Einführung in die Ps., 2. Bd. Bern 1977; MURCH, G. M. u. WOODWORTH, G. L.: Wahrnehmung. Stuttgart 1978; ROCK, I.: Wahrnehmung. Heidelberg 1985.

Rekognition → Wiedererkennen.

Rekonditionierung, Wiederaufbau einer konditionierten Reaktion nach einer → Extinktion durch erneutes Darbieten des UCS (→ klassische Konditionierung).

Rekonstruktionsmethode → Gedächtnisprüfmethoden.

Rekonstruktionsprinzip → TLC.

Rekonstruktive Entwicklungspsychologie → Psychoanalyse.

Rekrutierungszeit → Reaktion.

Rekursivität → generative Transformationsgrammatik; → Sprache.

Relationales Urteil → Bezugssystemtheorien; → absolutes Urteil.

Relative Akzentuierungstheorie → Wahrnehmungsakzentuierung.

Relative Häufigkeit → Wahrscheinlichkeit.

Relative Klarheit → Tiefensehen.

Relative Position → Tiefensehen.

Relative Qualitätsschwelle → Sinnesschwellen.

Relative Schwelle → Sinnesschwellen.

Relative Unterschiedsschwelle → Sinnesschwellen.

Release-Effekt → Wickens-Technik.

Relevanzmarkierung → Reaktionsexperiment.

Relevanzmaxime → Konversationsmaximen.

Relevanztheorie → Wahrnehmungsakzentuierung.

Reminiszenz [auch *Ballard-Williams-Phänomen*], ein Lerneffekt bzw. ein gedächtnisps. Effekt, der darin besteht, dass nach längeren (bis zu tagelangen) Pausen oft eine höhere Lernleistung als in irgendeinem vorangegangenen Durchgang gegeben ist, wb. dieser Effekt nicht einfach durch Wegfall der Ermüdung zu erklären ist, da er auch dann nicht verschwindet, wenn eine Vp während eines Intervalls andere Aufgaben durchführt. Im Extremfall kann so ein Gedicht ein o. zwei Tage nach dem Erlernen besser erinnert werden als unmittelbar nach der Lernphase; vgl. Ballard (1913); Williams (1926); Ward (1937); Hovland (1938).

TH: Osgood (1953) hebt folgende Theorien der R. hervor: R. als Verlust vorher angesammelter → retroaktiver Hemmung; R. durch Konsolidierung der Gedächtnisspur; R. als positives Wachstum, R. durch Erholung von einem Leistungsabfall; Eysenck (1964) setzt die Größe des R.-Effektes zu individuellen Temperamentsunterschieden in Beziehung.

VD/T: Man spricht auch vom *Ward-Hovland-Phänomen* – i. e. S. bezeichnet dies die Erhöhung der Behaltensleistung nach einem Intervall von zwei bis zehn Minuten, während die Bezeichnung *Ballard-Williams-Phänomen* sich auf ein Intervall von zwei o. mehr Tagen bezieht; das Ballard-Williams-Phänomen ist wahrscheinl. ein Artefakt; vgl. hierzu Ammons u. Irion (1954).

LIT: Vgl. zsfd. Hörmann (1964); Bilodeau u. Bilodeau (1961).

◆ Ammons, H. u. Irion, A. L.: A note on the Ballard reminiscence phenomenon. JExP 58, 1954, S. 184–186; Ballard, P. B.: Obliviscence and reminiscence. BJP: Monogr. Suppl. 1913, 1. Bd., No. 2; Bilodeau, E. A. u. Bilodeau, I. M.: Motor skills learning. ARP 12, 1961, S. 243–280; Eysenck, H. J.: Experiments in motivation. London 1964; Hörmann, H.: Bedingungen für das Behalten, Vergessen u. Erinnern. In: Bergius, R. (Hg.): HP, 1. Bd., 2. Hlb. Göttingen 1964, S. 225–284; Hovland, C. I.: Experimental studies in rote-learning theory. I u. II. Reminiscence following learning by massed and by distributed practice. JExP 22, 1938, S. 201–224 u. 338–353; Hull, C. L.: Principles of behaviour. New York 1943; Osgood, C. E.: Method and theory in experimental psychology. New York 1953; Ward, L. P.: Reminiscence and rote learning. PM 49, 1937, 4 (ganze Nr. 220); Williams, O.: A study of the phenomenon of Reminiscence. JExP 9, 1926, S. 368–387.

REM-Phase → Traum.

Repräsentationale response → Mediationstheorie.

Repräsentationales Verarbeitungsstadium → duale Kodierungstheorie.

Repräsentationshypothese → mentale Repräsentation.

Repräsentationsmedien, insbes. von J. Bruner (1966) ausgearbeitetes Kzpt., dessen Zentralgedanke darin besteht, dass es unterschiedl. Arten der → Wissensrepräsentation gibt: (a) Eine in den Handlungen enthaltene *enaktive* Repräsentation, die das erste Medium des Denkens darstellt; ein Bsp. für eine solche Repräsentation wäre z. B. das im Handlungsschema des Knoten-Knüpfens enthaltene Wissen. Es ist typ. für eine solche enaktive Repräsentation, dass sie schwer sprachl. zu beschreiben ist (z. B. wie man einen Knoten knüpft), auch wenn man den sensomotor. Prozess perfekt beherrscht. (b) Im Laufe der Entwicklung wird diese Repräsentation zunächst durch die Repräsentation in Bildern, die sog. *ikon.* Repräsentation ergänzt, also z. B. das Bild des Knotens, das dessen räuml. Struktur wahrnehmbar repräsentiert. (c) Diese Repräsentationsform wird dann zunehmend überlagert durch die *symbol.* Repräsentation, die sowohl die Handlungen als auch die Bilder in Sprache übersetzt.

Die Theorie der R. impliziert eine Hierarchie in dem Sinne, dass enaktive Repräsentationen im Laufe der Entwicklung zugunsten der anderen beiden R. zurücktreten (Representational-shift-Hypothese). Dieses Ablösungskzpt. ist in dieser Allgemeinheit nicht zutreffend, wie z. B. auch Analysen der → Bewegungen u. des → sensomotor. Lernens zeigen; aus Erfahrungsberichten von Sekretärinnen geht z. B. hervor, dass die Vorstellung von der räuml. Anordnung der Schreibmaschinentasten nur dadurch generiert werden kann, dass sie versuchen, die Buchstaben zu tippen; vgl. Posner (1973); vgl. auch die Arbeiten von Saltz u. Dixon (1982), die nachweisen konnten, dass motor. Vorstellungen ein eigenes R. bilden, das auch im späteren Alter bei der Speicherung von Sätzen eine Rolle spielt. Die Bedeutung unterschiedl. R. wird auch von der → genetischen Epistemologie hervorgehoben – diese Theorie hat jedoch nur ein implizites Medienkzpt.; sie bestritt das Vorhandensein irgendwelcher Repräsentationen bei Kindern unter eineinhalb Jahren, als Indiz wird die fehlende → Objektpermanenz in diesem Alter angeführt, ein Befund, der mittlerweile revidiert wurde (Harris 1989).

HI/WÜ: Die Bedeutung des brunerschen Kzpts. liegt darin, dass es die rein entwicklungsps. Sichtweise überwunden hat u. das Medienproblem in seiner allg. Bedeutung erkannt hat; vgl. Aebli (1980).

KR: Nach Schumann-Hengsteler (1995) gibt es keine Anhaltspunkte für einen grundlegenden repräsentationalen Umschwung zw. vier u. zehn Jahren, vielmehr spricht die empir. Forschung für die alternative These einer repräsentationalen Flexibilisierung.

LIT: Zur Motorik als mögl. Enkodiermedium für Emotionen vgl. Ratajczak (1988); vgl. auch Engelkamp u. Zimmer (1983); s. a. die Stw. → Vorstellungsbild, → analoges Denken; → Kodierung.

◆ Aebli, H.: Denken: Das Ordnen des Tuns, Bd. 1. Stuttgart 1980; Bruner, J. S. u. a. (Hg.): Studies in cognitive growth. New York 1966 (dt. Studien zur kognitiven Entwicklung. Stuttgart 1971); Engelkamp, J. u. Zimmer, H. D.: Einfluß von Wahrnehmen u. Tun auf das Behalten von Verb-Objekt-Phrasen. SK 2, 1983, S. 117–127; Harris, P.: Object permanence in infancy. In: Slater, A. u. Bremner, G. (Hg.): Infant development. London 1989, S. 103–121; Posner, M. I.: Cognition: an introduction. Glenview 1973; Ratajczak, H.: Emotionsverarbeitung. Frankfurt/M. 1988;

Saltz, E. u. Dixon, D.: Let's pretend. The role of motoric imagery in memory for sentences and words. JExChP 34, 1982, S. 77–92.

Repräsentativitätsheuristik → kognitive Täuschungen und kognitive Heuristiken.

Representational-shift-Hypothese → Repräsentationsmedien.

Reproduktion [engl. *recall*], Wiedergabe von im → Gedächtnis gespeichertem Material, eine grundlegende → Gedächtnisprüfmethode; im Unterschied zum → Wiedererkennen muss hier Stoff aktiv reproduziert werden. Die spezif. Form der *Rezitationsmethode* beinhaltet, dass die Vp das Gedächtnismaterial laut aufsagt.

Es existieren drei method. Grundformen: (a) Von *freier* R. spricht man, wenn die Wiedergabe nicht nach bestimmten vorgegebenen Kriterien erfolgen soll; ein Bsp. ist, dass die Vpn eine Itemliste vorgelegt bekommen, von der sie später soviel wie mögl. reproduzieren sollen, ohne dass spezielle serielle Charakteristika wiedergegeben werden müssen, wie dies beim → seriellen Lernen der Fall ist; es werden gewöhnl. 10 bis 14 Items nacheinander dargeboten, die Dauer der Reproduktionsphase variiert im Allg. zw. 30 Sekunden u. 2 Minuten; die Reihenfolge nach Zufall. Die freie R. liefert stärker als andere Gedächtnisprüfmethoden Anhalte für die Kodierungs- u. Organisationsstrategien der Vpn: → subjektive Organisation; → serieller Positionseffekt; → Intralistenähnlichkeit. (b) Bei der *hinweisgesteuerten* R. (*cued recall*) bekommen die Vpn Hinweisreize, die das Erinnern in eine bestimmte Richtung lenken u. erleichtern, z. B. bekommt eine Vp zehn Wortpaare gezeigt, von denen der eine Paarling bei der Gedächtnisprüfung als Hinweis vorgegeben wird, o. sie bekommt Hinweise, dass die zu merkenden Wörter einer bestimmten Kategorie angehören. Dieses method. Paradigma wurde v. a. innerhalb der Theorien zur → Kodierungsspezifität benutzt. (c) Von *forced recall* (selten übersetzt, übersetzbar mit: *gebundene R.*, *Zwangsreproduktion*) spricht man, wenn die Vpn ausdrückl. zur Reproduktion angehalten werden u. sie z. B. eine bestimmte Anzahl von Items erreichen sollen.

VD/T: Die *modifizierte freie Reproduktion* (*MFR*) ist ein von Briggs (1954) entworfenes Verfahren, bes. zur Analyse des Phänomens der → Interferenz; dabei werden Listen von Paarassoziationen gelernt, einmal die Liste A-B u. dann dazwischen eine Liste A-C; danach wird geprüft, inwieweit die erste Liste noch reproduziert werden kann; bei der MFR dürfen die Vp entweder die B- o. die C-Reaktion nennen. Barnes u. Underwood (1959) entwickelten daraus die *modifizierte modifizierte freie Reproduktion* (*MMFR*), bei der die Vp versuchen sollen, sowohl die Reaktion B, als auch C zu nennen, wenn ihnen der Stimulus A dargeboten wird. Beide Methoden wurden zur Analyse der Interferenztheorien entwickelt.

◆ Baddeley, A.: Die Ps. des Gedächtnisses. Stuttgart 1979; Barnes, J. M. u. Underwood, B. J.: »Fade« of first-list associations in transfer theory. JExP 58, 1959, S. 97–105; Briggs, G. E.: Acquisition, extinction and recovery function in retroactive inhibition. JExP 47, 1954, S. 285–293; Garner, W. R.: Uncertainty and structure as psychological concepts. New York 1962; Kintsch, W.: Gedächtnis u. Kognition. Berlin 1982; Miller, G. A.: Free recall of redundant strings of letters. JExP 56, 1958, S. 485–491.

Reproduktionsbereitschaft → Metagedächtnis.

Reproduktions-Experimente → Tracking.

Reproduktive Hemmung → Interferenz.

Reproduktives Denken → Denken; → Denktheorien.

Reproduzieren → Reproduktion.

Residualreize → Adaptationsniveautheorie.

Residualton → Hören.

Residuum → Hören.

Response → Reaktion.

Response-Deprivations-Theorie → Verstärkung.

Response induction → Generalisation.

Response-Integration → Paarassoziationslernen.

Response-Interferenz → Interferenz.

Response-Lernen → operante Konditionierung; → Zwei-Faktoren-Theorie der Konditionierung.

Response magnitude → Reaktion.

Response-selection-Modell → Filtertheorie.

Response-supression-Hypothese → Wahrnehmungsabwehr.

Ressource-limited → Ressourcentheorie.

Ressourcen → Ressourcentheorie.

Ressourcenbegrenzt → Ressourcentheorie.

Ressourcentheorie, die Theorie der → Aufmerksamkeit u. der → Doppelaufgaben, die ein energet. → Aufmerksamkeitskapazitäts-Modell überwindet u. das Problem der Koordination von Mehrfachtätigkeiten weniger in der Verteilung einer unspezif. Energiemenge sieht, als in der Koordination unterschiedl. Teilfähigkeiten. Der Begriff der *Ressourcen* meint sensomotor. u. kognitive Teilprozesse bzw. -fähigkeiten, ohne diese jedoch genauer zu spezifizieren – es ist ein formaler Fähigkeitsbegriff, v. a. bei Norman u. Bobrow (1975), dessen Formalität u. damit einhergehende Vagheit auch kritisiert worden ist. Bei Kahneman (1973) findet sich dagegen eine konkretere, näml. psychophysiolog. Ausgestaltung des Kzpts. Die zentrale Implikation der R. besteht darin, dass sie den Schwerpunkt des Aufmerksamkeitsproblems weniger auf den Aspekt der → *selektiven* Aufmerksamkeit als auf die Frage der → *verteilten* Aufmerksamkeit legt. Dies ist ein Problem der Verteilung der vorhandenen sensomotor. u. kognitiven Ressourcen auf die verschiedenen Aufgaben (*Allokations-Modell*), worin die eine bestimmte *Allokationsstrategie* (*allocation policy*) zum Ausdruck kommt, welche beeinflusst wird von überdauernden Dispositionen, momentanen Absichten, Auswirkungen äußerer Stressoren u. als Haupteinflussgröße von dem notwendigen kognitiven Aufwand. Kahnemans Modell betont dabei bes. die Aktivität dieser Ressourcenverteilung, die abhängt von der Entscheidung eines Individuums für die Bewältigung der einen o. anderen kognitiven Herausforderung.

Es gibt zwei Ausformungen dieses Grundansatzes: (1) Das Modell *unspezif. Ressourcen* (Kahneman 1973; Norman u. Bobrow 1975) beinhaltet als Hauptmodell die Vorstellung einer *zentralen* Kapazität: Es gibt eine Menge von Verarbeitungsressourcen, auf die bei allen denkbaren Formen von Mehrfachtätigkeiten zurückgegriffen werden muss, unabhängig davon, ob es sich um perzeptive, motor., informationsverarbeitende o. reaktionsvorbereitende Prozesse handelt. Diese Unspezifitätsannahme impliziert, dass die Aufgabenschwierigkeit die wesentl. Determinante von → Interferenz ist. Dem widersprechen Befunde, wonach zwei Aufgaben unabhängig von ihrer Schwierigkeit stärker interferieren, wenn sie in der gleichen Sinnesmodalität dargeboten werden, u. sich dann besser kombinieren lassen, wenn sie Verarbeitungsprozesse erfordern, die vermutl. in unterschiedl. Hemisphären stattfinden. Das Modell wurde aufgrund solcher Befunde durch die Annahme erweitert, dass es auch sog. *strukturelle* Interferenzen gibt, die immer dann auftreten, wenn zwei Aufgaben strukturell ähnl. sind, also gleiche Sinnesorgane beanspruchen, ähnl. motor. Reaktionen erfordern o. an ähnl. zentrale Verarbeitungsprozesse gebunden sind. (2) Das Modell *multipler spezif. Ressourcen* (*multiple ressource-theory*, Navon u. Gopher 1979; Wickens 1984) geht dagegen von funktional unabhängig voneinander organisierten *dezentralen* Ressourcen aus; für deren *dezentrale* Kapazitäten gelten allerdings jeweils die gleichen Merkmale, wie für eine zentrale Kapazität. Während *zentrale* Begrenztheit der Kapazitäten impliziert, dass eine begrenzte, jedoch flexible Menge unspezif. Verarbeitungsressourcen den spezif. Leistungsfunktionen nur in gegenseitiger Abhängigkeit zugeteilt werden kann, meint *dezentrale* Begrenztheit, dass Funktionseinheiten unabhängig voneinander, also parallel, beansprucht werden können. In beiden Modellen gibt es aber immer eine Gesamtkapazität, die entweder als zentrale Kapazität o. als Gesamtmenge dezentraler Kapazitäten aufgefasst werden kann – u. wenn diese erschöpft ist, so ist das Leistungsmaximum erreicht. Die Theorie der multiplen Ressourcen impliziert, dass bei zwei simultan zu bearbeitenden Aufgaben umso stärkere Leistungsinterferenzen zu beobachten sind, je größer die Schnittmenge gemeinsam beanspruchter Leistungsfunktionen ist. Damit kann auf die Zusatzannahme nicht-kapazitätsbedingter *struktureller* Interferenzen verzichtet werden. Im Unterschied zum ersten Modell hängt die Schwierigkeit von Mehrfachaufgaben von der *Ähnlichkeit* des Anforderungsprofils ab: Leistungsminderungen entstehen also nicht, wie im ersten Modell, aufgrund des gemeinsamen Zugriffs auf die zentrale Kapazität, sondern aufgrund eines ähnlichkeitsbedingten Zugriffs auf dezentrale Kapazitäten. Während also im ersten Modell der Aspekt der Aufgabenschwierigkeit betont wird, u. die Annahme struktureller Interferenzen nur eine Zusatzannahme ist, die meist ex-post-facto getroffen wird, steht dieser Aspekt der ähnlichkeitsbedingten Interferenz im zweiten Modell im Mittelpunkt. (Es ist zur Abgrenzung vorgeschlagen worden, nicht von *struktureller* Interferenz sondern von *funktioneller Interferenz* zu sprechen.) Die empir. Befunde, die aus dem Doppelaufgaben-Paradigma gewonnen wurden, sprechen dafür, dass Top-down-Prozesse eher zentrale Kapazitäten limitieren u. global auf dezentrale Leistungsfunktionen einwirken, Bottom-up-Prozesse dagegen aufgrund ihrer selektiven Wirkung auf Teilkomponenten des menschl. Verarbeitungssystems Kapazitätsengpässe in *dezentralen* Leistungsfunktionen hervorrufen.

KR: Zunehmend wird die Vagheit u. Formalität des Ressourcenbegriffs gesehen, der im Grunde auf das Kzpt. sensomotor. Teilfähigkeiten einer Gesamttätigkeit hinausläuft, ohne jedoch hinreichend empir., sensomotor. u./o. neurophysiolog. spezifiziert u. fundiert zu sein; Weiteres s. das Stw. → Aufmerksamkeitskapazitäts-Modell. Krit. Einwände gegenüber der Theorie multipler Ressourcen wurden durch Vertreter des Ansatzes der *strateg. Ressourcen-Verteilung* (*ressource-strategy theory*) vorgetragen; vgl. Sanders (1986); dieser betont stärker die Rolle von Top-Down-Prozessen z. B. bezügl. der Wahl verschiedener Verarbeitungs- u. Ausführungsstrategien, (z. B. sequenzielle vs. parallele Verarbeitung, selektive Aufmerksamkeitsfokussierung, Veränderungen des Speed-accuracy-trade-offs). Ein wichtiger kritischer Aufsatz ist Navon (1984); vgl. auch Neumann (1987).

VD: Ein wichtiges Teilmodell, v. a. des Modells der unspezif. Ressourcen, ist das Kzpt. der *Performance-ressource-Funktion* (Abk. *PRF*; bisweilen auch *Effort-performance-Funktion*). Die PRF beschreibt den Zusammenhang zw. der Stärke der Funktionsbeanspruchung u. der in einer Aufgabe erzielten Leistung: je mehr Verarbeitungsressourcen für eine Aufgabe zur Verfügung stehen, desto besser sollte die Leistung bei einer Aufgabe ausfallen. Denjenigen Bereich der PRF, in dem die Leistung bei der Betätigung einer Aufgabe streng monoton in Abhängigkeit von der Stärke der Funktionsbeanspruchung steigt, bezeichnen Norman u. Bobrow (1975) als *ressourcenbegrenzt* (*ressource-limited*), u. denjenigen Bereich, in dem unabhängig von der Funktionsbeanspruchung die Leistung konstant bleibt, bezeichnen sie als *datenbegrenzt* (*data-limited*), die Leistung wird hier primär durch die Verfügbarkeit o. Qualität der zu verarbeitenden externen Daten (z. B. schlecht lesbares Anzeigeninstrument) limitiert. In einem datenbegrenzten Bereich bleibt die Leistung bei einer Aufgabe unabhängig von der Menge investierter Ressourcen konstant. Einen solchen Bereich wird es immer geben, wenn die Maximalleistung bei einer Aufgabe bereits bei einem Ressourceneinsatz von weniger als 100 % erreicht wird, so dass ein weiterer Ressourceneinsatz keine Leistungssteigerung mehr bewirkt; dies wird z. B. immer dann der Fall sein, wenn eine Aufgabe sehr einfach ist u. für ihre Ausführung nur eine geringe Menge der verfügbaren Ressourcen benötigt wird. Nur in diesem Fall soll es entsprechend der Modellvorstellung auch mögl. sein, Verarbeitungsressourcen von einer Aufgabe abzuziehen, ohne dass es dadurch zu einer Leistungseinbuße an anderer Stelle kommt. In Bezug auf Doppelaufgaben impliziert dies folgende Hypothese: Unabhängig von der Art der Aufgabenanforderung sollten zwei Aufgaben unter Doppeltätigkeitsbedingungen immer dann miteinander interferieren, wenn ihr gemeinsamer Ressourcenbedarf die Menge der verfügbaren Verarbeitungsressourcen übersteigt; je größer der Data-limited-Bereich der PRF für eine der beiden Aufgaben ist, je weniger Ressourcen also zur Erreichung der jeweiligen Maximalleistung benötigt werden, desto geringer sollten die Interferenzeffekte sein.

◆ Heuer, H.: Motor learning as a process of structural constriction and displacement. In: Prinz, W. u. Sanders, A. F. (Hg.): Cognition and motor processes. Berlin 1984; Kahneman, D.: Attention and effort. Englewood Cliffs 1973; Navon, D. u. Gopher, D.: On the economy of the human processing system. PR 86, 1979, S. 214–255; Navon, D.: Ressources – a theoretical soup stone? PR 91, 1984, S. 216–234; Neumann, O.: Beyond capacity: a functional view of attention. In: Heuer, H. u. Sanders, A. F.: Perspectives on perceptional action. Hillsdale 1987; Norman, D. A. u. Bobrow, D.: On data-limited and ressource limited-processes. CP 7, 1975, S. 44–64; Sanders, A. F.: Energetical states underlying task performance. In: Hockey, G. R. J. u. a. (Hg.): Energetics and human information processing. Dordrecht 1986, S. 139–154; Wickens, C. D.: The structure of attentional resources. In: Nickerson, R. S. (Hg.): Attention and performance VIII. Hillsdale 1980; Wickens, C. D.: Engineering psychology and human performance. Columbus 1984; Wieland-Eckelmann, R.: Kognition, Emotion u. psych. Beanspruchung. Göttingen 1992.

Restreize → Adaptationsniveautheorie.

Retinaldisparität → Stereopsis.

Retinale Breitenabweichung → Stereopsis.

Retinale Disparität → Stereopsis.

Retinaler Wettstreit → Stereopsis.

Retina-Stabilisation → Augenbewegungen; → Sehen.

Retinex-Theorie → Farbwahrnehmung.

Retrieval cue → Kodierungsspezifität.

Retroaktion → Interferenz.

Retroaktive Hemmung → Interferenz; → Hemmung.

Retroaktive Interferenz → Interferenz.

Reversal shift → Reversal-shift-Experimente.

Reversal-shift-Experimente, klass. Paradigma zum → Begriffslernen (Kendler u. Kendler 1959); R. sind ein bes. Fall von → Transpositionslernen: Es werden jeweils zwei Reizpaare präsentiert, von denen jedes zwei Dimensionen besitzt; Bsp.: Es werden vier verschiedene Reize ausgewählt, z. B. zweimal zwei Quadrate, die sich gleichzeitig in zwei Dimensionen (z. B. Größe u. Helligkeit) voneinander unterscheiden. In der ersten Versuchsphase wird die Reaktion auf das jeweils helle Quadrat verstärkt, u. zwar unabhängig von der Größe. Danach wird die Aufgabe verändert: entweder ist nun das jeweils dunkle Quadrat zu wählen, wiederum unabhängig von der Größe, o. es ist das jeweils kleinere (o. das größere) Quadrat zu wählen, unabhängig von der Helligkeit des Quadrats (s. Abb. *Lernen 4*). Im ersten Falle ist die relevante Dimension (hell/dunkel) gleichgeblieben (*intradimensionaler Wechsel, intradimensionales Diskriminationslernen*), aber die neue korrekte Reaktion ist die Umkehrung der alten (dunkel anstelle von hell): *Umlernen* innerhalb der gleichen Dimension, *Umkehrungsverschiebung* (engl. *reversal shift*); d. h.: beide zuvor richtigen Reaktionen werden nicht mehr verstärkt. Im zweiten Fall wechselt die relevante Dimension (von hell/dunkel zu groß/klein): dies ist ein Umlernen auf eine neue Dimension (*extradimensionaler Wechsel* bzw. *extradimensionales Diskriminationslernen*) o. *nicht-umkehrende Verschiebung*; (engl. *non reversal shift*): verstärkt werden nur kleine Quadrate, ob hell o. dunkel.

TH: Wenn ein einfaches S-R-Lernen stattgefunden hat, müsste das Umlernen auf eine neue Dimension (*non reversal shift*) schneller gelingen als das Umlernen innerhalb der gleichen Dimension (*reversal shift*), denn beim *reversal shift* ist eine bisher verstärkte Reaktion durch eine bisher gelöschte zu ersetzen, während beim *non reversal shift* die neu zu lernende Reaktion genauso häufig verstärkt worden ist wie die zu verlernende. Nach der → Mediationstheorie dagegen müsste ein Umlernen innerhalb der gleichen Dimension leichter fallen als ein Umlernen auf eine neue Dimension, da hier davon ausgegangen wird, dass eine vermittelnde → Begriffsbildung stattfindet. Die erste Gruppe von Theorien, nach der Begriffslernen sich auf Prinzipien des → Assoziationismus reduzieren lässt wird deswegen auch als *Kontinuitätstheorien* des Begrifflernens bezeichnet (weil die gleichen Prinzipien bei einfachen wie bei kognitiven Lernprozessen gelten); als *Nicht-*

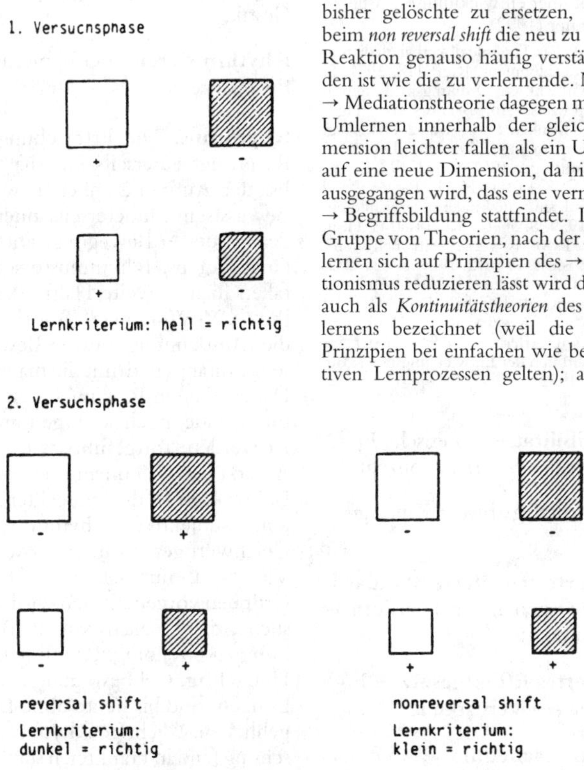

Abb. *Lernen 4*

kontinuitätstheorien bezeichnet man solche Theorien, die die Transponierbarkeit des Assoziationismus leugnen u. die Möglichkeit hervorheben, dass Vpn abstrakte Begriffe bilden bzw. zumindest bilden können; vgl. hierzu Mayer (1979). Empir. Ergebnisse zeigen, dass bei infrahumanen Organismen u. kleineren Kindern ein extradimensionaler Wechsel leichter erworben wird, während bei Menschen, bes. bei älteren Kindern u. Erwachsenen ein Lernen in der gleichen Dimension schneller ist.

HI/WÜ: Die R. waren ein wichtiges method. Paradigma zur Begründung der Mediationstheorie, welche eine wichtige paradigmat. Erweiterung des → Behaviourismus bzw. der klass. → Lerntheorien dargestellt hat.

LIT: Zur Problematik u. zu histor. Aspekten vgl. Kaminski (1964); zum Überblick über entwicklungsps. Aspekte vgl. Trautner (1992).

◆ Jensen, A. R.: The role of verbal mediation in mental development. JGeP 118, 1971, S. 39–70; Kaminski, G.: Ordnungsstrukturen u. Ordnungsprozesse. In: Bergius, R. (Hg.): Lernen und Denken. HP, 1. Bd., 2. Hlb.: Allg. Ps. Der Aufbau des Erkennens. Lernen u. Denken. Göttingen 1964, S. 373–492; Kendler, T. S. u. Kendler, H. H.: Reversal and non reversal shift in kindergarten children. JExP 58, 1959, S. 56–60; Kendler, H. H. u. Kendler, T. S.: Reversal shift behaviour: some basic issues. PBu 72, 1969, S. 229–232; Kendler, T. S. u. Kendler, H. H.: An ontogeny of optional shift behaviour. CD 41, 1970, S. 1–27; Mayer, R. E.: Denken u. Problemlösen. Berlin 1979; Trautner, H. M.: Lehrbuch der Entwicklungsps., 1. Bd. Göttingen 1992.

Reversibilität → genetische Epistemologie; → Invarianzkonzept.

Reversionsfiguren → Kippfiguren.

Revidierte erweiterte Standardtheorie → generative Transformationsgrammatik.

Revidiertes Effektgesetz → Effektgesetz; → Verstärkung.

Reward schedule → Verstärkungsplan.

Rezenz-Effekt → serielle Positionskurve.

Rezeptionsmethode → Attributlernen.

Rezeptive Felder → Sehen; → Modularismus.

Reziproke Hemmung → Verhaltenstherapie.

Reziproke Interaktion → Interaktionismus.

r_G → antizipierte Zielreaktion.

r_G-s_G-Mechanismus → antizipierte Zielreaktion.

Rhythmische Bewegung → Gestik.

Rhythmisieren → Gruppierungs-Prozesse.

Rhythmus. Die Erforschung des R. erfolgt einerseits innerhalb der Ps. der Aufmerksamkeit bzw. des Bewusstseins, andererseits innerhalb der Ps. der → Bewegung. Die Anfänge der ps. Rhythmusforschung fallen in die zweite Hälfte des 19. Jhdts.: W. Wundt (1880) analysierte die Ausdehnung des → Bewusstseinsumfangs u. damit die maximale Dauer, die ein R. einnehmen darf, um gerade noch wahrgenommen zu werden; fortgeführt wurde der Ansatz von Meumann (1894) u. Bolton (1894), die entdeckten, dass eine subjektive Rhythmisierung gleichwertiger Töne in Zweier-, Vierer- u. nur selten in Dreier-Gruppen vorgenommen wird. Versuche, diese Zeitstruktur in Beziehung zu physiolog. Rhythmen wie Herzschlag, Gehbewegung usw. zu bringen, sind bis heute ohne Erfolg geblieben. Wichtige Rhythmusforschung fand in Frankreich statt, v. a. Fraisse (1956, vgl. 1982) u. Michotte (1982). In diesen Arbeiten fand man z. B., dass Personen beim Versuch, spontan Rhythmen zu erzeugen, in der Regel nur zwei verschiedene Zeitintervalle verwenden; dies geschieht auch, wenn sie Rhythmen mit drei verschiedenen Zeitintervallen reproduzieren sollen, das dritte Intervall wird dabei einem der beiden anderen angeglichen. Ein weiteres Grundergebnis ist, dass es fast unmögl. ist, zwei verschiedene Rhythmen gleichzeitig zu reproduzieren, es ist schon schwierig, einen bestimmten Rhythmus zu schlagen, während man einem anderen Rhythmus zuhört. Dies gilt dann nicht, wenn die verschiedenen Rhythmen auf einen Grundrhythmus zurückgeführt werden können. In der Physiologie ist eine wichtige Einsicht, die zur Überwindung der → Reflexkettentheorie der Bewegung geführt hat, die Entdeckung, dass es im Nervensystem angeborene → Bewegungsprogramme bzw. Bewegungsrhythmen gibt, die die Basis von Gehen o. auch Schwimmen sind. Diese Basisrhythmen werden von äußeren Reizen nur modifiziert, nicht aber verursacht; s. a. das Stw. → Zeitwahrnehmung.

◆ Bolton, T. L.: Rhythm. AJP 6, 1894, S. 145–238; Fraisse, P.: Rhythm and tempo. In: Deutsch, D. (Hg.): The psychology of music. New York 1982, S. 149–177; Meumann, E.: Untersuchungen zur Ps. in der Ästhetik des Rhythmus. Philosoph. Studien 10, 1894; Michotte, A.: Gesammelte Werke. Bern 1982 (hg. von O. Heller u. W. Lohr); Pöhlmann, R.: Der motor. Rhythmus. Theorie u. Praxis der Körperkultur 21, 1974, S. 337–346; Röthig, P.: Beiträge zur Theorie u. Lehre von Rhythmus. Schorndorf 1966, S. 637–647, S. 710–720, S. 836–845; Shaffer, L.: Rhythm and timing in skill. PR 89, 1982, S. 109–122; Wundt, W.: Grundzüge der physiolog. Ps. 1880 (2. Aufl.).

Ribotsches Gesetz, die Tatsache, dass bei organ. o. traumat. Schädigungen des Gehirns neuere Lerninhalte mehr betroffen sind als ältere, d. h. also: Gedächtnisinhalte werden in umgekehrter Reihenfolge abgebaut wie aufgebaut; vgl. Ribot (1981); s. a. → Jostsche Gesetze.

◆ Lynch, G. u. a. (Hg.): Memory: organization and locus of change. New York 1991; Ribot, T.: Les maladies de la mémoire. Paris 1881 (dt.: Das Gedächtnis u. seine Störungen. Hamburg u. Leipzig 1882).

Riccosches Gesetz → Sehen.

Richtige Zurückweisung → Signalentdeckungstheorie.

Richtungsgebundene Fraktionierung → physiologische Psychologie (Kasten zentrale Begriffe und Paradigmen, Stw. *Reaktionsfraktionierung*).

Richtungsgebundene Reaktionsfraktionierung → physiologische Psychologie (Kasten zentrale Begriffe und Paradigmen, Stw. *Reaktionsfraktionierung*).

Richtungshören → Hören.

Richtungskontrast → Nachwirkungen.

Richtungswahrnehmung → Raumwahrnehmung.

Riechen → Geruchswahrnehmung.

Riechschwellen → Geruchswahrnehmung.

Right-ear-advantage-Effekt → Lateralitätseffekt.

Risiko. Der R.-Begriff ist wichtig innerhalb der → Entscheidungstheorien, die als eine der grundsätzlichen Entscheidungssituationen die *Entscheidung unter R.* hervorhebt. Der Begriff *R.* wird allerdings vielfältig verwendet, i. a. S. ist er fast syn. mit *Entscheidung* bzw. *Entscheidungsvh.* überhaupt, im speziellen

Sinne meint er die Tatsache, dass Menschen bei Entscheidungen bestimmte *Varianzpräferenzen* zeigen, d. h. nicht nur einem allg. Nutzensmaximierungsprinzip folgen, sondern dabei auch das Verhältnis von größtmögl. Gewinn u. Verlust berücksichtigen; hier ist er also weitgehend synonym mit dem umgangssprachl. Begriff der *Riskantheit*; Lotterieexperimente zeigen z. B., dass es einen *Sicherheitseffekt* gibt: v. a. bei positiven Auszahlungen werden nichtriskante Alternativen bevorzugt, auch wenn sie auf lange Sicht zu einem geringeren Gesamtnutzen führen. Dies gilt nicht für Lotterien, die auch Verluste beinhalten: In solchen Fällen wird ein wahrscheinlicher größerer Verlust dem sicheren kleineren Verlust vorgezogen. Bei Lotterien mit negativen Auszahlungen wurde eine durchgehende Bevorzugung der *riskanteren* Alternativen beobachtet, die dem Spieler die Hoffnung lassen, vielleicht doch nichts zu verlieren. Eine deskriptive Theorie des R. stellt die *Portfolio-Theorie* von Coombs (1975) dar; sie geht im Wesentl. davon aus, dass es eine eingipflige Präferenzfunktion für Risiko gibt, d. h. einen optimalen Wert des R.; sozusagen einen Balancepunkt zw. Habsucht/Herausforderung u. Furcht. Persönlichkeitstheoret. Ansätze versuchen zu zeigen, dass es ein individuell bevorzugtes Risikoniveau gibt. In diese Richtung gehen auch Ansätze aus der Arbeitsps., die das Risikoverhalten (engl. *risk-taking-behaviour*) von Menschen angesichts mögl. Gefährdung (*Gefahrenkognition*) analysieren; vgl. Klebelsberg (1969) u. Heim (1971).

LIT: Zu den Messverfahren von R. vgl. Slovic (1962); Kogan u. Wallach (1967) weisen auf die große Heterogenität der Ansätze hin; Kupsch (1973) ist eine umfassende Darstellung der empir. u. theoret. Ansätze zum R.-Kzpt.; zu kulturvergleichenden Aspekten vgl. das Sonderheft »Risk and culture« des Journal of Cross-Cultural Psychology 22/1991; ein knapper Überblick über die ps. Risikoforschung ist Rohrmann (1991).

◆ COOMBS, C. H.: Portfolio-theory and the measurement of risk. In: KAPLAN, M. F. u. SCHWARTZ, S. (Hg.): Human judgement and decision processes. New York 1975; HEIM, H.: Individuelle Risikobereitschaft u. Unfallneigung. Koblenz 1971; KLEBELSBERG, D.: Risikovh. als Persönlichkeitsmerkmal. Bern 1969; KOGAN, N. u. WALLACH, M. A.: Risk taking: a study in cognition and personality. New York 1964; KOGAN, N. u. WALLACH, M. A.: Risk taking as a function of the situation, the person and the group. New Directions in Psychology III. New York 1967, S. 111–278; PAYNE, J. W.: Alternative approaches to decision making under risk: moments vs. risk dimensions. PBu 80, 1973, S. 439–453; PELZMANN, L.: Wirtschaftsps. Wien 1985; ROHRMANN, B.: Ps. Risikoforschung. In: FREY, D. (Hg.): Bericht über den 37. Kongreß der Dt. Ges. f. Ps. in Kiel 1990. Göttingen 1991, S. 393–403; SLOVIC, P.: Convergent validation of risk taking measures. JASP 65, 1962, S. 68–71; VON KUPSCH, P. U.: Das Risiko im Entscheidungsprozeß. Wiesbaden 1973.

Risikoaversion → Nutzen; → Entscheidungstheorie.

Risikoverhalten → Risiko.

Risikowahlmodell → Leistungsmotivation.

Riskantheit → Risiko.

Rivalenaggression → Aggression.

ROC-Kurve → Signalentdeckungstheorie.

Rod-and-frame-Test → visuelle Orientierung.

Role taking → soziale Motivation.

Romantische Liebe → Liebe.

Romeo-und-Julia-Effekt → Reaktanz.

Room-adjustment-Test → visuelle Orientierung.

Rorschach-Test → Psychodiagnostik.

Rosenthal-Effekt → Versuchsleiter-Effekte.

Rotating-room-Test → visuelle Orientierung.

Rotations-Tachistoskop → Tachistoskop.

Rote learning → einfaches Lernen.

Rote memory → einfaches Lernen; → Paarassoziationslernen.

Route knowledge → kognitive Landkarte.

Routes → kognitive Landkarte.

R-S-Lernen → Zwei-Faktoren-Theorie der Konditionierung.

R-S*-Theorien → kognitive Lerntheorien; → Erwartungstheorie; → Zwei-Faktoren-Theorie.

r-s-Theorien → S-R-Theorien.

RT, Abk. für engl. *reaction-time*; → Reaktionszeit.

RT-Methoden → Reaktionsexperiment.

Rubikonmodell → Wille.

Rubinscher Becher → Kippfiguren; → Figur-Grund-Unterscheidung.

Rubinscher Pokal → Kippfiguren; → Figur-Grund-Unterscheidung.

Rückmeldungsverzerrung → Rückmeldungsverzögerung und Rückmeldungsverzerrung.

Rückmeldungsverzögerung und Rückmeldungsverzerrung. Ein wichtiges method. Paradigma zur Analyse der Regelkreisstruktur von → Bewegungen sind Versuche, bei denen die sensor. Informationen über das Bewegungsergebnis verzögert o. verzerrt werden. Diese Veränderung der R. führt meist zu empfindl. Beeinträchtigungen der Bewegungskontrolle, ein Effekt, der am eindrucksvollsten bei der Sprechmotorik nachgewiesen werden konnte: → Lee-Effekt. Vergleichbare Auswirkungen haben zeitl. Verzögerungen der akust. Rückmeldungen auch beim Singen u. Klavierspielen (Smith u. a. 1963), sowie beim lauten Lesen (Fairbanks u. Guttman 1958). Analoge Störungen lassen sich bei zeitl. Verzögerungen der visuellen Feedbackinformationen bei manuellen Bewegungsvollzügen nachweisen; vgl. Smith u. a. (1960). Die der Bewegung immanenten Rückmeldungs-Informationen können auch künstl. verstärkt werden: *concurrent augmented feedback* (Holding 1965); vgl. zsfd. Bilodeau (1969). Einen Überblick über Deafferentiationstechniken, bei denen (bei Tieren, durch neurochirurg. Eingriffe) sensor. Rückmeldungen ganz ausgeschaltet werden, bringt Taub (1976).

Ein ähnl. method. Paradigma ist die *Dekorrelation visueller u. propriozeptiver Rückmeldungen*; hierbei können Vpn ihre Bewegungseffekte nicht o. nur auf eine verzerrte Weise beobachten. Dieses etwas künstl. anmutende Paradigma findet seine reale Entsprechung beim Umgang mit modernen elektr. Arbeitsgeräten, bei denen häufig eine solche Dekorrelation stattfindet; vgl. hierzu das Prinzip der → Kompatibilität. Hierfür werden spezielle Analysegeräte geschaffen, bei denen visuelle u. motor. Komponenten desintegriert werden, Apparate, bei denen Figuren wie z. B. Sterne nachgezogen werden sollen, während die Vpn ihre Bewegung o. den Stern nur im Spiegel sieht;

s. Abb. *Bewegung 1* (aus Singer 1985). Weiterentwicklungen sind elektron. gesteuerte Fernsehsysteme, in denen beliebige Variationen des Zusammenhangs zw. realer u. gesehener Bewegungen er-

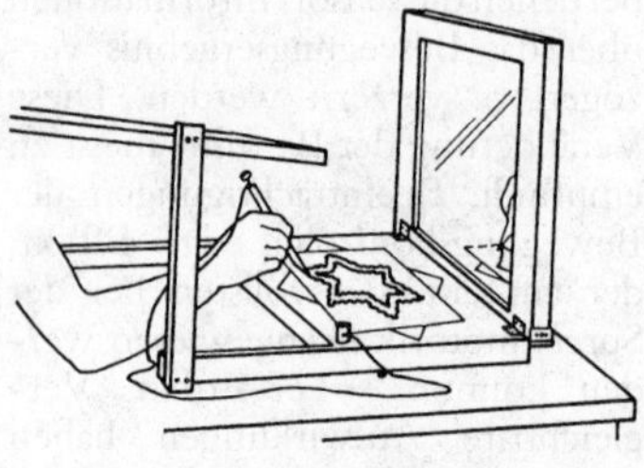

Abb. *Bewegung 1*

zeugt werden können (vgl. Smith u. Smith 1962). Smith entwickelte aus solchen Analysen seine *neogeometr. Theorie* der menschl. Bewegung; eine umfassende Kritik u. Würdigung findet sich in Howard u. Templeton (1966); s. a. das Stw. → Prismenbrillenversuche. In diesen Zusammenhang gehören auch klass. Experimente von Held (vgl. Held u. Gottlieb 1958; Held 1965; bisweilen wird vom *Held-Effekt* gesprochen): Es geht um die Wirkung → sensorischer Deprivation auf die Entwicklung von Lebewesen; bei einer solchen Deprivation wird normalerweise das visuelle System, v. a. die visuelle Orientierung, ungenügend ausgebildet. Die Studien von Held zeigten jedoch, dass die sensor. Deprivation als Erklärung dafür allein nicht ausreichend ist: im sog. *Katzen-*

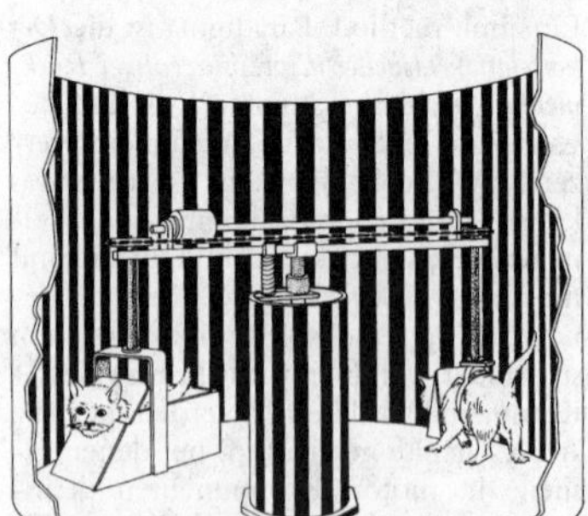

Abb. *Bewegung 2*

Karussell-Experiment wurde eine Vorrichtung entwickelt, durch die eines der Tiere die Umwelt durch eine passive, das andere durch eine aktive Bewegung kennenlernte u. zwar indem die Bewegung der aktiven Katze mit Hilfe eines Mechanismus auf eine kleine Gondel übertragen wurde, in der sich die zweite Katze befand, die sich selbst nicht bewegen konnte; wenn sich die aktive Katze bewegte, wurde die passive Katze mit der Gondel auf gleiche Weise bewegt; s. Abb. *Bewegung 2*. Das Ergebnis des Versuches war, dass die aktive Katze sich normal entwickelte, dass sie z. B. mit den Augen blinzelte, wenn Objekte auftauchten u. die Pfoten ausstreckte, wenn man sie z. B. einer Wand entgegentrug o. sie auf den Boden setzte, während das passive Tier – obgleich es keiner sensor. Deprivation ausgesetzt war – diese Vhsweisen nicht erworben hatte. Es konnte sie aber innerhalb weniger Tage nachlernen, nachdem es sich selbst frei bewegen konnte. Daraus folgt: wenn Eigenbewegung u. Wahrnehmungsprozesse dekorreliert sind, sind sensomotor. Lernprozesse äußerst erschwert, über die genaue Interpretation bestehen allerdings Differenzen; vgl. Hein (1980); vgl. krit. Cratty (1975) u. Heuer (1983).

◆ Bilodeau, E. A. (Hg.): Acquisition of skill. New York 1966; Bilodeau, I. M.: Information feedback. In: Bilodeau, E. A. u. Bilodeau, I. M. (Hg.): Principles of skill acquisition. New York 1969, S. 255–285; Cratty, B. J.: Motor. Lernen u. Bewegungsvh. Frankfurt/M. 1975; Fairbanks, G. u. Guttman, N.: Effects of delayed auditory feedback upon articulation. JSHR 1, 1958, S. 18–28; Fitts, P. M.: Engineering psychology and equipment design. In: Stevens, S. S. (Hg.): Handbook of Experimental Psychology. New York 1951, S. 1287–1340; Hein, A.: The development of visually guided behaviour. In: Harris, C. S. (Hg.): Visual coding and adaptability. Hillsdale 1980; Held, R. u. Gottlieb, N.: Technique for studying adaption to disarranged hand-eye coordination. PMS 8, 1958, S. 83–86; Held, R.: Plasticity in sensory-motor systems. SA 213, 1965, S. 885–895; Heuer, H.: Bewegungslernen. Berlin 1983; Holding, D. H. (Hg.): Principles of human training. Oxford 1965; Holding, D. H. (Hg.): Human skills. Chichester. 1981; Howard, I. u. Templeton, W. B.: Human spatial orientation. New York 1966; Hoyos, C. G.: Kompatibilität. In: Schmidtke, H. (Hg.): Ergonomie, 2. Bd. München 1974, S. 93–112; Rohmann, H.: Schnittstellen im Mensch-Maschine-System. In: Schmidtke, H. (Hg.): Lehrbuch der

Ergonomie. München 1981, S. 351–376; Singer, R. N.: Motor. Lernen u. menschl. Leistung. Bad Homburg 1985; Smith, W. M. u. a.: Delayed visual feedback and behaviour. Science 132, 1960, S. 1013–1014; Smith, K. U. u. Smith, W. M.: Perception and motion. Philadelphia 1962; Smith, K. U. u. a.: Computersystems control of delayed auditory feedback. PMS 17, 1963, S. 343–364; Taub, E.: Movement in nonhuman primates deprived of somatosensory feedback. In: Keogh, J. u. Hutton, R. S. (Hg.): Exercise and sport sciences review, 4. Bd. Santa Barbara, Calif. 1976.

Rücksicht auf Darstellbarkeit → Psychoanalyse; → Traum.

Rückstellsakkade → Augenbewegungen.

Rückwärtsassoziation → Paarassoziationslernen; → Assoziation.

Rückwärtsgerichtete Konditionierung → Interstimulusintervall.

Rückwärtsspannen-Technik → Gedächtnisspanne.

Rückwärtssuche → psychologische Heuristik.

Rückwärtsverkettung → psychologische Heuristik.

Rückwirkende Konditionierung → Interstimulusintervall.

Ruhehörschwelle → Hören.

Rules-and-representation-Modell → künstliche Intelligenz; → Konnektionismus.

Runner's high → Wohlbefinden.

Running-clock-Hypothese → Zeitwahrnehmung.

Running memory span → Gedächtnisspanne.

RZ, Abk. für → Reaktionszeit.

S, Standardabkürzung für Stimulus bzw. → Reiz; → S-R-Theorien.

s, Abk. für organismusinterne → Reize; Weiteres s. d.

S+ → negativer vs. positiver Stimulus; → Reiz.

S– → Hinweisreiz; → negativer vs. positiver Stimulus; → Reiz.

S* → Kognitive Lerntheorien; → Zwei-Faktoren-Theorie der Konditionierung.

Sättigung → psychische Sättigung; → Farbwahrnehmung.

Sakkaden → Augenbewegungen.

Sakkadische Bewegungen → Augenbewegungen.

Salience-Konzept → Selbstaufmerksamkeit.

Saliencymap → Feature integration theory.

Same-different-Vergleich → mehrdimensionaler Figurenvergleich.

Sandersche Täuschung → geometrisch-optische Täuschungen.

Sapir-Whorf-Hypothese [auch *Prinzip der linguist. Relativität*], die Position, dass die Weltsicht u. das Denken von Angehörigen verschiedener Sprachgemeinschaften durch unterschiedl. syntakt. u. lexikal. Merkmale der jeweiligen Sprachen geprägt ist (Whorf 1956). Die S. ist einer der wichtigsten Ausformungen eines → Sprachdeterminismus innerhalb des großen Problemkomplexes → Sprache u. Denken. Vielzitiertes Bsp. für den determinierenden Einfluss der Differenziertheit des Vokabulars auf die Kategorisierung der äußeren

Realität ist die (mittlerweile umstrittene) Beobachtung, dass Eskimos über mehr Bezeichnungen für Schnee verfügen als Europäer: die Sprache der Inuit kennt 12 verschiedene Worte für Schnee – im Gegensatz dazu kennt die deutsche Lebensmittelindustrie nur 11 Worte zur Bezeichnung von Nuss-Nougat-Creme. Eine empir. Untersuchung hierzu ist z. B. die von Carroll u. Cassagrande (1958), in der aufgezeigt wird, dass Navaho sprechende Kinder, anders als engl. sprechende Kinder, Objekte auf der Basis von Verbformen gruppieren, die nur in der Navahosprache unterschieden werden.

WÜ/KR: Eine krit. u. differenzierende Arbeit stammt von Gipper (1972), der eine starke sprachdeterminist. Auffassung ablehnt, sich jedoch zur Relativität in einem allgemeineren Sinne bekennt, dergestalt, dass Denken nur dann Gestalt gewinnen kann, wenn es sich den Ausdrucksmöglichkeiten der Sprachsysteme u. ihrer semant. Strukturen fügt. Fishman (1960) differenziert die S. in 4 Thesen: (a) Der Wortschatz bestimmt die Weltsicht; (b) der Wortschatz bestimmt das nichtsprachl. Vh.; (c) die grammat. Struktur bestimmt die Weltsicht; (d) die grammat. Struktur bestimmt nichtsprachl. Vh. Aufgrund dieser Differenzierung machte er die globale S. für die empir. ps. Analyse zugängl. u. weist Whorf einige Zirkularitäten seiner Argumentation nach: z. B. stellte Whorf – wie sich später herausstellte, fälschlicherweise – fest, dass die Hopi-Sprache keine temporalen Verbformen besitzt, was ihn zu der Annahme führt, dass die Hopis die Welt »zeitlos« erleben, wb. er als Evidenz dieser Zeitlosigkeit ledigl. besagtes Fehlen temporaler Verbformen anführen konnte. In ihrem Generalitätsanspruch wird die S. demgemäß heute als überholt betrachtet: Bereichen, in denen eine geringe linguist. Relativität gefunden wurde, z. B. bei → Farbbegriffen, stehen andere gegenüber, in denen ein solcher Sprachdeterminismus weitgehende Gültigkeit besitzt.

◆ Carroll, J. B. u. Cassagrande, J. B.: The function of language classifications in behaviour. In: Maccoby, E. E. u. a. (Hg.): Readings in social psychology 1958, S. 18–31; Fishman, J. A.: A systematization of the Whorfian hypothesis. BS 5, 1960, S. 323–339; Gipper, H.: Gibt es ein sprachl. Relativitätsprinzip? Frankfurt/M. 1972; Sapir, E.: Language. New York 1921; Whorf, B. L.: Language, thought and reality. New York 1956 (dt.: Sprache, Denken, Wirklichkeit. Reinbek 1963).

SAT, Abk. für *speed-acurracy-trade-off* (→ Speed-power-Problem).

Satisficing-Prinzip [auch *Prinzip der zufriedenstellenden Alternative*, *Satisfiszierungsprinzip*, *Befriedigungsprinzip*], eine von Simon (1957) aufgestellte grundlegende → Entscheidungsheuristik, die besagt, dass eine Alternative dann akzeptiert wird, wenn sie bei jedem Attribut eine gewisse Schwelle der Mindestausprägung überschreitet. Dieses Prinzip beinhaltet die Annahme, dass der Entscheidungsprozess nach dem Finden einer *satisfiszierenden* Alternative abgebrochen wird, dass man also nicht versucht, einen *maximalen* Gewinn zu erzielen. Das Prinzip ist ein prakt. handhabbarer Ausweg aus einer unübersichtl. Entscheidungssituation. Simon meint, dass sich damit das ökonom. Vh. besser erklären lässt als mit einem → Nutzen-Maximierungs-Prinzip. Simon hat für die auf diesem u. ähnl. Prinzipien beruhenden ps. Arbeiten den Nobelpreis erhalten (für Wirtschaftswissenschaften; es stellt die einzige weitgehend »ps.« zu nennende Arbeit dar, die so gewürdigt worden ist); Sauermann u. Selten (1962) haben den Ansatz in der *Anspruchsanpassungstheorie* weiterentwickelt; auch (der Wirtschaftswissenschaftler) Selten hat Anfang der 90er Jahre den Nobelpreis erhalten.

◆ Sauermann, H. u. Selten, R.: Anspruchsanpassungs-Theorie der Unternehmung.

Ztschr. für die Gesamte Staatswissenschaft 118, 1962, S. 577–597; Simon, H. A.: Models of man. New York 1957.

Satisfiszierungsprinzip → Satisficing-Prinzip.

SAT-Methode → Speed-power-Problem.

Satzbedeutung → psychologische Semantik.

Satzgedächtnis → Satzlernen.

Satzlernen [auch *Satzreproduktion*, *Satzreproduktionstest*], ein method. Paradigma zur Analyse der Repräsentation der → Bedeutung von Sätzen im Gedächtnis: Vpn versuchen, zuvor gelernte Sätze zu reproduzieren o. es wird eine Wiedererkennensaufgabe gestellt, bei der entschieden werden muss, ob ein Satz bereits gelernt worden ist, gemessen wird dabei die Reaktionszeit; zum Überblick vgl. Wender u. a. (1980).

Die Untersuchung des Behaltens von Sätzen u. Texten nimmt eine Sonderstellung innerhalb der Gedächtnisps. u. der → Gedächtnisprüfmethoden ein. Die Unzulänglichkeit von syntaxbezogenen Modellen zur Beschreibung von Gedächtnisleistungen führte rasch zu einer Aufnahme von semant. Komponenten, v. a. der Dimension *Bedeutungshaltigkeit*, *Konkretheit* u. *Bildhaftigkeit* (→ verbales Lernen). Es wird angenommen, dass unabhängig vom Behaltensintervall bei der Rezeption von Sätzen stets eine aktive Komponente beteiligt ist, also auch in kurzfristigen Wiedergaben rein phonet.-reproduktive Prozesse nicht ausreichen, um die gezeigten Behaltensleistungen zu erklären. Die wesentl. Forschungsergebnisse u. die Unterschiede beim Lernen von Substantiven u. beim Lernen von Verben u. Verb-Objektphrasen referiert Engelkamp (1990): Während Verbbegriffe propositionale Strukturen aufweisen, die zudem hinsichtl. ihrer Komplexität variieren, treten Substantivbegriffe als Teile von Propositionen auf, was sie als konzeptuell einfacher ausweist. Aus diesem Grunde ist bereits zu erwarten, dass Substantive besser behalten werden als Verben; der → Substantivüberlegenheitseffekt sollte zudem um so größer sein, je komplexer die Struktur der Verbkzpte. ist. Das *Satzgedächtnis* wird auch durch die method. Grundparadigmen analysiert, mit denen man das allg. → semantische Gedächtnis analysiert: → Faktenabruf, → lexikalische Entscheidungsaufgabe, → Satzverifikationsaufgaben; → Begriffsfindungsaufgaben. Modelle der Gedächtnisabsuche werden auch in der Aktivationsausbreitungstheorie unterschieden; vgl. auch die Modelle von Thorndyke u. Bower (1974); King u. Anderson (1976).

VD: Method.-theoret. Grundparadigmen des S.: (a) Häufig wird eine Cued-recall-Technik verwendet: Den Vpn wird ein Wort aus einem der gelernten Sätze als Stichwort geboten, u. sie werden aufgefordert, den Satz zu vervollständigen. (b) Als *incremental cueing* wird die Anordnung bezeichnet, bei der die Vp weitere Hinweise erhält, falls der Satz auf das erste Stichwort hin nicht vollständig repräsentiert werden kann. (c) Als *Cross-over-Experiment* wird folgende method. Anordnung bezeichnet: Vpn lernen einfache Subjekt-Verb-Objekt-Sätze, wb. je zwei Sätze ein gemeinsames Objekt haben; im Anschluss werden je ein Subjekt u. ein Verb als cue gegeben u. die Vpn sollen das Objekt angeben. Bsp.: »Der Vater ruft den Hund« u. »Das Kind streichelt den Hund« haben ein gemeinsames Objekt, einmal wird als cue vorgegeben: »Vater« u. »rufen« u. einmal: »Vater« u. »streicheln«. Eine eher gestalthaft orientierte Theorie würde davon ausgehen, dass das Objekt dann am besten reproduziert wird, wenn Subjekt u. Verb aus dem gleichen Satz stammen, die Ergebnisse der Experimente widersprechen dem aber: Ein Satz wird nicht dann mit der größten Wahrscheinlichkeit aufgerufen, wenn man Subjekt u. Prädikat genau dieses Satzes vorgibt, sondern wenn das Subjekt u. Prädikat aus den zwei verschiedenen Sätzen stammen; in unserem Bsp.: Die Wahrscheinlichkeit, das Objekt »Hund« zu reproduzieren, ist geringer, wenn man vorgibt: »Vater« u. »rufen«; u. sie ist größer, wenn man vorgibt: »Vater« u. »streicheln«. Dies ist eher eine

Bestätigung für eine assoziationist. Theorie als für eine ganzheitl. Theorie; vgl. hierzu Anderson u. Bower(1973); zsfd. Wender u. a. (1980). (d) Eine ähnl. Logik beinhalten *Doppel-cue-Experimente*, bei denen wiederum einfache Subjekt-Verb-Objekt-Sätze gelernt werden u. die Vpn entweder Subjekt o. Verb o. beide gleichzeitig als cue erhalten; die damit durchgeführten Untersuchungen widersprechen tlw. den Ergebnissen von Cross-over-Experimenten.

◆ ANDERSON, J. R. u. BOWER, G. H.: Human associative memory. Washington 1973; BRANSFORD, J. D. u. MCCARRELL, N. S.: A sketch of a cognitive approach to comprehension: some thoughts what it means to comprehend. In: WEIMER, W. B. u. PALERMO, D. S. (Hg.): Cognition and the symbolic processes. Hillsdale 1974; ENGELKAMP, J.: Das menschl. Gedächtnis. Göttingen 1990; KING, D. u. ANDERSON, J. R.: Long-term memory retrieval. An intersecting trace activation model. JVLVB 15, 1976, S. 587–605; KLATZKY, R. L.: Human memory: structures and processes. San Fransisco 1975; THORNDYKE, P. W. u. BOWER, G. H.: Storage and retrieval processes in sentence memory. CP 5, 1974, S. 515–543; VOSS, J. F. u. a.: Prose comprehension and memory. In: PUFF, C. R. (Hg.): Handbook of research methods in human memory and cognition. New York 1982, S. 349–393; WENDER, K. F. u. a.: Modelle des menschl. Gedächtnisses. Stuttgart 1980.

Satzproduktion → Sprachproduktion.

Satzrahmen → Sprachproduktion.

Satzreproduktion → Satzlernen.

Satzreproduktionstest → Satzlernen.

Satz-Satz-Vergleich → Satzverifikationsaufgabe.

Satzschema → Sprachproduktion.

Satzsemantik → Bedeutung; → Satzverarbeitung.

Satztiefe, zentrales Kzpt. der *Tiefenhypothese* bzw. *Yngve-Hypothese*: Yngve (1960) postuliert, dass die Satzproduktion bzw. → Satzverarbeitung in direkter Analogie zu den Regeln der → Phrasenstrukturgrammatik verläuft, u. er arbeitet speziell die gedächtnisps. Implikationen dieses Ansatzes heraus. Gem. der Phrasenstrukturgrammatik wird ein Satz von oben nach unten u. von links nach rechts in seiner natürl. Sprachfolge aufgebaut (*Links-Rechts-Modell*); nach Yngve müssen alle Informationen, die sich rechts von der Einheit befinden, die gerade realisiert wird, im Kurzzeitgedächtnis gespeichert werden, wenn die Satzproduktion korrekt ablaufen soll. Diese Zahl der rechten Konstituenten, die man jeweils im Gedächtnis behalten muss, während man ein Wort eines linken Konstituenten produziert, nennt Yngve die *Tiefe* dieses Wortes. Dem Wort mit der größten *Tiefe* entspricht die maximale kurzfristige Speicherbelastung, die bei der Erzeugung des betreffenden Satzes nötig ist, Yngve nennt sie *S.* Von der S. hängt die Schwierigkeit der Produktion u. Verarbeitung eines Satzes ab. Unter gedächtnisps. Aspekt ergibt sich, dass *links-verzweigende* u. *selbsteinbettende* Konstruktionen das Gedächtnis stärker belasten als rechts-verzweigende Strukturen. Während Yngve diese Überlegungen zur Belastung des Gedächtnisses durch Sätze nur theoret. anstellt u. argumentiert, dass Sätze mit großer S. vermieden werden sollen, versuchten in der Nachfolge verschiedene Autoren auch experimentell zu beweisen, dass die so definierte S. bei der Satzproduktion eine Rolle spielt u. entsprechende Satzstrukturen tatsächl. das Gedächtnis belasten.

HI: Zur forschungshistor. Bedeutung dieses Ansatzes für die → kognitive Psychologie u. auch zur empir. Beweislage vgl. Neisser (1974); nach Engelkamp (1974) gibt es sowohl positive wie negative Evidenz, insges. scheint sich die Hypothese in dieser Form nicht bestätigen zu lassen, da bei der Anlage der Experimente die Bedeutung der Sätze nicht berücksichtigt worden ist; zu weiteren krit. Aspekten vgl. Teigeler 1972).

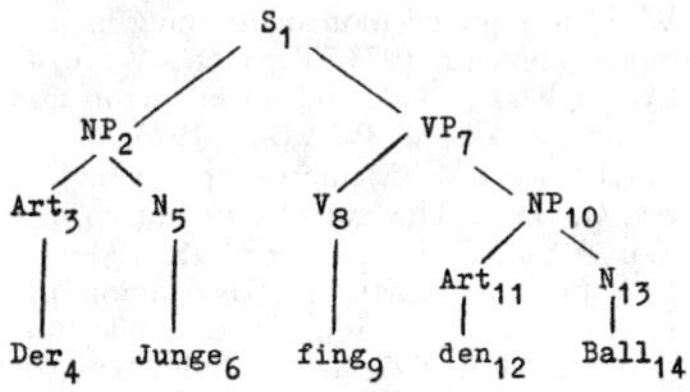

Abb. *Sprache 5*

VD: Die Abb. *Sprache 5* zeigt ein Strukturdiagramm u. die einzelnen Operationen bei der Produktion des Satzes »Der Junge fing den Ball« nach Yngve (1960). Die Ziffern zeigen die Abfolgen der einzelnen Operationen an. Wenn z. B. der Satzteil »Der Junge« produziert wird, müssen (Information eins bis sechs) die rechts von der Einheit sich befindenden Informationen (sieben bis vierzehn) gespeichert werden, wenn die Satzproduktion korrekt ablaufen soll (entnommen aus Engelkamp 1974).

◆ Engelkamp, J.: Psycholinguistik. München 1974; Neisser, U.: Kognitive Ps. Stuttgart 1974; Teigeler, P.: Satzstruktur u. Lernverhalten. Bern 1972; Yngve, V. H.: A model and a hypothesis for language structure. Proceedings of the American Philosophical Society 104, 1960, S. 444–466.

Satzverarbeitung, die Prozesse, durch die der Hörer (o. auch der Sprecher) das in einem Satz *Gemeinte* (bzw. in anderer Terminologie: den semant. Inhalt o. die Information eines Satzes) wahrnimmt, speichert u. verarbeitet (→ Sprachrezeption; → Sprachproduktion); vgl. auch → propositionale Wissensrepräsentation.

VD: (1) Bis in die 50er Jahre hat sich die Ps. nur mit der Verarbeitung von Wörtern (Wortsemantik) u. Wortlisten im Rahmen assoziationsps. u. wahrscheinlichkeitstheoret. Überlegungen beschäftigt (→ Sprachapproximation; → Bedeutung; → TEP-Maß). (2) Eine Verlagerung des Interessenschwerpunktes von der Wort- auf die Satzebene erfolgte erst am Anfang der 60er Jahre als Folge einer Rezeption der → generativen Transformationsgrammatik. S. wurde als ein Prozess verstanden, in dem die formale Struktur eines Satzes im Sinne der Transformationsgrammatik verarbeitet wird (→ psychologische Realität der Grammatik). Zunehmend wurde die theoret. u. empir. Inadäquatheit dieses Modells deutl., u. es fand eine Hinwendung zu einer bedeutungsorientierten Satzforschung statt, gem. der dem Satz v. a. eine *Bedeutung* »entnommen« wird, wb. die spezif. Satzform, in der diese Bedeutung sich manifestiert, meist vergessen wird; vgl. z. B. Sachs (1967); Slobin (1966); Wason (1965). Dieser Ansatz führte zum Problem der Bedeutung auf der Satzebene (*Satzsemantik*). Wenn jemand einen Satz hört, speichert er dessen → Proposition, die sich v. a. durch eine *semant. Relation* zw. Subjekt u. Prädikat formulieren lässt. Der Ansatz ist stark an der → Kasusgrammatik orientiert. Empir. belegt wurde dieses Modell durch Untersuchungen von Kintsch (1974, 1976) u. Kintsch u. a. (1975). Weitere Arbeiten in dieser Richtung sind: Raue u. Engelkamp (1977); Rosenberg (1969); Haringer (1970); Rohrman (1968). Mit den propositionalen Ansätzen hat sich die Sprachps. zunehmend von der Linguistik gelöst (vgl. z. B. Kintsch 1972, Perfetti 1972, Clark u. Clark 1977); Weiteres s. das Stw. → propositionale Wissensrepräsentation. Im Rahmen dieser u. ähnl. Forschungsansätze wurde auch gezeigt, dass S. nicht seriell gerichtet verläuft, sondern gleichzeitig auf verschiedenen Ebenen; zentrale Prozesse steuern die Verarbeitung über Antizipationen, die auf allen Ebenen gleichzeitig wirksam sind (vgl. Marslen-Wilson u. Welsh 1978; Townsend u. Bever 1978). Diese Auffassung differiert deutl. von derjenigen der Transformationsgrammatik, gem. welcher z. B. der aktiven u. passiven Form eines Satzes dieselbe syntakt. → Tiefenstruktur zugrunde liegt. Was hier jedoch konstant bleibt, ist in neuerer Sicht nicht die *syntakt. Struktur*, sondern eine *semant. Beziehung*; auch kann das sog. *tiefenstrukturale* Subjekt der Transformationsgrammatik in einer Reihe von Fällen nur unter Einbeziehung der *Wort-*

bedeutung identifiziert werden, was dazu geführt hat, dass die Begriffe *Subjekt* u. *Prädikat* in der Tiefenstruktur fallen gelassen u. Beziehungen generell *semant.* gefasst wurden (→ generative Semantik). Auch die Schwierigkeit von Sätzen hängt nach dieser Auffassung nicht so sehr von der syntakt. Komplexität (→ Ableitungskomplexität) der Sätze ab als von Art u. Anzahl der Propositionen, die sie repräsentieren. (3) Seit Mitte der 70er Jahre entstand eine kommunikationsorientierte Satzforschung: Während die bedeutungsorientierte Satzforschung nur einen Teil der Oberflächencharakteristika von Sätzen Bedeutung schenkt, z. B. ignoriert, dass gleiche Propositionen oberflächensyntakt. unterschiedl. dargestellt werden können, weist die kommunikationsorientierte Analyse des Satzgebrauchs solchen Darstellungsvarianten eine kommunikative Funktion zu (Chafe 1972; Ertel 1977; Herrmann u. Laucht 1977); s. das Stw. → verbale Kommunikation. In diesem erweiterten Kzpt. wird die *Abbildungs-Hypothese*, die hinter den älteren Theorien steht, überwunden: Der Prozess der S. endet nicht mit der Identifikation der dem Satz zugrunde liegenden Proposition, sondern dies ist erst der Beginn eines komplexeren Prozesses des → Sprachverstehens bzw. → Textverstehens.

LIT: Zum Überblick vgl. Grimm u. Engelkamp (1981); Bock (1978); Engelkamp (1973, 1976) u. Hörmann (1976); ein umfassendes Handbuch ist Gernsbacher (1994).

◆ Bock, M.: Wort-, Satz-, Textverarbeitung. Stuttgart 1978; Chafe, W. L.: Discourse structure and human knowledge. In: Freedle, R. O. u. Carroll, J. B. (Hg.): Language comprehension and the acquisition of knowledge. New York 1972, S. 41–70; Clark, H. H. u. Clark, E. V.: Psychology and language. New York 1977; Engelkamp, J.: Semant. Struktur u. die Verarbeitung von Sätzen. Bern 1973; Engelkamp, J.: Satz u. Bedeutung. Stuttgart 1976; Engelkamp, J.: Some studies on the internal structure of propositions. PRes 81, 1980, S. 355–371; Ertel, S.: Where do subjects of sentences come from? In: Rosenberg, S. (Hg.): Sentence production. New York 1977, S. 141–168; Gernsbacher, M. A. (Hg.): Handbook of psycholinguistics. San Diego 1994; Grimm, H. u. Engelkamp, J.: Sprachps. Berlin 1981; Haringer, H. J.: Theorie der deutschen Syntax. München 1970; Herrmann, T. u. Laucht, M.: Pars pro toto: Überlegungen zu situationsspezif. Variationen des Sprechens. PRu 28, 1977, S. 247–265; Hörmann, H.: Semantic factors in negation. PF 35, 1971, S. 1–16; Hörmann, H.: Meinen u. Verstehen. Frankfurt/M. 1976; Kintsch, W.: Notes on structure of semantic memory. In: Tulving, A. u. Donaldson, W. (Hg.): Organization of memory. New York 1972, S. 249–309; Kintsch, W.: The representation of meaning in memory. Hillsdale 1974; Kintsch, W. u. a.: Comprehension and recall of text as a function of content variables. JVLVB 14, 1975, S. 196–214; Kintsch, W.: Memory for prose. In: Cofer, C. (Hg.): The structure of human memory. San Francisco 1976, S. 90–113; Kintsch, W. u. Bates, F.: Recognition memory for statements from a classroom lecture. JExP: HLM 3, 1977, S. 150–159; Marslen-Wilson, W. D. u. Welsh, A.: Processing interactions and lexical access during word recognition in continuous speech. CP 10, 1978, S. 29–63; Marslen-Wilson, W. D. u. Tyler, I. K.: On the temporal structure of spoken language understanding. C 8, 1980, S. 1–71; Perfetti, C. A.: Psychosemantics: some cognitive aspects of structural meaning. PBu 78, 1972, S. 241–259; Raue, B. u. Engelkamp, J.: Gedächtnisps. Aspekte der Verbvalenz. Archiv f. Ps. 129, 1977, S. 157–174; Rohrman, N. L.: The role of syntactic structure and the recall of English nominalizations. JVLVB 7, 1968, S. 904–912; Rosenberg, S.: The recall of verbal material. Accompanying semanticaly well integrated and semanticaly poorly integrated sentences. JVLVB 8, 1969, S. 732–736; Sachs, J.: Recognition memory for syntactic and semantic aspects of connected discourse. PaP 2, 1967, S. 437–442; Slobin, D. J.: Grammatical transformations and sentence comprehension in childhood and adulthood. JVLVB 5, 1966, S. 219–227; Townsend, D. J. u. Bever, T. G.: Interclause relations and clausal processing. JVLVB 12, 1978, S. 509–521; Wason, P. C.: The contexts of »plausible denial«. JVLVB 4, 1965, S. 7–11.

Satzverifikationsaufgabe [auch *Satzverifikationsexperiment*], eine Methode der Gedächtnis- bzw. Denkps., bes. zur Analyse des → semantischen Gedächtnisses: Eine Vp muss so schnell wie mögl. ein Urteil über den Wahrheitsgehalt von Aussagen abgeben. Ein typ. Bsp.: Vpn sollen beurteilen, ob Aussagen wahr o. falsch sind: (1) »Rotkehlchen fressen Würmer«. (2) »Rotkehlchen haben Federn«. (3) »Rotkehlchen haben Haut«. Dabei wurden auch falsche Aussagen eingeführt wie »Äpfel haben Federn«.

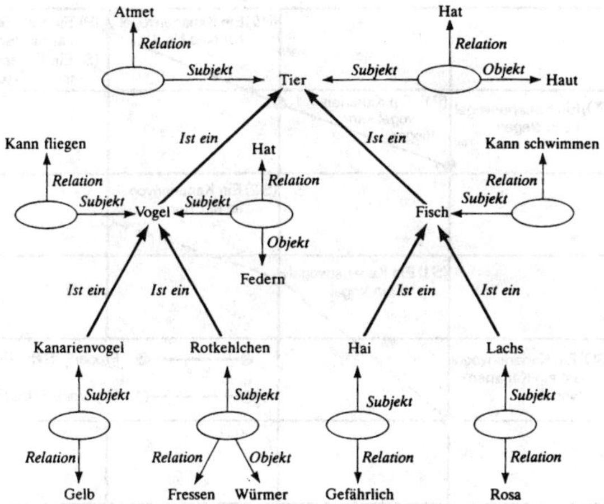

Abb. *Semantik 7a*

Netzwerk für Sätze, wie sie im Experiment von Collins und Quillian (1969) zum Vergleich von Reaktionszeiten für die Verifikation von Aussagen dargeboten wurden. Man erkennt deutlich die Hierarchie von Konzepten und den mit ihnen verbundenen Eigenschaften (anhand der halbfetten Pfeile)

Zur Darstellung dieser Prozesse in einem semant. Netzwerk s. Abb. *Semantik 7a.* Falls das Gedächtnis so strukturiert ist, wie in der Abb. gezeigt, sollten die Vpn die Aussage (1) schneller als wahr erkennen als Aussage (2) u. die wiederum schneller als Aussage (3), da aufgrund des hierarch. Aufbaus jeweils ein längerer Pfad im Netzwerk durchlaufen werden muss (*Hierarchie-Effekt*): Satz (1) soll gem. diesem Modell direkt zusammen mit »Rotkehlchen« gespeichert sein, was für Satz (2) nicht gilt, denn die dort erwähnte Eigenschaft »hat Federn« ist vielmehr unter »Vogel« abgespeichert; Satz (2) kann aus den direkt gespeicherten Tatsachenaussagen »Ein Rotkehlchen ist ein Vogel« u. »Vögel haben Federn« abgeleitet werden; auch Satz (3) ist nicht direkt unter »Rotkehlchen« gespeichert, denn das Prädikat »hat Haut« steht bei »Tier«; Satz (3) kann den Aussagen »Ein Rotkehlchen ist ein Vogel« u. »Ein Vogel ist ein Tier« u. »Tiere haben Haut« abgeleitet werden. Im Falle von Satz (1) sind also sämtl. für die Verifikation benötigten Informationen bei Rotkehlchen abgespeichert; bei Satz (2) müssen die Vpn die Verknüpfung von »Rotkehlchen« u. »Vogel« mit einbeziehen, um an die erforderl. Informationen zu gelangen; bei Satz (3) sind zw. »Rotkehlchen« u. »Tier« zwei Verknüpfungen zu berücksichtigen. Bei solchen Versuchen findet sich häufig auch ein → Fächereffekt. Anhand dieser Methodik kann man etwas über die *Bedeutungsdistanz* zw. zwei Begriffen sagen, sie ist die prototyp. Methode, mit der die Struktur eines → semantischen Netzwerks überprüft worden ist; s. hierzu Abb. *Semantik 7b*, sie zeigt die durchschnittl. Verifikationszeiten für verschiedene Property- u. Superset-Sätze, also Sätze, die Eigenschaften bzw. Überordnungen beinhalten (nach Collins u. Quillian 1969); s. a. die Abb. im Stw. → TLC. Diese Methode ist insofern problemat., als nicht nur semant., sondern auch syntakt. Relationen variiert u. so möglicherweise konfundiert werden; zu theoret. Ansätzen vgl. Wender u. a. (1980).

VD: Variationen der Methode: Beim *Bild-Satz-Vergleich* wird eine bildl. Darstellung eines Sachverhaltes mit einem Satz vorgegeben; beim *Satz-Satz-Vergleich* werden zwei Sätze vorgegeben; das method. Kernparadigma (s. o.) kann man nach dieser Logik auch als *Satz-Wissens-Vergleich* bezeichnen.

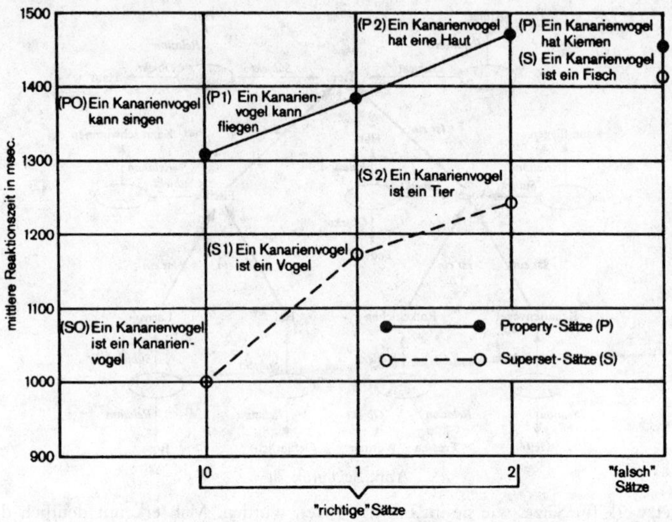

Abb. *Semantik 7b*

◆ Collins, A. M. u. Quillian, M. R.: Retrieval time from semantic memory. JVLVB 8, 1969, S. 240–247; Grimm, H. u. Engelkamp, J.: Sprachps. Wien 1981; Hagendorf, H.: Methodik der experimentellen Gedächtnisforschung. In: Klix, F. u. Sydow, H. (Hg.): Zur Ps. des Gedächtnisses. Bern 1977, S. 125–141; Waldmann, M. u. Weinert, F. E.: Intelligenz u. Denken. Göttingen 1990; Wender, K. F. u. a.: Modelle des menschl. Gedächtnisses. Stuttgart 1980.

Satzverifikationsexperiment → Satzverifikationsaufgabe.

Satz-Wissens-Vergleich → Satzverifikationsaufgabe.

Savage-Niehans-Regel → Entscheidungstheorie.

Scanner → kognitive Stile.

Scanning → kognitive Stile.

Schablonenvergleich → Mustererkennung.

Schablonenvergleichstheorie → Mustererkennung.

Schachter-Singer-Theorie [bisweilen auch: *Schachter-Theorie*], häufige Bezeichnung für eine → Emotionstheorie, die → Emotionen aus dem Zusammenwirken zweier Faktoren konzipiert (*Zwei-Faktoren-Theorie*): (a) unspezif. physiolog. Erregung; (b) eine »richtunggebende« Kognition, also eine → Attribution, die der Emotion erst ihre Spezifität verleiht. Klass. Experiment: durch eine Adrenalin-Injektion wurde eine unspezif. physiolog. Erregung erzeugt, dann wurden Ärger- u. Freudesituationen als mögl. Etikette für die Körpererregung hergestellt, mit dem Ergebnis, dass die Vpn je nach Situation einmal Ärger o. Freude empfanden; vgl. Schachter u. Singer (1962ff.).

HI/WÜ: Die S. ist eine der histor. wichtigsten Emotionstheorien, die das Grundproblem jeder Emotionstheorie, näml. des Zusammenspiels von Emotion u. Kognition in sehr zugespitzter Weise konzeptualisiert.

KR: Die empir. Forschungsbasis ist schwach, schon das grundlegende Experiment konnte häufig nicht repliziert werden, auch auf method. Schwächen wurde aufmerksam gemacht; Maslach (1979) kommentiert, dass die skizzierte Art der experimentellen Überprüfung weniger für eine Emotionstheorie, als vielmehr für psychopatholog. Fragestellungen (unerklärl. physiolog. Erregung) relevant sei. Die überaus krit. Auseinandersetzung über die Versuchsdurchführung (Variablen, Vpn-Selektion, Analyse, Interpretation u. Gültigkeitsbereich) zieht sich mindestens über zwei Jahrzehnte hin (z. B. Plutchik u. Ax 1967; Schachter 1971; Maslach 1979; Schachter u. Singer 1979); zusammenfassende Kritik findet sich bei Erdmann u. Janke (1978); ein Review ist Reisenzein (1983); bei Wendt (1989) wird das Experiment u. seine Interpretation zsfd., aber tief schürfend dargestellt; Zillmann (1978) führt die Überlegungen von Schachter u. Singer in einer *Drei-Faktoren-Theorie* fort.

VD: Eine Weiterentwicklung u. Zuspitzung der Theorie ist das Paradigma der *Fehlattribution*, das davon ausgeht, dass nicht die tatsächl. physiolog. Erregung entscheidend sei, sondern die (verfälschbare) Wahrnehmung; in diesem Ansatz werden systemat. falsche Rückmeldungen über die eigene Erregung gegeben, z. B. über Veränderung der Herzschlagfrequenz, mit dem Ergebnis, dass auch so Emotionen induziert werden konnten. Ähnl. funktioniert das Paradigma des → Erregungstransfers, bei dem eine irrelevante körperl. Erregung, z. B. durch sportl. Aktivität, sich in eine nachfolgende Situation – z. B. eine soziale Beleidigung o. eine sexuelle Stimulierung – einfügt u. sich zu deren Erregung hinzuaddiert. In diesem Zusammenhang wurden auch Placebo-Effekte untersucht, v. a. bei Psychopharmaka; hieraus ergab sich die Idee einer eigenen *Attributionstherapie*, deren Grundidee in einer systemat. Verwendung von falschen Rückmeldungen bestand; vgl. Nisbett u. Schachter (1966), Nisbett u. Valins (1972); zsfd. Bierhoff-Alfermann (1983) sowie Liebhart (1978).

◆ Bierhoff, H. W. u. Bierhoff-Alfermann, D.: Kognitive Prozesse im Motivationsgeschehen. In: Thomae, H. (Hg): Theorien u. Formen der Motivation. EP, C, IV, 1. Bd. Göttingen 1983, S. 93–226; Erdmann, G. u. Janke, W.: Interaction between physiological and cognitive determinants of emotions: experimental studies on Schachter-Theory of emotions. BP 6, 1978, S. 61–74; Liebhart, E.: Wahrgenommene autonome Veränderungen als Determinanten emotionalen Vh. In: Görlitz, D. u. a. (Hg.): Bielefelder Symposium Attribution. Stuttgart 1978, S. 107–137; Maslach, C.: The emotional consequences of arousal without reason. In: Izard, C. E. (Hg.): Emotions in personality and psychopathology. New York 1979, S. 565–590; Nisbett, R. E. u. Schachter, S.: Cognitive manipulation of pain. JESP 2, 1966, S. 227–236; Nisbett, R. E. u. Valins, S.: Perceiving the causes of once own behaviour. In: Johns, E. E. u. a. (Hg.): Attribution: perceiving the causes of behaviour. Morristown 1972; Plutchik, R. u. Ax, F.: A critique of »determinants of emotional state« by Schachter u.Singer (1962). PPh 4, 1967, S. 79–82; Reisenzein, R.: The Schachter-theory of emotion. Two decades later. PBu 94, 1983, S. 239- 264; Schachter, S. u. Singer, J. E.: Cognitive, social and psychological determinants of emotional state. PR 69, 1962, S. 379–399; Schachter, S.: Emotion, obesity and crime. New York 1971; Schachter, S. u. Singer, J. E.: Comments on the Maslach and Marshall-Zimbardo experiments. JPSP 37, 1979, S. 989–995; Wendt, D.: Allg. Ps. Stuttgart 1989; Zillmann, D.: Attribution and mis-attribution for excitatory reactions. In: Harvey, J. H. u. a. (Hg.): New directions in attribution research, 2. Bd. Hillsdale 1978.

Schachter-Theorie → Schachter-Singer-Theorie.

Schädigungsabsicht → Aggression.

Schafer-Murphy-Effekt → soziale Wahrnehmung; → Kippfiguren.

Schallbildertheorie → Hören.

Schamgefühl, lässt sich auf eine Diskrepanz zw. *idealem* und *realem Selbst* zurückführen; S. ist bes. dann stark ausgeprägt, wenn eine Art Öffentlichkeit gegeben ist, wenn »Peinlichkeit« entsteht, vgl. Roos (1988). S. hat folgenden Ausdruck: Abwenden des Gesichts, der Kopf wird zur Seite u. nach unten gewandt, Blickkontakt wird vermie–

den, man spricht leiser, versucht sich klein zu machen. Izard sieht in seiner → differentiellen Emotionstheorie die evolutionäre Funktion der Scham darin, dass Paarende, die in dieser Situation relativ hilflos sind, sich zurückziehen u. so geschützter sind. S. führt häufig zu → Schuldgefühlen. Gegenüber früheren Zeiten hat S. in der Gegenwart häufiger mit Identitätsstörungen zu tun, wohingegen S. wegen sexueller Wünsche seltener geworden ist; vgl. schon Piers (1953); weiteres vgl. die Stw. → soziale Angst; → Leistungsangst; → Leistungsmotivation; → Selbstaufmerksamkeit.

LIT: Ein Sammelband mit verschiedenen Arbeiten zum Thema S. ist Nathanson (1987); zu sexuellen Aspekten vgl. Meyer (1994); zu kulturhistor. Aspekten vgl. Elias (1979); zum Gesichtsausdruck u. seiner ontogenet. Entwicklung vgl. zsfd. Ekman (1988); für eine moderne Darstellung aus psa. Sicht vgl. Nathanson (1987); zur Entwicklungsps. u. zur Bedeutung für die Neurosenentstehung vgl. Kruse (1991) u. Illies (1982); innerhalb der Anthropologie finden sich in klass. Werken Analysen des Gefühls S.; vgl. Darwin (1874), Plessner (1928) u. Bilz (1971).

◆ Bilz, R.: Paläoanthropologie. Frankfurt/M. 1971; Darwin, C.: Der Ausdruck der Gemüthsbewegungen bei den Menschen u. den Thieren. Stuttgart 1874; Elias, N.: Prozeß der Zivilisation, 2 Bde. Frankf/M. 1979; Ekman, P.: Gesichtsausdruck u. Gefühl. Paderborn 1988; Illies, J.: Kulturbiologie des Menschen. München 1978; Illies, J.: Das kindl. Schamgefühl als Entwicklungsfaktor. In: Hellbrügge, T. (Hg.): Die Entwicklung der kindl. Sexualität. München 1982, S. 125–144; Kruse, O.: Emotionsentwicklung u. Neurosenentstehung. Stuttgart 1991; Kutter, P.: Die menschl. Leidenschaften. Stuttgart 1978; Meyer, H.: Sexualität u. Bindung. Weinheim 1994; Nathanson, D. L.: The many faces of shame. New York 1987; Piers, G. u. Singer, M. B. (Hg.): Shame and guilt. Springfield 1953, S. 5–41; Plessner, H.: Die Stufen des Organischen u. der Menschen. Berlin 1928; Roos, J.: Die Entwicklung der Zuschreibung komplexer Emotionen am Bsp. der Emotion Peinlichkeit. Frankfurt/M. 1988; Rost, W.: Emotionen. Berlin 1990.

Schauder → Angst.

Schedule of reinforcement → Verstärkungsplan.

Scheibenaufgaben → psychomotorische Tests und Prüfverfahren.

Scheibentechnik → phänomenale Kausalität.

Scheinbare Bewegungen → induzierte Bewegung.

Scheinbare Durchsichtigkeit → perzeptive Ergänzungen.

Scheinbare Entfernung – scheinbare Bewegung, ein Phänomen des → Bewegungssehens; Bsp.: Betrachtet man im fahrenden Auto den Mond, scheint er sich langsamer als das Auto, aber dennoch nicht zurückbleibend mitzubewegen. Dies kommt daher, dass der Mensch aufgrund der Mondgröße die Entfernung des Mondes unterschätzt, ihn für näher hält, wb. er dann rasch hinter dem Auto zurückbleiben müsste, da aber sein Winkel aufgrund der großen Entfernung immer gleich bleibt, kommt es zur Wahrnehmungsinterpretation eines sich bewegenden Mondes.

◆ Campenhausen, C. v.: Die Sinne des Menschen. Stuttgart 1993; Falk, D. S. u. a.: Ein Blick ins Licht. Berlin 1990; Rock, I.: Wahrnehmung. Heidelberg 1985.

Scheinbewegung → Phi-Phänomen.

Scheinfütterung [engl. *sham-feeding*], ein experimentelles Paradigma innerhalb der → Lern- bzw. → Motivationstheorien: Die Nahrung, die ein Versuchstier zu sich nimmt, gelangt über eine künstl. Fistel nicht in den Magen, sondern wird extern abgeführt.

Mit solchen Untersuchungen konnte man z. B. feststellen, dass auch die S. zur → Verstärkung führt, allerdings weniger effektiv als echte Fütterung, ein Befund, der gegen die → Triebreduktionstheorie spricht: Die aktuelle Konsumationsaktivität, sozusagen die »erlebte« Belohnungsmenge, scheint für bestimmte Lernprozesse von größerer Bedeutung zu sein als die dauerhafte physiolog. Triebreduzierung; vgl. zum Überblick Foppa (1975).

◆ FOPPA, K.: Lernen, Gedächtnis, Vh. Köln 1975 (9. Aufl.).

Scheinkonturen → subjektive Konturen.

Scheinwut → Physiologische Psychologie (VD-Teil).

Schema. Langfristig gespeicherte, hierarch. gegliederte Wissensstrukturen, in denen häufig wiederkehrende o. konventionalisierte Umweltkonstellationen, Handlungsfolgen u. dergleichen mental abgebildet werden. S. sind also sowohl Voraussetzung wie Ergebnis des → Erkennens bzw. → Wissenserwerbs. Bsp. für S.: das kognitive S., das jemand von einem Auto, von einem Buchstaben, einem Gesicht o. einer geometr. Figur hat; aber auch umfassende Wissensstrukturen, die ganze Realitätsbereiche beschreiben. Ein weiteres Bsp. (nach Anderson 1988), das S. für ein Haus: *Oberbegriff*: Gebäude; *Material*: Holz, Stein; *enthält*: Zimmer; *Funktion*: menschl. Wohnraum; *Form*: rechteckig; *Größe*: 50 bis 500 qm; *Ort*: auf der Erde. In dieser Liste entsprechen Begriffe wie *Material* o. *Größe* den Attributen o. Leerstellen u. Begriffe wie *Holz*, *Stein* o. *rechteckig* den jeweiligen Werten. Im Prozess des Erkennens interagiert ein S. mit den unmittelbar aufgenommenen Sinnesinformationen u. bringt die kognitive Komponente u. Struktur in das sensor. Reizangebot (→ Wahrnehmungstheorien). D. h.: bei jeder Wahrnehmung wird die aktuell aufgenommene Information in ein (o. auch mehrere) S. eingeordnet u. ist dann »erkannt« bzw. »verstanden«. Das Kzpt. impliziert also eine Absage an rein elementarist. u. assoziationist. Erklärungsformen, es hebt hervor, dass Wahrnehmung u. Erkennen der Annahme genereller Kategorien bedürfen. Das S.-Kzpt. wurde auch zur Lösung des → Wissensbasis-Problems konzipiert. In den S. sehen viele Kognitionspsychologen jene Bausteine des Denkens, der Sprache, des Gedächtnisses u. der Wahrnehmung, die sich für die Beschreibung u. Erklärung komplexer Phänomene der menschl. Information bes. eignen; vgl. Thorndyke (1984); Bower u. a. (1979), Rumelhart u. Norman (1978) sowie Rumelhart u. Ortony (1977).

Es gibt eine Reihe spezieller Ausformungen des S.-Kzpts.: Wichtig ist v. a. das Kzpt. eines S., das typ. Ereignisfolgen repräsentiert: → Skript; des Weiteren das Kzpt. des → frames als Repräsentation des Hintergrundwissens bei Wahrnehmungsprozessen. Vergleichbar ist das Kzpt. des *Geschichtenschemas* im Bereich des → Textverstehens; in der Linguistik wurden innerhalb der → Kasusgrammatik ebenfalls schematheoret. Gedanken entwickelt. Im Rahmen der Ps. der Bewegung ist das Kzpt. des Bewegungsschemas bzw. des → Bewegungsprogramms wichtig geworden; s. a. das Stw. → Körperwahrnehmung. Eine wichtige Forschungstradition außerhalb der akadem. Ps., innerhalb der der S.-Begriff zentral ist, ist Piagets → genetische Epistemologie. Ähnl. neuere Kzpte. sind folgende: *Geschehenstypen* (Klix 1984), *Handlungsstruktur* (Aebli 1980) s. a. die Stw. → Plan u. → Prototyp. Zum

Kzpt. des *emotionalen* S. vgl. Ulich (1992).

Typ. Fragen der S.-Forschung sind: Beeinflussen bildhafte S. die Informationsverarbeitung in anderer Weise als sprachl.-propositionale S.? Zu welchem Zeitpunkt in der Sequenz der Informationsverarbeitung werden S. wirksam, u. wie werden sie wirksam? (Bei der Enkodierung der Operation, bei der Durchführung von kognitiven Operationen, beim Abruf der Information aus dem Gedächtnis oder bei sämtl. Teilprozessen der Informationsverarbeitung?) Speziellere Fragestellungen lenken die Aufmerksamkeit auf unterschiedl. Prozesse bei der Verarbeitung schemakonsistenter u. schemainkonsistenter Informationen, auf unterschiedl. Erinnerungsleistung, auf die Verfügbarkeit von Schemata u. Konsequenzen für die Art der Enkodierung u. die kognitiven Operationen, z. B. bei Wahrscheinlichkeitsschätzungen.

Weitere Aspekte von S.: (a) S. weisen sog. *Leerstellen* (engl. *slots*, sie stehen für *Attribute*) auf; im Auto-S. wäre dies z. B.: die Art des Motors (Benzin, Diesel, etc.); diese Leerstellen können variabel belegt sein, häufig erfolgt auch eine Belegung mit Standardwerten (engl. *default values*) (z. B. wird ein Auto meist mit 4 Rädern repräsentiert). (b) Elementare S. können in hierarchie-höhere S. eingebettet sein – so das Auto-S. als Teil eines allg. Verkehrs-S.; ein Unter-S. im Auto-S. wäre z. B. das Amaturen- o. das Steuerrad-S. S. weisen noch eine andere Art von Hierarchie auf, die sog. *Hierarchie der Teile*: Teile von Häusern, wie Wände u. Zimmer, besitzen eigene Definitionen: Dem S. für Wände u. Räume wäre dann zu entnehmen, dass es in Räumen Wände, Fenster u. Decken u. in Wänden Fenster gibt. (c) Prinzipiell übertragen sich die Merkmale einer Obermenge auf das untergeordnete Kzpt., sofern dem nichts entgegensteht. Einem S. werden v. a. drei Funktionen zugeschrieben: (a) Die Hypothese der selektiven Aufmerksamkeitszuwendung (vgl. z. B. Anderson u. Pearson 1984) besagt, dass schemarelevante Informationen mehr Aufmerksamkeit erfahren als nicht-schemarelevante Informationen. Einmal aktivierte S. lösen Erwartungen aus, die dazu führen, dass gezielt nach Informationen gesucht wird, die die dazu eröffneten Leerstellen ausfüllen. Die schemabezogene Information erhält dadurch mehr Aufmerksamkeit u. wird dadurch auch besser behalten. Dies zeigt sich z. B. in einem Experiment, bei dem eine Vp in einen Raum geführt wird, von dem gesagt wird, dass es das Büro des Versuchsleiters sei u. dass sie dort warten möchte; später wird sie darüber gefragt, was in diesem Raum sich alles befunden hat; es zeigt sich, dass sie sich sehr gut an Gegenstände erinnern kann, die Teil des S. eines Büros sind, wesentl. schlechter an Gegenstände, die außerhalb dieses S. liegen. Weitere empir. Untersuchungen hierzu sind z. B. Britton u. a. (1978); Cirilo u. Foss (1980); Goetz u. a. (1983). Kritik an der Hypothese der selektiven Aufmerksamkeitsverteilung üben z. B. Anderson u. Pearson (1984); sie entwickeln die Hypothese weiter, ebenso wie Brewer u. Nakamura. (1984). (b) S. wirken bei der Encodierung neuer Informationen als verständnis- u. kohärenzstiftende Rahmen, die die Integration neuen Wissens in die Wissensbasis erleichtern. (c) S. beeinflussen auch Abruf u. Rekonstruktion von Wissen aus dem Gedächtnis u. die Ausgabe dieses Wissens; vgl. hierzu Anderson u. Pearson (1984) sowie Brewer u. Nakamura (1984).

HI: Zu frühen Arbeiten, die den Schemabegriff benutzen, vgl. Graumann u. Sommer (1984). In der Regel wird der Beginn der modernen ps. Schema-Theorie auf die gedächtnisps. Arbeit von Bartlett (1932) zurückgeführt, der seine konstruktivist. → Gedächtnistheorie in Auseinandersetzung mit den damals vorherrschenden assoziationist. Gedächtnismodellen der klass. Gedächtnisps. konzipiert hat. Dieser Ansatz, ursprüngl. von geringem Einfluss, wurde innerhalb der modernen kognitiven Ps. neu entdeckt u. in seiner großen Bedeutung schon von Neisser (1974), gewürdigt. Ein noch älteres S.-Kzpt. findet sich in der deutschsprachigen Literatur bei O. Selz (1913, 1922), der den Begriff der *schemat. Antizipation* prägte, als der gedankl. Vorwegnahme des Zieles eines Denkprozesses; diese Antizipationen waren für Selz die wesentl. Elemente der Richtung u. Ordnung des Denkens. Verwandt ist auch Bühlers Kzpt. des *Handlungsklischees* (1934). Auch das Kzpt. der → Gestalt hat schematheoret. Aspekte. Im Grunde wurzelt die Idee des S.-Begriffs tief in der Philosophiegeschichte, wb. allerdings die verwendeten S.-Kzpte. allenfalls so etwas wie eine Familienähnlichkeit aufweisen; vgl. Graumann u. Sommer (1984); Kluwe (1979); Oswald (1980).

KR: Zur Kritik am S.-Kzpt. vgl. Fiske u. Linville (1980): der Schemabegriff sei zu unpräzise, er vernachlässige die reale soziale Interaktion, seine Verwendung sei eine Modeerscheinung, durch die bereits bekannte Theorien u. Befunde ledigl. anders formuliert werden, ohne dass ein Erkenntnisgewinn damit verbunden wäre; vgl. Herrmann (1965); Klix (1984), der v. a. die ungenügende Trennung von Annahmen zu Repräsentations- u. Prozessaspekten im S.-Kzpt. hervorhebt; Oswald (1980) u. Herrmann (1982) bemängeln die Vagheit; Kluwe u. Spada (1981) vermissen eine angemessene Repräsentation von Bedeutung in S.; Anderson (1983) kritisiert die unzureichende Trennung zw. deklarativem u. prozeduralem Wissen; Brewer u. Nakamura (1984) nennen als weitere Probleme v. a. den Übergang von der unbewussten zur bewussten Informationsverarbeitung, dem sich die Schema-Theorien im Zuge ihrer Weiterentwicklung zu stellen haben. Allg. bezweifelt die Kritik meist nicht den deskriptiven, wohl aber den explikativen Wert des Kzpts.; Johnson-Laird (1983) konzipiert das alternative Modell der → mentalen Modelle; eine kurze Zusammenfassung u. eine Weiterentwicklung der Kritik am S.-Kzpt. bietet Waldmann (1990).

VD: Während Bartlett (1932) noch davon ausgeht, dass in S. nur *gener.* Wissen repräsentiert ist, nehmen die neueren Ansätze (z. B. Anderson u. Pearson 1984, Brewer u. Nakamura 1984) an, dass S. darüber hinaus auch *episod.* Wissen enthalten können; Rumelhart u. Ortony (1977) haben das Kzpt. der *Schemainstantiierung* eingeführt, um das Zusammenwirken gener. u. episod. Wissens bei der Informationsverarbeitung darzustellen: wird einer Variablen eines S. ein bestimmter Wert zugewiesen, z. B. durch Information aus der Umgebung, dann gilt das betreffende S. als *instantiiert*. In Anlehnung an die Theorie der → semantischen Netzwerke kann man den Prozess der Schemainstantiierung als Überführung von *types* in *tokens* beschreiben (Thorndyke 1984). Die episod. Information wird als Bestandteil des instantiierten S. gespeichert, wb. Voraussetzung für die Instantiierung ist, dass die episod. Information mit einem der gespeicherten S. mehr o. minder überlappt, so dass sie prototyp. für das S. ist (Anderson u. Pearson 1984).

LIT: Einen Überblick über Schema-Theorien bieten Brewer u. Nakamura (1984); vgl. auch Thorndyke (1984); zur empir. Forschung, die die Wirkung von S. dokumentiert, vgl. Alba u. Hasher (1983); Grundmerkmale eines S. referieren Rumelhart u. Ortony (1977) sowie Rumelhart (1980); für eine vertiefte Auseinandersetzung vgl. Hayes (1979), Dresher u. Hornstein (1976) u. Fodor (1983); zu einem schematheoret. Ansatz innerhalb der Psychotherapie vgl. Grawe (1986, 1994).

◆ Aebli, H.: Denken: das Ordnen des Tuns, Bd. 1. Stuttgart 1980; Alba, J. W. u. Hasher, L. S.: Is memory schematic? PBu 93, 1983, S. 203–231; Anderson, J. R.: The architecture of cognition. Cambridge/Mass. 1983; Anderson, R. C. u. Pearson, P. D.: A schema-theoretic view of basic processes in reading comprehension. In: Pearson, P. D. (Hg.): Handbook of reading and research. New York 1984, S. 255–291; Anderson, J. R.: Kognitive Ps. Heidelberg 1988; Baddeley, A.: Die Ps. des Gedächtnisses. Stuttgart 1979; Bartlett, F. C.: Remembering. Cambridge 1932; Bower, G. H. u. a.: Scripts in memory for text. CP 11, 1979, S. 177–220; Brewer, W. F. u. Nakamura, G. V.: The nature and functions of schemata. In: Weyer, R. S. u. Krull, K. A.: (Hg.): Handbook of social cognition. Hillsdale 1984; Britton, B. K. u. a.: Reading and cognitive capacity usage: adjunct question effects. MuC 6, 1978, S. 266–273; Bühler, K. K.: Sprachtheorie. Jena 1934; Cassirer, E.: The concept of group and the theory of perception. Philosophy and Phenomenological Research 5, 1944, S. 1–36; Cirilo, R. K. u. Foss, D. J.: Text structure and reading time for sentences. JVLVB 19, 1980, S. 96–109; Dresher, B. E. u. Hornstein, N.: On some supposed contributions of artificial intelligence to the study of language. C 4, 1976, S. 321–398; Fiske, S.T. u. Linville, P. W.: What does the schema concept buy us? PSPBu 6, 1980, S. 543–547; Fodor, J. A.: The modularity of mind. Cambridge/Mass. 1983; GOETZ, E. D. u. a.: Reading in perspective: What real cops and pretended burglars look for in a story. JEP 75, 1983, S. 500–510; GRAUMANN, C. F. u. SOMMER, C. M.: Schema and inference: models in cognitive social psychology. In: ROYCE, J. R. u. MOS, L. P. (Hg.): Annals of theoretical psychology, 1. Bd., New York 1984, S. 31–75; GRAWE, K.: Schema-Theorie u. Heuristische Psychotherapie. Psychologisches Institut der Universität, Bern 1986; GRAWE, K.: Psychotherapie im Wandel. Göttingen 1994; GRAUMANN, C. F. u. SOMMER, M.: Schema and inference. In: ROYCE, J. R. u. MOS, L. P. (Hg.): Annals of theoretical psychology, Bd. 1. New York 1984, S. 31–76; HAYES, P. J.: The logic of frames. In: METZING, D. (Hg.): Frame conceptions and text understanding. Berlin 1979, S. 46–61; HERRMANN, T.: Über begriffl. Schwächen kognitivist. Kognitionstheorien: Begriffsinflation u. Akteur-System-Kontamination. SuK 1, 1982, S. 3–14; JOHNSON-LAIRD, P. N.: Mental models. Cambridge 1983; KLIX, F.: Über Wissensrepräsentation im menschl. Gedächtnis. In: KLIX, F. (Hg.): Gedächtnis, Wissen, Wissensnutzung. Berlin (Ost) 1984; KLUWE, R. H.: Wissen u. Denken. Stuttgart 1979; KLUWE, R. H. u. SPADA, H.: Wissen u. seine Veränderung: Einige ps. Beschreibungsansätze. In: FOPPA, K. u. GRONER, R. (Hg.): Kognitive Strukturen u. ihre Entwicklung. Bern 1981, S. 284–327; MANDL, H. u. a.: Theoret. Ansätze zum Wissenserwerb. In: MANDL, H. u. SPADA, H. (Hg.): Wissensps. München 1988, S. 123–160; MINSKY, M.: A framework for representing knowledge. In: WINSTON, P. H. (Hg.): The psychology of computer vision. New York 1975, S. 211–277; NEISSER, U.: Kognitive Ps. Stuttgart 1974 (Orig.: 1967); OSWALD, M.: Jenseits der Methodologie des Behaviourismus. Analyse der methodolog. Grundlagen behaviourist. u. kognitiver Theorien. Mannheim. Diss. 1980; PIAGET, J.: Die Entstehung der Intelligenz beim Kinde. 1975; PIAGET, J.: Piaget's theory. In: MUSSEN, P. H. (Hg.): Carmichael's manual of child psychology, 1. Bd. New York 1983 (3. Aufl.) S. 703–732; RUMELHART, D. E.: Notes on a schema for stories. In: BOBROW, D. u. COLLINS, A. (Hg.): Representation and understanding. New York 1975, S. 211–236; RUMELHART, D. E.: Explorations in cognition. San Francisco 1975 (dt.: Strukturen des Wissens. Stuttgart 1978); RUMELHART, D. E. u. NORMAN, D. A.: Accretion, tuning and restructuring: 3 modes of learning. In: COTTON, J.W. u. KLATZKY, R. L. (Hg.): Semantic factors in cognition. Hillsdale 1978, S. 37–53; RUMELHART, D. E. u. ORTONY, A.: The representation of knowledge in memory. In: ANDERSON, R. C. u. a. (Hg.): Schooling and the acquisition of knowledge. Hillsdale 1977, S. 99–135; RUMELHART, D. E.: Schemata: the building blocks of cognition. In: SPIRO, R. J. u. a. (Hg.): Theoretical issues in reading comprehension. Hillsdale 1980, S. 33–58; RYLE, G.: The concept of mind. 1949, (dt.: Der Begriff des Geistes. Stuttgart 1969); SCHMIDT, R. A.: A schema theory of discrete motor skill learning. PR 82, 1975, S. 225–260; SELZ, O.: Über die Gesetze geordneten Denkverlaufs. Stuttgart 1913; SELZ, O.: Zur Ps. des produktiven Denkens u. des Irrtums. Bonn 1922; THORNDYKE, P. W.: Applications of schema theory in cognitive research. In: ANDERSON, J. R. u. KOSSLYN, S. M. (Hg.): Tutorials in learning and memory. San Fransisco 1984, S. 167–191; ULICH, D. u. KAPFHAMMER, H. P.: Sozialisation der Emotion. In: HURRELMANN, K. u. ULICH, D. (Hg.): Neues Handbuch der Sozialisationsforschung. Weinheim 1991, S. 551–573; ULICH, D.: Entstehung von Emotion: Aktualgenese. In: ULICH, D. u. MAYRING, P. (Hg.): Ps. der Emotionen. Stuttgart 1992, S. 73–102; WALDMANN, M. R.: Schema u. Gedächtnis. Heidelberg 1990; WETTLER, M.: Sprache, Gedächtnis, Verstehen. Berlin 1980; ZIMMER, A.: What makes the eye intelligent. GT 4, 1986, S. 256–279.

Schiebeversuch → phänomenale Kausalität.

Schirmeffekt → perzeptive Ergänzungen; → phänomenale Kausalität.

Schlüsselreiz, Zentralkzpt. der → Ethologie: derjenige Reiz, der eine → Instinkthandlung auslöst, indem er den *angeborenen, auslösenden Mechanismus* (*AAM*), also das erbmäßig festgelegte neurophysiolog. Modul eines Tieres zur Erkennung spezif. Reizkonfigurationen, auslöst, wb. Reiz u. AAM ineinander wie »Schlüssel ins Schloss« passen, daher der Name. Für den Humanbereich ist das Kzpt. des Kindchenschemas (Lorenz 1943) bekannt geworden. Durch das Kzpt. *S.* wird das Problem der angeborenen Erfahrung (→ Nativismus) u. auch das Problem des → Schemas akut; vgl. Lorenz (1943).

Ein *erworbener Auslösemechanismus* (*EAM*) liegt vor, wenn die Eigenschaften der auslösenden Reize gelernt werden müssen, eine dritte Form stellt der durch Erfahrung ergänzte Auslösemechanismus (*EAAM*) dar.

Die *Reizsummenregel* postuliert das additive Zusammenwirken verschiedener Komponenten eines S. (Farbe, Form, Bewegung, Haltung), die sich gewöhnl. im Sinne einer Effektivitätssteigerung addieren; sog. *übernormale S.* o. *Superattrappen* bewirken deshalb bei Tieren meist intensivere Rekationen.

KR: Für eine krit. Analyse an einem speziellen Bsp. vgl. Melzack (1959).

VD/T: Lorenz (1943) verwendete zunächst den Begriff des *angeborenen auslösenden Schemas*, der von Tinbergen in seinen engl. Arbeiten mit *innate releasing mechanism* (*IRM*) übersetzt worden ist; einige Jahre später entstand daraus durch Rückübersetzung ins Deutsche der Terminus *angeborener auslösender Mechanismus*, der von Lorenz auch zu *angeborener Auslösemechanismus* zusammengezogen wurde.

◆ Lorenz, K.: Die angeborenen Formen mögl. Erfahrung. ZfTPs 5, 1943, S. 235–409; Melzack, R. u. a.: The problem of »innate fear« on the hawk shape: an experimental study with mallard ducks. JCPP 52, 1959, S. 654–698; Russel, E. S.: Perceptual and sensory signs. In: Instinctive behaviour. Proc. Linn. Soc. 154, London 1943, S. 195–216; Schleidt, W. M.: Die histor. Entwicklung der Begriffe »Angeborenes auslösendes Schema« u. »Angeborener Auslösemechanismus«. ZfTPs 19, 1962, S. 697–722.

Schlüsselwortmethode → Mnemotechnik.

Schmecken → Geschmackswahrnehmung.

Schmerz, nach Engel (1969) eine grundlegende unangenehme Empfindung, die dem Körper zugeschrieben wird u. dem Leiden entspricht, das durch die psych. Wahrnehmung einer realen, drohenden o. phantasierten Verletzung hervorgerufen wird. S. wird meist als eine spezif. Erfahrung betrachtet, die zw. Emotion u. Sinnesempfindung steht. Die Aufnahme, Weiterleitung u. zentralnervöse Verarbeitung von Schmerzsignalen wird als *Nocizeption* bezeichnet. Die subjektive Empfindung von S. ist zwar häufig eine Folge der Aktivierung des nocizeptiven Systems, aber nicht jede Erregung von Nocizeptoren ist von S. begleitet, so wie auch S. ohne Erregung von Nocizeptoren auftreten kann; vgl. hierzu Birbaumer u. Schmidt (1989). S. scheint keine eindimensionale Empfindung zu sein, sondern in die Dimensionen *sensor. Intensität* u. *emotionale Unangenehmlichkeit* zerlegt werden zu können, wie die bedeutendste Schmerztheorie, die → Gate-control-Theorie, postuliert, was durch die Erfahrung mit Morphium belegt wird, das weniger die Intensität als das quälende Moment des S. reduziert. Auch die motor. u. die vegetative Komponente von S. scheinen grundsätzl. unabhängig zu sein: so treten bei decerebrierten Tieren hirnmotor. vegetative Schmerzreaktionen auf, obwohl kein Großhirn mehr vorhanden ist. Bei S. scheint keine Adaptation aufzutreten, bei wiederholten alltägl. nocizeptiven Reizen ist allerdings bisweilen eine Habituation zu beobachten, dauerhafter S. führt aber eher zu einer Sensibilisierung, v. a. bei Entzündungen. Als *Algesimetrie* wird ein Verfahren bezeichnet, bei dem systemat. gesteigerte Schmerzreize appliziert werden, so wird z. B. die Haut mit einem Wärmestrahl mit zunehmend höherer Temperatur bestrahlt; hieraus lassen sich *Schmerz-Skalen* ableiten, die Einheit ist »dol«. Zum Überblick über die Schmerzmessungsmethoden vgl. Bromm (1984) u. Wolff (1982). S. ist bei der Entwicklung der Körpergrenzen u. der Trennung von Innen/Außen beteiligt, er ist außerdem ein lebensnotwendiges Kontroll- u. Alarmsystem für somat. u. psych. Gefahren – bes. verdeutlicht dies die *Syringomyelie*, bei der keinerlei S. empfunden werden kann u. es trotz erhaltener

Berührungs- u. Tiefensensibilität zu häufigen Verletzungen kommt. Die individuelle Schmerzbedeutung ist allerdings nicht angeboren, sondern muss erfahren werden (vgl. Carriere 1983) – bei Hunden zeigt sich nach sensor. Deprivation, dass sie nur verzögert ihre Schnauze aus der Flamme wegziehen (Melzack u. Scott 1957). Die Applikation von Schmerzreizen, z. B. durch → Elektroschocks, spielen eine wichtige Rolle bei lerntheoret. Analysen, v. a. zum → Vermeidungslernen. Die akute Angst scheint die Schmerzempfindlichkeit bis zur Unempfindlichkeit herabzusetzen (z. B. beim Unfallschock), während chron. Angst sie erhöht.

TH: (a) Vom Zeitalter der Aufklärung u. der Entwicklung der Sinnesphysiologie im 18. Jahrhundert bis ins 20. Jahrhundert hinein war die *Spezifitätstheorie* des S. dominierend, nach der ein Schmerzreiz durch spezialisierte Sinnesrezeptoren (*Nocizeptoren*), die eine so hohe Schwelle haben, dass sie nur durch gewebeschädigende Reizung geweckt werden, wahrgenommen u. weitergeleitet wird. Eine experimentelle Stütze für diese Annahme ist der Befund, dass die Haut nicht gleichmäßig schmerzempfindl. ist, sondern *Schmerzpunkte* besitzt (die nicht ident. mit den Druck-, Kalt- o. Warm-Punkten sind). Die von diesen Nocizeptoren aufgenommenen Reize werden über spezialisierte Nervenbahnen zu einem lokalisierten *Schmerzzentrum* im Gehirn geleitet. Die Spezifitätstheorie impliziert auch die Annahme, dass die Stärke des Schmerzreizes dem subjektiv erlebten S. direkt proportional ist. Diese rein somato-sensor. Orientierung konnte aber nicht die Vielfalt alltägl. u. klin. Beobachtung erklären, nach denen vergleichbare Verletzungen zu höchst unterschiedl. Schmerzäußerungen führen, was eine Trennung in *sensor.* u. *reaktive* Komponenten der Schmerzerfahrung nahelegt. (b) Der Spezifitätstheorie entgegen steht die *Intensitätstheorie* des Schmerzes, gem. der Schmerz immer dann auftritt, wenn die Reizung eines sensiblen Nervs einen gewissen Grad übersteigt. (c) Auch die *Mustertheorie* (*Pattern-Theorie*) des Schmerzes (A. Goldschneider) postuliert, dass S. keine eigenständige qualitative Empfindung ist, die auf einer funktional autonomen Reizteilung beruht, sondern vielmehr Folge des Zusammenwirkens nichtnox. Erregungsmuster in der grauen Substanz des Rückenmarks – obwohl er auf einer spezif. Sinnesenergie beruht, sei S. dennoch eine nur mittelbare Empfindung. (d) Unter den Schmerztheorien dominiert gegenwärtig die → Gate-control-Theorie mit der zentralen Annahme, dass S. durch zahlreiche affektiv-motivationale u. kognitiv-evaluative Prozesse gefiltert u. verarbeitet wird.

VD: (1) Unter einem psychophysiolog. Gesichtspunkt werden meist folgende Arten bzw. Qualitäten unterschieden: *somat./visceral*; hierunter fallen *Oberflächenschmerz*, *Tiefenschmerz* u. *Eingeweideschmerz*, Ersterer der *somat.*, Letzterer der *visceralen* Dimension nahestehend, der zweite zw. beiden Polen stehend. Innerhalb des *Oberflächenschmerzes* wird bisweilen differenziert: (a) ein *Primärschmerz*, typischerweise als *stechend-hell* beschrieben, (b) ein *Sekundärschmerz*, der wie der Tiefen- u. Eingeweide-S. als eher dumpf charakterisiert wird. Bisweilen wird zw. dem *epikrit. Oberflächenschmerz* (hell, gut lokalisierbar, wenig affektbetont) u. dem *protopath.* Tiefenschmerz (dumpf, schlecht lokalisierbar u. irradierend, quälend u. unlustbetont) unterschieden.
(2) Eine eigentüml. Beziehung besteht zw. der Zunahme der Reizstärke u. der Zunahme der Schmerzempfindung: Wenn man in jenem Bereich, der oberhalb der Schmerzschwelle liegt, die Reizintensität ein wenig erhöht, kommt es zu einer geringfügigen Erhöhung des subjektiven S., führt man aber dieselbe Prozedur im Bereich kurz unterhalb der Schwelle durch, dann kommt es zu einer starken Zunahme des Schmerzes, eine Beziehung, die v. a. dem Arzt bewusst sein muss.

LIT: Zum Überblick vgl. Keeser (1982); Melzack u. Wall (1983), Wall u. Melzack (1984), Zimmermann u. Handwerker (1984); Fields (1987); Geissner u. Jungnitsch (1992); zu den physiolog. Grundlagen vgl. Birbaumer u. Schmidt (1989) sowie Kandel u. a. (1996); des Weiteren Larbig (1985) u. Flor (1991); zu ter–

minolog. Problemen vgl. die Ztschr. Pain Nr. 6, 1979; zu ps. Schmerzbehandlungsmethoden vgl. Birbaumer (1984); zu den philosoph. Aspekten des Schmerzes vgl. Kurthen (1984).

◆ Birbaumer, N.: Ps. Analysen zur Behandlung von Schmerzzuständen. In: Zimmermann u. Handwerker (1984); Birbaumer, N. u. Schmidt, R. F.: Biolog. Ps. Berlin 1989; Bromm, B. (Hg.): Pain measurement in man. Amsterdam 1984; Carriere, B.: Schmerz. In: Luban-Plezza, B. u. a. (Hg.): Der Zugang zum psychosomat. Denken. Berlin 1983, S. 74–87; Davidson, P. u. MacDougall, C. E. A.: The generality of pain tolerance. JPSoR 13, 1969, S. 83–89; Engel, G.N.: Pain. In: MacBryed, C. M. (Hg.): Pain. Symptoms and signs. Applied physiology and clinical interpretation. Lippincott (Philadelphia) 1969; Fields, H. L.: Pain. New York 1987; Flor, H.: Psychobiologie des Schmerzes. Bern 1991; Goldschneider, A.: Über den Schmerz in physiolog. u. klin. Hinsicht. 1894; Geisnner, E. u. Jungnitsch, G. (Hg.): Ps. des Schmerzes. Weinheim 1992; Kandel, E. R. u. a. (Hg.): Neurowissenschaften. Heidelberg 1996; Keeser, W. u. a. (Hg.): Schmerz. München 1982; Kurthen, M.: Der Schmerz als medizin. u. philosoph. Problem. Würzburg 1984; Larbig, W.: Schmerz. Stuttgart 1982; Larbig, W.: Zur Psychophysiologie des Schmerzes. In: Vaitl, D.: Psychophysiolog. Merkmale klin. Symptome. Weinheim 1985; Melzack, R. u. Scott, T. T.: The effects of early experience on the response of pain. J. Comp. Physiol. Psychol. 50, 1957, S. 155ff.; Melzack, R. u. Wall P. D.: The challing of pain. New York 1983; Wall, P. D. u. Melzack, R. (Hg.): Textbook of a pain. Edinburgh 1984; Wolff, B. B.: Die Messung vom Schmerz beim Menschen. In: Keeser u. a. (1982); Zimmermann, M. u. Handwerker, H. O. (Hg.): Schmerz. Berlin 1984; Ztschr.: Pain.

Schmetterlingskurve → affektive Motivationstheorien.

Schockphase → Trauer.

Schreck, vornehml. defensive Reaktion auf einen unerwarteten, ohne Hinweisreize auftretenden intensiven Reiz, bestehend aus einer Kette von reflektor. Körperreaktionen im Millisekundenbereich. Der Ausdruck von S. ist gekennzeichnet durch: reflektor. Augenschluss, Kontraktion der Halsmuskeln, Verspannung der Gesichtsmimik, Öffnen des Mundes, Anheben der Schultern, Kopfneigung, Abduktion, Elevation u. Innenrotation der Arme im Schultergelenk, Nachrollen der Schulter, Beugen der Arme, Öffnen der Augen, Schließen des Mundes, Beugen der Beine (in dieser Reihenfolge, nach Wieser 1967). Die Gesichtsreaktion des Schrecks hebt sich von der → Überraschung ab u. soll sich das ganze Leben lang nicht verändern; vgl. Ekman (1988). Zur Abgrenzung von S. u. Angst vgl. Fröhlich (1983). Es besteht keine Einigkeit darüber, ob der S. als mit der → Überraschung verwandte emotionale Reaktion o. als eine Art unkonditionierter Schutzreflex (Zusammenfahren, Beutezuckung) aufzufassen ist, der bei allen Tierarten aufweisbar u. schon in den ersten Lebensmonaten beobachtbar ist (vgl. Spindler 1958).

LIT: Zur Entwicklungsps. u. zur Bedeutung für die Neurosenentstehung vgl. Kruse (1991); zum Gesichtsausdruck u. seiner ontogenet. Entwicklung vgl. zsfd. Ekman (1988).

◆ Ekman, P.: Gesichtsausdruck u. Gefühl. Paderborn 1988; Ekman, P.: Is the startle reaction an emotion? JPSP 49, 1985, S. 1416–1426; Fröhlich, W. D.: Perspektiven der Angstforschung. In: Thomae, H. (Hg.): Ps. der Motive. EP, C, IV, 2. Bd., Göttingen 1983, S. 110–277; Kruse, O.: Emotionsentwicklung u. Neurosenentstehung. Stuttgart 1991; Spindler, P.: Studien zur Veränderung von Vhsweisen, 1. Vh. auf einen starken akust. Reiz. Anthropolog. Anzeiger 22, 1958, S. 137–155; Wieser, S.: Das Schreckvh. des Menschen. Bern 1967.

Schreckreflex → Schreck.

Schreiben → Lesen.

Schrödersche Treppe → Kippfiguren; → Tiefensehen; → Raumwahrnehmung.

Schüchternheit → Schamgefühl; → soziale Angst.

Schuld → Schuldgefühl.

Schuldgefühl, gem. der → differentiellen Emotionstheorie eine fundamentale Emotion mit evolutionsbiolog. Grundlagen: S. soll Barrieren gegen artgefährdendes Vh. aufbauen u. Hilfen für die Opfer von Unrecht sichern. Die klass. dt. Psychiatrie kennt das Kzpt. der *primären S.*, die im Rahmen von Depressionen entstehen; bei diesem *primären S.* ist die Emotion genet. früher u. sucht sich sozusagen einen kognitiven Inhalt – demnach wäre S. emotionales Basismodul der Psyche.

VD: S. wird v. a. von der Emotionstheorie der → Psychoanalyse thematisiert u. analysiert. Vor dem Hintergrund des psa. Strukturmodells von Ich/Es/Über-Ich wird S. als ein Gefühl verstanden, das das Ich genauso gegenüber dem Über-Ich empfindet wie das kleine Kind gegenüber einem Elternteil, wenn es etwas verbrochen hatte; v. a. hinter *Selbstbestrafungstendenzen* stecken gem. der Psa. häufig S. Schwierig aufzulösen ist oft das S. nach der Trennung von einem Objekt u. nach Liebesentzug, denn gem. der psa. Theorie der Depression kann es sein, dass der aggressive Anteil einer ambivalenten Beziehung nach dem Tod des Partners sich als Depression u. S. gegen das eigene Ich richtet.

LIT: Zur Entwicklungsps. u. zur Bedeutung für die Neurosenentstehung vgl. Kruse (1991); zum Gesichtsausdruck u. seiner ontogenet. Entwicklung vgl. zsfd. Ekman (1988); zum Überblick vgl. Ulich u. Mayring (1992); vgl. zum Überblick über die klin. Aspekte Tölle (1991) u. Reinecker (1994).

◆ Ekman, P.: Gesichtsausdruck u. Gefühl. Paderborn 1988; Kruse, O.: Emotionsentwicklung u. Neurosenentstehung. Stuttgart 1991; Kutter, P.: Die menschl. Leidenschaften. Stuttgart 1978; Reinecker, H. (Hg.): Lehrbuch der Klin. Ps. Göttingen 1994; Socarides, C. W. (Hg.): The world of emotions. New York 1977; Tölle, R.: Psychiatrie. Berlin 1991; Ulich, D. u. Mayring, P. (Hg.): Ps. der Emotionen. Stuttgart 1992.

Schulpsychologie → pädagogische Psychologie.

Schwache AI-These → künstliche Intelligenz.

Schwache KI-These → künstliche Intelligenz.

Schwache Kontinuitätshypothese → linguistische Universalien.

Schwache Korrespondenzhypothese → psychologische Realität der Grammatik.

Schwaches Effektgesetz → Effektgesetz.

Schwarz-Weiß-Sehen. Neben der eigentl. → Farbwahrnehmung hat das menschl. visuelle System auch die Fähigkeit zur Wahrnehmung von *achromat.* Farben, also von Graustufen zw. den Polen *Weiß* bis *Schwarz*. Im Gegensatz zu den eigentl. Farben, die in Farb-Kreisen angeordnet werden müssen, kann man Schwarz-Weiß-Empfindungen linear darstellen, im Sinne einer einfachen Zu- o. Abnahme; die sonst notwendige Unterscheidung von Qualität u. Intensität ist also in diesem Falle hinfällig. S. entsteht nicht einfach dadurch, dass von einer Objektoberfläche kein Licht kommt, vielmehr tritt es nur dann auf, wenn die von einem Objekt kommende Lichtenergie geringer ist als die durchschnittl. Lichtintensität der Umgebung; Weiß z. B. entsteht nur, wenn die Umgebung dunkler ist (auch die Farbe Braun ist im Übrigen nur durch die Annahme von Schwarz-Weiß-Kanälen darzustellen).

VD: (1) S. kann durch unterschiedl. physiolog. Mechanismen entstehen: Arbeitet der Zapfenapparat, verursacht das Zusammenwirken aller Wellenlängen eine Weißempfindung. Ist hingegen der Stäbchenapparat aktiviert, führt ein Zerfall des Rhodopsins infolge einer beliebigen Wellenlängeneinwirkung zur Weißempfindung (→ Duplizitätstheorie). Der Mangel an Lichtreizen bewirkt eine Schwarz- bzw. Grau-Empfindung, da das subjektive *Augengrau* (auch *Eigengrau*) hervortritt; es wird erst dann schwarz empfunden, wenn es durch Kontrasteffekte verstärkt wird. Wenn also in der Dunkelheit ein Licht angeht u. z. B. ein Schachbrett beleuchtet wird, dann sieht man die hellen Felder weiß u. die dunklen schwarz, obgleich von diesen dunklen Feldern jetzt mehr Licht in die Augen fällt, als in der vorhergehenden Dunkelheit. Schwärze wird also nicht durch neuronale bzw. cortikale Inaktivität verursacht, sondern besteht in einem aktiven Prozess; vgl. hierzu auch Frisby (1989).

(2) Es ist ein eigenes Problem, inwieweit S. u. das eigentl. → Helligkeitssehen zusammenfallen. Beides scheint differenziert werden zu müssen, zumindest bei Oberflächenfarben: Zwei Papiere in unterschiedl. Entfernung, die gleich beleuchtet werden, werden beide als hellgrau wahrgenommen, obwohl sich die Lichtmengen stark unterscheiden; während sich also ihr Weißlichkeitscharakter sehr ähnl. ist, wirkt das entferntere Weiß wie in Dunkelheit eingehüllt, das nähere lichter u. ausgeprägter; diese zweite Dimension wäre also die der *Ausgeprägtheit*, vgl. Arnold (1972). Bei Murch u. Woodworth (1978) wird zw. *Helligkeit* u. den eigentl. *Grauwerten* unterschieden, letztere werden als *neutrale Farben* o. *achromat.* bzw. *unbunte Farben* bezeichnet – die Helligkeit kann sich verändern, während die neutralen Farben gleich bleiben. Die Wahrnehmung neutraler Farben wurde v. a. von Wallach erforscht; vgl. Wallach (1963).

LIT: Zu wahrnehmungsps. Problemen, insbes. der → Wahrnehmungskonstanz bei der Wahrnehmung schwarzer u. weißer Flecken vgl. Gilchrist (1986); vgl. zum Überblick Birbaumer u. Schmidt (1989); Murch u. Woodworth (1978); Falk u. a. (1990).

◆ Arnold, W. (Hg.): Experimentelles Praktikum, 1. Bd. Stuttgart 1972; Birbaumer, N. u. Schmidt, R. F.: Biolog. Ps. Berlin 1989; Falk, D. S. u. a.: Ein Blick ins Licht. Berlin 1990; Frisby, J. P.: Opt. Täuschungen. Augsburg 1989; Gilchrist, A. L.: Die Wahrnehmung schwarzer u. weißer Flecken. In: Ritter, M. (Hg.): Wahrnehmung u. visuelles System. Heidelberg 1986, S. 140–148; Murch, G. M. u. Woodworth, G. L.: Wahrnehmung. Stuttgart 1978; Schmidt, R. F. (Hg.): Grundriß der Sinnesphysiologie Berlin 1985 (5. Aufl.); Wallach, H.: The perception of neutral colours. SA 208, 1963, S. 107ff.

Schwarz-Weiß-Wahrnehmung → Schwarz-Weiß-Sehen.

Schwelle → Sinnesschwellen.

Schwellentheorie → Sinnesschwelle; → Signalentdeckungstheorie.

Schwer kategorisierbare Wahrnehmungsobjekte → degradierte Bilder.

Schwierigkeitsgesetz der Motivation, von Ach (→ Wille) u. Hillgruber (1912) postuliertes Motivationsgesetz, das besagt, dass die Motivation bei der Durchführung einer Aufgabe durch die Schwierigkeit der Aufgabe determiniert u. ggf. erhöht wird, dass also schwierige Aufgaben den Menschen zu einer Steigerung seiner Motivation veranlassen. Ein ähnl. Ansatz findet sich in neueren Modellen zur → Anstrengungskalkulation.

◆ Ach, N.: Zur neueren Willenslehre. In: Ber. 15. Kongr. dt. Ges. Psychol. Jena 1936. Jena 1937; Hillgruber, A.: Fortlaufende Arbeit an Willensbetätigung. Untersuchungen zur Ps. u. Philosophie 1, 1912, Heft 6.

Schwierigkeitsimmunitäts-Effekt → Doppelaufgabe.

Screw you effect → Versuchspersonen-Effekte.

S^D → Hinweisreiz; → negativer vs. positiver Stimulus.

S^Δ → Hinweisreiz; → negativer vs. positiver Stimulus.

SDT, Abk. für → Signalentdeckungstheorie.

Segmentierungsproblem [auch *Zerlegungsproblem*], ein Begriff aus dem Paradigma → computer vision: Die Aufgabe, beim Bilderkennen das Objekt vom Hintergrund zu isolieren, also das, was in der Ps. klassischerweise mit → Figur-Grund-Unterscheidung bezeichnet wird; s. das Stw. → Formwahrnehmung. Das S. ist bes. schwierig, aber auch bes. wichtig beim → Bewegungssehen.

◆ GÖRZ, G. (Hg.): Einführung in die künstl. Intelligenz. Bonn 1993.

Sehen. S. bzw. visuelle Wahrnehmung ist die wichtigste Form der → Sinneswahrnehmung (→ visuelle Dominanz) u. deswegen ist S. repräsentativ für die wesentl. Aspekte u. Probleme der menschl. → Wahrnehmung überhaupt. Die wesentl. Aspekte u. Teilprozesse des S. sind folgende: (a) Zunächst wird, wahrscheinl. auch bei der → Farbwahrnehmung, eine sog. *Grautonbeschreibung* erstellt; sie ähnelt einer einfachen Bleistiftskizze (→ Schwarz-Weiß-Sehen; → Primärskizze). (b) Danach werden Variationen in der Beleuchtung berücksichtigt (→ Helligkeitssehen), dabei werden → Kontrasteffekte verstärkt u. bei Reizunterschieden, die unterhalb einer gewissen Schwelle liegen, erfolgt eine → Assimilation. (c) Daraus ergibt sich eine Grundstruktur des Bildes, die dann einer elaborierten → Formwahrnehmung unterzogen wird. (d) Darin enthalten o. daran anschließend ist der Prozess der Identifikation des Wahrgenommenen: → Objektwahrnehmung. (e) V. a. auf dieser Ebene treten → Wahrnehmungskonstanzen auf, die die Wirklichkeit regelmäßiger u. »idealisierter« erscheinen lassen, als sie sich eigentl. im Netzhautbild manifestieren. (f) Diese Korrekturmechanismen können im Einzelfall zu → Wahrnehmungstäuschungen, speziell zu → geometrisch-optischen Täuschungen führen. (g) Spezif. Forschungsprobleme ergeben sich auf den Gebieten → Bewegungssehen u. → Tiefensehen. (h) Ein Problemgebiet, das zur Entwicklung einer eigenen Wissenschaft geführt hat, ist das der → Farbwahrnehmung. (i) Durch die Persistenz o. Trägheit des Gesichtssinns (s. u.) kommt es zu positiven → Nachbildern, worauf Film u. Fernsehen beruhen, s. a. das Stw. → Stroboskop-Effekt.

Folgendes sind wichtige Probleme des Gebietes: (a) Wir sehen unsere Umwelt aufrecht, obwohl das Netzhautbild umgekehrt ist: → visuelle Orientierung. Auch ein Vertauschen zw. Links u. Rechts findet statt. (b) Das Gesehene wird nicht als auf dem Netzhautbild lokalisiert erlebt, sondern als in einer räuml. Außenwelt liegend: *zentrifugale Projektion*. (c) Wir empfangen die Information beim Sehen aus den Bildern zweier Augen, die zu einem Bild verschmelzen: *binoculare Fusion* (→ Stereoskopie). (d) Obwohl das Netzhautbild zweidimensional ist, sind wir zur → Raumwahrnehmung in der Lage: → Tiefensehen. (e) Die objektive Bewegung der Netzhautbilder bei Augenbewegungen wird nicht auf eine Bewegung der Körper bezogen; bei bewegten Augen bleiben die Sehdinge unverändert an ihrer Stelle im opt. Raum: *Konstanz der egozentr. Lokalisation*; → Wahrnehmungskonstanzen; → Reafferenz. (f) Ein großes eigenes Problemfeld stellen die → Augenbewegungen dar, die sowohl bei der Raumwahrnehmung wie beim Bewegungssehen nötig u. dafür verantwortl. sind, dass überhaupt ein Bild entsteht, was durch das bei einer *Netzhautstabilisation* bewirkte Verschwinden der Wahrnehmung angezeigt wird.

Das Forschungsgebiet *S.* enthält zahlreiche Phänomene u. Probleme, die in einem Zwischenbereich von Ps. und Physiologie angesiedelt sind und nur noch von Spezialisten erfasst werden können. Nachfolgend das für die Ps. relevante Grundlagenwissen: (1) Das gesamte, sich aus der Addition der monocularen Felder ergebende Gesichtsfeld beträgt ca. 200 Grad in der waagrechten Ebene, in der senkrechten etwa 55 Grad nach oben und etwa 75 Grad nach unten; bei einäugigem S. nach außen etwa 100 Grad, nach innen etwa 65 Grad; die Winkel nach oben und unten entsprechen dem bei beidäugigem S.; die Überlappung (*binoculares Deckfeld*) beträgt 130 Grad. Das Gesichtsfeld ist außerdem für das Farbensehen viel kleiner als für die Hell-Dunkel-Empfindungen. Es gibt überhaupt eine »Dualität des Sehens«, die dem Zentrum u. der Peripherie der Netzhaut verschiedene Aufgaben zuteilt: Eine hohe Detailauflösung u. Unterschiedsempfindlichkeit, ein gutes Wahrnehmungsvermögen für langsame Bewegungen im zentralen Bereich (*Fovea*) dienen der genauen Identifizierung von Objekten; eine hohe zeitl. Auflösung u. ein gutes Wahrnehmungsvermögen für schnelle Bewegungen prädestinieren die Peripherie (*perhipheres Sehen*) für die rasche Auffassung von Gefahrenobjekten, deren genaue Identifizierung nach Blickzuwendung in der Fovea erfolgt. Durch diese funktionelle Unterteilung lässt sich mit einem Minimum an Aufwand (an neuronalen Übertragungskanälen u. zentraler Verarbeitung) die Aufgabe eines bildverarbeitenden Systems erzielen, die darin besteht, eine möglichst hohe Detail- u. Zeitauflösung im gesamten Gesichtsfeld zu realisieren; vgl. ausführl. zur Funktion u. Bedeutung des peripheren Sehens Lachenmayer (1989). Obwohl Empfindlichkeit (u. auch Sehschärfe) im Gesichtsfeld also unterschiedl. verteilt sind, ist die subjektive Helligkeit überall gleich, d. h. es scheint einen Kompensationsmechanismus zu geben – u. dieser scheint schon in die Netzhaut selber »eingebaut« zu sein; vgl. hierzu Pöppel u. Edingshaus (1994). Die Netzhautperipherie weist, bedingt durch einen Mangel an Zapfen, eine Farbenblindheit auf. Durch Bewegen der Augen können wir das Gesichtsfeld nach beiden Seiten max. über 60 Grad nach oben u. nach unten um etwa 40 Grad verschieben. Bei unbewegtem Kopf ist also unser *Blickfeld* in horizontaler Richtung um 120 Grad, in vertikaler Richtung etwa 80 Grad größer als das *Gesichtsfeld*; weiteres s. das Stw. → Augenbewegungen.

(2) Dimensionen der visuellen Reizeinwirkung: (a) *absolute Intensitätsschwelle*: Zur Aktivierung eines einzelnen Stäbchenrezeptors genügt bereits die Absorption eines einzigen Lichtquants, aber erst wenn zehn räuml. benachbarte Rezeptoren gleichzeitig aktiviert werden, ist der Organismus in der Lage, diese Reizung von der Spontanfluktuation der Rezeptoren zu unterscheiden u. als Lichtreiz zu registrieren (unter idealen Laborbedingungen). Das menschl. Auge hat im Allg. seine höchste Sensitivität bei Licht mit einer Wellenlänge zw. 500 nm u. 600 nm, d. h. bei grünem u. gelbem Licht, wohingegen seine Empfindlichkeit für die darüber o. darunter liegenden Wellenbereiche stark abfällt. Die Intensitätsschwelle ist außerdem eine Funktion der Lokalisation des Reizes auf der Retina: Die Lichtsensitivität ist im Bereich der Fovea centralis, der Stätte des schärfsten Sehens, wesentl. geringer als auf der Netzhautperipherie. Die Intensitätsschwelle hängt auch von der räuml. Ausdehnung des Reizes ab: Je größer ein Reiz ist, umso geringer braucht seine Intensität zu sein. Überschreitet die Größe jedoch die krit. Grenze von etwa 100 Winkelminuten, so hat eine weitergehende Vergrößerung keinen Effekt mehr, ein Gesetz, das insbes. in der Netzhautperipherie gültig ist. Diese Gesetzmäßigkeit impliziert, dass eine geringe Reizgröße durch eine Erhöhung der Reizintensität u. umgekehrt kompensiert werden kann (*räuml. Reizsummation, Riccosches Gesetz*). Die Intensitätsschwelle hängt des Weiteren von der Reizdauer ab, wb. zw. Reizdauer u. Reizintensität eine reziproke Beziehung besteht, so dass die zum Überschreiten der Wahrnehmungsschwelle erforderl. Reizintensität umso höher sein muss, je kürzer die Reizdauer ist u. umgekehrt (*Blochsches Gesetz*). D. h.: ein schwacher, längerer Lichtreiz kann vom Auge als ebenso hell empfunden werden, wie ein intensiver aber kurzzeitiger Lichtimpuls (*zeitl. Summation*). Diese zeitl. Summationsfähigkeit

hat eine Grenze, die bei maximal etwa 100 msec. liegt, Überschreitung dieser Zeitdauer führt nicht zu einer weitergehenden Verstärkung der Helligkeitsempfindung. (b) *Zeitschwelle*: Das Auge kann nahezu jeden Reiz registrieren, mag er noch so kurzzeitig sein, selbst Reize mit einer Dauer von einer Millionstelsekunde u. weniger können unter optimalen Umständen vom Auge erfasst werden. (c) *Visuelle Latenz*: Ein Wahrnehmungseindruck läuft der Reizung immer einen bestimmten Zeitraum hinterher, erst mit einer Verzögerung von 30 bis 50 msec. laufen die hirnphysiolog. Prozesse an, die den subjektiven Wahrnehmungserlebnissen zugrunde liegen. (d) *Visuelle Persistenz*: Die subjektive Dauer eines Wahrnehmungsreizes ist durch die objektive Reizdauer nicht streng determiniert u. insbes. bei kurzzeitigen Reizen relativ unabhängig; ein visueller Reiz wird, weitgehend unabhängig davon, wie kurzfristig er dargeboten wird, etwa 60 – 300 msec lang erhalten, u. erst wenn diese Reizdauer überschritten ist, entsteht allmähl. eine Übereinstimmung zw. der objektiven u. der subjektiven Reizdauer; zu abweichenden Ergebnissen vgl. Wittling (1976). Diese Persistenz ist Grundlage des → Nachbildes, des → ikonischen Gedächtnisses, sowie der → Maskierung. (e) *Zeitl. Auflösungsvermögen*: Im Vergleich zu seinem räuml. Auflösungsvermögen ist die Fähigkeit des menschl. Auges, period. aufeinanderfolgende Reize getrennt wahrzunehmen, äußerst begrenzt; s. das Stw. → Flimmerverschmelzungsfrequenz. Dieser Bereich führt auf das allg. Problem der zeitl. Interaktion von komplexeren Reizen; s. das Stw. → Maskierung.

(3) Das *räuml. Auflösungsvermögen* konstituiert die *Sehschärfe* (*Visus*), die Deutlichkeit, mit der ein Gegenstand abgebildet wird; sie nimmt mit der Entfernung vom Fixationspunkt ab; sie ist in der Fovea centralis am größten u. zur Peripherie hin viel geringer. Das Gesichtsfeld ist unter dem Schärfeaspekt in mindestens drei Bereiche unterteilt: ein zentraler Bereich, die Blicklinie, ist von einem Kegel abnehmender Empfindlichkeit umgeben, u. dieser Kegel ist seinerseits von einem Plateau gleichbleibender Empfindlichkeit umgeben. Die Sehschärfe ist des Weiteren von den Beleuchtungsbedingungen abhängig u. nimmt mit abnehmender Helligkeit ab. Sie scheint im Verlauf des ersten Lebensjahres ihre volle Leistungsfähigkeit zu entwickeln, aber es braucht noch etwa drei bis fünf Jahre, bis das Sehfeld strukturiert ist u. verschiedene im Sehfeld vorhandene Objekte differenziert werden können; zu experimentalps. u. theoret. Aspekten sowie zur Auswirkung der Undeutlichkeit auf die Formwahrnehmung vgl. Arnold (1972). Es sind drei Arten von Sehschärfe zu unterscheiden: das *opt. Auflösungsvermögen*, also die *Trennschärfe* (die Unterscheidbarkeit zweier Punkte); die *Nonius-Sehschärfe* (Empfindlichkeit für Lageverschiedenheiten) u. die Erkennbarkeit von Gestalten, z. B. Zahlen. Die *dynam.* Sehschärfe ist die Fähigkeit, einen Gegenstand zu diskriminieren, wenn sich Beobachter u. Gegenstand zueinander in Bewegung befinden. Sie hängt wesentl. von der oculomotor. Koordination ab; horizontale Bewegungen sind schwieriger mit den Augen zu verfolgen als vertikale. Größere Geschwindigkeiten sind nur durch sakkad. Augenbewegungen verfolgbar. Einen Überblick über Messapparate u. Tests liefert Burg (1965ff.); zu sportps. Aspekten vgl. Cratty (1975).

(4) Ein *Skotom* ist ein Verlust der visuellen Empfindungen in einem Teil des Gesichtsfeldes, ein *physiolog.* (also nichtpatholog.) Skotom ist der *blinde Fleck*. Er liegt dort, wo der Sehnerv die Netzhaut verlässt; hier existieren keine visuellen Empfindungen; er wird im Alltag nicht bemerkt, da das zentrale Sehsystem eine → perzeptive Ergänzung für die blinden Flecke beider Augen durchführt.

VD: V. a. drei grundsätzl. psycho-physiol. Modelle bzw. Mechanismen haben sich als wichtig erwiesen u. können einen großen Teil der beim S. vorkommenden Phänomene zumindest tlw. erklären: (a) *Laterale Hemmung* bezeichnet die durch neuronale Verschaltung bedingte Beeinflussung von Erregung u. Hemmung bei der Reizung nebeneinander liegender Rezeptoren (insbes. der Retina), die nach folgendem Prinzip erfolgt: die gleichzeitige Erregung mehrerer Rezeptoren aktiviert hemmende Zwischenneurone, die wiederum benachbarte Neurone hemmen. Dies hat den Effekt, dass die von der Hemmung nicht betroffenen Neurone im Vergleich zu den gehemmten mit einem steileren Erregungsverlauf reagieren. Kontrasteffekte, speziell auch das → Heringsche Gitter, auch bestimmte geometrisch-optische Täuschungen können damit erklärt werden; vgl. hierzu Murch u. Woodworth (1978). (b) Vieles an dem von uns subjektiv als ganzheitl. empfundenen Seheindruck ist auf neuronaler Ebene *modular* organisiert, also aus unabhängigen Teilsystemen u. Prozessen bestehend; s. hierzu die Stw. → visuomotorische Koordination; → Nachwirkungen; → Bewegungssehen; → Raumwahrnehmung; (Weiteres s. u.). Das Kzpt. *modularer Merkmalsdetektoren* bzw. der *rezeptiven Felder* (bisweilen wird auch, in einer informationstheoret. Terminologie, von *Kanälen* gesprochen) bezeichnet visuelle Erkennungssysteme, die selektiv auf ganz bestimmte Teile bzw. Teilprozesse des Gesichtsfeldes ansprechen. Solche gibt es sowohl in peripheren Bereichen, wie z. B. in der Retina, als auch in zentralen, also cortikalen Bereichen. Diese rezeptiven Felder sind Cortexzellen, die große Ähnlichkeiten mit den *On-* u. *Off-Zentren* der Retina zeigen (dies sind die zwei Hauptsorten rezitiver Felder in der Retina). Eine On-Zentrum-Zelle spricht auf Licht in der Mitte an, während eine Reizung an ihrem Rande hemmende Impulse hervorbringt; d. h.: wenn man eine solche Zelle mit immer größeren Lichtflecken reizt, wird die Reaktion zunächst größer u. schwächt sich dann wieder ab, weil sie auf das antagonist. wirkende Umfeld übergreift; Umgekehrtes gilt für eine Off-Zentrum-Zelle. Die Off-Region ist meist größer, sie ist das *Umfeld*, die On-Region ist das *Infeld*. Hubel u. Wiesel, die Forscher, die dieses modulare Kzpt. in der modernen Neurobiologie am intensivsten erforscht u. vertreten haben, unterschieden *komplexe* u. *einfache* Zellen, je nach der Komplexität bzw. Spezifität ihrer Reaktionsbedingungen. Darüberhinaus schufen sie das Kzpt. der *Hyperkolumnen* bzw. der *hyperkomplexen* Zellen; s. für weitere Bsp. das Stw. → Reafferenz-Prinzip. Es gibt Detektoren, die auf einfache geometr. Elemente bzw. Konstellationen ansprechen, komplexere, die auf Bewegungen, ja sogar auf bestimmte Bewegungen ansprechen, bis hin zu Kanälen, die z. B. auf Liniengitter mit bestimmter Ortsfrequenz u. Richtung reagieren (→ Nachwirkungen). Solche Detektoren wurden in Arbeiten von Hubel u. Wiesel (die später mit dem Nobelpreis für Medizin ausgezeichnet wurden) v. a. bei Frosch, Kaninchen u. Katze identifiziert, z. B. solche, die auf dunkle bewegte Punkte ansprechen, solche, die auf die Geschwindigkeit eines bewegten Objektes ansprechen, solche, die nur auf jene bewegten Objekte ansprechen, die einen großen Teil des Gesichtes einnehmen, u. solche, die nur auf Bewegungen ansprechen, die von rechts nach links verlaufen; es gibt auch Detektoren für Linien, Balken u. Kanten. V. a. beim Menschen wird die Vielzahl der visuellen Module in zwei divergierende Kanäle eingeteilt: Der *Magno-Kanal* (der Name kommt daher, dass er durch relativ große Nervenzellen konstituiert wird) gibt die opt. Information unscharf wieder, es gibt weder Farben noch Flächen unterschiedl. Helligkeit, zwar sind die Grenzlinien sichtbar, die durch Helligkeitskontraste benachbarter Farbtöne geliefert werden, nicht aber die Farben selbst; man hat den Eindruck einer einfachen Strichzeichnung. Markant tritt alles hervor, was sich bewegt, kenntl. an Konturen, die sich verschieben, ebenso auffällig ist die Tiefenwirkung. Der Magno-Kanal ist also ein farbenblinder Kanal für das Wahrnehmen von Bewegung u. von räuml. Tiefe. Der *Parvo-Kanal* (auch *Parvo-Interblob-Kanal* – er heißt so, weil seine Nervenzellen relativ klein sind u. jeweils zw. den »Blobs«, tropfenförmigen Zellgruppen im primären Sehfeld, liegen) bildet sehr scharf (v. a. Formen) ab, allerdings immer nur von einzelnen, kleinen Teilen des Gesamtbildes, dort näml., wo jemand gerade hinschaut. Farben, Helligkeitsunterschiede, Bewegung u. Raumtiefe fehlen. Ersterer Kanal ist also mit dem »Wo«, zweiterer mit dem »Was« befasst. Der *Blob-Kanal* schließlich liefert Bilder von geringer Schärfe, die im mittleren Bereich intensiv farbig sind, zum Rand hin fehlt aber die Farbe; er gibt auch Flächen unterschiedl. Helligkeit an, vermittelt aber weder Bewegung noch räuml. Tiefe, noch Formen; vgl. zu Abbildungen, die das Ganze opt. veranschaulichen, Maelicke (1990), darin auch eine verblüffende opt. Täuschung, die auf der Unterschiedlichkeit dieser Kanäle be–

ruht. Selbst die Bewusstheit beim S. scheint eine Art Modularität zu besitzen, da sie bei bestimmten neurolog. Störungen verloren gehen kann, während die Fähigkeit, auf bewegte Dinge zu zeigen, nicht verloren geht; Weiteres s. das Stw. → Bewusstsein. Zu den modularen Aspekten der visuellen Wahrnehmung vgl. Ungerleiter u. Mishkin (1982); Vaina (1990); Livingstone u. Hubel (1988); Zeki u. Shipp (1988). V. a. die wahrnehmungsps. Bücher von Frisby (1989) u. Falk u. a. (1990) machen in starkem Maße Gebrauch von diesen Kzpt., vgl. hierzu auch Kehrer (1992) u. Meinecke (1990). (c) Eine Erweiterung des eben dargelegten Kzpts. ist die Vorstellung, dass diese Merkmalsdetektoren in *antagonist.* Paaren angeordnet sind, d. h. dass die damit verknüpften Reize »Gegensatzpaare« bilden, so dass eine dauernde Reizung des einen Kanals eine Sättigung u. damit eine Stärkung des Gegenkanals bewirken kann, s. hierzu die Stw. → Farbwahrnehmung u. → Nachwirkungen.

LIT: Einen Überblick über neuere Arbeiten aus dem Bereich der visuellen Wahrnehmung liefert Pinker (1985); ein hervorragendes interdiziplinär orientiertes Buch ist v. Campenhausen (1993); einen umfassenden Überblick liefert Carterette u. Friedman (1974); zu den physiolog. Aspekten vgl. Carterette u. Friedman (1975); zu Modellen des visuellen Cortex vgl. Rose u. Dobs (1985); Lehrbücher sind Davson (1962) u. Gregory (1972); über aktuelle Probleme der Forschung im interdiziplinären Forschungsfeld zw. Ps. u. Neurobiologie referierten die Aufsätze in Ritter (1986); zu den physiolog. Grundlagen vgl. Birbaumer u. Schmidt (1989); Davson (1962), Jung (1973); Spillman u. Werner (1990); dt.: Wittling (1976) u. Hubel (1989); zu den physikal. Grundlagen vgl. Falk u. a. (1990); für eine kulturhistor. Darstellung der verschiedenen physikal. Licht- u. Sinnestheorien vgl. Zajonc (1994); ein Lehrbuch mit Experimenten zur visuellen Wahrnehmung ist Vernon (1966); vgl. auch Arnold (1972); zum Überblick über cerebrale Sehstörungen vgl. Zihl u. v. Cramon (1986); zu kulturvergleichender Forschung vgl. Thomas (1993); ein unterhaltsames, verständliches u. gleichzeitig tief schürfendes Buch ist Maelicke (1990), darin zahlreiche äußerst interessante Abbildungen; vergleichbar ist Frisby (1989); vgl. auch v. Campenhausen (1993), ein psychophysikal. orientiertes Buch, ebenso wie das sehr anspruchsvolle Röhler (1995); zu entwicklungsps. Aspekten vgl. Fischer (1994); zur einer Analyse kognitiver Fähigkeiten am Bsp. der visuellen Wahrnehmung vgl. Eimer (1990); zu Sehprozessen im Sport vgl. Maxeiner u. a. (1996). Eines der faszinierendsten Bücher über das menschl. Sehen unter spezieller Berücksichtigung kunsttheoret. Aspekte ist Gregory u. a. (1995).

◆ Arnold, W. (Hg.): Experimentelles Praktikum, 1. Bd. Stuttgart 1972; Birbaumer, N. u. Schmidt, R. F.: Biolog. Ps. Berlin 1989; Burg, A.: Apparatus for measurement of dynamic visual acuity. PMS 20, 1965, S. 231–235; Burg, A.: Visual acuity as measured by dynamic and static tests. JAP 50, 1966, S. 360–466; Campenhausen, C. v.: Die Sinne des Menschen. Stuttgart 1993; Carterette, E. C. u. Friedman, M. P. (Hg.): Handbook of perception, 3. Bd. New York 1974; Carterette, E. C. u. Friedman, M. P. (Hg.): Handbook of perception, 5. Bd., New York 1975; Cratty, J. B.: Motor. Lernen u. Bewegungsvh. Frankfurt/M. 1975; Davson, V.: The eye. London 1962; Eimer, M.: Informationsverarbeitung u. mentale Repräsentation. Die Analyse menschl. kognitiver Fähigkeiten am Bsp. der visuellen Wahrnehmung. Berlin 1990; Falk, D. S. u. a.: Ein Blick ins Licht. Berlin 1990; Frisby, J. P.: Opt. Täuschungen. Augsburg 1989; Fischer, H.: Entwicklung der visuellen Wahrnehmung. Weinheim 1994; Gregory, R. L.: Auge u. Gehirn. Zur Psychophysiologie des Sehens. München 1972; Gregory, R. u. a.: The artful eye. Oxford 1995; Haber, R. (Hg.): Contemporary theory and research in visual perception. New York 1968; Hubel, D. H.: Auge u. Gehirn. Heidelberg 1989; Jung, R. u. Korn, H. H. (Hg.): Neurophysiologie u. Psychophysik des visuellen Systems. Berlin 1961; Jung, R.: Central processing of visual information A u. B. In: Handbook of Sensory Physiology, Bd. VII/IIIa u. VI/IIIB. Berlin 1973; Kehrer, L.: Perzeptive Gliederung der visuellen Informationsverarbeitung. In: Meinecke, C. u. Kehrer, L. (Hg.): Bielefelder Beiträge zur Kognitionsps. Göttingen 1990, S. 109–139; Lachenmeyer, B.: Das periphere Sehen – Funktion u. Bedeutung. Naturwissenschaften 76, 1989, S. 447–452; Livingstone, M. u. D.: Segregation of form, colour, movement, and depth: anatomy, physiology, and perception. Science 240, 1988, S. 740–749); Ludvigh, E. J. u. Miller, J. W.: Study of visual acuity during the ocular pursuit of moving test objects. I. Introduction. Journal of the Optical Society of America 48, 1958, S. 799–802; Maelicke, A. (Hg.): Vom Reiz der Sinne. Weinheim 1990; Maxeiner, J. u. a.:

Informationsverarbeitung im Sport. Göttingen 1996; MEINECKE, C.: Analyse-Einheiten bei visuellen Diskriminationsaufgaben. In: MEINECKE, C. u. KEHRER, L. (Hg.): Bielefelder Beiträge zur Kognitionsps. Göttingen 1990, S. 27–49; MURCH, G. M. u. WOODWORTH, G. L.: Wahrnehmung. Stuttgart 1978; PINKER, S. (Hg.): Visual cognition. Cambridge 1985; PÖPPEL, E. u. EDINGSHAUS, A.-L.: Geheimnisvoller Kosmos Gehirn. München 1994; RITTER, M. (Hg.): Wahrnehmung u. visuelles System. Heidelberg 1986; RÖHLER, R.: Sehen und Erkennen. Psychophysik des Gesichtssinns. Berlin 1995; ROSE, D. u. DOBS, O. N. V. G. (Hg.): Models of the visual cortex. New York 1985; SCHIFF, W.: Perception: an applied approach. Boston 1980; SCHMIDT, R. F. (Hg.): Grundriß der Sinnesphysiologie. Berlin 1985 (5. Aufl.); SPILLMAN, L. u. WERNER, J. S.: Visual perception: The neurophysiological foundations. San Diego 1990; THOMAS, A. (Hg.): Kulturvergleichende Ps. Göttingen 1993; UNGERLEITER, L. G. u. MISHKIN, M.: Two cortical systems. In: INGLE, D. J. u. a. (Hg.): Analysis of visual behaviour. Cambridge 1982; VAINA, L. M.: »What« and »Where« in the human visual system: two hierarchies of visual modules. Synthese 83, 1990, S. 79–91; VERNON, M. D. (Hg.): Experiments in visual perception. Harmondsworth 1966; WITTLING, W.: Einführung in die Ps. der Wahrnehmung. Hamburg 1976; ZAJONC, A.: Die gemeinsame Geschichte von Licht u. Bewußtsein. Reinbek 1994; ZEKI, S. u. SHIPP, S.: The functional logic of cortical connections. Nature 355, 1988, S. 311–317; ZIHL, J. u. v. CRAMON, H.: Cerebrale Sehstörungen. Stuttgart 1986; ZTSCHR.: Vision Research.

Sehschärfe → Sehen.

Sehwinkel ist ein Begriff, der in der Wahrnehmungsps. u. Sinnesphysiologie recht selbstverständl. verwendet wird, obwohl er eigentl. missverständl. ist, gemeint ist die Größe des Netzhautbildes; der Begriff *S.* meint also nicht den Winkel, von dem aus man ein Ding sieht, sondern den Bereich, ausgedrückt in Winkelgrößen, den die Abbildung eines Objektes auf der Netzhaut einnimmt. 60 *Bogensekunden* ergeben eine *Bogenminute*, 60 Bogenminuten ein *Grad*. Der S. genügt der Formel: 3450 W/D (W = Reizgröße, D = Reizentfernung). Ein S.-Grad entspricht etwa der Größe eines Markstückes, wenn man es auf Armeslänge anschaut.

Seilaufgabe → Problemlösen.

Sektorentäuschung [auch *Thompsonsche S.*, *Speichenphänomen*], eine → Bewegungstäuschung: Eine Figur, die aus konzentr. Kreisen besteht, vermittelt den phänomenalen Eindruck von Speichen, wenn man die Figur dreht; vgl. hierzu Arnold (1972); s. Abb. *Wahrnehmung 13*.

Abb. *Wahrnehmung 13*

Ähnl. das → Kreis-Zahnrad-Phänomen; s. a. das Stw. → Exnerspirale.

◆ ARNOLD, W. (Hg.): Experimentelles Praktikum, Bd. 1. Stuttgart 1972; CAMPENHAUSEN, C. v.: Die Sinne des Menschen. Stuttgart 1993.

Sekundäraufgabe → Doppelaufgabe.

Sekundäre Bewertung → Appraisal.

Sekundäre Dyade → psychoevolutionäre Emotionstheorie.

Sekundäre Kreisreaktion → genetische Epistemologie.

Sekundäre Motivation → primäre vs. sekundäre Verstärkung.

Sekundärer Distanzeffekt → symbolischer Distanzeffekt.

Sekundärer Text → Shadowing.

Sekundärer Trieb → erworbener Trieb.

Sekundärer Verstärker → primäre vs. sekundäre Verstärkung.

Sekundäres Memorieren → Memorieren.

Sekundäres Motiv → erworbener Trieb.

Sekundäres Wiederholen → Memorieren.

Sekundäre Verstärkung → primäre vs. sekundäre Verstärkung.

Sekundärgedächtnis → Langzeitgedächtnis; → Mehrspeichertheorien.

Sekundärschmerz → Schmerz.

Sekundärvorgang → Psychoanalyse; → Traum; → Energie.

Selbst → Selbstkonzept; → Ichbewusstsein; → Körperschema.

Selbstachtung → Selbstwertgefühl.

Selbstaggression → Aggression.

Selbstaktualisierung → humanistische Psychologie.

Selbstakzeptierung → Selbstwertgefühl.

Selbstaufmerksamkeit [*self-consciousness*], eine der wichtigsten → selbstbezogenen Kognitionen: ein Zustand, in dem man sich seiner selbst bewusst wird, insbes. in Situationen der *öffentl. Selbstdarstellung*. Dieser Phänomenbereich ist zu einem der wichtigen kleineren Paradigmen der Sozialps. geworden. Protagonistisch war die 1972 von Duval u. Wicklund entwickelte *Theorie der objektiven S.*; sie analysiert bes. die Prozesse, die S. hervorrufen – z. B. die Wahrnehmung des eigenen Spiegelbildes o. das Hören der eigenen Stimme. Es wird betont, dass sich S. nur auf bestimmte *hervorgehobene Aspekte* richtet (*Salience*-Kzpt.). Aus dieser S. resultiert ein kognitiver Vergleichsprozess mit persönl. o. sozialen Standards, wb. Abweichungen unlustvolle Motivation und Regulationsprozesse hervorrufen. Mit dem Modell der S. wurden v. a. folgende Sachverhalte thematisiert: Aggression, Konformität, Attributionstendenzen, Hilfe, Handeln, Selbstbeschreibung, Selbsterkenntnisse u. Emotion.

VD/T: Die Theorie nannte sich *theory of objective self-awareness*, meist übersetzt mit *Theorie der objektiven Selbstaufmerksamkeit* – eine irreführende Fehlbezeichnung, da der Grundgedanke der ist, dass im Prozess der S. das *Selbst wie ein Objekt* behandelt wird – über die Objektivität dieser S. wird keinerlei Aussage gemacht, im Gegenteil wird die subjektive Verzerrung implizit mehr o. weniger postuliert; adäquater wäre also: *Theorie der objektivierten Selbstaufmerksamkeit*, d. h. der *Aufmerksamkeit in Bezug auf das Selbst als Objekt*.

LIT: Einen Überblick über die Forschung geben Wicklund (1978) u. Buss (1980).

◆ Buss, A. H.: Self-consciousness and social anxiety. San Francisco 1980; Carver, C. S. u. Scheier, M. F.: Attention and self-regulation: a control-therapy approach to human behaviour. New York 1981; Carver, C. S.: A cybernetic model of self-attention processes. JPSP 37, 1979, S. 1251–1281; Claeys, W.: Self-focused attention and the development of self- and other-schemata: Implications for the self in depression. In: Schwarzer, R. (Hg.): The self in anxiety, stress and depression. Amsterdam 1984, S. 31–47; Csikszentmihalyi, M. u. Figurski, T. J.: Self-awareness and aversive experience in everyday life. JP 50, 1982, S. 15–28; Diener, E.: Deindividuation: The absense of self-awareness and self-regulation in group members. In: Paulus, P. (Hg.): The psychology of group influence. Hillsdale 1980, S. 209–242; Duval, S. u. Hensley, V.: Extensions of objective self-awareness-theory: The focus of attention-causal attribution hypothesis. In: Harvey, J. H. u. a. (Hg.): New directions in attribution research, 1. Bd. Hillsdale 1976, S. 165–198; Duval, S. u. Wicklund, R. A.: A theory of objective self-awareness. New York 1972; Fenigstein, A. u. a.: Public and private self-consciousness: assessment and theory. JCCP 43, 1975, S. 522–527; HEIGL, A.: Selbstaufmerksamkeit u. Einsamkeit. Regensburg 1988; HULL, J. G. u. LEVY, A. S.: The organizational functions of the self: an alternative to the Duval and Wicklund model of self awareness. JPSP 37, 1979, S. 756–768; HULL, J. G. u. YOUNG, R. D.: The self-awareness-reducing effects of alcohol: evidence and implications. In: SULS, J. u. GREENWALD, A. G. (Hg.): Psychological perspectives on the self, 2. Bd. Hillsdale 1983, S. 159–190; KRAMPEN, G.: Handlungstheoret. Persönlichkeitsps. Göttingen 1987; MATTHEWS, K. A. u. a.: Focus of attention and awareness of bodily sensations. In: UNDERWOOD, G. (Hg.): Aspects of consciousness, 3. Bd. London 1982, S. 165–197; PUENTE, A. E. u. MORRISEY, S.: Self-consciousness in schizophrenics. PRep 49, 1981, S. 631–634; SCHWARZER, R.: Angst. In: MANDL, H. u. HUBER, G. L. (Hg.): Emotion u. Kognition. München 1983, S. 123–147; SEITZ, B.: Das Selbstbild Depressiver. In: HAUTZINGER, H. u. GREIF, S. (Hg.): Kognitionsps. der Depression. Stuttgart 1981, S. 123–137; WICKLUND, R. A.: Objective self-awareness. In: BERKOWITZ, L. (Hg.): Cognitive theories in social psychology. New York 1978, S. 465–507/S. 509–521.

Selbstaufrechterhaltung → Selbstformung.

Selbstbewusstsein → Ichbewusstsein.

Selbstbezogene Kognitionen, sämtl. Gedanken, die das eigene Erleben u. Handeln reflektieren; Oberbegriff für → Selbstkonzept u. → Selbstwertgefühl.

LIT: Allg. Überlegungen zur Reflexivität des Menschen liefern Smedslund (1972) sowie Groeben u. Scheele (1977).

◆ GROCHECK, W.: Zur Dimensionierung des Selbstkzpts. PEP 75, 1980, S. 39–47; GROEBEN, N. u. SCHEELE, B.: Argumente für eine Ps. des reflexiven Subjekts. Darmstadt 1977; NAUDASCHER, B.: Das übergangene Selbst. Frankfurt/M. 1980; SCHNEEWIND, K. A.: Selbstkzpt. In: HERRMANN, T. u. a. (Hg.): Handbuch ps. Grundbegriffe. München 1977, S. 424–431; SCHWARZER, R.: Stress, Angst, Hilflosigkeit. Stuttgart 1981; SMEDSLUND, J.: Becoming a psychologist. Oslo 1972.

Selbstbezugseffekt [auch *Selbstreferenzeffekt*], das Phänomen, dass Gedächtnismaterial dann bes. gut behalten wird, wenn es zur eigenen Person in Beziehung steht o. gestellt werden kann. Ausgangspunkt der experimentellen Analyse dieses Phänomens war eine Arbeit von Rogers u. a. (1977), die dem Paradigma der → Verarbeitungsebenen-Theorie entnommen ist; krit. hierzu vgl. Rudolph (1981).

TH: Erklärt wurde das Phänomen damit, dass die In-Beziehung-Setzung zum Selbstkonzept einer großen Verarbeitungstiefe entspreche; im Modell des → stimmungsabhängigen Gedächtnisses wird der Effekt durch eine emotionale Ähnlichkeit erklärt.

◆ ROGERS, T. B.: A model of the self as an aspect of the human information processing system. In: CANTOR, N. u. KIHLSTROM, J. F. (Hg.): Personality, cognition and social interaction. Hillsdale 1981, S. 193–214; ROGERS, T. B. u. a.: Self reference and the encoding of personality information. JPSP 35, 1977, S. 677–688; RUDOLPH, U.: Selbstreferenz-Effekt: Fakt o. Artefakt? ZEAP 36, 1989, S. 251–273.

Selbsterhaltungstriebe → Psychoanalyse.

Selbstformung [engl. *autoshaping*], ein Phänomen, das sich bei der Elaboration einer der Grundprozeduren des → operanten Konditionierens ergeben hat u. dessen Einordnung in die Theorien dieses Paradigmas Schwierigkeiten bereitet: die Erscheinung, dass es für eine Vp bzw. ein Versuchstier ausreichend sein kann, die Koppelung zw. einem Reiz u. einem reaktionsunabhängigen Bekräftiger zu beobachten, um eben dieses Vh. zu erwerben. Dies bedeutet, dass ein *operantes* Vh. durch eine → klassische Konditionierung erzeugt werden kann. (Dabei ist das Resultat der so erzielten Formung kein beliebiger Operant, sondern ein Vhsmuster, das dem Bekräftiger angepasst ist.) Bsp.: Vor der Verabreichung des Verstärkers, z. B. der Ausgabe von Futter, wird regelmäßig ein Vorsignal gegeben, z. B. stets kurzzeitig ein Pickscheibchen für die Tauben beleuchtet; dadurch wird die Aufmerksamkeit der Taube auf dieses Scheibchen gelenkt, u. sie beginnt, von sich aus auf dieses Scheibchen zu picken.

Im Rahmen der S. auftretende Phänomene implizieren, dass das fundamentale → Effektgesetz Thorndikes unter bestimmten Umständen keine Gültigkeit besitzt – es kann durch eine klass. Konditionierung unterstützt, aber auch durchbrochen werden. S. beinhaltet näml., dass eine einfache Verbindung von Aufleuchten des Scheibchens u. Futterdarbietung nach Pawlowscher Art – ohne Kontingenz zw. Picken u. Futter – die Taube veranlasst, auf das beleuchtete Scheibchen zu picken, u. dass darüber hinaus die Form des Pickens der Art des Verstärkers entspricht, so dass es, wenn auf das Aufleuchten des Scheibchens Körnerfutter folgt, so aussieht als »fresse« die Taube die Taste, wenn aber Wasser folgt, es so aussieht, als ob sie sie »trinke«. Es kann also auch als ein Bsp. für ein artspezif. Vh. im Sinne eines → Preparedness-Kzpts angesehen werden u. ist auch ein Beleg gegen die Annahme allg. gültiger → Lerngesetze.

VD: Es gibt auch das Phänomen der *Selbstaufrechterhaltung*: Es ist nicht so, dass durch die Pawlowsche Koppelung Tiere nur zum ersten Vh. geführt würden u. von da an operant verstärkt werden müssten, vielmehr bleibt das Pickverhalten auch dann bestehen, wenn auf den Tastenhieb keine Futterverabreichung mehr erfolgt; ein klass. Versuch hierzu ist von Williams u. Williams (1969).

LIT: Zur ausführl. Diskussion vgl. Schwartz u. Gamzu (1984) sowie Locurto (1981).

◆ Brown, P. L. u. Jenkins, H. M.: Autoshaping of the pigeon's key peck. JEAB 11, 1968, S. 1–8; Locurto, C. M. u. a. (Hg.): Autoshaping and conditioning theory. New York 1981; Schwartz, B. u. Gamzu, E.: Pawlowsche Steuerung von operantem Vh. In: Zeier, H. (Hg.): Lernen u. Vh., 1. Bd.: Lerntheorien. Weinheim 1984, S. 298–334; Williams, D. R. u. Williams, H.: Automaintainance in the pigeon: sustained pigeonpecking despite contingent non-reinforcement. JEAB 12, 1969, S. 511–520.

Selbstinstruktion → innere Sprache.

Selbstkontrolle. Der Begriff S. wird in der Ps. einmal im unspezif., vorwissenschaftl. Sinne ähnl. wie »Selbstbeherrschung« verwendet; innerhalb der → Verhaltenstherapie bildet er ein eigenes Paradigma: Es ist der Versuch, die Prinzipien der → Konditionierung auf Bereiche auszudehnen, die herkömmlicherweise mit Kzptn. wie → Wille angegangen werden, u. diese ohne solche Annahmen zu analysieren, die von den Behaviouristen als teleolog. u. metaphys. kritisiert wurden »ein behaviourist. Ausflug in die Höhle des Löwen« (vgl. Kanfer u. Karoly 1977).

Skinner (1974) prägte in diesem Zusammenhang das Kzpt. der Unterscheidung von *kontingenzgeformtem* u. *regelgesteuertem* Vh.; bei Ersterem sei das Individuum durch die → Verstärkungen determiniert, bei Letzterem analysiere es die Verstärkerkontingenzen, woraus die Möglichkeit einer S. erwachse, d. h. ein zumeist konflikthaftes Problemvh. (*kontrollierte Response*) durch ein anderes selbsterzeugtes Vh. (*kontrollierende Response*) zu ersetzen – S. ist also bei Skinner ein Spezialfall der *Fremdkontrolle*.

In der Vhstherapie gewinnen Ansätze zur S. seit den 70er Jahren zunehmend an Bedeutung; bes. im Zusammenhang mit Raucherentwöhnungstraining wurden ausgeklügelte Systeme der S. entwickelt (*Selbstmanagement*).

LIT: Zum Überblick vgl. Hartig (1973ff.); Reinecker (1978); Braun u. Tittelbach (1978); wichtige Arbeiten wurden von F. Kanfer (1977) geleistet, vgl. auch Kanfer u. Karoly (1977); für ein weiterführendes Modell vgl. Scheele (1981).

◆ Braun, P. u. Tittelbach, E.: Vhstherapie. In: Pongratz, L. J. (Hg.): Klin. Ps. HP, 8. Bd., 2. Hlb. Göttingen 1978, S. 1995–2065; Hartig, M.: Selbstkontrolle: lerntheoret. u. vhstherapeut. Ansätze. München 1973; Hartig, M.: Die Anwendung von Techniken der

Selbstkontrolle in der Vhstherapie. In: KRAIKER, C. (Hg.): Handbuch der Vhstherapie. München 1974; HARTIG, M. (Hg.): Selbstkontrolle. München 1975; KANFER, F. H. u. KAROLY, P.: Selbstkontrolle: ein behaviourist. Ausflug in die Höhle des Löwen. In: PETERMANN, F. u. SCHMOOK, C. (Hg.): Grundlagentexte der klin. Ps., 2. Bd. Bern 1977; KANFER, F. H.: Selbstmanagement-Methoden. In: KANFER, F. H. u. GOLDSTEIN, A. P. (Hg.): Möglichkeiten der Vhsänderung. München 1977; REINECKER, H.: Selbstkontrolle. Salzburg 1978; SCHEELE, B.: Selbstkontrolle als kognitive Interventionsstrategie. Weinheim 1981; SKINNER, B. F.: Die Funktion der Verstärkung in der Vhswissenschaft. München 1974.

Selbstkonzept, die Gesamtheit der kognitiven Repräsentationen der eigenen → Persönlichkeit bzw. des Selbst. Der Begriff ist einerseits weiter als derjenige der *Persönlichkeit,* da er nicht nur Eigenschaften zum Inhalt hat, andererseits enger, da er ledigl.die subjektive Sicht der Persönlichkeit beinhaltet. Im S.-Paradigma ist eine explizite Abwendung von der Vorstellung eines substantialisierten Selbst gegeben – nicht eine metaphys. Instanz, sondern nur ihre kognitive Repräsentation kann die Ps. interessieren. Kennzeichnend ist auch, dass die Selbstkonzeptforschung vorwiegend sozialps. Provenienz ist. Das S. kann in einen eher kognitiven u. einen eher bewertenden Anteil differenziert werden; → Selbstwertgefühl. Ein wichtiges Thema u. Paradigma ist → Selbstaufmerksamkeit. Spezielle Kzpte. des eigenen Selbst sind auch im allgemeinps. Bereich erforscht worden, so das → Konzept von der eigenen Fähigkeit; vgl. auch die Stw. → Selbstwirksamkeit u. → Selbstwertgefühl.

LIT: Vgl. zum Überblick Gorgon u. Gergen (1968); Suls (1982); Suls u. Greenwald (1983, 1986); Rosenberg u. Kaplan (1982); Lapseley u. Power (1988); zur Messung von S. u. ihrer Problematik vgl. Mummendey (1979); speziell zur Erforschung von *self-esteem* vgl. Wells u. Marwell (1976); ein deutschsprach. Überblick ist Filipp (1979); zu entwicklungsps. Aspekten vgl. Filipp (1980) u. Rachstein (1992); eine klass. Arbeit ist Wylie (1961ff.); zur Ps. der *Selbstdarstellung* (engl. *impression-management*) vgl. Mummendey (1990); zum Selbstbegriff in der humanist. Ps., der Psa., der modernen Selbstps. u. in der Kleinkindforschung vgl. Ludwig-Körner (1992).

◆ FILIPP, S.-H. (Hg.): Selbstkonzeptforschung. Stuttgart 1979; FILIPP, S.-H.: Entwicklung von Selbstkonzepten. ZEPP 12, 1980, S. 105–125; GERGEN, K. J.: The concept on self. New York 1971; GORGON, C. u. GERGEN, K. J.: The self in social interaction. New York 1968; LAPSELEY, D. K. u. POWER, F. G. (Hg.): Self, ego and identity. Indicative approaches. New York 1988; LUDWIG-KÖRNER, C.: Der Selbstbegriff in Ps. u. Psychotherapie. Eine wissenschaftshistor. Untersuchung. Wiesbaden 1992; MUMMENDEY, H. D.: Methoden u. Probleme der Messung von Selbstkonzepten. In: FILIPP (1979) S. 171–189; MUMMENDEY, H. D.: Ps. der Selbstdarstellung. Göttingen 1990; RACHSTEIN, B.: Der Aufbau des Selbst beim Kinde. Zur Entstehung des Selbstbewusstseins im ersten Lebensjahr. Wiesbaden 1992; ROSENBERG, M. u. KAPLAN, H. B. (Hg.): Social psychology of the self concept. 1982; SULS, J. (Hg.): Psychological perspectives on the self, 1. Bd. Hillsdale 1982; SULS, J. u. GREENWALD, A. G. (Hg.): Psychological perspectives on the self, 2. Bd. Hillsdale 1983; SULS, J. u. GREENWALD, A. G. (Hg.): Psychological perspectives on the self, 3. Bd. Hillsdale 1986; WELLS, L. E. u. MARWELL, G.: Self-esteem. Its conceptualisation and measurement. Beverly Hills 1976; WYLIE, R. C.: The self-concept, 1. Bd. Lincoln 1961; WYLIE, R. C.: The self-concept, 2. Bd. Lincoln 1979.

Selbstkonzept eigener Fähigkeit → Konzept von der eigenen Begabung.

Selbstkonzept von der eigenen Begabung → Konzept von der eigenen Begabung.

Selbstmanagement → Selbstkontrolle.

Selbstmanipulatoren → Gestik.

Selbstorganisation → systemtheoretische Psychologie.

Selbst-Psychologie → Psychoanalyse.

Selbstreferenz-Effekt → Selbstbezugseffekt.

Selbstsicherheitstraining, → soziale Angst.

Selbstsynchronizität → nonverbale Kommunikation.

Selbstverantwortlichkeit → Kontrollüberzeugungen.

Selbstverwirklichung → humanistische Psychologie.

Selbstwahrnehmung → Selbstwahrnehmungstheorie; → Introspektion; → Bewusstsein; Selbstaufmerksamkeit.

Selbstwahrnehmungstheorie, eine von Bem (1965ff.) entwickelte Theorie → selbstbezogener Kognitionen vor einem sozialps. Hintergrund mit folgender Essenz: Individuen schließen von der Beobachtung ihres eigenen Vhs. u./o. den Umständen, unter denen dieses Vh. stattfindet, auf die eigene → Einstellung u. andere interne Zustände. Dies gilt allerdings nur, wenn die internen Hinweisreize schwach, zweideutig o. uninterpretierbar sind. Zur Entstehung derartiger Ungenauigkeiten bei der Identifikation eigener interner Zustände vgl. Bems Betrachtung der Analyse »privater Vorgänge« durch Skinner (Bem 1972). Die S. ist also eine → Emotionstheorie bzw. eine Theorie der → Einstellung, die von einem zugespitzten peripheralist. u. behaviourist. Ansatz ausgeht, sozusagen eine verallgemeinerte → James-Lange-Theorie in Bezug auf Einstellungen. Die S. ist hinsichtl. vieler Gebiete eine Konkurrenztheorie zur Theorie der → kognitiven Dissonanz. Sie postuliert eine sparsamere Erklärung von Dissonanzeffekten, z. B. dass Personen einen Einstellungswandel vornehmen, nicht um eine kognitive Konsistenz zu beseitigen, sondern weil Personen überhaupt erst durch die Beobachtung ihres eigenen Vhs. zur Kenntnis ihrer eigenen Einstellungen gelangen. Vgl. für eine krit. Würdigung Greenwald (1975).

Zur Überprüfung wandte Bem (1967) eine bes. Form der Untersuchungsmethodik an, die als »interpersonelle Simulation« bezeichnet wird: Er legte seinen Vpn. Beschreibungen dissonanztheoret. Experimente vor u. bat sie um Einschätzungen des Vhs., also der Einstellungen der ursprüngl. Vpn.; so konnte er nachweisen, dass Beobachter dieselben Einstellungen vorhersagten, wie sie auch von den tatsächlichen Vpn. in den Originalexperimenten gezeigt wurden. Zur Frage, unter welchen Bedingungen die interpersonellen Simulationen zu anderen Ergebnissen führen als die dissonanztheoret. Originalexperimente vgl. Frey (1978). Versuche, experimentell eine Überlegenheit der S. o. der Dissonanztheorie nachzuweisen, führten insgesamt zu wenig eindeutigen Ergebnissen; zu Integrationsmöglichkeiten u. ihrer Problematik (Fazio u. a. 1977, Greenwald 1975).

◆ Bem, D. J.: An experimental analysis of self-persuasion. JESP 1, 1965, S. 199–218; Bem, D. J.: Self-perception-theory. In: Berkowitz, L. (Hg.): Advances in experimental social psychology, Bd. 6. New York 1972, S. 1–62; Bem, D. J.: Self-perception: an alternative interpretation of cognitive dissonance phenomena. PR 74, 1967, S. 183–200; Dickenberger, D. u. Gniech, G.: The theory of psychological reactance. In: Irle, M. (Hg.): Studies in decision making. New York 1982, S. 311–341; Dickenberger, D.: Ein neues Konzept der Wichtigkeit von Freiheit: Konsequenzen für die Theorie der ps. Reaktanz. Weinheim 1978; Fazio, R. H. u. a.: Dissonance and self-perception. JESP 13, 1977, S. 464–479; Grabitz, H.-J.: Die Theorie der Selbst-Wahrnehmung von Bem. In: Frey, D. (Hg.): Kognitive Theorien der Sozialps. Bern 1978, S. 138–159; Greenwald, A. G.: On the inconclusiveness of »crucial« cognitive tests of dissonance versus self-theories. JESP 11, 1975, S. 490–499; Wortman, C. B. u. Brehm, J. W.: Responses to uncontrollable outcomes. An integration of reactance theory and the learned helplessness model. In: Berkowitz, L. E. (Hg.): Advances in Experimental and Social Psychology, 8. Bd. New York 1975, S. 277–336.

Selbstwert → Selbstwertgefühl.

Selbstwertbezogene Attribution → Attributionsfehler.

Selbstwertdienliche Attribution → Attributionsfehler.

Selbstwertdienliche Gegendefensivattribution → Attributionsfehler.

Selbstwerterhöhende Attribution → Attributionsfehler.

Selbstwertgefühl. Zur Bezeichnung → selbstbezogener Kognitionen mit stark wertender Komponente gibt es neben S. eine Fülle unterschiedl. Begriffe: *Selbstwert, Selbstwertschätzung, Selbstzufriedenheit, Selbstakzeptierung, Selbstachtung* (vgl. Heckhausen 1980; Schwarzer 1981). Im Amerikanischen ist der Begriff *self-esteem* gängig, bisweilen noch einmal differenziert in *self-evaluation* als Bezeichnung für eher kognitive Selbstbewertungen u. *self-affection* als Bezeichnung für die unmittelbare emotionale Anmutung. Bei diesen Kognitionen geht es um Beurteilungen der eigenen Person, die auf sachl., sozialen o. interindividuellen Vergleichsprozessen basieren; es geht also um die emotionale u. evaluative Seite des → Selbstkonzepts, die durch Prozesse wie selektive *Selbstaufmerksamkeit*, Verzerrung der Vergleichsmaßstäbe u. Erinnerung positiv beeinflusst werden kann; vgl. Frey u. Benning (1983). Schon William James hat das S. konzipiert als das Verhältnis der eigenen Ansprüche u. Ziele zu dem, was man davon erreicht hat. In der Sozialps. wurde das S. als Prädiktor für Beeinflussbarkeit, Konformität u. Suggestibilität untersucht; diese Variablen scheinen bei einem mittleren S. bes. stark ausgeprägt zu sein; vgl. Mummendey (1983). Das S. wird nicht zu den »klass.« Emotionen gerechnet u. auch in der Emotionsps. wenig thematisiert; neuere emotionsps. Ansätze, die darauf hinweisen, dass man den Begriff weitgehend mit dem umgangssprachl. Kzpt. des *Stolzes* gleichsetzen kann, finden sich in Ulich u. Mayring (1992) u. Taylor (1985). Im Rahmen des Paradigmas der → Leistungsmotivation finden sich ausführl. Analysen zum Thema *erhöhtes S.* bzw. Stolz aufgrund erbrachter Leistung; vgl. Frey u. Benning (1983).

LIT: Zu konkreten Analysen von Stolz u. S. im Alltag vgl. Friedrich (1982); für eine detaillierte Analyse der log. Struktur des von ihm als *Attributionsemotion* bezeichneten Stolzes vgl. Mees (1991); zur Einordnung in einen größeren Problemzusammenhang vgl. Krampen (1987); vgl. auch das Stw. → Leistungsmotivation.

◆ Filipp, S.-H. (Hg.): Selbstkonzeptforschung. Stuttgart 1979; Frey, D. u. Benning, E.: Das Selbstwertgefühl. In: Mandl, H. u. Huber, G. L. (Hg.): Emotion u. Kognition. München 1983, S. 148–182; Friedrich, B.: Emotionen im Alltag. München 1982; Heckhausen, H.: Motivation u. Handeln. Heidelberg 1980; Krampen, G.: Handlungstheoret. Persönlichkeitsps. Göttingen 1987; Mayring, P.: Geschichte der Emotionsforschung. In: Ulich, D. u. Mayring, P. (Hg.): Ps. der Emotion. Stuttgart 1992, S. 11–27; Mees, U.: Die Struktur der Emotionen. Göttingen 1991; Mummendey, H. D.: Selbstwertgefühl. In: Euler, H. A. u. Mandl, H. (Hg.): Emotionsps. München 1983, S. 244–249; Schwarzer, R.: Streß, Angst u. Hilflosigkeit. Stuttgart 1981; Taylor, G.: Bride, shame and guilt: emotions of self-assessment. Oxford 1985; Ulich, D. u. Mayering, P. (Hg.): Ps. der Emotion. Stuttgart 1992.

Selbstwirksamkeit [engl.: *self efficacy*], ein Zentralkzpt. der → sozialkognitiven Lerntheorie Banduras (1977): eine selbstbezogene Kognition, die subjektive Erwartungen darüber beinhaltet, ob in bestimmten Situationen Handlungsmöglichkeiten zur Bewältigung eben dieser Situation zur Verfügung stehen. S. meint also ein grundlegendes Gefühl der Kompetenz u. Macht. Im dt. Sprachraum gibt es schon bei Lersch (1938) ein ähnl. Kzpt., das der *Eigenmacht*. Bandura postuliert, dass S. v. a. die Auswahl der Situationen, in die sich eine Person aktiv hineinbegibt, u. das Ausmaß der in dieser Situation realisierten Anstrengungen bestimmt. Die S. ist nach Bandura insbes. für den Erfolg psychotherapeut. Maßnahmen zentral: extern bedingte Vhsänderungen reichten für überdauernde therapeut. Effekte nicht aus, entscheidend sei vielmehr, dass sich das Individuum selbst als kompetent u. wirksam bei der Lösung von Problemsituationen erlebt. S. ist ein bes. Fall einer → generalisierten Erwartung, s. a. die Stw. → Kontrollüberzeugungen; → Wirksamkeitsmotivation; → persönliche Verursachung; → Konzept von der eigenen Begabung.

HI/WÜ: Bandura versteht seinen Ansatz als integratives Kzpt., insbes. als einen Brückenschlag zw. Grundlagenps. u. klin. Ps. bzw. Psychotherapie; Banduras Theorie war von großem Einfluss u. Wegbereiter kognitiven Gedankenguts innerhalb der amerikan. Ps.

KR: Eine krit. wissenschaftstheoret. Analyse liefert Smedslund (1978).

LIT: Zum Überblick vgl. Flammer (1990); für die pädagog. Implikationen des Kzpts. vgl. Edelstein (1995); für eine Diskussion ähnl. Fragestellungen innerhalb der polit. Ps. vgl. Balch (1974); für eine Diskussion des übergeordneten Problemzusammenhangs vgl. Krampen (1987).

◆ Balch, G. I.: Multiple indicators in survey research: the concept »sense of political efficacy«. Political Methodology 1, 1974, S. 1–43; Bandura, A.: A social learning theory. Englewood Cliffs 1977 (dt.: Sozial-kognitive Lerntheorie. Stuttgart 1979); Bandura, A.: Self efficacy: toward a unifying theory of behavioural change. PR 84, 1977, S. 191–215; Edelstein, W. (Hg.): Entwicklungskrisen kompetent meistern. Der Beitrag der Selbstwirksamkeitstheorie von Albert Badura zum pädagog. Handeln. Heidelberg 1995; Flammer, A.: Erfahrung der eigenen Wirksamkeit: Einführung in die Ps. der Kontrollmeinung. Bern 1990; Krampen, G.: Handlungstheoret. Persönlichkeitsps. Göttingen 1987; Lersch, P.: Aufbau des Charakters. München 1938; Smedslund, J.: Bandura's theory of self efficacy: a set of commonsense theorems. Scandinavian Journal of Psychology 19, 1978, S. 1–14.

Selbstzufriedenheit → Selbstwertgefühl.

Selbstzweifel → Leistungsangst.

Selective exposure → kognitive-Dissonanz-Theorie.

Selektionsmethode → Attributlernen.

Selektionsmotivation → Wille.

Selektionsrestriktion → generative Transformationsgrammatik.

Selektive Aufmerksamkeit, diejenige Form der → Aufmerksamkeit, die dadurch gekennzeichnet ist, dass aus einem Reizangebot eine bestimmte Subklasse zu beachten (*perzeptive Selektion*), während der Rest der Reize zu ignorieren ist, z. B. während einer Party auf das zu hören, was der Gesprächspartner sagt u. alle anderen Stimmen zu überhören (→ Cocktailparty-Problem). Die s. A. auf der Basis einfacher *phys.* Charakteristika (wie bspw. Farbe, Position, Helligkeit, Form u. Größe) ermöglicht im Allg. eine effizientere Selektion als die auf der Basis »höherer« Eigenschaften (wie z. B. »Buchstabe«, »Ziffer«, »Vokal«). Wichtig ist v. a. die räuml. Position, selbst wenn sie für eine spezif. Aufgabe nicht benötigt wird; vgl. hierzu van der Heijden (1991).

Paradigmat. Untersuchungen hierzu fanden statt mit der Methode des → dichotischen Hörens u. des → shadowing. Zu neurophysiolog. Aspekten vgl. Desmedt (1977).

Bisweilen wird eine Unterscheidung zw. zwei method. Ansätzen gemacht: (a) *Filter-Paradigma*: Hierbei werden die Vpn relevanten u. irrelevanten Stimuli ausgesetzt (z. B. beim shadowing); das Hauptmaß ist die Genauigkeit; (b) im *Selektive-set-Paradigma* ist die Vp auf bestimmte Stimuli vorbereitet u. instruiert, durch eine schnelle Reaktion anzuzeigen, ob sie einen dieser Stimuli entdeckt o. wiedererkennt. Eine spezielle Ausformung ist das → Vigilanz-Paradigma.

Die gesamte moderne Ps. der Aufmerksamkeit hat sich in überwiegendem Maße auf den selektiven Aspekt der A. konzentriert, gem. der Grundlogik: Die Aufmerksamkeit muss selektiv sein, weil die Informationsverarbeitungsmechanismen des Menschen nur eine begrenzte Kapazität besitzen: → Aufmerksamkeitskapazitäts-Modell. Zur Kritik an diesem Ansatz vgl. van der Heijden (1991); seiner Sichtweise zufolge erweist eine modulare Sicht des menschl. visuellen Systems die meisten Probleme der visuellen s. A. als Scheinprobleme: Unsere Wahrnehmung ist grundsätzl. nicht einheitl. u. muss deshalb nicht nachträgl. durch andere Prozesse wieder zerlegt werden, sondern besitzt von Anfang an eine räuml. Zergliederung, so wie auch Farbe, Form, Größe u. Lokalisation im Raum in unterschiedl. Modulen verarbeitet werden (s. hierzu das Stw. → Wahrnehmung). (Während allerdings Position u. Form möglicherweise verbunden sind, scheint Farbe völlig unabhängig von beiden zu sein; vgl. z. B. Isenberg u. a. 1990.)

VD: Prinz (1990) differenziert folgende Formen der s. A. (1) *willkürl.* vs. *unwillkürl.* Selektion; (2) *inhaltl.* u. *lokale* Selektion: (a) Bei *inhaltl.* Selektion ist die im Experiment durch Instruktion erzeugte Selektionsintention des Beobachters auf Wahrnehmungsereignisse gerichtet, die sich durch bestimmte inhaltl. Eigenschaften, also durch eine bestimmte *Bedeutung*, auszeichnen. (b) *Lokale* Selektion betrifft die Trennung zw. relevanter u. irrelevanter Information aufgrund des »Ortes« der Selektion, ein Beobachter kann z. B. instuiert werden, auf das zu achten, was er hört u. zu ignorieren, was er sieht. Nach Prinz müssen die Erscheinungen der inhaltl. Selektion in zwei große Klassen eingeteilt werden: (a) *spezif.* Selektion: solche Verarbeitungsprozesse, die durch gezielte Vorbereitung bestimmter Gedächtnisrepräsentationen gesteuert werden, wenn die betreffenden Inhalte dauerhafter o. kurzfristig relevant sind. (b) *Unspezif.* Selektion: solche Verarbeitungsprozesse, die durch Aktivierung von solchen Gedächtnisrepräsentationen angestoßen werden, die in keinem inhaltl. Zusammenhang mit den sonstigen aktuellen Ereignissen stehen u. in diesem Sinne des Wortes »impertinent« sind; ein Target in einer Suchliste (→ visuelles Suchen) ist z. B. ein *impertinentes* Ereignis in Bezug auf den Kontext, in dem es vorkommt. Für das Paradigma des visuellen Suchens können diese beiden Formen der Selektion relativ unmittelbar an den einzelnen Komponenten der Situation u. der Aufgabe verankert werden: *Spezif.* Selektion kann man sich realisiert denken durch eine bes. Markierung der gespeicherten Repräsentationen der Targets u./o. der sie definierenden Merkmale, *unspezif.* Selektion durch eine bes. Markierung der gespeicherten Repräsentation der pertinenten Ereignisse (d. h. der Kontextzeichen). Zur Selektion kann ein Reizereignis entweder gelangen, weil seine Repräsentation keine Pertinenzmarkierung trägt, o. deshalb, weil es eine Relevanzmarkierung trägt; bei einem Target beim → visuellen Suchen fallen diese beiden Eigenschaften zusammen. Eine Rahmentheorie über die Konstituierung relevanter u. pertinenter Umgebungsmerkmale findet sich bei Prinz (1983, Kap. 6).

◆ Desmedt, J. E. (Hg.): Attention, voluntary concentration and event-related cerebral potentials. Proceedings of Clinical Neurophysiology, 1. Bd. Basel 1977, S. 30–69; Isenberg, L. u. a.: Attentional processing and the independence of colour and orientation. JExP: HPP 16, 1990, S. 869–878; Neumann, O.: Automatic processing: a review of reason findings and a plea for an old theory. In: Prinz, W. u. Sanders, A. F. (Hg.): Cognition and motor processing. Berlin 1984, S. 255–283; Neumann, O.: Die Hypothese begrenzter Kapazität u. die Funktion der Aufmerksamkeit. In: Neumann, O. (Hg.): Perspektiven der Kognitionsps. Heidelberg 1985, S. 185–229;

Prinz, W.: Wahrnehmung u. Tätigkeitssteuerung. Berlin 1983; Prinz, W.: Unwillkürl. Aufmerksamkeit. In: Meinecke, C. u. Kehrer, L.: Bielefelder Beiträge zur Kognitionsps. Göttingen 1990, S. 49–76; van der Heijden, A. H. C.: Selective attention in vision. New York 1991.

Selektive Informationssuche → kognitive-Dissonanz-Theorie.

Selektive Interferenz, ein experimentelles Paradigma im Bereich der → Gedächtnispsychologie. Seine Grundlogik besteht darin, dass kognitive Prozesse, die dasselbe Teilsystem beanspruchen, größere gegenseitige → Interferenz zeitigen, als solche, die in zwei verschiedenen Teilsystemen ablaufen, u. sich im Idealfall gegenseitig überhaupt nicht stören. So sollte also das Behalten von Bildern mehr durch eine visuelle als auditor. Distraktoraufgabe beeinträchtigt werden. Durch die Untersuchung solcher Interferenzeffekte wurde die Unterscheidung eines verbalen, eines visuell-sensor. u. eines motor. Systems belegt, darüber hinaus auch feinere Differenzierungen, wie z. B. die Unterscheidung einer visuellen Verarbeitung *stat.* Objekte u. *dynam.* Ereignisse; vgl. Engelkamp (1990). *Generelle* I. ist häufig dann zu finden, wenn eine Handlung durch einen nicht vorhersagbaren Reiz ausgelöst werden soll, während eine andere Handlung im Gange ist; s. a. das Stw. → psychologische Refraktärzeit.

◆ Clayton, K. N. u. Warren, N. M.: Methodological problems with the views of the retroactive interference design to infer what is stored. MuC 4, 1976, S. 237–243; Engelkamp, J.: Das menschl. Gedächtnis. Göttingen 1990; Keele, S. W. u. Neill, W. T.: Mechanisms of attention. In: Carterette, E. C. u. Friedman, M. P. (Hg.): Handbook of perception, 9. Bd. New York 1978.

Selektives Sehen → selektive Aufmerksamkeit.

Selektive Strategie → Attributlernen.

Self-affection → Selbstwertgefühl.

Self efficacy → Selbstwirksamkeit.

Self-evaluation → Selbstwertgefühl.

Self-serving bias → Attributionsfehler.

Semantische Ähnlichkeit → semantisches Gedächtnis; → Ähnlichkeits-Skalierung; → TLC.

Semantische Ähnlichkeitsskalierung, eine Methode der Gedächtnis- bzw. Denkps., bes. zur Analyse des → semantischen Gedächtnisses bzw. zur → Wissensdiagnose, bei der versucht wird, die subjektive Ähnlichkeit von → Begriffen zu skalieren. Eine kurze Darstellung findet sich bei Maichle (1985). Der Ansatz wurde z. B. von Johnson (1965) zur Analyse von Begriffen der Physik verwendet. Die Abb. *Semantik 3a* u. *3b* zeigen ein Bsp. für ein s. Ä., eine zweidimensionale Abbildung der semant. Distanz zw. verschiedenen Exemplaren einer zoolog. Kategorie (nach

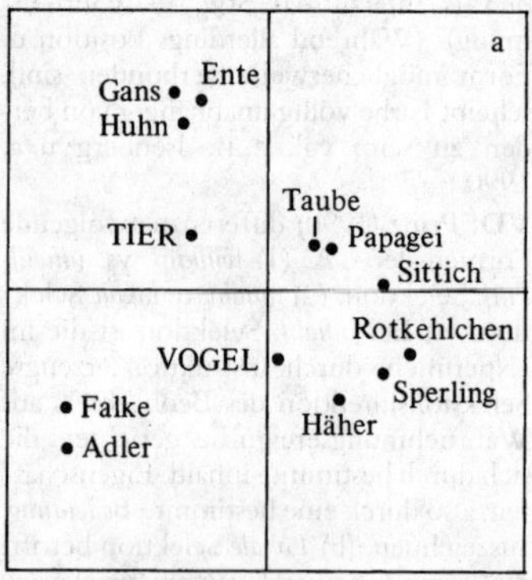

Abb. *Semantik 3a*

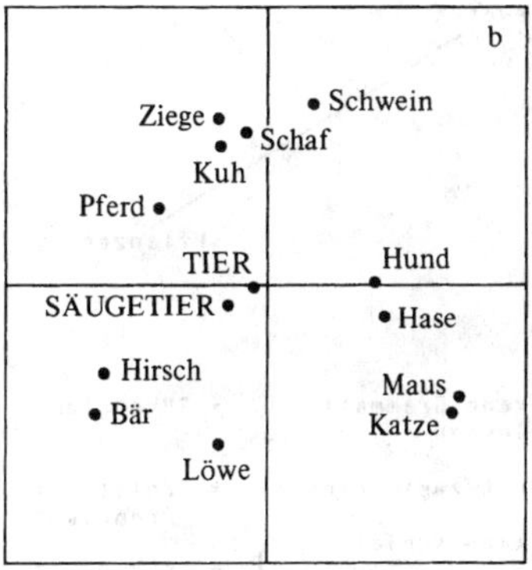

Abb. *Semantik 3b*

Rips u. a. 1973; entnommen aus Mayer 1979).

◆ Johnson, P. E.: Word relatedness and problem solving in high school physics. Journal of Educational Psychology, 56, 1965, S. 217–224; Rips, L. J. u. a.: Semantic distance and the verification of semantic relations. JVLVB 12, 1973, S. 1–20; Maichle, U.: Wissen, Verstehen u. Problemlösen im Bereich der Physik. Frankfurt/M. 1985; Mayer, R. E.: Denken u. Problemlösen. Berlin 1979.

Semantische Begriffe, Begriffe, die im Unterschied zu → perzeptuellen Begriffen nicht direkt über Wahrnehmungserlebnisse definiert sind, sondern über komplexere Definitionen abstrakter Natur. Die → Prototypentheorie der Wortbedeutung konnte z. B. zeigen, dass auch für s. B. die bei den perzeptuellen Begriffen gefundene Typikalität existiert; vgl. z. B. Posner u. Keele (1968) u. Rosch (1975).

◆ Posner, M. I. u. Keele, S.: On the genesis of abstract ideas. JExP 77, 1968, S. 353–363; Rosch, E. H.: Cognitive representation of semantic categories. JExP: G 104, 1975, S. 192–233.

Semantische Distanz → semantisches Gedächtnis; → semantische Ähnlichkeitsskalierung.

Semantische Entscheidungsaufgabe, bisweilen als Oberbegriff verwendet für eine Reihe ähnl. Methoden zur Analyse des → semantischen Gedächtnisses, näml. → Satzverifikationsaufgabe, → lexikalische Entscheidungsaufgabe, → semantische Kategorisierungsaufgabe.

Semantische Generalisation, Sonderfall der → Reizgeneralisation, bei dem ähnl. Wörter einander als Reize ersetzen. Der Reiz *Trompete* löst z. B. einen galvan. Hautreflex aus; dieselbe Reaktion erfolgt auf die Worte *Klarinette* u. *Posaune*, nicht aber auf *Klavier* u. *Musik*. Kleinkinder u. Personen mit verminderter Intelligenz zeigen entsprechende Generalisationen bei Lautähnlichkeit.

◆ Fether, B. W.: Semantic generalization of classical conditioned responses: a review. PBu 63, 1965, S. 425–441; Luria, A. R. u. Winogradowa, O. S.: An objective investigation of the dynamics of semantic systems. BJP 50, 1959, S. 89–105; Riess, B. F.: Genetic changes in semantic conditioning. JExP 36, 1946, S. 143–152.

Semantische Kategorisierungsaufgabe [auch *semant. Vergleichsexperiment*], eine Methode der Gedächtnis- bzw. Denkps., bes. zur Analyse des → semantischen Gedächtnisses: den Vpn wird eine Serie verschiedener Begriffe dargeboten, z. B. *Kanarienvogel, Auto,* etc.; dann wird ein Oberbegriff genannt u. die Vp müssen beurteilen, ob die vorgegebene Oberbegriffsrelation zutreffend ist o. nicht.

LIT: Zur Übersicht u. zu den Vorteilen dieses Ansatzes gegenüber den ähnl. → Satzverifikationsaufgaben vgl. Klimesch (1982).

◆ Klimesch, W.: Die semant. Encodierung von Bildern. ZEAP 29, 1982, S. 472–504; Klimesch, W.: Struktur u. Aktivierung des Gedächtnisses. Bern 1988.

Semantische Komponente → semantisches Merkmal.

Semantische Netze → semantische Netzwerke.

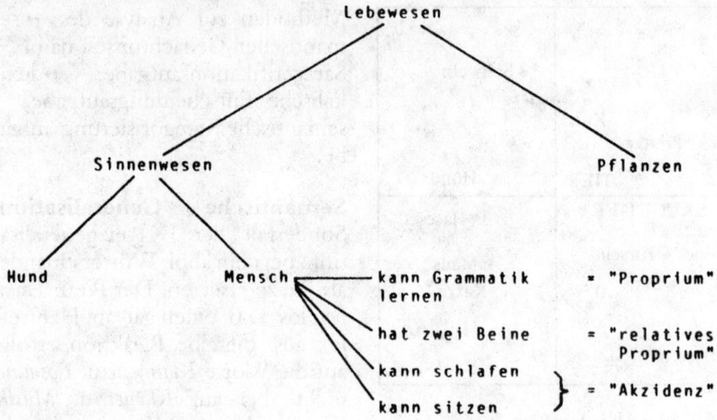

Abb. *Semantik 9a*

Semantische Netzwerke [auch *semantische Netze* bzw. *Netzwerktheorien*; der engl. Begriff *network* bedeutet übersetzt schlicht *Netz*, wird jedoch in anglizist. Anlehnung häufig mit *Netzwerk* übersetzt]. *Netzwerke* sind *gerichtete Graphen*, die *Knoten* miteinander verbinden u. zwar durch *Kanten* (auch *Maschen*, *Fäden o. Zeiger*; engl. *pointer*), im Falle der s. N. *benannte* (auch *indizierte*) Kanten. Netzwerke unterscheiden sich aufgrund der Menge der zulässigen Arten von Kanten u. aufgrund der Regeln, nach denen Elemente der Knotenmenge miteinander verbunden werden dürfen. Zur Einführung in die Graphentheorie vgl. Bodendiek u. Lang (1996); einen Überblick über die Netzwerkanalyse in verschiedenen ps. Gebieten gibt Pappi (1987).

Solche Netzwerke werden innerhalb der → psychologischen Semantik benützt, um das → semantischen Gedächtnis bzw. → Wissen abzubilden u. auf dem Computer zu simulieren: (1) Die Knoten stehen dann für Begriffe (auch für Handlungen, spezif. Objekte, Benennungen usw.); die *Maschen* bzw. Verbindungen entsprechen *semant. Relationen*. (2) Die Relationen sind meist auf drei Typen begrenzt: Die »is-a«-Relation ist eine Klassen-Instanzen-Beziehung, die ein Objekt als individuelles Mitglied einer Klasse bezeichnet; dieses Prädikat ist also vergleichbar mit der Elementen-Relation. Die »a-kind-of«-Relation bezeichnet Objekte als von der Art anderer Objekte. Die »has«-Relation bezeichnet Knoten als Merkmale anderer Knoten; dieses Prädikat ist vergleichbar mit der Untermengenrelation. So entsteht ein spinnennetzartiges Gebilde, das eine anschaul. Darstellung der Struktur des semant. Gedächtnisses ermöglicht. Anschaulichkeit ist eine der großen Vorteile dieser Darstellungsform, der sich jedoch mit zunehmender Komplexität des Wissensbereichs zum Nachteil entwickeln kann. Klimesch (1988) gibt cin vereinfachtes Bsp., bei dem er auf die Logik des Aristoteles zurückgreift, um auszudrücken, dass die Idee einer hierarch. Begriffsstrukturierung eine Jahrtausende alte Tradition hat; s. Abb. *Semantik 9a*.

Das Modell eines s. N. beinhaltet v. a. zwei zentrale Merkmale bzw. damit verknüpfte Annahmen: (a) Die Repräsentation von Wissen ist durch eine *hierarch.* Organisation (*Hierarchieffekt*) gekennzeichnet: Kzpte. werden ihren Oberbegriffen zugeordnet (z. B. »Vogel« zu »Tier«); (b) diese Zuordnung erfolgt nach einem *Speicherökonomieprinzip* (auch *Prinzip der kognitiven* bzw. *semant. Ökonomie*), derart, dass Eigenschaften, die bereits übergeordneten Knoten zugeschrieben sind, den untergeordneten nicht noch einmal zugeschrieben werden, Eigenschaften, die z. B. unter dem Kzpt. »Tier« abgespeichert sind, werden nicht noch einmal unter dem Kzpt. »Vogel« extra abgespeichert; vgl. Conrad (1972); Rips u. a. (1973); man spricht auch von der *Vererbung* von Eigenschaften (s. Abb.). Das einfachste Modell, der → TLC, berücksichtigt nur die *Ober-Unter-Begriffs-Relation* (Bsp.: »Ein Spatz ist ein Vogel«) u. die *Merkmals-Relation* (Bsp.: »Ein Vogel kann fliegen«). Die Merkmale selbst stehen in keiner Ordnungsrelation (s. Abb. im Stw. → TLC). Ein Unterschied zum dargelegten »aristotel.« Bsp. liegt darin, dass im TLC die Bedeutung aller Begriffe, auch der abstrakten Oberbegriffe, in Merkmale zerlegt werden. Diese Form der Wissensrepräsentation eignet sich bes. für Klassifikationen, wie sie bspw. in der Zoologie u. Botanik häufig sind, also hierarch. geordneten Klasseneinteilungen eines Gegenstandbereichs (Taxonomien); man spricht auch von *Abstraktionshierarchien.* Ein bekanntes, in der Lit. seit Anfang der 70er Jahre berühmtes Bsp. ist die Abstraktionshierarchie der Tiere (wb. Kanarienvögel bzw. Pinguine u. ein Vogel namens Tweedy eine bes. Rolle spielen). Wichtige Arbeiten auf diesem Gebiet sind Anderson (1976) u. Schank (1975).

Die Abb. *Semantik 9b* zeigt ein Bsp. für eine netzwerktheoret. Darstellung eines Wissenskomplexes, der natürlichsprachl. formuliert Folgendes beinhaltet: »Wale gehören zur Gattung der Säugetiere. Die Wale gliedern sich in zwei Unterordnung, näml. die Zahnwale u. die Bartenwale. Delphine sind eine Walart. Wale haben das Aussehen von Fischen u. leben im Wasser. Sie bevölkern die Weltmeere. Die Wale werden durch den Menschen u. die industriellen Abfälle bedroht« (nach Piekara 1988; zu einem Vergleich mit einer alternativen, näml. *merkmalstheoret.* Darstellung desselben Wissens s. das Stw. → semantisches Merkmal).

Die Grundannahmen der s. N. lassen sich mit den im Stw. → semantisches Gedächtnis aufgezählten Methoden analysieren, fast immer geht es darum, Relationen zw. verschiedenen Begriffen o. zw. Begriffen u. ihren Merkmalen aufzu-

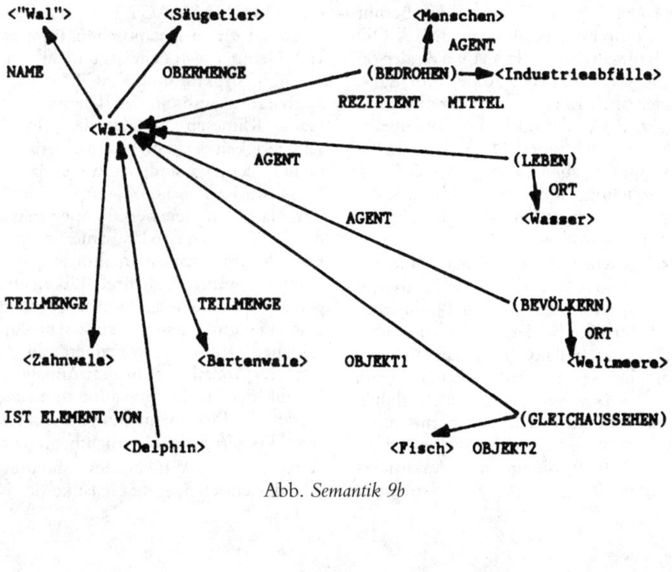

Abb. *Semantik 9b*

finden bzw. über deren Relationen zu urteilen. Typ. sind → *Satzverifikationsaufgaben.* Anschaul. kann man sich das Finden einer solchen Relation durch einen Suchprozess in einem Netzwerk vorstellen, bei dem die verschiedenen Verbindungen zw. den Knoten daraufhin abgesucht werden, ob eine übergeordnete Relation existiert. Die kürzeste »Wegstrecke« eines solchen Verbindungsprozesses definiert die *semant. Ähnlichkeit* bzw. die *semant. Distanz*; s. hierzu die Abb. *Semantik 7b* im Stw. → Satzverifikationsaufgabe.

HI: S. N. waren eines der typ. Modelle der → kognitiven Psychologie u. damit sehr kennzeichnend für die Ps. der 70er u. 80er Jahre überhaupt. Das erste Modell wurde von Collins u. Quillian (1969) entwickelt (TLC), es setzt sich zusammen aus zwei einfachen Knoten, dem sog. *Type-* bzw. *Token-Knoten,* die als Symbole (Namen) für Begriffe stehen u. verschiedenen Arten von Kanten (*associative links*). Weitere wichtige s. N. wurden von Rumelhart u. a. (1972; *Aktives Strukturelles Netzwerk*) Anderson u. Bower (1973; → HAM), Anderson (1976; → ACT), Greeno; PERDIX), Dörner (1976), Klix (1984), Sacerdoti (1977 NOAH) u. Schank (1975) entwickelt. Ein spezielles Modell waren die sog. *erweiterten Übergangsnetzwerke* (*augmented transition networks*), die v. a. Programme zur Sprachverarbeitung beinhalteten; vgl. Kaplan (1978). Ein Teil von ihnen beruht auf Computerdarstellungen: (MEMOD bei Rumelhart u. a. HAM bei Anderson u. Bower, ACT bei Anderson). S. N. fanden auch Einsatz auf anderen Gebieten, z. B. in der klin. Ps. (Birbaumer 1983), u. auch innerhalb des Paradigmas → stimmungsabhängiges Gedächtnis. Eine wichtige Weiterentwicklung ist das Kzpt. der → mentalen Modelle, allg. die → Wissenspsychologie.

KR: Es wurde an den semant. Netzen kritisiert, so z. B. von Johnson-Laird u. a. (1984), dass sie eine ausschließl. innerbegriffl. Struktur widerspiegeln, dass aber eine Art externale Referenz zur Welt unabdinglich sei. Es wird auch bemängelt, dass diese Netze eine zu große Flexibilität u. damit eine zu geringe experimentelle Prüfbarkeit besitzen. Ein zweiter Kritikpunkt betrifft die geringe Ausdrucksmächtigkeit, da nur sehr elementare Kzpte. (Begriffe, Propositionen) repräsentiert werden, u. es gibt Probleme mit der Einbeziehung von Quantoren u. der Behandlung von Mehrdeutigkeiten, vgl. Schubert (1976). Zum Problem, inwieweit s. N. tatsächl. im Rahmen der Semantik verwendet werden können, vgl. Woods (1975). Es gibt auch empir. Effekte, die schwer in dem theoret. Modell eines s. N. einzufangen sind, v. a. → Typikalitätseffekte widersprechen dem von den s. N. postulierten Hierarchie-Effekt. So wird z. B. »Adler« im Vergleich zu »Pinguin« bes. rasch als »Vogel« erkannt; häufig gebrauchte Eigenschaften werden also offenbar dem betreffenden Kzpt. direkt zugeschrieben u. nicht dem Oberbegriff; vgl. Colins u. Loftus (1975). Aus dieser Kritik heraus wurde z. B. aus dem ursprüngl. TLC die → Aktivierungsausbreitungs-Theorie entwickelt. Auch das Speicherökonomieprinzip scheint nicht generell zu gelten. Nach Meinung mancher Autoren sind allerdings die Prinzipien der Speicherökonomie u. der hierarch. Ordnung nicht notwendig mit dem Kzpt. der s. N. verknüpft, in veränderten Netzwerken lassen sich deswegen auch Typikalitätseffekte abbilden; zur Darstellung der komplexen Problematik vgl. Klimesch (1988), der *hierarch.* u. *nichthierarch.* Netzwerkdarstellungen unterscheidet u. anhand dieser Differenzierung eine genaue Analyse der Problematik bietet. (Modelle mit strikt hierarch. Struktur sind TLC, HAM, ACT u. verschiedene Theorien zu → semantischen Primitiva von Gentner; Modelle mit nicht strikt hierarch. Struktur sind → ACT* u. die → Aktivierungsausbreitungs-Theorie.)

Nach Klimesch besteht die Grundschwierigkeit der s. N. v. a. darin, dass sie nicht in der Lage sind, das, was er das *Abruf-Interferenz-Paradoxon* nennt, zu erklären: Nach den Netzwerktheorien müsste das Gedächtnis um so langsamer arbeiten, je mehr Information in ihm abgespeichert ist, während theoret. Überlegungen u. experimentelle Befunde gegen die Allgemeingültigkeit dieser Annahme sprechen. Klimesch konzipiert ein Alternativ-Modell, das auf drei Annahmen beruht: der Strukturannahme vernetzter Kodes, der Prozessannahme der indirekten Aktivierung u. der nichtbegrenzten Kapazität der Aktivierungsausbreitung, wb. der entscheidende Gedanke der ist,

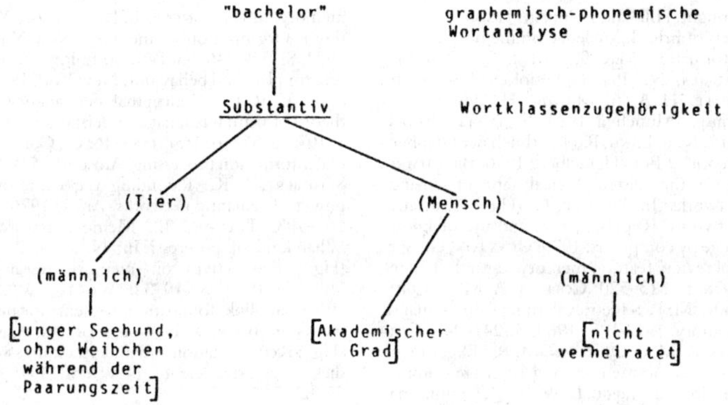

Abb. *Semantik 9c*

dass vernetzte Strukturen inhaltl. zusammengehörende, im Langzeitgedächtnis integrierte Informationen repräsentieren u. den Suchprozess beschleunigen. Zu weiteren krit. Analysen vgl. Claxton (1978); Tulving (1979); Johnson-Laird u. a. (1984); Kluwe (1988). Eine Kritik unter wissenschaftstheoret.-philosoph. Aspekt ist Brachman (1979); vgl. auch Johnson-Laird u. a. (1984).

VD: (1) S. N. lassen sich ohne einen Verlust an formalem Gehalt in andere Darstellungen überführen, z. B. in Listen von → Propositionen o. in → Merkmalstheorien; vgl. hierzu Holland (1975), Wender u. a. (1980), Piekara (1988) – obwohl ihre konkreten Anwendungen sehr unterschiedl. aussehen; Hussy (1984) weist auch darauf hin, dass im Merkmalsmodell die Oberbegriffsrelation durch Vergleich errechnet wird, während im Netzwerkmodell diese Verbindung fest abgespeichert ist, womit explizit eine Prozesskomponente in das Modell eingeführt wird.

(2) Obwohl s. N. die Beziehungen zw. Begriffen analysieren, sind sie jedoch ursprüngl. eine Theorie der Bedeutung einzelner Wörter gewesen – bei der allerdings die Begriffsrelationen u. Wissensstrukturen im Mittelpunkt stehen u. die Bedeutung eines Wortes grundsätzl. durch seine Verbindung zu anderen Wörtern definiert wird. Eine wichtige Weiterentwicklung war die Übertragung des Kzpts. der s. N. auf die Analyse von Sätzen. Diese s. N. unterscheiden sich dahingehend, ob sie eher von *syntakt.* (*Nominal-*, *Verbalphrase* u. ä.) o. eher von *semant.* (*Handlung*, *Akteur*, *Objekt* u. ä.) Relationen zw. den Worten eines Satzes ausgehen. Ein solcher Ansatz muss neben semant. *Markern* auch grammatikal. Marker besitzen; grammat. Marker geben z. B. an, zu welcher Wortklasse ein lexikal. Item gehört. Die verschiedenen Bedeutungen eines lexikal. Items werden durch zwei verschiedene Merkmale, näml. semant. Marker u. *distinguisher* repräsentiert: Erstere sind allg. Merkmale, die allen in der Hierarchie tieferliegenden Bedeutungen als lexikal. Items gemeinsam sind, Letztere hingegen geben jeweils eine für das lexikal. Item spezif. Bedeutung an, die sie von anderen Bedeutungen des selben Items unterscheidet. Die Abb. *Semantik 9c* zeigt, was unter grammatikal. u. semant. Markern sowie unter distinguishern zu verstehen ist (nach Katz u. Fodor 1963); runde Klammern symbolisieren semant. Marker, eckige Klammern distinguisher, Unterstreichungen grammatikal. Marker (entnommen aus Klimesch 1988), s. hierzu auch die Abb. *Semantik 7a* im Stw. → Satzverifikationsaufgabe. Wichtig geworden ist die Theorie der *konzeptuellen Dependenz* (*CD-Theorie* von Schank 1972). In dieser Perspektive nähern sich die s. N. dem Modell einer → propositionalen Wissensrepräsentation an (Bsp. s. dort). Modelle auf der Grundlage von s. N. integriert mit einer → produktionssystemtheoret. Wissensrepräsentation waren → ACT, → PERDIX u. NOAH.

◆ Anderson, J. R. u. Bower, G. H.: Human associative memory. Washington 1973; Anderson, J. R.: Language, memory and thought. Hillsdale 1976; Anderson, J. R.: Effects of prior knowledge on memory for new information. MaC 9, 1981, S. 237–246; Birbaumer, N.: Psychophysiolog. Ansätze. In: Euler, H. A. u. Mandl, H. (Hg.): Emotionsps. München 1983, S. 45–52; Bodendiek, R. u. Lang, R.: Lehrbuch der Graphentheorie, 2 Bde. Heidelberg 1996; Brachman, J.: On the epistemological status of semantic networks. In: Findler, G. (Hg.): Associative networks: Representation and use of knowledge by computers. 1979; Claxton, G.: Special review feature: memory research. BJP 69, 1978, S. 513–520; Collins, A. M. u. Quillian, M. R.: Retrieval time from semantic memory. JVLVB 8, 1969, S. 241–248; Collins, A. M. u. Quillian, M. R.: Experiments on semantic memory and language comprehension. In: Gregg, L. W. (Hg.): Cognition in learning and memory. New York 1972, S. 117–147; Collins, A. M. u. Loftus, E. F.: A spreading activation theory of semantic processing. PR 82, 1975, S. 407–428; Conrad, C.: Cognitive economy in semantic memory. JExP 92, 1972, S. 149–154; Dörner, D.: Die kognitive Organisation beim Problemlösen. Bern 1974; Dörner, D.: Problemlösen als Informationsverarbeitung. Stuttgart 1976; Holland, J. D.: Features and semantic memory: set theoretic or network model? PR 82, 1975, S. 154–155; Hussy, W.: Denkps. Stuttgart 1984; Johnson-Laird, P. N. u. a.: Only connections: A critique of semantic networks. PBu 96, 1984, S. 292–315; Kaplan, R. M.: Verarbeitungsmodelle der Satzanalyse. In: Norman u. Rumelhart (1978), S. 125–142; Klimesch, W.: Struktur u. Aktivierung des Gedächtnisses. Bern 1988; Klix, F.: Über Wissensrepräsentation im menschl. Gedächtnis. In: Klix, F. (Hg.): Gedächtnis, Wissen, Wissensnutzung. Berlin 1984, S. 9–73; Kluwe, R. H.: Methoden der Ps. zur Gewinnung von Daten über menschl. Wissen. In: Mandl, H. u. Spada, H. (Hg.): Wissensps. München 1988, S. 359–385; Norman, D. A. u. Rumelhart, D. E. (Hg.): Explorations in cognition. San Francisco 1975. (Dt.: Strukturen des Wissens. Stuttgart 1978); Pappi, F. U. (Hg.): Methoden der Netzwerkanalyse. München 1987; Piekara, F. H.: Wie idiosynkrat. ist Wissen? Frankfurt/M. 1988; Rips, L. J. u. a.: Semantic distance and the verification of semantic relations. JVLVB 12, 1973, S. 1–20; Rumelhart, D. E. u. a.: A process modell for long-term memory. In: Tulving, E. u. Donaldson, W. (Hg.): Organization of memory. New York 1972, S. 198–246; Sacerdoti, E. P.: A structure for plans and behaviour. New York 1977; Schank, R. C.: Conceptual dependency: a theory of natural language understanding. CP 3, 1972, S. 552–631; Schank, R. C.: Conceptual information processing. Amsterdam 1975; Schubert, L. K.: Extending the expressive power of semantic networks. ArI 7, 1976, S. 163–198; Tulving, E.: Memory research: What kind of progress? In: Nilsson, L. G. (Hg.): Perspectives on memory research. Hillsdale 1979, S. 19–32; Woods, W. A.: What's in a link: foundations for semantic networks. In: Bobrow, D. G. u. Collins, A. M. (Hg.): Representation and understanding: studies in cognitive science. New York 1975, S. 35–82.

Semantische Netzwerktheorien → semantisches Gedächtnis.

Semantische Primitiva [auch *atomare Prädikate*], → semantische Merkmale, angewandt auf Verben bzw. Prädikate, ein Modell, das v. a. anhand der Analyse *kausativer* Verben gebildet worden ist. Es geht davon aus, dass ein Verb in einem Satz nicht als lexikal. *Einheit* gespeichert wird, sondern in elementarere Bestandteile – die s. P. – zerlegt wird. Schank (1972) analysiert Handlungsverben, wie z. B. »nehmen«; dieses Verb beinhalte die s. P. *transfer* (TRANS) u. die Relation *possess* (POSS); alle Verben des Besitzens enthalten nach Gentner die Komponente POSS, sie hat die Bedeutung, dass jemand etwas eine Zeitlang in seinem Besitz hat. Der Satz »Der Student besitzt ein Auto« kann dann dargestellt werden wie in Abb. *Semantik 8a*. Aus relativ einfachen Komponenten können komplexere Komponenten mit entsprechend komplexerer Bedeutung gebildet werden. Die Komponente TRANS ist

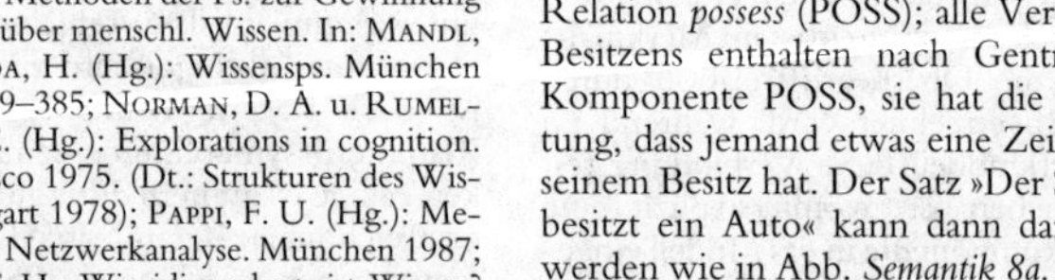

Abb. *Semantik 8a*

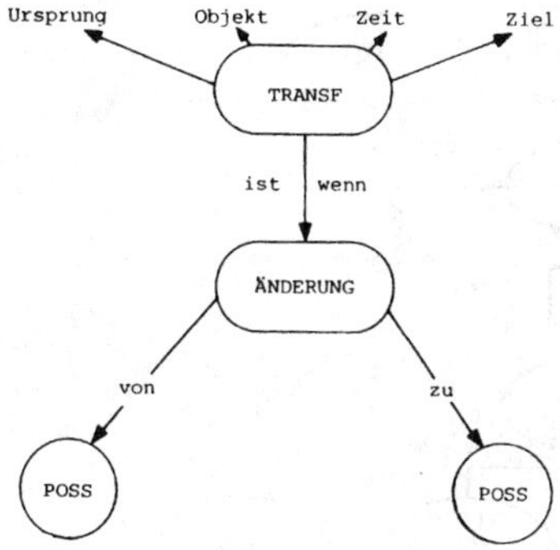

Abb. *Semantik 8b*

bspw. eine Kombination der Komponenten POSS u. ÄNDERUNG; s. Abb. *Semantik 8b.* Wenn man bei der Komponente TRANS das Ziel als Agens nimmt, entspricht dem eine der Bedeutungen des dt. Verbs »bekommen«: Etwas gelangt in den Besitz des Agenten, das sich vorher nicht dort befand.
Die wichtigste Aufgabe dieser *Primitivenanalyse* ist, Sätze o. Handlungen bezügl. ihrer Bedeutung zu vergleichen u. Ähnlichkeiten u. Verschiedenheiten festzustellen. Insbes. die → LNR-Gruppe hebt hervor: Bedeutungselemente des *Zustands, Orts* u. *Besitzes*, der *Zustandsänderung*, der *Ursache*, der *Handlung*. Verben sollen mindestens eine dieser grundlegenden Komponenten enthalten, es besteht aber auch die Möglichkeit, dass alle Komponenten gleichzeitig vorliegen.

HI/WÜ: Das Kzpt. wurde innerhalb der → generativen Semantik entwickelt; für eine kurze zsfd. Darstellung vgl. Michels (1991). Eine histor. wichtige Arbeit war Gentner (1978), es ist eine der wenigen Arbeiten, die versucht, die Arbeiten der LNR-Gruppe mit empir. Methoden zu überprüfen. Gentner versucht insbes. eine entwicklungsps. Deutung des Begriffaufbaus aus Elementen.

VD: In Gentners Theorie ist die Annahme impliziert, dass die Komponenten nicht nur hinsichtl. einzelner Wörter in hierarch. Relation stehen, sondern auch eine entwicklungsps. Hierarchie der Komponenten existiert: dies bedingt, dass Kinder die Bedeutungen der jeweiligen Verben in einer ganz bestimmten Reihenfolge erwerben: Als Erstes kommen »geben« u. »nehmen«, da sie nur TUN, URSACHE u. TRANS erfordern; als Nächstes werden die Verben »tauschen« u. »bezahlen« erworben. Beide Wörter fügen PFLICHT (u. auch andere Komponenten) den vorhergehendem TUN-, URSACHE-, TRANS-Strukturen hinzu. Welches von diesen Wörtern zuerst kommt, hängt davon ab, ob das Kind zuerst Übereinkünfte (VERTRAG), o. den Gebrauch von Geld erlernt. Die Abb. *Semantik 8c* veranschaulicht diese Zusammenhänge der Erwerbsabfolge (nach Gentner 1978).

◆ GENTNER, D.: Der experimentelle Nachweis der ps. Realität semant. Komponenten: Die Verben des Besitzes. In: NORMAN, D. A. u. Rumelhart, D. E. (Hg.): Strukturen des Wissens. Stuttgart 1978; GENTNER, D.: Evidence for the psychological reality of semantic components: The verbs of possession. In: NORMAN u. RUMELHART (1978); MICHELS, H.-P.: Informationsverarbeitung u. Künstl. Intelligenz. Frankfurt/M. 1991; SCHANK, R. C.: Conceptual dependency: a theory of natural language understanding. CP 3, 1972, S. 552–631.

Semantische Primitive → semantische Primitiva.

Semantische Relation → Kasusgrammatik; → semantisches Gedächtnis.

Semantischer Kongruenzeffekt, die Übereinstimmung von Vergleichsrichtung u. → absolutem Urteil: Wenn z. B. die Schönere von zwei Farben auszuwählen ist, gelingt dies bei zwei schönen Farben rascher als bei zwei hässlichen; wenn die Hässlichere der beiden Farben gewählt werden soll, verhält es sich umgekehrt. Der K. scheint auch für abstrakt-begriffl. Merkmale zu gelten, wie z. B. die Wahrscheinlichkeit von Ereignissen; Shipley u. a. (1945). Zu theoret. Ansätzen vgl. Haubensak (1985).

◆ HAUBENSAK, G.: Absolutes u. vergleichendes Urteil. Berlin 1985; SHIPLEY, W. C. u. a: Reaction time in judgements of colour preference. JExP 35, 1945, S. 206–215.

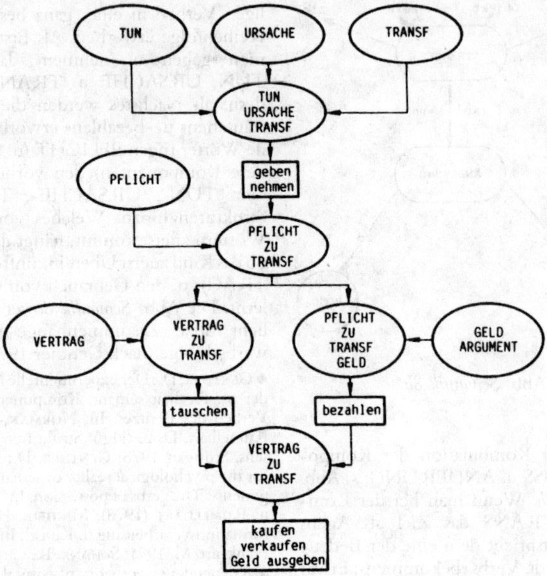

Abb. *Semantik 8c*

Semantischer Kontext → Bereichseffekte.

Semantischer Marker → semantisches Merkmal.

Semantischer Vergleich → Buchstabenvergleich.

Semantisches Attribut → semantisches Merkmal.

Semantisches Differential [auch *Eindrucksdifferential, Polaritätenprofil*], Messmethode zur Erfassung der Bedeutung, bes. der → affektiven Bedeutung (Osgood u. a. 1957): Auf einer Stichprobe von in der Regel siebenstufigen Rating-Skalen mit bipolar angeordneten Adjektiven (z. B. *schön – hässlich*) haben die urteilenden Personen die Bedeutung von Wörter einzustufen; Bsp.: *Vater. hart 3 – 2 – 1 – 2 – 3 weich.* Zahlreiche Faktorenanalysen ergaben jeweils 3 Faktoren, die mit *Valenz* (*Bewertung* o. *evaluation*), *Aktivität* u. *Potenz* (Osgood u. a. 1957) bezeichnet wurden: sog. *EPA-Struktur*. Diese drei Dimensionen konstituieren den dimensionalen Raum der konnotativen bzw. affektiven Bedeutung. Die Ähnlichkeit der affektiven Bedeutung zweier Begriffe wird durch Distanzen zw. Punkten in diesem Raum metrisch repräsentiert (vgl. auch Osgood 1962, 1969). Das s. D. wird auch zur Messung von Einstellungen herangezogen (Osgood u. Tannenbaum 1955; Herkner 1975). Die Abb. *Sprache 4* zeigt ein s. D. für die zwei Begriffe »männl.« u. »weibl.« (nach Hofstätter).

LIT: Zum Überblick vgl. Hofstätter (1955); Bergler (1975); ein Reader ist Snaider u. Osgood (1969); zu einer method. Verbesserung vgl. Ertel (1965); zur Kritik vgl. Carroll (1964); Weinreich (1958).

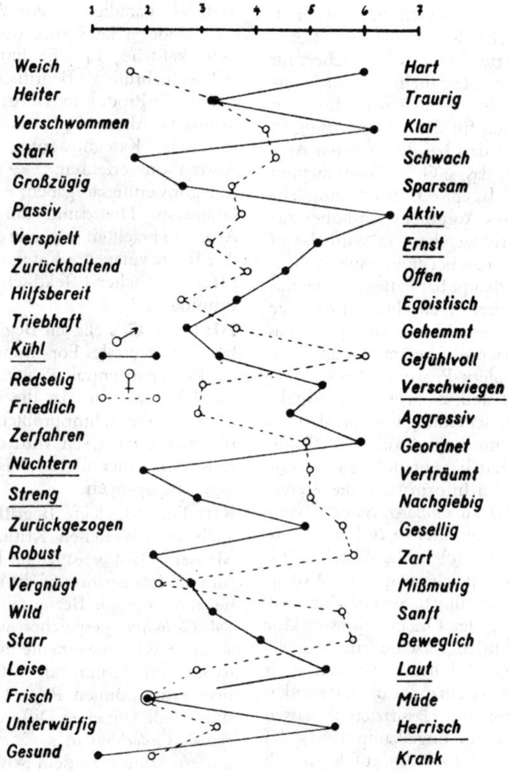

Abb. *Sprache 4*

◆ Bergler, R. (Hg.): Das Eindrucksdifferential. Bern 1975; Carroll, J. B.: Language and thought. Englewood Cliffs 1964; Ertel, S.: Standardisierung eines Eindrucksdifferentials. ZEAP 12, 1965, S. 22–58; Herkner, W.: Einführung in die Sozialps. Bern 1975; Hofstätter, P. R.: Über Ähnlichkeit. Psyche 9, 1955, S. 54–80; Osgood, C. E. u. Tannenbaum, P. H.: The principle of congruity in the prediction of attitude change. PR 62, 1955, S. 42– 55; Osgood, C. E. u. a.: The measurement of meaning. Urbana Ill. 1957; Osgood, C. E.: Studies of the generality of affective meaning systems. AmP 18, 1962, S. 735–751; Osgood, C. E.: On the whys and wherefores of E,P, and A. JPSP 12, 1969, S. 194–199; Snaider, J. u. Osgood, C. E.: Semantic differential technique. A source-book. Chicago 1969; Weinrich, U.: Travels through semantic space. Word 14, 1958, S. 346–366.

Semantisches Gedächtnis, Gedächtnis für → Bedeutung u. allg. für linguist. Informationen bzw. → Wissen; in diesem Paradigma laufen histor. unterschiedl. begründete Stränge der Computerwissenschaft, der Linguistik u. der Ps. zusammen.

T: Der Begriff *s. G.* geht wahrscheinl. auf Quillian (1968) zurück. Wie die allg. Verwendung des Begriffs *semant.* (→ psychologische Semantik), so ist auch seine Verwendung im Kontext des Paradigmas s. G. vieldeutig u. problemat.: (a) Im weitesten Sinne steht der Begriff *s. G.* als Gegensatz zum → episodischen Gedächtnis, näml. als Gedächtnis für das generelle Weltwissen, bei dem der Bezug auf die Lernepisode verlorengegangen ist; es geht also um Gedächtnismaterial, das nicht mehr als ein einzelnes, raumzeitl. definiertes Ereignis gespeichert ist, das sozusagen nicht mehr erinnert, sondern nur noch »gewusst« wird. Eine der Begründungen für diese Abgrenzung ist die Tatsache, dass bei den meisten Amnesieformen das s. G. unbeeinträchtigt ist, während das episod. stark beeinträchtigt ist. Dieses Argument wird aber zunehmend krit. gesehen, es wird darauf hingewiesen, dass bei einer traumat. Amnesie u. überhaupt bei Patienten, bei denen das Kurzzeitgedächtnis bzw. die Übernahme von Information in das Langzeitgedächtnis beeinträchtigt sind, semant. Neulern-Prozesse ebenfalls erhebl. gestört sind; zu problemat. Aspekten der Unterscheidung von *episod.* u. *semant.* Gedächtnis vgl. Strube (1989). (b) *S. G.* wird auch gebraucht zur Kennzeichnung von Information, die – etwa im Gegensatz zu *sinnlosen Silben* – vom Rezipienten mit einer → *Bedeutung* verknüpft werden. (c) Schließl. steht *s. G.* auch für das gespeicherte sprachl. Wissen, also Wortbedeutung u. Syntax. Zur Charakterisierung der Organisationsstruktur des s. G. wurden verschiedene Modellvorstellungen diskutiert, die sich nach folgenden z. T. einander überlappenden Gesichtspunkten klassifizieren lassen (nach Grimm u. Engelkamp 1981): (1) nach den *sprachl. Einheiten*, auf die sie sich beziehen: Wörter, Sätze o. Texte (→ Wortbedeutung; → Satzverarbeitung; → Textverstehen); (2) nach dem strukturellen Aufbau: (a) *linear, mengentheoret.* (s. hierzu das Stw. → semantisches Merkmal) o. (b) → semantische *Netzwerke*; (3) nach der Art der Repräsentation von Bedeutungen: die Grundeinheiten können semant. *Merkmale* o. *Propositionen* (→ propositionale Wissensrepräsentation) sein. Die Merkmalsmodelle u. auch einfache Netzwerkmodelle beschäftigen sich eher mit begriffs-immanenten Strukturproblemen; verallgemeinerte Wissensmodelle sind z. B. das → HAM-Modell u. die → ACT-Theorie, beides Netzwerkmodelle, wb. die ACT-Theorie auch die Idee der → Produktionssysteme integriert. Eine Erweiterung dieser Modelle in Richtung auf Zusammenfassung größerer Wisseneinheiten stellen die → Schema-Theorien dar, insbes. auch die Kzpt. → frame u. → Skript.

Method. Paradigmen zur Analyse des s. G. sind: → Satzverifikationsaufgaben; → lexikalische Entscheidungsaufgaben; → Faktenabruf; → Begriffsfindungsaufgaben; → Produktionsaufgaben; → semantische Ähnlichkeitsskalierung; → semantische Kategorisierungsaufgabe; → Assoziationsverfahren; → semantische Kategorisierungsaufgaben; → Paarbeziehungstests. Die damit durchgeführten Analysen brachten folgende grundlegende Effekte zutage: → Kategoriengrößen-Effekt; → Fächer-Effekt; semantisches → Priming.

HI: Das *s. G.* stellt seit Beginn der 70er Jahre ein zentrales Forschungsparadigma der Ps. u. das zentrale Problemfeld der → Gedächtnisps. dar, das die Erforschung der klass. Gedächtnisprobleme stark zurückgedrängt hat; seit Mitte der 80er Jahre ist es in einer allg. → Wissenspsychologie aufgegangen.

KR: Die dargelegte Begriffsvielfalt hat auch zu zahlreichen Kritiken geführt: Moeser (1976) weist darauf hin, dass bestimmte Informationen, die innerhalb eines autobiograph. Bezugsrahmens im *episod. Gedächtnis* gespeichert werden, auch als neue Wissenselemente in eine bereits existierende Struktur des s. G. eingeordnet werden können. Rost (1980), der die Notwendigkeit einer Differenzierung zu *episod. Gedächtnis* u. *s. G.* ausführl. diskutiert, kommt zu dem Schluss, dass die Unterscheidung von episod. u. semant. Wissensinhalten nachvollziehbar, die Differenzierung zweier Gedächtnissysteme jedoch nicht gerechtfertigt sei; vgl. auch Glass u. Holyoak (1975); Ming Chang (1986); Anderson u. Ross (1980). In Tulving (1983) findet eine Revision der ursprüngl. Arbeitshypothese statt. Diese Schwierigkeit wird auch deutl. anhand einer konzeptuellen Dichotomie von Klix (1984), näml. der Unterscheidung zw. *innerbegriffl.* u. *zwischenbegriffl. Relationen*: Innerbegriffl. Relationen stellt jene Art von Wissen dar, die auch nach der restriktivsten Definition als *semant.* Information bezeichnet wird, während sich zwischenbegriffl. Relationen auf eine sehr heterogene Klasse von Zusammenhängen im Langzeitgedächtnis beziehen, näml. Erlebniszusammenhänge u. situative Relationen, aber auch sprachl. u. syntakt. Relationen. Modelle zur → Wortbedeutung beziehen sich primär auf innerbegriffl., Modelle zum → Faktenabruf hingegen ausschließl. auf zwischenbegriffl. Informationen. Innerbegriffl. Relationen sind zwar ausnahmslos *semant.*, stellen aber nur einen kleinen Teil dessen dar, was Tulving darunter versteht. So ist nach Tulving *syntakt.* Information Bestandteil des *semant. Wissens*, nach Klix aber ist sie als *zwischenbegriffl.* Relation zu verstehen. Zur Problematik des Begriffs *s. G.* u. seiner Verwendung bei verschiedenen Autoren vgl. auch Aebli (1981).

LIT: Vgl. zum Überblick Wender u. a. (1980); Bredenkamp u. Wippich (1977); Foppa u. Groner (1981); Kluwe (1979); Hussy (1984); Maichle (1985); Grimm u. Engelkamp (1981).

◆ AEBLI, H.: Denken: Das Ordnen des Tuns, 2. Bd. Stuttgart 1981; ANDERSON, J. R. u. ROSS, B. H.: Evidence against a semantic-episodic distiction. JExP: HLM 6, 1980, S. 441–465; ANDERSON, J. R.: A spreading activation theory of memory. JVLVB 22, 1983, S. 261–295; BREDENKAMP, J. u. WIPPICH, W.: Lern- u. Gedächtnisps., 2. Bd. Stuttgart 1977; FOPPA, K. u. GRONER, R. (Hg.): Kognitive Strukturen u. ihre Entwicklung. Bern 1981; GLASS, A. L. u. HOLYAK, K.: Alternative conceptions on semantic memory. C 3, 1975, S. 313–339; GRIMM, H. u. ENGELKAMP, J.: Sprachps.: Handbuch u. Lexikon der Psycholinguistik. Berlin 1981; HUSSY, W.: Denkps., 1. Bd. Stuttgart 1984; KLIX, F. (Hg.): Gedächtnis, Wissen, Wissensnutzung. Berlin 1984; KLUWE, R.: Wissen u. Denken. Stuttgart 1979; MAICHLE, U.: Wissen, Verstehen u. Problemlösen im Bereich der Physik. Frankfurt/M. 1985; MICHELS, H.-P.: Informationsverarbeitung u. künstl. Intelligenz. Frankfurt/M. 1991; MING CHANG, T.: Semantic memory: facts and models. PBu 99, 1986, S. 199–220; MOESER, S. D.: Inferential reasoning in episodic memory. JVLVB 15, 1976, S. 193–212; QUILLIAN, M. R.: Semantic memory. In: MINSKY, M. (Hg.): Semantic information processing. Cambridge/Mass. 1968, S. 227–270; ROST, J.: Gedächtnisps. Grundlagen naturwissenschaftl. Wissens. Weinheim 1980; STRUBE, G.: Episod. Wissen. In: BECKER, B. (Hg.): Zur Terminologie der Kognitionsforschung. St. Augustin 1989; TULVING, E.: Elements of episodic memory. London 1983; WENDER, K. F. u. a.: Modelle des menschl. Gedächtnisses. Stuttgart 1980.

Semantisches Merkmal. Elementare Dimension der → Bedeutung, bes. der → Wortbedeutung, die es ermöglicht, Wörter bzw. Gruppen von Wörtern zu unterscheiden. Das Kzpt. wurde analog zum *distinktiven Merkmal* der Phonologie (vgl. Bußmann 1990) konzipiert. S. M. werden mit der Methodik der *Komponentenanalyse* ermittelt u. analysiert. Bsp.: *Katze, Hund, Mann, Frau, Kind, Stein, Wasser, Haus, Werkzeug* – diese Wörter können systematisiert werden, indem ihnen z. B. das s. M. *belebt* zugeordnet wird o. das s. M. *erwachsen*; innerhalb der Gruppe der *unbelebten* Objekte können die Wörter dann weiter differenziert werden nach den s. M. *natürl.* o. *techn. erzeugt*. Jedes Wort kann auf den relevanten Merkmalsdimensionen eingestuft (gekennzeichnet durch + o. –; z. B. + *erwachsen*) u. durch eine Tabelle charakterisiert werden, in der relevante Merkmalsdimensionen aufgeführt sind u. eingetragen wird, inwieweit sie zutreffen o. nicht; s. hierfür das Bsp. einer Komponentenanalyse von Verwandtschaftsbeziehungen in der Abb. *Semantik 1* (nach Bierwisch 1969). Die ersten Komponententheorien wurden für Substantive formuliert, es folgten komponententheoret. Betrachtungen von Verben: → semantische Primitiva.

Das Kzpt. des s. M. konstituiert die *Merkmalstheorie der Bedeutung* (*Feature-Theorie*). Sie geht davon aus, dass die Einheiten im → semantischen Gedächtnis aus s. M. zusammengesetzt sind bzw. in s. M. *dekomponiert* werden können (*Dekompositionshypothese*). Daraus ergibt sich unmittelbar die sog. *Komplexitätshypothese* (Kintsch 1974), dass näml. komplexe Begriffe mit vielen Merkmalen langsamer verarbeitet werden. Wortbedeutungen werden als Bündel von s. M. interpretiert, Satzbedeutungen als Bündel solcher Bündel, (Smith u. a. 1974; Clark 1970; Engelkamp 1973; Rips u. a. 1973; Steinberg 1970). Zu entwick-

Komponentenanalyse der Verwandtschaftsbezeichnungen

Merkmale:	Lexeme: *Verwandter*	*Eltern*	*Vater*	*Mutter*	*Geschwister*	*Bruder*	*Schwester*	*Kind*	*Sohn*	*Tochter*	*Onkel*	*Tante*	*Cousin*	*Cousine*	*Neffe*	*Nichte*
[Lebewesen]	+	+	+	+	+	+	+	+	+	+	+	+	+	+	+	+
[Mensch]	+	+	+	+	+	+	+	+	+	+	+	+	+	+	+	+
[verwandt]	+	+	+	+	+	+	+	+	+	+	+	+	+	+	+	+
[direkt verwandt]	(-)	+	+	+	+	+	+	+	+	+	-	-	-	-	-	-
[gleiche Generation]	0	-	-	-	+	+	+	-	-	-	-	-	+	+	-	-
[älter]	0	+	+	+	0	0	0	-	-	-	+	+	0	0	-	-
[männlich]	0	0	+	-	0	+	-	0	+	-	+	-	+	-	+	-
[weiblich]	0	0	-	+	0	-	+	0	-	+	-	+	-	+	-	+
[Plural]	0	+	0	0	+	0	0	0	0	0	0	0	0	0	0	0

+ = Merkmal trifft zu

- = Merkmal trifft nicht zu

0 = indifferent in Bezug auf Merkmal

Abb. *Semantik 1*

lungsps. Ansätzen vgl. zsfd. Seiler u. Wannenmacher (1985). Die Gegenposition zu dieser Dekompositions-Hypothese ist die Hypothese der *lexikal. Speicherung*, gem. der Worte als Gesamtheiten im → mentalen Lexikon abgelegt sind.

HI: Die Merkmalstheorie geht vorwiegend auf die linguist. Theorie der → generativen Semantik von Katz u. Fodor (1963) u. auf Bierwisch (1967) zurück; vgl. Abraham u. Binnick (1974). Problemhistor. steht die Merkmalstheorie v. a. der → Prototypentheorie der Bedeutung gegenüber, auch einer → propositionalen Wissensrepräsentation, unter formalem Darstellungsaspekt den → semantischen Netzwerken, da bei jenen ein *Speicherökonomieprinzip* gilt, das innerhalb einer typ. Merkmalstheorie nicht gilt. Es existieren aber Argumente für die Äquivalenz dieser Modelle (vgl. z. B. Holland 1975; Wender u. a. 1980; Piekara 1988). Neumann (1974) versuchte im Rahmen der Prototypentheorie gewonnene Ergebnisse in ein Merkmalsmodell zu integrieren; vgl. auch Osherson u. Smith's Kompromissvorschlag (1981); auch die Ansätze von Bowerman, Barrett, Greenberg u. Kuczaj u. Anglin (Lit. s. das Stw. → Begriffsbildung) sind sowohl am Kzpt. des Prototyps wie an der → Merkmalstheorie der Wortbedeutung orientiert.

KR: Kritisiert wurde am Kzpt. des s. M. insbes. der fehlende empir. Nachweis für stabile, interindividuelle Merkmale, der Ad-hoc-Charakter u. die unbefriedigende Ausgrenzung der s. M.: es existiere keine Methode, mit der die Anzahl semant.-elementarer Elemente kleiner gehalten werden kann als die Anzahl der Lexeme einer Sprache (vgl. Fodor 1975). Eine Zsf. der experimentellen Belege gegen die ps. Realität semant. Komponenten bieten Konerding u. Wender (1985); vgl. auch Carey (1982); Hörmann (1978); Smith u. Medin (1981). Für die krit. Analyse der Merkmalstheorie wichtig geworden sind insbes. entwicklungsps. Ansätze, die das mit der Merkmalstheorie verbundene Grundkonzept des Bedeutungserwerbs als *Abstraktionsprozess* zur Merkmalsgewinnung in Frage stellen; wichtig waren hier insbes. die Arbeiten von Anglin (1977); Nelson (1973); Bowerman (1978); vgl. zsfd. Seiler u. Wannenmacher (1985). Zunehmend wird Wortbedeutung im Rahmen komplexerer Wissensstrukturen analysiert – der Aufsatztitel »Aggregate von Komponenten o. idiosynkrat. Minitheorien« kennzeichnet schlagwortartig diese alternative Sicht; vgl. Seiler u. Wannenmacher (1985).

Darstellung als geordnete Menge (mit expliziter Angabe der Merkmalsdimensionen):

WAL = (Wort: »Wal«, Obermenge: SÄUGETIER, Teilmenge: ZAHNWALE, TEILMENGE: BARTENWALE, ELEMENT: DELPHIN, Aussehen: FISCH, Lebensraum (physikalisch): WASSER, Lebensraum (geographisch): WELTMEERE, Feinde: MENSCHEN, INDUSTRIELLE ABFÄLLE)

Darstellung als Vektor (mit expliziter Angabe der Merkmalsdimensionen):

Wort:	»Wal«
Obermenge:	SÄUGETIER
Teilmenge:	ZAHNWALE
Teilmenge:	BARTENWALE
Element:	DELPHIN
Aussehen:	FISCH
Lebensraum (phys.):	WASSER
Lebensraum (geogr.):	WELTMEERE
Feind:	MENSCH
Feind:	INDUSTRIELLE ABFÄLLE

Darstellung als Matrix:

Merkmalsdimensionen:	:
Wort	: »Wal«
Obermenge	: SÄUGETIER
Teilmenge	: ZAHNWALE
Teilmenge	: BARTENWALE
Element	: DELPHIN
Aussehen	: FISCH
Lebensraum (phys.)	: WASSER
Lebensraum (geogr.)	: WELTMEERE
Feind	: MENSCH
Feind	: INDUSTRIELLE ABFÄLLE
	i-ter BEGRIFF

Abb. *Semantik 2*

VD: (1) *T*: Man spricht statt von s. M. auch von *semant. Markern, semant. Komponenten* o. *Attributen*; vgl. Meyer (1970); Sternberg (1977); Zimmer u. a. (1984); man spricht auch vom *komponentenanalyt.* Ansatz, wegen der Verwendung der Methode der Komponentenanalyse; oft wird vereinfachend von der *mengentheoret.* Theorie der Bedeutung gesprochen: Bedeutung als *Menge* von Merkmalen; äquivalent sind aber auch Darstellungen durch einen *Merkmalsvektor* o. durch *Merkmalsmatrizen.* Eine vergleichende Darstellung der verschiedenen formalen Repräsentationsformen bei Piekara (1988); daraus entnommen ist die Abb.

Semantik 2, die unterschiedl. merkmalstheoret. Darstellungsformen des Wissenskomplexes darstellt, der im Stw. → semantische Netzwerke Bezug nehmend auf die Abb. *Semantik 9b* formuliert worden ist (Text über die Wale).

(2) Das Kzpt. des s. M. beinhaltet bei genauer Differenzierung folgende weitere Annahmen: (a) Die Bedeutungselemente lassen sich nicht mehr weiter auflösen: sie werden als eine Art Bedeutungsatome o. primitive Bedeutungswurzeln (*Primitiva*) verstanden, durch deren vielfältige Kombination alle mögl. Bedeutungen konstituiert werden. Für manche Theoretiker, wie z. B. J. Fodor (1975), werden diese Bedeutungsatome nicht erworben, sondern sind angeboren. (b) Die Bedeutungselemente sind entwicklungsinvariant: Wenn sich die Bedeutung eines Wortes ändert, so ändert sich nicht die Bedeutung der Komponenten, sondern es treten neue andere Bedeutungskomponenten hinzu o. fallen weg. (c) Bei der Entstehung u. Entwicklung von Wortbedeutungen werden die definierenden Bedeutungskomponenten nach u. nach mit dem betreffenden Wort verbunden; erst wenn alle eine kollektiv sanktionierte Bedeutung konstituierenden Komponenten von einem Kind mit dem betreffenden Wort verknüpft werden, realisiert es die volle Bedeutung dieses Wortes, ansonsten wird es das Wort überdehnen o. unterdehnen; es tritt häufig eine → *Übergeneralisation* auf. (d) S. M. werden in der Regel *bipolar* konzipiert. Einer der beiden Merkmalspole wird dabei als *markiert*, der andere als *unmarkiert* bezeichnet. Mit unmarkierten Formen wird die Dimension ausgedrückt, auf die sich das bipolare Wortpaar bezieht; z. B. die *Höhe* (nicht: *Tiefe*) eines Berges, die *Größe* (nicht: *Kleinheit*) einer Person. Entwicklungsps. soll der Erwerbsprozess von *markierten* zu *unmarkierten* Ausdrücken führen. Zur empir. Beweislage vgl. Atkinson (1982). Problemhistor. Aspekte des Kzpts. der *Markiertheit* im Rahmen der Entwicklung der Kognitionswissenschaft referiert Gardner (1989). (e) Clark (1973) nimmt zusätzl. an, dass von jedem Wort zuerst die allgemeineren Komponenten erworben werden u. erst danach die weniger allgemeinen, die die betreffende Kategorie von anderen verwandten Kategorien abgrenzen; vgl. zsfd. Seiler (1985).

(3) Eine spezielle Form einer Merkmalstheorie ist das *Merkmalsvergleichsmodell* von Smith u. a. (1974; vgl. Hussy 1984), das versucht, einige Implikationen des Prototypenansatzes merkmalstheoret. zu integrieren, u. das somit gleichzeitig Reichweite wie Problematik der Merkmalstheorie verdeutlicht. Nach diesem Modell wird im Unterschied zu den klass. → semantischen Netzwerktheorien, die durch das Prinzip der *semant. Ökonomie* gekennzeichnet sind, jeder Begriff u. jedes Exemplar eines Begriffs zusammen mit allen Merkmalen gespeichert. Es wird zw. *definierenden* Merkmalen, die für das Kzpt. obligat sind, u. *charakterist.* Merkmalen, die für das Kzpt. zwar nicht obligat, aber dennoch kennzeichnend sind, unterschieden. (Für das Kzpt. »Kanarienvogel« wäre z. B. seine gelbe Farbe ein *definierendes* Merkmal, die Tatsache, dass er ein Haustier ist, ist ein *charakterist.* Merkmal). Als *definierende* Merkmale des Begriffs »Vogel« werden z. B. »hat Flügel« u. »hat Federn« gesehen, während »nistet in den Bäumen« u. »kann singen« für Vögel *charakterist.* ist, ohne notwendigerweise *definierend* zu sein. Die definierenden Merkmale bestimmen die Zugehörigkeit eines Objekts zu einem Begriff, charakterist. Merkmale geben Aufschluss über die semant. Distanz von typ. Vertretern des Begriffs. Nach Smith u. a. handelt es sich um ein typ. Exemplar des Begriffs, wenn definierende u. charakterist. Merkmale vorhanden sind. Zur Analyse von Klassifikationsleistungen schlagen die Autoren ein zweistufiges Vergleichsmodell vor: In der ersten Phase werden definierende u. charakterist. Merkmale eines Exemplars mit denen eines Begriffs verglichen, woraus ein *Ähnlichkeitsindex* resultiert, dessen zugrunde liegende Skala zwei krit. Werte besitzt: ist X größer als der obere krit. Wert, so ist Begriffszugehörigkeit gegeben, ist X kleiner als der untere krit. Wert, so wird die Zugehörigkeit verneint. Die zweite Beurteilungsphase wird benötigt, wenn X zw. den beiden krit. Werten liegt. Dann werden nur die definierenden Merkmale verglichen u. das Ausmaß an Übereinstimmung bzw. Nicht-Übereinstimmung entscheidet endgültig. So resultieren auch aus dem Vergleich von sehr unähnl. Objekten schnelle Falsifikationszeiten (z. B. bei Aussagen wie:

»Ein Wal ist ein Haus«), während abnehmende Unähnlichkeit (zunehmende Ähnlichkeit) den Vergleichsprozess verlängert (z. B. bei: »Ein Wal ist ein Fisch«) Im ersten Fall wird bereits auf der ersten Stufe falsifiziert (keine gemeinsamen Merkmale), während im zweiten Fall (einige gemeinsame charakterist. Merkmale) die Nein-Antwort erst auf der Basis des Vergleichs der *definierenden* Merkmale fällt; vgl. hierzu Hussy (1984) u. Bredenkamp u. Wippich (1977). Dieses Modell lässt sich bezügl. der → Satzverifikationsaufgaben mit den Erkenntnissen der Prototypenforschung integrieren. So postuliert es eine schnellere Ja-Antwort für prototyp. Exemplare, da bereits die erste Vergleichsstufe zur Entscheidungsfindung ausreicht, während der notwendige Vergleich auf der Ebene der definierenden Merkmale bei weniger typ. Begriffsvertretern die Verifikationszeit verlängert; für weitere experimentelle Befunde vgl. Hussy (1984).

◆ Abraham, W. u. Binnick, R. I. (Hg.): Generative Semantik. Frankfurt/M. 1974; Anglin, J. M.: Word, object and conceptual development. New York 1977; Atkinson, M.: Explanation in the study of child language development. Cambridge 1982; Barrett, M. D.: Distinguishing between prototypes: the early acquisition of the meaning of object names. In: Kuczaj, S. (Hg.): Language development: Syntax and semantics. 2 Bde., Hillsdale 1982 S. 313–334; Bierwisch, M.: Some semantic universals of German adjectivals. Foundations of Language 3, 1967, S. 1–36; Bierwisch, M.: Strukturelle Semantik. In: Deutsch als Fremdsprache 6, 1969, S. 67ff.; Bierwisch, M.: Semantics. In: Lyons, J. (Hg.): New horizons in linguistic. Baltimore 1970, S. 161–185; Bowerman, M.: Systematizing semantic knowledge: Changes over time in the child's organization of meaning. CD 49, 1978, S. 977- 987; Bowerman, M.: The acquisition of word meaning: Investigation into some current conflicts. In: Waterson, N. u. Snow, C. (Hg.): The development of communication. Chichester 1978; Bredenkamp, J. u. Wippich, W.: Lern- u. Gedächtnisps., 2. Bd. Stuttgart 1977; Bussmann, H.: Lexikon der Sprachwissenschaft. Stuttgart 1990; Carey, S.: Semantic development: The state of the art. In: Wanner, E. u. Gleitman, L. R. (Hg.): Language acquisition: The state of the art. Cambridge 1982; Clark, E. V.: What's in a word? On the child's acquisition of semantics in its first language. In: Moore, T. E. (Hg.): Cognitive development and the acquisition of language. New York 1973; Clark, H. H.: Word associations and linguistic theory. In: Lyons, J. (Hg.): New horizons in linguistics. Harmondsworth 1970, S. 271–286; Deese, J.: Psycholinguistics. Boston 1970; Engelkamp, J.: Semant. Struktur u. Verarbeitung von Sätzen. Bern 1973; Engelkamp, J.: Psycholinguistic. München 1974; Fodor, J. A.: The language of thought. New York 1975; Gardner, M.: Dem Denken auf der Spur. Stuttgart 1989; Gentner, D.: Der experimentelle Nachweis der ps. Realität semant. Komponenten: Die Verben des Besitzes. In: Norman, D. A. u. Rumelhart, D. E. u. LNR-Forschungsgruppe: Strukturen des Wissens. Stuttgart 1978, S. 213–247; Gentner, D.: Evidence for the psychological reality of semantic components: The verbs of possession. In: Norman u. Rumelhart (1978); Greenberg, J. u. Kuczaj, S. A.: Towards a theory of substantive word meaning and acquisition. In: Kuczaj, S. A. (Hg.): Language development: Syntax and semantics. Hillsdale 1982; Grimm, H. u. Engelamp, J.: Sprachps. Berlin 1981; Hörmann, H.: Meinen u. Verstehen. Frankfurt/M. 1978; Holland, J. D.: Features and semantic memory: set theoretic or network model? PR 82, 1975, S. 154–155; Hussy, W.: Denkps., 1. Bd. Stuttgart 1984; Katz, J. J. u. Fodor, J. A.: The structure of a semantic theory. Language 39, 1963, S. 170–210; Kintsch, W.: The representation of meaning in memory. Hillsdale 1974; Konerding, U. u. Wender, K. F.: Experimentelle Belege gegen die ps. Realität semant. Komponenten. In: Seiler u. Wannenmacher (1985) S. 132–142; Kühlwein, W.: Die Komponentenanalyse in der Semantik. Linguistik 96, 1973, S. 33–55; Mervis, C. B.: Category structure and the development of categorization. In: Spiro, R. u. a. (Hg.): Theoretical issues in reading comprehension. Hillsdale 1980, S. 297–307; Meyer, D. E.: On the representation and retrieval of stored semantic information. CP 1, 1970, S. 242–300; Michels, H.-P.: Informationsverarbeitung u. Künstl. Intelligenz. Frankfurt/M. 1991; Nelson, K.: Structure and strategy in learning to talk. MSRCD 38, Chicago 1973; Nelson, K.: Semantic development and the development of semantic memory. In: Nelson, K. E. (Hg.): Children's language, 1. Bd. New York 1978; Neumann, P. G.: An attribute frequency model for the abstraction of prototypes. MuC 2, 1974, S. 241–248; Osherson, D. N. u. Smith, E. E.: On the adequacy of prototype theory as a theory of concepts. C 9, 1981, S. 35–58; Palermo, D. S.: Semantics and language acquisition: some theoretical considerations. In: Campbell, R. N. u. Smith, P. T. (Hg.): Recent advances in the psychology of language. New York 1978; Palermo, D. S.: Ein Blick in die Zukunft: Theorie u. Forschung der sprachl. u. kognitiven Entwicklung. In: Seiler u. Wannenmacher (1985) S. 231–253; Piekara, F. H.: Wie idiosynkrat. ist Wissen? Frankfurt/M. 1988; Rips, L. u. a.: Semantic distance and the verification of semantic relations. JVLVB 12, 1973, S. 1–20; Schaeffer, B.

u. Wolles, R.: Semantic similiarity and the comparison of word meanings. JExP 82, 1969, S. 343–346; Schaeffer, B. u. Wolles, R.: The comparison of word meanings. JExP 86, 1970, S. 144–152; Schank, R. C.: Conceptual dependency: a theory of natural language understanding. CP 3, 1972, S. 552–631; Schank, R. C.: Identification of conceptualizations underlying natural language. In: Schank, R. C. u. Colby, K. M. (Hg.): Computermodels of thought and language. San Francisco 1973; Seiler, T. B.: Sind Begriffe Aggregate von Komponenten o. idiosynkrat. Minitheorien? In: Seiler u. Wannenmacher (1985) S. 105–132; Seiler, T. B. u. Wannenmacher, W. (Hg.): Begriffs- u. Wortbedeutungsentwicklung. Berlin 1985; Smith, E. E. u. a.: Structures and processes in semantic memory. A featural model for semantic decisions. PR 81, 1974, S. 214–241; Smith, E. E. u. Medin, D. L.: Categories and concepts. Cambridge 1981; Steinberg, D. D.: Analyticity, amphigory and the semantic interpretation of sentences. JVLVB 9, 1970, S. 37–51; Sternberg, R. J.: Intelligence information processing, analogical reasoning: the componential analysis of human abilities. Hillsdale 1977; Wender, K. F. u. a. Modelle des menschl. Gedächtnisses. Stuttgart 1980; Zimmer, H. D. u. a.: Motor. Komponenten als partiell unabhängige Komponenten des Engramms verbaler Handlungsbeschreibungen. SuK 1, 1984, S. 70–85.

Semantisches Vergleichsexperiment → semantische Kategorisierungsaufgabe.

Semantische Verarbeitungsebene → Verarbeitungsebenen-Theorie.

Semantische Voraktivierung → Priming.

Semantische Zentralität → Prototyp.

Semiotische Funktion → genetische Epistemologie; → Vorstellungsbild.

Semi-thue-System → Produktionssysteme.

Sensation seeking → optimale Stimulation; → Neugier.

Sensible Phase → Prägung.

Sensitisierung → Sensitivierung.

Sensitivierung (auch *Sensitisierung*; engl. *sensitization*) das Gegenteil von → Habituation: hierbei erhöht bzw. verstärkt sich die durch einen Reiz ausgelöste Empfindung bzw. ein Vh. aufgrund wiederholter Reizung; z. B. konnte man durch wiederholte Reizung von bestimmten Hirnteilen – mit einer Reizstärke, die für sich genommen eigentlich unterschwellig ist – nach mehrmaliger Wiederholung epileptische Anfälle auslösen (sog. *kindling*, von engl. *anzünden* bzw. *Holz zum Anzünden*). Zu den physiolog. Grundlagen vgl. Sheperd (1993).

◆ Sheperd, G. M.: Neurobiologie. Berlin 1993.

Sensomotorik → Psychomotorik, → sensomotorisches Lernen, → Bewegung.

Sensomotorische Intelligenz → genetische Epistemologie.

Sensomotorische Regulationsebene → Handlungsebene; → Bewegung.

Sensomotorisches Lernen, das Lernen von → Bewegungen, ein Bereich des menschl. → Lernens, der deutl. von anderen Lernfähigkeiten abgegrenzt ist, was sich an der Tatsache zeigt, dass es isolierte Störungen des Bewegungslernens bei intakten sonstigen Gedächtnisformen gibt, es also zu einer Dissoziation von verbalem u. motor. Lernen kommen kann, was impliziert, dass es ein eigenes *motor. Gedächtnis* geben muss; vgl. Magill (1983). Nach Heuer (1983) geht es beim s. L. um folgende Grundparadigmen: (a) ein → Bewegungsprogramm muss entwickelt werden; (b) für eine gegebene Aufgabe muss das am ehesten geeignete Programm aufgefunden o. vorhandene Unterprogramme müssen zu einem neuen zusammengefügt werden; (c) spezielle Programmparameter müssen bei einem vorhandenen Bewegungsprogramm eingestellt werden. Eine andere Klassifikation ist: (a) Transformation der motor. Kommandos in Körperbewegungen (*Körpertransformationen*); (b) Transformation der Körper- in Werkzeugbewegungen (*Werkzeugtransformationen*); (c) Bewegungen, die exakt an die äußere räuml. Umwelt angepasst sind; Heuer spricht hier von »Vorlagen« als Oberbegriff für all diejenigen Einschränkungen, die unseren Bewegungen durch die Erfordernisse der Umwelt auferlegt sind. Ein wichtiges method. Paradigma, das diese Form des s. L. sozusagen in Reinform widerspiegelt, ist das → Tracking.

Der größte Teil des s. L. läßt sich als Aufbau komplexerer Bewegungsprogramme aus einfachen verstehen, auch die Plateaus einer typ. → Lernkurve sind darin begründet. Im Verlauf des s. L. verringert sich die Variabilität der Bewegungsabläufe, des Weiteren tritt eine Ökonomisierung der Bewegung auf u. die Bedeutung des → Bewegungsbewusstseins geht zurück: → Automatisierung. Zusätzl. nimmt die Spezifität der an der motor. Leistung beteiligten Strukturen zu, was sich an der Tatsache manifestiert, dass parallel laufende Tätigkeiten ohne → Interferenz ausgeführt werden können (→ Doppelaufgaben). Auch ein → Superdiagonaleffekt tritt auf. Im Unterschied zu den meisten andern Lernarten scheint es beim s. L. kaum zum Vergessen zu kommen: Bewegungen, die bis zu einem gewissen Ausmaß erworben wurden, scheinen fast nie wieder verlernt zu werden. Ein zentrales Forschungsproblem waren die Wirkungen der → *Bekanntheit der Lernresultate* auf die Lernprozesse. Zum Problem einer *krit. Lernphase* vgl. Singer (1985); vgl. auch Scott (1968). Ein wichtiges Teilproblem des s. L. ist das des → Transfers, wichtig ist insbes. der *bilaterale Transfer*; damit ist auch die Frage der Wirksamkeit des → mentalen Trainings impliziert, also des Transfers, der sich durch Ausführung einer Bewegung »im Geiste« ergibt; zum Überblick vgl. Magill (1989); Heuer (1983); Adams (1989).

TH: (a) Vhstheoret. Ansätze, die zunehmend als inadäquat gelten, versuchen, vor dem Hintergrund des klass. *Reflexketten-Modells*, auch das motor. Lernen *assoziationist.* zu analysieren: Bewegungslernen sei das Verketten einzelner Bewegungselemente, also im Wesentl. eine sequenziell u. nicht hierarch. organisierte Struktur; im deutschsprachigen sportwissenschaftl. Bereich haben Fetz (1969) u. Simons u. Krause (1977) eine Adaption solcher Ansätze für didakt. u. method. Zwecke versucht. (b) *Kybernet.* orientierte Ansätze gehen von einem regelungstheoret. Modell aus: Angeborene o. erlernte Bewegungsprogramme mit vorgegebenen Sollwerten werden durch einlaufende Feedback-Information über das Bewegungsergebnis entweder aktuell o. langfristig modifiziert. Im dt. Sprachraum ist im Sportbereich v. a. die Theorie von Ungerer (1977) bedeutsam geworden. (Für diese kybernet. Modelle, die Regelungs- u. Rückkopplungsprozesse zw. Motorik u. Sensorik hervorheben, wird bisweilen das Schlagwort *Sensomotorik* verwendet.)(c) Handlungstheoret. Ansätze im Sport (→ Handlungstheorien) implizieren ebenfalls zahlreiche kybernet. Aspekte, betonen jedoch v. a. kognitive, motivationale u. ökolog. Prozesse. Sie versuchen also in stärkerem Maße die Ganzheitlichkeit der Bewegung herauszuheben – für diesen Ansatz sind auch Bewegungen beim Sport eher als *Handlungen* zu verstehen; zum Überblick vgl. Nitsch (1982); vgl. zsfd. Leist (1982); ein Sammelband zu dieser »motor-action-controversy« ist Meijer u. Roth (1988). (d) Wichtige Ansätze stammen auch aus der Arbeitsps.; vgl. zum Überblick Zimmer (1990); Schmidt (1987); bedeutend geworden sind v. a. die Arbeiten von Welford (1983) u. Fitts u. Posner (1967). (e) Ein spezieller Ansatz, v. a. im sportheoret. u. hier speziell im sportdidakt. Bereich wichtig geworden, sind die *Phasentheorien* des s. L.; Grundidee ist meist ein Dreieransatz, der davon ausgeht, dass in der ersten Lernphase eine *Grobkoordination* entwickelt wird, die in einer zweiten Phase zu einer *Feinkoordination* hin verbessert wird; in der dritten Phase treten gleichzeitig eine *Stabilisierung* u. die Fähigkeit zu einer *variablen Modulation* auf; wichtige solcher Stufenmodelle sind: Fetz (1972); Kohl (1956); Meinel (1960); Meinel u. Schnabel (1976); vgl. zsfd. Ungerer (1972); krit.: Willimczik u. Roth (1983); zu Modellen aus dem amerikan. Bereich vgl. Cratty (1966); Fitts u. Posner (1967).

HI/T: *S. L.* ist kein Teilgebiet der traditionellen Lern- u. Gedächtnisps., es entstammt mehr der Tradition einer angewandten Ps.; Fragen des Bewegungslernens wurden lange Zeit in erster Linie mit dem Ziel einer schnellen Lösung prakt. Probleme untersucht, ein Ansatz, der manchmal als *ergebnisorientiert* bezeichnet wird; terminolog. werden diese Prozesse im Gegensatz zu s. L. meist mit *Üben* bezeichnet (vgl. hierzu Rüssel 1976, Heuer 1983); zu neueren Ansätzen u. Ergebnissen vgl. Holding (1965); Schmidt (1987); Volpert (1981). Dieser eher pragmat. orientierte Ansatz hat nur lose Verbindungen zur ps. Grundlagenforschung. Seit Mitte der 60er Jahre entwickelt sich ein bisweilen als *prozessorientiert* bezeichneter Zugang, der sich auch terminolog. dadurch kennzeichnen lässt, dass das Kzpt. des *Bewegungslernen* bzw. des *motor. Lernens* (engl. *motor learning*) zunehmend durch den Begriff der *sensomotor. Fähigkeitsaneignung* (engl. *skill acquisition*) ersetzt wird – eine terminolog. Änderung, die die Überzeugung widerspiegelt, dass das Bewegungslernen besser durch eine Analyse der regulativen Prozesse des Bewegens verstanden werden kann als durch die Erforschung empir. Verallgemeinerungen; vgl. hierzu auch Semjen (1978) u. Heuer (1983). Innerhalb der russ. Ps. gibt es schon lange eine Theorientradition über die Aneignung von Fertigkeiten; zu nennen ist v. a. Galperings *Aneignungstheorie*; vgl. Galpering (1973); eine zsfd. Darstellung der russ. Theorien ist Mannhaupt (1992).

LIT: Zum Überblick vgl. zsfd. Singer (1985); MaGill (1989); Schmidt (1988); einen Überblick über neuere Befunde zum Problem der Rückmeldung motor. Lernprozesse vermittelt Wulf (1992); zur Frage, ob beim motor. Lernen konstante o. variable Übungsbedingungen effektiver sind, vgl. Roth (1990); zum Problem Ganzlernmethode vs. Teillernmethode auf dem Gebiet s. L. vgl. Chamberlin u. Lee (1993); einen Überblicksaufsatz hinsichtl. ps. Aspekte des Techniktrainings geben Haase u. Hänsel (1996).

◆ Adams, J. A.: A closed-loop-theory of motor learning. JMB 3, 1971, S. 111–150; Adams, J. A. u. Schmidt, R. A.: A schema theory of discrete motor skill learning. PR 82, 1975, S. 225–260; Adams, J. A.: Lernen, Behalten u. Transfer von menschl. motor. Fertigkeiten. In: Kaul, P. u. Zimmermann, K. W. (Hg.): Psychomotorik in Theorie u. Praxis, 1. Bd. Kassel 1989; Anochin, P. K.: Das funktionelle System als Grundlage der physiolog. Architektur des Vhs.-Aktes. Jena 1967; Bilodeau, E. A. u. Bilodeau, I. M.: Motor-skills learning. ARP 12, 1961, S. 243–280; Bruner, J.: The growth and structure of skill. In: Conoly, K. J. (Hg.): Mechanisms of motor skill development. London 1970, S. 63–92; Chamberlin, C. u. Lee, T. D.: Arranging practice conditions and designing instructions. In: Singer, R. N. u. a. (Hg.): Handbook of Research of Sport Psychology. New York 1993, S. 213–241; Cratty, B. J.: A three-factor level theory of perceptual-motor behaviour. Quest 6, 1966, S. 3–10; Cratty, B. J.: Motor. Lernen u. Bewegungsvh. Frankfurt/M. 1975; Dijkstra, S.: Short-term memory for motor responses. JExP 41, 1976, S. 314–318; Fetz, F.: Programmiertes Lernen u. method. Übungsreihen. Leibeserziehung 6, 1969, S. 192–196; Fetz, F.: Bewegungslehre der Leibesübung. Frankfurt/M. 1972; Fitts, P. M. u. Posner, M. I.: Human performance. Belmont, Calif. 1967; Galperin, P. J.: Die Ps. des Denkens u. die Lehre von der etappenweisen Ausbildung geistiger Handlungen. In: Budilowa, J. A. u. a.: Denken in der sowjet. Ps. Berlin 1973, S. 81–119; Galperin, P. J.: Zu Grundfragen der Ps. Köln 1980; Heuer, H.: Bewegungslernen. Berlin 1983; Haase, H. u. Hänsel, F.: Ps. Aspekte des Techniktrainings. Leistungssport Mai 1996, S. 47–51; Hinde, R. A.: Control of movement patterns in animals. QJEP 21, 1969, S. 105–126; Holding, D. H.: Principles of training. Oxford 1965; Kohl, K.: Zum Problem der Sensumotorik. Frankfurt/M. 1956; Leist, K.-H.: Motor. Lernen im Sport. In: Thomas, A. (Hg.): Sportps. München 1982, S. 71–91; Magill, R. A.: Memory and control of action. Amsterdam 1983; Magill, R. A.: Motor learning: concepts and applications. Dubuque, Iowa 1989; Mannhaupt, G.: Strateg. Lernen. Heidelberg 1992; Meijer,

O. G. u. ROTH, K. (Hg.): Complex movement behaviour. The motor action controversy. Amsterdam 1988; MEINEL, K.: Bewegungslehre. Berlin (Ost) 1960; MEINEL, K. u. SCHNABEL, G. (Hg.): Bewegungslehre. Berlin (Ost) 1976; NITSCH, J. R.: Handlungsps. Ansätze im Sport. In: THOMAS, A. (Hg.): Sportps. München 1982, S. 36–42; ROTH, K.: Strukturanalyse koordinativer Fähigkeiten. Bad Homburg 1982; ROTH, K.: Motor. Lernen u. Übungsvariabilität. SPP Nov. 1990, S. 27–30; RÜSSEL, A.: Psychomotorik. Darmstadt 1976; SCHMIDT, K. H.: Ps. Grundlagen sensomotor. Arbeitstätigkeiten. In: KLEINBECK, U. u. RUTENFRANZ, J. (Hg.): Arbeitsps. EP, D, III, 1. Bd. Göttingen 1987, S. 260–304; SCHMIDT, R. A.: A schema theory of discrete motor skill learning. PR 82, 1975, S. 225–260; SCHMIDT, R. A.: Motor control and learning. Champaign 1988; SCOTT, J. P.: Early experience and the organization of behaviour. Belmond, Calif. 1968; SEMJEN, A.: From motor learning to sensorymotor skill acquisition. JHMS 3, 1978, S. 182–191; SIMONS, D. u. KRAUSE, R.: Skinners Beitrag zum motor. Lernen. In: Sportwissenschaft 3, 1977, S. 260–271; SINGER, R. N.: Motor. Lernen u. menschl. Leistung. Bad Homburg 1985; UNGERER, D.: Zur Theorie des motor. Lernens. In: KOCH u. a. (Hg.): Motor. Lernen – Üben Trainieren. Schorndorf 1972, S. 10–42; UNGERER, D.: Zur Theorie des sensomotor. Lernens. Schorndorf 1977 (3. Aufl.); VOLPERT, W.: Sensomotor. Lernen. Zur Theorie des Trainings in Industrie u. Sport. Frankfurt/M. 1981 (3. Aufl.); WELFORD, A. T.: Fertigkeiten u. Leistung. Bern 1981; WILLIMCZIK, K. u. ROTH, K.: Bewegungslehre. Reinbek 1983; WULF, G.: Neuere Befunde zur Effektivierung des Bewegungslernens. SPP 1, 1992, S. 12–17; ZIMMER, A. C.: Der Erwerb komplexer motor. Fertigkeiten. In: HOYOS, C. GRAF u. ZIMOLONG, B. (Hg.): Ingenieurps. EP, D, III, 2. Bd. Göttingen 1990, S. 148–178.

Sensorische Adaptation → Adaptation.

Sensorische Deprivation, die Reduktion bzw. völlige Ausschaltung der Reizung der Sinnesorgane; nach einem Vorschlag von Kubzansky (1961) wird bisweilen folgendermaßen differenziert: (a) i. e. S. meint *s. D.* eine möglichst weitgehende Reduktion der Intensität von Reizen; (b) *perzeptive D.* meint eine Reduktion o. Eliminierung des Sinngehaltes von Reizen bei normaler o. herabgesetzter Intensität. Ersteres wird v. a. durch die Verwendung eines schalltoten u. dunklen Raumes erzeugt, auch durch Wassertanks, in denen die Vp im Wasser »schwebt«. Perzeptive D. wurde in den klass. Untersuchungen dadurch realisiert, dass die Vp auf einem bequemen Bett in einer schallgedämpften klimatisierten Kammer liegt, mit einer durchscheinenden Augenbinde, die nur diffuse Helligkeit durchlässt, mit Lautsprechern auf den Ohren, die ein Zufallsgemisch von hörbaren Frequenzen abstrahlen, wodurch andere Geräusche maskiert werden; des Weiteren trägt die Vp Kartonröhren um die Unterarme zur Verringerung der taktilen Selbststimulation. Unter entwicklungsps. Aspekt verhindert s. D. die normale Ausreifung der → Wahrnehmung: Katzen, die in einer Umgebung großgezogen werden, in der nur vertikale Striche vorhanden sind, sind für solche bes. empfängl. (Phänomen der umgebungsinduzierten Spezialisierung von Zellen des visuellen Cortex), dagegen ist die Wahrnehmung horizontaler Striche stark beeinträchtigt. Es wurde auch eine Verschlechterung der Formdiskrimination als Folge einer Beeinträchtigung der freien → visuomotorischen Koordinationen festgestellt (opt. Abschirmung der Extremitäten); vgl. hierzu Held (1968) u. Riesen (1975). Es besteht bei solchen Versuchen aber das Problem, dass das Wahrnehmungssystem während der Deprivationszeit geschädigt wird u. damit das Fehlen einer Leistungsfähigkeit nicht eindeutig auf die s. D. zurückgeführt werden kann. Als Beginn der experimentellen Untersuchungen zur s. D. gelten die Arbeiten, die ab 1951 im ps. Laboratorium der McGill-Universität Montreal durchgeführt wurden (Heron u. a. 1953).

LIT: Eine detaillierte Zusammenfassung der ersten 15 Jahre der Forschung findet sich bei Zubek (1969), fortgesetzt durch die Arbeit von Suedfeld (1980); zu patholog. u. religionsps. Aspekten vgl. Dittrich u. Sharfetter (1987); über Fälle von Menschen, die im Rahmen ihrer berufl. Tätigkeit o. von Unfällen o. Haftsituationen in Zustände extremer s. D. geraten sind, vgl. Grassian u. Friedman (1986); Solomon (1961); über den Zusammenhang von s. D. mit psychot. Störungen vgl. Gross u. a. (1972); Kempe u. Gross (1980); zu Forschungen, die die Wirkung »eingeschränkter« u. »angeregter« Umwelt u. ihren Einfluss auf die Entwicklung demonstrieren, vgl. Rosenzweig u. Bennett (1977); klass. Untersuchungen zur sozialen Deprivation sind Harlow u. Harlow (1962) u. Riesen (1950); zu den neurophysiolog. Grundlagen vgl. Kandel u. a. (1996); vgl. auch → Bindungsverhalten.

◆ Dittrich, A. u. Scharfetter, C. (Hg.): Ethnopsychotherapie. Stuttgart 1987; Grassian, S. u. Friedman, N.: Effects of sensory deprivation in psychiatric seclusion and solitary confinement. Int. J. Law and Psychiatry 8, 1986, S. 49–65; Gross, J. u. a.: Wahn bei sensor. Deprivation u. Isolation. In: Schulte, W. u. Toelle, R. (Hg.): Wahn. Stuttgart 1972; Harlow, H. F. u. Harlow, M. K.: Social deprivation in monkeys. SA 107, 1962, S. 136–146; Held, F.: Dissociation of visual functions by deprivation and rearrangement. PF 31, 1968, S. 338–348; Heron, W. u. a.: Cognitive effects of a decreased variation in the sensory environment. AmP 8, 1953, S. 366ff.; Hubel, D. H. u. Wiesel, T.: Receptive fields, binocular interaction and functional architecture in the visual cortex. J. Physiol. 160, 1962, S. 106–154; Kandel, E. R. u. a. (Hg.): Neurowissenschaften. Heidelberg 1996; Kempe, P. u. Gross, J.: Deprivationsforschung u. Psychotherapie. In: Kisker, K. P. u. a. (Hg.): Psychiatrie der Gegenwart, 1. Bd./2. Berlin 1980; Kubzansky, P. E.: The effects of reduced environmental stimulation on human behaviour: a review. In: Biderman, A. D. u. Zimmer, H. (Hg.): The manipulation of human behaviour. New York 1961, S. 951–995; Ort, F.: Diseases of the nervous system in infantile childhood and adolescence. Illinois 1973; Riesen, A. H.: Arrested vision. SA 183, 1950, S. 16–19; Riesen, A. H. (Hg.): The developmental neuropsychology of sensory deprivation. New York 1975; Rosenzweig, M. J. u. Bennett, E. L.: Effects on environmental enrichment or improvement on learning and on brain values in rodents. In: Oliverio, A. (Hg.): Genetics, environment and intelligence. New York 1977; Solomon, D.: Sensory deprivation. New York 1961; Suedfeld, P.: Restricted environmental stimulation research and clinical applications. New York 1980; Zubek, J. B. (Hg.): Sensory deprivation: fifteen years of research. New York 1969.

Sensorische Entscheidungstheorie → Signalentdeckungstheorie.

Sensorische Präkonditionierung → sensorische Vorkonditionierung.

Sensorische Puffer → sensorische Register.

Sensorische Reaktion → Reaktionszeit.

Sensorische Reaktionszeit → Reaktionszeit.

Sensorische Register [auch *sensor. Speicher, sensor. Puffer*], innerhalb der meisten → Mehrspeichertheorien postulierte *Ultrakurzzeitgedächtnisse*, die Informationen in einer *prälinguist.* u. evtl. *präkategorialen* Form, also noch ohne wesentl. kognitive Strukturierung, sozusagen »roh«, kurzfristig speichern, wodurch diese Informationen erst verfügbar gemacht werden für die – Zeit benötigenden – weiteren Verarbeitungsprozesse im → Kurzzeitgedächtnis. Diese Speicher sollen *präattentiv* sein, also Wahrnehmungsprozesse beinhalten, die nicht der bewussten Aufmerksamkeitszuwendung bedürfen. Die s. R. haben meist eine bedeutend höhere Speicherkapazität als das Kurzzeitgedächtnis, aber eine hohe Zerfallsrate. Während in den Mehrspeichertheorien die s. R. v. a. eine sozusagen log. notwendige Instanz waren, wurden die darin implizierten Phänomene u. Probleme erst in den Kzptn. des → ikonischen u. des → echoischen Gedächtnisses zum wissenschaftl. Paradigma. Zur Interaktion dieser s. R. bzw. dieses Ultrakurzzeitgedächtnisses, mit dem eigentl. Kurzzeitgedächtnis, s. die Stw. → Erkennen; → Mustererkennung; → Aufmerksamkeit; → sensorisches Gedächtnis.

KR: Neisser selbst, der 1967 die Terminologie *echoisches* u. *ikonisches* Gedächtnis eingeführt hat, distanziert sich später von diesem Kzpt. (Neisser 1983); die Forschungsergebnisse sieht er als Artefakte an, es seien eher Reaktionen geschickter Individuen in ungewöhnl. Situationen als reliable u. valide Forschungseffekte.

◆ NEISSER, U.: Kognitive Ps. Stuttgart 1974 (Orig.: 1967); BREDENKAMP, J. u. WIPPICH, W.: Lern- u. Gedächtnisps., 2. Bd. Stuttgart 1977; NEISSER, U.: The rise and fall of the sensory register. BBS 6, 1983, S. 35ff.

Sensorische Selektion → Filtertheorie.

Sensorisches Gedächtnis, (a) i. a. S. jede *(sinnes-) modalitätsspezif.* kodierte Speicherungsform, also v. a. ein → auditives u. ein → visuelles Gedächtnis; (b) i. e. S. das, was innerhalb der → Mehrspeichertheorien des Gedächtnisses meist als → *sensorische Register* bezeichnet wird, näml. *Ultrakurzzeitgedächtnisse*; s. hierzu → ikonisches Gedächtnis; → echoisches Gedächtnis.

In der Geschichte der Gedächtnisps. sind die sensor. Komponenten des Gedächtnisses, also die Aspekte, die *modalitätsspezif.* genannt werden (die noch Merkmale des Sinnesgebietes besitzen, in dem sie aufgenommen worden sind), lange Zeit nicht in Gedächtnistheorien des main streams der akadem. Forschung integriert gewesen. Zwar gab es innerhalb der Gedächtnisps. schon immer empir. Einzeluntersuchungen des Gedächtnisses für Töne, Bilder o. von Spezialgedächtnissen wie dem Namensgedächtnis o. dem Zahlengedächtnis, dies war jedoch ein Strang, der in gewissem Sinne parallel zum Hauptstrang der Gedächtnisforschung lief, u. innerhalb dieses Hauptstrangs war die Forschung weitgehend »formal« orientiert: Gedächtnis wurde als ein sozusagen abstrakter Speicher gesehen u. es wurden v. a. »formale« Prozesse untersucht, wie Gedächtnisspanne, Faktoren des Übens o. auch der Interferenz (jedenfalls wurden diese Prozesse unter einem weitgehend formalen Aspekt untersucht). Die innerhalb der modernen Neurops. existierende Leitvorstellung, dass das Gehirn aus *Modulen* besteht, die für recht spezif. Aufgaben bereitstehen u. demgem. auch in stärkerem Maße funktional an Sinnesgebiete gekoppelt sind, gewann erst seit den 80er Jahren in der Gedächtnisps. an Bedeutung. Einem solchen Ansatz zufolge ist z. B. die Idee eines *allg.* Kurzzeitgedächtnisses obsolet das, was gemeinhin als *Gedächtnisspanne* analysiert wird, wird dann z. B. als Ausdruck eines im Gehirn bereitliegenden Sprachwahrnehmungsmoduls gedeutet, u. die Gedächtnisspanne wäre auch nicht Ausdruck einer bestimmten Anzahl von »Schubladen« eines allg. Gedächtnisses, sondern definiert durch die Kapazität sprachverarbeitender Prozesse, wäre also z. B. sinnvoller durch die Anzahl von Phonemen o. Worten definiert als durch eine abstrakte Maßeinheit wie z. B. das Chunk-Konzept. Auch das Kzpt. des → Arbeitsgedächtnisses von Baddeley u. die darin implizierte Vorstellung einer → artikulatorischen Schleife gehen in diese Richtung. Der erste wesentl. »Einbruch« sensor. Aspekte in die akadem. Gedächtnisps. kam demgem. auch von »außen«, von der Wahrnehmungsps., es waren die Kzpte. des *ikon.* u. des *echoischen* Gedächtnisses. Erst die Entwicklung einer kognitiven Ps. führte dazu, dass in den nächsten Jahrzehnten sich zunehmend ein *multimodaler* Ansatz ausgebildet hat, der nicht abstrakt von *dem* Gedächtnis spricht, sondern visuelle, auditive, verbal-sensor. u. abstrakt-semant. Repräsentationen berücksichtigt; vgl. z. B. Nelson (1979); Snodgrass (1984); im dt. Sprachraum vgl. Wippich (1980) u. die wichtige Arbeit von J. Engelkamp (1990).

◆ ENGELKAMP, J.: Das menschl. Gedächtnis. Göttingen 1990; NELSON, D. L.: Remembering pictures and words: Appearance, significance, and name. In: CERMAK, L, S. u. Craik, F. I. M. (Hg.): Levels of processing in human memory. Hillsdale 1979; SNODGRASS, J. G.: Concepts and their surface representation. JVLVB 23, 1984, S. 3–22; WIPPICH, W.: Bildhaftigkeit u. Organisation. Darmstadt 1980.

Sensorische Speicher → sensorische Register.

Sensorische Verarbeitungsebene → Verarbeitungsebenen-Theorie.

Sensorische Vorkonditionierung [auch *sensor. Präkonditionierung*; *assoziative Konditionierung*], eine bes. Form der → klassischen Konditionierung: Zwei o. mehrere verschiedene konditionale Reize werden gemeinsam dargeboten, ohne dass ein unbedingter Auslöser folgt; dann wird auf eines der Vorsignale eine bedingte Reaktion ausgebildet, u. es zeigt sich, dass dann auch das andere Vorsignal die Fähigkeit besitzt, die konditionierte Reaktion auszulösen – obgleich Signal u. Reaktion niemals paarweise aufgetreten sind. Bei der s. V. wird also eine Assoziation der sensor. Qualitäten zweier Reize gelernt, jedoch bleibt das Gelernte zunächst latent; diese latente Assoziation wird durch die Neubewertung des zweiten Reizes offensichtl., der zum prädiktiven Signal geworden ist. Die s. V. ist also ein weiterer Fall von Lernexperimenten, die eine kognitive Interpretation erfordern, ähnl. wie → Blockierung; → overshadowing; → Konditionierung zweiter Ordnung; → Pseudokonditionierung. Der Effekt wurde erstmals von Brogden (1939) beschrieben.

VD: (1) Auf den erste Blick scheint die s. P. der → Konditionierung zweiter Ordnung zu gleichen, es gibt jedoch einen Unterschied: bei Letzterer wird ein zweiter neutraler Reiz zum Signal für einen konditionierten Reiz, wodurch er die konditionierte Reaktion auslösen kann; der Effekt der s. V. ist schwächer, zeigt aber immer noch, dass sensor. Reize miteinander assoziiert werden können, bevor einer von ihnen zum Prädiktor wird.

(2) Für den Erfolg der s. V. ist wichtig, auf welche Art die beiden präkonditionalen Reize vorgegeben werden; wird von der gleichzeitigen Vorgabe abgegangen, hängt der Effekt von der Reihenfolge der Darbietung ab; vgl. zum Überblick Foppa (1975).

(3) Unter *Präextinktion* ist Folgendes zu verstehen: nach den Kopplungsdarbietungen wird entweder nur ein Kopplungsreiz isoliert dargeboten o. beide Reize in umgekehrter Reihenfolge dargeboten; damit soll die assoziative Verknüpfung der beiden Stimuli aufgehoben werden; erst nach diesen Versuchen beginnt das eigentl. Konditionierungsexperiment.

◆ Brogden, W. J.: Sensory preconditioning. JExP 25, 1939, S. 323–332; Dickinson, A.: Contemporary animal learning theory. Cambridge 1980; Foppa, K.: Lernen, Gedächtnis, Vh. Köln 1975; Wait, K. u. Davey, G. C. L. (Hg.): Sensory pre-conditioning and UCS-inflation in human fear conditioning. BRT 27, 1989, S. 161–166.

Sensorisch-motorische Adaptation → Adaptation; → Prismenbrillenversuche.

Sensoristasis → optimale Stimulation.

Sensory latency → Wahrnehmung.

Sensory variation drive → Neugier.

Sensualismus [auch *Imagismus*], die Annahme, dass alle kognitiven Prozesse bildhaften Charakter haben, also durch → Vorstellungsbilder repräsentiert werden, eine Zentralannahme der klass. → Bewusstseinspsychologie; man spricht auch von einer *modalen Repräsentationstheorie* (weil sich die → mentale Repräsentation im *Modus* des jeweiligen Sinnesgebietes manifestiert). *S.* impliziert speziell auf dem Gebiet der Wahrnehmungsps. die Position, dass auch komplexe Wahrnehmungsprozesse wesentlich auf einfache Sinnesempfindungen zurückführbar seien. Eine wichtige sensualist. Theorie wurde auf dem Gebiet der → Raumwahrnehmung entwickelt.

In seiner Allgemeinheit scheint der S. widerlegt zu sein, v. a. durch die Untersuchungen der → Würzburger Schule, die zahlreiche nicht-bildhafte Denkprozesse herausgearbeitet hat: Ach postulierte die »Bewusstheit in der Beziehung«; Messer die »Bewusstseinslagen« der zeitl., kausalen u. der Mittel-Zweck-Beziehung, der log. Beziehung u. der Beziehung zw. Gedachtem u. der Aufgabe; Bühler spricht von unanschaul. u. nicht an Sprache gebundenen *Gedanken* als dem Kern von Problemlösungen. Die → genetische Epistemologie Piagets nimmt an, dass das kleine Kind in sensomotor. Medien u. das drei- bis sechsjährige Kind in anschaul. Bildern denkt, das darauf folgende Stadium des konkret-operator. Denkens wird jedoch nur zum Teil anschaul. konzipiert, die entscheidenden Strukturen sind amodal, was in noch stärkerem Maße für das formale Denken der Jugendlichen gilt. Piaget vertritt also, wie Wygotsky u. Bruner, ein duales Repräsentationsystem, das durch das sensomotor. bzw. enaktive → Repräsentationsmedium als drittes Element ergänzt wird. Eine Wiedergeburt der amodalen Denktheorien ergab sich durch die neueren Forschungen zum Vorstellungsbild u. im Rahmen der *Imagery-Debatte* (→ Vorstellungsbild), innerhalb deren v. a. Pylyshyn ein universelles Format für die Darstellung von Handlungs-, Sprach- u. Wahrnehmungsstrukturen postulierte, was zur Idee einer → propositionalen Wissensrepräsentation geführt hat, die für Pylyshyn das unitäre Speichersystem für das Wissen des Menschen ist.

◆ Herzog, W.: Modell u. Theorie in der Ps. Göttingen 1984; Mach, E.: Die Analyse der Empfindungen u. das Verhältnis des Phys. zum Psych. 1886; Marx, M. H. u. Hillix, W.: Systems and theories in psychology. New York 1963; Marx, M. H.: Theories in contemporary psychology. 1969; Pongratz, L. J.: Problemgeschichte der Ps. Bern 1967; Wehner, E. G.: Geschichte der Ps. Darmstadt 1990.

Sentiments → hormische Psychologie.

Sequenz-Effekte, das Phänomen, dass bei der Beurteilung mehrerer Reize die Beurteilung eines Reizes vom vorhergehenden abhängig ist, entweder in Form einer → Assimilation o. eines → Kontrasteffektes; vgl. zfsd. Ward u. Lockhead (1970); vgl. auch Jesteadt u. a. (1977); Haubensak (1992). So werden Lautstärken als um so größer beurteilt, je lauter der vorangehende Ton ist u. je leiser die weiter zurückliegenden Töne sind. S. sind zentrales Thema der → Bezugssystemtheorien.

◆ Haubensak, G.: Sequenzeffekte in absoluten Urteilen. In: Krüger, H. P. (Hg.): Experimentelle Beiträge zur Metrik des Psychischen. Otto Heller zum 65. Geburtstag. Würzburg 1991, S. 33 u. 40; Haubensak, G.: Sequenzeffekte in absoluten Urteilen? Kritisches zur Methode. ZEAP 39, 1992, S. 101–113; Jesteadt, W. u. a.: Sequential effects in judgment of loudness. JExP: HPP 3, 1977, S. 92–104; Ward, L. M. u. Lockhead, G. R.: Sequential effects and memory in category judgements. JExP: HPP 84, 1970, S. 27–34.

Sequenzielle Entscheidungen → mehrstufige Entscheidungen.

Sequenzielle Probeziffernaufgabe → Probeziffernaufgabe.

Sequenzielle Steuerung → serielle vs. hierarchische Steuerung.

Sequenzielle vs. hierarchische Steuerung → serielle vs. hierarchische Steuerung.

Sequenzierung → Sprachproduktion.

Sequenzwahrnehmung → Zeitwahrnehmung.

Serial recall → serielles Lernen; → Reproduktion.

Serielle Architektur → Informationsverarbeitungstheorien.

Serielle Durchmusterung → Gedächtnisabsuche.

Serielle Durchmusterung von Adressen → Gedächtnisabsuche.

Serielle Durchmusterung von Unterscheidungsdimensionen → Gedächtnisabsuche.

Serielle Informationsverarbeitung → parallele vs. serielle Informationsverarbeitung.

Serielle Positionseffekte → Serielle Positionskurve.

Serielle Positionskurve [auch *Reihen-Stellen-Phänomen(e)* bzw. *-effekt(e)*; *Stellenwertskurve*; *serielle Positionseffekt(e)*], beschreibt die beim → seriellen Lernen auftretenden gedächtnisps. → Reihenfolge-Effekte: (a) Der *Primäreffekt* (auch *Primacy-Effect*) besteht darin, dass die ersten Items einer Liste besser u. schneller als die mittleren Items gelernt werden. (b) Der *Rezenz-Effekt* (auch *Recency-Effekt*) besteht darin, dass auch die letzten Items der Reihe besser als die mittleren gelernt werden; d. h. also: Die meisten Fehler liegen in der Mitte, mit einer Häufung nach rechts. Die Abb. *Gedächtnis 3* zeigt den idealisierten Verlauf der s. P. bei Aufgaben mit freier Reproduktion: I stellt den Primacy-Anteil dar, III den Recency-Anteil; die waagrecht gestrichelte Linie stellt die Wiedergabewahrscheinlichkeit dar, die gegeben ist, wenn während des Lernens der letzten Begriffe eine Distraktortätigkeit gegeben ist, dann fällt näml. der Recency-Effekt weg (Anm. zu den Abb.: SM = *secondary memory* = *Langzeitgedächtnis*; PM = *primary memory* = *Kurzzeitgedächtnis*). Anderson (1988) verwendet die etwas allgemeineren Begriffe *Anfangs-* u. *Endverankerung*, um das Phänomen hervorzuheben, dass Vpn bei der Repräsentation linearer Ordnungen jeweils vom Beginn o. Ende der Reihe her Repräsentationen aufbauen bzw. einen Zugang zu einer aufgebauten Repräsentation finden. Der Recency-Effekt ist ein sehr beständiges Phänomen, das von den meisten Eigenarten der Wörter, aus denen die Listen bestehen, unbeeinflusst bleibt, während der Primacy-Effekt anfälliger ist. Der Recency-Effekt ist bei audititven Items stärker ausgeprägt als bei visuellen (→ Modalitätseffekt); vgl. Murdock (1967ff.). Jensen (1962) analysiert in einer empir. Untersuchung die typ. Reihenfolge-Strategien, mit der Vp Zahlen lernen.

TH: Die s. P. wird meist gedeutet als Ausdruck einer Speicherdichotomie → Kurzzeitgedächtnis vs. → Langzeitgedächtnis u. in Weiterführung dieser Per-

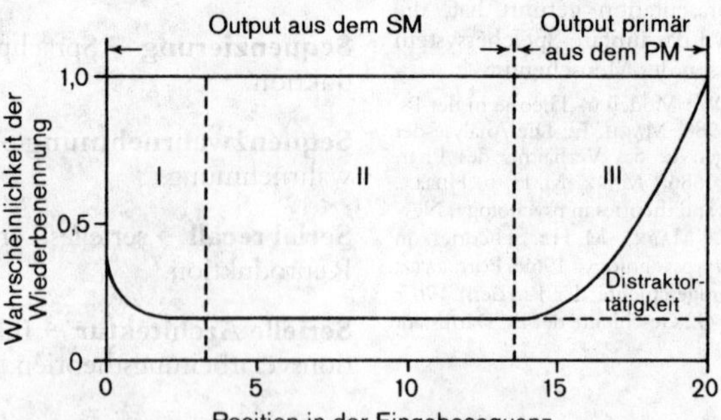

Abb. *Gedächtnis 3*

spektive als Ausdruck von Organisations- bzw. Kodierungsprozessen: Zuletzt dargebotene Items werden im Kurzzeitgedächtnis gehalten, die Items des Anfangs der Liste können durch die häufigere Möglichkeit des → Memorierens ins Langzeitgedächtnis übergeführt werden, so dass sich die Reproduktionswahrscheinlichkeit eines Items aus der Wahrscheinlichkeit ergibt, mit der es sich im Kurzzeit- u./o. Langzeitgedächtnis befindet; die ersten Items sind dabei bevorzugt, da sie auf ein noch leeres Kurzzeitgedächtnis treffen u. viel Bearbeitungskapazität erhalten. Wenn das Kurzzeitgedächtnis gefüllt ist, dann muss in das Langzeitgedächtnis übertragen o. vergessen werden; diejenigen Items, die nun in das Kurzzeitgedächtnis aufgenommen werden, erhalten nicht mehr soviel Verarbeitungskapazität wie die ersten, woraus sich eine schlechtere Abrufbasis mangels ausreichender Verarbeitung für diese Items ergibt – die gute Gedächtnisleistung für die Endposition wird also dadurch erklärt, dass sich diese Items bei unmittelbarer Testung noch im Kurzzeitgedächtnis befinden u. von hier abgerufen werden. Waugh u. Norman (1965) entwickelten daraus eine Methode zur Messung des Kurzzeitgedächtnisses; vgl. zu dieser Theorie Atkinson u. Shiffrin (1968); zum Überblick vgl. Bredenkamp u. Wippich (1977); Baddeley (1979); s. a. → McCrary-Huntersche Regel. Die genannte Erklärung der s. P. wird zunehmend problematisiert: Shallice (1975) hat gezeigt, dass der Recency-Effekt weder von der phonolog. Enkodierung noch von der verbalen Memorier-Strategie abhängt; ferner lässt sich auch bei langfristigem Behalten ein Recency-Effekt beobachten; schließl. erweist sich der Recency-Teil der s. P. als unabhängig von einer Mehrbelastung des Kurzzeitgedächtnisses durch eine Zweitaufgabe, was nicht sein sollte, wenn die begrenzte Kapazität zentrales Merkmal des Kurzzeitgedächtnisses ist; vgl. hierzu Baddeley (1986), er versucht den Effekt auf eine erhöhte Reaktivationsbereitschaft der zuletzt verarbeiteten Information zurückzuführen. Auch Ergebnisse der → Tierpsychologie weisen darauf hin, dass die s. P. von höheren kognitiven Strategien unabhängig ist, da sie auch bei Tieren auftritt.

VD: (1) Zur Differenzierung der Fehler: *Positionsvertauschungen* verteilen sich symmetrisch um ein Maximum, das in der Listenmitte liegt; *Auslassungsfehler* nehmen bis zur Mitte der Liste zu u. bleiben dann auf einem konstanten Niveau. Bei Experimenten mit der freien Reproduktion werden die letzten Listen-Items vor den ersten u. diese vor den mittleren reproduziert (Deese u. Kaufman 1957). Überhaupt scheint v. a. bei der Methode des freien Reproduzierens die s. P. in Abhängigkeit von den Enkodierungs- u. Dekodierungs-Strategien der Vp zu variieren; vgl. Tulving (1968).

(2) Alternativtheorien: Ein älterer, histor. wichtiger Ansatz zur Erklärung der s. P. ging von den S-R-Theorien aus u. versuchte, die s. P. mit einem *Assoziations-Stärke-Modell* zu interpretieren, demgemäß jedes Item (*Response*) mit dem experimentellen Kontext (*Stimulus*) assoziiert werde: der Primacy-Effekt gehe darauf zurück, dass bei den ersten Listen-Items durch häufigeres Memorieren diese Verbindung einer stärkeren Verfestigung unterliegt, der *Recency-Effekt* sei darin begründet, dass diese Items beim Behaltenstest nicht dem Phänomen der → retroaktiven Hemmung unterliegen, weil ihnen keine weiteren Items, die mit ihnen in Interferenz treten können, nachfolgen; vgl. Postman u. Keppel (1969); dem widersprechen empir. Analysen vgl. Andre (1975); Glanzer u. Cunitz (1966); vgl. zsfd. Bredenkamp u. Wippich (1977). Zu einer alternativen Deutung im Rahmen der → Bezugssystemtheorien vgl. Haubensak (1985); hier wird auch auf die Möglichkeit eines sog. *ordinalen Positionseffekts* hingewiesen, der sich nicht auf zeitl., sondern auf die begriffl. Position der Items bezieht.

◆ Anderson, J. R.: Kognitive Ps. Heidelberg 1988; Andre, T.: The priority in recall of new items effect: a strategy model. JGP 92, 1975, S. 187–204; Atkinson, R. C. u. Shiffrin, R. M.: Human memory: a proposed system and its control processes. In: Spence, K. W. u. Spence, J. D. (Hg.): The psychology of learning and motivation: advances in theory and research, 2. Bd. New York 1968, S. 89–195; Baddeley, A. D.: Die Ps. des Gedächtnisses. Stuttgart 1979; Baddeley, A. D.: Working memory. Oxford 1986; Bernbach, H. A.: Rate of presentation in free recall: a problem for two-stage memory theories. JExP: HLM 1, 1975, S. 18–22; Bredenkamp, J. u. Wippich, W.: Lern- u. Gedächtnisps., 2. Bd. Stuttgart

1977; DEESE, J. u. KAUFMAN, R. A.: Serial effects in recall of unorganized sequentialy organized verbal material. JExP 54, 1957, S. 180–187; DESOTO, C. B. u. BOSLEY, J. J.: The cognitive structure of a social structure. JASP 64, 1962, S. 303–307; GLANZER, M. u. CUNITZ, A. R.: Two storage mechanisms in free recall. JVLVB 5, 1966, S. 351–360; HAUBENSAK, G.: Zur Theorie der Stelleneffekte beim Lernen. PB 20, 1978, S. 1–13; HAUBENSAK, G.: Absolutes u. vergleichendes Urteil. Berlin 1985; JENSEN, A. R.: An empirical theory of the serial position effect. JP 53, 1962, S. 127–152; MURDOCK, B. B.: The distinctiveness of stimuli. PR 67, 1960, S. 16–31; MURDOCK, B. B.: Auditorial visual stores in short-term memory. AP 27, 1967, S. 316–324; POSTMAN, L. u. KEPPEL, G.: Readings in verbal learning and memory. Harmondsworth 1969; SHALLICE, T.: On the contents of primary memory. In: RABBITT, P. M. A. u. DORNIC, S. (Hg.): Attention and performance, 8. Bd. London 1975; TULVING, E.: Theoretical issues in free recall. In: DIXON, T. R. u. HORTON, T. L. (Hg.): Verbal behaviour and general behaviour theory. Englewood Cliffs 1968; TZENG, O. J. L.: Positive recency effect in the delayed free recall. JVLVB 12, 1973, S. 436–439; WAUGH, N. C. u. NORMAN, D. A.: Primary memory. PR 72, 1965, S. 89–104.

Serielles Lernen [auch *Listenlernen*; engl. *serial recall*], neben dem → Paarassoziationslernen das Hauptparadigma des → mechanischen Lernens bzw. des → verbalen Lernens: Eine Item-Serie wird vorgegeben u. soll in korrekter Reihenfolge wiedergegeben werden – ein method. Paradigma, dem im normalen Alltag z. B. die Wiedergabe einer Reiseroute o. die Anwendung von Kochrezepten entspricht, bei der auch die Reihenfolge u. nicht nur die Items an sich gespeichert werden müssen. (Wenn die Reihenfolge nicht beachtet werden muss, spricht man bisweilen von *freier* → Reproduktion.) Wie beim → Paarassoziationslernen lässt sich auch hier die → Antizipationsmethode u. die → Lern-Prüf-Methode anwenden.

Beim s. L. ergeben sich bestimmte Gedächtniseffekte, v. a. die → serielle Positionskurve u. hierbei insbes. ein Recency-Effekt. Im Zusammenhang des Problemkreises → Interferenz spielt insbes. die → Intralistenähnlichkeit eine Rolle. Ältere Ansätze sahen auch den Spracherwerb grundsätzl. als s. L., eine Ansicht, die heute als überholt gilt.

TH: Theorien des s. L. zentrieren sich v. a. um die Frage, was eigentl. beim s. L. gelernt wird, was der *funktionale Reiz* sei; vgl. Jung (1962); Bredenkamp u. Bredenkamp (1970): (a) Die auf Ebbinghaus zurückgehende *Spezifitätshypothese* nimmt an, dass s. L. auf der assoziativen Verknüpfung aufeinanderfolgender Items beruht u. dass demgem. nur die *spezif.* Items u. ihre Verknüpfungen u. nicht Struktur u. Serie als solches gelernt werden. Ebbinghaus nahm auch an, dass assoziative Verbindungen zw. Items einer Liste gebildet werden, wb. die Stärke dieser Verbindung mit zunehmender Entfernung zw. den Items abnimmt – dies wird bisweilen als *Verkettungshypothese des s. L.* bezeichnet. (b) Eine klass. Alternativposition ist die der → Gestalttheorie, die der Ebbinghausschen Verkettungshypothese die Idee eines gestalthaften Lernens der Strukturen entgegensetzt. Zum Überblick über die Kontroverse vgl. Beweley (1972). (c) Einige Autoren konzipieren s. L. als eine Form des Paarassoziationslernens, bei dem die Vp zw. der ordinalen Position u. dem jeweiligen Item assoziative Verknüpfungen herstellt: *ordinale Positionshypothese*. Zu experimentellen Überprüfungen vgl. Jung (1962); McGeoch u. Irion (1952). Ähnl. wie beim Paarassoziationslernen wird heute gesehen, dass diese Kontroversen nicht entscheidbar sind – was beim s. L. gelernt wird, hängt stark von den Instruktionsbedingungen, von vorangegangenen Lernerfahrungen, von der Lernmethode, von der Itemposition u. vom Lernmaterial ab, vgl. Kausler (1974); weitere Ansätze finden sich unter dem Kzpt. der → Kodierung bzw. der → Gruppierung, vgl. zsfd. Jung (1968); Bredenkamp u. Bredenkamp (1970); Bredenkamp u. Wippich (1977).

LIT: Vgl. zum Überblick Bredenkamp u. Wippich (1977).

◆ BEWLEY, W. L.: The functional stimulus in serial learning. In: THOMSON, R. F. u. VOSS, J. F. (Hg.): Topics in learning and performance. New York 1972, S. 187–214; BREDEN-

KAMP, K. u. BREDENKAMP, J.: Eine Untersuchung zum funktionalen Reiz beim seriellen Lernen. AfP 122, 1970, S. 249–258; BREDENKAMP, J. u. WIPPICH, W.: Lern- u. Gedächtnisps., 2. Bd. Stuttgart 1977; HALL, J. F.: Verbal learning and retention. Philadelphia 1971; JUNG, R. K.: Test of three hypotheses about the effective stimulus in serial learning. JExP 63, 1962, S. 307–313; JUNG, R. K. Serial learning. In: DIXON, T. R. u. HORTON, D. L. (Hg.): Verbal behaviour and general behaviour theory. Englewood Cliffs 1968; KAUSLER, D. H.: Psychology of verbal learning and memory. New York 1974; MCGEOCH, J. A. u. IRION, A. L.: The psychology of human learning. New York 1952.

Serielles Ordnungsprinzip → Finite-state-Grammatik; → serielle vs. hierarchische Steuerung.

Serielle Steuerung → serielle vs. hierarchische Steuerung.

Serielle vs. hierarchische Steuerung. Ein wichtiges Problem bei der Erklärung von → Bewegungen u. → Handlungen ist die Frage, inwieweit sie (wie dies v. a. vom → Behaviourismus bzw. → Assoziationismus postuliert wird) durch den jeweils vorhergehenden Reiz (= *serielle* bzw. *sequenzielle* Steuerung bzw. Kontrolle) o. durch übergeordnete Instanzen im Sinne einer hierarch. Gliederung gesteuert werden. Eine histor. wichtige Attacke auf das serielle Ordnungsprinzip stammt von Lashley (1951), der die Bedeutung hierarch. Steuerung insbes. beim Sprechen, Gehen, Klavierspielen hervorhebt: Wäre Schreibmaschineschreiben nur sequenziell gesteuert, müsste allein aufgrund der Gesetzmäßigkeiten der Reaktionszeit die Höchstleistung bei 1,5 Anschlägen pro sec. liegen, geübte Sekretärinnen erreichen jedoch 6 bis 8 Anschläge, Spitzenleistungen liegen bei 10 Anschlägen pro Sekunde; Lashley betont insbes. die Bedeutung des → Rhythmus. Sein Ansatz wurde weitergeführt u. detailliert analysiert von Lenneberg (1967). Ähnl. Probleme werden im Bereich der Gedächtnisforschung diskutiert; s. hierzu die Stw. → Gedächtnisabsuche u. → Schema. Wichtige Arbeiten, in denen dieses Thema aufgegriffen worden ist, sind Miller u. a. (1960); Halwes u. Jenkins (1971); Wickelgren (1969). In linguist. Perspektive hat Chomsky auf formal-exakte Weise gezeigt, dass serielle Ordnungsprinzipien bestimmte Satzstrukturen nicht erklären können; s. hierzu die Stw. → generative Transformationsgrammatik u. → Finite-state-Grammatik. Bes. Pöppel (1988ff.) analysiert neurops. Aspekte dieses Problems. Unter arbeitsps. Aspekt thematisieren insbes. die → Handlungstheorien (vgl. Hacker 1986) die hierarch. Gliederung des Handelns.

LIT: Unter etholog. Aspekt vgl. Hinde (1973); ein wichtiges Werk ist Gallistel (1980); ein Überblicksreferat ist Martin (1972).

◆ GALLISTEL, C. R.: The organization of action. Hillsdale 1980; HACKER, W.: Arbeitspsychologie. Bern 1986; HALWES, T. u. JENKINS, J.: Problem of serial order in behaviour is not resolved by context-sensitive associative memory models. PR 78, 1971, S. 122–129; HINDE, R. A.: Das Vh. der Tiere, 2 Bde. Frankfurt/M. 1973 (Orig.: 1966); JEFFRESS, L. A. (Hg.): Cerebral mechanisms in behaviour. The Hixon-Symposium. New York 1951; LASHLEY, K. S.: The problem of serial order in behaviour. In: JEFFRESS, L. A. (Hg.); Cerebral mechanisms in behaviour. New York 1951, S. 112–136; LENNEBERG, E. H.: Biological foundations of language. New York 1967; MARTIN, J. G.: Rhythmic (hierarchical) vs. serial structure in speech and other behaviour. PR 79, 1972, S. 487–509; MILLER, G. A. u. a.: Plans and the structure of behaviour. New York 1960; PÖPPEL, E.: Grenzen des Bewußtseins. Stuttgart 1988 (2. Aufl.); PÖPPEL, E. (Hg.): Gehirn u. Bewußtsein. Weinheim 1989; PÖPPEL. E.: Lust u. Schmerz. Berlin 1993 (2. Aufl.); PÖPPEL, E. u. EDINGSHAUS, A.-L.: Geheimnisvoller Kosmos Gehirn. München 1994; POULTON, E. C.: On prediction in skilled movements. PBu 54, 1954, 1957, S. 467–478; WICKELGREN, W. A.: Context sensitive coding, associative memory, and serial order in (speech) behaviour. PR 76, 1969, S. 1–15.

Serienapparat → Gedächtnisprüfmethoden.

Serienreize → Adaptationsniveautheorie.

Serviettenringfigur, [*Wundtsche S.*], eine der → Kippfiguren, die von W. Wundt verwendet wurden. Jede der runden Begrenzungen in der Abb. *Wahrnehmung 57* kann als

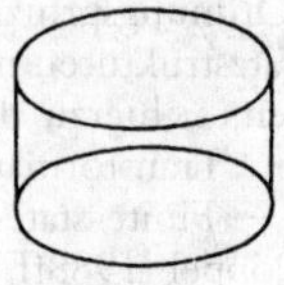

Abb. *Wahrnehmung 57*

zum Betrachter gerichtet gesehen werden; es soll bis zu 60 verschiedene Auffassungsmöglichkeiten dieser Figur geben.

SEU-Modell → Erwartung-mal-Wert-Modell.

Sevareids Gesetz, ein im Zusammenhang mit der Ps. des → Problemlösens formulierte heurist. Maxime: *Die Hauptursache aller Probleme sind die Lösungen.*

◆ Bloch, A.: Gesammelte Gründe, warum alles schiefgeht, was schiefgehen kann. München 1985.

Sexualität → Sexualtrieb.

Sexualtrieb, bes. von der → Psychoanalyse u. auch der → Ethologie postulierter → Trieb, der, dem hydraul. Modell des Triebs entsprechend, einen endogenen Rhythmus der Bereitschaft zu sexuellem Vh. u. zu sexueller Erregung repräsentieren soll. Beach (1956) postulierte zwei getrennte Erregungsmechanismen: (a) einer zur Steigerung der sexuellen Erregung u. zur Vorbereitung auf die Kopulation (*sexual arousal mechanism*); (b) ein mit Beginn des Koitus einsetzender zweiter Mechanismus (*intromission and ejaculatory mechanism*), der die Erregung in der Kopulationsphase aufrecht hält u. (beim Mann) mit der Ejakulation endet. Schon Moll (1898) hatte eine ähnl. Zweiteilung gefordert: einen *Kontrektations-Trieb*, der für Körperkontakt u. Erregung verantwortl. sei, u. einen *Detumeszenz-Trieb*, der zum Orgasmus führe. Schmidt (1975) bietet im Anschluss an Wahlen (1966) ebenfalls ein Zwei-Komponenten-Modell der Sexualmotivation: *Erregung* (arousal) versus *Erregbarkeit* (Triebstärke o. arousability), Letztere als die Bereitschaft, auf sexuelle Stimulation zu reagieren, während Erstere das momentane Niveau dieser Stimulation darstellt. Masters u. Johnson (1967) arbeiteten das Kzpt. des *sexuellen Reaktionszyklus* heraus, des typ. Ablaufs sexuellen Vhs.: *Erregungsphase – Plateauphase – Orgasmusphase Rückbildungsphase*. Ursprüngl. wurde von einem schnelleren Anstieg der Erregung u. einer schnelleren postorgasm. Abflachung beim Mann im Gegensatz zur Frau ausgegangen; diese Idee war v. a. in der älteren europäischen Fachliteratur maßgebend, schon die klass. amerikan. Untersuchungen haben sie stark relativiert, auch Beobachtungen über Masturbation u. homosexuellen Verkehr bei Frauen stellen dies in Frage. Insges. sind der männl. u. weibl. Reaktionszyklus sehr ähnl., wb. der Ablauf bei der Frau allerdings variabler ist; vgl. Kockott (1988).

KR: Wie das Triebkzpt. allg. hat auch das Kzpt. des *S.* innerhalb der wissenschaftl. Ps. gegenwärtig nur eine untergeordnete Bedeutung, aus mehreren Gründen: Die Stärke sexuellen Verlangens folgt nicht dem Triebstaumodell, oft zeigt sich sogar nach längerer Enthaltsamkeit ein ausgeprägtes sexuelles Desinteresse; sexuelle

Erregung erweist sich häufig als leicht störbar u. kann andererseits durch psych. Aktivitäten, z. B. innere Bilder direkt verursacht u. gefördert werden. Auch wird die Häufigkeit von Masturbation u. Koitus nicht vom Hormonspiegel kausal determiniert. Allg. eignet der menschl. Sexualität eine starke Tendenz zur Reiz- u. Lustsuche u. weniger die Tendenz zu unmittelbarer Triebabfuhr; vgl. Selg u. a. (1979); Beach (1955); Sexualvh. besitzt außerdem zahlreiche soziale Funktionen, kann ein Mittel der Kommunikation sein, kann ökonom. Funktion haben, wie bei der Prostitution, o. Ausdruck von Machtbedürfnis o. von sozialen Positionen sein. Allg. unterliegt sexuelles Vh. in starkem Maße Lernprozessen. Seit den 60er Jahren gibt es zunehmend Arbeiten mit Denkansätzen, die vom Triebmodell abweichen, u. zwar von Psychologen u. Tierpsychologen (Hardy 1964; Beach 1956; Whalen 1966), Soziologen (Gagnon u. Simon 1973) u. Psychoanalytikern, v. a. im Rahmen der neueren Perversionstheorien (Morgenthaler 1974; Stoller 1975). Das Kzpt. des *sexuellen Skripts* thematisiert diesen komplexen u. sozialen Charakter der Sexualität: sexuelle Skripts sind sozial erlernte Programme sexuellen Reagierens, die – üblicherweise unausgesprochene – Anweisungen darüber enthalten, was, wann, womit oder warum zu tun ist (Gagnon 1977); sie kombinieren soziale Normen, individuelle Erwartungen u. bevorzugte Verhaltenssequenzen, die in der Vergangenheit erlernt wurden. Die Einstellung u. Werte, die in das sexuelle Skript eingebunden sind, definieren die allg. Orientierung einer Person gegenüber der Sexualität.

HI: Allg. ist die menschl. Sexualität ein Thema, das, wiewohl anerkanntermaßen von fundamentaler Bedeutung, dennoch innerhalb der akadem. Ps. kein eigentl. Paradigma ergeben hat. Kaum ein Lehrbuch der Ps. o. Emotionsps. enthält ein eigenes Kapitel über Sexualps., *sexuelle Motivation* ist auch kein Thema des *Handbuchs* über Motivationsps.; in der neuen *Enzyklopädie der Ps.* ist ein Kapitel über die Grundlagen sexuellen Vhs. aufgenommen (Schmidt 1983). Demgemäß ist der Begriff *Sexualpsychologie* eigentl. selten, häufiger sind die Begriffe *Sexualmedizin* o. auch *Sexologie* o. allg. *Sexualwissenschaft*. Die empir. Sexualforschung ist weitgehend auf dem Boden der Medizin u. Psychiatrie entstanden – was zur medizin. u. psychopatholog. Prägung der klass. Sexualwisssenschaft führte; zu den sexualwissenschaftl. Aspekten der Psychiatrie vgl. Weig (1988). Allg. ist die menschl. Sexualität ein Thema, das, wiewohl anerkanntermaßen von fundamentaler Bedeutung, dennoch innerhalb der akadem. Ps. kein eigentl. Paradigma ergeben hat. Kaum ein Lehrbuch der Ps. o. Emotionsps. enthält ein eigenes Kapitel über Sexualps., *sexuelle Motivation* ist auch kein Thema des *Handbuchs* über Motivationsps.; in der neuen *Enzyklopädie der Ps.* ist ein Kapitel über die Grundlagen sexuellen Vhs. aufgenommen (Schmidt 1983). Demgemäß ist der Begriff *Sexualpsychologie* eigentl. selten, häufiger sind die Begriffe *Sexualmedizin* o. auch *Sexologie* o. allg. *Sexualwissenschaft*. Die empir. Sexualforschung ist weitgehend auf dem Boden der Medizin u. Psychiatrie entstanden – was zur medizin. u. psychopatholog. Prägung der klass. Sexualwissenschaft führte; zu den sexualwissenschaftl. Aspekten der Psychiatrie vgl. Weig (1988). Aufgrund dieser forschungshistor. Situationen sind wesentl. Grundfragen der Sexualps. bis heute noch weitgehend ungeklärt, z. B. auch die Frage, ob Sex etwas Schmutziges ist: → Allens Gesetz.

VD: Bes. die → Psychoanalyse befasst sich intensiver mit den sexuellen Aspekten des menschl. Daseins: (a) Grundsätzl. verwendet sie einen weiten Sexualitätsbegriff: Der S. verursacht nicht nur die mit den Genitalorganen im Erwachsenenalter verbundene lustvolle Erregung, sondern wird ebenso mit leibl. Betätigungen wie Essen, Ausscheidungsfunktion, Atmung usw. verbunden, die bereits in der Kindheit auftreten – diese Annahme brachte Freud den Vorwurf des *Pan-Sexualismus* ein. Die Energie des S. bezeichnet Freud als *Libido*. (b) Bes. anhand des S. hat Freud seine allg. Konzeption des → Triebs erarbeitet, er postuliert, dass dieser auf eine bestimmte körperl. Triebquelle zurückgeht, wb. Mund, Anus u. Genitale sich als *erogene Zonen* bzw. *somatische Quellen* darstellen. Der Trieb hat bestimmte Befriedigungsformen, *Triebziele*, näml. aktive u. passive, ist im Laufe der Entwicklung auf bestimmte *Triebobjekte* gerichtet, die aber verschiebbar u. austauschbar sind, was die Formbarkeit des Sexualtriebs durch Entwicklung begründet. (c) Für Freud ist der Sexualtrieb Paradigma der Triebe, u. setzt sich aus *Partialtrieben* (z. B. Zeigetrieb, Schautrieb) zusammen; die *Perversionen* entsprächen Verselbständigungen u. Aufschaukelungen isolierter Partialtriebe, so beim Voyeurismus der Schautrieb, beim Exhibitionismus der Zeigetrieb. Bei der normalen Entwicklung erfolgt später eine Integration unter dem *Primat der Genitalität* (s. u.). (d) Die Sexualität durchlaufe verschiedene Organisationsphasen: *orale*, *anale*, *phallische*, *Latenz-* u. *genitale Phase*, die bestimmt werden durch folgende Kriterien: Dominanz einer erogenen Körperzone, bestimmte Arten des Lustgewinns, bestimmte Objektbesetzungen u. v. a. charakteristische → Abwehrmechanismen. (e) Das Konzept der *Fixierung* beinhaltet die Idee, dass die Entwicklung der Sexualität in einer bestimmten Phase stagnieren könne, womit die Grundlagen für spätere neurot. Störungen entstehen. (f) Freud nahm an, dass die Sexualtriebe vorwiegend für die *neurot.* Symptombildung verantwortl. seien, die Aggressionstriebe für die selbstbestrafenden u. selbstzerstörerischen Tendenzen, wie sie v. a. bei der *Zwangsneurose* o. der *Depression* eine Rolle spielen. (g) Ein wichtiges Teilkonzept der psa. Entwicklungsps. ist das des → Ödipuskomplexes. (h) Allgemein durchzieht die Psa. ein Modell grundlegender Konflikte, die in der normalen u. v. a. in der gestörten Sexualität auftreten: *sexuell* vs. *aggressiv*; *männl.* vs. *weibl.*; *heterosexuell* vs. *homosexuell*; *prägenital* vs. *genital*, *prädipal* vs. *ödipal*; *narzisst.* vs. *objektlibidinös*; *phall.* vs. *kastriert*; *Penisneid* vs. *Kastrationsangst*; (vgl. hierzu Bräutigam 1979). Freuds Sexualps. ist zwar biologist. Grundmodellen verhaftet, hat aber das enge biolog. Denken überwunden, u. seine Theorie bedeutet damit den Durchbruch zu einer eigentl. *Sexualps.*, die insbes. auch versucht, die patholog. Sexualität aus der normalen abzuleiten. Für einen Überblick über Tendenzen der modernen psa. Sexualps. vgl. Stoller (1973) u. Bräutigam (1979); ein Lexikon der Liebe u. Sexualität auf (unorthodoxer) psa. Basis ist Bornemann (1978); zur Bedeutung der Sexualität im Werk Sigmund Freuds vgl. Nitzschke (1976); zu Freuds problemat. Theorien der weibl. Sexualität vgl. Shainess (1977); zur freudschen Originalliteratur vgl. das Stw. → Psychoanalyse.

LIT: Zu den physiolog.-ps. Grundlagen vgl. Haeberle (1983); Bösel (1981); Bancroft (1985); Schmidt (1983); zu evolutionstheoret. Aspekten vgl. Simons; für einen allg. Überblick vgl. Meyer (1994); zu den unterschiedl. Reaktionen von Männern u. Frauen auf Erotika u. Pornographie vgl. Ertel (1990); zur Entwicklung der Psychosexualität u. Geschlechtsidentität vgl. Mertens (1991); Hellbrüge (1982) und Bornemann (1982); ein umfassendes interdisziplinäres u. fast offizielles Handbuch der Sexualwissenschaft mit über 100 Autoren ist Money u. Musaph (1977ff.); vgl. auch Levay (1993) u. Dunde (1992).

◆ Athansiou, R. u. Sarikin, R.: Premarital sexual behaviour and postmarital adjustment. Arch. Sex. Behav. 3, 1974, S. 207–226; Bancroft, J.: Grundlagen u. Probleme menschl. Sexualität. Stuttgart 1985; Beach, F. A.: The descent of instinct. PR 62, 1955, S. 401–410; Beach, F. A.: Characteristics of masculine sex drive. In: Jones, M. R. (Hg.): Nebraska Symposium on Motivation. Lincoln 1956, S. 1–32; Bloch, I.: Das Sexualleben unserer Zeit. Berlin 1913; Bornemann, E.: Lexikon der Liebe u. Sexualität, 2 Bde. München 1968; Bornemann, E.: Lexikon der Liebe, Materialien zur Sexualwissenschaft. 4 Bde. Frankfurt/M. 1978; Bornemann, E.: Sexuelle Entwicklungsps. Frankfurt/M. 1981; Bornemann, E.: Das Geschlechtsleben des Kindes. München 1985; Bösel, R.: Physiolog. Ps. Berlin 1981; Bräutigam, W.: Sexualmedizin im Grundriß. Stuttgart 1979; Brecher, E. M.: Vom Tabu zum Sex-Labor. Die Geschichte der Sexualforschung. Reinbek 1971; Christmann, F. (Hg.): Heterosexualität. Berlin 1988; Dunde, S. R. (Hg.): Handbuch Sexualität. 1992; Ertel, H.: Erotika u. Pornographie. Weinheim 1990; Ford, C. S. u. Beach, F. A.: Formen der Sexualität. Das Sexualvh. bei Tier u. Menschen. Reinbek 1968 (Orig.: 1951); Gagnon, J. H. u. Simon, W.: Sexual contact. The social sources of human sexuality. Chicago 1973; Gagnon, J. H.: Human sexualities. Glenview 1977; Gebhardt, P. H. u. Johnson, A. B.: The Kinsey Data. Philadelphia 1979; Haeberle, E. J.: Die Sexualität des Menschen. Berlin 1983; Hardy, K. R.: An appetitional theory of sexual motivation. PR 7, 1964, S. 1–18; Hellbrügge, T. (Hg.): Die Entwicklung der kindl. Sexualität. München 1982; Hite, S.: The Hite-Report on male sexuality. 1978 (dt.: München 1982); Hunt, M.: Sexual behaviour in the 1970s. Chicago 1974; Kaplan, H.: Hemmungen der Lust. Stuttgart 1981; Kinsey, A. C.: Sexual behaviour in the human female. Philadelphia 1953; Kitzinger, S.: Sexualität im Leben einer Frau. München 1984; Kockott, G.: Männl. Sexualität. Stuttgart 1988; Kockott, G.: Weibl. Sexualität. Stuttgart 1988; LeVay, S.: Keimzellen der Lust. Die Natur der menschl. Sexualität. Heidelberg 1993; Masters, W. H. u. Johnson, V. E.: Die sexuelle Reaktion. Frankfurt/M. 1967(amerik.: 1966); Masters, W. H., Johnson, V. E. u. Kolodny, R. K.: Human sexuality. (2. Ausg.) Boston 1985; Mertens, W.: Entwicklung der Psychosexualität u. der Geschlechtsidentität. Band 1: Geburt bis 4. Lebensjahr. Stuttgart 1991; Meyer, H.: Sexualität u. Bindung. Weinheim 1994; Moll, A.: Untersuchungen über die Libido sexualis. Berlin 1898; Money, J. u. Musaph, H. (Hg.): Handbook of sexology. Amsterdam 1977ff.; Morgenthaler, F.: Die Stellung der Perversion in Metapsychologie u. Technik. Psy 28, 1974, S. 1077–1098; Nitzschke, B.: Die Bedeutung der Sexualität im Werk Sigmund Freuds. In: Eicke, D. (Hg.): Freud u. die Folgen, I. Zürich 1976, S. 363–403; Schmidt, G.: Motivationale Grundlagen sexuellen Vhs. In: Thomae, H. (Hg.): Ps. der Motive. EP, C, IV, 2. Bd., Zürich 1983, S. 70–97; Schmidt, G.: Sexuelle Motivation u. Kontrolle. In: Schorsch, E. u. Schmidt, G. (Hg.): Ergebnisse zur Sexualforschung. Köln 1975, S. 30–47; Selg, H. u. a.: Ps. des Sexualverhaltens. Stuttgart 1979; Shainess, N.: Die weibl. Sexualität u. das erot. Erleben. In: Eicke, D. (Hg.): Freud u. die Folgen, I. Zürich 1976, S. 412–429; Stoller, R. J.: Overview: the impact of new advances in sex research on psychoanalytic theory. Amer. J. Psychiat. 130, 1973, S. 241–251; Stoller, R. J.: Perversion. The erotic form of hatred. New York 1975; Symons, D.: The evolution of human sexuality. New York 1979; Tiefer, L.: Die menschl. Sexualität. Einstellung u. Vhsweisen. Weinheim 1981; Von-Krafft-Ebing: Psychopathia sexualis. Stuttgart 1877; Weig, W.: Sexualwissenschaftl. Aspekte der Psychiatrie. In: Christmann (1988) S. 46–79; Wottawa, W.: Das sexuelle Vh. der Deutschen. München 1981; Whalen, R. E.: Sexual motivation. PR 73, 1966, S. 151–163; Zilbergeld, B.: Männl. Sexualität. München 1983.

Sexuelle Erregung → Sexualtrieb.

Sexuelle Motivation → Sexualtrieb.

Sexueller Reaktionszyklus → Sexualtrieb.

Sexuelles Skript → Sexualtrieb.

s_G → antizipierte Zielreaktion.

Shadowing, *Beschatten,* begleitendes Nachsprechen beim → dichotischen Hören: Über zwei Kopfhörer-Lautsprecher werden der Vp zwei verschiedene Texte eingespielt u. sie muss einen der beiden Texte nachsprechen. Eine wichtige method. Ausformung besteht darin, dass zwei Texte vom gleichen Sprecher gesprochen werden u. über einen gemeinsamen Lautsprecher binaural dargeboten werden. Die damit erzielten Ergebnisse spielen eine wichtige Rolle bei der empir. Überprüfung der → Filtertheorie, da hier ein *selektives* S., also → selektive Aufmerksamkeit, erforderl. ist.

Folgende Ergebnisse sind wichtig: (a) Der nachzusprechende Text (der sog. *primäre* Text) wird soweit erkannt, dass er das Nachsprechen steuert, aber der Sprecher kann erstaunl. wenig über seinen Inhalt Auskunft geben. (b) Dennoch wird mehr als eine *phonet.* Analyse vorgenommen, *syntakt.* o. *semant.* Faktoren spielen auch eine Rolle, da das Nachsprechen bei natürl. Prosatext (*phrase shadowing*) leichter gelingt als bei syntakt. u. semant. unorganisierten Wortansammlungen. (c) Der *sekundäre,* also der zu vernachlässigende Text wird anscheinend kaum verarbeitet, die Vpn können kaum irgendeine Auskunft über den Inhalt geben, bestenfalls, dass es sich z. B. um einen engl. Text handelt. Bestimmte Wechsel in diesem sekundären Text werden allerdings gemerkt, v. a. solche, die sich auf die phonet. Aspekte beziehen. Broadbents → Filtertheorie nimmt deshalb *phys.* bzw. *sensor.* Filtermerkmale an. (d) Ein rein sensor. Filter scheint aber nicht ausreichend zu sein, dem widersprechen grundsätzl. Ergebnisse: Es wurde gezeigt, dass bestimmte Bedeutungselemente der irrelevanten Nachrichten dennoch »durchschlagen«, z. B. wenn der eigene Name auftritt. Während dies von der Filtertheorie noch durch Ad-hoc-Annahmen erklärt werden kann, zeigten v. a. umfangreiche Experimente von Treisman (1964), dass dieses Modell in dieser einfachen Form nicht stimmen kann: Das Nachsprechen des primären

Textes wird v. a. beeinträchtigt, wenn zw. primärem u. sekundärem Text bestimmte semant. o. auch syntakt. Beziehungen bestehen; z. B. wechseln in einem Experiment die Texte während des Nachsprechens unmerkl. zw. beiden Ohren, so dass derjenige Text, der am Anfang nachzusprechen war, nach dem Wechsel sekundär wird, während der ursprüngl. sekundäre primär wird. Das Ergebnis ist, dass die *lokale* Selektion (Konzentration auf ein bestimmtes Ohr) vorübergehend durch *inhaltl.* Selektion sozusagen überrannt werden kann, es wird näml. derjenige Text weitergesprochen, der sinnvolle Sätze ergibt. Welche Rolle die – scheinbar nicht beachtete – Nachricht des unbeachteten Ohrs spielen kann, wird in einem Experiment von Lackner u. Garrett (1972) deutl.: Zur Auflösung von mehrdeutigen Sätzen wurden auf das irrelevante Ohr disambiguierende Kontext-Sätze mit geringer Lautstärke eingespielt u. obgleich die Vpn angaben, sie nicht gehört haben, zeigten ihre Paraphrasen, dass Sätze eine Vereindeutigung in Richtung auf den jeweils eingespielten Kontext-Satz; dies bedeutet, dass auch ohne bewusste periphere phonet. Repräsentation sprachl. Information zu den zentralen Verarbeitungsebenen gelangen kann.

VD: Eine bes. Form des S., die von Broadbent entwickelt wurde, ist die *Split-span-Version*; dabei werden z. B. simultan die Zahlen 2, 7, 5 an das rechte u. 6, 3, 8 an das linke Ohr gegeben, u. es wird einmal eine *kanalgeordnete* Reproduktion, (d. h. getrennt nach rechtem u. linkem Ohr) gefordert, das andere Mal eine eingabengeordnete Wiedergabe, d. h. paarweise das erste Ziffernpaar (also 2, 6), dann das zweite (7, 3) u. dann das dritte (5, 8). Ein Ergebnis ist häufig, dass die kanalgeordnete Wiedergabe der Vp leichter fällt als die eingabegeordnete, was so gedeutet wurde, dass bei Letzterer ein zeitkonsumierender Aufmerksamkeitswechsel erforderl. ist, der eine Leistungseinbuße mit sich bringt.

◆ Broadbent, D. E.: Decision and stress. London 1971; Deutsch, J. A. u. Deutsch, D.: Attention: some theoretical considerations. PR 70, 1963, S. 80–90; Lackner, J. R. u. Garrett, M. F.: Resolving ambiguity: Effects of biasing context in the unattended ear. C 1, 1972, S. 359–372; Moray, N.: Attention. Selective processes in vision and hearing. London 1969; Norman, D. A.: Toward a theory of memory and attention. PR 75, 1968, S. 522–536; Treisman, A. M.: Verbal cues, language and meaning in selective attention. AJP 77, 1964, S. 206–216.

Shame anxiety → Leistungsangst; soziale Angst.

Sham-feeding → Scheinfütterung.

Shannon-Rate-Test → informationstheoretische Psychologie.

Shaping → Verhaltensformung.

Sharpening → kognitive Stile.

Short-range-Prozess → Phi-Phänomen.

Short-term memory → Kurzzeitgedächtnis.

Short-term visual store → ikonisches Gedächtnis.

Sicherheitsäquivalent → Nutzen.

Sicherheitseffekt → Risiko; → Entscheidungstheorie.

Sicherheitssignal-Hypothese → Vermeidungslernen.

Sidman-Vermeidung → Vermeidungslernen.

Sigma-Wellen → physiologische Psychologie (Kasten psychophysiologische Methoden).

Signal decision theory engl. für → Signalentdeckungstheorie.

Signaldetektionstheorie → Signalentdeckungstheorie.

Signalentdeckungstheorie (seltener *sensor. Entscheidungstheorie*; engl. *signal detection theory*, seltener *signal decision theory*; häufige Abk.: *SDT*), eine Theorie zu Grundproblemen der → Psychophysik, begründet von Green u. Swets (1966), die eine Kritik des klass. Konzepts der → Sinnesschwelle beinhaltet. Die S. sieht psychophys. Differenzierungsprobleme nach Art eines Entscheidungsprozesses: Die Variablität des Antwortvhs. (v. a. auf Schwellenreize) ist zum Teil dadurch bedingt, dass jeder Sinneskanal auch ohne von außen kommende Reize eine gewisse Spontanaktivität besitzt; deswegen kann nicht ohne weiteres entschieden werden, ob eine leichte Zunahme der Impulsaktivität durch spontane Schwankungen der Hintergrundsaktivität o. tatsächl. durch einen Reiz bedingt ist. Der Beobachter, der ein schwaches *Signal* vom *Rauschen* (*noise*) trennen will, muss nach Annahme der S. eine *Entscheidung* treffen, u. diese Festlegung führt zu Fehlentscheidungen: Intensives Rauschen, das das Kriterium (zur positiven Reizbeantwortung) überschreitet, wird »falsch positiv« als *Reiz* eingestuft, ein unter dem Kriterium liegender schwacher Reiz wird »falsch negativ« als *Rauschen* klassifiziert. Wird das Kriterium geändert, ändert sich das Ergebnis der Schwellenmessung. Unterschiedl. Vpn haben unterschiedl. Entscheidungskriterien, die außerdem auch in Abhängigkeit von der Entscheidungssituation, v. a. den damit verbundenen Kosten variieren. Bei jeder Schwellenbestimmung spielen also auch die jeweiligen → Antworttendenzen des jeweiligen Beobachters eine Rolle.

Die S. hat method. Verfahren entwickelt, um folgende zwei die Schwellenbestimmung entscheidenden Faktoren zu trennen. (Diese Verfahren lassen sich sozusagen als Weiterentwicklung der simplen Methode der → Fangfragen verstehen): (a) die eigentl. Leistungsfähigkeit, innerhalb der Notation der Theorie meist als Parameter *d'* bezeichnet; (b) der nichtsensor. Faktor der Reaktions- bzw. Antwortneigung bzw. der Risikoneigung (engl. *bias*, *ß*). Es gibt drei grundsätzl. Experimente: (1) Das *Ja-Nein-Experiment*; (2) das *Rating-Experiment*; (3) das *2-AFC-Experiment* (*two alternative forced choice*); zu Berechnungen vgl. Guttmann (1992). In einem Ja/Nein-Experiment ist pro Zeitintervall eines von vier Ereignissen mögl.: (a) folgt auf eine Signal-Plus-Rauschen-Darbietung eine Ja-Antwort, so nennt man dies einen *Treffer* (engl. *hit*). (b) Wird auf Rauschen allein eine Ja-Antwort gegeben, spricht man von *falschem Alarm*. (c) Eine Nein-Antwort auf Rauschen heißt *richtige Zurückweisung*. (d) Eine Nein-Antwort bei Signal-Plus-Rauschen wird *Auslassung* genannt (engl. *miss*). Die Grundlogik des Vorgehens besteht darin, dass man einmal nur Rauschen u. einmal Signal mit Rauschen vorgibt; s. die Abb. *Psychophysik 1a*. Aus den Verteilungen der vier Antwortmöglichkeiten lassen sich mit mathemat. Methoden die Parameter ß u. d' getrennt bestimmen; zu konkreten Rechenbeispielen vgl. Guttmann (1992). Die Abb. *Psychophysik 1b* u. *1c* zeigen die Matrizen mögl. Ergebnisse eines »Ja-Sagers« u. eines »Nein-Sagers«. Man kann auch zeigen, dass sich durch Belohnung o. Bestrafungen das Vh. ändern kann. Die

Reizbedingung	Art der Reaktion: Ja	Nein
Signal an	Treffer	Fehler
Signal aus	Falscher Alarm	Korrekte Ablehnung

Reaktionen eines „Jasagers"	Ja-Reaktion	Nein-Reaktion
Signal an	92 %	8 %
Signal aus	46 %	54 %

Reaktionen eines „Neinsagers"	Ja-Reaktion	Nein-Reaktion
Signal an	40 %	60 %
Signal aus	4 %	96 %

Abb. *Psychophysik 1a–c*

Abb. *Psychophysik 1d*

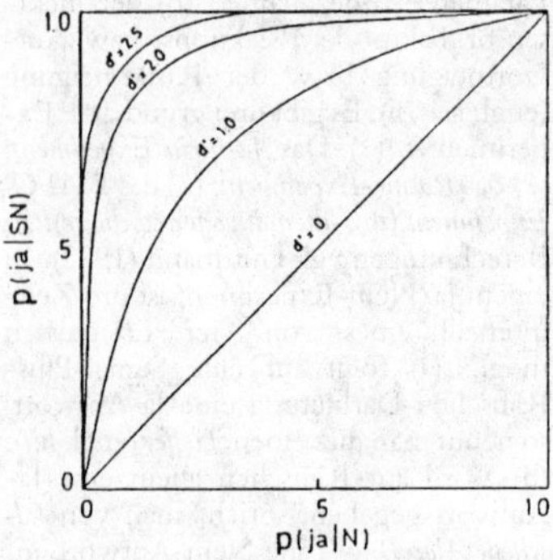

Abb. *Psychophysik 2*

Abb. *Psychophysik 1d* zeigt die sog. *pay-off-matrix*: Der Gewinn o. Verlust (*pay off*) in der oberen Hälfte jeder Zelle der Matrix motiviert die »Ja«-Antworten, während der in der unteren Hälfte jeder Zelle die »Nein«-Antworten motiviert. Bsp.: Ein Chirurg mag z. B. dazu neigen, die Operation eines von einer möglicherweise bösartigen Geschwulst befallenen Patienten zu befürworten, weil er ein hohes Honorar für die Operation bekommt u. der Patient vielleicht stirbt, wenn er nicht operiert wird u. der Krankheitsherd bestehen bleibt. Die Pay-off-Matrix des Patienten dagegen sieht anders aus; ist in Wirklichkeit keine bösartige Geschwulst vorhanden, so bedeutet die Entscheidung für die Operation einen mit hohen Kosten verbundenen falschen Alarm. Folgl. umfasst die Entscheidung insges. sowohl eine Kombination der verfügbaren Fakten als auch eine Kalkulation der relativen Kosten jeder Art von Irrtum im Verhältnis zum relativen Gewinn jeder Art von korrekten Einzelentscheidung. Das Antwortvh. lässt sich in der sog. *ROC-Kurve* darstellen (*receiver operating characteristic curve*); s. Abb. *Psychophysik 2*, in der unterschiedl. solcher Kurven dargestellt werden: Die relative Häufigkeit der Treffer wird auf der Ordinate, die relative Häufigkeit der Falschalarme auf der Abszisse abgetragen. Je weiter die Kurve von der Diagonalen entfernt ist, umso deutlicher hebt sich das Signal vom Rauschen ab. Alle Punkte auf einer Kurve sind durch die gleiche Sensitivität bestimmt; sie unterscheiden sich jedoch durch das Entscheidungskriterium. In der Mitte der Kurve liegt das Optimum: die Trefferrate ist relativ hoch u. die Falscher-Alarm-Rate relativ niedrig; die obere Hälfte der Kurve indiziert eine eher liberale Haltung: Viele Treffer werden gemacht, aber auch viele Fehler; entsprechend ist die untere Hälfte der Kurve als eine eher konservative Einstellung zu interpretieren.

HI/WÜ: Die S. ergab sich aus ps. Analysen von Arbeiten am Radarschirm. Es ist ihr Verdienst, klar herausgearbeitet zu haben, dass ein subjektiver Entscheidungsprozess, näml. die Festlegung eines Kriteriums, die Sinnesschwellen mitbestimmt. In einer zugespitzten Version wird der Schwellenbegriff überhaupt als Fiktion angesehen: der sensor. Prozess hat *kontinuierl.* Charakter, schwellenartige Prozesse sind im Entscheidungsprozess enthalten. Dieses Grundkzpt. kann auch in der Ps. des Gedächtnisses verwendet werden (→ Erinnern) u. die S. stellt auch ein allg. Modell der → Entscheidung dar, das auch in ganz anderen Kontexten eingesetzt werden kann; s. u. Das sog. *Hochschwellenmodell* von Blackwell (1963) ist eine Formalisierung des Schwellenkzpts. Weitere formale Modelle sind: Atkinson (1963), Luce (1963), Krantz (1969, Norman (1964); zum Überblick vgl. Velden (1982).

◆ Arnold, W. (Hg.): Experimentelles Praktikum, 1. Bd. Stuttgart 1972; Atkinson, R. C.: Variable sensitivity theory of signal detection. PR 70, 1963, S. 91–106; Blackwell, H. R.: Neural theories of simple visual discriminations. Journal of the Optical Society of America 53, 1963, S. 129–160; Egan, J. P.: Signal detection theory and ROC analysis. New York 1975; Green, D. M. u. Swets, J. A.: Signal detection theory and psychophysics. New York 1966; Guttmann, G. (Hg.): Allg. Ps., experimentalps. Grundlagen. Wien 1992; Krantz, D. H.: Threshold theories of signal detection. PR 76, 1969, S. 308–324; Luce, R. D.: A threshold theory for simple detection experiments. PR 70, 1963, S. 61–79;

Lüer, G. (Hg.): Allgemeine experimentelle Ps. Eine Einführung in die method. Grundlagen mit prakt. Übungen für das experimentelle Praktikum. Stuttgart 1987; Norman, D. A.: Sensory thresholds, response biases and the neural quantum theory. JMaP 1, 1964, S. 88–120; Velden, M.: Die Signalentdeckungstheorie in der Ps. Stuttgart 1982.

Signal-Lernen → klassische Konditionierung.

Signaltheorie der Angst → Angst.

Sign-learning → Zeichen-Gestalt-Theorie; → klassische Konditionierung; → Zwei-Faktoren-Theorie.

Simon-Effekt, Bezeichnung für das Phänomen, das in folgendem Experiment auftritt: Der Vp werden über den rechten o. linken Lautsprecher eines Kopfhörers die verbalen Kommandos »Rechts« u. »Links« geboten, u. gem. dieser Kommandos soll sie eine von zwei nebeneinander angeordneten Tasten drücken. Trotz der offensichtl. Irrelevanz der Kommandoposition (ob im rechten o. linken Kopfhörer) reagierten die Vpn, unabhängig vom Inhalt des Kommandos, immer dann schneller, wenn die Position des Kommandos mit derjenigen Taste übereinstimmt, die gedrückt werden soll. Der S. kann als ein Beleg für das Prinzip der → Kompatibilität gewertet werden. Zum Überblick vgl. Hommel (1990); die Originalarbeiten stammen von Simon u. Rudell; der Begriff *S.* wurde von Hedge u. Marsh (1975) geprägt; zu erkenntnistheoret. Aspekten vgl. Prinz u. a. (1995).

◆ Hedge, A. u. Marsh, N. W. A.: The effect of irrelevant spatial correspondences on two-choice response-time. AP 39, 1975, S. 427–439; Hommel, B.: Kompatibilität, Interferenz u. Handlungssteuerung. In: Meinecke, C. u. Kehrer, L. (Hg.): Bielefelder Beiträge zur Kognitionsps. Göttingen 1990, S. 221–275; Prinz, W. u. a.: Handlungen als Ereignisse. In: Dörner, D. u. van der Meer, E. (Hg.): Das Gedächtnis. Göttingen 1995, S. 129–168.

Simultan-Diskrimination → Diskriminationslernen.

Simultane Konditionierung → Interstimulusintervall.

Simultaneous scanning → Attributlernen.

Simultaner Grenzkontrast → Machsche Bänder; → Kontrasteffekte.

Simultaner Kontrast → Simultankontraste.

Simultankontraste, eine der Grundformen von → Kontrasteffekten; das Auftreten von Kontrast zw. zwei gleichzeitig vorhandenen Reizmustern; man spricht deshalb auch von *räuml.* Kontrast. Für Bspe. s. die Stw. → Helligkeitskontrast u. → Farbwahrnehmung.

◆ Arnold, W. (Hg.): Experimentelles Praktikum, 1. Bd. Stuttgart 1972; Campenhausen, C. v.: Die Sinne des Menschen. Stuttgart 1993; Falk, D. S. u. a.: Ein Blick ins Licht. Berlin 1990; Kebeck, G.: Wahrnehmung. Weinheim 1994; Murch, G. M. u. Woodworth, G. L.: Wahrnehmung. Stuttgart 1978; Schmidt, R. F. (Hg.): Grundriß der Sinnesphysiologie. Berlin 1985 (5. Aufl.).

Simultanschwelle → Sinnesschwellen.

Single-peakedness-Phänomen → Eingipfligkeitsphänomen.

Sinn → Sinneswahrnehmung.

Sinnesschwellen, die Reizwerte, die mindestens hergestellt werden müssen, damit ein Mensch einen Reiz bzw. einen Reizunterschied wahrnehmen kann. Die Messung von S. war ein klass. Thema der Psychophysik, die dafür wichtige Methoden entwickelte: die → Herstellungsmethode, die → Grenz–

methode u. die → Konstanzmethode. Da auch beim selben Reiz die durch diesen Reiz ausgelösten Empfindungsintensitäten schwanken, kann eine Schwelle, z. B. die absolute Schwelle (s. u.), nicht einfach als der schwächste Reiz, der wahrgenommen werden kann, erfasst werden, sondern als jener, bei dem die Vpn zu 50 % angeben, dass sie etwas wahrnehmen; Weiteres s. u. Eine moderne Weiterentwicklung dieses Ansatzes ist die Erforschung von *mehrdimensionalen* S., wb. es um die Empfindlichkeit von Reizdimensionen in Abhängigkeit von anderen Reizdimensionen geht, z. B. die Empfindlichkeit für Lichtenergie bezügl. Hellempfindung in Abhängigkeit von der Wellenlänge des Lichts; vgl. hierzu Hajos (1972). Die → Signalentdeckungstheorie stellt das S.-Kzpt. grundsätzl. in Frage.

VD: Folgende Arten von S. lassen sich unterscheiden: (1) *Absolutschwelle* (auch *Reizlimen*, Abk. *Rl.*; *Intensitätsschwelle* o. einfach: *Reizschwelle*; häufige Notation: S_0): der Reizwert, der mindestens hergestellt werden muss, damit eine ebenmerkl. Empfindung entsteht; genauer: diejenige Minimalreizintensität, die in 50 % der Fälle ausreicht, um eine Empfindung hervorzurufen; der reziproke Wert zur Absolutschwelle entspricht der *Empfindlichkeit* eines Sensorsytems; man spricht auch von einer absoluten *unteren* Intensitätsschwelle; die *obere* Intensitätsschwelle ist nicht ganz einheitl. definiert, in der Regel ist es diejenige, bei der die höchste Stufe der Intensität der Empfindung entsteht, die also durch keine weitere Reizsteigerung mehr zu übertreffen ist; sie fällt mit einer *Unbehaglichkeits-* o. sogar *Schmerzschwelle* zusammen o. liegt etwas darunter. Bsp. für Absolutschwellen: Sehen: Kerzenlicht in klarer, dunkler Nacht, ca. 45 km Entfernung; Hören: Ticken einer Armbanduhr in ca. 6 Meter Entfernung; Schmecken: ein Teelöffel Zucker in ca. 7 Liter Wasser; Riechen: ein Parfümtropfen in einer 6-Zimmer-Wohnung verteilt; Berühren: ein Sandkorn, das aus einem Zentimeter Höhe auf die Wange fällt. (2) *Unterschiedsschwelle* (Abk. *US*; auch *relative Schwelle*; *Differenzlimen*, Abk. *Dl.*; auch *ebenmerkl. Unterschied*, Abk. *emU*, bzw. *EMU* bzw. *eU*, bzw. *ebenmerkl. Empfindungsunterschied*, Abk. *eEU*; engl. *just notable difference*, Abk. *jnd* – die angelsächs. Bezeichnung u. Abkürzung ist auch in der dt. Fachliteratur häufiger als die deutschsprachige): der Betrag, um den eine Reizintensität sich ändern muss, damit (in 50 % der Fälle) überhaupt ein Unterschied festgestellt werden kann. (Ist der Standardreiz größer als der Vergleichsreiz, so spricht man von einer *unteren*, ist der Standardreiz kleiner als der Vergleichsreiz, so spricht man von einer *oberen Unterschiedsschwelle*.) Genauer bezeichnet ist dies die *absolute* Unterschiedsschwelle (ΔS), die *relative Unterschiedsschwelle* ist die Unterschiedsschwelle im Verhältnis zum Ausgangsreiz: $\Delta S/S_0$ (S_0 = Ausgangsreiz). Bsp.: Erst ein (nicht gehobenes) Gewicht von 70g bzw. 130g wird als verschieden von einem 100g-Gewicht empfunden, d. h., die absolute Unterschiedsschwelle beträgt (bei einem Gewicht von 100g) 30g; die relative Unterschiedsschwelle beträgt 30 % bzw. 0,3. Die relative Unterschiedsschwelle ist also ein Maß für die Unterschiedsempfindlichkeit von Sinnessystemen. Das → Webersche Gesetz besagt, dass die absolute Unterschiedsschwelle keine konstante Größe ist, sondern von der absoluten Größe der zu vergleichenden Reize abhängt, d. h., dass die Unterschiedsschwelle immer größer wird, je weiter man vom Nullpunkt der Skala entfernt ist, die relative Unterschiedsschwelle allerdings ist (gemäß dem Weberschen Gesetz) annähernd konstant. (3) Als *Qualitätsschwellen* bezeichnet man diejenigen Grenzen des physikal. Kontinuums, an denen ein qualitativer Übergang stattfindet. Eine *absolute Qualitätsschwelle* ist z. B. gegeben, wenn eine eben noch als *gelb* wahrgenommene Wellenlänge des Lichts in die Empfindung *orange* übergeht. Als *relative Qualitätsschwelle* bezeichnet man diejenige Schwelle, die nötig ist, um einen minimalen Unterschied zweier Empfindungen, z. B. zweier Farbtöne festzustellen. (4) Eine *Extensitätsschwelle* ist eine Schwelle der zeitl.-räuml. Unterscheidung, Bspe. für solche *Raumschwellen*: die Schwelle der Auflösung zweier Berührungsreize auf der Haut (*Ästhesiometerversuch*) o. das Auflösungsvermögen des Gesichtssinnes (→ *Sehschärfe*); vgl. Arnold (1972). Bei den *Zeitschwellen* kann man *Simultanschwellen* u. *Sukzessivschwellen* unterscheiden, also Schwellen, die angeben, wann zeitl. Prozesse als gleichzeitig o. als sukzessiv empfunden werden.

◆ ARNOLD, W. (Hg.): Experimentelles Praktikum, 1. Bd. Stuttgart 1972; GUTTMANN, G. (Hg.): Allg. Ps., experimentalps. Grundlagen. Wien 1992; HAJOS, A.: Wahrnehmungsps. Psychophysik u. Wahrnehmungsforschung. Stuttgart 1972; LÜER, G. (Hg.): Allgemeine experimentelle Ps. Eine Einführung in die method. Grundlagen mit prakt. Übungen für das experimentelle Praktikum. Stuttgart 1987; VARJU, D.: Über nicht lineare Analogschaltungen zur Simulierung biolog. Adaptationsvorgänge. In: WIENER. N. u. SCHADE, J. P. (Hg.): Progress in brain research, Vol. 17. Amsterdam 1965.

Sinneswahrnehmung, umfasst die sog. *Entfernungs-Sinne*: → Sehen u. → Hören; die *Haut-Sinne*: Tastsinn, Wärme, Kälte, Schmerz (→ Oberflächensensibilität); die sog. *Tiefen-Sinne*: Stellung u. Bewegung der Muskeln u. Gelenke, die Gleichgewichtssinne u. die Sinne der inneren Organe (→ Tiefensensibilität; → Haptik); *die chem. Sinne*: → Geschmackswahrnehmung u. → Geruchswahrnehmung.

VD: In der neueren Wahrnehmungsps. kommt neben dem Sinnesbegriff häufig der Begriff der *Sinnes-Modalität* vor, definiert als eine Gruppe einander ähnl. Sinneseindrücke, die durch ein bestimmtes Organ vermittelt werden (vgl. Dudel 1980); heute gelten z. B. auch der *Gleichgewichts-* u. *Temperatursinn* sowie die Wahrnehmung von *Vibration* (→ Mechanorezeption) als eigenständige Modalitäten, so dass ihre Anzahl die der »5 Sinne« beträchtl. übersteigt. Der Modalitätsbegriff ist nicht unproblemat.; z. B. sind im Bereich der Riechwahrnehmung mindestens zwei unterschiedl. sensor. Systeme beteiligt, das *olfaktor.* u. das *nasaltrigimenale* System mit jeweils unterschiedl. Rezeptortypen, Rezeptionsregionen, zentralen Verbindungen u. Projektionsgebieten; demnach müssten für den Geruchssinn zwei unterschiedl. Modalitäten postuliert werden.

◆ CAMPENHAUSEN, C. V.: Die Sinne des Menschen. Stuttgart 1993; DUDEL, J.: Allg. Sinnesphysiologie, Psychophysik. In: Schmidt, R. F. (Hg.): Grundriß der Sinnesphysiologie. Berlin 1980, S. 1–36.

Sinnkonstanz, von Hörmann (1976) eingeführter Begriff für die zielgerichtete aktive Suche des Sprachbenutzers nach dem sinnvollen Gehalt von Sätzen beim → Sprachverstehen. Dabei ist das Sinnvollsein von Sätzen ein vorgegebenes Kriterium u. ergibt sich nicht erst nachträgl. aus der linguist. → Satzverarbeitung, wie herkömml. Modelle der → Psycholinguistik postulieren. Durch diesen Sinnsuche-Prozess wird es mögl., über das unmittelbare Verstehen hinauszugehen u. z. B. semant. anomale Sätze auf einer höheren Ebene als *Metaphern* zu interpretieren.

◆ HÖRMANN, H.: Semant. Anomalie: Metapher u. Witz o. Schlafen farblose grüne Ideen wirkl. wütend? Folia Linguistica 5, 1972, S. 310–330; HÖRMANN, H.: Meinen u. Verstehen. Frankfurt/M. 1976; HÖRMANN, H.: The concept of sense constancy. Lingua 39, 1976, S. 269–280.

Sinnlose Silben, gewöhnl. Konsonant-Vokal-Konsonant-Kombinationen (häufig abgekürzt: *KVK*), v. a. Konsonant-Vokal-Trigramme, wie z. B. JIR, GOP, BIF. Die s. S. gehören zu den wichtigsten method. Mitteln innerhalb der Gedächtnisps. (→ Gedächtnisprüfmethoden). Sie werden bei der Untersuchung des Gedächtnisses eingesetzt, um die elementaren Gedächtnisprozesse bzw. → Lerngesetze, bes. die → Lernkurve, herauszuarbeiten, die bei komplexerem Gedächtnismaterial durch »höhere« Bearbeitungsprozesse überlagert u. »verfälscht« werden. S. S. sind das wichtigste Untersuchungsmittel innerhalb des Paradigmas des → verbalen Lernens. Herstellungsgrundregeln für Reihen von s. S., wie sie schon von G. Müller aufgestellt wurden, fordern v. a., dass zw. zwei benachbarten Silben keine Alliterationen vorkommen, dass sich kein Reim ergibt u. dass die beiden Silben nicht denselben Vokal enthalten, ferner darf der Endkonsonant einer Silbe nicht auch Anfangskonsonant der folgenden sein, u. zwei aufeinanderfolgende Silben dürfen kein sinnvolles Wort ergeben; vgl. zum Überblick Hilgard (1951). Im Deutschen können ungefähr 2300 s. S. hergestellt werden. Das Problem bei der method. Verwendung von s. S. besteht darin, dass Vpn häufig versuchen, sie semant. zu kodieren, also ihnen Bedeutung zu verleihen, was v. a. von Prytulak (1971) analysiert worden ist. Einen Übergang von sinnlosen Silben zur realen Sprache stellen die unter informationstheoret. Aspekt angestellten Analysen von → Sprachapproximationen dar.

HI: Die Idee, s. S. als Lernmaterial zu verwenden, geht auf Ebbinghaus (→ Gedächtnispsychologie) zurück; zu einer histor. Analyse seines Materials vgl. Schuster (1985); vgl. hierzu auch Bergius (1964).

VD: Der unterschiedl. Grad, mit der die s. S. → Assoziationen auslösen, lässt sich über den → Assoziationswert fassen; es charakterisiert die *Bedeutungshaltigkeit* der s. S. (→ assoziative Bedeutung). Der Behaltenswert o. die Behaltensleistung variiert in Abhängigkeit hiervon. Gem. diesem Kzpt. sind die meisten s. S. eben nicht »sinnlos«, sondern höchstens sinnarm. Paivio (1971) erforschte die Leichtigkeit, mit der bildl. Vorstellungen zu den Silben entwickelt werden können: *Imaginationswert.*

LIT: Zur grundsätzl. paradigmat. Bedeutung des »Sinnlosigkeits«-Kzpts. vgl. Groeben (1986).

◆ Bergius, R.: Einleitung: Begriffe, Prinzipien, Methoden. In: Bergius, R. (Hg.): Lernen u. Denken. HP, 1. Bd., 2. Hlb. Göttingen 1964, S. 3–36; Groeben, N.: Handeln, Tun, Verhalten als Einheiten einer verstehend-erklärenden Ps. Tübingen 1986; Hilgard, E. R.: Methods and procedures in the study of learning. In: Stevens, S. S. (Hg.): Handbook of experimental psychology. New York 1951, S. 517–567; Paivio, A.: Imagery and verbal processes. New York 1971; Prytulak, L. S.: Natural language mediation. CP 2, 1971, S. 1–56; Schuster, G.: Das Silbenmaterial von Hermann Ebbinghaus – eine Analyse anhand von Material aus seinem Nachlaß. In: Albert, D. (Hg.): Bericht über den 34. Kongreß der Dt. Ges. für Ps. in Wien 1984, 1. Bd. Göttingen 1985, S. 126–128.

Sinusoidale Schlafspindel → physiologische Psychologie (Kasten psychophysiologische Methoden).

Situation, zur Bezeichnung von Sachverhalten verwendet, die größere zeitl. u. v. a. räuml. Dimensionen als der → Reiz aufweisen. Einige Autoren versuchen, beide Termini begriffl. miteinander zu verbinden, u. sprechen von *Reiz-* o. *Stimulussituationen* (Tolman 1954; Arnoult 1963). Der S.-Begriff ist problemhistor. in der Ps. weniger bedeutsam gewesen als der Reizbegriff, obwohl in sämtl. neueren Ansätzen der → Reiz-Reaktions-Theorien u. auch innerhalb der → Verhaltenstherapie u. ihrer kognitiven Weiterentwicklungen das Kürzel »*S*« für *Stimulus* »unter der Hand« in ein »*S*« für *Situation* übergegangen ist. Das bedeutsamste S.-Kzpt. ist das des → Lebensraumes; vgl. auch das Stw. → Situationismus.

LIT: Schott (1979) hat die Aspekte des alltägl. u. lexikal. Sprachgebrauchs von S. analysiert; Frederiksen (1972) diskutiert verschiedene Aspekte von Situationstaxonomien; vgl. auch Magnusson (1971); zum S.-Kzpt. in der Persönlichkeitsps. vgl. Spitznagel (1968); wichtige Aspekte zur Bedeutung des S.-Begriffs im Rahmen von Verhaltenstheorien, vor dem Hintergrund der *Personalismus-Situationismus-Debatte* analysiert Arnold (1981); zur Weiterentwicklung des S.-Begriffs zum Umweltkzpt. s. die Lit. zur → ökologischen Psychologie.

◆ Arnold, K. H.: Zur Definition des Grundbegriffs »Situation« in Theorien der Vhserklärung. ZDDP 2, 1981, S. 275–280; Arnoult, M. B.: The specification of a »social« stimulus. In: Sells, S. B. (Hg.): Stimulus determinants of behaviour. New York 1963, S. 18–30; Bischof, N.: Erkenntnistheoret. Grundlagenprobleme der Wahrnehmungsps. In: Metzger, W. (Hg.): Wahrnehmung u. Bewußtsein. HP, 1. Bd., 1. Hlb. Göttingen 1966, S. 21–78; Frederiksen, N.: Toward a taxonomy of situations. AmP 27, 1972, S. 114–123; Holzkamp, K.: Theorie u. Experiment in der Ps. Berlin 1964; Lofland, J.: Doing social life. New York 1976; Magnusson, D.: An analysis of situational dimensions. PMS 32, 1971, S. 851–867; Schott, E.: Überlegungen zur Bedeutung von »Situation« für die ps. Forschung. In: Walter, H. u. Oerter, R. (Hg.): Ökologie u. Entwicklung. Donauwörth 1979, S. 157–170; Spitznagel, A.: Die Situation als Problem der Persönlichkeitsps. In: Groffman, K. J. u. Wewitzer, K.-H. (Hg.): Person als Prozeß. Bern 1968, S. 183–212; Tolman, E. C.: A psychological model. In: Parsons, T. u. Shils, E. A. (Hg.): Toward a general theory of action. Cambridge 1954, S. 277–361.

Situationismus, Oberbegriff für eine Gruppe von Theorien, die hervorhebt, dass das Handeln u. Erleben eines Individuums v. a. durch *situative* Faktoren bestimmt wird, im Gegensatz zum → Personalismus, der den *Persönlichkeitseigenschaften* stärkere Bedeutung zumisst (einem strengen S. ist der Persönlichkeitsbegriff eigentl. fremd, da er sowohl die Inkonsistenz des Vhs. betont wie auch die Tatsache, dass konsistentes Vh. entsteht, wenn ähnl. Verhaltensweisen in verschiedenen Situationen erwartet u. bekräftigt werden); vgl. Carlson (1971) u. Alker (1972). Ein S. in schärfster Ausprägung ist vom → Behaviourismus vertreten worden, einen Überblick über frühe Konzeptionen gibt Bergius (1964, 1977); vgl. auch Pervin (1981). Ein neuerer Ansatz ist die → sozialkognitive Lerntheorie von Bandura; v. a. Mischel (1968ff.) hat das Problem des S. innerhalb der modernen Ps. wieder aktualisiert: er stellt nach einer Sichtung der Literatur fest, dass ledigl. Intelligenz sowie spezif. kognitive Stile u. Problemlösungsstrategien größere Teile von Verhaltensvarianz aufklären können, während bei globalen Persönlichkeitsdispositionen die Korrelationen mit einem Verhaltenskriterium 30 % nicht übersteigen. Mischel zieht daraus die Schlussfolgerung, dass kognitive u. prozessuale Varianten die herkömml. Persönlichkeitseigenschaften ersetzen sollten; vgl. auch die Ansätze zu den → Kontrollüberzeugungen. In diesem Zusammenhang hat sich innerhalb der modernen Ps. auch eine eingehende konzeptuelle u. empir. Analyse des → Situations-Begriffs ergeben; vgl. Arnold (1981). Unter völlig anderem Gesichtspunkt werden auch in der neueren → ökologischen Psychologie situative Aspekte berücksichtigt – ohne dass der Begriff *S.* darauf angewandt wird.

Kennzeichnend für den situationist. Ansatz sind die sog. *Situations-Response-Tests*, bei denen die Vpn zu jeder vorgesehenen Situation angeben müssen, wie stark sie darauf gewöhnl. mit jeder der ebenfalls aufgelisteten Reaktionen antworten würden (z. B. *Situation*: man ist nachts allein im Wald, man muss eine Rede vor einer Gruppe halten: *Reaktion*: Herz schlägt schneller, Mund wird trocken usw.). Derartige Skalen gibt es z. B. für Angst u. Aggressivität (Endler u. Hunt 1968); Becker u. a. (1975).

VD/T: Es ist darauf hingewiesen worden, dass die Bezeichnung *S.* für die neueren kognitivist. Ansätze im Grunde inadäquat ist (obwohl diese sich selbst dazu bekennen); eigentl. implizieren diese Theorien einen → Interaktionismus, u. die Tatsache, dass das darin enthaltene Erwartung-mal-Wert-Modell sich auf situationsspezif. kognitive Variablen bezieht, lässt sich besser so formulieren, dass *allgemeinps.* Hypothesen *differentiell* abgebildet werden; vgl. hierzu Herrmann (1980); vgl. auch Höfert (1982) u. Krampen (1987).

◆ Alker, H. A.: Is personality situationally specific or intrapsychically consistent? JPers

40, 1972, S. 1–16; Amelang, M. u. Bartussek, D.: Differentielle Psychologie u. Persönlichkeitsforschung. Stuttgart 1990 (3. Aufl.); Arnold, K. H.: Zur Definition des Grundbegriffs »Situation« in Theorien der Vhserklärung. ZDDP 2, 1981, S. 275–280; Bandura, A.: Sozialkognitive Lerntheorie. Stuttgart 1979; Becker, P. u. a.: Über die Bereichsspezifität der Angstneigung. Ein Beitrag zur situationsbezogenen Eigenschaftsmessung. PB 17, 1975, S. 112–132; Bergius, R.: Behaviourist. Konzeptionen zur Persönlichkeitstheorie. In: Lersch, P. u. Thomae, H. (Hg.): Persönlichkeitsforschung, Persönlichkeitstheorie. HP, 4. Bd. Göttingen 1960, S. 475–541; Bergius, R.: Vhstheoret. Ansätze in der Persönlichkeitsforschung. In: Strube, G. (Hg.): Binet u. die Folgen. Psychologie des 20. Jhdts., 5. Bd., Zürich 1977; Carlson, R.: Where is the person in personality research? PBu 75, 1971, S. 203–219; Endler, N. S. u. Hunt, J. M.: S-R-inventories of hostility and comparisons of the proportions of variance from person responses, and situation for hostility and anxiousness. JPSP 9, 1968, S. 309–315; Hartshorne, H. u. May, M. A.: Studies in deceit. Studies in the nature of character, 1. Bd. New York 1928; Herrmann, T.: Die Eigenschaftskonzeption als Heterostereotyp. ZDDP 1, 1980, S. 7–60; Hoefert, H.-W. (Hg.): Person u. Situation. Göttingen 1982; Krampen, G.: Handlungstheoret. Persönlichkeitsps. Göttingen 1987; Mischel, W.: Personality and assessment. New York 1968; Mischel, W.: Toward a cognitive social learning reconceptualization of personality. PR 80, 1973, S. 252–283; Mischel, W.: Introduction to personality. New York 1976 (2. Aufl.); Mischel, W.: On the interface of cognition and personality. AmP 34, 1979, S. 740–754; Pervin, L. A.: Persönlichkeitsps. in Kontroversen. München 1981; Spitznagel, A.: Die Situation als Problem der Persönlichkeitsps. In: Groffman, K. J. u. Wewitzer, K.-H. (Hg.): Person als Prozeß. Bern 1968, S. 183–212.

Situation-response-Test → Situationismus.

Situationsanalyse → Problemlösen; → psychologische Heuristik.

Situationsmodell → Textverstehen.

Situationsspezifische Angst → Angst; → Leistungsangst.

Situationsurteile → absolutes Urteil.

Skaggs-Robinson-Hypothese → Interferenz. **Skaggs-Robinson-Kurve** → Interferenz.

Skalierungsmethoden → psychologische Skalierung.

Skalierungstheorie → mathematische Psychologie; → Psychologie; → psychologische Skalierung.

Skinner-Box [engl. *operant chamber*], von Skinner im Rahmen des Paradigmas der → operanten Konditionierung entwickelte Apparatur. Das Versuchstier befindet sich in einem von der Außenwelt abgeschirmten Kasten u. kann sich z. B. durch Niederdrücken eines Hebels o. Picken an ein Scheibchen Futter

Abb. *Lernen 5a*

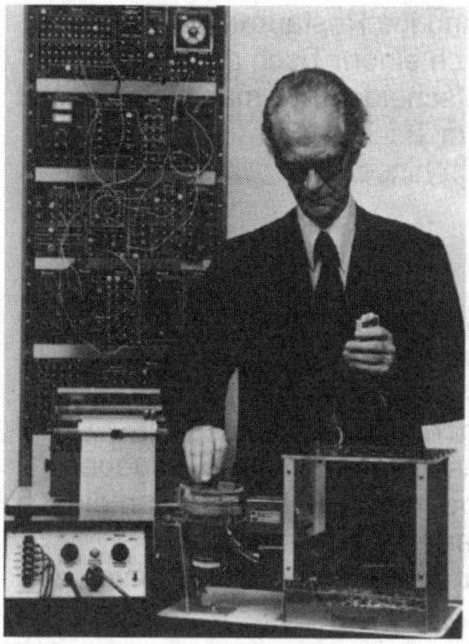

Abb. *Lernen 5b*

verschaffen. Der Versuchsablauf erfolgt automatisiert mittels eines elektron. Steuergeräts o. eines Computerprogramms. Die Auswertung erfolgt durch einen *Additivschreiber*, ein Aufzeichnungsgerät, das das operante Vh. registriert: Jeder Hebeldruck des Tieres bewirkt durch eine entsprechende Verkabelung eine vertikale Federbewegung, die auf eine sich bewegende Papierrolle übertragen wird, welche damit eine graph. Repräsentation des Lernfortschritts liefert; s. Abb. *Lernen 5a*; Abb. *Lernen 5b* zeigt Skinner in seinem Laboratorium mit einer S.

VD: Es gibt auch eine S. für Humanversuche; ähnl. aufgebaut ist das *Testpult München*, ein Gerät mit auswechselbaren Darbietungsfunktionen u. Belohnungsgebern; es misst den zeitl. Verlauf der Lernkurve bis zur Stabilisierung des Vhs. u. mehrere Parameter beim Diskriminationsvh.

◆ Brickenkamp R. (Hg.): Handbuch apparativer Verfahren in der Ps. Göttingen 1986.

Skotom → Sehen.

Skotopischer Dominator → Duplizitätstheorie.

Skotopisches Sehen → Duplizitätstheorien; → Helligkeitssehen; → Schwarz-Weiß-Sehen.

Skript, → Schema, das einen Komplex von Routine-Ereignissen repräsentiert (Schank u. Abelson 1975); es enthält typ. Situationen u. Ereignisfolgen. Ein Bsp. ist das *Restaurant-S.*, – die Gesamtheit des Wissens, das mit einem typ. Restaurant-Besuch verknüpft ist; die Abb. *Wissen 3* stellt ein hypothet. S. für das Essen in einem Restaurant dar; Untersuchungen haben festgestellt, dass von den Vpn insges. über 730 Handlungen im Zusammenhang mit einem Restaurantbesuch genannt wurden, dass aber eine relativ große Übereinstimmung bezüglich der generellen Bedeutung herrscht; bestimmte Handlungen wurden von fast allen Vpn genannt. Überprüft wurde auch, ob Individuen dieses Restaurant-S. in ähnl. Komponenten unterteilen, u. auch hier zeigte sich ein hohes Ausmaß an Übereinstimmung, vgl. die Abb. *Wissen 3*. Andere Bsp. wären S. für einen Arztbesuch o. für eine Geburtstagsfeier; vgl. auch → sexuelles Skript. Ähnl. ist das Kzpt. des → frame.

S. haben eine *serielle* u. *hierarch.* Struktur: auf der seriellen Ebene repräsentieren sie typ. Abfolgen von Ereignissen (z. B. dass man in einem Restaurant bestellt, bevor man Essen bekommt); hierarch. lassen sich S. in Szenen untergliedern, die sich wieder aus Teilereignissen zusammensetzen (z. B. die Szene »Bestellen eines Essens«). An verschiedenen Stellen enthalten S. abstrakte Kategorien, *Leerstellen* (engl. *slots*), die in variabler Weise belegt werden können, etwa ein slot für Hauptgerichte, in dem unterschiedl. typ. Alternativen angege-

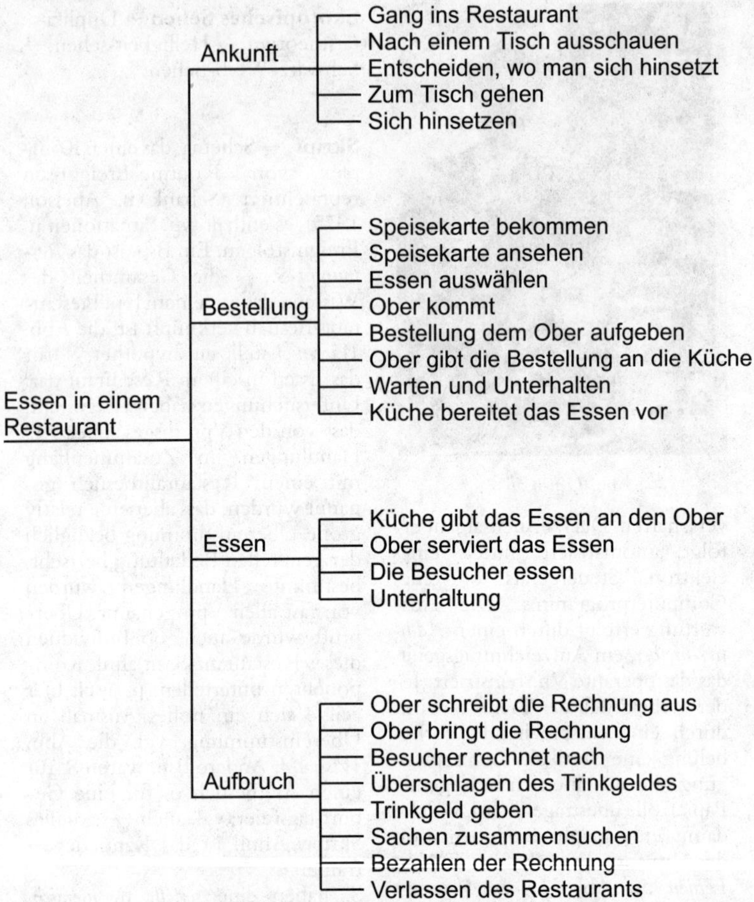

Abb. *Wissen 3*

ben sind. Außerdem enthalten S. Informationen darüber, ob Ereignisse eher zentral sind u. mit einer hohen Wahrscheinlichkeit erwartet werden können o. eher peripher.
Eine Vielfalt von Untersuchungen zeigt, dass mit dem S.-Modell das Verstehen u. Erinnern von Texten über Alltagsereignisse gut erklärt werden kann; vgl. z. B. Pohl u. a. (1985); Bower u. a. (1979). Es konnte z. B. gezeigt werden, dass Vpn, die Details aus Geschichten reproduzieren sollen, in denen einige, aber nicht alle für den Handlungsablauf typ. Ereignisse vorkamen, dazu neigen, Aussagen zu reproduzieren, die Teil eines S., aber nicht Teil der Geschichte sind. S. ermöglichen es auch, während des Lesens → Inferenzen zu ziehen; diese Eigenschaft des automat. Ergänzens nicht genannter Teile ist Grundlage mehrerer Experimente

zum S.-Kzpt. gewesen, die z. B. gezeigt haben, dass der Leser nach einer gewissen Zeit nicht mehr in der Lage ist zu sagen, ob die entsprechende Informationen im ursprüngl. Text genannt worden sind o. von ihm selbst ergänzt worden sind.

HI/WÜ: Das Kzpt. entstammt der → künstlichen Intelligenz, speziell dem Problembereich textverstehender u. fragenbeantwortender Systeme. Im S.-Kzpt. manifestiert sich die Bedeutung des → Wissens u. bereichsspezif. Vorkenntnisse beim Handeln. Die Vorteile eines KI-Systems, das S. beinhaltet – u. damit eines Menschen, der solche S. im Gedächtnis gespeichert hat – besteht darin, dass die Vhssteuerung in stereotypen Situationen erleichtert ist u. implizite Kausalitäten der Eingangsdaten leichter erkannt werden. Außerdem wird das *Rahmenproblem* (→ frame) umgangen, weil die mögl. Situationen u. Ereignisse bereits bei der Systeminitialisierung festgelegt werden. Eine Schwäche besteht darin, dass bei einem ungünstigen Einstieg u. U. ein S. nicht aktiviert werden kann u. bei einem unerwarteten Wechsel des S. Fehler auftreten.

LIT: Eine wissenschaftl. u. wissenstheoret. Analyse des S.-Kzpts. liefert Abelson (1981), der auch eine Theorie der Schemaentwicklung entwirft, experimentell z. B. überprüft von Martin u. a. (1980); Weiterentwicklungen finden sich in Schank (1982) u. Kolodner (1984); eine Reihe von Experimenten zur ps. Realität des Begriffs findet sich in Bower u. a. (1979); zur Kritik vgl. Waldmann (1990).

◆ Abelson, R. P.: The psychological status of the script concept. AmP 36, 1981, S. 715–729; Bower, G. H. u. a.: Scripts in memory for text. CP 11, 1979, S. 177–220; Kolodner, J. L.: Retrieval and organizational strategies in conceptual memory: a computer model. Hillsdale 1984; Mandl, H. u. a.: Theoret. Ansätze zum Wissenserwerb. In: Mandl, H. u. Spada, H. (Hg.): Wissensps. München 1988, S. 123–160; Martin, J. u. a.: The development of knowledge structure. Research Paper Nr. 557. Graduate School of Bussiness, Stanford University 1980; Pohl, R. u. a.: Recognition of script-based inferences. PRes 47, 1985, S. 59–67; Rumelhart, D. E. u. Norman, D. A.: Representation in memory. In: Atkinson, R. C. u. a. (Hg.): Handbook of experimental psychology. New York 1983; Schank, R. C. u. Abelson, R. P.: Scripts, plans, goals and understanding. Hillsdale 1975; Schank, R. C.: Dynamic memory. Cambridge 1982; Thorndyke, P. W.: Applications of schema theory in cognitive research. In: Anderson, J. R. u. Kosslyn, S. M. (Hg.): Tutorials in learning and memory. San Francisco 1984, S. 167–191; Waldmann, M. R.: Schema u. Gedächtnis. Heidelberg 1990.

SOA, Abk. f. → *stimulus onset asynchrony*.

SOAR → ACT-Theorie.

Social-cognition-Paradigma → soziale Kognition.

Social learning → soziales Lernen; → Modelllernen.

Solution learning → Zwei-Faktoren-Theorie.

Somästhetischer Sinn → Körperwahrnehmung; → somatoviscerale Sensibilität.

Somatische Angst → Angst.

Somatische Sensibilität → somatoviscerale Sensibilität.

Somatognosie → Körperwahrnehmung.

Somatosensorik → somatoviscerale Sensibilität.

Somatosensorische Empfindungen → somatoviscerale Sensibilität.

Somatoviscerale Sensibilität [auch *Somästhesie* bzw. *somästhet. Sinn*], Oberbegriff für Haut-, Lage- u. Bewegungsempfindungen, also für die Sinnesorgane bzw. Sinnesprozesse, die in der Haut, den Skelettmuskeln, den Sehnen, Gelenken u. den Eingeweiden lokalisiert sind; sie verarbeiten Signale aus der Umwelt o. aus dem Körper. Die Sinnessysteme der Haut, der Gelenke

u. der Skelettmuskeln mit ihren Sehnen sind als *somat. Sensibilität* o. *Somatosensorik* i. e. S. abzugrenzen von der Sensibilität der Eingeweide, die als *viscerale Sensibilität* (→ Viscerozeption) zusammengefasst wird. Innerhalb der somat. Sensibilität werden die in der Haut lokalisierten Modalitäten als → *Oberflächensensibilität* der → *Tiefensensibilität* aus den darunter liegenden Muskeln, Sehnen u. Gelenken gegenübergestellt. Zu ps. Experimenten vgl. Arnold (1972).

◆ ARNOLD, W.: Experimentelles Praktikum 1. Bd. Stuttgart 1972; BIRBAUMER, N. u. SCHMIDT, R. F.: Biolog. Ps. Berlin 1989; CAMPENHAUSEN, C. v.: Die Sinne des Menschen. Stuttgart 1993; NAFE, E. P. u. KENSHALO, D. R.: Somästhesie. In: METZGER, W. (Hg.): Wahrnehmung u. Bewußtsein. HP I, 1. Hlb. Göttingen 1966, S. 221–249.

Sondierreiz-Experiment [engl. *probe stimulus paradigm*], eine → Doppelaufgabe, bei der die Vp mit der Ausführung einer zeitl. erstreckten Primäraufgabe befasst ist, z. B. dem Vergleich zw. zwei Buchstaben; gleichzeitig wird zu einem variablen Zeitpunkt ein Ton dargeboten, auf den die Vp mit einem Tastendruck antworten soll. Ein typ. Ergebnis ist, dass die Reaktionszeit in systemat. Weise von der zeitl. Position des Tons abhängt; sie ist kaum verändert, wenn diese während der Darbietung des ersten Buchstabens geboten wird; vgl. auch → Probeziffernaufgabe.

T: Das engl. Wort »probe« wird häufig mit »Probe« übersetzt – die Übersetzung mit »Sondier-« ist jedoch adäquater; diese Übersetzungsart wird z. B. bei Wessells (1984) gewählt.

◆ WESSELLS, M. G.: Kognitive Ps. München 1984.

Sondier-Wiedererkennungs-Technik → Probeziffernaufgabe.

Sondierziffernaufgabe → Probeziffernaufgabe.

Sone-Skala → Hören.

Sonogramm → Phonetik; → Sprachwahrnehmung.

S-O-R-KV-C-Modell → S-R-Theorien.

S-O-R-Modell → S-R-Theorien.

Sortieraufgabe → Sortiertechnik.

Sortiermethode → Sortiertechnik.

Sortiertechnik [auch: *Sortiermethode, -aufgabe, Kategorisierungsaufgabe, -methode, -technik*; *Klassifikationsaufgabe*], eine Methode der Gedächtnis- bzw. Denkps. bes. zur Analyse des → semantischen Gedächtnisses bzw. der → Begriffsbildung. Eine typ. Form der S. besteht darin, dass man Wörter auf Karten schreibt u. diese der Vpn zum Kategorisieren vorlegt (z. B. Mandler 1967). Aus den von den Vp gebildeten Kategorien versucht man, auf die Struktur des semant. Gedächtnisses zu schließen. Die Auswertung erfolgt meist mit der *Clusteranalyse*; weiteres s. die Stw. → Begriffsbildung u. → Suchmethode. Die Urformen der Klassifikation- u. Sortiermethoden sind in den *Farbensortierversuchen* zu sehen, die bei Untersuchungen von Hirnverletzten aus dem Ersten Weltkrieg verwendet wurden; vgl. Gelb u. Goldstein (1925). Vorläufer waren die sog. *Abstraktionsexperimente* von Külpe (1904) u. die von Hull (1920) eingeführte *Lernmethode*, bei der analysiert wird, wie Menschen Namen von Gegenständen, speziell in chines. Schriftzeichen, lernen; ähnl. ist die *Verständnismethode*, die als zu bezeichnendes Material sinnlose Silben o. Quasi-Wörter benutzt; als Oberbegriff für diese Methode u.

die Suchmethode wird bisweilen der Begriff *Prüfmethoden* verwendet.

◆ GELB, A. u. GOLDSTEIN, K.: Über Farbenamnesie nebst Bemerkungen über das Wesen der amnest. Aphasie überhaupt mit Beziehung zw. Sprache u. dem Vh. zur Umwelt. PF 6, 1925, S. 127–186; GRAUMANN, C. F. (Hg.): Denken. Köln 1965; GRIMM, H. u. ENGELKAMP, J.: Sprachps. Wien 1981; HULL, C. L.: Quantitative aspects of the evolution of concepts. PM 28, 1920, S. 1–85 (dt.: In: GRAUMANN (1965); KÜLPE, O.: Versuch über Abstraktion. In: SCHUMANN, F. (Hg.): Bericht über den ersten Kongreß für experimentelle Ps. Leipzig 1904, S. 67ff.; MANDLER, G.: Organization and memory. In: SPENCE, K. W. u. SPENCE, J. T. (Hg.): The psychology of learning and motivation. New York 1967.

Sozialbedingte Externalität → Kontrollüberzeugungen.

Soziale Aktivierung → soziale Motivation.

Soziale Akzentuierung → Wahrnehmungsakzentuierung.

Soziale Angst, → Angst angesichts von sozialen Situationen, die als *selbstwertbedrohl.* angesehen werden; im Engl. wird oft unterschieden zw. *shame anxiety* u. *harm anxiety* – Angst vor sozialer Abwertung im Unterschied zur Angst vor phys. Bedrohung bzw. Verletzung; s. a. das Stw. → Leistungsangst. Das Thema s. A. ist eines der typ. Paradigmen der modernen bereichsspezif. orientierten Angstforschung. Nach Buss (1980) lassen sich vier Arten unterscheiden: *Verlegenheit,* → *Schamgefühl, Schüchternheit* u. *Publikumsangst.* Hauptmerkmal der Verlegenheit ist das Erröten; Scham ist längerdauernd, schwerwiegender u. moral. bedeutsamer; man errötet nicht, sondern erlebt Selbstverachtung, unmittelbare Ursachen liegen in Minderleistung, unmoral. Vh. etc. Das → Schuldgefühl setzt die private, die Scham dagegen die öffentl. → *Selbstaufmerksamkeit* voraus. Speziell *Schüchternheit* wird zunehmend als eine Persönlichkeitseigenschaft mit biolog.-genet. Basis gesehen; vgl. Kagan u. a. (1994).

VD: Ein anderer Ansatz zum Thema s. A. sind aus der klin. Ps. stammende Therapieansätze zum Abbau von Selbstunsicherheit bzw. zum Aufbau von Selbstsicherheit (*Selbstsicherheitstraining, Assertiveness-Training*), die, meist vhs-theoret. orientiert, v. a. Defizite in sozialen Fertigkeiten als Basis von Selbstunsicherheit ansehen (vgl. Feldhege u. Krauthan 1979; Ullrich de Muynck u. Ullrich 1976; Ullrich u. a. 1980).

LIT: Zu entwicklungsps. Aspekten vgl. Asendorpf (1989); zur Differenzierung von kognitiven u. emotionalen Komponenten bei der s. A. vgl. Morris (1981); zur Differenzierung der unterschiedl. Formen von s. A. vgl. Mosher u. White (1981); eine umfassende Theorie der s. A. ist Buss (1980); eine wichtige Arbeit war Zimbardo (1977).

◆ ASENDORPF, J.: Soziale Gehemmtheit u. ihre Entwicklung. Berlin 1989; BUSS, A. H.: Self-consciousness and social anxiety. San Francisco 1980; FELDHEGE, F. u. KRAUTHAN, G.: Vhstrainingsprogramm zum Aufbau sozialer Kompetenz. Berlin 1979; KAGAN, J. u. a.: Galen's prophecy: temperament in human nature. New York 1994; MORRIS, u. a.: Interactive effects of generalized and situational expectation on the arousal of cognitive and emotional components of social anxiety. JRiP 15, 1981, S. 302–311; MOSHER, D. L. u. WHITE, B. B.: On differentiating shame and shyness. MaE 5, 1981, S. 61–74; ULLRICH DE MUYNK, R. u. ULLRICH, R.: Das Assertiveness-Training-Programm ATP: Einübung von Selbstvertrauen u. sozialer Kompetenz, Teil 1. München 1976; ULLRICH, R. u. a. (Hg.): Soziale Kompetenz. Experimentelle Ergebnisse zum Assertiveness-Training-Programm ATP, Bd. II. München 1980; ZIMBARDO, P. G.: Shyness. Reading 1977.

Soziale Einstellung → Einstellung.

Soziale Kognition, i. w. S. Oberbegriff für sämtl. Wahrnehmungs- u. Urteilsprozesse, die sich auf soziale Vorgänge beziehen, dabei die Paradigmen → soziale Wahrnehmung u. → Personenwahrnehmung sowie Prozesse der → Attribution implizierend. I. e. S. meint der Begriff dasjenige Paradigma, das seit Anfang der 80er Jahre innerhalb der Mainstream-Sozialps. dominant ist: die (Re-) Konzeptualisierung sozialps. Phänomene in Terminis u. Modellen der → Informationsverarbeitungstheorien. Zur Bedeutungsänderung des Begriffes soziale Kognition vgl. Graumann (1988). V. a. folgende Begriffe wurden im Hinblick auf ihren sozialps. Erklärungswert untersucht u. adaptiert: → *Informationsintegration*, → *Prototyp*, → *Schema*, → *Urteilsheuristiken*, → *kognitive Täuschungen u. kognitive Heuristiken*, → *Attribution*; das Kzpt. des *Stereotyps* ist eines aus der Sozialps. kommendes Kzpt., das schon immer solche Prozesse thematisiert hat.

Es ist zwar in der Ps. seit Anfang dieses Jahrhunderts bekannt, *dass* übergeordnete → Wissensstrukturen ps. Prozesse bestimmen, u. in der Sozialps. wurde bereits in den 50er Jahren von Bruner, Postman u. Mitarbeitern (vgl. z. B. Bruner u. a. 1951) gezeigt, dass die soziale Wahrnehmung durch solche Strukturen beeinflusst wird, im Vordergrund der am Paradigma der Informationsverarbeitung orientierten Forschung steht allerdings stärker die Frage nach dem *Ablauf* ps. Prozesse. Im Paradigma der s. K. wird v. a. nach den Erklärungen verzerrter Personenwahrnehmung gesucht – gegenüber den älteren Untersuchungen zu diesem Thema, z. B. zur → Eindrucksbildung, werden dabei die Urteilssituation, die Gedächtnisprozesse, auch Inferenzprozesse (wie z. B. beim Schließen vom Vh. auf die Eigenschaften von Personen) stärker berücksichtigt u. analysiert. Hierzu gehören auch Untersuchungen zur Einstellungsentstehung durch direkte o. indirekte Erfahrungen mit dem Einstellungsobjekt. Generell wird die Bedeutung von aktivierten Schemata bei der Personenwahrnehmung u. -erinnerung betont. So können bestimmte Verzerrungseffekte, die früher eher motivational erklärt worden sind, auf Kognitionsprinzipien zurückgeführt werden. Man kann z. B. anhand der → Verfügbarkeitsheuristik zeigen, wie auf den ersten Blick völlig unterschiedl. Phänomene, wie → Eindrucksbildung, Zusammenhangstäuschungen (→ illusorische Korrelation) u. Wahrscheinlichkeitsschätzungen durch ein- u. dasselbe Prinzip sparsam erklärt werden können. Ähnliches gilt für gedächtnisps. Aspekte im Zusammenhang mit der sozialen Wahrnehmung – ein weiterer zentraler Bereich mit zahlreichen neuen Ergebnissen; vgl. Hastie u. a. (1984). Ursprüngl. wurden von der kognitionstheoret. Sozialps. die Paradigmen Motivation u. Handeln vernachlässigt, zunehmend wurden aber auch sie thematisiert; vgl. hierzu das Handbuch von Sorrentino u. Higgins (1986); vgl. auch Stephan (1985) u. die Arbeiten von Mummendey u. a. (1984) zum Problem der Aggression innerhalb der sozialen Interaktion. Auch emotionale Aspekte, so z. B. der Einfluss der Informationsverarbeitung auf die Stimmung wie auch der umgekehrte Prozess, wurden später innerhalb dieses Forschungsansatzes angesprochen; vgl. Schwarz (1987). Zu fünf verschiedenen Menschenbildern, die hinter den unterschiedl. Ansätzen zur Social-cognition-Forschung stehen, vgl. Leyens u. Codol (1990); sie unterscheiden: die »konsistente o. rationalisierte Person«, der »naive Psychologe«, der »Datenverarbeitungslehrling«, der »kognitive Geizkragen« u. der Mensch als kognitiv-affektives Wesen.

KR: Nach Graumann (1988) ist die Sozialps. mit dem Paradigma *s. K.* auf reduktionist. Weise eine Teilmenge der allg. Ps. geworden, deren Forschungspräferenzen übernommen würden; außerdem sei diese angebl. *Wende der Sozialps.* nicht die von einem *behaviouralen* zu einem *kognitiven* Paradigma, sondern die Hinwendung zum *Informationsverarbeitungs-Paradigma* u. damit zum Primat der Repräsentation über das Repräsentierte (die soziale Realität). Der Informationsverarbeitungsansatz führe zu einem verschärften Individualismus, bei dem die soziale Wirklichkeit auf die subjektive Repräsentation im Individuum reduziert werde u. die Sachverhalte der realen Umwelt (Gruppe, Interaktion, kulturelle Gebilde etc.) vernachlässigt würden. Graumann weist auch darauf hin, dass die Sozialps. schon immer auf vielfältige Weise kognitiv orientiert gewesen ist; vgl. hierzu die Überblicksarbeiten von Zajonc (1968) u. Markus u. Zajonc (1985). Weitere Kritik übt Sampson (1981); vgl. auch die sehr krit. u. engagiert geschriebene Rezension von Irle (1985); ein weiterer krit. Aufsatz mit einem klass. gewordenen Titel (»What is social about social cognition?«) ist Forgas (1983).

VD: Bspe. dafür, wie Forschungsprobleme der Sozialps. aus der Perspektive des Programms *social cognition* rekonzeptualisiert worden sind: (a) *Selbstkonzept*: Erkenntnisse zur Struktur u. Dynamik des Selbstkzpts. (Kihlstrom u. Cantor 1984; Markus u. Wurf 1987), zur Rolle des Selbst bei der Enkodierung von Informationen (Kuiper u. Rogers 1979), zum Einfluss der Augenfälligkeit von situationalen Aspekten auf die Aktivierung von Kategorien des Selbst (McGuire u. Padawer-Singer 1976), zur Selbstregulation (Carver u. Scheier 1981) u. zur Aufmerksamkeit (Wicklund 1975) haben dieses traditionelle Forschungsgebiet der Sozialps. neu belebt. (b) Auch bei der *Einstellungs- u. Personenwahrnehmungs-Forschung* hat der Ansatz neue Perspektiven geliefert; bes. hervorzuheben sind die Arbeiten von Fazio (vgl. 1986), die wichtige Voraussetzungen für die Verhaltensrelevanz von Einstellungen erforscht haben, z. B., dass die kognitive Verfügbarkeit von Einstellungen zum Handlungszeitpunkt für das Vh. von ähnl. Bedeutung ist, wie für das Urteil die Verfügbarkeit von Informationen zum Urteilszeitpunkt (z. B. Fazio 1986). Des Weiteren wurde (mit Hilfe des → priming, einer Methode aus der Gedächtnisforschung) gezeigt, wie die Verfügbarkeit von Einstellungen u. damit auch ihr Einfluss auf das Vh. erhöht werden kann. (c) Bes. profitiert hat das Verständnis des Einflusses von *Stereotypen* u. *Vorurteilen.* Die traditionelle Vorurteilsforschung war geprägt durch die Annahme, dass Stereotypen u. Vorurteilen eine eigene, bes. wichtige Qualität zukommt, die sich von anderen Wissensstrukturen grundlegend unterscheidet, nun werden sie als ganz normale kognitive Prozesse betrachtet, die sich zwar in ihren Inhalten unterscheiden, nicht aber in ihren grundlegenden Prinzipien (Hamilton u. Trolier 1986). Z. B. war aus der Salience-Forschung bekannt, dass ein distinktes Merkmal die Aufmerksamkeit auf sich zieht; Hamilton u. Gifford (1976) haben dieses Prinzip erweitert u. die Hypothese aufgestellt u. bestätigt, dass die Häufigkeit des gleichzeitigen Auftretens mehrerer distinkter Merkmale systematisch überschätzt wird. Diese Art der selektiven Aufmerksamkeit wird zur Ursache für eine *Zusammenhangstäuschung*, näml. das *Überschätzen* eines bestimmten Zusammenhangs, u. genau diese Voraussetzungen liegen bei Stereotypen über Angehörige von Minderheitsgruppen vor: negativ bewertetes Vh. u. sichtbare Merkmale von Minoritätsangehörigen sind distinkt, binden die Aufmerksamkeit u. führen zu Überschätzungen der Häufigkeit ihres Auftretens; Ähnl. gilt für extreme Ereignisse u. Vhsweisen, auch sie binden Aufmerksamkeit u. bewirken Häufigkeitsüberschätzungen. Ist erst einmal eine Wissensstruktur über eine soziale Gruppe abgespeichert, lassen sich mit Hilfe der Heranziehung weiterer allg. Prinzipien der Informationsverarbeitung einige Konsequenzen für den speziellen Fall des Stereotyps herausarbeiten: z. B. konnte gezeigt werden, dass Stereotype ganz wie Urteilsheuristiken – v. a. dann urteilsrelevant werden, wenn es um komplexe Urteile geht, weniger bei einfachen. (Z. B. mussten die Vpn einmal die Schuld eines Angeklagten in einem fiktiven Prozess beurteilen, ein andermal ledigl. dessen Aggressivität, wb. der An–

geklagte entweder als Angehöriger einer ethn. Minderheit o. als »normaler Mitbürger« dargestellt worden ist: je größer der kognitive Aufwand, desto stärker wird das soziale Urteil vom Stereotyp beeinflusst.) Ein anderer Mechanismus: Aus der Denkps. ist bekannt, dass vorgestellte u. tatsächl. erlebte Ereignisse manchmal verwechselt werden, u. so wird die tatsächl. Darbietungshäufigkeit von Stimuli oft überschätzt, wenn die Vpn sie auch bildhaft vorzustellen haben; übertragen auf die stereotype Urteilsbildung konnte dementsprechend gezeigt werden, dass die bildhafte Vorstellung eines sozialen Ereignisses dem Stereotyp angepasst wird u. weiterhin, dass daraus ein Häufigkeitsurteil resultiert, das dem Stereotyp entspricht.

◆ ALLPORT, F. H.: Theories of perception and the concept of structure. New York 1955; ASCH, S. E.: Forming impressions of personality. JASP 41, 1946, S. 258–290; ASCH, S. E. u. ZUKIER, H.: Thinking about persons. JPSP 46, 1984, S. 1230–1240; BIERHOFF, H. W.: Personenwahrnehmung. Berlin 1986; BRUNER, J. S. u. POSTMAN, L.: An approach to social perception. In: DENNIS, W. u. LIIPITT, R. (Hg.): Current trends in social psychology. Pittsburgh 1951, S. 71–118; BRUNER, J. S. u. TAGIURI, R.: The perception of people. In: LINDZEY, G. (Hg.): Handbook of social psychology, 2. Bd. Reading, Mass., 1954, S. 634–654; CATTELL, R. B. u. WENIGE P. W.: Dynamic and cognitive factors controlling misperception. JASP 47, 1952, S. 797–809; CRAVER, C. S. u. SCHEIER, M. F.: The self-attention-induced feedback loop and social fascination. JESP 17, 1981, S. 545–568; CRONBACH, J. L.: Processes affecting scores on »understanding of others« and »assumed similarity«. PBu 52, 1955, S. 177–193; E. (Hg.): Handbook of social psychology, 2. Bd. New York 1985, S. 599–658; ERDELYI, M. H.: A new look on the New look: perceptual defense u. vigilance. PR 81, 1974, S. 1–25; FAZIO, R. H.: How do attitudes guide behaviour? In: SORRENTINO u. HIGGINS (1986) S. 204–243; FISKE, S. T. u. TAYLOR, S. E.: Soical cognition. Reading 1984; FORGAS, J. P. (Hg.): Social cognition. London 1981; FORGAS, J. P.: What is social about social cognition? BJSP 22, 1983, S. 129–144; GRAUMANN, C. F.: Der Kognitivismus in der Sozialps. – die Kehrseite der »Wende«. PRu 39, 1988, S. 83–90; HAMILTON, D. L. u. GIFFORD, R. K.: Illusory correlation in interpersonal perception. A cognitive basis of stereotyping judgement. JESP 12, 1976, S. 392–407; HAMILTON, D. L. u. TROLIER, T. K.: Stereotypes and stereotyping: an overview of the cognitive approach. In: DOVIDIO, J. F. u. GAERTNER, S. L. (Hg.): Prejudice, discrimation and racism. Orlando 1986, S. 127–163; HASTIE, R. u. a.: Social memory. In: WYER u. SRULL (1984) S. 151–212; HIGGINS, E. T. u. BARGH, J. A.: Social cognition and social perception. ARP 38, 1987, S. 369–42); IRLE, M.: Lehrbuch der Sozialps. Göttingen 1975; IRLE, M.: Der Souverän »Social Cognition«. ZfS 16, 1985, S. 222–225; KIHLSTROM, J. F. u. CANTOR, N.: Mental representation of the self. In: BERKOWITZ, L. (Hg.): Advances in experimental social psychology, 17. Bd. 1984, S. 1–47; KUIBER, N. A. u. RODGERS, T. P.: Encoding of personal information: self-other differences. JPSP 37, 1979, S. 499–514; LEVINE, R. I.: The relation of the intensity of a need to the amount of perceptual distortion. JP 13, 1942, S. 283–293; LEYENS, J.-P. u. CODOL, J.-P.: Soziale Informationsverarbeitung. In: STROEBE, W. u. a. (Hg.): Sozialps. Berlin 1990, S. 89–111; LILLI, W.: Die Hypothesentheorie der sozialen Wahrnehmung. In: FREY, D. (Hg.): Kognitive Theorien der Sozialps. Bern 1978, S. 19–42; MARKUS, H. u. WURF, E.: The dynamic self-concept: a social psychological perspective. ARP 38, 1987, S. 289–337; MARKUS, H. u. ZAJONC, R. B.: The cognitive perspective in social psychology. In: LINDZEY, G. u. ARONSON, E. (Hg.): Handbook of social psychology. 1. Bd. (3. Aufl.). New York 1985, S. 137–230; MARKUS, H. u. ZAJONC, R. B.: The cognitive perspective in social psychology. In: LINDZEY, G. u. ARONSON, F. (Hg.): The handbook of social psychology, 1. Bd. (3. Aufl.). New York 1985; MCGUIRE, W. J. u. PODAWER-SINGER, A.: Trait salience in the spontaneous self-concept. JPSP 33, 1976, S. 743–754; MUMMENDEY, A. u. a.: Aggression: from act to interaction. In: MUMMENDEY, A. (Hg.): Social psychology of aggression: from individual behaviour to social interaction. Göttingen 1984, S. 69–106; SAMPSON, E. E.: Cognitive Psychology as ideology. AmP 36, 1981, S. 730–743; SCHAFER, R. u. MURPHY, G.: The role of visual autism in visual figure-ground relationship. JEP 32, 1943, S. 335–343; SCHWARZ, N.: Stimmung als Information. Berlin 1987; SHERMAN, S. J. u. a.: Social cognition. ARP 40, 1989, S. 281–326; SORRENTINO, R. M. u. HIGGINS, E. T. (Hg.): Handbook of motivation and cognition. Chichester 1986; SPENCE, D. P. u. FEINBERG, C.: Forms of defensive looking. JNMD 145, 1967, S. 261–271; STADLER, M. u. a.: Ps. der Wahrnehmung. München 1975; STEPHAN, W. G.: Intergroup relations. In: LINDZEY, G. u. ARONSON, E. (Hg.): Handbook of social psychology, 2. Bd. New York 1985, S. 599–658; STRACK, F.: Social cognition: Sozialps. innerhalb des Paradigmas der Informationsverarbeitung. PRu 39, 1988, S. 72–82; STRACK, F.: Soziale Informationsverarbeitung. In: FREY, D. u. GREIF, S. (Hg.): Sozialpsychologie. Ein Handbuch in Schlüsselbegriffen. München 1983; UPMEYER, A.: Soziale Urteilsbildung. Stuttgart 1985; WATKINS, M. J. u. PEYNIRCIOGLU, Z. F.: Determining perceived meaning during impression formation: another look at the meaning change. JPSP 46, 1984, S. 1005–1016; WICKLUND, R. A.: Objective self-awareness. In: BERKOWITZ, L. (Hg.): Advances in experimental social psychology, 8. Bd. New York 1975; WYER, R. S. u. SRULL, T. K. (Hg.): Handbook of social cognition, 3 Bde. Hillsdale 1984; ZAJONC, R. B.: Cognitive theories in social psychology. In: LINDZEY, G. u. ARONSON, F. (Hg.): Handbook of social psychology, Reading/Mass. 1968, S. 320–441.

Soziale Lerntheorie der Persönlichkeit, von Rotter (1955ff.) konzipierte → Persönlichkeitstheorie; der Kern der s. L. ist ein → Erwartung-mal-Wert-Modell mit der Grundannahme, dass die Wirkung einer Verstärkung davon abhängt, ob die Person einen ursächl. Zusammenhang zw. dem eigenen Vh. u. der Belohnung sieht. Thematisiert werden deswegen insbes. subjektive Verstärker u. subjektive Erwartungen. Zentral ist die Hypothese, dass diese nur dann für die Vorhersage u. Rekonstruktion von Vh. u. Erleben hinreichen, wenn sich die Person in einer wohlbekannten, relativ klar strukturierten Situation befindet, während in neuen u. schwer strukturierbaren Situationen, in denen keine spezif. Handlungs-Ergebnis bzw. Ergebnis-Folge-Erwartungen aufgebaut werden können, → *generalisierte Erwartungen*, die auf Erfahrungen mit ähnl. Verstärkern beruhen, eine wichtige Rolle spielen, v. a. → Kontrollüberzeugungen; Weiteres s. d. Banduras Kzpt. der → Selbstwirksamkeit ist eine wichtige Weiterentwicklung der Theorie.

LIT: Zsfd. Darstellungen finden sich bei Krampen (1982) u. Schneewind (1984); bei Krampen (1987) wird die Theorie in größerem Zusammenhang analysiert.

◆ KRAMPEN, G.: Differentialps. der Kontrollüberzeugungen. Göttingen 1982; KRAMPEN, G.: Handlungstheoret. Persönlichkeitsps. Göttingen 1987; MISCHEL, W.: Toward a cognitive social learning reconceptualization of personality. PR 80, 1973, S. 252–283; ROTTER, J. B.: The role of the psychological situation in determining the direction of human behaviour. Nebraska Symposion on Motivation 3, 1955, S. 245–268; ROTTER, J. B.: Generalized expectancies for internal vs. external control of reinforcement. PM 80, 1966; ROTTER, J. B.: An introduction to social-learning theory. In: ROTTER, J. B. u. a. (Hg.): Applications of a social-learning theory for personality. New York 1972, S. 1–43; ROTTER, J. B.: The development and application of social-learning theory. New York 1982; SCHNEEWIND, K. A.: Persönlichkeitstheorien II. Darmstadt 1984.

Soziale Motivation. Der Mensch ist ein soziales Wesen, er sucht die Nähe anderer (→ Anschlussmotivation), das Fehlen zwischenmenschl. Kontakte ruft → Einsamkeit hervor. Besonders beim (Klein-)Kind zeigt sich deutlich ausgeprägtes → Bindungsverhalten. Die Existenz eines allg. *Bindungstriebs* ist allerdings problemat. bis unwahrscheinl. (*T*: manche Autoren sprechen von *Sozialtrieb* o. von *Herdentrieb*, andere vermeiden die umstrittene Bezeichnung *Trieb* u. verwenden neutralere Begriffe wie *soziale Tendenz*, *Geselligkeitsbedürfnis* o. *Sozialappetenz*.) Diese soziale Tendenz hat biolog. Wurzeln. In ps. Analysen wurde sogar festgestellt, dass das Interaktionsvh. bei zwei bis drei Wochen alten Kindern anders ist, je nachdem ob ein Mensch o. ein unbelebtes Objekt im Blickfeld des Kindes erscheint – es muss also eine angeborene o. zumindest kurz nach der Geburt auftauchende Fähigkeit zur Differenzierung von *belebt* u. *unbelebt* geben; vgl. hierzu Dornes (1993) u. Rauh (1987); vgl. auch die Stw. → Reaktanz, → soziales Lernen, → Modelllernen → Konflikt, → Aggression.

Es gibt kein geschlossenes Forschungsparadigma *s. M.* innerhalb der Ps.; die gesamte (individualist., nicht-systemzentrierte) Sozialps. lässt sich unter diesem Leitmotiv lesen, bes. folgende Themen u. Paradigmen sind in diesem Zusammenhang wichtig geworden:

(1) Unter dem Leitmotiv *interpersonelle Attraktion* wird analysiert, unter welchen

Bedingungen Menschen einander sympathisch u. attraktiv finden. Diese Attraktionsforschung beschäftigte sich also gewissermaßen mit Ursache u. Auswirkungen erster Eindrücke u. oberflächlicher Sympathien, wie sie bei kurzfristigen Kontakten u. flüchtigen Begegnungen bestehen u. im menschl. Zusammenleben durchaus nicht unwichtig sind. Zum Überblick vgl. Huston (1974). Von großer Bedeutung ist in diesem Zusammenhang die phys. Attraktivität, also das Aussehen; vgl. hierzu Hassebrauck u. Niketta (1993); zum Überblick über evolutionsps. Aspekte vgl. Grammer (1993ff.). Die Attraktionsforschung war ursprüngl. einmal Teil der Kleingruppenforschung u. wurde unter dem Leitmotiv *Gruppenkohäsion* abgehandelt. Mit dem Niedergang dieser Forschung in den 60er Jahren wurde sie immer mehr zu einer Einstellungsforschung: die Vp wurde einer positiven o. negativen Kommunikation über andere Personen ausgesetzt, deren Wirkung auf die Anziehung anschließend erforscht worden ist. (Man hat diesem Ansatz deswegen »Beziehungslosigkeit« vorgeworfen, da hier keine echte soziale Interaktion gegeben ist.) Seit dem Ende der 70er ist eine deutl. Zunahme von Untersuchungen zur Entwicklung u. Dynamik langandauernder Beziehungen festzustellen: »Beziehungsforschung« (*personal relationship*); vgl. zum Überblick Mikula u. Stroebe (1991). Zum Thema Austausch u. Gerechtigkeit in Freundschaft, Partnerschaft u. Ehe vgl. Mikula (1992).

(2) *Prosoziales Verhalten*, *Hilfeverhalten* bzw. *Altruismus* ist eines der wichtigsten Forschungsthemen der modernen Sozialps. geworden: untersucht werden die Bedingungen, unter denen Menschen anderen zu Hilfe kommen; Ausgangspunkt waren spektakuläre Fälle unterlassener Hilfeleistung, wie der von vielen Autoren beschriebene Fall unterlassener Hilfeleistung im Mordfall Kitty Genovese, bei dem keiner von mindestens 38 anwesenden Zeugen eingriff o. die Polizei benachrichtigte: *Bystander-Vh.* (also das Vh., nur zuzuschauen, ohne aktiv u. helfend einzugreifen); aber auch Unzufriedenheit mit den Ergebnissen der Aggressionsforschung waren ausschlaggebende Faktoren für die Erforschung des prosozialen Vhs. Zum Überblick vgl. Bierhoff u. Montada (1988); Bierhoff (1980); zum Verhältnis von Altruismus u. Aggression vgl. Koch (1976).

(3a) Als das emotionale Korrelat prosozialen Vhs. lässt sich *Mitgefühl* auffassen; zu seiner Erfassung vgl. Lück (1975). In diesem Zusammenhang werden so fundamentale menschl. Emotionen forschungsrelevant wie *Mitleid*, *Vertrauen*, *Verantwortung*; vgl. Lück (1977). Es ist allerdings typ. für die unzulängl. Emotionsps., dass Mitgefühl nicht unter die fundamentalen Emotionen gerechnet wird; vgl. hierzu Ulich u. Mayring (1992). (b) Der Begriff des Mitgefühls im Sinne von »Fühlen, als sei man selbst betroffen« ist zu unterscheiden von der grundlegenderen *Empathie*, die die allg. kognitive Voraussetzung für Mitgefühl u. sämtl. prosoziale Motivation ist. Dem entspricht im Engl. der Unterschied zw. *empathy* u. *sympathy* – die *Einfühlung* geht dem *Mitfühlen* voraus. Hofmann (1975) unterscheidet *empathisches* u. *sympathetisches* Mitfühlen, Ersteres bei fehlender Differenzierung zw. Selbst u. dem Anderen, Letzteres bei einer beginnenden Differenzierung zw. Selbst u. dem Anderen, zunehmend mit der Entwicklung anderer kognitiver Fähigkeiten (z. B. der Objektkonstanz); vgl. auch Underwood u. Moore (1982). Nach Feshbach umfasst *empathy*: (a) die Fähigkeit zur Unterscheidung bezeichneter affektiver Zustände anderer; (b) die Fähigkeit, die Perspektive u. Rolle einer anderen Person zu übernehmen; (c) die emotionale Antwortbereitschaft. Aus neueren Untersuchungen (z. B. Hofmann 1975) geht hervor, dass Kinder schon im Alter von etwa 4 bis 4½ Jahren, also früher noch als Piaget annahm, einfache Formen von Einfühlungsvermögen zeigen. Im erweiterten Sinne, unter dem Leitmotiv der *sozial-kognitiven Entwicklung*, waren empath. Fähigkeiten eines der wichtigsten Forschungsparadigmen der neueren Entwicklungsps.: Ausgehend von den Untersuchungen über die Fähigkeit, sich virtuell in die Position anderer zu versetzen, wurde die allg. Fähigkeit zu kommunizieren o. die Auffassung von Beziehungen, z. B. Kzpte. der Freundschaft, analysiert; vgl. Eckensberger u. Silbereisen (1980); Edelstein u. Keller (1982); Edelstein u. Habermas (1984). Underwood u. Moore (1982; vgl. auch Keller

1976; Geulen 1982; Steins u. Wicklund 1993) fassen Empathie u. moral. Urteile in dem Begriff der *Perspektive-Übernahme* (*role taking*) zusammen. Die entwicklungsps. Forschung zur Rollenübernahme steht in zwei histor. Traditionen: der des symbol. Interaktionismus u. der Piagetschen → genetischen Epistemologie (wb. auf die Kzpte. des *Egozentrismus* bzw. der *Zentrierung* u. der *Dezentrierung* Bezug genommen wird, die vom Denken über physikal. Sachvh. auf das Denken über soziale Gegebenheiten übertragen wurden).

(4) Letztl. führen die Forschungen zum prosozialen Vh. u. auch zur sozial-kognitiven Entwicklung, speziell zur Empathie u. Rollenübernahme auf das Problem einer Ps. der *Moral*. In diesem Zusammenhang sind v. a. entwicklungsps. Theorien u. Forschungen wichtig geworden, speziell die seit den 60er Jahren von Lawrence Kohlberg ausgearbeitete Theorie (vgl. Kohlberg 1976; Colby u. Kohlberg 1984), die im deutschsprach. Raum eine umfangreiche empir. Forschung u. Diskussion angeregt hat, vgl. Oser (1986) u. Lempert (1988). Kohlbergs Theorie basiert auf Piagets Theorie, mit dem Grundansatz, dass die Entwicklung des moral. Urteils mit einer Überwindung des → Egozentrismus verknüpft ist; vgl. Piaget (1954). Zum Überblick vgl. Kurtines u. Gewirtz (1984) sowie Lickona (1976). Für eine Kritik an der einseitigen Orientierung der herkömml. Moralforschung an einem Gerechtigkeits-Prinzip – dem z. B. ein Fürsorge-Prinzip als alternative Moralorientierung gegenübersteht, vgl. Herzog (1991).

(5) Eines der Themen u. Paradigmen, die am Ausgangspunkt der modernen Sozialps. standen, war das der Veränderung der Einzelleistung in Gegenwart anderer; das Schlagwort hierfür ist *soziale Aktivierung* (engl. *social facilitation*), ein von Allport (1924) geprägter Begriff. (*T*: Er bezog sich ursprüngl. auf die Anwesenheit von Personen, die gleichzeitig, aber unabhängig vom Beobachter, individuell dieselbe Aufgabe bearbeiteten; später verschob sich das Interesse auf die Untersuchung der durch passive Zuschauer hervorgerufenen Effekte. Nicht in den Geltungsbereich fallen Situationen mit interagierenden Beteiligten. Obwohl sich im Verlauf der Forschung herausgestellt hat, dass Anwesenheit nicht nur positive, sondern auch negative Wirkungen auf das Leistungsverhalten haben kann, wurde doch der Begriff der »sozialen Aktivierung« beibehalten, um sowohl fördernde wie hemmende Wirkungen in Anwesenheit anderer auf das Vh. zu bezeichnen, wb. immer Leistungsvh. gemeint ist.) Zum Überblick vgl. Simmel u. a. (1968); Geen (1980); Lück (1969); ein wichtiger Aufsatz war Zajonc (1965).

◆ AMELANG, M. u. a. (Hg.): Partnerwahl u. Partnerschaft. Göttingen 1991, S. 31–71; ALLPORT, F. H.: Social psychology. Boston 1924; BIERHOFF, H. W. u. MONTADA, L. (Hg.): Altruismus. Göttingen 1988; BIERHOFF, H. W.: Hilfreiches Vh. Darmstadt 1980; BRYAN, J. H. u. TEST, M.: Models and helping. JPSP 6, 1967, S. 400–407; CARVER, C. S. u. SCHEIER, M. F.: Attention and self-regulation. 1981; COLBY, A. u. KOHLBERG, L.: Invariant sequence and internal consistency in moral judgement stages. In: KURTINES u. GEWIRTZ (1984); DAMON, W.: Zur Entwicklung der sozialen Kognition des Kindes. In: EDELSTEIN, W. u. KELLER, M. (Hg.): Perspektivität u. Interpretation. Frankfurt 1982; DORNES, M.: Der kompetente Säugling. Frankfurt/M. 1993; ECKENSBERGER, L. H. u. SILBEREISEN, R. K. (Hg.): Entwicklung sozialer Kognition. Stuttgart 1980; EDELSTEIN, W. u. HABERMAS, J. (Hg.): Soziale Interaktion, soziales Verstehen. Beiträge zur Entwicklung der Interaktionskompetenz. Frankfurt/M. 1984; EDELSTEIN, W. u. KELLER, M. (Hg.): Perspektivität u. Interpretation. Beiträge zur Entwicklung des sozialen Verstehens. Frankfurt/M. 1982; GEEN, R. R.: The effects of being observed on performance. In: PAULUS, P. B. (Hg.): Psychology of group influence. Hillsdale 1980, S. 61–97; GEULEN, D. (Hg.): Perspektivenübernahme u. soziales Handeln. Texte zur sozial-kognitiven Entwicklung. Frankfurt/M. 1982; GRAMMER, K.: Nachtrag: Gesichter u. Schönheit, Partnerwahl u. sexuelle Selektion: Ein Blick in die aktuelle Forschung. In: LANDAU, T.: Von Angesicht zu Angesicht. Heidelberg 1993, S. 297–331; HASSEBRAUCK, M. u. NIKETTA, R. (Hg.): Physische Attraktivität. Göttingen 1993; HERZOG, W.: Das moral. Subjekt. Pädagog. Intuition u. ps. Theorie. Bern 1991; HOFMAN, M. L.: Development of moral thought, feeling, and behaviour. AP 34, 1979, S. 958–966; HOFMANN, M. L.: Altruistic behaviour and the parent-child-relationship. JPSP 31, 1975, S. 937–943; HUSTON, T. L. (Hg.): Foundations of interpersonal attraction. New York 1974; KELLER, M.: Kognitive Entwicklung u. soziale Kompetenz. Zur Entstehung der Rollenübernahme in der Familie u. ihre Bedeutung für den Schulerfolg. Stuttgart 1976; KOCH, J. J. (Hg.): Altruismus u. Aggression. Weinheim 1976; KOHLBERG, L.: A current statement of some theoretical issues. In: Modgil, S. u. Modgil, C. (Hg.): Lawrence Kohlberg, consensus and controversy. Philadelphia 1986; Kohlberg, L.: Moral stage and moralization: the cognitive-developmental approach. In: Lickona (1976); Kurtines, W. M. u. Gewirtz, J. L. (Hg.): Morality, moral behaviour and moral development. New York 1984; Lempert, W.: Moralisches Denken. Essen 1988; Lickona, T. (Hg.): Moral development and behaviour: theory, research and social issues. New York 1976, S. 31–53; Lück, H. E. (Hg.): Mitleid, Vertrauen, Verantwortung. Stuttgart 1977; Lück, H. E.: Prosoziales Vh. Köln 1975; Lück, H. E.: Soziale Aktivierung. Köln 1969; Mikula, G.: Austausch u. Gerechtigkeit in Freundschaft, Partnerschaft u. Ehe: Ein Überblick über den aktuellen Forschungsstand. PRu 43, 1992, S. 69–82; Mikula, G. u. Stroebe, W.: Theorien u. Determinanten der zwischenmenschl. Anziehung. In: Amelang u. a. (1991) S. 61–104; Oser, F. u. a. (Hg.): Transformation u. Entwicklung. Grundlagen der Moralerziehung. Frankfurt/M. 1986; Piaget, J.: Das moral. Urteil beim Kinde. Zürich 1954; Rauh, H.: Frühe Kindheit. In: Oerter, R. u. a. (Hg.): Entwicklungsps. München 1987; Simmel, E. C. u. a. (Hg.): Social facilitation and imitation behaviour. Boston 1968, S. 91–110; Staub, E.: Entwicklung prosozialen Verhaltens. München 1982; Steins, G. u. Wicklund, R. A.: Zum Kzpt. der Perspektivenübernahme: ein krit. Überblick. PRu 44, 1993, S. 226–239; Ulich, D. u. Mayring, P. (Hg.): Ps. der Emotionen. Stuttgart 1992; Underwood, B. u. Moore, B.: Perspective-taking and altruism. PBu 19, 1982, S. 143–173; Wender, I.: Children's use of justice principle in allocation situations: Focus on the need principle. In: Bierhoff, H. W. u. a. (Hg.): Justice in social relations. New York 1986; Zajonc, R. B.: Social facilitation. Science 1, 1965, S. 71–88.

Sozialer Konflikt → Konflikt.

Sozialer Reiz → Reiz; → Sozialpsychologie.

Soziales Lächeln → Lächeln.

Soziales Lernen [engl. *social learning*], (a) in der Hauptbedeutung syn. mit → Modelllernen; (b) bisweilen wird der Begriff im allgemeinen Sinne als Erlernen von sozialen Normen, Werten u. Bräuchen verwendet; (c) bisweilen auch als Gesamtbegriff für diejenigen Lernsituationen verwendet, in denen ein Lernen in Gruppen stattfindet.

◆ Brandt, L. W.: Reward and punishment or bribe and extortion? JPP 7, 1977, S. 195–208; Kempf, W.: Soziales Lernen. In: Werbik, H. u. Kaiser, H.-J. (Hg.): Krit. Stichwörter zur Sozialps. München 1981. S. 301–322; Kempf, W.: Soziales Lernen. In: Frey, D. u. Greif, S.: Sozialps. München 1987, S. 326–329.

Soziale Tendenz → Bindungsverhalten; → soziale Motivation.

Soziale Unsicherheit → Soziale Angst.

Soziale Unterstützung → kognitive-Dissonanz-Theorie.

Soziale Urteilsbildung, Oberbegriff für denjenigen sozialps. Phänomen- bzw. Problembereich, der Wahrnehmungs- u. Urteilsprozesse im Hinblick auf soziale Vorgänge beinhaltet; im Lehrbuch von Upmeier (1985) fallen darunter die Themen → Einstellung, → Personenwahrnehmung, → soziale Wahrnehmung, auch *sozialer Einfluss* sowie alle Prozesse der Informationsgewinnung u. Verarbeitung im Hinblick auf soziale Phänomene bzw. Prozesse (→ soziale Kognition). Als wichtiger theoret. Ansatz ist hier v. a. die → Attributionstheorie zu nennen; ein wichtiges formalisiertes Modell war die → Informationsintegrationstheorie.

◆ Upmeyer, A.: Soziale Urteilsbildung. Stuttgart 1985.

Soziale Wahrnehmung [engl. *social perception*], (a) i. w. S. die Wahrnehmung sozialer Begebenheiten; (b) i. e. S. die sozial bedingte Beeinflussung von Wahrnehmung; zwei wesentl. Problembereiche waren: → Wahrnehmungsabwehr u. → Wahrnehmungsakzentuierung. Zur Erklärung dieser Phänomene wurde die → Hypothesentheorie der Wahrnehmung konzipiert.

In diesem Paradigma wurden eine Fülle empir. Detailuntersuchungen durchgeführt, die eine Fülle von kleineren Wahrnehmungseffekten ergaben, meist unter dem Schlagwort »nichtsinnliche Bedingungen der Wahrnehmungen« zusammengefasst; (a) so nehmen z.B. nahrungsdeprivierte Personen mehrdeutige Zeichnungen eher als Nahrungsmittel wahr als nichthungrige. (b) Als *Schafer-Murphy-Effekt* wird bisweilen das in folgendem method. Paradigma gefundene Ergebnis bezeichnet: bei Kippfiguren können regelhaft unterschiedl. Wahrnehmungsformen durch Belohnung u. Bestrafung erzeugt werden (Schafer u. Murphy 1943).

HI: Das Paradigma s. W. ist eines der bedeutendsten Paradigmen der modernen Sozialps., das eine veränderte Sichtweise sozialps. Phänomene begründete – man sprach vom »new look« in der Sozialps.; programmat. war der von J. Bruner u. C. Goodman 1947 veröffentlichte Artikel mit dem kennzeichnenden Titel: »Value and need as organizing factors in perception«.

◆ Bruner, J. S. u. Goodman, C. C.: Value and need as organizing factors in perception. JASP 42, 1947, S. 33–44; Postman, L. u. Bruner, J. S.: The reliability of constant errors in psychophysical measurement. JP 21, 1946, S. 293–299; Postman, L. u. Bruner, J. S. u. McGinnies, E. H.: Personal values as selective factors in perception. JASP 43, 1948, S. 142–154; Schafer, R. u. Murphy, G.: The role of autism in a visual figure-ground relationship. JExP 32, 1943, S. 335–343.

Sozialkognitive Lerntheorie → Modelllernen.

Sozialpsychologie, ein Teilgebiet der → Psychologie, es erforscht die ps. Aspekte der sozialen Interaktion. Die S. ist dabei – im Unterschied zur Soziologie – *individuums-* statt *systemzentriert*; S. wird in dieser Perspektive dahingehend definiert, dass sie (wie auch die allg. Psychologie) die Reaktionen eines Individuums auf Reize untersucht, jedoch erweitert u. spezifiziert durch das Untersuchungsgebiet: *Reaktionen auf »soziale Reize«*. Es geht also dezidiert um *intraindividuelle* Strukturen u. Prozesse, v. a. im Paradigma der sozialen Kognition; die Beschäftigung mit Interaktionen u. Gruppenprozessen ist von geringerer Bedeutung; vgl. hierzu Graumann (1988); Steiner (1979); Strack (1988). Deshalb ist auch die Grenze zw. S. u. allg. Ps. traditionell u. willkürl., die Hauptkapitel der allg. Ps. wiederholen sich in einem typ. Lehrbuch der S. mit dem Attribut »sozial«; vgl. hierzu Graumann (1979; vgl. hierzu auch die Konzeption dieses Lexikons).

Zentrale Themen von allgemeinps. Relevanz sind: → soziale Wahrnehmung; → Personenwahrnehmung; soziale → Einstellung, → soziale Kognition sowie → soziale Motivation. Eine Art »Meta-Psychologie« ist die Erforschung der sozialps. Prozesse bei ps. Experimenten: → Artefaktforschung.

Das andere große Hauptgebiet der S. ist das der interpersonalen Relationen u. Gruppenprozesse, v. a. der Kleingruppenforschung (vgl. Forgas 1992 u. Crott 1979): *Gruppendynamik.* (*T:* Der Begriff »Gruppendynamik« bezeichnet entweder die Kleingruppenforschung o. ist schlagwortartiger Oberbegriff für eine bunte Mischung von Gruppentechniken zu therapeut., pädagog. u. wirtschaftl. Zwecken sehr unterschiedl. Provenienz u. Güte; vgl. hierzu Lippitt 1979 sowie die anderen zahlreichen Aufsätze in Heigl-Evers 1979.)

Nach Graumann sind die einflussreichsten Mitbegründer der modernen S. (also der individuumszentrierten) S. Asch, T. Newcomb sowie M. u. C. Sherif. Als vielleicht wichtigste Figur des individualps. main streams der S. gilt Kurt Lewin (→ Feldtheorie; vgl. Metzger 1979). Lewins Schüler D. Cartwright, L. Festinger, A. F. Zander, M. Deutsch, H. H. Kelley auch Schachter, Thibaut, French u. noch etl. andere prägten die Ausrichtung der S. der fünfziger u. sechziger Jahre, ohne freil. unmittelbar an Lewins topolog. Ps. anzuknüpfen. Eine ähnl. Spätwirkung erlebten die Arbeiten des in die USA emigrierten u. mit Lewin befreundeten Österreichers Fritz Heider, dessen »*Psychology of Interpersonal Relations*« (1958) die → Konsistenztheorien u. später die Theorien der → Attribution begründeten. Bedeutende Arbeiten v. a. zur → Personenwahrnehmung bzw. → Eindrucksbildung wurden von Asch geleistet. Als Vertreter der system.-soziolog. orientierten S. sind zu nennen: Mead, Goffman, French, Homans, Bales. Eine dritte Gruppe von Sozialpsychologen ist interdisziplinär orientiert. Als eine weitere Variante kann man die psa. S. ansehen; vgl. Mitscherlich (1972) sowie Hall u. Lindzey (1968).

Zu Vorläufern der S. vgl. Arbeiten zur Geschichte der → Psychologie; insbes. die *Völkerps.* (Wundt 1900ff.; vgl. auch Wundt 1911; vgl. hierzu Schneider 1990) ist hier zu nennen (»Sozial- u. Völkerps.« hat lange Zeit das entsprechende Prüfungsfach gelautet). Die systemzentrierte Perspektive hat ihre Vorläufer eher in der vergleichenden Kulturanthropologie u. der Soziologie, das erste Lehrbuch der S. wurde auch von einem Soziologen publiziert (Ross 1908; vgl. aber die Annotationen zur Literatur); bereits 1904 konstituierte sich in der *Amerikan. Gesellschaft für Soziologie* eine Sektion für S., u. an den amerikan. Universitäten war es lange Zeit übl., dass S. ein Teil der soziolog. Abteilungen war u. auch heute noch in Forschung u. Lehre bei den Soziologen den ersten Rangplatz vor »Methodologie u. Statistik« o. »allgemeine Theorie« einnimmt. 1956 dokumentierten Bondy u. Riegel die westdeutsche S. für die Library of Congress in einem achtzigseitigen Bericht. Die intensive Rezeption der amerikan. S. in Deutschland setzt mit Wegbereitern wie v. a. P. R. Hofstätter ein, dessen Einführungen (1956ff.) lange Zeit die einzigen Lehrbücher eines deutschsprachigen Psychologen waren. Insgesamt gesehen lässt sich sagen, dass trotz einer Anzahl von sozialps. Arbeiten, die in der Tradition der prakt. Ps. v. a. von Münsterberg, Moymann, Moede durchgeführt wurden, die empir. S. sich in der Folge als typ. amerikan. Wissenschaft darstellt; histor. Hintergrund war die Suche nach der Lösung sozialer Probleme wie Immigration, Erziehung, Industriearbeit, Vorurteile, Rassenkonflikte.

LIT: Als die beiden ersten Lehrbücher (was so nicht stimmt, vgl. Graumann 1990 u. 1979) der S. werden meist genannt McDougall (1908) u. Ross (1908); ein wichtiger Band, der die behaviourist. Betrachtungsweise in die S. eingeführt hat, war Allport (1924); zu den vielfältigen Krisenerscheinungen in der S. vgl. Mertens u. Fuchs (1978); vgl. auch Israel u. Tajfel (1972); ein Buch, das in starkem Maße nonverbale Kommunikation thematisiert u. eine neue Sichtweise für die S. bedeutete, war Argyle (1972); zur Metatheorie vgl. Doise (1978) u. Graumann (1979); dt. Sammelbände wurden von Frey (1984/1985) herausgegeben; vgl. auch das *Handbuch der Psychologie* (Graumann 1969/1972); vgl. auch Heigl-Evers (1979); eine Darstellung der S., deren Besonderheit es ist, gleichzeitig die Wurzeln der gruppenpsychotherapeut. Ansätze in der S. darzustellen; eine Einführung in die marxist. S. ist Hiebsch u. Vorwerg (1976); zentrale Themen der dt. S., speziell der 80er Jahre, werden von Semin u. Krahe (1987) dargestellt; für Amerika haben Fisch u. Daniel (1983) die gängigen Forschungsthemen der S. in den 70er Jahren ausgezählt; zur Geschichte der Sozialpsychologie vgl. Allport (1968); Anger (1979); Graumann (1983); Eckardt (1979, krit. aus marxist. Sicht); vgl. auch die kurze zsfd. Darstellung mit tief schürfenden Gedanken von Graumann (1990, darin auch über die Problematik des oben dargelegten »Gründungsjahres« u. des »Lewin-Mythos«; vgl. auch die anderen angegebenen Arbeiten von Graumann); Standardlehrbuch war lange Zeit Irle (1975); neuere Lehrbücher sind: Bierhoff (1993); Aronson (1994); Thomas (1991/1992); Herkner (1991); Stroebe u. a. (1990); Witte (1994); zwei Darstellungen der *angewandten* Sozialps. sind Haisch (1993) u. Schultz-Gambard (1987); ein Reader zum sozialps. Denken im 20. Jahrhundert ist Keupp (1995); zur Einführung in sozialps. Denken vgl. auch West u. Wicklund (1985); vgl. auch das *Handbuch in Schlüsselbegriffen* von Frey u. Greif (1987).

◆ Allport, F. H.: Social psychology. Boston 1924; Allport, G. W.: The historical background of modern social psychology. In: Lindzey, G. u. Aronson, E. (Hg.): The handbook of social psychology. 1. Bd. Reading/Mass. 1968, S. 1–80; Anger, H.: Die histor. Entwicklung der Sozialps. In: Heigl-Evers (1979), S. 29–50; Argyle, M.: Soziale Interaktion. Köln 1972; Aronson, E.: Sozialps. Heidelberg 1994; Bierhoff, H. W.: Sozialps. Ein Lehrbuch. Stuttgart 1993 (3. Aufl.); Bondy, C. u. Riegel, K.: Social psychology in Western Germany. Washington: Library of Congress 1956; Crott, H.: Soziale Interaktion u. Gruppenprozesse. Stuttgart 1979; Doise, W.: Groups and individuals. Explanations in social psychology. Cambridge 1978; Eckardt, G.: Entstehung u. Entwicklung der bürgerl. Sozialpsychologie. In: Hiebsch u. Vorwerg (1979) S. 425–466; Eckensberger, L.: Entwicklung sozialer Kognitionen. Stuttgart 1980; Fisch, R. u. Daniel, H. D.: Forschungsthemen der Sozialps. In: Frey u. Greif (1983) S. 17–31; Forgas, J. P.: Sozialps. München 1987; Forgas, J. P.: Soziale Interaktion u. Kommunikation. München 1992 (2. Aufl.); Frey, D. u. Greif, S. (Hg.): Sozialps.: ein Handbuch in Schlüsselbegriffen. München 1987 (2. Aufl.); Frey, D. u. Irle, M.: Theorien der Sozialps., 3 Bde. Bern 1984/1985 (vollständig überarbeitete Auflage des 1. Bd.: 1993); Graumann, C. F.: Sozialps.: Ort, Gegenstand, Aufgabe. In: Graumann (1969) S. 3–80; Graumann, C. F. (Hg.): Sozialps. HP 7, 2 Bde. Göttingen 1969/1972; Graumann, C. F.: Die Scheu des Psychologen vor der Interaktion. ZSP 10. 1979, S. 284–304; Graumann, C. F.: Einführung in eine Geschichte der Sozialps. In: Stroebe (1990) S. 3–20; Graumann, C. F.: Geschichte u. Entwicklung der Sozialpsychologie. In: Frey, D. u. Greif, S. (Hg.): Sozialpsychologie. München 1983, S. 332–339; Graumann, K. F.: Der Kognitivismus in der Sozialps. – die Kehrseite der »Wende«. PRu 39, 1988, S. 83–90; Haisch, J. (Hg.): Angewandte Sozialps. Bern 1993; Hall, C. S. u. Lindzey, G.: The relevance of Freudian psychology and related viewpoints for the social sciences. In: Lindzey, G. u. Aronson, E. (Hg.): Handbook of social psychology, 1. Bd. (2. Aufl.) Reading/Mass. 1968; Heider, F.: The psychology of interpersonal relations. New York 1958; Heigl-Evers, A. (Hg.): Lewin u. die Folgen. Die Ps. des 20. Jahrhunderts, 8. Bd. Zürich 1979; Herkner, W.: Lehrbuch der Sozialps. (5. korrigierte u. stark erweiterte Aufl. der »Einführung in die Sozialps.«). Bern 1991; Hiebsch, H. u. Vorwerg, M.: Einführung in die marxist. Sozialps. Berlin/Ost 1979; Hofstätter, P. R.: Sozialpsychologie. Berlin 1956; Hofstätter, P. R.: Gruppendynamik. Reinbek 1957; Hofstätter, P. R.: Einführung in die Sozialpsychologie. Stuttgart 1963 (3. Aufl.); Irle, M.: Lehrbuch der Sozialps. Göttingen 1975; Isreal, J. u. Taifel, H. (Hg.): The contest of social psychology – a critical assessment. London 1972; Keupp, H. (Hg.): Lust an der Erkenntnis. Sozialps. Denken im 20. Jahrhundert. München 1995; Lipitt, R.: Kurt Lewin u. die Aktionsforschung. In: Heigl-Evers (1979) S. 106–109; Lipitt, R.: Kurt Lewin u. die Anfänge der Gruppendynamik. In: Heigl-Evers (1979) S. 621–624; McDougall, W.: Introduction to social psychology. London 1908 (dt.: Grundlagen der Sozialpsychologie. Jena 1928); Mertens, W. u. Fuchs, G.: Krise der Sozialps.? München 1978; Metzger, W.: Der Einfluss von Kurt Lewin auf die Entwicklung der Sozialps. In: Heigl-Evers (1979) S. 716; Mitscherlich, A.: Massenps. ohne Ressentiments. Frankfurt/M. 1972; Ross, E. A.: Social psychology. New York 1908; Schneider, C. M.: Wilhelm Wundts Völkerps. Entstehung u. Entwicklung eines in Vergessenheit geratenen, wissenschaftshistor. relevanten Fachgebietes. 1990; Schultz-Gambard, J (Hg.): Angewandte Sozialps. München 1987; Semin, G. R. u. Krahé, B. (Hg.): Issues in contemporary German social psychology: history, theories, and application. London 1987, S. 1–15; Steiner, I. D.: Social psychology. In: Hearst, E. (Hg.): The first century of experimental psychology. Hillsdale 1979, S. 513–558; Strack, F.: Social cognition: Sozialps. innerhalb des Paradigmas der Informationsverarbeitung. PRu 39, 1988, S. 72–82; Stroebe, W. u. a. (Hg.): Sozialps. Eine Einführung. Berlin 1990; Thomas, A.: Grundriß der Sozialps., 2 Bde. Göttingen 1991/1992; West, G. u. Wicklund, R. A.: Einführung in so–

zialps. Denken. Weinheim 1985; WITTE, E. H.: Sozialps. München 1994 (2. Aufl.); WUNDT, W.: Völkerps., 10 Bde. Leipzig 1900–1920; WUNDT, W.: Probleme der Völkerps. Leipzig 1911; ZTSCHR.: European Journal of Social Psychology, Zeitschrift für Sozialpsychologie, Gruppendynamik, Kölner Zeitschrift für Soziologie u. Sozialpsychologie, The British Journal of Social Psychology, Journal of Applied Social Psychology, Journal of Experimental Social Psychology, Journal of Social Psychology, Journal of Theory of Social Behaviour, Social Behaviour and Personality, International Journal of Small Group Research. JAHRBÜCHER/FORTSCHRITTSBERICHTE: Applied Social Psychology Annual. Beverly Hills 1980ff., Advances in Experimental Social Psychology. New York 1964ff.

Soziobiologie → Ethologie.

Spaced practice → massiertes vs. verteiltes Üben.

Spacing-Effekt → massiertes vs. verteiltes Üben.

Späte Schließung → Sprachrezeption.

Späte Selektion → Filtertheorie.

Spaltungsargument → Introspektion.

Spannung → Entspannung; → Aktivation; → Erregung.

Spannung-Leistungs-Paradigma, ein spezielles Paradigma innerhalb des → Aktivation-Leistungs-Paradigmas, das insbes. den Zusammenhang von Muskelspannung u. Leistung analysiert.

◆ BILLS, A. G.: The influence of muscular tension on the efficiency of mental work. AJP 38, 1927, S. 226–251; CRATTY, J. B.: Motor. Lernen u. Bewegungsvh. Frankfurt/M. 1975; DAVIS, R. C.: The relation of surge and muscle action potentials to »mental work«. Bloomington Indianapolis. University Publication, Science Series 5, 1937.

Spannungsreduktion → Triebreduktionstheorie.

Spannungsreduktionstheorie → Triebreduktionstheorie.

Spannungswahrnehmung → Tiefensensibilität.

Sparsamkeitsmotiv → Anstrengungskalkulation; → Konzept von der eigenen Begabung.

Spatiale Bewegung → Gestik.

Spatial learning → räuml. Lernen.

Speed-acurracy-trade-off → Speed-power-Problem.

Speed-power-Problem. Bei der Erfassung kognitiver Fähigkeiten, v. a. bei der Messung der → Intelligenz, kann man zwei Parameter unterscheiden: die Geschwindigkeit (*speed*) u. die absolute Fähigkeit (*power*), die man ohne Zeitdruck u. ohne Zeitbegrenzung erreicht. Es ist ein schwieriges ps. Problem, mit welchen Methoden man welche Dimensionen kognitiver Leistungen erfassen kann. Im Allgemeinen ist davon auszugehen, dass die Qualität eines Ergebnisses sinkt, wenn nur kurze Bearbeitungszeiten zur Verfügung stehen, bzw. dass umso weniger Fehler auftreten, je längere Reaktionszeiten erlaubt sind. Dieser Sachverhalt wird als *Geschwindigkeits-Genauigkeits-Austausch* (*speed-accuracy-trade-off*; Abk.: *SAT*) bezeichnet. Ein Problem bei chronometr. Analysen kognitiver Prozesse (→ Reaktionsexperiment) besteht darin, dass ein Konflikt zw. der Schnelligkeit u. Genauigkeit, mit der man eine Aufgabe bewältigt, besteht u. dass die Informationsbearbeitungszeit sich beträchtl. ändert, wenn die Vpn ihr Genauigkeitskriterium verschieben. Einige Forscher beachten diesen Geschwindigkeits-Genauigkeits-Austausch kaum, andere halten seine Berücksichtigung für eine ganz wesentl. Verbesserung der reinen Reaktionszeitmethoden.

VD/TH: (a) Das *Fast-guess-Modell* (vgl. Yellott 1971 u. Ollmann 1966) unterstellt der Vp eine einfache Verarbeitungsstrategie: Wenn sie unter Zeitdruck eine Entscheidung fällen soll, dann antwortet sie bei einem bestimmten Prozentsatz der Entscheidungssituation ohne einen Suchprozess durchzuführen – die Antwort kann dann zwar entsprechend schnell erfolgen, die Lösungswahrscheinlichkeit ist dafür gering, es wird angenommen, dass die Vp den Prozentsatz an geratenen Antworten dem Zeitdruck anpassen kann. Die Theorie beinhaltet ein exaktes mathemat. Modell, aus dem sich die *speed-accuracy-trade-off-function* ergibt; zur Problematik des Kzpts. vgl. Wender (1980). (b) Das *Zeitschranken-Modell* (*Deadline-Modell*, ebenfalls von Ollmann u. Yellott ausgearbeitet) geht davon aus, dass die Vp sich bei einer Entscheidung eine Zeitschranke setzt – ist die Gedächtnissuche noch vor dieser Zeitschranke beendet, gibt die Vp mit der Wahrscheinlichkeit 1 eine richtige Antwort, ist die Suche jedoch nicht abgeschlossen, so rät die Vp u. gibt nur mit einer bestimmten Wahrscheinlichkeit eine richtige Antwort; auch hierfür existiert ein mathemat. Modell.

LIT: Einen Überblick über das S. liefert Nährer (1986); zur Bedeutung des Geschwindigkeits-Genauigkeits-Ausgleich für die Analyse von Modellen der → Gedächtnisabsuche u. der → parallelen vs. seriellen Informationsverarbeitung vgl. zsfd. Wender (1980); ein wichtiger neuerer Sammelband ist Vernon (1987).

◆ NÄHRER, W.: Schnelligkeit u. Güte als Dimension kognitiver Leistung. Berlin 1986; OLLMANN, R.: Fast guesses in choice reaction time. PS 6, 1966, S. 155–156; VERNON, P. A. (Hg.): Speed of information processing and intelligence. Norwood 1987; WENDER, K. F. u. a.: Modelle des menschl. Gedächtnisses. Stuttgart 1980; YELLOTT, J. I.: Correction for fast guessing and the speed accuracy-trade off in choice reaction time. JMaP 8, 1971, S. 159–199.

Speed-test → Psychodiagnostik; → Persönlichkeitspsychologie.

Speichelabsonderungs-Apparatur, eine Apparatur der experimentellen → Lernpsychologie, die die Menge des Speichelflusses, z. B. bei der → klassischen Konditionierung, misst.

◆ BRICKENKAMP R. (Hg.): Handbuch apparativer Verfahren in der Ps. Göttingen 1986.

Speichenphänomen → Sektorentäuschung.

Speicher → Gedächtnis; → Mehrspeichertheorien.

Speicherökonomieprinzip → semantische Netzwerke.

Speicherproblem → Bewegungsprogramm.

Spence-Taylor-Theorie → Triebtheorie der Angst.

Sperling-Methode → Teilberichtsverfahren.

Spezifische Interferenz → Interferenz.

Spezifische Ressourcen → Ressourcentheorie.

Spezifischer Hunger [auch *Futterbevorzugungslernen*], die Tatsache, dass ein Organismus, der eine bestimmte Speise o. ein Nahrungselement, z. B. Vitamin B1, für lange Zeit entbehren musste, eine Speise bevorzugt, die dieses Nahrungselement enthält. Dieses Phänomen ist für die Ps. insofern wichtig, da es einer einfachen lerntheoret. Betrachtungsweise große Schwierigkeiten bereitet: die → Verstärkung durch Beseitigung des Mangelzustandes erfolgt näml. erst so spät nach der Einnahme der Speise, dass normalerweise keine effektive Verstärkerwirkung mehr möglich sein dürfte.

TH: S. H. wird vor dem Hintergrund des → Preparedness-Paradigmas v. a. von Rozin u. Kalat (1971, 1972) analysiert; Grundgedanke dieses Erklärungsansatzes ist, dass der Organismus nicht so sehr ein positives Lernen ausbildet, er also weniger die für ihn nötige Nahrung aussucht, als dass er ein → Geschmacksaversionslernen in Bezug auf die defizitäre Nahrung entwickelt.

◆ ROZIN, P. u. KALAT, J. W.: Specific hunger and poison avoidance as adaptive specializations of learning. PR 78, 1971, S. 459–486; ROZIN, P. u. KALAT, J. W.: Learning as a situation-specific adaption. New York 1972.

Spezifisches Aktionspotential → Trieb.

Spezifitätshypothese des seriellen Lernens → serielles Lernen.

Spezifitätstheorie des Schmerzes → Schmerz.

Sphygmogramm → physiologische Psychologie (Kasten psychophysiologische Methoden).

Spiegeltachistoskop → Tachistoskop.

Spiegelversuche → Ichbewusstsein.

Spielerisches Fokussieren → Attributlernen.

Spiraleffekt → Bewegungsnachbilder.

Split-Effekt → symbolischer Distanzeffekt.

Split-mal-Min-Effekt → symbolischer Distanzeffekt.

Spontanaktivität → physiologische Psychologie (Kasten psychophysiologische Methoden).

Spontane Erholung → klassische Konditionierung; → Extinktion.

Spontanes Alternierungsverhalten, das Phänomen, dass bei einer Ratte in einem T-förmigen Labyrinth die Rechts-Links-Wendungen am Entscheidungspunkt mehr o. minder systemat. alternieren, wb. jene Seite bevorzugt wird, die gegenüber den Vortrainingsbedingungen eine größere Veränderung aufweist. Das s. A. ist ein Maß, mit dem man die Stärke von → Explorationserhalten, das über klass. → Motivations-Messmethoden schwer erfassbar ist, wiedergeben kann; vgl. Zeaman u. House (1951) sowie Dember u. Millbrook (1956).

◆ DEMBER, W. N. u. MILLBROOK, B. A.: Free-choice by the rat of the greater of two brightness changes. PRep 2, 1956, S. 465–467; FOPPA, K.: Lernen, Gedächtnis, Vh. Köln 1975 (9. Aufl.); ZEAMAN, D. u. HOUSE, W. J.: The growth and decay of reactive inhibition as measured by alternation behaviour. JExP 41, 1951, S. 157–186.

Spontanrate → Reaktionsrate.

Spontanremission → klassische Konditionierung; → Extinktion.

Sportpsychologie → angewandte Psychologie.

Sprachapproximationen. In einer informationstheoret. Weiterentwicklung der lerntheoret. Ansätze zur → Sprachrezeption bzw. → Satzverarbeitung werden Sätze als *Markov-Prozess* gesehen, d. h. als Ketten von Signalen mit bestimmten absoluten u. bedingten Auftretenswahrscheinlichkeiten (Miller 1951, Miller u. Sellfridge 1950, Herrmann 1962, Rubenstein u. Aborn 1954). *Annäherungen nullter Ordnung* sind reine Zufallssequenzen, bei Annäherungen 1. Ordnung wird die Auftretenswahrscheinlichkeit einzelner Buchstaben o. Worte berücksichtigt; bei solchen 2. Ordnung diejenige von Buchstaben- o. Wortpaaren; eine Annäherung 3. Ordnung baut auf der Wahrscheinlichkeit von *Trigrammen* auf; die Ähnlichkeit mit einer realen Sprache wird dabei zunehmend größer. Es konnte gezeigt werden, dass die

Wortketten (aus jeweils 10 Wörtern)

Annäherung 0. Grades:	by way consequence handsomely financier flux cavalry swiftness weatherbeaten extent
Annäherung 1. Grades:	abilities with that beside I for waltz you the sewing
Annäherung 2. Grades:	was he went to the newspaper is in deep and
Annäherung 3. Grades:	tall and thin boy is a biped is the beat
Annäherung 4. Grades:	saw the football game will end at midnight on January
Annäherung 5. Grades:	they saw the play Saturday and sat down beside him
Annäherung 7. Grades:	recognize her abilities in music after he scolded him before

Text: the history of California is largely that of a railroad

Jeweiliger Prozentsatz richtig behaltener Wörter

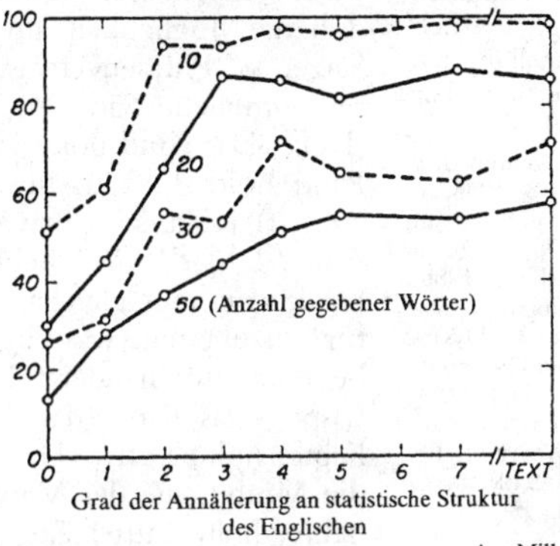

Aus Miller und Selfridge (1950)

Abb. *Sprache 3*

Wahrnehmung, die Speicherung u. auch die Produktion solcher S. teilweise von dem Grad der Annäherung abhängt; s. Abb. *Sprache 3.*

KR: Der Ansatz gilt mittlerweile als obsolet, da das dahinterstehende Modell vom sprachl. Geschehen als einem nach Wahrscheinlichkeitsgesetzen ablaufenden Prozess, in dem der gegenwärtige Zustand aus der Vergangenheit u. der zukünftige aus der Gegenwart begriffen wird (eine sog. → Finite-state-Grammatik), u. auch die ausschließl. Berücksichtigung von von links nach rechts verlaufenden Steuerungsprozessen für inadäquat gehalten wird.

◆ Herrmann, T.: Syntakt. Untersuchungen zum unmittelbaren Behalten von Wortketten. ZEAP 9, 1962, S. 397–416; Miller, G. A. u. Sellfridge, J. A.: Verbal context and the recall of meaningful material. AJP 63, 1950, S. 176–185; Miller, G. A.: Psychology and communication. New York 1951; Rubenstein, H. u. Aborn, M.: Immediate recall as a function of degree of organization and length of study period. JExP 48, 1954, S. 146–152.

Sprachartikulation, die Endphase der → Sprachproduktion: die Innervation der artikulator. Organe zur Realisierung der intendierten Laute. Diese Artikulation geschieht auf der Basis eines *artikulator. Programms.* Dieses Programm umfasst nach Fromkin (1973) 5 Schritte: die Selektion (a) von Bedeutungseinheiten; (b) von syntakt. Kategorien für diese Einheiten; (c) von Inhaltswörtern für diese Einheiten; (d) von Funktionswörtern u. Affixe gem. den syntakt. Kategorien; (e) schließl. erfolgt eine Spezifikation der phonet Segmente, was Silbe für Silbe geschieht. Die Forschung zu solchen Artikulationsprogrammen beruht vorwiegend auf der → linguistischen Fehleranalyse, auch der Analyse von Sprechpausen, Interjektionen u. Phrasenkorrekturen; vgl. Boomer (1965). Insges. lässt sich sagen, dass die psych. Realität der hochabstrakten phonolog. Elemente der Linguistik durch ps. Untersuchungen eine große Wahrscheinlichkeit erhalten hat.

LIT: Zum Überblick vgl. Dittmann (1988); zu Störungen der S. vgl. Westrich (1978); eine eingängige Darstellung des Lauterzeugungsvorgangs gibt Huber (1989); vgl. auch Levelt (1989).

◆ BOOMER, D. S.: Hesitation and grammatical encoding. Language and Speech 8, 1965, S. 148–158; DITTMANN, J. Versprecher u. Sprachproduktion. In: BLANKEN, G. u. a.: Sprachproduktionsmodelle. Freiburg 1988; FROMKIN, V.: Speech errors as linguistic evidence. The Hague 1973; HUBER, W.: Dysarthrie. In: POECK, K. (Hg.): Klin. Neurops. Stuttgart 1989, (2. Aufl.), S. 137–164; LEVELT, W. J. M.: Speaking: from intention to articulation. Cambridge/Mass. 1989; WESTRICH, E.: Sprach- u. Sprechstörungen. In: PONGRATZ, L. J. (Hg.): Klin. Ps. HP, 8. Bd., 2. Hlb., S. 2372–2418.

Sprachdeterminismus [auch *linguist. Determinismus*], die Annahme, dass die Sprache eine notwendige Voraussetzung für das Denken ist und dieses strukturiert; Weiteres s. das Stw. → Sprache u. Denken. Ihren Ursprung hat diese Annahme in der vergleichenden Sprachwissenschaft und in behaviourist. Ansätzen zur Sprachps.; s. hierzu die Stw. → Sapir-Whorf-Hypothese u. → Motortheorie des Denkens.

Sprache. Die Sprachfähigkeit ist eine faszinierende, wichtige, komplexe u. bis heute in vielen Aspekten noch unverstandene Fähigkeit des Menschen – wahrscheinl. nicht nur eine Fähigkeit, sondern sogar ein grundlegender Trieb (vgl. Pinker 1994). S. wird unter ps. Aspekt von der → Sprachpsychologie bzw. der → Psycholinguistik erforscht. Die wichtigsten Aspekte der S. sind → Sprachproduktion u. → Sprachrezeption. Hockett (1960) hebt folgende Kriterien menschl. S. hervor: (a) Bedeutungshaltigkeit u. Willkürlichkeit der Einheiten; (b) diskrete Einheiten; (c) Losgelöstheit von unmittelbar kontrollierenden Reizen; (d) Produktivität, d. h. die Fähigkeit eine grundsätzl. unendl. Anzahl neuartiger Äußerungen hervorzubringen; (e) Wiederholung, d. h. die Möglichkeit, am Ende von Sätzen o. Phrasen etwas anzuführen, um neue Sätze zu erzeugen; (Bsp.: »Das Kind holte Luft«, »Das Kind holte Luft u. hustete laut«, etc.) (f) Rekursion bzw. Rekursivität, d. h. die Möglichkeit, eine Struktur in eine gleichartige Struktur einzubetten, was ebenfalls unbegrenzt aufeinander folgen kann; (Bsp.: »Das Kind, das die Mutter liebte, holte Luft«. »Das Kind, das die Mutter, die der Mann verließ, liebte, holte Luft«) Zur Evolution von S. u. Sprachfähigkeit vgl. Lieberman (1975, 1984); Constable (1977).

Das Wesen der Sprache manifestiert sich v. a. unter entwicklungsps. Aspekt, also hinsichtl. der Fragestellung des *Spracherwerbs*. Dieses Problem hat sich, v. a. unter dem Einfluss der → generativen Transformationsgrammatik, auf das Grundlagenforschungsproblem zugespitzt, wie viel an angeborenen Strukturen (→ Spracherwerbsmechanismus; → linguistische Universalien) vorausgesetzt werden muss, um den Spracherwerb erklären zu können. Man spricht (nach Chomsky) vom *log. Problem* des Spracherwerbs, das darin besteht, wie Kinder eine grammat. korrekte S. aufbauen können, wenn doch ihre Sprachvorbilder im Regelfall durch folgende drei Merkmale gekennzeichnet sind: (a) entstellter Input; (b) im Input nicht vorhandene

Strukturen; (c) das sog. *No-negative-evidence-Problem*, das darin besteht, dass für den Erwerb korrekter Sprachformen eigentl. in stärkerem Maße Fehlerkorrekturen nötig wären, als diese in der realen Erziehungspraxis gegeben sind; in spiegelbildl. Sicht wird hier vom sog. *Projektionsproblem* gesprochen, das darin besteht, dass Kinder eigentl. viel mehr → Übergeneralisierungen zeigen müssten als tatsächl. vorkommen. Zum Überblick u. zur Kritik an diesen Argumenten vgl. Wode (1988). Dieses Problem ist zunächst vom → Nativismus hervorgehoben worden, um die Unzulänglichkeit empirist. Erklärungen des Grammatikerwerbs zu belegen, es erwies sich aber zunehmend auch als Prüfstein für den nativist. Ansatz, u. ist bis heute noch nicht völlig geklärt; vgl. Bowerman (1988); MacWhinney (1987); Weissenborn u. a. (1991).

TH: Folgende theoret. Ansätze der S. bzw. des Spracherwerbs sind wichtig geworden: (1) Als überholt u. inadäquat gelten *lerntheoret.* Ansätze, klassischerweise Skinner (1957) u. Jenkins u. Palermo (1964) – Letztere im Rahmen der → Mediationstheorie. (2) Die Bedeutung biolog. Voraussetzungen u. Reifungsprozesse wird heute von allen Theorien akzeptiert; vgl. hierzu den heute noch lesenswerten Klassiker Lenneberg (1967); vgl. auch Gleitman (1984); Lieberman (1984); in dieser Perspektive wird v. a. die Bedeutung der → Hemisphärenasymmetrie u. die cerebrale Dominanz der linken Gehirnhälfte betont. (3) *Kognitionstheoret.* Erklärungsansätzen, deren Grundprinzipien heute die Forschung leiten, ist gemeinsam, dass der Spracherwerb als Aufbau eines Regelsystems durch ein aktives u. nicht bloß re-aktives Kind begriffen wird. Diese kognitivist. Position lässt sich aufgrund der empir. Beweislage nicht durchhalten; während man für die Wortsemantik u. für semant. Aspekte der Satzsyntax Abhängigkeiten von der intellektuellen Entwicklung erkennen kann, ist dergleichen für nichtsemant. Bereiche, z. B. Syntax o. Phonologie nicht auszumachen; hier sind Fähigkeiten anderer Art als die kognitiv-intellektuellen gefordert; Wode (1981) spricht von *linguo-kognitiven Fähigkeiten.* So gibt es auch Sprachstörungen, bei denen Personen über intakte sprachl. Fähigkeiten verfügen, während ihre übrigen kognitiven Fähigkeiten stark beeinträchtigt sind u. umgekehrt; vgl. Cromer (1974) sowie Huber u. a. (1982). Innerhalb des kognitionstheoret. Paradigmas lassen sich drei histor. Phasen u. drei Teilparadigmen herausarbeiten (vgl. Grimm 1977): (a) *formal-kategoriale* Ansätze dominierten das Jahrzehnt von 1960 bis 1970 unter dem Einfluss der generativen Transformationsgrammatik Chomskys. Hier wurde die Idee eines → *Spracherwerbsmechanismus* geprägt, ein Kzpt., das den verpönten Nativismus in die moderne wissenschaftl. Diskussion wieder einbrachte. Nach der Autonomiehypothese der generativen Grammatik hat die formale Komponente der menschl. Sprachfähigkeit, also die *Grammatik*, den Status eines Moduls (→ Modularismus); es existiere ein System universeller angeborener Prinzipien, eine sog. *Universalgrammatik*, die erst den Erwerb einer speziellen Grammatik ermöglicht. Der Sprachprozess wird deshalb eher als ein Reifungs- denn als ein Lernprozess aufgefasst. Ein alternativer Erklärungsansatz, der insbes. das Problem der mangelnden negativen Evidenz (s. o.) zu erklären versucht, ist das sog. *Parameter-Modell*; es postuliert, dass die für den Erwerb einer bestimmten Grammatik notwendigen universellen Prinzipien *Parameter* enthalten, deren Werte erst auf der Basis des sprachl. Inputs besetzt werden. Die Universalgrammatik umfasst somit eine Menge von Prinzipien, die in jeweils begrenzten Werten für bestimmte Parameter variieren können. Als Bsp. wird meist der sog. *Pro-drop-Parameter* aufgeführt: die Eigenschaft von bestimmten Sprachen, z. B. dem Italienischen o. Spanischen, die Subjektposition eines Satzes fakultativ lexikal. unbesetzt zu lassen, während dies im Deutschen u. Englischen nicht möglich ist. (b) *Semant.-relationale* Modelle werden seit einer vielbeachteten Arbeit von Bloom (1970) entwickelt, die die Bedeutung semant., im Gegensatz zu syntakt. Faktoren stärker hervorhob. Auch eine Rezeption der → Kasusgrammatik erfolgte in dieser Phase. Innerhalb dieses Paradigmas entwickelte sich die Idee u. Methode der *Kontextanalyse*, bei der die konkreten Situationen der Sprachäußerung thematisiert u. analysiert werden: *von der Situationskenntnis zur Regelkenntnis* – so lässt sich das Modell beschreiben, durch das die Postulierung angeborener linguist. Universalien hinfällig wurde. Innerhalb dieses Ansatzes fand auch die Rezeption der → genetischen Epistemologie Piagets statt (vgl. Slobin 1973; Furth 1976; Sinclair-de-Zwart 1971) mit der Folge, dass an die Stelle linguist. Universalien solche kognitiver Art traten (→ Denken und Sprache). (c) Die *funktional-kommunikativen* Ansätze analysieren S. stärker als Mittel der Verständigung innerhalb des kommunikativen Gesamtkontextes; es sind also interaktionist. Ansätze; einen Überblick bietet Miller u. Weissenborn (1991). Zu krit. Analysen der verschiedenen Theorien vgl. Wode (1988); Slobin (1973); Wode (1976). Innerhalb dieses interaktionist. u. sozialisationstheoret. Ansatzes wurden folgende Aspekte des Spracherwerbs u. damit der S. überhaupt herausgearbeitet: *Intentionalitätsunterstellung* (d. h. die Tatsache, dass Mütter sämtl. Laute u. Handlungen ihres Kindes intentional interpretieren); *Fokussierung der Aufmerksamkeit* (d. h. Mütter u. Kinder koordinieren ihre Handlungen durch die Verwendung bestimmter Prozeduren zur gemeinsamen Fokussierung von Aufmerksamkeit auf Gegenstände etc.); *Interaktionsroutine* (d. h. die Handlungskoordination von Mutter u. Kind ist auf eine begrenzte Menge von Situationen u. Verfahrensprozesse reduziert); *implizite Pädagogik*; vgl. hierzu Bruner (1975ff.). Auch diese Prozesse scheinen zumindest teilweise gattungsspezif. biolog. Grundlagen zu haben; vgl. Trevarthen (1987). Bruner (1975) konzipiert die Idee eines *language acquisition support system* (*LASS*), das zusammen mit Chomskys *LAD* die Sprachentwicklung ermögliche u. elementare Formen einer primären Intersubjektivität beinhaltet.

VD: (1) Zum Problem einer → *kritischen Phase* des Spracherwerbs im Alter, zw. 2 u. 11. Jahren: Das immer wieder angeführte Argument, dass jüngere Kinder beim Zweitsprachenerwerb älteren überlegen sind, scheint einer empir. Prüfung nicht standzuhalten; vgl. z. B. Ervin-Tripp (1978). Dagegen bieten Beobachtungen zur Genesung nach einer traumat. Aphasie Belege dafür, dass Kinder vor dem 11. Lebensjahr solche Verletzungen völlig zu überwinden vermögen, während ältere Aphasiker bestenfalls 60 % ihres Sprachvermögens wiedererlangen. Es besteht ein Zusammenhang mit der Lateralisierung der Hirnhemisphären, die nach Lenneberg (1967) ungefähr mit der Pubertät abgeschlossen ist. Neuere Befunde weisen allerdings darauf hin, dass die Lateralisierung bereits irgendwann im Alter zw. 2 u. 5 Jahren abgeschlossen ist, die Rehabilitationschancen nach einer Aphasie scheinen also nicht direkt mit dieser verknüpft zu sein; vgl. Kinsbourne u. Smith (1974). Es wird argumentiert, dass der Verlust der Fähigkeit, nach einer Aphasie wieder zu genesen, nicht in einer sprachspezif. festen Abfolge der neuronalen Entwicklung begründet ist, sondern darin, dass im Gehirn eines über 11 Jahre alten Kindes die S. schon so gründl. kodiert ist, dass die bei einer Aphasie-Rehabilitation nötige grundlegende neuronale Umstrukturierung nicht vollständig erreicht werden kann. Ein in diesem Zusammenhang bis in die Populärpresse vorgedrungener aufsehenerregender Fall ist der des Mädchens Genie (amerik. Name; sprich »Tschienih«), das bis zum Alter von 13 Jahren in einem winzigen Raum eingeschlossen gewesen war u. prakt. keinen sozialen Kontakt gehabt hatte; dennoch konnte sie danach noch rudimentär eine S. erlernen; zur Problematik der Interpretation dieses Falls vgl. Curtiss (1977).

(2) *T*: (a) Der Begriff *Spracherwerb* wird meist innerhalb linguist. Ansätze verwendet, der Begriff *Sprachentwicklung* in ps. Ansätzen. (b) Der Begriff »kognitionstheoret.« kann in einem weiten Sinne verwendet werden (s. o.), indem er die aus einem kognitionstheoret. Grundansatz hervorgegangene Idee des Nativismus mit umfasst, o. in einem engen Sinne, in dem er gerade den Gegensatz zum Nativismus-Kzpt. meint: → Kognitionshypothese. (c) Die Abgrenzung solcher kognitionstheoret. Ansätze zu lerntheoret. Erklärungen wird auch in der Bevorzugung der Begriffe *Spracherwerb/Sprachentwicklung* gegenüber dem Begriff *Sprachlernen* deutl.

(3) Das Problem des Wesens der S. durchzieht auch die in den letzten Jahrzehnten wichtig gewordenen Forschungen zur *Tiersprache*, ihrer grundsätzl. Möglichkeit u. ihren Unterschieden zur menschl. S.; vgl. hierzu die Arbeiten von Rumbaugh (1977); Terrace u. a. (1979); Savage-Rumbaugh u. a. (1980); vgl. auch Hörmann (1991). Eines der bekanntesten Forschungsvorhaben war der Versuch, einer Schimpansin ein Zeichensystem beizubringen; vgl. Gardner u. Gardner (1969): Nach vier Jahren hatte die Schimpansin »Washoe« einen Wortschatz von 132 Zeichen gelernt, konnte neue Ketten aus bis zu fünf Zeichen bilden u. von sich aus eine Unterhaltung beginnen; Premack (vgl. Premack u. Premack 1983) entwickelte eine Kunstsprache mit farbigen Plastikformen als »Wörter«, die man an die Magnettafel halten konnte, auch hier ergaben sich erstaunl. Fähigkeiten: ein Verständnis für die Bedeutsamkeit der Wortstellung, Ja/Nein-Fragen, Negativsätze, Klassenkonzepte für Farben, Form u. Größe, über- u. nebengeordnete Satzgefüge, Quantoren, logische Verbindungen, auch metasprachl. Äußerungen u. Was-, Wo-, Wann-Fragen. Zur Kritik an diesen Versuchen vgl. Terrace u. a. (1979).

LIT: Eine zsfd. Darstellung der Sprachentwicklung geben Grimm (1977); Miller u. Weissenborn (1991); List (1981); Stark (1979); eine grundlegende u. umfassende Einführung in die moderne Spracherwerbsforschung bietet Ingram (1989); vgl. auch MacWhinney (1987); zu theoret. Grundproblemen vgl. Weissenborn u. a. (1991); eine populärwissenschaftl., unterhaltsame u. gleichzeitig tief schürfende Darstellung ist Zimmer (1988); vgl. des Weiteren Zimmer (1989) über Sprachversuche mit Menschenaffen; wichtige Abhandlungen sind in dem Sammelband von Piatelli-Palmarino (1980), im Mittelpunkt steht die Kontroverse zw. Chomsky u. Piaget (s. u.); leichter zu verstehen ist die Erörterung in Rieber (1983); maßgebende Arbeiten zum Syntaxerwerb stammen von Clahsen (1982); die wichtigsten Theorien sind bei Clahsen (1988) im ersten Kap. komprimiert zusammengefasst; zur Entwicklungsps. des Lallens: vgl. Locke (1983, mit vielen bibliograph. Angaben); zur Entwicklungsps. des Schreiens vgl. Truby (1976); zu Lautentwicklung u. Theorien des Lauterwerbs vgl. Ingram (1976); zur Entwicklung von Sprechakten u. komplexen sprachl. Handlungen, einem Zentralthema der an der Pragmatik interessierten Spracherwerbsforschung der 80er Jahre vgl. Cukk-Gumperz u. a. (1986); zu weiteren soziolinguist. u. sozio-kulturellen Untersuchungen vgl. Ochs (1988); der Sammelband von Snow u. Ferguson (1977) präsentiert einen Überblick über ethnograph. u. interkulturelle Untersuchungen zur Babysprache; eine kommentierte Bibliographie zur Kommunikation im Tierreich enthält Sebeok (1972); eine Einführung in ältere Ansätze Tembrock (1971); ein älteres dt. Werk zur Sprache der Tiere ist Kainz (1961). Zum höchst interessanten Problem des Bilingualismus bzw. der Mehrsprachigkeit (z. B. von Kindern mit Eltern, die zwei verschiedene Sprachen sprechen) vgl. Wandruszka (1995); Haarmann (1980); Romaine (1995); Hakuta u. a. (1987); populärwiss., aber höchst informativ ist Zimmer (1997); speziell zu kognitionsps. Aspekten vgl. Keatley (1992).

◆ Abrahamsen, A. A.: Child language. An interdisciplinary guide to theory and research. Baltimore 1977; Albert, M. u. Obler, L.: The bilingual brain: neural, psychological and neurolinguistic aspects of bilingualism. New York 1978; Anders, K.: Von Worten zur Syntax: Spracherwerb im Dialog. Berlin 1982; Anisfiled, M.: Language development from birth to tree. Hillsdale 1984; Bloom, L.: Language development: form and function in emerging grammars. Cambridge/Mass. 1970; Bowerman, M.: The »no-negative-evidence«-problem: How do children avoid constructing an overly general grammar? In: Hawkins, J. A. (Hg.): Explaning language universals. Oxford 1988, S. 73–101; Bruner, J. S.: From communication to language. C 3, 1975, S. 255–287; Bruner, J. S.: The ontogenesis of speech acts. JCL 2, 1975, S. 1–19; Bruner J. S.: Vygotsky: a historical conceptual perspective. In: Wertsch, J. V. (Hg.): Culture, communication and cognition: Vygotskian Perspectives. Cambridge 1985, S. 21–34; Bussmann, H.: Lexikon der Sprachwissenschaft. Stuttgart 1990; Clahsen, H.: Spracherwerb in der Kindheit. Tübingen 1982; Clahsen, H. u. a.: Deutsch als Zweitsprache: Der Spracherwerb ausländ. Arbeiter. Tübingen 1983; Clahsen, H.: Normale u. gestörte Kindersprache. Linguist. Untersuchungen zum Erwerb von Syntax u. Morphologie. Amsterdam 1988; Clark, H. H. u. Clark, E. V.: Psychology and language: an introduction to psycholinguistics. New York 1977; Constable, G.: Die Neanderthaler. Reinbek 1977; Cromer, R.: The development of language and cognition: the cognition hypothesis. In: Foss, B. (Hg.): New perspectives in child development. Harmondsworth 1974, S. 184–252; Cukk-Gumperz, J. u. a. (Hg.): Children's worlds and children's language. Berlin 1986; Curtiss, S.: Genie: A psycholinguistic study of a modern day »wild child«. New York 1977; de Villiers, J. G. u. de Villiers, P. A.: Language acquisition. Cambridge/Mass. 1978; Donaldson, M.: Children's minds. Glasgow 1978; Ervin-Tripp, S. M.: An overview of theories of grammatical development. In: Slobin, D. I. (Hg.): The ontogenesis of grammar. A theoretical symposium. New York 1971, S. 189–212; Ervin-Tripp, S. M.: Is second language learning like the first? In: Hatch, E.: Second language acquisition. Rowley 1978, S. 190–206; Felix, S. W. u. Wode, H. (Hg.): Language development at the crossroads. Tübingen 1983; Fromkin, V. u. a.: The development of language in Genie: A case of language acquisition beyond the »critical period«. Brain and Language 1, 1974, S. 81–107; Furth, H. G.: Intelligenz u. Erkenntnis. Frankfurt/M. 1976; Gardner, R. A. u. Gardner, B. T.: Teaching sign language to a chimpanzee. Science 165, 1969, S. 664–672; Gleitman, L. R.: Biological predispositions to learn language. In: Marler, P. u. Terrace, H. S. (Hg.): The biology of learning. Berlin 1984, S. 553–584; Grimm, H.: Ps. der Sprachentwicklung, 2 Bde. Stuttgart 1977; Haarmann, H.: Multilingualismus, 2 Bde. Tübingen 1980; Hakuta, K. u. a.: Bilingualism and cognitive development: three perspectives. In: Rosenberg, S. (Hg.): Advances in applied psycholinguistics, 1. Bd. Cambridge 1987; Halliday, M. A. K.: Learning how to be mean. Explorations in the development of language. London 1975; Hockett, C. F.: The origin of speech. SA 203, 1960, S. 89–96; Hörmann, H.: Einführung in die Linguistik. Darmstadt 1991; Hornstein, N. u. Lightfoot, D.: Explanation in linguistics: The logical problem of language acquisition. London 1981; Huber, W. u. a.: Aphasie. In: Poeck, K. (Hg.): Klin. Neurops. Stuttgart 1982, S. 66–107; Idelberger, H. A.: Hauptprobleme der kindl. Sprachentwicklung. ZfpPPH 5, 1903, S. 425–456; Ingram, D.: Phonological disability in children. London 1976; Ingram, D.: First-language acquisition. Cambridge 1989; Jakobson, R.: Kindersprache, Aphasia u. allg. Lautgesetze. Uppsala 1941; Jenkins, J. J. u. Palermo, D. S.: Mediation processes and the acquisition of linguistic structure. In: Bellugi, U. u. Brown, R. (Hg.): The acquisition of language. Monographs of the Society for Research on Child Development. 1964; Käsermann, M. L.: Spracherwerb u. Interaktion. Bern 1980; Karmiloff-Smith, A.: Language development after five. In: Fletcher, P. u. Garman, M. (Hg.): Language aquisition: studies in first language development. Cambridge 1979; Kegel, G.: Sprache u. Sprechen des Kindes. Reinbek 1974; Kainz, F.: Die Sprache der Tiere. Stuttgart 1961; Keatley, C. W.: History of bilingualism research in cognitive psychology. In: Harris, R. J. (Hg.): Cognitive processing in bilinguals. Amsterdam 1992; Kinsbourne, M. u. Smith, W. L.: Hemispheric disconnection and cerebral function. Springfield 1974; Landau, B. u. Gleitman, L. R.: Language and experience. Evidence from the blind child. Cambridge 1985; Lenneberg, E. H.: Biological foundations of language. New York 1967 (dt.: Biolog. Grundlagen der Sprache. Frankfurt/M 1972); Leopold, W. F.: Speech development of a bilingual child: A linguist's record, 4 Bde. Evanstown 1939–1949; Leopold, W. F.: Bibliography of child language. Bloomington 1972; Leuninger, H. u. a.: Psycholinguistik. Ein Forschungsbericht. Frankfurt/M. 1973; Lewis, M. M.: Sprache, Denken u. Persönlichkeit im Kindesalter. Düsseldorf 1963; Lieberman, P.: On the origins of language. New York 1975; Lieberman, P.: The biology and evolution of language. Cambridge/Mass. 1984; List, G.: Sprachps. Stuttgart 1981; Locke, J. L.: Phonological aquisition and change. New York 1983; Long, M. H.: Input, interaction and second language aquisition. Los Angeles 1980; Macken, M. A. u. Ferguson, C. A.: Cognitive aspects of phonological development: Model, evidence, and issues. In: Nelson, K. E.: Children's language, 4. Bd. New York 1983, S. 255–282; MacWhinney, B. (Hg): Mechanisms of language acquisition. Hillsdale 1987; Martens, K. (Hg.): Kindl. Kommunikation. Frankfurt/M. 1979; McNeill, D.: The aquisition of language: the study of developmental psycholinguistics. New York 1970; Meisel, J. M. u. a.: On determining development stages in natural second language acquisition. Wuppertaler Arbeitspapiere zur Sprachwissenschaft 2, 1979, S. 1–53; Meisel, J. M.: Word order and case marking in early child language. Evidence from simultaneous acquisition of two first languages: French and German. Linguistics 24, 1986, S. 123–186; Meumann, E.: Die Entstehung der ersten Wortbedeutungen beim Kinde. Leipzig 1902; Miller, M.: Zur Logik der frühen Sprachentwicklung. Stuttgart 1976; Miller, M.: Sprachl. Sozialisation. In: Hurrelmann, K. u. Ulich, D. (Hg.): Handbuch der Sozialisation. Weinheim 1980; Miller, M. u. Weissenborn, J.: Sprachl. Sozialisation. In: Hurrelmann, K. u. Ulich, D. (Hg.): Neues Handbuch der Sozialisationsforschung. Weinheim 1991, S. 531–551; Nabrings, K. u. Schmitter, P.: Spracherwerbsforschung: eine Bibliographie zur Pädolinguistik. Münster 1979; Ochs, E.: Culture and language development. Cambridge/Mass. 1988; Piaget, J. u. Inhelder, B.: The psychology of the child. New York 1969; Piaget, J.: Piaget's theory. In: Mussen (1970); Piaget, J.: Ps. der Intelligenz. Olten 1974;

Piatelli-Palmaraini, M. (Hg.): Language and learning. The debate between Jean Piaget and Noam Chomsky. London 1980; Pinker, S.: The language instinct. New York 1994; Premack, D. u. Premack, A. J.: The mind of an ape. New York 1983; Preyer, M.: Die Seele des Kindes: Beobachtungen über die geistige Entwicklung des Kindes in den ersten Lebensjahren. Leipzig 1882; Rieber, R. W. (Hg.): Dialogues on the psychology of language and thought. New York 1983; Romaine, S.: Bilingualism. Oxford 1995 (2. Aufl.); Rosenberg, S.: Disorders of first language development: Trends in research and theory. Gollin 1984, S. 195–237; Rumbaugh, D. M. (Hg.): Language learning by a chimpanzee. New York 1977; Savage-Rumbaugh, E. S. u. a.: Reference: the linguistic essential. Science 210, 1980, S. 922–925; Schneidermann, E.: Learning to the right: Some thoughts on hemisphere involvement. In: Vait, J. (Hg.): Language processing in bilinguals: psycholinguistic and neurobiological perspectives. Hillsdale 1986, S. 233–251; Schumann, J. H.: Social distance as a factor in second language aquisition. LL26, 1976, S. 135–143; Sebeok, T. A.: Perspectives in zoosemiotics. Den Haag 1972; Sinclair, A. u. Levelt, W. J. M. (Hg.): The child's conception of language. Berlin 1978; Sinclair-de Zwart, H.: Sensorymotor action patterns as a condition for the aquisition of syntax. In: Huxley, R. u. Ingran, E. (Hg.): Language aquisition: Models and methodes. New York 1971, S. 121–130; Skinner, B. F.: Verbal behaviour. London 1957; Slobin, D. J.: Grammatical transformations and sense comprehension in childhood and adulthood. JVLVB 5, 1966, S. 219–227; Slobin, D. J.: Universals of grammatical development in children. In: Flores d'Arcais, G.B. u. Levelt, W. J. M (Hg.): Advances in psycholinguistics. Amsterdam 1970, S. 174–186; Slobin, D. J.: The ontogenesis of grammar. A theoretical symposium. New York 1971; Slobin, D. J.: Leopold's bibliography of child language, revised and augmented. Bloomington 1972; Slobin, D. J.: Cognitive prerequisites for the development of grammar. In: Ferguson, C. A. u. Slobin, D. J. (Hg.): Studies of child language development. New York 1973, S. 175–308; Slobin, D. J.: Einführung in die Psycholinguistik. Kronberg 1974; Slobin, D. (Hg.): The cross-linguistic study of language acquisition. Hillsdale 1985; Snow, C. E. u. Ferguson, C. A.: Talking to children. Cambridge 1977; Stampe, D.: A dissertation on natural phonology. Bloomington 1979; Stark, R. E.: Prespeech segmental feature development. In: Fletcher, P. u. Garman, M. (Hg.): Language aquisition: studies in first language development. Cambridge 1979, S. 15–32; Stern, W. u. Stern, C.: Die Kindersprache. Leipzig 1907; Tembrock, G.: Biokommunikation, 2 Bde. Berlin 1971; Terrace, H. S. u. a.: Can an ape create a sentence? Science 206, 1979, S. 891–902; Trevarthen, C.: Sharing makes sense: intersubjectivity in the making of an infant's meaning. In: Steele, R. u. Threatgold, T. (Hg.): Language topics: essays in honor of Michael Halliday. Amsterdam 1987; Truby, H. M.: Prenatal and neonatal speech, »pre-speech« and an infantile-speech lexicon. Word 27, 1976, S. 57–101; Wandruszka, M.: Die Mehrsprachigkeit des Menschen. München 1979; Weissenborn, J. u. a. (Hg.): Theoretical issues in language acquisition. Hillsdale 1991; White, L.: The responsibility of grammatical theory to aquisitional data. In: Hornstein, N. u. Lightfoot, D. (Hg.): Explanation in Linguistics. London 1981, S. 241–271; White, L.: Is there a logical problem of second language aquisition? TESL Canada Journal 2/2, 1985, S. 29–41; Wode, H.: Der Erwerb von Fragestrukturen in der Kindersprache. In: Drachman, G. (Hg.): Akten des ersten Salzburger Kolloquiums über Kindersprache. Tübingen 1976, S. 101–112; Wode, H.: Developmental sequences in naturalistic L2 aquisition. WPB 11, 1976, S. 1–31; Wode, H.: Learning a second language: an integrated view of language aquisition. Tübingen 1981; Wode, H.: Einführung in die Psycholinguistik. München 1988; Zimmer, D. E.: So kommt der Mensch zur Sprache. Zürich 1988; Zimmer, D. E.: Experimente des Lebens. München 1989; Zimmer, D. E.: Deutsch und anders. Reinbek 1997.

Sprachentwicklung → Sprache.

Spracherwerb → Sprache.

Spracherwerbsmechanismus [engl. *language acquisition device*, Abk. *LAD*], ein aus → linguistischen Universalien bestehender Regelapparat, durch den der → Spracherwerb gesteuert wird. Innerhalb der → generativen Transformationsgrammatik wird die Annahme eines solchen Mechanismus damit begründet, dass er notwendig sei zur Erklärung des Phänomens, dass Kinder, obwohl sprachl. Äußerungen ihrer Umwelt nur einen defizitären sprachl. Input darstellen, die syntakt. Regeln ihrer Muttersprache in verhältnismäßig kurzer Zeit erwerben u. eine fast unbegrenzte Menge grammat. Ausdrücke erzeugen u. verstehen können; Weiteres → Sprache. Der LAD entspricht unter dynam. Gesichtspunkt dem Modell des → idealen Sprechers;

dahinter steckt die Idee einer universellen Tiefenstruktur von Sprachen.

HI/WÜ: Dieses nativist. Modell hat auf die Entwicklung ps. Sprachforschung der 60er Jahre einen enormen Einfluss ausgeübt. Die drei hauptsächl. thematisierten empir. Konsequenzen dieser Annahme waren: (a) die relative Bedeutungslosigkeit der Sprache der Umwelt; (b) die marginale Rolle der Semantik; (c) die kognitive Unabhängigkeit der Sprache. Alle drei Annahmen sind in der Folgezeit hinterfragt u. quasi auf den Kopf gestellt worden: vgl. dazu Levelt (1975); List (1981); Miller (1980); zsfd. Grimm u. Engelkamp (1981).

Weiterentwicklungen: In den Arbeiten von Slobin (1985) wird davon ausgegangen, dass das Kind mit einer teilweise angeborenen *language-making-capacity* (LMC) ausgestattet ist, ein Konstrukt, das stärker als Chomsky LAD empir. begründet ist, v. a. in vergleichenden Untersuchungen zum Erwerb von 15 unterschiedl. Sprachen; vgl. zur krit. Analyse Pinker (1989). Das Kzpt. des *Bioprogramms* wurde von Pickerton (1981) aus Forschungen zu Pidgin- u. Kreol-Sprachen entwickelt.

◆ Grimm, H. u. Engelkamp, J.: Sprachps. Berlin 1981; Levelt, W. J. M.: What became of LAD? The Hague 1975; List, G.: Sprachps. Berlin 1981; Miller, M.: Sprachl. Sozialisation. In: Hurrelmann, K. u. Ulich, D. (Hg.): Handbuch der Sozialisation. Weinheim 1980; Pickerton, D.: Rules of language. Ann Arbor 1981; Pinker, S.: Learnability and cognition. Cambridge 1989; Slobin, D. J.: Cross linguistic evidence for the language-making- capacity. In: Slobin, D. J. (Hg.): The cross linguistic study of language acquisition, 2. Bd. Hillsdale 1985; Wanner, E. u. Gleitman, L. R. (Hg.): Language acquisition: the state of the art. New York 1982.

Sprache und Denken Das Problem des Verhältnisses von S. u. D. war u. ist ein Paradigma, das die → Denkpsychologie wie auch die → Sprachpsychologie durchzieht u. sozusagen die Interaktion beider Gebiete auf den Punkt bringt. Lange Zeit als ein philosoph. Problem betrachtet, gewinnen heute Ergebnisse aus der experimentellen Forschung zunehmend an Bedeutung. Die Annahme des → Sprachdeterminismus beinhaltet den prägenden u. determinierenden Einfluss der Sprache auf das Denken, eine bes. prominente Ausprägungsform ist die → Sapir-Whorf-Hypothese. Die → Motortheorie des Denkens postuliert, dass Denken wesentl. durch → innere Sprache konstituiert sei. Dem steht die als → Kognitionshypothese bezeichnete Position gegenüber, dass Denken unabhängig von Sprache funktioniere u. auch andere Wurzeln habe, v. a. motor. bzw. aktionale Schemata. Auch die große Kontroverse, ob für die Erklärung der Sprachentwicklung die Annahme kognitiver o. → linguistischer Universalien nötig u. adäquat ist, fällt unter dieses Themengebiet.

LIT: Für eine zsfd. Darstellung vgl. Grimm u. Engelkamp (1981); Hörmann (1967); für einen Überblick über ältere Ansätze vgl. Kainz (1964); eine neuere Arbeit ist Gelman (1991).

◆ Cromer, R.: The development of language and cognition: the cognitive hypothesis. In: Foss, B. (Hg.): New perspectives in child development. Harmondsworth 1974, S. 184–252; Cromer, R.: Language and Cognition in normal and handicaped children. New York 1988; Gelman S. A.: Perspectives on language and thought. Cambridge 1991; Grimm, H. u. Engelkamp, J.: Sprachps. Berlin 1981; Hörmann, H.: Ps. der Sprache. Berlin 1967; Huber, W. u. a.: Aphasie. In: Poeck, K. (Hg.): Klin. Neurops. Stuttgart 1982, S. 66–107; Kainz, F.: Das Denken u. die Sprache. In: Bergius, R. (Hg.): Lernen u. Denken. HP, 1. Bd., 2. Hlb. Göttingen 1964, S. 566–617; MacWhinney, B. (Hg.): Mechanisms of language acquisition. Hillsdale 1987; Weissenborn, J. u. a. (Hg.): Theoretical issues in language acquisition. Hillsdale 1991.

Sprachliches Wissen → Wissenspsychologie; → Sprache.

Sprachplanung → Sprachproduktion.

Sprachproduktion. Der Prozess des Erzeugens von Sprache – das themat. Gegenstück zum For-

schungsfeld der → Sprachrezeption.
S. beinhaltet folgende Stufen: (1) Zunächst wird eine *kognitive Äußerungsbasis* erzeugt, d. h. der Sprecher richtet seine Aufmerksamkeit auf diejenigen Bewusstseinsinhalte, die die Basis dessen sind, worüber er reden will. (2) Auf dieser kognitiven Äußerungsbasis werden diejenigen Teilinhalte ausgewählt, die (überhaupt o. als nächstes) sprachl. verschlüsselt werden sollen, man spricht von der *Selektion des semant. Inputs*. Zugleich bringt der Sprecher die Äußerungsbasis in eine Abfolge (*Linearisierung* bzw. *Sequenzierung*). (3) Dann erfolgt eine *Enkodierung*, d. h. der semant. Inhalt wird in eine geordnete Wortfolge verwandelt bzw. enkodiert. Die wichtigsten Komponenten sind dabei: (a) die lexikal. Enkodierung (Wortwahl); (b) die grammat.-syntakt. Enkodierung (Satzbau): Wortabfolge im Satz, bestimmte Wortabwandlungen (Flexionen) einschließlich Wortendungen usw.; (c) die prosod. Enkodierung, d. h. Tonhöhen- u. Betonungsverlauf, Pausen; vgl. hierzu Herrmann (1990). Da Sprecher normalerweise 150 Wörter pro Minute, also ein Wort alle 44 msec., produzieren, wird meist angenommen, dass Äußerungen partiell während des Sprechens geplant werden u. dass ein fertiger Satz zu Beginn des Sprechens eher die Ausnahme ist. (4) Schließl. erfolgt die phonet.-artikulator. Realisation, also die Aussprache der während der Planung konzipierten Äußerung (→ Sprachartikulation). Während die Planung v. a. auf der Ebene von größeren Redeabschnitten, speziell von Sätzen erfolgt, geschieht die Ausführung vornehml. auf der Ebene der → Konstituenten: Sprecher führen eine Konstituente aus, während sie die nächste Planung vornehmen, bei Störung der Ausführung wird die Konstituente als Ganzes korrigiert. Auf einer bestimmten Bewusstseinsebene kontrollieren die Sprecher die Wahl der Lexeme, Störungen hierbei manifestieren sich durch Interjektionen u. Korrekturen, auch durch ein typ. Pausenvh.: Pausen treten vornehml. vor Redeabschnitten auf, wenn der Sprecher mit der Darstellung einer neuen Idee beginnt, des Weiteren vor Satzeinheiten, vor Konstituenten u. schließl. vor Inhaltswörtern.
Es liegt linguist. Evidenz dafür vor, dass Wortfindung u. Syntax unabhängige Module eines Sprachproduktionssystems sind. Des Weiteren gibt es auch Hinweise auf eine Trennung von phonolog. u. artikulator. Komponente, hierfür sprechen die Funktionsstörungen bei Aphasien. So werden die phonemat. Paraphasien von Patienten mit *flüssigen Aphasien* einer Beeinträchtigung der Selektion u. Sequenzierung von phonolog. Einheiten zugeschrieben, während die artikulator. Defizite von Patienten mit *Broca-Aphasie* o. einer *Sprechapraxie* auf eine Störung im sprechmotor. Programm zurückgeführt werden, Patienten mit *Agrammatismus* können einzelne Wörter korrekt abrufen, während die Grammatik gestört ist. Daten aus der Pathologie rechtfertigen ebenfalls die Trennung von Konzeptualisierungsebene u. Verbalisierungsebene: Bei der Demenz ist Erstere gestört, wb. Formulierungsprozesse weitgehend intakt sind, dagegen ist bei der *Wernicke-Aphasie* die sprachl. Prozessebene geschädigt (bei intakten konzeptuellen u. pragmat. Planungsprozessen); vgl. zum Überblick Schwarz (1992); Poeck (1982).
Histor. bedingt betraf das Thema S. v. a. das Gebiet *Satzproduktion*. Erst

die moderne kommunikationsorientierte Sprachps. wendet sich zunehmend dem situativen Gesamtkontext zu (→ verbale Kommunikation) u. thematisiert größere Bedeutungs- u. Verstehenszusammenhänge: Bei der Satzplanung berücksichtigt der Sprecher zunächst den *propositionalen* Gehalt (Taylor 1969), den *Sprechakt* (Herrmann und Laucht 1977) und die *themat. Struktur* (Ertel 1977). Der Sprechakt manifestiert sich als die Art der Beziehung und Zuwendung des Sprechers zum Hörer, woraus sich z. B. eine direkte o. indirekte Form des Sprechens ergibt. In der thematischen Struktur wählt der Sprecher einen räumlichen, zeitl. o. begriffl. Rahmen, in den er die Proposition einbettet, so z. B., welche Information er beim Hörer als bekannt voraussetzt. Auf der Grundlage eines so selektierten Satzbauplanes werden dann die einzelnen Konstituenten geplant. Die kommunikationsorientierte Sprachps. analysiert auch das Einbezogensein des Sprechens in eine Sprechsituation u. die so entstehenden Redetypen, die sich v. a. danach unterscheiden lassen, ob Monologe o. Dialoge intendiert sind; speziell: Verhandlungen, Informationseinholungen, Unterhaltungen, Erklärungen, Beschreibungen, Geschichtenerzählungen, wb. jeder Typ mehr o. weniger seine eigene Makrostruktur hat (→ Textverstehen). Auch das generelle Anspruchsniveau inhaltl. Details ist zu berücksichtigen; Schlesinger (1977) führt eine Reihe von Bedingungen an, die erfüllt sein müssen, damit eine S. begonnen wird; s. a. das Stw. → Vorannahmen vs. Behauptungen. Ein spezielles Problem der Forschung stellt die → Objektbenennung dar.

VD: Die oben grundsätzl. dargelegte Stufenabfolge der S. variiert innerhalb der verschiedenen theoret. Modelle; z. B. hebt das ältere klin. Modell von Pick (1909ff.) folgende Stufen hervor: Zuerst ist eine *Intention* gegeben, einen Satz zu bilden, dann wird dieser Satz *schematisiert*, danach ein Satzschema gebildet, das die vage Satzmelodie u. die generelle Wortordnung enthält, u. dann erst wird die eigentl. *Auswahl* der Wörter getroffen. Auf der nächsten Ebene wird der aktuelle verbale Inhalt *grammatikalisiert*, so dass er in das *Satzschema* passt; die sprachl. Formulierung setzt während o. erst nach der gedankl. Gliederung ein, u. je nachdem werden *Betonungs- u. Satzschema* gleichzeitig o. sukzessiv entwickelt. Das *Betonungsschema* spezifiziert *Tonhöhe, Betonung u. Tempo*, während das *Satzschema* sich folgendermaßen aufbaut: zunächst wird die *Wortstellung ermittelt* (*Syntaxierung*), dann vollzieht sich die *Wortfindung u. Einordnung* der Wörter in das Schema, hier jedoch werden nur die *Inhaltswörter* verarbeitet, die Verarbeitung der *Funktionswörter*, d. h. die Grammatisierung des Satzes erfolgt erst im nächsten Verarbeitungsschritt. Eine moderne Variante dieses Modells liefern Peuser u. Temp (1981): auf der 1. Stufe wird die Bedeutung selektiert; auf der 2. werden die syntakt. u. prosod. festgelegten Satzrahmen bereitgestellt; auf der 3. Ebene werden Funktionswörter in den Satzrahmen eingeführt, auf der 4. werden die Inhaltswörter in den Rahmen eingeführt; auf Stufe 5 die Flexionen; auf der 6. Stufe laufen die phonolog. Prozesse ab. Nach Peuser u. Temp sind bei der Jargon-Aphasie v. a. die Stufen 3, 4 u. 5 gestört.

LIT: Für eine zsfd. Darstellung vgl. Blanken (1988) sowie Levelt (1989); unter neurolinguist. Aspekt Friederici (1984); eine krit. Analyse der gegenwärtigen Forschungsproblematik u. Forschungsperspektiven ist Fowler (1985), ein Sammelband ist Allport (1987); eine umfassende Einführung ist Wiese (1983), der die wichtigsten Aspekte neuer Sprachproduktionstheorien darstellt u. auf alle relevanten Forschungsdomänen (Fehler, Verzögerung, Pausen, Planungseinheiten usw.) eingeht; vgl. auch Levelt (1989); speziell zur Satzproduktion vgl. Engelkamp (1973); zur S. beim Schreiben vgl. Anderson (1988); zur Mehrsprachigkeit vgl. Albert u. Obler (1978) sowie Schneidermann (1986); ein umfassendes Handbuch ist Gernsbacher (1994); ein wichtiges theoret. Modell der S. ist Garret (1975ff.), ein Modell vor dem Hintergrund der → generativen Transformationsgrammatik, vorwiegend aus der linguist. Fehleranalyse bei Normalsprechern hervorgegangen; ähnl. Modelle wurden von Fromkin (1971), Fodor u. a. (1974) entwickelt, des Weiteren von Chafe (1976), Schlesinger (1977) u. Butterworth (1980); in neuer Zeit wichtig geworden ist Levelt (1989); zu ps. Aspekten der motor. Prozesse bei der S., ein Forschungsbereich, den Krüger (1989) unter dem Begriff »speech chronemics« zusammenfasst, vgl. Vollrath (1993); zu den physiolog. Grundlagen des Sprechens vgl. Mayeux u. Kandel (1985); einen Überblick über verschiedene Ansätze zur S. komplexer Texte – Textproduktion – vermittelt der Sammelband Antos u. Krings (1989); ein neuartiger Ansatz zur Analyse von Phänomenen des Sprechens findet sich in Herrmann u. Grabowski (1994): S. wird hier im Rahmen eines allgemeinen handlungs- u. kommunikationstheoretischen Ansatzes analysiert, der speziell auch situative Faktoren des Sprechens berücksichtigt (→ Objektbenennung).

◆ Allport, D. A. u. a. (Hg.): Language, perception and production. London 1987; Anderson, J. R.: Kognitive Ps. Heidelberg 1988; Blanken, G. u. a. (Hg.): Sprachproduktionsmodelle. Freiburg 1988; Antos, G. A. u. Krings, H. P. (Hg.): Textproduktion, ein interdisziplinärer Forschungsüberblick. Tübingen 1989; Bock, K. J.: Towards a cognitive psychology of syntax: information processing contributions to sentence formulation. PR 89, 1982, S. 1–47; Butterworth, B.: Some constraints on models of language production. In: Butterworth, B. (Hg.): Language production, 1. Bd. London 1980, S. 423–459; Chafe, W.: Bedeutung u. Satzstruktur. München 1976; Clark, H. H. u. Clark, E. V.: Psychology and language. New York 1977; Dell, G. S. u. Reich, P. A.: Stages in sentence production: Analysis of speech error data. JVLVB 20, 1981, S. 611–621; Deutsch, W.: Mit dem Zeitgeist gegen den Zeitgeist – die Anfänge des Forschungsprogramms »Objektbenennung«. In: Kornadt u. a. (1994) S. 15–36; van Dijk, T. A.: Semantic macro-structures and knowledge frames in discourse comprehension. In: Just, M. A. u. Carpenter, P. A. (Hg.): Cognitive processes in comprehension. Hillsdale 1977, S. 3–31; Engelkamp, J.: Semant. Struktur u. die Verarbeitung von Sätzen. Bern 1973; Ertel, S.: Where do subjects of sentences come from. In: Rosenberg, S. (Hg.): Sentence production. New York 1977; Ervin-Tripp, S. M.: Is second language learning lighter than first? TESOL Quarterly 8, 1974, S. 111–127; Fodor, J. u. a.: The psychology of language. New York 1974; Fowler, C.: Current perspectives on language and speach production: a critical review. In: Daniloff, R. (Hg.): Speech science. San Diego 1985, S. 193–278; Friederici, A. D.: Neurops. der Sprache. Stuttgart 1984; Fromkin, V.: The non-anomalous nature of anomalous utterences. Language 47, 1971, S. 27–52; Garret, M. F.: The analysis of sentence production. In: Bower, G. (Hg.): The psychology of learning and motivation, Bd. 9. New York 1975; Garret, M. F.: Syntactic processes in sentence production. In: Wales, R.J. u. Walker, E. (Hg.): New approaches to language mechanisms. Amsterdam 1976; Garret, M. F.: Levels of processing in sentence production. In: Butterworth, B. V. (Hg.): Language production, 1. Bd. London 1980; Gernsbacher, M. A. (Hg.): Handbook of psycholinguistics. San Diego 1994; Grimm, H. u. Engelkamp, J.: Sprachps. Berlin 1981; Herrmann, T. u. Deutsch, W.: Ps. der Objektbenennung. Bern 1976; Herrmann, T. u. Laucht, M.: Pars pro toto: Überlegungen zur situationsspezif. Variation des Sprechens. PRu 28, 1977, S. 247–265; Herrmann, T.: Sprechhandlungspläne als handlungstheoret. Konstrukte. In: Lenk, H. (Hg.): Handlungstheorien interdisziplinär, 2. Bd. München 1978; Herrmann, T.: Sprechen u. Situation. Berlin 1982; Herrmann, T.: Allg. Sprachps. München 1985; Herrmann, T. u. Grabowski, J.: Sprechen. Ps. der Sprachproduktion. Heidelberg 1994; Hörmann, H.: Meinen u. Verstehen. Frankfurt/M. 1976; Huttenlocher, J. u. Strauss, S.: Comprehension and the statement's relation to the situation it describes. JVLVB 7, 1968, S. 527–530; Kinsbourne, M. u. Smith, W. L.: Hemispheric disconnection and cerebral function. Springfield 1974; Kornadt, H.-J. u. a. (Hg.): Sprache u. Kognition. Heidelberg 1994; Krüger, H.-P.: Speech chronemics. A model, a methodology and results. Forschungsbericht. Universität Würzburg, Psychol. Institut III; Levelt, W. J. M.: Speaking: from intention to articulation. Cambridge/Mass. 1989; Mayeux, R. u. Kandel, E. R.: Natural language, disorders of language and localizable disorders of cognitive functioning. In: Kandel, E. R. u. Schwartz, J. H. (Hg.): Principles of neural science. New York 1986, S. 688–703; Mock, K. J.: Towards a cognitive psychology of syntax: Information processing contributions to sentence formulation. Psychological review, 1982, S. 1–47; Peuser, G. u. Temp, K.: The evolution of jargon aphasia. In: Brown, J. W. (Hg.): Jargon aphasia. New York 1981; Pick, A.: Über das Sprachverständnis. Leipzig 1909; Pick, A.: Die agrammat. Sprachstörungen. Berlin 1913; Poeck, K. (Hg.): Klin. Neurops. Stuttgart

1982; RUMELHART, D. E.: Notes on a schema for stories. In: BOBROW, D. G. u. COLLINS, A. M. (Hg.): Representations and understanding: Studies in cognitive science. New York 1975; SCHLESINGER, I. M.: Components of a production model. In: ROSENBERG, S. (Hg.): Sentence production. New York 1977, S. 169–193; SCHLESINGER, I. M.: Production and comprehension of utterances. New York 1977; SCHWARZ, M.: Einführung in die kognitive Linguistik. Tübingen 1992; TAYLOR, J.: Content and structure in sentence production. JVLVB 8, 1969, S. 170–175; VOLLRATH, M.: Mikropausen. Apparative Registrierung und ps. Bedeutung. Frankfurt/M. 1993; WIESE, R.: Psycholinguist. Aspekte der Sprachproduktion. Hamburg 1983.

Sprachpsychologie, Teilgebiet der Ps., das sich mit der ps. Analyse sprachl. Prozesse beschäftigt; zentral sind die Themen: → Sprachrezeption, → Sprachproduktion u. → Sprachentwicklung; wichtig geworden sind auch Probleme der → Bedeutung sowie des Verstehens komplexerer sprachl. Gebilde: → Textverstehen. Übergreifende Themen sind das Verhältnis von → Sprache u. Denken, auch das von Sprache u. Gedächtnis (→ semantisches Gedächtnis). Im Übergangsgebiet zur Sozialps. liegt das große Themen- u. Problemgebiet → verbale Kommunikation; s. a. das Stw. → nonverbale Kommunikation. Im Überschneidungsgebiet zur Neurops. liegt die Ps. des veränderten Sprachvhs. bei *Aphasien*; vgl. Friederici (1984). Zunehmend werden auch neurobiolog. Aspekte thematisiert, insbes. im großen Forschungsparadigma → Hemisphärenasymmetrie. Die allg. Interdisziplinarität des Gebietes führt auf tief gehende wissenschaftstheoret. Probleme (vgl. z. B. Wunderlich 1976; Hörmann 1974; s. a. das Stw. → Kompetenz vs. Performanz).

HI: Eine Ps. der Sprache gibt es seit Beginn der modernen wissenschaftl. Ps., sie ist jedoch durch Behaviourismus auch außerhalb Amerikas stark zurückgedrängt worden u. ein Rand- bzw. Spezialgebiet geworden. Eine Renaissance der S. hat sich durch die Rezeption der modernen Linguistik, speziell der → generativen Transformationsgrammatik, ergeben – für diese moderne S. wurde der Begriff → *Psycholinguistik* geprägt. Seit Ende der 70er Jahre lässt sich als allgemeinster Trend aber wieder eine Emanzipation der S. von der Linguistik feststellen – unter terminolog. Aspekt: »von der Psycholinguistik zur *S.*« (vgl. Hörmann 1974). Das Leitmotiv, dass Linguistik die Sprache an sich beschreibe u. S. die ps. Verwendung derselben analysiere, wird zunehmend als problemat. u. inadäquat gesehen. Charakterist. ist die Auflösung sowohl der Separierung zw. Syntax u. Semantik als auch zw. Pragmatik einerseits u. Syntax u. Semantik andererseits. Kennzeichend ist auch der Übergang vom Begriff der → Sprachwahrnehmung u. der → Satzverarbeitung zum Begriff des *Satzverstehens* bzw. → *Sprachverstehens*. In diesem Trend wird zunehmend auch die ältere deutschsprachige S. rezipiert, bes. die Arbeiten von H. Hörmann (1976) versuchen eine Kritik u. Weiterführung psycholinguist. Ansätze aus dem Gedankengut älterer dt. Sprachtheorien, wie z. B. der von K. Bühler. Hierbei wird auch Bezug genommen auf die russ. S., die einen unabhängigen Strang der Forschung darstellt; vgl. z. B. Leontjew (1971, 1974). Tief schürfende Gedanken über die Unterschiedlichkeit der europäischen u. der amerikan. psycholinguistischen Tradition findet sich in Herrmann (1986); nach Herrmann ist das wesentl. Kennzeichen der europäischen Wundt-Bühler-Hörmann-Tradition eine »Paradigmenlosigkeit«, die es den Angloamerikanern schwer macht, sie zu rezipieren. Bis heute ist die S. noch kein offizielles eigenes Prüfungsfach der Ps. Sie wird meist von Spezialisten betrieben, obgleich viele Grundideen der → kognitiven Psychologie von der Psycholinguistik ausgingen, v. a. die Idee der → Analyse-durch-Synthese u. das → Bottom-up vs. Top-down-Modell (vgl. Neisser 1974). Sprache ist näml. das Gebiet, auf dem am deutlichsten die Bedeutung des → Wissens für die Wahrnehmung zutage tritt (→ Erkennen; → kategoriale Wahrnehmung). Die Linguistik gab der modernen Ps. die Basis u. gewissermaßen den Mut, elaborierte kognitive Strukturen als zentrale Bestandteile ps. Modelle zu verwenden. V. a. seit Anfang der 80er Jahre entwickelt sich unter dem Titel *kognitive Linguistik* etwas der S. Ähnliches, das kognitivist. u. auch ps. orientierte Konzeptionen, die aus der Linguistik selbst heraus entstanden sind, integriert; dieser Ansatz ist interdisziplinär orientiert u. im Rahmen einer allg. → Kognitionswissenschaft entwickelt worden. Dt. Psychologen, die wichtige sprachps. Beiträge geleistet haben, sind: Hans Hörmann u. Johannes Engelkamp; die Arbeiten von Theo Herrmann erweitern den herkömmlichen sprachps. Rahmen durch Berücksichtigung situativer Faktoren und des Gesamtzusammenhangs des Sprechens und gelangen so zu einer kommunikations- u. handlungstheoretisch orientierten S. (→ Objektbenennung); vgl. v. a. Herrmann u. Grabowski (1994). Neurops. orientiert ist die Arbeit von Angela Friederici.

LIT: Eine Einführung in »Sprache-ansich o. was der Sprachpsychologe von der Linguistik wissen muß« bietet das 2. Kapitel von Hörmann (1981); einen ausführl. Einblick in die linguist. Grundlagen der generativen Transformationsgrammatik bietet Dietrich (1976); einen umfassenden Überblick über sprachwissenschaftl. Kzpte. u. Theorien liefert Bußmann (1990); das im deutschen Raum schon als Klassiker geltende Werk von Hans Hörmann »Meinen und Verstehen« (1976) thematisiert wissenschaftstheoret. u. inhaltl. Probleme im Spannungsfeld zw. Linguistik u. Ps.; zsfd. dt. Darstellungen der S. sind: Hörmann (1967); List (1972); Grimm u. Engelkamp (1981) ist ein Lexikon mit einer wegweisenden neuen Darstellungsform; eine neuere Darstellung der S. als *allg. Ps.* ist Herrmann (1985); die ältere S. – die in den psycholinguist. Ansätzen kaum rezipiert wird – stellt das umfangreiche Werk von Kainz dar (1941ff.); eine Würdigung der Bedeutung Hans Hörmanns ist Bosshardt (1986), darin bes. der Aufsatz von Theo Herrmann (S. 17–35); ein Nachruf auf Hörmann ist Engelkamp (1983); eine Einführung in psycholinguist. Theorien des Spracherwerbs bietet Wode (1988); zum Überblick über die kognitive Linguistik vgl. Schwarz (1992); die Relevanz gedächtnisps. Forschung für die Linguistik wird in Bierwisch (1979) krit. diskutiert; zur Interaktion von Gedächtnisforschung u. S. vgl. auch Herrmann (1995); das Problem der Objektbenennung wird analysiert in Herrmann u. Deutsch (1976); zur Geschichte der Sprachps. vgl. Blumenthal (1970); einen Überblick über sprachps. Beiträge zur Sozialps. liefert Herrmann u. Stäcker (1969); Dascal u. a. (1995) ist ein umfangreiches Handbuch zeitgenössischer Forschung auf dem Gebiet der Sprachphilosophie.

◆ Bierwisch, M.: Sprache u. Gedächtnis: Ergebnisse u. Probleme. In: Bierwisch, M. (Hg.): Ps. Effekte sprachl. Strukturkomponenten. Berlin 1979, S. 29–130; Blumenthal, A. L.: Language and psychology. New York 1970; Bosshardt, H. G. (Hg.): Perspektiven auf Sprache. Interdisziplinäre Beiträge zum Gedenken an Hans Hörmann. New York 1986; Bühler, K.: Sprachtheorie. Jena 1934; Bussmann, H.: Lexikon der Sprachwissenschaft. Stuttgart 1990; Constable, G.: Die Neanderthaler. Reinbek 1977; Dascal, M. u. a. (Hg.): Sprachphilosophie/Philosophy of language/La philosophie du langage. Ein internationales Handbuch zeitgenössischer Forschung, 2 Hlb. Berlin 1995; Dietrich, R.: Generative Linguistik für Psychologen. Stuttgart 1976; Engelkamp, J.: Semant. Strukur u. Verarbeitung von Sätzen. Bern 1973; Engelkamp, J.: Psycholinguistik. München 1974; Engelkamp, J.: Nachruf für Hans Hörmann. PRu 34, 1983, S. 218–220; Friederici, A. D.: Neurops. der Sprache. Stuttgart 1984; Grimm, H. u. Engelkamp, J.: Sprachps.: Handbuch u. Lexikon der Psycholinguistik. Berlin 1981; Herrmann, T. u. Stäcker, K. H.: Sprachps. Beiträge zur Sozialps. In: Graumann, C.F. (Hg.): Sozialps. HP 7. Bd. S. 398–474; Herrmann, T. u. Deutsch, W.: Ps. der Objektbenennung. Bern 1976; Herrmann, T.: Allg. Sprachps. München 1985; Herrmann, T.: Psycholinguist. Nach-Chomsky-Paradigma u. mitteleurop. Sprachsps. In: Bosshardt, H. G. (Hg.): Perspektiven auf Sprache. New York 1986, S. 17–35; Herrmann, T.: Gedächtnis u. Sprache. In: Dörner, D. u. van der Meer, E. (Hg.): Das Gedächtnis. Göttingen 1995, S. 179–226; Herrmann, T. u. Grabowski, J.: Sprechen. Ps. der Sprachproduktion. Heidelberg 1994; Hörmann, H.: Ps. der Sprache. Berlin 1967; Hörmann, H.: Psycholinguistik. In: Koch, W. A.: Perspektiven der Linguistik, 2. Bd. Stuttgart 1974; Hörmann, H.: Meinen u. Verstehen. Frankfurt/M. 1976; Hörmann, H.: Einführung in die Psycholinguistik. Darmstadt 1981; Kainz, F.: Ps. der Sprache I. Stuttgart 1941; Kainz, F.: Einführung in die Sprachps. Wien 1946; Kainz, F.: Ps. der Sprache III. Stuttgart 1954; Kainz, F.: Ps. der Sprache IV. Stuttgart 1956; Kainz, F.: Ps. der Sprache II. Stuttgart 1960; Leontjew, A. A.: Sprache, Sprechen und Sprechtätigkeit. Stuttgart

1971; Leontjew, A. A.: Psycholinguistik u. Sprachunterricht. Stuttgart 1974; List, G.: Psycholinguistik. Stuttgart 1972; List, G.: Sprachps. Stuttgart 1981; Neisser, U.: Kognitive Ps. Stuttgart 1974; Schwarz, M.: Einführung in die kognitive Linguistik. Tübingen 1992; Wode, H.: Einführung in die Psycholinguistik. München 1988; Wunderlich, D. (Hg.): Wissenschaftstheorie der Linguistik. Kronberg 1976; Ztschr.: Brain and Language.

Sprachrezeption, Oberbegriff für den gesamten Prozess von der → Sprachwahrnehmung u. der → Worterkennung über die syntakt. Analyse (→ Parsing) bis zum → Sprachverstehen bzw. → Textverstehen. In den frühen Modellen zur → Satzverarbeitung ergibt sich die Satzbedeutung aus der Kombination der Wortbedeutungen, indem der Rezipierende die Bedeutung der Wörter aus einem → mentalen Lexikon abruft u. diese gem. der syntakt. Struktur des Satzes kombiniert; die semant. Repräsentation wird also unabhängig von Kontext u. Weltwissen erstellt. Auch die propositionalen Modelle, die in den 70er Jahren in den Mittelpunkt der rezeptionsorientierten Forschung rückten, gehen davon aus, dass alle zum Verstehen eines Satzes notwendigen Informationen im Satz enthalten sind, dass die semant. Repräsentation also in einem Bottom-up-Prozess aufgebaut wird; der Verstehensprozess wird als Vorgang beschrieben, bei dem der Rezipient den Wörtern im Satz Argument-Konzepte zuordnet, sie bezügl. ihrer Funktion in Beziehung zum Prädikat setzt u. somit die dem Satz zugrunde liegende Proposition erkennt; vgl. Engelkamp (1974). In den neueren Sprachverarbeitungsmodellen wird nicht mehr angenommen, dass die Analyse der syntakt. Struktur eines Satzes (bzw. einer Konstituente) erst dann anfangen kann, wenn alle Einheiten des Satzes wahrgenommen sind: Der syntakt. Verarbeitungsmechanismus erstellt sofort strukturelle Lesarten für die wahrgenommenen Wörter; es werden allerdings nicht nur syntakt. Muster, sondern auch semant. Muster, die sich aus der Bedeutung der Worte ergeben, verwendet u. beide werden beim Satzverstehen integriert. Im Normalfall wird keine vollständige grammat. Satzanalyse durchgeführt; angemessener sind Zwei-Stufen-Vorstellungen: Der Hörer beschränkt sich danach bei der Ermittlung von im Satz ausgesprochenen Propositionen auf die Abfolge von Inhaltswörtern, u. erst wenn er auf dieser ersten Stufe nicht zum Erfolg kommt o. einen Misserfolg vorhersieht, unternimmt er eine eingehendere Analyse der gesamten grammat. Struktur des Satzes (vgl. z. B. Fodor u. Fraser 1980). Je klarer der semant. Kontext, desto stärker determiniert er die syntakt. Analyse; vgl. zsfd. Christmann (1989).

TH: Innerhalb der neueren Forschung lassen sich v. a. zwei Positionen voneinander unterscheiden: *Autonome* Sprachverarbeitungsmodelle beschreiben den Rezeptionsprozess als einen zunächst vom Weltwissen unabhängig ablaufenden Vorgang; dies impliziert v. a., dass der sprachl. Kontext den lexikal. Zugriff nur minimal erleichtert, man geht also von einer prozeduralen Modularität aus (Fodor 1983; Forster 1979). *Interaktive* Modelle dagegen nehmen an, dass das Weltwissen des Rezipierenden von Anfang an (*on-line*) die Verarbeitung determiniert, dass also semant. u. pragmat. Faktoren die syntakt. Analyse determinieren; Wortidentifikationsprozesse müssten gem. diesem Ansatz innerhalb eines uninterpretierbaren bzw. ungrammat. sprachl. Kontextes langsamer erfolgen als innerhalb eines sinnvollen Zusammenhangs. Der bekannteste Vertreter solcher interaktiver Modelle ist Marslen-Wilson (1989); vgl. auch Tyler u. Marslen-Wilson (1977). → Schemata u. → Skripts spielen eine wichtige Rolle bei der Aktivierung des Wissens für die S.

VD: Die syntaxorientierte Psycholinguistikforschung hat eine Fülle von Segmentierungsvarianten zur vollständigen Analyse eines Satzes entwickelt, die zum Teil formalisiert auf Computerprogrammen implementiert wurden: → Parsing. Eine grundsätzl. heurist. Strategie zur Sprachsegmentierung ist die *kanon. Sentoid-Strategie* (ein *Sentoid* ist ein syntakt. eindeutiger Satz), bei der von den üblichen Positionen von Subjekt, Objekt u. Prädikat ausgegangen wird. Eine insbesondere im Zusammenhang mit dem Leseprozess entwickelte Segmentierungsstrategie ist die »Minimalanbindung« (*minimal attachment*) u. die »späte Schließung« (*late closure*): *Minimalanbindung* besagt, dass zur Anbindung eines neuen Wortes an die entstehende Phrasenstruktur auf möglichst wenige syntakt. Knoten zurückgegriffen werden darf; *späte Schließung* bedeutet, dass ein neues Wort an die zuletzt eingelesene Phrasenstruktur angehängt wird. Die Akzeptabilität der syntakt. Analyse wird mit Hilfe von semant. u. pragmat. Plausibilitätsüberlegungen überprüft, was ggf. zu einer Korrektur der syntakt. Analyse führen kann. Auch sind syntakt. Parser entwickelt worden, die mehrere Analyse-Pfade vorschlagen, wb. die semant. u. pragmat. Information determiniert, welche Pfade aufgegeben und welche weiter verfolgt werden.

LIT: Allg. Aspekte der Wort-, Satz- u. Textverarbeitung mit dem Schwerpunkt der semant. Verarbeitung der Gedächtnisprozesse werden von Bock (1978) dargestellt; Tyler (1980) grenzt serielle u. interaktive Satzverarbeitungsmodelle voneinander ab; auf dem Hintergrund propositionaler Modelle erörtern Engelkamp u. Zimmer (1983) Probleme der semant. Verarbeitung (Schwerpunkt: Fokus u. Satzinterpretation); zu situativen u. sozialen Komponenten der S. vgl. Herrmann (1982), des Weiteren Hermann (1990) zur Erweiterung des klass. Kommunikationsmodells; ein umfassendes Handbuch ist Gernsbacher (1994).

◆ Bock, M.: Wort-, Satz- u. Textverarbeitung. Stuttgart 1978; Christmann, U.: Modelle der Textverarbeitung. Münster 1989; Engelkamp, J.: Psycholinguistik. München 1974; Engelkamp, J. u. Zimmer, H. D.: Dynamic aspects of language processing. Berlin 1983; Fodor, J. D. u. Fraser, L.: Is the human sentence parsing mechanism an ATN? C 8, 1980, S. 417–459; Fodor, J. A.: The modularity of mind. Cambridge/Mass. 1983; Forster, K. I.: Levels of processing and a structure of the language processor. In: Huber, W. E. u. Walker, E. C. T. (Hg.): Sentence processing: psycholinguistic studies. Hillsdale 1979; Gernsbacher, M. A. (Hg.): Handbook of psycholinguistics. San Diego 1994; Herrmann, T.: Sprechen u. Situation. Berlin 1982; Herrmann, T.: Sprechen u. Sprachverstehen. In: Spada, H. (Hg.): Lehrbuch Allg. Ps. Bern 1990, S. 281–323; Lachman, R. u. a.: Cognitive psychology and information processing. Hillsdale 1979; Marslen-Wilson, W.: Lexical representation and process. Cambridge/Mass. 1989; Schwarz, M.: Einführung in die kognitive Linguistik. Tübingen 1992; Tyler, L. K. u. Marslen-Wilson, W. D.: On-line effects of semantic context on syntactic processing. JVLVB 16, 1977, S. 683–692; Tyler, L. K.: Serial and interactive-parallel theories of sentence processing. Theoretical Linguistics 8, 1980, S. 29–65; Wanner, E. u. Maratsos, M.: An ATN approach to comprehension. In: Halle, M. u. a. (Hg.): Linguistic theory in psychological reality. Cambridge/Mass. 1978.

Sprachverarbeitung → Sprache; → Sprachrezeption.

Sprachverstehen, die Endstufe der → Sprachrezeption; sie beinhaltet die Identifikation u. den »Gebrauch« der → Bedeutung, d. h. die Einbindung in Denk- u. Handlungsbezüge (nach Grimm u. Engelkamp 1981, S. 140). *S.* kennzeichnet ein Forschungsthema, das insbes. im dt. Sprachraum betont wird: die Tatsache, dass die kognitiven Prozesse bei sprachl. Kommunikation weder bei der → Sprachwahrnehmung noch bei der → Satzverarbeitung enden, sondern weit darüber hinaus gehen.

Grimm u. Engelkamp (1981) heben drei Modelle des S. hervor, die gleichzeitig auch drei Teilprozesse sind, jedoch nicht seriell gebunden nacheinander ablaufen müssen, sondern ineinander verschachtelt sein können: (a) Konstruktion von → Propositionen auf der Grundlage der sprachl. Input-Struktur (Verstehensbegriff I); (b) die Elaboration impliziten semant. Wissens (Verstehensbegriff II; s. das Stw. → Textverstehen); in den meisten Fällen sind Kommunikationsprozesse so angelegt, dass sie ein bestimmtes Hin–

tergrundwissen, ein Weltwissen, voraussetzen, das der Hörer aufgrund seines → semantischen u. → episodischen Gedächtnisses, v. a. durch → Inferenzen u. → Elaborationen, aktivieren muss; (c) die Interpretation der Sprecherintention (Verstehensbegriff III); Verstehen III bezieht sich v. a. auf Fälle, in denen der Sprecher zusätzl. zu seiner Äußerung Intentionen vermitteln will, z. B. eine Frageintention o. eine Aufforderungsintention. In beiden Fällen muss der Hörer nicht nur die vom Sprecher mitgeteilte Proposition konstruieren, sondern er muss auch erfassen, was er mit dem propositionalen Wissen tun soll und auf dieser Basis sein eigenes Antwortverhalten planen und durchführen (→ Sprachproduktion). Damit dieser komplexe Prozess im Hörer stattfinden kann, müssen bestimmte handlungsleitende Prinzipien Gültigkeit haben, sog. → Konversationsmaximen; s. a. die Stw. → Vorannahmen vs. Behauptungen u. → präsupponierte vs. implizite Information.

LIT: Zum Überblick vgl. Hörmann (1976); Friederici (1987); Günther (1988) erläutert grundlegende Aspekte bei der Verarbeitung schriftl. Sprache; vgl. auch das umfassende Handbuch von Gernsbacher (1994).

◆ Clark, H. H. u. Clark, E. V.: Psychology and language. New York 1977; Friederici, A. D.: Kognitive Strukturen des Sprachverstehens. Berlin 1987; Gernsbacher, M. A. (Hg.): Handbook of psycholinguistics. San Diego 1994; Grimm, H. u. Engelkamp, J.: Sprachps. Berlin 1981; Günther, H.: Schriftl. Sprache. Tübingen 1988; Herrmann, T.: Allg. Sprachps. München 1985; Hörmann, H. Meinen u. Verstehen. Frankfurt/M. 1976; Hörmann, H.: Einführung in die Psycholinguistik. Darmstadt 1981; Spillner, B. (Hg.): Sprache: Verstehen und Verständlichkeit. Kongreßbeiträge zur 25. Jahrestagung der Gesellschaft für angewandte Linguistik. Frankfurt 1995.

Sprachwahrnehmung, alle Vorgänge der Aufnahme, Segmentierung u. Identifizierung gesprochener u. geschriebener Sprache, also die erste Stufe der → Sprachrezeption. Ein Grundproblem der Forschung ist, wie der Hörer trotz des kontinuierl. Schallstroms u. der über Sprecher u. Situation variierenden Intonation, die außerdem kontextabhängig ist, scheinbar klar distinkte Einheiten wahrnimmt (→ kategoriale Wahrnehmung). Zentral ist des Weiteren die Frage, wie bei der S. Gedächtnis u. unmittelbare Wahrnehmung zusammenarbeiten, auch, wie es dem Hörer gelingt, aus einem Durcheinander von Geräuschen und Lauten eine bestimmte sprachl. Mitteilung wahr- u. aufzunehmen (→ Cocktailparty-Problem). Die Komplexität der S. zeigt sich daran, dass die künstl. S. wesentl. weniger weit fortgeschritten ist als das Lesen standardisierter Schriftzeichen.

TH: Ältere theoret. Ansätze sind die → Filtermodelle, die an den Modellen des → Schablonenvergleichs u. der → Merkmalsanalyse orientiert sind, diese Theorien werden heute als nicht mehr adäquat betrachtet, sie scheitern letztl. an der Tatsache, dass es zw. akust. u. linguist. Dimensionen keine eindeutige Beziehung gibt u. die meisten akust. Parameter kontextabhängig sind. Der Unmöglichkeit, die S. ausschließl. auf die Analyse des akust. Signals zu gründen, versuchen die *Stufenmodelle* zu begegnen, nach denen der Wahrnehmungsvorgang eine hierarch. Abfolge von Verarbeitungsstufen darstellt (vgl. Massaro 1975): (a) Durch die *auditor.* Analyse wird der Reiz nach *akust.* Merkmalen analysiert u. identifiziert, wb. meist spezif. auditor. Merkmalsdetektoren angenommen werden; das Ergebnis dieser Analyse wird in einem präkategorialen, akust. Speicher (→ akustisches Gedächtnis) nicht länger als einige Sekunden gehalten. (b) Auf der nachfolgenden Stufe, der *phonet.* Analyse, werden auf der Grundlage einzelner → distinktiver Merkmale u. ihrer Kombinationen Sprachsegmente (Phoneme) identifiziert, die in das phonet. Gedächtnis eingehen, das *kategorialer* Natur ist, d. h.: distinkte Phonem-Kategorien bleiben erhalten, jedoch nicht die akust. Merkmale, die zu ihrer Identifizierung geführt haben. (a) u. (b) werden von Pisoni u. Sawusch (1975) im Begriff des *Erkennungsplans* (engl. *recognition device*) zusammengefasst. Diese Stufen laufen weitgehend automat. unbewusst ab. (c) Auf höherer Ebene schließt sich die phonolog. Analyse an: Die Phoneme werden in eine Reihenfolge gebracht u. zu längeren Segmenten kombiniert, das Ergebnis wird im Kurzzeitgedächtnis gespeichert u. bleibt durch Wiederholung für den späteren Gebrauch abrufbar. (d) Die syntakt. u. semant. Analyse schließt sich an, obwohl gerade sie innerhalb der Stufenmodelle noch wenig verstanden ist, da die Untersuchung von Satz u. Text vernachlässigt bleibt u. außerdem von festen Dekodiereinheiten auf verschiedenen Stufen ausgegangen wird, was zahlreichen empir. Befunden widerspricht, die zeigen, dass es v. a. von der Aufmerksamkeitsrichtung des Hörers u. von der Aufgabenstellung abhängt, ob Phoneme, Silben, Morpheme o. größere syntakt. Einheiten dekodiert werden (vgl. Neisser 1974). Außerdem werden Stufenmodelle der Variabilität des Sprechens nicht gerecht. Durch die Annahme eines *Produktionsmechanismus* versucht das Modell der → Analyse-durch-Synthese dieses Variabilitätsproblem zu lösen. Diese Theorie hebt aktive Konstruktionsprozesse hervor, ebenso wie die → Motortheorie der Sprachwahrnehmung. In neueren Ansätzen wird speziell die Funktion der → Prosodie für die perzeptuelle Segmentation betont. Aus neurophysiolog. Sicht ist evident geworden, dass es einen, auf die Sprache eingestellten Wahrnehmungsmechanismus mit spezif. Merkmalsdetektoren gibt, des Weiteren scheint die gesamte linke Hirnhemisphäre auf die Verarbeitung der Sprache spezialisiert zu sein (→ Hemisphärenasymmetrie).

VD: (1) Untersuchungsmethoden der S.: Das allg. Prinzip der Untersuchungsmethoden besteht darin, dass verschiedene Parameter der phonet. Information variiert werden u. so ihre Auswirkung auf die S., bes. auch auf die Lautwahrnehmung, untersucht wird: (a) Bei der *Tonspektrogrammanalyse* werden mit techn.-physikal. Methoden die akust. Merkmale der Sprache in einem *Tonspektrogramm* (auch *Sonogramm*) abgebildet; die Abb. *Sprache 2* zeigt Spektrogramme des Satzes »*Can you come?*« (alle Bsp. stammen vom selben Sprecher): (a) normale Aussprache; (b) positive Nasalität; (c) negative Nasalität; (d) Einatmen; (e) Flüstern; (aus Neisser 1974). (b) Die künstl. Synthese

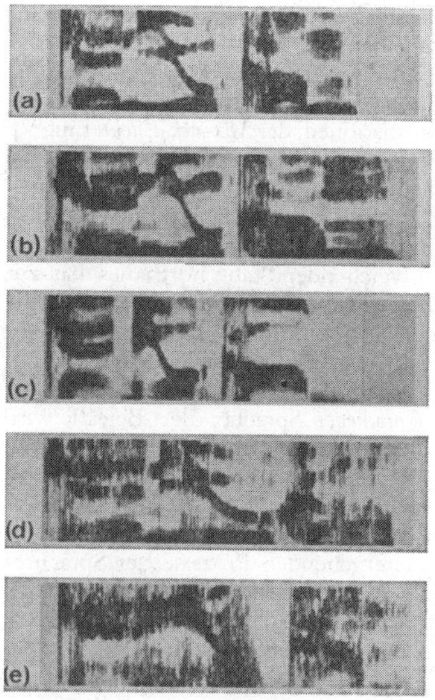

Abb. *Sprache 2*

von Sprache erfolgt in schemat. vereinfachten *Spektrogrammen* durch die systemat. Veränderung von *Formanten* u. *Formantenübergängen* u. deren Überführung in akust. Signale, wb. überprüft wird, in welcher Weise eine solche *synthet. Sprache* wahrgenommen wird; s. hierzu das Stw. → Phonetik. (c) Bei der Technik der → Maskierung wird die Sprache durch andere akust. Reize überdeckt u. dadurch mehr o. weniger unkenntl. gemacht. (d) Eine verzerrte Information wird entweder dadurch erreicht, dass bestimmte Frequenzen herausgefiltert werden, o. dadurch, dass Sprachsignale mit elektromagnet., computergesteuerten Methoden in kürzerer Zeit als normal wiedergegeben werden (*verdichtete Sprache*; engl. *time-compressed speech*; Foulke 1971). Es zeigt sich, dass noch bei einer Verdoppelung der Sprachgeschwindigkeit fast alles verstanden wird; bei Sätzen sind die Erkenntnisleistungen weniger gut, sobald die unmittelbare Gedächtnisspanne für gesprochene Sprache (→ Kurzzeitgedächtnis) überschritten wird. (e) Als → dichotisches Hörverfahren wird die Technik bezeichnet, einem Hörer auf das rechte und linke Ohr wech-

selnde bzw. verschiedene Hörreize einzugeben.
(2) Ein spezieller Effekt demonstriert die Interaktion von visuellen u. auditor. Informationen, der *McGurk-Effekt*: Eine Vp sieht auf Video ein Gesicht, das die Mundbewegungen eines bestimmten Lautes artikuliert, während sie gleichzeitig einen von diesen Mundbewegungen abweichenden Laut hört; dies hat zur Folge, dass die S. in Richtung auf den visuellen Eindruck hin verzerrt ist (McGurk u. MacDonald 1976).
(3) *T: S.* meint v. a. die Wahrnehmung *gesprochener* Sprache; der Begriff wird aber meist in dem restringierten Sinne gebraucht, dass er sich auf die sensor. Ebene bezieht, also v. a. auf Lautidentifikation u. Worterkennung, während die weitergehenden Prozesse der Sprachrezeption entweder mit dem Begriff *Sprachverstehen* o. eben mit *Sprachrezeption* bezeichnet werden.

LIT: Für einen Überblick vgl. Levelt (1978); Grimm u. Engelkamp (1981); Gernsbacher (1994); Frauenfelder u. Tyler (1987); zum Überblick über die Worterkennung beim Lesen vgl. Scheerer (1987); ein in den letzten Jahren wichtig gewordenes Modell der Lautidentifikation vor dem Hintergrund des → Konnektionismus haben McClelland u. Rumelhart (1981) entwickelt, das durch Computersimulation erfolgreich getestet worden ist.

◆ Fodor, J. A. u. a.: The psychology of language. New York 1974; Foulke, E.: The perception of time-compressed speech. In: Horton, D. L. u. Jenkins, J. J. (Hg.): The perception of language. Columbus/Ohio 1971, S. 90–107; Frauenfelder, U. H. u. Tyler, I. K.: The process of spoken word recognition: an introduction. C 25, 1987, S. 1–20; Gernsbacher, M. A. (Hg.): Handbook of psycholinguistics. San Diego 1994; Glucksberg, S. u. Danks, H. J.: Experimental psycholinguistics. Hillsdale 1975; Grimm, H. u. Engelkamp, J.: Sprachps. Berlin 1981; Levelt, W. J. M.: Survey of studies in sentence perception: 1970–1976. In: Levelt, W. J. M. u. Flores, d'Arcai, G. B. (Hg.): Studies in the perception of language. New York 1978, S. 1–74; Massaro, D. W. (Hg.): Understanding language: An information processing analysis of speech perception, reading and psycholinguistics. New York 1975; McClelland, J. L. u. Rumelhart, D. E.: An interactive activation model of context effects in letter perception: Part 1. An account of basic findings. PR 88, 1981, S. 375–407; McGurk, H. u. MacDonald, J. W.: Hearing lips and seeing voices. Nature 254, 1976, S. 746–748; Neisser, U.: Kognitive Ps. Stuttgart 1974 (Orig.: 1967); Pisoni, D. B. u. Sawusch, J. R.: Some stages of processing in speech perception. In: Cohen, A. u. Nooteboom, S. G. (Hg.): Structure and process in speech perception. Berlin 1975, S. 16–34; Scheerer, E.: Visual word recognition in German: the effects of orthography and phonology. In: Allport, D. A. u. a. (Hg.): Language, perception and production. London 1987, S. 228–244.

Spreading-Activation-Theorie → Aktivationsausbreitungstheorie.

Spreading-apart-Effekt → kognitive-Dissonanz-Theorie.

Sprechfehler → Handlungsfehler.

Sprechmelodie → vokale Kommunikation; → Prosodie.

Sprechstimme → vokale Kommunikation.

Springersche Linien, eine der Heringschen Täuschung verwandte opt. Täuschung: die Tatsache, dass auf einem Feld mit zahlreichen Vierecken schwache diagonale Linien gesehen werden; s. Abb. *Wahrnehmung 33* (aus Lindsay u. Norman 1981).

◆ Lindsay, P. H. u. Norman, D. A.: Einführung in die Ps. Berlin 1981.

Abb. *Wahrnehmung 33*

Spurenreflex → Interstimulusintervall.

Spurentheorie, eine Theorie zur Erklärung von → Gedächtnis: allem Behalten liege eine abgegrenzte *Gedächtnisspur* mit einer separaten Identität, das sog. *Engramm,* zugrunde. Klass. war die *Ausschleifungstheorie* des Wiener Psychiaters Meynert (1890), die von Theodor Ziehen (1914) übernommen wurde, gem. der häufig von Erregungen durchflossene Nervenfasern leitfähiger werden. Meist ist die S. mit einer → Lokalisationslehre verknüpft. Gomulicki (1953) hat in einer histor. Übersicht die zweitausendfünfhundertjährige Geschichte dieses Begriffs dargestellt; s. a. das Stw. → Perseverationstheorie. Die S. steht in der Annahme einer *passiven* Spur der Gedächtnistheorie der → Gestalttheorie gegenüber, die annimmt, dass Spuren sich autonom ändern u. dass dabei die Erinnerungen sozusagen sich selbst um- u. neuorganisieren – Katona (1940) unterscheidet deswegen *spezif.* bzw. *individuelle* Spuren von *strukturellen* Spuren: Letztere repräsentieren die → Einsicht bzw. die Erfassung von → Gestalten. Für eine andere Bedeutung des Stw. vgl. → generative Transformationsgrammatik.

◆ Alkon, D.: Gedächtnisspur. Auf der Suche nach der Erinnerung. Stuttgart 1995; Baddeley, A. D.: Die Ps. des Gedächtnisses. Stuttgart 1979; Gomulicki, B. R.: The development and present status of the trace theory of memory. BJP. Monogr. Supp. Nr. 29, 1953; Katona, G.: Organizing and memorizing. New York 1940; Meynert, T.: Klin. Vorlesungen über Psychiatrie. Wien 1890; Ziehen, T.: Leitfaden der physiolog. Ps. Jena 1914 (10. Aufl.).

Spurentransformationstheorie → Gedächtnistheorien.

Spurenveränderungstheorie → Gedächtnistheorien.

Spurenzerfall → Vergessen; → Spurentheorie.

Spurenzerfallstheorie → Vergessen.

SQ3R-Methode → Mnemotechnik.

S-R-Lernen → Zwei-Faktoren-Theorie der Konditionierung; → klassische Konditionierung.

S-R-Modell → S-R-Theorien.

S-R-Schema → S-R-Theorien.

S-R-Theorien [auch *S-R-Schema, S-R-Modell*; Anm.: das Hauptstichwort wird in diesem Artikel ausnahmsweise nicht abgekürzt, da die Abkürzung »S.« zu Verwechslungen mit der Abkürzung »S« für Reiz führen würde]; jede Theorie mit den Zentralbegriffen → *Reiz* (engl. *stimulus*; Abk. *S*) u. → *Reaktion* (engl. *response*; Abk. *R*): »Reiz-Reaktions-Theorien«. Dies sind v. a. die amerikan. → Lerntheorien, speziell die Theorien der → Konditionierung. Gemäß dem behaviourist. Ansatz werden *Reiz* u. *Reaktion* physikalist. definiert. Es lässt sich allerdings eine Tendenz feststellen, beide Begriffe rein funktional u. formal zu fassen, was sowohl eine physikal. wie ps. Deutung erlaubt. Mittlerweile sind die Begriffe *Reiz* u. *Reaktion* innerhalb der S-R-Theorien so weit gedehnt, dass sie fast den Begriffen *abhängige* u. *unabhängige Variablen* entsprechen.

Die S-R-Theorien sind »Kinder« des → Behaviourismus u. teilen insofern dessen Annahmen: (a) Grundsätzl. beinhalten die S-R-Theorien eine Übertragung des → Elementarismus, der ursprüngl. auf kognitiver Ebene postuliert wurde, auf die Vhsebene: Vh. lässt sich in klar abgrenzbare u. identifizierbare Einzelelemente zerlegen; die Gegenposition hierzu wird v. a. von der → Gestalttheorie vertreten. (b) Ein weiteres *Kenn*zeichen der S. ist der → Mechanismus bzw. Antimentalismus: Insbes. die verschiedenen Arten von Konditionierung werden als *nichtbewusste* u. nicht durch das → Anreiz- o. → Erwartungs-Kzpt. erklärbare Reiz-Reaktions-Verknüpfungen angesehen. Die S-R-Theorien stehen vor dem Hintergrund des physiolog. → Reflex-Kzpt., Pawlows Theorie der → klassischen Konditionierung stärker als die amerikan. Lerntheorien. (c) Auf metatheoret. u. methodolog. Ebene implizieren die S-R-Theorien ein *Blackbox-Modell* bzw. ein *Modell des leeren Organismus*: entscheidend sei die Analyse der S-Verbindungen ohne Spekulation darüber, was im Organismus vorgehe. Die Notwendigkeit des Einbezugs organism., v. a. von Triebvariablen, veranlasste schon 1929 Woodworth, das *S-Modell* durch das *S-O-R-Schema* (O = Organismus) zu ersetzen, eine Idee, die vom Neobehaviourismus weiter ausgebaut wurde; im Kzpt. der *intervenierenden Variablen* (innerhalb von Tolmans → Zeichen-Gestalt-Theorie u. in Hulls → systematischer Verhaltenstheorie) wurden ausführl. Annahmen über *hypothet. innere Prozesse* getroffen, die zw. S u. R vermitteln sollen, womit die Grundlagen für eine → Mediationstheorie gelegt wurden (s. a. das Stw. → antizipatorische Zielreaktion). Traditionell werden Vorgänge im Organismus mit Kleinbuchstaben dargestellt; deshalb spricht man bisweilen von *r-s-Theorien*. Zur Weiterentwicklung u. weiteren terminolog. Aspekten → kognitive Lerntheorien.

VD: (1) Weitere Annahmen: (a) i. e. S. widersprechen die S-R-Theorien auch der → Reizsubstitutionsannahme von Pawlow, gem. der bei der → klassischen Konditionierung nicht *Reiz* u. *Reaktion* verknüpft werden, also eigentl. keine *S-R-Verknüpfung* erfolgt, sondern eine *US-CS-Verbindung*. (b) Des Weiteren beinhalten S-R-Theorien meist ein Prinzip der → seriellen Steuerung: Vhssteuerung bzw. die Speicherung von Lernprozessen geschehe so, dass ein Vh. durch das vorhergehende bedingt sei; s. a. das Stw. → mathematische Lerntheorien; vgl. in diesem Zusammenhang die mathemat. Begründung der S. durch Suppes (1969). Auch in der Theorie der → Produktionssysteme wird dieser Gehalt in transformierter Form eingefangen; s. a. das Stw. → verbales Verhalten.
(2) Im Rahmen der → Verhaltenstherapie wurde das *S-O-R-KV-C-Modell* geprägt (auch *Kanfer-Modell*; vgl. Kanfer u. Phillips 1970); danach muss eine vollständige Vhsanalyse folgende Dimensionen u. Prozesse berücksichtigen: *Reiz – Organismus – Reaktion – Kontingenzverhältnis* (→ Verstärkerpläne) *Konsequenzen* (also positive/negative → Verstärkung). V. a. innerhalb der → Verhaltenstherapie wird – da es hier häufig um die Analyse einer komplexen klin. Situation geht – ein elaboriertes Zeichensystem verwendet; vgl. hierzu die entsprechenden Lehrbücher.

LIT: Eine klare Darstellung der S-R-Theorien ist Amsel u. Rashotte (1984); zu einer Analyse verschiedener Teilannahmen des S-Modells u. zu einem Eingehen auf die Kritik an diesem Modell vgl. Kendler (1968); ein klass. Aufsatz zum Kzpt. der intervenierenden Variablen u. einer mögl. Unterscheidung vom Kzpt. des *hypothet. Konstruktes* ist MacCorquodale u. Meehl (1948).

◆ Amsel, A. u. Rashotte, M. E.: Entwicklungsrichtungen der S-R-Lerntheorien in Amerika. In: Zeier, H. (Hg.): Lernen u. Vh., 1. Bd. Lerntheorien. Weinheim 1984, S. 75–153; Kanfer, F. H. u. Phillips, J. S.: Lerntheoret. Grundlagen der Vhstheorie. München 1975; Kendler, H. H.: Some specific reactions to general S-R-theory. In: Dixon, T. R. u. Horton, D. L. (Hg.): Verbal behaviour and general behaviour theory. Englewood Cliffs 1968; MacCorquodale, K. u. Meehl, P. E.: On a distinction between hypothetical constructs and intervening variables. PR 55, 1948, S. 95–107; Rothschuh, K. E.: Reiz u. Reaktion. In: Ritter, J. u.

GRUNDER, K.-H. (Hg.): Histor. Wörterbuch der Philosophie, Bd. 8. Basel 1992; SUPPES, P.: Stimulus response theory of finite automata. JMaP 6, 1969, S. 327–355.

S-S-Erwartung → kognitive Lerntheorien; → Zwei-Faktoren-Theorie der Konditionierung.

S-S*-Erwartung → kognitive Lerntheorien; → Zwei-Faktoren-Theorie.

S-S*-Theorien → kognitive Lerntheorien; → Erwartungstheorie; → Zwei-Faktoren-Theorie.

Stabile Attribution → Attributionsdimensionen; → Leistungsattribution; → depressiver Attributionsstil.

Stabile Kontrollüberzeugung → Attributionsdimensionen; → Kontrollüberzeugungen.

Stabilimeter, experimentalps. Gerät zur Messung der Intensität von Vh., bes. bei emotionalem Stress, z. B. bei lauten Geräuschen: Die Box mit den Versuchstieren befindet sich auf einer Messvorrichtung, die einer Briefwaage gleicht; die durch die Schreckreaktion erzeugte vertikale Lageveränderung des Käfigs wird auf eine automat. Schreibapparatur geleitet, wo sie registriert wird; vgl. Brown (1961). Weiteres vgl. → psychomotorische Tests und Prüfverfahren.

◆ BROWN, J. S.: The motivation of behaviour. New York 1961.

Stab-Rahmen-Test → visuelle Orientierung.

Stadienmodelle → mathematische Lerntheorien.

Stadium IV-Fehler → Konzept des permanenten Objekts.

Stäbchen → Duplizitätstheorien; → Helligkeitssehen; → Schwarz-Weiß-Sehen; → Wahrnehmung; → Farbwahrnehmung.

Stärkeregel → klassische Konditionierung.

Standardtheorie → generative Transformationsgrammatik.

Starke AI-These → künstliche Intelligenz.

Starke KI-These → künstliche Intelligenz.

Starke Kontinuitätshypothese → linguistische Universalien.

Starke Korrespondenzhypothese → psychologische Realität der Grammatik.

Starkes Effektgesetz → Effektgesetz.

Statische Gedächtnisspanne → Gedächtnisspanne.

Statisches Wissen → Metakognition.

Statistische Lerntheorie → Reizstichprobentheorie.

Statusdiagnostik → Psychodiagnostik.

Status-Wissensdiagnostik → Wissenspsychologie.

Staunen → Überraschung.

Steadiness-Verfahren → psychomotorische Tests und Prüfverfahren.

Steady-state-Verfahren → Wiedererkennen.

Steckaufgaben → psychomotorische Tests und Prüfverfahren.

Stehen → Bewegung.

Stellenwertskurve → serielle Positionskurve.

Stellung → Tiefensensibilität.

Stellungssinn → Tiefensensibilität.

Stellungswahrnehmung → Tiefensensibilität.

Stellvertretendes Lernen → Modelllernen.

Stellvertretende Verstärkung → Modelllernen.

Stereogramm → Stereopsis.

Stereokinetischer Effekt, die Tatsache, dass beim Betrachten einer rotierenden Scheibe, auf der exzentr. Kreise aufgezeichnet sind, der Eindruck einer räuml. Figur entsteht: Man sieht einen schiefen Gegenstand, dessen abgeschnittene Spitze aus dem Papier nach vorne ragt o. man sieht einen in die Tiefe weisenden Tunnel; vgl. Rock (1985).

◆ ROCK, I.: Wahrnehmung. Heidelberg 1985.

Stereopsie → Stereopsis.

Stereopsis [auch *Stereoskopie*], → Raumwahrnehmung bzw. → Tiefensehen, das dadurch entsteht, dass beide Augen leicht verschiedene Bilder von Objekten wiedergeben (*retinale Disparität*, *retinale Breitenabweichung*, *Binocular-Parallaxe*, *binoculare Disparität* bzw. *Disparation* o. einfach *Querdisparation*; vgl. zur genaueren Differenzierung Drösler 1966) u. dass unser visuelles System diese beiden Bilder zu einem einzigen Bild mit *räuml.* Charakter vereinigt (*binoculare Fusion*); s. Abb. *Wahrnehmung 42a*. S. ist ein Prinzip,

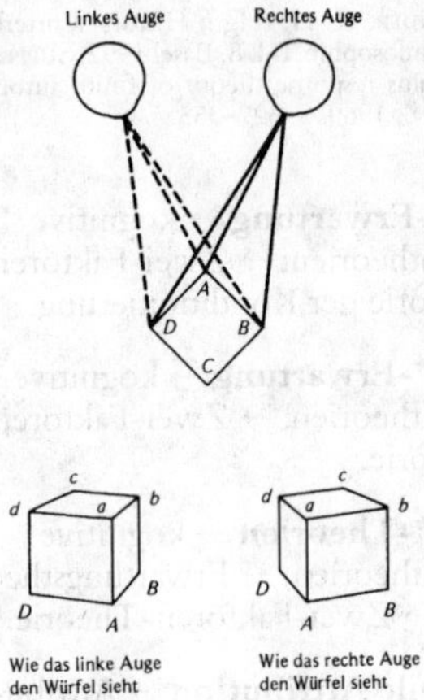

Abb. *Wahrnehmung 42a*

das sich z. B. *Stereogramme* u. *Stereoskope* (s. u.) zunutze machen. Bei S. spielt Konvergenz keine Rolle, ist eher hinderl. Wie die Fusion erfolgt, ist theoret. umstritten: Nach der *Verschmelzungstheorie* (z. B. Boring 1933) werden die Informationen beider Augen zusammengeführt, wb. räuml. Verhältnisse anhand der Disparität errechnet werden; gem. der *Unterdrückungstheorie* (Verhoeff 1935) wird dagegen immer eines der beiden disparaten Elemente der Netzhaut unterdrückt, u. der Unterdrückungsprozess liefert Informationen über die Räumlichkeit. Eine ausführl. Darstellung der techn. u. physikal. Aspekte liefern Falk u. a. (1990). Obwohl die Querdisparation theoret. bis zu 600 m wirken kann (während die anderen Faktoren des Tiefensehens, → Akkommodation u. → Konvergenz, nur bis 3 bzw. 25 m wirksam sein können), scheint die wirksame Querdisparation nur bis zu einigen Metern zu operieren. Als *stereoskop. Tiefenkonstanz* wird bisweilen die Tatsache bezeichnet, dass, trotz der Tatsache, dass mit zunehmender Entfernung die der S. zugrunde liegende Querdisparation stark nachlässt, die S. immer noch zieml. stark ausgeprägt ist; zur Erklärung vgl. Rock (1985).

VD: (1) Nur bestimmte Stellen der Netzhäute ergeben bei gleichartiger Reizung einen einfachen Eindruck u. kein Doppelbild – diejenigen, die aufeinander liegen, wenn die Retina des einen Auges durch Parallelverschiebung so auf die andere gelegt würde, dass die Netzhäute sich deckten: *Korrespondierende Netzhautpunkte* (auch *ident. Netzhautpunkte* o. *Deckpunkte*). Mit Rücksicht darauf, dass es nicht um Punkte im strengen Sinne handelt, spricht man auch von *Empfindungskreisen*. Die Gesamtheit derjenigen Punkte, die bei einer gegebenen Augenstellung auf korrespondierende Punkte fallen, heißt *Horopter*(-Kreis). Nichtident. Punkte, bei denen doppelt gesehen wird, nennt man *disparat*; ihre Abweichung ist die *Querdisparation*. Die Querdisparation kann man anhand der Wahrnehmung eines einfachen Rings sich verdeutlichen: Bei waagrechter Lage in der Höhe u. Mitte der Augen erscheint nur die Vorderseite des Rings, sie verdeckt die hintere Rundung völlig, eine *Höhendisparation* findet also nicht statt; bei senkrechter Stellung des Rings aber erblickt man nun die rückwärtige Innenseite, die infolge der jetzt stattfindenden Querdisparation breiter als die Vorderseite erscheint. Die Erscheinung wird bes. auffällig, wenn man den Ring zunächst weit vom Auge entfernt hält u. dann allmähl. annähert: In dem Maße wie die Querdisparation zunimmt, verbreitert sich auch scheinbar die Rückseite des Rings, bis sie sich schließl. spaltet u. jedes Auge ein gesondertes Bild von ihr erhält (Doppelbild). Bei abwechselndem Schließen des linken bzw. des rechten Auges sieht man jeweils das auf gleicher Seite erscheinende Doppelbild verschwinden; vgl. Arnold (1972). Damit ein Tiefeneindruck entsteht, darf diese Querdisparation einen krit. Wert nicht überschreiten, sonst verschmelzen die beiden Bilder nicht, es bleibt das Doppelbild: *Panumsche Verschmelzungsgrenze* (nach dem Entdecker des Phänomens); vgl. auch → Panumsches Phänomen. Der genaue Wert hängt allerdings davon ab, ob isolierte Punkte o. strukturierte Muster abgebildet sind; normalerweise kann nur eine Querdisparation verarbeitet werden, die aus einer Verschiebung der Beobachtungsperspektive um den durchschnittl. Augenabstand eines Erwachsenen sich ergibt.

(2a) Die Querdisparation bewirkt, dass alle Gegenstände, die näher als der Fixationspunkt liegen, als gekreuzte Doppelbilder erscheinen müssen (*gekreuzte* Disparation) u. alle Gegenstände, die ferner als der fixierte Punkt liegen, als ungekreuzte Doppelbilder (*ungekreuzte* Querdisparation). In ersterem Falle wird das Objekt auf nicht korrespondierende Stellen weiter zu den Ohren projiziert, im zweiten Falle auf nicht korrespondierende Stellen weiter zur Nase hin projiziert. Wenn wir etwas sehen, das weiter entfernt liegt als der Punkt, den wir gerade ins Auge fassen, dann heißt das Disparitätskriterium *divergent*, weil unsere Augen *divergieren* müssen, um unseren Blick auf diesen weiter entfernten Gegenstand zu lenken; ein *konvergentes* Disparitätskriterium liegt vor, wenn wir etwas sehen, das näher als der Punkt ist, den wir gerade fixieren. (2b) Das *Gesetz der ident. Sehrichtungen* besagt, dass Gegenstände, die sich auf korrespondierende Netzhautpunkte abbilden, in derselben Richtung gesehen werden. Der Ausgangspunkt der Sehrichtungen für beide Augen ist ident., er liegt zw. denselben Punkten; die Sehrichtungen verhalten sich so, als ob wir nur mit einem Auge sehen, das seine Lage an der Nasenwurzel haben müsste (»Zyklopenauge«). Das gilt allerdings nur für symmetr. Konvergenzstellungen der Augen, für alle asymmetr. Stellungen wird in steigendem Maße der Sehraum des Auges maßgebend, nach dessen Seite der Blick abgelenkt ist. Sofern die Versuchsanordnung für die ident. Sehrichtungen zur Deckung zweier binocular gesehener Bilder führt, stellt sie zugleich eine Vorrichtung für die S. dar. (2c) Das Modell des »Zyklopenauges« beinhaltet die Vorstellung, dass hinter den beiden Augen eine gemeinsame zentrale Repräsentation beider Netzhäute existiert, auf denen jeder Punkt, der auf dem Horopter liegt, an einem einzigen, eindeutig bestimmten Ort einzutragen ist; Ortsmeldungen nicht-korrespondierender Netzhautpunkte erfahren im Zyklopenauge eine sozusagen zweideutige Eintragung. (2d)

Für das Verständnis des Vorgangs der Verschmelzung ist ein Modell dienlich, dass hinter dem Zyklopenauge eine weitere Repräsentationsebene existiert, in der sämtl. Bildpunkte nur ein einziges Mal abgebildet werden: Diejenigen Bildpunkte, die im Zyklopenauge schon einfach abgebildet sind, brauchen nur kopiert zu werden, solche Bildpunkte, die im Zyklopenauge doppelt repräsentiert sind, werden jetzt durch einen einzigen Punkt repräsentiert, dem jedoch gleichsam zur Erinnerung an eine Breitenabweichung im Zyklopenauge ein *Tiefenwert* zugeordnet wird. Dabei tritt das Problem auf, dass die Berechnung der einzelnen Tiefenwerte komplexerer Konfiguration nicht anhand lokaler Punkt-Zuordnungen vorgenommen werden kann, sondern eine Zuordnung der globalen Strukturen aufgrund der Gesamtwertigkeit voraussetzen. Ähnl. wie bei der Formwahrnehmung scheint es Organisationsprinzipien zu geben, die bestimmen, was dazu gehört: → Korrespondenzproblem. Die Abb. *Wahrnehmung 42b* (aus Klix 1992) liefert eine Ver–

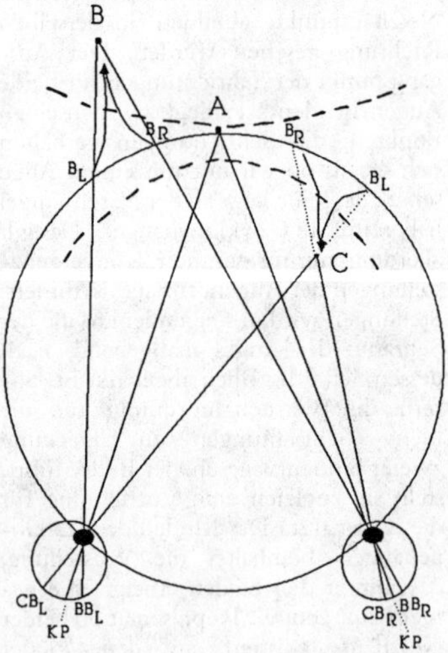

Abb. *Wahrnehmung 42b*

deutlichung: A liegt auf dem Horopterkreis u. wird auf korrespondierende Netzhautpunkte (KP) abgebildet, B u. C hingegen auf dazu disparaten Punkten. Die auf diesen Kreis projizierten Doppelbilder von CB_R u. CB_L (B_L u. B_R) müssen bei der binocularen Verschmelzung aufeinander zuwandern, um einen einfachen Sinneseindruck zu erzeugen. Wandert dabei das Bild des linken Auges nach rechts, das des rechten Auges nach links, dann wird das Objekt in größerer Entfernung als A gesehen (Fall B); wandert hingegen das Bild des rechten Auges nach rechts u. das des linken nach links, dann wird das Objekt in größerer Nähe als A lokalisiert (Fall C). Unter dem Stereoskop kann man eine solche Verschmelzungsbewegung beobachten.

(3) Ein *Stereoskop* ist ein Instrument, mit dem zwei Bilder desselben Gegenstandes mit einer leichten Binocular-Parallaxe dargeboten werden – entsprechend den Bildern, wie sie vom rechten u. linken Auge gesehen würden. Es wird ein Prisma verwendet, um die Lichtstrahlen, die von den Fotografien kommen, zu beugen, so dass es für beide Augen so aussieht, als kämen sie von einem gemeinsamen Ausgangspunkt. Nach einer anfängl. doppelten Abbildung verschmelzen die beiden Bilder zu einem Einzelbild, in dem die dargestellten Objekte in räuml. Tiefe erscheinen. Oft werden stereoskop. Bilder auch mit einem *Anaglyphen* erzeugt: Hier werden die beiden Bilder in verschiedenen Farben (normalerweise Rot u. Grün) gedruckt, u. die Vorlage wird durch entsprechende Farbfilter von den Augen beobachtet, dadurch werden die separaten Bilder den Augen getrennt gezeigt. Zahlreiche Bsp. sind in den Büchern von Gregory (1970) u. Julesz (1971), sowie in einem Sonderband der Ztschr. Perception (1975, 4. Bd.) enthalten; eine Darstellung der Wirkungsweise des Anaglyphen findet sich bei Frisby (1989, S. 84ff.); Hoga (1994) ist eine amüsante u. faszinierende Darstellung von Geschichte u. Möglichkeiten der Stereoskopie; s. a. das Stw. → Zufallspunktstereogramme. Das *Pseudoskop* ist ein Stereoskop, bei dem man mit dem linken Auge das Bild des rechten Auges sieht u. umgekehrt, so dass eine *umgekehrte* Tiefenwirkung erfolgt, die allerdings ausbleibt, wenn der neue Tiefeneindruck der Erfahrung stark widerspricht. Das *Haploskop* ist ein Gerät zur Feststellung der *Raumtiefenschwelle* u. der Panumschen Empfindungskreise, ein Übungs- u. Prüfgerät für das räuml. Tie-

fensehen nach Arnold (1972; vgl. S. 134). Damit können zwei Bilder – jedes davon zeigt Fäden in senkrechter Richtung gleichzeitig dargeboten werden, wb. die verschiebbaren Fäden so angeordnet sind, dass zunächst korrespondierende Netzhautstellen gereizt werden, mit dem Effekt, dass ein einfaches Bild gesehen wird, da alle Fäden in der gleichen Ebene liegen. Wird aber ein Faden so verschoben, dass disparate Zellen innerhalb des Panungschen Empfindungskreises aktiviert werden, scheinen die Fäden in der Tiefe voneinander abzuweichen, mit folgendem Effekt: Das einfach gesehene Bild wird je nach Ausmaß der Disparation eine Tiefenwirkung o. einen doppelt gesehenen Faden aufweisen.

(4) Zu den Aspekten der S., die bis heute noch nicht völlig verstanden sind, gehört der sog. *binoculare* bzw. *retinale Wettstreit*. Wenn zwei ganz verschiedene Bilder auf die Netzhäute fallen, wird häufig eines davon sozusagen ausgeschaltet. Wenn man z. B. links ein Rechteck mit senkrechten, rechts eins mit waagrechten Streifen sieht, so sieht der Mensch stereopt. keine Überlagerung, also kein »Fliegengitter« sondern nur ausschließl. die vertikalen o. horizontalen Streifen, wb. immer wieder das eine Muster ein paar Sekunden erscheint, während das andere verschwindet, o. es wird eine Art Mosaik wahrgenommen, in dem Flecken mit der unterschiedl. Streifenrichtung sich verschieben u. gegenseitig auslöschen. Ein weiteres bis heute nicht verstandenes Phänomen ist das der *Stereoblindheit*: die Tatsache, dass einer überraschend großen Minderheit die Fähigkeit zur S. zu fehlen scheint; vgl. zum Vorhergehenden Hubel (1989).

(5) *T*: Mit *Stereosehen* o. *stereoskop. Sehen* bezeichnet man i. w. S. jedes räuml. Sehen, i. e. S. dasjenige, das auf binoculare Disparität zurückgeht.

LIT: Zum Überblick über die theoret. Ansätze vgl. Murch u. Woodworth (1978); Kaufman (1974); zu experimentalps. Aspekten vgl. Arnold (1972); zahlreiche Abbildungen mit faszinierenden steresokop. Effekten finden sich in Frisby (1989); zum Überblick über neurobiolog. Grundlagen vgl. Hubel (1989); Ritter (1979); Pettigrew (1972); Weiteres s. das Stw. → Zufallspunktstereogramme.

◆ Arnold, W. (Hg.): Experimentelles Praktikum, 1. Bd. Stuttgart 1972; Birbaumer, N. u. Schmidt, R. F.: Biolog. Ps. Berlin 1989; Boring, E. G.: The physical dimensions of consciousness. New York 1933; Campenhausen, C. v.: Die Sinne des Menschen. Stuttgart 1993; Drösler, J.: Das beidäugige Raumsehen. In: Metzger, W. (Hg.): Wahrnehmung u. Bewußtsein. HP, 1. Bd., 1. Hlb. Göttingen 1966, S. 590–615; Falk, D. S. u. a.: Ein Blick ins Licht. Berlin 1990; Frisby, J. P.: Opt. Täuschungen. Augsburg 1989; Gregory, R. L.: The intelligent eye. New York 1970; Hoga, M. (Hg.): Stereogram. 1994 (dt.: Stereogramm. Zug 1994); Hubel, D. H.: Auge u. Gehirn. Heidelberg 1989; Julesz, J. B.: Foundations of cyclopean perception. Chicago 1971; Kaufman, L.: Sight and mind. New York 1974; Klix, F.: Die Natur des Verstandes. Göttingen 1992; Murch, G. M. u. Woodworth, G. L.: Wahrnehmung. Stuttgart 1978; Pettigrew, J. D.: The neurophysiology of binocular vision. SA 227, 1972, S. 84–95; Ritter, M.: Stereoskop. Raumwahrnehmung des Menschen: Untersuchungen, Stand u. offene Fragen. PB 21, 1979, S. 563–589; Rock, I.: Wahrnehmung. Heidelberg 1985; Schmidt, R. F. (Hg.): Grundriß der Sinnesphysiologie. Berlin 1985 (5. Aufl.); Verhoeff, F. H.: An new theory of binocular vision. Archives of Ophtalmology 13, 1935, S. 151ff.

Stereoskop → Stereopsis.

Stereoskopie → Stereopsis.

Stereoskopische Tiefenkonstanz → Stereopsis.

Sternberg-Paradigma. Mit dem Begriff *S.* wird ein wichtiger u. prototyp. Ansatz der modernen → kognitiven Psychologie bzw. → Gedächtnispsychologie bezeichnet; dabei werden allerdings zwei bis drei unterschiedl. Paradigmen zusammengefasst, die zwar alle histor. von dem amerikan. Psychologen R. Sternberg seit den 60er Jahren protagonist. thematisiert u. (wieder-) erforscht worden, jedoch log. zu trennen sind: → Gedächtnisabsuche, → kognitive Stufen; → Additive-Faktoren-Methode.

Sternschwanken → autokinetisches Phänomen.

Stevenssches Gesetz [auch *Potenzgesetz*; engl. *power law*]. Die Ergebnisse von Experimenten der → Psychophysik lassen sich, v. a. wenn sie mit *direkten* → psychophysischen Methoden gewonnen werden, oft nicht durch das → Fechnersche Gesetz beschreiben (also nicht durch einen *logarithm.* Zusammenhang zw. Reiz u. Empfindung); so hängt die Lautheit eines Tones linear vom Schalldruck ab, u. ein Vergleichsgewicht muss über 60 % des Standardgewichts aufweisen, um als halb so schwer wie dieses zu gelten. (Zum Vergleich: Nach dem Fechnerschen Gesetz wäre die Lage des subjektiven Halbwertes weit unterhalb der objektiven Hälfte zu erwarten.) S. S. Stevens hat deshalb in den 50er Jahren (obwohl schon im 19. Jahrhundert von Brentano u. Plateau diskutiert) vorgeschlagen, an die Stelle der von Fechner entwickelten logarithm. Funktion eine Potenzfunktion zu setzen: $R = f(S) = c \times S^n$ (R = Skalenwert eines Reizes S auf einer subjektiven Verhältnisskala; c u. n sind Konstanten, die für ein gegebenes Sinnesgebiet charakterist. sind). Bei n=1 ist die Funktion linear; für Werte n größer 1 ergibt sich eine positive Beschleunigung; bei n kleiner 1 dagegen eine negative Beschleunigung. In diesen Fällen können die Daten oft ebenso gut durch das Fechnersche Gesetz beschrieben werden. Der strukturelle Unterschied zw. beiden Gleichungen wird deutlich, wenn man beide in eine Form schreibt, in der sie eine lineare Beziehung darstellen; die Potenzfunktion lässt sich dann so darstellen: $\log R = n \log S + \log c$; das Fechnersche Gesetz (wird erst nach sinngem. Angleichung der Notation, näml. Ersatz von N durch R deutl.): $R = c \log S + c$. Dies impliziert: Nach Fechner wächst der subjektive Skalenwert eines Reizes um einen bestimmten Betrag, wenn man seine objektive Größe um einen bestimmten Faktor vermehrt; nach Stevens wächst der subjektive Skalenwert dagegen um einen bestimmten Faktor, wenn der objektive Reizwert um einen bestimmten Faktor vermehrt wird. Auf diese Weise entsprechen gleichen Intensitätsverhältnissen immer gleiche Empfindungsintensitäten; dann kann davon ausgegangen werden, dass die Empfindungsverhältnisse unter verschiedenen Bedingungen konstant bleiben: Bsp.: Erscheint einem ein Ton fünfmal so laut wie ein zweiter, dann ändert sich nichts daran, ob man sich nun die Töne aus einer großen o. geringen Entfernung anhört. Die Abb. *Psycho-*

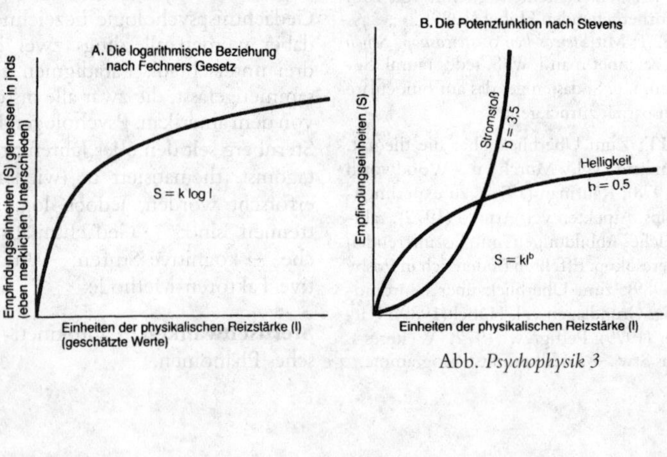

Abb. *Psychophysik 3*

physik 3a u. *3b* demonstrieren dies. Abb. (a) zeigt die psychophys. Funktion nach Fechners Gesetz: erhöht man ständig die Reizstärke, so kommt es zuerst zu einem entsprechenden schnellen Zuwachs von Empfindungsarten, dann aber verlangsamt sich der Zuwachs immer mehr (Bsp: Wenn man eine Kerze zu einer zweiten dazustellt, sieht man es deutlicher heller werden, als wenn man zu 100 nur eine stellt). Nach der Gleichung von Stevens fällt die psychometr. Funktion für verschiedene Reizdimensionen unterschiedl. aus; bei Helligkeit ist z. B. die Funktion der nach Fechners Gesetz ähnl., bei einem Reiz wie einem Elektroschock jedoch führen stetig geringe Steigerungen der Reizstärke zu immer größeren Schmerzempfindungen (nach Stevens 1961).

Stevens Ansatz hat sich deshalb bewährt, weil fast jede Dimension ps. Erfahrung auf diese Art – also mit den von Stevens bevorzugten *direkten* Skalierungsmethoden – leicht skaliert werden kann; so z. B.: Tonhöhe, Länge, Schönheit u. die Schwere von Verbrechen (Stevens 1961ff.). Insbes. bei Daten außerhalb der rein sensor. Empfindungsschätzungen ist sie Fechners Vorgehen eindeutig überlegen.

KR: Zur krit. Analyse des stevensschen Ansatzes vgl. McKenna (1985); ein klass. Aufsatz ist Poulton (1968); vgl. auch Sader (1966), der z. B. die Sone-Skala (Hören) als ein Artefakt unangemessen verwendeter psychometr. Methoden ansieht; auch aus der Sicht der Theorie der → Informationsintegration werden der stevenssche Ansatz u. seine direkten Methoden scharf kritisiert; vgl. Anderson (1976), Birnbaum (1978), Veit (1978).

VD: Die Diskussion *Fechner vs. Stevens* ist von großer Komplexität, formale u. inhalt. Argumente gehen auf schwer durchschaubare Weise ineinander über: (a) Stevens geht von der Richtigkeit der direkten Methoden aus u. erklärt den Erhalt einer logarithm. Intervallskala bei Anwendung indirekter Methoden damit, dass bei zunehmender Reizstärke die eben wahrnehmbaren Unterschiede subjektiv stärker empfunden werden u. daher die subjektiven Kategoriengrenzen nach oben breiter werden; da dies in der Kategorienskala jedoch nicht berücksichtigt wird u. die Kategorien über die Skala hin äquidistant bleiben, wird die Skala nach oben hin gestaucht u. daraus ergibt sich der kurvilineare Zusammenhang. In einem anderen Argumentationszusammenhang nimmt er an, dass die Merkmale, bei welchen ein kurvilinearer Zusammenhang vorliegt, → *prosthetische* Merkmale sind, jene, bei denen ein linearer Zusammenhang vorliegt, → *metathetische* Merkmale. (b) Torgerson (1961) bezweifelt die Adäquatheit der direkten Methoden, er nimmt an, dass die Zahlen als Reaktionen keine linearen Beziehungen zu den arithmet. Skalen haben. Nach Torgerson stellen die Vpn ihre erlebten Unterschiede mal als Differenzen u. mal als Quotienten dar, je nachdem, welche Instruktion sie erhalten. Werden die erlebten Unterschiede als Differenzen abgebildet, erhält man eine Kategorien-Skala, werden sie als Quotienten abgebildet, erhält man eine Größenskala, zw. denen ein logarithm. Zusammenhang besteht. So erklärt Torgerson den kurvilinearen Zusammenhang. (c) Ekman (1961) ordnet den fechnerschen Ansatz dem Bereich zu, der die Prozesse der Informationsumwandlung im Rezeptor betrifft, den stevensschen Ansatz dem Bereich des menschl. Urteilsverhalten. (d) Nach Hajos kann man die Fechnersche Maßformel als das Resultat einer linearen Trennlinie u. der Adaptation der Sinnessysteme verstehen. Würde man die Messungen immer aus dem empfindlichsten Zustand heraus starten, dann würde der kleinste ebenmerkl. wahrnehmbare Reiz sämtl. Reize skalieren. Das stevenssche *power law* kann man auf das im stationären Fall gültige Fechnersche Gesetz u. die Kinetik der Adaptation zurückführen: aus der zunächst linearen Beziehung zw. Reiz u. Wahrnehmung entsteht eine Beziehung, die mit dem Potenzgesetz u. im Endstadium mit der Fechnerschen Maßformel beschreibbar ist; vgl. hierzu Varju (1965). (e) Eine tief schürfende Analyse beider

Gesetze mit der Grundlogik, dass sie nur scheinbar dieselben Phänomene beschreiben, u. bei genauer Betrachtungsweise zwei unterschiedl. Phänomene thematisiert werden, wird von Heller (1980) gegeben; er versucht zu zeigen, dass das Fechnersche Gesetz das komparative, sich an anderen Reizen orientierende Urteilsvh. beschreibt, wohingegen das Potenzgesetz dem absoluten Distanzurteil entspricht, das nach Heller aber nur realisiert werden kann, wenn die Vp voll *orientiert* ist: sich orientieren am Vorreiz u./o. vorausgehenden Serienreiz habe »zuwachsmetr.«, Orientiertheit, sich an der Distanz orientieren habe »distanzmetr.« Vh. zur Folge: im ersten Fall entstehe das Fechnersche Gesetz, im letzten das Potenzgesetz; vgl. z. B. Heller (1980); vgl. auch Heller (1974, 1978); für eine Darstellung der Kontroverse vgl. Wagenaar (1975); vgl. zsfd. Guttmann (1992); knapp, aber tief schürfend ist Wendt (1989).

◆ ANDERSON, N. H.: Integration theory, functional measurement, and the psychophysical law. In: GEISSLER, H. G. u. ZABRODINY, M.: Advances in psychophysics. Berlin 1976, S. 93–130; ARNOLD, W. (Hg.): Experimentelles Praktikum, 1. Bd. Stuttgart 1972; BIRNBAUM, M. P.: Differences and ratios in psychological measurement. In: RESTLE, F. u. a. (Hg.): Cognitive theory, 3. Bd. Hillsdale 1978; EKMAN, G.: Some aspects of psychophysical research. In: ROSENBLITH, W. A.: Sensory communication. Cambridge/Mass. 1961; GUTTMANN, G. (Hg.): Allg. Ps., experimentalps. Grundlagen. Wien 1992; HELLER, O. u. KRÜGER, H.-P.: Experimentelle Ps. – Wahrnehmung. Bern 1974; HELLER, O.: Psychophysik ohne Physik. In: SCHÜLE, W. (Hg.): Wahrnehmungsps. Frankfurt/M. 1978, S. 78–91; HELLER, O.: Orientierung innerhalb von phänomenalen Steigerungsreihen. In: LAUTERBACH, W. u. SARRIS, V. (Hg.): Beiträge zur ps. Bezugssystemforschung. Bern 1980, S. 107–136; LÜER, G. (Hg.): Allgemeine experimentelle Ps. Eine Einführung in die method. Grundlagen mit prakt. Übungen für das experimentelle Praktikum. Stuttgart 1987; MCKENNA, F. P.: Another look at the »new psychophysics«. BJP 76, 1985, S. 97–109; POULTON, E. C.: The new psychophysics: six models for magnitude estimation. PBu 69, 1968, S. 1–19; SADER, M.: Lautheit u. Lärm. Göttingen 1966; SIXTL, F.: Meßmethoden der Ps. Weinheim 1982; STEVENS, S. S.: The measurement of loudness. Journal of the Acoustical Society of America 27, 1955, S. 815–829; STEVENS, S. S. u. GALANTER, E. H.: Ratio scales and category scales for a dozen perceptual continua. JExP 54, 1957, S. 377–411; STEVENS, S. S.: On the psychophysical law. PR 64, 1957, S. 153–181; STEVENS, S. S.: To honor Fechner and to repeal his law. Science 133, 1961, S. 80–86; STEVENS, S. S.: The surprising simplicity of sensoring metrics. AmP 17, 1962, S. 29–39; STEVENS, G. (Hg.): Psychophysics: introduction to its perceptual, neutral, and social prospects. New York 1975; TORGERSON, W. R.: Distances and ratios in psychophysical scaling. AP 19, 1961, S. 201–205; VARJU, D.: Über nicht lineare Analogschaltungen zur Simulierung biolog. Adaptationsvorgänge. In: WIENER. N. u. SCHADE, J. P. (Hg.): Progress in brain research, Vol. 17. Amsterdam 1965; VEIT, C. T.: Ratio and subtractive processes in psychophysical judgement. JExP: G 107, 1978, S. 81–107; WAGENAAR, W. A.: Stevens vs. Fechner: a plea for dismissal of the case. AP 39, 1975, S. 225–235; WENDT, D.: Allg. Ps. Stuttgart 1989; ZTSCHR.: Perception and Psychophysics.

S-Theorien → kognitive Lerntheorien; → Erwartungstheorie.

Stimmlicher Ausdruck → vokale Kommunikation.

Stimmqualität → vokale Kommunikation.

Stimmung → Emotion.

Stimmungsabhängiges Gedächtnis, das Phänomen, dass stimmungskongruente Gedächtnisinhalte mit höherer Wahrscheinlichkeit erinnert werden als stimmungsinkongruente, dass also z. B. Personen in guter Stimmung dazu neigen, angenehme Gedächtnisinhalte zu reproduzieren u. umgekehrt (→ Pollyanna-Effekt). Allg. gilt, dass Ereignisse mit starker emotionaler Beteiligung, egal ob es sich um negative o. positive Emotionen handelt, besser erinnert werden als neutrale Lebensereignisse (was in einem gewissen Widerspruch zur freudschen Konzeption der → Verdrängung steht). Speziell für das → autobiographische Gedächtnis konnte eine Stimmungsabhängigkeit des Gedächtnisses neuerdings mehrfach belegt werden; vgl. z. B. Clark u. Teasdale (1982).

TH: Das Thema s. G. war ein wichtiges Forschungsparadigma im Schnittbereich zw. Emotionsps. u. Gedächtnisps., das v. a. von zwei Forschergruppen, näml. Bower u. a. (1978; vgl. auch Bower 1981) u. Isen u. a. (1983; vgl. auch Isen 1982), erforscht worden ist. (a) Bower konzipierte zur Erklärung eine netzwerktheoret. Deutung: Emotionen werden – wie Begriffe – als Knoten in einem → Netzwerk dargestellt, in dem Ausdrucksverhalten, autonomes Erregungsmuster u. evozierendes Reizmuster assoziativ verknüpft sind. Beim Lernen werden die zu lernenden Begriffe mit den Emotionsknoten assoziativ verknüpft, u. beim Erinnern wird zunächst der entsprechende Kontext aktiviert, u. wenn sich die Person beim Erinnern im gleichen emotionalen Zustand befindet wie beim Lernen, summiert sich die von dem *Kontextknoten* u. dem *Emotionsknoten* ausgehende Aktivierung, wodurch der Zugriff auf die Zielereignisse erleichtert wird. Bspw. kann ein zunächst schwacher Reiz, z. B. »Kindergartentage«, in Kombination mit der Aktivierung eines Emotionsknotens die Erinnerung von ansonsten unterschwellig aktivierten assoziierten Ereignissen erleichtern. Die Grundidee ähnelt also dem Kzpt. des → zustandsabhängigen Lernens, wb. in diesem Fall Stimmungen den »Zustand« darstellen. Einen ähnl. Ansatz vertreten z. B. Clark u. Teasdale (1982). Zur Kritik dieses Modells vgl. Fiedler (1985), der darauf hinweist, dass alle stimmungsabhängigen kognitiven Leistungen, die nicht in selektivem Erinnern bestehen, nur schwer im Rahmen eines Netzwerkmodelles erklärt werden können; außerdem würde die Integration eines emotionalen mit einem semant. Netzwerk einen ungeheuren Aufwand an Vernetzung nötig machen; vgl. auch Ratcliff u. McKoon (1981); Johnson u. Tversky (1983). (b) Das alternative Modell von Isen u. a. (1982) nimmt an, dass durch Emotionen die Art der kognitiven Prozesse u. Strategien beeinflusst werden, so dass z. B. in guter Laune eher eine intuitive Vorgehensweise gewählt wird. Auch Fiedler (1985) fand Anzeichen für das Aufgeben einer rein systemat. Gedächtnissuche bei guter Stimmung. Zur Diskussion vgl. Schwarz (1987), der auch das dahinterstehende grundlegende Problem der Gesamtbewertung des eigenen Lebens – ob es insgesamt als gut o. schlecht erlebt wird berücksichtigt.

LIT: Zum Überblick vgl. Fiedler (1985); Schwarz (1987); vgl. auch Kuhl (1983) sowie Ellis u. Ashbrook (1991).

◆ Bock, M.: Angenehme u. unangenehme Erfahrungen aus gedächtnisps. Sicht – Bilanz einer achtzigjährigen Forschung. PB 22, 1980, S. 280–292; Bower, G. H. u. a.: Emotional mood as a context for learning and recall. JVLVB 17, 1978, S. 573–585; Bower, G. H.: Mood and memory. AmP 36, 1981, S. 129–148; Bower, G. H. u. a.: Selectivity of learning caused by affective states. JExP: G 110, 1981, S. 451–473; Clark, M. u. Teasdale, J. D.: Diurnal variation in clinical depression and accessibility of memories of positive and negative experiences. JAP 91, 1982, S. 87–95; Ellis, H. C. u. Ashbrook, P. W.: The »state« of mood and memory research: a selective review. In: Kuiken, D. (Hg.): Mood and memory. London 1991, S. 1–21; Fiedler, K.: Zur Stimmungsabhängigkeit kognitiver Funktionen. PR 36, 1985, S. 125–134; Isen, A. M.: Some factors influencing decision-making strategy and risk-taking. In: Glark, M.S. u. Fiske, S. T. (Hg.): Affect and cognition. Hillsdale 1982; Isen, A. M. u. Means, B.: The influence of positive affect on decision-making strategy. SC 2, 1983, S. 18–31; Johnson, E. J. u. Tversky, A.: Affect, generalisation and the perception of risk. JPSP 45, 1983, S. 20–31; Kuhl, J.: Emotion, Kognition u. Motivation: II. SuK 4, 1983, S. 228–253; Ratcliff, R. u. McKoon, G.: Does activation really spread? PR 88, 1981, S. 454–462; Schwarz, N.: Stimmung als Information. Göttingen 1987.

Stimulationsreduktionstheorie → Triebreduktionstheorie.

Stimulus → Reiz.

Stimulus sampling Theorie → Reizstichprobentheorie.

Stimulus seeking → Neugier; → sensation seeking.

Stimulusevaluationstheorie → Prüfprozesstheorie.

Stimulusfehler → Interaktionismus.

Stimulusgeneralisation → Generalisation.

Stimulus-Information → Reiz; → ökologische Optik.

Stimulus-Kompound → compound conditioning; → overshadowing.

Stimulus-Konkretheitseffekt → Bildüberlegenheitseffekt; → duale Kodierungstheorie.

Stimuluslernen → Paarassoziationslernen; → Zwei-Faktoren-Theorie der Konditionierung; → klassische Konditionierung.

Stimulus-Onset-Asynchrony [Abk. *SOA*], der zeitl. Abstand zw. der Darbietung zweier Reize; der Begriff ist etwas allgemeiner gefasst als der des → Interstimulusintervalls u. wird häufig verwendet, wenn eher wahrnehmungsps. Aspekte der Untersuchung relevant sind.

Stimulussituation → Situation; → Reiz.

Stimulusspezifische Reaktionsspezifität → physiologische Psychologie (Kasten zentrale Begriffe und Paradigmen, Stw. *psychophysiologische Spezifität*).

Stimulusunsicherheit → Angst.

Stochastische Lerntheorien → mathematische Lerntheorien.

Stochastische Nutzenserwartungen → probabilistische Nutzenstheorien.

Stock-Versuch → Primatenversuche.

Störargument → Introspektion.

Stolz → Selbstwertgefühl.

Stop-Signal-Paradigma [engl. *stop signal paradigm*], ein method. Paradigma zur Erforschung von Prozessen der → Hemmung u. der → Aufmerksamkeit, das darin besteht, dass die Vpn eine Primäraufgabe durchführen, wobei ab u. zu ein Signal präsentiert wird, auf das hin sie ihre Tätigkeit unterbrechen sollen. Die Primäraufgabe ist typischerweise eine visuelle Wahlreaktion, wie z. B. verschiedene Buchstaben unterscheiden, u. das Stop-Signal ist gewöhnl. ein Ton. Experimentelle Daten weisen darauf hin, dass den unterschiedlichsten Tätigkeiten ein zentraler – also amodaler – Stopmechanismus zugrunde liegt, was sich darin manifestiert, dass ganz unterschiedl. Tätigkeiten in etwa 200 msec. abgebrochen werden können; vgl. Logan u. Cowan (1984).

LIT: Zum Überblick vgl. Logan (1994).

◆ LOGAN, G. D. u. COWAN, W. P.: On the ability to inhibit thought and action: theory of an act of control. PR 91, 1984, S. 295–327; LOGAN, G. D.: On the ability to inhibit thought and action. In: DAGENBACH, D. u. CARR, T. H. (Hg.): Inhibitory processes in attention, memory and language. San Diego 1994.

Story grammar → Geschichtengrammatik.

Stoßversuch → phänomenale Kausalität.

Strain → Belastung.

Straßenwissen → kognitive Landkarte.

Strategien → Gedächtnisstrategien; → Denken; → Begriffsbildung; → Urteilsheuristiken; → Attributlernen.

Strategie vorhandener und neuer Information → Vorannahmen vs. Behauptungen.

Strategische Parameter des Gedächtnisses → Gedächtnis; → Metagedächtnis.

Strategisches Priming → Priming.

Strategisches Wissen → Metakognition.

Streichholzproblem → Problemlösen.

Strenge-Fehler → Wahrnehmungs- und Urteilstendenzen.

Stress, i. a. S. jede → Belastung des Körpers o. Geistes, speziell eine Überlastung (dafür wird bisweilen der Begriff *distress* reserviert). Das mittlerweile ins Alltagwissen u. in die Populärpsychologie vorgedrungene S.-Kzpt. wurde v. a. in der physiol.-medizin. orientierten Theorie von Hans Selye (s. u.) begründet (vgl. Selye 1974, 1981), war aber von Anfang an ein Kzpt. mit *psycho-phys.* Potential u. ist später auch von der Ps. rezipiert, kritisiert u. elaboriert worden (sowie in den 68er Jargon integriert worden als Bezeichnung für entsetzliche Anstrengungen wie z. B. Arbeit, Studium, Kindererziehung; vgl. Röhl 1995, S. 174). Selye hat sich auf die adreno-cortikale Achse konzentriert, die Psychologie hat unter dem Paradigma → Aktivation ein allg. Alarm- u. Aktivationssystem untersucht, das sich ebenfalls als eine Art Stressreaktion (des Hirnstamms) verstehen lässt.

TH: (1) Zur selyeschen Stresstheorie (Selye 1946ff.): Diese Theorie beinhaltet v. a. die Idee eines *allg. Adaptationssyndroms*, das bei einer Vielzahl von verschiedenen Umweltreizen (Stressoren) in gleicher Form vorkommen soll, daher *unspezif.* sei u. einen typ. *Phasenverlauf* aufweise. Nach dieser biolog. Stresskonzeption besteht die Wirkung sowohl angenehmer wie auch unangenehmer *Stressoren* in der Aktivierung der *Hypothalamus-Hypophysen-Nebennierenrinden* u. des *Hypothalamus-Sympathikus-Nebennierenmark-Systems* (vgl. Levi 1981) mit der Folge einer vermehrten Ausschüttung von *Kortikoiden* u. *Katecholaminen*, aus der das von Selye beschriebene *Stresssyndrom* aus Magen-Darmgeschwüren, Vergrößerung der Nebennierenrinde u. Schrumpfung der Thymusdrüse u. der Lymphknoten hervorgeht. Evolutionstheoret. wurden diese neuroendokrinen Stressreaktionen als ehemals sinnvolles biolog. Reaktionsmuster interpretiert, das den Organismus für körperl. Aktivität energetisiert, aber unter den heutigen veränderten Lebensbedingungen ins Leere läuft. An diese Vorstellung einer fehllaufenden Mobilisierung knüpft auch die populär gewordene Idee einer Stressprophylaxe an, die im simplen motor. Ausagieren besteht. Typ. für diese Art von S. ist, dass er den Organismus aktiviert u. dabei das Gefühl der *Kontrolle* vorhanden ist, selbst wenn es in einer Flucht vor aversiven Reizen besteht. Es kommt zu einem Anstieg der muskulären Spannung in den Extremitäten, zum Anstieg des Blutdrucks, der Herzfrequenz u. der Blutausfuhrmenge des Herzens sowie zu einer Erhöhung des Gefäßwiderstandes, der Hautwiderstand verringert sich (feuchte Hände), ein Tremor kann sich einstellen, Anstieg der Nebennierenmarkhormone Adrenalin u. Noradrenalin im Blut, wb. das erste mehr mit Furcht, das zweite mehr mit Ärger zu korrelieren scheint. Ein anderes Stresssystem wird aktiviert, wenn Gefühle der *Ohnmacht* u. *Hilflosigkeit* dominieren, es kommt dann zu einer Aktivierung des *ACTH-Nebennierenrinden-Kortikoid-Systems* (auch *Hypothalamus-Hypophysen-Vorderlappen-Hormonsystem*), am augenfälligsten repräsentiert durch einen Anstieg des Nebennierenrindenhormons Cortisol. Dieses System kann aktiviert werden, ohne dass es zu einer nennenswerten sympathikotonen Erregung kommt, es wird aber auch im Schlepptau einer Sympathikus-Aktivierung bei ergotropen Stress miterregt, dabei ist es häufig länger aktiviert als der Sympathikus, was u. U. solche Phänomene wie die Post-Stress-Depression, aber auch Panikattacken nach sympathikotoner Erregung erklärl. macht. Überhaupt ist bei Depressionen der Cortisol-Spiegel erhöht. (2a) Innerhalb der modernen Ps. prävalent sind *relationale* bzw. *interaktionist.* Ansätze, bei der S. als das Ergebnis einer kognitivaktionalen Interaktion von Mensch u. Umwelt gesehen wird. Der *Environment-fit-Ansatz* bzw. das *Person-Environment-fit-Modell* (Caplan u. a. 1982) besagt, dass weder Personen- noch Umwelt-Variablen allein die psych. Beanspruchung einer Person bestimmen, so dass es in erster Linie auf die Relation zw. Person u. Umwelt u. auf den Grad ihrer Übereinstimmung ankomme. (b) Alle neueren ps. Stresstheorien sehen die subjektive *Wahrnehmung* u. *Bewertung* (→ appraisal) der Anforderungssituation durch die betroffene Person als wesentl. an. Wichtig sei nicht so sehr die physikal. Intensität (z. B. von Lärm) wie die Art u. Weise, wie der jeweilige Reiz bewertet u. »angenommen« wird. Eine typ. Untersuchungsmethode, in der sich dieses grundsätzl. Ergebnis immer wieder bestätigt hat, besteht z. B. darin, dass Filme mit bedrohl. Inhalten (Sägewerksunfälle, Beschneidungsriten) zur Stressinduktion vorgegeben wurden, wb. sich gezeigt hat, dass der entstehende Stress stark von der Art u. Weise abhängig ist, wie diese Filme eingeführt u. dargeboten werden. Die wichtigste Theorie vor diesem Hintergrund ist der seit Anfang der 60er Jahre begründete Ansatz von Lazarus u. Mitarbeitern (die sog. *Berkeley-Gruppe*, vgl. 1966, 1987) – die sog. *transaktionale Stresstheorie*. Diese Forschungsgruppe hat insbes. die Strategien der → Bewältigung von S. herausgearbeitet; Lazarus u. Folkman (1984). (c) Im deutschsprachigen Raum haben insbes. Schönpflug u. Mitarbeiter sowie die Forschungsgruppe um Greif die Modelle von Lazarus auf der Grundlage der → Handlungstheorie weiterentwickelt; vgl. zsfd. Antoni u. Bungard (1987). (d) Im Bereich der Arbeits- u. Organisationsps. wurden die Gedanken von Lazarus insbes. von McGrath u. Cox aufgenommen u. weiterentwickelt; zum Überblick vgl. Udris (1981). (e) Aus einer anderen Tradition, die eher als *situations-* bzw. *reizbezogen* bezeichnet wird u. damit größere Ähnlichkeit mit dem ursprüngl. S.-Kzpt. besitzt, stammt das wichtig gewordene Kzpt. der *krit. Lebensereignisse*: Vorgänge im Leben, von denen eine große psych. Belastung ausgeht, welche die Wahrscheinlichkeit für die Entstehung einer psych. Störung erhöht; in erklärter Analogie zur Psychophysik sollen Lebensereignisse in eine quantitative Reihenfolge ihrer Stresshaftigkeit gebracht werden (*Stressskala*; vgl. Holmes u. Rahe (1967); zum Überblick Filipp (1981). Nach der *Rahe-Skala* sind die drei stressreichsten Situationen: Tod des Ehegatten, Scheidung, Trennung ohne Scheidung, am Ende der Skala stehen kleinere Gesetzesverstöße, Ferien, Weihnachten. Zunehmend wird auch die Bedeutung kleinerer, alltägl. aber sich häufig wiederholender Belastungen gesehen (*daily hassles*). (*T*: Der engl. Begriff ist *life events*, der auch in der dt. Fachliteratur verwendet wird; häufig wird unter Weglassung des Attributs *krit.* nur von *Lebensereignis-Forschung* gesprochen; relativ häufig ist auch die Übernahme des angloamerikan. Terminus: *Life-event*-Forschung.) (f) Eine wichtige Sammelarbeit mit biops. Ansätzen speziell zum Umweltstress, in der v. a. die Arbeiten von Janke gewürdigt werden, ist Debus (1995).

WÜ: Die lazarussche Stresstheorie gehört zu den bedeutendsten u. einflussreichsten Theorien der modernen Ps.; die Spannung zw. den klass. – u. gerade im Alltagsbereich so populären – Stresstheorien Selyescher Prägung u. den ps. Ansätzen von Lazarus thematisiert eines der Grundprobleme der modernen Ps. überhaupt.

KR: Bergmann (1985) bemängelt die Zirkularität des lazarusschen Ansatzes u. den rein deskriptiven Charakter der transaktionalen Theorie, da im Prinzip jede Belastung bei entsprechender Einschätzung u. bei entsprechendem Vh. zu S. werden u. zu Stressvh. führen kann.

VD/T: Ursprüngl. stammt der Begriff *S.* aus der Mechanik, um die resultierende Kraft in einem Festkörper zu bezeichnen, die durch eine externe Kraft ausgelöst wird. Erste Ansätze zur Übertragung dieses physikal. Begriffs auf den menschl. Organismus stammen aus der Medizin des 19. Jahrhunderts. In die psychophysiolog. Fachliteratur wird der Begriff 1914 von Cannon eingeführt; der Siegeszug des Begriffs beginnt 1936 mit einer kurzen Notiz Selyes u. erreicht 1958 auch die deutschsprach. Fachliteratur. Zur Geschichte des Begriffs vgl. Hinkle (1973).

LIT: Zu emotionsps. Aspekten u. psychopatholog. Aspekten vgl. Rost

(1990); Analysen zum problemat. Verhältnis von Wissenschaft u. Laientheorie gibt Weber (1987); ein umfassendes Handbuch ist Goldberger u. Breznitz (1982); zum Thema Stressbewältigung, v. a. aus vhstheoret. Sicht, vgl. Brengelmann (1993); für eine Einführung in die psychosomat. Belastungsforschung vgl. Bösel (1978); zum Zusammenhang von S., Angst u. Hilflosigkeit vgl. Schwarzer (1981); ein Plädoyer für die Notwendigkeit einer *Post-Stress-Forschung* (da die meisten Störungen erst nicht während der Belastungsphase, sondern in der Erholungsphase auftreten) ist Deinzer (1992).

◆ Antoni, C. u. Bungard, W.: Beanspruchung u. Belastung. In: Roth, E. (Hg.): Organisationsps. EP, D, III, 3. Bd. Göttingen 1987, S. 431–458; Bergmann, G.: Streß u. Bewältigung: Ps. Forschungsansätze. In: Scherer (1985) S. 9–23; Bösel, R. u. a.: Streß. Einführung in die psychosomat. Belastungsforschung. Hamburg 1978; Braukmann, W. u. Filipp, S. H.: Verfahren zur Erfassung krit. Lebensereignisse. In: Filipp 1981, S. 92–103; Brengelmann, J. C.: Erfolg u. Streß. Weinheim 1993 (zur Stressbewältigung); Brüderl, L. (Hg.): Theorien u. Methoden der Bewältigungsforschung. Weinheim 1988; Caplan, R. D. u. a.: Streß u. Gesundheit. Bern 1982; Debus, G. u. a. (Hg.): Biops. von Streß u. emotionalen Reaktionen. Göttingen 1995; Deinzer, R.: Post-Stress-Forschung. Psychobiolog. Aspekte. Regensburg 1992; Dohrenwend, B. S. u. Dohrenwend, B. P. (Hg.): Stressful life events and their contexts. New York 1981; Faltermaier, T.: Belastende Lebensereignisse u. ihre Bewältigung. In: Keupp, H. u. Rerrich, D. (Hg.): Psychosoziale Praxis. München 1982, S. 33–42; Filipp, S. H. (Hg.): Krit. Lebensereignisse. München 1981; Goldberger, L. u. Breznitz, S. (Hg.): Handbook of stress. Theoretical and clinical aspects. London 1982; Hinkle, L. E.: The concept of »stress« in biological and social sciences. Science, Medicine, and Man 1, 1973, S. 31–48; Holmes, T. H. u. Rahe, R. H.: The social readjustment scale. JPSoR 11, 1967, S. 213–218; Kanner, A. D. u. a.: Comparison of two modes of stress measurement: daily hassles and uplifts versus major life events. Journal of Behaviour Medicine 4, 1981, S. 1–39; Katschnig, H.: Sozialer Streß u. psych. Erkrankung. München 1980; Lazarus, R. S.: Psychological stress and the coping process. New York 1966; Lazarus, R. S. u. Folkman, S.: Transactional theory and research and emotions and coping. In: Laux, L. u. Vossel, G. (Hg.): Personality in biographical stress and coping research. EJP 1, Special Issue (Nr. 3), 1987; Levi, L.: Psychosoziale Reize, psychophysiolog. Reaktionen u. Krankheit. In: Nitsch (1981) S. 188–212; McGrath, J. E.: Stress and behaviour in organizations. In: Dunnette, N. D. (Hg.): Handbook of industrial and organizational psychology. Chicago 1976, S. 1351–1395; Mason, J. W.: A historical view of the stress field I. Journal of Human Stress 1, 1975, S. 6–12; Mechanic, D.: Students under stress. New York 1962, S. 22–36; Nitsch, J. (Hg.): Streß: Theorien, Untersuchungen, Maßnahmen. Bern 1981; Röhl, R.: Deutsches Phrasenlexikon. Frankfurt/M. 1995; Rost, W.: Emotionen: Elixiere des Lebens. Berlin 1990; Scherer, K. R. u. a.: Die Streßreaktion: Physiologie u. Vh. Göttingen 1985; Schwarzer, R.: Streß, Angst u. Hilflosigkeit. Stuttgart 1981; Selye, H.: The general adaption syndrome and the decease of adaption. Journal of Clinical Endocrinology 6, 1946, S. 117–230; Selye, H.: The physiology and pathology of exposure to stress. Montreal 1950; Selye, H.: Streß. München 1974; Selye, H.: Geschichte u. Grundzüge des Streßkzptes. In: Nitsch (1981) S. 163–187; Stanford, S. G. u. Salmon, P. (Hg.): Stress. From synapse to syndrome. London 1993; Thuits, B. A.: Dimension of life events that influence psychological stress: an evaluation and synthesis of the literature. In: Kaplan, H. B. (Hg.): Psychosocial stress: trends in theory and research. New York 1983, S. 33–104; Udris, I.: Streß in arbeitsps. Sicht. In: Nitsch (1981); Ulich, D.: Das Gefühl. München 1982; Weber, H.: Das Streßkzpt. in Wissenschaft u. Laientheorie. Regensburg 1987; Weber, H. u. Knapp-Glatzel, B.: Alltagsbelastungen. In: Brüderl (1988) S. 140–158.

Stroboskop-Effekt, ein Phänomen des → Bewegungssehens: Wird ein sich bewegendes Objekt (z. B. Ventilator) mit einer bestimmten Umdrehungsgeschwindigkeit (z. B. 100 Umdrehungen pro Sekunde) mit Lichtblitzen gleicher Frequenz beleuchtet, u. wird dabei das zeitl. Auflösungsvermögen nicht überschritten, scheint das Objekt still zu stehen, da bei jedem Licht immer die gleiche Stelle am Objekt zu sehen ist; s. a. das Stw. → Scheinbewegung.

VD/T: Das klass. »Stroboskop« exemplifiziert eigentl. eher das → kinematographische Prinzip: Eine Kreisscheibe, auf der am Rande verschiedene Bilder eines Objekts angebracht sind, wie z. B. rasch aufeinanderfolgende Momentaufnahme eines sich bewegenden Menschen; diese Bilder werden dann durch einen Schlitz betrachtet (der gegenläufig bewegt wird). Eine ältere Version ist die sog. *Wundertrommel* (*Daedalum*) u. das *Lebensrad*; vgl. Arnold (1972, S. 161). I. w. S. wird der Begriff *S.* ähnl. wie → Phi-Phänomen verwendet, da auch dieses auf einer mit einer bestimmten Frequenz aufleuchtenden Lichtquelle beruht; vgl. Rock (1985).

◆ ARNOLD, W. (Hg.): Experimentelles Praktikum, 1. Bd. Stuttgart 1972; CAMPENHAUSEN, C. v.: Die Sinne des Menschen. Stuttgart 1993; ROCK, I.: Wahrnehmung. Heidelberg 1985.

Stroboskopische Bewegung → Phi-Phänomen.

Stroboskopische Scheinbewegung → Phi-Phänomen; → Stroboskop-Effekt.

Stroop-Effekt [auch *Stroop-Test*; *Stroop-Interferenz-Phänomen*] von Stroop (1935) entwickeltes Verfahren: Einer Vp wird ein Blatt vorgelegt, auf dem z. B. die Wörter *rot*, *grün*, *gelb*, *blau* stehen, u. zwar geschrieben in einer Schrift, deren Farbe von der Bedeutung des Wortes abweicht. Dies führt oft zu *Wort-Farb-Interferenzen*, derart, dass für das Ansagen dieser Farben mehr Zeit benötigt wird. Umgekehrt hingegen ist das Lesen eines Farbwortes wenig o. gar nicht erschwert, wenn das Farbwort in einer zum Wort passenden Farbe gedruckt ist. Diese asymmetr. Interferenz durch einen aufgabenirrelevanten Kontext ist auch in anderen Bereichen nachgewiesen. Eine bedeutende experimentelle Neuerung bestand darin, dass das Wort zunächst dargeboten wird u. sich erst später einfärbt; man konnte hierbei die Verzögerungszeit dieses Prozesses als unabhängige Variable einführen. Der S. führt in tief gehende Probleme einer Ps. des → Erkennens; vgl. Hommel (1990); Hell (1987); s. a. das Stw. → Doppelaufgaben.

LIT: Einen Überblick über die verschiedenen Faktoren, die den S. beeinflussen, geben van der Heijden (1981) u. Neumann (1980); zu neueren theoret. Ansätzen vgl. Vorberg (1985); zu älteren Theorien vgl. Dyer (1963); ein Überblick zu den verschiedenen Varianten des Versuchs bietet Hell (1987).

◆ DYER, F. N.: The stroop phenomenon and its use in the study of perceptual, cognitive, and response processes. MuC 1, 1973, S. 106–120; VAN DER HEIJDEN, A. H. C.: Short-term visual information forgetting. London 1981; HELL, W.: Aufmerksamkeit u. Interferenz. Weinheim 1987; HÖRMANN, H.: Konflikt u. Entscheidung. Göttingen 1960; HOMMEL, B.: Kompatibilität, Interferenz u. Handlungssteuerung. In: MEINECKE, C. u. KEHRER, L. (Hg.): Bielefelder Beiträge zur Kognitionsps. Göttingen 1990, S. 221–275; NEUMANN, O.: Informationsselektion u. Handlungssteuerung. Untersuchungen zur Funktionsgrundlage des Stroop-Interferenz-Phänomens. Bochum 1980 (Diss.); STROOP, J. R.: Studies of interference in serial verbal reaction. JExP 18, 1935; VORBERG, D.: Unerwartete Folgen von zufälliger Variabilität: Wettlauf-Modelle für den Stroop-Versuch. ZEAP 32, 1985, S. 494–521.

Stroop-Interferenz-Phänomen → Stroop-Effekt.

Stroop-Test → Stroop-Effekt.

Structural information theory → coding theory.

Structure-of-intellect-model → Intelligenz.

Strukturalismus. Der Begriff *S.* wird im angelsächs. Bereich verwendet, um die → Elementenpsychologie, bes. ihre amerikan. Weiterentwicklung durch E. B. Titchener (1896ff.) zu bezeichnen. Der S. steht dem → Funktionalismus gegenüber; er betont v. a. eine Analyse der *Struktur* der Wahrnehmung, weniger ihre Funktionen auf der Verhaltensebene; er verwendet demgem. eher stat. als prozessorientiert-funktionalist. Kzpte.

VD/T: (a) Der Begriff der *Struktur* ist auch zentral innerhalb der → Ganzheitspsychologie, die bisweilen deswegen auch als *Strukturps.* bezeichnet wird – sie ist jedoch von ihren Grundannahmen geradezu gegensätzl. zum oben beschriebenen S. (b) Im amerikan. Sprachraum wird *S.* bisweilen so weit gefasst, dass darunter sämtl. ps. Ansätze fallen, die *nichtfunktionalist.* sind, so dass z. B. die genet. Epistemologie von Piaget u. Chomskys generative Transformationsgrammatik gemeinsam unter diesen Oberbegriff fallen; vgl. z. B. Zimmerman u. Whitehurst (1979). Die Logik des Begriffs liegt darin, dass Piaget u. Chomsky von komplexen kognitiven *Strukturen* ausgehen – im Unterschied zu den lerntheoret. Ansätzen, die mit eher assoziationist. u. elementarist. geprägten Kzptn. operieren – auch in diesem Sinne meint der Begriff *S.* also fast das Gegenteil des klass. S.-Kzpts. Zum S. von Piaget vgl. verschiedene Aufsätze in Steiner (1978); auch Piaget selbst spricht von *S.*; vgl. Piaget (1973).

LIT: Zu einem Vergleich funktionalist. u. strukturalist. Forschungsprogramme vgl. Beilin (1984); zur Bedeutung des S. für die → Denkpsychologie vgl. Hussy (1984).

◆ Beilin, H.: Functionalist and structuralist research progams in developmental psychology: incommensurability or synthesis? In: Reese, H. W. (Hg.): Advances in child development and behaviour, Vol. 18. 1984, S. 245–257; Hussy, W.: Denkps., 1. Bd. Stuttgart 1984; Neel, A. F.: Handbuch der ps. Theorien. München 1974; Piaget, J.: Der Strukturalismus. Stuttgart 1973; Steiner, G. (Hg.): Piaget u. die Folgen. Ps. des 20. Jhdts., 7. Bd. Zürich 1978; Titchener, E. B.: An outline of psychology. New York 1896; Titchener, E. B.: Lectures on elementary psychology of feeling and attention. New York 1908; Titchener, E. B.: Lectures on experimental psychology of the thought process. New York 1909; Titchener, E. B.: Systematic psychology: prolegomena. New York 1929; Zimmerman, B. J. u. Whitehurst, G. J.: Structure and function: a comparison of two views of development of language and cognition. In: Whitehurst, G. J. u. Zimmerman, P. J. (Hg.): The functions of language and cognition. New York 1979, S. 1–22.

Strukturelle Diagnostik → Neuropsychologie.

Strukturelle Informationstheorie → coding theory.

Strukturelle Interferenz → Interferenz; → Ressourcentheorie; → Doppeltätigkeit.

Strukturelle Parameter des Gedächtnisses → Gedächtnis; → Metagedächtnis.

Struktureller Veränderungseffekt → Doppelaufgabe.

Strukturelle Spuren → Spurentheorie.

Strukturelle Verarbeitungsebene → Verarbeitungsebenen-Theorie.

Strukturgenetische Theorie → genetische Epistemologie.

Struktur-Lege-Technik, von Scheele u. Groeben (1984) zur Erfassung → subjektiver Theorien entwickelte Methode, eine spezielle Form der → Wissensdiagnose; dabei wird Wissen in eine netzwerktheoret. graph. Darstellung (→ semantische Netzwerke) abgebildet. Prototyp. war die *Heidelberger S.* von Scheele u. Groeben (1984); ähnl. die Methode des *networking* (Dansereau u. a. 1979). Da die S. im wechselseitigen Dialog verwendet wird, verwendet man als Oberbegriff *Dialog-Konsens-Methoden.* Man hat damit z. B. subjektive Theorien über *Ironie*, *Vertrauen* o. *Partnerschaft* rekonstruiert. Einen Überblick über weitere Verfahren bietet Bonato (1990).

HI/WÜ: Die S. sind paradigmat. für eine Ps., die eine Integration von hermeneut. u. objektiver Ps. versucht; vgl. Scheele u. Groeben (1988).

◆ Bonato, M.: Wissensstrukturierung mittels Struktur-Lege-Techniken. Frankfurt/M. 1990; Dansereau, D. F. u. a.: Development and evaluation of a learning strategy training program. JEP 71, 1979, S. 64–73; Scheele, B. u. Groeben, N.: Dialog-Konsens-Methoden zur Rekonstruktion subjektiver Theorien. Tübingen 1988; Scheele, B. u. Groeben, N.:

Die Heidelberger Struktur-Lege-Technik (SLT). Eine Dialog-Konsens-Methode zur Erhebung subjektiver Theorien mittlerer Reichweite. Weinheim 1984.

Strukturmodell → Psychoanalyse; → Intelligenz; → mathematische Lerntheorien.

Strukturtheorie → Intelligenz.

Stummes Wissen → explizites vs. implizites Wissen.

Subception → subliminale Wahrnehmung.

Subjective expectancy → Erwartung-mal-Wert-Modell.

Subjective-expectancy-utility-Modell → Erwartung-mal-Wert-Modell.

Subjektive Gegenwart → Zeitwahrnehmung.

Subjektive Indifferenz → Adaptationsniveautheorie.

Subjektive Konturen [auch *virtuelle Konturen, Scheinkonturen*], die Tatsache, dass bei bestimmten Mustern Umrisse subjektiv gesehen werden, die objektiv nicht vorhanden sind, ein Phänomen, das bes. von Kanizsa (vgl. 1979) erforscht worden ist. In Abb. *Wahrnehmung 20a* (*Kanizsas Dreieck*) sieht man drei Scheiben u. ein umrandetes Dreieck, die von einem hellweißen virtuellen Dreieck tlw. verdeckt

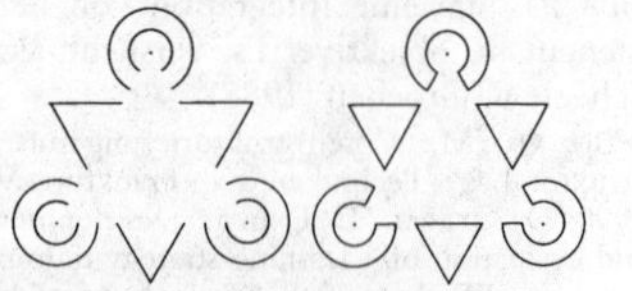

Abb. *Wahrnehmung 20a* (links) und *20b* (rechts)

werden; der Eindruck ist so stark, dass man entlang der mutmaßl. Begrenzungslinien des Dreiecks tatsächl. Helligkeitsunterschiede zu sehen vermeint. Der Effekt erlischt, wenn die offenen Linienenden zu geschlossenen Formen verbunden werden, wie in Abb. *Wahrnehmung 20b*. Die meisten s. K. können verstärkt werden, indem man ein Pauspapier über die Anordnungen legt u./o. sie aus der Entfernung betrachtet.

TH: Kanizsa erklärt die s. K. durch die Tendenz des visuellen Systems, eine → Objektwahrnehmung zu erzeugen: Es stellt fest, dass die wahrgenommenen Figuren nicht den idealen Figuren (z. B. Kreis o. Dreieck) entsprechen, u. versucht, diese Unvollständigkeit durch Annehmen eines verdeckten Dreiecks vervollständigend zu rekonstruieren. Für seinen anderen theoret. Ansatz vgl. → computationale Wahrnehmungstheorien. Coren (1972) weist auf die Bedeutung räuml. Hinweisreize für das Entstehen von S. hin; Frisby (1989) versucht eine Erklärung, die sich nicht auf die höheren kognitiven Prozesse bezieht, nach seiner Ansicht entstehen die s. K. aus einfachen Kontrastprozessen.

◆ Coren, S.: Subjective contours and apparent depth. PR 79, 1972, S. 359–367; Campenhausen, C. v.: Die Sinne des Menschen. Stuttgart 1993; Frisby, J. P.: Opt. Täuschungen. Augsburg 1989; Kanizsa, G.: Amodale Ergänzungen u. »Erwartungsfehler« des Gestaltpsychologen. PF 33, 1970, S. 325–344; Kanizsa, G.: Subjective conturs. SA 234, 1976, S. 48–52; Kanizsa, G.: Organization in vision. New York 1979.

Subjektive Organisation, ein Phänomen der → Gruppierung bei Gedächtnisprozessen: Bei Wortlisten, denen keine erkennbare Struktur zugrunde liegt, werden dennoch beim Erlernen künstl. Strukturen unterlegt (Tulving 1962). Z. B. wurden Vpn sechzehn unverbundene Wörter sukzessive dargeboten, u. es ergab sich, dass die Vpn beim Versuch einer freien Reproduktion dieser Listen nach mehrfacher

(15facher) Wiederholung die Liste in einer immer konsistenteren Reihenfolge reproduzierten. Diese Tendenz der Vp, ihre eigene Ordnung in die Liste zu bringen, bezeichnet Tulving als *s. O.* Er konzipierte eine formale Maßzahl dafür; außer Tulvings Maß gibt es noch den Index von Bousfield u. Bousfield (1966); alternative Ansätze stammen von Novinski (1972).

VD: (1) *T*: S. O. meint fast dasselbe wie → Clustering, bei den unter s. O. beschriebenen Experimenten kommen ledigl. verstärkt individuelle Organisationstendenzen hinzu, während beim Clustering v. a. die Anlehnung an vorgegebene Strukturen betont u. untersucht wird.
(2) Ein paradigmat. Phänomen ist ein *negativer Teillisten-Ganzlisten-Transfer* (*negative-part-whole-transfer*): Vpn lernen eine Liste X von 18 Wörtern, z. B. über 8 Durchgänge; zusammen mit 18 weiteren Wörtern (Liste Y) wird Liste X dann über weitere 8 Durchgänge gelernt; eine Kontrollgruppe lernt ebenfalls die Liste X plus Y (Ganzliste), hat aber zuvor eine irrelevante Teilliste (X') gelernt. Bei der Ganzliste übertrifft die Reproduktionsleistung der Experimentalgruppe zunächst die der Kontrollgruppe, beim 4. Reproduktionsdurchgang wird aber die Experimentalgruppe von der Kontrollgruppe eingeholt u. schließl. überholt, d. h. es tritt *negativer* Transfer ein – obwohl in der Experimentalgruppe die Hälfte der Ganzlisten-Wörter zuvor gelernt worden waren, ein Lernvorsprung, der sich als Nachteil erweist. Tulving interpretiert diesen negativen Transfer dahingehend, dass beim Erlernen der Teilliste Organisationseinheiten entwickelt worden seien, die für das Erlernen der längeren Liste nicht mehr angemessen sind.

LIT: Zum Überblick vgl. Sternberg u. Bower (1974); für neuere Ansätze vgl. Engelkamp (1990).

◆ Bousfield, A. K. u. Bousfield, W. A.: Measurement of clustering and of sequential constancies in repeated free recall. PRep 19, 1966, S. 935–942; Engelkamp, J.: Das menschl. Gedächtnis. Göttingen 1990; Novinski, L. S.: Part-whole and whole-part free recall learning. JVLVB 8, 1969, S. 152–154; Sternberg, R. J. u. Bower, G. H.: Transfer in part-whole and whole-part free recall. A comparative evaluation of theories. JVLVB 13, 1974, S. 1–26; Tulving, E.: Subjective organization in free recall of »unrelated« words. PR 69, 1962, S. 344–354; Tulving, E.: Subjective organization and effects of repetition in multi-trial free-recall learning. JVLVB 5, 1966, S. 193–197.

Subjektiver Behaviourismus → Behaviourismus.

Subjektiver Reiz → Reiz.

Subjektives Augengrau → Schwarz-Weiß-Sehen.

Subjektives Lexikon → mentales Lexikon.

Subjektive Theorien. *S. T.* kann als Oberbegriff für eine Reihe von Ansätzen verwandt werden, deren zentrales Anliegen ist, den Menschen als seinen Handlungsraum aktiv-kognitiv strukturierend zu betrachten u. die Theorien zu untersuchen, die der Mensch dabei über sich selbst u. seine Umwelt bildet u. anwendet. (a) Sehr wichtig geworden sind die Ansätze zu einer → naiven Psychologie u. die → Attributionstheorien. (b) Das Kzpt. der *persönl. Konstrukte* (Kelly 1955ff.) thematisiert die individuellen Beschreibungs- u. Erklärungskzpte. des reflexiven Subjekts, mit denen es die Welt strukturiert u. versteht; zur Erfassung dient der *Rep-Grid-Test.* Kelly versucht v. a. die subjektive Bedeutsamkeit der Inhalte, die log. Konsistenz, den Realitätsgehalt, u. die Verfügbarkeit zu ermitteln. Sein Ansatz steht der → phänomenologischen u. der → humanistischen Psychologie nahe: Der Mensch wird sozusagen als Wissenschaftler (»man as a scientist«) gesehen, der sich eine Art Weltanschauung bildet, eben die personalen Konstrukte; vgl. hierzu Riemann (1987). Kelly hat auch eine eigene Therapieform entwickelt, die sog. *Fixed-Role-Therapie.* Kellys Theorie wird schulübergreifend gewürdigt, sie hat jedoch innerhalb der akadem. Ps. eine Außenseiterrolle – ursprüngl. als Beitrag zur allg. Ps. konzipiert, wird sie meist in die → Persönlichkeitstheorien eingeordnet; Groeben u. Scheele (1977) sehen darin einen ersten Versuch zur Integration von hermeneut. u. empir. Ps. Die Theorie der → kognitiven Komplexität basiert auf Kellys Theorie. (c) Im main stream der Sozialps. wurde im Rahmen der Theorienbildung zum Thema → Eindrucksbildung das Kzpt. der *impliziten Persönlichkeitstheorie* (*implicit personality theory*) entwickelt. Dieser Begriff wurde erstmals in einem Handbuchartikel von Bruner u. Tagiuri (1954; vgl. auch Tagiuri 1969) verwendet, um die klass. Experimente zur Eindrucksbildung zu erklären. Demnach verfügen Personen über ein strukturiertes Geflecht von Annahmen, wie die Eigenschaften der menschl. Persönlichkeit zusammenhängen; die Argumentationsstruktur besteht primär aus generellen Sätzen der Art: »Wer lügt, der stiehlt«. Arbeiten dieses Forschungsprogrammes erschienen hauptsächl. zw. Mitte der 50er u. Anfang der 70er Jahre. Zum Überblick vgl. Schneider (1973) u. Laucken (1974). Nach Schneider kann man zwei Entwicklungsstränge unterscheiden: die erste Tradition resultiert aus der Erforschung systemat. Verzerrungen bei Beurteilungsprozessen, die zweite interessierte sich vornehml. für interindividuelle Unterschiede in der Beurteilung von Personen. Das zentrale Interesse bei der Erforschung von impliziten Persönlichkeitstheorien zielt auf die Identifikation ihrer übergeordneten Strukturmerkmale. Die prakt. Erforschung erfolgt meist nach folgendem Ablauf: Zunächst werden Personeneigenschaften bzw. Ausprägungen bestimmter Eigenschaften zugeordnet; dann werden die Beziehungen zw. den einzelnen Eigenschaften erhoben (bspw. Ähnlichkeits- o. Distanzurteile); abschließend werden übergeordnete Dimensionen der Eigenschaftsmatrix mit geeigneten Verfahren der Datenreduktion errechnet u. interpretiert. Zur Übersicht über die Auswertungsverfahren vgl. Rosenberg u. Sedlak (1972). (d) Explizit wird der Begriff *s. T.* (mittlerer Reichweite) innerhalb des Forschungsparadigmas des »reflexiven Subjekts« von Groeben u. Scheele (1977) verwendet. S. T. werden als relativ überdauernde Kognitionssysteme aufgefasst, deren strukturelle Merkmale tlw. wissenschaftl. Theorien vergleichbar sind. Die Rekonstruktion der s. T. geschieht mit sog. → Struktur-Lege-Techniken. Der Grundansatz dieses Paradigmas lässt sich wie folgt kennzeichnen: Dem Menschen als Theorienbenutzer kommt potentielle (nicht absolute) Rationalität zu (*epistemolog. Subjektmodell*); zentral ist der Versuch, Verstehen von Handlungen als objektive Methode zu konstituieren. Dieses Verstehen wird konzipiert als systemat. explizierende Rekonstruktion von Gründen, Intentionen u. Zielen des Handelnden in einem – sich zumeist strukturierender Hilfen bedienenden – ausführl. Dialog zw. Handelndem u. Forscher. Eine in diesem Dialog vorgeschlagene Rekonstruktion des Sinns von Handlungen gilt dann als gesichert, wenn sich Forscher u. Handelnde im Dialog über die Adäquatheit dieser Rekonstruktion verständigt haben (»kommunikative Validierung«). Nach dieser kommunikativen Validierung im Dialog mit dem handelnden Subjekt verbleibt als zweite Aufgabe die »explanative Validierung«, näml. die an einem falsifikationstheoret. Wahrheitskriterium orientierte Prüfung, ob der Handelnde tatsächl. ein von außen beobachtbares Vh. zeigt, das den rekonstruierten Gründen entspricht, d. h. letztl. die Prüfung, ob die rekonstruierte Sinnstruktur für das beobachtbare Vh. auch kausal wirksam ist. Vgl. Groeben (1986) sowie Groeben u. a. (1988); Dann (1983ff.); Dann u. Wahl (1985). Diese Modelle fanden v. a. Anwendung im Bereich der sog. *Lehrerkognitionsforschung*, also der Erforschung der naivps. Kzpte. von Lehrern, ein Forschungsansatz der v. a. im dt. Sprachraum wichtig geworden ist, aber auch im angloamerikan. Raum aufgenommen worden ist; vgl. z. B. Shavelson (1976).

KR: Bonarius u. a. (1983).

LIT: Die wichtigste Originalarbeit ist Kelly (1955; zwei Bände von zusammen 1200 S.); zum Überblick vgl. Riemann (1987); zsfd. Darstellungen u. Diskussionen der Theorie sind Bonarius (1984); Kelly (1970); Bannister u. Mair (1968); Bannister u. Fransella (1980);

◆ BANNISTER, D. u. MAIR, J. M. M.: The evaluation of personal constructs. New York 1968; BANNISTER, D. u. FRANSELLA, F.: Inquiring man. Harmondsworth 1980; BONARIUS, H. u. a.: Die Psychologie der persönl. Konstrukte: Eine krit. Bestandsaufnahme einer Persönlichkeitstheorie. In: AMELANG, M. u. AHRENS, H. J. (Hg.): Brennpunkte der Persönlichkeitsforschung. Göttingen 1983; BONARIUS, H.: Personal construct psychology: a reappraisal of basic theory and its application. In: BONARIUS, H. u. a. (Hg.): Personality psychology in Europe. Lisse 1984; BRUNER, J. S. u. TAGIURI, R.: The perception of people. In: LINDZEY, G. (Hg.): Handbook of social psychology, 2. Bd. Reading/Mass. 1954; CRONBACH, J. L.: Processes affecting scores on »understanding of others« and »assumed similarity«. PBu 52, 1955, S. 177–193; DANN, H. D. u. WAHL, D.: Subjektive Theorien als Gegenstand im Forschungsprogramm der Ps. In: ALBERT, D. (Hg.): Bericht über den 34. Kongreß der Dt. Ges. für Ps. in Wien 1984. Göttingen 1985, S. 739–743; DANN, H. D.: Subjektive Theorien: Irrweg o. Forschungsprogramm? In: MONTADA, L. u. a. (Hg.): Kognition u. Handeln. Stuttgart 1983; GROEBEN, N. u. SCHEELE, B.: Argumente für eine Psychologie des reflexiven Subjekts. Darmstadt 1977; GROEBEN, N.: Handeln, Tun, Verhalten als Einheiten einer verstehend-erklärenden Ps. Tübingen 1986; GROEBEN, N. u. a.: Das Forschungsprogramm *Subjektive Theorien*. Tübingen 1988; KELLY, G. A.: The psychology of personal constructs. New York 1955; KELLY, G. A.: Men's construction of his alternatives. In: LINDZEY, G. (Hg.): Assessment of human motives. New York 1958, S. 33–64; KELLY, G. A.: A brief introduction to personal construct theory. In: BANNISTER, D. (Hg.): Perspectives in personal construct theory. London 1970; LAUCKEN, U.: Naive Vhstheorie. Stuttgart 1974; PASSINI, F. T. u. NORMAN, W. T.: A universal conception of personality structure. JPSP 4, 1966, S. 44–49; RIEMANN, R.: Struktur u. Organisation persönl. Konstrukte. Regensburg 1987; ROSENBERG, S. u. SEDLAK, A.: Structural representations of implicit personality theory. In: BERKOWITZ, L. (Hg.): Advances in experimental social psychology, Bd. 6. New York 1972, S. 235–297; ROSENBERG, S.: New approaches to the analysis of personal constructs in person perception. In: LANDFIELD, A. W. (Hg.): Nebraska Symposium u. Motivation, Bd. 24. Lincoln 1966, S. 179–242; SCHEELE, B.: Selbstkontrolle als kognitive Interventionsstrategie. Weinheim 1981; SCHEELE, B. u. GROEBEN, N.: Die Heidelberger Struktur-Lege-Technik (SLT). Eine Dialog-Konsens-Methode zur Erhebung Subjektiver Theorien mittlerer Reichweite. Weinheim 1984; SCHEELE, B. u. GROEBEN, N.: Dialog-Konsens-Methoden zur Rekonstruktion Subjektiver Theorien. Tübingen 1988; SCHNEIDER, D. J.: Implicit personality theory: a review: PBu 79, 1973, S. 294–309; SHAVELSON, R. J.: Teachers' decision making. In: GAGE, N. L. (Hg.): The psychology of teaching methods. 75th Yearbook of the National Society for the Study of Evaluation. Chicago 1976, S. 372–433; TAGIURI, R.: Person perception. In: LINDZEY, G. u. ARONSON, E. (Hg.): The handbook of social psychology, 3. Bd. Reading/Mass., 1969, S. 395–449; WEGNER, D. M. u. VALLACHER, R. R.: Implicit psychology: An introduction to social cognition. New York 1977.

Subkognitive Prozesse → Konnektionismus.

Subkoordination → sensomotorisches Lernen.

Sublimation [auch *Sublimierung*] → Abwehrmechanismen; Trieb; Psychoanalyse.

Subliminaler Reiz → subliminale Wahrnehmung.

Subliminale Wahrnehmung [engl. *subliminal perception, subception* – letzterer Begriff wird häufig auch unübersetzt in der Fachliteratur verwendet; er wurde von McCleary u. Lazarus 1949 geprägt], liegt vor, wenn auf *unterschwellige* Stimuli reagiert wird, also auf Reize, die unter der *Bewusstseinsschwelle* liegen, das sind Reize, die eine so geringe Intensität o. kurze Dauer haben, dass sie nicht bewusst wahrgenommen werden, o. auch Frequenzen enthalten, die jenseits unserer Wahrnehmung liegen. (Dementsprechend ist ein *supraliminaler* Reiz einen, der über der Bewusstseinsschwelle liegt, also bewusst wahrgenommen wird.)

Die Experimente zur s. W. haben meist folgende Grundlogik: Der hautgavan. Reflex (welcher emotionale Wahrnehmungs- o. emotionale Veränderungen indiziert) o. auch eine andere vegetative Reaktion wird durch einen überschwelligen Reiz konditioniert, der dann mit Intensitäten dargeboten wird, die um o. unter dem Schwellenwert liegen. Mit Hilfe dieser nichtverbalen vegetativen Reaktion wird dann festgestellt, ob sozusagen das autonome Nervensystem der Vpn in der Lage ist, bei diesen Reizintensitäten bessere Unterscheidungen zu treffen als Teile des Nervensystems, die dem Bewusstsein bzw. dem verbalen Rapport zugängl. sind. Differenziert die nichtverbale Reaktion auf vegetativer Ebene (indiziert durch Veränderungen der Hautleitfähigkeit) besser, als es der Zufallserwartung entspricht, u. ist gleichzeitig die verbale Antwort falsch, wird von *subception* gesprochen. Unbewusstes wird hierbei also gleichgesetzt mit *nichtaussagbar, nichtmitteilbar.* Bsp.: Unterschwellig mit einem Tachistoskop dargebotene Wörter besitzen – trotz dieser Unterschwelligkeit – eine assoziative Wirkung in Bezug auf eine nachfolgend vorgelesene Liste von Wörtern. Das Kzpt. bezieht sich meist nicht nur auf *unterschwellige Wahrnehmung* im allgemeinen Sinne, sondern auf Phänomene, bei denen anscheinend nicht nur *sensor.* Attribute unbewusst wahrgenommen werden, sondern auch *Bedeutungs*-Aspekte; so entsteht beim dargelegten Experiment eine Verstärkung *bedeutungsähnl.* Wörter u. nicht nur solcher Wörter, die eine ähnl. sensor. Buchstabenstruktur besitzen. Bei einer s. W. liegt also eine → Dissoziation zw. berichtbaren Erkennen u. Erleben einerseits u. dem beobachtbaren Vh. vor: Die Vp behauptet, nichts erkannt zu haben, u. dennoch geht die Information eines früheren Reizes in ihr Vh. ein. Aus diesem Grunde wurde auch versucht, dieses Prinzip in die Werbung einzuführen (»Die geheimen Verführer«); diese in der Öffentlichkeit hochstilisierte Technik war jedoch nicht sehr erfolgreich; vgl. Koeppler (1972). Die in den Subception-Experimenten dargebotenen Reize sind in ihren emotionalen Bedeutungen z. T. unangenehm (Tabu-Wörter, sinnlose Silben, die mit einem Elektroschock verknüpft worden sind), u. dadurch hat *subception* eine enge Beziehung zur → Wahrnehmungsabwehr.

Man muss unterscheiden zw. der *Subception-Hypothese* u. dem *Subception-Effekt*: Der Effekt besteht rein deskriptiv in der angegebenen experimentellen Prozedur, die *Subception-Hypothese* besteht in der Erklärung, dass dies einen unbewussten Erkenntnis- u. Unterscheidungsprozess impliziert. Da der Effekt nicht notwendigerweise auch die Hypothese impliziert, ist dies zu trennen. Zum Überblick über Alternativerklärungen, die nicht die Annahme eines unbewussten Unterscheidungsvermögens benötigen, vgl. Koeppler (1972). Die Kontroverse, ob *subception* im deskriptiven Sinne auch *subception* im theoret. Sinne impliziert, war eine der wichtigen Debatten der modernen Wahrnehmungsps. Das Phänomen der s. W. führt auf Probleme des → Erkennens, v. a. die unterschiedl. Kzpte. des → Bewusstseins; vgl. zum Überblick Graumann (1966). Hilgard (1962) differenziert in diesem Zusammenhang: (a) *Registrierschwellen*: jener Punkt, unterhalb dessen ein Reiz keine physiolog. Konsequenz mehr nach sich zieht; (b) *Entdeckungsschwelle*: die Schwelle, oberhalb deren der Organismus fähig ist, aus einem Rauschen ein Signal herauszulösen; (c) *Identifikationsschwelle*: hier kann das spezif. Reizobjekt identifiziert werden.

HI: Am Kzpt. u. an den method. Verfahren des Paradigmas s. W. wurde zahlreiche Kritik geübt, die dazu führte, dass das Paradigma seit Anfang der 70er Jahre weithin diskreditiert war; parallel dazu schwand auch das Interesse an Funktionsunterschieden zw. bewussten u. nichtbewussten Prozessen. Auf theoret. Ebene allerdings zeigte Erdely (1974), das sich das Kzpt. der s. W. durchaus sinnvoll u. exakt in Kategorien der → Informationsverarbeitung fassen lässt. Hinzu kamen method. Fortschritte, näml. die Einführung neuer Verfahren zum Nachweis unterschwelliger Wahrnehmung, v. a. die rückwirkende → Maskierung visueller Reize u. auch das → dichotische Hören. Parallel dazu wurden auch die Methoden zum Nachweis unterschwelliger Reize verfeinert. Insgesamt schienen diese neuen Ansätze überzeugende Belege für unterschwellige Wahrnehmung zu liefern. Allerdings wies Holender (1986) nach, dass in sämtl. einschlägigen Untersuchungen die Möglichkeit nicht völlig ausgeschlossen war, dass ein Teil der Vpn manchmal etwas von den als unterschwellig angenommenen Reizen bewusst wahrgenommen hatte – die Erforschung der s. W. schien wieder in derselben Sackgasse angekommen zu sein wie in den 60er Jahren. Allerdings kam die Forschung nicht zum Stillstand, sondern wurde zunehmend ausgeweitet, v. a. da sich zeigte, dass s. W. kein isoliertes Phänomen ist, sondern zu einer umfangreichen Klasse von → Dissozationen zw. bewussten u. nichtbewussten Prozessen der Informationsverarbeitung gehört.

VD: I. w. S. umfasst s. W. neben den o. g. Experimenten folgende Arten von Experimenten: (a) Experimente, in denen richtiges Raten, das besser als der Zufall ist, als Kriterium von s. W. gewertet ist; (b) Experimente, in denen die Wirkung unbewusster Reize an der Veränderung eines anderen überschwellig dargebotenen Reizes gemessen wird; (c) Experimente, in denen die Möglichkeit untersucht wird, mit Hilfe von indirekten, verbal gebundenen Methoden, wie Phantasieproduktionen, z. B. TAT-Geschichten o. auch Träumen, den Einfluss unbewusster Reize aufzuzeigen (→ Pötzl-Effekt); (d) Experimente, in denen versucht wird, → unbewusstes Lernen, einschließl. subliminales Konditionieren, nachzuweisen; (f) Experimente, in denen nach der Möglichkeit richtiger Problemlösungen ohne bewusst werdende Begriffe u. Beziehungen gefragt wird; zum Überblick Perrig u. a. (1993).

LIT: Zum Überblick vgl. Dixon (1971); Koeppler (1972); Perrig u. a. (1993); bei Neisser (1974) wird das Thema im Gesamtzusammenhang mit den Grundproblemen der kognitiven Ps. thematisiert, (vgl. v. a. S. 167–174 u. S. 207–208); ein neuerer Überblick ist Holender (1986).

◆ Dixon, N. F.: Subliminal perception: The nature of a controversy. London 1971; Dixon, N. F.: Preconscious processing. Chichester 1981; Eriksen, C. W.: Subception fact or artefact? PR 63, 1956, S. 74–80; Graumann, C. F.: Bewußtsein u. Bewußtheit Probleme u. Befunde der ps. Bewußtseinsforschung. In: Metzger, W. (Hg.): Wahrnehmung u. Bewußtsein. HP, 1. Bd., 1. Hlb. Göttingen 1966, S. 79–130; Hilgard, E. R.: What becomes of the input from the stimulus? In: Eriksen, C. W.: Behaviour and awareness. A symposium of research and interpretation. Durham 1962; Holender, D.: Semantic activation without conscious identification in dichotic listening, parafoveal vision, and visual masking: a survey and appraisal. BBS 9, 1986,

S. 1–66; Howes, D.: A statistical theory of the phenomenon of subception. PR 61, 1954, S. 98–110; Koeppler, K.: Unterschwellig Wahrnehmen – unterschwellig Lernen. Stuttgart 1972; Neisser, U.: Kognitive Ps. Stuttgart 1974 (Orig.: 1967); Perrig, W. J. u. a.: Unbewußte Informationsverarbeitung. Bern 1993; Wiener, M. u. Schiller, P. H.: Subliminal perception or perception of partial cues. JASP 61, 1960, S. 124–137.

Subliminal perception → subliminale Wahrnehmung.

Subordinationsprozesse → komplexes Problemlösen.

Subsemantische Prozesse → Konnektionismus.

Substantielle Universalien → linguistische Universalien.

Substantivüberlegenheitseffekt, die Tatsache, dass Substantive im Allg. besser behalten werden als Verben; vgl. zur Theorie u. zur Problematik Engelkamp (1990). Der Effekt ist darin begründet, dass Verbkzpte. komplexer sind, sie weisen propositionale Strukturen auf, während Substantiv-Kzpte. als Teile von Propositionen auftreten, u. insofern konzeptuell einfacher sind; außerdem sind Verbkzpte. meist abstrakter als Substantiv-Kzpte.

◆ Engelkamp, J.: Das menschl. Gedächtnis. Göttingen 1990.

Substitutionstheorie → Wortbedeutung.

Subsumptions-Architektur → Informationsverarbeitungstheorien.

Subsymbolische Prozesse → Konnektionismus.

Subtraktionsmethode. Eine Methode zur Analyse von → Reaktionszeiten im Hinblick auf dahinterstehende kognitive Prozesse u. → kognitive Stufen (Donders 1868; *Donders-Paradigma*). Donders konzipierte drei verschiedene Typen von Aufgaben, welche unterschiedl. mentale Verarbeitungsprozesse hervorrufen sollen: In allen drei Bedingungen wurden Vokale akust. dargeboten, u. die Vpn hatten den gehörten Laut nachzusprechen: (a) Beim ersten Aufgabentyp (*a-Aufgabe*) liegen Reiz u. Reaktion fest u. bleiben konstant; nur ein einziger Laut konnte als Reiz erscheinen, nur eine Reaktion war entsprechend erforderl. (b) Die *b-Aufgabe* ist eine → *Wahlreaktionsaufgabe* mit 5 Lauten als Reizen u. Reaktion; (c) die *c-Aufgabe* ist vom Grundansatz dieselbe, aber nur für einen der 5 Reize wird eine Benennungsreaktion verlangt, bei den anderen Lauten war überhaupt keine Reaktion gefordert (*selektive Reaktion*); s. hierzu das Stw. → Reaktionsexperiment. Die mittleren Reaktionszeiten betrugen im klass. Experiment 201, 284, 237 msec. für a, b, u. c.

Donders interpretiert die Differenz wie folgt: In der a-Aufgabe ist weder die Entwicklung einer Vorstellung aufgrund des Reizes noch eine durch diese Vorstellung determinierte Willensbestimmung erforderl., so dass diese Stufen des Erkennens, also die Entwicklung einer Vorstellung u. die Reaktionsauswahl (der »Willensbestimmung« nach Donders), entfallen. Die Zeitdifferenz b – a ergibt also ein Maß für die Gesamtdauer dieser beiden Prozesse (83 msec.). Die Reaktionszeit für die c-Aufgabe erlaubt es, diese Gesamtdauer noch einmal zu zerlegen, denn sie verlangt zwar die Bildung einer Vorstellung, d. h. eine Identifikation des Reizes, nicht aber eine spezif. »Willensbestimmung«, d. h. keine Auswahl der Reaktion. Die Dauer c – a gibt damit ein Maß für die Dauer der Entwicklung einer Vorstellung (36 msec.), u. die Differenz b – c ein Maß für die Dauer einer der Vorstellung entsprechenden Willensbestimmung (47 msec.). Problemat. an der Methode ist die Implikation, dass sich die Anforderungen in invarianter Form addieren bzw. subtrahieren lassen, ohne dass interagierende Effekte bezügl. der Stufen entstehen; vgl. hierzu auch Prinz (1983). Aus dieser Problematik heraus wurde die → Additive-Faktoren-Methode entwickelt. Donders unterschied vor dem Hintergrund dieser Methode 12 Teilprozesse des Erkennens; vgl. zur Darstellung Prinz (1990, S. 89). Wundt dagegen zerlegte den Urteilsprozess in sieben Komponenten: *Reflex – Impuls – Perzeption – Apperzeption – Kognition – Assoziation – Urteil.*

WÜ: Mit der S. wurde eines der bedeutendsten Paradigmen der Ps. begründet, das der *Dekomposition kognitiver Prozessstufen* durch *chronometr. Analyse* (s. hierzu das Stw. → kognitive Stufen). Das Donders-Paradigma ist einzigartig, was die Häufigkeit betrifft, mit der dieses Werk über hundert Jahre lang in wissenschaftl. Artikeln zitiert wurde – kennzeichnend für die Ps. ist auch, wie wenig diese bahnbrechende Idee innerhalb der Populärps. rezipiert worden ist; vgl. auch Posner (1976, 1978).

◆ Donders, F. C.: Die Schnelligkeit psych. Processe. Reichert's u. Dubois Reymond's Archiv für Anatomie, Ps. u. Wissenschaftl. Medizin 1868, S. 657–681 (eine neuere Fassung ist Donders, F. C.: On the speed of mental processes. AP 30, 1969, S. 412–431); Posner, M. I.: Kognitive Ps. München 1976; Posner, M. I.: Chronometric explorations of mind. Hillsdale 1978; Prinz, W. u. Neumann, O.: Introduction. In: Neumann, O. u. Prinz, W. (Hg.): Relationships between perception and action: current approaches. Berlin 1990; Prinz, W.: Wahrnehmung u. Tätigkeitssteuerung. Berlin 1983; Prinz, W.: Wahrnehmung. In: Spada, H. (Hg.): Lehrbuch Allgemeine Ps. Bern 1990, S. 25–114.

Subtraktionstechnik → Subtraktionsmethode.

Subtraktionsverfahren → Subtraktionsmethode.

Subtraktive Farbmischung → Farbwahrnehmung.

Subvokales Memorieren → Memorieren.

Successive scanning → Attributlernen.

Suchmethode, ein klass. method. Paradigma zur Analyse von Prozessen der → Begriffsbildung (Ach 1921), eine spezielle → Klassifikationsaufgabe: vorgegeben werden stereometr. Körper, denen künstl. Namen zugeordnet werden sollen. Die Abb. *Denken 3* zeigt 12 stereometr. Körper, wie sie von Ach verwendet wurden (weiß bzw. schraffiert steht für »leicht« bzw. »schwer«) u. die Zuordnung der

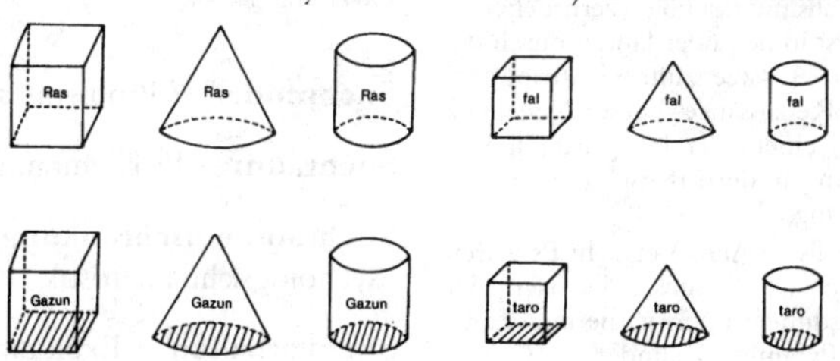

Abb. *Denken 3*

vier sinnfreien Silben. Ach untersuchte damit, wie eine Vp herausfindet, welche Eigenschaften durch die künstl. Namen bezeichnet werden u. welche Eigenschaften irrelevant sind.

Er beschreibt v. a. den Vorgang der *Bedeutungsverleihung*, der für ihn mehr bedeutet als eine Assoziation von Namen u. Sachvorstellungen. Dabei wird die Rolle der Verständigungssituation u. einer »latenten, signifikanten Einstellung« der Vp betont u. gezeigt, dass das Wissen der Vp anschaul. Natur ist, später jedoch zu einer unanschaul. Vergegenwärtigung der Bedeutung führt, die Ach *Bewusstheit* nennt. (In gewissem Sinne waren diese Experimente also eher Untersuchungen über die Namens- als über die Begriffsbildung.) Die Methode Achs wurde von Wygotsky 1934 aufgenommen u. modifiziert (*Ach-Wygotsky-Methode*); er verwendete kleine geometr. Körper mit einem auf der Unterseite aufgeklebten Namensetikett, wie bei Ach eine sinnlose Silbe; nach dem Aufdecken nur eines Gegenstandes ließ er die Vp Hypothesen über die Körper bilden, die den gleichen Namen trugen. Hanfmann u. Kasanin (1937) entwickelten daraus den *Wisconsin-card-sorting-Test* (*WCST*): bei diesem werden der Vp vier Karten vorgelegt u. ihr erklärt, dass diese zu vier verschiedenen Untergruppen gehören; die Vpn müssen dann die übrigen Karten den vier Untergruppen zuteilen, wb. man ihnen sagt, ob ihre Zuteilung richtig o. falsch ist. Von Hovland (1952) wurde eine informationstheoret. Analyse dieser Versuche u. eine Weiterentwicklung vorgenommen, die eine quantitative Darstellung ermöglicht.

HI: Das durch Ach initiierte method. u. theoret. Paradigma wurde durch den Nationalsozialismus fast völlig zerbrochen u. erlebte erst in den 60er Jahren durch die modernen Ansätze zum → Attributlernen eine Renaissance. Dieser Neuansatz wurde zu einem der Hauptparadigmen der Denkps. u. der Erforschung der Begriffsbildung.

VD: Details zu Achs Versuch: Es waren Körper (max. 48 Stück), die nach vier Merkmalsdimensionen variierten: Form (Würfel/Pyramide/Zylinder), Größe, Gewicht, Farbe, Größe u. Gewicht waren relevante Merkmale; Form u. Farbe irrelevante, so dass vier Kategorien von Körpern zu unterscheiden waren. In der Einübungsperiode wurden der Vp Zuordnungen vorgeführt zw. allen Körpern dieser vier Kategorien u. vier entsprechenden jeweils aufgehafteten Namen, z. B. hießen die großen u. schweren Körper »GAZUN«, andere Namen waren »TARO« u. »FAL«. In der Suchperiode erhielt die Vp den Auftrag, aus allen, nunmehr unbezeichneten u. ungeordneten Körpern z. B. alle »TARO« herauszusuchen, wb. sie ständig vom Vl rückgemeldet bekam, ob sie richtig o. falsch aussortierte. In einer Prüfperiode hatte die Vp verbal mit den Namen zu operieren, was voraussetzte, dass jene Kunstwörter inzwischen Bedeutung für sie gewonnen hatten.

LIT: Zur Würdigung von Wygotsky vgl. Newman u. Holzman (1993).

◆ Ach, N.: Über die Begriffsbildung. Bamberg 1921; Aebli, H.: Denken, das Ordnen des Tuns, 2 Bde. Stuttgart 1980/81; Bergius, R. (Hg.): Lernen u. Denken. HP, 1. Bd., 2. Hlb. Göttingen 1964; Gelb, A. u. Goldstein, K.: Über Farbenamnesie nebst Bemerkungen über das Wesen der amnest. Aphasie überhaupt mit Beziehung zw. Sprache u. dem Vh. zur Umwelt. PF 6, 1925, S. 127–186; Graumann, C. F. (Hg.): Denken. Köln 1965; Hanfmann, E. u. Kasanin, J.: A method for the study of concpet formation. JP 3, 1937, S. 521–540; Hovland, C. I.: A »communication analysis« of concept learning. PR 49, 1952, S. 461–472; Hull, C. L.: Quantitative aspects of the evolution of concepts. PM 28, S. 1–85 (dt.: In: Graumann (1965); Külpe, O.: Versuch über Abstraktion. In: Schumann, F. (Hg.): Bericht über den ersten Kongreß für experimentelle Ps. Leipzig 1904, S. 67ff.; Meili, R. u. Rohracher, H. (Hg.): Lehrbuch der experimentellen Ps. Bern 1968 (2. Aufl.); Newman, F. u. Holzman, L.: Lev Vygotsky – revolutionary scientist. London 1993; Wygotsky, L. S.: Denken u. Sprechen. Berlin 1964 (Orig. 1934).

Suchmodell → Problemlösen.

Suchraum → Problemraum.

Suchraumeinschränkung → psychologische Heuristik.

Suchverhalten → Explorationsverhalten.

Suffix-Effekt, die Tatsache, dass die Reproduktion einer gesprochenen Ziffernfolge dann beeinträchtigt wird, wenn ihr ein irrelevantes zusätzliches Item folgt, das die Vp nach eigenem Ermessen ignorieren darf. Dementsprechend wird die Folge »7961348« besser reproduziert als die Folge »7961348 – 0«, obwohl die Null lediglich ein Signal für die Reproduktion sein kann. Crowder u. Morton (1969) konnten zeigen, dass dieser Effekt hauptsächlich im Fall einer akust. Darbietung auftritt, der ein akust. Suffix folgt. Es findet keine Beeinträchtigung durch ein visuelles o. nichtsprachähnl. Suffix statt. Hitch (1975) hat einen analogen, wenn auch geringeren Effekt im Falle visuell dargebotener Ziffern demonstrieren können.

TH: Der S. wird als Ausdruck eines das → echoische Gedächtnis beeinträchtigenden Effekts, ähnl. einer → Maskierung, gesehen. Neisser (1974) vermutet eine Zerstörung der rhythm. Struktur.

◆ Conrad, R.: Very brief delays of immediate recall. QJEP 12, 1960, S. 45–47; Crowder, R. G. u. Morton, J.: Precategorial acoustic storage (PAS). PaP 5, 1969, S. 365–373; Hitch, G. J.: The role of attention in visual and auditory suffix effects. MuC 3, 1975, S. 501–505; Neisser, U.: Kognitive Ps. Stuttgart 1974 (Orig.: 1967).

Sukzessionsgrenze → Flimmerfusionsfrequenz.

Sukzessive Annäherung → Verhaltensformung.

Sukzessive Farbphänomene → Farbwahrnehmung.

Sukzessive Intervalle → Paarvergleich.

Sukzessive Prüfung → Attributlernen.

Sukzessiver Farbenkontrast → Farbwahrnehmung.

Sukzessives Diskriminationslernen → Diskriminationslernen.

Sukzessivkontraste, das Auftreten von → Kontrasteffekten zw. zwei Reizmustern, die nicht gleichzeitig gegeben sind, meist vermittelt über → Nachbilder. Diese beruhen auf dem Adaptationszustand, der in der Netzhaut entsteht, wenn ein bestimmtes Reizmuster über längere Zeit fixiert wird. Bei farbigen Reizmustern wird durch den S. die Gegenfarbe induziert, eine rote Vorlage führt bspw. zu einem grünen Nachbild.

◆ Arnold, W. (Hg.): Experimentelles Praktikum, 1. Bd. Stuttgart 1972; Campenhausen, C. v.: Die Sinne des Menschen. Stuttgart 1993; Falk, D. S. u. a.: Ein Blick ins Licht. Berlin 1990; Kebeck, G.: Wahrnehmung. Weinheim 1994; Murch, G. M. u. Woodworth, G. L.: Wahrnehmung. Stuttgart 1978; Schmidt, R. F. (Hg.): Grundriß der Sinnesphysiologie. Berlin 1985 (5. Aufl.).

Sukzessivschwelle → Sinnesschwellen.

Summations-Modell → Informationsintegrationstheorie.

Summierter Netto-Diskriminationsgradient → Gipfelverschiebung.

Superdiagonaleffekt, die Erscheinung, dass bei Prozessen des → Übens die individuellen Unterschiede immer deutlicher in Erscheinung treten u. dass gleichzeitig die Endleistungen den Ausgangsleistungen immer unähnlicher werden. Die Bezeichnung *S.* rührt von der Art u. Weise her, wie sich diese Erscheinung in statist. Auswertungsmethoden niederschlägt, dass näml. die Leistungswerte der Versuchspersonen aus den einzelnen Durchgängen eine Korrelations-Dreiecks-Matrix mit einer *Superdiagonalstruktur* bilden; vgl. hierzu

Pawlik (1982). Dieser Effekt ist bei komplexen psych. o. motor. Funktionen bes. ausgeprägt. Der S. ist einer der Gründe, warum dem Einsatz von Leistungstests zum Zwecke der Beratung u. Selektion relativ enge Grenzen gesetzt sind; vgl. z. B. die Einwände von Pawlik (1979) gegen den Einsatz von sog. Hochschulzulassungstests; zu weiteren Implikationen vgl. Amelang u. Bartussek (1990).

KR: Goeters (1983).

◆ Amelang, M. u. Bartussek, D.: Differentielle Ps. u. Persönlichkeitsforschung. Stuttgart 1990 (3. Aufl.); Goeters, K. M.: Faktorielle Änderungen im Lernprozeß: Das Fleishman-Paradigma als Artefakt-Bildner? ZDDP 4, 1983, S. 301–318; Jones, M. B.: Practice as a process of simplification. PR 69, 1962, S. 274–294; Pawlik, K.: Hochschulzulassungstests: Krit. Anmerkungen zu einer Untersuchung von Hitpass u. zum diagnost. Ansatz. PRu 30, 1979, S. 19–33; Pawlik, K. (Hg.): Multivariable Persönlichkeitsforschung. Bern 1982, S. 17–52.

Superordinationsprozesse → komplexes Problemlösen.

Supraliminaler Reiz → subliminale Wahrnehmung.

Supraspannen-Technik → Gedächtnisspanne.

Survey knowledge → kognitive Landkarte.

S-Verstärkungs-Erwartung → Kognitive Lerntheorien; → Zwei-Faktoren-Theorie der Konditionierung.

Switching → transswitching; verteilte Aufmerksamkeit.

Syllogistisches Schlussfolgern, eines der Hauptforschungsthemen der ps. Forschung zum → logischen Schlussfolgern, im Zentrum stehen dabei Denkfehler, die Vpn beim Umgang mit Syllogismen (s. u.) machen.

TH: (1) Ein klass. Ansatz ist das Kzpt. des *Atmosphäreneffekts* (auch *Atmosphärenheuristik, Umgebungseffekt*; Woodworth u. Sells 1935); es postuliert, dass die Denkprozesse nicht der exakten Logik folgen, sondern eher einem Gesamteindruck, der sich aus der Art der Formulierung der Prämissen ergibt; demnach schaffen die Quantoren (z. B. »einige«, »alle«, »keine«, »einige nicht«) in den Prämissen eine »Atmosphäre«, die die Vpn prädisponiert, Konklusionen mit denselben Quantoren zu akzeptieren. D. h., Vpn tendieren eher dazu, eine *bejahende* Conclusio als Folge von *bejahenden* Prämissen u. eine *verneinende* Conclusio als Folge von *verneinenden* Prämissen zu akzeptieren; z. B. neigen sie dazu, folgende Schlussfolgerung zu akzeptieren: »Keine As sind Bs.« »Alle Bs sind Cs.« – Ergo: »Keine As sind Cs.«. Für weitere Bsp. vgl. Anderson (1980). Begg u. Denny (1969) erweiterten diesen Ansatz; vgl. zfsd. Hussy (1984). Der Atmosphäreneffekt ist ein spezielles, bes. wichtiges Bsp. für eine Gruppe von Phänomenen, die bisweilen als → Kontexteffekte zusammengefasst werden. Die Atmosphärenhypothese ist nicht generell gültig, da gem. ihr die Vp »Alle As sind Bs. « – »Einige Bs sind Cs.« Ergo: »Einige As sind Cs« – mit gleicher Wahrscheinlichkeit akzeptieren müsste wie den (wahren) Schluss: »Einige As sind Bs.« »Alle Bs sind Cs.« – Ergo: »Einige As sind Cs.« Tatsächl. halten die Vpn aber die log. wahre Konklusion häufiger für gültig. (2) Solche u. andere Probleme haben zu Alternativtheorien geführt, klass. ist die *Konversionshypothese* (Chapman u. Chapman 1959). Sie geht davon aus, dass die im formal-log. Denken untrainierten Vpn zwar zu log. Denken fähig sind, aber keine exakte Kenntnis der log. Prozeduren haben u. insbes. dazu tendieren, die Prämisse: »Alle As sind Bs.« auch in der Umkehrung »Alle Bs sind As.« zu akzeptieren (Phänomen der *Prämissenkonversion*) – dies sei die Ursache vieler Fehlschlüsse. Entsprechend gilt auch: der Satz »Einige As sind Bs.« wird interpretiert als »Einige As sind Bs, aber nicht alle As sind Bs, u. nicht alle Bs sind As.«; der Satz »Einige As sind keine Bs.« wird entsprechend, durch Konversion, mit »Einige As sind Bs.« gleichgesetzt. Eine weitere Alternativinterpretation geht davon aus, dass Fehler in der späteren Phase der Bearbeitung von Syllogismen, also bei der Kombination der log. Bedeutung der Prämissen auftreten: *Partialkombinations-Hypothese* u. *Partialkonklusions-Hypothese*; vgl. hierzu Hussy (1986). (3) Johnson-Laird u. Steedman (1978) u. ähnl. Guyote u. Sternberg (1981) wenden das Kzpt. der → mentalen Modelle auf das s. L. an: Vereinfacht gesagt schafft sich die Vp eine eigene »kleine Welt«, die den Prämissen Genüge tut; Bsp.: »Alle Künstler sind Bienenzüchter.« »Einige der Bienenzüchter sind Chemiker.« Eine Vp könnte sich nun eine Gruppe von Künstlern vorstellen, die Bienenzüchter sind, einige Bienenzüchter hinzufügen, die keine Künstler sind, u. sich dann vorstellen, dass einige der Bienenzüchter Chemiker sind; sie könnte sich bspw. vier Personen vorstellen: Die Personen 1, 2 u. 3 sind Künstler, 4 jedoch nicht, alle vier sind Bienenzüchter, die Personen 2 u. 4 sind auch Chemiker; die Vp inspiziert diese Gruppe, stellt fest, dass Person 2 sowohl Künstler als auch Chemiker ist, u. zieht daraus den Schluss: »Einige Bienenzüchter sind Chemiker.«; sie hat also ein spezif. Modell für die Prämissen »gebastelt« u. inspiziert dies sozusagen, um herauszufinden, was daran wahr ist; die Vp denkt also eher inhaltl. als formal. Allg. hat diese mit der Einbettung formaler Syllogismen in inhaltl. Zusammenhänge vorgenommene Konkretisierung sowohl positive wie negative Aspekte, v. a. legen diese *inhaltl. angereicherten* Syllogismen bestimmte Fehler nahe; s. hierzu das Stw. → Bereichseffekte. (4) Ein anderes Modell hebt hervor, dass Menschen vom *log.* ins *probabilist.* Denken überwechseln, das sich in vielen alltägl. Lebenssituationen bewährt hat; Bsp.: »Einige Pflanzen mit dreizähligen Blättern sind giftig.« – »Einige Pflanzen auf meinem Grundstück haben dreizählige Blätter.« – »Deshalb sind einige Pflanzen auf meinem Grundstück wahrscheinl. giftig.«; vgl. Chapman u. Chapman (1959); Henle (1962). (5) Guyote u. Sternberg (1981) haben eine ausgearbeitete Prozesstheorie des s. S. ausgearbeitet, die *transitive Verkettungstheorie*, bei der die mentale Grundlogik nur zwei Regeln beinhaltet, die allerdings in komplizierte Anwendungsprozeduren eingebettet sind. Diese Theorie operiert v. a. mit Euler- bzw. Venn-Diagrammen, einer formalen Veranschaulichung der Schlussprozesse anhand einer mengentheoret. Darstellung durch Kreise, die die Aussagen symbolisieren; vgl. zum Überblick Anderson (1988).

WÜ: Zsfd. lässt sich sagen, dass sämtl. dieser theoret. Ansätze partiell richtig, in ihrer Generalität aber falsch sind; es scheint so zu sein, dass unterschiedl. Vpn in unterschiedl. Maße von diesen in den einzelnen Theorien implizierten Heuristiken Gebrauch machen; Dominowski (1977) hat diese Vielfalt untersucht.

VD: Syllogismen sind log. Schlussfolgerungsfiguren, die im Zentrum der aristotel. Logik standen; vgl. Patzig (1963). Ein Syllogismus enthält normalerweise zwei *Prämissen* u. eine *Conclusio*, z. B.: Prämisse 1: »Alle As sind Bs.« Prämisse 2: »Alle Bs sind Cs.« Conclusio: »Alle As sind Cs.« Ein anderes klass. Bsp., in inhaltl. konkretisierter Form, ist: »Alle Menschen sind sterblich.« – »Sokrates ist ein Mensch.« – »Also ist Sokrates sterblich.« Diese Syllogismen sind Bsp. für korrekte Schlüsse, die auch von den meisten Menschen als gültig erkannt werden. Ein Beispiel für einen syllogist. Fehlschluss – der von den Vpn oft nicht als solcher erkannt wird – ist: Prämisse 1: »Einige As sind Bs.« Prämisse 2: »Einige Bs sind Cs.« Conclusio: »Einige As sind Cs.« Aristoteles berücksichtigt nur solche Schlüsse, in denen sich ein prädikativer Schlusssatz aus zwei prädikativen Prämissen ergibt; er fasst prädikative Sätze so auf, dass sie aus einem Nomen u. einem Zeitwort bestehen. Die Urteile, die berücksichtigt werden, betreffen also v. a. die Begriffe: *alle/einige/kein S ist/ist nicht P*; es gibt 64 Schlussmodi, von denen 19 gültig sind; vgl. hierzu Tugendhat u. Wolf (1983). Die traditionelle Syllogistik behandelt in einer sozusagen denknahen Form Aspekte, die in der modernen Logik tlw. der *Aussagenlogik*, v. a. innerhalb der *Quantorenlogik*, also der *Prädikatenlogik 1. Stufe*, in einer abstrakteren Art analysiert werden. Stegmüller (1984) ist eine ausführl. Darstellung der verschiedenen Versionen, die es innerhalb der formalen Logik gibt.

◆ ANDERSON, J. R.: Kognitive Ps. Heidelberg 1988; ANDERSON, B. F.: The complete thinker. Englewood Cliffs 1980; BEGG, I. u. DENNY, J. P.: Empirical reconciliation of atmosphere and conversion interpretations of syllogistic reasoning errors. JExP 81, 1969, S. 351–

354; Chapman, L. J. u. Chapman, J. P.: Atmosphere effect reexamined. JExP 58, 1959, S. 220–226; Dominowski, R. L.: Reasoning: IAJP 1, 1977, S. 68–77; Fuchs, A.: Sprache u. log. Denken. Theoret. u. experimentelle Untersuchungen zum transitiven Schließen. Frankfurt/M. 1983; Guyote, M. J. u. Sternberg, R. J.: A transitive-chain theory of syllogistic reasoning. CP 13, 1981, S. 461–525; Henle, M.: On the relation between logic and thinking. PR 69, 1962, S. 366–378; Hussy, W.: Zum Begriff der Problemschwierigkeit beim komplexen Problemlösen. Trierer ps. Berichte 11, 1984, Heft 4; Hussy, W.: Denkps., 2. Bd. Stuttgart 1986; Johnson-Laird, P. N. u. Steedman, M.: The psychology of syllogisms. CP 10, 1978, S. 64–99; Patzig, G.: Die aristotel. Syllogistik. 1963; Stegmüller, W.: Probleme u. Resultate der Wissenschaftstheorie u. Analyt. Philosophie, 3. Bd.: Strukturtypen der Logik. Berlin 1984; Tugendhat, E. u. Wolf, U.: Log.-semant. Propädeutik. Stuttgart 1983; Woodworth, R. S. u. Sells, S. P.: An atmospheric effect in formal syllogistic reasoning. JExP 18, 1935, S. 451–460 (dt.: Ein atmosphär. Effekt im formalen syllogist. Denken. In: Graumann, C. F. (Hg.): Denken. Köln 1969, S. 203–212).

Symbolische Funktion → Vorstellungsbild; → genetische Epistemologie.

Symbolische Gesten → Gestik.

Symbolische Kompatibilität → Kompatibilität.

Symbolischer Distanzeffekt [auch *induzierter, sekundärer Distanzeffekt*], nach Moyer u. Bayer (1976) das Phänomen, dass Vpn für den Größenvergleich vorgestellter Objekte (→ Vorstellungsbild) um so länger brauchen, je kleiner der reale Größenunterschied ist; genauer: Die Zeitdauer ist umgekehrt proportional zum Logarithmus der Größendifferenzen. Bsp. für solche Aufgabenstellungen: *Was ist größer: Ein Elch o. eine Forelle? Was ist größer: Ein Wolf o. ein Löwe?* o. auch: *Was ist länger: eine Minute o. eine Stunde?* Ein solcher Effekt findet sich tlw. auch bei Beurteilungen von abstrakten Eigenschaften, z. B. bei der Einstufung der Intelligenz verschiedener Tierarten; hier dauert die Bewertung länger, wenn die Intelligenz dieser Tiere nahe beieinanderliegt. Dies impliziert, dass eine bildhafte Vorstellung nicht an die visuelle Modalität gebunden ist, sondern eine allgemeinere Fähigkeit zur Verarbeitung analoger Information einschließt. Der s. D. wurde auch bei Untersuchungen zu → kognitiven Landkarten gefunden: Bei größeren Distanzen konnten schneller Vergleichsurteile abgegeben werden als bei kleineren Distanzen (vgl. Maki u. a. 1977; andere Ergebnisse erhält z. B. Lea 1975). Dies u. auch die Tatsache, dass die feinere Differenzierung wie bei normaler Wahrnehmung größere Verarbeitungszeit beansprucht, weist darauf hin, dass diese Urteilsprozesse mit einer → analogen Wissensrepräsentation operieren: *internales psychophys. Urteil* (Moyer 1973, S. 183).

VD: (1) Der s. D. scheint nicht generell aufzutreten, sondern abhängig zu sein von verschiedenen Prüf- o. Nutzungsbedingungen, es treten näml. systemat. Verzerrungen u. Fehler auf, z. B. die Tendenz, *gefüllte* Strecken (z. B. Strecken innerhalb von Städten o. Distanzen, innerhalb derer Dörfer u. andere Objekte wie Wälder, Seen etc. liegen) in der Vorstellung gegenüber gleichlangen *leeren* Distanzen (z. B. eine Autobahn o. ein Weg durch die Wüste) zu überschätzen. Auch treten *Kategorisierungseffekte* dergestalt auf, dass z. B. Entfernungsvergleiche in Bezug auf Orte in verschiedenen Staaten oft sehr schnell durchgeführt werden können, was eher für eine abstraktere, eine → propositionale Wissensrepräsentation spricht – es scheint in diesem Falle eben kein *internales psychophys.* Urteil vorzuliegen, sondern hier kommt abstrakt-symbol. Wissen über die unterschiedl. Entfernungen dieser Staaten zum Ausdruck.

(2) Der s. D. ist speziell auch für die Zahlen 1 bis 9 untersucht worden; hier lassen sich drei Teileffekte differenzieren: (a) der *Min-Effekt* besteht darin, dass die Ant-

wortzeiten umso kürzer werden, je niedriger die beiden zu vergleichenden Zahlen ist; (b) der *Split-Effekt* besteht darin, dass mit wachsendem Abstand der beiden Zahlen die Reaktionszeiten abnehmen; (c) der *Split-mal-Min-Effekt* besteht aus einer Kombination beider Effekte; vgl. zsfd. Haubensak (1985).

LIT: Grundlegende Experimente stammen von Moyer (1973) u. Paivio (1975); einen Überblick bietet Wippich (1985); wichtige Theorien sind Thorndyke (1981); Stevens u. Coupe (1978); Friedman (1978).

◆ FRIEDMAN, A.: Mental comparisons without the »mind's eye«. JVLVB 17, 1978, S. 427–444; HAUBENSAK, G.: Absolutes u. vergleichendes Urteil. Berlin 1985; LEA, S. E. G.: Chronometric analysis of the method of loci. JExP: HPP 1, 1975, S. 95–104; MAKI, R. H. u. a.: Processing locational and orientational information. MuC 5, 1977, S. 602–612; MOYER, R. S.: Comparing objects in memory: evidence suggesting an internal psychophysics. PuP 13, 1973, S. 180–184; MOYER, R. S. u. BAYER, R. H.: Mental comparisons and the symbolic distance effect. CP 8, 1976, S. 228–246; PAIVIO, A.: Perceptual comparisons through the mind's eye. MuC 3, 1975, S. 635-647; STEVENS, A. u. COUPE, P.: Distortions in judged spatial relations. CP 10, 1978, S. 422–437; THORNDYKE, P. W.: Distance estimation from cognitive maps. CP 13, 1981, S. 526–550; WIPPICH, W.: Lehrbuch der angewandten Gedächtnisps., 2. Bd. Stuttgart 1985.

Symbolische Repräsentation → Repräsentationsmedien.

Symbolisches Versuch-Irrtums-Verhalten [engl. *vicarious trial and error behaviour*, Abk. *VTE*], zögerndes Vh. eines Versuchstieres an einem Wahlpunkt, typischerweise in einem T-Labyrinth; Bsp.: die Ratte bleibt am Wahlpunkt stehen, bewegt den Kopf wiederholt nach links u. rechts, als ob sie »überlegt«, bevor sie »eine Wahl trifft«. Man kann das s. V. als eine Operationalisierung kognitiver Prozesse betrachten, unter gewissen Umständen scheint der Lernfortschritt von der Häufigkeit solcher Prozesse abzuhängen; Weiteres s. die Stw. → kognitive Lerntheorien; → Trial-and-error-Verhalten; → Versuchs-Irrtum-Lernen. Eine erste qualitative Theorie legte Tolman (1939) vor, neuere Modelle waren quantitativer Art, z. B. Bower (1959) u. Estes (1960); vgl. auch Jackson (1943); Muenzinger (1938); Weiteres s. das Stw. → kognitive Lerntheorien.

◆ BOWER, G. H.: Choice-point behaviour. In: BUSH, R. R. u. ESTES, W. K. (Hg.): Studies in mathematical learning theory. Stanford 1959, S. 109–124; ESTES, W. K.: A random walk model for choice behaviour. In: ARROW, K. J. u. a. (Hg.): Mathematical methods in the social sciences. Standford 1960, S. 265–276; JACKSON, L. L.: VTE on an elevated T-maze. JCPS 36, 1943, S. 99–107; MUENZINGER, K. F.: Vicarious trial and error at a point of choice: I. A general survey of its relation to learning efficiency. JGP 53, 1938, S. 75–86; TOLMAN, E. C.: Prediction of vicarious trial and error by means of the schematic sowbug. PR 46, 1939, S. 318–336.

Symbolische Wissensrepräsentation → analoge Wissensrepräsentation; → propositionale Wissensrepräsentation.

Symbol-processing-Paradigma → Konnektionismus.

Symbolverarbeitungsansatz → künstliche Intelligenz; → Konnektionismus.

Sympathie → Liebe.

Symptomspezifität → physiologische Psychologie (Kasten zentrale Begriffe und Paradigmen, Stw. *psychophysiologische Spezifität*).

Synästhesie, das Phänomen einer spontanen Verknüpfung zweier o. mehrerer heterogener Sinnesqualitäten, wie z. B. das *visuelle Hören* o. das *Farbenhören* (*audition colorée*). So bereitet es offenbar keine Schwierigkeiten, Tonhöhen mit der Helligkeit von Oberflächen o. metaphor. Ausdrücke mit der Lautstärke eines Tones systemat. zu vergleichen u. konsistent zu skalieren: →

crossmodale Skalierung. Diese Beziehungen werden zunehmend auch mit Interferenzexperimenten untersucht; vgl. hierzu Hommel (1990).

LIT: Vgl. zum Überblick Werner (1966) u. Cytowic (1989); s. a. das Stw. → physiognomische Wahrnehmung.

◆ CYTOWIC, R. E.: Synesthesia: a union of the senses. New York 1989 (Dt.: Farben hören, Töne schmecken. 1995); HOMMEL, A.: Kompatibilität, Interferenz u. Handlungssteuerung. In: MEINECKE, C. u. KEHRER, L. (Hg.): Bielefelder Beiträge zur Kognitionsps. Göttingen 1990, S. 221–275; WERNER, H.: Intermodale Qualitäten (Synästhesien). In: METZGER, W. (Hg.): Wahrnehmung u. Bewußtsein. HP, 1. Bd., 1. Hlb. Göttingen 1966, S. 278–306.

Synektik → psychologische Heuristik.

Synergetik → systemtheoretische Psychologie.

Syntaktisches Chunking → Chunking.

Syntaxierung → Sprachproduktion.

Synthesebarriere → Problemlösen.

Synthetische Sprache → Phonetik; → Sprachwahrnehmung.

Synthetische Strategie → Attributlernen.

Systematische Reduktion der Unterschiede zw. Ziel u. Endzustand → psychologische Heuristik.

Systematische Verhaltenstheorie, häufige Bezeichnung für die → Lerntheorie von Clark L. Hull, die versucht, ein umfassendes, formal strukturiertes System der grundlegenden Gesetze der → Konditionierung u. → Verstärkung zu geben. Die Theorie ist in 17 *Postulaten* u. 17 untergeordneten, meist aber nicht unmittelbar aus den Postulaten abgeleiteten *Corollarien* verbal u. in Form von mathemat. Gleichungen niedergelegt, zu denen 133 *Theoreme* hinzukommen. Das System beruht auf wenigen unabhängigen u. abhängigen Variablen u. → hypothetischen Konstrukten über die Art ihrer Verknüpfung; eine graph. Überblicksdarstellung findet sich in Hilgard u. Bower (1973).

Die zentralen Ideen der s. V.: (a) Hull versucht eine objektivist. Fassung des → Effektgesetzes: Verstärkung beruhe auf → Triebreduktion. (b) Hull konzipiert die Idee eines → allgemeinen Antriebs, der jedes Vh. unspezif. energetisiere. (c) Das Zusammenspiel dieses motivierenden Agens u. der Lern-Strukturen wird im → Drive-mal-habit-Modell formal dahingehend präzisiert, dass der *allg. Antrieb* u. die *Gewohnheitsstärke* (die gelernten Reiz-Reaktions-Verbindungen) in einer *multiplikativen* Beziehung zusammenwirken. Weitere Ansätze sind: (d) das Kzpt. der → reaktiven Hemmung; (e) das Kzpt. der → antizipatorischen Zielreaktion; (f) auch zur Theorie der → Reiz- u. Reaktionsgeneralisation, zum Kzpt. der → Habitstärke, zum → einfachen Lernen u. zum → Begriffslernen hat Hull Wichtiges beigetragen.

HI: In Hulls Entwicklung sind drei Theorien, die unterschiedl. Phasen zugehören, zu unterscheiden: ein streng assoziationstheoret. Motivationsmodell (1930ff.), die im Wesentl. durch das → Drive-mal-habit-Modell gekennzeichnete Haupttheorie (1943) u. die letzte Theorie, die eine → Anreiz-Theorie der Motivation beinhaltet (1951ff.). Weitergeführt wurde der Ansatz von Hulls Schüler K. W. Spence (1956); → Diskriminationslernen; → Anreizmotivation; man spricht auch vom *Hull-Spence-Ansatz*. Als *Neo-Hullianer* bezeichnet man neben Spence O. H. Mowrer (vgl. 1950ff.) u. die *Yale-Gruppe* (→ Zwei-Faktorentheorie der Angst; → Zwei-

Faktorentheorie des Vermeidungslernens), v. a. N. E. Miller, J. Dollard u. R. R. Sears (→ erworbener Trieb; → Gradientenmodell des Konflikts; → soziales Lernen; → Modelllernen); A. Amsel (→ Frustration), F. Logan (→ Anreizmotivation). Miller u. Dollard liberalisierten die klass. Hullschen Kzpte. u. adaptierten sie für die Erklärung von Vhsstörungen, → Konflikt, → Aggression u. Frustration; sie entwarfen eine vhstheoret. Persönlichkeitsps. u. versuchten eine vhstheoret. Rekonzeptualisierung der Psa. Mowrer hebt in seinen späteren Arbeiten die Bedeutung antizipator. Reaktionen hervor u. unterscheidet *Reaktionslernen*, das auf Verstärkung beruht, u. *Reizlernen* o. *emotionales Lernen*, das auf Kontiguität beruht.

WÜ: Die s. V. ist der histor. bedeutsamste Versuch, eine Lerntheorie zu schaffen, die über informelle Formulierungen hinausgeht; sie stellt ein für die gesamte Ps. beispielhaftes *hypothet.-deduktives* System dar. Der Begründer der Theorie, C. L. Hull, hat über zwei Jahrzehnte hinweg die führende Position unter den amerikanischen Lerntheoretikern eingenommen u. gehört damit zu bedeutendsten Psychologen den 20. Jahrhunderts. Ungeachtet der Tatsache, dass fast keine Annahme Hulls eine krit. Analyse überstanden hat, wird seine Arbeit bis heute als richtungweisend gewürdigt.

LIT: Zum Überblick vgl. Hilgard u. Bower (1973), die einige für Hulls System typ. Ableitungen u. experimentelle Prüfungen darstellen; Beschreibungen der motivationstheoret. Aspekte von Hulls Werk finden sich bei Keller (1981); eine Autobiographie ist Hull (1952); die Implikationen der Hullschen Theorie für den Bereich des sensomotor. Lernens zeigt Adams (1956); eine zsfd. Darstellung der Theorie findet sich in Logan (1959); ein umfassendes Lehrbuch aus Hulls Position ist Logan u. Ferraro (1978); zur Kritik vgl. Koch (1954).

◆ ADAMS, J. A.: Some implications of Hull's theory for human motor performance. JGP 55, 1956, S. 189–198; DOLLARD, J. u. MILLER, N. E.: Personality and psychotherapy. New York 1950; HILGARD, E. R. u. BOWER, G. H.: Theorien des Lernens, 2 Bde., Stuttgart 1973; HULL, C. L.: Knowledge and purpose as habit mechanisms. PR 37, 1930, S. 511–525; HULL, C. L.: The concept of the habit-family hierarchy and maze learning. PR 41, 1934, S. 33–54; HULL, C. L.: Special review: Thorndike's fundamentals of learning. PR 32, 1935, S. 807–823; HULL, C. L.: The mechanism of the assembly of behaviour segments in novel combinations suitable for problem solution. PR 42, 1935, S. 219–245; HULL, C. L.: Mind, mechanism, and adaptive behaviour. PR 44, 1937, S. 1–32; HULL, C. L.: Principles of behaviour. New York 1943; HULL, C. L.: Essentials of behaviour. New Haven 1951; HULL, C. L.: A behaviour system. New Haven 1952; HULL, C. L.: Autobiography. In: LANGFELD, H. S. u. a.: A history of psychology in autobiography, 4. Bd. 1952, S. 143–162; KELLER, J. A.: Grundlagen der Motivation. München 1981; KOCH, S.: Clark L. Hull. In: ESTES, W. K. u. a. (Hg.): Modern learning theory, 1954, S. 1–176; LOGAN, F. A.: The Hull-Spence approach. In: KOCH, S. (Hg.): Psychology: a study of a science, Bd. II, 1959; LOGAN, F. A. u. FERRARO, D. P. (Hg.): Systematic analysis of behaviour: basic learning and motivational processes. 1978; MILLER, N. E. u. DOLLARD, J.: Social learning and imitation. New Haven 1941; MOWRER, O. H.: Learning theory and personality dynamics. New York 1950; MOWRER, O. H.: Learning theory and behaviour. New York 1960; SPENCE, K. W.: Behaviour theory and conditioning. New Haven 1956.

Systemische Psychologie → systemtheoretische Psychologie.

Systemtheoretische Psychologie [auch *systemische Ps.*], → Psychologie auf der Basis der *Systemtheorien*; rezipiert wird auch die *Synergetik* u. die *Katastrophentheorie*. Zentral ist die Abwendung von linear-kausalen Modellvorstellungen hin zum Modell zirkulärer Kausalität u. zur Berücksichtigung von Komplexität u. Vernetztheit. Wichtig ist dabei auch die Idee der *Selbstorganisation*.

Die s. P. stellt keine einheitl. Schulrichtung dar, sondern besteht aus einer Fülle heterogener Ansätze mit einem programmat. Leitmotiv: (a) Die gesamte neuere Familientherapie operiert unter Rekurs auf systemtheoret. Modelle; eine spezielle Form der Familientheorie nennt sich explizit *system. Therapie*; zum Überblick vgl. Brunner (1986) u. Watzlawick (1969). (b) In der all–

gemeinen Ps. enthält das Paradigma des → komplexen Problemlösens systemtheoret. Aspekte: Problemlösen wird nicht nur als abstrakter Denkvorgang gesehen, sondern als Handeln in realen komplexen Umwelten; vgl. Dörner u. a. (1983). (c) Ganz grundlegend beinhaltet die → ökologische Psychologie einen system. Ansatz, indem sie die Einheit von Ökologie u. Handeln betont; vgl. Kruse u. a. (1990). (d) Häufig wird auch das Verhältnis u. die Abgrenzung von *Sozialpsychologie* u. *Soziologie* durch Bezug auf den Systembegriff definiert: Soziologie als eine *systemorientierte* Wissenschaft im Gegensatz zu einer *individuumsorientierten* Psychologie (vgl. hierfür z. B. Hejl 1987, Hummel u. Opp 1971, Eberlein u. von Kondatrowitz 1977).

KR: Der system. Ansatz in der Psychologie befindet sich noch auf recht programmat. Niveau, die Problematik vieler systemtheoret. Ansätze besteht in einer eigenartig feuilletonist. Verwendung des mathematisch-exakten Begriffs- u. Methodeninventars, auch u. gerade wenn dies von Mathematikern bzw. Physikern selbst geschieht, häufig bleibt dann nicht mehr als die Essenz, dass alles mit allem zusammenhängt; zur Kritik vgl. Reinecker (1987); spezielle Kritik an der Verwendung des Systembegriffs innerhalb des Paradigmas des komplexen Problemlösens übt Funke (1986); für eine allg. Kritik system. Modelle in den Sozialwissenschaften vgl. Hörmann (1994).

LIT: Zum Überblick über die systemtheoret. orientierte Ps. vgl. Schiepek (1986, 1987); zum Überblick über unterschiedl. Systemtheorien Churchman (1968); Kurzrock (1972); Lenk u. Ropohl (1978); Willke (1982); Jantsch (1982); Müller (1995); zum Verhältnis von Psa. u. Systemtheorie vgl. König (1983); zum Kzpt. der Vernetztheit vgl. Atkin (1974ff.); zur Vorwegnahme vieler Ideen des systemtheoret. Ansatzes durch die → Gestalttheorie vgl. Schurig (1985); ein Reader ist Buckley (1968), darin ein klass. Aufsatz von Boulding zur Bedeutung der Systemtheorie für die Ps.; zur Synergetik vgl. Tschacher (1990) sowie Haken u. Stadler (1990); zur Rezeption der Katastrophentheorie in der Ps. vgl. Stewart u. Peregoy (1983); zum Kzpt. der Selbstorganisation vgl. Krohn u. Küppers (1990); zur Rezeption des Selbstorganisationsmodells in der modernen Gestaltps. vgl. Stadler u. Kruse (1986); zum systemtheoret. Ansatz innerhalb der Entwicklungsps. vgl. Flammer (1988).

◆ Ashby, W. R.: Einführung in die Kybernetik. Frankfurt/M. 1974; Atkin, R. H.: Mathematical structure in human affairs. London 1974; Atkin, R. H.: Combinatorial connectivity in social systems. Basel 1977; Atkin, R. H.: Multidimensional man. Harmondsworth 1981; Boulding, K. E.: General systems theory – the skeleton of science. In: Buckley 1968; Brunner, E. J.: Grundfragen der Familientherapie. System. Theorie u. Methodologie. Berlin 1986; Buckley, W. (Hg.): Modern system research for the behavioural scientist. Chicago 1968; Casti, J.: Topological methodes for social and behavioural systems. International Journal of General Systems 8, 1982, S. 187–210; Churchman, C. W.: The systems approach. New York 1968; Dell, P. F.: Beyond homöostasis. Family process 1982, 21, S. 21–41; Dörner, D. u. a. (Hg.): Lohausen. Göttingen 1983; Eberlein, G. u. von Kondatrowitz, H.-J. (Hg.): Ps. statt Soziologie? Zur Reduzierbarkeit sozialer Strukturen auf Vh. Frankfurt/M. 1977; Flammer, A.: Entwicklungstheorien. Bern 1988; Funke, J.: Komplexes Problemlösen. Berlin 1986; Haken, H.: Erfolgsgeheimnisse der Natur. Synergetik. Die Lehre vom Zusammenwirken. Stuttgart 1981; Haken, H. u. Stadler, M. (Hg.): Synergetics of cognition. Berlin 1990; Hejl, P. M.: Zum Begriff des Individuums – Bemerkungen zum ungeklärten Verhältnis von Psychologie u. Soziologie. In: Schiepek, G. (1987) S. 115–155; Hörmann, G. (Hg.): Im System gefangen – zur Kritik system. Konzepte in den Sozialwissenschaften. Münster 1994; Hummel, H. J. u. Opp, K. U.: Die Reduzierbarkeit von Soziologie auf Psychologie. Braunschweig 1971; Jantsch, E.: Die Selbstorganisation des Universums. München 1982; Klaus, G. u. Liebscher, H.: Wörterbuch der Kybernetik. 2 Bde. Frankfurt/M. 1976 (überarb. Taschenbuchausgabe); König, W. H.: Psa. u. Systemtheorie. In: Mertens, W. (Hg.): Psa., ein Handbuch in Schlüsselbegriffen. München 1983, S. 26–34; Krohn, W. u. Küppers, G. (Hg.).: Selbstorganisation – Aspekte einer wissenschaftl. Revolution. Braunschweig 1990; Kruse, L. u. a. (Hg.): Ökolog. Ps. Ein Handbuch in Schlüsselbegriffen. Weinheim 1990; Kurzrock, R. (Hg.): Systemtheorie. Berlin 1972; Lenk, H. u. Ropohl, G. (Hg.): Systemtheorie als Wissenschaftsprogramm. Königstein/Ts. 1978;

Lenk, H.: Wissenschaftstheorie u. Systemtheorie. In: Lenk, H. u. Ropohl, G. (1978), S. 239–269; Lenk, H.: Systemtheorie. In: Speck, J. (Hg.): Handbuch wissenschaftstheoret. Begriffe, 3. Bd. Stuttgart 1980, S. 615–621; Lewis, M. S.: Topological relationships among crisis variables. Psychotherapy: Theory, Research, Practice 19, 1982, S. 289–296; Maturana, H. R.: Erkennen. Braunschweig 1982; Miller, J. G.: Living systems. New York 1978; Müller, K.: Allg. Systemtheorie. Geschichte, Methodologie u. sozialwissenschaftl. Heuristik eines Wissenschaftsprogramms. Opladen 1995; Paslack, R. u. Knost, P.: Zur Geschichte der Selbstorganisationsforschung. Ideen geschichtl. Einführung u. Bibliographie 1940–1990. Bielefeld 1990; Prigogine, I.: Vom Sein zum Werden. München 1979; Reinecker, H.: Verhaltensdiagnostik, Systemdiagnostik u. der Anspruch auf Erklärung. In: Schiepek, G.(Hg.): Systeme erkennen Systeme. München 1987, S. 174–194; Roth, G. u. Schwegler, H. (Hg.): Selforganizing systems. Frankfurt/M. 1981; Saari, D. G.: A qualitative model for the dynamics of cognitive processes. Journal of Mathematical Psychology 15, 1977, S. 145–168; Schiepek, G.: System. Diagnostik in der Klin. Psychologie. Weinheim 1986; Schiepek, G. (Hg.): Systeme erkennen Systeme. München 1987; Schurig, V.: Die Entdeckung der Systemeigenschaft »Ganzheit«. Gestalttheorie 7, 1985, S. 208–227; Stadler, M. u. Kruse, P.: Gestalttheorie u. Theorie der Selbstorganisation. In: GT 8, 1986, S. 75–98; Stapf, K. H.: Ökopsychologie u. Systemwissenschaft. In: Graumann, C. F. (Hg.): Ökolog. Perspektiven in der Psychologie. Bern 1978, S. 251–273; Stewart, I. N. u. Peregoy, P. L.: Catastrophe theory modelling in psychology. PBu 94, 1983, S. 336–362; Sussman, H. u. Zahler, R.: Catastrophy theory as applied to the social and biological sciences: a critique. Synthese 37, 1978, S. 117–216; Thom, R.: Structural stability and morphogenesis. Reading, Mass. 1975; Tschacher, W.: Interaktion in selbstorganisierten Systemen. Grundlegung eines dynam.-synerget. Forschungsprogramms in der Ps. Heidelberg 1990; v. Bertalanffy, L.: General systems theory. New York 1968; v. Bertalanffy, L. u. a.: Biophysik des Fließgleichgewichts. Braunschweig 1977; Watzlawick, P.: Menschl. Kommunikation. Bern 1969; Willke, H.: Systemtheorie u. Handlungstheorie – Bemerkungen im Verhältnis von Aggregation u. Emergenz. Zschr. f. Soziologie 7 (4), 1978, S. 380–389; Willke, H.: Systemtheorie. Stuttgart 1982; Zeeman, E. C.: Catastrophe theory. SA 234, 1976, S. 65–83.

Systemtheorie → systemtheoretische Psychologie.

Szenenanalyse → computer vision.

Tabula-rasa-Theorie → Empirismus; → Anlage-Umwelt-Problem.

Tabuwörter → subliminale Wahrnehmung; → Wahrnehmungsabwehr.

Tachistoskop, ein v. a. in der → Wahrnehmungspsychologie eingesetztes Gerät, welches die Darbietung von Reizen unter kontrollierten Zeitbedingungen erlaubt, z. B. bei der → Aktualgenese. Das T. besteht aus einer Art Miniaturbühne, deren Verschlussklappe sich elektromechan. öffnet u. schließt, wenn ein schwingendes Pendel die Schleifkontakte berührt (sog. *Pendel-T.*); die Vp blickt in diese lichtundurchlässige Box hinein, wb. sich am anderen Ende ein Objekt o. ein Bild befindet.

Ein *Episkotister-T.* besteht darin, dass das Bild durch eine rotierende Scheibe mit einer variablen Öffnung freigegeben wird (*Rotations-T.*). Eine weitere Variante besteht in einem Projektor, dem ein Compur-Verschluss vorgeschaltet ist. Mit der Einführung elektron. T. ist es mögl., Darbietungszeiten unterhalb der Schwellen des deutl. Erkennens zu wählen, die Beleuchtungsintensität zu variieren u. einen linearen Auf- u. Abbau der Beleuchtungsquelle zu gewährleisten. Das sog. *Spiegel-T.* o. *Drei-Felder-T.* besteht aus einem Guckkasten, in dem durch eine Spiegelvorrichtung verschiedene Reize in elektron. gesteuerten Zeitabständen u. Darbietungsraten auf dieselbe Fläche projiziert werden können; sie dienen der Untersuchung von Überlagerungs- u. Verschmelzungs-Phänomenen (→ Maskierung). Das T. wird zunehmend durch computergesteuerte Bildschirmdarbietungen verdrängt, obgleich Intensität u. Kontrast dieser Monitore, ebenso wie Zeitmaß u. Farbwiedergabe nicht die Qualität eines elektromechan. T. erreichen. Ein Überblick über verschiedene Formen von T. ist Herff (1986).

◆ Brickenkamp R. (Hg.): Handbuch apparativer Verfahren in der Ps. Göttingen 1986;

HERFF, W.: Tachistoskope. In: BRICKENKAMP (1986), S. 188ff.; LINDSAY, P. H. u. NORMAN, D. A.: Einführung in die Ps. Berlin 1981; MOLLON, J. D. u. POLDEN, P. G.: On the time constants of tachistoscopes. QJEP, 30, 1978, S. 555–568.

Tacit knowledge → explizites vs. implizites Wissen.

Tätigkeitspsychologie → Handlungstheorien.

Täuschungsbetrag → Wahrnehmungstäuschungen.

Tafelmodell → Informationsverarbeitungstheorien.

Tagesreste → Traum.

Taktiles Gedächtnis, → sensorisches Gedächtnis für hapt. Reize. Das t. G. ist weit weniger untersucht als das visuelle u. auditive Gedächtnis; es liegen Versuche vor, die → Teilberichtsmethode u. auch den → Suffix-Effekt nachzuweisen (Bliss 1966; Watkins u. Watkins 1974).

LIT: Zum Überblick vgl. Baddeley (1979) u. Arbinger (1984).

◆ ARBINGER, R.: Gedächtnis. Darmstadt 1984; BADDELEY, A.: Die Ps. des Gedächtnisses. Stuttgart 1979; BLISS, J. C. u. a.: Information available in brief tactile presentations. PaP 1, 1966, S. 273–283; WATKINS, M. J. u. WATKINS, O. C.: A tactile suffix-effect. MuC 2, 1974, S. 176–180.

Tandem-Effekt, das Phänomen, dass bei zwei senkrechten Stäben, die in horizontaler Richtung durch ein Sichtfenster wandern, der Abstand der beiden verkürzt erscheint; es kann sogar sein, dass, wenn der Stababstand größer als die Fensterbreite ist, beide Stäbe gleichzeitig im Fenster gesehen werden; sie bewegen sich also, entgegen ihrer objektiven Getrenntheit, gewissermaßen als »Tandem«. Einen Überblick über Erklärungsansätze zum T. u. ähnl. Effekten liefert Müsseler (1987).

◆ MÜSSELER, J.: Aufmerksamkeitsverlagerungen u. Relativität: Ein experimenteller Beitrag zur Raum-Zeit-Wahrnehmung anhand eines Kontraktionsphänomens (Tandem-Effekt). München 1987.

Tandemplan → Verstärkungsplan.

Tapping, ein → psychomotorischer Test mit einem relativ einfachen Prüfgerät; die Apparatur setzt sich aus einem *tapping board*, zumeist einer Metallplatte u. einem Griffel o. einer Taste zusammen; die Aufgabe besteht darin, so oft wie mögl. mit dem Griffel auf die Platte zu klopfen; jedes Mal, wenn der Kontaktgriffel auf die Metallplatte geschlagen o. die Taste gedrückt wird, wird dies registriert; zu Modifikationen u. techn. Einzelheiten vgl. Wahler (1986). Mit diesem Verfahren wird die *Handgelenk-Finger-Geschwindigkeit* gemessen, die auch als *Fingerklopfgeschwindigkeit* o. *psychomotor. Geschwindigkeit* bezeichnet wird; anhand ihrer Messung lassen sich Aussagen über die Ermüdbarkeit der Hand-Finger-Motorik machen.

◆ WAHLER, R.: Prüfverfahren psychomotor. Fertigkeiten. In: BRICKENKAMP, R. (Hg.): Handbuch apparativer Verfahren in der Ps. Göttingen 1986, S. 256–272.

Tapping board → Tapping.

Tarchanoff-Effekt → physiologische Psychologie (Kasten psychophysiologische Methoden).

Target-based expectancy → korrespondierende Schlussfolgerungen.

Targets → visuelles Suchen.

Target-Wörter → Priming.

Tastpunkte → Mechanorezeption.

Tastsinn → Mechanorezeption; → Haptik.

TAT, Abk. für *thematischer Apperzeptionstest*, → Psychodiagnostik; → Leistungsmotivation; → Motiv.

Tau- und Kappa-Effekt [T- und K-Effekt; der Tau-Effekt wird auch als *Gelbsches Phänomen* bezeichnet]. *T.* ist die Bezeichnung für die beim Wahrnehmen räuml. Intervalle erfolgende Angleichung an zeitl. Intervalle im Sinne einer Täuschung: Wenn z. B. drei Punkte mit gleichen räuml. Abständen auf der Haut nacheinander gereizt werden, u. wenn die Zeit zw. dem zweiten u. dem dritten Reiz geringer (o. größer) als die zw. dem ersten u. zweiten ist, dann wird die räuml. Distanz als kleiner bzw. größer geschätzt als die zw. den ersten beiden. Die Umkehrung dieses Effekts, der *K.*, wird dann gefunden, wenn die Beobachter die Zeit schätzen sollen unter der Bedingung, dass die Distanz zw. den Punkten variiert wird. Dann wird die kürzere (längere) Distanz wahrgenommen als schneller (weniger schnell) gereizt als die längere (kürzere) Distanz zw. den Stimuli.

◆ Wendt, D.: Allg. Ps. Stuttgart 1989.

Taxis → Orientierung; → Trieb.

Taxonomische Grammatik → Phrasenstrukturgrammatik.

T-Daten → Psychodiagnostik; → differentielle Psychologie.

Teachable Language Comprehender → TLC.

Technik des offenen Artikulierens → Arbeitsgedächtnis.

T-Effekt → Tau- und Kappa-Effekt.

Teilberichtsmethode → Teilberichtsverfahren.

Teilberichtsverfahren [engl. *partial report*; bisweilen auch *Sperling-Methode* – nach dem Begründer G. Sperling; vgl. Sperling 1960], Verfahren zur Messung des → ikonischen Gedächtnisses; diese Methode geht davon aus, dass klass. Maße wie → Aufmerksamkeitsspanne u. → Gedächtnisspanne nicht repräsentativ für ein schnell zerfallendes *Ultrakurzzeitgedächtnis* sein können, da in diesen älteren Methoden kein Unterschied gemacht wird zw. dem, was man reproduzieren kann, u. dem, was man eigentl. gesehen hat. Das T. geht davon aus, dass man eigentl. mehr sieht, als man reproduzieren kann, weil man während des Reproduzierens vergisst, u. die Grundlogik des Verfahrens beruht deshalb darauf, dass die exponierten Reize nicht völlig wiedergegeben werden müssen, sondern nur einzelne kleine Stichproben davon, womit man allerdings dennoch auf die gesamte Menge rückschließen kann. Mit diesem Verfahren wird verhindert, dass die Wiedergabe mit den Speicherprozessen interferiert u. so fälschlicherweise die Spanne des Ultrakurzzeitgedächtnisses als kleiner erscheint, als sie eigentl. ist. Diese Grundlogik wird dadurch realisiert, dass eine bestimmte Reizmenge vorgegeben u. durch einen vorher gelernten Reiz indiziert wird, welcher Teil wiedergegeben werden soll: die wiederzugebende Teilmenge der Items wird entweder durch Töne o. durch einen opt. Balken angezeigt (*Balkenindikator-Aufgabe*). Diese Idee wurde bspw. folgendermaßen realisiert: Vpn bekamen eine quadrat. Matrix von Buchstaben tachistoskop. für 50 msec. dargeboten, von denen mit herkömml. Methoden typischerweise nur 4 o. 5 Buchstaben korrekt wiedergegeben werden; Sperling instruierte seine Vpn durch ein Tonsignal, das unmittelbar nach dem Verschwinden der Darbietung erklang, nur eine bestimmte Reihe der Darbietung zu lesen (dabei bedeutet z. B. ein hoher Ton, dass die oberste Reihe wiedergegeben werden sollte, ein Ton mit mittlerer bzw. niedriger Höhe, dass die mittlere bzw. die unterste Reihe wiedergegeben werden sollte); mit dieser Methode wurde eine vollständige Wiedergabe der betreffenden Reihe erzielt. Die Genauigkeit ließ jedoch nach, sobald der Ton nur um den Bruchteil einer Sekunde verzögert wurde; durch systemat. Variationen dieser Verzögerung konnte auch der Verfallsverlauf dieses → ikonischen Gedächtnisses erforscht werden. Klass. Experimente bezügl. des → echoischen Gedächtnisses, die Sperlings Experimenten analog waren, stammen von Darwin u. a. (1972). Auf diese Weise kann man alle Teile einer Reizmenge durchgehen u. zeigen, dass grundsätzl. alle einmal gespeichert gewesen sein müssen, auch wenn sie dann bei einer herkömml. Messung mit einem *Ganzberichtsverfahren* nicht alle wiedergegeben werden können. Das Verfahren ist also sowohl eine *Zwangswahltechnik* als auch eine *Stichprobentechnik*.

LIT: Für einen tief schürfenden Gesamtüberblick vgl. van der Heijden (1996).

◆ Darwin, C. J. u. a.: An auditory analogue of the Sperling partial report procedure: evidence for brief auditory storage. CP 3, 1972, S. 255–267; van der Heijden, A. H. C.: Visuelle Aufmerksamkeit. In: Neumann, O. u. Sanders, F.: Visuelle Aufmerksamkeit. In: EP, C, II, 2. Bd. Göttingen 1996. EP, C, II, 2. Bd., S. 7–60; Kintsch, W.: Gedächtnis u. Kognition. Berlin 1982; Sperling, G.: The information available in brief visual presentations. PM 74, 1960 (ganze Nr. 498).

Teil-Ganz-Relation → TLC.

Teil-Kaspar-Hauser → Ethologie.

Teil-Lernmethode → Ganz-Lernmethode vs. Teil-Lernmethode.

Telefontheorie → Hören.

Teleskopeffekt → autobiographisches Gedächtnis.

Temperatursinn → Thermorezeption.

Tempohypothese der Intelligenz → Intelligenz.

Tendenz zu Extremen → Wahrnehmungs- und Urteilstendenzen.

Tendenz zur Erledigung → Zeigarnik-Effekt.

Tendenz zur Mitte → zentrale Tendenz.

TEP-Maß, Abk. f. *transitional error probability*, *Übergangsfehler-Wahrscheinlichkeit*: Gemessen wird für alle Wörter eines Satzes die Wahrscheinlichkeit, mit der sie gar nicht o. falsch wiedergegeben werden, wenn das jeweils vorangegangene Wort richtig reproduziert worden ist. Das T. wurde von Johnson (1965) für den Nachweis der ps. Realität der → Phrasenstrukturregeln bei der → Satzverarbeitung entwickelt (vgl. Engelkamp 1974); angenommen wurde, dass die Wahrscheinlichkeit von Übergangsfehlern zw. benachbarten Wörtern mit dem Grad ihrer nach den Phrasenstrukturregeln festgelegten Zusammengehörigkeit variiert. Diese Annahme hat sich letztl. jedoch nur für die Hauptphrasen *Subjekt* u. *Prädikat* bestätigen lassen (Engelkamp 1973).

◆ Engelkamp, J.: Semant. Struktur u. Verarbeitung von Sätzen. Bern 1973; Engelkamp,

J.: Psycholinguistik. München 1974; Johnson, N. F.: The psychological reality of phrase structure rules. JVLVB 4, 1965, S. 469–475.

Terman-Lengstedt-Untersuchung → Intelligenz.

Ternus-Effekt, bisweilen Bezeichnung für eine spezielle Form einer → Scheinbewegung: Man lässt von vier nebeneinander angeordneten Lämpchen die linken drei kurzzeitig aufleuchten u. dann die rechten drei, jeweils von links beginnend; obwohl bei beiden Bewegungen nur die Bewegung der mittleren beiden Punkte gemein sind, tritt eine Scheinbewegung auf, bei der alle drei Lampen sich abwechselnd von links nach rechts zu bewegen scheinen; vgl. Ternus (1926). Ähnl. Effekte wurden in einer Versuchsanordnung von Pantle u. Piccano (1976) untersucht.

◆ Braddick, O. J.: A short range process in apparent motion. VR 14, 1974, S. 519–527; Murch, G. M. u. Woodworth, G. L.: Wahrnehmung. Stuttgart 1978; Pantle, A. J. u. Piccano, L.: A multistable movement display: evidence for two separate motion systems in human vision. Science 193, 1976, S. 500–502; Ternus, J.: Experimentelle Untersuchungen über phänomenale Identität. PF 7, 1926, S. 270–272.

Territoriale Aggression → Aggression.

Tertiäre Kreisreaktion → genetische Epistemologie.

Test → Psychodiagnostik.

Test-Adaptation-Test-Zyklus → Nachwirkungen.

Testangst → Leistungsangst; → Angst.

Testkomponenten → geometrisch-optische Täuschungen.

Testpult München → Skinner-Box.

Testtheorie → mathematische Psychologie; → Psychodiagnostik; → Psychologie.

Textbasis → Textverstehen.

Textoberfläche → Textverstehen.

Texton-Theorie → Texturwahrnehmung.

Texturen → Texturwahrnehmung.

Texturgradienten → Texturwahrnehmung; → ökologische Optik.

Texturwahrnehmung. Texturen sind Oberflächenmuster, wie sie natürl. Gegenstände haben (z. B.

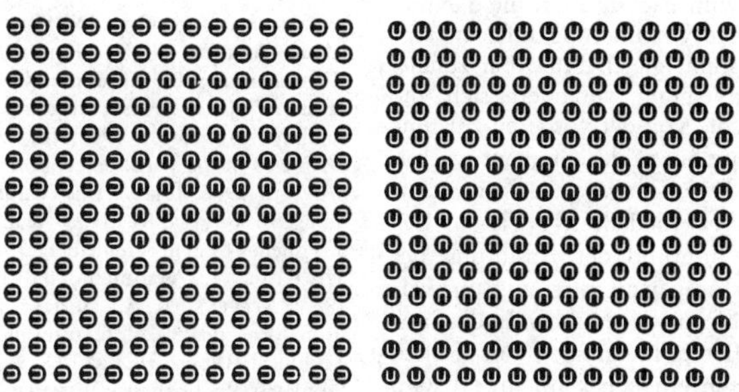

Abb. *Wahrnehmung 55*

Holz, unterschiedl. Böden, auch künstl. geschaffene Texturen, wie bei Stoffen); man kann sie auch opt., z. B. am Bildschirm o. durch Zeichnungen darstellen. Die Untersuchung von Wahrnehmungsprozessen bei Texturen ist ein wichtiges method. Paradigma der modernen Wahrnehmungsps., vgl. Julesz (1965ff.). Es wurde dabei v. a. untersucht, welche Arten von Strukturen wir gut wahrnehmen u. herauslösen können u. welche nicht. Die Abb. *Wahrnehmung 55* zeigt zwei Quadrate mit Strukturelementen; im linken kann das kleinere Quadrat relativ leicht herausgelöst werden, im rechten macht diese Isolierung Schwierigkeiten. Zu den Theorien hierzu vgl. Wimmer u. Perner (1979) sowie Rock (1985); wichtig geworden ist v. a. die *Texton-Theorie* von Julesz (1986); vgl. zum Überblick v.Campenhausen (1993). Des Weiteren wurden Prozesse der → Raumwahrnehmung analysiert; s. a. die Stw. → Zufallspunktstereogramme u. → computationale Wahrnehmungstheorie.

Texturgradienten spielen eine wichtige Rolle in der → ökologischen Optik (deswegen werden sie bisweilen auch *Gibsonsche Gradienten* genannt). Sie bezeichnen das Ausmaß, in dem sich Texturen verändern: Wenn man z. B. geradeaus auf eine gleichmäßig strukturierte Fläche blickt, so weist von einem Bereich der opt. Anordnung zum nächsten hin die Texturdichte keine Veränderung auf, der Gradient ist somit gleich Null; bei zunehmender Neigung verändert sich die Texturdichte von der vorderen zur hinteren Kante hin u. der Gradient wächst. Die Abb. *Wahrnehmung 56 a–i* zeigen, auf wie viel verschiedene Weisen ein Beobachter aufgrund der Abstufung der Texturdichte genaue u. relativ unzweideutige Informationen über Entfernungen, Größen u. Neigungen von Flächen u. Objekten erhalten kann. In (a) wird aufgezeigt, weshalb eine einheitl. Bodenstruktur einen Texturgradienten hervorruft. Abb. (b) zeigt, dass auch wenn die Textur sich verändert, der Gradient bei gegebener Neigung der Fläche gleich bleibt; so kann der Texturgradient Informationen über die Größe von Objekten vermitteln, die auf dieser Fläche stehen. Außerdem informieren Texturgradienten über die Anordnung der Flächen zueinander; s. (c). In Abb. (d) wird gezeigt, wie durch eine plötzl. Veränderung des Gradienten ein diedr. Winkel zu entstehen scheint (d. h. ein Winkel zw. zwei Flächen). In Abb. (e) wird eine Kante o. ein Abbruch zw. parallelen Flächen durch eine Veränderung der Dichte bei konstanten Gradienten angedeutet. Selbst → Formkonstanz kann mit diesen Begriffen erklärt werden; vgl. Hochberg (1977). In der Abb. (f) ist die hintere Kante Y der geometr. Figur gleich viele Textureinheiten breiter als die vordere X, so dass die Figur als ein Stimulus für die Wahrnehmung »geneigtes Quadrat« fungieren kann. In (g) dagegen ist Y weniger Struktureinheiten breit als X u. der Texturgradient ist null – das bedeutet: keine Neigung; diese Figur bildet dadurch den Stimulus »frontal-paralleles Trapez« für die Wahrnehmung. Bei allen diesen Illustrationen stellt der Gradient die Analyseeinheit dar u. nicht die hellen o. dunklen Punkte, aus denen die einzelnen Bsp. zusammengesetzt sind. Es ist daher mögl., alle Oberflächen von (h) durch ganz andere Muster zu ersetzen, wie dies in (i) geschehen ist, ohne die Gradienten u. die scheinbare räuml. Ordnung zu verändern (das Vorhergehende nach Hochberg 1977, S. 108). Zu den Informationsverarbeitungsaspekten von Texturgradienten vgl. Stevens (1980).

◆ Campenhausen, C. v.: Die Sinne des Menschen. Stuttgart 1993; Hochberg, J. E.: Wahrnehmung. Einführung in die Ps., 2. Bd. Bern 1977; Julesz, A.: Texture and visual perception. SA Februar 1965; Julesz, B.: Experiments in the visual perception of texture. SA April 1975; Julesz, B.: Texturwahrnehmung. In: Ritter, M. (Hg.): Wahrnehmung u. visuelles System. Heidelberg 1986, S. 48–57; Rock, I.: Wahrnehmung. Heidelberg 1985; Stevens, K. A.: Surface perception from local analysis of texture and contour. Technical Report 512, M.I.D., A.I. Laboratory 1980 (Ph. D. thesis); Wimmer, H. u. Perner, J.: Kognitionsps. Stuttgart 1979.

Abb. *Wahrnehmung 56*

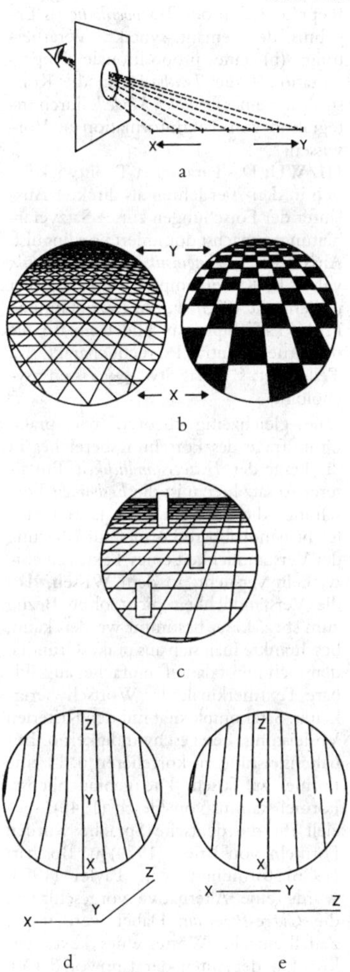

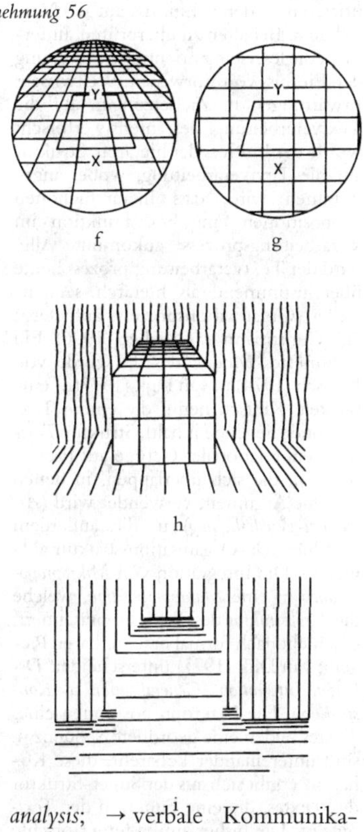

Textverarbeitung → Textverstehen.

Textverstehen [auch *Textverarbeitung*], → Sprachverstehen in Bezug auf zusammenhängende, strukturierte Satzmengen; das Paradigma umfasst i. w. S. auch die Analysen komplexer Reden u. Unterhaltungen (*Diskursanalyse,* engl. *discourse-analysis;* → verbale Kommunikation). Zentral ist die Frage, wie Leser auf der Grundlage des sprachl. Inputs eine satzübergreifende Gesamtbedeutungsstruktur aufbauen.

T. ist weit mehr als eine passive Reproduktion, da → Inferenzen u. aktive Rekonstruktionsprozesse eine wichtige Rolle spielen, worauf bereits Bartlett (1932) hingewiesen hat; vgl. auch Spiro (1974). Fasst man das → Lesen u. Verstehen von Text als Interaktion zw. einem vorgegebenen Text u. der Kognitionsstruktur des Rezipienten auf, dann lässt sich die Forschung zur Verarbeitung von Texten danach klassifizieren, ob sie eher die Text- o. eher die Leserseite akzentuiert: Während die textseitig orientierte Forschung darauf konzentriert ist, verarbeitungsrelevante Textmerkmale auf unterschiedl. Analyseebenen zu identifizieren u. deren Einfluss auf das Verstehen u. Behalten zu überprüfen, untersucht die leserseitig orientierte Forschung den Einfluss von Vorwissen, Weltwissen, Erwartungen u. Zielsetzungen auf die Textverarbeitung. Bes. intensiv erforscht wurde der Einfluss der hierarch. Struktur auf die Textverarbeitung, wobei angenommen wird, dass hierarchiehohen Propositionen eine bes. Funktion im Verarbeitungsprozess zukommt. Allg. wird der Textverarbeitungsprozess heute übereinstimmend als hierarch.-sequenzieller Organisationsprozess aufgefasst; vgl. Christmann u. Groeben (1996). Ein elaboriertes Modell des T. wurde von Kintsch (1974) u. van Dijk (1977ff.) entwickelt. Kintsch nennt die einem Text zugrunde liegende inhaltl. Struktur *Textbasis*, ein relationales Gefüge aus Propositionen, die sich überlappen, in denen dasselbe Argument verwendet wird (*Argument-Wiederholung*) u. die außerdem eine hierarch. Organisationsstruktur aufweisen. Die Integration von *Mikropropositionen* in eine *Makroproposition*, welche die *Grobstruktur* des Textes repräsentiert, geschieht nach formal präzisierbaren Regeln; van Dijk (1977) unterscheidet: *Deletion*, *Integration*, *Generalisation* u. *Konstruktion*. Die Makropropositionen eines Textes bilden eine geordnete Sequenz u. sind untereinander kohärent; diese Kohärenz ergibt sich aus der Super-Struktur des Textes, die eine Funktion der *Textsorte* ist. Die bisher am besten erforschte Super-Struktur ist die *Erzählstruktur* (van Dijk 1977; Kintsch, 1977; Rumelhart 1975). Die Erzählstruktur stellt quasi ein Raster zur Organisation von Makropropositionen zur Verfügung: → Geschichtengrammatik. Die Schwierigkeiten dieser eher elementarist. Auffassung führten zu ganzheitlicheren Ansätzen, die mit der Idee eines → mentalen Modells operieren (vgl. Schnotz 1988). Nach Samford u. Gerrod (1981) werden beim T. sog. *Szenarien* aktiviert, Repräsentationen von relativ komplexen Sachverhalten, ähnl. den → frames o. → Skripts. Auch van Dijk u. Kintsch (1983) haben ihr früheres Modell dahingehend erweitert, dass sie nun annehmen, dass der Leser neben einer *Textbasis* ein sog. *Situationsmodell* bildet. Van Dijk u. Kintsch (1983) nehmen an, dass beim T. insges. drei Arten bzw. Ebenen der mentalen Repräsentation unterschieden werden können: (a) eine Repräsentation der *Textoberfläche* als Ergebnis der semant.-syntakt. Verarbeitung; (b) eine propositionale Repräsentation – die *Textbasis*; (c) die Konstruktion eines *mentalen Modells* durch Integration von Textinformation u. Vorwissen.

HI/WÜ: Das Paradigma T. entwickelte sich in den 70er Jahren als direkter Ausläufer der Forschungen zur → Satzverarbeitung; zunächst dominiert von linguist. Ansätzen (*Textlinguistik*, *Textgrammatik*; vgl. z. B. Kalverkämpfer 1981; Dressler u. Schmidt 1973) wurde es zunehmend in der Ps. rezipiert u. bildet ein für die moderne kognitive Ps. recht charakterist. Teilgebiet; s. a. das Stw. → Wissenspsychologie.

Eine gleichzeitig theoret. wie prakt. Grundfrage des Forschungsbereiches ist die Frage der *Textverständlichkeit*. Ein älterer Ansatz hierzu ist die *Lesbarkeit*-Forschung, die seit den 30er Jahren eine leicht handhabbare Formel zur Messung der Verständlichkeit eines Textes zu entwickeln versucht. In dem Wissen, dass die Verständlichkeit nicht ohne Bezug zum spez. Leser bestimmt werden kann, beschränkte man sich aus prakt. Gründen dennoch meist darauf, einfache, auszählbare Textmerkmale der Wortschwierigkeit u. Satzkomplexität mit den Kriterien Vhsleistung, Lesegeschwindigkeit o. Behaltensleistung zu korrelieren u. in eine Formel zu fassen. Die gebräuchlichste Formel stammt von Flesch (1948); speziell für die deutsche Sprache wurden Formeln von Briest (1974) u. Bosshart (1976) formuliert; von Taylor (1953) wurde eine Alternative vorgeschlagen, die *Cloze-Prozedur*. Dabei werden per Zufall einzelne Wörter eines Textes gelöscht, u. der Anteil, der dann von der Vp richtig ergänzten Wörter gilt als Maß der Verständlichkeit; allein für den angloamerikan. Bereich liegen 50 derartige Formeln vor. Ein neuerer Ansatz hierzu ist das Forschungsprogramm *Textverständlichkeit* i. e. S. des Wortes, das sich durch seine stärkere ganzheitl. u. kognitionstheoret. Orientierung vom älteren Lesbarkeits-Paradigma abhebt. Das sog. Hamburger Verständlichkeitskzpt. (Schulz von Thun u. a. 1973) postuliert vier Dimensionen der Textgestaltung bzw. -verständlichkeit: Einfachheit,

Gliederung/Ordnung, Kürze/Prägnanz, zusätzliche Stimulantia. Groeben (1972) versucht Verständlichkeit als Interaktion von Textmerkmalen u. Lesermerkmalen zu fassen, nicht als textimmanente Eigenschaft; er postuliert vier relevante Dimensionen: ästhet. Information, semant. Redundanz, kognitive Strukturierung, konzeptueller Konflikt. Von Kintsch u. Vipond (1979) wird eine prozessorientierte Konzeption vorgelegt; von Groeben (1982ff.) wird der Ansatz weiterentwickelt in Richtung auf eine allg. *Lese-* bzw. *Leserps.* Interessant ist das Phänomen, auf das etliche Untersuchungen hinweisen, dass die Beziehung zw. Textverständlichkeit einerseits u. dem Behalten/Interesse andererseits eine kurvilineare ist: eine mittlere u. nicht – wie häufig vermutet – eine maximale Verständlichkeit ist für das Lernen mit Texten optimal; vgl. Groeben u. Christmann (1989).

LIT: Über die empir. Befunde zur ps. Realität der o. g. Ebenen vgl. Schnotz (1988), der auch über die spezielleren linguist. Aspekte u. Konsequenzen dieser Sichtweise informiert, insbes. über das Kzpt. einer *prozeduralen Semantik* (Woods 1981); eine zsfd. Darstellung der früheren Ansätze findet sich bei Ballstaedt u. a. (1981); van Dijk (1980) ist die dt. Fassung des Hauptwerks eines der wichtigsten Theoretiker zum T.; ein guter Überblick findet sich in Christmann (1989); zu Ansätzen innerhalb der pädagog. Ps. vgl. Anderson u. a. (1977); zum Überblick über die Lesbarkeitsforschung vgl. Klare (1963); vgl. auch Dickes u. Steiwer (1977) speziell zur Ausarbeitung von Lesbarkeitsformeln für die dt. Sprache; zum Vergleich verschiedener Textverständlichkeitskonzeption vgl. Dirgan (1981); zu einem prakt. Trainingsprogramm von Textverständlichkeit für Schule, Verwaltung, Politik u. Wissenschaft vgl. Langer u. a. (1974); ein neuer, anwendungsorientierter Überblick ist Christmann u. Groeben (1996a, b); vgl. zu einer Darstellung des propositionalen Ansatzes zur Textverständlichkeit Grabowski (1981).

◆ ANDERSON, R. C. u. a. (Hg.): Schooling and the acquisition of knowledge. Hillsdale 1977; BALLSTAEDT, S.-P. u. a.: Texte verstehen, Texte gestalten. München 1981; BOSSHART, L.: Untersuchungen zur Verstehbarkeit von Radio- u. Fernsehsendungen. Rundfunk u. Fernsehen 24, 1976, S. 197–209; BRIEST, W.: Kann man Verständlichkeit messen? Zeitschrift für Phonetik, Sprachwissenschaften u. Kommunikationsforschung 27, 1974, S. 543-563; CHRISTMANN, U.: Modelle der Textverarbeitung. Münster 1989; CHRISTMANN. U. u. GROEBEN, N.: Die Rezeption schriftl. Texte. In: GÜNTHER, H. u. LUDWIG, O. (Hg.): Schrift u. Schriftlichkeit. Ein interdisziplinäres Handbuch internationaler Forschung, 2. Band: Writing and its use. Berlin 1996a, S. 1536–1545; CHRISTMANN, U. u. GROEBEN, N.: Textverstehen, Textverständlichkeit - ein Forschungsüberblick unter Anwendungsperspektive. In: KRINGS, H. P. (Hg.): Wissenschaftl. Grundlage der techn. Kommunikation. Tübingen 1996b, S. 129–189; CROTHERS, E. J.: Paragraph structure inference. Norwood 1979; DE BAUGRANDE, R.: Text, discourse and process. Norwood 1980; DICKES, P. u. STEIWER, L.: Ausarbeitung von Lesbarkeitsformeln für die deutsche Sprache. ZEPP 9, 1977, S. 20–28; VAN DIJK, T.: Explorations in the semantics and pragmatics of discourse. London 1977; VAN DIJK, T.: Semantic macro-structures and knowledge frames in discourse comprehension. In: JUST u. CARPENTER (Hg.) 1977, S. 3–31; VAN DIJK, A.: Textwissenschaft: Eine interdisziplinäre Einführung. Tübingen 1980; VAN DIJK, T. A. u. KINTSCH, W.: Strategies of discourse comprehension. New York 1983; DIRGAN, S.O.: Ist Textverständlichkeit gleich Textverständlichkeit? In: MANDL, H. (Hg.): Zur Ps. der Textverarbeitung. München 1981, S. 334–367; DRESSLER, W. u. SCHMIDT, S. J.: Textlinguistik, kommentierte Bibliographien. München 1973; FLESCH, R.: A new readability yardstick. JAP 32, 1948, S. 221–233; GRABOWSKI, J.: Der propositionale Ansatz der Textverständlichkeit: Kohärenz, Interessantheit und Behalten. Münster 1981; GROEBEN, N.: Die Verständlichkeit von Unterrichtstexten. Münster 1972; GROEBEN, N.: Leserps.: Textverständnis – Textverständlichkeit. Münster 1982; GROEBEN, N. u. CHRISTMANN, U.: Textoptimierung unter Verständlichkeitsperspektive. In: ANTOS u. KRINGS (Hg.): Textproduktion, ein interdisziplinärer Forschungsüberblick. Tübingen 1989, S. 165–196; GROEBEN, N. u. VORDERER, P.: Leserpsychologie: Lesemotivation – Lektürewirkung. Münster 1988; JUST, M. A. u. CARPENTER, P. A. (Hg.): Cognitive processes in comprehension. Hillsdale 1977; KALVER-KÄMPFER, H.: Orientierung zur Textlinguistik. Tübingen 1981; KINTSCH, W.: The representation of meaning in memory. Hillsdale 1974; KINTSCH, W. u. VAN DIJK, T.: Toward a model of text comprehension and production. PR 85, 1978, S. 363–394; KINTSCH, W. u. VIPOND, D.: Reading comprehension and readability in educational practice and psychological theory. In: NILSSON, L. G. (Hg.): Memory processes. Hillsdale 1979, S. 329–365; KINTSCH, W.: On comprehending stories. In: JUST u. CARPENTER (Hg.) 1977, S. 3–31; KLARE, G. R.: A measurement of readability. Ames 1963; LANGER, I. u. a. (Hg.): Verständlichkeit u. Schule, Verwaltung, Politik, Wissenschaft – mit einem Selbsttrainingsprogramm zur verständlichen Darstellung von Lehr- u. Informationstexten. München 1974; MANDL, H. (Hg.): Zur Ps. der Textverarbeitung. München 1981; MEYER, B. J. F.: The organization of prose and its effects on memory. Amsterdam 1975; RUMELHART, D. E.: Notes on a schema for stories. In: BOBROW, D. G. u. COLLINS, A. M. (Hg.): Representations and understanding. Studies in cognitive science. New York 1975; SAMFORD, A. J. u. GERROD, S. C.: Understanding written language: Exploration of comprehension beyond the sentence. New York 1981; SCHNOTZ, W.: Textverstehen als Aufbau mentaler Modelle. In: MANDL, H. u. SPADA, H. (Hg.): Wissensps. München 1988, S. 99–119; SCHULZ VON THUN, F. u. a.: Verbesserung der Verständlichkeit von Schulbuchtexten u. Auswirkungen auf das Verständnis u. Vh. verschiedener Schülergruppen. Ps. in Erziehung u. Unterricht 20, 1973, S. 223–234; SPIRO, R. J.: Remembering informations from text: the »state of schema« approach. In: ANDERSON, R. C. u. a. (Hg.): Schooling and the acquisition of knowledge. Hillsdale 1977, S. 137–165; TAYLOR, W. L.: Cloze-procedure, a new tool for measuring readability. Journalism Quarterly 30, 1953, S. 415–433; WOODS, W. A.: Procedural semantics. In: JOSHI, A. K. u. a. (Hg.): Elements of discourse understanding. Cambridge/Mass. 1981, S. 300–334.

TG, Abk. für *Tremorgramm*; → physiologische Psychologie (Kasten psychophysiologische Methoden).

Thalamus-Theorie → James-Lange-Theorie.

Thanatos → Psychoanalyse; → Trieb; → Aggressionstrieb.

Thematischer Apperzeptionstest [TAT] → Psychodiagnostik; → Leistungsmotivation; → Motiv.

Thematische Struktur → Sprachproduktion.

Thematisches Vagabundieren → komplexes Problemlösen.

Theoretische Psychologie. Während der Begriff der → angewandten Psychologie häufig verwendet wird u. – bei allen Divergenzen über seine Bedeutungsausformung im Einzelnen – einigermaßen kodifiziert ist, wird der Begriff der *t. Ps.* eher selten verwandt: Als Gegensatz-Begriff zur angewandten Ps. ist er fast syn. mit *Grundlagenforschung* o. → *allgemeiner Psychologie*. Der Begriff wurde geprägt von Lindworsky (1922; »Umrissskizze zu einer Theoretischen Psychologie«); Ziel der t. Ps. sei das Herausarbeiten basaler Gesetzmäßigkeiten der psych. Funktionen.

S. Koch formulierte 1951 im *Psychological Review* folgende Ziele der t. Ps.: (a) Ausbildung in Methodologie u. Wissenschaftstheorie; (b) Analyse methodolog. u. grundlegender Probleme, die mehr o. weniger spezif. für Ps. sind; (c) intratheoret. Systematisierung vielversprechender, aber formal defizienter theoret. Ansätze; (d) intertheoret. u. differentielle Analyse konkurrierender theoret. Ansätze; (e) Konstruktion neuer u. besserer Theorien. 1981 erschien die erste »Introduction to theoretical psychology« von Michael Müller u. Hymand; im selben Jahr wurde die Division 24 der American Psychological Association von *Philosophical Psychology* in *Theoretical and Philosophical Psychology* umbenannt. 1984 schließl. erschienen die ersten beiden Bände der *Annals of Theoretical Psychology*, einer vom *Center for Advanced Study in Theoretical Psychology* betreute Reihe. 1985 kam es zur Gründung der *International Society for Theoretical Psychology*. Bis heute jedoch ist der Einfluss dieser Ps. nicht sehr groß. Zu einer Skizze des interdisziplinären Forschungsprogramms der t. Ps. vgl. Westmeyer (1991). In der Analyt. Philosophie bezieht sich der Begriff eher auf die erkenntnistheoret. u. ontolog. Grundlagenprobleme der Ps. (wie z. B. das *mind-brain-problem*) u. hat sich als solcher etabliert.

◆ KOCH, S.: Theoretical psychology, 1950: ein Overview. PR 58, 1951, S. 295–301; WESTMEYER, H.: Theoret. Ps.: Skizze eines interdisziplinären Forschungsprogramms: In: FREY, D. (Hg.): Bericht über den 37. Kongreß der Dt. Ges. f. Ps. in Kiel 1990. Göttingen 1991, S. 481–486.

Theorie der absoluten Akzentuierung → Wahrnehmungsakzentuierung.

Theorie der Allgemeinqualität → Wahrnehmungsakzentuierung.

Theorie der identischen Elemente → Transfer.

Theorie der objektiven Selbstaufmerksamkeit → Selbstaufmerksamkeit.

Theorie der relativen Akzentuierung → Wahrnehmungsakzentuierung.

Theorie der resultierenden Valenz → Anspruchsniveau.

Theorie der stehenden Wellen → Hören.

Theorie der variablen Perspektiven → Bezugssystemtheorien; → Bereichsprinzip.

Theorie der Verarbeitungsebenen → Verarbeitungsebenen-Theorie.

Theorie der Verarbeitungstiefe → Verarbeitungsebenen-Theorie.

Theorie des Versagens der Abrufprozesse → Vergessen; → Kodierungsspezifität.

Thermale Theorie → Hunger und Durst.

Thermogramm → physiologische Psychologie (Kasten psychophysiologische Methoden).

Thermoperzeption → Thermorezeption.

Thermorezeption [auch *Temperatursinn*, *Thermoperzeption*], die → Wahrnehmung von Kälte u. Wärme, Bestandteil der → somatoviszeralen Sensibilität. Der Temperatursinn zeigt → Adaptation: → Drei-Schalen-Versuch.

Beim Temperatursinn kommt es häufig zu *Nachempfindungen*: Presst man bspw. einen kalten Metallstab für etwa 30 Sekunden gegen die Stirnhaut, so kommt es auch nach Wegnahme zu einer deutl. Kältempfindung, obwohl die Haut sich wieder aufwärmt, so dass eine Wärmeempfindung auftreten sollte. Bei starken Wärmereizen kommt es häufig zu einer *paradoxen Kälteempfindung*, die wahrscheinl. darauf beruht, dass die Kältesensoren, die normalerweise oberhalb von 41 Grad stumm sind, bei rascher Erwärmung auf über 45 Grad vorübergehend wieder entladen. Die Hitzeempfindung bei über 45 Grad scheint durch die Erregung spezieller Hitzerezeptoren ausgelöst zu werden.

◆ Birbaumer, N. u. Schmidt, R. F.: Biolog. Ps. Berlin 1989; Campenhausen, C. v.: Die Sinne des Menschen. Stuttgart 1993.

Theta-Wellen → physiologische Psychologie (Kasten psychophysiologische Methoden).

Third force → humanistische Psychologie.

Thomas Goldene Regel, eine Adaptation u. Modifikation des → Prinzips der optimalen Beschränktheit auf ps. Prozesse der → Massenkommunikation: *Im Seichten kann man nicht ertrinken* (Thoma 1987).

◆ Thoma, H.: Nur der direkte Weg führt zum Erfolg. In: Thoma, H.: Ich bin das Volk. Vermischte Schriften. Mainz 1987 (Videokassette).

Thompsonsche Sektorentäuschung → Sektorentäuschung.

Thumb-Marbe-Effekt → Geläufigkeitsgesetze.

Thurstone-Skala → Paarvergleich.

Thurstone-Skalierung → Paarvergleich.

Tiefencues → Tiefensehen.

Tiefenhinweise → Tiefensehen.

Tiefenhypothese → Satztiefe.

Tiefenkasus → Kasusgrammatik.

Tiefenpsychologie, Oberbegriff für alle ps. Theorien, die eine Tiefendimension, im Sinne eines → Unbewussten annehmen, wie dies v. a. die → Psychoanalyse u. verwandte Richtungen tun. Bisweilen wird der Begriff in einem restriktiven Sinn verwendet, näml. nur für die Modifikationen u. Erweiterungen der klass. Psa.

VD: (1) Pongratz analysiert die verschiedenen Bedeutungen des Begriffs der *Tiefe*, insbes. die *topolog.* u. die *genet.* Bedeutung u. die Konzeption von Tiefe als dem *Primären.* Er arbeitet drei Grundannahmen heraus: (a) die *Latenzannahme*, d. h. die Annahme der Existenz u. der Effekte unbewusster Prozesse; (b) das *genet. Axiom* der Bedeutung bestehender nötiger Entwicklungsprozesse u. ihrer optimalen bzw. gestörten Verarbeitung; (c) die *Manifestationsannahme* dergemäß das Verhalten, Handeln u. Erleben der Menschen sich als symbol. Ausdruck unbewusster Prozesse verstehen lässt. Diese drei Kernannahmen hat Pongratz später durch die vierte Gemeinsamkeit der *soziokulturellen Perspektive* ergänzt.

◆ Elhardt, S.: Tiefenps. Stuttgart 1971; Lukas, E.: Höhenps. Freiburg 1992; Schlegel, L.: Grundriß der Tiefenps. 5 Bde. München 1973–1979; Pongratz, L. J.: Hauptströmungen der Tiefenps. Stuttgart 1983.

Tiefenschmerz → Schmerz.

Tiefensehen [auch *räuml. Sehen*], → Raumwahrnehmung auf dem Gebiet des → Sehens. Zwei grundlegende Fälle sind zu unterscheiden: (1) *Binoculares (zweiäugiges) T.*: Dabei vermitteln folgende Faktoren Information über die Räumlichkeit (*Tiefenhinweise* bzw. *Tiefencues*): (a) → Akkommodation (b) → Konvergenz der Augen; (a) u. (b) sind *oculomotor.* Faktoren des T.; sie wirken jedoch nur innerhalb geringer Distanzen (1–2 m), obwohl theoret. Akkomodation bis 3 m u. Konvergenz bis 25 m wirksam sein könnte; (c) → Querdisparation bzw. → Stereopsis. (2) *Monoculares (einäugiges) T.*; *Monoculare Tiefencues* sind: (a) Parallaxe, bes. → Bewegungsparallaxe; (b) Perspektive: parallele, sich entfernende Linien konvergieren; (c) Luftperspektive (*atmosphär. Perspektive*, relative *Klarheit*), d. h. Informationen, die dem Grad der Lichtabsorption entnommen werden: Stärkere Verschwommenheit der Bilder u. die Bläue des Lichts geben Hinweise auf größere räuml. Entfernung; s. a. die Stw. → Farbenperspektive u. → Farbenstereoskopie; (d) → Texturgradienten; (e) *relative* Position u. *Verdeckungen*: Ein Gegenstand, welcher einen anderen verdeckt, wird als näher angesehen (*Interpositionseffekt*); von zwei Objekten wird dasjenige als näher angenommen, welches als größer erscheint; s. a. das Stw. → Looming-Effekt; (f) Licht u. Schatten: Schattierungsmuster geben Auskunft über die vorhandene Tiefe; erfolgt die Beleuchtung von unten, was der übl. Beleuchtung widerspricht, kann eine umgekehrte Tiefenwahrnehmung die Folge sein, d. h.: Erhebungen werden zu Vertiefungen u. umgekehrt: → Vertiefungs-Erhöhungs-Effekt; (g) Erfahrungsfaktoren: Bestimmte Figuren, z. B. Zeichnungen werden, ohne dass sie perspektivisch o. mit Licht u. Schatten modelliert sind, räuml. wahrgenommen, weil sie Umrisse von bekannten, häufig wahrgenommenen Körpern darstellen, typischerweise die Darstellung von Treppen o. geometr. Figuren wie Würfeln u. Pyramiden; s. a. das Stw. → Ames-Räume; (h) Position im Gesichtsfeld: Ein weiterer Indikator der

Tiefe ist die Nähe der Basis zum Horizont; feste Gegenstände, von denen man annimmt, dass sie auf normalem, waagrechtem Untergrund stehen, werden so gemalt, dass ihre tiefsten Punkte im Bild höher liegen, d. h. näher am Horizont, wenn diese Gegenstände im dreidimensionalen Raum weiter vom Beobachter entfernt sind; (i) → Kontrasteffekte spielen ebenfalls eine Rolle: Objekte, die eine schärfere Kontrastausbildung zum Hintergrund aufweisen, scheinen weiter vorn zu liegen, als solche, die zum Hintergrund einen schwächeren Kontrast bilden; (j) Auch die → Bewegungsparallaxe vermittelt einen Tiefeneindruck. Die Abb. *Wahrnehmung 10* liefert einen Überblick über die wesentl. Faktoren.
Viele davon wurden von Physiologen, Psychologen u. in früheren Jahrhunderten von Künstlern, v. a. von Malern herausgearbeitet. Diese monocularen Tiefenfaktoren werden bisweilen als *Abbildungs-Faktoren* bezeichnet; vgl. Rock (1985). Für die monocularen Tiefenkriterien gilt, dass sie insofern nicht eindeutig sind, als das gleiche Netzhautbild sowohl von einer zweidimensionalen als auch von einer dreidimensionalen Anordnung hervorgerufen werden könnte. Gregory (1970) entwarf einige stereopt. Vorlagen, in denen erfahrungsbedingte Faktoren u. Querdisparation unvereinbare Tiefen-Informationen liefern, was zu dem Ergebnis führte, dass die wahrgenommenen Tiefenverhältnisse zw. den beiden Interpretationsmöglichkeiten pendeln.

VD: Die → Gestalttheorie hat gezeigt, dass die Anwendung der → Gestaltgesetze auf das Problem des T. etl. Phänomene erklären o. zumindest systematisieren kann; s. Abb. *Wahrnehmung 11*. In der

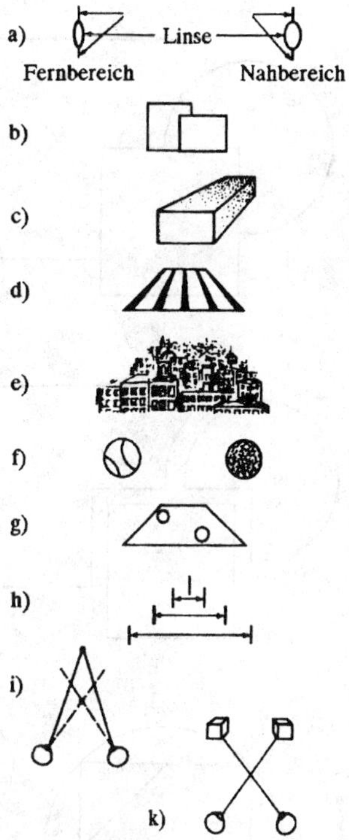

Abb. *Wahrnehmung 10*

Schematische Darstellung von Indikatoren für die Wahrnehmung räumlicher Tiefe (nach Schiff, 1980): a) Akkomodation der Linse, b) Überlagerung, c) Texturgradient, d) Linearperspektive, e) Luftperspektive, f) gewohnte Größe, g) Höhe im Gesichtsfeld, h) Bewegungsparallaxe, i) Konvergenz, k) binokulare Disparität

Abb. (a) sieht jeder ein größeres Quadrat, über dem ein Kreis liegt, über dem wiederum ein kleineres Quadrat liegt; die Räumlichkeit wird also unmittelbar wahrgenommen u. hat keinen schwächeren Status als Höhe u. Breite – obwohl durchaus auch eine Zerlegung wie in Abb. 11b denkbar wäre, also eine flächige Gliederung. Nur die Einbeziehung der Tiefenstaffelung erlaubt eine Auffassung des Gesamtgebildes, das durch bes.

Abb. *Wahrnehmung 11*

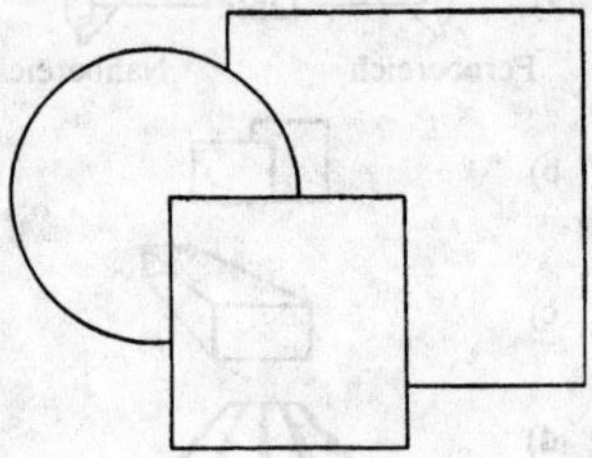

a

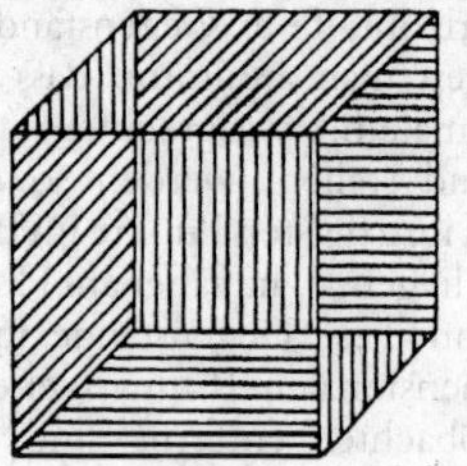

e

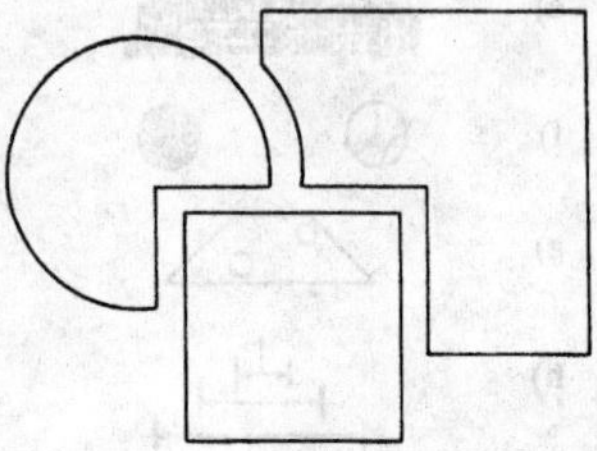

b

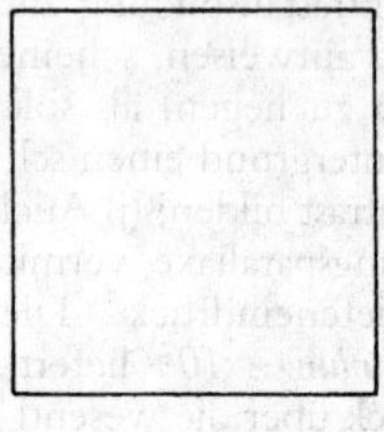

f

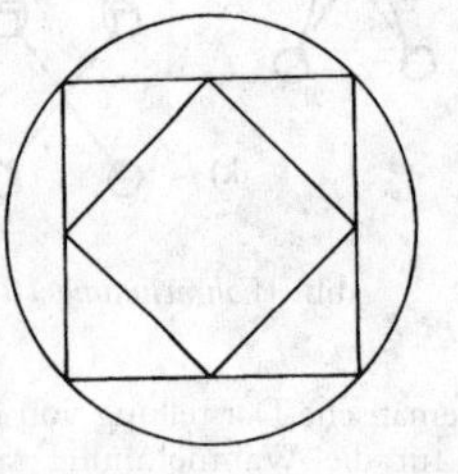

c

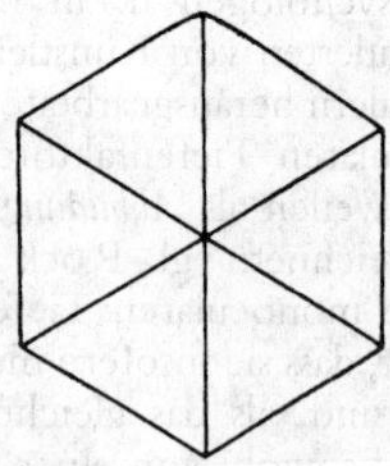

g

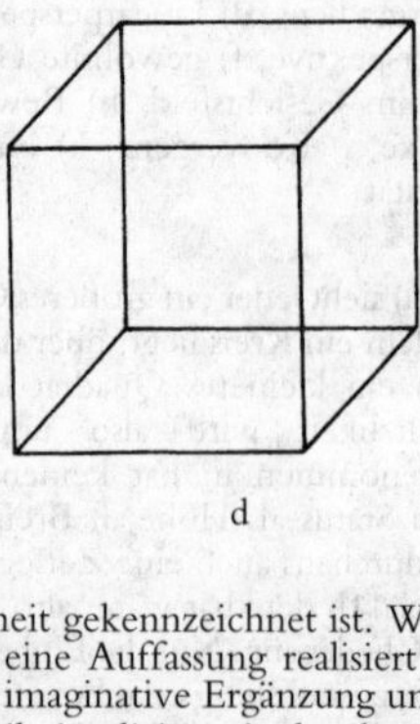

d

Einfachheit gekennzeichnet ist. Wichtig ist, dass eine Auffassung realisiert wird, die eine imaginative Ergänzung unsichtbarer Teile impliziert. Anders liegen die Verhältnisse, wenn die Vorlagefigur auch ohne Hinzunahme der Tiefendimension ein regelmäßiges zweidimensionales Gebilde ergibt. Dann wird überhaupt keine Verdeckung wahrgenommen bzw. Verdeckung ist eine von mehreren mögl. Auffassungen; s. Abb. (c). Abb. (d) demonstriert, dass es prakt. unmögl. ist, das Gebilde als das zu sehen, was es zunächst ist, näml. als eine flächige Linienanordnung. Die Abb. (e) unterstützt eine solche flächige Wahrnehmung durch unterschiedl. Schraffur der Teile – das daraus sich ergebende Gebilde ist wesentl. komplexer als der einfache Würfel. Die Abb. (f) u. (g) zeigen zweidimensionale Würfelprojektionen, die kaum als solche gesehen werden können, da sie bereits zweidimensional hinreichend prägnant sind.

LIT: Zum Überblick vgl. Drösler (1966); Metzger (1966); Frisby (1989); Falk u. a. (1990); zu kulturvergleichender Forschung vgl. Thomas (1993); zu den Modellen u. Problemen im physiolog.-ps. Übergangsfeld vgl. Wittling (1976); zur Rolle räuml. Tiefenindikatoren bei der Entstehung → geometrisch-optischer Täuschungen vgl. Shepard (1991); zu einem Überblick über die Theorien der Perspektive vgl. Kubovy (1986).

◆ ARNOLD, W. (Hg.): Experimentelles Praktikum, 1. Bd. Stuttgart 1972; CAMPENHAUSEN, C. v.: Die Sinne des Menschen. Stuttgart 1993; DRÖSLER, J.: Das beidäugige Raumsehen. In: METZGER, W. (Hg.): Wahrnehmung u. Bewußtsein. HP, 1. Bd., 1. Hlb. Göttingen 1966, S. 590–615; FALK, D. S. u. a.: Ein Blick ins Licht. Berlin 1990; FRISBY, J. P.: Opt. Täuschungen. Augsburg 1989; GREGORY, R. L.: The intelligent eye. New York 1970; KAUFMAN, L.: Sight and mind. New York 1974; KUBOVY, M.: The psychology of perspective and renaissance art. Cambridge 1986; METZGER, W.: Das einäugige Tiefensehen. In: METZGER, W. (Hg.): Wahrnehmung u. Bewußtsein. HP, 1. Bd., 1. Hlb. Göttingen 1966, S. 556–589; ROCK, I.: Wahrnehmung. Heidelberg 1985; SCHMIDT, R. F. (Hg.): Grundriß der Sinnesphysiologie. Berlin 1985 (5. Aufl.); SHEPARD, R. N.: Einsichten u. Einblicke. Illusion u. Wahrnehmungskonflikte in Zeichnungen. Heidelberg 1991; THOMAS, A. (Hg.): Kulturvergleichende Ps. Göttingen 1993; WITTLING, W.: Einführung in die Ps. der Wahrnehmung. Hamburg 1976.

Tiefensensibilität, sämtl. Sensorsysteme u. Wahrnehmungsprozesse, die Informationen über folgende Prozesse verarbeiten: (a) aktive Bewegungen mit Hilfe der Muskeln u. speziell Bewegungen, die gegen Widerstand ausgeführt werden; (b) passive Bewegungen unserer Gelenke durch von außen wirkende Kräfte. Diese Fähigkeiten werden als *T.* zusammengefasst, da die dafür verantwortl. Sensoren weniger in der Haut als darunter, also »tiefer«, in den Muskeln, Sehnen u. Gelenken liegen. Es sind dies die Gelenkrezeptoren, die Muskelspindeln, die Sehnenorgane u. noch eine Reihe verschiedener anderer Rezeptoren, ebenso die Labyrinthrezeptoren im Ohr, welche zusammen mit verschiedenen Rückkopplungsprozessen (→ Reafferenz) u. zentralen Verarbeitungsprozessen eine Vorstellung von der Lage des Körpers im Raum (s. a. das Stw. → Gleichgewichtssinn) vermitteln u. zwar bezügl. dreier Grunddimensionen, denen man drei Sinne zuordnet: *Stellungs-*, *Bewegungs-* u. *Kraftsinn.* Der Stellungssinn betrifft die Lage der einzelnen Glieder u. die Stellung der verschiedenen Extremitäten zueinander (→ Körperschema); er ermöglicht es z. B., jede aktiv o. passiv (durch einen Untersucher) an einer Extremität eingestellte Stellung durch die Extremität der anderen Körperseite – ohne visuelle Kontrolle – zu imitieren; auch kann jeder gewünschte Punkt einer Extremität ebenfalls ohne visuelle Kontrolle durch die andere Extremität mit großer Sicherheit aufgesucht werden. Der *Bewegungssinn* betrifft die Richtung wie auch die Geschwindigkeit von Bewegungen. Der *Kraftsinn* betrifft das Ausmaß an Muskelkraft. Die T. spielt eine wichtige Rolle in der → Raumwahrnehmung. Ein spezieller Effekt im Bereich der T. ist die *kinästhet. Nachwirkung*, die z. B. darin besteht, dass man nach dem Befühlen einer gekrümmten Oberfläche bei einer geraden Oberfläche die Empfindung haben kann, über eine entgegengesetzt gekrümmte Fläche zu streichen.

VD/T: (a) Statt von *T.* wird auch annähernd syn. von → *Propriozeption* o. *Kinästhetik* (auch *Kinästhesie*) gesprochen. Propriozeption meint jede Sinnesrückmeldung, die Information über *körpereigene* Prozesse vermittelt, *Kinästhesie* meint eigentl. *Bewegungssinn*, wb. der Begriff meist enger als *Propriozeption* gefasst wird, da *Propriozeption* bisweilen nicht nur für den Bewegungssinn, sondern auch für die Wahrnehmung von Empfindungen

im Vestibularapparat u. von Druck- u. Berührungsempfinden auf der Haut verwendet wird. (b) *Kinästhesie* wird, v. a. im amerikan. Bereich, auch in einem weiteren Sinne als *Bewegungssinn* verwendet. Hier ist eine negative Definition häufig, die all die Wahrnehmungsprozesse bezügl. der Positionen und Bewegungen der Körperteile als *Kinästhesie* definiert, die nicht auf visuellen, auditiven o. verbalen Informationen basieren. Da dies bewusste Wahrnehmungen einschließt, wird der Begriff vorwiegend auf höhere Vertebraten u. speziell den Menschen angewandt. Ebenfalls zur Kinästhesie gehören unsere Empfindungen von Anstrengung, Kraft u. Gewicht; zu diesem *Kraftsinn* tragen auch Meldungen in absteigenden (efferenten) Bahnen innerhalb des ZNS bei.
(c) Bischof (1966) spricht von *Stellungs-*, *Spannungs-* u. *Lagewahrnehmung* bzw. *Stellungssinn*, *Kraftsinn* u. *Lagesinn*: *Stellung* bezieht sich auf die räuml. Beziehung von Gliedern zueinander, *Lage* meint die Orientierung des Körpers o. seiner Teile zu den Hauptrichtungen der Umgebung, speziell zur Vertikalen; dabei sollen jeweils auch zeitl. Veränderungen der bezeichneten Größe – also die Bewegungen – mit unter diese Oberbegriffe subsumierbar sein. Allerdings ist zu vermerken, dass diese Bewegungen tlw. durch bewegungsspezif. Rezeptorsysteme (z. B. den → Gleichgewichtssinn) gesondert festgestellt werden. Anhand dieser Terminologie kann man den Begriff der *Kinästhesie* also so definieren, dass er sich auf Bewegungen der Glieder bezieht, wb. Erlebnisse von Spannungen u. (sich verändernden) Stellungen zentral sind; er fasst also Kraft- u. Stellungssinn zusammen; dahinter steht die problemat. Vorstellung, dass die in den Muskeln u. Sehnen befindl. Rezeptoren primär o. ausschließl. mit der Aufgabe ihrer Stellungsmeldung betraut sind. (d) Der im medizin. Schrifttum verbreitete Ausdruck *T.* ist primär von der anatom. Lage der Rezeptoren her konzipiert u. umfasst deswegen eigentl. zusätzl. zu Stellungs- u. Spannungsrezeptoren die in den tieferen Geweben liegenden Druck- u. Schmerzrezeptoren, nicht jedoch die vestibulären Prozesse; Entsprechendes gilt für den *somästhet. Sinn*, der im angelsächs. Sprachgebrauch eine Sammelbezeichnung für T. u. → Oberflächensensibilität ist. (e) Bischof (1966) weist auch darauf hin, dass es keine gemeinsame Bezeichnung für Lage- u. Stellungssinn gibt, obwohl beiden – im Unterschied zum Kraftsinn – die Besonderheit zukommt, auf das Wahrnehmungsgeschehen gleichsam nur formal, näml. durch dessen räuml. Organisation, Einfluss zu nehmen. Bischof meint, dass es nicht abwegig wäre, sie als *Haltungssinne* zusammenzufassen, da wir unter einer *Haltung* im Allg. eine ganzheitl., sowohl Stellungs- als auch Lagemerkmale umgreifende, räuml. Bestimmtheit des Körpers verstehen.

LIT: Eine umfassende Darstellung von Methoden zur Messung der Kinästhesie findet sich bei Howard u. Templeton (1966) u. Sage (1977); zur Bedeutung der T. beim Bewegungslernen u. innerhalb der Sportps. vgl. zsfd. Cratty (1975), der sich auch krit. mit den unterschiedl. Ansätzen auseinander setzt; ein Überblicksreferat zu ps. Aspekten u. Problemen der T. ist Bischof (1966); zu experimentalps. Untersuchungen vgl. Arnold (1972).

◆ Arnold, W. (Hg.): Experimentelles Praktikum 1. Bd. Stuttgart 1972; Bischof, N.: Stellungs-, Spannungs- u. Lagewahrnehmung. In: Metzger, W. (Hg.): Wahrnehmung u. Bewußtsein. HP, 1. Bd., 1. Hlb. Göttingen 1966, S. 409–497; Campenhausen, C. v.: Die Sinne des Menschen. Stuttgart 1993; Cratty, J. B.: Motor. Lernen u. Bewegungsvh. Frankfurt/M. 1975; Gibson, J. J.: Adaption, aftereffect, and contrast in the perception of curved lines. JExP 16, 1933, S. 1–33; Howard, I. P. u. Templeton, W. B.: Kinestesis. In: Howard, I. P. u. Templeton, W. B. (Hg.): Human spatial orientation. New York 1966; Poeck, K. (Hg.): Klin. Neurops. Stuttgart 1982; Sage, G.: Introduction to motor-behaviour: A neuropsychological approach. Reading/Mass. 1977.

Tiefensinne → Sinneswahrnehmung; → Tiefensensibilität.

Tiefenstruktur → generative Transformationsgrammatik.

Tiefenstrukturales Subjekt → Satzverarbeitung.

Tiefensuche → psychologische Heuristik.

Tiefenverb → Kasusgrammatik.

Tiefenwahrnehmung → Raumwahrnehmung; → Tiefensehen.

Tiefenwert → Stereopsis; → Raumwahrnehmung.

Tiefe Verarbeitung → Verarbeitungsebenen-Theorie.

Tierisches Bewusstsein → Tierpsychologie; → Bewusstsein.

Tierpsychologie, Forschungsgebiet der Ps. u. der Biologie, speziell der → Ethologie, das sich von einer restringierten Ethologie dadurch abhebt, dass es in stärkerem Maße psych. Funktionen, wie v. a. Gedächtnis, Denken u. auch Bewusstsein der Tiere analysiert. Eine T. als bewusster Gegenpart zu etholog. Ansätzen i. e. S. ist in den letzten Jahren wieder aktuell geworden, da sich gezeigt hat, dass Tiere über eine Fülle kognitiver Fähigkeiten verfügen, die unmögl. in einem restriktiv-etholog. Theorierahmen erklärt werden können, was auch dazu geführt hat, dass der Begriff des tier. → Bewusstseins wieder wissenschaftsfähig geworden ist; vgl. Griffin (1982) u. Hediger (1980). Zahlreiche Ergebnisse auf dem Gebiet der Wahrnehmung (Delius 1986), des Gedächtnisses (Kendrick u. a. 1984), der Konzeptbildung (Herrnstein 1985, Delius u. Nowak 1982) u. des Denkens (Epstein u. a. 1984, Dücker u. a. 1986) zeigen, dass nennenswerte kognitive Leistungen nicht an den Besitz von Sprache gekoppelt sind u. dass eine Vielfalt von anscheinend typ. menschl. Aufgaben durchaus mit der kognitiven Kapazität selbst von so primitiven Tieren wie Vögeln bewältigt werden kann.

VD: (1) Einige zentrale Aspekte u. Ergebnisse moderner tierps. Forschung sind: (a) *Wahrnehmung*: In verschiedenen Versuchen konnte gezeigt werden, dass Tauben eine typ. Intelligenztestaufgabe, näml. die Beurteilung der Identität von rotierten Mustern, u. U. schneller u. genauer als ein Mensch lösen können (Hollard u. Delius 1982, Delius 1986). (b) *Gedächtnis*: Das tier. Gedächtnis, von der skinnerschen Tradition bis zur Verneinung ignoriert, hat sich zunehmend als sehr extensiv u. strukturiert entpuppt (vgl. Spear u. Miller 1981; Kendrick u. a. 1984). Es konnten ähnl. Gedächtniseffekte wie beim Menschen demonstriert werden. Das Kurzzeitgedächtnis wird in der Reihenfolge Taube – Affe – Mensch zunehmend länger, wb. im mittleren Verzögerungsbereich typ. *Primacy-* u. *Recency-Effekte* auftreten, was der gängigen Annahme widerspricht, dass für diese eine semant. Verarbeitung verantwortl. sei, da dies bei Tieren ausgeschlossen werden kann. Auch Fortführungen der klass. tolmanschen Labyrinthversuche (z. B. Olton 1978) bewiesen, dass Tiere zu einer effizienten Speicherung räuml. Gedächtnisinhalte in der Lage sind. (c) *Konzeptbildung*: Tauben sind in der Lage, kleine Objekte in die Kategorien *kugelig/nichtkugelig* zu klassifizieren (vgl. Delius u. Nowak 1982); Dittrich (1987) hat gezeigt, dass Javaneraffen lernen können, Bilder von Insekten begriffsmäßig zu erkennen, wb. es sogar wahrscheinl. ist, dass sie tatsächl. nur lernten, eine ihnen bereits schon vorher zur Verfügung stehende Kategorisierung anzuwenden. Gut dokumentiert ist die Fähigkeit einer verallgemeinerten Erkennung von Reizpaaren als *gleich* u. *verschieden* (D'Amato u. a. 1985). All diese Versuche werfen ebenfalls Licht auf eine nicht ausschlaggebende Bedeutung der Sprache bei solchen Prozessen u. auf das allg. Problem des Verhältnisses von konkretem u. abstraktem Wissen. (d) *Denken*: Mehrere Versuche zeigen, dass simple Konditionierungsprinzipien nicht ausreichen, um das Lernvh. von Tieren zu erklären, vgl. die Analysen von Delius an Tauben; eine Diskussion zw. einer skinnerian. Lösung (Epstein u. a. 1984) u. einer krit. Gegenanalyse (Ellen u. Pate 1986) ergab sich auf dem Gebiet einer Weiterführung klass. Köhlerscher → Primatenversuche. Versuche an Stieglitzen (Dücker u. a. 1986) wiesen darauf hin, dass sogar diese pri-

mitiven Tiere zu einem planvollen Handeln in der Lage sind, wie es von Rensch u. Döhl (1967) anhand ähnl. Aufgaben bei Schimpansen nachgewiesen wurde.
(2) *T*: Mit dem Begriff *T.* wurde ursprüngl. meist der histor. Vorläufer der Ethologie bezeichnet – dieser Forschungsstrang verlor aber durch das Aufkommen der objektiven Vhsforschung zunehmend an Bedeutung – die »Ztschr. für Tierps.« erschien ab 1969 mit dem Untertitel »Journal of Comparative Ethology«, der zunehmend größer u. auffälliger gestaltet wird; krit. über die Semantik von »T.« u. »Ethologie« äußert sich Hediger (1980, S. 13ff.); ein neuerer Überblick über die Ethologie nennt sich wieder »T.« (Stamm 1984); vgl. hierzu aber die Anm. des Herausgebers Stamm (auf Seite VIII). Im Kategoriensystem der APA für die Psychological Abstracts gab es lange Zeit den Begriff »animal psychology«, der schließl. in »infrahuman psychology« umbenannt wurde; später wurde der Begriff »animal psychology« wieder verwendet.

LIT: Zum Überblick vgl. Hulse u. a. (1978); Griffin (1982); Roitblat u. a. (1984); McFarland (1985); deutschsprachig: Delius (1987); klass. Arbeiten waren Hempelmann (1926); Maier u. Schneirla (1935); Köhler (1968); über den »Graben« zw. T. älterer Prägung u. der neueren etholog. Vhsforschung, also über die Streitigkeiten, die bei der »Geburt« der Ethologie stattfanden, vgl. Meyer-Holzapfel (1978); zur Geschichte der T. mit bes. Berücksichtigung von England u. Amerika vgl. Burghardt (1978).

◆ Bruce, W.: Recognizing faces. Philosophical Transactions of the Royal Society. London 1983, B 302, S. 423–426; Burghardt, G. M.: Die Geschichte der Tierps. mit bes. Berücksichtigung von England u. Amerika. In: Stamm u. Zeier (1978) S. 20–29; D'Amato, M. R. u. a.: Symmetry and transitivity of conditional relations in monkeys (Cebus apella) and pigeons (Columba livial). JEAB 44, 1985, S. 35–47; Delius, J. D. u. Nowak, B.: Visual symmetry recognition by pigeons. PRes 44, 1982, S. 199–212; Delius, J. D.: Cognitive processes in the pigeon. In: d'Ydewlle, G. (Hg.): Cognition, information processing, and motivation. Amsterdam 1985; Delius, J. D.: Komplexe Wahrnehmungsleistungen bei Tauben. Spektrum der Wissenschaft 4, 1986, S. 46–58; Delius, J. D. u. Hollard, V.: Orientation invariance of shape recognition and forebrain lesions in pigeons. Behavioural Brain Research, 1987; Delius, J. D.: Kognition bei Tieren. In: Amelang, M.: Bericht über den 35. Kongreß der Dt. Ges. für Ps., 2. Bd. Göttingen 1987, S. 135–144; Dittrich, W.: Zum Gesichtserkennen bei Javaneraffen (Macaca fascicularis). Verhandlungen der Deutschen Zoolog. Gesellschaft 78, 1985, S. 334; Dittrich, W.: Klassifikation natürl. visueller Muster bei Javaneraffen (Macaca fascicularis). Zeitschrift für Tierps. 1987; Dücker, G. u. a.: Problemlösevh. von Stieglitzen (Carduelis carduelis) bei »manipulativen« Aufgaben. Zoolog. Beiträge 29, 1986, S. 377–412; Ellen, P. u. Pate, J. L.: Is insight merely response chaining? A reply to Epstein. PRe 36, 1986, S. 155–160; Epstein, R., u. a.: »Insight« in the pigeon: Antecedents and determinants of an intelligent performance. Nature 308, 1984, S. 61–62; Glünder, H.: Neural computation of inner geometric pattern relations. Biological Cybernetics 1986; Griffin, D. R. (Hg.): Animal mind – human mind. Berlin 1982; Güntürkün, O.: Lateralization of visually controlled behaviour in pigeons. Physiology and Behaviour 34, 1986, S. 575–577; Hediger, H.: Tiere verstehen. München 1984; Hempelmann, F.: Tierps. vom Standpunkte des Biologen. Leipzig 1926; Herrnstein, R. J.: Riddles of natural categorization. Philosophical Transactions of the Royal Society, B. 308, London 1985, S. 129–144; Hollard, V. u. Delius, J. D.: Rotational invariance in visual pattern recognition by pigeons and humans. Science 218, 1982, S. 804–806; Hulse, S. H. u. a.: (Hg.).: Cognitive processes in animal behaviour. Hillsdale 1978; Kendrick, D. R., u. a. (Hg.): Animal Cognition: theories of animal memory. Hillsdale 1984; Köhler, O.: Die Aufgabe der Tierps. Darmstadt 1968 (2. Aufl.); Lombardi, C. u. Delius, J. D.: Size invariance of pattern recognition in pigeons. In: Commons, M. L. u. a. (Hg.): Pattern, recognition and concepts in animals, people and machines. Hillsdale 1987; Lombardi, C. u. a.: Oddity of visual patterns conceptualized by pigeons. ALB 12, 1984, S. 2–6; Macphail, E. M.: Brain and intelligence in vertebrates. Oxford 1982; Maier, N. R. F. u. Schneirla, T. C. S.: Principles of animal psychology. New York 1935 (Neuaufl. 1964); McFarland, D.: Animal behaviour. Ptiman. London 1985; Meyer-Holzapfel, M.: Die Geburt der Ethologie. In: Stamm u. Zeier (1978) S. 29–39; Nottebohm, F.: Brain pathways for vocal learning in birds: A review of the first 10 years. Progress in Psychobiology and Physiological Psychology 9, 1980, S. 85–124; O'Keefe, J. u. Nadel, L.: The Hippocampus as a cognitive Map. Oxford 1978; Olton, D. S.: Characteristics of spatial memory. In: Hulse, S. H. u. a. (Hg.): Cognitive processes in animal behaviour. Hillsdale 1978; Pepperberg, J. M.: Cognition in the african grey parrot: preliminary evidence for auditory/vocal comprehension of the class concept. Animal Learning and Behaviour 11, 1938, S. 179–185; Perret, D. I. u. a.: Neurones responsive to faces in the temporal cortex: studies of functional organization, sensitivity to identify and relation to perception. Human Neurobiology 3, 1984, S. 197–208; Rensch, B. u. Döhl, J.: Spontanes Öffnen verschiedener Kistenverschlüsse durch einen Schimpansen. Zeitschrift für Tierps. 24, 1967, S. 476–489; Roitblat, H. L. u. a. (Hg.): Animal cognition. Hillsdale 1984; Shepard, R. N.: Recognition memory for words, sentences and pictures. JVLVB 6, 1967, S. 156–163; Spear, N. E. u. Miller, R. R. (Hg.): Information processing in animals: memory mechanisms. Hillsdale 1981; Stamm, R. A. (Hg.): Tierps. Weinheim 1984; Stamm, R. A. u. Zeier, H. (Hg.): Lorenz u. die Folgen. (Die Ps. des 20. Jahrhunderts., 6. Bd.) Zürich 1978; Terrace, H. S.: A nonverbal organism's knowledge of ordinal position in a serial learning task. Journal of Experimental Psychology. Animal Behaviour Processes 12, 1986, S. 203–214; Vaughan, W. u. Greene, S. L.: Pigeons visual memory capacity. Journal of Experimental Psychology. Animal Behaviour Processes, 10, 1984, S. 256–271; Woodruff, G. u. a.: Conservation of liquid and solid quantity by the chimpanzee. Science 202, 1978, S. 991–994; Wright, A. u. a.: Memory processing of serial lists by pigeons, monkeys and people. Science 229, 1985, S. 287–289.

Tiersprache → Sprache; → Tierpsychologie.

Tilgung → generative Transformationsgrammatik.

Tilting-room-tilting-chair-Test → visuelle Orientierung.

Time-on-target → Tracking.

Time-out → Auszeit.

Time-sharing → verteilte Aufmerksamkeit; → Doppelaufgabe; → Ressourcentheorie.

Timing-Theorien → kognitive Lerntheorien.

Tip-on-the-tongue-Phänomen [auch *Es-liegt-auf-der-Zunge-Phänomen*], die Tatsache, dass bei der → Sprachproduktion, bzw. → Sprachartikulation ein Wort blockiert ist, von dem man aber das sichere Gefühl hat, dass es im Gedächtnis gespeichert u. in seiner Ausführung weitgehend vorbereitet ist – eben »auf der Zunge liegt«; des Weiteren hat man eine ungefähre Vorstellung vom Klang dieses Wortes. Wichtige Untersuchungen hierfür stammen von Brown u. McNeill (1966); s. a. das Stw. → linguistische Fehleranalyse. Vom T. ist das → Gefühl des Wissens zu unterscheiden; vgl. Priller u. Mittenecker (1988).

Die Analyse des Phänomens hat Konsequenzen für theoret. Modelle der Sprachproduktion u. Sprachartikulation: Ganz grundsätzl. impliziert das T., dass Wortbilder unvollständig repräsentiert sein können u. dass Wortbilder u. Wortbedeutungen unabhängig voneinander repräsentiert sind, obwohl im Regelfall feste Verbindungen zw. ihnen bestehen. Eine weitere Folgerung ist, dass auch unser Langzeitgedächtnis eine phonem. Repräsentation beinhaltet – im Gegensatz zu dem, was ältere Gedächtnistheorien postulieren, die diese phonem. Dimension auf das Kurzzeitgedächtnis beschränkt wissen wollten; s. das Stw. → Mehrspeichertheorien.

LIT: Zum Überblick vgl. Brown (1991).

◆ Brown, A. S.: A review of the tip-on-the-tongue experience. PBU 109, 1991, S. 204–223; Brown, R. u. McNeill, D.: The tip-on-the-tongue-phenomenon. JVLVB 5, 1966, S. 325–337; Hart, J.: Memory and the feeling-of-knowing-experience. JEP, 56, 1965, S. 208–216; Klatzky, R. L.: Gedächtnis u. Bewußtsein. Stuttgart 1989; Priller, J. u. Mittenecker, E.: Experimente zum Unterschied von »Wort auf der Zunge« u. »Gefühl des Wissens«. ZEAP 35, 1988, S. 129–146.

Titchener Täuschung → geometrisch-optische Täuschungen.

T-Labyrinth → Lernlabyrinth.

TLC, Abk. für *Teachable Language Comprehender,* ein → semantisches Netzwerk (Collins u. Quillian 1969, 1972; Quillian 1969), das in elementarer Form die Grundprinzipien des Netzwerkmodells repräsentiert: (1) 3 Begriffsebenen werden unterschieden: (a) auf der Ebene 1 liegen die konkreten Begriffsinstanzen (Collins u. Quillian sprechen von *token*, ein Begriff, der auch in der dt. Fachsprache verwendet wird); Bsp. »Kanarienvogel«; (b) auf der Ebene 2 liegen die speziellen Begriffe (Collins u. Quillian sprechen vom *Typ*, engl. *type*; das Modell wird deswegen auch als *Type-token-Modell* o. *Typ-Token-Modell* bezeichnet); Bsp.: »Vogel«; (c) die 3. Ebene ist die der Oberbegriffe; Bsp.: »Tier«. Nach dem → Speicherökonomieprinzip sind auf jeder Ebene andere Merkmale des Begriffs gespeichert, s. Abb. *Semantik 5*. (2) Es werden zwei Arten von Verbindungen zw. den Kzptknoten unterschieden: die erste Art führt vom Begriff zur nächsthöheren Begriffsebene; die zweite vom Begriff zu den dazugehörigen Eigenschaften; s. Abb. Der zentrale empir. Gehalt besteht darin, dass Aussagen, wie z. B. »Ein Kanarienvogel kann fliegen« eine längere Überprüfungszeit benötigen als die Aussage »Ein Kanarienvogel ist gelb«, da zunächst die Ebene gewechselt werden muss, um Zugriff zum dort gespeicherten Merkmal zu erhalten (*Rekonstruktionsprinzip*); s. hierzu das Stw. → Satzverifikationsaufgaben.

HI/WÜ: TLC war das protagonist. semant. Netzwerk; aus der Auseinandersetzung mit seinen Grundideen entstand ein bedeutender Forschungsstrang der modernen kognitiven Ps.

VD: (1) *Typ* bzw. *type* wird häufig mit einem Kzpt. gleichgesetzt, bezeichnet also eine Klasse von Objekten, Merkmalen, Ereignissen o. Sachvh., während ein *token* eine einzelne Instanz einer Klasse darstellt. Mengentheoret. korrespondiert dem die »Ist-Element-von«-Relation. Eine andere Interpretation beruht auf der »Ist-Teilmenge-von«-Relation: danach bezeichnet ein *Typ* eine Oberklasse (bzw. einen Oberbegriff), während ein *token* eine Unterklasse (bzw. einen Unterbegriff) darstellt. Beide Interpretationen treffen allerdings nicht das von Quillian Gemeinte: nach seinem Lexikonmodell kann ein Typ-Knoten zunächst als ein Knoten des Wissensnetzes gekennzeichnet werden, der unmittelbar mit seiner Bedeutung assoziiert ist, während ein token ein Knoten ist, der nur indirekt, näml. über den ihm zugeordneten Typ-Knoten mit seiner Bedeutung verbunden ist. Diese Kennzeichnung ist allerdings eine strikt oberflächl. o. syntakt. Unterscheidung; die Frage ist, ob sich dahinter ein ps. relevanter Tatbestand verbirgt o. nicht; vgl. hierzu Aebli

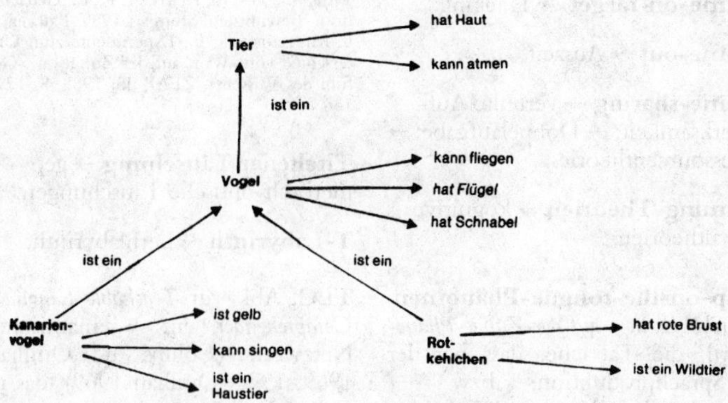

Abb. *Semantik 5*

(1981), der meint, dass dies nicht auf dem Inhalt von Begriffen beruht, sondern mit der Funktion ihrer Verwendung zusammenhängt, also mit der Art u. Weise, wie sich die Bedeutung eines Symbols aus seinen Beziehungen zu anderen Symbolen konstituiert; Aebli entwirft eine handlungstheoret. fundierte Interpretation der Begriffsbildung (*Berner Wissensmodell*).

(2) Typikalitätseffekte, also die Tatsache, dass Vpn typ. Exemplare schneller einer Kategorie zuordnen, führten dazu, dass Collins u. Loftus das TLC-Modell aufgaben u. eine → Aktivationsausbreitungstheorie konzipierten, in der sie die Idee einer hierarch. Struktur fallen ließen u. stattdessen die *semant. Ähnlichkeit* bzw. *Verwandtschaft* als Zentralbegriff aufbauten. Die Untersuchungen von Conrad (1972) zeigen näml., dass die Vertrautheit der Begriffs-Merkmals-Verknüpfung die Verifikationszeit eher determiniert als die log. Struktur des TLC. Auch konnte das TLC-Modell keine Aussagen über *Verneinungen* treffen u. z. B. die Tatsache, dass falsche Aussagen um so schneller falsifiziert werden, je größer die Distanz der in der Aussage miteinander verknüpften Begriffe ist, nicht integrieren. Collins u. Quillian erweiterten 1970 ihr Modell durch das Kzpt. der sog. *accessibility*: die Zugänglichkeit einzelner Begriffsknoten, gemessen durch die *semant. Distanz* zw. Begriffen. Des Weiteren wurden als zusätzl. Relationen eine *Ähnlichkeits-* u. eine *Teil-Ganzes-Relation* sowie eine Relation der *Nähe* eingeführt (Collins u. Quillian 1972). Zur Integration von Verneinungsaufgaben (Verifikationsaufgaben mit verneinten Sätzen) fügten sie die *Extraneous-path-Hypothese* ein, die besagt, dass eine Person eine plausible Aussage in jedem Fall überprüfen wird, während eine a priori unplausibel erscheinende Aussage sofort – über einen gesonderten Pfad – verneint wird u. somit eine kürzere Entscheidungszeit mit sich bringt; vgl. Hussy (1984).

◆ Aebli, H.: Denken: Das Ordnen des Tuns, 2 Bde. Stuttgart 1980/81; Collins, A. M. u. Quillian, M. R.: Retrieval time from semantic memory. JVLVB 8, 1969, S. 240–247; Collins, A. M. u. Quillian, M. R.: Does category size affect categorization time? JVLVB 9, 1970, S. 432–438; Collins, A. M. u. Quillian, M. R.: Experiments on semantic memory and language comprehension. In: Gregg, L. W. (Hg.): Cognition and learning. New York 1972; Conrad, C.: Cognitive Economy in semantic memory. JExP 92, 1972, S. 149–154; Hussy, W.: Denkps., 1. Bd. Stuttgart 1984; Jüttner, G.: Gedächtnis. München 1979; Quillian, M. R.: The teachable language comprehender. A simulation program and theory of language. Communications of the Association for Computing Machinery 12, 1969, S. 459–476.

Todestrieb → Psychoanalyse; Trieb.

Tötungshemmung → Aggression.

TOJ, Abk. für *temporal order judgement*; → Zeitwahrnehmung.

Token → TLC.

Token-management → primäre vs. sekundäre Verstärkung.

Token-reinforcement → primäre vs. sekundäre Verstärkung.

Toleranz für unrealistische Erfahrungen → kognitive Stile.

Tonfall → vokale Kommunikation.

Tonheit → Hören.

Tonhöhenempfindung → Hören.

Tonpsychologie → Hören.

Tonspektrogrammanalyse → Sprachwahrnehmung.

Tonus-Theorie, eine Theorie der gestalttheoret. orientierten Forscher Werner u. Wapner (1949ff.); sie beinhaltet, dass die Wahrnehmung von der allg. Einstellung, dem »Tonus« des Wahrnehmenden, abhängt, wb. *Tonus* in einem erweiterten Sinne verwendet wird u. den Spannungszustand nicht nur der Muskeln, sondern des gesamten Organismus meint. Zur Einordnung der T. in den theoret. u. histor. Gesamtzusammenhang vgl. Bischof (1966); zu philosoph. Aspekten vgl. Bischof (1968).

VD: Ein paradigmat. Experiment: Die Vp sitzt in aufrechter Haltung u. mit unbewegbarem Kopf in einem dunklen Raum u. soll an einem erleuchteten Stab die Vertikale visuell justieren; wenn der Tonus in einem Halsmuskel durch Stimulation seiner motor. Nerven erhöht wird, tritt eine signifikante subjektive Versetzung des Stabes zur Seite hin auf; auch Musik u. Stimulation des Gehörs beeinflussen die kinästhet. Beurteilung.

◆ Bischof, N.: Stellungs-, Spannungs- u. Lagewahrnehmung. In: Metzger, W. (Hg.): Allg. Ps. HP, Bd. I, 1. Hlb. München 1966, S. 409–497; Bischof, N.: Kybernetik in Biologie u. Ps. In: Moser, S. (Hg.): Information u. Kommunikation. München 1968, S. 63–73; Werner, H. u. Wapner, W.: Sensory-tonic field theory of perception. JPers 18, 1949, S. 88–107; Werner, H. u. a.: Experiments on sensory-tonic field theory of perception II. Effect of supported and unsupported tilt of body on the visual perception of verticality. JExP 42, 1951, S. 346–350; Werner, H. u. Wapner, W.: Toward a general theory of perception. PR 59, 1952, S. 324–338.

Top-down-Prozesse → Bottom-up- vs. Top-down-Prozesse.

Topisches Modell → Psychoanalyse.

Topographie eines Verhaltens → Reaktion.

Topologische Psychologie → Feldtheorie.

TOT → Tracking.

Total-time-hypothesis → Lernkurve.

TOTE-Einheit, von Miller u. a. (1960) begründetes Kzpt., das unter Adaptation des Regelkreis-Modells für die Ps. den → Reflexbogen als ps. Analyseeinheit durch eine kybernet. aufgefasste Rückkopplungsschleife ersetzt. Diese Schleife enthält die folgenden Elemente: (a) *Test* (Prüfphase) = Vergleich des Ist-Zustandes mit einem SollZustand; (b) *Operate* (Handlungsphase) = bei Soll-Ist-Differenzen wird nach einem Plan eine Handlung aktiviert, um die Differenz zu reduzieren; (c) *Test* = erneute Prüfphase; bei immer noch bestehender Inkongruenz erfolgt eine erneute Handlungsphase; (d) *Exit* (Abbruch) = für den Fall einer nicht erreichbaren Kongruenz wird die Handlung abgebrochen, weil das (Teil-)Ziel erreicht ist (o. aufgegeben werden muss).

◆ Miller, G. A. u. a.: Plans and the structure of behaviour. New York 1960 (dt.: Strategien des Handelns. Pläne u. Strukturen des Vhs. Stuttgart 1973).

TRACE-Modell → Worterkennung.

Tracking, eine wichtige Versuchsanordnung zur Untersuchung von → Bewegungen bzw. Prozessen des → sensomotorischen Lernens, einer der wichtigsten → psychomotorischen Tests: Ein vorgegebenes Signal (die *Vorlage*) muss entweder direkt durch Körperbewegungen o. meist mit Hilfe von Übertragungsmechanismen »verfolgt« werden; meist müssen die Vpn einen sich bewegenden Punkt mit einem griffelähnl. Stift verfolgen: *Pursuit-Rotor-Apparat*; s. Abb. *Bewegung 3* (aus Brickenkamp 1986). In modernen Apparaten wird sowohl das Zielelement, häufig eine senkrechte Linie, als auch der Nachführpunkt an einem Bildschirm dargestellt. T. ist eine Aufgabenstellung, die sich ursprüngl. aus dem Kontext von Flugabwehraufgaben ergeben hat.

Ein häufig verwendetes Leistungskriterium ist das *time on target* (TOT), also die Zeit, während der der Griffel mit dem Zielpunkt Kontakt hat bzw. sich in ei-

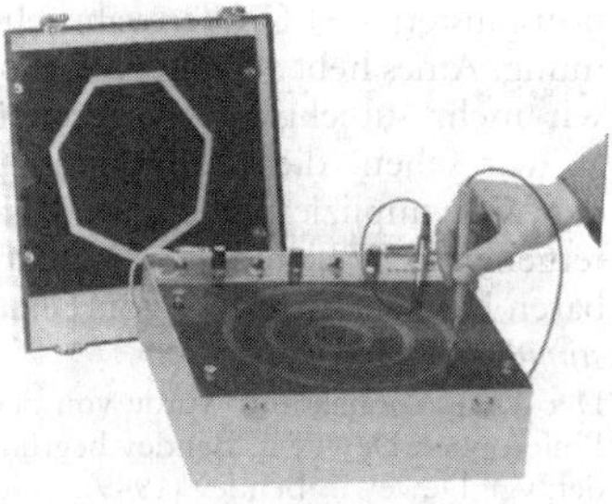

Abb. *Bewegung 3*

nem definierten Bereich um den zu verfolgenden Punkt befindet. Neben dem TOT ist ein wichtiges Leistungskriterium das *Fehlerintegral*, bei dem die absoluten Abweichungen über die Dauer des Versuchsdurchganges aufkumuliert werden; weitere Kriterien sind bei Poulton (1973) beschrieben. Aus dieser Untersuchungsmethode ergab sich als wichtige Gesetzmäßigkeit das sog. → Gesetz der konstanten Figurzeit.

VD: Dieses einfache Grundexperiment kann vielfältig u. auf komplizierte Weise abgewandelt werden; die Variationen beziehen sich meist auf die Art der Vorlage, die Art der Werkzeugtransformation, auch die Bedienungselemente, sowie die Art der Anzeige. Neben der oben beschriebenen Form, dem sog. *Folge-T.*, gibt es das *Kompensations-T.*: Hier wird nur die Abweichung der Folgepunkt-Position von der Zielpunkt-Position angezeigt, u. zwar durch die Distanz einer Marke von einem festen Ursprung. Es ist also nicht ohne weiteres zu erkennen, ob eine Änderung der angezeigten Abweichung auf eine Änderung der Zielpunkt-Position o. der Folgepunkt-Position zurückgeht. Eine bes. Variante, die *Reproduktions-Experimente*, bildeten sich ursprüngl. aus einem Vergleich zw. verbalem u. motor. Kurzzeitgedächtnis: In jedem Versuchsdurchgang wird eine Bewegung vorgegeben, meist derart, dass die Vpn bei geschlossenen Augen einen Schieber, der auf einer geraden Bahn verläuft, von einer Startposition bis zu einem mechan. Anschlag bewegen muss; nach kurzer Zeit – im Bereich zw. 65 Sekunden – sollen diese Bewegungen dann reproduziert werden; variiert werden u. a. Bedingungen der Vorgabe u. Reproduktion sowie das Behaltensintervall; vgl. hierzu Heuer (1983). Solche Experimente sind meist Ausgangspunkte für komplexe mathemat. Analysen, durch die die Trackingfertigkeiten von Vpn beschrieben werden. Die Vorlagen werden mathemat. nach den Funktionen klassifiziert, die die Bewegung des Zielpunktes beschreiben, z. B. *Sprung-*, *Rampen-*, *Sinus-* u. *Rauschfunktion*; das Trackingvh. wird häufig durch sog. *quasi-lineare Modelle* wiedergegeben, bei der die Bewegung des Menschen durch eine lineare Differentialgleichung beschrieben wird. Die ps. Adäquatheit dieser Modelle ist umstritten, unbestritten ist aber ihr Nutzen für ökonom. Fragestellungen, da sie eine Beschreibung menschl. Bewegungen liefern (vgl. Heuer 1983; Adams 1961). Genauere Informationen über komplizierte Modelle dieser Art finden sich bei Klix (1971).

LIT: Zur Übersicht vgl. Poulton (1966, 1973); Knight (1987); Heuer (1983); Cratty (1975).

◆ ADAMS, J. A.: Human tracking behaviour. PBu 58, 1961, S. 55–79; BILODEAU, E. A. (Hg.): Acquisition of skill. New York 1966; BRICKENKAMP, R. (Hg.): Handbuch apparativer Verfahren in der Ps. Göttingen 1986; CRATTY, B. J.: Motor. Lernen u. Bewegungsvh. Frankfurt/M. 1975; HEUER, H.: Bewegungslernen. Stuttgart 1983; KLIX, F.: Information u. Vh. Bern 1971; KNIGHT, J. jr.: Manual control and tracking. In: SALVENTY, G. (Hg.): Handbook of human factors. New York 1987, S. 183–218; POULTON, E. C.: Tracking behaviour. In: BILODEAU, E. A. (Hg.): Acquisition of skill. New York 1966; POULTON, E. C.: Tracking skill and manual control. New York 1973.

Trägheitstendenz, die Erscheinung, dass ein einmal angeregtes Vh. auch bei Wegfall der auslösenden Reize überdauert. Dieses Kzpt. ist Bestandteil des → Trieb-Kzpts.; zur Problematik vgl. Hinde (1973). In einer formalisierten Fassung ist das Kzpt. Bestandteil der → dynamischen Theorie von Atkinson u. Birch. Auch innerhalb der modernen Theorien der → Leistungsmotivation wurde eine solche Idee artikuliert u. formalisiert; vgl. Atkinson u. Cartwright (1964).

LIT: Vgl. zsfd. Atkinson u. Feather (1966); Schneider u. a. (1973); Herber (1976). Weiner (1970) legt eine Reihe von experimentellen Untersuchungen zur Wirksamkeit der T. vor; zur Kritik vgl. Heckhausen (1968).

◆ ATKINSON, J. W. u. CARTWRIGHT, D.: Some neglected variables in contemporary conceptions of decision and performance. PRep 14, 1964, S. 575–590; ATKINSON, J. W. u. FEATHER, N. T. (Hg.): A theory of achievement motivation. New York 1966; HECKHAUSEN, H.: Achievement motive research: current problems and some contributions toward a general theory of motivation. In: ARNOLD, W. J. (Hg.): Nebraska Symposium on Motivation. Lincoln 1968, S. 103–174; HERBER, H.-J.: Motivationsps. Stuttgart 1976; HINDE, R. A.: Das Vh. der Tiere, 2 Bde. Frankfurt/M. 1973 (Orig.: 1966); SCHNEIDER, K. u. a.: Motivation unter Erfolgsrisiko. Göttingen 1973; WEINER, B.: New concepts in the study of achievement motivation. In: MAHER, B. (Hg.): Progress in experimental personality research, Bd. 5. New York 1970.

Transaktion → Interaktionismus.

Transaktionale Stresstheorie → Stress.

Transaktionalismus → Interaktionismus; → transaktionalistische Wahrnehmungstheorie.

Transaktionalistische Wahrnehmungstheorie, eine → Wahrnehmungstheorie, verwandt dem → probabilistischen Funktionalismus. Der Begriff *Transaktionalismus* soll betonen, dass Wahrnehmung u. Umwelt nicht in einer einseitigen linearen Beziehung stehen, sondern dass die Welt u. der Wahrnehmende Teil eines ganzheitl. Prozesses sind. Ittelson spricht davon, dass der Beobachter seine Welt geradezu erschafft, »externalisiert«, was nötig ist, da die von der Wahrnehmung gegebenen Informationen nie eindeutig sind, sondern immer einer kognitiven Strukturierung bedürfen. Dies wird in eindrückl. Weise von den *Ames-Demonstrationen* belegt; s. die Stw. → Ames-Raum; → trapezoides Rotationsfenster; → Größenwahrnehmung. Ames hebt auch hervor, dass wir mehr subjektiv repräsentieren als wir sehen, die Wahrnehmung der Welt impliziert auch eine weitergehende Welt hinter den sichtbaren Dingen; er spricht von *Ultrastimulus-Wahrnehmung.*

Der Transaktionalismus wurde von den Philosophen Dewey u. Bentley begründet; vgl. Dewey u. Bentley (1949); in Ittelson (1960) ist eine Darlegung dieser Richtung anhand des Problems der Raumwahrnehmung; der Hauptvertreter ist A. Ames – ein empir. forschender Psychologe, für den nicht die philosoph. Interpretation im Vordergrund stand; seine Stärke war die Konstruktion genialer Reizkonfigurationen (vgl. Ames 1953ff.); vgl. hierzu Lukas (1996).

◆ AMES, A.: Reconsideration of the origin and nature of perception. In: RATNER, S. (Hg.): Vision and action. 1953; AMES, A. jr.: An interpretative manual. Princeton 1955; DEWEY, J. u. BENTLEY, A.: Knowing and the known. Boston 1949; ITTELSON, W. H. u. CANTRIL, H.: Perception: A transactional approach. New York 1954; ITTELSON, W. H.: Visual space perception. Berlin 1960; ITTELSON, W. H. u. KILPATRICK, F. P.: The monocular and binocular distorded rooms. In: KILPATRICK (1961); ITTELSON, W. H.: Perception and transactional psychology. In: KOCH, S. (Hg.): Psychology: A study of a science. 4. Bd. New York 1962; KILPATRICK, F. P. (Hg.): Explorations in transactional psychology. New York 1961; LUKAS, J.: Psychophysik der Raumwahrnehmung. Weinheim 1996.

Transduktion → genetische Epistemologie.

Transfer, die (positive) Beeinflussung von Denk-, Lern- u. Bewegungsprozessen durch andere ähnl. Prozesse. Dem T. im Wege stehen die → funktionale Gebundenheit u. → Problemlösungs-Einstellung.

Auf sprachl. Gebiet ist z. B. ein (*positiver*) T. gegeben, wenn das Erlernen einer Sprache (z. B. Latein) das Lernen einer anderen fördert. Die Idee einer *formalen Bildung* innerhalb der Pädagogik ist Ausdruck eines solchen T.-Kzpts. Ein wichtiges Bsp. für (*motor.*) T. ist der (*bi-*)*laterale*

T. (engl. *cross-training, cross-education*), d. h. die Übertragung einer Fähigkeit, die nur mit der einen Körperhälfte beherrscht wird, auf die andere Hälfte, z. B. vom linken auf den rechten Arm; allg. zum *motor.* T. vgl. Leist (1988). Wichtig ist auch der T. durch »gedankl. Übung«, das sog. → mentale Training. Murdock (1957) gibt eine Zusammenfassung der gebräuchl. Versuchspläne zum T. u. beschreibt die Berechnung einzelner Transfermaße; vgl. auch Bergius (1964). Das Prinzip der Lernerleichterung o. Lernersparnis durch positiven T. bzw. der Lernerschwerung durch negativen T. ist ein wichtiges ps. Messprinzip innerhalb der → Gedächtnispsychologie, vgl. Murdock (1957).

Die Abgrenzung von *T.* zu Phänomenen wie → Lerneinstellung, → Generalisierung, → Einsicht, → Problemlösen u. auch → Begriffsbildung ist fließend u. von theoret. Prämissen abhängig; vgl. hierzu ausführl. Bergius (1964).

TH: T. gehört zu den klass. Themen u. Problemen der → Lerntheorien: (a) In Hulls → systematischer Verhaltenstheorie erscheint T. als Spezialfall der → Reizgeneralisation, ähnl. wie schon in einer älteren Theorie von Judd (1908). (b) Die klass. Transfertheorie ist die *Theorie der ident. Elemente* von Thorndike (1914), die in einem elementarist. Sinne T. dadurch begründet, dass einzelne Teilelemente in beiden Aufgaben vorhanden sind, was zu den klass. Experimenten mit *abgeleiteten Reihen* geführt hat, bei denen Reihen von zu lernenden Silben gleiche Elemente enthalten – der dabei auftretende Grad von T. ist nach dieser Theorie proportional zur Anzahl ident. Elemente. (c) Das Kzpt. der → Lerneinstellung postuliert, dass T. auch stattfinden kann, wenn keine ident. Elemente gegeben sind; s. a. das Stw. → Mediationstheorien. (d) Für die → Gestalttheorie u. sämtl. kognitivist. Ansätze ist T. schon dadurch begründet, dass Vh. nicht elementarist. ist, sondern durch Strukturen geprägt wird, die als solche immer situationsübergreifend sind (Katona 1950). Zu weiteren theoret. Ansätzen s. die Stw. → Interferenz; → retroaktive Hemmung; → einfaches Lernen. (e) Eine histor. bedeutsame Transfertheorie, die ein quantitatives Kzpt. über den Zusammenhang von T. u. Ähnlichkeit beinhaltet, ist C. E. Osgoods (1959) dreidimensionales Transfermodell; man spricht auch von der osgoodschen *Transferfläche.* Diese Theorie beinhaltet positiven wie negativen T. u. ist demgem. auch eine → Interferenztheorie. Osgood geht vom neurophysiolog. Prinzip der *reziproken Reaktionshemmung* aus, dass näml. mit dem Erlernen einer Reaktion B auf den Reiz A gleichzeitig gelernt wird, nicht mit dem Gegenteil von B zu reagieren – die Hemmung müsste deshalb bei antagonist. Reaktionskriterien in den beiden Lernteilen maximal sein; die Abb. *Lernen 13* zeigt Osgoods Modell u.

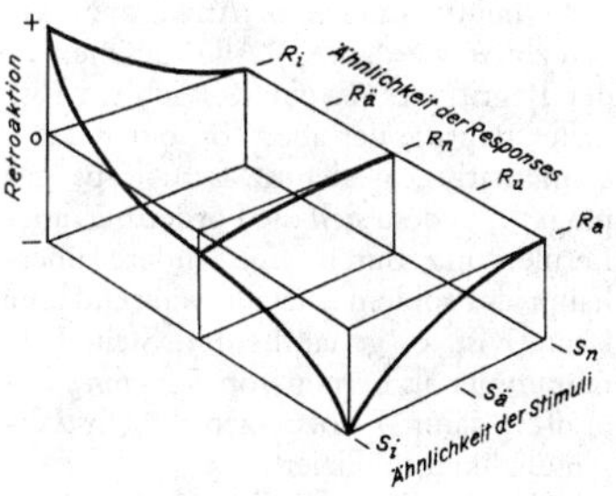

Abb. *Lernen 13*

die darin enthaltenen Gesetzmäßigkeiten. Osgoods Modell erweitert u. präzisiert die *Skaggs-Robinson-Kurve*, eine graph. Veranschaulichung des Gesetzes, dass mit wachsender Ähnlichkeit auch die Interferenz, also der negative T., ansteigt, auf dem Ähnlichkeitskontinuum aber irgendwo ein Umschlag erfolgt, da bei maximaler Ähnlichkeit eine bloße Fortsetzung des Lernens u. damit eine Verbesserung der Behaltensleistung vorliegt; s. hierzu die Abb. *Gedächtnis 5* im Stw. → Interferenz. Das Modell von Osgood wurde lange Zeit als die beste Zsf. des Wissens über T. akzeptiert; vgl. McGeoch u. Irion (1952); vgl. auch Postman (1961); Slamecka u. Ceraso (1960).

VD: (1) *T*: (a) *T.* wird meist im Sinne von *positivem T.* gebraucht, näml. als Förderung einer Leistung durch eine andere; im allgemeinen Sinne kann man auch von *negativem T.* (→ Interferenz) sprechen. Im dt. Sprachraum war für *T.* der ältere Begriff der *Mitübung* gängig. (b) Der → Anwärm-Effekt wird, obgleich formal unter die T.-Definition fallend, meist nicht als *T.* bezeichnet. (c) Der Terminus *lateraler T.* wird bisweilen im Sinne von *bilateralem T.* benutzt (s. o.), häufiger jedoch im Sinne eines T. auf Aufgaben desselben Niveaus; dagegen spricht man von *vertikalem T.*, wenn es um die Übertragung von Fähigkeiten geht, die verschiedenen Ebenen zugehören, z. B. die Übertragung von untergeordneten auf übergeordnete Fähigkeiten. (d) Oftmals wird zw. *allgemeinem* u. *speziellem T.* unterschieden; *allgemeiner T.* betrifft eine ganze Kategorie des Lernens, z. B. serielles Lernen, während der *spezielle T.* der T. einer speziellen gelernten Reihe auf eine andere ist. Bisweilen wird auch von *unspezif. T.* gesprochen, zu dem → Lerneinstellungen o. Anwärmeffekte gerechnet werden. (e) Allg. gesehen ist der Begriff des *T.* ein weitgehend formaler Begriff, der aber von einem eher elementarist., mechanist. Lern-Kzpt. geprägt ist, in dem sich die Förderung einer Lernleistung durch eine andere überhaupt als Problem darstellt, während eine kognitivist. o. gestalttheoret. Sicht Lernen immer als Lernen von *Strukturen* begreift u. damit T. sozusagen als Selbstverständlichkeit impliziert.

(2) Als *Differentielles Transfer-Paradigma* bezeichnet man ein experimentelles Design, das einen Vergleich von Transfereffekten zw. zwei Aufgaben ermöglicht; so wird z. B. ein Text einmal durch leises Lesen u. einmal durch aktive Rezitation gelernt, wb. die Hälfte der Vpn die beiden Aufgaben in der einen Reihenfolge, die andere in der umgekehrten durchführt; danach werden alle Vpn in beiden Aufgaben getestet.

LIT: Vgl. zum Überblick Hilgard u. Bower (1973); Bergius (1964); Hörmann (1964); Baddeley (1979); zum Phänomen des kontralateralen T. vgl. Kuhn (1987).

◆ Baddeley, A.: Die Ps. des Gedächtnisses. Stuttgart 1979; Bergius, R.: Übungsübertragung u. Problemlösen. In: Bergius, R. (Hg.): Lernen u. Denken. HP, 1. Bd., 2. Hlb. Göttingen 1964, S. 284–326; Hilgard, E. R. u. Bower, G. H.: Theorien des Lernens, 2 Bde., Stuttgart 1973; Hörmann, H.: Die Bedingungen für das Behalten, Vergessen u. Erinnern. In: Bergius, R. (Hg.): Lernen u. Denken. HP, 1. Bd., 2. Hlb., Göttingen 1964, S. 225–284; Judd, C. H.: The relation of special training to general intelligence. Educational Review 36, 1908, S. 28–42; Kuhn, W.: Zum Phänomen des kontralateralen Transfers. Köln 1987; Leist, K. H.: Transfer im Sport. Schorndorf 1978; McGeoch, A. u. Irion, A. L.: The psychology of human learning. New York 1952; Murdock, B. B.: Transfer designs and formulars. PBu 54, 1957, S. 313- 326; Osgood, C. E.: The similarity paradox in human learning. PR 56, 1949, S. 132–143; Postman, L.: The present status of interference theory. In: Cofer, C. N. (Hg.): Verbal learning and verbal behaviour. New York 1961, S. 152–179; Singer, R. N.: Motor. Lernen u. menschl. Leistung. Bad Homburg 1985; Slamecka, N. J. u. Ceraso, J.: Retroactive inhibition of verbal learning. PBu 57, 1960, S. 449–475; Thorndike, E. L.: The psychology of learning. EdP, 2. Bd. New York 1913.

Transfertheorie der Interferenz → Interferenz.

Transfer-von-Kontrolle-Technik → konditionierte emotionale Reaktion.

Transformationale Fußnote → Fußnoten-Hypothese.

Transformationale Komplexität → Ableitungskomplexität.

Transformationen → generative Transformationsgrammatik.

Transformationsgrammatik → generative Transformationsgrammatik.

Transformationsprobleme → Problemlösen.

Transitive Verkettungstheorie → logisches Schlussfolgern.

Transpersonale Psychologie, Oberbegriff für verschiedenartige Ansätze, die v. a. die Bedeutung außergewöhnl. Bewusstseinsstände u. der außersinnl. Wahrnehmung für die Ps., Psychiatrie u. Psychotherapie thematisieren, also ps. Prozesse, die den engen Rahmen des Ich u. der eigenen Person transzendieren u. einen Paradigmawechsel der akadem. Ps. fordern. Protagonisten sind Grof, Tart, Walsh, Wilber; Vorläufer werden in der → humanistischen u. existentialistischen Ps. gesehen (Maslow, May). Als Wegbereiter der Ideen gilt C. J. Jung mit seiner → komplexen Psychologie.

◆ Grof, S.: Topographie des Unbewußten. Stuttgart 1983; Maslow, A. H.: Religion, values and peak-experiences. Columbo 1964; Ornstein, R. E.: The mindfield. New York 1976; Paulus, P.: Selbstverwirklichung u. psych. Gesundheit. Göttingen 1994; Pelletier, K. R.: Towards a science of consciousness. New York 1978 (dtsch.: Unser Wissen vom Bewußtsein. München 1982); Tart, C. T.: Transpersonale Ps. Olten u. Freiburg i. Br. 1978; Tart, C.: Hellwach u. bewußt leben. Bern 1988; Valle, R. S. u. von Eckartsberg, R.: The metaphors of consciousness. New York 1981; Walsh, R. N. u. Vaughan, F.: Ps. in der Wende. Grundlagen, Methoden u. Ziele der transpersonalen Ps. Bern 1985; Watts, A. W.: ZEN-Buddhismus. Reinbek 1961; Wilber, K.: Halbzeit der Evolution. Bern 1984; Wilber, K. (Hg.): Das holograph. Weltbild. Bern 1986; Wilber, K.: Das Spektrum des Bewußtseins. Bern 1987; Wilber, K. u. a.: Ps. der Befreiung. München 1988; Zundel, E. u. Fittkau, B. (Hg.): Spirituelle Wege u. transpersonale Psychotherapie. Paderborn 1989.

Transpirogramm → physiologische Psychologie (Kasten psychophysiologische Methoden).

Transponierbarkeit → Gestalt; → Prägnanz.

Transporteffekt → phänomenale Kausalität.

Transposition. *Transpositionsvh.* bzw. *Transpositionslernen* (auch *Umlernen*) liegt vor, wenn ein Tier bzw. eine Vp ein Vh. nicht nur auf den Reiz hin ausführt, auf den es gelernt worden ist, sondern es auf Reizmuster überträgt – *transponiert* – auf die es nicht gelernt worden ist, u. zwar auf eine Art u. Weise, die einer einfachen lerntheoret. Interpretation als → Generalisation zu widersprechen u. eher auf das Vorliegen einer Art von → Begriffslernen hinzuweisen scheint. Ein Bsp. für eine Umlernaufgabe: Ein kleines u. ein großes Quadrat werden vorgegeben, wb. das kleine belohnt wird; danach wird ein neues Paar von Quadraten vorgegeben, bei dem das kleinere in der absoluten Größe dem großen Quadrat des vorherigen Quadratpaares entspricht; die Abb. *Lernen 14* zeigt den Versuchs-

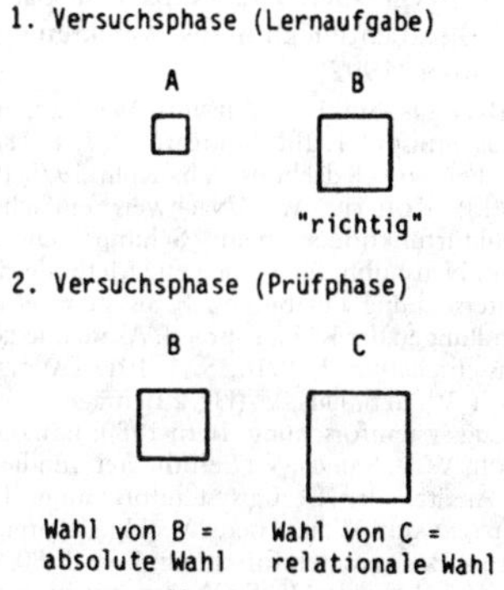

Abb. *Lernen 14*

aufbau solch einer Transpositionsaufgabe. Reagiert die Vp nun auf das kleinere Quadrat des zweiten Paares, so liegt die Interpretation nahe, dass sie schon bei dem vorhergehenden Quadratpaar nicht auf den *absoluten* Einzelreiz reagiert hat, sondern auf eine *Relation*; *(relationale Theorie der T.)*. Zur Darstellung weiterer Experimente vgl. Foppa (1975); s. a. die Stw. → Begriffslernen; → Diskriminationslernen; → Reversal-shift-Experimente.

V. a. die → Gestalttheorie vertritt eine relationale Theorie u. hebt die Bedeutsamkeit von Transpositionsphänomenen hervor, die für sie paradigmatischerweise in Melodien verwirklicht sind. Sie sieht darin eine Bestätigung ihrer

Annahme, dass jedes Erkennen u. jedes Lernen strukturell u. relational ist u. nicht elementarist.; vgl. z. B. Köhler (1918). Der Versuch, T. reduktionist. im Sinne der behaviourist. Lerntheorien auf einen einfachen Prozess der Generalisation zurückzuführen, wurde von Spence (1937) unternommen: die sog. *absolute Generalisationshypothese* mit der zentralen Idee der → Gipfelverschiebung. Ein eher den amerikan. Lerntheorien nahestehender Vertreter einer relativen Unterscheidungstheorie ist Lashley (1942); vgl. hierzu Bredenkamp u. Wippich (1977). Eine Alternativinterpretation im Geiste der → Bezugssystemtheorien ist Thomas (1974); vgl. hierzu Lauterbach u. Sarris (1980); zu entwicklungsps. Aspekten vgl. Trautner (1992).

◆ Bredenkamp, J. u. Wippich, W.: Lern- u. Gedächtnisps., 1. Bd. Stuttgart 1977; Foppa, K.: Lernen, Gedächtnis, Vh. Köln 1975 (9. Aufl.); Köhler, W.: Nachweis einfacher Strukturfunktionen beim Schimpansen u. beim Haushuhn: über eine neue Methode zur Untersuchung des bunten Farbsystems. Abhandlungen der Königl.-preuß. Akademie der Wissenschaften 2, 1918, S. 1–101; Lauterbach, W. u. Sarris, V. (Hg.): Beiträge zur ps. Bezugssystemforschung. Bern 1980; Lauterbach, W. u. Sarris, V.: Lerntheoret. fundierte Ansätze der Bezugssystemforschung. In: Lauterbach, W. u. Sarris, V. (Hg.): Beiträge zur ps. Bezugssystemforschung. Bern 1980, S. 56–105; Lashley, K. S.: An examination of the »continuity theory« as applied to discriminative learning. JGP 26, 1942, S. 241–265; Spence, K. W.: The differential response in animals to stimuli varying within a single dimension. PR 44, 1937, S. 430–444; Thomas, D. R.: The role of adaption-level in stimulus generalization. In: Bower, G. H. (Hg.): The psychology of learning in motivation, 8. Bd. New York 1974; Trautner, H. M.: Lehrbuch der Entwicklungsps., 1. Bd. Göttingen 1992.

Transpositionistisches Axiom → Behaviourismus.

Transpositionslernen → Transposition.

Transswitching, das Phänomen, dass von zwei unterschiedl. Reaktionen, die durch → Konditionierung an zwei verschiedene Stimuli gebunden wurden, z. B. eine Beugereaktion des Vorderbeins an einen Lichtreiz u. eine Beugereaktion des Hinterbeins an einen Ton, die eine Reaktion auch durch den anderen Reiz ausgelöst wird, so dass sowohl beim Lichtreiz als auch beim Ton eine Beugereaktion des Hinterbeins auftritt.

HI: Das Kzpt. wurde von dem poln. Physiologen Konorski 1933 (vgl. Konorski 1948) begründet. Asratyan war der Erste, der diese Kontextbedingungen systemat. experimentell manipulierte u. analysierte; vgl. Asratyan (1965).

TH: Es wird angenommen, dass diese *Verschiebung, switching* o. *t.* durch einen nichttrainierten *Kontextreiz* determiniert wird, der bei beiden Reizen vorhanden war, z. B. die Befestigungs- bzw. Registriervorrichtung o. auch das gesamte Laboratorium. T.-Effekte widersprechen insofern einer wichtigen Grundannahme der klass. Konditionierungstheorien, da sie darauf hinweisen, dass die Reaktion nicht nur an einen einzelnen Stimulus, sondern an den ganzen Kontext gekoppelt ist – eine Beobachtung, die bereits in Pawlows Labor gemacht wurde.

VD: Konorski sprach von *cortical switching*; er unterschied *homogenes switching* – wie das oben beschriebene Phänomen – von *heterogenem switching*, bei dem die unterschiedl. Reaktionen auch nach unterschiedl. Lernparadigmen, z. B. dem Belohnungs- o. Vermeidungslernen, trainiert wurden. Konorski glaubte, dass diese Phänomene auf das motor. Reaktionssystem beschränkt sind, Asratyan (1961) wies sie aber auch im autonomen Reaktionssystem nach. Zur Unterscheidung von *ton.* u. *phas.* T. u. deren Bedeutung vgl. Hamm (1987); vgl. auch Murrin u. Kimmel (1986). Kimmel (1979) betont die Bedeutung ton. Reaktionslagen für die Persistenz konditionierter phas. Angst; vgl. Hamm (1987) u. Lachnit (1985).

LIT: Vgl. zum Überblick Kimmel (1979); Hamm (1987); zu neueren Untersuchungen vgl. Murrin u. Kimmel (1986); zur Kritik vgl. Lachnit (1986).

◆ Asratyan, E. A.: Compensatory adaptation reflex activity and the brain. New York 1965; Asratyan, E. A.: The initiation and localization of cortical inhibition in the conditioned reflex arc. Annals of the New York Academy of Science 92, 1961, S. 1141–1159; Hamm,

A.: Kontext u. Reizinhalt: ihre Einflüsse beim klass. Konditionieren. Regensburg 1987; Kimmel, H. D.: The transswitching paradigm: a tool for studying the effect context. In: De Zeeuw, G. u. van den Eeden, P. (Hg.): Problems of context. Amsterdam 1979, S. 213–226; Konorski, J. A.: Conditioned reflexes and neuron organization. Cambridge 1948; Lachnit, H.: Transswitching u. abhängiges Konditionieren. Dreieich 1985; Lachnit, H.: Transswitching and contextual conditioning. The Pavlovian Journal of Biological Science 21, 1986, S. 160–172; Murrin, M. R. u. Kimmel, H. D.: Determinants of tonic and phasic reactions in transswitching. PJBS 21, 1986, S. 117–123.

Trapezoidales Fenster → Umstrukturierungs-Bewegung.

Trapezoides Rotationsfenster → Umstrukturierungs-Bewegung.

Trauer [ähnl. *Kummer, Gram*], → primäre Emotion die als psych. Reaktion auf Verluste, in der Regel Verluste geliebter Personen (→ Bindungsverhalten) entsteht. Averill (1968) unterscheidet *Objektverlust* u. *Rollenverlust* (s. a. das Stw. → Einsamkeitsgefühl). Lindemann (1944) beschreibt als zentrale Komponenten: das subjektive Erlebnis des Traumas u. die somat. Manifestationen (Erschöpfung, Appetitlosigkeit, Schlaflosigkeit, mangelnde Initiative bis hin zur Apathie aber auch Ruhe- u. Rastlosigkeit). T. wird von der Depression abgegrenzt, in der – zumindest bei starker Ausprägung – kaum noch ein Empfinden von Gefühlen u. damit auch nicht von T. mögl. ist. T. dagegen sei eine echte Emotion, der eine wichtige adaptive Funktion bei der Überwindung des Verlusts zukommt. Freud prägte dafür den Begriff der *Trauerarbeit*: dabei werde alle Libido aus ihrer Verknüpfung mit dem Objekt abgezogen; Abraham u. Klein haben als weitere Funktion die *Internalisierung* des verlorenen Objekts betont. Die → Bindungstheorie sieht in der wiederbelebten Trennungsangst früher Kinderjahre den Schlüssel zum Verständnis der T.: grundsätzl. sei T. ein Zeichen einer gesunden Persönlichkeit, die in der Lage ist, tiefere Bindungen einzugehen. Unter phylogenet. Aspekt sieht Averill (1968) die evolutionäre Funktion der T. darin, dass bei nur zeitweiligen Trennungen durch das Trauervh. eine neue Bindung u. damit die Zerstörung einer alten Beziehung verhindert wird – ein Vh., das beim Todesfall sozusagen ins Leere stößt.

Trauerprozesse verlaufen meist nach einem bestimmten Phasenschema: (a) Schockphase; (b) Phase der Verzweiflung u. des Kummers; (c) wird der Trauerprozess adäquat vollendet (u. mündet nicht in eine pathol. T.), so erfolgt schließl. die Phase der Anpassung o. der Erholung, in der das Interesse an der Außenwelt wieder erwacht u. eine seel. Stabilisierung erfolgt. Weitere Phasenschemata: Parkes (1974): Betäubung – Sehnsucht/Suche – Verzweiflung – Genesung; Greenblatt (1978): Schock – Sehnsucht/Depression – Emanzipation/Anpassung – Identität – Rekonstruktion; Bowlby (1983): Betäubung – Sehnsucht/Suche/Zorn – Desorganisation/Verzweiflung – Reorganisation; Kast (1983): Nichtwahrhabenwollen – aufbrechende Emotion – Suchen u. Sich-Trennen – neuer Selbst- u. Weltbezug. Eine Analyse der Schriftstellerin Goldmann-Posch (1988) zeigt aber, dass diese Abschlussphase bei Verlusten des eigenen Kindes oft nicht stattfindet u. dass bei Müttern nicht selten lebenslange T. existiert.

LIT: Zu lerntheoret. Modellen vgl. Blöschl (1978); zum Überblick vgl. Hoffmann (1983); Ulich u. Mayring (1992).

◆ Averill, J. R.: Grief, its nature and significance. PB 70, 1968, S. 721–738; Blöschl, L.: Psychosoziale Aspekte der Depression. Bern 1978; Bowlby, J.: Verlust, Trauer u. Depression. Frankfurt/M. 1983; Goldmann-Posch, U.: Wenn Mütter trauern. München 1988; Greenblatt, M.: The grieving spouse. AJP 35, 1978, S. 43–47; Hoffmann, N.: Trauer. In: Euler, H. A. u. Mandl, H. (Hg.): Emotionsps. München 1983, S. 183–188; Kast, V.: Trauern. Stuttgart 1983; Lindemann, E.:

Symptomatology and management of acute grief. AJPsy 101, 1944, S. 141–148; Lindemann, E.: Beyond grief. New York 1979; Margolis, O. S. u. a. (Hg.): Acute grief. New York 1981; Ochsmann, R.: Trauer – ontolog. Konfrontation. Stuttgart 1991; Parkes, C. M.: Vereinsamung. Reinbek 1974; Pincus, L.: Bis dass der Tod euch scheidet. Berlin 1982; Rost, W.: Emotionen. Berlin 1990; Schoenberg, B. u. a.: Loss and grief. New York 1970; Ulich, D. u. Mayring, P. (Hg.): Ps. der Emotionen. Stuttgart 1992.

Trauerarbeit → Trauer.

Traum. Das Phänomen des Träumens hat die Menschheit seit Jahrtausenden fasziniert. Folgendes sind die zentralen Themen u. Probleme: (a) Eine Betrachtungsweise nimmt an, dass Wachen u. Träumen sich komplementär zueinander verhalten, also einander ausschließen, ein zweites Modell betont eher die Kontinuität zw. beiden. Die Psa. neigt eher zur ersten Sichtweise, während für die moderne Schlaf- u. Traumforschung eher das zweite Modell kennzeichnend ist. Untersuchungen ergaben z. B., dass auch im Wachzustand, bei geschlossenen Augen u. beim Versuch zu entspannen, häufig Erlebnisse traumähnl. Charakters auftreten, woraus die Schlussfolgerung gezogen worden ist, dass diese Prozesse sozusagen unter der Oberfläche ständig fließen u. im T. nur stärker zum Ausdruck kommen können; zur weiteren empir. Forschung vgl. Cartwright (1982). (b) Schon in den Anfängen der Traumforschung wurde dem *Einschlaferleben* viel Aufmerksamkeit geschenkt, der Begriff *hypnagoge Halluzination* wurde geprägt, um die Veränderung des Erlebens während dieser Phase der Phänomene zu charakterisieren. (c) In Traumbüchern wird immer wieder geschildert, dass im T. bestimmte Trauminhalte wie Metamorphosen, Fallen, Nicht-von-der-Stelle-Kommen, Fliegen, Zahnausfall häufig auftreten; die wissenschaftl. Ps. kann dies nicht belegen, diese Trauminhalte scheinen sich eher aufgrund ihrer Auffälligkeit im Gedächtnis besonders einzuprägen. (d) Mit dem Problem der Sinneswahrnehmung im T. haben sich die Forscher seit früher Zeit beschäftigt. Schon Mary Calkins hat 1893 eine Tabelle veröffentlicht, in der sie aufgeschlüsselt hat, wie häufig die verschiedenen Sinneswahrnehmungen in Träumen vertreten waren: Sehen u. Hören waren die vorherrschenden Sinneseindrücke, während nur ganz selten etwas ertastet, gerochen u. nie etwas geschmeckt wurde – ein Ergebnis, das sich in späteren Untersuchungen bestätigt hat. (e) Neben Sinneswahrnehmungen existiert ein fast gleich großer Anteil kognitiver Prozesse wie Gedanken, Wissen u. Erinnerungen, zu einem geringeren Anteil Gefühle – obgleich diese eine bes. intensive Komponente des Traumerlebens darstellen. In neueren Forschungen zeigte sich erstaunlicherweise, dass positive Gefühle weit überwiegen (nach Strauch u. Meier 1992). (f) Zum Thema *Alptraum* vgl. Hartmann (1984); bisweilen werden *Alpträume* i. e. S. von *Angstträumen* unterschieden: Erstere entstehen vorwiegend im Tiefschlaf, Menschen schrecken plötzl. hoch u. sind minutenlang desorientiert, während Angstträume vorwiegend in der REM-Phase erlebt werden; sie sind zwar häufig von großer Erregung begleitet, die Schläfer können sich aber beim Aufwachen schneller orientieren u. sich an detaillierte konkrete Trauminhalte erinnern. (g) Charakterist. für den T. ist, dass die Erinnerung am Morgen danach »zerrinnt«, Menschen unterscheiden sich – ohne dass bisher geklärt ist, woran dies liegt – durch ihr gutes

o. schlechtes Erinnerungsvermögen an T.; zu ps. Faktoren der Traumerinnerung vgl. Strauch u. Meier (1992). (h) Als Beginn der wissenschaftl. Traumforschung wird bisweilen die in der modernen Schlafforschung in den 50er Jahren gemachte Entdeckung gewertet (durch die frühere Vermutungen bestätigt worden sind), dass Traumprozesse durch schnelle Augenbewegungen physiolog. objektiv indiziert werden (*rapid eye movements*, sog. *REM-Phasen* des Schlafs, im Unterschied zu den *NON-REM-Phasen*, kurz *NREM-Phasen*). In der physiolog. orientierten Traumforschung besteht eine wichtige Methode darin, dass Träumer in o. nach REM-Phasen geweckt u. gebeten werden, von ihrem T. zu berichten. Neuere Forschungen zeigen, dass die ursprüngl. Hypothese, dass Träumen an den REM-Schlaf gebunden ist, nicht zutrifft. In *Traumverhinderungsexperimenten* ergaben sich Angstzustände, Reizbarkeit u. Konzentrationsschwierigkeiten, bisweilen jedoch auch das Gegenteil. Insbes. scheint ein Regelmechanismus zu existieren, dass fehlender REM-Schlaf später durch übermäßig viel REM-Schlaf nachgeholt wird (die populäre Schlussfolgerung: wenn man nachts nicht träumen kann, wird man verrückt o. hat während des Tages Halluzinationen, ist jedoch in dieser Drastik nie empir. belegt worden). REM-Schlafverkürzung bei Depressionen, sei es durch Medikamente o. durch experimentelle Schlafunterbrechungen, bewirkt positive Veränderungen im Wachzustand u. ein Schlafnachholbedürfnis. (i) Die Frage, ob das Erleben im T. einheitl. ist o. ob es schlafstadienspezif. Träume gibt, kann noch nicht abschließend beantwortet werden. In den REM-Träumen scheinen sich Träumer häufiger Gedanken über den T. u. über sich selbst zu machen, während sie sich im NREM-Schlaf eher unreflektiert dem Geschehen überlassen. T. aus der NREM-Phase werden eher als kurze Erlebnisse beschrieben, deren Eindrücke fragmentar. u. unverbunden sind, sie sind im Ausdruck eher gedankenartig, wb. der Träumer gefühlsmäßig häufig nicht einbezogen ist.

TH: Die Traumtheorien lassen sich in drei Gruppen einteilen: (a) die Theorien, die dem Traum informationsverarbeitende Funktionen zuschreiben, fokussieren meist auf die während des REM-Schlafes ablaufenden Prozesse: es komme dort zur Löschung von irrelevanten Informationen, um neuen Speicherplatz für zukünftiges Material zu schaffen; ein anderer Ansatz geht davon aus, dass es zu einer Informationskonsolidierung des Langzeitgedächtnisses u. zur Ausbildung von Engrammen kommt, zum Teil wird angenommen, dass nicht jede Information transferiert wird, sondern nur jene, welche individuell von emotionaler Bedeutung ist. (b) Die zweite Gruppe von Modellbildungen fokussiert – wie C. G. Jung – die kompensator. Funktion des Traumes: belastende Tagesereignisse werden im Traum aufgearbeitet u. zwar auf eine Weise, dass Erfolgserlebnisse o. positive Emotionen quasi nachgeholt werden. (c) Den dritten Schwerpunkt bilden die sog. Mastery-Theorien, welche der Theorie Alfred Adlers folgen: Auch hier werden emotional belastende Tagesreste themat. aufgegriffen u. danach in unterschiedl. Problemlösungsstrategien bearbeitet; vgl. für einen knappen Überblick Pollmächer u. Lauer (1992); vgl. zum Überblick über die Ergebnisse der neueren experimentellen Traumforschung Riemann (1990). (d) Über die evolutionäre Rolle des T. gibt es verschiedene Hypothesen: Er spiele bei der Entwicklung der neuralen Verschaltungen im Gehirn eine wichtige Rolle u. bereite die höheren Gehirnzentren auf die Verarbeitung des massiven Ansturms der Reize vor, dem der Organismus vom Tage der Geburt an ausgesetzt ist – u. ist demgem. um so notwendiger u. ausgeprägter, je unreifer der Organismus bei der Geburt ist (wie dies z. B. für Menschen o. auch Katzen zutrifft, während es bei anderen Tieren in geringerem Maße ausgeprägt ist). Außerdem wird eine Art Reparaturfunktion gesehen, insbes. auch für die Übertragung vom Kurzzeitins Langzeitgedächtnis; ein anderer Ansatz hebt die evolutionäre Nützlichkeit des mit dem REM-Schlaf verbundenen leichteren Wachwerdens hervor; vgl. Allison u. van Twyver (1970).

VD: (1) Das Thema der *Traumdeutung* wurde in der akadem. Ps. in geringem Maße thematisiert (*dream investigation* vs. *dream interpretation*), es ist die Domäne der verschiedenen Psychotherapieformen, v. a. der → Psychoanalyse: (a) Grundsätzl. betrachtet Freud den T. als eine Art Psychose, die in direkter Form Unbewusstes zur Manifestation bringe u. deshalb den »Königsweg« zum Unbewussten darstelle. Anhand der Traumdeutung entwickelte Freud sein sog. *top. Modell* der Unterscheidung von *Unbewusstem*, *Vorbewusstem* u. *Bewusstem*. Auch meint Freud, dass der T. ein »Hüter des Schlafes« ist. (b) Grundprinzip der freudschen Traumtheorie ist die Idee, dass sich der T. als eine *Wunscherfüllung* verstehen lasse (bisweilen besitze er auch eine problemdarstellende o. problemlösende Funktion). Freud diskutiert ausführl. Alp- u. Strafträume, die auf den ersten Blick dieser Annahme zu widersprechen scheinen, u. versucht zu zeigen, dass diese sich dennoch in ein Wunscherfüllungsschema eingliedern lassen. Eine besondere Art stellen für ihn die *Gegenwunschträume* dar, also T., die aus Widerstand gegen den Therapeuten einen T. ohne Wunscherfüllung produzieren – die Wunscherfüllung liege darin, dem Therapeuten unbewusst in seiner wissenschaftl. Anschauung zu widersprechen. In »Jenseits des Lustprinzips« konzediert Freud, dass es auch T. gebe, die sich schwer in dieses Schema einordnen ließen: die *posttraumat.* T., die im Sinne des *Wiederholungszwangs* eine Reizbewältigung der traumat. Situation nachzuholen versuchen. Freund konstatiert auch die Möglichkeit von sog. *direkten* T., die einen unmittelbaren Ausdruck von Triebbefriedigungen darstellen, z. B. von Essen u. Trinken. (c) Der T. entsteht nach Freud aus verschiedenen Traumquellen: einmal somat. Traumquellen im Sinne der »Leibreiztheorie«, dann die sog. *Tagesreste*, also die unmittelbaren Eindrücke vom Tage, u. eine wesentl. Quelle sind unbewusste Konflikte, wb. meist ein aktueller Konflikt mit einem in der Kindheit zurückliegenden zusammenspielt. (d) Beim T. müsse zw. dem *manifesten* T. u. dem *latenten* Trauminhalt unterschieden werden. Der manifeste T. mit seiner eigentüml. Struktur entstehe v. a. durch die Wirkung des *Primärvorgangs*, insbes. durch *Verschiebung* u. *Verdichtung*: Bei der Verdichtung werden mehrere Gedanken o. Bilder in ein Bild integriert; bei der *Verschiebung* wird ein Bild o. Begriff auf ein anderes Bild o. einen anderen Begriff übertragen, es steht also z. B. eine bestimmte Person für eine andere o. es stehen bestimmte Attribute einer Person für die Attribute einer anderen. Ein spezieller Aspekt, der bei der Entstehung des manifesten T. wichtig sei, ist die *Rücksicht auf Darstellbarkeit* im T.: Gedanken werden in Bilder umgesetzt. (e) Ein ganz wichtiges Gestaltungsmoment bei der Entstehung des manifesten Traums sind *symbol.* Prozesse. Das Feld des Symbolisierten ist allerdings für Freud eng begrenzt: Eltern u. Verwandte, Geburt, Tod, Nacktheit, insbes. Sexualität; auch die freudsche Symbolik ist hierbei recht restringiert: alle geöffneten u. geschlossenen Hohlkörper vom Schuh bis zum Zimmer symbolisieren das weibl. Genital, alle aufrechten o. spitzen Gegenstände das männl. (*Phallussymbol*). Auch fast sämtl. Tätigkeiten, vom Fliegen o. Laufen bis zum Schweben o. Turnen werden geschlechtl. Funktionen zugeordnet (dies war auch eine der Bruchstellen zw. S. Freud u. C. G. Jung); zum psa. Symbolbegriff vgl. Orban (1976). (f) An diese Verarbeitungsprozesse schließe sich eine *sekundäre Bearbeitung* an, die die so entstellten bzw. in Bilder u. Symbole übersetzten Trauminhalte so bearbeite, dass der T. gem. der im Wachen geltenden Kategorien eine ungefähre Ordnung erhält, wb. das Material oft missverständl. angeordnet wird. (g) Insgesamt sei der T. aufgrund der vorhergehenden Determinanten, wie das neurot. Symptom, durch *Überdeterminierung* gekennzeichnet: er sei ein Kompromiss zw. Wunscherfüllung u. Traumzensur, zw. aktuellem u. infantilem Konflikt u. schließl. würden durch die Leistung der Verdichtung mehrere latente Gedankengänge zu einem einzigen T. vereinigt. (h) Das Gesamt dieser Verarbeitungsprozesse nennt Freud die *Traumarbeit*. Insgesamt ergibt sich so die Möglichkeit einer wissenschaftl. *Traumdeutung*, die beansprucht, nichts mit dem mytholog. Traumdeutungsprozess zu tun zu haben. Für eine zsfd. Darstellung der psa. Theorie des T. vgl. Becker (1976); darin auch eine Darstellung der psa. Theorieentwicklung nach Freud; vgl. auch Stuber (1983); zum Überblick über die unterschiedl. Ansätze zur Traumdeutung innerhalb der verschiedenen tiefenps. Schulen vgl. Pongratz (1983); zur Rezeption von Freuds Traumtheorie in Amerika vgl. Herrmann u. a. (1943); zum Überblick über die grundsätzl. Lösungsversuche des Problems der Traumbedeutung vgl. Seitz (1988), der schlagwortartig folgende Ansätze charakterisiert: Freud: *Illusion*; Jung: *Projektion*; Jost: *Phänomen*; Ulmann: *Metapher*, Karle u. a. (1980): *Expression*; Cartwright: *Adaption*; Kramer u. a.: *Indikator*, Antrobus (1978): *Konstruktion*; Foulkes: *Transformation*. (Foulkes versucht eine *Traumgrammatik* in Anlehnung an Chomskys generative Transformationsgrammatik.) Bis heute werden Traumdeutungsversuche von der akadem. Ps. krit. gesehen u. können in ihrer Validität empir. nicht hinreichend belegt werden. Speziell Freuds Annahmen zum T. erfuhren vielfältige Kritik: Seine Wunscherfüllungsthese konnte empir. nicht belegt werden; vgl. Foulkes (1969); auch scheint der T. nicht der Hüter des Schlafs zu sein, da das Erwachen häufiger aus dem REM-Schlaf als aus dem Tiefschlaf erfolgt, auch scheinen Angst- u. Strafträume nicht Ausnahmen, sondern sehr häufig zu sein; auch die bei Männern mit dem Traum einhergehenden Erektionen lassen sich zwanglos nicht als sexuelle Erregung, sondern als allg. erhöhte vegetative Erregung deuten, die auch die Verdauung u. den Herzschlag umfasst. Träumen wird als ein weitgehend »sinnloser« physiolog. Prozess betrachtet, bei dem größtenteils zufällige Entladungen des Hirnstamms von anderen Teilen des Gehirns aufgenommen u. zu einem »pseudosinnvollen« Ganzen verarbeitet werden. Ein krit. Resümee der physiolog. Traumforschung aus psa. Sicht ist Strunz (1986).

(2) Zu psychopatholog. Aspekten: Ein wichtiges Phänomen, das bis heute noch nicht völlig geklärt ist, ist das Früh-Erwachen bei endogenen Depressionen u. die positiven Effekte von Schlafentzug u. REM-Schlaf-Unterdrückung bei solchen Störungen. Bisweilen wurde auch das Ergebnis gefunden, dass Traumentzug bei Schizophrenen zu keiner REM-Schlaf-Kompensation führt, was bisweilen dahingehend interpretiert worden ist, dass diese im Wachzustand durch ihre Halluzinationen quasi schon ihre Wachträume haben. Zu den spezif. Inhalten der T. bei verschiedenen Störungsgruppen, allg. zum Überblick über klin. Aspekte der Schlaf- u. Traumforschung vgl. Cartwright (1982).

(3) Im Zusammenhang mit den Traumtheorien wurde auch die Aktivität der Sexualorgane während des Schlafs untersucht, die v. a. in den REM-Phasen erhöht ist. Beim Mann kommt es im Laufe der Nacht zu 3 bis 6 Erektionsphasen, deren Dauer, wie auch die Dauer der REM-Schlaf-Phasen, im Verlauf der Nacht zunimmt; häufig zeigt die zeitl. Verteilung von Klitoris-Erektionen bei Frauen denselben Zusammenhang mit REM-Phasen. Die ton. (parasympath.) Aktivierung von Penis u. Klitoris im REM-Schlaf ist wiederum durch phas. Variationen der Erektionsstärke überlagert. Die Registrierung der Peniserektion im Schlaf wird klin. zur Differenzierung zw. *organ.* u. *psychogener* Impotenz benutzt; vgl. Jovanovic (1972).

LIT: Ein neuerer, einfach geschriebener Überblick ist Strauch u. Meier (1992); eine populärwissenschaftl., aber tief schürfende Darstellung ist Zimmer (1986); ein Handbuch ist Wolman (1979), in dem auch das Thema *Traumdeutung* (s. u.) berücksichtigt wird, vgl. hierzu auch Arkin u. a. (1978); Natterson (1980); zu Kinderträumen vgl. Foulkes (1982); zur Dauer des T., zur Bedeutung opt. Trauminhalte, zu Falltraum u. zu Muskeltonus in Traumphasen, zu Muskeltätigkeit u. Händigkeit im T., zu Traumerinnerung, Traumgedächtnis, Lernen im T., Veränderung des T. im Alter vgl. das Überblicksreferat von Jovanovic (1978); vgl. auch Jovanovic (1974); eine zsfd. Darstellung der psa.

Traumtheorie ist Eckes-Lapp (1980); zum T. aus der Sicht verschiedener psychotherapeut. Schulen vgl. Battegay u. Trenkel (1987); zur biolog. Evolution u. Funktion des REM-Schlafs u. des T. vgl. Allison u. van Twyver (1970) sowie Dallett (1973); ein umfassendes Handbuch des normalen u. gestörten Schlafs ist Berger (1992).

◆ Allison, T. u. van Twyver, H.: The evolution of sleep. Natural History 79, 1970, S. 56–65; Antrobus, J. S.: Dreaming for cognition. In: Arkin (1978), S. 569–581; Arkin, A. M. u. a. (Hg.): The mind in sleep: psychology and psychophysiology. Hillsdale 1978; Battegay, R. u. Trenkel, A. (Hg.): Der Traum. Bern 1987; Becker, H.: Über die psa. Theorie des Traums. In: Eicke, D. (Hg.): Freud u. die Folgen (I). Zürich 1976, S. 322–343; Berger, M. (Hg.): Handbuch des normalen u. gestörten Schlafs. Berlin 1992; Broughton, R.: Sleep disorders. Disorders of arousal? Science 159, 1968, S. 1070–1078; Calkins, M. W.: Statistics of dreams. AJP 5, 1893, S. 311–343; Cartwright, R. D.: Schlafen u. Träumen. München 1982; Dallett, J.: Theories of dream function. PBu 79, 1973, S. 405–416; Eckes-Lapp, R.: Psa. Traumtheorie u. Trauminterpretation. Göttingen 1980; Fisher, C. u. a.: REM and NREM nightmares. In: Hartmann, E. (Hg.): Sleep and dreaming. Boston 1970, S. 183–187; Foulkes, D.: Die Ps. des Schlafs. Frankfurt/M. 1969; Foulkes, D. A.: A grammar of dreams. New York 1978; Foulkes, D.: Children's dreams. Longitudinal Studies. New York 1982; Hartmann, E.: The nightmare. New York 1984; Herrmann, H. u. a.: Freud's theory of the dream in american textbooks. JASP 38, 1943, S. 319–334; Hobson, J. A. u. McCarley, R. W.: The brain as a dream state generator – an activation-synthesis-hypothesis of the dream process. AJPsy 134, 1977, S. 1335–1348; Hopson, J. A.: The dreaming brain. New York 1988; Jovanovic, U. J.: Sexuelle Reaktion u. Schlafperiode beim Menschen. Stuttgart 1972; Jovanovic, U. J.: Schlaf u. Traum. Stuttgart 1974; Jovanovic, U. J.: Traumforschung. In: Pongratz, L. J. (Hg.): Handbuch der Ps., Bd. 8, 2. Hlb. Klin. Ps. Göttingen 1978, S. 1257–1319; Karle, W. u. a.: The functional analysis of dreams: a new theory of dream. ABS 55, 1980, S. 1–78; Natterson, J. M. (Hg.): The dream in clinical practice. New York 1980; Orban, P.: Über den Prozess der Symbolbildung. In: Eicke, D. (Hg.): Freud u. die Folgen (I). Zürich 1976, S. 527–564; Pollmächer, D. u. Lauer, C.: Physiologie von Schlaf u. Schlafregulation. In: Berger (1952) S. 1–44; Pongratz, L. J.: Hauptströmungen der Tiefenps. Stuttgart 1983; Riemann, D.: Trauminterpretation u. experimentelle Traumforschung: eine Gegenüberstellung. Zt. f. psychosomat. Medizin 36, 1990, S. 21–38; Seitz, R.: Der Traum als Zeichen. Bern 1988; Silberer, H.: Der Traum. Stuttgart 1919; Strauch, I. u. Meier, B.: Den Träumen auf der Spur. Ergebnisse der experimentellen Traumforschung. Bern 1992; Strunz, F.: Über Kastrationsversuche am Traum – psychophysiolog. Traumforschung u. Psa. ZfPsMuPsa 32, 1986, S. 249–271; Stuber, K.: Traum. In: Mertens, W. (Hg.): Psa., ein Handbuch in Schlüsselbegriffen. München 1983, S. 91–103; Ullmann, M. u. Zimmerman, N.: Working with dreams. 1979; Wolman, B. B. (Hg.): Handbook of dreams: Research, theories and applications. New York 1979; Zimmer, D. E.: Schlafen u. Träumen. München 1986.

Traumarbeit → Traum.

Treffermethode → Gedächtnisprüfmethoden.

Tremor → psychomotorische Tests; → Augenbewegungen.

Tremorgramm → physiologische Psychologie (Kasten psychophysiologische Methoden).

Tremormeter → psychomotorische Tests und Prüfverfahren.

Trennschärfe → Sehen.

Triaden-Theorie → Intelligenz.

Trial-and-error-Lernen → Trial-and-error-Verhalten.

Trial-and-error-Verhalten [auch *Versuch-Irrtums-Verhalten*; *Lernen durch Versuch u. Irrtum* bzw. *Versuch-Irrtums-Lernen*], die typischerweise bei einer → instrumentellen Konditionierung auftretende Erscheinung, dass Menschen u. Tiere bei einer nicht sofort lösbaren Aufgabe anscheinend planlos alle mögl. Vhsweisen ausprobieren, von denen u. U. einige zum Erfolg führen, damit einer → Verstärkung unterliegen u. selektiert werden: *Lernen am Erfolg*. Der Begriff stammt von Morgan u. wurde von Thorndike in seine → Verknüpfungstheorie übernommen; Pawlow sprach von *chaot. Vh.*; im Deutschen findet man gelegentl. den Ausdruck *Probierbewegungen.*

T: Im rein deskriptiven Sinne bezeichnet der Begriff jedes Probiervh., er ist aber explikativ u. durch theoret. Vorannahmen »geladen«; er impliziert, dass die Lösung von Problemaufgaben nicht durch inneres Umstrukturieren o. durch → Einsicht entsteht, wie dies von der → Gestalttheorie. postuliert wird, sondern dass das richtige Vh. sozusagen zufällig gefunden u. erst durch die danach erfolgende Verstärkung in das Vhsrepertoire eingebaut wird; s. a. das Stw. → Primatenexperimente.

◆ Foppa, K.: Lernen, Gedächtnis, Vh. Köln 1975 (9. Aufl.).

Trichochromatische Theorie → Farbwahrnehmung.

Trichromasie → Farbwahrnehmung.

Trieb, ein angeborener Vhsmechanismus, der sich in geordneten Bewegungsabläufen, den sog. *Erbkoordinationen* äußert u. durch bestimmte Reize, v. a. sog. → Schlüsselreize, über einen (angeborenen) *auslösenden Mechanismus* in Gang gesetzt werden kann. Eine häufig zitierte Originaldefinition von Tinbergen (1951) bezeichnet T. bzw. Instinkt als einen hierarchisch organisierten nervösen Mechanismus, der auf bestimmte vorwarnende, auslösende u. richtende Impulse sowohl innere wie äußere – anspricht u. sie mit wohlkoordinierten lebens- u. arterhaltenden Bewegungen beantwortet. Zu weiteren Definitionen vgl. James (1890, S. 383); Watson (1919, S. 231ff.); Thorndike (1913, S. 5); Titchener (1896, S. 250). Prototyp. Bspe. für Vhsbereiche, auf die das T.-Kzpt. in erklärender Absicht angewandt wurde, sind → Sexualität, → Hunger u. Durst u. → Aggression; bisweilen wird auch ein *Sprachinstinkt* postuliert (Pinker 1996). Mit dem T.-Kzpt. ist meist ein Modell der → Energie verbunden, so im *hydraul. Modell* der Ethologie (s. u.). Das T.-Kzpt. impliziert meist auch die Idee einer → homöostatischen Motivation, mittels der durch den T. ausgelösten Vhsweise wird ein organism. Defizit, z. B. Wasser- o. Futtermangel, beseitigt. Charakterist. für das T.-Kzpt. ist der Versuch, typ. T.- bzw. Instinktlisten, also ein Repertoire der *Grundtriebe* (engl. *basic instincts*) des Menschen, aufzustellen. Klass. der Ansatz von McDougall (1908), der elf Instinkte postulierte; McDougall (1932) nennt: Futtersuche, Ekel, Sexualität, Furcht, Neugier, Schutz u. elterl. Fürsorge, Geselligkeit, Selbstbehauptung, Unterwerfung, Ärger, Wut, soziale Anziehung, Konstruktion, Erwerb, Lachen, Zufriedenheit, Ruhe, Schlaf, Wandern, Umherziehen, Husten, Niesen, Atmen, Ausscheiden u. andere körperl. Bedürfnisse; vgl. auch Städtler (1989). Dieser Ansatz führte zu einer Aufblähung der Instinktlisten. Bernard (1921ff.) fand in den etwa 400 von ihm durchgesehenen Veröffentlichungen 5684 verschiedene Vhsweisen, die als *T.* bzw. *Instinkte* angesehen wurden. Dies rührt daher, dass für jede Vhsweise wieder ein eigener T. postuliert wird, obwohl dem Kzpt. des *Grundtriebs* eigentl. ein reduktionist. Anliegen zugrunde liegt, näml. die Vielfalt von Vhsweisen auf einige wenige grundlegende Tendenzen zu reduzieren. Prototyp. für diesen reduktionist. Ansatz ist die Triebtheorie der → Psychoanalyse, die in einer frühen Fassung sämtl. Triebe des Menschen auf den *Sexualtrieb* zurückzuführen versucht, später auf die Dichotomie von *Lebens-* u. *Todestrieben.* Ein interdisziplinärer, biolog. orientierter Überblick über

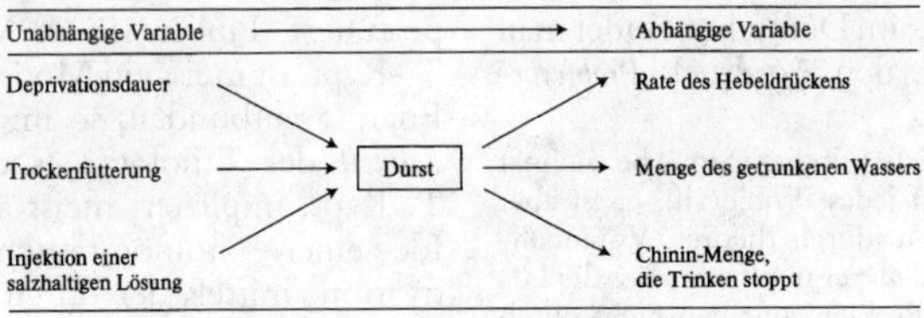

Abb. *Motivation 1*

Grundtriebe des Menschen, einschl. einer kulturvergleichenden Untersuchung ist Schäfer (1993).

Das T.-Kzpt. ist eine spezif. Ausformung des allgemeineren Kzpts. der → Motivation. Es verknüpft als intervenierende Variable mehrere abhängige mit mehreren unabhängigen Variablen, z. B. bei Durst u. Trinkvh.: Dauer der Flüssigkeitsdeprivation, Ernährung durch trockenes Futter u. Injektion von Salzlösungen als unabhängige Variable werden verbunden mit den abhängigen Variablen: Häufigkeit, mit der ein Hebel heruntergedrückt wird, um Flüssigkeit zu erhalten, getrunkene Wassermenge u. die erforderl. Chininkonzentration, um das Trinkvh. zu hemmen (vgl. Miller 1959); s. Abb. *Motivation 1*.

TH: Das T.-Kzpt. ist zentral innerhalb ansonsten recht heterogener Theorien, die unter diesem Aspekt bisweilen als *Triebtheorien* bezeichnet werden. Zu nennen sind v. a. die → hormische Psychologie, die → Psychoanalyse (s. u.) als bedeutendste außerakadem. Triebtheorie, u. auch innerhalb der → Lerntheorien gibt es triebtheoret. Kzpte.: das Kzpt. des → allgemeinen Antriebs (engl. *drive* bzw. *general drive*), dessen Reduktion → Verstärkung bewirkt (→ Triebreduktionstheorie), das Kzpt. des → gelernten Triebs u. die → Triebtheorie der Angst. Vgl. zsfd. zu der Frage, ob ein besonderes T.-Konstrukt in der Vhstheorie notwendig ist, Atkinson (1975). Insbes. die → Ethologie (v. a. Konrad Lorenz 1937ff.) hat sich um eine detaillierte, empir. fundierte Ausarbeitung des T.-Kzpts. bemüht: (a) Zentralidee ist das sog. *hydraul. Modell*, das davon ausgeht, dass die Kumulierung der Instinkt-Energie (*endogenes, reaktionsspezif. Erregungspotential*; auch: *reaktionsspezif. Energie, triebspezif. Energie* o. *spezif. Aktionspotential*) sowohl zu einer Schwellensenkung auslösender Reize (→ Schlüsselreiz) als auch zu einer Verminderung der Selektivität des Organismus führt sowie zu einer Erhöhung der Bereitschaft, auf nichtadäquate Reize anzusprechen, bis hin zur Ausführung der Instinktbewegung ohne eruierbare Schlüsselreize (*Leerlaufreaktion*). Dieses Modell impliziert, dass sich nach mehrmaliger Auslösung eine *reaktionsspezif. Ermüdbarkeit* zeigt u. bei längerer Nicht-Ausführung die Reizschwelle immer mehr sinkt; s. Abb. *Motivation 2a* (nach Lorenz 1950). (b) Als *Appetenzvh.* bezeichnet man vorbereitende Handlungen eines Tieres, meist eine Art unbestimmtes Suchen u. Orientieren, das, funktional gesehen, dem Aufsuchen von Schlüsselreizen dient, welche dann die eigentl. Instinktbewegung steuern. Lorenz trennt das quasi-zweckgerichtete Appetenzvh.

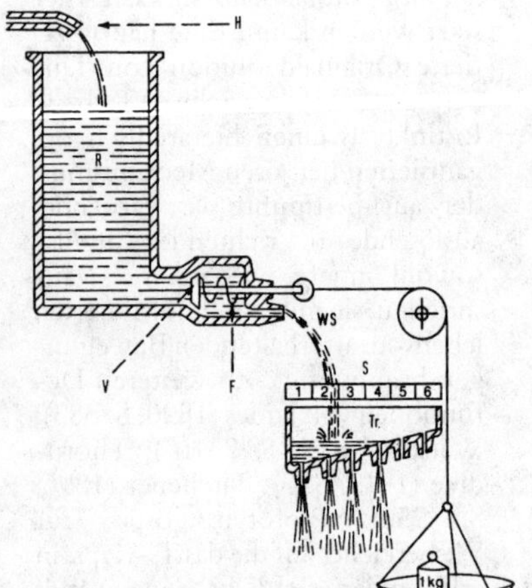

Abb. *Motivation 2a*

Das hydraulische Modell

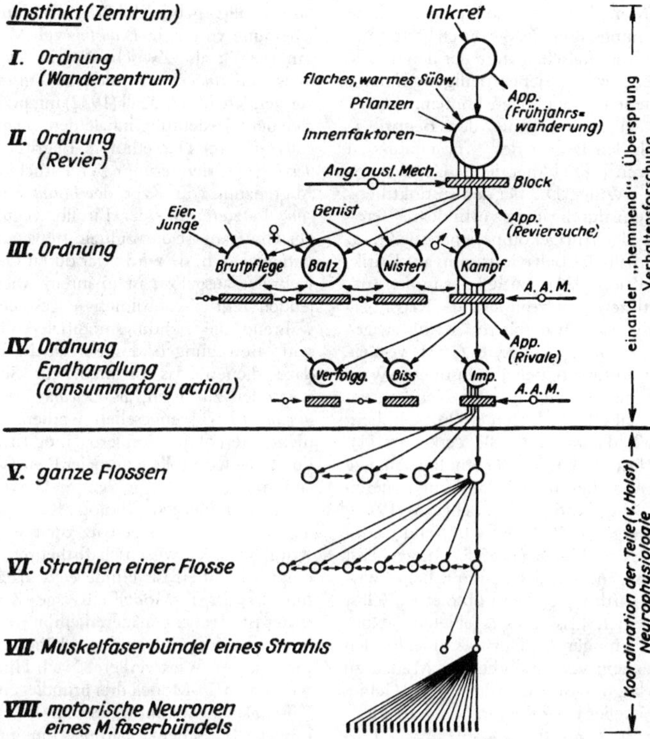

Abb. *Motivation 2b*

von der reinen Instinkthaltung ab, die »blind« verlaufe; noch Craig (1918) integrierte Appetenzvh. u. Instinktausübung *(consumatory action)* in seinem Instinktmodell. (c) Betont wird v. a. die genet. Determinierung des Instinkts u. die Stereotypie u. Formkonstanz des Ablaufs, die auch bei Entfernung des ursprüngl. auslösenden Reizes erhalten bleibt, so dass z. B. eine Graugans auch dann eine Eirollbewegung durchführt, wenn das Ei entfernt wird, die Bewegung also eigentl. »sinnlos« ist (s. a. das Stw. → Übersprungsverhalten). (d) Tinbergen (1951) entwickelte ein neurophysiolog. hierarch. Modell der Instinkte, um ein System in die gegenseitigen Hemmungs- u. Förderungsbeziehungen verschiedener Instinkthandlungen zu bringen; die Abb. *Motivation 2b* zeigt die Zentrenhierarchie des Hauptinstinkts Fortpflanzungsverhalten des Stichlingmännchens (nach Tinbergen 1952); ähnl. Baerends (1956). Ein Inventar der Instinktbewegungen wird als *Ethogramm* bezeichnet. (e) Als *Instinkt-Dressur-Verschränkung* bezeichnet man die Tatsache, dass bei genet. programmierten Vhsfolgen Leerstellen eingeplant sein können, in denen Erfahrungen über die Umwelt eingebaut werden (vgl. Eibl-Eibesfeldt 1963).

KR: Kritisiert wurde am T.-Kzpt. insbes. die Substantialisierungstendenz u. die an eine Vermögensps. erinnernde Annahme wesensmäßiger Entitäten, die im Sinne eines aristotel. Kausalmodells wirken sollen; vgl. schon Lewin (1931), der in seinen Analysen zur → psychischen Sättigung darauf hinweist, dass es keine permanent bestehenden Handlungsantriebe des Menschen gebe, sondern nur akute Spannungszustände, die durch bestimmte Aufforderungscharaktere der den T. zugehörigen Triebbefriedigungsmitteln entstehen u. abklingen können; deswegen sei es vorteilhaft, den Begriff *T.* durch den Begriff des → *Bedürfnisses* zu ersetzen (→ Feldtheorie; → Gestalttheorie; → Wille). Die bei den Instinkttheoretikern durchgängig vorfindbare Betonung der Anlagekomponente stieß v. a. innerhalb des Behaviourismus auf Kritik, vgl. Kuo (1921); speziell der in den Instinktlisten sich realisierende Klassifikationsversuch war scharfer Kritik ausgesetzt – iron. spricht Ayres (1921) von einem »instinct of belief in instincts«. Weitere histor. wichtige Kritiken waren: Tolman (1923); Eggen (1926); Ginsberg (1952); Fletcher (1968); Yerkes (1911). Zur krit. Diskussion der etholog. Ansätze vgl. v. a. Lehrman (1953); zur neueren Kritik vgl. Roth (1974); Lehrman (1970); Tinbergen (1969); tief schürfend u. detailliert ist Hinde (1956ff.). Insges. lässt sich sagen, dass das T.-Kzpt. heute wissenschaftl. weitgehend obsolet ist, selbst auf seinen »klass. Einsatzgebieten« Sexualität, Hunger u. Durst; s. hierzu den Übergang vom triebtheoret. Modell zu den kognitivist. Ansätzen auf dem Gebiet → Neugier u. → Explorationsverhalten.

VD: (1) **T:** (a) Weitgehend syn. mit *T.* ist *Instinkt*, v. a. innerhalb der Ethologie. Unter *Instinkthandlung* versteht man eine geordnete Folge von *Erbkoordinationen*, während der Begriff *Instinktbewegung* meist als Synonym für *Erbkoordination* benutzt wird, obwohl beide Begriffe nicht immer scharf voneinander getrennt werden. Als Ersatz für *Erbkoordination* beginnt sich der neutralere Begriff *modaler Bewegungsablauf* durchzusetzen (vgl. Barlow 1977). Lorenz stellt die starren, erbl. koordinierten *Instinktbewegungen* in den Mittelpunkt seiner Betrachtung, wie dies vor ihm schon Whitman (1899) u. Heinroth (vgl. Heinroth 1971) getan hatten. Zur Geschichte des Instinktbegriffs vgl. Köck (1993); Meyer-Holzapfel (1978); eine ältere histor. konzeptuelle Analyse ist Ziegler (1904). (b) Im angloamerikan. Raum wird der Begriff T. meist mit *instinct* übersetzt. Der Begriff *drive* hat einen spezif. lerntheoret. Einschlag – er wurde durch das Buch *Dynamic psychology* von Woodworth (1918) als Gegenstück zu *Instinkt* allg. gebräuchlich. Zur Unterscheidung von *T.* u. *Bedürfnis* vgl. Morgan (1957); als »Zwischenbegriff« wird meist *instinctual drive* benutzt. Statt *instinct* verwendete McDougall (1932) mit prakt. gleichem Bedeutungsinhalt den Begriff *propensity*. (c) Der etholog. Begriff der *Taxis* (→ Orientierung) verdeutlicht in Abgrenzung vom Kzpt. der *Instinktbewegung* Letztere: Bei der Eirollbewegung der Graugans ist die sagittale Bewegung *instinktiv*, d. h. sie wird zwar durch Umweltreize ausgelöst, ist in ihrem Ablauf jedoch zentral koordiniert u. gesteuert, während die richtungsmodifizierenden seitl. Bewegungen des Schnabels, die dazu dienen, das Ei nicht zur Seite wegrollen zu lassen, als *Orientierungsbewegung* (*Taxis*) angesehen werden, die nicht stereotyp, sondern modifiziert durch die Kontrolle externaler Reize ablaufen.

(2) Zur modernen etholog. Kritik am T.-Kzpt., die im Gegensatz zur typ. ps. Kritik weniger wissenschaftstheoret. als empir. orientiert ist: Hinde weist darauf hin, dass das T.-Modell ein vages Konstrukt ist, das bei genaueren empir. Analysen der zu erklärenden Phänomene meist seinen Wert verliere. Nach Hinde werden im T.-Modell drei grundlegende Vhsexplananda konfundiert u. in eine universelle Scheinerklärung hineingepresst, obwohl in Wirklichkeit häufig ganz verschiedene Mechanismen wirken: (a) das zeitl. Überdauern von Reizeffekten u. Aktivitäten, das man der *Persistenz* eines T. zuschreibt; (b) die sequenzielle zeitl. Gruppierung der Aktivitäten; die Vhsweisen können aus einfachen Kettenaktivitäten bestehen o. auch in Gruppierungen auftreten, die von gemeinsamen inneren Kausalfaktoren abhängen dies sind die Phänomene, für deren Erklärung das T.-Modell meist angewendet wird; (c) Hinweischarakter bzw. Zielgerichtetheit des Vhs.; (→ Ziel; → Intention; s. u.). All diesen Aspekten des Vhs. liegen nach Ansicht der modernen Ethologie spezif. u. differentielle Phänomene zugrunde, die durch ein schwammiges T.-Kzpt. in keiner Weise erklärt werden können. Einen Wert spricht Hinde dem T.-Kzpt. nur dann zu, wenn es streng zur Erklärung von *Reaktivitätsveränderungen* verwendet wird, also der Tatsache, dass zu bestimmten Zeiten Reize ein Vh. aus-

lösen können, während sie dies zu anderen nicht o. nur in einer anderen Stärke können. Dagegen erscheint es Hinde als verfehlte Anwendung des T.-Kzpts., das Auftreten eines Vhs. überhaupt u. seine »Energie« erklären zu wollen; vgl. hierzu Hinde (1973; bes. Kap. 8–12, 15, 25); vgl. auch Kennedy (1954).

(3) Weitere Aspekte des T.-Kzpts.: (a) Ursprüngl. beinhaltet das T.-Kzpt. die Idee einer endogenen Kraft bzw. Energie, die bestimmte Vhsweisen von innen heraus antreibt, ohne wesentl. durch äußere Reize beeinflusst zu werden. Tatsächl. findet jedoch immer eine Interaktion von Reiz- bzw. Triebgesteuertheit statt, wie dies vom modernen etholog. T.-Kzpt. auch impliziert ist, bei dem der T. sowohl die Sensibilität des Organismus für auslösende Reize senkt als auch eine innere Energie mit sich bringt. Vgl. hierzu auch Richter (1922), der die These vertritt, dass ein T. direkt zur Aktivitätserhöhung führt, u. Campbell u. Sheffield (1953), die die Funktion des T. v. a. in einer Sensibilisierung für Umweltstimuli sehen. (b) Besonders dem vorwissenschaftl. Kzpt. des T. ist die Idee einer *Triebbefriedigung* inhärent u. zwar in einer finalen Art u. Weise: Ein Mensch u. auch ein Tier führe bestimmte Vhsweisen durch, *um* eine bestimmte Art der T.-Befriedigung zu erlangen. Dies führt einmal auf das schwierige allg. Problem der Ps. u. Vhsforschung, wie solche gerichteten Vhsweisen nichtteleolog. erklärt werden können; vgl. die Kzpt. des *Endreizes* bzw. der *Endhandlung* o. *Endreaktion* u. ihre Diskussion bei Hinde (1973). (c) Ein spezielles Problem hierbei ist, dass Triebzustände anscheinend nicht nur mit einer Reduzierung der Trieberregung verknüpft sind, sondern auch mit einer Erhöhung. Die → *Triebreduktionstheorie* postuliert im Sinne eines Spannungsreduktionsprinzips, dass nur eine Verminderung als positiv erlebt wird u. verstärkend wirkt, die *Triebinduktionstheorie* dagegen hebt v. a. die Suche nach Anregung hervor. Beide Phänomene scheinen zu existieren u. zusammenzuspielen; bes. bei der sexuellen Erregung scheint es so zu sein, dass mit wachsender Erregung die *Erregbarkeit* u. damit die Suche nach Erregung wächst; vgl. auch Grossman (1967); s. a. das Stw. → Hunger und Durst.

(4) Eine Triebtheorie stand auch im Zentrum der klass. → Psychoanalyse: (a) Nach Freud unterscheidet sich ein T. von einem äußeren Reiz v. a. dadurch, dass er aus Reizquellen im Innern des Körpers kommt u. wie eine konstante Kraft wirkt. Ein T. wird nur durch die *innerpsych.* Repräsentanz bewusst, also durch die mit ihm verbundenen *Vorstellungen* u. *Affekte*. (Freuds Konzeption ist nicht völlig homogen, manchmal sieht er den T. als »psych. Repräsentanten der aus dem Körperinnern stammenden Reize«, dann wieder setzt er einen Trennstrich zw. dem T. als biolog. Gegebenheit u. seinen psych. Repräsentanten, u. schließl. spricht er auch von T. als »Grenzbegriff zw. Seelischem u. Organischem«.) (b) Freud gliedert den T. in *Drang, Ziel, Objekt, Quelle*: Unter dem *Drang* versteht er sein »motor. Moment, die Summe der Kraft o. das Maß von Arbeitsanforderung, das er repräsentiert«; auf die Sexualität bezogen heißt diese Kraft *Libido*. Das *Ziel* des T. ist die Befriedigung, die Lösung der durch den Drang entstandenen Spannung, also die Aufhebung des Organreizes. Das *Triebobjekt* ist das jeweilige »Mittel« zur Triebentladung: ein heterosexueller o. homosexueller Partner, auch ein Tier (Sodomie) o. ein Gegenstand (Fetischismus). Auch lassen sich andere Objekte zur Befriedigung einsetzen: → *Verschiebung* u. → *Sublimation*. Triebquelle ist der innere Ursprung, der für jeden T. spezif. ist, sei es der Ort, an dem der Reiz auftritt (*erogene Zone*, Organ), sei es der somat. Vorgang, der sich in diesem Körperteil abspielt u. als Reiz wahrgenommen wird; vgl. zu den schwierigen u. ungewöhnl. Gedanken Freuds zum Kzpt. der »Triebquelle« Laplanche u. Pontalis (1975). (c) Freud betont die grundsätzl. Unspezifität u. Formbarkeit der T., er hebt – neben Verschiebung u. Sublimation – unterschiedl. »Triebschicksale« hervor: die *Verkehrung ins Gegenteil*, die *Wendung gegen die eigene Person*, die → *Verdrängung*. (d) Innerhalb des Instanzenmodells der Persönlichkeit werden die T. dem *Es* zugeschrieben; ihnen komme eine grundsätzl. »konservative« Eigenschaft zu, d. h. sie versuchen, frühere Zustände wieder herzustellen, insbes. eine gestörte Homöostase innerhalb des energet. Gleichgewichts des Organismus. Speziell der *Todestrieb* versuche – so

Freud in einer eher philosoph.-spekulativen als ps. Annahme – eine Rückkehr zum unbelebten, d. h. anorganischen Zustand. Dieser erkläre auch den *Wiederholungszwang*: das Phänomen, dass Patienten sich an unlustvolle Erfahrungen o. auch ihnen unlustbringende Vhsweisen eigentümlicherweise wieder erinnern bzw. sie wiederholen, obwohl dies dem → Lustprinzip widerspricht. (Der Wiederholungszwang wird von Freud allerdings auch ganz anders, nämlich als Meisterungsversuch des Ichs analysiert). (e) Freuds Konzept der *Triebmischung* bzw. *-entmischung* beinhaltet, dass Aggressionstrieb u. Libido zu Beginn der Ontogenese voneinander getrennt bestehen u. sich erst im Laufe der Entwicklung mischen. Ein typ. Bsp. für die Triebentmischung ist z. B. die *Ambivalenz*. Die Entwicklung der modernen Psa. u. die damit verbundene Problematik ist zum großen Teil auch eine Problematik des Begriffs des T., der in der klass. Psa. ganz im Sinne des klass. T.-Kzpts. sozusagen strukturlos ist, eine nicht auf andere Menschen, sondern nur auf seine Selbsterfüllung gerichtete dynam. Instanz, gekennzeichnet durch Unaufschiebbarkeit, Periodizität etc. Deswegen braucht die Psa. eine eigene komplizierte Ich-Ps., während die moderne Ethologie u. auch bestimmte Richtungen der modernen Psa. annehmen, dass auch den Trieben interaktionale Momente u. kognitive Repräsentanzen inhärent sind, so dass sie auch nicht einfach im Sinne von Spannungsanhäufung u. Spannungsabfuhr zu erklären sind; vgl. hierzu Eagle (1988). Für eine zsfd. Darstellung der modernen psa. Triebtheorie vgl. Compton (1983). Für eine Darstellung des »inhaltl.« Teils der psa. Triebtheorie, also der unterschiedl. Triebformen, die Freud annimmt, sowie ihres Zusammenspiels vgl. den Hauptartikel → Psychoanalyse; dort auch Angaben über die freudsche Originalliteratur; vgl. auch das Stw. → Sexualtrieb.

◆ Atkinson, J. W.: Einführung in die Motivationsforschung. Stuttgart 1975; Ayres, C. E.: Instinct and capacity: I. The instinct of »belief in instincts«. Journal of Philosophy 18, 1921, S. 561–565; Baerends, G. P.: Aufbau des tier. Vhs. In: Helmcke, J.-G. u. a. (Hg.): Handbuch der Zoologie 10, 8. Bd., Berlin 1956, S. 1–32; Barlow, G. W.: Modal action patterns. In: Sebeok, T. A. (Hg.): How animals communicate. Bloomington 1977, S. 94–125; Bernard, L. L.: The misuse of instinct in social sciences. PR 28, 1921, S. 96-119; Bernard, L. L.: Instinct: a study in social psychology. New York 1924; Campbell, B. A. u. Sheffield, F. D.: Relation of random activity to food deprivation. JCPP 46, 1953, S. 320–322; Campbell, B. A. u. Misanin, J. R.: Basic drives. ARP 20, 1969; Carthy, J. D.: Instinct. New biology 10, 1951, S. 95–105; Cofer, C. N. u. Appley, M. H.: Motivation: theory and research. New York 1964; Compton, A.: The current status of the psychoanalytic theory of instinctual drives I. Drive Concept Classification and Development. PQ 52, 1983, S. 364–401; Craig, W.: Appetites and aversions as constituents of instincts. Biological Bulletin 34, 1918, S. 91–107; Dember, W. N.: The new look of motivation. American Scientist 53, 1965, S. 409–427; Eagle, M. N.: Neuere Entwicklungen in der Psa. München 1988; Eggen, J. B.: Is instinct an entity? JASP 21, 1926, S. 38–51; Eibl-Eibesfeldt, I.: Angeborenes u. Erworbenes im Vh. einiger Säuger. ZfTPs. 20, 1963, S. 705–754; Fletcher, R.: Instinct in man. London 1968 (2. Aufl.); Ginsberg, A.: A reconstructive analysis of the concept »instinct«. JP 33, 1952, S. 235–277, S. 307–318; Grossman, S. P.: Physiological psychology. New York 1967; Heinroth, K.: Oskar Heinroth: Vater der Vhsforschung 1871–1945. Reihe Große Naturforscher 35. Stuttgart 1971; Hinde, R. A.: Ethological models and the concept of drive. Brit. J. Philos. Sci. 6, 1956, S. 321ff.; Hinde, R. A.: Energy models of motivation. Sym. Soc. ex. Biol. 14, 1960, S. 199–213; Hinde, R. A.: Das Vh. der Tiere, 2 Bde. Frankfurt/M. 1973; Irwin, O. C.: The distribution of the amount of mobility in young infants between two nursing periods. JCPS 14, 1932, S. 429–445; James, W.: The principles of psychology, 2. Bd. New York 1890; Kennedy, J. S.: Is modern ethology objective? Brit. J. Anim. Behav. 2, 1954, S. 12–19; Köck, W. K.: Zur Geschichte des Triebbegriffs. In: Flohrey, E. u. Breidbach, O. (Hg.): Das Gehirn – Organ der Seele? Berlin 1993, S. 217–258; Kuo, Z. Y.: Giving up instincts in psychology. JPh 18, 1921, S. 645–666; Laplanche, J. u. Pontalis, J. B.: Das Vokabular der Psa. Frankfurt 1975 (2. Aufl.; Orig.: Paris 1967); Lehrman, D. S.: A critique of Konrad Lorenz' theory of instinctive behaviour. Quarterly Review of Biology 28, 1953, S. 337–363 (dt. in Roth 1974); Lehrman, D. S.: Semantic and conceptual issues in the nature-nurture-problem. In: Aronson, L. R. u. a. (Hg.): Development and evolution of behaviour. San Francisco 1970, S. 17–52; Lewin, K.: Der Übergang von der aristotel. zur galileischen Denkweise in Biologie u. Ps. Erkenntnis 1, 1931, S. 421–466; Lorenz, K.: Über die Bildung des Instinktbegriffes. Naturwissenschaften 25, 1937a, S. 289–300; Lorenz, K. Über den Begriff der Instinkthandlung. Folia Biotheoretica 2, 1937b, S. 17–50; Lorenz, K. u. Tinbergen, N.: Taxis

u. Instinkthandlung in der Eirollbewegung der Graugans. ZfTPs 2, 1939, S. 1–29; LORENZ, K.: The comparative method in studying innate behaviour patterns. Symposia of the Society for experimental biology 4, 1950, S. 221–268; LORENZ, K.: Phyologenet. Anpassung u. adaptive Modifikation des Vhs. ZfTPs 18, 1961, S. 139–187; LORENZ, K.: Evolution and modification of behaviour. Chicago 1965; LORENZ, K.: Vergleichende Vhsforschung. Wien 1978; MARLER, P.: The filtering of external stimuli during instinctive behaviour. In: THORPE, W. H. u. Zangwill, O. L. (Hg.): Current problems in animals behaviour. Cambridge 1961; MCDOUGALL, W.: An introduction to social psychology. London 1908; MCDOUGALL, W.: The energies of men. London 1932; MCFARLAND, D. J.: Modelle u. Analogien zur Erklärung von Vh. In: STAMM u. ZEIER (1978) S. 317–331; MEYER-HOLZAPFEL, M.: Die Geburt der Ethologie. In: STAMM u. ZEIER (1978) S. 29–39; MILLER, N. E.: Liberalization of basic S-R-concepts. In: KOCH, S. (Hg.): Psychology, a study of a science. New York 1959, S. 196–292; MORGAN, C. L.: Habit and instinct. London 1896 (dt.: Instinkt u. Gewohnheit. Leipzig 1909); MORGAN, C. L.: Animal behaviour. London 1900; MORGAN, C.: Physiological mechanisms of motivation. In: JONES, M. R. (Hg.): Nebraska Symposium on Motivation. Lincoln 1957; PINKER, S.: Der Sprachinstinkt. München 1996; RICHTER, C. P.: A behaviouristic study of the activity of the rat. Comparative Psychology Monographs 1, 1922, Serie Nr. 2; RICHTER, C. P.: Animal behaviour and internal drives. Quarterly Review of Biology 2, 1927, S. 307–343; ROTH, G. (Hg.): Kritik der Vhsforschung. München 1974; ROTH, G.: Kritik der vhsphysiolog. Grundlagen der Lorenzschen Instinkttheorie. In: ROTH (1974) S. 156–189; SCHÄFER, G. (Hg.): Basic human needs. Frankfurt/M. 1993; STÄDTLER, T.: On the instinct-to-write-an-encyclopedia as a perversion of the need to write poems (n_{poe}). Stuttgart 1989; STAMM, R. A. u. ZEIER, H. (Hg.): Lorenz u. die Folgen. Zürich 1978; THORNDIKE, E. L.: The original nature of man. Educational Psychology, 1. Bd. New York 1913; TINBERGEN, N.: The study of instinct. Oxford 1951 (dt. Instinktlehre. Berlin 1952); TINBERGEN, N.: Ethology. In: Harré, L. (Hg.): Scientific thought 1900–1960. Oxford 1969, S. 238–268; TITCHENER, E. B.: An outline of psychology. New York 1896; TOLMAN, E. C.: The nature of instinct. PBu 20, 1923, S. 200–218; WANG, G. H.: The relation between »spontaneous« activity oestrus cycle in the white rat. Comparative Psychology Monographs 2, 1923, Serial 6; WATSON, J. B.: Psychology from the standpoint of a behaviourist. Philadelphia 1919; WHITMAN, C. O.: Animal behaviour. Woods Hole Mass. 1899; WOODWORTH, R. S.: Dynamic psychology. 1918; YERKES, R. M.: Introduction to psychology. New York 1911; ZIEGLER, H.: Der Begriff des Instinktes einst u. jetzt. Eine Studie über die Geschichte u. die Grundlage der Tierps. Jena 1904.

Triebentmischung → Trieb.

Triebinduktionstheorie → Triebreduktionstheorie.

Trieb-mal-Gewohnheits-Modell → Drive-mal-habit-Modell.

Triebmischung → Trieb.

Triebreduktion → Trieb; → Triebreduktionstheorie.

Triebreduktionstheorie, die Annahme, dass → Verstärkung im Sinne des → Effektgesetzes darin besteht, dass der → Trieb, bes. der → allgemeine Antrieb, reduziert wird, u. damit ein primäres biolog. Bedürfnis befriedigt wird.

HI: Die T. ist v. a. wichtig geworden innerhalb der → systematischen Verhaltenstheorie von Hull. Sie ist eine *homöostat.* u. *physiologist.* Interpretation des innerhalb der thorndikeschen → Verknüpfungstheorie durch subjektive Befriedigung definierten Verstärkungskzpts. Verstärkung u. Motivation werden in ihrer evolutionären Anpassungsfunktion gesehen, man spricht auch vom *Überlebensmodell* der Motivation bzw. der Verstärkung. Die T. ist charakterist. für den Versuch der → Lerntheorien, die wesentl. Variablen objektivist. zu definieren.

KR: Die T. gilt heute in ihrer Allgemeinheit als unhaltbar; v. a. die theoret. Probleme zur Erklärung von → Angst im Zusammenhang mit dem → Vermeidungsverhalten sind innerhalb einer T. schwer darstellbar; vgl. zsfd. Keller (1981); Brown (1961); Bolles (1967).

VD: Die T. beinhaltet bei genauer Differenzierung zwei Grundannahmen: (a) Das Prinzip der *Stimulations-* bzw. *Spannungsreduktion*, nach dem die Grundtendenz des Organismus im Abbau einer durch einen Trieb aufgebauten u. als aversiv erlebten Spannung besteht. Dieses Spannungsreduktionsprinzip ist auch der Triebtheorie der → Psychoanalyse inhärent; s. a. das Stw. → Energie. Dagegen sprechen Experimente u. Überlegungen, die innerhalb der Forschungstradition zur → Neugier u. zum → Explorationsverhalten durchgeführt wurden; vgl. zsfd. Keller (1981). Sheffield (1966) entwickelte auf der Basis solcher Phänomene als Alternativmodell die *Triebinduktionstheorie*, bei der das *konsumator. Vh.* der eigentl. Verstärker ist, welches jedoch eher mit einer Erregungszunahme als -abnahme verbunden ist: *need-onset-Hypothese* vs. *need-reduction-* bzw. *need-termination-Hypothese*. (b) Die T. beinhaltet v. a. in Hulls Theorie des Weiteren eine physiologist. Interpretation der Triebreduktion als Regulation eines biolog. Bedürfnisses – eines »Gewebedefizits« in der Terminologie Hulls. Dagegen sprechen Ergebnisse, dass z. B. Kopulation auch ohne Ejakulation o. Nahrung ohne jegl. Nährwert (Saccharinlösung) Verstärkerwirkung besitzen, obwohl keine (objektive) Triebreduktion stattfindet; auch die Experimente zur → Scheinfütterung führen zu der Annahme, dass nicht die homöostat. Regulation eines biolog. Mangelzustandes (allein) verstärkend wirkt, sondern dass die emotionalen Prozesse, die sich bei der unmittelbaren konsumator. Aktivität abspielen, einen wichtigen Faktor darstellen; bei der Nahrung scheint z. B. die unmittelbare Schmackhaftigkeit wichtig zu sein. Young (1961) entwickelte eine *hedonist.* Motivationstheorie zur theoret. Durchdringung solcher Phänomene. Auch Untersuchungen zur → intracranialen Selbstreizung weisen darauf hin, dass die biolog. Defizitregulation nicht der entscheidende Faktor der Verstärkung sein kann; s. a. die Forschung zu → Hunger und Durst.

◆ Bolles, R. C.: Theory of motivation. New York 1967 (2. Aufl. 1975); Brown, J. S.: The motivation of behaviour. New York 1961; Keller, J. A.: Grundlagen der Motivation. München 1981; Sheffield, F. D.: A drive-induction-theory of reinforcement. In: Haber, R. N. (Hg.): Current research in motivation. New York 1966, S. 98–111; Young, P. T.: Motivation and emotion. New York 1961.

Triebschicksal → Trieb.

Triebspezifische Energie → Trieb.

Triebsubstitution → allgemeiner Antrieb.

Triebsummation → allgemeiner Antrieb.

Triebtheorie der Angst [auch *Drive-Theorie der Angst*], eine Theorie der → Angst, die, in der Tradition der → Lerntheorien stehend, Angst als Realisation bzw. hohen Aktivationsgrad des → allgemeinen Antriebs sieht (Taylor 1953; Spence 1958; Spence u. Spence 1966; deswegen auch als *Spence-Taylor-Theorie* o. als *Angsttheorie der Iowa-Gruppe* bezeichnet). Diese Theorie ist eine Integration von einem persönlichkeitstheoret. u. allgemeinps. Ansatz u. beinhaltet die Vorstellung einer chron. Angst, die unspezif. alle mögl. Reaktionen u. Lernprozesse verstärken kann; vgl. zur Problematik Fröhlich (1983). Innerhalb dieses Paradigmas wurde die erste bedeutende Angstskala, die *Manifest Anxiety Scale* (*MAS*), entwickelt, welche die individuelle Unterschiedlichkeit der manifesten Angst erfasst; s. a. das Stw. → Leistungsangst.

◆ Fröhlich, W. D.: Perspektiven der Angstforschung. In: Thomae, H. (Hg.): Ps. der Motive. EP, C, IV, 2. Bd. Göttingen 1983, S. 110–277; Spence, K. W.: A theory of emotionally based drive (D) and its relation to performance in simple learning situations. AmP 13, 1958, S. 131–141; Spence, J. T. u. Spence, K. W.: The motivational components of manifest anxiety: drive and drive stimuli. In: Spielberger, C. D. (Hg.): Anxiety and behaviour. New York 1966, S. 291–326; Taylor, J. A.: A personality scale of manifest anxiety. JASP 48, 1953, S. 285–290; Taylor, J. A.: Drive theory and manifest anxiety. PBu 53, 1956, S. 303–320.

Triebziele → Psychoanalyse; → Trieb; → Sexualtrieb.

Trigeminale Chemorezeption, → Geschmackswahrnehmung u. → Geruchswahrnehmung, vermittelt durch den 5. Hirnnerv (Trigeminus

– er überträgt sämtl. taktilen Empfindungen der Gesichtsregion); zu den physiolog. Grundlagen vgl. Burdach (1988) u. Altner (1980). Man kann eine *oral-trigeminale* von einer *nasal-trigeminalen* Wahrnehmung unterscheiden. Erstere vermittelt z. B. die Empfindungsqualität *scharf*, Letztere die Empfindungsqualität *stechend*. Auch bei der Vermittlung von Aromaempfindungen während der Nahrungsaufnahme spielt dieses System eine Rolle.

VD: Die Beteiligung des Trigeminus bei der Wahrnehmung im Bereich von Mund, Nase u. Rachen ist seit langem bekannt, bereits Wundt erwähnt, dass überall, wo wir die Bezeichnung *stechend* für einen Geruch gebrauchen, die Vermengung mit einer Empfindung der Tastnerven anzunehmen ist. Bis vor kurzem war man der Ansicht, dass die freien Enden dieses Nervs ledigl. mit relativ geringer Sensitivität auf chem. Reize ansprechen u. qualitativ undifferenzierte Schmerzempfindungen vermitteln; neuere Untersuchungen konnten allerdings das Ansprechen schon bei relativ schwachen Duftkonzentrationen aufzeigen. Seit Beginn der 80er Jahre richtet sich das wissenschaftl. Interesse auch auf trigeminale Sensationen im Mund- u. Rachenbereich, die z. B. durch Pfeffer o. konzentrierten Alkohol ausgelöst u. als Empfindungen wie *scharf* o. *brennend* erlebt werden.

◆ Altner, H.: Physiologie des Geschmacks. In: Schmidt, R. F. (Hg.): Grundriß der Sinnesphysiologie. Berlin 1980, S. 262–273; Burdach, K. J.: Geschmack u. Geruch. Bern 1988.

Tritanopie → Farbwahrnehmung.

True Halo → Halo-Effekt.

Try → naive Kausalanalyse.

Tu-Effekt. Der Begriff ist noch nicht kodifiziert, er wird von Engelkamp (1990) benutzt, um den Effekt zu bezeichnen, dass die reale o. symbol. Ausführung von einfachen Handlungen das Einprägen entsprechender Sätze, wie z. B. »das Buch öffnen« o. »die Haare kämmen«, deutl. verbessert; vgl. Engelkamp (1990).

◆ Engelkamp, J.: Das menschl. Gedächtnis. Göttingen 1990; Köddig, C.: Das Generieren von Handlungsvorstellungen im Modell »Netz erinnerbaren Handelns« u. der Tu-Effekt. ZExP 42, 1995, S. 280–301.

Tunneleffekt → phänomenale Kausalität; → Ereigniswahrnehmung.

Tunnelexperiment → phänomenale Kausalität; → Ereigniswahrnehmung.

Turmbau-Versuch → Primatenversuche.

Turm von Hanoi [auch *Scheibenaufgabe*; engl. *disk transfer task*], eine Denksportaufgabe, bei der Scheiben, die auf einem Stab aufgereiht sind, nach bestimmten schwierigen Regeln auf einen anderen Stab umgesetzt werden müssen.

HI: Diese Denksportaufgabe ist ein wichtiges Forschungsinstrument der → Denkpsychologie. Die Arbeiten über sie spiegelten die Wandlungen der Zielsetzungen u. Methodologie der Kognitionsforschung wider; es wurde so viel über den T. publiziert, dass Karat (1982) iron. warnte: »Die Untersuchung des Turms von Hanoi ist nicht das Ziel der Cognitive Science« (Zitat nach Möbus 1988).

VD: Details der Aufgabe: Man hat drei Scheiben unterschiedl. Größe A, B, C sowie drei Stifte, auf die diese Scheiben gesteckt werden können. Jede Scheibe darf von einem Stift auf einen beliebigen anderen gelegt werden, solange jeweils nur die oberste Scheibe bewegt wird u. niemals eine größere Scheibe über einer kleineren zu liegen kommt; am Anfang befinden sich alle Scheiben auf Stift 1, die Aufgabe lautet, sie alle auf Stift 3 zu bringen; s. Abb. *Denken 4*.

◆ Anderson, J. R.: Kognitive Ps. Heidelberg 1988; Crowe, D. W.: The n-dimensional

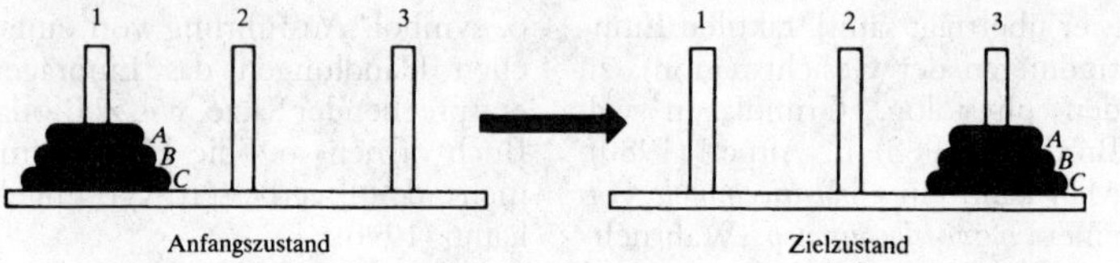

Abb. *Denken 4*

cube and tower of Hanoi. American Mathematical Monthly 63, 1956, S. 29–30; KARAT, J.: A model of problem solving with incomplete constraint knowledge. CP 14, 1982, S. 538–559; MÖBUS, C.: Zur Modellierung kognitiver Prozesse mit daten- bzw. zielorientierten Regelsystemen. In: MANDL, H. u. SPADA, H. (Hg.): Wissensps. München 1988, S. 423–469.

Typ → TLC.

Type → TLC.

Type-token-Modell → TLC.

Typikalität → Prototyp.

Typikalitätseffekt → Prototyp.

UCS Abk. für *unbedingter Reiz*; → klassische Konditionierung.

Üben, das wiederholte Durchführen von bereits (zumindest zum Teil) gelernten Aufgaben zum Zwecke der Stabilisierung des Gelernten.

T: Bes. im Bereich des → sensomotorischen Lernens wird das *Ü.* dem *Lernen* dahingehend gegenübergestellt, dass sich der Lernbegriff auf den *Erwerb* einer Bewegungsfähigkeit bezieht, während *Ü.* sich auf die *Verbesserung* dieser erworbenen Fähigkeit bezieht. Während im europäischen Raum der Begriff im Sinne einer Repetition verwendet wird, umfasst er im angelsächs. Sprachraum auch die gesamten Versuchsdurchgänge beim Ausbilden von Konditionierungsprozessen, also auch die wiederholte Reiz- bzw. Problemdarbietung.

Meist finden sich unter dem Thema *Ü.* Darstellungen von Ergebnissen zum → mechanischen Lernen bzw. zum → verbalen Lernen, das Ganze ausgerichtet auf einen prakt. Aspekt, näml. die Frage, was die optimalen Bedingungen dieses Lernens bzw. Ü. sind. Folgende Teilprobleme sind hierbei analysiert worden: unter quantitativem Aspekt der Verlauf der → Lernkurve, unter mehr inhaltl.-method. Aspekt → Ganz-Lernmethode vs. Teil-Lernmethode, → massiertes vs. verteiltes Lernen, → inzidentelles vs. intentionales Lernen, Wirkungen einer → Pause, → Reminiszenz-Effekt, → Aufwärmeffekt, → Superdiagonaleffekt, → mentales Training, → Transfer. Zunehmend werden weniger Prozesse des mechan. u. des motor. Lernens thematisiert als der Erwerb von komplexeren Fähigkeiten; vgl. zum Überblick Anderson (1988); s. a. → Expertise; Hofer (1974) weist darauf hin, dass, bei aller berechtigten Kritik am mechanist. Kzpt. des Ü., das Thema Ü. in der modernen kognitiv orientierten Ps., bes. der pädagog. Ps., zu stark vernachlässigt worden ist.

LIT: Vgl. zsfd. Haseloff u. Jorswieck (1971); Foppa (1975); Matern (1982); Holding (1965); Schmidt (1987); Volpert (1981); zu sportps. Aspekten: Cratty (1975) u. Singer (1985).

◆ ANDERSON, J. R.: Kognitive Ps. Heidelberg 1988; CRATTY, J. B.: Motor. Lernen u. Bewegungsvh. Frankfurt/M. 1975; FOPPA, K.: Lernen, Gedächtnis, Vh. Köln 1975 (9. Aufl.); HASELOFF, O. W. u. JORSWIECK, E.: Ps. des Lernens. Berlin 1971; HOFER, M.: Instruktion als Optimierung von Lernprozessen. In: WEINERT, F. E. u. a. (Hg.): Funkkolleg »Pädagog. Ps.«, 2. Bd. Frankfurt/M. 1974, S. 827–850; HOLDING, D. H.: Principles of training. Oxford 1965; MATERN, B.: Der Beitrag der Ps. für die Gestaltung von Trainingsverfahren in der Industrie. PuEPs 80, 1982, S. 51–68; MCGEOCH, A. u. IRION, A. L.: The psychology of human learning. New York 1952;

SCHMIDT, K. H.: Ps. Grundlagen sensomotor. Arbeitstätigkeiten. In: KLEINBECK, U. u. RUTENFRANZ, J. (Hg.): Arbeitsps. EP, D, III, 1. Bd. Göttingen 1987, S. 260–304; SINGER, R. N.: Motor. Lernen u. menschl. Leistung. Bad Homburg 1985; ULICH, E.: Das Lernen sensumotor. Fertigkeiten. In: BERGIUS, R. (Hg.): Lernen u. Denken. HP, 1. Bd., 2. Hlb. Göttingen 1964, S. 326–346; VOLPERT, W.: Sensumotor. Lernen. Frankfurt/M. 1981.

Überdeterminierung → Psychoanalyse; → Traum.

Übereinstimmungsproblem → Korrespondenzproblem.

Übergangsfehler-Wahrscheinlichkeit → TEP-Maß.

Übergeneralisation → Begriffsbildung.

Übergeneralisierung, im allg. Sinne jede Ausdehnung einer Reaktion bzw. einer Vhsstrategie auf einen Reiz- bzw. Vhsbereich, für den sie nicht mehr adäquat ist. Ü. spielen bes. im Bereich der Sprache u. innerhalb des Spracherwerbs eine wichtige Rolle: Dabei weiten Kinder den Anwendungsbereich eines bestimmten Wortes fehlerhaft aus; so kann es vorkommen, dass der Ausdruck »Apfel« auch für die Benennung von Tomaten benutzt wird o. das Kind »Wauwau« nicht nur zu Hunden, sondern zu allen vierbeinigen Tieren sagt; ein ähnl. Fall ist gegeben, wenn eine bestimmte Art der Vergangenheitsbildung auf andere Verben übertragen wird, z. B.: »kamte«, »gangte« etc. Die prominenteste Theorie des Bedeutungserwerbs, die auf einer systemat. Auswertung solcher Fehler beruht, ist von Clark (1979) vorgelegt worden; s. a. die Stw. → Bedeutung; → semantisches Merkmal; → Sprache.

◆ CLARK, E. V.: The ontogenesis of meaning. Wiesbaden 1979; RESCORLA, R. A.: Overextension in early language development. JCL 7, 1980, S. 321–334; BARRETT, M. D.: Lexical development and overextension in child language. Journal of Child Language 5, 1978, S. 215–219.

Übergeordnete Begriffsebene → Prototyp.

Über-Ich → Psychoanalyse.

Überkompensation → Psychoanalyse.

Überkonstanz → Wahrnehmungskonstanzen.

Überlebensmodell → Motivationspsychologie.

Überlernen, → Lernen, das stattfindet, wenn ein Stoff schon fehlerfrei beherrscht wird. Bsp.: Sind zur fehlerfreien Wiedergabe eines Stoffes zehn Wiederholungen nötig, so ergeben fünf zusätzl. Wiederholungen einen Erlernungsgrad von 150 %, der Lernstoff ist damit zu 50 % »überlernt«; vgl. hierzu Luh (1922); allg. die Lehrbücher der → Lernpsychologie.

◆ LUH, C. W.: The conditions of retention. PM 31, 1922, S. 42ff.

Überraschung [ähnl. *Verblüffung, Staunen*], Emotion, die – nach einer Formulierung von Charlesworth (1969) – entsteht, wenn ein eintreffendes Ereignis »fehlerwartet« wurde, im Unterschied zu einem *unerwarteten* Ereignis, worin auch der Hauptunterschied zur → Schreck-Reaktion liegt, die aber von anderen Autoren (z. B. Bower 1974; Izard 1981; Tomkins 1962) weitestgehend mit Ü. gleichgesetzt wird. Ü. setzt die Etablierung kognitiver Schemata, die eine Antizipation begründen, voraus u. tritt meist erst mehrere Wochen nach der Geburt auf; zur Entwicklungsps. u. zur Bedeutung für die Neurosenentstehung vgl. Kruse (1991). Ü. setzt eine → Orientierungsreaktion in

Gang. Durch Ü. werden die Aufmerksamkeitsprozesse motiviert, u. explorative Handlungen können leichter einsetzen. Berlyne (1960) betrachtet als überraschungsinduzierend folgende Faktoren: Neuigkeit, Inkongruität, Komplexität, Unregelmäßigkeit (→ Neugier; → Explorationsverhalten). Das Gefühl der Ü. hat schon in den ältesten Versuchen einer Systematisierung von Gefühlen einen festen Platz, wird bis heute zu den primären Emotionen gerechnet u. ist mit relativ eindeutigen mim. Reaktionen verknüpft. Seit Darwin, der Ü. als eine Form von »plötzl. erregter Aufmerksamkeit« an den Anfang einer Kette mit den weiteren Gliedern *Erstaunen – Furcht – Entsetzen* stellte, wird die Ausdrucksstruktur so beschrieben: hochgezogene Stirn, so dass Längsfalten entstehen (bei Kindern weniger deutlich), hochgezogene Augenbrauen, Vergrößerung der Augen, geöffneter Mund, begleitet von einem steilen Anstieg der physiolog. Erregung, vgl. Ekman (1988). Der biolog. Sinn der Ü. wird in der Herstellung einer günstigen Ausgangslage für notwendige Anpassungsleistungen gesehen. Nach Tomkins (1962) ist die Funktion der Ü. ein »Freimachen der Kanäle des Nervensystems«. Wundt (1911) zählt Ü. zu den »indifferenten Spannungsaffekten« insofern, als die plötzl. Lösung der Spannung sowohl zu freudiger Ü. als auch zu *Bestürzung* o. *Entsetzen* führen kann – Bartlett u. Izard (1972) zeigen allerdings, dass Ü. aber im Allg. als angenehm erlebt wird.

VD: Als *Überraschungsparadigma* bezeichnet man eine Forschungsmethode der Entwicklungsps. u. auch der Motivationsps.: Die Vp, meist ein Säugling, wird mit einem »unmögl.« Ereignis konfrontiert, man zeigt ihm z. B. das Gesicht einer sprechenden Frau hinter einer schalldichten Glasscheibe, u. wenn dabei der Ton ihrer Stimme so eingespielt wird, dass er nicht aus dem Mund, sondern von der Seite kommt, zeigen Säuglinge schon im ersten Monat Anzeichen von Ü.; man kann also schließen, dass sie erwarten, dass Mund u. Ton zusammen gehören. Eine bes. Variante hiervon ist die *still-face-procedure*: dabei wird die Mutter angewiesen, ihr natürl. Interaktionsvh. zu verändern u. ohne Veränderung der Gesichtsmimik auf die Annäherungsgesten ihres Säuglings zu reagieren; schon drei Monate alte Säuglinge sind darüber sehr erstaunt; vgl. Dornes (1993).

◆ Bartlett, E. S. u. Izard, C. E.: A dimensional and discrete emotions' investigation of the subjective experience of emotion. In: Izard, C. E. (Hg.): Patterns of emotions: a new analysis of anxiety and depression. New York 1972, S. 129–172; Berlyne, D. E.: Conflict, arousal and curiosity. New York 1960 (dt.: Konflikt, Erregung, Neugier. Stuttgart 1974); Bower, R.: Development in infancy. San Francisco 1974; Charlesworth, W. R.: The role of surprise in cognitive development. In: Elkind, D. u. Flavell, J. (Hg.): Studies in cognitive development. New York 1969, S. 257–314; Darwin, C.: The expression of emotions in men and animals. London 1872 (dt.: Der Ausdruck der Gemüthsbewegungen bei den Menschen u. den Thieren. Stuttgart 1901); Dornes, M.: Der kompetente Säugling. Frankfurt/M. 1993; Ekman, P.: Gesichtsausdruck u. Gefühl. Paderborn 1988; Izard, C. E.: Die Emotionen des Menschen. Weinheim 1981; Kruse, O.: Emotionsentwicklung u. Neurosenentstehung. Stuttgart 1991; Tomkins, S. S.: Affect, imagery, consciousness, 1. Bd. New York 1962; Wundt, W.: Grundzüge der physiolog. Ps., 3. Bd. Leipzig 1911.

Überraschungsparadigma → Überraschung.

Überschattung → Overshadowing.

Übersichtswissen → kognitive Landkarte.

Übersprungsverhalten, ein Kzpt. der → Ethologie: in → Konflikt-Situationen wird bisweilen ein Vh. gezeigt, das für keine der beiden miteinander in Konflikt stehenden Tendenzen relevant zu sein scheint;

vgl. Zeigler (1964). Bsp.: Ein Tier zeigt bei Annäherung eines Rivalen an sein Revier ganz plötzl. statt Droh- Putzvh.; zu weiteren Bsp. vgl. Hinde (1973). Hinter dem Begriff *Ü.* steht die Vorstellung, dass die Energie aus dem blockierten Vhssystem auf ein anderes Handlungssteuerungssystem überspringt.

TH: Folgende Kzpte. versuchen Ü. zu erklären: (a) Ü. als Folge einer autonomen Aktivität; (b) Ü. als aus Enthemmung resultierend; (c) Ü. als Effekt einer fehlenden Belohnung; (d) Ü. als mögl. Effekt einer unspezif. Alternierung; (e) Ü. als Wirkungsweise eines Entwarnungssystems; vgl. Hinde (1973).

KR: Hinde (1973); Zeigler (1964).

◆ Hinde, R. A.: Das Vh. der Tiere, 2 Bde. Frankfurt/M. 1973 (Orig.: New York 1966); Zeigler, H. P.: Displacement acitivity and motivational theory. A case study in the history of ethology. PBu 61, 1964, S. 362–376.

Überstrahlungseffekt → Halo-Effekt.

Übersummativität → Gestalttheorie.

Übertragungsneurose → Psychoanalyse.

Überzeugungs-Wert-Matrix → Zeichen-Gestalt-Theorie.

Übung → Üben.

Übungsverteilung → massiertes vs. verteiltes Üben.

U-Hypothese → Aktivation-Leistungs-Paradigma.

U-Labyrinth → Lernlabyrinth.

Ultrakurzzeitgedächtnis → sensorische Register; → Gedächtnis; → Kurzzeitgedächtnis; → ikonisches Gedächtnis.

Ultrastimulus-Wahrnehmung → transaktionalistische Wahrnehmungstheorie.

Umetikettierung → Erregungstransfer; → Schachter-Singer-Theorie.

Umgebungseffekt → syllogistisches Schlussfolgern.

Umgekehrter Depressionseffekt beim Konditionieren → Crespi-Effekt.

Umlernaufgaben → Transposition.

Umschlagfiguren → Kippfiguren.

Umsprungbilder → Kippfiguren.

Umsprungsbewegung → Umstrukturierungs-Bewegung.

Umstimmung → chromatische Adaptation; → Akkommodation.

Umstrukturierung → Gestalttheorie; → Gestalt; → Denktheorien; → Einsicht; → Problemlösen.

Umstrukturierungs-Bewegung [auch *Umsprungsbewegung*], ein Phänomen der → Raum- bzw. Bewegungswahrnehmung, das demonstriert wird vom amesschen *trapezoiden Rotationsfenster* o. von dem seit Jahrhunderten existierenden »Engelsspiel«. Beide beruhen darauf, dass Gegenstände eine Form besitzen, die einen perspektiv. Eindruck ergibt, u. wenn sie sich drehen, wird kein kontinuierl. Dreheindruck erzeugt, sondern eine Hin- u. Herschwingung; die Kreisbewegung wird umstrukturiert in eine Teilkreisbewegung, jeweils in entgegengesetzter Richtung.

◆ Ames, A.: Visual perception and the rotating trapezoidal window. PM 65, 1951, S. 324–367; Arnold, W. (Hg.): Experimentelles Praktikum, 1. Bd. Stuttgart 1972.

Umwegproblem → räumliches Lernen.

Umweltkontrolle → Wille.

Umweltkraft → naive Kausalanalyse.

Umweltpsychologie → ökologische Psychologie.

Umweltvariablen → naive Kausalanalyse.

Unabhängigkeitshypothese → Interferenz.

Unbedingte Reaktion → klassische Konditionierung.

Unbedingter Reflex → klassische Konditionierung.

Unbedingter Reiz → klassische Konditionierung.

Unbewusst → Unbewusstes.

Unbewusstes [selten *Unterbewusstes*], psych. Prozesse, die nicht von → Bewusstsein begleitet sind. Eine unbewusste Tiefenschicht der Psyche mit kontinuierl. Übergängen zum Bewusstsein wurde schon frühzeitig (Plotin, Leibniz, Schelling, Herbart, Carus, von Hartmann, Nietzsche) angenommen. Im 19. Jahrhundert wurde das U. ein bis in die wissenschaftl. interessierte Öffentlichkeit hinein diskutiertes Phänomen u. Kzpt.; Anlass waren v. a. psychopatholog. Phänomene, wie *multiple Persönlichkeit*, *ambulator. Automatismen*, *automat. Schreiben*, auch *Hypnose*. V. a. von Frankreich gingen wichtige Impulse aus; ein bahnbrechendes Werk war »Automatisme psychologique«, von P. Janet, der damit zum Begründer des *wissenschaftl.* U.-Kzpts. (im Unterschied zum *philosoph.-metaphys.* Kzpt.) geworden ist. (Er verwendete den Begriff des *Unterbewussten.*) Als zentraler Aspekt des U. wurde das Phänomen der → Dissoziation angesehen: die Tatsache, dass der Mensch zum Ausführen komplexer Handlungen o. Erinnerungen in der Lage ist, ohne sich ihrer bewusst zu sein u. ohne sich später daran zu erinnern. Neben dieser *abtrennenden* Funktion wurden dem U. damals noch folgende weitere Funktionen zugesprochen: die *konservierende* Funktion, d. h. das Festhalten einer großen Zahl von Erinnerungen u. v. a. auch unbewusster Wahrnehmungen, verknüpft mit der Idee, dass der Mensch die Gesamtheit aller Erinnerungen im U. bewahre, auch wenn er sie nicht bewusst erinnern könne; des Weiteren die *kreative* Funktion, die die Bedeutsamkeit des U. für künstler. Schaffen meint. Vgl. zum Überblick über diese Phase u. diese Aspekte Ellenberger (1973).

Zentral u. von dort aus Allgemeingut der Populärps. geworden ist das Kzpt. des U. innerhalb der → Psychoanalyse Freuds. Bei Freud finden sich sieben verschiedene Kzpte. des U.: (a) als psych. Repräsentation der Triebe (Es); (b) als energet. Quelle des Seelenlebens; (c) als lebensgeschichtl. Verdrängtes (→ Verdrängung); (d) als besonderes seel. Arbeitsprinzip (*Primärvorgang*; s. u.); (e) im Sinne des topograph. Strukturmodells als Anteil des Ich u. des Über-Ich; (f) als archaische Erbschaft u. (g) als Gegenbegriff zum Bewusstsein; vgl. hierzu Knapp (1976). Das U. sei v. a. gekennzeichnet durch den sog. *Primärvorgang*, der dem das Bewusste dominierenden *Sekundärvorgang* gegenübersteht; der Primärvorgang sei v. a. durch *Verschiebung* u. *Verdichtung* gekennzeichnet: Bei der Verschiebung können Bilder o. Begriffe stellvertretend füreinander stehen, bei der Verdichtung können durch einen Begriff o. ein Bild mehrere andere Begriffe o. Bilder dargestellt werden. Freud versucht mit diesen Kzptn. eine Logik des U. darzustellen, die nicht, wie tlw. in der klass. Ps. postuliert, durch das Fehlen einer Bedeutung, sondern durch deren unaufhörl. Gleiten charakterisiert ist: Durch *Verschiebung* gelangt der psych. Wert, die Bedeutung o. Intensität, die ursprüngl. zu einer bestimmten Vorstellung gehörte, zu einer anderen, scheinbar unbedeutenden; durch *Verdichtung* kann es geschehen, dass in einer einzigen Vorstellung alle Bedeutungen zusammenfließen, die durch die sich dort kreuzenden Assoziationsketten herangetragen werden; Weiteres → Traum (VD-Teil). Der Gegensatz zw. Primär- u. Sekundärvorgang entspricht tlw. dem zw. → *Lustprinzip* u. *Realitätsprinzip*. So anerkannt das Kzptpaar Verschiebung/Verdichtung als eines der wichtigsten der freudschen Lehre ist, so strittig ist mittlerweile Freuds Konzeptualisierung; vgl. Lichtenberg (1991) sowie Tyson u. Tyson (1990); Jones (1960) sieht darin Freuds wichtigsten Beitrag zur Ps., wichtiger noch als seine Entdeckung des U. u. der infantilen Sexualität; Hilgard (1962) versucht dieses Modell empir. u. theoret. zu fundieren. Vor dem Hintergrund der vorher dargelegten Modelle kennzeichnet Freud das U. als *alogisch*, *zeitlos* u. als *widerspruchsfrei* im Gegensatz zum Bewusstsein, das er als *antinom.* kennzeichnet. Er meint damit, dass im U. Gegensätze nicht auseinandergehalten werden; er bezieht sich v. a. auf den Traum, in dem jedes Element auch sein Gegenteil bedeuten kann, u. beruft sich auf das von der Sprachforschung erarbeitete Phänomen, dass manche *Urwörter* gegensätzl. Sinn haben, dass z. B. in der latein. Sprache »altus« sowohl »hoch« als auch »tief« u. »sacer« »heilig« u. »verflucht« bedeuten kann. Zeitlos sind die Vorgänge im unbewussten System nach Freud deshalb, weil sie nicht sequenziell geordnet sind, durch die laufende Zeit nicht abgeändert werden u. ausschließl. dem *Lustprinzip* folgen. Im U. ist auch die Zensur verankert, deren Wirkung v. a. in der Traumdeutung analysiert wird. *Vorbewusstes* ist solches U., das leicht ins Bewusstsein treten kann; es hängt eng mit Wortvorstellungen zusammen.

Die wissenschaftl. Ps. war lange Zeit eine → Bewusstseinspsychologie, die unbewusste Phänomene negiert hat. Abgelehnt wurde u. wird von der akadem. Ps. v. a. die Vorstellung der Psa., dass das U. ein Bereich mit eigenen Kräften u. Gestaltungsprinzipien u. sogar »Absichten« darstellt, (also nicht nur einen Teilprozess u. eine Teilschicht), sondern fast eine »kleine Persönlichkeit«. Rohracher (1971) argumentiert pointiert gegen das U., dass psych. Prozesse entweder bewusst o. eben physiolog. seien, eine Zwischendimension gebe es nicht. Folgende Kzpte. der akadem. Ps. haben im Laufe der Psychologiegeschichte das Problemgebiet unbewusster Prozesse thematisiert: (a) v. Helmholtz formuliert das Kzpt. der → unbewussten Schlüsse zur Erklärung bestimmter Wahrnehmungsprozesse, bes. bei Wahrnehmungskonstanzen. (b) Der erste Berührungspunkt zw. wissenschaftl. Ps. u. Psa. war Galtons → Assoziationstest, bei dem sich zeigte, dass bei Assoziationen unbewusste Strukturierungsprozesse wirksam sind – was von C. G. Jung aufgegriffen u. weiterentwickelt wurde. (c) N. Ach zeigte in einer Reihe verbesserter Laboruntersuchungen das Wirken des U. im Denken u. im Willen, v. a. welche Rolle unbewusste → determinierende Tendenzen bei der Ausführung bewusster Denk- u. Willenshandlungen spielen. (d) Das Phänomen der → Inkubation ist ein innerhalb der → Denkpsychologie diskutiertes u. analysiertes Phänomen: die Erscheinung, dass es bei Problemlösungsprozessen eine Phase zu geben scheint, in der ohne bewusste Denkprozesse eine Problemlösung bzw. eine Annäherung an diese erfolgt. (e) Paradigmen wie → Wahrnehmungsabwehr u. → subliminale Wahrnehmung waren weitere wichtige Etappen auf dem Weg zu einer Rehabilitierung des Kzpts. (f) Innerhalb der → Psychophysik haben Diskussionen über das Kzpt. der Sinnesschwelle ebenfalls bestimmte Aspekte des U.-Kzpts. thematisiert. (g) Grundsätzl. sieht die moderne kognitive Ps. → Wahrnehmung u. → Erkennen als konstruktiven u. hierarch. gegliederten Akt, der sich aus verschiedenen Teilprozessen aufbaut, die in unterschiedl. Maße bewusst u. bewusstseinsfähig sind u. meist erst in ihrer Gesamtheit, sozusagen »am Schluss«, Bewusstsein ergeben: So sind die ersten Perzepte meist nicht bewusst (→ ikonisches Gedächtnis), o. wenn sie bewusstseinsfähig sind, werden sie jedoch nicht dauerhaft gespeichert, ebenso die ersten Strukturierungen des Wahrnehmungsfelds (→ präattentive Prozesse). Da Erkenntnisprozesse grundsätzl. als modular gesehen werden, ergibt sich auch die Möglichkeit vielfältiger → Dissoziationen von bewussten u. unbewussten Anteilen des Erkennens u. der Handlung: → direkte Parameterspezifikation. Insbes. im Rahmen von Untersuchungen zur → Aufmerksamkeit wird auch diskutiert u. analysiert, welchen Einfluss die nicht im Aufmerksamkeitszentrum liegenden Prozesse besitzen. Auch die → Präkognitiv-postkognitiv-Debatte zeigt die Möglichkeit auf, dass es bestimmte ganzheitl. u. bes. auch emotionale Aspekte der Wahrnehmung gibt, die deutl. Einfluss auf das Vh. haben, ohne bewusst u. explizit formulierbar zu sein; Vgl auch → unbewusstes Lernen; → implizites Lernen; → inzidentelles Lernen.

VD: Folgende neurops. Störungen evozieren das Problem des U. bzw. des Bewusstseins: (a) *Anosognosie*: die Leugnung einer offensichtl. Erkrankung, z. B. einer Lähmung o. sogar des Verlusts einer Hand; zum Überblick vgl. Brigatano u. Schacter (1991). (b) *Neglect*: Ein patholog. Syndrom, das sich in der Vernachlässigung von Stimuli in der kontralateral zur Läsion befindl. Raumhälfte äußert, so dass Patienten nicht auf Ansprache aus der betreffenden Raumhälfte reagieren, allg. keine Orientierungsreaktion auf visuelle Reize von dort zeigen; zum Überblick vgl. Heilman u. a. (1985). (c) *Blindsight (Blindsehen)* bezeichnet visuelle Residualleistungen von Patienten mit kortikalen Gesichtsfelddefiziten: Patienten können auf einen Reiz hinzeigen, ohne ihn bewusst wahrzunehmen. Auch bei anderen Leistungen können neben der räuml. Lokalisationsleistung bemerkenswerte Residualfunktionen erhalten bleiben: so sind Patienten in der Lage, Bewegungen innerhalb des betroffenen Gesichtsfeldes zu identifizieren o. Orientierungsrichtungen zu diskriminieren. (d) *Amnest. Störungen*: auch hier sind trotz des vollständigen Verlusts des expliziten Erinnerns klare Indikatoren für die Verfügbarkeit bestimmter Gedächtnisprozesse in anderen Verhaltensindikatoren deutl. Eines der häufig verwendeten Paradigmen ist die sog. *repetition-priming*: während in expliziten Gedächtnisverfahren die Vpn aufgefordert werden, Items als Elemente einer Episode zu reproduzieren o. zu rekognizieren, werden sie beim repetition-priming ledigl. zu einer einfachen visuellen Identifikation aufgefordert; sie werden also etwa mit einer Serie von Wörtern konfrontiert, meist mit einer konkreten Anweisung, was sie mit diesen Wörtern tun sollen; in der Testsituation werden sie dann wiederum mit

Wörtern konfrontiert, die bspw. mögl. schnell u. zuverlässig identifiziert werden sollen. Dabei stammen einige Wörter aus der Lernepisode, andere sind neu. Als Ergebnis zeigt sich eine klare Überlegenheit für die Items der Lernepisode; vgl. Forster u. Davis (1984).

Zahlreiche experimentelle Ergebnisse der kognitiven Ps. zeigen, dass phänomenal erlebte u. reflexivem Bewusstsein zugängl. Informationen nur ein kleiner Ausschnitt der Informationen sind, die das Vh. steuern kann, denn den psychopatholog. Syndromen parallele Dissoziationen können auch bei gesunden Vpn aufgewiesen werden: Als Parallele zum Blindsight-Phänomen aufgefasst werden kann das, was in der angelsächs. Lit. meist mit dem Begriff »perception without awareness« bezeichnet wird (vgl. Bornstein u. Pittman 1992); z. B. kann man das Gesichtsfelddefizit von Blindsight-Patienten bei gesunden Vpn durch unterschwellige Präsentation der Reize »simulieren«, u. man findet dabei analoge Ergebnismuster; vgl. Marcel (1993). Es konnte auch gezeigt werden, dass Reize, die unterhalb der Entwicklungsschwelle repräsentiert wurden, unter bestimmten Umständen Reaktionen auf nachfolgende Stimuli beeinträchtigen. Auch für die Neglect-Symptomatik gibt es allgemeinps. Analogien; vgl. Graves u. Jones (1992). Zu der Amnesie analogen Effekten vgl. das Stw. → implizites Gedächtnis. Für einen theoret. Rahmen zur Erfassung solcher Phänomene vgl. Mohr (1997).

LIT: Zu verschiedenen Definitionen vgl. Miller (1942); vgl. auch Graumann (1966); die Geschichte der Theorien des U. wird abgehandelt von Miller (1942); Brinkmann (1943); Margetts (1953); Ellenberger (1973); Whyte (1960); zu einem frühen Überblick vgl. Héricort (1889); eine sprachanalyt. Arbeit ist MacIntyre (1968); ein neuerer ps. Ansatz ist Baars (1988); ein neuerer Sammelband stammt von Marcel (1994); zahlreiche Aspekte des U. aus neurops. Sicht thematisieren die Bücher von Pöppel (1988ff.); zum Thema unbewusstes Lernen u. unbewusste Begriffsbildung, sowie zu den Implikationen neurops. Störungen für das Thema U. aus der Sicht der modernen akadem. Ps. vgl. Perrig u. a. (1993); Lewicki (1986) ist ein neuerer Ansatz, der die unbewussten Prozesse in der sozialen Eindrucksbildung u. Informationsverarbeitung thematisiert; für problemgeschichtl. Aspekte vgl. Pongratz (1967).

◆ Ach, N.: Über die Entstehung des Bewusstseins der Willensfreiheit. In: Bericht über den 10. Kongreß für experimentelle Ps. Jena 1928, S. 91–97; Ach, N.: Über den Begriff des Unbewußten in der Ps. der Gegenwart. ZfPs 129, 1933, S. 223–245; Adams, J. K.: Laboratory studies of behaviour without awareness. PBu 54, 1957, S. 353–405; Baars, B. J.: A cognitive theory of consciousness. New York 1988; Bock, C. R. u. Marsh, J. (Hg.): Experimental and theoretical studies of consciousness. Chichester 1993; Bornstein, R. F. u. Pittman, T. S. (Hg.): Perception without awareness: cognitive, clinical and social perspectives. New York 1992; Brigatano, G. P. u. Schacter, D. L. (Hg.): Awareness of deficit after brain injury. Oxford 1991; Brinkmann, D.: Probleme des Unbewußten. Zürich 1943; Eicke, D. (Hg.): Freud u. die Folgen (I). Zürich 1976; Ellenberger, H. F.: Die Entdeckung des Unbewußten, 2 Bde. Bern 1973; Fechner, G. T.: Elemente der Psychophysik, 2 Bde.Leipzig 1860; Forster, K. I. u. Davis, C.: Repetition-priming and frequency attenuation in lexical access. JExP: LMC 10, 1984, S. 680–698; Graumann, C. F.: Bewußtsein u. Bewußtheit – Probleme u. Befunde der ps. Bewußtseinsforschung. In: Metzger, W. (Hg.): Wahrnehmung u. Bewußtsein. HP, 1. Bd., 1. Hlb. Göttingen 1966, S. 79–130; Graves, R. E. u. Jones, P. S.: Conscious visual perceptual awareness vs. non-conscious visual spatial localization examined with normal subjects using possible analogues of blindsight and neglect. Cognitive Neuropsychology 9, 1992, S. 487–508; Heilman, K. M. u. a.: Neglect and related disorders. In: Heilman, K. M. u. Valenstein, E. (Hg.): Clinical neuropsychology. New York 1985; Hellpach, W.: Unbewußtes u. Wechselwirkung. ZfPs 48, 1908, S. 238ff.; Helmholtz, H.: Handbuch der physiolog. Optik, 3 Bde. 1859; Héricort, J.: L'activité inconsciente de l'esprit. Revue Scientifique 26, 1889, S. 257–268; Knapp, G.: Begriff u. Bedeutung des Unbewußten bei Freud. In: Eicke (1976) S. 267–290; Koeppler, K.: Unterschwellig wahrnehmen – unterschwellig lernen. Stuttgart 1972; Lewicki, P.: Unconscious social information processing. Orlando 1986; MacIntyre, A. C.: Das Unbewußte. Eine Begriffsanalyse. Frankfurt/M. 1968; Marcel, A.: Slippage in the unity of consciousness. In: Bock u. Marsh (1993), S. 168–186; Marcel, A. J. (Hg.): Consciousness in contemporary science. Oxford 1994; Margetts, E. L.: The concept of the unconscious in the history of medical psychology. Psychiatric Quarterly 27, 1953, S. 115ff.; Miller, J. G.: Unconsciousness. New York 1942; Mohr, G.: Bewußtseinsphänomene in der Neurops. u. der Experimentellen Allgemeinen Ps. PRu 48, 1997, S. 120–140; MORRIS, P. E. u. HAMPSON, P. J.: Imagery and consciousness. New York 1983; NEISSER, U.: Kognitive Ps. Stuttgart 1974; PERRIG, W. J. u. a.: Unbewußte Informationsverarbeitung. Bern 1993; PETERS, U. H.: Wörterbuch der Psychiatrie u. Medizin. Ps. München 1984 (3. Aufl.); PÖPPEL, E.: Grenzen des Bewußtseins. Stuttgart 1988 (2. Aufl.); PÖPPEL, E. (Hg.): Gehirn u. Bewußtsein. Weinheim 1989; PÖPPEL. E.: Lust u. Schmerz. Berlin 1993 (2. Aufl.); PÖPPEL, E. u. EDINGSHAUS, A.-L.: Geheimnisvoller Kosmos Gehirn. München 1994; PONGRATZ, L.: Problemgeschichte der Ps. Bern 1967; ROEDIGER, H. L. u. CRAIK, F. I. M. (Hg.): Varieties of memory and consciousness. Hillsdale 1989; ROHRACHER, H.: Einführung in die Ps. Wien 1971; SCHACTER, D. L.: On the relation between memory and consciousness: dissociable interaction and conscious experience. In: ROEDIGER u. CRAIK (1989); SCHULTZ-HENCKE, H.: Das Unbewußte in seiner mehrfachen Bedeutung. Zentralblatt f. Psychotherapie 12, 1940, S. 336–349; SCHWARTZ, L.: Die dynam. Ps. von Pierre Janet. Basel 1951; SHALLICE, T.: Information-processing models of consciousness: possibilities and problems. In: MARCEL u. BISIACH (1988); WHYTE, L. L.: The unconscious before Freud. New York 1960.

Unbewusste Schlüsse, Zentralkzpt. einer → Wahrnehmungstheorie (v. Helmholtz 1866, vgl. 1911), die einen simplen → Empirismus dadurch überwindet, dass sie unbewusste kognitive Prozesse annimmt, die das durch Erfahrung gewonnene Reizmaterial verarbeiten; Rock (1985) spricht deshalb auch von *Verrechnungstheorien* bzw. *Deduktionstheorien*. Zur schlagwortartigen Kennzeichnung der Theorie wird auch der Begriff der *Zeichentheorie der Wahrnehmung* verwendet, da gem. dieser Theorie die Wahrnehmung ein Zeichen ist, von dem erst auf die Wirklichkeit zurückgeschlossen werden muss.

Gem. diesem Ansatz wird z. B. die → Helligkeitskonstanz folgendermaßen erklärt: Die Leuchtdichte für einen Netzhautbereich wird in Bezug zur Gesamthelligkeit verrechnet, u. erst daraus ergibt sich die wahrgenommene Helligkeit. Wenn z. B. eine Szene hell erleuchtet ist, kann einer Fläche mit hoher Leuchtdichte gleichwohl der Wert »dunkel« bzw. »schwarz« zugeordnet werden, dann nämlich, wenn die hohe Leuchtdichte ausschließl. der starken Beleuchtung zuzuschreiben ist. Ein anderes Bsp. ist die Verrechnung des Zusammenhangs zw. Sehwinkel u. Entfernung bei der → Größenkonstanz. Solche Relationen werden zwar auch von der → Reizrelationstheorie berücksichtigt, diese ist jedoch eine stärker empirist. u. eine → direkte Wahrnehmungstheorie, während gem. dem Kzpt. der u. S. Wahrnehmung eher das Produkt einer mentalen Rekonstruktion des Gehirns, als ein passives Aufzeichnen von Reizen ist. Das Kzpt. der u. S. wurde v. a. zur Erklärung von → Wahrnehmungskonstanzen u. der Probleme der → Raumwahrnehmung entwickelt. Bei Letzterer postulierte es v. a. eine Verrechung nichtvisueller Komponenten, die aus dem zweidimensionalen Netzhautbild das wahrgenommene dreidimensionale Bild machen; vgl. auch Hochberg (1981). Der Helmholtz-Ansatz ist sozusagen ein empirisierter u. physiologisierter Kantianismus.

LIT: Zu den philosoph. Aspekten der helmholtzschen Theorien vgl. Heidelberger (1995).

◆ BUFFART, H. u. a. Coding theory of visual pattern completion. JExP: HPP 7, 1981, S. 241–274; BUFFART, H. u. a.: Analysis of ambiguity in visual pattern completion. JExP: HPP 9, 1983, S. 980–1000; HEIDELBERGER, M.: Helmholtz als Philosoph. Dt. Ztschr. für Philosophie 5, 1995; HOCHBERG, J.: On cognition in perception: Perceptual coupling and unconscious inference. C 10, 1981, S. 127–134; ROCK, I.: Wahrnehmung. Heidelberg 1985; v. HELMHOLTZ, H.: Handbuch der physiolog. Optik, 3. Bd. Hamburg 1911.

Unbewusstes Lernen [engl. *learning without awareness*], Lernen bzw. → Konditionierung, bei denen → Verstärker eingesetzt werden, die den Vpn nicht bewusst sind; ein typ. experimentelles Paradigma ist die → verbale Konditionierung. Das Kzpt. ist weniger ein deskriptiver Begriff als ein theoriebeladener Ausdruck des antimentalist. Charakters der klass. → Lerntheorien u. des → Behaviourismus, für die Lernen im Grunde immer *mechanist.*, d. h.

ohne Bewusstsein, funktioniert; zur Problematik vgl. Koeppler (1972). Viele Lernexperimente weisen darauf hin, dass Menschen die über verschiedene Sinnessysteme vermittelte Erfahrung nutzen können, ohne dass diese Nutzung mit einem Erinnerungsbewusstsein verbunden sein muss; s. a. die Stw. → operante Konditionierung autonomer Reaktionen u. → verbale Konditionierung, vgl. Spielberger (1962). Vgl. auch → unbewusstes Lernen; → implizites Lernen; → inizidentelles Lernen.

KR: Hoffmann (1993a) hinterfragt in einer Überblicksarbeit, ob unbewusstes Lernen sich von anderen Lernvorgängen unterscheidet, ob es den Kriterien, die er mit »beiläufig«, »aufmerksamkeitsunabhängig« u. »seiner Resultate nicht bewusst werdend« beschreibt, genügt. Er kommt zu dem Ergebnis, dass keines dieser Merkmale überzeugend belegt sei.

LIT: Für einen Überblick über u. L. in verschiedenen Sinnesmodalitäten vgl. Perrig u. a. (1993); Hammerl u. Grabitz (1993); vgl. auch Adams (1957), Adams u. Postman (1957), Postman u. Sassenrath (1961) sowie das tief schürfende Buch von Hoffmann (1993b); zur Problematik der Begriffe *bewusst, unbewusst, implizit, explizit, prozedural, semant., episod., priming* vgl. Markowitsch (1993); vgl. auch die Diskussionen in der PRu 45 (1994, S. 37–45); s. a. die Stw. → inzidentelles Lernen u. → implizites Lernen.

◆ ADAMS, J. K.: Laboratory studies of behaviour without awareness. PBu 54, 1957, S. 353–405; ADAMS, P. A. u. POSTMAN, L.: On recent studies of the law of effect in incidental learning. AJP 70, 1957, S. 642–646; ERIKSEN, C. W.: Discrimination and learning without awareness: a methodological survey and evaluation. PR 67, 1960, S. 279–300; HAMMERL, M. u. GRABITZ, H.-J.: Bewusstes vs. unbewusstes Lernen: Neue Ergebnisse zu einer alten Kontroverse. In: MONTADA, L. (Hg.): Bericht über den 38. Kongr. der Dt. Ges. f. Ps. in Trier 1992, 2. Bd. Göttingen 1993, S. 199–206; HOFFMANN, J.: Unbewußtes Lernen – eine besondere Lernform? PRu 43, 1993a; HOFFMANN, J.: Vorhersage u. Erkenntnis: Die Funktion von Antizipation in der menschl. Verhaltenssteuerung u. Wahrnehmung. Göttingen 1993b; KOEPPLER, K.: Unterschwellig wahrnehmen – unterschwellig lernen. Stuttgart 1972; MARKOWITSCH, H. J.: Lernen: bewußt – unbewußt – implizit – explizit – prozedural – semant. – episod. – priming. Ein Kommentar zu Hoffmanns Bericht über »unbewußtes Lernen«. PRu 44, 1993, S. 106ff.; PERRIG, W. J. u. a.: Unbewußte Informationsverarbeitung. Bern 1993; POSTMAN, L. u. SASSENRATH, J.: The automatic action of verbal reports and punishments. JGP 65, 1961, S. 109–136.

Unbewusstes Priming → Priming.

Unbunte Farben → Farbwahrnehmung; → Schwarz-Weiß-Sehen.

Uncorrelated reinforcement → kontingente vs. nichtkontingente Verstärkung; → Verstärkungspläne.

Undermanning → ökologische Psychologie.

Unerlaubte Konversion → propositionales Schlussfolgern.

Ungefüllte Pausen → Verzögerungsphänomene.

Ungekreuzte Querdisparation → Stereopsis.

Ungequantelte vs. gequantelte Adressierung → Gedächtnisabsuche; → Adresse; → Mustererkennung.

Ungeschehen-Machen → Abwehrmechanismen.

Unimodale Präferenzfunktion → Eingipfligkeitsphänomen.

Universalgrammatik → linguistische Universalien.

Unlustgefühl → Lust und Unlust.

Unlustprinzip → Lustprinzip.

Unmittelbares Behalten → Kurzzeitgedächtnis.

Unmittelbares Gedächtnis → Kurzzeitgedächtnis; → Mehrspeichertheorien.

Unmittelbare Verstärkung → Verstärkung; → Verstärkungsgradient.

Unmoduliertes Kontrollsystem → Angst.

Unmögliche Figuren, sind spezielle Formen von → Wahrnehmungstäuschungen: Figuren, bei denen Teile so angeordnet sind, dass das Gehirn aus ihnen nach u. nach eine Gesamtfigur erzeugt, die kein real mögl. Objekt ergibt; das visuelle System verliert bei der Konstruktion des Ganzen aus den Einzelteilen sozusagen den Überblick. Die Abb. *Wahrnehmung 36* zeigt einige Bspe. Dieses Phänomen wurde in der Kunst v. a. von dem Maler M. Escher thematisiert, in der Ps. von Penrose u. Penrose (1958); vgl. Frisby (1989). Shepard (1991) ist ein faszinierendes Buch, das dadurch einzigartig ist, dass der Wissenschaftler gleichzeitig der Künstler ist, der viele Varianten des Phänomens sich ausgedacht u. umgesetzt hat.

◆ Campenhausen, C. v.: Die Sinne des Menschen. Stuttgart 1993; Frisby, J. P.: Opt. Täuschungen. Augsburg 1989; Penrose, L. S. u. Penrose, R.: Impossible figures: a special type of illusion. BJP 49, 1958, S. 31–33; Shepard, R. N.: Einsichten u. Einblicke. Illusion u. Wahrnehmungskonflikte in Zeichnungen. Heidelberg 1991.

Unmögliche Objekte → unmögliche Figuren.

Unscharfe Begriffe → Begriffsbildung; → Prototyp.

Unscharfes Schließen → logisches Schlussfolgern.

Unsicheres Wissen → Wissenspsychologie.

Unspezifische Aufmerksamkeit → selektive Aufmerksamkeit.

Unspezifische Ressourcen → Ressourcentheorie.

Unspezifischer Transfer → Transfer.

Unterbegriffsrelation → semantisches Gedächtnis.

Unterbewusstes → Unbewusstes.

Unterdrückung → Verdrängung.

Unterdrückungstheorie → Stereopsis.

Untere Intensitätsschwelle → Sinnesschwellen.

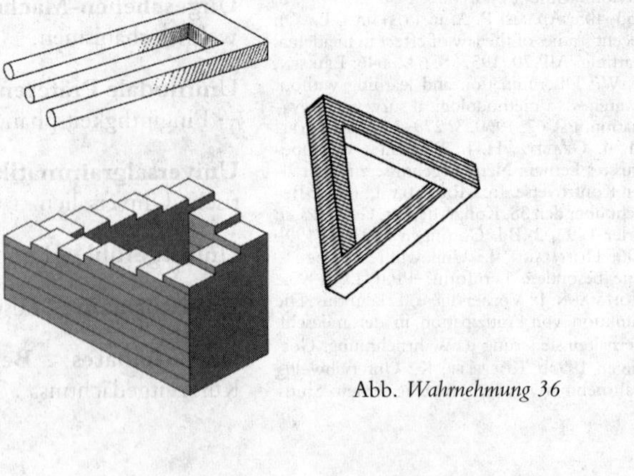

Abb. *Wahrnehmung 36*

Untere Unterschiedsschwelle → Sinnesschwellen.

Untergeordnete Begriffsebene → Prototyp.

Unterkonstanz → Wahrnehmungskonstanzen.

Unterlassungslernen [auch *Unterlassungs-Training*], eine Form der → operanten Konditionierung, bei der die Unterlassung eines Vhs. konsistent verstärkt wird. Bsp.: ein häufig ohne feststellbaren Grund schreiendes Baby wird nur dann auf den Arm genommen, wenn es eine bestimmte Zeit lang nicht geschrien hat. Wird das Schreien dagegen allg. ignoriert, wäre dies kein Bsp. für ein U., sondern für die → Extinktion eines Vhs. Noch ungeklärt ist das Problem, inwieweit positive Bekräftigung der Unterlassung eines Vhs. o. die Nicht-Verstärkung (→ Extinktion) des Vhs. die effektivere Methode zu seiner Elimination ist.

◆ Bredenkamp, J. u. Wippich, W.: Lern- u. Gedächtnisps., 1. Bd. Stuttgart 1977; Foppa, K.: Lernen, Gedächtnis, Vh. Köln 1975 (9. Aufl.).

Unterlassungstraining → Unterlassungslernen.

Unterscheidbarkeitsskalen → psychophysische Methoden.

Unterscheiden → Erkennen.

Unterscheidender Operant → Diskriminationslernen; → Hinweisreiz.

Unterscheidende Wirkreaktion → Diskriminationslernen; → Hinweisreiz.

Unterscheidungslernen ohne Fehler → Fehlerloses Diskriminationslernen.

Unterscheidungsreaktion → Reaktionsexperiment.

Unterscheidungsreiz → Hinweisreiz; → Diskriminationslernen.

Unterschiedsreduktion → psychologische Heuristik.

Unterschiedsschwelle → Sinnesschwellen.

Unterschwellige Wahrnehmung → subliminale Wahrnehmung.

Unterstellung → Sprache.

Untersuchungsverhalten → Explorationsverhalten.

Unwillkürliche Aufmerksamkeit → selektive Aufmerksamkeit.

Up-down-Verfahren → psychophysische Methoden.

UR, Abk. für *unbedingte Reaktion*; → klassische Konditionierung.

Urfarben → Farbwahrnehmung.

Urfarbentheorie → Farbwahrnehmung.

Ursachen-Motivations-Attribution → Attributionsdimensionen.

Ursachenzuschreibung → Attribution.

Urteilen. Das *Urteilsvh.* bzw. das *Wahlvh.* ist innerhalb verschiedener Forschungsgebiete thematisiert worden: z. B. im Zusammenhang der → psychophysischen Methoden, bei der Messung von → Einstellung o. auch von → Motivation. Dabei treten typ. → Wahrnehmungs- und Urteilstendenzen auf. Weiteres s. die Stw. → Personenwahrnehmung u. → soziale Wahrnehmung.

Urteilsaufgaben können nach Upmeyer (1985) in zwei Klassen unterteilt werden: → Diskriminationsaufgaben u. → Größenschätzungsaufgaben; zu weiteren Aspekten vgl. die Stw. → Entscheidung u. → logisches Schlussfolgern.
Eine andere Klassifikation der wichtigsten experimentellen Paradigmen zum menschl. Wahlvh. ist: (a) das *Auswahlparadigma*: Aufgabe der Vp ist es hierbei, aus einer gegebenen Menge von Alternativen ein Element bezügl. eines bestimmten Kriteriums (z. B. Präferenz o. Ablehnung) auszuwählen; (b) das Paradigma des → *Rangordnens*: Aufgabe der Vp ist es hierbei, eine vorgegebene Menge von Alternativen bezügl. irgendeines Kriteriums, z. B. Bevorzugung o. Ablehnung, in eine Rangordnung zu bringen; (c) das *Ausschlussparadigma*: Aufgabe ist es, die vorgelegte Menge von Alternativen in zwei Teilmengen zu zerlegen, eine Teilmenge von akzeptablen u. eine von nichtakzeptablen Alternativen; (d) das Paradigma des → Paarvergleichs. Zur ausführl. Beschreibung vgl. Luce u. Galanter (1963); vgl. auch die Stw. → kognitive Täuschungen u. kognitive Heuristiken sowie → Entscheidungsheuristiken.

VD: Die beim U. auftretenden Inkonsistenzen führten zur Entwicklung von Theorien, die sich auf wahrscheinlichkeitstheoret. Kzpte. stützen; Baustein dieser Ansätze ist nicht mehr das Ergebnis eines Einzelversuchs, sondern die Wahl einer Alternative wird als Ereignis in einem geeignet konstruierten Wahrscheinlichkeitsraum aufgefasst. Das Bemühen um eine einheitl. Formulierung der Modelle aus der Perspektive der Messtheorie hat eine lange Tradition; vgl. den Überblicksartikel von Luce u. Suppes (1965).

LIT: Zum Überblick über stochast. Theorien individuellen Urteilvhs. vgl. Colonius (1984).

◆ Colonius, H.: Stochast. Theorien individuellen Wahlvhs. Berlin 1984; Luce, R. D. u. Galanter, E.: Discrimination. In: Luce, R. D. u. a.: Handbook of mathematical psychology, 1. Bd. New York 1963; Luce, R. D. u. Suppes, P.: Preference, utility, and subjective probability. In: Luce, R. D. u. a. (Hg.): Handbook of mathematical psychology, 3. Bd. New York 1965, S. 249–411; Upmeyer, A.: Soziale Urteilsbildung. Stuttgart 1985.

Urteilsfehler → psychophysische Methoden; → Wahrnehmungs- und Urteilstendenzen.

Urteilsfindung → psychophysische Methoden.

Urteilsheuristiken → kognitive Täuschungen und kognitive Heuristiken; → Entscheidungsheuristiken.

Urteilstendenzen → Wahrnehmungs- und Urteilstendenzen.

Urverdrängung → Verdrängung.

US, Abk. für *unbedingter Reiz*; → klassische Konditionierung.

Utility → Nutzen.

Vaginalplethysmogramm → physiologische Psychologie (Kasten psychophysiologische Methoden).

Valenz → Erwartung-mal-Wert-Modell; → Feldtheorie; → semantisches Differential.

Value → Erwartung-mal-Wert-Modell; → Feldtheorie; → semantisches Differential.

Variabilität-Konstanz-Effekt → Figur-Grund-Unterscheidung.

Variabilitätsskalen → psychophysische Methoden.

Variable Attribution → Attributionsdimensionen; → Leistungsattribution; → depressiver Attributionsstil.

Variable Intervallverstärkung → Verstärkungsplan.

Variable Kontrollüberzeugung → Attributionsdimensionen; → internale vs. externale Kontrollüberzeugungen.

Variable Quotenverstärkung → Verstärkungsplan.

Variabler Urteilsfehler → Wahrnehmungs- und Urteilstendenzen.

Varianzpräferenzen → Entscheidungstheorie.

Variationsmotivation → Neugier.

Varied set procedure → binäre Zeichenklassifikation.

Vegetative Angst → Angst.

Vektorpsychologie → Feldtheorie.

Velten-Technik, eine Methode zur Induktion von → Emotionen; dabei werden den Pbn z. B. für die Emotionen Freude u. Trauer 50 Aussagen einzeln der Reihe nach vorgelegt, die typ. Gedankeninhalte, Gefühlsbeschreibungen u. körperl. Befindlichkeiten zu den zu induzierenden Emotionen beschreiben; bei denjenigen, die darauf ansprechen, entsteht z. B. im Falle der Trauer-Induktion ein mildes Depressionssyndrom mit Vhskonsequenzen u. physiolog. Veränderungen.

◆ Sokolowski, K.: Emotion u. Volition. Göttingen 1993; Velten, E.: A laboratory task for induction of mood-states. BRT 6, 1968, S. 473–482.

Verachtung → Ekel.

Veränderungsargument → Introspektion.

Verankerungsheuristik → kognitive Täuschungen und kognitive Heuristiken.

Verantwortung → soziale Motivation.

Verarbeitendes Wiederholen → Memorieren.

Verarbeitungsebenen → Verarbeitungsebenen-Theorie.

Verarbeitungsebenen-Theorie [auch *Prozessebenen-Theorie*, *Verarbeitungstiefen-Theorie*, *Theorie der Verarbeitungstiefe;* der engl. Begriff lautet *levels of processing* u. wird auch in der dt. Fachliteratur oft direkt verwendet: *Levels-of-processing-Theorie*], eine Gedächtnistheorie, die davon ausgeht, dass ein dargebotener Stimulus eine Hierarchie von Analyseprozessen (*Verarbeitungsebenen*) durchläuft bzw. durchlaufen kann: eine *physikal.-strukturelle* (auch *sensor.*), eine *phonem.* u. eine *semant.* Verarbeitung. Die Stärke u. die Dauerhaftigkeit der Gedächtnisspur hänge von der *Verarbeitungstiefe* ab u. sei bei der *tiefen*, näml. *semant.* Verarbeitung besser als bei der *oberflächl.*, der *physikal.-strukturellen* o. der *phonem.* (Craik u. Lockhart 1972). Gedächtnis ist gem. diesem Ansatz sozusagen ein Nebenprodukt einer allg. kognitiven Verarbeitung – je elaborierter die Verarbeitung, desto besser sei die Behaltensleistung (*Elaborationseffekt*). Für optimales Einprägen sei demgemäß nicht das einfache → Memorieren entscheidend, sondern nur ein solches, das beim Wiederholen das Gedächtnismaterial einer tiefergehenden Verarbeitung unterzieht; vgl. auch das Stw. → Selbstreferenz-Effekt.
Das method. Grundparadigma des Ansatzes sind die sog. *Orientierungsaufgaben*: Normale Gedächtnisaufgaben werden gegeben mit der Standardinstruktion »Versuche die Reize so gut wie möglich zu behal–

ten!« – bei Orientierungsaufgaben dagegen entfällt die Instruktion, sich die jeweiligen Items zu merken, die typ. Orientierungsaufgaben sehen so aus, dass die Vp die Wörter danach beurteilt, ob sie groß o. klein geschrieben sind (*sensor. Verarbeitung)* bzw. ob sie sich auf bestimmte andere Wörter reimen (*phonem. Verarbeitung*). Bei Orientierungsaufgaben, die eine *semant. Verarbeitung* induzieren sollen, spielt die Wortbedeutung eine Rolle: Vpn sollen z. B. beurteilen, ob ein Wort sich in eine bestimmte Kategorie einordnen lässt; zur Induzierung einer semant. Verarbeitung wird häufig auch das sog. *Pleasentness-Rating* verwendet, bei dem beurteilt werden soll, wie angenehm bzw. unangenehm ein zu erlernendes Wort ist (dieses *Pleasentness-Rating* geht durch den Einbezug emotionaler Komponenten über das eigentl. Semantische hinaus). Aufgaben wie die Letztere führen typischerweise zu einer elaborierten Verarbeitung u. damit zu einer verbesserten Gedächtnisleistung; dagegen führt lautes Lesen o. Schreiben zu einer geringeren Gedächtnisleistung; vgl. zsfd. Engelkamp (1990); dort auch zur problemat. Gebrauchsweise des Begriffs »semantisch« im Rahmen dieser Theorie.

HI/WÜ: Die V. ist eine krit. Weiterentwicklung der → Mehrspeichertheorien. Im Gegensatz zu diesen nimmt sie keine festen, substantialisierten Speichersysteme an, sondern einen eher kontinuierl. Prozess der Verarbeitung. Der Ansatz wurde zunächst auf das verbale Lernen bezogen, aber bald auch auf das Lernen nonverbaler Reize verallgemeinert; vgl. Bower u. Karlin (1974). Die V. war von großer histor. Bedeutung u. äußerst forschungsanregend, obwohl gerade die von ihr ausgelöste empir. Forschung nach u. nach sämtl. Annahmen der V. als problemat. erwies.

KR: Kritisiert wurde an der V., dass eindeutige Kriterien der Verarbeitungstiefe fehlen u. die Gefahr besteht, diese zirkulär zu erschließen (Baddeley 1978; Eysenck 1978). Zudem zeigte sich bald, dass je nach Aufgabenbedingung (Präsentation, Materialeinbettung) oberflächl.-strukturelle Merkmale bessere Schlüsselreize darstellen können als semant. Informationen (Nelson u. McEvoy 1979; Hunt u. Ellioth 1980). v. a. eine lange Serie von Experimenten, die durch Kolers (1979) durchgeführt worden ist, liefert hierzu stichhaltige Belege; Kolers Experimente evozieren eine graphem. Auseinandersetzung dadurch, dass Studenten eine Seite mit normalgeschriebenem u. 14 Seiten mit graphem. verändertem Text lesen (Text, der z. B. auf den Kopf gestellt ist); jeweils 7 dieser veränderten Seiten waren von den Studenten ein Jahr vorher schon einmal gelesen worden, u. es zeigte sich, dass diese Seiten wesentl. schneller gelesen werden konnten; dies bedeutet, dass auch Oberflächen-Aspekte über lange Zeiträume behalten werden können, was besser in eine Erklärung passt, die von einer unterschiedl. *Verwendbarkeit* von gespeicherten Informationsmerkmalen ausgeht, als von einer unterschiedl. *Dauerhaftigkeit*, wie es die Verarbeitungstiefen-Konzeption tut. Anderson (1988) hebt die Bedeutung von → Elaborationen hervor. Auch die ursprüngl. Annahme, dass die Verarbeitungsebenen strikt seriell durchlaufen werden, musste modifiziert werden; dem widersprechen bspw. Forschungsergebnisse bei Hirnschädigungen, die zeigen, dass Vpn mit einer bestimmten Form der Lesestörung, bei der die Umsetzung der graphem. in die phonem. Information behindert ist, bei der also die Oberflächen-Verarbeitung gestört ist o. fast ausfällt, dennoch semant. Aspekte von Wörtern erfassen können. Die strikte Serialitätsannahme musste wegen solcher u. ähnlicher Ergebnisse aufgegeben werden, gleichzeitig wurde die Unterscheidbarkeit eines Items von anderen für das Behalten betont (*distinctiveness*; vgl. Jacoby u. Craik 1979). Eine Zsf. dieser modifizierten Theorien ist Craik u. Simon

(1980). Auch diese neueren Fassungen sind aber nach Baddeley (1982) untaugl.; Baddeleys Alternativtheorie geht von der Idee *modular* organisierter Gedächtnisbereiche aus (*domains of processing*), u. er betont stärker den aktiven Problemlösungsaspekt beim Erinnern (*recollection*). Eine neuere Verteidigung der V. liefert Cermak (1982).

◆ Anderson, J. R.: Kognitive Ps. Heidelberg 1988; Baddeley, A. D.: The trouble with levels: a reexamination of Craik and Lockhart's framework for memory research. PR 85, 1978, S. 139–152; Baddeley, A. D.: Domains of recollection. PR 89, 1982, S. 708- 729; Bower, G. H. u. Karlin, M. B.: Depth of processing pictures of faces and recognition memory. JExP 103, 1974, S. 751–757; Cermak, L. S.: The long and short of it in amnesia. In: Cermak, L. S. (Hg.): Human memory and amnesia. Hillsdale 1982; Craik, F. I. M. u. Lockhart, R. S.: Levels of processing: a frame work for memory research. JVLVB 11, 1972, S. 671–684; Craik, F. I. M. u. Simon, E.: Attention and depth of processing. In: Poon, L. W. u. a. (Hg.): New directions in memory and aging. Hillsdale 1980, S. 95–112; Engelkamp, J.: Das menschl. Gedächtnis. Göttingen 1990; Eysenck, M. W.: Levels of processing: a critique. BJP 69, 1978, S. 157–169; Hunt, R. R. u. Ellioth, J. M.: The role of nonsemantic information in memory: orthographic distinctiveness effects on retention. JExP: G 109, 1980, S. 49–74; Jacoby, L. L. u. Craik, F. I. M.: Effects of elaboration of processing at encoding and retrieval: trace distinctiveness and recovery of initial context. In: Cermak, L. S. u. Craik, F. I. M. (Hg.): Levels of processing in human memory. Hillsdale 1979; Kolers, P. A.: A pattern-analyzing basis of recognition. In: Cermak, L. S. u. Craik, F. I. M. (Hg.): Levels of processing in human memory. Hillsdale 1979; Nelson, D.L. u. McEvoy, C. L.: Encoding context and set size. JExP: HLM 5, 1979, S. 292–314; Nelson, D. L.: Remembering pictures and words. Appearance, significance and name. In: Cermak, L. S. u. Craik, F. I. (Hg.): Levels of processing in human memory. Hillsdale 1979.

Verarbeitungstiefe → Verarbeitungsebenen-Theorie.

Verbale Daten → lautes Denken.

Verbale Intelligenz → Intelligenz.

Verbale Kommunikation, → Kommunikation, die im Unterschied zur → nonverbalen Kommunikation mit sprachl. Mitteln stattfindet. *V. K.* ist das Leitmotiv für einen eher sozialps. geprägten Zugang zu Phänomenen, die auch von den neueren, eher psycholinguist. geprägten Ansätzen zur → Sprachproduktion u. zur → Satzverarbeitung thematisiert wurden. Nonverbales Vh. schafft allerdings in der Regel die Voraussetzung für v. K. (vgl. Schmidt 1973; Scherer 1977; Exline u. Messick 1967; Goffman 1963). Ein wesentl. Aspekt bei der v. K. ist die Art u. Weise, wie der Sprecher das Wissen des Hörers bei der sprachl. Kommunikation in Rechnung stellt (vgl. Engelkamp 1977), wie er z. B. das Hörerwissen berücksichtigt o. neue Informationen sprachl. bes. kennzeichnet (vgl. Chafe 1972; Lesgold 1972): → Vorannahmen vs. Behauptungen. Weiterhin wurden ps. Aspekte der Verneinung von Information u. der Frage nach Information analysiert (vgl. Engelkamp u. Hörmann 1974, Clark u. Clark 1977).

LIT: Für einen knappen Überblick vgl. Grimm u. Engelkamp (1981); Weiteres s. das Stw. → Textverstehen.

◆ Chafe, W. L.: Discourse structure and human knowledge. In: Freedle, R. O. u. Carroll, J. B. (Hg.): Language comprehension and the acquisition of knowledge. New York 1972, S. 41–70; Clark, H. H. u. Clark, E. V.: Psychology and language. New York 1977; van Dijk, T. A.: Semantic macro-structures and knowledge frames in discourse comprehension. In: Just, M. A. u. Carpenter, P. A. (Hg.): Cognitive processes in comprehension. Hillsdale 1977, S. 3–31; van Dijk, T. A.: Text and context. Explorations in the semantics and pragmatics of discourse. London 1977; Engelkamp, J. u. Hörmann, H.: The effect of nonverbal information on the recall of negation. QJEP, 26, 1974, S. 98–105; Engelkamp, J.: Sprache. In: Herrmann, T. u. a. (Hg.): Handbuch ps. Grundbegriffe. München 1977, S. 461–473; Exline, R. V. u. Messick, D.: The effects of dependency in social reinforcement upon visual behaviour during an interview. British Journal of Social and Clinical Psychology 6, 1967, S. 256–266; Goffman, E.: Behaviour in public places. Glencoe/ Ill. 1963; Grimm, H. u. Engelkamp, J.:

Sprachps. Berlin 1981; Huttenlocher, J. u. Strauss, S.: Comprehension and the statement's relation to the situation it describes. JVLVB 7, 1968, S. 527–530; Sacks, H. u. a.: A simplest systematics for the organization of turntaking for conversation. Language 50, 1974, S. 696–735; Scherer, K.: Kommunikation. In: Herrmann, T. u. a. (Hg.): Handbuch ps. Grundbegriffe. München 1977, S. 228–239; Schmidt, S. J.: Texttheorie. München 1973; Taylor, J.: Content and structure in sentence production. JVLVB 8, 1969, S. 170–175.

Verbale Konditionierung, → Konditionierung des Sprachvhs. durch kontingente Reaktionen des Kommunikationspartners; der bekannteste experimentelle Nachweis dafür stammt von Greenspoon (1955) – *Greenspoon-Effekt*: Nach jedem Substantiv, das eine Vp äußert, nickt der Versuchsleiter anerkennend, was bewirkt, dass im Verlaufe des Gesprächs die Frequenz dieser verstärkten Reaktionsklasse zunimmt. Greenspoon nahm an, dass die Vp die experimentellen Verstärkungskonsequenzen nicht wahrnehme (→ unbewusstes Lernen), was jedoch durch nachfolgende Untersuchungen weitgehend widerlegt wurde; s. a. das Stw. → Wahrscheinlichkeitslernen.

HI: Derartige Studien wurden erst seit Mitte der 50er Jahre zum Paradigma, als Greenspoon (1955) u. Verplanck (1955) die Umsetzung der skinnerschen Theorie des → operanten Konditionierens auf sprachl. Vh. vornahmen. In einer Vielfalt von Studien wurde das grundlegende Prinzip repliziert u. auf unterschiedlichste Reaktionsklassen angewandt, z. B. Äußerungen über Charaktermerkmale, Kindheitserinnerungen, prodemokrat. Antworten. Auch die verwendeten Verstärker repräsentierten verschiedene Qualitäten, z. B. »gut«, »ja«, Kopfnicken, vgl. Krassner (1958). Zu einer krit. Analyse vgl. Bay (1980). Die Forschung hatte drei Phasen: Die erste war gekennzeichnet durch die Bemühungen zum Nachweis operanter Konditionierungsgesetzmäßigkeiten auf verbales Vh.; die zweite Phase war geprägt durch die Auseinandersetzung zw. behaviourist. u. kognitiven Forschern um die Problematik des unbewussten Lernens; (sog. *Awareness-Problematik*) u. damit einhergehende messtheoret. Fragen; die dritte Phase zeichnete sich insbes. durch die Einbeziehung der Ergebnisse aus dem Forschungsbereich »Sozialps. des Experiments« zur Erklärung verbaler Konditionierungsprozesse aus; (→ Artefaktforschung).

◆ Bay, R. H.: Verbale Konditionierung – Plädoyer gegen eine Black-box-Versuchsperson. In: Bungard, W. (Hg.): Die »gute« Versuchsperson denkt nicht. München 1980, S. 125–144; Greenspoon, J.: The reinforcing effect of two spoken sounds on the frequency of two responses. AJP 68, 1955, S. 409–416; Verplanck, W. S.: The control of the content of conversation: Reinforcement of statements of opinions. JASP 51, 1955, S. 668–676; Krassner, L.: Studies of the conditioning of verbal behaviour. PBu 55, 1958, S. 148–170; Miller, J. G.: The role of motivation in learning without awareness. AJP 53, 1940, S. 229–239.

Verbale-nonvokale Kommunikation → nonverbale Kommunikation.

Verbale Protokolle → lautes Denken; → Introspektion.

Verbaler Transformationseffekt. Wenn ein Hörer ein Wort hört, das immerzu wiederholt wird, so verändert sich nach einer gewissen Zeit die Wahrnehmung dieses Wortes: Vpn berichten, dass sie verschiedene Wörter hören (vgl. Warren u. Gregory 1958; Goldstein u. Lackner 1973).

◆ Goldstein, L. M. u. Lackner, J. R.: Alterations of the phonetic coding of speech sounds during repetition. Cognition 2, 1973, S. 279–297; Warren, R. M. u. Gregory, R. L.: An auditory analogue of the visual reversible figure. AJP 71, 1958, S. 612–613.

Verbales Denken → Denken.

Verbales Diskriminationslernen, ein bes. Fall des → verbalen Lernens unter dem Aspekt der → Reizdiskrimination, wb. die Ähnlichkeit der Reizwörter in einer Liste systemat. variiert wird u. die Reaktionswörter konstant gehalten werden, um Diskriminationsprozesse zu analysieren.

TH: Die *Häufigkeitstheorie* des v. D. besagt, dass jedesmal, wenn ein Item verarbeitet wird, ihm eine Häufigkeitseinheit zukommt u. die Vp aufgrund einer Zählung dieser Häufigkeitseinheiten antwortet, indem sie als das richtige von beiden Items das auswählt, das mehr Häufigkeitseinheiten hat; vgl. Ekstrand (1966).

◆ Ekstrand, B. R.: A frequency theory of verbal discrimination learning. PR 73, 1966, S. 566–578; Kintsch, W.: Gedächtnis u. Kognition. Berlin 1982.

Verbales Lernen [engl. *verbal learning*], Lernen von »symbol. Reizen«, also von Wörtern, Buchstaben, Zahlen u. v. a. → sinnlosen Silben. Verbale Reize sind u. waren, ungeachtet der jeweiligen von dem Forscher vertretenen Richtung, eines der häufig benutzten Lernmaterialien, schon in der klass. Gedächtnisforschung. Der Begriff des v. L. impliziert meist zusätzl. einen S-R-theoret. Zugang u. ist so fast syn. mit dem Begriff des → einfachen Lernens. Bredenkamp u. Wippich (1977) verdeutlichen anhand dieses Gebietes die Unterschiede zw. S-R-theoret. u. kognitiven Ansätzen in der → Gedächtnispsychologie; s. a. das Stw. → semantisches Gedächtnis. Lernen von Texten ist deswegen auch nicht mit dem ursprüngl. Paradigma des v. L. verknüpft, sondern konstituiert ein eigenes Paradigma (→ Textverstehen), ebenso wie das Paradigma des → Satzlernens.

Die zwei wichtigsten method. Grundparadigmen des v. L. waren das → Paarassoziationslernen u. das → serielle Lernen; s. a. → verbales Diskriminationslernen. Unter den → Gedächtnisprüfmethoden sind die freie → Reproduktion u. das → Wiedererkennen wichtig; s. a. die Stw. → Transfer; → Generalisation u. → Vergessen. Einer der zentralen Forschungsansätze beim v. L. dient der Identifikation von Wortattributen, die die zentralen Determinanten der gedächtnisps. Prozesse beim v. L. darstellen; zentral sind: *Bedeutungshaltigkeit*, *Auftretenshäufigkeit*, *Konkretheit*, *Bildhaftigkeit* sowie *kontextuelle Verfügbarkeit* bzw. *Kontext-Verfügbarkeit* (s. u.): vgl. zum Überblick Balota (1994). Beziehungen zw. Wörtern können durch Assoziationsverfahren ermittelt werden: → Assoziationsindices.

HI/WÜ: Das Forschungsprogramm des v. L. ist keineswegs durch gravierende empir. Befunde falsifiziert worden, vielmehr wurde der in ihm implizierte mechanist. Zugang zu den Gedächtnisphänomenen zunehmend als inadäquat erkannt; die Entwicklung lässt sich folgendermaßen charakterisieren: von den »sinnlosen« Silben über »sinnarme« Silben zu ganzen (u. demgem. sinnvollen) Wörtern u. zu ganzen Sätzen. Mit diesem Einheitenwechsel ist eine radikale Ersetzung der zentralen ursprüngl. assoziationist. Kernannahmen verbunden (Treiber u. Groeben 1976): (a) *universalist.* (vs. *konnektionist.*) Annahme: Die propositionale Elaboration sprachl. Informationen steht dem verarbeitenden Subjekt als universale Disposition zur Verfügung; (b) *holist.* (vs. *reduktionist.*) Annahme: Jede Informationsverarbeitung ist in Zusammenwirkung mit anderen kognitiven Prozessen u. Teilsystemen zu sehen u. zu erklären; (c) *intentionalist.* (vs. *mechanist.*) Annahme: Kognitive Verarbeitung ist zielgerichtet konstruktiv, weswegen mechanist.-kausale Erklärungsprinzipien inadäquat u. weitgehend erfolglos sind; (d) *introspektionist.* (vs. *empirist.*) Annahme: Zur Erkenntis solcher konstruktiver Verarbeitungsstrategien ist auch u. gerade der Weg der Introspektion fruchtbar, d. h. es müssen nicht um jeden Preis experimentelle Nachweise gefordert werden; vgl. zsfd. Bredenkamp u. Wippich (1977) sowie Kintsch (1982).

VD: Zu den wichtigsten Wortattributen beim v. L.: (a) *Bedeutungshaltigkeit*: das klass. Wortattribut, definiert von Noble (1952) durch die Anzahl verschiedener Assoziationen, die ein Wort auslöst (eine

Definition, die auch auf Silben u. a. Materialien übertragbar ist); vgl. hierzu Noble (1952), Paivio u. a. (1968), Noble u. a. (1957). Im deutschen Raum haben Baschek u. a. (1977) die Bedeutungshaltigkeit von 800 Substantiven nach einem Rating-Verfahren ermittelt. Bedeutungshaltigkeit erleichtert im Allg. v. L.; beim Paarassoziationslernen gibt es unterschiedl. Effekte der Bedeutungshaltigkeit in der Reiz- u. Antwortposition; (b) *Auftretenshäufigkeit*: Thorndike u. Lorge (1944) haben ausführl. Tabellen für die Häufigkeit engl. Sprachwortmaterials gegeben; für die deutsche Sprache vgl. Meier (1964), ein Werk, das allerdings auf veraltetem Material beruht, wie sprachstatist. Angaben überhaupt äußerst problemat. sind; zur Bedeutsamkeit dieses Wortattributs s. das Stw. → Worthäufigkeitseffekt; (c) *Bildhaftigkeit*: das Ausmaß, in dem ein Wort ein Vorstellungsbild hervorruft; es wurde relativ einheitl. festgestellt, dass Bildhaftigkeit verbales Lernen erleichtert. Beim Paarassoziationslernen können die Effekte der Bildhaftigkeit von Items in den Reiz- u. in den Antwortpositionen unterschieden werden; s. hierzu → duale Kodierungstheorie; → Vorstellungsbild; → Bildüberlegenheitseffekt; (d) *Konkretheit*: das Ausmaß, mit dem Wörter sich auf durch die Sinne erfahrbare Objekte beziehen (→ Konkretheitseffekt). (e) Kontext-Verfügbarkeit (engl. *contextual availability*): die Leichtigkeit, mit der eine Vp sich einen speziellen Kontext o. spezielle Umstände vorstellen kann, in denen das Wort vorkommen kann; z. B. sind die Worte »Baseball« u. »Gefühl« von hoher kontextueller Verfügbarkeit, während ein Wort wie »Inversion« eher einen relativ geringen Ausprägungsgrad dieser Dimension aufweist.

◆ Balota, D. A.: Visual word recognition. In: Gernsbacher, M. A. (Hg.): Handbook of psycholinguistics. San Diego 1994, S. 303–358; Baschek, I. u. a.: Bestimmung der Bildhaftigkeit (I), Konkretheit (C) u. der Bedeutungshaltigkeit von 800 Substantiven. ZEAP 1977; Bredenkamp, J. u. Wippich, W.: Lern- u. Gedächtnis-Ps., 2. Bd. Stuttgart 1977; Dixon, T. R. u. Horton, D. L. (Hg.): Verbal behaviour and general behaviour theory. Englewood Cliffs 1968; Engelkamp, J.: Das menschl. Gedächtnis. Göttingen 1990; Kintsch, W.: Gedächtnis u. Kognition. Berlin 1982; Meier, H.: Deutsche Sprachstatistik, 2 Bde. Hildesheim 1964; Noble, C. E.: An analysis of meaning. PR 59, 1952, S. 421–430; Noble, C. E. u. a.: Meaningfulness (m) and association value (a) in paired associate learning. PRep 3, 1957, S. 441–452; Paivio, A. u. a.: Concreteness, imagery and meaningfulness values for 925 nouns. JExP: Monograph Supplement 76, Nr. 1, Teil 2, 1968; Thorndike, E. L. u. Lorge, I.: The teacher's wordbook of 30000 words. New York 1944; Treiber, B. u. Groeben, N.: Vom Paar-Assoziationslernen zum Elaborationsmodell. Forschungsprogrammwechsel in der Ps. des verbalen Lernens. ZfS 7, 1976, S. 3–46; Underwood, B. J.: Studies of distributed practice: VIII. JExP 45, 1953, S. 133–142.

Verbales Verhalten, Leitmotiv von Skinners Versuch, psycholinguist. Probleme mit Mitteln des Modells der → operanten Konditionierung lerntheoret. zu rekonzeptualisieren (Skinner 1957; → Sprachpsychologie). Skinner behandelt Sprache nicht als System von Strukturen, sondern als einen *S-R-Prozess*, der unter Verzicht auf mentalist. Begriffe einer → Verhaltensanalyse zugängl. gemacht werden kann. Dem v. V. komme aber insofern eine Sonderstellung zu, als es in jedem Fall durch die Vermittlung anderer Personen verstärkt werden muss. Der Sprachlernprozess stellt sich gem. dem skinnerschen Ansatz so dar, dass das Kind spontan Laute bildet, die das Ausgangsmaterial für einen Prozess der → Verhaltensformung durch die Personen seiner Umwelt abgeben, die das richtige v. V. positiv bekräftigen. Skinners Ansatz beinhaltet auch eine *kausale Bedeutungstheorie*, nach der sich die → Bedeutung eines Wortes aus der Situation u. der dazugehörigen Reaktion des Hörers konstituiert.

HI/WÜ: Skinners Kzpt. ist der bedeutendste Beitrag seitens der Ps. zu einer behaviourist. orientierten Linguistik, wie sie von Bloomfield (1933) begründet worden ist; für eine geschichtl. Darstellung vgl. Murray (1980).

KR: Die vernichtende Kritik Chomskys (1959) an diesem Ansatz war einer der wesentl. »Totengräber« des → Behaviourismus überhaupt. Die über die Psycholinguistik hinausgehende Bedeutung dieser Kritik liegt darin, gezeigt zu haben, dass die allen → S-R-Theorien zugrunde liegende Idee einer → sequenziellen Steuerung grundsätzl. nicht in der Lage ist, die Mannigfaltigkeit des Vhs., die sich v. a. in der Möglichkeit der Bildung unendl. vieler Satzformen ausdrückt, adäquat wiederzugeben. Diese Kritik hat zu einer bisweilen als übersteigert bezeichneten Ablehnung u. Vermeidung lerntheoret. Kzpte. innerhalb der Sprachps. geführt; vgl. Ingram (1968); zur Verteidigung Skinners gegen Chomsky vgl. Richelle (1976); vgl. auch McCorquodale (1969, 1970).

VD: Wichtige Teilkzpte. von Skinners Theorie sind: (a) *mand* (abgleitet von Worten wie *command*, *demand* o. *countermand*) bezeichnet einen bestimmten Typ von verbalen Operanten. Mands lassen sich weiter unterteilen in: Bitten, Befehle, Gesuche, Ratschläge, Aufforderungen usw. Mands sind dadurch definiert, dass sie in stärkerem Maße als andere Operanten unter funktionaler Kontrolle durch Verstärkung stehen – weil sie unmittelbar ein Vh. erfordern, wie z. B. der Befehl »Raus!«. Da die Befolgung des Befehls durch den Hörer als Verstärkung für die verbale Reaktion des Sprechers fungiert, spricht Skinner auch davon, dass ein mand sich vor anderen Operanten dadurch auszeichnet, dass er seine Verstärkung *spezifiziert*. In diesem Sinne sind z. B. Verstärkungen von Reaktionen eines Kindes, das das Einmaleins aufsagt, durch »richtig« o. »gut« keine *spezif.*, sondern sog. *generalisierte* Verstärker. Skinner versucht mit diesem Begriffsapparat die Rolle des Hörers zu charakterisieren u. eine reduktionist. Konzeption der *Intention* zu geben. (b) Auch *tact* ist ein von Skinner erfundener terminus technicus; er charakterisiert einen »mnemon. Vhsvorschlag, der Kontakt zur physikal. Welt herstellt«; einen solchen »Kontakt« stellt ein Sprecher her, wenn er sich auf etwas bezieht, was er erwähnt, verkündet, benennt, bezeichnet, beschreibt o. ä., wenn er über etwas spricht. Ein tact ist also ein verbaler Operant, durch den ein Response in einer vorgegebenen Form hervorgerufen wird u. zwar durch ein spezielles Objekt o. Ereignis. Das Kzpt. des tact berührt also das philosoph. Problem des Verhältnisses zw. Sprache u. Welt, also das Problem der → Bedeutung; Skinner versucht mit dem tact-Kzpt. eine reduktionist. Lösung. Ein idealisiertes Bsp. für einen tact (Skinner spricht von einem »pure tact«): Wenn z. B. ein Kind »blaue Kugel« sagt, wird diese Reaktion durch den Hörer immer dann verstärkt, wenn eine blaue Kugel vorhanden ist, indem der Hörer »richtig« o. »gut« sagt o. dem Kind vielleicht ein Bonbon gibt. Dabei ist es von entscheidender Bedeutung, dass es sich wie bei »richtig« u. »gut« um generalisierte Verstärker handelt o. aber um mehrere Verstärker verschiedener Art, durch die das Vh. verstärkt wird, denn darin liegt der wesentl. Unterschied zu einem mand, der dadurch definiert ist, dass auf eine verbale Reaktion eine spezif. Verstärkung erfolgt, während ein tact den Einsatz unspezif. Verstärkung ermöglicht, so dass die entsprechenden Reaktionen von der für einen mand charakterist. Abhängigkeit von der Deprivation aversiver Stimmungen weitgehend unabhängig gemacht werden, denn am Ende eines solchen Konditionierungsprozesses soll ja eine Reaktion, z. B. »blaue Kugel«, ausschließl. unter der Kontrolle eines entsprechenden Reizes (einer blauen Kugel) stehen, der Einfluss aller anderen mögl. Variablen soll – im Idealfall – ausgeschaltet sein; vgl. ausführl. zum Vorangehenden Günther (1976). (c) Unter *Echo-Vh.* (*echoic behaviour*) versteht Skinner das Wiederholen, Reproduzieren o. Nachahmen bereits produzierter Äußerungen. (d) Für das Vh., das gewöhnl. *Lesen* genannt wird, führt er den terminus technicus *textual behaviour* ein, weil er der Überzeugung ist, dass der Begriff *Lesen* sich gewöhnl. auf viele Prozesse zugleich bezieht. (e) Den Begriff *intraverbales Vh.* demonstriert er an Bspn. der folgenden Art: Auf den Reiz: »2+2« erfolgt gewöhnl. die Reaktion »4«, auf »Die Hauptstadt von Frankreich?« »Paris« o. auf »Wie geht's?« »Danke, gut«. Im Gegensatz zum Echo-Vh. fehlt beim textuellen Vh. die formale Gleichheit von Reiz u. Reaktion, weil Reiz u. Reaktion nicht der gleichen Modalität angehören. (f) *Autoklitik* (engl. *autoclitic*) ist ein Oberbegriff für verschiedene verbale Reaktionen, denen gemeinsam ist, dass sich ihr Auftreten nur dadurch erklären lässt, dass sie von anderen sprachl. Reaktionen abhängig sind; es handelt sich also um reflexive Äußerungen wie z. B.: »Ich sehe ein, diese Aussage ist falsch.«

LIT: Eine kurze Zsf. ist Skinner (1974); eine wissenschaftstheoret. Analyse von Skinners Arbeit ist Günther (1976); vgl. auch Dixon u. Horton (1968); Day (1980) ist ein Überblick über nichtexperimentelle Forschungsprojekte, die durch »Verbal behaviour« angeregt worden sind; zur Darstellung der bedeutungstheoret. Aspekte von Skinners Werk im Rahmen einer Analyse der klin. Strategie *Selbstkontrolle* vgl. Scheele (1981).

◆ Bloomfield, L.: Language. New York 1933; Chomsky, N.: Review of B. F. Skinner's »verbal behaviour«. Language 35, 1959, S. 26–58; Day, W. F.: Some comments on the book *Verbal Behaviour.* Bm 8, 1980, S. 165-174; Dixon, T. R. u. Horton, D. L. (Hg.): Verbal behaviour and general behaviour theory. Englewood Cliffs 1968; Günther, M.: B. F. Skinners Konzeption verbalen Vhs. Hamburg 1976; Ingram, E.: Recent trends in psycholinguistics: a critical review. BJP 59, 1968, S. 315–325; MacCorquodale, K.: B. F. Skinner's »verbal behaviour«: a retrospective appreciation. JEAB 12, 1969, S. 831-841; MacCorquodale, K.: On Chomsky's review of Skinner's »verbal behaviour«. JEAB 13, 1970, S. 83–89; McLeish, J. u. Martin, J.: Verbal behaviour: a review and an experimental analysis. JGP 93, 1975, S. 3–66; Murray, S. O.: Gatekeepers and the Chomskyan revolution. JHBS 16, 1980, S. 73–88; Richelle, M.: Formal analysis and functional analysis of behaviour: notice on the debate between Chomsky and Skinner. Bm 4, 1976, S. 209–221; Scheele, B.: Selbstkontrolle als kognitive Interventionsstrategie. Weinheim 1981; Skinner, B. F.: Verbal behaviour. New York 1957; Skinner, B. F.: Eine funktionale Analyse des Sprachvhs. In: Bühler, H. u. Mühle, G. (Hg.): Zur Sprachentwicklung. Weinheim 1974, S. 66–77; Spielberger, C. D.: The role of awareness in verbal conditioning. In: Eriksen, C. W. (Hg.): Behaviour and awareness. Durham 1962, S. 73–101.

Verbalisierungsebene → Sprachproduktion.

Verbal learning → verbales Lernen.

Verbal-sprachgebundenes Denken → Denken.

Verbal-vokale Kommunikation → nonverbale Kommunikation.

Verbindungslehre → Verknüpfungstheorie.

Verblüffung → Überraschung.

Verbundene Kontrolle [engl. *yoked control*], von Skinner im Rahmen des Paradigmas der → Verstärkungspläne entwickelte ingeniöse Versuchsprozedur zur Analyse der Frage, ob es einen Unterschied macht, ob ein Tier seine eigene Aktivität beeinflussen kann o. nicht; vgl. Ferster u. Skinner (1957). Dabei wird ein Versuchstier, unabhängig davon, was es selbst tut, immer dann bekräftigt, wenn ein anderes Versuchstier reaktionsabhängig bekräftigt wird; setzt man Letzteres z. B. unter einen variablen Quotenplan, dann bedeutet dies für Ersteres einen variablen Intervallplan. In beiden Fällen ist aber die zeitl. Verteilung der Bekräftigung völlig ident. Dennoch bildet das reaktionsunabhängig bekräftigte Tier das für einen Intervallplan charakterist. Vh. aus, das drast. von dem quotenspezif. Vh. abweicht, welches von dem reaktionsabhängig bekräftigten Tier gezeigt wird. Die Wirkung einer bestimmten probabilist. Kontingenz ist also davon abhängig, ob die Verstärkung vom Organismus selbst herbeigeführt werden kann o. nicht.

VD: Von *true yoking* spricht man, wenn Vh. u. Verstärkung des Paralleltiers real gleichzeitig erfolgt; von *tailored yoking* spricht man, wenn die parallele Verstärkung nach einem Aufzeichnungsprotokoll erfolgt.

◆ Ferster, C. B. u. Skinner, B. F.: Schedules of reinforcement. Englewood Cliffs 1957.

Verdeckte Aggression → Aggression.

Verdeckte Desensibilisierung → verdecktes Konditionieren.

Verdeckte Löschung → verdecktes Konditionieren.

Verdeckte negative Verstärkung → verdecktes Konditionieren.

Verdeckte positive Verstärkung → verdecktes Konditionieren.

Verdecktes Gegenkonditionieren → verdecktes Konditionieren.

Verdecktes Konditionieren [engl. *covert conditioning*]. Der Begriff *v. K.* kennzeichnet den Versuch, die Prinzipien des → Konditionierens von der Vhsebene auf die Ebene der Gedanken u. Vorstellungen zu übernehmen; diese kognitiven Prozesse werden in der Terminologie der → Verhaltenstherapie bzw. → Verhaltenstheorie als *verdeckte* (auch *innere* o. *implizite*) Ereignisse bzw. Responses bezeichnet. Analog zu den unterschiedl. Konditionierungsarten werden unterschieden: *verdeckte positive/negative Verstärkung, verdeckte Löschung, verdecktes Modelllernen, verdecktes Gegenkonditionieren* u. *verdeckte Desensibilisierung*. Diese Adaptation der vhstheoret. Prinzipien auf die kognitive Ebene wird als *Kontinuitätsannahme* bezeichnet, vgl. Mahoney (1977). Das Paradigma kennzeichnet die Überwindung der simplen → S-R-Theorien innerhalb der Vhstherapie u. führte zur Entwicklung einer kognitiven Verhaltenstherapie. Zum Kzpt. des *verdeckten Nacktmarathons* vgl. Mahoney (1977) sowie Städtler (1989).

VD: Der Begriff der *Coverant-Kontrolle* (Homme 1965) wurde als Zusammenfügung aus den beiden Wörtern *covert* u. *operant* in diesem Zusammenhang geprägt; Ziel einer Coverant-Kontrolle ist es, typ. Gedanken, Vorstellungen u. Selbstgespräche, die z. B. das Rauchen o. überstarkes Essen aufrecht erhalten, aufzuspüren u. zu verändern.

LIT: Zum Überblick vgl. Mahoney (1977) u. Jaeggi (1979).

◆ Cautela, J. R.: Covert processes and behaviour modification. JNMD 157, 1973, S. 27–36; Homme, L. E.: Perspectives in psychology: control of coverants, the operants of the mind. PRe 15, 1965, S. 501–511; Jaeggi, E.: Kognitive Vhstherapie. Weinheim 1979; Mahoney, M. J.: Kognitive Vhstherapie. München 1977; Städtler, T.: Eine kurztherapeut. Modifikation des verdeckten Nacktmarathons. Ztschr. für verdeckte Wissenschaft 7, 1989, S. 12–22.

Verdecktes Modelllernen → verdecktes Konditionieren.

Verdecktes Verhalten → verdecktes Konditionieren; → Denken; → Behaviourismus.

Verdeckung → Tiefensehen.

Verdichtete Sprache → Sprachwahrnehmung.

Verdichtung → Psychoanalyse; → Traum.

Verdrängung, für Pongratz (1983) *der* Schlüsselbegriff der → Psychoanalyse: sowohl der Prozess wie das Ergebnis des Prozesses, bei dem ein Gedanke, ein Wunsch, allg. gesprochen die *Vorstellungsrepräsentanzen* eines Triebes o. auch eine Emotion aus dem → Bewusstsein ins → Unbewusste gestoßen u. dort festgehalten wird. Diese Vorstellungsrepräsentanzen werden gem. dem psa. Modell damit allerdings nicht eliminiert, sondern wirken von dort aus weiter, versuchen insbes., wieder ins Bewusstsein vorzustoßen, u. erzeugen so diverse neurot. Störungsbilder (→ Psychoanalyse, VD-Teil). Das V.-Kzpt.

impliziert eine spezif. → Vergessens-Theorie, die im Unterschied zu vielen herkömml. kognitionsps. Modellen eine psychodynam. ist. Die → infantile Amnesie ergibt sich gem. psa. Sicht vorwiegend aus solchen Verdrängungsprozessen. In den ersten Phasen der Theoriebildung wurde die → Angst als Folge der V. gesehen, später wurde die V. als Folge der Angst gesehen, diese sei das Unlustsignal, das das Ich bei äußerer (*Realangst*) o. innerer Gefahr (*Triebangst*) gibt.

T: Der ältere freudsche Begriff war *Abwehr*; er wurde später zu einem allg. Oberbegriff für jeden Prozess, in dem psych. Inhalte ins Unbewusste transferiert werden (→ Abwehrmechanismen); *V.* hat manchmal bei Freud diese allg. Bedeutung, in den späteren Arbeiten meint der Begriff jedoch den speziellen, oben beschriebenen Abwehrmechanismus.

KR: Wie die Psa. allg. werden auch die gedächtnisps. Implikationen des V.-Kzpts. von der akadem. Ps. krit. gesehen: Emotional geladenes Material wird allg. besser gespeichert – egal ob es sich um eine negative o. positive Emotion handelt; dies widerspricht diametral dem freudschen Begriff, der impliziert, dass Erinnerungen bis ins früheste Kindesalter zurückreichen, was im Licht einer konstruktivist. Gedächtnistheorie wenig wahrscheinl. erscheint (s. hierzu auch das Stw. → autobiographisches Gedächtnis).

VD: Freud bildet folgendes Prozessmodell des Verdrängungsvorgangs: die erste Phase ist eine *Urverdrängung*, die einen ersten unbewussten Kern bildet, der als Anziehungspol für weitere zu verdrängende Elemente fungiert; die eigentl. V., das *Nachdrängen*, ist ein doppelter Vorgang, der diese Anziehung mit einer Abstoßung seitens einer höheren Ich-Instanz verbindet; die dritte Phase schließl. ist die *Wiederkehr des Verdrängten* in Form von Symptomen, Träumen, Fehlleistungen etc.; zur Abgrenzung von *Unterdrückung*, *Verleugnung* u. *Verurteilung* vgl. Pongratz (1983) sowie Laplanche u. Pontalis (1972). Bei *vollständiger V.* wird das Bewusste von den mit ihm unvereinbaren Trieben nicht gestört, es bleibt aber die Gefahr der Wiederkehr des Verdrängten, wenn die vom Bewussten abgewiesenen Triebregungen durch Versuchungs- u. Versagenssituationen in besonderer Weise stimuliert werden. Für die Neurosenbildung bedeutsam ist die *missglückte V.*, bei der das Verdrängte noch virulent ist u. sozusagen auf eine Gelegenheit lauert, aktiviert zu werden u. eine entstellte *Ersatzbildung* für das Verdrängte ins Bewusstsein zu schicken – das *Symptom*, das gegen weitere Angriffe seitens des abwehrenden Ichs gefeit ist, so dass an die Stelle des kurzen Konflikts eine dauerhafte psych. Störung tritt.

LIT: Zum Überblick über die empir. Forschung zum V.-Kzpt. vgl. MacKinnon u. Dukes (1967); vgl. auch → Zeigarnik-Effekt; zu einer modernen psa.-kognitionsps. Sicht von Verdrängung vgl. Erdelyi (1985); zu modernen Ansätzen u. Experimenten zum Thema V. vgl. auch Perrig u. a. (1993); zur Diskussion des Verhältnisses des Abwehrkzpts. u. des Coping-Kzpts. vgl. Battegay (1989); für einen neueren Überblick im Rahmen des Gesamtthemas *Abwehrmechanismen* vgl. Vaillant (1992); eine wissenschaftstheoret. Analyse u. Rekonstruktion von Freuds V.-Kzpt. ist Madison (1961).

◆ Battegay, R.: Das Ich – Abwehrmechanismen u. Coping. ZfPsMuPsa 35, 1989, S. 220–240; Laplanche, J. u. Pontalis, J.-B.: Das Vokabular der Psychoanalyse, 2 Bde. Frankfurt/M. 1972, (Orig. Paris 1967); MacKinnon, D. W. u. Dukes, W. F.: Repression. In: Postman, L. (Hg.): Psychology in the making. New York 1964, S. 622–744; Madison, P.: Freud's concept of repression and defense: its theoretical and observational language. Minneapolis 1961; Perrig, W. J. u. a.: Unbewusste Informationsverarbeitung. Bern 1993; Pongratz, L. J.: Hauptströmungen der Tiefenps. Stuttgart 1983; Vaillant, G. (Hg.): Ego mechanisms of defence: a guide for clinicans and researchers. Washington 1992.

Vererbung von Eigenschaften → semantisches Gedächtnis.

Verfälschungseffekt → Falschinformationseffekte.

Verformung → Bewegungsparallaxe.

Verfügbarkeitsheuristik → kognitive Täuschungen und kognitive Heuristiken.

Vergenz → Konvergenz; → Augenbewegungen.

Vergessen, manifestiert sich in der Unfähigkeit, einmal Gemerktes wieder zu → erinnern. V. ist oft nicht »absolut«, häufig ist es nur eine Unfähigkeit, das Gespeicherte wieder abzurufen, worauf schon die Tatsache hinweist, dass es ein »temporäres« V. gibt, also ein solches, bei dem Erinnern zu einem späteren Zeitpunkt wieder mögl. ist. Dafür sprechen auch Ergebnisse, die zeigen, dass Wiedererkennen wesentl. bessere Leistungen ergibt als die → freie Reproduktion. Auch Phänomene der → Metakognition, z. B. das → Gefühl-des-Wissens o. das → Tip-on-the-tongue-Phänomen weisen darauf hin, dass Gedächtnismaterial temporär nicht reproduziert werden kann u. dennoch immer noch gespeichert sein muss, ja, dass es auch Wissen um bestimmte Merkmale dieses nicht verfügbaren Gedächtnismaterials gibt. V. a. die Theorie der → Kodierungsspezifität postuliert, dass die Fähigkeit zum Erinnern in starkem Maße davon abhängig ist, inwieweit geeignete Hinweisreize vorhanden sind, bes. ein gleichartiger Kontext. Diese Theorie sieht also V. v. a. als *Versagen der Abrufprozesse*. Es wird dabei ein *cue-dependent forgetting* unterschieden von einem *trace-dependent forgetting* (Tulving 1974; Eich 1980): Ersteres sei v. a. dadurch bedingt, dass keine geeigneten *cues (Hinweisreize)* vorhanden sind, also kein geeigneter Kontext, der den richtigen Zugang u. damit die richtigen Suchstrategien ermögliche; Letzteres sei ein »absolutes« V., ein »Verlöschen« der Gedächtnisspur. Vgl. auch *trace storage* vs. *trace utilization* von Melton (1963); *availability* vs. *accessability* von Tulving u. Pearlstone (1966) o. Roediger (1974), *retrievability* vs. *availability* von Bower (1970); vgl. zsfd. Klimesch (1988); s. a. die Phänomene des → zustandsabhängigen Gedächtnisses u. des → kontextabhängigen Gedächtnisses; s. a. die Stw. → Hypermnesie; → instruiertes Vergessen.

TH: Zwei Grundfragen sind für eine Vergessenstheorie zentral: (1) Geht einmal Gespeichertes überhaupt ganz verloren? Die Idee eines »ewigen Behaltens« wird sowohl in der vorwissenschaftl. Ps. wie innerhalb der Psa., tlw. auch innerhalb der akadem. Ps. vertreten. Empir. Indizien dafür sind neurochirurg. Prozeduren, bei denen die Schläfenlappen (nichtnarkotisierter) Patienten gereizt worden sind, mit dem Ergebnis, dass die so stimulierten Patienten Erinnerungen reproduzierten, die oft weit in die Kindheit zurückgehen u. triviale kleine Einzelheiten enthalten – ein Hinweis darauf, dass hier tatsächl. eine sozusagen unmittelbare »Niederschrift« von einmal Erlebtem vorliegt. Die überwiegende Mehrheit der Gedächtnispsychologen steht diesem Ansatz allerdings skept. gegenüber; vgl. hierzu Loftus u. Loftus (1980). (2) Damit verknüpft ist die zweite Frage: Welche Prozesse bedingen das V.? Es stehen sich zwei Grundtheorien gegenüber: (*Spuren-*) *Zerfallstheorien* vs. *Interferenztheorien*: (a) *Zerfallstheorien* nehmen an, dass V. durch einen autonomen Prozess erzeugt wird; sie sind insofern meist Ausdruck einer → Spurentheorie des Gedächtnisses (Neisser 1974 spricht von *Fächertheorien*); zur empir. Analyse vgl. Brown (1958). (b) Demgegenüber nehmen Interferenztheorien an, dass nicht die einzelnen Informationen selbst zerfallen, sondern dass durch die Speicherung anderer Informationen der Vorgang des Speicherns o. des Auffindens erschwert o. unterbunden wird: → Interferenz; vgl. zur Übersicht Klimesch (1988; 1979). Zur experimentellen Analyse der Kontroverse wurden v. a. das → Brown-Peterson-Paradigma u. die daraus abgeleiteten Varianten verwendet (s. a. → Wickens-Technik). Die Ergebnisse schienen zunächst für die Zerfallstheorie zu sprechen, bis Keppel u. Underwood (1962) durch eine krit. Analyse des Brown-Peterson-Paradigmas zeigten, dass auch eine interferenztheoret. Alternativinterpretation mögl. u. sinnvoll ist. Zur Übersicht über empir. Ansätze vgl. Melton u. Martin (1972).

HI: Diese Kontroverse *Zerfall vs. Interferenz* war eine der großen paradigmat. Auseinandersetzungen innerhalb der Gedächtnisps. Ursprüngl. lebten beide Theorien sozusagen friedl. nebeneinander: Interferenz wurde traditionell dem → Langzeitgedächtnis zugeordnet, Spurenzerfall dem → Kurzzeitgedächtnis. Erst als die Trennung Langzeitgedächtnis – Kurzzeitgedächtnis zum expliziten Forschungsthema wurde, begann die Kontroverse um die Interferenztheorien. Diese ist jedoch nur noch von histor. Bedeutung, die moderne Gedächtnisps. ist kognitivist. u. konstruktivist. orientiert u. sieht demgem. auch V. im Rahmen vielfältiger Abrufmöglichkeiten u. Umstrukturierungsmöglichkeiten des Gedächtnismaterials, mit denen auch V. in unterschiedl. Art u. Tiefe einhergeht. V. wird damit also fast als ein Epiphänomen konzipiert. Ein histor. Vorläufer der modernen kognitivist. Ansätze, der nun zunehmend wieder rezipiert u. gewürdigt wird, ist die Schema-Theorie Bartletts (1932), der das Erinnern von komplexen Geschichten untersuchte, u. dabei analysierte, wie diese Geschichten zunehmend von ihrer wortwörtl. Form hin zu schematisierten Formen transformiert werden; er hob eine Reihe charakteristischer Transformationen hervor: Auslassung, Rationalisierung, Orientierung auf eine dominante Einzelheit hin, Transformation von Einzelheiten der Reihenfolge; vgl. zsfd. Baddeley (1979).

VD: (1) Die Zerfallstheorien beinhalten bei genauer Differenzierung eigentl. zwei Hypothesen: (a) mit zunehmender Zeit wird mehr vergessen; (b) V. bedeutet den endgültigen Verlust von Information. Ähnl. lässt sich die Interferenztheorie differenzieren: (a) die Merkleistung ist abhängig von Ausmaß u. Art der kognitiven Anforderungen, die vor, während o. nach der Einspeicherung neuer Information stattgefunden hat; (b) Interferenz kann die Prozesse des Einspeicherns o. Abrufens von Information beeinträchtigen – eine einmal abgespeicherte Information geht aber nicht mehr verloren; vgl. hierzu ausführl. Klimesch (1988).

(2) Neben o. g. grundlegenden Theorien spielen noch folgende eine Rolle: (a) die *Spurenveränderungstheorie* der → Gestalttheorie betont v. a. den dynam. Charakter der Gedächtnisspuren, die sich analog der Wahrnehmung von allein in Richtung auf eine *gute Gestalt* verändern, wb. V. sozusagen den Grenzfall einer solchen Veränderung darstellt. (b) Eine Theorie des *motivierten* V. ist v. a. in der → Psychoanalyse Freuds entwickelt worden u. führt den Verlust auf motivationale Hemmprozesse zurück: → Verdrängung; allg. zum Zusammenhang von Emotion u. Gedächtnis vgl. das Stw. → stimmungsabhängiges Gedächtnis. (c) Der lerntheoret. Ansatz sieht Gedächtnisprozesse unter dem Gesichtspunkt der → Konditionierung u. versucht den gedächtnisps. Vorgang V. dem (auf Verhaltensebene sich abspielenden) Vorgang der → Extinktion gleichzusetzen. Dem stehen allerdings folgende Unterschiede gegenüber: Extinktion erfolgt gerade durch nichtverstärkte Wiederholung, u. es tritt bei der Extinktion im Unterschied zum Vergessen Spontanremission auf, d. h., eine durch Nichtverstärkung »verlorene« Verhaltensweise tritt nach einiger Zeit meist wieder auf, wenn auch nicht in der ursprüngl. Stärke; vgl. Razran (1956) u. Keppel (1968).

◆ Baddeley, A.: Die Ps. des Gedächtnisses. Stuttgart 1979; Bartlett, F. C.: Remembering. Cambridge 1932; Bower, G. H.: Organizational factors in memory. CP 1, 1970, S. 18–46; Brown, J.: Some tests of the decay theory of immediate memory. QJEP 10, 1958, S. 12–21; Eich, J. E.: The cue-dependent nature of state-dependent retrieval. MuC 8, 1980, S. 157–173; Keppel, G. u. Underwood, B. J.: Proactive inhibition in short-term retention of single items. JVLVB 1, 1962, S. 153–161; Keppel, G.: Retroactive and proactive inhibition. In: Dixon, T. R. u. Horton, D. L. (Hg.): Verbal behaviour and general behaviour theory. Englewood Cliffs 1968; Klimesch, W.: Struktur u. Aktivierung des Gedächtnisses. Bern 1988; Klimesch, W.: Vergessen: Interferenz o. Verfall? PRu 30, 1979, S. 100–131; Loftus, E. F. u. Loftus, G. R.: On the permanence of stored information in the human brain. AmP 35, 1980, S. 409–420; McGeoch, J.A.: Forgetting and the law of disuse. PR 39, 1932, S. 352–370; Melton, A. W.: Implications of short-term memory for a general theory of memory. JVLVB 2, 1963, S. 1–21; Melton, A. W. u. Martin, E. (Hg.): Coding processes in human memory. Washington 1972; Neisser, U.: Kognitive Ps. Stuttgart 1974 (Orig.: 1967); Razran,

G. H. S.: Extinction re-examined and reanalyzed: a new theory. PR 63, 1956, S. 39–52; ROEDIGER, H. L.: Inhibition effects of recall. MuC 2, 1974, S. 261–269; TULVING, E.: Cue-dependent memory forgetting. AmS 62, 1974, S. 74–82; TULVING, E. u. PEARLSTONE, Z.: Availability vs. accessability of information in memory for words. JVLVB 5, 1966, S. 381–391.

Vergessenskurve, eine bes. Form der → Lernkurve, die graph. Darstellung des Lernverlusts als Funktion der Zeit, ein wichtiges method.-formales Hilfsmittel, um die Ergebnisse von → Gedächtnisprüfmethoden bzw. → Lernexperimenten formal darzustellen. Die Abb. *Gedächtnis 4* zeigt den typ. Verlauf der V. bei Prozessen des → einfachen Lernens. Während es mehrere unterschiedl. Lernkurven gibt, zeigt die V. bei vielen Lernprozessen einen ähnl. Verlauf, u. zwar ist es so, dass Vergessen zuerst schnell u. später immer langsamer vor sich geht, der Lernzuwachs variiert jedoch stark in Abhängigkeit von Art, Menge u. Schwierigkeit des Lernmaterials sowie von Anzahl u. Länge der Pausen zw. den Wiederholungen. Schon im Rahmen der klass. → Gedächtnispsychologie hat Ebbinghaus versucht, den Verlauf der V. präzise zu fassen: die Quotienten aus Behaltenem u. Vergessenem verhalten sich umgekehrt wie die Logarithmen der Zeiten; vgl. zu älteren Ansätzen Rohracher (1968); s. a. das Stw. → Jostsche Gesetze. Diese Vergessenskurve wurde in neueren Untersuchungen auch bei Lernaufgaben o. bei Gedächtnisprozessen mit normalem Lernmaterial, also nicht nur bei sinnlosen Silben, sondern auch im Bereich des autobiographischen Gedächtnisses, gefunden; vgl. Robinson (1976). Es gibt aber Befunde, die gegen die Generalisierbarkeit dieses Verlaufsmusters sprechen; vgl. z. B. Bahrick (1984); zu neueren Analysen vgl. auch Loftus (1972); zu den Unterschieden von Gedächtnisprozessen in verschiedenen Sinnesmodalitäten vgl. zsfd. Kintsch (1982); zu weiteren Ansätzen s. die Stw. → massiertes vs. verteiltes Lernen; → Teil-Lern- vs. Ganz-Lern-Methode.

◆ BAHRICK, H. P.: Semantic memory content in permastore: fifty years of memory for Spanish learned in school. JExP: G 113, 1984, S. 1–37; BERGIUS, R.: Einleitung, Begriffe, Prinzipien, Methoden. In: BERGIUS, R. (Hg.): Lernen u. Denken. HP, 1. Bd., 2. Hlb. Göttingen 1964, S. 3–36; COOMBS, C. H. u. a.: Mathemat. Ps. Weinheim 1975; KINTSCH, W.: Gedächtnis u. Kognition. Berlin 1982; ROHRACHER, H.: Gedächtnis u. Lernen. In: MEILI, R. u. ROHRACHER, H. (Hg.): Lehrbuch der experimentellen Ps. Bern 1968 (2. Aufl.).

Vergleichende Psychologie [engl. *comparative psychology*], eine überwiegend amerikan. For-

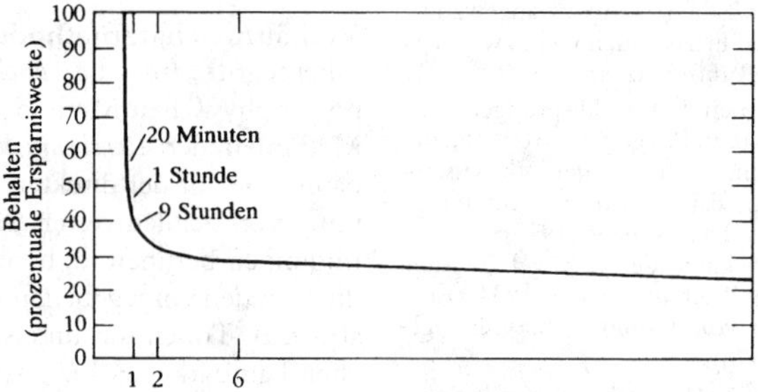

Abb. *Gedächtnis 4*

schungsrichtung der Ps., deren Ziel es ist, Unterschiede u. Ähnlichkeiten im Vh. verschiedener Tierarten zu untersuchen, wb. die v. P. im Unterschied zu der → Ethologie, nicht primär am Anpassungscharakter der stammesgeschichtl. Entwicklung des Vhs. interessiert ist, sondern an solchen Aspekten, die auch für den Menschen von Relevanz sind, deren – zumindest experimentelle – Untersuchung am Menschen sich jedoch aus method. u. eth. Gründen verbietet. Die v. P. konzentriert sich stark auf Fragen der Wahrnehmung u. des → Lernens.

KR: V. a. die → Ethologie kritisiert an der v. P., dass sich die Auswahl der Tierarten im Wesentl. auf die gängigen Labortiere beschränkt war. Ganz grundsätzl. ist die Kritik, dass Methode u. Fragestellungen sehr häufig *unetholog.* seien, in dem Sinne, dass ökolog. u. evolutionäre Gesichtspunkte nicht berücksichtigt werden. Erst in neuerer Zeit ist eine deutl. Ausweitung u. Verschiebung der Arbeiten der v. P. in Richtung auf etholog. Fragestellungen erfolgt, so dass die Unterschiede zw. v. P. u. Ethologie allmähl. geringer werden; vgl. Lockhard (1971) u. Hodos u. Campbell (1969); Grossmann (1975); für eine Zsf. der frühen Kritiken der etholog. Ansätze an der v. P. vgl. Schneirla (1946).

T: Der Begriff *v. P.* wird im amerikan. Sprachraum recht unscharf gebraucht. Über den spezif. Kreis der Tierforschung hinausgehend wird er bisweilen auf den gesamten vhstheoret. Ansatz angewandt; häufig wird hierbei auch nicht zw. *Ethologie* u. *v. P.* differenziert.

LIT: Zu den histor. Ursprüngen von Ethologie u. v. P. vgl. Jaynes (1969); zur Stellung im Rahmen der Vhswissenschaften u. dabei auch zu terminolog. Aspekten vgl. Grossmann (1975); zur histor. Entwicklung der v. P. vgl. Warten (1927); des Weiteren Waters (1934); zum Verhältnis von Ethologie u. v. P. vgl. Froese (1978).

◆ Beach, F. A.: Hormones and the behaviour. New York 1961; Froese, A.: Vergleichende Ps. heute. In: Stamm u. Zeier (1978) S. 111–119; Grossmann, K. E.: Die Rolle der Vergleichenden Psychologie im Rahmen der Vhswissenschaften. PRu 26, 1975, S. 163–175; Hodos, W. u. Campbell, C. B. G.: Why there is no theory in comparative psychology. PR 76, 1969, S. 337–350; Jaynes, J.: The historical origins of ethology and comparative psychology. Animal Behaviour 17, 1969, S. 601–606; Lockhard, R. P.: Reflections on the fall of comparative psychology: Is there a message for us all? AmP 26, 1971, S. 168–179; Schneirla, T. C.: Contemporary animal psychology in perspective. In: Harriman, P. L. (Hg.): Twentieth century psychology. New York 1946; Warten, C. J.: The historical development of comparative psychology. PR 34, 1927, S. 57–85 u. S. 135–168; Waters, R. H.: The historical background of comparative psychology. In: Moss, F. A. (Hg.): Comparative psychology. New York 1934; Waters, R. H. u. a. (Hg.): Principles of comparative psychology. New York 1960; Ztschr.: Animal Learning and Behaviour, Behavioural and Neural Biology, Journal of Comparative and Physiological Psychology, Journal of Experimental Psychology: Animal Behaviour Processes.

Vergleichende Verhaltensforschung → Ethologie.

Vergleich komplexer Figuren → mehrdimensionaler Figurenvergleich.

Vergleichsurteil → absolutes Urteil.

Verhältnisherstellungsmethode → Verhältnisschätzmethoden.

Verhältnisproduktionsmethoden → Verhältnisschätzmethoden.

Verhältnisschätzmethoden, Oberbegriff für die *direkten* → psychophysischen Methoden, auch Methoden der *Reizbeurteilung* genannt, die auf der direkten Zuordnung von Zahlenwerten zu Empfindungen beruhen, d. h. also, dass die Vpn den vorgegebenen Reizen, also z. B. Tönen mit unterschiedlicher Lautstärke, Zahlen zuordnen sollen, die die jeweilige Lautstärke repräsentieren.

Die wichtigsten Verfahren sind: (a) Bei den *Größenschätzverfahren* u. bei den *Größenherstellungsverfahren* (*magnitude estimation* vs. *magnitude production*) soll die Vp jedem Reiz direkt eine Zahl zuweisen (Schätzverfahren) bzw. einen Reiz mit einer bestimmten Ausprägung herstellen (Herstellungsverfahren), u. zwar so, dass die subjektiven Empfindungen (bzw. Empfindungsverhältnisse, s. u.) durch Zahlen widergespiegelt werden. Diese Methode wurde von Richardson u. Pross in den 30er Jahren konzipiert; dabei war ein Standardreiz (»Modulus«) vorgegeben, der den Zahlenwert 1 hatte. Später wurde der Standardreiz weggelassen, da dadurch bestimmte Verzerrungen entstehen; die Vpn wurden aufgefordert, dem ersten Reiz eine Zahl zuzuordnen, die ihnen angemessen erscheint, u. die nachfolgenden Zuordnungen danach auszurichten (*free magnitude estimation*). Eine Variante, die *absolute Größenschätzung* (engl. *absolute magnitude estimation*) verzichtet nicht nur auf den Standardreiz, sondern auch auf die Instruktion, Empfindungsverhältnisse zuzuordnen, es sollen nicht relative, sondern absolute Zahlenzuweisungen vorgenommen werden; zur Problematik dieser Methode vgl. Mellers (1983). Eine spezielle Ausformung ist die *Methode der konstanten Summen*: Die Vp teilt beim Vergleich zweier Reize eine konstant bleibende Punkteanzahl (z. B. 100) auf diese beiden Reize auf. (b) I. e. S. bezeichnet *V.* (engl. *ratio estimation methods*) den Gegensatz zu den eben dargelegten *Größenschätz-Methoden*: Bei Ersteren wird vom Pb explizit die Schätzung eines Verhältnisses erwartet, bei Letzteren soll er einer Empfindung direkt eine Zahl zuweisen. Bei *Verhältnisproduktions-Methoden* (engl. *ratio production method* vs. *ratio estimation method*) wird ein Standardreiz vorgegeben u. die Pb. werden gebeten, andere Reize so auszuwählen bzw. herzustellen, dass sie ihnen bspw. halb o. doppelt so laut erscheinen. Es sind also Methoden der *Reizgrößenfraktionierung* bzw. der *Reizgrößenvervielfachung*, wb. Halbierung bzw. Verdopplung die häufigsten Formen sind. Eine Spezialform ist die *free ratio estimation method* von Mashour: n Reize werden zu Paaren zusammengestellt u. die Vp gibt an, in welchem zahlenmäßigen Verhältnis zwei Reize zueinander stehen, wb. die Vp jedoch nicht auf einen bestimmten Zahlenbereich festgelegt wird; Bsp.: erscheint der Vp., dass ein Gewicht dreimal so schwer ist wie ein anderes, kann sie das Verhältnis mit 1 zu 3, 15 zu 45 usw. beschreiben.

HI: Die direkten psychophys. Methoden wurden in der modernen Psychophysik v. a. von S. S. Stevens (vgl. z. B. Stevens u. Volkmann 1940; Stevens 1957) eingeführt, sie wurden aber schon in der Mitte des 19. Jahrhunderts durch Pionierarbeiten von Plateau u. Merkel begründet: *Methode des doppelten Reizes*, bei der die Stärke eines variablen Reizes so verändert werden soll, dass die Empfindung einer durch einen festen Standardreiz ausgelösten entspricht. Fullerton u. Cattell dehnten diese Methode Ende des letzten Jahrhunderts auf weitere Verhältnisse (*Vervielfachung* u. *Fraktionierung*) aus.

VD/T: (a) Als Überbegriff für diese direkten psychophys. Verfahren wird, terminolog. verwirrend, bisweilen der Begriff *Verhältnisskalierungs-Methoden* gebraucht (engl. *ratio scaling methods*); da diese Methoden jedoch nicht notwendigerweise zu *Verhältnisskalen* im Sinne der Messtheorie führen, wurde vorgeschlagen, sie besser als *V.* zu bezeichnen; sie ergeben näml. häufig nur eine logarithm. Intervallskala. (b) Bisweilen wird der Oberbegriff *Magnitude-Skalen* bzw. *Magnitude-Messungen* verwendet, um direkte Größeneinschätzungen den → Kategorialurteilen gegenüberzustellen; vgl. z. B. Wegener (1978).

◆ Hellbrück, J.: Hören. Physiologie, Ps. u. Pathologie. Göttingen 1993; Mellers, B.: Evidence against »absolute« scaling. PaP 33, 1983, S. 523–526; Poulton, E. C.: Bias in quantifying judgement. Hove 1989; Stevens, S. S. u. Volkmann, J.: Relation of pitch to frequency: a revised scale. AJP 53, 1940, S. 329–353; Stevens, S. S.: On the psychophysical law. PR 64, 1957, S. 153–181; Wegener, B.: Einstellungsmessung in Umfragen: kategoriale vs. Magnitude-Skalen. Zuma-Nachrichten Nr. 3, 1978, S. 3–27; Westermann, R.: Wahrnehmung, psychophys. Skalierung u. Informationsintegration. In: Lüer, G. (Hg.): Allg. experimentelle Ps. Stuttgart 1987, S. 265–308.

Verhältnisskalierungsmethoden → Verhältnisschätzmethoden.

Verhältnistonhöhe → Hören.

Verhalten, der axiomat. Grundbegriff des → Behaviourismus u. essentieller Bestandteil der modernen Definition der Ps. als *Wissenschaft vom V. u. Erleben.* Gem. der peripheralist. Konzeption des klass. Behaviourismus sollten unter *V.* nur elementare Reflexe, Muskelreaktionen u. viszerale Reaktionen fallen. V. wird vom Behaviourismus außerdem meistens als *reaktiv* konzipiert: → Reaktion; → S-R-Theorien. Ziel der ps. Wissenschaft bzw. der *Vhswissenschaft* sei eine exakte, detaillierte, objektive → *Verhaltensanalyse* (s. a. das Stw. → Verhaltenskontrolle). Der Neobehaviourismus hat diese Konzeption liberalisiert: Gegenstandsbereich der Ps. sei nicht *molekulares V.*, also nicht einzelne Muskelkontraktionen, sondern *acts of behaviour*, dadurch definiert, dass sie einem gemeinsamen Zweck untergeordnet sind (*molares V.*); vgl. hierzu Thomae (1965); Sanders (1978); zur Kritik des Kzpts. vgl. Littman u. Rosen (1950); unter philosoph.-wissenschaftstheoret. Aspekt diskutiert Taylor (1975) das Problem. Dieser Strang führt letztl. zu den → Handlungstheorien, die durch Einbezug der Kzpt. → Intention u. → Plan den Begriff *V.* durch den der → *Handlung* ersetzen; vgl. hierzu den tief schürfenden Aufsatz von Graumann (1980); vgl. unter klin. Aspekt auch die Diskussionen innerhalb der → Verhaltenstherapie. Sowohl innerhalb der Lerntheorien wie innerhalb der Motivationsps. wurden, tlw. unabhängig voneinander, Methoden u. Begriffsinventare entwickelt, um V. bzw. Parameter des V. darzustellen u. zu messen: → Reaktionsstärke; → Motivations-Messmethoden; zu Ansätzen innerhalb der Vhstherapie vgl. Barlow (1981) u. Schott (1992). Einen Überblick über Methoden zur objektivierten Erfassung von V. gibt Faßnacht (1979). Insbes. die → Ethologie hat ein differenziertes theoret. u. prakt. System zur Erfassung von V. unter natürl. Bedingungen entwickelt.

LIT: Zur Frage »Was ist V.« aus der Sicht der Ethologie vgl. Immelmann u. a. (1988); zur krit. Analyse des Vhsbegriffs, v. a. seiner begriffl. Überdehnung, vgl. Scheele (1981); zum problemhistor. Hintergrund vgl. Pongratz (1967).

◆ Barlow, D. H. (Hg.): Behavioural assessment of adult disorders. New York 1981; Fassnacht, G.: Systemat. Verhaltensbeobachtung. München 1979; Graumann, C. F.: Vh. u. Handeln – Probleme einer Unterscheidung. In: Schluchter, W. (Hg.): Vh., Handeln u. System. Frankfurt/M. 1980. S. 16–31; Groeben, N.: Handeln, Tun, Vh. als Einheiten einer verstehend-erklärenden Ps. Tübingen 1986; Immelmann, K. u. a.: Was ist Vh.? In: Immelmann u. a. (Hg.): Psychobiologie. Stuttgart 1988, S. 3–43; Littman, R. u. Rosen, E.: Molar u. molecular. PR 56, 1950, S. 58–65; Pongratz, L. J.: Problemgeschichte der Ps. Bern 1967; Sanders, C.: Die behaviourist. Revolution in der Psychologie. Salzburg 1978; Scheele, B.: Selbstkontrolle als kognitive Interventionsstrategie. Weinheim 1981; Schott, F.: Therapiebezogene Diagnostik. In: Jäger, R. S. u. Petermann, F. (Hg.): Ps. Diagnostik. Weinheim 1992 (2. Aufl.); Taylor, C.: Erklärung u. Interpretation in den Wissenschaften vom Menschen. Frankfurt/M. 1975; Taylor, C.: The explanation of behaviour. London 1964; Thomae, H.: Zur allg. Charakteristik des Motivationsgeschehens. In: Thomae, H. (Hg.): Motivation. 2. Bd. Göttingen 1965, S. 45–122.

Verhaltensamplitude → Reaktion; → Verhalten.

Verhaltensanalyse. (1) I. w. S. die detaillierte, deskriptive u. funktionale Analyse von → Verhalten, wie sie v. a. innerhalb der behaviourist. → Lerntheorien u. der → Verhaltenstherapie eine wichtige Rolle spielt. (2) Häufig wird der Begriff, ähnl. wie das Schlagwort *funktionale Analyse von Vh.*, verwendet, um die Schule B. F. Skinners zu bezeichnen, den *radikalen Behaviourismus*; vgl. Scheerer (1983). (a) Folgende Annahmen sind zentral: Die V. ist ein *antitheoret.* Ansatz (vgl. Skinner 1950), der auf *hypothet. Konstrukte* u. *intervenierende Variablen* verzichtet (*deskriptiver Behaviourismus*) u. eine detaillierte u. exakte Beschreibung des Vhs., bes. der Beziehungen zw. Reiz u. Reaktion, → Verstärkung u. Vh. versucht. → *Verhaltenskontrolle, Reiz-* u. *Reaktionskontrolle* sind demgemäß zentrale Begriffe des Paradigmas. (b) Hervorgehoben wird die Bedeutung des Einzelfalls u. damit die Ablehnung komplexerer (inferenz-) statist. Verfahren (*deskriptive* Statistik wird von Skinner ausführl. verwendet). Skinner hat viele seiner Werke auf die Beobachtung ganz weniger Tiere begründet, seine bevorzugte Tierart sind Tauben. Insbes. wird eine genaue Analyse der *individuellen Verstärkergeschichte* versucht, Tiere sollen also von Anfang an unter Kontrolle u. Beobachtung gehalten werden; vgl. Westmeyer (1973). (c) Das zentrale wissenschaftl. Paradigma ist das des → operanten Konditionierens u. dabei speziell das der → Verstärkerpläne; vgl. Skinner (1974).

Skinner versucht, seine innerhalb der empir. Forschung zum operanten Konditionieren gewonnenen Ergebnisse u. Ideen auf viele Gebiete zu übertragen: (a) Mit dem Kzpt. des → programmierten Lernens wurde er für die pädagog. Ps. wichtig. (b) Er trug auch wesentl. zur Begründung der Vhstherapie bei; vgl. auch → Selbstkontrolle. (c) Die gewagteste Extension seiner Theorie ist der Versuch, psycholinguist. Phänomene unter dem Etikett des → verbalen Verhaltens zu analysieren, ein Versuch, der zu einer histor. bedeutsamen Kritik von Chomsky u. einer Auseinandersetzung zw. beiden Forschern führte (s. hierzu das Stw. → verbales Verhalten). (d) Skinner schlug auch eine wissenschaftl. begründete Gesellschaftstheorie vor, in der er dafür plädiert, dass sich der Mensch der Begrenztheit seiner Freiheit u. der Bedeutung von Vhskontrolle u. Konditionierung bewusst ist u. diese im positiven Sinne zur Gestaltung von Unterricht, Erziehung u. Menschenführung einsetzt (Skinner 1948; 1971).

HI: Die Vertreter sind eine geschlossene, fast sektierer. Forschungsgemeinschaft, die sich zunehmend vom Rest der Ps. isoliert hat – Skinner war der einzige bedeutende Psychologe, der bis zu seinem Tode allen kognitivist. Einflüssen widerstanden hat. Die V. verfügt über eine eigene wissenschaftl. Organisation: *Society for the Experimental Analysis of Behaviour,* Sektion: *Experimental Analysis of Behaviour* der *American Psychological Association* u. eigene Fachzeitschriften. Zum bes. Jargon der V. vgl. Krantz (1971) u. Hineline (1980); zur bes. wissenschaftssoziolog. u. wissenschaftshistor. Stellung der V. vgl. Krantz (1972).

KR: Eine krit. Würdigung des Werks von Skinner ist Verplanck (1954); eine Diskussion über die eth. Problematik von Skinners Kzpt. ist Skinners u. Rogers (1956); Kritik enthalten auch die Arbeiten von Williams (1986) u. Schneider u. Morris (1987); eine stärkere Öffnung des radikalen Behaviourismus zu sozialen und kulturellen Phänomenen hin fordert Cullen (1981); vgl. auch Malagodi (1986); eine Analyse des Versagens der Skinnerschen Ideen speziell bei der Anwendung auf tier. Vh. ist Breland u. Breland (1961).

LIT: Eine umfassende Gesamtdarstellung der V. ist Scheerer (1983); vgl. auch Werner u. Butollo (1984); wichtige Originalarbeiten sind Skinner (1938; 1969); eine von Skinner selbst repräsentativ ausgewählte Sammlung seiner experimentellen u. theoret. Abhandlungen ist Skinner (1959); einen chronolog. Überblick über Skinners Arbeiten enthält Werner u. Butollo (1984); ein interessanter Sammelband, der die wichtigsten Aufsätze Skinners mit Kommentaren von Fachkollegen enthält, ist Catanea u. Harnad (1988); ein Vergleich von Skinner u. Wittgenstein ist Day (1969a); der Ver–

such einer Versöhnung zw. radikalem Behaviourismus u. Phänomenologie ist Day (1969b); Skinners sozialutop. Ideen werden in Ermertz (1984) diskutiert; eine Autobiographie ist Skinner (1967); zum Einsatz skinnerscher Methoden im Bereich des Sports vgl. Rushall u. Siedentop (1972).

◆ ANGERMEIER, W. F.: Kontrolle des Verhaltens. Berlin 1972; ANGERMEIER, W. F. u. PETERS, M.: Bedingte Reaktionen. Berlin 1973; ANGERMEIER, W. F.: Die Evolution des operanten Lernens. Basel 1983; ANGERMEIER, W. F. u. a. (Hg.): Operantes Lernen. München 1994; BLOUGH, D. S.: Method for tracing dark adaptation in the pigeon. Science 121, 1955, S. 703–704; BREDENKAMP, J. u. WIPPICH, W.: Lern- u. Gedächtnisps. 1. Bd. Stuttgart 1977; BRELAND, K. u. BRELAND, M.: The mis-behaviour of organisms. AmP 16, 1961, S. 661–664; CATANEA, A. C. u. HARNAD, S. (Hg.): Neo-Behaviourismus. The operant behaviourism of B. F. Skinner: comments and consequences. New York 1988; CULLEN, C.: The fight to the laboratory. BA 4, 1981, S. 81–83; DAY, W. F.: Certain similarities between the philosophical investigations of Ludwig Wittgenstein and the operationism of B. F. Skinner. JEAB 12, 1969a, S. 489–506; DAY, W. F.: Radical behaviourism in reconciliation with phenomenology. JEAB 12, 1969b, S. 315–328; ERMERTZ, E.: Vhskonditionierung u. individuelle Freiheit. In: ZEIER, H. (Hg.): Lernen u. Vh., 1. Bd. Weinheim 1984; FLAHERTY, C. F. u. a.: Learning and memory. Chicago 1977; GRANT, D. A.: Classical and operant conditioning. In: MELTON, A. W. (Hg.): Categories of human learning. New York 1964; HINELINE, P. N.: The language of behaviour analysis: Its community, its functions and its limitation. Bm 8, 1980, S. 67–86; HOLLAND, J. G. u. SKINNER, B. F.: The analysis of behaviour. New York 1961 (dt.: Analyse des Vhs. München 1971); HONIG, W. K. (Hg.): Operant behaviour: Areas of research and applications. 1966; HONIG, W. K. u. STADDON, J. E. R. (Hg.): Handbook of operant behaviour. Englewood Cliffs 1977; HONIG, W. K. u. URCUIOLI, P. J.: Reizgeneralisierung u. Reizkontrolle. In: ZEIER, H. (Hg.): Lernen u. Vh. 1. Bd. Weinheim 1984, S. 242–298; KAROLY, P.: Operante Methoden. In: KANFER, H. u. GOLDSTEIN, A. P. (Hg.): Möglichkeiten der Vhsänderung. München 1977; KRAIKER, C.: Psychoanalyse – Behaviourismus – Handlungstheorie. München 1980; KRANTZ, D. L.: Schools and systems: the mutual isolation of operant and non-operant psychology as a case study. JHBS 8, 1972, S. 86–102; KRANTZ, D. L.: The separate worlds of operant and non-operant psychology. JABA 4, 1971, S. 61–70; MALAGODI, E. F.: On radicalizing behaviourism: a call for cultural analysis. BA 9, 1986, S. 1–17; PREMACK, D.: Intelligence in ape and man. Hillsdale 1976; RUSHALL, B. S. u. SIEDENTOP, D.: Development and control of behaviour in sports and physical education. Philadelphia 1972; SCHARFF, J. L.: Skinner's concept of the operant: from necessarian to probabilistic causality. Bm 10, 1982, S. 45–54; SCHEERER, E.: Die Vhsanalyse. Berlin 1983; SCHNEIDER, S. M. u. MORRIS, E. K.: A history of the term *radical behaviourism*: from Watson to Skinner. BA 10, 1987, S. 27–39; SCHWARTZ, B. u. GAMZU, E.: Pawlowsche Steuerung von operantem Vh. In: ZEIER, H. (Hg.): Lernen u. Vh., 1. Bd. Weinheim 1984, S. 298–334; SKINNER, B. F.: The behaviour of organisms. New York 1938; SKINNER, B. F.: Walden two. New York 1948 (dt.: Futurum II. Hamburg 1970); SKINNER, B. F.: Are theories of learning necessary? PR 57, 1950, S. 193–216; SKINNER, B. F.: Science and human behaviour. New York 1953 (dt.: Wissenschaft u. menschl. Vh. München 1973); SKINNER, B. F. u. ROGERS, C. R.: Some issues concerning the control of human behaviour. Science 124, 1956, S. 1057–1066; SKINNER, B. F.: Verbal behaviour. New York 1957; SKINNER, B. F.: Cumulative report. New York 1959; SKINNER, B. F.: An autobiography. In: BORING, E. G. (Hg.): A history of psychology in autobiography. New York 1967; SKINNER, B. F.: Contingencies of reinforcement. New York 1969 (dt.: Die Funktion der Verstärkung in der Vhswissenschaft. München 1974); SKINNER, B. F.: Beyond freedom and dignity. New York 1971 (dt.: Jenseits von Freiheit u. Würde. Reinbek 1973); SKINNER, B. F.: About behaviourism. New York 1974 (dt.: Was ist Behaviourismus? Reinbek 1978); SMITH, L. D.: On prediction and control. B. F. Skinner and the technological ideal of sciences. AmP 47, 1992, S. 216–223; VERHAVE, T. (Hg.): The experimental analysis of behaviour. Selected readings. 1966; VERPLANCK, W. S.: Burrhus F. Skinner. In: ESTES, W. K. u. a. (Hg.): Modern learning theory. New York 1954, S. 267–316; WERNER, A. u. BUTOLLO, W. H. L.: Skinner u. das operante Konditionieren. In: ZEIER, H. (Hg.): Lernen u. Vh., 1. Bd. Weinheim 1984, S. 181–242; WESTMEYER, H.: Kritik der ps. Unvernunft. Stuttgart 1973; WILLIAMS, B. A.: On the role of theory in behaviour analysis. Bm 14, 1986, S. 111–124; ZTSCHR.: Behavioural Analysis and Modification, Behavioural Analyst, Behaviourism, Journal of Applied Behaviour Analysis, Journal of Experimental Analysis of Behaviour.

Verhaltensausformung → Verhaltensformung.

Verhaltensbiologie → Ethologie.

Verhaltensdiagnostik → Psychodiagnostik.

Verhaltensformung [auch *Verhaltensausformung, sukzessive Annäherung, Methode der sukzessiven Approximation*; engl. *shaping*], aus Skinners Paradigma des → operanten Konditionierens hervorgegangene Methode zur Ausformung von Vh. im tierexperimentellen u. pädagog. Bereich. Dabei werden bestimmte Teilreaktionen einer komplexen Handlung (nach ihrem mehr o. weniger zufälligen Auftreten) verstärkt u. damit schrittweise aufgebaut u. *ausgeformt*. Die Methode wird z. B. verwendet, um ein Tier in einer → Skinner-Box überhaupt dazu zu bringen, für Futterbelohnung einen Hebel zu drücken, wb. jede Annäherung an den Hebelreiz mit Futter belohnt wird. V. ist die klass. Methode zum Aufbau von neuem Vh. in der → Verhaltenstherapie u. wird auch beim → programmierten Unterricht angewendet: s. a. das Stw. → Selbstformung.

Als eine bes. Form des *shaping* kann das *chaining* angesehen werden: der schrittweise Aufbau von Vh. aus kleineren Elementen, die hintereinander nach den Prinzipien des operanten Konditionierens »verkettet« werden; eine bestimmte Reaktion dient dabei als diskriminativer Hinweisreiz für die nächste Reaktion usw. Das Prinzip wird v. a. in der Vhstherapie verwendet, um komplexes Vh. angehen u. aufbauen zu können.

◆ ANGERMEIER, W. F.: Kontrolle des Vhs. Berlin 1972; ANGERMEIER, W. F. u. PETERS, M.: Bedingte Reaktionen. Berlin 1973; LOCURTO, C. M. u. a. (Hg.): Autoshaping and conditioning theory. New York 1981, S. 219–253.

Verhaltensfrequenz → Reaktion; → Verhalten.

Verhaltensgedächtnis → Gedächtnis.

Verhaltensgeneralisation → Generalisation.

Verhaltenshemmungssystem → physiologische Psychologie (Kasten zentrale Begriffe und Paradigmen).

Verhaltenskontrast → positive vs. negative Induktion.

Verhaltenskontrolle, die Beeinflussung u. Steuerung des Vhs. durch Umweltbedingungen; der Begriff ist charakterist. für die Skinnersche Terminologie im Paradigma des → operanten Konditionierens. Skinner bevorzugt den Begriff *Kontrolle*, weil er rein deskriptiv ist u. keine theoret. Annahmen über die kausalen Mechanismen beinhaltet. Auch wenn Vh. unter Kontrolle steht, wird der Reflexbegriff innerhalb des operanten Paradigmas niemals darauf angewendet – das engl. Wort *control* bezeichnet diese sozusagen »akausale« Steuerung, die nicht ein Hervorbringen o. Auslösen meint; vgl. hierzu Honig u. Urcuioli (1984).

T: (a) Mit dem Begriff *Reizkontrolle* ist im allgemeinen Sinne die Steuerung des Vhs. durch Reize gemeint; in dem spezif. »Sprachspiel« des operanten Konditionierens ist der Begriff allerdings sehr weit gefasst u. umgreift so unterschiedl. Themen wie: Psychophysik, Aufmerksamkeit, Begriffsbildung; hinter diesen vielfältigen Anwendungen steht die Logik, dass sämtl. dieser Leistungen im weitesten Sinne Leistungen des → Diskriminationslernens sind, bei dem → Hinweisreize das Vh. steuern. (b) Die Begriffe *Reiz-* u. *Reaktionskontrolle* werden auch schlagwortartig als Oberbegriffe zur Kennzeichnung der Paradigmen der → klassischen Konditionierung (*Reizkontrolle*) u. der operanten Konditionierung (*Reaktionskontrolle*) verwendet; vgl. hierzu Kanfer u. Phillips (1975). (c) In einem speziellen Sinne bezeichnet der Begriff *Reizkontrolle* auch eine spezif. Technik der → Verhaltenstherapie, v. a. innerhalb des Paradigmas der → Selbstkontrolle: eine Kontrolle des Vhs. dadurch, dass die Reize, denen man ausgesetzt ist, bewusst verändert u. manipuliert werden; Bsp.:

Eine Person, die eine Diät macht, setzt sich ganz bewusst nicht Appetit erzeugenden Reizen aus u. versieht z. B. ihren Kühlschrank mit einem Zeitschloss, so dass sie nicht vor der Zeit in Versuchung geführt wird.

◆ ANGERMEIER, W. F.: Kontrolle des Vhs. Berlin 1972; ANGERMEIER, W. F. u. PETERS, M.: Bedingte Reaktionen. Berlin 1973; HONIG, W. K. u. URCUIOLI, P. J.: Reizgeneralisierung u. Reizkontrolle. In: ZEIER, H. (Hg.): Lernen u. Vh., 1. Bd. Weinheim 1984, S. 242–298; KANFER, F. H. u. PHILLIPS, J. S.: Lerntheoret. Grundlagen der Vhstherapie. München 1975 (Orig. 1970).

Verhaltenslatenz → Reaktion; → Verhalten.

Verhaltensmedizin → Psychosomatik.

Verhaltensmorphologie → Ethologie.

Verhaltensphysiologie → Ethologie.

Verhaltensraum → Zeichen-Gestalt-Theorie.

Verhaltenstheorien → Lerntheorien; → Behaviourismus.

Verhaltenstherapie, eine Therapieform, die versucht, ihre Methoden u. Strategien auf der Basis der wissenschaftl. akadem. Ps. aufzubauen, insbes. auf den Ergebnissen der → Lerntheorien – also eine Therapieform bzw. → klinische Psychologie im Geiste des → Behaviourismus. Die V. wurde seit den späten 50er Jahren – in scharfer Opposition zu der im klin. Sektor bis dahin dominanten → Psychoanalyse – entwickelt; vgl. hierzu den klass. Aufsatz von Wolpe u. Rachman (1960). Bedingt durch die Grundlagenorientiertheit der V. thematisieren viele ihrer Kzpte. u. Techniken auch Grundlagenforschungsprobleme: → Desensibilisierung, → Gegenkonditionierung, → verdecktes Konditionieren, → Selbstkontrolle, → Fading, → Verhaltensformung.

LIT: Vgl. zum Überblick Braun u. Tittelbach (1978); Reinecker (1983, 1987); Dt. Gesellschaft für V. (1986); zur Geschichte Schorr (1984); zu wissenschaftstheoret. Problemen Westmeyer u. Hoffmann (1977); zu dem Verhältnis von klin. Ebene u. Grundlagenebene vgl. v. a. Blöschl (1977).

◆ BLÖSCHL, L.: Lerntheoret. Grundlagen. In: PONGRATZ, L. J. (Hg.): Klin. Ps. HP, 8. Bd., 1. Hlb. Göttingen 1977, S. 634–664; BRAUN, P. u. TITTELBACH, E.: Vhstherapie. In: PONGRATZ, L. J. (Hg.): Klin. Ps. HP, 8. Bd., 1. Hlb. Göttingen 1977, S. 1955–2065; DEUTSCHE GESELLSCHAFT FÜR VERHALTENSTHERAPIE (Hg.): Vhstherapie. München 1986; REINECKER, H.: Grundlagen u. Kriterien verhaltenstherapeut. Forschung. Salzburg 1983; REINECKER, H.: Grundlagen der Vhstherapie. München 1987; SCHORR, A.: Die Vhstherapie. Ihre Geschichte von den Anfängen bis zur Gegenwart. Weinheim 1984; SCHULTE, D.: Theoret. Grundlagen der Vhstherapie. In: PONGRATZ, L. J. (Hg.): Klin. Ps. HP, 8. Bd., 1. Hlb. Göttingen 1977, S. 981–1064; WESTMEYER, H. u. HOFFMANN, N. (Hg.): Vhstherapie. Hamburg 1977; WOLPE, J. u. RACHMAN, S.: Psychoanalytic evidence: A critique based on Freud's case of little Hans. JNMD 130, 1960, S. 135–148.

Veridikalität → Wahrnehmung.

Verifikationsaufgabe → Satzverifikationsaufgabe.

Verkehrspsychologie → angewandte Psychologie.

Verkettung → Verhaltensformung.

Verkettungshypothese des seriellen Lernens → serielles Lernen.

Verkettungsplan → Verstärkungsplan.

Verknüpfungstheorie [auch *Verbindungslehre*, *Konnektionismus*], Bezeichnung für die von E. L. Thorndike entwickelte → Lerntheorie (1911ff.), eine → S-R-Theorie mit dem zentralen Ansatz, dass → Trial-and-error-Verhalten, typischerweise demonstriert an dem von Thorndike selbst entwickelten → Problemkäfig, zufällig zum Erfolg führt, der eine → Verstärkung bewirkt: → *Effektgesetz*. In dieser Weise basiert die Bildung neuer Vhsgewohnheiten auf einer *Verknüpfung* von Situation u. Reaktion. Die Wirkung *negativer* Vhskonsequenzen wurde urspröngl. gegenläufig interpretiert: sie sollten gelerntes Vh. im gleichen Maße abschwächen, wie Belohnung es verstärkt; in späteren Fassungen wurde diese symmetr. Beziehung jedoch fallengelassen (*revidiertes Effektgesetz*); vgl. auch → Verstärkung; → Bestrafung.

HI/WÜ: Thorndikes V. ist die erste große Lerntheorie u. hat die Grundideen formuliert, die sich durch alle weiteren Theorien hindurchziehen; Thorndike wird als einer der Gründerväter der modernen wissenschaftl. Ps. überhaupt gewürdigt; wichtig sind v. a. seine Beiträge zur Theorie des → Transfers.

VD: Als Gesetze, die das Effektgesetz ergänzen, nennt Thorndike (a) das *Gesetz der Übung* (auch: *Frequenzgesetz*, *Häufigkeitsgesetz*; engl. *law of exercise*); es hebt v. a. die Bedeutung von Wiederholungen, also Prozessen des → Übens hervor; seine Bedeutung wurde von Thorndike später als eher gering eingeschätzt; (b) das *Gesetz der Bereitschaft* (engl. *law of readiness*); es postuliert bestimmte neurophysiolog. Mechanismen; s. a. das Stw. → preparedness; (c) des Weiteren die Prinzipien der *Zusammengehörigkeit* (→ *belongingness*), *Einprägsamkeit* (engl. *impressiveness*) u. *Verfügbarkeit* (engl. *availability*).

LIT: Zum Überblick vgl. Hilgard u. Bower (1973); ein Sammelband ist Thorndike (1949); Thorndikes Bibliographie erschien in zwei Teilen im »Teacher's College Record«: für die Jahre 1898–1940 im 41. Bd. (1940) auf den S. 699–725; für die Jahre 1940–1949 im Bd. 51 (1949) auf den S. 42–45; insges. sind mehr als 500 Titel verzeichnet; eine Biographie ist Joncich (1968).

◆ Hilgard, E. R. u. Bower, G. H.: Theorien des Lernens, 2 Bde., Stuttgart 1973; Joncich, G.: The sane positivist: a biography of Edward L. Thorndike. 1968; Thorndike, E. L.: Animal intelligence. New York 1911; Thorndike, E. L.: The original nature of man. EdP, 1. Bd., New York 1913; Thorndike, E. L.: The psychology of learning. EdP, 2. Bd. New York 1913; Thorndike, E. L.: The fundamentals of learning. New York 1932; Thorndike, E. L.: Selected writings from a connectionist's psychology. 1949.

Verlagerungsschwelle → Bewegungssehen.

Verlegenheit → soziale Angst.

Verlernen → Extinktion.

Verleugnung → Abwehrmechanismen.

Verleugnung des Antecedens der Bedingung → propositionales Schlussfolgern.

Vermeidungsgradient → Appetenz- vs. Aversionsgradient.

Vermeidungslernen [auch *Vermeidungs-Training*, engl. *avoidance learning/training*], eine Form der → operanten Konditionierung, bei der die aversive Reizung – im Unterschied zum → Fluchttraining – nur beim Vorliegen eines diskriminativen Hinweisreizes erfolgt, der die kommende aversive Reizung ankündigt, so dass das Tier dieselbe vermeiden kann. Dieses klass. experimentelle Paradigma ist bes. wichtig geworden zum Nachweis → erworbener Triebe (zur Beschreibung eines typ. Experiments s. d.). Im Zusammenhang mit dem V. wurde → *McGee's erstes Gesetz* entwickelt.

TH: Die theoret. Erklärungen von V., insbes. die Frage, wie die erworbene Vermeidung verstärkt wird u. warum sie sehr löschungsresistent ist (so führen z. B. Ratten schon nach wenigen Elektroschocks viele hundert Male ein Vermeidungsvh. durch), hat ein ganzes experimentelles u. theoret. Paradigma – *avoidance learning problem* – begründet, das auch deswegen wichtig wurde, weil innerhalb der Grundlagendiskussion der → Verhaltenstherapie die Frage bedeutsam wurde, inwieweit sich eine Phobie als eine instrumentell konditionierte Vermeidung begreifen lässt: Die klass. *Zwei-Prozess-Theorie* des V. von Mowrer (1947) u. Miller (1948) postuliert, dass zunächst Furcht auf den Hinweisreiz durch eine → klassische Konditionierung erworben wird, woraus ein → *erlernter Trieb* entsteht, dessen Reduktion durch das Vermeidungsvh. dann als → operante Konditionierung wirkt u. dieses Vh. verstärkt. Auf diese Weise wird V. sozusagen zu einem Spezialfall von Fluchtlernen u. weist Komponenten der klass. wie der operanten Konditionierung auf. Die Theorie beinhaltet des Weiteren die Annahme, dass erfolgreiches Vermeidungsvh. die Konfrontation mit dem unkonditionierten Reiz u. damit die Erfahrung seiner Unangemessenheit verhindert; Bsp.: hat ein Tier die weiße Hälfte eines Versuchskäfigs einmal mit einem aversiven Reiz, z. B. einem Elektroschock, in Verbindung gebracht, so verhindert das Vermeidungsvh. die Erfahrung der Tatsache, dass dieser nun nicht mehr damit verbunden ist.

VD/T: (a) Durch *Unterlassung* des Vhs. wird beim → Bestrafungslernen der aversive Reiz vermieden, so dass von einem *passiven V.* gesprochen wird; (b) von einem *aktiven V.* spricht man, wenn eine aktive Vhsweise nötig ist, um dem aversiven Reiz zu entgehen; (c) *Kontinuierl. Vermeidung* (auch *Sidman-Vermeidung*; engl. *free operant avoidance*) liegt dann vor, wenn in regelmäßigen Zeitabständen einem Versuchstier ein Schock verabreicht wird, falls es den Hebel in einer Skinner-Box nicht betätigt; jeder Hebeldruck verschiebt also den nächsten Schock um ein bestimmtes Intervall, so dass das Tier sein Auftreten immer weiter verzögern u. ihn dadurch dauernd vermeiden kann. Die Unterscheidung wird auch dahingehend gefasst, dass im Falle (a) ein *diskriminatives V.* vorliegt, beim Sidman-Paradigma dagegen ein *nichtdiskriminatives V.*, da es keine äußeren Hinweisreize gibt, die einen aversiven Reiz ankündigen.

TH: Die theoret. Diskussion der Problematik der Zwei-Phasen-Theorie des V. u. die die theoret. Analyse begleitenden empir. Untersuchungen waren ein wichtiges Paradigma innerhalb der Lerntheorien, das einerseits verwickelte »techn.« Argumente beinhaltete, andererseits in Grundprobleme der vhstheoret. Konzeption überhaupt führte. Ausgangspunkt ist das Problem der hohen Löschungsresistenz des Vermeidungsvhs.: Gem. der Zwei-Phasen-Theorie vermeidet ein Versuchstier die Kammer mit dem Elektroschock ja nicht aus *Furcht vor* dem zu erwartenden aversiven Ereignis – dies würde ein kognitivistisches, erwartungstheoret. Kzpt. beinhalten –, sondern es versucht, den konditionierten aversiven Reiz, den Angst im vhstheoret. Paradigma darstellt, zu vermeiden – genauer gesagt zu *flüchten*. Physiolog. messbar erlöschen die autonomen Reaktionen des Versuchstiers jedoch weit früher als das Vermeidungsvh., woraus sich das Problem ergibt, dass der Verstärker fehlt, der die Persistenz erklären könnte. Zur Beantwortung dieser Frage haben sich folgende theoret. Ansätze ergeben: (a) Solomon u. Wynne (1953) ergänzen die Zwei-Prozess-Theorie des V. (s. o.) durch zwei Prinzipien: Das *Furchtkonservierungsprinzip* (auch *Angsterhaltungsprinzip*) beinhaltet, dass das Vermeidungsvh. zunehmend langsamer einsetzt, so die Furchtreaktion erneut aufkommen u. das Vermeidungsvh. verstärken kann; damit liegt eine → intermittierende Verstärkung vor, die sehr löschungsresistent ist. Da aufgrund dieser Logik eine langsame, aber sich dennoch vollziehende Furchtreduktion stattfinden müsste, wird die zweite Annahme hinzugefügt: das *Prinzip der partiellen Irreversibilität*, dass eine klass. konditionierte Furchtreaktion, deren unbedingter Auslöser ein traumat. Schock ist, per se sehr löschungsresistent ist. (b) Ein anderer Ansatz ist die *Sicherheitssignal-Hypothese*, die besagt: Reize, die mit dem Ausbleiben aversiver Erfahrung verbunden sind, werden für den Organismus zu Sicherheitssignalen, so dass die Versuchstiere weniger gefährl. Situationen *vermeiden* als ungefährl. Situationen *aufsuchen*, weil diese sekundär verstärkende Eigenschaften erworben haben; vgl. Rachman (1977); Seligman u. Johnston (1975); Bolles u. Moot (1972). (c) Die These der *Automatisation* (Kimble

u. Perlmuter 1970) besagt, dass eingeübte Vhsweisen auch ohne motivationale Faktoren ausgelöst u. aufrecht erhalten werden. (d) Bolles (1972) entwickelt die Theorie, dass der UCS als *Bestrafung* wirkt, um alles Vh. zu unterdrücken, das nicht Vermeidungsvh. darstellt, während das Vermeidungsvh. selbst nicht direkt verstärkt wird. Ein Beleg hierfür ist, dass zum V. weder ein einleitendes Fluchtlernen noch die Beendigung des CS nach der Vermeidung erforderl. ist, u. dass Ratten einen CS, der einen Elektroschock signalisiert, nicht zu verhindern versuchen, wenn keine Flucht o. Vermeidung mögl. ist – sie also anscheinend einen signalisierten einem unsignalisierten Schock vorziehen, obwohl man gewöhnl. beide als Operationen begreift, die nötig sind, um die Angst, die dem CS anhaftet, mit der Vermeidungsreaktion zu verbinden. (e) Untersuchungen an curarisierten Versuchstieren zeigten, dass Kombinationen zw. einem Reiz u. einem Elektroschock auch gelernt werden, wenn – infolge der Curarisierung keinerlei motor. o. vegetative Vermittlungsreaktion mögl. ist; Rescorla u. Solomon (1967) folgern daraus die Notwendigkeit einer internen → Mediation u. legen damit die Grundlagen einer Erwartungstheorie, wie sie partiell schon in der Sicherheitssignal-Hypothese impliziert ist. (f) Eine bedeutsame Erwartungstheorie wurde von Seligman u. Johnston (1975) ausgearbeitet, insbes. in Bezug auf solches Vermeidungsvh., bei dem der Schock eine Zeit lang überhaupt nicht vermieden werden konnte; diese Theorie führte zum Kzpt. der → erlernten Hilflosigkeit. Die Theorie beinhaltet außerdem die Annahme artspezif. *vorbereiteten* Lernens, das als solches immer schnelles Erlernen u. schwierige Löschbarkeit beinhaltet (→ preparedness). (g) Ein spezieller Ansatz ist das → Angstinkubationsprinzip von Eysenck.

LIT: Zum Überblick vgl. Rescorla u. Solomon (1967); Krohne (1976); vgl. speziell Costello (1970); vgl. zsfd. Bredenkamp u. Wippich (1977); Bolles (1972); zu den motivationsps. relevanten Aspekten Keller (1981); eine Zsf. der Grundlagenforschung unter klin.-therapeut. Aspekt ist Tunner (1978); zur Diskussion der Zwei-Prozess-Theorie, speziell unter dem Aspekt der → Angst, vgl. Krohne (1976).

◆ BOLLES, R. C.: The avoidance learning problem. In: BOWER, G. H. (Hg.): The psychology of learning and motivation. 6. Bd. New York 1972; BOLLES, R. C. u. MOOT, S. A.: Derived motives. ARP 23, 1972, S. 51–72; BREDENKAMP, J. u. WIPPICH, W.: Lern- u. Gedächtnisps., 1. Bd. Stuttgart 1977; COSTELLO, C. G.: Dissimilarities between conditioned avoidance responses and phobias. PR 77, 1970, S. 250–254; KELLER, J. A.: Grundlagen der Motivation. München 1981; KIMBLE, G.A. u. PERLMUTER, L. C.: The problem of volition. PR 77, 1970, S. 361–384; KROHNE, H. W.: Theorien zur Angst. Stuttgart 1976; MILLER, N. E.: Studies of fear as an acquirable drive: I. Fear as motivation and fear-reduction as reinforcement in the learning of new responses. JExP 38, 1948, S. 89–101; MOWRER, O. H.: On the dual nature of learning: a reinterpretation of »conditioning« and »problem-solving«. Harvard Educational Review 17, 1947, S. 102–148; RACHMAN, S. J.: The conditioning theory of fear acquisition: a critical examination. BRT 15, 1977, S. 375–387; RESCORLA, R. A. u. SOLOMON, R. L.: Two-process-learning theory: relationship between Pavlovian conditioning and instrumental learning. PR 74, 1967, S. 151–182; SELIGMAN, M. E. P. u. JOHNSTON, J. C.: A cognitive theory of avoidance learning. In: MCGUIGAN, F. J. u. LUMSDEN, D. B. (Hg.): Contemporary approaches to conditioning and learning. New York 1975; SOLOMON, R. L. u. WYNNE, I. C.: Traumatic avoidance learning: the principle of anxiety conservation and partial irreversibility. PR 61, 1954, S. 353–385; TUNNER, W.: Angst, Angstabwehr u. ihre therapeut. Veränderung. In: PONGRATZ, L. J.: Klin. Ps. HP, 8. Bd., 2. Hlb. Göttingen 1978, S. 1231–2269.

Vermeidungs-Problem → Vermeidungslernen.

Vermeidungstraining → Vermeidungslernen.

Vermeidungsverhalten → Feldtheorie; → Vermeidungslernen.

Vermeidungs-Vermeidungs-Konflikt → Konflikt.

Vermittelnde Reaktion → Mediationstheorie.

Vermittelnde Responses → Mediationstheorie.

Vermögenspsychologie, ein älterer, philosoph. Ansatz, der die

Psyche in fundamentale Bereiche »Vermögen« – gliedert: »untere«, d. h. sinnliche Vermögen stehen »oberen«, d. h. vernünftigen, Vermögen gegenüber: Empfindung vs. Verstand, sinnl. Begehren vs. Wille. An dieser dichotomen Gliederung wurde lange festgehalten. Die neue Kategorie des *Gefühls* wird zunächst bei J. G. Sulzer eingefügt. Von Tetens (1777) wurde dieses System erweitert zu der bis heute wichtigen Dreigliederung von: Gefühl, Verstand u. Wille. Die Ausgestaltung dieser Lehre geht v. a. auf C. A. P. Crusius (1717–1775) zurück. Die V. wurde vielfach u. mit Erfolg bekämpft, so von Herbart u. Lotze, liegt aber immer noch als Klassifikationsprinzip der gebräuchl. Einteilung in → Denken, Fühlen, Wollen bzw. → Kognition, → Emotion, Volition/→ Wille, zugrunde.

◆ Hilgard, E. R.: The trilogy of the mind: cognition, affection, and conation. JHBS 16, 1980, S. 107–117; Pongratz, L. J.: Problemgeschichte der Ps. Bern 1967; Sulzer, R. G.: Vermischte philosoph. Schriften 1, 1773; Tetens, J. N.: Versuch über die menschl. Natur, 2 Bde. 1777.

Vernachlässigung der Grundwahrscheinlichkeit → kognitive Täuschungen und kognitive Heuristiken; → Wahrscheinlichkeitsrevision.

Vernetztheit → systemtheoretische Psychologie; → komplexes Problemlösen.

Verrechnungstheorien → Wahrnehmungstheorien; → unbewusste Schlüsse.

Versagen der Abrufprozesse → Kodierungsspezifität.

Verschachtelungsplan → Verstärkungsplan.

Verschiebeprobe → Konstituentenanalyse.

Verschiebung → Bewegungsparallaxe; → Transswitching; → Psychoanalyse; → Traum; → genetische Epistemologie.

Verschiebungsgesetze des Anspruchsniveaus → Anspruchsniveau.

Verschleierungsaufgabe → inzidentelles vs. intentionales Lernen.

Verschmelzungstheorie → Stereopsis.

Verständigungsmethode → Suchmethode.

Verständlichkeit → Textverstehen.

Verstärker → Verstärkung.

Verstärkeraufschub → Belohnungsaufschub.

Verstärkerpläne → Verstärkungspläne.

Verstärkung [auch *Bekräftigung, Verstärker,* seltener *Bekräftiger*], im operationalen Sinne jedes Ereignis, das gleichzeitig (o. mit nicht zu großer zeitl. Verzögerung; s. das Stw. → Verstärkungsgradient) mit einem Vh. auftritt u. dieses Vh. verstärkt u. aufrechterhält (→ Effektgesetz). Subjektivist. ist V., wie in Thorndikes → Verknüpfungstheorie, durch das Eintreffen eines für die Vp bzw. das Versuchstier angenehmen Zustands definiert, objektivist. durch → Triebreduktion. Grundsätzl. hängt die V. von der Intensität bzw. Größe der »Bekräftigungsmenge«, z. B. der Futtermenge, ab; zur Bedeutung der verschiedenen Parameter vgl. Pubols (1960). Es treten aber auch *Kontrasteffekte* auf (→ Crespi-Effekt), was darauf hinweist, dass die Verstärkungsmenge primär die *Performanz* beeinflusst, während die Dauerhaftigkeit der Einprägung u. damit der Wirkungsgrad des Lernprozesses v. a. von der absoluten Häufigkeit der V. abzuhängen scheint; zur Problematik u. zur Operationalisierung der Variablen »Verstärkungsmenge« vgl. zsfd. Bredenkamp u. Wippich (1977).

Der Begriff *V.* ist zentral für das Paradigma → operante Konditionierung, wb. v. a. die differentielle Wirkung unterschiedl. → Verstärkungspläne analysiert wird. Dem Kzpt. der V. entspricht innerhalb der → klassischen Konditionierung das → Kontiguitätsprinzip. Durch V. wird im Paradigma des klass. Konditionierens Vh. erworben u. aufrecht erhalten, im Paradigma des operanten Konditionierens wird die → Basisrate von Vh. erhöht (→ Reizkontrolle; → Verhaltensformung). Bewusstheit ist für die Wirkung der V. im Allg. nicht entscheidend: → unbewusstes Lernen. V. bezieht sich also auf Prozesse, die ein Vh. belohnen (*positive V.*) bzw. einer → Bestrafung unterwerfen. Von *negativer V.* spricht man, wenn ein Vh. durch Beendigung einer aversiven Reizung bekräftigt wird: → *Fluchtlernen*. Von *Verstärkungsentzug* o. *indirekter Bestrafung* spricht man, wenn eine Belohnung bzw. eine V. entzogen bzw. beendet wird. Symbole u. Abk.: $C+$ = positive V.; $\not{C}-$ = negative V.; $C-$ = direkte Bestrafung; $\not{C}+$ = Verstärkungsentzug, indirekte Bestrafung. Wenn ein Reiz ohne Lernprozesse, also durch eine biolog. Prädisposition Verstärkungswirkungen hat typischerweise also bei der Befriedigung von Grundbedürfnissen wie Hunger u. Durst –, spricht man von → *primärer Verstärkung*; wenn ein Reiz erst durch häufige Koppelung mit primären Verstärkern seine Verstärkereigenschaften erhält, spricht man von → *sekundärer Verstärkung*.

Als *generalisierten* Verstärker bezeichnet man einen solchen, der viele verschiedene Vhsweisen verstärken kann – v. a. soziale Vhsweisen, Zuwendung, Zuneigung u. materielle Objekte, typischerweise Geld, haben eine solche generalisierte Verstärkungswirkung.

Eine *stellvertretende V.* (engl. *vicarious reinforcement*), ist eine Verstärkung, bei der das Vh. einer Vp nicht direkt verstärkt wird, sondern durch das Vh. einer anderen Person (Modell), die stellvertretend ein bestimmtes Vh. durchführt; unter geeigneten Bedingungen steigt dadurch die Wahrscheinlichkeit, dass der Beobachter in ähnl. Situationen die am Modell beobachtete Reaktion zeigt: → Modelllernen.

Von *signalisierter* V. spricht man, wenn diese von einem Signal angekündigt wird. Dies sind sämtl. Konditionierungsprozesse, bei denen ein Hinweissignal eine Rolle spielt, v. a. beim → Vermeidungslernen, wo ein Warnsignal vorgegeben wird. Es liegt also eine Koppelung aus → klassischer u. → operanter Konditionierung vor; vgl. Hammerl (1981) sowie Schwartz u. Gamzu (1984). Zu den Parametern solcher Warnsignale u. ihrem Zusammenhang mit dem Vh. vgl. Kanfer u. Phillips (1970). Wenn ein Signal eine Belohnung ankündigt, wird sich dies unter den meisten Umständen in einer Zunahme des operanten Vhs. manifestieren; ein wichtiges Analogon ist die → konditionierte Hemmung.

Letztl. führt das Kzpt. der V. auf die grundlegende Frage, inwieweit menschl. Vh. durch Reize, bes. Belohnung u. Strafe, determiniert ist o. inwieweit es frei ist bzw. einer → Selbstkontrolle unterliegt o. unterliegen kann; vgl. Martin (1980); s. a. das Kzpt. des → verdeckten Konditionierens.

VD: (1) Obwohl der Begriff *V.* dem operanten Konditionierungsparadigma entspringt, wird in den Diskussionen um die → Zwei-Faktoren-Theorie der unkonditionierte Reiz der klass. Konditionierung auch als ein *Verstärker* gesehen zumindest im operationalen Sinne des Wortes. Das *Premack-Prinzip* versucht eine Definition des Verstärkers rein über seine Auftretenswahrscheinlichkeit; dabei wird angenommen, dass jedes wahrscheinlichere Ereignis ein unwahrscheinlicheres verstärkt (Premack 1965); zur Weiterentwicklung dieses Ansatzes vgl. Timberlake u. Allison (1974) – in ihrer *Response-Deprivations-Theorie* beschreiben sie Bedingungen, unter denen sich verschiedene Vhsweisen gegenseitig verstärken können; vgl. hierzu auch Grabitz u. a. (1988).

(2) **TH:** Das V.-Kzpt. war einer der »Austragungsorte« des Gegensatzes von mechanist. u. → kognitiven Lerntheorien: Gem. den Theorien von Skinner, Pawlow u. Thorndike wirkt der Verstärker quasi automatisch als eine Art Katalysator für die Ausbildung einer S-R-Verbindung, wird selbst aber nicht assoziiert; das Versuchstier bildet sozusagen ein Vh. aus, ohne zu wissen warum. Dagegen arbeiten die kognitiven Lerntheorien mit den Kzptn. → Anreiz u. → Erwartung: die V. wirkt hier nicht automat. u. unbewusst, sondern durch Herausbildung einer kognitiven Repräsentation u. die Antizipation der zu lernenden Zusammenhänge. Belege für die kognitiven Lerntheorien gehen aus Untersuchungen zum → Crespi-Effekt u. zum → latenten Lernen hervor; von erhebl. Bedeutung scheint auf jeden Fall der Informationsgehalt eines Signals zu sein. Ein klass. Argument von Thorndike gegen eine kognitive Repräsentations- bzw. Vorstellungstheorie der V. war, dass beim → Paarassoziationslernen das Phänomen auftritt, dass schneller gelernt wird, wenn der Versuchsleiter nach einer Reaktion »richtig«, als wenn er »falsch« sagt – obwohl beide Aussagen denselben Informationsgehalt beinhalten; vgl. zur Kritik an dieser Argumentation Estes (1967) u. Buchwald (1969). Ebenfalls unter die Frage, was eigentl. an der V. »verstärkend« wirke, fallen die Untersuchungen u. theoret. Analysen zur → Triebreduktion; s. a. die Stw. → Hunger und Durst u. → knowledge of results.

(3) Ein bes. Problem ist die theoret. Erklärung der Wirkung von → Bestrafung. Wie von Skinner u. auch in Thorndikes *revidiertem Effektgesetz* hervorgehoben, erhöht positive V. das Vh., Strafe vermindert es jedoch nicht auf symmetr. Weise; nur Nicht-Verstärken hat ein Abschwächen des Vhs. zur Folge, Strafe dagegen verstärkt Vh., welches die Reduktion o. Elimination der Reizung bewirkt; die Verminderung der Reaktionsrate ist also nur scheinbar auf eine Erhöhung der Reaktionsrate alternativen Vhs. zurückzuführen; Weiteres → Bestrafung.

(4) *T*: Interessanterweise hat der russ. Forscher I. Pawlow, der das Paradigma der → klassischen Konditionierung begründet hat, ursprüngl. das dt. Wort »Bekräftigung« verwendet.

LIT: Neuere Arbeiten zu problemat. Aspekten des V.-Kzpts. sind: Williams (1983); Martin (1980); Powell (1987); zum operanten Konditionieren u. seiner impliziten Teleologie Porpora (1986); eine Zusammenfassung der wissenschaftstheoret.-methodolog.-empir. Diskussion über den Wert des V.-Kzpts. findet sich bei Bredenkamp u. Wippich (1977) sowie Reinecker (1983); über physiolog. Aspekte der V. referiert Huston (1984); s. a. das Stw. → stellvertretende Verstärkung.

◆ Bredenkamp, J. u. Wippich, W.: Lern- u. Gedächtnisps., 1. Bd. Stuttgart 1977; Buchwald, A. M.: Effects of »Right« and »Wrong« on subsequent behaviour: a new interpretation. PR 76, 1969, S. 132–143; Egger, M. D. u. Miller, N. E.: When is a reward reinforcing? An experimental study of the information hypothesis. JCPP 56, 1963, S. 132–137; Estes, W. K.: Reinforcement in human learning. Technical Report Nr. 125. Institute for Mathematical Studies in the Social Sciences. Stanford 1967; Foppa, K.: Lernen, Gedächtnis, Vh. Köln 1975 (9. Aufl.); Grabitz, H.-J. u. a.: Hilflosigkeit als Funktion von Response-Deprivation. AfP 140, 1988, S. 111–125; Hammerl, M.: Effekte signalisierter Verstärkung. Regensburg 1991; Huston, J. P.: Physiolog. u. motivationale Aspekte der Verstärkung. In: Zeier, H. (Hg.): Lernen u. Vh., 1. Bd. Lerntheorien. Weinheim 1984, S. 421–468; Kanfer, F. H. u. Phillips, J. S.: Learning foundations of behaviour therapy. New York 1970; Martin, J.: External vs. self-reinforcement: a review of methodological and theoretical issues. CBS 12, 1980, S. 111–125; Porpora, D. W.: Operant conditioning and teleology. Philosophy of Science 47, 1986, S. 568–582; Powell, D. A.: Cognitive and affective components of reinforcement. AmP 42, 1987,

S. 409–410; PREMACK, D.: Reinforcement theory. In: LEVINE, D. (Hg.): Nebraska Symposium on Motivation. Lincoln 1965, S. 123–180; PUBOLS, B. H.: Incentive magnitude learning and performance in animals. PBu 57, 1960, S. 89–115; REINECKER, H.: Grundlagen u. Kriterien vhstherapeut. Forschung. Salzburg 1983; SCHWARTZ, B. u. GAMZU, E.: Pawlowsche Steuerung von operantem Vh. In: ZEIER, H. (Hg.): Lernen u. Vh., 1. Bd.: Lerntheorien. Weinheim 1984, S. 298–334; Skinner, B. F.: Die Funktion der Verstärkung mit der Vhswissenschaft. München 1974; TIMBERLAKE, W. u. ALLISON, J.: Response deprivation: an empirical approach to instrumental performance. PR 81, 1974, S. 146–164; WILLIAMS, B. A.: Revising the principle of reinforcement. Bm 11, 1983, S. 63–88.

Verstärkungsgradient, der → Gradient, der die Abhängigkeit des Vhs. von der zeitl. Verzögerung der → Verstärkung (engl. *delay of reinforcement interval; response reinforcement interval*) ausdrückt, ein häufig untersuchtes Problem innerhalb der experimentellen → Lernpsychologie, bes. innerhalb des Paradigmas des → operanten Konditionierens. Dem Phänomen u. Kzpt. entspricht bei der → klassischen Konditionierung das → Interstimulusintervall. Klass. Experimente stammen von Perin (1943) u. Grice (1948). Es ergeben sich komplexe, wenig generalisierbare Zusammenhänge: Eine unmittelbare Verstärkung scheint am wirkungsvollsten zu sein, verzögerte Verstärkung ist nur durch den Aufbau → sekundärer Verstärker mögl., dennoch ist sie effektiv; vgl. zsfd. Bredenkamp u. Wippich (1977); Renner (1964); Tarpy u. Sawabini (1974). Skinner wollte das *Prinzip der sofortigen Verstärkung* auf schul. Lernprozesse übertragen: → programmierter Unterricht. Eine solche Übertragung auf kognitive u. motor. Prozesse scheint jedoch nicht zulässig, da hier verzögerte Rückmeldungen nicht negativ zu wirken scheinen (vgl. Bilodeau 1969; Buchwald 1969); s. das Stw. → knowledge of results. Eine Verstärkung mit einer großen Verzögerung (engl. *long delay learning*) findet z. B. im Bereich des → Geschmacksaversionslernens statt; s. a. das Stw. → Belohnungsaufschub.

◆ BILODEAU, E. A. (Hg.): Principles of skill acquisition. New York 1969; BREDENKAMP, J. u. WIPPICH, W.: Lern- u. Gedächtnisps., 1. Bd. Stuttgart 1977; BUCHWALD, A. M.: Effects of »Right« and »Wrong« on subsequent behaviour: a new interpretation. PR 76, 1969, S. 132–143; GRICE, G. R.: The relation of secondary reinforcement to delayed reward in a visual discrimination learning. JExP 38, 1948, S. 1–16; PERIN, C. T.: The effect of delayed reinforcement upon the differentiation of bar responses in white rats. JExP 32, 1943, S. 95–109; RENNER, K. E.: Delay of reinforcement: a historical review. PBu 61, 1964, S. 341–361; REVUSKY, S. H. u. GARCIA, J.: Learned associations over long delays. In: BOWER, C. H. u. SPENCE, J. T. (Hg.): The psychology of learning and motivation, 9. Bd. New York 1970, S. 1–85; SCHNEIDER, S. M.: The role of contiguity in free-operant unsignaled delay of positive reinforcement: a brief review. PRe 40, 1990, S. 239–257; TARPY, R. M. u. SAWABINI, F. L.: Reinforcement delay: a selective review of the last decade. PBu 81, 1974, S. 984–997.

Verstärkungskontrolle → Kontrollüberzeugungen.

Verstärkungsplan [auch *Verstärkungsprogramm, Verstärkungsschema*; engl. *schedule of reinforcement, reward schedule*], Bezeichnung für die Regel(n), nach der innerhalb des Paradigmas der → operanten Konditionierung → Verstärkungen vorgenommen werden: (1) Wird jede Einzelreaktion verstärkt, bezeichnet man dies als *kontinuierl. Verstärkung* (o. *Immer-Verstärkung*; engl. *continuous reinforcement*; Abk. *CRF*). (2) Wird dagegen eine Reaktionsdifferenzierung vorgenommen u. nur verstärkt, wenn gewisse Bedingungen erfüllt sind, so handelt es sich um eine → *intermittierende* o. *partielle* Verstärkung. Die intermittierende Verstärkung kann eine *Intervallverstärkung* sein – dabei erfolgt Verstärkung nach bestimmten Zeitintervallen – o. eine *Quotenverstärkung*, bei der Verstärkung dann erfolgt, wenn eine bestimmte Häufigkeit des Vhs. erreicht ist. Eine weitere Dichotomie ist die zw. *konstantem* u. *variablem* V.: Bei einem variablen V. ändert sich die Reaktionsquote bzw. das Intervall mit einer bestimmten Wahrscheinlichkeitsverteilung u. einem Mittelwert, so dass im Durchschnitt jede n-te Reaktion verstärkt wird, während bei konstantem V. Reaktionsquote/Intervall gleich bleibt.

Man erhält die vier grundlegenden V., indem man diese binären Dimensionen orthogonal miteinander kombiniert: *Quoten- vs. Intervallverstärkung* u. *konstante vs. variable Pläne*. Das Ergebnis sind vier Grundkombinationen: *konstante* bzw. *fixe Quotenpläne* (engl. *fixed ratio*, Abk. *FR*), *konstante* bzw. *fixe Intervallpläne* (engl. *fixed interval*, Abk. *FI*), *variable Quotenpläne*, (engl. *variable ratio*, Abk. *VR*) u. *variable Intervallpläne* (engl. *variable interval*, Abk. *VI*).

Die Analyse dieser V. war eines der Hauptthemen der deskriptiven → Verhaltensanalyse Skinners; vgl. Ferster u. Skinner (1957). Die Abb. *Lernen 15* zeigt typ. Reaktionskurven bei unterschiedl. V. Am schnellsten erfolgt die Reaktion bei den Quotenplänen, am langsamsten bei dem variablen Intervallplan, wie die idealisierten Kurven zeigen. Die Kurve des festen Intervallplans weist Zacken auf, weil die Vp die Reaktion nach jeder Verstärkung für eine Weile einstellt, dann aber, wenn der Zeitpunkt für die nächste Verstärkung naht, rasch reagiert. Die Kurvenverläufe sind für die jeweiligen V. charakterist., unabhängig davon, ob eine Ratte, eine Taube o. ein Kind konditioniert wird.

VD: Die wichtigsten *Partialverstärkungspläne* sind: (1) *Quotenpläne*: (a) *feste Quotenverstärkung* (engl. *fixed ratio reinforcement*, Abk. *FR*): jede n-te Reaktion, z. B. jede 10., wird verstärkt; (b) *variable Quotenverstärkung* (engl. *variable ratio reinforcement*, Abk. *VR*): im Durchschnitt wird jede n-te Reaktion verstärkt; die zu erbringende Quote variiert jedoch nach einer bestimmten Zufallsreihe. (2) *Intervallpläne*: (a) *feste Intervallverstärkung*, gleiche Zeitspannenfolge: die erste Reaktion, die nach Ablauf eines festgesetzten Intervalls, z. B. 1 Minute, auftritt, wird verstärkt; vorher erfolgte Reaktionen bleiben dagegen unverstärkt; das nächste Intervall beginnt meist zum Zeitpunkt der letzten Verstärkung; dieser Versuchs-Verstärkungsplaner gibt einen typ. *Stufeneffekt*: nach einer Verstärkung wird jeweils eine Reaktionspause eingeschaltet; erst gegen Ende des Intervalls treten wieder Reaktionen auf; (b) *variable Intervallverstärkung* (engl. *variable interval reinforcement*, Abk. *VI*): die Zeitintervalle, die jeweils bis zur nächsten Verstärkungsmöglichkeit verstreichen, variieren um einen festgelegten Durchschnittswert; (c) *aperiod. Verstärkung*: die Intervalle sind relativ groß u. unregelmäßig lang. (3) *Differentielle V.*: bei diesen Plänen ist die Verstärkung abhängig von zeitl. Verteilungsmustern der Reaktionen; man unterscheidet: (a) *differentielle Verstärkung geringer Häufigkeit* (engl. *differential reinforcement of low rates*, Abk. *DRL*): eine Reaktion wird nur dann verstärkt, wenn seit der letzten Reaktion mindestens ein bestimmtes Zeitintervall verstrichen ist; als Kriterium kann statt einer einzigen Reaktion auch eine bestimmte Höchstzahl von Reaktionen verwendet werden; (b) *differentielle Verstärkung großer Häufigkeit* (engl. *differential reinforcement of high rates*, Abk. *DRH*): eine Reaktion wird nur dann verstärkt, wenn vorher in einem vorbestimmten Zeitintervall eine bestimmte Mindestzahl von Reaktionen aufgetreten ist, wb. die Zeitintervalle sukzessiv aufeinanderfolgen u. nicht verschiebbar sind; (c) *differentielle Verstärkung anderen Vhs.* (engl. *differential reinforcement of other behaviour*, Abk. *DRO*): eine Verstärkung erfolgt nur dann, wenn eine bestimmte Reaktion während eines gewissen Zeitraums nicht gezeigt wurde. (4) *Komplexe Verstärkungspläne*: dabei ist Verstärkung an die Erfüllung mehrerer Bedingungen geknüpft bzw. werden mehrere Verstärkungspläne miteinander kombiniert; man unterscheidet: (a) *Tandemplan* (engl. *tandem schedule*, Abk. *tand*): eine Verstärkung tritt erst ein, wenn die Bedingungen von zwei Plänen nacheinander erfüllt werden; so bedeutet z. B. »tand FR 30 FI 1-Minute«, dass nach 30 Reaktionen ein Ein-Minuten-Intervall beginnt u. die erste Reaktion nach dessen Ablauf verstärkt wird; (b) *Verkettungsplan* (engl. *chained schedule*): Dieser besteht wie ein Tan-

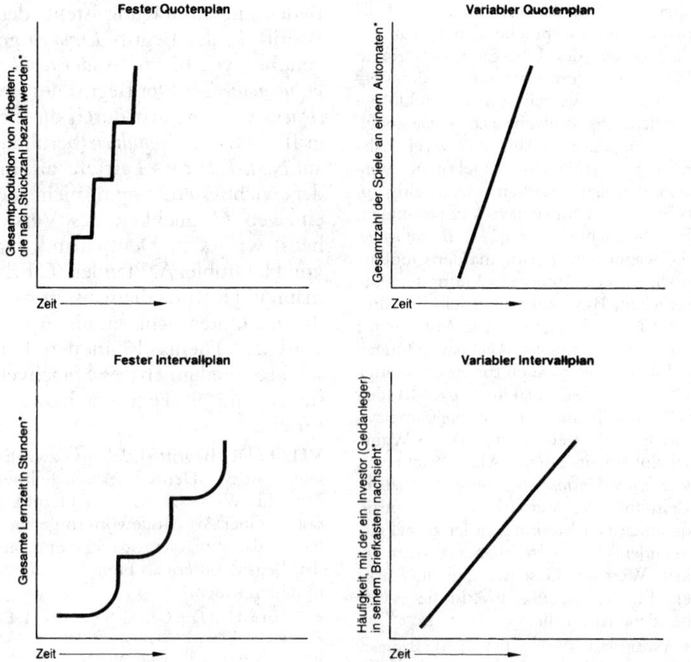

Abb. *Lernen 15*

demplan aus Teilprogrammen, wb. diese jedoch durch verschiedene Signalreize (z. B. rotes u. blaues Licht) angezeigt werden; die Verstärkung erfolgt auch hier erst nach Erfüllung des Gesamtprogrammes; die Unterprogramme sind dabei leichter zu erkennen; (c) *Alternativplan* bzw. *Vorzugsfolge* (engl. *alternative schedule*, Abk. *alt*): umfasst zwei Programme; dabei erfolgt die Verstärkung jeweils nach der Alternativbedingung, die zuerst erfüllt wird; z. B. bedeutet »alt FR 100 FI 2-Minute«: Verstärkung erfolgt nach 100 Reaktionen, falls diese innerhalb von zwei Minuten abgegeben wurden, o. es gilt: Verstärkung der ersten Reaktion nach Ablauf von zwei Minuten seit der letzten Verstärkung; Alternativpläne werden in der Vhsforschung z. B. eingesetzt, um die Verstärkungschance zu erhöhen bzw. eine minimale Verstärkungsrate zu gewährleisten; (d) *Konjunktivplan* bzw. *Doppelfolge* (engl. *conjunctive schedule*, Abk. *conj*): Die Bedingungen von zwei Plänen müssen gleichzeitig erfüllt sein, so dass die Verstärkung z. B. frühestens nach einer Minute u. nach 50 Reaktionen eintritt; (e) *Verschachtelungsplan* (engl. *interlocked schedule*, Abk. *interlock*): Das Verhältnis zw. der Anzahl von Reaktionen u. Verstärkungen nimmt bei diesem Plan stetig ab, indem die pro Verstärkung erforderl. Anzahl der Reaktionen jeweils mit zunehmender Zeit nach der letzten Verstärkung kleiner wird; es lohnt sich bei diesem Plan also nicht, allzu häufig zu reagieren, weil in diesem Fall für die einzelne Verstärkung mehr Reaktionen erforderlich sind, als wenn diese über einen größeren Zeitraum verteilt werden; (f) *multipler Plan* (engl. *multiple schedule*, Abk. *mult*): die Verstärkung erfolgt gem. zwei o. mehreren Plänen, die meist in einer Zufallsreihe aufeinander folgen; die Teilpläne werden jeweils durch verschiedene Signale angezeigt; (g) *Mischplan* (auch *gemischter Plan*, engl. *mixed schedule*, Abk. *mix*): wie ein multipler Plan, es werden aber während der verschiedenen Teilpläne keine entsprechenden Signalreize dargeboten; der Übergang von einem Plan zum andern kann nur aus der Verteilung der Verstärkungen erschlossen werden; (h) *konkurrierende Pläne* (engl. *concurrent schedules*, Abk. *conc*): zwei unabhängig voneinander dargebotene Verstärkungspläne wirken gleichzeitig u. führen, jeder für sich, zu Verstärkungen. Es gibt auch Fälle *partieller Bekräftigung*, die weder dem Paradigma der Quoten- noch dem der Intervallbekräftigung entsprechen; Bsp.: eine durch ein T-Labyrinth laufende Ratte wird nicht nur für 30 % der richtigen Rechtswendungen belohnt, sondern auch für eine beliebige Quote von Linksreaktionen; es handelt sich deshalb um → *nichtkontingente* bzw. *wahrscheinl.* Verstärkungen (→ Wahrscheinlichkeitslernen). Man spricht von *korrelierter Verstärkung*, wenn Ausmaß o. Zeitpunkt der Verstärkung von spezif. quantitativen Merkmalen der zu bekräftigenden Vhsweisen abhängt, z. B. einem krit. Wert der Geschwindigkeit, Stärke etc. Ein bes. ingeniöser V. ist die → verbundene Kontrolle.

◆ ANGERMEIER, W. F. u. PETERS, M.: Bedingte Reaktionen. Berlin 1973; ANGERMEIER, W. F.: Kontrolle des Vhs. Berlin 1972; FERSTER, C. B. u. SKINNER, P. F.: Schedules of reinforcement. New York 1957; ZEIER, H.: Wörterbuch der Lerntheorien u. der Vhstherapie. Eschborn 1988.

Verstärkungsprogramm → Verstärkungsplan.

Verstärkungsschema → Verstärkungsplan.

Verstärkung zweiter Ordnung → primäre vs. sekundäre Verstärkung.

Verstehen. Der vorwissenschaftl. Begriff *V.* hat in der Ps. keine vom vorwissenschaftl. Gebrauch abweichende Bedeutung, ist aber »histor.-programmat. geladen«: Er ist Leitmotiv einer → geisteswissenschaftlichen bzw. *verstehenden* Psychologie, auch der → phänomenologischen Psychologie. In dieser spezif. Bedeutungsausprägung steht dem Begriff *V.* der Begriff *Erklären* gegenüber; vgl. hierzu → *idiographisch vs. nomothetisch*. Der Begriff des *Verstehens* wird ergänzt durch die Begriffe *Erleben* u. *Einfühlen* (beruhend auf *Nach-Erleben*) – Letzteres als eine der wichtigsten, wenn nicht der einzigen Möglichkeit des Verstehens, wie es in Deutschland v. a. von H. Gruhle, A. Pfänder, T. Erismann u. H. Kunz thematisiert worden ist. Unter sachl.-empir. Aspekt wird das Thema *V.* in den Forschungsparadigmen → Sprachverstehen u. → Textverstehen erforscht.

VD/T: Der Begriff »Erleben« bzw. »Erlebnis« ist typ. Deutsch; es war Dilthey, der beide Wörter zu wichtigen Kzptn. u. fast zu einer Art Modewörtern gemacht hat, so dass einige europäische Sprachen den Begriff *Erleben* als Fremdwort übernommen haben.

◆ BALMER, H. (Hg.): Geschichte der Ps., 1. Bd. Weinheim 1982; BOLLNOW, O. F.: Das Verstehen. Mainz 1949; GRAUMANN, H. M.: Das Verstehen. Versuch einer histor.-krit. Einleitung in die Phänomenologie des Verstehens. In: BALMER (1982) S. 135–248; GRAUMANN, C. F. u. WINTERMANTEL, M.: Sprachverstehen als Situationsverstehen. In: ENGELKAMP, J. (Hg.): Ps. Aspekte des Verstehens. Berlin 1984, S. 205–229; GROEBEN, N. u. SCHEELE, B.: Argumente für eine Psychologie des reflexiven Subjekts. Darmstadt 1977; GROEBEN, N.: Handeln, Tun, Verhalten als Einheiten einer verstehend-erklärenden Ps. Tübingen 1986; KAFKA, G.: Verstehende Ps. u. Ps. des Verstehens. AfgP 65, 1928, S, S. 7–40; PONGRATZ, L. J.: Problemgeschichte der Ps. Bern 1967; SCHURZ, G.: Was ist wissenschaftl. Verstehen? In: SCHURZ, G.: Erklären u. Verstehen in der Wissenschaft. München 1990; SPRANGER, E.: Zur Theorie des Verstehens u. zur geisteswissenschaftl. Ps. München 1918.

Verstehende Psychologie → geisteswissenschaftliche Psychologie; → Verstehen.

Versuch-Irrtums-Verhalten → Trial-and-error-Verhalten.

Versuchs-Irrtums-Lernen → Trial-and-error-Verhalten.

Versuchsleiter-Effekte [engl. *experimenter bias*], innerhalb der → Artefaktforschung herausgearbeitete Quelle von Verfälschungen experimenteller Ergebnisse in der Ps. (Rosenthal 1966 u. Rosenthal u. Jacobson 1973): V. i. e. S. sind Effekte des Vls als Person auf die Vpn unabhängig von seinen (des Vls) Erwartungen bezügl. des Experiments. Rosenthal unterscheidet bio-soziale, psycho-soziale u. situative Effekte. *Vl-Erwartungs-Effekte* (*Rosenthal-Effekt*) determinieren das Vh. der Vp durch (a) informelle Handhabung der Instruktion, die eine Atmosphäre schafft, durch die die Vl-Erwartung zum Ausdruck kommt; (b) durch verbale Konditionierungsstrategien, wie »gut«, »prima«, etc.; (c) durch paralinguist. Variationen, d. h.: Variationen von Betonung, Sprechrhythmus etc. bei vom Vl unterschiedl. gewerteten Instruktionspassagen; (d) durch Mimik u. Gestik. V. sind von → *demand characteristics* zu unterscheiden. Zur Differenzierung der Bedingungen, unter denen V. auftreten bzw. schwächer o. gar nicht auftreten vgl. Gniech (1976) u. Timaeus (1974). Zur experimentellen Kontrolle u. Ausschaltung dieser Effekte vgl. die Lehrbücher zur → experimentellen Psychologie bzw. die method. Lehrbücher zum Experiment (→ Psychologie).

VD: Eines der bekanntesten Experimente von Rosenthal ist das folgende: 12 Vl hatten ein Experiment mit Ratten, die eine Lernaufgabe zu meistern hatten, durchzuführen (alle Ratten stammten aus ein- u. derselben homogenen Zucht). Die Vl wurden in zwei Gruppen aufgeteilt; dabei wurde als Störvariable parallelisiert, wie gerne die Vl mit Ratten umgehen. Den Vl einer Gruppe wurde mitgeteilt, ihre Ratten stammen aus der Zucht von bes. intelligenten Tieren, denen einer anderen Gruppe wurde gesagt, ihre Ratten seien aus der Zucht einer dummen Ratte. Das Ergebnis war, dass die Ratten der Vl, die mit angebl. intelligenteren Tieren zu tun hatten, die Aufgabe deutl. besser lernten als die angebl. dummen Ratten der anderen Gruppe. Es konnte gezeigt werden, dass dies auf V. zurückzuführen ist: Vl arbeiten lieber mit intelligenten Ratten, nehmen intelligente Ratten öfter in die Hand, streicheln sie öfter, sind geduldig mit ihnen, schreien sie nicht an usw. Dieselben Effekte konnten auch bei Schulklassen bzw. Schülern demonstriert werden: Diejenigen Schüler, von denen dem Lehrer nahegelegt worden war, dass sie intelligenter seien, zeigten tatsächlich bessere Leistungen; man spricht deswegen auch von »Pygmalion im Unterricht« (auch *Pygmalion-Effekt*), weil es, wie bei Pygmalion in der Sage, darum geht, dass Menschen ihr Idealbild sozusagen real werden lassen; vgl. Rosenthal u. Jacobson (1971).

◆ → Artefaktforschung.

Versuchsleiter-Erwartungen → Versuchsleiter-Effekte.

Versuchsleiter-ErwartungsEffekt → Versuchsleiter-Effekte.

Versuchspersonen-Effekte, Störvariablen bei ps. Experimenten, speziell Rollenkonstrukte, die als intervenierende Variable zw. Kognition u. Rollenperformanz Berücksichtigung finden müssen; → Artefaktforschung. (a) Die »gute Vp« (*good subject* nach Orne) ist motiviert durch Wissenschaftsgläubigkeit u. möchte zum Erfolg des Experiments beitragen; (b) die »um ihre Bewertung besorgte Vp« (*apprehensive subject* nach Rosenberg) ist motiviert durch Bewertungsangst, nimmt also an, im Experiment werde irgendeine Leistung gemessen u. versucht, einen möglichst guten Eindruck zu machen, woraus entsprechende Verfälschungen resultieren; (c) die »ehrliche Vp« (*faithfull subject* nach Fillenbaum) meint, dass ein genaues Befolgen der Instruktion entscheidend für den Erfolg des Versuchs sei u. enthält sich dementsprechend jeder Hypothesenbildung; (d) die »negativist. Vp« (*negativistic subject* nach Cook) wehrt sich gegen ihre Ausforschung u. versucht die vermutete Vl-Hypothese zu widerlegen u. deren Beantwortung zu sabotieren; daraus resultiert ein »screw you effect« bzw. »boomerang effect«.

Weitere V. sind durch die Erwartungen der Vp begründet: (a) Erwartungen, wie eine experimentelle Bedingung wirkt; (b) Erwartungen aufgrund von Aufforderungsvariablen (→ *demand characteristics*); (c) Erwartungen über die soziale Erwünschtheit von Vh. Motive der Vp: (a) Motive für die Teilnahme o. Nicht-Teilnahme; (b) Motive, die das Vh. im Experiment beeinflussen: Kooperation bzw. Nicht-Kooperation; Testangst – Bewertungsangst (s. o.); (c) Bedürfnis nach sozialer Anerkennung. Häufig untersuchte Vp-Merkmale sind v. a. die Freiwilligkeit/Nicht-Freiwilligkeit der Teilnahme sowie Persönlichkeitsmerkmale; vgl. Rosenthal u. Rosnow (1975); Stricker (1967); Stricker u. a. (1969).

◆ → Artefaktforschung.

Verteilte Aufmerksamkeit [engl. *divided attention*], eine Form der → Aufmerksamkeit: die Fähigkeit, mehrere Dinge gleichzeitig zu tun u. dabei die Aufmerksamkeit auf Sinnesinformationen bzw. kognitive Prozesse unterschiedl. Quellen u. Art zu richten. Eine solche Aufmerksamkeitsform ist v. a. bei → Doppelaufgaben erforderlich. Der Gegensatz hierzu ist die → fokussierte Aufmerksamkeit.

Eine wichtige Forschungsfrage war, ob die Aufmerksamkeit sequenziell o. parallel operiert (→ parallele vs. serielle Informationsverarbeitung), des Weiteren, ob es bei paralleler Verarbeitung »Kosten der Gleichzeitigkeit« gibt, d. h. ob die Koordination einen bes. Zeitaufwand erfordert. Dem Prinzip des *time-sharing* liegt die Vorstellung zugrunde, dass die Vp ihre Aufmerksamkeit ständig von der einen zur anderen Tätigkeit hin u. her verlagert (sog. *switching*). Theorien, die dieses Prinzip favorisieren, gehen davon aus, dass die menschl. Informationsverarbeitung aus einem begrenzten, seriell arbeitenden Informationskanal besteht (*single channel hypothesis*), wb. überzählige Informationen ausgefiltert werden: → Filtertheorie; vgl. Broadbent (1958). Liberalisierungen dieses frühen Modells sind: Deutsch (1963); Norman (1968); Treisman (1969). Neisser (1974, → fokale Aufmerksamkeit) u. Shiffrin u. Schneider (→ Mehrspeichertheorien) vertreten *Zwei-Prozess-Theorien*, die sowohl parallele wie serielle Prozesse postulieren.

LIT: Zur empir. Basis vgl. zsfd. Lachman u. a. (1979); s. a. die Forschungen zur → selektiven Aufmerksamkeit; zur Kritik vgl. Neisser (1976); Lachman u. a. (1979); Allport (1980).

◆ ALLPORT, D. A.: Attention and performance. In: CLAXTON, G. (Hg.): Cognitive psychology – new directions. London 1980, S. 112–153; BROADBENT, D. E.: Perception and communication. New York 1958; DEUTSCH, J. A. u. DEUTSCH, D.: Attention: some theoretical considerations. PR 70, 1963, S. 80–90; HEUER, H.: Motor learning as a process of structural constriction and displacement. In: PRINZ, W. u. SANDERS, A. F. (Hg.): Cognition and motor processes. Berlin 1984; LACHMAN, R. u. a.: Cognitive psychology and information processing: an introduction. Hillsdale 1979; NAVON, D.: Ressources – a theoretical soup stone? PR 91, 1984, S. 216–234; NEISSER, U.: Kognition u. Wirklichkeit. Stuttgart 1978 (Orig.: 1976); NEISSER, U.: Kognitive Ps. Stuttgart 1974 (Orig.: 1967); NEUMANN, O.: Beyond capacity: a functional view of attention. In: HEUER, H. u. SANDERS, A. F.: Perspectives on perception and action. Hillsdale 1987; NORMAN, D. A.: Toward a theory of memory and attention. PR 75, 1968, S. 522-536; TREISMAN, A. M.: Strategies and models of selective attention. PR 76, 1969, S. 282–299.

Verteiltes Lernen → massiertes vs. verteiltes Üben.

Verteilte Speicherung → Konnektionismus.

Vertiefungs-Erhöhungs-Effekt, besteht darin, dass bestimmte visuelle Vorlagen entweder als Vertiefungen oder Erhöhungen gesehen werden können, dass z. B. nach

Umdrehen von Fotografien, innerhalb derer Vertiefungen u. Erhöhungen durch Schatten angezeigt werden, eine Erhöhung als Vertiefung u. eine Vertiefung als Erhöhung angesehen wird, so dass z. B. Mondkrater einmal als Krater u. einmal als Berge wahrgenommen werden. Ein ähnl. Effekt besteht darin, dass sowohl positive wie negative Tonabdrücke eines Gesichts als nach vorne gewölbt erlebt werden, dass also auch hier unser Gehirn von einer bevorzugten Schattenmodellierung ausgeht; s. Abb. *Wahrnehmung 9*. Im Hintergrund

Abb. *Wahrnehmung 9*

steht die anscheinend angeborene Eigenschaft des Wahrnehmungssystems »anzunehmen«, dass das Licht jeweils von oben einfällt, was im Sinne einer evolutionären Anpassung verstanden werden kann, vgl. hierzu Klix (1992). Ramachandran (1988) spricht davon, dass in unserem visuellen System eine »Licht-von-oben-Hypothese« existiert.

◆ Falk, D. S. u. a.: Ein Blick ins Licht. Berlin 1990; Klix, F.: Die Natur des Verstandes. Göttingen 1992; Ramachandran, V. S.: 2-D or not 2-D – that is the question. In: Gregory, R. u. a. (Hg.): The artful eye. Oxford 1995, S. 249–268; Ramachandran, V. S.: Perceiving shape from shading. SA 1988; Rock, I.: Wahrnehmung. Heidelberg 1985; Schiff, W.: Perception: an applied approach. Boston 1980.

Vertikaler Transfer → Transfer.

Vertikale Verschiebung → genetische Epistemologie.

Vertikal-Täuschung → geometrisch-optische Täuschungen.

Vertrauen → soziale Motivation; → generalisierte Erwartungen.

Verurteilung → Verdrängung.

Vervielfachungsmethoden → Verhältnisschätzmethoden.

Verwandtschaftstheorie → Ethologie.

Verwechslungsmatrix → phonologischer Ähnlichkeitseffekt; → akustisches Gedächtnis.

Verwendbare Hinweisreize → Waffeneffekt.

Very short-term visual store → ikonisches Gedächtnis.

Verzerrter Raum → Ames-Raum.

Verzögerte Konditionierung → Interstimulusintervall.

Verzögerte Reaktion → delayed response.

Verzögerte Verstärkung → Verstärkung; → Verstärkungsgradient.

Verzögerungsphänomene, alle Unterbrechungen des Sprachflusses, die weder artikulator. noch respirator. bedingt sind. Wesentl. ist die Unterscheidung von *gefüllten* u. *ungefüllten* Pausen, in Letzteren herrscht Schweigen, während in ersteren Einschiebungen wie »äh« o. »ehm« bestehen. 50 % der gesamten Sprechzeit besteht aus Pausen (→ Sprachproduktion). Als V. gelten auch Wiederholungen (Reduplikationen) von Wörtern o. Silben, die funktionell den gefüllten Pausen entsprechen, da sie für die kognitive Planung genutzt werden.

LIT: Zum Überblick vgl. Vollrath (1993).

◆ GOLDMANN-EISNER, F: Psycholinguistics: Experiments in spontaneous speech. New York 1968; GRIMM, H. u. ENGELKAMP, J.: Sprachps. Berlin 1981; VOLLRATH, M.: Mikropausen. Apparative Registrierung und ps. Bedeutung. Frankfurt/M. 1993.

Verzweigte Lernprogramme → programmiertes Lernen.

VI, Abk. für *variable interval*; → Verstärkungsplan.

Vibrationsempfindung → Mechanorezeption.

Vicarious reinforcement → Modelllernen; → Verstärkung.

Vicarious trial and error → symbolisches Versuch-Irrtums-Verhalten.

Vier-Faktoren-Modell des subjektiven Wohlbefindens → Wohlbefinden.

Vier-Farben-Theorie → Farbwahrnehmung.

Vier-Karten-Aufgabe → Bestätigungstendenz.

Vierordts-Gesetz, ein psychophysikal. Gesetz der → Zeitwahrnehmung: Die Dauer kurzer Intervalle wird überschätzt u. die langer Intervalle unterschätzt, während ein mittlerer Intervallbereich indifferent geschätzt wird.

◆ VIERORDT, K.: Der Zeitsinn nach Versuchen. Tübingen 1968; WOODROW, H.: The temporal indifference interval determined by the method of mean error. JExP 17, 1934, S. 167–188.

Vigilanz [engl. *vigilance*], → Aufmerksamkeit, die über eine längere Zeit durchgehalten wird. Genauer ist V. durch ein method. Paradigma definiert, das aus Problemen der Radarüberwachung im zweiten Weltkrieg stammt; die Vpn haben hierbei die Aufgabe, vor einem mehr o. weniger monotonen Reizhintergrund bestimmte nicht vorhersagbare Signale zu entdecken. Die Vigilanzforschung ist eines der wichtigsten arbeitsps. Paradigmen zum Grundlagenforschungsthema *Aufmerksamkeit*. Die rapide Entwicklung der Elektronik u. das Interesse der Industrie u. des Militärs haben zur Konstruktion zahlreicher komplizierter Radar-Simulatoren u. »monotonous monitoring tasks« geführt; vgl. zum Überblick das entsprechende Kap. in Brickenkamp (1986). Vigilanzapparaturen haben eine große Rolle innerhalb der Forschung gespielt – Moray (1969) schreibt der techn. Entwicklung einen wesentl. Anteil am Fortschritt auf diesem Arbeitsgebiet zu.

◆ BAKER, C. H.: Man and radar displace. New York 1962; BRICKENKAMP, R. (Hg.): Handbuch apparativer Verfahren in der Ps. Göttingen 1986; BUCKNER, D. N. u. MCGRATH, J. J. (Hg.): Vigilance: a symposium. New York 1963; DAVIES, D. R. u. PARASURAMAN, R. (Hg.): The psychology of vigilance. New York 1983; MACKWORTH, J. F.: Vigilance and attention. Harmondsworth 1970; MORAY, N.: Attention: selective processes in vision and hearing. London 1969; PRIBRAM, K. H. u. MCGUINNESS, D. R. (Hg.): Varieties of attention. New York 1984; STROH, C. M.: Vigilance: the problem of sustained attention. Oxford 1971; WARM, J. S. (Hg.): Sustained attention in human performance. New York 1984.

Vincentisierung → Lernkurve.

Vincent-Lernkurve → Lernkurve.

Virtuelle Konturen → subjektive Konturen.

Virtuelle Tonhöhe → Hören.

Visceral detection → Viscerozeption.

Viscerale Entdeckung → Viscerozeption.

Visceraler Schmerz → Schmerz.

Viscerale Sensibilität → Viscerozeption.

Viscerale Wahrnehmung → Viscerozeption.

Visceral perception → Viscerozeption.

Viscerozeption [auch *Viszerozeption*], ein Teilgebiet der → Körperwahrnehmung bzw. → Interozeption: die Aufnahme, Weiterleitung u. Wahrnehmung von Reizen aus den im Innern der Schädel-, Brust-, Bauch- u. Beckenhöhle liegenden Organen, v. a. der Verdauungsorgane. Bisweilen wird, v. a. in der klin. → Biofeedback-Forschung, unterschieden zw. *visceraler Entdeckung* (*visceral detection*), die sich auf die physiolog. Vhsebene bezieht, u. *visceraler Wahrnehmung* (*visceral perception*), die auf die kognitiv-verbale Ebene abzielt; vgl. Pennebaker u. Hoover (1984); vgl. zsfd. Otto (1986). Biofeedback beinhaltet oft eine Verbesserung der Fähigkeit zur V.; vgl. Brener (1977). Nach dem gegenwärtigen Forschungsstand scheint es jedoch fragl., ob die bewusste Wahrnehmung visceraler Prozesse überhaupt eine notwendige Voraussetzung für Biofeedback darstellt.

Nach Sherrington (1900ff.) werden viscerozeptive Reize sofort zum Gehirn geleitet, jedoch nicht wahrgenommen; gegenwärtig vertritt z. B. Adam (1980) eine ähnl. Position. Die häufig geringe o. gar fehlende Bewusstheit der V. hat zu einer Neubelebung der Diskussion über die → subliminale Wahrnehmung beigetragen (vgl. Dixon 1981). Tatsächl. existiert kein anatom. u. funktionell eindeutig unterscheidbares Sinnesorgan für V., u. viscerale Signale sind meist unschärfer als exterozeptive. Demgemäß wird V. in der wahrnehmungsps. u. sinnesphysiolog. Literatur – im Gegensatz zur viscerozeptiven Alltagserfahrung (vgl. z. B. Brener 1977) – häufig nicht diskutiert, so auch nicht in dem 10bändigen *Handbook of Perception*; dies steht in der Tradition des restringierten Kzpts. der »5 Sinne«, das bis auf Aristoteles zurückgeht. Dennoch existieren mittlerweile zahlreiche wissenschaftl. Belege für die Existenz von V. (vgl. z. B. Weitkunat 1987). Viele Autoren, die die Wahrnehmung interozeptiver Signale verneinen, nehmen an, dass interozeptive Prozesse durch die Vermittlung *exterozeptiver* u. *propriozeptiver* Vorgänge wahrgenommen werden, wie dies bereits 1915 von Cannon expliziert wurde; gem. dieser Auffassung fühlen wir den Herzschlag, weil das Herz gegen die Brustwand schlägt *(mechanorezeptive Mediation)* – ein Standpunkt, der heute noch verbreitet ist. Häufig wird eine antagonist. Beziehung zw. der Wahrnehmung interner u. externer Reize vertreten, z. B. in den Theorien von Duval u. Wicklund (1972) o. Pennebaker (1982). Das Phänomen u. Kzpt. der V. spielt eine wichtige Rolle innerhalb der Emotionsps.: Wenn eine differenzierte V. existiert u. wenn eine solche V. die Unterschiedlichkeit der verschiedenen Emotionen begründet, würde dies allen → Emotionstheorien widersprechen, die mit der zentralen Annahme operieren, dass den Emotionen eine *unspezif.* Aktivität zugrunde liegt; Weiteres s. das Stw. → James-Lange-Theorie.

VD: (1) Bei Emotionen sind die wichtigsten Formen von V. die drei Symptome Herzklopfen, Herzjagen, Zittern. Weitere wichtige sind, bei *Schreck*: Erblassen o. Kälteschauer, kalte Hände, Schwachwerden der Knie u. Stocken der Atmung (eher bei Frauen), feuchte Hände, Schweißausbrüche u. beschleunigte Atmung (bei Männern); bei *Angst*: feuchte Hände, Schweißausbrüche, enge Gefühle in Brust o. Hals, kalte Hände (bei Frauen) u. Erröten o. aufsteigende Hitze (bei Männern); *Wut*: Erröten o. aufsteigende Hitze, beschleunigte Atmung u. Anspannung bis zum Verkrampfen des Körpers; aufsteigende Tränen (bei Frauen) u. feuchte Hände (bei Männern) o. feuchte Handschuhe (bei Boxern); vgl. hierzu Fahrenberg (1965).

Zuneigung/Liebe/Begeisterung/Hochstimmung u. a.: Herzklopfen; *Gereiztheit/Ärger* u. a.: Herzklopfen u. Magenbeschwerden; des Weiteren das »Flugzeuge-im-Bauch-Syndrom (Groenemeyer 1989); *Scham/Verlegenheit*: Erröten; *Niedergeschlagenheit/Traurigkeit*: Engegefühl; vgl. Borkovic (1976); Schmidt-Atzert u. a. (1983).

(2) In vielen klin. Forschungsbereichen spielt V. eine wichtige Rolle: (a) Das Kzpt. des A/B Typs impliziert, dass der A-Typ viscerale Signale stärker ignoriert bzw. durch aktives Leistungsverhalten unterdrückt. Damit geht auch die mit subjektiver Allgemeinerfahrung übereinstimmende Vorhersage einher, dass die Wahrnehmung körperl. Vorgänge *nach* aversiven Reizen am höchsten ist; vgl. zsfd. Weitkunat (1987). (b) In dem Paradigma der → Fehlattribution wird gezeigt, dass die subjektive Wahrnehmung von Erregungssymptomen eine wichtigere Determinante der Emotionalität ist als die objektiv feststellbare Aktivierung (vgl. zsfd. Liebhart 1978). (c) Eine gesteigerte Herzwahrnehmung spielt bei der Entstehung von → Angst u. allg. psych. Störungen eine wichtige Rolle; vgl. hierzu Schandry (1981). Bei manchen Störungen, z. B. bei Herzphobie, bei denen scheinbar eine überdurchschnittl. viscerale Wahrnehmung vorliegt, könnte u. U. gerade das Gegenteil vorliegen, näml. eine unzureichende o. gar fehlende Herzwahrnehmung, so dass das subjektive Angsterleben von der realen Aktivität auf physiolog. Ebene weitgehend unabhängig ist, u. die Angst ein Herzflattern sozusagen halluzinieren lässt. (d) Eine schlechte Körperwahrnehmung wird in vielen psychosomat. Ansätzen angenommen, z. B. im *Alexithymie*-Kzpt.; vgl. hierzu Galin (1976), nach dem die mangelnde interhemisphär. Kommunikation dafür verantwortl. ist. (e) Eine andere Theorie geht davon aus, dass bei auffälligem Mangel an Angst, wie er bei Soziopathie vorliegen soll, bei den Betroffenen eine mangelhafte Diskriminationsfähigkeit von Körperprozessen, bes. von Erregungszuständen vorliegt, deren Ursache eine physiolog. Dauerübererregung ist; vgl. Harre (1978). Darüber hinaus zeigte sich in mehreren Studien, dass Psychopathen bei der Antizipation nox. Reize einen starken Herzratenanstieg bei unveränderter elektrodermaler Aktivität aufweisen, während normale Kontrollpersonen genau die umgekehrten Reaktionen zeigen. (f) Interozeptive Wahrnehmungsstörungen spielen auch im Bereich des Sexualvhs. eine Rolle als Ursache von Erregungs- u. Orgasmusschwierigkeiten: »Out of touch«-Hypothese; vgl. Heiman u. a. (1976). (g) V. hat prakt. Bedeutung auch bei Organerkrankungen, z. B. aus dem kardiovaskulären Bereich: Die größte Zahl aller Bluthochdruckerkrankungen wird erst durch eine klin. Kontrolle entdeckt, da normalerweise eine interozeptive Wahrnehmung des Bluthochdrucks nicht erfolgt, durch Biofeedback aber erreichbar ist.

◆ Adam, G.: Perception, consciousness, memory. New York 1980; Ax, A. F.: The physiological differentiation between fear and anger in humans. PsM 15, 1953, S. 433–442; Bard, P.: Diencephalic mechanism for the expression of rage, with special reference to the sympathetic nervous system. American Journal of Physiology 84, 1928, S. 490–515; Birbaumer, N.: Physiolog. Ps. Berlin 1975; Boring, E. G.: A history of experimental psychology. New York 1957 (2. Aufl.); Borkovic, T. D.: Physiological and cognitive processes in the regulation of anxiety. In: Schwartz, G. E. u. Shapiro, D. (Hg.): Consciousness and self-regulation 1. Bd. 1976, S. 261–312; Brener, J.: A general model of voluntary control applied to the phenomena of learned cardiovascular change. In: Obrist, P. u. a. (Hg.): Cardiovascular psychophysiology. Chicago 1974; Brener, J.: Visceral perception. In: Beatty, J. u. Legewie, H. (Hg.): Biofeedback and behaviour. New York 1977, S. 235–259; Cannon, W. B.: The James-Lange-theory of emotions: a critical examination and an alternative. AJP 39, 1927, S. 106–338; Clymes, M.: The communication of emotion: theory of sentics. In: Plutchik, R. u. Kellerman, H. (Hg.): Emotion 1. Bd. New York 1980; Dimond, S. J.: Neuropsychology. New York 1980; Dixon, N. F.: Preconscious processing. Chechester 1981; Duval, S. u. Wicklund, R. A.: A theory of objective self-awareness. New York 1972; Ekman, P. u. Friesen, W. V.: Unmasking the face. Englewood Cliffs 1975; Ewert, O.: Gefühl u. Stimmung. In: Thomae, H. (Hg.): Motivation. HP, 2. Bd., Göttingen 1965; Fahrenberg, J.: Zur Frage einer differentiellen Physiologie der Affekte. PF 28, 1965, S. 422–438; Fehr, F. S. u. a.: Peripheral physiological variables and emotion: the James-Lange-theory revisited. PBU 74, 1970, S. 411–424; Funkenstein, D. H.: The physiology of fear and anger. SA 192, 1955, S. 74–80; Galin, D.: Hemispheric specialization: implications for psychiatry. In:

GRENELL, R. G. u. GABAY, S. (Hg.): Biological foundations of psychiatry. New York 1976; GARDINER, H. M. u. a.: Feeling and emotion. A history of theory. New York 1937; HARRE, R. D.: Electrodermal and cardiovascular correlates of psychopathy. In: HARRE, R. D. u. SCHALLIG, D. (Hg.): Psychopathic behaviour. New York 1978; HEIMAN, J. u. a.: Becoming orgasmic. A sexual growth program for women. Englewood Cliffs 1976; HESS, E. u. a.: Pupil size as related to interest value of visual stimuly. Science 132, 1960, S. 349–350; JAMES, W.: What is an emotion? Mind 19, 1884, S. 188–205; LANGE, C. G.: The emotions (engl. Übers.) Baltimore 1922 (Orig.: 1885); LEEK, B. F.: Abdominal visceral receptors. In: NEIL, E. (Hg.): Handbook of sensory physiology, 3. Bd. Berlin 1972; LIEBHART, E. H.: Wahrgenommene autonome Veränderungen als Determinanten emotionalen Vhs. In: GÖRLITZ, D. u. a. (Hg.): Bielefelder Symposium über Attribution. Stuttgart 1978, S. 107–137; MACLEAN, P. D.: Psychosomatic disease and the visceral brain: Recent developments bearing on the Papez theory of emotion. Psychosomatic medicine 11, 1949, S. 338–353; OTTO, J. H.: Interozeption. In: BÖSEL, R.: Biops. der Emotionen. Berlin 1986, S. 127–139; PAPEZ, J. W.: A proposed mechanism of emotion. Archiv of Neurology and Psychiatry 38, 1937, S. 725–743; PENNEBAKER, J. W.: The psychology of physical symptoms. New York 1982; PENNEBAKER, J. W. u. EPSTEIN, D.: Implicit psychophysiology: effects of common beliefs and idiosyncratic physiological responses on symptom reporting. JPers 51, 1983, S. 465–496; PENNEBAKER, J. W. u. HOOVER, C. W.: Visceral perception versus visceral detection: disentangling methods and assumptions. BSR 9, 1984, S. 339–352; SCHANDRY, R.: Psychophysiologie. München 1981; SCHANDRY, R.: Zur Psychophysiologie der interozeptiven Wahrnehmung. München 1985; SCHMIDT-ATZERT, L. u. a.: Körpersymptome bei semant. ähnl. u. unähnl. Emotionen. ZEAP 30, 1983, S. 458–473; SCHWARTZ, G. E. u. a.: Facial muscle patterning to effective imagery in depressed and nondepressed subjects. Science 192, 1976, S. 489–491; SHERRINGTON, C. S.: Experiments on the value of vascular and visceral factors for the genesis of emotion. Proceedings of the Royal Society 66, 1900, S. 390–403; SHERRINGTON, C. S.: On the proprioceptive system, especially in its reflex aspects. B 29, 1906, S. 467–482; WEITKUNAT, R.: Psycholog. u. elektrokortikale Korrelate kardiozeptiver Prozesse. München 1987.

Visualisierung → anschauliches Denken.

Visual noise masking → Maskierung.

Visuelle Dominanz, die Tatsache, dass bei einem Konflikt zw. verschiedenen Sinnesmodalitäten (→ intersensorische Koordination) die Informationen aus dem visuellen Kanal stärker beachtet werden. Wenn z. B. bei → Prismenbrillenversuchen die verzerrte visuelle Wahrnehmung mit der hapt. Wahrnehmung konkurriert, orientiert sich die Vp meist an ersterer: Wenn die Prismenbrillen eine gerade Linie bzw. Verbindungsschnur als krumm erscheinen lassen, dann fühlen die Hände, die man ebenfalls durch die Brille betrachtet, sie als eine gekrümmte Linie, obwohl sie objektiv gerade ist; vgl. Gibson (1933); Posner u. a. (1976). Bspe. dafür sind auch Untersuchungen zur → visuellen Orientierung, bei denen der visuell dargebotene räuml. Rahmen die Wahrnehmungen aus der → Tiefensensibilität verzerrt. Zu weiteren Bspn. vgl. Rock (1985), der insbes. auch auf das Verhältnis von Sehen u. Tastsinn eingeht. Zur Problematik vgl. Guski (1989).

◆ GIBSON, J.: Adaptation, after-effect and contrast in the perception of curved lines. JExP 16, 1933, S. 13–31; GUSKI, R.: Wahrnehmung. Stuttgart 1989; POSNER, M. I. u. a.: Visual dominance: an information processing account of its origins and significance. PR 83, 1976, S. 157–171; ROCK, I.: Wahrnehmung. Heidelberg 1985; VON SENDEN, M.: Raum- u. Gestaltauffassung bei operierten Blindgeborenen vor u. nach der Operation. Leipzig 1932.

Visuelle Illusion → Wahrnehmungstäuschungen.

Visuelle Interaktion → Blickkommunikation.

Visuelle Klippe [auch *visuelles Riff*; engl. *visual cliff*], ein klass. Experiment zur Demonstration angeborener Komponenten der → Raumwahrnehmung bzw. des Zusammenhangs von Wahrnehmen u.

Handeln (Gibson u. Walk 1960): Wenn Säuglinge über eine Platte krabbeln, auf die ein bestimmtes Muster aufgemalt ist, u. dieses Muster dann nach unten abfällt, so dass sich eine Art »Klippe« ergibt, dann vermeiden es die Kinder, über diese Glasplatte zu krabbeln, obwohl sie die Glasplatte mit den Händen berühren u. so einen taktilen Beweis haben, dass eine feste Unterlage vorhanden ist. Sie scheinen also ein angeborenes Gefühl für die visuell wahrgenommene räuml. Tiefe zu haben (→ Tiefensehen); s. Abb. *Wahrnehmung 8* (entnommen aus

Abb. *Wahrnehmung 8*

Zimbardo 1992; das Foto zeigt die Konstruktion mit einem Kind, das seine Angst schon überwunden hat).

◆ Gibson, E. J. u. Walk, R. D.: The »visual cliff«. SA 202, 1960, S. 64–71; Gostonyi, A.: Der Raum. Geschichte seiner Probleme in Philosophie u. Wissenschaft 1976; Keller, H. u. Meyer, H.-J.: Ps. der frühesten Kindheit. Stuttgart 1982; Rock, I.: Wahrnehmung. Heidelberg 1985; Zimbardo, P. G.: Psychologie. Berlin 1992 (5. Aufl.).

Visuelle Orientierung. Eine wesentl. Funktion der Wahrnehmung ist die Bestimmung, ob ein Objekt senkrecht, schräg o. waagrecht ausgerichtet ist (*Orientierungswahrnehmung*). Dabei spielen visuelle Komponenten u. Informationen der → Tiefensensibilität zusammen, wb. jedoch Erstere (im Sinne einer → visuellen Dominanz) häufig Letztere dominieren bzw. verzerren. Wenn es keine validen visuellen Indikatoren gibt, können auch kinästhet. Prozesse Erstere verzerren. Wenn z. B. eine Vp in einer auf einer Kreisbahn rollenden Kabine fährt u. einen leuchtenden Stab in eine vertikale Position bringen soll, wird der Leuchtstab leicht schräg angebracht, da die empfundene Zentrifugalkraft die Wahrnehmung verzerrt. Normalerweise kann aber die Kopfneigung verrechnet werden, so dass ein leuchtender Stab im Dunkeln auch dann senkrecht ausgerichtet werden kann, wenn wir ihn mit geneigtem Kopf, also mit gedrehtem Netzhautbild betrachten; man kann hier von einer Art *Orientierungskonstanz* sprechen; vgl. Rock (1985). Das → Aubertsche Phänomen zeigt, dass dieser Konstanzmechanismus tlw. versagt, da die Signale des Vestibularapparates die Kopfneigung unter bestimmten Bedingungen offenbar nur unzureichend wiedergeben; Weiteres s. die Stw. → Körperwahrnehmung u. → Gleichgewichtssinn. Ein wesentl. Problem der v. O. ist das der *egozentr. Orientierung* bzw. der *egozentr. Lokalisation*, also der Wahrnehmung der eigenen Lage (→ Raumwahrnehmung; → Sehen; → Reafferenz). Ein klass. Problem, das meist als Scheinproblem angesehen wird, ist das des aufrechten Sehens bei umgekehrtem Netzhautbild; vgl. hierzu Rock (1985); s. hierzu auch die Stw. → Prismenbrilleneffekte u. → Orientierung.

VD: Das Problem der v. O. hat ein klass. Versuchsparadigma begründet (Witkin u. Asch 1948), den *Rod-and-frame-Test* (*Stab-Rahmen-Test*): Eine Vp sitzt in einem abgedunkelten Raum auf einem gekippten Stuhl u. soll einen Stab innerhalb eines geneigten quadrat. Leuchtrahmens so justieren, dass er als senkrecht stehend erscheint. Beim *Rotating-room-Test* wird der gesamte Raum mit Stuhl u. Vp in eine kreisförmige Bewegung versetzt; beim *Tilting-room-tilting-chair-Test* können Raum u. Stuhl noch zusätzl. geneigt werden, es ist also ein Kippstuhl innerhalb eines kippbaren Raumes. Bei diesem Test kann man zwei grundsätzl. Anordnungen durchführen: (a) den *Room-adjustment-Test*: Box u. Stuhl sind geneigt, die Vp soll den Raum (die Box) in senkrechte Position bringen, während der Stuhl in Schräglage steht; (b) den *Body-adjustment-Test*: Box u. Stuhl sind geneigt, die Vp soll den eigenen Körper in senkrechte Position bringen, während die Box geneigt bleibt. Die Tatsache, dass es Vpn gibt, die sich mehr als andere von dem rechteckigen Rahmen bzw. von ihrer Körperlage beeinflussen lassen, führte zum Kzpt. der *Feldabhängigkeit* als Wahrnehmungsstil u. darüber hinaus als allg. → kognitiver Stil: Feldabhängige Vp sind abhängiger von der Umgebung u. vom Bezugssystem u. können deshalb die dargelegten Tests weniger gut bewältigen; zum Überblick u. zur Kritik vgl. Schulte (1974); vgl. auch Rock (1985).

◆ Campenhausen, C. v.: Die Sinne des Menschen. Stuttgart 1993; Howard, I.: Human visual orientation. Chichester 1982; Rock, I.: Wahrnehmung. Heidelberg 1985; Schulte, D.: Feldabhängigkeit in der Wahrnehmung – ein methodenkrit. Beitrag zur Differentiellen Ps. Meisenheim 1974; Witkin, H. A. u. Asch, S. E.: Studies in space orientation III u. IV. JExP 38, 1948, S. 603–614 u. 762–787; Witkin, H. A. u. a.: Personality through perception. New York 1954; Witkin, H. A.: The perception of the upright. SA 200, 1959, S. 50–56.

Visuelle Persistenz → Maskierung; → Nachbild.

Visuelle Rückwärtsmaskierung → Maskierung.

Visueller Vergleich → Buchstabenvergleich.

Visuelles Gedächtnis, → sensorisches Gedächtnis, das visuelle Wahrnehmungen u. Speicherinhalte verarbeitet. (a) Es gibt das sehr kurzfristige → ikonische Gedächtnis, das am meisten erforscht worden ist. (b) Es existiert auch ein visuelles → Kurzzeitgedächtnis, das sich vom ikon. v. a. dadurch unterscheidet, dass es nicht für → Maskierungs-Effekte anfällig ist, dass seine Speicherkapazität geringer ist (ungefähr 2 bis 3 Items) u. dass es anfällig ist für eine Unterbrechung durch gleichzeitige informationsverarbeitende Aufgaben. Dieses Kurzzeitgedächtnis geht über das ikon. hinaus, wb. der visuelle Kode zumindest teilweise der Kontrolle der Vpn zu unterliegen scheint, da sie einen visuellen Kode zu verbalen Stimuli erzeugen u. unter geeigneten Bedingungen bis zu 25 Sekunden lang bewahren können; vgl. zsfd. Baddeley (1979) sowie Arbinger (1984). (c) Das *visuelle* Langzeitgedächtnis wurde v. a. im Zusammenhang mit dem Wiedererkennen von Bildern u. der Erinnerung an Gesichter untersucht; Shepard (1967) z. B. konnte eine extrem hohe Wiedererkennungsleistung für Bilder zeigen, die weit über der für Wörter u. Sätze liegt; selbst bei einer Darbietung von 2560 Farbdias für jeweils 10 Sekunden war die Wiedererkennungsleistung noch nach mehreren Tagen über 90 % (s. a. → Gesichtswahrnehmung). Allgemein weist v. a. die Fähigkeit, sich an Dinge zu erinnern, die man nur mit großen Schwierigkeiten adäquat in Worten beschreiben kann (z. B. das Aussehen einer Landschaft o. von Gesichtern), auf die Existenz eines visuellen Langzeitgedächtnisses hin. Auch die Neurops. kennt Schädigungen (bei einseitiger Verletzung der Temporallappen), durch die vorwiegend visuelle Leistungen beeinträchtigt werden; vgl. hierzu Canavan u. Sartory (1990); Shallice (1982, 1988). Es ist ein wichtiges theoretisches Problem, ob ein → räumliches Gedächtnis von einem v. G. i. e. S. abzutrennen ist; s. a. die Stw. → Vorstellungsbild u. → anschauliches Denken.

◆ ARBINGER, R.: Gedächtnis. Darmstadt 1984; BADDELEY, D. A.: Die Ps. des Gedächtnisses. Stuttgart 1979; CANAVAN, A. G. M. u. SARTORY, G.: Klin. Neurops. Stuttgart 1990; KROLL, N. E. A.: Visual short-term memory. In: DEUTSCH, D. u. DEUTSCH, J. A. (Hg.): Short-term memory. New York 1975; SHALLICE, T.: Specific impairments of planning. Philosophical Transactions of the Royal Society of London B 298, 1982, S. 199–209; SHALLICE, T.: From neuropsychology to mental structure. Cambridge 1988; SHEPARD, R. N. Recognition memory for words, sentences and pictures. JVLVB 6, 1967, S. 156–163.

Visuelles Kurzzeitgedächtnis → Gedächtnis; → Kurzzeitgedächtnis.

Visuelles Langzeitgedächtnis → visuelles Gedächtnis; → Langzeitgedächtnis.

Visuelles Riff → visuelle Klippe.

Visuelles Suchen, ein von Neisser (1963, 1974) in die experimentelle Ps. eingeführtes Paradigma, bei dem eine Vp einen zeilenweise angeordneten Text von alphanumer. Zeichen (»Kontext«) nach einem o. mehreren vorab definierten Zeichen (»Targets«) durchsucht, die im Regelfall nur einmal, bisweilen auch öfters, jedoch nie in benachbarten Positionen, in der Suchliste vorkommen; für ein Bsp. s. die Abb. *Kognition* 7 (entnommen aus Neisser, 1974, S. 95; das Zielzeichen ist in beiden Listen ein großes »Z«). Als Zeichen werden vorwiegend Buchstaben gewählt, auch Kreisflächen, Striche, Ziffern, Ellipsen u. Dreiecke. Je ähnlicher das *Target* zum *Kontext* ist, desto schwieriger ist die Entdeckung. Als

a.	b.
ODUGQR	IVMXEW
QCDUGO	EWVMIX
CQOGRD	EXWMVI
QUGCDR	IXEMWV
URDGQO	VXWEMI
GRUQDO	MXVEWI
DUZGRO	XVWMEI
UCGROD	MWXVIE
DQRCGU	VIMEXW
QDOCGU	EXVWIM
CGUROQ	VWMIEX
OCDURQ	VMWIEX
UOCGQD	XVWMEI
RGQCOU	WXVEMI
GRUDQO	XMEWIV
GODUCQ	MXIVEW
QCURDO	VEWMIX
DUCOQG	EMVXWI
CGRDQU	IVWMEX
UDRCOQ	IEVMWX
GQCORU	WVZMXE
GOQUCD	XEMIWV
GDQUOC	WXIMEV
URDCGO	EMWIVX
GODROC	IVEMXW

Abb. *Kognition* 7

Pop-Out-Effekt bezeichnet man die Tatsache, dass bei solchen Suchprozessen, insbes. bei geringer Ähnlichkeit, das Zielzeichen förml. aus dem Hintergrund herauszuspringen scheint. Zu den Reizeigenschaften des Targets, deren Bedeutung für die Entdeckung bei visueller Suche untersucht worden ist, gehören: Leuchtdichte, Orientierung, Farbe, Größe, Form.

HI/WÜ: Das Paradigma gehört zu den prototyp. u. wichtigsten der modernen kognitiven Ps.; als Vorteil wird seine ökolog. Validität gesehen, da es – anders z. B. als in Experimenten mit tachistoskop. Reizdarbietung – natürl. Wahrnehmungs- u. Suchprozessen entspricht. Im dt. Sprachraum wurde dieser Ansatz fast monopolist. von der *Bielefelder Forschungsgruppe zur Kognitionsps.*, begründet durch die Arbeiten von W. Prinz, vertreten.

TH: Drei grundsätzl. Ergebnismuster stehen im Zentrum der theoret. Interpretation: (a) Bei leichten Aufgaben steigt die Suchzeit trotz zunehmender Anzahl der Targets nicht an: multiples Suchen dauert also u. U. nicht länger als einfaches Suchen, es ist also mögl., ebenso schnell nach einem wie nach zehn Targets zu suchen. (b) Wird die Aufgabe durch die Erhöhung der Zahl der Targets schwieriger, wird ein Anstieg der Suchzeit registriert, jedoch ist dieser Anstieg nicht linear. (c) Bei sehr schwierigen Aufgaben steigt die Suchzeit dann linear mit der Anzahl der Kontextzeichen an. Die ersten beiden Ergebnisse werden üblicherweise als Hinweis gedeutet, dass eine → parallele Informationsverarbeitung vorliegt: Nullanstieg impliziert, dass alle Zeichen der Reizvorlage gleichzeitig einer Analyse unterzogen werden; nichtlinearer Anstieg deutet darauf hin, dass die einzelnen Zeichen zu Gruppen zusammengefasst werden, innerhalb deren die Bearbeitung eher parallel erfolgt, während die Gruppen seriell analysiert werden; bei linearem Anstieg wird eine eher serielle Arbeitsstrategie vermutet.

VD/TH: Neissers Grundmodell besagt, dass aufgrund der Instruktion nur der für das Target zuständige Buchstabenanalysator voll in Funktion tritt, während alle anderen Analysatoren mit reduzierter Tiefe arbeiten – eine Annahme, die v. a. durch die Beobachtung belegt wird, dass Vpn in der Regel nicht angeben konnten, welche irrelevanten Zeichen sie durchmustert haben; vgl. auch Prinz (1986). Treisman (1982) versucht im Rahmen ihrer *feature-integration-theory* die Determinanten des Schwierigkeitgrades einer Suchaufgabe näher zu spezifizieren; zu neueren Ansätzen vgl. Meinecke (1990). Prinz (1979) konzipiert ein alternatives Erklärungsmodell: Nach seiner Theorie werden Targets nicht deshalb entdeckt, weil sie Targetelemente sind, sondern weil sie *Nicht-Kontext-Elemente* sind, womit auch geklärt werden kann, warum die Erhöhung der Anzahl keine Rolle spielt. Die Theorie hat also eine inverse Logik wie die neissersche: Targets werden nicht deshalb entdeckt, weil sie verabredete Zielreize sind, sondern weil sie »Abweicher« gegenüber dem regulären Kontext sind. Diese theoret. Revision erfolgt aufgrund des Phänomens, dass die Vp manchmal den Eindruck hat, zu bemerken, dass »da etwas ist«, um erst danach voll zu realisieren, um welche Targets es sich handelt, ein Phänomen, das bes. deutl. ist, wenn nach mehreren Targets gesucht wird, bei der die Vp erst in einem späteren Erkenntisprozess das Target zu identifizieren scheint. (Nach der urprüngl. neisserschen Theorie, die der → Filtertheorie ähnelt, müssten Detektion u. Lokalisation immer durch eine Identifikation zustande kommen, wenn sie auseinander fallen, können sie nicht Resultate der Identifikation sein; Neisser versucht dies dadurch zu erklären, dass im Laufe der Übung sich allmähl. auch Merkmalsdetektoren für den Gesamtkontext entwickeln, also nicht mehr nur für Eigenschaften einzelner Elemente, sondern auch für figurale Elemente größerer Zeichenabschnitte.) Es ist auch nicht so, wie Neisser ursprüngl. meinte, dass die Kontextanalyse nur auf visuelle Merkmale beschränkt ist, sie impliziert oft Bedeutungsmerkmale. Man kann dies auch daran demonstrieren, dass man visuelle Suchprozesse durchführen lässt u. zusätzl. Zeichen einführt, die weder zur Kategorie der Targetelemente noch zur Kategorie der Kontextelemente gehören (sog. »Hürden« o. »Pseudo-Targets«). Diese Hürden werden fast durchweg entdeckt, was nur dann zu verstehen ist, wenn man annimmt, dass die Durchmusterung der Suchliste von Gedächtnisrepräsentationen der einzelnen Kontextelemente gesteuert wird – *Hürden* u. *Targets* sind für einen solchen Mechanimus völlig äquivalent, man muss des Weiteren annehmen, dass das System in der Lage ist, sehr rasch eine Gedächtnisrepräsentation der aktuellen Kontextelemente aufzubauen u. für die Steuerung des Suchens einzusetzen.

LIT: Zum Überblick vgl. Prinz u. Rübenstrunk (1979).

◆ Meinecke, C.: Analyse-Einheiten bei visuellen Diskriminationsaufgaben. In: Meinecke, C. u. Kehrer, L. (Hg.): Bielefelder Beiträge zur Kognitionsps. Göttingen 1990, S. 27–49; Neisser, U.: Decision-time without reaction-time: experiments in visual scanning. AJP 76, 1963, S. 376–385; Neisser, U.: Kognitive P. Stuttgart 1974 (Orig.: 1967); Prinz, W.: Integration of information in visual search. QJEP 31, 1979, S. 287–304; Prinz, W. u. Rübentrunk, G.: Suchen als Thema der Experimentalps.: Zur Steuerung visueller Suchprozesse. PRu 30, 1979, S. 199–218; Prinz, W.: Redundanzausnutzung bei kontinuierl. Suchtätigkeit. PB 25, 1983, S. 12–56; Prinz, W.: Continuous selection. PRe 48, 1986, S. 231–238; Treisman, A.: Perceptual grouping and attention in visual search for features and for objects. JExP: HPP 8, 1982, S. 194–214; Treisman, A.: Feature analysis in early vision: evidence from search asymmetries. PR 95, 1988, S. 15–48.

Visuelle Summation → Sehen.

Visuelle Wahrnehmung → Sehen.

Visuell-räumliches Gedächtnis, → räumliches Gedächtnis; → visuelles Gedächtnis.

Visuomotorische Koordination, das Zusammenspiel von → Sehen u. → Bewegung. Diese Koordination ist von großer Plastizität, was sich in Experimenten zeigt, in denen die natürl. o. gewohnte Beziehung zw. Wahrnehmung u. Bewegung experimentell verändert wird; wichtig sind hier v. a. die → Prismenbrillenversuche. Bei dynam. Koordinationen, z. B. beim Fangen eines Balles, ist es jeweils eine schwierige Frage, welche Invariante der Situation als Bezugsgröße dient; vgl. hierzu Heuer (1983). Unter günstigen Umständen beginnen Menschenbabys schon unmittelbar nach der Geburt, kontrastreiche, visuelle Muster o. nahe vorbeibewegte Objekte mit den Blicken zu verfolgen, obgleich ihr visuelles System noch keine sehr scharfen Abbildungen leisten kann. Wenn gut strukturierte, nicht zu kurze u. nicht zu laute Geräusche hörbar sind, sucht das Neugeborene nach dieser Schallquelle. Dies geschieht v. a. dann, wenn mit den Schallreizen bestimmte Lichtreize gegeben sind, wenn sich also bestimmte *Ereignisse* abspielen, während das Interesse an unidentifizierbaren u. »unerklärbaren« Schallreizen schneller verschwindet.

Die v. K. ist sehr spezif., jede spezielle Koordinationsaufgabe scheint gesondert gelernt werden zu müssen, es scheint also modular organisierte *visuomotor. Systeme* zu geben. Es ist z. B. mögl., dass Vpn mit bestimmten, Blindheit verursachenden neurolog. Störungen dennoch auf bewegte Punkte zeigen können – obwohl sie sie nicht bewusst sehen können: sog. *Blindsehen*; vgl. hierzu Pöppel (1985), Weiskrantz (1986); zu experimentellen Befunden an gesunden Personen vgl. Bridgeman u. a. (1981). Es scheint also keine einheitl. innere Repräsentation der Umwelt zu geben, die sowohl unserer »reinen Wahrnehmung« wie auch unserer Bewegungssteuerung zugrunde liegt, vgl. Heuer (1990). Trevarthen (1969ff.) unterscheidet demgem. zwei Wahrnehmungssysteme, ein *ambientes* u. ein *focales*: Das erste erfasst das gesamte Gesichtsbild u. dient im Wesentl. einer Analyse räuml. Reizmerkmale; das zweite ist dagegen aufs zentrale Gesichtsfeld beschränkt u. dient der Analyse von Formmerkmalen; beide Systeme werden zu unterschiedl. Komponenten der Bewegung in Beziehung gesetzt: Der Raum-Kanal (*ambient*) ist der Transport-Komponente zugeordnet, der Objekt-Kanal (*focal*) der Greif-Komponente; vgl. zum Überblick Heuer (1990).

◆ Bridgeman, B. u. a.: Segregation of cognitive and motor aspects of visual function using induced motion. PaP 29, 1981, S. 336–342; Heuer, H.: Bewegungslernen. Berlin 1983; Heuer, H.: Psychomotorik. In: Spada, H. (Hg.): Lehrbuch Allgemeine Ps. Bern 1990, S. 495–560; Lee, D. N.: Visuomotor coordination in space-time. In: Stelmach, G. E. u. Requin, J. (Hg.): Tutorials in motor behaviour. Amsterdam 1980, S. 281–295; Pöppel, E.: Grenzen des Bewußtseins: über Wirklichkeit u. Welterfahrung. Frankfurt/M. 1985; Trevarthen, C. B.: Two mechanisms of vision in primates. PF 31, 1969, S. 299–337; Weiskrantz, L.: Blindsight. Oxford 1986.

Visuomotorische Systeme → Visuomotorische Koordination.

Visuo-spatial-scratch-pad → Arbeitsgedächtnis.

Visuo-spatial-sketch-pad → Arbeitsgedächtnis.

Visus → Sehen.

Vitationskonflikt → Konflikt.

Vividness-These → kognitive Täuschungen und kognitive Heuristiken.

Völkerpsychologie → Sozialpsychologie.

Vokale Kommunikation, die nonverbalen Aspekte des Sprachvhs. bzw. der → Kommunikation, also der Ausdruck der Sprechstimme, wie Stimmqualität, Tonfall, Sprechmelodie, Sprechpausen u. a. vokale Ausdrucksformen, ein Aspekt, der in modernen Medien, z. B. Telefon u. Rundfunk, eine wichtige Rolle spielt (→ nonverbale Kommunikation); zu älteren Ansätzen vgl. Rudert (1965).

VD: Trojan (1975) beschreibt drei Gegensatzpaare vokaler Stimmungsäußerung: (a) gepresste vs. nichtgepresste Stimme; (b) Kraftstimme vs. Schonstimme; (c) Bruststimme u. Kopfstimme. Zu der Ausprägung dieser Dimensionen bei verschiedenen Emotionen vgl. Jürgens u. Ploog (1976); vgl. auch Scherer u. Oshinsky (1977).

LIT: Zum Überblick vgl. Scherer (1982), Eckert u. Laver (1994); zur vokalen Kommunikation von Gefühlen vgl. Tischer (1993).

◆ ECKERT, H. u. LAVER, H.: Menschen u. ihre Stimmen. Weinheim 1994; JÜRGENS, U. u. PLOOG, D.: Zur Evolution der Stimme. Archiv für Psychiatrie u. Nervenkrankheiten 222, 1976; RUDERT, J.: Vom Ausdruck der Sprechstimme. In: KIRCHHOFF, R. (Hg.): Ausdrucksps. HP, 7. Bd., Göttingen 1965, S. 422–466; SCHERER, K. R. (Hg.): Vokale Kommunikation. Weinheim 1982; SCHERER, K. R. u. BERGMANN, G.: Vocal communication. GJP 8, 1984, S. 57ff.; SCHERER, K. R. u. OSHINSKY, J. S.: Cue utilization in emotion attribution from auditory stimuli. MaE 1, 1977; TISCHER, B.: Die vokale Kommunikation von Gefühlen. Weinheim 1993; TROJAN, F.: Biophonetik. Mannheim 1975.

Vokaler Ausdruck → vokale Kommunikation.

Vokal-Konsonant-Kombination → sinnlose Silbe.

Volition → Wille.

Volkelt-Kriterien → Ganzheit.

Vollständiger Ödipuskomplex → Ödipuskomplex.

Vollständiges Konzeptlernen → Attributlernen.

Vollständige Verdrängung → Verdrängung.

Volumentäuschung → Größen-Gewichts-Täuschung.

Voluntarismus → Wille.

Von-Ebner-Eschenbach-Gesetz, eine postulierte (bisher nur partiell empirisch validierte) Gesetzmäßigkeit zum individuellen Bedarf an → Liebe: *Die meisten Menschen brauchen mehr Liebe als sie verdienen.*

◆ Städtler, T.: Lässt sich das *Von-EbnerEschenbach-Gesetz* aus *Wundts Gesetz* herleiten? Ztschr. für experimentelle und angewandte Liebe 123, 1978, S. 234–238.

Von-Restorff-Effekt [auch *Köhler-von-Restorff-Effekt*; vgl. Köhler u. v. Restorff 1933, 1937], die Erscheinung, dass Elemente einer Menge, die sich von den anderen Elementen unterscheiden u. deshalb »herausstechen« (*isolierte Reihenglieder*), besser gelernt werden als die anderen Elemente. In einer Reihe der Form XXXXXXX0XX wird die Zahl 0 besser gelernt als das X, während in einer Reihe 0000000X00 das X rascher u. besser gelernt wird. Vor dem Hintergrund der → Gestalttheorie wurde dieser Effekt dadurch erklärt, dass die Reproduzierbarkeit von Reihengliedern eine Funktion des Baus der ganzen Reihe ist. Von Restorff interpretiert seine Ergebnisse ausdrückl. dahingehend, dass die → Gestaltgesetze auch im Gedächtnis u. nicht nur im Wahrnehmungsakt wirken. Der sich auf *intraseriale* Effekte beziehende V. wird auch auf interseriale Erscheinungen übertragen, also auf Effekte des → Paarassoziationslernens.

LIT: Zu einer Alternativerklärung vgl. Green (1956); vgl. auch die von der lerntheoret. Kritik ausgehende Diskussion durch Köhler (1958).

◆ GREEN, R. T.: Surprise as a factor in the von Restorff effect. JExP 52, 1956, S. 340–344; KÖHLER, W. u. VON RESTORFF, H.: Analyse von Vorgängen im Spurenfeld I: Über die Wirkung von Bereichsbildungen im Spurenfeld. PF 18, 1933, S. 299–342; KÖHLER, W. u. VON RESTORFF, H.: Analyse von Vorgängen im Spurenfeld II: Zur Theorie der Reproduktion. PF 21, 1937, S. 96–112; KÖHLER, W.: Perceptual organization and learning. AJP 71, 1958, S. 311–315.

Voraktivation → Priming.

Vorannahmen → Vorannahmen vs. Behauptungen; → präsupponierte vs. implizite Information.

Vorannahmen vs. Behauptungen. Bei der → Sprachproduktion bzw. → verbalen Kommunikation sind die vorausgesetzten Informationsgehalte die *V.*, der Begriff *B.* bezeichnet Informationen, die Sprecher entweder als neu ansehen o. bes. betonen wollen (Modell *vorhandener* u. *neuer Informationen* bzw. *Thema/Rhema* o. *Topoi/Comment*); zur Problematik der Unterscheidung vgl. Hörmann (1976).

Ein wichtiger Faktor bei der → Sprachrezeption ist die Art u. Weise, wie beim Sprechen V. u. B., miteinander kombiniert werden; dafür gibt es bestimmte Regularitäten, man spricht vom *Given-new-Kontrakt*, o. von der *Strategie vorhandender u. neuer Informationen.* Beides besagt, dass der Sprecher verpflichtet ist, die Äußerung so zu konstruieren, dass der Hörer in der Lage ist, in seinem Gedächtnis einen eindeutigen Referenten für die als alt gekennzeichnete Information zu finden; ebenso muss die neue Information so konstruiert werden, dass sie für den Hörer tatsächl. neu ist. Vorausgesetzte Informationen, also V., sind oft im Subjekt des Satzes enthalten, behauptete Informationen, also B., dagegen eher in Prädikaten. Außerdem gibt es spezielle Sprachstrukturen, um neu eingeführte Inhalte hervorzuheben, indem ihre prädikative Stellung betont wird: Zur Wiederaufnahme eines gerade im Fokus der Erzählung stehenden Referenten werden primär Pronomina benutzt, während bei der Bezugnahme auf weiter zurückliegende Objekte für die Protagonisten merkmalsreichere Ausdrücke (Eigennamen o. definite Kennzeichnungen) benutzt werden. Der Sprachakzent ist ein weiteres Mittel, um auf die behauptete Information hinzuweisen. Der bestimmte Artikel vor einer Nominalphrase lässt darauf schließen, dass der Sprecher annimmt, der Referent der Nominalphrase sei bekannt, der unbestimmte Artikel zeigt einen neuen Referenten an.

◆ ANDERSON, J. R.: Kognitive Ps. Heidelberg 1988; CHAFE, W. L.: Discourse structure and human knowledge. In: FREEDLE, R. O. u. CARROLL, J. B. (Hg.): Language comprehension and the acquisition of knowledge. New York 1972, S. 41–70; CLARK, H. H. u. HAVILAND, S. E.: Comprehension and the given-new-contract. In: FREEDLE, R. O. (Hg.): Discourse production and comprehension. Norwood 1977, S. 1–40; ENGELKAMP, J. u. KRUMNACKER, H.: The effect of cleft sentence structures on attention. PR 40, 1978, S. 27–36; ENGELKAMP, J. u. ZIMMER, H. D.: Dynamic aspects of language processing. Berlin 1983; HÖRMANN, H.: Meinen und Verstehen. Frankfurt/M. 1976; LESGOLD, A. M.: Pronominalization: A device for unifying sentences in memory. JVLVB 11, 1972, S. 316–323; SCHWARZ, M.: Einführung in die Kognitive Linguistik. Tübingen 1992.

Vorbegriffliche präoperationale Intelligenz → genetische Epistemologie.

Vorbereitetes Lernen → preparedness.

Vorbereitungspotential → physiologische Psychologie (Kasten psychophysiologische Methoden).

Vorbewusstes → Unbewusstes.

Vorbildforschung → Modelllernen.

Vorentscheidungsphase → Entscheidung; → kognitive Dissonanztheorie.

Vorgestalt → Aktualgenese.

Vornahmehandlung → assoziatives Äquivalent; → Wille; → Feldtheorie.

Vorrang-Effekt → Eindrucksbildung.

Vorreiz → Ankerreiz.

Vorsichtiges Einkreisen → Attributlernen.

Vorstellen → Vorstellungsbild.

Vorstellung → Vorstellungsbild.

Vorstellungsbild, »inneres Bild«, eine mentale, meist visuelle → analoge Wissensrepräsentation (man spricht auch von einer *bildl.* bzw. *figurativen Repräsentation*), v. a. den Bereich → räumliche Kognition betreffend. Stern (1950) führt eine differenzierte phänomenolog. Unterscheidung der verschiedenen Stufen der »Gegenstandserfassung« durch: *Wahrnehmung*, *Nachbild* u. *Anschauungsbild* unterscheidet er von der blasseren Form des *Gedankens* u. setzt das V. als ein vermittelndes Glied zw. beide Pole. Überhaupt scheint es nicht nur einen einzigen Vorstellungsprozess zu geben, sondern unterschiedl. Vorstellungsaktivitäten mit unterschiedl. Ausprägungen von Abstraktheit u. Konkretheit.
Die Annahme eines visuell-imaginativen Systems als eines der beiden kognitiven Hauptsysteme ist die zentrale Annahme der → dualen Kodierungstheorie. Diese postuliert, dass dieses System v. a. eine *räuml.* Repräsentation beinhaltet u. deshalb dafür geeignet ist, mehrere Objekte simultan im Raum zu organisieren. Der wirksamste Beleg für diese Annahme wird in dem positiven Effekt der interaktiven Imagebildung beim Lernen gesehen (→ Bildüberlegenheitseffekt). Eine Grundannahme der Theorie der Hemisphärenasymmetrie besteht darin, dass die rechte Hirnhemisphäre hauptsächl. die nonverbalen Prozesse, also das V. kontrolliert, während die linke Hemisphäre auf Prozesse des Sprachverstehens u. der Sprachproduktion spezialisiert ist. Einen Überblick über neurops. Ergebnisse liefert Paivio u. TeLinde (1982); vgl. auch Denis (1988).
Die bekanntesten Belege für die Existenz eines V., also zum Beleg von *Bildeffekten*, sind Experimente zur → mentalen Rotation, zum → mentalen Absuchen, zu → kognitiven Landkarten, speziell auch zum sog. → symbolischen Distanzeffekt; s. a. das Stw. → ikonisches Gedächtnis. Die Experimente zeigen, dass die Durchmusterungsprozesse bei V. annähernd denselben Gesetzmäßigkeiten unterliegen wie bei realen Wahrnehmungen. Auch scheinen V. nicht beliebig generiert u. transformiert werden zu können, es gibt sowohl strukturelle als auch quantitative Einschränkungen (Zeit- u. Speichergrenzen), vgl. Steiner (1988, S. 109ff.). Auch aufgrund von Interferenzeffekten wird auf gemeinsame Informationsverarbeitungsmechanismen beim Wahrnehmen u. Vorstellen geschlossen. Schon in frühen Untersuchungen (Perky 1910) wurde gezeigt, dass die Sensitivität für das Entdecken von Signalen durch die Bewusstmachung von V. reduziert werden kann u. zwar in stärkerem Maße, wenn sich dies in derselben Sinnesmodalität abspielt; Perky konnte auch zeigen, dass Vpn unter bestimmten experimentellen Umständen ein real vorhandenes, auf eine Rauchglaswand schwach projiziertes Bild für ein V. hielten. Ein V. scheint also auch wissenschaftl. be-

legbar das zu sein, was die vorwissenschaftl. Ps. darunter versteht, näml. ein »Bild im Kopf«. Diese Position wird belegt u. verstärkt durch die Existenz von → eidetischen Vorstellungsbildern, sogar von so speziellen Effekten wie z. B. dem → McCollough-Effekt; vgl. hierzu Perrig (1988).

Dennoch scheint ein V. nicht einfach ein geistiges Bild zu sein – zwar wird die Existenz von *Bildeffekten* von kaum jemandem bestritten, es ist aber ein theoret. Problem, inwieweit dabei wirkl. »geistige Bilder«, Fotografien vergleichbar, angenommen werden müssen. Diese Idee wird näml. von verschiedenen Experimenten relativiert bzw. widerlegt: So gibt es Experimente, die zeigen, dass Interferenzen bei *Bildprüfaufgaben* eher *räuml.* als *visueller* Natur sind, so dass ein V. eher ein abstraktes Analogon zu einer räuml. Struktur ist u. nicht einfach eine mentale Abb.; vgl. zsfd. Anderson (1988) u. die Experimente von Baddeley (1979) u. Brooks (1968). V. haben also häufig eine abstraktere Struktur als reale Wahrnehmungen, sie sind auch nicht unbedingt visueller Natur, sondern scheinen eher eine räuml. Grundstruktur zu besitzen, u. können auch taktile Elemente enthalten. Weitere Unterschiede bestehen darin, dass manche Operationen bei einer realen Wahrnehmungsaufgabe leicht, bei einem V. jedoch nur schwer ausgeführt werden können; zu einem Bsp. s. Anderson (1988). Auch können V. durch Wissen verzerrt werden, wie schon eine klass. Studie von Carmichael u. a. (1932) demonstriert hat: Vpn sollten sich Figuren einprägen, von denen einige doppeldeutig waren, also z. B. sowohl eine Brille wie eine Hantel darstellen konnten o. ein Gewehr u. einen Besen; diese Figuren wurden jeweils mit unterschiedl. Bezeichnung dargeboten, u. wenn die Vpn die Gegenstände aus dem Gedächtnis nachzeichneten, wiesen die Zeichnungen Verzerrungen in Richtung der angegebenen Bezeichnungen auf; wenn also das Bild als »Brille« bezeichnet wurde, wurde die gerade Linie, die die zwei Kreise verband, eher gekrümmt gezeichnet, während diese Linie bei der Angabe »Hantel« eher gerade gezeichnet, bisweilen verdoppelt wurde; eine vollständig bildhafte Repräsentation sollte eine solche Verzerrung nicht aufweisen. Auch die Tatsache, dass bei der realen Durchmusterung vorgegebener Bilder, also bei tatsächl. Wahrnehmungen, leichter als bei V. entschieden werden kann, ob geometr. Figuren aus bestimmten vorgegebenen Teilfiguren bestehen o. nicht (Reed 1974; Reed u. Johnsen 1975), weist darauf hin, dass ein V. eine starrere vorgegebene kognitive Strukturierung besitzt als Wahrnehmungsprozesse – die Aktivierung eines V. »im Kopf« beinhaltet anscheinend ein bestimmtes Konstruktionsprinzip u. eine bestimmte Strukturierung, die sozusagen aktiv aufrecht erhalten wird u. die nicht selbst wieder einfach betrachtet werden kann im Hinblick auf mögl. andere Strukturierungen; vgl. zum Überblick Finke (1985).

HI/WÜ: Das Phänomen u. Kzpt. des V. aus vorbehaviourist. u. vorwissenschaftl. Sicht ein selbstverständl. Konstrukt, durch den Behaviourismus aber weitgehend aus dem Blickpunkt der ps. Forschung verbannt – erlebte erst mit der dualen Kodierungstheorie u. anderen Ansätzen der neueren Kognitionsps. eine Renaissance, was zu einer großen Debatte über Sinn u. Notwendigkeit des Konstrukts führte: *Imagery-Debatte* (s. u.), denn mit dieser Theorie u. diesem Kzpt. wurde wieder eine Art → Mentalismus, in die Ps. eingeführt. Diese neuere Vorstellungsforschung hat wesentl. dazu beigetragen, dass sich die Gedächtnisps. aus der Tradition des *verbalen Lernens* gelöst hat u. sich nicht mehr ausschließl. mit der Verarbeitung u. dem Behalten sprachl. Informationen beschäftigt. Wegweisende Einzelarbeiten vor der dualen Kodierungstheorie waren Holt (1964) u. Boulding (1956); später entstanden kompliziertere Theorien, die im Rahmen des Paradigmas der → Informationsverarbeitung operieren, z. B. Hinton (1979) u. Steiner (1980); informationstheoret. Ansätze auf der Basis neuronaler Strukturen sind die Arbeiten von Trehub (1977), Finke (1980) u. Freeman (1984). Ein wichtiger Strang der Forschung zum V. außerhalb der akadem. Ps. sind die Untersuchungen der → genetischen Epistemologie – hier wird häufig das Schlagwort *symbol. Funktion* verwendet. Nach

Piaget geht das geistige Bild aus einer *Verinnerlichung von Handlungen* u. insbes. dem Nachahmen hervor: Auf einer bestimmten entwicklungsps. Stufe der Nachahmung, der sog. *aufgeschobenen Nachahmung* (ab 18 Monaten), werden V. interiorisiert, dadurch entstehen die bildhaften V., die kein Nachbild visueller Wahrnehmungen sind, sondern verinnerlichte Handlungen. Auch die Analysen zum Kzpt. des → *permanenten Objekts* führen zur gleichen Position, dass es näml. kein inneres Bild vor Stadium 6 der sensomotor. Phase gibt; vgl. Piaget u. Inhelder (1966); vgl. zur Darstellung der Theorie Szagun (1986). Diese Auffassung unterscheidet sich z. B. radikal von der → Psychoanalyse, nach der das Denken aus der Abwesenheit des Objekts hervorgeht – bei Piaget entsteht es aus Anwesenheit. Dies hat große Konsequenzen für das psa. Kzpt. der *halluzinator. Wunscherfüllung*, die nach diesem Modell nicht vor eineinhalb Jahren mögl. ist; vgl. hierzu Dornes (1993).

VD: Die *Imagery-Debatte*: Diese Diskussion, die zu den schwierigsten u. tiefgründigsten der modernen Ps. gehört, geht darum, ob V. eine Art »Fotografien im Kopf« sind (*Bildmetapher*), also innere Bilder mit einem hohen sensor. Anteil, die man ebenso wie äußere Bilder Wahrnehmungsprozessen unterwerfen kann, o. ob *Vorstellungseffekte* auch als Ergebnis von abstrakteren Prozessen erklärt werden können. Im ersten Falle wird also ein *rein sensor. Perzept* angenommen, während im zweiten Fall diesem Perzept Eigenschaften zugeschrieben werden, die nicht beim ursprüngl. Speichervorgang, sondern erst bei der Reaktivierung, also der kognitiven Konstruktion, entstehen: *sensor. Bilder* vs. *strukturell-symbol. Beschreibungen*. Es geht also darum, ob Vorstellungseffekte das Kzpt. einer → *analogen Wissensrepräsentation* erfordern o. eher als Prozesse auf der Basis von abstrakt-semant. Wissensstrukturen, also von → *propositionalen Wissensrepräsentationen*, anzusehen sind, die losgelöst von der *modalitätsspezif.* Sensorik existieren. Es gab eigentl. zwei solche Diskussionen: einmal in den 70er Jahren in der Auseinandersetzung mit der dualen Kodierungstheorie – während diese Debatte aber stark im Grundsätzl. verblieb u. das Problem des Mentalismus überhaupt diskutierte, rekurrierte der zweite Diskussionsstrang Anfang der 80er Jahre immer unmittelbar auf die empir. Forschung, u. es wurde eine Reihe für die kognitive Ps. prototyp. method. Paradigmen entworfen, v. a. die Untersuchungen zu den → mentalen Rotationen. Hauptkontrahenten waren S. M. Kosslyn, Vertreter einer Theorie, die eher die sensor. Aspekte des V. betont, u. auf der anderen Seite der kanad. Computerwissenschaftler Z. W. Pylyshyn, der sich gegen die Idee wandte, dass bildhaftes Vorstellen eine eigene Form mentaler Repräsentation sei. Letztere Theorie postuliert eine einheitl. abstrakte mentale Repräsentation, sowohl für V. wie auch für abstrakte mentale Prozesse. Bei einem V. wird eine Art Oberflächen- u. Tiefenrepräsentation unterschieden, die propositionale Tiefenstruktur generiert die konkrete »Oberfläche«, also das V. Diejenigen Forscher, die von der Existenz eines unitären propositionalen Repräsentationsformats ausgehen, werden auch als *Deskriptionalisten* bezeichnet, während diejenigen Forscher, die neben dem propositionalen auch ein bildhaftes (auch *depiktionales* bzw. *depiktives*) Format annehmen, dementsprechend als *Depiktionalisten* bezeichnet werden. Während es vorübergehend so schien, als ob die Diskussion zugunsten der propositonalen Modelle entschieden sei, haben analoge Modelle in jüngerer Zeit wieder Auftrieb bekommen, speziell in der Idee der → mentalen Modelle. Allg. geht man von einem liberaleren Standpunkt aus, der multiple Kodierungsformen beinhaltet; ein entschiedener Vertreter dieser Ansicht ist Anderson (1983). Statt globale Darstellungsformen anzugehen, analysiert man nun einzelne Eigenschaften von Abbildungen, die auf die eine o. andere Weise realisiert sein können; vgl. Pallmer (1978) sowie Furbach u. a. (1985); auch werden zunehmend hybride Systeme konstruiert; vgl. z. B. Kieras (1978) u. Dennis (1982).

LIT: Einen Überblick über die verschiedenen histor. Stränge der Vorstellungsbildforschung liefern Steiner (1980); Perrig (1988); Bischof (1987); Hilgard (1981) referiert über behaviourist. Theorien, vgl. auch Sheikh (1983); zu differentialps. Aspekten vgl. Bischof (1987) u. Hänggi (1989); dort auch zum Kzpt. der *Vorstellungslebendigkeit*; zu den Fähigkeitsunterschieden bei der Bearbeitung räuml.-bildhafter Aufgaben (*spatial aptitude*) vgl. Cooper u. Mumaw (1985); zu weiteren Forschungsansätzen v. a. in der Sozialps. u. in der klin. Ps. vgl. Wippich (1984); speziell zum Überblick über die Verwendung im klin. Bereich vgl. Strosahl u. Ascough (1981); zur Verwendung innerhalb therapeut. Ansätze vgl. Singer (1974); zur Konzeptualisierung der Visualisierungsfähigkeit innerhalb der sowjet. Denkps. vgl. Venger (1982); Snow (1980) analysiert exemplar. die Bedeutung von Computerbildern bei den visuell gestützten Konstruktionen des Computererfinders Cray; zur Imagery-Debatte: »The Behavioural and Brain Sciences« veröffentlichte in der Ausgabe von 1979 einen ausführl. Artikel sowie 25 Kommentare führender Kognitionswissenschaftler, auch einige philosoph. Arbeiten haben sich detailliert des Problems angenommen: Block (1981); Dennet (1978); Fodor (1975); Reaktionen darauf sind Kosslyn (1980, 1983); Experimente zur Vertiefung der Ausgangstheorien u. Reaktionen auf die Kritik waren z. B. Pinker (in Kosslyn 1983); Finke u. Schmidt (1978); Anderson behauptete in einem manchmal als *Mimicry-Theorem* bezeichneten Ansatz, dass jede der Versuchsreihen sowohl mit dem Kzpt. der *Proposition*, als auch mit dem des *V.* erklärt werden könnte (Anderson 1978); eine Darstellung der Kontroverse unter verschiedenen Aspekten findet sich in Heyer u. a. (1988); bei Gardner wird die Diskussion im Gesamtzusammenhang der Kognitionswissenschaft dargestellt; vgl. weiterführend Zimmer u. Engelkamp (1988) sowie Perrig (1988); ein krit. Aufsatz zur Imagery-Debatte ist Zimmer (1992); einen Überblick über sämtl. Aspekte der Imagery-Debatte gibt Sachs-Hombach (1995).

◆ ANDERSON, J. R.: Arguments concerning representations for mental imagery. PR 85, 1978, S. 249–277; ANDERSON, J. R.: The architecture of cognition. Cambridge/Mass. 1983; ANDERSON, J. R.: Kognitive Ps. Heidelberg 1988; BADDELEY, A. D.: Die Ps. des Gedächtnisses. Stuttgart 1979; BISCHOF, K.: Individuelle Unterschiede beim visuellen Vorstellen. Bern 1987; BLOCK, N.: Imagery. Cambridge/Mass. 1981; BOULDING, K. E.: The image. Binghamton 1956; BROOKS, L. R.: Spatial and verbal components of the act of recall. In: CJP 22, 1968, S. 349–368; CARMICHAEL, L. u. a.: An experimental study of the effect of language on the reproduction of visually perceived form. JExP 15, 1932, S. 73–86; COOPER, L. A. u. MUMAW, R.: Spatial aptitude. In: DILLON, R. F. (Hg.): Individual differences in cognition, 2. Bd. Orlando 1985, S. 67–94; DENIS, M.: On figurative components of mental representations. In: KLIX, F. u. a. (Hg.): Cognitive research in psychology. Berlin 1982; DENIS, M. u. a. (Hg.): Cognitive and neuropsychological approaches to mental imagery. Amsterdam 1988; DENNETT, D. C: Brain storms: philosophical essays on mind and psychology. Cambridge/Mass. 1978; DORNES, M.: Der kompetente Säugling. Frankfurt/M. 1993; ENGELKAMP, J.: Das menschl. Gedächtnis. Göttingen 1990; FINKE, R. A. u. SCHMIDT, M. J.: Orientation-specific color aftereffects following imagination. JExP: HPP 3, 1977, S. 599–606; FINKE, R. A. u. SCHMIDT, M. J.: The quantitative measure of pattern representation in images using orientation-specific colour aftereffects. PuP 23, 1978, S. 515–520; FINKE, R. A.: Levels of equivalence in imagery and perception. PR 87, 1980, S. 113–132; FINKE, R. A. u. KOSSLYN, S. M.: Mental imagery acuity in the peripheral visual field. JExP: HPP 6, 1980, S. 126–139; FINKE, R. A.: Theories relating mental imagery to perception. PBu 98, 1985, S. 236–259; FODOR, J. A.: The language of thought. New York 1975; FREEMAN, W. J.: Premises in neurophysiological studies of learning. In: LYNCH, G. u. a.: Neurobiology of learning and memory. New York 1984; FURBACH, U. u. a.: Towards a theory of knowledge representation systems. In: BIBEL, W. u. PETKOFF, B. (Hg.): Artificial intelligence: methodologies, systems, applications. Amsterdam 1985; HÄNGGI, D.: Visuelle Vorstellungsfähigkeit. Bern 1989; HEBB, D. O.: Concerning imagery. PR 75, 1968, S. 466–477; HEYER, G. u. a. (Hg.): Wissensarten u. ihre Darstellung. Berlin 1988; HILGARD, E. R.: Imagery and imagination in American psychology. JMI 5, 1981, S. 5–66; HINDER, H.: Visuelles Vorstellen beim Textlernen. Bern 1983; HINTON, G. E.: Some demonstrations of the effects of structural descriptions of mental imagery. CS 3, 1979, S. 231–250; HOLT, R. R.: Imagery, the return of the ostracized. AmP 19, 1964, S. 254–264; KIERAS, D.: Beyond pictures and words: alternative information-processing models for imagery effects in verbal memory. PBu 85, 1978, S. 532–554; KOSSLYN, S. M. u. a.: On the demystification of mental imagery. BBS 2, 1979, S. 535–581; KOSSLYN, S. M.: Image and mind. Cambridge/Mass. 1980; KOSSLYN, S. M.: Ghosts in the mind's machine: creating and using images in the brain. New York 1983; LESGOLD, A. M. u. a.: The role of mental imagery in text comprehension: Preliminary studies. ERIC Document Reproduction Service No. ED 094 317, 1974; MARKS, D. F.: Visual imagery differences in the recall of pictures. BJP 64, 1973, S. 17–24; PAIVIO, A.: Mental comparisons involving abstract attributes. MaC 6, 1978, S. 199–280; PAIVIO, A. u. TELINDE, J.: Imagery, memory and the brain. CJP 36, 1982, S. 243–272; PALLMER, S. E.: Fundamental aspects of cognitive representation. In: ROSCH, E. u. LLOYD, B. B. (Hg.): Cognition and categorization. Hillsdale 1978, S. 259–303; PERKY, C. W.: An experimental study of imagination: AJp 21, 1910, S. 422–452; PERRIG, W. J.: Vorstellung u. Gedächtnis. Berlin 1988; PIAGET, J. u. INHELDER, B.: Die Entwicklung des inneren Bildes beim Kind. Frankfurt/M. 1978; PYLYSHYN, Z. W.: What the mind's eye tells the mind's brain: a critique of mental imagery. PBu 80, 1973, S. 1–24; PYLYSHYN, Z. W.: Imagery and artificial intelligence. In: SAVAGE, C. W. (Hg.): Minnesota Studies in the Philosophy of Science, Bd. IX. Minneapolis 1978, S. 19–55; PYLYSHYN, Z. W.: Imagery theory: not mysterious just wrong. BBS 2, 1979, S. 561–562; PYLYSHYN, Z. W.: Cognitive representation and the process-architecture-distinction. BBS 3, 1980, S. 154–169; PYLYSHYN, Z.W.: The causal power of machines. BBS 3, 1980, S. 442–444; PYLYSHYN, Z. W.: The imagery debate: analogue media vs. tacit knowledge. PR 88, 1981, S. 16–45; REED, S. K.: Structural description and the limitation of visual images. In: MuC 2, 1974, S. 329–336; REED, S. K. u. JOHNSEN, J. A.: Detection of parts in patterns and images. MuC 3, 1975, S. 569–575; ROSCH, E. u. LLOYD, B.: Cognition and categorization. Hillsdale 1978; SACHS-HOMBACH, K. (Hg.): Bilder im Geiste. Amsterdam/Atlanta 1995; SHEIKH, A. A. (Hg.): Imagery: current theory research and application. New York 1983; SINGER, J. L.: Imagery and daydream methods in psychotherapy and behaviour modification. New York 1974; SNOW, R. E.: Discussion: maps, models, methodes and metaphores. In: SNOW, R. E. u. a. (Hg.): Aptitude, learning, instruction. 1. Bd. Hillsdale 1980, S. 283–292; STEINER, G.: Visuelle Vorstellungen beim Lösen von elementaren Problemen. Stuttgart 1980; STEINER, G.: Analoge Repräsentation. In: MANDL, H. u. SPADA, H. (Hg.): Wissensps. München 1988, S. 99–119; STERN, W.: Allg. Ps. Den Haag 1950; STROSAHL, K. D. u. ASCOUGH, J. C.: Clinical uses of mental imagery: experimental foundations, theoretical misconceptions, and research issues. PBu 89, 1981, S. 422–438; SZAGUN, G.: Sprachentwicklung beim Kind. München 1986 (3. Aufl.); TREHUB, A.: Neuronal models for cognitive processes: Networks for learning, perception and imagination. Journal of Theoretical Biology 65, 1977, S. 141–169; TREVARTHEN, C. B.: Two mechanisms of vision in primates. PF 31, 1968, S. 229–337; VENGER, L. A.: Studies in the development of abilities in children. Review of Child Development Research 1982, S. 501–525; WALLACE, B.: Creation of the horizontal-vertical illusion through imagery. BuPS 22, 1984, S. 9–11; WIPPICH, W.: Lehrbuch der angewandten Gedächtnisps., 1. Bd. Stuttgart 1984; ZIMMER, H. D. u. ENGELKAMP, J.: Informationsverarbeitung zw. Modalitätsspezifität u. propositionalem Einheitssystem. In: HEYER, G. u. a. (Hg.): Wissensarten u. ihre Darstellung. Berlin 1988, S. 130–155; ZIMMER, H. D.: Von Repräsentationen, Modalitäten u. Modulen. SuK 11, 1992, S. 65–74; ZTSCHR.: Journal of Mental Imagery.

Vorstellungsbildinstruktion → Bildhaftigkeitseffekt; → duale Kodierungstheorie.

Vorstellungseffekt → Bildüberlegenheitseffekt.

Vorstellungslebendigkeit → Vorstellungsbild.

Vorwärtsassoziation → Paarassoziationslernen; → Assoziation.

Vorwärtsgerichtete Konditionierung → Interstimulusintervall.

Vorwärtskonditionierung → Interstimulusintervall.

Vorwärtsmaskierung → Maskierung.

Vorwärtssuche → psychologische Heuristik.

Vorwärtsverkettung → psychologische Heuristik.

Vorweggenommene fraktionierte Zielreaktion → antizipierte Zielreaktion.

Vorweggenommene partielle Zielreaktion → antizipierte Zielreaktion.

Vorweggenommene Zielreaktion → antizipierte Zielreaktion.

Vorwissen → Expertise; → Wissenspsychologie.

VR, Abk. für *variable ratio*; → Verstärkungsplan.

Wachstumsmotivation → humanistische Psychologie.

Wachstumstheorie des Lernens → Inkrementelles vs. Alles-oder-nichts-Lernen.

Waffeneffekt, Verstärkung von → Aggression o. → Ärger durch Waffen als *verwendbare Hinweisreize* (*suitable cues*): Berkowitz u. LePage (1967) wiesen nach, dass geärgerte Personen mehr aggressives Verhalten zeigen, wenn sich Waffen in ihrem Blickfeld befinden, wb. die Aggressivität zusätzl. verstärkt wird, wenn der vermeintl. Kontrahent Gemeinsamkeiten mit einem vorher in einem Film gezeigten Aggressor aufweist. Zur Kritik vgl. Mertens (1980).

◆ Berkowitz, L. u. LePage, A.: Weapons as aggression eliciting stimuli. JPSP 7, 1967, S. 202–207; Mertens, W.: Artefakte in der Aggressionsforschung. In: Bungard, W. (Hg.): Die »gute« Versuchsperson denkt nicht. Göttingen 1980, S. 61–78; Schmidt, H. D. u. Schmidt-Mummendey, A.: Waffen als aggressionsbahnende Hinweisreize. ZfS 5, 1974, S. 201–218; Zillmann, D.: Attribution and misattribution of excitatory reactions. In: Harvey, J. H. u. a. (Hg.): New directions in attribution research, 2. Bd. Hillsdale 1978, S. 335–368.

Wagenradeffekt, ein Phänomen der → Bewegungswahrnehmung: Im Film scheint sich ein Rad oft rückwärts zu drehen, obwohl der Wagen vorwärts fährt. Dies beruht auf einer falschen Korrespondenz (→ Korrespondenzproblem): Eine Speiche in der ersten Aufnahme wird fälschl. mit einer anderen in der zweiten späteren Aufnahme identifiziert, weil die vorgerückte Speiche der ursprüngl. Speiche näher liegt als die wirkliche neue Position; vgl. hierzu Rock (1985, S. 165).

◆ Rock, I.: Wahrnehmung. Heidelberg 1985.

Wahlentscheidung → Wille.

Wahlmethode → Präferenzmethode.

Wahl-nach-Muster-Versuch → Begriffslernen.

Wahl ohne Risiko → Entscheidungstheorie.

Wahlreaktion → Reaktionsexperiment.

Wahlreaktionsaufgabe → Reaktionsexperiment.

Wahlreaktionszeit → Reaktionsexperiment.

Wahl unter Sicherheit → Entscheidungstheorie.

Wahrgenommene Kontrolle → Kontrollüberzeugungen.

Wahrnehmung. W. ist ein Phänomen, das durch die gesamte Geistesgeschichte hindurch sowohl von der Philosophie wie der Ps. wie von verschiedenen anderen Wissenschaften, wie Physiologie, Physik o. auch Kunstwissenschaft, thematisiert worden ist. Folgendes sind die grundsätzl. Formen der W. beim Menschen (die damit sozusagen eine *extensionale* Definition des Begriffs W. ergeben): (a) differenziert nach Sinnesgebiet: → Sehen, → Hören, → Geruchswahrnehmung, → Geschmackswahrnehmung, → somatoviscerale Sensibilität (→ Oberflächensensibilität, → Tiefensensibilität, → Mechanorezeption, → Viscerozeption, → Interozeption). (b) Die folgenden Wahrnehmungsprozesse sind v. a. auf visuellem Gebiet wichtig, sie sind Teilprozesse bzw. Stufen der W.: → Helligkeitssehen, → Schwarz-Weiß-Sehen, → Farbwahrnehmung, → Formwahrnehmung, → Größenwahrnehmung, → visuelle Orientierung, → Raumwahrnehmung, → Tiefensehen, → Bewegungssehen, → Objektwahrnehmung; (c) → Zeitwahrnehmung u. → Sprachwahrnehmung sind zwei wichtige eigenständige Wahrnehmungsgebiete.

W. besteht in folgendem Grundprozess: Von einem physikal. Prozess bzw. Objekt (bisweilen *distaler Reiz* genannt) geht eine Wirkung auf die Sinnesorgane aus (sog. *proximaler Reiz*) u. führt über mehrere Verarbeitungsstufen zu einer → mentalen Repräsentation (für eine tief schürfende Diskussion der in der vorhergehenden Darstellung enthaltenen Innen-Außen-Unterscheidung vgl. Bischof 1966). Die Zeitspanne zw. dem Beginn der Reizdarbietung u. dem Beginn der W. wird in der älteren Lit. als »Empfindungszeit«, »Wahrnehmungszeit« (im Englischen als »sensory latency« o. »perceptual latency« o. »perceptual lag«) bezeichnet; vgl. zum Überblick Roufs (1974). Diese Repräsentation ist im Wesentl. »getreu«, d. h.: eine konstante Zuordnung der meisten Teile dieser Repräsentation zu Außenweltobjekten bzw. -prozessen ist mögl. Man spricht von der *Veridikalität*, also der »Wahrhaftigkeit« der W.

Dass die W. trotz dieser Veridikalität dennoch keine simple Abbildung ist, also nicht dem im vorwissenschaftl. Bereich verbreiteten Modell von der W. als »fotograf. Abbildung« o. »innerer Leinwand« entspricht, ist die Essenz der wahrnehmungsps. Forschung, denn in die W. fließen zahlreiche Momente ein, die diese von einer mechan. Abbildung unterscheiden:

(1) *Selektivität*: Diese reicht von einfachen Selektionsprozessen, wie sie schon durch die Spezifik u. durch die Parameter der Sinnesorgane determiniert sind, bis hin zu aktiven u. tiefergreifenden Selektionsprozessen, wie sie durch Prozesse der → Aufmerksamkeit bewirkt werden. Zwischenstufen bilden bes. solche Aspekte der Formwahrnehmung, die in einer unterschiedl. Gewichtung des Reizangebotes innerhalb der subjektiven Wahrnehmungsrepräsentation stehen. (2) *Kontextabhängigkeit* u. → *Ganzheitlichkeit*: Viele Reize werden nicht »an sich« wahrgenommen, sondern sie erhalten ihre Identität erst aus dem Gesamtzusammenhang. Dies reicht von einfachen → Kontexteffekten, wie sie schon innerhalb der Psychophysik u. den Bezugssystemtheorien analysiert werden, v. a. den → Sequenzeffekten, bis hin zu komplexeren Formen der Kontextabhängigkeit, wie sie innerhalb der → Gestaltgesetze zum Ausdruck kommen. Auch die in den → Wahrnehmungskonstanzen zum Ausdruck kommenden Berücksichtigungen von *Reizrelationen* sind Ausdruck dieser Kontextabhängigkeit. Im Bereich der Sprachwahrnehmung belegt der → Phonemic-restauration-Effekt dieses Prinzip. Es ist jedoch ein empir. Detailproblem, welche Wahrnehmungsprozesse eher auf lokalen Analysen beruhen u. welche eher durch die Aktivierung globaler Zusammenhänge entstehen. Insbes. die modernen computationalen Wahrnehmungstheorien widmen sich diesem Problem; s. hierzu die Stw. → Formwahrnehmung; → Bewegungssehen; → intersensorische Koordination. (3) »*Konturierung*«: Die W. hat die Tendenz, verschiedene Elemente des Reizangebotes unterschiedl. stark gewichtet abzubilden. Dies geht von elementaren Prozessen, wie → Kontrasteffekten, bis hin zu höheren Prozessen, wie sie sich in der Formwahrnehmung manifestieren. Das typ. Bsp. hierfür ist die *Kantenwahrnehmung*, also die Art u. Weise, wie das visuelle System Helligkeitsunterschiede interpretiert (→ Helligkeitssehen). (4) *Konstruktivität* u. *Produktivität*: Wahrnehmungsprozesse enthalten oft sozusagen mehr, als im Reizangebot enthalten ist. Die W. ist also nicht rein rezeptiv, u. dies impliziert: Die W. ist in bestimmten Fällen »veridikaler«, als sie von der Reihe von Reizangebot her sein dürfte (→ Wahrnehmungskonstanzen), bisweilen aber auch »verfälschter«, als sie aufgrund des Reizangebotes sein müsste: s. das Stw. → Wahrnehmungstäuschungen. Die → amodalen Ergänzungen ver-

deutlichen in verblüffender Weise diese Fähigkeit unseres Wahrnehmungssystems, etwas *wahrzunehmen* ohne es zu *sehen*, etwas, was im patholog. Bereich durch das Phänomen der Halluzination (s. u.) demonstriert wird; vgl. hierzu Rock (1986). Für die konstruktivist. → Wahrnehmungstheorien ist W. deswegen kein passiver Abbildungsprozess. Wahrnehmungskonstruktionen lassen sich in gewissem Sinne als *Problemlösungen* bezeichnen, da sie solche Strukturierungen bevorzugen, die bestimmte Regelmäßigkeiten aufweisen u. die in dem Sinne optimale Lösungen darstellen, dass sie eine besondere Einfachheit u. → Prägnanz aufweisen, speziell einem *Minimum-Prinzip* zu gehorchen scheinen (Hochberg 1977). Aufgrund des konstruktiven u. produktiven Charakters der W. besitzt unser Wahrnehmungssystem eine bes. Fähigkeit zur *Flexibilität* u. *Umstrukturierung*: Es gibt bei vielen Wahrnehmungsvorlagen unterschiedl. Repräsentationsformen, die, teils bewusst, teils unbewusst sich abwechseln können. Das typ. Bsp. hierfür sind die → Kippfiguren. Diese Flexibilität hat allerdings ihre Grenzen; s. hierzu die Stw. → Vorstellungsbild u. → Gestaltbindung. (5) Insbes. die → Schema-Theorien weisen darauf hin, dass W. immer kategoriale u. abstrakte Komponenten enthält, speziell bei Wahrnehmungsprozessen, die → *Erkennen* (s. u.) beinhalten. Ein typ. Bsp. ist im Bereich der Sprachwahrnehmung gegeben: → kategoriale Wahrnehmung. Neisser (1974) weist aber darauf hin, dass nicht jede Wahrnehmung abstrakt sein muss; er betont auch, dass ein Unterschied zw. wahrnehmungsmäßiger u. begriffl. Abstraktion besteht, also z. B. ein Unterschied zw. dem Sehen, dass zwei Dinge ähnl. aussehen u. dem Urteil, dass sie in dieselbe Kategorie gehören. (6) Dies führt auf das grundlegende Problem der Bedeutung von → Wissen für die W.: Es gibt Wahrnehmungsprozesse, die unbeeinflusst von Wissen stattfinden – welche in welcher Weise, das ist noch umstritten (s. das Stw. → Bottom-up- vs. Top-Down-Prozesse). Insbes. die wahrnehmungstheoret. Ansätze aus der → künstlichen Intelligenz weisen auf die große Bedeutung realweltl. Vorwissens hin, das nötig ist, um aus der bei einem vorliegenden Reizangebot mögl. großen Anzahl von Wahrnehmungsstrukturierungen eine spezielle auszuwählen. Bewusstes Wissen spielt jedoch häufig eine geringere Rolle, u. die W. ist durch solch bewusstes Wissen häufig nicht veränderbar, was durch unterschiedl Phänomene belegt wird: → Mondtäuschung, → unmögliche Figuren, → amodale Ergänzungen u. → geometrisch-optische Täuschungen, all diese Phänomene »funktionieren«, obwohl unser Wissen sagt, dass es nicht so sein darf. Der mögl. Einfluss von bewusstem Wissen zeigt sich bei → Kippfiguren, bei der → Größen-Gewichts-Täuschung u. auch bei den → degradierten Bildern; im Bereich der Sprachps. ist wiederum der → Phonemic-restauration-Effekt zu nennen. Andere Bsp. zeigen, dass bei einem diktierten Text, bei dem der Zusammenhang zerstört ist u. Wörter in sinnloser Reihenfolge abgespielt werden, die Verständlichkeit auf ein Bruchteil reduziert wird; s. a. das Stw. → Bekanntheitseffekt; ähnl. Aspekte beleuchten die Experimente von Thomson u. Massaro (1973). Für eine zsfd. Darlegung vgl. Wilkening (1988); Dretske (1969); Lison (1988). In ganz grundlegender Weise fließt Wissen bei Erkenntnisprozessen u. komplexeren Wahrnehmungsprozessen wie der Bewegungswahrnehmung u. der Raumwahrnehmung ein. Dies führt auf das Problem der → unbewussten Schlüsse u. der → Verrechnungstheorien u. auf die allg. Frage des Zusammenhangs bzw. der Abgrenzung von W. u. Denken: Sind W. u. Denken als isolierte Module aufzufassen, die nach qualitativ verschiedenen Gesetzen arbeiten, o. ist unsere Wahrnehmung gesteuert u. bestimmt durch unser Wissen u. durch kognitive Prozesse, wie Inferenzen u. rechner. Operationen? Dies führt auf das Gegensatzpaar → direkte vs. indirekte Wahrnehmungstheorien; vgl. Ullman (1980). Rock (1985), ein entschiedener Vertreter von kognitiven Bestandteilen der W., weist jedoch darauf hin, dass solche Kognitionen erst ab einer bestimmten Uneindeutigkeit der W. ins Rollen kommen, dass wahrscheinl. das Denken sich eher aus dem Wahrnehmen entwickelt hat u. dass so gesehen unser Denken eher *wahrnehmungsähnl.* ist als umgekehrt. In einem grundsätzl. anderen Sinne hebt die evolutionäre Erkenntnistheorie hervor, dass in Wahrnehmung immer Wissen verwoben ist, u. zwar ist diese Verflechtung evolutionär entstanden – es gibt also die kantschen A-priori- Kategorien, sie sind die biolog.-evolutionär erworbenen Strukturen unserer Sinnesorgane u. -prozesse; vgl. Vollmer (1988). (7) Diese kognitiven Aspekte der W. machen W. »anfällig« für die Wirkung von Einstellungen, Motivationen u. Persönlichkeitseigenschaften: → soziale Wahrnehmung, → Personenwahrnehmung, → Wahrnehmungsabwehr, → kognitive Stile. (8) → *Modularität*: Eines der wichtigsten Ergebnisse in der Wahrnehmungsps. ist, dass das Endprodukt unserer W. auf neurophysiolog. Prozessen beruht, die in sich sozusagen »abgeschottet« sind u. unabhängig wirken, auch wenn uns phänomenal eine Gesamtwahrnehmung entgegentritt: Bewegung, Raumtiefe, Helligkeit, Farbe u. viele Detailaspekte der Form beruhen auf unabhängigen Modulen, die in sich noch einmal in Teilmodule zerfallen. Ein Modul z. B. trennt Flächen unterschiedl. Helligkeit u. verstärkt die entsprechenden Kontraste, womit eine erste Orientierung gegeben ist; zu weiteren Modulen dieser Art s. das Stw. → Sehen. Eine ganz grundsätzl. Modularität scheint z. B. darin zu bestehen, dass es ein System gibt, das verantwortl. ist für die Entdeckung u. Lokalisation von visuellen Reizen u. für die Steuerung von → Orientierungsreaktionen, während das primäre System für die genaue Analyse u. die Indikation der Reize zuständig ist; vgl. Schneider (1969) u. Pöppel (1977). Auch wird wahrscheinl. die räuml. Position eines Reizes unabhängig von der W. verarbeitet u. in getrennten visuellen cortikalen Systemen repräsentiert (Styles u. Allport 1986); Weiteres s. das Stw. → feature integration theory. Bei bestimmten neurops. Störungen werden z. B. die Farben nicht an dem Gegenstand lokalisiert wahrgenommen, von dem sie ausgehen, sondern an einer anderen Stelle. Es gibt auch das Phänomen der *Akinetopsie*, bei denen bewegte Objekte für die von der Störung betroffenen Menschen unsichtbar sind; zur Übersicht vgl. Livingstone (1988). Insbes. die → Sprachwahrnehmung scheint ein eigenes Modul darzustellen. Diese Modularität führt auch dazu, dass die in einem Wahrnehmungsbereich gewonnenen Einsichten nicht einfach auf andere übertragbar sind. Die Frage, wie die durch diese Module gewonnenen Elemente wieder integriert werden führt auf das → Bindungsproblem. (9) *Funktionalität* u. *Tätigkeitsorientierung*: Ein Gesichtspunkt, der innerhalb der modernen Wahrnehmungstheorien zunehmend herausgestellt wird, ist die Tatsache, dass W. kein rein »kontemplativer« Prozess ist, sondern evolutionär der Anpassung des Individuums an die Umwelt, also der Handlungsvorbereitung, -orientierung u. -steuerung dient. Unter diesem Aspekt ist schon das in den Wahrnehmungsmechanismen etablierte A-priori-Wissen (s. o.) zu sehen, unsere Sinnesorgane sind sozusagen für diese Welt u. nicht für jede andere Welt gemacht. Ein ganz grundsätzl. Bsp. hierfür ist die in der Farbwahrnehmung enthaltene grundlegende Kategorisierungsleistung. Des Weiteren scheint der Mensch v. a. auf Informationen zu reagieren, die eine Änderung anzeigen, bes. Bewegungen: Wenn sich in unserem Gesichtsfeld etwas verändert, wird es bei genügender Helligkeit u. Größe schon dann entdeckt, wenn die Änderung nur innerhalb von wenigen Tausendstelsekunden geschah. Das bei einer → Netzhautstabilisation auftretende Phänomen, dass das Wahrnehmungsbild »verloren geht«, weist ebenfalls auf diese Bewegungsorientiertheit hin, ebenso die bei der → sensorischen Deprivation auftretenden Wahrnehmungsstörungen. Wir sind also sozusagen dafür gemacht, Veränderungen zu repräsentieren u. nicht einfach zu »betrachten«. Das → Ganzfeld-Phänomen kann so interpretiert werden, dass das visuelle System auch nicht dafür gemacht ist, »nichts« wahrzunehmen. Auch die Beweglichkeit der Sinnessysteme u. die Lokomotionsfähigkeit des ganzen Organismus sind unter normalen Bedingungen wichtige funktionelle Komponenten des Wahrnehmungsprogramms; das vielleicht beste Bsp. hierfür ist neben dem Tasten die Funktion der → Augenbewegungen für die visuelle Wahrnehmung; vgl. Trevarthen (1978). Insgesamt ist unsere W. deshalb auch durch die Eigenschaft der *Aktivität* gekennzeichnet, was sich auch sprachl. im Unterschied von *Sehen* u. *Blicken* manifestiert; zu den neurobiolog. Grundlagen vgl. Ritter (1986). Neurophysiolog. ist es z. B. ein Unterschied, ob eine Blickzuwendung aktiv o. passiv erfolgt, da es Augenfeldzellen gibt, die nur entladen, wenn ein Objekt aktiv angeschaut wird; sie entladen z. B. auch, wenn aktiv ins Dunkle geblickt wird, also ohne Netzhautreizung. (10) Alle komplexen W.-Prozesse bestehen in einem Zusammenspiel der aus mehreren Sinnesorganen gelieferten Informationen, wb. es so scheint, dass diese → intersensorische Koordination angeborene Grundlagen hat, was bedeutet, dass unsere Wahrnehmung *ganzheitl.* angelegt ist; s. auch die Stw. → visuomotorische Koordination; → Augenbewegungen. Daraus ergibt sich die bes. Rolle von Rückkopplungsprozessen bei der W., die einen grundlegend zirkulären Charakter aufweist, wie dies klassischerweise im Kzpt. des → Gestaltkreises u. in neueren Ansätzen im Kzpt. des → Wahrnehmungszyklus konzipiert worden ist; s. a. das Stw. → Reafferenz. → Rückmeldungsverzerrungen erzeugen deshalb charakterist. Beeinträchtigungen der W. Der W.-Begriff wird des Weiteren deutl. in Abgrenzung zu anderen Kzptn. benutzt: (a) W. unterscheidet sich von der → Empfindung dadurch, dass diese das unverarbeitete, sozusagen rohe Sinnesmaterial darstellen soll (bisweilen *Perzept* genannt); gemeint sind also elementare Sinneseindrücke, »warm« o. »kalt«, o. »runder roter Fleck«. Diese Empfindungen können ident. mit der W. sein, erhalten aber, v. a. bei »höheren« Wahrnehmungsprozessen wie Sehen u. Hören, eine weitere Strukturierung u. Bearbeitung. In der modernen kognitiven Ps. ist ein ähnl. Kzpt. wichtig geworden, das des → ikonischen Gedächtnisses bzw. des *Ikons*, das in roher, *präkategorialer* Form die Sinnesinformation für kurze Zeit festhält, so dass höhere Informationsverarbeitungsprozesse ansetzen können, s. a. das Stw. → eidetisches Vorstellungsbild. (b) An der Spitze dieser Verarbeitungsprozesse steht das → Erkennen: die Identifizierung eines Reizes als ein Objekt, speziell als ein Objekt einer bestimmten Klasse (*Klassifizierung* u. *Benennung*; s. → Erkennungsaufgaben). Bei diesem Prozess wird also nicht nur eine Form erkannt, sondern diese Form wird auch einem Gedächtnisinhalt zugeordnet, erhält also eine Bedeutung. So zeigen bestimmte neurops. Störungen, v. a. die *Agnosien*, dass es eine intakte W. bei gestörtem Erkennen gibt: Ein Objekt kann bei diesen Störungen wahrgenommen, aber nicht *erkannt* u. nicht *benannt* werden. Die moderne Neurops. löst diese dichotome Unterscheidung von *W.* u. *Erkennen* allerdings in einen differenzierten hierarch. Prozess auf, es gibt eine Fülle von Verarbeitungsprozessen, in denen die W. sozusagen jeweils etwas mehr erkannt wird; vgl. hierzu Poeck (1982) sowie Ellis u. Young (1991). Bloß *wahrgenommen* wird nach Prinz (1983) dann, wenn nur solche Bedeutungskomponenten enthalten sind, die mit den Merkmalen des Reizgegenstandes kovariieren. Dies ist allerdings ein enger W.-Begriff, i. w. S. ist W. immer Erkenntnis, da sie (s. o.) immer kognitive Strukturen enthält, selbst wenn diese nicht explizit als solche identifizierbar sind. Jede W. beinhaltet eine Art Hypothese o. Schlussfolgerung, die vom Perzept ausgeht u. sich auf die Außenwelt bezieht – jede Raumwahrnehmung, jedes Bewegungssehen, ebenso wie die meisten Prozesse der Formwahrnehmung beinhalten diesen grundlegenden Erkenntnis-Charakter, der bewirkt, dass W. immer → Affordanzen i. w. S. des Wortes vermittelt, also Hinweise darüber, was man mit einem Gegenstand tun kann. Marr (1982) definiert demgem. als die Aufgabe der W., aus den Bildern heraus das zu erkennen, *was in der Welt existiert u. wo es existiert.* Ein spezielles Problem dabei ist die Frage, welche Prozesse sich bei der sprachl. Artikulation dieses Erkennens abspielen; die klass. Dichotomie zw. *W.* u. → *Urteilen* spricht diese Unterscheidung an (→ Psychophysik; → Sprachproduktion; → Worterkennung). (c) W. ist im Allg. durch → Bewusstsein gekennzeichnet, allerdings ist es so, dass unterschiedl. Wahrnehmungskomponenten unterschiedl. bewusstseinsnahe sind. Bestimmte Aspekte der W. sind im Wesentl. unbewusst, → datengetrieben u. mechanist. ablaufend, wie z. B. die Raumwahrnehmung u. die → Figur-Grund-Unterscheidung des Wahrnehmungsfeldes bei der Formwahrnehmung. Neisser bezeichnet demgem. diesen Prozess einer globalen Zerlegung als *präattentiv*, er sei Voraussetzung für eine *attentive* o. *fokale* W. bzw. → fokale Auf-

merksamkeit. Es gibt jedoch Phänomene, wie z. B. die → subliminale Wahrnehmung u. das *Blindsehen* (vgl. Pöppel 1977), die darauf hinweisen, dass diese Bewusstheit nicht notwendig u. nicht absolut ist: Es scheint gem. dem modularen Charakter der W. (s. o.) viele Zwischenstufen zu geben, die wenig bewusst sind, aber dennoch Auswirkungen auf das Vh. haben, so dass es zu typ. → Dissoziationen kommen kann; s. a. die Phänomene des → Metakontrasts u. der → direkten Parameterspezifikation. Während solche modularen Dissoziationen in der modernen Ps. zunehmend anerkannt sind, wird die Möglichkeit der eigentl. → subliminalen Wahrnehmung skept. gesehen. (d) W. u. → Vorstellungsbild: Die Vorstellung wird im Allg. als blasser, auch als weniger flexibel betrachtet, all diese Unterschiede sind jedoch problemat.; vgl. hierzu Finke (1986). (e) Traum u. W.: Der Traum ist ein Bsp. für eine W., die zwar bewusst ist, aber eine andere Bewusstheit als die normale W. zu besitzen scheint; er ist ein Bsp. für eine sozusagen normale Halluzination, die aber ebenso wie die echte Halluzination auf den aktiven Charakter der W. hinweist; zum Thema Phantasie, Traum u. Halluzination vgl. Emrich (1990).
Insges. lässt sich sagen, dass W. eine Erscheinung von faszinierender Komplexität u. Funktionalität ist – je tiefer die Forschung eindringt, desto mehr erkennt sie das Geheimnisvolle dieses so alltägl. u. selbstverständl. Vorgangs. Es existieren demgem. auch noch keine Computersysteme, die eine menschl. Handschrift zuverlässig lesen können o. komplexe natürl. Szenen analysieren können – auch die Schachcomputer können ein Schachbild nicht »sehen«, die einzelnen Zugfolgen sind auf eine nichtvisuelle Weise eingegeben. Die Leistungsfähigkeit biolog. Sehsysteme zeichnet sich v. a. durch die hohe, von den derzeit existierenden techn. Realisationen unerreichte Flexibilität, Robustheit (gegenüber Störungen u. partiellen Ausfällen), Effizienz sowie Adaptationsfähigkeit aus.

LIT: Zu individuellen Differenzen vgl. Davidoff (1975); vgl. Cornsweet (1970) zur Sinnesphysiologie; zur Neurophysiologie vgl. Blakemore (1977); zum Überblick über biolog. Aspekte vgl. Carterette u. Friedman (1974); Ritter (1986) sowie Kandel u. a. (1996); ein hervorragendes interdisziplinär orientiertes Buch ist v. Campenhausen (1993); zwei Sammelbände sind Held u. Richards (1972) u. Rock (1990); allg. zur Wahrnehmung künstler. Darstellung vgl. Rock (1985); vgl. auch Arnheim (1978); Pirenne (1970); vgl. speziell auch zur Ps. des Zeichnens Rock (1985) u. zur Ps. der Fotografie Pirenne (1970); zu evolutionstheoret. Aspekten vgl. von Ditfurth (1976); Schiff (1980); Campbell (1979); Irrgang (1993); zur Entwicklung der W. vgl. Gibson u. Spelke (1983); Salapatek u. a. (1987); Reisman (1987); Holle (1996); speziell zu W. in der frühesten Kindheit vgl. Keller u. Meyer (1982); zur Geschwindigkeit der W. u. ihrer mögl. Bedeutung als Korrelat der → Intelligenz vgl. Schweizer (1995) u. Emmett (1976); zu kulturvergleichender Forschung vgl. Thomas (1993); eine Bibliographie ist Ammons u. Ammons (1962, 1969); zu Wahrnehmungsstörungen u. zu Wahrnehmungsförderung vgl. Fröhlich (1992).

◆ → Wahrnehmungspsychologie.

Wahrnehmung der Schwerkraft → Gleichgewichtssinn.

Wahrnehmungsabwehr [engl. *perceptual defense*], der Effekt, dass *Tabuwörter* (zu Zeiten der klass. Versuche bspw. »Hure« o. »vergewaltigt«) längere Expositionszeiten als neutrale benötigen, um erkannt zu werden bzw. erst bei höherer Beleuchtungsintensität als vergleichbare normale Wörter erkannt werden; Tabuwörter haben also eine höhere *Erkenntnisschwelle* als neutrale.

TH: (a) Dieser Effekt wurde im Rahmen der → Hypothesentheorie der Wahrnehmung wie folgt erklärt: Ist eine Hypothese stark, dann ist nur wenig entsprechendes Reizmaterial nötig, um sie zu bestätigen o. viel entgegengesetztes, um sie zu entkräftigen; ist die Hypothese stark u. sind entsprechende Reizinformationen gering, dann setzt sich die *nonveridikale* (also die mit den Stimuli nicht übereinstimmende) Hypothese durch u.

das Reizmaterial wird so verändert, dass es die Hypothese bestätigt. (b) Als alternative Erklärung wurde darauf hingewiesen, dass die Unterschiede zw. den Wahrnehmungsschwellen ledigl. darauf zurückzuführen seien, dass bedrohl. Wörter meist Wörter seien, die weniger oft benutzt werden als neutrale – aber auch Untersuchungen, die diese Störvariable kontrollierten, fanden eine W. (c) Eine andere alternative Erklärung ist die Annahme, das Phänomen spiegele eine Antworttendenz wider, die dem öffentl. Aussprechen anstößiger Wörter entgegenwirke; W. sei also ein Problem der *Reaktionsunterdrückung* (*Response-supression-Hypothese*), doch auch diese Erklärung ist nicht ausreichend. (d) Ein anderes Argument war ein *quasi-log.*: W. setze eine Abwehr eines bedrohl. Wortes voraus, ohne dass dieses Wort bereits als bedrohl. erkannt worden wäre u. sei demgem. log. unmögl. Bei Neisser (1974) wird das Thema im Gesamtzusammenhang mit den Grundproblemen der kognitiven Ps. thematisiert (vgl. v. a. S. 164ff.). Wahrnehmungstheoret. führt das Phänomen W. auf die Frage, welche Erkenntnisprozesse am Werke sind, noch bevor die Bedeutung des Reizes zum Bewusstsein gelangt; s. das Stw. → subliminale Wahrnehmung; dort weitere theoret. Ansätze.

HI/WÜ: Das Forschungsparadigma W. stellt eine Überschneidung der akadem. Ps. mit psa. Theorien sowie eine Konvergenz der allg. Ps. u. der Sozialps. dar; vgl. zu einem psa. Erklärungsansatz Blum (1954ff.).

VD: Im Zusammenhang mit den Forschungen zu W. wurde das persönlichkeitsps. Kzpt. *repression* vs. *sensitation* geprägt: *Sensibilisierer/Sensitizer* haben eine Tendenz zur Reduktion der Angst durch Beherrschung des Reizes u. seiner Folgen, sie neigen zur *Intellektualisierung* u. auch tlw. zu *zwanghaftem* Vh.; die *Verdränger/Repressers* haben eine Tendenz zur Meidung eines Angst erzeugenden Reizes u. zur Ableugnung o. Rationalisierung. Die Bezeichnung wurde zuerst von Gordon (1957) geprägt; das Kzpt. wurde aber im Wesentl. begründet von Byrne (1961ff.). Die *Unterdrücker* zeigten bei Tabuwörtern lange Reaktionszeiten, die *Sensitivierer* kurze.

LIT: Zum Überblick vgl. Erdelyi (1974) u. Angleitner (1980) sowie Koeppler (1972); zu einer neueren Analyse des Problems mit Hilfe elaborierter psychophysiolog. Methoden vgl. Emrich (1983); zu dt. Ansätzen vgl. Krohne (1975), der das Kzpt. v. a. bei Untersuchungen zur Analyse der → Leistungsangst verwendet hat.

◆ Angleitner, A.: Einführung in die Persönlichkeitsps. 1. Bd. Bern 1980; Blum, G. S.: An experimental reunion of psychoanalytic theory with perceptual vigilance and defence. JASP 49, 1954, S. 94–98; Blum, G. S.: Perceptual defence revisited. JASP 51, 1955, S. 24–29; Byrne, D.: Repression and sensitization as a dimension of personality. In: Maher, B. A. (Hg.): Progress in experimental personality research, Volume 1. Bd. New York 1964, S. 169–220; Byrne, D.: The repression sensitization-scale: rationale, reliability and validity. JPers 29, 1961, S. 334–349; Emrich, H.: Psychophysiolog. Grundlagen in der Psychiatrie u. Psychosomatik: bewusste u. nicht bewusste Wahrnehmung emotionaler Reize. Bern 1983; Erdelyi, M. H.: A new look at the New Look: perceptual defense and vigilance. PR 87, 1974, S. 1–25; Gordon, J. E.: Interpersonal predictions of repressers and sensitizers. JPers 25, 1957, S. 686–698; Koeppler, K.: Unterschwellig Wahrnehmen unterschwellig Lernen. Stuttgart 1972; Krohne, H. W.: Angst u. Angstverarbeitung. Stuttgart 1975, S. 54–67; Neisser, U.: Kognitive Ps. Stuttgart 1974 (Orig.: 1967).

Wahrnehmungsakzentuierung, ein grundlegendes Phänomen der → sozialen Wahrnehmung: die Tatsache, dass die bei Objekten wahrgenommenen Eigenschaften verstärkt werden. Da diese Verstärkung fast immer vor einem sozialps. Hintergrund geschieht, spricht man fast syn. von *sozialer Akzentuierung*. W. bezieht sich meist auf das Phänomen, dass die Größe eines wertvollen Objektes im Vergleich zu einem wertneutralen aber sonst ident. Objekt überschätzt wird. Die paradigmat. klass. Experimente waren die sog. *Münzschätzungs-Experimente*, in denen gezeigt werden konnte, dass Kinder armer Eltern die Größe von Münzen überschätzen (Bruner u. Goodman 1947). Nachfolgende Untersuchungen führten zu einer

Differenzierung der Hypothese; es erwies sich als nötig, die intra- u. interseriellen Effekte, also die Stellung der jeweils betrachteten Münze in der Reihe aller existierenden Münzen zu berücksichtigen; vgl. Taifel (1959). Ferner spielt die Wertschätzung der einzelnen Münzen durch die Vp tlw. eine größere Rolle als der Zahlenwert der Münze (Weber 1968). Überhaupt erwies sich, dass generell Münzen in ihrer Größe überschätzt werden.

VD/TH: Zur Erklärung des Phänomens wurde eine Reihe von konkurrierenden Theorien konzipiert, die Anstoß zu einer Vielzahl von Experimenten gaben (wb. das Lesen der Originalliteratur durch die terminolog. Vielfalt u. die techn. Details recht schwierig ist): (a) die *absolute Akzentuierungstheorie* postuliert eine generelle Tendenz des Wahrnehmenden zur Überschätzung wertvoller Objekte, während die *Theorie der relativen Akzentuierung* eine Tendenz postuliert, Objekte als Mitglieder einer Objektserie wahrzunehmen, wodurch die Objektgröße ein Signal für den Wert wird – größere Objekte werden also nur deshalb akzentuiert u. überschätzt, weil der Wert mit der Größe zunimmt. Münzen mit höherem Nennwert müssten deshalb stärker überschätzt werden als geringerwertige Münzen. Die relative Akzentuierungstheorie postuliert des Weiteren, dass v. a. die *Differenzen* zw. den Reizen akzentuiert werden. Dafür sprechen Befunde, bei denen gezeigt werden konnte, dass die Arm/Reich-Variable nur bei der Schätzung aus dem Gedächtnis die erwartete Richtung bewirkte, nicht bei der unmittelbaren Wahrnehmung; weiterhin konnte gezeigt werden, dass auch kleine wertbehaftete Objekte überschätzt werden. (c) Die *Relevanztheorie* formuliert zwei Bedingungen für die Akzentuierung von Reizen: Der Reiz muss wertbehaftet sein, u. Reiz u. Wert müssen kovariieren, sonst ist der Wert nicht relevant. (d) Die Theorie der *Allgemeinqualität* postuliert, dass semant. Dimensionen, gemessen mit dem → semantischen Differential, eine allg. Anmutungsqualität erzeugen. Wichtig sei bei der W. v. a. die Dimension *potency*: Größere Pappscheiben haben eine größere »Potenz« als kleinere Pappscheiben; darüber hinaus haben Münzen auch im Vergleich zu gleich großen Pappscheiben höhere Potenz u. werden daher überschätzt. Auch die Qualität *evaluation* kann eine Rolle spielen: Bei beiderseitig hohem Wert resultiere eine große Überschätzung, ansonsten könne eine gegenseitige Beeinträchtigung auftreten (Ertel u. Stubbe 1970). (e) Holzkamp formulierte eine modifizierte absolute Akzentuierungstheorie (Holzkamp 1965; Holzkamp u. Perlwitz 1966). (f) Upmeyer (1985) versucht eine Erklärung der Ergebnisse zur W. unter Rekurs auf die → Bezugssystemtheorien.

LIT: Zum Überblick vgl. Lilli (1975).

◆ Bruner, J. S. u. Goodman, C. C.: Value and need as organizing factors in perception. JASP 42, 1947, S. 33–44; Ertel, S. u. Stubbe, D.: Potenz- u. Valenzqualitäten als Bedingungen perzeptiver Größenakzentuierung. ZEAP 15, 1968, S. 49–65; Ertel, S. u. Stubbe, D.: Größenakzentuierung – ein Lernprodukt? Eine theoret. Auseinandersetzung über die Bedingungen der sozialen Wahrnehmung. ZfS 1, 1970, S. 225–233; Holzkamp, K.: Das Problem der Akzentuierung in der sozialen Wahrnehmung. ZEAP 12, 1965, S. 86–97; Holzkamp, K. u. Perlwitz, E.: Absolute o. relative Größenakzentuierung? ZEAP 13, 1966, S. 390–405; Irle, M.: Lehrbuch der Sozialps. Göttingen 1975; Lilli, W.: Soziale Akzentuierung. Stuttgart 1975; Tajfel, H.: Quantitative attachment in social perception. BJP 50, 1959, S. 16–29; Upmeyer, A.: Soziale Urteilsbildung. Stuttgart 1985; Weber, K.: Der Einfluß von Wertvorstellungen auf Größenschätzungen, dargestellt an den Münzen der BRD. PB 10, 1968, S. 217–235; Weber, K.: Wahrnehmung u. Wiedergabe von Münzen. PB 10, 1968, S. 187–216.

Wahrnehmungseinstellung → Hypothesentheorie der Wahrnehmung.

Wahrnehmungskonstanzen, das wahrnehmungsps. Phänomen, dass Objekte trotz veränderter Reizbedingungen hinsichtl. diverser Eigenschaften gleich wahrgenommen werden. Dies bewirkt eine Stabilisierung der Umwelt. Die wichtigsten *Konstanzphänomene* sind: (1) *Größenkonstanz*: Derselbe Gegenstand erscheint auch bei unterschiedl. Entfernungen gleich groß, obwohl sich das Netzhautbild mit zunehmender Entfernung verkleinert. Bei der → Größenwahrnehmung scheint also nicht nur die Größe des Netzhautbildes, sondern auch die scheinbare Entfernung in Betracht gezogen zu werden. Größenkonstanz versagt bisweilen, bes. bei größeren Entfernungen: Von einem hohen Turm aus betrachtet sehen Autos u. Menschen wie Spielzeug aus, u. aus einem Flugzeug gesehen verlieren auch Schiffe u. Städte ihre »eigentl. Größe«. Noch eindrucksvoller ist der Effekt der Ausschaltung des Größenkonstanz-Mechanismus, wenn man in einem Spiegel die Umrisse des eigenen Kopfes nachzeichnet, zur Seite tritt, und die Größe des gemalten Ovals betrachtet. Solche Effekte werden gelegentl. als *Unterkonstanz* bezeichnet. Man darf daher den Begriff der Größen-»Konstanz« nicht allzu wörtlich verstehen; gemeint ist, dass es bei der Größenwahrnehmung Mechanismen gibt, die die Abhängigkeit der Netzhautbildgröße von der Objektentfernung in gewisser Weise kompensieren. Bei einem Versagen der Konstanzleistungen scheint es so zu sein, dass die Größe eines Gegenstandes um so mehr unterschätzt wird, je weiter er entfernt ist. Zum problemat. Phänomen der *Überkonstanz* vgl. Rock (1985). (2) *Formkonstanz*: Die → Formwahrnehmung eines Objektes wird nicht nur durch das Netzhautbild, sondern auch durch die Informationen über die Lage des Objekts im Raum bestimmt. Bsp.: Eine Ellipse wird als Kreis wahrgenommen, wenn Informationen darüber vorhanden sind, dass es ein im Raum schräg liegender Kreis ist; die Scheinwerfer eines vorbeifahrenden Autos bewirken Netzhautbilder, die bei frontaler Aufsicht die Form eines perfekten Kreises haben u. sich über immer enger werdende Ellipsen bis zu Lichtspalten hin verengen, was man aber normalerweise nicht wahrnimmt. Größen- u. Formkonstanz werden bisweilen unter dem Oberbegriff der *Objektkonstanz* zusammengefasst. (3) Es gibt auch eine Konstanz der → visuellen Orientierung, bisweilen als *Ortskonstanz* o. *Raumkonstanz* bezeichnet: Der wahrgenommene Raum wird meist weder durch Bewegungen des Kopfes noch durch solche der Augen u. des Körpers beeinflusst; obwohl die aufgenommene visuelle Information stark von der Position des Körpers im Raum abhängt, verändert sich die räuml. Ordnung bei solchen Positionsveränderungen des Körpers nicht. Zur Erklärung wird meist das Prinzip der → Reafferenz herangezogen; vgl. hierzu Murch u. Woodworth (1978); zum Überblick über neuere Forschungsergebnisse zur wahrgenommenen Stabilität der Umgebung bei Eigenbewegungen vgl. Wallach (1986). Dieses Prinzip scheint im strengen Sinne nur bei raschen Blicksakkaden, nicht aber bei langsamen Blickfolgebewegungen zu gelten, hier tritt bisweilen das Phänomen auf, dass stationäre Reize sich in Gegenrichtung zu bewegen scheinen, wenn ein bewegter Reiz mit den Augen verfolgt wird (bisweilen als *Filehne-Phänomen* bzw. *Filehne-Täuschung* bezeichnet); vgl. Ehrenstein u. a. (1986). (4) *Helligkeitskonstanz*: s. das Stw. → Helligkeitssehen. (5) *Farbkonstanz*: Bei der → Farbwahrnehmung werden trotz wechselnder Beleuchtung Objekte weitgehend in der richtigen Farbe wahrgenommen. Wenn ein Raum in einer anderen Farbe beleuchtet wird, wird bspw. eine Tomate dennoch weiter rot wahrgenommen, was sich ändert, wenn das Objekt durch eine Trennwand beobachtet wird, da hier der Hintergrund nicht mehr »verrechnet« werden kann. Konstanzphänomene scheinen v. a. auf angeborenen Fähigkeiten zu beruhen, vgl. hierzu Rock (1985); vgl. auch die Versuche von Bower (1966); vgl. auch das Stw. → Raumwahrnehmung.

TH: Drei Gruppen von Theorien lassen sich unterscheiden: (a) Die *Reiztheorien*, worunter man v. a. die → ökologische Wahrnehmungstheorie fassen kann, erklären Wahrnehmungskonstanzen allein aus den Merkmalen des visuellen Feldes; es seien bestimmte Invarianten, wie etwa der → Texturgradient einer Fläche, die diese Konstanzen erzeugen; kognitive Berechnungsprozesse sind nach diesem Ansatz nicht nötig. Eine Erklärung für die Größenkonstanz wäre z. B., dass die Anzahl der Texturelemente einer Oberfläche unabhängig von der Entfernung, aus der das Objekt betrachtet wird, konstant bleibt u. somit die »Leitvariable« für die Wahrnehmung einer Größenkonstanz wäre. Eine Weiterentwicklung einfacher Reiztheorien sind die *Reizrelations-Theorien*, die postulieren, dass unser visuelles System in der Lage ist, relative Größen wahrzunehmen; Helligkeitskonstanz entstehe z. B. dadurch, dass das *Verhältnis* der Helligkeiten konstant bleibe, wenn sich die Gesamtbeleuchtung einer Szene ändert. Solche Relationen erfordern gem. dieser Theorie keine höheren Verarbeitungsprozesse, sondern sind relativ peripher organisiert; Weiteres s. das Stw. → Helligkeitssehen. (b) Komplexere Informationsverarbeitungsprozesse bzw. *unbewusste Schlüsse* sind dagegen zentral für die zweite Gruppe von Ansätzen (vgl. z. B. Rock 1977): Konstanz tritt dann auf, wenn unterschiedl. Bezugsgrößen (z. B. Sehwinkel u. Entfernung) miteinander in Beziehung gesetzt werden u. ein konstantes Verhältnis ergeben. Aus der Sicht dieser »Verrechnungstheorien« ist die Konstanz Ergebnis einer aktiven, wenngleich nichtbewussten Konstruktion der physikal. Eigenschaften von Wahrnehmungsobjekten u. keineswegs den Reizbedingungen inhärent. Ein solcher Ansatz ist nötig, da Konstanzen auch auftreten können, wenn keine direkt wahrnehmbaren Reizrelationen vorhanden sind. Ein Bsp. hierfür ist die wichtigste Theorie der Größenkonstanz, die sog. *Größen-Entfernungs-Invarianz-Hypothese*, die postuliert, dass die wahrgenommene Größe aus dem Verhältnis von Sehwinkel u. wahrgenommener Entfernung resultiert; vgl. Kilpatrick u. Ittelson (1953). Aus diesem Ansatz lassen sich einige Sinnestäuschungen verstehen wie z. B. → Mondtäuschung; s. a. die Stw. → Emmertsches Gesetz u. → Ames-Raum. Die zahlreichen empir. Widerlegungen dieser Hypothese (vgl. Foley 1968) stehen in einem merkwürdigen Widerspruch zu der Popularität, die sie bis heute hat. Sie erfasst zwar in einer einfachen Formel den strukturellen Kern des Phänomens der Größenkonstanz, darüber hinaus ist jedoch vieles impliziert, was empir. keineswegs gesichert, ja sogar ausgesprochen unwahrscheinl. ist; vgl. hierzu Lukas (1986). Auch die Konstanz von Form u. Orientierung kann man über eine Verrechnungstheorie erklären; vgl. hierzu Rock (1985). Rock diskutiert die Unterschiede zw. den Reizrelations- u. den Verrechnungstheorien: für das Problemgebiet der Helligkeitskonstanz sind die Reizrelationstheorien überlegen, da die Annahme der Verrechnungstheorien, dass die Leuchtdichte für den jeweiligen Netzhautbereich registriert u. im Verhältnis zur Gesamthelligkeit bestimmt wird, in vielen Fällen unrealist. ist, weil die Lichtquelle selbst nicht gesehen wird, sondern nur verschiedene Oberflächen, die alle Licht zurückstreuen; vgl. zu vertieften Analysen Murch u. Woodworth (1978). (c) Eine dritte Gruppe ist die der *Erfahrungstheorien* (vgl. Epstein 1977): Hier werden individuelle Erfahrungen mit dem jeweiligen Wahrnehmungsgegenstand, also Gedächtnisinhalte, für die Zuschreibung konstanter Eigenschaften wie Form, Farbe o. Größe verantwortl. gemacht: Wenn man weiß, dass Tomaten rot sind, wird man diese Eigenschaft später allen Wahrnehmungen zuschreiben, die als Tomaten identifiziert werden können (Kzpt. der *Gedächtnisfarbe*). Ein Erfahrungsansatz scheint aber nicht voll gültig zu sein, da die Helligkeitskonstanz auch bei Objekten mit unbekannter Albedo (Anteil des Lichts, der von einer Oberfläche reflektiert wird), beibehalten wird; vgl. zum Überblick Hochberg (1977); Kebeck (1994); Murch u. Woodworth (1978). (d) Sämtl. Theorien scheinen aber nicht auszureichen, es muss eine aktive Konstruktionstendenz des Wahrnehmungssystems angenommen werden. Unser visuelles System scheint eine Tendenz zu haben, Wahrnehmungsvorlagen als *Objekte* u. *Szenen*, d. h. als räuml. Gesamtsituationen zu interpretieren, u. darin sind W. implizit enthalten; W. wären demnach weniger ein Phänomen der Größen- o. der Formwahrnehmung, sondern eines der → Objektwahrnehmung. Ein ähnl. Erklärungsansatz wurde schon früh von der → Gestalttheorie konzipiert. Bspw. erklärt die Gestalttheorie die W. bei dem Betrachten eines runden Kartons, auf den schräg herabgesehen wird, nicht wie die ältere, elementenhaft orientierte Ps. so, dass unser sinnl. Eindruck ein ovaler sei u. dass wir nur noch durch unsere Erfahrung schlössen, dass der Karton rund sei, vielmehr nimmt die G. an, dass diese Rundheitswahrnehmung primär u. irreduzibel ist. Am Bsp. Farbkonstanz: Wenn ein weißer Karton, der durch Sonnenlicht mit normaler Intensität beleuchtet ist, auch noch in einem Zimmer, abgeschirmt vom Sonnenlicht, gleichermaßen als weiß wahrgenommen wird, obwohl er bis zu 90 % des von ihm reflektierten Lichts verlieren kann, so spielt sich nach der G. folgender Prozess ab: derjenige Farbanteil eines Gegenstandes, welcher auch im übrigen Feld durchgehend erhalten ist, spaltet sich ab, er wird als nicht gegenstandsgebunden erlebt u. der Beleuchtung zugeschlagen (vgl. z. B. Metzger u. Zöller 1971; Zöller 1977).

LIT: Vgl. zsfd. zu den verschiedenen Erklärungsansätzen Kebeck (1994), der insbes. auf den Erklärungsansatz der ökolog. Wahrnehmungstheorie eingeht; zu kulturvergleichender Forschung vgl. Thomas (1993); zur Farbkonstanz vgl. Fuchs (1992); eine tief schürfende Arbeit zu messtheoret. Problemen im Zusammenhang mit dem Phänomen der Größenkonstanz ist Lukas (1996).

◆ Bower, T. G. R.: The visual world of infants. SA 215, 1966, S. 80–92; Campenhausen, C. v.: Die Sinne des Menschen. Stuttgart 1993; Ehrenstein, W. H. u. a.: Zum Problem der Ortskonstanz bei langsamen Augenfolgebewegungen. In: Amelang, M. (Hg.): Bericht über den 35. Kongreß der Dt. Gesellschaft für Ps. in Heidelberg 1986. Göttingen 1987, S. 120ff.; Epstein, W. (Hg.): Stability and constancy in visual perception: Mechanisms and processes. New York 1977; Epstein, W.: Observations concerning contemporary analysis of constancies. In: Epstein (1977); Filehne, W.: Über das opt. Wahrnehmen von Bewegungen. Ztschr. für Sinnesphysiologie 53, 1982, S. 134–145; Foley, J. M.: Depth size and distance in stereoscopic vision. PaP 3, 1968, S. 265–274; Fuchs, H.: Eine experimentelle Untersuchung zur Farbkonstanz. Regensburg 1992; Gelb, A.: Die »Farbenkonstanz« der Sehdinge. In: Bethe, A. u. a. (Hg.): Handbuch der normalen u. patholog. Physiologie, 1. Teil. Berlin 1929; Gilchrist, A. L.: Die Wahrnehmung schwarzer u. weißer Flächen. In: Ritter, M. (Hg.): Wahrnehmung u. visuelles System. Heidelberg 1986, S. 140–148; Hochberg, J. E.: Wahrnehmung. Bern 1977; Hubel, D. H.: Auge u. Gehirn. Heidelberg 1989; Kebeck, G.: Wahrnehmung. Weinheim 1994; Kilpatrick, F. P. u. Ittelson, W. H.: The size-distance invariance hypothesis. PR 60, 1953, S. 223–231; Lukas, J.: Axiomat. Analyse der binocularen Größenkonstanz. In: Amelang, M. (Hg.): Bericht über den 35. Kongreß der Dt. Gesellschaft für Ps. in Heidelberg 1986. Göttingen 1987, S. 121ff.; Lukas, J.: Psychophysik der Raumwahrnehmung. Weinheim 1996; Metzger, W. u. Zöller, W.: Simulierung einer buntfarbigen Beleuchtung durch Gegenstände gleicher Oberflächenformen. In: Contemporary research in psychology of perception. Helsinki 1971; Murch, G. M. u. Woodworth, G. L.: Wahrnehmung. Stuttgart 1978; Rock, I.: In defense of unconscious inference. In: Epstein (1977) S. 321–373; Rock, I.: Wahrnehmung. Heidelberg 1985; Thomas, A. (Hg.): Kulturvergleichende Ps. Göttingen 1993; Wallach, H.: Wahrgenommene Stabilität der Umgebung u. Eigenbewegung. In: Ritter, M. (Hg.): Wahrnehmung u. visuelles System. Heidelberg 1986, S. 114–121; Zöller, W.: Simulierung einer buntfarbigen Beleuchtung. Ein Beitrag zum Problem der Farbkonstanz. PB 19, 1977, S. 463–486.

Wahrnehmungslernen, die im Laufe der Entwicklung u. Erfahrungsbildung sich abspielende Veränderung u. Strukturierung der → Wahrnehmung in Richtung auf eine bessere Aufnahme u. Kodierung der sensor. Informationen. Darunter fallen so heterogene Phänomene wie → Adaptationen, → Nachwirkungen, → Sukzessivkontraste, veränderte Beziehungen zw. den Sinnesmodalitäten, wie sie bei den → Prismenbrillenversuchen auftreten, selektives Erkennen alternativer Ordnungen z. B. bei → Kippfiguren u. Veränderung der → Sinnesschwellen. Zu zahlreichen Bspn. für unterschiedl. Prozesse des W. vgl. Hochberg (1977). Die Frage nach der Rolle der Erfahrung in der visuellen Wahrnehmung ist eines der grundlegenden Probleme der → Wahrnehmungstheorien. Gibson u. Gibson (1955) waren die Forschungsgruppe, die sich in besonderem Maße diesem Problem zugewandt hat. Gem. der im weiten Sinne als *nativist.* zu bezeichnenden gibsonschen Theorie besteht der Einfluss der Erfahrung auf die Wahrnehmung in einer zunehmenden Differenzierung der Reize; vgl. hierzu deutschsprachig Gibson (1973). Eine empirist. Gegenposition hat Postman (1955) vertreten; vgl. auch das Stw. → soziale Wahrnehmung.

◆ Epstein, W.: Varieties of perceptual learning. New York 1967; Gibson, J. J. u. Gibson, E. J.: Perceptual learning: differentiation or enrichment PR 62, 1955, S. 32–41; Gibson, E. J.: Principles of perceptual learning and development. New York 1969; Gibson, J. J.: Die Wahrnehmung der visuellen Welt. Weinheim 1973; Hochberg, J. E.: Wahrnehmung. Einführung in die Ps., 2. Bd. Bern 1977; Postman, L.: Association theory and perceptual learning. PR 62, 1955, S. 438–446.

Wahrnehmungspsychologie. Die Ps. der → Wahrnehmung ist eines der Hauptgebiete der → allgemeinen Psychologie, das im programmat. Selbstbild der Ps. als von größter Wichtigkeit angesehen wird (was sowohl Laien wie Psychologiestudenten immer wieder überrascht, die dieses Thema eher als Aufgabe der Sinnesphysiologie betrachten). Die wissenschaftl. Ps. wurde aber wesentl. durch wahrnehmungsps. Arbeiten begründet, s. hierzu die Stw. → Psychophysik u. → Elementenpsychologie. Aus der Kritik dieser Ansätze entstand die → Gestalttheorie, die eine große wahrnehmungsps. Forschungstradition in Deutschland begründete, die allerdings durch das Dritte Reich u. die damit erzwungene Emigration bedeutender Wahrnehmungstheoretiker unterbrochen worden ist. Im amerikan. Raum wurde in den 20er Jahren durch das Aufkommen des Behaviourismus die Gestalttheorie weitgehend zurückgedrängt, dennoch war die Elaboration des behaviourist. Programms in den nachfolgenden Jahrzehnten immer auch durch eine Auseinandersetzung mit der gestalttheoret. Alternativposition geprägt. Mit der durch den Behaviourismus begründeten Dominanz lern- u. vhstheoret. Probleme wurde auch die Wahrnehmungsforschung reduziert; da die W. aber schon immer eher problem- als schulenorientiert war, hat es dennoch neben dem lernps. geprägten main stream einen kontinuierl. wahrnehmungsps. Strang gegeben. Einen Aufschwung erlebte die W. durch Einflüsse aus der Sozialps., innerhalb derer die Bedeutung nichtsinnl. Faktoren, wie Persönlichkeitseigenschaften sowie motivationaler u. kognitiver Prozesse aufgewiesen worden ist: → soziale Wahrnehmung u. → Personenwahrnehmung. Daraus entstand eine kognitivist.-konstruktivist. Wahrnehmungstheorie, die → Hypothesentheorie der Wahrnehmung, die einen eigenen sozialps. orientierten Strang der W. begründete; man sprach damals vom *new look* der W., in dem Phänomene wie → Wahrnehmungsabwehr u. → Wahrnehmungsakzentuierung erforscht worden sind. Mit dem Aufkommen der → kognitiven Psychologie in den 60er Jahren erlebte auch die W. eine Art Renaissance;

zahlreiche zwischendurch schon fast als Scheinprobleme angesehene wahrnehmungsps. Probleme wurden wieder erforscht u. thematisiert; dies allerdings unter einer kognitivist. Perspektive: Wahrnehmung wird v. a. unter dem Aspekt → Erkennen betrachtet, es werden v. a. Kategorisierungs- u. Identifizierungsprozesse analysiert u. demgem. in stärkerem Maße als früher Gedächtnisprozesse mit einbezogen. Unter dem Leitmotiv → Aufmerksamkeit wird v. a. der selektive Charakter von Wahrnehmungsprozessen erforscht. Zunehmend erfolgt, v. a. im deutschen Raum, eine Integration dieser Ansätze unter dem Leitmotiv einer handlungsorientierten W.; vgl. Prinz (1983) u. Heuer (1983). → Reaktionszeitexperimente u. Prozesse des → visuellen Suchens sind zwei Paradigmen, die im Vordergrund stehen u. sich innerhalb dieser *tätigkeitsorientierten* Perspektive ganz anders darstellen als unter *reizorientierter* Perspektive. Die Lage der W. der Gegenwart ist durch folgende Aspekte zu charakterisieren: Ein Großteil der ps. Wahrnehmungsforschung ist in der kognitiven Ps. aufgegangen, diese Forschung konzentriert sich auf die *ps.* Aspekte, also solche, die in geringerem Maße physiolog. u. neurobiolog. determiniert sind. Wahrnehmungsps. Forschung wird heute nur noch interdisziplinär betrieben, meist, v. a. in Deutschland, eher von physiolog. Seite her, zunehmend auch aus dem Bereich der künstl. Intelligenz, dann meist unter dem Leitmotiv einer allg. → Kognitionswissenschaft in dem Neurophysiologie, Informatik u. Ps. integriert werden sollen; ein entschiedenes u. anhand zahlreicher Bsp. dargelegtes Plädoyer für eine interdisziplinäre Zusammenarbeit findet sich in Frisby (1989). Ein unabhängiger Strang der W. sind wahrnehmungsps. Forschungen innerhalb der angewandten Ps., speziell innerhalb industrieps. Anwendungen; so z. B. zum Thema → Lärm, Arbeitssicherheit u. Ergonomie; vgl. zum Überblick Hoyos u. Zimolong (1990); vgl. auch Guski (1989) u. Kebeck (1994). Ein eigener Strang sind die → Bezugssystemtheorien, hier finden sich auch anwendungsorientierte Forschungen, z. B. bei der Entwicklung von Hörgeräten. Es muss festgestellt werden, dass Deutschland, das Land mit der größten wahrnehmungsps. Tradition, seine dominante Rolle auf diesem Gebiet längst verloren hat u. es nur noch wenige spezialisierte Wahrnehmungsforscher gibt. Kennzeichnend dafür ist, dass es seit Ende der 70er Jahre kein eigenes Lehrbuch der W. mehr gegeben hat, dass die Anfang der 90er Jahre erschienenen zwei Bücher (Guski 1989; Kebeck 1994) eher einführenden Charakter haben, u. dass die wahrnehmungsps. Beiträge für zwei große ps. Buchreihen von ausländ. Autoren geschrieben worden sind (Murch u. Woodworth 1978; Hochberg 1977), was auch für das *Handbuch der Ps.* u. die neue *Enzyklopädie der Ps.* gilt. Zunehmend allerdings werden wahrnehmungsps. Fragestellungen unter einem integrativen kognitionstheoretischen Aspekt thematisiert, v. a. von Forschern aus der ehemaligen Bielefelder Arbeitsgruppe für Kognitionspsychologie; zu nennen ist v. a. Wolfgang Prinz, der ein neu geschaffenes Max-Planck-Institut leitet (für Lit. vgl. das Stw. → Kognitionspsychologie).

LIT: Zur Geschichte der W. vgl. Boring (1942) u. Haber (1985); ein neueres amerikan. Lehrbuch ist Levine u. Shefner (1991); zu den deutschsprachigen Lehrbüchern: ein detaillierter, der Gestalttheorie entstammender Klassiker ist Metzger (1953); das Buch von Wittling (1976) geht sowohl auf ps. wie auch auf physiolog. Aspekte detailliert ein u. berücksichtigt auch patholog. Aspekte; Stadler u. a. (1975) ist einführend u. berücksichtigt v. a. philosoph. u. metatheoret. Aspekte; Kebeck (1994) u. Guski (1989) haben einführenden Charakter u. gehen beide auf Anwendungsaspekte ein; Ewert u. Ewert (1981) ist ein äußerst informationsreiches u. klares Buch, das menschl. u. tier. Wahrnehmungsprozesse parallel darstellt; Hajos (1972) ist ein Lehrbuch, das auf die psychophysikal. Wahrnehmungsforschung beschränkt ist; Schüle (1978) ist kein Lehrbuch, nur eine Aufsatzsammlung zu speziellen wahrnehmungsps. Fragen aus dem Bereich der → Bezugssystemtheorien; ein Klassiker über die Wahrnehmungswelt des Kindes ist Bower (1978); Rock (1985) ist verständl. u. dennoch tief schürfend, mit zahlreichen Abbildungen; sehr praxisfreundl. u. experimentell orientiert ist Falk u. a. (1990), tlw. von hohem Anspruchsgrad; Maelicke (1990) ist einführend, sehr abbildungsorientiert, nicht umfassend, aber anregend; Murch u. Woodworth (1978) ist zwar älter, aber umfassend u. sehr fundiert; Hochberg (1977) ist zwar nicht umfassend, diskutiert aber tief gehend spezielle Probleme; das ältere Handbuch der Ps. (Metzger 1966) hat sehr selektive Schwerpunktsetzungen, ist in vielen Teilen überholt, nach wie vor klass. sind darin die Aufsätze von Metzger u. Rausch, Graumann u. Bischof; der erste Band der *Enzyklopädie der Psychologie* (der bei dieser Lexikonausgabe nicht mehr berücksichtigt werden konnte), stellt die Schwerpunkte der kognitivist. orientierten Wahrnehmungsforschung dar; zum Traditionsbruch der Wahrnehmungsps. u. von ihrer Renaissance im »computist.« Paradigma vgl. Mausfeld, (1991); zu weiteren Lehrbüchern s. das Stw. → Sehen. Zwei neuere (nach Fertigstellung dieses Artikels erschienene) Lehrbücher sind: Goldstein (1997), die deutsche Fassung eines angloamerikan. Standardwerks, ein über viele Jahre hinweg weiterentwickeltes Lehrbuch mit ganz besonderer didaktischer Aufbereitung; Guski (1996) ist unter spezieller Berücksichtigung der Position der ökolog. Wahrnehmungstheorie geschrieben, vergleichbar Guskis älterer Einführung, jedoch anspruchsvoller, systematischer und weiterentwickelt; dieses Buch bietet eine interessante Ergänzung und Alternative zu herkömmlichen Darstellungen.

◆ Allport, F. H.: Theories of perception and the concept of structure. New York 1955; Ammons, C. H. u. Ammons, R. B.: Perception bibliography. PMS 14, 1962 bis 28, 1969 (64 Teile, ein laufendes Verzeichnis der in den Psychological Abstracts referierten Lit. zur Wahrnehmung); Arnheim, R.: Kunst u. Sehen. Berlin 1978; Barz, H.: Psychopathologie u. ihre ps. Grundlagen. Bern 1986; Berger, E. (Hg.): Teilleistungsschwächen bei Kindern. Bern 1977; Bischof, N.: Erkenntnistheoret. Grundlagenprobleme der Wahrnehmungsps. In: Metzger, W. (Hg.): Wahrnehmung u. Bewußtsein. HP, 1. Bd., 1. Hlb. Göttingen 1966, S. 21–78; Blakemore, C.: Mechanics of the mind. New York 1977; Boff, K. R. u. a. (Hg.): Handbook of perception and human performance, 2 Bde. New York 1986; Boring, E. G.: Sensation and perception in the history of experimental psychology. New York 1942; Bower, T.: Die Wahrnehmungswelt des Kindes. Stuttgart 1978; Brickenkamp R. (Hg.): Handbuch apparativer Verfahren in der Ps. Göttingen 1986; Bruce, V. u. Green, P. M.: Visual perception. Physiology, psychology and ecology. London 1985; Bryan, K. G.: Piagets Invarianz, visuelle Wahrnehmungsaktivität u. die Messung von Augenbewegungen. In: Steiner, G. (Hg.): Entwicklungsps. 2. Bd. Weinheim 1984, 758–773; Campbell, B. G.: Entwicklung zum Menschen. Stuttgart 1979; Campenhausen, C. v.: Die Sinne des Menschen. Stuttgart 1993; Carterette, E. C. u. Friedman, M. P. (Hg.): Handbook of perception, 1. Bd. New York 1974; Carterette, E. C. u. Friedman, M. P. (Hg.): Handbook of perception, 9. Bd., New York 1978, S. 359–384; Corn, A. L.: Visual function: a theoretical model for individuals with low vision. Journal of Visual Impairment and blindness 77, 1983, S. 373–377; Cornsweet, T. N.: Visual perception. New York 1970; Cruickshank, W. M. (Hg.): Perceptual and learning disabilities in children. Syracuse 1975; Davidoff, J. B.: Differences in visual perception: the individual eye. New York 1975; Dember, W. N. (Hg.): Visual perception: the nineteenth century. New York 1964; Deutscher, M.: Some questions in the philosophy of mind. In: Carterette, E. C. u. Friedman, M. P. (Hg.): Handbook of Perception, 1. Bd. New York 1974, S. 57–74; Ditfurth, H. v.: Der Geist fiel nicht vom Himmel. Hamburg 1976; Dretske, F. I.: Seeing and knowing. London 1969; Drösler, J.: Figurale Wahrnehmung doch additiv? ZEAP 33, 1986, S. 351–360; Earhard, B.: Association, and the nativist empiricist axis. In: Carterette, E. C. u. Friedman, M. P. (Hg.):

Handbook of perception, 1. Bd., New York 1974, S. 93–108; ELLIS, A. u. YOUNG, A.: Einführung in die kognitive Neurops. Bern 1991; EMMETT, K. u. a.: Perception: an annotated bibliography. New York 1976; EMRICH, H. M.: Phantasie, Traum u. Halluzination. In: MAELICKE (1990) S. 159–174; ENNENBACH, W.: Bild u. Mitbewegung. Köln 1991; ERDELYI, M. H.: A new look at the New look: perceptual defense and vigilance. PR 81, 1974, S. 1ff.; EWERT, J. P. u. EWERT, S.: Wahrnehmung. Heidelberg 1981; FALK, D. S. u. a.: Ein Blick ins Licht. Berlin 1990; FINKE, R. A.: Bildhaftes Vorstellen u. visuelle Wahrnehmung. In: RITTER, M. (Hg.): Wahrnehmung u. visuelles System. Heidelberg 1986, S. 178–187; FIRTH, R.: Sense experience. In: CARTERETTE, E. C. u. FRIEDMAN, M. P. (Hg.): Handbook of Perception, 1. Bd. New York 1974, S. 4–18; FRISBY, J. P.: Opt. Täuschungen. Augsburg 1989; FRISBY, J. P.: Seeing. New York 1979; FRÖHLICH, A. D. (Hg.): Wahrnehmungsstörungen u. Wahrnehmungsförderung. Heidelberg 1992; FROSTIG, M.: The role of perception in the integration of psychological functions. In: CRUICKSHANK, W. M. u. HALLAHAN, D. P. (Hg.): Perceptual and learning disabilities in children. New York 1975; FROSTIG, M. u. MASLOW, P.: Grundlagen der Förderung von Kindern mit minimaler cerebraler Dysfunktion. In: HAUPT, U. u. JANSEN, G. W. (Hg.): Pädagogik der Körperbehinderten. Handbuch der Sonderpädagogik, 8. Bd., Berlin 1983; GIBSON, E. u. SPELKE, E.: The development of perception. In: FLAVELL, J. u. MARKMAN, E. (Hg.): Handbook of child psychology, 3. Bd. Cognitive development. New York 1983, S. 1–76; GOLDSTEIN, E. B.: Sensation and perception. Belmont 1984; GOLDSTEIN, E. B.: Wahrnehmungsps. Heidelberg 1997; GORDON, I. E.: Theories of visual perception. Chichester 1989; GREGORY, R. L.: Choosing a paradigm for perception, 1. Bd. In: CARTERETTE, E. C. u. FRIEDMAN, M. P. (Hg.): Handbook of perception, 1. Bd., New York 1974, S. 255–284; GREGORY, R. L.: Illusions and halluzinations. In: CARTERETTE u. FRIEDMAN (1978) S. 337–358; GRÜSSER, O. J.: Interaction of efferent and afferent signals in visual perceptions. A history of ideas and experimental paradigmas. In: BOWHUIS, D. G. u. a. (Hg.): Sensory motor interactions in space perception and action. Amsterdam 1986, S. 3–21; GUSKI, R.: Wahrnehmung. Stuttgart 1989; GUSKI, R.: Wahrnehmen. Stuttgart 1996; HABER, R. N. u. HERSHENSON, M.: The psychology of visual perception. New York 1973; HABER, R. N.: Perception: A one-hundred-year perspective. In: KOCH, S. u. LEARY, D. (Hg.): A century of psychology as science. New York 1985, S. 250–281; HAJOS, A.: Wahrnehmungsps. Psychophysik u. Wahrnehmungsforschung. Stuttgart 1972; HAKEN, H. u. HAKEN-KRELL, M.: Erfolgsgeheimnisse der Wahrnehmung. Berlin 1994; HARMAN, G.: Epistemology. In: CARTERETTE, E. C. u. FRIEDMAN, M. P. (Hg.): Handbook of Perception, 1. Bd. New York 1974, S. 41–56; HEBB, D. O.: The organization of behaviour. New York 1949; HELD, R. u. RICHARD, W. (Hg.): Perception: mechanisms and models. San Francisco 1972; HEUER, H.: Bewegungslernen. Berlin 1983; HOCHBERG, J.: Nativism and empirizism in perception. In: POSTMAN, L. (Hg.): Psychology in the making. New York 1964; HOCHBERG, J. E.: Wahrnehmung. Einführung in die Ps., 2. Bd. Bern 1977; HOLLE, B.: Die motor. u. perzeptuelle Entwicklung des Kindes. Weinheim 1996 (4. Aufl.); HOYOS, C. GRAF u. ZIMOLONG, B. (Hg.): Ingenieurps. EP, D, III, 2. Bd. Göttingen 1990 (v. a. Kap. 4 u. 5); HUBEL, D.: Auge u. Gehirn. Neurobiologie des Sehens. Heidelberg 1989; IRRGANG, A.: Lehrbuch der evolutionären Erkenntnistheorie. München 1993; JETTER, K.: Kindl. Handeln u. kognitive Entwicklung. Bern 1975; KANDEL, E. R. u. a. (Hg.): Neurowissenschaften. Heidelberg 1996; KEBECK, G.: Wahrnehmung. Weinheim 1994; KELLER, H. u. MEYER, H.-J.: Ps. der frühesten Kindheit. Stuttgart 1982; KLIX, F.: Die Natur des Verstandes. Göttingen 1992; KOFFKA, K.: Principles of Gestalt psychology. New York 1935; LASHLEY, K. S.: Brain mechanisms and intelligence. Chicago 1929; LEVINE, M. W. u. SHEFNER, J. M.: Fundamentals of sensation and perception. Belmont 1991; LISON, E.: Wissen u. Sehen. In: HEYER, G. u. a. (Hg.): Wissensarten u. ihre Darstellung. Berlin 1988, S. 194–216; LIVINGSTONE, M. u. D.: Segregation of form, colour, movement, and depth: anatomy, physiology, and perception. Science 240, 1988, S. 740–749; MAELICKE, A. (Hg.): Vom Reiz der Sinne. Weinheim 1990; MARR, D.: Vision: a computational investigation into the human representation and processing of visual information. San Francisco 1982; MAUSFELD, R.: Vom Traditionsbruch der Wahrnehmungsps. u. von ihrer Renaissance im »computist.« Paradigma. In: FREY, D. (Hg.): Bericht über den 37. Kongreß der Dt. Ges. f. Ps. in Kiel 1990. Göttingen 1991, S. 342–350; METZGER, W.: Gesetze des Sehens. Frankfurt/M. 1953 (2. Aufl.); METZGER, W. (Hg.): Wahrnehmung u. Bewußtsein. HP, 1. Bd., 1. Hlb. Göttingen 1966; MICHAELS, C. F. u. CARELLO, C.: Direct perception. Englewood Cliffs 1981; MURCH, G. M.: Visual and auditory perception. Indianapolis 1973; MURCH, G. M. u. WOODWORTH, G. L.: Wahrnehmung. Stuttgart 1978; NEISSER, U.: Kognitive Ps. Stuttgart 1974 (Orig.: 1967); PIRENNE, M. H.: Optics, painting, and photography. Cambridge 1970; PIROZZOLO, F. J.: Disorders of perceptual processing. In: CARTERETTE u. FRIEDMAN (1978) S. 359–384; POECK, K. (Hg.): Klin. Neurops. Stuttgart 1982; PÖPPEL, E.: Midbrain mechanisms in human vision. In: PÖPPEL, E. u. a. (Hg.): Neuronal mechanisms in visual perception. Neuroscience Research Programm bulletin 15/3, MIT Press, Cambridge 1977, S. 335–343;

PRINZ, W.: Wahrnehmung u. Tätigkeitssteuerung. Berlin 1983; PRINZ, W.: Wahrnehmung. In: SPADA, H. (Hg.): Lehrbuch Allgemeine Ps. Bern 1990, S. 25–114; PRINZ, W. u. a.: Handlungen als Ereignisse. In: DÖRNER, D. u. VAN DER MEER, E. (Hg.): Das Gedächtnis. Göttingen 1995, S. 129–168; RAUSCH, E.: Bild u. Wahrnehmung. Frankfurt/M. 1982; REISMAN, J.: Touch, motion, and proprioception. New York 1987; RITTER, M. (Hg.): Wahrnehmung u. visuelles System. Heidelberg 1986; ROCK, I.: An introduction to perception. New York 1975; ROCK, I.: Wahrnehmung. Heidelberg 1985; ROCK, I.: Figuren, die man wahrnimmt, ohne sie zu sehen. In: RITTER (1986) S. 158–167; ROCK, I. (Hg.): The perceptual world. New York 1990; ROUFS, A. J.: Dynamic properties of vision. VR 14, 1974, S. 853–1869; SALAPATEK, P. u. COHEN, L. (Hg.): Handbook of infant perception, 1. Bd. New York 1987; ROZEBOOM, W. W.: The learning tradition. In: CARTERETTE, E. C. u. FRIEDMAN, M. P. (Hg.): Handbook of perception, 1. Bd., New York 1974, S. 212–243; SCHARFETTER, C.: Allg. Psychopathologie. Stuttgart 1976; SCHIFF, W.: Perception: an applied approach. Boston 1980; SCHIFFMAN, R. H.: Sensation and perception. New York 1982; SCHNEIDER, G.: Two visual systems: brain mechanisms for localization and discrimination are dissociated by dectal u. cortical lesions. Science 163, 1969, S. 895–902; SCHÜLE, W. (Hg.): Wahrnehmungsps. Frankfurt/M. 1978; SCHURIAN, W.: Ps. ästhet. Wahrnehmung. Opladen 1986; SCHWEIZER, K.: Kognitive Korrelate der Intelligenz. Göttingen 1995; SPILLMAN, L. u. WERNER, J. S.: Visual perception: The neurophysiological foundations. San Diego 1990; STADLER, M. u. a.: Ps. der Wahrnehmung. München 1975; STYLES, E. A. u. ALLPORT, D. A.: Perceptual integration of identity, location and colour. PRes 48, 1986, S. 189–200; TEUBER, H. L.: Wahrnehmung, Willkürbewegung u. Gedächtnis. Studium Generale 22, 1969, S. 1135–1178; TEUBER, H. L.: The brain and human behaviour. In: HELD, R. u. a. (Hg.): Perception. New York 1978, S. 879–920; THOMAS, A. (Hg.): Kulturvergleichende Ps. Göttingen 1993; THOMSON, M. C. u. MASSARO, D. W.: The role of visual information and redundancy in reading. JExP 98, 1973, S. 49–54; TREVARTHEN, C. B.: Modes of perceiving and modes of acting. In: PICK, H. u. SALTZMAN, E. (Hg.): Modes of perceiving and processing information. Hillsdale 1978; ULLMAN, S.: Against direct perception. BBS 3, 1980, S. 373–415; VERNON, M. D. (Hg.): Experiments in visual perception. Harmondsworth 1966; VOLLMER, G.: Was können wir wissen?, 2 Bde. Stuttgart 1988; VONÈCHE, J.: Die Wahrnehmungstheorie Piagets. In: STEINER, G. (Hg.): Entwicklungsps. 2. Bd. Weinheim 1984, S. 736–758; VURPILLOT, E.: The developmental emphasis. In: CARTERETTE, E. C. u. FRIEDMAN, M. P. (Hg.): Handbook of Perception, 1. Bd. New York 1974, S. 364–375; WILKENING, F.: Zur Rolle des Wissens in der Wahrnehmung. In: MANDL, H. u. SPADA, H. (Hg.): Wissensps. München 1988; WITTLING, W.: Einführung in die Ps. der Wahrnehmung. Hamburg 1976; WOLFF, P.: Wahrnehmungslernen durch Blickbewegungen. In: NEUMANN, O.: Perspektiven der Kognitionsps. Berlin 1985, S. 63–113; YOST, R. M.: Some philosophical problems of perception. In: CARTERETTE, E. C. u. FRIEDMAN, M. P. (Hg.): Handbook of Perception, 1. Bd. New York 1974, S. 19–40; ZTSCHR.: Perception and Psychophysics, Vision Research.

Wahrnehmungstäuschungen

[auch *visuelle Illusionen, opt. Täuschungen*], Wahrnehmungsphänomene, bei denen die Wahrnehmung anders ausfällt, als man von der objektiven Vorlage her erwartet; die Größe der Täuschung heißt *Täuschungsbetrag*. Die wichtigsten W. sind die → geometrisch-optischen Täuschungen. I. w. S. fallen unter W. → Bewegungstäuschungen u. alle → Nachwirkungen, auch die → amodalen Ergänzungen u. → subjektiven Konturen. Neuere Bsp. sind die sog. → unmöglichen Figuren. Bes. die → transaktionalistische Wahrnehmungstheorie hat W. herausgearbeitet, v. a. den → Ames-Raum; s. a. die Stw. → Heringsches Gitter; → Springersche Linien; → Frasers Spriale; → Craik-Cornsweet-O'Brien-Täuschung; → Botti-Täuschung. Die paradigmat. Bsp. für W. sind, wie die geometr. opt. Täuschungen, meist zweidimensional, obgleich sie auch im dreidimensionalen Raum grundsätzl. möglich sind. Hierbei müsste eine vollständige dreidimensionale Szene eingerichtet werden u. der Beobachter müsste auf eine einzige Blickposition festgelegt sein, da es nahezu unmögl. ist, das visuelle System zu täuschen, wenn beide Augen frei bewegt werden können; s. Abb. *Wahrnehmung 34*: Abb. (a) zeigt die Szene aus der täuschenden Perspektive, (b) zeigt sie

Abb. *Wahrnehmung 34a*

Abb. *Wahrnehmung 34b*

aus »entlarvender« Perspektive (entnommen aus dem Lehrbuch der feministischen Wahrnehmungs-Ps. von Maelicke 1990). Zu ps. Aspekten von Trompe-l'oeil-Malerei vgl. Shepard (1991). Ein interessanter Aufsatz über kognitive u. opt. Täuschungen ist Hell (1993).

◆ CAMPENHAUSEN, C. v.: Die Sinne des Menschen. Stuttgart 1993; COREN, S. J. u. GIRGUS, J.: Seeing is deceiving: the psychology of visual illusions. Hillsdale 1978; FRISBY, J. P.: Opt. Täuschungen. Augsburg 1989; HELL, W.: Kognitive u. opt. Täuschungen. In: HELL, W. u. a. (Hg.): Kognitive Täuschungen. Heidelberg 1993, S. 317–324; MAELICKE, A. (Hg.): Vom Reiz der Sinne. Weinheim 1990; SCHOBER, H. u. RENTSCHLER, I.: Das Bild als Schein der Wirklichkeit. Opt. Täuschungen in Wissenschaft u. Kunst. München 1972; SHEPARD, R. N.: Einsichten u. Einblicke. Illusion u. Wahrnehmungskonflikte in Zeichnungen. Heidelberg 1991.

Wahrnehmungstheorien. Die Theorien, die zur Erklärung der im Forschungsbereich → Wahrnehmung auftretenden Probleme entwickelt worden sind, lassen sich in folgende (tlw. sich überlappende) Hauptgruppen bzw. Gegensatzpaare einordnen: (1) → *Elementarismus* vs. → *Holismus*: Elementarist. Ansätze sehen Wahrnehmung als eine Eins-zu-eins-Abbildung, bei der die Elemente des Reizangebotes sozusagen ihre Identität nicht verlieren. Demgegenüber betont die → Gestalttheorie, als klass. Bsp. für holist. Ansätze, dass Wahrnehmung immer von → Kontexteffekten geprägt wird, immer die Wahrnehmung von → Ganzheiten bzw. von → Gestalten u. somit *übersummativ* ist, was z. B. daran zu erkennen ist, dass bestimmte Elemente, nach denen eine Abbildung abgesucht werden soll, unter bestimmten Umständen äußerst schwer herauszulösen sind (→ Gestaltbindung). Gegen den Elementarismus sprechen auch → Wahrnehmungstäuschungen u. die → Wahrnehmungskonstanzen, die nicht auftreten dürften, wenn Empfindungen ledigl. »summiert« würden. V. a. die auf dem Gebiet der → Formwahrnehmung u. →

Bewegungswahrnehmung auftretenden Diskrepanzen zw. objektivem Reiz u. subjektiver Repräsentation sind so stark, dass ein enger Elementarismus schon lange nicht mehr als haltbar erscheint; vgl. allerdings Drösler (1986). Eine Auseinandersetzung mit der elementarist. Wahrnehmungsps. findet sich in Hochberg (1977). Auf eine andere Weise »elementarist.« sind viele moderne W., indem sie die → Modularität der Wahrnehmung betonen; hieraus ergibt sich das → Bindungsproblem. (2) → *Mechanismus* vs. → *Konstruktivismus*: Die Elementenps. u. daran anschließende Richtungen sehen Wahrnehmung als einen quasi automat., also *mechan.* Prozess, als eine »Abbildung« i. e. S., während konstruktivist. Ansätze, typischerweise die Gestalttheorie, aber auch die modernen kognitiven W. (s. u.) das *produktive* Moment der Wahrnehmung hervorheben, in der immer Aspekte enthalten sind, die nicht im Reizangebot vorhanden waren. Die Vorstellung, dass Wahrnehmung eher konstruktiv als reziptiv sei, geht zurück auf Brentanos *Aktps.*, Bergsons *kreative Synthese* u. wird auch von W. James vertreten; Neisser verwendet den Begriff der *figuralen Synthese*. Eine konstruktivist. Wahrnehmungstheorie, die insbes. die Bedeutung von Augen- bzw. Blickbewegungen betont, ist die der → genetischen Epistemologie; vgl. zum Überblick Vonèche (1984) u. Bryan (1984). (3) Unter anderem terminolog. Aspekt kann man diesen Gegensatz auch thematisieren als: → *Reiztheorien* vs. → *Verrechnungstheorien* u. *kognitiv-konstruktivist. Theorien*. Mechanist. Theorien sind meist *Reiztheorien*, die Wahrnehmung als eine psychophysikal. Transformation des Reizes ansehen, wie dies klassischerweise die → Psychophysik tut. Die *Reizrelationstheorien* sind eine Weiterentwicklung dieses Ansatzes v. a. zur Erklärung der → Wahrnehmungskonstanzen. Sie gehen zwar ebenfalls von einer weitgehend direkten Wahrnehmung aus, berücksichtigen jedoch auch höhere Invarianten, ein Ansatz, der in der → ökologischen Optik elaboriert worden ist. Auch die moderne Stufentheorie der → Informationsverarbeitung, die im Gefolge der → Subtraktionsmethode bzw. der → Additive-Faktoren-Methode konzipiert worden ist, entspricht grundsätzl. noch diesem Modell. Die kognitiv-konstruktivist. Theorien dagegen nehmen an, dass bei Wahrnehmungsprozessen immer »zusätzl.« Informationsverarbeitungsprozesse mit einfließen; schon die *Zeichentheorie* von v. Helmholtz mit dem Zentralkzpt. der → unbewussten Schlüsse ist eine solche *Deduktionstheorie*. Während diese Theorie aber immer noch auf einer i. w. S. des Wortes *empirist.* Basis beruht, dergestalt, dass Wahrnehmungen zwar »verrechnet« (*Verrechnungstheorie*), aber nicht produktiv angereichert werden, sprengen gestalttheoret. Ansätze diesen empirist. Ansatz ganz grundsätzl.: für sie ist der Reiz nur Auslöser eigenständiger »Formgebungs-Prozesse« (s. o.). (4) Der Gegensatz von *Mechanismus* u. *Konstruktivismus* entspricht tlw. dem Gegensatz von → *Peripheralismus* vs. *Zentralismus*: v. a. mechanist. Theorien greifen lieber auf lokale Mechanismen, z. B. in der Netzhaut, in frühen Stadien der neuronalen Verarbeitung o. auch auf → Augenbewegungen zurück, während konstruktivist. Theorien immer cortikale Prozesse implizieren (s. hierzu die Stw. → Maskierung; → Farbwahrnehmung; → Formwahrnehmung; → Raumwahrnehmung; → Stereopsis; → Kontrasteffekte; → Wahrnehmungskonstanzen; → amodale Ergänzungen); vgl. hierzu Rock (1985, S. 188ff.). (5) Die modernen *kognitivist.* Theorien: Während die Gestalttheorie diese produktiven Aspekte der Wahrnehmung v. a. durch eine hypothet. Neurophysiologie zu fundieren versucht (s. d.), postulieren die modernen Wahrnehmungstheorien v. a. eine Interaktion von Wahrnehmung mit Gedächtnis- u. Denkprozessen: → Hypothesentheorie der Wahrnehmung; → Schema-Theorien. Allg. lassen sich die modernen kognitivist. Ansätze als eine *bedeutungsorientierte* Wahrnehmungsforschung kennzeichnen, bei der das Wahrnehmungsparadigma immer mehr in das Thema → Erkennen übergeht. Des Weiteren wird innerhalb dieses Ansatzes in ganz besonderem Maße der selektive Charakter von Wahrnehmung thematisiert; → Aufmerksamkeit. Zum Überblick über die kognitivist. Wahrnehmungstheorien vgl. Kebeck (1994). (6) → *Strukturalismus* vs. → *Funktionalismus*: Ersterer Zugang ist der aus der Tradition des klass. Elementarismus stammende Ansatz, der Wahrnehmung v. a. in ihrer Abbildfunktion, losgelöst von der Handlungssteuerung, betrachtet, während der Funktionalismus davon ausgeht, dass man Wahrnehmungsprozesse nur verstehen kann, wenn man ihre *Funktion* im Rahmen von Gesamtbewegungs- bzw. Handlungsprozessen betrachtet. In dieser funktionalist. Tradition stehen so unterschiedl. Theorien wie die ökolog. Optik, der → probabilistische Funktionalismus, die → transaktionalistische Wahrnehmungstheorie, das Kzpt. des → Wahrnehmungszyklus u. viele Theorien zur → sozialen Wahrnehmung, auch die feldtheoret. Weiterentwicklung der Gestalttheorie kann man hierunter einordnen (→ Feldtheorie). Schon innerhalb der älteren → Lerntheorie finden sich funktionalist. Ansätze innerhalb von Tolmans → Zeichen-Gestalttheorie u. seinem Kzpt. der → kognitiven Landkarte. Funktionalist. Ansätze thematisierten schon immer in starkem Maße das Thema der → intersensorischen Koordination, bes. die neuere dt. Wahrnehmungsps. hebt diesen Zusammenhang von Wahrnehmung u. Tätigkeitssteuerung hervor (vgl. Prinz 1983); s. a. das Stw. → Motortheorien. (7) → *Empirismus* vs. → *Nativismus*: Empirist. Theorien nehmen an, dass die durch die Sinnesorgane vermittelten Informationen sozusagen auf eine *tabula rasa* treffen u. dort gem. elementarist. u. mechanist. Leitprinzipien verarbeitet werden. Nichts sei in der Wahrnehmung, was nicht auch im Reizangebot enthalten ist, höhere Prozesse müssten demgemäß lerntheoret. analysiert werden (→ Wahrnehmungslernen). Speziell auch die intersensor. Koordination ist ein Prozess, der gelernt werden muss, ebenso die Raumwahrnehmung. Zum Überblick über die behaviourist. Ansätze, die immer einen Empirismus enthalten, jedoch im Bereich der W. von geringerer Bedeutung sind, vgl. Rozeboom (1974). Nativist. Ansätze dagegen heben hervor, dass Wahrnehmungsprozesse immer eine erhebl. Menge an Information u. Struktur enthalten, die nicht im Reizangebot enthalten sind, so dass angeborene A-priori-Strukturen vorausgesetzt werden müssen; s. hierzu die Stw. → Raumwahrnehmung; → Bewegungswahrnehmung; → Formwahrnehmung. Dieses klass. Thema der Philosophie wird auch durch die Ergebnisse der modernen W. im Bereich der → künstlichen Intelligenz verdeutlicht, die herausgearbeitet haben, wie viel an realweltl. Wissen man zur Analyse auch einfacher fotograf. Vorlagen braucht; s. a. das Stw. → computer vision; vgl. auch → Sprache u. → Sprachrezeption. Im Sinne einer evolutionären Erkenntnistheorie werden diese A-priori-Strukturen als im Rahmen der biolog. Evolution erworbene u. zum Überlebenswert beitragende Strukturen verstanden; vgl. hierzu Irrgang (1993). Unter den neueren W. lassen sich Rock (1975) als eher nativist., Haber u. Hershenson (1973) als weitgehend empirist. orientiert bezeichnen. Ein Überblick ist Hochberg (1964); vgl. zum Nativismus-Empirismus-Gegensatz auch Earhard (1974). Die neuere Ps. sieht auch diesen Gegensatz als weitgehend auflösbar an: Zwar gibt es angeborene Wahrnehmungskomponenten, sie stellen aber nur ein Potential dar, das entwickelt werden muss, um wirksam werden zu können (→ sensorische Deprivation; → Sehen). (8) Eine eigene Gruppe von W., die aus einer von der akadem. Ps. weitgehend unabhängigen Tradition heraus entstanden sind, sind W. aus dem Bereich der Psychopathologie u. Psychiatrie; vgl. hierzu Barz (1986) u. Scharfetter (1976); zu wahrnehmungsps. Aspekten von Illusion u. Halluzination vgl. Gregory (1978); zu neurops. Wahrnehmungsstörungen vgl. Pirozzolo (1978); im Bereich der Heilpädagogik bzw. Sonderpädagogik ist v. a. Frostig (1975) wichtig geworden; vgl. Frostig u. Maslow (1983); ein umfassendes Modell aus dem Bereich der Blinden- u. Sehgeschädigtenpädagogik stammt von Corn (1983); vgl. auch Jetter (1975); Cruickshank (1975); zu Wahrnehmungsstörungen u. Wahrnehmungstraining bei Körperbehinderten vgl. Fröhlich (1992).

Wahrnehmungsps. Theorien können in drei Sprachen gefasst werden: Sprache der *Phänomendeskription*, der *Physiologie* u. der *Verhaltensdeskription*: Die Gestalttheorie legt den Schwerpunkt auf die Phänomendeskription, behaviourist. Ansätze auf die Verhaltensdeskription; Wundt kombinierte Physiologie u. Phänomendeskription, K. Lashley (1929) u. D. Hebb (1949) Physiologie u. Verhaltensdeskription; vgl. hierzu Prinz (1990). Eine weitere Ebene ist die der Physik, die eine große Rolle v. a. innerhalb der → Farbwahrnehmung spielt; v. a. die Theorien von v. Helmholtz beinhalten eine Mischung der physikal. u. der physiolog. Ebenen. Auf einer eigenen, bis heute noch nicht genau verstandenen u. geklärten Dimension liegen die sowohl neurobiolog. wie Informationsverarbeitungs-orientierten Theorien des → Konnektionismus.

Innerhalb der modernen W. haben die o. g. Gegensätze der Schulen an Bedeutung verloren; zunehmend sieht man z. B. den Gegensatz von Empirismus u. Nativismus, den zw. ganzheitl. u. elementarist. Ansätzen, wie auch den von reizorientierten u. konstruktivist. Ansätzen als empir. Problem an, das für jede Wahrnehmungsart u. für jeden Teilprozess gesondert bestimmt werden muss. Es ist ein zu erforschendes Detailproblem, welche Prozesse der Wahrnehmung eher mechanist. u. reizorientiert ablaufen bzw. zu analysieren sind u. welche eher »produktiv« sind u. demgem. eher konstruktivist. zu analysieren sind – die Theorien von Hochberg (1977) u. Rock (1985) enthalten sowohl Elemente der Reizrelationstheorien, der Deduktionstheorien, als auch der konstruktivist. Theorien. Auch die → Bezugssystemtheorien sind einerseits aus psychophysikal. Geiste erwachsen, berücksichtigen aber gleichzeitig kognitive Prozesse. Ebenso lässt sich die → Informationsintegrationstheorie als Weiterführung der Verrechnungstheorien verstehen, die gleichzeitig aber auch kognitivist. (wie auch ökolog. u. funktionalist.) Aspekte enthält. Auch die sog. → computationalen Wahrnehmungstheorien stehen einerseits in kognitivist. Tradition, andererseits greifen sie viele Elemente der älteren Reiztheorien auf: durchaus komplexe Wahrnehmungsprozesse werden als direkt u. reizdeterminiert gesehen, sie benötigen wenig Vorwissen, sind → datengetrieben (→ Primärskizze), während auf höheren Stufen, v. a. der *Szenenanalyse*, → konzeptgetriebene Verarbeitungsprozesse einsetzen müssen. Überhaupt sind diese Gegensätze auf der Ebene der Lehrbücher u. »Streitschriften« immer überbetont worden, während die Detailanalysen, die innerhalb der verschiedenen Schulen durchgeführt worden sind, nur partiell diesen idealisierten Gegensätzen entsprochen haben. Allg. lässt sich sagen, dass es innerhalb der Wahrnehmungsps. weniger als z. B. innerhalb der Lernps. die großen, sozusagen »ideolog.« Theorien gegeben hat; in der Wahrnehmungsps. waren die *domainorientierten* Theorien von größerer Bedeutung, u. die zweite Bedeutung des Begriffes *W.* zielt auf diese problemorientierten Theorien, also z. B. W. der Farb-, Bewegungs, Tiefen-, Formwahrnehmung etc.

VD: Die wahrnehmungstheoret. Probleme führen auf v. a. drei erkenntnistheoret. Grundprobleme: das *Differenzierungsproblem*, das *Lokalisationsproblem* u. das *Repräsentationsproblem*; (a) das Differenzierungsproblem betrifft die Frage, wie ein Organismus zw. sich selbst u. seiner Umgebung unterscheiden lernen kann. (b) Das Lokalisationsproblem betrifft in seiner traditionellen Fassung die Frage, wie es kommt, dass die dem Nicht-Ich-Bereich zugeordneten Gegebenheiten außerhalb des Ichs lokalisiert werden; vgl. hierzu Grüsser (1986). (c) Das Repräsentationsproblem betrifft die Frage, wie es kommt, dass wir das, was wir von uns selbst u. unserer Umgebung wahrnehmen, ausgerechnet in Form distaler Ereignisse in Raum u. Zeit wahrnehmen u. nicht etwa in Form der zugrunde liegenden zentralen Gehirnprozesse o. der proximalen Stimulationsprozesse an den Sinnesorganen (vgl. Prinz u. a. 1995).

LIT: Ein klass. Überblick über die W. ist Allport (1955); ein neuerer Gordon (1989); einen Überblick über die W. im 19. Jahrhundert gibt Dember (1964); zu philosoph. Aspekten vgl. Firth (1974); Yost (1974); Harman (1974); Deutscher (1974); Vollmer (1988); ein vergleichender Überblick über W. anhand ihrer Fähigkeit, zehn Grundfragen des Bereichs Wahrnehmung beantworten zu können, ist Gregory (1974); zu entwicklungsps. Ansätzen vgl. Vurpillot (1974); zu einem wahrnehmungstheoret. Ansatz aus Sicht der Synergetik vgl. Haken u. Haken-Krell (1994).

◆ → Wahrnehmungspsychologie.

Wahrnehmungs- und Urteilstendenzen [auch *Antworttendenzen*]. Bei der Beurteilung von physikal. o. sozialen Reizen treten häufig bestimmte W. u. U. auf, die dann meistens zu *Urteilsfehlern* bzw. Urteilsverzerrungen führen. Zwei ganz grundlegende Tendenzen sind die »Ja-Sage-Tendenz« u. die »Nein-Sage-Tendenz«; daneben gibt es auch Vpn, die bevorzugt mit »weiß nicht« antworten. Zur Analyse dieser Tendenzen werden *Fangfragen* (*catch trials*) eingesetzt: bei einigen Versuchen wird kein Reiz dargeboten. So wird die Vp »ertappt«, die eine Tendenz hat, mit »Ja« zu antworten; die eigentl. →

Sinnesschwelle wird dann geschätzt, indem die Häufigkeit »falscher Alarme« verrechnet wird. Analog verfährt man, um »Nein-Sager« zu identifizieren; Weiteres → Signalentdeckungstheorie.

Eine grundsätzl. Klassifikation von Urteilsfehlern ist: (a) *konstanter Urteilsfehler* – das Urteil weicht systemat. vom objektiven Wert ab. Solche Fehler liegen in der speziellen Versuchsanordnung begründet o. in der Natur der untersuchten Prozesse selbst. Der → Zeitfehler ist ein Bsp. hierfür. (b) *Variabler Fehler* – das Urteil eines einzelnen Versuchsdurchgangs weicht vom konstanten Fehler ab.

Andere Urteilsfehler sind der → Halo-Effekt u. die → *Tendenz zur Mitte*. Die Tendenz zu *Extremen* hin ist eine Verschiebung der Streuung der Beurteilungswerte zu den Extremen. Es gibt auch einen *Milde-Fehler* (auch *Nachsichtseffekt*, *error of leniency*): die Verschiebung der Beurteilung in Richtung auf positive Werte, d. h. also die Tendenz, bekannte Untersuchungsobjekte günstiger als unbekannte einzuschätzen, während der Strenge-Fehler (*error of severity*) darin besteht, dass Werte in der Nähe des negativen Skalenendes bevorzugt werden. Weitere grundlegende Urteilstendenzen sind → Reihenfolge-Effekte; vgl. auch die im Stw. → Artefaktforschung dargestellten Verzerrungstendenzen ps. Experimente; vgl. auch die Stw. → Attributionsfehler, → Projektion, → implizite Persönlichkeitstheorien, Vorurteile u. Stereotypen. Alle diese Tendenzen spielen eine wichtige Rolle in der → Psychophysik u. bei der → sozialen Wahrnehmung, v. a. bei der → Eindrucksbildung bzw. → Personenwahrnehmung.

LIT: Zu prakt. Bspn. solcher Tendenzen bei der Mitarbeiterbeurteilung vgl. Schuler (1978) u. Brandstädter (1970).

◆ Brandstätter, H.: Die Beurteilung von Mitarbeitern. In: Mayer, A. u. Herwig, B. (Hg.): Betriebspsychologie. HP, 9. Bd. Göttingen 1970, S. 668–734; Guttmann, G. (Hg.): Allg. Ps., experimentalps. Grundlagen. Wien 1992; Haubensak, G.: Zur Theorie der Zeitfehler. ZEAP 26, 1979, S. 261–273; Schuler, H.: Leistungsbeurteilung in Organisationen. In: Mayer, A. (Hg.): Organisationsps. Stuttgart 1978, S. 137–169.

Wahrnehmungszeit → Zeitwahrnehmung.

Wahrnehmungszyklus, eine → Wahrnehmungstheorie von Neisser (1979), ein kognitivist. u. ökolog. orientiertes Modell mit folgender zentraler Annahme: → Wahrnehmung stellt einen *zykl.*, sich wiederholenden Prozess aus Antizipation, Auswahl von Information u. Modifikation von → Schemata dar. Schemata als Gedächtnisspuren früherer Wahrnehmungen haben die Funktion, Wahrnehmungsinhalte anhand erster sensor. Informationen zu antizipieren, also *Hypothesen* zu bilden u. auf diese Weise die Auswahl für Informationen zu steuern, wodurch die Hypothesen getestet werden, woraus dann weitere neue Suchprozesse entstehen. Neisser (1979) erweitert damit seinen ursprüngl. Ansatz (Neisser 1974) durch die Berücksichtigung ökolog. bzw. funktionaler Aspekte.

WÜ: Beide Theorien sind als Rahmentheorien zu betrachten, die eher der Einordnung speziellerer Theorien dienen, als direkt forschungsrelevante Ansätze darzustellen. Weiteres vgl. → Hypothesentheorie der Wahrnehmung.

◆ Neisser, U.: Kognition u. Wirklichkeit. Stuttgart 1979; Neisser, U.: Kognitive Ps. Stuttgart 1974 (Orig.: 1967).

Wahrscheinliche Verstärkung → Verstärkungsplan.

Wahrscheinlichkeit. W. bzw. (relative) Häufigkeit ist (wie z. B. auch

→ Ähnlichkeit) ein kognitiver Grundbaustein; beide werden anscheinend automat. u. ohne bewussten Aufwand verarbeitet u. wahrscheinl. sogar unabhängig von Alter, Fähigkeit u. kulturellem Hintergrund; vgl. Wason u. Johnson-Laird (1972) sowie Hasher u. Zacks (1984). Es gibt allen Grund, sie als »Berechnungsprimitive« des kognitiven Systems anzusehen; es scheint so, als ob Menschen – und auch Tiere – in der Evolution eine Art *intuitive Statistik* erworben haben. Zur Bedeutung dieses Ansatzes für eine Theorie von Fehlern vgl. Reason (1994). Bsp. hierfür sind der → Worthäufigkeitseffekt bzw. der → Thumb-Marbe-Effekt. Diese Grundmodule geben einer Reihe kognitiver Fehler vorhersagbare Formen: Das kognitive System neigt dazu, bei Vorliegen unspezifizierter Bedingungen kontextangemessene, häufige Reaktionen auszuwählen; zum Überblick vgl. Reason (1994).

Die Frage, wie Menschen eine *objektive* W. kognitiv repräsentieren, also eine *subjektive* W. bilden, ist eines der wichtigsten Teilparadigmen innerhalb der → Entscheidungstheorien *W.* ist ja die eine »Hälfte« des → Erwartung-mal-Wert-Modells. Es gibt zwei grundsätzl. Methoden zur Messung der subjektiven W.: (a) *Axiomat.-messtheoret.* begründete Verfahren, die sog. *indirekten* Methoden, bei denen die subjektive W. einer Person aus Präferenzurteilen abgeleitet wird. Diese Verfahren sind eher formal-mathemat. als ps. orientiert; die Grundidee besteht darin, dass den Personen Wetten vorgegeben werden, u. aus deren Annahme wird auf die subjektive W. geschlossen. Wenn z. B. jemand glaubt, dass die W. eines Ereignisses 0,4 ist, dann kann man diesen (nicht direkt beobachtbaren) Glauben durch ein konkretes Wettvh. operationalisieren, das darin besteht, dass diese Person bereit ist, höchstens 0,40 DM gegen 0,60 DM darauf zu wetten, dass dieses Ereignis eintritt. Allg.: Einem x eine Wahrscheinlichkeit p zuzuschreiben, bedeutet nichts anderes, als p DM zu zahlen, um 1,0 DM zu erhalten, wenn x eintrifft, dagegen nichts zu erhalten, wenn x nicht zutrifft. (b) *Direkte* Verfahren, bisweilen pejorativ als *Ad-hoc-Verfahren* bezeichnet, erheben die W. direkt: entweder wird direkt nach der W. gefragt, die die Vp einem bestimmten Ereignis zuordnet, o. die Vp muss Punkte auf Ereignisse verteilen o. Ratings durchführen; vgl. zum Überblick Lee (1977); vgl. für eine ausführl. Methodendiskussion Winkler (1967).

Einer der histor. wichtigsten Stränge war der Forschungsansatz, in dem man untersucht hat, wie Menschen subjektive W. revidieren, s. das Stw. → Wahrscheinlichkeitsrevision. Ein spezieller Aspekt ist die Frage, wie Menschen Informationen sammeln; s. hierzu das Stw. → Informationsverhalten. Ein anderes Paradigma analysierte die Frage, wie Menschen → Korrelationen subjektiv abbilden; zum Überblick vgl. Lee (1977) u. Bacchus (1991). Die Weiterentwicklung dieser Forschungslinie, die sehr formal u. method. orientiert war, hat zu dem gegenwärtig wichtigsten Paradigma geführt, dem der → *kognitiven Täuschungen u. kognitiven Heuristiken.* In ihm werden in stärkerem Maße kognitionsps. Aspekte u. Ergebnisse aus der Ps. des Denkens u. des Gedächtnisses mit einbezogen. Dabei zeigt sich, wie Menschen W. nach ihnen selbst oft unbewussten vereinfachenden Faustregeln bestimmen u. welche

Verzerrungen sich daraus ergeben. Es gibt insbes. Studien über das mangelnde statist. Denken bei Ärzten u. Patienten; vgl. Dawes (1986); wichtig geworden ist die Harvard-Medical-School-Studie; vgl. Casscells u. a. (1978). Eine ausführl. Darstellung des Problems findet sich bei Gigerenzer (1993); er analysiert wie sich unterschiedl. Arten der Repräsentation auf das statist. Denken auswirken; er differenziert zw. einer Repräsentation im Sinne einer Wahrscheinlichkeit u. einer Repräsentation im Sinne eines Häufigkeits-Modells; Gigerenzer meint, dass eine Repräsentation durch Häufigkeiten viel adäquatere Ergebnisse hervorbringt. In einer Theorie der *probabilist. mentalen Modelle* versucht er zu erklären, wann u. warum Urteile über Wahrscheinlichkeiten u. relative Häufigkeiten sich systemat. unterscheiden u. wann Fehleinschätzungen, auch bei der Repräsentation von Häufigkeiten, auftreten.

Eine eigene unabhängige Forschungstradition, innerhalb derer ebenfalls das W.-Kzpt. erforscht worden ist, war die → genetische Epistemologie; vgl. z. B. Piaget u. Inhelder (1975); vgl. auch → mathematisches Denken. Auch im Paradigma → Leistungsmotivation gibt es Untersuchungen darüber, wie Menschen die W. in Leistungssituationen einschätzen. Innerhalb der → Lerntheorien gab es das Paradigma des → Wahrscheinlichkeitslernens.

VD: (1) Wesentl. Ergebnisse der durchgeführten empir. Untersuchungen: (a) Häufig stimmen *subjektive* u. *objektive* W. nicht überein: Vpn überschätzen oft niedrige u. unterschätzen hohe W., der Mensch zeigt also eine *zentrale Tendenz* bei der Bildung subjektiver W., anders formuliert: Er ist ein eher konservativer Wahrscheinlichkeitsschätzer, er revidiert seine W. nicht in dem Maße, das die vorliegenden Informationen eigentl. nahelegen (s. hierzu das Stw. → Wahrscheinlichkeitsrevision). (b) v. a. in Situationen, in welchen Vpn ledigl. Gewinn o. den Status quo erhalten können, sind die *subjektiven* W. höher als die *objektiven*, während in Situationen, in denen die Vpn zwar verlieren o. den Status quo halten können, häufig eine Übereinstimmung von subjektiven u. objektiven Wahrscheinlichkeiten gegeben ist. (c) Grundsätzl. gilt: Subjektive W. sind nicht immer konsistent, weder addieren sie sich unbedingt zu 1, noch ist die Produktregel für die W. unabhängiger Ereignisse stets gültig; mit einem Wort: *Subjektive W.* sind keine *W.* im mathemat. Sinne des Wortes.

(2) Ein wichtiger Ansatz zu einer Mathematisierung des W.-Begriffs ist die *personalist.* (auch *personelle* o. *subjektivist.*) Schule der Wahrscheinlichkeitstheorie, die nach Vorarbeiten von Ramsey (1931) v. a. durch Savage (1954) begründet wurde; vgl. hierzu Luce u. Suppes (1965); Krantz u. a. (1971). Tatsächl. bezieht sich diese Theorie jedoch nicht auf empir.-ps. Aspekte, sondern auf einen »idealen Entscheider«, also auf eine subjektive W. im *normativen* Sinne, der innerhalb der ps. Ansätze die subjektive W. im *deskriptiven* Sinne gegenübersteht; vgl. hierzu Pfohl u. Braun (1981). Terminolog. wird diese Differenzierung meist dadurch ausgedrückt, dass für Letztere der Begriff *subjektive W.* verwendet wird, dagegen der Begriff *personalist. W.* für das mathemat. Kzpt. der personalist. Schule. Weitere, stark an von Neumann u. Morgenstern (1953) orientierte Axiomatisierungen wurden von Pratt u. a. (1964) vorgelegt; eine Zusammenfassung findet man in Fishburn (1970) u. bei Krantz u. a. (1971); vgl. auch Stael-von-Holstein (1970).

LIT: May (1987) ist ein neuerer kognitionsps. Ansatz; die Verwendung kausaler Modelle im probabilist. Denken untersucht Thüring (1991), der außerdem eine Integration des entscheidungstheoret. Ansatzes mit der modernen → Wissenspsychologie versucht; eine schwierige aber tief schürfende Darstellung des Themas *W.* im breiteren Rahmen des Themas *unsicheres Wissen* ist Spies (1993); ein Überblick über philosoph. u. wissenschaftstheoret. Aspekte des W.-Begriffs findet sich in Stegmüller (1973); zu kognitionsps. u. didakt. Perspektiven des stochastischen Denkens vgl. Bea (1995).

◆ Bacchus, F.: Representing and reasoning with probabilistic knowledge. MIT Press 1991; Bea, W.: Stochastisches Denken. Frankfurt 1995; Casscells, W. u. a.: Interpretation by physicians of clinical laboratory results. New England Journal of Medicine 299, 1978, S. 999–1000; Dawes, R.: Representative thinking in clinical judgement. ClPR 6, 1986, S. 425–441; Edwards, W.: Subjective probabilities inferred from decisions. In: Luce, R. D. u. a. (Hg.): Readings in mathematical psychology, 2. Bd. New York 1965, S. 465ff.; Einhorn, H. J. u. Hogarth, R. M.: Ambiguity and uncertainty in probabilistic inference. PR 92, 1985, S. 433–461; Fishburn, P. C.: Utility theory for decision making. New York 1970; Gigerenzer, G. u. a.: Probabilistic mental models. PR 98, 1991, S. 506–528; Gigerenzer, G.: Die Repräsentation von Information u. ihre Auswirkungen auf statist. Denken. In: Hell, W. u. a. (Hg.): Kognitive Täuschungen. Heidelberg 1993, S. 99–128; Hasher, L. u. Zacks, R. T.: Automatic processing of fundamental information: a case for frequency of occurrence. AmP 39, 1984, S. 1372–1388; Krantz, D. H. u. a.: Foundations of measurement, Bd. I. New York 1971; Lee, W.: Ps. Entscheidungstheorie. Weinheim 1977; Luce, R. D. u. Suppes, P.: Preference, utility, and subjective probability. In: Luce, R. D. u. a. (Hg.): Handbook of mathematical psychology, Bd. III. New York 1965, S. 249–410; May, R. S.: Realismus von subjektiven Wahrscheinlichkeiten. Frankfurt/M. 1987; Von Neumann, J. u. Morgenstern, O.: Theory of games and economic behaviour. Princeton 1953 (3. Aufl.; dt.: Spieltheorie u. wirtschaftl. Vh. Würzburg 1961); Pfohl, H.-C. u. Braun, G. E.: Entscheidungstheorie. Landsberg am Lech 1981; Piaget, J. u. Inhelder, B.: The origin of the idea of chance in children. New York 1975 (Orig.: 1951); Pratt, J. W. u. a.: The foundations of decision under uncertainty: an elementary exposition. Journal of the American Statistical Association 59, 1964, S. 353–375; Ramsey, F. P.: Truth and probability. In: Ramsey, F. P.: the foundation of mathematics in logical essays. New York 1931, S. 156–198; Reason, J.: Menschl. Versagen. Heidelberg 1994; Savage, L. J.: The foundations of statistics. New York 1954; Slovic, P. u. Lichtenstein, S.: Comparison of bayesian and regression approaches to the study of information processing in judgement. OBHP, 6, 1971, S. 649–744; Spies, M.: Unsicheres Wissen. Heidelberg 1993; Stael-von-Holstein, C.-A. S.: Assessment and evaluation of subjective probability distributions. Stockholm 1970; Stegmüller, W.: Probleme u. Resultate der Wissenschaftstheorie u. analyt. Philosophie, Bd. IV: Personelle u. statist. Wahrscheinlichkeit. Berlin 1973; Thüring, M.: Probabilist. Denken in kausalen Modellen. Weinheim 1991; Wason, P. C. u. Johnson-Laird, P. N.: Psychology of reasoning: structure and content. London 1972; Winkler, R. L.: The assessment of prior distributions in bayesian analysis. Journal of the American Statistical Association 62, 1967, S. 776–800.

Wahrscheinlichkeit-mal-Nutzen-Modell → Erwartung-mal-Wert-Modell.

Wahrscheinlichkeitsangleichung → Wahrscheinlichkeitslernen.

Wahrscheinlichkeitslernen [auch *funktionales Lernen*; engl. *probability learning, probability tracking*]. W. ist ein Begriff, bei dem deskriptive u. explikative Komponenten ineinander übergehen, so dass keine einfache Definition möglich ist. Als method. Paradigma bezieht sich W. auf eine Form von → Diskriminationslernen, bei der zwei o. mehrere verschiedene Vhsweisen abwechselnd – meist zufällig, also unabhängig von dem realen Vh. der Vp verstärkt werden. Das Besondere ist, dass es um eine → verbale Konditionierung geht: Die Vpn müssen näml. bestimmte Ereignisse »vorhersagen«, z. B. ob ein Lämpchen aufleuchten wird o. nicht, bevor sie vom Versuchsleiter Rückmeldung darüber erhalten, ob ihre Vorhersage zutreffend war o. nicht. Es liegt also eine → intermittierende Verstärkung vor. Im Unterschied allerdings zu einer nichtverbalen Konditionierung, bei der eine intermittierende Verstärkung zur ebenso großen Häufigkeit eines Vh. führt wie eine konstante Verstärkung, entsteht in diesem Experiment häufig das Phänomen, dass nicht diejenige Vhsweise allein auftritt, die der häufigeren → Verstärkung unterliegt – wie dies gem. der klass. Verstärkungstheorie zu erwarten wäre –, sondern dass weiterhin beide

Vhsweisen auftreten u. zwar in einem Häufigkeitsverhältnis, das dem der Verstärkungen entspricht. Die Vpn scheinen also eine Art *Wahrscheinlichkeitsangleichung* (auch: *informationelle Akkommodation*; engl. *probability matching*) auszubilden. Dieses Phänomen betrachtet Estes als allgemeines Anpassungsgesetz des Lernens (→ mathematische Lerntheorien).

Von *kontingentem W.* spricht man, wenn die nächste Bekräftigung von der speziellen Wahl der Vp abhängt; das normale W., bei dem Bekräftigung zufallsmäßig gegeben wird, wird als *nichtkontingentes* W. bezeichnet; vgl. hierzu Lee (1977).

HI: Das Paradigma wurde zuerst von Humphreys (1939) konzipiert, um eine klass. Konditionierung mit einer verbalen Bekräftigung vergleichen zu können. Als *Humphreys Brett* bezeichnet man folgende Versuchsanordnung: Zwei Telegrafentasten für die beiden Antwortalternativen, eine Kontroll-Lampe über jeder Taste für die beiden Rückmeldungen u. eine Kontroll-Lampe in der Mitte des Bretts, um die Durchgänge anzukündigen. Die Aufgabe der Vp besteht darin, vorauszusagen, welches von zwei o. mehreren Ereignissen eintreten wird, z. B. ob ein Licht aufleuchten wird o. nicht, worauf der Versuchsleiter eine Rückmeldung gibt, d. h. eine Lampe über den Antwortalternativen aufleuchten lässt o. nicht, meist unabhängig von den Antworten der Vp. Eine wichtige Modifikation dieses Grundexperimentes stammt von Estes u. Straughan (1954). Grant u. a. (1951) thematisierten als erste das innerhalb der humphreyschen Versuchsanordnung auftretende Phänomen der *Wahrscheinlichkeitsangleichung*; von ihnen stammt auch der Begriff *verbale Konditionierung*. Das Paradigma W. regte in den nächsten zehn Jahren zu großen Forschungsanstrengungen an, da es tlw. im Gegensatz zur klass. Lerntheorie stand, sich aber andererseits in die → mathematischen Lerntheorien theoret. gut integrieren ließ. Es stand auch im Gegensatz zu den → Entscheidungstheorien, da in diesem Paradigma demonstriert wird, dass menschl. Vh. nicht auf maximale »Verstärkerausbeute« auszugehen scheint, sondern in gewissem Sinne irrational ist; vgl. hierzu Lee (1977). Das Paradigma W. war so einerseits einer der Triumphe der Lerntheorien der 60er Jahre, andererseits war das letztl. Scheitern dieses Ansatzes aber einer der Hauptgründe, dass der Konditionierungsansatz generell aufgegeben wurde. Es zeigte sich näml., dass das Vh. der Vp sehr inkonsistent ist, dass sowohl *probability matching* auftritt als auch eine ausschließl. Bevorzugung der Reaktionsalternative mit der größten Verstärkungswahrscheinlichkeit, Letzteres v. a. dann, wenn die Instruktion lautet, den Erfolg über mehrere Durchgänge zu maximieren, o. wenn der Zufallscharakter der Ereignissequenz betont wird. Dies weist darauf hin, dass die Wahrnehmung u. kognitive Strukturierung der Situation entscheidend ist. W. wird gegenwärtig im Wesentl. kognitivist. als ein hypothesengesteuerter Prozess interpretiert, der als solcher nicht *induktiv*, sondern *deduktiv* ist – »in one word: not from experience«, so lautet der programmat. Titel eines wichtigen Aufsatzes; vgl. Brehmer (1974, 1980); vgl. zum Überblick Neely (1982). In dieser Perspektive hat die ps. Erforschung der subjektiven → Wahrscheinlichkeit andere Wege genommen, die tlw. das klass. Paradigma aufgreifen, aber unter einem kognitionsps. Zugang; s. hierzu auch die Stw. → kognitive Täuschungen und kognitive Heuristiken; → Korrelation; → induktives Denken.

LIT: Ein Überblicksreferat ist Jenkins u. Stanley (1950); vgl. auch Estes (1964); Erickson (1966); Tune (1964); zu einem informationstheoret. Ansatz vgl. von Cube (1968).

◆ Brehmer, B.: Hypotheses about relations between scaled variables in the learning of probabilistic inference tasks. OBHP 11, 1974, S. 1–27; Brehmer, B.: In one word: not from experience. AP 45, 1980, S. 223–241; von Cube, F.: Kybernet. Grundlagen des Lernens u. Lehrens. Stuttgart 1968; Erickson, J. R.: On learning several simultanous probability learning problems. JExP 77, 1966, S. 182–189; Estes, W. K. u. Straughan, J. H.: Analysis of a verbal conditioning situation in terms of statistical learning theory. JExP 47, 1954, S. 225–237; Estes, W. K.: Probability learning. In: Melton, A. W. (Hg.): Categories of human learning. New York 1964, S. 89–128; Grant, D. A.: Acquisition and extinction of a verbal conditioned response with differing percentages of reinforcements. JExP 42, 1951, S. 1–5; HUMPHREYS, L.: Acquisition and extinction of verbal expectations in a situation analogous to conditioning. JExP 25, 1939, S. 294–301; JENKINS, W. O. u. STANLEY, J. C.: Partial reinforcement: a review and critique. PBu 47, 1950, S. 193–259; KINTSCH, W.: Gedächtnis u. Kognition. Berlin 1982; LEE, W.: Ps. Entscheidungstheorie. Weinheim 1977; NEELY, J. H.: The role of expectancy in probability learning. JExP: LMC 8, 1982, S. 599–607; TUNE, G. S.: Response preferences: A review of some relevant literature. PBu 61, 1964, S. 286–302.

Wahrscheinlichkeitsrevision. In diesem aus den klass. → Entscheidungstheorien hervorgegangenen Paradigma wird untersucht, wie Menschen Annahmen über → Wahrscheinlichkeiten revidieren, nachdem sie weitere Informationen gesammelt haben (*probabilist. Informationsverarbeitung*). Es ist also ein spezieller wahrscheinlichkeitstheoret. Ansatz zur allg. Frage, wie Menschen aus Erfahrung lernen (→ induktives Denken).

Zwei Teilparadigmen haben sich ergeben: (a) Dem sog. *Regressionsansatz* zufolge lassen sich Gewichtung u. Integration von Information in Form einer Linearkombination darstellen; aus diesem Ansatz heraus wurde das Lernen aus Erfahrung v. a. unter dem Aspekt analysiert, wie Menschen → Korrelationen bilden, wie sie also Zusammenhänge zw. zwei Ereignissen wahrnehmen u. »verrechnen«. Bei den Versuchen geht es meist darum, dass eine Vp aufgrund einer Prädiktorvariable eine Kriteriumsvariable vorhersagen muss. (b) Ausgangspunkt des sog. *bayesian. Ansatzes* (vgl. hierzu Slovic u. Lichtenstein 1971a; im Engl. wird häufig das Schlagwort *bayesian revision of opinion* verwendet) ist das mathemat. *Bayes-Theorem*, das eine optimale Auswertung von Wahrscheinlichkeitsinformationen beschreibt. In diesem Paradigma geht es im Unterschied zu (a) darum, gegebene Wahrscheinlichkeiten aufgrund neu hinzukommender Informationen adaptiv zu verändern. Als allgemeinstes Ergebnis zeigte sich, dass Menschen Informationen in einer Art u. Weise verarbeiten, die nicht dem Bayes-Theorem entspricht. Es wurde v. a. der sog. *Inertia-Effekt* bzw. *Konservativismus-Effekt* gefunden, dass näml. subjektive Wahrscheinlichkeiten nur mit großer Trägheit revidiert werden (Pitz u. a. 1967). V. a. werden die A-priori-Wahrscheinlichkeiten nicht in dem Maße berücksichtigt, wie dies das Bayes-Theorem vorschreibt; man spricht von der *Basisraten-Täuschung* bzw. dem Phänomen der *Vernachlässigung der Grundwahrscheinlichkeit* (bzw. der *Basisrate bzw. A-priori-Wahrscheinlichkeit*; engl. *base-rate-fallacy*; vgl. Bar-Hillel 1983). Des Weiteren wird eine Reihe von Faktoren gefunden, die die Informationsverarbeitungsprozesse beeinflussen, so Reihenfolge u. Menge der Daten, auch die Vertrautheit mit den Daten u. andere Faktoren. Eine Weiterführung dieses Ansatzes unter stärker kognitionsps. Aspekt ist das Paradigma der → kognitiven Täuschungen u. kognitiven Heuristiken. In ihm wurde gezeigt, dass die beobachtbaren Abweichungen von den beiden Idealmodellen nicht auf Rechenfehler zurückzuführen sind, sondern auf bestimmte Urteilsheuristiken, die als Faustregeln nützl. sein, im Einzelfall aber auch zu groben Fehlern führen können.

VD: (1) Ein Bsp. für die typ. Probleme u. Aufgabenstellungen, die innerhalb dieses Ansatzes verwendet werden (nach Anderson 1988): Es geht um die Wahrscheinlichkeit dafür, dass jemand heimkommt, die Haustür offen findet u. daraus folgert, dass in sein Haus eingebrochen worden ist. Zunächst gibt es die *A-priori-Wahrscheinlichkeit*, dass überhaupt in ein Haus eingebrochen wird, die, aus Polizeistatistiken entnehmbar, z. B. den Wert 0,001 hat. Die *bedingte Wahrscheinlichkeit* dafür, dass die Tür offen steht, wenn vorher ein Einbruch stattgefunden hat, ergibt sich wie folgt: Angenommen die Tür steht nach einem Einbruch in vier von fünf Fällen offen, so ist die bedingte Wahrscheinlichkeit 4:5, also 0,8. Die bedingte Wahrscheinlichkeit dafür, dass die Tür ohne vorherigen Einbruch offen steht, wäre z. B. 0,01. Die *A-posteriori-Wahrscheinlichkeit* gibt dann an, mit welcher Wahrscheinlichkeit eine Hypothese zutrifft, nachdem Hinweise – in diesem Fall die offene Tür – vorliegen; das Bayes-Theorem würde in diesem Fall den Wert 0,074 ergeben. Diese A-posteriori-Wahrscheinlichkeit ist also immer noch recht gering, weil die A-priori-Wahrscheinlichkeit mit 0,001 von Anfang an niedrig angesetzt war, sie ist aber im Vergleich zu diesem niedrigen Anfangswert drast. nach oben verschoben worden. Es sind solche *A-priori-Wahrscheinlichkeiten*, die Menschen typischerweise bei der Bestimmung von Wahrscheinlichkeiten vernachlässigen. Kahneman u. Tversky (1973) gaben z. B. einer Gruppe von Vpn folgende Information vor: Aus einer Gruppe von 70 Ingenieuren u. 30 Rechtsanwälten (Gruppe mit hohem Ingenieuranteil) wurde zufällig eine Person ausgewählt; einer zweiten Versuchsgruppe teilte man mit, dass die Person aus einer Gruppe mit 30 Ingenieuren u. 70 Rechtsanwälten stammt (Gruppe mit niedrigem Ingenieuranteil); beide Versuchsgruppen wurden aufgefordert, die Wahrscheinlichkeit dafür zu bestimmen, dass die zufällig ausgewählte Person ein Ingenieur ist. Die Vpn konnten meist die richtigen A-priori-Wahrscheinlichkeiten nennen: 0,7 für die Gruppe mit hohem Ingenieuranteil, 0,3 für die mit niedrigem Ingenieuranteil. Anschließend teilte man den Vp mit, dass eine weitere Person aus der Population ausgewählt worden sei, für die folgende Beschreibung zutreffe: »Jack ist ein Mann von 45 Jahren. Er ist verheiratet u. hat vier Kinder. Er ist im Großen u. Ganzen konservativ, vorsichtig u. ehrgeizig. Er zeigt kein Interesse an polit. u. sozialen Themen u. widmet den größten Teil seiner Freizeit seinen zahlreichen Hobbys, zu denen Heimwerken, Segeln u. mathemat. Denksportaufgaben gehören.« Beide Versuchsgruppen schätzten dann die Wahrscheinlichkeit dafür, dass diese Person ein Ingenieur ist, auf 0,90. Es zeigte sich kein Unterschied mehr zw. den beiden Gruppen, denen ja verschiedene A-priori-Wahrscheinlichkeiten für die Ingenieur-Hypothese vorgegeben waren. Sie ließen also zu, dass ein völlig irrelevantes Ereignis ihre Abschätzungen der Hypothesenwahrscheinlichkeiten veränderte. In beiden Bsp. tritt eine *Vernachlässigung der Basisrate* auf. Ein anderes Bsp. zeigt deutl. die Auswirkungen, die eine solche Unfähigkeit haben kann (nach Hammerton 1973): Angenommen es geht um die Diagnose einer speziellen, meist tödl. Krankheit, von der jeder 10000ste Mensch betroffen ist – dies entspräche also einer A-priori-Wahrscheinlichkeit von 0,0001; weiter wird angenommen, dass diese Krankheit bei 95 % der betroffenen Patienten zu einem positiven Befund führt, aber auch bei 5 % der nicht Erkrankten kommt es zu einem positiven Testergebnis. Wenn jemand erfährt, dass sein Befund positiv ist, dann wird er im Regelfall annehmen, dass er mit 95 %iger Wahrscheinlichkeit an dieser tödl. Krankheit erkrankt ist – u. vielleicht an Selbstmord denken, was jedoch unsinnig wäre, da nach der die korrekten mathemat. Verhältnisse wiedergebenden Bayesformel zusätzl. die geringe Grundwahrscheinlichkeit für diese Krankheit zu berücksichtigen ist u. dies impliziert, dass die A-posteriori-Wahrscheinlichkeit immer noch kleiner als 1:500 wäre.

(2) Anm.: Der oben dargelegte bayesian. Ansatz innerhalb der Ps. erfolgt zwar vor dem Hintergrund der bayesian. Schule der Statistik, jedoch ist Letzterer umfassender u. formaler: Wenn man vom *bayesian.* Ansatz in der Statistik spricht, dann ist in aller Regel nicht der Glaube an das bayessche Theorem gemeint, das als solches recht trivial ist, sondern meist eine *subjektivist.* Interpretation des Wahrscheinlichkeitsbegriffs; speziell bei der Festlegung der A-priori-Wahrscheinlichkeiten für unbekannte Parameter ist dies von Bedeutung, denn diese sind meist nicht durch Daten, also *empir.*, gegeben, sondern nur durch Vorannahmen, d. h. in gewissem Sinne *subjektiv.* An dieser Bestimmung von A-priori-Wahrscheinlichkeitsverteilungen hat sich in besonderer Weise die Diskussion entzündet: von den Bayesianern wurde vorgeschlagen, dass im Falle vollständigen Fehlens von Information eine uniforme A-priori-Verteilung zugrunde gelegt werden sollte (*Bayes-Postulat* bzw. *Indifferenz-Prinzip*), dass also sämtl. Wahrscheinlichkeiten, die unbekannt sind, als gleich groß angenommen werden sollen. Bayesianer bekennen sich auch zum *Likelihood-Prinzip*, das in seiner allg. Form besagt, dass Beobachtungen, die zu gleichen Likelihood-Informationen führen, zu den gleichen statist. Schlussfolgerungen führen sollten, unabhängig von Verfahren der Datengewinnung; vgl. Slaifer (1961); Savage (1962) u. Schaefer (1976);

für eine weitere Diskussion des Problembereiches vgl. Philips (1973); Pratt (1965). Die Bayesianer sind außerdem meist *entscheidungsorientiert*, in dem Sinne, dass sie meist Gewinn o. Verlust in die statist. Schlussfolgerung mit einbeziehen; vgl. Fischhoff u. Beyth-Marom (1983), Wendt (1983).

LIT: Einen zsfd. Überblick über die ps. Forschung zum Bayes-Theorem geben Slovic u. Lichtenstein (1971); vgl. auch Schaefer (1976); eine große Zahl von Einzelbeiträgen findet man in dem seit 1966 erscheinenden *Journal of Organizational Behaviour and Human Performance* sowie in den verschiedenen Folgen der *Research conference on subjective probability, utility and decision making* (ab 1969).

◆ Bar-Hillel, M.: The base-rate fallacy controversy. In: Scholz, R. W. (Hg.): Decision making under uncertainty. Amsterdam 1983, S. 39–63; Dawes, R. M. u. Corrigan, B.: Linear models in decision making. PBu 81, 1974, S. 95–106; Fischhoff, B. u. Beyth-Marom, R.: Hypothesis evaluation from a Bayesian perspective. PR 90, 1983, S. 239–260; Grabitz, H. J.: Experimentelle Untersuchungen zur Bewertung von Informationen vor Entscheidungen. Mannheim 1969; Grabitz, H. J.: Zur Beziehung von Inertia-Effekt u. sequentieller Position widersprechender Ergebnisse bei der Revision subjektiver Wahrscheinlichkeiten. PF 35, 1971, S. 35–45; Hammerton, M.: A case of radical probability estimation. JExP 101, 1973, S. 252–254; Peterson, C. R. u. Piach, L. R.: Man as intuitive statistician. PBu 68, 1967, S. 29–46; Philips, L. D.: Bayesian statistics for social sciences. London 1973; Pitz, G. F. u. a.: Sequential effects in the revision of subjective probabilities. CJP 21, 1967, S. 381–393; Pratt, J. W.: Bayesian interpretation of standard inference statements. Journal of the Royal Statistical Society, Serie B, 27, 1965, S. 169–192; Rüppell, H.: Bayes-Statistik: Eine Alternative zur klass. Statistik. AfP 129, 1977, S. 175–186; Savage, L. J. (Hg.): The foundations of statistical inference. London 1962; Schaefer, R. E.: Probabilist. Informationsverarbeitung. Bern 1976; Slaifer, R.: Introduction to statistic for business decision. New York 1961; Slovic, P. u. Lichtenstein, S.: Comparison of bayesian and regression approaches to the study of information processing in judgement. OBHP, 6, 1971, S. 649–744; Wendt, D.: Statist. Entscheidungstheorie u. Bayes-Statistik. In: Bredenkamp, J. u. Feger, H. (Hg.): Hypothesenprüfung. EP, B, I, Bd. 5. Göttingen 1983, S. 471–529.

Wahrscheinlichkeitsschätzung → Wahrscheinlichkeit.

Wanderwellen-Theorie → Hören.

Ward-Hovland-Phänomen → Reminiszenz.

Warm-cold-Variable → Eindrucksbildung.

Wasserfalleffekt → Bewegungsnachbilder.

Wasserglas-Aufgaben → Problemlösungs-Einstellung.

Wasserumschütt-Aufgaben → Problemlösungs-Einstellung.

Webersches Gesetz [auch *Weber-Regel* o. *Webersche Regel*, nach dem Physiologen Ernst Heinrich Weber 1795–1878], eine grundlegende Gesetzmäßigkeit der → Psychophysik, die besagt, dass derjenige Reizbetrag, um den man einen Standardreiz S verändern muss, um einen ebenmerkl. Empfindungsunterschied (Δ S/S; *Weberbruch* bzw. *Weberscher Bruch*) zu erzeugen, ein konstanter Anteil der Größe von S ist. Formalisiert dargestellt: $\Delta S/S = k = \text{constant}$ (*Webersche Konstante*). Eine Konsequenz daraus ist z. B., dass die Lautstärkeunterschiede beim Hören eines Konzerts annähernd gleich bleiben, ob man nun weiter hinten o. vorne sitzt, o. dass weißes Papier u. darauf gedruckte schwarze Buchstaben sich gleichermaßen voneinander unterscheiden, egal welche Raumhelligkeit herrscht. Das w. G. beinhaltet, dass die Sinne sozusagen Messapparaturen mit einer von der Messgröße abhängigen (automat.) Empfindlichkeitseinstellung sind. Aus dem w. G. wurde das → Fechnersche Gesetz abgeleitet.

Die Webersche Konstante hat für jedes Sinnesgebiet einen spezif. Wert. Z. B. beim Vergleich von Gewichten (gehalten) etwa 1/3 bis 1/6, beim Heben von Gewichten 1/30 bis 1/80, beim Vergleich von Längen je nach Reizbedingung (simultan o. sukzessiv) 1/250 bis 1/60, beim Vergleich von Helligkeit 1/100 bis 1/250. Die Webersche Konstante ist allerdings, wie die spätere Forschung gezeigt hat, nicht über die gesamte Breite eines ganzen Sinnesgebietes konstant, die *relative Sensitivität* scheint also nicht konstant zu sein, sondern mit zunehmender Reizgröße zuzunehmen; Guilford (1932) hat das W. G. in diesem Sinne modifiziert: $\Delta S/S^n = k$, wobei n dann entsprechend variabel ist (das W. G. würde in dieser Form $\Delta S/S^1 = k$ lauten), was dieser »Verallgemeinerung« allerdings den Rang eines »Gesetzes« nimmt, da der Exponent n von Fall zu Fall empir. bestimmt wird und nicht a priori festliegt. An den Extremen, also in der Nähe der Absolutschwelle bzw. der Schmerzgrenze ist der Weber-Bruch, falls er überhaupt noch messbar ist, in der Regel deutl. erhöht; der Gültigkeitsbereich ist also auf den Mittelbereich beschränkt. Das sog. *Fullerton-Cattellsche-Gesetz* postuliert, dass die Größe des ebenmerkl. Unterschieds proportional zur Quadratwurzel der Reizgröße zunimmt (n = 1/2). Eine grundlegend alternative Sicht ist die Auffassung, dass die Schwellen nicht eigentl. Wahrnehmungsschwellen sind, sondern Urteils- u. Handlungsschwellen; daraus ergibt sich eine alternative Analyse mit Mitteln der statist. Entscheidungstheorie: → Signalentdeckungstheorie.

◆ Arnold, W. (Hg.): Experimentelles Praktikum, 1. Bd. Stuttgart 1972; Guilford, J. P.: A generalized psychophysical law. PR 39, 1932, S. 73–85; Guttmann, G. (Hg.): Allg. Ps., experimentalps. Grundlagen. Wien 1992; Lüer, G. (Hg.): Allgemeine experimentelle Ps. Eine Einführung in die method. Grundlagen mit prakt. Übungen für das experimentelle Praktikum. Stuttgart 1987; Weber, E. H.: Der Tastsinn u. das Gemeingefühl. In: Wagner, R. (Hg.): Handwörterbuch der Physiologie. Leipzig 1846.

Wehrpsychologie → angewandte Psychologie.

Weisheit → Intelligenz.

Well-being → Wohlbefinden.

Weltwissen → Expertise; → Wissenspsychologie.

Wendung gegen die eigene Person → Abwehrmechanismen; → Trieb.

Werbepsychologie → Marktpsychologie.

Werkzeugtransformationen → sensomotorisches Lernen.

Wert → Erwartung-mal-Wert-Modell; → Feldtheorie.

Wertendes Denken → Denken.

WESEU-Modell → Erwartung-mal-Wert-Modell.

Wetterwart-Modell → Wille.

Wickens-Technik, von Wickens u. a. (1963) konzipierte Weiterentwicklung der → Brown-Peterson-Technik: Es konnte gezeigt werden, dass die proaktive Hemmung der interferierenden Tätigkeit in der Brown-Peterson-Technik aufgehoben werden kann, wenn nach mehreren (in der Regel 3) Behaltensdurchgängen mit Materialien aus einer Klasse (z. B. Buchstaben) in einem weiteren Versuchsdurchgang Items einer anderen Materialklasse (z. B. Ziffern) verwendet werden. Während über die ersten 3 Durchgänge die Behaltensleistung abfällt, wie bei der typ. Brown-Peterson-Technik (proaktive Hemmung), verhalten sich die Vpn im krit. 4. Durchgang so, als ob die vorangegangenen Behaltensdurchgänge nicht stattgefunden hätten: *Aufhebung der proaktiven Hemmung* o. *Release-Effekt*.

Wickens hat den beschriebenen Ansatz standardisiert u. erweitert, um zu untersuchen, welche Attribute bei der Enkodierung von Wörtern verwendet werden: Tritt der Release-Effekt ein, kann angenommen werden, dass das variierte Attribut enkodiert worden ist, bleibt er aus, liegt die Annahme nahe, dass das variierte Attribut bei der Enkodierung keine Rolle gespielt hat; vgl. zsfd. Bredenkamp u. Wippich (1977, S. 56ff.).

◆ Bredenkamp, J. u. Wippich, W.: Lern- u. Gedächtnisps., 2. Bd. Stuttgart 1977; Wickens, D. D. u. a.: Proactive inhibition and item similarity in short-term memory. JVLVB 2, 1963, S. 440–445; Wickens, D. D.: Encoding categories of words: an empirical approach to meaning. PR 77, 1970, S. 1–15; Wickens, D. D.: Characteristics of word encoding. In: Melton, A. W. u. Martin, E. (Hg.): Coding processes in human memory. Washington 1972, S. 217–236; Wickens, D. D.: Some characteristics of word encoding. MuC 1, 1973, S. 485–490.

Widrow-Hoff-Regel → Konnektionismus.

Wiedererkennen [auch *Rekognition*]. Das Thema W. führt zu Grundproblemen des → Erkennens u. des → Gedächtnisses bzw. ihrer Interaktion. Aus wahrnehmungstheoret. (u. erkenntnistheoret.) Sicht ist wichtig, dass das W. durchaus vom allg. *Erkennen* zu differenzieren ist, worauf das Phänomen des *Deja-vu-Erlebnisses* hinweist, also die Gewissheit, dass man etwas schon einmal erlebt hat, ohne zu wissen wie, wann u. unter welchen Umständen; vgl. hierzu Prinz (1983); s. a. das Stw. → Mere-exposure-Effekt. Tief schürfende Überlegungen zum Prozess des W. finden sich bei Neisser (1974); zur Frage der Bewusstheit von W. vgl. Perrig u. a. (1993).

Im speziellen Sinne ist W. eine → Gedächtnisprüfmethode; die Vp soll entscheiden, welche Elemente aus einer Menge von Gedächtnismaterial sie früher schon einmal gelernt hat. Eine bes. Methode zur Rekognitions-Prüfung ist das *Steady-state-Verfahren*: Der Versuchsleiter bietet kontinuierlich Items nacheinander dar, einige werden wiederholt, u. die Aufgabe der Vp besteht darin, diese zu identifizieren; vgl. Kintsch (1982). Andere Wiedererkennungsmethoden sind *Wiedererlernen* u. *Wiederlesen.* Im Allg. ist W. leichter als aktive → Reproduktion, u. was reproduziert wird, wird meist auch wiedererkannt; vgl. zum Überblick Baddeley (1979). Allerdings gibt es Variablen, die W. u. die Wiedergabe in umgekehrter Richtung beeinflussen, wie sich am → Worthäufigkeitseffekt zeigt; auch das Wiederholen von Wörtern in einer nichtelaborativen Weise verbessert zwar häufig das W., beeinflusst aber die Wiedergabe nur geringfügig (Mandler 1979). Es gibt allerdings auch das Phänomen des misslingenden W. bei reproduzierbarem Material; vgl. hierzu das Stw. → Kodierungsspezifität. Ein weiterer Unterschied zum aktiven Reproduzieren besteht in der Wirkung der Erwartung einer späteren Gedächtnisprüfung schon während des Lernens: während Erwartung beim aktiven Reproduzieren zu einer verbesserten Leistung führt, finden sich beim W. keine Leistungsverbesserungen; vgl. Leonhard u. a. (1983). W. ist eine sensible Gedächtnisprüfmethode, sie ermöglicht die Analyse längerfristiger Nachwirkungen auch von schwachen Gedächtnisspuren. Mit ihm lässt sich z. B. zeigen, dass – entgegen den Annahmen der traditionellen Mehrspeichertheorien o. der Verarbeitungsebenen-Theorie – auch oberflächl. sensor. Attribute, wie z. B. eine bestimmte Schreibweise von Worten o. bestimmte Kennzeichen ihrer Aussprache, u. U. langfristig gespeichert werden können; vgl. hierzu Wippich (1985). Zur Unterscheidung von Wiedererkenn- u. Wiedergabespeicher → Bewegungsprogramm.

TH: Eine Hypothese führt Leistungsdifferenzen zw. W. u. Reproduktion auf unterschiedl. *Antwortschwellen* zurück: Die Reproduktionen sollen stärkere Gedächtnisspuren voraussetzen als die Rekognition. Die Hypothese ist problemat., weil sie widerlegbare Implikationen hat, z. B. dass reproduzierte Informationen immer wiedererkannt werden sollen, ein Ergebnis, das nicht eintreten muss (→ Kodierungsspezifität). Außerdem sollten gedächtnisps. Effekte sich sowohl auf Reproduktions- u. Rekognitionsleistungen gleichartig auswirken, was auch nicht zutrifft: Der Worthäufigkeitseffekt (s. o.) z. B. wirkt unterschiedl. auf Rekognitions- u. Reproduktionsuntersuchungen. Eine Verfeinerung dieser Schwellenstärkentheorie ist die Anwendung der → Signalentdeckungstheorie auf das Gedächtnis (vgl. Loftus u. Loftus 1976 u. Kintsch 1982); analog zur → ROC-Kurve wurde dabei das Kzpt. der *MOC-Kurve* entwickelt (*memory operating characteristic curve*): die »alten« Items entsprechen dem *Signal*, die »neuen« Items, die die Distraktoren bilden, werden analog dem *Rauschen* gesehen. Eine grundlegende Alternative ist die → Generate-recognize-Theorie.

LIT: Zum Vergleich von W. u. → Reproduktion vgl. Schumann-Hengsteler (1995).

◆ Baddeley, A.: Die Ps. des Gedächtnisses. Stuttgart 1979; Bredenkamp, J. u. Wippich, W.: Lern- u. Gedächtnisps., 2. Bd. Stuttgart 1977; Engelkamp, J.: Das menschl. Gedächtnis. Göttingen 1990; Jacoby, L. L. u. Dallas, M.: On the relationship between autobiographical memory and perceptual learning. JExP: G 110, 1981, S. 306–340; Kintsch, W.: Gedächtnis u. Kognition. Berlin 1982; Leonhard, J. M. u. a.: Information stored when expecting recall or recognition. JExP: LMC 9, 1983, S. 440–455; Loftus, G. R. u. Loftus, E. F.: Human memory: The processing of information. Hillsdale 1976; Mandler, G.: Organization and repetition: Organizational principles with special reference to rote learning. In: Nilsson, L. (Hg.): Perspectives on memory research. Hillsdale 1979, S. 293–327; Mandler, G.: Recognizing: the judgement of previous occurrence. PR 87, 1980, S. 252–271; Neisser, U.: Kognitive Ps. Stuttgart 1974 (Orig.: 1967); Perrig, W. J. u. a.: Unbewußte Informationsverarbeitung. Bern 1993; Prinz, W.: Wahrnehmung u. Tätigkeitssteuerung. Berlin 1983; Probst, R. u. Perrig, W. J.: Perzeptuelle u. konzeptuelle Anteile gespeicherter Erfahrungen. ZEAP 35, 1988, S. 259–281; Schumann-Hengsteler, R.: Die Entwicklung des visuell-räuml. Gedächtnisses. Göttingen 1995; Wender, K. F. u. a.: Modelle des menschl. Gedächtnisses. Stuttgart 1980; Wippich, W.: Lehrbuch der angewandten Gedächtnisps., 2. Bd. Stuttgart 1985.

Wiedererkennungsspeicher → Bewegungsprogramm.

Wiedergabespeicher → Bewegungsprogramm.

Wiederholende Teil-Lernmethode → Ganz-Lernmethode vs. Teil-Lernmethode.

Wiederholungseffekte → implizites Lernen.

Wiederholungszwang → Psychoanalyse; → Lustprinzip; → Trieb.

Wiederkehr des Verdrängten → Verdrängung.

Wiederlernen → Wiedererkennen.

Wiederlesen → Wiedererkennen.

Wiener Determinationsgerät → Reaktionszeit.

Wille. In einem weit in die Philosophie- u. Psychologiegeschichte zurückreichenden Modell wird die Psyche in drei grundlegende Bereiche bzw. Vermögen eingeteilt: *Erkennen* bzw. *Kognition*, *Gefühl* bzw. → *Emotion* u. *Konation* bzw. *W.* bzw. *Volition*. Der W. ist einerseits abgehoben von rein intellektuellen Prozessen, andererseits aber auch von rein emotionalen u. motivationalen Prozessen. Im Unterschied zu Ersteren ist er mit einer *Energie* ausgestattet bzw. identisch mit einer Energie; im Gegensatz zu der triebhaften, gefühlshaften Energie der Affekte u. Instinkte ist er durch einen höheren Grad an *Personalität* gekennzeichnet, er ist z. B. bei

Lersch (1966) Bestandteil des *personalen Oberbaus*, während Triebe im *endothymen Grund* angesiedelt sind. Diese Personalität wird bes. deutl. im Kzpt. der *Willensfreiheit*, welche klassischerweise der *Instinktgebundenheit* des Tieres gegenübergestellt wird. Manifestationen eines W. lassen sich in der Entwicklung schon sehr früh erkennen, schon der Säugling zeigt ein Bedürfnis, sich als Urheber von Handlungen zu erleben: → Kontingenzparadigma.

Zur Phänomenologie des W.: Narziß Ach (1905ff.) hebt in seinen ps. Analysen das Moment deutl. *Zäsur* hervor, das energ. Willenserlebnis; von vielen Psychologen wird dieses Moment des »Ich will wirklich« (N. Ach) o. des »Jetzt will ich« (W. Stern 1950) beschrieben; James spricht von einem »Fiat«, Michotte u. Prüm von einem »So werde ich es tun«; William Stern (1950) prägt in diesem Zusammenhang den Begriff des *Willendrucks*, ähnl. der W. als »geistiger Schlag« bei Pfänder (1965). Ach gewinnt mit der Methode der system. Selbstbeobachtung im Zusammenhang mit dem → kombinierten Verfahren vier grundlegende phänomenolog. Momente des Willensaktes: das »gegenständl. Moment« integriert die beabsichtigte Tätigkeit mit der Bezugsvorstellung (die Bezugsvorstellung betrifft die Ausführungsbedingung); das »aktuelle Moment« beinhaltet ein besonderes Verpflichtungserlebnis (»Ich will wirklich«); das »zuständl. Moment« ist gekennzeichnet durch die Bewusstseinslage der Anstrengung; das »anschaul. Moment« ist gekennzeichnet durch mehr o. weniger stark ausgeprägte Spannungsempfindungen, deren Lokalisation interindividuellen Spannungen unterliegt; als »dynam. Moment« bezeichnet Ach im Wesentl. die Phänomene, die er im → Schwierigkeitsgesetz der Motivation beschrieben hat. Schon früh wurde innerhalb der Willensps. eine Phasentheorie herausgearbeitet, die bei mehreren Autoren bis in die heutige Zeit drei Abschnitte umfasst: den »Kampf der Motive«, dann den Akt der Wahl, des Entschlusses u. der Vornahme u. schließl.die ausführende Handlung. Weinert (1987) hebt fünf Willensaspekte hervor: die energet. Funktion des W., die Richtungsfunktion, die Selbstinitiierungsfunktion, die Kontrollfunktion u. die Bewusstseinsqualität. Nach Heckhausen (1987a) sind mit dem W.-Kzpt. v. a. drei Phänomene verknüpft: (a) bewusstes, selbstbestimmtes Handeln, Entscheidung u. Wahl; (b) die nichtbewusste Determiniertheit u. Handlungskontrolle bei der Realisierung von Absichten, die dafür sorgt, dass angesichts von konkurrierenden Absichten, Zielen u. Ablenkungen die Realisierung des einmal gesetzten Zieles nicht aus dem Auge verloren wird (→ Handlungskontrolle); (c) das Planen von Handlungsschritten.

TH: Folgende Grundprobleme des W.-Kzpt. wurden innerhalb der klass. Willenstheorien diskutiert: (a) die Frage, ob der W. aus einzelnen Elementen (Empfindungen, Gefühlen, Vorstellungen) zusammengesetzt ist (*heterogenet.* Willenstheorie) o. im Sinne einer *autogenet.* Theorie ein Phänomen sui generis ist (*Voluntarismus*); (b) des Weiteren das Problem, ob der W. eine Energie besitzt o. ob er nur ein formales Prinzip ist, das strukturierend wirkt, wie Lersch (1966) es im Bild der Glaslinse, die ledigl. die Strahlen des Sonnenlichts bündelt, ausdrückt; (c) schließl. die Frage, ob der W. eher als positive Kraft o. vorwiegend negativ als Kontroll- bzw. Versagensinstanz zu sehen ist, wie z. B. bei Klages, wo der W. als der »große Verneiner« gesehen wird. Aus solchen Fragestellungen heraus haben sich folgende Grundmodelle des W. im Laufe der Philosophie- u. Psycho-

logiegeschichte herauskristallisiert: (a) W. als Kraft, Willensstoßkraft, Willensspannkraft; (b) W. als formales Regulationsprinzip, personal metaphorisiert in dem Bild vom W. als Schiedsrichter, Richter, Polizisten, Dirigenten, Weichensteller; (c) W. als Kontrollinstanz – klass. das freudsche Bild von Pferd u. Reiter; (d) Wille als Zäsur. Vgl. zum Vorhergehenden Weinert (1987), dort auch Hinweise zu den einzelnen Theorien, die sich diesen Grundmodellen zuordnen lassen.
Folgende spezielle Theorien sind psychologiehistor. wichtig geworden: (1) Die Theorie von William James, die Willensprozesse auf ein → ideomotorisches Prinzip zurückzuführen versucht: der W. diene nicht der Überführung der Vorstellung in eine Handlung, dies sei ein automat. Vorgang, jede Vorstellung habe diese Tendenz, der W. diene ledigl. dazu, konkurrierende Vorstellungen auszuschalten; ein typ. Bsp. ist das Aufstehen an einem kalten Wintermorgen, bei dem man sich schließl. aufgestanden vor dem Bett findet, ohne dass ein eigentl. Entschluss vorgelegen hat. Daran anschließend lassen James u. auch Lotze die Willkürhandlung aus dem *Reflex* hervorgehen, da jede Bewegung bereits einmal stattgefunden haben müsse, bevor sie durch einen Bewegungsimpuls ausgelöst werden könne. Der Übergang von Reflexen zur Willkürhandlung werde durch das *Gesetz der Gewohnheit* bewirkt, wonach sensor. Konsequenzen von Reflexen durch zeitl. Rückverlagerung zu Antezedentien von Willkürbewegungen werden. Im Sinne dieser Konzeption beschreibt Münsterberg den Willen als Empfindungskomplex, während James noch für den Fall der Wahl zw. verschiedenen Zielvorstellungen ein *mental fiat* als spezifisches Willenserlebnis zulässt. (2) Gegenüber dieser sensualist. Ableitung des Willens aus Reflexen u. deren sensor. Konsequenzen vertritt Wilhelm Wundt eine ältere Denktradition, die vom genet. Primat spontaner Triebhandlungen ausgeht, er leitet Reflexbewegung aus Triebhandlungen ab. Dies könne entweder unmittelbar o. auf dem Umweg über die Willkürhandlung geschehen, die zunächst durch Hinzutreten weiterer Motive aus der Triebhandlung entsteht u. dann durch Wiederholung zu einem Reflex werden kann. Die Theorie Wundts hebt insbes. die Bedeutung affektiver Prozesse hervor; er trennt zw. den kognitiven Vorstellungen als dem »Beweggrund« u. dem Gefühlsanteil als »Triebfeder« des W. Einfache Willenshandlungen gehen aus einem einzigen Motiv hervor u. werden als *Triebhandlung* bezeichnet; sobald verschiedene Motive wirksam werden, entsteht eine zusammengesetzte *Willenshandlung*, die als *Willkürhandlung* bezeichnet wird (Wundt 1905). (3) Gegen die Theorie des W., bei der Gefühle u. Vorstellungen eine tragende Rolle spielen, wendet sich insbes. der Ansatz von Meumann (1908), der all diese Komponenten nicht für zentral hält; Meumann hebt neben der *Zielvorstellung* insbes. das *zustimmende Urteil* zur Herbeiführung der Handlung sowie das Bewusstsein der Herbeiführung hervor; im Übrigen zieht er assoziationist. Erklärungen für den Prozess der Handlungsselektion u. -initiation heran. (4) Das bedeutendste experimentelle Forschungsparadigma, begründet von N. Ach, nahm seinen Ausgang von der Annahme, dass der W. rein assoziative Verbindungen zw. Gedanken u. Handlungen unterbrechen u. eine eigene neue, → determinierende Tendenz schaffen könne; sein Wirken könne man deshalb an solchen Prozessen der Unterbrechung assoziativer Verbindungen studieren u. seine Stärke anhand der Stärke der unterbrochenen Assoziationen messen: Methode des → *assoziativen Äquivalents*. Die Willenstheorie von Ach bindet die Handlungsinitiierung an sog. *Bezugsvorstellungen*, welche besondere Anlässe zur Ausführung beinhalten. Das *Gesetz der speziellen Determination* besagt: Je spezieller der Inhalt einer Determination ist, desto rascher u. sicherer wird die Verwirklichung erreicht. Ach postuliert auch ein → Schwierigkeitsgesetz der Motivation bzw. des W., wonach der W. mit der Schwierigkeit der Aufgabe sozusagen automat. wachse. (5) Ähnl. ist Dükers Kzpt. der *reaktiven Anstrengungssteigerung*, die sich angesichts von Schwierigkeiten zeigt; im Übrigen soll die psych. Anstrengung auch dann die Aufgabentätigkeit aufrechterhalten, wenn ihre Intensität unter die Bewusstseinsschwelle abfällt, wie es bei Automatismen o. fortlaufender Arbeit der Fall ist. Dass Fließbandarbeit

trotz gesteigerter Leistung weniger ermüdet, erklärt er damit, dass die Zwangsläufigkeit des Zeittakts eine geringere Willensanspannung erfordert. (6) Kurt Lewin (1926) versucht in seiner Theorie der *Vornahmehandlung* v. a. zu zeigen, dass der Vornahmeakt nicht selbst über motivierende Kräfte verfügt, aber ein *Quasibedürfnis* stiftet, das seine Kräfte aus überdauernden Bedürfnissystemen ziehe. Lewin entwickelte mit dieser Theorie einen der ersten Stränge der → Erwartung-mal-Wert-Modelle, in der auch die Bedeutung des *Anreizes* hervorgehoben wurde u. die schließl. zu Lewins allg. → Feldtheorie führte. Lewin hat damit einen der entscheidenden Schritte zur Reduktion des W.-Kzpt. auf Motivationsprozesse geleistet, womit auch eine (problemat.) Homogenisierung von *prä-* u. *postintentionaler* Phase vorgenommen wird; zum Überblick vgl. Heckhausen (1987). (7) Neue Ansätze zu einer ps. Willenstheorie haben ihren Ursprung in Forschungen zur → Leistungsmotivation; Ausgangspunkt ist die Frage – die v. a. durch die → dynamische Theorie aufgeworfen wurde –, wie es angesichts vieler, ständig variierender Handlungstendenzen mögl. ist, Handlungsabsichten so lange zu verfolgen, bis sie realisiert werden. Im Lichte dieser Fragestellung wird die Bedeutsamkeit der klass. Trennung zw. *Intentionsbildung* u. *Handlungsinitiierung* wieder aufgegriffen u. hervorgehoben, so im Volitionsmodell von Heckhausen: Wenn der »Rubikon des Entschlusses« überschritten ist, dann ist das Handeln nicht mehr *realitäts-* sondern *intentionsgeleitet* (*Rubikonmodell*). In vielen Fällen wird zunächst eine durchaus realist. u. rationale Güterabwägung vorgenommen, aber nach der Entscheidung ist das Handeln selektiv u. dient v. a. der Abstimmung u. Festigung der gebildeten Intention überhaupt; das *Wählen* sei realitätsorientiert, das *Wollen* v. a. leistungsorientiert. Heckhausen hat dazu mit seiner Arbeitsgruppe am Max-Planck-Institut eine Reihe neuer Untersuchungsparadigmen geschaffen; vgl. Heckhausen (1987, 1989). Auch von J. Kuhl (1983ff.) wurde das Volitionsparadigma in einem eigenständigen Zugang reaktiviert. Ähnl. wie Heckhausen unterscheidet er zw. *Realisations-* u. *Selektionsmotivation*; der W. diene v. a. der Abschirmung aktueller Handlungsabsichten gegenüber konkurrierenden Motivationstendenzen, wobei Kuhl verschiedene Formen der → Handlungskontrolle unterscheidet. Kuhl postuliert die Existenz einer *Handlungsschwelle*, die durch die dominante Motivation überschritten werden muss u. dazu dient, voreiliges Handeln zu verhindern – die sog. *katastat. Tendenz*; ihr stehe eine *metastat.* (handlungsfördernde) Tendenz gegenüber, die auf rasche Ausführung gerichtet sei; diese Tendenz entspreche dem älteren Kzpt. des W. Kuhl arbeitet folgende Determinanten dieser Tendenz heraus: die verstrichene Passivzeit, die Höhe der Handlungsschwelle, die qualitative Ähnlichkeit der konkurrierenden Handlungstendenzen, die Stärke des sozialen Drucks, das Vorliegen eines lageorientierten Kontrollzustandes (→ Handlungs- vs. Lageorientierung). Er sieht diese Determinanten als Spezifikation von Achs Schwierigkeitsgesetz der Motivation; die metastat. Tendenz werde v. a. durch ein hohes Ausmaß an → *Handlungsorientierung* gestärkt; aber auch der Gegensatz, *Lageorientierung*, kann u. U. einen gleichgerichteten, näml. positiven Effekt auf die Effizienz der Handlungskontrolle ausüben. Kuhl hebt folgende Strategien u. Mechanismen hervor, welche diese volitionale Abschirmfunktion gewährleisten: *Aufmerksamkeitskontrolle*, *Motivationskontrolle*, *Emotionskontrolle*, *handlungsorientierte Bewältigung von Misserfolgen*, *Umweltkontrolle*, *Sparsamkeit der Informationsverarbeitung*. Aus seinem willenstheoret. Neuansatz heraus versucht Kuhl eine Alternativinterpretation der Paradigmen → gelernte Hilflosigkeit, → kognitive Dissonanz u. → Leistungsmotivation. Sokolowski (1993) bietet ein Alternativmodell, das, statt Phasen aufeinander folgender motivationaler u. volitionaler Bewusstseinslagen anzunehmen, impliziert, dass Ziele auch gegen o. ohne Stützung durch die Motivstruktur einer Person gefasst werden können, was zur Folge hat, dass bei passender Gelegenheit die zur Zielerreichung auszuführenden Tätigkeiten gegen die aktuelle Motivation volitional gesteuert werden müssen – es handelt sich also um ein Erklärungsmodell, bei dem motivationale und volitionale Lagen alternierend die Handlungssteuerung leisten können. (8) Ein anderer Zugang zum Thema W. sind Analysen von *Willkürhandlungen* zur Frage, wie bewusste o. unbewusste Reaktionen u. allg. motor. Prozesse ablaufen. Dies ist eine andere Forschungstradition, die einerseits aus der Neurophysiologie bzw. Neurops. (vgl. zsfd. Kornhuber 1987), andererseits aus der kognitiven Ps. bzw. der Ps. der → Bewegung u. Motorik stammt; (vgl. hierzu z. B. O. Neumann u. W. Prinz 1987). Neumann u. Prinz beziehen sich v. a. auf den → Fehrer-Raab-Effekt, durch dessen theoret. Analyse sie zu einem Modell kommen, das dem Bewusstsein bei Willkürhandlungen eine geringe Rolle zuschreibt: es werde nur unter bestimmten Bedingungen wach u. greife dann ins Handeln ein (sog. *Wetterwart-Modell*); vgl. hierzu Neumann (1982ff.) u. Prinz (1983ff.).

HI: Die empir. Forschung zu willensps. Fragestellungen begann gegen Ende des 19. Jahrhunderts; zum Überblick vgl. Haensel (1939) u. Gundlach (1987). Nach Haensel (1939) vollzog sich die *Willensps.* in drei Stadien: (a) naturwissenschaftl. Ausgangsstadium: Analyse des Wollens unter Nicht-Beachtung seiner Intentionalität u. Sinnhaftigkeit in einem elementarist. Zugang; W. als Komplex von Empfindungs-, Gefühls-, Vorstellungs- u. Denkelementen bzw. motor. Prozessen (Wundt; Münsterberg; Ebbinghaus); (b) Übergangsstadium: Beginnende Betonung des Ichbezugs u. der Erlebnishaftigkeit des Wollens bei Beibehaltung des elementarist. Zugangs (Lipps; Meumann; Pfänder); (c) geisteswissenschaftl. Endstadium: Analyse des Wollens als intentionales Erleben (Ach 1905; Lindworsky; Pfänder). Eine große Rolle haben auch Experimente mit posthypnot. Befehlen gespielt (vgl. Rieger u. Tippel; auch bei Ach). Wichtig waren auch die Analysen von *Wahlentscheidungen* (z. B. Michotte u. Prüm). In Deutschland wurde diese Forschungstradition v. a. durch Lindworsky u. Düker (1975) fortgesetzt. Kritik erfuhren die frühen Experimente v. a. unter method. Aspekt durch Wundt, unter inhaltl. Aspekt durch Lewin: → Ach-Lewin-Kontroverse. Auch eine Innerwürzburger Kontroverse mit Otto Selz fand statt; vgl. zum Überblick Gundlach (1987). Danach verlor das Kzpt. *W.* an Bedeutung: »Der W.-Begriff, noch zu Beginn des Jahrhunderts v. a. in der dt. Ps. unumgängl. u. selbstverständl., wurde zunehmend fragl., dann altmod. u. schließl. anstößig, bis er jede wissenschaftl. Respektabilität verloren hatte« (Zitat Heckhausen 1987a). Im ersten Band der *Psychological Abstracts* von 1927 umfassen ca. 4 Promille aller Nennungen das Thema *W.*, dann setzt ein rapider Abschwung bis Anfang der 40er Jahre ein, eine zunehmende Verwendung ist nur ein kurzer Modetrend der 30er Jahre, ab 1970 ist alles getilgt, was begriffl. an den W. erinnern könnte. In den drei Auflagen des Thesaurus der APA zw. 1974 u. 1985 gibt es keine entsprechenden Schlüsselbegriffe, ledigl. *willpower* ist gegeben, wo auf *selfcontrol* verwiesen wird. Allein in der russ. Ps. scheint die Verwendung des W.-Begriffes bis heute ungebrochen zu sein (vgl. hierzu Heckhausen 1987a). Das W.-Kzpt. wurde v. a. ersetzt durch das Kzpt. der → Motivation. Über weitere Ansätze, die sich dem Thema *Überwindung von Handlungshindernissen* widmen, referiert Heckhausen (1989). Erst seit Ende der 80er Jahre gibt es in Deutschland eine Rehabilitation des W.-Kzpt., eine neue Willensps. scheint sich herauszubilden.

VD: (1) *T*: Bisweilen wird der Begriff des *Wollens* statt des *W.* benutzt, um darauf hinzuweisen, dass die empir. Ps. eher am *ps.* Willenserlebnis interessiert ist als an einer metaphys. Instanz. Die moderne Willensps. verwendet gern den Begriff *Volition* – ganz deutl. sind die Hemmungen bei der Re-Adaption des fast verpönten Willensbegriffes zu spüren (Kuhl 1987 spricht vom »guten Willen«, der für den Wiederaufbau der Willensps. nötig sei). Über die Semantik von *Wünschen/Wählen/Wollen* mit damit verknüpften Forschungsproblemen referiert Heckhausen (1987a).

(2) Details von Heckhausens Willenstheorie: (a) Heckhausen unterscheidet in Weiterführung lewinscher Gedanken *Initiierungs-* von *Ausführungs-* (u. manchmal auch von *Deaktivierungs-*)Vornahmen: wann u. wie gehandelt werden soll, wann die Handlung abgeschlossen sein soll. D. h.: Ein Vorsatz o. eine Vornahme muss nicht mit der Intention ein bestimmtes Ziel zu erreichen zusammenfallen. Eine solche zw. *Ziel*, *Gelegenheit*, *Ausführung* u. *Desaktivierung* unterschei-

dende Komponententheorie der Vorannahmen verwendet Heckhausen auch für eine allg. Theorie von → Handlungsfehlern (Heckhausen 1987c). Er hebt hervor, dass die mentale Zielrepräsentation sich auf unterschiedl. hohen Ebenen abspielen kann u. dass das eigentl. Haupthandlungsziel in seltenen Fällen während der Handlung bewusst wird, auch, dass Zielintentionen auf höchster Ebene vor u. nach der Initiierung der einleitenden Handlungen meist nicht bewusst werden u. den Charakter übergeordneter Intentionen haben, die mit der Identität des Handelnden zu tun haben; vgl. hierzu Gollwitzer (1987). Überhaupt betont Heckhausen, dass eigentl. Willensakte recht selten sind: Mit der Handlungsinitiierung sinkt die mentale Zielrepräsentation auf eine niedere Ebene, die die unmittelbaren nächsten Handlungsaktivitäten betrifft, eine ständige bewusste Vergewisserung der Zielintention würde sogar stören; zur gleichen Unterscheidung gelangen auf anderen Wegen Neumann u. Prinz (vgl. 1987). (b) Als *Metavolition* bezeichnet Heckhausen (1987b) Kontrollprozesse, die einen mögl. Handlungsabbruch, ein Ruhenlassen o. ein Wiederaufnehmen betreffen – Heckhausen will überhaupt den Entschluss nicht in der Entscheidung, also der Handlungsinitiierung, aufgehen lassen, auch das Management ablaufender Handlung gehört für ihn dazu. Heckhausen versteht Achs »primäres Wollen« als einen *metavolitionalen Kontrollprozess*. Er postuliert, dass die Stärke der metavolitionalen Vornahmen im Unterschied zu der der Zielintention zugrunde liegenden Volitionsstärke keinen Einfluss auf die Handlungsinitiierung u. auf die Vermeidung von Handlungsfehlern hat; (dieser Nachweis war ein Hauptmotiv, das Lewin zur Kontroverse mit Ach getrieben hatte). Auch Lindworsky (1923) hat schon kritisiert, dass die Annahme einer selbständigen Kraft des Vorsatzes in der Form der *determinierenden Tendenz* überflüssig sei, vielmehr sei von Bedeutung, mit welcher *Verbindlichkeit* ein Vorsatz im Bewusstsein steht. (c) Das heckhausensche Kzpt. der *Fiat-Tendenz* bezieht sich auf eine noch nicht realisierte Ziel-Intention, sie wird angeregt, sobald man eine Realisierungsgelegenheit wahrnimmt u. muss eine bestimmte Stärke erreichen, um statt der gegenwärtig ablaufenden Tätigkeit einzusetzen. Sie muss dabei mit einer Quer- (gleichzeitig auftretende Fiat-Tendenzen) u. einer Längs-Konkurrenz (künftige Gelegenheiten, die günstiger als die jetzige erscheinen) fertig werden. Heckhausen (1987b) meint, dass, entgegen der Auffassung Lewins, im Falle konkurrierender Intentionen die Handlungsinitiierung nicht von den ursprüngl. mit der Intentionsbildung verbundenen *Volitionsstärken* abhängt, sondern von den möglicherweise stark davon abweichenden *Fiat-Tendenzen*. Schwache Zielintentionen haben gegenüber einer starken Zielintention u. U. deshalb Vortritt bei der Handlungsinitiierung, weil ihre Realisierung schon einmal unterbrochen worden ist, weil sie bes. dringl. sind o. bes. günstige Ausgangsbedingungen bestehen.

LIT: Zum Überblick vgl. Kuhl u. Heckhausen (1996); zu entwicklungsps. Aspekten vgl. Dornes (1993); Geppert u. Küster (1983); Bullock u. Lütkenhaus (1988); zu psychopathol. Aspekten (Willensstörungen) vgl. Wittchen (1987); sowohl psychopatholog. wie allgemeinps. Beiträge zum Problem der Selbststeuerung enthält Förster u. Wewetzer (1973); zum philosoph. Hintergrund des W.-Begriffes vgl. Mittelstraß (1987); Dihle (1987); Keller (1954); eine Sammlung neuerer ps. Diskussionen zum Problem der Willensfreiheit ist v. Cranach u. Foppa (1996); zu den physiolog. Grundlagen der Willkürmotorik vgl. Kandel u. a. (1996); zu Willensfähigkeiten im Sport vgl. Zeyfang (1995); zu den im Rahmen der älteren Willensps. verwendeten Apparate vgl. Schmalt (1993); zur Unterscheidung von *Volition 1. u. 2. Stufe* vgl. Groeben (1986, 305ff.); zu einer Elaboration des Rubikonmodells vgl. Gollwitzer (1992).

◆ ACH, N.: Über die Willenstätigkeit u. das Denken. Göttingen 1905; ACH, N.: Über den Willensakt u. das Temperament. Leipzig 1910; ACH, N.: Analyse des Willens. In: ABDERHALDEN, E. (Hg.): Handbuch der biolog. Arbeitsmethoden, 6. Bd. Berlin 1935; BULLOCK, M. u. LÜTKENHAUS, P.: The development of volitional behaviour in the toddlers. CD 59, 1988, S. 664–674; VON CRANACH, M. u. FOPPA, K. (Hg.): Die Freiheit in Entscheiden u. Handeln. Heidelberg 1996; DIHLE, A.: Zur Herkunft des Willensbegriffs. In: Heckhausen u. a. (1987), S. 29–33; DORNES, M.: Der kompetente Säugling. Frankfurt/M. 1993; DÜKER,

H.: Ps. Untersuchungen über freie u. zwangsläufige Arbeitsweise. Experimentelle Beiträge zur Willens- u. Arbeitsps. Leipzig 1931; DÜKER, H.: Untersuchungen über die Ausbildung des Wollens. Bern 1975; FÖRSTER, E. u. WEWETZER, K. H. (Hg.): Selbststeuerung. Psychiatr. u. ps. Beiträge zum Problem der Willensbestimmung u. des Handelns. Bern 1973; FREUD, S.: Neue Folge der Vorlesungen zur Einführung in die Psa. Studienausgabe, 1. Bd. Frankfurt/M. 1969; GEPPERT, U. u. KÜSTER, U.: The emergence of wanting to do it oneself: a precursor of achievement motivation. IJBD 6, 1983, S. 355–369; GOLLWITZER, P. M.: Suchen, Finden u. Festigen der eigenen Identität: unstillbare Zielintention. In: HECKHAUSEN u. a. (1987) S. 176–191; GOLLWITZER, P. M.: Abwägen u. Planen. Göttingen 1991; GROEBEN, N.: Handeln, Tun, Vh. als Einheiten einer verstehend-erklärenden Ps. Tübingen 1986; GUNDLACH, H.: Anfänge der experimentellen Willensps. In: HECKHAUSEN u. a. (1987) S. 67–86; HAENSEL, W.: Beiträge zur Strukturanalyse des Wollens. Leipzig 1939; HALISCH, F. u. KUHL, J. (Hg.): Motivation, intention, and volition. Berlin 1987; HECKHAUSEN, H. (a): Perspektiven einer Ps. des Wollens. In: HECKHAUSEN u. a. (1987) S. 121–143; HECKHAUSEN, H. (b): Vorsatz, Wille u. Bedürfnis: Lewins frühes Vermächtnis u. ein zugeschütteter Rubikon. In: HECKHAUSEN u. a. (1987) S. 86–97; HECKHAUSEN, H. (c): Intentionsgeleitetes Handeln u. seine Fehler. In: HECKHAUSEN u. a. (1987) S. 143–176; HECKHAUSEN, H. u. a. (Hg.): Jenseits des Rubikon: Der Wille in den Humanwissenschaften. Berlin 1987; HECKHAUSEN, H.: Motivation u. Handeln. Berlin 1989 (2. Aufl.); HILLGRUBER, A.: Fortlaufende Arbeit u. Willensbetätigung. Untersuchungen zur Ps. u. Philosophie 1, 1912, Heft 6; JAMES, W.: The principles of psychology, 2 Bde. New York 1890; KANDEL, E. R. u. a. (Hg.): Neurowissenschaften. Heidelberg 1996; KELLER, W.: Ps. u. Philosophie des Wollens. 1954; KLAGES, L.: Der Geist als Widersacher der Seele. München 1954, 3. Aufl.; KORNHUBER, H. H.: Handlungsentschluß, Aufmerksamkeit u. Lernmotivation im Spiegel menschl. Hirnpotentiale. In: HECKHAUSEN u. a. (1987) S. 376–402; KUHL, J.: Motivation, Konflikt u. Handlungskontrolle. Heidelberg 1983; KUHL, J.: Volitional aspects of achievement motivation and learned helplessness: toward a comprehensive theory of action control. In: MAHER, B. B. (Hg.): Progress in Experimental Personality Research, Vol. 13. New York 1984 S. 99–170; KUHL, J.: Motivation u. Handlungskontrolle: Ohne guten Willen geht es nicht. In: AMELANG, M. (Hg.): Bericht über den 35. Kongreß der Dt. Gesellschaft für Ps. in Heidelberg 1986, 2. Bd. Göttingen 1987, S. 227–237; KUHL, J. u. HECKHAUSEN, H. (Hg.): Motivation, Volition u. Handlung. EP, C, IV, 4. Bd. Göttingen 1996; LERSCH, P.: Aufbau der Person. München 1966 (10. Aufl.); LEWIN, K.: Das Problem der Willensmessung u. das Grundgesetz der Assoziation. I u. II. PF 1, 1922, S. 191–302 u. S. 65–140; LEWIN, K.: Untersuchungen zu Handlungs- u. Affekt-Psychologie I u. II. PF 7, 1926, S. 294–329 u. S. 330–385; LEWIN, K.: Vorsatz, Wille u. Bedürfnis. PF 7, 1926, S. 330–385; LINDWORSKY, J.: Der Wille: seine Erscheinung u. seine Beherrschung. Leipzig 1923; MEUMANN, E.: Intelligenz u. Wille. Leipzig 1908; MICHOTTE, A. u. PRÜM, N.: Etude expérimental sur le choix volontaire et ses antécedents immédiates. Archives de Psychologie 10, 1901, S. 119–299; MITTELSTRASS, J.: Der arme Wille: zur Leidensgeschichte des Willens in der Philosophie. In: HECKHAUSEN u. a. (1987) S. 33–49; NEUMANN, O.: Experimente zum Fehrer-Raab-Effekt u. das Wetterwart-Modell der visuellen Maskierung. Bochum: Bericht Nr. 24, Ps. Institut der Ruhr-Universität Bochum, Arbeitseinheit Kognitionsps. 1982; NEUMANN, O.: Über den Zusammenhang zw. Enge u. Selektivität der Aufmerksamkeit. Bochum, Bericht Nr. 19, Ps. Institut der Ruhr-Universität Bochum, Arbeitseinheit Kognitionsps. 1983; NEUMANN, O.: Automatic processing: a review of recent findings and a plea for an old theory. In: PRINZ, W. u. SANDERS, A. F. (Hg.): Cognition and motor processes. Berlin 1984, S. 255–283; NEUMANN, O.: Die Hypothese begrenzter Kapazität u. die Funktion der Aufmerksamkeit. In: NEUMANN, O. (Hg.): Perspektiven der Kognitionsps. Berlin 1985, S. 185–229; NEUMANN, O. u. PRINZ, W.: Kognitive Antezedenzien von Willkürhandlungen. In: HECKHAUSEN u. a. (1987) S. 195–216; PFÄNDER, A.: Phänomenologie des Wollens: Motiv u. Motivation. München 1965; PRINZ, W.: Wahrnehmung u. Tätigkeitssteuerung. Berlin 1983; PRINZ, W.: Modes of linkage between perception and action. In: PRINZ, W. u. SANDERS, A. F. (Hg.): Cognition and motor processes. Berlin 1984; RIEGER, K. u. TIPPEL, M.: Experimentelle Untersuchungen über die Willenstätigkeit. Jena 1885; SCHMALT, H.-D.: Motivationsps. Stuttgart 1986; SCHMALT, H.-D.: Konzepte u. Methoden der Willensps. – Narziß Ach u. Heinrich Düker. In: LÜCK, H. E. u. MILLER, R. (Hg.): Illustrierte Geschichte der Ps. München 1993, S. 60–64; SOKOLOWSKI, K.: Emotion u. Volition. Göttingen 1993; STERN, W.: Allg. Ps. Den Haag 1950 (2. Aufl.); WEINERT, F. E.: Bildhafte Vorstellungen des Willens. In: HECKHAUSEN u. a. (1987) S. 10–27; WELLEK, A.: Die Polarität im Aufbau des Charakters. Bern 1950; WITTCHEN, H. U.: Volitionsunfähigkeit bei psych. Störungen. In: HECKHAUSEN u. a. (1987) S. 300–315; WUNDT, W.: Grundriß der Ps. Leipzig 1905 (7. Aufl.); ZEYFANG, C.: Willensfähigkeiten im Sport. Leistungssport 25, 1995, S. 43–49.

Willenspsychologie → Wille.

Willenstheorien → Wille.

Willkürhandlung → Wille.

Willkürliche Aufmerksamkeit → selektive Aufmerksamkeit.

Winzenzscher Satz, ein älteres, in der klass. Gedächtnisforschung erarbeitetes empir. Ergebnis zum → Paarassoziationslernen: Wenn eine Assoziation zw. zwei Gliedern durch sukzessive Darbietung hergestellt werden soll, ist es günstiger, eindringlichere o. geläufigere Glieder an erster Stelle erscheinen zu lassen; vgl. Süllwold (1964).

◆ Süllwold, F.: Gedächtnistätigkeit u. Vorstellungsverlauf. In: Bergius, R. (Hg.): Lernen u. Denken. HP, 1. Bd., 2. Hlb. Göttingen 1964.

Wirkreaktion → operante Konditionierung.

Wirksamkeitsmotivation [auch: *Kompetenzmotivation*, *Effektanzmotivation*, ähnl. *Kontrollmotivation*], das Streben nach dem Erleben eigener Kompetenz bzw. → Kontrolle, also die Suche nach dem Gefühl, etwas aktiv bewirken u. eigenständig verursachen zu können (White 1959). Es gibt eine Reihe von Kzptn., die das Phänomen thematisieren, v.a das Kzpt. der *Funktionslust* von Bühler (1918), auch der *instinct to master* von Handrick (1943); vgl. auch Schutz (1955); vgl. auch das Kzpt. der *Eigenmacht* von Lersch (1938). White ordnet W. den Primärbedürfnissen zu, sie durchdringe alle weiteren Motive. Da es sich nicht nur auf das Streben nach Neuem (→ Neugier) u. nach Abwechslung bezieht, sondern allg. auf eine aktive Veränderung der Umwelt ausgerichtet ist, geht dieses Kzpt. auch über das des → Explorationsverhaltens hinaus. Das Kzpt. spricht ein Problem an, das die Grundlagen des → Motivations-Konzepts betrifft: Besitzt der Mensch eine grundlegende Aktivitätsmotivation, die weder, wie dies eine reaktive Konzeption des Menschen postuliert, auf die Aktivierung durch äußere Reize angewiesen ist noch auf die endogene Energie eines Triebs. Die entwicklungsps. Forschung konnte im sog. *Kontingenzparadigma* zeigen, dass schon kleine Säuglinge, die z. B. über einen bestimmten Rhythmus des Schnuller-Saugens äußere Umstände, wie z. B. die Beleuchtung o. das Anstellen eines Tonbandes, beeinflussen können, diesen Saugrhythmus mit großer Intensität ausüben, auch wenn kein unmittelbarer Hunger mehr gegeben ist; vgl. zum Überblick Dornes (1993). Mit einer solchen W. wäre eine sozusagen übergreifende → intrinsische Motivation gegeben. Aus dem Bereich der Psychopathologie liefern die *Aktivitätsstörungen* weitere Hinweise auf die Existenz einer solchen Dimension; vgl. hierzu Scharfetter (1976) u. Barz (1986).

KR: Zum problemhistor. Hintergrund vgl. Krampen (1987), der auch die Verbindungen zu anderen Kzptn. wie → Kontrollüberzeugung, → persönliche Verursachung u. → Selbstwirksamkeit hervorhebt.

◆ Barz, H.: Psychopathologie u. ihre ps. Grundlagen. Bern 1986; Bühler, K.: Die geistige Entwicklung des Kindes Jena 1918; Dornes, M.: Der kompetente Säugling. Frankfurt/M. 1993; Handrick, I.: The discussion of the »instinct to master«. PQ 12, 1943, S. 561–565; Krampen, G.: Handlungstheoret. Persönlichkeitsps. Göttingen 1987; Lersch, P.: Aufbau der Person. München 1938; Oesterreich, R.: Handlungsregulation u. Kontrolle. München 1981; Scharfetter, C.: Allg. Psychopathologie. Stuttgart 1976; Schutz, W. C.: What makes groups productive? Human Relations 8, 1955, S. 429–465; White, R. W.: Motivation reconsidered: the concept of competence. PR 66, 1959, S. 297–333.

Wirtschaftspsychologie. Der Begriff *W.* ist nicht exakt kodifiziert, er setzt sich erst seit den 80er Jahren im dt. Sprachraum (wieder) durch u. meint ein Teilgebiet der → Psychologie, v. a. der → angewandten Psychologie: die Gesamtheit aller Forschungen zu menschl. Handeln, das im weitesten Sinne *wirtschaftl.* zu nennen ist. Bes. der weitgehend syn. Begriff der *ökonom. Ps.* wird darüber hinaus – in Abgrenzung von der → *Marktpsychologie* i. e. S. – angewandt auf die ps. Erforschung gesamtwirtschaftl. Prozesse u. sozial-, finanz- u. konjunkturpolit. Fragestellungen: Sparen, Investition, generatives Verhalten, Arbeitslosigkeit, Schattenwirtschaft u. Steuerps.; vgl. hierzu v. a. Pelzmann (1985). Ausgeklammert werden einige wirtschaftsps. Fragestellungen wie z. B. die nach dem Vh. der Unternehmer bzw. der Mitarbeiter in den Unternehmungen, die aus Zweckmäßigkeitsgründen eher unter die → *Organisationspsychologie* subsumiert werden. Die W. wurde gleichermaßen von Volkswirten u. Psychologen initiiert, fand aber größere Resonanz innerhalb der Volkswirtschaft u. wird derzeit eher von Vertretern dieser Disziplin getragen als von Psychologen. V. a. Katona (1951) u. im dt. Sprachraum Schmölders (1953) haben für einen *individualps.* Ansatz innerhalb der W. plädiert.

VD: In der W. ist das ursprüngl. innerhalb der Wirtschaftswissenschaften konzipierte Kzpt. des *Homo oeconomicus* wichtig geworden: der Mensch, der sich am *Rationalitätsprinzip* (vgl. Gäfgen 1968) orientiert u. seine Mittel so zu verwenden versucht, dass ein Maximum an Ertrag erreicht wird (*Nutzen-Maximierungs-Prinzip*). Die Versuche, dieses Rationalprinzip zu präzisieren u. für die in wirtschaftl. vorherrschenden Situationen unvollkommenen Informationen anwendbar zu machen, sind als Ursprung der modernen → Entscheidungstheorie anzusehen. Das Modell liefert den Kern der späteren Ansätze zur Formalisierung der nationalökonom. Theorie, der *Theorie des Grenznutzens* u. der *Theorie der Wahlakte* u. bildete lange Zeit die Basis der Ökonomie (die heutige ökonom. orientierte Entscheidungstheorie versteht sich allerdings im Allg. nur noch als *betriebswirtschaftl.* u. nicht mehr als *volkswirtschaftl.* Theorie); zum Überblick vgl. Kirsch (1970ff.). Zu den *ps.* Aspekten des ökonom. Vhsmodells vgl. Stroebe u. Frey (1981); für einen histor. Überblick vgl. Pelzmann (1985); zur nationalökonom. Vhskonzeption vgl. auch Ipsen (1973). Dieses ökonom. Vhsmodell hat in der Ps. wie auch in anderen Sozialwissenschaften breite Rezeption gefunden. Becker, einer der Hauptvertreter einer ökonom. Analyse, der versucht, dieses Modell auf alle Bereiche menschl. Vhsbereiche anzuwenden (vgl. Becker 1982), hat 1992 den Nobelpreis für Wirtschaftswissenschaften bekommen. Die empirische Forschung hat gezeigt, dass die Kernannahmen des Modells häufig nicht mit der Realität übereinstimmen; s. hierzu den Artikel → Entscheidungstheorie; es wurden v. a. eine große Anzahl von »Entscheidungsanomalien« aufgezeigt; zur Art u. Weise, wie diese Anomalien in der Ökonomie rezipiert werden u. was dies über das grundsätzl. Verhältnis von Ps. u. Ökonomie aussagt, vgl. Frey (1990a). Wichtige Arbeit auf diesem Gebiet hat H. Simon geleistet (s. a. das Stw. → kognitive Psychologie), der als einziger Professor der Ps. in den 70er Jahren einen Nobelpreis (für Wirtschaftswissenschaften) erhalten hat.

LIT: Ein »Handbuch in Schlüsselbegriffen« ist Hoyos u. a. (1990); neuere Darstellungen sind Wiswede (1995) u. Kirchler (1995); zum Verhältnis der Ps. zur Wirtschaftswissenschaft vgl. v. Rosenstiel (1984) u. Simon (1963); Stroebe u. Frey (1991) legen dar, wie eine Orientierung der Ps., insbes. der Sozialps., an ökonom. Erklärungsmodellen anregend u. befruchtend wirken könnte; zur problemat. Beziehung bzw. zur Beziehungslosigkeit zw. Ökonomie u. Ps. vgl. Frey (1990b); engl. Lehrbücher sind Earl (1988) sowie Lea u. a. (1987); Kirchler (1995) ist ein Buch, das in größerem Ausmaß als es in wirtschaftsps. Lehrbüchern meist der Fall ist, auch Kenntnisse über Volkswirtschaftslehre vermittelt.

◆ BECKER, G. S.: Der ökonom. Ansatz zur Erklärung menschl. Vhs. Tübingen 1982; EARL, P. E. (Hg.): Psychological economics. Boston 1988; FREY, B. S.: Entscheidungsanomalien: Die Sicht der Ökonomie. PRu 41, 1990a, S. 67–83; FREY, B. S.: Ökonomie ist Sozialwissenschaft. München 1990b; GÄFGEN, G.: Theorie der wirtschaftl. Entscheidung. Tübingen 1968; HOYOS, C. Graf u. a. (Hg.): Wirtschaftsps. in Grundbegriffen. München

1990. (2. Aufl.); HOYOS, C. Graf u. a.: Vorwort. In: HOYOS, C. Graf (Hg.): Wirtschaftsps. in Grundbegriffen. München 1990, S. 9–15; HOYOS, C. u. ZIMOLONG, B. (Hg.): Ingenieurps. EP, D, III, 2. Bd. Göttingen 1990; IPSEN, D.: Vhskonzeption der Nationalökonomie in den entscheidungstheoret. Modellansätzen. Darmstadt 1973 (Diss.); IRLE, M. (Hg.): Marktps. als Sozialwissenschaft. EP, D, III, 4. Bd. Göttingen 1983; IRLE, M.: Methoden u. Anwendungen in der Marktps. EP, D, III, Bd. 5. Göttingen 1983; KATONA, G.: Psychological analysis of economic behaviour. New York 1951; KATONA, G.: The relationship between psychology and economics. Ann Arbor 1963; KATONA, G.: Psychological economics. New York 1975; KIRCHLER, E. M.: Wirtschaftsps. Grundlagen u. Anwendungen der ökonom. Ps. Göttingen 1995; KIRCHLER, E. M.: Wirtschaftsps. Göttingen 1995; KIRSCH, W.: Entscheidungsprozesse, 3 Bde. Stuttgart 1970ff.; KLEINBECK, U. u. RUTENFRANZ, J. (Hg.): Arbeitsps. EP, D, III, 1. Bd. Göttingen 1987; LEA, S. E. G. u. a.: The individual and the economy. Cambridge 1987; MCKENZIE, R. B. u. TULLOCK, G.: Homo oeconomicus. Ökonom. Dimensionen des Alltags. Frankfurt 1984; PELZMANN, L.: Wirtschaftsps. Wien 1985; ROSENSTIEL, L. v.: Wirtschaftswissenschaften. In: LÜCK, H. E. u. MILLER, R. (Hg.): Geschichte der Ps. München 1984, S. 242–249; ROTH, E. (Hg.): Organisationsps. EP, D, III, 3. Bd. Göttingen 1989; SCHMÖLDERS, G.: Ökonom. Vhsforschung. In: Ordo – Jahrbuch für die Ordnung von Wirtschaft u. Gesellschaft 5, 1953; SIMON, H. A.: Economics in psychology. In: KOCH, S. (Hg.): Psychology – a study of a science, 6. Bd. New York 1963, S. 685–723; STROEBE, W. u. FREY, B. S.: Ps. Aspekte des ökonom. Vhsmodells. In: TIEZ, R. (Hg.): Wert- u. Präferenzprobleme in den Sozialwissenschaften. Berlin 1981, S. 113–129; STROEBE, W. u. FREY, B. S.: Von Einstellungen zum Vh.: Der Beitrag der Ökonomie zum ps. Modell. In: GRAWE, K. u. a. (Hg.): Über die richtige Art, Ps. zu betreiben. Göttingen 1991, S. 227–237; WISWEDE, G.: Einführung in die Wirtschaftsps. München 1995; ZTSCHR.: Journal of Economic Psychology.

Wisconsin-General-Test-Apparat [Abk. *WGTA*], eine Apparatur der experimentellen → Lernpsychologie, die v. a. zur Untersuchung von → Lerneinstellungen verwendet wird: An den Käfig eines Tieres wird ein Tablett herangeschoben, auf dem sich zwei verschiedene Holzfiguren befinden, die zwei kleine Vertiefungen verdecken; eine der Vertiefungen wird hinter einem Schirm beködert; innerhalb einer Diskriminationsaufgabe wird stets dieselbe Figur beködert, unabhängig davon, auf welchem der beiden Plätze sie sich befindet.

◆ BRICKENKAMP R. (Hg.): Handbuch apparativer Verfahren in der Ps. Göttingen 1986.

Wissen → Wissenspsychologie.

Wissensbasierte Systeme → Expertensysteme; → künstliche Intelligenz.

Wissensbasis → Wissenspsychologie; → Expertensysteme; → produktionssystemtheoretische Wissensrepräsentation.

Wissensbasisproblem → Wissenspsychologie.

Wissenschaftliches Denken → Denken.

Wissensdiagnose → Wissenspsychologie.

Wissensdiagnostik → Wissenspsychologie.

Wissensdurst → Neugier.

Wissensentwicklung → Wissenspsychologie.

Wissenserwerb → Wissenspsychologie.

Wissensgedächtnis → Gedächtnis.

Wissenskompilierung → ACT; → Wissenspsychologie.

Wissenspsychologie. W. ist ein neues Teilgebiet der Ps., in dem theoret. Modelle für die Organisation menschl. Wissens entwickelt werden. Der Begriff *W.* ist deutscher Prägung, er wurde bekannt durch die Einrichtung eines

Schwerpunktprogramms der Deutschen Forschungsgemeinschaft (1984). Typ. Forschungsfragen der W. sind (vgl. hierzu Opwis 1992): Wie sind Wissensbestände im menschl. Gedächtnis repräsentiert u. organisiert? Wie werden neue Erfahrungen in vorhandenes Wissen integriert? Wie wird im menschl. Gedächtnis gespeichertes Wissen aktiviert, abgerufen u. wieder deaktiviert o. vergessen? Wie wird es zur Ableitung neuen Wissens eingesetzt u. im Denken, bei Entscheidungsprozessen, beim Problemlösen, beim Sprechen u. Sprachverstehen u. bei Handlungen genutzt? Was sind die wesentl. Unterschiede in der Art, dem Umfang, der Organisation des Wissens u. des Wissenszugriffs zw. Novizen u. Experten (→ Expertise)? Welche Vorgänge liegen der Genese von Sachkenntnissen u. komplexen geistigen Fertigkeiten zugrunde? Welche Einflüsse haben emotionale Aspekte auf den Wissenserwerb u. Wissensabruf? Speziellere Forschungsthemen der W. sind: der Erwerb von Kompetenzen im Umgang mit einer Programmiersprache o. einem Software-System; die erfahrungsgeleitete Hypothesenformulierung u. -prüfung bei einem bestimmten naturwissenschaftl. Gegenstandsbereich; die Durchführung wissensbasierter Interferenzen bei defizitärem Wissen; die wissensbasierte Informationssuche in externen Speichern; der Wissensaustausch zw. Kommunikationspartnern beim gemeinsamen Lösen eines Problems; Faktoren des Verständnisses von mathemat. Textaufgaben; Bedingungen des langfristigen Behaltens z. B. einer Fremdsprache; die Nutzung vorhandenen Wissens beim Umgang mit komplexen Systemen (→ komplexes Problemlösen). Für die Beantwortung dieser Fragen wurden elaborierte Formen der *Wissensdiagnose* entwickelt. Die Formalisierungen der W. sind überwiegend nichtnumer. u. verwenden bevorzugt algebraische Sprachelemente.

(1) Ein Grundthema der W. ist die als *Wissensbasisproblem* bezeichnete Aufgabenstellung, wie Menschen bei der kognitiven Repräsentation ihrer Umwelt genau das für ein bestimmtes Problem relevante Wissen herausfinden u. damit → Inferenzen, teils impliziter Art, durchführen; Charniak (1972) hat z. B. gezeigt, wie viel Wissen aktiviert werden muss, um eine simple Kindergeschichte zu verstehen (s. a. das Stw. → frame). (2) Ein weiteres Grundproblem ist das der Repräsentationsformen von Wissen. Dabei sind eigentl. zwei Fragestellungen zu unterscheiden: seitens der künstl. Intelligenz, bes. der → Expertensysteme, ist die Frage relevant, wie man menschl. Wissen optimal im Hinblick auf eine Computerbenutzung repräsentiert; für einen ps. Zugang dagegen ist die Frage entscheidend, wie Menschen Wissen tatsächl. repräsentieren. Die wesentl. Repräsentationsformen kann man in dichotome, einander zwar nicht ausschließende, aber doch partiell gegensätzl. Paare fassen: (a) → deklarative vs. prozedurale Wissensrepräsentation: zur Abbildung von als deklarativ angesehenem Wissen werden vorwiegend → semantische Netze o. eine → propositionale Wissensrepräsentation verwendet; für prozedural angesehenes Wissen wird vorwiegend eine → produktionssystemtheoretische Wissensrepräsentation gewählt. Eine ähnl. Unterscheidung ist die zw. *Handlungswissen* (ähnl. *enaktives* Wissen) u. dem sprachl.-begriffl. bzw. symbol. repräsentierten Wissen; → implizites vs. explizites Wissen. (b) → analoge Wissensrepräsentation vs. → propositionale Wissensrepräsentation; Weiteres s. d.; vgl. auch → Vorstellungsbild; gemeint ist eine anschaul. vs. eine abstrakte Repräsentation; s. a. die Stw. → mentale Modelle u. → Repräsentationsmedien. Weitere von der Ps. thematisierte, erforschte u. differenzierte Arten des Wissens: (a) Das Kzpt. des *Kontrollwissens* bezeichnet Wissen zur Steuerung u. Kontrolle des Einsatzes von Wissen, z. B. des Zusammenwirkens von

deklarativem u. prozeduralem Wissen; s. hierzu das Stw. → Metakognition. (b) Ein wichtiges u. spezielles Problem war das Problem der Repräsentation *sprachl.* Wissens; vgl. hierzu Görz (1988). (c) Zunehmend nähert die Forschung sich auch dem schwierigen Problem des *intuitiven Wissens* an, dessen Bedeutung bei der Tätigkeit von Experten zunehmend erkannt wird; vgl. Chi u. a. (1988), Glaser (1984), Kuhl (1990), Strube u. Janaetzko (1990). (d) Auch fallspezif. (*kasuist.*) Wissen wird zunehmend analysiert; es ist z. B. für die Therapeutenpraxis wichtig; vgl. Schulte (1991); zum Überblick vgl. Strube u. Janetzko (1990). Befunde aus der Problemlöseforschung zeigen, dass sogar eine Präferenz für die Nutzung beispielhafter Fälle gegenüber der Anwendung von allg. Lösungsstrategien besteht; vgl. Reed u. a. (1985). (e) Bisweilen unterscheidet man auch *epistem.* von *heurist.* Wissen; Ersteres betrifft, vereinfacht gesagt, Kenntnisse, Letzteres bereichsübergreifende Strategien (→ komplexes Problemlösen; → epistemische vs. heuristische Struktur). (3) Im Rahmen der W. werden auch Themen der Entwicklungsps. u. pädagog. Ps. unter einem neuen Aspekt, näml. dem der *Wissensentwicklung*, wiederentdeckt. Auch auf diesem Gebiet wird die so simpel erscheinende Idee von der Bedeutung *bereichsspezif. Vorwissens* aufgegriffen – die Tatsache also, dass sich viele pädagog. u. Entwicklungsprozesse nicht *psychologist.* erklären lassen, sondern dadurch, wie viel an Vorwissen o. Vorfertigkeiten auf einem bestimmten Entwicklungsgebiet gegeben ist; vgl. Flavell u. Markman (1983). Damit hat sich eine paradigmat. Veränderung der entwicklungsps. Sicht ergeben: In älteren Ansätzen zu diesem Thema standen im Mittelpunkt des wissenschaftl. Interesses spontan ablaufende alterskorrelierte Veränderungen allg. mentaler Leistungsbereitschaften als notwendige Voraussetzungen für den Erwerb spezieller Fertigkeiten – diese Fertigkeiten wurden aber als solche weniger analysiert. Kennzeichnend ist, dass der Begriff *Wissen* in den klass. Handbüchern der Entwicklungsps. völlig fehlt, was sich erst mit der von Mussen herausgegebenen Auflage von »Carmichael's Manual on Child Psychology« (1970) ändert, das allerdings nur Piagets Darstellung seiner → genetischen Epistemologie beinhaltet. Dabei thematisiert auch Piaget, v. a. in seinen formalen Theorien, den Erwerb spezif. Inhalte kaum, er hat häufig betont, dass Lernen von den Entwicklungsmechanismen abhängt u. nur stabil wird, insoweit es bestimmte Aspekte dieser Mechanismen verwendet. Waldmann u. Weinert (1990) bezeichnen es deshalb als theoret. angemessen, wenn der piagetsche Begriff der *Connaissance* (bzw. der engl. Übersetzung *knowledge*) nicht mit *Wissen*, sondern mit *Erkenntnis* ins Deutsche übersetzt wird. Es ist allerdings zur Zeit noch ungeklärt, wie generelle entwicklungsps. Regelhaftigkeiten u. inhaltsspezif. Gesetzmäßigkeiten des kumulativen Wissenserwerbs zusammenwirken. Zur kognitiven Entwicklung Hochbegabter im Lichte des Informationsverarbeitungsansatzes vgl. Waldmann u. Weinert (1990).

(4) Unter dem Leitmotiv *Wissenserwerb* werden ähnl. Phänomene thematisiert, jedoch eher unter allgemeinps. als entwicklungsps. Aspekt, v. a. Phänomene des Lernens wie Verallgemeinerung, Transfer, Spezialisierung o. Festigung von Wissen; vgl. zsfd. Mandl u. a. (1988); Kluwe u. Spada (1981). In der → Schematheorie sind *Umstrukturierung* u. *Feinabstimmung* (*tuning*) die zentralen theoret. Konstrukte, (vgl. Rumelhart u. Norman 1978; Abelson 1976). Im Ansatz der → Produktionssysteme stehen hierfür die Kzpte. *Wissenskomprimierung* u. *-verfeinerung*, *Generalisation*, *Diskrimination* u. *Verstärkung von Produktionsregeln*; hier sind zu nennen Andersons → ACT-Theorie u. das *Modell des Verstehens deklarativer Information* von Kieras u. Bovair (1986). Für den Ansatz der → mentalen Modelle ist der Erwerb u. die Verfeinerung im Sinne des »Robuster-Machens« interner Modelle über verschiedene Entwicklungsstufen kennzeichnend (de Kleer u. Brown 1983; Johnson-Laird 1983; Forbus u. Gentner 1986). Forbus u. Gentner konzipierten vor dem Hintergrund der *qualitativen Physik* u. der *qualitativen Prozesstheorie* (→ intuitive Theorien) ein Stufenmodell des Wissenserwerbs: (a) prototyp. Erfahrungen; (b) Ursachen-Annahmen; (c) naive physikal. Theorien; (d) Expertenwissen. Die Modelle zum Wissenserwerb stehen trotz stürm. Entwicklung noch am Anfang; die Gefahr

liegt in der unreflektierten Übernahme von Methoden der KI-Forschung; Aspekte wie Motivation, Interesse u. Bedürfnisse wurden bisher kaum berücksichtigt, und es fehlen noch in vielen weiteren Fällen direkte Beweise für die aufgestellten Behauptungen; vgl. hierzu Mandl u. a. (1988). Im Rahmen der Theorie des → komplexen Problemlösens wird das Problem des Wissenserwerbs innerhalb umfassender Handlungssysteme thematisiert; vgl. Strohschneider (1990), der auch einen klaren Überblick über die verschiedenen Ansätze zum Wissenserwerb liefert. Auch in den modernen Ansätzen zum kognitiven Training wird zunehmend als Hauptaufgabe ein Training der Nutzung u. Aktivierung vorhandenen Wissens gesehen; vgl. hierzu Neber (1993).

HI/WÜ: Problemhistor. zentral war die auf vielen Forschungsgebieten sich durchsetzende Erkenntnis von der Bedeutsamkeit des *Vor-* bzw. *Weltwissens*; s. hierzu die Stw. → Expertise; → Sprachverstehen; → Textverstehen; → Erkennen. Entscheidende Impulse kamen aus der Informatik u. aus der → künstlichen Intelligenz; s. hierzu auch die Stw. → frame u. → Skript. Die KI hat das Problem der Wissensrepräsentation v. a. bei der Aufgabe entdeckt, das Wissen von Experten in Computerprogrammen abzubilden (→ Expertensystem), u. die KI-Forschung wandte sich mit dieser Fragestellung auch an Psychologen, musste allerdings feststellen, dass diese dem Problem bis dahin wenig Aufmerksamkeit geschenkt hatten; z. B. enthielt noch 1982 keiner der Beiträge des 33. Kongresses der Deutschen Gesellschaft für Ps. das Wort »Wissen« im Titel, 4 Jahre später taucht dieses bei gleicher Gelegenheit schon 25mal auf. »Wissen: ist das ein ps. Begriff?« fragt Hans Aebli in seiner Einführung zu der 1978 erschienenen deutschen Ausgabe des Buches »Exploration in cognition« (dt.: »Strukturen des Wissens«) von Norman u. Rumelhart (1975) u. er fährt fort: »Wenn ein interessierter Praktiker o. ein Lehrer diese Frage vor einigen Jahren gestellt hätte, so hätten ihm die Ps. wahrscheinl. mit Achselzucken geantwortet. Von Reaktionen hätten sie eine Menge zu sagen gewusst, Wissen aber war bis vor kurzem keine ps. Realität.« So hat sich die eigentüml. wissenschaftshistor. Situation ergeben, dass eine nichtps. Wissenschaft, näml. die KI, die Ps. zur Renaissance von Problemen geführt hat, die am Anfang des 20. Jahrhunderts schon einmal innerhalb der Denkps. thematisiert worden waren – nach Prinz (1983) kann Selz (1913) als Begründer einer *wissensorientierten Denkps.* gelten. In gewisser Weise hat die KI der Ps. den Mut gegeben, *hermeneut.* Methoden (im weiten Sinne des Wortes) wiederzuentdecken, also menschl. Denken nicht so sehr unter dem Aspekt fiktiver ps. Mechanismen zu beschreiben, sondern auf der Ebene des Wissens selbst. So entdeckt die W. alte Probleme der Wahrnehmungs-, Gedächtnis- u. Denkps. neu, ist jedoch gekennzeichnet durch spezif. Forschungsmethoden: die vorrangige Verwendung von Computermodellen, zumeist unter Nutzung von symbolverarbeitenden Programmiersprachen wie LISP u. PROLOG u. darauf beruhenden Modellierungswerkzeugen, deren Besonderheit die quantitative, nichtnumerische Art ihrer Formulierung ist, im Einzelfall ergänzt durch mathemat.-algorithm. Modelle. Auch inhaltl. wird insbes. Wissen im Zusammenhang mit der Mensch-Computer-Interaktion erforscht (s. o.).

VD: Innerhalb der W. wurde eine elaborierte *Wissensdiagnose* entwickelt. (*T*: Im engl. Sprachraum hat sich für die verbale Erfassung von Wissen der Ausdruck *concept mapping*, vgl. Novak u. a. 1983 eingebürgert; der Begriff *Wissensdiagnose* wird v. a. in Untersuchungen zu intelligenten tutoriellen Systemen benutzt; *knowledge engineering* bezieht sich v. a. auf die Entwicklung von Expertensystemen.) Bei einer Wissensdiagnose sucht man die optimale Art der Wissensrepräsentation, die richtige *Wissensbasis* u. den richtigen *Inferenzmechanismus*. Die Wissensdiagnose ist meist eine *qualitative* (vgl. Tergan 1986). Man spricht von *on the job recording*, wenn Experten direkt beim Lösen bestimmter Aufgaben beobachtet werden. Häufig wird zw. einer Diagnostik des inidividuellen Wissensstandes zu einem bestimmten Zeitpunkt – *Statusdiagnostik* – u. einer *Prozessdiagnostik*, die sich v. a. auf die Veränderung konzentriert, unterschieden (vgl. Tergan 1988). Statusdiagnost. Ansätze sind Scheele u. Groeben (1984); Mandl u. Ballstaedt

(1986); Ballstaedt u. Mandl (1987); Maichle (1985); ein Bsp. für einen prozessdiagnost. Ansatz ist Spada u. a. (1983). Typ. Fragen, an denen sich eine Wissensdiagnose orientiert, sind: Was weiß eine Vp (z. B.) über ein physikal. Prinzip? Hat die Vp die Bedeutung eines Begriffs in der Aussage des Textes verstanden? Auf welches Wissen über (z. B.) mathemat. Begriffe u. Operationen sind diese Fehler zurückzuführen? Verfügt die Vp über eine adäquate Wissensstruktur zur Bewältigung einer bestimmten kognitiven Anforderungssituation? Wie verändert sich diese Struktur im Verlauf von Wissenerwerbsprozessen? Welcher Unterschied besteht zw. der individuellen Wissensstruktur der Vp u. der eines Experten? Insbes. werden auch Wissenslücken (engl. *bugs*), Fehlvorstellungen (engl. *misconceptions*) u. Denkfehler analysiert, die einer fehlerhaften Aufgabenlösung zugrunde liegen; vgl. Burton (1982); Kötter u. a. (1986). Die Wissensdiagnose erfolgt also unter zwei Aspekten: unter dem Aspekt der *Qualität*, also der Frage der Richtigkeit des Wissens, u. unter dem der Strukturen des Wissens (z. B. die Frage nach den Elementen u. der Art ihrer Verknüpfung). Einen Überblick über diese Methoden u. ihre Eignung zur Extraktion bestimmter Wissensteile bietet Bonato (1990); weitere Überblicke finden sich bei Hart (1986) u. Kitt (1987); zum Einsatz im lehr-/lernps. Kontext vgl. Mandl. u. Hron (1986); zsfd. Darstellungen bieten Rost (1981), Maichle (1985) u. Tergan (1986, 1988). Grundmethoden: (a) Die meisten Verfahren stützen sich auf Protokollanalysen der verbalen Daten, die sich ergeben, wenn Vp ihr Wissen o. ihre Denkprozesse verbalisieren, v. a. also mit der Methode des → lauten Denkens. Auch sämtl. Interview-Methoden u. auch → Struktur-Lege-Techniken kommen zum Einsatz. (b) Ein anderer grundsätzl. Ansatz ist, wie bei schul. Prüfungen, Wissensaufgaben zu stellen u. das Lösungsvh. der Vp genau zu beobachten, die sog. *kognitive → Aufgabenanalyse*; vgl. Greeno (1980). (c) Zum Einsatz kommen auch »psychologischere« Verfahren, die zur Analyse des → semantischen Gedächtnisses entwickelt worden sind: → Assoziationsverfahren; → semantische Ähnlichkeitsskalierung; semantische → Analogieaufgaben, vgl. zsfd. Maichle (1985); des Weiteren → lexikalische Entscheidungsaufgaben, Aufgaben zur → Begriffsbildung, auch das Paradigma der → Gedächtnisabsuche, des Weiteren Kategorisierungsaufgaben, auch die freie Reproduktion von Wissen bzw. Fertigkeiten, sowie → Sortiermethoden mit anschließender Durchführung multidimensionaler Skalierung u. Clusteranalyse. (d) Die Analyse von → Augenbewegungen ist eine spezielle Methode; vgl. Lüer (1988). (e) Wichtig sind auch elaborierte Formen des Befragens; vgl. Graesser u. Black (1985); Kluwe (1988); Tergan (1986), Möbus (1988); zu nennen sind: das *Zustands-Eingriffs-Diagramm*, vgl. Bainbridge (1979); das Kzpt des *teaching back* von Pask (1975); des Weiteren *strukturierte Interviews* (vgl. Bainbridge 1979); die Methode der *DOE-Aufgaben*: (*Demonstrate-observe-explain*); Champagne u. a. (1980); weiterhin der *Tutorielle Dialog*, eine bes. Variante des Befragens aus dem Bereich der Lehr-Lern-Forschung (vgl. Williams u. a. 1983). (e) Ältere Ansätze, die vor einem anderen Hintergrund als dem der modernen Wissensps. konzipiert worden sind, sind testtheoret. Ansätze, konzipiert im pädagog.-didakt. Bereich; vgl. hierzu Weidenmann u. Krapp (1986).

LIT: Als Pionierarbeiten der W. gelten die Arbeiten von Anderson (1983); Kintsch (1974); Newell u. Simon (1972); Norman u. Rumelhart (1975); im deutschen Sprachraum die Arbeiten von Dörner (1976); Flammer (1981); Klix (1971); einen Überblick bietet der Sammelband von Mandl u. Spada (1988); vgl. auch Beckenkamp (1995) u. Maichle (1985); zur Interaktion von kognitiver Ps. u. künstl. Intelligenz vgl. Klix (1987); eine verständl. Darstellung unter pädagog. Aspekt findet sich bei Weidenmann u. Krapp (1986); zu Computermodellen der Wissensrepräsentation vgl. Krause u. Wygotsky (1984); eine schwierige, aber tief schürfende Darstellung der unterschiedlichsten Ansätze zum Thema *unsicheres Wissen* ist Spies (1993); neuere Arbeiten sind Strube u. Wender (1993) sowie Albert (1994).

◆ Abelson, R. P.: Script processing in attitude formation and decision making. In: Carroll, J. S. u. Payne, J. W. (Hg.): Cognition and social behaviour. Hillsdale 1976, S. 33–46; Albert, D.: Knowledge structures. Berlin 1994; Anderson, J. R.: The architecture of cognition. Cambridge/Mass. 1983; Bainbridge, L.: Verbal reports as evidence of the process operator's knowledge. International Journal of Man-Machine-Studies 11, 1979, S. 411–436; Ballstaedt, S. P. u. Mandl, H.: Knowledge modification during reading. In: Rossi, J. P. u. Denhiére, G. (Hg.): Text and text processing. 1987; Beckenkamp, M.: Wissenspsychologie. Regensburg 1995; Bierwisch, M.: Basic issues in the development of word meaning. In: Deutsch, W. (Hg.): The child's construction of language. New York 1981, S. 341–387; Bobrow, D. u. Collins, A. (Hg.): Representation and understanding: Studies in Cognitive Science. New York 1975; Bonato, M.: Wissensstrukturierung mittels Struktur-Lege-Techniken. Frankfurt/M. 1990; Burton, R. R.: Diagnosing bugs in a simple procedural skill. In: Sleeman, D. u. Brown, J. S. (Hg.): Intelligent tutoring systems. London 1982, S. 157–183; Champagne, A. u. a.: Interactions of student's knowledge with their comprehension and design of science experiments. Learning Research and Development Center, University of Pittsburgh 1980; Charniak, E.: Toward a model of childrens' story comprehension. MIT artifical intelligence Lab. 1972; Chi, M. T. H. u. a. (Hg.): The nature of expertise. Hillsdale 1988; de Kleer, J. u. Brown, J. S.: A qualitative physics based on confluences. Artificial Intelligence 24, 1984, S. 7–83; Dörner, D.: Problemlösen als Informationsverarbeitung. Stuttgart 1976; Driver, R. u. Easely, J. A.: Pupils and paradigms: a review of literature related to the concept development in adolescent science studies. Studies in Science Education 5, 1978, S. 61–84; Fahlman, S. E.: NETL, a system for representing and using real-world knowledge. Cambridge/Mass. 1979; Flammer, A.: Toward a theory of question asking. PReS 43, 1981, S. 407–420; Flavell, J. H. u. Markman, E. M.: Cognitive development. In: Mussen, P. H. (Hg.): Handbook of child psychology. Cognitive Development. New York 1983 (4. Aufl.); Forbus, K. D. u. Gentner, D.: Learning physical domains: toward a theoretical framework. In: Michalski, R. S. u. a. (Hg.): Machine learning, an artificial intelligence approach, Bd. 2. Los Altos 1986, S. 311–348; Furbach, U.: Wissensrepräsentation u. Programmiersprachen. In: Heyer u. a. (1988) S. 262–272; Glaser, R.: Education and thinking – the role of knowledge. AmP 39, 1984, S. 93–104; Görz, G.: Repräsentation sprachl. Wissens. In: Heyer u. a. (1988), S. 84–89; Graesser, A. C. u. Black, J. B. (Hg.): The psychology of questions. Hillsdale 1985; Graumann, C. F. u. Sommer, M.: Schema and inference. In: Royce, J. R. u. Mos, L. P. (Hg.): Annals of theoretical psychology, Bd. 1. New York 1984, S. 31–76; Greeno, G.: Some examples of cognitive task analysis with instructional implications. In: Snow, R. E. u. a. (Hg.): Aptitude learning and instruction, Bd. 2. Hillsdale 1980, S. 1–21; Hart, A.: Knowledge acquisition for expert systems. London 1986; Heyer, G. u. a. (Hg.): Wissensarten u. ihre Darstellung. Berlin 1988; Johnson-Laird, P. N.: Mental models in cognitive science. Cognitive Science 4, 1980, S. 71–115; Johnson-Laird, P. N.: Mental models. Cambridge 1983; Johnson-Laird, P. N. u. a.: Only connections: a critique of semantic networks. PR 96, 1984, S. 292–315; Kemmerling, A.: Philosoph. Kognitivismus u. die Repräsentation sprachl. Wissens. In: Heyer u. a. (1988), S. 21–47; Kiefer, E.: Wissen u. Intelligenz. In: Heyer u. a. (1988), S. 67–84; Kieras, D. E. u. Bovaer, S.: The acquisition of procedures from text: a production-system analysis for transfer of training. Journal of Memory and Language 25, 1986, S. 507–524; Kintsch, W.: The representation of meaning in memory. Hillsdale 1974; Kitt, A. L. (Hg.): Knowledge acquisition for expert systems: a practical handbook. New York 1987; Klix, D.: Information u. Vh. Bern 1971; Klix, F.: Kognitive Ps. u. künstl. Intelligenz: Wechselwirkungen u. Eigenständigkeit verschiedener Disziplinen, dargestellt am Bsp. neuer Forschungsergebnisse. In: Amelang, M. (Hg.): Bericht über den 35. Kongreß der Dt. Gesellschaft für Ps. in Heidelberg 1986. Göttingen 1987, S. 237–252; Kluwe, R. H. u. Spada, H.: Wissen u. seine Veränderung: Einige ps. Beschreibungsansätze. In: Foppa, K. u. Groner, R. (Hg.): Kognitive Strukturen u. ihre Entwicklung. Bern 1981, S. 284–327; Kluwe, R. H.: Methoden der Ps. zur Gewinnung von Daten über menschl. Wissen. In: Mandl u. Spada (1988) S. 359–386; Kötter, L. u. a.: Fehler bei analyt. Verfahren bei pädagog. Diagnosen – Ansätze, Probleme, Perspektiven. In: Petillon, J. W. u. a. (Hg.): Schülergerechte Diagnose. Weinheim 1986, S. 89–114; Krause, W. u. Wygothky, F.: Computermodelle u. ps. Befunde der Wissensrepräsentation. In: Klix, F. (Hg.): Gedächtnis – Wissen – Wissensnutzung. Berlin (Ost) 1984; Kuhl, J.: Intuition u. Logik der Forschung in der Ps. In: Max-Planck-Institut für ps. Forschung (Hg.) Heinz Heckhausen. Erinnerungen, Würdigungen, Wirkungen. Berlin 1990, S. 43–73; Laubsch, J.: Techniken der Wissensdarstellung. In: Habel, C. (Hg.): Künstl. Intelligenz. Wien 1984, S. 48–93; Lüer, G.: Kognitive Prozesse u. Augenbewegungen. In: Mandl u. Spada (Hg.) (1988) S. 286–400; Maichle, U.: Wissen, Verstehen u. Problemlösen im Bereich der Physik. Frankfurt 1985; Mandl, H. u. Ballstaedt, S. P.: Assessment of concept-building in text comprehension. In: Klix, F. u. Hagendorf, H. (Hg.): Human memory and cognitive capabilities. Amsterdam 1986, S. 861–870; Mandl, H. u. Hron, A.: Wissenserwerb mit intelligenten tutoriellen Systemen. Unterrichtswissenschaft 16, 1986, S. 358–371; Mandl, H. u. Spada, H. (Hg.): Wissensps. München 1988;

Mandl, H.: u. a.: Theoret. Ansätze zum Wissenserwerb. In: Mandl u. Spada (1988) S. 123–161; Minsky, M.: A framework for representing knowledge. In: Winston, P. H. (Hg.): Psychology of computer vision, New York 1975, S. 211–277; Möbus, C.: Zur Modellierung kognitiver Prozesse mit daten- bzw. zielorientierten Regelsystemen. In: Mandl u. Spada (1988) S. 423–469; Mussen, P. H.: Carmichael's manual on child psychology. New York 1970; Neber, H.: Training der Wissensnutzung als objektgenerierende Instruktion. In: Klauer, K. J. (Hg.): Kognitives Training. Göttingen 1993, S. 217–244; Newell, A. u. Simon, H. A. (Hg.): Human problem solving. Englewood Cliffs 1972; Norman, D. A. u. Rumelhart, D. E.: Explorations in cognition. San Francisco 1975 (dt.: Stuttgart 1978); Novak, J. D. u. a.: The use of concept mapping and knowledge vee mapping with high school students. Science Education 67, 1983, S. 625–645; Opwis, K.: Kognitive Modellierung. Bern 1992; Oswald, M. u. Gadenne, V.: Wissen, Können u. künstl. Intelligenz. Eine Analyse der Konzeption des deklarativen u. prozeduralen Wissens. SuK 3, 1984, S. 173–184; Pask, G.: Conversation, cognition and learning. Amsterdam 1975; Prinz, W.: Wahrnehmung u. Tätigkeitssteuerung. Berlin 1983; Putz-Osterloh, W.: Wissen u. Problemlösen. In: Mandl u. Spada (1988) S. 247–264; Reed, S. K. u. a.: Usefulness of analogous solution for solving algebra word problems. JExP: HLM 11, 1985, S. 106–125; Rost, J.: Gedächtnisps. Grundlagen naturwissenschaftl. Wissens. Weinheim 1981; Rumelhart, D. E. u. Norman, D. A.: Accretion, tuning and restructuring: 3 modes of learning. In: Cotton, J. W. u. Klatzky, R. L. (Hg.): Semantic factors in cognition. Hillsdale 1978, S. 37–53; Scheele, B. u. Groeben, N.: Die Heidelberger Struktur-Lege-Technik (SLT). Eine Dialog-Konsens-Methode zur Erhebung subjektiver Theorien mittlerer Reichweite. Weinheim 1984; Schulte, D. (Hg.): Therapeut. Entscheidungen. Göttingen 1991; Selz, O.: Über die Gesetze des geordneten Denkverlaufs, I. Stuttgart 1913; Selz, O.: Über die Gesetze des geordneten Denkverlaufs, II. Bonn 1922; Spada, H. u. Mandl, H.: Wissensps.: Eine Einführung. In: Mandl u. Spada (1988) S. 1–18; Spada, H. u. Opwis, K.: Wissensps.: Erwerb, Repräsentation u. Nutzung von Wissen. In: Amelang, M. (Hg.): Bericht über den 35. Kongreß der Dt. Gesellschaft für Ps. in Heidelberg 1986, Bd. 2. Göttingen 1987, S. 253–264; Spada, H. u. a.: Hypothesenerarbeitung u. Wissensaufgabe beim Schüler. In: Kötter, L. u. Mandl, H. (Hg.): Jahrbuch für Empir. Erziehungswissenschaft, Düsseldorf 1983, S. 139–167; Spies, M.: Unsicheres Wissen. Heidelberg 1993; Stoyan, H.: Wissen wissensbasierte Programme etwas? In: Heyer u. a. (1988); Strohschneider, S.: Wissenserwerb u. Handlungsregulation. Wiesbaden 1990; Strube, G. u. Janaetzko, D.: Episod. Wissen u. fallbasiertes Schließen: Aufgaben für die Wissensdiagnostik u. die Wissensps. SchZPA 49, 1990; Strube, G. u. Wender, K. F. (Hg.): The cognitive psychology of knowledge. Amsterdam 1993; Tergan, S.-O.: Modelle der Wissensrepräsentation als Grundlage qualitativer Wissensdiagnostik. Opladen 1986; Tergan, S.-O.: Qualitative Wissensdiagnose – methodolog. Grundlagen. In: Mandl u. Spada (1988) S. 400–423; Waldmann, M. u. Weinert, F. E.: Intelligenz u. Denken. Göttingen 1990; Weidenmann, B. u. Krapp, A. (Hg.): Pädagog. Ps. München 1986; Weinert, F. E. u. Waldmann, M. R.: Wissensentwicklung u. Wissenserwerb. In: Mandl u. Spada (1988) S. 161–200; Williams, M. u. a.: Human reasoning about a simple physical system. In: Gentner, D. u. Stevens, A. L. (Hg.): Mental models. Hillsdale 1983, S. 131–154.

Wissensrepräsentation → Wissenspsychologie.

Wissensstrukturen → Wissenspsychologie.

Wissen zweiter Ordnung → Metakognition.

Wohlbefinden [engl.: *well-being*]. Die Ps. hat sich dieses fundamentalen emotionalen Zustands erst seit den 80er Jahren angenommen, insbes. das körperl. W. wurde erforscht, v. a. im Sport, bes. die bei Langläufen auftretenden positiven Stimmungsveränderungen (*runner's high, feel-better-phenomenon*). Lawton (1984) hat ein Vier-Faktoren-Modell des subjektiven W. entwickelt: Belastungsfreiheit, → Freude (kürzere emotionale Zuständlichkeiten), Glück (allg. Lebensgefühl), Zufriedenheit (eher kognitive Wohlbefindens-Komponente); Weiteres vgl. das Stw. → Freude.

LIT: In Abele u. Becker (1991) fasst Becker verschiedene Definitionsansätze zusammen; zur Entwicklungsps. u. zur Bedeutung für die Neurosenentstehung vgl. Kruse (1991); zum Gesichtsausdruck u. seiner ontogenet. Entwicklung vgl. zsfd. Ekman (1988); zum Überblick vgl. Abele u. a. (1991); Diener (1984); Frank (1991); für einen fragebogenorientierten

Zugang vgl. Bradbourn (1969); Headey (1984); Kammann u. Flett (1983); ein Überblick über empir. Untersuchungen zur Faktorenstruktur des W. findet sich in Mayring (1991).

◆ ABELE, A. u. a.: Sportl. Aktivitäten u. Wohlbefinden. In: ABELE u. BECKER (1991), S. 279–297; ABELE, A. u. BECKER, P. (Hg.): Wohlbefinden. München 1991; BRADBOURN, N. M.: The structure of psychological well-being. Chicago 1969; DIENER, E.: Subjective well-being. PBu 95, 1984, S. 542–575; EKMAN, P.: Gesichtsausdruck u. Gefühl. Paderborn 1988; FRANK, R.: Körperl. Wohlbefinden. In: ABELE u. BECKER (1991) S. 71–97; HEADEY, B. u. a.: Well-being and ill-being: different dimensions? Social Indicators Research 14, 1984, S. 115–139; KAMMANN, R. u. FLETT, R.: Affectometer 2: a scale to measure current level of general happiness. Australian Journal of Psychology 35, 1983, S. 257–265; KRUSE, O.: Emotionsentwicklung u. Neurosenentstehung. Stuttgart 1991; LAWTON, M. P.: The varieties of well-being. In: MALATESTA, C. Z. u. IZARD C. E. (Hg.): Emotions in adult development. Beverly Hills 1984, S. 67–84; MAYRING, P.: Ps. des Glücks. Stuttgart 1991.

Wohlgefühl → Wohlbefinden.

Wollen → Wille.

Working memory → Arbeitsgedächtnis.

Worry-Kognition → Leistungsangst.

Worry vs. emotionality → Leistungsangst.

Wortattribute → verbales Lernen.

Wortbedeutung. Eine Theorie der W. ist die wichtigste Forschungsaufgabe einer → psychologischen Semantik. Nachdem ältere Theorien vorwissenschaftl. bzw. philosoph. Art weitgehend überwunden sind (s. hierzu das Stw. → psychologische Semantik), sind folgende »linguistischere« u. »psychologischere« Theorien in der Ps. wichtig geworden: (1) Die elementarste Theorie ist die des → Behaviourismus, eine einfache *Substitutionstheorie*, nach der ein Wort an die Stelle des Objekts/Ereignisses tritt u. dieselbe Reaktion auslöst. Ein »kognitiverer« behaviourist. Ansatz ist das Kzpt. einer Konditionierung von Vorstellungsbildern an Sachverhalte (Staats 1967); Weiteres s. das Stw. → verbales Verhalten. (2) Mit dem Behaviourismus vereinbar, bisweilen von ihm benutzt, aber nicht allein von ihm entwickelt u. den engeren Behaviourismus sprengend ist die Idee einer → assoziativen Bedeutung. (3) Die *Merkmalstheorie der W.* nimmt an, dass die Bedeutung eines Wortes sich dadurch ergibt, dass das Wort in einzelne Bedeutungseinheiten, → semantische Merkmale, dekomponiert wird (*Dekompositionshypothese*). In den Theorien von Schank (1973) u. Schank u. Abelson (1977) werden z. B. für Verben 11 solcher → semantischer Primitiva angenommen; zum Überblick vgl. Wender u. a. (1980). Eine bedeutsame entwicklungsps. Theorie auf der Basis dieses Ansatzes wurde von Gentner (1975) entwickelt. Aus der Merkmalstheorie lässt sich die *Komplexitätshypothese* ableiten, dass abgeleitete Wörter, also solche, die mehrere Merkmale bzw. Komponenten enthalten, mehr Verarbeitungskapazität erfordern müssten u. damit eine längere Verarbeitungszeit; die empir. Beweislage spricht nach Kintsch (1974) gegen diese These. (4) Die *Lexikontheorie* der W. postuliert, dass die Bedeutung eines Wortes in einem → mentalen Lexikon niedergelegt ist. Dieser Ansatz wurde in der Gedächtnisps. hauptsächl. von Kintsch (1974) vertreten; jedes Wort hat nach seiner Auffassung mindestens drei Eintragungen im Gedächtnis: eine für die Aussprache (u. Schreibweise), eine für die syntakt. Kategorie u. eine dritte für die Bedeutung. Diese Theorie steht in partiellem Gegen–

satz zur Merkmalstheorie, da sie keine *dekomponierte* Speicherung der Bedeutung annimmt, sondern eine ganzheitl. Repräsentation. (5) Die → Prototypentheorie der W. widerspricht sowohl Position (1) wie (2), die beide auf einer Art »logizist.« Vorstellung von Bedeutung basieren: Bedeutung sei durch abstrakte u. gleichzeitig exakte Definitionskriterien bestimmt, ähnl. wie eine mathemat. Menge; dem gegenüber postuliert die Prototypentheorie, dass die Bedeutung v. a. durch einzelne Instanzen eines Begriffs charakterisiert ist, die diesen in mehr o. weniger ausgeprägter *Typikalität* verkörpern; die Grenzen der W. seien demgem. inhärent unscharf. (6) Das Kzpt. einer *prozeduralen Semantik* wurde innerhalb der künstl. Intelligenz in sog. *Frage-Antwort-Systemen* entwickelt; der Grundgedanke besteht darin, dass beim Verstehen eines Wortes bzw. eines Satzes, der dieses Wort impliziert, nach u. nach abgefragt wird, ob ein Wort bestimmte Merkmale beinhaltet; je nachdem ob die Antwort darauf positiv o. negativ ist, liefert das prozedurale System einen Hinweis, zu welcher Frage überzugehen ist. Die ersten Ansätze beruhten auf der Merkmalstheorie, sind aber nicht notwendigerweise mit ihr verknüpft u. lassen sich auch mit der Lexikontheorie in Einklang bringen; vgl. hierzu Wender u. a. (1980). Adaptiert wurde dieser Ansatz in der Ps. von Miller u. Johnson-Laird (1976); ein ausführl. Computerprogramm stammt von Winograd (1972), das ein Gespräch mit einem Rechner über stereometr. Körper wie Würfel, Quader etc. ermöglicht. Zu einer krit. Analyse vgl. die Kontroverse zw. Fodor (1978) u. Johnson-Laird (1978).

Zunehmend wird W. im Rahmen komplexerer Wissensstrukturen analysiert – der Aufsatztitel »Aggregate von Komponenten o. idiosynkrat. Minitheorien« kennzeichnet schlagwortartig diese alternative Sicht; vgl. Seiler u. Wannenmacher (1985); s. a. die Stw. → semantisches Gedächtnis u. → Begriffsbildung.

In der modernen Entwicklungsps. ist das Thema W. ebenfalls von großer Wichtigkeit: (a) Auch hier wurde v. a. die oben dargestellte Kontroverse zw. der Prototypentheorie u. der Merkmalstheorie ausgetragen. Die Merkmalstheorie impliziert, dass *Übergeneralisierung* von Begriffen auftritt, da zunächst nicht alle nötigen Merkmale erworben werden u. somit Objekte unter den Begriff fallen, die eigentl. nicht dazu gehören (vgl. Barrett 1982). Postuliert wird auch, dass *allg.* vor den *spezif.* Begriffen angeeignet, *unmarkierte* vor den *markierten* erworben werden (→ semantisches Merkmal), außerdem sollen räuml. vor zeitl. Begriffen erworben werden; vgl. hierzu Seiler (1985). Im Brennpunkt des Interesses stehen gegenwärtig die merkmalstheoret. Ansätze von Clark (1973), Gentner (1978), die holist. orientierten Ansätze von Nelson (1974) u. die Prototypenkzpte. von Bowerman (1978), Greenberg u. Kuczaj (1982) sowie Anglin (1977). Kennzeichnend für neuere entwicklungsps. Ansätze ist die Analyse »kleinerer« Begriffe wie der Verben *geben, nehmen, tauschen, verkaufen, denken*, von Substantiven wie *Traum* o. *Zeuge* o. von Zeitbegriffen wie *vorher* o. *nachher*. Eine ausführl. Darstellung der verschiedenen Ansätze, Aspekte u. Streitpunkte vermittelt der Sammelband von Seiler u. Wannenmacher (1985). (b) Ein weiteres Grundproblem war die Frage, inwieweit die Entwicklung des Lexikons (also des Wortschatzes) notwendigerweise verknüpft ist mit der Fähigkeit zu einer konzeptuellen Klassenbildung u. inwieweit die Entwicklung des Lexikons die → Begriffsbildung bzw. Begriffsentwicklung determiniert o. umgekehrt: *konzeptueller Determinismus* vs. *lexikal. Determinismus* vs. *gegenseitiger Determinismus*; vgl. Wode (1988). Zum Umfang des Wortschatzes vgl. Augst (1984); zu den ersten 50 Wörtern vgl. Nelson (1973). (c) Eine weitere entwicklungsps. Grundfrage ist das Problem, ob Objekte aufgrund ihrer wahrnehmbaren Eigenschaften o. eher nach ihren Funktionen, d. h. nach den Möglichkeiten ihrer Verwendung unter Begriffe geordnet werden. Clark (1973) nimmt Ersteres, Nelson (1974) Letzteres an; Nelson formuliert das Kzpt. des *functional core*, des *Begriffskerns*: gem. dieser Idee wird zuerst eine Repräsentation der *pragmat.* Aspekte eines Gegenstands gebildet – die sich auf das beziehen, was man mit dem Gegenstand tun kann – u. diesem Begriffskern werden nach u. nach *Non-core-Merkmale*, näml. solche *perzeptueller* Natur hinzugefügt. (d) Im Rahmen von Entwicklungstheorien der Wortbedeutung tritt, wie bei Spracherwerb überhaupt, das *Induktionsproblem* auf, wie näml. ein Kind Bedeutung aufgrund sehr begrenzter Informationen u. Hinweise erwirbt u. wie die mögl. Hypothesen, die es aufstellen kann, restringiert werden; vgl. hierzu Schwarz (1992).

◆ ANGLIN, J. M.: Word, object and conceptual development. New York 1977; AUGST, G.: Kinderwort: der aktive Wortschatz (kurz vor der Einschulung) nach Sachgebieten geordnet. Frankfurt/M. 1984; BARRETT, M. D.: Distinguishing between prototypes: the early acquisition of the meaning of object names. In: KUCZAJ, S. (Hg.): Language development, 2 Bde. Hillsdale 1982, S. 313–334; BOWERMAN, M.: The acquisition of word meaning: Investigation into some current conflicts. In: WATERSON, N. u. SNOW, C. (Hg.): The development of communication. Chichester 1978; CLARK, E. V.: What's in a word? On the child's acquisition of semantics in its first language. In: MOORE, T. E. (Hg.): Cognitive development and the acquisition of language. New York 1973; FODOR, J. A.: Tom Swift and his procedural grandmother. C 6, 1978, S. 229–247; GENTNER, D.: Evidence for the psychological reality of semantic components: the verbs of possession. In: NORMAN u. RUMELHART (1978); GENTNER, D.: Der experimentelle Nachweis der ps. Realität semant. Komponenten: Die Verben des Besitzes. In: NORMAN u. RUMELHART (1978); GREENBERG, J. u. KUCZAJ, S. A.: Towards a theory of substantive wordmeaning acquisition. In: KUCZAJ, S. A. (Hg.): Language Development: Syntax and semantics. Hillsdale 1982; GRIMM, H. u. ENGELKAMP, J.: Sprachps.: Handbuch u. Lexikon der Psycholinguistik. Berlin 1981; JOHNSON-LAIRD, P. N.: What's wrong with grandma's guide to procedural semantics: a reply to Jerry Fodor. C 6, 1978, S. 249–261; JOHNSON-LAIRD, P. N.: The mental representation of the meaning of words. C 25, 1987, S. 189–212; KINTSCH, W.: The representation of meaning in memory. Hillsdale 1974; MILLER, G. W. u. JOHNSON-LAIRD, P. N.: Language and perception. Cambridge 1976; NELSON, K.: Structure and strategy in learning to talk. Monographs of the Society for Research in Child Development 38, Chicago 1973; NELSON, K.: Concept, word and sentence: interrelationships in acquisition and development. PR 81, 1974, S. 267–285; NORMAN, D. A. u. RUMELHART, D. E. (Hg.): Strukturen des Wissens. Stuttgart 1978; SCHANK, R. C.: Identification of conceptualizations underlying natural language. In: SCHANK, R. C. u. COLBY, K. M. (Hg.): Computermodels of thought and language. San Francisco 1973; SCHANK, R. C. u. ABELSON, R.: Scripts, plans, goals and understanding. Hillsdale 1977; SCHWARZ, M.: Einführung in die kognitive Linguistik. Tübingen 1992; SEILER, T. B. u. WANNENMACHER, W. (Hg.): Begriffs- u. Wortbedeutungsentwicklung: theoret., empir. u. method. Untersuchungen. Berlin 1985; STAATS, A. W.: Emotions and images in language: a learning analysis of the acquisition and function. In: SALZINGER, K. u. SALZINGER, S. (Hg.): Research in verbal behaviour and some neurophysiological implications. New York 1967, S. 123–145; WENDER, K. F. u. a.: Modelle des menschl. Gedächtnisses. Stuttgart 1980; WINOGRAD, T.: Understanding natural language. New York 1972; WODE, H.: Einführung in die Psycholinguistik. Ismaning 1988.

Worterfassungseffekt → Wortüberlegenheitseffekt.

Worterkennung, die Identifikation des geschriebenen o. gesprochenen Wortes u. ihre Zuordnung zu einer → Bedeutung, also die Verknüpfung des Zeichens mit dem → mentalen Lexikon, eine der Phasen der → Sprachwahrnehmung bzw. des Lesens; s. a. das Stw. → Sprachverstehen. Als Oberbegriff wird häufig das Schlagwort *lexikalische Verarbeitung* (engl. *lexical processing*) verwendet. Grundsätzlich scheint es so zu sein, dass die lexikal. Aktivierung relativ autonom, also unabhängig von pragmat. Plausibilität u. kontextuell evozierter Präferenz abläuft; kontextuelle Faktoren spezifizieren demnach die aktivierten Bedeutungseinheiten erst durch postlexikal. Operationen; vgl. zsfd. Schwarz (1992). → Schemata u. → Skripts spielen eine wichtige Rolle bei der Aktivierung des Wissens für die W.; Weiteres s. u. Typ. Effekte, die in diesem Zusammenhang auftreten, sind der → Phonemic-restoration-Effekt, → shadowing, → lexikalische Ähnlichkeitseffekte, die die Beziehungen zw. phonet. ähnl. Wörtern widerspiegeln; der → Worthäufigkeitseffekt, der die statist. Verteilung gesprochener Wörter der Sprache widerspiegelt, u. bestimmte Effekte des → priming, v. a. ein formbasiertes priming.

Typ. Untersuchungsmethoden sind → lexikalische Entscheidungsaufgaben u. → phonem-monitoring, des Weiteren bestimmte → Erkennungsaufgaben, v. a. *perceptual identification*: die Vpn hören einzelne Wörter u. müssen diese so schnell wie mögl. identifizieren; dabei werden die Wörter (v. a. zur Vermeidung von Deckeneffekten) maskiert, z. B. mit unterschiedl. Formen des Rauschens. Eine Sonderform ist das *naming*, bei dem die Vpn gesprochene Worte so schnell wie mögl. wiederholen sollen. Eine Modifikation ist das sog. *gating*, bei dem nur ein Teil des Wortes präsentiert wird, z. B. bei der ersten Präsentation 30 msec. eines Wortes, bei der nächsten Präsentation 60 msec., so lange bis das Wort erkannt wird. S. a. das Stw. → verbales Lernen.

VD/TH: (1a) Die *Logogen-Theorie* (Morton 1969, 1970) geht von einem passiven Gedächtnissystem, dem *Logogen*-System aus, das die Information über die Wörter repräsentiert u. den Zugang zu allen Einheiten des mentalen Lexikons eröffnet. Aktivierte Logogen-Einheiten steuern nach der akust. Analyse des Inputs die entsprechende Einheit im mentalen Lexikon an. Dieses Logogen-Modell ist Ausgangspunkt vieler Experimente der Psycho- u. Neurolinguistik gewesen: über Forschungserkenntisse informieren Frauenfelder u. Tyler (1987). (b) Das *autonome Suchmodell* von Forster (1976), der wichtigste Ansatz innerhalb der Gruppe der Suchmodelle, geht davon aus, dass das verarbeitende System die akust.-phonet. Analyse aktiv betreibt: Der phonolog. Input wird danach beurteilt, zu welcher Wortgruppe er passt, um das konkrete Lautbild zu extrahieren, das zu den entsprechenden Informationen über das Wort im mentalen Lexikon führt; hier erst, im sog. »post access check«, wird der semant. Kontext, gem. dieser Theorie, wirksam. (c) Den Suchmodellen stehen die unter dem Oberbegriff *Aktivationsmodelle* gefassten theoret. Ansätze entgegen; wichtig geworden ist v. a. die Theorie von Marslen-Wilson u. Welsh (1978), die ein *direktes* u. *aktives* Modell vertreten: Der Zugriff vom akust.-phonet. Input zum mentalen Lexikon erfolgt direkt u. aktiv, d. h. jede Einheit kann selbständig aktiv prüfen, ob der akust.-phonet. Input zu ihr passt, u. falls dies der Fall ist, dies der zentralen Verarbeitungsinstanz melden. Des Weiteren beinhaltet das Modell die Annahme, dass durch dieses Ansprechen des Lexikons zunächst eine Grundmenge (*Kohorte*) von lexikal. Kandidaten gebildet wird (*word-initial cohort*) u. auf diese Kohorte werden verschiedene Selektionsprozesse angesetzt, die die Worthäufigkeit u. den syntakt.-semant. Kontext berücksichtigen (*Kohortentheorie*; engl. *cohort theory*). (d) Das *Dual-route-Modell* (Coltheart 1985), ebenfalls ein Aktivationsmodell, besagt, dass es zwei Möglichkeiten der W. gibt: die *lexikal. Route*, wenn es wortspezif. Assoziationen zw. dem Druck- u. Klangbild gibt; das Bild des Wortes wird dabei unmittelbar mit dem Lexikon verknüpft, wie dies v. a. bei eindeutigen Korrespondenzen der Fall ist; der *nichtlexikal.* Weg besteht im Buchstabieren, mit dem wir auch *Nicht-Wörter* lesen können, näml. durch Graphem-Phonem-Zuordnungen. Die Validität dieser Unterscheidung zeigt sich am Erscheinungsbild einer *phonolog. Dyslexie*, bei der Patienten Wörter relativ gut lesen können, aber bei Nicht-Wörtern größte Schwierigkeiten haben – diese Patienten scheinen also über die *lexikal. Route* zu lesen; bei der *Oberflächendyslexie* scheinen Patienten dagegen unfähig zu sein, irreguläre Wörter zu lesen, während sie reguläre Wörter u. auch Nicht-Wörter gut lesen können. (Reguläre Wörter sind solche, die typ. u. häufige Graphem-Phonem-Korrespondenzen beinhalten). Teilweise aus empir. Gründen, v. a. aber durch die Erfolge der konnektionist. Ansätze in diesem Bereich (s. u.) wird diese Theorie heute als nicht mehr adäquat angesehen; zur Kritik des Dual-route-Modells vgl. Humphrey u. Evetts (1985); (e) In jüngster Zeit sind Modelle im Geiste des → Konnektionismus wichtig geworden, z. B. das konnektionist. Modell von Sejnowski u. Rosenberg (1987), das ohne explizite Repräsentation von Graphem-Phonem-Korrespondenzen auskommt u. konsequent mit einer »Ganzwort-Phonologie« arbeitet; ein weiteres wichtiges konnektionist. Modell ist McClelland u. Elman's TRACE-Modell, das auf McClelland u. Rumelharts interaktivem Aktivationsmodell visueller W. basiert; zur Kritik u. zu anderen Ansätzen vgl. Scheerer (1987). (f) Das *Nachbarschafts-Aktivationsmodell* von Luce (*neighbourhood activation model*), ein weiteres Aktivationsmodell, beruht auf Luces *Auswahlregel*; das grundlegende Prinzip besteht darin, dass sowohl Worthäufigkeit wie Ähnlichkeitsbeziehungen die Wahrnehmung auf eine Weise beeinflussen, die durch eine bestimmte mathemat. Regel beschrieben wird. (g) Das *Aktivations-Verifikations-Modell* von Paap kombiniert Aspekte der Aktivationstheorien mit den Suchmodellen, ebenso wie Klatts *lexikal. Zugangsmodell* (*lexical access from spectra model*), das annimmt, dass gesprochene Wörter direkt aus einer Analyse des Input-Spektrums erkannt werden, wb. ein großes Netzwerk von Phonem-Phonem-Kombinationen (z. B. Konsonant-Vokal- u. Vokal-Konsonant-Sequenz) berücksichtigt wird. Zum Überblick vgl. Lively u. a. (1994). Viele der Modelle zur W. gesprochener Wörter sind als Adaptationen von Modellen visueller W. entwickelt worden; zu den wesentl. Unterschieden vgl. Lively u. a. (1994).

LIT: Zur visuellen W. vgl. Balota (1994); zur Erkennung gesprochener Wörter Lively (1994), des Weiteren Marslen-Wilson (1990) u. Forster (1989).

◆ Adams, M. J. u. Collins, A.: A schematheoretic view of reading. In: Freedle, R. O. (Hg.): New directions in discourse processing, 2. Bd. Norwood 1979, S. 1–22; Ballstaedt, S.-P. u. a.: Texte verstehen, Texte gestalten. München 1981; Balota, D. A.: Visual word recognition: the journey from features to meaning. In: Gernsbacher, M. A. (Hg.): Handbook of psycholinguistics. San Diego 1994, S. 303–358; Bussmann, H.: Lexikon der Sprachwissenschaft. Stuttgart 1990; Coltheart, M.: Lexical access in simple reading task. In: Underwood, G. (Hg.): Strategies of information processing. London 1978; Coltheart, M.: The cognitive neuropsychology of reading. In: Posner, M. I. u. Marin, O. S. M. (Hg.): Attention and performance XI. London 1985; Ellis, A. u. Young, A. W.: Human cognitive neuropsychology. Hillsdale 1989; Forster, K.: Accessing the mental lexicon. In: Wales, R. J. u. Walker, E. C. T. (Hg.): New approaches to language mechanisms. Amsterdam 1976, S. 257–287; Forster, K. I.: Basic issues in lexical processing. In: Marslen-Wilson, W. (Hg.): Lexikal representation and process. Cambridge 1989; Frauenfelder, U. H. u. Tyler, L. K. (Hg.): Spoken word recognition. Cambridge 1987; Gibson, E. J. u. Levin, H.: Die Ps. des Lesens. Stuttgart 1980; Humphrey, G. W. u. Evetts, L. J.: Are there independent lexical and nonlexical routes in word processing? An evaluation of the dual-route theory of reading. BBS 8, 1985, S. 689–740; Lively, S. E. u. a.: Spoken word recognition: research and theory. In: Gernsbacher, M. A. (Hg.): Handbook of psycholinguistics. San Diego 1994, S. 265–302; Marslen-Wilson, W. D. u. Welsh, A.: Processing interactions and lexical access during word recognition in continuous speech. CP 10, 1978, S. 29–63; Marslen-Wilson, W. D.: Activation, competition, and frequency in lexical access. In: Altmann, G. T. M. (Hg.): Cognitive models of speech processing: psycholinguistic and computational perspectives. Cambridge 1990; Morton, J.: The interaction of information in word recognition. PR 60, 1969, S. 329–346; Morton, J.: A functional model for memory. In: Norman, D. A. (Hg.): Models of human memory. New York 1970; Morton, J.: Facilitation in word recognition: experiments causing change in the logogen model. In: Kolers, P. A. u. a. (Hg.): Processing of visible language. New York 1979, S. 259–268; Neisser, U.: Kognitive Ps. Stuttgart 1974; Scheerer, E.: Probleme u. Ergebnisse der experimentellen Leseforschung. ZEPP 10, 1978, S. 347–354; Scheerer, E.: Visual word recognition in german: the effects of orthography and phonology. In: Allport, D. A. u. a. (Hg.): Language, perception and production. London 1987, S. 228–244; Schwarz, M.: Einführung in die kognitive Linguistik. Tübingen 1992; Sejnowski, T. J. u. Rosenberg, C. R.: Parallel networks that learned to pronounce English text. Complex systems 1, 1987, S. 145–168; Wickelgren, W. A.: Cognitive psychology. Englewood Cliffs 1979.

Wort-Farb-Interferenz → Stroop-Effekt.

Worthäufigkeitseffekt, die Tatsache, dass geläufige Wörter leichter erkannt werden als seltene Wörter, v. a. wenn die Darbietung schnell o. undeutl. erfolgt. Der W. tritt auch beim Erinnern von Wortlisten auf: Geläufige Wörter werden mit höherer Wahrscheinlichkeit reproduziert als seltenere Wörter. Ebenso schleichen sich häufige Wörter öfter ein, wenn die Vp versucht, eine zuvor dargebotene Liste zu reproduzieren. Der W. trifft allerdings nur für die freie Reproduktion zu, für das Wiedererkennen gilt oft das Gegenteil (*Worthäufigkeits-Paradoxon*); vgl. Mandler u. a. (1982); Gregg (1976).

◆ Bradshaw, J. L. u. Gates, E. A.: Visual field differences in verbal tasks: Effects of task familiarity and sex of subject. BaL 5, 1978, S. 166–187; Gregg, V.: Word frequency, recognition and recall. In: Brown, J. (Hg.): Recall and recognition. London 1976; Mandler, G.: The word-frequency paradox in recognition. MuC 10, 1982, S. 33–42; Solomon, R. L. u. Howes, D. H.: Word frequency, personal values and visual duration thresholds. PR 58, 1951, S. 256–270.

Worthäufigkeits-Paradoxon → Worthäufigkeitseffekt.

Wortlänge-Effekt, das gedächtnisps. Phänomen, dass bei kurzfristigen Speicherprozessen die Wortlänge ein entscheidender Faktor ist, dass z. B. mehr zweisilbige Wörter richtig wiedergegeben werden können als fünfsilbige u. dass sogar die Sprechdauer die Behaltensleistung beeinflusst. Dies wurde z. B. zur Erklärung der kürzeren → Gedächtnisspanne von walis. Kindern im Vergleich zu engl. Kindern verwendet – Erstere besitzen eine gedehntere Aussprache; die Unterschiede verschwanden, sobald die Artikulation unterdrückt wird. Solche Effekte stützen die Annahme eines zeitl. begrenzten sprachl. Speichers eher als die Annahme einer fixen Zahl von Speicherplätzen (→ akustisches Gedächtnis; → artikulatorische Schleife). Vallar u. Baddeley (1982) postulieren sogar, dass die Gedächtnisspanne der Anzahl von Silben entspreche, die die Vpn in 1,6 Sekunden lesen können, u. fanden auch Korrelationen zw. Gedächtnisspanne u. Lesegeschwindigkeit. Dies führte Baddeley (1986) zu einer Differenzierung der artikulator. Schleife; vgl. zsfd. Baeriswyl (1989); vgl. auch → phonologischer Ähnlichkeitseffekt.

◆ Baddeley, A. D.: Working memory. Oxford 1986; Baeriswyl, F.: Verarbeitungsprozesse u. Behalten im Arbeitsgedächtnis. Heidelberg 1989; Vallar, G. u. Baddeley, A. D.: Short-term forgetting and the articulatory loop. QJEP 34A, 1982, S. 53–60.

Wortüberlegenheitseffekt [auch *Worterfassungseffekt*; vgl. Neisser 1974, S. 120], das Phänomen, dass bestimmte Erkennens- bzw. Diskriminationsleistungen im Kontext besser funktionieren: Vpn können zwei Wörter, wie z. B. *word* u. *work* schneller diskriminieren, als die Einzelbuchstaben *d* u. *k* – obwohl sie eigentl. bei Wörtern wesentl. mehr Informationsverarbeitungsprozesse durchzuführen haben; s. a. das Stw. → Phonemic-restoration-Effekt; vgl. Tulving u. a. (1964).

LIT: Vgl. zsfd. Anderson (1988); Reicher (1969); eine klass. Arbeit ist Cattell (1886).

◆ Anderson, J. R.: Kognitive Psychologie. Heidelberg 1988; Cattell, J. M.: The time taken up by cerebral operations. Mind 11, 1886, S 220–242; Neisser, U.: Kognitive Ps. Stuttgart 1974 (Orig.: 1967); Reicher, G.: Perceptual recognition as a function of meaningfulness of stimulus material. JExP 81, 1969, S. 275–280; Tulving, E.: Interaction of two sources of information in tachistoscopic word recognition. CJP 18, 1964, S. 62–71; Wheeler, D. D.: Processes in word recognition. CP 1, 1970, S. 59–85.

Wünschen → Wille.

Würzburger Schule, eine Schule der → Psychologie, die v. a. auf dem Gebiet der → Denkpsychologie bedeutend geworden ist, mit folgenden zentralen *Charakteristika*: (a) Die W. S. hat die systemat.-experimentelle Forschungsmethodik Wilhelm Wundts, die er v. a. auf die introspektive Analyse von Empfindung, Wahrnehmung u. Aufmerksamkeit angewendet hat, auch auf die Denkps. ausgedehnt (ein Gebiet, dessen experimentelle Analyse von Wundt skept. gesehen u. einer histor. u. sozialps. orientierten *Völkerps.* zugeordnet wurde). Die W. S. entwickelte hierfür die Methode des → lauten Denkens – ein wichtiger Schritt innerhalb der method. Elaboration der → Introspektion; die W. S. sprach von der »systemat. experimentellen Introspektion«. (b) Gem. der W. S. ist → Denken nicht nur durch einfache → Assoziationsgesetze gesteuert, sondern durch ein übergeordnetes Schema, das den Denkprozess von Anfang an leitet: die → determinierende Tendenz. Insbes. N. Ach zeigte, dass sogar außerordentl. starke assoziative Verbindungen durch eine gegenwirkende Aufgabenstellung überwunden werden konnten; s. die Stw. → assoziatives Äquivalent u. → Wille. (c) Die W. S. wandte sich auf dem Gebiet des Denkens gegen einen → Sensualismus, wie er von der Wundtschen → Bewusstseinspsychologie vertreten worden ist: abstrakte unanschaul. Gedanken, die sog. *Bewusstheiten* bzw. *Bewusstseinslagen* (N. Ach) bzw. *Gedanken* (Bühler) o. eben die *determinierenden Tendenzen* sollen die Basis der Denkprozesse bilden. Um dieses Problem der Unanschaulichkeit des Denkens kreiste eine der Kontroversen zw. den beiden experimentelle Denkforschung betreibenden Schulen, der W. S. u. dem → Strukturalismus; vgl. hierzu Humphrey (1951) u. Graumann (1965).

HI/WÜ: Die W. S. entstand in der Zeit von 1901–1909 um Oswald Külpe (1862–1915), einem früheren Schüler Wundts, u. umfasste die Wissenschaftler N. Ach (1871–1946), K. Bühler (1879–1963), K. Marbe (1869–1953), O. Selz (1881–1944), A. Messer (1867–1937), des Weiteren: A. Mayer, J. Orth u. H. G. Watt. Als geistiges Haupt dieser Arbeitsgemeinschaft gilt Külpe, der zwar keine wichtigen Untersuchungen im Würzburger Arbeitskreis veröffentlichte, aber als fruchtbarer Inspirator u. teilnehmender Beobachter an allen Experimenten entscheidenden Anteil hatte. Die Arbeitsgemeinschaft der W. S. fand ein relativ abruptes Ende durch Külpes Berufung nach Bonn (1909). Es hat sich auch keine Zusammenfassung der Würzburger Forschungsergebnisse in Form einer Theorie des Denkens ergeben. Der Gegensatz zw. der W. S. u. der Elementenps. bzw. Bewusstseinsps. war eine wichtige Auseinandersetzung in der Psychologiegeschichte, die v. a. in einer scharfen Kontroverse zw. Wundt (1907) u. K. Bühler (1909) Ausdruck fand (*Bühler-Wundt-Kontroverse*). Die W. S. hatte starken Einfluss auf die weitere Entwicklung der denkps. Forschung u. hat v. a. durch O. Selz der → Gestalttheorie u. darüber hinaus der Willensps. u. späteren Einstellungsforschung wichtige Impulse gegeben; vgl. zur Geschichte Lück (1991). Die → Zweite Würzburger Schule hat gegen Ende der 70er Jahre dieses Jahrhunderts zahlreiche Forschungsthemen der W. S. neu aufgegriffen u. weitergeführt.

KR: Eine frühe Kritik stammt von Titchener, die in eine → Motortheorie des Denkens mündete; vgl. zsfd. Meili (1968) u. Schilling (1929).

LIT: Zur wissenschaftshistor. Bedeutung der W. S. vgl. Schmidt (1981); Ogden (1951); eine wissenschaftshistor. Studie zum Werk Oswald Külpes ist Hammer (1994); speziell zur denkps. Bedeutung vgl. Hussy (1984).

◆ Bühler, K.: Zur Kritik der Denkexperimente. ZfPs 51, 1909, S. 108–118; Graumann, C. F. (Hg.): Denken. Köln 1965; Hammer, S.: Denkps. – krit. Realismus. Frankfurt/M. 1994; Humphrey, G.: Thinking. London 1951; Hussy, W.: Denkps., 2 Bde. Stuttgart 1984/86; Lück, H. E.: Geschichte der Ps. Stuttgart 1991; Meili, R.: Denken. In: Meili, R. u. Rohracher, H. (Hg.): Lehrbuch der experimentellen Ps. Bern 1968 (2. Aufl.), S. 172–235; Ogden, R. M.: Oswald Külpe and the Würzburg school. AJP

64, 1951, S. 4–19; Schilling, R.: Über »inneres Sprechen«. ZfPs 111, 1929, S. 204–243; Schmidt, W.: Struktur, Bedingungen u. Funktionen von Paradigmen u. Paradigmenwechseln. Frankfurt/M. 1981; Titchener, E. B.: Lectures on the experimental psychology of the thought processes. London 1909; Wundt, W.: Metaphysik. In: Hinneberg, P. (Hg.): Systemat. Philosophie. Berlin 1907.

Wundtsches Gesetz, besagt, dass bei zunehmender Reizintensität der *hedon. Wert* (also die Intensität, in der der Reiz als angenehm empfunden wird) anwächst, ein Maximum bei einem mittleren Wert erreicht u. dann ins Negative umschlägt; vgl. Wundt (1874). Demgemäß haben Menschen z. B. das Bedürfnis, Musik, die ihnen gefällt, mit größerer Lautstärke zu hören, bis diese Lautstärke über einen gewissen Wert hinausgeht u. dann zunehmend unangenehm wird. Berlyne (1971) versucht mit diesem Gesetz seine Konzeption der → optimalen Stimulation zu begründen.

Berlyne erklärt dieses Gesetz durch Bezug auf neurobiolog. Konstrukte: Ein Belohnungssystem, das eine niedrigere Erregungsschwelle besitzt, beginnt bei niedriger Reizintensität zu wirken, das aversive System schaltet sich später ein, u. während das Belohnungssystem ab einer gewissen Stärke asymptot. verläuft, also nicht weiter ansteigt, wächst das aversive System weiter an, wb. sich die hedon. Gesamtqualität aus der algebraischen Summe ergibt. Demgemäß wird das aversive System ab einem gewissen Punkt stärker als das Belohnungssystem u. daraus lässt sich der von dem W. G. postulierte Verlauf ableiten; vgl. auch Brodda u. Wellner (1981); vgl. auch → eingipflige Bevorzugung.

◆ Berlyne, D. E.: Aesthetics and psychobiology. New York 1971; Brodda, K. u. Wellner, U.: Neurobiolog. Grundlagen von explorativem Vh. In: Voss, H. G. u. Keller, H. (Hg.): Neugierforschung. Weinheim 1981. S. 17–56; Wundt, E.: Grundzüge der physiolog. Ps. Leipzig 1874.

Wundtsche Täuschung → geometrisch-optische Täuschungen.

Wut → Ärger.

Wutprinzip, ein innerhalb der angewandten Erforschung des → Ärgers formuliertes Prinzip des »Ärgermanagements« (Bloch 1980): *Versuche niemanden zu beruhigen, wenn er auf dem Höhepunkt seines Zorns ist!*

LIT: Bloch, A.: Gesammelte Gründe, warum alles schiefgeht, was schiefgehen kann. München 1985.

X-Labyrinth → Lernlabyrinth.

Yale-Gruppe/Schule → systematische Verhaltenstheorie; → Frustrations-Aggressions-Theorie.

Yale-Theorie → Leistungsangst.

Yerkes-Dodson-Gesetz → Aktivation-Leistungs-Paradigma.

Y-Labyrinth → Lernlabyrinth.

Yngve-Hypothese → Satztiefe.

Yoked control → verbundene Kontrolle.

Young-Helmholtz-Theorie → Farbwahrnehmung.

Zählen → mathematisches Denken.

Zäpfchen → Duplizitätstheorie; → Helligkeitssehen; → Schwarz-Weiß-Sehen; → Wahrnehmung.

Zahlengebundenes Denken → mathematisches Denken.

Zapfen → Farbwahrnehmung.

Zeichen → Hinweisreiz.

Zeichenerkennung → computer vision; → Mustererkennung.

Zeichen-Gestalt-Theorie, bisweilen Bezeichnung für die → Lerntheorie Tolmans, die folgende zentrale Annahmen beinhaltet: (a) In einem *Vhsraum* (engl. *behaviour space*) mit positiven u. negativen *Valenzen* werden nach Tolman nicht einfach S-R-Verbindungen gelernt, sondern v. a. Zusammenhänge zw. Weg u. Ziel (*Mittel-Ziel-Bereitschaften*, engl. *means-ends-readiness*; in einer späteren Fassung wird dafür der Begriff *Überzeugungs-Wert-Matrix*, engl. *belief-value-matrix*, benutzt): Es ergeben sich also nicht automatisierte Reaktionen, sondern sinnvolle *Bedeutungen*, weshalb die Tolmansche Lerntheorie auch unter dem Schlagwort *Lernen von Zeichen* (engl. *sign-learning*) dargestellt wird. (b) Die vom Organismus im Lernprozess erworbenen kognitiven Bedeutungsrelationen werden zu sog. → kognitiven Landkarten strukturiert. (c) Die Bedeutung des Kzpts. der → Verstärkung tritt zurück, sie wirkt nach Tolman vorwiegend auf die → Performanz u. nicht auf die Kompetenz, was sich v. a. am Phänomen des → latenten Lernens, also des Lernens ohne Verstärkung, zeigt. Das klass. Verstärkungskzpt. wird demgem. aufgelöst u. durch ein Kzpt. des → Anreizes ersetzt. Auch eine erwartungstheoret. Alternativinterpretation der → intermittierenden Verstärkung wird geboten, die eine bessere Erklärung für die Extinktionsresistenz zu bieten beansprucht; s. a. das Stw. → symbolisches Versuch-Irrtums-Vh.

Die empir. Basis von Tolmans Ansatz sind v. a. Untersuchungen zum latenten Lernen, zum → räumlichen Lernen u. zum Erwerb von »Hypothesen« bei Versuchstieren (vgl. Krechevsky 1932).

HI/WÜ: Tolmans Theorie gilt als die erste → kognitive Lerntheorie; sie versucht die Ideen der → Gestalttheorie lerntheoret. zu konzipieren. Das Hauptwerk ist Tolman (1932); er war im angloamerikan. Raum derjenige, der – trotz seines grundsätzl. Antimentalismus u. Antiintrospektionismus – den → Behaviourismus durch die Einführung von Erwartungskzpt. programmat. entscheidend liberalisiert hat: *purposive behaviourism*. Auch auf metatheoret. Ebene sind die Kzpte. Tolmans bedeutsam geworden: (a) er hebt die Bedeutung *molarer* Vhsweisen im Gegensatz zu *molekularen* hervor, d. h. von Vhsweisen, die nicht auf elementare physiolog. u. neurolog. Elemente reduktionist. zurückgeführt werden können; (b) wichtig bei Tolman ist auch das Kzpt. der *intervenierenden Variablen*, d. h. nicht direkt beobachtbare Zwischenglieder, die zw. Reiz u. Reaktion vermitteln; hierzu u. zur Unterscheidung von *intervenierenden Variablen* u. *hypothet. Konstrukten* (letzterer Begriff wird von Hull favorisiert) vgl. den klass. Aufsatz von MacCorquodale u. Meehl (1948). Eine spätere wichtige Fassung seiner Theorie ist Tolman (1951); Letztere nähert sich wieder den → S-R-Theorien an; v. a. im Triebkzpt. zeigen sich deutl. Bezüge zur hullschen → systematischen Verhaltenstheorie. Die Erwartungstheorie Tolmans wurde von Osgood (1950) auf die Probleme des Vermeidungslernens übertragen. Olds (1954) entwarf für sie ein neurophysiolog. Modell. MacCorquodale u. Meehl (1953, 1954) bieten eine S-R-terminolog. Explikation der Theorie Tolmans; ihr Versuch, ein Postulatsystem analog Hulls formalisierter Theorie aufzustellen, gilt als wichtige Weiterentwicklung.

LIT: Ein Sammelband seiner kürzeren Schriften ist Tolman (1951); eine ausführl. Analyse ist MacCorquodale u. Meehl (1954); für einen zsfd. Überblick vgl. Hilgard u. Bower (1973); zu motivationsps. u. pädagog. Aspekten vgl. Portele (1975); eine Autobiographie ist Tolman (1952); eine Sammlung seiner wichtigen Aufsätze ist Tolman (1966).

◆ Hilgard, E. R. u. Bower, G. H.: Theorien des Lernens, 2 Bde., Stuttgart 1973; Krechevsky, I.: »Hypotheses« in rats. PR 39, 1932, S. 516–532; MacCorquodale, K. u. Meehl, P. E.: On a distinction between hypothetical constructs and intervening variables. PR 55, 1948, S. 95–107; MacCorquodale, K. u. Meehl, P. E.: Preliminary suggestions as to a formalization of expectancy theory. PR 60, 1953, S. 55–63; MacCorquodale, K. u. Meehl, P. E.: Edward C. Tolman. In: Estes, W. K. u. a. (Hg.): Modern learning theory. New York 1954, S. 177–266; Olds, J.: An neural model for sign-gestalt-theory. PR 61, 1954, S. 59–72; Osgood, C. E.: Can Tolman's theory of learning handle avoidance training? PR 57, 1950, S. 133–1137; Portele, G.: Lernen u. Motivation. Weinheim 1975; Tolman, E. C.: Purposive behaviour in animals and men. New York 1932; Tolman, E. C.: A psychological model. In: Parsons, T. C. u. Shils, E. A. (Hg.): Toward a general theory of action. Cambridge/Mass. 1951, S. 279–361; Tolman, E. C.: Collected papers in psychology. New York 1951; Tolman, E. C.: Autobiography. In: Boring, E. G. u. a. (Hg.): A history of psychology in autobiography, IV. Clark University Press Mass. 1952, S. 323–339; Tolman, E. C.: Principles of purposive behaviour. In: Koch, S. (Hg.): Psychology: a study of the science, 2. Bd. New York 1959; Tolman, E. C.: Behaviour and psychological man. Berkeley 1966.

Zeichenklassifikation → binäre Zeichenklassifikation.

Zeichenlernen → Zeichen-Gestalt-Theorie; → klassische Konditionierung.

Zeichentheorie der Wahrnehmung → Wahrnehmungstheorien; → unbewusste Schlüsse.

Zeigarnik-Effekt [seltener: *Ovsiankina-Effekt*], von B. Zeigarnik (1927) u. auch von Ovsiankina (1928) analysiertes u. beschriebenes Phänomen u. Kzpt.: Unterbrochenen Handlungen ist eine Tendenz zur Wiederaufnahme u. zum Abschließen zu Eigen. Dies wurde im Rahmen der Willensps. der → Gestalttheorie dahingehend gedeutet, dass die unvollständige → Gestalt von Unerledigtem weiter wirke im Sinne einer Art willensps. → Gestaltgesetzes, näml. einer *Tendenz zur Erledigung*. In zahlreichen Nachuntersuchungen ergaben sich widersprüchl. Ergebnisse – bisweilen sogar eine Art *umgekehrter Zeigarnik-Effekt*.

T: Bisweilen wird differenziert zw. Z. u. *Ovsiankina-Effekt*, Letzterer ist das Phänomen, dass Vpn dazu neigen, die unterbrochenen Aufgaben doch noch zu lösen, auch wenn das gar nicht mehr sinnvoll ist, während der Z. darin besteht, dass sich die Vpn besser an die Aufgaben erinnern konnten, bei denen sie unterbrochen wurden; vgl. Wendt (1989).

LIT: Vgl. zsfd. Keller (1981); Junker (1960) fasst die gestalttheoret. Diskussionen zusammen; Alternativerklärungen bieten Miller u. a. (1973) u. Weiner (1972, S. 138ff.).

◆ Heckhausen, H.: Allg. Ps. in Experimenten. Göttingen 1969; Junker, E.: Über das unterschiedl. Behalten eigener Leistungen. Frankfurt/M. 1960; Keller, J. A.: Grundlagen der Motivation. München 1981 (S. 134ff.); Lewin, K.: Die Entwicklung der experimentellen Willensps. u. die Psychotherapie. Darmstadt 1929 (Neuauflage: 1970); Miller, G. A. u. a.: Strategien des Handelns. Stuttgart 1973; Ovsiankina, M. A.: Die Wiederaufnahme unterbrochener Handlungen. PF 11, 1928, S. 302–379; Weiner, B.: Theories of motivation. Chicago 1972; Wendt, D.: Allg. Ps. Stuttgart 1989; Zeigarnik, B.: Über das Behalten von erledigten u. unerledigten Handlungen. PF 9, 1927, S. 1–85.

Zeiger → semantisches Gedächtnis.

Zeitbezug → Zeitwahrnehmung; → Feldtheorie.

Zeitduplizitätstheorie → Farbwahrnehmung.

Zeitfehler, ein spezieller → Urteilsfehler: Bei Reizvergleichen mit sukzessiven Reizdarbietungen wird jeweils der zweite Reiz gegenüber dem ersten – je nach Sinnesgebiet u. Versuchsaufbau – entweder konstant überbewertet o. unterschätzt: *positiver* vs. *negativer* Z.; vgl. das Stw. → psychophysische Methoden.

Zeitliche Hemmung → Hemmung.

Zeitliche Orientierung → Zeitwahrnehmung; → Orientierung.

Zeitliche Summation → Sehen.

Zeitliche Zieldistanz, Zentralkzpt. einer Elaboration des Risikowahlmodells der → Leistungsmotivation (Gjesme 1974, 1981). Gjesme leitet aus Millers → Gradientenmodell des Konflikts die Vorhersage ab, dass Motivation u. Leistung Erfolgsmotivierter mit zunehmender z. Z. abnehmen, während Misserfolgsmotivierte von einer Zunahme der z. Z. profitieren, da der hemmende Einfluss von Leistungsangst mit zunehmender z. Z. abnimmt; vgl. auch → Feldtheorie.

◆ GJESME, T.: Goal distance in time and its effects on the relations between achievement motives and performance. Journal of Research in Personality 8, 1974, S. 161–171; GJESME, T.: Is there any future in achievement motivation? MaE 5, 1981, S. 115–138.

Zeitorientierung → Zeitwahrnehmung; → Feldtheorie.

Zeitperspektive → Zeitwahrnehmung; → Feldtheorie.

Zeitquanten → Zeitwahrnehmung.

Zeitschätzung → Zeitwahrnehmung.

Zeitschrankenmodell → Speedpower-Problem.

Zeitwahrnehmung. Zeit ist ein Thema der Philosophie, der Physik u. der Ps. (man spricht bisweilen von *Chronops.*; vgl. z. B. Jovanovic 1978), v. a. der Wahrnehmungsps., die auf empir. Weise das Thema Z. angeht. Es scheint keinen spezif. physiolog. Rezeptor für die Zeit zu geben, Zeit wird inhärent über die Wahrnehmung der Geschwindigkeit von Bewegungen u. Veränderungsprozessen wahrgenommen; vgl. Granit (1985). Die Z. ist in gewissem Sinne anisotrop, d. h. Melodien u. → Rhythmen können nicht, wie in der visuellen Wahrnehmung, »gespiegelt« werden, Symmetrien sind kaum zu erkennen.

Es gibt folgende grundlegende Phänomene der Z.: Wahrnehmung von (1) Gleichzeitigkeit u. Ungleichzeitigkeit; (2) Reihenfolge sowie (3) Dauer.

Zu (1): Die Wahrnehmung von *Gleichzeitigkeit* u. *Ungleichzeitigkeit*: (a) Der für die Wahrnehmung von Ungleichzeitigkeit benötigte zeitl. Abstand unterscheidet sich für die einzelnen Sinnesmodalitäten, denn er basiert auf peripheren sensor. Mechanismen; so hat das menschl. Gehör ein feineres zeitl. Auflösungsvermögen als das Auge: 2 msec. im Verhältnis zu etwa 20 msec. (b) Unser Gehirn wertet zeitl. Differenzen unterschiedl. aus. Nicht immer wird die direkte Wahrnehmung des zeitl. Nacheinander erzeugt, es ergibt sich bisweilen eine andere Qualität der Wahrnehmung. Das typ. Bsp. ist beim Richtungshören gegeben: Wenn die binaurale Zeitdifferenz, also die Differenz, mit der die Schallreize die Rezeptoren des linken u. rechten Ohrs erregen, langsam anwächst, so wird dies nicht als Zeitdifferenz wahrgenommen, sondern die Schallquelle wird als geringfügig von der Mittellinie versetzt wahrgenommen. Zu (2): Die Wahrnehmung der *Reihenfolge* (auch Sequenz, Aufeinanderfolge) ist ein eigenes Modul der Z., das sich nicht auf (1) zurückführen lässt: Gleichzeitigkeit kann schon bei 4 msec. u. weniger erfahren werden, zeitl. Ordnung erst bei 30 bis 50 msec. Dieser Wert ist für verschiedene Sinnesmodalitäten gleich, was ein Hinweis auf einen zentralen Verarbeitungsmechanismus ist (während der Übergang von der Gleichzeitigkeit zur Ungleichzeitigkeit innerhalb der verschiedenen Sinnesbereiche unterschiedl. ist). Zu wichtigen kognitionsps., speziell Dissoziations-Effekten, beim Reihenfolgeurteil vgl. Neumann u. a. (1992). (*T*: Der engl. Ausdruck für das zeitl. *Reihenfolgeurteil* ist *temporal order judgement*, Abk. TOJ, eine Abk. die in Fachzeitschriften auch im Deutschen verwendet wird.) Von der unmittelbaren Z. der Reihenfolge kann man die *zeitl. Markierung von Ereignissen* abtrennen: Wir erkennen nicht nur die Reihenfolge, sondern sind auch in der Lage, sie wiederzuerkennen u. wiederzugeben – außer den Ereignissen selbst wird also auch Information über die zeitl. Abfolge gespeichert. Die Untersuchungen der diesen Markierungen zugrunde liegenden Prozesse erfolgte bisher v. a. im Rahmen gedächtnisps. u. neurops. Fragestellung; vgl. Estes (1985); Pöppel (1978); Underwood (1977). Es gibt Untersuchungen, die darauf hinweisen, dass bei Hirnverletzten sich die Fähigkeit zur Un-/Gleichzeitigkeit nicht wesentl. von der Gesunder unterscheidet, dass aber die Fähigkeit zur Bestimmung der sequenziellen Ordnung zweier Messreize wesentl. verlangsamt wird. Wenn dieses sequenzielle Ordnungsbewusstsein gestört ist, z. B. beim *Korsakow-Syndrom*, dann kann die Fähigkeit verlorengehen, selektiv Zeitmarken Ereignissen zuzuordnen, so dass die subjektive Kausalität für diesen Menschen verlorengeht; er kann sich also noch an das erinnern, was er erlebt hat, kann es aber nicht mehr in einen zeitl. Rahmen einfügen u. beginnt deshalb zu konfabulieren. Zu (3): Die Wahrnehmung von Dauer ist ein bes. wichtiges Modul der Z. In diesem Zusammenhang wurde z. B. der Effekt gefunden, dass ein *gefülltes Intervall*, also eine Zeit, in der Ereignisse bzw. Stimulationen gegeben sind, als schneller vergehend erlebt wird als ungefüllte Intervalle (*filled duration illusion*); vgl. hierzu z. B. Allan (1979). Das Thema *Dauer* wurde v. a. unter einem psychophysikal. Aspekt analysiert, z. B. wurde das *Indifferenzintervall* erforscht, also dasjenige, bei dem die Grenzstimuli u. das Intervall dazwischen als Einheit erlebt werden; in diesem Zusammenhang wurde → Vierordts Gesetz aufgestellt. Als Untergrenze der Dauerwahrnehmung gibt Fraisse (1984) ca. 100 msec. an – Stimuli kürzerer Dauer rufen ein Erlebnis von *Momenthaftigkeit*, nicht aber von eigentlicher *Dauer* hervor, Beginn u. Ende des Stimulus können dabei erlebnismäßig nicht unterschieden werden. Ob die Unterschiedsempfindlichkeit für Dauer dem → Weberschen Gesetz folgt, ob also der ebenmerkl. Unterschied zweier Reize in einem konstanten Verhältnis zur Größe des kleineren Reizes steht, ist kontrovers; Allan (1979) verneint es. Visuelle Reize werden häufig als länger andauernd empfunden als auditive Reize; vgl. zsfd. Cratty (1975). Die Wahrnehmung der Dauer wird auch durch motivationale u. emotionale Faktoren bestimmt: Interessante Arbeitsverrichtungen lassen die Zeit schneller vergehen als monotone Aufgaben. Im Allg. haben innere physiolog. Zustände keinen Einfluss auf die Z., weder Blutdruck noch Pulsfrequenz, noch Herzarbeit noch Atemfrequenz noch die Alpharhythmen der Gehirnströme; Z. wird allerdings durch Drogen verändert. Die Zeitschätzungen sind bei Kindern bis zu etwa 14 Jahren äußerst ungenau, danach beginnen sie sich denen der Erwachsenen anzunähern. Ein kurzer Überblick zu motivationalen u. biolog. Aspekten findet sich in Münzel (1993).

TH: Es gibt keine umfassende Theorie der Z.; grundsätzl. stehen sich zwei Modelle gegenüber: Eine Theoriegruppe nimmt (letztl. biolog. fundierte) *innere Uhren* an, die einmal große Rhythmen, wie die *circadianen* Rhythmen, also solche, deren Schwingungsgrundlänge die Dauer von ca. einem Tag hat, u. auch kleinere (im Sekundenbereich) generieren. Dies führt dazu, dass die Zeit »gequantelt« ist. Die andere Theoriegruppe postuliert anstelle eines endogenen Zeitgebers als Basis der Z. einen kognitiven Beurteilungsprozess, durch den z. B. die Anzahl u. die Art der Ereignisse eines Intervalls bestimmt wird; vgl. hierzu Ornstein (1969) u. Allan (1979). Die kognitiven Modelle können noch einmal differenziert werden in solche, die auf die Anzahl stattgefundener Veränderungen (»changes«) zentrieren u. solche, die sich auf das Ausmaß des im zu schätzenden Zeitintervall vorliegenden Verarbeitungsaufwandes ausrichten (»processing effort«); vgl. hierzu Funke (1988). Folgendes sind die wesentl. Phänomene bzw. Kzpte., die in diesem Zusammenhang herausgearbeitet worden sind: (a) Eine grundsätzl. Annahme, die viele Phänomene der Z. erklären kann, ist die Annahme einer Quantelung der subjektiven

Zeit, woraus sich das Kzpt. des »ps. Moments« als kleinste Einheit der subjektiven Zeit ergibt; dies wurde schon Mitte des 19. Jhdts. von van Bear angenommen, ist im strikten Sinne, als »running clock«-Hypothese, aber erst mit dem Ansatz Strouds (1956) bekannt geworden, dessen Anliegen das Herausarbeiten gemeinsamer empir. Zeitstrukturen in unterschiedl. Phänomenen war. Zur Bedeutung dieses Phänomens für Maskierungs- u. Summationsprozesse vgl. Murch u. Woodworth (1978). Eine tief schürfende Analyse der Problematik diskret-ganzzahliger Strukturierung in Wahrnehmung u. Gedächtnis ist Geissler (1995). (b) Pöppel (1971ff.) postuliert aufgrund neurops. Forschungsergebnisse einen Gehirnoszillator, dessen Frequenz bei etwa 30 bis 40 msec. liegt, ein Grundtakt, der sich durch die verschiedenen Sinnesgebiete hindurchzieht u. der als Minimalzeit definiert werden kann, die nötig ist, um einzelne Ereignisse zu identifizieren u. schnelle Entscheidungen zu ermöglichen. Diese Taktsequenz ermöglicht es auch, ein konstantes Tempo beim Sprechen o. in der Musik aufrechtzuerhalten. Man kann z. B. zeigen, dass in verschiedenen Sprachen Verszeilen maximal nur 3 sec. betragen, wenn diverse Verse gesprochen werden, dass also ein universelles Zeitraster vorzuliegen scheint, an das sich implizit Dichter aller Sprachen der Welt gehalten haben. Für einen kurzen Überblick über weitere Zeitquanten vgl. Geissler (1995). (c) Des Weiteren scheint es einen Oszillator im Bereich von 2 bis 3 Sekunden zu geben, der mit Aufmerksamkeitsprozessen zusammenhängt u. das Erlebnis der subjektiven Gegenwart, das *Jetzt-Gefühl*, konstituiert. Durch ihn ist die zeitl. Grenze der Integrationsfähigkeit von aufeinander folgenden Ereignissen, also die Grenze der zeitl. Gestaltbildung, bestimmt. Wenn z. B. der zeitl. Abstand zw. zwei Schlägen eines Metronoms mehr als 1,5 sec. beträgt, wird die Gruppenbildung schwierig u. bei etwa 2,5 bis 3 sec. werden nur einzelne Schläge empfunden (s. a. das Stw. → Aufmerksamkeitsspanne). In diese Richtung weisen auch Versuche mit → Kippfiguren, bei denen sich die alternative Sichtweise alle drei Sekunden wieder »aufdrängt«. Auch folgendes method. Paradigma demonstriert dies: Man gibt einen Ton o. einen Lichtreiz vor u. die Vp erhält den Auftrag, möglichst exakt die Dauer der ersten Darbietung zu wiederholen. Das Ergebnis ist, dass bis zu einer Grenze von ungefähr 3 sec. die Reproduktion etwas länger u. jenseits der 3 sec. wieder etwas kürzer wird; die Grenze bezeichnet man auch als *Indifferenz*, denn an dieser Stelle sind Reizdauer u. Reproduktionsdauer genau gleich. Dieses Phänomen weist auf eine Dauer der *subjektiven Gegenwart* von 3 sec. hin. Fraisse hat aufgrund dieser Beobachtung vorgeschlagen, dass man von *Z.* i. e. S. nur bis zu einer Zeitdauer von etwa 3 bis max. 5 sec. sprechen sollte, bei längerer von *Zeitschätzung*. Bereits W. James plädierte Ende des letzten Jahrhunderts für eine solche Zweiteilung u. bezeichnete den Bereich der Z. als »specious present«; andere Benennungen dafür sind »psych. Präsenzzeit« (Stern), »mentale Gegenwart« (Piéron) o. »actual present« (Koffka).

VD: Ein neurops. Paradigma zur Erfassung des sog. *Gleichzeitigkeitsfensters* ist die sog. *Klick-Fusion*: Zuerst wird das linke Ohr mit einem Klick-Geräusch gereizt, eine msec. später das rechte Ohr; bei diesem minimalen Zeitabstand hört man nur einen einzigen Klick, u. zwar in der linken Hälfte: wird die Differenz größer, wandert der verschmolzene Klick noch weiter in Richtung des linken Ohres. So kann man durch geringfügig geänderte Ankunftszeiten der Töne in den Ohren den Klick im Kopf hin- u. herwandern lassen, ohne dass der Hörende Einfluss darauf hätte; vgl. Pöppel (1978ff.). Im Mittel sind etwa 4,5 msec. notwendig, um aus diesem Gleichzeitigkeitsfenster herauszukommen. Bei der visuellen Modalität müssen 20 bis 30 msec. vergehen, damit zwei Seheindrücke als ungleichzeitig erscheinen.

LIT: Zum Überblick über Oszillationsprozesse, über Probleme der zeitl. Steuerung von Bewegungen sowie über physiolog. Aspekte vgl. die Arbeiten von Pöppel (1971ff.), der im dt. Sprachraum derjenige ist, der sich in einer breiten interdisziplinären Sicht diesem Problem gewidmet hat; ein Überblick über die physiolog. Aspekte ist Grüsser (1983); ein Überblick über die biolog. Großrhythmen, v. a. über die vier Circa-Uhren, ist Aschoff (1981); zu endogenen Zeitgebern vgl. auch Gross u. Daan (1985) sowie Macar (1985) u. Winfree (1986); einen Überblick über neurophysiolog. u. psychophysiolog. Aspekte des Themas Zeitbewusstsein (z. B. Speicher- u. Zeitgebereigenschaften einzelner Neuronen, die man früher nur komplexen Neuronennetzen zugestanden hätte, über Summenpotentialableitungen u. Durchblutungsmessungen des Stirnhirns, die als Korrelate bewusstseinsnaher Planungs- u. Zeitsteuerungsprozesse von Handlungen gelten), referiert Sinz (1987); ein Überblick über die wichtigsten Ergebnisse der zeitps. Forschung bis zur Mitte unseres Jahrhunderts findet sich bei Fraisse (1985); vgl. auch Michon u. Jackson (1985), Ornstein (1969); zu persönlichkeits- u. differentialps. Aspekten der Zeitschätzung vgl. Huber u. a. (1987); zum Vergleich unterschiedl. Theorien zur Z. vgl. Hogan (1978); eine Bibliographie ist Eisler (1980); eine klass. Monographie ist Benussi (1913), in der die Beziehung zw. subjektiver u. objektiver Zeit anhand des Wundt-Meumannschen »Zeit-Sinn-Apparates« untersucht wird (in Verbindung mit einem »Schallhammer« o. mit der von Benussi selbst konstruierten »Federpendelvorrichtung«, Geräten, mit denen Zeitstrecken in einem Genauigkeitsbereich von Millisekunden vorgegeben werden konnten); zu Messgeräten vgl. Brickenkamp (1986); zu kulturvergleichender Forschung vgl. Thomas (1993); zu psychopatholog. Aspekten des Zeiterlebens vgl. Payk (1979); Melges (1982); Edlund (1987); zum Zusammenhang von Depression u. Z. vgl. Münzel (1993); interdisziplinäre Ansätze zum Thema »Zeit« vermittelt Wendorff (1989); Weiteres s. das Stw. → Reaktionszeit.

◆ Allan, L. G.: The perception of time. PaP 26 1979, S. 340–354; Aschoff, J. (Hg.): Biological rhythms. Handbook of Behavioural Neurobiology, Vol. IV, New York 1981; Benussi, V.: Ps. der Zeitauffassung. Heidelberg 1913; Bergius, R.: Formen des Zukunftserlebens. München 1957; Block, R. A.: Time and consciousness. In: Underwood, G. u. Stevens, R. (Hg.): Aspects of consciousness, 1. Bd. London 1979, S. 179–217; Brickenkamp, R. (Hg.): Handbuch apparativer Verfahren in der Ps. Göttingen 1986; Cratty, B. J.: Motor. Lernen u. Bewegungsvh. Frankfurt/M. 1975; Edlund, M.: Psychological time and mental illness. New York 1987; Eisler, H.: Experiments on subjective duration. 1886–1975: a collection of power function exponents. PBu 83, 1976, S. 1154–1171; Eisler, H. u. a.: A complementary bibliography of the psychology of time. Catalogue of selected documents 1980 (MS 2101); Estes, W. K.: Memory for temporal information. In: Michon u. Jackson (1985) S. 151–168; Fisseni, H. J.: Persönlichkeitsps. Göttingen 1984; Fraisse, P.: Perception and estimation of time. ARP 35, 1984, S. 1–36; Fraisse, P.: Ps der Zeit. München 1985 (Orig.: 1957); Frank, L. K.: Time perspectives. Journal of Social Philosophy 4, 1939, S. 293–312; Freedman, W. J. (Hg.): The development of psychology of time. New York 1982; Funke, J.: »Changes« o. »Effort«. Eine Überprüfung von zwei Theorien zur Zeitschätzung. ZEAP 35, 1988, S. 218–241; Geissler, H.-G.: Über Möglichkeiten diskret-ganzzahliger Strukturierung in Wahrnehmung u. Gedächtnis: Betrachtung in Sachen »Zeitquanten«. In: Dörner, D. u. van der Meer, E. (Hg.): Das Gedächtnis. Göttingen 1995, S. 19–52; Gilliland, A. R. u. a.: Studies in time perception. PBu 43, 1946, S. 162–176; Granit, R.: Comments on time in actional perception. Human Neurobiology 4, 1985, S. 61–62; Groos, G. u. Daan, S.: The use of the biological clocks in time perception. In: Michon u. Jackson (1985), S. 65–74; Grüsser, O.-J.: Zeit u. Gehirn. In: Die Zeit. Schriften der Carl-Friedrich-von-Siemens-Stiftung, 6. Bd. München 1983, S. 79–133; Heckhausen, H.: Einige Zusammenhänge zw. Zeitperspektive u. verschiedenen Motivationsvariablen. In: Thomae, H. (Hg.): Bericht über den 20. Kongreß der Dt. Ges. für Ps., Heidelberg 1959. Göttingen 1960, S. 294–297; Heckhausen, H.: Leistungsmotivation. In: Thomae, H. (Hg.): Motivation. HP, 2. Bd., Göttingen 1965, S. 602–702; Hogan, H. W.: A theoretical reconciliation of competing views of time perception. AJP 91, 1978, S. 417–428; Huber, H. P. u. a.: Persönlichkeitsps. Aspekte der Zeitschätzung. In: Raab, E. u. Schulter, G. (Hg.): Perspektiven ps. Forschung. (Festschrift zum 65. Geburtstag von Erich Mittenecker). Wien 1987, S. 97–105; Jovanovic, S.: Chronops. Würzburg 1978; Kasakos, G.: Zeitperspektive, Planungsvh., Sozialisation. München 1971; Lackner, J. R. u. Teuber, H.-L.: Alternations in auditory fusion thresholds after cerebral injury in man. NP 11, 1973, S. 409–425; Lewin, K.: Field theory in social science. New York 1951; Macar, F.: Time psychophysics and related models. In: Michon u. Jackson (1985), S. 112–130; Melges, F. T.: Time and the inner future. New York 1982; Michon, J. A. u. Jackson, J. I. (Hg.): Time, mind, and behaviour. Heidelberg 1985; Michon, J. A.: The complete time experience. In: Michon u. Jackson (1985) S. 20–51; Münzel, K.: Depression u. Erleben von Dauer. Berlin 1993; Murch, G. M. u. Woodworth, G. L.: Wahrnehmung. Stuttgart 1978; Neumann, O. u. a.: Reaktionszeit u. zeitl. Reihenfolgeurteil: Übereinstimmung o. Dissoziation. ZEAP 39, 1992, S. 621–645; ORNSTEIN, R. E.: The experience of time. Harmondsworth 1969; PATTERSON, R.: Perceptual moment models revisited. In: BLOCK, R. A. (Hg.): Cognitive models of psychological time. Hillsdale 1990, S. 85–100; PAYK, T. R.: Mensch u. Zeit: Chronopathologie im Grundriß. Stuttgart 1979; PÖPPEL, E.: Excitability in cycles in central intermittency. PF 34, 1970, S. 1–9; PÖPPEL, E.: Oscillations as possible basis for time perception. Studium Generale 24, 1971, S. 85–107; PÖPPEL, E.: Time perception. In: HELD, R. u. a. (Hg.): Handbook of Sensory Physiology, Bd. VIII. Perception. Berlin 1978, S. 713–729; PÖPPEL, E.: Grenzen des Bewußtseins: über Wirklichkeit u. Welterfahrung. Frankfurt/M. 1985; ROOS, P. u. ALBERS, R.: Performance of alcoholics and normals on a measure of temporal orientation. JClinP 21, 1965, S. 34–36; ROSENZWEIG, S.: A dynamic interpretation of psychotherapy oriented towards research. In: TOMKINS, S. S. (Hg.): Contemporary psychopathology. Cambridge 1943, S. 235–243; SINZ, R.: Chronopsychophysiologie – Chronobiologie u. Chronomedizin. Berlin 1980; SINZ, R.: Physiolog. u. ps. Zeitstrukturen: Integration u. Perspektive. In: AMELANG, M. (Hg.): Bericht über den 35. Kongreß der Dt. Ges. für Ps. in Heidelberg 1986, Göttingen 1987, S. 195–107; STROUD, J.: The fine structure of psychological time. In: QUASTLER, H. (Hg.): Information theory in psychology. Glencoe 1956; THOMAS, A. (Hg.): Kulturvergleichende Ps. Göttingen 1993; TURNER, F. u. PÖPPEL, E.: The neural lyre. Poetry, August 1983, S. 277–309; TYSK, L.: Time perception and effective disorders. PMS 58, 1984, S. 455–464; UNDERWOOD, B. J.: Temporal codes for memories: issues and problems. Hillsdale 1977; WALLACE, M.: Future time perspective in schizophrenia. JASP 52, 1956, S. 240–245; WALLACE, M. u. ROBIN, A.: Temporal experience. PBu 57, 1960, S. 213–236; WEBER, A. O.: Estimation of time. PBu 30, 1933, S. 233–252; WENDORFF, R. (Hg.): Im Netz der Zeit. Menschliches Zeiterleben interdisziplinär. Stuttgart 1989; WHITE, C. T.: Temporal numerosity and the psychological unit of duration. PM 77 1963, ganze Nr. 575; WINFREE, A. T.: Biolog. Uhren. Heidelberg 1986; WOODROW, H.: The temporal indifference-interval determined by the method of mean error. JExP 17, 1934, S. 167–188.

Zentrale Emotionstheorie → James-Lange-Theorie.

Zentrale Exekutive [ähnl. *zentraler Prozessor, zentrale Kontrolleinheit*]. Der *z. E.* werden übergreifende, modalitätsunabhängige Kontrollprozesse in Bewusstsein u. Gedächtnis zugeschrieben; s. a. das Stw. → Aufmerksamkeit. Die z. E. wird als ein komplexes Programm vieler heurist. u. algorithm. Verarbeitungsstrategien konzipiert, dessen Befehle das Zusammenwirken aller Komponenten steuern; vgl. z. B. Bjork (1975); Dodd u. White (1980); Hussy (1983). Das Kzpt. ist wichtig in dem bedeutsamen Modell von Baddeley u. Hitch (1974) u. hatte einen Vorläufer in den *Kontrollprozessen* der → Mehrspeichertheorie von Atkinson u. Shiffrin. Baddeley u. Hitch (1974) schrieben der z. E. eine Vielzahl von Funktionen zu: Kontrolle über den Abruf von Information aus dem → Langzeitgedächtnis, den Transfer in die → artikulatorische Schleife u. vom → Arbeitsgedächtnis ins Langzeitgedächtnis u. die Kontrollfunktion über sämtl. Verarbeitungsprozesse. Baddeley (1986; → Arbeitsgedächtnis) hob folgende Aspekte heraus: (a) Planung u. Entscheidungsfindung; (b) das bewusste Eingreifen bei Störfällen, wenig automatisierten, neuen, schwierigen o. gefährl. Prozessen, auch dort, wo einer starken Gewohnheit o. Versuchung entgegengewirkt werden muss; auch neurops. Störungen sieht er als Beleg für fehlende Exekutivprozesse an: bes. beim *hirnlokalen Psychosyndrom* u. *Stirnhirnsyndrom*, ist das Planen von Handlungen eingeschränkt o. zerstört. Von Shallice (1982) wird in diesem Zusammenhang ein *supervisory attentional system* konzipiert. Häufig wird die z. E. mit dem → Bewusstsein in Verbindung gebracht; vgl. zsfd. Gadenne u. Oswald (1991).
Das Grundproblem einer allg. Kontrollinstanz ist bei vielen neueren Gedächtnismodellen ins Aufmerksamkeitsfeld der Forscher gerückt; vgl. hierzu McClelland u. Rum-

melhart (1985); Hunt u. Lansman (1986); Kintsch (1988). In gewissem Sinne bildet die z. E. allerdings ein Restsubstrat für alle jene Prozesse der Informationsverarbeitung, die nicht anderen, bisher wesentl. besser untersuchten Teilinstanzen einer → Mehrspeichertheorie zugeschrieben werden können. Die Annahme einer z. E. führt in grundlegende ps. u. philosoph. Probleme; s. hierzu die Stw. → Aufmerksamkeit, → Wille, → Ich. Neisser (1974) betont, dass Hauptprogramme u. Steuerprozesse keine »Homunculi« o. »Programmuli«, also keine Miniaturen des ganzen Programmes sind (vgl. Neisser 1974, S. 366ff.), er meint, dass die Architektur von Computerprogrammen die nichtmetaphys. Lösbarkeit des Problems der z. E. zeigten – dennoch gilt von der z. E. bis heute noch Baddeleys Satz (1981): »Sie bildet den wichtigsten, aber auch den noch am wenigsten verstandenen Bestandteil im Arbeitsgedächtnis.«

◆ Baddeley, A. D. u. Hitch, G.: Working memory. In: Bower, G. H. (Hg.): The psychology of learning and motivation, 8. Bd. London 1974, S. 47–87; Baddeley, A. D.: Working memory. Oxford 1986; Bjork, R. A.: Short-term storage: ordered output of a central processor. In: Restle, F. u. a. (Hg.): Cognitive theory, 1. Bd. Hillsdale 1975, S. 151–171; Baddeley, A. D.: The concept of working memory: a view of its current state and probable future development. C 10, 1981, S. 11–23; Dodd, D. H. u. White, R. M.: Cognition: Mental structures and processes. Boston 1980; Gadenne, V. u. Oswald, M. E.: Kognition u. Bewußtsein. Berlin 1991; Hunt, E. u. Lansman, M.: A unified model of attention and problem solving. PR 93, 1986, S. 446–461; Hussy, W.: Komplexe menschl. Informationsverarbeitung: Das SPIV-Modell. SK 2, 1983, S. 47–62; Kintsch, W.: The role of knowledge. In: Discourse comprehension: a construction-integration model. PR 97, 1988, S. 163–182; McClelland, J. L. u. Rummelhart, D. E.: Distributed memory and the representation of general and specific information. JExP: General 114, 1985, S. 159–188; Neisser, U.: Kognitive Ps. Stuttgart 1974 (Orig.: 1967); Shallice, T.: Specific impairments of planning. Philosophical Transaction of The Royal Society London, B 298, 1982, S. 199–209.

Zentrale Kapazität → Ressourcentheorie.

Zentrale Kontrolleinheit → zentrale Exekutive.

Zentraler Prozessor → zentrale Exekutive.

Zentraler Reiz → klassische Konditionierung.

Zentrale Schmerzkontrolle → Gate-control-Theorie.

Zentrale Selektion → Filtertheorie.

Zentrale Tendenz [auch, verständlicher, *Tendenz zur Mitte*; engl. *central tendency*]. Das Gesetz der z. T. beschreibt ein Phänomen, das v. a. innerhalb der → Psychophysik auftritt, dass näml. große Reize unter- u. kleine überschätzt werden. Es existiert also eine Verschiebung des Urteils in Richtung auf einen mittleren Wert, was mit einer Verringerung der Streuung des Beurteilungswerts einhergeht. Nach dem Gesetz der z. T. von Hollingworth (1913) werden Objekte unterhalb eines Indifferenzpunktes überschätzt u. Objekte oberhalb des Indifferenzpunktes unterschätzt. Dadurch kann eine subjektive symmetrische Häufung der Objekte um den Indifferenzpunkt in Form einer Glockenkurve (Normalverteilung) entstehen. In diesem Zusammenhang wird auch von der subjektiven Tendenz gesprochen, Objektmengen in eine Normalverteilung um einen Indifferenzpunkt zu zwingen; vgl. hierzu Gigerenzer (1981).

◆ Gigerenzer, G.: Messung u. Modellbildung in der Ps. München 1981; Hollingsworth, H. L.: Judgement of similarity and difference. PR 20, 1913, S. 271–289; Traxel, W.: Einführung in die Methodik der Ps. Bern 1964.

Zentralität → Eindrucksbildung.

Zentrifugale Projektion → Sehen; → Raumwahrnehmung.

Zerfallstheorie → Vergessen.

Zergliedernde Psychologie → idiographisch vs. nomothetisch.

Ziel → Intention.

Zielanalyse → Problemlösen; → psychologische Heuristik.

Zielbewegungspotential → physiologische Psychologie (Kasten psychophysiologische Methoden).

Zielbildung → Intention; → Plan(en).

Zieldistanz → zeitliche Zieldistanz.

Zielgetriebene Inferenz → psychologische Heuristik.

Zöllnersche Täuschung → geometrisch-optische Täuschungen.

Zonentheorie → Farbwahrnehmung.

Zorn → Ärger.

Zufällige Verstärkung → kontingente vs. nichtkontingente Verstärkung; → Verstärkungspläne.

Zufallsattributionen → Attributionsdimensionen.

Zufallspunkt-Raumbilder → Zufallspunktstereogramme.

Zufallspunktstereogramme [auch *Zufallspunktraumbilder*], ein von B. Julesz entworfenes wahrnehmungsps. Paradigma: Stereogramme, die allerdings keine sofort erkennbaren Objekte darstellen, sondern Texturen, die aus abstrakten Elementen, wie Punkten, Strichen u. sinnlosen Formen bestehen. Bei einer bestimmten Struktur dieser Texturen kann ein stereoskop. Effekt (→ Stereoskopie) wie folgt erzeugt werden: Es werden zwei Kopien angefertigt, die leichte, auf den ersten Blick nicht erkennbare Unterschiede aufweisen; meist besteht diese Änderung darin, dass ein bestimmtes Stück der Textur leicht verschoben ist, normalerweise bei beiden Kopien in verschiedenen Richtungen, was in der Sicht eines jeden Auges die Fläche versteckt, die am Ende in der Tiefenwirkung erscheint; der Zufallscharakter der Struktur stellt sicher, dass die Fläche, in der die Disparität herrscht, nicht ausgemacht werden kann, wenn jedes halbe Stereogramm für sich betrachtet wird. Die Abb. *Wahrnehmung 22* zeigt die Konstruktion eines Z. Die Abb. (a)

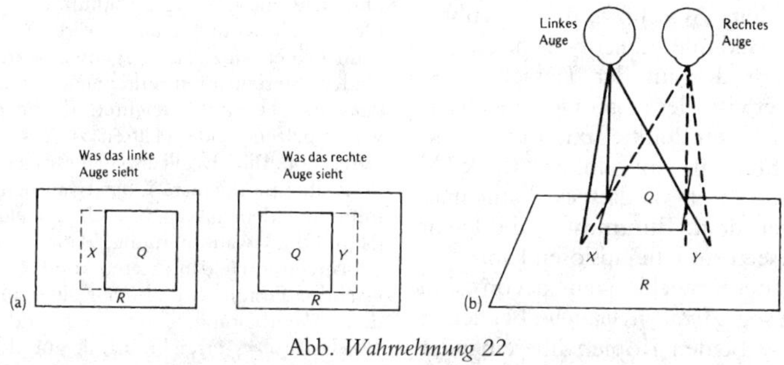

Abb. *Wahrnehmung 22*

Abb. *Wahrnehmung 23*

zeigt, dass das linke Auge X, aber nicht Y sieht, alles andere im Rechteck R wird von beiden Augen gleich gesehen. Bei richtiger Betrachtung verschmelzen die beiden Ansichten zu einem dreidimensionalen Bild, auch wenn R u. Q ein regelloses Punktmuster aufweisen. Die Abb. (b) zeigt ein Quadrat Q, das über dem Rechteck schwebt. Q verdeckt von der Fläche R für das linke Auge den Teil Y, für das rechte Auge den Teil X. Die Abb. *Wahrnehmung 23* zeigt ein Bsp. für Z. Werden nun diese beiden Bilder verschmolzen, entweder mit einem → Stereoskop o. mit Hilfe von Rot-Grün-Brillen bei in bestimmter Weise eingefärbten Vorlagen o. auch mit bestimmten Sehtechniken, dann entsteht (mit einer gewissen Übung) ein räuml. Bild, bei dem z. B. bestimmte Muster deutl. aus dem Bild herausspringen. Im angegebenen Bsp. scheint der quadrat. Ausschnitt über o. unter der Bildlinie zu schweben. Z. beruhen also auf der Tatsache, dass unser visuelles System sozusagen auf diejenigen Punkte fixiert ist, die im rechten u. im linken Blickfeld ident. sind, u. dass es demgemäß zwei ident. Buntmuster, die leicht versetzt sind, herauslösen kann.

Weiterentwicklungen davon sind die sog. *Autostereogramme*, bei denen diese beiden Kopien übereinander projiziert werden; dabei kann mit Hilfe spezif. Blicktechniken in verblüffender Weise ein räuml. Effekt erzielt werden (die spezielle Blicktechnik besteht in einem leichten Schielen bzw. darin, dass die Augen in einer Vergenzstellung gehalten werden, als ob sie ein weiter entfernt liegendes Objekt betrachteten; vgl. zu genauerer Darstellung u. zu den Unterschieden beider Techniken Hoga, 1994); vgl. hierzu Tyler u. Clarke (1990). Die Abb. *Wahrnehmung 24* zeigt ein solches Autostereogramm.: Wenn man es mit einer entsprechenden Technik betrachtet, löst sich eine Ebene u. scheint nach oben zu schweben (aus Hoga 1994). Bücher mit solchen Bildern wurden Anfang der 90er Jahre millionenfach verkauft (»magic eye«).

Die wesentl. Implikation dieser Phänomene ist, dass die Stereoskopie vom visuellen System bewältigt werden kann, ohne dass ein vorheriges Stadium der → Objektwahrnehmung nötig wäre: Man kann keinen einzigen »Gegenstand« bei beiden Stereohälften erkennen, wenn man sie getrennt betrachtet, dennoch verschmelzen beide Hälften zu einem stereoskop. Bild. Es gilt also nicht folgende Reihe: monoculare Objektwahrnehmung auf dem linken u. rechten Feld, dann Objektwahrnehmung, dann binoculare Fusion u. dann Stereoskopie. Die *binoculare* Fusion wird also auf einer anderen Verarbeitungsebene als auf der des *Objekterkennens* erreicht, näml. auf der

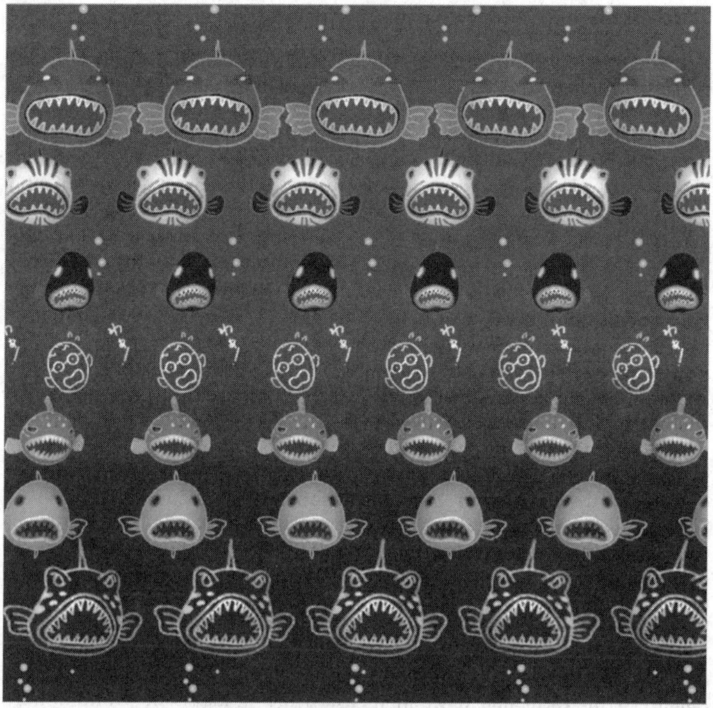

Abb. *Wahrnehmung 24*

Ebene der → *Formwahrnehmung*: Einzelne kleine Punkte, Flecken, Linien usw. werden in beiden Gesichtsfeldern als vorhanden repräsentiert u. auf dieser Basis werden die Abbildungen der beiden Augen verschmolzen. Deswegen werden Z. inzwischen in Augenkliniken prakt. angewendet; sie sind nützl. Teststimuli, weil es für einen Patienten unmögl. ist, bei diesen Stimuli zu »schummeln«. Des Weiteren tritt hier das → Korrespondenzproblem in bes. deutl. Form auf.

(2) Schon im vorigen Jahrhundert wurde der sog. *Tapeteneffekt* von D. Brewster entdeckt: Tapeten, die mit einem sich wiederholenden Motiv bedruckt waren, schlagen in eine andere Tiefenebene um, wenn man sie schielend betrachtet. Das Gehirn setzt in einem solchen Falle nicht diejenigen Teile des Tapetenmusters zusammen, die sich an derselben Stelle der Wand befinden, sondern es setzt das von einem Auge wahrgenommene Motiv mit den entsprechenden Teilen des Motivs in der nächsten Musterfolge, die das zweite Auge wahrnimmt, zusammen, u. durch diese Zusammensetzung erscheint die ganze Ebenmäßigkeit der Tapete geschlossener, als sie in Wirklichkeit ist; das hat den Effekt, dass Informationen für eine neue, scheinbare Ebene entstehen, die zw. den Augen u. der Tapete liegt. Tyler wurde durch dieses Phänomen bei der Entwicklung seiner Autostereogramme angeregt.

◆ Campenhausen, C. v.: Die Sinne des Menschen. Stuttgart 1993; Falk, D. S. u. a.: Ein Blick ins Licht. Berlin 1990; Frisby, J. P.: Opt. Täuschungen. Augsburg 1989; Hoga, M. (Hg.): Stereogram. 1994 (dt.: Stereogramm. Zug 1994); Julesz, B.: Foundations of cyclopean perception. 1971; Marr, D. u. Poggio, T.: Co-operative computation of stereo disparity. Science 194, 1976, S. 283–287; Tyler, C. W. u. Clarke, M. B.: The autostereogram. In: Meritt, J. O. u. Fisher, S. S. (Hg.): Stereoscopic displays and applications. SBIE-Proceedings 1256, 1990, S. 182–197.

Zufriedenheit → Wohlbefinden.

Zuordnungsproblem → Korrespondenzproblem.

Zusammenhangseffekte → Kontexteffekte; → Ganzheit; → Gestalt.

Zuständliches Moment → Wille.

Zustandsabhängiges Gedächtnis, die Erscheinung, dass das, was in einem veränderten physiolog. Zustand, der für gewöhnlich durch Medikamente o. Drogen erzeugt wird, gelernt wird, am besten im gleichen physiolog. Zustand reproduziert wird. Umgekehrt gibt es Schwierigkeiten, Vhsweisen – z. B. »mutiges« Vh. unter Einfluss eines beruhigenden Medikaments – auch dann zu reproduzieren, wenn die betreffende Person sich nicht unter Medikamenteneinwirkung befindet; vgl. Kumar u. a. (1970); Baddeley (1979). Bisweilen wird auch die Schwierigkeit, Träume zu erinnern, auf eine solche Zustandsabhängigkeit zurückgeführt; vgl. Cohen (1979).

LIT: Eine Übersichtsarbeit ist Weingartner (1978); unter eher klin. Aspekt geschrieben ist Swonger u. Constantine (1983).

◆ Baddeley, A.: Die Ps. des Gedächtnisses. Stuttgart 1979; Cohen, D. B.: Remembering and forgetting dreaming. In: Kihlstrom, J. F. u. Evans, F. J. (Hg.): Functional disorders of memory. Hillsdale 1979; Eich, J. E.: The cue-dependent nature of state-dependent retrieval. MuC 8, 1980, S. 157–173; Kumar, R. u. a.: Psychopharmacology. ARP 21, 1970, S. 595–628; Swonger, A. K. u. Constantine, L. L.: Drugs and therapy. Boston 1983; Weingartner, H.: Human state dependent learning. In: Richards, W. u. Ho, B. T. u. a. (Hg.): Drug discrimination and state dependent learning. New York 1978, S. 361–382.

Zustandsabhängiges Lernen → zustandsabhängiges Gedächtnis.

Zustandsangst → Angst.

Zustandsbegrenzungen → Erkennungsaufgaben.

Zwangswahl [engl. *forced choice*], jede wahrnehmungs- o. gedächtnisps. Methode, bei der die Vp eine Auswahl aus vorgegebenen Antworten treffen muss, z. B. bei Untersuchungen der Wahrnehmung o. des Gedächtnisses; eine wichtige Z. ist das → Teilberichtsverfahren.

Zweibeingang → Bewegung.

Zweideutige Figuren → Kippfiguren.

Zweidimensionale Aktivationstheorie → Aktivation.

Zwei-Elementen-Modell → mathematische Lerntheorien.

Zwei-Faktoren-Theorie [seltener *Zwei-Prozess-Theorie*] der → Konditionierung, die Annahme, dass die → klassische Konditionierung u. die → operante Konditionierung zwei grundsätzl. verschiedene Arten von → Lernen darstellen.

Mowrer (1950ff.) unterschied in seiner Z. die Gegenstandsbereiche des klass. u. des instrumentellen Lernens folgendermaßen: Emotionen, vegetative Reaktionen u. Bewegungen der glatten Muskulatur werden nach dem Kontiguitätsprinzip gelernt (engl. *sign-learning*; entspricht der klass. Konditionierung), während die willkürl. Responses, also die Bewegungen der gestreiften Muskulatur, durch instrumentelles bzw. operantes Lernen erworben werden (engl. *solution learning*). Auch nach Skinner (→ Verhaltensanalyse) unterliegen die Reaktionen der Drüsen u. inneren Organe der klass. Konditionierung, während die Formveränderungen der quergestreiften Muskulatur ins Paradigma der operanten Konditionierung fallen: *S-R-Lernen* bzw. *Stimulus-Lernen* vs. *R-S-Lernen* bzw. *Response-Lernen*. Eine ähnliche, aber in

wichtigen Punkten abweichende Unterscheidung wurde schon von Konorski u. Miller (1937) eingeführt: *Konditionierung vom Typ I* u. *Konditionierung vom Typ II*. Eine weitere Z. wurde von Spence (1960) vorgeschlagen.
Der Grundansatz der Z., nämlich die operante Konditionierung eher dem Bereich des motor. Nervensystems zuzuordnen, wurde durch die Experimente zur → operanten Konditionierung autonomer Reaktionen erschüttert. Versuche mit curarisierten Tieren zeigen, dass Lernen auch dann auftritt, wenn die Tiere sich nicht bewegen können u. damit keine vegetativen CR als Vermittler in Frage kommen (Solomon u. Turner 1962). Daraus ist zu folgern, dass Lernen nicht immer S-R-Lernen sein muss, u. dass darüber hinaus die klass. Konditionierung in Wirklichkeit als *emotionale Konditionierung* bzw. als Modell *erworbener Triebe* anzusehen ist (Rescorla u. Solomon 1967) – eine Ansicht, die schon von Mowrer ähnl. geäußert worden ist; Rescorla u. Solomon entwerfen eine Zwei-Prozess-Lerntheorie, welche bes. die wechselseitige Verschränkung von klass. u. instrumentellem Konditionieren hervorhebt.
Das einzig haltbare Unterscheidungskriterium zw. klass. u. operanter Konditionierung scheint tatsächl. zeitl. Natur zu sein: Eine klass. Konditionierung liegt vor, wenn die Stimuli *vor* dem Auftreten der jeweiligen Reaktion zu identifizieren sind; vgl. Hammerl (1991).
Bes. die → kognitiven Lerntheorien heben die Gemeinsamkeiten der beiden Konditionierungsarten hervor: In beiden Fällen werden *Erwartungen* aufgebaut, einmal über *S-S-Zusammenhänge*, ein andermal über *S-Verstärkungs-Zusammenhänge*. Zunehmend wird in dieser unitarist. Tradition auch der UCS der klass. Konditionierung als *Verstärker* im operationalen Sinne bezeichnet; hierfür wird häufig das Symbol *S** verwendet. Als Forschungsstrategie ergibt sich daraus, Phänomene der klass. Konditionierung im operanten Paradigma nachzuweisen u. umgekehrt; so wurde z. B. gezeigt, dass die → sensorische Vorkonditionierung u. → Blockierung bzw. → overshadowing auch im operanten Paradigma existieren; vgl. Schwartz u. Gamzu (1984).

LIT: Vgl. zur Zusammenfassung dieser langen Kontroverse Kimble (1961); Hearst (1975); Bredenkamp u. Wippich (1977); eingängig wird die Wechselwirkung zw. klass. u. operanter Konditionierung u. die Problematik ihrer Trennung in Amsel u. Rashotte (1984) dargestellt; zur Darstellung der Diskussion zw. Konorski u. Skinner, innerhalb derer Skinner auch seinen ursprüngl. Ansatz revidierte, vgl. zsfd. Werner u. Butollo (1984).

◆ Amsel, A. u. Rashotte, M. E.: Entwicklungsrichtungen der S-R-Lerntheorien in Amerika. In: Zeier, H. (Hg.): Lernen u. Vh., 1. Bd. Weinheim 1984, S. 75–153; Bredenkamp, J. u. Wippich, W.: Lernen u. Gedächtnisps., 2. Bde. Stuttgart 1977; Eberhard, D.: Zur Frage der instrumentellen Konditionierung autonomer Reaktionen. PB 17, 1975, S. 231–272; Hammerl, M.: Effekte signalisierter Verstärkung: ein experimenteller Beitrag zu den Grundlagen der Lernps. Regensburg 1991; Harris, A. H. u. Brady, J. V.: Animal learning by visceral and autonomic conditioning. ARP 1974, S. 107–133; Hearst, E.: The classical – instrumental distinction: reflexes, voluntary behaviour, and categories of associative learning. In: Estes, W. K. (Hg.): Handbook of learning and cognitive processes, 2. Bd.: Conditioning and behaviour theory. New York 1975; Kimble, G. A.: Hilgard and Marquis' conditioning and learning. New York 1961; Konorski, J. u. Miller, S.: On two types of conditioned reflex. JGP 16, 1937, S. 264–272; Mowrer, O. H.: Learning theory and personality dynamics. New York 1950; Mowrer, O. H.: Two-factor learning theory: summary and comment. PR 58, 1951, S. 350–354; Rescorla, R. A. u. Solomon, R. L.: Two-process learning theory: relationships between Pavlovian conditioning and instrumental learning. PR 74, 1967, S. 151–182; Schwartz, B. u. Gamzu, E.: Pawlowsche Steuerung von operantem Vh. In: Zeier, H. (Hg.): Lernen u. Vh., 1. Bd. Weinheim 1984, S. 298–334; Solomon, R. L. u. Turner, L.-H.: Discriminative classical conditioning in dogs paralyzed by curare can later control discriminative avoidance responses in the normal state. PR 69, 1962, S. 202–219; Spence, K. W.: Behaviour theory and learning. Englewood Cliffs 1960; Werner, A. u. Butollo, W. H. L.: Skinner u. das operante Konditionieren. In: Zeier, H. (Hg.): Lernen u. Vh., 1. Bd. Weinheim 1984, S. 181–242.

Zwei-Faktoren-Theorie → Intelligenz; → Interferenz; → homöostatische vs. nichthomöostatische Motivation.

Zweihandprüfverfahren → psychomotorische Tests und Prüfverfahren.

2.5-D-Skizze → computationale Wahrnehmungstheorie.

Zwei-Komponenten-Theorie der Aufmerksamkeit → Aufmerksamkeit.

Zweikomponenten-Theorie des Hungers → Hunger und Durst.

Zwei-Phasen-Theorie des Gedächtnisses → Generate-recognize-Theorie.

Zwei-Prozess-Theorien → Aufmerksamkeit; → automatische vs. kontrollierte Informationsverarbeitung.

Zwei-Prozess-Theorien der Operanten Konditionierung [seltener *Zwei-Faktoren-Theorie der operanten Konditionierung*], nehmen an, dass bei den meisten Lernprozessen → operante Konditionierung u. → klassische Konditionierung zusammenspielen.

Dies bedeutet insbes., dass der Verstärker nicht nur als Katalysator für die Herausbildung einer S-R-Assoziation fungiert, sondern dass er über eine parallel laufende klass. Konditionierung mit den Umgebungsreizen assoziiert wird. Diese zusätzl. entstehende *S-Verstärker-Assoziation* beeinflusse das operante Vh., wb. sich die Theorien dahingehend unterscheiden, ob die angenommene Funktion motivationaler (Rescorla u. Solomon 1967) o. informationsvermittelnder Art im Sinne einer *response-cueing*-Funktion ist (Overmier u. Lawry 1979); Letzteres hat schon Pawlow angenommen (*bidirectional hypothesis*).

Die Z. sind bes. wichtig geworden auf dem Gebiet des → Vermeidungslernens. Sie zogen eine Vielzahl von Experimenten nach sich, in denen v. a. mit der → *Transfer-von-Kontrolle-Technik* gearbeitet wurde. Zahlreiche Untersuchungen sprechen jedoch auch gegen diese Theorie; vgl. zum Überblick Hammerl (1991).

◆ HAMMERL, M.: Effekte signalisierter Verstärkung: Ein experimenteller Beitrag zu den Grundlagen der Lernps. Regensburg 1991; OVERMIER, J. B. u. LAWRY, J. A.: Pavlovian conditioning and the mediation of behaviour. In: BOWER, G. H. (Hg.): The psychology of learning and motivation, 15. Bd. New York 1979, S. 1–55; RESCORLA, R. A. u. SOLOMON, R. L.: Two-process learning theory: relationship between Pavlovian conditioning and instrumental learning. PR 74, 1967, S. 151–182.

Zwei-Speicher-Modell → Mehrspeichertheorien.

Zweite Würzburger Schule, eine gegen Anfang der 80er Jahre dieses Jahrhunderts entstandene Forschergruppe, in welcher die Themen der klassischen → Würzburger Schule neu aufgenommen wurden. Auf kognitionsps. Gebiet konnte nicht nur das antisensualistische Axiom der älteren Würzburger Schule repliziert werden, dass also Denkprozesse in vielen Fällen keine anschaulichen Elemente enthalten, es konnte darüber hinaus demonstriert werden, dass die Gedankengänge mancher Menschen auch keine Gedanken enthalten. In diesem Zusammenhang gelang auch der Beweis, dass der mentale Raum, in dem sich das Denken der meisten Menschen abspielt, nicht durch eine euklid. Metrik gekennzeichnet werden kann, sondern durch eine *City-Block-Metrik*, dass Menschen also dazu neigen, eher »um die Ecke herum « als geradlinig denken. Als Begründer der Z.W.S. gilt Thomas E. Städtler (geb. 1955). Neben den genannten wissenschaftlichen Themen arbeitete er über → Murphys Gesetz und schuf auf dem Gebiet der differentiellen Ps. das Konzept der → banal-fundamentalen Disjunktoren. Das wichtigste Paradigma seines Spätwerks ist das der *empir. Sinnforschung*, in deren Rahmen er hochauflösende Instrumente zur

Erfassung von Sinn entwickelte, womit der Nachweis von Sinnspuren auch in scheinbar sinnfreien wissenschaftl. Arbeiten, Sätzen (angewandt in der empirischen Habermas- o. Kohlforschung), Freizeitbeschäftigungen und Verwaltungsakten gelang, welche sich durchaus – multiplikativ – zu allerhand → Unsinn aufschaukeln können. Die Anwendung dieses Ansatzes auf das Leben als Ganzes war dann die logische Fortsetzung dieser Forschungen, ohne dass bisher ein entscheidender Durchbruch geglückt ist. Immerhin gelang in Zusammenarbeit mit dem Max-Planck-Institut für Quantenphysik der Nachweis, dass Gott zwar nicht würfelt, aber dennoch zockt, und zusammen mit dem legendären Altmeister der bayerischen *folk philosophy*, G. Polt, konnte, in einer Extension des Gödelschen Unentscheidbarkeits-Satzes, gezeigt werden, dass das Leben ein Witz ist, der zwar grundsätzlich unverständlich ist, dennoch jedoch eine Pointe besitzen muss. Neben den dargelegten wissenschaftl. Pionierleistungen, die Städtler schon jetzt auf eine Stufe mit einem Oswald Külpe, einem Peter Lauster o. auch Sepp Herberger stellen, hat er, bedingt durch zahlreiche interdisziplinäre Interessen, häufig die Grenzen seines Fachs u. des guten Geschmacks überschritten, z. B. bei wegweisenden Studien zu → Allens Gesetz, die ihm den Leibniz-Preis sowie zwei Anzeigen einbrachten.

◆ Städtler, T.: Lehrbuch der vor- und unwissenschaftl. Psychologie. Oberwerrn 1994; Städtler, T.: Hat das Leben einen Sinn? Operationalisierte Ansätze aus der neueren Ps. Würzburg 1996; TES-Research Group (Hg.): Von der Ps. zur empir. Lebenswissenschaft (Vitalogie). Würzburg 1996; Graumann, C. F. u. Traxel, W.: Is the Second *Würzburger Schule* just a myth? J. of Mythological Psychology, 13, 1993, S. 1–23.

Zweiweg-Kammer → Einweg-/Zweiwegkammer.

Zwillingsuntersuchungen → Anlage-Umwelt-Problem.

Zwischenartliche Aggression → Aggression.

Zwischenbegriffliche Relation → semantisches Gedächtnis.

Zwischenschichten → Konnektionismus.

Zyklopenauge → Stereopsis.

ESSAY ÜBER DIE PSYCHOLOGIE UND DIE LEXIKOGRAPHIE

Wörterbuch, *subst. neutr.:* Eine bösartige literar. Vorrichtung, die das Wachstum einer Sprache hemmt und sie starr und unelastisch macht. Das vorliegende Wörterbuch hingegen ist ein höchst nützliches Werk. (Ambrose Bierce, Wörterbuch des Teufels, Frankfurt a. M. 1969)

Den meisten Psychologie-Lexika ist ein kleiner Aufsatz beigefügt, in dem einiges über die Psychologie gesagt wird, was sich auf diese Weise nicht *im* Lexikon sagen lässt bzw. nicht gesagt worden ist. Diese Funktion soll nachfolgender Essay erfüllen, und zwar nach folgendem Modus: Angeknüpft wird an die wichtigsten Kriterien, die im Konzeptionskapitel dargelegt worden sind, und es wird versucht zu zeigen, inwieweit jeweils ein potentielles Missverständnis über die »real-existierende« wissenschaftliche Psychologie dahinter steht. Gezeigt wird auch, inwieweit sich daraus bestimmte grundsätzliche Probleme ergeben, ein psychologisches Lexikon zu machen. Der Verfasser artikuliert gleichzeitig auch die Schwierigkeiten, die er mit den vorliegenden Lexika der Psychologie hat, welche, seiner Meinung nach, all diesen Missverständnissen Vorschub leisten. Der Verfasser legt dieses Kapitel besonders dem Psychologiestudenten und auch dem Nachbarwissenschaftler ans Herz, er würde so weit gehen zu sagen: Ohne das Wissen um diese spezifischen Meta-Besonderheiten der Psychologie ist ein echtes Verstehen psychologischer Begriffe und Lexika nicht möglich. Was also sagt welches Konzeptionskriterium über die Psychologie aus?

Konzeptionskriterium: Konzentration auf die Psychologie

Warum ist dieser so selbstverständlich klingende Aspekt wichtig? – Nun, die Psychologie hat den Schritt von einer »little science« zu einer »big science« gemacht – wie die Natur- und Technikwissenschaften, zwar nicht in deren Dimensionen, aber dennoch auf eine Art und Weise, die es verbietet, in einem Lexikon viel Platz mit der Darstellung nicht-psychologischer Gebiete zu verschwenden. Dass man z. B. unter einem Stichwort wie »Reaktionszeit« zehntausende von wissenschaftlichen Arbeiten findet, kann sich ein Laie kaum vorstellen.

Der Verfasser hat zwei der vorliegenden psychologischen Lexika für die Buchstaben A und D einmal im Hinblick auf dieses Kriterium überprüft; Ergebnis: Weniger als 50% des Stoffes sind eigentliche Psychologie. Der Rest ist Medizin, Physiologie und ein »Allgemeinbildungs-Allerlei«. Zugunsten dieses »Allerleis« werden wesentliche Teile der Psychologie einfach ausgeblendet! So findet man in einem psychologischen Lexikon Begriffe wie *Abduktion* (Abspreizung eines Fingers), *Abhärtung*, *Abhimana* (ein Begriff aus der buddhistischen Lehre), *alpine Rasse* (!), *Analogiezauber* (!), *Animateur* (!), *Divination* (»Entzündung religiösen Lebens an bestimmten Gegebenheiten, z. B. Erde, Feuer, Wasser; →heilig; →numinos«!). Hingegen sind wichtige Stichwörter der modernen Psychologie nicht selten schlicht

weggelassen worden. Das Missverhältnis zeigt sich auch am Umfang der Artikel: so werden z. B. in einem wissenschaftlichen Standardlexikon der Psychologie *Dämonenglaube* 10 Zeilen zugesprochen, *diploid* 20 Zeilen, *Doppelgänger* 12 Zeilen, aber ein Begriff wie die *duale Kodierungstheorie* (eine wichtige Theorie und ein bedeutendes Paradigma der modernen Psychologie) hat 8 Zeilen (ohne Literaturangabe und ohne Angabe des Begründers der Theorie); in einem anderen Lexikon hat *Dissonanztheorie* (die meist erforschte sozialpsychologische Theorie) 17 Zeilen, *Problemlösen* 17 und *produktives Denken* (beides zentrale Paradigmen der Psychologie) 11 Zeilen; zum Vergleich: *Akzeleration* (gar kein psychologischer Begriff) hat 50 Zeilen, *Angioneurose* (ein rein medizinischer Begriff, der nichts mit Neurosen und Psychologie zu tun hat) 19, der juristische Begriff *Anknüpfungstatsache* 18! In einem Lexikon gibt es den Begriff *Hellsehen*, aber das wahrnehmungspsychologisch relevante *Helligkeitssehen* existiert nicht!
So wird durch die vorliegenden Lexika ein Bild der Psychologie vermittelt, das eine ohnehin in der Öffentlichkeit vorhandene Imageverzerrung noch verstärkt: Psychologie als ein bunter Mischmasch aus Philosophie, Medizin, Physiologie, Psychiatrie, Pädagogik, Sonder- und Heilpädagogik, Anthropologie, Kulturgeschichte, Lebensweisheit und Allgemeinbildung plus einige persönliche Hobbys des jeweiligen Verfassers, ergänzt durch »psychologische Einsprengsel« (wobei die angewandte Psychologie, speziell die eigentlich in der Forschung gar nicht wirklich existente Sexualpsychologie, weit überproportional vertreten ist). Dies gilt insbesondere für die geradezu groteske Überbetonung von Begriffen aus medizinischen und physiologischen Nachbardisziplinen, wobei interessanterweise die *Neurophysiologie* eher unterrepräsentiert scheint. Man hat den Eindruck, als ob der typische psychologische Lexikonverfasser geradezu danach giert, statt der häufig nicht ganz einfach definierbaren und weniger konkreten psychologischen Begriffe Begriffe aus Wissenschaften, die auf soliderem Boden ruhen (oder sich auch nur so gerieren), zu bringen.
Die ungeheuere Menge an Forschungsergebnissen und -problemen, die die wissenschaftliche Psychologie der letzten Jahrzehnte erarbeitet hat, geht dabei unter. So entsteht auch der Eindruck, die Psychologie habe selbst nicht genug zu bieten. Und was noch wichtiger ist: Keinem Menschen, der aus einem solchen Lexikon etwas über das »typisch Psychologische« erfahren will, ist dies möglich. Die typisch psychologischen Ansätze sind nicht als solche erkennbar und gehen in dem beschriebenen Wust nachbarwissenschaftlicher oder allgemeinbildender Begriffe unter.

Konzeptionskriterium: Konzentration auf die akademische bzw. wissenschaftliche Psychologie

Ein Großteil der Nicht-Psychologen, die Texte dieses Lexikons gelesen haben, hat das erlebt, was fast jeder Student erfahren muss, der ein Psychologiestudium aufnimmt: einen Schock. Denn: Psychologie ist ganz und gar kein Fach, bei dem man sozusagen auf dem Niveau eines »Konversationslexikons« mitplaudern kann und »Menschenkenntnis« vermittelt bekommen soll. Der Verfasser meint zwar, dass eine solche Psychologie möglich ist, die von hohem wissenschaftlichen Niveau ist und dennoch immer im Kontakt mit der Lebenserfahrung von Laien bleibt, ob allerdings die gegenwärtige akademische Psychologie dieses Kriterium erfüllt, erscheint fraglich. Die Psychologie hat, bei dem angesprochenen Wachstum von der *little* zur *big science*, in starkem Maße versucht, sich als »richtige« Wissenschaft zu präsentieren. Und dies hat nicht nur zu einer starken und vielleicht überstarken Betonung der methodischen Komponente geführt, sondern auch dazu, dass es nicht länger als Vorzug eines psychologischen Werks angesehen worden ist, wenn es verständlich, sozusagen »menschlich« geschrieben ist. Der Verfasser hat hierzu ein durchaus zwiespältiges Verhältnis, jedoch ist es nun einmal so. Ein Lexikon muss die Komplexität der Wissenschaft wiedergeben, sei dies nun eine echte oder eine Schein-Komplexität, mag der Lexikograph auch bisweilen der Meinung sein, dass eine spezielle psychologische Theorie und die in ihr implizierten Begriffe »geistige Schildbürgerstreiche« (Eva Jaeggi) darstellen. Der Verfasser sieht die Psychologie sehr kritisch, dennoch ist er auf dieses »nasty little subject« (W. James über die Psychologie) auch stolz. Er ist stolz auf den empirischen Eifer, mit dem die Psychologie ihren Fragestellungen – bisweilen abwegigen oder von vornherein aussichtslosen oder trivialen – nachgeht, stolz auch auf die interessanten und herausfordernden Forschungsergebnisse, auf die sie ab und an stößt. Und das hier vorliegende Lexikon ist aus einem solchen grundlegenden, wenn auch kritisch-skeptischen Respekt vor der Wissenschaft Psychologie entstanden. Es war eine stetige und anstrengende Gratwanderung, diese wissenschaftliche Psychologie in ihrer Komplexität und eben in ihrer Wissenschaftlichkeit darzustellen und gleichzeitig das in der Konzeption erwähnte *Kröner-Kriterium* des »Antiformalismus« zu befolgen.

Konzeptionskriterium: Aktualität und enzyklopädischer Charakter

Dieses Kriterium führt auf eine Crux des Lexikon-Machens: Während einführende Standardlehrbücher ständig aktualisiert werden, scheinen Lexika sozusagen vom Grundstil her »zeitlos« sein zu wollen, so sehr vernachlässigen sie die aktuelle Psychologie. Dem ist die vielleicht banale, aber in diesem Zusammenhang hervorhebenswerte Tatsache entgegenzuhalten: Die wissenschaftliche Psychologie schreitet wie alle anderen Wissenschaften fort, ist keine Wissenschaft, in der immer und immer wieder dieselben alten, dem gebildeten Laien so wohlvertraut klingenden Themen wie »Minderwertigkeitskomplex«, »Über-Ich« oder »Aha-Erlebnis« angesprochen werden, wie herkömmliche psychologische Lexika den Anschein erwecken! Wenn man sich vor Augen hält, wie oft die wichtigen Lehrbücher der Psychologie (man vgl. z. B. »den Zimbardo«, »den Davison und Neale«, »den Schönpflug«) sowohl grundsätzlich wie auch hinsichtlich didaktischer Aspekte verbessert worden sind und dies mit den Lexika vergleicht, dann tritt eine eigentümliche Diskrepanz zutage. (Man vgl. auch den enorm aufwendigen Veränderungs- und Entwicklungsprozess, den z. B. der »Pschyrembel« von Auflage zu Auflage durchgemacht hat und durchmacht.)
Des Weiteren: Man kann ein Lexikon zwar einige Jahre lang »aktualisieren«, also sozusagen *additiv* einige Ergänzungen hinzufügen, aber man kann dies nicht über Jahrzehnte hinweg so halten. Es gibt Fortschritte in der Wissenschaft und in der »spezifischen Atmosphäre« eines Gebiets, die nicht durch Aktualisierungen eingefangen werden können! So hat es in der Psychologie seit den 60er Jahren paradigmatische Umbrüche gegeben, de-

nen ein reines Hinzuaddieren von Informationen nicht gerecht werden kann (→ kognitive Psychologie).

Konzeptionskriterium: Wider den »Philosophismus« und »Logizismus«

Die Psychologie entstammt der Philosophie, und der Verfasser ist sogar der Meinung, dass die Psychologie (im Sinne einer *naturalisierten Erkenntnistheorie*) ohne eindeutige Grenzen in die Philosophie übergeht, aber: die Psychologie hat sich als eigene Wissenschaft gerade durch Abgrenzung von der Philosophie konstituiert! Gerade die moderne Psychologie ist über einen großen Zeitraum betont antiphilosophisch gewesen, hat ihr Wesen durch eine betonte Negierung der angrenzenden philosophischen Probleme erhalten. Selbst wenn die gegenwärtige Psychologie sehr *wissenschaftstheoretisch* orientiert ist, so ist sie doch nicht im eigentlichen Sinne *philosophisch* orientiert.
Dies führt auf einen problematischen Aspekt herkömmlicher psychologischer Lexikographie: Es gibt zahlreiche Begriffe wie z. B. »logisches Schlussfolgern« oder auch »Begriff«, »Kausalität«, »Analogie«, die jeweils *logisch-philosophisch* oder eben *psychologisch* erfasst und definiert werden können. In grotesker Weise übernehmen herkömmliche Psychologie-Lexika hierbei häufig direkt Angaben aus Philosophie-Lexika. Pointiert gesagt verraten sie sozusagen die Grundidee, mit der die Psychologie sich von der Philosophie emanzipiert hat! Denn die Psychologie interessiert nicht, was das eigentlich *logisch* ist: *Schlussfolgern* oder *Begriff*, sondern die Psychologie interessiert sich für die psychologische Repräsentation! Dies gilt auch für Begriffe wie »Informationstheorie« und »Systemtheorie« oder in spezieller Weise auch für »Wahrscheinlichkeit«: Von einem psychologischen Lexikon kann der Leser zu Recht verlangen, etwas von der Art und Weise zu erfahren, wie solche interdisziplinär orientierten Theorien von der Psychologie rezipiert worden sind, über die Ursprungsbegriffe selbst kann er sich aus einem Allgemeinbildungslexikon informieren. Ähnliches gilt für Begriffe wie »Empirismus« oder »Nativismus« – in diesem Lexikon wurde die psychologische Relevanz dieser Begriffe herausgearbeitet und nicht die allgemeinphilosophische.
Dem Verfasser ist völlig bewusst, dass diese Abtrennung schwierig ist, aber man vergleiche einmal die konkreten Ausführungen zu solchen »philosophischen« Begriffen in diesem Lexikon mit solchen anderer Lexika, dann wird man sehen, dass es – jenseits eines Übergangsbereiches – Grenzen gibt, die zu wahren bzw. deutlich zu machen sind. Besonders deutlich lässt sich dies am Begriff »Begriff« studieren; daran zeigt sich sehr gut, inwieweit der jeweilige Verfasser sich über lexikographische und wissenschaftstheoretische Grundprobleme im Klaren ist.

Konzeptionskriterium: Holismus und enzyklopädisches Wissen

Dieses konzeptuelle Kriterium führt auf eine grundlegende Crux des Lexikonmachens, die man die »Crux des redlichen Lexikographen« nennen kann: Die alphabetische Ordnung eines Lexikons ist nämlich wunderbar geeignet, um zu verbrämen, dass es keinerlei Zusammenhänge gibt, denn diese alphabetische Ordnung ist keine »natürliche«, sondern eine »künstliche« Ordnung (vgl. hierzu auch Bußmann 1974/75). Die Frage ist nun: Benutzt der Lexikograph diese alphabetische Ordnung als *Herausforderung*, um so stärker ein dahinter stehendes geistiges Grundgerüst aufzubauen, oder benutzt er sie, um die fehlenden Strukturen zu kaschieren?

Während sich alle Lehrbücher der Psychologie und ihrer Teilgebiete diesem Problem gestellt haben, sich dem stellen *mussten*, gibt es kein psychologisches Lexikon, das diese Herausforderung angenommen hat, jedenfalls kein *allgemeines* psychologisches Lexikon; die in der Konzeption erwähnten Lexika von H. Benesch sowie von H. Grimm und J. Engelkamp haben dies getan und haben dabei auch (wie dem Verfasser scheint: aus eben diesem Grund) ihren eigenen spezifischen Zugang gewählt, der eine Transformation der normalen Lexikon-Form hin zu einer *Lexikon-Handbuch-Form* ergeben hat. Denn eine solche strukturelle Systematik kann ein Psychologie-Lexikon nur dann erhalten, wenn es nicht alphabetisch, sondern nach der Logik der einzelnen Gebiete aufgebaut und erarbeitet worden ist – und alle vorliegenden allgemeinen Psychologie-Lexika wurden – dies ist deutlich erkennbar – vorwiegend alphabetisch orientiert erarbeitet bzw. durch verschiedene Verfasser, deren einzelne Darstellungen isoliert von den anderen erarbeitet worden sind. Während aber bei sprachlichen Lexika, z. B. einem Lexikon der Gegenwartssprache, dieses »einzelheitliche« Vorgehen unumgänglich und sinnvoll ist (wenn also die verschiedenen Lexikographen die Begriffe jeder für sich sammeln und in Karteikästen/Computern »verzetteln«), kann diese einzelheitliche Vorgehensweise nicht Vorbild für ein Lexikon sein, das den Wissensstand eines Gebietes dokumentieren will – da man sich dabei eben wirklich *verzettelt.*

Das führt dazu, dass von einem Verfasser eines anspruchsvollen Psychologielexikons ein gewaltiger Spagat verlangt wird: einerseits Spezialkenntnisse auf all den besprochenen Stichwortgebieten, andererseits das für eine holistische Darstellung nötige Zusammenhangswissen. Und es sei im Hinblick auf das Generalthema dieses Essays, nämlich das Wesen der modernen Psychologie, hierzu nur Folgendes angemerkt: Die normale Universitätskarriere und die dabei geltenden Leistungskriterien sind nicht geeignet, um ein solches enzyklopädisches Wissen aufzubauen, sie honorieren es nicht, ja sie sanktionieren es sogar negativ. In der psychologischen Wissenschaft kann man sich – wie in den Naturwissenschaften – heute nur noch über eine starke Spezialisierung profilieren. (Der Verfasser hält dies, das sei ausdrücklich gesagt, für richtig, auch wenn er selber der Idee des »spezialisierten« Generalisten nachhängt.[1])

---

[1] Es sei ein Gedanke angefügt, an dem deutlich wird, wie dieses abstrakte Kriterium des »Holismus« mit ganz konkreten Organisations- und »Machens-Problemen« eines Lexikons zusammenhängt: Wenn man den eben besprochenen Holismus ganz ernst nimmt, dann kann das Phänomen auftreten, das innerhalb der Systemtheorien und der Komplexitätsforschung immer wieder thematisiert wird: dass nämlich ein gewisser Grad an Komplexität überschritten wird, der eine »Handhabung« eines solchen komplexen Objekts fast unmöglich macht. Dies hat sich, um einen Aspekt aus der »Historie« dieses Lexikons zu erwähnen, in der enormen Schwierigkeit manifestiert, an dem – in der Rohfassung schon fertigen – Lexikon Korrekturen durchzuführen: Jede Einzelkorrektur hat eine Kette anderer Korrekturen nach sich gezogen, womit wieder die Möglichkeit neuer Fehler gegeben war. Und durch das Prinzip der minimalen Redundanz (einschließlich der dabei er-

Konzeptionskriterium: gebrauchstheoretischer Ansatz und Antiessenzialismus

Das Wissenschaftsverständnis der modernen Psychologie ist durch die Vorstellung gekennzeichnet, dass es der Wissenschaft um das Lösen von konkreten Problemen geht, weniger um das »Wesen« eines Begriffs; vgl. Herrmann (1976). Dies betrifft den Aspekt, der in der Konzeption unter dem weiten Oberbegriff »gebrauchstheoretischer Ansatz« angeführt ist. Dieser Aspekt ist typisch für die gegenwärtige Psychologie. Diese versteht sich generell – jedenfalls im mainstream – als *anti-essenzialistisch*; sie schert sich sozusagen den Teufel darum, was denn das »eigentlich« sei, z. B. die *Kognition* (Zitat von Dietrich Dörner, jetzt auf einen speziellen Begriff gemünzt, aber durchaus in die Richtung einer allgemeinen Einstellung der Psychologie gehend: »Es lohnt sich vermutlich nicht, noch allzu viel Mühe auf eine Definition des Begriffes *Kognition* zu verwenden. Er ist gewissermaßen ein wandelnder Leichnam; in aller Munde, aber tot, bedeutungslos, inhaltsleer wegen progressiven Missbrauchs mit allzu verschiedenen Bedeutungen«; vgl. Dörner 1989).
Hinter dieser Einstellung steckt eine realistische Sicht des Wissenschaftsprozesses, der eben oft nicht »scholastisch« verläuft und sich nicht an idealen Begriffsdefinitionen aufhängt, sondern an der Beantwortung konkreter Forschungsfragen. Man kann es aber auch anders sehen: Man könnte der modernen Psychologie auf nicht wenigen Gebieten zu Recht vorwerfen, dass es ihr nicht dezidiert genug um das Erfassen des »Wesens« eines psychischen Prozesses geht. Man könnte ihr vorwerfen, dass sie viel zu häufig *quasi-paradigmatisch* vorgeht, d. h., dass sie ein Modell, das irgendwann einmal aus irgendwelchen mehr oder weniger vernünftigen Gründen heraus geboren worden ist, nun einfach auf andere Probleme anwendet (z. B. das Erwartung-mal-Wert-Modell oder das Attributions-Modell auf alle möglichen und unmöglichen Phänomengebiete). Antiessenzialismus ist also angemessen, wenn er Konzentration auf das *Sachliche* und auf die *Probleme* meint, er ist es jedoch nicht, wenn man damit die Konzentration auf einen ins Leere laufenden wissenschaftlichen Aktivismus meint, der mit der Aufgabe der Idee vom »Wesen« gleichzeitig auch den Impetus verloren hat, sozusagen wirklich zum Kern der Dinge vorzudringen.[2]

---

wähnten Abkürzungen), auch durch das Prinzip der ausführlichen Literaturangaben, hat dieses Lexikon auch auf dem Gebiet der rein formalen Korrekturen jenen Grad von Komplexität überschritten, der es »ökonomisch« handhabbar gemacht hätte.

[2] Es sei in diesem Zusammenhang auf ein interessantes Buch verwiesen, das die Auseinandersetzung dokumentiert, inwieweit man den Begriff »Psychologie« selbst unbedingt definieren müsse, um adäquate Forschung zu betreiben, oder inwieweit es nicht vollkommen ausreichend sei, eine ungefähre Forschungsperspektive mit zahlreichen konkreten Problemstellungen zu entwerfen, um den Psychologen einen sozusagen hinreichenden Forschungsauftrag auf den Weg mitzugeben: Eberlein und Pieper (1976). Der Verfasser gesteht, dass er den Aufsätzen, die darin enthalten sind, ambivalent gegenübersteht: einerseits teilt er die antiessentialistische Sicht Herrmanns und anderer, andererseits möchte er mit Kirchhoff von der modernen Psychologie etwas weniger Beliebigkeit fordern. Interessant darin auch: die Schwierigkeiten unterschiedlicher Psychologen-Generationen, sich einander überhaupt verständlich zu machen. Ebenfalls erwähnt sei das höchst interessante

Die »Wesensverfehlung« der Psychologie durch den herkömmlichen Lexikonstil

Man kann und muss die Essenz dieser ersten Abschnitte des Nachwortes folgendermaßen auf den Punkt bringen: Die spezifische »Mentalität«, »Atmosphäre« und der »Stil« der gegenwärtigen Psychologie werden durch den herkömmlichen Lexikonstil nicht adäquat widergespiegelt, können mit diesem nicht adäquat widergespiegelt werden! Die bisher verfassten Lexika auf der einen Seite und die Lehrbücher bzw. Fachbücher der Psychologie auf der anderen Seite sprechen eine unterschiedliche Sprache! Pointiert gesagt: in den Lexika wird (im Unterschied zu den Lehrbüchern) die Psychologie nämlich »naiv« dargestellt, obwohl sie eine ganz und gar unnaive, d. h. methodisch und wissenschaftstheoretisch reflektierte und reflektierende Wissenschaft ist. Und aus dieser Reflektiertheit und Methodenorientiertheit hat sich ein bestimmter Stil entwickelt, der (partiell) dem typischen Lexikonstil konträr ist. Dieser typische Lexikonstil nämlich ist aus eigentlichen »Wörterbüchern« erwachsen und für Gebiete, auf denen man klare Sachdefinitionen und -informationen geben kann. Die »Gebrochenheit« vieler psychologischer Begriffe entzieht sich einer solch elementaren Darstellung, und man merkt bei den vorliegenden Lexika ganz genau, wo sich bemühte Verfasser an diesem Lexikonstil gerieben haben und welche stilistische Gebrochenheit bei dem Versuch herausgekommen ist, einerseits im gewohnten wissenschaftlichen »Psychologie-Stil« zu schreiben, andererseits das Ganze »lexikalisch« klingen zu lassen.
Speziell dem Laien sei gesagt: In der gegenwärtigen Psychologie wäre er, um einen Vergleich zu geben, mit den von ihm erwarteten simplen Definitionen wie ein gestriegelter junger Bursche im Konfirmandenanzug unter lauter *blue-collar workers*, deren Kleidung ein Patchwork der unterschiedlichen »Begriffsstoffe« darstellt.
Das Kriterium, der realen Forschung gerecht zu werden, impliziert im Übrigen auch die Darstellung der verschiedenen *Debatten*, die im Laufe der Psychologiegeschichte geführt worden sind, die typisch für den – selbstkritischen – Charakter der Psychologie sind. Und wiederum ist es bezeichnend, wie wenig man in den vorliegenden Lexika über solche Debatten erfährt, geschweige denn, dass sie als eigene Stichwortartikel aufgenommen worden wären.
Im Grunde müsste ein Lexikon der Psychologie bei jedem einigermaßen anspruchsvollen Begriff das versuchen, was Teil vieler Doktorarbeiten, Habilitationsschriften und Fachbücher ist: eine wissenschaftstheoretische Rekonstruktion, mit den Mitteln welcher speziellen Wissenschaftstheorie

---

Buch über die sowjetische Denkpsychologie von Matthäus (1988); Matthäus schreibt über diese, dass sie sich noch mit größerer Intensität um die Klärung von *Wesensfragen* bemühe, nachdem ihnen die Informationsverarbeitungstheoretiker längst den Rücken gekehrt haben, weil es angeblich metaphysische Fragen sind; Matthäus nennt als Beispiele: Worin besteht die *Kognitivität* der kognitiven Prozesse? Wie können *Ichlichkeit* und *überindividuelle Allgemeinheit* im Denken zusammenkommen? Wie kann im Denken etwas Neues determiniert, d. h. ohne die triviale Einsetzung von Zufallsgeneratoren, entstehen? Wie können phänomendeskriptive Befunde des Typs »Ich denke« mit solchen des Typs »Es denkt in mir« vereinigt werden? Wie weit kann das menschliche Denken durch formale Theorien – Idealtyp: Computerprogramm – abgebildet werden?

auch immer, man vergleiche z. B. die Ansätze zu Theorierekonstruktionen im Geiste der strukturalistischen Wissenschaftstheorie (s. die Hinweise im Stw. → Psychologie). Ob so etwas überhaupt durchführbar ist, sei es von einem Einzelnen oder einer Gruppe, mag dahingestellt bleiben. Eine solche Aufgabe würde ein Lexikon zu einer grandiosen wissenschaftlichen bzw. wissenschaftstheoretischen und -historischen Herausforderung machen (die vielleicht einmal in dem geplanten vierbändigen Projekt im Rahmen der »Enzyklopädie der Psychologie« angegangen wird). Im vorliegenden Lexikon wird zwar darauf verzichtet, eine elaborierte wissenschaftstheoretische Rekonstruktion durchzuführen, es werden jedoch, sozusagen in »Umgangssprache«, die entscheidenden wissenschaftstheoretischen Aspekte immer aufgezeigt. In diesem Zusammenhang ein Zitat von Foppa (1989): »Vermutlich haben alle Psychologen unter Ihnen schon einmal versucht, Laien verständlich zu machen, woran sie gerade arbeiten. Wenn es sich nicht um ein alltagsnahes Problem handelt, wie z. B. um die Frage nach den Ursachen des Stotterns, wird ihnen wahrscheinlich die Erfahrung nicht erspart geblieben sein, dass sich unsere grundwissenschaftlichen Probleme in aller Regel nur schwer vermitteln lassen. Sie zu verstehen verlangt nämlich meistens sehr viel mehr als psychologisches Verständnis. Viele der Probleme, mit denen wir uns befassen, sind überhaupt nur auf dem Hintergrund bestimmter Traditionen und historischer Entwicklungen als Probleme zu begreifen.« Aus der genannten Problematik heraus ergeben sich folgende spezielle Schwachpunkte psychologischer Lexika. (Der Verfasser vertritt die These: es sind Schwachstellen einer ganz großen Anzahl von Sach-Lexika):

(1) Eine Auseinandersetzung mit sprachwissenschaftlichen, sprachphilosophischen, wissenschaftstheoretischen und wissenschaftshistorischen Problemen der Bestimmung des »Wesens« von Begriffen scheint für Lexika überflüssig zu sein. Die meisten Lexika besitzen, deutlich erkennbar, keine oder nur ein Minimum an Konzeption.

(2) Auch diejenigen – meist groß dimensionierten – Lexika, die explizit über eine Konzeption verfügen, werden dieser Konzeption meist nicht auch nur annähernd gerecht.[3]

Diese grundsätzliche Konzeptionslosigkeit manifestiert sich nach den Erfahrungen des Verfassers ganz besonders an folgenden Aspekten:[4]

(a) Schon die Auswahl der Begriffe erscheint auf eine Weise lückenhaft, willkürlich und unsystematisch, die immer wieder verblüfft – ein Kritikpunkt, der besonders auch auf Lexika aus dem angloamerikanischen Bereich zutrifft. Nicht nur die Auswahl der erläuterten Stichwörter, sondern

---

[3] Darauf weist z. B. auch Wellmann, in Götz und Herbst 1984, hin; vgl. auch Busse (1987), der von einem »proklamativen Bezug« der Lexika auf ihren Konzeptionsteil spricht; Busse analysiert dies ausführlich am Beispiel der berühmten Enzyklopädie »Geschichtliche Grundbegriffe«; vgl. Brunner u. a. (1972ff.).

[4] Bis ins Detail korrespondiert nachfolgende – unabhängig entstandene – Sicht mit den von Bußmann u. a. (1974/75) aufgewiesenen Schwachstellen der Lexika ihres Fachgebietes; dies wurde auch deutlich als aufgrund von Todesfällen ein Herausgeberwechsel beim »Historischen Wörterbuch der Philosophie« nötig geworden ist; in vornehmen, aber doch deutlichen Worten wunderte sich der neue Herausgeber darüber, dass in all den positiven Rezensionen niemand die krasse konzeptuelle Heterogenität etlicher vorliegender Artikel angesprochen hat.

auch die Frage, an welchem Hauptbegriff man weitere aufhängt, wird anscheinend von den wenigsten überhaupt als Problem gesehen.[5]
(b) Die meisten Artikel besitzen kein einheitliches Schema, und wenn, dann ist dies meist nur recht allgemein und formal; dem stehen ganz beträchtliche Differenzen in Ansatz und Durchführung gegenüber. Dies spiegelt sich auch in den nicht selten beträchtlichen Stilunterschieden der verschiedenen Autoren innerhalb eines Lexikons wider.
(c) Bei Mehrfachverfasser-Lexika scheint die Koordination der Einzelartikel – ohne die ein solches Lexikon ja nur eine additive Zusammenstellung isolierter Artikel ist – selten als Aufgabe, geschweige denn als Herausforderung angenommen worden zu sein. Einmal ganz davon abgesehen, dass die Artikel, deutlich erkennbar, meist weitgehend isoliert erarbeitet worden sind, existiert nicht einmal auf der Ebene der Verweispfeile mehr als ein Hauch von Koordination.[6]
(d) Auch die schon bei den psychologischen Lexika inkriminierten mangelhaften Literaturangaben sind kennzeichnend. Ohnehin wird häufig überhaupt keine Literatur angegeben, zudem herrscht auch bei der Literatur, wenn sie denn gegeben ist, in der Regel Konzeptionslosigkeit. Meist sind die Literaturangaben – auch in renommierten Lexika – extrem dürftig.[7]

---

[5] In einem englischsprachigen Lexikon der Psychologie findet man durchgängig den Modus, sich die zu definierenden Begriffe so hinzubiegen, dass man eine bestimmte Wissensmasse transportieren kann; dort gibt es z. B. nicht das Stichwort »Vorstellungsbild«, sondern »Vorstellungsbild, Computertheorien des«, und dann gibt es noch ein Stichwort »Vorstellungsbild und Wahrnehmung«; ähnlich die Trennung zwischen zwei Artikeln: »Kurzzeitgedächtnis« und »Kurzzeitgedächtnis, Abruf aus«; ein anderes Beispiel für diese unlexikalische Darstellungsweise: »language, pragmatics of«.

[6] In einem psychologischen Lexikon werden z. B. folgende Begriffe, die ganz offensichtlich einem einzigen eng umgrenzten Bereich entstammen, von sage und schreibe fünf Autoren verfasst: *Assoziationsexperiment*, *-flüssigkeit*, *-gesetze*, *-koeffizient*, *-psychologie*, *-versuch*; dann muss es nicht verwundern, wenn kein Lektor erkannt hat, dass *Assoziationsversuch* und *Assoziationsexperiment* dasselbe ist (!).

[7] In einem englischsprachigen Speziallexikon der kognitiven Psychologie findet sich z. B. als einzige Literaturangabe zum Stichwort »Langzeitgedächtnis« ein Buch von William James aus dem Jahre 1890! Man hört das schlechte Gewissen der Lexikonverfasser, sich von dieser mühsamen Aufgabe dispensiert zu haben, auch aus den eigentümlichen Argumenten heraus, mit denen sie die Literaturarmut bzw. »Literaturlosigkeit« begründen: (a) Die häufigste Variante ist die, dass man den Leser sozusagen nicht verwirren wolle und ihn deshalb durch ein ganz bewusst klein gehaltenes Literaturcorpus »geschont« habe. Jedoch: der Student braucht nichts mehr als Literaturangaben! Zudem wird er im Studium mit einer Unmenge an Literaturangaben konfrontiert, und da nützt es ihm überhaupt nichts, wenn ihm ein Lexikon nur wenige Literaturhinweise gibt, er muss erfahren, welche aus der vorliegenden Unzahl von Literaturstellen in welcher Weise wichtig sind. Die Konsequenz kann also nur sein: gegliederte und auch kommentierte Literaturangaben. (b) Die zweite Begründung: man habe auf Literaturangaben verzichtet, weil sie ja rasch veralten. Mal ganz abgesehen davon, dass sich darin offensichtlich der schon bemängelte Grundansatz verbirgt, dass man nicht gedenkt, dieses Lexikon in absehbarer Zeit aufzufrischen, könnte man mit diesem Argument natürlich auch den Text ganz weglassen. Und ganz grundsätzlich: Ein wichtiger Teil der (richtigen) Literaturangaben veraltet eben nicht, da sie Begriffe, wie in Konzeption und Essay besprochen, *konstituieren*! (c) Und zuletzt findet sich eine besonders aparte Variante: die Unsitte, Literaturangaben zu geben, aber nur Namen und Ort zu belegen – mit

(3) Letztlich führen diese grundsätzlichen konzeptionellen auch zu deutlichen stilistischen Schwächen:
(a) Zunächst ganz elementare Darstellungsmängel, die als solche nie ganz zu vermeiden sind, in ihrer Häufigkeit und Krassheit aber bei etlichen vorliegenden Lexika sozusagen zum System gehören.[8]
(b) Darüber hinaus findet man in fast allen Lexika eine grundsätzliche Stilkonfusion: Da ist einerseits dieser fast aufgesetzt zu nennende, ganz besonders unpersönlich und »offiziell« klingende Lexikonstil, der aber immer wieder durchmengt und durchdrungen ist von Sprachstilen der verschiedensten Ebenen.[9]
(c) Ein spezielles Beispiel für lexikalisch unpassende Einsprengsel sind weltanschauliche oder gar moralisierende Partien.[10]
(d) Allgemein findet sich eine Tendenz nicht nur der populären Lexika, höchst problematische, spezielle und modische Begriffe auf dieselbe »katechetische« Weise zu erklären wie ganz grundsätzliche wissenschaftliche Begriffe.[11]

---

der Aufforderung, der Leser möge sich die Literatur dann selbst suchen! Das Argument könnte man natürlich wiederum auf das jeweilige Lexikon als Ganzes anwenden ...

[8] In einem Lexikon findet sich z. B. folgender Beginn (!) des Artikels *Aggression*: »Die Diskussion um die menschliche Aggressivität wird von Kontroversen beherrscht (Aggressivität wird in diesem Artikel definiert als Verhalten, dessen Ziel eine Beschädigung oder Verletzung ist).« In Klammern wird also, beiläufig, eine grundlegende lexikalische Aufgabe erledigt! In einem anderen Lexikon finden wir den Artikel *Farbenlehre, Farbentheorie*, der wie folgt beginnt: »Die gegenüber anderen Sinnesgebieten ausgezeichnete Bedeutung (...) ergibt sich aus der wahrscheinlich nur historisch zu verstehenden Auseinandersetzung um die Frage nach dem »Wesen« der Farben, die sich in der Tradition Goethes, über Schopenhauer, Hering bis in die Gegenwart erhalten hat. Dabei ist heute nicht strittig, ob Newton oder Goethe recht hatte, sondern ob vorwiegend reizorientierte oder phänomenologische Ansätze fruchtbarer seien.« Und so geht es fort und fort, der ganze Artikel erscheint wie eine Ansammlung von Gesprächsfetzen von zwei Fachleuten, die sich über das Thema *Farbe* unterhalten, nicht aber als Lexikonartikel.

[9] Dies führt z. B. dazu, dass in den populären Lexika immer noch Reste, weitgehend unverstehbare Reste aus den »anspruchsvollen« Basislexika überdauert haben, wie z. B. *Angst*: »(...) philosophisch gesehen ist die Negation des Rechts auf Welt das Fundament der Angst«. Im selben Lexikon finden sich dann wieder Formulierungen wie: »in Sportarten wie Aikido, Judo oder Karate (...) brauchen sich die Alten von den Jungen nichts vormachen zu lassen.«

[10] Bsp. aus einem Lexikon (mit höchsten wissenschaftlichen Ansprüchen) zum Stichwort *angewandte Psychologie*: »Nicht der Nutzeffekt, der Profit darf das Entscheidende der Berufsausübung sein. Auch Positionsmacht, Herrschsucht und Konkurrenzstreben müssen weitgehend ausgeschaltet werden.« Ähnlich: »Labile Naturen, die heute anders denken und handeln als morgen, sind unbrauchbar für die Angewandte Psychologie.« Interessant sind auch Ausführungen (in einem wissenschaftlichen Lexikon) zu *Akkord*: »A. spornt den Leistungswillen an, bewirkt Produktionssteigerung, sorgt für gerechte Leistungsbezahlung, macht Aufsichtspersonal weitgehend entbehrlich ...«. Bemerkenswert auch die fundamentale Lebensweisheit im Stichwort *Doktorspiele* (!) : »Doktorspiele sollten nicht in der Öffentlichkeit stattfinden.«

[11] So finden sich in einem Lexikon z. B. *Berührungsangst* (»bedeutet auch eine Einschränkung freier, nicht entfremdeter Sexualität«), *Patchwork-Identität* und gleich danach: *Patellarsehnenreflex*.

(e) Ein ganz grundsätzlicher Darstellungsmangel resultiert daraus, dass sich erstaunlich viele Lexikonautoren und Lektoren anscheinend nicht über eine so bedeutsame Unterscheidung wie die zwischen *Objekt-* und *Metaebene* im Klaren sind. Viel zu wenig wird dies optisch erkennbar indiziert, häufig entstehen auch sprachlich ganz einfach unkorrekte Formulierungen, bisweilen ganz abstruse.[12]
Es wäre eine eigene wissenschaftshistorische (und wissenschaftspsychologische) Untersuchung wert, wie es zu diesem allgemeinen *Elend der Lexikographie* kommen konnte. Nach Meinung des Verfassers hängt dies mit dem zusammen, was oben die »Crux des redlichen Lexikographen« genannt worden ist. Tatsächlich ist ein Lexikon, das herkömmlicherweise allem Anschein nach von Autoren als eine Art »degeneriertes Lehrbuch« angesehen wird, in Wahrheit und ernst genommen eine extrem anspruchsvolle Aufgabe, so heterogen und umfassend sind die damit verbundenen Anforderungen.

Verständlichkeitskonzeption

Wie in der Konzeption dargelegt, gelten für ein Lexikon besondere Verständlichkeits- und Stil-Kriterien. Es seien hierzu, wiederum mit Blick auf das Wesen der Psychologie, einige grundsätzliche Gedanken angemerkt:
(1) Der Autor hat während der Arbeit für dieses Lexikon immer wieder Lese-Experimente durchgeführt, sowohl mit Laien, mit Psychologiestudenten und Psychologen bis hin zu Professoren der Psychologie. Daraus ist viel für die Verbesserung des Lexikons gewonnen worden, letztlich ist dadurch aber auch eine zunehmende Skepsis gegenüber der Idee der Verständlichkeit entstanden. Man findet nämlich immer wieder zwei Phänomene: Zum einen, dass die Leser Texte, die absolut unklar und unverständlich sind, mit großer Beharrlichkeit als verständlich empfinden, wenn bestimmte Verständlichkeit suggerierende Merkmale gegeben sind (kurze Sätze, »joviale« Formulierungen, Farben, Wiederholungen und Weitschweifigkeiten). Wenn man den Lesern dann allerdings Fragen zum Text stellt, so zeigt sich, dass sie nichts verstanden haben. Ein weiteres Phänomen: Auch wenn jemand der Meinung ist, dass ein Text unverständlich ist, so sagt sogar dies nicht viel über die objektive Wirkung des Textes auf ihn aus. Man kann nämlich wieder durch den eben genannten *Frage-Antwort-Test* beweisen, dass Texte, die nicht diese Verständlichkeit »suggerierenden« Eigenschaften haben, dennoch verstanden worden sein können; es kann sich nämlich zeigen, dass Leser die Fragen klar beantworten können, und wenn man sie dann danach fragt, ob sie den Text immer noch als unverständlich empfinden, sind sie meist etwas verblüfft.

---

[12] So finden wir z. B. in einem Artikel *Sinn*: »derselbe Himmelskörper hat aber am Abend- und Morgenhimmel einen unterschiedlichen Sinn, an den sich verschiedene Vorstellungen knüpfen können.« Ähnlich: »Die atomistische Psychologie versucht, Einsichten in die psychischen Vorgänge zu gewinnen, indem sie sie in Elemente zerlegt.« Ähnlich: »Als Sprechlautbildung stellt die Artikulation eine Möglichkeit zur Deskription von Lauten dar«. (Anmerkung: Da es hier nicht um Probleme spezieller Lexika geht, wurden alle Quellenangaben weggelassen.)

Viele haben nach Meinung des Verfassers ein »romantisches« Bild von Verständlichkeit in der Wissenschaft: alle Sachverhalte seien mehr oder weniger einfach, wenn sie nicht von den bösen Experten mutwillig schwer verständlich dargestellt werden. Man könne, so geht der Mythos, alles in der Psychologie »harmlos« und »einladend« formulieren. Und es sei konzediert: Es gibt sicherlich – auch und gerade in der Psychologie – Wissenschaftler, bei denen nicht die Komplexität des Sachverhalts entscheidend für die Schwer-Verständlichkeit ist, sondern die Unfähigkeit, ja sogar die Unwilligkeit, klar zu formulieren. Aber es ist doch auch festzuhalten: Es gibt nun mal eine unreduzierbare Komplexität eines Sachverhaltes, die man einfach nicht unterschreiten kann. Albert Einstein: *Alles sollte so einfach wie möglich gesagt werden, aber nicht einfacher.*[13]

(2) Wie dem Verfasser mit der Zeit immer deutlicher geworden ist, besitzen zudem die Universitätspsychologen, ja die Sozialwissenschaftler als Ganzes, einen eigenen und spezifischen Bildungshintergrund, und zwar nicht nur auf ihrem Fachgebiet (das ist selbstverständlich so), vielmehr besitzen sie auch eine spezifische Art von Allgemeinbildung. Für den Psychologen ist eine bestimmte Wissensbasis recht selbstverständlich – die teilweise ganz erheblich von den Wissensbasen anderer Akademiker differiert, was es auch für Menschen mit einem hohen Bildungsniveau bisweilen recht beschwerlich macht, sich durch psychologische Bücher hindurchzuarbeiten.

(3) Aus dieser spezifischen Allgemeinbildung resultieren spezifische Termini oder, noch »heimtückischer«, spezifische Konnotationen dieser Termini. Die spezielle Sprache der gegenwärtigen akademischen Psychologie (und z. B. auch ihre Unterschiede zur psychiatrischen Sprache) wäre ein eigenes Buch wert, hier nur drei Beispiele für drei grundlegende Kategorien: Vor allem wissenschaftstheoretischer und statistischer Provenienz scheint der Gebrauch von »konfundieren« zu sein; es ist ein Begriff, den der Nichtpsychologe zwar ableiten kann, aber eigentlich nicht so verwendet. Zwei Beispiele für anglizistische Anlehnungen: *rezent* als Übernahme von *recent*; *affektiv* als Übernahme des im Englischen neutralen Oberbegriffs *affective* (der sich also nicht nur auf den »Affekt« bezieht). Und ein ganz grundlegendes Beispiel ist der spezifische Klang des Wortes »empirisch«, dessen Verwendung in den Sozialwissenschaften durch »auf Erfahrung beruhend« eben nicht erfasst wird.

(4) Schließlich gibt es, pointiert gesagt, etliche Verständnisprobleme innerhalb der Psychologie, die gerade von einer bestimmten Art von Trivialität der psychologischen Fragestellungen, Theorien und Begriffe herrühren. Immer wieder wurde von einem Lektor gefragt: »Meint dieser Satz denn nicht ganz einfach Folgendes ...?« Und tatsächlich war diese Frage oft berechtigt. Doch auch hier gilt: Es gehört auch zu einer optimal verständlichen Darstellung, bestimmte Dinge auf die – kompliziert klingende – Art und Weise darzustellen, wie sie innerhalb einer bestimmten Wissenschaft üblich ist, eine »ehrliche« Darstellung würde den Leser auf den Holzweg führen (ist aber meist innerhalb dieses Lexikons explizierend beigefügt).

---

[13] Vgl. hierzu auch das – empirisch erforschte – Modell von Groeben, das davon ausgeht, dass maximales Behalten eines Textes nicht durch einen maximalen Verständlichkeitswert eines Textes erzielt wird, sondern durch einen mittleren, optimalen; vgl. Groeben und Christmann (1989).

Dazu eine ergänzende Betrachtung: Es gibt wohl kaum ein größeres Grundsatzproblem innerhalb der Psychologie als die Frage, welche Probleme und Theorien trivial und welche fundamental und komplex sind. Etliche psychologische Phänomene, die dem Laien als selbstverständlich und einfach erscheinen, sind dies nicht; etliche Thesen, die dem Laien selbstverständlich und trivial erscheinen, sind dies nicht, ja sind sogar falsch. Und es gibt sogar eine gewisse Art von Simplizität, die ganz und gar nicht trivial und banal ist, sondern notwendig (und bisweilen sogar genial). Es gehört zum Schwierigsten für einen Forscher, beide Trivialitäten auseinander zu halten. Gerade der Praktiker und der Laie sehen bisweilen Dinge als komplizierter an als sie sind – die ganze Effektivität der Verhaltenstherapie beruht darauf, dass Menschen (auf der Basis einer unbewussten, v. a. psychoanalytisch geprägten Psychologie) im realen Erziehungs- und Therapiealltag »zu kompliziert« agieren, die Verhaltenstherapie rückt die Dinge sozusagen wieder in die richtige Dimension des Einfachen. Andererseits sieht der Laie bei bestimmten Dingen gar keine Probleme, wo sich ganze geistesgeschichtliche Abgründe auftun. Ein Sammelband von verschiedenen Autoren mit dem Arbeitstitel »Vom Erhabenen und Banalen innerhalb der Psychologie« wäre vielleicht eines der wesentlichsten Bücher, die man schreiben müsste, um die Verstehbarkeit der Psychologie bzw. das Verständnis für ihre spezifische Vorgehensweise wesentlich zu verbessern. Der Kabarettist Werner Schneyder hat einmal geäußert, dass man psychologische Thesen, die mit Ernst und bedeutsamer Miene vorgetragen werden, meist dadurch entlarven kann, dass man zeigt, dass das Gegenteil genauso richtig klingt. Schneyder ist sich jedoch nicht bewusst, dass er damit eigentlich eine bestimmte Art von popularisierter Psychologie meint. Die wissenschaftliche Psychologie versucht gerade, diesem Dilemma zu entgehen.[14]

Konzeptuelle Selektionskriterien I: Wider das »Feld-, Wald- und Wiesen-Lexikon«

Der explizit oder implizit vertretene Anspruch der vorliegenden (allgemeinen) Psychologie-Lexika, die *gesamte* Psychologie zu repräsentieren, führt (ganz unabhängig davon, dass dies nicht möglich ist und dass dabei wesentliche psychologische Fakten zugunsten von unwesentlichen ausgeklammert werden), auf einen ganz grundsätzlichen Aspekt: Die Psychologie ist eine sehr *inhomogene* Wissenschaft! Sie entstammt unterschiedlichen wissenschaftshistorischen Traditionen. Und der Lexikograph, der ein wirklich tiefes Verständnis der Begriffe vermitteln will, muss diese wissenschaftshistorischen und -programmatischen Traditionen und »Mentalitäten« einfangen.[15]

---

[14] Zum Problem, warum die Psychologie bisweilen trivial wirkt, vgl. Semmer u. Tschan (1991); zur Frage, inwieweit Laien in der Lage sind, psychologische Forschungsergebnisse zu antizipieren, vgl. das höchst interessante Buch von Holz-Ebeling (1989).

[15] Vgl. hierzu auch Graumann 1996; vgl. auch den Aufsatz von Herrmann in Grawe 1991, in dem Herrmann von der »prachtvollen Katholizität ihrer Einheitspsychologie spricht« und damit Psychologien meint, die auf ein bestimmtes theoretisches oder methodologisches Paradigma eingeschworen sind.

Um es an einem Vergleich zu verdeutlichen: Was wäre von einem Lexikon der deutschen Sprache zu halten, das eine Unzahl von Dialekten (von Oberbayerisch bis Ostfriesisch) mit einbezöge, des Weiteren Schweizerdeutsch und Dänisch? Was wäre vor allem davon zu halten, wenn nicht deutlich gemacht würde, dass bestimmte Begriffe eben Dialektformen oder Schweizerdeutsch sind? Und mehr noch: Was würde von einem Lexikon zu halten sein, das zugunsten der Übernahme von Dialekten wesentliche Teile des Hochdeutschen ausblendete?

Konzeptuelle Selektionskriterien II: Zwei Psychologien

Die in der Konzeption dargelegte Selektionsentscheidung zugunsten der *akademischen* Psychologie wird dem Laien vielleicht merkwürdig erscheinen. Könnte man sich vorstellen, dass es innerhalb der Physik eine Trennung zwischen einer »akademischen« und einer »nicht-akademischen« Physik gibt? Nun, in der Psychologie gibt es das, und es ist eben nicht der Unterschied zwischen einer praktischen und einer theoretischen Psychologie, sondern es ist eine wissenschaftshistorisch recht spezifische Differenzierung. Dazu sei Folgendes angemerkt:
(1) Es gehört zu den groteskesten Fehlrepräsentationen der Psychologie, Psychologie mit der *Psychoanalyse* gleichzusetzen, wie es auch innerhalb der gebildeten Öffentlichkeit häufig der Fall ist. Tatsächlich gibt es kaum ein Gebiet, das dem Geist akademischer Psychologie konträrer ist als die Psychoanalyse. Die Psychoanalyse steht in einer außerakademischen Tradition und besitzt innerhalb der Psychologie nur eine Art Inseldasein. Wenn sie auch eine permanente Herausforderung für die Psychologie dargestellt hat, so ist sie doch niemals integriert worden und es hat im Grunde kein Gebiet gegeben, auf dem die Auseinandersetzung zwischen Psychoanalyse und akademischer Psychologie wirklich zu einem eigenen Paradigma geführt hat, vielleicht mit Ausnahme des Themas → Wahrnehmungsabwehr.
Tatsächlich besteht bei der Darstellung der Psychoanalyse eine geradezu prekäre Situation: Die von der akademischen Psychologie rezipierten Teile der Psychoanalyse sind eigentlich gerade diejenigen, die von der modernen Psychoanalyse negiert oder völlig modifiziert worden sind. Allerdings ist die Entfremdung zwischen Psychoanalyse und akademischer Psychologie trotzdem immer stärker geworden, und wiewohl die moderne Psychoanalyse etliches der eher empirisch orientierten Forschung, z. B. der Säuglingsforschung, rezipiert hat, hat sie, von bestimmten Ausnahmen abgesehen, in keiner fruchtbaren Interaktion mit der akademischen Psychologie gestanden. Man mag das bedauern, man mag, wie die *Neue Gesellschaft für Psychologie*, dafür kämpfen, dass sich dies ändert, aber noch ist dies der Fall und kein Lexikograph sollte dem Leser psychoanalytische Begriffe mit der Suggestion vermitteln, damit etwas von der modernen wissenschaftlichen Psychologie zu erfahren.
(2) Die Psychoanalyse steht exemplarisch für eine Reihe anderer Ansätze, die im mainstream nur eine geringe Rolle spielen; wie im Konzeptionsteil schon dargelegt sind dies v. a. die *humanistische(n)*, die *geisteswissenschaftliche(n)* sowie die *phänomenologische(n)* Psychologie(n). Dazu sei nur so viel gesagt: Nur im deutschen Sprachraum war lange Zeit eine geisteswissen-

schaftliche Psychologie dominant, ist aber seit dem Ende der 60er-Jahre auch hier weitgehend verdrängt worden (vgl. hierzu die Ausführungen im Lexikon). Das gegenwärtige Psychologieverständnis ist durch den Behaviourismus geprägt, wonach die Psychologie eine der Naturwissenschaft zumindest analoge und mit zumindest annähernd exakten Methoden und Begriffen hantierende Wissenschaft ist. Zwar ist der strenge Behaviourismus in den letzten Jahren durch den Kognitivismus überwunden worden (→ kognitive Psychologie), dennoch hat die Psychologie bis heute ein objektivistisches Antlitz und geisteswissenschaftliche Ansätze nehmen Außenseiterpositionen ein, auch wenn ihre Akzeptanz zunimmt.
Es sei an dieser Stelle angemerkt: Ein Großteil der Schwierigkeiten bei der Definition von Begriffen bzw. der Darstellung von Theorien innerhalb eines psychologischen Lexikons resultiert aus diesem grundsätzlich behaviouristischen Ansatz bzw. Jargon der modernen Psychologie – welcher der meist »geisteswissenschaftlich« orientierten vorwissenschaftlichen Alltagspsychologie der Laien konträr gegenübersteht. Dass z. B. die Wiederaufnahme von Konzepten wie »Vorstellungsbild«, »Kognition«, auch »Emotion« eine wissenschaftliche Revolution dargestellt hat, ist dem Laien nur schwer zu vermitteln. Dieser eigentümliche Charakter der Psychologie stellt den Lexikographen vor eine schwere Aufgabe – viele Umständlichkeiten, auch Ungenauigkeiten und Komplexitäten der psychologischen Sprache gehen zurück auf diese zwiespältige Grundhaltung, die dennoch von einem Lexikon eingefangen werden muss. Ein Lexikon der modernen Psychologie darf der kognitivistischen Laienepistemologie sozusagen nicht zu weit entgegenkommen (man vgl. z. B. die Definitionsproblematik bei Stichwörtern wie →Kontrollüberzeugungen, →Effektgesetz, →Vermeidungslernen, →Bestrafungslernen).
(3) Die in dieses Lexikon eingegangene Sicht des Verfassers auf die zweierlei Psychologien sei schließlich noch kurz beschrieben. Der Verfasser hat keinerlei Schwierigkeiten, die außerakademischen Ansätze zu rezipieren und er schätzt sie hoch ein, höher als manche von der akademischen Seite erbrachten Beiträge. Er teilt im Übrigen auch die Kritik der humanistischen Psychologie und vergleichbarer Richtungen an der akademischen Psychologie. Aber er ist andererseits der Meinung, dass es mit der modernen Psychologie ein bisschen wie mit der Demokratie ist: Dies ist ein langsamer und umständlicher Prozess, um eine Gesellschaft zu verbessern, ein »guter Diktator« könnte dies meistens viel schneller, es scheint aber, als ob auf lange Sicht das langsame Aufbauen demokratischer Strukturen in einem evolutionären Prozess nicht durch »revolutionäre« Prozesse ersetzt werden kann. Und analog ist der Verfasser skeptisch, inwieweit eine phänomenologisch-humanistische Psychologie sich nicht bald in der von der akademischen Psychologie zu Recht kritisierten essayistischen Beliebigkeit verlieren würde. Die humanistisch-phänomenologischen Psychologien haben in ihrer Kritik an der Psychologie oft Recht, aber das, was sie als positive Gegenmodelle bieten, scheint dem Verfasser noch recht karg zu sein. Noch muss die Psychologie auf eine große nicht-akademische Theorie warten, die vom *context of discovery* und vielleicht auch teilweise von den explanativen Strukturen her nicht empiristisch-experimentell-statistisch ist, die jedoch im Hinblick auf eine solche empirische Prüfung formuliert ist. Noch wartet die Psychologie auf ein solch »gemischtes« Projekt, innerhalb dessen

sozusagen Forscher aus der klassischen *Deutschen Gesellschaft für Psychologie* und der *Neuen Deutschen Gesellschaft für Psychologie* sich zusammenschließen. Nichts wäre dem Verfasser lieber, als in weiteren Fassungen dieses Lexikons solche *multiparadigmatischen* Ansätze und entsprechende Forschungsgruppen zu dokumentieren.[16]

Konzeptionskriterium: Betonung der Grundlagen und allgemeinpsychologischen Aspekte

(1) Dieser Schwerpunktsetzung liegt eine hochproblematische Unterscheidung zugrunde, die zwischen einer *allgemeinen* Psychologie und spezielleren Teilfächern. Die Sinnhaftigkeit dieser Unterscheidung ist dem Laien schwer zu vermitteln und sie wird auch zunehmend innerhalb der Psychologie kritisiert (vgl. hierzu die Darlegungen beim Stichwort). Man kann sogar sagen, dass ein Kennzeichen vieler moderner allgemeinpsychologischer Paradigmen gerade eine (zumindest partielle) Negierung des bis dahin dominanten allgemeinpsychologischen Forschungs- und Wissenschaftsansatzes ist (s. u.; vgl. z. B. die Stichwörter →Gedächtnis, →Lernen, →Lerngesetze). Das Problem ist zu schwierig und es erfordert zu viel theoretisches »Anschauungsmaterial«, als dass es hier sinnvoll diskutiert werden könnte, es sei nur so viel gesagt: für den Verfasser lässt sich diese Unterscheidung nicht stringent durchführen, man kann sie lediglich als heuristische Orientierung nutzen.

Tatsächlich allerdings sind – und dies ist bezeichnend für die gegenwärtige Psychologie – auch viele Ansätze innerhalb der differentiellen, der Entwicklungs- und der Sozialpsychologie genuin allgemeinpsychologischer Natur. (Es sind z. B. viele Untersuchungen innerhalb der Entwicklungspsychologie eigentlich allgemeinpsychologische Analysen bestimmter Altersgruppen.) Speziell die Sozialpsychologie ist (wie häufig kritisiert, vgl. in Deutschland die Arbeiten von Graumann) sehr *allgemeinpsychologisch* und wenig *sozial/interaktiv* angelegt – Graumann spricht von der »Scheu des Psychologen vor der Interaktion«. (Dies heißt in bezug auf die Konzeption des Lexikons, vgl. IV: Man könnte unter dem Leitmotiv *allgemeinpsychologische Aspekte der Sozialpsychologie* einen Großteil der sozialpsychologischen Forschung darstellen, und dies war einer der Gründe dafür, für die Sozialpsychologie ein eigenes Lexikon in Planung zu nehmen.)

(2) An dieser Stelle sei noch eine Anmerkung gemacht zu dem Konzeptionskriterium einer etwas weniger anspruchsvollen und umfangreichen Darstellung der *physiologischen Psychologie*. Dieses Selektionsprinzip zu befolgen ist dem Verfasser nicht leicht gefallen, da es ein Gebiet betrifft, das er ursprünglich ausführlicher darstellen wollte. Er hält nämlich die physiologischen Grundlagen für etwas ganz Wesentliches, aber es war schlicht nicht der Raum gegeben, um diesem Gebiet die Ausführlichkeit und sozusagen die »Würde« zukommen zu lassen, die es verdient, und deswegen wurde es nur knapp (ein Lektor empfiehlt, *knapp* in Anführungszeichen zu schreiben) dargestellt.

---

[16] Der Ansatz von Groeben (1989) wird vom Verfasser eher als Rahmentheorie denn als inhaltliche betrachtet, und zwar als eine, die oben genannte Gefahren vermeidet.

Dies hat auch damit zu tun, dass der Verfasser letztlich mit seinen erarbeiteten Entwürfen noch nicht zufrieden war. Denn gerade auf diesem Gebiet gilt es Spreu und Weizen zu trennen (bzw. alles so darzustellen, dass dem Leser dies möglich ist). So wertvoll nämlich die physiologische Psychologie sein kann, so gibt es gerade auf ihrem Gebiet nicht wenige Mythen, und nicht selten ergeben dann gerade Ausführungen über die physiologische Psychologie ein sehr fachmännisch, objektiv und unangreifbar klingendes Elaborat, das in Wirklichkeit keineswegs über die solide Fundiertheit verfügt, die das objektivistische Vokabular suggeriert. Außerdem ist die physiologische Psychologie, zumindest in Deutschland, eine »Schule«, deren Bedeutung für den main stream noch gering ist. Zwar werden ihre Mitglieder und auch ihre »Produkte« geachtet und in vielen populären Darstellungen, z. B. im SPIEGEL, werden sie als die neue Art von Psychologie dargestellt, dennoch ist sie zumindest in Deutschland noch unterentwickelt.
(3) Auch die Gebiete der *angewandten Psychologie* sind im Bewusstsein der Öffentlichkeit bekannter und stärker repräsentiert als es ihrer Stellung innerhalb des Studiums und des wissenschaftlichen Faches entspricht: Die *klinische*, die *pädagogische* sowie die *Arbeits-*, *Betriebs-* und *Organisations-Psychologie* und auch die *Psychodiagnostik* sind mögliche Schwerpunkte des Studiums nach dem Vordiplom und keinesfalls »die« Psychologie.
(4) Letzteres gilt auch und besonders für die *klinische Psychologie* und *Psychiatrie*, die von vielen Laien mit der Psychologie identifiziert wird. Diese sind jedoch eigene, abgegrenzte Forschungsgebiete mit eigenständigen Traditionen, allerdings mit größter Bedeutung. Die wenigsten Laien wissen im Übrigen, dass Psychiatrie auf einem medizinischen Studium aufbaut und eine fachärztliche Spezialisierung bedeutet. Diese Abtrennung der Psychiatrie (und der von ihr geprägten *Psychopathologie*) ist allerdings nach Meinung des Autors eines der unglückseligsten Schismen – gibt es doch seiner Meinung nach wenig, was derart von grundlegender psychologischer Bedeutung ist wie die Ergebnisse der Psychopathologie (v. a. der deskriptiv-phänomenologischen). Deshalb ist nur die gesonderte Darstellung psychischer Störungen dazu angetan, das Niveau und auch die Tiefe und die Ausführlichkeit zu erreichen, die dem Leser wirklich etwas bringt und die der Psychologie würdig ist. Und deswegen sind für sie sogar zwei Lexika vorgesehen, nämlich ein *Lexikon psychischer Störungen*, und ein *Lexikon der Therapieformen*; außerdem wurden im Grundlagen-Lexikon in besonderem Maße die für die klinische Psychologie relevanten Aspekte berücksichtigt und hervorgehoben. Denn nur eine neben technischen Details die grundlegenden Strukturen freilegende lexikalische Darstellung psychiatrischer Theorien und Forschungsergebnisse kann die Verbindung zur psychologischen Grundlagenforschung herstellen. Die sehr simplifizierende, fast immer veraltete und nicht selten höchst unkorrekte Darstellung psychopathologischer Phänomene innerhalb der allgemeinen psychologischen Lexika ist weder dazu angetan, die allgemeinpsychologische noch die praktische Relevanz solcher Phänomene zu verdeutlichen.

Praxisrelevanz und »phänomenologisch-humanistische« Dimension

Der im letzten Absatz angesprochene Aspekt führt zu einem Problem und einer Herausforderung für ein Lexikon und zu einem Gedanken, der dem

Verfasser ganz besonders am Herzen liegt: Gerade die entschiedenen Selektionen, die in diesem Lexikon vorgenommen wurden, ermöglichen es, das von der akademischen Psychologie erarbeitete Corpus des Wissens so breit und auch so tief darzustellen, dass es in Bereiche vorstößt, die sozusagen auch »phänomenologisch-humanistisch« und vielleicht sogar *praktisch* interessant sind.

Der Verfasser hat im Vorwort seine Skrupel und Zweifel bezüglich der praktischen und »menschlichen« Relevanz der modernen Psychologie artikuliert, er kann jedoch am Ende seiner lexikalischen Arbeit feststellen, dass es (aus den genannten Schwerpunktsetzungen heraus) möglich gewesen ist, die Grundlagenforschung so extensiv und intensiv darzustellen, dass von hier aus (zumindest bei einem größeren Teil der Stichwörter und den damit verknüpften psychologischen Paradigmen) die Brücke zu möglichen praktischen Implikationen und Anwendungen nicht mehr allzu schwierig zu bauen erscheint. Und ein – den Praktiker hoffentlich etwas provozierender – Gedanke sei hier ausgedrückt: Der Verfasser erschrickt immer wieder, wenn er erlebt, in wie starkem Maße sogenannte Praktiker im Banne einer überholten (ihnen oft nur halb bewussten) Theorie stehen und ganz und gar nicht in der Lage sind, die Praxis und die Realität mit der Offenheit zu betrachten, die sie für sich selbst (teilweise gegenüber den Theoretikern) reklamieren. Etlichen Praktikern täte es gut, wenn sie sich sozusagen einer »wissenschaftlichen Psychoanalyse« unterzögen und sich bewusst machten, welchen unbewussten Theorien sie folgen. Und dieses Lexikon möchte ihnen dabei helfen, gerade dadurch, dass es zeigt, welche vielfältigen neuen, komplexen, interessanten Ansätze es innerhalb der akademischen Psychologie gibt (wie im Vorwort erwähnt: Der Verfasser hat dieses Lexikon mit einer permanenten Skepsis gegenüber dem Praxisanspruch der theoretischen Psychologie geschrieben). Insofern legt der Verfasser auch dem Praktiker das vorliegende Lexikon nahe: Er hat hier in einem einzigen Band die Grundlagen der Psychologie repräsentiert, er kann auf dieser Basis »mitreden« und eben auch mitkritisieren. Und er kann somit vielleicht dazu beitragen, dass ein späteres Lexikon der Psychologie nicht mehr die Differenzierung zwischen einer »menschlich relevanten« und einer »akademischen« Psychologie machen muss ...

»Psychologie 2000«

Es sei jemandem, der zehn Jahre daran gearbeitet hat, das von der Psychologie »Bleibende« (einschließlich der dabei auftretenden Probleme, Diskussionen und Irrtümer) zu lexikographieren, gestattet, einige kleine Gedanken zur zukünftigen Psychologie, zur Psychologie im nächsten Jahrhundert, zu formulieren:

(1) Das Ende dieses Jahrhunderts scheint für die Psychologie nicht nur eine willkürliche zeitliche Grenze zu verkörpern. Tatsächlich befindet sich die Psychologie in einem Umbruch und in einem neuen Aufbruch. Im Grunde hat die Entwicklung der letzten drei bis vier Jahrzehnte dazu geführt, dass in der Psychologie schon fast wieder gilt (im positiven Sinne): *anything goes*. Erlaubt ist seitdem wieder zu sprechen über: Kognitionen, Emotionen, komplexe Handlungen und über ökologische Faktoren. Ähnlich wie der psychotherapeutische Praktiker unter dem Etikett »kognitive Verhaltens-

therapie«, wenn er einigermaßen geschickt ist, so ziemlich jede andere Therapierichtung in seine Praxistätigkeit einbauen kann (was für Abrechungsmodalitäten von Gewicht ist und in Zukunft noch mehr von Gewicht sein wird), ähnlich kann der einigermaßen geschickte Vorwort- und Einleitungsschreiber nun fast jedes früher noch als »unwissenschaftlich« etikettierte Thema sich erlauben zu bearbeiten.

Tatsächlich allerdings, man darf das so sagen, hat ein Großteil dieser paradigmatischen Öffnungen aus Trivialitäten bestanden: dass Kognitionen eine Rolle beim menschlichen Verhalten spielen, dass Emotionen eine Rolle spielen, dass bei Emotionen auch Kognitionen eine Rolle spielen (und umgekehrt), dass auch situative/ökologische Faktoren eine Rolle spielen, dass, last not least, Vererbungs- und Anlagefaktoren zusammenspielen. All das konnte eigentlich nur einen innerhalb der amerikanischen akademischen Psychologie sozialisierten Psychologen überraschen. Allerdings: Zunehmend gibt es Arbeiten, die diese Liberalisierung der letzten 10 bis 20 Jahre ganz positiv nutzen und über grundsätzliche Trivialitäten hinausgehen. Und dabei scheinen folgende weitere Trends auf:

(2) Die Psychologie nähert sich wieder dem *Idiographischen*. Wesentliche Versuche und Ansätze der letzten Jahre waren »einzelheitlich« angelegt, wenn auch bisweilen noch recht verschämt und verbrämt mit allerhand »Einleitungs-« und »Nachwort-Nomothetischem«.

Dieser Trend zum Idiographischen gilt – nach Meinung des Verfassers – auch und gerade für psychophysiologische und damit naturwissenschaftlich orientierte Arbeiten – das Nomothetische ist nämlich keineswegs notwendigerweise mit dem Naturwissenschaftlichen verbündet, ähnlich wie das Idiographische nicht mit dem Geisteswissenschaftlichen! Zunehmend hat man gesehen, dass das Gehirn sich nicht in Form von »allgemeinen« Gesetzen beschreiben lässt (vereinfacht gesagt: wegen seines in vielen Teilen modularen Aufbaus), sondern dass es jeweils darum geht, »idiographisch« die Funktion einzelner Gehirnteile oder, anders formuliert, die physiologische Basis bestimmter einzelner Verhaltens- und Kognitionsaspekte zu analysieren und zu beschreiben.[17]

(3) Die Psychologie wird zunehmend *phänomenologischer*, und zwar in einem weiten Sinne des Wortes. Sie stützt sich zunehmend auf Beobachtungen, die auch ohne ausgefeiltes empirisches und operationalisiertes Methodeninstrumentarium zu gewinnen wären (auch wenn dies meist verbrämt wird). Sie stürzt sich auf Dinge, die tatsächlich im »armchair« zu eruieren sind.

(4) Die Psychologie wird zunehmend *deduktiver*. Sie versucht in stärkerem Maße als früher (jedenfalls in der Zeit nach den großen Systemen), aus wenigen grundsätzlichen Fakten möglichst viel abzuleiten und zwar dadurch, dass man zunächst eine Arbeitstheorie aufzustellen versucht, aus der sich

---

[17] Der Verfasser ist sich der Problematik des Begriffs »idiographisch« in diesem Zusammenhang bewusst; Groeben, Keller und Herrmann haben ihn darauf hingewiesen, dass man besser vom »differentiellen« Moment sprechen sollte und dass man das »modulare« als dritte Kategorie davon abheben solle; der Verfasser ist jedoch der Meinung, dass sich hinter der von ihm dargelegten Sicht Wesentliches verbirgt – was hier nicht diskutiert werden kann. Der Leser, der die beschriebene Identifikation nicht mitmacht, möge einfach als weitere Trends notieren: die *Hinwendung zum Differentiellen* und die *Hinwendung zum Modularen*.

wieder entsprechende Folgerungen und empirische Prüfungsmöglichkeiten und – im Idealfall – eine umfassende Theorie ergeben (wobei diese umfassende Theorie aber – s. Trend 2 – keine *general theory* im alten Sinne mehr zu sein beansprucht). Und dabei kann aus einem »kleinen« Thema wie *Reaktionszeit* schon mal so was wie Wolfgang Prinz' Hauptwerk entstehen (s. u.; vgl. auch dessen Vorwort darin).

(5) Während es lange Zeit typischer Brauch (z. B. von Promotionen) war, ein vorgegebenes paradigmatisches Modell auf einen neuen Phänomenbereich anzusetzen, innerhalb dessen auch mit den feinsten empirischen Verfahren oft keine eindeutigen Entscheidungen bezüglich der grundlegenden Forschungsfragen möglich sind, wird zunehmend erkannt (vgl. z. B. O. Neumann über die Aufmerksamkeitsparadigmen), dass man über *paradigmatisch definierte Phänomenbereiche* hinausblicken und all diejenigen Phänomene ins Blickfeld nehmen muss, die »eigentlich« in diesen Forschungsbereich gehören, dass man also *transparadigmatisch* operieren muss bzw. sollte. Dann geschieht es nämlich: Man ist in der Lage, aus diesem größeren berücksichtigten Phänomenbereich allerhand durch »reines Überlegen« abzuleiten (ähnlich wie Einstein sich auf keine eigenen empirischen Forschungen gestützt hat).

(6) Und als letzter Trend sei folgendes Phänomen genannt, das eigentlich zwei zusammenhängende, partiell divergierende Trends beschreibt: Einerseits wird die Psychologie stärker partikularisiert – sie zieht in einer ganz positiven Weise die Konsequenz aus dem zweiten Trend, dem hin zum *Idiographischen* (bzw. Differentiellen oder Modularen), andererseits gibt es – v. a. via →Kognitionswissenschaft – wieder einen Trend zur Vereinheitlichung. Es wird einer der spannendsten wissenschaftshistorischen Prozesse sein, inwieweit diese beide sich auf positive Weise befruchten und inwieweit die kognitionswissenschaftliche Unifizierung nicht wieder zu einer Unifizierung im schlechten Sinne, à la der, nach Ansicht des Verfassers überholten, »general theories« führen wird.

All das sei hier nicht weiter theoretisch erläutert, sondern es sei auf die vielleicht bedeutendsten akademisch-psychologischen Arbeiten der letzten Jahre hingewiesen – alle von prominenten ursprünglichen Vertretern des mainstreams aus einem ursprünglichen mainstream-Ansatz heraus entwickelt; in all diesen finden sich (teilweise versteckt) die genannten sechs Trends:

– Wolfgang Prinz' »Wahrnehmung und Handlungssteuerung«
– Theo Herrmanns sprachpsychologische Arbeiten, besonders die zum Sprechen unter besonderer Berücksichtigung der *Objektbenennung*
– Johannes Engelkamps »Das menschliche Gedächtnis«
– Dietrich Dörners »Lohhausen«
– Heinz Heckhausens Willenspsychologie und Handlungsfehlertheorie
– Hans Hörmanns »Meinen und Verstehen« muss in diesem Zusammenhang als früher Klassiker natürlich ebenfalls genannt werden.

(Jeder nicht genannte Autor, der sich als hier einzureihend empfindet, möge dem Verfasser verzeihen, dass er ihn nicht erwähnt hat.)

Vielleicht gelingt ja der Psychologie – nach den vielen kleineren »Wenden« der letzten Jahre – nun eine entscheidende Wende. Für den künftigen Lexikographen jedenfalls ergibt sich aus allen Trends die gravierende Konsequenz: Lexikographie wird immer schwieriger! Weitaus schwieriger als

»altmodische« Ansätze darzustellen ist es, Forschung lexikographisch zu kondensieren, die *multiaspektiv*, *idiographisch*, *differentiell*, *modular*, *phänomenologisch*, *komplex*, *transparadigmatisch*, evtl. auch *partikularistisch* bzw. durch anspruchsvolle Hintergrundtheorien wieder *unifikatorisch* orientiert ist. Goethes Satz von der Schwierigkeit, einem Autor nachzukommen, erscheint wieder am Horizont ...
Vielleicht ist es ja so, dass dieses Lexikon als Dokumentation der »Psychologie vor der Wende«, als »Wissensstock Psychologie 1850–2000« stehen bleiben kann und nicht mehr aktualisiert werden sollte, sondern gleich einen aktuellen Nachfolger erhält: »Lexikon der Neuen Psychologie« bzw. »Neues Lexikon der Psychologie« ...

Gesamtliteratur zu Konzeption und Essay

Bakos, F.: Gegenseitige Bedingungen von Lexikologie und Lexikographie. In: Schildt, J. und Viehwege, D. (Hg.): Die Lexikographie von heute und das Wörterbuch von morgen. Akademie der Wissenschaften der DDR, Zentralinstitut für Sprachwissenschaft 1983; Baldinger, K.: Alphabet. oder begriffl. gebildetes Wörterbuch? In: Ztschr. für romanische Philologie 76, 1960, S. 521–536; Brandtstätter, J. u. Montada, L.: Erziehungsleitende Implikationen der Erziehungsstilforschung. In: Herrmann, T. u. Schneewind, A. (Hg.): Trierer Erziehungsstilsymposium. Bern 1977; Braun, E. (Hg.): Der Paradigmenwechsel in der Sprachphilosophie. Studien und Texte. Darmstadt 1996; Briskman, L. B.: Is a Kuhnian analysis applicable to psychology? Science Studies 2, 1972, S. 87–97; Bruner, O. u. a. (Hg.): Geschichtliche Grundbegriffe. Stuttgart 1972ff.; Busse, D.: Histor. Semantik. Analyse eines Programms. Stuttgart 1987; Bussmann, H. u. a.: Lexika der sprachwissenschaftl. Terminologie. Bericht über eine vernachlässigte Gattung. Teil I, Deutsche Sprache 1, 1974, S. 43ff.; Bussmann, H.: Lexikon der Sprachwissenschaft. Stuttgart 1990; Bussmann, H. u. a.: Lexikon der sprachwissenschaftl. Terminologie, Teil II, Deutsche Sprache Heft 2, S. 147–172, Heft 3, S. 255–269; Chargaff, E.: Unbegreifliches Geheimnis. Stuttgart 1980 (Zitat: »... beim Versuch, das Leben zu definieren, führen die Wörterbücher geradezu tautologische Affentänze auf.«); Dörner, D.: Emotion, Kognition und Begriffsverwirrungen: zwei Anmerkungen zur Köhler-Vorlesung von Norbert Bischof. Psychologische Rundschau 40, 1989, S. 206–225); Eberlein, G. und Pieper, R. (Hg.): Psychologie – Wissenschaft ohne Gegenstand? Frankfurt/M. 1976; Foppa, K.: Zur Lage der Psychologie. Psychologische Rundschau 40, 1989, S. 3–9; Götz, D. und Herbst, T. (Hg.): Theoret. und prakt. Probleme der Lexikographie. München 1984; Graumann, C. F.: Mythenbildung in der Psychologiegeschichte. Zeitschrift für politische Psychologie 1, 1996, S. 5–15; Grawe, K. (Hg.) u. a.: Über die richtige Art, Psychologie zu betreiben. Göttingen 1991; Grimm, H. und Engelkamp, J.: Sprachps.: Handbuch und Lexikon der Psycholinguistik. Berlin 1981; Groeben N. u. Christmann, U.: Textoptimierung unter Verständlichkeitsperspektive: In: Antos, G. u. Krings, H. P. (Hg.): Textproduktion. Tübingen 1989, S. 165–196; Groeben, N. und Scheele, B.: Argumente für eine Psychologie des reflexiven Subjekts. Darmstadt 1977; Groeben, N.: Die Zukunft der Ps. Kölner ps. Studien 1, 1996, S. 1–39; Groeben, N.: Handeln, Tun, Vh. als Einheiten einer verstehend-erklärenden Ps. Tübingen 1986; Hahn, J. H.: Henne, H. (Hg.): Praxis der Lexikographie. Tübingen 1979; Herrmann, T.: Die Psychologie und ihre Forschungsprogramme. Göttingen 1976; Herrmann, T.: Über begriffl. Schwächen kognitivist. Kognitionstheorien: Begriffsinflation u. Akteur-System-Kontamination. SK 1, 1982, S. 3–14; Herrmann, T.: Was ist das »Psychologische« in den ps. Theorien? In: Amelang, M. (Hg.): Bericht über den 35. Kongreß der Dt. Ges. für Ps. in Heidelberg 1986, 2. Bd. Göttingen 1987; Hörmann, H.: Ps. der Sprache. Berlin 1967; Hörmann, H.: Meinen und Verstehen. Frankfurt/M. 1976; Holz-Ebeling, F.: Alltagspsychologisches Denken. Psychologische Forschungsergebnisse im Urteil von Laien. Heidelberg 1989; Jahrbuch 1975 des In-

STITUTS FÜR DT. SPRACHE: Probleme der Lexikologie und Lexikographie. Düsseldorf 1976; KALVERKÄMPER, H. und WEINRICH, H. (Hg.): Deutsch als Wissenschaftssprache. Tübingen 1986; KUHN, T. S.: Die Struktur wissenschaftl. Revolutionen. Frankfurt 1967 (Orig. 1962); KUHN, T. S.: Postscript – 1969 zur Analyse der Struktur wissenschaftl. Revolutionen. In: WEINGART, P. (Hg.): Wissenschaftssoziologie I. Frankfurt 1972, S. 287–319; v. KUTSCHERA, F.: Sprachphilosophie. München 1971; MASTERMAN, M.: The nature of a paradigma. In: LAKATOS, I. und MUSGRAVE, A. (Hg.): Criticism and the growth of knowledge. Cambridge 1970, S. 59–90; MATTHÄUS, W.: Sowjet. Denkpsychologie. Göttingen 1988; MEYER, V.: Begriffsnetze. Eine Einführung in den semant. Holismus. Berlin 1997; NEUBAUER, F.: Die Struktur der Explikationen in deutschen einsprachigen Wörterbüchern. Eine vergleichende lexikosemantische Analyse. Hamburg 1980 (= Papiere zur Textlinguistik, Bd. 27); PALERMO, D. S.: Is a scientific revolution taking place in psychology? Science Studies 1, 1971, S. 135–155; RITTER u. a. (Hg.): Histor. Wörterbuch der Philosophie. Basel 1971ff.; ROSDOWSKI, G. u. a.: Nachdenken über Wörterbücher. Mannheim 1977; SCHAEDER, B.: Lexikographie als Praxis und Theorie. Tübingen 1981; SCHILDT, J. und VIEHWEGE, D. (Hg.): Die Lexikographie von heute und das Wörterbuch von morgen. Akademie der Wissenschaften der DDR, Zentralinstitut für Sprachwissenschaft 1983; SCHÖNPFLUG, W. und SCHÖNPFLUG, U.: Psychologie. Allgemeine Psychologie und ihre Verzweigung in die Entwicklungs-, Persönlichkeits- und Sozialps. Weinheim 1995 (3. Aufl.); SEMMER, N. u. TSCHAN, F.: »Und dafür habt Ihr so lange geforscht?« Zum Problem der Trivialität in der Psychologie. In: Grawe u. a. (1991) S. 151–165; STEGMÜLLER, W.: Hauptströmungen der Gegenwartsphilosophie, 4 Bde. Stuttgart (1960, 1975, 1986, 1989); STEGMÜLLER, W.: Probleme und Resultate der Wissenschaftstheorie und Analytischen Philosophie, 1. Teilbd.: Wissenschaftliche Erklärung und Begründung. Berlin 1970ff.; 2. Teilbd. 1973; 3. Teilbd. 1986; TUGENDHAT, E.: Vorlesungen zur Einführung in die sprachanalytische Philosophie. Frankfurt/M. 1976; VOIGT, W.: Wörterbuch, Wörterbuchmacher, Wörterbuchprobleme. Ein Werkstattgespräch in Wort und Sprache, Beitrag zu Problemen der Lexikographie und Sprachpraxis, veröffentlicht zum 125jährigen Bestehen des Langenscheidt-Verlags 1981, S. 24–33; WEIMAR, K. (Hg.): Reallexikon der deutschen Literaturwissenschaft, 3 Bde. Berlin 1997; WERNER, H.: Prinzipien einsprachiger Lexikographie. Düsseldorf 1976 (= Sprache der Gegenwart, Schriften des Instituts für deutsche Sprache, Bd. 39, S. 95–17); WERNER, H.: Semantik und Lexikographie. Untersuchungen zur lexikal. Kodifikation der deutschen Sprache. Berlin 1972 (= Studia Linguistika Germanika Bd. 7); WIEGAND, H. E. und KUCERA, A.: Brockhaus-Wahrig: Deutsches Wörterbuch auf dem Prüfstand der sprachl. Lexikologie, Teil 1, 1981. In: Kopenhagener Beiträge zur germanist. Linguistik 18, 1981, S. 94–217; Teil II 1982, Hg. von Wiegand, H. E. in: Studium zur neuhochdeutschen Lexikographie II, Hildesheim (= germanist. Linguistik 3–6/80), S. 286–373; Wortschatzforschung heute. Aktuelle Probleme der Lexikologie und Lexikographie. Leipzig 1982.

Pressestimmen zum
Lexikon der Psychologie

»Innerhalb einer grundlegenden Darstellungskategorie psychologischen Wissens, nämlich auf dem Lexikongebiet, hat sich etwas ereignet, was mit gutem Recht als ›Quantensprung‹ bezeichnet werden kann. ... Es scheint berechtigt zu behaupten, die ... Kriterien, die in dem vorgelegten Lexikon ... weitgehend verwirklicht worden sind, würden Maßstäbe darstellen, an denen sich die Lexikographie der Zukunft (nicht nur die der Psychologie) messen lassen muß.« *Journal für Psychologie*

»Systematik und Gründlichkeit haben einen neuen Namen: Thomas Städtler ... Dieser Mann hat ein Meisterwerk der Lexikographie erstellt.« *Zeitschrift für Politische Psychologie*

»Sprachlich und stilistisch ist das Lexikon in einem einheitlich-wissenschaftlichen Stil und Duktus gehalten; hierzu hat sicherlich positiv beigetragen, daß es – auch wenn es aufgrund des riesigen Umfangs kaum vorstellbar erscheint – von einer Person allein verfaßt wurde. ...
Mit diesem Werk zehnjähriger Arbeit hat Thomas Städtler ... unzweifelhaft für jeden Psychologen und Psychologiestudenten ein unverzichtbares Nachschlagewerk seines Faches geliefert, das nicht nur Wissen auffrischt, sondern zum weiteren Forschen anstachelt; und er hat Vertretern anderer ›harter‹ Wissenschaften vorgeführt, wie wissenschaftlich auch die Psychologie sein kann.« *Schweizerische Zeitschrift für Psychologie*

»Die Entschlackung von überholten oder laienpsychologischen Begrifflichkeiten bringt mit sich, daß deutlicher wird, was die Psychologie als Wissenschaft tatsächlich konstituiert, und eröffnet überdies die Chance, ein authentischeres Bild, was unter dieser Wissenschaft heute zu verstehen ist, in die interessierte Öffentlichkeit zu bringen.
Man mag sich vielleicht fragen, welche Bedeutung ein Lexikon im Zeitalter von Internet noch haben kann ...: Derartig konzipierte Werke erlauben eine Synopsis des Wissenschaftsgebietes, welche sonst an keiner anderen Stelle mehr zu finden ist.« *Psychologische Medizin*

»Mit diesem Lexikon hat der Autor eine neue Konzeption konsequent verwirklicht ... Psychologische Schulen bzw. grundlegende Orientierungen werden in eigenständigen Artikeln bestens dargestellt. ... ein vorzügliches Lexikon und studienbegleitendes Arbeitsbuch ...« *Zeitschrift für Psychologie*

»... die Psychoanalyse wird kenntnisreich, zwar kritisch, aber durchaus fair dargestellt ... Die Darstellung der Freudschen Theorien ist von einer Differenziertheit, wie sie ansonsten nur von psychoanalytischen Fachlexika erreicht wird. ... das Lexikon ist gespickt mit Literaturangaben. ... Insofern ist das Buch für jeden, der ›Wegweiser‹ sucht, ein ideales Werkzeug.«

Psyche

»Psychologielehrer werden Thomas Städtlers ›Lexikon der Psychologie‹ begrüßen, denn es enthält einige benutzerfreundliche Besonderheiten, die man bei anderen Nachschlagewerken vergeblich sucht. Alle größeren Artikel wurden in drei gestaffelten und markierten Schwierigkeitsgraden geschrieben, so dass Leser mit verschiedenen Voraussetzungen das Lexikon mit Gewinn und Freude benutzen können... Plausible und leicht verständliche Signale und Gebrauchsnachweise erleichtern die Arbeit.«

Psychologie verstehen!

»Der Begriff ›Lexikon‹ greift bei diesem Buch fast schon zu kurz, denn es vermittelt nicht nur Definitionen, sondern informiert ebenfalls über die zum jeweiligen Begriff gehörenden Theorien und Forschungsergebnisse – somit ein Lexikon mit Handbuchcharakter.« *AOL-Bücherbrief*

»Zusammen mit den 10 000 (!) kommentierten Literaturangaben ist das Lexikon tatsächlich das geworden, was der Untertitel verspricht: WÖRTERBUCH – HANDBUCH – STUDIENBUCH. Damit eignet sich das Lexikon auch für interessierte Laien, die aus sprach- und literaturwissenschaftlicher Perspektive Informationen suchen.« *Deutsche Bücher*

»Nicht versäumen sollte man vor Gebrauch des Lexikons, die Ausführungen des Autors zur Konzeption zu lesen. Nie habe ich bisher darüber nachgedacht, wie viele wissenschaftstheoretische, philosophische und linguistische Voraussetzungen in die Erarbeitung eines Lexikons einfließen. Allerdings scheint mir der hohe wissenschaftstheoretische Reflexionsgrad ein besonderes Spezifikum gerade dieses Werkes zu sein.
Dass ein Autor, der ›knallhart‹ und in Teilen durchaus anspruchsvoll zu lesende wissenschaftliche Essenz vermittelt, gleichzeitig Sinn für Poesie und Humor hat, nimmt besonders für ihn ein ... Zu finden ist also nicht totes Wissen für Wissensvielfraße, sondern intellektuelle Herausforderung.«

Sozialpsychiatrische Informationen